Afrika

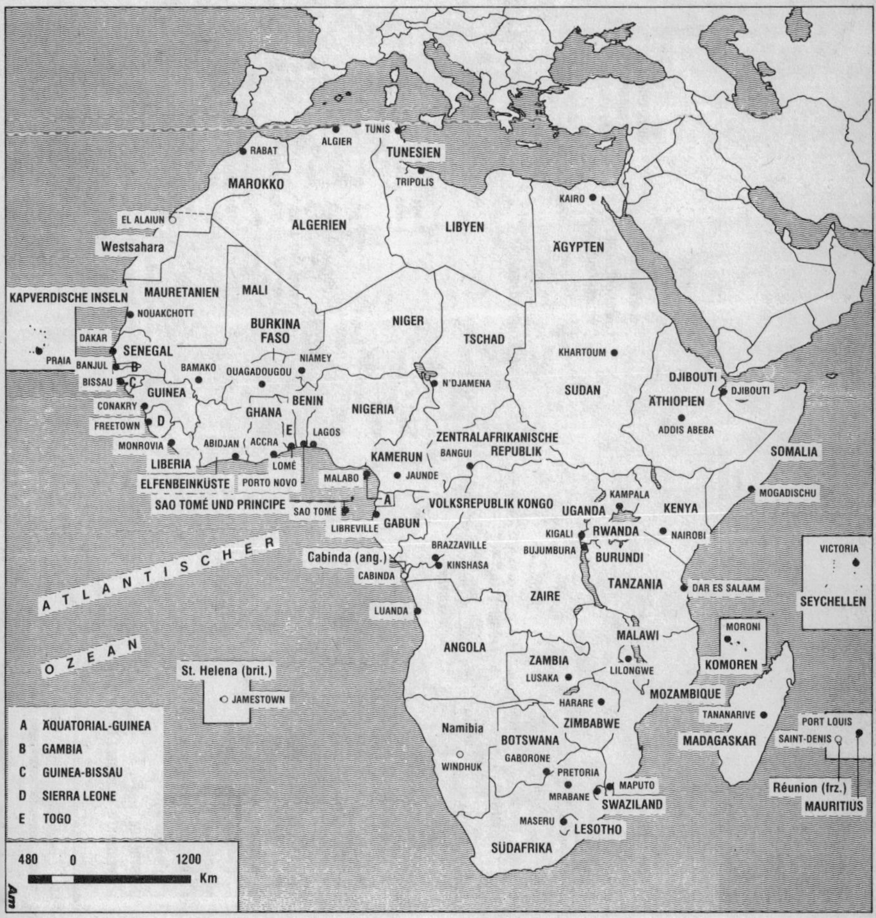
RABAT
ALGIER
TUNIS
TUNESIEN
TRIPOLIS
MAROKKO
EL ALAIUN
ALGERIEN
LIBYEN
KAIRO
ÄGYPTEN
Westsahara
KAPVERDISCHE INSELN
MAURETANIEN
MALI
NOUAKCHOTT
DAKAR
PRAIA
SENEGAL
BURKINA FASO
NIGER
TSCHAD
KHARTOUM
BANJUL
B
BISSAU
C
BAMAKO
OUAGADOUGOU
NIAMEY
N'DJAMENA
SUDAN
DJIBOUTI
DJIBOUTI
GUINEA
CONAKRY
D
FREETOWN
GHANA
BENIN
NIGERIA
ÄTHIOPIEN
ADDIS ABEBA
MONROVIA
ABIDJAN
ACCRA
E
LAGOS
ZENTRALAFRIKANISCHE REPUBLIK
LIBERIA
LOMÉ
KAMERUN
BANGUI
SOMALIA
ELFENBEINKÜSTE
PORTO NOVO
MALABO
JAUNDE
MOGADISCHU
A
KAMPALA
SAO TOMÉ UND PRINCIPE
SAO TOMÉ
VOLKSREPUBLIK KONGO
UGANDA
KENYA
LIBREVILLE
GABUN
KIGALI
RWANDA
NAIROBI
BRAZZAVILLE
BUJUMBURA
BURUNDI
VICTORIA
ATLANTISCHER
Cabinda (ang.)
KINSHASA
CABINDA
TANZANIA
DAR ES SALAAM
SEYCHELLEN
ZAIRE
LUANDA
MORONI
MALAWI
OZEAN
ANGOLA
ZAMBIA
LILONGWE
KOMOREN
St. Helena (brit.)
LUSAKA
JAMESTOWN
HARARE
MOZAMBIQUE
TANANARIVE
A ÄQUATORIAL-GUINEA
B GAMBIA
C GUINEA-BISSAU
D SIERRA LEONE
E TOGO
Namibia
ZIMBABWE
PORT LOUIS
BOTSWANA
MADAGASKAR
SAINT-DENIS
WINDHUK
GABORONE
PRETORIA
MBABANE
MAPUTO
Réunion (frz.)
SWAZILAND
MAURITIUS
MASERU
LESOTHO
SÜDAFRIKA
480 0 1200
Km

Asien und Ozeanien

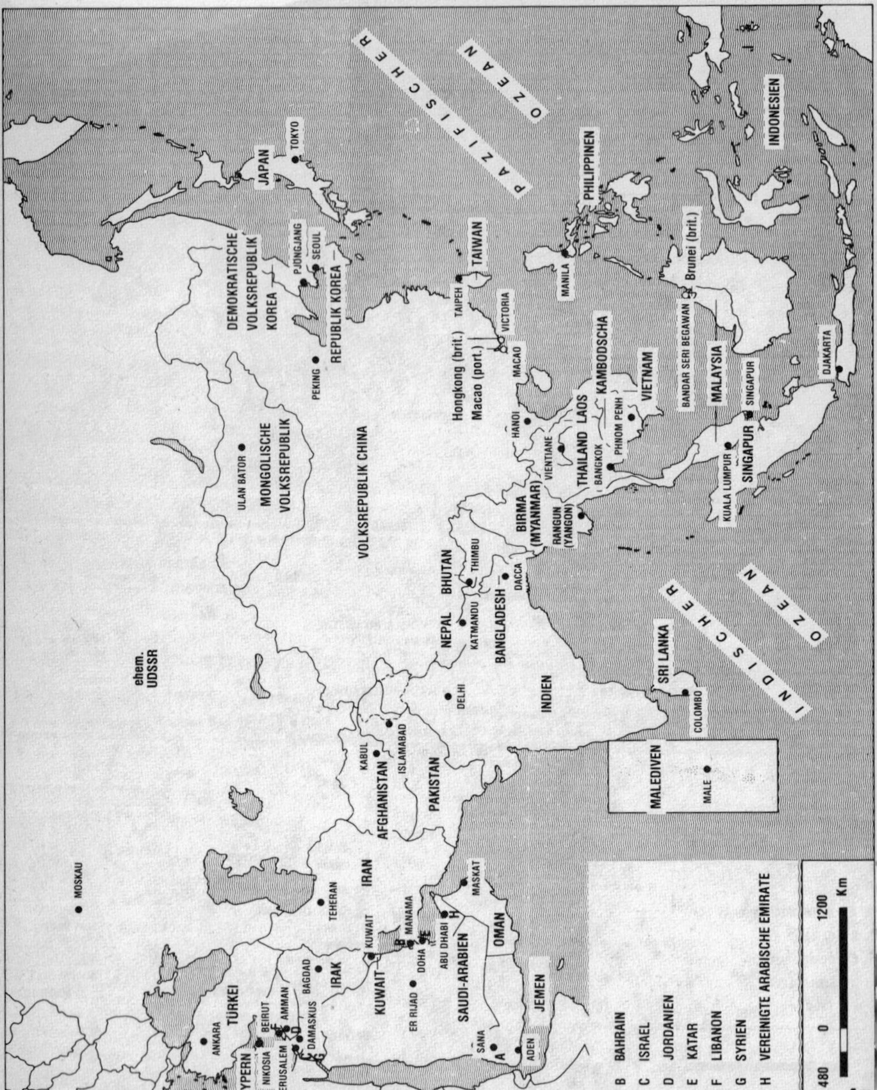

Zu diesem Buch

Das «Lexikon Dritte Welt» ist als Nachschlagewerk und Arbeitsmittel unentbehrlich für alle, die im weitesten Sinne mit Fragen der Entwicklungspolitik, der Nord-Süd-Problematik und der Dritten Welt beschäftigt sind.

Durch die Kombination von Länderanalysen, organisationskundlichen und begrifflich-systematischen Stichwörtern wird in einem Band umfassend zum Gegenstandsbereich informiert. Auf zahlreiche Sachverhalte wird problemorientiert eingegangen, in zentrale Fragen der Entwicklungswissenschaft und entwicklungspolitischen Praxis eingeführt. Auf diese Weise gewinnt der Benutzer des Nachschlagewerkes in Schule und Hochschule, in Wirtschaft und Politik und insbesondere im Bereich der Bewußtseinsbildung über Dritte-Welt-Probleme neben lexikalischer Information Grundlagen für eine inhaltliche Auseinandersetzung mit den einzelnen Fragestellungen. Die große Zahl der Autoren bürgt für einen pluralistischen Charakter des Gesamtwerkes, das ausschnitthaft die Kontroversen in der entwicklungspolitischen Diskussion widerspiegelt. Gemeinsam ist den Autoren ihr Engagement für die Dritte Welt. Sie plädieren freilich für eine von Sachkenntnis und politischem Verantwortungsbewußtsein getragene Auseinandersetzung mit den die Entwicklungsländer und die internationale Gesellschaft betreffenden Fragen. Insofern versteht sich das «Lexikon Dritte Welt» als Beitrag zur politischen Bewußtseinsbildung.

Der Herausgeber, Dr. phil. Dieter Nohlen, ist Professor für Politische Wissenschaft an der Universität Heidelberg.

Dieter Nohlen (Hg.)

Lexikon Dritte Welt

Länder, Organisationen, Theorien, Begriffe, Personen

Autoren:

Renate Arndt, Harald Barrios, Fritz Beimdiek, Petra Bendel, Dieter Benecke, Klaus Bodemer, Andreas Boeckh, Otto Boye Soto, Ana Catarina Clemente, Hans-Jochen Diesfeld, Dietmar Dirmoser, Michael Frein, Mario Fernández Baeza, Mir. A. Ferdowsi, Michael Fremerey, Gisela Frommer, Felix Gallé, Wolfgang Geiger, Dirk Gerdes, Christiano German, Kambiz Ghawami, Bernd Girrbach, Axel Halbach, Rolf Hanisch, Andreas Hildenbrand, Bernd Hillebrands, Waldemar Hummer, Martin Kaiser, Volker Kasch, Hanna Keitel-Kivouvou, Andreas Klemmer, Reiner Knoblauch, Hans-Peter Kotthaus, Joachim Krause, Michael Kreile, Michael Krennerich, Volker G. Lehr, Volker Lenhart, Silke Levermann, Hans U. Luther, Gero Maaß, H. C. F. Mansilla, Hanspeter Mattes, Ulrich Menzel, Martina Müller, Gerd Nickoleit, Roman Niedworok, Hans-Peter Nissen, Dieter Nohlen, Meike Nohlen, Franz Nuscheler, Günther Philipp, Hermann Röhrs, Michael A. Rupp, Rainer Sakic, Hartmut Sangmeister, Annette Schmid, Alexander Seger, Rasul Shams, Karin Stahl, Michael Strübel, Roland Sturm, Rainer Tetzlaff, Bruno Thiesbrummel, Rudolf Tippelt, Bernhard Thibaut, George Turner, Achim Wachendorfer, Ute Wachendorfer-Schmidt, Norbert Wagner, Nikolaus Werz, Wichard Woyke, Klaus Ziemer, Wolfgang-Peter Zingel

ro ro ro

Rowohlt

Vollständig überarbeitete Neuausgabe
Stand: Januar 1993

Dieser vollständig überarbeiteten und stark erweiterten Ausgabe liegt das «Lexikon Dritte Welt» zugrunde, das 1980 beim Signal-Verlag erschienen war.

55.–64. Tausend Mai 1993

Veröffentlicht im Rowohlt Taschenbuch Verlag GmbH, Reinbek bei Hamburg, Januar 1984

Umschlaggestaltung Büro Hamburg
(Fotos: Jeffrey Clifford / Wheeler Pictures und Bildagentur Schuster / Liaison)
Satz Trump (Linotronic 500)
Gesamtherstellung Clausen & Bosse, Leck
Printed in Germany
2290-ISBN 3 499 16354 3

Vorwort

Das Lexikon Dritte Welt ist Nachschlagewerk und Arbeitsmittel zugleich. Es bietet sachbezogene Informationen und Kurzanalysen zu den die Dritte Welt als Entwicklungsregion und internationalen Akteur betreffenden Fragen. Grob gegliedert werden die Staaten der Dritten Welt, die nationale und internationale Entwicklungspolitik und die Nord-Süd-Problematik behandelt. Das Lexikon kombiniert Länderanalysen mit organisationskundlichen und begrifflich-systematischen Stichwörtern. Damit wird in einem einzigen Band umfassend zum Gegenstandsbereich Dritte-Welt-Entwicklungspolitik informiert. Auf zahlreiche Sachverhalte wird problemorientiert eingegangen, in zentrale Fragen der Entwicklungswissenschaft und entwicklungspolitischen Praxis eingeführt. Auf diese Weise gewinnt der Benutzer des Nachschlagewerks in Schule und Hochschule, in Wirtschaft und Politik und insbesondere im Bereich der Bewußtseinsbildung über Dritte-Welt-Probleme neben lexikalischer Information Grundlagen für eine inhaltliche Auseinandersetzung mit den einzelnen Fragestellungen. Die große Zahl der Autoren bürgt für einen pluralistischen Charakter des Gesamtwerks. Es spiegelt ausschnitthaft die Kontroversen in der entwicklungspolitischen Diskussion wider. Gemeinsam ist den Autoren ihr Engagement für die Dritte Welt. Sie plädieren freilich für eine von Sachkenntnis und politischem Verantwortungsbewußtsein getragene (und nicht ausschließlich emotionale) Auseinandersetzung mit den die Entwicklungsländer und die internationale Gesellschaft betreffenden Fragen. Insofern versteht sich das Lexikon Dritte Welt als Beitrag zur politischen Bewußtseinsbildung.

Für die fünfte Auflage wurde das Werk erneut gründlich überarbeitet und auf den neuesten Stand gebracht. Die bewährte Struktur des Lexikons blieb unverändert. Entsprechend den neueren Tendenzen und Schwerpunktsetzungen in der entwicklungstheoretischen und -strategischen Debatte wurden auch neue Stichwörter (etwa Drogenwirtschaft, sustainable development, Usbekistan) aufgenommen, ohne am bisherigen Bestand wesentliche Veränderungen vorzunehmen. Die Zahl der Stichwörter beläuft sich jetzt auf etwa 820.

Nachdem die dritte und vierte Auflage mit Hilfe meiner wissenschaftlichen Mitarbeiter bewerkstelligt worden war, wollte ich nun mal wieder am eigenen Leibe erfahren, welche Arbeit es macht, ein Nachschlagewerk zu überarbeiten. Ohne Mithilfe einer Reihe von Autoren, die ihre Beiträge aktualisierten, und einiger meiner Mitarbeiter, die zugleich Autoren des Bandes sind, wäre es freilich nicht gegangen. Ich danke insbesondere Bernd Hillebrands, Michael Krennerich und Bernhard Thibaut; für die Überarbeitung des Tabellenteils Dr. Hartmut Sangmeister, und in meinem Sekretariat Simone Breitenberger.

Heidelberg, im Januar 1993 — Dieter Nohlen

Autorenverzeichnis

ab	Prof. Dr. Andreas Boeckh, Universität Tübingen
acc	Ana Catarina Clemente, Studentin, Universität Heidelberg
ah	Andreas Hildenbrand, MA, Doktorand, Universität Heidelberg
ajh	Axel J. Halbach, Ifo-Institut München
ak	Andreas Klemmer, Student, Universität Heidelberg
als	Alexander Seger, MA, UNFDAC-Mitarbeiter, Wien
as	Annette Schmid, MA, GTZ, Eschborn
aw	Dr. Achim Wachendorfer, Auslandsmitarbeiter der Friedrich-Ebert-Stiftung, São Paulo
bg	Bernd Girrbach, MA, freier Journalist, Fachkorrespondent für Entwicklungspolitik, Heidelberg
bh	Bernd Hillebrands, BD, MA, Universität Heidelberg
bt	Bernhard Thibaut, MA, Wiss. Mitarbeiter, Universität Heidelberg
btl	Bruno Thiesbrummel, Friedrich-Naumann-Stiftung, Königswinter
cg	Dr. Christiano German, Wiss. Assistent, Kath. Universität Eichstätt
db	Dr. Dieter W. Benecke, Vorsitzender von Inter Nationes, Bonn
dd	Dr. Dietmar Dirmoser, Friedrich-Ebert-Stiftung, Lima
dg	Dr. Dirk Gerdes, Privatdozent, Ostfriesische Landschaft, Aurich
dn	Prof. Dr. Dieter Nohlen, Universität Heidelberg
fb	Dr. Fritz Beimdiek, Dipl.-Volkswirt, Entwicklungsreferent (Auswärtiges Amt), Lusaka
fg	Felix Gallé, Doktorand, Universität Heidelberg
fn	Prof. Dr. Franz Nuscheler, Universität-Gesamthochschule Duisburg
gf	Dr. Gisela Frommer, GTZ-Beauftragte in Rwanda
gm	Dr. Gero Maaß, Auslandsmitarbeiter der FES, Paris
gn	Gerd Nickoleit, Projektreferent GEPA, Schwelm
gp	Dr. Günther Philipp, Diakonisches Werk, Karlsruhe
gt	Prof. Dr. George Turner, Senator für Wissenschaft und Forschung Berlin a. D., Universität Hohenheim
hb	Harald Barrios, MA, Wiss. Mitarbeiter, Universität Heidelberg
hjd	Prof. Dr. Hans-Jochen Diesfeld, Universität Heidelberg
hk	Hanna Keitel-Kivouvou, MA, Doktorandin, Universität Heidelberg
hm	Dr. H. C. F. Mansilla, Instituto Boliviano de Cultura, La Paz
hpk	Hans-Peter Kotthaus, Dipl.-Übersetzer, Generalsekretär der Association Parlementaire pour la Coopération Euro-Arabe, Brüssel
hpm	Dr. Hanspeter Mattes, Dipl.-Volkswirt, Deutsches Orient-Institut, Hamburg
hpn	Prof. Dr. Hans-Peter Nissen, Universität-Gesamthochschule Paderborn
hr	Prof. Dr. Hermann Röhrs, Universität Heidelberg
hs	Dr. Hartmut Sangmeister, Privatdozent, Universität Heidelberg
hul	Dr. Hans U. Luther, Assoc. Professor und Lehrbeauftragter, FU Berlin
jk	Joachim Krause, Generalsekretär der Deutschen Gesellschaft für die Vereinten Nationen, Bonn
kb	Dr. Klaus Bodemer, Friedrich-Ebert-Stiftung, Montevideo
kg	Dr. Kambiz Ghawami, Vorstandsvorsitzender WUS – Deutsches Komitee e. V., Fachhochschule Wiesbaden
ks	Dr. Karin Stahl, Mitarbeiterin der AG-KED, Stuttgart
kz	Prof. Dr. Klaus Ziemer, Universität Trier

maf Dr. Mir. A. Ferdowsi, Akad. Rat a. Z. am Geschwister-Scholl-Institut der Universität München
mar Michael A. Rupp, Student, Universität Heidelberg
mf Prof. Dr. Michael Fremerey, Gesamthochschule Kassel
mfb Dr. Mario Fernández Baeza, Staatssekretär im chilenischen Verteidigungsministerium, Santiago de Chile
mfn Michael Frein, AG KED, Stuttgart
mik Michael Krennerich, Wiss. Mitarbeiter, Universität Heidelberg
mk Prof. Dr. Michael Kreile, Universität Konstanz
mka Martin Kaiser, Dipl.-Volkswirt, Südasien-Institut der Universität Heidelberg
mm Martina Müller, MA, Wiss. Mitarbeiterin, Universität Heidelberg
mn Meike Nohlen, Studentin, Universität Köln
ms Privatdozent Dr. Michael Strübel, Universität Heidelberg
niw Dr. Nikolaus Werz, Privatdozent, Universität Freiburg
nw Dr. Norbert Wager, Südasien-Institut der Universität Heidelberg
obs Otto Boye Soto, Wissenschaftsattaché, Botschaft von Chile, Bonn
pb Petra Bendel, MA, Institut für Iberoamerika-Kunde, Hamburg
ra Renate Arndt, MA, Wiss. Mitarbeiterin, Universität Heidelberg
rh Dr. Rolf Hanisch, Privatdozent am Institut für Internationale Angelegenheiten, Hamburg
rk Rainer Knoblauch, Universität Frankfurt
rn Roman Niedworok, Doktorand, Universität Heidelberg
rs Prof. Dr. Roland Sturm, Universität Tübingen
rsa Rainer Sakic, Mitarbeiter der GEPA, Jügesheim
rss Dr. Rasul Shams, HWWA, Hamburg
rt Prof. Dr. Rainer Tetzlaff, Universität Hamburg
rti Dr. Rudolf Tippelt, Landesinstitut für Allgemeine Weiterbildung, Mannheim
sl Silke Levermann, Studentin, Universität Heidelberg
um Prof. Dr. Ulrich Menzel, Universität Frankfurt
uw Dr. Ute Wachendorfer-Schmidt, Heidelberg
vgl Dr. Volker G. Lehr, Friedrich-Naumann-Stiftung, San José / Costa Rica
vk Dr. Volker Kasch, Mitarbeiter der EZE, Bonn
vl Prof. Dr. Volker Lenhart, Universität Heidelberg
wg Prof. Dr. Wolfgang Geiger, Freie Universität Berlin
wh Prof. DDDr. Waldemar Hummer, Universität Innsbruck
wpz Dr. Wolfgang-Peter Zingel, Südasien-Institut der Universität Heidelberg
ww Prof. Dr. Wichard Woyke, Universität Münster

Hinweise für Benutzer

Das LEXIKON DRITTE WELT ist zuallererst ein Lexikon zum Nachschlagen von Begriffen, Sachkomplexen, Institutionen etc. Für die alphabetische Einordnung der Stichwörter zu Organisationen und Institutionen wurde in aller Regel die gebräuchliche Abkürzung gewählt, deren Aufschlüsselung in der Praxis die meisten Probleme macht. Die volle Schreibweise des behandelten Gegenstandes wurde jedoch zur Sicherheit lexikalisch mit aufgenommen, um dessen Auffinden auf jeden Fall zu gewährleisten.

Das Lexikon arbeitet mit zwei Verweissystemen: Sternchen * und Pfeilen →. Sternchen * verweisen auf Abkürzungen, Begriffe etc., die möglicherweise bei der Lektüre eines Stichworts Probleme aufgeben, die durch Nachschlagen im vorliegenden Lexikon selbst gelöst werden können. Die Sternchen-Hinweise verhelfen aber auch vielfach dazu, das gesuchte Stichwort in den begrifflich-systematischen Zusammenhang zu stellen, z.B. wenn bei *big push* mittels Sternchen der Verweis auf Wachstum und damit Wachstumstheorien erfolgt. Mit Pfeilen → wird der Benutzer auf Stichwörter aufmerksam gemacht, die die Information im nachgeschlagenen Stichwort sinnvoll ergänzen können.

Das Verweissystem räumt die Möglichkeit einer z.T. handbuchartigen Benutzung des Lexikon ein, die verstärkt wird durch die systematisierte Zuordnung der Stichwörter, wie aus dem Schema auf Seite 12 zu entnehmen ist. Unterscheiden wir die Gesamtthematik des Lexikons in Kernprobleme von *Entwicklung, Theorien der Unterentwicklung und Entwicklungsstrategien sowie *Entwicklungspolitik (Stichwörter, die – wie mit dem Sternchen angezeigt – im Lexikon behandelt werden), so lassen sich diesen zentralen Feldern eine Reihe von Hauptkonzepten zuordnen, die ebenfalls im Lexikon vertreten sind, und diese wiederum stehen in Verbindung mit einer Vielzahl weiterer Stichwörter, mit deren Hilfe das Sachgebiet bis ins Detail konzeptioneller, programmatischer oder organisatorischer Natur ausgeleuchtet werden kann.

Vergleiche zwischen den Ländern bleiben im wesentlichen auf den Tabellenteil beschränkt, der sich im Anhang befindet. Bis auf wenige Fälle sind die im Text gewählten Abkürzungen aus sich heraus verständlich. Der Herausgeber hofft, daß sich die Benutzer schnell in die wichtigsten Abkürzungen: E. = Entwicklung, UE = Unterentwicklung, EL = Entwicklungsländer und IL = Industrieländer – einlesen. Weitere, in der Regel gebräuchliche Abkürzungen schlüsselt das Abkürzungsverzeichnis (S. 13f) auf. Die Literaturangaben sind weiterführend und erheben keinen Anspruch auf Vollständigkeit. In vielen Fällen wurden sie von der Redaktion zusammengestellt.

Die Namen der Verfasser werden jeweils unter den Beiträgen angegeben; die Kürzel entschlüsselt das Autorenverzeichnis (S. 8f).

Abschließend noch wichtige Literaturhinweise: Für die laufende Dokumentation über die in dem vorliegenden Lexikon behandelten Gegenstände ist das in Loseblattform erscheinende HANDBUCH FÜR INTERNATIONALE ZUSAMMENARBEIT zu empfehlen, das von der Vereinigung für Internationale Zusammenarbeit herausgegeben wird und im Nomos-Verlag Baden-Baden erscheint. Notwendige Ergänzung zum LEXIKON DRITTE WELT ist hinsichtlich der Entwicklungstheorie und der Entwicklungsprozesse in den Ländern der Dritten Welt das von D. Nohlen und F. Nuscheler herausgegebene

HANDBUCH DER DRITTEN WELT, das 1992ff in der dritten, gänzlich neubearbeiteten Auflage beim Verlag J. H. W. Dietz Nachf. in Bonn erschienen ist. Es umfaßt acht Bände, wobei der erste Band Grundprobleme, Theorien, Strategien behandelt. Die nachfolgenden sieben Bände enthalten neben einzelnen Länderanalysen regionale und regionenübergreifende Einführungen in die Entwicklungsprobleme.

Schließlich sei noch auf die Einführung von Franz Nuscheler, LERN- UND ARBEITSBUCH ENTWICKLUNGSPOLITIK, dritte Auflage, Bonn 1991, verwiesen.

Im Anhang (S. 759ff) enthält das Lexikon Dritte Welt eine Zusammenstellung von Organen (Zeitschriften, Periodika, Schriftenreihen), die laufend Berichte und Analysen über die Dritte Welt publizieren.

Adresse der Redaktion: Institut für Politische Wissenschaft an der Universität Heidelberg, Marstallstr. 6, 6900 Heidelberg.

Schema: Themenbereich Entwicklung

	Hauptkonzepte	zuordnungsfähige Stichwörter
Entwicklung – Kernprobleme	Bevölkerung	Landflucht, Urbanisierung, Weltbevölkerungskonferenz, Familienplanung, UNFPA
	Beschäftigung	Arbeitslosigkeit, Armut, Marginalität, ILO
	Wachstum	Akkumulation, Sparquote, Investitionen, Produktivität, Pro-Kopf-Einkommen
	Ernährung / Gesundheit	Armut, Sterberate, Kindersterblichkeit, Lebenserwartung, Mangelernährung, Gesundheitsdienste /-indikatoren, Ethnomedizin, Primary Health Care, Aids, Gentechnologie, Welternährungskonferenz, FAO, IFAD, WFC / WFP, WHO
	Partizipation	Einkommenverteilung, Lorenz-Kurve, GINI-Koeffizient, Genossenschaften, Gewerkschaften, community development, Demokratisierung, Minderheit
	Ökologie	Brundtland-Report, Global 2000, Umweltflüchtlinge, Gentechnologie, Desertifikation, sustainable development
	Abhängigkeit	int. Arbeitsteilung, Neokolonialismus, terms of trade, Handelshemmnisse, Verschuldung, Technologietransfer, Rüstung
Entwicklungsstrategien	Wachstum	Sozialprodukt, Industrialisierung, Importsubstitution, take off, big push, Investitionen, Außenhandelstheorie
	soz. Wandel	Kulturwandel, Akkulturation, Dualismus
	autozentrierte Entwicklung	Abhängigkeit, strukturelle Heterogenität, Dissoziation, self-reliance, selektive Teilnahme
	Grundbedürfnisse	ländl. Entwicklung, WCARRD, angepaßte Technologie, arbeitsintensiv, Ernährung / Gesundheit
	Neue Weltwirtschaftsordnung collective self-reliance	Charta, Nationalisierung, Integriertes Rohstoffprogramm, Gemeinsamer Fonds, Indexierung, STABEX, SYSMIN, Süd-Süd-Beziehungen, ECDC, ICDC, Gruppe der 77
Entwicklungspolitik / -hilfe	Instrumentarium	Finanzielle Zusammenarbeit, ODA, Technische Zusammenarbeit, Personelle Hilfe (Entwicklungshelfer, -experte), Projekt-, Programmhilfe, Warenhilfe, Humanitäre Hilfe, Strukturhilfe, Regionale Entwicklungsbanken, counterparts, Zinssubventionen, Zuschußelement, Umschuldung
	Organisationen national	BMZ, AwZ, GTZ, KfW, DED, DSE, CDG, DEG, GATE, AG-KED, BfdW, EZE, Misereor, KZE, GKKE, KAS, FES, FNS, Bensheimer Kreis, DPWV
	international	UN, ECOSOC, UNCTAD, UNDP, UNIDO, GATT, IWF, Weltbank, IDA, IFC, MIGA, FAO, WHO, ILO, DAC, BID, ABD, IGH

Abkürzungsverzeichnis

A.	Alter
Abg.	Abgeordneter
Abh./abh.	Abhängigkeit/abhängig
abs.	absolut
allg./i. allg.	allgemein/im allgemeinen
and. Ang.	andere Angaben
APuZ	Aus Politik und Zeitgeschichte. Beilage zur Wochenzeitung «Das Parlament», Bonn
Ausf.	Ausfuhr
ausl.	ausländisch
AVR	Archiv des Völkerrechts
Bd.	Band
bes.	besonders
best.	bestimmte
Bev.	Bevölkerung
Bez.	Beziehung
BIP	Bruttoinlandsprodukt
bpd	*barrel per day*
BSP	Bruttosozialprodukt
bzw.	beziehungsweise
ca.	circa
d. h.	das heißt
Dienstleist.	Dienstleistungen
dipl.	diplomatisch
durchschn.	durchschnittlich
E./e.-	Entwicklung/entwicklungs-
EA	Europa-Archiv
ebd.	ebenda
ehem.	ehemalig
Einf.	Einfuhr
EL	Entwicklungsländer
EPHL	Entwicklungspolitik. Handbuch und Lexikon, hg. von H. Boesters und E. E. Boesch, Berlin/Mainz 1966
Erw.	Erwerbstätige
etc.	und so weiter
ev.	evangelisch
Ew.	Einwohner
EZ	Entwicklung und Zusammenarbeit
finanz.	finanziell
Forstw./forstw.	Forstwirtschaft/forstwirtschaftlich
gegr.	gegründet
ggf.	gegebenenfalls
Ggs.	Gegensatz
geogr.	geographisch
ges.	gesamt
gesellsch.	gesellschaftlich
gesch.	geschätzt
HDW I	Handbuch der Dritten Welt, hg. von D. Nohlen und F. Nuscheler, 4 Bde., Hamburg 1974–1978
HDW II	2. Auflage, 8 Bde., Hamburg 1982–1983
HDW III	3. Auflage, 8 Bde., Bonn 1992–1994
hist.	historisch
HIZ	Handbuch für internationale Zusammenarbeit, Loseblattsammlung, Baden-Baden lfd.
Hg./hg.	Herausgeber/herausgegeben von
Hs.	Hauptstadt
IAF	Internationales Asienforum
ID	International Development
i. d. R.	in der Regel
IL	Industrieländer
Imp./imp.	Imperialismus/imperialistisch
Ind./ind.	Industrie/industriell
Info	Informationen
insb./insbes.	insbesondere
insg./insges.	insgesamt
int.	international
int. Bez.	internationale Beziehungen
i. S.	im Sinne
J./j./jährl.	Jahr/jährlich
JCMS	Journal of Common Market Studies
Jg.	Jahrgang

Jh.	Jahrhundert
JHE	Journalistenhandbuch Entwicklungspolitik, hg. * BMZ, erscheint jährl.
JIR	Jahrbuch für internationales Recht
JWTL	Journal of World Trade Law
JZ	durchschnittl. jährl. Zuwachsrate
kath.	katholisch
kcal.	Kilokalorien
komm.	kommunistisch
LA	Lateinamerika
Landw./landw.	Landwirtschaft/landwirtschaftlich
ländl.	ländlich
LE	durchschnittl. Lebenserwartung bei Geburt
lfd.	laufend
Lit.	Literatur
m	Meter
Mat.	Materialien
m. a. W.	mit anderen Worten
max.	maximal
med.	medizinisch
milit.	militärisch
Min.	Minister(ium)
mind.	mindestens
Mio.	Millionen
Mitgl.	Mitglied(er)
MP	Ministerpräsident
Mrd.	Milliarden
N	Nord(en)
nat.	national
O	Ost(en)
öfftl.	öffentlich
ökol.	ökologisch
ökon.	ökonomisch
Org./Org.	Organisation/organisatorisch
p. a.	pro Jahr
parl.	parlamentarisch
pazif.	pazifisch

pol.	politisch
Präs.	Präsident
Publ.	Publikation
qkm	Quadratkilometer
rd.	rund
Reg.	Regierung
rel.	relativ
relig.	religiös
Rep.	Republik
S	Süd(en)
sog.	sogenannt
soz.	sozialistisch
staatl.	staatlich
städt.	städtisch
s. u.	siehe unten
T.	Tausend
t	Tonne
techn.	technisch
technol.	technologisch
Trad./trad.	Tradition/traditionell
u. a.	und andere/unter anderem
UE	Unterentwicklung
Unabh./unabh.	Unabhängigkeit/unabhängig
ursprgl.	ursprünglich
usw.	und so weiter
u. v. a.	und viele andere
v. a.	vor allem
versch.	verschiedene
vgl.	vergleiche
VRÜ	Verfassung und Recht in Übersee
W	West(en)
Wirtsch./wirtsch.	Wirtschaft/wirtschaftlich
wiss.	wissenschaftlich
ZaöRV	Zeitschrift für ausländisches öffentliches Recht und Völkerrecht
z. B.	zum Beispiel
Zft.	Zeitschrift
z. T.	zum Teil
z. Z.	zur Zeit

Die Abkürzungen der Ländernamen folgen i. d. R. den int. gebräuchlichen Autokennzeichen, die adjektivischen Länder-, Kontinent- und Himmelsrichtungsbezeichnungen sollten aus sich heraus verständlich sein (franz. für französisch, afrik. für afrikanisch, südl. für südlich usw.).

A

AASM →Assoziierung, Entwicklungspolitik der EG

ABEDA →Arabische Entwicklungshilfe an Afrika

Abhängige Entwicklung Unter a. E. wird in der * Entwicklungstheorie eine spezielle Form von E. verstanden, die primär definiert wird durch die Art des Wachstums, das hauptsächlich außengerichtet bzw. exportorientiert ist. Im einzelnen gelten für a. E. folgende Merkmale: 1. Struktur der Produktion (statt Produktion von Gütern zur Bedarfsdeckung der einheimischen Bev. Herstellung von Erzeugnissen für den Weltmarkt und entsprechend dem Bedarfsprofil der IL); 2. Muster der Integration der Wachstumssektoren (statt nat. Einbindung Integration in das int. Produktionssystem in vertikaler Form [Agrarerzeugnisse, mineralische Rohstoffe, ind. Halbfertigerzeugnisse]); 3. Ursprung von Kapital und Technologie (nicht intern, sondern extern, «von außen induzierte Dynamik und Stagnation» [Senghaas]); 4. Verteilungsmuster der Profite (Gewinne verbleiben zum geringsten Teil im jeweiligen EL und werden von den * transnationalen Konzernen in die IL transferiert; was im Lande bleibt, wird sehr ungleich verteilt). A. E. steht in ursächlicher Verbindung mit dem Muster der * internationalen Arbeitsteilung. Entwicklungstheoretisch verweist der Begriff a. E. darauf, daß wirtschaftliches * Wachstum nicht gleich * Entwicklung ist. dn

Abhängige Gebiete Als a. G. bezeichnet man die pol. abh. Länder und Territorien, die unter Fremdherrschaft stehen bzw. deren Autonomie durch das Mandat int. Organisationen (Völkerbund, * UN) oder von diesen übertragenen Mandaten beschränkt ist. A. G. ist ein völkerrechtlicher Begriff, der pol. insbes. durch die UN (Charta verkündete Grundsatz der Selbstregierung, Verpflichtung aller Staaten zu regelmäßiger Berichterstattung über die wirtsch. und sozialen Verhältnisse in den von ihnen a. G. n) Bedeutung gewann. Durch den erfolgreichen Kampf der unter Kolonialherrschaft stehenden Völker um Unabh. und Selbstbestimmung hat sich die Zahl der a. G. seit Beginn der * Dekolonisation stark verringert. dn

Abhängigkeit Unter A. wird in der entwicklungspol. Diskussion nicht jedwede Form von A. verstanden (irgendwie sind alle von allen abhängig, auch die IL von den EL), sondern strukturelle A. Dieser Begriff bezeichnet die Vermittlung bzw. Verpflanzung von Bedürfnisstruktur und Reproduktionsdynamik der entwickelten Länder in die Volkswirtschaften der EL, was * strukturelle Heterogenität sowie Entstehung und Verfestigung von UE (im Gegensatz zu Nichtentwicklung) zur Folge hat. In diesem Verständnis ist A. zu einem Parallelbegriff von UE geworden, deren Beziehung zueinander (A. synonym, Ursache oder Wirkung von UE) in der Literatur umstritten ist, vielfach aber gar nicht reflektiert wird. →Dependencia-Theorien. dn

Abhängigkeitsschwelle →Exporterlösstabilisierung, STABEX

Abhängigkeitstheorien →Dependencia-Theorien

Abkommen von Jaundé →Assoziierung (EG), EEF, Entwicklungspolitik der EG

Abkoppelung →Dissoziation

ABP →AG KED

Abrüstung und Entwicklung Bisher fanden drei * UN-Konferenzen (1978, 1982 und 1987) über den Zusammenhang von * Rüstung und UE bzw. Abrüstung und * Entwicklung statt. Grundlegend ist die Idee, durch eine Verringerung von Rüstungsausgaben

*Ressourcen freizusetzen, die dann für Entwicklungsaufgaben verwendet werden könnten. Die EL fordern mit Blick auf die gigantischen Rüstungsausgaben der Supermächte und ihrer Verbündeten, durch gezielte, int. vereinbarte Abrüstungsmaßnahmen einen solchen Ressourcentransfer möglich zu machen. Substantielle Ergebnisse hat keine der drei Konferenzen erbracht. Die IL leugnen zwar nicht die grundsätzliche Bedrohung, die von beiden Problembereichen für die Menschheit ausgeht, doch sind sie entweder von vornherein nicht bereit, sie als wechselseitig zusammenhängend zu erkennen (die USA haben aus diesem Grund die 1987er Konferenz boykottiert), oder sie verschließen sich den praktischen Maßnahmenforderungen der EL (z.B. Einrichtung eines Entwicklungsfonds, der aus Abrüstung oder einer Rüstungssteuer gespeist werden soll) mit dem Argument, sie würden nur ‹absolut notwendige› Rüstungsausgaben tätigen (so z.B. die Sowjetunion). Die westl. IL verweisen auch auf die Rüstungsausgaben der EL und versuchen so, den Zusammenhang als eine im wesentlichen interne Angelegenheit der *Dritten Welt abzuhandeln. →Kriege in der Dritten Welt; Stiftung Entwicklung und Frieden.

Lit.: H. Wulf, Die VN-Konferenz «Abrüstung und Entwicklung», in: Interdependenz, Nr. 1/1988; L. Köllner/B. Huck (Hg.), Abrüstung und Konversion, Frankfurt/M. 1991. bt

Absentismus Problem der nicht am Ort lebenden Landbesitzer oder Verpächter (*absentee landlords*), die ihr Land nicht selbst bebauen, sondern durch Verwalter und/oder Pächter (**share cropping*) nutzen lassen und selbst in den Städten leben. wpz

Absolute Armut →Armut

Absorptionsfähigkeit auch A.-Kapazität, allg.: Aufnahme-, Verarbeitungs- und Umsetzungsfähigkeit eines EL für bereitgestellte *Ressourcen (v.a. bei geschenktem und geliehenem Kapital, aber auch bei Sachmitteln, Projektangeboten etc.). Volkswirtsch. versteht man unter A. jenes (Investitions-) Mittelvolumen, das in einem best. Zeitraum effizient eingesetzt werden kann.

Ein erhebliches Problem für die E.-Zusammenarbeit ist die allg. geringe A. von EL. Sie ist v.a. bedingt durch: die begrenzte Inlandsnachfrage (geringe Kaufkraft der armen Bev.), Wettbewerbs- und Absatzprobleme im Export, die oft verwandten *kapitalintensiven Technologien (die erst bei großen Ausbringungsmengen effizient sind) sowie auf der Angebotsseite durch Mangel an effektiven Verwaltungsleistungen, qualifizierter Arbeitskraft und **Know-how*, das (wegen Devisenmangels) nur begrenzt in IL eingekauft werden kann. Geberseitig wird das v.a. in der *finanziellen Hilfe auftauchende Problem noch verschärft, weil oft komplementär-begleitende Maßnahmen fehlen oder zeitlich und strukturell schlecht abgestimmt sind. Durch die Anwendung eines ausgewogenen Maßnahmenbündels (z.B.: zur Fabrikanlage ein berufsbildendes Ausbildungszentrum; zum ländl. Bewässerungsprojekt Straßenbau zur Absatzförderung) versucht man heute (v.a. in der *ländlichen Entwicklung), das Problem zu entschärfen.

Bei *LLDCs oder vergleichbar armen Ländern ist die A. am geringsten. Nach Zielgruppen sind v.a. armuts- und *grundbedürfnisorientierte Maßnahmen betroffen. Werden diese, wie häufig der Fall, über eine Vielzahl (oft sehr versch.) Kleinstmaßnahmen betrieben, kommt die mangelnde A. der einheimischen Verwaltung (schlechte Ausbildung, Korruption, strukturelle Probleme mit der Geberbürokratie) noch hinzu. Wenn eine effiziente Umsetzung – gerade bei armutsorientierten Projekten – über einen sozialen Wandel die Herrschaft der nat. Elite gefährdet, spiegelt sich im A.-Problem von Wirtsch. und Verwaltung oft die geringe A. der pol. Führungsschicht. Ein sichtbarer Ausdruck geringer A. ist der oft große Unterschied zwischen dem (vom Geber) zugesagten Mittelvolumen und den (vom EL) de facto abgerufenen und umgesetzten Beträgen. So hat z. B. die Agrar-Organisation *IFAD (Zielgruppe: Kleinbauern, landlose Arme) seit ihrer Gründung 1978 bis Ende 1988 2,238 Mrd. US-$ zugesagt, aber nur 1,2 Mrd. tatsächlich ausbezahlt.

Lit.: W. Stevens, Capital Absorptive Capacity in Developing Countries, Leiden 1971. bg

Abu Dhabi →Vereinigte Arabische Emirate

ACAST *United Nations Advisory Committee on the Application of Science and Technology for Development,* wiss. Beirat bei den *UN, im Anschluß an die erste UN-Welt-Wissenschafts- und Technologie-Konferenz (Genf 1963) einberufen, erarbeitete 1971 den Weltaktionsplan für die Anwendung von Wissenschaft und Technologie auf die Probleme der EL. →UNCST

Lit.: UN, World Plan of Action for the Application of Science and Technology to Development, New York 1981. dn

ACC *Arabian Cooperation Council,* Arabische Wirtschaftsgemeinschaft, Febr. 1989 gegr., Mitgl. Irak, Jordanien, Ägypten und Nordjemen. Ziele: schrittweise Koordinierung der Wirtsch.-Pläne, Stimulierung von *Investitionen und **joint ventures*, Errichtung eines gemeinsamen Marktes. Der Viererpakt steht weiteren arab. EL zum Beitritt offen und versteht sich als ein Schritt zu einem gesamtarab. gemeinsamen Markt. dn

ACDA →CADA

ACSAD *Arab Center for the Studies of Arid Zones and Dry Lands,* von der *Arabischen Liga gegr. Institut, das sich – unterstützt durch die *BGR – mit der Untersuchung des natürlichen Ressourcenpotentials (z. B. Erkundung der Wasser- und Bodenressourcen) in den Wüstengebieten der Staaten Syrien, Jordanien, Irak und Saudi-Arabien befaßt. ah

action medior →Deutsches Medikamenten-Hilfswerk «action medior»

ADB →AFDB, ASDB

ADF →AFDB, ASDB

ADLAF Arbeitsgemeinschaft Deutsche Lateinamerika-Forschung, fächerübergreifender Zusammenschluß von Forschungsinstituten und einzelnen Wissenschaftlern, die sich schwerpunktmäßig mit LA beschäftigen; 1964 gegr., 1988: ca. 240 Einzelmitgl. und 30 Forschungsinstitute. Aufgaben: Förderung der Forschungs-, Lehr- und Publikationstätigkeit über LA, Koordination, Interessenvertretung, Kontaktpflege, Organisation multidisziplinärer Forschungsvorhaben und wiss. Tagungen (jährl.). Adresse: ADLAF Forschungsschwerpunkt Lateinamerika, Geographisches Institut der Universität Tübingen, Hölderlinstr. 12, 7400 Tübingen. dn

Adventiat Pastoralhilfe für Lateinamerika, gegr. 1961, Sitz Essen; Aufgabe: Unterstützung der Kirche in Lateinamerika durch finanzielle Förderung pastoraler Projekte, die nicht selten in den entwicklungspol. Bereich hineinragen. Adresse: Postfach 100 152, 4300 Essen 1. dn

AEBÖ Arbeitskreis für entwicklungspolitische Bildungs- und Öffentlichkeitsarbeit, 1976 auf Anregung des *BMZ als lockerer Zusammenschluß der hauptamtlichen Referenten für Bildungs-, Presse- und Öffentlichkeitsarbeit nahezu aller (1988: 29) entwicklungspol. Trägerorganisationen (oder sonst mit dem Thema befaßten Organisationen) gegründet.

Jährl. stattfindende Klausurtagungen sowie Arbeits- und Projektgruppen (z. B. Didaktisches Material, Leitfäden, Projektpartnerschaften, Journalistische Aus- und Fortbildung) dienen der Koordinierung (bislang völlig ungenügend) und Verstärkung entwicklungspol. Bildungs- und Öffentlichkeitsarbeit sowie der Abstimmung bei der Herausgabe von Informationsmaterial. Außerdem gibt es gemeinsame

Aktionen (z. B. 1983 und 1987 Handreichungen für die Kandidaten der Bundestagswahl) und Publikationen.

Erfreulich ist die im AEBÖ erstmals stattfindende Zusammenarbeit zwischen offiziellen und offiziösen Gremien (BMZ, *DSE, *GTZ etc.) und Vertretern der alternativen entwicklungspol. Szene (*BUKO, *Dritte Welt-Läden), deren Verhältnis bislang von Mißtrauen und Berührungsängsten gekennzeichnet war. Adresse: AEBÖ, c/o →DSE/Zentrale Dokumentation. bg

AEF *Afrique Equatoriale Française*, 1910 bis 1958/59 bestehende «Föderation» der vier frz. Kolonien in Äquatorialafrika: Mittel-Kongo (= VR Kongo), Gabun, Oubangui-Chari (= Zentralafr. Republik) und Tschad mit der Hauptstadt Brazzaville. fn

AEJ →Dritte Welt-Läden

AEP Arbeitskreis entwicklungspolitischer Publikationen, 1977 auf Anregung des *BMZ gegr. loser Zusammenschluß von bundesdeutschen, österr. und schweizer. Redaktionen, die im Themenbereich E.-Politik/*Dritte Welt, Weltwirtschaft, *Auswärtige Kulturpolitik und int. Wissenschaftsbeziehungen arbeiten. Jährl. stattfindende Klausurtagungen dienen der Kontaktpflege, dem Erfahrungsaustausch, der Zusammenarbeit und Koordination bei gemeinsamen Schwerpunktthemen.
Adresse: Dr. Dieter Danckwortt, c/o Deutsche Stiftung für Internationale Entwicklung, Hans-Böckler-Str. 5, 5300 Bonn 3. bg

AFC →OAU

AFDB Afrikanische Entwicklungsbank (auch ADB, *African Development Bank*), 1963 in Khartum gegründet, Geschäftsaufnahme 1966, Sitz in Abidjan/Elfenbeinküste, 1986: 50 afrik. Mitgl., zunächst reine Regionalbank ohne IL-Mitgl.; als Folge knapper Ressourcen seit 1979 Beitritt nichtafrik. Länder möglich; 1986: 25 nichtafrik. Mitglieder. *Ziele*: Wirtsch. E. und sozialer Fortschritt der Mitgl.-Länder, Projekte mit überregionalen E.-Impulsen haben Vorrang; Harmonisierung von nat. E.-Strategien für ausgewogene gesamtafrik. E.; Kooperation mit *OAU und *ECA, 1973 Afrik. Konferenz über Handel und E. des monetären Systems. Wegen geringer Finanzkraft von AFDB (bis zur Erhöhung der Erdölpreise).

Autorisiertes Kapital (1986): 5250000* RE; zwei Drittel der Kapitalzeichnungen und Stimmrechtsanteile afrik. Staaten vorbehalten. Gründung von Tochter- bzw. Hilfsorganisationen: 1. Afrik. E.-Fonds ADF (*African Development Fund*), 1972 von 16 IL gegr.; 2. Gesellschaft zur Förderung privater Investitionen in Afrika SIFIDA (*Société international financière pour les investissements et le développement en Afrique*), auf Initiative von AFDB und *IFC gegründet, Sitz in Genf, Mitgl. etwa 100 Unternehmen aus den USA, Europa und Japan.

Schwerpunkte der Kreditvergabe: Agrarsektor, Transport und Energie; ADF hauptsächlich *Sahel-Zone.

Lit.: K. D. Fordwor, The AFDB. Problems of International Cooperation, New York 1981. dn

AFDOK →Dokumentationsleitstellen

AFESD *Arab Fund for Economic and Social Development*, Arabischer Fonds für wirtschaftliche und soziale Entwicklung.

Afghanistan Der Einmarsch sowjet. Truppen im Dez. 1979 rückte A. in den Mittelpunkt des Weltinteresses. Die Erhebung des Marxismus/Leninismus zur entwicklungspol. Leitlinie in A. fand jedoch eine Schranke im Nationalbewußtsein der afghan. Bev., das den Kolonialmächten bereits im 19. Jh. trotzte, in den trad. Gesellschaftsstrukturen und der vom Iran ausstrahlenden Erneuerung des islamischen Selbstbewußtseins (→Islamisierung).

1. Das *Binnenland A. läßt sich topographisch in drei Regionen einteilen: Die nördl. Ebene zwischen der sowjet. Grenze und dem Karakorum, das

zentrale Hochland, das mehr als die Hälfte des Staatsgebietes einnimmt, und das südwestl. Plateau. Das Land ist gebirgig, die Vegetation ist spärlich.

Die Bev. (1990: 16,6 Mio./JZ 2,6 %; Hs. Kabul Anfang 1989 einschließlich *Flüchtlingen über 2 Mio. Ew.) ist *ethnisch wie sprachlich stark gemischt. Die Anteile der einzelnen Volksgruppen können nur geschätzt werden; 1979 fand die erste Volkszählung statt, die eine wesentlich geringere Bev.-Zahl als bis dahin angenommen ergab. Seitdem haben etwa 5 Mio. das Land verlassen; 2,5 bis 3 Mio. flüchteten nach Pakistan, 1,5 bis 2 Mio. in den Iran. Die Zahl der Toten im Bürgerkrieg wird auf 1 Mio. geschätzt. Die Pashtunen (Pathanen), die größte Gruppe (ca. 50 %), gehören zumeist den großen Stämmen der Durrani und Ghilzai an und dominieren im S und O; Tadschiken (ca. 25 %) leben v. a. im nördl. Kabulbecken, im Hindukush, in Badakschan und um Herat; Usbeken und Turkmenen (ca. 10 %) siedeln im NW, die mongol. Hazara (10 %) bes. um den Kohi-Baba und im zentralen Hochland (Hazarajat). Der Rest entfällt auf Chahar, Aymak, Belutschen, Nuristani, Perser und Kirgisen (5 %). Die beiden Staatssprachen Pashtu und Dari (Persisch) werden von etwa 50 % und 30 % der Bev. gesprochen, die vorherrschende Religion ist der Islam, etwa 90 % der Bev. sind Sunniten, über 5 % Schiiten.

2. Die moderne Geschichte A.s beginnt im 18. Jh.: 1739 besiegte der aus dem Iran stammende Turkmene Nadir Shah vernichtend das Mogul-Reich und eroberte alle Gebiete westl. des Indus; nach seiner Ermordung löste Ahmed Shah Abdali (Durrani) A. aus dem persischen Reich; seit dieser Zeit ist A. ein selbständiger Staat, wenngleich mit wechselndem territorialen Bestand. Das ganze 19. Jh. stand A. unter dem Einfluß des Ringens Rußlands und GB.s um die Vormachtstellung in Asien (*great game*). Während die russ. Zaren einen Zugang zu den «warmen Gewässern» suchten, lag den Briten an der Erhaltung ihrer unangefochtenen Vormachtstellung im Indischen Ozean (→Indien). A. konnte in drei Kriegen zwar nicht von den Briten erobert werden und ist deshalb eines der wenigen EL, die niemals europ. Kolonie waren. 1838 bis 1842 wurden die Briten vernichtend geschlagen, 1878/79 mußte A. aber die brit. Oberhoheit anerkennen, erst 1919 (Vertrag von Rawalpindi) wurde die völlige Unabh. erreicht. Allerdings kam auch eine russ. Kontrolle und ein Zugang Rußlands zum Ind. Ozean nicht zustande.

Die Reformversuche des westl. erzogenen Königs Amanullah (1919 bis 1929) (Verbot der Vielehe und des Schleiers, allg. Schulpflicht für Kinder beiderlei Geschlechts, Trennung von Religion und Staat, Einsetzen eines Parlaments, Vorschrift europ. Kleidung) stießen auf erbitterten Widerstand, schließlich wurde er zur Abdankung gezwungen. Seine Nachfolger Nadir Shah (1929 bis 1933) und dessen Sohn Zahir Shah (1933 bis 1973) verfolgten eine restaurative Politik, insbes. durch Stärkung der Stämme, später eine Politik der zurückhaltenden Modernisierung; tiefgreifende wirtsch. und soziale Reformen wurden nicht in Angriff genommen. In der Außenpolitik versuchte Zahir Shah mit Erfolg, wirtsch. Kapital aus der strategischen Lage A.s zu schlagen; sowohl die USA und andere westl. IL als auch die Sowjetunion unterstützten den wirtsch. Aufbau des Landes massiv, ohne dafür pol. Zugeständnisse zu bekommen.

1973 wurde Zahir Shah von seinem Vetter, dem MP Mohammed Daud, gestürzt, der das Land in eine Republik umwandelte und eine Reihe von Verstaatlichungen durchführte. Seine diktatorische Reg. wurde 1978 in einem Staatsstreich kommunistischer Führer gestürzt, Daud und seine Familie wurden erschossen. Fraktionskämpfe innerhalb der Reg. (der erste Führer Mohammad Taraki wurde von seinem Nachfolger Nurul Amin erschossen, der wiederum gewaltsam Präs. Babrak Kamal weichen mußte) und Widerstand innerhalb der Bev. führten zum Bürgerkrieg und im Dez. 1979 zur sowjetischen Invasion. Seither hat sich der Widerstand der Stämme, v. a. im Pashtunengebiet entlang der pakistan. Grenze, noch verstärkt. Unter sowjet. Führung wurde der seit der Unabh. eingeschlagene Weg der pol. Neutralität verlassen und faktisch die Souveränität aufgegeben. Massive Militärhilfe durch die USA, Pakistan, Iran, die arabischen Staaten und China, zunehmend auch mit modernsten Waffen, erlaubte den ***mujahiddin* einen wirkungsvollen Widerstand, während Pakistan und z. T. auch der Iran Sanktuarien boten.

Der Exodus von einem Drittel der Bev. deutet gleichermaßen darauf, daß die Innen- und Außenpolitik im eklatanten Ggs. zu den Wünschen des Großteils der Bev. stand und steht, aber auch auf die untragbaren Lebensbedingungen während des Bürgerkrieges. Die Aktionen der kommunistischen Regierung zielten weniger auf die Errichtung einer soz. Wirtschafts- und Sozialordnung als auf die Etablierung der Macht einer kleinen Funktionärsschicht. Beim größten Teil der *Guerillabewegung handelt es sich aber ebenfalls um keine sozialreformerischen Gruppen, sondern um ein Zweckbündnis so unterschiedlicher Gruppen wie des islam. Klerus (Sunni und Shia), der Stammesführer, Großgrundbesitzer, Intellektuellen und ehem. Bürokraten.

Noch 1987 schien es so, als ob die *mujahiddin* langfristig den Sowjets unterlegen wären, da diese immer flexibler in der Guerillabekämpfung wurden, v. a. durch ihre völlige Luftüberlegenheit. Mit der Lieferung von modernen Boden-Luft-Raketen an die *mujahiddin* wurde aber eine neue Qualität in der Kriegsführung erreicht; eine Internationalisierung des Konflikts drohte und begann sich im Falle Pakistans konkret abzuzeichnen. Mit den Genfer Abkommen vom April 1988 zwischen Afghanistan, Pakistan, der UdSSR und den USA wurde der Abzug der sowjet. Truppen aus Afghanistan vereinbart; am 15. 2. 1989 waren die letzten sowjet. Truppen abgezogen. Auch innenpol. lenkten die Sowjets ein: bereits 1987 wurde Najibulla neuer Präs. des Revolutionsrates und damit Staatsoberhaupt, im Nov. billigte die *Loya Jirga* («Große Versammlung» der Stammesführer) die neue Verfassung; A. wurde wieder «Republik A.» und ab sofort bündnisfrei. Die Weigerung der mujahiddin-Führer Burhannuddi Rabbani und Gulbuddin Hekmatjar sowie des Generals Ahmed Shah Massud, eine Fortführung des bisherigen Regimes zu akzeptieren, führte am 16. 4. 1992 zum Sturz Najibullas.

Nach mehreren Machtwechseln ließ Präsident Rabbani eine Verfassung für die neue Islamische Republik A. nach islamischen Grundsätzen ausarbeiten. Eine Konsolidierung der polit. und soz. Verhältnisse sowie eine Stabilisierung von Rabbanis Regierung wird durch weiter anhaltende Kämpfe zwischen den mujahiddin-Gruppen in Kabul jedoch bisher behindert.

3. A. ist hinsichtlich der Produktionsstruktur, der Erwerbstätigkeit, des Außenhandels und der Siedlungsstruktur ein Agrarland. Gemessen am *Sozialprodukt (1986: 430 US-$ pro Kopf) zählt A. zu den ärmsten EL. Die rel. geringe Bev.-Dichte (24 Ew./qkm) ermöglicht, daß sich die überwiegend bäuerliche und nomadische Bev. weitgehend selbst ernährt. Das Versorgungsniveau ist jedoch niedrig und die Verteilung – zumindest vor der Revolution – ungleich; in Jahren schlechter Ernte sind Nahrungsmittelimporte erforderlich (UdSSR, früher auch USA). Nach *FAO-Schätzungen stehen (1978 bis 1980) durchschn. 1833 kcal pro Kopf und Tag zur Verfügung; über ein

Drittel der Bev. erreicht noch nicht einmal das physische Existenzminimum. Die LE beträgt 41 Jahre. Nach einem Jahrzehnt Bürgerkrieg gibt es keinerlei verläßliche Angaben über den aktuellen Stand. Große Teile der Infra- und Suprastruktur sind zerstört, auch wenn während des Krieges mit sowjet. Hilfe etliche Neubauten erfolgten, so z. B. die ersten Kilometer Eisenbahn zum Anschluß an das sowjet. Netz. Über die E.-Möglichkeiten können deshalb nur sehr grundsätzliche Aussagen gemacht werden.

Weite Teile des Landes sind auf Grund der Bodenbeschaffenheit und der klimatischen Bedingungen kaum oder überhaupt nicht landw. nutzbar. Auf ca. 12 % des Territoriums betreiben seßhafte Bauern Landw., ca. 2 bis 3 Mio. Nomaden züchten (Karakul-) Schafe, Ziegen, Kamele und Pferde und ziehen über weite Strecken, vielfach auch über die Grenzen der Nachbarländer. Etwa 3 % des Bodens sind mit Wald bedeckt, der jedoch durch Raubbau (Holzschmuggel nach Pakistan) und Überweidung gefährdet ist.

Die Landw. leidet unter Land- und Wasserknappheit und einem allg. niedrigen E.-Stand. Das Bewässerungspotential ist aber bei weitem noch nicht genutzt, so daß bei Einsatz verbesserter Produktionstechniken eine Verbesserung der Versorgung mit Nahrungsmitteln und Faserpflanzen auch für eine steigende Bev.-Zahl möglich ist. Im Energiebereich mangelt es A. nur an Öl, durch Exporte von Erdgas (Sowjetunion) ist es aber theoretisch möglich, daß die Energiebilanz per Saldo ausgeglichen wird, bes. wenn die inländischen Kohlevorkommen in stärkerem Maße als Hausbrand eingesetzt werden. Dies könnte zu einer Verringerung des unkontrollierten Holzeinschlags führen, durch den die verbliebene landw. Nutzfläche bedroht ist (Erosion). Als rel. rohstoffarmes Land werden für A. auch in Zukunft Probleme bestehen, die für die Finanzierung der Importe notwendigen Exporte zu realisieren. Wenn es jedoch gelingt, die Überweisungen der afghan. Arbeiter im Ausland für die Finanzierung der E. heranzuziehen, so wäre das Land nicht wie bisher von Auslandshilfe abhängig. Für den Aus- bzw. Aufbau der Ind. (bisher nur Textil- und Nahrungsmittelind.) und des tertiären Sektors ist der Ausbau des Erziehungssektors eine erste Voraussetzung, da A. wegen seiner geogr. Lage, fehlender *Infrastruktur (außer Fernstraßen) und niedrigem Bildungsstand (Analphabetenanteil mindestens 80 %) mit anderen Niedriglohnländern nicht konkurrenzfähig ist. Die E.-Chancen können aber nicht genutzt werden, solange in A. Bürgerkrieg herrscht. Auch die Islamisierung der Gesellschaft könnte entwicklungsdynamischen Prozessen zuwiderlaufen.

Lit.: W. Kraus, (Hg.), Afghanistan, Natur, Geschichte, Kultur, Staat, Gesellschaft und Wirtschaft, Tübingen 1972; G. Frommer, Das moderne Bildungswesen als Instrument nationaler Entwicklung. Eine Studie zur Theorie der Schule in Afghanistan, Heidelberg 1981; A. Hyman, Afghanistan under Soviet Domination 1964–81, London and Basingstoke 1982; F. J. Vollmer, Afghanistan, in HDW II, 7, Hamburg 1983, S. 51 ff.; J.-H. Grevemeyer, Afghanistan. Sozialer Wandel und Staat im 20. Jahrhundert, Berlin 1987; D. Braun, Afghanistan: Sowjetische Machtpolitik und Islamische Selbstbestimmung, Baden-Baden 1988. wpz

African Medical and Research Foundation →AMREF

Afrikafazilität Sonderkonto des *IWF (*Special Facility for Subsaharan Africa*), das auf einer int. Konferenz von Geberländern Febr. 1985 eingerichtet wurde, um der kritischen Lage Afrikas begegnen zu können. Bis 1988 wurden 1,9 Mrd. US-$ bereitgestellt, ca. 2/3 als Direktbeträge, ca. 1/3 als *Kofinanzierung. Die Mittel werden von *IDA verwaltet und sollen für Strukturanpassungen, v. a. Programme zur Verbesserung der Nahrungsmittelversorgung, verwandt werden. dn

Afrikanische Einheit →OAU

Afrikanische Entwicklungsbank →**AFDB**

Afrikanische Menschenrechtskonvention →Menschenrechte

Afrikanischer Humanismus →Kaunda, K.; Zambia

Afrikanischer Menschenrechtsgerichtshof →Menschenrechte

Afrikanischer Nationalkongreß →ANC

AFRO →Gewerkschaften (in der Dritten Welt)

AFTAAAC (*Arab Fund for Technical Assistance to African and Arab Countries*), Arabischer Fonds für Technische Hilfe an afrikanische und arabische Länder.

AG3WL →Dritte Welt-Läden

AGDA Arbeitskreis für gegenwartsbezogene Forschung und Dokumentation über den süd- und ostasiatischen Raum, Hamburg.

AGE Arbeitsgemeinschaft Entwicklungsländer; informeller Zusammenschluß der dt. Industrie. Ziel: Koordinierte Interessenvertretung im Bereich der E.-Politik insb. gegenüber dem *BMZ in Fragen der Privatinvestitionen. Adresse: Gustav-Heinemann-Ufer 84, 5000 Köln 51. ah

AGEH Arbeitsgemeinschaft für Entwicklungshilfe e. V., 1959 gegr. von 39 kath. Verbänden und Institutionen; zuständig im Bereich der kath. E.-Arbeit für Personaldienste in Übersee in enger Zusammenarbeit unter anderem mit *Misereor, dessen finanzielles Hilfsprogramm es ergänzt. Die AGEH vermittelt deutsche Fachkräfte auf Nachfrage aus EL in Vorhaben einheimischer Projektträger und bereitet diese in mehrmonatigen Kursen auf den Auslandsaufenthalt vor. Publikation: contacts. Adresse: Theodor-Hürth-Str. 2–6, 5000 Köln 21. dn

Agenda 21 →Welt-Umweltkonferenz

AGETIP (*Agence d'exécution de projets d'intérêt publique* – Gesellsch. für die Durchführung öfftl. Arbeiten), auf Initiative der *Weltbank in Senegal gegr. *nichtstaatliche Org., die in Zusammenarbeit mit der Reg. soziale Aktionsprogramme zur Reduzierung der Armut konzipiert und koordiniert (z. B. Sanierung von Slumsiedlungen). sl

AG KED Arbeitsgemeinschaft Kirchlicher Entwicklungsdienst, 1970 gegr.; Zusammenschluß der e.-bezogenen Organisationen der Evangelischen Kirche in Deutschland (EKD) und der evangelischen Freikirchen.

Mitgliedsorganisationen und Form der Zusammenarbeit: Die eigenständigen Mitgliedsorg. – Brot für die Welt (*BfdW), Dienste in Übersee (*DÜ), Evangelische Zentralstelle für Entwicklungshilfe (*EZE), Kirchlicher Entwicklungsdienst (*KED), Evangelisches Missionswerk in Deutschland (*EMW) – kooperieren arbeitsteilig und fördern überwiegend Projekte und Programme von Partnern in Übersee (Kirchen, kirchliche Gruppen, *Selbsthilfe-Organisationen aus dem nichtstaatl. Bereich etc.) u. a. in den Bereichen *Menschenrechte, *Bildung und *Gesundheit, *angepaßte Technologien und standortgerechter Landbau, Armutsbekämpfung in Slums. BfdW finanziert ihre E.- Zusammenarbeit aus Spendenmitteln. EZE fördert E.-Programme im wesentlichen aus Mitteln des Bundeshaushalts. DÜ vermittelt Fachkräfte. KED stellt aus Kirchensteuermitteln den Bewilligungsausschüssen in der AG KED Mittel zur E.-Zusammenarbeit und Inlandsarbeit zur Verfügung und fördert kirchliche Trägerstrukturen. Spezielle Referate des Evangelischen Missionswerkes in Deutschland (EMW) leisten Unterstützung in den Bereichen theologische Ausbildung, gesellschaftsbezogene Dienste, Kommunikation und Folgekosten.

Aufgaben entsprechend Richtlinien der AG KED: Klärung prinzipieller Fragen des kirchlichen Beitrags zu E.: Bekämpfung der *Armut und Schutz der Menschenrechte: Hilfe zur Selbsthilfe; Entwicklung von Konzepten zur gemeinsamen *Evaluierung der E.-Zusammenarbeit mit Partnern in Übersee; Koordinierung der Arbeit der Mitgliedsorganisationen und ihrer e.-bezogenen Dienste; Förderung der e.-bezogenen Bildungs- und Öffentlichkeitsarbeit im Inland. *Organe*: Leitungsausschuß (verantwortlich u.a. für die Orientierung der Arbeit an den in den Richtlinien der AG KED festgelegten Aufgaben); Vorstand (verantwortlich u.a. für die Umsetzung der Beschlüsse des Leitungsausschusses); Kollegium der Geschäftsführer (die Geschäftsführung der AG KED und die Geschäftsführung der Mitgliedsorganisationen, monatliche Beratungen u.a. über Projektanträge); die an die Geschäftsführung gekoppelte Planungs- und Grundsatzabteilung (u.a. Erarbeitung grundsätzlicher Positionen für den kirchlichen Beitrag zu E.). Der Ausschuß für e.-bezogene Bildung und Publizistik (ABP) fördert Bildungs- und Öffentlichkeitsarbeit in der BRD durch Unterstützung von Projekten unabhängiger kirchlicher und nichtkirchlicher Gruppen. *Mittelvolumen:* Insgesamt wurden von der AG KED im Jahr 1991 Projekte in Höhe von 388,4 Mio. DM bewilligt. (Afrika: 108,7; Asien: 94,5; LA: 70,1; Europa: 14,7; überregional 100,4).

Publikationen: Jahresbericht der AG KED; der überblick. Adresse: Kniebisstr. 29, 7000 Stuttgart 1. mfn

AG KID Arbeitsgruppe Kinder in der Dritten Welt, betreibt Öffentlichkeitsarbeit über die Probleme von *Kinderpatenschaftsprogrammen in der *Dritten Welt. Adresse: Merzenstr. 25, 7000 Stuttgart 30. mik

Agrarreform Unter A. ist die tiefgreifende Veränderung der Agrarstrukturen eines Landes zu verstehen, d.h. die Schaffung neuer Besitzverhältnisse an Land und Wasser. Als notwendige flankierende Maßnahmen sind u.a. anzusehen: die Bereitstellung von Krediten, die Befreiung von übermäßigen Pachtabgaben oder Steuern, die Bereitstellung von techn. Hilfsmitteln, von Saatgut und Düngemitteln, der Aufbau des Vermarktungswesens und von Industrien zur Weiterverarbeitung landw. Produkte, die Verbesserung der materiellen und sozialen *Infrastruktur. Als weitere Bestandteile von A. werden häufig auch die unmittelbare Beteiligung der Bauern und Landarbeiter am Reformprozeß und die Bildung von *Genossenschaften genannt. A.en sollen die Menschen begünstigen, die das Land bearbeiten bzw. auf dem Lande leben, aber auch durch die Steigerung der Agrarproduktivität der gesamten Volkswirtschaft zugute kommen.

T. Bergmann (1980: 90) hat einen Zielkatalog von A.en zusammengestellt, der nicht vollständig sein will, die Zielsetzungen jedoch gruppiert: «a) Politische Ziele: 1. Veränderung der dörflichen Sozial- und Marktstrukturen, 2. Entmachtung der (konsumtiv eingestellten) Grundbesitzerklasse, 3. Befriedigung rebellierender Kleinbauern, Pächter, Landproletarier, 4. Demokratisierung der Gesellschaft, 5. Sicherung der Gesellschaft gegen *Revolutionen. b) Agrarpolitische Ziele: 1. Förderung der Selbstbewirtschaftung (*owner-cultivation*), 2. Reorganisation der Betriebsgrößenstruktur, 3. Schaffung genossenschaftlicher Großbetriebe. c) Wirtsch. Ziele: 1. Neuverteilung des Bodens, 2. Verminderung der Ungleichheit im Bodenbesitz, 3. Aufteilung von Großbetrieben, 4. Pächterschutz, Pachtsenkung, Einschränkung oder Beseitigung der Pacht zugunsten des Eigentums, 5. Neuverteilung der Grundrente als wichtigem Teil des *Sozialprodukts, 6. Abschaffung aller unproduktiven Zahlungen (Pacht, Schuldzinsen), 7. Intensivierung der Agrarproduktion, Mobilisierung des agrarischen Produktionspotentials, Neulandkolonisation, 8. beschleunigte Verbreitung produktionstechnischer Innovationen, 9. Rationalisierung der Marktbeziehungen der Produzenten, Beschleunigung des Marktbeitrags, 10. Erhöhung des Faktorbeitrags der Landw. zur gesamten

Volkswirtschaft, 11. *Diversifizierung der Produktion. d) Soziale und psychologische Ziele: 1. Soziale Egalisierung der Agrarbevölkerung, 2. Politische und kulturelle Mobilisierung der Kleinbauern und des ländlichen Proletariats, 3. Gleichmäßigere Beschäftigung der Arbeitskräfte durch dörfliche Entwicklungsarbeiten.» Bergmann verweist auf bestehende Wechselbeziehungen zwischen den Teilzielen, auf unterschiedliche Zuordnungsmöglichkeiten («Wirtschaftliche Ziele haben häufig auch politische und soziale Wirkungen») und auf Zielkonflikte.

Die Forderung nach A.en ist älter als die moderne Entwicklungsdiskussion (s. mexikanische Revolution von 1910), stand jedoch am Beginn der entwicklungspol. Zieldebatten der int. Organisationen nach dem II. Weltkrieg. Ausgehend von einem Situationsbericht der *UN und *FAO über die Lage der Agrarwirtschaft in den EL wurde auf der ersten int. Konferenz über Agrarreform 1951 A. bereits verstanden i. S. obiger Definition, d. h. über die bloße Landumverteilung oder auch Neulandgewinnung weit hinausreichender Maßnahmenerfordernisse. Bis in die Mitte der 60er J. hinein wurden jedoch die int. und nationalen E.-Politiken von *modernisierungstheoretischen Leitideen beherrscht. Der *Industrialisierung wurde faktisch Vorrang eingeräumt, da von ihr die Lösung des Agrarproblems mittels Technisierung, Steigerung der Erträge und Aufnahme freigesetzter ländl. Arbeitskräfte erwartet wurde. Ernstgemeinte Agrarstrukturreformen wurden fast nirgends durchgeführt; die Ausnahme Kuba begründete im Rahmen der *Allianz für den Fortschritt nicht mehr als die folgenlose Beteuerung ihrer Notwendigkeit.

Als sich Mitte der ersten *Entwicklungsdekade abzeichnete, daß die Industrialisierung in den EL den Agrarsektor nicht in ausreichendem Maße dynamisieren würde und die *Bevölkerungsexplosion im Vergleich zum geringen Wachstum der Agrarerzeugnisse Hungerkatastrophen nach sich ziehen müsse, setzte die zweite int. Konferenz über A. von 1966 auf die Steigerung der Agrarerzeugnisse mittels techn. Lösungen. Statt A.en wurde die *«Grüne Revolution» propagiert. Nur in wenigen Ländern wurden A.en in Angriff genommen (Chile, Peru, Algerien etc.).

Die zweischneidigen Ergebnisse der «Grünen Revolution» (zwar Ertragssteigerungen, aber Verfestigung der Strukturen der UE im ländl. Raum) begünstigten ab Mitte der 70er J. die Rückkehr der Entwicklungstheoretiker zu den agrarpol. Forderungen von 1950. A.en wurden verstärkt im Zusammenhang ländl. E. gesehen, d. h. als Maßnahmen, die der Mehrheit der Bev. in den EL nutzen und die Befriedigung ihrer *Grundbedürfnisse zum Ziel haben. Die dritte Weltkonferenz über Agrarreform und *ländliche Entwicklung *WCARRD (Rom 1979) sprach sich entwicklungsstrategisch für den Vorrang des Agrarsektors aus. Während die Aktionsprogramme, die Maßnahmen von den EL forderten, einstimmig angenommen wurden, versagten die IL den Teilen des Programms ihre Zustimmung, welche sie entwicklungspol. in die Pflicht nahmen (*Entwicklungshilfe, *Neue Weltwirtschaftsordnung, *Nationalisierungspassus). Im Rahmen der neuen Dimension, welche die Frage der A. seit ihrer Verbindung mit E.-Problemen des ländl. Raums und weltwirtsch. Zusammenhängen (u. a. Rohstoffabkommen) gewonnen hat, scheinen Agrarstrukturreformen im Sinne der obigen Definition (Veränderung der Verfügungsgewalt über Boden und Wasser) jedoch nach wie vor im Status von Lippenbekenntnissen zu verharren.

Lit.: E. Feder, Agrarstruktur und Unterentwicklung in Lateinamerika, Frankfurt 1973; H. Elsenhans

(Hg.), Agrarreform in der Dritten Welt, Frankfurt 1980; R. Hanisch/R. Tetzlaff (Hg.), Die Überwindung der ländl. Armut in der Dritten Welt, Frankfurt 1979; T. Bergmann, Agrarreform und ländliche Entwicklung in: J. H. Hohnholz (Hg.), Die Armut der ländlichen Bevölkerung in der Dritten Welt, Baden-Baden 1980, 85–102; H. Priebe/W. Hankel, Der Agrarsektor im Entwicklungsprozeß, Frankfurt 1980; J. Escaida, Ausbildung und Beratung im Agrarreformprozeß. Dargestellt am Beispiel Chile und Peru, Heidelberg 1982; U. Wachendorfer, Bauernbewegung in Peru, Heidelberg 1984. dn

Ägypten Während *Nasser Ä. einen *arabischen Sozialismus mit engen Bez. zum soz. Lager verschrieben hatte, nahm sein Nachfolger Sadat innen- und außenpol. einen Frontwechsel vor (Öffnung Ä.s für finanz. und technol. Unterstützung bes. aus den USA, Friedensvertrag mit Israel). Mubarak konzentrierte sich bislang vergeblich auf die wirtsch. Sanierung, erreichte jedoch Ende 1987 mit der Wiederaufnahme dipl. Bez. zu den meisten arab. Staaten die Überwindung der Isolierung Ä.s im arab. Lager, die die Folge von Sadats Israelpolitik gewesen war.

1. Das ges. Kultur- und Siedlungsland Ä.s macht nur 3,5 % seiner Fläche aus, es ist fast ausschließlich im Niltal konzentriert. Die Landwirtsch. absorbiert nach wie vor den größten Teil der Erw. (1986: 37 %, produzierendes Gewerbe 20 %). Zur wasserwirtsch. Kontrolle des Nil und zur Ausdehnung der Kulturfläche wurde ständig an der Verbesserung des Kanal- und Flußregulierungssystems gearbeitet (1970: Fertigstellung des Assuan-Hochdamms mit einem Stausee von 5500 qkm).

Die fruchtbaren Nilböden erbringen bei ganzjähriger Bewässerung jährl. zwei bis drei Ernten. Der Hauptanteil der Agrarproduktion entfällt auf qualitativ hochwertige langstapelige Baumwolle (20 %), die fast ausschließlich exportiert wird. Sonstige Produkte des arbeitsintensiven Ackerbaus sind Reis, Mais, Weizen, Zucker (und Fleisch); da die Produktion weit unter dem Bedarf liegt, sind von Jahr zu Jahr höhere Lebensmittelimporte (z. Zt. pro Jahr rd. 40 % der ges. Einfuhr) notwendig. Die Viehwirtsch. leidet bes. unter dem Mangel an Dauergrünland. Ä.s Bodenschätze sind bei weitem nicht alle erschlossen. Gefördert werden v. a. Eisenerz, Naturphosphat, Erdöl und Salz. Die Erdölförderung stieg nach der Wiedergewinnung des Sinai schnell an; neue Ölfunde ließen Ä. in den 80er J. zu einem mittleren Ölproduzenten aufrücken.

2. Die Bev. Ä.s (1992: 57 Mio.) konzentriert sich auf das nur 35 580 qkm große Kulturland, so daß angesichts der hohen JZ (1990: 2,4 %) die Bev.-Dichte ebenso signifikant anstieg: von 30 Ew. pro qkm (1966) auf 53 (1988) in bezug auf die ges. Fläche sowie von 845 Ew. pro qkm (1966) auf 1180 (1980) in bezug auf das Kulturland. Der *Urbanisierungsgrad erhöhte sich zwischen 1960 und 1992 von 38 % auf 47 %; die Hs. Kairo zählte 1991 mit Vororten rd. 12 Mio. Ew.; der Anteil der Jugendlichen unter 15 J. liegt seit 1960 rel. stabil bei knapp 40 %. Seit 1965 wird *Familienplanung betrieben mit dem Ziel, die Geburtenrate auf 1,7 % zu senken. Ethnisch ist Ä. wenig differenziert: in Ober-Ä. besteht eine nahezu homogene Fellachengesellschaft aus den arabisierten Nachkommen der alten Ägypter. Der Anteil der *Minderheiten macht kaum 1 % der Bev. aus (in Unter-Ä.: Syrer, Libanesen, Juden). Reine Araber sind die auf ca. 100 000 Ew. gesch. Beduinen. 93 % der Bev. sind sunnitisch-islam. Glaubens (der Islam ist Staatsreligion), etwa 7 % sind christliche Kopten.

3. Das brit. Protektorat über Ä. bestand bis Febr. 1922, als das Königreich Ä. unter König Fuad (1926–1936) die Unabh. erhielt, allerdings mit Vorbehalten bezüglich der Landesverteidigung und des Schutzes ausl. Interessen. Gegen Fuads Sohn Faruk putschte am 23. 7. 1952 der «Bund der Freien Offiziere» unter Führung von General Gamal Abd el-Nasser. Für ihn war der Weg einer von der Armee getragenen nat.-demokratischen *Revolution die

einzige Alternative, um die notwendigen radikalen Reformen und die endgültige nat. Befreiung Ä.s von der noch immer währenden brit. Vorherrschaft durchzuführen.

Die ägypt. Revolution hat die sozioökon. Strukturen Ä.s in drei Etappen grundlegend verändert. In Phase I (1952 bis 1956) konzentrierte sich das Militärregime Nassers (→autoritäre Regime) auf die Transformation der pol. Strukturen, d. h. Abschaffung der Monarchie (1953), Entfernung der trad. pol. Elite aus den Schaltstellen der Politik, Auflösung der pol. Parteien. Im Zuge der Realisation einer modernen, nat. ausgerichteten Ind.-Gesellschaft wurde wirtschaftlich v. a. die Verbesserung des Lebensstandards der Fellachen/Kleinbauern angestrebt. Als Ansatzpunkt dazu diente die 1952 verabschiedete und 1958 modifizierte Agrargesetzgebung, mit der die extrem ungleiche Bodenverteilung (vor der Revolution besaßen 94,3 % der Eigentümer 35 % des Kulturlandes, 1786 Großgrundbesitzer hingegen 17 %) trotz der Schwerfälligkeit der Bürokratie und Gesetzeslücken durch Enteignung der Großgrundbesitzer und Neulanderschließung deutlich abgemildert werden konnte: 1965 besaßen 94,5 % der Eigentümer bereits 57,1 % des Bodens. Der Grundbesitz wurde auf 200 feddan (85 ha), 1961 auf 100 f und 1969 auf 50 f begrenzt.

In Phase II (1956 bis 1961) ging das Militärregime verstärkt zur zentralen Wirtschaftsplanung über (1957 Gründung eines Planungskomitees), um das angestrebte ind. Wachstum und eine weitere Nivellierung der Einkommen zu erreichen.

Die mangelnde Kooperationsbereitschaft der ägypt. Ind.-Bourgeoisie mit den Planungsbehörden führte schließlich zu Phase III (1961 bis Juni 1967), in der umfassende *Nationalisierungen (Banken, ges. Schwerind,. Schlüsselind.) erfolgten, die den modernen Ind.-Sektor in staatl. Verfügungsgewalt brachten. Die Verstaatlichung vollzog sich unter dem von Nasser 1961 geprägten Begriff des «arab. Sozialismus». Unangetastet von dieser Politik blieb das Eigentum der Mittelklasse (Einzelhandel, Handwerk, mittlerer Grundbesitz und kleinere Ind.-Betriebe). De facto kristallisierte sich dadurch eine *mixed economy* heraus, in der der Staat mit über 50 % an der nat. Wertschöpfung beteiligt ist (1953: 15 %).

Unter Sadat wurde diese Grundstruktur bes. mit der 1975 eingeleiteten Öffnungspolitik modifiziert, durch die nicht nur die Abh. von ausl. *Kapital-, *Wirtschafts-, und *Nahrungsmittelhilfe verschärft, sondern auch die interne Penetration der ägypt. Gesellschaft mit westl. Konsumgütern forciert wurde.

Diese Konstellation hat sich auch unter Präs. Mubarak (seit der Ermordung Sadats im Okt. 1981) fortgesetzt, wobei die amerik. Wirtschafts- und Militärhilfe an der Beibehaltung des 1979 von Sadat mit Israel abgeschlossenen *Camp-David-Friedensvertrages gebunden ist. Unter dem Zwang wachsender Wirtschaftsprobleme (u. a. Rückgang der Deviseneinnahmen aus Ölexporten und *Gastarbeiter-Rücktransfer) und dem Druck des *IWF hat sich die Reg. 1987 zu ersten Reformen (Subventionsabbau, neuer Wechselkurs, Steuerreform, Privatisierung der 300 Staatsfirmen mit 550000 Beschäftigten) entschlossen, deren konsequente Durchführung jedoch wegen ihrer negativen sozialen Folgen erst Anfang 1991 in die Wege geleitet wurde, nachdem das prowestliche Verhalten Ägyptens im Golfkrieg zur Zusage einer Schuldenreduzierung von 50 auf 25 Mrd. US-$ nach Abschluß eines Reformabkommens mit dem IWF geführt hatte.

4. Mit Beginn der ägypt. Revolution wurde das Gesundheits- und Erziehungswesen in Ä. wesentlich ausgeweitet und reorganisiert. Infolge hoher

öfftl. Aufwendungen verbesserte sich z.B. die Ärzte-Ew.-Relation von 1:3782 (1952) auf 1:760 (1981), die LE stieg auf 61 J. (1990). Bei der ärztlichen Versorgung, z.B. mit Krankenhausplätzen, bestehen allerdings unverändert krasse Unterschiede zwischen Stadt und Land.

Noch größere Anstrengungen wurden zum Ausbau des Erziehungswesens unternommen: die Einschulungsquote beträgt bei Kindern zwischen 6 und 12 J. nun durchschn. 84%, die *Alphabetisierungsrate stieg von 30,3% (1960) auf knapp 48% (1990).

5. Die Entmachtung der Agrar- und Ind.-Bourgeoisie und die Entwicklung des Planungsappartes führten innenpol. zur Entstehung einer regimetreuen Klasse von Militärs, die alle wichtigen Schaltstellen des Staatsapparats besetzte. Nasser baute 1963 mit der Arab. Soz. Union (ASU) eine Einheitspartei auf, die als Allianz der aktiven Volkskräfte (Bauern, Arbeiter, Soldaten, Intellektuelle, nichtausbeutende nat. Kapitalisten) mit einer 50%-Mindestvertretung von Bauern und Arbeitern in den Org. der ASU «wirkliche Demokratie» und «arab. *Sozialismus» verwirklichen sollte.

Nach dem Tode Nassers 1970 verließ Sadat den Kurs seines Vorgängers in dreierlei Hinsicht: 1. Angesichts der wirtsch. Notlage Öffnung für ausl. Investitionen; 2. Aufgabe des prosowjet. Kurses, den Nasser im Zuge seiner antiimperialistischen Außenpol. und aus Gründen des Waffenerwerbs eingeschlagen hatte (im Juli 1972 Ausweisung der sowjet. Militärberater); 3. Zulassung pol. Lager innerhalb der ASU, die im Nov. 1976 anläßlich der Wahl zur Nationalversammlung eigene Parteien bildeten. Diese Transformation in Richtung auf ein Mehrparteiensystem hatte Sadat im August 1976 (Auflösung der ASU im Juli) mit der Bildung einer eigenen nat.-demokratischen Partei abgeschlossen (1979: 310 von 360 Mandaten in der Nationalversammlung). Unter Präsident Mubarak blieb die parteiliche Dominanz bestehen (Parlamentswahl Nov. 1991: 79,6% der 44 Sitze).

Die Ermordung Sadats durch islam. Aktivisten im Okt. 1981 bewirkte keine grundlegende Kursänderung in der Innen- und Außenpoltik. Präs. Mubarak hält am Friedensvertrag mit Israel fest und befürwortet die Fortsetzung der *open-door-policy*, kündigte aber eine stärkere Produktionsorientierung an, die sich auch im 5-J.-Plan 1982–87 niederschlug (Ziel: Steigerung des BIP-Anteils der ind. Produktion auf 15%).

Gegenwärtig verschlechtert sich die Versorgung mit wichtigen Nahrungsmitteln, die rapide Urbanisierung führt zu Wohnungsnot und Überlastung des Transportsystems, die hohe Inflationsrate (1990/91: 25%) hat real sinkende Einkommen zur Folge. Noch gravierender wird dieses Problem angesichts weiterhin hoher Auslands-*Verschuldung (1992: 28 Mrd. US-$) und unbewältigter Arbeitslosigkeit, die viele Ägypter zur Arbeitsemigration in die Ölländer zwang (mit hohen Rücktransfers, z.B. 1981 3 Mrd. US-$); seit deren allg. Finanzkrise und als Folge des Golfkrieges (Rückkehr von 700000 Äg. aus Irak) ist dieses Ventil jedoch mehr und mehr verstopft.

6. Die pol. *Demokratisierung Ä.s findet ihre Grenze in dem sozialen Konfliktpotential aufgrund der schlechten Wirtschaftslage. Große Teile der Bev. lehnen die von Sadat eingeleitete Aussöhnungspolitik mit Israel nach wie vor ab. Ä. hatte sich dadurch in der gesamten arab. Welt isoliert, wenn auch die arab. Finanzhilfe trotz des Abbruchs der dipl. Beziehungen nicht völlig gestoppt wurde.

Ursache dafür war die massive Unterstützung des Irak im *iranisch-irakischen Krieg. Die Konfrontation mit Iran zeigte auch, daß die starke islam. Opposition, die sich seit den 70er J. in Reaktion auf Sadats Politik formierte, in Ä. nicht die gesellschaftspol. Lehren des militanten Schiismus unterstützt, sie möchte auf der Basis des sunnitisch-islam. Gesetzes eine islam. Ordnung etablieren. Die Marge für fundamentalistische islam. Organisationen ist in Ä. jedoch eng, zumal bereits 1979 (Verfassungsänderung) die *Scharia* zur Hauptquelle der Gesetzgebung aufgewertet wurde. Die moderaten Teile der islam. Opposition, die sogar zur Kooperation mit der Reg. bereit sind, werden demzufolge toleriert, während radikale Gruppierungen u. a. (Ermordung des Parlamentspräs. al-Mahjoub Dez. 1990; Angriffe auf ausländ. Touristen Herbst 92) mit allen Mitteln staatl. Gewalt verfolgt werden. Zwar gelang es der Reg. Mubarak somit, sich innenpol. zu behaupten, die radikale islamistische Opposition stellte jedoch die pol. Hauptherausforderung dar. Außenpol. wurde der Kurs der Wiederannäherung an die arab. Staaten durch die Wiederaufnahme Ä.s in die * Arabische Liga am 26. 5. 1989 gekrönt. Die Beteiligung Ä.s am * Golfkrieg an der Seite der USA und ihrer Alliierten stellte das Ende der Isolierung Ä.s in der arab. Welt zunächst nicht in Frage. Der Ausgang des Krieges stellte Ä.s traditionelle Rolle als eine der führenden Mächte in der Region weitgehend wieder her.

Lit.: A. Abdel-Malek, Ägypten. Militärgesellschaft, Frankfurt 1971; A. H. Nossier, Die sozio-politischen Bedingungen der wirtschaftlichen Entwicklung, dargestellt am Beispiel Ägyptens, Diss., Bochum 1979; P. Pawelka, Herrschaft und Entwicklung im Nahen Osten: Ägypten, Heidelberg 1985; G. Krämer, Ägypten unter Mubarak. Identität und nationales Interesse, Baden-Baden 1986; H. Hubel (Hg.), Nordafrika in der internationalen Politik, München 1988; Th. Koszinowski / H. P. Mattes (Hg.), Nahost-Jahrbuch 1987, Politik, Wirtschaft und Gesellschaft in Nordafrika und dem Nahen und Mittleren Osten, Opladen 1988. hpm

AGVO Arbeitsgemeinschaft Vorderer Orient für gegenwartsbezogene Forschung und Dokumentation, Hamburg.

AID Auch US-AID, US-amerik. Entwicklungsbehörde (*Agency for International Development*), 1961 gegr., halbautonomes Organ des US-Außenministeriums, Sitz in Washington, D. C. Unterhält Regionalbüros in Afrika, Lateinamerika, im Nahen Osten und in Südostasien. Aufgabe: Förderung und Ausführung US-amerik. Hilfsprogramme für die Dritte Welt (u. a. * technische und * personelle Hilfe, Nahrungsmittelprogramme, Lieferung landw. und industrieller Ausrüstungsgüter). →Entwicklungspolitik der USA

Lit.: B. May, Reagan und die Entwicklungsländer. Die Auslandshilfepolitik im amerikanischen Regierungssystem, München / Oldenbourg 1987. dn

AIDS in der Dritten Welt Der * WHO wurden bis Sept. 1988 rd. 200000 Fälle von AIDS-Erkrankung gemeldet. Während in IL die Meldeziffern (z. B. USA: 73394, Frankreich: 4211, BRD: 2307) in der Größenordnung etwa den Tatsachen entsprechen dürften, muß angenommen werden, daß in EL die unerkannten und ungemeldeten Erkrankungen die gemeldeten um ein Vielfaches übersteigen. Aus den Statistiken gehen Zentral-, Ost- und südl. Afrika sowie Brasilien, einige karibische Inseln und Mexiko als die hauptsächlichen Verbreitungsgebiete hervor. Asien und der pazifische Raum sind außer Australien bisher noch sehr geringgradig betroffen.

80 % aller EL melden AIDS-Fälle. Über HIV-Träger bzw. seropositive Personen liegen in den einzelnen Ländern sehr unterschiedliche, kaum vergleichbare Einzeluntersuchungen vor, so daß das Ausmaß der Durchseuchung und der Verlauf der Ausbreitung von AIDS nur grob geschätzt werden können. In den einzelnen Hauptverbreitungsgebieten geht man von Hunderttausenden, ja Millionen von Infizierten aus. Die AIDS-Epidemie bedeutet insbes. für den afrik. Kontinent südlich der Sahara ein soziales, ökonomisches und in der Folge demographisches Problem von derzeit unermeßlicher Dimension. HIV wird hauptsächlich heterosexuell und von

infizierten Müttern auf die Nachkommen übertragen. Die Erkrankungsrate und Sterblichkeit an AIDS nimmt in ökon. bedeutsamen Altersgruppen beiderlei Geschlechts in einzelnen Landstrichen bedenkliche Ausmaße an und hinterläßt eine Generation von Waisen in der Obhut der Großeltern. Die med. Versorgung ist ökonomisch und personell illusorisch. Bluttransfusionen und med. Eingriffe bergen Infektionsrisiken. Eine Übertragung durch Insekten, etwa wie bei Malaria, ist nicht nachweisbar. Eine Verminderung der Ausbreitungsgeschwindigkeit kann nur langfristig über Aufklärung erfolgen. Die * Gesundheitsdienste müssen sich auf die Verminderung der Übertragung innerhalb der Dienste sowie auf pflegerische Maßnahmen konzentrieren. Die WHO hat ein globales Programm zur Bekämpfung von AIDS gestartet, das insbes. die EL unterstützt. (→Gesundheit)

Lit.: The Panos Institute and the Norwegian Red Cross, Aids in the Third World, 1987; B. J. Johnson, Aids in Africa. A Review of Medical, Public Health, Social Science and Popular Literature. Summary Report. MISEREOR, Aachen 1988: WHO, Weekly Epid. Rec. 63, 309–310, Oct. 1988. hjd

Akkulturation In der E.-Soziologie, die den * Kulturwandel in E.-Gesellschaften untersucht, die * exogen bedingte Auslösung dieses Prozesses durch Kulturkontakt mit «einer anderen ursprünglich mehr oder weniger fremdartigen Kultur... (Interkultureller Wandel) vollzieht sich im Prozeß der Nachahmung und Übernahme ursprünglich fremder Kulturelemente in die eigene Kultur durch deren Diffusion, wobei die eigene Kultur unter Umständen tiefgreifende und umfassende Wandlungen durchmachen kann» (R. F. Berendt, 1965, S. 116) A. kann gewaltsam erfolgen (* Kolonialismus), aber auch durch freiwillige Öffnung einer nicht oder weniger entwikkelten Gesellschaft gegenüber Werkzeugen, Technologien, Werthaltungen, Organisationsformen etc. einer entwickelteren Gesellschaft. R. F. Berendt unterscheidet zwei Typen von A.: 1. passiv-imitative Anpassung an die als überlegen empfundene Kultur; 2. aktive Verarbeitung und unter Umständen Umgestaltung unter Anwendungsgesichtspunkten an die Bedürfnisse und Möglichkeiten eines EL.

Lit.: R. F. Berendt, Soziale Strategie für EL, Frankfurt 1965. dn

Akkumulation Der Begriff A. wird in der klassischen Wirtschaftstheorie sowie im Marxschen System zur Kennzeichnung einer Anhäufung oder Ansammlung von Reichtum, v. a. von produzierten Produktionsmitteln verwendet. A. umfaßt in der bürgerlichen Ökonomie die Vermögensbildung einer Volkswirtschaft, die sich aus den Spar- und Investitionstätigkeiten der einzelnen Wirtschaftssubjekte zusammensetzt. Für Karl Marx ist die ursprüngliche A. der hist. Prozeß, der die Existenzbedingungen des Kapitalismus herbeigeführt hat. Dies geschah durch Auflösung des auf eigener Arbeit beruhenden Privateigentums, d. h., der Arbeiter (Bauer oder Handwerker) ist nicht mehr «freier Privateigentümer seiner von ihm selbst gehandhabten Arbeitsbedingungen», sondern in einen freien Lohnarbeiter umgewandelt. Die A. des als Kapital gewordenen Kapitals umfaßt die Rückwandlung von Mehrwert in Kapital. Basierend auf dem Kapitalverhältnis – die wichtigsten Produktionsmittel sind Eigentum der Kapitalisten, und die Arbeiter sind nur im Besitz ihrer Arbeitskraft – begründet A. die erweiterte kapitalistische Reproduktion. hk

Akkumulationsquote Anteil des * Sozialprodukts, der für * Investitionen verwandt wird (= Investitionsquote).

Im Marxschen Sinne der Teil des Mehrwerts, der zur * Akkumulation verwandt wird. In seiner Akkumulationstheorie zeigt Marx, daß die Unternehmer in zunehmendem Maße * kapitalintensive Methoden im Produktionsprozeß einsetzen und dadurch das konstante Kapital (Maschinen) schneller wächst als das variable Kapital, mit dem das Produktionsmittel Arbeit gekauft wird. Die Folge ist (intern) eine Konzentration der Produktion und des Kapitals, ergänzt durch die Zentralisation des Kapitals in Form externer Zusammenschlüsse. hk

AKME Arbeitskreis für medizinische Entwicklungshilfe, Zusammenschluß von Organisationen und Instituten der BRD, die im Bereich der * Gesundheitshilfe tätig sind.
Adresse: →GTZ ah

AKP-Staaten zunächst 46 Staaten in Afrika, in der Karibik und im Pazifik, die 1975 mit der EG das * Lomé-Abkommen unterzeichneten. März 1977 wurden weitere sechs Staaten (Komoren, Seychellen, Surinam, Kap Verde, Sao Tomé und Principe, Papua-Neuguinea) aufgenommen. Lomé II wurde 1979 mit 58 EL unterzeichnet. Dem Dritten Abkommen von Lomé (Laufzeit 1985–1990) gehörten 66 Staaten an: Afrika 45, Karibik 13, Pazifischer Raum 8. Mit Lomé IV (Laufzeit 1990–2000) wurden die Dominikanische Republik, Haiti und Namibia als neue Mitgl. aufgenommen.

→Tabelle 1 im Anhang →Entwicklungspolitik der EG dn

Aktion Dritte Welt-Handel →Dritte Welt-Läden, GEPA

Aktionsgemeinschaft Solidarische Welt e. V. →ASW

Aktionsgruppen, entwicklungspolitische (Dritte Welt-Gruppen) In der BRD bestehen heute ca. 2500 bis 3000 e.-pol. Aktionsgruppen (ohne die Ortsgruppen von Org. wie * amnesty international oder * Terre des Hommes), die ihren Ursprung im studentischen Engagement der 60er und 70er J. haben; Solidaritätskomitees unterstützten etwa die * Befreiungsbewegungen in den portug. Kolonien und im südl. Afrika; im Rahmen der Cabora-Bassa-Kampagne (Aufdeckung der Unterstützung des portug. Kolonialkriegs durch die deutsche Ind., 1970–1973) kam es zur Gründung von Anti-Apartheid- und Afrika-Solidaritätsgruppen. Seit 1979/80 verstärkte sich das Interesse am mittelamerik. Raum; zunehmend verlagert sich jedoch (seit 1986) der Schwerpunkt auf die Bekämpfung der * Apartheid in Südafrika. Einer Vielfalt von Organisationsformen (meist als freie Bürgerinitiativen in Kirchengemeinden, Schulen, Universitäten und Gewerkschaften) entspricht die Bandbreite von Aktionsmodellen, so z. B. länder- und themenbezogene Komitees, * Städtepartnerschaften, Herausgabe von Informationsmaterial, * Dritte Welt-Läden, die häufig mit Dritte Welt-Zentren oder -Häusern gekoppelt sind. Von den ehemals elf überregionalen Koordinationsstellen sind derzeit nur noch zwei aktiv: der *Dachverband entwicklungspolitischer Gruppen Baden-Württembergs* (DEAB) und das *Hessische Forum* (HEFO). Ein Versuch, der länder- und themenbezogenen Zersplitterung durch den bundesweiten Zusammenschluß zum * BUKO 1977 entgegenzuwirken, hatte nur begrenzt Erfolg.

In Österreich dagegen sind die wichtigsten e.-pol. Gruppen, Organisationen und Einzelpersonen in der * ÖIE vertreten und werden mit staatl. Mitteln gefördert. In der Schweiz besteht eine Vielfalt an Dritte-Welt-Gruppen mit arbeitsteiligen Funktionen.

Lit.: Bundeskongreß entwicklungspolitischer Aktionsgruppen (BUKO) (Hg.), Aktionshandbuch Dritte Welt, Wuppertal, 1986 (Angaben zu Materialien, Adressenverzeichnis aller Aktionsgruppen in der BRD, Luxemburg, der Schweiz und Österreich). pb

AKV Allgemeine Kreditvereinbarungen, Vereinbarungen des * Zehnerclubs über Refinanzierungen, welche Regierungen und Zentralbanken elf großer IL dem * IWF einräumen. dn

ALAB Arabisch-Lateinamerikanische Bank (*Arab Latin American Bank*), 1978 gegr. (Sitz: Lima), finanziert E.-Projekte in Lateinamerika. Mitglieder (1983): 28 Finanzinstitute aus 18 arab. und zehn lateinamerik. Ländern. ah

ALADI Lateinamerikanische Integrationsorganisation (*Associación Latinoamerica de Integración*), gegr. am 12.8.1980 durch die ehem. Mitgliedstaaten der * ALALC. Die ALADI, mit Sitz in Montevideo, ist Rechtsnachfolgerin der ALALC, deren Rechte und Verbindlichkeiten mit 13.3.1981 auf sie übergingen. Sie ist nicht mehr als regionale Präferenzzone im Sinne des Art. XXIV des * GATT konzipiert, sondern versteht sich als Süd-Süd-Integration (→Süd-Süd-Beziehungen) neuen Typs im Sinne der * Ermächtigungsklausel des GATT. Im Ggs. zur strikten Multilateralisierung der Präferenzen in der ALALC legt die ALADI ihr Hauptaugenmerk auf flexiblere bi- und beschränkt * multilaterale Liberalisierungsmechanismen innerhalb eines Rahmens von multilateralen Regionalpräferenzen. Damit können einzelne Mitgl. der ALADI untereinander präferentielle Abkommen schließen. Diese müssen allerdings untereinander und auch mit den multilateralen Regionalpräferenzen kompatibel sein. Die Hauptschwierigkeit bei Übergang der ALALC zur ALADI lag in der Überprüfung des bisher erreichten Liberalisierungsstandes (*patrimonio histórico*), der neu verhandelt werden mußte. Die Neuverhandlung von 12300 «Alt-Konzessionen», die innerhalb der ALALC eingeräumt worden waren, wurde 1984 abgeschlossen. Die Aushandlung des vorgesehenen Rahmens von multilateralen Regionalpräferenzen begann im März 1985, als durch die Resolution 42 des Komitees der Ständigen Vertreter die Einrichtung der sog. «Regionalen Verhandlungsrunde» ins Leben gerufen wurde. Nach längeren Debatten über die Ausgestaltung derselben wurde am 9.4.1986 die «Carta von Buenos Aires» unterzeichnet, die als Ziel der «Runde» ein verbessertes System von Handels- und Zollpräferenzen vorsieht, das allen Staaten LAs offenstehen soll. Im Juli 1986 wurde in Acapulco der Inhalt der Regelung weiter konkretisiert. Die dritte Konferenz des ALADI-Ministerrates im März 1987 (Montevideo) führte in ihrer Schlußdeklaration die ursprgl. formulierten Ziele weiter aus. Die bis dato geltende allg. Zollpräferenz von 5% wurde ab 27.4.1987 mehr als verdoppelt, allerdings mit erheblichen Abstufungen, die die großen E.-Unterschiede der elf Mitgl.-Länder berücksichtigen sollen: Die Länder mit dem geringsten E.-Stand (Bolivien, Ecuador, Paraguay) werden sich gegenseitig Begünstigungen von 10% einräumen, den «mittleren» aber nur 6% und den höherentwickelten 4% gewähren. Die «mittleren» Länder werden einander 10%, den weniger entwickelten 14% und den drei Großen nur 6% Zollabschläge einräumen. Die Großen ihrerseits werden untereinander 10% anwenden, gegenüber den «mittleren» 14% und gegenüber den schwächsten gar 20%. Seit 1.1.1986 ist überdies eine neue ALADI-Zollnomenklatur in Kraft.

Organe: Rat der Außenminister (oberstes Organ); Konferenz zur Würdigung und Angleichung der getroffenen Präferenzabsprachen; Komitee der Ständigen Vertreter (ständiges Organ); Generalsekretariat. 1981 wurden ein Rat für Finanz- und Währungsangelegenheiten und eine Beratende Kommission eingerichtet. 1985 erfolgte die Einrichtung eines Koordinations- und Verhandlungsgremiums für die Regionale Verhandlungsrunde, das in fünf Unterkommissionen unterteilt ist. Die ALADI ist voll privatrechtsfähig, ihre int. Funktionäre haben dipl. Status (Immunität u. a. Privilegien).

Lit.: Integración Latinoamericana 47/1980, 4 (Gründungsvertrag); W. Hummer, Lateinamerikanische Integrationsorganisation, in: P. Waldmann (Hg.), Politisches Lexikon Lateinamerika, 2. Auflage, München 1982, S. 283ff.; J. M. Vacchino, Momentos claves en la historia de ALALC – ALADI, in: Integración Latinoamericana 126/1987, S. 26ff.; W. Hummer, Asociación Latinoamericana de Integración (ALADI), in: M. Schweizer/W. Hummer (Hg.), Derecho Europeo, Buenos Aires 1987, S. 264ff. wh

ALALC Lateinamerikanische Freihandelszone (*Asociación Latinoamerica-*

na de Libre Comercio, engl. LAFTA *Latin American Free Trade Association*), gegr. Febr. 1960 durch den Vertrag von Montevideo, seit Juni 1961 in Kraft; Sitz: Montevideo. Mitgl. 11 (Argentinien, Brasilien, Chile, Mexiko, Paraguay, Peru, Uruguay als Gründungsmitgl.; Ecuador u. Kolumbien seit 1961, Venezuela seit 1966, Bolivien seit 1968). *Ziel*: Liberalisierung der Wirtschaftsbeziehungen, Abbau von Zoll- und Handelsschranken zwischen den Mitgl.-Ländern durch periodische Verhandlungen über sog. nationale und gemeinsame Listen, die Produkte enthalten, deren Belastungen durch Zölle im intraregionalen Handel nach und nach verringert werden sollten. ALALC scheiterte im wesentlichen daran, daß die Mitgl. nicht wirklich die regionale Integration anstrebten, sondern in der ALALC nur einen multilateralen Handelsvertrag zur Erhöhung des Warenaustausches sahen und damit ein Instrument der Vertretung nationaler Interessen. ALALC begünstigte die größeren Länder der Region, woraus die kleineren Länder den Schluß zogen, die Bildung subregionaler Gemeinschaften anzustreben, die eine über die kommerziellen Zielsetzungen hinaus gehende wirtsch. Integration (gemeinsame industrielle Entwicklung) verfolgten. Als subregionale Organisationen im Rahmen von ALALC entstanden 1969 der * Andenpakt und die * La Plata-Gruppe. August 1980 wurde ALALC aufgelöst und die * ALADI gegründet. dn

ALC →OAU

ALECSO *Arab League Educational, Cultural and Scientific Organization*, Organisation für Erziehung, Kultur und Wissenschaft der Arabischen Liga.

Alexander von Humboldt-Stiftung →AvH

Algerien A. wurde lange Zeit e.-theoretisch Modellcharakter zugeschrieben und dabei abgehoben auf die Inwertsetzung einer * Ressource (Erdöl), nationale E. wurde mit * Industrialisierung und Agrarrevolution gleichgesetzt. Auch hinsichtlich der Außenwirtschaftsbez. wurde das Verhältnis von * dissoziativen und assoziativen (weltmarktintegrativen) Elementen als modellhaft herausgestellt. Die derzeitigen E.-Probleme A.s haben jedoch diesen Modellcharakter des alg. E.-Weges stark in Zweifel gezogen.

1. Die Demokratische Volksrep. A. ist mit 2,8 Mio. qkm der zweitgrößte Staat Afrikas. Vom Staatsgebiet entfallen rd. 2 Mio. qkm (85 %) auf die fast vegetationslosen Saharagebiete und nur rd. 288 710 qkm auf die fruchtbaren Gebiete im Norden. A. ist reich an Bodenschätzen: Erdöl, Erdgas, Phosphat, Steinkohle, Zink-, Blei-, Kupfererze, Salz und noch nicht erschlossene Vorkommen von u. a. Wolfram, Bauxit, Mangan und Uran.

Im Süden, der vegetationslosen Wüste, bestehen in den Oasen die trad. Dattelbaumkulturen und je nach Bewässerungsmöglichkeit Pflanzungen von Mandel- und Zitrusbäumen und Gemüse. Die Steppengebiete werden durch teilweise nomadische Weidewirtschaft (Schafe, Ziegen, Rinder und Kamele) genutzt. Die Küstenzone und der Tellatlas (Waldbestand) stehen unter dem Einfluß des Mittelmeerklimas, das den Anbau von Wein, Zitrusfrüchten, Oliven, Gemüse und Getreide ermöglicht (Nahrungsmittelproduktion nur auf 3 % des Staatsgebietes). Der Waldbestand (mit Gebüsch 1 % der Fläche) wird z. Z. planmäßig aufgeforstet, um die Bodenerosion einzudämmen. Wegen der Lebensmittelknappheit werden landw. Produkte nicht ausgeführt (weniger als 10 % der Exporte) mit Ausnahme von Wein, Zitrusfrüchten und Datteln.

Die Landw. bildet in A. nach wie vor die Basis der ökon. Aktivität, da rd. 70 % der Bev. von der Landw. abhängig sind; der Beitrag zum BSP liegt nur bei 16 % (1991). Das produzierende Gewerbe wurde angesichts der forciert betriebenen Industrialisierungspol. immer bedeutender; sein Anteil am BSP liegt mit rd. 12 % nach dem Bergbau (1991: 32 %) an zweiter Stelle, stagniert allerdings seit Jahren.

2. Entsprechend der landw. Nutzbarkeit A.s verteilt sich die Bev. äußerst ungleichmäßig. Im Norden, mit nur 15 % der Fläche, sind über 95 % der Bev. konzentriert, während in den Wüstengebieten nur 5 % der Bev. leben. Die Bev.-Dichte schwankt zwischen 62 Ew. pro qkm im Norden und ca. 0,5 Ew. pro qkm im Süden. Die Bev. A.s wächst mit einer hohen JZ (1990: 2,7 %). Sie stieg von nur 2,8 Mio. (1876) auf 11,9 Mio. (1965) und trotz eines Exodus von über 1 Mio. Algerienfranzosen am Ende des Algerienkrieges auf 16,3 Mio. (1974) und 25 Mio. (1991).

Nord-A. weist einen hohen * Urbanisierungsgrad auf (1990: 52 %). Das ökon. und pol. Zentrum A.s ist die Hs. Algier mit 1,5 Mio. Ew. Über die Hälfte der Bev. ist inzwischen unter 15 J. alt (1980: 46,7 %). Durch die nach der Unabh. ausgeweitete Gesundheitsfürsorge hat sich trotz noch bestehender Stadt-Land-Unterschiede die Relation Arzt pro Ew. von 1:30600 (1965) auf 1:2889 (1982) und 1:1400 (1990) deutlich verbessert. Seit 1974 ist die med. Versorgung gratis. Nach der Unabh. hat sich durch die Rückwanderung der A.-Franzosen (1966 nur noch 64000) die Bev. ethnisch, sprachlich und relig. vereinheitlicht. Der überwiegende Teil der Bev. (80 bis 90 %) spricht arabisch, nur noch 10 bis 20 % einen Berberdialekt. Franz. ist als koloniales Erbe noch weit verbreitete Bildungs- und Handelssprache. 95 % der Bev. sind muslim.-sunnitischen Glaubens (malikitischer Ritus).

3. Nach der franz. Eroberung A.s 1830 wurden die muslim. Algerier aus ihren angestammten Siedlungsgebieten verdrängt. Das Land sollte durch Ansiedlung europ. Kolonisten (*colons*) in die ‹überlegene› franz. Zivilisation eingegliedert werden. Widerstand wurde milit. gebrochen.

Während sich ein Teil der muslim. Algerier, bes. die franz. gebildeten städtischen Schichten, für eine Assimilationspolitik auf friedlichem Weg einsetzte (Benjellul, Ferhat Abbas), radikalisierte sich ein anderer Teil wegen der starren Haltung der Kolonisten. Der alg. * Nationalismus vertrat – gestützt v. a. auf die unteren städtischen Schichten – einen starken sozialrevolutionären Kurs und forderte pol. die vollständige Unabh. A.s (Vertreter: Messali Hadj bzw. der *Etoile nord-africain*/MTLD). Der Konfrontationskurs der A.-Franzosen bewirkte schließlich, daß dem alg. Nationalismus nur noch der bewaffnete Kampf gegen das repressive Kolonialsystem blieb. Organisiert vom nat. Flügel der MTLD (Ben Bella, Khider, Ahmed) begann am 1. 11. 1954 der alg. Unabhängigkeitskampf. Den Nationalisten, in der nat. Befreiungsfront (FLN) als pol. und milit. Kampforg. zusammengeschlossen, gelang es durch die erfolgreiche Mobilisierung der bis dahin passiven ländl. Massen, trotz milit. Überlegenheit der franz. Kolonialtruppen und der franz. Armee, nach sieben J. * Guerillakrieg bei zunehmender int. Solidarisierung mit der FLN in den Verhandlungen von Evian die Unabh. (1962) durchzusetzen.

4. Unter der franz. Herrschaft spezialisierten sich die Agrarkolonisten auf den Agrarexport (Wein, Zitrusfrüchte, Korkeiche etc.), dem auf dem franz. Markt eine Vorzugsstellung eingeräumt wurde, während F. verarbeitete Konsumgüter lieferte und den Bedarf an Maschinen etc. deckte; die verdrängten muslim. alg. Kleinbauern, gegenüber dem modernen Agrarexportsektor (2,8 Mio. ha) nur in * Subsistenzwirtschaft produzierend (391 000 Bauern mit weniger als 10 ha und 480 000 landlose Bauern), vielfach gegen minimale Entlohnung bei den Agrarkolonisten arbeitend, verschafften jenen zusätzliche Kostenvorteile. Nach der Unabh. war das erste Projekt der Ben Bella-Reg. die Transformation des kolonialen Agrarsystems in ein den

nat. Interessen entsprechendes Produktionssystem: Das ehem. *colons*-Land wurde enteignet und durch Gewährung der Selbstverwaltung an die Landarbeiter in einen soz. Sektor umgestaltet. Privates Land durfte eine nach Bodenqualität und Anbauprodukt variierende Fläche nicht überschreiten. Die unrentabel wirtschaftenden Selbstverwaltungsbetriebe und die Absorbierung zu vieler ehem. Kriegsveteranen bewirkten eine Stagnation der Agrarproduktion, so daß 1970/71 die Durchführung einer zweiten Agrarrevolution notwendig wurde. Diesmal stand bes. die Modernisierung des trad. privaten Agrarsektors im Mittelpunkt, wo mittels einer Bodenneuverteilung und der Entwicklung einer *genossenschaftlichen Produktionsweise unter Anwendung neuer Produktionstechniken (einschließlich Dünger und neuem Saatgut) eine Produktionssteigerung angestrebt wurde. Mit der Ablösung Ben Bellas durch Boumedienne änderte sich die postkoloniale Strategie. Nunmehr wurde eine rasche *Industrialisierung mit einer max. Steigerung des Produktionspotentials auf Grund zentraler Wirtsch.- und *Entwicklungsplanung angestrebt durch: 1. die Anwendung modernster Technologie, um bis Anfang der 90er J. den Übergang zur Industriegesellsch. vollziehen zu können, 2. die Förderung bes. der Industrien, deren Produkte die Vorleistungen (*inputs*) anderer Wachstumsbranchen sind (sog. *industries industrialisantes*). Zentraler Sektor innerhalb dieser Strategie war die Schwerind. (Stahlerzeugung), doch stand auch die Verarbeitung der heimischen Agrarerzeugnisse und der Rohstoffe (als Dünger) bzw. des Erdöls im Vordergrund, 3. die Gründung neuer nat. Unternehmen (sog. *Sociétés Nationales*) bzw. die *Nationalisierung aller wichtigen Unternehmen und der ges. Erdölförderung und -industrie; letzteres war bes. wichtig, um mittels der Disposition über die Erdöleinnahmen den E.- und Wachstumsprozeß der alg. Wirtschaft entsprechend den nat. Interessen zu steuern. Die sich Ende der 70er J. zeigenden Defizite des alg. E.-Modells, verstärkt durch den Verfall der Erdölpreise nach 1981, die sich indikativ in einem Anstieg der alg. Auslandsschulden auf 1988 20 Mrd. (1992: 24 Mrd.) US-$ äußerten, führten nach dem Tode von Präs. Boumedienne unter dessen Nachfolger Benjedid (Wahl zum Präs. Febr. 1979) zu einer langsamen, aber immer akzentuierter werdenden Wirtschaftsreform, deren Hauptinhalte eine Restrukturierung der ineffizienten Staatsunternehmen bei gleichzeitiger Dezentralisierung, eine Liberalisierung des Außenhandels, eine Stärkung des Privatsektors und eine Reform der Agrargenossenschaften war. Insgesamt ist die staatl. *Entwicklungsplanung trotz der Reformzwänge positiv zu beurteilen; nach Planungsanfängen bereits 1962 wurde ab 1968 intensiv geplant: 1. Dreijahresplan 1967 bis 1969 (Vorplan), 1. Vierjahresplan 1970 bis 1973, 2. Vierjahresplan 1974 bis 1978; derzeit läuft nach einer Interimsphase (78/79) und dem ersten Fünfjahresplan 1980 bis 1984 (Investitionen in Höhe von 400 Mrd. DA, davon fast 40% im Ind.-Sektor), der zweite Fünfjahresplan 1985 bis 1989 (Priorität Ind.- und Bausektor). Signifikant für die sich reduzierende Rolle der Planung im Wirtschaftssystem ist die Abschaffung des Planungsmin. Nov. 1987.

5. Die Deformation der Sozialstruktur durch 130 J. Kolonialzeit war zu schwerwiegend, um in kurzer Zeit überwunden werden zu können. Der nach der Unabh. gesteuerte Kurs brachte aber auch Veränderungen mit sich (z. B. die Differenzierung der Arbeitseinkommen nach Branchen und Qualifikationen), welche bedingte Zunahmen der Einkommensungleichheit beinhalteten und zur Ausbildung einer privilegierten *Staatsklasse führten. Dabei handelt es sich v. a. um Techno-

kraten der Verwaltung und der nat. Gesellschaften. Erfolge sind im Gesundheitswesen seit 1962 zu verzeichnen. Nachdem während der Kolonialzeit die Algerier von der Schulbildung bis auf Ausnahmen ferngehalten wurden und mit der Unabh. 80 % des Lehrpersonals das Land verließen, hat sich dank hoher Investitionen und neu ins Land gekommener franz. Lehrer die Situation an den Schulen und Universitäten deutlich verbessert. Die Priorität zeigt sich auch in den Ausgaben der E.-Haushalte (∅ 15–18 %). Problematisch bleiben: 1. die v. a. in den ländl. Gebieten immer noch nicht vollständige Verwirklichung der allg. Schulpflicht und 2. die bedeutend geringere Einschulungsrate bei Mädchen und ihre Unterrepräsentation in allen Schularten. Die 1962 über 90 %ige Analphabetenrate konnte bis 1990 auf rd. 43 % gesenkt werden, v. a. auch auf Grund zahlreicher Erwachsenenbildungsmaßnahmen. Das ges. Angebot des Bildungsbereichs ist kostenlos und wird durch Stipendien großzügig gefördert. In den Wüstengebieten bestehen zahlreiche Schulzentren mit Internaten. Mit einer in den 70er J. gestarteten Kulturrevolution mit einer verstärkten Propagierung islamisch-arab. Werte sollte zusätzlich das bisher noch als Unterrichtssprache dienende Franz. durch Arab. abgelöst werden (dieser Arabisierung stellen die Berber bes. seit Anfang der 80er J. einen militanten Berberismus entgegen). Der Arabisierungskurs wurde 1992 ausgesetzt. Der kulturelle wiss.-techn. Einfluß F.s blieb *de facto* bislang ungebrochen, u. a. auf Grund intensiven Studentenaustauschs, Franz. als Sprache techn. Lehrbücher, der hohen Zahl alg. Arbeiter in F. (1987 rd. 300000) und der starken Außenhandelsorientierung an F.: rd. 50 % der Importe aus EG-Ländern (1990 ca. 50 % des ges. Imports) stammen aus F. Die BRD nimmt (mit schwankendem Umfang) i. d. R. den zweiten Platz ein.

6. Die innenpol. Entwicklung wurde von der Einheitspartei A.s FLN und der Nationalen Volksarmee ANP (die ehem. Befreiungsarmee) als Wächterin über die alg. Revolution bestimmt. Als Ben Bella, seit 1963 Präs., versuchte, den pol. Einfluß der ANP zu verringern, wurde er Juni 1965 vom ANP-Chef und Verteidigungsmin. Boumedienne durch einen Putsch abgesetzt. Nach der verstärkten Aufnahme der Wirtsch.-Planung 1967 wurde ein erneuter FLN-interner Konflikt sichtbar: Eine Gruppe, die sich mehr einem alg. Sozialismus islam. Prägung verpflichtet fühlte, unterlag schließlich einer Gruppe von Militärs und Technokraten unter Führung Boumediennes, die die forcierte Industrialisierungspol. als Kader und privilegierte Schicht steuerten. Die Verabschiedung der Nationalen Charta 1976 nach einer breit angelegten Diskussionskampagne, mehrere Volksabstimmungen und Wahlen 1976/77 sollten den von Boumedienne gesteuerten Kurs eines revolutionären Sozialismus, die neue Verfassung und Islam als Staatsreligion, die FLN als Einheitspartei und einen außenpol. Neutralismus mit Tendenz zum soz. Lager legitimieren. Nach dem Tode von Boumedienne (Dez. 1978) hat sein Nachfolger, Oberst Chadli, eine vorsichtige Liberalisierungspolitik betrieben, ohne zunächst den autoritären Charakter des Regimes in Frage zu stellen. Nach den durch die sich akzentuierende Wirtschaftskrise ausgelösten Oktoberunruhen 1988 leitete die pol. Führung einen tiefgreifenden Reformprozeß ein: In einem Referendum am 23.2. 1989 votierten 73 % für eine neue plurale Verfassung. Dem darin festgelegten Abschied von der soz. Orientierung entsprachen Wirtschaftsreformen (u. a. Öffnung für ausl. *Direktinvestitionen). Mit dem Wahlsieg der «Islamischen Heilsfront» (FIS) bei den Kommunalwahlen vom 12. 6. 1990, den ersten kompetitiven Wahlen, wurde die Erosion der hegemonialen Position der FLN offenkundig.

7. Andererseits haben die Maximal-

forderungen des FIS, gestärkt durch die Großdemonstrationen im Zusammenhang mit dem Golfkrieg Anfang 1991, und die zunehmende Gewaltbereitschaft zahlreicher islamistischer Gruppierungen einschließlich des militanten FIS-Flügels um Ali Belhadj die von der Regierung gehegte Absicht, die Islamisten durch Verfassungsbestimmungen und gesetzliche Regelungen in das politische System zu integrieren, als unrealistisch entlarvt. Die Strategie des FIS zielte darauf ab, die Freiräume zu nutzen, am Demokratisierungsprozeß teilzunehmen, aus den vorgezogenen Parlamentswahlen Dez. 1991 als Sieger hervorzugehen, um danach das eigene autoritäre, religiös legitimierte Gesellschaftsmodell zu oktroyieren. Die Zulassung des in seinen Grundpositionen verfassungsfeindlichen FIS als Religiöse Partei (1989) war von daher der politische Hauptfehler von Präs. Bendjedid. Der durch das Wahlgesetz begünstigte Wahlsieg des FIS am 26.12.91 (188 Sitze von 432; aber nur 25 % aller Stimmberechtigten) determinierte – sollte eine vom FIS gebildete Regierung vermieden werden – die weitere Entwicklung: Rücktritt von Präs. Bendjedid am 14.1.92, Transfer der politischen Macht an einen 5köpfigen höchsten Staatsrat (unter Vorsitz von Mohamed Bondiaf, nach dessen Ermordung Juni 1992 Ali Kafi), Auflösung des FIS März 1992 und konsequente Verfolgung islamistischer Gewaltakte, die nach Aussetzung des Wahlergebnisses die Form einer islamistischen Stadt-Guerilla annahm. Der Demokratisierungsprozeß ist bis zur Herstellung stabiler Verhältnisse unterbrochen.

Lit.: H. Elsenhans, Frankreichs Algerienkrieg 1954–1962, Berlin 1974; T. Koszinowski / H. Mattes (Hg.), Nahost-Jahrbuch 1987ff, Opladen 1988ff; S. Faath, Algerien. Gesellschaftliche Strukturen und pol. Reformen zu Beginn der 90er Jahre, Hamburg 1990; S. Faath / H. Mattes (Hg.), Algerien, Wuqûf Bd. 6, Hamburg 1992. hpm

ALIDE Vereinigung lateinamerikanischer Entwicklungsbanken (*Asociación Latinoamericana de Instituciones Financieras de Desarrollo*), gegr. 1968 in Washington, Sitz in Lima. Dachorganisation von (1987) 138 aktiven Mitgliedsbanken und 21 kooperierenden Finanzinstitutionen aus 24 lateinamerik. und karibischen Ländern. Ihre Aufgaben sind die Förderung und Koordination entwicklungspol. Maßnahmen, insbes. im Bereich der E.-Finanzierung, Zielsetzung ist u. a. die Intensivierung von Kooperation und * Integration zwischen den Mitgliedsländern und die Stärkung deren individueller und kollektiver Handlungsmöglichkeiten im int. System. ALIDE steht in Verbindung zu 18 int. Körperschaften aus GB, Portugal, Spanien, Jugoslawien, BRD, die zur lateinamerik. Entwicklung beitragen, und zu weiteren regionalen Finanzierungsinstituten. mm

Allende Gossens, Salvador Präsident der Republik Chile 1970 bis 1973, erster marxistischer Präsident in der Welt, der aus freien Wahlen hervorging und dessen Wahlsieg und Revolutionsprogramm der sozialistischen Theorie neue Impulse gab. Geb. am 27.7.1908 in Santiago de Chile, studierte A. Medizin an der Universität Chile, praktizierte jedoch kaum, sondern verschrieb sich der Politik. Aus bürgerlichem Hause stammend, schloß sich der Freimaurer der sozialistischen Bewegung an, in der er bald eine hervorgehobene Rolle spielte. Er war einer der Gründer der Sozialistischen Partei Chiles (1933), errang für sie 1937 sein erstes Abgeordnetenmandat, wurde 1939 in der Volksfrontregierung Gesundheitsminister und gehörte dem chilenischen Senat seit 1945 ununterbrochen bis zu seiner Wahl zum Präsidenten 1970 an. 1967 wurde er zum Senatspräsidenten gewählt. Seit 1952 kandidierte A. bei den Präsidentschaftswahlen. 1970 überraschte sein Wahlsieg als Kandidat der «Volkseinheit» nicht nur seine pol. Gegner und die Weltöffentlichkeit, sondern z. T. auch seine pol. Freunde.

Es begann der Versuch eines chilenischen Weges zum Sozialismus, dessen

Scheitern durch den Putsch der Militärs am 11. September 1973 besiegelt wurde.

A. war kein Theoretiker, darin wird man Regis Débray zustimmen müssen. Er war ein Mann der Praxis und der Widersprüche, mit denen er zu leben verstand, und begriff sich selbst als antiimp. Kämpfer und Revolutionär. Fest in der chil. Geschichte verankert und der pol. Kultur dieses Landes noch im Tod verpflichtet (Vorbild Präsident Balmaceda, den die Oligarchie 1891 in den Selbstmord trieb), ist er in der Welt zum Symbol weniger des Scheiterns, sondern einer Hoffnung geworden.

Lit.: R. Débray/S. Allende, Der chilenische Weg, Neuwied 1972; D. Nohlen, Feuer unter der Asche, Baden-Baden 1974. dn

Allgemeine Kreditvereinbarungen →AKV

Allgemeines Präferenzsystem (APS) Die EL klagen seit Jahrzehnten, daß der *Protektionismus der IL ihre Bemühungen um exportorientiertes Wachstum und *Industrialisierung (→Importsubstitution) behindert. Da bisher der Süd-Süd-Handel noch schwach ausgeprägt ist (1978 nur 26 % der Exporte und 14 % der Importe der EL, ohne Mineralöl), ist für die EL der freie Zugang zu den Märkten der IL lebensnotwendig. Die EL forderten zuerst auf der *UNCTAD I (1964) die Einführung eines APS i. S. von allg. einseitigen Zollvergünstigungen der IL für ihre Exportprodukte. Da aber einseitige Präferenzsysteme gegenüber einem begrenzten Kreis von Ländern (nur EL) eine Verletzung des Prinzips der *Meistbegünstigung (Art. I GATTSt.) darstellen, mußte zunächst eine entsprechende Übereinkunft im *GATT herbeigeführt werden. Der 1965 dem GATT-Statut beigefügte Teil IV über «Handel und Entwicklung» brachte zwar einen Verzicht der IL auf reziproke Behandlung seitens der EL, beinhaltete aber noch kein APS.

Zur Beförderung ihres Wunsches nach Errichtung eines APS gelang es der *Gruppe der 77 auf der UNCTAD II (1968), die Resolution 21 zu verabschieden, in der die Grundsätze eines APS allg. anerkannt wurden: a) Nicht-Reziprozität (die begünstigten EL sind nicht verpflichtet, gleichartige Zollvergünstigungen zu gewähren); b) Nicht-Diskriminierung (die Präferenzen werden allen EL zugestanden); c) Allgemeinheit (die Präferenzen werden grundsätzlich von allen IL gewährt). Dieses APS sollte bis 1970 verwirklicht werden; mit Ausnahme von Australien, das seit 1966 EL allg. begünstigte, war zu diesem Zeitpunkt aber kein anderes IL dazu bereit. Erst am 26. 6. 1971 stellten die Vertragsparteien des GATT durch eine Ausnahmegenehmigung (*waiver*, gemäß Art. XXV Ziff. 5 GATTSt.) das APS GATT-konform und hoben für einen Zeitraum von zehn J. dafür die Meistbegünstigungsverpflichtungen auf. Auf der Basis dieses grundlegenden APS setzten einzelne Gruppen von IL ihre speziellen Präferenzsysteme in Kraft. Vorreiter war die EG (1. 7. 1971; daneben gewährt die EG im Rahmen der *Lomé-Abkommen auch noch spezielle Präferenzen für die *AKP-Staaten); die anderen IL folgten mit eigenen Präferenzsystemen, wobei die USA mehr als sechs J. benötigten, um mit 1. 1. 1976 ihr APS in Kraft zu setzen. Auch nach den EG-Erweiterungen 1975, 1982, 1985 und der Übernahme des APS der EG durch die sechs Beitrittsländer bestehen im westl. Raum versch. APS nebeneinander. Auch soz. Staaten wie Ungarn, die ČSSR, Bulgarien, Polen und die UdSSR gewähren den EL Zollvergünstigungen.

Ihren vorläufigen Höhepunkt fanden die Bemühungen um eine Besserstellung der EL am 28. 11. 1979 (Tokio-Runde) mit dem Beschluß der GATT-Vertragsparteien über eine Vorzugsbehandlung der EL (*enabling clause* = *Ermächtigungsklausel). Am 13. 4. 1988 unterzeichneten schließlich 48 EL der Gruppe der 77 auf ihrer Konferenz in Belgrad ein Übereinkommen über «Globales System von Handelspräferenzen zwischen EL» (GSTP), mittels dessen sie sich in Zukunft untereinander begünstigen werden. Das GSTP ist ein reines Instrument der «Süd-Süd-Integration», das unter einer eigenen Meistbegünstigungsverpflichtung steht. Ein «Komitee der Mitgliedstaaten» soll als willensbildendes Organ (i. d. R. nach dem Konsensprinzip) fungieren. Sonderbegünstigungen für die am wenigsten entwickelten EL sind im Rahmen des GSTP vorgesehen.

Lit.: A. Borrmann / Chr. Borrmann / M. Steeger, Das Allgemeine Zollpräferenzsystem der EG, Hamburg 1979; F. Franzmeyer / H. Petersen (Hg.), Neuorientierung in den Beziehungen zwischen der Europäischen Gemeinschaft und den Entwicklungsländern, Berlin 1984; E. Westreicher, Der Grundsatz der Gegenseitigkeit in den Handelsbeziehungen zwischen Industrie- und Entwicklungsländern, Berlin 1984.

wh

Allgemeines Zoll- und Handelsabkommen →GATT

Allianz für den Fortschritt Die A. wurde 1961 von den USA unter Präs. Kennedy als E.-Programm für LA konzipiert, um nach dem Sieg Castros in Kuba weitere Revolutionen in der westl. Hemisphäre zu verhindern. Im August 1961 unterzeichneten in Punta del Este alle Mitgl.-Staaten der * OAS mit Ausnahme Kubas die «Erklärung an die Völker Amerikas» und die Charta der Allianz für den Fortschritt. Als Ziele der auf 10 J. angelegten A. wurden u. a. genannt: Stärkung der demokratischen Institutionen, Beschleunigung der sozialen und ökon. E. und * Integration LAs, Ansponung der privaten Unternehmen zur wirtsch. Belebung, * Agrarreform, Verbesserung der schulischen Ausbildung, der Arbeitsbedingungen und des Gesundheitswesens, höhere Besteuerung der hohen Einkommen. Die USA versprachen, die «friedliche Revolution der Hoffnung» (Kennedy) mit mehreren Mrd. US-$ zu unterstützen. Die A. führte innerhalb der OAS zu org. Reformen (z. B. Erhöhung des Ausbildungsniveaus der OAS-Funktionäre, Kompetenz und Ressourcenerweiterung des * CIES).

In ökon. Hinsicht wurde die A. rasch zu einem Vehikel der Durchdringung LAs mit US-Kapital; bis 1969 sollen im Verlauf der A. Transaktionen von 2 Mrd. US-$ zwischen den USA und LA stattgefunden haben. In pol. Hinsicht degenerierte sie zu einem rhetorischen Überbau der direkten Systemstabilisierung gegenüber revolutionären Bewegungen. Von den ursprünglichen Reformprogrammen war schon 1967 beim interamerik. Präs.-Treffen fast nur noch die Förderung der ökon. Integration des Subkontinents übriggeblieben; zwei J. später wurde die A. stillschweigend begraben.

Lit.: J. W. Nystrom / N. A. Haverstock, The Alliance of Progress, Princeton 1966; F. G. Gíl, Latin American United States Relations, New York 1971; A. F. Lowenthal, Strukturwandel in den interamerikanischen Beziehungen, in: EA 16, 1980, S. 509 ff.

vgl.

Alma Ata-Konferenz →*Primary Health Care*

Alphabetisierung Unter Einbeziehung des Bevölkerungswachstums, der Einschulungsraten und der Erfolge von Alphabetisierungskampagnen nahm die * UNESCO ein weltweites Sinken der Analphabetenquote unter den über 15jährigen von ca. 33 % 1970 auf ca. 29 % 1980 und rd. 28 % 1985 an. Ob die für 1990 (Int. Alphabetisierungsjahr) prognostizierte Verminderung auf 26 % erreicht wird, ist angesichts der Stagnation oder gar des Rückgangs der Einschulungsraten bes. in den * LLDCs fraglich. Zu Anfang der 80er J. waren – bei Berücksichtigung der in den int. Statistiken nicht enthaltenen ca. 200 Mio. Schreib-Lese-Unkundigen der Volksrepublik China – etwa eine Mrd. Menschen Analphabeten. Als illiterat gilt dabei eine Person, die (nach einer Definition der UNESCO 1958, zitiert bei Fordham 1985, 16) nicht in der Lage ist, eine einfache Bemerkung über ihr Alltagsleben verstehend zu lesen und zu schreiben. Wenn auch in den IL der Analphabetismus noch nicht völlig beseitigt ist, lebt die Mehrzahl der Analphabeten in der *Dritten Welt. *Marginalisierte ländl. und städt. Bev.-Teile, Jugendliche ohne Schulbesuchsmöglichkeit, v. a. benachteiligte Mädchen und *Frauen (in einigen Ländern bis zu 80 % der Illiteraten) sind die Hauptgruppen der Analphabeten. Analphabetismus ist *Indikator eingeschränkter E.-Chancen und behindert zugleich die aktive *Partizipation an der Gestaltung der eigenen Umwelt.

Freilich warnen einige Alphabetisierungsexperten davor, Illiterate nach der Gleichung «Analphabeten = Unwissenheit = Demütigung» zu diskriminieren und die schriftungebundenen Kommunikationsformen in nichtliteraten Lebenswelten unterzubewerten (Hinzen, 1985).

Die rel. erfolgreichen Alphabetisierungskampagnen versch. soz. Länder (Kuba, 1960/61; Vietnam 1945/46, 1954 bis 1961, 1976 bis 1978; China in den 50er J.; Äthiopien) zeigen, daß der Analphabetismus bei entsprechenden Anstrengungen in zwei Jahrzehnten nahezu beseitigt werden kann. Diese Massenkampagnen standen unter expliziten pol. Vorzeichen der jeweiligen Staats- bzw. Parteidoktrin. Aus Äthiopien ist belegt, daß auch polizeiliche Zwangsmaßnahmen nicht gescheut wurden. Das von der UNESCO 1965 gestartete *World Experimental Literacy Programme* verband im Sinne des Gedankens der funktionalen Alphabetisierung das Lernen des Lesens und Schreibens mit sozialen und beruflichen Bildungsinhalten. Die von Paolo Freire in den 60er J. in Brasilien und Chile, in den 70er J. in Guinea-Bissau erprobte A.-Methode verband das Lesen-Schreiben-Lernen mit einer aus den Problemen der Lebenswelt der Alphabetisanden erwachsenden pol. Bewußtmachung. Die Erfolgs-, aber auch Mißerfolgserfahrungen (z. B. Zusammenbruch des Alphabetisierungsprojekts in Somalia, erhebliche Probleme der indischen Kampagne) schlagen sich innerhalb der beteiligten int. Organisation (bes. UNESCO mit versch. Instituten, so dem *International Institute for Educational Planning* in Paris, dem *UNESCO Institute for Education* in Hamburg, dem *International Institute for Adult Literacy Methods* in Teheran sowie dem *International Council for Adult Education*) in folgenden (u. a. an den Erklärungen von Persepolis/Iran 1975, Udaipur/Indien 1982 ablesbaren) Diskussionstrends nieder:

1. A.-Kampagnen bedürfen einer Umorientierung der Prioritäten zugunsten der Unterprivilegierten. 2. Sie erfordern und ermöglichen die Partizipation der betroffenen Bev.-Gruppen. 3. Die Lese-Schreib-Lernphase soll nicht mit zu weitgehenden funktionalen Bildungsanforderungen bes. in berufserzieherischer Hinsicht überbürdet werden. Das Erlernen von Lesen und Schreiben ist eine Aufgabe eigener Dignität. 4. An die eigentliche Alphabetisierungsphase müssen sich geeignete *Post-Literacy-Programmes* anschließen, wenn die Maßnahme einen E.-Impuls ausüben und ein Rückfall in den Analphabetismus vermieden werden soll. 5. Die methodischen Schwierigkeiten von A. (z. B. linguistischer Art: in einigen Ländern Notwendigkeit des Lesenlernens in der lokalen, dann einer regionalen Verkehrs-, schließlich der Staats- bzw. einer int. gebrauchten Sprache) sind nicht unüberwindlich. 6. A.-Maßnahmen bei Erwachsenen müssen mit einem Ausbau der Primarschulen einhergehen. Die Koordination erfordert v. a. eine Äquivalenz der Abschlüsse von formalen und nonformalen *Bildungs-Angeboten.

Lit.: J. Robbins Kidd u. a., UNESCO/UNDP, The Experimental World Literacy Programme. A Critical Assessment, Paris 1976; J. Müller, Alphabetisierung und Entwicklung, Bonn 1982 (DSE Dok. 1122 B, SE 21-09-82); H. Hinzen, Alphabetisierung und Fortschritt. Skizzen, Materialien, Meinungen und Dokumente, in: Ch. Wulf/T. Schöfthales (Hg.), Im Schatten des Fortschritts, Saarbrücken/Fort Lauderdale 1985, S. 143–159; P. Fordham (Hg.), One Billion Illiterates – One Billion Reasons for Action. Report on the International Seminar ‹Cooperating for Literacy› – Berlin (West) October 1983, DSE/ICAE, 1985. vl

Alternative Entwicklung Dem *Dag Hammerskjöld-Bericht zufolge umfaßt alternative E. (auch: andersartige E., *another development*) folgende Elemente: Orientierung auf die Befriedigung der Bedürfnisse, beginnend mit der Beseitigung von *Armut, **self-reliance*; Umweltverträglichkeit. Es wird angenommen, daß die drei Elemente harmonisch miteinander verbunden werden können, sich gegenseitig bedingen und verstärken. Dies ist jedoch fraglich. Offen ist auch, ob sich alternative E. ausschließlich als sozialistische E. versteht, inwieweit sie begrenzt werden kann auf die *Dritte Welt, und ob sie nicht vielmehr global gefordert werden muß. Ein weniger anspruchsvolles Verständnis alternativer E. würde sich mit jeweils einem Begriffselement zufriedengeben, dann allerdings weniger präzise sein als die Strategien, die sich in den *Grundbedürfnissen, an **self-reliance* oder an *ökologischen Zielsetzungen orientieren. dn

Alternativer Nobelpreis Der a. N. ist eine seit 1981 jährlich vergebene Auszeichnung der Right Livelihood-Stiftung (Stiftung für verantwortungsbewußte Lebensführung, Sitz in London) für herausragende Leistungen zur Lösung drängender Menschheitsfragen. Die Stiftung wurde 1980 von dem dt.-schwedischen Wissenschaftler Jacob von Uexküll (geb. 19. 8. 1944, von 1987–89 Abgeordneter der bundesdeutschen Grünen im Europäischen Parlament) gegründet, der die finanzielle Grundlage durch Verkauf einer wertvollen Briefmarkensammlung schuf. Übergeben wird der mit ca. 150000 US-$ dotierte Preis im Schwedischen Reichstag am Vortag der Nobelpreisverleihung. Eine der Preisträgerinnen des a. N. 1992, der zumeist gedrittelt wird, ist die Guatemaltekin Helen Mack, die unter Einsatz ihres Lebens den Mord an ihrer Schwester Mirna Mack aufklärte und erreichte, daß die Verantwortlichen vor Gericht gestellt wurden. Sie setzte somit einen Präzedenzfall im Kampf gegen die Straflosigkeit der Polizei und des Militärs in Guatemala. mn

Amazonas-Kooperation Am 3. Juli 1978 unterzeichneten acht Staaten (Bolivien, Brasilien, Ecuador, Guyana, Kolumbien, Peru, Surinam, Venezuela) auf Initiative Brasiliens das Abkommen über die Zusammenarbeit im Amazonasgebiet. Räumliche Ausdehnung (hydrographisches Einzugsgebiet) 5870000 qkm; Anteile der Anliegerstaaten: Brasilien 63,8 %, Peru 15,9 %, Bolivien 11,9 %, Kolumbien 5,8 %, Ecuador 2,1 %, Venezuela 0,9 %, Guyana 0,1 %; Bev.-Dichte 1 Ew. pro qkm. Potential: Erz- und Mineralvorkommen, Nutz- und Edelhölzer, Weltsüßwasserreservoir und Weltsauerstoffproduzent. *Vertragsziele:* Harmonische E. des A.-Gebietes bei Erhaltung der Umwelt und rationaler Nutzbarmachung der Ressourcen; Verbesserung der physischen Infrastruktur, Beschleunigung der wirtsch. und sozialen Entwicklung. *Organe:* Außenminister-Konferenz, erarbeitet Richtlinien zur Ausführung der Vertragsziele; Rat für Zusammenarbeit, bestehend aus hohen dipl. Vertretern der Vertragspartner, tritt einmal im J. zusammen; Sekretariat, von der Vertragspartei ausgeübt, auf deren Territorium die nächste Ratssitzung stattfindet (alphabetisch wechselnd); ständige Nationale Kommissionen und Sonderkommissionen der Vertragspartner. Beschlüsse erfordern Einstimmigkeit. Beschlüsse zur reg. Entwicklung und Kooperation wurden bislang v. a. im Hinblick auf den Ausbau von Verkehrswegen und der Schiffahrt sowie des Gesundheitswesens gefaßt.

Lit.: Vertragstext in: Integración Latinoamericana 27, 1978, S. 62 ff.; W. Hummer, Der Amazonas Pakt, in: P. Waldmann, Politisches Lexikon Lateinamerika, 2. Aufl., München 1982, S. 360 ff.; Integración Latinoamericana, 91, 1984, S. 31 ff. dn

Amerikanische Menschenrechtskommission →Menschenrechte

Amerikanische Menschenrechtskonvention →Menschenrechte

AMF →Arabische Liga

amnesty international (ai) Gefangenenhilfsorganisation, gegr. 1961, Hauptsitz (Int. Sekretariat) in London; nat. Sektionen in 47 Ländern, Einzelmitgl. in 150 Ländern. *Aufgaben:* Durchsetzung der * Menschenrechte in der Welt; Schutz der pol. Gefangenen und Verfolgten; Untersuchungen über die Zahl der pol. Häftlinge und ihre Haftbedingungen; Verbreitung von Informationen; Organisierung von Petitionen. *Finanzierung:* Als Mitgl.-Organisation wird ai durch die Mitgl. finanziert. Einnahmen und Ausgaben werden jährl. veröffentlicht. Grundprinzip von ai ist pol. und finanz. Unabhängigkeit. ai bezieht in keiner ideologischen Auseinandersetzung Stellung und unterstützt oder bekämpft keine Partei oder Religion. Grundlage der Arbeit von ai ist die sog. Adoption einzelner pol. Gefangener durch Gruppen von Mitgl., welche Briefe an Reg. schreiben, in denen sie um Freilassung der Gefangenen, für die sie arbeiten, nachsuchen. Adoptiert werden solche Gefangenen, die keine Gewalt angewandt und auch nicht zur Anwendung von Gewalt aufgerufen haben. ai bekämpft auch Folter und Todesstrafe und setzt sich für gerechte Gerichtsverfahren ein. Seit 1973 Kampagnen zur Abschaffung der Folter; 1978: Sonderbericht zum Thema Todesstrafe. ai hat Beraterstatus beim * ECOSOC und ist auch bei der * UNESCO, bei der * OAS, bei der * OAU und beim Europarat entsprechend anerkannt.

Jede Gruppe von ai ist Teil einer nat. und int. Struktur; sie wird bei den zweijährl. Treffen des Int. Rates vertreten, der über Programm und Politik für die kommenden Jahre entscheidet. Der Rat wählt daneben ein int. Exekutivkomitee, das zusammen mit dem Generalsekretariat für die tägliche Arbeit im Int. Sekretariat und für Verfahrensentscheidungen zuständig ist. 1987 gab es 47 nat. Sektionen, 3863 Adoptionsgruppen in 51 Ländern sowie über 700000 Mitgl., Abonnenten und Förderer in 154 Ländern. Als gewaltlose pol. Gefangene wurden von ai 3534 Gefangene adoptiert. Die Zahl der neu aufgenommenen Fälle lag bei 1128, die Zahl der freigelassenen Gefangenen bei 1689. Neueste Daten sind den Jahresberichten der ai (Fischer Taschenbuch) zu entnehmen. Publikation: ai-Informationen. Adresse (Sitz für die BRD): Heerstr. 178, 5300 Bonn.

Lit.: N. Brieskorn, amnesty international, in: APuZ B 49/88; L. A. Müller, Betrifft: Amnesty International, München 1989. dn

AMREF *African Medical and Research Foundation*, gegr. 1958, leistet in Kooperation mit Gesundheitsbehörden in EL und zahlreichen * nicht-staatlichen Organisationen * Gesundheitshilfe in Ostafrika mit dem Ziel, dort flächendeckend Basisgesundheitsdienste zu schaffen. Maßnahmen: *Flying Doctor Service*, mobile Krankenstationen, Gesundheitserziehung, Aus- und Fortbildung von einheimischen med. Hilfskräften sowie (tropen-)med. Forschung. Der deutsche Zweig der AMREF, die Gesellschaft für Medizin und Forschung (GMFA) e. V. (gegr. 1963), finanziert sich insb. über Spenden (1987: 400000 DM). Adresse: Mauerkirchenstr. 155, 8000 München 81. ah

Amt des Hochkommissars der UN für Flüchtlinge →UNHCR

Analphabetismus →Alphabetisierung

ANC *African National Congress*, 1912 in Bloemfontein gegr., älteste nationalistische Org. im südl. Afrika, ab 1960 in Südafrika verboten, jedoch als Widerstandsbewegung auch danach aktiv. Im Zuge der Reformpol. Präs. de Klerks wurde der ANC gemeinsam mit anderen schwarzen Widerstandsorg. am 2. 2. 1990 legalisiert. Der ANC sieht sich nicht als Partei, sondern als Nationalbewegung, der sich Menschen aller Hautfarben anschließen können, die gemeinsam das Ziel verfolgen: Sturz der weißen Minderheitsreg. in Südafrika, Abschaffung der *Apartheid und Errichtung eines demokratischen Sozialismus.

Die *OAU erkennt den ANC als Repräsentanten des südafrik. Volkes an. Exil-Sitz des ANC war Lusaka/Zambia. Präsident der Organisation ist seit Juli 1991 Nelson *Mandela, der als Symbolfigur der schwarzen Befreiungsbewegung in Südafrika und nach über 25 J. Haft am 11.2.1990 freigelassen worden war. Ursprünglich eine umfassende sozialistische Transformation der südafrik. Wirtschaft anstrebend, orientierte sich der ANC in jüngster Zeit auf das Konzept einer gemischten Wirtschaft um. Die frühere, auf Untergrundarbeit und bewaffneten Kampf konzentrierte Strategie wurde unter Aufrechterhaltung der politischen Mobilisierung nach und nach durch Verhandlungen mit Politikern, Geschäftsleuten usw. ersetzt. Zunehmend wurde der ANC so zum Partner der weißen Reg. im Bemühen, einen friedlichen Übergang zu einer neuen politischen Ordnung zu erreichen.

Der ANC unterhält Büros in London, New York und versch. anderen Ländern, darunter seit 1980 auch in Bonn. ajh

Andenpakt Im Abkommen von Cartagena (26.5.1969) schlossen sich fünf Mitgl.-Staaten der *ALALC, Bolivien, Chile, Kolumbien, Ecuador und Peru, zum subregionalen Andenpakt zusammen. Venezuela (an den Vorverhandlungen beteiligt) trat dem Abkommen am 1.1.1974 bei, Chile verließ den Pakt am 30.6.1976.

Zielsetzung: Wirtschaftsgemeinschaft mittels Abbau der zwischenstaatl. Handelsschranken, gemeinsamen Außenzolltarifs; gemeinsames *Industrialisierungsprogramm, Harmonisierung der Wirtschafts- und Sozialpolitik; damit Überwindung der begrenzten ALALC-*Integration und Anwendung der *CEPAL-Lehren.

Ziele und Entscheidungen im einzelnen: 1. Interner Zollabbau bis 1980, einheitlicher Außenzoll bis 1975; 2. sektorale Programme zur industriellen Entwicklung (PSDI): gemeinsame und aufeinander abgestimmte Industrialisierungspläne für Industriezweige; nat. Kontingente; 3. Entscheidung 220, 1987 (Ersatz für Entscheidung 24 von 1970): Unterscheidung zwischen «nationalen», «gemischten» und «ausländischen» Unternehmen, wobei die ersten über 80%, die zweiten zwischen 51 und 80% andines Kapital aufweisen müssen (wie 24). Ausl. Unternehmen sollen in Kolumbien, Peru und Venezuela innerhalb von 30 J. bis zu 51% der Anteile an nat. Unternehmen abtreten, in Bolivien und Ecuador innerhalb von 37 J.; strategische Bereiche bleiben dem Auslandskapital verwehrt; Verschärfung der Richtlinien für Technologieimport (z.B. keine Verknüpfung von Verpflichtungen gegenüber Lieferanten).

Organe: 1. Oberstes Organ ist die Kommission, bestehend aus je einem Vertreter der Mitgl.-Länder; Entscheidungen werden mit Zwei-Drittel-Mehrheit gefällt, bei Programmen für die ind. Entwicklung mit Einstimmigkeit; 2. Junta (Dreiergremium), ist der Kommission gleichgestellt, arbeitet Vorlagen für die Kommission aus; 3. Mit dem «*Protocolo Modificatorio*» vom Mai 1987 sind das Andine Parlament und der Andine Gerichtshof (die schon früher existierten) ebenfalls zu Hauptorganen ernannt worden; auf der Beraterebene arbeitet das Wirtschafts- und Sozialkomitee (Unternehmer und *Gewerkschaften); der Andine Währungsfonds stützt die *Zahlungsbilanzen und koordiniert die Währungspolitik. In den 70er J. Abschluß von Zusatzabkommen für Kultur- und Gesundheitsbereich sowie für versicherungsrechtliche Fragen.

Ergebnisse: Das zunehmende Wachstum im subregionalen Handel (Anteil am Gesamtexport der Länder

1981: 4%) ist bislang das beste Ergebnis der Integrationsbemühungen, aber trotzdem unbefriedigend. Die gemeinsamen Ind.-Programme (Metall, Petrochemie, Automobile) blieben ohne durchschlagende Ergebnisse. Fristen für Liberalisierung des Handels innerhalb des Andenpaktes und für die Errichtung eines gemeinsamen Außenzolls konnten nicht eingehalten werden.

Probleme: geringe Risikobereitschaft und Finanzkraft der nat. Unternehmen; Abh. von ausl. Technologie; Konkurrenz billiger Drittmarktprodukte; Grenzkonflikt Ecuador/Peru (1981); zeitweiliger Rückzug von Bolivien; wachsender Hang zum *Protektionismus und institutionelle Schwäche. Die Wirtschaftskrise der 80er J. hat den Andenpakt wie alle regionalen und subregionalen Integrationsbewegungen schwer getroffen. Das «*Protocolo Modificatorio del Acuerdo de Cartagena*» ist ein Versuch, durch institutionelle Veränderungen den Integrationsprozeß zu reaktivieren. An pol. Willen fehlt es nicht.

Lit.: W. Hummer, Neueste Entwicklung im fortschreitenden Integrationsprozeß in Lateinamerika, in: Jahrbuch des Öffentlichen Rechts 29, 1980, S. 527ff.; F. López-Casero/P. Waldmann, Nationaler Entwicklungsstand und regionale Integration. Der Andenpakt aus der Perspektive der Mitgliedsstaaten, in: M. Mols (Hg.), Integration und Kooperation in Lateinamerika, Paderborn 1981, S. 175ff.; Integración Latinoamericana (Buenos Aires), No. 128 und 134, 1987. dn/ra

Andheri-Hilfe e. V. 1967 gegr. *nichtstaatliche Organisation (*Bensheimer Kreis), führt im indischen Subkontinent (insb. in Indien, Bangladesh, Nepal) vorwiegend mit Spenden finanzierte E.-Projekte (Gesamtausgaben 1986: rund 5,3 Mio. DM) der *Gesundheitshilfe und in den Bereichen Sozialarbeit, *Bildung, *ländliche und dörfliche Entwicklung durch. Zielgruppen sind Kinder, sozial benachteiligte Familien, unterentwickelte Dörfer, Blinde und (Lepra-)Kranke. Publikation: Andheri-Hilfe. Adresse: Mackestr. 53, 5300 Bonn 1. mik

Angepaßte Technologien Unter a.T. ist eine den technologischen Bedürfnissen der EL entsprechende Technologie zu verstehen. Diese Bedürfnisse berücksichtigen die entwicklungspol. Problemsituationen, denen sich die meisten EL gegenübersehen. Beispielsweise sind E.-Gesellschaften – von den reichen *OPEC-Ländern abgesehen – von Kapitalmangel und *Arbeitslosigkeit gekennzeichnet. Sie verfügen nur über einen Bruchteil (5%) der Investitionsressourcen der IL, ihr Potential an Arbeitskraft ist aber dreimal so groß. Daraus folgt, daß eine kapitalsparende und *arbeitsintensive Technologie den EL-Bedingungen angemessener erscheint als der Transfer modernster Technologie (*kapitalintensiv und arbeitssparend). Insbes. im Rahmen von *Grundbedürfnisstrategien ergeben sich für die a.T. sinnvolle und entwicklungspol. bedeutende Anwendungsbereiche. Wird die Produktion der EL auf die Versorgung der einheimischen Bev. umgepolt, so können die einfacheren Güter arbeitsintensiv produziert werden; die erhöhte Beschäftigung verringert *Marginalität, hilft, die *Einkommensverteilung gerechter zu gestalten, und bildet einen einheim. Markt aus.

Die E. des am Produktionsfaktor Arbeit orientierten Konzepts der a.T. geht auf Schumacher/London zurück. Weitere Forschungsarbeiten – insbes. hinsichtlich der konkreten Anwendung – haben u.a. *Weltbank, *ILO, *FAO, *UNIDO, *UNESCO und *DAC vorgelegt. Die Befürworter von a.T. sehen sich der Unterstellung ausgesetzt, die IL würden den EL die modernste Technologie zu eigenem Nutzen vorenthalten wollen. Nicht zuletzt aufgrund mangelnder Akzeptanz seitens der Entscheidungsträger in den EL spielt das Konzept der a.T. in der entwicklungspol. Praxis keine große Rolle. Die Bilanz des Transfers kapitalintensiver Technologien zwingt jedoch einfach zu einem Umdenken. Arbeitsintensive a. T. müssen aber größtenteils erst noch entwickelt werden. Die Bemühungen in den IL gehen dahin, entsprechende Forschungen zu unternehmen oder zu unterstützen und auch Pläne der EL zur Errichtung von Informationsbüros für die Weitergabe von Informationen über a. T. (etwa im Rahmen von *TCDC) zu fördern. →FAKT

Lit.: E. F. Schumacher, Die Rückkehr zum menschlichen Maß, Reinbek 1977; H. Singer, Technologies for Basic Needs, Genf 1977; R. S. Eckans, Appropriate Technologies for Developing Countries, Washington 1977; F. Stewart/J. James, The Economics of New Technology in Developing Countries, Pinter 1982; J. Meyer-Stamer, Technologie und Dritte Welt, in: Jahrbuch Dritte Welt 1989, S. 100ff. dn

Angola Potentiell zählt die Volksrepublik Angola zu den reichsten Ländern Afrikas. Innere Unruhen, bedingt durch die Einbeziehung des südl. Afrika in den Ost-West-Konflikt, die von Südafrika und den USA unterstützte *Guerilla-Org. UNITA sowie wirtsch. Schwierigkeiten, ließen jedoch bislang nur begrenzte Entwicklungsmöglichkeiten zu. Der in Estoril/Portugal 1991 geschlossene Vertrag zwischen MPLA-Regierung und UNITA-Führung erwies sich als brüchig. Die Zukunft des neu beschrittenen Weges der Demokratisierung, des Mehrparteiensystems, der Marktwirtschaft und vor allem des Friedens in Angola ist unsicher und bedarf weiterer sowohl innen- als auch außenpol. diplomatischer Anstrengungen.

1. A. umfaßt einschließlich der Enklave Cabinda eine Fläche von 1445700 qkm. Aufgrund des günstigen Klimas und der Ressourcen an Wasser und anbaufähigem Land bestehen gute Voraussetzungen für den Anbau landw. Produkte (Hülsenfrüchte, Erdnüsse, Hirse, Maniok); ferner sind Bodenschätze (v. a. Diamanten, Erdöl, Eisenerz) vorhanden. Die durchschn. jährl. Wachstumsrate erreichte für die J. 1980–1990 ein positives Saldo von 2,5%, wobei die Landwirtschaft und die verarbeitende Industrie einen Verlust von 0,5 bzw. 4,6% zugunsten eines Aufschwungs von 12,6% in der Industrie erlitten. Das BIP betrug 1990 1320 Mio. US-$ (65% Landwirtschaft, 15% Industrie u. 21% Dienstleistungssektor).

2. Die Bev. A.s betrug 1990 10 Mio. bei einer Bev.-Dichte von 7,4 Ew./qkm und einem durchschn. jährl. Bevölkerungswachstum von 2,6% (1980 bis 1990). Sie setzt sich zu 90% aus Afrikanern, Bantustämmen mit eigenen Sprachen, zusammen; Amts- und Verkehrssprache ist Portugiesisch. Etwa zwei Drittel der Bev. sind Christen, v. a. Katholiken; ein weiterer Teil gehört trad. Religionen an. Die Bev. lebt überwiegend von der Landw. (vorwiegend *Subsistenzwirtschaft). In den letzten J. ergaben sich durch Flüchtlingsströme (→Flüchtlinge) infolge anhaltender milit. Konflikte und *Landflucht starke Veränderungen in der Bev.-Struktur. Der Urbanisierungsgrad beträgt 28% (1990).

Die Analphabetenrate konnte seit der Unabh. beträchtlich gesenkt werden: Sie war 1985 mit 59% um 26 Prozentpunkte niedriger als 1975. Die LE bei Geburt beträgt 46 J. (1990), wobei die Säuglingssterblichkeit je 1000 Lebendgeburten auf 130 (1990) geschätzt wird.

3. A., das 1482 entdeckt wurde, diente Portugal als Sklavenlieferant v. a. für Brasilien. Die intensive Besiedlung A.s und die «Befriedung» der angol. Völker, deren Widerstand bis Ende des I. Weltkriegs andauerte, fand insbes. nach dem II. Weltkrieg statt. Die Portugiesen errichteten v. a. Kaffee-, Baumwoll-, Sisal- und Zuckerrohr-*Plantagen und bauten die Rohstoffe A.s ab. In einem Land, in dem Privateigentum fast unbekannt war, wurde jeglicher nicht in privater Hand befindliche Besitz zu portug. Staatseigentum; bis 1962 wurde ein System der Zwangsarbeit aufrechterhalten. Agrarprodukte wurden den Afrikanern zu oktroyierten Bedingungen abge-

kauft; A. war u. a. wegen eines Systems von Preis- und Importkontrollen ein geschützter Markt für portug. Fertigwaren. Nach der Doktrin der Luso-Afrikanischen Einheit sollte A. pol., wirtsch. und sozial Bestandteil der portug. Nation werden, wobei die afrik. Sozialstrukturen völlig ausgehöhlt wurden. Der Beginn des Befreiungskampfes 1961 veranlaßte die portug. Reg. zu Reformen v. a. im Erziehungswesen und in der Wirtschaft: A. wurde für Investitionen aus dem westl. Ausland geöffnet; die *Diversifizierungspol. in der Landw. führte zu einer Produktionssteigerung, aber auch zu einem mit den *Wanderarbeitern (v. a. aus den Stammesgebieten der Ovibundu) entstehenden ländl. Proletariat. Die Siedlungspol. wurde forciert (Zwangsumsiedlungen ca. einer Mio. Menschen zur Abschirmung von den *Befreiungsbewegungen); als gesellschaftspol. Ziel wurde die Assimilation propagiert. Der ind. Aufschwung führte zu verstärkter *Urbanisierung (Verdopplung der Bev. Luandas zwischen 1960 und 1970) und zu einem enormen Anstieg portug. Siedler (Verdopplung zwischen 1960 und 1974). Der durch die portug. Revolution 1974 eingeleitete *Dekolonialisierungsprozeß bedeutete das Ende dieses «reformierten» Kolonialismus.

4. Die Auseinandersetzungen um die Befreiung A.s von der portug. Kolonialherrschaft wurden im wesentlichen von drei Befreiungsbewegungen getragen: Im Norden operierte die milit. starke, aber pol. am wenigsten organisierte FNLA (Nationale Befreiungsfront von A.) unter H. Roberto; die MPLA (Volksbewegung für die Befreiung A.s) unter A. Neto bildete einen Zusammenschluß versch. Gruppierungen (Angol. KP, Assimilado- und Mestizen-Bev., Lohnarbeiter der Kaffeeplantagen). Sie fand ihren ethn. Rückhalt in den Mbundu-Gebieten im Hinterland von Luanda. Die UNITA (Nationalunion für die volle Unabhängigkeit A.s) hatte v. a. in der größten ethn. Gruppe der Ovibundu ihre Basis und operierte unter Führung J. Savimbis im Süden des Landes. Die von ausl. Interessen bestärkten Rivalitäten zwischen den Bewegungen, wobei die UdSSR die MPLA, die USA und Zaire die FNLA und Südafrika und die USA die UNITA unterstützten, erschwerten den Dekolonialisierungsprozeß. Im Bürgerkrieg brachten die Unterstützung der UdSSR und der Einsatz kubanischer Truppen im Febr. 1976 die Entscheidung für die MPLA. A. wurde soz. Volksrepublik.

Durch die Abwanderung der Portugiesen (größter Teil der ausgebildeten Fachkräfte) nach der Unabh., durch die Folgen des Bürgerkriegs und der ausländischen Interventionen brach 1975/76 das angol. Wirtschaftssystem zusammen. Der Rückgang der Kaffee- und Diamantenexporte und die Einstellung der Ausfuhr von Eisenerz machte A. weitgehend vom Erdölexport (ca. 70 % der Produktion in der Enklave Cabinda) abhängig (Exportanteil an Erdöl und Erdgas 1986 über 90 %). Seit 1976 wurden das Banken- und Industriewesen sowie die großen landw. Betriebe nationalisiert.

Die MPLA selbst organisierte sich – im Ggs. zu den schon während des Befreiungskampfes aufgebauten Institutionen, die auf *Partizipation der Bev. beruhten, und dem im «Gesetz über die Volksmacht» verankerten **poder popular* – 1976 als Kader-Partei, was Anlaß zu parteiinternen Konfrontationen gab. Diese verschärften sich nach dem Putschversuch von N. Alves 1977. Der nach dem Tod Netos 1979 eingesetzte J. Eduardo dos Santos kündigte 1987 umfassende Reformen und die Förderung der Privatwirtsch. an.

5. Nach einigem Zögern trat A. 1985 *Lomé III bei (56 % der importierten Waren stammen aus EG-Ländern). Der Konflikt mit Zaire konnte beigelegt werden. Die im Mai 1988 aufgenommenen Verhandlungen zwischen A.,

Südafrika, Kuba und den USA führten im Juli zu einer Einigung über einen Rahmenplan zum Abzug der ca. 50000 kubanischen Soldaten aus A. Am 22. 12. 1988 unterzeichneten Südafrika, Angola und Kuba am Sitz der * UN in New York einen Friedensvertrag, der den Abzug der kubanischen Truppen innerhalb von 27 Monaten und die Unabh. Namibias festlegte.

Der Truppenabzug stellt für A. einerseits eine wirtsch. Entlastung dar, andererseits wird Angola mit einem verschärften Mangel an Fachpersonal (Ärzte, Ingenieure, usw.) konfrontiert. Mit dem am 2. 5. 1991 zwischen MPLA und UNITA abgeschlossenen Abkommen von Estoril/Portugal wuchsen die Hoffnungen auf ein Ende des Bürgerkrieges. Das unter portug. Vermittlung und auf Druck beider Supermächte zustande gekommene Abkommen sah die gegenseitige Anerkennung von MPLA und UNITA, den Zusammenschluß der beiden gegnerischen Streitkräfte in einer nationalen Armee und freie Wahlen im Nov. 1992 vor. Nach dem Wahlerfolg der MPLA (53,7 % der Stimmen) sprach Savimbi von Wahlbetrug und akzeptierte die Wahlergebnisse nicht. Massaker seitens der UNITA und Gegenwehr, die die Reg. sogar Waffen an die zivile Bev. zur Selbstverteidigung austeilen ließ, hatten etwa 2 Tsd. Todesopfer zur Folge. Die UNITA verlor wichtige Führungspersonen und vor allem intern. Unterstützung.

Lit.: G. Bender, Angola under the Portuguese: The Myth and the Reality, London 1978; F. W. Heimer, Der Entkolonialisierungskonflikt in Angola, München 1979; L. W. Henderson, Angola. 5 Centuries of Conflict, Ithaca usw. 1979; A. J. Klinghoffer, The Angolan War. A Study of Soviet Policy in the Third World, Boulder (Col.) 1980; M. Schümer, Angola, in: R. Hofmeier/M. Schönborn (Hg.), Politisches Lexikon Afrika, 4. Aufl., München 1988; M. Offermann, Angola zwischen den Fronten, Pfaffenweiler 1988.
rs/pb

ANRPC Vereinigung der Kautschuk produzierenden Länder (*Association of Natural Rubber Producing Countries*), Rohstoffkartell im Bereich Agroprodukte, gegr. 1970 in Kuala Lumpur, Rekonstituierung 1982. Die sieben Mitgl.-Länder (Indien, Indonesien, Malaysia, Singapur, Sri Lanka, Thailand, Papua-Neuguinea) decken 89 % der weltweiten Kautschukproduktion. Die ANRPC beabsichtigt eine Koordinierung der Produktion und Vermarktung des Kautschuks, die Förderung techn. Zusammenarbeit zwischen den Mitgliedsländern sowie die Durchsetzung eines Mindestpreises für ihre Produkte. mm

Antigua und Barbuda →Karibik

AOF *Afrique Occidentale Française*, zwischen 1895 und 1958/59 bestehende «Föderation» der seit 1922 acht frz. Kolonien in Westafrika (Mauretanien, Senegal, Frz. Sudan [Mali], Guinea, Elfenbeinküste, Obervolta, Dahomey [Benin] und Niger) mit der Hauptstadt Dakar. fn

Apartheid Der Begriff A. (*afrikaans*, Synonym für die süfafrik. Rassentrennungspolitik, in neuerer Zeit mehr im Sinne von ‹getrennter Entwicklung› verwandt) bezeichnet die seit der Machtübernahme der *National Party* (NP) 1948 in Südafrika (RSA) verfolgte Politik der Rassenbeziehungen. Grundlage der A.-Politik ist die Aufrechterhaltung der Dominanz der weißen Minderheit, während allen nichtweißen Volksgruppen (Schwarze, Mischlinge und Asiaten) nur abgestufte Bürgerrechte eingeräumt werden. Wesentliche Elemente der Rassentrennungspolitik waren schon in der 300jährigen Geschichte des Landes angelegt, doch kam es erst unter der NP zur formellen Anwendung der A. Zu unterscheiden sind die sog. kleine oder *Petty* A. (soziale Trennung der Rassengruppen; Schaffung getrennter öfftl. Einrichtungen auf allen Ebenen) und die territoriale Apartheid. Letztere kennzeichnet die räumliche Trennung durch Festlegung separater Siedlungsgebiete auf dem Land (→Homelands), während der *Group Areas Act* die Schaffung getrennter städt. Wohngebiete im ‹weißen› Südafrika regelt.

Die soziale Apartheid, die in ihrer umfassendsten Ausprägung ursprgl. alle Lebensbereiche umschloß, ist seit einigen J. in stetigem Abbau begriffen. Hierzu gehören die Aufhebung der Arbeits- und Ausbildungsbeschränkungen, die Zulassung schwarzer Gewerkschaften und die Gewährung eines beschränkten Streikrechts (1979), die sukzessive Abschaffung getrennter öfftl. Einrichtungen, die Aufhebung des Mischehenverbots (1985), Verbesserungen im Erziehungs- und Ausbildungswesen für Schwarze, die Möglichkeit zu städt. Grundbesitzerwerb auch im ‹weißen› RSA, die Zulassung rassisch gemischter Geschäftsviertel, die Suspendierung der verhaßten Paßgesetze (1986) usw.

Die territoriale A. blieb zunächst erhalten und wurde im Rahmen der Homelands sogar bis zur Fiktion nat. Unabh. weiterentwickelt. Pol. Rechte stehen den Schwarzen nur im Homeland ihrer *Ethnie sowie auf kommunaler Ebene in den schwarzen Townships des ‹weißen› Siedlungsgebiets zu. Die Verfassungsreform von 1983, die 1984 in Kraft trat und den Mischlingen und Asiaten im Rahmen des neu geschaffenen Drei-Kammer-Parlaments ein begrenztes pol. Mitspracherecht einräumte, ließ die Schwarzen unberücksichtigt, deren pol. Partizipation allein auf die Homelands beschränkt blieb. Den städt. Schwarzen in der ‹weißen› RSA wollte man allenfalls ein Höchstmaß an Selbstverwaltungskompetenzen zugestehen.

Im Juni 1991 wurden zwei der drei bedeutendsten A.-Gesetze, *Land Acts* (Verbot von Landeigentum für Schwarze) und *Group Areas Act* (Trennung der Wohngebiete nach Hautfarbe), abgeschafft. Lediglich das Erfassungsgesetz (*Population Registration Act*), das die Einteilung der Bev. in versch. Gruppen nach festgelegten «rassischen» Kriterien regelt, blieb in Kraft. Ebenso wurde der Fortbestand des rass. getrennten Parlaments bis zur Vorlage einer neuen Verfassung mittels einer Zusatzklausel gesichert. Diese E. stößt auf starken Widerstand der burischen Volksgruppe. Der starke Zulauf zur rechtsextremen *Conservative Party* (CP) unter Andries Treurnicht bei den Parlamentswahlen vom Mai 1987 und den Gemeinderatswahlen vom Oktober 1988 hat bereits in einigen Gebieten auf kommunaler Ebene zur Wiedereinführung der kleinen A. im Rahmen öfftl. Einrichtungen geführt. Die weitgehende Aufhebung der kleinen A. war vor allem wirtschaftlichen Zwängen zu verdanken. Die Angst vor einem politischen Machtverlust ist jedoch unter den Weißen groß. Illusorisch erscheint allerdings das Konzept der CP, das die Schaffung eines weißen Homelands und damit die definitive Teilung Südafrikas in einen weißen und einen schwarzen Nachfolgestaat vorsieht. (→Südafrika, →ANC, →Mandela, →Tutu.)

Lit.: H. Adam, Südafrika, Soziologie einer Rassengesellschaft, Frankfurt 1969; E. Runge, Südafrika – Rassendiktatur zwischen Elend und Widerstand, Reinbek 1974; G. Albrecht, Soweto oder Der Aufstand der Vorstädte, Reinbek 1977; J. F. Noller, Theorie und Politik der Apartheid, Frankfurt 1977; F. Duve, Kap ohne Hoffnung oder die Politik der Apartheid, Reinbek 1978; H. Jaenecke, Die weißen Herren. 300 Jahre Krieg und Gewalt in Südafrika, Hamburg 1979; M. Cornevin, Apartheid, Mythos und Wirklichkeit, Wuppertal 1981; R. v. Lucius, Südafrika: Schwarze Hoffnung, weiße Reformbereitschaft, Bonn 1981; AKAFRIK/DEAE (Hg.), Südafrika-Handbuch, Wuppertal 1981; G. Gillessen, Rassenstaat – Ständestaat – Gottesstaat?, Stuttgart 1982; L. Thompson/A. Prior, South African Politics, New Haven und London 1982; H. Vogt, Apartheid und Unterentwicklung, Frankfurt/New York 1982.

ajh

APEC →Rohstoffkartelle

APED Arbeitsgemeinschaft privater Entwicklungsdienste e. V., *nichtstaatliche Organisation, gegr. 1967 als Zusammenschluß (AG) von 20 privaten Trägern der *Personellen Hilfe; Aktivitäten: *Sozialstrukturhilfe und Förderung landw. Projekte v. a. in Lateinamerika (Brasilien, Mexiko, Peru). Kooperiert in der BRD mit dem *Arbeitskreis Lernen und Helfen in Übersee und ist Mitgl. der *Regional Confe-*

rence for International Voluntary Services (→Entwicklungsdienste). Finanzierung durch Spenden, *BMZ- und EG-Zuschüsse.
Adresse: Argelanderstr. 50, 5300 Bonn 1. ah

APRA (*Alianza Popular Revolucionaria Americana*, seit 1930: *Partido Aprista Peruano*, PAP), 1924 von Haya de la Torre im mexikan. Exil gegr. Partei, die dem antiimperialistischen Kampf auf dem gesamten Kontinent dienen sollte, getragen von einer Allianz aus Mittelschichten (Führung), Arbeitern und Bauern. Seit 1930 beschränkte sie sich de facto auf *Peru, ihr militanter *Populismus und die Konfrontation mit dem herrschenden Machtblock (gescheiterte Aufstände und Putschversuche der APRA) begründeten eine tiefe Feindschaft mit dem Militär. An die Spielregeln des pol. Systems angepaßt, unterstützte sie 1939 bis 1962 diverse bürgerliche und oligarchische Regierungen. Der Reformpolitik der ersten Reg. Belaúnde (1963–68) und des Militärregimes unter Velasco Alvarado (1968–75) stand sie kritisch gegenüber. Nach der *Demokratisierung (1978–80) kam es zu einer Annäherung zwischen APRA und Militär, das die Kontinuität seiner reformorientierten Politik durch die wirtschaftspol. Ziele der APRA (begrenzte wirtsch. Liberalisierung bei Aufrechterhaltung einiger Reformelemente) am ehesten gewahrt sah. Mit Alan García, der 1985 die Präs.-Wahlen gewann, kam zum ersten Mal ein Führer der APRA an die Macht. hb

APS →Allgemeines Präferenzsystem

Äquatorialguinea Die Fläche Ä.G.s (28051 qkm, Hs. Malabo) gliedert sich in die Inseln Bioko (fr. Fernando Póo; 2017 qkm), Pagalu (fr. Annobón 17 qkm) und in das Festlandgebiet (Mbini, Río Muni) mit den Elobey-Inseln (26017 qkm). Die ethnisch in Bantu (80%, u.a. Fang, Benga), Bubis (45000) und Fernandinos (3000) auf Bioko sowie ca. 4000 Weiße gegliederte Bev. (1992: 400000) hat eine sehr niedrige LE (1990: 47 J.). Holzreichtum, fruchtbare vulkanische Böden und *Offshore-Vorkommen von Erdöl (Bioko) sind günstige E.-Ressourcen. Das feuchtheiße Klima hingegen begünstigt Sumpffieber, Schlafkrankheit, Lepra u.a. Krankheiten. Der Agrarsektor (1988: 58% des BSP, 58% der Erw.) spielt eine Schlüsselrolle in der Wirtschaft (1990: BSP/Kopf 430 US-$) des Landes. Kakao (70%), Kaffee und trop. Hölzer sind die wichtigsten Exportgüter. Haupthandelspartner des *AKP-Staates sind die EG (v.a. Spanien) und China. Die noch wenig entwickelte Ind. (1989: 11% des BSP und der Erw.) beschränkt sich auf die Aufbereitung einheimischer land- und forstwirtsch. Erzeugnisse. Eine äußerst fragwürdige Devisenquelle ist neuerdings die Bereitstellung der Insel Annobón als Depot für Gift- und Atommüll aus den IL.

Unter dem Druck der Unabh.-Bewegung (Monalige, Munge u.a.) gab die Kolonialmacht Spanien ihre Politik der Integration der Territorien in den span. Staatsverband (1959) und der Assimilierung (Ausbau des Schulwesens) auf und gewährte 1964 innere Autonomie. Die koloniale Bevorzugung von Fernando Póo schuf ein E.-Gefälle zwischen Fernando Póo und dem ärmeren, aber bev.-starken Río Muni, das die Stammesdifferenzen zwischen den Bubi und Fernandinos (Nachkommen freigelassener Sklaven aus Westafrika und der Karibik) und den Fang auf dem Festland verschärfte. Im Ggs. zu den Fang, die die völlige Unabh. forderten, wollten die Bewohner F.P.s ursprgl. im span. Staatsverband verbleiben, da sie eine Majorisierung durch die festländischen Fang befürchteten. Nach der Unabh. (12.10.1968) errichtete Präs. Macías Nguema, gestützt auf Militär, Polizei und die organisierte Staatsjugend (Terror- und Einschüchterungsinstrument), eine blutige Diktatur. Neben der Liquidierung der Opposition und der Zusammenfassung aller Parteien zur Einheitspartei PUNT (*Partido Unico Nacional de Trabajadores*) wurde 1978 auch die kath. Religion verboten (80% der Bev. kath.). Mit dem Staatsstreich vom August 1979 übernahm Oberst T. Obiang Nguema Mbazogo (1989 durch Wahlen bestätigt) die Macht. Obiang ließ Macías Nguema, seinen Onkel, hinrichten. Seit der Unabh. sind sämtliche Schlüsselpositionen in Politik und Wirtschaft in der Hand des *clans* des Dorfes Mongomo, aus dem auch beide bisherigen Präs. stammen. Als neue Einheitspartei entstand der *Partido Democrático Guinea Ecuatorial*. Anfang der 90er J. begann ein Demokratisierungsprozeß, eine neue Verfassung wurde im Dez. 1991 in Kraft gesetzt, der vorher in einer Volksabstimmung mit 98,4% der Stimmen zugestimmt worden war. In ihr wird die Einführung eines Mehrparteiensystems vorgesehen, die Zulassung von neuen Parteien erfolgt jedoch nur gegen Hinterlegung einer immens hohen Kaution. Seit Anfang 1992 besteht eine Übergangsregierung unter Obiang zur Durchführung des Demokratisierungsprozesses und Überwindung der ökonomischen Krise, unter der mehrere Oppositionspolitiker verhaftet wurden.

Ä.G. wird von Spanien durch *Kapitalhilfe (1988 ca. 2000 Mio. Ptas.) und *Technische Hilfe unterstützt. Als Gegenleistung erhält es Fischereirechte und Erdölkonzessionen. Durch dieselben Hilfen gewinnt in den letzten J. Frankreich zunehmend Einfluß in dem Land.

Lit.: C. Jakobeit, Äquatorial-Guinea, in: HDW III, 4, 1993, S. 420ff. ah

Arabische Entwicklungshilfe an Afrika Die zur *OPEC gehörenden arab. Staaten und verschiedene multilaterale arabische und OPEC-Institutionen leisten *E.-Hilfe an afrik. Länder. Wichtigste Institutionen der multilateralen arab. E.-Hilfe sind: *Special Arab Aid Fund for Africa* (SAAFA), *Arab Bank for Economic Development in Africa* (ABEDA, auch BADEA), *Arab Fund for Technical Assistance to African and Arab Countries* (AFTAAC), *Islamic Development Bank* (IDB) und *OPEC Special Fund* (OPEC SF). Ferner sind die arab. Staaten Nordafrikas am Kapital der *African Development Bank* (*AFDB) beteiligt. Ein großer Teil der arab. E.-Hilfe an Afrika erfolgt auf *bilateralem Wege und wird von nationalen arab. *Entwicklungsbanken (z. B. *Kuwait Fund for Arab Economic Development*/KFAED, *Saudi Fund for Development*/SFD etc.) geleistet.

Arabische Liga Die Liga der Arabischen Staaten (AL) wurde 1945 von den sieben damals völkerrechtlich unabh. Staaten Ägypten, Irak, Jemen (heute Arab. Republik Jemen), Libanon, Saudi-Arabien, Syrien und Transjordanien (heute Jordanien) gegründet.

Im Rahmen der *Dekolonisation im nördl. Afrika und Vorderasien wuchs die Zahl der Mitgl.-Staaten auf den heutigen Stand von 23; die Mitgliedschaft Ägyptens wurde 1979 wegen des bilateralen Friedensvertrags zwischen Ägypten und Israel suspendiert. Auf dem Gipfeltreffen in Casablanca, Mai 1989, wurde Ägypten wieder aufgenommen. 1979 verlegte die AL ihren Sitz von Kairo nach Tunis. Die volle Reintegration Ägyptens wurde mit der Ratstagung vom 15. 5. 1991 bekräftigt: Erstmals war Kairo wieder Tagungsort, zum Generalsekretär wurde der Ägypter A. Meguid gewählt.

Wichtigste *Ziele* sind: 1. der Ausbau der Beziehungen der Mitgl. untereinander, 2. der Schutz der Unabh. und Souveränität der Mitgl., 3. die Wahrung arab. Interessen gegenüber anderen Mächten, 4. die Schlichtung und Verhütung von Streitfällen. *Organe*: Oberstes Beschlußorgan: Ligarat, tagt zweimal jährl., 16 Ausschüsse für Wirtsch., Pol., Erdölfragen, Rechtswesen, Menschenrechte, Kultur, Gesundheit u. a. Daneben später gebildete Unterorganisationen und Fachkommissionen zur Förderung und Koordination der Zusammenarbeit der Ligastaaten v. a. in den Bereichen Wirtschaft, Wissenschaft, Kultur und Militär. Exekutivorgan: Generalsekretär, dessen Entscheidungskompetenzen jedoch sehr eingeschränkt sind und dessen Möglichkeiten der pol. Einflußnahme v. a. von seiner persönlichen Überzeugungskraft abhängen.

Gründung und Fortbestand der AL sind Ausdruck des hist. und kulturell begründeten Selbstanspruchs der Mitgl.-Staaten auf Einheit der arab. Welt. Freilich hat die Zersplitterung durch Fremdherrschaft und *Kolonialismus zur Entwicklung von Partikularinteressen und z. T. feindseligen innerarab. Konkurrenzverhältnissen (z. B. Syrien *versus* Irak) geführt, die einer weitreichenden Verwirklichung der Ziele der AL entgegenstehen.

Sieben Staaten der AL sind gleichzeitig Mitgl. der *OAU, und mehrere arab. Staaten gehören zu den Wortführern der *Blockfreienbewegung. Von daher begreift sich die AL wesentlich auch als eine Organisation der *Dritten Welt und versucht, z. B. mit Hilfe der *arabischen Entwicklungshilfe an Afrika, die Entwicklung der *Süd-Süd-Beziehungen voranzutreiben.

Mit Hilfe des Europäisch-Arabischen Dialogs (EAD), der 1974 nach einer arab. Initiative institutionalisiert wurde, versucht die AL, ihr Verhältnis zur EG zu intensivieren und pol. Interessen der arab. Staaten (v. a.: Haltung der EG im *Nahostkonflikt, rechtliche Stellung von arab. Gastarbeitern in der EG) sowie wirtsch.- und handelspol. Forderungen (*Technologietransfer, Abbau von EG-Handelsbeschränkungen) gegenüber Europa zur Geltung zu bringen. Der EAD hat bislang aber keine nennenswerten Ergebnisse hervorgebracht, was nicht zuletzt an der mangelnden Bereitschaft der europ. Seite liegt, die für die AL wichtigen, den Nahostkonflikt betreffenden Fragen in die Gespräche einzubeziehen.

Das außerordentliche Gipfeltreffen vom Nov. 1987 in Amman/Jordanien war v. a. der Haltung der AL im *iranisch-irakischen Krieg gewidmet. Auf der Gipfelkonferenz in Algier 1988 wurde die Forderung nach Einberufung einer int. Nahost-Friedenskonferenz unter Beteiligung der *PLO als Vertreterin der Palästinenser bekräftigt. Auf einem Sondergipfel am 3. 8. 1990 verurteilte die AL die irakische Invasion Kuwaits (→Golfkrieg). In eine Auseinandersetzung mit den *UN manövrierte sich die AL am 28.–29. 4. 1992 durch ihre Aufforderung an die arabischen Partner, sich nicht an dem von den UN verhängten Embargo gegen Libyen im Zusammenhang mit dem Lockerbie-Attentat zu beteiligen.

Lit.: R. Robert, Die Liga der Arabischen Staaten, in: APuZ 23/1980, S. 25 ff.; U. Steinbach/R. Robert (Hg.), Der Nahe und Mittlere Osten, Bd. 2, Opladen 1988. hpk

Arabisch-Israelischer Konflikt →Nahostkonflikt

Arabische Maghreb-Union Von den Staatschefs der fünf Maghreb-Staaten Algerien, Libyen, Marokko, Mauretanien und Tunesien am 17. 2. 1989 in der marokkan. Stadt Marrakesch gegr. Staatenbund, dessen sicherheitspol. Komponente (Verpflichtung zum Nichtbeitritt zu Militärbündnissen, die sich gegen ein Mitgl. der Union richten; Beistandspflicht für alle Mitgl. im Falle eines Angriffs auf ein Mitgl.) v. a. im Interesse Libyens gegenüber den USA liegen dürfte, ist in den Hintergrund getreten. Die Union, deren Mitgliedschaft weiteren arab. und afrik. Staaten offensteht, strebt v. a. eine wirtsch., aber auch soziale und kulturelle *Integration an. Ziele: Abschaffung der Grenzen für die Bürger innerhalb des Vertragsgebietes, freier Energiemarkt, Zusammenschluß der Textil- und Lederindustrien, gemeinsame Fluglinie und

Transportgesellschaften, Infrastrukturmaßnahmen, Zollunion ab 1995. Der Aufbau ihrer Institutionen orientiert sich an der Europ. Gemeinschaft: wichtigstes pol. Gremium ist ein Rat der Staatschefs (Einstimmigkeit aller Beschlüsse, Vetorecht jedes Mitgl.), die sich halbjährl. im Vorsitz abwechseln. Außerdem wurden ein Rat der Außenminister, ein Konsultativgremium aus je zehn Delegierten der nat. Legislativen sowie ein gemeinsamer Gerichtshof gebildet.

Von den wirtsch. Problemen abgesehen, könnte der Zusammenhalt der Union durch einen Vermittlungserfolg der UN im * Westsahara-Konflikt verbessert werden, in den versch. Maghreb-Staaten bisher auf entgegengesetzter Seite verwickelt waren. Schwierig dürften aber zwischen Libyen einerseits und Algerien, Tunesien sowie v. a. Marokko deren freundschaftliche Bez. zu den USA bleiben. bh

Arabischer Sozialismus →Irak, Nasserismus, Sozialismus, Syrien

Arabisches Zentrum für die Erforschung von Wüsten und Trockengebieten →ACSAD

Arabisch-Lateinamerikanische Bank →ALAB

Arafat, Jassir Geb. 1929 in Jerusalem, arbeitete zunächst als Ingenieur und baute ab 1964 die paläst. * Guerilla-Gruppe *al Fatah* auf. Seit 1969 ist A. Generalsekretär des Exekutivkomitees des Zentralrats der * PLO und damit pol. Führer der Palästinenser im * Nahostkonflikt. In den 70er J. verschaffte A. durch seinen vergleichsweise gemäßigten Kurs den Zielen der PLO zunehmend int. Anerkennung. An der Seite der radikalen arab. Staaten (Syrien, Libyen u. a.) war A. frühzeitig ein vehementer Gegner des ägypt.-israel. Camp-David-Abkommens von 1978. Im Gefolge der israel. Invasion im Libanon 1982, die zur milit. Niederlage und dem (fast vollständigen) Abzug der von A. geführten PLO-Kämpfer aus Beirut führte, kam es zur praktischen Spaltung der PLO, deren radikale Gruppen A.s dipl. und gemäßigtem Kurs die Gefolgschaft verweigerten. A. konnte seinen Machtverlust, der insbes. in seiner Vertreibung aus Syrien (1983) deutlich zum Ausdruck kam, erst 1987 wieder wettmachen. Indem er sich wieder zu alten, radikalen Forderungen der PLO bekannte, ermöglichte er die Aussöhnung der gegnerischen PLO-Fraktionen, suchte aber in der Folgezeit mit taktischem Geschick weiterhin dipl. Lösungen der Palästina-Frage. A.s gemäßigte Position setzte sich 1988 auch auf der Tagung des Palästinensischen Nationalrats durch, der die Gründung eines Palästinenserstaates erklärte und gleichzeitig die Bereitschaft aussprach, mit Israel zu verhandeln. Nachdem Arafat Dez. 1988 die Anerkennung des israel. Staates und die Absage der PLO an jeglichen Terrorismus in einer Rede vor der * UN-Vollversammlung bekräftigte, wurde er bzw. die PLO auch von den USA als Gesprächspartner anerkannt.

Lit.: G. Konzelmann, Arafat, Bergisch Gladbach, 1983; P. Jakobs, Yassir Arafat. Versuch einer Lebensbeschreibung, Dortmund 1985. ah/bt

Arbeiterwohlfahrt – Bundesverband e. V. * Nichtstaatliche Organisation (* Bensheimer Kreis), leistet in Zusammenarbeit mit dem Int. Arbeiterhilfswerk (IAH) sowie deutschen und int. NGO in den EL * Katastrophen- und * Sozialstrukturhilfe. Adresse: Oppelner Str. 130, 5300 Bonn 1. ah

Arbeitsgemeinschaft Entwicklungsländer →AGE

Arbeitsgemeinschaft für Entwicklungshilfe e. V. →AGEH

Arbeitsgemeinschaft Kirchlicher Entwicklungsdienste →AGKED

Arbeitsgemeinschaft privater Entwicklungsdienste e. V. →APED

Arbeitsintensiv Als a. werden Technologie oder Produktion bezeichnet, wenn ein großer Anteil an menschlicher Arbeitskraft zur Herstellung von Gütern benötigt wird, hingegen wenig

Maschineneinsatz. Gegensatz: *kapitalintensiv. dn

Arbeitskreis für entwicklungspolitische Bildungs- und Öffentlichkeitsarbeit →AEBÖ

Arbeitskreis für medizinische Entwicklungshilfe →AKME

Arbeitskreis Lernen und Helfen in Übersee e.V. 1962 gegr. Dachorganisation der deutschen Freiwilligen- und E.-Dienst-Organisationen, die durch Entsendung von *Entwicklungshelfern (1988: über 1000) *personelle Entwicklungshilfe leisten: *AGEH, Christliche Fachkräfte International e.V., *DED, *DÜ, *Eirene (Int. Christlicher Friedensdienst e.V.) und *Weltfriedensdienst e.V.; Publikationen: Informationsbrief, Veranstaltungskalender zur Friedensarbeit, LHÜ-Informationen.
Adresse: Thomas-Mann-Straße 52, 5300 Bonn 1. dn

Arbeitslosigkeit Eines der drängendsten E.-Probleme ist die wachsende A. in den EL, die aufs engste (kausal) mit *Armut verknüpft ist. Der fundamentale Unterschied zur A. in IL liegt darin, daß in EL kaum Sozialversicherungen bestehen. Die statistische Erfassung der Arbeitslosen bereitet einige Schwierigkeiten, da unter A. zwei Kategorien von Arbeitslosen verstanden werden: 1. die offene bzw. stationäre A., welche von den nat. Statistiken erfaßt wird; 2. die versteckte (auch verdeckte) A.: die vorhandene Arbeitskraft eines Beschäftigten wird nur zum Teil ausgenutzt. Es gibt verschiedene Formen versteckter A.: a) saisonale A.: das Arbeitskräftepotential wird nur während der Bodenbestellungen und der Ernte voll ausgelastet; b) zyklische A.: der Beschäftigungsgrad schwankt entsprechend den Nachfrageschwankungen (insbes. bei *Exportkulturen); c) stationäre A.: strukturelle Unterbeschäftigung mithelfender Familienangehöriger (insbes. im *Subsistenzsektor, auf *Minifundien). Diese drei Formen betreffen die Bev. im ländl. Raum. In den Städten tritt versteckte A. in Form von kleinerem Straßenhandel, Losverkauf, Schuhputzkolonnen etc. auf. Die versteckte A. übersteigt zahlenmäßig bei weitem die offene A., welche die EL als offizielle A. führen. In Lateinamerika etwa lebten 1980 60% der Unterbeschäftigten in den Städten. Die Möglichkeiten dieser Menschen, Einkünfte aus Arbeit zu erzielen, die zur Befriedigung der *Grundbedürfnisse ausreichen, sind strukturell begrenzt. Unterbeschäftigung ist geradezu konsubstanziell mit Beschäftigung im *informellen Sektor verbunden, dessen arbeitende Arme zu über der Hälfte im Handels- und Dienstleistungsbereich unterkommen, zu einem Fünftel in der verarbeitenden Industrie. Nach Berechnungen der *ILO waren 1980 im Durchschnitt aller EL 6% der erwerbsfähigen Bev. von offener A. betroffen. Je nach Region und E.-Stand lag die Quote zwischen 3,4 und 14,8%. Solche Angaben ergeben aber nur ein sehr unvollständiges Bild von der tatsächlichen Situation, da die hinzukommende versteckte A. viel höher ist. 1982 waren (ILO-Daten) rd. 330 Mio. Menschen in den EL arbeitslos oder unterbeschäftigt. Das entspricht etwa 40% der erwerbsfähigen Bev. der EL (ohne VR China). Diese Menschengruppe sowie die davon unmittelbar abhängigen Personen finden sich i.d.R. in der Gruppe derjenigen wieder, die in *Armut leben.

Aus mehreren Gründen muß man davon ausgehen, daß sich das Ausmaß der A. in den 80er J. in der Dritten Welt weiter verschlimmert hat. 1) Das Bev.-Wachstum führt zu einem Anstieg der Zahl der Erwerbsfähigen, der von einem meist viel langsamer wachsenden Arbeitsmarkt nicht aufgefangen werden kann; 2) Mit der Entwicklung des industriellen Sektors sinkt die Arbeitsintensität der Produktion. Im Zusammenhang mit der *Urbanisierung entsteht somit v.a. in den städt. Industriezentren ein starker Beschäftigungsdruck; 3) Der konjunkturelle und strukturelle Wandel in der Weltwirtschaft hat seit den 70er J. weltweit mit nur wenigen Ausnahmen zu steigenden A.-Zahlen geführt.

Angesichts des riesigen Ausmaßes des Problems wurde *Beschäftigung seit Mitte der 70er J. immer mehr in den Mittelpunkt entwicklungsstrategischer Überlegungen gerückt (→angepaßte Technologie, Grundbedürfnisse, ländliche Entwicklung, ILO). dn

Argentinien A. ist durch eine chronische pol. Instabilität gekennzeichnet: Hauptkontrahenten des internen Konflikts, der zahlreiche Regimewechsel zur Folge hatte, waren die seit 1930 immer wieder in den pol. Prozeß eingreifenden Streitkräfte und die populistische Bewegung des Peronismus. Seit 1983 wird A. wieder demokratisch regiert, aufgrund des enormen Problemdrucks – an erster Stelle sind hier die schwere Wirtschaftskrise und die fortbestehende Interventionsneigung des Militärs zu nennen – muß die Demokratie jedoch als massiv gefährdet gelten. Die heutige Problemlast ergibt sich aus der Summe der in der Vergangenheit ungelöst gebliebenen Probleme. Die katastrophale wirtsch. Situation ist Ergebnis eines jahrzehntelangen Niedergangs des einst zu den reichsten Ländern der Welt gehörenden A.

1. A. (Fläche: 2,777 Mio. qkm) ist mit 32,3 Mio. Ew. (1990) relativ dünn besiedelt. Wichtigste natürliche Ressource stellen die für Ackerbau und Viehwirtschaft nutzbaren Böden dar (ca. 82 % der Gesamtfläche). Mit 34 % ist der Anteil der Ind. am BIP im Vergleich mit anderen EL sehr hoch; 28 % der Erwerbstätigen sind in diesem Sektor beschäftigt. Die arg. Industrie ist jedoch weiterhin auf den Import von Grundstoffen, Halbfertigwaren und Investitionsgütern angewiesen und nur sehr begrenzt exportfähig. Bedeutendster Devisenbringer ist nach wie vor die Landw., vier Fünftel aller Exporterlöse entfallen auf landw. Produkte (v. a. Getreide, Rindfleisch). Im überdimensionierten staatl. Sektor sind ca. 30 % der Erwerbstätigen beschäftigt. Sowohl das BSP pro Kopf (1990: 2160 US-$) als auch die Lebenserwartung von ca. 70 J. stellen Spitzenwerte in LA dar. Ca. 95 % der Bev. können lesen und schreiben. A. besitzt eine trad. starke *Gewerkschaftsbewegung, die einheitsgewerkschaftlich organisiert und eng mit dem Peronismus verbunden ist. Die relativ breiten Mittelschichten (sie umfassen ca. 40 % der Bev.) sind pol. einflußreich. Kulturell orientierte sich A. stets an Europa, an Spanien und Italien, die die größten Kontingente der Einwanderer stellten, aber auch an Frankreich und v. a. an GB.

2. Anfang des 19. Jhs. gerieten die Interessen der arg. Eliten, die für den Freihandel optierten, in einen zunehmenden Gegensatz zu den Interessen der span. Kolonialmacht, die den Handel auf ihre eigenen Interessen zuschnitt. Zudem wurde A. durch die europ. Konflikte in Mitleidenschaft gezogen. Mit der Unabhängigkeitserklärung der «Vereinigten Provinzen von La Plata» am 9. Juli 1816 endete die seit Beginn der Besiedlung des Landes 1516 andauernde span. Kolonialherrschaft. In den 1820er J. wurde A.s Außenhandel auf GB ausgerichtet: Während der Diktatur des Generals J. M. Rosas (1829–52) wurde der neu aufgeflammte Bürgerkrieg zwischen Unitaristen und Föderalisten zugunsten letzterer entschieden. Mit der weiteren Erschließung des Agrarpotentials nach Rosas' Sturz und der fortschreitenden *Integration in den Weltmarkt wurde A. extrem von den Preisschwankungen der Exportmärkte abhängig und geriet in mehrere Verschuldungskrisen. Die Sezession von Buenos Aires 1854 führte zu einem weiteren Bürgerkrieg, an dessen Ende die Verfassung von 1860 und die Gründung der *República Argentina* stand.

3. In der Phase 1875–1914 erlebte A. einen beispiellosen Aufstieg, der auf

dem Erfolg seines Außenhandelsmodells basierte. Von den komplementären Handelsbeziehungen zu Europa, v. a. zu GB (Export von Agrarprodukten, Import ind. Fertigwaren) und der weiteren Erschließung des Agrarpotentials profitierten in erster Linie die Agraroligarchie und die Handelseliten; die Form der Einbindung in den Weltmarkt brachte A. jedoch in externe Abhängigkeit. Durch den rigorosen Freihandel wurde die eigene Fertigwarenproduktion der Konkurrenz europ. Importe ausgesetzt, die *Industrialisierung blieb daher im wesentlichen auf den Agrarbereich beschränkt. Neue agrarwirtsch. Methoden und der Aufbau eines Eisenbahnnetzes mit Hilfe brit. Kapitals führte zu einem Exportboom. Durch die Einwanderung aus Europa bedingt, verdreifachte sich die Bev. 1857–1890 auf 3,3 Mio. Zwischen 1871 und 1914 strömten weitere 5,9 Mio. ins Land. Etwa die Hälfte davon stammte aus Italien, ein Viertel aus Spanien. Um 1900 war Buenos Aires die größte Stadt LAs (mit einer Bev.-Zahl, die um das Sechsfache höher lag als 1854). Die im Zusammenhang mit der städtisch-bürgerlichen Revolte von 1890 (*Revolución del Noventa*) entstandene Partei *Unión Civica Radical* (UCR) forderte die Respektierung der Bürgerrechte und saubere Wahlen. Sie gewann rasch die Unterstützung der urbanen Mittelschichten, beteiligte sich jedoch nicht an den manipulierten Wahlen. Da nur etwa 5 % der Einwanderer die arg. Staatsbürgerschaft erwarben, verfügten etwa 65 % der Bev. nicht über das Wahlrecht. Erst 1912 wurde unter dem konservativen Präs. R. Saenz Peña das allg. Männerwahlrecht eingeführt und der Opposition erstmals eine parlamentarische Vertretung zugestanden. Diese Wahlrechtsreform ermöglichte den Wahlsieg der Radikalen 1916. Nachdem 1914 das arg. Pro-Kopf-Einkommen über dem der Schweiz und gleichauf mit dem Deutschlands gelegen hatte, geriet der Außenhandel mit Beginn des I. Weltkriegs in eine Krise, da die Verbindungen nach Europa abrissen. Die Reg. unter Hipólito Yrigoyen war in erster Linie mit Krisenmanagement beschäftigt. Die sozialen Reformen waren alles andere als umwälzend und enttäuschten die Anhänger der Radikalen in der neu entstehenden städtischen Arbeiterschaft. Soziale Unruhen (Studentenrevolte 1918, «Tragische Woche» 1919) waren die Folge. Nach Kriegsende erholte sich die Wirtschaft wieder, und die Radikalen konnten zwei weitere Wahlen gewinnen. 1929/30 kollidierten die Reformversprechen jedoch erneut mit der Realität einer Wirtsch.-Rezession. Die Phase der UCR-Regierungen beendete am 6. Sept. 1930 ein Militärputsch mit dem Ziel, die konservative Ordnung zu restaurieren. Dies entsprach den Interessen der Exporteure der Pampa und der Großgrundbesitzer. Das Regime bemühte sich darum, die trad. Beziehungen zu GB wiederaufleben zu lassen. Mit dem Roca-Runciman-Vertrag (1933) erhielt GB umfangreiche Importprivilegien gegen die Zusicherung, weiterhin die gleichen Mengen arg. Rindfleischs abzunehmen. Mitte der 30er J. setzte, zunächst nur im Bereich der Leichtind., wie z. B. der Textilproduktion und der Lebensmittelverarbeitung, eine *importsubstituierende Industrialisierung ein. Aufgrund von internen Meinungsverschiedenheiten übergaben die Militärs die Macht wieder einem Zivilisten, dem Konservativen M. Ortíz. Die durch den Weltkrieg erzwungenen engeren Wirtschaftsbeziehungen zu den USA führten zu einer Partnerschaft, die sich von Beginn an problematisch gestaltete, da sich A. weigerte, der Pan-Amerikanischen Allianz beizutreten und den Achsenmächten den Krieg zu erklären.

4. Am 4. 6. 1943 ergriff das Militär erneut die Macht. Im anschließenden militärinternen Machtkampf setzten sich die Nationalisten um Kriegsmin.

und Vizepräs. Juan Domingo Perón gegen den trad. Flügel durch. Peróns «Sekretariat für Arbeit» unterstützte die Streikkassen der Gewerkschaften und griff in Arbeitskämpfe zu ihren Gunsten ein. Ziel dieser Politik war die korporatistische Kanalisierung und Organisierung der Arbeiterbewegung, die in zahlreiche Richtungsgewerkschaften zersplittert war. Perón gelang es, die Mehrheit der größten Gewerkschaft *Confederación General del Trabajo* (CGT) hinter sich zu bringen. Als nach Demonstrationen der liberalen Opposition das Land sich am Rande eines Bürgerkriegs befand, wurde Perón seiner Ämter enthoben und festgenommen. Wenige Tage später, am 17. Oktober 1945, wurde er nach Protestmärschen der Arbeiterorg. wieder in die Ämter eingesetzt. Mit seinem Sieg bei den Präsidentschaftswahlen 1946 (54% der Stimmen) begann eine Reformära: Einführung des geregelten Arbeitstages, bezahlter Urlaub, volle Legalisierung der *Gewerkschaften, Unfallversicherung. Weitere Maßnahmen waren die Anhebung der Mindestlöhne, die Bereitstellung billiger Wohnungen und die *Nationalisierung der brit. dominierten Eisenbahngesellschaften. Die importsubstituierende Ind. wurde massiv gefördert, wobei der staatl. Sektor stark zunahm, während die Landw., deren Besitzverhältnisse nicht angetastet wurden, stagnierte. Gleichwohl blieb A. weit vom Status eines ind. Selbstversorgers entfernt. Die Gewerkschaften wurden unter die Kontrolle des Dachverbandes CGT gebracht, der eine peronistische Führung erhielt. Auf die Frauenrechtskampagne der Präsidentengattin Eva Perón, Kultfigur des Peronismus, ging die Einführung des Frauenwahlrechts 1947 zurück. Der *Populismus Peróns fand eine breite Zustimmung in der Bevölkerung. Bei den Kongreßwahlen 1948 gewann die Peronistische Partei zwei Drittel der Sitze. Mit der Verfassung von 1949 verschaffte sich Perón das Recht, wiedergewählt zu werden. Wirtsch. geriet das Regime Ende der 40er J. in wachsende Schwierigkeiten: Da die Landw. stagnierte und die Ind. noch keine Exportfähigkeit erlangt hatte, gerieten Handels- und *Zahlungsbilanz ins Defizit. Der wachsenden Kritik begegnete Perón mit schärferer Repression. Bei den manipulierten Präsidentschaftswahlen 1951 erhielt er angeblich 62% der Stimmen. Die Landw. und der Export wurden nun wieder gefördert. Die korporatistische Zusammenfassung breiter gesellsch. Bereiche in große Verbände und die damit einhergehende Bürokratisierung sollten der Festigung der Herrschaft Peróns dienen. Nach Massendemonstrationen der Regimegegner und Interventionen des Militärs wurde am 31. August 1955 der Ausnahmezustand verhängt. Am 16. September brachen Militärrevolten aus, Perón trat zurück und floh ins Exil. Nach zweijähriger Militärherrschaft folgte eine Phase, während der die Grundrechte respektiert wurden und Rechtsstaatlichkeit herrschte, die Kompetitivität jedoch durch das Verbot der Peronisten, die im Untergrund weiterhin stark blieben, eingeschränkt war. Die aus den Reihen der Radikalen stammenden Präsidenten A. Frondizi (1958–62) und A. Illia (1963–66) wurden jeweils in ihrem letzten Amtsjahr durch Staatsstreiche des Militärs abgesetzt, als sie versuchten, den Peronismus wieder zu legalisieren. Das neue Militärregime (1966–73), zunächst unter General Onganía, verfolgte ein konventionelles Modernisierungsprojekt, das jedoch nach dem spontanen Aufstand in Córdoba (*El Cordobazo*, 1969) zunehmend in Frage gestellt wurde. Nach anfänglichen Erfolgen geriet die Wirtschaftspolitik der Junta – weite Öffnung für ausl. *Investitionen, Inflationsbekämpfung, Lohnstop – in die Krise. Die peronistische *Guerilla (*Montoneros*), die den Peronismus nationalrevolutionär interpretierte, trat mit einer Serie von Attentaten hervor. Unter dem Druck von Massenprotesten und Wirtschaftskrise sah sich das Regime veranlaßt, den Bann des Peronismus aufzuheben, der in den 18 J. des Verbots (*Proscripción*) zu einer äußerst heterogenen Oppositionsbewegung geworden war und Rückhalt in der Arbeiterschaft, aber auch bei den besitzenden Mittelschichten besaß, die sich von der Rückkehr Peróns die Wiederherstellung von Ruhe und Ordnung erhofften. Bei den Wahlen 1973 erhielten die Peronisten unter H. Campora (gegen eine Kandidatur Peróns selbst hatte die Armee ihr Veto eingelegt) 49 % der Stimmen, die Radikalen unter Balbín nur 21 %. Als Perón im Juni 1973 aus dem span. Exil nach Buenos Aires zurückkehrte, war sein Empfang durch Schießereien zwischen *Montoneros* und Gewerkschaftern überschattet. Die Präsidentschaftswahlen im Sept., nach dem Rücktritt des Interimspräs. Campora, brachten Perón einen Sieg von 60 %, seine dritte Frau Maria Estela «Isabel» wurde Vizepräs. Der Untergrundkrieg zwischen linken und rechten Terrorgruppen sowie die gezielte Ermordung von Gewerkschaftsführern durch die *Montoneros* gingen weiter. Perón verfolgte erneut ein korporatistisches Konzept; die revolutionäre Linke war zwar ein willkommenes Instrument zur Wiedergewinnung der Macht gewesen, nun wurde sie jedoch zum destabilisierenden Faktor. Nach Peróns Tod am 1. Juli 1974 übernahm Isabel Perón die Regierung. Das Land versank nun rasch vollends in einem Chaos aus Bürgerkrieg und Wirtschaftskrise. Das Militär schaltete sich in die Bekämpfung der Guerilla ein.

5. Erst als die Reg. Isabel Perón vollständig gescheitert war, ergriff das Militär am 24. März 1976 die Macht, was der Junta unter General Videla eine einzigartige Machtposition verschaffte. Durch die brutale Repression, die alles bisher Erlebte übertraf, verlor das Regime jedoch die Unterstützung der Mittelschichten, die zunächst die Beendigung des Chaos begrüßt hatten. Parteien, Gewerkschaften und Verbände wurden seit 1976 verboten, weite Teile der Opposition exiliert. Die Bekämpfung der «Subversion» wurde zum Vorwand, neben der Guerilla auch andere Oppositionelle und deren Angehörige zu beseitigen. Ziel des Militärregimes war es, die pol. und wirtsch. Grundbedingungen der vorhergehenden 33 J. auf Dauer zu verändern. Eine extreme Freihandelspolitik sollte das trad. Außenhandelsmodell wiederbeleben, ein orthodoxer *Monetarismus die Inflation bekämpfen. Privatisierungen sollten den Wettbewerb stärken und Anreize für ausl. Investitionen schaffen. Dieses Programm hatte hohe soziale Kosten (*Arbeitslosigkeit, sozialer Abstieg von Teilen der Mittelschichten), die beabsichtigten Erfolge blieben jedoch aus, weil sich die Bedingungen im int. System gegenüber den Zeiten des rel. Erfolgs des trad. Modells stark gewandelt hatten. Die eingeschränkten Exportchancen, der andererseits erleichterte Import hatten wachsende Zahlungsbilanzdefizite zur Folge. Die zunehmenden Importe setzten die einheimische Ind. unter Druck. Das Ausbleiben der *Direktinvestitionen ließ die Zahlungsbilanz ins Defizit rutschen. Zwischen Dez. 1979 und März 1981 wuchs die Auslandsverschuldung von 8,5 Mrd. auf 25,3 Mrd. US-$. Das Wirtschaftsmodell der Militärs war gescheitert. Im Nov. 1981 löste General L. Galtieri seinen nur ein Jahr amtierenden Vorgänger General R. Viola als Präs. ab und kündigte eine Öffnung an. Als auch dies den Autoritätsverfall des Regimes nicht aufhalten konnte, versuchten die Militärs durch die spektakuläre Besetzung der Falklands/Malvinas am 1. April 1982, die Bev. hinter sich zu bringen. Mit der Niederlage im Krieg gegen GB war das Regime endgültig diskreditiert (*Falkland/Malvinas-Konflikt). Unter dem neuen Präs. General R. Bignone ver-

handelten die Militärs mit der in der *Multipartidaria* zusammengeschlossenen demokratischen Opposition über die Bedingungen für den Rückzug in die Kasernen, während gleichzeitig Massenkundgebungen und Streiks eine *Demokratisierung forderten. Schließlich kam man überein, die verfassungsmäßige Ordnung von 1860 wiederherzustellen.

6. Am 30. Oktober 1983 fanden erstmals wieder freie Präsidentschafts- und Parlamentswahlen statt, die die UCR überraschend gewann: Sie erhielt die Mehrheit im Abgeordnetenhaus, und ihr Kandidat Raúl Alfonsín wurde mit 52 % der Stimmen Präs.; erstmals wurden somit die Peronisten in freien Wahlen besiegt. Der von vielen Hoffnungen getragene demokratische Aufbruch A.s war jedoch von Beginn an mit der Erbschaft der Vergangenheit belastet: Das Militär machte keinen Hehl aus seiner Skepsis gegenüber der Demokratie und reklamierte das Verdienst für sich, im «schmutzigen Krieg» das Land vor einem kommunistischen Umsturz bewahrt zu haben. Die Gewerkschaften, erneut einer der wichtigsten Machtfaktoren, blieben peronistisch dominiert und hierarchisch strukturiert: alle Versuche der Reg. Alfonsín, sie zu reformieren, scheiterten am mehrheitlich peronistischen Senat. Die wirtsch. Lage besserte sich nicht. Nachdem die Reg. zunächst die Löhne angehoben und den Gläubigern gegenüber eine harte Verhandlungsposition eingenommen hatte, schlug Alfonsín am 14. Juni 1985 mit dem *Plan Austral* einen harten Sanierungskurs ein. Mit einem Einfrieren von Löhnen und Preisen sollte die Inflation bekämpft werden, Privatisierungen und eine Straffung des aufgeblähten öfftl. Dienstes sollten den Haushalt konsolidieren und den sklerotischen Zustand der arg. Wirtschaft, v. a. der Ind., aufbrechen, die Einführung einer neuen Währung (Austral statt Peso) den Wechselkurs stabilisieren. Der Plan fand zunächst ein positives Echo in der Bev. (die Radikalen gewannen die Kongreßwahlen vom Oktober 1985). Nach einem kurzfristigen Absinken der Inflationsrate lag sie im ersten Halbjahr 1988 bei über 300 %. Die Schuldenlast betrug zum gleichen Zeitpunkt 56 Mrd. US-$, ihre Bedienung verschlingt nach wie vor fast 50 % der Exporteinnahmen. Die Exportsteigerungen wurden z. T. durch sinkende Weltmarktpreise zunichte gemacht. Durchschlagende Resultate in den Verhandlungen mit Gläubigern, *IWF und *Weltbank blieben aus. Privatisierungen und verbesserte Bedingungen für ausl. Investoren führten jedoch zu begrenzten Erfolgen: *Bilaterale Abkommen mit Spanien und Italien (an die Aufrechterhaltung der Demokratie geknüpft) sehen die Umwandlung von Schulden in Direktinvestitionen, einen partiellen Schuldenerlaß sowie die Einrichtung von **joint ventures* vor. Die Wirtschaftspol. Alfonsíns wurde von den Gewerkschaften scharf bekämpft. Die Verbrechen gegen die *Menschenrechte blieben ein Hauptthema in der arg. Öffentlichkeit. Die Justiz wurde über das zu erwartende Maß hinaus aktiv: Während des Prozesses gegen die Junta-Chefs Videla, Viola und Galtieri 1985 wurden über 1000 Zeugen vernommen und lebenslängliche Haftstrafen verhängt. Als die Unruhe im Militär immer mehr wuchs, wurde auf Initiative der Reg. im Dezember 1986 das *Punto Final*-Gesetz verabschiedet, das vorsah, nach einer zweimonatigen Frist keine weiteren Ermittlungsverfahren wegen der Menschenrechtsverletzungen mehr einzuleiten. Innerhalb dieser Frist wurden jedoch zahlreiche neue Verfahren angestrengt. Während einer Militärrebellion in der Osterwoche 1987 zeigte die Bev. zwar, daß sie hinter der Demokratie stand, aber die Schwierigkeiten, die Meuterei zu beenden, verdeutlicht die Unzufriedenheit im Militär. Ein Gesetz entlastete wenig später die un-

teren und mittleren Offiziersränge wegen Befehlsnotstands. Trotzdem kam es zu zwei weiteren Militärerhebungen im Jan. und im Dez. 1988. Die Peronisten erstarkten erneut und schlugen nach einer konstruktiven Phase wieder einen konfrontativen Oppositionskurs ein. Sie konnten die Kongreß- und Gouverneurswahlen im Sept. 1987 gewinnen. Bei den Präs.-Wahlen am 14. Mai 1989 erzielte der Peronist Carlos Menem, der sich innerparteilich gegen den Erneuerungsflügel durchgesetzt hatte, 47 % der Stimmen und damit die abs. Mehrheit im Wahlmännergremium. Im Widerspruch zu seinen Ankündigungen im Wahlkampf setzte Menem auf eine neoliberale Wirtschaftspol., die einen klaren Bruch mit der peronistischen Tradition bedeutete. Sie übertraf an Rigorosität hinsichtlich der Privatisierungen und der antiinflationären Maßnahmen die seines Vorgängers und zeigte insofern Erfolge, als die Inflation von 1989: 4624% auf 1992: 18 % gesenkt und die Wirtschaft wieder auf Wachstumskurs gebracht werden konnte (BIP/Kopf-Veränderung 1989: –7,5 %; 1992: 4,8 %).

Außenpol. kam es mit einer Annäherung an die USA und betonter Kompromißbereitschaft im *Falkland/Malvinas-Konflikt zu einer Umorientierung. Umstritten war die Ende 1990 vollzogene Amnestie der früheren Militärmachthaber.

Lit.: P. Waldmann, Der Peronismus 1943–1955, Hamburg 1974; P. G. Snow, Political Forces in Argentina, New York 1979; G. Wynia, La Argentina de Posguerra, Buenos Aires 1986; D. Rock, Argentina 1516–1987. From Spanish Colonization to the Falklands War and Alfonsín, London 1987; G. di Tella/R. Dornbusch (Hg.), The Political Economy of Argentina 1946–83, Houndsmill 1989; D. Nohlen/L. De Riz (Hg.), Reforma institucional y cambio politico, Buenos Aires 1991; P. Waldmann, Argentinien, in: HDW III, 2, 1992, S. 144 ff. hb

Arias Sánchez, Oscar Geb. am 13. 9. 1941 in Heredia bei San José/Costa Rica, erhielt 1987 für seine Friedensbemühungen in Zentralamerika den Friedensnobelpreis. Der Arias-Plan bildet die Grundlage des Esquipulas-II-Abkommens (→Zentralamerika-Konflikt). A. studierte in San José Jura, in London Politikwiss. und promovierte 1975 in Essex. In den 70er J. lehrte er in San José Pol. Wissenschaft. Schon in seiner Jugend trat er dem *Partido Liberación Nacional* (PLN) bei, war 1972 bis 1977 cost. Planungsmin., 1978 bis 1981 Abg. im Parlament. 1979 wurde er zum Generalsekretär des PLN gewählt; von 1986 bis 1990 Staatspräs. Costa Ricas. mik

Armut Die Diskussion über A. als Merkmal und Strukturdatum von UE hat in der Mitte der 70er J. durch die Feststellung einer wachsenden absoluten Verarmung und die Herausarbeitung eines entsprechenden Konzepts der absoluten A. eine neue Dimension erhalten. Unter relativer A. wird das Wohlstandsgefälle zwischen IL und EL und innerhalb der EL zwischen den Regionen und sozialen Schichten (→Einkommensverteilung) verstanden. Der damalige Weltbankpräsident, R. McNamara, definierte absolute A. in seiner wegweisenden Rede Sept. 1973 in Nairobi/Kenia wie folgt: «Absolute A. (…) ist durch einen Zustand solch entwürdigender Lebensbedingungen wie Krankheit, Analphabetentum, Unterernährung und Verwahrlosung charakterisiert, daß die Opfer dieser A. nicht einmal die grundlegendsten menschlichen Existenzbedürfnisse befriedigen können. Verhältnismäßig wenige Menschen in den entwickelten Länden, jedoch aberhunderte Mio. Menschen in den EL (…) leiden unter diesen unmenschlichen Lebensbedingungen (…): – Ein Drittel bis zur Hälfte der 2 Mrd. Menschen in den EL hungern oder leiden an Unterernährung; – 20 bis 25 % der Kinder dort sterben vor dem 5. Geburtstag; die nicht sterben, sind zu einem armseligen Dasein verdammt, weil als Folge von Unterernährung ihre Gehirne geschädigt, ihre Körper verkrüppelt und ihre Lebenskraft erschöpft wurden; – die LE beträgt 20 Jahre weniger als in den wohlhabenden Ländern. Mit anderen Worten: Menschen in den EL werden 30 % der Lebensjahre verweigert (...). Schon bei Geburt sind diese Menschen zu einem frühen Tod verurteilt; – 800 Mio. Menschen sind Analphabeten, und die Mehrzahl ihrer Kinder werden trotz des wachsenden Ausbaus des Erziehungswesens in den kommenden Jahren Analphabeten bleiben (...). Diese Bedingungen sind so weit verbreitet, daß sie das Los von etwa 40 % der Menschen in den EL bestimmen.»

Quantitative Daten zum Ausmaß der A. in der Dritten Welt sind seit Ende der 70er J. nicht mehr erhoben worden, und die vorhandenen Angaben gelten als äußerst unsicher. 1980 wurde der Anteil der «absolut Armen» (definiert über einen täglichen Kalorienverbrauch von weniger als 2250 Einheiten) für Asien (ohne China, Japan und den Mittleren Osten) auf rd. 40 % der Bev. geschätzt (350–450 Mio.) Die *Weltbank gibt die Zahl der weltweit in abs. Armut lebenden Menschen mit 700–1000 Mio. an. Man geht davon aus, daß sich das Ausmaß der A. im Verlauf der 80er J. noch verschlimmert hat. So war z.B. 1985 in 21 von 35 untersuchten EL mit niedrigem Einkommen die tägliche Kalorienzufuhr pro Kopf geringer als 20 J. zuvor. Versch. Institutionen haben sich um weitere Differenzierung des Konzepts der A. und um die Bestimmung von Armutsgrenzen bemüht – Voraussetzung für eine zielgerichtete Politik der Bekämpfung von Armut. Die *IDA hat fünf Kern-*Indikatoren der absoluten A. entwickelt und die Armutsgrenze quantitativ wie folgt bestimmt: jährl. *Pro-Kopf-Einkommen unter 150 US-$; tägl. Kalorienverbrauch unter 2160 bis 2670 Einheiten je nach Land; LE unter 55 J.; Kindersterblichkeit über 33 pro T.; Geburtenrate über 25 pro T. Einfacher ist der *Physical Quality of Life Index* (PQLI) mit den Indikatoren Lebenserwartung, Säuglingssterblichkeit und Alphabetisierungsrate (→Indikator). Die *ILO sieht zwei Armutsgrenzen. «Die eine wird mit dem Durchschnittsverdienst eines ungelernten Arbeiters in einem Großbetrieb der verarbeitenden Industrie Indiens gleichgesetzt (‹sehr arm›); die andere entspricht einem Einkommen im Gegenwert von einer Rupie (Gegenwert etwa 25 Pfennig pro Tag = ‹völlig verarmt›). Mit Hilfe der Kosten eines typischen ‹Warenkorbes› lassen sich entsprechende Einkommenswerte in anderen Ländern errechnen. Da absolute einkommens- bzw. vermögensbezogene A.-Schätzungen als extrem unzuverlässig gelten, favorisiert eine neuere Studie der Weltbank sog. *food adequacy standards* als wichtige A.-Indikatoren. Menschen werden als abs. arm bezeichnet, die mehr als 70 % ihres Einkommens für die Ernährung aufwenden müssen und häufig Hunger leiden (Kaloriengrenze: 2250 Einheiten). Menschen, die mehr als 80 % ihres Einkommens für die Ernährung aufwenden müssen und dabei von schwerer Unterernährung bedroht sind, werden als «ultra-arm» klassifiziert.

Lit.: F. Fröbel u.a. (Hg.), Die Armut des Volkes, Reinbek 1974; M. ul Haq, The Poverty Curtain. Choices for the Third World, New York 1976; G. Adler-Karlsson, Der Kampf gegen die absolute Armut, Frankfurt 1978; M.D. Morris, Measuring the Conditions for the World's Poor. The Physical Quality of Life Index, New York u.a. 1979; Global 2000, Der Bericht an den Präsidenten, Frankfurt 1980; W.P. McGreevey (Hg.), Third World Poverty, Lexington/Toronto 1980; M. Lipton, The Poor and the Poorest, World Bank Discussion Papers 25, Washington 1988. dn

ARO →Gewerkschaften

ARPEL →Petrolatin

Artenschutzkonvention →Welt-Umweltkonferenz

Arusha-Erklärung 1. Programmatische Erklärung des tanzanischen Staatspräsidenten *Nyerere zu den Grundlagen *Ujamaa* und *self-reliance* des tanzanischen Weges zum *Sozialismus von 1967.

2. Erklärung und Aktionsprogramm der *Gruppe der 77 vom Febr. 1979:

1. Förderung des Handels der EL untereinander (*ECDC) und mit den *Staatshandelsländern zur Stärkung der Verhandlungsmacht der EL; 2. Vereinbarungen über Zusammenarbeit unter EL und Gründung von *multinationalen Handels- und Produktionsunternehmen gegen die *transnationalen Konzerne der IL (Aufbau einer Gegenmacht der Dritten Welt); 3. Stärkung der *UNCTAD als Schlüsselinstrument für int. Verhandlungen über Handel und E., insbes. über die Errichtung einer *Neuen Weltwirtschaftsordnung; 4. Aufforderung an IL, v. a. an die USA, Japan und BRD, die UN-Leitlinien für E.-Hilfe zu erfüllen: 0,7 % des BSP aus öfftl. Mitteln; 5. Forderung nach besserem Marktzugang für Produkte der EL auf den Märkten der IL. Text in: HIZ III D 35, 41. dn

Arusha-Initiative Gemeinsame Erklärung (Konsens) der 40 Teilnehmer aus 20 Ländern an der Nord-Süd-Konferenz über das Int. Währungssystem und die Neue Int. Ordnung in Arusha Juli 1980, derzufolge das Weltwährungssystem von Bretton Woods aus dem Jahre 1944 zusammengebrochen sei und die Notwendigkeit zur Errichtung eines *New International Monetary System* bestehe. Die Initiative fordert zu einer *UN-Conference on International Money and Finance* auf.

Lit.: The International Monetary System and the New International Order, in: Development Dialogue 1980: 2. S. 4–54. dn

ASA Arbeits- und Studienaufenthalte in EL, e.-pol. Stipendiatenprogramm für Studenten, Hochschulabsolventen u. junge Berufstätige, gegr. 1960, seit 1982 bei der *CDG angesiedelt. Die Teilnehmer sollen durch drei- bis sechsmonatige Projektaufenthalte mit der Praxis der E.-Zusammenarbeit vertraut gemacht und an entsprechende spätere Berufstätigkeiten herangeführt werden. Zwischen 1960 und 1990 insg. über 3100 Teilnehmer, z. Z. rd. 170 pro Jahr. Adresse: → CDG. dn

ASDB Asiatische Entwicklungsbank (auch ADB, *Asian Development Bank*), gegr. 1966; Sitz Manila. Mitgl. (1987): 32 regionale und 15 nichtregionale; gezeichnetes Kapital (Dez. 1986): 3,84 Mrd. US-$; Anteil der Mitgl. 19 476 Mio.; regionale Mitgl.: 12 504 Mio., nichtregionale Mitgl.: 6972 Mio. US-$. Im Rahmen der ASDB wurden gegründet: 1974 der Asiatische E.-Fonds ADF (*Asian Development Fund*), dem v. a. westl. IL als Geberländer angehören und der Subventionskredite plus finanztechn. Unterstützung für landw. und infrastrukturelle E.-Projekte gewährt; 1980 der Sonderfonds für *Technische Hilfe TASF (*Technical Aid Special Fund*), der für die Vorbereitung und Finanzierung von Projekten, den Auf- und Ausbau e.-pol. Institutionen und für *Entwicklungsplanung Finanzierungsmittel anbietet.

Aufgaben: Förderung der Investitionen in öfftl. und privatem Anlagekapital für Zwecke der E., Förderung der schwächsten DMC (*Developing Member Countries*), insb. über den ADF, Technische Hilfe, Zusammenarbeit mit den *UN, öfftl. int. Organisationen, öfftl. und privaten nat. Einrichtungen. *Bereiche der Finanzierung:* Transport- und Nachrichtenwesen (1987: ca. 32,5 %), Industrie und nichtbrennbare Bergbauerzeugnisse (26,5 %), Landw. und Agroindustrie (21,7 %), Energiesektor (13,6 %), *Infrastruktur (5,6 %). 1987 wurden Kredite von insg. 2483,5 Mio. US-$, verteilt auf 48 Projekte, vergeben; davon 576 Mio. an Indonesien, 541,6 Mio. an Pakistan, 393,6 Mio. an Indien, 265,7 Mill. an Bangladesh. *Kritik:* Aufbau privatwirtsch. orientierter, mit den westl. IL eng verflochtener Volkswirtschaften. Im Rahmen der Förderung einer exportorientierten *Industrialisierung nach dem Modell der *internationalen Arbeitsteilung finden die *Grundbedürfnisse der einheimischen Bev. kaum Berücksichtigung. Adresse: P. O. Box 789, Manila, Philippinen 2800.

Mat.: HIZ III C 71001/20 dn

ASDOK →Dokumentationsleitstellen

ASEAN Verband südasiatischer Staaten (*Association of South-East Asian Nations*), 1967 in Bangkok von Indonesien, Malaysia, Philippinen, Singapur und Thailand gegr., 1984 kam Brunei hinzu.

Die Gründung der ASEAN steht im Zusammenhang drastischer pol. Veränderungen in der Region (Verschärfung des Vietnamkrieges, Rückzug der brit. Schutzmacht). Das Ende des Vietnamkrieges gab den Anstoß zu Initiativen, die früher zugunsten rasch greifbarer Erfolge (Sicherung und pol. Stabilisierung der Region) zurückgestellt wurden. So nahmen Elemente der wirtsch. *Integration erst nach dem 1. Gipfel in Bali 1976 Gestalt an. In Bali wurden die Zusammenarbeit im Rahmen der ASEAN erstmalig vertraglich geregelt (*Treaty of Amity and Co-operation in South-East-Asia*) und Vereinbarungen über die *Ziele* in der *Declaration of ASEAN Concord* getroffen: Förderung der regionalen Kooperation und Stärkung der wirtsch. und sozialen Stabilität in der Region; Kooperation bes. in den Bereichen Rohstoffe, Nahrung, *Energie; gemeinsame Errichtung von ind. Großprojekten; Gewährung von Zollvergünstigungen, um den internationalen Handel zu fördern. Die Einrichtung eines ständigen zentralen Sekretariats in Djakarta, das ausschließlich Koordinierungsfunktionen hat, wurde beschlossen: *Organe:* 1. Gipfelkonferenzen der Staats- und Reg.-Chefs (bisher Bali 1976, Kuala Lumpur 1977, Manila 1987); 2. Jährl. Tagung der Außenminister mit höchster Entscheidungskompetenz; 3. Ständiger Ausschuß, er ist das eigentliche Verhandlungsforum der ASEAN; 4. Ständige und Ad-hoc-Komitees, bereiten Projekte und Aktionen vor; 5. Nat. Sekretariate in jedem Land. Daneben gibt es Fachminister-Konferenzen, denen wiederum fünf Wirtsch.-Ausschüsse und drei Sonderausschüsse mit ihren Unterausschüssen und Expertengruppen nachgeordnet sind. ASEAN ist keine supranat. Institution, es gilt das Rotationsprinzip. *Ergebnisse:* Die ökon. Integration der ASEAN-Länder durch Gewährung von Zollpräferenzen hat bisher keine nennenswerten Fortschritte gemacht. Ursachen sind primär parallele Exportstrukturen und ein Entwicklungsgefälle zwischen den Mitgl.-Ländern. Das Schutzbedürfnis der einheimischen Wirtsch. wird höher bewertet als die Vorteile, die sich aus einer verstärkten regionalen Arbeitsteilung ergeben könnten. Auch die koordinierte Industrialisierungsstrategie läßt noch zu wünschen übrig. In den Bereichen Rohstoffe und Energie finden sich einige vielversprechende Ansätze zur Zusammenarbeit. Bemerkenswert sind erste Schritte in Richtung einer gemeinsamen Außenhandelspolitik. Haupthandelspartner und -investoren sind Japan, die USA und seit den 80er J. die EG (1980 ASEAN-EG-Abkommen über Handel und wirtsch. Zusammenarbeit). Zum Fortbestand der ASEAN haben die gemeinsamen außenpol. Interessen entscheidend beigetragen, in deren Vordergrund die pol. Stabilisierung der Region steht (Dauerkonflikt: Kambodscha-Frage). So hat sich die Gemeinschaft bisher in der pol. Zusammenarbeit (z.B. zwischenstaatl. Streitschlichtung, regionale Sicherheit) mehr bewährt als in der eher stagnierenden ökon. Kooperation. Das gemeinsame Auftreten der ASEAN-Mitgl. in int. Foren stärkt ihre Verhandlungsmacht gegenüber den IL (die «starke Gemeinschaft»). Wirtschaftspol. hat sich die Gemeinschaft eindeutig für das westl. kapitalistische Wirtsch.-System entschieden und pflegt ideologisch nach innen wie nach außen einen aktiven Antikommunismus (pol.-ideologische Klammer). Seit Mitte 1992 gibt es Beratungen über die Schaffung einer ASEAN-Free Trade Area (AFTA) als Gegengewicht zu den regionalen Wirtschaftsräumen des Westens NAFTA und EWR.

Lit.: R. Reiter, Regionale wirtschaftliche Zusammenarbeit von Staaten der Dritten Welt, Saarbrükken/Fort Lauderdale 1983; W. Rust, ASEAN – Regionale Zusammenarbeit im Schatten der Großmächte, Frankfurt u.a. 1985; G. Schiavone (Hg.), Western Europe and Southeast Asia. Cooperation or Competition, London u.a. 1989; A. Broinowski (Hg.), ASEAN into the 1990s, London 1990. ra

Asiatische Entwicklungsbank →ASDB

ASIN →SELA

ASPAC *Asian and Pacific Council*, Asiatisch-Pazifischer Rat

Associated States Nach dem Scheitern der *Westindischen Föderation (1962) begaben sich die «acht Kleinen» in den Kleinen Antillen unter den halbkolonialen Status der Assoziation mit Großbritannien, der einerseits innere Selbstverwaltung und andererseits milit. Schutz und Hilfe in Form von *grants-in-aid* bot. Nach der Unabh. von Grenada (1974) begann auch dieses Experiment der *associated statehood* zu bröckeln; nach 1978 zogen auch die übrigen «Assoziierten» die Unabh. vor. fn

Assoziierung (EG) Im Art. 131 des EWG-Vertrages von Rom regelte die EG die Fragen, die sich aus den besonderen Beziehungen einiger Mitgl.-Staaten mit überseeischen Ländern (früheren *abhängigen Gebieten) ergaben, im Wege der Assoziierung: «Ziel der A. ist die Förderung der wirtsch. und sozialen E. der (überseeischen) Länder und Hoheitsgebiete.» Nach erfolgter *Dekolonisation wählten die unabh. gewordenen Staaten bis auf Neuguinea und Guinea die Assoziierung. So entstand die Gruppe der «Assoziierten Afrikanischen Staaten und Madagaskar» (AASM), die 1963 in Jaundé ein Abkommen über Zollfreiheit sowie finanz. und techn. Kooperation mit der EG abschlossen, das 1969 erneuert wurde. Im gleichen Jahr vereinbarte die EG mit der *EAC in Arusha ein Abkommen über eine Freihandelszone. Ihre Fortsetzung fand die A.-Politik in den nach EG-Beitritt Großbritanniens abgeschlossenen *Lomé-Abkommen. →EEF →Entwicklungspolitik der EG dn

ASW Aktionsgemeinschaft Solidarische Welt e. V., 1957 gegr. *nichtstaatliche Organisation (*Bensheimer Kreis, *DPWF), fördert auf Spendenbasis (1987: 1,78 Mio. DM) in Indien, Sri Lanka, LA und Afrika insb. Kleinprojekte einheimischer Basis- und *Selbsthilfegruppen. Projektschwerpunkte: Selbsthilfe- und Rechtshilfeprogramme mit Landlosen und *Flüchtlingen, Umweltschutzprogramme und praxisbezogene *Bildungsarbeit (v. a. mit Frauen und Kindern). In den 70er J. löste sich die ASW von der Konzeption der *Kinderpatenschaften. Publikation: Solidarische Welt. Adresse: Hedemannstr. 14, 1000 Berlin 61. mik

Äthiopien Ä. zählt zu den ärmsten EL. *Ernährung und Ethnien-Vielfalt bilden die Kernprobleme des Landes; trotz *Agrarreform, Umsiedlungsprogrammen und Zugeständnissen zu mehr regionaler Autonomie blieben sie bislang ungelöst.

1. Ä. (Fläche: 1,22 Mio. qkm) gehört zu den Tropen; sein Hochland ist ein geogr. Paradebeispiel für die Differenzierung von Klima, Vegetation und Raumnutzung in versch. Höhenstufen: Kolla (bis 1000 m, heiß, niederschlagsarm), Woina Dega (1600 bis 2500 m, gemäßigtes Klima, Hauptsiedlungsgebiet, Kaffee-, Baumwolle- und Getreideanbau) und Dega (über 2500 m, kühles Klima, Viehzucht). Eritrea und Danakilland besitzen arides Klima, und der Ogaden, die Grenzprovinz zu Somalia im SO, besteht aus Trocken- und Dornsavannen. Die landw. *Ressourcen Ä.s – etwa 65 % der Fläche sind landw. nutzbar – liegen weitgehend brach. Der Waldbestand sank durch unkontrollierten Einschlag (Brennholz), übermäßige Ausdehnung des Weidelandes und hohe Holzkohleproduktion innerhalb der vergangenen

100 J. von ca. 40 % auf 4 % der Gesamtfläche (→Ökologie). Ä. verfügt über ein bescheidenes Maß an Bodenschätzen, außer geringen Mengen an Platin, Nikkel und Pottasche werden in nennenswertem Umfang nur Gold (und Meersalz) gefördert.

2. Die Bev. wurde 1990 auf rd. 49,2 Mio. Ew. geschätzt (Bev.-Dichte: 41 Ew. pro qkm); ca. 1,5 bis 2 Mio. Äthiopier sind als *Flüchtlinge außer Landes. Ä. ist ethnisch-kulturell sehr heterogen. Wichtigste *Ethnien sind: Oromo (35 %), Tigre (20 %) und das «Staatsvolk» der Amharen (15 %), das wie im Kaiserreich auch noch heute die Führungsschicht bildet. Hinzu kommen kleine Gruppen wie Somalis (6 %), Danakil, Afar, Gurage, Konso, Arusi. Etwa 70 Sprachen und 200 Dialekte werden in Ä. gesprochen. Hauptsprachen: Oromigua, Amharigua, Tigrigua; *lingua franca: die Staatssprache Amharigua. Englisch ist als int. Verkehrssprache von Bedeutung. Etwa 40 % der Bev. bekennen sich zum Islam, knapp die Hälfte sind äthiop.-koptische Christen.

3. Ä. besitzt eine über 2000 J. alte Geschichte und Kultur. Städte wie Axum (Axumitisches Reich, Annahme des monophysitischen Christentums), Lalibela und Gondar waren nacheinander Herrschaftszentren äthiop. Reichsgründungen, deren Macht durch äußere Bedrohung (Vordringen der Moslems) und inneren Zerfall (sich befehdende Fürstentümer) mehrfach unterbrochen wurde. Nachdem durch die Einwanderung der Oromo-Hirten aus dem S das Reich erneut in viele autonome Fürstentümer zersplittert worden war, wurde seit der 2. Hälfte des 19. Jh.s durch die vier Kaiser (Tewodros II, Yohannes IV, Menelik II/1889 bis 1913, Haile Selassie/1916 bis 1975) die Zentralgewalt wieder gestärkt. Äußere Bedrohungen des Reiches durch Ägypter, Mahdisten, v. a. aber durch die expansionistische Kolonialpolitik Italiens unter der Reg. Crispi wurden erfolgreich abgewehrt. Nach einer Niederlage der italien. Truppen (Adua 1896) gegen Meneliks Armee mußte Italien die Unabhängigkeit Ä.s anerkennen, behielt aber seine Kolonie Eritrea (1890). In blutigen Eroberungskriegen unterwarf Menelik den S und O des heutigen Ä. und unterdrückte mit der von ihm eingeleiteten Amharisierungspolitik die einheimischen Ethnien (Oromo, Somali, Gurage, Danakil).

Nach Meneliks Tod entwickelte sich unter Ras Tarife, der sich 1930 als Haile Selassie I. zum *Negus negesti* (König der Könige) krönte, ansatzweise ein moderner Staat mit starker imperialer Zentralgewalt, der sich jedoch erst nach der fünfjährigen Besatzungszeit durch Italien (1935/36 bis 1941) konsolidierte. Die Amharisierung und Diskriminierung anderer Ethnien (v. a. der Oromo) wurde fortgesetzt, von der Opposition geforderte Reformen (z. B. Zulassung von pol. Parteien, Pressefreiheit) blieben aus. Nach der Hungersnot 1973/74 stürzten Militärs den Kaiser (gestorben 1975). Als starker Mann im *Provisionary Military Administrative Council* (PMAC, amhar. = *Derg*) ging Mengistu Haile Mariam aus blutigen Machtkämpfen innerhalb des Militärs und zwischen Militärs und oppositionellen Gruppen (Höhepunkt: der «Rote Terror» 1977/78) hervor.

Ab 1975 verfolgte der *Derg* das Konzept eines äthiop. *Sozialismus und leitete einen Prozeß grundlegender gesellsch. Umwälzung ein. Sein Herzstück: «die radikalste Landreform der afrik. Geschichte» (Brüne 1988). Der ges. Grund und Boden wurde 1975 entschädigungslos verstaatlicht, die Nutzfläche pro Familie auf max. 10 ha begrenzt und die private Beschäftigung von Pächtern und Landarbeitern verboten. Weitere Maßnahmen: *Nationalisierung von Ind. und Banken, Reform des Arbeitsrechts (Mindestlöhne, indirektes Streikverbot), großangelegte *Alphabetisierungskampagnen sowie die Gründung von Bauernvereinigungen und Stadtteilkomitees. Die Reformpolitik des *Derg* sorgte zwar für eine größere Verteilungsgerechtigkeit, doch das Nationalitätenproblem im Vielvölkerstaat Ä. blieb ungelöst – zumal sich gegen die staatl. Reformen in einigen Regionen erbitterter Widerstand erhob. Bis zur Stabilisierung der innenpol. Machtverhältnisse unter Mengistu 1978 erstarkten die versch. *Befreiungsbewegungen: z. B. in Eritrea – das Ä. 1962 gegen den *UN-Beschluß von 1952 (Autonomie und Föderation mit Ä.) annektiert hatte – die EPLF (Ziel: unabh. eritr. Staat); in Tigray die TPLF (Ziel: regionale Autonomie innerhalb eines äthiop. Staatenverbandes); im SO die Oromische Befreiungsfront (OLF, Ziel: ein unabh. Oromo-Staat). Mit Unterstützung der UdSSR, der DDR und kubanischer Truppen siegte das Militärregime 1978 im Ogadenkrieg gegen Somalia und verfolgte gegenüber den Befreiungsbewegungen zunehmend eine Strategie der harten Hand. Durch Repression stabilisierte sich zumindest im Zentrum die innenpolitische Lage Ende der 70er Jahre.

Nach dem Prinzip des demokratischen Zentralismus kontrollierte der *Derg* die versch. Massenorganisationen und gründete Ende 1979 die «Kommission zur Organisierung der Werktätigen», die 1984 in der «marxistisch-leninistischen Avantgardepartei» *Workers Party of Ethiopia* (WPE; Generalsekretär: Mengistu) aufging. Im Zuge der Hungersnöte in Nord.-Ä. leitete die Reg. 1984 großangelegte Umsiedlungs- und Kollektivierungsprogramme ein. Nach vorsichtigen Schätzungen wurden bis 1988 rd. 600000 Menschen in den fruchtbaren Süden umgesiedelt, z. T. unter Zwang und menschenunwürdigen Bedingungen. Gemäß Reg.-Angaben wurden überdies bis Sept. 1987 rd. 8 Mio. Menschen in neugebauten Dörfern zusammengefaßt. Das offizielle Motiv hierfür lautete: Sicherung der Ernährungslage und *ländliche Entwicklung; Kritiker sahen in den Maßnahmen v. a. eine Strategie gegenüber den Widerstandsbewegungen. Im Febr. 1987 erhielt Ä. per Referendum eine neue Verfassung; sie definiert Ä. als volksdemokratische Republik, in der die WPE eine Avantgarde-Funktion einnimmt. Am 14.6. 1987 wurde im Einparteistaat eine 835köpfige Nationalversammlung (*Shengo*) gewählt, die ihrerseits den Staatsrat, den Staatspräs. (Mengistu) und seinen Vize wählten. Nach Auflösung des *Derg* (3.9.) verabschiedete die *Shengo* am 10.9. die neue Verfassung und räumte den versch. Regionen mehr Autonomie ein. Die milit. Konflikte wurden damit nicht beigelegt: Im Frühjahr 1988 lebte unerwartet stark der bewaffnete Aufstand in Eritrea und Tigray auf. Nach Großoffensiven kontrollierten die Rebellen Mitte 1990 weite Teile Eritreas und Tigrays. Unter dem Druck reduzierter finanz. und milit. Unterstützung seitens der UdSSR wurde eine neue Nationalcharta ausgearbeitet und Meles Zenawi, Führer der Ethiopian People's Revolutionary Democratic Front (EPRDF), die aus mehreren Rebellengruppen, u. a. der TPLF entstand, für zwei Jahre zum Staatspräsidenten gewählt (Juli 1991). Freie Wahlen sind für 1993 geplant.
Für das seit Juni 1991 selbstverwaltete Eritrea rückte die Unabhängigkeit greifbar nahe, als für April 1993 ein Referendum angesetzt wurde, das über diese Frage entscheiden sollte.

4. Das wirtsch. Rückgrat Ä.s ist die Landw.; 1990 lebten rund 75 % der Bev. auf dem Lande und erwirtschafteten rd. 41 % des BIP. Die Landw. wird i. d. R. als *Subsistenzwirtschaft betrieben. Nur einige wenige landw. Erzeugnisse (v. a. Kaffee, Leder/Häute, Hülsen- und Ölfrüchte) stellen 70 bis 80 % des Exports. Im Vergleich zu den meisten ehemaligen afrik. Kolonien ist Ä.s Wirtschaft nur marginal in den Weltmarkt integriert (→Integration). Seit Mitte der 60er J. muß Ä. umfang-

reiche Mengen an Getreide importieren. E.-Hemmnisse für die Agrarproduktion ergeben sich insb. aus Bodenerosion, schlechter *Infrastruktur, den milit. Konflikten und einer Landw.-Politik, die bislang Ä.s landw. Ressourcen nicht mobilisieren konnte. Bedingt durch Krieg und Dürre nahm die chronische Unter- und *Mangelernährung v. a. in Eritrea, Tigray und Wollo-Gebieten seit 1984 dramatische Ausmaße an und machte Ä. verstärkt abhängig von ausl. Unterstützung, insb. *Nahrungsmittelhilfe.

5. Ä. zählt zu den ärmsten Ländern der Erde (*LLDC, *MSAC); das BSP liegt mit 120 US-$ (1990) pro Kopf weltweit am niedrigsten, ebenso das geschätzte Kalorienangebot pro Kopf (→Tabelle 4 im Anhang). Die LE stieg zwar von 31 J. (Anfang der 50er J.) auf 38,5 J. (Ende der 60er J.) und 44 J. (1990) an, ist aber selbst im afrik. Vergleich niedrig. Das Gesundheitswesen ist insb. auf dem Land völlig unterentwickelt. Sämtliche Ärzte sind in Krankenhäusern tätig, nur eine Minderheit sind Äthiopier. Die Alphabetisierungsquote lag 1985 dank massiver Alphabetisierungskampagnen (z. T. unterstützt von der *UNESCO) bei ca. 62 % (1974: 6 %).

Lit.: B. Benzing/K. Wolde-Giorgis, Das neue Äthiopien, Köln 1980; F. Halliday/M. Molyneux, The Ethiopian Revolution, London 1981; S. Brüne, Äthiopien. Unterentwicklung und radikale Militärherrschaft, Hamburg 1986; ders., Äthiopien, in: R. Hofmeier/M. Schönborn (Hg.), Politisches Lexikon Afrika, 4. Aufl., München 1988; E. J. Keller, Revolution and State Power in Ethiopia, in: Current History 87 (1988), Nr. 529, S. 217 ff. mik/ah

ATP →Entwicklungshilfepolitik Großbritanniens

Aungsan Suu Kyi, geb. 1945, erhielt 1991 den Friedensnobelpreis für ihr Engagement für Demokratie, Beachtung der Menschenrechte und ethnische Versöhnung in Myanmar (Birma), nachdem ihr im selben Jahr schon der Sacharow-Preis des Europäischen Parlaments verliehen worden war. Die Tochter des 1947 ermordeten Unabhängigkeitskämpfers Aungsan hielt sich seit Beginn der 60er J. im Ausland auf, wo sie in Neu Delhi und Oxford Philosophie, Politikwiss. und Ökonomie studierte. Bei ihrer Rückkehr 1988 wurde sie zur Führungspersönlichkeit der Oppositionsbewegung und konnte die Wahlen von 1990 mit der von ihr gegründeten *National Leage for Democracy* (NLD) mit großer Mehrheit gewinnen, doch die Militärregierung verweigerte die Machtabgabe. Ab 1989 stand A. unter Hausarrest, so daß die Verleihung des Nobelpreises in Abwesenheit der Preisträgerin stattfand. mn

Ausgeglichene Entwicklung →*balanced growth*

Ausgleichslager →*bufferstocks*

Auslagerung / Produktionsauslagerung Unter A. versteht man die Ansiedelung von Industriebetrieben oder Industriebranchen, die bisher ihren Standort in IL hatten, in EL im Rahmen der neuen *int. Arbeitsteilung. Motive für A. liegen bei den Unternehmern in der billigeren Arbeitskraft in EL, bei den EL in deren Industrialisierungszielen und Hoffnungen auf Beschäftigungseffekte. →Direktinvestitionen →Freie Produktionszonen dn

Ausländerstudium Im Wintersemester 1987/88 studierten an den Hochschulen der BRD 81 447 Ausländer, das sind 5,7 % der insges. 1,41 Mio. Studenten. (Vergleichszahlen 1979/80: BRD 5,5 %, Frankreich 13,1 %, Großbritannien 11,4 %, Belgien 13,7 %, Österreich 9,1 %, Schweiz 18,5 %). Gemessen an den in der Bundesrepublik lebenden Ausländern stellen die Gaststudenten allerdings nur eine kleine Minderheit dar. 40 % von ihnen stammen aus IL, 60 % (3,5 % der gesamten Studenten) kommen aus der *Dritten Welt. Hauptentsenderstaaten: Türkei 11 % (viele Gastarbeiterkinder), Iran 9 %, Griechenland 9 %, Indonesien 6 %, USA 6 %.

Motivation, Belastung durch soziale Probleme (Ausländerfeindlichkeit,

Kontakt-, Sprach-, Studien- und v. a. Finanzierungsprobleme) und Studienart (Voll- oder Kurzzeitstudium) sind bei Studenten aus IL und EL völlig unterschiedlich. IL-Studenten studieren aus den gleichen Gründen in der BRD wie etwa deutsche Studenten in Frankreich (Optionen: Horizont erweitern, Sprachkenntnisse verbessern). Sie könnten problemlos auch zu Hause studieren. Dagegen kommen EL-Studenten in die BRD (oder andere IL), weil sie in ihrer Heimat keinen der raren Studienplätze erhalten konnten. Gründe: ökon. bedingte minimale Studienkapazität, systematische Diskriminierung von Regimegegnern oder *ethnischen und religiösen Minderheiten in weiterführenden Bildungseinrichtungen der meisten EL. Außerdem ist im Universitätswesen der Dritten Welt die Skala angebotener Studiengänge und Fachrichtungen sehr begrenzt und die Qualität äußerst schlecht. Aus diesen Gründen betreiben ca. 90 % aller EL-Studenten ein Vollzeit- oder Aufbaustudium. Studenten aus IL bleiben dagegen i. d. R. nur ein oder zwei Semester.

EL-Studenten studieren (entgegen verbreiteter Vorurteile und offizieller Lesart der Kultusministerkonferenz) fast ebenso erfolgreich wie deutsche. Bei zwar längerer Studiendauer schließen 8 von 10 EL-Studenten (gegenüber 9 von 10 deutschen) ihr Studium erfolgreich ab (*Isoplan-Studie 1982).

Interessen, Ziele und Bedeutung des bundesdeutschen A. liegen in vier versch. Politikbereichen: In der Nachkriegszeit war der hochschul- bzw. wissenschaftspol. Beitrag (Ziele: Wissenschaftsaustausch, Weltoffenheit und Internationalität der Hochschule) des A. entscheidend. Durch die außenpol. Isolierung während der Nazi-Zeit waren die dt. Universitäten der Provinzialisierung anheimgefallen und hatten ihren Platz in der int. Hochschulgemeinschaft verloren. Die nachdrücklich betriebene Anwerbung ausl. Studenten (und Wissenschaftler) – auch aus der Dritten Welt – war Ausdruck eines erheblichen Nachholbedarfs an int. Anerkennung. Zum zweiten leistet diese Einrichtung einen Beitrag zu Völkerverständigung und Kulturaustausch, den Zielen der bundesdeutschen *auswärtigen Kulturpolitik. Dritter Bereich ist die Außenwirtschaftspolitik. Das A. ist ein wichtiges Instrument der Markterschließung und Exportförderung. Denn in IL ausgebildete Akademiker aus EL bekleiden nach ihrer Rückkehr Schlüsselpositionen in Pol. und Wirtschaft und knüpfen (bestimmt durch *Akkulturation, Sprachkenntnisse, persönliche Kontakte und Branchenkenntnis) Wirtschaftskontakte (v. a.: Orders von Technologie und Beratungsleistungen) vornehmlich mit ihrem ehem. Studienland. Viertens hat das A. erhebliche entwicklungspol. Bedeutung. Die von den Hochschulen über das Ausbilden von EL-Studenten erbrachten Leistungen zählen (im Gegensatz zu anderen *DAC-Ländern) in der BRD wegen Zuständigkeit und Trägerschaft der Bundesländer (Kulturhoheit) nicht zur Entwicklungspol., sind aber gleichwohl entwicklungspol. relevant. Mit jährl. 600 bis 900 Mio. DM sind sie der mit Abstand wichtigste Einzelposten außerhalb des *BMZ-Etats. Hinzu kommen noch etliche hundert Mio. DM, mit denen v. a. der *DAAD, offiz. Stellen in Bund und Ländern sowie etliche private Stiftungen (z. B. *Otto Benecke-Stiftung, *CDG, *WUS) EL-Studenten per Stipendium fördern.

Allerdings hat das A. in entwicklungspol. Hinsicht grundsätzliche, strukturelle Nachteile. Die Studieninhalte in der BRD sind auf die Bedürfnisse eines hochtechnisierten IL abgestimmt, in EL daher kaum anwendbar und entwicklungspol. oft dysfunktional. Die verstärkte Einführung e.-bezogener Studiengänge kann das Problem nur entschärfen, aber nicht lösen. Zusammen mit dem Phänomen der «kulturellen Entwurzelung» von Gaststudenten und einem allg. Attraktivitätsgefälle zwischen IL und EL führt dies häufig zum Sinken der Rückkehrbereitschaft, zum Scheitern von Reintegrationsmaßnahmen und damit zu dem globalen Problem des *brain drain*. Zweifelsfrei wäre es besser, das A. in IL abzubauen und statt dessen der Dritten Welt beim Aufbau eigener Universitäten zu helfen. Doch Realisierungschancen für dieses Konzept sind so gut wie nicht vorhanden, v.a. deshalb, weil die meisten EL-Eliten ein leistungsfähiges Universitätswesen als herrschaftsgefährdend perzipieren. So gibt es zum A. auf absehbare Zeit keine Alternative.

In der BRD sind je nach Studiengang 6 bis 8% aller Studienplätze für Ausländer reserviert. Im Gegensatz zu den USA und fast allen europ. Ländern werden keine Studiengebühren erhoben. Zusammen mit einer ausländerrechtlich liberalen Zugangspraxis (Visavorschriften etc.) begründete dies den bisher weltweit hervorragenden Ruf des bundesdeutschen A. Im Zuge einer insges. verschärften Ausländerpolitik setzten Anfang der 80er J. drastische Maßnahmen – zuerst Zulassungs-Restriktionen der Kultusministerkonferenz (März 1981) und schließlich (Ende 1982) eine von der Innenministerkonferenz und der Reg. Kohl betriebene rigorose Verschärfung des Zugangsrechts – dem ein Ende. Unter Verletzung selbstunterschriebener Ziele der *auswärtigen Kulturpol., der Exportförderung, der Bildungs- und Entwicklungspolitik und unter heftiger Kritik der Hochschulen und aller Fachorganisationen betreiben Bund und Länder seither eine kurzsichtige, ausländerpol. motivierte Restriktionspolitik. Studienbewerber aus der Dritten Welt sind seit dem Sommersemester 1983 ohne reelle Zugangschance, ausgenommen bleibt nur die (ca. 10%ige) Eliteminderheit der sog. Programmstudenten (Stipendiaten und reg.-offizielle Austauschstudenten). →Hochschule und Dritte Welt, →*brain drain*. Beratungs- und Betreuungsarbeit im Bereich A. leisten *DAAD, *CDG und *WUS.

Lit.: A. Kotenkar, Ausländische Studenten in der Bundesrepublik am Beispiel der Universität Frankfurt, Stuttgart 1980; Y. Abu Laila, Integration und Entfremdung – Zur Situation ausländischer Studenten in der Bundesrepublik Deutschland, Göttingen 1981; B. Gross/M. Zwick, Studienabbrecher aus Entwicklungsländern (Isoplan-Studie), Saarbrücken 1982; WUS (Hg.), Neuregelung der Zulassung für ausländische Studenten aus Entwicklungsländern (Dokumentation), in: Auszeit 4, 1982; Otto Benecke-Stiftung (Hg.), Ausländerstudium in der Bundesrepublik Deutschland, Baden-Baden 1982 (kommentierte Bestandsaufnahme von Lit. und empirischen Untersuchungen); K. Jabeen Khan, Ausländerstudium als kritisches Lebensereignis, Wiesbaden 1988. bg/kg

Auslandsinvestitionen →Direktinvestitionen

Auslösungsschwelle →STABEX

Ausschuß für Entwicklungshilfe der OECD →DAC

Ausschuß für wirtschaftliche Zusammenarbeit →AwZ

Außenhandelspolitik Erfolg oder Mißerfolg eines EL bei dem Versuch seiner Eingliederung in die *Internationale Arbeitsteilung werden v.a. bestimmt durch seine eigene Außenhandelspolitik sowie jene seiner Handelspartner, der IL, der Staatshandelsländer und der übrigen EL. Ziel der Außenhandelspolitik eines Landes ist es, die Handelsströme (Exporte und Importe) in einer bestimmten, gewünschten Weise zu steuern. Motivation ist dabei u.a. der Schutz inländischer Produzenten einschließlich der Arbeitskräfte, die Abwehr angeblich unfairen Wettbewerbs ausl. Konkurrenten, die Erleichterung der strukturellen Anpassung der inländischen Wirtschaft, die Vermeidung von Devisenknappheit (bei festen Wechselkursen). Instrumente hierzu sind Zölle (tarifäre *Handelshemmnisse, d.h. Steuern auf Ein- und Ausfuhr) und nicht-tarifäre Handelshemmnisse, das sind beispielsweise mengenmäßige Beschränkungen, völlige Einfuhrverbote, Gesundheits- und

Sicherheitsauflagen, techn. Standards, variable Abgaben, Subvention der mit Importen konkurrierenden Produkte, Bevorzugung inländischer Anbieter bei öfftl. Aufträgen und Selbstbeschränkungsmaßnahmen. Tarifäre und nicht-tarifäre Handelshemmnisse sind in ihren Wirkungen sehr ähnlich. Ein Importzoll von 10 % des Werts eines best. Produktes verteuert den Preis der entsprechenden Importe um 10 %. Dadurch verringert sich die Wettbewerbsfähigkeit der ausl. Anbieter im Inland, während die inländischen Produzenten ihre Preise und ihren Absatz anheben können. Der inländische Konsument muß einen höheren Preis als vor der Zollerhebung zahlen. Wird der Import durch den Zoll nicht völlig unterbunden, wie im Falle eines Prohibitivzolls, entstehen Zolleinnahmen für den Staat in Höhe von 10 % des Wertes der eingeführten Produkte. Ähnlich wirken sich nicht-tarifäre Handelshemmnisse aus; allerdings fließen keine Zolleinnahmen in die Staatskasse.

Die Differenz infolge eines Handelshemmnisses zwischen dem inländischen und dem Weltmarktpreis eines Produktes wird als nominale Protektion bezeichnet. Sie unterscheidet sich von der tatsächlichen, der effektiven Protektion, welche die inländischen Produzenten genießen. Bei der effektiven Protektion wird berücksichtigt, daß die nominale Protektion häufig mit dem Verarbeitungsgrad ansteigt, z.B. sind die Nominalzölle für Rohstoffe meist niedrig oder gar null, während Halbfertigwaren und Fertigwaren mit höheren Zollsätzen belegt werden. Die nominale Protektion bezieht sich auf den Preisunterschied infolge eines Handelshemmnisses, die effektive Protektion dagegen auf den Unterschied in der Wertschöpfung.

Nominale und effektive Protektion seien anhand eines Beispiels erläutert. Der Importzoll für rohe Häute liegt in der EG bei null %, jener für Schuhe aus Leder beträgt rund 10 %. Eine best. Menge an Häuten, die auf dem Weltmarkt 100 DM kostet, kostet (abgesehen von Transportkosten) auch in der EG 100 DM; die nominale Protektion von rohen Häuten beträgt in der EG null %. Es sei nun angenommen, daß aus jener Menge Häute, die auf dem Weltmarkt 100 DM kostet, Schuhe hergestellt werden können in einem Wert von (zu Weltmarktpreisen) 300 DM. Infolge des Importzolles von 10 % können die Schuhproduzenten in der EG ihre Preise auf 330 DM erhöhen und ihren Absatz ausweiten, die Produzenten, die von außerhalb in die EG liefern, erzielen nur 300 DM und müssen Absatzeinbußen hinnehmen; die nominale Protektion beträgt 10 %.

Die Schuhhersteller innerhalb der EG haben aus der Weiterverarbeitung von rohen Häuten zu Schuhen (vereinfacht betrachtet) eine Wertschöpfung von 230 DM (330 DM Erlös für die Schuhe minus 100 DM für die rohen Häute) erzielt, ihre ausl. Konkurrenten dagegen nur 200 DM (300 DM minus 100 DM). D. h., die Schuhproduzenten in der EG können ihre Wertschöpfung infolge des Nominalzollschutzes von 10 % gegenüber einer Situation ohne Zoll um 30 DM erhöhen; die effektive Protektion beträgt demnach 15 % (30/200). Der Schutz der Schuhhersteller in der EG vor ausl. Konkurrenz ist somit effektiv höher als der nominale Zollschutz. Ausl. Anbieter haben es entsprechend schwerer, ihre verarbeiteten Waren auf dem EG-Markt abzusetzen. In manchen Fällen wird es für sie sogar vorteilhaft sein, nicht verarbeitete Produkte, sondern Rohstoffe in die EG zu exportieren. Auf diese Weise können mit dem Verarbeitungsgrad zunehmende Importzollsätze in IL die Weiterverarbeitung von Rohstoffen in EL behindern. nw

Außenhandelstheorie Die AH hat drei Fragestellungen zum zentralen Untersuchungsgegenstand: 1. Wodurch sind Umfang, Struktur und Richtung des int. Warenaustauschs bestimmt?

2. Wodurch ist die Höhe der * *terms of trade* bestimmt? 3. Wie sind die Außenhandelsgewinne (*gains from trade*) auf die am Handel beteiligten Länder aufgeteilt? Kern der Erklärung der * internationalen Arbeitsteilung durch die AH ist das Theorem der * komparativen Kosten. Außenhandel beruht demnach nicht nur auf absoluten Produktionsvorteilen oder im Inland nicht absetzbarer Überschußproduktion (*vent for surplus*), wie noch A. Smith meinte. Vielmehr konnte D. Ricardo zeigen, daß es auch für ein Land vorteilhaft ist, am int. Warenaustausch teilzunehmen, wenn es in der Produktion aller Güter absolut unterlegen ist, sofern es nur in der Produktion einiger Güter komparative Produktionsvorteile aufweist.

Das Auftreten komparativer Produktionsvorteile wird in der Außenhandelstheorie mit den unterschiedlichsten Faktoren erklärt. D. Ricardo begründet sie mit einer von Land zu Land unterschiedlichen relativen Arbeitsproduktivität (*output*/eingesetzte Arbeitskraft). Wie bei den klassischen Ökonomen üblich, unterstellt er Arbeit als ausschlaggebenden Produktionsfaktor. Klimatische und andere Rahmenbedingungen der Produktion bewirken relative Produktionsunterschiede und damit komparative Produktionsvor- und -nachteile.

Die etwas unrealistische Beschränkung auf nur einen Faktor kann umgangen werden, indem nicht die Faktorkosten betrachtet werden, sondern die Verzichtkosten, die anfallen, wenn die Produktion eines Gutes «auf Kosten» eines anderen ausgedehnt wird (Opportunitätskosten).

Das *Faktorproportionentheorem* (Heckscher/Ohlin) nimmt im Gegensatz zu Ricardo identische Produktionsfunktionen an. Das relativ kapitalreiche Land weist einen komparativen Vorteil in der Produktion des * kapitalintensiv erstellten Gutes auf, das relativ arbeitsreiche Land in der Produktion des * arbeitsintensiven Gutes. Während Heckscher und Ohlin nur die Faktoren Arbeit und Kapital unterscheiden, unterteilt das *Neo-Faktorproportionentheorem* Sachkapital, Ausbildungskapital und ungelernte Arbeit. Es trägt damit der Tatsache Rechnung, daß der Faktor Arbeit international keineswegs homogen ist, sondern erhebliche Unterschiede im Qualifikationsniveau aufweist. Empirische Untersuchungen zeigen, daß dieser Ansatz sich besonders gut zur Erklärung des Austauschs von Industriewaren zwischen IL und EL eignet.

Wie die Qualifikation der Arbeitskräfte ist aber auch der Stand der Technologie international nicht identisch. Die Produktionsfunktionen sind daher int. unterschiedlich und ändern sich im Zeitverlauf. Die Industrieerzeugnisse können dabei einen * Produktionszyklus durchlaufen. Zur Entwicklung eines neuen Produkts sind Forschung und unternehmerisches * *Know-how* erforderlich. Neue Produktionsverfahren müssen entwickelt und erprobt werden. Mit zunehmender Ausreifung und Standardisierung werden die Herstellungsverfahren immer einfacher und wächst die Bedeutung von Sachkapital und ungelernter Arbeitskraft. Entsprechend verlagern sich die komparativen Produktionsvorteile von den hochentwickelten IL, in denen technol. Wissen reichlich verfügbar ist, im Zyklusverlauf auf die relativ reichlicher mit Arbeitskraft ausgestatteten EL. So können sich die komparativen Produktionsvorteile eines Landes dynamisch verlagern, wenn sich die Produktionsbedingungen für ein bestimmtes Gut oder auch wenn sich die Arbeitsproduktivität bzw. die relative Faktorausstattung in einem Land ändern.

Bei den geschilderten Ansätzen stand die Erklärung der Struktur der weltwirtsch. Arbeitsteilung im Vordergrund. Eine Reihe von anderen Theorien fragt dagegen, wie sich die weltwirtsch. Arbeitsteilung speziell auf die beteiligten EL auswirkt, und konzentriert sich damit auf die Frage nach den *gains from trade* und den *terms of trade*. Diese AHn versuchen, die UE auf externe Faktoren zurückzuführen, indem sie gerade in der Einbindung der EL in die weltwirtsch. Arbeitsteilung einen wesentlichen Erklärungsansatz des Entwicklungsgefälles zwischen EL und IL sehen. Sie gehen davon aus, daß für den Handel zwischen EL und IL das Gleichgewichtsdenken der neoklass. Theorie des int. Handels, insb. das Theorem des Faktorpreis- und damit Einkommensausgleiches als Folge des Handels, nicht adäquat sei, sondern daß im Gegenteil unterschiedliche Machtschwergewichte zugunsten der IL zu einer asymmetrischen, die EL benachteiligenden Weltarbeitsteilung geführt haben.

Im einzelnen sind vier Hauptansätze zu nennen:

- die Theorie der dominierenden Wirtschaft (*economie dominante*) von Perroux,
- die Wirkungsweise internationaler Kontereffekte von Myrdal,
- die Theorie der peripheren Wirtschaft von *Prebisch und die Prebisch/Singer-These der säkularen Verschlechterung der *terms of trade* für die EL sowie
- die Theorie des Verelendungswachstums von Bhagwati.

Sowohl Perroux als auch Myrdal sehen die negativen Folgen der Integration der EL in ungleichen Machtverteilungen bei den int. Austauschbeziehungen begründet.

Nach Perroux besteht eine gewollte oder ungewollte Dominierung seitens der reifen Länder, die sowohl auf unterschiedliche Verhandlungsstärken als auch auf unterschiedliche Größen der beteiligten Länder zurückzuführen ist. Er verwendet in der Analyse der Beziehungen zwischen IL und EL nicht nur ökonomische Angebots- und Nachfrageelemente, sondern auch soziopolitische Faktoren wie Macht, Herrschaft und Zwang. Die ausgeübten Vormachtseffekte führen zu einem Ungleichgewicht im int. Handel zum Nachteil der «dominierten» EL, da der neoklassische Ansatz des *Zahlungsbilanzausgleichs (Preis, Einkommens- und Zinsmechanismus) versagt, und damit letztlich zu einer nur für die «dominierende» Volkswirtschaft vorteilhaften Arbeitsteilung. Diese wird durch Zahlungsbilanz- und Entwicklungshilfe der IL zur Erhaltung der Zahlungsfähigkeit der EL, die Rohstofflieferant und Absatzmarkt zugleich für die IL sind, zementiert.

Myrdal sieht die neoklass. Theorie des Ausgleichs der Güter- und Faktorpreise durch die Realität widerlegt. Vielmehr konstatiert er, daß sich die ökon. Variablen nur in eine Richtung ändern, die Gleichgewichte somit instabil sind, so daß sich der Ungleichgewichtsprozeß nach einer Störung kumulativ verstärkt. Ohne wirtschaftspol. Eingriffe führt dies zu einer Konzentrierung positiver Effekte in den IL, während in den EL die negativen «Kontereffekte» (*back-wash effects*, z. B. **brain drain*) die geringen positiven Effekte (*spread effects*) der Handelsbeziehungen bei weitem übertreffen. Diese Benachteiligung wird durch den Kapital- wie auch durch den Warenverkehr gestützt.

Weder die Dominationseffekte von Perroux noch die Kontereffekte von Myrdal lassen sich allerdings messen, so daß sie letztlich empirisch nicht überprüfbar sind. Diesen Versuch hat Prebisch unternommen zur Untermauerung seiner Theorie der peripheren Wirtschaft, die die Welt in ein Zentrum (hochindustrialisierte Länder) und eine Peripherie (EL) aufteilt. Unterscheidungsmerkmale sind unterschiedliche Preis- und Einkommenselastizitäten der Nachfrage nach Primärgütern und Industrieprodukten und die unterschiedliche Diffusion von Produktivitätsfortschritten, die in den IL in Form höherer Einkommen, durch die EL jedoch in Form niedriger Preise weitergegeben werden. Er schließt daraus, daß sich die realen Austauschverhältnisse (*terms of trade*) der EL, die überwiegend Primärgüter ausführen, verschlechtern, d. h. ein kontinuierlicher Einkommensstrom an die IL, die überwiegend Industrieprodukte anbieten, abfließt, eine These, die ebenso von Singer vertreten wird.

Empirisch versucht er dies an der Entwicklung der * *commodity terms of trade* Großbritanniens im Zeitraum 1876/1880 bis 1946/1947 zu belegen. Kritik ist sowohl an der mangelnden Aussagefähigkeit globaler *terms of trade* für «die» IL und «die» EL als auch an der statistischen Berechnungsmethode (Index, Wahl des Basisjahres) und der analytischen Beweisführung (Auswahl des *terms of trade*-Konzeptes) geübt worden. Weder eine Verbesserung noch eine Verschlechterung der *terms of trade* für die EL ist bisher eindeutig empirisch nachgewiesen worden.

Die Theorie des Verelendungswachstums (*immiserizing growth*) von Bhagwati stellt praktisch eine Konkretisierung der Prebisch/Singer-These dar. Er zeigt an Hand eines einfachen 2-Länder – 2-Güter-Modells, daß eine forcierte Expansion des Exportsektors in EL bei unelastischer Nachfrage auf dem Weltmarkt zu Misallokationen von Produktionsfaktoren und Realeinkommensverlusten («Verelendung») führen kann, da mögliche Wachstumsgewinne durch *terms of trade*-Verluste infolge des erhöhten Angebots und damit sinkender Preise überkompensiert werden können. Relevant erscheint diese Überlegung allerdings nur für EL, die als bedeutende Monoexporteure von Primärgütern den Weltmarktpreis fühlbar beeinflussen können.

Auf dem Gebiet der Theorien, die sich kritisch mit den Folgen des int. Handels für die EL auseinandersetzen, dürfen letztlich auch Ansätze der postkolonialen, revidierten * Imperialismustheorien, soweit sie das Problem ungleicher Machtverhältnisse im int. Handel in den Vordergrund stellen (z. B. Jalée), die Theorien des * ungleichen Tausches (insbesondere Emmanuel) und die Überlegungen der * Dependenztheoretiker nicht unerwähnt bleiben. →Neue Weltwirtschaftsordnung, Exporterlösstabilisierung, STABEX, GATT.

Lit.: H. R. Heller, Internationaler Handel, Theorie und Empirie, Würzburg/Wien 1975; H. Hesse/H. Sautter, Entwicklungstheorie und -politik, Bd. 1: Entwicklungstheorie, Tübingen 1977; H. R. Hemmer, Wirtschaftsprobleme der Entwicklungsländer, Eine Einführung, München 1978; W. Ochel, Die Entwicklungsländer in der Weltwirtschaft, Köln 1982; N. Wagner/M. Kaiser/F. Beimdiek, Ökonomie der Entwicklungsländer, 2. Aufl., Stuttgart/New York 1989. fb/nw

Auswärtige Kulturpolitik Neben der trad. Diplomatie und der Außenwirtschaftspolitik ist die AK die «Dritte Säule der Außenpolitik». Allg. umfaßt die AK die int. Zusammenarbeit im kulturellen Bereich, d. h. die * bilaterale und * multilaterale Pflege der int. staatlichen und gesellsch. Beziehungen im Bereich von Kultur, * Bildung und Wissenschaft. Grundsätze, Ziele und Aufgaben der AK der BRD ergeben sich aus den Leitsätzen des Auswärtigen Amtes (AA) für die AK vom Dez. 1970 sowie aus der Stellungnahme der Bundesreg. vom Sept. 1977 zum Bericht der 1970 eingesetzten Enquete-Kommission Auswärtige Kulturpolitik.

Grundsätze und Ziele. 1. Förderung der Stellung und des Ansehens der BRD durch ihre Legitimation als Kulturstaat; 2. Bewahrung des Gedankens der Einheit der deutschen Kultur trotz der staatlichen Teilung; 3. Orientierung der AK an den Zielen der dt. Außenpolitik; 4. Partnerschaftliche Zusammenarbeit mit anderen Nationen, d. h. kein einseitiger «Kulturexport», sondern Betonung der kulturellen Wechselbeziehungen auf der Grundlage eines auf Gegenseitigkeit angelegten erweiterten Kulturbegriffs; 5. Förderung des Ansehens der BRD durch die Vermittlung eines ausgewogenen, wirklichkeitsnahen und selbstkritischen Bildes vom Leben und Denken in der BRD.

Aufgaben: 1. Förderung der deutschen Sprache im Ausland; 2. Förderung des Auslandsschulwesens; 3. Vertiefung des Austauschs und der int. Kooperation im Bereich von Wissenschaft und *Hochschule; 4. Ausbau der int. Zusammenarbeit im Bereich kultureller Medien; 5. Unterstützung der Begegnung und des Austauschs zwischen gesellsch. Gruppen; 6. Verstärkung der multilateralen Zusammenarbeit in int. kulturellen Organisationen.

Die Förderung der dt. Sprache im Ausland wird zwischen den zuständigen Mittlerorganisationen (*Goethe-Institut, *DAAD, Zentralstelle für das Auslandsschulwesen) untereinander und mit dem AA im Rahmen der ständigen Arbeitsgruppe «Deutsch als Fremdsprache» koordiniert. Entsendung von Lektoren durch den DAAD, Unterstützung von Auslandsschulen und Goethe-Instituten (Verbindungsarbeit zu Unterrichtsbehörden), Förderung des Deutschunterrichts in den Bildungsinstitutionen des Gastlandes, Sprachlehrerausbildung und Stipendien für das *Ausländerstudium sind hierbei wichtige Maßnahmen.

Auf den Kulturaustausch mit der Dritten Welt entfällt ca. die Hälfte der Mittel des Kulturhaushaltes des AA. Besonders enge Bez. bestehen zu den lateinamerik. Staaten (Konzentration v. a. auf die Auslandsschulen). In Asien existieren enge Kulturbeziehungen zu Indien, Indonesien, Korea und Afghanistan (v. a. Zweigstellen des Goethe-Instituts und wiss. Zusammenarbeit). Die Bez. zur VR China haben sich in den letzten J. intensiviert. Ägypten und Iran sind die Schwerpunktländer im Nahen und Mittleren Osten. Aufbau des Bildungswesens und Unterstützung bei der kulturellen Selbstverwirklichung sind Ziele der AK in den afrik. Staaten südl. der Sahara. Neben den Bemühungen, die Kenntnis der BRD und der dt. Sprache in den afrik. EL zu verbessern, fördert das AA die Präsentation afrik. Kultur in der BRD. ah

Autoritäre Regime AR stellen (neben *demokratischen und totalitären Regimen) einen eigenen Regimetyp dar. Im Gegensatz zu westl. IL, unter denen kein aR existiert, waren sie in den 70er und 80er J. in der *Dritten Welt nahezu der Normalfall: Fast zwei Drittel der EL wurden autoritär regiert.

AR sind versch. ausgeprägt. Zu deskriptiv-analytischen Zwecken können best. Merkmale unterschieden werden, deren Kombination im konkreten Fall den Typ des aR bestimmt. Hierbei sind versch. Merkmalsebenen zu trennen:

1) Die *soziale und pol. Machtbasis* aR kann von unterschiedlichen gesellsch. Gruppen gebildet werden. AR können zivil, militärisch, *ethnisch, religiös und/oder (falls die Bürokratie in Staat und öfftl. Wirtschaft eine Schlüsselfunktion einnimmt) bürokratisch gestützt sein. Kombinationen dieser Merkmale sind häufig. Für Militärregime wird das zivil-milit. Element betont, für den neuen Autoritarismus in LA das bürokratisch-milit. Im arabischen Raum z. B. lassen sich die Monarchien Saudi-Arabiens und Marokkos als ethnisch-religiös typisieren.

2) *Das Legitimationsmuster* aR variiert zwischen traditioneller, charismatischer, politisch-situativer und e.-ideologischer Legitimation. Das Konzept der «traditionellen Legitimität» geht auf Max Weber zurück und bezeichnet die «Autorität des ‹ewig Gestrigen›: der durch unvordenkliche Geltung und gewohnheitsmäßige Einstellung auf ihre Innehaltung geheiligten Sitte». Sie schließt die religiöse Rechtfertigung pol. Autorität mit ein, wie sie z. B. in islamischen Ländern auf Basis des Koran erfolgt. Auf Max Weber

gründet sich ebenso das Konzept der charismatischen Legitimität, d.h. die Anerkennung eines Führers durch seine Anhänger in Form der «aus Begeisterung oder Not und Hoffnung geborene(n) gläubige(n) ganz persönliche(n) Hingabe». Pol.-situativ sind aR legitimiert, wenn die Bev. etwa durch einen Militärputsch schlimmere E. abgewendet sieht (Chile 1973); diese Legitimation ist zeitlich begrenzt und verlangt alsbald andere Rechtfertigungsmuster, die in EL vielfach in «technokratischen Lösungen» und E.-Leistungen bestehen. Diese e.-ideologische Legitimation gründet sich auf (vermeintlich) höhere E.-Leistungen aR und ist Kern etlicher Varianten von *Sozialismus und *Nationalismus in der Dritten Welt.

3) Die dritte Merkmalsebene bezieht sich auf *die Struktur der pol. Macht* und kreist um die Fragen, wie in aR die Macht verteilt ist, und über welche Mechanismen Führung und Herrschaftseliten verbunden sind. I.d.R. haben aR die Macht zentralisiert. Horizontale Gewaltenteilung in Exekutive, Legislative und Judikative sowie vertikale Gewaltenteilung (versch. Systemebenen mit autonomen Entscheidungsbereichen) bestehen allenfalls formal, nicht aber substantiell. Dies ist Definitionsmerkmal aR. Pol. Institutionen, die formal demokratischen Systemen gleichen, müssen daher auf ihre tatsächliche Funktion im pol. Prozeß untersucht werden. Überdies ist in EL im Vergleich zu IL ein hohes Maß an Personalisierung des Politischen festzustellen, einerlei, ob es sich um demokratische oder aR handelt. Personalistisch ist die Führung, wenn die Macht in einer Person, und nicht oder nur in zweiter Linie in pol. Institutionen konzentriert ist. Personalistische Machtausübung geht oft mit charismatischen Führern (*Nasser, *Nkrumah, Sekou Touré, *Sukarno, *Nyerere) einher. Auch den **caudillismo* kann man als Typus autoritärer Herrschaft definieren, der nicht institutionell verankert ist, sondern primär auf persönlichen Führungsqualitäten des oder der Herrschenden beruht. Im Ggs. zur caudillistischen Tradition milit. Besetzung der Politik in LA ist die pol. Führung im bürokratisch-militärischen Autoritarismus nicht personalistisch, sichtbar in der personellen Rotation bei der Ausübung des Präsidentenamtes (Brasilien, Argentinien, Peru). Wichtigste Varianten personalistischer Herrschaftsform sind der *Klientelismus und der *Patrimonalismus.

4) Die *Beziehung zwischen Machthabenden und Machtunterworfenen* ist in aR durch ein einheitliches Muster gekennzeichnet: der «Gewalt von oben». Verletzungen der *Menschenrechte und Ströme von *Flüchtlingen zeugen davon. In Ausmaß und Form der Repression unterscheiden sich die Regime allerdings. AR lassen sich zudem nach einem *ausschließenden* und *einschließenden* Typ unterscheiden, je nachdem, ob die pol. Partizipation der Bev. unterbunden (Verbot pol. Parteien und autonomer gesellsch. Interessenverbände, insb. der Gewerkschaften) oder über kontrollierte Partizipationskanäle gesteuert wird. Dabei wird z.B. auf demokratische Formen (Wahlen, Plebiszite) zurückgegriffen, die jedoch inhaltlich ausgehöhlt (keine Konkurrenz zur regimetragenden Partei/Bewegung, keine Wahlfreiheit) und häufig gefälscht werden (Wahlmanipulationen). Auf den partizipatorischen Effekt verweisen Begriffe wie «mobilisierend» und *«populistisch», mit denen auf den Versuch aR abgehoben wird, die Massen als Stütze ihres Regimes und ihrer pol. Ziele zu gewinnen.

5) AR müssen zudem in ihren historischen (insb. historisch-strukturellen) Kontext verortet werden; er kann von Regime zu Regime versch. sein, prägt aber den speziellen Typ des aR entscheidend mit. Beispielsweise sind aR repressiver und demobilisierender,

wenn sie auf hochgradig politisierte und sozialrevolutionäre Verhältnisse folgen.

6) Weiterhin differieren aR in ihrer Politikorientierung; sie sind hinsichtlich ihrer *policies* keinesfalls festgelegt, wenn auch sozial-fortschrittliche aR weitaus seltener anzutreffen sind als status-quo-fixierte. (→Demokratisierung).

Lit.: G. O'Donnell, Modernization and Bureaucratic Authoritarianism, Berkeley 1973; J. J. Linz, Totalitarian and Authoritarian Regimes, in: F. I. Greenstein/N. W. Polsby (Hg.), Handbook of Political Science, Bd. 3, S. 175–411; F. Büttner u. a., Reform in Uniform? Militärherrschaft und Entwicklung in der Dritten Welt, Bonn–Bad Godesberg 1976; D. Collier (Hg.), The New Authoritarianism in Latin America, Princeton 1979; F. Nuscheler, Erscheinungs- und Funktionswandel des Prätorianismus in der Dritten Welt, in: CIVITAS 16 (1979), S. 171–213; H. F. Illy/R. Sielaff/N. Werz, Diktatur-Staatsmodelle für die Dritte Welt, Freiburg u. a. 1980; F. Nuscheler (Hg.), Dritte Welt Forschung. Entwicklungstheorie und Entwicklungspolitik, Opladen 1985. dn

Autozentrierte Entwicklung Eigenständige E., entwicklungsstrategisches Konzept, das ursprünglich innerhalb der *Dependencia-Theorien zu verorten war. Ausgehend von der Bestimmung der EL-Ökonomien als verkrüppelte Ökonomien, die keine vollständigen Wirtschaftskreisläufe kennen, empfahl die Strategie autozentrierter E. den Aufbau einer lebensfähigen Ökonomie, gestützt auf die lokal verfügbaren *Ressourcen und gekennzeichnet durch ökon. Verkoppelungen und Vermaschungen, die ein integriertes Gebilde entstehen lassen. Dazu werden wirtschaftspol. Maßnahmen empfohlen, die mehr oder weniger gleichzeitig in Angriff zu nehmen seien: 1. Aufbau eines eigenen ind. Sektors für die Produktion von Produktionsmitteln und Zwischengütern; 2. Entwicklung neuer, insb. *angepaßter Technologien sowie Fortentwicklung und Anpassung bestehender Technologien; 3. Produktivitätssteigerung in der Landw.; 4. Ind. Produktion von Massenkonsumgütern, die zur Befriedigung der *Grundbedürfnisse der Masse der Bev. geeignet sind. Autozentr. E. verstand sich als binnenmarktorientiert und propagierte *Dissoziation aus dem Weltmarkt, wenn anders nicht die strukturelle Reorganisation einer EL-Ökonomie bewerkstelligt werden könne. Seit der Erfahrung der *Schwellenländer v. a. in Südostasien sind ursprüngliche Annahmen fallengelassen worden, so jene, daß der kostengünstigere Weltmarkt innerhalb der asymmetrischen Struktur der Austauschbez. zwischen IL und EL die strukturelle Verkrüppelung der weniger produktiven Ökonomie vertiefe. Seither gilt, daß autozentrierte E. über unterschiedliche Strategien erreicht werden kann. Damit wurde die frühere enge Verbindung des Begriffs mit der Dependenztheorie aufgehoben. Der Wandel im Verständnis des Begriffs läßt sich in den Schriften von D. Senghaas nachhalten.

Lit.: D. Senghaas, Weltwirtschaftsordnung und Entwicklungspolitik. Plädoyer für Dissoziation, Frankfurt 1977; U. Menzel/D. Senghaas, Europas Entwicklung und die Dritte Welt, Frankfurt 1986. dn

AvH Alexander von Humboldt-Stiftung, 1860 in Berlin gegr. und 1953 in Bonn wiedergegr. öfftl. Stiftung des privaten Rechts, die hochqualifizierten (promovierten) ausl. Wissenschaftlern aller Länder und Fachgebiete durch Stipendien die Möglichkeit bietet, in Kooperation mit dt. Wissenschaftlern ein Forschungsvorhaben eigener Wahl in der BRD durchzuführen. Auswahlkriterium ist die wiss. Qualifikation; Quoten für Länder oder Disziplinen bestehen nicht. Bislang wurden mehr als 10000 ausl. Wissenschaftler gefördert, der Anteil der Forscher aus EL beträgt hierbei ca. 27 %. Adresse: Jean-Paul-Str. 12, 5300 Bonn 2. ah

AwZ Ausschuß für wirtschaftliche Zusammenarbeit des Deutschen Bundestages, entsprechend der Mandatsverteilung im Bundestag aus Mitgl. der Fraktionen zusammengesetzt (1991–1994: CDU/CSU 17, SPD 12, FDP 4, GRÜNE 1; PDS/Linke Liste 1), spielt angesichts der großen Bedeutung der Ausschußarbeit im Parlamentarismus der BRD eine beachtliche Rolle. Außer den regulären (nichtöfftl.) Sitzungen führt der AwZ auch öfftl. Anhörungen mit Sachverständigen zu e.-pol. Themen durch. Nachdem in den 70er J. Themen im Umkreis des *Nord-Süd-Konflikts im Mittelpunkt der öfftl. Ausschußarbeit standen, behandelten die seit Anfang der 80er J. veranstalteten Anhörungen v. a. die Themen *ländliche E., bilaterale und multilaterale Aspekte der *Verschuldungskrise, Verhältnis zwischen öfftl. und privat getragener *E.-Hilfe (→Nichtstaatliche Organisationen, →öffentliche Hilfe, →Direktinvestitionen), Zusammenhang zwischen *Rüstung und Entwicklung. dn

AZAPO →ANC

B

backward linkages →*external economies, linkage*-Effekte

backwash effects →Außenhandelstheorie

BADEA →Arabische Entwicklungshilfe an Afrika

Bagdad-Pakt →CENTO

Bahamas →Karibik

Bahrain 1. 33 Inseln, die im Golf von B. zwischen Saudi-Arabien und der Halbinsel Katar liegen, bilden das Staatsgebiet des Emirats B. (Fläche ca. 691 qkm). Die bedeutendsten sind B. (566 qkm), Hawar (41,3 qkm), Umm An-Nasan (18,9 qkm) und Muharrak (13,8 qkm). Ihre Oberfläche ist – abgesehen von den bewässerten Flächen (weniger als 5 % des Landes) – Wüstengebiet.

2. Bevor die pol. Macht in B. 1782 von der noch heute herrschenden Familie el-Chalifa übernommen wurde, war B. im Besitz der Portugiesen (seit 1507) und Perser (seit 1602). Durch Verträge mit GB wurde B. im 19. Jh. zum Protektorat (GB für Verteidigung u. Auswärtiges zuständig). 1971 zog GB seine Truppen ab und erkannte B. als unabh. Monarchie an.

3. B. hatte 1990 ca. 500000 Ew. (hoher Ausländeranteil von 1981: 32 %, jährl. Bev.-Wachstum 1985–90: 3,7 %, etwa 33 % der Ew. sind unter 15 J. alt). 81 % der überwiegend arab. Bev. leben in den Städten (Hs.-Gebiet Manama, 1987 gesch.: 150000 Ew.).

4. Die Wirtsch.-Struktur B.s ist von der Erdöl/Erdgasindustrie bestimmt, in der allerdings nur ein kleiner Teil (rd. 4 %) der Erwerbsbev. arbeitet (1982: in der Landw. 3 %; im Produktionssektor 34,2 %; über die Hälfte im Dienstleistungssektor). Seit den 70er J. wird die Ölförderung reduziert. Die rel. geringen Vorräte werden voraussichtlich Ende des Jh.s erschöpft sein. Der Ölsektor erbringt aber immer noch rd. 70 % der Staatseinnahmen. Die BAPCO (*Bahrain Petroleum Company*, zu 60 % im Besitz des Staates, die Restanteile gehören der nordamerik. Erdölgesellschaft CALTEX) betreibt auf B. eine der größten und modernsten Erdölraffinerien des Mittleren Ostens, in der v. a. Öl aus Saudi-Arabien verarbeitet wird. Die Erdölexploration und -förderung sowie die Vermarktung sämtlicher Erdölprodukte liegt seit Anfang der 80er J. in den Händen des staatl. BANOCO (*Bahrain National Oil Company*). Da die Reserven bei Erdgas erheblich größer sind als beim Erdöl, wurde die Erdgasproduktion (ebenfalls mehrheitlich in Staatsbesitz) in den letzten J. stark ausgeweitet. Bislang betreibt B. die *Diversifizierung der Wirtsch.-Struktur durch den Aufbau großer Ind.-Anlagen für den Export (Aluminium, Eisen, Stahl, Petrochemie; wichtigster Handelspartner ist Saudi-Arabien); um die Binnenversorgung zu verbessern und aufgrund der *Arbeitslosigkeit von 1987 ca. 10 % (inoffiziell gesch.), geht man langsam daran, die Klein- und Mittelind. zu fördern.

5. Die Bev. B.s besteht zu 85 % aus Moslems, die sich etwa je zur Hälfte

zur sunnitischen und zur schiitischen Richtung des Islam bekennen (der Emir ist Sunnit). Dadurch entstehen insb. seit der Revolution im Iran (Schiiten) pol. Spannungen. 1987 konnte ein Anschlag von im Iran ausgebildeten Terroristen auf die BABCO noch rechtzeitig verhindert werden. Bereits 1981 war ein angeblich vom Iran inszenierter Putschversuch niedergeschlagen und ein Sicherheitspakt mit dem sunnitischen Saudi-Arabien geschlossen worden. B. besitzt ein gut ausgebautes Bildungssystem, für dessen Unterhalt 12 % der Staatsausgaben (1987) verwendet werden. 1984 waren 26 % der mehr als 10 J. alten Ew. Analphabeten. Seit 1980 befindet sich die *Arabian Gulf University* im Aufbau, die in Gemeinschaft mit den anderen Golfstaaten betrieben werden soll. Bildungssprache ist Arabisch, Staatssprache Englisch. Die gesundheitliche Betreuung der Bev. ist kostenlos.

6. Der Emir von B. (seit 1961: Scheich Isa bin Sulman el-Chalifa) regiert mit einem sog. Staatsrat, der vorwiegend aus seinen Verwandten besteht. Es gibt kein Parlament und keine Parteien.

7. 1986 wurde eine 25 km lange Brücke fertiggestellt, die B. mit Saudi-Arabien verbindet. Damit sind verbesserte Grundlagen für den * Tourismus und die Entwicklung B.s als Handelsplatz geschaffen. Darüber hinaus hat diese materielle Anbindung an den Partnerstaat im * GCC (Golf-Kooperationsrat) auch eine sicherheitspol. Komponente für B., das sich durch Iran bedroht fühlt.

Lit.: E. A. Nakleh, Bahrain. Political Development in a Modernizing Society, Lexington u. a. 1976; H. Hecklau, Bahrain, in: HDW II, 6, Hamburg 1983, S. 257 ff.; J. Zimmermann, Bahrain, in: U. Steinbach/R. Robert, Der Nahe und Mittlere Osten, Bd. 2, Opladen 1988, S. 73 ff. rs

Baker-Plan Vom damaligen Finanzmin. der USA, James Baker, auf der Weltwährungskonferenz im Okt. 1985 (Seoul) vorgeschlagenes Modell zur Lösung der int. Schuldenkrise (→Verschuldung). Der Plan sah vor, den 15 Hauptschuldnerländern (darunter 11 Länder aus LA), die zu diesem Zeitpunkt ein Schuldenvolumen von etwa 300 Mrd. US-$ repräsentierten, in den folgenden drei J. zusätzliche Kredite in Höhe von 29 Mrd. US-$ durch öfftl., int. (* IWF, * Weltbank) und private Gläubiger (Geschäftsbanken) zur Verfügung zu stellen, um eine neue Wachstumsphase in den betreffenden EL einzuleiten und so ihre Schuldendienstfähigkeit wieder herzustellen bzw. zu steigern. Im Gegenzug sollten sich diese EL verpflichten, umfassende Strukturreformen ihrer Wirtsch. nach marktwirtsch. Prinzipien in Richtung einer weltmarktorientierten Wachstumsstrategie durchzuführen. Der Plan bedeutete einen gewissen Strategiewechsel im Management der Schuldenkrise, insofern er implizit die bis dato vom * IWF favorisierte Austeritätspolitik (Eindämmung von Inflation und Bilanzdefiziten durch drastische Sparmaßnahmen) als ungeeignet erkannte. Die Grundidee blieb aber, daß die EL aus ihren Schulden ‹herauswachsen›, sie also vollständig zurückzahlen sollten. Die Initiative stieß bei Schuldnern und v. a. auch bei den privaten Gläubigern auf Skepsis und wurde bis 1988 nur im Fall Mexikos berücksichtigt.

Im September 1988 erklärte die * UNCTAD den Plan für gescheitert und plädierte statt dessen für eine Strategie der teilweisen und abgestuften Schuldenstreichung. bt

balanced growth Innerhalb der ökon. E.-Theorie besagt die von P. N. Rosenstein-Rodan und R. Nurkse vertretene B.g.-Theorie, daß sich selbsttragendes wirtsch. * Wachstum (*self-sustained growth*) in EL nur durch ein Gesamtkonzept aufeinander abgestimmter * Investitionen, die gleichzeitig vorgenommen werden und wechselseitig die Nachfrage nach Produkten schaffen, herbeigeführt werden kann. Dieser Theorie zugeordnet sind zwei strategische Elemente: 1. die * *big push*-Theorie von P. N. Rosenstein-Rodan; 2. die Theorie des «kritischen Minimums» (*critical minimum effort*) von H. Leibenstein. Sie setzt das Wachstum des Sozialprodukts mit dem Wachstum der Bev. in Beziehung und postuliert, daß der Umfang des Kapitaleinsatzes zumindest so groß sein muß, daß die JZ des Sozialprodukts höher ausfällt als die der Bevölkerung. Gegentheorie: * *unbalanced growth*. dn

Bamako-Initiative Initiative der * UNICEF und der * WHO von 1987 zur Beteiligung der Bev. an der Finanzierung der Gesundheitssysteme und an Entscheidungen darüber in Afrika mit dem Ziel eines verbesserten Zugangs zur Primary Health Care (PHC).

Lit.: UN-ECOSOC, The Bamako Initiative. Progress Report, New York 1992.

Bandung-Konferenz Vorläufer der Konferenzen der * Blockfreien; erste afroasiatische Konferenz April 1955, auf der 23 asiat. und sechs afrik. Staaten vertreten waren. Verabschiedung der «Fünf Prinzipien der friedlichen Koexistenz», die von J. Nehru anknüpfend an alte indische Leitideen formuliert wurden: 1. gegenseitige Achtung der territorialen Unverletzlichkeit und Souveränität; 2. gegenseitiger Nichtangriff; 3. gegenseitige Nichteinmischung in die internen Angelegenheiten des anderen; 4. Gleichheit und gegenseitiger Nutzen; 5. Friedliche Koexistenz. dn

Bangladesh B. gilt seit seiner Unabh. (1971) als beinahe «hoffnungsloser Fall» eines EL. Die allg. Armut drückt sich in einem * Pro-Kopf-Einkommen von (1990) 180 US-$ aus.

1. Mit ca. 765 Ew./qkm weist B. (Fläche: 143 998 qkm) die höchste Bev.-Dichte unter allen Flächenstaaten auf, sie steigt ständig durch das hohe Bev.-Wachstum (JZ offiz. 2,7 %). Die Bev. (1990) umfaßt 115,6 Mio.; ohne wirksame * Familienplanung muß im J. 2025 mit 235 Mio. Ew. gerechnet werden. Die große Landknappheit (Durchschnittsgröße der 10 Mio. landw. Betriebe: 0,9 ha) und die rückständige Produktionstechnik erlauben keine ausreichende Nahrungsmittelproduktion; Bodenschätze (außer Erdgas) fehlen fast völlig. Die Ind. (13 % des BIP) ist kaum entwickelt (außer Jute), der allg. Bildungsstand ist niedrig (76 % Analphabeten), v. a. in der weiblichen Bev. (84 %); eine allg. Schulpflicht gibt es nicht. Ebenso unzureichend sind der allg. Gesundheitszustand und die ärztl. Versorgung (1990: 1 Arzt auf 6700 Ew.).

2. Die noch völlig dominierende Landw. ist von der Verfügbarkeit von Wasser abh., ein Zuwenig (Dürre) oder Zuviel (Überschwemmung) bedeutet für die Bev. und die Wirtschaft jedesmal eine existentielle Bedrohung. Die außenwirtsch. Verflechtung beschränkt sich beim Export auf einige wenige landw. Roh- und Verarbeitungsprodukte, v. a. auf Jutebasis, wo B. besonders günstige natürliche Produktionsvoraussetzungen besitzt. Dagegen ist der Bedarf an Importwaren praktisch unbegrenzt, da B. nicht nur fast alle Ind.-Erzeugnisse, sondern auch Nahrungsmittel (bis zu ¼ des Nahrungsgetreides) einführen muß. Die Finanzierung des Importüberschusses geschieht überwiegend durch Schenkungen und Kredite zu Vorzugsbedingungen aus dem Ausland, bes. den USA und den anderen IL, der * Weltbank und in den letzten Jahren auch aus den islam. erdölexportierenden Ländern. Dazu kommen die Heimüberweisungen (1985/86: 15,7 Mrd. Taka) der im Ausland arbeitenden Bangladeshi (v. a. in Nahost). Eine Besonderheit B.s ist die große ethnische, sprachliche und relig. Homogenität: Die Bev. besteht fast ausschließlich aus Bengalen, spricht und schreibt Bengali, eine alte Literatursprache, und bekennt sich (87 %) zum Islam (seit 1988 Staatsreligion). Mit der angrenzenden ind. Provinz West-Bengalen teilt B. die Geschichte, die Herkunft, die Sprache und Schrift, nicht aber die Religion:

dort sind es mehrheitlich Hindus. Eine problematische *Minderheit sind die sog. Biharis (gesch. 0,3 bis 1 Mio.), meist aus der ind. Provinz Bihar stammende und Urdu sprechende *Flüchtlinge, die sich als Moslems nach der Teilung Indiens 1947 für Pakistan entschieden. Weil ihnen vorgeworfen wird, während des Unabh.-Krieges mit den Westpakistani kollaboriert zu haben und damit für den Tod vieler Hunderttausender mitverantwortlich zu sein (die Schätzungen gehen bis zu 3 Mio. Opfern) und sie auch vor 1971 nicht integriert waren, leben sie noch immer vielfach in Lagern; mehrere hunderttausend konnten nach Pakistan auswandern. Die zahlenmäßig größte Minderheitengruppe sind die Hindus (12,2 %), davon die Hälfte Angehörige der «eingetragenen» (niederen) Kasten; ferner sind die (meist buddhistische) Stammesbev. (0,6 %) und die Christen (0,3 %) zu nennen.

In den Stammesgebieten der Chittagong Hill Tracts kam es zu bewaffneten Auseinandersetzungen. Hauptproblem des Landes ist die Versorgung der Bev. mit Nahrungsmitteln. Nach *FAO-Schätzungen nehmen 38 % der Bev. weniger als das physische Existenzminimum, im Durchschnitt 1877 kcal pro Tag zu sich. Da fast das ges. Staatsgebiet schon landw. genutzt wird, ist eine Steigerung der Nahrungsmittelproduktion nur durch eine erhöhte Anbauintensität (z. Z. 154 %) und verbesserte Anbaumethoden zu lösen, da die Hektarerträge trotz der potentiell hochertragreichen Schwemmlandböden unter denen anderer EL liegen. Neben dem – zumindest techn. – lösbar erscheinenden Problem der Steigerung der Agrarproduktion gibt es ein akutes Verteilungsproblem, das sich v. a. bei den landlosen (und unterbeschäftigten) Landarbeitern und den arbeitslosen bzw. unterbeschäftigten **squatters* in den wenigen großen Städten stellt. Da unter den derzeitigen Bedingungen die Aufnahmefähigkeit der bang. Landw. und des ländl. Handwerks und Gewerbes erschöpft ist, steht B. eine weitere rapide *Urbanisierung (Vervierfachung der städt. Bev. 1951 bis 1974) bevor. Die Hs. Dacca hatte 1951 erst 0,34 Mio. Ew., 1986 waren es 4,5 Mio. Ew.

3. Der hier lagernde pol. Zündstoff kam nur deshalb noch nicht zur Entzündung, weil er von den anderen Problemen verdeckt wurde: Bis 1947 stand die Frage der Unabh. von der ehem. Kolonialmacht England bzw. von einem überwiegend hinduistischen Staat Indien, danach die Kontroverse zwischen Ost- und Westpakistan über die tatsächliche oder vermeintliche Benachteiligung des heutigen B. im Mittelpunkt; im Anschluß an die erfolgreiche Sezession (1971) stand der Wiederaufbau der fast völlig zerstörten Industrieanlagen und *Infrastruktur sowie der Ersatz der nach Pakistan oder ins Ausland geflüchteten Führungskräfte im Vordergrund; auch mußten die 10 Mio. vorübergehend nach Indien geflüchteten Bangladeshi wieder eingegliedert werden.

Die Einziehung des Vermögens der (West-)Pakistani, die Ind., Handel, Verkehr und Banken fast völlig kontrolliert hatten, leitete eine großangelegte Verstaatlichung ein. Der Versuch des populären Führers der Unabh., Sheikh Mujibur Rahman, B. mit Hilfe der Sowjetunion und ind. Unterstützung in ein soz. Land zu verwandeln, führte zu einer völligen Lähmung der Wirtschaft, die sich noch nicht von den Schäden des Unabh.-Krieges erholt hatte. 1974 geriet B. nach einer erneuten Mißernte in eine Hungersnot; pol. Differenzen mit den USA (Kuba-Embargo) verhinderten eine frühe Linderung durch umfangreiche Nahrungsmittellieferungen aus dem Ausland. Zunehmender Personenkult, Korruption, Fraktionskämpfe innerhalb der regierenden Awami-Liga sowie umherziehende rivalisierende Armee- und Freischärlerverbände brachten das

Land erneut an den Rand eines Bürgerkrieges. Mujib, der hierauf mit Ausnahmegesetzen und Massenverhaftungen reagierte, wurde am 14.8.1975 zu Beginn einer Reihe von Putschen ermordet. Im Nov. 1975 übernahm General Zia-ur-Rahman die Reg., ab März 1979 mit einem frei gewählten Parlament, in dem seine neugegründete *Bangladesh National Party* (BNP) die absolute Mehrheit hatte. Zia wurde in einem mißglückten Militärputsch 1981 erschossen, die folgende Zivilreg. von Präs. Sattar in den Wahlen vom Nov. gleichen J.s bestätigt, jedoch im März 1982 in einem erneuten Militärputsch unter General Ershad gestürzt. Das Regime Ershad wurde im Dez. 1990 durch eine demokratische Massenbewegung zu Fall gebracht. Die kompetitiven Parlamentswahlen vom 27.2.1991 gewann die BNP unter Khaleda Zia, Witwe des früheren Präs., ohne die absolute Mehrheit zu erreichen (BNP 138 Sitze, populistische Awami-Liga 88, Jatiya-Partei Ershads 35, islamist. Jamaat 18).

Innenpol. wird seit 1975 eine Abkehr von der Verstaatlichungspol. betrieben, ohne daß jedoch die Betriebe reprivatisiert worden wären. Die ausl. Investoren verhalten sich abwartend, so daß Auslandskapital, auf das B. dringend angewiesen ist, nur in Form von *E.-Hilfe ins Land kommt, mittlerweile weniger als Übertragung, wie nach 1971, sondern als Kredite, wenn auch zu günstigen Konditionen. Wegen des hohen *Zuschußelements ist die Last weniger drückend, als die Schuldsumme (1986: 7,3 Mrd. US-$) nahelegt. Die Zinslast betrug mit 108 Mio. US-$ weniger als 1,5 % der Schulden, Zinsen und Rückzahlungen machten aber 25 % der Exporterlöse (→Verschuldung) aus. Eine gewisse Entlastung der *Zahlungsbilanz bringen die Heimüberweisungen der bang. Arbeiter in Nahost.

Nachdem B. sich 1975 von der Sowjetunion gelöst hat, die Bez. zu Indien reserviert sind, lehnt sich B. wirtsch. weiterhin an die westl. IL an. Außenpol. wird ein strikter Neutralitätskurs in Abstimmung mit den islamischen Staaten verfolgt. Prekär ist nach wie vor die ökol. Situation. Durch die Abholzung der Himalayawälder nehmen die Überschwemmungen während des Monsun zu. Im Nov. 1988 und im Mai 1991 erlebte B. die schlimmsten Überschwemmungen dieses Jh.s. Während der regenarmen Jahreszeit leidet B. unter Dürren, zumal Indien immer mehr Wasser aus dem Ganges ableitet bzw. entnimmt. Landknappheit führt zur versuchten Besiedlung des südl. Deltas und zum Abholzen der Mangrovenwälder der Sunderban. Der schwere Zyklon vom Mai 1991 verwüstete mehrere im Mündungsdelta gelegene Inseln und forderte Hunderttausende von Toten.

Lit.: D. Conrad, Von der Teilung Indiens zur Teilung Pakistans. Staatsrechtliche Aspekte, in: IAF, Jg. 4 (April 1973), Heft 2, S. 136–192; P. Hess, Bangla Desh, Tragödie einer Staatsgründung, Frauenfeld-Stuttgart 1972; N. Momen, Bangladesh: The First Four Years 1971–1975, Dacca 1980; J. Faaland (Hg.), Aid and Influence. The Case of Bangladesh, London and Basingstoke 1981; W. P. Zingel, Bangladesh, in: HDW II, 7, Hamburg 1983, S. 66ff. wpz

Banjul Charta →Menschenrechte

Bank für Internationalen Zahlungsausgleich →BIZ

Baransätze →Verpflichtungsermächtigungen

Barbados →Karibik

Barbuda →Karibik

Bariloche-Modell *Weltmodell einer Forschergruppe aus Ländern der Dritten Welt, benannt nach der die Forschungen fördernden Stiftung Bariloche/Argentinien, das sich als Gegenmodell zum Bericht des **Club of Rome* begreift. Betonte der *Club of Rome* die «Grenzen des Wachstums», ausgehend von der Endlichkeit der *Ressourcen und Verknappungsannahmen, so stellte das Bariloche-Modell die «Grenzen des Elends» in den Mittelpunkt des Argumentationszusammenhangs. Die Zukunftsvision des *Club of*

Rome sei bereits für den Großteil der Menschheit brutale Wirklichkeit. Die Ursachen lägen jedoch nicht in den physischen Grenzen der Erde, sondern seien sozio-ökon. und pol. Natur, beruhten auf ungleicher Machtverteilung und seien folglich überwindbar. Im einzelnen wurde die Verknappungsannahme widerlegt (die Gesamtmenge aller Rohstoffe der Erde vorherzusagen sei unmöglich, insb. da ihr Abbau und ihre Verwertung vom Stand der Technologie und ökon. Bedingungen abhängig sei) und eine an den *Grundbedürfnissen der Bev. in den EL orientierte Wachstumspolitik empfohlen. Dem mathematischen Modell wurde zu berechnen aufgegeben, Zeiträume und Bedingungen festzustellen, innerhalb deren eine angemessene Befriedigung der Grundbedürfnisse erreicht werden kann. Sowohl die Voraussetzungen, die im Modell gemacht wurden, als auch die gesellschaftspol. Zielvorstellungen der Bariloche-Gruppe (Gleichheits-, Vollbeteiligungs- und Nichtkonsumgesellschaft) blieben teilweise vage oder utopisch und dementsprechend die e.-strategischen Vorschläge realitätsfern. Die berechtigte Kritik am *Club of Rome* führte jedoch immerhin zu alternativen Überlegungen zur Frage, wie die Menschheit aus der Sicht der EL überleben kann.

Lit.: D. Meadows u. a., Die Grenzen des Wachstums, Stuttgart 1972; H. v. Nussbaum (Hg.), Die Zukunft des Wachstums, Düsseldorf 1973; A. O. Herrera/H. D. Scolnik u. a., Grenzen des Elends. Das Bariloche-Modell: So kann die Menschheit überleben, Frankfurt 1977. dn

basic needs →Grundbedürfnisse

BATU →Gewerkschaften (in der Dritten Welt)

BCDI →CEAO

BCEAO *Banque Centrale des Etats de l'Afrique de l'Ouest,* Zentralbank der Westafrikanischen Staaten.

BCIE →MCCA

BDD *British Development Division,* auf Barbados residierendes Regionalbüro der brit. Entwicklungsbehörde, die die *bilaterale Hilfe an das *Commonwealth Caribbean* abwickelt.

BEAC *Banque des Etats de l'Afrique Centrale,* Bank zentralafrikanischer Staaten.

Befreiungsbewegungen Als B. werden solche pol. Organisationen bezeichnet, die die Freiheit und Unabh. eines kolonisierten oder anderweitig unterdrückten Volks anstreben. Eindeutige Kriterien für die Anwendung des Terminus B. gibt es nicht. So kann es geschehen, daß heute noch von best. Staaten als «Terroristen» bekämpfte Widerstandskämpfer morgen int. Anerkennung finden (vgl. die Geschichte der ZANU in Zimbabwe und der *PLO). B. können unterschieden werden: 1. nach ihrer Zielsetzung (antikolonialistisch, nationalistisch, soz.); 2. nach den Mitteln ihres Kampfes (gewaltloser Widerstand, bewaffneter Kampf, *Guerilla); 3. nach den sie unterstützenden Mächten (westl. IL, östl. IL, Dritte Welt); 4. nach den Rahmenbedingungen ihres Kampfes: Wiedererrichtung eines eigenen Staates, z. B. EPLF (Äthiopien); Anschluß von Volksteilen unter Fremdherrschaft, z. B. WSLF (Äthiopien, Somalia); Kampf um nat. Einheit, z. B. FLN (Algerien); Kampf um ein eigenes Staatsgebiet, z. B. PLO; Kampf gegen Rassismus, z. B. *ANC.

Die westl. IL haben ihre überwiegend ablehnende Haltung gegenüber B. in der *Dritten Welt nicht zuletzt vor dem Hintergrund der Erfahrungen des Vietnam-Krieges und wegen der zahlreichen Erfolge von B. im *Dekolonialisierungsprozeß überprüft. Beispiele für eine gewandelte Haltung sind die Anerkennung der ZANU-Regierung in Zimbabwe und die allmähliche Aufwertung der PLO. Daneben gibt es in den westl. IL starke Strömungen, die sich dem sozialen Wandel in den EL entgegenstemmen. Zudem wird eine Reihe von B. wegen ihrer, wie es heißt, «geringen Bedeutung» in den westl. IL kaum beachtet, wie die POLISARIO (*Westsahara), die PFLO (Libanon), die MNLF (Philippinen) und lange Zeit auch die Kämpfe der Kurden.

Die an Moskau ausgerichteten sozialistischen Länder sehen in den B. antiimperialistische Bewegungen, deren Politik es zu unterstützen gilt, auch wenn nicht alle ein soz. Programm haben. Auch die VR China setzt sich gemäß der Drei-Welten-Theorie für die materielle und ideelle Unterstützung der B. ein, räumt allerdings bei konkurrierenden B. dem Kriterium der UdSSR-Ferne der jeweiligen B. Priorität ein (z.B. Unterstützung der FNLA in Angola gegen die MPLA). Kuba setzte als erstes Land LAs sogar Truppen zur Unterstützung erfolgreicher oder im Kampf befindlicher B. (MPLA) ein.

Die größten Erfolge von B. waren der Sieg der FNL in Südvietnam, die Regierungsübernahme des FSLN in Angola (allerdings gegen die von Südafrika und den USA unterstützte B. UNITA), der PAIGC in Guinea-Bissau, der FRELIMO in Mozambique, der ZANU in Zimbabwe und des FSLN in Nicaragua. Aufgrund hist. Erfahrungen wird in der wiss. Literatur die These vertreten, daß B. insbesondere dann erfolgreich sind, wenn sie sich gegen eine fremde Besatzungs- oder eine Kolonialmacht richten. Auch zu Zeiten zwischenstaatlicher Kriege oder während eines relativen Machtvakuums konnten B. in der Vergangenheit ihre Ziele leichter erreichen. Selten haben sich solche B. durchsetzen können (z.B. die Sandinisten in Nicaragua), die sich gegen einheimische Regime wandten und in Friedenszeiten agierten.

Lit.: N. Miller/R. Aya, National Liberation, New York 1971; A. Iskenderow, Die nationale Befreiungsbewegung, Frankfurt 1972; A. Cabral, Die Revolution der Verdammten, Berlin (West) 1974; F. Ansprenger, Die Befreiungspolitik der OAU 1963–1975, München/Mainz 1975; G. Wellmer (Hg.), Dokumente der südafrikanischen Befreiungsbewegungen von 1943 bis heute, Bonn 1977; G. Chaliand, Revolution in the Third World, Harmondsworth 1978; R. Falk/P. Wahl, Befreiungsbewegungen in Afrika. Politische Programme, Köln 1980; UNITA, Der Weg zum nationalen Wiederaufbau Angolas, Leimen 1988; M. Offermann, Angola zwischen den Fronten, Pfaffenweiler 1988; H. Baumgarten, Befreiungs- und Widerstandsorganisationen, in: U. Steinbach/R. Robert (Hg.), Der Nahe und Mittlere Osten, Bd. 1, Opladen 1988, S. 295 ff.; weitere Lit. →Guerilla. rs

Belau →Pazifische Inselwelt

Belize Das seit 21.9.1981 unabh. B. (vormals Brit.-Honduras), an der Küste Zentralamerikas gelegen und im N von Mexiko, im W und S von Guatemala begrenzt, hat auf einer Fläche von 22962 qkm eine knapp 200000 Ew. (1991; Hs. Belmopan) zählende Bev., die sich ethnisch in Schwarze und Mulatten (52%), Mestizen (22%) sowie Maya, Chinesen, Inder und Weiße gliedert. Religionen: ⅔ Katholiken, 30% Protestanten, ferner Juden, Moslems, Buddhisten und Hindu. Staatssprache ist Englisch; Spanisch, Maya und Kreolisch sind Umgangssprachen. B. ist arm an mineralischen Ressourcen und ökon. von den Einnahmen aus den beiden Hauptexportprodukten Zucker und Zitrusfrüchte abhängig. Die Zukkerpreisentwicklung auf dem Weltmarkt – seit 1975 Verfall der Zuckerpreise – und die im subtropischen Klima B.s häufig auftretenden, schwere Ernteschäden verursachenden Hurrikane sind bislang die entscheidenden Determinanten der wirtsch. E., wenn auch der *Tourismus (1985 Einnahmen von 11,8 Mio. US-$) eine wachsende Devisenquelle bildet. Zunehmende Bedeutung hat auch die Fischerei, insb. der Export (v.a. nach USA) von Hummern und Garnelen. Ressourcenarmut und der kleine Binnenmarkt hemmen die ind. Entwicklung. Die Landw. (1985: 30% des BSP, 50% der Beschäftigten, ⅔ der Exporterlöse) spielt die dominierende Rolle in der Wirtschaft B.s. Veraltete Technologie und Auswanderung (v.a. in die USA) gutausgebildeter, junger Bev.-Gruppen (→*brain drain*), v.a. aber die Landverteilung (50% des Privatlandes im Besitz der *Belize Estate and Produce Co. Ltd.* [Edelholzexport], restliches Privatland ist Spekulationsobjekt absentistischer Großgrundbesitzer) hemmen die intensive Landnutzung und zwingen B. zum Import von Nahrungsmitteln. Landzuteilungen an Kleinbauern, Steigerung der Selbstversorgung mit Nahrungsmitteln, *Diversifizierung der in den Export gehenden *_cash crops_ sind Hauptziele der E.-Planung. Ferner soll die regionale Kooperation im Rahmen des *CARICOM forciert werden. Auch nach der Unabh. ist B. mit seinem für zentralamerik. Verhältnisse rel. hohen BSP/Kopf (1990: 1600 US-$) auf finanz. Hilfe durch Großbritannien angewiesen.

Lange Zeit Streitobjekt spanischer und engl. Kolonialinteressen, wurde das Land 1862 brit. Kolonie, in der neben der Ausbeutung von Edelhölzern eine *Plantagenwirtschaft mit Negersklaven (Jamaica) betrieben wurde. Die Nachfahren (*creoles* bzw. «echte Belizianer») der importierten Sklaven verfügen heute über die wichtigsten Schlüsselpositionen in Staat und Wirtschaft. Mehrheitlich protestantisch und brit. geprägt, sind sie an einer engen Bindung zum karib. Raum interessiert, im Ggs. zu den Mestizen und Indios, die sich stärker Mittelamerika verbunden fühlen. Zwischen 1964 (Einführung der inneren Autonomie) und 1984 gewann unter der Führung von G.C. Price (seit 1964 MP) die mehrheitlich kath. und kreolisch-mestizische Interessen vertretende, sozialdemokratische *Peoples United Party* (PUP) alle Wahlen (seit 1954 allg. Wahlrecht). Oppositionspartei war die in viele Gruppen gespaltene, mehrheitlich protestantische und konservative *United Democratic Party* (UDP). Die Wahlen vom 14. Dezember 1984 brachten den Machtwechsel. Die von M. Esquivel (neuer MP) geführte UDP erreichte 54 % der Stimmen und, infolge des Mehrheitswahlsystems nach brit. Muster, 21 der 28 Sitze. Bereits bei den Wahlen im Sept. 1989 siegte jedoch knapp erneut die PUP unter Price (51 % der Stimmen; 15 Sitze, UDP: 13). UDP und PUP sind sich einig in der Zurückweisung der von Guatemala lange Zeit erhobenen Gebietsansprüche. Guatemala, das sich als «Erbe der span. Souveränität» bezeichnet, erkannte 1859 in einem Vertrag mit den Briten die Grenzen an. Da aber Großbritannien seiner vertraglichen Verpflichtung für den Bau einer Straße zwischen beiden Gebieten nicht nachkam, betrachtete Guatemala nach 1940 diesen Vertrag als ungültig und fordert den Anschluß B.s an sein Territorium. Erst der guat. Präsident Cerezo (1986–91) anerkannte die Unabh. Belizes. B. ist Mitglied des *_Commonwealth_ und gehört zu den *AKP-Staaten.

Lit.: N. Ashcraft, Colonialism and Underdevelopment: Processes of Political Economic Change in British Honduras, New York 1973; C. H. Grant, The Making of Modern Belize. Politics, Society and British Colonialism in Central America, Cambridge 1973; J. A. Fernandez, Belize: Case Study for Democracy in Central America, Aldershot u. a. 1989; H. F. Illy/S. Laceur, Belize, in: HDW III, 3, Bonn 1992, S. 350ff; B. Hillebrands, Belize, in: D. Nohlen (Hg.), Handbuch der Wahldaten Lateinamerikas und der Karibik, Opladen 1993, S. 93 ff. ah

Benin 1. Bei 50 *Ethnien (Bariba, Fon, Yoruba, Dendi, «Kreolen» [Nachfahren freigelassener brasilian. Sklaven] als soziale Elite in der Küstenregion, u. a.) läßt sich die in Nord-Süd-Richtung über 700 km lange VR B., bis 1975 Dahomey (112 622 qkm, 1990 ca. 4,7 Mio. Ew.), die einen Küstenstreifen von 125 km besitzt, in drei z. T. präkolonialen Reichen entsprechende Zonen mit ausgeprägtem Regionalbewußtsein unterteilen: den unterbevölkerten, in seiner sozioökon. *Infrastruktur bereits in der Kolonialzeit vernachlässigten N, den S und den SW (in etwa das frühere Königreich Abomey). Das seit dem 19. Jh. ausgebaute europ. Schulwesen brachte in der Küstenregion eine rel. zahlreiche, früh politisierte Elite hervor («*Quartier Latin* Westafrikas»).

2. Die rel. hohe Zahl qualifizierter Schulabgänger (bei starkem Süd-Nord-Gefälle) hat nach der Unabh. unter

dem Druck der Gewerkschaften den öfftl. Dienst stark aufgebläht (bis zu 80 % der Staatsausgaben) und zugleich in den Städten (Verwaltungs-Hs. Porto Novo 164000, Cotonou 478000 Ew. u. a.) die * Arbeitslosigkeit ansteigen lassen. Dies verstärkte noch die in regionalen und persönlichen Rivalitäten zwischen den drei führenden Politikern Maga (Norden), Apithy (Süden) und Ahomadegbé (Abomey) begründete pol. Instabilität (zwischen der Unabh. 1960 und 1972: fünf Militärputsche, vier Verfassungen, neun versch. Staats- und Regierungschefs).

3. Von 1972 an bestand ein Militärregime (→autoritäre Regime) unter Präs. Kérékou, das 1975 eine soz. Verfassung oktroyierte und eine marx.-len. Einheitspartei gründete. Eine Reihe tiefgreifender Reformen (u. a. im Bildungssystem und in der * Nationalisierung von Handel und Industrie) zielte v. a. auf eine stärkere Einbeziehung der Landbev. in das pol. und sozioökon. Leben. Eine Protestbewegung erzwang 1989/90 eine weitgehende Liberalisierung. Im Dez. 1989 erfolgte eine Abkehr vom Marxismus/Leninismus. Bei den demokratischen Wahlen Ende März 1991 siegte der Kandidat der Opposition, Nicephore Soglo, mit 67 % der Stimmen.

4. Bei einer strukturell defizitären Handelsbilanz (Deckung der Importe durch Exporte 1960: 38 %, 1980: 9,6 %, 1987: 23,8 %) erbringt Palmöl noch immer mehr als die Hälfte der Exporterlöse; von Bedeutung sind auch Baumwolle sowie Erdnuß. Die Landbev. (ca. 62 % der Ew.) produziert in den letzten J. zwar wieder verstärkt für den Binnenmarkt (Maniok, Yams u. a.). Doch werden nur weniger als 10 % der landw. Nutzfläche bebaut. Nur eine geringe Entlastung für die Außenwirtschaftsbilanz brachte die 1983 aufgenommene * *offshore*-Erdölförderung.

5. Die Außen- und Wirtschaftspolitik war trotz des verbalen Radikalismus des Regimes eher pragmatisch. Auslandsschulden von 1,4 Mrd. US-$ (1990), deren Bedienung 60 % der Budgeteinnahmen verschlingen, haben eine Verschärfung der Austeritätspolitik (trotzdem werden 88 % des Investitionsbudgets vom Ausland finanziert) und * Strukturanpassungen erforderlich gemacht (Privatisierungen). Die sozialen Folgen dieser Politik ließen die Unzufriedenheit in der Bev. anwachsen.

Lit.: F. Odin, Bénin 1972–1982. La logique de l'Etat africain, Paris 1986; D. Ronen, People's Republic of Benin: The Military, Marxist Ideology, and the Politics of Ethnicity, in: J. W. Harbeson (Hg.), The Military in African Politics, New York 1987, S. 93 ff; C. Allen/M. Radu, Benin and the Congo: Politics, Economics and Society, London 1989; D. Kohnert, Benin, in: HDW III, 4, 1993, S. 156 ff. kz

Bensheimer Kreis Im BK schlossen sich 1976 versch. autonome * nichtstaatliche Organisationen zusammen, um ihre Arbeit in EL sowie ihre Bildungs- und Öffentlichkeitsarbeit in der BRD untereinander und mit staatl. Stellen abzustimmen. Es besteht eine Kooperation mit dem * BMZ, von dem die Träger des BK in ihren e.-pol. Aktivitäten bezuschußt werden. Der Arbeitsgemeinschaft gehören an (Stand 1988): * ASW, * AMREF/GMFA, * Andheri-Hilfe, * Arbeiterwohlfahrt, * CARE Deutschland, * DÄZ, * DESWOS, * DWHH, * DCV, * DPWV, * DVV, * DAHW, * Deutsches Medikamenten-Hilfswerk ‹action medeor›, * DRK, * EIRENE, * Hermann-Gmeiner-Fonds Deutschland, * Hilfswerk der deutschen Lions, * intermedica, * Kinderhilfswerk für die Dritte Welt, * Kindernothilfe, * Kübel-Stiftung, * medico international, * ORT-Deutschland, * Kolpingwerk, * Terre des hommes Deutschland, * Weltfriedensdienst, * WUS. Adresse: Koordinationsstelle c/o Kübel-Stiftung GmbH, Darmstädter Straße 100, 6140 Bensheim.

Mat.: Bensheimer Kreis, Freier Träger der Entwicklungszusammenarbeit, Bensheim 1988. dn

Beratungsstelle für private Träger in der Entwicklungszusammenarbeit Im Juli 1988 auf Initiative von * nichtstaatlichen Organisationen (NGO) und dem *BMZ mit dem Ziel gegr., deren Zusammenarbeit zu verbessern. *Aufgaben:* 1) Beratung in- und ausländischer NGO (ausgenommen Kirchen, *politische Stiftungen) über Fördermöglichkeiten und -verfahren des BMZ und anderer öfftl. Stellen; 2) formale Vorprüfung aller Projektanträge, die dem BMZ vorgelegt werden; 3) Überwachung der fristgerechten Vorlage und Vorprüfung von Zwischen- und Verwendungsnachweisen; 4) Unterstützung der NGO bei der Finanzabwicklung. Seit Anfang 1989 sind Projektanträge (Neu- wie Verlängerungsanträge) nicht mehr direkt an das BMZ, sondern an die Beratungsstelle zu richten. Die Stelle wird von dem *DPWV getragen und zu 100% durch das BMZ finanziert. Adresse: Villichgasse 7, 5300 Bonn 2. mik

Bermuda-Inseln →Karibik

Berufsbildung Berufliche Bildung bedeutet nicht nur Qualifizierung von Arbeitskraft, sondern Ermöglichung einer um Arbeitstätigkeit angelagerten sozialen Handlungskompetenz. Gleichwohl ist berufliche Bildung derjenige Ausschnitt von *Bildung, der unmittelbar auf das ökon. System verweist. Kombiniert man die wirtschaftstheoretische Einteilung in einen primären (Landw.), sekundären (Handwerk, Industrie), tertiären (Handel, Dienstleistungen) Sektor mit der e.-theoretischen in einen modernen, *informellen und trad. Sektor – Kategorien, die ihrerseits von e.-paradigmatischen Annahmen abhängig sind –, so lassen sich als Brennpunkte der Berufsbildung in EL 1. der sekundäre/moderne Sektor, die Industrie, 2. der sekundäre/informelle Sektor, der sog. *urban informal sector*, 3. der primäre/trad. Sektor, die *Subsistenz- oder einfache marktorientierte Landw. ausmachen.

1. Die Ind. ist in EL klein, 1970 waren nur 16% der Arbeitskräfte der EL hier beschäftigt. Ein *UNIDO-Szenarium von 1981 nimmt bei einem jährl. ind. Beschäftigungszuwachs von 2,6%, einem Produktivitätsanstieg von 3,8% und 6,4% Produktausstoßzuwachs eine Ausweitung der *Beschäftigung in der Ind. von 50% über das Niveau von 1975 im Jahre 1990 an. Die Ausbildung der Arbeiter und Techniker erfolgt weitgehend durch a) branchenspezifische Berufsschulen, b) innerbetriebliche Qualifikationsmechanismen, c) überbetriebliche Ausbildungsinstitutionen. Eine Kombination der Lernorte erfolgt häufig in der Weise, daß sich an eine Berufsschulausbildung eine Qualifizierung im Betrieb für einen bestimmten Arbeitsplatz anschließt. Einige Länder, insb. in LA, bemühen sich um die Einführung eines dualen Systems der Berufsbildung. Freilich erreicht die formale Berufsbildung für den modernen Sektor auf dem lateinamerik. Subkontinent nur ca. 5% eines Altersjahrgangs. Neben der zwischenstaatl. Hilfe bei der Ausbildung an den drei Lernorten hat sich ein int. Markt für Industrieausbildung entwickelt. Die UNIDO prognostiziert seinen Umfang auf 5 Mrd. US-$ (zu Preisen von 1980) im Jahre 1990. Bei vielen Lieferverträgen zwischen Firmen der IL und EL, z.B. im Anlagenbau, werden 10 bis 20% der Gesamtkosten für Ausbildungsmaßnahmen berechnet. Auf der Grundlage der Überzeugung, daß die Länder der Dritten Welt in die Lage versetzt werden müssen, ihre eigenen *Industrialisierungsprozesse zu steuern und technologische Selbständigkeit zu erlangen, werden in der int. Diskussion folgende Reformvorschläge erörtert: 1. In der Industrieausbildung ist eine «*vocational mobility*» anzustreben. 2. Dabei soll eine temporäre und partielle Fehlabstimmung zwischen Qualifikationsniveau und -profil der Arbeitenden und dem Bedarf in Kauf genommen werden. 3. Die ausbildungsorientierte Qualifikationsforschung, z.B. auf der Grundlage der Komplexitätsanalyse

der Technologie, ist zu verstärken. 4. Nat. Koordinierungsmechanismen in EL und IL, die Ausbildungsbedarf und Angebot dokumentieren und entsprechende Maßnahmen vermitteln, sind auszubauen. 5. Die int. Organisationen, besonders *UNIDO, *ILO, *UNESCO, müssen im Rahmen ihrer spezifischen Aufträge bei der Verbesserung der Industrieausbildung mitwirken. 6. Angesichts der Tatsache, daß für Bildung überhaupt zur Verfügung stehende Mitteln in vielen EL durch die Expansion des allgemeinbildenden Schulwesens weitgehend gebunden sind, bleibt die Finanzierung der Industrieausbildung in hohem Maße eine Aufgabe «der internationalen Gemeinschaft» (so die Kompromißformel auf der UNIDO-Konsultation 1982).

2. Bei den ökon. Einheiten des städt. informellen Sektors handelt es sich um kleine, auf bescheidenem technologischen Niveau und unter unsicheren Bedingungen arbeitende Betriebe. Trotzdem kommt dem Sektor erhebliche wirtsch. Bedeutung zu. In Kenya z. B. sind 20 % der städt. Bev. in diesem Sektor beschäftigt, eine Lokalstudie von Belo Horizonte, Brasilien, kam auf 69 %. Die vorherrschende Form der Ausbildung für eine Tätigkeit im informellen Sektor sind informale Anlern- oder nonformale Lehrverhältnisse (→Bildung) in den Betrieben selbst. Für westafrik. Städte zeigt sich, daß 70 bis 90 % der im informellen Sektor Tätigen nur eine solche informale Berufsausbildung «vor Ort» erhalten haben. Berufsbildungsinterventionen in den informellen Sektor können in folgender Typologie zusammengefaßt werden: Berufsbildung a) im Rahmen von Maßnahmen der Gewerbeförderung, b) als Qualifizierung zum Bestehenkönnen auf einem anonymen Markt, c) im Rahmen von Maßnahmen der Regional- oder Gemeindeentwicklung, d) in Projekten der Sozialarbeit.

3. Die Qualifikation von Arbeitskräften in der Subsistenzlandw. und kleinen, teilweise marktorientierten Landw. erfolgt noch weitgehend in informalen Bildungsprozessen. Neben einer Veränderung der Grundqualifikation durch den Ausbau der Primarschule sind auch in diesem Bereich nonformale Bildungsmaßnahmen die wichtigste Reformmöglichkeit. Coombs/Manzoor (1974) unterscheiden dabei zwischen landw. Extensivierungsprogrammen, deren Ziel eine unmittelbare Steigerung der Produktion und Produktivität ist, Vertiefungskursen, deren Ziel die Vermittlung gründlicher und umfassender agrikulturtechn. und ökon. Kenntnisse und Fertigkeiten ist, und schließlich der Ausbildung in sog. nicht-landw. ländl. Qualifikationen. Diese reichen von der Geräteherstellung über die Maschinenwartung bis zu *Genossenschaftswesen, Vermarktungshilfen, Kreditbeschaffung.

Bei den beruflichen Bildungsmaßnahmen in allen Sektoren ist auf ihre Verbindung mit der grundlegenden allg. Bildung einerseits und den Beschäftigungsmöglichkeiten andererseits zu achten.

Lit.: P. H. Coombs/A. Manzoor, Attacking Rural Poverty. How Nonformal Education Can Help, Baltimore, London 1974; G. Heintze, Die Berufsbildungshilfe der Bundesrepublik Deutschland, in: ASA-Programm (Hg.), Nachfragen zur Entwicklungspolitik, Saarbrücken 1986; V. Alvarez u. a., Berufsbildung in der Entwicklungszusammenarbeit, in: K. Beck u. a. (Hg.), Erziehung und Bildung als öffentliche Aufgabe, Zeitschrift für Pädagogik, 23. Beiheft, Weinheim/Basel 1988; V. Lenhart, Bildung und Ausbildung im informalen Sektor, in: W. Mikus u. a., Die Praxis der Entwicklungsländerforschung, Heidelberg 1988. vl

Beschäftigung Mit der zweiten *Entwicklungsdekade ist die Beschäftigungspolitik in den Mittelpunkt entwicklungspol. Überlegungen getreten. B. bzw. Arbeitsbeschaffung wurde als wichtiges Element von E. erkannt und als bestes Instrument gegen wachsende *Arbeitslosigkeit und *Armut angesehen. Nicht «Arbeitsbeschaffung durch Entwicklung», wie es die Dekadenstrategie formulierte, sondern «Entwicklung durch Arbeitsbeschaffung» war die neue Sichtweise, die von der *ILO vertreten und zum Kern des von ihr 1969 vorgelegten und seither weiterentwickelten Weltbeschäftigungsprogramms erhoben wurde. Eine beschäftigungsorientierte E.-Strategie sollte *Investitionen in die E. der Arbeitskraft, in die ländl. Räume (wo die große Masse der Arbeitslosen und Unterbeschäftigten lebt), in arbeitsintensive Anlagen und in die Produktion lebenswichtiger Gebrauchsgüter lenken. Grundlegend war die Erkenntnis, daß die Landw. eher als andere *Wirtschaftssektoren Möglichkeiten bietet, Menschen zu beschäftigen und zu ernähren. Von ihr ausgehend war der Schritt nicht mehr weit zum entwicklungspol. Vorrang der *Grundbedürfnisbefriedigung und der *ländlichen Entwicklung.

B. ist jedoch nur ein Element von Entwicklung, die Hebung des Beschäftigungsniveaus keine letztlich entwicklungspol. ausreichende Maßnahme. Darauf hat *ECOSOC im Rahmen seines integrierten Ansatzes für die Analyse und Planung von E. (s. HDW I, S. 104.) bereits 1973 hingewiesen. B. muß einhergehen mit Produktivitätssteigerung und Wachstum. UE ist sowohl durch Nichtproduktion bzw. Nichtintegration *marginalisierter Bev.-Teile in den Produktionsprozeß als auch durch zurückgebliebene *Produktivität der Arbeit sowie Aneignung und Verschwendung des Mehrprodukts durch eine soziale Minderheit verursacht und gekennzeichnet. Angesichts dieser komplexen Situation greifen einfache Lösungsvorschläge, die häufig in der Literatur anzutreffen sind, zu kurz, so etwa jener, der ein *subsistenzwirtschaftliches «Leben von eigener Ernte» propagiert.

Der Subsistenzsektor verschafft den EL weder eine beschäftigungspol. noch eine entwicklungspol. Perspektive. Die Durchsetzung von B.-Strategien ist darüber hinaus pol. und entwicklungspol. schwierig, da sie einerseits Strukturreformen voraussetzen (*Agrarreform), andererseits Wirkungen auslösen (Migrationen), die regional/sektoral das Problem der Arbeitslosigkeit und Armut noch verschärfen können. B.-Politik sollte demnach in umfassende Programme regionaler und nat. E. eingebunden sein (Import von *Investitionsgütern, *angepaßte Technologie, Ausbildungsprogramme, Umverteilungsmaßnahmen etc.). Letztlich sollte auch in der Diskussion gehalten werden, ob B. als Ziel oder als Mittel anzusehen ist.

Lit.: ILO, Beschäftigung, Wachstum und Grundbedürfnisse, Genf 1976; G. Stauding, Labour Force Participation and Development, Genf 1978; W. von Urff (Hg.), Wachstum, Einkommensverteilung und Beschäftigung in EL, Berlin 1978; H.-P. Neuhoff, Der arbeitsorientierte Entwicklungsweg – Grundlagen einer alternativen Entwicklungspolitik, in: HDW II, 1, Hamburg 1982, S. 211 ff.; ILO/PREALC, Mercado de Trabajo en Cifras, 1950–1980, Genf 1982; J. Betz, Beschäftigung und Migration in der Dritten Welt, in: Jahrbuch Dritte Welt 1985, S. 101 ff. dn

Betriebliche Kooperation Mit dem Ziel, langfristig angelegte Formen der Zusammenarbeit zwischen kleinen und mittleren dt. Unternehmen und Unternehmen in EL zu fördern, unterhält die Bundesreg. ein Beratungs- und Vermittlungsprogramm für Betriebliche Kooperation (BK-Programm). Im *BMZ-Auftrag stationieren die *GTZ sowie die *DEG über dt. **Consulting*-firmen sog. Kooperationsberater in EL, die über Kontaktstellen in der BRD (sog. Inlandspromotoren) verfügen. Die Berater sollen interessierte Firmen ausfindig machen, ihre Wünsche und Möglichkeiten erfassen und geeignete Partner zusammenführen. Sie stehen auch Selbsthilfevereinigungen und den Wirtschaftsförderungsstellen der Reg. in den EL zur Verfügung. Zwar besteht keine prinzipielle Fixierung auf bestimmte Kooperationsformen, aber das BK-Programm erfaßt bes. die Bereiche **joint ventures* (über die DEG), Exportförderung und *Technologietransfer (beides über die GTZ). Die Beratungsdienste betreffen u. a.: Standortwahl, Wirtschaftlichkeitsabschätzung, Vertragsabschlüsse, Implementation der Zusammenarbeit.

Mitte der 80er J. waren etwa 40 Fachberater tätig. Außerdem gibt es im nordafrikan. Raum zwei von der * DEG durchgeführte (und mit dem deutschen BK-Programm koordinierte) BK-Projekte der EG. Einige Projekte haben Regionalcharakter (Zentralamerika, anglophone Karibik), so daß insges. 30 EL, meist mit hoher wirtsch. Potenz, am BK-Programm beteiligt sind. Etwa 1000 Kooperationsansätze wurden aus einer viel höheren Zahl von Anfragen weiterverfolgt. Rund 200 Projekte sind erfolgreich abgeschlossen, ca. 450 werden noch bearbeitet. Insges. wurden von der Privatwirtschaft 187 Mio. DM investiert und damit nach BMZ-Angaben 12000 neue Arbeitsplätze in den EL geschaffen. Ein indirekter Beschäftigungseffekt durch die Sicherung der Wettbewerbsfähigkeit der in- und ausländ. Firmen kommt hinzu.

Informationen: BMZ/Referat 232, GTZ/Fachbereich 342 oder DEG/Promotionsabteilung. bg

Better Living Societies →Selbsthilfe (-Organisationen)

Bevölkerung Die Weltbev. ist unverändert in raschem Wachstum begriffen. Sie erreichte 1990 5,29 Mrd., von denen 3,8 Mrd. in EL lebten. Für das J. 2000 wird eine Weltbev. von 6,1 Mrd. erwartet (fast 5 Mrd. in EL). Somit entfällt fast der ges. Zuwachs auf die EL.

Die Bev.-Explosion ist mit fast allen Teilproblemen von E. aufs engste verknüpft. Ob es sich um Fragen der * Ernährung, der * Gesundheit, der * Landflucht und * Urbanisierung, der * Armut, der * Einkommensverteilung etc. handelt, überall spielt das extrem hohe Bev.-Wachstum in den EL mit hinein. Die JZ sind zwar in aller Regel rückläufig (→Tabelle 2 im Anhang). Die Verringerung kann jedoch noch nicht als Wendepunkt in der Bev.-Entwicklung begriffen werden. Die Bev.-Dynamik weist zunächst noch in Richtung auf ein starkes Wachstum; * UN-Prognosen erwarten eine Stagnation erst bei 9 bis 12 Mrd. Menschen. Gegenwärtig (1990–95) liegt die JZ für die Weltbev. insges. bei 1,7 %, für Europa (und UdSSR) und Nordamerika bei 0,7 %, für die EL bei 2,0 % (darin für LA bei 2,3 %, für Afrika bei 3,0 %, für Asien bei 1,8 %, darin VR China 1,0 %, Indien 2,3 %). Die * Weltbank schätzt die JZ 1990 bis 2000 für die IL auf 0,4 %, für die EL auf 1,9 %. Anhaltend hohes Bev.-Wachstum, Resultat grundlegender Verbesserungen im Gesundheitswesen (→Gesundheit), verschärft die E.-Probleme. Zunächst einmal relativiert es die erzielten E.-Ergebnisse. Nicht nur um der int. Vergleichbarkeit willen, auch um die realen Verhältnisse und ihren Wandel zu erfassen, ist es notwendig, abs. Ergebnisse (das * Sozialprodukt, die landw. Produktionssteigerung etc.) auf Pro-Kopf-Werte umzurechnen. Dabei treten dann vielfach die bekannten Erscheinungen auf, daß achtbare abs. Ergebnisse durch das schnellere Bev.-Wachstum ins Negative umschlagen, wie etwa im Falle der Nahrungsmittelproduktion, deren JZ von der der Bev. übertroffen wird. Die Herstellung dieser Relation steht jedoch immer in der Gefahr, als Kausalbeziehung mißverstanden zu werden, als bilde die Bev.-Explosion die Ursache für mangelndes Wachstum oder gar für UE. Damit werden die strukturellen Ursachen (zumeist nicht ohne Absicht) aus der Analyse ausgeblendet. Auch wird dabei verkannt, daß das Bev.-Wachstum auch in der Weise mit wirtsch. und sozialer E. in Verbindung steht, daß es als abhängig vom E.-Stand eines Landes begriffen werden kann. Die Bev.-Explosion ist demnach weniger Ursache als Symptom von UE. Diese notwendigen Überlegungen führen keineswegs weg von der entwicklungspol. zwingenden Forderung, das Bev.-Wachstum der EL zu begrenzen. Die Probleme der Beschäftigung und Er-

Tabelle 1: Demographische Indikatoren

	Bevölkerung in Mio.		Durchschnittliche Wachstumsrate %	Geburtenrate pro 1000	Sterberate pro 1000	Lebenserwartung	Säuglingssterblichkeit pro 1000	städtische Bevölkerung %	städtische Zuwachsrate %	Geburtenzahl pro Frau
	1990	2025	1990–95	1990	1990	1990	1990	1990	1990–95	1990
Weltbevölkerung	5292,2	8504,2	1,7	26	9	66	63	45	3,0	3,3
Entwickelte Regionen	1206,6	1353,9	0,5	14	10	75	12	73	0,8	1,9
Unterentwickelte Regionen	4085,6	7150,3	2,1	30	9	63	70	37	4,2	3,7
Afrika	642,1	1596,9	3,0	43	13	54	94	34	4,9	6,0
Nordamerika	275,9	332,0	0,7	14	9	76	8	75	1,0	1,8
Lateinamerika	448,1	757,4	1,9	27	7	68	48	72	2,6	3,2
Asien	3112,7	4912,5	1,8	27	8	65	64	34	4,2	3,3

Quelle: Weltbank, Weltentwicklungsbericht 1991

nährung scheinen sonst kaum lösbar, der Druck auf Umwelt und * Ressourcen andernfalls kaum auszuhalten. In den letzten Jahren ist diesem Zusammenhang Bev. – * Ökologie – Ressourcen viel Aufmerksamkeit geschenkt worden (s. * UNFPA 1988). In ländl. Gebieten etwa sind Menschen aufgrund der Bev.-Zunahme auf der Suche nach Nahrung, Wasser, Brennmaterial (Holz) gezwungen, ihre eigene Rohstoffbasis zu zerstören. Das übergroße Bev.-Wachstum verschärft die sozialen Mißstände, verschlimmert die soziale Ungleichheit. Maßnahmen wirtsch. und sozialer E. müssen folglich mit bev.-pol. Maßnahmen gekoppelt werden. Der erste * Brandt-Bericht vertrat in diesem Zusammenhang die Ansicht, «daß zur E.-Politik eine nat. Bev.-Politik gehören muß, die den richtigen Ausgleich zwischen Bev. und Ressourcen sucht, indem sie Hilfen zur * Familienplanung frei verfügbar macht und mit anderen Maßnahmen für Wohlfahrt und sozialen Wandel abstimmt» (S. 158).

So scheint in diesen beiden Grundelementen der Schlüssel zum Bev.-Problem zu liegen: 1. Hebung des Lebensstandards der breiten Masse der Bev. durch eine Strategie der gezielten Hereinnahme des armen Bev.-Teils in den E.-Prozeß, wozu die Konzepte der Befriedigung der * Grundbedürfnisse, der * ländl. Entwicklung, der * arbeitsintensiven Industrialisierung etc. geeignete Ansätze darstellten; 2. Familienplanung, die unter nat. Verantwortung der einzelnen EL läuft, im Falle der Bereitschaft der EL, die kontinuierlich zugenommen hat, der int. Unterstützung durch erhöhte Mittel des * UNFPA-Bev.-Fonds bedarf.

Lit.: K. M. Bolte/D. Kappe/J. Schmid, Bevölkerung, Opladen 1980; L. Bondestam/S. Bergström (Hg.), Poverty and Population Control, London u. a. 1980; A. J. Hanser, Bevölkerungs- und Umweltprobleme der Dritten Welt, Bd. 1, Bern/Stuttgart 1990; UNFPA, Weltbevölkerungsbericht 1990, Bonn 1991. dn

BfAI (BfA, bfai) Bundesstelle für Außenhandelsinformation, eine dem Bundeswirtschaftsmin. unterstellte Behörde. Sie informiert die dt. Wirtschaft sowie amtliche dt. Stellen über alle wichtigen außenwirtsch. Bereiche (also auch über Wirtsch.-E. und Marktstrukturen in EL) kontinuierlich und praxisnah. Durch versch. Publikationen, Einzelauskünfte und Versand von Nachrichtenmaterial werden auch ausl. Interessenten, v. a. aus EL, über den bundesdeutschen Binnenmarkt informiert. Der Service (gratis oder Selbstkostenpreis) steht auch interessierten Einzelpersonen offen. Für E.-Probleme sind interessant: Nachrichten für Außenhandel (NfA), 5mal wöchentlich erscheinende Zeitung; Mitteilungen für Weltwirtschaftliche Zusammenarbeit (MWZ), wöchentlicher Sonderdruck mit Berichten über Planungen, Projekte und Investitionen, v. a. im Bereich * bilateraler wirtsch. Zusammenarbeit; die Serien: Weltwirtschaft am Jahreswechsel, Weltwirtschaft zur Jahresmitte, Berichte zur Wirtsch. in 90 Ländern; die Publikation: Marktinformationen/Wirtschaftsdaten und Marktinformationen/Wirtschaftsstruktur (zu fast allen EL). Adresse: Blaubach 13, 5000 Köln 1. bg

BfdW Brot für die Welt, Hilfswerk der Ev. Kirche in Deutschland (EKD), hervorgegangen aus einer 1959 von EKD und ev. Freikirchen durchgeführten Spendenaktion, die seither jährl. wiederholt wurde und deren Ergebnis der Finanzierung von E.-Projekten in der Dritten Welt dient. In den Sammlungsaktionen (Kirchenkollekten während der Advents- und Weihnachtszeit, Direktspenden und Spenden für Sonderaktionen) wurden bis 1992 rund 1,859 Mrd. DM gespendet; das jährl. Spendenaufkommen stieg von 14,6 Mio. (1959/60) über 31,1 Mio. (1968/69) auf inzwischen 113,7 Mio. (1992/93). Die *Geschäftsführung* von BfdW liegt beim Diakonischen Werk der EKD (DWEKD) in Stuttgart. Über alle einlaufenden Anträge entscheidet ein von der EKD berufener Verteilungsausschuß. Die Vergabekriterien ergeben sich aus einem Katalog von Merkmalen kirchlicher E.-Hilfe, der u. a. ein ‹ganzheitliches E.-Verständnis› fordert, das sich in den Projekten unter Anknüpfung an die kulturellen, sozialen und techn. lokalen Gegebenheiten verdeutlichen soll, wobei die Zielgruppe am ges. Projektablauf zu beteiligen ist (→Selbsthilfe). Umfassende Programme im Rahmen der *ländlichen Entwicklung werden gegenüber Einzelprojekten bevorzugt. Ein wesentlicher Akzent der von BfdW geförderten E.-Arbeit liegt im Bereich praxis- bzw. berufsorientierter Bildungsmaßnahmen. *Hauptpartner* von BfdW sind eigenständige (meist aus der Missionsarbeit hervorgegangene) Kirchen in EL. Wo kirchliche Strukturen für die Durchführung von E.- oder Nothilfemaßnahmen nicht tragfähig erscheinen, arbeitet man mit anderen Organisationen zusammen, die sich für die *Grundbedürfnisse benachteiligter Gruppen einsetzen (*Genossenschaften, Selbsthilfegruppen u. a.). Neben der unmittelbaren Hilfe bemüht sich BfdW auch um die e.-pol. Bewußtseinsbildung in den IL und favorisiert dabei die Orientierung von Hilfsmaßnahmen am ‹magischen Dreieck› aus sozialer Gerechtigkeit, wirtsch. Wachstum und Eigenständigkeit der Empfänger. Mitte der 80er J. rückte der Zusammenhang zwischen Umweltzerstörung und Not in der Dritten Welt in den Mittelpunkt der Öffentlichkeitsarbeit. Seit 1986 ist die eigens dazu gegr. Gesellschaft *FAKT mit der Förderung von *angepaßter Technologie in EL in den Bereichen *Energie, Wasserversorgung, *Gesundheit und Kleingewerbe befaßt.

Die Fördermaßnahmen von BfdW beliefen sich von 1959 bis 1990 auf über 1,5 Mrd. DM. 1990 verteilten sich die zugesagten Mittel in Höhe von 130,7 Mio. DM nach Kontinenten wie folgt (in Klammern für 1987/88): Asien 25,9 % (29,5), Afrika 21,9 % (37,3), LA 30,0 % (28,2) (Rest: Europa und überregionale Projekte). Nach der BfdW-eigenen Unterteilung wurden die Mittel in sechs Sachbereichen eingesetzt (in Klammern die Verteilung der 1986 102 Mio. DM): 1. Katastrophenhilfe 16,6 % (13,6), 2. Landwirtsch., Kleingewerbe, Handwerk, Sozialeinrichtungen 15,5 % (37,0), 3. Gesundheit 9,5 % (10,0), 4. Bildung 23,2 % (24,7), 5. Personalhilfe 10,2 % (7,9), 6. Projektplanung 2,3 % (2,2), Rest: übergreifende Maßnahmen, Soziales, Menschenrechtsschutz, Rechtshilfe. Personal-, Sach- und Werbungskosten werden aus Kirchensteuermitteln und Zinserträgen der Spenden aufgebracht, so daß der Grundsatz gewahrt bleibt, daß alle Spenden ohne Abzug den E.-Projekten zugute kommen.

Publikation: Jahresberichte BfdW; versch. Informationsmaterialien können über die Geschäftsstelle bezogen werden. Adresse: Brot für die Welt, Staffelbergstr. 76, 7000 Stuttgart 1.

dn/bt

BfE →GTZ

BFIO Büro Führungskräfte zu Internationalen Organisationen, 1971 eingerichtet, um im Auftrag der Bundesreg. qualifizierte dt. Staatsangehörige an int. Org. zu vermitteln. Adresse: Feuerbachstr. 42–46, 6000 Frankfurt 1.

als

BGR Bundesanstalt für Geowissenschaften, 1958 gegr., dem Bundesmin. für Wirtschaft nachgeordnete Fachbehörde, leistet im Auftrag des *BMZ (v. a. *bilaterale) *Technische Hilfe (TZ) an EL in den Bereichen angewandte Geowissenschaften und Rohstoffe, Geologie, Wasser und mineralische Rohstoffe. Die BGR berät EL beim Aufbau von Geologischen Diensten, bildet Fachkräfte aus EL aus und führt gemeinsam mit einheim. Partnerorganisationen TZ-Projekte wie z. B. die Erkundung von Grundwasser- oder Mineralvorkommen durch. Ausgaben

1988: etwa 24 Mio. DM. Adresse: Stilleweg 2, 3000 Hannover 51. mik

Bhutan 1. Das Himalaya-Königreich B. (Fläche 47000 qkm; Ew. gesch. 1989: 1,5 Mio.; Hs. Thimbu ca. 20000 Ew.) bildet einen Pufferstaat zwischen China und Indien, das in Fortsetzung des Unterwerfungsvertrages B.s mit Brit. Indien (1774) die Außen-, aber auch weitgehend die Innenpolitik B.s kontrolliert. B. reagiert darauf mit einer Politik der Isolation, die durch die weltanschauliche und soziale Dominanz der lamaistischen Klöster gefördert wird. Entscheidend für eine solche Politik ist auch, daß die Bev. B.s trotz unterentwickelter Landw. und Parzellierung der Anbaufläche sich noch selbst ernähren kann.

2. Ethnisch setzt sich die Bev. aus drei Gruppen zusammen: Bhutanesen tibetanischer Abstammung (ihre Sprache Dzonka/Tibetanisch ist Amtssprache, aus ihrer Gruppe stammt der König, sie dominieren pol. und kulturell), Nicht-Tibetaner, die ebenfalls der Staatsreligion Lamaismus anhängen (Sprache: Hindi), und Nepalesen (Religion: Hindu/Sprache: Nepalesisch). Die Gruppe der vielfach diskriminierten Nepalesen wächst rascher als die anderen ethnischen Gruppen und entwickelt allmählich ein pol. Selbstbewußtsein. Die Buthanesische Volkspartei, das Sprachrohr der Nepalesen, fordert ein Ende der bhutanischen Vorherrschaft, die Gleichstellung aller ethnischen Gruppen und die Einführung eines demokratischen Mehrparteiensystems. Dies ist eine der Ursachen pol. Spannungen in B. neben der Frage der Haltung zum indischen Nachbarn und dem Widerspruch zwischen jahrtausendealter Tradition und zaghafter Modernisierung.

3. Letztere hat weder das Bildungssystem noch die med. Versorgung (Kindersterblichkeitsrate eine der höchsten der Welt [LE 1990: 48 J.]), noch das Reg.-System B.s erfaßt, das mit einem BSP pro Kopf von jährl. 190 US-$ (1990) zu den ärmsten Ländern der Erde gehört. Auf ind. Druck wurde 1968 die Verfassung B.s reformiert. B. wurde vom theokratisch-absolutistischen Staat formal zu einem mehr konstitutionellen. Das Parlament hat das Recht, mit Zwei-Drittel-Mehrheit den König (seit 1972: Jigme Singhye Wangtschuk) abzusetzen (an seine Stelle tritt dann der Thronfolger). Regieren blieb aber bisher Sache der alten dzonka-sprechenden lamaistischen Oberschicht.

Lit.: N. Das, The Dragon Country. A General History of Bhutan, Calcutta 1974; N. Rustomji, Bhutan, The Dragon Kingdom in Crisis, New Delhi 1978; R. Rahul, Making of Modern Bhutan, in: International Studies 19, 1980, S. 513ff. rs

BID Interamerikanische Entwicklungsbank (*Banco Interamericano de Desarrollo*, engl. IBD). 1959 von der OAS gegr.; ihr gehörten 1987 27 amerik. Staaten an, einschließlich der USA und Kanada. Seit 1976 zählen auch nicht-amerik. Länder zu den Mitgl.; 1987: 16 v. a. europ. Länder.

Ziele: Förderung der wirtsch. E. der lateinamerik. Länder sowie des Subkontinents insges.: Finanzierung von E.-Projekten sowie beratende und finanztechnische Unterstützung. Der BID finanziert jedoch nicht mehr als 50 % der Gesamtkosten eines Projekts, i. d. R. nur 25 %, so daß nur von einer Mitfinanzierung gesprochen werden kann. Trotzdem ist der BID die Hauptquelle auswärtiger öfftl. Finanzierung in LA. Er absorbiert etwa ¼ aller Kredite der nat. und multinat. Institutionen der *OECD und der soz. Länder. Die Kreditvergabe erfolgt über versch. Fonds nach unterschiedlichen Bedingungen, den allgemeinen Kapitalfonds (im wesentlichen zu kommerziellen Bedingungen), den Fonds für Sonderoperationen (*Fondo de Operaciones Especiales*, FOE; weiche Zinsbedingungen für weniger entwickelte Länder bei freier Konvertibilität der Währungen, d. h. Rückzahlbarkeit der Darlehen in nat. Währungen), den Venezuela Treuhandfonds und den Treuhandfonds für Sozialen Fortschritt. Volumen der Kredite 1961 bis 1987: 39 Mrd. US-$ (1987: 2,361 Mrd.). Sektorale Verteilung 1961 bis 1987: Landw. 21,3 % (1987: 23,8 %); Bergbau und Ind. 15,6 (4,2); Energieversorgung 27,6 (26,7); Transport/Kommunikation 13 (14,7); Gesundheit 9,4 (18,4); Erziehung/Wissenschaft/Technologie 4,3 (3,2). Im Rahmen des BID wurde 1964 das Institut für lateinamerik. Integration INTAL (*Instituto para la Integración de América Latina*) gegr., das Forschungen auf dem Gebiet der * Integration in LA sowie Unterstützung des BID in wiss. und techn. Fragen zur Aufgabe hat. Adresse: 1300 New York Avenue, N.W. Washington, D.C. 20577. dn

big push Schlüsselbegriff einer Investitionstheorie zur Erreichung eines sich selbst tragenden * Wachstums, die von P.N. Rosenstein-Rodan stammt. Ihr zufolge ist nur ein kräftiger Investitionsstoß geeignet, entscheidende Wachstumserfolge des * Pro-Kopf-Einkommens zu erzielen. Neben dem Volumen der Investitionsmittel ist für die *Big-push*-Theorie auch die Gleichzeitigkeit bzw. Geballtheit des Kapitaleinsatzes sowie die an Komplementaritätswirkungen orientierte Verteilung der Finanzierungsmittel wichtig. Die *Big-push*-Theorie steht in engem Zusammenhang mit der * *Balanced growth*-Theorie. dn

Bilateral, multilateral Entwicklungspol. Leistungen kann man u. a. danach klassifizieren, ob sie bil., d. h. zweiseitig (von Staat zu Staat, von * NGO zu NGO etc.) oder mult., d. h. mehrseitig (über int. Organisationen, Banken, Agenturen etc.) vergeben werden.

Traditionell dominiert der bilaterale Vergabeweg. So leisteten z. B. die Mitgl. der größten Gebergruppe – die * DAC-Länder – 1987 ca. 74 % ihrer ges. * öffentlichen Entwicklungshilfe (ODA) auf bilateralem Weg. Auch die * OPEC-Geber und die Ostblockländer (→Entwicklungspolitik der UdSSR) bevorzugen die bil. Hilfe.

Zwischen bil. und mult. Hilfe gibt es wesentliche Unterschiede: Bil. Hilfe unterliegt der direkten und unmittelbaren Entscheidungsgewalt der Geberländer. Diese können nur so – unbeeinflußt von anderen Ländern – best. Länder, Sektoren oder E.-Wege bevorzugt fördern und (wie leider häufig der Fall) die Mittel ggf. auch für andere als rein e.-pol. Ziele (also innen-, außen- und sicherheitspol.) instrumentalisieren.

Die meisten Geberländer favorisieren Länder und Regionen, mit denen sie historisch-pol., ökonomisch und kulturell verbunden sind. Frankreich schickt einen großen Teil seiner bil. ODA in seine überseeischen Länder und Gebiete und in die franz. Ex-Kolonien im subsaharischen Afrika. Großbritannien begünstigt seine ehem. Hoheitsgebiete in Südasien und Afrika (v. a. Indien, Bangladesh, Pakistan, Kenya und Zambia). Die USA unterstützen v. a. Länder von zentralem strategischem Wert (wie z. B. Israel, Ägypten etc.). Japan lenkt etwa zwei Drittel seiner E.-Hilfe nach Asien, insbes. Ostasien. 1983 gingen ca. 85 % der geogr. aufschlüsselbaren bil. OPEC-Hilfe an arab. Länder (v. a. Syrien, Jordanien, Marokko). Über 80 % der sowjet. Mittel gingen allein nach Kuba, Vietnam und Nord-Korea.

Nur bil. E.-Politik ermöglicht die direkte Verknüpfung mit binnenwirtschaftspol. Interessen (z. B. durch * Lieferbindung). In der BRD fördert die Reg. Kohl aus innenpol. Gründen verstärkt solche Maßnahmen, die binnenwirtsch. beschäftigungswirksam sind (→Mischfinanzierung). Während des Kalten Krieges wurden mit bil. E.-Politik deutschlandpol. Interessen verfolgt.

Empfängerseitig kann der Anteil bil. empfangener Leistungen als * Indikator (unter vielen anderen) für pol.-wirtsch. * Abhängigkeit gelten. Strategisch interessante, strikt paktgebundene EL erhalten i. d. R. einen überdurchschnittl. Anteil bil. Hilfe. Pol., strategisch und wirtsch. unbedeutende EL (v. a. kleine Armutsländer) empfangen dagegen mehr mult. Mittel.

Der größte Teil der bil. Gelder fließt in rel. fortgeschrittene EL. Die Bundesrepublik z. B. vergibt nur ⅕ bis ⅓ ihrer bil. ODA an die * LLDCs. Diese profitieren weitaus mehr von der mult. geleisteten Hilfe. So gehen z. B. 80 % der Mittel der * IDA an Länder mit niedrigem * Pro-Kopf-Einkommen (unter 425 US-$).

Auch im Hinblick auf die sektorale Verteilung der Mittel unterscheiden sich bil. und mult. E.-Zusammenarbeit. Während rd. ⅕ der Leistungen der mult. Stellen in die Landw. fließen (1985/86), beträgt der Anteil dieses Sektors an den bil. Leistungen der DAC-Länder nur ca. 12 %. Allerdings haben sich die Geberländer z. T. auf die Vorteile der mult. E.-Finanzierung eingestellt und finanzieren im bil. Bereich komplementär. V. a. der gute Ruf von * Weltbank und IDA bei der Durchführung grundlegender Agrar- und Infrastrukturprojekte war hier maßgebend.

Aus der Sicht der EL hat die mult. E.-Finanzierung Vorteile. Sie ist nicht – wie bei bil. Programmen – mit den oft kurzfristigen pol. Wechselfällen eines einzelnen Geberlandes verkoppelt und bietet daher (auch über längere Zeitspannen) verläßliche Grundlagen insbes. zur Förderung einer langfristigen E. Außerdem haben die EL bei den Institutionen der * EG-Entwicklungspolitik und den UN-Sonderorganisationen (Weltbank, IWF) immerhin begrenzte, bei Organisationen des direkten UN-Bereichs (* UNDP, * FAO, * UNESCO etc.) bedeutende Mitgestaltungsmöglichkeiten bei der Vergabepolitik. Nachteile: hoher Verwaltungskostenanteil, geringere demokratische Kontrolle, Bürokratie- und Effizienzprobleme (wenig unabh. * Evaluierungen), geringere Motivation für die Bereitstellung von E.-Hilfe.

Die mult. E.-Hilfe ist v. a. während der 70er J., als e.-pol. Leistungen (gemessen am BSP) stagnierten oder fielen, stark gestiegen und hat somit zur Stabilisierung der E.-Finanzierung beigetragen. Der Anteil der von DAC-Ländern über int. Organisationen geleiteten ODA stieg von 12 % in den frühen 60er J. über 20 % in den frühen 70er J. auf 1980: 34 %; er sank dann allerdings – v. a. aufgrund der veränderten Ausrichtung der * Entwicklungspolitik der USA unter der Reg. Reagan – bis 1987 wieder auf ca. 26 %. Von der OPEC-Hilfe liefen 1980 12 %, 1983 20 % über int. Organisationen, davon 40 % über Institutionen mit großer Mitgliederzahl wie * IDA und * IFAD.

In den 80er J. geriet die mult. E.-Finanzierung durch die US-amerik. E.-Politik unter Reagan in erhebliche Schwierigkeiten. Die USA sind das nominell größte Geberland und (mit durchschn. 25 %) Hauptfinanziers von int. Organisationen. Ihr Austritt aus der * UNESCO (1984) und die bis zur vollständigen Mittelverweigerung gehenden Beitragszurückhaltungen gegenüber mult. Institutionen der E.-Zusammenarbeit (* FAO, * ILO, IDA) verursachte bei diesen Organisationen daher enorme Haushaltsengpässe und große Arbeitserschwernisse. bg

Bilateralismus Bezeichnet schlagworthaft den meist außen- und sicherheitspol. motivierten Hang, e.-pol. Leistungen primär bil. zu vergeben, um die nur bei der * bilateralen Hilfe gegebenen pol. Steuerungsmöglichkeiten zu nutzen. Die * Entwicklungspolitik der USA unter Reagan, aber auch die trad. Vergabepraxis des Ostblocks sind von einem strikten B. gekennzeichnet. Merkmale: Betrachten des Nord-Süd-Problems unter (globalstrategischen, sicherheitspol.) Ost-West-Gesichtspunkten, ausgeprägtes Freund-Feind-Denken, Mittelvergabe nach Lohn-Strafe-System. bg

Bildung In der int. Diskussion wird zunehmend zwischen *formaler, nonfor-*

maler und *informaler* Bildung/Erziehung unterschieden. Diese drei Formen von Bildung unterscheiden sich nach dem Grad der Organisiertheit und funktionalen Spezifikation von B./Erziehungsprozessen.

1. *Formale* B. geschieht in den Institutionen des Schulsystems in allen seinen Stufen und Ausprägungen von der Primarschule bis zur Hochschule. Nur in wenigen Gesellschaften gehörte die Schule zum vorkolonialen Bestand an Institutionen (z. B. die Koranschulen in islamischen Ländern, die koptisch-christlichen Schulen in Äthiopien). In den meisten Ländern der *Dritten Welt wurden Schulen vorwiegend entsprechend den Interessen der Kolonialmächte begründet. Unter der vorherrschenden *modernisierungstheoretischen Sichtweise sahen die nachkolonialen Staaten im Ausbau des formalen B.-Wesens ein wesentliches Instrument der *Entwicklung für alle übrigen gesellsch. Bereiche. Die Expansionsraten des Schulwesens waren seit 1960 bis in die 80er J. außerordentlich hoch. Ende der 70er J. sprachen viele Anzeichen dafür, daß bis Mitte der 80er J. in den EL eine durchschnittliche Schulbesuchsquote von zwei Dritteln der betreffenden Altersjahrgänge erreicht werden könnte. Seit der ersten Hälfte der 80er J. stagnieren aber die Einschulungsraten oder gehen sogar zurück, bes. in den *LLDCs. Die ökon. Krise schlug auf das Bildungssystem durch. Die Enttäuschung der mit der Expansion des formalen B.-Wesens verbundenen Hoffnungen führte spätestens in den 70er J. freilich zu einem in der Dritten Welt selbst artikulierten Motivkatalog der Schulkritik:

1) Schulen sind unökon. arbeitende Institutionen, und sie stellen nicht die nötigen Qualifikationen für die wirtsch. E. bereit. In der Tat sind die Kosten für das B.-System sehr hoch (am Anfang der zweiten *Entwicklungsdekade 18,1% der Staatsausgaben der EL), mit hohen Wiederholer- und Abbrecherquoten verschwendet die Schule anderswo dringend benötigte *Ressourcen. Schule bereitet einseitig auf Tätigkeiten im sog. modernen ökon. Sektor vor, aber in den 70er J. konnten nur 20 bis 30% der Schulabgänger in diesen Betrieben und Verwaltungen Anstellung finden. Neben der *Arbeitslosigkeit der in Primar-, Sekundar- oder gar Hochschule Ausgebildeten besteht für manche Bereiche weiter ein Bedarf an Fachkräften.

2) Schulen tradieren oder vergrößern sogar die soziale Ungleichheit. (In der Tat zeigen empirische Studien zum Zusammenhang von sozialer Herkunft, Schulbesuch und Berufsposition, daß Schule, je mehr eine Gesellschaft sich modernisiert und sich entsprechend ökon. induzierte «moderne» Schicht-/Klassenstrukturen ausbilden, von einer Institution des sozialen Aufstiegs Nichtprivilegierter zu einer Agentur des Statuserhalts Privilegierter wird.)

3) Schulen sind auch für außerökon. gesellsch. Handlungsfelder e.-irrelevant. Der Besuch einer Schulstufe qualifiziert häufig zu kaum mehr als zum Weiterlernen auf der nächsten.

Aus der Kritik wurde jedoch in keinem Land i. S. der radikalen Entschulungsforderung als Folgerung eine Schließung der Schulen ins Auge gefaßt. «*Who says ‹education does not matter› shall try ignorance*», dieser 1982 von nigerianischen Erziehungswissenschaftlern geprägte Satz trifft weithin immer noch die Grundüberzeugung der B.-Planer in der Dritten Welt. Als Ausweg bleibt eine Reform der Schule, die von der Tradition der *bookish school* wegführt. Neben pragmatischen Organisationsreformen, z.B. Schichtunterrichtsmodellen, Erhöhung der Klassenfrequenzen, Hinausschieben des Grundschuleintrittsalters, wurden Versuche zur Konstruktion e.-relevanter Curricula in einzelnen Fächern (z.B. das *Science Education Programme for Africa*, SEPA) unternommen. Ansätze zur Ruralisierung oder Berufsorientierung bis hin zu neuen Schulmodellen (Produktionsschule in Botswana oder Benin, «Schulen auf dem Lande» in Kuba, *Villages Polytechnics* in Kenya) sind erkennbar. Für die tertiäre Stufe schlagen sich diese Konzepte in den Stichworten Gesellschaftsorientierung, Eigenständigkeit, Problemorientierung, *Partizipation (der von wiss. Prozessen Betroffenen), Flexibilität (in der Antwort auf die Bedürfnisse der Bevölkerung) bei der Ausbildungs-, Forschungs- und Beratertätigkeit der Hochschulen nieder.

2. Die weithin akzeptierte Definition *nonformaler* B.: «...jede organisierte Erziehungs-/Bildungsaktivität außerhalb des ausgebauten formalen Systems – ob selbständig durchgeführt oder als bedeutender Bestandteil einer breiteren Bildungsaktivität –, die auf identifizierbare Zielgruppen gerichtet ist und der Erreichung bestimmter Lernziele dient» (Coombs u. a. in Evans 1981, S. 27), deckt weltweit eine Vielzahl von B.-Angeboten ab. Nach der Art des Verhältnisses nonformaler B.-Maßnahmen zur Schulbildung wird zwischen komplementärer (sich auf die Schüler im formalen B.-System beziehender und Schulbildung ergänzender), supplementärer (an Schulbildung zu einem späteren Zeitpunkt anknüpfender und sie durch neue Kenntnisse und Fähigkeiten erweiternder) und substitutiver (an die Stelle formaler B. tretender) nonformaler B. unterschieden. Quantitative Bedeutung im Hinblick auf das Erreichen *marginalisierter Massen haben v. a. die letzten beiden Formen nonformaler Bildung. Inhaltlich geht es dabei von *Alphabetisierungskursen über Unterweisung in Hygieneverbesserung, Ernährungsberatung, pol. B. bis zu beruflichen Vor-, Aus- und Weiterbildungsangeboten. Das angezielte Qualifikationsniveau kann im Bereich der Grundbildung liegen, aber auch bis zur vertiefenden Spezialisierung reichen. Die wiss. Diskussion ist nach einer Phase weltweiter Sammlung und Dokumentation nonformaler B.-Maßnahmen auf dem Weg zu einer Theorie der nonformalen Bildung. Diese thematisiert u. a. folgende Probleme: Trägerschaft, Finanzierung (nonformale B. ist nicht immer kostengünstiger und damit nicht tendenziell mehr Menschen zugänglich als formale B.), Zentralisierung versus Dezentralisierung, Gemeindeorientierung, Verschränkung mit der lokalen, regionalen, nat. ökon. Struktur, Partizipation der Lernenden, Sicherung curricularer Standards, angepaßte Lehr-/Lernmethoden, Zertifikate, Äquivalenz mit B.-Abschlüssen im formalen System.

3. *Informale B.* ist nicht nur Restkategorie. Die kaum organisierten und wenig spezifizierten erzieherischen Interaktionen, z. B. in der Familie, der jugendlichen Gleichaltrigengruppe, können mit dem Begriff erfaßt werden. Er markiert die terminologische Grenze zum weiteren der Sozialisation (verstanden als die Herausbildung und Erhaltung persönlicher Identität in Handlungskontexten überhaupt). Wegen der hier quer durch die Gesellschaften der Dritten Welt aufweisbaren Phänomenvielfalt können nur die Forschungsrichtungen, mit denen man informale B.-Prozesse zu erfassen sucht, genannt werden:

1) Die Kultur-Kognitionsforschung, die in ihrer jüngsten Wendung nach kulturunspezifischen Stufen der individuellen kognitiven Entwicklung und Entwicklung des moralischen Urteils suchte. Dieser universalistischen Theorie ist der mit ihrem humanistischen Anspruch kaum vereinbare Eurozentrismus vorgehalten worden. 2) Die in der Ethnologie beheimatete Kultur- und Persönlichkeitsforschung, die zum Beispiel die Abhängigkeit der Erziehungsformen von den Strukturen des Verwandtschaftssystems thematisierte. Bei dieser Tradition wurde umgekehrt der Kulturrelativismus kritisiert. 3) Die Forschung zur individuel-

len Modernisierung, hier kann z. B. als gesichert gelten, daß «*Akkulturation und Modernisierungsprozesse den kognitiven Stil einer Unabhängigkeit vom engeren sozialen Feld (sowie...) abstraktere... Formen der Darstellung sozialer Beziehungen (fördern)». Mit der Kritik an makrosoziologischen *Modernisierungstheorien wurde auch die Bewertung der Ergebnisse der Forschung zur individuellen Modernisierung kontrovers. Für das «Gelingen» von B.-Prozessen in der Dritten Welt kann als gesichert angenommen werden, daß nicht nur die Abstimmung des erzieherischen Handlungsfeldes mit den übrigen gesellsch. Teilsystemen (Wirtschaft, Politik, Kultur) notwendig ist, sondern auch das Verhältnis von informaler B., nonformaler B. und formaler B. thematisiert werden muß. Sonst schlägt gesellsch. *strukturelle Heterogenität gleichsam unbeeinflußbar über die Heterogenität dieser B.-Prozesse restringierend auf die Handlungskompetenz vergesellschafteter Subjekte durch.

Lit.: W. Mitter/Th. Hanf (Hg.), Bildungspolitik und Bildungsreform in der Dritten Welt, Bildung und Erziehung 33, 1980, H. 5; V. Lenhart, Die Evolution erzieherischen Handelns, Frankfurt/Bern u. a. 1987; D. Berstecher, Wirtschaftskrise und Bildungswesen in der «Dritten Welt», in: Zft. für Kulturaustausch 38, 1988; V. Lenhart/H. Röhrs, Dritte Welt und Reformpädagogik. Eine Einführung in die Thematik, in: Pädagogisches Forum, 1991, 4, S. 175ff. vl

Bildungsforschung Forschung über Bildungsprobleme in der *Dritten Welt war bis in die jüngste Zeit eine Domäne westl., namentlich US-amerik. Erziehungs- und Sozialwissenschaftler. Entsprechend deutlich ist sie auch gekennzeichnet von den in den USA und in Europa jeweils dominanten Forschungsströmungen. Einen in der Dritten Welt bis heute prägenden Einfluß hat vor allem die in den 60er J. vorherrschende Richtung der *development education* gewonnen. Sie setzt die «Modernisierung» im Sinne industrialisierter Staaten als Ziel voraus und erkennt dabei der Investition in formale Erziehung eine Schlüsselrolle zu. Erst in neuerer Zeit wächst die Kritik an diesem Ansatz auf der Grundlage von Erkenntnissen, die eher auf eine «entwicklungshemmende» Funktion von formaler Erziehung nach westlichem Muster schließen lassen. Die europäische und vor allem auch die deutsche Bildungsforschung hat sich gerade unter diesem Gesichtspunkt zunehmend profiliert.

Um Ungleichgewicht und Abhängigkeiten in der Dritte Welt-bezogenen Bildungsforschung abzubauen, kommt im Rahmen der nat. wie int. *Bildungshilfe der Förderung autochthoner wie auch partnerschaftlicher Forschung heute eine zunehmend wichtige Bedeutung zu.

Lit.: M. Fremerey, Erziehung und Entwicklung als Gegenstand deutscher Forschung. In: Bildung und Erziehung, 33. Jg., H. 5, Okt. 1980, S. 475ff.; D. Goldschmidt, Ortsbestimmung und Aufgaben erziehungswissenschaftlicher Forschung über die Dritte Welt, in: Zeitschrift für Pädagogik, 16. Beiheft, 1981, S. 17ff. mf

Bildungshilfe/Ausbildungshilfe Neben dem Vorhandensein natürlicher *Ressourcen und der Bereitstellung von Kapital wird als entscheidender dritter E.-Faktor die Verfügbarkeit von qualifizierten Arbeitskräften anerkannt. Deshalb wird gefordert, daß in allen Projekten der *Technischen und *Finanziellen Hilfe die Ausbildung von Fach- und Führungskräften eine zentrale Rolle spielt. Die Bundesrepublik legt hohen Wert auf die Ausbildungskomponente als Teil aller Projekte der finanz. Zusammenarbeit. Die Omnipräsenz des BH-Elements in allen E.-Hilfe-Maßnahmen begründet die hohe institutionelle Ausdifferenzierung der Trägerorganisationen von BH. Für die bundesdeutsche BH hat Danckwortt (1981) folgende sechs Bereiche unterschieden, in denen die verschiedenen Org. arbeiten: 1. im außerschulischen Bildungswesen (kirchliche Werke, *politische Stiftungen, *DVV, *Goethe-Institute etc.); 2. im allgemeinbildenden Schulwesen

(*GTZ, *DED, deutsche Auslandsschulen, *Kirchen, *DSE etc.); 3. im Berufsbildungswesen (GTZ, DED, Kirchen, privater Träger, *CDG, DSE, dt. Auslandsschulen, dt. Wirtschaft etc.); 4. im Hochschulwesen und in der wiss. Fortbildung (Hochschulpartnerschaften, Institutskontakte, GTZ, *DAAD, *Humboldt-Stiftung, *Otto-Benecke-Stiftung, Deutsche Forschungsgemeinschaft, Max-Planck-Institute etc.); 5. in der Bildungsplanung und Verwaltung (DSE, GTZ etc.); 6. im Bereich Massenmedien im Bildungssektor (GTZ, kirchliche Werke, politische Stiftungen, CDG, DSE, Deutsche Welle, Sender Freies Berlin etc.).

Nach dem Grundsatzprogramm der BRD für die Bildungs- und Wissenschaftshilfe von 1971 umfaßt BH den «Auf- und Ausbau der *Infrastruktur für das Bildungswesen und für die Wissenschaft sowie Anwendung wissenschaftl. und techn. Erkenntnisse». In ihrer Förderungspolitik geht die BRD von der Notwendigkeit spezifischer Lösungen für die EL aus. Des weiteren soll bedacht werden: 1. Länderbezogene BH soll nur nach vorhergehender Analyse der bestehenden Bildungssysteme, ihrer E.-Tendenzen und der sie bestimmenden Trägergruppen, vergeben werden; 2. BH soll EL unterstützen, Reformen zu ergreifen, welche das Bildungswesen und die Erfordernisse der Arbeitswelt und der sozialen Umwelt besser aufeinander abstimmen; 3. Vorrang haben solche Maßnahmen, «die eine funktionale und ausbaufähige Grunderziehung für die Masse der vom formalen Schulsystem bis jetzt ausgeschlossenen oder unzureichend geförderten Jugendlichen, v. a. in ländl. Regionen, vorsehen und die geeignet sind, das Bildungswesen beschäftigungsorientiert zu gestalten»; 4. Die Wissenschaftshilfe soll die Untersuchung von Engpässen für den wirtsch. und sozialen Fortschritt und die Anwendung e.-relevanter Forschungsergebnisse fördern; 5. Die EL sollen bei der besseren Ausnutzung ihrer Mittel und Einrichtungen für Bildung und Wissenschaft, bei der E. kostengünstiger Verfahren und Techniken sowie bei der Rationalisierung und Neuinvestitionen unterstützt werden; 6. Die Abh. vieler EL von ausl. Mustern, Lieferungen und Leistungen in Bildung und Wiss. soll abgebaut und neuer einseitiger Abh. entgegengewirkt werden; 7. Bei allen Maßnahmen der BH soll dem *brain drain* entgegengewirkt werden; 8. Mit *nichtstaatlichen Organisationen soll unter Beachtung der obigen Grundsätze zusammengearbeitet werden (→HIZ II A 41, 01). Ausgaben der *DAC-Mitgl. für Einzelstipendien an Personen aus EL: 1987 rd. 4 Mrd. US-$, d. h. etwa 10 % der *bilateralen Technischen Hilfe. →Ausländerstudium.

Lit.: Deutsche Bildungshilfe in der zweiten Entwicklungsdekade. Eine Zwischenbilanz, hg. v. B. Engels/U. Laaser, München 1977; D. Danckwortt, Bildungshilfe der Bundesrepublik Deutschland, in: Zeitschrift für Pädagogik, 16. Beiheft, Weinheim 1981; UNESCO, Meeting Basic Learning Needs, New York 1990. dn

Bildungsökonomie B. ist eine seit Ende der 50er J. ausdifferenzierte, sozialwiss. Teildisziplin, die im Rahmen ökon. Wachstumsforschung wie im Rahmen interdisziplinär orientierter Bildungsforschung weiterentwickelt wurde. Die Grundannahme besteht darin, daß Bildung ein Investitionsfaktor ist, der von seiner Kosten- und Ertragsseite her analysiert und zweckrational geplant werden kann. Dem klassischen Humankapitalkonzept liegt die Überlegung zugrunde, daß neben den Produktionsfaktoren Arbeit und Kapital der «techn. Fortschritt» als dritter Faktor wirtsch. Wachstum beeinflussen könne. Ausbildung und Forschung als wesentliche Elemente des dritten Faktors könnten eine Verbesserung der Arbeitsproduktivität, damit auch eine Beseitigung von *Armut, bewirken. Die rechnerischen Kalkulationen mit diesem Faktor – nach versch. wiss. Ansätzen (*man-power-approach,* *social-demand-approach* u. a.) – waren in der Wirtschafts- und Bildungsplanung jedoch nur bedingt erfolgreich. Unabwägbare Einflüsse verhindern, daß der Ertrag von Bildungsinvestitionen genau vorhergesagt werden kann, auch folgen individuelle Bildungsentscheidungen nicht notwendig den pol.-gesellsch. Vorgaben. Zudem stellt sich die grundlegende Frage, ob der Bedarf an Qualifikation tatsächlich primär unter ökon. Gesichtspunkten ermittelt werden soll.

Neoliberale bildungsökon. Ansätze weiteten in den letzten J., bezogen auf EL, die Fragestellungen aus und kamen zu außergewöhnlichen Ergebnissen: Z. B. arme Familien scheinen die Ausbildung von Kindern aus reichen Familien zu finanzieren, da die Kinder ärmerer Familien zu den aus allg. Steuermitteln unterhaltenen Hochschulen kaum Zugang haben; die Substituierbarkeit von ausgebildeten Arbeitskräften auf ähnlichem Qualifikationsniveau ist in EL niedriger als in IL; relativ niedriges Lohnniveau führt zu einer Abwanderung qualifizierter Arbeitskräfte aus EL (* *brain drain*). Im Rahmen marxistisch orientierter bildungsökon. Ansätze wurden Ausbildung und Qualifikation in Abhängigkeit vom segmentierten Arbeitsmarkt analysiert. Die Wahlfreiheit der Bildungs- und Berufsentscheidung erweist sich in diesen Analysen als Ideologie, die Autonomie staatl. Bildungspol. und -planung als äußerst begrenzt. Das Verwertungsinteresse des Kapitals und zudem das Interesse der Machterhaltung von Eliten werden dafür verantwortlich gemacht, daß Bildung und Qualifizierung nur soweit zugelassen werden, als diese unbedingt notwendig erscheinen. Bes. Aufmerksamkeit kommt in neuerer Zeit dem in EL sehr bedeutsamen, informellen Sektor zu. Im * informellen ökon. Sektor – im Gegensatz zum modernen Sektor geprägt durch rel. einfache, * arbeitsintensive Technologie, Familienbesitz, landeseigene * Ressourcen, schmale Tätigkeitsbreite – dominiert deutlich der Qualifikationserwerb in informalen Lernprozessen außerhalb des Schul- und Berufsbildungssystems. (→Berufsbildung)

Lit.: G. Becker, Human Capital. A Theoretical and Empirical Analysis, New York 1964; J. Berg, Education and Jobs. The Great Training Robbery, Boston 1971; M. Corney, Segmented Labor Markets: A Review of the Theoretical and Empirical Literature and its Implication for Education Planning, IIEP-working paper, Paris 1978; G. Psacharopopoulos, Education and Work. An Evaluation and Inventory of Current Research. HEP-working paper, Paris 1978; W. Sengeberger (Hg.), Der gespaltene Arbeitsmarkt, Frankfurt/New York 1978. rti

Bildungsreformen Die «Reform» des Erziehungswesens ist eines der am häufigsten proklamierten innenpol. Ziele der unabh. gewordenen Staaten in der * Dritten Welt. Dies erklärt sich wesentlich aus dem Umstand, daß die Bildungssysteme in den Ländern Asiens, Afrikas und LAs von den Kolonialmächten eingeführt und gestaltet bzw. nach westeurop. Modellen entwickelt worden waren. Der Reformdiskussion in der Dritten Welt sind dementsprechend drei – innenpol. gewichtige – Aspekte immanent: der Wunsch nach Unabh. von externer Bevormundung, die Vorstellung von einer eigenen Identität und schließlich die Betonung spezifischer gesellsch. und wirtsch. Bedürfnisse. Zu den hiermit verbundenen Reformzielen gehören u. a. die Unterrichtung in der Landessprache, der Zuschnitt von Geographie und gesellschaftskundlichen Fächern auf nat. und regionale Belange, die Verbreiterung der Bildungschancen, die didaktische, methodische und strukturelle Anpassung an die konkrete Lebens- und Arbeitssituation.

Der Proklamation solcher Reformziele hinkt die bildungspol. Umsetzung i. d. R. aber weit hinterher. Lediglich der nat./regionalen Identität wurde in sprachlicher und inhaltlicher Hinsicht in breiterem Umfang Rechnung getragen. Die Selektionsbedingungen und noch mehr die grundlegenden didaktischen und strukturellen

Aspekte im Erziehungswesen haben dagegen nur in Ausnahmefällen tiefgreifende Reformimpulse erhalten. Gründe hierfür sind zum einen in dem Mangel an eigenständiger Bildungsforschungs- und Planungskapazität zu sehen; wesentlich ist zum anderen aber auch das Eigeninteresse der Eliten, die ihre Position und Macht zumeist dem nach europ.-industriestaatl. Muster gestalteten Erziehungswesen verdanken.

Als Beispiele für die wenigen Länder, die einschneidende Bildungsreformen in Angriff nahmen, seien Tanzania, Mozambique, Kuba, Peru und die VR China genannt. Zu den gemeinsamen Charakteristika dieser Reformmodelle gehören die Bemühungen um lebens- und arbeitsnahe Curricula, um eine Verbindung von Lernen und praktischem (meist landw.) Arbeiten, um Dezentralisierung und breitere *Partizipation in bildungspol. Entscheidungen, um eine Verbindung von Schulerziehung mit außerschulischer Jugend- und Erwachsenenbildung (→Pädagogik der Befreiung: Freire, *Nyerere). Gemeinsam ist praktisch allen durchgreifenden Reformversuchen außerdem der Glaube an die Sozialisationskraft schulischer Erziehung im Sinne einer «Erziehung zum Sozialismus» oder zum «neuen Menschen». Unterschiedlich erscheint demgegenüber der Umfang entsprechender Indoktrination und das Durchsetzungsvermögen seitens der pol. Führung: In beiderlei Hinsicht offenbaren die Staaten mit anhaltend revolutionärem Anspruch (wie China, Kuba, Mozambique) in besonderem Maße Willen und Macht.

Der Erfolg durchgreifender Reformversuche muß auf der Grundlage vorliegender Erkenntnisse eher skeptisch beurteilt werden. Einerseits konnten sich diese Bemühungen nicht aus dem Antagonismus zwischen der Betonung der Massenerziehung und dem Bedarf an Spezialisten und Experten befreien: Der Dualismus zwischen (urbaner) Elitenbildung in Erziehungseinrichtungen mit vergleichsweise hohem akademischen Standard und «funktionaler» Erziehung für die (ländl.) Masse der Bev. (→Grunderziehung) wurde kaum aufgehoben, in manchen Fällen sogar verstärkt. Andererseits droht der Aufwand an zentraler Planung und Lenkung die Reform gerade dort zu unterlaufen, wo sie einen besonders starken proklamatorischen Akzent setzt: in der breiteren Partizipation an erziehungs-pol. Entscheidungen und in der Anpassung der Erziehungsinhalte an die spezifische lokale Situation. Die Behauptung der an westeurop. Mustern orientierten Bildungseinrichtungen in der Dritten Welt ist nicht zuletzt auf die unverminderten Wünsche und Ansprüche der breiten Bev. auf eine formale Erziehung zurückzuführen, die den Zugang zu Positionen außerhalb der meist kärglichen landw. *Subsistenzwirtschaft ermöglicht.

Lit.: Th. Hanf/W. Mitter (Hg.), Bildungspolitik und Bildungsreform in der Dritten Welt, Bildung und Erziehung, 33. Jg., H. 5, Okt. 1980; D. Elbers/H. Kull, Bildungsreformen in Ländern der Dritten Welt, Zft. für Pädagogik, 16. Beiheft 1981, S. 117 ff.; H. Weiland, Sozialisation und Modernisierung: Bildungsexport in die Dritte Welt, in: G. Trommsdorff (Hg.), Sozialisation im Kulturvergleich, Stuttgart 1989. mf

Binnenländer Länder ohne direkten Zugang zum Meer (engl. *landlocked countries*); Kategorie von EL, die wegen ihrer bes. geogr. Lage und den daraus resultierenden Problemen der Verkehrsinfrastruktur und des Handels im Rahmen der bi- und multilateralen *Entwicklungshilfe eine den *LLDCs entsprechende Behandlung erfahren. Seit 1979 existiert ein dem *UNDP-Verwaltungsrat unterstehender Sonderfonds für küstenferne EL, der Projekte zur Überwindung der Transportprobleme fördert. dn

Birma (Myanmar) Der Versuch B.s, einen *Dritten Weg zur E. des Landes zu gehen, muß heute als gescheitert angesehen werden. Die ethnischen Konflikte konnten nicht überwunden werden. Die Bewegung für die *Demokratisierung des pol. Systems wurde Anfang der 90er Jahre weiter gewaltsam unterdrückt. Mit der Umbenennung des Landes in Myanmar und der Hs. Rangun in Yangon im Juni 1989 wurden Forderungen der nichtbirm. Ethnien erfüllt.

1. B. (Fläche: 676 552 qkm) ist geprägt von zwei in Nord-Süd-Richtung verlaufenden Gebirgszügen mit Vorkommen von Teakholz, Blei, Zink, Silber, Zinn, Wolfram, Edelsteinen und landw. genutzten Arealen (v. a. Reis im Terrassenanbau) und dem weiten Flußtal des Irrawaddy. Dessen Delta liefert den größten Teil der Reisernte. In der Flußebene werden auch kleinere Öl- und Erdgaslager abgebaut.

2. B. erlebte seine erste Blütezeit zwischen dem 11. und 13. Jh. im Königreich von Pagan. Im 19. Jh. annektierten die Briten B. und unterstellten es dem Vizekönig von Indien. 1937 wurde B. selbständige brit. Kolonie. Der Widerstand gegen die japan. Besetzung (1942 bis 1945) unter General Aung San legte den Grundstein für die Unabh. B.s 1948. General Ne Win putschte 1962 an der Spitze eines milit. Revolutionsrates gegen die Republik, mit dem Ziel, die von den bewaffneten Aktionen kommunistischer und ethnischer Gruppen (Karen; Shan u. a.) bedrohte Staatseinheit zu erhalten. Mit dem Machtwechsel verband sich die Erhebung des «Birmanischen Wegs zum * Sozialismus» zur Regierungsdoktrin, die auch Leitlinie der Verfassung von 1974 ist.

3. Die Bev. Birmas betrug 1990 (gesch.) 41,7 Mio. (= 62 Ew./qkm). Nur 24% (1988) leben in Städten (Hs. Rangun ca. 2,5 Mio. Ew.). Mit fast 3/4 der Bev. dominieren ethnisch die Birmanen deutlich. Daneben: Shan (9%), Karen (ca. 7%), Tschin (2%), Katschin (1%), Inder (1%), Chinesen (1 bis 2%) u. a.

4. Der Buddhismus ist in B. Staatsreligion (85% der Bev.). Ein flächendeckendes Grundschulsystem konnte inzwischen aufgebaut werden. Die Sozialgesetzgebung wurde seit 1962 ausgebaut (bei erheblichem Stadt-Land-Gefälle 1965: 11 860 Ew. pro Arzt, 1985: 3700; LE 1990: 60 J.).

5. Die Verstaatlichung von Industrie und Handel nach 1962 traf v. a. die Inder und Chinesen. Offiziere und die Funktionäre der Einheitspartei (*Burma Socialist Programme Party*, BSPP) bilden seitdem die neue Oberschicht. Ihr Versuch, einen birm. Sozialismus zu verwirklichen, war gekennzeichnet durch die Abkapselung des Landes nach außen (so verließ B. 1979 die * Blockfreien) und die Förderung der Industrialisierung auf der Basis der Verarbeitung der einheimischen Agrarprodukte. Ein Hindernis für letztere ist die sich aus der Isolation (kein * Tourismus) und der Agrarpolitik der Reg. ergebende, den Technologieimport beeinträchtigende Devisenschwäche B.s, das zu den * MSACs zählt (1986: Schuldendienst rd. 55% der Exporterlöse). Die Landw., mit ca. 60% Exportanteil B.s wichtigste Einnahmequelle (v. a. Reis), wurde trotz der Enteignung des Großgrundbesitzes ab 1953 und der Übergabe des Landes an die ehem. (Schuld-)Pächter sowie der Einrichtung von * Genossenschaften kaum ausgeweitet. Privatbauern ziehen es insb. bei schlechten Ernten vor, zur Einkommenssicherung ihre Produkte nicht zu den staatl. Aufkaufpreisen abzugeben, sondern sie auf dem von der Reg. tolerierten Schwarzmarkt anzubieten. Die schlechte Versorgungslage führte 1974/75 zu blutigen Auseinandersetzungen. Durch Rückgriff auf privatwirtsch. Mechanismen (1977 Legalisierung von Privatfirmen) und verstärkte Bez. zu den westl. IL wurde versucht, einen Ausweg aus den ökon. Schwierigkeiten des Landes zu finden. Ein schwerwiegendes Problem bleibt der andauernde Bürgerkrieg im Land. Versch. Rebellengruppen, die sich aus den nicht-birm. Ethnien rekrutieren, kontrollieren weite Teile des unzugänglichen Landes.

Vor dem Hintergrund einer schweren Wirtschaftskrise kam es Mitte 1988 zu einer spontanen, vor allem von Studenten und buddhistischen Geistlichen getragenen Massenbewegung für eine *Demokratisierung. Auch nach einem Massaker an Demonstranten am 8.8.1988 hielt die Protestwelle an. Der Machtübernahme durch General Saw Maung am 18.9.1988 folgte eine Welle brutaler Repression. Nach der Konsolidierung des Regimes wurde eine Liberalisierung eingeleitet.

Aus den ersten demokratischen Wahlen seit 30J. am 27.5.1990, zu denen über 90 Parteien kandidieren durften, ging die oppositionelle *National League for Democracy* (NLD) mit 60% der Stimmen und 396 der 485 Mandate als Sieger hervor. Die BSPP, die sich in *National Unity Party* (NUP) umbenannt hatte, erhielt 21% der Stimmen. Die Militärs verweigerten allerdings die Übergabe der Macht und ließen insb. führende Vertreter der NLD verhaften, unter anderem *Aung San Suu Kyi, die 1991 den Friedensnobelpreis erhielt. Wegen der grausamen Verfolgung ihrer Volksgruppe flüchteten ab Ende 1991 über 250000 Moslems aus B. nach Bangladesch. Aufgrund des Drucks der UNO und wichtigen ASEAN-Staaten unternahm der neue Staatschef General Thenshwe im September 1992 Schritte zu einer Verfassungsreform.

Lit.: J. Silverstein, Burmese Politics. The Dilemma of National Unity, New Brunswick (N.Y.) 1980; D.I. Steinberg, Burma's Road Toward Development. Growth and Ideology under Military Rule, Boulder (Col.) 1982; K. Fleischmann, Birma, in: HDW II, 7, Hamburg 1983, S. 105ff.; D.I. Steinberg, Burma. A Socialist Nation of Southeast Asia, London 1983; M. Than (Hg.), Myanmar Dilemmas and Options: The Challenge of Economic Transition in the 1990s, Singapore 1990. rs/bh

BIZ Bank für internationalen Zahlungsausgleich AG, 1930 gegr., Sitz in Basel. Aktionäre sind die Zentralbanken Europas (außer Albanien, DDR, UdSSR) und die der USA, Kanadas, Japans, Australiens und Südafrikas. *Aufgaben:* Abwicklung int. Finanzoperationen, Erleichterung der Zusammenarbeit zwischen den Zentralbanken, Verrechnung von Forderungen und Verpflichtungen im Außenwirtschaftsverkehr und Ausgleich der Nettobeträge. Den EL tritt die BIZ oft als Treuhänderin, Bevollmächtigte und Abwicklungsinstitution der IL bei int. Finanzabkommen gegenüber. bg

BLADEX →SELA

Blockfreiheit, Blockfreienbewegung Begriff und pol. Zielsetzung von B. sind eng verbunden mit der hist. Entwicklung der Bb. Diese entstand im Zuge der *Dekolonisation nach dem II. Weltkrieg auf der Grundlage einer einzelne Länder verbindenden, gemeinsamen Orientierung ihrer Außenpolitik gegenüber den Machtblöcken im Ost-West-Konflikt. Die pol. Führung der Bb. lag in der Entstehungsphase bei Jugoslawien, Indien und Ägypten, verkörpert durch *Tito, Nehru und *Nasser. Für ihre erste Gipfelkonferenz in Belgrad 1961 erarbeitete die Kairoer Vorkonferenz (zusammengefaßt) folgende Kriterien, nach denen Länder als «blockfrei» zu gelten hätten: I. Betreiben einer auf Unabh. gegenüber den Machtblöcken in Ost und West gerichteten und an der friedlichen Koexistenz orientierten Politik; 2. Nichtbeteiligung an Militärbündnissen, die sich aus dem Ost-West-Gegensatz herleiteten; 3. beständige Unterstützung nat. Unabh.-Bewegungen. In der Praxis wurden diese Kriterien jedoch sehr weich gehandhabt. Letztlich gelten jene Staaten als blockfrei, die von den bereits der Bb. angehörenden Staaten als neue Mitgl.-Staaten aufgenommen wurden. 1978 wurden vom Koordinationsbüro der Bb. als Grundmerkmale von B. definiert: «Freiheit von den Blöcken, das Fehlen von Militärbündnissen mit Großmächten sowie Widerstand gegen *Imperialismus, *Kolonialismus, *Neokolonialismus, Rassismus einschließlich *Apartheid und gegen alle Formen fremder Herrschaft.» Die Mitgl.-Zahl der Bb. ist kontinuierlich gestiegen, seit den 70er J. von 53 (Lusaka-Gipfel) auf 101 (Harare-Gipfel). Die Organisation der Bb. ist recht lose und informell; es gibt weder eine Gründungscharta noch ein Organisationsstatut, das bestimmte Institutionen vorsieht. Wichtige Arbeitsinstrumente sind die Konferenzen auf verschiedenen Ebenen (Gipfelkonferenzen, Außenminister-, Minister- und Botschafterkonferenzen), zu deren Vorbereitung 1976 ein 25köpfiges Koordinationsbüro mit Sitz bei den * UN in New York eingerichtet wurde (Mitgl.: Afrika 12, Asien 8, Lateinamerika 4, Europa 1). Weitere Aufgaben des Koordinationsbüros: Anwendung der Beschlüsse, Ausführung von ihm übertragenen Funktionen in den UN, Abstimmung mit der * Gruppe der 77. Es entlastet auch das der Bb. zwischen den Gipfelkonferenzen (und zu ihrer Vorbereitung) vorsitzende Land. Gipfelkonferenzen fanden bisher in Belgrad 1961, Kairo 1964, Lusaka 1970, Algier 1973, Colombo 1976, La Havanna 1979, Neu-Delhi 1983 und Harare 1986 statt. Das pol. Wirkungsfeld der Bb. verlagerte sich schwerpunktmäßig vom Ost-West-Gegensatz und von der * Dekolonisationsfrage auf den * Nord-Süd-Konflikt. Im ersten Jahrzehnt standen mehr pol. und insbes. sicherheitspol. Problemstellungen im Vordergrund, «die deutlich die gefährdete Situation milit. schwacher und pol. instabiler Länder in den durch Ost-West-Konflikt, Kalten Krieg und Blockpolitik geprägten int. Bez. widerspiegelten: z. B. Auflösung der Militärblöcke, Abrüstungsfragen, das Prinzip der Nichteinmischung in innere Angelegenheiten, die territoriale Integrität aller Staaten sowie die nat. Selbstbestimmung und die Stärkung der Vereinten Nationen» (Matthies). Im zweiten Jahrzehnt wurden Fragen wirtschaftl. Unabh. und E. in der Programmatik der Bb. betont und erfolgreich in die int. Debatte eingeführt: z. B. Herbeiführung des Nord-Süd-Dialogs, Forderung der * Neuen Weltwirtschaftsordnung. Voraussetzung dafür war die durch die Bb. im Verein mit anderen Zusammenschlüssen der Dritte-Welt-Länder, wie der Gruppe der 77, herbeigeführte pol.-wirtschaftl. Zusammenarbeit unter den Südländern, welche das Gewicht der Dritten Welt in den int. Bez. erhöhte (→Süd-Süd-Beziehungen). Die Hauptforderungen sind seit den 70er J. relativ konstant. Entsprechend der Dynamik der E.-Probleme können neue Begründungen hinzutreten und die Prioritäten wechseln. V. a. aber variiert die Radikalität, mit der die Forderungen erhoben werden. Hier spielt die Frage eine Rolle, welches Land die Präsidentschaft ausübt. Anders als in Havanna überwog in Neu-Delhi ein gemäßigter Ton.

Unterhalb der (Konsens-)Ebene des Anti-Kolonialismus und eines globalen Forderungskatalogs der Bb. gegenüber den IL treten jedoch erhebliche Spannungen innerhalb der Bb. auf. Sie resultieren aus pol.-ideologischen Präferenzen und Orientierungen einzelner Länder der Bb. in der weltpol. Auseinandersetzung, wobei insbes. Kuba durch sein offenes Eintreten für ein Bündnis der Blockfreien mit den «natürlichen Verbündeten», der Sowjetunion, im Kampf gegen den Imperialismus auf der Havanna-Konferenz eine Krise heraufbeschwor. Die Mehrheit der Bb. hielt jedoch am Prinzip der (Äqui-)Distanz zu beiden Machtblöcken fest, das sich in Neu-Delhi wieder mehr Anerkennung verschaffen konnte. Dies zeigte sich auch auf der Konferenz von Harare 1986, wo weder Nicaragua noch Indonesien (die beiden offiziellen Bewerber) als Tagungsort für den 9. Gipfel 1989 und damit für die Präsidentschaft bis 1992 konsensfähig waren: Nicaragua aufgrund seiner starken Bindung an Kuba und Indonesien wegen seiner starken Anlehnung an die USA. Auf der Außenministerkonferenz in Nikosia 1988 wurde Belgrad einstimmig als Tagungsort für 1989 bestimmt. Deutlicher als in früheren J. fielen auch die Verurteilung und Ablehnung der Besetzung Afghanistans und Kambodschas aus.

Spannungen zwischen den Blockfreien ergeben sich auch aus ungelösten Grenzkonflikten sowie aus den in konkreten Fragen doch erheblichen und wachsenden Interessenunterschieden zwischen Mitgl.-Ländern und Ländergruppen (*OPEC-Länder, *Schwellenländer, *LLDC-Länder) der Bb. In Neu-Delhi z. B. lehnten die OPEC-Länder einen verstärkten Ressourcenausgleich zwischen armen und reichen EL ab. Dennoch ist ein Zerfall der Bb. nicht zu erwarten; sie dürfte sich vielmehr konsolidieren und im Rahmen der Süd-Süd-Bez. weiterentwickeln, vor allem durch konsequenten Ausbau der *_collective self-reliance_. Seit den 80er J. werden in der Programmatik der Bb. pol. und wirtsch. Probleme (regionale Abrüstung, friedliche Streitbeilegung, *Verschuldung, Reaktivierung des *Nord-Süd-Dialogs etc.) gleichermaßen betont und deren Lösung als Aufgabe betrachtet.

Lit.: G. Baumann, Die Blockfreien-Bewegung: Konzept, Analyse, Ausblick, Melle 1982; V. Matthies, Die Bewegung der Blockfreien – einige bibliographische Notizen, in: VRÜ, 2/1982, S. 197 ff.; ders., Die Blockfreien: Ursprünge, Entwicklung, Konzeptionen, Opladen 1985; G. Baumhöger/K. Helmstedt, Die Gipfelkonferenz der Blockfreien (Harare 1986), Aktueller Informationsdienst Afrika, Beiheft 19, Hamburg 1987. dn/ra

BLS-Staaten →Botswana, Lesotho, Swaziland

BMZ Bundesministerium für wirtsch. Zusammenarbeit, Nov. 1961 entstanden mit dem Auftrag, die auf versch. Ministerien verteilten e.-pol. Maßnahmen der Bundesreg. (Auswärtiges Amt, Bundeswirtschaftsmin., Bundeslandwirtschaftsmin.) zu koordinieren. Mit der Anerkennung der Eigenständigkeit der *Entwicklungspolitik wurde der Aufgabenbereich des BMZ 1964 auf die Erarbeitung von Grundsätzen und Programmen der E.-Politik sowie auf die Planung und Durchführung der *Technischen Hilfe ausgedehnt. 1972 wurde dem BMZ auch die Zuständigkeit für die *Finanzielle Hilfe im Rahmen der *bi- und multilateralen Zusammenarbeit übertragen. Seither ist es zuständig für Konzeption und Planung, Durchführung und *Evaluierung der gesamten bi- und multilateralen E.-Politik. Die Abstimmung, ja teilweise Konkurrenz mit anderen Ressorts bleibt jedoch nach wie vor bestehen. Bilateral vereinbarte E.-Hilfe bedarf der Zustimmung des AAs. Verhandlungen über Themen der von den EL geforderten *Neuen Weltwirtschaftsordnung fallen zugleich in die Kompetenz des Bundeswirtschaftsministeriums. Bei den *UNCTAD-Konferenzen ist die BRD folglich mit einer gemischten Delegation und zwei Ressortchefs vertreten, die durchaus unterschiedliche Positionen einnehmen können.

Das BMZ ist wie folgt organisiert: Minister (W. Scheel von 1961 bis 1966; H.-J. Wischnewski 1966 bis 1968; E. Eppler 1968 bis 1974; E. Bahr 1974 bis 1976; M. Schlei 1976 bis 1978; R. Offergeld 1978 bis 1982; J. Warnke 1982 bis 1987; H. Klein 1987 bis 1989; J. Warnke 1989 bis 1991; C.-D. Spranger seit 1991; ein parl. Staatssekretär; drei Abteilungen: Abteilung 1 (20 Referate): länderbezogene Grundsatzarbeit und Programmierung der bilateralen Zusammenarbeit, Verwirklichung der Projekte und Programme der bilateralen Finanziellen und Technischen Zusammenarbeit, Koordinierung und Integration der e.-pol. Maßnahmen; Abteilung 2 (20 Referate): Planung und Evaluierung der E.-Politik, multilaterale Zusammenarbeit, Förderung der privat-wirtsch. Zusammenarbeit, Erarbeitung von Grundsätzen und Förderungskonzepten für die sektoralen und übersektoralen Bereiche der e.-pol. Zusammenarbeit; Abteilung 3 (18 Referate und 1 Vorprüfungsreferat): allg. Verwaltung, personelle Zusammenarbeit mit öfftl. und privaten Institutionen. Publikationen u. a.: Pressespiegel, Materialien, Schriftenreihe Forschungsberichte; Berichte zur Entwicklungspolitik der Bundesregierung (zweijährl.); JHE (jährl.); sämtliche Informationsmedien des BMZ im Faltblatt «Informationsmedien Entwicklungspolitik». Adresse: Karl-Marx-Str. 4–6, 5300 Bonn.

Lit.: M. Glasgow (Hg.), Das Bundesministerium für wirtschaftliche Zusammenarbeit, Bielefeld 1983; ders. (Hg.), Deutsche Entwicklungspolitik: Aspekte und Probleme ihrer Entscheidungsstruktur, Saarbrücken 1983; BMZ, Wie wirksam sind Entwicklungsprojekte? («BMZ-intern»), 1987. dn

Bodenreform →Agrarform

Bolívar, Simón Einer der wichtigsten Vorkämpfer der Unabh. LAs. Bolívar wurde am 24.7.1783 in Carácas (Venezuela) als Sohn einer der ältesten Familien des Landes geboren. Nach zwei Aufenthalten in Europa beteiligte er sich ab 1810 als Mitgl. der *Sociedad Patriótica* (Patriotische Vereinigung) an der in Carácas entstandenen Unabh.-Bewegung. Zwischen 1812 und 1819 zeichnete er sich als milit. Führer aus und wurde nach der Unabh. Venezuelas zum Präsidenten der Republik ausgerufen. Zwischen 1819 und 1824 befehligte er die Feldzüge, die zur Unabh. von Kolumbien, Ecuador (die zusammen mit Venezuela bis 1830 die Republik Kolumbien bildeten), Peru und Bolivien führten. B. trat für die Errichtung einer zentralistischen und starken Regierungsform ein, als Mittelding zwischen Monarchie und Republik, und setzte sich im regionalen int. Rahmen für die Einheit Iberoamerikas ein. Von diesem Hauptgedanken geleitet, berief er im Dezember 1824 die Staatschefs der neuen iberoamerik. Staaten zu einem Kongreß ein, der 1826 in Panama stattfand. Obwohl keine Einigung erzielt wurde, stellt der Kongreß die erste Initiative zur regionalen pol. Einheit in LA dar. Bolívar starb am 17.12.1830 in Kolumbien. mfb

Bolivien In B., klassischer Fall eines Rohstoff-Exportlandes mit *Monostruktur, ist seit dem Zinnkrach von 1985 die Ära des Zinns wohl unwiderruflich zu Ende. Ob die Politik wirtsch. Stabilisierung Erfolg hat, ist fraglich. Die illegale Drogenproduktion bleibt einstweilen ein wesentlicher Wirtschaftsfaktor.

1. B. (Fläche 1,1 Mio. qkm) gliedert sich in drei natürliche Großräume: Andenhochland (Altiplano), den subtropischen Osthang der Anden (Yungas und Valles) und das östl. Tiefland. Auf dem Altiplano und in den Yungas und Valles konzentrieren sich 4/5 der Bevölkerung und die wichtigsten wirtsch. Aktivitäten, v.a. der Abbau von Metallerzen (Zinn u.a.). Die verarbeitende Industrie ist winzig; die Altiplano-Landwirtschaft vorwiegend *subsistenz-orientiert. In den Yungas und Valles werden tropische Plantagenprodukte und Coca angebaut. Das östl. Tiefland ist bis auf zwei agrarkapitalistische Wachstumspole (Santa Cruz: Baumwolle, Zucker, Reis; Beni: Rinder) eine noch wenig erschlossene Pionierregion. Die Ölförderung im östlichen Tiefland deckt den internen Bedarf und erbringt geringe exportierbare Überschüsse. Seit dem Zusammenbruch des Zinnweltmarkts ist die Erdgasausfuhr nach Argentinien wichtigste Devisenquelle (40–50% der Exporte).

2. Die Bev. B.s wurde 1990 auf 7,3 Mio. Ew. geschätzt. Die JZ steigt und ist mit 2,8% sehr hoch. 1/3 der Bev. lebt in Orten über 20000 Ew., 44% der Stadtbev. in La Paz. Mit 6 Ew./qkm ist B. dünn besiedelt; 60% der Ew. konzentrieren sich auf dem Altiplano. Die LE ist mit 53 J. (1990) die niedrigste in LA. Ethnisch gliedert sich die Bev. in 15% Weiße, 30% Mestizen und 55% Quechua-, Aymara- u.a. Indios. Für die Hälfte der Bev. sind Indianersprachen Umgangssprache.

3. Auf drei Jh. span. Kolonialherrschaft folgten in der 1. Rep. (1825 bis 1884) jahrzehntelange Kämpfe zwischen Militärcaudillos um die polit. Macht («Phase nicht institutionengebundener Politik»). In diese Zeit fällt die Ausdehnung der *Latifundienwirtschaft auf Kosten des Indianerlandes

und die Integration B.s in den Weltmarkt als Guano-, Salpeter- und Kautschuklieferant. Der Zinnboom der 2. Rep. (1884 bis 1952) brachte märchenhafte Gewinne, die allerdings nicht als E.-Ressource genutzt wurden, sondern drei Familien zum Aufbau weltumspannender Wirtschaftsimperien dienten. Zusammen mit ihrem Anhang etablierten sich die «Zinnbarone» als eine Art Überstaat und bestimmten maßgeblich die Politik. Nach dem Chaco-Krieg (1932 bis 1935) formierten sich in den Mittelschichten, unter Zinnarbeitern und Bauern Gegenbewegungen gegen die Privatisierung des Landes, die in den 40er J. in der Gründung einer nat.-revolutionären Allianz (MNR) kulminierten. In der vom MNR angeführten *Revolution von 1952 verlor die Minen- und auch die Grundbesitzeroligarchie durch *Nationalisierung des Bergbaus und eine radikale *Agrarreform ihre pol. und ökon. Macht. Die indianischen Analphabeten erhielten Bürgerrechte. Die anfänglich auf eine *importsubstituierende *Industrialisierung abzielende Politik der MNR-Regierungen zwischen 1952 und 1964 wurde allerdings bald von diesen selbst zugunsten eines orthodoxen *Exportmodells und einer engen Kooperation mit den USA aufgegeben. 1964 putschte die mit US-Hilfe neuorganisierte Armee und gab bis 1982 die Macht nur noch kurzfristig aus der Hand. Seit 1982 regieren durch Wahlen legitimierte Zivilisten.

4. Ein knappes Jh. lang gehörte B. zu den größten Zinnproduzenten der Welt; der Zinnbergbau war mit Abstand wichtigster Wirtschaftszweig und Devisenbringer des Andenstaates und erwirtschaftete in Spitzenzeiten bis 77 % der Exporteinnahmen. Nach 1952 wurde das Exportangebot durch weitere Metalle sowie agroindustrielle Produkte diversifiziert, ohne daß es gelang, die Monostruktur der Ökonomie zu überwinden. Der Zusammenbruch des Zinnweltmarkts (1985) trieb den (überwiegend staatl.) ohnehin defizitären und technologisch rückständigen Zinnsektor endgültig in den Ruin; die ges. Wirtschaft geriet in die schlimmste Krise der boliv. Geschichte. Die Rolle des Zinnbergbaus als Motor der Ökonomie konnte kein anderer Wirtschaftszweig übernehmen: weder die verarbeitende Industrie (die laut Fabrikzensus lediglich aus 1200 Betrieben besteht, die 20 % zum BIP beitragen und v. a. Lebensmittel und einfache Verbrauchsgüter herstellen; Kapitalgüter und Technologie werden importiert) noch die unproduktive Landw., die den internen Nahrungsmittelbedarf nur zu 75 % deckt. Sie trägt 25 % zum BIP bei, von ihr leben 54 % der Bev., davon der größte Teil in subsistenzorientierten *Minifundien und einigen wenigen agroindustriellen Zentren.

Die Landreform von 1952 (8 Mio. ha wurden an 200 000 Familien verteilt) hat das Problem des Zugangs zu Land nicht gelöst. Bis heute wandern jedes J. einige T. Hochlandbauern in die östlichen Kolonisationszonen ab. Dort liegen aber auch die Zentren der illegalen Parallelwirtschaft (Kokainproduktion, Schmuggel u. a.), von der bereits 5–10 % der Bev. leben und die der einzige florierende Wirtschaftszweig ist.

5. B. ist neben Haiti das ärmste Land LAs. Das Kalorienangebot pro Ew. ist mit 86 % des Bedarfs das niedrigste, die Kindersterblichkeit im ersten J. mit 176 pro T. die dritthöchste des Kontinents. Die Partizipationsmöglichkeiten an staatl. Leistungen (Gesundheit, Bildung u. a.) sind extrem ungleich verteilt, der Gegensatz zwischen Armut und Reichtum kraß: auf 80 % der Bev. entfallen ⅖ des Volkseinkommens, während 5 % ⅓ an sich bringen. Im Zuge der Bergbaukrise, in deren Sog die ges. Wirtschaft geraten ist, wurden einige Zehntausend Bergleute, Fabrikarbeiter und Staatsbedienstete entlassen; die städtische Arbeitslosigkeit

stieg bei einem hohen Sockel von Unterbeschäftigung auf 20%. Interne Migrationsbewegungen und Auswanderung, gespeist aus städtischer und ländlicher Armut, haben zugenommen.

6. Wichtigster Faktor der pol. E. ist trad. die Armee (über 200 Militärcoups seit der Unabh.), die zwischen 1964 und 1982 fast durchgehend die Geschicke des Landes bestimmte. Der Zusammenbruch der Diktatur der «Kokaingeneräle» (1980–82) ermöglichte eine Re-*Demokratisierung, doch der Handlungsspielraum ziviler Politik ist gering. Das Land ist in Einflußbereiche teilweise bewaffneter Interessenfilze (Militärlogen, regionale Oberschichtcliquen, Kokainkartelle u.a.) zerfallen; staatliche Steuerungsfähigkeit ist deshalb, aber auch infolge der Wirtschaftskrise, gering. Der Gewerkschaftsdachverband COB, jahrzehntelang wichtigste Interessenvertretung der Unterschichten und Kristallisationskern der Opposition gegen Militärdiktaturen, hat durch die Krise an Einfluß eingebüßt, insb. durch die Massenentlassungen von Bergarbeitern. Dagegen trug die unerwartete Tendenz zur Konzentration im Parteiensystem auf im wesentlichen 5 Parteien zur Konsolidierung der Demokratie bei.

7. B. befindet sich wirtsch. und pol. in einer Umbruchphase. Die Reg. Paz Estenssoro (1985–1989) bekämpfte die Folgen des Niedergangs der Zinnwirtschaft durch eine ultraliberale (trad. exportorientierte) «Politik des Schocks», die zwar die Hyperinflation eindämmte, aber hohe soziale Kosten verursachte. Auch der 1989 zum Präs. gewählte Sozialdemokrat Jaime Paz Zamora hielt an diesem Kurs fest.

Lit.: J. Deide, Ideologie und Legitimation einer abhängigen Militärdiktatur: das Beispiel der Regierung Banzer in Bolivien (1971–78), Frankfurt 1981; D. Dirmoser, Drogen und Politik: Kokainproduktion, Korruption und Macht in Bolivien, in: Leviathan, H. 2, 1985, S. 238ff.; K.P. Schütt, Bolivien: Brüchige Demokratie im Strudel wirtschaftlicher Strukturkrisen, in: Jahrbuch Dritte Welt 1986, S. 164ff.; W. Hofmeister, Staat und soziale Bewegung in Bolivien, in: Zeitschrift für Politik, H. 2, 1987, S. 171ff; M. Krempin, Keine Zukunft für Bolivien?, Saarbrücken u.a. 1989; D. Nohlen/R. A. Mayorga, Bolivien, in HDW III, 2, 1992, 180ff. dd

Botswana Die seit 1966 unabh. Republik B. (Fläche: 600372 qkm, Hs. Gaborone) zählt zu den pol. stabilsten schwarzafrik. Staaten und konnte aufgrund ihrer Bodenschätze (weltweit größter Diamantenproduzent) ein im Vergleich zu anderen Ländern des Subkontinents überdurchschnittliches Wirtschaftswachstum erzielen. Zukünftig ist hingegen mit einer Verschärfung der wirtsch. und sozialen Probleme (mangelnde Nahrungsmittelversorgung aufgrund anhaltender Dürre, Massenarbeitslosigkeit) zu rechnen.

Die Bev. wurde 1990 auf 1,3 Mio. geschätzt (1990: 28% in Städten), meist Bantu, Buschmänner (20000), Europäer (4000) sowie Inder (3000). Trotz der geringen Bev.-Dichte von 2,1 Ew./qkm weist das Land eine rel. Überbev. auf, da (vom Trockenwald im O und dem versumpften, durch Tsetsefliegen verseuchten Okawango-Delta abgesehen) 80% der Fläche auf die Kalahari-Wüste entfallen, so daß wegen des Wassermangels und der bislang unzureichenden Landerschließung eine intensive Landnutzung erschwert wird. Aufgrund der anhaltenden Trockenheit können nur ca. 10% des Nahrungsmittelbedarfs aus eigener Produktion gedeckt werden; Hauptquelle der Einfuhr von Nahrungsmitteln ist die Republik Südafrika (RSA). Trotzdem stellt die Landw. für fast 50% der Bev. (JZ: über 3%) die wichtigste Einkommensgrundlage dar. Nicht nur zwischen schwarzen und weißen Arbeitern, sondern auch zwischen den Schichten der botswan. Gesellschaft kapitalistisch produzierende Rinderbarone und Großbauern/Tswana-Aristokratie/technokratische Elite gegenüber Kleinbauern mit und ohne Viehbesitz/*Wanderarbeitern) existieren krasse Einkommensunterschiede. Jährl. drängen rd. 21000 neue Kräfte auf den Arbeitsmarkt, von denen nur ein geringer Teil Beschäftigung in der Lohnwirtsch. findet. Folgen der Wanderarbeit – ca. 20000 Botswaner arbeiten im Bergbau der RSA – sind v. a. die Zerstörung der Familienstrukturen und der Männermangel in der Landwirtschaft.

Grundlage der Wirtsch. ist der Export (1990: 1884 Mio. US-$; Haupthandelspartner sind neben Südafrika v. a. die EG-Länder und die USA) von Diamanten (80% des Gesamtexportwertes) und Kupfer-Nickel-Konzentraten (9%). Nachdem 1981 die Diamantenexporte aufgrund der Rezession in den IL zurückgegangen waren, konnte 1983 wieder ein starker Anstieg verzeichnet werden; nach Aufhebung des Importstopps für Fleischprodukte seitens der EG (wegen einer Maul- und Klauenseuche) konnte auch der Export von Rindfleisch wieder gesteigert werden. Hohe Energie- und Wasserkosten, Ausbildungsmängel (Fehlen von Fachkräften; die Analphabetenrate konnte hingegen bis 1990 auf 26% gesenkt werden) und insbes. die Abh. des *Binnenlandes vom Verkehrswesen der Nachbarländer Südafrika und Zimbabwe behindern die ind. Entwicklung. Die Ziele des fünften E.-Plans (1979 bis 1985) konnten in vielen Bereichen nicht erreicht werden (fallende Rohstoffpreise auf dem Weltmarkt, Dürrekatastrophe 1982). Durch die anhaltende Dürre ging der Rindfleischexport drastisch zurück von 11,5% (1985) auf 3% (1990) des Gesamtexports. Schwerpunkte der E.-Planung sind der Abbau der hohen *Arbeitslosigkeit, die Unterstützung der landw. Produktion mit dem Ziel der Eigenversorgung bei Grundnahrungsmitteln sowie die Erschließung neuer Rohstoffvorkommen (v. a. Kohle). Ferner wird eine Verringerung der empfindlichen Abhängigkeit von Südafrika angestrebt. Zusammen mit Lesotho und Swasiland bilden beide Länder eine Zollunion, doch kann Südafrika im Konfliktfall die Nahrungsmitteleinfuhren nach B. unterbrechen. Die von B. verstärkt vorangetriebene regionale Kooperation mit den Nachbarstaaten im Rahmen der *Southern Africa Development Coordination Conference* (*SADCC), der *Preferential Trade Area in Eastern and Southern Africa* (PTA) sowie mit der pol. Gruppierung der *Frontstaaten dient dem Versuch, seine wirtsch. Unabh. vor allem im Verkehrsbereich zu stabilisieren. Immer wieder kam es zu Grenzverletzungen durch südafrik. Einheiten (1985 Überfall auf Gaborone wegen vermuteter *Guerillas); B. kam jedoch der Aufforderung nicht nach, Mitgl. des *ANC die Zuflucht zu verweigern.

Das aus dem ehem. brit. Protektorat Betschuanaland hervorgegangene B., konstitutionell eine Mehrparteien-Demokratie (Ein-Kammer-Parlament, beratendes *house of chiefs*), real aber ein Einpartei-Staat, wird seit 1966 von der *B. Democratic Party* (BDP) unter den Präs. Khama und Masire (seit 1980) beherrscht. Bei den Parlamentswahlen im Okt. 1989 konnte sie ihre Mehrheit noch ausbauen. Die BDP tritt für eine gemäßigte, multirassiale E. ein. Präsident Masire steht vor den Problemen des *Tribalismus und dem zunehmenden Stadt-Land-Gefälle (→Zentrum-Peripherie-Modell).

Lit.: J. Jeske, Botswana, Lesotho, Swaziland. Agrargeographische Struktur und wirtschaftliche Verflechtung im südl. Afrika,; Weltforum Vlg. 1977; B. Weimer, Unterentwicklung und Abhängigkeit in Botswana. Untersuchung einiger politisch ökonomischer Determinanten, Institut für Afrika-Kunde, Hamburg 1981; O. Claus, Botswana, in: HDW III, 5, 1993, S. 339ff. ah/pb

Brady-Initiative Vorschlag des US-Finanzministers Nicholas Brady vom April 1989, der – nach dem Scheitern des *Baker-Plans von 1985 – von der Einsicht ausgeht, daß es sich bei der Verschuldungskrise der EL um ein Insolvenzproblem handelt. Für die am höchsten verschuldeten EL mit mittlerem Einkommen wird erstmals offiziell vorgeschlagen, durch freiwillige Vereinbarungen zwischen Geschäftsbanken und Schuldnerländern einen substantiellen Abbau der Altschulden bzw. des Schuldendienstes zu erreichen. Die Beteiligten können dabei aus einem «Menü» auswählen, das den Rückkauf von Schuldtiteln (*Debt-Buy-Back) sowie den Tausch von Schuldtiteln gegen Beteiligungskapital (*Debt-Equity-Swap) oder andere Schuldtitel mit niedrigeren Zinsen oder längeren Laufzeiten (*Debt-Bond-Swap) vorsieht. *IWF, *Weltbank und andere öffentliche Geber sollen die *Debt and Debt Service Reduction Agreements* (DDSR) mit Neukrediten und Zinsgarantie unterstützen. Bedingung für ein Umschuldungsabkommen im Rahmen der B.-Initiative ist u. a. ein mittelfristiges Strukturanpassungsprogramm des Schuldnerlandes. Die finanziellen Auswirkungen eines DDSR-Abkommens für das Schuldnerland hängen maßgeblich davon ab, für welche «Menü»-Optionen sich die Gläubigerbanken vorrangig entscheiden. Bis Ende 1991 haben 5 *SIMICS (Costa Rica, Mexiko, Philippinen, Uruguay, Venezuela) Umschuldungsabkommen im Rahmen der B.-Initiative abgeschlossen, die eine Reduzierung der Kreditverpflichtungen gegenüber kommerziellen Banken um 20 Mrd. US-$ erbrachten. Internationale Finanzierungsinstitutionen haben diese DDSR-Abkommen mit 8,6 Mrd. US-$ unterstützt. hs

brain drain Unter b. d. wird die Abwanderung von Fach- und Führungskräften aus EL in IL verstanden, wodurch ein umgekehrter *Technologietransfer stattfindet. Die *Weltbank hat für 1970 den b. d. der EL in Richtung USA wie folgt berechnet: Ingenieure 6400, Ärzte 2211, Wissenschaftler 2625; Verlust der EL von 3,66 Mrd. US-$. Die gesamten als E.-Hilfe deklarierten Leistungen der USA an die EL (Waffenhilfe eingeschlossen) beliefen sich im gleichen Jahr auf 3,05 Mrd. US-$. Zwischen 1960 und 1986 wanderten ca. 1,2 Mio. hochqualifizierte Arbeitskräfte aus den EL ab, 70% davon nach den USA und Kanada. Der den EL dadurch entstandene Verlust wird auf ca. 24. Mrd. US-$ geschätzt. Andererseits bildet der Export von Fachkräften (*Gastarbeiter) einen nicht unwichtigen Beitrag zum Ausgleich der EL-*Zahlungsbilanzen. Ursachen und Folgen des b. d. wurden vor allem zu Zeiten der Vollbeschäftigung in den IL diskutiert. Wie sehr die Absorptionskraft der IL als Regulativ des b. d. gesehen werden muß, zeigt die Verlagerung der Thematik unter geänderten wirtsch. Bedingungen auf Probleme der *Reintegration von Fach- und Führungskräften in ihre Herkunftsländer bzw. in andere EL. Dieser Aufgabe widmet sich u. a. das *CIM. Der b. d. kann auf verschiedene Ursachen zurückgeführt werden: Verkrustete Strukturen, mangelnde *Ressourcen, materielle Verhältnisse, *Arbeitslosigkeit, mangelnde Mobilität, mangelnde Orientierung an den Arbeitsmärkten, strukturelle Fehlentwicklungen der Bildungssysteme, pol. Unsicherheit, Verfolgung religiöser und ethnischer *Minderheiten auf seiten der Herkunftsländer, Einkommensdifferenzen zwischen IL und EL, Orientierung der Qualifikationen auf den Bedarf der IL etc. Vor allem der letzte Aspekt widerspricht dem langgehegten Glauben, daß die Förderung des Studiums in den IL dazu beitragen würde, der *Dritten Welt Fachkräfte zuzuführen, die sie benötigt, um moderne ind. Produktionsmethoden anwenden zu können. Als Folge dieser Fehleinschätzung war zu Beginn der dritten *Entwicklungsdekade ein bedrohliches Anwachsen des Technologiedualismus auszumachen. Dennoch war festzustellen, daß trotz offensichtlichen Mangels an Fach- und Führungskräften in der Dritten Welt und einer nicht zu übersehenden Expertenmüdigkeit die Abwanderungsrate v.a. der im Ausland ausgebildeten Fachkräfte weiter im Steigen war.

Maßnahmen wie gezielte Reintegrationsprogramme, bedarfsorientierte Ausbildungsgänge, **Sur-Place*-Stipendien und finanz. Unterstützung der Rückkehrwilligen sollen nunmehr dazu beitragen, die doppelte Belastung der Dritten Welt durch hohe Ausbildungskosten einerseits und Aufwendungen für dringend benötigte Fachkräfte aus den IL andererseits zu verringern. gf

Brandt-Bericht Die *Nord-Süd-Kommission unter Vorsitz von Willy Brandt legte im März 1980 ihren Bericht «Das Überleben sichern» vor; seine Forderungen richten sich sowohl an die IL als auch an die EL. Er unterbreitet zahlreiche Vorschläge zur Lösung der als dramatisch dargestellten int. sozialen Lage (*Armut, Hunger, Stagnation der Weltwirtschaft mit Inflation, int. Währungswirrwarr, steigende *Verschuldung, *Protektionismus, erhebliche Spannungen zwischen Staaten im Wettlauf um *Energie, Nahrung und Rohstoffe, wachsende Weltbev. und mehr *Arbeitslosigkeit in Nord und Süd, zunehmende Gefährdung der Umwelt, bedrohliches Wettrüsten etc.). Der Kommission geht es um einvernehmliche Lösungen, welche die Interessen aller Beteiligten berücksichtigen. Bes. Bedeutung kommt den Überlegungen zur E.-Finanzierung zu. Die Kommission schlägt Wege automatischer Mittelaufbringung vor, welche die E.-Finanzierung von dem Willen einzelstaatl. Entscheidungsträger unabh. machen sollen. Gedacht wird an Abgaben auf den Handel, auf Waffengeschäfte, auf Verteidigungsetats, auf Luft- oder Frachttransporte, auf das int. gehandelte Rohöl. Besteuert werden könnten auch die Gewinne «neuer Weltunternehmen» zur Ausbeutung von Bodenschätzen auf dem Meeresgrund. Alternative Finanzierungsmöglichkeiten werden in der Ausweitung der *Sonderziehungsrechte und der Nutzbarmachung der Goldbestände innerhalb des *IWF gesehen. Diese Überlegungen bilden einen integralen Bestandteil der Forderung, den Transfer von Ressourcen in die EL massiv zu steigern. In diesem Zusammenhang erwägt der Bericht die Schaffung eines neuen «Weltentwicklungsfonds» mit weltweiter Mitgliedschaft und gleichberechtigter Partnerschaft in Entscheidungen und Kontrolle. Im institutionellen Bereich empfiehlt die Kommission ein Gipfeltreffen von Staats- und Regierungschefs aus IL und EL mit beschränkter Teilnehmerzahl (hier äußert sich die berechtigte Kritik an den vielfach ergebnislos verlaufenden Mammutkonferenzen int. Bürokratien und Funktionärseliten), das sich insb. mit einem Sofortprogramm 1980 bis 1985 befassen soll. Für dieses *emergency-program* erhebt die Kommission folgende Forderungen: 1. Höhere E.-Hilfe der IL: 0,7 % des BSP bis 1985, 1 % bis 2000 an *öffentl. E.-Hilfe; 2. Vereinbarung einer int. Energiestrategie: Sicherung regelmäßiger Versorgung, rigorose Energiesparmaßnahmen, vorhersehbare und schrittweise Preiserhöhungen für Rohöl, gemeinsame E. alternativer und erneuerbarer Energiequellen; 3. Aufbau eines weltumspannenden Nahrungsmittelprogramms: Steigerung der Produktion insges., ländl. E. in den EL; 4. Reformen im int. Wirtschaftssystem: Schaffung eines effektiven int. Währungs- und Finanzsystems bei Gleichberechtigung aller Partner, Reform des Welthandels in Richtung auf Verbesserung der Position der EL. Der Brandt-Bericht fand in der Weltöffentlichkeit ein breites Echo und war Gegenstand von öfftl. Diskussionsveranstaltungen und Parlamentsdebatten. Obwohl zahlreiche seiner Empfehlungen von int. Organisationen (IWF, *Weltbank) aufgenommen wurden, blieb die unmittelbare Wirkung des Berichts hinter den Erwartungen der Kommission zurück. So konnte der von der Kommission angeregte Nord-Süd-Gipfel von * Cancun (Mexiko) zwar erneut die Bedeutung von * Globalverhandlungen betonen, war aber im Hinblick auf die Lösung von Problemen der EL ergebnislos.

Die Kritik am Brandt-Bericht betonte, daß er die Bedeutung und Wirksamkeit der E.-Hilfe von außen überschätze, d.h. die Überwindung der UE primär vom Ressourcentransfer aus den IL in die EL abh. mache und dabei interne E.-Hemmnisse in den EL vernachlässige. Zu wenig werde die Notwendigkeit der Eigenanstrengungen der EL und der in einigen EL längst überfälligen Reformen gewürdigt.

Im Febr. 1982 legte die Nord-Süd-Kommission in Bonn unter dem Titel «Hilfe in der Weltkrise» ihren zweiten Bericht vor, der schwerpunktmäßig die Probleme des int. Währungs- und Finanzsystems analysierte. Angesichts der seit Erscheinen des ersten Berichts sich ständig verschlechternden Lage der Weltwirtschaft und der Gefahr einer weltweiten Depression mit Massenarbeitslosigkeit in den IL und wirtsch. Zusammenbrüchen in einigen Staaten der Dritten Welt forderte die Kommission ein wirtschafts- und finanzpol. Sofortprogramm. Im Mittelpunkt stand dabei die Verbesserung der E.-Finanzierung durch eine Erhöhung der verfügbaren Mittel des IWF. Hierfür wurde u.a. konkret vorgeschlagen: 1. eine ins Gewicht fallende neue Zuteilung von * Sonderziehungsrechten (SZR), bei deren Verteilung die besonderen Bedürfnisse der EL mit Zahlungsbilanzdefiziten berücksichtigt werden müßten, 2. Erhöhung der IWF-Quoten um mindestens 100%, 3. Ausweitung und Vergrößerung der allg. Kreditvereinbarungen, 4. Verstärkung der informellen Zusammenarbeit zwischen Weltbank, IWF, offiziellen Kreditgebern und privaten Banken bei * Umschuldungen, 5. Verdopplung der öfftl. E.-Hilfe an die ärmsten EL (0,15% des BSP der Geberländer). Einen weiteren Schwerpunkt setzte die Kommission mit konkreten Empfehlungen zum * Welthandel.

Lit.: W. Brandt, Das Überleben sichern, Köln 1980; O. Matzke, Tabuisierung der Grundprobleme. Was bedeutet der Brandt-Report?, in: liberal 7/8, 1981, S. 527ff.; J.B. Donges, Der Nord-Süd-Dialog in der Sackgasse? Eine Nachlese zum Brandt-Report, Kieler Diskussionsbeiträge August 1981; W. Brandt (Hg.), Hilfe in der Weltkrise, Reinbek 1983; Friedrich-Ebert-Stiftung (Hg.), Unfähig zum Überleben?, Reaktionen auf den Brandt-Report, Berlin 1983; W. Brandt, Der organisierte Wahnsinn. Wettrüsten und Welthunger, Köln 1985. dn/ah

Brasilien Unter der 20jährigen Militärherrschaft hat B. durch forcierte * Industrialisierung einerseits den Übergang zum * Schwellenland vollzogen, andererseits sind die sozialen Unterschiede, die eine regionale Basis haben, noch gewachsen. Die Wirtschaftskrise der 80er J. hat die Re-* Demokratisierung begünstigt. Die Demokratie tut sich jedoch ebenso schwer, die Verschuldungssituation zu meistern und die Wirtschaft zu stabilisieren. Innenpol. spielt das Militär nach wie vor eine wichtige Rolle.

1. B. ist das größte Land (8511965 qkm) Südamerikas (47,3% der Fläche). Die Bev. B.s hat sich seit 1950 fast verdreifacht (1990: 150,4 Mio., JZ 1985–90: 2,1%). Voraussichtlich wird die Bev. bis zum J. 2000 auf 178 Mio. anwachsen (heute über 50% unter 18 J.). Ein möglicher Rückgang der Geburtenrate wird sich nicht vor Ende des 21. Jh.s auswirken. Etwa 90% der Bev. konzentrieren sich auf ca. ⅓ der Landesfläche in den Ballungsgebieten der küstennahen Regionen des NO, SO und S. Die Verlegung der Hs. ins Landesinnere (Brasilia: 1985 ca. 1,6 Mio. Ew.) war eine Maßnahme, das Hinterland zu erschließen. Der Grad der * Urbanisierung hat sich von ca. 36% (1950) auf rd. 75% (1990) erhöht (JZ 1980–85: 4,0%); ein wachsender Teil der Stadtbev. lebt in Elendsvierteln (*favelas*). Nach Schätzungen sind 60% der Br. Weiße, meist portug., ital. und span. Abstammung, sowie ca. 2 Mio. deutschstämmig. Über 25%

sind Mulatten und Caboclos (Mischlinge von Weißen und Indianern), 10 bis 12% Schwarze und Cafusos (Mischlinge von Indianern und Schwarzen), 1% Japaner. Ein geringer Rest von Indianern (ca. 180000) lebt weit verstreut im N und W des Landes. Die Landessprache ist Portugiesisch. Mit ca. 89% Kath. ist B. das größte kath. Land der Welt. Hiervon ist jedoch ein erheblicher Teil Anhänger der afrobras. Kulte und Spiritisten. Der Rest sind Protestanten, Orthodoxe, Juden, Buddhisten u. a.; Kirche und Staat sind seit 1891 verfassungsmäßig getrennt.

2. Aus der Perspektive der * Dependencia ist die Geschichte B.s seit Beginn der Kolonialisierung im J. 1500 eine Geschichte struktureller * Abhängigkeit. Die Hauptproduktionszyklen der bras. Wirtschaft wurden durch den Weltmarkt bestimmt: Brasilholz im 16. Jh., Zuckerrohr seit dem 17. Jh. im NO, Gold und Edelsteine im 18. Jh. in Minas Gerais, Kaffee seit dem 19. Jh. in São Paulo und Paraná. Es entstanden rein exportorientierte Produktionsstrukturen, jeweils in Abh. von metropolitanen Zentren: zunächst von Portugal und zeitweise von Holland, im 18. und 19. Jh. von England und seit dem 1. Weltkrieg von den USA und GB, später von der BRD und Japan). Neben den genannten Hauptprodukten exportierte B. Leder, Tabak, Gummi und Kakao. Jeder Zyklus hatte intern eine regionale Basis und brachte dem Gebiet, in dem er sich abspielte, eine Epoche wirtsch. Aufstiegs und Wohlstands. Nach seiner Beendigung ließ er jedoch als Folge der * Monokultur eine sterbende Wirtschaft und eine archaische Sozialstruktur zurück. In großen Teilen B.s ist die UE somit der E. gefolgt und ihr nicht vorausgegangen.

3. Im J. 1822 rief der spätere Dom Pedro I. die Unabh. B.s aus und gründete das Kaiserreich B. Die ablehnende Reaktion der Plantagenbesitzer auf die entschädigungslose Freilassung aller Sklaven (1888), das Fehlen eines männlichen Thronfolgers, antimonarchische Strömungen in der kirchl. Orthodoxie und im republik. orientierten Militär waren 1889 Gründe für die Absetzung Pedros II. durch einen Militärputsch. Die föderative Republik wurde zur neuen Staatsform der «Vereinigten Staaten von Brasilien» erklärt. Nach fünf J. Militärherrschaft begann die «Politik der Gouverneure». Sie sicherte dem Präs. die Unterstützung des Kongresses durch gegenseitige Absprachen mit und unter den Gouverneuren, Senatoren und Abgeordneten hinsichtlich der Kandidatenauslese. Diese Politik erlaubte die Koexistenz formaldemokrat. Institutionen mit der trad. agrarisch-feudalen Gesellschaftsstruktur. Bis 1930 lösten sich die Gouverneure der mächtigsten Staaten São Paulo, Minas Gerais und Rio Grande do Sul im Amt des Präs. ab. Diese «Kaffee mit Milch»-Politik, die sich auf den Reichtum aus Kaffee und Viehzucht gründete, erklärt sich durch die einschneidenden wirtsch. Veränderungen in der Übergangsphase zur Republik. Das ökon. Zentrum verlagerte sich vom NO mit der ursprüngl. auf Sklavenarbeit beruhenden Erzeugung von Zucker, Baumwolle und Kakao in den Süden. São Paulo und Minas Gerais wurden zum geograph., wirtsch. und demograph. Zentrum des Landes. Zu Beginn des 20. Jh.s erfolgte der Zusammenbruch des Kautschukexportes durch die einsetzende Konkurrenz der Briten und Holländer in Ostindien. Dasselbe Schicksal ereilte den Kaffeemarkt mit einem durch Überproduktion verursachten, folgenschweren Preisverfall. Zur parallel verlaufenden Weltwirtschaftskrise kamen noch innenpol. Spannungen durch die kompromißlose Haltung São Paulos bei der Auswahl der Präsidentschaftskandidaten. In dieser Krise brach 1930 eine Revolution aus. Die pol. Vorherrschaft der «Kaffeebarone» wurde gebrochen, und mit dem Wechsel der Machteliten trat das moderne B. hervor. Präs. Getú-

lio Vargas führte eine fortschrittliche Sozialgesetzgebung ein. Durch einen Staatsstreich sicherte sich Vargas 1937 weiterhin die Machtausübung. Kongreß und Parteien wurden aufgelöst. Die Verfassung des «Neuen Staates» schuf die formale Grundlage für ein autoritäres und zentralistisches Regime (*getulismo*), das eine *importsubstituierende Industrialisierung betrieb. Im Zuge der in LA erwachenden demokratischen Bewegungen zwang das Militär nach Ende des II. Weltkrieges den Diktator zum Rücktritt. Mit der Wahl General Dutras zum Präs. wurden die Voraussetzungen für die Verfassung (1946) einer repräsentativen Demokratie geschaffen. Unter Juscelino Kubitschek wurde die «getulistische» Politik der Importsubstitution allmählich aufgegeben. Der gezielte Ausbau des Exportsektors in den folgenden J. und die Öffnung des Landes für ausl. *Direktinvestitionen führten zwar zu einer Dynamisierung der Wirtsch., aber auch zu Profittransfer, *Verschuldung und größerer Abhängigkeit. Mit Janio Quadros kam 1961 zum erstenmal seit 1945 ein Kandidat der Oppositionspartei UDN und nicht der beiden von Vargas gegründeten Parteien PSD und PTB an die Macht. Die eingeleitete Reformpolitik (*Nationalisierung ausl. Betriebe, z.B. Telefon) wurde nach dem überraschenden Rücktritt von Quadros von seinem Nachfolger Joao Goulart verstärkt fortgeführt – unter wachsender Politisierung und Mobilisierung der Bev. (studentische Proteste, gewerkschaftliche Streiks, Bewegung der Landarbeiter/Bauernligen). Wachsende soziale Spannungen und rückläufige Wachstumsraten der Wirtschaft, Steigerung der Inflation und Rückzug des Auslandskapitals führten jene Situation herbei, in der die Streitkräfte März 1964 die Macht übernahmen. Die Militärs hatten sich auf diese Intervention zielstrebig und systematisch vorbereitet, insbes. durch den Ausbau der ESG (*Escola Superior de Guerra*) zu einem entwicklungsökon. und sozial-wiss. Studienzentrum und durch Formulierung einer ideologischen Grundlage ihrer Herrschaftsausübung, der *Doktrin der nat. Sicherheit.

4. Das pol. System wurde dem ökon. Modell untergeordnet und entsprechende pol. Rahmenbedingungen für die strikt verfolgten wirtsch. Wachstumsziele repressiv durchgesetzt. Dabei wurde mit Blick auf das Ausland, von dem Kapitalinvestitionen erwartet wurden und dem trotz Massenverhaftungen und Terror ein freundliches Investitionsklima in B. suggeriert werden sollte, verfassungsrechtlich eine demokratische Fassade aufrechterhalten. Parteien wurden nicht grundsätzlich verboten, das Parteiensystem jedoch umstrukturiert. In Konkurrenz zur Regierungspartei ARENA wurde eine offizielle Oppositionspartei MDB zugelassen, der eine begrenzte Opposition gestattet wurde, solange das Regime sie zu tragen bereit war. Als gegen Ende der 60er J. die oppositionelle Betätigung ziviler Politiker, der Studenten und der kath. Kirche sowie Untergrundaktivitäten zunahmen, erließ Costa e Silva, der dem ersten Präs. Castelo Branco turnusgemäß gefolgt war, (1968) den unbefristeten «Institutionellen Akt Nr. 5» (AI–5), der ihm u. a. die Befugnis verlieh, jedem Staatsbürger die pol. Rechte für 10 J. abzuerkennen und Mandate zur Legislative zu «kassieren». General Costa e Silva hinterließ seinem Nachfolger die bis 1988 gültige Verfassung (1967, reformiert 1969). Präs. Medici behielt die Politik des «autoritären Zentralismus» bei.

5. Bereits Mitte der 70er J. begann unter Präs. General Ernesto Geisel eine vorsichtige Öffnung. Unter seinem Nachfolger Joao Figueiredo mündete die Liberalisierung in einen zunächst noch vom Regime kontrollierten Transitionsprozeß. Die wichtigsten Etappen waren die Parlamentswahlen von

1982, die indirekten Präsidentschaftswahlen von 1985, die von der Oppositionspartei gewonnen wurden, die Wiederherstellung der Menschen- und bürgerlichen Freiheitsrechte sowie die Verabschiedung einer neuen Verfassung am 5. Oktober 1988. Dieser langsame Prozeß des Regimewechsels bringt zum Ausdruck, daß das Militär keineswegs politisch geschwächt von den Schalthebeln der Macht verdrängt wurde; es hat sich vielmehr kontrolliert und den Prozeß kontrollierend zurückgezogen.

Der Druck in Richtung Demokratisierung ging einerseits von sozialen Bewegungen (1978–1980) und von der sich allmählich neuformierenden Gewerkschaftsbasis aus, andererseits von der auf Parteiebene seit 1980 im PMDB organisierten Regimeopposition, die seit 1986 die Mehrheit der Mandate im Kongreß innehatte. Sie setzte auf Verhandlungen mit den reformwilligen Regimesektoren und verstand deren Bereitschaft zu nutzen, sich Schritt für Schritt in Richtung Demokratie zu bewegen. Daß die verhandelnden Parteieliten über ein beachtliches Mobilisierungspotential verfügten, zeigte die von ihnen mitinitiierte Kampagne für die Direktwahl des Präsidenten («*Diretas já!*») im Vorfeld der Präsidentschaftswahl von 1985. Eine entsprechende Verfassungsänderung wurde im Kongreß zwar abgelehnt, im Wahlmännerkollegium aber ergab sich (nicht zuletzt wegen des auch im eigenen Lager umstrittenen Regimekandidaten Paulo Maluf) durch die Abspaltung eines Dissidentenflügels von der Regimepartei PDS eine Mehrheit für die Opposition: Mit den Stimmen der Wahlmänner von PMDB und PFL (wie die neugegründete Partei der Regimedissidenten sich nannte) wurden Tancredo Neves (PMDB) zum Präs. und José Sarney (PFL) zum Vizepräs. gewählt. Damit war der Durchbruch der Redemokratisierung gelungen. Bevor er allerdings sein Amt antreten konnte, starb Neves, und der gewählte Vizepräsident rückte an seine Stelle. Mit Sarney, der sein Amt im Mai 1985 antrat, wurde ein ehemaliger Vertreter des «*Ancien regime*» (bis 1984 war er sogar Vorsitzender des PDS), ein «aufgeklärter Konservativer», erster Präs. der «neuen Republik» (*Nova República*).

Die Motive der Militärs, die Macht an zivile Politiker zurückzugeben, sind vielschichtig. Es bleibt festzuhalten, daß sie keinen Plan zur Redemokratisierung B.s besaßen, auch wenn die Folgerichtigkeit des Ablaufs anzunehmen naheliegt. Vielmehr hat es die demokratische Opposition verstanden, dem vom Regime aus eigenen Machterhaltungsinteressen begonnenen Liberalisierungsprozeß eine Dynamik zu verleihen, die schließlich zur Redemokratisierung führte. Allerdings stemmte sich das Militär, als ihm die Kontrolle über den Liberalisierungsprozeß entglitt, der Entwicklung zur Demokratie nicht entgegen. Dies ist u. a. dadurch zu erklären, daß die Legitimität des Regimes, die sich vorrangig aus seiner Leistungsfähigkeit nährte (brasilianisches «Wirtschaftswunder» 1968 bis 1973), durch die Wirtschaftsrezession 1979–1983 schwer erschüttert wurde. Auch andere Motive für die Unterstützung des Regimes hatten sich verbraucht, so z. B. der Schutz nat. Sicherheit nach innen (gegen Umsturzversuche von links) und außen (z. B. gegen den Konkurrenten Argentinien). Aus dem Scheinparlament, das als konstitutionelles Fassadenelement ebenfalls zur Legitimierung diente, war dem Regime inzwischen eine tatsächliche Opposition erwachsen.

Nach 1985 wurde zunächst auf der Grundlage der Verf. von 1967 und mit Hilfe von Verfassungszusätzen regiert, mit denen die dringendsten Korrekturen (Wiederherstellung der Menschen- und Bürgerrechte, Wahlrecht auch für Analphabeten) vorgenommen wurden. Der am 15. Nov. 1986 gewählte Kongreß konstituierte sich dann als Verfassunggebende Versammlung. Nach langen und kontroversen Diskussionen im Kongreß wurde der neuerarbeitete Verfassungstext im August 1988 verabschiedet. Mit dem Inkrafttreten der neuen Verfassung am 5. Okt. 1988 kann die Redemokratisierung B. als abgeschlossen betrachtet werden.

6. Nach anfänglicher Rezession unter Castelo Branco und Costa e Silva begann 1968/69 das sog. brasilianische Wirtsch.-Wunder, das bis zur Energiekrise von 1973 anhielt und sich von 1967 bis 1973 durch jährl. Zuwachsraten von über 10% auszeichnete. Das bras. Modell gründete sich auf eine Allianz von hohen Militärs und zivilen Technokraten. Im Windschatten der Militärdiktatur wurden durch Lohnstopp, Disziplinierung der Gewerkschaften und pol. Repression hohe wirtsch. Wachstumsraten erzielt. In der Folge der beiden «Ölschocks» 1973 und 1979 geriet B. Ende der 70er, Anfang der 80er J. in eine der schwersten Krisen seiner Geschichte. Wegen seiner Export- und Energieimportabhängigkeit wirkten sich die weltwirtsch. Instabilitäten verheerend aus. Der Versuch der Energieselbstversorgung (Kraftwerk * Itaipú, Ersetzung des Benzins durch Kraftstoff aus Äthanol) führte zu neuen Kosten und mit dem Sinken der Erdölpreise 1986 zur Notwendigkeit umfassender Subventionen. Die Auslandsverschuldung stieg innerhalb weniger Jahre ins Gigantische: 1980: 70 Mrd. US-$, 1985: 105,5 Mrd. US-$, 1989: 111,3 Mrd. US-$. Der Schuldendienst verschlang bis zu 55% der Exporterlöse. Hyperinflation und damit sinkende Reallöhne, Arbeitslosigkeit und ein jährliches Bevölkerungswachstum von 2,6% verschärften die soziale Lage in einem Land, das ohnehin eine der höchsten Einkommenskonzentrationen der Welt aufweist. Heute gelten bis zu 66% der Brasilianer als nicht ausreichend ernährt, 44% der Familien leben unterhalb der Armutsgrenze, nur ein Viertel aller Haushalte ist an das Abwassersystem angeschlossen. Durch eine Exportoffensive (B. ist fünftgrößter Rüstungsexporteur der Welt), eine Drosselung der Importe und einen Protektionismus im Informatikbereich, der dem Aufbau einer eigenen Computerproduktion zugute kam, gelang es, den Rückgang des Wirtschaftswachstums (1983: – 3,3%) zu stoppen und 1984 einen kurzlebigen Wachstumsschub zu erreichen.

Die Reg. Sarney folgte bei der Bekämpfung der Krise keinem in sich schlüssigen Gesamtkonzept, sondern ergriff teilweise sich widersprechende Einzelmaßnahmen, die trotz anfänglicher Erfolge («Plan Cruzado» 1986) weder eine nachhaltige Senkung der Inflation noch eine Belebung der Wirtschaft zeitigten. 1989 fanden die ersten direkten Präsidentschaftswahlen seit 1960 statt. Dabei setzte sich der liberale Fernando Collor de Mello, unterstützt von einer neuen, kleinen Partei (PRN), im zweiten Wahlgang gegen den Kandidaten der Linken, Luis Ignacio «Lula» da Silva, durch.

Nicht zuletzt wegen der mangelnden parlamentarischen Basis Collors scheiterte dessen ambitionierte Politik grundlegender Wirtschaftsreformen, die er in seinen beiden ersten Amtsjahren ohne Rücksicht auf die institutionellen Mehrheitsverhältnisse mit Hilfe von Schockprogrammen durchzusetzen versuchte. Weder gelang es, die Inflation zu stoppen (1990: 1585%; 1992: 1132%), noch konnte die wirtschaftliche Rezession überwunden (BIP/Kopf-Veränderung 1990: –6,1%; 1992: –3,1%) und eine weitere Verschärfung der sozialen Lage weiter Bevölkerungsteile verhindert werden. Mitte 1992 geriet Collor in schweren Korruptionsverdacht, am 29.9.1992 wurde er im Zuge eines von wochenlangen Massendemonstrationen begleiteten Amtsenthebungsverfahrens nach Art. 84 der bras. Verfassung durch das Abgeordnetenhaus zunächst vom

Präsidentenamt suspendiert. Ende Dez. trat er offiziell zurück und wurde vom Senat endgültig abgesetzt. Verfassungsgemäß ging die Präsidentschaft bis zum Ende der Regierungsperiode auf Vizepräsident Itamar Franco über, der zum traditionell wirtschaftsnationalistischen Lager gezählt wird. Die seit der Redemokratisierung geführte Debatte um eine grundlegende Reform des Regierungssystems (Übergang vom Präsidentialismus zum Parlamentarismus), die 1993 durch ein Referendum entschieden werden soll, erhielt durch die politische Krise des Jahres 1992 neue Nahrung. Ihr Ergebnis wird für die künftige politisch-institutionelle Entwicklung Bras. richtungweisend sein.

Lit.: T. E. Skidmore, Politics in Brazil, 1930–1964. An Experiment in Democracy, London u. a. 1967; U. Holtz (Hg.), Brasilien. Eine historisch-politische Landeskunde, Quellen und Anmerkungen, Paderborn 1981; W. Würtele, Auf dem Weg zu einer «Authentischen» Gewerkschaftsbewegung in Brasilien, Heidelberg 1982; Chr. German, Brasilien: Autoritarismus und Wahlen, München/Köln/London 1983; H. Jaguaribe u. a., Brasil 2000, Rio de Janeiro 1986; E. Altvater, Sachzwang Weltmarkt, Hamburg 1987; M. Wöhlke, Brasilien. Anatomie eines Riesen, München (2. Aufl.) 1987; T. E. Skidmore, De Castello a Tancredo, São Paulo 1988; Schirm, S. A., Brasilien: Regionalmacht zwischen Autonomie und Dependenz, Hamburg 1990; Sangmeister, H., Brasilien, in: HDW III, 2, 1992, S. 219 ff. cg/hb

Brazzaville-Gruppe 1960 beschlossen in Brazzaville Vertreter der Staaten der ehemaligen *AOF und *AEF (außer Guinea und Mali), Kameruns und Madagaskars die 1961 erfolgte Gründung einer *Organisation Africaine et Malgache de Coopération Economique* (OAMCE) und als Konferenz der Staats- und Regierungschefs die *Union Africaine et Malgache* (UAM, 1964 aufgelöst). Vorläuferin der *OCAM. Kern der konservativen *Monrovia-Gruppe. fn

Bretton-Woods-System →Weltbank; Süd-Süd-Beziehungen; →IWF

Brot für die Welt →BfdW

Brückenkopf Als B.e werden die herrschenden Eliten in den EL bezeichnet, die – im *Zentrum-Peripherie-Modell – das Bindeglied zwischen *Metropolen und Peripherien darstellen, dabei integrale Bestandteile der Peripheriegesellschaften sind, deren Ökonomien in den Weltmarkt integrieren bzw. integriert halten (Exportsektoren), wie die Metropolen am Weltwirtschaftssystem profitieren und darauf ihre privilegierte Stellung in den EL-Gesellschaften gründen. dn

Brundtland-Bericht Auf Beschluß der *UN-Vollversammlung im Herbst 1983 wurde die *World Commission on Environment and Development* als unabh. UN-Sonderkommission unter dem Vorsitz der Norwegerin Gro Harlem Brundtland (von 1974–79 Umweltmin.; 1981 und seit 1986 Ministerpräs.) gebildet. Die Kommission, der 22 Mitgl. aus 21 Staaten (13 aus EL, 9 aus IL) angehörten, stellte im April 1987 in London ihren Bericht «*Our Common Future*» vor. Er erhält Gewicht durch die starke Beteiligung von Vertretern aus EL und seine einstimmige Verabschiedung in der Kommission, die in allen Erdteilen getagt und mit Experten und Betroffenen auch öfftl. Anhörungen durchgeführt hat.

Der Bericht will kein simuliertes *Weltmodell und keine extrapolierten Prognosen liefern. Auch seine Empfehlungen für die untersuchten Bereiche *Bevölkerung, *Ernährung, Artenschwund, Energie, Industrie und Besiedlung gehen kaum über die bereits bekannten Positionen hinaus. Neu ist aber das Bemühen, Umwelt (*Ökologie) und *Entwicklung in ihrer wechselseitigen Abh. und als Einheit zu behandeln. In der Tradition der *Brandt-Berichte und der Palme-Kommission über «Gemeinsame Sicherheit» (im Zusammenhang des Ost-West Konflikts) wird die Grundthese entfaltet, daß Nord und Süd sich nur gemeinsam die Chance einer langfristig gesicherten Zukunft eröffnen können, da sich das Ökosystem Erde durch starke globale Vernetzung auszeichnet und massive Umweltschädigungen (z.B. die Zerstörung der Ozonschicht oder der tropischen Regenwälder) in ihren Folgen nicht auf den N oder S begrenzt bleiben.

Eine gemeinsame Zukunft kann es für die Menschheit nach Einschätzung der Kommission aber nur im Rahmen einer neuen Phase wirtsch. Wachstums, v. a. in den EL, geben, da hier die *Armut zum Raubbau an den natürlichen Lebensgrundlagen zwingt und Hauptursache der Umweltzerstörung ist. Kriterium des anzustrebenden Wachstums soll (in S und N) seine soziale und ökol. Verträglichkeit sein. So muß in den EL in ökol. angepaßter Weise die Befriedigung der *Grundbedürfnisse und weiterreichende E. ermöglicht werden. Dazu ist zunächst v. a. die rasche Lösung der *Verschuldungskrise dringend erforderlich. Gleichzeitig müssen die IL Lebensstil und Wirtschaftsstruktur ändern, wo deren Ausdehnung auf die ges. Welt von der Biosphäre nicht vertragen würde (z. B. Energieverbrauch). Werden diese Kriterien rechtzeitig in die pol. Praxis umgesetzt, sieht die Kommission sehr wohl Chancen, die ganze Welt auf den Weg eines →*«sustainable development»* zu bringen, einer harmonischen und dauerhaften E., die (in N und S) die Bedürfnisse der Gegenwart befriedigt, ohne zu riskieren, daß künftige Generationen dies nicht können.

Der Bericht, der auf einen globalen Bewußtseinswandel zielt, fand bei seiner Veröffentlichung ein breites Presse-Echo. Er wurde inzwischen zu einem zentralen Dokument in den Auseinandersetzungen über Umwelt und E. auf UN-Ebene. Allerdings ist bisher nicht zu erkennen, daß die IL zu den längerfristig im eigenen Interesse liegenden einschneidenden Maßnahmen zugunsten der EL bereit wären.

Lit.: V. Hauff (Hg.), Unsere gemeinsame Zukunft. Der Brundtland-Bericht der Weltkommission für Umwelt und Entwicklung, Greven 1987. bh

Brunei Das an der NW-Küste der Insel Borneo gelegene Sultanat B. besitzt eine Fläche von 5765 qkm und ist durch tropisches Regenwaldklima geprägt. Die Böden sind nur wenig für Agrarnutzung geeignet. Reiche Erdöl- und Erdgasvorkommen im **Onshore-* und **Offshore*-Bereich machen B. zu einem der reichsten Staaten der Erde (1990: *Pro-Kopf-Einkommen von 14220 US-$).

1. Die Bev. (1990: 300000 Ew.) wächst stark (1985–90 durchschnittlich 3,4 % p. a.) und hat eine hohe LE (1990: 74 J.). Ca. 58 % der Bev. leben in Städten, v. a. im Einzugsbereich der Hs. Bandar Seri Begawan (45 %) und an der Küste (Tutong, Ölstädte Seria und Kuala Belait). *Ethnisch gliedert sie sich in Malaien (60 %), Chinesen (19 %), Inder und Europäer und religiös in Moslems (60 %), Buddhisten, Konfuzianer und Christen.

2. Die ökon. Struktur B.s wird von seinen Erdöl- und Erdgas-Ressourcen bestimmt. Auf sie entfallen mehr als 90 % der Exporterlöse und mehr als 90 % der Einnahmen des Staatshaushaltes. Haupthandelspartner sind Japan und die *ASEAN-Staaten (zusammen ⅔ der Exporte) sowie die USA (12 %). Die 1929 begonnene Erdölförderung erfolgt durch die *Brunei Shell Petroleum Company Ltd.*, die jeweils zur Hälfte dem Staat von B. und der *Royal Dutch Shell*-Gruppe gehört. Die Flüssiggasgesellschaft *Brunei LNG Ltd.* befindet sich zu je ⅓ in den Händen von Staat, *Royal Dutch Shell* und *Mitsubishi*. Gegenüber dem Erdölsektor ist die Bedeutung der Landw. gering (1986: 1 % des BSP und 3 % der Erwerbspersonen). Der Anbau von Kautschuk (*Plantagen), Pfeffer und dem Grundnahrungsmittel Reis ist seit J. rückläufig. Nahezu 80 % des Reisbedarfs muß aus Thailand importiert werden, auch wenn seit Mitte der 70er J. staatl. Reisfarmen zur Eigenversorgung eingerichtet wurden. Staatl. Großbetriebe (z. B. staatseigene Rinderfarmen B.s in N-Australien) und private Rinderfarmen (*Mitsubishi*-Farm in der Nähe der Hs.) sichern die

Fleischversorgung der Bev. 1986 arbeiteten über 70% der Bev. im Tertiärsektor und 23% in der Industrie. Ziel der E.-Pläne ist die *Diversifizierung der Wirtschaft (Schwerpunkt: Land-, Forst- und Fischereiwirtschaft).

3. Das Erziehungswesen wird in B. gezielt gefördert. Der Schulbesuch, der Schultransport und die Unterbringung in Internaten sind für die Bev. kostenlos; ebenso die med. Versorgung. Eine allg. Wehrpflicht (4000 Mann starkes, von brit. Offizieren ausgebildetes Heer) existiert genausowenig wie die Lohn- und Einkommenssteuer. Die Arbeitnehmer können mit 55 J. oder nach 30 J. Dienst in Rente gehen.

4. Wahrscheinlich sind die B.s Nachfahren der geflohenen Herrscherfamilie des Reiches von Funan, das um 680 von den Khmer zerstört wurde. Die größte Macht besaß der Sultan von B. im 16. Jh.; er kontrollierte das ges. NW-Borneo, den Archipel von Sulu und Teile der Philippinen. Bereits im 17. Jh. begann der Machtverfall; die Konflikte mit den Spaniern (Philippinen) nahmen zu, und nachdem sich die Briten zur Sicherung des Seeweges nach Hongkong für die NW-Küste Borneos interessiert hatten, geriet B. allmählich unter die Kontrolle Großbritanniens. Von 1888 bis 1971 war B. brit. Schutzgebiet. Die brit. Herrschaft wurde im II. Weltkrieg durch die japan. Invasion (1941–45) unterbrochen. Nachdem B. 1959 die Teilautonomie und 1971 die volle innere Souveränität erhalten hatte, wurde das Land am 1.1.1984 unabhängig. Die Exekutivgewalt liegt beim Staats- und Regierungschef (Sir Sultan Muda Hassan al-Bolkiah), der von fünf verfassungsmäßigen Organen (Staatsrat, Ministerrat, Religiöser Rat, Gesetzgebender Rat, Rat der Nachfolge) beraten wird. Der Gesetzgebende Rat ist seit 1962 aufgelöst. Einzige zugelassene Oppositionspartei ist die 1985 gegr. Nationaldemokratische Partei, die – bislang vergeblich – auf eine *Demokratisierung drängt. B. ist *AKP-Staat und Mitgl. der *ASEAN.

Lit.: J. C. Franz, Brunei, in: HDW II, 7, Hamburg 1983, S. 301 ff. ah

Bruttoinlandsprodukt →Sozialprodukt

Bruttosozialprodukt →Sozialprodukt

BSAC →Zambia, Zimbabwe

Buenos-Aires-Plan Aktionsplan der EL zur Förderung der wirtsch. Zusammenarbeit unter den EL, verabschiedet von der *TCDC-Konferenz in Buenos Aires 1979. Der am Konzept der **collective self-reliance* orientierte Aktionsplan enthält u.a. folgende Ziele, die es zu fördern gelte: 1. **self-reliance*; 2. *collective self-reliance* (durch Erfahrungsaustausch, *Pool*-Bildung, gemeinsame Nutzbarmachung techn. *Ressourcen); 3. Forschung zu E.-Problemen (zur besseren Formulierung geeigneter Strategien der EL in den int. Wirtschaftsbez.); 4. Transfer *angepaßter Technologien und des dazugehörigen **Know-how* unter EL.

Text in: HIZ III A03, 17 dn

BUF →ANC

bufferstocks Ausgleichslager für Rohstoffe, die im Rahmen des *Integrierten Rohstoffprogramms und finanziert durch den *Gemeinsamen Fonds auf Grund von *Rohstoffabkommen eingerichtet werden sollten. Ziel war die Stabilisierung der Rohstoffpreise. Durch Lagerkäufe sollten die Preisschwankungen gedämpft werden. →Rohstoffabkommen dn

built-in evaluation →Evaluierung

BUKO Bundeskongreß entwicklungspolitischer Aktionsgruppen, 1977 mit dem Ziel gegr., neben vereinzelt bestehenden Länder- und Themenkoordinationen von Dritte Welt-Gruppen, Solidaritätskomitees und e.-pol. Basisinitiativen in der Bundesrepublik eine bundesweite Koordinationsstelle zu schaffen. *Organe*: ein jährl. stattfindender Bundeskongreß, BUKO-Seminare, ein zweij. zu wählender Koordinierungsausschuß sowie seit 1980 eine Geschäftsstelle in Hamburg; der BU-

KO-Rundbrief «Forum» fungiert als publizistisches Diskussionsforum. Der BUKO gehört der ICDA (*International Coalition for Development Action*, Sitz Brüssel) an und finanziert sich insb. aus Beiträgen der zur Zeit 280 Mitgliedsgruppen, Spenden, Zuschüssen der ev. Kirche und Mitteln des Arbeitsamtes. Das *BMZ stellte unter CSU-Leitung seine Zuschüsse ein.

Nach anfänglich überwiegend passiven Koordinierungsaufgaben hat sich der BUKO inzwischen pol. profiliert, kritisiert scharf die offizielle E.-Politik der Bundesreg. und ruft zu großangelegten Kampagnen auf (u. a. Pharma-Kampagne, Kampagne: «Stoppt den Rüstungsexport», Kampagne gegen Futtermittelimporte). Jede Dritte Welt-Gruppe kann im BUKO Mitglied mit Stimmrecht werden (Jahresbeitrag 150 DM); größere Org., Parteien und überregionale Zusammenschlüsse erhalten gegen jährlich 350 DM Beobachterstatus. Adresse: Nernstweg 32–34, 2000 Hamburg 50) (→Aktionsgruppen, entwicklungspolitische) bg/mik

Bundesanstalt für Geowissenschaften und Rohstoffe →BGR

Bundeskongreß entwicklungspolitischer Aktionsgruppen →BUKO

Bundesländer →Entwicklungspolitik der Länder der Bundesrepublik

Bundesministerium für wirtschaftliche Zusammenarbeit →BMZ

Bundesstelle für Außenhandelsinformation →BfAI

Bundesstelle für Entwicklungshilfe →GTZ

Burkina Faso Die Republik B. F. (bis 1985: Obervolta) ist eines der ärmsten Länder der *Dritten Welt (*Pro-Kopf-Einkommen 1990: ca. 310 US $). Die ungenügende Infrastruktur, fortschreitende Wüstenbildung (*Sahelzone, *Desertifikation) sowie eine schwache Ressourcenausstattung stellen die größten E.-Probleme dar. Die politische Entwicklung seit der Unabhängigkeit (1960) zählt zu den interessantesten in Westafrika.

1. Mit knapp der Hälfte der 1990 ca. 9 Mio. Ew. stellen die im Zentrum B. F.s (Gesamtfläche 274 000 qkm) lebenden Mossi die dominierende *Ethnie, deren nach «feudalen» Verwaltungsstrukturen organisierte Reiche mit einem bis heute pol. einflußreichen Mogho Naba (Kaiser) an der Spitze bis ins 12. Jh. zurückreichen. Im N leben noch z. T. nomadische Peul (Fulbe) und Tuareg (zusammen knapp 10% der Bev.), im W die Bobo, Lobi, Mande-Völker, ferner Senufo, Samo, Gurunsi und andere Ethnien. Etwa 30% der Bev. sind Moslems, rund 60% Animisten, ca. 10% Christen, deren Einfluß v. a. auf die Führungsschicht durch das katholische Schulwesen aber weit höher ist. Die Einschulungsrate von ca. 15% (besonders benachteiligt sind Mädchen; die Frauen sind zu rd. 98% Analphabeten) gehört zu den niedrigsten in ganz Afrika. Nur etwa 9% der Bev. leben in Städten, rd. 85% der Erwerbstätigen arbeiten in der Landwirtschaft (Anteil am BIP in guten Erntejahren 40%). Über die Hälfte der Produktion (Hirse, Sorghum, Bohnen, Mais, Reis u. a.) wird für die Selbstversorgung der Bauern verwendet. Die Lebensmittelversorgung bleibt je nach Ernte unsicher. Die wichtigsten Exportprodukte bilden Vieh (katastrophaler Rückgang des Bestands nach der Dürre 1983/84 von 7,3 auf 1 Mio. Stück), Baumwolle und Gold mit 1989 ca. 75% der Exporteinnahmen u. a., erreichen aber nie den Wert der Einfuhren (Handelsbilanzdefizit 1987: 84 Mrd. F CFA). Etwas günstiger gestaltet sich die *Zahlungsbilanz, wofür öfftl. (z. B. Auslandsanteil am Entwicklungsplan 1986–90 in Höhe von 630 Mrd. F CFA: 85%) und private (v. a. von den aufgrund mangelnder Beschäftigungsmöglichkeiten saisonal oder mehrere Jahre im Ausland, v. a. in der Elfenbeinküste arbeitenden rund 2 Mio. Burkinabés) Übertragungen aus dem Ausland verantwortlich sind. Diese Finanzzuflüsse, der zweite Platz der Elfenbeinküste als Handelspartner nach Frankreich,

das 1989 einen Anteil von 29 % der Einfuhren und 26 % der Ausfuhren zu verzeichnen hatte, der Anteil von 75 % des Hafens von Abidjan am Export von B. F. u. a. belegen, daß das in der Kolonialzeit angelegte Abh.-Verhältnis des Landes von seinem wichtigsten Nachbarn fortbesteht.

2. Bedeutendste Verkehrsachse von B. F. ist die 517 km lange Eisenbahnlinie von der Hs. Ouagadougou (1987: 236 000 Ew.) zur ivorischen Grenze und weiter nach Abidjan. Die Verkehrsinfrastruktur ist jedoch unzureichend (rund die Hälfte der 16 500 km als Straßen ausgewiesenen Wege ist in der Regenzeit schwer passierbar, ungenügendes Straßennetz v. a. im N und O) und der Hauptgrund dafür, daß seit J. bekannte Bodenschätze (u. a. reichhaltige Manganvorkommen bei Tambao im N) nicht abgebaut werden. Von der in ihrer Wirtschaftlichkeit umstrittenen projektierten «Sahel-Eisenbahnlinie» Ouagadougou–Tambao (312 km), die einmal auch eine Verbindung nach Mali und Niger herstellen soll, ist der erste Abschnitt (104 km nach Kaya) durch den Einsatz von Freiwilligen fertiggestellt worden. Die überwiegend *importsubstituierende und landwirtschaftliche Produkte verarbeitende Industrie steigerte ihren Anteil am BIP von 1987: 12 % auf 1990: 24 %.

3. Nachdem das autoritäre und korrupte Einparteiregime (→autoritäre Regime) des ersten Präs. M. Yaméogo Anfang 1966 zusammenbrach, lösten sich Militär- und Zivilregime (unter Regierungsbeteiligung der jeweils anderen Seite) in regelmäßiger Folge ab (Militärputsche 1974, 1980, 1982, 1983, 1987; die letzten drei jeweils gegen Militärregierungen gerichtet). Hauptakteure der pol. Auseinandersetzungen waren dabei die zahlenmäßig schwachen, aber sehr aktiven Gewerkschaften, mehrere linke Parteien und ein sich radikalisierender Flügel des Militärs einerseits sowie die gemäßigten Militärs, die kath. Hierarchie, der Mogho Naba und insbes. auf Frankreich ausgerichtete Politiker andererseits. Die wichtigste Zäsur nach dem Sturz von Staatspräs. General Lamizana (1966–80) setzte der Putsch von Hauptmann Thomas Sankara 1983. Die sozialrevolutionären Umgestaltungsprozesse, die Sankara einleitete, waren in Schwarzafrika ohne Vorbild. Sie zielten in erster Linie auf eine Emanzipierung der bisher Unterprivilegierten, insb. der *Frauen und der Bauern. Eine völlige Umgestaltung der pol. Strukturen bedeutete die Übertragung der pol. Macht auf lokaler Basis auf die rd. 7000 *Comités de Défense de la Révolution* (CDR). Die Kompetenzen der häufig aus Jugendlichen zusammengesetzten CDR waren unbestimmt, in der Praxis jedoch fast allumfassend. Den CDR gelang eine Massenmobilisierung, deren entwicklungspol. Schwerpunkt im Ausbau der Infrastrukturen im ländl. Raum lag. Sankara bekämpfte die Korruption und senkte den Anteil der Gehälter des öfftl. Dienstes von 1983 bis 1987 von 70 auf 40 % der Staatsausgaben. Mit seinen radikalen Sparmaßnahmen entfremdete sich Sankara jedoch den seine Reg. unterstützenden linken Gruppierungen, deren Widerstand sich auch gegen Pläne zur Errichtung einer Einheitspartei richtete. Sankara reagierte darauf zunehmend repressiv und wurde am 15. 10. 1987 in einem Putsch gestürzt, der sein Leben kostete. Sein Nachfolger, Hauptmann Blaise Compaoré, verfolgt einen pragmatischeren Kurs und leitete seit Beginn der 90er J. eine Demokratisierung ein. Im Dez. 1991 wurde er durch Präsidentschaftswahlen bestätigt; die Wahlbeteiligung lag bei 27,3 %, da die Opposition wegen mangelnder Beteiligung aller gesellschaftlichen Gruppen am Demokratisierungsprozeß die Wahlen boykottierte. Durch blutige Unruhen infolge der Präsidentschaftswahlen wurden die für Jan. 1992 vorgesehenen Parlamentswahlen erst im Mai 1992 abgehalten. Aus ihnen ging die *Organisation*

pour la démocratie populaire/Mouvement du traivail (ODP/MT), deren Anführer Compaoré ist, mit absoluter Mehrheit hervor. Der zum Min.-Präsidenten berufene Y. Quedraogo nahm auch Vertreter der Opposition in sein Kabinett auf.

Die Wirtschaftspolitik zielt seit März 1988 vornehmlich darauf, die hohe Auslandsschuld (Ende 1988: 794 Mio. US $, Schuldendienst beträgt ⅓ der Staatsausgaben) abzubauen.

Lit.: J. Ziegler/J.-Ph. Rapp, Thomas Sankara. Un nouveau pouvoir africain, Paris 1986; P. Englebert/J.-P. Cot 1987: La révolution burkinabé, Paris 1987; H. Asche, Burkina Faso, in: HDW III, 4, 1993, S. 172ff. kz

Burma →Birma (Myanmar)

Burundi Das ehem. belgische Kolonialgebiet gehört zu den ärmsten EL (*CEPGL, *LLDC, *MSAC, *Binnenland, *AKP). Wichtigstes E.-Problem ist die *Ernährung der Bev. *Ethnische Konflikte (Eskalationen 1965, 1972, 1988) bestimmen den pol. Prozeß.

1. Über 40% der Fläche von 27834 qkm sind landw. nutzbar. S und N bieten günstige Möglichkeiten für den Anbau von Kaffee (1988: 90% des Exportwerts) und Tee. Das Zentrum B.s ist Weideland für 843000 (1980, *FAO-Schätzung) Watussi-Rinder, Ziegen und Schafe. In der Landw. arbeiten 95% der Bev. (Anteil der Landw. am BIP: 61%). Bodenschätze sind nur in geringem Umfang vorhanden.

2. Die Bev. B.s wurde 1988 auf 5 Mio. geschätzt. Mit 180 Ew./qkm gehört B. zu den dichtest bevölkerten Ländern Afrikas. Fast 40% der Ew. leben in den Provinzen Kitega (Zentrum) und Ngozi (N) sowie in der Hs. Bujumbura, die fast die ges. urbane Bev. B.s beherbergt. Die Landbev. lebt fast ausschließlich in Einzelgehöften. Der Populationsdruck war bereits in den 50er J. so stark, daß zeitweise 300000 Menschen als *Wanderarbeiter tätig waren. Die Bev. gliedert sich in drei ethnische Gruppen: ca. 85% sind Bantu (Hutu), etwa 14% Tutsi hamitischen Ursprungs, der Rest pygmoide Twa. Rund 50% der Bev. gehören christlichen Religionen an.

3. Der Großgrundbesitz des Hofes und der ca. 1000 Adligen B.s überlebte das Ende der Lehnsherrschaft der Tutsi 1954. Erst nach der Unabh. (1960) und im Rahmen einer *Agrarreform ging ein Teil der landw. Nutzfläche mit einer durchschn. Betriebsgröße von 1 ha in das Eigentum von Hutu-Bauern über.

Neben einigen Hunderttausend selbständigen Kleinbauern bildete sich nach dem Aufbau agrarkultureller Großprojekte eine dünne Schicht lohnabh. Landarbeiter heraus. Der Autoritätsverfall des Hofes und die Entwicklungen im benachbarten Rwanda führten zu einer Eskalation der Spannungen zwischen Hutu-Majorität und Tutsi-Minorität, die in einem gescheiterten Militärputsch (Okt. 1965) ihren Höhepunkt fanden. Fast die ganze Hutu-Elite des Landes fiel den Säuberungsaktionen durch die königliche Armee zum Opfer. Den König, der immer mehr zum Spielball der Interessen einflußreicher Tutsi-Aristokraten geworden war, stürzte die Armee unter Oberst Micombero im Nov. 1966 und proklamierte die Republik. Mit dem Militärputsch von 1976 lösten Tutsi-Offiziere aus dem N die Bururi-Gruppe Micomberos in der Herrschaft ab.

Präs. Oberst Bagaza ließ 1981 über einen Verfassungsentwurf abstimmen. Fast 99% der Wähler gaben ihre Zustimmung (Präsidialrepublik) und votierten für die Schaffung eines Einparteistaats. Die Staatspartei UPRONA wurde nach dem Militärputsch von 1987 aufgelöst. Seitdem regiert ein «Militärkomitee der Nationalen Erlösung» mit Major Pierre Buyoya an der Spitze.

4. Die gegenwärtige Sozialstruktur B.s entspricht teilweise noch der kolonialen. Die dünne Ober- und Mittelschicht (Beamte, Angestellte, Angehörige der Armee und selbständige Bau-

ern) werden von den Tutsi dominiert. Die *Alphabetisierungsrate liegt bei 30%, doch erreichen weniger als 5% die Sekundarstufe. Hinzu kommt ein starkes Stadt-Land-Gefälle mit zwischen 70% Einschulungsrate in Bujumbura und 10% in den peripheren ländl. Regionen. Bis in die 70er J. lag das Erziehungswesen fast ausschließlich bei den christlichen Missionen, die auch weitgehend das nur rudimentär entwickelte Gesundheitswesen dominierten (LE: 48 J.).

Lit.: W. Weinstein, Political Conflict and Ethnic Strategies: A Case Study of Burundi, Syracuse (N. Y.) 1976, G. Philipp, Burundi, in: F. Nuscheler/K. Ziemer: Politische Organisation und Repräsentation in Afrika, Halbbd. 1, Berlin/New York 1978, S. 567ff. gp

Buthelezi, Gatsha Präs. der *Inkatha Freedom Party* und seit 1970 Premiermin. des *Homeland Kwazulu in der Rep. Südafrika. *Inkatha*, eine vorwiegend von Zulu getragene Bewegung (mit nach Eigenangaben 1,7 Mio. Mitgl. die größte afrik. Bewegung im Land), lehnt wie der *ANC die *Apartheid-Politik der südafrik. Reg. ab. Ebenso kritisiert sie die Aufsplitterung des südafrik. Territoriums in versch. «unabh.» Staaten, d.h. die Strategie, durch Abschiebung der schwarzen Bev. in sog. Homelands das von Weißen beherrschte pol. und ökon. System zu stabilisieren. Demgegenüber fordert *Inkatha* die pol. Gleichberechtigung aller Südafrikaner in einem Einheitsstaat (*one man, one vote*). Buthelezi, der unter den Führern der *Befreiungsbewegungen im südl. Afrika eine gemäßigte, gewaltfreie Oppositionsstrategie innerhalb des vorgegebenen gesetzlichen Rahmens vertritt, ist seit 1978 Präs. der *South African Black Alliance* (SABA), einer multirassischen Organisation, der auch Inder (*Reform Party*) und *Coloureds* angehören. Der von ihm angeregte, 1982 von einer Kommission von Fachleuten und Politikern Kwazulus vorgelegte Buthelezi-Report über die Zukunft der Homelands begriff sich als Alternative gegenüber dem bewaffneten Kampf (verfassungsrechtliche Empfehlungen für eine regionale Lösung entsprechend den Bedürfnissen und Interessen aller Bev.-Gruppen, Kritik der rassischen Benachteiligung, Ablehnung einer pol. Teilung der Region, Befürwortung eines einheitlichen Reg.-Systems mit gleichgewichtiger Repräsentation der weißen und schwarzen Südafrikaner bei angemessener Vertretung der anderen Gruppen). B.s Rolle ist zwiespältig: Von seiten radikalerer schwarzer Gruppen wird ihm Kooperation mit der südafrik. Reg. vorgeworfen, während er andererseits gerade diese Verhandlungsposition nutzt, um harte Kritik an der Reg. zu üben.

Lit.: H.H. Klein, Der Bericht der Buthelezi-Kommission und die Zukunft Südafrikas, in: Buthelezi-Report, Institut für Internationale Solidarität der Konrad-Adenauer-Stiftung, St. Augustin 1982. ah

C

CABEI →MCCA

Cabinda →Angola

Cabral, Amilcar Theoretiker und Organisator des Befreiungskampfes der afrik. Völker unter portug. Kolonialherrschaft. C. wurde am 12.9.1925 auf den Kapverdischen Inseln geboren, studierte Ingenieurwissenschaften an der Universität Lissabon und diente in der Agrarabteilung der Kolonialverwaltung für Guinea-Bissau, ehe er 1956 die Afrik. Partei für die Unabh. Guineas und der Kapverdischen Inseln PAIGC gründete. Seine Revolutionstheorie stellt eine Verbindung zwischen dem nat. Befreiungskampf und dem Kampf gegen den Neo-*Kolonialismus, von pol. Unabh. und Befreiung der nat. Produktivkräfte her. Konzentrierte sich die pol. Arbeit der PAIGC zunächst auf die städt. Siedlungen, so begann C. nach 1959 die Organisierung der bäuerlichen Massen. Als C. am 20.1.1973 einem Attentat zum Opfer fiel, hatte die Befreiungsbewegung schon große

Teile Guinea-Bissaus unter ihrer Kontrolle.

Lit.: A. Cabral, Die Theorie als Waffe, Wuppertal 1982. dn

CACM →MCCA

CADA *Concerted Action for Development in Africa* (auch ACDA: *Action Concertée pour le Développement en Afrique*), 6 Mitgl.: Belg., BRD, F, GB, CAN, USA; Sitz Paris; fungiert als Untergruppe von Entwicklungshilfe-Geberländern der * OECD. dn

CADC →CONDECA

CAEU Rat für Arabische Wirtschaftseinheit (*Council of Arab Economic Unity*), 1964 gegr., z. Z. 14 Mitgl. (inkl. * PLO), mit dem Ziel eines «Gemeinsamen Arabischen Marktes». Bis 1971 sollten im innerarab. Handel Zölle und Steuern abgebaut, sodann die volle Zollunion angestrebt werden. Die Konflikte zwischen Staatengruppen und einzelnen Mitgl. wirken dieser Zielsetzung entgegen. 1977 wurde der Arabische Währungsfonds mit Sitz in Abu Dhabi gegründet mit dem Ziel, den Ratsmitgliedern beim Ausgleich der * Zahlungsbilanzen und bei der Stabilisierung der Währungen zu helfen. Der Rat gründete eine Reihe weiterer Gemeinschaftsorganisationen (wie Investitionsgesellschaften), die in Teilbereichen durchaus erfolgreich arbeiten. fn

CAF →Andenpakt

CAFRAD *Centre Africaine de Formation et de Recherches Administratives pour le Développement,* Afrikan. Zentrum für Verwaltungsforschung und Entwicklungsfragen.

Cairns-Gruppe Gruppe von 14 agrarexpo. Ländern, die sich im August 1986 in Cairns/Australien im Vorfeld der * GATT-Verhandlungen (* Uruguay-Runde) mit dem Ziel zusammengeschlossen haben, die Reform des internat. Agrarhandels voranzubringen. Argentinien, Australien, Brasilien, Chile, Fidschi, Indonesien, Kanada, Kolumbien, Malaysia, Neuseeland, Philippinen, Thailand, Ungarn und Uruguay. dn

callampas →Marginalität

Camara, Dom Helder Am 7. Februar 1909 in São José (Fortaleza/Ceará), Brasilien, als Sohn eines Journalisten und einer Volksschullehrerin geboren; Priesterweihe 1931; zwischen 1931 und 1936 aktives Mitglied der brasilianischen Integralistenbewegung; 1934 Bundessekretär für Erziehung; Koadjutor des Erzbischofs von Rio de Janeiro 1952; Generalsekretàr der CNBB (Conferencia Nacional dos Bispos do Brasil) zwischen 1952/64; Mitbegründer der CELAM (*Conferencia General del Episcopado Latinoamericano*); Erzbischof von São Luis (Maranhão), ab 1964 von Olinda und Recife; Gründer der Bewegung «Aktion Gerechtigkeit und Friede» 1968; bekanntgeworden durch sein Engagement an der Seite der Armen und seine Denunzierung der Unterdrückung in LA; setzte sich 1985 als Erzbischof zur Ruhe, bleibt aber weiterhin in der kirchlich-sozialen Bewegung engagiert. →Theologie der Befreiung obs

Camp-David-Abkommen →Nahostkonflikt

campesino →Minifundium/Minifundismus, Mexiko

Cancun-Konferenz Gipfeltreffen von 22 Staats- und Regierungschefs aus IL (9) und EL (13), das im Okt. 1981 in Mexiko stattfand. Betonte Notwendigkeit engerer int. Zusammenarbeit und von * Globalverhandlungen; diskutiert wurden v. a. Nahrungsmittelversorgung und * ländliche Entwicklung, Rohstoffe, Welthandel, * Industrialisierung der EL, * Energie und Ressourcentransfer in die EL. dn

CAPEL Interamerikanisches Zentrum für Wahlberatung und -ausbildung (*Centro Interamericano de Asesoría y Promoción Electoral*); spezielles Programm des Interamerikanischen Instituts für Menschenrechte (IIDH); Sitz in San José, Costa Rica. Gegr. 1985 mit dem Ziel, über techn. Wahlberatung die Durchführung von freien Wahlen im lateinamerikanischen und karibischen Raum auf der Basis der repräsentativen Demokratie zu fördern. CAPEL verfügt über Expertengruppen, bestehend v.a. aus Rechtsprofessoren und Politologen sowie auch techn. Beiräten, die teils direkte Assistenz an Wahlorten durchführen, teils die Funktion von Wahlbeobachtern in versch. Ländern erfüllen. Bis 1988 wurden 14 Projekte techn. Wahlberatung auf ausdrückliche Anfragen von lateinamerik. und karibischen Ländern realisiert. pb

Cardenal, Ernesto Priester und Dichter, seit 1979 Kulturmin. Nicaraguas. Geb. 1925, Sohn einer begüterten Familie. C. studierte Literatur in Managua, Mexiko und New York und promovierte 1959 mit einer Arbeit über «Sehnsucht und Sprache in der neuen Lyrik Nicaraguas». Zwei Jahre zuvor war er dem Jesuitenorden beigetreten, studierte seither Theologie in Guernavaca/Mexiko und Medellín/Kolumbien, wo er 1961 die «Psalmen» veröffentlichte. 1965 wurde C. in Managua zum Priester geweiht und gründete wenig später auf der Insel Mancarrón in der Solentiname-Gruppe des Großen Sees von Nicaragua eine kleine christl. Kommune, 1977 bekannte er sich zu den Sandinisten; nach der nat. Befreiung vom 19. Juni 1979 übernahm C. das Kultusministerium. Seine pol. Philosophie widerstrebt allen Einordnungsversuchen. Er ist Jesuit und Marxist, Revolutionär und Anhänger der Gewaltlosigkeit (wiewohl die Gewalt durch die Revolution legitimiert werden könne) und von der Idee getragen, eine Symbiose zwischen Christen und Marxisten herbeizuführen zwecks Aufbau einer neuen Gesellschaft, zwecks Verwirklichung des «Reiches Gottes auf Erden». Der Börsenverein des Deutschen Buchhandels verlieh C. den Friedenspreis 1980. Werke u.a.: Psalmen, Wuppertal 1979; In Kuba – Bericht einer Reise, Wuppertal 1980; Das Evangelium der Bauern von Solentiname, 2. Bde., Wuppertal 1979. dn

CARE Deutschland e.V. Ideell anknüpfend an die amerik. Nachkriegshilfe für Europa («CARE-Pakete»), fördert die 1981 gegr. *nichtstaatliche Organisation (*Bensheimer Kreis) insb. in *LLDCs in Zusammenarbeit mit einheimischen Partnern E.-Projekte der *Gesundheits- und der wirtsch. *Strukturhilfe sowie Maßnahmen der Flüchtlings- und *Katastrophenhilfe. CARE D. ist Gründungsmitgl. der 1982 gegr. CARE International, der z.Z. elf selbständige nat. CARE-Organisationen angehören. CARE D. nahm 1987 knapp 6,5 Mio. ein und finanziert sich insb. über Spenden und öfftl. Mittel (*BMZ, Auswärtiges Amt, EG, Land Rheinland-Pfalz). Publikation: CARE-Report. Adresse: Wesselstr. 12, 5300 Bonn 1. mik

CARICOM Karibische Gemeinschaft (*Caribbean Community*, auch CCM *Caribbean Common Market*), gegr. 1973 mit dem Vertrag von Chaguaramas von Barbados, Guyana, Jamaica sowie Trinidad und Tobago. 1974 traten bei Belize, Dominica, Grenada, Montserrat, St. Lucia, St. Vincent und die Grenadinen, 1983 die Bahamas (diese allerdings nur zur Gemeinschaft, nicht aber zum Gemeinsamen Markt). CARICOM trat an die Stelle von CARIFTA (Karib. Freihandelszone), deren Zielsetzung der Handelsliberalisierung um ökon. *Integration erweitert wurde: Koordinierung nat. *Entwicklungsplanung in globaler und sektoraler Hinsicht und der Außenhandelsbeziehungen gegenüber Drittländern (gemeinsamer Außenhandelstarif, gemeinsame protektionistische Maßnahmen). Innerhalb CARICOM bestehen Vergünstigungen für *LLDCs (Nach dem Vertrag von Chaguaramas gelten die Gründungsmitglieder als *More Developed Countries*, MDCs, alle übrigen als LLDCs.).

Organe: Konferenz der Reg.-Chefs, Beschlußfassung einstimmig; Ministerrat, je ein Delegierter eines Landes; 10 Kommissionen; Karibische E.-Bank

CDB (*Caribbean Development Bank*): 1970 gegründete *regionale Entwicklungsbank mit Sitz auf Barbados; wurde zu einem finanz. Integrationsmotor des CARICOM.

Ergebnisse: formal der Abbau von Zöllen und nicht-tarifären *Handelshemmnissen (→Außenhandelspolitik), die Festlegung eines gemeinsamen Außenzolls, die Harmonisierung der steuerlichen Maßnahmen und die Gründung zahlreicher Integrationsinstitutionen; allerdings stehen die materiellen Voraussetzungen tatsächlichen Integrationsfortschritten im Wege. Der intraregionale Handel konnte gesteigert werden, weitgehend jedoch durch den Export von Halb- und Fertigwaren der weiter entwickelten Länder. 1986 wurde die Wiederbelebung des sog. ‹Multilateralen Kreditmechanismus› beschlossen, der 1983 eingefroren worden war. Dieser dient der Vergabe kurzfristiger Kredite für Handelstransaktionen zwischen CARICOM-Mitgl. und soll auch einen Fonds für langfristige Handelskredite einschließen.

Probleme: Ungleiche Partner, starke wirtsch. Verflechtung mit Drittländern (beeinträchtigende Importrestriktionen), geringe Bereitschaft, auf Teile der nat.-wirtsch. Souveränität zu verzichten.

Lit.: F. M. Andic u. a., A Theory of Economic Integration for Developing Countries. Illustrated by Caribbean Countries, London 1971; S. E. Chernick, The Commonwealth Carribean. The Integration Experience, Baltimore and London 1978; Integración Latinoamericana, 92/1984, S. 23–37; 121/1987, S. 18–26; F. Barsotti, CARICOM. Facing the Question of Survival, in: Caribbean Affairs, 4 (3), 1991, S. 1 ff; F. Nuscheler, Struktur- und Entwicklungsprobleme der Karibik, in: HDW III, 3, 1992, S. 272 ff. dn

CARIFTA →CARICOM

Caritas →DCV

Carl Duisberg-Gesellschaft →CDG

Carleton/Stohl-Konzept Von David Carleton und Michael Stohl entwickeltes quantifizierendes Verfahren zur Messung der Menschenrechtssituation in den Staaten der Welt. Die Erhebung tatsächlicher Menschenrechtsverletzungen auf der Grundlage der Berichte von *amnesty international und des US-Außenministeriums soll zu einer Ergänzung und Verfeinerung der Einschätzungen des *Freedom House beitragen. Die untersuchten Staaten werden in 5 Stufen eingeordnet. Skeptiker verweisen auf die grundsätzliche Problematik, qualitative Tatbestände mit quantitativen Methoden messen zu wollen und sehen sich durch manches umstrittene Detail der Bewertung (z. B. günstige Benotung Saudi-Arabiens) bestätigt. hb

Casablanca-Gruppe 1961 von Marokko, Ägypten, Guinea, Mali, Ghana und der Algerischen Exilregierung gebildet, v. a. Konferenz der Staatschefs, Ansätze zu wirtsch. Zusammenarbeit. «Progressistisch» und panafrik. ausgerichtet. fn

cash crops Landw. Produkte, die zumeist in *Plantagen für den Weltmarkt und weniger für die Versorgung der einheimischen Bev. unmittelbar bestimmt sind, wie Baumwolle, Tee, Palmöl, Tabak etc.

Pro: Nutzung *komparativer Kostenvorteile im Außenhandel; Verbesserung der Devisenlage des Erzeugerlandes. Contra: Veränderung der für die Versorgung der einheimischen Bev. notwendigen *food crops* (Nahrungsmittel); Abh. der EL von der Nachfrage und den Preisschwankungen auf dem Weltmarkt; negative **terms of trade.* Abhilfe: →ländliche Entwicklung, Neue Weltwirtschaftsordnung dn

CASTARAB *Conference of Ministers of Arab States Responsible for the Application of Science and Technology to Development*, Konferenz der Minister arab. Staaten für die Anwendung von Wissenschaft und Technologie bei der Entwicklung.

Castro, Fidel C. wurde am 13. 8. 1927 als Sohn einer alten und wohlhabenden Bauernfamilie in Mayari (Provinz Oriente)/Kuba geboren. Nachdem er eine Jesuitenschule in Havanna absolviert hatte, nahm er 1945 an der Universität Havanna das Studium der Rechtswissenschaft auf. Er beteiligte sich während seines Studiums aktiv an der Studentenbewegung. 1947 nahm er an einer von Exil-Dominikanern und kuban. Aktivisten vorbereiteten Expedition gegen die Trujillo-Diktatur in der Dominikanischen Republik teil, die allerdings noch vor Beginn wieder abgeblasen wurde. Ebenfalls 1947 schloß er sich der Orthodoxen Partei von Chibás an, einer Abspaltung des *Partido Auténtico* von Präsident Grau San Martín, die v. a. gegen die Korruption und den Verrat der revolutionären Ziele von 1933 durch die *Auténticos* kämpfte.

C. ließ sich nach Beendigung seines Studiums 1950 als Rechtsanwalt in Havanna nieder. Er wurde aktives Mitglied im *Partido Ortodoxo* und war 1952 Kandidat für den Stadtrat in Havanna, als Batista durch einen Militärputsch an die Macht kam und die bevorstehenden Wahlen verhinderte. 1953 organisierte er den mißglückten Überfall auf die Moncada-Kaserne in Santiago de Cuba, der das Signal für eine Volkserhebung gegen Batista geben sollte. Er wurde verhaftet und vor Gericht gestellt, wo er seine berühmte Verteidigungsrede «Die Geschichte wird mich freisprechen» hielt. 1955 wurde er amnestiert und ging nach Mexiko ins Exil. Er organisierte dort eine *Guerilla-Truppe, mit der er Ende 1956 nach Kuba zurückkehrte und in der Sierra Maestra einen Guerillakrieg gegen die Batista-Diktatur begann. Nach dreijährigen Kämpfen konnte Batista mit dem Sieg der kuban. Revolution gestürzt werden. Seit Febr. 1959 Ministerpräsident, wurde C. nach Verabschiedung der Verfassung von 1976 auch Staatspräsident. C. ist gleichzeitig Oberbefehlshaber der Streitkräfte, des weiteren Erster Sekretär der Kommunistischen Partei Kubas. Ende 1979 übernahm er das Innen-, Verteidigungs-, Gesundheits- und Erziehungsministerium. Auf der Konferenz der *Blockfreien 1979 in Havanna wurde er zum Vorsitzenden der Bewegung gewählt (bis 1983). C. werden charismatische Führungsqualitäten zugesprochen. In politisch-ideologischer Hinsicht gab er den Anspruch eines Revolutionsmodells für die Dritte Welt (Castrismus) und eines kub. Weges zum Sozialismus unter ökon. Zwängen zugunsten einer immer stärkeren Anlehnung an die Sowjetunion auf. Nach dem Zusammenbruch der sozialistischen Systeme in Europa beharrte er jedoch erneut auf der Eigenständigkeit der kub. Entwicklung zum Sozialismus und lehnte Forderungen nach einer demokratischen Öffnung scharf ab. Innerhalb der Blockfreien sprach C. für die Länder, welche die Bewegung in ein enges Bündnis mit der Sowjetunion führen wollten. (→Kuba) ks

caudillo, caudillismo In LA v. a. im 19. Jh. auftretende Herrschergestalt, deren Herrschaftsausübung teilweise auf Gewalt, teilweise auf freiwilliger Anerkennung durch Gefolgsleute und Anhänger beruht. Dem c. haften durchaus charismatische Führungsqualitäten an. Obwohl autoritär im Führungsstil, kann sich der Typus des c. auch in demokrat. pol. Systemen entfalten, wenn die wirtsch. und gesellsch. Voraussetzungen (allg.: Rückständigkeit, personale Beziehungsmuster bzw. Abh.-Verhältnisse in Wirtschaft, Politik und Gesellschaft; →Klientelismus) vorliegen. Der soziopol. Nährboden des c. ist jedoch trotz *Marginalisierung großer Teile der Bev. und ihrer Bereitschaft, charismatischen Führern zu folgen, durch die Institutionalisierung pol. Machtausübung im Schwinden begriffen.

Lit.: P. Waldmann, Caudillismo als Konstante der politischen Kultur Lateinamerikas?, in: Jahrbuch für Geschichte von Staat, Wirtschaft und Gesellschaft Lateinamerikas, 15/1978, S. 191ff. dn

Cayman-Inseln →Karibik

CBLT *Commission du Bassin du Lac Tchad*, 1964 von Nigeria, Niger, Kamerun und Tschad gegr. Organisation zur Nutzung der wasserwirtsch. Ressourcen des Tschad-Beckens, 1983 reaktiviert. Sitz: Ndjamena/Tschad. fn

CCEAC (*Communauté Économique des États de l'Afrique Centrale*), zentralafrik. Wirtschaftsgemeinschaft, gegr. 1983, Sitz seit 1985 in Libreville/Gabun. Mitgl.: *UDEAC- und *CEPGL-Staaten sowie Tschad und São Tomé und Príncipe. Gegenstück zur westafrik. *ECOWAS. *Ziele*: Harmonische Zusammenarbeit und Schaffung eines gemeinsamen Marktes mit gemeinsamer Handelspolitik binnen 12 Jahren. *Binnenländer und die am wenigsten entwickelten Länder sollen zum Kooperations- und Entwicklungsfonds bevorzugten Zugang haben. Es wird für möglich gehalten, daß sich UDEAC und CEPGL zugunsten der CCEAC auflösen werden. pb

CCF Kinderhilfswerk – Deutscher Patenkreis e.V. In der BRD 1978 gegr. *nichtstaatliche Organisation (*DPWV), vermittelt *Kinderpatenschaften (bis dato etwa 35000) und sammelt Spenden in der Bundesrepublik. (Einnahmen 1986/87 insg. 9,93 Mio. DM). Die Verteilung der Spenden und Patenschaftsbeiträge erfolgt durch den 1938 gegr. *Christian Childrens Fund* (CCF) in Richmond/Virginia, USA. (Einnahmen 1986/87 rund 84 Mio. US-$). Die Hilfe per Kinderpatenschaften wird von Familienhilfe- und Einzelprojekten flankiert. Zusammenarbeit mit einheimischen, meist kirchlichen Organisationen. Publikation: Unsere Kinder. Adresse: Postfach 1105, 7440 Nürtingen. mik

CCM →CARICOM

CCP *Conciliation Commission for Palestine*, Vermittlungsausschuß für Palästina der *UN.

CDB →CARICOM

CDC →Süd-Süd-Beziehungen, Entwicklungspolitik Großbritanniens

CDF Kapitalentwicklungsfonds (*Capital Development Fund*) direkt dem *UNDP-Verwaltungsrat unterstehendes Sonderprogramm, das den ärmsten Gemeinden in den *LLDC *finanzielle Hilfe gewährt. ah

CDG Carl Duisberg-Gesellschaft, gegr. 1949, von Bund, Ländern und der dt. Wirtsch. unterhaltene Org. für int. berufliche Weiterbildung und Personalentwicklung. Neben der auslandsbezogenen Fortbildung deutscher Nachwuchskräfte der Wirtsch. fördert die CDG mit berufsfachlichen Trainingsprogrammen auch die Aus- und Weiterbildung von Fach- und Führungskräften aus EL mit dem Ziel, die Länder der Dritten Welt bei ihrem wirtsch. und gesellsch. Aufbau zu unterstützen und die Zusammenarbeit zwischen der BRD und den EL vertiefen.

Die Programme werden (meist im Auftrag des *BMZ) in der BRD oder in EL (→*sur place*-Programme) durchgeführt und richten sich v.a. an Multiplikatoren (z.B. Trainer und Ausbilder) in den Bereichen Natürliche Ressourcen (→Energie, Ökologie, Rohstoffe), *Infrastruktur und Gewerbeförderung (Handwerk, Klein- und Mittelindustrie) (1989: 4770 Programmteilnehmer: 80% in der BRD). Die CDG betreut EL-Stipendiaten des BMZ (1989: 3800, davon 1741 Neuförderungen) und ist Träger des *ASA-Programmes. Der Gesamthaushalt der CDG (1987: 96,5 Mio.) wird zu mehr als 90% aus Mitteln des Bundes und der Länder finanziert (1969 lag der Förderanteil des Bundes noch bei 56,8%). Der Anteil der Bundesfinanzierung an den Programmkosten (etwa ⅔ des Gesamthaushalts) betrug 1987 75%.

Adresse: Carl Duisberg-Gesellschaft e.V., Hohenstaufenring 30–32, 5000 Köln 1. dn

CDP →LLDC

CDPP *Centre for Development, Projections and Policies*, Zentrum für E.-Planung, E.-Projektion und E.-Hilfe im *Department for Economic and Social Affairs* der *UN.

CDU-entwicklungspolitische Leitlinien In den 70er J. waren e.-pol. Positionsbestimmungen der CDU (u. a.: e.-pol. Kongreß 1975, Präsidiumsentschließung 1977, Thesen zur Nord-Süd-Pol. 1979) deutlich von einem Denken in Kategorien des Ost-West-Konflikts geprägt (Postulat vom weltweiten Wettkampf der Systeme).

Seit Anfang der 80er J. treten diese Kategorien in den e.-pol. Stellungnahme der CDU eher in den Hintergrund. Die (teilweise) Neuorientierung drückt sich u. a. in einem Beschluß des CDU-Bundesfachausschusses E.-Politik von 1984 und dem diesen fortschreibenden Beschluß des 36. Bundesparteitags (1988) über «Unsere Verantwortung in der Welt» aus, der in seinem e.-pol. Teil weltwirtsch. Rahmenbedingungen von E., die Schuldenkrise sowie Ziele und Schwerpunkte der E.-Politik thematisiert. Die folgenden Thesen fassen die e.-pol. Standortbestimmung der CDU in Anlehnung an die genannten Dokumente zusammen: 1. E.-Politik nützt allen. Sie dient der weltweiten Friedenssicherung und der Förderung eines nicht-revolutionären sozialen Wandels in der Dritten Welt. 2. E.-Politik ist nicht wertneutral. Sie dient auch der weltweiten Förderung freiheitlich-rechtsstaatlicher und pluralistischer Bestrebungen. Dementsprechend sind bevorzugte Partner der E.-Zusammenarbeit solche EL, die sich um die Gewährung von *Menschenrechten und pol. *Partizipation bemühen. 3. E.-Politik ist mit Außenpol., Wirtschaftspol. und auswärtiger Kulturpol. untrennbar verbunden. 4. Ein offenes Welthandelssystem und die int. Durchsetzung der Prinzipien der sozialen Marktwirtschaft sind langfristig die beste Voraussetzung für eine Lösung der E.-Probleme. Es gibt keine Alternative zur *Integration der EL in die Weltwirtschaft. 5. Die Hauptverantwortung für eine gesunde E. der Weltwirtsch. liegt bei den großen IL. Protektionismus und Handelsbeschränkungen müssen int. abgebaut werden, um ein nachhaltiges Wirtschaftswachstum bei stabilen Währungsrelationen zu erreichen. Den bes. zurückgebliebenen EL soll die Integration in den Weltmarkt durch Handelsbegünstigungen und e.-pol. Förderung ihrer Exportfähigkeit nach dem Muster der *Lomé-Verträge erleichtert werden. Forderungen der EL nach einer *Neuen Weltwirtschaftsordnung werden abgelehnt. 6. Die Schuldenkrise (→Verschuldung) ist im wesentlichen durch Umschuldungsmaßnahmen und Strukturanpassungen in den EL zu lösen. Ein globaler Schuldenerlaß wird abgelehnt, in Einzelfällen – bes. bei den ärmsten EL – aber befürwortet. Bei Strukturanpassungsmaßnahmen im Zusammenhang mit Umschuldungen (→IWF, →Weltbank) sind soziale und pol. Folgewirkungen mit dem Ziel einer Stabilisierung demokratischer Ordnungen zu berücksichtigen. 7. Im Rahmen dieses globalen Zusammenhangs ist E.-Hilfe ‹Hilfe zur Selbsthilfe›, d. h. die Hauptverantwortung für ihre E. tragen die EL selbst. 8. Hauptzielgruppe der E.-Politik sind die ärmeren Länder der Dritten Welt und dort die ärmeren Bevölkerungsschichten. 9. Sektorale Schwerpunkte der E.-Zusammenarbeit sollen sein: *ländliche Entwicklung und Ernährungssicherung; Aus- und Fortbildungsmaßnahmen; Sicherung der *Energieversorgung. Dabei sind zunehmend auch ökol. Aspekte zu berücksichtigen. Für viele EL ist es eine vordringliche Aufgabe, ihre Binnenmärkte zu entwickeln und zu stärken; die Notwendigkeit einer Orientierung an den Bedingungen des Weltmarkts bleibt davon unberührt. 10. Die E.Politik der EG ist auszubauen. 11. Der Anteil der E.-Hilfe am BSP soll gesteigert werden, die CDU akzeptiert grundsätzlich das 0,7 %-Ziel. Langfristig sollen alle Kreditrückzahlungen der EL wieder für e.-pol. Maßnahmen verwendet werden. 12. Rüstungsexporte der IL in die Dritte Welt sollen durch int. Abkommen begrenzt werden, aber auch die EL tragen Verantwortung für die zunehmende Rüstung in der Dritten Welt. 13. Bemühungen um eine ‹echte› *Blockfreiheit und verstärkte regionale Zusammenarbeit von EL (→Süd-Süd-Beziehungen) werden anerkannt. Der Ost-West-Gegensatz soll nicht in die Dritte Welt hineingetragen werden.

Ein rel. neues Element der e.-pol. Programmatik der CDU besteht v. a. im Bekenntnis zu einer an den *Grundbedürfnissen orientierten E.-Politik. Indessen werfen beide Bonner Oppositionsparteien der CDU vor, davon nichts in Regierungspraxis umgesetzt zu haben, sondern eine reideologisierte, bevormundende und an den Interessen deutscher Exportindustrien ausgerichtete E.-Politik zu betreiben.

Adresse: CDU, Bundesfachausschuß Entwicklungspolitik, Friedrich-Ebert-Allee 73–75, 5300 Bonn 1. bt

CEAO Westafrikanische Gemeinschaft (*Communauté de l'Afrique de l'Ouest*), 1974 in Kraft getretene Wirtschaftsgemeinschaft. Mitgliedstaaten: Benin, Burkina Faso, Elfenbeinküste, Mali, Mauretanien, Niger und Senegal. Schwerpunkt im Handelsbereich, ferner regionale Wirtschaftsprogramme; Freihandel für landw. Produkte, Vorzugssystem für Ind.-Produkte. Suborganisationen: Entwicklungsfonds (*Fonds Communautaire de Développement* FCD), Solidaritäts- und Interventionsfonds FOSIDEC, Nichtangriffs- und gemeinsames Militär-Kooperationsabkommen ANAD (Togo assoziiertes Mitgl.) Problem: Überschneidungen mit *Conseil de l'Entente und *ECOWAS. pb

CEC →MCCA

CECAS *Conference of East and Central African States*, Konferenz der ost- und zentralafrikanischen Staaten.

CECLA Sonderkommission für lateinamerik. Koordinierung, 1963 als Sonderinstitution der *OAS gegründet. Forum der lateinamerik. Staaten «ohne die USA», für Erklärungen gegen die US-Dominanz in LA; u. a. Grundsatzposition zu den US-lateinamerik. Beziehungen im Konsens von Viña del Mar 1969. →SELA dn

CEIM *Centre d'Etudes Industrielles du Maghreb*, Industrielles Forschungszentrum der Maghrebstaaten.

CELAM Lateinamerik. Bischofsrat, gegr. 1955 auf der Ersten Generalversammlung der lateinamerik. Bischöfe in Rio de Janeiro; Sitz in Bogotá/Kolumbien. Ausgehend von CELAM (im Gründungsjahr vom Papst anerkannt) entstanden eine Reihe lateinamerik. Institute und Sektionen der Org., die sich mit der Koordinierung versch. kirchlicher Arbeitszweige befassen. CELAM organisierte die zweite und dritte Generalversammlung der Bischöfe LAs: 1968 in Medellín/Kolumbien (Wendepunkt in der Geschichte der lateinamerik. Kirche im Hinblick auf deren Rolle in der Gesellschaft) und 1979 in Puebla/Mexiko.

Lit.: H. J. Prien, Die Geschichte des Christentums in Lateinamerika, Göttingen 1987. obs

CENTO *Central Treaty Organization*, 1979 aufgelöstes Verteidigungsbündnis (GB, Iran, Pakistan, Türkei; USA Beobachterstatus), das Mitte der 50er J. als strategisches Bindeglied zwischen NATO und *SEATO zustande gekommen war. ah

Centrum für internationale Migration und Entwicklung →CIM

CEPAL UN-Wirtschaftskommission für LA und die Karibik (*Comisión Económica para América Latina y el Caribe*; engl. ECLA), gegr. im Febr. 1948 als Organ des *ECOSOC, ursprünglich für LA, seit Mitte der 80er J. auch für den karibischen Raum. Sitz in Santiago de Chile. Als Einrichtung der *UN ist die CEPAL zuständig für alle der UN angehörigen Länder der Region. Aufgaben: wiss. Analysen der E.-Probleme und E.-Prozesse in den lateinamerik. Ländern (jährl. Berichte): *Evaluierungen des E.-Prozesses in LA, gemessen an den Zieldaten der Int. E.-Dekade (alle zwei Jahre); Ausbildung von Planungsstäben nat. Verwaltungen, Beratung lateinamerik. Regierungen (→ILPES); Förderung der lateinamerik. *Integration. CEPAL war das Zentrum der wirtschafts- und sozialwiss. Diskussion über UE in den 50er und 60er J., insbes. unter dem 1. Leiter, Raul *Prebisch. Von CEPAL ging die Initiative zur Gründung von *ALALC und *MCCA aus. Die wirtschaftswiss. Positionen der CEPAL formen den sog. *Cepalismo.

Veröffentlichungen u. a.: Notas sobre la economía y el desarrollo de América Latina (mtl.), CEPAL Review (4mtl.); CEPALINDEX (6mtl.). Adresse: Casilla 179 D, Santiago de Chile. dn

Cepalismo Wirtschaftstheoretische Schule bzw. Positionen, die sich innerhalb der *CEPAL entwickelten und eine Kritik der klassischen *Außenhandelstheorie und ihres Grundkonzepts der *komparativen Kosten darstellen. Grundkonzepte und -überlegungen des C.: 1. *Zentrum-Peripherie-Modell. Der Handel zwischen IL und EL ist nicht für beide Ländergruppen von gleichem Nutzen. Es profitieren die dynamischen Länder des Zentrums. Die wesentliche Erklärung dafür bieten die 2. **terms of trade*, die sich zuungunsten der EL verschlechtern. 3. Historisch läßt sich die Wirtschaftsgeschichte LAs periodisieren in drei Phasen: E. nach außen (*desarrollo hacia afuera*) = klassisches *Exportmodell, E. nach innen (*desarrollo hacia adentro*) = im wesentlichen *Importsubstitution und Stagnation. 4. Die Stagnationsphase ist durch ein Bündel struktureller Veränderungen im Innern der lateinamerik. Volkswirtschaften zu überwinden (*Agrarreform, *Diversifizierung der Produktionsstruktur, *Industrialisierung, Exportförderung, Steigerung des Beschäftigungsniveaus etc.), insbes. aber durch die Ausweitung des lateinamerik. Marktes. 5. Daraus folgt die Förderung der lateinamerik. *Integration (→ALALC, →MCCA, →Andenpakt). In der pol. Diskussion wurde der Cepalismo von rechts und links angegriffen und erhielt bald eine pejorative Bedeutung, da er einerseits Strukturreformen forderte, andererseits aber im Reformismus steckenblieb – Schicksal vieler vernünftiger, aber eben nur mittlerer Positionen.

Zu Beginn der 80er Jahre sind von der CEPAL die wiss. Bemühungen um die *Armut in LA ausgegangen. Von der neoliberalen Politik hielt die UN-Wirtschaftskommission anfänglich wenig, beteiligte sich mit dem Konzept des *growth with equity* an der e.-strategischen Diskussion. In der Debatte um den Staat vertrat die CEPAL eine moderate Position: Nicht die Größe des Staates sei entscheidend, sondern die Effizienz und daß er das tue, was er besser könne als die Privatwirtsch. Angesichts der sozialen Sorglosigkeit des Neoliberalismus nimmt sie (flankierende) strukturalistische Positionen ein.

Lit.: CEPAL, El pensamiento de la CEPAL, Santiago 1972; Mármora/D. Messner, Lehren aus dem Desaster? Zur Kritik eindimensionaler Entwicklungskonzepte, in: Vierteljahresberichte, 124, 1991, S. 169ff. dn

CEPCIES →CIAP

CEPGL, *Communauté Economique des Pays des Grands Lacs* (Wirtschaftsgemeinschaft der Länder an den großen Seen), 1976 gegr. Zusammenschluß (Sitz: Gisenyi/Rwanda) der regionalen Kooperation zwischen den Staaten Burundi, Rwanda und Zaire. Ihr Programm ökon. *Integration beinhaltet folgende Maßnahmen: 1. Verbesserung der Verkehrs- und Fernmeldeinfrastruktur in den drei *Binnenländern, 2. Nutzung der Fischerei-Ressourcen (Tanganyika-See) und Methangas-Vorkommen (Kivu-See), 3. freier Personen-, Waren- und Kapitalverkehr, 4. regionale Entwicklung des Ruzizi-Tales (Ruzizi-Wasserkraftwerk), 5. Gründung einer Entwicklungsbank (seit 1980: *Banque de Développement Economique des Etats des Grands Lacs*/BDEGL, Sitz: Goma/

Zaire). Die Vorhaben im Energiebereich (seit: 1979 *Organisation de la CEPGL pour l'Energie des Pays des Grands Lacs*/EGL, Sitz: Bujumbura/Burundi), in der landw. und viehwirtsch. Forschung (seit 1979, Sitz: Gitegha/Burundi) und im Verkehrssektor werden vom *EEF (→Lomé-Abkommen) gefördert. Wegen u.a. territorialen und Grenzstreitigkeiten z.T. stagnierend, 1985 Neuanfang mit erweiterten Zielen (milit. Sicherung der Grenzen). Organe: Konferenz der Staatschefs, Min.-Rat, Exekutiv-Sekretariat. →CCEAC

Lit.: H. Voss, Kooperation in Afrika, in: Afrika-Spectrum 3, 1980, 3, S. 119ff. ah

CESCA →MCCA

CETG →MCCA

Ceylon →Sri Lanka

CGFPI *Consultative Group on Food Production and Investment in Developing Countries*, Beratender Ausschuß für Nahrungsmittelproduktion und Investition in Entwicklungsländern.

CGIAR Beratungsgruppe für int. Agrarforschung (*Consultative Group on International Agricultural Research*), 1971 von *Weltbank, *FAO und *UNDP gegründet mit dem Ziel, Forschungsgelder für landw. Projekte in EL bereitzustellen. →Grüne Revolution dn

Charta der wirtschaftlichen Rechte und Pflichten der Staaten Ergänzungsdokument pol.-ökon. Zuschnitts zur Erklärung der *Menschenrechte, das auf der *UNCTAD III in Chile 1972 von dem damaligen mexikan. Staatspräs. Echevarría vorgeschlagen und am 12.12.1974 von der UN-Vollversammlung mit überwältigender Mehrheit angenommen wurde. Die Charta enthält, ausgehend von der ökon. Souveränität der Nationen und einer int. «Sozialverpflichtung» wirtsch. Handelns, grundlegende Forderungen der Dritten Welt für den Aufbau einer *Neuen Weltwirtschaftsordnung.

Lit.: (Text der Charta in dt. Sprache): R. Jonas/M. Tietzel (Hg.), Die Neuordnung der Weltwirtschaft, Bonn Bad Godesberg, 1976. vgl

Charta von Algier Grundsatzerklärung der *Gruppe der 77 auf ihrer Konferenz von 1967 in Algier, in der die EL ihre Positionen und Forderungen für die *UNCTAD II formulierten; u.a. Präferenzen für Halb- und Fertigprodukte, Abbau von Zöllen in den IL ohne Forderung nach Gegenseitigkeit. dn

Chicago-Schule →Monetarismus

Chile Das pol. und e.-theoretische Interesse an Chile hat sich v.a. an der *Allende-Regierung entzündet, die den chilenischen Weg zum Sozialismus propagierte, der aus einer Vielzahl von Gründen scheiterte. Nach dem Putsch vom Sept. 1973 versuchte das Militärregime unter General Pinochet (→autoritäre Regime), das Land mit Hilfe einer neoliberalen Wirtschaftspolitik (→Monetarismus) ohne Rücksicht auf humane und soziale Kosten zu stabilisieren. Nach bemerkenswerten Erfolgen hinsichtlich wirtsch. Wachstum und Inflationsbekämpfung, v.a. seit Mitte der 80er J., und einem Votum der Bev. gegen Pinochet Okt. 1988, gelang eine Re-*Demokratisierung: Mit Patricio Aylwin trat am 15.3.1990 wieder ein demokratisch gewählter Präs. sein Amt an.

1. Die Republik Chile (Fläche: 756945 qkm) weist eine «verrückte Geographie» auf. Die Längsausdehung beträgt 4000 km, die durchschnittliche Breite 200 km. Entsprechend hervorstechend sind die geographischen und klimatischen Kontraste: wüstenartiger, arider N, mild-gemäßigtes, agrarisch nutzbares Mittelchile, regnerischer, waldreicher S. Die *Ressourcen des Landes liegen in der Landw., die bis in die 30er Jahre einen wesentlichen Beitrag zum chil. Export leistete, seit den 50er Jahren die Versorgung der einheimischen Bev. mit Nahrungsmitteln jedoch nicht mehr gewährleisten kann, und im Bergbau, bis zum 1. Weltkrieg im Abbau von Salpeter,

seither in der Gewinnung von Kupfer. Andere mineralische Rohstoffe fallen noch kaum ins Gewicht, die einheimische Erdölproduktion deckt zu einem Drittel den Inlandbedarf.

Die Bev. wurde 1975 auf 10,2, 1990 auf 13,2 Mio. geschätzt. Die JZ lag in der Periode 1985–1990 bei 1,7%. Die rel. junge Bev. ist ethnisch recht homogen und besteht zu 50 bis 60% aus Mestizen; 30–45% sind Weiße (primär span. Abstammung) und 2 bis 3% indian. Abstammung (Araukaner). Ca. 100000 Ew. sind deutschstämmig. Der *Urbanisierungsgrad ist mit 86% (1990) recht hoch, fast ⅔ der Bev. konzentrieren sich auf etwas mehr als 10% der Fläche. Die Hs. Santiago de Chile (1985: 4,3 Mio. Ew.) und die Hafenstadt Valparaiso stellen mehr als 40% der Bevölkerung. Die LE betrug 1980 70 Jahre. Staatssprache ist Spanisch. Die Bev. ist zu 89% röm.-kath., zu 6% protest.; etwa 25000 Juden.

2. Anders als in den meisten Ländern LA.s gelang in Chile bereits wenige Jahrzehnte nach der pol. Unabh. (1818) die Stabilisierung des pol. Systems. Seither wurde Chile verfassungsmäßig regiert, ausgenommen weniger Jahre, in denen sich die soziale Basis des pol. Systems erweiterte, die Mittelschichten sich jedoch nur mit Hilfe des Militärs ihre Beteiligung an der pol. Machtausübung sichern konnten. Chile kam mit zwei Verfassungen (1833, 1925) aus, entwickelte fortschrittliche gesellsch. und politische Institutionen, eine funktionierende Demokratie und ein differenziertes, stabiles Parteiensystem.

Ganz im Gegensatz dazu blieb die Wirtschaft des Landes rückständig. Chile wurde v. a. im Ausgang des 19. Jh.s in die Weltwirtschaft mit seinen argrarischen und mineralischen Exportprodukten eingebunden, wobei insbes. der Salpeterbergbau durch brit. Kapital beherrscht wurde. Der Kupferbergbau, der rechtzeitig ausgebaut wurde, um die Stellung des durch die künstliche Salpetergewinnung niedergehenden mineralischen Exportprodukts einzunehmen, fiel von Anfang an in US-amerik. Hände. Je mehr die landw. Produktion bei rapide wachsender Bev. stagnierte, desto mehr wurde Chile von einem Exportprodukt abhängig, das es nicht kontrollierte und an dessen Gewinnen es nur zu einem geringen Prozentsatz in Form von Abgaben auf die Produktion und den Export von Kupfer beteiligt war. Diese Einkünfte aus Salpeter und Kupfer reichten jedoch – solange die **terms of trade* günstig waren – einer kleinen Schicht, welche die Verteilung kontrollierte, einen luxuriösen Lebensstil zu führen. Spätestens mit der Weltwirtschaftskrise wurde die exportorientierte E. (nach außen) zum Problem. Der Staat, inzwischen von den Mittelschichten eingenommen, die freilich in enger Verbindung mit der früher dominierenden Agraroligarchie und Handelsbourgeoisie verblieben, versuchte nun eine führende Rolle bei der E. nach innen, *Industrialisierung per *Importsubstitution zu spielen und investierte in die *Infrastruktur, gründete Industrien und Dienstleistungszentren in Ersatz mangelnder Aktivitäten einer einheimischen Unternehmerschicht.

3. Diese interventionistische Politik brachte jedoch nicht die erhofften Impulse. Vielmehr übernahm der Staat immer mehr Hilfsfunktionen für das private Kapital, ohne daß die bisherigen Besitzverhältnisse und Verteilungsmuster angetastet wurden. Weder wurde eine Kontrolle über den Kupfersektor, von dem Staatseinnahmen und *Entwicklungsplanung weitgehend abhingen, erreicht noch eine *Agrarreform eingeleitet. Die Wachstumseffekte des Industriesektors verringerten sich in dem Maße, wie das Industrialisierungskonzept der *Importsubstitution an seine natürlichen Grenzen stieß. *Armut und *Marginalität nahmen zu, sichtbar im sozialen

Elend der Landbev. und im Anwachsen der Slums. Die pol. Rechte, die seit Ende der 50er J. wieder die Regierung innehatte, wußte darauf keine Antwort. Die Folge war eine grundlegende Neustrukturierung des chil. Parteiensystems zugunsten der sozialreformerischen Parteien, der Kommunisten und Sozialisten, die auf die 20er und frühen 30er Jahre zurückgingen, einerseits und der Christdemokraten (DC) andererseits, die erst mit der Kandidatur von Eduardo *Frei zu den Präs.-Wahlen große Teile der Wählerschaft, insbes. die neu entstandenen Mittelschichten, an sich binden konnten und zur stärksten chil. Partei wurden. 1964 entschieden sich die Wähler in der Alternative Frei–*Allende mit 56% der Stimmen für den DC-Bewerber und für eine Politik der schrittweisen, aufeinander abgestimmten Reformen: Teilnationalisierung des Kupfers, Agrarreform, Verfassungsreform, Gemeindeentwicklung (*promoción popular*). Die Strukturreformen sollten mit Investitionsprogrammen (Petrochemischer Industrie, Kraftfahrzeugbau, Ausbau der Kupferproduktion) und Produktionssteigerungen insbes. in der Landwirtschaft einhergehen. In der Auseinandersetzung mit der wieder erstarkenden und sich zur Wehr setzenden pol. Rechten und den radikalere Maßnahmen fordernden marxist. Parteien sowie mit der einen nicht-kapitalist. E.-Weg fordernden Opposition im eigenen Lager erreichte die Regierung Frei sehr viel mehr, als ihre vielen Kritiker je zuzugeben bereit sein könnten, zuwenig freilich, um einem christdemokratischen Nachfolger die Fortsetzung der Reformvorhaben zu ermöglichen. 1970 gewann Salvador Allende die Wahlen, gestützt auf die Volkseinheit aus marxist. und nicht-marxist. Parteien und in der Wahl im Kongreß sogar auf die Stimmen der DC.

4. Allende vertrat einen chil. Weg zum Sozialismus, den freilich radikalisierte Teile seiner eigenen Partei, die in den 70er Jahren unter den Einfluß des Castrismus, der gewaltsam-revolutionären Veränderung von Wirtschaft, Staat und Gesellschaft geraten war, ebenso wie die von Allende legalisierte Bewegung der Revolutionären Linken MIR (*Movimiento de la Izquierda Revolucionaria*) nicht teilten. Die Volkseinheit war in sich pol. und ideologisch heterogen und besaß im Parlament keine Mehrheit. Die innenpol. Fronten verschärften sich bereits wenige Monate nach Regierungsantritt, den US-Firmen (ITT), CIA und inländische pol. Rechte bereits zu verhindern versucht hatten, als Allende direkte Landnahmen revolutionärer Gruppen zuließ und mit der Verstaatlichung von Industriebetrieben ohne gesetzliche Grundlage begann. Die eingeschlagene Wirtschaftspolitik zielte auf Konsumsteigerung mittels Einkommensumverteilung und ermöglichte die Auslastung der vorhandenen Kapazitäten, regte aber wegen der Rechtsunsicherheit nicht zu notwendigen *Investitionen an und konnte deshalb Ungleichgewichte zwischen Konsumfähigkeit und Produktion nicht verhindern, die nach einigen Monaten wirtsch. Aufschwungs einsetzten und zu wachsender Güterverknappung und Inflation führten. Die scharfe Konfrontation mit dem Auslandskapital in Form der entschädigungslosen *Nationalisierung des Kupferbergbaus, welche im Kongreß die einstimmige Zustimmung aller Parteien fand, verringerte den Zustrom ausl. Kredite, die in Höhe und Konditionen nicht den wachsenden Bedürfnissen Chiles entsprachen. Der Verfall der Kupferpreise auf dem Weltmarkt sowie Ersatzteil- und Management-Probleme im Kupferbergbau verhinderten, daß das Kupfer die ihm zugedachte Rolle als Devisenbringer und Finanzierungsquelle für die in Angriff genommenen Reformen spielen konnte. Die Agrarreform wurde in dem Teil, der die Schaffung neuer Besitzverhältnisse betraf, rasch zu Ende geführt,

doch zu Lasten eines rapiden Rückgangs der Produktion. In den staatl. Sektor der Wirtschaft, der nur sog. strategische Unternehmen enthalten sollte, wurden ziemlich ungeplant auch bankrotte Firmen aufgenommen, so daß die mangelnde Rentabilität vieler Betriebe den Staatshaushalt immer stärker zu belasten begann. Die wachsenden wirtsch. Probleme verringerten die pol. Basis der Regierung Allende und ermöglichten es der in- und ausländischen Opposition, mit ihren teilweise illegalen, teilweise aber durchaus legalen Aktionen (z. B. Streiks, parl. Abstimmungsniederlagen der Regierung) immer mehr Einfluß auf das Schicksal der Allende-Regierung zu erlangen. In dieser Situation, in der mit dem Verlust der Mittelschichten Allende die Aussicht genommen war, Wahlen gegen die vereinigte Opposition aus DC und pol. Rechte gewinnen zu können, verstärkte sich inner- und außerhalb des Linksbündnisses die Strategie der revolutionären Machtergreifung. Die Militärs, die sich lange loyal zu Allende verhalten hatten, schienen zunächst ihren Putsch gegen diese Wendung der chil. Politik zu richten, weshalb sie in breiten Teilen der Bev. durchaus Unterstützung fanden. Es stellte sich aber bald heraus, daß sie die chil. Demokratie vollends zerstören und die Herrschaft des mit dem Auslandskapital neu arrangierten Großkapitals wieder herstellen wollten.

5. Für das Scheitern Allendes werden in der Literatur vier unterschiedliche Ursachenbündel geltend gemacht: 1. Gangbarkeit und Grenzen des chil. Weges zum Sozialismus in der Theorie und die in der Praxis unbewältigte Schwierigkeit, die reformerische Strategie, mittels des bürgerlichen Staates verfolgt, mit der revolutionären Strategie der direkten Aktionen und des Aufbaus der Volksmacht in Übereinstimmung zu bringen. 2. Fehlerhafte partei-pol. Bündnispolitik der Volkseinheit (ohne bzw. gegen die DC) und die folgenschwere Unfähigkeit der Allende-Regierung, die Mittelschichten für sich zu gewinnen. 3. Nicht aufeinander abgestimmte Maßnahmen struktureller Umgestaltung der chil. Ökonomie (Nationalisierung des Kupfers, Verstaatlichung von Banken und Industrie, Agrarreform etc.) und die zwangsläufig in die Krise führende Wirtschaftspolitik (statt Investitionen Konsum bzw. eine zu wenig gesamtwirtsch. dosierte Umverteilung, negative Zahlungsbilanz, defizitärer Staatshaushalt, extreme Inflationsraten, Versorgungsengpässe). 4. Interventionen in- und ausländischer Kräfte in den chil. pol. Prozeß (parl. Obstruktionspolitik der Oppositionsparteien, Streiks inländischer Unternehmer, CIA-Destabilisierungspolitik, int. Kreditsperre, niedrige Kupfernotierung auf dem Weltmarkt etc.), die vielfach auf Begriffe wie Verschwörung, Blockade und Dollarimperialismus gebracht werden.

6. Das Militär hat mit der Errichtung eines Militärregimes auf der Grundlage der * Doktrin der Nationalen Sicherheit radikal mit der demokratischen Tradition Chiles gebrochen. Pol. Andersdenkende wurden verfolgt und liquidiert, teilweise auch außerhalb des Landes, die pol. Parteien verboten, gewerkschaftliche Aktivitäten und Pressefreiheit unterdrückt. Zwar legte das Regime offen brutale Herrschaftsmethoden ab, doch auf subtilere Weise bestand die Unterdrückung fort, etwa in Form von Säuberungen an den Universitäten oder Deportationen mißliebiger Personen. In enger Verbindung mit dem Herrschaftssystem stand das seit 1973 verfolgte Wirtschaftsmodell der Chicagoer Schule. Die Wirtschaft wurde vollkommen umstrukturiert: Reprivatisierung, Zollabbau und Öffnung gegenüber dem Weltmarkt, Öffnung auch gegenüber dem Auslandskapital (und deshalb Austritt aus dem * Andenpakt), Abbau des staatl. Sektors, Stabilisierungspolitik. Diese Maßnah-

men führten zu einer enormen Einkommenskonzentration, zum Niedergang der kleinen und mittleren Betriebe als Folge des Konkurrenzdrucks durch den Weltmarkt, zu hoher Arbeitslosigkeit (insbes. durch die Entlassungen im Verwaltungsbereich von Sektoren der Mittelschichten) und zu einem starken Absinken der Lohnquote (→Einkommensverteilung).

Wachstumserfolge ließen lange auf sich warten und müssen stets vor dem Hintergrund der enormen humanen und sozialen Kosten des Wirtschaftsmodells interpretiert werden. Zwischen 1977 und 1980 lag die JZ des * Sozialprodukts zwischen 7,3 und 8,6%; die Inflation konnte von über 340% (1975) auf unter 40% (1979) gesenkt werden. Auslandsinvestitionen wurden von Aug. 1974 bis Juni 1979 insg. in Höhe von 4,122 Mrd. US-$ getätigt; davon waren mehr als ¾ US-amerik. Herkunft. Die Kupferproduktion konnte von etwa 500000 t zu Zeiten Allendes auf durchschn. jährl. 800000 t gesteigert werden. Diese Daten ließen Anhänger des Monetarismus ins Schwärmen geraten (s. Zeitschrift Capital Jan. 1982), zu einer Zeit, als das Modell im Rahmen der allg. Depression der Weltwirtschaft zu Anfang der 80er Jahre in eine tiefe Krise geriet: (1982) negatives Wachstum des BIP von −13,1% (Wachstum des BIP 1973–82: +1,8%), Rückgang der Industrieproduktion von fast 20%, der Agrarproduktion von 5,9%; Auslandsverschuldung von 1981: 14,8 Mrd. US-$, Schuldendienst in Höhe von 81% des Exportwerts; Arbeitslosigkeit in Santiago von ca. 30%.

Nach einigen Kurskorrekturen (staatliches Gegensteuern, d.h. wieder mehr Staatsinterventionismus) erholte sich die Wirtsch. etwa ab 1985 wieder. In fast allen Hinsichten konnte der Stand des Boom-Jahres 1980 wieder erreicht werden (z.B. Pro-Kopf-Einkommen, Realeinkommen, **terms of trade*). 1986–88 wuchs das BIP um jährl. über 5%, das Pro-Kopf-Einkommen um jährl. über 3,6%. Die städt. Arbeitslosigkeit sank auf 1988: 11,2%, die Inflation auf 1988: 10,9%. Die Verschuldung nahm seit 1986 ab (1988: 19,1 Mrd. US-$), der Schuldendienstquotient betrug 1982: 49,5%, 1988: 22,6%. Im LA-Vergleich heben sich diese Daten sehr positiv ab. Vieles spricht dafür, daß die chil. Wirtschaft unter dem Militärregime einen Modernisierungsschub erfahren hat. Zwar ist ihre außenwirtsch. Anfälligkeit durch die Diversifizierung des Exports (Agrarprodukte) nicht verringert worden, doch scheinen vergleichsweise die wirtsch. Voraussetzungen günstig, die im Falle der Demokratisierung notwendigen sozialen Kurskorrekturen vornehmen zu können.

7. Pinochet verkündete 1977 den Plan einer schrittweisen Redemokratisierung (*Plan de Chacarillas*), der in der Einrichtung einer «autoritären und geschützten Demokratie» mündete. Nach einer umstrittenen Volksabstimmung 1980 trat die neue Verfassung März 1981 in Kraft, deren Übergangsbestimmungen bis 1989 bzw. 1997 für das Amt des Staatspräsidenten gelten und dem Präsidenten sowie dem Militär uneingeschränkte Macht einräumen. Regierungsorgane sind neben dem Präsidenten der (nicht in der Verfassung erwähnte) Staatsrat, der Nationale Sicherheitsrat und die Regierungsjunta (Oberbefehlshaber der drei Teilstreitkräfte, Polizeichef). Auch nach Ende der Übergangszeit hat der Präsident eine überaus starke Position inne: Er ist Staatsoberhaupt, Regierungschef, Verwaltungschef, verantwortlich für die innere Ordnung und äußere Sicherheit. Die Rechte des Parlaments (Nationaler Kongreß) sind zugunsten des Präsidenten eingeschränkt: Er kann gegen jeden Gesetzesentwurf sein Veto einlegen und hat in vielen Fällen alleiniges Gesetzesinitiativrecht und Verordnungskompetenz. In der Judikative können Rich-

ter auf Antrag des Präsidenten abgelöst werden. Die Verwaltung ist weitgehend zentralistisch, und die Verwaltungsbehörden sind vom Präsidenten abhängig.

Die neue Verfassung sieht eine konstitutionelle Verankerung des Militärs vor, es ist Wächter der verfassungsmäßigen Ordnung, d. h., es kann jederzeit zum Schutz der «institutionellen Ordnung» in den politischen Prozeß eingreifen. Entsprechend der dominierenden Rolle des Militärs wurden dem Nationalen Sicherheitsrat weitreichende Machtkompetenzen und eine umfassende Kontrollbefugnis eingeräumt.

8. In der tiefen ökonomischen Krise zu Beginn der 80er Jahre verschärfte sich der Protest der Bev. gegen die Verelendung. Seither rührten sich die pol. Parteien wieder und versuchten, ein Bündnis gegen Pinochet aufzubauen. Dabei mußten zwei Probleme bewältigt werden: zum einen Vorbehalte und Mißtrauen gegeneinander als Folge der Gegnerschaft zwischen Christdemokraten und Sozialisten unter der Reg. der Volkseinheit, zum anderen strategische Differenzen im Kampf gegen das Regime, hier vor allem zwischen Christdemokraten und gemäßigten Sozialisten einerseits und Kommunisten andererseits, die seit Beginn der 80er Jahre den gewaltsamen Kampf forcierten (Rev.-Bewegung Manuel Rodriguez). Zunächst scheiterte die demokratische Opposition 1983/84, die Schwächephase des Regimes, die sich in Liberalisierungsmaßnahmen ausdrückte, zu einem Umschwung zu nutzen. Als sich die wirtsch. Erholung abzeichnete, zog das Regime die Zügel wieder straffer an. Sodann blieb die Opposition trotz allerlei taktischer und bündnispol. Bewegung im Grunde uneins. Das mißlungene Attentat auf Pinochet 1986 ließ sogar befürchten, daß die gemäßigten Kräfte im Kampf der Extreme rechts und links an Terrain verlieren würden. Erst das Plebiszit vom 5. Okt. 1988 änderte die Situation grundlegend. Im März hatte sich die gemäßigte Opposition darauf verständigt, am Plebiszit über Pinochet als einzigen Kandidaten (offiziell am 30. 8. benannt) für eine weitere Amtszeit von acht J. teilzunehmen und im Rahmen der autoritären Situation alle sich bietenden Chancen für den Sieg des «Nein» zu nutzen. Das hieß zum einen Registrierung der Parteien im Parteienregister, Eintragung der Wahlberechtigten in das neuangelegte Wahlregister, zum anderen pol. Arbeit in einer erst langsam den Zustand der Einschüchterung überwindenden Bevölkerung. Im Laufe der Kampagne zeigte sich freilich, daß auf dem Gebiete der Wahlen pol. Parteien «unpolitischen» regimetragenden Kräften überlegen sind. So siegte das «No» mit 54,7 % der Stimmen. Da die Vertreter der Streitkräfte in der Junta bereits vorher deutlich gemacht hatten, daß sie das Ergebnis des Volksentscheids akzeptieren würden, dies auch am Wahlabend wiederholten und die politischen Parteien der Rechten dem beipflichteten, hatte der für möglich gehaltene Putsch Pinochets gegen seine eigene Verfassung letztendlich keine Chance. Nach dem Sieg der Opposition vereinfachte sich der Dialog der verschiedenen Parteien in strategischen Fragen. Auch die Kommunisten anerkannten den friedlichen Weg. Die taktischen Auseinandersetzungen um Machtanteile und um Startpositionen bei den ersten freien Wahlen nach 16 Jahren bestimmten 1989 das Bild. Als Präs.-Kandidat der Opposition setzte sich der Parteivorsitzende der Christdemokraten seit 1987, Patricio Aylwin, durch. Was die autoritäre Verfassung anbelangt, so kam es Juni 1989 zu einer Vereinbarung zwischen der Pinochet-Reg. und der demokratischen Opposition, in der letztere ihre Reformvorstellungen im wesentlichen verwirklichen konnte. Bei den demokratischen Wahlen am 14. 12. 1989 siegte Aylwin als gemeinsamer Präs.-Kandidat von 17

Parteien mit 55,2% der Stimmen über den vom Militär favorisierten H. Büchi und den konservativen F. Errazúriz. Das demokratische Parteienbündnis erzielte auch im Abgeordnetenhaus eine Mehrheit, während im Senat die Parteien der Rechten dominierten. In der Behandlung der Menschenrechtsproblematik war die Reg. Aylwin aufrichtig, in der Wirtsch.- und Sozialpol. vergleichsweise erfolgreich (BIP/Kopf-Veränderung: 1991: + 4,1%; 1992: + 7,8%; Inflation 1991: 18,7%; 1992: 14,0%).

Lit.: D. Nohlen, Chile – Das sozialistische Experiment, Hamburg 1973; W. Weischet, Chile. Seine länderkundliche Struktur und Individualität, Darmstadt 1970; H. W. Krumwiede/D. Nolte, Chile. Auf dem Weg zur Demokratie, Baden-Baden 1988; Ensignia, J./Nolte, D. (Hg.): Modellfall Chile? Ein Jahr nach dem demokratischen Neuanfang, Hamburg 1991; Nohlen, D./Nolte, D.: Chile, in: HDW III, 2, 1992, 277ff. dn

China VR Der Entwicklungsbericht der * Weltbank 1988 weist für die VR Ch. ein * Pro-Kopf-Einkommen von 300 US-$ auf. Danach liegt Ch. in der Negativrangliste der Weltbank zwischen Rwanda und Kenia auf Platz 22 (von 129) und gehört damit zur Gruppe der * Vierten Welt. Gleichzeitig ist die VR Ch. aber eines der fünf ständigen Mitgl. des UN-Sicherheitsrates mit Vetorecht. Die kapitalist. Länder, v. a. Japan, die USA und die BRD, sind mittlerweile die wichtigsten Handelspartner der Chinesen geworden. Ch. läßt sich schwer mit den Maßstäben anderer EL messen. Seine Größe, seine Bev., seine Bodenschätze, sein Markt und seine pol. Bedeutung machen das Land zu einem begehrten und anerkannten Partner der int. Politik.

1. Das chin. Territorium umfaßt 9,56 Mio. qkm und reicht von der Grenze Sibiriens, mit nur kurzer frostfreier Periode, bis zum trop. Indochina mit ganzjähriger Wachstumsperiode. Weite Gebiete im SW, W und N sind durch Höhenlagen über 3000 m und Wüsten gekennzeichnet. Nur etwa 10% des Territoriums (99,25 Mio. ha) sind landw. nutzbar; südl. des Yangtze und im äußersten S können sogar drei Ernten im Jahr eingebracht werden. Die Möglichkeiten zur Neulandgewinnung sind begrenzt und haben in den letzten J. noch nicht einmal den laufenden Abgang durch Besiedlung und * Industrialisierung ausgleichen können. Die Hauptanbauregionen, die große Ebene zwischen Peking und Schanghai, die Täler des unteren Yangtze und Huang Ho, das Szechuan-Becken im SW sowie das sehr fruchtbare Delta des Sikang bei Kanton sind auch die Hauptsiedlungsgebiete der 1,045 Mrd. Chinesen (Ende 1985), von denen 36,6% in den Städten leben. Pro Kopf stehen also nur noch 0,095 ha Ackerland zur Verfügung. Der Wettlauf zwischen Bev.-Wachstum, das bis 1984 auf 1,1% gedrückt werden konnte, seitdem aber wieder ansteigt, und Steigerung der Flächenerträge erweist sich als grundsätzliches E.-Problem. Aber auch 1,2% von 1 Mrd. bedeuten immer noch, daß jährl. 12 Mio. Esser mehr zu versorgen sind. Aufgrund der geringen landw. nutzbaren Fläche genießt der Ackerbau gegenüber der Viehwirtsch. abs. Priorität. Der Getreideanbau – Reis im S, Weizen, Hirse und Sorghum im N – ist nach wie vor das Herzstück der chin. Landw., wenn auch in den letzten J. eine starke * Diversifizierung der Landw. zu beobachten ist. Die Tierzucht beschränkt sich im chin. Kernland auf die Stallhaltung (Schweine, Geflügel). Lediglich in den Steppen- und Nomadengebieten des N und W ist die Weidewirtschaft von Bedeutung, wo die ca. 300 Mio. ha natürliche Weiden ein noch zu erschließendes Potential bilden.

Als weiteres Problem erweist sich die saisonal und regional ungleiche Verteilung der Wasserressourcen. Im S gibt es mit 75% des Wassers bei nur 38% der Anbaufläche zu viel, im N bei 52% der Anbaufläche mit nur 7% des Wassers zu wenig. Hinzu kommt, daß die sehr fruchtbare Ebene am Unterlauf des Huang Ho und anderer Flüsse, die aus den Lößgebieten des N kommen, permanent von Überschwemmungskatastrophen bedroht ist, da sich die mitgeführten Lößsedimente im Unterlauf dieser Flüsse ablagern und das Flußbett erhöhen, so daß die Deiche immer wieder erhöht werden müssen.

Die Ausstattung mit Bodenschätzen und Energievorkommen – 1985 betrug die Kohleförderung 872 Mio. t und die Erdölförderung 125 Mio. t – ist weitgehend komplett und auch in quantitativer Hinsicht als Basis jeglicher Art von *Industrialisierung ausreichend.

Die natürliche *Infrastruktur ist eher dürftig. Neben der Küstenschifffahrt ist nur der untere Yangtze von Bedeutung, der bereits in der 1. Hälfte des 20. Jh. 600 km landeinwärts für Ozeanschiffe passierbar war. Trotz eines Eisenbahnnetzes von z. Z. 52 100 km Streckenlänge – leistungsfähige Fernstraßen sind kaum vorhanden – bildet das Transportwesen immer noch einen wesentlichen Engpaß.

2. Das trad. China war eine agrarische Klassengesellschaft von 80% Bauern einerseits sowie kaiserlicher Bürokratie und lokalen Grundbesitzern, der *Gentry*, andererseits. Die Interessenlage von Bürokratie und *Gentry* ergänzte sich, da beide ihre Einkünfte in Form der Agrarsteuer bzw. Pacht aus der Landw. zogen, die *Gentry* auf lokaler Ebene an Stelle der Bürokratie Verwaltungsaufgaben wahrnahm und umgekehrt die Beamten bzw. die kaiserlichen Truppen Schutz vor revoltierenden und die Pachtzahlungen verweigernden Bauern boten. Gründete sich die Macht der *Gentry* auf ihren Grundbesitz, den sie nicht selber bewirtschaftete, sondern verpachtete (1930 mehr als 30% der Ackerfläche), war die Macht der Bürokratie ursprgl. funktional legitimiert. Die Bürokratie nahm alle über die Möglichkeiten des Dorfes hinausgehenden Aufgaben wie Deich- und Kanalbauten, Anlegen von Kornspeichern, Verteilung von Saatgut in Notzeiten und milit. Schutz wahr.

Staatl. Monopole über Salz, Eisen, Außenhandel und Getreidetransport verhinderten, daß sich in nennenswertem Maße eine Schicht von Fernhändlern oder gar eine Industriebourgeoisie herausbilden konnte, die auf Grund einer eigenen ökon. Basis in Konkurrenz zum etablierten Machtgefüge hätte treten können. Auf der anderen Seite beließen die drückenden Pacht-, Zins- und Steuerbelastungen den Bauern nur ein so geringes Einkommen, daß sie neben der Landw. hausindustriellen Tätigkeiten nachgehen mußten, die sowohl der Eigenversorgung wie dem Absatz auf lokalen Märkten dienten. Diese nahezu autarken Marktgemeinden behinderten die Herausbildung eines übergreifenden Markts für Massenkonsumgüter und mögliche Investitionsfelder für eine Industrialisierung. Es konnte somit kaum wie in Europa zu einer Stadtentwicklung auf manufaktureller Basis kommen. Die Städte blieben reine Verwaltungszentren.

Die Existenz der chin. Gesellschaft war also in starkem Maße an eine funktionstüchtige Landw. gebunden, deren Erträge zumindest in gleichem Maße wie die Bev. wachsen mußten. Der Niedergang der bis 1911 regierenden Mandschu-Dynastie war aber mit einer Vernachlässigung der öfftl. Arbeiten, insbes. der Wasserkontrolle, verbunden. Die Bauern waren auf Grund mangelnder Überschüsse zu nennenswerten *Investitionen nicht in der Lage. Die *Gentry* sah, solange durch verstärkten Zwang ihre Pachteinnahmen aufrechterhalten werden konnten, keinen Anlaß zu produktionssteigernden Maßnahmen, zumal ihre konfuzianische Ethik eigene wirtsch. Aktivitäten verbot. Resultat war eine sich rapide verschlechternde Agrarsituation, die zwar durch Arbeitsintensivierung in einem labilen Gleichgewicht gehalten werden konnte, bei der Dürren und Überschwemmungen aber zu periodischen Hungerkatastrophen führten. Die klassische Antwort auf eine solche Zuspitzung waren Bauernrevolutionen, die neue Dynastien begründeten, deren wichtigste Aufgabe die Reorganisation der Landw. war.

Reformversuche fortschrittlicher Teile der Bürokratie Ende des 19. Jh.s nach dem Muster der *Meiji*-Restauration in Japan nach 1868, wo eine Modernisierung von oben in Gang gesetzt werden konnte, scheiterten ebenso wie die Modernisierungsbestrebungen der *Kuomintang* (KMT) in der 1. Hälfte des 20. Jh.s, da sie das überkommene Sozial- und Wirtschaftsgefüge auf dem Land aus Gründen der Machterhaltung nicht aufbrechen konnten und wollten. Hinzu kam, daß seit der Mitte des 19. Jh.s der ausl. Einfluß zunahm, der die Handlungsfreiheit der chin. Regierung immer stärker einschränkte. Zu den internen, in erster Linie mit Stagnation der Landw. zu bezeichnenden Problemen gesellten sich ganz neue, durch den * Kolonialismus und * Imperialismus der europ. Großmächte und später der USA und Japans verschuldete E.-Probleme.

Die ausl. Mächte interessierte der chin. Markt von damals 500 Mio. Menschen, auf dem man europ. Fertigwaren im Austausch gegen begehrte chin. Produkte wie Tee und Seide abzusetzen hoffte. Auf Grund der milit. Überlegenheit wurde China seit 1842 mit den Mitteln der Kanonenbootdiplomatie gezwungen, Zug um Zug den ausl. Firmen Zugang zum chin. Markt zu gewähren. Die Öffnung der Häfen ab 1842, die Abtretung von Pachtgebieten mit exterritorialem Status, die Aufteilung Chinas in «Interessensphären», die Gewährung von Konzessionen zum Bau von Stichbahnen zur Erschließung des Hinterlands und das Recht zu * Direktinvestitionen ab 1895 hatten den Sinn, die Voraussetzungen zur Eroberung dieses Marktes zu schaffen. Resultat dieser ausl. Aktivitäten war eine Teilmodernisierung einiger Küstenregionen, in denen mit Hilfe ausl. Kapitals eine Leichtindustrie und zugehörige Dienstleistungen aufgebaut wurden, die der Versorgung der Küstenstädte und der Verarbeitung von Exportgütern diente. Als krasser Fehlschlag erwies sich die Hoffnung, die chin. Bauern mit den Segnungen westl. Konsumgüter zu beglücken. Erreicht wurde eine weitere Akzentuierung des trad. Stadt-Land-Gegensatzes, indem es zwar gelang, das Hinterland der Küstenstädte unter Verdrängung des bäuerlichen Gewerbes in die moderne Ökonomie einzubeziehen, während das verkehrsmäßig unerschlossene Hinterland gänzlich unberührt blieb und allenfalls unter dem verstärkten Steuerdruck des zerfallenden Kaiserreiches, später der *Warlords* und der KMT zu leiden hatte, die auf diese Weise ihre Rüstungs- und Modernisierungsprogramme zu finanzieren suchten.

Im Norden führte die schrittweise Durchdringung durch die Japaner, die mit der Herauslösung der Mandschurei aus dem chin. Staatsverband (1932) und im Pazifikkrieg mit der weitgehenden Besetzung der Ostküste endete, zu einer Sonderentwicklung, da das jap. Motiv nicht im Warenabsatz, sondern in der Errichtung einer schwerindustriellen Basis im Hinblick auf die Rüstungsanstrengungen für den Krieg gegen die USA bestand. China verfügte also in den 40er J. sowohl über einen, wenn auch kleinen, schwerindustriellen Komplex wie über eine Konsumgüterindustrie, die aber weder in organischer Weise aufeinander noch auf die Versorgung der Landw. bezogen waren. Die Unterbrechung der Transportrouten im II. Weltkrieg und die Niederlage Japans machten ihren * Enklavenstatus besonders deutlich.

Bei der Führung der Kommunistischen Partei Chinas (KPCh) war der westl. Einfluß zunächst ebenfalls vorhanden, da die Abgesandten der Komintern nach orthodox-marx. und europ. Muster eine Konzentration der Agitation auf die Arbeiter und die *Revolution in den Städten empfahlen, was, angesichts der skizzierten agrarischen Wirklichkeit, 1927 mit einer katastrophalen Niederlage endete. Erst Mitte der 30er Jahre setzte sich unter der maßgeblichen Führung *Mao Tse-tungs allmählich eine Strategie durch, die das Schwergewicht auf die Mobilisierung der Bauern und die Revolution im agrarischen Hinterland legte. Im Zuge der Kämpfe mit den KMT-Truppen mußten die ländl. Stützpunkte in Südchina aufgegeben werden. Nach dem berühmten langen Marsch 1934/35 setzten sich die Reste der Volksbefreiungsarmee im Gebiet von Yenan im Norden Chinas fest, wo unter denkbar schlechten Bedingungen – unter dem Eindruck der jap. Besetzung war eine Einheitsfront mit der KMT geschlossen worden – der antijap. Widerstandskrieg aufgenommen wurde. Die nahezu autarke *Guerilla-Ökonomie des Yenangebiets wurde 1937 bis 1945 zur Keimzelle dessen, was später im maoistischen Sinne als chin. E.-Modell verstanden wurde.

Niederlage und Abzug der Japaner im Jahre 1945 ließen den nur vertagten Konflikt mit der KMT wieder aufbrechen, die sich auf die in den Küstenstädten entstandene chin. Bourgeoisie, ländl. Großgrundbesitzer sowie amerik. Militärhilfen stützte.

Durch das Versprechen einer radikalen Agrarreform gelang es den chin. Kommunisten, die Masse der armen Bauern zu mobilisieren und in einem Bürgerkrieg in den Jahren 1948/49 zunächst das Land und schließlich auch die großen Städte zu erobern. Die KMT floh nach Taiwan.

3. Am 1.10. 1949 rief Mao Tse-tung die VR China aus. Die ersten Maßnahmen galten der Landwirtschaft. Neben der Aufhebung aller Pachtbelastungen und Schulden wurden 1950 ca. 40% der Ackerfläche aus den Händen des Großgrundbesitzes an arme Bauern verteilt. Der so entstandene, weitgehend nivellierte Grundbesitz bestand aber aus so kleinen Betriebseinheiten, daß eine sinnvolle Modernisierung der Landw. kaum möglich war, zumal die von der Pachtbelastung befreiten Bauern verständlicherweise das jetzt verfügbare höhere Einkommen zu zusätzlichem Konsum verwandten. Die schrittweise Überführung der Einzelbauernwirtschaften in Kollektive während der Jahre 1952 bis 1956 sollte die institutionellen Voraussetzungen schaffen, um zunächst mittels *arbeitsintensiver Landgewinnungs-, Bewässerungs- und Infrastrukturbauten die Erträge zu steigern, solange die ind. Voraussetzungen für eine Agrarmodernisierung noch nicht vorhanden waren.

Im städtisch-ind. Bereich bestanden die ersten Maßnahmen in der *Nationalisierung der ausl. Betriebe, im Wiederaufbau der zerstörten Produktionsanlagen und der Gründung von Behörden, die zunächst die «Kommandohöhen» der Wirtschaft – Außenhandel, Finanzwesen und die von den Japanern hinterlassene Schwerindustrie – in staatl. Verfügungsgewalt nahmen. Etwa im Jahre 1952 war das wirtsch. Vorkriegsniveau erreicht. Gleichzeitig wurde der Aufbau einer staatl.-zentralen Planwirtschaft in Angriff genommen. Die «nat. Kapitalisten», chin. Unternehmer, die sich nicht durch Zusammenarbeit mit den Ausländern oder der KMT kompromittiert hatten und die die Konsumgüterindustrie kontrollierten, galten als bündnisfähig für die KPCh, zumal man auf ihre Mitarbeit beim wirtsch. Aufbau nicht verzichten wollte. Bis 1956 wurden ihre Betriebe nach und nach in die zentrale Planwirtschaft integriert, indem man die Besitzer abfand und sie weitgehend als Betriebsleiter weiterbeschäftigte. Die chin. Revolution hatte also zunächst einen starken antifeudalen Akzent, indem die ökon. Basis der lokalen

Macht der *Gentry* gebrochen wurde. Sie hatte aber nicht den gleichen antikapitalistischen Akzent, da man die «nat. Kapitalisten» zur Kooperation zu gewinnen suchte.

Resultat der Eroberung der Städte und ihrer Ökonomie war aber auch, daß der alte städtisch-gewerkschaftlich orientierte Flügel der Partei wieder an Einfluß gewann, dessen soziale Basis im Gegensatz zur Mao-Linie nicht die Bauern, sondern die Arbeiter der Städte waren, und der mit orthodox-marxistischen E.-Verständnis an einer vorrangigen Industrialisierung interessiert war. Dieser Einfluß wurde durch die seit Anfang der 50er J. betriebene Anlehnung an die Sowjetunion (SU) verstärkt, da den Chinesen angesichts des Korea-Krieges und des amerik. Boykotts keine andere Wahl blieb. Die SU war bereit und in der Lage, nach dem Muster ihrer eigenen Industrialisierungspolitik tatkräftige Hilfe bei der Planung, Administration und Ausbildung zu leisten, aber auch *Technische Hilfe und Kapitalhilfe zu geben sowie die Lieferung von Maschinen und kompletten Betriebsanlagen zu besorgen. Die Konsequenz war, daß in den 50er J., ausgehend von den jap. Hinterlassenschaften in der Mandschurei, im Rahmen von Fünf-Jahres-Plänen nahezu alle verfügbaren Ressourcen auf eine forcierte Schwerindustrialisierung konzentriert wurden, während man die Konsumgüterindustrie und die Landwirtschaft vorläufig der Eigeninitiative der «nat. Kapitalisten» und der Bauern überließ, ohne diesen Sektoren nennenswerte staatl. Mittel zur Verfügung zu stellen.

Trotz unstrittiger Erfolge, die sich in hohen schwerindustriellen Wachstumsraten äußerten, warf diese Strategie seit etwa 1956 eine Reihe von Problemen auf, an denen sich von unterschiedlichen Seiten Kritik entzündet. Die in Anlehnung an den früheren chin. Staatspräsidenten Liu Shao-chi als «liuistische» Linie bezeichnete Richtung der Partei kritisierte vor allem die ökon. Konsequenzen der engen Orientierung am sowjet. Industrialisierungsmodell. Die einseitige Förderung der Schwerindustrie und die damit verbundenen hohen Investitionsraten führten zu erheblichen *Akkumulationsproblemen, da diese Art der Industrialisierung zu sehr auf Kosten von Landwirtschaft und Konsum ging. Der massive Maschinenimport aus der SU war zudem immer weniger durch zu steigernde Agrargüterexporte auszugleichen. Hinzu kamen die seit Mitte der 50er J. einsetzenden Rückzahlungen der sowjet. Kredite, was ernsthafte Zahlungsbilanzprobleme heraufbeschwor. Die Liuisten befürworteten deshalb ein gleichgewichtigeres Wachstum, das auch die anderen Sektoren stärker berücksichtigte, und die Reduzierung der Maschinenimporte zugunsten stärkerer chin. Eigenleistungen.

Die Kritik der maoistischen Linie entzündete sich eher an den gesellschaftspol. Konsequenzen des sowjet. Industrialisierungsmodells. Anders als in der SU war die soziale Basis der KPCh nicht die städtische Arbeiterklasse, die in der SU zumindest langfristig eher an den Erfolgen der stalinistischen Industrialisierungspolitik teilhaben konnte, sondern die armen Bauern, die vorläufig nur die Zeche zu zahlen hatten. Damit drohte sich die KPCh ihrer sozialen Basis zu entfremden. Im übrigen widersprachen die sowjet. Prinzipien von Effektivität, Spezialisierung und Zentralisierung auch den gesellschaftspol. Vorstellungen der Maoisten.

In den Jahren 1958 bis 1960 setzte sich zunächst die maoistische Linie durch. Die sog. Politik der «Drei roten Banner» – die Generallinie des soz. Aufbaus, die Gründung der Volkskommunen und der «Große Sprung nach vorn» – stellte den Versuch dar, mangelndes Kapital durch Arbeit, mangelnde technol. Kenntnisse durch

Enthusiasmus und Erfindungsgabe zu ersetzen, um in kürzester Zeit durch eine massenhafte Mobilisierung von Menschen die Probleme der Agrarmodernisierung und Industrialisierung schlagartig zu beheben. Die Voraussetzung sollten die im August 1958 gegr. Volkskommunen mit jeweils 50000 und mehr Menschen schaffen. Die Volkskommunen sollten eine integrierte Einheit von Produktion und Verwaltung darstellen, in der Tätigkeiten wie Kochen, Altenpflege, Kinderbetreuung, die vorher individuell verrichtet worden waren, kollektiviert wurden, um so jede verfügbare Arbeitskraft, bes. das Reservoir der Frauen, freizusetzen und zu Arbeitseinsätzen in Infrastruktur, Landgewinnung und zum Aufbau kleinindustrieller Bergbau-, Eisen- und Stahlbetriebe zu gewinnen. Daneben stand aber auch der maoistische Gedanke, daß der Mensch die wichtigste Produktivkraft sei, die sich nur durch revolutionäre Praxis und dadurch vermittelte Erkenntnis entfalten könne, wobei der Kampf gegen die Japaner und später die KMT jetzt seine Fortsetzung im Produktionskampf finden würde.

Der «Große Sprung nach vorn» endete in einem Desaster. Neben einer Reihe von Mißernten sowie dem Abzug der sowjet. Experten und der Einstellung der Lieferung von Ausrüstungsgütern, als Folge des sich zuspitzenden ideologischen Konflikts mit der SU im Sommer 1960, ist dafür v. a. eine ungeheure Disproportionalitätskrise verantwortlich zu machen. Die Mobilisierung von so vielen Arbeitskräften zu außeragrarischen Tätigkeiten hatte zu einer starken Vernachlässigung der Landw. geführt. Die Kampagne zur Eisen- und Stahlerzeugung hatte zwar eine große Aufblähung der Kapazitäten hervorgerufen, die eine große Menge qualitativ schlechter Erzeugnisse hervorbrachte; ihr stand aber kein entsprechender Bedarf gegenüber. Vor allem die Krise der Landw., wo die Getreideerzeugung von 200 Mio. t (1958) auf 143,5 Mio. t (1960) zurückgegangen war (in den Jahren 1961/62 dürften ca. 23 Mio. Menschen verhungert sein), erwies sich als so gravierend, daß sich spontane Reprivatisierungstendenzen regten und die weitere Existenz der Revolution auf dem Spiel stand.

Der Große Sprung wurde gestoppt, die Volkskommunen *de facto* aufgelöst, Mao mußte das Amt des Staatspräsidenten aufgeben und in die «zweite Führungslinie» zurücktreten. Das Krisenmanagement der Liuisten bestand zunächst darin, die spontanen Reprivatisierungen in Landw., Handwerk und Kleinhandel zu legalisieren, und dann seit etwa 1962/63, als sich die Lage allmählich besserte, eine Neuorientierung der ges. Wirtschaft in Gang zu setzen. Die Industrialisierung sollte über die E. der Landw. erfolgen, d. h., wachsende Einkommen der Bauern sollten den Markt für Konsumgüter bilden. Montan- und chemische Industrie sollten stärker an der Erzeugung von Agrarmaschinen und Kunstdünger orientiert werden. Dabei sollte im Unterschied zum Großen Sprung der städtisch-staatl. Ind. die entscheidende Rolle zukommen. Solche Regionen waren bevorzugt zu beliefern, wo am ehesten auf Grund natürlicher Vorteile oder Stadtnähe und damit verbundener Spezialisierungsmöglichkeiten Ertragssteigerungen zu erwarten waren. Die Konsequenz lag in der Vertiefung der Kluft zwischen den Städten und stadtnaher Landw. einerseits und dem weiten Hinterland andererseits. Das liuistische Primat der Produktion gegenüber Maos Primat der Politik ließ wenig Raum für die gesellschaftspol. Zielsetzungen der Maoisten.

Als die organisatorischen Voraussetzungen für den neuen Kurs 1965 weitgehend vorhanden waren und mit dem 3. Fünf-Jahres-Plan 1966 in die Tat umgesetzt werden sollten, opponierte die inzwischen wieder erstarkte maoistische Richtung. Im Zuge der Kulturrevolution von 1966 bis 1969 kam es zu heftigen innerparteilichen Auseinandersetzungen, bei denen es neben ideologischen Kontroversen v.a. um den Kurs der Wirtschaftspolitik und die Frage ging, wem sie in erster Linie zugute kommen sollte. Die Maoisten setzten sich durch und versuchten im Zuge der wiederbelebten Volkskommunen eine Erschließung des ländl. Raums nach dem Vorbild der 1964 von Mao erkorenen Musterbrigade Dadschai einzuleiten. Dadschai lag im unwirtlichen Lößgebiet, wo die Bauern weitgehend aus eigener Kraft unter großem Einsatz beachtliche Erfolge erzielt hatten. Kern der ländl. Erschließung war der Aufbau lokaler Agroindustrien. Vom «Großen Sprung» hatte man gelernt, die Dimension und Produktionsstruktur dieser Kleinbetriebe den örtlichen Gegebenheiten anzupassen. Im Zentrum stand die Herstellung agrarischer Inputs wie Energie, Baumaterialien, Agrarmaschinen und Kunstdünger einerseits, die Verarbeitung agrarischer Rohstoffe zu Lebensmitteln und Textilien andererseits sowie die Erzeugung von einfachen Konsumgütern für den ländlichen Bedarf. Diese Strategie war insofern erfolgreich, als mit Hilfe der Kleinbetriebe, außerhalb der zentralen Planung erhebliche Produktionssteigerungen in den agrarrelevanten Branchen erzielt werden konnten und sich auch die Landw. mit ihrer Hilfe entwickelte. Ihren Höhepunkt erreichte diese Bewegung in den Jahren 1972/73, als in manchen Branchen mehr als die Hälfte der Produktion durch Kleinbetriebe erzeugt wurde.

Seit Herbst 1972 machte sich allerdings ein Wiedererstarken des liuistischen Parteiflügels bemerkbar, das mit der Rehabilitierung Deng Xiaopings, einst rechte Hand Lius, im August 1973 einen spektakulären Gipfel erreichte. Die Rede Tschou En-lais über die Modernisierung Chinas bis zum Jahr 2000 auf dem 4. Nat. Volkskongreß im Januar 1975 setzte auch programmatisch neue Akzente, was sich seit 1973 durch zunehmenden Import von Großtechnologie aus dem Westen bereits angekündigt hatte. Bis zum Tode Maos am 9.9.1976 blieben die Auseinandersetzungen unentschieden. Der Sturz der «Viererbande» im Okt. 1976, die Entmachtung Hua Kuofengs als Parteichef 1978 und die grundsätzliche Wende auf dem 3. Plenum des elften ZK im Dez. 1978 bedeutete den Sieg der liuistischen über die maoistische Linie. Die «Vier Modernisierungen», die an die Grundprinzipien der ersten Hälfte der 60er J. anknüpften, konnten in Angriff genommen werden. Hinter diesem neuerlichen Strategiewandel stand neben ideologischen Kontroversen der Umstand, daß die Möglichkeiten der kleinindustriellen Agroindustrie an Grenzen gestoßen waren, die sich von 1974 bis 1977 in sinkenden Wachstumsraten der Getreideproduktion äußerten und 1976 und 1977 zu einer Reduzierung der Pro-Kopf-Erträge führten, was den Liuisten nach dem Sturz der «Viererbande» die entscheidenden Argumente für den Kurswechsel geliefert haben dürfte.

Der überstürzt eingeleitete Modernisierungskurs, der v. a. durch umfangreiche Käufe kompletter Betriebsanlagen in Milliardenhöhe im westl. Ausland in Gang gesetzt werden sollte, wurde allerdings seit 1980 zugunsten einer Readjustierungspolitik gestoppt. Es stellte sich nämlich bald heraus, daß die VR China auf Grund ihrer * Infrastruktur und des Ausbildungsstandes ihrer Ingenieure und Arbeiter nicht in der Lage war, diesen massiven * Technologietransfer zu absorbieren. Auch ließen sich die Exporte nicht in dem Maße steigern, das notwendig gewesen wäre, die Importe zu bezahlen.

Wenn auch der Import von Großtechnologie aus dem westlichen Ausland fortgesetzt wird, so liegt der Akzent der neuen Politik der 80er J. doch im Bereich der Wirtschaftsreform.

Spektakulärste Maßnahme war die schrittweise Auflösung der Volkskommunen. Das an ihre Stelle getretene sog. Verantwortungssystem im Rahmen langfristiger Nutzungsverträge an einzelbäuerliche Haushalte bedeutet *de facto* die Reprivatisierung der Landw. und damit die Rückkehr zur Situation im Anschluß an die Bodenreform zu Beginn der 50er Jahre. Auch die übrigen Einrichtungen der Volkskommune (Maschinen-Traktoren-Stationen, Kleinindustrien, Barfußärzte etc.) wurden aufgelöst, abgeschafft, privatisiert oder der wieder eingerichteten Gemeindeverwaltung als unterster staatl. Körperschaft unterstellt. Zusammen mit der Möglichkeit, einen Teil der Agrarerzeugnisse frei zu vermarkten, der Wiedereinführung der Bauernmärkte, der Privatisierung des Kleintransportwesens (bis hin zu Lastkraftwagen) und der teilweisen Freigabe der Agrarpreise führte der so ausgelöste individuelle Anreiz zu einem erneuten Wachstumsschub in der Landw. und einer beträchtlichen Diversifizierung der Anbaupalette in Richtung höherwertiger Agrarprodukte und deren Veredelung (Obst, Gemüse, Fleisch, Sonderkulturen). Nutznießer der beträchtlichen Einkommensverbesserungen sind in erster Linie die stadtnahen Bauern, die aufgrund ihres Marktzugangs die neuen Freiheiten am ehesten nutzen können. Das städtische Nahrungsmittelangebot wurde seitdem in qualitativer und quantitativer Hinsicht entscheidend verbessert, wenn auch erhebliche Preissteigerungen (z. T. mehrere 100%) hingenommen werden mußten. Eher negative Konsequenzen sind die erneute soziale und weiter wachsende regionale Differenzierung in der Landw., ein neuerlicher Anstieg des Bev.-Wachstums trotz rigider Bevölkerungspolitik und (vermutlich) eine Zunahme des Analphabetismus (derzeit ca. 200–300 Mio. Menschen). Es ist für die Bauern wieder interessant geworden, mehr Kinder und damit mehr Arbeitskräfte zu besitzen, deren Einsatz ggf. auch Vorrang vor dem Schulbesuch haben kann.

Im städtischen Sektor hat die Reprivatisierung in erster Linie den kleingewerblichen Sektor (Handel, Dienstleistungen, Handwerk, Restaurants etc.) erfaßt, was analog zu einer wesentlich verbesserten Versorgung geführt hat. Hier findet auch die früher verdeckte *Arbeitslosigkeit ein Ventil. Im großbetrieblich-staatl. Sektor ist die Reformpolitik über das Experimentierstadium noch nicht hinausgekommen. Zwar wurde den Betrieben und Betriebsleitern (gegenüber den Parteikadern) eine größere Autonomie eingeräumt (auch im Hinblick auf Gewinnverwendung und Investitionsplanung), die grundsätzliche Zuständigkeit der zentralen Planungs- und Wirtschaftsverwaltungsbehörden wurde aber noch nicht in Frage gestellt. Ein tatsächliches Wirksamwerden des Markts würde zunächst eine Neufestsetzung des verzerrten Preissystems bis hin zur völligen Freigabe der Preise verlangen. Preiserhöhungen von über 100% bei zahlreichen Grundnahrungsmitteln, die am 4.4.1991 vorgenommen wurden, können nur erste Schritte der Anpassung darstellen. Eine weitere Forderung der Reformer, die Reduzierung der administrativen Lenkung durch Ausdünnung, Verjüngung und stärkere Qualifizierung der Wirtschaftsbürokratie, ist bislang immer wieder am Widerstand der Kader auf allen Ebenen gescheitert. Folge war in den 80er Jahren ein ständiges Hin und Her zwischen Reformmaßnahmen und Reformankündigungen, die unter dem Druck der Konservativen immer wieder eingeschränkt werden mußten.

Konsequenter war die Liberalisierung im Außenwirtschaftsbereich, wo bes. in den Küstenregionen den Betrieben und unteren Verwaltungseinheiten eine weitgehende Autonomie eingeräumt wurde. Die VR China scheut sich mittlerweile nicht mehr, neben dem Technologietransfer und der umfangreichen Entsendung von Experten und Studenten ins Ausland auch eine bemerkenswerte Kreditaufnahme im Westen zu tätigen und ausl. Investitionen in Form von *joint ventures* ins Land zu holen. In speziell eingerichteten Sonderzonen sind nach dem Muster der * Freien Produktionszonen im übrigen Asien auch hundertprozentige Auslandsbetriebe zulässig. Der seit der Öffnung stark angestiegene Import wird in erster Linie durch den Export arbeitsintensiver Fabrikate aber auch den Verkauf int. Dienstleistungen (* Tourismus, Leiharbeiter etc.) ausgeglichen. Aber auch hier ist es aufgrund unkontrollierter Importschübe, vor allem im Bereich von Luxusgütern (PKW, Unterhaltungselektronik), immer wieder zu Restriktionen von seiten der zentralen Behörden gekommen.

Die unbestreitbaren wirtsch. Erfolge des neuen Kurses geben den Reformern in der KPCh immer wieder Auftrieb, die Schattenseiten wie die grassierende Inflation, wachsende soziale Differenzierung, steigende Arbeitslosigkeit und zunehmende Unzufriedenheit eines Teils der Bev., insb. jener, die in einem festen staatl. Beschäftigungsverhältnis ohne große Möglichkeiten der Einkommensverbesserung stehen, liefern den Konservativen immer wieder Anlaß, auf die Bremse zu treten und auf die Vorteile der zentralen Planwirtschaft der «goldenen 50er J.» zu verweisen. Der seit langem bestehende Machtkampf zwischen Reformern und Konservativen, für den der Sturz des Parteichefs Hu Yaobang in Januar 1987 bereits ein deutliches Indiz war, entschied sich 1989 jedoch zugunsten der Konservativen, angeführt von Deng Xiaoping, Li Peng und Yang Shankun. Im Zusammenhang mit massenhaften Studentendemonstrationen für Demokratie, Pressefreiheit und Menschenrechte Mai/Juni 1989 zeigte sich der Reformer Zhao Ziyang zu einem ernsthaften Dialog mit den Protestierenden bereit. Die Partei hingegen, die eben noch pol. Reformen versprochen hatte, warnte vor Anarchie und Konterrevolution. Damit wurde auch der Aufmarsch der 27. Armee in Peking begründet, die in der Nacht auf den 4. Juni 1989 ein Massaker unter den unbewaffneten Demonstranten anrichtete. Die internationale politische Isolation Ch. infolge der blutigen Niederschlagung lockerte sich seit Beginn 1992 wieder. Im Vordergrund der diplomatischen Kontakte stand die Ausweitung der Wirtschafts- und Handelskooperation. Ermutigt durch den Schwenk Deng Xiaopings hin zu marktwirtschaftlich orientierten Reformen meldeten sich seit 1992 wieder reformerische Stimmen im Land.

Der Verlauf der jüngsten wirtschaftspolitischen Experimentierphase hängt jedoch vom Ergebnis des innerparteilichen Machtkampfs ab.

Lit.: W. Franke (Hg.), China. Gesellschaft, Politik, Staat, Wirtschaft. Handbuch, Reinbek 1977; U. Menzel, Theorie und Praxis des chinesischen Entwicklungsmodells, Opladen 1978.; ders., Wirtschaft und Politik im modernen China. Eine Sozial- und Wirtschaftsgeschichte von 1842 bis nach Maos Tod, Opladen 1979; B. Staiger, China. Natur-Geschichte-Gesellschaft-Politik-Staat-Wirtschaft-Kultur, Tübingen 1981; Xue Muqiao, Sozialismus in China. Erfolge, Fehlschläge, Perspektiven, Hamburg 1982; H.F. Vetter, «Chinas neue Wirklichkeit». Gesellschaft, Wirtschaft und Politik nach Mao, Frankfurt 1983; H. Forster-Latsch/J. Noth, Chinas Weg in die Moderne. Anders als Moskau?, Frankfurt 1986; K. Grobe-Hagel (Hg.), China. Ein politisches Reisebuch, Hamburg 1987. um

Christen für den Sozialismus Die 1971 in Santiago de Chile gegr. Bewegung geht zurück auf eine Reihe von Priestergruppen, deren Parteinahme für die Armen sie zur Forderung nach einem lateinamerik. * Sozialismus führte (→Theologie der Befreiung). Das von den CfS publizierte Dokument «Wir sind im Sozialismus engagiert» (1971) löste heftige Diskussionen in Kirche und Theologie aus. Im April 1972 fand in Santiago der I. lateinamerik. Kongreß der CfS unter Teilnahme von mehr als 400 Vertretern aus 28 Ländern statt, dessen Schlußdokument (Anerkennung des Klassenkampfes in globalem Maßstab und der eigenständigen Sachlogik des Politischen; Konvergenz zwischen der Radikalität des Glaubens und der des pol. Engagements; Verständnis des Glaubens als kritische und dynamische Kraft im revolutionären Prozeß) zur Grundlage für die weltweite Verbreitung der Bewegung wurde. Eine Sektion besteht seit 1973 auch in der BRD (16 autonom arbeitende Regionalgruppen).

Publikation: «Korrespondenz der Christen für den Sozialismus» (vierteljährl.)

Lit.: G. Girardi, Christen für den Sozialismus – Warum?, Stuttgart, 1978 pb

CIAP Interamerik. Komitee der *Allianz für den Fortschritt (*Comité Interamericano de la Alianza para el Progreso*, engl. ICAP) der *OAS, 1963 gegr.; Aufgabe: Koordination und Verwaltung der Mittel und Koordination der Aktivitäten des E.-Programms der Allianz für den Fortschritt. 1974 aufgelöst; seine Funktion übernahm CEPCIES, das ständige Exekutivkomitee des OAS-Wirtschaftsrates; Aufgabe: ständige Unterstützung der OAS-Staaten in Fragen des Handels, der Finanzierung und E.; Sitz: Washington. dn

CID *Center for Industrial Development* →Lomé-Abkommen, UNIDO

CIDSE Internationale Arbeitsgemeinschaft für Soziale und Wirtschaftliche Entwicklung der kath. Entwicklungshilfe westl. IL, Sitz in Brüssel. *Ziel:* Absprachen über Projektstrategie, Koordination, Dokumentation. dn

CIEC →KIWZ

CIES Interamerik. Wirtschafts- und Sozialrat (*Consejo Interamericano Económico-Social*), Koordinierungsorgan für die wirtsch. und sozialen Aktivitäten, 1939 gegr., seit 1948 Organ der *OAS. dn

c.i.f. Abkürzung für *cost, insurance, freight*. Im internationalen Handel werden die Importe eines Landes i. d. R. so bewertet, daß sie sämtliche Kosten enthalten, die von der Produktion im Ursprungsland bis zur Anlieferung im Bestimmungsland (Grenze) entstanden sind. Das sind neben den eigentlichen Produktionskosten insb. Transport- und Versicherungskosten. Exporte werden nach *f. o. b. bewertet. hpn

CILLSS (CILSS) *Comité Permanent Interétats de Lutte Contre la Sécheresse dans le Sahel*, Organisation der Sahel-Länder Mauretanien, Senegal, Mali, Burkina Faso, Niger und Tschad, gegr. nach der großen Dürre (1968 bis 1973), um die Folgen der Dürrekatastrophe gemeinsam zu bekämpfen und koordiniert gegen ein weiteres Fortschreiten der Wüste vorzugehen. Ende 1973 ist Gambia und 1976 die Kapverdischen Inseln beigetreten. Sitz: Ougadougou (Burkina Faso). →Sahelzone bg

CIM Centrum für Internationale Migration und Entwicklung, gegr. 1980 als Arbeitsgemeinschaft der *GTZ und der *ZAV. *Aufgabe:* Ausgehend von einem Mangel an Fachkräften in EL fördert CIM a) die Reintegration von in der Bundesrepublik Deutschland ausgebildeten Fach- und Führungskräften aus EL in ihr Herkunftsland, b) den Einsatz dt. Fachkräfte in EL (*Integrierte Fachkräfte) und c) rückkehrbezogene Betriebs- und Existenzgründungen ausl. Arbeitnehmer. *Organisation:* Fünf Fachbereiche: 1. Verwaltung, Finanzen (GTZ); 2. *Reintegration von Ausbildungsabsolventen und Arbeitnehmern aus EL (GTZ); 3. Vermittlung und vorbereitende Maßnahmen für die Reintegration von Fachkräften aus EL (ZAV); 4. Bedarfs- und Arbeitsplatzanalyse, Betreuung und Bezuschussung von Integrierten Fachkräften (GTZ); 5. Beratung und Vermittlung von Integrierten Fachkräften (ZAV). 1991 waren 753 Integrierte Fachkräfte der CIM im Einsatz; 267 wurden neu vermittelt, darunter 64 aus der EZ der ehem. DDR.

Adresse: Bettinastr. 62, 6000 Frankfurt 1. kg/mik

CIPEC Zwischenstaatlicher Rat der Kupfer exportierenden Länder (*Consejo Intergubernamental de Paises Exportadores del Cobre*), auf Initiative von E. *Frei 1967 gegr. *Rohstoffkartell, 5 Mitgl.: Chile, Indonesien, Peru, Zambia, Zaire; 3 assoziierte Mitgl.: Australien, Mauretanien, Papua-Neuguinea. dn

circulus vitiosus auch Teufelskreis, Annahme der Existenz einer Beziehung zwischen versch. Faktoren nach der Art einer Kausalkette, wobei einzelne Faktoren zugleich Ursache und Wirkung für und von andere(n) Faktoren sind (zirkuläre Verursachung). Die Cv-Vorstellung dient zur Erklärung von sich negativ verstärkenden Prozessen und weist auf das schwer zu lösende Problem hin, den Teufelskreis zu durchbrechen. Beispiel: geringes Einkommen – geringe Ersparnisbildung – geringe Nachfrage – geringe *Investition – geringes Produktionsvolumen – geringe Beschäftigungseffekte – geringes Einkommen. Oder: *Armut – Unterernährung – hohe Krankheitsanfälligkeit/Mangelkrankheiten – niedrige Arbeitsleistung/*Produktivität – größere Armut. Die Ausgangssituation (Armut) wird im Cv noch verschärft bzw. zementiert. dn

civic action Einsatz von Spezialeinheiten der Streitkräfte eines Landes (zunächst in LA) für E.-Vorhaben v. a. im Bereich der *Infrastruktur (vom Straßenbau bis zur *Alphabetisierung) seit Ende der 50er Jahre. C. a. beinhaltet eine Umorientierung der Aufgabenstellung der Militärs, deren Ursprung in der Absicht lag, revolutionären *Guerilla-Strategien zu begegnen bzw. ihnen zuvorzukommen und sich bei der Bev. beliebt zu machen.

Insofern ordneten sich C. a.-Programme in die von den USA den lateinamerik. Militärs verschriebene und finanzierte *Counter insurgency*-Strategie ein. Andererseits begünstigen sie das Entstehen eines neuen Selbstverständnisses der Militärs als entwicklungspol. Elite (Schulung in volkswirtsch., soziolog. und entwicklungstheoret. Fragen), welches ihre Bereitschaft erhöhte, die pol. Macht zu übernehmen und sie langfristiger als in der Vergangenheit den zivilen pol. Eliten streitig zu machen, teilweise in der Absicht, E.-Programme durchzusetzen. →autoritäre Regime dn

CLASC seit 1971 **CLAT** →Gewerkschaften (in der Dritten Welt).

Club of Rome 1968 gegr. private Vereinigung von Persönlichkeiten aus Politik, Wirtsch., Wiss. und Kultur (1991: 100 Mitgl. aus 53 Ländern) hauptsächlich der IL, die sich die Lage der Menschheit und ihre Zukunft zum Thema gemacht hat. Der Club trat 1972 vor der ersten *Weltumweltkonferenz mit der Veröffentlichung der Studie «Grenzen des Wachstums» (über 10 Mio. Exemplare in 37 Sprachen vertrieben) hervor (*Weltmodelle), einem noch sehr einfachen Computersimulationsmodell, das unter Leitung von D. Meadows am *Massachusetts Institute of Technology* (MIT) erstellt wurde. Ergebnis: die Menschheit geht einer ökologischen Katastrophe entgegen, wenn nicht ein weltweites Null-Wachstum bei der Bev. und der Ind.-Produktion erreicht wird. Ein Gleichgewichtszustand des Weltsystems könnte optimal herbeigeführt werden, wenn das Wachstum der Bev. bis 1975 und das der Ind.-Produktion bis 1990 gestoppt würden. Kritische Stimmen gegen die Prognose und insb. die Empfehlungen wurden v. a. in der Dritten Welt laut (→Bariloche-Modell).

Der 2. Bericht «Menschheit am Wendepunkt» (1974) rückte vom Ziel des Null-Wachstums für die unmittelbare Zukunft ab. Er trat v. a. gegen unkontrolliertes Wachstum ein und sah für unterentwickelte Regionen weiteres gezieltes Wachstum vor.

Der 3. Bericht «Das Ende der Verschwendung» von 1976 befaßte sich nicht mehr mit Ergebnissen von Weltmodellrechnungen, sondern untersuchte die Möglichkeiten von Wissenschaft und Technik zur Überwindung der erwarteten Versorgungsengpässe im Energie-, Rohstoff- und Nahrungsmittelbereich.

Ebenfalls 1976 erschien der unter Leitung des Nobelpreisträgers Jan Tinbergen von 21 Experten erstellte «RIO-Bericht» («Reform der int. Ordnung»). Er kam im Zusammenhang der Initiative der EL für eine *Neue Weltwirtschaftsordnung zustande, zu deren Erreichung die Studie erste realistische Schritte angeben wollte. Ziel: ein Leben in Würde und Wohlstand für die ges. Menschheit im J. 2000.

Der Club setzte die sich hier abzeichnende Wende von düsterem Pessimismus hin zur Erforschung der nach Entwicklungsniveaus zu differenzierenden Möglichkeiten, die drohenden Gefahren zu bewältigen, in seiner weiteren Arbeit (insg. erschienen bisher ca. 20 Berichte) fort. Dabei erwiesen sich die grundsätzlichen Warnungen des Clubs von 1972 Anfang der 90er Jahre angesichts von Treibhauseffekt und Schädigung der Ozonschicht (→Ökologie) als zunehmend aktuell.

1991 erschien mit «Die erste globale Revolution» erstmals ein Bericht, der nicht von einzelnen Spezialisten für den Club erstellt wurde, sondern den Konsens der Clubmitglieder wiedergibt. Mit seiner Forderung ökologischer Globalperspektiven (→*sustainable development*) für internat. wie nat. Politik fand er Beachtung im Vorfeld der zweiten *Weltumweltkonferenz UNCED.

Lit.: D. Meadows, Die Grenzen des Wachstums, Stuttgart 1972; M. Mesarovic/E. Pestel, Menschheit am Wendepunkt, Stuttgart 1974; D. Gabor/U. Colombo u.a., Das Ende der Verschwendung. Zur materiellen Lage der Menschheit, Stuttgart 1976; J. Tinbergen (Hg.), Wir haben nur eine Zukunft. Reform der internationalen Ordnung. Der RIO-Bericht an den Club of Rome, Opladen 1977; A. Peccei (Hg.), Das menschliche Dilemma, Wien u.a. 1979; A. Peccei/E. Pestel/M. Mesarovic u.a., Der Weg ins 21. Jahrhundert. Alternative Strategien für die Industriegesellschaft, Genf/Tokio 1983; A. Lemma/P. Malaska, Africa beyond Famine, London 1989; A. King/B. Schneider (Hg.), Die Erste Globale Revolution, Frankfurt 1992; D. u. D. Meadows/J. Randers, Die neuen Grenzen des Wachstums, Stuttgart 1992.
dn/bh

CMET *Comité Maghrébin de l'Emploi et du Travail,* Ausschuß für Beschäftigung und Arbeit der Maghreb-Staaten.

CMT *Comité Maghrébin du Tourisme,* Ausschuß für Tourismus der Maghreb-Staaten.

Cocoyoc-Erklärung Abgegeben von einem Wissenschaftler-Gremium auf dem *UNEP/*UNCTAD-Symposium in Cocoyoc/Mexiko vom Okt. 1974, die – als erstes Dokument *alternativer Entwicklung – grundlegende Bedeutung für die Neuorientierung der E.-Politik auf die Befriedigung der *Grundbedürfnisse gewann. Auszug: «Als erstes müssen wir überhaupt Ziel und Zweck von E. neu definieren. Es kann sich nur darum handeln, den Menschen, nicht die Dinge zu entwikkeln. Menschen haben bestimmte Grundbedürfnisse: Nahrung, Unterkunft, Kleidung, Gesundheit und Bildung. Jeder Wachstumsvorgang, der nicht zur Befriedigung dieser Bedürfnisse führt – oder sogar störend eingreift –, ist eine Verkehrung des E.-Gedankens. Wir befinden uns noch in einem Stadium, wo das Hauptanliegen der E. ist, wie weit die elementaren Bedürfnisse der ärmsten Teile in der Gesellschaft, die bis zu 40% der Bev. ausmachen können, befriedigt werden können. Hauptziel des wirtsch. Wachstums sollte es sein, die Verbesserung der Lebensbedingungen dieser Gruppen sicherzustellen. Ein Wachstumsprozeß, der nur der wohlhabendsten Minderheit nutzt und die Gefälle zwischen den Ländern und innerhalb der Länder noch vergrößert, ist keine Entwicklung. Es handelt sich vielmehr um Ausbeutung.» Die Cocoyoc-Ansätze wurden weiterentwickelt im *Nyerere-Bericht und im *Brundtland-Bericht über →sustainable development.

Die pol. Aktualität der Cocoyoc-Grundpositionen wird durch eine einstimmig gefaßte Resolution des Deutschen Bundestages vom Mai 1990 unterstrichen, die deutsche Entwicklungspolitik auf das vorrangige Ziel der Armutsbekämpfung auszurichten. dn

CODESA (*Convention for a Democratic South Africa*). Am 20./21. Dez. 1991 nahmen 19 versch. Parteien (u. a. Reg., ANC, IFP) die Beratungen über ein Post-Apartheid-Südafrika auf. Versch. Arbeitsgruppen werden für die in regelmäßigen Abständen angesetzten Plenarsitzungen entwicklungsrelevante Themen (z. B. Verfassungsentwurf, Zukunft der *Homeland) erarbeiten für die künftige Gestaltung Südafrikas als demokratischer, nicht auf Rassenkriterien beruhender Einheitsstaat. sl

collective self-reliance csr (= «kollektive Eigenständigkeit») bezeichnet die Übertragung des Konzepts der **self-reliance* auf die EL insgesamt bzw. auf Gruppen von ihnen. Csr besitzt verschiedene e.-strategische Inhalte: zum einen in den Nord-Süd-Beziehungen die Zielsetzung von EL, eine verstärkte Verhandlungsposition (Gegenmacht) gegenüber den IL und den *transnationalen Konzernen aufzubauen, um die Interessen der Dritte Welt-Länder insbes. in den Verhandlungen um die *Neue Weltwirtschaftsordnung besser durchsetzen zu können. Einige E.-Theoretiker verstehen csr in diesem Zusammenhang auch als Strategie der *Dissoziation. Zum anderen, in den *Süd-Süd-Beziehungen, wird mit csr die Vorstellung einer über bisherige regionale *Integrationen hinausreichende Intensivierung der wirtsch., pol. und kulturellen Beziehungen der EL untereinander (bi- und multilateral) verbunden. Durch Verstärkung der Zusammenarbeit symmetrischer Struktur zwischen den EL soll die asymmetrische und abh. Beziehung zu den IL überwunden werden. Die *Gruppe der 77 hat auf *UNCTAD V ihren Forderungen ein Programm für csr vorangestellt.

Csr ist ein noch junges und theoret. keineswegs abgeklärtes Konzept. Offen ist z. B., ob *self-reliance* der EL als individuelle (nat. begrenzte) E.-Strategie der Anwendung von csr vorauszugehen habe – oder csr eine Voraussetzung von *self-reliance* ist. Auch ist unklar, in welchem Ausmaß sich csr mit dem Weltmarkt bzw. der Neuen Weltwirtschaftsordnung stößt, inwieweit die SüdSüd-Beziehungen die Nord-Süd-Beziehungen ersetzen sollen. In diesen Hinsichten kann zwischen sog. harten und weichen Strategien unterschieden werden (s. Matthies 1982, S. 382 ff.). Einer Durchsetzung von csr stehen in der Praxis divergierende Interessenlagen einzelner oder Gruppen von EL entgegen.

Lit.: K. M. Khan und V. Matthies, Collective Self-Reliance: Programme und Perspektiven der Dritten Welt, München/London 1978; S. Amin: Self-Reliance und die Neue Weltwirtschaftsordnung, in: D. Senghaas, Kapitalistische Weltökonomie, Frankfurt 1979, S. 317 ff.; K. M. Khan (Hg.), Self-Reliance als nationale und kollektive Entwicklungsstrategie, München 1980; V. Matthies, Collective Self-Reliance, in: HDW II, 1, Hamburg 1982, S. 380 ff. dn

Colonial Development Acts →Entwicklungspolitik Großbritanniens

colonos →hacienda

COMECON →Entwicklungspolitik der UdSSR und der sozialistischen Länder

commodity terms of trade Das der Diskussion um die **terms of trade* zugrundeliegende Konzept, demzufolge der Index der Exportgüterpreise und der Index der Importgüterpreise ins Verhältnis gesetzt werden. Im Gegensatz zum Konzept der **income terms of trade* wird nach dem realen Austauschverhältnis zwischen Rohstoffen und Fertigwaren bzw. dessen Veränderung gefragt. dn

Commonwealth Der größte Teil des früheren brit. Empires hat sich im C. zusammengeschlossen. Ihm gehörten 1992 50 unabh. Staaten an. In 16 dieser Staaten ist die Königin Staatsoberhaupt. Mitgl. im C. sind: Antigua und Barbuda, Australien, die Bahamas, Bangladesh, Barbados, Belize, Botswana, Brunei, Dominica, Gambia, Ghana,

Grenada, Großbritannien, Guyana, Indien, Jamaika, Kanada, Kenya, Kiribati, Lesotho, Malawi, Malaysia, Malediven, Malta, Mauritius, Namibia, Nauru, Neuseeland, Nigeria, Pakistan, Papua-Neuguinea, St. Christopher und Nevis, Saint Lucia, Saint Vincent und die Grenadinen, die Seychellen, Sierra Leone, Singapur, die Solomon-Inseln, Sri Lanka, Swaziland, Tanzania, Tonga, Trinidad und Tobago, Tuvalu, Uganda, Vanuatu, West Samoa, Zambia, Zimbabwe, Zypern.

Die Staatsoberhäupter der C.-Staaten treffen sich alle zwei J., zuletzt im Okt. 1991 in Harare/Zimbabwe. Treffen finden auch auf Ministerebene statt; die Finanzmin. kommen sogar jährl. zusammen, um Probleme der Weltwirtschaft zu besprechen. 1965 wurde in London ein C.-Sekretariat eingerichtet, das, von einem Generalsekretär (zur Zeit: Emeka Anyaoku, Nigeria) geleitet, die C.-Aktivitäten organisiert. Es verwaltet auch den Fonds für technische Zusammenarbeit (CFTC), der 1971 eingerichtet wurde, um Hilfestellung bei der sozialen und ökon. Entwicklung der C.-Mitgl. zu ermöglichen. GB trägt ca. ein Drittel der entstehenden Kosten.

Das C. ist jedoch nicht als Bündnis von Staaten mit gleicher pol. oder wirtsch. Zielsetzung mißzuverstehen. Entscheidungsprozesse innerhalb des C. beruhen auf dem Minimalkonsens der Bereitschaft zur Zusammenarbeit. Einigkeit konnte über die Ablehnung der *Apartheidpolitik erzielt werden. Das frühere C.-Mitglied Südafrika verließ die Org. bereits 1961. In der Frage der Wirtschaftssanktionen gegen Südafrika war GB nicht bereit, die Mehrheitsmeinung der C.-Staaten, die sich für einen Boykott aussprachen, mitzutragen und entschied sich, freiwillige Sanktionen im Bereich neuer Investitionen in Südafrika und der Tourismuswerbung zu empfehlen sowie die EG-Entscheidung zu übernehmen, die den Import von Eisen und Stahl aus Südafrika verbot. Seit dem EG-Beitritt GBs ist auch der wirtsch. Zusammenhalt des C. schwächer geworden, da das Präferenzsystem innerhalb des C. für den zwischenstaatl. Warenaustausch entfiel. Ein Teil der *Dritte Welt-Länder im C. in Afrika, der Karibik und im pazifischen Raum sind durch das AKP-Abkommen (→AKP-Staaten) von 1975 mit wirtsch. Sonderkonditionen der EG assoziiert.

Lit.: Yearbook of the Commonwealth, London, jährl.; N. Mansergh, The Commonwealth Experience, London/Basingstoke, 2. Aufl., 1982; P. Slinn/D. Judd, The Evolution of the Modern Commonwealth 1902–1980, London/Basingstoke 1982; A. Smith/C. Sanger, Stiches in Time: The Commonwealth in World Politics, London 1982; M. Doerfel, Ein Bündnis für die Demokratie?, in: Das Parlament 36 (1986), Nr. 42; R. J. Moore, Making the New Commonwealth, Oxford 1987; D. Austin, The Commonwealth and Britain, London 1988. rs

Communauté Financière Africaine →Franc-Zone (F.-Z.)

Communauté Française Nach dem frz. Verfassungsreferendum von 1958 gegr. (Schein-)Föderation zwischen Frankreich und seinen zu autonomen Staaten proklamierten Überseegebieten von *AOF (außer Guinea), *AEF und Madagaskar. Faktischer Zerfall mit der Unabh. der afrik. Staaten 1960.

fn

Communauté-Rurale →Selbsthilfe (-Organisationen)

community development E.-Strategie, die auf die optimale Nutzung der menschl. *Ressourcen in Form der Eigeninitiative und im Wege der «E. von unten» abzielt. Für c. d. zentral sind: 1. die Teilnahme der Bev. selbst an Maßnahmen zur Verbesserung ihrer Lebensbedingungen, d. h. *Selbsthilfe und gegenseitige Hilfe; 2. Bereitstellung von techn. u. a. Diensten von staatl. Seite.

Ziele der c. d. sind von sozialer, wirtsch. und pol. Natur; entsprechende Programme sind etwa: Reform des Schulwesens und der berufl. Bildung, Ausbau des Erwachsenenbildungswesens, *Alphabetisierungsprogramme, Verbesserung der sozialen *Infrastruktur in den Bereichen *Gesundheit, *Wohnen, *Frauen- und Jugendarbeit; Eingliederung der dörfl. Wirtschaft in die Volkswirtschaft, Förderung *arbeitsintensiver Produktionsformen; kommunale Selbstverwaltung als Keimzelle der nat. pol. Kultur. Von den Theoretikern der c. d. wird betont, «daß das Kriterium für Erfolg niemals nur die sichtbare materielle Veränderung im jeweiligen Bereich sein kann (wie viele Brücken, wie viele Schulen, wie viele Krankenhäuser, wie viele Dorfräte etc.), sondern das Ausmaß, in dem diejenigen Grundhaltungen vermittelt werden, die das Funktionieren dieser Einrichtung voraussetzt, also Veränderung in den Motivationen, den Fertigkeiten und den sozialen Beziehungen der Menschen» (Jorges, in: EPHL 1966, S. 1066).

Lit.: J. C. Rhie, Community Development durch Selbsthilfegruppen, Saarbrücken 1977; A. A. Benini, Community Development in a Multi-Ethnic Society: The Upper River Division of the Gambia, West Africa, Saarbrücken 1980. dn

COMUNBANA →SELA

concessional terms →IFAD

CONDECA Zentralamerikanischer Verteidigungsrat (*Consejo de Defensa Centroamericana*, auch: *Central American Defense Council*/CADC), 1964 von den USA betriebener Versuch, die Armeen der zentralamerik. Staaten zu einer engeren Zusammenarbeit zu bewegen. Die Spannungen zwischen einzelnen Staaten (z. B. zwischen Honduras und El Salvador, die 1969 zum sog. Fußballkrieg geführt hatten) blockierten diesen Ansatz einer regionalen Verteidigungsgemeinschaft. Auf Initiative der USA wurde CONDECA Anfang der 80er J. kurzfristig ins Leben gerufen – *de facto* mit dem Ziel der Blockbildung gegenüber dem sandinistischen Nicaragua. fn

cono sur geogr.-ethno-sozialer Begriff für die südl. Länder Südamerikas, Argentinien, Chile und Uruguay. dn

Conseil de l'Entente 1959 von der Elfenbeinküste, Benin, Burkina Faso und Niger gegr., Beitritt Togos 1966. Sitz: Abidjan (Elfenbeinküste). Zunächst nur Konferenz der Staatschefs, die primär für die Außenpolitik der Elfenbeinküste funktionalisiert wurde, heute eher Wirtschafts- und Entwicklungsorganisation (seit 1966 Kredit- und Garantiefonds). – Untereinander besteht Freihandel und ein gemeinsamer Außenzoll. fn

consulting Privates Beratungsunternehmen, das im Auftrag öfftl. Stellen (etwa des *BMZ) und privater Institutionen E.-Projekte berät und gegebenenfalls ausführt (insbes. im Auftrag von EL). dn

Contadora-Gruppe Gruppe der vier lateinamerik. Staaten Kolumbien, Mexiko, Panama, Venezuela (benannt nach dem ersten Außenminister-Treffen auf der panam. Insel Contadora im Jan. 1983). 1985 bildete sich eine lateinamerik. «Unterstützergruppe» (Brasilien, Argentinien, Uruguay, Peru). Die Contadora-Initiative bemühte sich um eine friedliche Regulierung des *Zentralamerika-Konflikts. Der Friedensplan des costaricanischen Präsidenten *Arias (1987) knüpft an die sogenannten Contadora-Akten (die letzte datiert von 1986) an. →Gruppe der Acht

Lit.: B. Bagley u. a. (Hg.), Contadora and the Central American Peace Process, Boulder/Colorado 1985; S. Kurtenbach, Frieden in Zentralamerika? Die Contadora-Initiative, in: Jahrbuch Dritte Welt 1987, München 1987, S. 139ff; A. Frohmann 1990, De Contadora al Grupo de los Ocho, in: Relaciones Internacionales, Nr. 31, S. 7–36. as/mik

Contra Sammelbezeichnung für Konterrevolutionäre, die in den 80er J. gegen die sandinistische Reg. in Nicaragua kämpften. →Nicaragua, Zentralamerika-Konflikt. mik

Convenio de Panamá →SELA

COPAL (oder CPA), Vereinigung Kakao produzierender Länder (*Cocoa Producer's Alliance*), Rohstoffkartell im Bereich Agroprodukte, gegr. 1962 in Lagos (Nigeria). Die elf Mitgliedsländer (Brasilien, Ecuador, Mexiko,

Trinidad-Tobago, Kamerun, Elfenbeinküste, Gabun, Ghana, Nigeria, São Tomé-Principe, Togo) bemühen sich neben dem Vorantreiben wirtsch. und wiss.-techn. Beziehungen zwischen den Mitgl.-Ländern um Förderung des Kakaokonsums und um Kontrolle des Kakaomarktes. mm

Corea-Plan Nach dem Generalsekretär der * UNCTAD, Iamani Corea, benannter Plan, den dieser zur Preisstabilisierung der 18 wichtigsten Rohstoffe auf der UNCTAD-IV-Konferenz in Nairobi 1976 vorgelegt hat. →Integriertes Rohstoffprogramm. dn

Costa Rica 1987 erhielt C.R.s Staatspräs. Oscar * Arias Sánchez, Antriebsmotor des * Esquipulas II-Abkommens, den Friedensnobelpreis und erhöhte das Prestige des ohnehin int. profilierten C.R.s – der «Schweiz Mittelamerikas». Trotz der ernsten wirtsch. und pol. Krise Zentralamerikas in den 80er J. blieb die älteste Demokratie am Isthmus pol. stabil.

1. C.R. ist mit einer Fläche von 50900 qkm nach El Salvador das kleinste Land LAs. Fruchtbare vulkanische Böden und günstiges Klima ließen die Land- und Viehwirtschaft zum wichtigsten Wirtschaftssektor werden. Haupt- und Exportprodukte: Kaffee, Bananen, Zucker, Rindfleisch. Daneben werden meist auf * Subsistenzbasis v.a. Mais, Bohnen, Hirse, Maniok und Bergreis für den Eigen- und Inlandsbedarf angebaut. C.R. besitzt neben abbauwürdigen Schwefel- und Bauxitvorkommen wenig Rohstoffe.

2. Die Bev. C.R.s betrug 1990 knapp 3 Mio. Ew. (Bev.-Dichte: 58,6 Ew./qkm); sie konzentriert sich auf das zentrale Hochland (auf ⅓ der Gesamtfläche rd. die Hälfte der Bev.). Im Ggs. zu anderen Ländern Zentralamerikas stellen Weiße die * ethnische Bev.-Mehrheit; daneben: Mestizen (15 %), Indios und Bev.-Gruppen afrik. Abstammung. In dem Kleinstaat leben 200–250000 Ausländer, z.T. pol. Asylanten und * Flüchtlinge. Landessprache: Spanisch. 95 % der Bev. sind katholisch.

3. C.R. wurde 1502 von Kolumbus entdeckt. Die Rohstoffarmut des Landes verhinderte seine schnelle Kolonisierung. 1821 erlangte C.R. die pol. Unabh. und gehörte bis 1836 der zentralamerik. Föderation an. Erst Mitte des 19. Jh.s setzte mit der Einwanderung bäuerlicher nordspan. Siedlergruppen eine stärkere Besiedlung ein. Die Einwanderungsstruktur, verbunden mit dem Ausbleiben eines frühen wirtsch. Aufschwungs auf Grundlage tragfähiger Exportkulturen, hat im Ggs. zu anderen zentralamerik. Ländern das Entstehen einer rel. homogenen Sozialstruktur, basierend auf bäuerl. Kleinbesitz, begünstigt. Mit der Einführung des Kaffeeanbaus 1808 und seiner Expansion ab 1838 setzte sich in diesem Sektor ansatzweise eine abh. Exportlandw. durch, die zum Entstehen einer Kaffeearistokratie als pol. Führungsschicht im 19. Jh. führte. Erst 1878 entstand mit der Errichtung von US-Bananenplantagen die klassische Form einer außenorientierten Wirtsch.-* Enklave. Schon früh erließen liberale Regierungen Sozialreformen, und es entwickelte sich eine pol.-demokratische Ordnung, die lediglich durch eine Militärdiktatur 1917/18 und den Bürgerkrieg 1948 unterbrochen wurde.

Nach dem II. Weltkrieg setzte eine staatl. gelenkte und forcierte * Industrialisierung ein, zunächst mit Schwerpunkt auf der Verarbeitung landw. Rohstoffe durch handwerkliche und kleingewerbliche Betriebe, später auch im Bereich der Leichtindustrie auf Basis von Auslandskapital. C.R.s Wirtsch.-Struktur – Agrarexport und eine (seit den 60er J.) auf den * MCCA ausgerichteten Industrie, die trotz * Importsubstitutionsstrategie hochgradig von Rohstoffen und Halbfabrikaten abh. blieb – machte die Wirtschaft anfällig gegenüber Außeneinflüssen. Stark schwankende *terms of trade*, periodische Zahlungsbilanzkrisen, das Scheitern des MCCA, aber auch eine verfehlte Fiskal- und Wirtschaftspolitik manövrierten C.R.s Wirtschaft Ende der 70er J. in eine ernste Krise. Sie konnte sich zwar in den vergangenen J. mit Hilfe massiver US-Wirtschaftshilfe, weltmarkt-orientierten Strukturanpassungen und zahlreichen Umschuldungsverhandlungen erholen. Doch ist der Schuldenberg noch hoch (19909: 3,8 Mrd. US-$, d.h. 70% des BIP) und die Leistungsbilanzdefizite sind gravierend (1990: 655 Mio. US-$).

4. Wirtschaftskrise und Strukturanpassung (strikte *IWF- und *Weltbank-Auflagen: Kürzung öfftl. Subventionen sowie der Bildungs- und Sozialausgaben; Preis-, Tarif- und Steuererhöhungen, Privatisierung staatl. kontrollierter Banken) forcierten die mit der Industrialisierung begonnene Polarisierung sozio-ökon. Strukturen. Verstärkte (v.a. ausl.) *Investitionen in den wichtigsten Bereichen der Landw. und Ind. verstärkten die Einkommens-, Boden- und Kapitalkonzentration. Im Vergleich zu den übrigen Ländern Zentralamerikas ist zwar der Anteil kleiner und mittlerer Betriebe noch hoch, doch weist die Bodenbesitzstruktur – bereits 1974 nahmen 3,9% landw. Betriebe mit mehr als 200 ha 54,4% der Nutzfläche ein – für sich betrachtet auf feudale Verhältnisse hin. Die Sozial-*Indikatoren (→Tabelle 4 im Anhang) dagegen sind vorbildlich. Allerdings besteht im *Gesundheits- wie im *Bildungswesen ein starkes Stadt-Land-Gefälle.

5. Nach der Verfassung von 1949 ist C.R. eine präsidiale Demokratie mit Einkammerparlament. Der Präs. darf prinzipiell nicht wiedergewählt werden, Abgeordnete nicht unmittelbar, sondern frühestens nach einer Legislaturperiode. Das Militär wurde 1948 abgeschafft. Die Parteienlandschaft ist in zunehmendem Maß bipolar strukturiert und gekennzeichnet durch einen gemäßigten, zur pol. Mitte tendierenden Wettbewerb zwischen dem seit den 50er J.en dominierenden sozialdemokratischen PLN und der 1983 gegr. Sammlungspartei des bürgerlich-konservativen Lagers PUSC. Der PLN stellte 1982–1990 sowohl Präs. als auch die Mehrheit im Parl. und vollzog selbst den durch die ökon. Krise erzwungenen Wechsel des seit den 50er J. v.a. von ihm gesteuerten e.-pol. Kurses. Bei den Wahlen 1990 wurde der PLN in der Reg. durch den PUSC abgelöst (neuer Präs.: R. Calderon), der auch im Parl. erstmals eine abs. Mehrheit erzielte.

Außenpol. wurde C.R. in der ersten Hälfte der 80er J. trotz der 1983 proklamierten Neutralität in die Destabilisierungspol. der USA gegenüber Nicaragua eingebunden (u.a. Aufrüstung der Sicherheitskräfte mittels finanz. und techn. Militärhilfe, Gründung einer *counter-insurgency*-Truppe, Duldung von *Contra*-Stützpunkten an der Grenze zu Nicaragua). Demgegenüber nutzte Präs. Arias (1986–1990) den außenpol. Spielraum gegenüber den USA und trat massiv für eine regionale pol. Lösung des Zentralamerika-Konflikts ein. Den pol. und wirtsch. Integrationsbemühungen in Zentralamerika schloß sich freilich die Regierung R.A. Calderón (seit 1990) bislang nur halbherzig an.

Lit.: C.D. Ameringer, Democracy in Costa Rica, New York 1983; A. Maislinger (Hg.), Costa Rica: Politik, Gesellschaft und Kultur eines Staates mit ständiger aktiver und unbewaffneter Neutralität, Innsbruck 1986; M. Ernst/S. Schmidt (Hg.), Demokratie in Costa Rica. Ein zentralamerikanischer Anachronismus, Berlin 1986; E. Ellenberg/A. Bergemann (Hg.), Entwicklungsprobleme Costa Ricas, Saarbrücken 1990; J. Fuchs, Costa Rica. Von der Conquista bis zur ‹Revolution›, Berlin 1991; U. Fanger/B. Thibaut, Costa Rica, in: HDW III, Bd. 3, Bonn 1992, S. 52ff. Weitere Lit.: →Zentralamerika-Konflikt. mik/ks

cost benefit analysis →Kosten-Nutzen-Analyse

counterinsurgency Gegenrevolutionäre bzw. Revolutionsvermeidungsstrategie; die Gesamtheit aller militärischen, paramilit., pol., wirtschaftlichen, psychologischen und *Civic-action*-Maßnahmen, die von einem Staat ergriffen werden, um Revolten vorzubeugen. Von den USA v. a. in der westl. Hemisphäre (LA) nach der erfolgreichen kuban. Revolution verfolgte Strategie der vorbeugenden Bekämpfung revolutionärer Veränderungen kommunistischer oder angeblich kommunistischer Inspiration. Sehr unterschiedliche Formen: sozialwiss. Untersuchungen über Vermeidungsmöglichkeiten revolutionärer Veränderungen (bekanntestes Beispiel: Projekt *Camelot* 1965 in Santiago de Chile); Wirtschaftshilfe (*Allianz für den Fortschritt) und Militärhilfe (Ausbildung von lateinamerik. Militärs in Anti-*Guerilla-Programmen, Bereitstellung von spezifischen Ausrüstungen für den Anti-Guerilla-Kampf, Finanzierungshilfen für *Civic-action*-Programme).

Lit.: W. Barber/N. Ronning, Internal Security and Military Power. Counterinsurgency and Civic Action in Latin America, Ohio 1966. dn

counterparts In den EL beheimatete, einheim. Organisationen, mit denen über die *Techn. Hilfe ein E.-Vorhaben vereinbart wird, bzw. einheimischen Fachkräfte, die mit den entsandten deutschen *Entwicklungsexperten oder *Entwicklungshelfern zusammenarbeiten und das Projekt weiterführen, wenn dessen Förderungslaufzeit beendet ist. Nach der entwicklungspol. Konzeption der BRD sollen einheimische c. garantieren, daß die Zielvorstellungen und Wünsche der EL Inhalt und Art der Durchführung eines geförderten Projektes bestimmen. Sie sollen möglichst rasch die deutschen Fachkräfte ersetzen. dn

CPCM *Comité Permanent Consultatif du Maghreb*, Ständiger Beratungsausschuß der Maghreb-Staaten.

CPUSTAL →Gewerkschaften (in der Dritten Welt)

CRD →RCD

critical minimum effort →*balanced growth*

CSTD *Committee on Science and Technology for Development*, Komitee für Wissenschaft und Technologie für Entwicklung der *UN.

CSU-entwicklungspolitische Leitlinien Die Dritte Welt- bzw. e.-pol. Positionen der CSU sind in hohem Maß von außen- und außenwirtschaftspol. Zielvorstellungen geprägt. Das zeigt sich u. a. darin, daß best. Krisenregionen in der *Dritten Welt wie im südl. Afrika (→Apartheid, Namibia, Südafrika) und in LA (→Zentralamerika-Konflikt) im Zentrum der Dritte Welt-Politik der CSU stehen. Aus dem CSU-Grundsatzprogramm, einem Parteibeschluß zur Außenpol. von 1986 sowie dem Wahlprogramm von 1987 (gemeinsam mit der CDU) lassen sich thesenartig folgende e.-pol. Kernsätze ableiten:

1. E.-Politik dient dem gerechten Interessenausgleich zwischen Nord und Süd. *Technische und *Finanzielle Hilfe sollen den Interessen der Geber- und Nehmerländer gleichermaßen Rechnung tragen. Für die Bundesrepublik geht es dabei auch um die Sicherung der Rohstoff- und Energieversorgung. 2. Auch in der E.-Politik sollen die Prinzipien der sozialen Marktwirtschaft «offensiv» vertreten werden. Wachstum, pol. Stabilität und weltweite Strukturanpassungen sind am besten mit marktwirtsch. Mitteln zu erreichen. Forderungen nach einer *Neuen Weltwirtschaftsordnung werden abgelehnt. Im Blick auf die *Verschuldung der EL plädiert die CSU für eine höhere Kapitalausstattung int. E.-Organisation wie *Weltbank und *IWF und für bes. günstige Kredite für *LLDCs. 3. Die Rolle der *nichtstaatlichen Organisationen und des privaten Unternehmertums in der E.-Zusammenarbeit ist zu stärken. *Direktinvestitionen sind eine wichtige Ergänzung der staatl. Hilfe. 4. Die regionale pol. und wirtsch. Kooperation

von EL (→Süd-Süd-Beziehungen) wie z. B. im Rahmen der * ASEAN wird begrüßt, soweit sie der eigenständigen E. und der Förderung von Frieden und Freiheit dienlich ist. 5. Die E.-Politik der europ. Länder und innerhalb des westl. Bündnisses soll stärker koordiniert werden. 6. E.-Hilfe soll dem Grundsatz der Hilfe zur * Selbsthilfe folgen und vorrangig an den * Grundbedürfnissen orientiert werden. Neben Maßnahmen zur * ländlichen Entwicklung und zur Verbesserung der * Infrastruktur geht es dabei bes. auch um den Aufbau pluralistischer Gesellschaftsstrukturen. 7. E.-Politik ist den Wertvorstellungen und pol. und wirtsch. Interessen der Bundesrepublik verpflichtet. Freiheit und * Menschenrechte, aber auch die Beschäftigungsinteressen der dt. Wirtschaft sind daher wichtige Kriterien bei der Auswahl von Partnern und Maßnahmen der E.-Zusammenarbeit. 8. Ein Schwerpunkt der Dritte Welt-Pol. soll die Unterstützung des Freiheitsanspruchs von Völkern sein, die «Zielgebiet kommunistischer Strategie und sowjetischer Neokolonialherrschaft» sind. Daher sollen z. B. in LA nur solche EL dt. E.-Hilfe erhalten, die nicht mit der UdSSR zusammenbzw. gegen die USA arbeiten. 9. In der Dritten Welt muß der friedliche, evolutionäre Wandel gegenüber revolutionären Tendenzen unterstützt werden. Die Politik gegenüber Südafrika muß daher dem «organischen» Aufstieg der nichtweißen Bev. und der Erhaltung der weißen Kultur mit dem Ziel eines friedlichen und geordneten Zusammenlebens aller Rassen dienen. Die unvermittelte Einführung des Prinzips «*one man – one vote*» wird als «menschenfeindlich» abgelehnt. Zur Förderung des langsamen Wandels soll die Zusammenarbeit mit Südafrika u. a. durch die Gewährung von handelspol. Erleichterungen vertieft werden.

V. a. im Hinblick auf die drei letztgenannten Grundsätze erwächst der CSU die Kritik, daß sie trotz verbalen Bekenntnisses zu einer eigenständigen E. der Länder der Dritten Welt, zum Selbstbestimmungsrecht und zur Grundbedürfnisstrategie die Politik gegenüber EL allein außen- und wirtschaftspol. Interessen sowie einem im Freund-Feind-Schema des Ost-West-Konfliktes verhafteten Verständnis der int. Bez. unterordnet.

Adresse: CSU, Deutschland- und Außenpolitik, Nymphenburger Str. 64, 8000 München 2 bt

Cuenca del Plata →La-Plata-Gruppe

D

DAAB Deutsch-Afrikanisch-Arabisches Büro, Bonn.

DAAD Deutscher Akademischer Austauschdienst, gegr. 1925, wiedergegr. 1950.
Aufgabe: Förderung der int. Hochschulbeziehungen, v. a. des akademischen und wiss. Austausches der BRD mit dem Ausland. *Finanzierung* durch öfftl. Mittel, insb. vom Auswärtigen Amt, vom Bundesministerium für Bildung und Wissenschaft und vom * BMZ. Einen Schwerpunkt der *Förderungsprogramme* bilden die Stipendien für Studienanfänger und Graduierte aus den EL. Sie werden im Rahmen der deutschen * Bildungshilfe gefördert, wozu DAAD und BMZ eine Übereinkunft trafen. Auf der Grundlage von Zuwendungsverträgen mit der * GTZ, welche die durchzuführenden Maßnahmen und die bereitgestellten Mittel verbindlich festlegen, organisiert der DAAD die entsprechenden Programme, u. a. Stipendien- und Gastprofessorenprogramme sowie * *Sur-place*-Stipendien. Adresse: Kennedyallee 50, 5300 Bonn. dn

DAC Ausschuß für E.-Hilfe (*Development Assistance Committee*) der * OECD, 1961 gegr., Sitz in Paris. 1979 18 Mitgl.: Australien, Belgien, BRD, Dänemark, Finnland, Frankreich,

Großbritannien, Italien, Japan, Kanada, Neuseeland, Niederlande, Norwegen, Österreich, Schweden, Schweiz, USA und die Kommission der EG-Mitgl.-Länder durch Delegationen vertreten, jährl. Neuwahl des Vorsitzenden. *Aufgaben:* Allg. Unterstützung der EL, speziell: 1. Erhebung detaillierter Statistiken (Umfang der Hilfe, *finanzielle Nettoleistungen, Bedingungen der öffentl. Kredite, *Verschuldung und *Schuldendienst der EL); 2. Erarbeitung von entwicklungstheoret. und pol. Grundlagen zur Prüfung der jährl. Programme seiner Mitgl.-Länder nach Höhe, Zweckbestimmung, Wirksamkeit (→Evaluierung); 3. Erarbeitung von Empfehlungen, Setzen von Maßstäben, Definitionen, Strategien, an denen sich die E.-Politik der IL orientieren kann; 4. Veröffentlichung von Jahresberichten (laufend abgedruckt im HIZ). Der DAC hat seit Mitte der 70er J. sein E.-Konzept und seine multilaterale E.-Hilfe auf die Befriedigung der *Grundbedürfnisse orientiert. Die *DAC-Mitglieder haben vereinbart, ihre entwicklungspol. Leistungen nach gemeinsam erarbeiteten Kriterien alle zwei Jahre im sog. DAC-Examen umfassend prüfen zu lassen. Außerdem findet seit 1981 jährl. in einem sog. *joint review* eine gemeinsame Prüfung der Leistungen aller DAC-Mitgl. statt, deren Ergebnisse im DAC-Jahresbericht veröffentlicht werden. Das DAC-Examen sorgt somit nicht nur für eine verbesserte Transparenz der *Entwicklungshilfe, sondern ermöglicht auch einen Leistungsvergleich der einzelnen Geberländer.

Tabelle 2 (S. 156f.) listet einige der wichtigsten Kriterien für einen solchen Vergleich auf.

Für die Beurteilung der staatl. E.-Zusammenarbeit eines Geberlandes ist nicht nur der abs. Umfang der *öffentlichen Hilfe (ODA) von Bedeutung, sondern v. a. auch das Verhältnis der Leistungen zur Wirtschaftskraft des Gebers. Die DAC-Mitgl. haben sich zum Ziel gesetzt, mindestens 0,7 % ihres *Sozialprodukts für die ODA aufzubringen. Dieses Ziel wird nur von einigen kleineren Geberländern, v. a. in Skandinavien erreicht. Welchen Stellenwert die E.-Zusammenarbeit in der Politik eines Landes hat, läßt sich auch am Anteil der ODA an den ges. Staatsausgaben grob abschätzen sowie an Veränderungen von Umfang und Struktur der ODA über die Zeit (z. B. im Zusammenhang mit Regierungswechseln).

Für die Beurteilung der E.-Politik eines Landes ist weiterhin wichtig, in welchem Umfang die Leistungen den am meisten bedürftigen EL (*LLDCs) zugute kommen. Außerdem kommen Kriterien wie der Anteil der nicht-*gebundenen Hilfe an der ges. ODA und die Höhe des *Zuschußelements (beide sollten möglichst groß sein) zum Tragen. Eine weitere Vergleichsdimension ergibt sich schließlich aus der Frage, in welchem Umfang die Geber ihre ODA über int. Organisationen der E.-Zusammenarbeit leisten (z. B. *IFAD, *UNDP, *Weltbankgruppe [v. a. *IDA], *regionale Entwicklungsbanken) bzw., inwieweit ihre E.-Politik *bilateral orientiert ist.

Adresse: DAC, 2, Rue André Pascal, F-75, Paris 16e dn/bt

Dag Hammarskjöld-Bericht Bericht der von der schwedischen Stiftung gleichen Namens initiierten und durchgeführten Konferenz (150 Teilnehmer aus 48 Ländern) über Entwicklung und int. Zusammenarbeit von 1975. Wichtiges Dokument *alternativer Entwicklung, dt. abgedruckt in: Neue Entwicklungspolitik 1 (2/3) 1975, und in: Friedensanalysen 3 und 4, Frankfurt 1976. dn

Dahomey →Benin

DAHW Deutsches Aussätzigen-Hilfswerk e. V., 1957 gegr. *nichtstaatliche Organisation (*Bensheimer Kreis), hat als Mitglied der ILEP (*International Federation of Leprosy Associations*) zum

Tabelle 2: Ausgewählte Kriterien des DAC für die Prüfung der öffentlichen Entwicklungshilfe der DAC-Mitgliedsländer

	Netto-ODA in Mio. US-$			in % des BSP			ODA an LLDCs in % des BSP			ODA in % der Staatsausgaben			durchschn. Veränderung der ODA (% pro Jahr)
	1980	1985	1990	80/81	1985	1990	1980	85/86	89/90	1980	1985	89/90	84/85–89/90
Australien	667	749	955	0,44	0,48	0,34	0,06	0,08	0,07	1,5	1,5	1,3	–2,1
Österreich	178	248	389	0,28	0,38	0,25	0,01	0,03	0,05	0,4	0,4	0,5	–4,1
Belgien	595	440	891	0,45	0,55	0,45	0,12	0,18	0,12	1,6	1,4	1,2	–1,0
Kanada	1075	1631	2470	0,43	0,49	0,44	0,11	0,14	0,11	2,5	2,0	1,9	1,5
Dänemark	481	440	1171	0,74	0,80	0,93	0,27	0,37	0,36	2,0	2,4	2,9	4,0
Finnland	110	211	846	0,24	0,40	0,64	0,08	0,16	0,21	0,8	1,4	1,6	15,1
Frankreich	4162	3995	9381[a]	0,67	0,78	0,79	0,09	0,17	0,14	3,0	2,9	1,3	3,7
Deutschland	3567	2942	6320	0,47	0,47	0,42	0,12	0,14	0,10	2,5	2,6	2,4	0,9
Irland	30	39	57	0,16	0,24	0,16	–	0,12	0,05	0,4	0,6	0,7	–4,1
Italien	683	1098	3395	0,18	0,26	0,32	0,06	0,18	0,12	0,6	1,0	0,9	10,0
Japan	3353	3797	9069[a]	0,30	0,29	0,31	0,08	0,05	0,05	0,8	1,1	1,2	4,5
Niederlande	1630	1136	2592[a]	1,01	0,91	0,94	0,27	0,32	0,26	3,0	2,8	2,7	2,2
Neuseeland	72	54	93	0,31	0,25	0,22	0,04	0,04	0,03	0,6	0,5	0,5	–2,2
Norwegen	486	574	1207	0,86	1,01	1,17	0,28	0,41	0,43	2,7	2,4	2,2	4,2
Schweden	962	840	2012[a]	0,80	0,86	0,90	0,23	0,28	0,30	2,5	2,5	3,1	4,7
Schweiz	253	302	750	0,24	0,31	0,31	0,08	0,12	0,11	2,4	2,9	3,3	3,0
Vereinigtes Königreich	1854	1530	2647[a]	0,39	0,33	0,27	0,09	0,10	0,09	1,3	1,1	2,5	–0,2
USA	7138	9403	11366[a]	0,23	0,24	0,21	0,05	0,04	0,03	1,2	1,4	4,5	–2,4
DAC-Länder insgesamt	27297	29429	54077[b]	0,36	0,35	0,35	0,08	0,08	0,08	1,4	1,5	1,9	1,6

	ungeb. Hilfe in % ODA[c]	multilaterale ODA Zuschußelement ODA insges.[d]		ODA für LLDCs[e]		insges.[f] (% des BSP)			IDA. IFAD und UNDP (% des BSP)		Pro-Kopf-ODA (in US-$ von 1989)	
	1989	1980	89/90	1980	89/90	1980	85/86	89/90	85/86	89/90	80/81	89/90
Australien	6,0	100,0	100,0	100,0	100,0	0,13	0,14	0,09	0,06	0,02	61	58
Österreich	2,5	(70,4)	75,5	(100,0)	95,5	0,04	0,08	0,06	0,05	0,03	40	40
Belgien	26,0	98,8	93,4	97,8	100,0	0,04	0,10	0,13	0,06	0,08	73	72
Kanada	27,9	97,9	97,7	100,0	100,0	0,16	0,19	0,14	0,08	0,05	71	89
Dänemark	43,1	97,3	100,0	96,0	100,0	0,28	0,35	0,34	0,12	0,13	123	185
Finnland	14,2	97,5	98,8	100,0	100,0	0,09	0,17	0,25	0,06	0,07	43	143
Frankreich	40,2	90,0	90,2	–	89,0	0,05	0,08	0,07	0,05	0,03	98	135
Deutschland	39,4	89,3	96,6	100,0	100,0	0,09	0,08	0,08	0,05	0,04	74	82
Irland	32,1	–	(100,0)	88,0	(100,0)	–	0,07	0,03	0,04	0,02	–	14
Italien	5,8	99,6	91,3	88,6	96,1	0,10	0,08	0,10	0,05	0,05	19	55
Japan	59,6	77,7	81,4	(80,5)	96,8	0,13	0,09	0,08	0,05	0,03	50	74
Niederlande	33,0	92,5	96,6	99,8	100,0	0,18	0,24	0,18	0,13	0,10	138	143
Neuseeland	42,1	100,0	(100,0)	100,0	(100,0)	0,09	0,06	0,03	0,01	0,02	34	26
Norwegen	19,3	100,0	99,8	100,0	99,2	0,35	0,46	0,43	0,17	0,16	149	232
Schweden	49,5	100,0	100,0	100,0	100,0	0,20	0,25	0,28	0,11	0,12	150	205
Schweiz	64,2	(95,8)	100,0	(100,0)	100,0	0,07	0,07	0,08	0,02	0,02	58	85
Vereinigtes Königreich	13,9	96,1	98,2	100,0	100,0	0,05	0,08	0,07	0,04	0,04	47	43
USA	30,9	(91,5)	(98,8)	(94,6)	98,9	0,10	0,04	0,04	0,01	0,01	40	37
DAC-Länder insgesamt	36,5	90,8	92,8	96,7	97,8	0,10	0,08	0,08	0,04	0,03	55	67

[a] einschließlich Erlasse von Nicht-ODA-Schulden;
[b] ohne Erlasse von Nicht-ODA-Schulden in Höhe von insges. 1534 Mio. US-$ (davon 1200 Mio. US-$ Militärschulden im Falle der USA);
[c] bezogen auf bilaterale Hilfe;
[d] DAC-Norm: 86%; Länder, die mit ihrer ges. ODA erheblich unter den DAC-Anforderungen liegen, sind in Klammern gesetzt;
[e] DAC-Norm: 86% für jedes einzelne LLDC im Dreijahresdurchschnitt. 1988–90 in allen Ländern außer Frankreich erfüllt;
[f] ohne Beiträge an die EG.

Ziel, weltweit die Lepra zu bekämpfen, an der in EL rund 12 bis 15 Mio. Menschen leiden. Maßnahmen: Aufbau und Unterhalt von Leprakrankenhäusern, ambulanten Lepradiensten, Basisgesundheitsdiensten und Rehabilitationswerkstätten sowie die Durchführung von Lepratherapien. Das DAHW unterstützt überdies die Lepra-Forschung (Institut Borstel in Hamburg), der es gelang, erfolgversprechende Heilungsmethoden für Lepra zu entwickeln. Das Hilfswerk kooperiert mit zahlreichen nat. und int. Organisationen und finanziert sich insb. über Spenden (1987 30,84 Mio. DM) und *BMZ-Zuschüsse (1987 1,25 Mio. DM).

Publikation: Miteinander; Völker im Aufbruch. Adresse: Dominikanerplatz 4, 8700 Würzburg 11. ah/mik

DARS →OAU, Westsahara

Dauerhafte Entwicklung →sustainable development

DÄZ Deutsche Ärztegemeinschaft für Medizinische Zusammenarbeit e.V., *nichtstaatliche Organisation (*Bensheimer Kreis) leistet in Kooperation mit staatl. Gesundheitsbehörden und Ärzten in EL sowie unterstützt durch das *BMZ und die EG *Gesundheitshilfe. Adresse: Platz der Luftbrücke, 1000 Berlin 42. ah

DBA →Entwicklungsländersteuergesetz

DCC →Entwicklungspolitik der USA

DCV Deutscher Caritasverband (*nicht-staatliche Organisation, *Bensheimer Kreis), führt im Auftrag der Deutschen Katholischen Bischofskonferenz v.a. in EL Maßnahmen der *Katastrophen- und *Sozialstrukturhilfe durch. Neben Behinderten-, *Frauen- und Altenhilfe sowie *_community-development_-Programmen konzentrieren sich die Sozialstruktur-Aktivitäten v.a. auf Kinder- und Jugendhilfe; prioritäre Förderung *marginaler Gruppen; e.-pol. Orientierung an Hilfe zur *Selbsthilfe und sozialer Gerechtigkeit.

Die Hilfsleistungen beliefen sich 1987 auf rd. 60,7 Mio. DM (Finanzierung: 50,6% Spenden, 29,8% öfftl. Mittel, 19,6% kirchliche Haushaltsmittel), zuzüglich der Vergabe von Nahrungsmittel der EG und des *BMZ im Wert von 34,7 Mio. bzw. 1,5 Mio. DM. DCV arbeitet mit einheimischen Partnerorg., *UN-Organisationen und v.a. *Caritas Internationalis*, Rom, zusammen. Publikation: «Aktuelles aus der Auslandshilfe». Adresse: Postfach 420, 7800 Freiburg. ah/mik

DED Deutscher Entwicklungsdienst, 1963 gegr. gemeinnützige Gesellschaft mbH (Anteile: Bundesreg. 95%, *Arbeitskreis Lernen und Helfen in Übersee 5%), bildet im Bereich der *personellen Hilfe dt. *Entwicklungshelfer aus und setzt sie in Zwei- bis Dreijahresverträgen in E.-Projekten ein, die von staatl., kommunalen oder privaten Institutionen der EL getragen werden. Der DED betreibt also keine eigenen Projekte, sondern arbeitet in denen der Partner mit. Bis 1988 hat die Gesellschaft ca. 8000 *Entwicklungshelfer und -helferinnen aus rd. 100 Berufen in fast 50 EL entsandt. 1987 war der DED an 887, 1988 an 910 Projekten in 29 EL beteiligt. Schwerpunkte der Hilfe liegen bislang insbes. in den Bereichen Technik-Handwerk, Landwirtschaft, *Gesundheitswesen, Schulen und Hochschulen. Für die Zukunft strebt der DED an, im Rahmen von Programmen der *ländlichen Entwicklung auch in den Bereichen Vermarktung und Handel, Kleingewerbe und Organisation (Management) sowie im Umweltschutz eine Zusammenarbeit mit den EL-Partnern aufzubauen. Grundlage der Tätigkeit des DED sind völkerrechtliche Abkommen zwischen der BRD und den EL.

Nach eigenen Angaben sucht der DED die Zusammenarbeit bes. mit solchen EL, die um eine soziale *Entwicklung unter Beteiligung aller Bev.-Schichten bemüht sind und versuchen, einseitige *Abhängigkeit von den IL abzubauen. Wesentliche Kriterien für eine Projektbeteiligung der Gesellschaft sind, daß städtische und ländl. Unterschichten (wichtigste Zielgruppe des DED) an der Planung und Durchführung der Projekte beteiligt sind, und daß die Maßnahmen an lokale technische und soziale Voraussetzungen angepaßt sind (→angepaßte Technologien).

Mit Hilfe der beruflichen und gesellsch. Reintegration ehemaliger E.-Helfer und über Bildungs- und Öffentlichkeitsarbeit möchte der DED auch zum entwicklungspol. Lernprozeß in der Bundesrepublik beitragen.

Organe: Verwaltungsrat mit 17 Mitgl. (Vertreter der Bundesreg., des Arbeitskreises Lernen und Helfen in Übersee, der Bundestagsparteien und der E.-Helfer).

Finanzierung: aus den Mitteln des Bundeshaushalts (1989: 93,4 Mio. DM). Publikation: DED-Brief. Adresse: Kladower Damm 299, 1000 Berlin 22.

Lit.: W. Erl/H. D. Pallmann, Betrifft: Zusammenarbeit. 25 Jahre Deutscher Entwicklungsdienst, Berlin 1988. dn

Debt-Buy-Back Rückkauf von Auslandsschulden; bei dieser Transaktion kauft ein Land seine Schuldtitel mit einem Abschlag gegen Kasse zurück und verringert dadurch seinen Schuldendienst. Voraussetzung sind entsprechende Devisenvorräte des Schuldnerlandes, was bei Ländern mit Schuldenproblemen in der Regel nicht der Fall ist.

Debt-Bond-Swap Schuldentausch mit Abschlägen gegenüber dem Nennwert des ursprünglichen Schuldtitels gegen andere Schuldeninstrumente wie Schuldverschreibungen und Exitbonds; das Schuldnerland verpflichtet sich zudem, diese Titel vorrangig zu bedienen.

Debt-Equity-Swap Umwandlung von Auslandskrediten in Inlandsbeteiligungen. Der ursprüngliche Gläubiger oder der Inhaber des Schuldtitels, der diesen mit einem Abschlag auf dem Sekundärmarkt erworben hat, verkauft seine Forderung an das Schuldnerland und erhält im Austausch zum Nennwert des Schuldtitels einheimische Währung zum offiziellen Wechselkurs. Damit erwirbt der Investor einheimische Beteiligungen, z. B. im Rahmen von Privatisierungsprogrammen staatlicher Unternehmen. Die Gläubiger haben den Vorteil, daß sie ihre Darlehen in Höhe des Nennwerts verwenden können, während für das Schuldnerland eine Verringerung seiner Auslandsschulden erreicht wird. Sonderformen sind *debt-for-nature-* oder *debt-for- health-swaps*, bei denen der ausländische Verkäufer der Schuldtitel den Gegenwert in nationaler Währung zweckgebunden für Naturschutz oder Basisgesundheitsdienste dem Schuldnerland zur Verfügung stellt.

Debt-for-Nature-Swap →Verschuldung

DEG Deutsche Finanzierungsgesellschaft für Beteiligungen in Entwicklungsländern GmbH (vormals Deutsche Gesellschaft für wirtschaftliche Zusammenarbeit bzw. Deutsche Entwicklungsgesellschaft), seit 1990: Deutsche Investitions- und Entwicklungsgesellschaft mbH; 1962 von der Bundesreg. gegr.. *Aufgabe:* Förderung dt. *Direktinvestitionen in EL, um dort den Aufbau der Privatwirtsch. zu unterstützen. *Tätigkeit:* Die DEG hilft bei der Finanzierung von * *joint venture*-Projekten, indem sie Beteiligungen erwirbt und/oder beteiligungsähnliche Darlehen vergibt, Bürgschaften übernimmt und weitere Kredite int. und nationaler *Entwicklungsbanken (die sie mitfinanziert) vermittelt; im Rahmen von Förderungsprogrammen der Bundesreg. gewährt sie Niederlassungs- und Investitionsdarlehen für kleine und mittelständische Unternehmen und Handwerker. Außerdem bietet die DEG Beratungsdienste für Investoren in EL an. Die DEG arbeitet nach privatwirtsch. Grundsätzen und beteiligt sich (i. d. R. als Minderheitenpartner) nur an der Finanzierung solcher Projekte, die eine ‹angemessene› Rendite erwarten lassen. *Geschäftsvolumen und -struktur*: 1989 war die DEG in 30 EL mit Nettozusagen in Höhe von insges. 390 Mio. DM engagiert. 1987 trug sie mit 1,2 Mrd. DM ein Zwölftel der Gesamtinvestitionen der Projekte (280 Gesellschaften); die Neuzusagen beliefen sich 1987 auf 331 Mio. DM (1981: 150,8 Mio.), davon 129,7 Mio. Treuhandmittel des Bundes. Die Gesamtmittel verteilen sich finanztechn. auf 50% Beteiligungen, 48% Darlehen und 2% Garantien. Sektorale Verteilung: Projekte der verarbeitenden Ind.: 50%, Mitfinanzierung von 56 lokalen und fünf * regionalen E.-Banken: 27%, Landw.: 8%, Bergbau/Energie: 8%, Rest: Dienstleistungen. Regional: Afrika: 46% (1986: 44%), Asien/Ozeanien: 34% (35), LA: 13% (14), Rest: Südeuropa. Der geschäftspol. Auftrag der DEG stellt die Org. ins Spannungsfeld zwischen privatwirtsch. Rentabilität und e.-pol. Effizienz, zwischen Gewinninteressen dt. Unternehmen und E.-Bedürfnissen der Dritten Welt. Die Verfahrensrichtlinien der DEG sehen vor, daß Zusagen nur für e.-pol. «sinnvolle» Projekte vergeben werden sollen, die mit der «Industrialisierungspolitik des Gastlandes in Einklang» stehen. Nach den e.-pol. Zielen der Bundesreg. gehört bes. die Förderung von Vorhaben im Rahmen der * ländlichen Entwicklung in den ärmsten EL zum Auftrag der DEG. Die Verteilungsstruktur der Zusagen entspricht dieser Zielsetzung nicht. Nur ein Viertel des Bestandes entfällt auf EL der ärmsten Gruppe (BSP/Kopf weniger als 400 US-$). Die Stellung dieser Länder hat sich zwar im Laufe der Zeit verbessert (1976 entfielen nur 15% des Zusagenbestandes auf die * LLDCs), sie bleiben – zumal es sich oftmals um sog. «Risikoländer» mit schlecht bewertetem Investitionsklima handelt – gleichwohl unterbedient; ebenso der Agrarsektor (s. o.), was laut Geschäftsbericht der DEG in einem «Mangel an deutschen Fach- und Finanzplanern für kommerzielle landwirtschaftliche Vorhaben in der Dritten Welt» begründet liegt.

Adresse: Belvederestraße 40, 5000 Köln 41. dn/bt

Deklaration von Rio →Welt-Umweltkonferenz

Deklaration von Vancouver →HABITAT

Dekolonisation Auch Entkolonisierung, hist. Prozeß der Auflösung der europ. Kolonialreiche bzw. die Befreiung von Kolonien nach dem II. Weltkrieg durch die Gewährung bzw. Erkämpfung der völkerrechtl. Unabhängigkeit. Die * UN beschlossen Dez. 1960 die Erklärung über die Gewährung der Unabh. an Kolonialländer und -völker. Die sog. Entkolonisierungsresolution der Vollversammlung sprach von der «Notwendigkeit, den * Kolonialismus in allen Erscheinungsformen schnell und bedingungslos zu beenden». Die UN betrachteten die Durchsetzung des Selbstbestimmungsrechts als eine ihrer wichtigsten Aufgaben.

Wichtige Daten im Dekolonisationsprozeß: Indien wurde Anf. 1947, Indonesien Dez. 1949, Vietnam Juli 1954 völkerrechtl. unabh., GB, die Niederlande und Frankreich sahen sich in schmerzlichen hist. Erfahrungen gezwungen, ihre Kolonialgebiete aufzugeben. Als erstes schwarzafrik. Land wurde Ghana, die ehem. Goldküste, März 1957 unabhängig. Weitere Daten waren die Beendigung des Algerienkrieges März 1962 und die Staatswerdung des Belgisch-Kongo, Zaire. Das autoritäre Portugal, selbst EL, wehrte sich am längsten gegen die Auflösung seines luso-afrik. Reiches. Der zermürbende * Guerillakrieg der * Befreiungsbewegungen bewirkte schließlich den Sturz des Regimes, ähnlich wie in Frankreich mit der IV. Republik ein pol. System an der Dekolonisation scheiterte. Die Dekolonisation der span. Westsahara 1975 endete zunächst unglücklich in der Annektierung des Gebietes durch den EL-Nachbarn. Mit der Lösung des Rhodesien/Zimbabwe-Problems – dort wurde die Entkolonisierung durch die Errichtung weißer Minderheitsregime zu unterlaufen versucht – zu Beginn der 80er J. ist die pol. Dekolonisation bis auf wenige noch *abhängige Gebiete weitgehend abgeschlossen.

Lit.: W. H. Morris-Jones / G. Fischer, Decolonisation and After. The British and French Experience, London 1980; C. Allen, Decolonisation in Africa. Contemporary African Issues, London and Basingstoke 1981. dn

Demokratisierung / Redemokratisierung Im Bereich der Lehre von den pol. Systemen und ihrem Wandel bezeichnet D. den Übergang eines Staates von einer autoritären Herrschaftsform zu einer pluralistischen Demokratie; bestanden in der vorautoritären Phase des betreffenden Landes bereits demokratische Verhältnisse, spricht man von einer *Re*demokratisierung. Im vergangenen Jahrzehnt konzentrierten sich die (Re-)Demokratisierungsprozesse in der *Dritten Welt insb. auf LA. Während Mitte der 70er J. lediglich Costa Rica und Venezuela als liberale Demokratien zählten, begann 1989 als letztes Land Paraguay eine pol. Öffnung. Obwohl die Demokratien unter erheblichen wirtsch. Herausforderungen und sozialem Druck stehen und auch Effizienzprobleme zeigen, haben sie bis auf wenige Ausnahmen (Haiti, Peru) zu überdauern vermocht. In Asien waren in den 80er J. die Philippinen und Südkorea Vorreiter der D. Es folgten die Mongolei, Nepal, Hongkong, Samoa, Pakistan, Bangladesh. Wahlen fanden auch in Jordanien, im Jemen und im Libanon statt. In Algerien wurde der D. durch die befürchtete islamische Wende unterbrochen. An der Schwelle zu den 90er J. zeichneten sich auch in Afrika Veränderungen in Richtung auf mehr Demokratie ab. In den meisten Ländern handelte es sich zunächst einmal um die Aufgabe des Einparteisystems. Nicht überall wurde bereits eine faire Wettbewerbssituation zwischen den Parteien erreicht. Öffnungen der pol. Systeme fanden statt u. a. in Angola, Benin, Burkina Faso, Elfenbeinküste, Ghana, Kapverden, Niger, Sao Tomé und Principe, Tanzania und Zambia. In weiteren Ländern vollziehen sich pol. Öffnungen oder sind angekündigt. Zu Recht hat man folglich von einer neuen, dritten Welle der Demokratisierung gesprochen, zumal wenn die pol. Veränderungen in Osteuropa mitbedacht werden. Ein einheitliches Modell des Übergangs zur Demokratie gibt es jedoch nicht. Ablaufmuster und Tiefe des D.-Prozesses variieren erheblich. Wenn auch die Form des Übergangs von Bedeutung für die Aussichten der Konsolidierung der Demokratie sind, so determinieren sie diese nicht. Destabilisierend wirken eine der Demokratie nicht konforme pol. Kultur, Funktionsprobleme der Institutionensysteme, Defizite der pol. Elite und die enormen wirtsch. und sozialen Probleme, die sich in den EL auftürmen. In den meisten Fällen handelt es sich um «Demokratien ohne Demokraten»: die pol. Institutionen der Demokratie schreiten einer pol. Kultur voran, die nicht von Vertrauen in die Demokratie geprägt ist. Die jungen Demokratien müssen sich dieses Vertrauen erst erwerben – in einer Schlechtwetterperioden extremer wirtsch. Engpässe und sozialer Mißstände. Es wäre nicht gut, die Demokratien für die Verhältnisse zu schelten, an denen sie möglicherweise scheitern – gerade dies ist aber die gängige Form der Auseinandersetzung mit der Politik in EL vor allem von intellektueller und politologischer Seite. Die notwendige kritische Auseinandersetzung mit dem pol. Alltag in EL sollte nicht vergessen lassen, daß die D. bereits ein wesentlicher pol. Fortschritt ist.

In diesem Zusammenhang ist bemerkenswert, daß in der neueren Diskussion über den Begriff und die Messung von *Entwicklung pol. Variablen eine größere Rolle einnehmen. Die Einsicht ist wieder gewachsen, daß es zur Umsetzung von Programmen wirtsch. und sozialer E. pol. Institutionen bedarf. Auch wird unter *human development das* als dem E.-Begriff inhärent verstanden, was die moderne, rechts- und sozialstaatl. verfaßte Demokratie ausmacht. Die Bemühungen um die Quantifizierung von «*freedom*» weisen mit den dafür genannten Teilbereichen, nämlich Unversehrtheit der Person, Rechtsstaatlichkeit, Meinungsfreiheit, politische Partizipation und Chancengleichheit, eindeutig in diese Richtung.

Lit.: K. Ziemer, Demokratisierung in Westafrika?, Paderborn 1984; M. Mols, Demokratie in Lateinamerika, Stuttgart u.a. 1985; H.-W. Krumwiede, Militärherrschaft und (Re-)Demokratisierung in Zentralamerika, in: APuZ 9/86, (1986), S. 17–29; G.C. O'Donnell/P.C. Schmitter/L. Whitehead (Hg.), Transitions from Authoritarian Rule. Prospects for Democracy, Baltimore/London 1986; D. Nohlen, Mehr Demokratie in der Dritten Welt?, in: APuZ 25–26/88 (1988), S. 3–18; S. Huntington, The Third Wave: Democratization in the Late Twentieth Century, Norman 1991; R. Tetzlaff, Perspektiven der Demokratisierung in Entwicklungsländern, Hamburg 1992; D. Nohlen/B. Thibaut, Trotz allem: Demokratie, in: D. Junker/D. Nohlen/H. Sangmeister, Demokratien in der Zerreißprobe, München 1993. dn

Dependencia-Theorien Mitte der 60er J. begannen in LA eine Reihe von wirtschafts- und sozialwiss. Studien zu erscheinen, die den Begriff der *dependencia* (*Abhängigkeit) in den Mittelpunkt ihrer Analyse stellten und von denen viele einen doppelten Anspruch erhoben: Auf theoretischer Ebene sollte eine Erklärung für die UE bzw. Blokkierung von *Entwicklung in LA und auf einer pol. Ebene sollten Elemente einer Überwindungsstrategie gegen UE und Abh. geliefert werden.

Es war kein Zufall, daß die Dependenz-Studien gerade zu diesem Zeitpunkt erschienen, und daß das Thema «Abhängigkeit» innerhalb kürzester Frist die sozialwiss. Diskussion in LA monopolisierte. Die sich abzeichnenden mageren Ergebnisse der von den *UN proklamierten *Entwicklungsdekade und der mit großen Vorschußlorbeeren versehenen *Allianz für den Fortschritt in LA, d.h. die lateinamerik. Wachstumskrise der frühen 60er J., brachte nicht nur die bis dahin verfolgten E.-Strategien in Mißkredit, sondern auch die E.-Theorien, die dem vorherrschenden E.-Verständnis zugrunde lagen. V.a. die US-amerik. *Modernisierungstheorien wurden zunehmend wegen ihrer meist ahist. Zugriffsweise und ihres oft krassen *Ethnozentrismus kritisiert. Für marxistische Wissenschaftler boten die Arbeiten von P.A. Baran einen Ansatzpunkt für eine theoretische Neuorientierung, da diese mit dem Begriff des **Surplus-Transfers* die für die marxistische Imperialismusforschung bis dahin typische Beschränkung auf die Motivstruktur der imperialistischen Expansion der Metropolen überwanden und zum ersten Mal die Konsequenzen des *Imperialismus für die von ihm betroffenen Länder systematisch thematisierten. Auf nicht-marxistischer Seite hatte Raúl Prebisch mit seiner Theorie der säkularen Verschlechterung der **terms of trade* für Primärgüter die als Ausbeutung begriffenen Handelsbez. zwischen den LA-Ländern und den IL als den wichtigsten Grund für die E.-Schwierigkeiten des Subkontinents benannt. Beide Ansätze stellten somit das in der modernisierungstheoretischen Forschung übliche Vorgehen radikal in Frage, die Länder der *Dritten Welt als geschlossene Systeme zu behandeln und die E.-Hemmnisse als *endogen verursachte Modernisierungsdefizite zu betrachten.

Die Dependencia-Autoren griffen diese Ansätze auf und stellten die bisher gängigen Erklärungen von UE gleichsam auf den Kopf: UE wurde nun nicht mehr als bloßes Zurückbleiben hinter dem E.-Stand moderner IL und als Folge einer mangelhaften *Integration in die moderne Welt interpretiert, sondern umgekehrt als Konsequenz einer sehr effizienten Integration der EL (Peripherie) in den von den kapitalistischen IL (Zentren, *Metropolen) beherrschten Weltmarkt. UE wurde somit nicht länger als eine Art vorgeschichtlicher Naturzustand angesehen, sondern als das Resultat eines hist. Prozesses, dessen Determinanten es zu untersuchen galt. Damit sind schon die Gemeinsamkeiten beschrieben, welche die unter dem Oberbegriff «Dependencia-Theorie» zusammengefaßten Ansätze verbindet. Der kausale Zusammenhang zwischen Abh. und UE blieb genauso umstritten wie die Einschätzung des Charakters der *abhängigen Entwicklung und die Möglichkeit der Überwindung von Abh. und UE im Rahmen des kapitalistischen Weltmarktes. Eine Reihe von marxistischen Autoren sahen für die Peripherie nur die Chance einer «Entwicklung der Unterentwicklung» (Frank) und plädierten daher konsequenterweise für deren Herauslösung aus dem Weltmarkt, was in ihren Augen allerdings eine sozialist. Revolution voraussetzte. Andere Autoren betrachteten hingegen eine kapitalistische E. in den Peripherien nicht als ausgeschlossen, sofern einige Rahmenbedingungen des kapitalistischen Weltmarktes verändert würden (→Neue Weltwirtschaftsordnung).

1. *Abhängigkeit und Unterentwicklung.* Bezüglich der konstitutiven Elemente der Abh. und ihrer Verknüpfung mit Prozessen der UE lassen sich grob gesprochen zwei Positionen unterscheiden. Eine Richtung betonte stark die Ausbeutung von seiten der IL entweder durch Handel (Verfall der *terms of trade* bzw. in der marxistischen Version *ungleicher Tausch) und/oder durch die hohen Gewinntransfers *transnationaler Konzerne mit der Folge der Dekapitalisierung der EL. Die andere verweist zwar auch auf den Aspekt der Ausbeutung, rückt aber stärker die strukturelle Verflechtung der Ökonomien der Peripherie mit denen der Zentren und die Ausrichtung der peripheren Ökonomien auf die Verwertungsbedürfnisse der Zentren in den Vordergrund.

Bei der Variante, die Ausbeutung durch Handel als das wesentliche E.-Hindernis zu betrachten (T. Dos Santos, A. G. Frank in seinen frühen Arbeiten, G. M. Marini, D. F. Maza Zavala u. a.), wurde betont, daß der Verfall der *terms of trade* bzw. der ungleiche Tausch die EL zu immer höheren Exporten zwinge, um ein einmal erreichtes Importvolumen halten zu können (Verelendungswachstum). Dies erfordere eine stetig wachsende Überausbeutung der Arbeitskraft, was mit der damit verbundenen Kaufkraftminderung zu einer Verengung des internen Marktes und damit zu den bekannten Schwierigkeiten bei der *importsubstitutierenden Industrialisierung führe. Die Ausbeutung durch Handel wurde mit dem Unvermögen peripherer Ökonomien, eine an den Bedürfnissen der eigenen Bev. orientierte E. in Gang zu bringen, unmittelbar in Beziehung gesetzt. Ähnlich lautete auch die Argumentation jener Autoren, welche die Ausbeutung durch ausl. Investitionen hervorheben. Der Transfer der meist überdurchschn. Profite aus den EL bewirke dort eine Dekapitalisierung, was die Kapitalakkumulation beeinträchtige und damit die E. der Produktivkräfte. Eine *Akkumulation unter diesen Bedingungen sei ohne die Überausbeutung der Arbeitskraft nicht möglich, bewirke einen stetigen Realeinkommensverlust großer Teile der Bev. und damit eine Verengung des inneren Marktes, die wiederum als Ursache für die blockierte Industrialisierung anzusehen sei.

Während es für die Dekapitalisierungsthese in der Tat sowohl durch Studien auf der Basis von hochaggregierten Daten (vor allem: Bornschier) wie auch durch länder- und industriespezifische Untersuchungen (meist von lateinamerik. Planungsbehörden) einige empirische Anhaltspunkte gibt, leiden die Aussagen über die Ausbeutung durch Handel entweder an der Fragwürdigkeit der ihnen zugrundeliegenden theoretischen Konstrukte und einem völligen Mangel an empirischer Fundierung bzw. an keineswegs so eindeutigen empirischen Befunden. Eine generelle und hinreichende Erklärung von UE läßt sich aus keinem der Ausbeutungskonzepte ableiten, wenngleich es nicht zu bestreiten ist, daß die oft raschen Veränderungen der *terms of trade* für EL alles andere als stabile Rahmenbedingungen für deren E. bieten, und daß der Verfall der Exportpreise oft Auslöser von E.-Katastrophen gewesen ist (→Verschuldungskrise).

Die strukturalistische Variante der *dependencia* (C. Furtado, O. Sunkel, F. H. Cardoso, A. Quijano, A. Cordova u. a.) hatte den Vorteil, daß sie nicht auf eine Neuauflage von Unterkonsumtionstheorien zurückgreifen mußte, die in der früheren Imperialismusdiskussion – zu Recht – in Verruf geraten sind. Darüber hinaus erlaubte sie eher als die z. T. ziemlich schematischen Ausbeutungskonzepte eine hist. Rekonstruktion der Peripherisierungsprozesse. Diese wurden als Abfolge interner Strukturveränderungen im Gefolge von veränderten Weltmarktbedingungen verstanden, wobei diese Strukturveränderungen allerdings immer nur partielle, auf den jeweiligen Exportsektor beschränkte Modernisierungsschübe auslösten, welche die übrigen Sektoren der Gesellschaft zwar den Bedürfnissen des modernen Exportsektors unterordnete, ohne sie jedoch in diesen zu integrieren. Diese * strukturelle Heterogenität galt als wichtiges Merkmal peripherer Gesellschaften, durch das sie sich von den komplett durchkapitalisierten Gesellschaften metropolitanen Typs unterschieden. Dem peripheren Kapitalismus fehlte auch die Dynamik der metropolitanen Produktivkraftentfaltung, was sich v. a. darin äußerte, daß angesichts der Überlagerung versch. Gesellschaftsformationen und der damit verbundenen Begrenzung des inneren Marktes für die Güter des kapitalistischen Sektors keine * autozentrierte E. (Samir Amin) entstehen konnte, die nach metropolitanem Muster ihre Wachstumsdynamik aus der Wechselwirkung zwischen der Massengüterproduktion und dem Kapitalsektor hätte beziehen können.

2. *Staat und Herrschaft und die Überwindung von Abhängigkeit.* Mit wenigen Ausnahmen (vor allem F. H. Cardoso) wurde die Problematik von Staat und pol. Herrschaft im peripheren Kapitalismus in der Dependenz-Literatur nur sehr oberflächlich behandelt. Die Klassenstrukturen und die in ihnen beschlossenen Machtverhältnisse wurden sowohl als Resultat der abh. kapital. E. wie auch als deren Garant gesehen, wobei die herrschende Klasse durch ihre weitgehende Interessenidentität mit dem externen Sektor als * Brückenkopf der Kapitalinteressen der Metropolen auftritt und für diese durch eine entsprechende Instrumentalisierung des Staates die optimalen Operationsbedingungen schafft. Allerdings sind solcherlei Aussagen über Staat und Herrschaft selten mehr als bloße Ableitungen aus den ökon. Prämissen. Staatsanalysen und Untersuchungen von Klassenstrukturen und deren Veränderungen haben Dependenzautoren kaum vorgelegt. Diese Defizite haben vor allem im Bereich der Staatsanalyse rege Diskussionen über den «Staat im peripheren Kapitalismus» (T. Evers, W. Hein, G. Simonis, R. Tetzlaff, B. Töpper u. a.) bzw. in LA und in den USA über den »bürokratisch-autoritären Staat» (O'Donnell, Collier u. a.) ausgelöst, deren Resultate zwar keineswegs kongruent sind, aber in jedem Fall zu einem weitaus differenzierteren Staatsverständnis geführt haben als die eigentliche Dependencia-Diskussion.

Die oft sehr starke Fixierung von Dependenz-Autoren auf die von den kapitalistischen Metropolen vorgegebenen E.-Bedingungen sowie die ungenügende Erforschung der Klassenstrukturen und der Interessenlagen sozialer Klassen (letztere wurden meist mit Hilfe von Zitaten marxistischer Klassiker bestimmt) mag dazu geführt haben, daß Aussagen über die Überwindung von Abh. und UE meist nur sehr pauschal formuliert wurden. Feststellungen wie die, daß «das Ergebnis von Abh. nur noch mehr Abh. sein könne» (Marini), verraten ein recht statisches E.-Verständnis (und bestimmt kein dialektisches, wie es dem selbstformulierten Anspruch entsprochen hätte), das wirkliche Veränderungen nur von einer *Revolution erwarten läßt und einen qualitativen Wandel unterhalb dieser Schwelle nicht mehr zu erkennen vermag. Entsprechend beliebig fielen auch Aussagen über die möglichen Träger einer solchen Revolution aus: Einige Autoren setzten auf das Proletariat, andere auf das marginalisierte Subproletariat, wieder andere auf die landlosen Bauern, auf die Studenten, ganz allgemein auf die verarmten Massen, etc. Ob man nur in einer Revolution die Möglichkeit einer Überwindung von Abh. und UE sah, hing auch davon ab, ob man das kapitalistische Weltsystem für reformierbar hielt oder nicht. Wer wie u.a. H.R. Sonntag davon ausging, daß «der Erhalt der E. in den entwickelten Gebieten der Welt objektiv die Aufrechterhaltung der UE impliziert, solange die kapitalistische Produktionsweise dominiert», mußte zu anderen Schlußfolgerungen kommen als jemand, der ein «Rearrangement mit den Metropolen unter neuen, autozentrierte E. fördernden Bedingungen» (D. Senghaas) für möglich hielt.

3. *Abschließende Bemerkungen.* Die *dependencia* hat bis weit in die 70er J. die sozialwiss. Diskussion in LA und auch die e.-theoretischen Debatten in der Bundesrepublik beherrscht. Die Übertragung dependenztheoretischer Annahmen auf andere Regionen der Dritten Welt blieb jedoch relativ beschränkt. In der Afrika-Forschung fand die Dep. gewisse Berührungspunkte mit den dortigen am Begriff des →Neo-Kolonialismus orientierten Untersuchungen, wohingegen die Asien-Forschung von den Dep. relativ spät und dann in ihrer weiterentwickelten Form des Wallersteinschen Weltsystemansatzes Notiz nahm. Seitdem haben jedoch eine Reihe von Entwicklungen die Dep.-Theorien in Frage gestellt, zumindest jedoch deren oft genug formulierten paradigmatischen Anspruch. Daß die ostasiat. Schwellenländer ausgerechnet mit weltmarktorientierten Industrialisierungsstrategien ihre unbestreitbaren Wachstumserfolge erzielt und eine nach allen Standards autozentrierte E. in Gang gesetzt haben, ließ sich mit dep.-theoretischen Annahmen nicht mehr erklären. Darüber hinaus machte die höchst unterschiedliche E.-Dynamik innerhalb der Dritten Welt deutlich, daß die Dep.-Theorien mit ihrer Zweiteilung der Welt in Zentrum und Peripherie und der Zuschreibung von bestimmten Strukturmerkmalen für jede dieser beiden Kategorien die Differenzierungsprozesse innerhalb der Dritten Welt analytisch nicht mehr zu fassen vermochten. Dieses Scheitern an einer sehr differenzierten Realität hängt eng damit zusammen, daß die Dep.-Theorien das von ihnen geforderte *historische* Verständnis von Prozessen der E. und UE kaum einmal ansatzweise umgesetzt haben. Im Grunde kamen sie über eine schlichte Umkehrung von modernisierungstheoretischen Annahmen nicht hinaus: Die globale Expansion des Kapitalismus war für die Mod.-Theorien der Beginn der E., für die Dep.-Theorien der Beginn der UE. Was vorher lag, war für die frühen Mod.-Theorien vormodern, für die Dep.-Theorien vorkapitalistisch und wurde in beiden Fällen nicht auf ihre je

spezifischen Auswirkungen auf spätere E.-Prozesse bzw. E.-Blockierungen hin untersucht. Die Mod.-Theorien sahen die Ursachen der UE in endogenen Faktoren, die Dep.-Theorien in exogenen. Trotz des häufig dialekt. Anspruchs vieler Dep.-Autoren wurden die Wechselwirkungen von veränderten Weltmarktbedingungen und internen Entwicklungen in EL selten wirklich als dialektisch begriffen, sondern man sah die sozio-ökon. und polit. Veränderungen in den EL zumeist nur als Reflexe auf die vom Weltmarkt gesetzten Rahmenbedingungen. Daß E.-Gesellschaften auf die Vorgaben des Weltmarktes höchst unterschiedlich reagierten, machte deutlich, daß die Dep. mit ihrer Weltmarktfixierung die *endogenen* Ursachen von E. und UE stark unterschätzt hatte. Folgerichtig hat D. Senghaas, der bis spät in die 70er Jahre dep.-theoretische Positionen vertreten hat, inzwischen die Untersuchung der «unterschiedlichen Transformations- und Innovationsfähigkeiten einzelner Gesellschaften» aufs Programm gesetzt.

Damit ist *eine* Antwort auf die Krise der Dep.-Theorien angedeutet, nämlich die Rückbesinnung auf mod.-theoretische Fragestellungen, die allerdings nicht gleichgesetzt werden darf mit einer schlichten Neuauflage der alten Mod.-Theorien. Die Theorie des kapitalistischen Weltsystems, die vor allem auf I. Wallerstein zurückgeht, ist ein weiterer Versuch, mit der Krise der Dep.-Theorien fertig zu werden. In seiner Absolutsetzung des Weltmarktes als des alles determinierenden Weltsystems und mit seinem ungebrochenen paradigmatischen Anspruch stellt dieser Ansatz allerdings eher eine Apotheose der *dependencia* dar als deren Überwindung. Mit dem fordistischen Ansatz wird ebenfalls versucht, die einseitige Ausrichtung der Dep. auf den Weltmarkt zu überwinden und die Entwicklungsbedingungen und -möglichkeiten in Teilen der Dritten Welt neu zu bestimmen.

Glaubte man während der Blütezeit der Dep., die Frage nach den Ursachen von UE und E. ohne weiteres benennen zu können, fällt heute angesichts der enormen Differenzierungsprozesse innerhalb der Dritten Welt und der sie begleitenden Theoriekrise, aber auch angesichts der zunehmenden Fragwürdigkeit des westl.-industriellen E.-Begriffs die Antwort auf diese e.-theoretischen Grundfragen immer schwerer. Auch (aber nicht *nur*) die Dep. ist mit ihrem allg. theoret. Anspruch gescheitert. Sich mit ihr als *Theorie* auseinanderzusetzen, ist daher heute vor allem unter theoriegeschichtlichen Gesichtspunkten interessant. Versteht man sie jedoch wesentlich bescheidener als eine *Situationsanalyse*, die anders als die vorausgegangenen modernisierungstheoretischen Ansätze die wirtsch. und pol. Hierarchisierung der Welt und die damit verbundene →internationale Arbeitsteilung kritisch auf ihre Auswirkungen auf die E.-Fähigkeit vieler EL hin untersucht, dann hat sie für große Teile der Dritten Welt nicht an Aktualität verloren. Diese Aspekte in die Diskussion eingeführt zu haben, war das Verdienst der Dep., sie theoretisch verabsolutiert zu haben, ihre Schwäche.

Lit.: D. Senghaas (Hg.), Imperialismus und strukturelle Gewalt, Frankfurt 1972; Ders. (Hg.), Peripherer Kapitalismus, Frankfurt 1974; F.H. Cardoso/E. Faletto, Abhängigkeit und Entwicklung in Lateinamerika, Frankfurt 1976; D. Senghaas, Weltwirtschaftsordnung und Entwicklungspolitik, Frankfurt 1977; I. Wallerstein, The Capitalist World Economy, Cambridge u.a. 1979; R. Schweers, Kapitalistische Entwicklung und Unterentwicklung, Frankfurt 1980; A. Boeckh, Dependencia und kapitalistisches Weltsystem, oder: Die Grenzen globaler Entwicklungstheorien, in: F. Nuscheler (Hg.), Dritte Welt-Forschung. Entwicklungstheorie und Entwicklungspolitik, Opladen 1985, S. 56–74 (PVS-Sonderheft 16); D. Nohlen/F. Nuscheler (Hg.), Handbuch der Dritten Welt, Band 1: Grundprobleme, Theorien, Strategien, Bonn 1992.

ab

Desarrollismo Entwicklungsstrategie, die auf die «Entwicklung nach innen» setzt und v.a. die internen *obstacles to development* zu überwinden versucht. Wesentliche Elemente: * Importsubstituierende Industrialisierung, Differenzierung des Produktionsapparates, Heranbildung einer mod. Unternehmerschaft, staatl. Unterstützungsleistungen (* Infrastruktur, Kredithilfen), Umverteilungspolitik, Ausdehnung des einheimischen Marktes, Integration neuer soz. Schichten, Förderung des Exports. Von der Modernisierung wird wachsender gesellsch. Pluralismus und Demokratie erwartet. fn

Desertifikation Als D. wird zumeist ein ökologischer Degradierungsprozeß in bewohnten semiariden und subhumiden Klimazonen mit hoher Niederschlagsvariabilität bezeichnet, der durch unangepaßte Landnutzung ausgelöst wird und wüstenhafte Bedingungen (v. a. Verlust der Vegetationsdecke und Übersandung der Böden, Aktivierung von Dünen) erzeugt. Durch zu hohe Konzentration der Bev., Übernutzung des Grundwassers, Expansion der Agrarwirtschaft, Überweidung sowie Abholzung der Baumbestände v. a. zur Brennholzgewinnung (→Energie) verliert das Ökosystem der Trockenzonen seine Regenerationsfähigkeit. In Dürreperioden, die zu den normalen Bedingungen dieser Zonen gehören, kann dann die D. drastisch zunehmen; sie gilt wiederum als mitursächlich für die Zunahme der Dürrephasen.

Angesichts der dramatischen Entwicklung in der * Sahelzone fand 1977 in Nairobi die * UNCOD statt. Die D. war auch Thema auf der * Weltumweltkonferenz 1992 in Rio de Janeiro. Anfang der 90er Jahre fehlte es aber noch immer an der effektiven Bekämpfung der D.; die vorwiegend betroffenen * Entwicklungsländer (→Landflucht) sind dabei dringend auf die Hilfe der reichen Länder angewiesen.

Lit.: H. G. Mensching, Desertifikation: ein weltweites Problem der ökologischen Verwüstung in den Trockengebieten der Erde, Darmstadt 1990. bh

Desertionsquote Anteil der Kinder/Jugendlichen in % der jeweiligen Altersgruppe, die vor Erreichung einer bestimmten Klasse oder eines Schulabschlusses die Schule verlassen. dn

DESWOS Deutsche Entwicklungshilfe für soziales Wohnungs- und Siedlungswesen e. V. (* Nichtstaatliche Organisation, * Bensheimer Kreis), leistet * Projekthilfe im Wohnungsbau für arme Bev.-Gruppen in EL, fördert Sozialprogramme und einkommensschaffende Maßnahmen und erstellt Studien über Wohnungsprobleme in EL. In Zusammenarbeit mit einheimischen, i. d. R. kirchlichen oder gemeinnützigen Trägern sollen genossenschaftliche Strukturen von * Selbsthilfe-Organisationen unterstützt werden. Im (von der * UN ausgeschriebenen) «Internationalen Jahr für Menschen in Wohnungsnot» 1987 wurden insg. 32 Projekte betreut, deren Finanzierung durch Spenden v. a. von Unternehmen der gemeinnützigen Wohnungswirtsch. (1987: 802 000 DM) erfolgt (Zuweisung über Projektpartnerschaften), aber auch durch öfftl. Mittel des * BMZ und der Kommission der EG (1987: über 1,26 Mio. DM). Publikationen: DESWOS-Brief mit Informationen zum * HABITAT-Bereich; Aktions- und Informationshandbuch. Adresse: Bismarckstr. 7, 5000 Köln 1. (→Wohnen) bg/pb

Deutsche Agrarhilfe Unterstützt Maßnahmen zur Förderung der Agrarwirtschaft und Verbesserung der * Ernährungssituation in den EL und leistet * humanitäre Hilfe (z. B. Kleidungs-, Medikamente- und * Nahrungsmittelhilfe) in Notstands- bzw. Katastrophengebieten sowie Flüchtlingslagern. Über die der Gesellschaft angeschlossene Deutsche Exportgemeinschaft Agrartechnik erhalten die EL im Rahmen projektgebundener * Entwicklungshilfe landw. Produktionsmittel. Adresse: Frankfurter Str. 180–188, 5202 Hennef/Bonn. ah

Deutsche Ärztegemeinschaft →DÄZ

Deutsche Entwicklungsgesellschaft →DEG

Deutsche Entwicklungshilfe für Soziales Wohnungs- und Siedlungswesen →DESWOS

Deutsche Entwicklungspolitik →Entwicklungspolitik der BRD, der Bundesländer, der DDR

Deutsche Gesellschaft für die Vereinten Nationen →DGVN

Deutsche Gesellschaft für Technische Zusammenarbeit →GTZ

Deutsche Gesellschaft für wirtschaftliche Zusammenarbeit →DEG

Deutsche Kommission Justitia et Pax (vormals Katholischer Arbeitskreis Entwicklung und Frieden, KAEF). *Aufgaben:* Förderung der Arbeit der kath. Kirche in den Bereichen Entwicklung, Menschenrechte und Frieden. Vorsitzender: Bischof F. Kamphaus. Adresse: Kaiserstr. 163, 5300 Bonn 1. pb

Deutsche Stiftung für internationale Entwicklung →DSE

Deutsche Welthungerhilfe →DWHH

Deutscher Akademischer Austauschdienst →DAAD

Deutscher Caritasverband →DCV

Deutscher Entwicklungsdienst →DED

Deutscher Freiwilligendienst in Übersee →DFÜ

Deutscher Gewerkschaftsbund →Gewerkschaften, entwicklungspolitische Leitlinien

Deutscher Paritätischer Wohlfahrtsverband →DPWV

Deutscher Volkshochschulverband →DVV

Deutsches Aussätzigen-Hilfswerk →DAHW

Deutsches Institut für Entwicklungspolitik →DIE

Deutsches Medikamenten-Hilfswerk «action medior» 1964 gegr. *nichtstaatliche Organisation (*Bensheimer Kreis), leistet über den Versand von Medikamenten und med. Ausrüstung *Gesundheits- und *Katastrophenhilfe in z. Z. 118 Ländern. Das Hilfswerk verfügt über ein eigenes Medikamenten-Sortiment; es kauft pharmazeutische Grundsubstanzen auf, die im Lohnauftrag zu *essential drugs* (Medikamente gegen Armutskrankheiten wie Lepra, Wurmbefall, Darminfektionen) verarbeitet werden. Der Versand finanziert sich über Aufträge anderer NGOs (u. a. *Misereor, *BfdW, *DAHW, *Terre de hommes) (1987: 12,3 Mio. DM) oder über Spenden (1987: 2,7 Mio. DM). Publikation: medior-report. Adresse: St. Töniser Str. 21, 4154 Tönisvorst 2. mik

Deutsches Orient-Institut →DÜI

Deutsches Rotes Kreuz →DRK

Deutsches Übersee-Institut →DÜI

Deutsches Zentrum für Entwicklungstechnologie →GATE

Development Committee (DC) Okt. 1974 auf Initiative der EL von *Weltbank und *IWF eingerichteter Ministerausschuß, der seit 1980 aus 22 Mitgl. besteht: 11 IL, 11 EL, davon 2 OPEC. *Aufgabe:* Vorlage von Berichten an die Gouverneursräte von Weltbank und IWF zu Fragen des Transfers realer *Ressourcen in EL, Beratung, Erarbeitung von Vorschlägen. Themenschwerpunkte Ende der 80er J.: Schuldenprobleme, Strukturanpassung der EL, Afrika südl. der Sahara, *Kofinanzierung Weltbank/ bilaterale Geber/ Geschäftsbanken. dn

development education →Bildungsforschung

DFÜ Deutscher Freiwilligendienst in Übersee e. V., 1970 gegr. *nichtstaatliche Organisation (Mitgl. der *APED und im *Arbeitskreis Lernen und Helfen in Übersee e. V.). Aufgaben: Vorbereitung, Entsendung und Betreuung von *Entwicklungshelfern für eine mehrjährige Tätigkeit in EL, v. a. in den Bereichen **community development*, *Bildungshilfe in Lehrwerkstätten und Schulen, landw. Beratung sowie Sozial- und *Gesundheitshilfe. Finanzierung dieser Aktivitäten durch Beiträge der Mitgl. und private Spenden. Adresse: Argelanderstr. 50, 5300 Bonn 1. bh

DGVK →Friedensforschung

DGVN Deutsche Gesellschaft für die Vereinten Nationen, veranstaltet im Rahmen ihrer Informations- und Öffentlichkeitsarbeit Seminare, Konferenzen und Diskussionsveranstaltungen zum Bereich der *UN und zur *multilateralen E.-Zusammenarbeit.

Die DGVN versendet Publikationen aller Org. des UN-Systems, z. B. auch der *Weltbank. Sie produziert eigene Veröffentlichungen wie die Zweimonatszft. Vereinte Nationen, die Dritte Welt-Presse, die DGVN-Broschürenreihe und Einzelpublikationen. Neben der Kooperation mit anderen Mitgl. des Weltverbandes der Gesellschaften für die Vereinten Nationen (WFUNA) arbeitet die DGVN auch mit anderen e.-pol. tätigen Organisationen (UN-Family, *AEBÖ, NRO-Netzwerk) zusammen. Adresse: Dag-Hammarskjöld-Haus, Poppelsdorfer Allee 55, 5300 Bonn 1. jk

DIASt →Deutsche Ibero-Amerikanische Stiftung

DIE Deutsches Institut für Entwicklungspolitik, 1964 gegr., gemeinnützige GmbH; wird getragen vom Bund und dem Land Berlin (Finanzierung: Bund 75 %, Berlin 25 %): *Aufgaben:* Vorbereitung von Fachkräften mit abgeschlossenem Hochschulstudium in einjährigen Kursen für spezielle Aufgabengebiete der E.-Politik. Absolventen des DIE werden in int. und nat., öffentl. und privaten Institutionen der *Entwicklungshilfe und in Behörden der EL eingesetzt. Neben der Ausbildung auch Forschung und Beratung deutscher und int. Organisationen sowie von Regierungen der EL. Adresse: Fraunhoferstr. 33–36, 1000 Berlin 10. dn

Dienste in Übersee →DÜ

Dienstleistungsbilanz Gegenüberstellung der unsichtbaren, d. h. nicht in Form von Waren- oder Kapitalverkehr stattfindenden Exporte und Importe eines Landes (z. B. Patente, Reiseverkehr, Nebenkosten bei Ein- und Ausfuhren). dn

Direktinvestitionen Kapitalanlagen von Inländern im Ausland durch Erwerb von direkten Eigentumsrechten in Form von Zweigwerken, Auslandsniederlassungen, Geschäftsanteilen, Grundstücken und Gebäuden sowie Re-Investitionen von Gewinnen aus früheren Direktinvestitionen. D. werden von seiten der Investoren vielfach als Teil der *finanziellen Hilfe der IL an die EL angesehen. Die Motivstruktur bei D. in EL weist jedoch eine Vielzahl von Beweggründen auf (Sicherung der Marktstellung, Erschließung neuer Märkte, niedrigere Lohnkosten, Rohstoffsicherung, Erwartung hoher Erträge, Ausnutzung bestehender öfftl. Förderungsmaßnahmen [*DEG, EL-Steuergesetz]), unter denen entwicklungspol. Motive – von einem unspezifischen *good will* abgesehen – nicht einmal genannt werden. Eine empirische Untersuchung zu Beginn der 70er J. ergab einen Vorrang für Markterschließung und Marktsicherung. Auf Grund der geänderten int. Wettbewerbslage dürften Lohnkostenaspekte heute für D. und die mit ihnen einhergehende *Auslagerung bedeutender Teile der Produktion in EL eine zumindest gleichrangige Bedeutung haben. Auch die entwicklungspol. Auswirkungen von D. in EL lassen die oben erwähnte Einschätzung mehr als fraglich erscheinen. In der Diskussion über den entwicklungspol. Beitrag von D. werden als positive Wirkungen genannt: Beitrag zur Deckung des Kapitalbedarfs; Entlastung der *Zahlungsbilanz; Übertragung von technologischem und unternehmerischem *Know-how*; Schaffung von Arbeitsplätzen und Ausbildung von Arbeitskräften; *Diversifizierung der Wirtschaftsstruktur; Unterstützung der *Importsubstitutions- und Exportdiversifizierungspolitik; Mobilisierung weiterer inländischer *Ressourcen. Dem werden als nachteilige Wirkungen und Folgekosten entgegengestellt: Belastung der Zahlungsbilanz auf Grund hoher Gewinnrückflüsse und geringerer neuer Investitionen; Inanspruchnahme des einheimischen Kapitalmarktes zu Lasten einheimischer Unternehmen; Entstehung und Verfestigung *struktureller Heterogenität (regionale und sektoral/branchenmäßige Strukturungleichgewichte), da-

Tabelle 3: Deutsche Direktinvestitionen im Ausland (in Mio. DM)

Jahr	Gesamt	in EL	EL-%
1972	2816	1199	42,6
1980	8160	1109	13,6
1981	9824	2289	23,3
1982	9762	2195	22,5
1983	7837	2331	29,8
1984	9266	1389	15,0
1985	13643	358	2,6
1986	11207	683	6,1
1987	12769	1324	10,4
1988	15350	458	2,7
1989	21290	1035	4,9
1990	29765	1185	4,0

Quelle: BMWi, Statistisches Bundesamt, entnommen: Journalisten-Handbuch Entwicklungspolitik 1991/92, Bonn

mit Vertiefung entwicklungshemmender Strukturen; Ausbeutung einheimischer Arbeitskräfte und Ressourcen; Abwälzung der Vorkosten (*Infrastruktur) und der sozialen Kosten auf das EL; Monopolisierung der Entscheidungsstruktur in der Mutterfirma; Unterwerfung der Entwicklung der Tochterfirma unter die weltweite Konzernstrategie; Übertragung kapitalintensiver Technologien; geringe **Linkage*-Effekte; Verschärfung des **brain drain* etc.

Die vielfach allzu emotionsgeladene Debatte über die Auswirkungen von D. könnte durch einige Daten und neuere E.-Tendenzen versachlicht werden:

1. Nur der geringere Teil der D. westl. IL wird in EL angelegt. Der Anteil der EL an den gesamten D. der BRD im Ausland war wie in den 70er Jahren stark rückläufig und brach Mitte der 80er J. vollends ein. In den letzten 10 J. lag er bei durchschn. 16,4% (s. Tabelle 3).

2. Die Kapitalbildung ist in der Mehrzahl der EL nach wie vor unbefriedigend. Die in den E.-Plänen erhofften Zuwächse der * Sparrate und der Investitionen traten nicht ein.

3. Die *öffentliche Entwicklungshilfe der IL blieb in der Vergangenheit unter dem erhofften 0,7%-Ziel, und es spricht gegenwärtig wenig dafür, daß die allg. Überzeugung, sie müsse rasch auf diese Höhe gebracht werden, sich hinsichtlich der tatsächlichen Leistungen durchsetzt.

4. Der überwiegende Teil des Ressourcentransfers von IL in EL besteht in privaten Leistungen (D., Anleihen, Kredite). Der Rückgang der Bankkredite als Folge der *Verschuldung vieler EL und der Ressourcentransfer aus den EL in die IL in Form des *Schuldendienstes hat die Bedeutung von D. für die EL noch erhöht.

5. Die EL entwickelten Instrumente zur Orientierung der D. an ihren entwicklungspol. Zielsetzungen (u.a. **joint ventures*, Begrenzung des Gewinntransfers), wodurch einige der nachteiligen Wirkungen von D. gemildert werden konnten. Die Verschuldungskrise hat die pol. begründeten Begrenzungen für D. freilich wieder aufgeweicht.

6. Die IL unterwerfen die Förderung von D. int. und nat. gesetzten entwicklungspol. Leitlinien.

Für die Förderung von D. durch die öfftl. Hand setzt die BRD zwei Instrumente ein: 1. steuerpol. das EL-Steuergesetz (Entw. L.StG). Das 1. Gesetz stammt von 1963, das 2. von 1974, Novellierung 1979. Einheimischen Unternehmen werden für Kapitalanlagen in EL befristete Steuerfreibeträge (Steuerstundungen) auf die inländischen Gewinne gewährt. Abgestufte Behandlung der D. nach EL-Ländergruppen und Investitionsfeldern zur Beeinflussung der Richtung und Verteilung des Kapitaltransfers. 2. Kreditpol. die Gewährung von Darlehen etc. über die *KfW und die *DEG unter zinsgünstigen Konditionen: ärmste EL 2,5%, andere EL 3,5%, Laufzeit 15 J. und 5 tilgungsfreie J. (neue Richtlinien 1979). →Kapitalhilfe →Transnationale Konzerne

Lit.: H. Hemberger, Direkte Auslandsinvestitionen – Elemente des Entscheidungsprozesses und Erklärungsansätze, Frankfurt u. Zürich 1974; D. Schmieder, Auslandskapital und Entwicklungsstrategie, Meisenheim 1977; OECD, Investing in Developing Countries, Paris 1978; P. Richter, Der Kapitaltransfer in die unterentwickelten Länder. Theoretische und empirische Analyse seiner Wohlstandswirkungen, Berlin 1979; D. Kebschull u. a., Wirkungen von Privatinvestitionen in EL, Baden-Baden 1980; P. Juhl, Direktinvestitionen in EL unter dem Einfluß politischer Risiken, München 1983; H. Krägenau, Internationale Direktinvestitionen, Hamburg 1987. dn

disembodied technology →Technologietransfer (TT)

Diskriminierung Unter D. werden Beschränkungen in den Wirtschaftsbeziehungen zwischen Ländern und Ländergruppen (zwischen IL und EL) verstanden, etwa durch Entrichtung von Zöllen, mengenmäßige Beschränkungen, Handels- und Wechselkursbeschränkungen, Behinderungen der Mobilität der Produktionsfaktoren (Kapital, Arbeit), nat. Finanzpolitiken etc. Handelsliberalisierungen (→GATT-Runden), *Integrationsprozesse (unter EL) und Assoziationsabkommen (→Lomé-Abkommen) versuchen die Beseitigung bzw. Verringerung von D. dn

Dissoziation der Abkopplung, in der e.-pol. Diskussion die in den 70er J. hauptsächlich von D. Senghaas verfochtene Forderung nach einer Herauslösung von EL aus dem Weltmarkt mit dem Ziel, eine eigenständige und lebensfähige Ökonomie und Gesellschaft aufzubauen, gestützt auf die eigenen *Ressourcen und die eigenen Bedürfnisse. Die D.-Theorie schloß an die Theorie von F. List an, der für die der brit. Ökonomie nachhinkenden Festlandökonomien Mitte des 19. Jh.s der von GB ausgehenden klassischen liberalen Theorie die protektionistische Theorie der «Produktion produktiver Kräfte» zur Erschließung des eigenen E.-Potentials gegenüberstellte. Sie übertrug auch historische Erfahrungen aus dem E.-Prozeß der heutigen IL und auch sozialist. Entwicklung einiger Länder (VR China, Albanien, Nordkorea) auf den E.-Prozeß der EL und formulierte für die Mehrzahl unter ihnen folgende entwicklungspol. Konsequenzen: Bruch mit der *internationalen Arbeitsteilung nach den beiden *Exportmodellen, Bruch mit der *Industrialisierung nach dem *Importsubstitutionsmodell. Dieser Bruch sollte zeitweilig sein, bis die jetzigen Strukturmängel der EL-Volkswirtschaften (durch eine Strategie *autozentrierter Entwicklung) und ihre sozialen Folgen (*Arbeitslosigkeit, krasse Ungleichheit der *Einkommensverteilung, *Armut, *Verschuldung etc.) so weit behoben seien, daß die EL am Weltmarkt gleichberechtigt und mit gleichem Nutzen entsprechend der Doktrin der *komparativen Kosten partizipieren könnten.

Das D.-Modell verstand sich als Gegenmodell zu dem in der e.-pol. Praxis vorherrschenden Modell weltmarktintegrativer und assoziativer Entwicklung. Es stieß auf wohlbegründete Kritik (s. Matthies: 1980) und die gegenläufige Erfahrung der *Schwellenländer, so daß es Mitte der 80er J. im Grunde aufgegeben wurde.

Lit.: D. Senghaas, Weltwirtschaft und Entwicklung. Plädoyer für Dissoziation, Frankfurt 1977; V. Matthies, Neue Weltwirtschaftsordnung, Opladen 1980. dn

Diversifizierung Unter D. wird die Auffächerung der Produktions- oder Exportstruktur einer Volkswirtschaft verstanden. Auch ein Unternehmen kann seine Produkte diversifizieren. Man unterscheidet D. in vertikaler Richtung: Auffächerung in Form der Entwicklung der versch. *Wirtschaftssektoren bzw. der Ausdehnung des Produktionsprogramms auf vor- und nachgelagerte Produktionsbereiche (*Grundstoffe, Grundstoffverarbeitung, Halbfertigwaren, Fertigwaren, Vermarktung), und D. in horizontaler Richtung: Ausdehnung der Produktion (etwa der Landwirtschaft) auf andere Produkte. Entwicklungspol. erscheinen beide Formen der D. notwendig. dn

Djibouti 1. Die erst seit 1977 unabh. Republik D. (21 783 qkm, 1990 ca.

430000 Ew., davon etwa 160000 in der Hs. Djibouti) ist charakterisiert durch Spannungen zwischen den rund 30% Afar (Hauptsiedlungsgebiet: Äthiopien) und den Issa (einer Somali-Untergruppe; ferner: Araber, die den Handel kontrollieren, und rund 10000 Europäer), die früher ihre Entsprechung in z. T. offen geäußerten Annexionsforderungen der Nachbarn Äthiopien und Somalia fanden. Seit 1979 sind die Beziehungen zu Äthiopien normalisiert. Bedeutung gewinnt D. ausschließlich durch seine strategische Position am Ausgang des Roten Meeres (Frankreich unterhält auch nach der Unabh. einen hochmodernen Marine- und Luftwaffenstützpunkt in D.), während es als eines der ärmsten Länder der Welt (kaum Bodenschätze, fast keine Industrie, in den Städten über 50% Arbeitslosigkeit, die Landbev. lebt bei extrem trocken-heißem Klima nomadisch) wirtsch. abh. ist von den Einkünften der Eisenbahn Addis Abeba – Djibouti, den Hafeneinnahmen (Versorgung von Schiffen mit Proviant), v. a. von den Ausgaben der in D. stationierten 4500 Mann franz. Streitkräfte (plus Familienangehörige) sowie finanz. Zuwendungen von Frankreich und Saudi-Arabien. Der Außenhandel besteht fast ausschließlich aus Importen (v. a. aus Frankreich und der übrigen EG; 1987: 280,7 Mio. US-$ Importe, 45 Mio. US-$ Exporte). Eine erhebliche Belastung stellen die *Flüchtlinge dar, die in D. Schutz vor den Kriegshandlungen am Horn von Afrika suchten.

2. Frankreich hatte in der Kolonialzeit Afar und Issa gegeneinander ausgespielt, sich jeweils auf die als «loyaler» eingeschätzte ethnische Gruppe gestützt und die pol. Opposition (zuletzt Issa) bis Mitte der 70er J. kraß diskriminiert. Unter den vorwiegend nach ethnischen Kriterien gebildeten Parteien brachen kurz nach der Unabh. die alten Rivalitäten erneut auf und führten zu mehreren Regierungskrisen. Der die Macht immer mehr zentralisierende und personalisierende populäre Präs. Hassan Gouled Aptidon bildete daher 1979 ein *Rassemblement populaire pour le progrès*, das mit der Begründung, die nationale Einheit müsse gestärkt werden, 1981 zur Einheitspartei erklärt wurde. Bei den Wahlen von 1987 gewann das RPP mit 87% der Stimmen erneut alle 65 Sitze in der Nationalversammlung. Auch Präs. Gouled (90,3%) wurde wiedergewählt. Er setzte Jan. 1992 eine Verfassungskommission ein, die u. a. eine Lösung des Konflikts mit den Rebellen im Norden, die dort weite Teile des Landes beherrschten, vorbereiten sollte.

Lit.: R. Otayek, Djibouti: construction nationale et contraintes stratégiques, Bordeaux (CEAN) 1985; T. Labahn, Djibouti, in: HDW III, 5, 1993, S. 68ff.

kz

Doktrin der nationalen Sicherheit Ideologisches Modell der ab Mitte der 60er J. in LA errichteten *Militärregime. Es wurde in den Studienzentren der Streitkräfte der versch. Länder erarbeitet, hauptsächlich in der (1949 gegr.) *Escola Superior de Guerra* (Kriegshochschule) in Brasilien.

Grundlagen: 1. Globalisierende Konzeption von der – äußeren und inneren – Sicherheit als oberstes Ziel für Staat und Politik. 2. Übernahme der franz. und amerik. **counter-insurgency*-Doktrin als Mittel zur Gewährleistung der inneren Sicherheit. 3. Anwendung milit. Leitlinien auf die Politik, vor allem bezüglich der hierarchischen Unterteilung der Gesellschaft, der parteipol. Enthaltsamkeit und der Auffassung vom Staat als lebendem Organismus (Geopolitik).

Die auf dieser Doktrin basierenden Militärregime (Brasilien 1964 bis 1985; Argentinien 1966 bis 1973 und 1976 bis 1983; Chile 1973; Uruguay 1973 bis 1984) charakterisieren sich durch 1. die institutionelle Rolle der Streitkräfte (sie handeln als «Körperschaft»); 2. die Dauer der Machtausübung; 3. die Ersetzung der trad. pol. Parteien durch Gruppen von Technokraten oder Unternehmern als ihre Verbündeten bei der Ausübung der pol. Macht. Mit der Re-* Demokratisierung in versch. lateinamerik. Staaten seit den 80er J. hat diese Doktrin als Grundlage der Reg.-Politik weitestgehend an Bedeutung verloren.

L.: M. Fernández Baeza, Nationale Sicherheit in Lateinamerika, Heidelberg 1981. mfb

DMC →ASDB

Dokumentationsleitstellen 1. AFDOK, Dok.-Leitstelle Afrika; 2. ASDOK, Dok.-Leitstelle Asien; 3. LADOK, Dok.-Leitstelle Lateinamerika; 4. ORDOK, Dok.-Leitstelle Moderner Orient. 1985 wurden die Dok.-Leitstellen zu einer Übersee-Dokumentation zusammengeführt. Aufgabe: Erfassung und Erschließung von regionalkundlich relevantem Schrifttum aus dem ges. Bereich der Sozialwissenschaften; Datendok.; Literaturhinweisdienst.
Adresse jeweils: Neuer Jungfernstieg 21, 2 Hamburg 36. →DÜI dn

Dominationseffekte →Außenhandelstheorie

Dominica →Karibik

Dominikanische Republik Der Wandlungsprozeß im pol. System der DR. ist symptomatisch für eine veränderte Haltung der USA zu den von ihr abhängigen EL. Trad. von einem Machtkartell von Militär, kath. Kirche und Oligarchie beherrscht, zeigt die DR seit 1978 Ansätze einer funktionsfähigen Demokratie.

1. Die DR (unabh. seit 1844), der zweitgrößte Staat der Karibik (Fläche 48 442 qkm), umfaßt ca. ⅔ der Insel Hispaniola, die sie sich mit Haiti teilt. Bedingt durch den Preisverfall auf dem Weltmarkt ist der Exportwert des Hauptexportprodukts Zucker seit Jahren rückläufig (1985: 21,1 % des Gesamtexports); auch die Erntemengen für Reis, Mais, Maniok, Kaffee und Tabak verringerten sich (niedrige Energiepreise, hohe Kosten für Düngemittel, Insektizide, Transport, mangelnde Unterstützung der Kleinbauern). Mit Hilfe von * Weltbank- und * BID-Krediten wird eine Verbesserung der landw. Struktur u. a. in den Bereichen Kaffee (12,2 % des Gesamtexports) und Kakao (7,7 %) angestrebt. Die Bodenschätze (Eisenerz, Steinsalz, Meeressalinen, Bauxit) sind z. T. erst wenig erschlossen; eine Devisenquelle ist der zunehmende * Tourismus (v. a. aus den USA).

2. 1930 bis zu seiner Ermordung 1961 beutete der von den USA gestützte General Trujillo die DR wie einen Privatbesitz aus. Die Jahre des Bürgerkrieges und der Militärputsche (1962 bis 1965) brachten für kurze Zeit (1963) die reformerische Reg. Juan Bosch an die Macht. Eine milit. Intervention der USA installierte das Regime von Joaquín Balaguer, einem Vertreter der konservativen Militärs und ehemaligen engen Mitarbeiter Trujillos. Bei den Präs.-Wahlen von 1978 unterlag Balaguer dem Kandidaten der reformerischen Linie, Antonio Guzmán (Dominikanische Revolutionäre Partei PRD), nachdem Teile des Militärs vergeblich versucht hatten, die Stimmenauszählung zu verhindern. Ihm folgte 1982 Salvador J. Blanco von der gleichen Partei, die Mitglied der Sozialistischen Internationale ist. Innerparteiliche Differenzen und Machtkämpfe behinderten die Regierungspolitik. Nicht zuletzt durch diese, im Vorfeld der Wahlen 1986 z. T. gewaltsam ausgetragenen Konflikte unterlag der PRD-Kandidat J. Majluta knapp Joaquín Balaguer (41,6 %), der für die rechtskonservative Christlich-Soziale Reformistische Partei PRSC angetreten war. Balaguer begann eine Kampagne gegen die Korruption und machte vor Ex-Präs. Blanco nicht halt.

3. Die Bev. der DR wurde 1988 auf 6,86 Mio. geschätzt (rel. hohe Bev.-Dichte: 141,6 Ew./qkm), 55,7 % städt. Bev., Hs. Santo Domingo als Nationaldistrikt: 1988: 2 390 000 Ew. gegenüber 1982: 1 233 000). Neben der Wanderung in die Städte emigriert die arbeit-

suchende Bev. in starkem Maße v. a. in die USA, wodurch trotz hoher *Arbeitslosigkeit häufig qualifizierte Arbeitskräfte fehlen. 73 % der Bev. sind Mulatten, 11 % Schwarze und 16 % Weiße.

4. Nach der Ermordung Trujillos wurden seine Besitzungen (⅔ der Zuckerindustrie, ⅓ aller übrigen Industrien) verstaatlicht. Die staatl. Politik vermochte dem Land jedoch weder in der Regierungszeit Balaguers (Korruption, Reprivatisierung), noch in der Amtszeit Guzmáns (Sanierung des Staatshaushalts) E.-Impulse zu verleihen (Arbeitslosigkeit nach offiziellen Angaben 28 %, Unterbeschäftigung gesch. 25 %). Die sozialen Trennungslinien der Gesellschaft der DR sind auch nach Hautfarbe stark akzentuiert: Ober- (ca. 5 % der Bev.) und Mittelschicht (ca. 25 %), die sich aus Großgrundbesitzern, Unternehmern und Vertretern von freien Berufen, Verwaltung und Militär zusammensetzen, orientieren sich pol. und in ihrem Lebensstandard an den USA.

5. Die span. Kolonialherrschaft hat der DR ihre Religion (ca. 98 % Katholiken) und die Landessprache hinterlassen. Nur etwa 15–20 % der schulpflichtigen Kinder (7–14 J.) besuchen private Schulen; in den öfftl. Bildungseinrichtungen besteht Lehrermangel, und ca. ⅓ der Kinder gehen nie oder nur kurze Zeit zur Schule (Analphabetenquote 1985: rd. 23 %). Regional und sozial ungleich verteilt ist auch die übrige soziale Infrastruktur wie Gesundheitswesen, Massenkommunikation und soziale Sicherung (LE 64 J.).

6. Wichtigste Machtfaktoren sind die kath. Kirche, das Militär und die Interessenverbände der Oberschicht. Nach der Verfassung von 1966 ist die DR eine präsidentielle Demokratie. *De facto* wurde 1966–78 autoritär regiert. Die trad. Machtgruppen blieben jedoch auch danach einflußreich. Es existiert jedoch seither mehr pol. Pluralismus, die Menschenrechte und pol. Freiheitsrechte werden weitgehend respektiert. Im Mai 1990 wurde Balaguer zum 5. Mal zum Präs. gewählt. Die Anhänger des knapp unterlegenen J. Bosch, der Balaguer Wahlbetrug vorwarf, konnten sich mit der erneuten Niederlage der Linken kaum abfinden. Der Kurswechsel Balaguers vom öfftl. Ausgabenprogramm vor der Wahl zur rigiden Sparpol. danach führte zu sozialen Unruhen. Das Erreichen des *AKP-Status (→Lomé-Abkommen) im Dez. 1989 nährte Hoffnungen, das hohe Maß an wirtsch. Abh. von den USA (Zuckerexport, *Direktinvestitionen) zu reduzieren.

Lit.: G. A. Pope, Arms and Politics in the Dominican Republic, Boulder 1981; H. J. Wiarda, The Dominican Republic, A Caribbean Crucible, London 1983; J. Knippers, The Dominican Republic: Politics and Development in an Unsovereign State, Boston 1986; R. Espinal, Autoritarismo y democracia en la política dominicana, San José 1987; F. Gewekke, Die Karibik. Zur Geschichte, Politik und Kultur einer Region, Frankfurt 1988; H. Barrios/J. Suter, Dominikanische Republik, in: HDW III, 3, 1992, 373 ff. rs

DPI *Department of Public Information*, Hauptabteilung für öffentliche Information im UN-Generalsekretariat.

DPWV Deutscher Paritätischer Wohlfahrtsverband e. V. (*Bensheimer Kreis), Dachverband der freien Wohlfahrtspflege mit derzeit über 4900 Mitgl.-Organisationen. Im Rahmen seiner satzungsmäßigen Aufgaben repräsentiert und fördert (Information, Beratung, Koordination) der Verband z. Z. 28 *nichtstaatliche Organisationen, die ausschließlich oder teilweise in der E.-Hilfe tätig sind. Hierzu gehören neben *AMREF, *ASW, *CCF-Kinderhilfswerk, *DWHH, *Hermann-Gmeiner Fonds, *Kinderhilfswerk für die Dritte Welt und *WUS noch zahlreiche (gemessen an ihrem Finanzvolumen) kleine Organisationen. Der DPWV ist überdies Träger der vom *BMZ finanzierten *Beratungsstelle für private Träger in der Entwicklungszusammenarbeit. Adresse: Heinrich-Hoffmann-Str. 3, 6000 Frankfurt 71. mik

Dreieckskooperationen E.-pol. Zusammenarbeit von zwei Gebern (Länder oder int. Organisationen) und einem Nehmerland, bei der jeder gemäß seinen spezifischen Möglichkeiten (und komparativen Vorteilen) Beiträge leistet. Beispiel: IL: * *Know-how*, Erfahrung/* OPEC: Kapital/EL: Boden, Arbeitskraft. D. gibt es im Bereich der * Finanziellen Zusammenarbeit (FZ) und der * Technischen Zusammenarbeit (TZ).

Im FZ-Bereich werden die dort recht verbreiteten D. von der * KfW abgewickelt und sind unter dem Titel * Kofinanzierung rubriziert. Bis 1987 hat sich die BRD über die *KfW an insg. 131 D. mit 6,8 Mrd. DM beteiligt. 1988 laufen 44 D. mit * OPEC-Staaten oder -Fonds über 22 Mrd. DM. Anteil der Bundesreg.: 3,2 Mrd. DM. Immerhin 25 % der gesamten FZ-Projektzusagen sind inzwischen D. Im TZ-Bereich sind D. bislang gering (1987: 0,1 Mio. DM). Sie werden von der * GTZ (hier als privatrechtliche Unternehmung) mit Zustimmung der Bundesreg. als sog. «Drittgeschäfte» mit dem Instrument «TZ gegen Entgelt» abgewickelt. In diesem Fall bestellt (und bezahlt zu Marktkonditionen) der Kapitalgeber (v. a. Saudi-Arabien und * Weltbank) deutsche TZ-Leistungen zum Einsatz im Empfängerland (v. a. * Sahelländer). bg

Dritter Weg Wiss. und pol. umstrittenes Konzept, das von der Annahme ausgeht, die EL könnten einen E.-Weg beschreiten, der weder die kapitalistische Entwicklung der westl. IL kopiert, noch die Entwicklungsstrategie soz. Länder dogmatisiert. Der D. W. erhebt den Anspruch eines qualitativ Neuen, dessen einzelne Elemente freilich unbestimmt bleiben. Die Unbestimmtheit des Begriffes folgt aus der Tatsache, daß D. W. in der Praxis alle jene Versuche * alternativer Entwicklung einschließt, die sich von der kapitalistischen E. und der sozialistischen E. explizit abgrenzen – er ist also eine Residualkategorie. Das Konzept weist – mit Recht – den eurozentristischen Gültigkeitsanspruch bestehender Leitbilder gesellschaftl. E. für EL-Gesellschaften zurück, postuliert eine autonome E.-Möglichkeit entsprechend den spezifischen Voraussetzungen und Traditionen der EL. D. W. ist somit jeweils das, was dem theoret.-ideologischen Selbstverständnis derjenigen pol. Gruppen entspricht, welche einen alternativen E.-Weg propagieren. So hat beispielsweise die christdemokrat. «Revolution in Freiheit» 1964 bis 1970 ebenso wie der «chilenische Weg zum Sozialismus» 1970 bis 1973 das Selbstverständnis vom D. W. entwickelt – angesichts der Vagheit des Begriffs nicht ohne Berechtigung.

D. W. bezieht sich sowohl auf den Prozeß sozio-ökon. Wandels als auch auf das gesellschaftspol. Leitbild. Hinsichtlich des Prozesses sozio-ökon. Veränderung zeichnen sich D. W.-Strategien durch friedliche, reformistische Herbeiführung strukturellen Wandels aus – im Gegensatz zur gewaltsamen Eroberung der Macht. Im ökon. und pol. System beinhaltet der D. W. pluralistische Organisationsprinzipien: In der Wirtschaft sollen versch. Sektoren nebeneinander bestehen bleiben, die sich durch die Besitzverhältnisse an den Produktionsmitteln unterscheiden: staatl., privater, genossenschaftlicher Sektor; in der Politik sollen Gewaltentrennung und liberale Grundrechte weitergelten. Über die Mischung der Elemente (wieviel Privatkapitalismus, wieviel Staatskapitalismus, wieviel Markt, wieviel Plan, wieviel pol. Pluralität) besteht keine Richtlinie. Der Reformismus läßt sich nicht leicht auf einen Begriff bringen. Auch wird von einigen Befürwortern des D. W. das Konzept nur als Übergangsphase zu sozialist. Verhältnissen begriffen, hat also vor allem taktische Bedeutung.

Die Durchsetzung von D. W.-Strategien ist in der pol. Praxis durchweg gescheitert (→Chile, Peru), was nicht unbedingt gegen das Konzept selbst zu sprechen braucht. Denn die Gründe für das Scheitern liegen mehr in den Schwierigkeiten und Widerständen, auf die Überwindungsstrategien von UE stoßen, und in der dogmatischen Fixiertheit der E.-Theoretiker auf die bekannten, zudem von den Supermächten durchgesetzten Modelle, als in der Schwäche eines den Theoretiker nicht zufriedenstellenden Konzepts.

Lit.: H. C. F. Mansilla (Hg.), Probleme des Dritten Weges, Darmstadt/Neuwied 1974; C. Leggewie, Nichtkapitalistischer Entwicklungsweg – Alternative, Bluff oder Herrschaftsideologie?, in: HDW I, 1982, S. 395 ff.; M. Wöhlke, Ein Dritter Weg für die Dritte Welt?, Baden-Baden 1985. dn

Dritte Welt «Die Dritte Welt bilden strukturell heterogene Länder mit ungenügender Produktivkraftentfaltung (unabhängig vom Pro-Kopf-Einkommen), die sich zur Durchsetzung ihrer wirtsch. und pol. Ziele gegenüber dem ‹reichen Norden› und auf Grund gemeinsamer geschichtlicher Erfahrungen und Interessen pol. solidarisiert und in verschiedenen Aktionseinheiten lose organisiert haben» (Nohlen/Nuscheler 1982: 17). Für diese Begriffsbestimmung sind demnach zwei Kriterien maßgebend: das wirtsch. und das pol., die freilich eng miteinander verwoben sind. Das prägende wirtsch. Definitionsmerkmal ist *strukturelle Heterogenität verbunden mit ungenügender Produktivkraftentwicklung – und nicht etwa die Höhe des Pro-Kopf-Einkommens; diesen Maßstab machen sich allerdings viele int. Organisationen und Geberländer für ihre E.- und Kreditpolitik zu eigen. Das pol. Kriterium hebt auf historische Erfahrungen, Interessenidentität und subjektives Zugehörigkeitsgefühl ab, welche in lose Organisationen wie die *Gruppe der 77, die *Blockfreienbewegung etc. einfließen.

Die Herkunft des Begriffs geht auf das Jahr 1949 zurück. Dabei wurde der innenpol. Versuch einer von der kommunistischen Partei in Frankreich unabhängigen Oppositionspolitik gegenüber den rechten kapitalistischen Parteien auf die int. Ebene und die dortigen Akteure übertragen. Insofern hat der Begriff in seinen Anfängen mit der Vorstellung eines *Dritten Weges zu tun, die sich dann bald in der Blockfreienbewegung manifestierte. Immer wieder anzutreffende Vorbehalte, der Begriff sei abschätzig und diskriminierend, entbehren begriffsgeschichtlich jeglicher Grundlage. Im Gegenteil: In den 50er Jahren wurden unter «Dritte Welt» nur jene Länder subsumiert, die positiv verstanden einen Dritten Weg der Blockfreiheit zu beschreiten gewillt schienen. Erst in den 60er Jahren, als Unterschiede wirtsch. E. in den int. Beziehungen an Bedeutung gewannen, wurde der Begriff auf alle EL in Übersee ausgedehnt. Bezeichnend ist auch, daß die Begriffe Erste Welt und Zweite Welt nicht gebräuchlich wurden, obwohl in diesen Fällen klarere Definitionsmerkmale zur Verfügung stehen (westl. IL = industrialisiert-kapitalistisch; Staatshandelsländer oder sozialist. Länder = industrialisiert-sozialistisch). Kennzeichnendes Merkmal aller Dritte Welt-Länder ist UE, doch eignet sich dieses Merkmal, das am Standard der entwickelten Länder gewonnen wird und die Ursachen nicht mit angeben kann, kaum als Bezeichnung der Ländergruppe, zumal sie gegen den Willen der EL durchgesetzt werden müßte. EL ist der int. gebräuchlichste Begriff, schließt aber auch eine Reihe europ. Länder mit ein und verdeckt, daß sich natürlich auch die IL entwickeln bzw. weiterentwickeln – und das in viel schnellerem Tempo als die EL, so daß die Lücke zwischen IL und EL wächst. Dritte Welt grenzt somit als Begriff die Länder rel. wertneutral aus, die es zu bezeichnen gilt – und tut dies auch besser als der geogr. festgelegte Begriff der Südländer, der sich daran stoßen muß, daß auch einige im Süden des Globus gelegene Länder zu den westl. IL gehören (Australien, Neuseeland). Kein Begriff kann im übrigen die innerhalb der Ländergruppe notwendigen Differenzierungen leisten.

Die Unterschiede zwischen EL haben im letzten Jahrzehnt zugenommen und machen insbesondere für Zwecke der int. E.-Politik die Bildung von Untergruppen notwendig. Die Maßstäbe, die der Ausdifferenzierung zugrunde gelegt werden, sind jedoch nicht einheitlich. Sie haben sich auch historisch gewandelt und reagieren auf konkrete Erfordernisse. Fast alle EL sind Mitgl. der Gruppe der 77, fast 80% gehören der Blockfreienbewegung an. Diese pol. Organisationen, welche betonen, daß eine zu starke Ausdifferenzierung der EL nach anderen als pol. Kriterien – die sie sich als Dritte Welt vor allem gegenüber den westl. IL verstehen lassen – ihre Solidarität und Stärke untergraben könnte, konkurrieren mit anderen EL-Subgruppen. Sie wurden nach folgenden Kriterien gebildet: Verfügungsgewalt über die Ressource Erdöl und daraus resultierenden Exporterlösen (* OPEC); ärmste EL (* LLDCs) und solche, die bes. unter den Erdölpreissteigerungen, der weltwirtsch. Rezession und Dürrekatastrophen zu leiden haben (* MSAC), geographisch benachteiligte Länder (* Binnenländer, Inseln), EG-assoziierte Länder (* AKP-Staaten). Eine weitere Kategorie auf Grund des erreichten E.-Standes, die der sog. * Schwellenländer (auch *Newly Industrialized Countries*, NIC), hat sich inzwischen durchgesetzt. Zwischen den Gruppen gibt es Überlappungen. Siehe Tabelle I im Anhang.

Lit.: I. L. Horowitz, Three Worlds of Development: The Theory and Practice of International Stratification, Oxford 1966; I. S. Abdalla, Heterogeneity and Differentiation. The End of the Third World, in: Development Dialogue 2, 1978 3–21; D. Nohlen/F. Nuscheler, Was heißt Dritte Welt, in: HDW II, 1, Hamburg 1982, S. 11 ff; D. Nohlen/F. Nuscheler, Ende der Dritten Welt?, in: HDW III, 1, 1992, 14 ff.

dn

Dritte Welt-Gruppen →Aktionsgruppen, entwicklungspolitische

Dritte Welt-Läden 1. *Entstehung:* Zur Verwirklichung der Idee des alternativen Handels mit Ländern der * Dritten Welt – Verknüpfung des Angebotes von Produkten mit entwicklungspol. Informationen – riefen die beiden kirchlichen Jugendverbände AEJ (Arbeitsgemeinschaft der Evang. Jugend) und BDKJ (Bund der Deutschen Kath. Jugend) 1970 die «Aktion Dritte Welt-Handel» ins Leben. Diese Aktion betreute bald – insb. pädagogisch – Hunderte von Aktionsgruppen im ges. Bundesgebiet. Parallel dazu wurden Waren aus EL importiert und angeboten. Neben den zahlreichen Aktionsgruppen, die meist nur für kurze Zeit tätig sind (z. B. Verkaufs- und Informationsausstellungen), kam es nach und nach auf der Basis von entwicklungspol. Gruppen und Vereinen zu ständigen Einrichtungen dieser Art. Schließlich wurde eine rechtlich wie wirtsch. selbständige Einheit, der «Dritte Welt-Laden» (DWL) gegründet. Anfang 1975 gab es deren etwa 10, bei jährl. Neugründungen von etwa 20 bis 30 Läden betrug ihre Zahl Anfang 1983 bereits über 200. 55 von ihnen haben sich einer bereits 1975 gegründeten Arbeitsgemeinschaft Dritte Welt-Läden e. V. (AG_3WL) angeschlossen, um

a) die Kommunikation untereinander zu fördern u.

b) als Mitgesellschafter der * GEPA bei deren Gestaltung mitzuwirken.

AG_3WL bietet eine Reihe von Serviceleistungen an (aktuelle DWL-Liste, Rundbrief, Informationspaket, Dia-Serien u. Handbuch), organisiert und finanziert Seminare und ist bei der Mitherausgabe von entwicklungspolitischen Büchern bzw. dem Buchneuerscheinungsdienst «trilit» beteiligt.

2. *Aktivitäten und Ziele:* Die meisten Läden kaufen Waren über die GEPA oder auch direkt von * Selbsthilfegruppen auf der Grundlage von «Kriterien zur Auswahl der Produzenten und Produkte», die von den Trägern der «Aktion Dritte Welt-Handel» aufgestellt wurden. Sie verkaufen sie zusammen mit warenspezifischen so-

wie allg. entwicklungspol. Informationsmaterialien und beraten Kunden über die Herkunft der Artikel, die Herstellungsbedingungen sowie über die Probleme des Welthandels.

Ziel dieser Läden ist einmal die Förderung von *Selbsthilfeorganisationen, in Genossenschaften oder ähnlichen Selbsthilfegemeinschaften in den EL. Gewinne sollen für Gemeinschaftsaufgaben eingesetzt werden, und die Produktionsgruppe soll sich über einen sozialen und gesellschaftspol. Bewußtseinsbildungsprozeß aktiv an regionalen und landesweiten Entscheidungen beteiligen. Zum anderen möchte man in der BRD durch die Bildungsarbeit Betroffenheit über den Zusammenhang zwischen UE in der Dritten Welt und dem hiesigen materiellen Wohlstand erzeugen. Ein Problembewußtsein über diese Abhängigkeiten, die Fehlentwicklungen unserer entwickelten Gesellschaft und die eigene Einbindung in komplexe, von wirtsch. Interessen bestimmte Strukturen wird als Ausgangspunkt für die Suche nach politischen Handlungsmöglichkeiten und eigener Verhaltensänderungen gesehen. Trotz dieser allgemein anerkannten Zielsetzung sind die Schwerpunkte der Arbeit in den verschiedenen DWL sehr unterschiedlich.

Hintergrund dafür sind unterschiedliche Bewertungen des direkten Handels. Für die einen ist Handel mit der Dritten Welt an sich schon etwas Gutes; denn – so argumentiert man – es werden Arbeitsplätze geschaffen. Für andere dagegen ist der Warenverkauf ausschließlich Mittel zum Zweck für die Bildungsarbeit – der Handel selbst führt ihrer Meinung nach eher zur *Abhängigkeit.

Auch innerhalb der einzelnen Ladengruppen wird die Frage der einen oder anderen Priorität kontrovers diskutiert. Die praktischen Notwendigkeiten (zur Deckung der Kosten muß Umsatz erzielt werden) und die Berührungen mit theoretischen Fragen (warum muß für Textilien Zoll gezahlt werden?) zwingt aber die Gruppe zu einem permanenten Lernprozeß. Dieser Prozeß, die Suche nach einem eigenen Standpunkt und einer ihr gemäßen Organisationsstruktur, wird häufig zu einem eigenen Schwerpunkt der Arbeit der Dritte Welt-Gruppe. Adresse: Arbeitsgemeinschaft Dritte Welt-Läden e.V., Elisabethenstr. 51, 6100 Darmstadt.

Lit.: E. Schmied, Die «Aktion Dritte Welt-Handel» als Versuch der Bewußtseinsbildung, Aachen 1978. Arbeitsgemeinschaft Dritte Welt-Läden e.V. (Hg.), Der Dritte Welt-Laden, Darmstadt 1980; E. Stelck, Politik mit dem Einkaufskorb, Wuppertal 1980; U. Schwarz, Global denken – lokal handeln. Erwachsenenbildung im Dritte Welt-Laden, hg. vom Dritte Welt-Laden Bern, 1981; BUKO (Hg.), Aktionshandbuch Dritte Welt, Wuppertal 1986. gn/rsa

DRK Deutsches Rotes Kreuz (*nichtstaatliche Organisation, *Bensheimer Kreis), leitet in Zusammenarbeit mit den jeweiligen nationalen Rotkreuz-Gesellschaften, dem Auswärtigen Amt, dem *BMZ und der *EG v.a. *Katastrophenhilfe, aber auch *Entwicklungs- und *Nahrungsmittelhilfe. Adresse: Friedrich-Ebert-Allee 71, 5300 Bonn 1. dn

Drogenbekämpfung →UNFDAC

Drogenwirtschaft/Drogenpolitik

1. Mit einem jährl. Umsatz von 1992 mehr als 500 Mrd. US-$ gehört der illegale Drogenhandel zu den dynamischsten Branchen der Weltwirtschaft. Klassische Verbrauchermärkte für Drogen aller Art sind die IL, trad. Hauptlieferanten von Drogen pflanzlichen Ursprungs die EL. Größte Bedeutung unter diesen haben die beiden Rauschgifte Heroin und Kokain bzw. deren Vorprodukte und Derivate. Kokain wird vor allem in Lateinamerika produziert, während Asien das Hauptproduktionsgebiet für Heroin ist.

Die Drogenwirtschaft beeinflußt die Wirtschafts- und Gesellschaftsstrukturen in Verbraucher- wie in Produktionsländern in vielfältiger Weise. Im Vordergrund der Aufmerksamkeit stehen die negativen wohlfahrtspol. Wirkungen und die sozialen Schäden des Drogenmißbrauchs in den IL. Dagegen werden die gravierenden wirtschafts- und gesellschaftspol. Effekte der Drogenwirtschaft auf die Anbau- und Produktionsländer kaum beachtet. In einigen dieser Staaten ist die Drogenwirtschaft in den letzten Jahrzehnten zu einem der wachstumsträchtigsten Sektoren aufgestiegen. Produktion und Export von Drogen führen nicht nur zu tiefgreifenden Änderungen der Wirtschaftsstruktur dieser Länder; sie beeinflussen hier auch den Wachstumsprozeß sehr nachhaltig. Unter dem Druck der Verbraucherländer werden nicht selten auch in den Produktionsländern Anti-Drogenpolitiken formuliert, die mit mehr oder weniger Erfolg angewandt werden und die Produktionsländer oft vor schwierige wirtschaftspol. Probleme stellen.

Die vielfältigen ökonomischen Wirkungen der Drogenwirtschaft auf die EL und die Wirksamkeit ihrer drogenpol. Maßnahmen sollen im folgenden betrachtet werden. Hervorgehoben sei zunächst, daß zuverlässige Daten für eine genauere Untersuchung kaum existieren. Verfügbar sind allenfalls Schätzungen, die je nach Quelle weit auseinanderliegen; sie ermöglichen es jedoch, die wesentlichen Probleme aufzuzeigen und deren ungefähre Größenordnungen herauszuarbeiten.

2. In Lateinamerika sind Bolivien und Peru die Hauptproduzenten von Kokablättern, während in Kolumbien bis vor kurzem die Zentren der Weiterverarbeitung konzentriert waren. Mexiko und auch andere zentralamerikanische sowie karibische Länder werden als Transitländer genutzt. Einige der letztgenannten Länder, aber auch Uruguay, sind zugleich wichtige Zentren der Geldwäsche. Mit der Zunahme des Kokainkonsums in Europa und als Folge des sog. Kokainkrieges in Kolumbien unterliegen diese arbeitsteiligen Strukturen in letzter Zeit raschen Veränderungen. So entwickelt sich Brasilien allmählich zu einem bedeutenden Anbauland, und in Peru und Bolivien nimmt die Weiterverarbeitung rapide zu. Venezuela und Chile sowie einige afrikanische Länder werden zu neuen Transitländern, auch Ecuador beteiligt sich neuerdings am Drogenhandel.

Das traditionelle Anbaugebiet für Schlafmohn und für die Produktion von Heroin ist das sogenannte «Goldene Dreieck» mit den Ländern Myanmar (Burma), Laos und Thailand, von denen letzteres immer mehr als Transitland in Erscheinung tritt. Zudem hat dem «Goldenen Dreieck» inzwischen der «Goldene Halbmond» (Afghanistan–Iran–Pakistan) als Anbaugebiet den Rang abgelaufen. Pakistan ist zunehmend auch zu einem Zentrum der Weiterverarbeitung geworden, während neben Indien und China einige afrikanische Länder (Nigeria, Elfenbeinküste, Kamerun, Kenia, Somalia) zu wichtigen Transitländern geworden sind. Auch Mexiko und Kolumbien treten in den letzten Jahren als Produzenten von Heroin auf, das in erster Linie auf dem US-amerikanischen Markt abgesetzt wird. Als potentiell wichtige Anbaugebiete gelten zudem die zentralasiatischen Republiken der ehemaligen UdSSR. Angesichts der vorherrschenden Wirtschaftskrise und der politisch-sozialen Verhältnisse ist es durchaus wahrscheinlich, daß sich diese Republiken allmählich als neue Produktions- und Handelszentren für Heroin etablieren werden.

Die trad. Verbrauchermärkte liegen in den USA und in Europa. In Europa wird hauptsächlich Heroin konsumiert. Wegen der Intensivierung der Drogenbekämpfung in den USA und aufgrund gewisser Sättigungserscheinungen haben sich die Drogenkartelle um neue Märkte bemüht. Seitdem ist der Konsum von Kokain in Europa und Japan im Steigen begriffen. Aber auch in Produzenten- und Transitländern nimmt der Konsum von Rauschgift rapide zu. So ist der Drogenkonsum in Thailand und Pakistan inzwischen zu einem ernstzunehmende Problem geworden. Sogar die afrikanischen Transitländer geraten zunehmend in den Strudel von Drogenkonsum und Drogenkriminalität. Dasselbe gilt für die lateinamerikanischen Produktions- und Transitländer.

3. Die Drogenwirtschaft stellt die Anbau- und Produktionsländer insofern vor schwierige Probleme, als sie kurzfristig beträchtliche ökonomische Vorteile für die betreffenden Länder mit sich bringen kann, denen aber längerfristig Nachteile gegenüberstehen. Die wesentlichen Vorteile bestehen in höheren Wachstumsraten, die sich aus dem Anbau der Drogensträucher und den dadurch ausgelösten weiteren indirekten Wachstumsimpulsen ergeben (höhere Nachfrage nach Nahrungsmitteln und dauerhaften Konsumgütern, Reinvestitionen, höhere Importkapazität). Darüber hinaus entstehen direkte und indirekte Beschäftigungseffekte.

Das Ausmaß dieser vorteilhaften Effekte ist allerdings von Land zu Land sehr unterschiedlich. So beträgt z.B. die Produktion von Kokablättern in Peru schätzungsweise 9% und in Bolivien 24% des offiziellen * BSP. Die Beschäftigungseffekte werden in Peru auf 800000 und in Bolivien auf 500000 Personen geschätzt. Die Schätzungen der ins Land zurückfließenden Deviseneinnahmen gehen für Peru von 800 Mio. und für Bolivien von 600 Mio. US-$ jährlich (ca. 45 bzw. 75 Prozent der offiziellen Exporteinnahmen) aus. In Kolumbien sind die Beschäftigungswirkungen hingegen relativ gering. Dagegen sollen die Deviseneinnahmen bei der Finanzierung der hohen Wachstumsraten der 80er Jahre eine große Rolle gespielt haben. Allerdings hat sich dieses Bild seit der Intensivierung der Drogenbekämpfung in Kolumbien und dem daraus folgenden binnenwirtschaftlichen Preisverfall für Kokablätter ab 1989 wahrscheinlich stark verändert.

Für die opium- und heroinproduzierenden Länder liegen keine vergleichbaren Schätzungen vor. Sicher ist jedoch auch hier, daß die Wirkungen von Land zu Land unterschiedlich sind. So ist der Wachstumseffekt für Myanmar allein wegen seines höheren Produktionsanteils wahrscheinlich weit größer als in Thailand.

Die indirekten Wachstumswirkungen ergeben sich aus zwei Quellen. Zum einen führt das infolge von Drogenanbau und -produktion gestiegene Einkommen zu einer höheren Nachfrage nach Nahrungsmitteln und dauerhaften Konsumgütern, die deren Produktion stimuliert (Multiplikatoreffekte). Zum anderen wird ein Teil der Erlöse aus der Drogenproduktion in andere Wirtschaftszweige investiert und ermöglicht dort eine höhere Produktion (Investitionseffekte).

Der größte Teil – oft über zwei Drittel – der Erlöse aus Drogenexporten verbleibt in der Regel im Ausland. Der ins Land zurückfließende Teil wird nur zu einem geringen Teil investiert. Die Investitionen werden vorzugsweise im Bau- und Dienstleistungsgewerbe, landwirtschaftlichen Großbetrieben und zum Teil im informellen Kleingewerbe (der Schattenwirtschaft) getätigt. So wird der Bauboom in Städten wie Cochabamba und Santa Cruz in Bolivien sowie Chiang Mai und Chiang Rai in Thailand dem Zufluß von Drogengeldern zugeschrieben. Die Nachfrage nach Investitionsgütern und der durch Drogengelder finanzierte Konsum führt bei zumindest kurzfristig niedrigen Angebotselastizitäten der Landwirtschaft und der heimischen Industrie wie etwa in Bolivien zu hohen Importen bzw. bei hohen Importschranken zum Aufblühen von Schmuggel. Dieser Sachverhalt mindert den indirekten Beitrag von Drogenexporten zum Wachstum, da die durch die höhere Nachfrage angeregte Produktion im Ausland stattfindet.

Drogenexporte können die Entwicklung in den Anbau- und Produktionsländern allerdings auch negativ beeinflussen, etwa in Form des Entzugs von Ressourcen aus anderen Sektoren oder einer Überbewertung der Währung, die die Exporttätigkeit anderer Sektoren erschwert.

Die Drogenwirtschaft hat auch gravierende Umweltschäden zur Folge. Kokain ebenso wie Heroin wird in einem mehrphasigen Verarbeitungsprozeß durch Hinzufügung von Chemikalien in primitiven Labors gewonnen, die oft in unzugänglichen Gebieten liegen. Die Überreste dieser Chemikalien gelangen in das Erdreich und die Gewässer und führen zu ihrer Kontamination mit der Folge einer Vernichtung der Lebensgrundlagen von Pflanzen und Tieren. In Peru – aber auch in Bolivien – hat die dadurch bedingte Umweltverschmutzung bereits alarmierende Ausmaße erreicht. In beiden Ländern wird darüber hinaus durch Rodungen ökologisch wertvoller Waldbestand vernichtet.

4. Angesichts der wirtschaftlichen Stagnation und der weit verbreiteten Arbeitslosigkeit neigen die Reg. der betreffenden EL dazu, die positiven Effekte der Drogenwirtschaft höher zu bewerten als deren negative Folgen. Dies mindert ihre Entschlossenheit, eine wirksame Anti-Drogenpolitik zu betreiben. Gleichzeitig stehen sie aber unter starkem Druck seitens der IL, vor allem der USA, Drogenanbau und -produktion zu unterbinden. Als Ergebnis hat sich in den Anbauländern eine Verbotspolitik durchgesetzt, die nicht immer mit der notwendigen Entschlossenheit verfolgt wird und insg. bisher ohne nennenswerte Erfolge geblieben ist. Es ist praktisch unmöglich, Anbau und Produktion, die zum größten Teil in unzugänglichen Gegenden erfolgen, zu verhindern. Die langen Grenzen sind kaum lückenlos zu kontrollieren. Die Leichtigkeit, mit der neue Anbaugebiete erschlossen, die Drogenlabors verlegt und der Transport organisiert werden kann, ist ein weiteres unüberwindliches Hindernis für eine effiziente polizeiliche Verfolgung. Hinzu kommt die weit verbreitete Korruption und die von der Drogenmafia aufgebaute personelle Infrastruktur, die bis in die höchsten Kreise von Politik, Armee, Banken und Industrie hineinreicht. Ein weiteres Hindernis stellen starke militante Bauernverbände – wie z. B. in Bolivien – und bewaffnete Rebellen bzw. Befreiungsbewegungen dar, die sich durch Drogengelder finanzieren wie in Peru, Nord-Thailand oder Afghanistan. Mit massivem Einsatz von Militär könnten zwar Erfolge erzielt werden. Die Militarisierung der Drogenbekämpfung ist jedoch auf Dauer nicht nur wegen ihrer hohen Kosten kaum aufrechtzuerhalten. Sie führt – wie im Falle Bolivien im Jahre 1986 – auch leicht zu sozialen Unruhen.

Für die Landbewohner stellt der Anbau von Kokasträuchern bzw. Schlafmohn oft die einzig sichere Grundlage für eine wirtschaftliche Existenz dar. Die Anbautechnologie ist einfach und seit Jahrtausenden bekannt. Die Ansprüche dieser Pflanzen an die Bodenqualität sind gering, und Ausrüstung, Dünger und Herbizide werden kaum benötigt. Der Transport und die Weiterverarbeitung zu Kokapaste bzw. Opium sind leicht möglich, der Absatz ist sichergestellt und gewährt ein relativ hohes Einkommen. Wegen mehrmaliger Ernten im Jahr von Kokablättern und wegen der guten Konservierbarkeit von Opium bietet der Anbau zudem ein dauerhaftes Einkommen.

Einen Ausweg aus dieser Lage versprach die Verknüpfung der Verbotspolitik mit einer Substitutionspolitik, die den Bauern ein Einkommen aus dem Anbau alternativer Pflanzen bzw. aus Beschäftigungen in landwirtschaftlichen Entwicklungsprojekten sichert. Die Erfolge der bisherigen Substitutionspolitik (seit den 70er Jahren im «Goldenen Dreieck» und in der North-West Frontier Province in Pakistan sowie seit Mitte der 80er Jahre in Chapare in Bolivien) sind jedoch nicht ermutigend. Die für alternative Produktionen freigesetzten Flächen wurden durch Erschließung neuer Flächen für den Anbau von Drogenpflanzen mehr als kompensiert. Hinzu kam, daß – wie z. B. in Chapare – die Substitutionspolitik kaum mit der als Folge von Neueinwanderungen anwachsenden Anbaufläche für Drogenpflanzen Schritt halten konnte.

Das entscheidende Problem bei der Substitutionspolitik ist keineswegs das Vorhandensein landwirtschaftlich und ökologisch geeigneter alternativer Kulturen.

Forschungen zeigen, daß durchaus hochwertige landwirtschaftliche Produkte (Kokosnuß, Ananas, Palmen zur Gewinnung von Palmherzen, Pfeffer, Guaraná und tropische Fruchtbäume wie Maracuyá, Guanábama oder Carombola) existieren, deren Produktion unter den besonderen ökologischen und landwirtschaftlichen Bedingungen in Bolivien für die Campesinos lohnend sein könnte. Die Hauptschwierigkeit für eine erfolgreiche Substitutionspolitik besteht jedoch in der hohen Rentabilität von Drogenanbau und -produktion. Nur bei einem Sinken der Preise für Kokablätter und Opium wären die Bauern bereit, freiwillig zu alternativen Produktionen überzugehen. Dies ist jedoch angesichts der besonderen Nachfragebedingungen auf den Drogenmärkten kaum zu erwarten.

Darüber hinaus fehlt für alternative Produkte oft die notwendige Transport- und Marketinginfrastruktur, was zusätzlich ihre Konkurrenzfähigkeit mindert.

Solange die Nachfrage nach Drogen weltweit nicht spürbar zurückgeht, bleiben die Chancen für eine Substitutionspolitik gering. Sofern die Entwicklungsprojekte auf die Anbaugebiete beschränkt bleiben, besteht zudem die Gefahr, daß mehr Menschen in diese Gebiete zuwandern. Den betreffenden Anbauländern bleibt somit nur die Möglichkeit, durch eine umfassende Entwicklung ihrer Volkswirtschaften, die alle wichtigen Sektoren und entwicklungsträchtigen Regionen einschließt, die formelle Wirtschaft gegenüber der Drogenwirtschaft insgesamt zu stärken.

Eine solche umfassende Konzeption wird seit kurzem in Bolivien versucht. Ihre Durchsetzung setzt allerdings nicht nur eine effiziente Bürokratie voraus, sondern auch den Einsatz erheblicher finanzieller Mittel, die überwiegend nur durch Entwicklungszusammenarbeit bereitgestellt werden können. Dabei entsteht jedoch das Problem, daß sich daraus für andere Entwicklungsländer ein Anreiz ergibt, durch stillschweigende Duldung bzw. Unterstützung des Drogenanbaus Ansprüche auf die Finanzierung von Entwicklungsprogrammen anzumelden.

5. Voraussetzung für eine Preissenkung für Kokablätter und Opium ist ein drastischer Rückgang der Nachfrage nach Drogen in den IL. Die in den IL angewandten Instrumente reichen von der strafrechtlichen Verfolgung des Handels über die Bestrafung des Konsums und die Verhinderung der Geldwäsche bis zu Nachfragesubstitution (Methadon-Programme), Prävention und Therapie. Von regional begrenzten Ausnahmen abgesehen, sind bisher jedoch durch solche Maßnahmen keine durchschlagenden Erfolge erzielt worden.

Die strafrechtliche Verfolgung scheitert oft an der Leichtigkeit, mit der Ersatzorganisationen und -kanäle aufgebaut werden können. Eine effektive Bekämpfung der international bestens organisierten Drogenmafia mit guten Verbindungen zu Politik und Wirtschaft auch in den Industrieländern würde darüber hinaus eine permanente Ausweitung des Budgets für die Strafverfolgungsbehörden notwendig machen. Versuche zur Konfiszierung von Drogengeldern scheitern an hoch entwickelten Praktiken der Geldwäsche. Angesichts der Größe des Problems erweist sich die strafrechtliche Verfolgung der Konsumenten als unpraktikabel.

Die strafrechtliche Verfolgung des Drogenhandels ist nicht nur ineffektiv und teuer, sondern erweist sich selbst dann als kontraproduktiv, wenn sie Erfolge erzielt. Der daraus entstehende Preisauftrieb macht den Handel mit Drogen noch attraktiver.

Die Erfahrungen mit Prävention und Therapie sind ebenfalls kaum ermutigend. Die Prävention beschränkt sich oft auf Informationsvermittlung und Abschreckung. Zudem werden für Prävention und Therapie weit weniger Mittel zur Verfügung gestellt als für die strafrechtliche Verfolgung.

6. Angesichts der geringen Erfolge der Verbotspolitik in den Anbau- wie in den Verbraucherländern wird zunehmend die Legalisierung von Drogen diskutiert. Unter Verbotsbedingungen ist der Preis für Drogen hoch und die Produktion und der Handel mit ihnen besonders rentabel, da eine Monopolisierung des Marktes ermöglicht wird. Im Preis für Drogen ist zusätzlich zum Monopolaufschlag auch eine Risikoprämie als Kompensation für die zu erwartenden hohen Strafen und ein Ausgleich für die Ausgaben zur Bestechung und zur Unterminierung der Strafverfolgung enthalten. Die durch diese Faktoren in die Höhe getriebenen Preise können angesichts sehr niedriger Preiselastizitäten der Nachfrage leicht durchgesetzt werden.

Dieser Sachverhalt kommt in dem starken Preisauftrieb für Drogen zum Ausdruck. So kosteten im Jahre 1987 1000 kg Kokablätter 1567 US-$. Zur Herstellung von 1 kg Kokapaste, die einen Preis von 262 US-$ erzielte, sind in der Regel 96 kg Kokablätter notwendig. Aus 2 kg Paste wird 1 kg Kokainbase gewonnen (Preis 1500 US-$). Zuletzt wird aus 1,25 kg Kokainbase 1 kg reines Kokain produziert, das 1987 im Herstellungsland einen Preis von 3917 US-$ erzielte. Im Verbraucherland dagegen erzielte 1 kg Kokain je nach Marktlage einen Großhandelspreis zwischen 20000 und 40000 US-$. Ähnliches gilt auch für Heroin, da ein Bauer für 10 kg Opium zwischen 850 und 1360 US-$ erhält. Über mehrere Stufen steigt der Preis für die daraus gewonnenen 1 kg Heroin auf 100000 US-$ im Großhandel des Verbraucherlandes.

Längerfristig kann jedoch nicht ohne weiteres von der Hand gewiesen werden, daß eine Legalisierung des Konsums von harten Drogen und die daraus folgende permanente Preissenkung die Nachfrage nach diesen Drogen zumindest bei Süchtigen stark ausweiten könnte.

Sofern aber die Gesamtnachfrage nicht übermäßig steigen und die Preise ausreichend sinken würden, wäre die Marktlösung dirigistischen Lösungen überlegen, da ihre sozialen Kosten erheblich geringer ausfallen würden als im Falle dirigistischer Lösungen. Da Prohibition nicht durchsetzbar ist, fallen bei dirigistischen Lösungen nicht nur Kosten für Versorgung und Rehabilitation von bereits Süchtigen an, sondern darüber hinaus Kosten für die Bekämpfung der Schwerstkriminalität (der Drogenmafia) und für die Repression der Beschaffungskriminalität. Hinzu kommen die sozialen Kosten eines wachsenden professionellen kriminellen Milieus und der zunehmenden sozialen Desintegration.

Harte Drogen sind allerdings keine Standardgüter. Sie führen nämlich zu einer radikalen Änderung der Präferenzstruktur des Süchtigen, so daß für ihn alle anderen Güter im Vergleich zum Suchtgut an Bedeutung verlieren. Staatliche Interventionen in die Marktstruktur sind insofern durchaus angebracht. Fraglich ist jedoch, ob solche Interventionen die Form einer Prohibition annehmen müssen, die ohnehin nicht durchsetzbar ist. Weit angemessener erscheint, im Falle der Freigabe, eine Besteuerung harter Drogen, die den Konsum mindert, ohne das Angebot anzuregen.

Darüber hinaus ist eine weit differenziertere Politik notwendig, um das Risiko einer starken Konsumausweitung zu minimieren. Empirische Untersuchungen zeigen z. B., daß süchtige Personen mit niedrigen Einkommen viel stärker auf Preisänderungen reagieren als Personen mit höherem Einkommen. Die Letzteren richten sich mehr nach den zu erwartenden nachteiligen Effekten des Drogenkonsums als nach dem Preis. Jugendliche reagieren ebenfalls stärker auf Preisänderungen als Erwachsene. Die Anti-Drogenpolitik müßte daher Maßnahmen umfassen, wie z. B. ein Werbeverbot und eine breit angelegte und schichtspezifische Prävention, die viel stärker als heute üblich bei tieferen sozialen und psychologischen Ursachen der Drogenanfälligkeit ansetzt.

Gegenüber einer Liberalisierung des Marktes für harte Drogen bestehen allerdings nicht nur Befürchtungen bei einem großen Teil der Bevölkerung, auf die die Politiker Rücksicht nehmen müssen. Ernst zu nehmen ist auch der Widerstand von Strafverfolgungsbehörden, deren Angehörige sich bei einer Liberalisierung eventuell mit Arbeitsplatzverlusten konfrontiert sehen würden.

Eine Teilliberalisierung, die den Verkauf verbietet, den Kauf, Besitz und den Konsum jedoch straffrei läßt und diese Regelung mit öffentlichen Gratisabgaben an bereits Süchtige verbindet, dürfte auf weniger politische Widerstände stoßen als eine ökonomisch eher vertretbare vollständige Freigabe. Fest steht allerdings, daß – welche Lösung auch bevorzugt wird – ohne eine Drosselung der weltweiten Nachfrage nach Drogen der Drogenbekämpfungspolitik in den Entwicklungsländern keine wirklichen Erfolge beschieden sein werden. →UNFDAC

Lit.: G. S. Becker / M. Grossmann / K. M. Murphy, Rational Addiction and the Effect of Price on Consumption, in: American Economic Review 81 (2), 1991, S. 237–241; M. J. Dourojeanni, El impacto ambiental del cultivo de coca y producción de cocáina en la cuenca amamzónica peruana, La Paz 1990; P. Eschenbacher, Drogenproduktion und Drogenhandel. Beispiele aus Lateinamerika und Südostasien, in: ifo-Forschungsberichte 72, München u. a. 1990; H. Gramckow, Die Drogenpolitik der Bush-Administration und die Entwicklung des Drogenproblems in den USA, in: APuZ 42 (1990), S. 28–39; IRELA: Latin America, Europe and the Drug Problem: new Forms of Cooperation, Madrid 1991; P. Lindlein, Kokawirtschaft in Peru: Banale Fakten, und fromme Mythen, in: Vierteljahresberichte 122 (1990), S. 421–432; E. Mishan, Narcotics: The Problem and the Solution, in: Political Quarterly, 61 (1990), S. 411–462; R. Shams, Das Koka- und Kokaingeschäft in Bolivien. Ökonomische Relevanz und Drogenbekämpfungspolitik, Hamburg 1992.

rss

Drop-out-Quote Anteil der Kinder an der Gesamtzahl der eingeschulten Kinder einer Altersklasse, die sehr früh in der Schule scheitern, sie verlassen und wieder in den *Analphabetismus zurückfallen. dn

Dschutschee →Korea-Nord

DSE Deutsche Stiftung für Internationale Entwicklung, gegr. 1959, Hauptsitz in Berlin; Finanzierung durch den Bund und Bundesländer (1989: 88,9 Mio. DM); Personalstand 1987: 409 Mitarb. auf 370 Planstellen. *Aufgaben:* Vorbereitung dt. Fachkräfte auf Einsatz und Aufenthalt in EL; Aus- und Fortbildungsprogramme für Fach- und Führungskräfte aus den EL auf den Gebieten Verwaltung, Land- und Forstwirtschaft, Fischereiwesen, *Ernährung sowie techn. Berufsausbildung; Organisation von Konferenzen, Expertengesprächen für den Erfahrungsaustausch zwischen Führungskräften versch. Länder (Gesamtteilnehmerzahl an den Projekten 1987: 89265, v. a. aus EL). Enge Verzahnung mit dt. Projekten der *Technischen Zusammenarbeit: Ca. 70% aller Teilnehmer stammen aus Projekten der *GTZ.

Dezentrale Arbeitsorganisation: 1. *Entwicklungspolitisches Forum* (EF), direkt der Geschäftsführung unterstellt. *Aufgabe:* Förderung des *Nord-Süd- und des Süd-Süd-Dialogs in den Schwerpunktbereichen E.-Strategie, wirtsch. Zusammenarbeit und soziokulturelle Beziehungen; 2. *Zentralstelle für Erziehung, Wissenschaft und Dokumentation* (ZED), Bonn; 3. *Zentralstelle für Wirtschafts- und Sozialentwicklung* (ZWS), Berlin; 4. *Zentralstelle für Auslandskunde* (ZA), Lohfelder Str. 128, 5430 Bad Honnef; 5. *Zentralstelle für öffentliche Verwaltung* (ZÖV), Rauchstr. 22, 1000 Berlin 30; 6. *Zentralstelle für gewerbliche Berufsförderung* (ZGB), Käthe-Kollwitz-Str. 15, 6800 Mannheim, mit Außenstelle in Magdeburg; 7. *Zentralstelle für Ernährung und Landwirtschaft* (ZEL), Wielinger Str. 52, 8133 Feldafing, mit Außenstelle in Zschortau.

Die DSE gibt zusammen mit der *CDG die Monatszeitschrift «Entwicklung und Zusammenarbeit» (E+Z) heraus, die auch fremdsprachlich erscheint (D+C). Adresse (Geschäftsführung): Rauchstr. 25, 1000 Berlin 30; in Bonn: Hans-Böckler-FStr. 5, 5300 Bonn 2. dn

DTCD *Department of Technical Cooperation for Development*, Abteilung für techn. Entwicklungszusammenarbeit des *UN-Sekretariats.

DÜ Dienste in Übersee – Arbeitsgemeinschaft evangelischer Kirchen in Deutschland e.V. ist als Mitgl. der *AGKED verantwortlich für die Suche, Auswahl und Vorbereitung von Fachkräften und deren Vermittlung in E.-Programme von Kirchen, gemeinnützigen Org. und Reg. in Afrika, Asien und LA. Mit e.-pädagogischen und e.-publizistischen Angeboten wendet sich DÜ an die kirchliche und allg. Öffentlichkeit. Besondere Zielgruppen sind ausreisende Fachkräfte, Rückkehrer und Mitgl. des «Überseeregisters» (es erfaßt die Adressen von Personen, z.Z. rd. 4300, die sich für eine spätere Vermittlung nach Übersee interessieren). Sitz der Geschäftsstelle ist Stuttgart. Ende 1990 bestanden insg. 186 Vertragsverhältnisse mit Fachkräften, darunter 155 in Übersee, 17 mit dt. oder ökumenischen Org., für deren Vermittlung DÜ Amtshilfe leistet, 16 im Inland, von denen zwei als Berater auf Zeit für überseeische Partnerorg. tätig sind. 1989 beschäftigte DÜ 193 E.-helfer. Die Anstellung erfolgt bei den anfordernden Org., Vergütung durch DÜ nach BAT mit Zulagen. Über 60% der von DÜ vermittelten Fachkräfte arbeiten in Afrika, 25% in LA und 13% in Asien/Ozeanien. Im südl. Afrika wurde das DÜ-Engagement verstärkt. Erstmalig reisten vier med. Fachkräfte nach Namibia aus. Weitere Schwerpunkte der Arbeit in Afrika sind Ostafrika (Tanzania, Kenia, Uganda) und Westafrika (insb. Kamerun, Ghana, Sahel, Guinea Bissau, Kapverden).

Ca. 27% der DÜ-Fachkräfte arbeiten im Gesundheits- und Bildungswesen, 15 bis 20% im Bereich der Technik und Verwaltung/Projektbearbeitung und der Rest in sonstigen Sektoren. In LA entwickelt sich der Sektor Landw./ *Ökologie zu einem Schwerpunktgebiet. In Asien werden bis auf Nepal und Papua-Neuguinea kaum noch ausl. Fachkräfte klassischer Berufsbereiche benötigt. Für DÜ bilden sich veränderte Schwerpunkte und Prioritäten heraus, denen zunächst durch einzelne, eher experimentelle Vermittlung Rechnung getragen wird. Entwicklung und Förderung angepaßter Lösungen im Bereich der Landw. (Thailand, Kampuchea) und der wirtsch. Entwicklung, Stärkung und Verknüpfung von Solidaritätsnetzwerken auf den Gebieten der *Menschenrechte (Korea, Philippinen), der Frauenförderung sowie der Unterstützung von Initiativen gegen die Militarisierung der Gesellschaft. *Etat* 1987: 19,9 Mio. DM; Finanzierung durch Zuschüsse der *EZE

(6,8 Mio.), von *BfdW (4,0 Mio.) und des *KED (4,0 Mio.). Wichtiger Bestandteil der Arbeit von DÜ ist die Bildungs- und Öffentlichkeitsarbeit, die sich an ausreisende Fachkräfte, Rückkehrer und Mitgl. des Überseeregisters wendet. Für letztere bietet DÜ im Rahmen der regionalen Bildungsarbeit e.-pol. Seminare an; seit 1978 Rückkehrer-Inlandsverträge für e.-pol. Bildungsarbeit. Publikationen: «texte» zum Kirchlichen Entwicklungsdienst; Broschüren-Reihe DÜ-scriptum. Adresse: Gerokstraße 17, 7000 Stuttgart 1. vk

Dualismus(-modell) Das Konzept «Dualismus» wird zur Bezeichnung von Ungleichheiten in der Sozialstruktur sowohl entwickelter als auch unterentwickelter Länder benutzt. In der Anwendung auf E.-Gesellschaften wird im allg. betont, daß, obgleich die Ursachen für die Herausbildung dualistischer Strukturen umstritten sind, diese temporärer Natur seien und zugunsten einer sozialen Homogenisierung verbunden mit und verursacht durch Entwicklungsfortschritte der EL verschwinden werden.

Das Dualismusmodell beschreibt periphere Gesellschaften als in zwei Sektoren gespaltene. Der eine dieser Sektoren ist modern, dynamisch, in den Weltmarkt integriert und verkörpert damit die E.-Chancen des jeweiligen Landes, der andere ist trad., stagnierend und nicht mit den höher entwickelten Wachstumspolen verbunden. Beide Sektoren entwickeln sich unabh. voneinander und nach ihren eigenen Gesetzmäßigkeiten. Aus der Perspektive e.-pol. Zielvorstellungen erschien es daher folgerichtig, den modernen, den extern gesetzten Imperativen des Weltmarktes folgenden («assoziierten») Sektor zu unterstützen, um dessen weitere Ausdehnung zu ermöglichen. Der trad. Sektor ist in dieser Perspektive lediglich ein zu modernisierender, dessen Resistenz gegen die Dynamik der kapitalist. Organisation der Produktion Ursache von UE ist. Die Annahmen des Dualismusmodells werden heute durch das Gegenkonzept der *Strukturellen Heterogenität in Frage gestellt. →Modernisierung →Dependencia-Theorien rs

DÜI Deutsches Übersee-Institut, 1964 als Stiftung bürgerlichen Rechts gegr., faßt die rechtlich selbständigen, regional ausgerichteten Institute: *Institut für Asienkunde* (Rothenbaumchaussee 32, 2000 Hamburg 13), *Deutsches Orient-Institut* (Mittelweg 150, 2000 Hamburg 13), *Institut für Iberoamerika-Kunde* (Alsterglacis 8, 2000 Hamburg 36), *Institut für Afrika-Kunde* (Neuer Jungfernstieg 21, 2000 Hamburg 36) sowie das stiftungseigene *Institut für Allgemeine Überseeforschung* (Neuer Jungfernstieg 21, 2000 Hamburg 36) in einem Verband zusammen. *Aufgabe:* Analyse der pol., ökon. und gesellsch. Entwicklungen in der *Dritten Welt (und in den ostasiat. und pazif. IL). Für die wiss., unabh., gegenwartsbezogen und praxisnah angelegte Arbeit ist die Kombination von regionaler Spezialisierung und fächerübergreifendem Ansatz grundlegend. Länderübergreifend-vergleichende Projekte (auch zum Thema *Süd-Süd-Bez.) führt das stiftungseigene IAÜ (meist zusammen mit den Regionalinstituten) durch. Das DÜI bemüht sich um eine nichteurozentristische Problemsicht und pflegt daher umfangreiche Kontakte mit Instituten aus EL. Die Übersee-*Dokumentationsleitstelle erschließt für alle vier Regionen in der Bundesrepublik erhältliche Fachlit. (Bücher, Zeitschriftenaufsätze, graue Lit.). Aktuelle Informationsdienste (→Zeitschriftenverzeichnis) bieten eine Auswahl von Presseberichten aus der jeweiligen Region. Zu aktuellen Ereignissen werden spezielle Dokumentationen zusammengestellt.

Das DÜI wird vom Auswärtigen Amt und dem Land Hamburg je zur Hälfte finanziert. Die (kostenpflichtigen) Dienste des DÜI können von jedermann in Anspruch genommen werden. Adresse: Neuer Jungfernstieg 21, 2000 Hamburg 36. bg

Durchführbarkeitsstudie →*feasibility-study*

DVV Deutscher Volkshochschul-Verband e. V. (* nichtstaatliche Organisation, * Bensheimer Kreis), unterstützt seit 1962 die Erwachsenenbildung (EB.) und nicht-formale * Bildung in den EL. Seit 1969 Kooperation mit Trägern der EB. in den EL über die heute so bezeichnete «Fachstelle für internationale Zusammenarbeit». Wichtige Projekttypen: Errichtung von Verbindungsbüros zur Strukturierung der Zusammenarbeit vor Ort mit staatl., privaten und universitären Org. der EB. sowie die Unterstützung regionaler Zusammenschlüsse von Institutionen der EB. in den EL. Die auf die Befriedigung der * Grundbedürfnisse zielenden Maßnahmen des DVV erfolgen v. a. in den Bereichen Aus- und Fortbildung von Lehrpersonal der EB., Lehr- und Lernmaterial, Rundfunkarbeit, Forschung und Entwicklung, Post-* Alphabetisierung, * *Sur-place*-Programme im informellen Sektor und * Berufsbildung. Darüber hinaus betreibt der DVV e.-pol. Bildungsarbeit in der BRD. Publikationen in engl., franz. und span. Sprache; «Volkshochschulen und der Themenbereich Afrika, Asien und Lateinamerika». Fachzeitschrift «Erwachsenenbildung und Entwicklung». Die Fachstelle erhält ihre Mittel vom * BMZ (1992: ca. 11 Mio. DM veranschlagt). Adresse: Obere Wilhelmstraße 3/2, 5300 Bonn 3. bh

DWEK Diakonisches Werk der EKD →BfdW

DWHH Deutsche Welt-Hungerhilfe (* nichtstaatliche Organisation, * DPWV), Trägerorganisation des * Bensheimer Kreises, gegr. 1963. Ziele: Verbesserung der Welternährungslage, Förderung der landw. Entwicklung durch Hilfe zur Selbsthilfe, ggf. Not- und Katastrophenhilfe. 1963–92 wurden in 87 EL insg. 3250 Projekte im Volumen von 880 Mio. DM durchgeführt. Diese werden mit int. Organisationen (z. B. * FAO) abgestimmt und i. d. R. von Partnerorganisationen in EL getragen. Einnahmen (1987) insb. aus Spenden (50%), Zuwendungen des * BMZ (30,6%) und der EG (9,3%). Publikation: «Welternährung». Adresse: Adenauerallee 134, 5300 Bonn 1. dn

E

EAAFRO *East African Agriculture and Forest Research Organization*, Ostafrikanische Gesellschaft für Land- und Fortwirtschaft.

EAC Ostafrikanische Gemeinschaft (*East African Community*), kurzlebige Wirtschaftsgemeinschaft von Kenya, Tanzania und Uganda, 1967 gegr. mit dem Ziel der Errichtung eines gemeinsamen Marktes (EACM), zerbrach 1977 aufgrund der anhaltenden pol. Spannungen zwischen den Mitgl.-Ländern.

Lit.: R Hofmeier, Die Ostafrikanische Gemeinschaft: Fallstudie über Geschichte, Funktionsweise und Zerfall einer regionalen Staatengruppierung in der Dritten Welt, in: V. Matthies (Hg.), Süd-Süd-Beziehungen, München u. a. 1982, S. 273 ff). dn

EAD →Arabische Liga

EADB *East African Development Bank*, Ostafrikanische Entwicklungsbank.

EADI *European Association of Development Research and Training Institutes*, Europäische Vereinigung der Entwicklungsforschungs- und Ausbildungsinstitute; ihr gehören 130 Institute aus 20 Ländern an.

ECA *Economic Commission for Africa* (auch UNECA) UN-Wirtschaftskommission für Afrika, April 1958 von der * ECOSOC gegründet. 47 Mitgl. neben assoziierten Mitgl. (* abhängige Gebiete von Frankreich, GB, Spanien in Afrika). Die Mitgliedschaft von Südafrika ist seit 1963 suspendiert. *Aufgaben:* Unterstützung afrik. Staaten bei der wirtsch. Kooperation in Afrika. Förderung einer afrik. Staatengemeinschaft. ECA unterhält vier regionale Büros für Nord-, Zentral-, West- und Ostafrika sowie eine eigene Universität in Nairobi. Probleme: Pol. und wirtsch. Heterogenität Afrikas, Mangel der Staaten an Personal mit hinreichender Fachausbildung. 1989 legte ECA einen Bericht vor über einen «Alternativen afrikanischen Rahmen für die Strukturanpassungsprogramme», der, ähnlich dem *Nyerere-Bericht, das Konzept eines «*human centered development*» und **self-reliance* ins Zentrum entwicklungsstrategischer Überlegungen stellt. →OAU. →AFDB. →MULPOC. Adresse: P.O. Box 3001, Addis Abeba, Äthiopien. dn

ECAFE →ESCAP

ECCM *Eastern Caribbean Common Market,* 1968 von den **Associated States,* also den «kleinen Acht» der *Westindischen Föderation, gegr., um innerhalb der CARIFTA und später des *CARICOM durch eine engere Zusammenarbeit die Nachteile der extremen Kleinheit zu überwinden. Der Währungsverband des *East Caribbean Dollar* wurde durch den Austritt der wirtsch. stärksten Inseln in der Ostkaribik, Trinidad und Tobago sowie Barbados, geschwächt. Der ECCM fungiert als Interessengruppe der «Kleinen» innerhalb des CARICOM, erzielte aber keine subregionalen Integrationserfolge. fn

ECLA →CEPAL

ecodevelopment Bezeichnung für die Strategie einer umweltgerechten E. der *Dritten Welt im Rahmen des UN-Umweltprogramms (*UNEP). Ziel ist die harmonische Einfügung von E. in die Umwelt, d.h. die vernünftige und nachhaltige Nutzung der Ressourcen und die Erhaltung der Ökosystem-Funktionen.

ecofarming Ausgehend von der *ökologischen Benachteiligung tropischer Böden bei der *monokulturellen Produktion von Nahrungsmitteln versucht *ecofarming* (standortgerechter Landbau) in Anlehnung an die trad. Wald-Feld-Wechselwirtschaft (**shifting cultivation*) eine den tropischen Ökosystembedingungen angepaßte Landnutzung. Merkmale: 1. Verknüpfung von Baum- und Feldkulturen (z.T. auch Tierhaltung) im Rahmen eines agro-forstlichen Systems; 2. Bodenkonservierung durch pflanzenbauliche Maßnahmen; 3. Steigerung des Humusumsatzes; 4. hohe Biomassenproduktion; 5. Nützlings-Schädlings-Gleichgewicht; 6. Erhaltung der ökophysiologischen Grundfunktionen (Boden, Wasserhaushalt, Nährstoffe); 7. Sicherung der Artenvielfalt in den Biotopen. *Ecofarming* orientiert sich an den Zielen des UN-Umweltprogramms (*UNEP).

economic assistance →Entwicklungspolitik der USA

economie dominante →Außenhandelstheorie

economies of scale Skaleneffekte, durch Ausdehnung der Produktion erzielte Steigerungen der *Produktivität der eingesetzten Maschinen und der beschäftigen Arbeitskräfte durch Sinken der Kosten je Produkteinheit. Die Produktionserweiterung ist abh. von den Möglichkeiten, den Markt auszudehnen, entweder den Binnenmarkt (Produktion für die Massen) zu erweitern oder auf den ausl. Markt vorzudringen (Exportorientierung). dn

ECOSOC Wirtschafts- und Sozialrat (*Economic and Social Council*) der *UN, 1945 als eines der 6 Hauptorgane der UN gegründet. Der Rat hat eine beschränkte Zahl von Mitgl., die von der Generalversammlung der UN für eine Amtszeit von drei J. (bei Drittelerneuerung jährl.) mit Zweidrittelmehrheit gewählt werden. Die Zahl der Mitgl. betrug ursprünglich 18, 1965: 27 und seit 1973: 54. Die Zusammensetzung entwickelte sich entsprechend der Mitgliedschaft der UN: überwogen ursprünglich die westl. IL, so stellen seit 1973 die EL mit 37 Mitgl. die Zweidrittelmehrheit (68%) im ECOSOC (westl. IL: 12 Mitgl. = 22%; *Staatshandelsländer 5 Mitgl. = 9%).

ECOSOC hat drei Hauptaufgaben: 1. Koordinierung der wirtschafts- und sozialpol. Aktivitäten der UN; 2. Verwaltung der den UN für Zwecke wirtsch. und sozialer Entwicklungsmaßnahmen zur Verfügung gestellten Finanzmittel; 3. Forum für die Diskussion wirtsch. und sozialer Fragen der int. Entwicklung, aus der Berichte,

Abb. 1: Der Wirtschafts- und Sozialrat der Vereinten Nationen (ECOSOC)

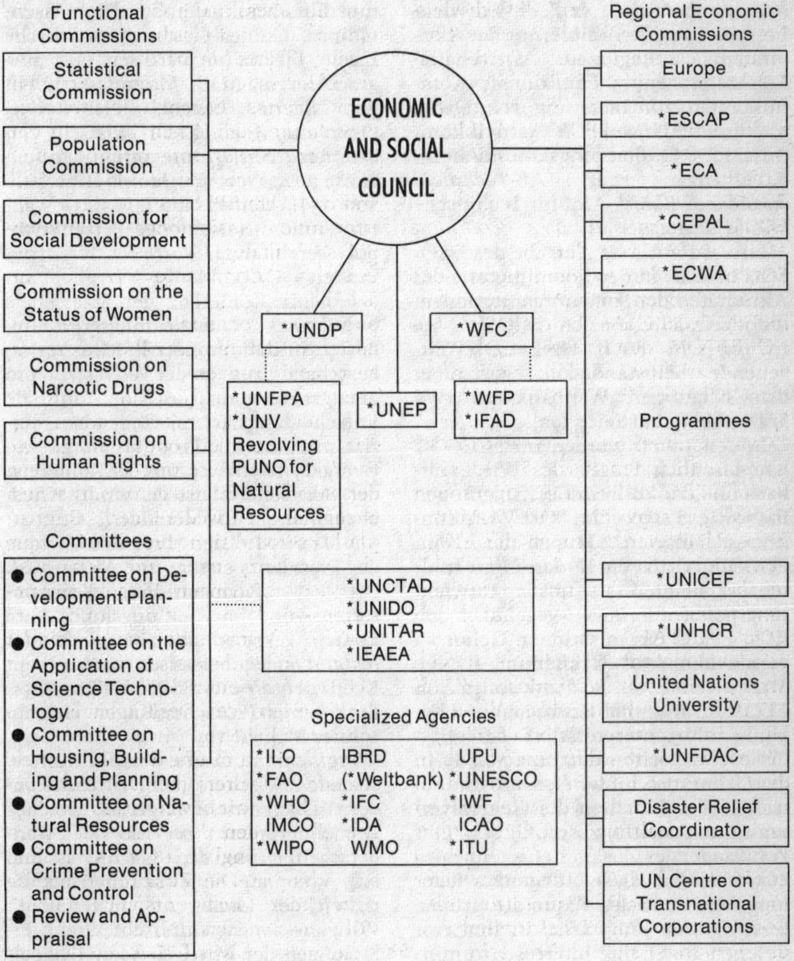

(Quelle: HIZ)

Empfehlungen, Resolutionen hervorgehen können.

Dem ECOSOC unterstehen zahlreiche Kommissionen, Ausschüsse, Programme und Nebenorgane: 1. Tagungsgebundene Ausschüsse für die intensive Beratung von Sachfragen während der Tagungen; 2. Ad-hoc-Ausschüsse für bestimmte Aufgaben; 3. Ständige Ausschüsse für bestimmte Aufgabenbereiche (z. B. *Entwicklungsplanung, Koordinierung der Aktivitäten); 4. Regionale Wirtschaftskommissionen; 5. Funktionale Kommissionen zur Lieferung von Daten und Empfehlungen (z. B. Statistikkommission, Bevölkerungskommission); 6. Hilfsorgane (z. B. TAB-*Technical Assistance Board*, Amt für Technische Hilfeleistung).

Eine wesentliche Aufgabe des ECOSOC besteht in der Koordinierung der Aktivitäten der Sonderorganisationen, die regelmäßig vor dem ECOSOC berichten (z. B. *FAO, *UNESCO). Weitgehende Selbständigkeit gegenüber den UN besitzen *Weltbank und *IWF (siehe Abb. 1 auf Seite 190).

In den 50er J. wurden im ECOSOC hauptsächlich Fragen des Wiederaufbaus und der Vollbeschäftigung in den IL sowie Fragen des Ost-West-Konfliktes diskutiert. Da sich die EL im ECOSOC durch die IL dominiert fühlten, versuchten sie, ihren entwicklungspol. Forderungen gegenüber den IL in neuen Organisationen Gehör zu verschaffen, deren Gründung (→UNCTAD, →UNIDO) die Funktionen von ECOSOC auszuhöhlen begann (Höhepunkt: Neuinterpretation der UN-Charta von seiten der EL 1964/65 in dem Sinne, daß für wirtschafts- und sozialpol. Fragen allein die Generalversammlung der UN zuständig sei). Erst der Wandel der Zusammensetzung des ECOSOC hat diese Tendenz wieder umgekehrt und den Rat in die Gruppe jener Organe eingereiht, in und mit welchen die EL ihre Interessen zumindest verbal, in Empfehlungen und Resolutionen, durchzusetzen versuchen. Die mit einfacher Mehrheit herbeigeführten Entschließungen (jedes Ratsmitglied hat eine Stimme) sind jedoch nicht verbindlich. dn

ECOWAS Wirtschaftsgemeinschaft westafrikanischer Staaten (*Economic Community of West African States*), 1975 auf Initiative von Togo und Nigeria in Lagos gegründet. 16 Mitgl.: Benin, Elfenbeinküste, Gambia, Ghana, Guinea, Guinea-Bissau, Kapverdische Inseln, Liberia (*de facto* seit 1980 ausgeschlossen), Mali, Mauretanien, Niger, Nigeria, Senegal, Sierra Leone, Obervolta, Togo. *Ziele:* wirtsch. Zusammenarbeit, *Integration stufenweise angestrebt (Zollunion innerhalb von 15 J., gemeinsamer Markt, Währungsunion); langfristige Perspektive: pol. Vereinigung, Vorreiter für afrik. Einheit →OAU.

Organe: Konferenz der Staatschefs (= höchstes Entscheidungsgremium, besitzt Initiativmonopol); Ministerrat, bestehend aus zwei Vertretern pro Staat, tagt zweimal im Jahr, minimale Entscheidungsrechte; Generalsekretariat mit Sitz in Lagos (reines Exekutivorgan, das alle 4 J. von der Konferenz der Staatschefs bestellt wird), Kritik bezüglich der Entscheidungsstruktur: «Le Traité de Lagos crée une Afrique des Présidents et non une Afrique des Peuples»; Kooperations-, Kompensations- und Entwicklungsfonds (Sitz Lomé), gespeist aus Beiträgen der Mitgl.-Länder, bemessen nach einem Koeffizienten aus BSP und Pro-Kopf-Einkommen (Entscheidungen nach absoluter Mehrheit).

Probleme: Große Strukturunterschiede zwischen den Mitgliedsländern (Übergewicht Nigerias, welches Anziehungspunkt für illegale *Wanderarbeiter aus den Nachbarstaaten ist); koloniale Hypotheken (Zugehörigkeit der Länder zu unterschiedl. Währungszonen; unterschiedliche E.-Strategien der Mitgl.-Länder; Doppelmitgliedschaft in konkurrierenden Organisationen (* CEAO, Mitgl.: Elfenbeinküste, Obervolta, Niger, Mali, Senegal; * Mano-River-Union (MRU), Mitgl.: Guinea, Liberia, Sierra Leone). Unpräzise Vertragsbestimmungen, bis Ende der 70er J. gab es persönliche Eifersüchteleien zwischen dem Exekutivsekretariat und dem Fonds in Lomé, die jedoch Anfang der 80er J. im Rahmen einer Konferenz der Staatschefs beigelegt werden konnten, wobei der Fonds dem Generalsekretariat untergeordnet wurde, sowie das Mißtrauen der in der CEAO zusammengeschlossenen Kerngruppe der frankophonen Staaten vor einer Vormachtstellung Nigerias sind weitere Faktoren, die die regionale Kooperation bislang belasten.

Ergebnisse: Die Realisierung der Gemeinschaftsprojekte (z.B. 1981 Programm zum Ausbau der Telekommunikation und der Verkehrsverbindungen) verläuft zögernd, auch hat der Handel unter den Mitgl.-Staaten bislang kaum zugenommen. Ein Protokoll über eine gemeinsame Verteidigungspolitik wurde im Mai 1981 in Freetown (Sierra Leone) unterzeichnet. Auf dem 6. Gipfeltreffen (Mai 1983) in Conakry (Guinea) veröffentlichte die ECOWAS einen Plan, der die schrittweise Beseitigung der Handelsschranken zwischen den Mitgl.-Staaten vorsieht. Die vier weiterentwickelten Länder (Elfenbeinküste, Ghana, Nigeria, Senegal) sollen innerhalb von 4 J. die Zölle für Fabrikate hoher Priorität abschaffen und innerhalb von 6 J. für Fabrikate, die nicht in diese Kategorie fallen. Der Wegfall der Zölle bei der mittleren Staatengruppe (Benin, Guinea, Liberia, Sierra Leone) erfolgt in 6 bis 8 J., bei den am wenigsten entwikkelten Ländern (Gambia, Guinea-Bissau, Kapverdische Inseln, Mauretanien, Niger, Obervolta) ist hierfür ein Zeitraum von 8 bis 10 J. geplant. Bisher wird die Umsetzung des Liberalisierungsplans von Staaten der CEAO und MRU erheblich erschwert, da die geplante Ausdehnung der handelspol. Präferenzen auf alle ECOWAS-Staaten (* Meistbegünstigtenklausel) einer *de facto*-Auflösung der betreffenden Integrationsgemeinschaften gleichkäme. Für eine endgültige Bewertung der ECOWAS ist es noch zu früh. Zwei wichtige Faktoren können den Erfolg der Gemeinschaft in Frage stellen: 1. Die starke Orientierung an der europäischen Integration, die keine Lösung zur Überwindung der * Strukturellen Heterogenität und der Abhängigkeit der Länder bietet, 2. Die subregionalen Macht- und Interessenskonstellationen, die der Etablierung eines gemeinsamen pol. Willens entgegenstehen. Weitere Themen des Gipfeltreffens waren: Koordination zwischen CEAO und ECOWAS, Währungsvereinheitlichung, Industrieentwicklung sowie Hilfsaktionen für den Tschad und die Zentralafrik. Republik →Franc-Zone

Lit.: H. Voss, Kooperation in Westafrika: Multilaterale Institutionen und bilaterale Zusammenarbeit, in: Afrika Spectrum 14/2 (1979), S. 151 ff.; K. Ziemer, ECOWAS, in HDW II, 4, Hamburg 1982, S. 108 ff.; A. Orimalade/R. E. Ubogu (Hg.), Trade and Development in Economic Community of West African States (ECOWAS), New Delhi 1984; J. O. C. Onyemelukwe, Industrialization in West Afrika, London 1984; S. K. B. Asante, ECOWAS/CEAO: Conflict in West Africa, in: R. I. Onwuka/A. Sesy (Hg.), The Future of Regionalism in Africa, London 1985. dn

ECU Europäische Währungseinheit (*European Currency Unit*), seit 13.3.1979 Währungseinheit im Europäischen Währungssystem (EWS), faktisch identisch mit * ERE. Sein Wert bestimmt sich mittels eines europ. Währungskorbes; die Gewichte der einzelnen Währungen im Währungskorb werden alle 5 Jahre oder auf Antrag überprüft, gegebenenfalls neu festgesetzt. Die Parität der einzelnen Währungen zum ECU kann sich innerhalb eines Schwankungsbereichs von plus/minus 2,25 % bewegen. Juni 1989 lag der Wert des ECU bei etwa DM 2,07. dn

Ecuador Im Laufe seiner hist. Entwicklung erlebte E. mehrere Regimewechsel, wobei jedoch die autoritäre

Tradition überwog. Seit 1979 wird E. wieder demokratisch regiert. Trotz innenpol. Konflikte in der Anfangsphase und gravierender wirtsch. Probleme, die ungelöst sind, konnte das demokratische System bislang aufrechterhalten werden. Drei Regierungswechsel (1984, 1988 und 1992) verliefen friedlich.

1. E. (Fläche 269 178 qkm – ohne die mit Peru strittigen Gebiete) wird durch die Anden in drei Regionen geteilt: Die Küste mit den exportorientierten *Plantagen (Bananen, Reis, Zucker, Kakao, Kaffee), die Sierra, wo ca. die Hälfte der Bev. lebt und deren Landw. auf den internen Markt ausgerichtet ist (Getreide, Kartoffeln, Viehzucht), sowie der dünn besiedelte O, der durch die Erdölförderung erheblich an Bedeutung gewonnen hat. Mit der Hs. Quito (ca. 1,2 Mio. Ew.) und der Hafenstadt Guayaquil (ca. 1,5 Mio. Ew.) besitzt E. zwei miteinander rivalisierende Zentren, in denen sich 80% der in der Ind. Beschäftigten sowie der gleiche Anteil an ind. Betrieben konzentrieren.

2. Von den ca. 10,2 Mio. Ew. leben 52,3% in Städten. Die Bev.-Dichte beträgt 38 Ew./qkm, das Bev.-Wachstum durchschn. jährl. 2,9%. Die *ethnische Zusammensetzung weist einen Anteil von je 40% Indios und Mestizen auf; Weiße stellen 10%, Schwarze und Mulatten je 5% der Bevölkerung. Amtssprache ist Spanisch, die Indios der Sierra sprechen meist *Quechua*. Ca. 80% der Bev. sind kath.

3. Aufgrund der Bevorzugung einer anderen Bananensorte durch die **United Fruit Company* fiel seit Anfang der 60er J. der Anteil der US-amerik. Abnehmer um ca. 30 Prozentpunkte bis Ende der 70er Jahre; der Anteil des einst wichtigsten Exportprodukts am Gesamtexport ging drastisch zurück (1979 nur noch 10,5%; 1988: 6,6%). Auch nach dem Ende des Erdölbooms (1983: 70,4% der Exporterlöse) durch den Ölpreissturz 1986 und einen sechsmonatigen Produktionsausfall durch Erdbebenschäden 1987 blieb Erdöl der wichtigste Devisenbringer und erbrachte 1988 36,6% der Exporterlöse. Zum wichtigsten neuen Exportprodukt sind in den letzten J. Garnelen avanciert (1988: 18,8% der Exporterlöse). E. stieg 1988 zum größten Garnelenexporteur der Welt auf. Der Anteil der Landw. am BIP beträgt 15,1% – der rückläufige Trend hat sich auch in den 80er J. fortgesetzt. Da ca. ein Drittel der Erwerbstätigen in diesem Sektor beschäftigt ist, bleibt die Landw. von großer Bedeutung. Nur etwa 9,5% der Gesamtfläche wird agrarisch genutzt, ein Großteil des landw. Potentials ist noch nicht erschlossen. Die Verteilung des Bodens ist durch extreme Ungleichheit gekennzeichnet, woran auch die *Agrarreform von 1972 nichts Wesentliches geändert hat. Nach dem letzten Agrarzensus von 1974 entfielen auf 2,2% der Betriebe fast 50% der Anbauflächen, während 66% aller Betriebe nur über eine Anbaufläche von weniger als 5 ha verfügten. In der Küstenregion war die durchschnittliche Betriebsfläche je Einheit mehr als doppelt so groß wie in der Sierra.

4. Die *Indikatoren sozialer Entwicklung E.s liegen im lateinamerik. Vergleich im mittleren bis unteren Bereich: Das BSP pro Kopf betrug 1985 1160 US-$. Die LE beträgt 66 J., der *Alphabetisierungsgrad 82%. Die Arztdichte liegt bei 773 Ew. pro Arzt, die Zahl der Ew. pro Krankenhausbett bei 550. In den Städten sind ca. 20% der Bev. ohne Trinkwasserversorgung, auf dem Lande besitzen nur etwa 10% der Bev. einen Trinkwasseranschluß. Etwa 40% der städt. Bev. lebt in extremer *Armut, die Unter- und *Mangelernährung zur Folge hat. Trotz einer beginnenden Umweltgesetzgebung haben die Umweltschäden in den Ballungszentren in den 80er J. stark zugenommen (→Ökologie).

5. 1830 erlangte E. mit der Trennung von Groß-Kolumbien seine pol. Unabhängigkeit. Wirtschaftshist. folgte auf

einen Kautschuk- und Chinarinde-Boom in den 1870er J. ein Kakao-Boom, der bis 1920 anhielt, gefolgt von einem kurzen Aufschwung des Kaffees. Der Niedergang des Kakaos beendete auch die oligarchische Phase, die auf einem pol. Kompromiß der Liberalen der Küste mit den Konservativen des Hochlands basierte. Es folgte eine Zeit wirtsch. und pol. Instabilität (1925–48). Der peruan. Überfall 1941 führte zu einem Verlust von 200000 qkm ecuad. Amazonasgebietes. Der Bananenexport erlebte in den 50er J. einen Aufschwung, sein Rückgang Anfang der 60er J. hatte jedoch erneut instabile Verhältnisse zum Ergebnis. Der *caudillo* José M. Velasco Ibarra gelangte während 40 J. sowohl durch Staatsstreiche als auch durch Wahlen immer wieder an die Macht. Als sich 1972 die Populisten unter A. Bucaram anschickten, die Präs.-Wahlen zu gewinnen, putschten die Militärs. Ihre Reformpolitik, die sich am peruan. Beispiel orientierte, fand zunächst in der Bev. großen Rückhalt. Der Anstieg der Erdölpreise 1973/74 (seit 1973 ist E. Mitglied der *OPEC) und die dadurch sprunghaft steigenden Exporterlöse (1974 um 63 %) verschafften dem Militärregime (→autoritäre Regime) günstigste Bedingungen für Reformen, die jedoch kaum genutzt wurden. Am Ende ging es der Mehrheit der Bev. schlechter als vor der Machtübernahme der Militärs. 1976 löste die konservative Militärfraktion die nationalistisch-reformistische Führung unter Rodriguez Lara ab und leitete eine allmähliche *Demokratisierung ein, die mit einem Referendum im Jan. 1978, in dem die Mehrheit sich für die neue Verfassung aussprach, und mit den Präs.-Wahlen im Juli 1978 und April 1979 zum Abschluß kam.

6. Aus den Präs.-Wahlen 1978 (erster Wahlgang) und 1979 (zweiter Wahlgang) ging Jaime Roldós, Kandidat einer Koalition der Populisten und Christdemokraten, als Sieger hervor. Der Konflikt zwischen dem nach der Verfassung von 1978 mit weitreichenden Veto- und Dekretierungsrechten ausgestatteten Präs. und dem gleichwohl über ein erhebliches Obstruktionspotential verfügenden Ein-Kammer-Parlament, v. a. zwischen der populistischen Mehrheitsfraktion unter Bucaram und dem aus ihren Reihen stammenden Präs., stürzte die neue Demokratie in ihrer Anfangsphase in eine schwere Krise. Nach dem Tod von Roldós 1981 übernahm der bisherige Vize-Präs., Osvaldo Hurtado, das Präs.-Amt. Der Wahlsieg des Kandidaten der Mitte-Rechts-Parteien, León Febres Cordero, 1984 bedeutete einen Machtwechsel: Die populistisch-christdemokratische Reg. wurde durch einen rechtsliberalen Präs. abgelöst, der einen orthodoxen Stabilisierungskurs verfolgte (Privatisierungen, Förderung des Wettbewerbs und der ausl. *Direktinvestitionen, Steigerung der Exporterlöse). Durch den Verfall der Erdölpreise wurde dieses Konzept zunichte gemacht. Die prekäre wirtsch. Situation verschlimmerte sich, Massendemonstrationen und Streiks häuften sich. In den Wahlen 1988 konnte sich der Kandidat der sozialdemokratischen *Izquierda Democrácia* (ID), Rodrigo Borja, der auch von den Christdemokraten (DP) unterstützt wurde, gegen die Populisten durchsetzen. Seine moderate Sanierungspol. war z. T. erfolgreich (1989 *Standby*-Kredit des *IWF trotz 11,7 Mrd. US-$ Auslandsschuld), die sozialen Folgen der Sparmaßnahmen (bei anhaltend hoher Inflation) führten jedoch zu Protesten. Dem versuchte die Reg. durch eine aktive Sozialpol. (*Alphabetisierung, Wohnungsbau, Verbesserung der med. Versorgung) zu begegnen. Über die geplante Verstaatlichung der Erdölwirtsch. kam es zu Spannungen zwischen den Koalitionspartnern ID und DP. Das Militär, noch immer ein wichtiger Machtfaktor, weist angesichts der wirtsch. Lage und aufgrund seiner in-

ternen Spaltung trotz gelegentlicher Revolten insgesamt wenig Neigungen auf, die Macht zu übernehmen.

Lit.: A. Abad Franco, Parteiensystem und Oligarchie in Ecuador, Berlin 1974; K.-D. Hoffmann, Ecuador, in: HDW II, 2, Hamburg 1982, S. 219ff.; K.D. Hoffmann, Militärherrschaft und Entwicklung in der Dritten Welt. Der Fall Ecuador unter besonderer Berücksichtigung des Militärregimes 1972–79, Saarbrücken/Fort Lauderdale 1985; K.D. Hoffmann, Ecuador, in: HDW III, 2, 1992, S. 338ff. hb

ECWA UN-Wirtschaftskommission für West-Asien (*Economic Commission for Western Asia*), 1974 gegr., Sitz Beirut, 1979 12 Mitgl. (nur arab. Staaten) und seit 1977 *PLO. *Aufgaben:* Förderung der wirtsch. E. und der Kooperation, insbes. in finanz. Hinsicht. Schwerpunkte: Wasserversorgung, *Ernährung, Handel, Technologie sowie *Entwicklungsplanung im allg. Adresse: P.O. Box 27, Baghdad, Irak. dn

EDCS Ökumenische Entwicklungsgenossenschaft (*Ecumenial Development Cooperative Society*), 1977 durch den *WCC gegründete kirchl. Genossenschaftsbank, Sitz Niederlande, Startkapital 1 Mio. US-$, vergibt Kredite an die ärmsten EL zu günstigen Bedingungen. dn

EDF →EEF

EDI Institut für Wirtschaftsentwicklung (*Economic Development Institute*), 1955 in Washington gegr. und der *Weltbank zugeordnet, möchte in EL das Management der Wirtschaftspolitik verbessern. Maßnahmen: Gezielte Schulung dortiger e.-pol. Entscheidungsträger mittels (in Washington und den EL veranstalteter) Seminare und Lehrgänge sowie seit 1986/87 eines Stipendienprogramms der Weltbank. mik

EEF Europäischer Entwicklungsfonds (auch EDF: *European Development Fund*). Der EEF wurde schon im ersten *Assoziierungsvertrag zwischen der EWG und den damals 18 AASM-Staaten begründet und ist seither ein flankierendes (Lock-)Mittel der Europäischen Entwicklungspolitik (EEP), das v. a. für die ärmsten EL, die aufgrund ihres geringen Außenhandels von handelspol. Elementen der EEP wie *STABEX und *SYSMIN wenig profitieren, von großer Bedeutung. Die Verhandlungen über Höhe, Struktur und Management des EEF im Rahmen der *Lomé-Abkommen sind daher stets kontrovers und langwierig. Sie überlagerten z. B. in Lomé II sogar den Prinzipienstreit über eine *Menschenrechts- und Sozialklausel oder den von der EG geforderten Investititionsschutz.

Nach Entwicklungsleistungen der EWG im Rahmen der Assoziierungsabkommen in den 60er J. in Höhe von 730 Mio. *RE (Jaundé I: 1964–68) und 828 Mio. ERE (Jaundé II: 1969–74) stiegen die EEF-Mittel im Zuge der Lomé-Verträge von 3074 Mio. *ERE (Lomé I: 1975–79) über 4627 Mio. ERE (Lomé II: 1980–84) und 7400 Mio. (Lomé III: 1985–90) auf 1880 Mio. *ECU (Lomé IV: 1990–99).

Hinsichtlich der EEF-Zuteilungen an einzelne Ländergruppen ergibt sich ein überproportionaler Anteil Afrikas und eine deutliche Bevorzugung der ehemals frz. Kolonien. Der Grund dafür liegt – neben der vergabepol. relevanten Tatsache, daß die Mehrheit der frankophonen Staaten zu den *LLDCs zählt – im längeren und offensichtlich geschickteren Umgang der frankophonen Staaten mit den EEF-Delegationen und EG-Behörden.

Eine Auswertung der Richtprogramme des 4. EEF (Lomé I) zeigte die folgende sektorale Mittelverteilung: 1. 36 % für die *ländliche Entwicklung, wobei allerdings 83 % dieser Mittel zur Förderung der Exportproduktion und nicht – wie eigentlich proklamiert – der Selbstversorgung mit Nahrungsmitteln eingesetzt wurden; 2. 12 % (ohne EIB-Kredite) für die Industrieförderung, wobei – entgegen den Vertragsabsichten – eine Tendenz zur Finanzierung industrieller Großprojekte zu erkennen war; 3. 27 % (ohne EIB-Kredite) für den Ausbau der *Infra-

Tabelle 4: Finanzhilfe der EG nach Lomé I–IV (in Mio. ECU[a])

	Lomé I[b]	Anteil LLDC	Lomé II[b]	Lomé III	Lomé IV
I. EEF	3074	57[c]	4627	7400	10800
Zuschüsse	2150	63	2986	5770[e]	7995
Sonderdarlehen	446		518	–	–
Risikokapital	99	58	284	290	825
STABEX	380	70	557	925	1500
MINEX	–	–	282	415	480
II. EIB[b]	390	25	685	1100	1200
gesamt	3400		5600	8500	12000

[a] Europ. Rechnungseinheit (1 ECU = DM 2,25 Anfang 1985);
[b] jeweils nach Erhöhung der Anfangsbeiträge infolge des Beitritts weiterer AKP-Staaten;
[c] EEF + EIB;
[d] Europäische Investitionsbank;
[e] inkl. Sonderdarlehen.
(Quelle: EG Statistiken)

struktur; 4. 15% für soziale Entwicklung (Bildungs- und Gesundheitswesen, Wohnungsbau etc.), die nach der *Grundbedürfnisdoktrin eigentlich absolute Priorität erhalten sollte; 5. 14% für STABEX und 6% für Verwaltungs- und Delegationskosten (letztere in Höhe von immerhin 180 Mio. ERE wurden unter Lomé II auf den EG-Haushalt übertragen). Versteht man unter Entwicklung nicht nur wirtsch. Wachstum, sondern auch und bes. Verbesserung der sozialen Lage der armen Bev.-Mehrheit, dann hat der EEF falsche Schwerpunkte gesetzt.

Die BRD trägt mit 26% zum EEF (unter Lomé III) bei und ist damit das wichtigste europ. Geberland. Den größten Nutzen in Form von Auftragsanteilen haben bislang allerdings Frankreich und Italien, während die BRD und GB bei der Nutznießung deutlich benachteiligt sind. Es ist bekannt, daß es schon zwischen Adenauer und de Gaulle einen Streit über die ungleichgewichtige Auftragsverteilung gab.

Die *AKP-Staaten beklagen sich über den wenig partnerschaftlichen Ausschluß aus dem vergabepol. Entscheidungsverfahren. Die Entscheidung behielt sich die EG exklusiv vor. Art. 108 Abs. 6 des Lomé II-Abkommens stellt fest: «Die Gemeinschaft ist verantwortlich für die Vorbereitung der Finanzierungsbeschlüsse...» Die AKP-Staaten erhielten zwar in den Lomé-Abkommen ein Vorschlagsrecht, das sie in den beiden Jaundé-Abkommen noch nicht hatten, können bei der Antragstellung entsprechend ihrer eigenen E.-Planung Prioritäten setzen und im Gemeinsamen Ministerrat und im AKP-EG-Botschafterausschuß über Richtlinien der Vergabepolitik mitreden; aber die EG bleibt in den beiden Beschlußorganen beim EEF und bei der EIB unter sich: Die häufig beschworene Partnerschaft hört auf, wenn es ums Geld geht.

Der EEF hat alle Schwächen multilateraler E.-Hilfe, z. B. eine nur verdeckte Interessenpolitik der Geldgeber und bürokratische Schwerfälligkeit (ein halbes Jahr vor Auslaufen des 4. EEF waren erst 64% der Fondsmittel zugesagt und nur 27% ausbezahlt); er verfügt vor allem über zu geringe Mittel, um als «Marshallplan Europas» wirksam werden zu können.

→Entwicklungspolitik der EG.
Adresse: 200 Rue de la Loi, B-1049 Brüssel.

Lit.: H. Gerth-Wellmann, Das AKP/EG-Abkommen von Lomé, München/London 1979; K. Focke, Von Lomé I zu Lomé II, Luxemburg 1980; ODI/IDS,

EEC and the Third World: A Survey, 2 Bde., London u. a. 1981/82 (s. auch Lit. zu Entwicklungspolitik der EG). fn

EG-Entwicklungspolitik →Entwicklungspolitik der EG

EIB Europ. Investitionsbank (*European Investment Bank*), tätig seit 1958 aufgrund des EWG-Vertrages; *Organe:* Rat der Gouverneure (jeder Mitgliedstaat durch einen Minister vertreten), entscheidet über Kapitalerhöhungen, ernennt Mitglieder der anderen Gremien; Verwaltungsrat (22 ordentliche Mitgl.); Direktorium (1 Präsident, 6 Stellvertreter) führt die laufenden Geschäfte. *Kapitalstruktur* (1.1.1988): BRD, F, I, GB je 19,127%; E 7,031%; B, NL je 5,302%; DK 2,684%; GR 1,438%; P 0,927%; IRL 0,671%; LUX 0,134%. *Aufgaben:* Gewährung von Darlehen und Bürgschaften für Projekte der europ. Länder, Länder des Mittelmeerraums und der Unterzeichnerstaaten der *Lomé-Abkommen (→Assoziierung). Die EIB räumt den *AKP-Staaten Zinsvergünstigungen auf die auf dem Kapitalmarkt aufgenommenen Anleihen von 3% ein, die durch Zuschüsse aus dem *EEF gedeckt werden. Die Finanzierungen der EIB sind im Rahmen der drei Lomé-Abkommen ständig erhöht worden (1987 insg. 349,4 Mio. ECU gegenüber 1986: 209,7 Mio.).

Adresse (Hauptverwaltung): 100, Boulevard Konrad Adenauer, L-2950 Luxemburg. dn/pb

Eigenständige Entwicklung →Autozentrierte Entwicklung

Einkommensverteilung Nachdem die ersten beiden *Entwicklungsdekaden unter dem Zeichen ökonomischer *Wachstumsstrategien standen, gewannen in den 70er J. Fragen nach der Verteilung dieses Wachstums mehr und mehr an Bedeutung. In vielen EL zeigte sich, daß trotz teilweise respektabler Wachstumsraten das Problem der Massenarmut zunahm. Die Einkommenszuwächse wurden nahezu exklusiv von der sozioökon. Elite, d.h. den oberen 20 bis 40% der Einkommensbezieher, vereinnahmt. Ein nennenswerter **Trickle-down*-Effekt, der die Einkommensposition der unteren 40% der Bev. hätte erhöhen können, blieb weitgehend aus. Die *Weltbank schätzte 1980 die in absoluter *Armut lebenden Menschen weltweit auf 800 Mio.

Ein für EL typisches Bild der personellen Einkommensverteilung gibt die folgende Tabelle wieder.

Haushalte (Quintile)	1	2	3	4	5
Einkommensanteil in Prozent	5	7	13	22	53

Die Haushalte sind in Quintilen angeordnet, d.h. in Gruppen von jeweils 20% der Gesamtbevölkerung. Die unterste Gruppe der Einkommensbezieher (Quintil 1) erhält lediglich 5% des gesamten Einkommens. Die obersten 20% der Einkommensbezieher hingegen (Quintil 5) erhalten mehr als das Zehnfache, nämlich 53% des Gesamteinkommens. Die obersten 40% vereinen 75% des ges. Einkommens auf sich, die unteren 40% lediglich 12%. Sie stellen die Armutsgruppen dar.

Diese Armutsgruppen sind in EL regional ungleich verteilt: ¾ der Armen leben auf dem Lande als Kleinstfarmer, landlose Arbeiter und submarginal produzierende Bauern. ¼ der Armen lebt in den Städten als ungelernte und unterbeschäftigte Arbeiter, als selbständige Kleinstunternehmer, als Arbeitslose; aber auch alte und kranke Personen ohne soziale Absicherung zählen dazu. Für die ruralen Armutsgruppen liegen die Hauptursachen ihrer ungünstigen Einkommenssituation in den extrem ungleichen Landbesitzverhältnissen, den schlechten Bodenqualitäten des von ihnen bearbeiteten Landes sowie den mangelhaften Möglichkeiten der Vermarktung und des Kreditzugangs. Einkommensverteilungspolitisch stehen umfassende *Agrarreformen, verbunden mit einer durchgreifenden Veränderung der anderen genannten Rahmenbedingungen im Zentrum für die Beseitigung der ruralen Armut. In den urbanen Armutsgruppen steht der Mangel an Beschäftigungsmöglichkeiten und die geringe Ausbildung im Zentrum.

Die Weltbank postulierte bereits 1973 aufgrund dieser Analyse eine Strategie des *redistribution with growth*, die zwar weiterhin auf ökon. Wachstum gründet, den Zuwachs jedoch verstärkt den Armutsgruppen zufließen lassen will. Nach dieser Strategie werden zusätzliche * Investitionen gleichmäßiger zwischen dem modernen und dem traditionellen Sektor aufgeteilt, Agrarreformen unterstützt sowie entsprechende * Infrastrukturmaßnahmen finanziert.

Die IAO (* ILO) entwickelte Beschäftigungsstrategien, die über * angepaßte Technologien * arbeitsintensive Produktionen ins Zentrum der E. stellte, um damit auch die Einkommensverhältnisse zu verbessern (*employment and redistribution*). Eine Einkommenserhöhung der unteren Bevölkerungsgruppen hat zur Folge, daß die Nachfrage nach *Basic needs*-Gütern (→Grundbedürfnisse) wächst. Die Produktion dieser Güter erfolgt typischerweise * arbeitsintensiv und kapitalarm.

Weltbank und IAO haben sich in einem gemeinsamen empirisch-statistischen Projekt auf eine einheitliche Definition des personellen Einkommens verständigt. Sie lautet: Das gesamte verfügbare Einkommen privater Haushalte setzt sich zusammen aus Löhnen und Gehältern, Nettoeinkommen aus selbständiger Beschäftigung, Einkommen aus persönlichen Investitionen einschließlich Naturaleinkommen aus Selbsterzeugung und selbstbewohnten eigenen Häusern sowie Sozial- und Privatversicherungstransfers abzüglich direkter Steuern. Diese Definition deckt nur den Teil sozialer Wohlfahrt ab, der aus Konsum von Gütern und Dienstleistungen resultiert, die üblicherweise auf dem Markt verkauft werden. Staatl. Dienstleistungen sind darin nicht enthalten. Nach der empirischen Erfassung dieser Daten kann die Verteilung der personellen Einkommen nach versch. Methoden gemessen werden (→Lorenz-Kurve, →GINI-Koeffizient). Neben der personellen Einkommensverteilung, die für die ges. Volkswirtschaft, für einzelne Regionen oder auch Sektoren berechnet werden kann, gibt es noch die funktionale Einkommensverteilung, die die Einkommensanteile der einzelnen Produktionsfaktoren am Produktionsergebnis mißt (Arbeit, Kapital, Boden).

Mit der berühmten U-Hypothese von Kuznets wird die Veränderung der Einkommensverteilung im Zuge des Entwicklungsprozesses (gemessen am durchschn. Pro-Kopf-Einkommen) erklärt. Demzufolge verschärft sich im E.-Prozeß zunächst die Einkommensverteilung, um bei höherem durchschn. Pro-Kopf-Einkommen wieder nivellierter zu werden.

Begründet wird dieser Verlauf wie folgt: In einer trad. Gesellschaft ist die Einkommensverteilung bei geringer * Produktivität relativ egalitär. Im Zuge der * Industrialisierung bildet sich ein moderner Sektor heraus, in dem die Produktivität und die daran gebundenen Einkommen höher sind. Dadurch wird die gesamtgesellsch. Einkommensverteilung ungleicher. Erst bei einem hohen Entwicklungsniveau, wenn vom industriellen Sektor ausgehende * *Spill-over*-Effekte die Beschäftigung erhöhen, wird die Einkommensverteilung sich ihrem ursprünglichen Ausgangswert wieder tendenziell annähern.

Vertreter der Wachstumstheorien sehen einen Konflikt zwischen Verteilungs- und Wachstumszielen in EL: Eine ungleiche Einkommensverteilung ist demzufolge Voraussetzung für hohes ökon. Wachstum. Denn die Reichen werden aus ihrem Einkommen einen vergleichsweise großen Anteil Ersparnis bilden, der in produktive In-

Abbildung 2: Einkommensverteilung

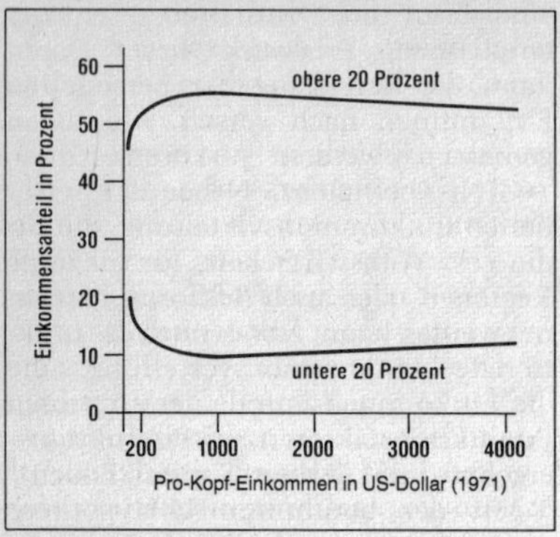

vestitionen überführt werden kann, während die armen Bevölkerungsgruppen ihr Einkommen im wesentlichen für Konsumzwecke verausgaben. Eine Umverteilung würde mithin nur den kurzfristigen Konsum steigern, aber über eine Reduktion der Ersparnisse zu geringeren Investitionen führen und damit zukünftige Wachstumschancen vermindern.

Diese, auf die Anwendung Keynesscher Makroökonomie zurückgehende Konfliktthese ist nicht unwidersprochen geblieben: Ein höherer Konsum der Armen wird ihre Arbeitsproduktivität erhöhen, ein geringerer (Luxus-) Konsum der Reichen vermag den Import- und damit Devisenbedarf zu reduzieren und den Kapitalbedarf in der *importsubstituierenden Industrie zu verringern.

Die Nachfrage der Armen richtet sich primär auf arbeitsintensiv zu produzierende *Basic-needs*-Güter. Eine Umverteilung, begleitet von einer Umstrukturierung des Produktionsprozesses, vermag die Effekte der sinkenden Sparraten (in Grenzen) zu kompensieren.

Lit.: I. Adelman/C. Morris, Economic Growth and Social Equity in Developing Countries, Stanford 1973; M. Bohnet/R. Betz, Einkommensverteilung in Entwicklungsländern, München 1975; H. Chenery, u. a., Redistribution with Growth, London 1975; Ch. R. Frank/R. C. Webb (Hg.), Income Distribution and Growth in the Less Developed Countries, Washington D. C. 1977; M. D. Ward, The Political Economy of Distribution – Equality versus Inequality, New York 1978; G. S. Fields, Poverty, Inequality and Development, Cambridge u. a. 1980; T. Paukert / J. Skolka / J. Maton, Income Distribution, Structure of Economy and Employment, London 1981; H. P. Nissen (Hg.), Towards Income Distribution Policies. From Income Distribution Research to Income Distribution Policy, EADI-Book Series, 3, Le Tilburg 1983. hpn

Einstellung zur Entwicklungspolitik →Öffentliche Meinung und Entwicklungspolitik

Eirene Internationaler Christlicher Friedensdienst e. V., 1957 gegr. *nichtstaatliche Organisation (*Bensheimer Kreis). Ausgehend von ihren Prinzipien Frieden, Gewaltfreiheit und Völkerverständigung leistet E. im Rahmen ihres «Nordprogramms» (aus Spenden finanziert) soziale Dienste mit Partnern v. a. in Westeuropa und den USA. Mit ihrem «Südprogramm» unterstützt E. in den EL (v. a. mit öfftl. Mitteln) durch Freiwillige (1989: 34 Auslandsmitarbeiter und *Entwicklungshelfer) und finanz. Hilfe v. a. *Genossenschaften, Berufsausbildungsmaßnahmen für Jugendliche und zahlreiche Projekte (Schwerpunkte: Niger, Tschad, Marokko, Nicaragua) zur Verbesserung der *ländlichen Entwicklung. Gesamtetat 1988: rd. 2,7 Mio. DM. Adresse: Engerser Str. 74 b, 5450 Neuwied 1. ah

ejido →Mexiko

EKD →AGEH, Brot für die Welt (BfdW), DÜ, KED, Kirchen-Grundsätze der E.-Arbeit

Elfenbeinküste Das *Entwicklungsmodell der EK (Côte d'Ivoire), sich bewußt dem Weltmarkt zu öffnen und mit Hilfe ausl. Kapitals eine Wirtschaftsentwicklung einzuleiten, die auf lange Sicht zu einer Gleichberechtigung im int. System führt, galt Befürwortern wie Kritikern lange Jahre als Paradebeispiel für eine liberal-kapitalistische Option eines EL. Mit dem Zusammenbruch der Weltmarktpreise für Kakao und Kaffee ist das Land Ende der 80er J. in eine schwere Wirtschaftskrise geraten.

1. Mit 322466 qkm Fläche und einer Bev.-Zahl von gesch. 12 Mio. Ew. (jährl. Zuwachsrate 3,8%) 1990 gehört die seit 1960 unabh. EK zu den mittelgroßen Staaten Afrikas. Klimatisch und nach Vegetationszonen gliedert sie sich in den von Urwald geprägten Süden mit Regen- und Feuchtwald und in den in der Sudanzone gelegenen Norden mit Feucht- und Trockensavannen. Ethnisch wie sprachlich ist EK in über 60 Gruppen aufgesplittert, die ihrerseits – bedingt durch die koloniale Grenzziehung – ihr Zentrum z. T. außerhalb des Landes haben. Eine pol. und ökon. Vorrangstellung besitzen die Baule (23% der Ew.) in den bisher reichen Kakao- und Kaffeeanbaugebieten des S und SO. Latente Spannungen ergeben sich durch die hohe Zahl von Ausländern (1986: 2,84 Mio., jährl. Zuwachsrate 6,3%), die zu über 90% aus afrik. Nachbarstaaten stammen. Rund 100000 von der einheimischen Bev. mißtrauisch beobachtete Libanesen und Syrer kontrollieren den Zwischen- und z. T. auch den Kleinhandel sowie das Bauwesen. Von den rund 50000 Franzosen (bei der Unabh. 7000) arbeiten rund 20000 als Entwicklungshelfer. Die meisten haben führende Positionen in der Wirtschaft und als Berater in Ministerien inne.

2. Um die Entwicklung des Landes zu beschleunigen, wurde ausl. Kapital in großem Umfang ins Land geholt, wobei exzellente Bedingungen eingeräumt wurden (nur 10% der Nettogewinne mußten im Land verbleiben). Neben der Förderung ausl. und insb. einheimischer Betriebe wurden systematisch staatl. und gemischte Unternehmen mit staatl. Beteiligung aufgebaut. Ergebnis dieser Politik waren als «afrik. Wirtschaftswunder» apostrophierte Wachstumszahlen des BSP (1960 bis 1970: 8%, 1970 bis 1979 6,7% jährl.). Tragende Säule der Exportwirtschaft war der Agrarsektor, in dem drei Produkte (Kaffee, Kakao, Edelhölzer) 4/5 der Exporterlöse erbrachten. Durch ständige Ausdehnung der landw. Anbauflächen und Raubbau bei der Abholzung (300000 ha jährl.) ohne Wiederaufforstung ist der Waldbestand von 17 Mio. ha zu Beginn des Jh.s auf heute 2,5 Mio. ha geschrumpft (→ Ökologie). Zwar ist EK seit Ende der 70er J. führender Kakao- und drittgrößter Kaffeeproduzent der Welt, doch sind die Pflanzungen überaltert (Kaffeeernte 1985/86: 270000 t, 1987/88: 196150 t), so daß groß angelegte Aufforstungsprogramme eingeleitet wurden. Ein seit den 60er J. durchgeführtes *Diversifizierungsprogramm im Agrarsektor hat das Land landw. weitgehend autark gemacht und EK zum größten afrik. Baumwollproduzenten werden lassen (200000 t jährl.). Das Schwergewicht der ind. E. lag auf der *Importsubstitution und einer einheimische Rohstoffe weiterverarbeitenden Leichtind., die jeweils nur begrenzte E.-Möglichkeiten boten. Trotz der hohen Zuwachsraten gerade der Industrie (1960: 6% des BIP, 1987: 16,5%) sprachen Kritiker der ivorischen E.-Politik wie Samir Amin von einem «Wachstum ohne Entwicklung», zumal die privaten Investitionen im produktiven Bereich bis Mitte der 70er J. ganz überwiegend von ausl. (1970 z. B. zu 80% von franz.) Kapital vorgenommen wurden, das die Gewinne retransferierte, während der ivorische Staat die Kosten für die Errichtung der entsprechenden *Infrastruktur (z. B. im Transportwesen) zu tragen hatte. Die bei dem theoretischen Modell einer *abhängigen Entwicklung in der Regel unterstellten negativen Folgen im sozio-ökon. Bereich lassen sich für die EK zu einem großen Teil nachweisen. So liegt der Schwerpunkt der wirtschaftlichen E. im S und SO; die Industrieunternehmen konzentrieren sich zu 70% im Großraum der früheren Hs. Abidjan (ca. 1,8 Mio. Ew., neue Hs. seit 1983:

Yamoussoukro mit 130000 Ew.). Die *Einkommensverteilung ist sehr ungleich (Verhältnis zwischen dem gesetzlichen Mindestlohn in der Industrie und dem Anfangsgehalt von leitenden Angestellten 1982: 1 : 15 bis 1 : 25), die fehlende Massenkaufkraft blockiert das Entstehen einer entsprechenden Nachfrage und damit die Ausweitung des Binnenmarktes etc.

3. Seit der Unabh. der EK ist Houphouet-Boigny (1945 bis 1958 Abgeordneter der franz. Nationalversammlung, 1956 bis 1958 franz. Minister) Präs. des Landes. Die Verfassung ist nach dem Vorbild der USA bzw. der V. franz. Rep. gestaltet. Einheitspartei ist der *Parti Démocratique de la Côte d'Ivoire* (PDCI), der vor der Unabh. von der Führungsgruppe um Houphouet als Mittel zur Mobilisierung breiter Bev.-Schichten benutzt wurde, danach aber vornehmlich zur Absicherung der Privilegien der sich etablierenden pol.-administrativen Führungsschicht funktionalisiert wurde. Diese konnte sich fast unkontrolliert riesige Pfründe im Staatssektor aufbauen, die jedoch mit dem ersten großen Zusammenbruch der Weltmarktpreise für Kaffee und Kakao Ende der 70er J. nicht mehr zu finanzieren waren. Pol. Neuerungen (u. a.: statt Einheitsliste mehrere PDCI-Kandidaten für ein Parlamentsmandat) und auch die Reform der Staatsbetriebe 1980 führten nicht zur vorgeblich angestrebten Beseitigung der im sozio-pol. System liegenden Strukturdefekte (mangelnde Kontrolle über die pol. und wirtsch. Führung). Hauptgarant für die pol. Stabilität der EK waren bisher die rund 600000 Pflanzerfamilien, denen die staatl. Stabilisierungskasse für Agrarprodukte durch einen garantierten Aufkaufpreis für Kaffee und Kakao ein kalkulierbares Einkommen sicherte. Mit dem Zusammenbruch der Weltmarktpreise ab 1986 zahlte der Staat für jedes exportierte Kilo Kakao 5 bis 6 FF zu, so daß die Stabilisierungskasse erstmals seit ihrer Schaffung 1957 Ende 1988 ein Defizit von 285 Mrd. F CFA aufwies. Soziale Unruhen, Streiks und Meutereien in Reaktion auf drastische, vom *IWF verordnete Sparmaßnahmen im Jan./Feb. 1990 erzwangen eine begrenzte pol. Liberalisierung (Legalisierung von Parteien). Bei den Wahlen vom 28. 10. 1990 setzte sich Houphouet jedoch erneut mit offiziell über 80 % der Stimmen durch.

4. Zwar hat die EK noch immer einen z. T. beträchtlich höheren Lebensstandard als die angrenzenden Staaten, doch ist dieser regional und nach Einkommensgruppen höchst ungleich verteilt. Die nach Auflagen des *IWF gestiegenen Verbraucherpreise haben in den 80er J. die sozialen Spannungen erhöht. Seit dem Zusammenbruch der Preise für die wichtigsten Exportprodukte ab 1986 gestaltet sich die Wirtschaftsentwicklung geradezu dramatisch: Drastischer Rückgang der Exporterlöse (1986–89 um real 48 % bei Kakao und 55 % bei Kaffee), rd. 14 Mrd. US-$ Auslandsschuld (1990), Rückgang der Realeinkommen. 1988 erstmals ein Rückgang des BIP um 8 % etc. Das «Modell Elfenbeinküste» scheint seinen Glanz weitgehend eingebüßt zu haben.

Lit.: Y.-A. Fauré/J.F. Médard (Hg.), Etat et Bourgeoisie en Côte d'Ivoire, Paris 1982; K. Ziemer, Demokratisierung in Westafrika? Die politischen Systeme von Senegal, Elfenbeinküste und Togo nach zwei Jahrzehnten Unabhängigkeit, Paderborn 1984; B. Wiese, Elfenbeinküste: Erfolge und Probleme eines Entwicklungslandes in den westafrikanischen Tropen, Darmstadt 1988. kz

El Salvador 1992 wurde in ES ein Bürgerkrieg beendet, der 1981 offen ausgebrochen war und insgesamt 75 000 Tote forderte. Eine dauerhafte Etablierung von Frieden und Demokratie ist damit zwar nicht garantiert, aber durchaus möglich. Und obwohl die Aussichten, die Wirtschafts- und Sozialmisere des Landes zu überwinden, noch immer nicht rosig sind, erscheinen sie realistischer als unter den Bedingungen des Bürgerkrieges und der einstigen autoritären Regime.

1. ES ist mit 21 393 qkm Fläche das

kleinste und mit rd. 5,4 Mio. Ew. (Schätzung 1991) das am dichtesten besiedelte (rd. 243 Ew./qkm) Land Zentralamerikas. Wichtigste natürliche Ressource sind fruchtbare vulkanische Böden (rd. 60 z. T. noch aktive Vulkane); die landw. nutzbaren Flächen des Kleinstaates sind weitgehend erschöpft. Wälder, die zu Beginn des 19. Jh. etwa 60 bis 70% des Landes bedeckten, sind auf knapp 6% geschrumpft und durch Raubbau entwertet (→ Ökologie). Bodenerosion und Erdbeben schädigten wiederholt die Landwirtschaft. Mineralische Rohstoffe sind rar und kaum abbauwürdig.

2. Das Bev.-Wachstum ESs in den 80er J. (durchsch. 1,4%) zählt zu den niedrigstens LAs. *Ethnische Bev.-Struktur: etwa 90% Mestizen, der Rest *indígenas* und Weiße. Die hohe Zahl an *Flüchtlingen und Emigranten verzerrt bestehende Bev.-Angaben: Hunderttausende Salvadorianer verließen in den 80er J. aus pol. oder wirtsch. Gründen ihr Land. Mit der Landessprache Spanisch konkurrieren örtlich Indio-Mundarten. Das Gros der Bev. ist katholisch. Protestantische US-Sekten erhielten in den vergangenen Jahren erheblichen Zulauf.

3. Gemeinsam mit den übrigen zentralamerik. Ländern erlangte ES 1821 die Unabh. von Spanien und war vorübergehend Mexiko und dem Zentralamerik. Bund angeschlossen. Eine extreme pol. Instabilität kennzeichnete die innenpol. Lage in ES im 19. Jh., erkennbar in unzähligen Reg.-Wechseln und Staatsstreichen; sie fand zu Beginn des 20. Jh. mit der Monopolisierung der Macht in den Händen einer neuentstandenen Kaffeeoligarchie vorübergehend ihr Ende: Nahezu alle Reg.-Wechsel zwischen 1903 und 1931 erfolgten formal per (pol. bedeutungsarmen) Wahlen. Allerdings entstand durch die extreme, z. T. gewaltsame Expansion der Kaffeewirtschaft auf Kosten bestehender Besitz- und Arbeitsverhältnisse von Klein(st)bauern und Landarbeitern ein enormes soziales Konfliktpotential. Verstärkt durch eine ernste Wirtschaftskrise entlud es sich in den Bauernunruhen von 1931/32. Die Armee schlug den Aufstand 1932 blutig nieder.

In den folgenden fünf Jahrzehnten herrschte arbeitsteilig eine milit.-oligarchische Allianz: Während die agroind. Oberschicht die wirtsch. Macht monopolisierte, besetzten Militärs die zentralen politischen Ämter – zunächst in Form der personalistischen Diktatur Hernández Martínez, später in Form formaldemokratisch drapierter Militärregime. Nach 1950 fanden (mit Ausnahme der Putsche von 1960, 1961 und schließlich 1979) regelmäßig Regierungswechsel zwischen Militärs der offiziellen Regimepartei (PRUD in den 50er und PCN in den 60er und 70er J.) per nicht- oder semi-kompetitiver Wahlen statt.

Währenddessen verschärften sich die sozialen Probleme: Die Modernisierung und *Diversifizierung (Baumwolle, Zucker) des Agrarexports in den 50er und 60er J. führte, verbunden mit hohem Bev.-Wachstum und wenig *arbeitsintensiver *Industrialisierung (→ MCCA), zur *Marginalisierung weiter Bev.-Teile. Der Rückstrom salvador. Emigranten aus Honduras infolge des sog. «Fußballkriegs» (1969) vergrößerte Landknappheit und Bev.-Druck. Das milit.-oligarchische «Herrschaftskartell» vereitelte einen friedlichen Wandel bestehender Besitz- und Machtstrukturen. Als sich in den 70er Jahren Wahlsiege zivil-reformistischer Oppositionsbündnisse abzeichneten, reagierte das Regime mit offenem Wahlbetrug und massiven Repressionen. *Guerilla-Gruppen erstarkten, und anhängerstarke Volksorganisationen riefen zu Streiks, Demonstrationen und Landbesetzungen auf.

Am 15. 10. 1979 putschten junge, reformwillige Offiziere, kündeten weitreichende Sozialreformen an und beteiligten Christ- und Sozialdemokraten sowie Kommunisten an der Regierung. Die milit.-zivile Koalition zerbrach drei Monate später an dem Widerstand konservativer Militärs. Auf die innermilit. Entmachtung reformistischer Offiziere und anhaltende Repressionen folgte der Juntaaustritt der Linksparteien und christdemokratischer Dissidenten. Gemeinsam mit Guerilla- und versch. Volksorganisationen bildeten sie 1980 eine breite Oppositionsfront (FDR-FMLN). Jan. 1981 brach offen der Bürgerkrieg aus.

Das nachfolgende pol. Geschehen stand im Zeichen des Bürgerkrieges und einer zähen *Demokratisierung. Die USA nahmen mittels beachtlicher Wirtschafts- und Militärhilfe auf beide Prozesse erheblichen Einfluß. Unter R. Reagan (1981–89) hielten sie an einer Politik fest, die sowohl auf eine milit. Niederlage der Guerilla (FMLN) als auch auf eine pol. Demokratisierung abzielte. Im Anschluß an versch. milit.-zivile Reg.-Juntas gab das salvad. Militär 1982 zumind. formal die Reg.-Geschäfte an die zivile Übergangsregierung A. Magaña ab. Ab 1984 regierten gewählte Präsidenten: zunächst der Christdemokrat J. N. Duarte (1984–89), anschließend A. F. Cristiani von der rechtsextremen ARENA-Partei – der ersten Partei der Wirtschaftsoligarchie seit den 20er J. Aufgrund des langjährigen Wahlboykotts linksoppositioneller Parteien war der über Wahlen ausgetragene Parteienwettbewerb bis Ende der 80er J. auf das Mitte-Rechts-Spektrum beschränkt. Das Militär büßte zwar an pol. Macht ein, besaß jedoch in sicherheitspol. Belangen *quasi* eine Vetomacht. Etwaige Friedensinitiativen wurden bis Ende der 80er J. erfolgreich torpediert. Menschenrechtsverletzungen der Streitkräfte blieben lange Zeit ein pol. Tabu. Das Fortbestehen autoritärer «Enklaven» (in Gestalt des Militärs) sowie der Krieg und die pol. Gewalt konterkarierten in den 80er J. die Demokratisierung.

In Anbetracht des allseits sichtbaren milit. Patts und der wachsenden innen- wie außenpol. Isolierung der Kriegsparteien stellte sich diesen Anfang der 90er J. eine Verhandlungslösung vielleicht nicht als beste, jedoch als passable Option dar. Nach einer Serie von Friedensgesprächen unter Aufsicht der *UN 1990/91 wurde am 16. 1. 1992 ein Friedensabkommen unterzeichnet. Dieses sah u. a. die stufenweise Demobilisierung und Integration der Guerilla vor, eine Reduzierung und Umstrukturierung der regulären Streitkräfte, die Trennung von Militär und Polizei, die Auflösung versch. repressiver Polizeieinheiten, die Auflösung paramilit. Verbände, Reformen der Justiz und des Wahlsystems sowie zahlreiche sozioökon. Reformen. Die Umsetzung des Friedensabkommens wurde 1992 verschiedentlich verzögert. Für die Reg. stellt die Restrukturierung der Streitkräfte und die Ahndung von Menschenrechtsvergehen hoher Militärs die «Feuerprobe» ihrer pol. Macht dar. Für die Guerilla, die bereits eine pol. Partei gründete, erweist sich die vollständige Demobilisierung ihrer Truppen als letzte große Hürde, die (nicht zuletzt aufgrund von Verzögerungen bei der Landvergabe an ehemalige *guerrilleros*) zum vorgesehenen Zeitpunkt (31. 10. 1992) noch nicht genommen wurde.

4. ES ist der Prototyp einer Exportlandw.; wenige Agrargüter (Baumwolle, Zucker und v. a. Kaffee) erbringen ⅔ aller Deviseneinnahmen und machen die Wirtschaft extrem abh. von Preis- und Nachfrageschwankungen auf dem Weltmarkt. Die Landw. kennzeichnet der Ggs. zwischen wenigen modernen exportorientierten Großbetrieben und unzähligen Klein(st)- und *Subsistenzwirtschaften, die meist unter unsicheren Pachtverhältnissen und schlechten Anbaubedingungen (minderwertige Böden, Kapitalmangel etc.) Grundnahrungsmittel (Mais, Hirse, Bohnen, Reis) für den Eigen- oder Inlandsbedarf

anbauen. Im Ggs. zu den übrigen MCCA-Ländern spielt ausl. Kapital in ESs Landw. und Industrie (Schwerpunkt: Nahrungs- und Genußmittel-, Textilind.) eine untergeordnete Rolle. Das Wirtsch.-Monopol besitzt eine kleine agro-ind. Oberschicht – im Volksmund: «*las catorce*», die 14 (Familien) –, deren Interessen durch zeitweilige Verstaatlichungen im Export- und Finanzsektor sowie die Agarreform der 80er J. empfindlich berührt wurden. Allerdings ist ES in hohem Maße auf US-Wirtschafts- und Militärhilfe sowie den Handel mit den USA angewiesen.

5. Die Bildungs- und *Gesundheitsindikatoren ESs (→Tab. 4 im Anhang) sind EL-typisch. Der schlechte Zustand des Gesundheitswesens (insb. auf dem Lande) hat sich durch die hohe Zahl an Kriegsverletzten verschlimmert. Das Bildungswesen kann trotz Schulpflicht für sechs- bis 14jährige und Gebührenfreiheit für staatl. Schulen aufgrund Lehrer-, Schul- und Lehrmittelmangel nicht greifen. Die LE lag Anfang der 90er J. bei 64 Jahren. Wie in anderen Ländern LAs bergen die gegenwärtig durchgeführten neoliberalen Strukturanpassungsprogramme hohe soziale «Kosten».

Lit.: S. Webre, José Napoleón Duarte and the Christian Democratic Party..., Baton Rouge 1979; E.A. Baloyra, El Salvador in Transition, Chapel Hill 1982; J. Caceres u.a., El Salvador: una historia sin lecciones, San José 1988; E. Jiménez u.a., El Salvador: guerra, política y paz (1979–1988), San Salvador 1988; G. Gaspar, El Salvador: el ascenso de la nueva derecha, San Salvador 1989; T. Barry, El Salvador. A Country Guide, Albuquerque 1990; I. Ellacuria, Veinte años de historia en El Salvador (1969–1989), San Salvador 1991; M. Krennerich/F. Nuscheler: El Salvador, in: HDW III, Bd. 3, Bonn 1992, S. 85ff. Weitere Lit. →Zentralamerika-Konflikt. mik

embodied technology →Technologietransfer (TT)

employment and redistribution →Einkommensverteilung

EMRK →Menschenrechte

encomienda Form der Ausbeutung der Indios unter der Kolonialherrschaft Spaniens in Lateinamerika. Die span. Krone betrachtete das eroberte Land als ihr Eigentum, unterwarf die Indios der Tributpflicht und belohnte besondere Verdienste der Eroberer mit der Verleihung (*mercedes*) von Land, nicht jedoch der Schenkung von oder Belehnung mit Boden. Mit der en. erzwang die Krone die Arbeit der Indios in Bergwerken und *Plantagen, verhinderte aber zugleich die Entstehung eines überseeischen Feudalismus. Das *Latifundium setzte sich erst im 19. Jh. gegen die en. durch. dn

endogen im Inneren entstehend, von innen kommend; im Zusammenhang der Erklärung von UE oder der Hemmnisse zur Überwindung von UE bezeichnen e. Faktoren jene Ursachen bzw. Tatbestände, die intern im jeweiligen EL bestehen, beispielsweise überkommene Strukturen in Wirtschaft und Gesellschaft, mangelnde Reform- oder Leistungsbereitschaft etc. *Modernisierungstheorien und wirtsch. *Wachstumstheorien betonen die Bedeutung e. Faktoren, hinterfragen die Berechtigung einer Unterscheidung von e. Faktoren und (Gegensatz) *exogenen Faktoren. dn

Energie Die Sicherung der Energieversorgung ist eines der entscheidenden Probleme für die E. der gesamten Menschheit, dem insb. im Zusammenhang des *Nord-Süd-Konflikts, aber auch der *Süd-Süd-Beziehungen große Bedeutung zukommt.

Die wirtsch. Dimension stand bisher im Vordergrund der Energieproblematik, v.a. die längerfristige Bereitstellung ausreichender Energiemengen und deren Finanzierung. So stiegen aufgrund der Ölpreisexplosionen die Ausgaben der erdölimportierenden EL von 1973: 8 Mrd. auf 1981: ca. 77 Mrd. US-$. Die Folgen waren kritische *Zahlungsbilanzen, Wachstumseinbußen, Inanspruchnahme wachsender Teile des Investitionskapitals, auch der Kapitalzuflüsse aus den IL, für die Ölrechnung. Die unterschiedliche Situation der erdölexportierenden und erdölimportierenden EL trug erheblich zur Ausdifferenzierung der *Dritten Welt bei. Der Ölpreisverfall 1986 hat nun umgekehrt die erdölexportierenden EL hart getroffen, deren Ölexporterlöse gegenüber 1985 um 46% zurückgingen und die übrigen EL etwas entlastet. Gegenüber diesen ökon. Problemen gewinnt v.a. im Hinblick auf den drohenden Treibhauseffekt (→Ökologie), der überwiegend durch das bei fossilen Verbrennungsprozessen freiwerdende Kohlendioxid verursacht wird, die Frage einer für das Ökosystem Erde verträglichen Energienutzung immer größere Bedeutung (→sustainable development).

Der weltweite Primärenergieverbrauch (PEV) stieg 1970–89 (bei Stagnation 1979–83) um ca. 2,5% pro Jahr. Der Anteil der fossilen Energieträger (Öl, Gas und Kohle) lag 1987 bei 88%. Zwischen 1960 und 1987 ging dabei der Anteil der Kohle von 46% auf 30,6% zurück, Erdgas nahm von 14% auf 21% zu; Öl stieg von 38% auf 45% (1979) und fiel wieder auf 37,7% zurück. Der Anteil der Wasserkraft erhöhte sich von 5,6% (1973) auf 6,7% (1987), die Kernenergie nahm in diesem Zeitraum von 0,8% auf 5,2% zu. Nach aktuellen Schätzungen sind die heute bekannten Vorräte an Erdöl und Erdgas selbst bei gemäßigter Zunahme der Welt-*Bevölkerung und dem Einfrieren des Pro-Kopf-PEV auf den derzeitigen Stand bald nach 2050 erschöpft (an die nicht-energetische Nutzung von Erdöl als Grundstoff der chemischen Industrie ist hier auch zu erinnern). Aufgrund fehlender Alternativen wird die Kohle ab Mitte des nächsten Jahrh. zum entscheidenden Primärenergieträger. Die bekannten Reserven liegen größtenteils in China, den USA sowie auf dem Gebiet der ehem. Sowjetunion; sie werden nach 2100 zur Neige gehen. Von den ökon. Implikationen dieser Verknappung fossiler Energieträger abgesehen wächst heute die Erkenntnis, daß allein schon der mit ihrem schnellen Verbrauch einhergehende Anstieg der CO_2-Emissionen äußerst gravierende Folgen für die Menschheit als Teil des globalen Ökosystems haben würde.

Die Energieversorgung der IL hängt heute entscheidend von Lieferungen aus den EL ab. Gleichzeitig ist der Energieverbrauch, gemessen am Anteil der Welt-*Bevölkerung zwischen IL und EL, extrem ungleich verteilt. So entfielen 1989 auf Nordamerika und Westeuropa (13% der Weltbev.) 49% des Weltenergieverbrauchs, auf LA mit 8,4% und Afrika mit 11,9% der Bev. nur 4,9% bzw. 2,5%. Der kommerzielle PEV pro Kopf lag 1986 z.B. in Kanada um das 32fache höher als in Indien. In diesem Zusammenhang muß allerdings berücksichtigt werden, daß ca. 70% der Menschen in den EL als wichtigsten Energieträger Holz verwenden, das nicht zur kommerziellen Primärenergie zählt. Da aber erheblich mehr Holz verbraucht wird als nachwächst, ist Brennholzmangel ein zusätzliches, spezifisches Energieproblem der EL. So lebten nach *FAO-Schätzungen bereits 1980 ca. 1,3 Mrd. Menschen in Holz-Mangelgebieten; bis zum J. 2000 wird ein Anstieg auf 2,4 Mrd. befürchtet.

Aufgrund der großen Gefahren, die von der Verbrennung fossiler Energieträger ausgehen, ihrer relativ baldigen Verknappung, sowie angesichts der immensen Risiken der Kernenergie, die zudem selbst bei massivem Ausbau die zu erwartende Weltenergielücke nicht schließen könnte, wäre weltweit primär die Energieproduktivität zu erhöhen: effizientere Energienutzung wird zur wichtigsten Energiequelle. Um hierbei im Weltmaßstab langfristig durchgreifende Erfolge zu erzielen, wäre heute u.a. ein großzügiger *Technologietransfer von den IL in die EL notwendig.

Auch die Nutzung erneuerbarer (regenerativer) Energiequellen gewinnt weltweit zunehmend an Bedeutung. Dazu zählen v. a. Biomasse (*energy crops*, pflanzliche und tierische Abfälle, Holz dort, wo der Verbrauch die nachwachsenden Mengen nicht übersteigt), Wasserkraft, Meereswärme, Sonne und Windkraft sowie Erdwärme. Während die Solartechnologie erst in Ansätzen entwickelt ist und in großem Umfang erst in einer ferneren Zukunft zur Anwendung kommen wird, haben v. a. Biomasse und Wasserkraft bereits heute erhebliche Bedeutung, gerade auch für die EL. So gewinnt Brasilien nach Angaben der * UN fast 60 % seiner Energie aus versch. erneuerbaren Energieträgern: das Land war 1986 weltweit der größte Produzent von «Biosprit» (Äthanol aus Zuckerrohr deckte rd. die Hälfte des bras. Treibstoffbedarfs), der zweitgrößte Brennholzproduzent und verfügte über die viertgrößte installierte Wasserkraftkapazität. Indien z. B. betreibt seit 1985 ein ehrgeiziges Programm zur Nutzung der Windenergie, bis zum J. 2000 soll damit eine Leistung von 5000 MW erreicht werden. In einigen EL gibt es inzwischen auch bereits Programme zur Energiegewinnung durch Energieeinsparung. Auch die regenerierbaren Energieträger können allerdings erhebliche ökol. Gefahren mit sich bringen wie z. B. (neben CO_2-Freisetzung) Vernichtung der Tropenwälder, Bodenzerstörung durch Monokulturen (hoher Dünger- und Pestizideinsatz) sowie Entzug von zur Nahrungsmittelproduktion dringend benötigtem Ackerland, Ausbreitung von Krankheiten durch große aufgestaute Seen und Zerstörung der Flußlandschaften.

All diese Probleme fanden in den 80er J. verstärkte Aufmerksamkeit auf int. Ebene. Neben Kreditprogrammen von * Weltbank, * EEF, * UNDP etc. für alternative Energiequellen etablierten sich u. a. die Weltenergiekonferenz (München 1980, Neu-Delhi 1983, Cannes 1986, Montreal 1989) und das UN-Komitee für die Entwicklung und den Gebrauch neuer und erneuerbarer Energiequellen. Auf der * Weltumweltkonferenz UNCED 1992 war die Energieproblematik ebenfalls ein prominentes Thema, mit dem sich inzwischen auch eine ganze Reihe von Kommissionen und Foren im Rahmen regionaler Süd-Süd-Kooperation (z. B. * OLADE; ASEAN Council for Petroleum; Asia and Pacific Development Centre; Pacific Economic Cooperation Conference) beschäftigen.

Schon im Bereich der reichen IL stehen aber einer vorsorgenden, ökol. orientierten Energiepolitik, die angesichts der rapide ansteigenden (aber noch weitgehend externalisierten) Defensivkosten (für Schadensbekämpfung und nachsorgende Maßnahmen) auch ökon. zumindest längerfristig profitabel wäre, nach wie vor vielfältige kurzfristige wirtsch. und polit. Interessen entgegen. So müssen die Aussichten für ein effizientes globales ökol. Energiemanagement recht skeptisch beurteilt werden.

Lit.: M. Massarrat, Weltenergieproduktion und Neuordnung der Weltwirtschaft, Frankfurt 1980; F. Y. Göricke / M. Reimann, Treibstoff statt Nahrungsmittel. Wie eine falsche energiepolitische Alternative den Hunger vermehrt, Reinbek 1982; J.-R. Frisch, Future Stresses for Energy Resources. Energy Abundance: Myth or Reality? World Energy Conference in Cannes 1986/87, London 1986; International Energy Agency, Renewable Sources of Energy, Paris 1987; dies., Energy in non-OECD Countries, Paris 1988; OECD, Environmental Impacts of Renewable Energy. The OECD Compass Project, Paris 1988; J.-C. Debeir / J.-P. Deléage / D. Hémery, Prometheus auf der Titanic. Geschichte der Energiesysteme, Frankfurt / New York 1989; F. Krause / W. Bach / J. Koomey, Energy Policy in the Greenhouse, 2 Bde., Den Haag 1989 / 1990; J. G. Clark, The Political Economy of World Energy, Chapel Hill / London 1990; J. Bennewitz, Energie für die Zukunft. Analyse des Energiebedarfs der Weltbevölkerung, Düsseldorf 1991. bh

Enklave Ein vom eigenen Staatsgebiet eingeschlossener Teil eines fremden Staatsgebietes; in der EL-Forschung und inzwischen auch im pol. Sprachgebrauch geläufiger Begriff zur Bezeichnung der Teile von Ökonomien in EL, die im wesentl. nur mit dem Weltmarkt verbunden sind, für diesen produzieren und dabei eine den Weltmarkterfordernissen entsprechende Technologie verwenden, zumeist auch in Händen des Auslandskapitals sich befinden. Wirtschaftsenklaven sind losgelöst von den sie geogr. umgebenden, teilweise vormodernen Teilen der EL-Volkswirtschaften und von den EL-Ökonomien insgesamt, insofern als auch der Gewinn in die * Metropolen abfließt. dn

Entkolonisierung →Dekolonisation

Entwicklung / Entwicklungstheorien
Was unter E. zu verstehen ist, macht einen guten Teil der E.-Problematik selbst aus. Der Begriff ist weder vorgegeben noch allgemeingültig definierbar, noch wertneutral, sondern abhängig von Raum und Zeit sowie insbes. von individuellen und kollektiven Wertvorstellungen. E. ist folglich ein normativer Begriff, in den Vorstellungen über die gewünschte Richtung gesellsch. Veränderungen, Theorien über die Ursachen von UE, Aussagen über die sozialen Trägergruppen und Ablaufmuster sozioökon. Transformationen, Entscheidungen über das Instrumentarium ihrer Ingangsetzung und Aufrechterhaltung etc. einfließen. Neben verschiedenen pol. Optionen (z.B. kapitalist. oder sozialist. E.) verursachen auch Differenzen in der Sichtweise des E.-Problems, die zwischen den wiss. Disziplinen bestehen, die Vielfalt des E.-Begriffs. Dazu trägt auch noch bei, daß der Begriff historischem Wandel unterworfen ist. Schließlich berücksichtigt er auch Erfahrungen, die aus den objektiven E.-Prozessen in den EL gezogen werden, insbes. seit die E. der * Dritten Welt zu einer int. Aufgabe erklärt wurde. Seither wurden bestimmte, int. formulierte quantitative Vorgaben (→Entwicklungsdekaden) im Rahmen der Kritik an den gewählten E.-Strategien auch zum Maßstab der Angemessenheit der diesen zugrunde liegenden E.-Begriffe. Die Fehlschläge der E.-Politik haben entscheidend zur Weiterentwicklung des E.-Begriffs beigetragen.

Von der älteren Entwicklungstheorie, die v.a. von Wirtschaftswissenschaftlern getragen wurde, wurde das wirtsch. Wachstum in den Mittelpunkt des E.-Begriffs und aller strategischer Überlegungen von E. gestellt. Die Formel «Entwicklung = Wachstum» (→Wachstumstheorien) findet sich im UN-Bericht von 1951, mit dem die int. E.-Politik einsetzte. Die Gleichsetzung von Wachstum mit E., welche die Messung von E.-Fortschritten mit Hilfe eines einzigen * Indikators, des * Pro-Kopf-Einkommens, zuließ, ging von der den * Wachstumstheorien eigenen Vorstellung aus, daß, wenn das wirtsch. Wachstum nur ausreichend groß sei, auch die sozialen und pol. Probleme eines Landes lösbar seien. Strukturwandel sei eine notwendige Folge wirtsch. Wachstums. Mangelnde Wachstumserfolge und das Ausbleiben der an wirtsch. Wachstum geknüpften sozialen E.-Fortschritte führten zu Beginn der 60er J. zu einer Ausweitung des E.-Begriffs. Nun wurde der Komponente * sozialer Wandel Eigenberechtigung zugesprochen; die Definition von E. lautete: Wachstum und Wandel. Mit Wandel wurden Veränderungen in den Wertsystemen und Verhaltensweisen der Bev. (→Kulturwandel), pol.-institutionelle Modernisierungen in Richtung auf eine größere Leistungsfähigkeit der pol. und administrativen Systeme (→Modernisierungstheorien), aber auch * Investitionen im sozialen Bereich (* Ernährung, * Gesundheit, * Bildung etc.) und gerechtere Verteilung (* Agrarreform, * Einkommensverteilung) angesprochen. Während der 60er J. wurde der E.-Begriff durch den Rückgriff auf und die Weiterentwicklung von Theorien erweitert, welche die UE im Zusammenhang von IL und EL erklärten, der über den Weltmarkt und das Muster der * internationalen Arbeitsteilung hergestellt wird (→Dependencia-Theorien). Diese Theorien stellten in Frage, daß E. in der Peripherie in Abhängigkeit vom Zentrum möglich sei, oder hinterfragten die abh. Form der E., die in einzelnen Ländern stattfand. Sie betonten auch, daß UE weniger ein Stadium, welches EL zu durchschreiten hätten, als vielmehr eine Struktur sei und die deformierten EL-Ökonomien nicht ohne ein gewisses Maß an Unabh., an nat. Zuständigkeit für Fragen der Produktion, Diversifikation, Verteilung und des Konsums aus der Sackgasse der «Entwicklung der Unterentwicklung» (A. G. Frank) herausgeführt werden könnten. Wachstum, Wandel, Unabhängigkeit – dies waren die Elemente des E.-Begriffs, der die konkurrierenden E.-Theorien, Modernisierung und Dependencia, miteinander zu verknüpfen suchte.

Eine neue begriffliche Annäherung an das, was unter E. verstanden werden sollte, ging zu Beginn der 70er J. von den *Grundbedürfnissen aus, wobei die Selbstverwirklichung des Menschen als Leitidee diente. Die dazu notwendigen physischen und psychischen Voraussetzungen wurden zum Kern eines vieldimensionalen, an sozialen Werten und qualitativen Errungenschaften orientierten E.-Begriffs. D. Seers forderte als unabdingbare strukturelle und materielle Voraussetzungen zur Verwirklichung der im Menschen liegenden Möglichkeiten: Nahrung, Arbeit und soziale Gerechtigkeit. E. bedeutet danach eine Verbesserung der Lebensbedingungen der Masse der Bev.: Verbesserungen in der Ernährung, der Gesundheit, der Beschäftigung, im *Wohnen etc. Um E. zu messen, bedarf es mehr als eines Indikators. Freilich gehört wirtsch. Wachstum mit zu den Kernelementen des E.-Begriffs. D. Nohlen/F. Nuscheler haben im HDW folgende komplementären Aspekte und Ziele von E. zum magischen Fünfeck des E.-Begriffs erhoben: Arbeit / Beschäftigung, wirtsch. Wachstum, soziale Gerechtigkeit / Strukturwandel, *Partizipation sowie pol. und wirtschafliche Unabhängigkeit. Wirtsch. Wachstum wird eingebunden in ein Geflecht von E.-Zielen, die wie die pol. Mitwirkung und die soziale Teilhabe am gesellsch. Fortschritt sogar mehr Eigenwert für sich in Anspruch nehmen können, instrumental jedoch ebenfalls als gleichberechtigt anzusehen sind. Auch geht es um ein qualitativ anderes Wachstum. Die Position E. ohne/statt Wachstum hingegen ist absurd. Der erste *Brandt-Bericht von 1980 betont: «Wenn die Qualität des Wachstums und soziale Veränderung außer acht gelassen werden, kann man nicht von Entwicklung sprechen.» Und an anderer Stelle: E. «trägt in sich nicht nur die Idee des materiellen Wohlstands, sondern auch die von mehr menschlicher Würde, der Sicherheit, Gerechtigkeit und Gleichheit».

Von der *Cocoyoc-Erklärung gingen wichtige Impulse für das Denken in *alternativer Entwicklung für die EL aus, das sich an Konzepte der **self-reliance*, **collective self-reliance* zu orientieren und Rückbesinnungen auf die kulturellen Werte und Traditionen der EL zu bewerkstelligen suchte. *Brundtland-Bericht und *Nyerere-Bericht haben mitgeholfen, das Konzept des →*sustainable development* bekannt zu machen, das diese neuen Besorgnisse aufnimmt.

In den vergangenen J. sind *ökologische Fragen zunehmend in den Problem- und Begriffszusammenhang von E. hineingenommen worden. Der Schutz der natürlichen Lebensgrundlagen als E.-Ziel erweitert damit die Definition Nohlen/Nuschelers (1982) von E.: die eigenständige Entfaltung der Produktivkräfte zur Versorgung der gesamten Gesellschaft mit lebensnotwendigen materiellen sowie lebenswerten kulturellen Gütern und Dienstleistungen im Rahmen einer sozialen und pol. Ordnung, die allen Gesellschaftsmitgliedern Chancengleichheit gewährt, sie an politischen Entscheidungen mitwirken und am gemeinsam erarbeiteten Wohlstand teilhaben läßt. Die Reflexion über das, was E. heißen soll, bleibt der entwicklungstheoret. und -strategischen Diskussion stets aufgegeben.

Lit.: D. Seers, Was wollen wir messen, in: HDW I, Band 1, Hamburg 1974, S. 222ff.; D. Nohlen / F. Nuscheler, Entwicklungstheorien und Entwicklungsbegriff, in: HDW I, 1, 1974, S. 13ff.; Brandt-Kommission, Das Überleben sichern, Köln 1980; Süd-Kommission, Die Herausforderung des Südens, Bonn 1991; D. Nohlen / F. Nuscheler, Was heißt Entwicklung, in: HDW III, 1, Bonn 1992, S. 55–75. dn

Entwicklungsdekade Von den *UN eingerichtete 10 Jahres-Periode, für die sie eine sog. Dekadenstrategie beschließt, welche Globalziele für die E. der EL in Form eines Katalogs quantifizierter Daten enthält. Die erste E.-Dekade wurde 1961 proklamiert, die zweite umfaßte die 70er J., die dritte die 80er J., und die «Internationale Entwicklungsstrategie für die vierte Entwicklungsdekade der UN» (IES) wurde auf der Sondertagung der Generalversammlung der UN Dez. 1990 verabschiedet und trat am 1. 1. 1991 in Kraft.

Für die erste E.-Dekade lauteten die Globalziele: JZ des BSP von 5 %, des *Pro-Kopf-Einkommens von 3 %, die Industrieproduktion sollte jährl. um 8,5 % wachsen, die der Landw. um 4 %; die * *terms of trade* der EL sollten sich um 10 % verbessern. Hinsichtlich des Wirtschaftswachstums wurden die Zieldaten für die zweite E.-Dekade auf eine JZ des BSP von 6 %, des Pro-Kopf-Einkommens von 3,5 % angehoben. Sektoral sollte die Industrieproduktion jährl. um 8 %, die landw. Produktion um 4 % jährl., der Handel um 7 % (der Export etwas mehr, der Import etwas weniger) jährl. anwachsen. Die interne *Sparquote der EL sollte sich jährl. um 0,5 % erhöhen; die *öffentliche E.-Hilfe der IL sollte 0,7 % des BSP erreichen.

In beiden E.-Dekaden wurden die Zielwerte nicht oder nur mit unbefriedigenden e.-pol. Auswirkungen erreicht (etwa hinsichtlich der Wachstumserfolge von BSP und Industriesektor). Die negativen Erfahrungen der ersten E.-Dekade zeigen *Pearson-Bericht und *Jackson-Bericht auf. Der *Brandt-Bericht kann als vorläufige *Evaluierung der 2. E.-Dekade gelten.

Die Bedeutung der für die E.-Dekaden propagierten Ziele liegt angesichts des nur unverbindlichen Charakters darin, daß die nat. und int. E.-Anstrengungen orientiert und Kriterien ihrer Bewertung geliefert werden, auch wenn zu Recht beklagt wird, daß die e.-pol. Angemessenheit der Maßnahmen allein von den Zieldaten her nicht bewerkstelligt werden kann. Im übrigen vernachlässigen die Zieldaten den notwendigen Eigenbeitrag der EL etwa in der Form der Herbeiführung struktureller Reformen (*Agrarreform, Umverteilung der *Einkommen). Die Durchsetzung der *Grundbedürfnisse als neuer E.-Strategie Mitte der 70er J. hat überdies die Kurzsichtigkeit der Dekadenstrategen gezeigt bzw. die Notwendigkeit, im Verlaufe einer E.-Dekade die strategischen Ansätze neu zu bestimmen. Diese Neuorientierung ging in die Zieldaten der dritten E.-Dekade ein, insofern als nicht nur die herkömmlichen Zieldaten fortgeschrieben wurden – Wirtschaftswachstum von 7 %, Steigerung der Agrarproduktion um 4 %, der Industrieproduktion um 9 % –, sondern meßbare soziale Zielgrößen bestimmt wurden, u. a. Verringerung der Kindersterblichkeit, Erhöhung der *Lebenserwartung, Verbesserung im Wohnen, in der Ausbildung, des Trinkwassers, Bekämpfung von Unterernährung und Hunger. Die mit Beginn der dritten E.-Dekade einsetzende Weltwirtschaftskrise (Abnahme von Handelsvolumen und Investitionen, *Verschuldung, *Arbeitslosigkeit) hat diese Ziele rasch unrealistisch werden lassen. dn

Entwickungsdienste Auch Freiwilligendienste, Organisationen für Freiwillige aus IL und EL, die unter Verzicht auf materielle Vorteile als *Entwicklungshelfer in E.-Projekten für eine bestimmte Zeit, mindestens ein

Jahr, tätig werden und Helfen mit Lernen verbinden. ED verstehen sich als Element der *personellen Hilfe, die in ein weites Spektrum entwicklungspol. Maßnahmen eingebracht wird (*Bildungshilfe, *Gesundheitshilfe, *Technische Hilfe etc.). ED können nach den Trägerorg. und den Herkunftsländern unterschieden werden, in zweiter Linie auch danach, welcher Weltanschauung sie verpflichtet sind, welche Rolle die berufliche Qualifikation spielt, ob sie privat oder öfftl. sind etc. Allerdings werden auch die privaten bzw. *nichtstaatlichen Organisationen für ED in den IL in der Regel aus öfftl. Geldern mitfinanziert. In der BRD haben Kirchen (ev.: *Dienste in Übersee; kath.: *AGEH), andere nichtstaatl. Organisationen (*Lernen und Helfen in Übersee e. V.) und Staat (*DED) ihre eigenen ED. Int. am bedeutendsten sind der US-amerikan. *Peace Corps* (gegr. 1961) und der dem *UNDP angegliederte *UN-Freiwilligendienst *UNV (*UN-Volunteers*). Als europ. Dachorg. der E.-Dienste fungiert die *Regional Conference on the International Voluntary Service* (RCIVS). Adresse: Thomas-Mann-Str. 52, 5300 Bonn 1.

Lit.: I. Pinkham, Service for Development, Washington 1978. dn

Entwicklungsexperte Auch Experte, Element der *personellen Hilfe, im Ggs. zum *Entwicklungshelfer hoch vergütete Fachkraft entsprechend der bundesdeutschen Besoldungsgruppe zuzüglich nach Land und Klimazone variierender Auslandszuschläge. Infolge gewachsener Qualifikationsanforderungen und der Arbeitsmarktlage in der BRD (Problem der *Reintegration) fehlt es an qualifizierten, berufserfahrenen Kräften. dn

Entwicklungshelfer Nach dem Entwicklungshelfer-Gesetz vom Juni 1969 lautet die Definition: «E.-Helfer ist, wer in EL ohne Erwerbsabsicht Dienst leistet, um in partnerschaftlicher Zusammenarbeit zum Fortschritt dieser Länder beizutragen (Entwicklungsdienst).» Das gleiche Gesetz stellt den E.-Dienst gleichrangig neben Wehrdienst und Zivildienst. E.-Helfer werden von den im *Arbeitskreis Lernen und Helfen in Übersee e. V. vertretenen Organisationen entsandt. Seit Mitte der 60er J. waren bis Ende 1978 etwa 9000 E.-Helfer in ca. 80 EL tätig (Ende 1987 waren ca. 1535 E.-Helfer im Einsatz, 1989 waren es 1260 gegenüber 1981: 838 in 29 EL). Sie erhalten ein Unterhaltsgeld und eine spätere Wiedereingliederungsbeihilfe. Vor Ort ist die bei gleicher Qualifikation und vergleichbarer Tätigkeit zum *Entwicklungsexperten sehr unterschiedliche Vergütung nicht unproblematisch. Die Möglichkeiten, die Erfahrungen der E.-Helfer in die entwicklungspol. Diskussion in der BRD einzubringen, wurden durch entsprechende Bildungsprogramme seit Mitte der 70er J. wesentlich verbessert. dn

Entwicklungshilfe E.-Hilfe – im neueren Sprachgebrauch neutraler: *finanzielle und *technische Zusammenarbeit – dient als Sammelbezeichnung für Leistungen materieller Art (Kapitalhilfe: Kredite, Zuschüsse, *Direktinvestitionen; Techn. Hilfe: *Warenhilfe; Exportkredite) und nicht-materieller Art (techn. Hilfe: Entsendung von Experten und Beratern) von privaten (Wirtschaft, *Kirchen u. a.) und öfftl. Stellen in IL und EL (*öfftl. E.-Hilfe). Sie wird von einem Land zum anderen (bilateral) oder über int. Org. (multilateral; *Weltbank) gewährt. Im Gefolge der weltwirtsch. Umschichtungen seit Anfang der 70er J. werden neben den klassischen Instrumenten der E.-Hilfe (finanz. und techn. Zusammenarbeit) zunehmend neuere Formen diskutiert (E.-Hilfe durch Umverteilung von *Sonderziehungsrechten; sog. *link*); E.-Hilfe durch den Sonder-Treuhand-Fonds des *Internationalen Währungsfonds, E.-Hilfe durch den *Zinssubventionsfonds des *IWF, Besteuerung der reichen zugunsten der armen Länder bzw. Erhebung einer E.-Steuer in IL (→Brandt-Kommission). Die Begriffe «Entwicklungshilfe» und «Entwicklungspolitik» werden im allg. Sprachgebrauch häufig mit gleicher Bedeutung verwandt. In Wirklichkeit ist der Begriff «E.-Politik» jedoch umfassender und meint alle Mittel, Maßnahmen und Strategien, die von den EL oder den IL im Hinblick auf die wirtsch./soziale E. geplant oder angewandt werden.

Das *Ziel* der E.-Hilfe – Entwicklung als unterentwickelt definierter Volkswirtschaften – ist nicht Selbstzweck, sondern wird deshalb verfolgt, weil die EL in Beziehung zu den IL gesehen werden und diese sich von der Verfolgung des Ziels Vorteile versprechen, d.h. Entwicklungshilfe(politik) ist Teil der Gesamtpolitik. Sie erhält ihre entscheidenden Impulse auf Grund nationaler, v.a. außen- und außenwirtschaftspol. Motivierungen.

E.-Politik fordert die Lernfähigkeit (E.-Pädagogik) auch unserer Gesellschaft heraus (= Notwendigkeit von Strukturveränderungen, neuer Lebensstil). Sektoral kommt die finanz. Zusammenarbeit in Form von E.-Krediten in Frage für Einzelprojekte (Produktionsanlagen, *Infrastrukturanlagen), für Warenlieferungen, für die Lieferung von Kapitalgütern, zur Förderung von Sektor-, Teilsektor- und Regionalprogrammen und zur Gewährung von Darlehen an nat. und *regionale Entwicklungsbanken. Das Schwergewicht der techn. Zusammenarbeit liegt im Ausbildungsbereich und bei der Lieferung von Ausrüstungsgegenständen.

Nicht alles, was sich E.-Hilfe nennt, verdient diese Bezeichnung. Nur etwas mehr als 20% der E.-Hilfe sind unentgeltliche Zuwendungen, der Rest ist zu unterschiedlichen Bedingungen rückzahlbar. Die beiden Formen der privaten Leistungen – Exportkredite und *Direktinvestitionen – (ca. die Hälfte der Gesamtleistungen) sind sowohl bezüglich der Konditionen (Zinshöhe, Freijahre, Laufzeit) wie der Gewinnraten als normale Geschäftsbeziehungen zu qualifizieren. Dennoch werden sie in den Statistiken der *OECD-Länder als E.-Hilfe gewertet. Der größte Einzelbereich der E.-Hilfe, die Kapital- oder Kredithilfe, dient als eine Art Spitzenfinanzierung, als Flankierungsmaßnahme für private Aktivitäten (Exporte, Beteiligungen). Die bis Mitte der 60er J. harten Kreditbedingungen (nahezu marktübliche Zinssätze und Laufzeiten für Kredite; v.a. in der BRD) und der Grundsatz der *Lieferbindung (zu nahezu 100% in den USA, in der BRD zu ca. 25%) sowie der wachsende Anteil der sog. Warenlieferungen (Rohstoffe, Ersatzteile) für bereits laufende Industrieanlagen unterstreichen noch den Vorrang wirtschaftspol. Eigeninteressen in der Vergabepolitik. Sie verhindern, daß die EL sich das günstigste Angebot auf dem Weltmarkt aussuchen können, und verstärken die *Verschuldung dieser Länder. Seit Mitte der 60er J. (und verstärkt Mitte der 80er J. als Reaktion auf die drohende Zahlungsunfähigkeit einiger Schuldnerländer) wurden auf Drängen der EL (→UNCTAD) die Bedingungen der Kapitalhilfe wesentlich verbessert.

Neben der wirtschaftspol. Instrumentalisierung der Hilfe haben zumindest bis Ende der ersten *Entwicklungsdekade handfeste außenpol. Geberinteressen (Zurückdrängen des Kommunismus, Isolierung der DDR) zusätzlich zu einer Entfernung vom Globalziel «E. unterentwickelter Völker» beigetragen.

Die Überschätzung des Kapitals als E.-Motor und damit der Kapitalhilfe in der ersten E.-Dekade (→Pearson-Bericht) – Folge der verkürzten Gleichsetzung von E. mit ökon. Wachstum (→Wachstumstheorien) sowie die wachsende Kritik an der außenpol. Zweckentfremdung der Hilfe bzw. deren Erfolglosigkeit (s. Vietnam-Debakel der USA, weltweite Anerkennung der DDR, Entspannungspolitik) – führten zu Beginn der zweiten E.-Dekade zu einer Teilrevision der E.-Strategie. In Anlehnung an die Strategie der *UN für die zweite E.-Dekade wurden zu Schwerpunkten der bundesrepublikanischen Hilfe nunmehr: die unmittelbare Hilfe zur Verbesserung der Lebensbedingungen auf Gebieten wie *Ernährung; *Gesundheit und *Familienplanung; Strukturverbesserungen in ländl. Regionen; Bekämpfung von Arbeitslosigkeit und Unterbeschäftigung; Förderung arbeits- und umweltbezogener Bildungspläne; Ausweitung und Schaffung einer breiten Skala der gewerblichen Wirtschaft und der Ausfuhren; Stärkung der Fähigkeiten der EL zur Forschung, Planung und Organisation.

Bezüglich des *Instrumentariums* erfolgte ein nach dem jeweiligen E.-Stand des Nehmerlandes differenzierter Einsatz (kostenlose techn. Hilfe an die «Ärmsten der Armen» [*LLDCs, *MSACs, *Binnenländer], Kredite an zahlungskräftigere EL, rückzahlbare techn. Hilfe an dieÖlländer [→OPEC]), eine Schwerpunktverlagerung von der Kapitalhilfe zu den verschiedenen Formen der techn. Hilfe (insbes. im Agrar- und Bildungssektor) und der Handelshilfe, von der Förderung des Einzelprojekts (→Projekthilfe) zum Verbundprojekt (Kombination von techn. Hilfe und Kapitalhilfe) und zur Programmfinanzierung. Auf programmatischer Ebene traten kurzfristig außenpol. Interessen zugunsten langfristiger Ziele (Spannungsminderung, E.-Politik als Friedenspolitik) zurück; wirtschaftspol. Interessen der Geberländer gewannen jedoch, v. a. im Gefolge der sog. Energiekrise, eher noch an Bedeutung (Steigerung der Direktinvestitionen, E.-Hilfe zur Rohstoffsicherung und Exportförderung). Die Verschärfung des Ost-West-Konflikts im Gefolge der Afghanistan-, Polen- und Zentralamerika-Krise erhöht zudem die Gefahr eines Wiederauflebens außenpol. Instrumentalisierung der E.-Hilfe. Die Signalwirkung der iran. Revolution führte schließlich konzeptionell, ab Mitte der 80er J. auch instrumentell, zur stärkeren Berücksichtigung soziokultureller Aspekte in der Kooperationspolitik.

Die Einschätzung der E.-Hilfe durch die EL ist ambivalent. Sie verurteilen sie einerseits als neokolonialistische Ausbeutung, sehen in ihr aber auf der anderen Seite einen Akt der Wiedergutmachung vergangener Kolonialschuld und fordern – nicht zuletzt infolge hoher →Verschuldungsraten, Devisen- und Technologieknappheit – eine Erhöhung der Mittelübertragungen in Form nichtrückzahlbarer Budgethilfe sowie *Technologietransfer mit dem Ziel eines langfristigen weltweiten Wohlstandsausgleichs. Während unter längerfristiger Perspektive die IL den Zielen der Rohstoffsicherung (v. a. die EG und Japan) und Erschließung von Absatzmärkten Vorrang einräumen, stehen für die EL strukturelle Änderungen im int. Handels- und Währungssystem an erster Stelle. Entsprechend tritt die E.-Hilfe klassischen Typs mehr und mehr hinter den Bemühungen um eine Integration der EL in den Weltmarkt (= Konzept der IL, Devise «Handel statt Hilfe») bzw. hinter den Bemühungen um strukturelle Änderungen im Welthandels- und Weltwährungssystem (= Konzept der EL, Förderung einer *Neuen Weltwirtschaftsordnung, Devise «Vorzugsbehandlung statt Gleichbehandlung») zurück. Das originäre Ziel aller E.-Politik, einen direkten Beitrag zur Verbesserung der Lebensbedingungen der breiten Bev.-Schichten in der Dritten Welt zu leisten (→Grundbedürfnisse), wird jedoch in zahlreichen EL mehr denn je dem Interesse an hohen, v. a. einer Minderheit zugute kommenden Wachstumsraten geopfert (Gefahr des «Wachstums ohne Entwicklung»). Der durch die Rückzahlungsverpflichtungen im Gefolge der externen Verschuldung ausgelöste Zwang zur Devisenerwirtschaftung verstärkt noch diesen Trend. Der mögliche Widerspruch des Wachstumsziels zu den konkurrierenden Zielen «soziale Gerechtigkeit» und «nat. Unabh.» droht ebenso ignoriert zu werden wie die Frage nach den sozialen Kosten/Opfern und den möglichen soziokulturellen Folgen e.-pol. Entscheidungen (Verlust an kultureller Identität; Sinnverlust).

Das langfristige Ziel der E.-Hilfe, sich selbst mit der Zeit überflüssig zu machen, dürfte um so schneller erreicht werden, als es den EL gelingt, den inländischen Markt sowie die wirtsch. und techn. Zusammenarbeit untereinander (→Süd-Süd-Beziehungen) auszubauen.

Lit.: D. Kebschull / K. Fassbender / A. Naini, Entwicklungspolitik. Eine Einführung, 2. überarb. Aufl., Opladen 1976; H.G. Klein, Entwicklungshilfe – Spezifische Äußerungsform internationaler Politik, Baden-Baden 1977; J. Betz, Die Internationalisierung der Entwicklungshilfe, Baden-Baden 1978; G. Wiegand, Organisatorische Aspekte der internationalen Verwaltung von Entwicklungshilfe, Berlin 1978; K. Ringer/E. A. von Renesse/Chr. Uhlig, Perspektiven der Entwicklungspolitik, Tübingen 1981; M. v. Hauff/B. Pfister-Gaspary (Hg.), Entwicklungspolitik. Probleme, Projektanalysen und Konzeptionen, Saarbrücken 1984; G. Braun, Nord-Süd-Konflikt und Entwicklungspolitik, Opladen 1985; M. Kaiser / N. Wagner, Entwicklungspolitik. Grundlagen – Probleme – Aufgaben, Bonn 1986; F. Nuscheler, Lern- und Arbeitsbuch Entwicklungspolitik, 2. erweit. Aufl., Bonn 1987. kb

Entwicklungsländer LDCs (*Less Developed Countries*). Was ein EL ist, welche Merkmale Grundlage einer Definition sind, ist umstritten. Der bedeutsamste Unterschied in den Definitionsversuchen liegt darin, ob UE als Zustand/Stadium oder als Struktur begriffen wird. EL sind dann entweder durch Kennzahlen wirtsch. und sozialer *Entwicklung oder durch die Struktur ihrer Einbindung in die *internationale Arbeitsteilung und deren interne Konsequenzen begrifflich und pol. bestimmt. Beiden Definitionsperspektiven liegen theoretische Annahmen über die Verursachung und die Bedingungen der Aufrechterhaltung von UE zugrunde, der ersteren meistens nur implizit, während die zweite bewußt die Definition von EL mit einer kausalen Erklärung von UE verbindet.

Innerhalb theoretischer Annahmen, denen zufolge die EL auf Grund von Merkmalen des geringeren E.-Standes der Produktivkräfte im Vergleich zu den heutigen IL rückständig bzw. zurückgefallen seien, werden von den Wirtschaftswissenschaftlern hauptsächlich ökon., von den Entwicklungssoziologen primär sozio-kulturelle Kriterien und Bedingungen erfolgreicher wirtsch. E. zur Definition von EL genannt. Es gibt eine Reihe wirtsch. Merkmalskataloge, welche die ökon. Gemeinsamkeiten von EL herausstellen. Die wichtigsten wirtsch. Merkmale sind folgende: 1. niedriges *Pro-Kopf-Einkommen; 2. niedrige Spar- und Investitionstätigkeit; 3. geringe Kapitalintensität, gemessen am Kapitalaufwand pro Beschäftigten, und geringe *Produktivität der Arbeit; 4. niedriger technischer Ausbildungsstand, mangelndes *Know-how* von Unternehmern und Managern; 5. Vorherrschaft des primären *Wirtschaftssektors in Form a) der Beschäftigung eines überwiegenden Teils der Erwerbstätigen in der Landw. und b) der Dominanz weniger Produkte des Primärsektors in der Produktionsstruktur, teilweise eines Monoprodukts; 6. mangelnde oder nicht ausreichende materielle *Infrastruktur. Auch Wirtschaftswissenschaftler, erst recht Sozialwissenschaftler und int. Gremien, die den Grad der UE eines EL ermitteln wollen, nehmen zur Kennzeichnung von EL soziale *Indikatoren hinzu. Die wichtigsten sind: 1. *Lebenserwartung bei Geburt und Kindersterblichkeitsrate bis zum 4. Lebensjahr für den niedrigen *Gesundheitsstand; 2. Kalorien- und Proteinaufnahme pro Tag für die ungenügende *Ernährung; 3. Anteil des *Analphabetismus unter der erwachsenen Bev. und *Desertionsquote für die unzureichenden Leistungen im Bereich der *Erziehung.

Sozio-kulturelle Bestimmungsmerkmale von EL finden viel geringeren Konsens als die genannten wirtsch. und sozialen Kriterien. Sie werden auch kaum zur Differenzierung der EL untereinander herangezogen, obwohl nicht zu verkennen ist, daß mit ihnen wesentliche E.-Probleme angesprochen werden. Die geringere Beachtung dieser Merkmale für Definitionszwekke rührt u. a. daher, daß diese Kriterien konzeptuell sehr viel schwerer aufzustellen und auch weniger leicht meßbar sind, folglich Ländervergleiche erheblich mehr Schwierigkeiten bereiten. Folgende sozio-kulturelle Merkmale werden genannt: 1. nicht abgeschlossener ***nation-building-process*; 2. geringe soziale Mobilität; 3. Vorherrschen traditionaler Verhaltensmuster, beruhend auf zugeschriebenen Rollen in fest abgegrenzten sozialen Bereichen (Familie, Verwandtschaft, Clan, Sippe, Ethnie) und auf persönliche Beziehungen, d. h. fehlende Rollenverständnisse und Handlungsformen, die Voraussetzungen für rationales wirtsch. Handeln sind; 4. geringe soziale Differenzierung. Die Möglichkeiten der Befriedigung individueller Bedürfnisse, individuellen Aufstiegs, beliebiger Wahlbeziehungen etc. sind gering.

Gegenüber den im wesentlichen *endogenen Merkmalen von UE betonen Definitionen von EL, welche UE als Struktur begreifen, die *exogenen Verursachungsfaktoren. EL sind danach Länder, die in asymmetrischer, sie benachteiligender Weise in die int. Arbeitsteilung eingebunden sind, deren Produktionsstruktur auf den Weltmarkt und auf die Befriedigung der Bedürfnisse der IL ausgerichtet ist. Der Wirtschaftskreislauf von EL-Ökonomie ist nicht geschlossen, es fehlen wichtige Sektoren (Konsumgütersektor, Investitionsgütersektor) oder diese sind nur schwach entwickelt. Wirtschaft und Gesellschaft der EL sind *strukturell heterogen (→*Dependencia*-Theorien). Die oben genannten Merkmale von UE als wirtsch. Rückständigkeit werden in dieser Problemperspektive interpretiert und nötigenfalls korrigiert. Ein Land etwa mit einem rel. hohen *Pro-Kopf-Einkommen, das weit über der int. festgelegten Grenze liegt, welche die reichen von den armen Ländern trennt, ist im Rahmen einer strukturalistischen Definition von UE ein EL. Internationale Org. und auch die BRD richten ihre E.-Politik gegenüber der Dritten Welt nach solchen quantitativen (und weniger qualitativen) Kriterien aus, etwa wenn Venezuela aufgrund des rel. hohen Pro-Kopf-Einkommens als *OPEC-Staat nicht mehr zu den EL gezählt wird. Die strukturalistische Sicht verneint nicht, zwischen versch. Gruppen von EL zu unterscheiden (→Dritte Welt). →Tabellenwerk im Anhang.

Lit.: B. Fritsch (Hg.), Entwicklungsländer, Köln/Berlin 1968; T. Szentes, Politische Ökonomie der Entwicklungsländer, Frankfurt/Köln 1974; HDW I, Band 1, Hamburg 1974; K.-G. Riegel, Politische Soziologie unterindustrialisierter Gesellschaften: Entwicklungsländer, Wiesbaden 1976; D. Nohlen/F. Nuscheler, Was heißt Unterentwicklung, in: HDW III, 1, 1992, 31 ff. dn

Entwicklungsländerbezogene Studiengänge An Hochschulen bzw. hochschulähnlichen Einrichtungen (z. B. *DIE) der BRD besteht in Form der Schwerpunktbildung innerhalb einzelner Studienfächer oder im Rahmen interdisziplinärer Aufbaustudien für Studenten die Möglichkeit zu einem an der *Dritte Welt-Problematik orientierten Studiengang. Informationen über Studieninhalte, Abschlüsse und Berufsmöglichkeiten der entwicklungsbezogenen Studiengänge gibt der von der *DSE herausgegebene *Studienführer Dritte Welt*, →Hochschule und Dritte Welt. ah

Entwicklungsländersteuergesetz aus dem Jahre 1963, gewährte steuerliche Erleichterungen für *Investitionen in EL, unter Federführung des Bundesministeriums der Finanzen mehrfach novelliert mit dem Ziel, das Instrument stärker an die entwicklungspol. Leitlinien der BRD anzupassen (etwa *LLDC-Förderung, Erhöhung der Beschäftigungseffekte). Dez. 1981 zeitlich begrenzt auf die bis dato vorgenommenen Investitionen.

Steuerliche Erleichterungen für Investitionen in EL bezwecken auch a) das Auslandsinvestitionsgesetz (u. a. per steuerfreier Rücklagen) und b) die Doppelbesteuerungsabkommen (DBA), die die BRD mit bis 1988: 34 EL abgeschlossen hat, um deutsche Unternehmen von int. Doppelbesteuerung zu befreien und vor zu hohen steuerlichen Belastungen zu schützen. dn

Entwicklungsmodell Die E.-Politik sieht sich vor die Notwendigkeit gestellt, zwischen alternativen Möglichkeiten wirtsch., gesellsch. und pol. E. grundlegende Entscheidungen zu treffen. Diese Entscheidungen berühren beispielsweise die Art der Produktionsstruktur, die Kontrolle über die Produktionsmittel, die räumliche und sektorale Verteilung der Wachstumspole, die Art der Beziehungen zum Weltmarkt, die Art und den Grad der nat. Autonomie, die Verteilung des Nutzens sozio-ökon. E., Art und Grad der *pol. Partizipation der Bev. etc. Unter EM ist die vom Einzelfall abstrahierende grundlegende Entscheidung in mehreren dieser Problembereiche zugunsten einer Alternative zu verstehen. Ein EM besteht demnach aus einer Verbindung versch. Grundentscheidungen zu einer größeren Zahl von Sachverhalten und weist somit bestimmte Eigenschaften auf, die es von anderen unterscheidet. Konkrete Alternativen sind beispielsweise: Industriesektor – Agrarsektor; Schwerindustrie – Leichtindustrie; Wachstum – Verteilung, *kapitalintensiv – *arbeitsintensiv; Exportorientierung – Inlandmarktorientierung; konsumorientiert – investitionsorientiert; weltmarktintegrativ – *dissoziativ; abhängig – autonom – *autozentriert; autoritär/repressiv – demokratisch/partizipatorisch etc. Bestimmte Entscheidungen, ihre Kombination und ihre Beziehungsstruktur machen ein EM aus. dn

Entwicklungsplanung Wie in den IL, so finden sich auch in den EL keine idealtypischen Wirtsch.-Ordnungen, sondern Mischformen. In der Mehrzahl dieser Länder waren indes planwirtsch. Elemente stärker vertreten als etwa in den marktwirtsch. IL. Dies hat mehrere Gründe:

Für viele EL wurde die rasche *Industrialisierung in der UdSSR zum Beleg für die Notwendigkeit einer zentral gelenkten und planvollen nat. E.-Politik. Hinzu kam, daß die EL ihre nach dem II. Weltkrieg gewonnene pol. Unabh. durch eine wirtsch. Selbständigkeit ergänzen wollten. Viele dieser Länder setzten (entsprechend der *Imperialismustheorie) *Kolonialismus und Kapitalismus gleich. Mit dem Kolonialismus wollten sie auch den Kapitalismus abstreifen und wandten sich Ordnungsformen zu, die häufig auch als *Dritter Weg zwischen Kapitalismus und Sozialismus bezeichnet wurden, oder es bildeten sich Ordnungsformen heraus, die als soz. bezeichnet wurden, häufig aber weit von sozialen oder soz. Idealen entfernt waren.

Ein weiterer Grund für die vermehrte Übernahme planwirtsch. Elemente waren Empfehlungen *bilateraler und *multilateraler E.-Hilfegeber, die oft einen nat. E.-Plan zur Voraussetzung für die Vergabe von E.-Hilfe an das betreffende Land machten.

Schließlich besteht in vielen EL, wie auch in manchen IL, ein grundsätzliches Mißtrauen gegenüber einer marktwirtsch. Ordnung. Die schlechte Erfahrung der Weltwirtschaftskrise der 20er und 30er J. werden in diesem Zusammenhang angeführt, die Ergebnisse des Marktmechanismus werden als ungerecht empfunden und vielfach für die unbefriedigende Situation in den EL verantwortlich gemacht. Auch konnte und kann man sich einfach nicht vorstellen, daß die vielfältigen Probleme, vor die sich die EL gestellt sehen, ohne Eingriffe des Staates und eine weitreichende Steuerung des Wirtschaftsablaufs gelöst oder auch nur einer Lösung nähergebracht werden können. E.-Planung wurde so gewissermaßen zur Zauberformel für die E.-Politik.

E.-Planung ist der Versuch, nach einem umfassenden und rationalen Plan die soziale und ökon. E. eines Landes zu korrigieren und zu beschleunigen. Sie ist eine Art übergeordnetes Instrument der E.-Politik, bei dem Ziele vorgegeben und Mittel ihrer Realisierung im vorhinein in Art und Umfang ihres Einsatzes festgelegt werden. Sie ist in vielfach variierter Form in nahezu allen EL angewandt worden. Noch heute gilt der nat. E.-Plan in vielen EL als Rahmen für alle Aktivitäten, die den Ablauf der E. beeinflussen sollen.

In der theoretischen Konzeption wird der Planungsvorgang im allg. *horizontal* in aufeinander folgende und aufbauende Arbeitsphasen und *vertikal* in Planungsebenen mit unterschiedlichen, hierarchisch angeordneten Niveaus unterteilt. In der ersten Phase werden sämtliche für die E. eines Landes wichtigen Informationen (Ressourcenausstattung, Hemmfaktoren, hist. Tendenzen usw.) gesammelt und statistisch ausgewertet. Nach einer ersten Prognose über die daraus abzuleitenden E.-Perspektiven wird eine Rangfolge von ökon. und sozialen Zielen erarbeitet und werden die Strategien zu ihrer Verwirklichung als Richtlinien der E.-Pol. ausgewählt. In einem dritten Schritt wird der eigentliche E.-Plan mit genauen, mathematisch berechneten Zielvorgaben und Instrumentwerten aufgestellt und verabschiedet. Er wird in der vierten Phase praktisch durchgeführt und schließlich auf seine Ergebnisse, auf die Funktionsfähigkeit der beteiligten Institutionen und auf Gründe für Erfolge oder Mißerfolge hin überprüft (* Evaluierung).

In der vertikalen Unterteilung nach Planungsebenen unterscheidet man einmal in der zeitlichen Betrachtung kurzfristige (monatliche, jährl.), mittelfristige (zwei- bis sechsjährige, v. a. fünfjährige) und langfristige (Perspektiv-)Planung für Zeiträume über zehn Jahre. Geogr. gliedert man nach Dorf- und Gemeindeplanung (*local planning*), Regionalplanung und Nationalplanung. Schließlich wird der Planungsumfang durch die Unterscheidung von Projektplanung (Staudämme, Straßen, Kraftwerke), Sektoralplanung (Landw., Ind., Energie, Umwelt) und gesamtwirtsch. Globalplanung berücksichtigt. Werden horizontal alle Planungsebenen miteinander abgestimmt und in eine Gesamtplanung der E. eingebunden, so spricht man von integrierter E.-Planung (*comprehensive planning*).

Die Ergebnisse der in mehr als drei Jahrzehnten und in vielen EL praktizierten E.-Planung sind enttäuschend, und allseits macht sich ein sog. Planungspessimismus breit. Neue Hoffnungen gründen sich in vielen EL auf eine Abkehr von allzu massiven Interventionen des Staates in den Wirtschaftsablauf und auf eine Stärkung des Preismechanismus als Lenkungsinstrument. Solche Eingriffe des Staates haben in der Vergangenheit vielfach zu erheblichen Preisverzerrungen auf den Faktor- und Gütermärkten in den EL geführt. Diese Preisverzerrungen waren ihrerseits die Ursache von Fehlleitungen und Verschwendung knapper Ressourcen, was in den EL noch weniger zu verantworten ist als in den IL. nw

Entwicklungspole →unbalanced growth

Entwicklungspolitik Unter EP ist die Summe aller Mittel und Maßnahmen zu verstehen, die von EL und IL eingesetzt und ergriffen werden, um die wirtsch. und soziale Entwicklung der EL zu fördern, d. h. die Lebensbedingungen der Bev. in den EL zu verbessern. EP fußt auf best. theoretischen Prämissen und Einsichten in die E.-Problematik, auf pol. Zielsetzungen der nat. und int. öfftl. und privaten Org. und Institutionen, die an ihrer Formulierung und Durchführung beteiligt sind; sie bedarf organisierter Trägergruppen in EL und IL und eines den Zielsetzungen der EP angepaßten Instrumentariums. Im folgenden wird die EP einzelner Länder und Ländergruppen dargestellt.

Entwicklungspolitik der Bundesrepublik Deutschland 1. Die EP ist eine der jüngsten Handlungsbereiche innerhalb des Spektrums pol. Aktivitäten. In ihrer Ausrichtung auf Wirkungen in anderen Ländern und hinsichtlich der Langfristigkeit der anvisierten Ziele unterscheidet sie sich erheblich von anderen Politikbereichen und erfordert daher ganz spezielle Vorgehensweisen. Indem sie vorfindliche E. in helfender Absicht unter Verzicht auf adäquate Gegenleistung fördert, ist sie nur ein Teil der Zusammenarbeit mit EL, nämlich der nach Maßgabe der * DAC-Kriterien der * OECD helfende Teil. Dies begründet ihre rel. Eigenständigkeit. Andererseits ist EP Teil der Gesamtpol. und erhält somit ihre entscheidenden Impulse auf Grund nat. Motivierungen. Als grenzüberschreitende Politik ist sie Bestandteil und bes. Form der Außenpol. (Diplomatie, Außenwirtschaftspol.). Damit ist sie untrennbar mit strategischen, ideologischen und außenwirtsch. Motiven, Zielen und Instrumenten der Außenpol. verbunden. Die Profilierung der EP als funktional eigenständiger Politikbereich *sui generis* hängt davon ab, ob es den verantwortlichen Akteuren – und hier v. a. dem zuständigen Bundesmin. für Wirtsch. Zusammenarbeit (* BMZ) – gelingt, das Ziel – Entwicklung als unterentwickelt definierter Länder – nicht als Unterziel nat. Politik, sondern als eigenständiges Ziel darzustellen, das nur über seine tendenzielle Erreichung nat. Interessen dient.

2. Entsprechend der Pluralität innen- und außenpol. Partikularinteressen, die in die Definition des nat. Interesses einfließen und sich in e.-pol. Ziel- und Begründungszusammenhängen wiederfinden, ist EP als *multifunktionales Aufgabensystem* zu begreifen. Institutionell-org. zeigt sich die Multifunktionalität der EP in der BRD darin, daß 1) neben dem Staat, vertreten durch die Bundesreg., eine Vielzahl * nicht-staatlicher Organisationen e.-pol. tätig sind, EP sich somit nicht nur auf der Ebene der int., sondern auch auf der Ebene der transnat. Bez. abspielt; 2) die Verwaltung der EP sich als ein im Laufe der Jahre variabel abgegrenztes System mit geteilter ministerieller und nachgeordneter Verantwortlichkeit beschreiben läßt, wobei die Org.-Struktur und der Entscheidungsprozeß als Antwort auf spezifische Theorieangebote sowie auf spezifische gesellsch. und pol. Problemlagen aus dem nat. und int. Umfeld begriffen werden müssen.

3. Die unterschiedliche Gewichtung zwischen einem genuin e.-pol. Rationalitätskalkül und diplomatischen und außenwirtschaftspol. Rationalitätskalkülen spiegelt sich in der bisherigen Geschichte der bundesrepublikanischen EP. Sie läßt sich in *vier Phasen* einteilen: 1) *eine Phase der Improvisation und des Aufbaus:* EP als Instrument der Diplomatie und der Außenwirtschaftspol. (von ca. 1956 bis in die zweite Hälfte der 60er J.); dabei können je nach Akzentsetzung die J. 1965/66 (Rezession), 1968 (Amtsantritt Epplers) bzw. 1969/70 (Beginn der sozial-liberalen Koalition, Reorganisation des BMZ, Beginn der zweiten * Entwicklungsdekade) als Schnittpunkt Plausibilität beanspruchen; 2) *eine Phase der Innovationen:* EP als «aktive» Politik (1969/70 bis 1973/74); 3) *eine Phase der Stagnation und des zunehmenden Pragmatismus:* EP als Krisenmanagement (1974ff.); 4) EP der konservativ-liberalen Koalition (ab 1982) wieder stärker unter *Berücksichtigung dt. Interessen.*

4. Die *Phase der Improvisation und des Aufbaus:* Das erste Jahrzehnt der

E.-Kooperation unter den E.-Ministern Scheel (1961 bis 1966) und Wischnewski (1966 bis 1968) stand *konzeptionell* im Zeichen außenpol. und wirtschaftspol. Instrumentalisierung des neuen Handlungsfelds. Das für die * Technische Hilfe fachlich verantwortliche Auswärtige Amt (AA) begriff EP in erster Linie als weltweites diplomatisches Kampfmittel des Westens gegen das Vordringen des Kommunismus in der * Dritten Welt. Auf dem Hintergrund der dt. Teilung verwandte das AA EP ergänzend im Sinne der Hallstein-Doktrin als Sanktionsinstrument, um die dipl. Anerkennung der DDR durch Staaten der Dritten Welt zu verhindern. Mit der Betonung der Privatinitiative, export- und rohstoffpol. Interessen und der ordnungspol. Perspektive der sozialen Marktwirtschaft konkretisierte das für die * Kapitalhilfe zuständige Wirtschaftsministerium (BMWi) ergänzend die außenpol. Zielvorstellungen. Verstärkt wurde diese doppelte Fremdbestimmung der EP noch durch das Verständnis der beiden ersten E.-Minister, die sich den Interpretationen des AA und des BMWi weitgehend anschlossen und auf eine Profilierung der EP weitgehend verzichteten.

Auf der *organisatorischen* Ebene entsprach der konzeptionellen Improvisation und Fremdbestimmung der EP ein System nur schwer überschaubarer und koordinierbarer Verantwortlichkeiten ohne die integrierende Kraft eines voll verantwortlichen Ressorts. Dem 1961 geschaffenen BMZ gelang es erst nach Jahren, sich die für eine funktionale Eigenständigkeit der EP erforderlichen Kompetenzen anzueignen (1964 Übernahme der Technische-Hilfe-Kompetenzen vom AA, 1972 der Kapitalhilfe-Kompetenzen vom BMWi). Der e.-pol. Entscheidungsprozeß lag bis 1972 bei einem System interministerieller Ausschüsse, in dem das AA und das BMWi über Veto-Rechte verfügten. Dem Integrationsdefizit des BMZ nach außen entsprach eine weitgehende Desintegration des e.-pol. Organisationsgeflechts (* DSE, * DED, * DEG, * DIE und * CDG), was teils an fehlenden Kompetenzen des BMZ, teils an den labilen Strukturen dieser sich noch im Aufbau befindlichen nachgeordneten Behörden lag.

Die fehlende funktionale Eigenständigkeit der E.-Politik und ihr org. Wirrwarr fand ihre Entsprechung in einem *e.-theoretischen* Vakuum. Zur theoretischen Begründung e.-pol. Handelns griff man auf Elemente einer simplifizierten * Modernisierungstheorie zurück.

5. *Die Phase der Innovationen:* Der Wandel außenpol. (Entspannungspolitik, Blockbildung der Dritten Welt) und innenpol. Lageparameter (1968 Amtsantritt Epplers, 1969 Beginn der sozial-liberalen Koalition) schuf gegen Ende der ersten Entwicklungsdekade die Voraussetzungen für eine Vergrößerung des e.-pol. Handlungsspielraums. Die weltweite und deutsch-deutsche Entspannung stellte die bundesrepublikanische Außenpolitik in einen längerfristigen Horizont. Die wirtsch. Prosperität sowie die gestärkte Position der Bundesrepublik als zweitgrößte Welthandelsmacht erlaubten auch außenwirtschaftspol. ein Denken in längerfristiger Perspektive. Diese Trends erleichterten es dem neuen E.-Minister Eppler – gestützt auf eine e.-pol. engagierte Teilöffentlichkeit –, die außenpol. Interessen des AA (Friedenspolitik) und die außenwirtschaftspol. Interessen des BMWi als kompatibel mit den e.-pol. Interessen des BMZ (EP als «Weltinnenpolitik» bzw. als weltweite Sozialpolitik) darzustellen. Begünstigt durch ein allgemeines Reformklima wurde so EP als eine «aktive» Politik begriffen, und zwar im doppelten Sinn einer Profilierung der Politik des BMZ wie als Anspruch einer vorausschauenden, aktiv steuernden und an den Bedürfnissen der EL orientierten EP. Entsprechende

Innovationen im *Programmbereich* waren v. a. die Erarbeitung von Länder- bzw. Regionalstudien, Länderhilfeprogramme und die Forderung nach Verbundprojekten (einer Verbindung von technischer Hilfe mit Kapitalhilfe und Privatinvestitionen). Dem Gewinn an funktionaler Eigenständigkeit der EP entsprach auf der *org. Ebene* als Ergebnis verstärkter Kontroll- und Prüfaktionen im BMZ und detaillierter Organisationsplanungen für den Durchführungsbereich eine Verfestigung des bürokratischen Organisationsgeflechts auf ministerieller und nachgeordneter Ebene.

Den konzeptionellen und org. Neuerungen entsprach auf der *professionellen Ebene* eine größere Verfachlichung – Konsequenz entwicklungstheoretischer Fortschritte (Abkehr von naiven Modernisierungsvorstellungen) und eigener Erfahrungen in der Projektarbeit.

6. *Die Phase der Stagnation und des Pragmatismus:* Die weltweite Wirtschaftskrise im Gefolge des Ölschocks 1973 führte schrittweise wiederum zu einer stärkeren Verankerung der EP in einer primär auf Krisenmanagement abstellenden Außen- und Außenwirtschaftspolitik. Eppler-Nachfolger Bahr (1974 bis 1976) stellte in der Öffentlichkeitsarbeit seines Ressorts wie in der praktischen Politik die rohstoffexport- und beschäftigungspol. Eigeninteressen ins Zentrum seiner Argumentation. Der Differenzierung der EL im Gefolge der Energiekrise begegnete er mit einer Differenzierung des e.-pol. Instrumentariums. Danach sollte sich die finanzielle und technische Zusammenarbeit im herkömmlichen Sinn auf die Randländer (* MSACs, * LLDCs) konzentrieren (* Grundbedürfnisstrategie), während für die neuen Mittelmächte und Gravitationsländer (* Schwellenländer, NICs) neue bzw. erweiterte Formen einer techn.-wirtsch. Kooperation zum Einsatz kommen sollten. «Gesamtpolitik» wurde ein neuer Schlüsselbegriff und EP nicht mehr als funktional eigenständiger Politikbereich (wie in der zweiten Phase), sondern in enger Verflechtung mit Handels-, Wirtschafts- und Außenpolitik gesehen. Diese Linie änderte sich auch unter den E.-Ministern Schlei (1976 bis 1978) und Offergeld (1978 bis 1982) nicht wesentlich. Während Schlei sich weitgehend auf die klassischen Formen der E.-Kooperation beschränkte und für ein größeres e.-pol. Engagement im südlichen Afrika eintrat, reagierte Offergeld auf den enger werdenden haushaltspol. Spielraum mit der Betonung von Effizienzgesichtspunkten. Eine zusätzliche Akzentverschiebung ergab sich unter Offergeld insofern, als er – trotz Verschärfung des Ost-West-Konflikts und wachsenden Engagements der COMECON-Staaten in der Dritten Welt (v. a. in Afrika) – zu der von der Reg. Reagan betriebenen *Containment*-Politik auf rel. Distanz ging.

7. *EP zwischen liberaler Wirtschaftsphilosophie, konservativem Politikverständnis und instrumentellen Neuerungen* (1982 ff.): Die EP der konservativ-liberalen Koalition steht unter dem Motto der stärkeren Berücksichtigung dt. Interessen. Eingebettet in eine neoliberale Wirtschaftsphilosophie (Vertrauen auf die Marktkräfte, «Entstaatlichung») und ein konservatives, paternalistisches Politikverständnis (EP als Ordnungspolitik, als Eindämmungspolitik; «Politikdialog») wird E.-Hilfe wiederum vorrangig zum Instrument der Exportförderung (verstärkte * Mischfinanzierung und * Lieferbindung; aktive Projektfindung; Beschäftigungswirksamkeit) und als Unterstützung außenpol. Freunde eingesetzt, begründet und ausgesetzt. Parallel erfuhr der e.-pol. Entscheidungsprozeß mit der Einführung der «Zielorientierten Projektplanung» (ZOPP) und institutioneller Reformen wichtige, auf Effizienzsteigerung abzielende Impulse.

Tabelle 5: Nettoleistungen der Bundesrepublik Deutschland an Entwicklungsländer und multilaterale Stellen in den Jahren 1985–1990 (in Millionen DM)

Leistungsart	1985	1986	1987	1989	1990	1950–1990
I. Öffentliche Entwicklungszusammenarbeit (ODA)[1]	8656,7	8317,5	7895,1	9309,7	10213,2	147616,4
1. Bilateral	5826,1	5736,2	5556,8	5973,3	7238,3	103827,0
a) Zuschüsse	4197,7	3904,9	3894,6	4360,2	7312,7	65816,6
– Technische Zusammenarbeit[2]	2576,3	2670,6	2760,6	2730,0	2917,3	40840,9
– Sonstige Zuschüsse	1621,4	1234,3	1134,0	1630,1	4395,4	24975,7
b) Kredite und sonstige Kapitalleistungen	1628,4	1831,3	1662,2	1613,2	−74,4	38010,4
2. Multilateral	2830,6	2581,3	2338,3	3336,4	2974,9	43789,4
a) Zuschüsse an internationale Organisationen	1608,0	1471,0	1369,8	1847,2	1796,1	24756,0
b) Kapitalanteile/Subskriptionen	1235,3	1123,9	983,6	1506,8	1196,9	18747,6
c) Kredite	−12,7	−13,6	−15,1	−17,6	−18,0	285,8
II. Sonstige öffentliche Leistungen	1985,0	1994,4	1621,4	1929,0	3410,0	29343,1
1. Bilateral	2017,1	2003,1	1625,0	1935,7	3412,8	26720,4
a) Kredite der KfW	798,5	788,4	−200,4	−46,3	137,9	10194,6
b) Refinanzierungen des BMF	1179,3	1171,3	1768,0	1972,4	3243,9	15911,9
c) Sonst. Kredite	39,3	43,4	57,4	9,5	30,9	613,9
2. Multilateral	−32,1	−8,7	−3,6	−6,6	−2,8	2622,6
III. Private Entwicklungshilfe[3]	1246,9	1182,5	1159,6	1276,7	1222,7	16664,5
IV. Private Leistungen zu marktüblichen Bedingungen	4314,0	5162,0	4237,6	10338,5	7073,0	161024,9
1. Bilateral	3194,2	4140,4	3521,5	9418,6	5939,2	135530,5
a) Investitionen und sonst. Kapitalverkehr	2504,0	2996,6	2945,5	8020,7	3396,7	100829,8
b) Exportkredite	690,2	1143,8	576,0	1397,9	2545,5	34700,8
2. Multilateral	1119,8	1021,6	716,1	919,9	1133,8	25494,4
V. Gesamte Leistungen	16202,6	16656,4	14913,7	22853,9	21918,9	354648,9

[1] Bi- und multilaterale Zuschüsse sowie Kredite und sonstige Kapitalleistungen zu Vorzugsbedingungen.
[2] Ab 1984 einschließlich Studienplatzkosten für Studenten aus Entwicklungsländern.
[3] Zuschüsse nichtstaatlicher Organisationen (z. B. Kirchen, Verbände, Stiftungen) aus Eigenmitteln und Spenden an Entwicklungsländer.

Quelle: HiZ II A 01 00

Angesichts weltweiter Krisenphänomene (Wachstums- und Beschäftigungskrise, Inflation und *Verschuldung, *Protektionismus), des gegenwärtigen e.-theoretischen Vakuums, der Stagnation im Nord-Süd-Dialog und einer e.-pol. Zielkrise ist zu vermuten, daß der Handlungsspielraum einer funktional rel. eigenständigen EP in Zukunft noch weiter verengt wird.

Lit.: K. Bodemer, Entwicklungshilfe – Politik für wen? Ideologie und Vergabepraxis der deutschen Entwicklungshilfe in der ersten Dekade, München 1974; M. Martinek, Die Verwaltung der deutschen Entwicklungshilfe und ihr Integrationsdefizit, Bad Honnef 1981; Hessische Stiftung Friedens- und Konfliktforschung (HSFK) u. a. (Hg.), Hilfe + Handel = Frieden? Die Bundesrepublik in der Dritten

Welt, = Friedensanalysen 15, eds. N.F. 97, Frankfurt 1982; M. Glagow (Hg.), Deutsche Entwicklungspolitik. Aspekte und Probleme ihrer Entscheidungsstruktur, Saarbrücken 1983; M. Dauderstädt/A. Pfaller, Bestandsaufnahme und Bewertung neuer entwicklungspolitischer Ansätze, München u.a. 1984; K. Bodemer, Programmentwicklung in der Entwicklungspolitik der Bundesrepublik Deutschland, in: F. Nuscheler (Hg.), Dritte-Welt-Forschung. Entwicklungstheorie und Entwicklungspolitik, PVS Sonderheft 16, Opladen 1985; Deutscher Bundestag, Entwicklungspolitik. Bilanz und Perspektiven (Zur Sache 2/1986), Bonn 1986; D. Oberndörfer/Th. Hanf (Hg.), Entwicklungspolitik, Stuttgart 1986; F. Nuscheler, Lern- und Arbeitsbuch Dritte Welt, 2. überarb. Aufl., Bonn 1987; S. Pater/T. Striepke, Entwicklungspolitik nach der Wende, Dortmund 1987; S.J. Spranger/L. Brock, Die beiden deutschen Staaten in der Dritten Welt, Opladen 1987; BMZ, Achter Bericht zur Entwicklungspolitik der Bundesregierung, Bonn 1988. kb

Entwicklungspolitik der EG (EEP) In den EWG-Gründungsverhandlungen bestand Frankreich auf der Einbeziehung seiner Kolonialgebiete in den Gemeinsamen Markt (gegen den Willen der aus außenwirtschafts- und deutschlandpol. Gründen eher global orientierten BRD). In den Art. 131 bis 136 statuierte der EWG-Gründungsvertrag das Ziel, die «wirtschaftliche und soziale Entwicklung» der mit der EWG durch «besondere Beziehungen» verbundenen Überseegebiete zu fördern und zu ihnen enge Wirtschaftsbande herzustellen. Die EWG bot ihnen a) einen Kredit- und Zuschußfonds, b) einen stufenweise herzustellenden zollfreien Zugang zum EWG-Markt, c) nicht-reziproke Sonderkonditionen an, die ihnen erlaubten, die präferentiellen Handelsbeziehungen zu den jeweiligen «Mutterländern» beizubehalten und zugleich Zölle zum Schutz der eigenen * Industrialisierung einzuführen. Gleichzeitig eröffneten die Präambel (Abs. 7) und Art. 238 (über Assoziierung mit dritten Staaten) die Voraussetzungen für eine globale EEP.

Das 1. Assoziierungsabkommen von Jaundé (1963) beschränkte sich noch auf die damals unabhängigen 18 Assoziierten afrikanischen Staaten und Madagaskar (AASM), räumte für 11 agrarische Exportprodukte EWG-Nullzölle ein, verabredete die schrittweise Errichtung einer prinzipiell wechselseitigen Freihandelszone, konzedierte den AASM aber e.-pol. begründete Schutzzölle und stattete den Europäischen Entwicklungsfonds (* EEF) mit 730 Mio. * RE aus. Das Nachfolgeabkommen von 1969 (Jaundé II) brachte eine weitere Senkung der EWG-Außenzölle für tropische Produkte und erhöhte die Mittel des zweiten EEF auf 828 Mio. RE (wieder für den Zeitraum von 5 J.). Schon zuvor hatte die EWG – gegen den Widerstand der USA und von GB – Nigeria (1966) und im sog. Arusha-Abkommen von 1968 die drei * EAC-Staaten Kenya, Uganda und Tanzania assoziiert.

Die bisher vier Lomé-Abkommen (1975, 1979, 1984, 1989) mit jeweils fünfjähriger bzw. zehnjähriger (Lomé IV) Laufzeit erweiterten den Kreis der Assoziierten auf die zunächst 46 und zuletzt 69 AKP-Staaten, bauten den präferentiellen Zugang zum EG-Markt (wieder ohne reziproke Gegenpräferenzen, aber mit Mengenkontingentierungen für «sensible» Güter) aus, führten die Exporterlösstabilisierungssysteme * STABEX und * SYSMIN ein und erhöhten die Mittel des * EEF (im siebten EEF während der ersten Finanzperiode von Lomé IV [1990–1995] auf 18,8 Mrd. ECU neben 1,2 Mrd. ECU für zinsgünstige Kredite der * EIB).

Das Vertragswerk von Lomé IV (unterz. am 15.12.89, Laufzeit von 1990–2000) knüpft eng an die Entwicklungsstrategien von Lomé III an. Wichtige Neuerungen sind: 1. Die Einrichtung eines Entwicklungsfonds, mit dessen Hilfe die schmerzhaften, mit IWF und Weltbank abgestimmten Strukturanpassungsprogramme einzelner AKP-Staaten abgefedert werden sollen. 2. Bemühungen, um der wachsenden Gesamtverschuldung der AKP-Staaten Einhalt zu gebieten. 3. Technische und finanzielle Unterstützung der AKP-Vertragspartner bei der Verwirklichung marktwirtschaftlich orientierter Strukturreformen. 4. Verstärkte Aufmerksamkeit gegenüber den Fragen des Umweltschutzes und der Bevölkerungspolitik.

Die Lomé-Abkommen wurden einerseits als Modell für eine Nord-Süd-Partnerschaft gefeiert, andererseits als Gegenmodell zur *Neuen Weltwirtschaftsordnung und als Spaltpilz innerhalb der *Dritten Welt beargwöhnt. Abgesehen von den beschränkten Mitteln des EEF, in den nur 8 % der E.-Etats der EG-Staaten fließen, erfüllten auch die handelspol. Arrangements nicht die Erwartungen der AKP-Staaten. Ihr Anteil am EG-Außenhandel stagnierte bei 7 %, weil sie auf Grund ihres geringen Industrialisierungsgrades die Zollkonzessionen gar nicht nutzen können oder bei sensiblen Gütern auf Mengenkontingentierungen stoßen. STABEX und SYSMIN, die zusammen nur 18,3 % des EEF (unter Lomé IV) umfassen, können ihre außenwirtsch. Probleme allenfalls etwas abmildern (und nutzen häufig den von Produktions- oder Preiseinbrüchen betroffenen Produzenten wenig, weil die Ausgleichszahlungen an die Regierungen geleistet werden).

Der vordergründig plausiblen These, daß die Assoziierungsabkommen der EWG/EG die Dritte Welt spalten und koloniale Einflußsphären erhalten sollten, widerspricht die zunehmende Globalisierung der EEP: 1. durch Handels- und Kooperationsverträge mit den Mittelmeerstaaten, die den Lomé-Sonderbedingungen sehr nahekommen; 2. durch die schon 1971 beschlossenen allgemeinen Zollpräferenzen, die allen EL den EG-Markt für etwa 3000 ind. Halb- und Fertigwaren öffneten und, obwohl diese Präferenzen wieder aufgehoben wurden, die AKP-Sonderbedingungen unterliefen; 3. durch nicht-präferentielle Handelsabkommen mit einigen asiat. und lateinamerik. Staaten, die u.a. Vereinbarungen über *Meistbegünstigung und Beseitigung nicht-tarifärer *Handelshemmnisse enthielten; 4. durch ein Abkommen von 1980 mit *ASEAN, das neben Handelsvereinbarungen auch *finanzielle und *technische Zusammenarbeit vorsieht; 5. durch das Angebot finanz. und techn. Hilfe im Umfang von 730 Mio. *ERE an EL außerhalb der regionalen Kooperationsabkommen; 6. durch *Nahrungsmittelhilfe (aus EG-Überschüssen), die von Anfang an die AKP-Grenzen überschritt und mit Überschußverwertungspolitik der USA konkurrierte; 7. durch Beteiligung am Soforthilfefonds der *UN (mit immerhin 720 Mio. US-$) und an anderen *multilateralen Sondermaßnahmen für die ärmsten EL (die sich freilich mehrheitlich in der AKP-Gruppe befinden).

Diese Globalisierung der EEP deutet darauf hin, daß die Verengung auf den AKP-Kreis nicht im außen- und außenwirtschaftspol. Interesse der Mehrheit der EG-Staaten liegt. Überzeugender als die «Spaltungsthese» ist deshalb das Argument, daß die EG die armen AKP-Länder assoziierte, weil sie sich deren Assoziierung ökon. leisten und außerdem einen pol. Nutzen erhoffen konnte. Nicht zuletzt leistete die EEP einen erheblichen Beitrag zur Europäischen Politischen Zusammenarbeit (EPZ), die im Außenverhältnis zur Dritten Welt noch am besten funktioniert, obwohl die nationalstaatl. Handels- und Rohstoffinteressen und protektionistischen Neigungen auch diesen bisher integrationsfördernden Gemeinschaftsbereich nicht unberührt lassen.

Lit.: H. Hasenpflug, Die EG-Außenbeziehungen, Hamburg 1979; B. Friedrich/S.-J. Park/R. Wiegelmann, Entwicklungspolitik der EG, Frankfurt/New York 1980; H.-H. Schumacher, Die Nahrungsmittelhilfe der Europäischen Gemeinschaft, Baden-Baden 1981; ODI/IDS, EEC and the Third World, A Survey, 2 Bde., London usw. 1981/82; H. J. Petersen (Hg.), Die Beziehungen zwischen der EG und Lateinamerika, Baden-Baden 1983; K. Weidmann, Die EG-Entwicklungspolitik in Afrika. Hungerhilfe oder Elitenförderung, Diss. Freiburg 1990; U. P. Nawrocki (Hg.), Die EG-Entwicklungspolitik der 90er Jahre und die Beteiligung der Wissenschaft, Aachen 1991; V. Kasch, Der Vertrag von Maastricht: Neue Ansätze der EG-Entwicklungspolitik, in: E + Z, 1993, 1, S. 17ff.

fn

Entwicklungspolitik Frankreichs

Frankreich als ehemals zweitgrößte Kolonialmacht setzte in den Verhandlungen über den EWG-Vertrag 1957 durch, daß die *Union Française*, faktisch das frühere Kolonialgebiet, in die Vertragsvereinbarungen einbezogen wurde. So wurde durch den EWG-Vertrag ein Kompensationsgeschäft zwischen F. und seinen Überseegebieten und eine Stärkung der Beziehungen untereinander vorgenommen. Das Mutterland nahm handelspol. Einbußen in Kauf, wohingegen den überseeischen Gebieten neue Absatzmärkte für ihre Produkte eröffnet und darüber hinaus preisgünstige Industriegüter sowie *Investitionen aus den EWG-Ländern geboten wurden. Ursprünglich die Umwandlung der Französischen Union in die Große Französische Gemeinschaft anstrebend, betrieb F. am Anfang der 60er J. eine E.-Politik, die zur pol. Unabh. der ehem. Kolonien führen sollte. Um die Beziehungen auf eine neue Basis zu stellen, mußten folgende vier Veränderungen vollzogen werden: a) Preisgabe des Assimilationsgedankens; b) Aufgabe des Konzepts komplementärer Wirtschaften; c) Beendigung der Ausschließlichkeit der franz. Hilfe; d) Aufhebung der Verwaltungsstrukturen, die zur Unterstützung der wirtsch. E. geschaffen worden waren.

F. erhoffte sich durch eine aktive E.-Politik ökon. und kulturelle Vorteile mit Hilfe enger Kooperation mit den früheren Kolonien. Konsequenterweise mußte seine E.-Politik in den Staaten der *Dritten Welt eine ökon. und kulturelle Präsenz F.s zur Folge haben. Als Motive franz. E.-Politik wurden im offiziellen Regierungsreport 1963 genannt: Solidarität, Ausstrahlung, Vorteil. Das Ziel F.s war es zu verhindern, daß in der Dritten Welt Mächtegruppierungen entstanden, die ihm feindlich gegenüberstanden und sein pol. und gesellsch. System bedrohen könnten. Die E.-Politik war Teil der gaullistischen Außen- und Sicherheitspolitik. Sie sollte zur Überwindung des Ost-West-Gegensatzes beitragen, als Instrument zum Kampf gegen den Neoimperialismus, den de Gaulle weitgehend durch die USA praktiziert sah, dienen, und F.s Anspruch als globale Macht dokumentieren.

Ab Mitte der 70er J. nahm in Giscards «Konzept des Mondialismus» die Dritte Welt aufgrund der Weltwirtschafts- und Energiekrise einen großen Stellenwert ein. F. entwickelte die Idee des Nord-Süd-Dialogs – er fand weitgehend ergebnislos in Form der *KIWZ zwischen 1975–1977 in Paris statt – und wollte eine Vorreiterrolle bei der Regulierung globaler Probleme zwischen den IL und den EL spielen. In den 70er J. waren bevorzugte Regionen der franz. E.-Politik das tropische Afrika und der Mittelmeerraum von Maghreb bis zum Nahen und Mittleren Osten. Trad. Beziehungen wie auch das Vorhandensein für F. lebenswichtiger *Ressourcen (Erdöl) erklären das spezifische Eigeninteresse F.s an dieser Region. Mit seiner Afrikapol. suchte Giscard die Bipolarität der Supermächte aufzulockern, ihnen den Zugang nach Afrika zu versperren, durch eine enge franz.-afrik. Kooperation die europ.

Tabelle 6: Nettobetrag der öfftl. Entwicklungshilfe (ODA) Frankreichs an EL und multilaterale Stellen

	Durchschnitt 1975–1977	1980	1985	1986	1987	1988	1989	1990
Mio. US-$	2168	4162	3995	5105	6525	6865	7450	9380
in % des BSP	0,60	0,63	0,78	0,72	0,74	0,72	0,78	0,79

Quelle: OECD/DAC Jahresberichte

Position in der int. Politik zu stärken und schließlich spezifisch französisch-pol., wirtsch. und milit. Interessen zu verfolgen.

Die E.-Politik unter dem soz. Präs. Mitterrand war zunächst rhetorisch sehr stark geprägt durch die Solidarität mit der *Dritten Welt. Sie zielte auf die Errichtung einer neuen int. Ordnung, die neben Handel, Währung, Finanzen auch Wissenschaft, Kultur und Information umfassen sollte. Ziel war es, für die Dritte Welt einen weltweit geschützten und akzeptierten Rahmen der Unabh. und Nichtblockgebundenheit zu schaffen, in dem die Länder der Dritten Welt ihre eigene Rolle finden konnten. F. weigerte sich unter Mitterrand beharrlich, reine marktwirtsch. Lösungen zu akzeptieren, die die Wettbewerbschancen für die Staaten der Dritten Welt verschlechterten und sie zu erdrosseln drohten. So wurde auf Antrag Mitterrands auf dem Weltwirtschaftsgipfel 1988 beschlossen, den ärmsten Ländern südlich der Sahara einen teilweisen Schuldenerlaß zu gewähren, verbunden mit großzügigen Erweiterungen der Tilgungsfähigkeiten und Zinsermäßigungen.

Eine neue Dimension erhielt die franz. Dritte-Welt-Politik, indem nachdrücklich auf der Einhaltung der *Menschenrechte insistiert wurde. So verhängte F. 1981 ein Waffenembargo über Südafrika, verurteilte die Invasion der USA in Grenada 1983 und unterstützte die *Contadora-Gruppe im mittelamerik. Friedensprozeß.

Nach anfänglicher globaler Ausrichtung der E.-Politik der soz. Regierung – Mexiko, Algerien und Indien erhielten eine besonderen Stellenwert – konzentrierte sich F.s Dritte Welt-Politik auf den afrik. Kontinent. E.-Maßnahmen wurden nun sogar auf anglophone und arabische Staaten ausgedehnt. Die wichtigsten Instrumente franz. Afrika-Politik bilden a) die Militärpol., b) die Währungs- und Kreditpol. sowie c) die Kulturpol. (a) F. betreibt auch unter Mitterrand eine interventionistische Militärpol. und tritt in seinem Einflußbereich in West- und Zentralafrika – gestützt auf Verteidigungsabkommen über technische Militärhilfe – als Ordnungmacht auf. Gleichzeitig ist es der größte Waffenlieferant in Afrika. Wirtschaftspol. dienen die südafrik. Staaten nach wie vor als sichere Rohstofflieferanten. Aber v.a. liefert F. in den Nahen Osten Rüstungsgüter, um dafür das dringend notwendige Erdöl zu erhalten. (b) Mit Hilfe der weitgehenden Aufrechterhaltung der Währungs- und Kreditpol. in den beiden ehem. Verwaltungseinheiten Französisch Westafrika und Französisch Äquatorialafrika stehen diese Länder in einem festen Wertverhältnis zum franz. Franc (*Franc-Zone). (c) In der Kulturpol. wird die Kontinuität der Abh. der afrik. Länder von F. am deutlichsten erkennbar. Der größte Teil der franz. E.-Helfer in Afrika ist im Bildungsbereich tätig. Die Schulsprache in den frankophonen Ländern ist Französisch. Die Lehrpläne fußen weitgehend noch auf franz. Vorstellungen, und auch im universitären Bereich ist der Einfluß F.s dominant. Die Übernahme des franz. Verwaltungs-, Rechts- und Bildungssystems bei der Erlangung der Unabh. begünstigt diesen Einfluß. Das Volumen der öfftl. E.-Hilfe schwankte bis 1980 um 0,6% des BSP, stieg unter Mitterrand in den 80er J. deutlich an und überschritt das Ziel von 0,7%. Zu berücksichtigen ist, daß in den ODA-Angaben bis Ende der 70er J. die Ausgaben für die franz. Überseeterritorien (D.O.M. und T.O.M.) enthalten sind, so daß sich seinerzeit der Anteil der E.-Hilfe am BSP nur auf 0,3 bis 0,35% belief.

Lit.: A. Bourgi, La Politique française de coopération en Afrique, Paris 1979; Ministère de la Coopération, Panorama de l'action du Ministère de la Coopération, Paris 1980; A. Grosser, Affaires Extérieures de la France 1944/1984, Paris 1984; S. Cohen/M.S. Smouts (Hg.), La politique extérieure de Valéry Giscard d'Estaing, Paris 1985; W. Woyke, Frankreichs Außenpolitik von de Gaulle zu Mitterrand, Leverkusen 1987. ww

Tabelle 7: Öffentliche Entwicklungshilfe Großbritanniens

	1975–77 (Durchschnitt)	1980	1985	1986	1987	1988	1989	1990
in Mio. US-$	968	1854	1530	1750	1871	2645	2587	2647
in % des BSP	0,40	0,35	0,33	0,32	0,28	0,32	0,31	0,27
multilat. Anteil[1]	K.A.	31,2	39,8		K.A.	K.A.	41,5	

[1] Bezogen auf das jeweilige Doppeljahr, in % der ges. Nettoleistungen
Quelle: OECD/DAC Jahresberichte

Entwicklungspolitik Großbritanniens
GB leistete seit 1929 mittels seiner *Colonial Development Acts* eine Art von E.-Hilfe, freilich mehr zur kolonialen Inwertsetzung denn zur E. der Kolonialvölker. Von einer institutionalisierten E.-Politik kann erst seit 1964 gesprochen werden, als die *Labour Party* die Wahl gewann und das *Ministry of Overseas Development* (ODM) schuf, das alle e.-pol. Kompetenzen und Aktivitäten bündeln sollte. Aber sein Handlungsspielraum wurde und blieb von einem interministeriellen Ausschuß eingeschnürt, in dem das Außen- und Handelsmin. den Ton angeben. Das – ähnlich dem *BMZ – zu einer Abwicklungsagentur verkümmerte ODM wurde unter der Reg. Heath wieder dem Außenmin. unterstellt, unter den folgenden *Labour*-Regierungen (1974 bis 1979) als eigenständiges Min. (allerdings ohne Kabinettsrang) wiederhergestellt, unter der Reg. Thatcher aber wieder als *Overseas Development Administration* (ODA) dem Außenmin. (ECO) untergeordnet. In dieser ungesicherten Stellung des ODM innerhalb der Regierungsorganisation von *Whitehall* kommen nicht nur das geringe pol. Eigengewicht, sondern auch die außenpol. Funktionalisierung der EP zum Ausdruck.

Jenseits aller Reg.-Wechsel und unterschiedlicher Parteirhetorik besteht eine beachtliche Kontinuität in Programmatik, Funktionszuweisung, Größenordnungen und regionalen Schwerpunktsetzungen der brit. E.-Hilfe. Die *Labour*-Reg. (mit der energischen Judith Hart im ODM) hatte mit ihrem Weißbuch von 1975 (*More Help for the Poorest*) eine neue *Grundbedürfnisstrategie begründet, die Mittel für E.-Hilfe trotz großer Haushaltsdefizite erheblich und den Anteil der *LLDC von 13% (1974) auf 23% (1978) gesteigert. Die Reg. Thatcher kündigte zwar eine Totalrevision im Geiste ihrer neo-liberalen Wirtschafts- und Gesellschaftsphilosophie und erhebliche Kürzungen an, kürzte aber den (realen) Mittelansatz weniger als geplant und setzte weitgehend die durch Verträge abgesicherte Vergabepolitik fort (vgl. Tab. 7); sie kündigte einen Abbau der *multilateralen Leistungen an, hielt sie aber auf dem hohen Niveau von rd. 42%; sie verschärfte zunächst die *Lieferbindung (1980: 84%), lockerte sie aber im Verlauf der wirtsch. Stabilisierung wieder (1986: 46%); sie wollte das vom Handelsmin. gehandhabte Instrument der *Aid Trade Provision* (ATP, eine Art von *Mischfinanzierung) ausbauen, beschränkte aber in den Jahren 1980–85 ihren Anteil auf etwa 8% der *bilateralen E.-Hilfe. Die Wirtschaftsphilosophie des Freihandels, gepaart mit einer Stabilisierung der Handels- und Zahlungsbilanz, beförderte den sanfteren Einsatz protektionistischer Instrumente.

Etwa ¾ der brit. E.-Hilfe gehen nach wie vor in das *Commonwealth. Schwerpunktländer blieben in Asien: Indien, dessen Anteil freilich von 20% (1970) auf 5% (1989/90) zurückfiel, sowie Bangladesh und Pakistan; in Afrika: Kenia, Nigeria und Malawi. Einen überproportionalen Anteil erhalten die Relikte des *Empire*. Beispielsweise erhielten die Falkländer und St. Helenen 1980 pro Kopf gut 5000mal mehr als die Inder (nicht eingerechnet die Milliardeninvestitionen auf den Falklands nach dem Krieg mit Argentinien).

Die Thatcher-Reg., die wenig von int. Wohlfahrtspolitik hält und mehr auf E.-Effekte von Privatinvestitionen setzt, kürzte zunächst den E.-Hilfeetat, erhöhte ihn aber nach 1985 wieder deutlich. Dennoch fiel der Anteil der ODA am BSP von 0,35% (1980) auf 0,27% (1990) zurück. Ihre Leistungen können in Umfang und Qualität aber den Vergleich mit reicheren OECD-Ländern bestehen. So erzielte sie z. B. in den Jahren 1989/90 ein überdurchschn. *Zuschußelement von 98,2%. Lord Bauer blieb ein scharfer Kritiker dieser «Geschenkdiplomatie».

Lit.: D. Seers/P. Streeten, Overseas Development Policies, in: W. Beckerman (Hg.), The Labour Government's Economic Record, London 1972, S. 118; V. Cable, Labour and International Inequality, in: N. Bosanquet/P. Townsend, Labour and Equality, London 1980, S. 63; R. Kuhlmann, Großbritannien, in: M. Holthus/D. Kebschull (Hg.), Die Entwicklungspolitik wichtiger OECD-Länder, Hamburg 1985, S. 241; F. Nuscheler, Die Entwicklungspolitik der Regierung Thatcher (Friedrich Ebert Stiftung, Analysen Nr. 122), Bonn 1986. fn

Entwicklungspolitik Japans Vor gut 20 Jahren war J. nach Indien noch der zweitgrößte Empfänger von Krediten der *Weltbank. Inzwischen ist dieses ostasiat. «Wirtschaftswunderland» nicht nur zum größten Gläubiger der Welt aufgestiegen, sondern ist nach den USA auch der größte Geber von öffentlicher Entwicklungshilfe (ODA). Der japanische Staatshaushalt für 1991 enthielt Verpflichtungsermächtigungen in Höhe von über 10 Mrd. US-$. Wie in den Vorjahren war die Steigerung der ODA wesentlich höher als der Zuwachs des Gesamthaushalts. Während die ODA-Leistungen der übrigen OECD-Länder in den 80er Jahren stagnierten, legte Japan trotz hoher Staatsverschuldung beträchtlich zu. Mit einer Verfünffachung innerhalb eines Jahrzehnts (1977–87) näherte sich seine ODA-Leistung 1990 mit einem 0,32%-Anteil am BSP dem OECD-Durchschnitt von 0,35%. Obwohl es einen Teil dieser in Dollar-Werten ausgewiesenen Steigerung der Aufwertung des Yen verdankt, waren auch die Steigerungsraten in Yen-Werten im OECD-Vergleich außergewöhnlich. Bezogen auf seine Wirtschaftskraft sind diese Leistungssteigerungen jedoch nicht sonderlich eindrucksvoll: J. befand sich 1990 im Leistungsvergleich zwischen den OECD-Ländern nur auf dem 13. Platz. J.s Regierungschefs haben auf jedem «Wirtschaftsgipfel» versprochen, mehr E.-Hilfe zu leisten, aber sich niemals auf das 0,7%-Ziel der *DAC-Länder festgelegt.

Die Motive der Leistungssteigerungen liegen primär im jap. Eigeninteresse. Vorrangig sind zunächst die Rohstoffsicherung eines rohstoffarmen Landes und die Erschließung von Märkten für die stürmisch wachsende Ind.-Produktion. Dieses außenwirtsch. Primärinteresse, für das sich das mächtige Ministerium für Welthandel und Industrie (MITI) einsetzte, verlor jedoch angesichts des Überangebots an Rohstoffen und der wachsenden Handels- und Zahlungsbilanzüberschüsse an Gewicht.

Seit Beginn der 80er J. setzte sich in den eng miteinander verflochtenen Reg.- und Wirtsch.-Kreisen, unter massiver Nachhilfe durch die USA, die Erkenntnis durch, daß J. als wirtsch. Großmacht mehr int. Verantwortung übernehmen müsse. Eingebettet in das Konzept der «umfassenden Sicherheit» soll E.-Hilfe v. a. zur wirtsch. und pol. Stabilisierung der Nachbarländer in Ost- und Südostasien beitragen, die Hauptlieferanten von Rohstoffen, wichtige Exportmärkte, Zielländer von Privatinvestitionen und Anrainer lebenswichtiger Seewege sind; sie soll in diesen, im II. Weltkrieg von J. besetzten Ländern historische Hypotheken abtragen und eine «gute Nachbarschaft» aufbauen; sie soll darüber hinaus durch eine zunehmende Globalisierung dem «Land ohne Freunde» (so Helmut Schmidt) weltweit mehr Sympathie und Einfluß verschaffen.

J. ist seit 1988 für 30 EL zum größten Geberland geworden. Die 10 Schwerpunktländer liegen in Asien. Auf sie sind rd. 60% der bilateralen ODA konzentriert, rd. 40% allein auf Indonesien, China, die Philippinen und Thailand (zum Vergleich [1989]: Afrika 15,3%, LA 8,3%, Mittlerer Osten 5,4% der jap. ODA). J. baute behutsam seine Rolle als regionale Vormacht aus, die nicht auf milit. Stärke, sondern auf Handel, Investitionen und «Geschenkdiplomatie» beruht.

Parlament und Medien haben sich lange wenig für das bürokratische Unternehmen E.-Hilfe interessiert. Da es kein Fachministerium für E.-Hilfe gibt, fehlt auch ein parlamentarischer Fachausschuß. Die Bemühungen einiger weniger Abgeordneter, ein E.-Hilfe-Gesetz zustande zu bringen und die parlamentarische Kontrolle zu verstärken, scheiterten. Regelmäßige Umfragen haben erkundet, daß zwar die große Mehrheit der Bev. (rd. drei Viertel) die als Hilfsmittel verstandene ODA akzeptiert, aber wenig informiert und interessiert ist. Es gibt zwar eine Vielzahl von *NGOs, die sich aber weit weniger als in den westl. Ländern an der «Entwicklungsdebatte» beteiligen; es fehlt v. a. eine kirchliche «Entwicklungslobby», die das pol. und ökon. Vielzweckinstrument ODA unter einen moralischen Legitimierungsdruck setzt. Die introvertierte pol. Kultur J.s bezieht moralische Kategorien wie Gerechtigkeit oder Solidarität allenfalls auf das pol. Innenleben. Die hohen Steigerungsraten der ODA belebten jedoch die e.-pol. Diskussion. Die Medien griffen häufiger die Frage auf, was mit den wachsenden Summen geschieht. Berichte über die mit jap. Geld finanzierten Prestigeobjekte des philippin. Diktators Marcos und Enthüllungen über Korruptionspraktiken führten zur Einsetzung eines parlamentarischen Untersuchungsausschusses. Kritiker nahmen die Argumente der im Westen geführten Diskussion auf.

Im OECD-Vergleich vergibt J. ODA zu rel. harten Bedingungen. Sein Zuschußelement lag 1983 nur bei 55%, hat sich 1989/90 aber auf 81,4% gesteigert. Der Durchschnitt der DAC-Mitglieder liegt freilich bei rd. 93%. Ein Grund für das relativ niedrige Zuschußelement liegt darin, daß J. nur wenige verlorene Zuschüsse (grants), dafür mehr rückzahlbare Darlehen (loans) gewährt. J. vergibt nur 15% seiner bilateralen ODA an die ärmsten EL (LLDC) – und auch diesen Anteil nur zu 65% auf grant-Basis. Allerdings liegen seine Gesamtleistungen an die Low-Income Countries (LCD), zu denen auch seine Schwerpunktländer zählen, mit 69% über dem OECD-Durchschnitt von 58%.

J. bevorzugt noch immer die Finanzierung von Großprojekten (Staudämme, Kraftwerke u. andere Großprojekte der materiellen Infrastruktur), die der eigenen Ind. Aufträge verschaffen. Mittlerweile verringerte sich der Anteil dieses kreditfinanzierten Projekttypus – auch bedingt durch die begrenzte Zahlungsfähigkeit der Schuldnerländer – innerhalb weniger Jahre von 70% auf die Hälfte der Darlehenszusagen. Zwar hat J. aufgrund seiner hohen Handelsüberschüsse von 1980 rd. 70% auf rd. 27% zurückgefahren, aber das starke Engagement der großen Handelshäuser in der «Findung», Planung und Durchführung von E.-Projekten bindet den größten Teil der ODA an Lieferaufträge jap. Unternehmen, trotz des seit 1985 rasch steigenden Yen-Wertes.

Auch die innerjap. Kritik lastet dem Unternehmen ODA an, zu eng mit den Interessen der Großkonzerne und Handelshäuser verbunden zu sein. Deren Interessen setzen sich gegenüber einer personell unterbesetzten, unerfahrenen und korporatistisch mit der Großindustrie verflochtenen Ministerialbürokratie durch. Bei der Einwerbung von E.-Projekten durch Privatunternehmen sind oft erhebliche Schmiergelder im Spiel (die freilich nicht als sonderlich anstößig gelten, wenn sie dem Wohlergehen der «Familie Japan» dienen). Die Reg. scheut v. a. gegenüber den Nachbarstaaten vor strikten Verwendungskontrollen zurück, um nicht den Hegemonie- oder Imperialismusverdacht zu nähren. Deshalb geht sie auch behutsam mit dem Schlagwort *politischer Dialog um. Die jap. Reg. hat große Schwierigkeiten, das wachsende ODA-Budget zu verwalten. Es gibt kein Fachministerium, sondern eine Fragmentierung von Kompetenzen zwischen versch. Ressorts. Diese bürokratischen Reibungsverluste gelten sogar als das Schlüsselproblem der jap. E.-Politik. Für die Abwicklung der *Kapitalhilfe wurde der *Overseas Economic Cooperation Funds* (OECF) gegr., der formell der *Economic Planning Agency* mit einem schwachen Status in der Ressorthierarchie untersteht. Über seine Kreditpol. entscheiden aber drei andere mächtige Ressorts mit konkurrierenden Interessen: Während sich das MITI und Finanzministerium um außenwirtsch. Interessen (Rohstoffsicherung, Förderung von Handel und Investitionen) kümmern, bemüht sich das Außenministerium mehr darum, durch eine «Geschenkdiplomatie» Freunde und Einfluß in der Dritten Welt zu gewinnen und sich durch eine Verbesserung der Vergabebedingungen den vom DAC-Ausschuß gesetzten Wohlverhaltensnormen anzunähern. Dem mächtigen Finanzministerium, aus dem die Spitzenbeamten des OECF kommen, untersteht die *Export-Import-Bank of Japan* (EIBJ), die Exportkredite vergibt und neuerdings größtenteils das Programm zum Recycling von 30 Mrd. US-$ aus den hohen Überschüssen der jap. *Zahlungsbilanz verwaltet.

Die *Japan International Corporation Agency* (JICA), die die *Technische Hilfe und Vergabe von Zuschüssen abwickelt, untersteht dem Außenministerium. An ihren Entscheidungen sind aber sechs andere Ministerien beteiligt. Mit dem wachsenden Anteil von Zuschüssen gewinnt die JICA mehr Gewicht gegenüber dem OECF und das Außenministerium mehr Einfluß auf den e.-pol. Entscheidungsprozeß. Das eigentliche Problem der E.-Verwaltung liegt jedoch in der personellen Unterausstattung der Durchführungsorganisation. Der Personalbestand in OECF und JICA hat sich in den letzten zehn J. nur um 11 % erhöht, während sich das Volumen der ODA vervierfacht hat. In den beiden Org. sind weniger Menschen beschäftigt als in der dt. *GTZ, obwohl sie eine wesentlich größere Geldmenge zu verwalten haben. Diese Einsparung von Personalkosten ist mitverantwortlich für einige Mängel an der jap. E.-Hilfe wie z. B. a) die Bevorzugung von Großprojekten, die den Abfluß und die Verwaltung der Mittel erleichtert und dennoch einen Stau von Verpflichtungsermächtigungen nicht verhindern kann, b) die ungenügende Prüfung der Projektanträge nach e.-pol. Kriterien, c) den großen Einfluß von **Consulting*-Unternehmen und Handelshäusern auf die Auswahl und Ausrichtung von Projekten, die selten – so das ziemlich übereinstimmende Urteil von Kritikern – an den Bedürfnissen der Armutsgruppen orientiert sind und d) die Korruptionsanfälligkeit der Mittelvergabe, weil eine ausreichende Kontrolle vor Ort fehlt.

Lit.: N. Akao (Hg.), Japans Economic Security, Aldershot 1984; D. Hofmann, Japans Entwicklungspolitik, Berlin (DIE) 1984; M. Holthus, Japan, in: ders./ D. Krebschull (Hg.), Die Entwicklungspolitik wichtiger OECD-Länder, Hamburg (HWAA) 1985; M. Pohl, Die japanische Entwicklungshilfe in den 80er Jahren, in: Nord-Süd aktuell Nr. 1/1987; S. Okita, Developing Economies and Japan, Tokyo 1986; A. Rix, Japans Economic Aid, London; B. May, Japans Entwicklungspolitik als Element der Beziehungen zu Amerika, in: Beiträge zur Konfliktforschung 19, 1989, 1, S. 73ff. fn

Entwicklungspolitik der Länder der Bundesrepublik Prinzipiell ist *Entwicklungshilfe als Teil der auswärtigen Beziehungen Angelegenheit des Bundes; doch seit der Ministerpräsidenten-Konferenz von Mai 1962 beteiligen sich die Länder unter Anerkennung der im Grundgesetz verankerten Bundeskompetenz im Rahmen ihrer Zuständigkeit an der e.-pol. Zusammenarbeit der Bundesrepublik mit den EL. 1962–1990 gaben sie insg. 1,7 Mrd. DM für E.-Hilfe aus. Hauptgeberländer sind Baden-Württemberg (494,2 Mio. DM), Nordrhein-Westfalen (266,6 Mio. DM) und Berlin (241 Mio. DM). Die Ausgaben der Länder p. a. stiegen in den 80er J. von 60,4 Mio. DM (1980) auf 114 Mio. DM (1990) an. Dabei erfassen die Zahlen nicht die mittelbaren Leistungen, die sich den Ländern insb. aus Studienplatzkosten für Studenten aus EL ergeben. Die Schwerpunkte der E.-Hilfe sind in den einzelnen Ländern versch. gelagert. Insg. gesehen steht die Fortbildung von Fach- und Führungskräften sowie die Förderung von Studenten und Fachhochschülern aus EL im Vordergrund. Daneben finanzieren sie u. a. Landesstellen der *DSG und Zentralstellen der *DSE mit, unterstützen e.-pol. relevante Forschungsvorhaben und beteiligen sich an Projekten der *technischen Zusammenarbeit (insb. der *GTZ) durch *finanzielle und *personelle Hilfe (letzteres durch die Beurlaubung von Landesbediensteten für Einsätze in EL insb. im Bereich der *Bildung und der Landwirtschaft). Eine weitere Form der e.-pol. Zusammenarbeit sind Partnerschaften zwischen den Ländern und EL (Niedersachsen – Sudan; Rheinland-Pfalz – Rwanda).

→Ausländerstudium, →Hochschule und Dritte Welt.

Lit.: U. Reinsch, Vielfältige Initiativen, Entwicklungshilfe der Bundesländer, in: EZ 6, 1983, S. 18ff.; M. Protz-Schwarz, Handlungsspielräume in der Entwicklungspolitik – am Beispiel des Landes Rheinland-Pfalz, in: M. Glagow (Hg.), Deutsche Entwicklungspolitik, Saarbrücken 1983, S. 121ff.; W. Schmidt-Streckenbach, Die Länder in der Entwicklungspolitik der Bundesrepublik Deutschland, Frankfurt u. a. 1988. ah/mik

Entwicklungspolitik der Niederlande Die niederländ. E.-Politik geht auf die außenpol. Traditionen des Landes – u. a. Bekämpfung der *Armut und Verteidigung der *Menschenrechte – zurück. In der ersten Phase zwischen 1947 und 1962 konzentrierte sie sich auf die Zusammenarbeit mit den ehem. Kolonien Niederländische Antillen, Indonesien und Westindien. Der koloniale Hintergrund sollte Ursprung, Art und Größenordnung der E.-Politik positiv wie negativ bestimmen. Zwischen 1963 und 1973 vollzog sich mit der zweiten Phase der Ausbau der E.-Politik, sie war durch eine starke Zunahme der Leistungen (BSP-Anteil 1963: 0,92%; 1972: 1,42%) und die geogr. Ausdehnung der Kooperation gekennzeichnet. Der enge Ansatz der *bilateralen Zusammenarbeit mit den ehem. Kolonien wurde zugunsten des *multilateralen Ansatzes verlassen. Mit der Einrichtung eines ständigen Rats für E.-Zusammenarbeit und eines selbständigen E.-Ministeriums (1965) wurde die E.-Politik org. systematisiert. Von 1963 bis 1977 erfuhr sie unter dem soz. Min. Jan Pronk eine Strukturreform. Nach der Ölpreiskrise und im Zuge der Weltwirtschaftskrise zielte die E.-Politik der NL auf eine Umverteilung der Macht und des Reichtums in der Welt. Wichtigste Vergabekriterien wurden nun das Vorherrschen von Armut und effektiver Not sowie Eigenanstrengungen in den bzw. der EL. Daneben spielten hist. Bedingungen, Größe und pol. Stabilität des Empfängerlandes, Effizienz bisheriger Vergaben und Respekt für die Menschenrechte eine wichtige Rolle.

Seit 1975 wird der von der *UN vorgegebene e.-pol. Anteil am BSP von 0,7% erreicht, da dieses Ziel sowohl von den Reg. als auch von den Parteien, der Presse und gesellsch. Gruppen ernst genommen und E.-Politik bereits in den 70er J. als ein Zentralbereich niederländ. Außenpolitik verstanden wurde. Seit 1976 wird angestrebt, 1,5% des Nettosozialprodukts für E.-Zusammenarbeit zu verwenden. Mit Hilfe eines Vierjahresplans und eines an das nat. Einkommen gekoppelten E.-Haushalts, der gesondert vom übrigen Haushalt aufgestellt wird und keiner Kürzung unterliegen darf, konnten die hochgesteckten Ziele immer realisiert werden.

In den 80er J. – unter Führung christdemokratischer Politiker – wollen die NL nach wie vor zur strukturellen Bekämpfung der Armut in der Welt beitragen. Allerdings betonte Premiermin. Lubbers 1986 in seiner Reg.-Erklärung, daß die EL selbst eine zielgerichtetere Politik betreiben und alle Bereiche ihrer Gesellschaft für den E.-Prozeß öffnen sollten. Auch wird den EL nahegelegt, stärker auf die Wirtschaft der NL zurückzugreifen. Damit ging der ursprgl. progressive Ansatz aus den 70er J. verloren.

Das Verhältnis von bi- und multilateraler E.-Hilfe der NL variiert von 1 zu 4 bzw. 1 zu 3. In der bilateralen E.-Politik setzen die NL Mitte der 80er J. regionale Schwerpunkte. Mit folgenden 10 Ländern, deren Pro-Kopf-Einkommen unter der *IDA-Grenze liegt und die eine im niederländ. Verständnis vorbildliche Sozial- und Wirtschaftspolitik betreiben, haben die NL eine dauerhafte E.-Zusammenarbeit aufgenommen: Ägypten, Bangladesh, Indien, Indonesien, Kenya, Nordjemen, Pakistan, Sri Lanka, Sudan und Tanzania. Multilateral arbeiten die NL v.a. mit den *UN, der *Weltbank und der EG zusammen, wobei nach einer verbesserten Koordinierung im europ. Verbund gestrebt wird.

Lit.: J. J. Voorhoeve, Peace, Profits and Principles – A Study of the Foreign Policy, Den Haag 1979; M. Rudgers, Die Entwicklungspolitik der Niederlande, in: J. Bellers (Hg.), Entwicklungshilfepolitik in Europa, Münster 1988. ww

Entwicklungspolitik Österreichs Ö. verfügt über eine Reihe objektiver Voraussetzungen, die seiner Entwicklungspolitik (EP) ausgesprochen förderlich sind: Die Rep. Ö. hat keine koloniale Vergangenheit und verfügt aufgrund ihrer begrenzten *Ressourcen auch nicht über machtpol. Einflußmöglichkeiten. Als immerwährend neutraler Staat (seit 1955) ist Ö. außerdem geradezu prädestiniert, zum Abbau der Spannungen im *Nord-Süd-Konflikt beizutragen; in diesem Sinne verstehen sich seine «Guten Dienste» als neutraler Staat (u.a. Sitz int. Org. und Konferenzen, Beschickung von *UN-Friedenstruppen) zur Aufrechterhaltung des *Nord-Süd-Dialogs. Nach einigen isolierten Maßnahmen in der Phase 1955 bis 1963 wurde die österr. EP konzeptionell in den «Grundsätzen der ÖVP für die Entwicklungspolitik» (1963) zusammengefaßt und seither im «Interministeriellen Komitee für Entwicklungshilfe» organisiert, in dem Vertreter von 13 (!) Ministerien unter dem Vorsitz des Bundeskanzlers zusammengefaßt waren. 1970 wandelte die soz. Alleinregierung das Komitee in ein «Ministerkomitee für Entwicklungshilfe» um. 1973 wurde im Zuge einer Reform des Bundesministeriengesetzes die Haupthilfe dem Bundeskanzleramt (BKA) unterstellt, wo ein eigener Staatssekretär u.a. für wirtsch. Koordination, staatl. Unternehmen und E.-Hilfe zuständig ist. Teilbereiche der EP wurden dem Außenmin. (multilaterale *technische Hilfe), beim Finanzmin. (multilaterale

*Kapitalhilfe) und beim Handelsmin. (*GATT, *UNCTAD etc.) zugeordnet. Die gesetzliche Grundlage für die öfftl. E.-Hilfe wurde schließlich durch das Entwicklungshilfegesetz 1974 (ÖBGBl. 474/74) geschaffen, das in seinem § 7 auch einem Beirat für E.-Hilfe vorsieht, der 1975 definitiv eingerichtet wurde. Von 1975 bis 1977 hatte der Beirat etwa 40, seither 26 Mitgl. Er hat die Aufgabe, den Bundeskanzler und den Staatssekretär in Fragen der EP und der E.-Hilfe zu beraten sowie den alle drei J. erforderlichen Bericht für E.-Hilfe an das Parlament vorab zu kommentieren. Aufgrund seiner heterogenen Zusammensetzung (Vertreter von pol. Parteien, Ministerien, Berufsgruppen, Banken, privaten E.-Hilfe-Org. und Experten) agiert der Beirat eher schwerfällig und konnte bislang keine echte Initiativfunktion entfalten. Im Zuge von Kompetenzverlagerungen nach der Regierungsumbildung Sept. 1984 wurden die Angelegenheiten der E.-Hilfe vom BKA auf das Außenmin. übertragen (ÖBGBl. 439/84, Art. I, Ziff. 10, VII, Abs. 1). Damit sind z. Z. nur zwei Ressorts – Außenmin. und Finanzmin. – mit Angelegenheiten der E.-Hilfe befaßt. Daher ist erstmals die Möglichkeit gegeben, alle Leistungen anderer Ressorts in ein umfassendes Gesamtkonzept der österr. EP zusammenzufassen.

Seit 1981 veröffentlicht die Bundesreg. ihr «Dreijahresprogramm» der österr. EP. Daneben veröffentlicht auch die «Österreichische Forschungsstiftung für Entwicklungspolitik» (ÖFSE) seit 1984 jährl. eine umfassende Broschüre zur österreichischen EP. Zur Sammlung der verstreuten Aktivitäten privater Org. und zur Verbesserung der einschlägigen Öffentlichkeitsarbeit begann das BKA 1979 einen eigenen Informationsdienst für E.-Hilfe (*ÖIE) aufzubauen, der auch eine kritische Monatsschrift «Entwicklungspolitische Nachrichten» herausgibt. Obwohl rel. viele Österreicher (rd. 25 %) an Nord-Süd-Problemen interessiert sind, ist der tatsächliche Informations- und Bewußtseinsstand in der österr. Öffentlichkeit sehr gering.

Versucht man eine Evaluierung österr. EP, so kann vorab festgestellt werden – was sich ja auch im institutionellen Bereich widerspiegelt –, daß sie sich den Interessen der Export- und Rohstoffsicherungspol. unterordnet. Der Zugriff der sozialpartnerschaftlich verfaßten Wirtschaftsinteressen auf die öfftl. österr. EP fand schließlich in der administrativen Unterordnung der Sektion E.-Hilfe unter die Sektion IV des BKA «Verstaatlichte Industrie» seinen bürokratischen Ausdruck. Seit der administrativen Neuordnung der EP 1974 gilt das Prinzip der Entwicklungspartnerschaft, das eine entschiedene Absage an eine uneigennützige, altruistische Form der E.-Hilfe beinhaltet: Mit der EP sollen die Länder der Dritten Welt zu Wirtsch.- und Handelspartnern gemacht werden. Ein weiteres Spezifikum der österr. EP ist die Differenz zwischen programmatischen Erklärungen zur EP einerseits und der e.-pol. Praxis andererseits. Ö. verfehlt seine quantitativen Zielsetzungen ganz eindeutig. Es liegt am unteren Ende der *DAC-Statistik (1970: 0,07 %, 1987: 0,17 %, 1990: 0,25 % des BSP; DAC-Durchschn.: 0,35 %), ein Zustand, der sich nicht mit mangelnder wirtsch. Leistungskraft rechtfertigen läßt. Darüber hinaus rechnet Ö. einige nicht ganz eindeutige Leistungen in seine E.-Hilfestatistik ein, wie z. B. allg. Hochschulkosten, die auf Studenten aus EL entfallen, sowie Kredite der Kontrollbank zur Versicherung des Risikos bei Exportgeschäften. Entgegen der Ankündigung, insb. den *LLDCs und den *MSACs mehr Hilfe zu weicheren Konditionen zukommen zu lassen, betrug der auf diese EL entfallende Anteil der öfftl. E.-Hilfe Mitte der 70er J. lediglich 2,4 %. Letztlich fehlte auch dem von Bundeskanzler Kreisky lancierten «Marshallplan für die Dritte Welt» die Unterstützung im eigenen Lager. Bis Ende der 70er J. überstiegen die privaten E.-Hilfeleistungen die der öfftl. Hand. Die ges. österr. öffentliche Entwicklungshilfe (*ODA) betrug 1989/90 397 Mio. US-$; 22,1% dieser Summe wurden an multilaterale Stellen, 65,7% an bilaterale Empfängerstaaten vergeben. Für die LLDC's wendete Ö. 1990 nur mehr 0,03% des BSP auf. Die Bedingungen der österr. E.-Hilfe müssen aufgrund des hohen Anteils gebundener öfftl. Kredite als hart bezeichnet werden.

Die Zusammenarbeit zwischen Ö. und den Ländern der Dritten Welt erfolgt a) bilateral, b) multilateral und c) durch Beteiligung am Nord-Süd-Dialog. Die bilaterale (finanz. und techn.) Hilfe beträgt stets mehr als ⅔ der ges. öfftl. Hilfe und ist schwerpunktmäßig auf Afrika konzentriert. Der verbleibende Anteil an multilateraler (finanz. und techn.) Hilfe wird v.a. über *IWF, *Weltbank, *IDA, *ADB und *BID geleistet. Im Nord-Süd-Dialog hat Ö. mit 1.4.1972 das *Allgemeine Präferenzsystem (APS) in Kraft gesetzt, mit 1.1.1975 erweitert (der Zollentgang wird auf ca. 1 Mrd. öS jährl. geschätzt) und 1979 die Forderungen der *UNCTAD nach Schuldenerleichterungen teilweise erfüllt (14,8% der Schuldensumme wurden nachgelassen). Darüber hinaus beteiligt sich Ö. an den int. *Rohstoffabkommen und hat für den *Gemeinsamen Fonds 2 Mio. US-$ versprochen.

Durch den Handel mit den EL fließt ein beträchtlicher Teil der österr. E.-Hilfeleistungen in Form von Aufträgen wieder zurück. Der Anteil des Handels mit EL am ges. Außenhandel Ö.s ist in den letzten J. im Zuge einer zunehmenden EG-Orientierung allerdings deutlich zurückgegangen. Während 1980 noch 16,7% der Exporte und 13,4% der Importe Ö.s mit EL abgewickelt wurden, betrug der Anteil des EL-Handels am ges. Außenhandel 1987 nur noch 7,4%.

Lit.: H. Ornauer, Zur österreichischen Entwicklungshilfe und Entwicklungshilfepolitik, in: Österreichisches Jahrbuch für Politik, 1978, S. 313ff.; A. Skuhra, Österreich im Nord-Süd-Konflikt während der siebziger Jahre, in: Österreichische Zft. für Politikwissenschaft 3/1978, S. 32ff.; ÖFSE (Hg.), Österreichs Entwicklungspolitik, 1988. wh

Entwicklungspolitik der USA Die US-amerik. Auslandshilfe (*foreign assistance* als legislativer Oberbegriff) war und blieb bei allen programmatisch-rhetorischen Kurskorrekturen ein Produkt der Ost-West-Systemkonkurrenz. Ihre mit dem *Point IV*-Programm des Präsidenten Truman («Truman-Doktrin») beginnende Geschichte kann nach Ablauf des Marshallplans (1949 bis 1952) in fünf Phasen unterteilt werden: 1. die Laufzeit des *Mutual Security Act* (1953 bis 1961), in der Auslandshilfe (AH) vorrangig als Instrument der antikomm. Eindämmungspolitik an den Fronten des Kalten Krieges eingesetzt wurde; 2. die nach dem «Kuba-Schock» von Präs. Kennedy eingeleitete und durch die *«Allianz für den Fortschritt» symbolisierte «soziale Vorwärtsstrategie», in der AH im Verbund mit inneren Strukturreformen mehr «demokratische» Widerstandskraft gegen revolutionäre Bewegungen schaffen sollte (aber in zaghaften Reformansätzen und in *·counterinsurgency* steckenblieb); 3. die Phase des Vietnam-Krieges, in der die Ansätze einer stärker e.-orientierten AH vollends erstickten und der Großteil der Wirtschafts- und Militärhilfe für paramilit. «Befriedungsprogramme» (→*civic action*) verwendet wurde; 4. die vom Kongreß durch die «neuen Richtlinien» von 1973 eingeleitete und durch Präs. Carters *Menschenrechtspolitik erweiterte Phase einer stärker *grundbedürfnisorientierten AH; 5. die Reagan-Phase nach 1980, in der AH wieder vorrangig auf sicherheits- und eindämmungspol. Funktionen zurückgedreht wurde.

Über all diese Phasen hinweg blieb AH eine abh. Variable der innen- und außenpol. E., ein Instrument der weltweiten Systemauseinandersetzung, der Exportförderungs- und Rohstoffsicherungspolitik und ein pol. Flankenschutz für die Operationen des Privatkapitals. Dafür sorgte schon das Interessenkartell von Außenmin., dem die – 1961 von Präsident Kennedy geschaffene – E.-Behörde *AID unterstellt blieb, von Schatzamt (*Treasury*), das als Hüter der *Zahlungsbilanz eine mit Vetorechten ausgestattete Schlüsselrolle bei der Vergabepolitik spielt, und Handelsmin., das um Exportförderung und Rohstoffsicherung bemüht ist. Das Schatzamt, und nicht die AID als Sachverwalterin des «Entwicklungsinteresses», bestimmt die Projektpolitik, sekundiert von den anderen Ressorts. Außerdem wirkt der Kongreß mittels seines Bewilligungsrechts in einem komplizierten Verhandlungsprozeß in und zwischen den verschiedenen Ausschüssen und Unterausschüssen an der e.-pol. Willensbildung mit.

Mit der Vielfalt der Programme und Vielzahl der beteiligten Institutionen wuchsen die Koordinationsprobleme und Zielkonflikte zwischen Ressorts und konkurrierenden Interessen. Die AID war an ihrer gesetzlich verankerten Koordinationsaufgabe ebenso gescheitert wie das 1973 gegründete *Development Coordination Committee* (DCC), dessen Tätigkeit sich weitgehend in der Produktion von Berichten erschöpfte. 1979 unternahm der Kongreß mit der Gründung der *International Development Cooperation Agency* (IDCA) einen erneuten Versuch, die e.-pol. Aktivitäten organisatorisch zusammenzufassen und dem Kompetenzbereich von Einzelressorts zu entziehen. Auch dieser Versuch scheiterte an den etablierten Ressortinteressen, so daß im Kongreß wieder eine Auflösung der IDCA diskutiert wird.

Die in der Regel durch jährl. Gesetze bewilligte AH muß zunächst in die bei den Abteilungen der *bi- und multilateralen Wirtschaftshilfe (*Economic Assistance*) und der Militär- oder Sicherheitshilfe (*Military* bzw. *Security Assistance*) unterteilt werden. Umstritten ist dabei vor allem die Zuordnung des *Economic Support Fund* ESF (früher *Security Supporting Assistance* SSA), der etwa so groß ist wie die bilaterale Wirtschaftshilfe und *Nahrungsmittelhilfe zusammen, schwerpunktmäßig in die Krisenregionen des Nahen Ostens und südlichen Afrikas fließt, nebenbei zur Finanzierung überseeischer Stützpunkte (wie in Spanien oder in der Türkei) und neuerdings als Eintrittsgeld für die «Schnelle Eingreiftruppe» (von Marokko über Tunesien bis Somalia und Kenya) genutzt wird. SSA/ESF tauchen zwar unter dem Etattitel der AID auf, werden aber von der dem Pentagon unterstellten *Security Assistance Agency* mit der übrigen Militärhilfe koordiniert.

Die «Wirtschaftshilfe» muß wiederum untergliedert werden in: a) die von der AID verwaltete bilaterale *finanzielle und *technische Hilfe (die 1982 gerade 22% der AH ausmachte); b) die drei vom Landwirtschaftsmin. verwalteten Titel des *Food for Peace Program*, wobei der größte Titel I den – von Privatunternehmen organisierten und von der *Commodity Credit Corporation* kreditierten – Verkauf von Agrarüberschüssen zu marktabweichenden Bedingungen finanziert, Titel II karitativen Organisationen (wie CARE) und dem Welternährungsprogramm (*WFP) unentgeltlich Überschüsse zur Verfügung stellt und *Katastrophenhilfe leistet, Titel III wachsende Anteile aus den Erträgen von Titel I für das *Food for Development Program* in den ärmsten EL bereitstellt; c) die *personelle Hilfe des – ebenfalls von Präsident Kennedy eingerichteten – **Peace Corps*; d) diverse Sonderprogramme wie die Flüchtlingshilfe; e) Leistungen an UN-Sonderorganisationen, int. und regionale Sonderprogramme (wie *UNRWA oder das Sahel-Programm); f) Zuschüsse und Kredite an die multilateralen Finanzorganisationen (*Weltbank, *regionale Entwicklungsbanken).

Die multilateralen Leistungen bilden seit langem einen e.-pol. Dauerkonflikt zwischen «Bilateralisten» und «Multilateralisten» in Verwaltung und Kongreß. Die Erkenntnis, daß diese Leistungen mit erheblichen Zugaben wieder als Waren- und Dienstleistungsaufträge zurückfließen, und die Absicht, den Einfluß in int. Organisationen und E.-Agenturen zu erhalten, haben bisher die Kritiker des Multilateralismus immer wieder in die Minderheit gedrängt.

Bei der Militärhilfe, die nach dem Selbstverständnis der pol. und milit. Strategen nur die Ziele der AH ergänzt, verschob sich der Schwerpunkt von der Bereitstellung ausgemusterter Rüstungsgüter auf die *credit sales*, d.h. auf den durch zinsvergünstigte Kredite finanzierten Waffenexport. Außerdem fördern öfftl. Kreditgarantien (1983 im Umfang von rund 4 Mrd. US-$) das ohnehin florierende Waffengeschäft mit der *Dritten Welt.

Die Ankündigung der Reagan-Reg., den seit dem Ende des Vietnam-Krieges stark reduzierten Anteil an Militärhilfe wieder auf 60% des Gesamtpakets der AH zu steigern, stieß auf den Widerstand des Kongresses. Dennoch stagnierten die Mittel für die bi- und multilaterale E.-Hilfe und stiegen die kreditfinanzierten Waffenkäufe (*credit sales*) stark an. Der Anteil der als ODA anerkannten Leistungen am BSP fiel auf 0,23% zurück. Zu dem von der Reagan-Administration angekündigten «fundamental neuen Ansatz» in der E.-Politik gehörten weiterhin: Eine stärkere sicherheits- und ordnungspol. Instrumentalisierung der AH; Betonung der «Privatinitiative» und einer angebotsorientierten Wachstumspolitik, die wieder auf soziale Durchsicker-Effekte (*trickle down*) setzte. In den letzten Jahren der Reagan-Administration wurde die bilaterale AH zunehmend in die Strukturanpassungspolitik von *IWF und *Weltbank eingepaßt. Die Zahlungsbilanz- und Warenhilfe aus den Mitteln des ESF wuchs auf 40% der bilateralen AH an. Wichtiger als diese Verschiebungen innerhalb des AH-Pakets ist die mit der «Magie der Marktkräfte» ideologisch begründete harte Verhandlungslinie gegenüber Forderungen nach einem Schuldenerlaß oder nach handelspol. Konzessionen. Der Austritt aus der *UNESCO und die Beitragskürzungen für UN-Organisationen demonstrierten eine Abkehr vom kooperativen Multilateralismus, wenn er nicht – wie im Falle von IWF und Weltbank – den eigenen außenpol. und außenwirtsch. Interessen zu dienen versprach.

Lit.: J. Tendler, Inside Foreign Aid, Baltimore/London 1975; R.L. Hough, Economic Assistance and Security, Washington, D.C. 1982; F. Nuscheler, Entwicklungspolitische Wende in den USA (Friedrich Ebert-Stiftung, Analysen Nr. 114), Bonn 1984; S. Erbe, USA, in: M. Holthus/D. Kebschull (Hg.), Die Entwicklungspolitik wichtiger OECD-Länder, Hamburg 1985, S. 103; B. May, Reagan und die Entwicklungsländer, München 1987. fn

Entwickungspolitik weiterer europäischer Geberländer →DAC

Entwicklungspolitische Aktionsgruppen →Aktionsgruppen, entwicklungspolitische

Entwicklungspolitische Berichte Berichte der Bundesregierung zur *Entwicklungspolitik, die nach einem Beschluß des Dt. Bundestages alle zwei J. dem Parlament vorzulegen sind. Bisherige Berichte: 1973 (BT-Drucksache 7/1236), 1975 (7/4293), 1977 (8/1185), 1980 (8/3582), 1982 (9/2411), 1984 (10/91, 6690A), 1986 (10/217, 16765A), 1988 (11/220), 1990 (11/4381). Die Berichte bilden die Grundlage für grundsätzliche entwicklungspol. Debatten und Beschlüsse des Parlaments. dn

Entwicklungspolitische Informationen →epi

Entwicklungs-Referent In Abstimmung zwischen *BMZ und Auswärtigem Amt in den dt. Auslandsvertretungen eingerichtete Referentenstellen (1981: 16; 1988: 19); den E.-R. obliegt die Koordination der e.-pol. Arbeit vor Ort. dn

Entwicklungstheorien →Entwicklung, Dependencia, Modernisierungstheorien, Wachstumstheorien

Entwicklungsvölkerrecht Das sukzessive Entstehen einer neuen Staatenmehrheit von über 100 EL im Gefolge der *Dekolonisierungsprozesse seit Beginn der 60er J. hat zwangsläufig zu einer Neuorientierung des trad. Völkerrechts in Richtung auf eine prioritäre Berücksichtigung der Entwicklungsprobleme von zwei Dritteln der heutigen Welt, von ca. 170 Staaten (→Dritte Welt), geführt. Seit 1964 finden sich diesbezüglich in der Völkerrechtsliteratur immer wieder Hinweise auf ein neu entstehendes Entwicklungsvölkerrecht (*droît international du développement*) als Teil des universal im Recht der UNO, regional z. B. im Recht regionaler Wirtschaftsintegrationszonen sowie auch im transnat. Recht entstehenden völkerrechtlichen Sozialrechts. Diese Entwicklung geht parallel zum Übergang vom liberalen Rechtsstaat zum sozialen Wohlfahrtsstaat und ist um einen schrittweisen Abbau sozioökon. Konfliktursachen bemüht. Präferenzielle Rechtsnormen mit spezifischem Bezug auf die E.-Bedürfnisse der EL finden sich in immer mehr Bereichen des int. Wirtschaftsrechts: bei der int. Kapitalhilfe (Art. 1 *Weltbankstatut), in den int. Handelsbeziehungen (Art. XXXVI ff. *GATTSt., *APS, *Ermächtigungsklausel etc.), im int. Steuerrecht (z. B. in Doppelbesteuerungsabkommen etc.) usw. Ganz allg. wird von den EL die konsequente Verwirklichung eines *double standard of morality in international trade* (Myrdal) in allen denjenigen Bereichen des int. Wirtschaftsrechts gefordert, die bei einer formalrechtlichen Gleichbehandlung (*idem cuique*) de facto zu einer Diskriminierung der EL führen würden. Dieses Postulat der materiellen Nichtdiskriminierung der EL (*suum cuique*) sowie die Anerkennung eines eigenen «Rechts auf Entwicklung» soll *à la longue* zu einer neuen redistributiven *int. Arbeitsteilung zwischen IL und EL führen. Dieser Wandel des Wirtschaftsvölkerrechts im Nord-Süd-Spektrum geht naturgemäß nur mit mehr oder weniger großen Friktionen vor sich. Während die Anpassung des multilateralen Handels- und Währungsvölkerrechts an die E.-Bedürfnisse der Dritten Welt u. a. wegen der großen Hindernisse für eine formelle Revision multilateraler Abkommen (GATT, *IMF etc.) nur langsam voranschreitet, ist im Rahmen der rechtlichen Ausgestaltung der *Kapitalhilfe, *Technischen Hilfe, Handelspräferenzen und *Nahrungsmittelhilfe an EL bereits ein umfangreiches «Entwicklungshilferecht» entstanden. Für die Aufbringung, Konditionierung und Verteilung der *Entwicklungshilfe entstehen auf Grund der *UN-, *UNCTAD- und *DAC-Empfehlungen ebenfalls völkerrechtsrelevante, allg. anerkannte Standards, die von *soft law* zu *hard core law* zu erstarken beginnen.

Ob man das E.-Völkerrecht als eigenständigen Bereich des Völkerrechts versteht oder nicht, ist ein graduelles Problem. Obwohl einige für das Wirtschaftsvölkerrecht charakteristische Merkmale dem E.-Völkerrecht ebenso eigen sind, unterscheidet es sich von ersterem strukturell in versch. Hinsicht: durch seinen *double standard of morality in international trade*, durch den Verzicht auf das kommerzielle *do ut des* und das Reziprozitätsprinzip; durch die Abkehr vom absoluten Liberalisierungs- und Freihandelsmodell zugunsten eines die EL begünstigenden Wirtschaftslenkungsrechts; durch die Ausarbeitung von Verhaltenskodices für Staaten und *transnationale Unternehmen; durch Kooperations- und Assoziierungsverträge; durch *Know-how-* und *Technologietransferübereinkünfte etc.

Lit.: E.U. Petersmann, Die Dritte Welt und das Wirtschaftsvölkerrecht, in: ZaöRV 1976, S. 492ff.; ders., Internationales Recht und Neue Internationale Weltwirtschaftsordnung, in: AVR 1979, S. 17ff.; O. Kimminich, Das Völkerrecht und die neue Weltwirtschaftsordnung, in: AVR 1982, S. 2ff.; M. Silagi, Entwicklungsvölkerrecht und Neue Weltwirtschaftsordnung, in: ÖZöffRVR 1981, S. 177ff.; H. Stemberg, Die Charta der wirtschaftlichen Rechte und Pflichten der Staaten, Berlin 1983; H.D. Evers, Auf dem Weg zu einer neuen Weltwirtschaftsordnung, Baden-Baden 1983; G. Feuer, Droit international du developpement, Paris 1985; O. Wulff, Entwicklungshilfe zwischen Völkerrechtsordnung und Weltwirtschaftssystem, Baden-Baden 1986. wh

epd Evangelischer Pressedienst, Nachrichtenagentur der Ev. Kirche (im Gemeinschaftswerk der Ev. Publizistik e.V.) mit thematisch breitem Spektrum an Publikationen, auch im Bereich E.-Politik aktiv und engagiert, beliefert u.a. deutsche Tageszeitungen im Rahmen ihres Basisdienstes (Zentralausgabe) mit einem Artikeldienst «Dritte Welt und Entwicklung». Publikationen: *epd-Entwicklungspolitik*, informiert (14tägig) mit pol. kritischem Ansatz in Dokumentation und Analyse über e.-bezogene Themen; *epd-Dritte-Welt-Information*, erscheint 12mal pro Jahr und führt in aktuelle Probleme und einzelne Stichwörter ein. Adresse: Gemeinschaftswerk der Ev. Publizistik, Friedrichstr. 2–6, 6000 Frankfurt 17. bg

epi entwicklungspolitische Informationen, epi-Verlag Hans Josef Zimmer; Fachverlag/Presse- und Informationsdienst und Materialservice zum Thema Dritte Welt/E.-Politik. Mehrere Publikationen →Zeitschriften. Adresse: Am Stahlhammer 16, 6601 Saarbrücken-Schafbrücke. bg

EPLF →Äthiopien

EPTA →UNDP

Erdgipfel von Rio →Weltumweltkonferenz

ERE Europ. Rechnungseinheit, die vom 1.1.1978 gültige Währungseinheit, löste *RE im Zahlungsverkehr innerhalb der EG ab. Ihr Wert bestimmte sich mittels eines europ. Währungskorbes. Das Umrechnungsverhältnis zu den einzelnen nat. Währungen änderte sich börsentäglich. Jan. 1979 betrug 1 ERE ca. 2,60 DM. Seit 1979 faktisch identisch mit *ECU. dn

Erfolgskontrolle →Evaluierung

Eritrea-Konflikt →Äthiopien

Erklärung von Bern Ursprünglich Name eines Manifestes zur schweiz. E.-Politik, die 1968 auf Initiative ev. Theologen verfaßt und von zahlreichen Personen mit der Verpflichtung unterzeichnet wurde, über drei J. hinweg 1 bis 3% ihres Einkommens für E.-Projekte abzugeben. Hieraus hervorgegangen ist eine gesamtschweiz., parteipol. und konfessionell ungebundene Org., die e.-pol. Bildungs- und Öffentlichkeitsarbeit mit pol. und sozialer Aktion zu verbinden sucht. Kritik an Herrschaftsbeziehungen der Schweiz zur *Dritten Welt steht dabei im Vordergrund. Arbeitsgebiete sind Wirtschaftspolitik, *Ernährung und Landw., *Gesundheit und Medikamentenpolitik, Kultur. Die E.v.B. (Rechtsform: privatrechtlicher Verein) finanziert sich aus Mitgl.-Beiträgen (1988 rd. 18000 Mitgl. und Rundbriefabonnenten), Spenden und Materialverkäufen. Die E.v.B. hat einen pol. kritisch-emanzipatorischen Ansatz und setzt sich für Befreiung aus Unterdrückung und Abh. ein. Zur offiziellen schweiz. E.-Politik besteht ein Spannungsverhältnis. Adresse: Quellenstr. 25, CH-8005 Zürich. bg

Ermächtigungsklausel (*enabling clause*) Gemäß Art. XXIV Ziff. 8 *GATT-Statut waren als Ausnahme vom Prinzip der allgemeinen Meistbegünstigung (Art. I GATTSt.) regionale Präferenzzonen lediglich in der Form «klassischer» Zollunionen und Freihandelszonen sowie tendenzielle Vereinbarungen dazu gestattet. Jedwede andersartig ausgestaltete Präferenzierung bedurfte für ihre GATT-Konformität eines ausdrücklichen *waivers* der Vertragsparteien des GATT gemäß Art. XXV Ziff. 5 GATTSt. Da diese Regelung eindeutig für regionale Integrationszonen zwischen IL («Nord-Nord»-Präferenzen), nicht aber für solche zwischen EL untereinander (Süd-Süd-Präferenzen) konzipiert war, versuchten die EL bereits seit der Konferenz von Havanna (1948) eine Reform dieses Regimes zu erreichen, konnten aber lediglich die Teilerfolge der Einfügung des Kap. IV (Handel und Entwicklung) in das GATTSt. am 8. 2. 1965 sowie die Gründung eines Komitees für Handel und Entwicklung im November 1964 erreichen. Am 25. 6. 1971 kam es zur Einführung des * Allgemeinen Präferenzsystems für EL (APS), aber erst 1979 gelang es, das starre Regime des Art. XXIV Ziff. 8 GATTSt. zu modifizieren.

Am 28. 11. 1979 beschlossen die Vertragsparteien des GATT in einem einstimmigen Beschluß im Rahmen der * Tokio-Runde die sog. *Ermächtigungsklausel*, die hinsichtlich einer erleichterten Ausgestaltung regionaler Integrationen im «Süd-Süd»-Verhältnis folgende Ausgestaltung erhielt (2. Absatz, lit. c): Die Vertragsparteien des GATT können den EL Sonderpräferenzierungen gestatten i. S. von «regionalen oder weltweiten Vereinbarungen, die weniger entwickelte Vertragsparteien zum gegenseitigen Abbau oder zur gegenseitigen Beseitigung von Zöllen und… zum gegenseitigen Abbau oder zur gegenseitigen Beseitigung nichttariflicher Maßnahmen auf Erzeugnisse, die diese weniger entwickelten Länder voneinander einführen, schließen». Damit sind regionale Präferenzzonen im Süd-Süd-Verhältnis von den strikten Voraussetzungen des Art. XXIV Ziff. 8, lit. a–c GATTSt. befreit und die Errichtung von inhaltlich nicht näher präzisierten «Zonen für die Einräumung von Handelspräferenzen» bzw. GATT-konformer wirtsch. Integrationen im «Süd-Süd»Verhältnis erlaubt. Ohne sich direkt auf die Ermächtigungsklausel zu berufen, stellt z. B. die 1980 gegründete * ALADI bereits einen Anwendungsfall dieses neuen wirtschaftlichen Integrationsregimes zwischen Entwicklungsländern dar.

Lit.: Y. Abdulwaki, Differential and More Favourable Treatment. The GATT enabling Clause, in: JWTL 6/1980; J. Huber, The Practice of GATT in Examining Regional Arrangements under Article XXIV, in: JCMS 1982, S. 281 ff. wh

Ernährung 1974 hatte die * Welternährungskonferenz das Ziel verkündet, innerhalb einer Dekade weltweit den Hunger zu beseitigen. Das Jahrzehnt ist längst abgelaufen, aber weiterhin stellen in EL Unter- und * Mangelernährung ein strukturelles Problem dar, das im direkten Zusammenhang mit dem dortigen * Gesundheitszustand steht (insb. mit dem oft dramatischen Verlauf einfacher Infektionskrankheiten). Statistiken über das Ausmaß des Problems (u. a. von * FAO, * Weltbank, * WFC) differieren erheblich; die empirische Erfassung ist schwierig, und mitunter betreiben die Reg. in EL mit Hungerlisten Politik. Überdies mangelt es an einer ausreichend präzisen Bestimmung des menschlichen Nährstoffmindestbedarfs. Die FAO schätzte für 1990 den Anteil der chronisch Unterernährten an der Weltbev. auf 20 % (1970: 36 %). In abs. Zahlen waren dies 1988–90 ca. 790 Mio. (1969–71: 941 Mio.). Die regionalen Entwicklungen sind jedoch höchst verschieden: Während in Asien die Zahl der Unterernährten in zwei Jahrzehnten von 751 auf 528 Mio. zurückging, nahm sie in Afrika von 101 auf 168 Mio. zu (in LA von 47 auf 59 Mio.). Dies war die Datenlage vor der von FAO und * WHO gemeinsam veranstalteten Int. Konferenz für Ernährungsfragen im Dez. 1992 in Rom.

Das Ernährungsproblem wurzelt in versch. Faktoren, die nat. und regional unterschiedlich gewichtet sind. Eine Analyse sollte drei Dimensionen des Problems scharf trennen: 1) den Nahrungsmittelbedarf, 2) die Nahrungsmittelproduktion samt ihrer Verteilung und 3) die Struktur der Nahrungsmittelnachfrage.

1) Der Bedarf ist insb. vom Bev.-Wachstum abhängig. Die Bev.-Explosion in der Dritten Welt hat einen steil steigenden Nahrungsmittelbedarf zur Folge (→Bevölkerung).

2) Während die Weltproduktion von Nahrungsmitteln entgegen zahlreicher Prognosen der 70er J. (so u. a. *Club of Rome-Studien, *Global 2000) mit dem Weltbev.-Wachstum noch Schritt hält, produzieren nahezu alle EL gemessen an ihrem Bedarf zuwenig Nahrung. Das zu niedrige Produktionsniveau fußt nur bedingt in natürlichen Ressourcen (Klima, Boden u. a.); das Produktionspotential der EL ist noch längst nicht ausgeschöpft: Die Anbauflächen für Grundnahrungsmittel (Getreide, Knollenfrüchte) sind begrenzt ausdehnbar, und die Erträge bereits kultivierter Flächen lassen sich (selbst mit Rücksicht auf ökologische und sozialkulturelle Aspekte) erheblich steigern. Maßnahmenpakete hierfür beinhalten u. a. verbesserte Bodenvorbereitung und Düngung, Verwendung von ertragreichem (und dennoch resistentem) Saatgut, Pflanzenschutz, verbesserte Lagerung der Ernteerträge. Hemmschuh für einen Produktionsanstieg sind vielfach die sozialen, ökon. und pol. Rahmenbedingungen: Der Anbau beziehungsweise die Zucht von Exportgütern (Tee, Kaffee, Baumwolle, Tabak, Fleisch) durch Großgrundbesitzer konkurriert in vielen Regionen mit dem meist von Kleinbauern betriebenen Anbau von Grundnahrungsmitteln. Über lange Zeitspannen hinweg räumten Reg. in EL (oft unter Druck von *Zahlungsbilanzproblemen und *Schuldendienst) den Exportgütern als der meist einzigen Devisenquelle Priorität ein und vernachlässigten den Grundnahrungsmittelsektor. Vielerorts bieten eine staatliche Preispolitik, die pol. brisante Grundnahrungsmittelpreise für städtische Verbraucher niedrig hält, sowie hohe Kredithürden und die bestehenden Besitzverhältnisse (unsichere Landbesitztitel, Pachtverträge, kleine Anbauflächen) den Kleinbauern kaum Anreize, über ihren Eigenbedarf hinaus zu produzieren oder gar i. S. moderner (ökol. vertretbarer) Agrarforschung zu investieren. Neben dem Erfordernis, die Eigenproduktion von Nahrungsmitteln in EL anzukurbeln, muß überdies die dortige (ländliche) Infrastruktur verbessert werden, denn Hunger ist insb. auch ein Verteilungsproblem.

3) Schlüsselgrößen der Nachfrage sind das Kaufkraftniveau und die Verteilung der Kaufkraft innerhalb der Bevölkerung. Eine Analyse der Nachfragestrukturen legt den Kern des Ernährungsproblems offen: die *Armut. Im allg. ist das Kaufkraftniveau in EL zu niedrig und extrem ungleich verteilt. Das Gros unzureichend ernährter Menschen besitzt weder Land, um Nahrungsmittel anzubauen, noch Kaufkraft, um diese zu erstehen. Das Hungerproblem hängt damit unmittelbar mit den Besitzverhältnissen sowie der hohen *Arbeitslosigkeit und Unterbeschäftigung in EL zusammen.

Ein Patentrezept zur Lösung der Ernährungsprobleme gibt es nicht. Gewiß ist aber, daß Lösungsstrategien nur dann greifen, wenn sie der spezifischen Situation der jeweiligen Länder Rechnung tragen und umfassend auf deren allg. E. einwirken. Eine Politik der Einkommensumverteilung zugunsten armer Bev.-Schichten und *Agrarreformen sind vielfach unumgänglich. *Nahrungsmittelhilfe per se beseitigt nicht die Problemursachen.

Lit.: J. Collins / F. Lappé, Vom Mythos des Hungers, Frankfurt 1980; E. C. Zurek / A. Rahmanzadeh, Perspektiven der Welternährung, Köln 1984; F. Krusen,

Ernährung 2000, München 1986; H. Schuhmann, Futtermittel und Welthunger, Reinbek 1986; K. G. Wold, Der internationale Agrarhandel und die Bekämpfung des Hungers, Stuttgart 1986; P. von Blanckenburg, Welternährung, München 1986; O. Matzke, Ernährung, in: D. Nohlen/P. Waldmann (Hg.), Dritte Welt, München 1987; F. Nuscheler, Lern- und Arbeitsbuch Entwicklungspolitik, Bonn 1987; W. Hein, Das Welternährungsproblem zwischen Überproduktion und Hungersnöten, in: Nord-Süd aktuell 2/1988. mik

ESCAP UN-Wirtschafts- und Sozialkommission für Asien und den Pazifik (*Economic and Social Commission for Asia and the Pacific*), vor 1974 ECAFE (UN-Wirtschafts- und Sozialkommission für Asien und den Fernen Osten), 1947 gegr., 35 Mitgl. Adresse: Rajadamnern Avenue, Bangkok 2, Thailand. dn

ESF →Entwicklungspolitik der USA

Esquivel Pérez, Adolfo, geb. 1932, Professor für Bildende Kunst, der sich in Argentinien für die *Menschenrechte einsetzt. Seit 1977 leitete E. die christl. Friedensorganisation *Servicio, Paz y Justicia*. 1980 wurde ihm der Friedensnobelpreis verliehen. ab

Ethnizität bezeichnet die subjektive Zugehörigkeit zu einer ethnischen Gruppe und gilt in den Staaten der *Dritten Welt als häufige Konfliktursache. Merkmale einer ethnischen Gruppe sind kulturelle Gemeinsamkeiten, v. a. Sprache, sowie echte oder vermeintliche historische Bedingungen, d. h. eine gemeinsame Tradition. Ethnische Gruppen sind veränderbar, ihre Grenzen fließend und ihre Traditionen manipulierbar. Bedeutung erlangt Ethn. unter pol. (z. B. pol. Domination, Mobilisierung durch Eliten, fehlende *Partizipationschancen), sozialen (*Urbanisierung, ungleiche Bildungsschancen) oder wirtsch. Bedingungen (regional ungleiche Entwicklung, relative Deprivation), unter denen aus kulturellen Affinitäten pol. und sozial handelnde Solidargruppen werden. Die Voraussetzung dafür, daß Ethn. v. a. in der Dritten Welt eine Rolle spielt, hat der Kolonalismus geschaffen, u. a. indem er flexible Ethnien in starre Verwaltungseinheiten aufteilte und als «Stämme» bezeichnete (*Tribalismus). Ethn. wird in den unabh. Staaten bekämpft, da sie als mit dem **nation building* unvereinbar gilt (Gefahr des Separatismus).

Ethn. hat in den vergangenen J. insb. in den Forschungen zur pol. Soziologie Afrikas und Asiens an Gewicht gewonnen, die nach Konfliktursachen und -vermeidung fragen. Daneben wird untersucht, wie Ethn. in pol. Systeme integriert werden könnte (Kulturpluralismus-Ansätze). Hierbei wird Ethn. oft überbewertet, indem ihr von vornherein eine pol. Bedeutung unterstellt wird. Hingegen wird übersehen, daß Ethn. eine Folge bestimmter pol., wirtsch. und sozialer Bedingungen ist und weniger ihr struktureller Ausgangspunkt. als

Ethnozentrismus, ethnozentrisch Unter Eth. wird in der entwicklungstheoret. Diskussion der Vorrang der Werte und Überzeugungen, beispielsweise der abendländ. (Eurozentrismus) in der Beurteilung sozialer, wirtsch. und pol. Verhältnisse und Prozesse in Ländern anderer Kulturbereiche verstanden. Damit geht die Vorstellung einher, nur eine Orientierung an den Werten, Ist- oder Soll-Zuständen gesellsch. E. der als vorrangig begriffenen Kultur gewährleiste eine wirkliche Entwicklung. In der entwicklungstheoret. Diskussion, die voller eth. Annahmen steckt, liegt Eth. weniger Feindlichkeit gegenüber der fremden Kultur als Verständnislosigkeit zugrunde. Während die *Modernisierungstheorien den EL die westl.-kapitalist. Industriegesellschaft als E.-Ziel vorhielten, betonen neuere E.-Theorien – nicht erst seit dem Iran-Debakel – alternative, stärker mit der kulturellen Identität der EL-Gesellschaften übereinstimmende E.-Wege.

Lit.: D. Perrot/R. Preiswerk, Ethnocentrisme et Histoire. L'Afrique, l'Amerique indienne et l'Asie dans les manuels occidentaux, Paris 1975. dn

Ethnomedizin Kulturvergleichende medizinische Anthropologie, die Medizin, Krankheits- und Heilkonzepte als Bestandteil einer Kultur begreift und analysiert (→Gesundheitsdienste). hjd

Euro-Arabischer Dialog →Arabische Liga

Eurokredite Die von europ. Finanzplätzen (London, Luxemburg, Zürich, Paris) betriebenen Kreditgeschäfte in nicht-einheimischen Währungen (zu 75 % US-$), die keiner staatlichen Kontrolle unterliegen und von Mindestreserveverpflichtungen befreit sind. Die «Eurobanken» unterhalten sog. * *Offshore*-Finanzplätze, auf denen die Eurokredite abgewickelt werden.

Lit.: D. Lomax/P. T. G. Gutmann, The Euromarkets and International Financial Policies, London 1981; E. L. Versluysen, The Political Economy of International Finance, Westmead, GB 1981. dn

Europäische Entwicklungspolitik →Entwicklungspolitik der EG

Europäische Investitionsbank →EIB

Europäische Rechnungseinheit →ERE

Europäische Sozialcharta →Menschenrechte

Europäischer Entwicklungsfonds →EEF

Eutrophierung Überfrachtung der Meere mit Nährstoffen durch die Einleitung ungeklärter Abwässer, die zu einem gesteigerten Algenwachstum führt. Absterben und Zersetzung der Algen reduziert den Sauerstoffgehalt des Wassers mit negativen Konsequenzen für die Fischbestände.

Evaluierung/Erfolgskontrolle Unter Ev. faßt man alle Maßnahmen zusammen, die ergriffen werden, um Auswirkungen eines E.-Projekts oder -Programms zu ermitteln. Mit der quantitativen Ausweitung des e.-pol. Engagements in den 60er J. und dem damit verbundenen Bedarf an einer Systematisierung des e.-pol. Ablaufprozesses wurde der Begriff der Erfolgskontrolle wegen seines statischen Charakters und seiner Beschränkung auf die Ergebnisphase zunehmend von dem umfassenderen Begriff Evaluierung verdrängt. Ev. sind systematische Untersuchungen laufender oder abgeschlossener Projekte oder Programme oder von Teilbereichen solcher Projekte und Programme durch die verantwortliche Organisationseinheit und i. d. R. unter der Einschaltung externer, d. h. nicht mit der Planung und Durchführung des Projekts/Programms befaßter Gutachter. Keine Ev. im vorgenannten Sinn sind demnach Projektprüfungen durch die mit der Durchführung der Projekte beauftragten nachgeordneten Org. (→GTZ; →KfW), ferner Kontakt-, Informations- und Betreuungsreisen oder Projektkurzbesuche (sog. *spot checks*) durch Angehörige der E.-Verwaltung. Nicht zur Ev. zählt auch die durch das Haushaltsrecht vorgeschriebene sog. Verwaltungsprüfung. Zur Rationalisierung des Prüfgeschäfts wird sie jedoch öfters mit Ev. gekoppelt. Nicht als Ev. wird auch die im Rahmen des Projekt- oder Programm-Managements erforderliche laufende Überwachung (Verlaufskontrolle) einschließlich des Reagierens auf Vorschläge oder in der Berichterstattung des Projektpersonals vor Ort aufgezeigter Probleme – im int. Bereich als *monitoring* bezeichnet – angesehen. Als bundesrepublikanische Sonderform der Ev. kann die sog. Inspektion gelten. Sie wird pragmatisch definiert und meint jene Ev., die von dem 1970 eingerichteten Referat für Inspektion und Evaluierung des *BMZ durchgeführt wird. Dabei gilt der Grundsatz, daß für die Inspektionstätigkeit nur solches Prüfpersonal in Frage kommt, das nicht mit den Aufgaben der Planung, Steuerung und Durchführung der zu evaluierenden Maßnahmen betraut ist.

1. *Typen der Ev.:* a) Unterscheidung im zeitlichen Ablauf: 1. in der Planungsphase: die *Ex-ante*-Ev. Hier bedeutet Ev. Auswahl und Vorprüfung eines Projekts/Programms aus einer Reihe von Alternativen an Hand best.

Kriterien. Ihr sind die Fragen der Projektfindung, -auswahl und -vorprüfung zuzuordnen; 2. in der Durchführungsphase: (a) die *operational evaluation*, die Wirtschaftlichkeitsprüfung; sie beschäftigt sich mit der Angemessenheit und Korrektheit der administrativen Maßnahmen, der Haushaltskontrolle und Rechnungslegung; (b) die *built-in-evaluation*, die mitlaufende Kontrolle in der Implementationsphase; dabei setzt die auf Effizienz der Projekte/Programme abgestimmte Ev. mittels Kosten-Nutzen-Analysen (→Entwicklungsplanung) die Aufwendungen zu den erzielten Resultaten in Beziehung. Diese Phase ist naturgemäß die wichtigste und quantitativ umfangreichste; auf dem Gebiet der * Kapitalhilfe sind hier die Projektprüfung, die Fortschritts- und Verwendungskontrolle sowie Teile der Erfolgskontrolle zu lokalisieren; 3. in der Ergebnisphase: die *impact evaluation*, sie stellt fest, ob die vorgegebenen Zielsetzungen tatsächlich erfüllt werden und versucht, den Wert der erzielten Resultate für die wirtsch. und soziale Entwicklung des betreffenden Bereichs zu beurteilen.

b) Unterscheidung nach dem Prüfgegenstand: Hier wird nach offizieller Sprachregelung unterschieden zwischen (a) Ev. im Rahmen des Managements laufender Projekte und Programme; (b) Analyse grundlegender Probleme (Schlüsselprobleme) von Sektoren, Branchen und Themen mit Zukunftsbedeutung; (c) länderumfassende Untersuchungen; (d) Untersuchung spezifischer Durchführungsfragen und (e) Untersuchung von Institutionen und Instrumenten.

2. *Interne und externe Ev.:* Interne Ev. ist Selbstkontrolle derjenigen Organisation, Institution oder Person, die für die Planung und Entscheidung der durchzuführenden Maßnahmen zuständig ist. Externe Ev. bedeutet, daß diese durch Stellen oder Personen durchgeführt wird, die nicht an der Planung, Entscheidung oder am Management der zu prüfenden Maßnahmen beteiligt sind.

Mit fortschreitender Ev.-Praxis wird die idealtypische Gegenüberstellung der beiden Ev.-Arten zunehmend fragwürdig, da auch die Prüfaktivitäten Externer mehr und mehr von der E.-Verwaltung gesteuert und kontrolliert werden.

3. *Ziele der Ev.:* Die Ziele der Ev. lassen sich ableiten aus der Frage, wer Informationsbedürfnisse hat, die über Ev. zu erfüllen sind. In der Ev.-Praxis der dt. E.-Hilfe dominiert eindeutig das Managementinteresse alle anderen Bedürfnisse. Ev. wird hiernach als integraler Bestandteil von Planung, Programmierung und Budgetprozeß begriffen. Vorrangig wird sie als interne Ev. angesehen mit der Begründung, daß derjenige, der Managementverantwortlichkeiten hat, sich ständig darüber vergewissern können muß, daß die von ihm entschiedenen Maßnahmen entsprechend seinen Vorstellungen laufen. Im Zentrum des Ev.-Interesses steht die Ergebnisbeurteilung. Sie läßt sich nach dem Ev.-Raster des BMZ in drei Teilfragen zerlegen: (a) die Frage nach der Effektivität (Waren die Methoden, Arbeitsweisen und Techniken der Projektdurchführung wirksam?); (b) die Frage nach der Effizienz (Ist das Verhältnis von Aufwand [Kosten] und Ertrag [Nutzen] zu rechtfertigen?); (c) die Frage nach der Signifikanz (Hat das Projekt einen nachhaltigen/bedeutenden Effekt für die wirtsch. und soziale Entwicklung des Landes/der Projektregion/der Zielgruppe?).

4. *Gegenstand der Ev.:* Ev. können nicht flächendeckend vorgenommen werden. Schon die begrenzte personelle Kapazität der verantwortlichen Stellen zwingt zur Auswahl. Die Prüfaktivitäten konzentrieren sich in erster Linie auf (a) Großprojekte oder -programme; (b) Risikoprojekte oder -programme; (c) komplexe Projekte oder Programme; (d) neuartige Projek-

te oder Programme; (e) Langzeitprojekte oder -programme.

5. *Bedürfnisorientierte Ev. – ein neuer Ansatz:* Die bedürfnisorientierte Prüfung von Projekten und Programmen fragt nicht nur, ob Arbeitsplätze geschaffen werden und das Produzierte nachgefragt wird, sondern darüber hinaus (a) wer beschäftigt wird, (b) wer das Produzierte verbraucht und (c) ob das, was verbraucht, auch gebraucht wird, d. h. ob ein gerechtfertigter Bedarf danach besteht. Zur Ermittlung eines solchen Bedarfs wird ein sog. rationales Budget, das den Bedarf darstellt (konkret: ein Warenkorb von Endverbrauchsgütern), dem Konsum unterschiedlicher Gesellschaftsklassen gegenübergestellt. Der Grundgedanke des rationalen Budgets ist die Ablehnung einer Lebensweise, die darauf beruht, daß manche verschwenden und viele hungern.

6. *Methodische Schwierigkeiten in der Ev.-Praxis:* (a) Die in jedes E.-Projekt eingehenden Grundannahmen sind oft fragwürdig, weil ihre Gültigkeit bisher nur in unserer eigenen Gesellschaft nachgewiesen wurde; (b) um ein best. Ergebnis mit einiger Sicherheit der e.-pol. Maßnahme zuzuschreiben oder einen bestimmten Mißerfolg erklären zu können im Hinblick auf die Modifizierung der Planung, muß die Ev. die wichtigsten Faktoren kennen, die das Ergebnis einer Maßnahme beeinflussen, insb. die Voraussetzungen, auf die eine Maßnahme zu Beginn und im Prozeßverlauf trifft, und die Mittel, der sich die Maßnahme selbst bedient; dies ist in der Regel jedoch nur in Grenzen möglich; (c) die statistischen Grundlagen für eine Analyse der Ausgangssituation und eine kontinuierliche Überprüfung von Projekt- und Umwelteinflüssen sind meistens unvollkommen; (d) quasi-experimentelle Programmdurchführungen sind wegen der Langfristigkeit der Maßnahmen und mit Rücksicht auf die Zielgruppen gerade im sozialen Bereich nicht möglich. Die kausalen Beziehungen zwischen Maßnahmen und Beobachtungsdaten bleiben entsprechend unscharf; (e) Erfolgskriterien müssen einerseits in logischer Übereinstimmung mit den Zielsetzungen einer E.-Maßnahme stehen, andererseits empirisch verifizierbar sein, d. h. operational definiert sein. Während dies bei wirtsch., techn. und ökol. Variablen rel. leicht möglich ist, ergeben sich bei soziologischen und psychologischen Variablen erhebliche Schwierigkeiten der Messung und Zuordnung zu einer best. Zielsetzung. Diese methodischen Schwierigkeiten sind u. a. dafür verantwortlich, daß die Praxis der Ev. dahin tendiert, schwer objektivierbare soziolog. und psycholog. Auswirkungen von E.-Projekten und nichtwirtsch. Auswirkungen zu vernachlässigen.

7. *Das Problem der Rückkoppelung der Ev.-Ergebnisse:* Mit der sukzessiven Einführung neuerer Planungs- («Zielorientierte Projektplanung [ZOPP]» u. a.) und Managementsysteme im e.-pol. Entscheidungsprozeß (v. a. der techn. Zusammenarbeit) sowie der wachsenden Aufmerksamkeit für Fragen der Projektwirkungen wurde seit Anfang der 80er J. dem sachlogischen Zusammenhang von Planung–Implementierung–Evaluierung und Neuplanung zunehmend Rechnung getragen.

Lit.: D. Kantowsky (Hg.), Evaluierungsforschung und -praxis in der Entwicklungshilfe, Zürich 1977; K. Bodemer, Erfolgskontrolle der deutschen Entwicklungshilfe. Improvisiert oder systematisch, Meisenheim 1979; E. Oehring, Ex-ante Evaluierung sozioökonomischer Wirkungen von industriellen Entwicklungsprojekten, Baden-Baden 1980; UNIDO, Guidelines for Project Evaluation, New York 1982; P. Mosley, The Politics of Evaluation: a Comparative Study of World Bank and Ukoda Evaluation Procedures, in: Development and Change 14, Nr. 4, 1983, S. 593ff.; H. H. Lembke, Project Appraisal in Development Assistance, in: Intereconomics, Jg. 20, 1985, H. 5, S. 239ff.; D. Schwefel (Hg.), Soziale Wirkungen von Projekten in der Dritten Welt, Baden-Baden 1987.

kb

Evangelische Entwicklungsarbeit
→Kirchen – Grundsätze der Entwicklungsarbeit

Evangelische Zentralstelle für Entwicklungshilfe →EZE

Evangelischer Pressedienst →epd

EWLP →Alphabetisierung

exogen Außen entstehend, von außen kommend (Gegensatz zu *endogen); exogene Faktoren bezeichnen in der Diskussion über die Ursachen und Bedingungen der Aufrechterhaltung von UE jene Gründe, die nicht in Geschichte und Gesellschaft der EL selbst liegen, sondern außerhalb bzw. externer Natur sind. Exogene Faktoren sind z. B. die *internationale Arbeitsteilung, *Kolonialismus und *Imperialismus, die bestehende Weltwirtschaftsordnung. dn

Exporterlösstabilisierung Die Hauptexporte der EL bestehen – selbst wenn man vom Erdöl absieht – noch immer zu über 50% aus *Rohstoffen. Bei ¾ aller EL entfällt über 50% des Exportwertes auf nur ein oder zwei Rohstoffe. Z. B. beträgt der Anteil an den Gesamtausfuhren in Zambia 95% Kupfer, Gambia 94% Erdnüsse, Burundi 84% Kaffee, Bangladesh 84% Jute. Typischerweise unterliegen die Preise für Rohstoffe höheren oder zumindest häufigeren Preisschwankungen als Industriegüter. Daraus resultierende Schwankungen der Exporterlöse beeinträchtigen die Fähigkeit der EL erheblich, eine kontinuierliche Entwicklungsstrategie durchzuführen. Die int. Rohstoffpolitik zielt darauf ab, Preise sowie Erlöse für Rohstoffexporte zu stabilisieren.

Die gegenwärtig existierenden oder in der Diskussion befindlichen Systeme sind: die *kompensatorische Finanzierung, die *kompensierende Kreditfazilität des *IWF, das *STABEX-System der EG, verschiedene int. *Rohstoffabkommen, das *integrierte Rohstoffprogramm der *UNCTAD und der zwischen IL und EL vereinbarte *Gemeinsame Fonds. hpn

Exportkulturen Agrarerzeugnisse, die ausschließlich oder fast ausschließlich für den Export bestimmt sind. Ein anderer Begriff dafür ist *_cash crops_. EK werden meistens auf *Plantagen angebaut, die sich durch moderne Bearbeitungsmethoden (wenig *arbeitsintensive Produktionsmittel) auszeichnen. dn

Exportmodell (Export-Economy-Model) Unter EM versteht man das Muster der Einbindung einer EL-Ökonomie in die Weltwirtschaft. Mehr als der Begriff *internationale Arbeitsteilung, der ebenfalls die Struktur des Außenhandels zwischen IL und EL zum Kern hat, hebt EM auf die interne Produktionsstruktur und die sozialen Konsequenzen eines nach außen gerichteten, abh. wirtsch. Wachstumsprozesses ab.

Für die Struktur der Volkswirtschaft ist der Exportsektor entscheidend, der auf Grund seiner Außenabh. keinen fortschreitenden und dauerhaften Prozeß wirtsch. Wachstums tragen kann (koloniales Exportmodell) oder diesen mit höchst problematischen sozialen und pol. Fehlentwicklungen (abh. kapitalistisches Exportmodell) erkauft. Der Umpolung der Wirtschaft setzen beide Modelle ebenfalls Grenzen. Das kol. EM kann durch folgende Elemente und Folgeprobleme gekennzeichnet werden: 1. Dominanz der Primärgüter und Beschränkung auf wenige Hauptexportgüter (*Monostruktur); 2. Vorherrschaft des Auslandskapitals in *Plantagen- und Bergbauproduktion und im Handel (Export–Import), hoher Konzentrationsgrad des einheim. Eigentums an den restlichen, strategisch zumeist nachgeordneten Unternehmen; 3. Integration des expandierenden Exportsektors in die Weltwirtschaft und Herauslösung (Desintegration) aus der heimischen Ökonomie (*Enklaven, geringe *_Linkage_-Effekte), keine Produktion für den Binnenmarkt; 4. Minimale Beschäftigungseffekte auf Grund *kapitalintensiver Technologien, extreme Ungleichheiten in der *Einkommensverteilung, *Marginalität; 5. Verwendung der Exporterlöse für Luxuskonsum der Exportoligarchien und für die Aufrechterhaltung des Modells (Finanzierung der Importe technol. *inputs* und des * Schuldendienstes).

Das abh. kapitalistische EM setzt eine * Industrialisierung in Gang, wandelt insofern die Produktionsstruktur möglicherweise grundlegend und setzt insbesondere bei * Diversifizierung des Außenhandels die billig verfügbare einheim. Arbeitskraft in Wert. dn

Exportquote Verhältnis des Wertes der Exporte einer Volkswirtschaft zu deren BIP; zeigt auf, in welchem Maße eine Volkswirtschaft exportabhängig ist, aber auch, welchen Beitrag der Export von Waren und Dienstleistungen zum Volkseinkommen erbringt. dn

external economies Effekte, die sowohl im Konsumbereich der Haushalte als auch im Produktionsbereich der Unternehmen auftreten können und dazu führen, daß sozialer und privater Nutzen und soziale und private Kosten nicht übereinstimmen. Grundsätzlich gilt es zu beachten, wer die Vorteile/Nachteile verursacht und wer die Vorteile/Nachteile empfängt.

In den * Wachstumstheorien werden insbes. Induzierungseffekte betont, die bei vorgelagerten Industrien (*backward-linkages*, Vorwärtskopplung) oder weiterverarbeitenden Unternehmen (*forward-linkages*, Rückwärtskopplung) neue Produktionsanreize hervorrufen. Ferner können von der physischen * Infrastruktur eines Landes positive externe Effekte für die inländische Produktion ausgehen, die wiederum durch Beschäftigung unausgebildeter Arbeitskräfte Auswirkungen erzielen (*learning-by-doing effect*). Negative externe Effekte (*external diseconomies*) verursachen soziale Kosten (Umweltverschmutzung), die zum Teil dem Verursacher nicht direkt zuordenbar sind. Die Übernahmen westlicher Konsummuster durch die EL (*snob-effect*, int. Demonstrationseffekt) können als *external diseconomies* verstanden werden. mka

Extraprofite Im Vergleich der Profitraten, die das Kapital in IL und EL erzielt, werden unter EP in der marxistischen Wirtschaftstheorie die Profite verstanden, die über dem Durchschnittsprofit liegen, den das Kapital in den Mutterländern erzielt. dn

EZE Evangelische Zentralstelle für Entwicklungshilfe e. V., gegr. 1962 auf das Angebot der Bundesreg. hin, die E.-Arbeit der * Kirchen durch Bundesmittel zu fördern. Mitgl. der * AG KED, Arbeitsverbund mit den anderen ev. Hilfswerken (* BfdW, * DÜ, * KED). Finanzvolumen aus öfftl. Mitteln bis 1986: 1,645 Mrd. DM für insg. 2383 Projekte; 1987: 165,4 Mio. DM (davon 150,8 Mio. staatl. und 14,6 Mio. DM aus Mitteln des Kirchlichen E.-Dienstes. Regionale Verteilung: Afrika 559 Mio. DM/798 Projekte; Asien: 672/991; Lateinamerika: 274/519; überregional: 141/75). Enge Zusammenarbeit gegenüber staatl. Stellen mit der kath. * Zentralstelle für Entwicklungshilfe. Adresse: Mittelstr. 37, 5300 Bonn 2 pb

F

FAC *Food Aid Convention*, Nahrungshilfeabkommen der * UN, die mit verpflichtendem Charakter * Nahrungsmittelhilfe durch Länder mit Überschüssen festlegen. FACs wurden 1967, 1971, 1980 und 1986 vereinbart. Die Verteilung der Mittel erfolgt i. d. R. durch das * WFP. bt

FAD →AFDB, ASDF

Faktorproportionentheorem →Außenhandelstheorie

FAKT Fördergesellschaft für angepaßte Techniken in der Dritten Welt mbH, gegr. 1986 und als gemeinnützig anerkannt. Gesellschafter sind * BfdW, * DÜ und die Ev. Landeskirche in Baden. Mitarbeiter sind zumeist zurückgekehrte * Entwicklungshelfer. FAKT bietet als Beratungsgesellschaft Dienstleistungen und Fachberatung in erster Linie für die Mitgliedsorg. der

*AG KED (Beratung bei der Bearbeitung von Projektanträgen), aber auch für andere Institutionen an: 1. Erneuerbare Energien (Kleinwasserkraft, Sonnenenergie); 2. Wasserversorgung (Pumpentechnik, Trinkwasseraufbereitung); 3. Kleingewerbeförderung; 4. Krankenhaustechnik. Zusätzlich führt FAKT Fachtagungen sowie Bildungs- und Informationsveranstaltungen zu Spezialthemen durch. Publikation: Newsletter Hydronet (dreimal jährl.). Adresse: Gänseheidestr. 43, 7000 Stuttgart 1. vk

Falkland/Malvinas-Konflikt Der 1982 um die Falklandinseln/Islas Malvinas geführte Krieg zwischen Argentinien (A.) und GB wirkte auf die int. Öffentlichkeit wie ein krasser Anachronismus.

1. Die im Südatlantik etwa 450 km vor der arg. Küste gelegenen Falklandinseln bestehen aus den beiden Hauptinseln East und West Falkland, auf denen ca. 1800 Ew. meist brit. Herkunft leben, die sich wirtsch. hauptsächlich auf Schafzucht und Wollexport stützen, sowie etwa 200 kleineren Inseln. Zum brit. Kolonialbesitz in der Region gehören außerdem noch die unbewohnten sog. «Falkland-Dependenzen», zu denen u. a. Südgeorgien, die Südshetlands und das antarktische Graham-Land zählen, auf die A. ebenfalls Anspruch erhebt. Wirtsch. interessant ist der außerordentliche Fischreichtum der Region. Weder A. noch GB unternahmen allerdings bislang ernsthafte Anstrengungen, die vermuteten umfangreichen Vorräte an Meeresressourcen zu erschließen (*Offshore-Erdöl und -Erdgas, Mangan). Die Ursachen für den Ausbruch des Krieges sind mithin weniger im Bereich rivalisierender wirtsch. Interessen zu suchen. Vielmehr liegen die hist. Wurzeln des Konflikts in der brit. und span. Kolonialgeschichte; die plötzliche Eskalation 1982 ist jedoch v. a. auf interne Faktoren beider Kontrahenten zurückzuführen.

2. Bereits die Entdeckung der Inseln ist umstritten und wird u. a. von GB für sich reklamiert (1592). Zwar nahm 1690 ein Brite die Inseln unter dem Namen «*Falkland Sound*» in Besitz, die erste tatsächliche Okkupation und Besiedlung aber erfolgte nach der Expedition des Franzosen Bougainville 1764, der die Inseln «*Malouines*» nannte. Gleichzeitig entstand eine brit. Siedlung auf der Westinsel. Auf Protest gegen das Eindringen in die span. Kolonialsphäre hin überließen die Franzosen die Inseln Spanien gegen eine Entschädigung. 1771 erkannte GB unter einem Eigentumsvorbehalt die span. Souveränität über die «Malvinas» an. Nach den Auseinandersetzungen um die arg. Unabh. blieben die Inseln zunächst unbesetzt. 1820 wurden die Malvinas von A. in Besitz genommen. Die brit. Eroberung der Inseln 1832/33 wurde dadurch begünstigt, daß die USA nach einem Fischereistreit mit A. Buenos Aires die Unterstützung seiner Ansprüche entzog. Seither befinden sich die Inseln in brit. Besitz.

3. Die bes. völkerrechtliche Problematik des Konflikts liegt in der Überlagerung konkurrierender Rechtsprinzipien. Zentral ist dabei v. a. der Widerspruch zwischen dem Dekolonisationsgebot, das eine Rückgabe der Inseln an A. gebietet, und dem Selbstbestimmungsrecht der Inselbev., die für die Zugehörigkeit zu GB optiert. GB reklamiert zudem Entdeckung und Erstbesiedlung für sich; die daraus resultierenden Rechte habe man mit dem Abzug 1771/74 nicht aufgegeben und die *de facto*-Herrschaft seit 1833 sei ein zusätzlicher Besitztitel. A. als unbestrittener Rechtsnachfolger der span. Kolonialmacht sieht sich dagegen als rechtmäßiger Besitzer der Inseln und beruft sich auf die geogr. Nähe und geologische Verwandtschaft der Inseln mit dem arg. Festland. Der Konflikt ist daher auf völkerrechtlicher Ebene nicht zu entscheiden, sondern verlangt eine pol. Lösung.

4. Die Generalversammlung der *UN forderte die beiden Kontrahenten 1965 auf, Verhandlungen aufzunehmen, um eine Lösung des Konflikts unter Berücksichtigung des Dekolonisierungsgebots und des Selbstbestimmungsrechts zu finden. In den daraufhin aufgenommenen bilateralen Verhandlungen wurden Fortschritte erzielt, so daß 1971–74 drei Abkommen unterzeichnet werden konnten, die die Inseln stärker mit dem arg. Festland verbanden. In der UN-Resolution von 1973 wurde die Beschleunigung der Verhandlungen mit dem Ziel, die Kolonialsituation zu beenden, gefordert. Seit dem Bericht der brit. Shackleton-Kommission von 1976 war GB bereit, über die Souveränitätsfrage zu verhandeln. Als sich die Inselbev. in einer Abstimmung 1981 jedoch klar für die Beibehaltung des *Status quo* aussprach, erklärte die brit. Delegation die Souveränitätsfrage erneut als nicht verhandelbar. Dies verschärfte die Konfrontation erstmals wieder. Innenpol. Gründe, die sich 1981/82 dramatisch verschlechternde wirtsch. Situation A.s, interne Differenzen der Militärjunta, führten schließlich zur arg. Besetzung der Inseln am 2. April 1982. Die Welle nat. Begeisterung in A. schien das Kalkül des Militärs zunächst zu bestätigen. Vollkommen verschätzt hatte man sich jedoch in bezug auf die brit. Reaktion. Die brit. Regierung, die ebenfalls wegen wirtsch. Probleme unter Druck stand, entsandte eine Kriegsflotte. Die USA, die beiden Kontrahenten gegenüber Bündnisverpflichtungen hatten, gaben nach erfolglosen Vermittlungsbemühungen ihre neutrale Haltung zugunsten einer Unterstützung GBs auf. Erst nach mehreren Seegefechten und der brit. Rückeroberung der Hs. Port Stanley endete der Krieg mit der Kapitulation der arg. Inseltruppen am 15. Juni 1982.

5. Während die arg. Niederlage den letzten entscheidenden Anstoß zum Rückzug der Militärs von der Macht gab, hatte der Krieg außenpol. nicht die befürchtete Abkehr A.s vom Westen zur Folge. Auch das demokratische A. beharrte zunächst auf den trad. Ansprüchen. Die Ausdehnung der Sperrzone um die Inseln durch GB im Okt. 1986 führte zu einer erneuten Konfrontation. Zu einer Wende kam es nach dem Amtsantritt des arg. Präs. Menem 1989: Mit einem am 15.2.1990 abgeschlossenen arg.-brit. Abkommen wurden die diplomatischen Bez. wieder hergestellt. Darüber hinaus sah die Vereinbarung Maßnahmen zur milit. Entspannung und die Wiederaufnahme der bilateralen Verhandlungen vor.

Lit.: D. Sabaté Lichtschein: Problemas argentinos de soberanía territorial, Buenos Aires 1979; R. O. Schultze, Falkland-Inseln, in: P. Waldmann (Hg.): Politisches Lexikon Lateinamerika, München 1982, S. 334ff.; M. Ehrke, Argentinien und der Krieg im Südatlantik, in: Jahrbuch Dritte Welt I, München 1983, S. 134ff.; J. C. Puig: Malvinas y régimen internacional, Buenos Aires 1983; A. I. Haffa: Beagle-Konflikt und Falkland (Malvinas)-Krieg. Zur Außenpolitik der argentinischen Militärregierung 1976 bis 1983, München/Köln etc. 1987; C. Bluth: The British Resort to Force in the Falklands/Malvinas Conflict, in: Journal of Peace Research, 24 (1), 1987, 5–20. hb

Familienplanung Unter F. werden bev.-pol. Maßnahmen nat. und int. Organisationen verstanden, die auf die Kontrolle des *Bev.-Wachstums in den EL abzielen. F. setzt vornehmlich am Geburtenvorgang bzw. an der gezielten Senkung der Fruchtbarkeit (Geburtenkontrolle) an. Die Kleinhaltung der Zahl der Kinder, welche eine Frau zur Welt bringt, hängt jedoch nicht nur ab von den Kenntnissen über Schwangerschaft und ihre Verhütungsmittelpraktiken, welche die Kinderzahl regulieren. Sie hängt auch ab von Einstellungen der betreffenden Gesellschaften, sozialer Schichten und Familien zu Fragen der Kinderzahl und ihrer Begrenzung, welche wiederum mit dem ökon.- E.-Niveau eines EL zusammenhängen. Insofern ist F. in die allg. E.-Problematik eingebettet und verlangt, ehe sie erfolgreich sein kann, Aufklärungsarbeit und propagandistische

Vorbereitung. Die Methoden der Fruchtbarkeitsregulierung werden abgestimmt auf den Aufklärungsgrad: zunächst Hinauszögern aufeinanderfolgender Schwangerschaften, sodann empfängnisverhütende Mittel (Kontrazeptiva) wie Kondome, Anti-Baby-Pillen, intrauterine Empfängnisverhüter. In fast allen EL gibt es inzwischen F.-Programme. Es wird jedoch noch von einem großen Bedarf an F. ausgegangen. Auf der * Weltbevölkerungskonferenz von Mexico City wurde die Stellung der * Frau in Familie und Gesellschaft für den Erfolg von F. und Bev.Politik betont. Die int. Programme werden vom * UNFPA getragen, der über 50% seiner Ausgaben für E.-Programme in EL tätigt.

Lit.: C. Oswald, Familienplanung als volkswirtschaftliches Investitionsproblem, Diessenhofen (Schweiz) 1979; J. Schmid, Bevölkerung und soziale Entwicklung, Wiesbaden 1984. dn

Fanon, Frantz Theoretiker der antikolonialen Revolution, geb. 1924 in Martinique, bäuerl. Herkunft, studierte in Frankreich Philosophie und Medizin, kämpfte während des II. Weltkriegs als Partisan. F. ging 1953 als Arzt nach Algerien, gab jedoch 1956 den Posten als Leiter einer psychiatrischen Klinik auf und trat in den Dienst der Nat. * Befreiungsbewegung FLN. Er war zeitweilig Botschafter der provisorischen algerischen Regierung in Accra. F. starb 1961 in New York an Leukämie. F. vertrat eine Philosophie der Gewalt, von der er eine befreiende und integrierende Wirkung auf die unterdrückten und ausgebeuteten Massen erwartete, als Antwort auf ein bestehendes koloniales Gewaltsystem. Hauptwerke: Die Verdammten dieser Erde, Hamburg 1969; Aspekte der Algerischen Revolution, Frankfurt 1969. dn

FAO Ernährungs- und Landwirtschaftsorg. der * UN (*Food and Agricultural Organization of the United Nations*), gegr. 1945 als Sonderorg. der UN. Sitz: bis 1951 Washington, seither Rom; 158 Mitglieder.

Aufgaben: Hebung des Ernährungs- und Lebensstandards in der Welt, Steigerung der Produktion und Verbesserung der Verteilung land-, forst- und fischereiwirtsch. Erzeugnisse, Verbesserung der Lebensbedingungen der ländl. Bevölkerung.

Tätigkeit: Die FAO sammelt, analysiert und verbreitet Informationen über die landw. und ernährungspol. Probleme der Welt, bes. der EL, macht Vorschläge zu ihrer Überwindung durch nat. und int. Maßnahmen, leistet * technische Hilfe und bei Hungerkatastrophen, über die sie mit Hilfe eines globalen Frühwarnsystems informiert, auch Notstandshilfe (v. a. mit Nahrungsmitteln des * WFP). 1987 waren etwa 2000 * Entwicklungsexperten der FAO bei rund 2700 technischen Hilfsprojekten eingesetzt, in 64 Fällen wurde Katastrophenhilfe geleistet.

Organisation: Die Mitgliederkonferenz (alle 2 J.) wählt einen Rat (49 Mitgl.), der mindestens einmal jährl. zusammentritt, sowie den Generaldirektor. Außerdem existieren versch. bereichsspezifische Ausschüsse für die Programmierung und Koordinierung der FAO-Aktivitäten. Die FAO ist die größte der mit E.-Fragen befaßte Sonderorganisation der UN, sie verfügt über sechs große Regionalbüros, ist in über 75 EL vertreten und beschäftigte 1987 ca. 7000 Mitarbeiter (davon etwa die Hälfte im Hauptquartier in Rom).

Finanzierung: Der ordentliche Etat, der aus (nach Wirtschaftskraft differenzierten) Pflichtbeiträgen der Mitgl.-Länder finanziert wird, betrug für das Doppeljahr 1988/89 492 Mio. US-$ (1982/83: 366 Mio.). Die Hilfsprojekte der FAO werden nur zum geringsten Teil (1987: ca. 12%) aus dem regulären Haushalt finanziert; der größte Teil der Projektkosten, die 1987 333 Mio. US-$ betrugen, wird zu etwa gleichen Teilen aus bilateralen Treuhandfonds (meist zweckgebundene freiwillige Leistungen der großen IL) und aus Mitteln des *UNDP aufgebracht, wobei seit einigen Jahren der Anteil der Fonds den des UNDP übersteigt.

Auf Beschluß der Mitgl.-Konferenz von 1987 wurde im Juli 1988 eine Kommission eingesetzt, die sowohl Aufgaben und Strategie als auch die Organisationsstruktur der in Finanznot geratenen FAO einer Generalrevision unterziehen soll. V.a. von den IL wird vorgebracht, daß die FAO operationelle Aufgaben wenig effizient gestalte und zu Lasten ihres Auftrags als agrar- und ernährungspol. Leitorgan im UN-System überbetone. Adresse: Via delle Terme di Caracalla, 00142 Rom. bt

favelas →Brasilien, Marginalität

FCKW →Klima- und Atmosphärenregime; Ökologie; Ozonkonferenz; Welt-Umweltkonferenz

F CFA →Franc-Zone

F CFP →Franc-Zone

FDCL Forschungs- und Dokumentationszentrum Chile – Lateinamerika, Berlin.

FDP–entwicklungspolitische Leitlinien Der Bundesvorstand der FDP hat am 16. Juni 1986 einen Beschluß über Grundsätze und Schwerpunkte liberaler E.-Politik gefaßt, dem das Bekenntnis zur Gleichrangigkeit der Nord-Süd-Pol. (neben Europa-, Bündnis- und Entspannungspol.) und die Forderung, aus e.-pol. Fehlern der Vergangenheit (bes. im Hinblick auf ökonomische, ökologische und soziokulturelle Folgen von E.-Projekten) zu lernen, vorangestellt ist. E.-Zusammenarbeit soll demnach ein Höchstmaß an Eigenständigkeit und Selbstbestimmung für die Menschen der Dritten Welt, die Verwirklichung von *Menschenrechten und Demokratie und die Befriedigung der *Grundbedürfnisse anstreben. Schwerpunktmäßig sollen der ländl. Raum in den EL gefördert, ihre Wirtschaftskraft gestärkt und die natürlichen Lebensgrundlagen erhalten bzw. wiederhergestellt werden. Die folgenden Thesen fassen konkrete Positionen der FDP im Hinblick auf verschiedene Bereiche und Problemfelder der Nord-Süd-Pol. zusammen:

1. Die Förderung von kleinbäuerlicher Landw., Handwerk und Kleingewerbe (→ländliche Entwicklung) ist am besten geeignet, die Einkommens-, Arbeitsplatz- und Versorgungssituation armer Bev.-Gruppen in den EL zu verbessern. Die dazu notwendigen Bildungs- und infrastrukturellen Maßnahmen sowie technologische Neuerungen sind mit Blick auf soziokulturelle und ökologische Bedingungen auszuwählen. 2. *Nahrungsmittelhilfe darf landw. Anstrengungen in den EL nicht unterlaufen; sie ist mit dem Ziel größtmöglicher Selbstversorgung und Eigenständigkeit in Einklang zu bringen und darf nicht für den Abbau struktureller Überschüsse in den IL instrumentalisiert werden. 3. Die eigene Wirtsch.-Politik der EL ist für deren langfristige E. von entscheidender Bedeutung; marktwirtsch. Systeme mit geringem Staatssektor, in denen Wettbewerbsbeschränkungen beseitigt sind, bieten die beste Chance, entwicklungshemmende Strukturen wirksam abzubauen. 4. Die Ind.-Pol. der EL sollte sich an marktwirtsch. Grundsätzen ausrichten; der Staat soll selbst keine Führungsrolle bei der *Industrialisierung übernehmen. *Direktinvestitionen unterstützen den Aufbau der Privatwirtsch. in EL und sind daher (bes. im Rahmen der ländlichen E.) zu fördern. 5. *Technologietransfer, insbes. im Bereich angepaßter Produktions- und Verfahrenstechniken, soll verstärkt werden. 6. Die Integration der EL in die Weltwirtsch. soll durch int. Handelsabkommen nach dem Beispiel der *Lomé-Verträge gefördert und verstärkt werden. Der unabdingbare wirtsch. Strukturwandel in EL und in IL darf nicht durch protektionistische Maßnahmen verschleppt werden. 7. Zur Bewältigung der Schuldenkrise sind vor allem Struk-

turanpassungen und wirtsch.-pol. Kursänderungen in den Schuldnerländern, Umschuldungsmaßnahmen, die an der Leistungsfähigkeit der Schuldner orientiert sind, höhere Kapitalflüsse in anpassungsbereite EL sowie offene Märkte der IL notwendig; den * LLDCs sollen die Schulden aus E.-Hilfe-Krediten erlassen werden. Kredite sollen ohne * Lieferbindung erfolgen. 8. Durch Umweltverträglichkeitsprüfung aller E.-Projekte, int. Erfahrungsaustausch und umweltpol. Beratung der EL sollen ökol. Belange in der E.-Politik stärker berücksichtigt werden. 9. Der Export von Angriffswaffen in EL ist int. zu verbieten; EL mit niedrigen Militärausgaben sollen e.-pol. bevorzugt werden. 10. Die med. Versorgung in EL soll vor allem durch die Förderung von Basisgesundheitsdiensten verbessert werden. 11. * Bildungshilfe im Bereich des allg. und des beruflichen Bildungswesens ist ein Kernstück liberaler E.-Pol., auch um die pol. und soziale Handlungskompetenz der Menschen in den EL zu fördern. 12. Die Rolle der Frau in Pol., Gesellschaft und Wirtsch. in EL soll gestärkt werden. 13. Die Zusammenarbeit mit * NGOs in der Dritten Welt soll einen höheren Stellenwert in der E.-Politik erhalten; staatl. Organe der Empfängerländer sollen keine Projekte in eigener Regie übernehmen, die der Eigeninitiative der Zielgruppen überlassen werden können. 14. Die E.-Pol. europ. Länder ist besser zu koordinieren und bes. mit der Agrar-, Ind.- und Handelspol. der EG zu verzahnen; E.-Pol. darf nicht agrarpol. Interessen zum Opfer fallen. Adresse: Braunscheidtstraße 15, 5300 Bonn 1 bt

feasibility-study Projektstudie im Vorbereich der Projektplanung, also Projektvorstudie, die im wesentlichen die Frage der Durchführbarkeit eines Projekts prüft; demnach auch Durchführbarkeitsstudie. dn

FELICA Liberales Parteien-Bündnis Zentralamerikas und der Karibik (*Federación Liberal de Centroamérica y del Caribe*); setzt sich ein für Frieden und regionale * Integration, wirtsch. und sozialen Fortschritt mittels eines demokratischen, pluralistischen und auf Partizipation beruhenden Prozesses ohne Einmischung von seiten externer Mächte und unterstützt das Zentralamerikanische Parlament. Mitgl. (1988): 7; Liberale Partei (Honduras); UCD (Guatemala); PLI (Nicaragua); *Acción Democrática* (El Salvador); Liberale Partei (Panama); Liberale Partei «*La Estructura*» (Dominik. Republik); *The National Congress* (Grenada). pb

FES Friedrich-Ebert-Stiftung, gegr. 1925, älteste der dt. * Politischen Stiftungen, der SPD nahestehend. Über ihre Abteilung Internationale Zusammenarbeit entfaltet die FES breitgefächerte Aktivitäten in EL. *Tätigkeitsschwerpunkte:* 1. gesellschaftspol. Bildung zur Motivation und Mobilisierung entwicklungsrelevanter Verhaltensweisen bei einzelnen und Gruppen, Verbreitung der pol., wirtsch. und sozialen Partizipation. Zielgruppen sind v. a. * Gewerkschaften (eigenes Referat für Gewerkschaftsförderung), Parteien (solche, die fortschrittliche Positionen im Sinne eines demokratischen Sozialismus vertreten), * Genossenschaften, Jugend- und Frauenverbände, * Community-Development-Organisationen u. a. In einzelnen Fällen arbeitet die FES auch mit staatl. Stellen zusammen. Neben der bilateralen Kooperation (FES ↔ Partner im EL) bemüht sich die FES in ihren gesellschaftspol. Projekten verstärkt auch um die Förderung der Zusammenarbeit zwischen einzelnen EL (→Süd-Süd-Beziehungen), um die in einem Land gemachten Erfahrungen auch den jeweiligen Nachbarländern zugänglich zu machen (Dezentralisierung im südl. Afrika, Bildung in Zentralamerika). 2. Erwachsenenbildung: Förderung von regionalen Bildungszentren, in denen neben der praxisnahen berufsfachlichen Fortbildung breiter Bev.-Schichten auch die Analyse und Diskussion der gesellsch. und pol. Verhältnisse in den EL Bestandteil der Bildungsprogramme sind, um zur Lösung von Konflikten beizutragen (z. B. in Sri Lanka). 3. Förderung von Unternehmensformen, die wirtsch., sozial und pol. benachteiligten Bev.-Gruppen die Möglichkeit erschließen, stärker am E.-Prozeß zu partizipieren (→Genossenschaften, →ländliche Entwicklung). 4. Förderung des Aufbaus e.-relevanter Informations- und Kommunikationssysteme, insb. Massenmedien. 5. Forschung: Die EL-Abteilung unterhält Institute in EL, die den Aufbau wirtsch.- und sozialwiss. Forschungs- und Beratungskapazitäten vorantreiben sollen. Der Abteilung Studienförderung sind Stipendienprogramme für dt. und ausl. Studenten und Graduierte zugeordnet (1991 2193 Stipendien, davon 1777 an Deutsche und 416 an Ausländer).

Finanzierung: Im wesentlichen aus öfftl. Mitteln, begrenzte frei disponible Mittel (Eigenmittel und Zuwendungen), über deren Höhe keine Informationen vorliegen. Der Etat der FES betrug 1991 ca. 216 Mio. DM. In 74 Ländern war die FES mit Büros vertreten; 250 Auslandsmitarbeiter waren in 110 Ländern im Einsatz. Die Mittel verteilten sich regional wie folgt: Afrika 33 %, Amerika 30 %, Asien und Ozeanien 24 %, Europa 13 %. Sektoraler Schwerpunkt sind Bildungsmaßnahmen. Die FES publiziert versch. Schriftenreihen zu Dritte Welt-bezogenen Themen (u. a.: Analysen aus der Abteilung EL-Forschung; Vierteljahresberichte – Probleme der int. Zusammenarbeit). Adresse: Godesberger Allee 149, 5300 Bonn 2.

Lit.: FES-Jahresberichte, fortlaufend bt

FIDES Investitionsfonds für wirtsch. und soziale Entwicklung (*Fonds d'Investissement pour le Développement Economique et Social*), 1946 gebildeter, zum größten Teil aus dem franz. Staatshaushalt finanzierter Fonds zur Entwicklung der franz. Übersee-Gebiete. fn

Fidschi Die Inseln F.s (ca. 840, insges. 18 500 qkm, größte Insel Viti Levu/ 10 429 qkm mit Hs. Suva) liegen in der Kontaktzone zwischen Melanesien und Polynesien. In der Bev. (1990: ca. 800 000 Ew.) dominieren die Inder (48,6 %) und die zu den Melanesiern zählenden einheim. Fidschianer (46,2 %). Als Minoritäten kommen Europäer, Rotumas und Chinesen hinzu. Die kolonial bedingte Ausrichtung der Ökonomie auf Zucker (60 % des Exports) machen F. von den Schwankungen des Zuckerweltmarktpreises abh., wenngleich F. als *AKP-Staat von den Garantiepreisen der EG profitiert. Die *Entwicklungsplanung will durch die *Diversifizierung der Anbauprodukte sowie die Förderung der Forst- und Fischereiwirtschaft die Abh. F.s von der *Monokultur Zucker reduzieren. Industrieprojekte werden zur Gewinnung von ausl. Investoren durch *incentives* gefördert. Nach den Zucker-Exporterlösen ist der *Tourismus der zweitwichtigste Devisenbringer des Landes.

Der ethnisch-kulturelle Konflikt zwischen den städtisch orientierten und das Wirtschaftsleben bestimmenden Indern und den nach Kultur und Sozialorganisation verschiedenen sowie ca. 80 % des Bodens besitzenden Fidschianern wird über das ethnisch versäulte Parteiensystem (Fidschianer: konservative *Alliance Party*, Inder: linksorientierte *Labour Party* und *National Federation Party*) in die Politik transferiert. Bei den Parlamentswahlen April 1987 verlor die seit der Unabh. (1970, zuvor brit. Kronkolonie) F.s unter der Führung von Ministerpräs. R. K. Mara reg. *Alliance Party* die Macht, und die linksgerichtete Koalition *Labour Party/National Federation Party* übernahm unter T. Bavadra die Regierung. Ministerpräs. Bavadra erklärte den Beitritt F.s (Mitgl. des Südseeforums *SPF) zu den *Blockfreien und die Schließung der Häfen für US-Kriegsschiffe mit Atomwaffen. Doch bereits am 14.5.1987 wurde er durch einen unblutigen Militärputsch (v. a. Fidschianer) gestürzt, der sich unter der Leitung von Oberst S. Rabuka gegen das Übergewicht der Inder in der neuen Reg. richtete. Die Militärreg. wurde vom Ausland (u. a. Neuseeland, Australien, GB, Einstellung der E.-Hilfe der USA) abgelehnt. Nach internen Machtkämpfen kam eine auf einem Kompromiß beruhende Übergangsreg. (Rabuka/Ministerpräs., Ganilau/Staatschef) zustande. Die zwischen den beiden Parteiführern Mara und Bavadra erzielte Einigung auf eine zivile Koalitionsreg. wurde am 25.9.1987 durch einen erneuten Militärputsch unter Rabuka zunichte gemacht. Rabuka proklamierte F. am 6.10.1987 zur Republik (zuvor konst. Monarchie mit Staatsoberhaupt Königin Elizabeth II.). F. wurde deshalb am 17.10.1987 aus dem ***Commonwealth* ausgeschlossen. Am 5.12.1987 löste Rabuka sein *Militärregime auf und ernannte den 17 J. lang das Land reg. Mara zum Premier, den Ex-Generalgouverneur Ganilau zum Präs. der Republik und sich selbst zum Innenmin. Die bei den Wahlen siegreiche Koalition unter Bavadra ist in der neuen Reg. nicht vertreten. Mit dem Rücktritt Rabukas im Jan. 1990 und dem Ende der direkten Beteiligung der Militärs an der Macht kündigte sich eine pol. Öffnung an. Juli 1990 wurde eine neue Verfassung verabschiedet, die 37 der 70 Parlamentssitze für den melanesischen, 27 für den indischen Bevölkerungsteil reservierte (Rest für andere Ethnien). Aus den Parlamentswahlen von Mai 1992 ging die von Rabuka geführte *Fijian Political Party* mit 30 Sitzen als stärkste Partei hervor. Rabuka bildete eine Koalitionsreg. mit der (indischen) *Fijian Labour Party* (FLP), 13 Mandate.

Lit.: D. Kampe, Fiji, in: HDW II, 8, Hamburg 1983.

ah

Finanzielle Hilfe/Finanzielle Zusammenarbeit/auch **Kapitalhilfe** Durch FH werden den EL Finanzierungsmittel zu günstigen Bedingungen zur Förderung ihrer wirtsch. und sozialen E. zur Verfügung gestellt. FH wird in der Regel als Darlehen vergeben, wobei die BRD die Konditionen staffelt: für *LLDCs und *MSACs 0,75 % Zinsen, 50 Jahre Laufzeit, 10 tilgungsfreie Jahre; mittlere Gruppe von EL: 2 % Zinsen, 30 Jahre Laufzeit, 10 tilgungsfreie Jahre; fortgeschrittene EL bzw. solche mit hohen eigenen Deviseneinnahmen: 4,5 % Zinsen, 20 Jahre Laufzeit, 5 tilgungsfreie Jahre. Der E.-Stand eines EL bestimmt somit die Höhe des *Zuschußelements. Bei der FH der BRD überwiegen die zinsgünstigen Darlehen mit langen Laufzeiten. In Sonderfällen wird FH auch als nichtrückzahlbarer Finanzierungsbeitrag geleistet, insbes. für Projekte der sozialen *Infrastruktur in den am wenigsten entwikkelten Ländern. 1978 hat die BRD dieser Ländergruppe in früheren Jahren zugesagte Darlehen nachträglich in Zuschüsse umgewandelt und damit die *Verschuldung der ärmsten EL verringert. Seither gewährt sie den LLDCs FH in Form nichtrückzahlbarer Finanzierungsbeiträge. Für die FH der BRD besteht grundsätzlich keine *Lieferbindung. Dieser Grundsatz wurde jedoch seit 1977 wieder aufgeweicht. Er kommt auch nicht bei der FH im Rahmen von *Mischfinanzierungen zum Tragen: Verbindungen von FH-Krediten mit normalverzinslichen Exportkrediten für kommerzielle Projekte vor allem in jenen EL, denen die BRD auf Grund des dort erreichten E.-Standes zinsgünstige FH-Kredite nicht mehr einzuräumen bereit ist. Immerhin haben Mischfinanzierungen den Effekt, die knappen FH-Mittel durch öff. oder private Exportkredite zu strecken.

FH dient hauptsächlich zur (Teil-)Finanzierung von Projekten oder Programmen (→Projekthilfe), von Importgütern (→Warenhilfe), von Strukturhilfen und zur Refinanzierung von *Entwicklungsbanken. Die Gewährung von FH-Krediten der BRD erfolgt auf der Basis von Regierungsabkommen zwischen der beantragenden Regierung eines EL und der Bundesregierung. Zuständig ist auf deutscher Seite das BMZ und für Vergabe und Abwicklung im Auftrag der Bundesregierung die *KfW, insbes. seit 1981 finanzielle und *Technische Zusammenarbeit nach dem Grundsatz abgegrenzt wurden, daß Bearbeitung und Betreuung eines Gesamtvorhabens durch *eine* Institution (also KfW oder *GTZ) erfolgt. →Dreieckskooperation, Kofinanzierung. dn

Flüchtlinge Als F. gelten Personen, die ihr Heimatland verlassen haben, d. h. aus Gründen der Rasse, Religion, Nationalität oder pol. Meinung verfolgt werden, sich außerhalb ihres Heimatlandes befinden und in ihr Heimatland nicht zurückkehren können. So definiert die Genfer Flüchtlingskommission von 1951 als Flüchtling eine Person, die «aus wohlbegründeter Furcht vor Verfolgung wegen ihrer Rasse, Religion, Nationalität, Zugehörigkeit zu einer bestimmten sozialen Gruppe oder wegen ihrer politischen Überzeugung sich außerhalb des Landes befindet, dessen Staatsangehörigkeit sie besitzt».

Dieser engere Begriff der politischen F. wurde seit Ende der 60er J. v. a. von seiten der *Dritten Welt kontinuierlich ausgedehnt. So definierte die *OAU 1969 Personen als F., die «vor äußerer Aggression, Besetzung, Fremdherrschaft oder Ereignissen, die die öffentliche Ordnung ernsthaft stören», fliehen. In diesem Begriff wurden F. auch sozialer Art (Wirtschaftsflüchtlinge) und auf Grund von Katastrophen «entwurzelte Personen» (→Umweltflüchtlinge) eingeschlossen, deren Anerkennung und wirksamer Rechtsschutz als F. im Völkerrecht und im nat. Recht der IL umstritten ist. Die *UN haben sich schon frühzeitig der F. angenommen. In der sie betreffenden Resolution der Generalversammlung vom Febr. 1946 heißt es: 1. Das F.-Problem ist von unmittelbarer Dringlichkeit und von int. Tragweite und Bedeutung; 2. kein F. und keine verschleppte Person soll gegen ihren Willen zur Rückkehr in das Heimatland gezwungen werden, es sei denn in Verfolgung krimineller Straftaten; 3. F. und verschleppte Personen sollen der Obhut einer int. Organisation unterstellt werden. Das F.-Problem ist entgegen den damaligen Erwartungen (man dachte seinerzeit an die Lösung des europ. F.-Problems nach dem II. Weltkrieg) unverändert von unmittelbarer Dringlichkeit; es verlagerte sich vor 1990 von Europa auf Asien, Afrika und Lateinamerika. Die Zahl der F. in der Welt wurde vom *UNHCR für Anfang 1993 auf etwa 18,5 Mio. geschätzt. Nach Kontinenten verteilen sie sich wie folgt: Afrika 5,4, Asien 6,7, LA 1,2, Nordamerika 1,4, Europa 4,0, Ozeanien 0,1 Mio. Nach dem Zusammenbruch der sozialist. Systeme Osteuropas haben die Flüchtlingsströme in Europa wieder stark zugenommen. Massenarmut und Umweltzerstörung lassen ein starkes Ansteigen der Migrationen erwarten. Die int. Bemühungen zur Lösung bzw. Milderung der Probleme der F. (Sicherung der Rechtsstellung als F.; Betreuung in Lagern; Integration in Aufnahmeländern) liefen über die UN-Organisationen *UNHCR und *UNRWA (letztere für palästinensische F.), wobei zur Absicherung der Rechtsschutztätigkeit bereits Juli 1951 eine F.-Konvention vereinbart wurde, die bislang 67 Staaten ratifiziert haben.

Lit.: G. Lachermann/U. Otzen, Die Weltflüchtlingsproblematik – eine Herausforderung für die Entwicklungspolitik, Berlin 1981; F. Nuscheler, Nirgendwo zu Hause. Menschen auf der Flucht, Baden-Baden 1984; L. Kühnhart, Die Flüchtlingsfrage als Weltordnungsproblem, Wien 1984; K.-H. Rosen (Hg.), Jahrbuch für UNO-Flüchtlingshilfe 1988, Baden-Baden 1989. dn

FNL/NLF →Befreiungsbewegungen, Vietnam (Nationale Befreiungsfront/Vietkong)

FNLA → Befreiungsbewegungen

FNS Friedrich Naumann Stiftung, 1958 gegr., der F.D.P nahestehende pol. Stiftung. Als Stiftung für liberale Politik mit Sitz in Königswinter bei Bonn arbeitet sie an der Entwicklung liberaler Antworten auf gesellschaftliche Probleme im In- und Ausland. In über 80 Ländern führt sie Programme in den Politikfeldern Gesellschafts- und Kommunalpolitik, Marktwirtschaft und Umwelt sowie Verfassung, Rechtsstaat und Demokratie durch Politikberatung und politische Bildung mit int., regionalen und nationalen Partnerorganisationen durch. Rund 55 % des überwiegend aus öffentl. Mitteln finanzierten Budgets der FNS (1991: 55,8 Mio. DM von insg. 101,9 Mio. DM) werden für die Arbeit im Ausland eingesetzt. Regionale Verteilung der Mittel 1991: Afrika 22 %, Asien 23 %, Lateinamerika und USA 30 %, Europa und Israel 24 %, überregional 1 %. Die FNS förderte 1991 mit ihrem Stipendienprogramm 609 deutsche und 214 ausländische Studenten (davon 47 % aus Asien und 25 % aus Osteuropa). Sie unterstützt seit einigen Jahren besonders intensiv die Entstehung neuer Demokratien in Mittel- und Osteuropa, die Liberalisierungs- und Demokratisierungsprozesse in Lateinamerika, Afrika und Asien sowie den int. und regionalen * Politikdialog in den Sektoren pol. Erwachsenenbildung, Rechtsstaat und Menschenrechte, Selbsthilfeorganisationen und marktwirtschaftliche Strukturen, Umweltpolitik und freiheitliche Medien. Seit 1991 sind neun Regionalbüros (Nairobi, Johannesburg, Neu Delhi, Singapur, San José/Costa Rica, Montevideo, Washington D. C., Brüssel und Prag) und ca. 60 Ländervertretungen mit insg. 80 Auslandsmitarbeitern (davon 15 Frauen) für die Arbeit in den 80 Projektländern verantwortlich. Adresse der Geschäftsstelle: Margarethenhof, Königswinterer Straße, 5330 Königswinter 41. btl

FONPLATA →La-Plata-Gruppe

Food Aid Convention →FAC

Food for Development Program →Entwicklungspolitik der USA

Food for Peace Program →Entwicklungspolitik der USA

Food for work-Projekte Ernährungssicherungsprogramme. →WFP

foquismo →Guerilla

foreign assistance →Entwicklungspolitik der USA

Fördergesellschaft für angepaßte Techniken in der Dritten Welt →FAKT

Formale Bildung →Bildung

Formeller Sektor Im Gegensatz zum * informellen Sektor besitzt in den EL die Beschäftigung im formellen (modernen, geschützten) Sektor folgende Merkmale: Gute Bezahlung, hoher gewerkschaftlicher Organisationsgrad, weitgehende Einhaltung der arbeitsrechtlichen Schutzbestimmungen und Konzentration der Aktivitäten auf (oft * transnationale) Großunternehmen, die mit * kapitalintensiver Technologie produzieren und auf oligopolistischen Märkten tätig sind. ah

Forschung und Entwicklung →Technologietransfer, UNCST, Süd-Süd-Beziehungen

forward linkages →*external economies, linkage*-Effekte

Franc-Zone (F.-Z.) Gesamtheit der Währungsgebiete, die mit dem franz. Franc (FF) durch Einzelverträge verbunden sind. Nach der Unabh. (1960) von Frankreich (F.) bildeten 1962 Mauretanien, Senegal, Elfenbeinküste, Obervolta (Burkina Faso), Niger, Dahomey (Benin) und Togo eine westafrik. Währungsunion mit eigener Zentralbank (Franc CFA = *Communauté Financière Africaine*). Die Bank von Zentralafrika wird getragen von Kamerun, Tschad, der ZAR, der VR Kongo und Gabun (Franc CFA = *Coopération Financière en Afrique Centrale*). Zum 1.1. 1985 trat ihr und der F.-Z. mit

Äquatorialguinea der erste nichtfrankophone Staat bei. Mali, das 1962 aus der F.-Z. ausgetreten war, kehrte 1967 unter harten Auflagen (u. a. Abwertung des *Franc Malien* um 50 %) zurück. F. garantiert den afrik. Staaten einen festen Wechselkurs (Parität seit 1948: 1 F CFA = 0,02 FF; 1 FM = 0,01 FF) und unbegrenzte Konvertierbarkeit ihrer Währungen. Die einzelnen Staaten verfügen in Paris über ein «Operationskonto» bei ihrer jeweiligen Zentralbank, über das sie ihren ges. Außenhandel abwickeln und auf das sie 65 % (bis 1972/73: 80 %) ihrer Gold- und Devisenvorräte einzuzahlen haben.

Trotz unbestreitbarer Vorteile für F.s Partner wuchs seit den 60er J. die Kritik daran, daß der freie Geld- und Kapitalverkehr innerhalb der F.-Z. in Krisenzeiten die Flucht einheimischen Kapitals ins Ausland (v. a. nach F.) begünstigt und die Kontrolle der Gewinnabflüsse ausl. Unternehmen erschwert. Ferner dominiert F. trotz einer Dezentralisierung in den 70er J. die Institutionen der F.-Z. weiter, und die afrik. Staaten müssen die Franc-Abwertungen automatisch mitmachen. Seit Ende der 70er J. ihre Auslandsguthaben erheblich abnahmen, relativierte sich das Argument, der FF profitiere von Handelsüberschüssen der afrik. Mitglieder der F.-Z. Zur Festigung ihrer Unabh. nach außen und innen verließen die F.-Z.: Guinea (1960), Mauretanien (1972) und Madagaskar (1973). Heute gehören ihr auch Djibouti (1 FD = 0,032 FF) und die Komoren (F CFA) (beide seit 1977 unabh.) an. Währung in den franz. Übersee-Departements und auf Mayotte ist der FF, in den franz. Übersee-Territorien im Südpazifik der Franc CFP (*Cours du Franc Pacifique*; 1 F CFP = 0,055 FF).

Lit.: R. Kühn, Franc-Zone, Währungsunion und Abhängigkeiten, Bonn (FES) 1977; K. Yansané, Contrôle de l'activité bancaire dans les pays africains de la Zone Franc, Paris 1984. kz

Französisch Guyana Von Frankreich abhängiges Gebiet (Überseedepartement), 91 000 qkm, 1987 ca. 89 000 Ew., ethnisch stark gemischte Bev.; JZ 2,2 % (1970 bis 1977); Hs. Cayenne. Franz. Weltraumzentrum Kourou, neben Holzreichtum wesentliche E.-Ressourcen.

Lit.: F. Schwarzbeck, Französisch Guyana. Die letzte kontinentale Überseebesitzung in Lateinamerika, Heidelberg 1982; K. Ziemer, Guyana, in: HDW II, 3, Hamburg 1982, S. 457 ff. ah

Französisch Polynesien →Pazifische Inselwelt

Französische Entwicklungspolitik →Entwicklungspolitik Frankreichs

Frauen in der Dritten Welt In den EL tritt das Problem der doppelten Ausbeutung der Frau in Wirtschaft und Haushalt in verschärfter Form auf. Frauen stellen 50 % der Arbeitskräfte und sind zu 100 % für Reproduktion und Ernährung zuständig, und doch ist ihre Stellung in Wirtschaft und Gesellschaft untergeordnet. Frauenarbeit wird kaum in Statistiken dokumentiert.

1. Traditionell hatten Frauen in den EL als Teil weitgehend selbstgenügsamer bäuerlicher Gesellschaften ihren eigenständigen Wirtschaftsbereich (landw. und handwerkliche Produktion, Handel). Dadurch waren sie in einigen Kulturen im ökon. Bereich dominant, in anderen dem Mann gleichgestellt, was jedoch nicht mit einer entsprechenden Stellung im pol.-kulturellen Bereich einhergehen mußte. Der Prozeß der abh. kapitalistischen Entwicklung begann die letzten Reste matriarchalischer Tradition zu zerstören und verschlechterte auch die soziale und ökon. Stellung der Frau gegenüber dem Mann. In der Landw. und Lebensmittelverarbeitung verloren die Frauen vielfach das frühere Ausmaß an Kontrolle über Produktion und Verteilung. Der für den Verkauf bestimmte Anbau wird von den Männern dominiert, die Zugang haben zu landw. Schulungs- und Beratungsstellen und Kreditmöglichkeiten, von denen die Frauen häufig ausgeschlossen sind.

Außerdem wurde ihre Tätigkeit in Handwerk und Handel durch die Expansion kapitalistischer Unternehmen in den * marginalen Sektor abgedrängt. Die Haupttätigkeit der Frau in EL besteht mittlerweile in der «Überlebensproduktion» (Arbeit in den marginalisierten Wirtschaftsbereichen, unbezahlte Haus- und Erziehungsarbeit, Kranken- und Altenpflege), die für die Existenzsicherung der Familie unabdingbar ist. Der kapitalistische Sektor profitiert von der Überlebensproduktion der Frauen, ohne die Niedriglöhne, fehlende soziale Absicherung der Arbeitnehmer, Gelegenheits- und Saisonarbeit nicht realisierbar wären. Oft ist die Notwendigkeit der Überlebensproduktion zusätzlich mit dem Verfall der Familie verknüpft, indem die Männer zum Geldverdienen in Minen, * Plantagen, Industriestädte oder ins Ausland abwandern und die Frauen mit der Landw., Kindern und Haushalt zurücklassen. Frauen finden im allg. schwerer Lohnarbeit als Männer, und sie werden schlechter bezahlt. In landw. Großbetrieben werden die niedersten Tätigkeiten meist Frauen vorbehalten, während sie in bestimmten ind. Bereichen (Textil, Elektrotechnik, Feinmechanik, Optik) ein billiges Arbeitskräftereservoir für * multinationale Konzerne darstellen. Vielen Frauen bleibt im Überlebenskampf in den Städten nur der Ausweg der Prostitution. Soweit Frauenarbeit überhaupt statistisch erfaßt ist, verteilt sie sich folgendermaßen: Landwirtschaft: Afrika 34%, Asien 39%, LA 9% der Erwerbsbevölkerung. Industrie: 20%, 29%, 16%. Dienstleistung: 32%, 23%, 39%.

2. Die zweitwichtigste Aufgabe der Frauen besteht in der «Produktion» zukünftiger Arbeitskräfte. Die in den EL übliche hohe Kinderzahl ist u.a. Ausdruck der ökon. Notwendigkeit, den Familienunterhalt und die Altersversorgung abzusichern. Trad. Praktiken der Geburtenkontrolle sind in dem Maße zurückgetreten, wie sich die Daseinsrisiken vom Kollektiv (Clan, Großfamilie) auf die einzelnen Familien verlagert haben. Die Verkürzung der Entwicklungsproblematik auf die Bevölkerungsexplosion hat zu Geburtenkontrollkampagnen geführt, die meist an kulturellen und religiösen Bindungen bzw. den ökon. Notwendigkeiten scheiterten. Dazu wurden häufig Medikamente, die in den IL verboten bzw. im experimentellen Stadium waren, eingesetzt und die Frauen als Versuchskaninchen benutzt. In Ländern LAs und Afrikas wurden sogar Frauen ohne ihr Wissen und Einverständnis sterilisiert.

3. Aus der sozialen und ökon. Stellung der Frau resultiert ein extrem niedriger Bildungsgrad. 1970 waren in Afrika 82% der Frauen Analphabeten (Männer: 58%). Der Bildungssektor verzeichnet jedoch besonders in der Dritten Welt hohe Wachstumsraten, und die Frauen profitieren davon mit, wenn auch in geringerem Maße als die Männer. So betrug der Anteil der Analphabeten in Afrika 1980 noch 73% (bei den Frauen) und 48% (bei den Männern).

4. Die rechtliche und soziale Stellung der Frau ist der des Mannes untergeordnet, unterscheidet sich aber nach Regionen, entsprechend den kulturellen und religiösen Traditionen, dem Grad der Verringerung der trad. Rolle der Frau und der staatl. Politik. Formalrechtlich haben Frauen seit den 50er J. das aktive und passive Wahlrecht (außer Nigeria). Neben den ohnehin bestehenden Restriktionen (Ausgrenzung von Analphabeten, * Klientelismus) ist die Ausübung des Wahlrechts, wie auch anderer Rechte, noch vom Grad der Dominanz der Männer abhängig. In LA z.B. entzieht die Gesetzgebung verheirateten Frauen vielfach selbständige Entscheidungen (Reisen, Berufstätigkeit, Kontoeröffnung u.a.). Eine zusätzliche kulturelle Barriere für die Lebensgestaltung der Frau bildet dort

der Männlichkeitswahn, der sog. *machismo*.

5. Religion und Ehemoral hindern (auch) in den EL die Frau an einer Entfaltung ihrer Persönlichkeit und Sexualität (Jungfräulichkeitskult in christlichen Nationen, Beschneidungspraktiken in islamisch orientierten Ländern). Allein in Afrika gibt es mindestens 74 Mio. beschnittene Mädchen und Frauen.

6. Gegen die Unterdrückung der Frau gibt es versch. Gegentendenzen: a) die Lebensverhältnisse in den Elendsvierteln und auf dem Lande haben die Gründung von *Selbsthilfegruppen forciert, in denen Frauen Infrastruktur- und Arbeitsbeschaffungsprojekte vorantreiben (Beschaffung von Trinkwasser und Elektrizität, Einrichtung von Kindergärten und Gemeinschaftsküchen, Herstellung von Gebrauchsartikeln) und durch ihre Arbeit ein neues Selbstverständnis als Frau entwickeln. b) In den städt. Mittel- und Oberschichten entstehen Faueninitiativen mit emanzipatorischem Anspruch. c) Auf int. Ebene hat das Problem der Frauendiskriminierung Beachtung gefunden. Die Jahre 1975–85 wurden von den Vereinten Nationen (→UN) zum «Jahrzehnt der Frau» erklärt. Mehr als schöne Worte sind dabei insofern herausgekommen, als Regierungen durch den moralischen Druck der int. Öffentlichkeit unter Rechtfertigungszwang gerieten bzw. eine Politik zum Abbau von Frauenunterdrückung entwickelten. Seither haben drei «Weltfrauenkonferenzen» stattgefunden (Mexiko 1975, Kopenhagen 1980, Nairobi 1985). Ergebnis sind Leitlinien (*Forward Looking Strategies*), welche die Frauenpolitik der Unterzeichnerstaaten bestimmen sollen, aber keinen verbindlichen Charakter haben. Immerhin ist die Formulierung solcher Leitlinien ein Erfolg, gemessen an den Schwierigkeiten der Frauen-Mammutkongresse. Kritisiert wurde zum einen die geringe Repräsentativität. In Nairobi waren z. B. von 125 Delegationen nur 106 von Frauen geleitet, und selbst diese Frauen verdankten ihre Position z. T. nur der Tatsache, daß sie Ehefrauen bzw. weibl. Verwandte von Regierungschefs waren (Uganda, Costa Rica, Ägypten). Zum anderen drohte die Behandlung nicht-frauenspezifischer Themen (Nahost, *Apartheid) den Nairobi-Kongreß zu spalten. Und zum dritten traten Konflikte zwischen EL-Frauen und IL-Frauen auf. Letzteren wurde Dominanz und *Ethnozentrismus vorgeworfen.

7. Frauen und Politik. In LA ist ungeachtet des *machismo* das Bewußtsein für die pol. Bedeutung der Frauen gewachsen. Chilenische Frauen der Mittelschicht waren z. B. am Sturz der sozialistischen Regierung Allende beteiligt (Marsch der «leeren Töpfe»). Chilen. und argent. Frauen schlossen sich gegen die Menschenrechtsverletzungen der Militärdiktaturen in ihren Ländern zusammen (Arg.: *Madres de la Plaza de Mayo*). Auch die *Guerilla-Bewegungen LAs haben sich zunehmend das pol. Potential der Frauen zunutze gemacht: waren in den länger zurückliegenden Guerillabewegungen von Kolumbien und Kuba Frauen noch wenig und nur in Unterstützerfunktion beteiligt, so nehmen sie an den neueren Bewegungen (Tupamaros, Sandinisten, Salvadorian. Guerilla, Perus *Sendero Luminoso) schon als aktive Kämpferinnen, teils in Kommandopositionen, teil.

Lit.: V. Bennholdt-Thomsen, Marginalität in Lateinamerika – eine Theoriekritik, in: Lateinamerika, Analysen und Berichte 4 (1980); New Internationalist (Hg.), Frauen – ein Weltbericht, Berlin 1986; United Nations, World Survey on the Role of Women in Development, New York 1986; S. Bauer, Die Rolle der Frau im politischen Prozeß in Chile und Argentinien, Heidelberg 1987 (Mag.-Arbeit); Peripherie 8 (1988), 30/31, Frauen: Arbeit, Organisation. ks/uw

Freedom House Institut mit Sitz in New York, das durch die Publikation «Freedom in the World» jährlich über die globale Situation der liberalen

Grundrechte berichtet. In einem quantifizierenden Verfahren, das auf der Messung von politischen Rechten wie kompetitive Wahlen, Pluralismus und Minderheitenschutz sowie bürgerlichen Freiheiten wie Religions-, Presse-, Vereinigungs- und Versammlungsfreiheit mittels einer 7-Punkte-Skala beruht (Bestnote: 1), werden alle Staaten der Welt einer Bewertung unterzogen. Nach diesen Kriterien lebten zur Jahreswende 1990/91 67% der Weltbev. in 65 «freien» (1–2,5 Punkte) und 50 «teilweise freien» (2,5–5,5 Punkte) Staaten. Kritiker bemängeln, daß aus den Berichten keine Aufschlüsse über konkrete Menschenrechtsverletzungen zu gewinnen seien (→amnesty international; →Carleton/Stohl-Konzept; →Menschenrechte; →Demokratisierung). hb

Frei Montalva, Eduardo Präs. Chiles 1964 bis 1970, bedeutendste Führungsfigur der Christdemokratie LAs. Frei wurde am 16.1.1911 in Santiago de Chile geboren und entstammte einer mittelständischen Familie Schweizer Abstammung. Er studierte Jura an der Kath. Universität Chile, dort wirkte er später als Professor für Arbeitsrecht. Zusammen mit anderen jungen kath. chilen. Politikern gründete er 1937 die sozialchristl. Partei *Falange Nacional*, aus der 1957 die Christdemokrat. Partei Chiles hervorging. Bei den Wahlen von 1964 erhielt Frei 56,1% der Stimmen, wurde so zum ersten christdemokratischen Präs. LAs; bei der Wahl von 1970 konnte er nicht wieder kandidieren, wurde unter Allende zum Führer der bürgerlich-demokrat. Opposition, unter der *Pinochet*-Diktatur bis zu seinem Tode Jan. 1982 zur wichtigsten Persönlichkeit der demokratischen Opposition. Im int. Rahmen konzentrierte er seine Aktivitäten sowohl auf die Christdemokrat. Bewegung (Vizepräs. der CDWU) als auch auf den Bereich der Kooperation und Entwicklung. 1977 bis 1979 war er ständiges Mitglied der *Nord-Süd-Kommission. mfb

Freie Produktionszonen Standorte der weltmarktorientierten ind. Produktionsstätten in EL, die sich der neuen *internationalen Arbeitsteilung einzugliedern versuchen. Mit ihrer Einrichtung erbringen die EL erhebliche Vorleistungen für eine profitable Produktion, die den Anreiz bietet für die Auslagerung von Unternehmen oder Branchen in die EL: Zu diesen Vorleistungen zählen (empfohlen von der *UNIDO): 1. volle Befreiung von Zöllen und Abgaben für einen bestimmten Zeitraum; 2. Befreiung von Einkommenssteuern für 5 bis 10 J. und zeitweilige Befreiung oder Senkung der Sätze von anderen direkten oder indirekten Steuern oder Abgaben, die inländische Unternehmen zu entrichten haben; 3. Verzicht auf Kontrolle des int. Zahlungsverkehrs und Garantie eines solchen Status auch für die Zukunft; freie Repatriierung der erwirtschafteten Profite bis zu einem bestimmten fixierten Satz; 4. finanz. Vergünstigungen, Bereitstellung von kurz-, mittel- und langfristigen Krediten zu Vorzugsbedingungen; 5. Vorzugstarife für Transportleistungen und andere Dienstleistungen; 6. Bereitstellung der materiellen *Infrastruktur.

Lit.: F. Fröbel u.a., Die neue internationale Arbeitsteilung, Reinbek 1977. dn

Freie Träger →Nichtstaatliche Organisationen

Freire, Paulo →Pädagogik der Befreiung

Freiwilligen-Dienste →Entwicklungsdienste

FRELIMO →Befreiungsbewegungen, Mozambique

FRETLIN →Indonesien

Frieden/Friedenspädagogik Der weitgreifende Gegensatz von Arm und Reich als Grundmerkmal des Verhältnisses von Nord und Süd bildet *die* dringende friedenspolitische Aufgabe unserer Zeit. Ihre Verwirklichung ohne Gewalt und Krieg muß das Leitmotiv bleiben. «Das Problem der friedlichen Veränderung ist eines der schwierigsten Friedensprobleme der Welt» (Röling 1971, S. 102). Abgesehen davon, daß die in den EL anzutreffende absolute *Armut bereits von kaum tolerierbaren Unfriedensstrukturen im Sinne der *strukturellen Gewalt zeugt, ist mit zunehmender Bewußtheit dieses Zustands auch mit Gegengewalt zu rechnen. Neben dem Nord-Süd-Gefälle als globaler Konfliktdimension gibt es mehrere Konfliktfelder in der Dritten Welt, die ebenfalls Gegenstand für die friedenspädagogische Reflexion werden müssen. Infolge der Grenzziehungen, durch die ehemaligen Kolonialmächte häufig nach machtpolitischen Gesichtspunkten vorgenommen, wurden Ethnien getrennt, die aufgrund gemeinsamer Kultur und Sprache auf Wiedervereinigung drängen und somit für einen permanenten Konflikt sorgen. Ein drittes gewichtiges Konfliktpotential bilden die Bestrebungen um eine kulturelle Autonomie, wie sie in Gestalt der Afrikanisierung, Arabisierung und *Islamisierung seit den 60er Jahren verstärkt auftreten. Sie vergegenwärtigen den Versuch, die Überfremdung der eigenen, organisch gewachsenen Kultur durch westliche Einflüsse abzuwehren. Alle diese Konfliktfelder haben ihre Eigendynamik, die nur durch das umgreifende Motiv des Weltfriedens zu stabilisieren sind. In der Mehrzahl der Fälle werden sie als bisher unerfüllte hist. Ziele verstanden, die erst auf dem Hintergrund der *Dekolonisation realisierbar erscheinen und somit die Voraussetzungen für eine dauerhafte Friedensordnung schaffen sollen. Fundamental wichtig ist es daher, daß der übergreifende und verpflichtende Aspekt einer neuen Weltordnung als Fundament für einen stabilen Weltfrieden von Anbeginn das Leitmotiv bildet.

Der Weltfriede wird nur sicherer durch die Lösung der sozialpol. Probleme im int. Feld, durch vertrauensvolle Kooperation zwischen den reichen und armen Ländern und nicht durch die Anhäufung von Waffenarsenalen zu einer vermeintlichen nationalen Sicherheit. Nat. und int. Sicherheit sind in einer weltinnenpolitischen Ära so eng miteinander verknüpft, daß die Mißachtung eines dieser Prinzipien die weitere Entwicklung leicht gefährden kann. Nur durch Verhandlungen, vertrauensbildende Maßnahmen und durch auf *Selbsthilfe abgestellte Hilfsaktionen kann eine weltumgreifende Solidarität entwickelt werden, die auch in Krisenzeiten stabilisierend wirkt. Die Länder der *Dritten Welt müssen in jedem Falle in dieses Konzept einbezogen werden. Einmal können sie im notwendigen Prozeß des Abbaus der Konfrontation zwischen den beiden Weltmächten und der Verlagerung der Macht auf mehrere Zentren zu einem gewichtigen Sicherheitsfaktor werden. Zum anderen ist der Weltfriede nur zu wahren, wenn der im Rahmen der *Zentrum-Peripherie-Modelle sich immer schärfer abzeichnende *Nord-Süd-Konflikt durch globale Strategien politisch und wirtschaftlich schrittweise begrenzt wird und schließlich seine Lösung findet.

Die sich notwendigerweise erhebende Frage muß dem Verhältnis von *Entwicklung und Frieden gelten. Ist Friede in dem In-Sich-Ruhen beschlossen, so wie es unter ethnohistorischen und -politischen Voraussetzungen geschichtlich gewachsen ist? Entwicklung würde dann in ihrer Rhythmik in diesem vielfältig vorbestimmten Lebensumkreis beschlossen sein, so daß Friede und menschliches Glück erst in der Meisterung dieser Entwicklungsaufgaben zu entfalten wären. Eine von außen eingreifende Entwicklung steht unter der Gefahr, dieses innere Gefüge in seiner Auswirkung auf Stammes- und Familienstruktur zu stärken und somit den Keim des Unfriedens, des Zerfalls hist. gewachsener Formen und der mit ihnen verbundenen Sitten herbeizuführen.

Diese vorgegebenen Interdependenzen wollen gesehen und berücksichtigt werden, wenn durch Entwicklung das organisch Gewachsene, das die innere Geformtheit der Menschen und ihrer sozialen Systeme ausmacht, nicht einer neuen Art des Denkens, Planens und Wirtschaftens geopfert werden soll. Die Zufriedenheit des Sattseins ist ein zu hoher Preis, wenn sie auf Kosten der inneren Sicherheit und sozialen Geborgenheit tragender und schützender Lebensformen erkauft wird. Das unbedachte Hineinziehen von Menschen eigener ethnischer Prägung in die Super-Markterwartungen und -gewohnheiten der kapitalistischen Lebensordnung sichert nicht ohne weiteres schon Entwicklung und Frieden. Eine * Entwicklungspolitik, die zu ausschließlich von der *lex* und *pax oeconomica* bestimmt ist, steht unter der Gefahr, Entwicklung durch Aufpfropfverfahren zu ersetzen und daher Unfrieden statt Frieden zu bereiten. Ein Teil der westl. E.-Pol. kann von diesen – häufig gut gemeinten, aber fehlerhaften – Konzepten nicht völlig freigesprochen werden. Dennoch bleibt die Überwindung der permanenten Hungersnöte in weiten Teilen der Dritten Welt eine zentrale Aufgabe jeglicher Friedenspolitik. Der weltpolitische Aspekt der * Entwicklungshilfe und ihr unmittelbarer Beitrag zur Konsolidierung des Weltfriedens ist nicht immer bewußt genug gesehen worden. Allzuoft bleibt die E.-Hilfe eine nat. Initiative der früheren Kolonialmächte, die eine wirtschaftspol. Kooperation unter neuen, liberalisierten Voraussetzungen anstreben, weil die gemeinsame Sprache sowie verwandte Wirtschafts- und Administrationsformen sie nahelegen.

Diese neokolonialistischen Unterströmungen (→Neokolonialismus) im Rahmen der E.-Hilfe, die in den jeweils vorherrschenden wirtschaftspol. Bestrebungen entsprechend mehr oder minder stark zur Geltung kommen, sind zu Recht kritisiert worden. Auf dem Hintergrund dieser Kritik wird seit dem * Pearson-Bericht die Stärkung der * multilateralen E.-Hilfe und eine Unterstützung des partnerschaftlichen Prinzips gefordert. Die int. Organisationen vermögen am ehesten neokoloniale Motive und nationalpol. Bevormundung auf seiten der Geberländer zu überwinden. Vom übernationalen Ansatz ist darüber hinaus hinsichtlich der vielfältigen Rivalitäten zwischen den EL zu erwarten, daß eine ausgleichende Wirkung erzielt wird, die die Voraussetzungen für eine regionale Kooperation oder gar * Integration sichert. Eine int. orientierte E.-Pol. wird Entwicklungsmaßnahmen im Rahmen eines überregional abgestimmten Entwicklungsplanes der Länder, in dem vor allem der eigene Reformwille artikuliert wird, als Antriebskraft zur Entwicklung eines eigenständigen sozial- und wirtschaftspol. infrastrukturellen Systems verstehen.

In der e.-pol. Konzeption der BRD wird die int. Orientierung und die friedenssichernde Zielsetzung aller entwicklungspol. Maßnahmen stark betont. Nach dieser Auffassung können Entwicklungspolitik und insb. * Bildungshilfe erst dann gelingen, wenn sie an die organisch gewachsenen Lebensweisen in den EL anschließen.

Dazu gehören in erster Linie die erzieherischen Sozialisationsformen, wie sie sich zur Traditionsstiftung und -sicherung auf der Stammesebene entfaltet haben. Sie bilden letztlich den Schlüssel zum Verständnis des Lebensverhältnisses der von ihnen geprägten Menschen, ihrer Denkformen und Daseinserwartung. Diese erzieherischen Sozialisationsformen gilt es im Rahmen jeder Bildungsreform zu berücksichtigen. Daß die E.-Pol. der BRD, deren erklärtes Ziel sozialer Fortschritt und Friede ist, dennoch – in einer schwer abwägbaren Mischung von Geben und Nehmen – zwielichtig geblieben ist, muß gerade in der praktischen Umsetzung selbstkritisch gesehen werden, wenn nicht falsche Vorstellungen von Abhängigkeit, neokolonialer Ausbeutung oder aber einseitiger Hilfe aufkommen sollen. «Wir werden den Widerspruch durchzustehen haben, der uns lehrt, daß alles, was wir ‹geben› (und mehr noch, was wir nehmen), Abhängigkeit reproduziert, gleichzeitig aber unerläßlich ist, um die Voraussetzungen für mehr Unabhängigkeit, Identität, Unbefangenheit und Selektionsvermögen aus Distanz Fzu schaffen. Wir werden weiter ‹Wachstum› exportieren, aber zugleich auch die Kritik daran zu stimulieren haben.» (Böll 1973, S. 254).

Der Gedanke einer «internationalen Sozialpolitik», der das im innenpol. Rahmen bewährte Konzept des Helfens, Fürsorgens, Vermittelns auf das int. Feld – insbesondere hinsichtlich der armen Länder der Dritten Welt – zu übertragen trachtet, hat realpolitisch wenig Resonanz gefunden. Ein Gemeinwohl der Weltgemeinschaft als Ziel der Interdependenztheorie ist bisher mehr weltpolitische Ideologie geblieben, als daß sie die Weltwirklichkeit umgestaltet hätte. Das gilt auch von dem entwicklungspol. Konzept der Bundesrepublik – nicht zuletzt hinsichtlich der hintergründigen Spannung zwischen einer bewußt fortschrittlichen Theorie und einer harten Praxis. Die Nutzung von ***Peace Corps*, *DED u.a. als Friedenskorps, wie es in der amerik. Namensgebung glücklich zum Ausdruck kommt, ist eine Aufgabe der Motivierung und Zielstellung. Der *Entwicklungsdienst als *Friedensdienst hat über die technol., agrartechn. und infrastrukturelle Hilfe hinausgehend die sozialerzieherische Einstellung in allen Bevölkerungskreisen und Altersstufen sowie das Verantwortungsbewußtsein für die Erhaltung und Gestaltung eines gemeinsamen Friedens zu schärfen. Dazu ist es wichtig, daß vor allem auch die Jugend des eigenen Landes gemeinsam mit den Angehörigen der IL an der Friedensfront kooperiert und in den praktischen Lebenssituationen die Möglichkeiten rationaler Klärung von Konflikten tagtäglich lernt.

Die Jugend der IL erhält auf diese Weise ein Feld sozialer Bewährung, das ein echtes Äquivalent für den Krieg darstellen kann. Alle diese Menschen – mag es sich dabei um den Technologen, Lehrer, Arzt, Handwerker, Agronomen oder Verwaltungsfachmann handeln – erwerben durch die int. Kooperation eine Weltaufgeschlossenheit und -erfahrung, die für ihre spätere Entwicklung im eigenen Lande – insbesondere hinsichtlich der Friedensstiftung – fundamental wichtig ist. Auf diese Weise entstehen kontinuierliche Kontakte und Patenschaften, die als lebendiges System int. Kommunikation und Kooperation außerordentlich wirksam für die Friedenssicherung sein können.

Im Kontext der Erfahrungen in und mit der Dritten Welt ergibt sich hinsichtlich der IL die Möglichkeit, die recht besehen eine Notwendigkeit ist, ein neues Verhältnis zum eigenen Lebensraum zu finden. Der ganz anders geartete Bezug der Menschen der Dritten Welt zu Raum, Zeit, Arbeit, Besitz und Leben kann durchaus ein Anstoß zu einer Reflexion über die eigene Lebenseinstellung sein, die allzuoft bloßer Ausdruck von Konvention und Pression ist, aber weniger der eigenen Planung entspringt. Damit ist nochmals im konkreten entwicklungspol. Kontext die friedenspol. Aufgabe ausgesprochen: Herauslösung aus Abhängigkeiten in wechselseitigem Bemühen und Stiften einer neuen weltpol. Verantwortung, die die Erhaltung des Friedens als oberstes Gebot anerkennt. Dauerhaftigkeit und Folgerichtigkeit erlangt eine derartige Entwicklungspolitik aber nur, wenn sie von der gesamten Öffentlichkeit verständnisvoll und teilnehmend mitgetragen wird. Das wird aber erst möglich, wenn sie in der Bildungsarbeit in IL und EL ihre Grundlegung – insbesondere in friedenserzieherischer Motivation – findet. Die einzuleitenden Reflexionen sollten aber stets zugleich ein «Aufruf zum Handeln» sein. Daher kann die Bildungsarbeit viel an beispielhafter Anschaulichkeit gewinnen, wenn Kontakte zwischen Schulen bzw. Klassen aus IL und EL gestiftet werden. Daß diese Kontakte sich weitgehend auf einen Briefwechsel begrenzen, ist kein Grund, sie als bloß Geschriebenes und daher nur emotional Wirkendes abzulehnen. Wer je erlebt hat, welches Ereignis ein derartiger Brief in einer Klasse der Dritten Welt darstellen kann, weil er ein Anzeichen dafür ist, Glied einer größeren Gemeinschaft zu sein, der wird über dieses Verfahren nicht gering denken. Soweit er mit dem Austausch von Aufmerksamkeiten, wie Sendung eines Berichts, eines Buches, einer Zeichnung, einer Werkarbeit ergänzt wird, kann es zu einem Gedankenaustausch kommen, der die großen Worte der int. Verständigung bereits auf der Schulebene beispielhaft durch erste bescheidene Ansätze einzulösen vermag.

Wichtig ist allerdings, daß auch Schulen des Landesinneren (80% der Menschen leben dort) und nicht nur der Metropolen einbezogen werden. Durch diese bescheidene, aber reale Form der Partizipation am int. Leben könnte zugleich das gesichert werden, was der * *Club of Rome* in seinem «Bericht für die achtziger Jahre» Partizipation und Antizipation der Zukunft (Peccei, 1981, S. 61) genannt hat. Sie könnten Konkretion gewinnen, wenn die Schulgemeinde, wie es in einzelnen Fällen beispielhaft geschieht, diesen Gedanken aufgreift und durch gemeinsame Aktionen fortführt, die zum Ankauf eines Krankenwagens, von Medikamenten, einer (den lokalen Verhältnissen angepaßten) Schulküche u.a. führen. Derart personal orientierte Hilfsaktionen könnten bildungstheoretisch zweierlei bewirken: Abgesehen davon, daß der erd- und sozialkundliche Unterricht eine völlig neue Motivationsbasis erhalten würde, wären außerdem wichtige Impulse für die sozialethische Arbeit zu erwarten. Die Krise der sozialethischen Unterweisung besteht gerade darin, daß es an realen Verantwortungsverhältnissen mangelt, die die Kinder ansprechen und die die globale Dimensionierung unserer modernen Lebenseinstellung berücksichtigen. Leider ist die E.-Hilfe bisher vorwiegend eine administrative Aktion auf nationaler Ebene geblieben, die ebensowenig wie die Nachrichten über die Dritte Welt eine Identifikationsbasis für den einzelnen gewährt. Den «Frieden lernen» wäre die angemessene Thematik für dieses Vorhaben, das der Bildungsarbeit in der ganzen Welt hinsichtlich der lokalen und der int. Probleme einen innovativen Grundzug vermitteln könnte.

Lit.: R. Röhrs, Schule und Bildung im internationalen Gespräch, Frankfurt 1966; ders., Erziehung zum Frieden, Stuttgart 1971; B. V. Röling, Krieg ist kein Schicksal, 2. Aufl. Neukirchen-Vluyn 1971; W. Böll, Revision der Industriekultur?, in: H. v. Nussbaum (Hg.), Die Zukunft des Wachstums. Kritische Antworten zum «Bericht des Club of Rome», Düsseldorf 1973, S. 247ff.; M. Mushkat, Underdevelopment: A Threat to International Security, in: Die Dritte Welt 2, 1973, S. 145ff.; H. Röhrs, Die Friedenspädagogik im Modell der Internationalen Gesamtschule, Hannover 1975; ders., Bildungsstrategische Interdependenzen zwischen Industrie- und Entwicklungsländern, in: Vereinte Nationen 2, 1977, S. 46ff.; ders./V. Lenhart, Deutsche Entwicklungshelfer in der Lehrerausbildung Afghanistans, Meisenheim 1978; A. Peccei (Hg.), Zukunftschance Lernen. Club of Rome. Bericht für die achtziger Jahre, 4. Aufl., Wien u.a. 1981; I. Illich, Das Recht auf würdiges Schweigen, in: M. Gronemeyer/G. Gronemeyer (Hg.), Frieden vor Ort, Frankfurt 1982, S. 153ff.; H. Röhrs, Friede – eine pädagogische Aufgabe, Braunschweig 1983; J. Calließ/R. E. Lob (Hg.), Praxis der Umwelt- und Friedenserziehung, Düsseldorf 1987. hr

Friedensdienst «Eine ohne materielle Gewinnabsicht freiwillig geleistete und von öfftl. Großinstitutionen möglichst unabh. Arbeit, die zur Verwirklichung von Frieden (oder doch zur Sensibilisierung für diese Aufgabe) beiträgt» (Warneck 1979). Wirkungsebenen: Gewaltverweigerung (Kriegsdienstverweigerung), Hilfsdienst, Arbeit an gesellsch. Alternativen.

Lit.: W. v. Eichborn, Freiwillige für den Frieden, Aufgabe und Probleme der Friedensdienste, Stuttgart 1970; W. Warneck, Friedensdienst – Sandkastenübung oder Element politischer Alternative, in: APuZ 2/1979, S. 30–53. dn

Friedensdividende Unter F. werden die Einsparungen verstanden, die aufgrund des Einfrierens bzw. Reduzierens der Militärausgaben als Folge der weltweiten Entspannung gewonnen werden könnten. Dabei wird von der Vorstellung ausgegangen, daß weniger Geld für die Rüstung mehr Geld für die E. bedeutet. Eine zehnprozentige Reduzierung der Militärausgaben der westl. IL würde nach Berechnungen der * SEF eine Verdoppelung der E.-Hilfe bedeuten können.

Lit.: Stiftung Entwicklung und Frieden: Globale Trends 1991, Bonn 1991; G. Pfeiffer, Friedensdividende: Schlagwort oder Perspektive, in: E+Z 12/1991, S. 19ff. dn

Friedensforschung F. ist keine eigenständige wiss. Disziplin. Sie bezieht sich auf einen Komplex ausdifferenzierter sozialwiss. Problembereiche, zu deren Bearbeitung bestehende Disziplinen ihre je spezifischen Theorien, Ansätze und Methoden einbringen. Die Beiträge der einzelnen Wissenschaften lösen sich in dem Ausmaß aus ihrem fachspezifischen Zusammenhang, in welchem sich in ihnen eigenständige Erkenntnisinteressen und Wertorientierungen durchsetzen, die aus der Diskussion des Begriffs «Frieden» erwachsen:

1. *Zum Friedensbegriff:* Im landläufigen Verständnis wird Frieden in der Regel durch eine negative Abgrenzung definiert: Frieden als Abwesenheit von Krieg. Der Begriff «Kalter Krieg», im allg. Sprachgebrauch seit Anfang der 50er J. fest verankert, relativiert jedoch dieses Verständnis. Er lenkt die Aufmerksamkeit auf einen Zwischenbereich zwischen Krieg und Frieden, auf einen Zustand, in dem Abwesenheit von Krieg noch nicht Frieden bedeutet. Ein weiterer, weniger gebräuchlicher Begriff kennzeichnet einen vergleichbaren Zustand in innenpol. Konfliktlagen: der in der gewaltfreien Widerstandsbewegung geprägte Begriff «Friedlosigkeit».

Die Vergleichbarkeit dieser beiden Begriffe ergibt sich, wenn man den von ihnen bezeichneten Zwischenbereich als einen Zustand definiert, in dem ein Interessenkonflikt vor dem Hintergrund unvereinbarer Interessen aufgrund bestimmter einschränkender Bedingungen nicht ausgetragen werden kann. Für den Zwischenbereich «Kalter Krieg» auf int. Ebene werden die folgenden einschränkenden Bedingungen und Auswirkungen hervorgehoben: Die Konfliktgegner des Kalten Krieges vermeiden einen heißen Krieg, weil jedes denkbare Resultat – schlimmstenfalls die beiderseitige Vernichtung – in keinem Verhältnis zur Konfliktursache steht. Der Konflikt schwelt unterhalb der Schwelle direkten Gewalteinsatzes weiter – dies mit tiefgreifenden Auswirkungen auf die innere Verfassung der Konfliktgegner: ständiges Mißtrauen, gegenseitige Abschreckung, permanente Spannung. Nach Meinung des Friedensforschers Dieter Senghaas hatte sich dieser Zwischenbereich im Ost-West-Konflikt zu einem Zustand «organisierter Friedlosigkeit» verfestigt, in dem nicht mehr die ursprgl. Interessenkonflikte, sondern die beiderseitigen Bedrohungsvorstellungen das Verhalten der Konfliktgegner bestimmen. Friedenssicherung wird in einer solchen Konfliktkonstellation demnach zu einer primär innenpol. Aufgabe des Abbaus von Bedrohungsvorstellungen und ihrer Folgen (v. a. * Rüstung).

«Friedlosigkeit» als ursprgl. ausschließlich innenpol. Zustandsbezeichnung eines Zwischenbereichs zwischen Gewaltsamkeit und Frieden wird auf die folgenden einschränkenden Bedingungen und deren Auswirkungen zurückgeführt: Der Interessenkonflikt besteht zwischen zwei sehr unterschiedlich starken Gegnern, im äußersten Fall also zwischen Unterdrückern und Unterdrückten. Der schwache Gegner muß jede gewaltsame Konfliktaustragung vermeiden, weil dies nur zu noch mehr Unterdrükkung oder gar seiner Vernichtung führt. Der Konflikt schwelt unterhalb der Schwelle gewaltsamen Widerstands und seiner Unterdrückung weiter: ausgetragen allenfalls als gewaltfreier Widerstand, in der Regel jedoch organisiert als scheinbar friedliches Unterdrückungssystem. Der Friedensforscher Johan Galtung bezeichnet diesen Zustand «organisierter Friedlosigkeit» bei ungleichen Gegnern als *strukturelle Gewalt. Erst die Aufhebung struktureller Gewalt sei als Friede zu bezeichnen.

In dieser durch einen negativen und einen positiven Friedensbegriff abgesteckten Spannweite differieren zugleich auch die Erkenntnisinteressen und Wertorientierungen der Friedensforschung: Konventionelle, kurzfristig orientierte Friedensforschung zielt auf Vermeidung direkter Gewaltanwendung durch Kontrolle oder Abbau von Spannungen. Mittelfristige Friedensforschung sieht Frieden als kombinierte Strategie des Abbaus von Spannungen und ihrer Ursachen, ohne unbedingt einer in sich schlüssigen Modellvorstellung von den Ursachen der «Friedlosigkeit» verpflichtet zu sein. Langfristige Friedensforschung orientiert sich an den unterschiedlichen normativen Ordnungsmodellen einer friedlichen Welt und zielt auf Aufhebung struktureller Gewalt im weitesten Sinne: Friede heißt so bei Galtung «soziale Gerechtigkeit».

2. *Fragestellungen und Forschungsschwerpunkte:* Der bis in die 60er J. dominierende Ost-West-Konflikt («Kalter Krieg») fand v. a. in den USA in einer vorwiegend auf Spannungskontrolle und -abbau zielenden kurz- und mittelfristig orientierten F. seine Entsprechung. Als int. wichtigstes Forum dieser Forschungsrichtung gilt bis heute die 1957 gegründete amerik. Zeitschrift *Journal of Conflict Resolution.* Die allmähliche Entspannung des Ost-West-Konflikts und der gleichzeitig eskalierende Vietnam-Krieg verstärkten ab Mitte der 60er J. die Aufmerksamkeit für den *Nord-Süd-Konflikt. Die Kritik richtete sich zunächst gegen die offene Gewaltanwendung der USA gegen einen scheinbar weit unterlegenen Gegner und mündete schließlich in einer verstärkten Beschäftigung mit Abhängigkeitsverhältnissen zwischen Erster und *Dritter Welt. Wichtige Impulse hierzu kamen insb. aus Skandinavien (vgl. Galtungs Bericht *strukturelle Gewalt) und aus Südamerika (*Dependencia). Als int. wichtigstes Forum dieser Forschungsrichtung hat sich die 1964 gegründete norwegische Zeitschrift *Journal of Peace Research* durchgesetzt. In der Bundesrepublik lösten diese Impulse gegen Ende der 60er J. verstärkte Forschungsaktivitäten – bald auch staatl. gefördert – aus. Ein dezidiert gegen konventionelle F. gerichtetes Selbstverständnis formulierten kritische Friedensforscher auf einer Berliner Tagung im April 1971: «Friedensforschung ist Forschung über Ursachen und Bedingungen von Gewaltanwendung. Sie fragt nach den Möglichkeiten und Grenzen friedfertigen Konfliktverhaltens: Ihre Forschungsstrategie, die die strukturelle Dimension kollektiver Gewalt berücksichtigen muß, ist auf Verminderung organisierter Gewaltpotentiale sowie kollektiver und individueller Gewaltanwendung gerichtet.» Je nach Dominanz kurz-, mittel- oder langfristiger Perspektiven folgten aus diesem Selbstverständnis unterschiedliche Zieldefinitionen und Forschungsschwerpunkte.

Eine Gruppe von Forschern konzentrierte sich auf die Analyse der Aufrüstung von und der Kriege in sowie zwischen Ländern der Dritten Welt. Hier werden insb. die vom Nord-Süd-Konflikt unabhängigen innergesellschaftlichen bzw. zwischenstaatl. Faktoren von Konflikten und *Kriegen in der Dritten Welt hervorgehoben. Andere Forscher weiteten diese Fragestellung aus, indem sie die sozioökon. Auswirkungen des Rüstungsexports des Nordens und des Aufbaus von Militärapparaten in den Ländern der Dritten Welt untersuchten und in den Kontext von *Abhängigkeit und UE stellten. Die Bestimmung dieser UE als strukturelle Folge der einseitigen, asymmetrischen Abh.-Verhältnisse zwischen Nord und Süd (*Zentrum-Peripherie-Modell) motivierte eine generelle Kritik an Modellen, die sich aus verstärkter Zusammenarbeit zwischen Ländern der Ersten und Dritten Welt (i. S. eines liberalisierten Welthandels bei gegenseitiger Öffnung der Märkte) eine *Modernisierung unterentwickelter Länder versprechen. Statt so eine Vertiefung abh. E. zu forcieren, müsse man eine an den Bedürfnissen der unterentwickelten Länder ausgerichtete *autozentrierte Entwicklung fördern. Die schwelenden Konflikte zwischen Nord und Süd könnten nicht – wie im symmetrischen Ost-West-Konflikt – durch mehr Kooperation, sondern nur durch ein gezieltes Abkoppeln (*Dissoziation) des Südens von den Interessen des Nordens abgebaut werden. Die Rolle *transnationaler Konzerne, die Forderung nach einer *Neuen Weltwirtschaftsordnung und die Funktion des Agrarsektors (Agrarstruktur) in unterentwickelten Ländern rückten damit in den Mittelpunkt der langfristig orientierten Friedensforschung (→ländliche Entwicklung).

3. *Institutionalisierung und Förderung der Friedensforschung in der BRD:* Die Rede des Bundespräsidenten Gustav Heinemann zum 30. Jahrestag des Ausbruchs des II. Weltkriegs gab in der Bundesrepublik den entscheidenen Anstoß für eine staatl. Förderung der Friedensforschung. Institutionalisiert wurde diese Förderung bundesweit durch die Gründung der «Deutschen Gesellschaft für Friedens- und Konfliktforschung» im Jahre 1970. Nach einer Aufbauphase thematisch vergleichsweise breit gestreuter Forschungsförderung (1971 bis 1974) konzentrierte sich die Förderung auf zwei Schwerpunkte: 1. Friedenswahrung und Übergangsstrategien in Europa, 2. Konflikte zwischen westeurop. IL und EL sowie deren friedliche Überwindung. Im Rahmen des zweiten Förderungsschwerpunktes wurden v. a. Studien zu den oben aufgeführten Fragestellungen gefördert. Die pol. Brisanz der geförderten Forschung spiegelte sich in zahlreichen Kontroversen zu veröffentlichten Forschungsergebnissen wider.

Diese Kontroversen führten gegen Ende der 70er J. zu verstärkten Forderungen nach einer größeren «Praxisbezogenheit» der F., die seit 1979 den sukzessiven Austritt der CDU/CSU-regierten Länder (außer Berlin) und schließlich auch der Arbeitgeberverbände (BDI, BDA) aus der DGFK begleiteten. Der Regierungswechsel von 1982 beendete die öfftl. Sonderförderung der F. durch den Bund. 1985 gab die DGFK ihre Arbeit auf. An ihrem Bonner Sitz verblieb eine Außenstelle der Hessischen Stiftung Friedens- und Konfliktforschung (HSFK), die «Arbeitsstelle Friedensforschung Bonn» (Beethovenallee 4, 5300 Bonn 2, Tel. 0228/ 356032). Die Forschungsförderung wurde daraufhin mit den beiden Schwerpunkten Ost-West- und Süd-Süd-Konflikt von der Deutschen Forschungsgemeinschaft (DFG) übernommen. →Kriege in der Dritten Welt, →Rüstung.

Lit.: E.-O. Czempiel, Der Stand der Wissenschaft von den Internationalen Beziehungen und der Friedensforschung in der Bundesrepublik Deutschland, in: K. v. Beyme (Hg.), Politikwissenschaft in der Bundesrepublik Deutschland, PVS-Sonderheft 17/1986, Opladen 1986, S. 250–263. dg

Friedenspädagogik →Frieden

Friedrich Ebert-Stiftung →FES

Friedrich Naumann-Stiftung →FNS

FROLINAT →Befreiungsbewegungen, Tschad

Frontstaaten (auch «Konfliktrandstaaten» oder «Frontlinienstaaten»). Das informelle Bündnis entstand 1974 zunächst als Interessengruppe innerhalb der Organisation für Afrikanische Einheit (* OAU), arbeitete letztlich jedoch außerhalb dessen Org.-Struktur. Die Initiatoren der Gruppierung, die Staatspräsidenten * Nyerere (Tanzania) und * Kaunda (Zambia, Vorsitzender seit 1985), reagierten so auf die außenpol. Offensive des südafrik. Staatschefs Vorster zur Durchbrechung der Isolierung seines Landes in Schwarzafrika. Zambia, Botswana und Mozambique schlossen sich noch 1974, Angola 1976 und Zimbabwe (nach Ablösung der Smith-Reg. in Rhodesien/Zimbabwe) 1980 dem Bündnis an, das sich zunächst mittels Ad-hoc-Konferenzen um Strategien zur Befreiung Rhodesiens und Namibias (anfänglich auch Angolas) bemühte. Ziel der F. war die Beseitigung der Rassentrennung (→Apartheid) in Südafrika. rs

Funds in Trust →Treuhandprojekte

FZ →Finanzielle Hilfe/Zusammenarbeit

G

Gabun Auch nach der Unabh. (1960) unter massivem wirtsch. und pol. Einfluß Frankreichs, gilt G. aufgrund seiner liberal-kapitalist. Wirtschaftsordnung als ein Land mit optimalen, in den letzten J. nur wenig beschnittenen Gewinn- und Transfermöglichkeiten für ausl. Investoren. Die Erdöl-Hausse der 70er J. brachte dem * OPEC-Mitgl. zwar erhöhte Einnahmen, doch wuchs aufgrund von Prestigeinvestitionen, Luxuskonsum und Verschwendung der korrupten Führungsschicht gleichzeitig die * Verschuldung des Staates.

1. Schätzungen der Bev.-Zahl des 271 000 qkm großen Landes schwanken zwischen 1,0 und 1,2 Mio. Die zahlenmäßig größte der etwa sieben Volks- und Sprachgruppen (mit je zahlreichen Untergruppen) bilden die auch wirtsch. und pol. dominierenden Fang (ca. 30 % der Ew.) vor den Eshira (20 %), Mbede (15 %) u. a. Trotz einer im Primarschulbereich inzwischen fast vollständigen Scholarisation – einer der höchsten Quoten in Schwarzafrika überhaupt – besteht weiter ein gravierender Mangel an Fachkräften, der zusammen mit dem Wirtschaftsboom der 70er J. die Anwesenheit von 100 000 Ausländern, darunter 25 000 Franzosen (1960: 4800) erklärt. Letztere nehmen weiterhin in der Wirtschaft, in der Verwaltung und insbesondere im Schulwesen eine Schlüsselstellung ein.

2. Die Landw. spielt im Gegensatz zu anderen afrik. Staaten für die Wirtsch. G.s nur eine ganz untergeordnete Rolle und wurde seit dem Erdölboom der 70er J. weiter vernachlässigt (Ende der 80er J. nur 0,5 % der Gesamtfläche bebaut, 88 % der Lebensmittel müssen eingeführt werden). Nach der Elfenbeinküste ist G. noch immer der größte afrik. Exporteur tropischer Edelhölzer (v. a. Okumé), doch bildet heute der Erdölsektor den bei weitem wichtigsten Einnahmefaktor (1987: 85 % der Exporterlöse, 65 % der Haushaltseinnahmen, 45 % des BIP). Von Bedeutung ist ferner der Export von Mangan (größter Produzent der Welt) und Uran, das nach der Fertigstellung der 650 km langen Eisenbahnlinie «Transgabonais» (12 J. Bauzeit) nun nicht mehr über den Kongo ausgeführt zu werden braucht. G. besitzt in den entsprechenden Unternehmen in der Regel nur 25 % des Kapitals (auch im Erdölsektor; Hauptanteile: v. a. franz. Gesellschaften). Das explosionsartige Anwachsen der Staatseinnahmen seit Mitte der 70er J. zog eine Reihe negativer Konsequenzen nach sich:

Gigantische Investitionen wurden wenig koordiniert, verschärften regionale Strukturunterschiede und erhöhten die Abhängigkeit von Lebensmittelimporten. Extrem verzerrt wurde auch die *Einkommensverteilung, die die pol. Führung in ihrem Interesse vornahm: «Weniger als 2% der Bev. verfügen über mehr als 80% der im Land verbleibenden Gewinne» (Weiland 1982, S. 406). Bereits nach dem ersten Einbruch der Erdölpreise stieg die Auslandsverschuldung an (1990: ca. 3,6 Mrd. US-$). Sinkende Produktionsquoten, der Preisverfall für Erdöl und der Einbruch des Dollarkurses ließen die Erdöleinnahmen 1987 erneut abnehmen (70 statt 1985: 400 Mrd. F CFA). Nach der Erschließung des Erdölfeldes von Rabi Kounga im trop. Regenwald, wo die Produktionskosten pro Barrel um die Hälfte niedriger als bisher liegen, und gestiegenen Erdölpreisen, erhöhten sich die Erdöleinnahmen 1989 wieder um ca. 50%. Voraussetzung für mehrere Umschuldungsabkommen seit Mitte der 80er J. waren Anpassungsprogramme zur Sanierung der Staatsfinanzen: Liquidierung bzw. Privatisierung von Staatsbetrieben, im öfftl. Dienst Entlassungen etc. Erste bescheidene Erfolge waren von 1986 auf 1987 eine Reduzierung der weiteren Abnahme des BIP von 29 auf 14%, eine Verminderung des Haushaltsdefizits von 15 auf 8,5% des BIP und eine Senkung der Inflationsrate von 6 auf 2%. Obwohl die Handelsbilanz regelmäßig positiv ist (1987: +166 Mrd. F CFA), ist die *Zahlungsbilanz aufgrund der Gewinnabflüsse der ausl. Unternehmen und der Überweisungen der *Gastarbeiter in ihre Heimatländer chronisch defizitär (1987: −40 Mrd. F CFA). Wichtigster Außenhandelspartner bleibt Frankreich (rund 40% des Umsatzes).

3. Formal hat G. eine präsidentielle Demokratie, doch bildet die Nationalversammlung nur eine Staffage. Präsident Bongo, der mit dem PDG 1968 eine Einheitspartei bilden ließ, besitzt eine noch größere Machtfülle als sein Vorgänger Léon Mba, der 1964 in einem Staatsstreich gestürzt, von franz. Fallschirmjägern aber nach kurzer Zeit wieder an die Macht gebracht worden war. Wie Mba arbeitet Bongo trotz gelegentlicher Spannungen eng mit dem Westen, v. a. mit F., zusammen, auch und gerade im milit. Bereich z. B. bei Interventionen in Afrika. Nach einer wochenlangen Protestwelle im Feb./März 1990, die durch die vom *IWF verordneten Sparmaßnahmen ausgelöst wurde, sagte die pol. Führung eine Liberalisierung zu. Im März 1991 erfolgte die Verabschiedung einer neuen Verfassung durch die Nationalversammlung, die die Zulassung von Parteien und eine Machtbalance zwischen Präsident und Nationalversammlung vorsieht.

Lit.: J. F. Barnes, Gabon, Aldershot 1989; E. Hillebrand, Gabun, in: HDW III, 4, 1993, S. 433 ff. kz

gains from trade →Außenhandelstheorie

Gambia Das keilförmig in den Senegal hineinragende G. (Hs. Banjul, früher Bathurst) ist mit einer Fläche von 11295 qkm das kleinste Land Afrikas. Die Bev. (1990: ca. 900000) gliedert sich ethnisch in Mandinge (40%), Wolof und Fulbe (je 12%), Djola und Sarakole (je 7%) sowie Senegalesen (22000) und Europäer (600). In Form von trad. Häuptlingswesen und Dorfgruppierungen (mit Kastensystem) besitzt G. rel. stabile Sozialstrukturen. Ein ausgeprägtes Stadt-Land-Gefälle in der med. Versorgung und im Bildungswesen kennzeichnen zusammen mit dem rasanten Bev.-Wachstum (1985–90: 2,9%) die soziale E.-Problematik. Die LE liegt bei 43 J. (1986). Kapitalmangel (BSP/Kopf 1986: 230 US-$), Dürrekatastrophen (→Sahelzone) und die Enge des Binnenmarkts sind ökon. E.-Hemmnisse. Die landw. Produktion wird durch die *Monokultur Erdnuß bestimmt (Erdnüsse und Erdnußöl 50% des Exports). Eine *Diversifizierung der Agrarproduktion und der Aufbau einer Konsumgüterind. durch *Importsubstitution wird angestrebt. In Kooperation mit Senegal und Guinea wird im Rahmen der OMGV (*Organisation pour la Mise en Valeur du Fleuve Gambie*) die wasser- und elektrizitätswirtsch. Nutzung des Gambia-Flusses vorangetrieben. Fischreichtum und der *Tourismus (nach Erdnußexport wichtigster Devisenbringer) bieten künftige Entwicklungsperspektiven. Haupthandelspartner und E.-Hilfe-Geber ist die EG (→Lomé, →STABEX).

Bis zur Unabh. 1965 wurde das Territorium von der brit. Kolonialverwaltung im Rahmen der **indirect rule* regiert. Ab 1960 entstanden während der schrittweisen *Dekolonisation pol. Parteien, die, rein pragmatisch orientiert, fast keinerlei programmatische Unterschiede aufweisen. Lediglich in der Frage der Bez. zu Senegal und dem Verhältnis zu Großbritannien divergierten die Standpunkte. Die PPP (*Progressive People's Party*), die 1970 die Umwandlung G.s von einer konstitutionellen Monarchie zur Rep. durchsetzte und die Union mit Senegal (Senegambia) vertritt, ist seit 1960 in wechselnden Koalitionen mit kleineren Parteien an der Regierung. Bei den Wahlen von 1992 errang die PPP 25 (1987: 31) von 36 Sitzen. Die bisherige pol. Stabilität wurde 1980 und 1981 durch Umsturzversuche (unter dem marxistisch-leninistischen K. S. Sanyang) gefährdet. Diese wurden von Präs. Sir D. K. Jawara (1992 mit 58 % der abgegebenen Stimmen für eine fünfte, fünfjährige Amtszeit wiedergewählt) niedergeschlagen (u. a. dreieinhalbjähriger Ausnahmezustand bis Februar 1985) und förderten die Bildung des Staatenbundes mit Senegal Anfang 1982. Seine Ziele sind Wirtschafts- und Währungsunion, wirtsch. Nutzung des Gambiaflusses, gegenseitige Abstimmung in der Außenpol. und gemeinsame Streitkräfte. Ein gemeinsamer Ministerrat und ein senegambisches Parlament sind die beiden wichtigsten Institutionen des Staatenbundes. ah

gamonal(ismo) Synonym für Kazique (*Caciquismo*), bezeichnet den lokalen oder regionalen Machthaber bzw. die lokalen oder regionalen Machtverhältnisse, die informeller Natur sind. Der *gamonal* und die seiner Herrschaft Unterworfenen stehen in einer wechselseitigen und asymmetrischen Bez. zueinander. Nach Mariategui (*Siete ensayos de interpretación de la realidad peruana*, Ed. Amauta, Lima 1969, S. 59–63) liegt der *gamonalismo* in der agrarischen Sozialstruktur begründet. Er ist das Ergebnis vorkapitalistischer Besitzverhältnisse, der Herrschaft des Großgrundbesitzers über die eingeborene Bevölkerung. dn

Gandhi, Mahatma (1869 bis 1948) lieferte den entscheidenden Beitrag zur Unabh. Indiens. Nehru äußerte über ihn: «G. brachte Indien die Freiheit (...) Er zeigte uns, wie man Furcht und Haß überwindet, verkündete uns Eintracht, Gleichheit und Brüderlichkeit, die Aufrichtung der Unterdrückten, die Würde der Arbeit und den Vorrang der geistigen Dinge.» G. studierte Rechtswissenschaften in London, praktizierte 10 J. als Anwalt der indischen Minderheit in Südafrika und begann 1915 nach seiner Rückkehr nach Indien seine Politik des gewaltlosen Widerstands gegen die brit. Kolonialherrschaft. Er stemmte sich freilich erfolglos gegen die pol. Teilung des Subkontinents (Pakistan). Die Bedeutung G.s liegt neben seiner hist. Rolle als ind. Freiheitskämpfer in der (heute mit seinem Namen verbundenen) Methode pol. Kampfes: passiver Widerstand, ziviler Ungehorsam, Gewaltlosigkeit. Er selbst wurde in den Kämpfen zwischen Hindus und Moslems ein Opfer der Gewalt.

Lit.: B. Mann, Die pädagogisch-politischen Konzeptionen Mahatma Gandhis und Paulo Freires. Eine vergleichende Studie zur entwicklungsstrategischen politischen Bildung in der Dritten Welt,

Frankfurt 1979; G. Gold/R. Attenborough, Gandhi. Eine bebilderte Biographie, Bergisch Gladbach 1983; P. S. S. Nehru, Mahatma Gandhi. Sein Leben und Werk, Bergisch Gladbach 1983. dn

García Márquez, Gabriel Am 6. 3. 1928 in Kolumbien geboren, Journalist und Schriftsteller, erhielt 1982 den Nobelpreis für Literatur, thematisiert v. a. das sich zwischen Wirklichkeit und Irrealität bewegende Leben der Mestizen in den ländlichen Gebieten Kolumbiens. Mit seinen zahlreichen Büchern (z. B. *Cien años de soledad*) ist er einer der Autoren der sog. *literatura comprometida*, einer sozial engagierten, den *marginalen Bev.-Gruppen verpflichteten Literaturrichtung. ah

Gastarbeiter sind qualifizierte oder nichtqualifizierte Arbeitskräfte, die ihren (vorübergehenden) Wohn- und Arbeitssitz außerhalb ihres Heimatlandes genommen haben. Hinsichtlich der statistischen Erfassung werden sie in der *Zahlungsbilanz und in der *Sozialproduktberechnung wie Inländer behandelt. Hinsichtlich rechtlicher und sozialer Gesichtspunkte bestehen von Gastland zu Gastland Unterschiede. Der größte Teil der aus EL stammenden G. arbeitet in den westl. IL (ca. 8 Mio. im Jahre 1980). Seit Mitte der 70er J. fragen die ölexportierenden Staaten des Nahen Ostens verstärkt G. nach. Die in Europa beschäftigten G. stammen in erster Linie aus Jugoslawien, der Türkei, Griechenland, aber auch aus Nordafrika. Die in den USA beschäftigten G. sind vorwiegend lateinamerik. Ursprungs, stammen aber auch aus Südostasien. Die in der Golfregion beschäftigten G. sind hingegen ebenfalls Araber.

Den Heimatländern der G. flossen allein 1982 knapp 28 Mrd. US-$ an Gastüberweisungen zu. Sie erreichten für einzelne Länder eine Größenordnung, die an die Einnahmen aus Exporten von Gütern heranreichten und damit zur zweitwichtigsten Devisenquelle wurden. Die Gastarbeiterüberweisungen aus der Bundesrepublik Deutschland erreichten 1984 mit 9 Mrd. DM ihren höchsten Stand und sind seither rückläufig. 1987 beliefen sie sich nur noch auf 6,6 Mrd. DM, von denen 2,3 in die Türkei flossen. Mit der Rezession der Weltwirtschaft versuchen die IL, die Zahl ihrer G. zu stabilisieren, wenn möglich zu reduzieren. Die Golfländer hatten zunächst noch erhöhten Bedarf an G., doch nach dem starken Einbruch ihrer Exporterlöse reduzieren sie ebenfalls die Anzahl der in ihren Ländern beschäftigten Gastarbeiter. hpn

GATE (*German Appropriate Technology Exchange*) Deutsches Zentrum für Entwicklungstechnologien, im Juni 1978 als Arbeitseinheit innerhalb der *GTZ eingerichtet, unterstützt das *BMZ und das Bundesmin. für Forschung und Technologie in Fragen des *Technologietransfers und der Technologieentwicklung in der *Dritten Welt. Aufgaben im einzelnen: (1) Technologieaustausch (Ermittlung von technol. Bedarf, Vermittlung von vorhandenen oder speziell zu entwickelnden Technologien); (2) Entwicklung von Informationsbausteinen (sog. «Modulen»); (3) Forschungs- und Entwicklungsprojekte (Planung, Durchführung und Überwachung von entsprechenden Projekten und Programmen der *Technischen Zusammenarbeit); darin (4) Projekte zur Nutzung regenerativer *Energie-Quellen in ausgewählten EL. Publikation: Vierteljahresschrift gate. Adresse: →GTZ dn

GATT Allgemeines Zoll- und Handelsabkommen (*General Agreement on Tariffs and Trade*); *Entstehung:* 1947 im Rahmen der Verhandlungen über eine Int. Handelsorganisation ITO (Havanna-Charta, 1947), deren Errichtung an unterschiedlichen handelspol. Vorstellungen der Haupthandelspartner scheiterte. Zur Sicherung der Vereinbarungen über umfangreiche Zollsenkungsrunden der Genfer Vorkonferenz einigten sich die beteiligten Staaten auf deren Inkraftsetzung zusammen mit einem Teil der handelspol. Bestimmungen der Havanna-Charta. 23 Staaten unterzeichneten den Vertrag, der seit dem 1.1.1948 vorläufig angewandt wird. Mitgl. Jan. 1988: 96 Voll-, 1 vorläufiges Mitgl. und 28 weitere Mitgl., die das GATT auf *de-facto*-Basis anwenden. *Organe:* Vollversammlung aller ordentlichen Mitgl., jedes Land 1 Stimme, jährl. tagend; Rat der Mitgl.-Länder, erledigt laufende Geschäfte; Sekretariat mit Generaldirektor, Sitz in Genf. Mittels Vermeidung der * Diskriminierung von Handelspartnern durch * Meistbegünstigung, des Verbots mengenmäßiger Ein- und Ausfuhrbeschränkungen und des Prinzips der Gegenseitigkeit der eingeräumten Zollkonzessionen sollen folgende *Ziele* erreicht werden: Erhöhung des Lebensstandards, Vollbeschäftigung, Erhöhung der Realeinkommen, Steigerung der effektiven Nachfrage auf weltweiter Basis und volle Erschließung der natürlichen * Ressourcen der Weltwirtschaft. Ausnahmen der Zollzugeständnisse bilden die Schutzklausel bei sektoraler Marktstörung; der Grundsatz der Meistbegünstigung gilt nicht für best. Zollpräferenzen, die bei Inkrafttreten des GATT bestanden, ferner besteht das Recht zum Zusammenschluß zu Zollunionen und Freihandelszonen. Mengenmäßige Einfuhrbeschränkungen sind bei Zahlungsbilanzschwierigkeiten erlaubt; zugunsten der EL wurde das Prinzip der Reziprozität eingeschränkt (1966). *Instrumente* des GATT sind insb. die Zollsenkungsrunden (* Kennedy-Runde, * Tokio-Runde, * Uruguay-Runde). Mit dem Abbau von Zöllen wächst jedoch bes. seit Beginn der 80er J. die Bedeutung nicht-tarifärer * Handelshemmnisse (techn. Normen, Einfuhr- und Zulassungsbestimmungen, Subventionierung einzelner Branchen, «freiwillige» Exportbeschränkungen und «Marktordnungsabkommen» auf meist bilateraler Basis), die die Prinzipien der Gleichbehandlung von in- und ausl. Waren und des int. Wettbewerbs untergraben (→Protektionismus). 1979 wurden rd. 60% des Welthandels nach GATT-Regeln realisiert; 1987/88 nur noch rd. 40%.

Lit.: P. Bratschi, Allgemeines Zoll- und Handelsabkommen GATT, Zürich 1973; G. Heiduk, Die weltwirtschaftlichen Ordnungsprinzipien von GATT und UNCTAD, Baden-Baden 1973; GATT, What it is, What it does, Genf 1982; J. Betz, Welthandel, GATT, Protektionismus und die Entwicklungsländer, in: Jahrbuch Dritte Welt 1987. pb

GAWI →GTZ

Gaza-Streifen →Nahostkonflikt

GCC Golfrat (*Gulf Cooperation Council*) aufgrund der Gefährdung von Erdölanlagen durch den * iran-irak. Krieg 1981 in Riad von sechs Golfstaaten (Bahrain, Katar, Kuwait, Oman, Saudi-Arabien, Vereinigte Arab. Emirate) gegr. und vom Willen getragen, weder vom Irak noch von Iran dominiert zu werden. Im Rahmen der Koordinierung von Außen-, Sicherheits- und Erdölpolitik sind innenpol. Stabilisierung durch Eindämmung der schiitischen «islam. Revolution» und kollektive Verteidigung des Pers. Golfes gegen ausl. Interventionen die wichtigsten Ziele dieser Organisation. Am * Golfkrieg 1991 gegen den Irak war der GCC auf alliierter Seite beteiligt (ca. 10000 Soldaten waren in Saudi-Arabien stationiert). Seit dem Golfkrieg jedoch gibt sich der GCC weniger antiimperialistisch und kooperiert stärker mit den * UN.

Lit.: U. Braun, Der Kooperationsrat arabischer Staaten am Golf. Eine neue Kraft?, Baden-Baden 1986.
ah/maf

Gebundene Hilfe Auflage des Entwicklungshilfe-Gebers an den Nehmer, den Entwicklungshilfe-Kredit für den Warenbezug aus dem Geberland einzusetzen (*tied aid*), häufig *uno acto* (Lieferantenkredit) oder implizit: Der Nehmer kauft im Geberland, um das Klima für weitere E.-Hilfe zu erhalten. Dies hat zum Vorwurf der Abh. geführt, da die Bindung an einen bestimmten Geber int. Ausschreibungen und die Wahrnehmung des günstigsten Angebots verhindert. →Lieferbindung. wpz

Geburtenkontrolle →Familienplanung

Geburtenrate Auch Fruchtbarkeitsrate, Maßzahl für den Pro-Tausend-Anteil der Geburten an der Gesamtbev. in einer bestimmten Periode; sie läßt den Vergleich der Fruchtbarkeit (Fertilität) verschiedener *Bevölkerungen zu; Ansatzpunkt für bev.-pol. Maßnahmen insbesondere in EL (*Familienplanung). dn

GEF (Global Environmental Facility) Globale Umweltfazilität der *Weltbank, 1990 von 24 Ländern beschlossene Einrichtung zur Förderung von E.-Projekten mit globalem Umweltbezug (etwa Artenvielfalt, Gewässerschutz, Reduzierung klimawirksamer Gase, Schutz der Ozonschicht). Weltbank, *UNDP und *UNEP verwalten die Fazilität in gemeinsamer Treuhänderschaft. mm

Gefangene, politische → amnesty international (ai)

Gegengipfel Jährl. Zusammentreffen der Vertreter der sieben ärmsten Völker und Völkerschaften der Erde anläßlich der Weltwirtschaftskonferenz der G-7. An dem Treffen nehmen keine Regierungsvertreter teil. mar

Gemeinsame Konferenz der Kirchen für Entwicklungsfragen →GKKE

Gemeinsamer Fonds Element des *Integrierten Rohstoffprogramms zur Finanzierung der *Rohstoffabkommen bzw. der in diesen vorgesehenen *bufferstocks* (Ausgleichslager) für Rohstoffe. Ausgehend von den Beschlüssen von *UNCTAD IV, die zwischen IL und EL umstritten blieben, Feinigten sich beide Ländergruppen im Vorfeld von UNCTAD V im März 1979 auf die Grundelemente des GF. Er soll ein reines Finanzierungsinstrument sein und die Maßnahmen finanzieren, die in den separaten Rohstoffabkommen vorgesehen sind. Der GF soll zwei Schalter haben: Über den ersten Schalter werden die *bufferstocks* finanziert, über den zweiten andere rohstoffbezogene pol. Maßnahmen, v. a. zugunsten der ärmeren Länder (z. B. Forschung und Entwicklung, Produktionssteigerung, *Diversifizierungs- und Vermarktungshilfen etc.). Das Eigenkapital des GF wird 750 Mio. US-$ betragen, 400 Mio. für den ersten und 350 Mio. für den zweiten Schalter. Die Mittel für den GF werden überwiegend durch die IL aufgebracht (erster Schalter: alle beteiligten Länder je 1 Mio. US-$ sowie 320 Mio., die sich auf die Ländergruppen wie folgt verteilen: IL 68 %, EL 10 %, soz. Länder 17 %, VR China 5 %; zweiter Schalter: zu ⅕ direkt von den UNCTAD-Mitgl., zu ⅘ durch freiwillige Beiträge). Geleitet wird der GF von einem aus 28 Staaten zusammengesetzten Exekutivausschuß, mit einem Direktor an der Spitze. Die Stimmrechte im Ausschuß richten sich nicht nach den Kapitalanteilen, sondern verteilen sich wie folgt: EL 47 %, westl. IL 42 %, Staatshandelsländer 8 %, VR China 3 %. Wichtige Entscheidungen (Satzungsänderungen, finanzwirksame Entscheidungen) können allerdings nur mit Zwei-Drittel-Mehrheit gefaßt werden.

Die unterschriftsreife Vereinbarung über den GF wurde Juni 1980 in Genf erzielt. Der Vertrag tritt in Kraft, sobald mindestens 90 der UNCTAD-Mitgl.-Staaten den Vertrag ratifiziert und ⅔ der Direktbeiträge aufgebracht haben. Die ursprgl. auf den 31. 3. 1982 festgesetzte Frist zur Ratifizierung wurde seither mehrfach verlängert. Erst auf UNCTAD VII 1987 kam durch die Zeichnung des GF von seiten der Sowjetunion und weiterer Mitgl.-Staaten ein Inkrafttreten in Sicht. Problematisch bleiben die einzelnen zu vereinbarenden Rohstoffabkommen, die allein dem GF beitreten können. Ihre Zahl hat in den letzten Jahren eher ab- als zugenommen. Fraglich ist auch, ob sog. reiche Abkommen (wie etwa Kupfer) sog. arme Abkommen (wie Jute, Tee) unterstützen werden. 1982 funktionierten nur vier: Zinn, Kautschuk, Kakao, Zucker, wobei diese Rohstoffe 1980 bis 1982 den stärksten Preisverfall zu verzeichnen hatten. Das int. Naturkautschukabkommen, das April 1982 endgültig in Kraft trat, wurde als erstes in den GF eingebracht. Der Ankauf von Kautschuk für das Ausgleichslager hat nur geringe Preiserhöhungen nach sich gezogen.

Lit.: J. Betz, Der gemeinsame Rohstoff-Fonds, ein marktwirtschaftliches Instrument, in: VRÜ 1/1979, S. 25 ff. dn

Gemeinsamer Mittelamerikanischer Markt →MCCA

Genossenschaft G.en sind weltweit in den verschiedensten Bereichen der Wirtschaft tätig. Besondere Erwartungen werden an sie in den EL geknüpft, wurden bisher jedoch nur teilweise erfüllt.

1. *Wesensmerkmale/Interne Struktur:* Die G. ist eine Personengemeinschaft, deren Mitgl. durch ein von ihnen gemeinsam getragenes und demokratisch kontrolliertes Unternehmen ihre ökon. und soziale Situation zu verbessern suchen. Diese Definition gibt den problematischen, aber auch vorteilhaften Doppelcharakter der G. wieder. Sie ist eine Personengemeinschaft und eine Unternehmung. Zudem ist die Zielsetzung eindeutig festgelegt auf die Verbesserung der Mitgl.-Situation. Schließlich gibt sie einen wesentlichen Unterschied zu Kapitalgesellschaften an: In G.en herrschen demokratische Spielregeln (1 Mensch – 1 Stimme, regelmäßig stattfindende Wahlen, Mehrheitsprinzip, Nichtdiskriminierung von Minderheiten).

Das ökon. bedeutsamste Definitionselement ist das Identitätskriterium: Die Mitgl. sind gleichzeitig Eigentümer und Nutzer (Kunden, Lieferanten, Arbeitnehmer) *ihres* Unternehmens. Den ideellen Hintergrund geben eine Reihe von teils doktrinär, teils pragmatisch bestimmten «Genossenschaftsprinzipien», die auf den Leitlinien der «Pioniere von Rochdale» basieren (z.B.: pol. und relig. Neutralität, demokratische Leitung und Kontrolle, Barverkauf zu Marktpreisen und Überschußverteilung nach Umsatz, unbegrenzte Mitgl.-Zahl, genossenschaftliche Ausbildung). Daneben sind weltweit als G.-Initiatoren bekannt: R. Owen, Ch. Fourier, L. Blanc, H. Schultze-Delitzsch, F.W. Raiffeisen. Die G. hat mindestens folgende vier Organe: 1. Mitgl.-Versammlung (MV): An ihr können alle Mitgl. teilnehmen. Sie sollte wenigstens einmal im J. stattfinden. In ihr werden die Entscheidungen über die für die Gruppe besonders bedeutsamen Sachverhalte (Satzung, Wahl der Führungsgremien, Beschluß über das Jahresergebnis etc.) nach dem 1-Mensch-1-Stimme-Prinzip getroffen. 2. Vorstand (V): Er besteht aus mindestens fünf Mitgl. der G., die von der MV meist für ein J. (besser für drei J.) gewählt werden. Ihnen obliegt es, die Führungsentscheidungen für die Personengruppe und die Unternehmung vorzubereiten oder zu fällen. 3. Aufsichtsrat: Er besteht aus mindestens drei Mitgl. der G., die i. d. R. von der MV (in Ausnahmefällen vom V) gewählt/bestimmt werden. Sie sollen im Interesse der Mitgl. die Geschäftsführung und die Entscheidungen des Vs kontrollieren. 4. Geschäftsführung: Der Geschäftsführer kann, muß aber nicht Mitgl. der G. sein. Er ist im Auftrag des Vs tätig und diesem (nicht direkt der MV), verantwortlich. In der Praxis wird der Geschäftsführer aufgrund seines betriebswirtsch. Sachverstands vielfach zum eigentlichen Leiter der Genossenschaft. Daneben gibt es viele Möglichkeiten, die Mitgl. an den sozialen und unternehmerischen Entscheidungen zu beteiligen (Komitee für Kredite, für Disziplin, für Lagerbau, für Transportfragen etc.). Zudem wird von den G.en in EL zunehmend die Möglichkeit genutzt, die Wirtschaftsprüfung an eine externe Institution (Verband, Buchprüfergesellschaften) zu delegieren.

2. *Genossenschaftstypen:* Es gibt Agrar-, Konsum-, Spar- und Kredit-, Handwerks-, Industrie-, Wohnungsbau-, Versicherungs-, Elektrifizierungs-, Wasserversorgungs-, Erziehungs-, Erholungs-G.en und viele Arten mehr. Sie erfüllen drei grundlegende wirtsch. Funktionen für die Mitgl.: Beschaffung, Absatz und/oder Produktion (Verarbeitung) von Gütern und Leistungen. Vielfach werden diese Funktionen gleichzeitig ausgeübt (z. B. Agrar-G.en: Beschaffung von Saatgut, Dünger, Krediten, Konsumgütern, Vermarktung der Agrarprodukte, gemeinsame Produktion der Mitgl. und/oder Weiterverarbeitung der Produkte der Mitgl., Annahme von Spareinlagen: «Multiaktive G.en»).

Neben dieser funktionellen Unterscheidung gibt es die nach der Verantwortung (auf die Kapitaleinlage beschränkte oder alle Vermögenswerte der Mitgl. erfassende unbeschränkte Haftung), nach der Offenheit (generell für alle Interessierten möglicher Beitritt oder auf eine abgegrenzte Zielgruppe – z. B. Kleinbauern – beschränkte Mitgliedschaft), nach der gegenseitigen Abh. von Mitgl. und G.-Unternehmen (zwischen völlig autarker Gruppe und jeweiligen nicht-gruppenbezogenen Aktivitäten), nach dem Integrationsniveau (Primär-G. mit natürlichen Personen als Mitgl. und Sekundär-G. mit Primär-G. als Mitgl.). Das Verhalten der Mitgl. zueinander, zu den Führungsgremien und zu ihrer G.-Unternehmung ist je nach den Typen graduell versch. bezüglich der Gruppensolidarität, Beteiligung an Kommunikations- und Entscheidungsprozessen, Inanspruchnahme der G.-Unternehmung. Auch die Erfolgschancen der unterschiedlichen G.-Typen sind nicht einheitlich zu beurteilen.

3. *E.-Erwartungen und Erfolgsfaktoren:* Speziell die int. E.-Agenturen haben hohe Erwartungen in den Beitrag der G.en zum E.-Prozeß gesetzt. Zu verweisen ist auf folgende E.-Funktionen: 1. Ökon. Besserstellung der Mitgl. durch höhere Preise beim Absatz (niedrigere beim Bezug); Zugang zu Krediten; gesicherter Absatz; Bezug höherwertiger Güter; produktivitätsgerechte Entlohnung etc. Eine «Ausbeutung» der Mitgl. durch ihre G.-Unternehmung ist aus Gewinnmotiven nicht gegeben (eventuell wegen ineffizienter Administration). 2. Soziale Besserstellung der Mitgl. durch Absicherung in der Gruppe, soziale Integration, sozialer Aufstieg. 3. Kulturelle Besserstellung durch den (erforderlichen) internen Kommunikations-, Informations- und Ausbildungsprozeß. 4. Makroökon. und *sozialer Wandel durch die Belebung des Wettbewerbs zugunsten der ärmeren Bev. (daraus folgende Einkommensumverteilung, Aufbau eines Mittelstandes, Anreize für das Wirtschaftswachstum, mehr ökon. und soziale Gerechtigkeit sowie soziale Aufstiegschancen, wodurch das Potential an Führungspersönlichkeiten für den E.-Prozeß besser genutzt werden kann).

In den EL ist vielfach eine große Diskrepanz zwischen theoretisch möglichen und tatsächlich erreichten Ergebnissen der G.-Arbeit festzustellen. Dies liegt im wesentlichen daran, daß folgende Erfolgsfaktoren zu wenig beachtet werden: 1. Soziale Offenheit der G.en und Bereitschaft zu einer aktiven Expansionspol.; 2. Innovationsbereitschaft der G.-Leitung; 3. intensive Kommunikation zwischen Führungsgremien und Mitgl.; 4. Ausschöpfung des Eigenfinanzierungspotentials durch Anreize zur Anlage; 5. Sanktionen bei Außenseiterverhalten; 6. permanente Aus- und Weiterbildung der Mitgl.; 7. Rotation in den Führungsämtern; 8. realitätsnahe Planziele; 9. Integration (Kooperation) mit anderen G.en; 10. Beeinflussung des Staates hinsichtlich einer neutral-wohlwollenden Haltung.

Ebenso wie eine Einzelperson wird auch eine G. zu schwach sein, um den

E.-Prozeß entscheidend zu beeinflussen, daher bedarf es einer Stärkung der heute schon überall gegebenen horizontalen und vertikalen Integrationsstrukturen. Entwicklungspol. Unterstützung ist vorteilhaft, sollte sich aber auf ökon., operationalisierbare Maßnahmen beschränken und nicht ein «fertiges Modell» zu exportieren versuchen, um der Landesangemessenheit der Kooperation – bei allen weltweiten Gemeinsamkeiten der G. – Rechnung zu tragen.

Lit.: D. W. Benecke, Kooperation und Wachstum in den Entwicklungsländern, Tübingen 1973; E. Boettcher, Kooperation und Demokratie in der Wirtschaft, Tübingen 1974. db

Gentechnologie Unter dem Begriff GT wird die Gesamtheit der Methoden verstanden, mit denen genetisches Material isoliert wird, neue Kombinationen gebildet sowie neukombiniertes Erbmaterial wiedereingeführt und vermehrt werden kann. Für die EL ist die GT insofern von Bedeutung, als zum einen Standortvorteile genutzt werden können (Verfügbarkeit von Rohstoffen, leichter Zugang zu Forschungsfeldern) und zum anderen konkrete Probleme direkt tangiert sind (* Ernährung und * Gesundheit, * Energie-Versorgung, wirtsch. E., Umweltschutz).

In versch. EL wurde begonnen, eine eigene gen- und biotechnologische Forschung zu betreiben (z. B. Indien, Singapur, China, Thailand, Brasilien, Kuba). Hinzu kommen * bilaterale e.-pol. Projekte sowie eine * multilaterale Zusammenarbeit bei der GT in landw. Forschungszentren der EL.

Befürworter der GT verweisen darauf, daß durch ihre Einführung in die EL wirksamer Infektions-, insb. Tropenkrankheiten, bekämpft werden können. Zudem wird eine Lösung der Energieprobleme durch die Substitution von Öl, Benzin und Holz erwartet, der Abbau chemischer Altlasten (insb. Nitrate) und hochgiftiger Pflanzenbehandlungsmittel angestrebt sowie eine Steigerung der Nahrungsmittelproduktion versprochen. Kritiker der GT befürchten hingegen eine verstärkte Abh. der EL von den Genbanken der IL, v. a. bei privatrechtlich geschützten Patenten * transnationaler Konzerne. Sie weisen außerdem darauf hin, daß die genetische Vielfalt in der Tier- und Pflanzenwelt abnehmen wird, die Probleme der * Ökologie durch landw. Produktion in * Monokulturen zunehmen, eine Resistenzvermehrung durch die neuen Agrokulturen möglich ist und insg. die * Verschuldung der EL mit neuen Produktions- und Anbaumethoden anwächst.

Eine Bewertung der GT ist schwierig: Ihre mittel- und langfristigen Auswirkungen sind noch nicht erforscht, und die Sicherheitsstandards bei der Forschung und Entwicklung der Biotechnologien sind – nicht zuletzt aufgrund des * *brain-drain* – nicht von IL auf EL übertragbar.

Lit.: Enquete-Kommission des Deutschen Bundestages zu «Chancen und Risiken der Gentechnologie», in: Bundestags-Drucksache 10/6775 v. 6.1.1987, S. 248ff.; J. Spangenberg, Mehr oder billigere Energie durch Biotechnik?, in: Der Überblick 1/1988, S. 27ff.; E. Römpczyk, Entwicklung durch Biotechnologie?, in: E + Z 4/1988, S. 4ff.; ders., Gentechnologie im Nord-Süd-Kontext, Bonn 1988; K. M. Leisinger, Gentechnik für die Dritte Welt, Birkhäuser Verlag 1991. ms

Geopolitik →Doktrin der nationalen Sicherheit

GEP Gesellschaft für Entwicklungspolitik e. V., will zur Förderung e.-pol. Informationen sowie aller Maßnahmen beitragen, die eine aktive Teilnahme der Bev. in der BRD an der E.-Hilfe und -Politik anregen können. Tätigkeit: Die GEP führt e.-pol. Aktionen und Veranstaltungen v. a. in den Bereichen Schule, Jugendarbeit und Erwachsenenbildung durch und vermittelt kulturelle, wirtsch. und persönliche Kontakte in EL. Adresse: Schlesienring 2, 6600 Saarbrücken. ah

GEPA Gesellschaft zur Förderung der Partnerschaft mit der Dritten Welt mbH (Hauptgesellschafter: * Misereor, * AG KED), 1975 gegr., importiert Waren von * Genossenschaften, * Selbsthilfegruppen und z. T. auch staatl. Organisationen der EL. Der Verkauf der Waren erfolgt über engagierte Aktionsgruppen und *Dritte Welt-Läden, um so deren Solidaritäts- und Bildungsarbeit im Rahmen der «Aktion Dritte Welt-Handel» zu fördern. Ziel der GEPA ist es, einerseits die Lebensbedingungen der Menschen in den von der Weltwirtschaftsstruktur benachteiligten EL so zu verbessern, daß ihnen die Sicherung des Lebensunterhalts aus eigener Kraft ermöglicht wird, andererseits die Bev. in der BRD durch das Angebot von Erzeugnissen der EL auf die Bedeutung e.-pol. Arbeit hinzuweisen und zu persönlichem Engagement anzuregen. Die Förderung der Produktions- und Absatzmöglichkeiten in den EL erfolgt durch die Unterhaltung eines Zweckbetriebs, über den die GEPA v. a. mit Produkten solcher Erzeuger handelt, die durch ungünstige Produktionsmethoden, Kapitalmangel etc. strukturell schlechtere Handelsmöglichkeiten besitzen. Gewinne sollen nicht erwirtschaftet werden, eventuelle Überschüsse werden ausschließlich und unmittelbar zugunsten der von der GEPA Geförderten eingesetzt. Mit Privatunternehmen arbeitet die GEPA (derzeit ca. 50 Partner in 20 EL) nicht zusammen, allein Gruppen, die Gemeinschaftsaufgaben (*Bildung, *Gesundheit, Selbstorganisation) verpflichtet sind, gehören zu den Partnern der GEPA. Adresse: Talstr. 20, 5830 Schwelm. ah

GEPLACEA →SELA

Gesellschaft für bedrohte Völker Deutsche, österreichische und Schweizer Sektion von *Survival International*. Als zweitgrößte dt. Menschenrechtsorg. (→amnesty international) setzt sich die Gesellschaft insb. für bedrohte *Minderheiten ein (u. a. durch Pressekonferenzen für deren Sprecher, Projektunterstützung, Hilfe für Asylbewerber). In der BRD bestehen 30 Regionalgruppen. Publikationen: «pogrom» (viermal j. als Magazin, unregelmäßig in Taschenbuchform), Vierte Welt Aktuell, Bedrohte Völker. Adresse: Postfach 2024, 3400 Göttingen. pb

Gesellschaft für Entwicklungspolitik →GEP

Gesellschaft für Internationale Entwicklung →SID

Gesellschaft für Medizin und Forschung in Afrika →AMREF

Gesellschaft zur Förderung der Partnerschaft mit der Dritten Welt →GEPA

Gesundheit *Definition:* G. ist nach einer *WHO-Definition nicht nur die Abwesenheit von Krankheit, sondern, positiv als Naturrecht formuliert, vollständiges körperliches, seelisches und soziales Wohlbefinden, dem pol. Handeln (sei es gesundheits-, sozial- oder entwicklungspol.) dienen soll. G. ist nicht nur die Abwesenheit von Störungen, sondern auch die Kraft, mit ihnen zu leben (Rössler, 1977).

Determinanten von G.: Die *Grundbedürfnisdiskussion hat – wie schon 100 J. zuvor die Hygiene – die Zusammenhänge zwischen sozioökon., pol. sowie ökol. Rahmenbedingungen und G. deutlich gemacht. Als sensibler E.-*Indikator bedeutet G. auch Abwesenheit krankheitsfördernder Faktoren. Der Großteil der Krankheiten (und nicht nur der infektionsbedingten!) ist insb. durch Bekämpfung der *Armut verhütbar. Möglichkeiten ihrer Vermeidung und Verminderung sind bekannt. Mittelbare Krankheitsursachen sind u. a. (Abb. 3) *Arbeitslosigkeit, *Bildungsmangel, mangelnde soziale Sicherheit, Unterdrückung der *Frau, Unfreiheit, Entwürdigung, hohe Fruchtbarkeit (→Familienplanung), Flüchtlingselend, aber auch E.-Fehlplanung; ihre Beseitigung ist Aufgabe einer grundbedürfnisorientierten E.-Politik: primäre Krankheitsvorbeugung (Prävention) im Vorfeld med. Maßnahmen durch Ausschaltung von gesundheitlichen Risikofaktoren. Im Bereich der Präventivmedizin liegt die sog. sekundäre Prävention; sie setzt

Abbildung 3: Determinanten von Gesundheit und Krankheit

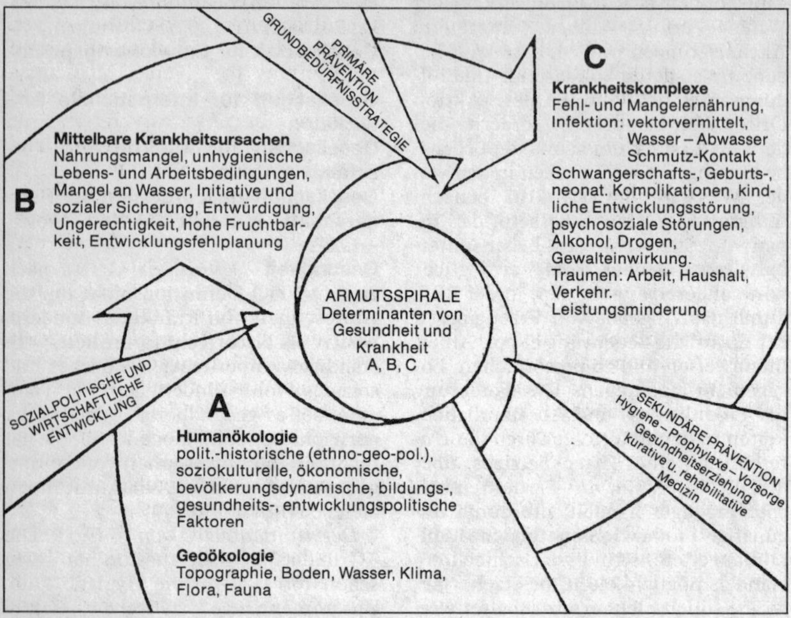

Quelle: Diesfeld 1982

über Vorsorge-, Früherkennungs- und Impfmaßnahmen sowie Ernährungs- und Gesundheitsberatung dort an, wo primäre Prävention nicht greift oder nicht stattfindet. Krankenversorgung ist in diesem Sinne tertiäre Prävention: Wiederherstellung von Gesundheit oder Abwendung von Komplikationen und gesundheitlichen Folgeschäden am Individuum, an Familie und Gesellschaft. G. ist somit Ziel und Voraussetzung für Entwicklung.

Situation in der Dritten Welt: Die Gesundheitssituation läßt sich durch die *Gesundheitsindikatoren nur unzureichend beschreiben, zumal sie entsprechend von der Qualität und Dichte der *Gesundheitsdienste und der Zuverlässigkeit ihrer statistischen Angaben abhängt. Aus der Tatsache, daß in EL ca. 45 % der Bev. unter 15 J. alt sind und Frauen im gebärfähigen Alter 25 % ausmachen, ergibt sich, daß ein Großteil der Erkrankungen spezifisch für diese Gruppen ist. Im Vordergrund stehen Krankheiten der *Armut. 40 % aller Sterbefälle betreffen die Altersgruppe unter fünf Jahren. *WHO und *UNICEF (1986) schätzen, daß von jährl. 500000 Todesfällen bei Müttern im Kindbett 62 % auf Asien, 30 % auf Afrika, 7 % auf LA, aber nur 1 % auf nördl. IL fallen. Von den über 14 Mio. Todesfällen bei Kindern unter fünf J. fallen 5 Mio. (35 %) auf Durchfallerkrankungen, 3 Mio. (21 %) auf Malaria, 1,3 Mio. (9 %) auf akute Atemwegserkrankungen und 0,8 Mio. (5,7 %) auf Neugeborenentetanus. Ein Großteil dieser Todesfälle nach banalen Erkrankungen wird durch begleitende *Mangelernährung ausgelöst. Eine Reihe der sog. Tropenkrankheiten (deren Erreger, Überträger oder andere Ursachen an tropische Klimabedingungen und Biotope gebunden sind) insbes. Malaria, Schistosomiasis (Bilharziose), amerik. Trypanosomiasis (Chagas-Krankheit), aber auch Filariosen und Darmparasitosen nehmen zu. Der einzige durchschlagende Erfolg in der Bekämpfung von Tropenkrankheiten war die Ausrottung der Pocken (1973). Gelbfieber flackert in den typischen Herdgebieten immer wieder auf, ebenso Meningitis epidermica, Denguefieber, Pest, Schlafkrankheit (afrik. Trypanosomiasis) oder die Leishmaniasen (Orientbeule, Kala azar und südamerik. Leishmaniasen). Allg. vorkommende Infektionskrankheiten, v.a. Tuberkulose, Kinderlähmung (Poliomyelitis) und Hepatitis sowie Geschlechtskrankheiten, insb. *AIDS finden in EL günstige Verbreitungsbedingungen. Tropenkrankheiten werden durch Bev.-Druck, Ausdehnung der Landw. und des Bewässerungsfeldbaus in früher dünn besiedelten Gebieten sowie Zunahme der Besiedelungsdichte bei absinkendem Hygienestandard begünstigt. Entwicklungsrückschläge, hohe Fruchbarkeit, pol. Instabilität, Verarmung der Bev. und der öfftl. Gesundheitsdienste, Entwicklungsfehlplanungen, Bürgerkriege und Naturkatastrophen spielen eine wesentliche Rolle bei der Verschlechterung des Gesundheitszustandes. Im ländl. Raum wie im *Urbanisierungsprozeß ist Krankheit eine wesentliche Barriere zur Steigerung der Arbeitsproduktivität und damit auch zur Deckung des Grundbedarfs und zur Entwicklung.

Lit.: Weltbank, Weltentwicklungsbericht 1984, 1986, 1987, UNO-Verlag, Bonn; J.P. Grant, UNICEF (Hg.), Zur Situation der Kinder in der Dritten Welt, 1984, Wuppertal 1984; UNICEF, The State of the World's Children 1987, Oxford 1987; H.-J. Diesfeld, Gesundheit in der Dritten Welt – eine Einführung, Darmstadt 1989; H.-J. Diesfeld/S. Wolter, Medizin in Entwicklungsländern, Frankfurt/Bern 1989. hjd

Gesundheitsdienste In EL findet sich ein Pluralismus med. Versorgungssysteme. Jede Kultur und Zivilisation, die westl. eingeschlossen, hat auf der Grundlage ihrer Vorstellungen von *Gesundheit, Krankheitsursachen und Heilung ihr eigenes Medizinsystem entwickelt. Gesundheitssystemforschung und kulturvergleichende med. Anthropologie (*Ethnomedizin) befassen sich wiss. mit diesen Fragen. I. allg. bezeichnet man das westlich-naturwiss. geprägte Krankenversorgungssystem als Gesundheitsdienst; es befaßt sich jedoch vorrangig mit kurativer Medizin und weniger mit gesunderhaltenden, vorbeugenden Maßnahmen. In EL findet sich je nach sozioökon. Rahmenbedingungen ein ausgeprägter *Dualismus im Versorgungsgrad mit moderner Medizin. 70–80% der Bev. haben keinen oder nur sehr beschränkten Zugang zu angemessener med. Versorgung. Der meist staatl. Gesundheitsdienst ist in einer Pyramide organisiert, mit wenigen Schwerpunkt- und Referenzkrankenhäusern an der Spitze, einer mittleren Ebene der Distrikt- und Bezirkskrankenhäuser und einer breiten Basis der Gesundheitszentren und Erste-Hilfe-Posten. Zwei Drittel des nat. Gesundheitsbudgets gehen in die Referenzkrankenhäuser, die bestenfalls 10–20% des Bedarfs ausmachen, während ein Drittel des Budgets für 80% des Bedarfs in der Peripherie ausreichen muß. In den vergangenen zehn J. wurde die Basis auf dem Laiensektor erweitert mit Programmen für Dorfgesundheitsarbeiter und offiziell anerkannte Laienhebammen, die in Konkurrenz zu trad. Hebammen stehen (→*Primary Health Care*). Daneben gibt es je nach Rahmenbedingungen einen mehr oder weniger ausgeprägten frei-gemeinnützigen med. Versorgungssektor meist kirchlicher Träger (in manchen Ländern über 50% der med. Versorgung) und einen marginalen, um die städt. Eliten angesiedelten, privaten oder auf best. Zielgruppen in Ind., Bergbau, Agroindustrie oder Militär etc. gerichteten med. Versorgungssektor, der meist besser als der staatl. ausgestattet ist. Das staatl. Gesundheitsbudget umfaßt i. d. R. 4–7 % des öfftl. Haushalts. Der Personalsektor verbraucht 60% hiervon. Die Wirtschaftskrise der EL schlägt massiv auf die allg. rückläufigen Gesundheitsdienste durch. Es bestehen zunehmende Versorgungsengpässe im technischen und v. a. im Arzneimittelbereich. hjd

Gesundheitshilfe G. orientiert sich an den Determinanten von *Gesundheit und findet insofern mittelbar in mehreren e.-pol. relevanten Bereichen statt. G. im engeren Sinn, d. h. med. E.-Hilfe hat einen vergleichsweise geringen Stellenwert von nie mehr als 4% der gesamten staatl. Hilfe im Bereich der *Technischen und *Finanziellen Zusammenarbeit (1982: 18,9% bzw. 31,5% der med. Zusammenarbeit der BRD). Entsprechend den e.-pol. Grundlinien der BRD werden das Konzept von *Primary Health Care*, Basisgesundheitsdienste und ihre Referenzstrukturen (Landkrankenhäuser, Labor, Arzneimittellogistik, orthopädische Rehabilitation), Familiengesundheit und *Familienplanung, Prävention und Kontrolle von Tropen- und armutsbedingten Krankheiten gefördert. Wegen des kompetenten Engagements im Gesundheitssektor werden von jeher den *nichtstaatlichen Organisationen (18%) und den int. Org. (*UNICEF, *WHO u. a.) reguläre und Sonderprogrammittel (22%) zur Verfügung gestellt. Entsprechend ihrem Engagement im Gesundheitsbereich beanspruchen die programmführenden Stellen wie *DED oder *DSE etwa 10% der Mittel des Gesundheitssektors des *BMZ. hjd

Gesundheitsindikatoren Gesundheits-*Indikatoren sind med., biologische oder sozialwiss. Meßgrößen, die den Gesundheitszustand eines Individuums oder einer Gruppe oder Bev. zu messen versuchen. Sie sind mehr oder weniger exakt bestimmbar und häufig mit unbekannten Meßfehlern behaftet. Demographische Kennzahlen wie Säuglings-, Kinder-, Mütter- oder alters- und geschlechtsspezifische Sterblichkeits- oder Krankheitsziffern (Mortalität, Morbidität), Fruchtbarkeit oder Lebenserwartung sind Indikatoren des Gesundheitszustandes einer Bevölkerung. Krankheits-, Seuchen- oder Krankenhausstatistiken geben nur sehr bedingt Auskunft über das Krankheitsvorkommen in einer Bevölkerung.

Indirekte Gesundheitsindikatoren sind Kennzahlen zur Präsenz, Verteilung und Leistungsfähigkeit von Gesundheitsdiensten: z. B. Arztdichte, Krankenhausbettenzahl, Pflegekraftdichte, Impfabdeckung in einer Bevölkerung. Alle diese meist hochaggregierten Zahlen geben keinen Einblick in regionale und schichtspezifische Unterschiede. Ökon., soziale, bildungspol. Meßgrößen sind ebenfalls indirekte Hinweise auf den damit oft formal korrelierten Gesundheitszustand einer Bevölkerung. hjd

Gewerkschaften (in der *Dritten Welt) *Entstehungsbedingungen, Entwicklung und Funktion der Gewerkschaften*: Die Entstehung von G. ist hist. eng mit dem Prozeß der Durchsetzung der kapitalistischen Produktionsweise verbunden. In der zweiten Hälfte des 19. Jh. wurden in Europa und in den USA mit der Expansion des Industriekapitalismus immer größere Kontingente von Arbeitskräften in Lohnarbeiterverhältnisse einbezogen. Die dadurch entstandene, zahlenmäßig starke und in sich rel. homogene Arbeiterklasse war die soziale Basis der G. in den IL.

Das Muster der *internationalen Arbeitsteilung verhinderte in der Dritten Welt einen vergleichbaren *Industrialisierungsprozeß. Nur wenige EL durchliefen in den 30er J. im Rahmen der *importsubstituierenden Industrialisierung einen nennenswerten Industrialisierungsprozeß (Argentinien, Brasilien, Mexiko). Ansonsten beschränkten sich moderne, kapitalistische Strukturen auf die exportorientierten Wirtschaftssektoren, die sog. Export-* Enklaven. Seit den 60er J. kam es infolge verstärkter Auslandsinvestitionen von *transnationalen Unternehmen zu Industrialisierungsschüben in der Dritten Welt, v. a. im südostasiat. Raum, in Indien, Südafrika und in Brasilien. Weiterhin verbleibt jedoch ein Großteil der Bev. in EL – am stärksten in Afrika und Teilen Asiens – in nicht-kapitalistischen Produktionsweisen, die gewerkschaftliche Organisierung *a priori* ausschließen: so Kleinbauern, Pächter, von Grundherren Abhängige, Dorf- und Stammesgemeinschaften, Klein- und Straßenhändler, Familienarbeiter, Hausangestellte, etc. Doch auch in den Wirtschaftssektoren, wo gewerkschaftliche Organisierung grundsätzlich möglich wäre (Ind., Dienstleistungen, Bergbau, Agro-Business, etc.), wird diese oft durch sozioökon., politische und sozio-kulturelle Faktoren erschwert und behindert. Dazu zählen strukturell hohe *Arbeitslosigkeit, ausgeprägte Differenzierung der Lohnabhängigen untereinander in bezug auf Einkommen, Bewußtsein, Ausbildung und Arbeitsplatzsicherheit, staatl. Verbots- und Repressionsmechanismen, spezifisch kulturelle Traditionen und hist. geprägte Gesellschaftsideologien. Die Vielzahl struktureller Hemmnisse bedingte, daß sich nur in wenigen, stärker industrialisierten EL, v. a. in LA und in einigen Ländern Afrikas und Asiens (z. B. Südafrika und Indien), bedeutende G.-Bewegungen herausbilden konnten. Ansonsten entstanden relevante G. fast nur in EL mit wichtigen Exportenklaven. Doch gerade wegen der zentralen Funktion dieser Enklaven für die instabilen, krisengeschüttelten Volkswirtschaften verfügen hier G. über eine bedeutende Verhandlungsmacht. Längerfristige Streiks der hier meist bes. gut organisierten und oft sehr militanten G. sind durchaus in der Lage, das gesamte pol. System ins Wanken zu bringen (z. B. Streiks in Bergbau, Erdölsektor, Plantagenwirtsch.). Allerdings zeichnet sich die Tendenz ab, daß durch zunehmende chemische Ersetzung versch. Rohstoffe und deren dadurch zurückgehende Bedeutung auf dem Weltmarkt auch die Verhandlungsmacht der G. geschwächt wird.

Die unterschiedliche Art, wie G. ihre Stellung in den versch. EL einsetzen, ist jeweils abhängig vom gesamtgesellsch. Kontext und den sozio-kulturellen Traditionen. Ein eher europ. geprägtes G.-Verständnis findet man in LA, wo in einigen Ländern gewerkschaftliche Traditionen seit ca. einem Jh. fortbestehen. In einer Reihe von EL mit einem geringen ind. Entwicklungsgrad, v. a. in Schwarzafrika, schotten sich die G., gebildet von der kleinen Gruppe qualifizierter Arbeiter und Angestellter mit rel. hohem Einkommen und Sozialstatus, z. T. nach «unten» ab. G. bilden hier quasi eine Gemeinschaft von Arbeitsplatzbesitzern, die ihre rel. privilegierte Stellung gegen Nichtmitgl. verteidigen und somit die Funktion einer ständischen EL-Interessengruppe ausfüllen. In anderen EL, z. T. im asiat. Raum, werden G. oft von Reg. gesteuert oder sind mit den Unternehmen assoziiert. Dagegen haben z. B. im südl. LA und, wenn auch in einem anderen Kontext, in Südafrika, G. zumindest zeitweise Funktionen übernommen, die weit über ihre trad. Rolle hinausgehen. Das Vorenthalten sozialer und pol. Rechte für den Großteil der Bev., die strukturelle Schwäche oder die Marginalisierung von pol. Parteien und das insb. in den vergangenen J. teilweise brutale Zurückschrauben des Lebensstandards der Unterschichten (vgl. LA) haben den G. eine führende Rolle im Kampf für demokratische Rechte und gegen eine weitere Verschlechterung der Lebensbedingungen der breiten Bev. zugewiesen.

Generell läßt sich festhalten, daß die weltwirtsch. Veränderungen des letzten Jahrzehnts die Position der G. nicht nur in den IL, sondern auch in den EL geschwächt haben. Dabei ist nicht nur der Organisationsgrad der G. durch Zerstörung ind. Arbeitsplätze oder Liquidierung ganzer Exportenklaven zurückgegangen, sondern auch ihr pol. Gewicht hat abgenommen. Diesem Schema entziehen sich die G. Brasiliens und Südafrikas, die eine bes. Dynamik entwickelt haben.

Internationale Gewerkschaftsorganisationen in der Dritten Welt: Ein Teil der nat. Gewerkschaftsverbände der EL ist an einen der drei existierenden int. Verbände bzw. an deren Regionalorg. angeschlossen. In einigen Teilen der Welt haben sich regionale, von diesen int. Organisationen unabh. Zusammenschlüsse gebildet (so in Afrika 1973 auf Initiative der Arbeitsmin. die *Organization of African Trade Union Unity*, OATUU). Insg. wird jedoch die int. G.-Politik weiterhin eindeutig von den westeurop., US-amerik. und osteurop. G.-Verbänden dominiert, die über große Mitgliederzahlen, gute Org., finanz. Ressourcen und oft auch staatl. Wohlwollen bzw. Unterstützung verfügen.

Der Internationale Bund Freier Gewerkschaften (IBFG), auch *International Confederation of Trade Unions* (ICFTU), Sitz in Brüssel und derzeit 83 Mio. Mitgl., entstand 1949 aus der Spaltung des Weltgewerkschaftsbundes. Ihm gehören praktisch alle westeurop. G., mit Ausnahme einiger komm. und christlich beeinflußter Dachverbände, an und seit 1982 wieder die US-amerik. Gewerkschaftszentrale AFL/CIO (*American Federation of Labour/Congress for Industrial Organization*), die 1969 aus dem IBFG ausgetreten war. Die Regionalorg. des IBFG in Asien ist die ARO mit Sitz in Neu-Delhi (Indien), wo der indische Verband INTUC (*Indian National Trade Union Congress*) über 3,2 Mio. Mitgl. verfügt, in Afrika die wenig bedeutende AFRO mit Sitz in Freetown (Sierra Leone) und in Amerika die ORIT (*Organización Regional Interamericana de Trabajadores*) mit Sitz in Mexico City. Die ORIT, der so mitgliederstarke Org. wie die mexikan. CMT und die venezolan. CTV (die argentin. CGT ist nur direktes Mitgl. im IBFG) angehören, wurde bis vor kurzem fast ausschließlich vom US-Dachverband AFL/CIO kontrolliert und verfolgte lange Jahre US-Interessenpolitik, was zur Diskreditierung und Ablehnung des Verbandes bei großen Teilen der lateinamerik. G.-Bewegung führte. Seit einigen J. versucht die ORIT, durch eine fortschrittlichere Politik ihr Ansehen in LA aufzubessern. Der Weltverband der Arbeitnehmer (WVA), Sitz in Brüssel und z. Z. 15 Mio. Mitgl., entstand aus der christlichen G.-Bewegung und ist die Nachfolgeorg. des 1920 gegr. Internationalen Bundes der christlichen Gewerkschaften. Nach einer anfänglichen Begrenzung auf Europa dehnte sich der Verband 1954 auf LA aus, wo die Regionalorg. CLASC (*Confederación Latinoamericana de Sindicalistas Cristianos*), seit 1971 CLAT (*Centro Latinoamericano de Trabajadores*), gegr. wurde. Es folgten die afrik. Regionalorg. UPTC (*Union Pan-Africaine des Travailleurs Croyants*) und die asiat. BATU (*Brotherhood of Asian Trade Unions*). Mit der Ausweitung des WVA drangen in den ursprgl. konservativen Verband progressive Ideen v. a. aus LA und Frankreich ein. Pol. Divergenzen und unterschiedliche Entwicklungen der Mitgliedsorg. führten jedoch zur weitgehenden Paralysierung des WVA. Die afrik. Regionalorganisation löste sich 1974 auf, die asiat. besteht nur noch auf dem Papier. Die wichtigste Mitgliedsorg., die franz. CFDT, kündigte 1978 ihren Austritt an, wodurch auch in Europa die Bedeutung des Verbandes auf zwei größere Org. reduziert wurde. Die lateinamerik. CLAT hat durch zunehmend ambivalentes Verhalten an Ansehen und Einfluß verloren.

Der Weltgewerkschaftsverband (WGB), Sitz in Prag und nach eigenen Angaben 206 Mio. Mitglieder, wurde 1947 auf Initiative eines britisch-sowj. G.-Ausschusses im Rahmen des gemeinsamen Kampfes gegen das Hitlerregime gegründet. An seiner Gründung nahmen die Dachverbände des Ostblocks, der weitaus größte Teil der westeurop. Organisationen und der US-Verband CIO teil. 1949 kam es zur Spaltung zwischen komm. und nicht-komm. Organisationen, wobei letztere zusammen mit dem US-amerik. AFL den IBFG gründeten. Den größten Teil der Mitgl. im WGB stellten in den 80er J. die Ostblock-G., nachdem Chinesen, Jugoslawen und 1978 auch die italien. CGIL ausgetreten waren. Aus Westeuropa verblieben an bedeutenden Verbänden nur die franz. und portug. CGT. In LA bildete die CPUSTAL, die einige bedeutende Dachverbände (Kuba, Peru, Nicaragua) umfaßt, *de facto* die Regionalorg. des WGB. Der Einfluß des WGB bei den afrik. Gewerkschaften ist rel. gering. In Asien sind einige größere Verbände aus komm. und nicht-komm. Ländern angeschlossen.

Eine gewisse Bedeutung kommt den int. Gewerkschaftszusammenschlüssen auf Branchenebene zu, z. B. bei den Metallarbeitern, Bergarbeitern, öfftl. Angestellten etc. Dem WGB sind elf derartige Verbände angeschlossen, dem WVA zwölf. Am bedeutendsten und dynamischsten in diesem Sektor sind jedoch die Internationalen Berufssekretariate (IBS), die zwar eng mit dem IBFG kooperieren, jedoch formal unabh. sind.

In einigen Regionen, insb. im südl. LA – eine der bedeutendsten gewerkschaftlichen Regionen der Dritten Welt –, stehen die wichtigsten Verbände außerhalb der int. G.-Organisationen. Hier haben sich z. T. eigenständige Koordinationsformen (teils in Kooperation mit IBFG/ORIT) entwikkelt. Zu einer lateinamerik. Initiative und Koordination von seiten der G. ist es in Bezug auf die Auslandsverschuldung gekommen.

Lit.: S. Mielke (Hg.), Internationales Gewerkschaftshandbuch, Opladen 1983; F. J. Harper, Trade Unions of the World, London 1987. aw

Gewerkschaften – entwicklungspol. Leitlinien Die Anerkennung des Rechts der Arbeitnehmer in den EL, sich gewerkschaftl. zusammenzuschließen und Forderungen für die Masse der Bev. zu erheben und durchzusetzen, muß als wesentlicher Bestandteil des Begriffs *Entwicklung und als Voraussetzung für eine erfolgreiche E.-Politik begriffen werden. Diese Grundposition vertritt der Deutsche Gewerkschaftsbund (DGB), der sich in seinen entwicklungspol. Vorstellungen eng an die von ihm mitgestalteten Leitlinien des Int. Bundes Freier Gewerkschaften (IBFG) anlehnt. Der IBFG, dem der DGB als Gründungsmitglied angehört, hat im Mai 1978 in Hamburg eine «Entwicklungscharta» beschlossen. Wichtigste Leitideen: 1. Wiederbelebung der Weltwirtschaft durch geplantes Wachstum, da EL noch stärker als IL von der Rezession betroffen sind. 2. Reform des Welthandels: Liberalisierung bei Anerkennung von bes. Präferenzzöllen für EL. Stabilisierung der Rohstoffpreise durch Schaffung eines *Gemeinsamen Fonds. 3. Kontrolle der *transnationalen Konzerne durch zwischenstaatl. und nat. Gesetzgebung. Aufbau von Gegenmacht der G. auf int. Ebene. 4. Reform des Weltwährungssystems, insb. Maßnahmen zum Abbau der *Verschuldung der EL. 5. Anhebung der *Öffentlichen Hilfe an EL auf mindestens 1% des BSP. 6. Orientierung der e.-pol. Maßnahmen an den *Grundbedürfnissen, deren Befriedigung zum Kern der dritten *Entwicklungsdekade erhoben werden soll; enge Verknüpfung zwischen *Industrialisierung und *ländlicher Entwicklung; gerechte Verteilung von Einkommen und Wohlstand.

Die G. betonen die Notwendigkeit einer weltweiten Beschäftigungspolitik und folgen darin den Konzepten der *ILO. Im Zusammenhang mit den Wandlungen der *internationalen Arbeitsteilung verlangen sie, daß die Politik der *Auslagerung von Produktionsstätten in EL von angemessenen Lohn-, Arbeits- und Sozialbedingungen begleitet wird. Nur so könne sie e.-pol. gerechtfertigt werden. Die Einhaltung der entsprechenden Mindestforderungen der ILO wird zugleich auch als Maßnahme zur Sicherung der Arbeitsplätze in IL begriffen. Insb. für den sensiblen Textilbereich fordern die G. im Welttextilabkommen die Aufnahme einer Sozialklausel und im Rahmen des *GATT die Bildung einer dreigliedrigen int. Kommission aus Vertretern der Regierungen, der G. und der Arbeitgeber, welche u.a. die Anwendung der Sozialklausel zu überprüfen hat.

Lit.: G. Leminsky/B. Otto (Hg.), Gewerkschaften und Entwicklungspolitik, Köln 1975; Gewerkschaften und Entwicklungspolitik, hg. vom BMZ, Materialien 60, Bonn 1978. dn

Ghana G. war einst Glanzlicht im anti-kolonialistischen Aufbruch, dann geprägt von Niedergang, Korruption und pol. Umbrüchen und gilt seit 1983 als «Musterland des *IWF».

Die ehem. brit. Kronkolonie Goldküste (Fläche: 238537 qkm) erlangte als erstes schwarzafrik. Land am 6.3.1957 die völkerrechtliche Unabhängigkeit. Bev.: 1990 15 Mio., JZ 3,1%, Bev.-Dichte 60 Ew./qkm, starke regionale Ungleichgewichte, Konzentration auf den S westl. des Voltaflusses (Großraum Accra-Tema/60% der Bev. auf ¼ der Fläche). Binnenwanderung verstärkt regionale Disparitäten und trägt zum Entstehen marginalisierter urbaner Sektoren bei. Die Urbanisierungsrate von ca. 35% ist seit J. leicht rückläufig, weil v.a. Stadtbewohner wegen der anhaltenden Wirtschaftskrise zurück aufs Land, v.a. aber in die Nachbarländer abgewandert sind. Ca. 1,5–2 Mio. leben heute im Ausland, v.a. in der Elfenbeinküste und Nigeria. G.s autochthone Bev. gehört fast ausschließlich zu den Sudangruppen. Die Akan-Völker (Ashanti, Fanti, Brong) stellen ca. 45% der Bev., gefolgt von den Mole-Dagbani (16%), den Ewe (13%) und den Ga-Adangbe (8%). Amts- und allg. Verständigungssprache ist Englisch. Es wird von ca. 60% der Ghanaer verstanden, die meist mehrere der über 70 trad. Sprachen und Dialekte der Kwa- und Gur-Gruppe sprechen, wobei «Ga» und «Twi» als *\u2009*lingua franca* von ca. 70% der Bev. gesprochen und verstanden werden. Etwa 38% der Bev. sind Anhänger trad. Religionen, 12% sind Moslems, und ca. 40% sind Christen. Das staatl. dominierte Schulsystem schreibt eine allg. Schulpflicht vom 6.–16. Lebensjahr vor. Die einst hohen Einschulungsquoten (60–80% in Primarschulen) sind rückläufig. Das im afrik. Vergleich in den 70er J. beispielhafte Schulsystem erlebte mit der Wirtschaftskrise einen Niedergang. Die staatl. Bildungsausgaben sanken von 6,4% des BIP (1976) auf 1,7% (1987). Auch das Gesundheitswesen hat sich drastisch verschlechtert. Zwischen 1981 und 1986 ist die Hälfte der Ärzte ausgewandert (1981: 7200 Ew./Arzt, 1990: ca. 14900 Ew./Arzt). Die ländl. Gebiete sind weitgehend ohne ärztliche Versorgung. Ein Anfang der 70er J. installiertes bemerkenswertes Sozialversicherungssystem blieb mangels Verwaltungseffizienz und Finanzausstattung wirkungslos.

G. baut für den Eigenbedarf Bananen, Getreide, Knollengewächse und Gemüse an. Neben der dominanten Kakaokultur (auf 45% der landw. Nutzfläche) haben noch Kaffee, Copra, Kolanüsse, ferner Kautschuk, Jute, Palmöl und Tabak eine gewisse Bedeutung für die absatzorientierte Erzeugung. Das Rückgrat der Volkswirtschaft ist nach wie vor die Landw.: ihr Beitrag zum BIP betrug 1985 52% (Ind.

13 %, Dienstleistungen 38 %). 55 % der aktiven Erwerbsbev. finden in der Landw. Beschäftigung. Davon sind 42 % selbständig (Bauern, Farmer, Kleinpächter / sog. *holders*). 50 % von ihnen produzieren * *cash crops* (überwiegend Kakao). Die Agrarwirtschaft ist kleinbäuerlich strukturiert (unter 0,8 ha: 30,6 % aller Betriebe, über 20 ha: 1,8 %) und außerhalb des «Kakaogürtels» * subsistenzorientiert, wenig entwickelt und zu 90 % mit trad. Methoden betrieben. Die dominante Kakaowirtschaft stellt je nach Weltmarktpreis 60 bis 70 % des Exportwertes, finanziert den Löwenanteil des Staatsbudgets und bestimmt, direkt oder indirekt, das Einkommen eines Großteils der Erwerbsbevölkerung. Die Blüte des Kakaosektors war Ende der 60er Jahre. Als größter Weltlieferant bediente G. 30–55 % des Weltbedarfs. Die Jahresproduktion (1964/65: 570000 t) fiel von 1970–84 stetig und erreichte in der Saison 1983/84 nur noch 158000 t. 1987/88 wurden wieder 220000 t Kakao produziert.

Seit der Unabh. durchlitt das Land acht versch. Regierungssysteme: 1. Ein parl. Mehrparteiensystem (nach * Westministermodell), geprägt von der Vorherrschaft der von * Nkrumah geführten *Convention People's Party* (CPP) (1957 bis 1960/61). 2. Ein repressives, verbalsozialistisches, wirtsch. bankrottes, diktatorisches Einparteisystem, das von einer Clique um Nkrumah kontrolliert wurde (1960/61 bis Febr. 1966). 3. Eine durch einen Staatsstreich an die Macht gelangte, antisoz. und prowestl. orientierte Militärregierung des *National Liberation Council* (NLC) (1966–Sept. 1969). 4. Ein frei gewähltes Mehrparteiensystem unter Führung der bürgerlich-konservativen, * tribalistischen und anti-nkrumahistischen *Progressive Party* (PP) des Staatschefs K. A. Busia (Sept. 1969 bis Jan. 1972). 5. Nach einem Putsch installierte der aus höheren Militärs zusammengesetzte *National Redemption Council* (NRC); ab 1975: *Supreme Military Council* (SMC) unter Führung des Oberst Acheampong, dann General Akuffo, eine * populistische Erziehungsdiktatur, die sich außenpol. zu * Blockfreiheit und * *self-reliance* bekannte, aber über einen gewissen Wirtschaftspragmatismus hinaus keine pol. Programmatik entwickelte (1972 bis Juni 1979). Wirtsch. Schwierigkeiten und Druck aus der Bev. zwangen das Regime zur Rezivilisierung. 6. Durch einen Umsturz mittlerer Dienstgrade um den Fliegerleutnant Jerry John Rawlings kam dieser für ein viermonatiges Intermezzo an die Macht (Juni bis Sept. 1979). Einziges Ziel: Säuberung des Staates (insbes. des Militärs) von seinen korrupten Exponenten (Hinrichtung dreier früherer Staatschefs: Akuffo, Acheampong, Afrifa). Dennoch kam es zur planmäßigen Machtübergabe an eine gewählte Zivilregierung. 7. In seiner III. Republik präsentierte sich G. wieder als ein parl. präsidentielles Mehrparteiensystem (seit 24.9.1979). Die *People's National Party* (PNP) erreichte bei den Parlamentswahlen mit 71 von 140 Sitzen eine knappe abs. Mehrheit. Ihr Führer Hilla Limann setzte sich bei den Präsidentschaftswahlen durch. 8. Silvester 1981 übernahm J. J. Rawlings durch einen Putsch erneut die Macht, die er seither an der Spitze des *Provisional National Defence Council* (PNDC) erfolgreich behauptet. Rawlings gibt sich pol.-ideologisch nicht festgelegt, genießt (z. T. wegen seiner rigiden Korruptionsbekämpfung) weithin Sympathie, v. a. bei der Landbev. und Jugendlichen. Andererseits treffen die hohen sozialen Kosten des laufenden Sanierungsprogramms ausgerechnet pol. starke urbane Gruppierungen (Studenten, Beamte, Gewerkschaften), die inzwischen ein beträchtliches Oppositionspotential mobilisiert haben. Eine breite, aktive * Partizipation hat Rawlings' «Revolution» nicht ausgelöst. Durch die Einführung von *grassroots*-Strukturen sollte die

Macht dem Volk zurückgegeben, das pol. System dezentralisiert und demokratisiert werden. Die auf allen Ebenen eingerichteten *«Defence Committees»* wurden diesem Anspruch nicht gerecht. Formal beschränkt sich die versprochene *Demokratisierung auf das Abhalten von Wahlen auf Distriktebene (Ende 1988). Rawlings' Charisma bleibt die wichtigste Stütze des pol. Systems. April 1992 wurde in einem Referendum eine neue Verfassung mit 92,6% der Stimmen angenommen, die ein Präsidialsystem nach franz. Muster einführt. Es folgte die Zulassung pol. Parteien. Es bestehen Zweifel, ob diese Demokratisierung zu einer Beendigung der Militärherrschaft führt.

G.s schwerer wirtsch. Niedergang begann Ende der 60er J. und erreichte 1983 den Tiefpunkt. Ursachen: völlige Geringschätzung des Agrarsektors (v.a. der Kakao-Bauern), falsche Preispolitik (viel zu niedrige Ankaufpreise des staat. *Cocoa Marketing Board*, die den Bauern keinen Produktionsanreiz boten. Ferner: Bevorzugung der Stadtbev. (Subventionierung von Nahrung und Grundgütern), hohe Überbewertung der Landeswährung *Cedi* sowie der Versuch, mit einem aufgeblähten und ineffizienten Beamtenapparat einen Sozialstaat ohne Finanzressourcen aufzubauen. Die Folgen waren fatal: Von 1970–82 sank das BIP pro Kopf um 30%, die Exporterlöse um über 50%, das Importvolumen um zwei Drittel, die realen Löhne um bis zu 80%, die Investitionsquote von 12 auf 2%. Vor diesem Hintergrund beschlossen G. und der *IWF im März 1983, das kreditfinanzierte (817 Mio. US-$), zunächst bis 1987 angelegte *Structural Adjustment Programme*, SAP. Gemäß der IWF-Vorgaben wertete Ghana den *Cedi* abrupt um 800%, später um weitere 100% ab, liberalisierte den Außenhandel (keine Exportbeschränkungen, vereinfachte Devisenzuteilung) und erhöhte deutlich die Agrarankaufpreise für zentrale Exportprodukte. Es gab Einschnitte im Sozialbereich, Massenentlassungen im öfftl. Dienst, Privatisierung von Staatsbetrieben, Verminderung der Zahl von preiskontrollierten Grundgütern von 23 auf acht.

Nach Wirtschaftsdaten war das SAP erfolgreich: Das BIP zeigte hohe Wachstumsraten (1983–89 durchschn. 6%). Die Agrarproduktion vervielfachte sich, die Export-Reaktivierung gelang (Export tropischer Hölzer hat sich bis 1987 verfünffacht). Die infrastrukturelle Entwicklung des vernachlässigten Nordens G.s hat eine Migration aus dem südlichen G. hervorgerufen. Dort hat sich die Situation der breiten, meist staatsbeschäftigten Arbeiterschaft durch Inflation, Entlassungen, Lohnstop und Preiserhöhungen dramatisch verschlechtert. Zur Abmilderung sozialer Härten haben Reg., *Weltbank und *IWF im Feb. 1988 ein soziales Auffangprogramm, PAMSCAD, initiiert, das mit 85 Mio. US-$ und 23 Großprojekten 45 000 entlassenen Beamten helfen soll. Das Pilotvorhaben ist eine Reaktion von IWF und Weltbank auf die kritische int. Diskussion und eine Reaktion auf Unruhen nach Einführung von Gebühren für Schulen, Krankenhäuser und andere soziale Leistungen (Schließung der Universität nach Studentenprotesten 1988). Ab 1988 mußte G. den auf 630 Mio. US-$ aufgelaufenen Schuldendienst bedienen. Rawlings erklärte, alle Schulden zurückzahlen zu wollen. (IWF-Rate 1982 allein 207 Mio. US-$.) Dies kann nur über eine massive Ausbeutung der Exportressourcen G.s gelingen. Schlüsselbereich bleibt die Kakaowirtschaft. Problematisch ist, daß wegen der globalen Überschüsse weiterhin sinkende Weltmarktpreise erwartet werden. Eine Steigerung des Goldexports (Exportanteil 1988: 20%) soll dies ausgleichen. An den Grundproblemen von Ghanas Wirtschaft (Exportabh., Rohstofflastigkeit) ändert das SAP nichts.

Lit.: F. Ansprenger/H. Traeder/R. Tetzlaff, Die politische Entwicklung Ghanas von Nkrumah bis Bu-

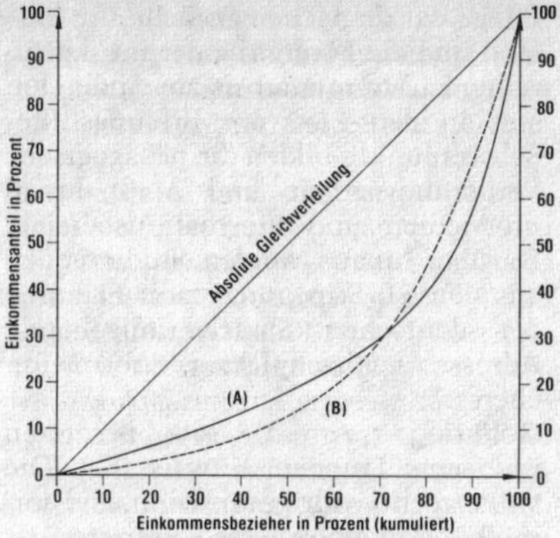

Abbildung 4: GINI-Koeffizient

sia, München 1972; R. Hanisch, Der Handlungsspielraum eines Landes der Peripherie im Internationalen System. Das Beispiel Ghanas, Saarbrücken 1975; P. Langer, Ghana, in: F. Nuscheler/K. Ziemer u. a., Politische Organisation und Repräsentation in Afrika, Bd. 1, Berlin, New York 1978, S. 749ff.; B. Agyeman-Duah, Ghana, 1982–6: The Politics of the P.N.D.C., in: Journal of Modern African Studies, 25 (4) 1987, S. 613–642; D. Pellow/N. Chazan, Ghana: Coping with Uncertainty, Boulder (Col.) 1986; D. L. Ray, Ghana: Politics, Economics and Society, Boulder (Col.) 1986; T. Siebold, Ghana, in: HDW III, 4, 1993, S. 227ff. bg

GINI-Koeffizient Der GK ist das am häufigsten verwendete Maß, um die personelle *Einkommensverteilung eines Landes oder einer Region in einem einzigen *Indikator auszudrükken. Die Berechnung des GK erfolgt auf Grund der *Lorenz-Kurve. GK ist definiert als das Verhältnis der Fläche zwischen der Lorenz-Kurve und der Diagonalen zur gesamten Fläche unterhalb der Diagonalen. Bei abs. Gleichverteilung beträgt der GK null, da die Lorenz-Kurve dann identisch ist mit der Diagonalen. Bei vollständig ungleicher Verteilung erreicht der GK einen maximalen Wert von 1. In diesem Fall ist die Lorenz-Kurve identisch mit den Achsen, GK liegt zwischen 0 und 1.

GK erfüllt das Pigou-Dalton-Kriterium: Eine Umverteilung von einem ärmeren Einkommensbezieher auf einen reicheren erhöht den numerischen Wert von G. Verschiedene Verteilungssituationen können allerdings zu identischen numerischen Werten von GK führen.

Die beiden Lorenz-Kurven a) und b) bilden mit der Diagonalen gleichgroße Flächeninhalte, so daß auch die GINI-Koeffizienten identisch sind. Dennoch sind die zugrundeliegenden Verteilungssituationen verschieden voneinander. Die Situation a) zeigt an, daß die Einkommensverteilung im unteren Bereich gleichmäßiger ist (von 0 bis 70), im oberen Bereich hingegen ungleicher (von 70 bis 100). Aus der Verteilungssituation b) wird deutlich, daß die unteren Einkommensbezieher (im Vergleich zu a) erheblich geringere Einkommensanteile erhalten, im oberen Bereich ist die Verteilung hingegen nivellierter.

Andere Verteilungsmaße versuchen, diesen Nachteil des GK zu vermeiden. Doch bleibt das Grundsatzproblem bestehen, daß Verteilungsmessungen auf der Berechnung von Differenzen bestehen und keine Akkumulation gleicher additiver Größen darstellen wie z. B. die Berechnung des *BSP. Daraus resultiert das Problem, daß globale Verteilungsmeßziffern implizit gewisse Werturteile enthalten. hpn

GKKE Gemeinsame Konferenz der Kirchen für Entwicklungsfragen; in der GKKE arbeiten *AGKED und die *Deutsche Kommission Justitia et Pax (ehemals KAEF) zusammen, v. a. in Stellungnahmen und Memoranden zu wichtigen entwicklungspol. Themen (z. B. *UNCTAD). Insofern kann man die GKKE als gemeinsames Sprachrohr der Kirchen auf dem Felde der *Entwicklungshilfe bezeichnen. dn

Gleichgewichtiges Wachstum →*balanced growth*

Globalverhandlungen auch Globale Verhandlungen (*Global Negotiations*): Konzept von EL (Initiative 1979 seitens der *Blockfreien, dann von der *Gruppe der 77 aufgegriffen und mit Unterstützung der *Nord-Süd-Kommission an die IL herangetragen). Als Gegenstrategie zur Zersplitterung der int. Konferenzszene im Nord-Süd-Dialog und dem Trend, das komplexe Nord-Süd-Problem in Teilproblemen an versch. spezialisierte Organisationen zu verweisen (*UNIDO, *FAO, *GATT, *UNCTAD, *IWF), forderten die EL zentralisierte, globale Verhandlungen mit dem Ziel, über eine ganzheitliche Lösung eine *Neue Weltwirtschaftsordnung herbeizuführen. Bislang scheiterten die Versuche der Durchführung v.a. an dem Streit über Verhandlungsart und Entscheidungsträger. Während die Gruppe der 77 nur in der UN-Vollversammlung oder einem vergleichbaren, noch zu schaffenden UN-Gremium verhandeln wollte (Mehrheit der EL), votierten die IL für Verhandlungen innerhalb der UN-Sonderorganisationen (*IWF, *Weltbank, *GATT), in denen sie die Stimmenmehrheit besitzen. bg

Global 2000 Die vom damaligen US-Präs. J. Carter in Auftrag gegebene und von Reg.-Stellen der USA (*Council on Environmental Quality*, *State Department*) erarbeitete, 1980 erschienene Studie analysiert ähnlich wie andere *Weltmodelle die voraussichtlichen globalen E.-Tendenzen in den Bereichen *Bevölkerung, *Ernährung, *Ressourcen und Umwelt (*Ökologie). Ausgehend von der Fortschreibung bereits heute erkennbarer E.-Trends in die Zukunft und unter der Annahme, daß die bisherigen globalen Politiken fortgeführt werden, prognostiziert die Studie für das J. 2000 weltweite Probleme von alarmierenden Dimensionen.

Lit.: Global 2000. Der Bericht an den Präsidenten, Frankfurt 1981; A. Bechmann/G. Michelsen (Hg.), Global Future. Es ist Zeit zu handeln, Freiburg 1981; Bundesministerium für Forschung und Technologie, Bericht der Bundesregierung zu «Global 2000» und den darin aufgezeigten Problemen, Bonn 1982. ah

Goethe-Institut 1951 gegr. und im Rahmen der *Auswärtigen Kulturpolitik des Auswärtigen Amtes (AA) für die Pflege der deutschen Sprache im Ausland und die Förderung der int. kulturellen Zusammenarbeit zuständig, leistet in den EL v.a. *Bildungshilfe; Schwerpunkte bilden die pädagogische Verbindungsarbeit und Maßnahmen im Medien- und Informationsbereich. Darüber hinaus werden Studierenden aus den EL Stipendien zum Erlernen der deutschen Sprache angeboten. Adresse: Lenbachplatz 3, 8000 München 2. ah

Golfkrieg 1. Am 2.8.1990 besetzten irakische Truppen Kuwait (K.). Die völkerrechtswidrige Invasion und formelle Annexion des Emirats als «19. Provinz» des Irak (I.) wurde von massiven Menschenrechtsverletzungen begleitet. Die Motive für den Überfall sind sowohl in der wirtsch. Situation des I. nach dem *iran.-irak. Krieg (Ausl.-*Verschuldung von ca. 80 Mrd. US-$; Kontroverse über Ölpreispol. mit den konservativen Golfstaaten), als auch im Expansionsdrang des Regimes Saddam Husseins zu suchen: Im Streben nach einer regionalen Vormachtstellung wäre eine Verfügung über die kuw. Ölquellen zusätzlich zu den beachtlichen irak. Ölvorkommen eine bedeutende ökon. Ausgangsbasis gewesen und hätte hinsichtlich der Festsetzung des Ölpreises ein Erpressungspotential dargestellt. Einem dadurch möglichen weiteren Ausbau der irak. Militärmacht hätten die Golfanrainerstaaten wenig entgegenzusetzen gehabt. Der Versuch der Herstellung eines Zusammenhangs der Golfkrise mit dem *Nahostkonflikt durch Saddam Hussein erfolgte erst in Funktion der Auseinandersetzung mit den Forderungen des *UN-Sicherheitsrats. Auch der beabsichtigten Ideologisierung des Konfliktes (als islam. «Heiliger Krieg», als Krieg der westl. IL gegen die arab. Nation, als Krieg armer arab. Völker gegen die reichen Ölscheichtümer) mangelte es an Glaubwürdigkeit. Als Aggressor gegenüber einem arab. Staat konnte Saddam Hussein auch nicht zum Führer eines erneuerten panarab. Nationalismus werden, obwohl er damit einige Mobilisierungserfolge, v.a. unter den Palästinensern in Jordanien und den israelisch besetzten Gebieten, erzielen konnte.

2. Bereits wenige Stunden nach der Invasion verabschiedete der UN-Sicherheitsrat die Resolution 660, in der ein bedingungsloser Rückzug des I. gefordert wurde. Auf Ersuchen der exilierten kuw. Reg. und der Reg. Saudi-Arabiens begannen die USA einen beispiellosen Transfer milit. Macht in die Golfregion, zunächst zum Schutz Saudi-Arabiens, wo schließlich rd. 430000 US-Soldaten stationiert waren. Neben dem UN-Sicherheitsrat, der am 6.8. ein totales Wirtsch.-Embargo beschloß (Res. 661), verurteilten auch die EG und die Arabische Liga den I. Nach 11 Resolutionen zur Kuwait-Krise setzte der Sicherheitsrat am 29.11. dem I. für die Räumung K.s ein Ultimatum zum 15.1.1991 bei Androhung «aller notwendigen Mittel». Die Geschlossenheit auf UN-Ebene und das Zustandekommen einer breiten int. Koalition gegen den I. (Beteiligung von 38 Staaten, davon 25 milit.) war nur vor dem Hintergrund der neuen, partnerschaftlichen Bez. zwischen den beiden Supermächten möglich.

3. Nach dem Scheitern letzter dipl. Initiativen eröffneten alliierte Verbände am 17.1.1991 die Luftangriffe auf Einrichtungen der irak. Infrastruktur und die irak. Truppen in K. und errangen durch Ausschaltung der gegnerischen Aufklärungssysteme binnen weniger Tage die Lufthoheit. Die milit. und dipl. Reaktion Saddams zielte v.a. auf die Weltöffentlichkeit (glaubwürdige Drohung mit Eskalation der milit. Mittel, z.B. mit chemischen Waffen; ökologische Kriegführung durch Einleitung großer Mengen von Rohöl in den Pers. Golf) und die Spaltung der int. Koalition (Versuch, Israel durch irak. Raketenangriffe in den Krieg hineinzuziehen, um dadurch panarab. Solidarität zu mobilisieren; Annäherung an den Iran und die UdSSR). Der Verzicht Israels auf einen milit. Gegenschlag und die Bereitschaft der arab. Alliierten, v.a. Ägyptens und Syriens, den Krieg trotz wachsender innenpol. Spannungen fortzusetzen, durchkreuzte diese Ziele. Eine sowj. Initiative führte zwar zur Annahme der UN-Res. 660 durch Bagdad am 15.2., den von den USA ultimativ bis zum 24.2. geforderten Beginn des Rückzugs aus K. verweigerte Saddam indessen. Daraufhin begann eine alliierte Bodenoffensive, die die irak. Truppen in weniger als 100 Stunden aus K. vertrieb. Entscheidend war dabei die geringe Kampfbereitschaft der irak. Truppen, die, durch die wochenlangen Luftangriffe (insg. 106000 Einsätze) zermürbt, massenhaft desertierten. Das Vordringen der US-Truppen auf irak. Gebiet nährte int. den Verdacht, die USA verfolgten über die UN-Res. hinausgehende Ziele (Absetzung Saddams, Zerschlagung der territorialen Integrität I.s). Am 28.2. erklärte Präs. Bush eine Waffenruhe; mit der Annahme aller 12 UN-Resolutionen durch den I., am 2.3. wurde ein vorläufiger Waffenstillstand geschlossen. Die Kriegsfolgen waren zunächst kaum einzuschätzen: Die Schäden der irak. Infrastruktur schienen jedoch enorm zu sein. Über Verluste unter der Zivilbev. gab es keinerlei verläßliche Angaben. Die Opfer unter den irak. Truppen wurden auf 100000 gesch. Ein Großteil der irak. Rüstung konnte wohl zerstört werden.

4. Unmittelbar nach Inkrafttreten des vorläufigen Waffenstillstands begann ein Bürgerkrieg im I. Das Regime Saddams konnte sich nach Anfangserfolgen von Rebellionen der schiitischen Bev. im S und der Kurden im N durch massives milit. Vorgehen gegen die Zivilbev. behaupten. Die im S des I. stehenden alliierten Truppen griffen nicht in die Kämpfe ein. Besorgnis löste das Schicksal der Kurden aus, die sich vor irak. Vergeltungsmaßnahmen

in einer Massenflucht (gesch. 2–3 Mio.) in den Iran und die Türkei zu retten versuchten. Am 3.4.1991 beschloß der UN-Sicherheitsrat die Res. 687 als Grundlage für einen endgültigen Waffenstillstand, die, neben einer erneuten Garantie der Grenze zu K. seitens des I., die Zerstörung aller verbleibenden irak. Massenvernichtungswaffen unter UN-Kontrolle als Bedingungen für eine Aufhebung des Embargos vorsah.

5. Wie in anderen westlichen IL, so lebte auch in Deutschland die Friedensbewegung wieder auf (spontane Massenkundgebungen unter Beteiligung v.a. junger Leute). In der intellektuellen Debatte stellte die pazifistische Kritik v.a. die unkalkulierbaren Risiken des Krieges (möglicher Einsatz von ABC-Waffen, ökol. Katastrophen), die Pressezensur der Alliierten und die umfangreichen Waffenexporte der IL in den Mittelpunkt. Auch trad. antiimperialistische Deutungen, die wirtsch. Interessen der USA für den Krieg verantwortlich machten und ihn als Beginn eines bewaffneten Austragens des *Nord-Süd-Konfliktes sahen, spielten eine Rolle. Bemerkenswert war, daß demgegenüber auch profilierte Repräsentanten linker Positionen die Ansicht vertraten, das Vorgehen der Alliierten könne bei Abwägung pazifistischer und antitotalitärer Positionen gerechtfertigt werden (J. Habermas, W. Biermann, H. M. Enzensberger). Dabei wurde die Lage 1991 mit der vor dem II. Weltkrieg verglichen, vor einer *appeasement*-Politik gewarnt und Solidarität mit Israel gefordert.

Lit.: B. Nirumand (Hg.), Sturm im Golf, Hamburg 1990; Die Golfregion in der Weltpolitik, Der Bürger im Staat 41 (1), 1991; Hellmann, G.: Der Krieg um Kuwait: Katalysator einer «neuen Weltordnung» oder Vorbote neuer Konflikte?, in: APuZ 7–8, 1991, S. 12ff; G. Krell/B. W. Kubbig (Hg.): Krieg und Frieden am Golf. Ursachen und Perspektiven, Frankfurt/M. 1991; P. Salinger/E. Laurent, Krieg am Golf, Frankfurt/M. 1991; B. Tibi: Der Irak und der Golfkrieg, in: APuZ 7–8, 1991, S. 3ff. hb.

Golfrat →GCC

grant element →Zuschußelement

Grenada Südlichste der Windward Islands (→Karibik), seit 1974 unabh., gelangte Okt. 1983 durch die Militärintervention der USA ins Rampenlicht der Weltöffentlichkeit. Vorausgegangen war die Machtübernahme (1979) durch das sozialistisch orientierte *New Jewel Movement* (NJM) unter M. Bishop, in dessen Folge G. in den Ost-West-Konflikt geriet. Die USA unterstellten, daß G. zu einem Satelliten Kubas ausgebaut werde (u.a. Anlage eines Großflughafens) und nahmen den blutigen Umsturz gegen Ministerpräs. Bishop zum Anlaß, die Insel zu besetzen. Formell stützten sie sich auf einen Beschluß der Regionalorganisation *OECS. Faktisch knüpften sie an ihre traditionelle Interventionspolitik (zuletzt 1965, →Dominikan. Rep.) im «Hinterhof der USA» wieder an.

Lit.: F. Nuscheler, Grenada, in: HDW II, 3, Hamburg 1982, S. 301–312; A. Payne u.a., Grenada: Revolution and Invasion, New York 1984; J. Ferguson, Grenada: Revolution in Reverse, London 1990. dn

Grundbedürfnisse, grundbedürfnisorientierte Entwicklungsstrategien Die formale Urheberschaft an dem Konzept g.-orientierter E.-Strategien wird der *ILO zugewiesen, die der Weltbeschäftigungskonferenz (Genf) im Juni 1976 ein Aktionsprogramm «Beschäftigung, Wachstum und Grundbedürfnisse» vorgelegt hat. Die programmatische Forderung, wirtsch. E. mit sozialer E. zu verbinden, wurde jedoch schon zu Beginn der 70er J. von verschiedenen anderen Seiten vertreten (*Pearson-Bericht, D. Nohlen/F. Nuscheler, *Cocoyoc-Erklärung, *Weltbank). Hauptziel g.-orientierter E.-Strategien ist die Befriedigung der G. (*basic needs*) für die größtmögliche Zahl von Menschen innerhalb eines pol. akzeptablen Zeithorizonts. E.-Strategien, die auf die Befriedigung von G. abzielen, sollen zwei wesentliche Komponenten umfassen: 1. die Gewährleistung einer Mindestausstattung mit Gütern des privaten Verbrauchs, vor allem angemessene Ernährung, Kleidung und Wohnung sowie best. Haushaltsgegenstände und Möbel; 2. die Bereitstellung grundlegender öfftl. Dienstleistungen wie Trinkwasserversorgung, sanitäre Anlagen, Transport, Gesundheitsdienste und Bildungseinrichtungen. G.-orientierte E.-Strategien sollen darüber hinaus die als immaterielles G. verstandene pol. *Partizipation der Zielgruppen beinhalten. Zielgruppe(n) g.-orientierter E.-Strategien sind diejenigen Personen(-gruppen) einer Bev., deren individueller und/oder gruppenspezifischer Konsum privater und/oder öfftl. Grundbedarfsgüter einen absoluten oder relativen Standard nicht erreicht. Kriterien für die Abgrenzung von Zielgruppen sind Umfang und Struktur der Güterausstattung, die Art des Ressourcenzugangs, Nutzungsschranken von Produktionsfaktoren sowie soziale Merkmale.

Als begrifflicher Rahmen für die konkrete Ausgestaltung g.-orientierter E.-Strategien läßt sich eine Hierarchie elementarer Lebensziele konzipieren, innerhalb derer die Spezifizierung und Quantifizierung der privaten und öfftl. Güter erfolgen kann, die zur Befriedigung der G. einer Zielgruppe zur Verfügung stehen sollten bzw. zu denen der Zielgruppe der Zugang zu ermöglichen ist. Die im ILO-Konzept aufgeführten G. werden prinzipiell als ubiquitär bestehend anerkannt; die konkrete Feststellung absoluter oder rel. Standards privaten und/oder kollektiven Güterkonsums, die durch g.-orientierte E.-Strategien erreicht werden sollen, kann aber nur im je gegebenen pol., kulturellen und gesellsch. Kontext einer Bev.-Gruppe erfolgen, insofern (Grund-)Bedürfnisse als subjektive Mangelempfindungen verstanden werden.

G.-orientierte E.-Strategien sollen mehr beinhalten als «internationale Armenfürsorge» und sollen auch über die Gewährleistung eines objektivierbaren Existenzminimums hinauszielen. Denn die Befriedigung von G. wird nicht als Endziel von E. verstanden, sondern als ein (erster) Schritt zur Befriedigung der menschlichen Bedürfnisse. Das (Zwischen-)Ziel der G.-Befriedigung – umfassend verstanden als das Vorhandensein körperlichen, sozialen und mentalen Wohlbefindens in einer lebenswerten Umwelt, und dies wiederum verstanden als notwendige Voraussetzung für Selbstverantwortlichkeit (**self-reliance*) und Partizipationsfähigkeit der Menschen – resultiert aus einer sozialethischen und sozialemanzipatorischen Auffassung von Entwicklung. Aber das Ziel der G.-Befriedigung hat zugleich auch einen funktional-instrumentellen Charakter, insofern *Gesundheit, *Bildung und *Ernährung sowie die Erfüllung anderer G. als ökon. Bedingungsfaktoren der menschlichen Produktivität verstanden werden.

G.-orientierte E.-Strategien wurden von verschiedenen int. Org. – zumindest vorübergehend – zum Programm erhoben, wenngleich teilweise auch nur als Formelkompromiß (*UNICEF: Strategie für Grunddienste, 1976/77; *WHO: Gesundheit für alle bis zum Jahre 2000, 1978; *UN: Internationale Entwicklungsstrategie für die Dritte Entwicklungsdekade, 1980; UN-Sonderkonferenz für die am wenigsten entwickelten Länder 1981). Auch die Reg. der Bundesrepublik Deutschland hat Ende der 70er J. das Konzept der G.-Befriedigung in ihre Leitlinien der *multi- und *bilateralen e.-pol. Zusammenarbeit aufgenommen. Von vielen Reg. der EL wurde die Betonung des G.-Konzeptes in den e.-pol. Strategieentwürfen int. Org. skeptisch bis ablehnend beurteilt, da sie darin einen Versuch der westl. IL erblickten, von den Forderungen nach einer *Neuen Weltwirtschaftsordnung abzulenken und die eigenen Programme der *Industrialisierung zu behindern. Seit Mitte der 80er J. haben wichtige Geberländer und multilaterale Mittlerorg. g.-orientierte Strategien wieder aufgegeben zu-

Hierarchie elementarer Lebensziele		Komponenten eines grundbedürfnisorientierten Güterbündels
Überleben bei Befriedigung materieller und immaterieller Grundbegriffe	↑	Güter, die die Teilhabe an «durchschnittlichen» Konsumgewohnheiten ermöglichen
		Partizipation an Entscheidungen, die die eigenen Lebens- und Arbeitsbedingungen betreffen
Produktives Überleben		Zugang zu Produktionsmitteln (insbesondere Land)
		Funktionale Basiserziehung
		Zusätzliche Nahrungsmittel
		Schutz gegen schwächende Krankheiten
Fortdauerndes Überleben		Hinreichende Wohnung
		Schutz gegen tödliche Krankheiten
Bloßes Überleben		Nahrungsmittel, Trinkwasser (physiologischer Minimalinput)

gunsten des Rekurses auf wachstumsorientierte E.-Konzepte. Dieses Abrücken von der G.-Orientierung wird u. a. mit unzureichender theoretischer Fundierung und mangelnder Operationalität begründet.

In dem Maße, in dem die theoretischen und pol. Implikationen des G.-Konzeptes deutlicher herausgearbeitet wurden, verstärkte sich der e.-pol. Widerstreit um dieses Konzept. Denn g.-orientierte E.-Strategien bleiben eng mit übergreifenden Theorien von UE und E. verknüpft. Folglich können sie die Bekämpfung der * Armut oder den Abbau von Defiziten der G.-Befriedigung unterschiedlich angehen: als sozialpol. Aufgabe, als Umverteilung von Einkommen, Waren und Dienstleistungen, als Pol. der Förderung des wirtsch. Wachstums und/oder der Produktivität. Über technokratische Lösungen zur Befriedigung der materiellen G. hinauszielende Strategieentwürfe beziehen auch * Partizipation, individuell-seelische und kulturelle Bedürfnisse in ihr Kalkül mit ein.

Eine autochthone, hinreichend differenzierte Theorie der G.-Befriedigung in EL, die unmittelbare Handlungsanweisungen für die e.-pol. Praxis liefern könnte, ist (vorerst) nicht verfügbar, sondern lediglich Detailwissen über Einzelaspekte der G.-Befriedigung, allerdings mit weithin ungeklärten Kausalrelationen. G.-orientierte E.-Strategien sollten aber Teil des e.-pol. Diskurses bleiben, da sie zumindest die Einsicht in die Möglichkeit und Notwendigkeit selbstbestimmter E. offen halten. Denn nach dem derzeitigen Wissensstand gibt es keine physikalischen oder techn. Gründe, welche die Befriedigung der materiellen G. für die gesamte Weltbev. in der vorhersehbaren Zukunft ausschließen.

Lit.: Internationales Arbeitsamt (ILO), Beschäftigung, Wachstum und Grundbedürfnisse, Genf 1976; S. J. Burki/M. Ul Haq, Meeting Basic Needs: An Overview, in: World Development, Bd. 9, 1981, S. 167–182; P. Streeten et al., First Things First: Meeting Basic Human Needs in the Developing Countries, Oxford 1981; W. Lütkenhorst, Zielbegründung und Entwicklungspolitik. Das Grundbedürfnisziel in methodologisch-theoretischer Perspektive, Bochum 1982; ILO, Target Setting for Basic Needs, Genf 1982; F. Nuscheler, «Befriedigung der Grundbedürfnisse» als neue entwicklungspolitische Lösungsformel, in: HDWII, 1, Hamburg 1982, S. 332–358; F. Stewart, Basic Needs in Developing Countries, Baltimore 1985; P. Abel/H. Sangmeister, Modellierungsprobleme des Grundbedürfniskonzeptes, in: Jahrbuch für Sozialwissenschaften, Bd. 37, 1986, S. 40–61. hs

Grunderziehung Das zunächst rel. diffuse Konzept der G. konkretisierte sich – besonders unter dem Einfluß einer vom *International Council for Educational Development* vorgeschlagenen, die Mindestlernbedürfnisse (*minimum learning needs*) betonenden und von int. Organisationen wie *UNICEF und *Weltbank aufgenommenen Begriffsbestimmung – in der zweiten Hälfte der 70er Jahre: grundlegende Kenntnisse im Lesen, Schreiben, Rechnen, Hygiene; grundlegende Arbeitsqualifikationen; Handlungskompetenzen zur *Partizipation am öfftl. Leben, Gestaltung der E. der eigenen Gesellschaft.

G. kennt unterschiedliche Formen der Institutionalisierung. *Grunderziehung im formalen Bildungswesen* (→Bildung) bedeutet eine Reform der herkömmlichen Primarschulen. Organisatorisch geht es um versch. Schichtunterrichtsmodelle, Erhöhung der Klassenfrequenz, Teilentprofessionalisierung der Lehrerrolle durch den Einsatz von Fachleuten bestimmter Berufe aus der Schulumwelt als Teilzeitlehrer, Reduzierung der Primarschulzeit mit Beschränkung auf ein grundlegendes Minimum von Kenntnissen, das eine Orientierung in der sozialen Umwelt erlaubt, einen Rückfall in den Analphabetismus aber unwahrscheinlich macht. Curricular bedeutet die Ausrichtung auf G. eine Veränderung der Lernziele und -inhalte der Primarschule mit folgenden Tendenzen: Umweltorientierung und Teilintegration der einzelnen herkömmlichen Fächer, Polytechnisierung und Praxisbezug, neue direkt umweltbezogene Fächer, z. B. Gesundheitslehre, Kinderpflege, Ernährungslehre, pol.-ökon. Selbsthilfemöglichkeiten. Häufig wird mit diesen Lernzielen und -inhalten eine Ablösung der Frontalunterrichtsmethode gefordert, damit produktives problemlösendes Lernen an Stelle rezeptiven Lernens gefördert wird.

G. im nonformalen Bildungsbereich beinhaltet alle auf die grundlegenden Lernbedürfnisse gerichteten außerschulischen, von unterschiedlichen Trägern organisierten Bildungsangebote für Kinder, Jugendliche und Erwachsene. Hierzu zählen einmal Kurse zur Ergänzung oder Nachholung von Teilen der formalen Schulbildung durch *Alphabetisierungsmaßnahmen und Kampagnen der Gemeinwesenentwicklung, sodann berufsvor-, aus- und weiterbildende Maßnahmen, schließlich landw. Extensivierungsprogramme, Vermittlung von Fertigkeiten für die Selbstschaffung von Arbeitsplätzen und Arbeitnehmerbildung im modernen Sektor. vl

Grundrechte →Menschenrechte

Grundstoffe Stoffe mit niedrigem Verarbeitungsgrad, neben Rohstoffen z. T. auch Halbfertig- und Fertigwaren (z. B. neben Baumwolle auch Chemiefaser). Dienen der Weiterverarbeitung zu ind. Erzeugnissen, gliedern sich nach Warenart, ind. oder landw., sowie nach Herkunft, in- oder ausländisch. dn

GRÜNE – entwicklungspolitische Leitlinien E.-pol. Leitvorstellungen der GRÜNEN ergeben sich aus ihrer Kritik an der offiziellen *Entwicklungspolitik der Bundesrepublik und an den multilateralen E.-Organisationen *IWF und *Weltbank, aus Grundauffassungen über die Verursachung von UE und aus ihrer Utopie einer Welt, in der umfassende bürgerliche und soziale *Menschenrechte und die Sicherung natürlicher Lebensgrundlagen die Prämisse wirtschaftl. und pol. Handelns sind und das kapitalistische Prinzip der Gewinnmaximierung abgelöst ist. Die folgenden Thesen fassen zentrale e.-pol. Positionen der GRÜNEN auf der Grundlage von parl. Initiativen der grünen Bundestagsfraktion, Publikationen ihrer AG Dritte

Welt und Parteibeschlüssen zum Bundestagswahlkampf 1987 zusammen.

1. Die offizielle Dritte-Welt-Pol. der IL und bes. der BRD beutet Menschen und Natur in den EL aus. 2. Die wichtigsten Ursachen anhaltender Massenarmut und UE in der * Dritten Welt liegen in der Permanenz der strukturellen Benachteiligung von EL durch die von den IL definierten Funktionsbedingungen des Weltmarktes. Eine an den * Grundbedürfnissen und am Schutz der natürlichen Lebensgrundlagen (→Ökologie) orientierte E.-Pol. muß daher auch an der Veränderung dieser Bedingungen arbeiten. 3. Dreh- und Angelpunkt der E.-Problematik ist gegenwärtig die * Verschuldung der EL, für die bes. die öfftl. und privaten Gläubiger mit ihrer Kredit- und Zinspol., aber auch korrupte Eliten und Reg. in der Dritten Welt die Verantwortung tragen. 4. Der zentrale «strategische Schritt» zur Bewältigung der Krise besteht (trotz Mitschuld von EL-Eliten) in einer globalen Schuldenstreichung, für die von einer int. Konferenz Richtlinien ausgearbeitet werden sollen, um a) die ärmsten Bev.-Schichten, die überall am meisten unter der Verschuldung zu leiden haben, von ihrer Last zu befreien und um b) eine Basis der Gleichberechtigung für Verhandlungen zwischen IL und EL über eine Neuordnung der Weltwirtschaft zu schaffen. 5. Auf der Grundlage erlassener Schulden ist eine grundbedürfnis- und binnenwirtsch. orientierte Entwicklungsstrategie zu favorisieren, bei der die Weltmarktbeziehungen minimiert (nicht abgebrochen) werden. Eine ‹Restsumme› der Schulden könnte als Verhandlungsmasse für die Durchsetzung solcher Politik gegenüber * Brückenkopfeliten im Interesse der Ärmsten und des Schutzes der Natur eingesetzt werden. Dabei ist zu beachten, daß die Probleme von EL zu EL unterschiedlich sind. 6. Der Auflagenpol. von * IWF und * Weltbank soll die Unterstützung entzogen werden, der IWF ist auf der Basis der Gleichberechtigung der EL zu reformieren, die Weltbank in drei regionale Entwicklungsfonds aufzulösen, in denen die EL der Region die Stimmenmehrheit haben. 7. Zukünftig soll E.-Hilfe nur noch auf der Basis nicht rückzahlbarer Zuschüsse erfolgen, ausgeweitet werden und direkt Basisinitiativen in den EL zukommen. 8. Außenwirtschaftspolitik ist an e.-pol. Zielen zu orientieren. * Ausfuhrbürgschaften und * Mischfinanzierung werden als versteckte Exportsubventionierung abgelehnt. Ökologisch, sozial oder pol. «schädliche» Exporte (z. B.: * Rüstung, best. Pharmazeutika, Kerntechnische Anlagen, Großtechnologie) sind zu verbieten. 9. E.-Pol. ist dann keine einseitige ‹Hilfe›, sondern ein wechselseitiger Lernprozeß. 10. Eine weltweit gerechte Entwicklung setzt voraus, daß die Verbraucher/innen in den IL ihr Konsumverhalten und Anspruchsdenken ändern. Adresse: AG Dritte Welt der GRÜNEN im Bundestag, Bundeshaus, 5300 Bonn 1 bt

Grüne Revolution Unter GR wird die Steigerung der * Produktivität in der Landw. durch neue Anbaumethoden verstanden, also nicht * Agrarreform, sondern kapital- und betriebskostenintensivere Produktionsform durch besseres Saatgut, das höhere Erträge garantiert und mehrmalige Ernten im J. ermöglicht, durch Verwendung größerer Mengen Wasser, Energie, Düngemittel und Pflanzenschutzmittel und durch Mechanisierung. Mit der GR wird die Entwicklung der in Mexiko und auf den Philippinen gezüchteten, hochertragreichen Weizen- und Reissorten verbunden, sichtbare Ergebnisse der int. Agrarforschung, die in 13 großen int. Forschungszentren (siehe E+Z 3/1983, S. 21) betrieben und von der Beratungsgruppe für int. Agrarforschung * CGIAR unterstützt wird. Kritik an der GR hat angesetzt an der Begünstigung reicher Bauern bei der Kreditbeschaffung, an der Freisetzung von Arbeitskräften, an der Verschärfung der Einkommensunterschiede und an der Steigerung der Importe (Ausrüstungsgüter und Auslandskapital). In der Tat ist die Produktionssteigerung der GR vor allem auf die Gebiete mit geregelter Bewässerung, in denen die hochertragreichen Saatsorten sowie Kunstdünger eingesetzt werden konnten, beschränkt geblieben. Der bessere Zugang zu Kapital (Kredite) und Technologie begünstigte die marktnahen Unternehmen einer bestimmten Betriebsgröße, so daß die rel. Rückständigkeit der Kleinbetriebe und insb. der Subsistenzbauern zunahm. Statt einer Agrarreform wurden Besitzkonzentration sowie regionale und individuelle Einkommensdifferenzen noch gefördert.

Seit dieser Kritik konzentriert sich die int. Agrarforschung stärker auf die Erzeugnisse, die in Kleinbetrieben angebaut werden können, nicht produktionsmittelintensiv und resistent sind gegenüber einer Reihe von Pflanzenkrankheiten sowie in Trockenlandschaften gedeihen. dn

Gruppe der Acht 1987 gegr. Zusammenschluß der Staaten, die sich Mitte der 80er J. in der *Contadora- und deren Unterstützergruppe um eine pol. Lösung des *Zentralamerika-Konflikts bemüht hatten: Kolumbien, Mexiko, Panama, Venezuela sowie Argentinien, Brasilien, Peru und Uruguay. Ziel: Verstärkte Kooperation zwischen den Mitgl.-Ländern auf Basis regelmäßiger Konsultationen und Förderung von Integrationsbemühungen (z. B. des interregionalen Handels). Entsprechend ihrer Gründungsprinzipien hob die G. d. A. Panamas Mitgliedschaft 1988 bis zur Wiederherstellung demokratischer Verhältnisse auf. mik

Gruppe der 15 Die G-15 wurde als jährlich tagende Konferenz von 15 Entwicklungsstaaten Afrikas, Lateinamerikas und Asiens 1989 ins Leben gerufen. Mitglieder sind Brasilien, Mexiko, Argentinien, Peru, Jamaika, Indien, Indonesien, Ägypten, Algerien, Senegal, Simbabwe, Venezuela, Nigeria, Malaysia und das ehemalige Jugoslawien als einziger europäischer Staat.

Ziele der G-15 sind der Ausbau der Süd-Süd-Kooperation, eine verstärkte Zusammenarbeit der IL und EL sowie ein gemeinsames Vorgehen zur Lösung der Verschuldungs- und der globalen Umweltproblematik.

Auf den drei bisherigen Treffen in Kuala Lumpur, Caracas und Dakar forderte die Gruppe von den IL unter anderem den leichteren Zugang zu hochentwickelter Technologie, eine Wechselkursstabilisierung sowie einen Abbau des Protektionismus. mar

Gruppe der 77 Zusammenschluß von EL, der auf das Jahr 1964 (*UNCTAD I) zurückgeht und offiziell 1967 in Algier erfolgte. Die Gruppe zählte seinerzeit 77 Mitgl., seit dem 1. 1. 1982 125 Mitgl. Sie stimmten sich bes. vor UNCTAD-Konferenzen auf gemeinsame Grundpositionen ab. Von Tagungen der Gd77 gehen wichtige Impulse für die Politik der EL gegenüber den IL aus. Bezeichnend dafür ist die auf der Tagung vom Febr. 1979 in Tanzania verabschiedete Arusha-Erklärung. Zusammenhalt und Solidarität der Gd77 werden jedoch durch die wachsenden Unterschiede zwischen EL und vor allem Gruppen von EL (*OPEC, *LLDC, *MSAC, *Binnenländer, *Schwellenländer) in Frage gestellt, die auch die Verhandlungsmacht, um deren Stärkung die Gd77 als Organisation bemüht ist, der EL bedrohen.

Lit.: K. P. Sauvant, The Group of 77: Evolution, Structure, Organization, New York 1981; ders. (Hg.), The Collected Documents of the Group of 77, New York 1981 ff., seit 1989 zus. mit J. W. Müller; M. Williams, Third World Cooperation. The Group of 77 in UNCTAD, London/New York 1991. dn

GSP →Allgemeines Präferenzsystem

GTZ Deutsche Gesellschaft für Technische Zusammenarbeit (GmbH), gegr. 1974 durch Vereinigung der 1969 gegr. Bundesstelle für Entwicklungshilfe (BfE) mit der Deutschen Förderungsgesellschaft für EL GAWI (Garantie- und

Tabelle 8: Finanzen GTZ und Verteilung öffentlicher Mittel (in Mio. DM)

	1975	1980	1981	1982	1983	1984	1985	1986	1987	1988	1989	1990	1991
Gesamtaufträge	664	1007	1391	1403	1304	1397	1211	1414	1550	1528	1329	1622	1657
Zufluß öfftl. Mittel	522	713	827	894	944	1016	996	1042	1081	1136	1294	1324	1294
Drittgeschäft	80	135	98	310	281	197	108	153	73	109	78	123	130
Öfftl. Mittel *nach Sektoren*													
– Landwirtsch.[1]	206	274	347	336	379	465	444	459	481				
– Gewerbl. Wirtsch.[2]	88	174	194	215	203	218	210	235	267				
– Infrastruktur	177	203	214	249	247	244	255	265	265				
Öffentl. Mittel *nach Regionen*													
– Afrika	219	344	403	428	449	489	442	482	479	529	578	588	544
– Asien	195	182	202	222	227	270	290	300	278	275	315	304	283
– Lateinamerika	67	100	105	107	102	108	137	145	186	199	192	209	219
Anteil LLDC[3]	29,2	40,6	39,6	40,1	38,9	39,4	34,7	32,6	36,6	29,8	30,0	28,3	25,8
Anteil MSAC[3]	49,0	61,3	62,9	62,3	59,8	61,0	54,7	55,6	60,4	51,3	45,1	47,0	42,1

[1] und ländl. Entwicklung
[2] und Wissenschaft, Technologie, Ausbildung
[3] in Prozent
Quelle: GTZ

Abwicklungsgesellschaft). Damit gelangten Durchführungskompetenz (BfE) und Abwicklung (GAWI) von Projekten in eine Hand.

Die GTZ übernimmt Aufträge des *BMZ zur fachlichen und technischen Planung und Durchführung von Vorhaben der *bilateralen staatlichen *Technischen Hilfe/Zusammenarbeit (TH/TZ; sog. gemeinnütziger Bereich). *Tätigkeitsfelder* (laut GTZ): 1. Entsendung und Finanzierung von Fachkräften für die vereinbarten Projekte sowie von Beratern, Ausbildern, Sachverständigen, Gutachtern und Kurzzeitexperten; 2. Lieferung von Ausrüstung und Material für die Ausstattung der geförderten Einrichtungen, von gewerblichen und landw. Produktionsmitteln, Bereitstellung von Dienst- und Werkleistungen; 3. Unterstützung der *Reintegration von Fachkräften aus EL, die in der BRD ausgebildet wurden und in ihre Heimatländer zurückkehren wollen; 4. Gewährung von Zuschüssen zu Gehältern von dt. Fachkräften, die ein EL unter Vertrag nimmt; 5. Koordinierung der Aus- und Fortbildung einheimischer Fach- und Führungskräfte im EL selbst, in anderen EL, in der BRD oder in anderen IL; 6. Zuschüsse zu den Kosten für Ausbildungsmaßnahmen, die von Unternehmen in EL durchgeführt werden; 7. Finanzierungsbeiträge zu Projekten und Programmen leistungsfähiger Träger in EL. Die GTZ kann mit Zustimmung des BMZ Aufträge von Dritten entgegennehmen und gegen Bezahlung durchführen (sog. Drittgeschäft, TZ gegen Entgelt) sowie Eigenmittel für e.-pol. Maßnahmen einsetzen (= Eigenmaßnahmen). Das Drittgeschäft hielt 1991 einen Anteil von 7,9% am Gesamtvolumen der GTZ-Maßnahmen.

Kooperationen bestehen mit zahlreichen E.-Organisationen: *KfW, *DEG, *DSE, *CDG, *DAAD etc. Als Arbeitseinheiten innerhalb der GTZ fungieren *CIM und *GATE. Auftragsvolumen und öfftl. Mittel haben seit Beginn der 80er Jahre stark zugenommen (s. Tab. 8). Seit dem 1.1.1989 wurde im Rahmen einer umfassenden Umstrukturierung die Verantwortung für Projekte der GTZ von bislang sektoral- in regionalorientierte Arbeitseinheiten verlegt. *Personelle Hilfe bildet nach wie vor einen Schwerpunkt der TZ. Die Gesamtzahl der eingesetzten GTZ-Fachkräfte ist in den 80er J. zunächst angestiegen, seit Mitte der Dekade rückläufig (1982: 1445; 1987: 1711; 1991: 1536). Davon entfielen auf das Drittgeschäft 1987: 279 und 1991: 130 Fachkräfte. Adresse: Dag-Hammarskjöld-Weg 1–5, 6236 Eschborn 1.

dn

Guadeloupe →Karibik

Guatemala Die Verleihung des Friedensnobelpreises an die Exilguatemaltekin Rigoberta *Menchú hat die anhaltenden Menschenrechtsverbrechen und die Diskriminierung der indianischen Bev.-Mehrheit in G. in den Blickpunkt der Weltöffentlichkeit gerückt.

1. G. ist mit 108 889 qkm Fläche nur das drittgrößte, mit rd. 9,5 Mio. Ew. (1991) aber das bevölkerungsreichste Land Zentralamerikas. Während knapp die Hälfte der Fläche Tiefland an der karibischen Küste einnimmt, durchziehen Gebirgsketten (*Sierra de Madre*, *Sierra de los Cuchamontas* etc.) den Kernraum Guatemalas. Agrikulturell werden etwa 12 % des Landes genutzt, rd. 12 % sind Dauerwiesen und Weiden. Die Waldbestände (knapp 40 % der Gesamtfläche) nehmen zugunsten der Landwirtschaft ab. G. verfügt über beachtliche Bodenschätze, von denen bisher nur Erdöl (seit 1976) in nennenswerten Mengen gefördert wird.

2. Die JZ der Bev. liegt bei 2,9 % (1980 bis 1990). Ethnische Struktur der Bev.: rd. 65 % *indígenas* (indianische Lebensweise und Sprache), über etwa 30 % *Ladinos (moderne Lebensformen, meist span. sprechend), daneben Weiße und Bev.-Teile afrik. Abstammung. Die hohe Zahl an *Flüchtlingen verzerrt Bev.-Angaben: Hunderttausende Guatemalteken flohen in den 80er J. ins Ausland; nur ein Teil wurde bislang reintegriert. Die Mehrheit der Bev. ist kath.; der Anteil ev. Sektenmitglieder nahm in den 80er J. stark zu.

3. Als Kerngebiet des Maya-Reiches und als Sitz des Generalkapitanats G. während der span. Kolonialzeit, von dem aus die mittelamerik. Provinzen verwaltet wurden, kommt G. hist. eine Schlüsselbedeutung für Zentralamerika zu. Nach der Unabh.-Erklärung von 1821, dem kurzzeitigen Anschluß an Mexiko und dem Scheitern der Zentralamerik. Föderation ist G. seit 1839 selbständiger Staat. Nach langer Vorherrschaft konservativer Diktaturen leitete 1871 die sog. «liberale Revolution» eine Periode *caudillistischer, «liberaler» Diktaturen ein (Anbindung an den Weltmarkt über den Aufbau der Kaffee- und Bananenproduktion). Bis in die 40er J. blieb die Vorherrschaft der Großgrundbesitzer und der **United Fruit Company* (UFCO) ungebrochen. 1944 leitete die sog. «guat. Revolution» eine zeitweilige Wende ein. Die Verfassung von 1945 ermöglichte substantielle Reformen: u. a. freie Wahlen (Präs.: J. J. Arévalo) sowie Enteignung ausl. Besitzes und inländischer *Latifundien; unter dem Nachfolger Arévalos (J. Arbenz) wurde u. a. die UFCO enteignet und eine *Agrarreform erlassen, die die Enteignung brachliegender Ländereien erlaubte. 1954 putschte Castillo Armas mit Unterstützung der *CIA und der guatem. Oligarchie und stellte die alte Besitzverteilung wieder her. Die Verfassung wurde suspendiert, Linksparteien (und -gewerkschaften) aufgelöst.

1954 bis 1986 regierte *de facto* ein Machtkartell aus Militär und Agrar-Oligarchie, zumeist hinter einer demokratischen Fassade (Wahlen, Verfassung) (→autoritäre Regime). Die Militärs stellten – ausgenommen das Zwischenspiel von J. C. Mendez Montenegro 1966 bis 1970 – die Reg. – Wahlen dienten dem Erhalt des *Status quo*, notfalls per Wahlmanipulation (1974, 1978, 1982). Mit dem Aufkommen von Guerilla-Verbänden in den 60er J. entwickelte sich der Staatsterror zum zentralen Bestandteil des «*Counterinsurgency State*». Nach ihrer zeitweiligen Zerschlagung wiedererstarkte die Guerilla in den 70er J., woraufhin General R. Lucas García (1978–82) die Aufstandsbekämpfung blutig vorantrieb; selbst gemäßigte Oppositionelle in Parteien, Gewerkschaften und Selbsthilfeorganisationen wurden systematisch verfolgt und ermordet. * amnesty international sprach 1981 von «pol. Mord als Regierungsprogramm». Unter den Nachfolgern Lucas Garcías – den Generälen E. Ríos Montt und O. H. Mejía Víctores – verschärfte sich die * *counterinsurgency* auf dem Lande. Gleichzeitig wurde in den Städten eine pol. Öffnung eingeleitet. Auf die Wahlen zur Verfassunggebenden Versammlung von 1984 folgten 1985 Präsidentschaftswahlen, aus denen der Christdemokrat V. Cerezo siegreich hervorging. Der Handlungsspielraum der gewählten Reg. blieb jedoch angesichts der Macht von Militärs und Unternehmerverbänden äußerst eng. Mit der Amtsübernahme des 1990/91 gewählten rechtskonservativen J. Serrano fand der erste Reg.-Wechsel zweier ziviler Präs. in diesem Jh. statt. Um die pol. Demokratisierung voranzutreiben, ist die Stärkung demokratischer Institutionen vonnöten, die Entpolitisierung der Streitkräfte, das Eindämmen pol. Gewalt, das Ende des Bürgerkrieges (→Zentralamerika-Konflikt) und der Einschluß der indianischen Bevölkerungsmehrheit in die pol. Entscheidungsprozesse. Angesichts der mannigfaltigen Widerstände bedarf ein derartiger Wandel der pol. Strukturen – falls er nicht sogar abgeblockt wird – viel Zeit. Darüber hinausgehende strukturelle Veränderungen der höchst ungleichen gesellsch. Macht- und Besitzverhältnisse erscheinen kurz- und mittelfristig kaum durchsetzbar.

4. G.s Landwirtschaft gliedert sich in wenige mod. * Plantagen, extensiv bewirtschaftete * Latifundien und unzählige * Minifundien; die Kleinstbetriebe, im Hochland oft * Subsistenzwirtschaften, erzeugen weitgehend Grundnahrungsmittel (v. a. Mais, Bohnen, Kartoffeln) für den Inlandsbedarf und sind durch trad. Anbaumethoden, Mangel an Düngemitteln und Kapital, schlechte Transportverh. und z. T. minderwertige Böden gekennzeichnet. Großbetriebe produzieren v. a. Exportgüter (Kaffee, Zucker, Baumwolle, Bananen, Kardamom). G.s Wirtschaft ist stark vom Agrarexport und damit von Nachfrage- und Preisschwankungen des Weltmarktes abhängig. Im ind. Sektor (1990: 17 % des BIP) dominieren Nahrungs- und Genußmittel- sowie Textilindustrien. Wichtigster Handelspartner sind mit Abstand die USA. Während G. in den 60er J. ein stetiges Wirtschaftswachstum (ohne * *trickle-down*-Effekt) verbuchte und nach dem Erdbeben 1976 (Wiederaufbau) einen beachtlichen Wirtschaftsaufschwung («Erdbeben-Boom») verzeichnete, steckte es in den 80er J. (analog zu den übrigen Ländern Zentralamerikas) in einer Wirtschaftskrise, aus der es sich erst allmählich befreit.

6. Das * Gesundheitswesen konzentriert sich v. a. auf die Hs.; weite Teile des Landes entbehren ärztlicher Betreuung. Sanitäre Mißstände (fehlender Wasser- und Kanalisationsanschluß) sowie Unter- und * Mangelernährung forcieren das Auftreten von (Infektions-)Krankheiten. Das * Bildungswesen ist v. a. auf dem Lande noch völlig unterentwickelt. Die Analphabetenrate zählt zu den höchsten LAs und liegt im Landesdurchschnitt bei 45 %, in ländlichen Regionen bei über 80 %. Binnenwanderung und die sprachliche Sonderstellung der *indígenas*, die über 20 untereinander kaum verständliche Sprachen bzw. Dialekte sprechen und Spanisch als Fremdsprache erlernen müssen, setzen den Ausbildungsmöglichkeiten Grenzen. In den vergangenen J. wurde die zweisprachige Erziehung gefördert.

Lit.: P. Calvert, Guatemala. A Nation in Turmoil, Boulder (Col.) u. a. 1985; M. McClintock, The American Connection, Vol. II, London 1985; J. Painter, Guatemala. False Hope, False Freedom, London 1987; M. Solórzano, Guatemala: autoritarismo y democracia, San José 1987; S. Jonas, The Battle for Guatemala, Boulder 1991; P. Bendel, Guatemala, in: HDW III, Bd. 3, Bonn 1992, S. 117ff. Weitere Lit. →Zentralamerika-Konflikt. mik

Guerilla G. (span.: kleiner Krieg) bezeichnet den Kampf irregulärer einheimischer Truppen oder bewaffneter Gruppen gegen eine feindliche Armee bzw. Besatzungsmacht oder im Bürgerkrieg gegen die eigene Regierung.

Kennzeichnend für den Guerillakrieg sind: 1. die Einheit von Guerillas und Zivilbev.; 2. die enge Verbindung milit. und pol. Zielsetzungen (Durchführung von Sozialreformen in den befreiten Gebieten); 3. Beschaffung von Waffen aus den Arsenalen des Feindes, teilweise auch durch Lieferungen befreundeter Staaten; 4. häufig weitgehende Unwirksamkeit der trad. Kampfmethoden regulärer Armeen gegen die Guerillas.

Im wesentlichen beruht die G. auf einer von drei unterschiedlichen Theorien bzw. Strategien: 1. Die von *Mao Tse-tung entwickelte revolutionäre Kriegführung verbindet die milit. Führungsrolle der kommunistischen Partei im Guerillakrieg mit dem modellhaften Wandel der von der G. befreiten ländl. Gebiete und sichert durch eine agrarische *Revolution die Unterstützung der Bevölkerung. Mao verglich die Volksmassen mit dem Meer, in dem die G. wie die Fische im Wasser schwimmen, in dem die Feinde ertrinken, wenn die ganze Bev. mobilisiert wird. 2. Die castristische G. betonte das Gewicht kleiner bewaffneter Gruppen, die als Kern (*foco*) der *Befreiungsbewegung den Kampf vom Lande aus initiieren. Der in den Schriften von Che *Guevara und Régis Debray theoretisch erarbeitete *foquismo* und die Hoffnungen auf eine kontinentale Revolution in LA führten zu zahlreichen Aufstandsbewegungen (in Argentinien, Brasilien, Bolivien, Kolumbien, der Dominikan. Republik, Ecuador, Paraguay und Peru) v. a. in den 60er J., die freilich auf Grund der von Kuba unterschiedlichen Strukturbedingungen zu ebenso vielen Niederlagen der G. führten (Che Guevara wurde 1967 in Bolivien erschossen). 3. Die Schwierigkeiten der G., ländl. Basen in LA gegen die zahlenmäßig und technisch überlegenen staatl. Militärapparate zu halten, führten zu einer teilweisen Verlagerung der G. in die Städte, in denen die G. glaubt, weniger *Infrastrukturprobleme zu haben, anonym bleiben zu können und den Gegner wirkungsvoller treffen zu können (Stadtguerilla, z. B. Tupamaros in Uruguay, ERP [*Ejército Revolucionario del Pueblo*] in Argentinien, ALN [*Acão Libertadora Nacional*] in Brasilien: Theoretiker Marighella).

Die Methoden der G. reichen von Terrorakten, Botschaftsbesetzungen, Entführungen u. a. bis zum Kampf mit regulären Armeen. Die G. war u. a. siegreich in China: 1927 bis 1949; Indonesien 1945 bis 1949; Algerien 1954 bis 1962; Kuba 1956 bis 1959; Vietnam 1946 bis 1975 und Nicaragua 1962 bis 1979. Ende der 80er J. sind u. a. folgende G.-Gruppen aktiv: FMLN (El Salvador), M-19 (Kolumbien), *Sendero Luminoso (Peru), LTTE (*Liberation Tigers of Tamil Ealam*, Sri Lanka).

Lit.: Mao Tse-tung, Theorie des Guerillakrieges oder Strategie der Dritten Welt, Reinbek 1966; Che Guevara, Guerilla – Theorie und Methode, Berlin (West) 1968; C. Marighella, Minihandbuch der Stadtguerilla, Berlin (West) 1970; R. F. Lamberg, Die castristische Guerilla in LA, Hannover 1971; R. Gott, Rural Guerillas in LA, Harmondsworth 1973; F. R. Allemann, Macht und Ohnmacht der Guerilla, München 1974; J. Kohl/J. Litt, Urban Guerilla Warfare in LA, Cambridge (Mass.) 1974; R. E. Kießler, Guerilla und Revolution, Bonn/Bad Godesberg 1975; P. Waldmann, Strategie politischer Gewalt, Stuttgart 1977; ders., Vergleichende Bemerkungen zu den Guerillabewegungen in Argentinien, Guatemala, Nicaragua und Uruguay, in: K. Lindenberg (Hg.), Lateinamerika, Bonn 1982, S. 103ff.; P. Waldmann, Alte und neue Guerilla in Lateinamerika – Folgen und Folgerungen aus der Revolution in Nicaragua, in: VRÜ 16 (1983), S. 407ff.; H.-E. Gross (Hg.), Ernesto Che Guevara: Guerillakampf und Befreiungsbewegung, Köln 1986. rs

Guevara, Che Ernesto «Che» G. wurde am 14.6.1928 in Rosario/Argentinien geboren. Von 1948 bis 1953 studierte er an der Universität Buenos Aires Medizin. Ende 1953 reiste er nach Guatemala, um die sozialen Reformen der Regierung J. Arbenz Guzmán zu unterstützen. Nach dem von den USA unterstützten Putsch gegen Arbenz 1954 floh G. nach Mexiko, wo er 1955 mit Fidel *Castro und einer Gruppe von Exilkubanern zusammentraf. Im Nov. 1956 brach er mit Castro u.a. Guerillakämpfern nach Kuba auf, wo er sich an dem 3jährigen siegreichen Guerillakrieg gegen Batista beteiligte. 1960 wurde G. zum Präs. der Nationalbank und 1961 zum Ind.-Minister ernannt. Ab 1963 begünstigte G. in Kuba die Einführung eines von den anderen soz. Ländern unterschiedlichen Wirtschaftssystems, des «Haushaltsmäßigen Finanzierungssystems». Der Aufbau einer soz. Gesellschaft bedeutete für ihn gleichzeitig die Erziehung der Menschen zu solidarischem und menschlichem Verhalten in einer befreiten Welt. Er verzichtete daher im Mai 1965 auf seine Ämter und die kuban. Staatsangehörigkeit und beteiligte sich als *Guerillero* an Befreiungskämpfen im Kongo und in LA, wo er am 9.10.1967 bei einem Gefecht in Higueras/Bolivien von einem Offizier der bolivian. Armee erschossen wurde.

Lit.: →Guerilla ks

Guinea Die Republik G., die 1958 gegen den Willen de Gaulles als erstes Land des franz.-sprachigen Schwarzafrika die Unabh. gewählt hatte, galt auf Grund ihres pol. und wirtsch. Systems lange Jahre als ein Musterland für einen «sozialistischen» bzw. «progressistischen» Entwicklungsweg in Schwarzafrika. Nach der Machtübernahme des Militärs 1984 hat sich G. dem Westen geöffnet.

1. Das 245 857 qkm große Land gliedert sich in vier geogr.-klimatisch und ethnisch versch. Regionen: Die Küstenebene mit ihren extrem hohen Niederschlägen, die reiche Möglichkeiten für die Landw. bieten, wird überwiegend von Sussu bewohnt (rund 16% der 1990 auf 5,7 Mio. geschätzten Ew.), deren Sprache sich allmählich zu einer auch überregional verstandenen *lingua franca* entwickelt, u.a. weil die Hauptstadt Conakry (800000 Ew.) an der Küste liegt. Die im bergigen Fouta-Djallon lebenden Peul (Fulbe) stellen mit rund ⅓ der Gesamtbev. die größte ethnische Gruppe G.s. In dem sich anschließenden Savannenplateau Oberguineas sind Angehörige der Mande, v.a. Malinke (30%), beheimatet. Am weitesten von der guin. Küste entfernt ist die Wald-Region, die ethnisch heterogen (Kissi, Kpelle, Toma u.a.) und auf Grund geogr. Gegebenheiten und der bisherigen Verkehrswege wirtsch. stärker auf die Nachbarländer Sierra Leone und Liberia hin ausgerichtet ist. Durch die projektierte Transguinea-Eisenbahn soll die Waldzone stärker an das übrige G. angebunden werden, doch fehlen zur Verwirklichung des Vorhabens auf absehbare Zeit die finanz. Mittel. Ethnische Spannungen, v.a. zwischen Peul, Malinke und Sussu, haben sich seit dem Umsturz von 1984 noch verschärft.

2. Der guin. E.-Weg, bestehende externe Abh.-Strukturen durch eine begrenzte, pol. kontrollierte Kooperation mit den IL zu überwinden und intern basisdemokratische Strukturen zu errichten, die zugleich die Gewinnung landw. Autarkie erleichtern sollten, wurde in mehreren Etappen formuliert. Nach der Wahl der Unabh. durch G. (mit 92,5% im Referendum von 1958) wollte de Gaulle durch den Abbruch jeglicher Beziehungen F.s mit G. beweisen, daß es ohne franz. Hilfe nicht lebensfähig sei. Ein Minimum an staatl. Funktionen wurde v.a. von der einzigen landesweiten Organisation, dem PDG (*Parti Démocratique de Guinée*), gewährleistet. Unter Führung des Gewerkschafters Sekou Touré (Jahrgang 1922) war dem «nationalisti-

schen» PDG nach einem landesweiten Streik 1953 eine sich bis zur Unabh. noch steigernde Massenmobilisierung gelungen (außer in Teilen des Fouta-Djallon), der die durch Zusammenarbeit mit F. diskreditierten anderen Parteien nichts entgegenzusetzen hatten. Die Zielsetzung der PDG-Führung im gesellsch. Bereich orientierte sich z. T. an idealisierten Vorstellungen einer vorkolonialen, von Basisdemokratie und sozialer Solidarität geprägten Gesellschaft («Kommunokratie»).

3. Obwohl noch Anfang 1959 nur 6,2% der damals auf rund 2,9 Mio. geschätzten Bev. in Orten über 2500 Ew. lebten (davon die Hälfte in Conakry) und 52,9% des BIP noch von der «trad.» Wirtschaft (Landw. und Handwerk) erbracht wurden (weitere 9,2% von der für den Export produzierenden Landw.: Bananen, Erdnüsse, Kaffee u. a., die Ende der 50er J. mit ca. 60% der Exporterlöse mit Abstand wichtigster Devisenbringer war), wurde das Schwergewicht der * Entwicklungsplanung auf den extraktiven Sektor gelegt, der die zumal nach Verlassen der * Franc-Zone 1960 dringend benötigten Devisen erwirtschaftete. G. besitzt die größten gegenwärtig bekannten Bauxitvorkommen der Erde, die seit Mitte der 50er J. abgebaut werden. Die Ausbeutung von Bauxitlager in Fria und Boké wird von * *joint ventures* vorgenommen, in denen der Staat 49% der Anteile besitzt, den Verwaltungsratsvorsitzenden stellt und 65% der Gewinne erhält. Das bei Kindia geförderte Bauxit wird (bei deutlich unter dem Weltmarktniveau liegenden Preisen) zur Rückzahlung von Krediten fast nur an die UdSSR geliefert. Der extraktive Sektor (neben Bauxit auch schwer zugängliche Eisenvorkommen in der Waldregion) hat mit der Ausfuhr von un- oder nur wenig (Tonerde) verarbeiteten Rohstoffen (über 95%; Rest: trop. Früchte für die UdSSR) inzwischen eine Monopolstellung in der Exportbilanz gewonnen.

Die Landw., die noch Ende der 70er J. 80% der aktiven Bev. beschäftigte, wurde seit der Unabh. v. a. zugunsten des Bergbaus stark vernachlässigt. Mehrere jeweils mit großem Propagandaaufwand verkündete Versuche zu * Agrarreformen führten in der Praxis dazu, daß das Verfügungsrecht über den Boden an den örtlichen Parteichef überging und diejenigen, die landw. Arbeitskräfte bezahlen können (Großgrundbesitzer, Kaufleute), ihre Besitzverhältnisse festigen konnten; z. T. fehlte damit – auch auf Grund der niedrigen (staatl.) Aufkaufpreise – für die Masse der Bauern ein Anreiz zu gesteigerter Produktion, z. T. wandern beträchtliche Mengen der guin. Agrarerzeugnisse (Reis, Mais, Erdnuß, Palmprodukte, Kaffee, Bananen usw.) auf Schmuggelwegen in die sechs Nachbarländer, wo höhere Preise dafür gezahlt werden. G. ist daher seit Jahren zur Sicherung seiner Lebensmittelversorgung auf umfangreiche Einfuhren (v. a. Reis aus den USA) angewiesen.

Bereits bis Anfang der 60er J. wurden Banken u. Versicherungen (diese waren überwiegend in franz. Hand) sowie Binnen- und Außenhandel verstaatlicht. Die Versorgung der Bev. mit Verbrauchsgütern (einschließlich Lebensmittel) wurde zu einem großen Teil über den schwarzen Markt abgewickelt, was die Behörden stillschweigend duldeten, solange keine aus Staatsbetrieben entwendeten Erzeugnisse angeboten wurden. Die trostlose Versorgungslage bildete 1977 den Anlaß für einen Protestmarsch von Tausenden der politisch einflußreichen Markt- und von Hausfrauen zum Präsidentenpalais. Dies löste mit eine Teilreprivatisierung des Einzelhandels und eine Neuregelung der Investitionsbestimmungen aus, die ausl. Kapital Anreize zur Anlage in G. schaffen sollte.

Positiver war lange Zeit die Bilanz im Bildungswesen. Von 1957/58 bis 1977/78 stieg die Zahl der Primarschüler von 42500 auf 272000, in allen

Schularten von 45000 auf 378000. Konsequenter als andere afrik. Staaten versuchte G., sich bei den Curricula von den franz. Vorbildern zu lösen und die Lehrinhalte den Erfordernissen der guin. Gesellschaft anzupassen, was durch die Einführung afrik. Sprachen im Unterricht der unteren Klassen unterstrichen wurde. Durch die fehlende materielle Ausstattung hat das Bildungswesen jedoch schwere Rückschläge erlitten. 1988 soll aus diesem Grund die Einschulungsquote nur noch bei etwa 25% gelegen haben. Nach 1984 wurde Französisch wieder als Unterrichtssprache in den Grundschulen eingeführt.

4. Im pol.-institutionellen Bereich wurde nach der Unabh. die dominierende Rolle des PDG so weit verstärkt, daß Partei und Staat zur unlösbaren Einheit (*Parti-Etat*) erklärt wurden. Hatten dem PDG in der Phase der «nat. Demokratie» (1958 bis 1964) über die Hälfte der erwachsenen Bev. als nominelle Mitgl. angehört, so erklärte S. Touré 1964, als die Existenz von Klassengegensätzen nicht mehr zu leugnen war, den PDG von einer «Massenpartei» zur «revolutionären Avantgardepartei», in der die «revolutionäre Mehrheit» gegen die «konterrevolutionäre Minderheit» organisiert sei. Auf Grund des «Rahmengesetzes von 1964» wurde die PDG-Mitgliederzahl auf ⅙ der Bev. (in Conakry 30000) festgelegt. Angehörige des Partei- und Verwaltungsapparats mußten Rechenschaft über die Herkunft ihres seit der Unabh. erworbenen Vermögens geben, was heftigste Gegenwehr von seiten der Betroffenen auslöste.

Die Artikulation abweichender Meinungen war im PDG, der als die bestgefestigte Partei der Region galt, nicht möglich. Schonungslose Verfolgung tatsächlicher oder vermeintlicher Oppositioneller war Bestandteil des pol. Systems, was G. den Ruf eines «Gulag der Tropen» einbrachte. Auf Grund des Axioms eines «permanenten Komplotts» führte die Staats- und Parteiführung mehrfach meist blutige Säuberungen ihr jeweils gefährlich erscheinender gesellsch. Gruppen durch: 1960 gegen Teile der Peul-Chefferie, 1961 gegen die marxist. Lehrergewerkschaft, 1965 gegen Kaufleute, 1969 gegen die Armee, am brutalsten nach der mit portug. Unterstützung von Exilguineern 1970 versuchten Invasion und 1976 erneut gegen führende Peul. ⅓ bis ¼ der Ew. G.s sind aus pol., v. a. aber wirtsch. Gründen in die Nachbarländer emigriert.

Außenpol. trat S. Touré von Beginn der Unabh. an für die Einheit Afrikas ein, schloß sich zunächst eng an die «progressistischen» Regime von Mali und Ghana an, geriet nach deren Sturz aber in eine weitgehende außenpol. Isolation, die durch ständige Konflikte mit dem Nachbarstaat Elfenbeinküste noch verschärft wurde. Ende der 70er J. versuchte G. erneut eine Annäherung an den W (Motiv: *Kapitalhilfe und *Technologietransfer) bei gleichzeitiger Zusammenarbeit mit dem O (auf Grund der «ideologischen» Nähe). Bereits zu dieser Zeit konnte die guin. Entwicklungsstrategie als gescheitert gelten. Die Abh. von außen hat nach 1958 durch die Verlagerung des Exports auf ein einziges Produkt (Bauxit) noch zugenommen; der Bergbausektor stellt eine extrem auf das Ausland gerichtete *Enklave mit nur sehr geringen Verbindungen zu anderen Bereichen der Wirtschaft dar. Das Ziel einer landw. Autarkie konnte bei weitem nicht erreicht werden. Durch die Notwendigkeit regelmäßiger umfangreicher Importe von US-Reis waren auch einer tendenziell antiwestl. Außenpolitik gewisse Grenzen gesetzt.

Das von S. Touré geprägte pol. und sozio-ökon. System überlebte dessen Tod 1984 nur um eine Woche. Nach der Machtübernahme des Militärs unter General Lansana Conté, bei der der scheinbar fest gefügte PDG-Staat in sich zusammenbrach, wurde schrittweise der Übergang zu einer marktwirtschaftlich orientierten Wirtschaftspolitik vollzogen. Bisher wurden acht Staatsbetriebe privatisiert (westeurop. und saudiarab. Kapital), das Bankensystem reformiert und eine neue Agrarpolitik eingeleitet, die die Bauern durch größere materielle Anreize zu Produktionssteigerungen veranlassen, dadurch die hohen Nahrungsmittelimporte reduzieren und langfristig die Basis für eine Agrarerzeugnisse weiterverarbeitende Ind. legen soll. Bescheidene Erfolge wie ein Wirtschaftswachstum von 6% 1987 und eine Senkung der Inflationsrate von 78 auf 13% wurden zwar erreicht. Doch führte der – von der * Weltbank und anderen int. Organisationen mit einer Reihe von Krediten honorierte – Austeritätskurs zu gravierenden sozialen Spannungen. Den Forderungen nach Liberalisierung entsprach die Regierung durch das Abhalten eines Referendum im Dez. 1990, in dem sich die Bevölkerung für eine neue Verfassung und die Übergabe der Regierungsgewalt an eine Zivilregierung aussprach. Die ursprünglich für 1995 vorgesehene Einführung eines Mehrparteiensystems wurde auf öffentlichen Druck schon im April 1992 vollzogen, Parlamentswahlen sind für Ende 1992 vorgesehen.

Lit.: W. Veit, Nationale Emanzipation. Entwicklungsstrategie und Außenpolitik in Tropisch-Afrika. Die Beispiele Elfenbeinküste und Guinea, München 1978; W. Schneider-Barthold, «La grande ouverture de Guinée». Außenpolitische Neuordnung und Wirtschaftsreform oder Rückkehr zum Stand der frühen sechziger Jahre, in: Afrika Spectrum 2/1979, S. 177ff.; I. B. Kake, Sékou Touré. Le Héros et le tyran, Paris 1987; U. Schmidt, Guinea, in: HDW III, 4, 1993, S. 243ff. kz

Guinea-Bissau Die Bev. (1990: 980000) der 36125 qkm großen Rep. G. B. (Hs. Bissau) besteht aus drei großen Herkunftstypen: Mischlinge (Nachkommen von Kapverdianern), «assimilados» (Nachkommen von Einwanderern aus Guinea-Conakry) und Eingeborene. Letztere teilen sich in über 40 ethnische Gruppen verteilt über Westafrika. Am stärksten vertreten sind die Balante, die Fula, die Mandigo, die Pepel und die Mandiako. Neben der Staatssprache Portugiesisch wird «Crioulo» (eine Mischung aus Portugiesisch und afrikanischen Sprachen) als Verkehrssprache verwendet. Von den afrikanischen Sprachen wird Mandingo und Fula am meisten gesprochen. Zwei Drittel der Bev. gehören trad. afrikan. Religionen an, ein Drittel ist Moslem, und es existiert auch eine katholische Minderheit. Die Analphabetenquote betrug 1990 90% der Erwachsenen, die LE ist mit 39 J. die niedrigste der Welt. Reis für die * Subsistenz und die * Monokultur Erdnuß (mit Palmöl und Kokosnüssen 80% des Exports) sind die Hauptprodukte des dominierenden Agrarsektors (1985: 70% des BIP und 80% der Erwerbspersonen). Neben der Beseitigung von kolonialen Hypotheken (Erdnußmonostruktur, Infrastrukturmängel) ist die Sicherung der * Ernährung der bislang von devisenverzehrenden Nahrungsmittelimporten abhängigen Bev. entwicklungspol. Grundproblem. Das BSP pro Kopf lag 1990 bei 180 US-$; die durchschn. jährl. Inflationsrate betrug 1980–1990 54,4%.

In der mehr als 500 J. dauernden portug. Kolonialherrschaft errichteten die Portug. an der Küste zunächst Handelsplätze für den Sklavenhandel. Nach dem int. Verbot des Sklavenhandels zwangen sie die einheim. * Subsistenzbauern zum Anbau von Erdnüssen. Durch Kooperation mit dem trad. Häuptlingssystem der islamisierten Gruppen konnte die Verwaltung der Portug. jeglichen Widerstand gegen die Kolonialherrschaft bei den Animisten unterdrücken. Im Ggs. zu Angola und Mozambique wurde G. B. unter der Kolonialherrschaft des autoritären Salazar-Regimes im Bildungsbereich total vernachlässigt und weder infrastrukturell erschlossen noch durch * Plantagen genutzt. Die 1956 von intellektuellen *Assimilados* (Beruf, Beherrschung von Schrift u. portug. Sprache) unter der Führung A. *Cabrals gegründete *Befreiungsbewegung PAIGC (*Partido Africano da Independência da Guiné e de Cabo Verde*) erreichte durch pol. Mobilisierung der Bauern und ab 1963 durch bewaffneten Kampf 1974 die Unabh. des Landes. G. B. versuchte mit einer Politik der *self-reliance* einen soz. E.-Weg (kuban. Militär- und Zivilberater mit Unterstützung der ehem. Sowjetunion). Die Förderung der Landw. zur Versorgung der Bev. mit Nahrungsmitteln erhielt absolute Priorität. Außenpol. wurden Antiimperialismus und *Blockfreiheit zu Grundprinzipien. Mißerfolge der Agrarpolitik und Dürre (→Sahelzone) und der Streit um die Verfassung (1984 neu) der Rep. (Staatsrat, Nationalversammlung mit 150 Abg., 4 Provinzen) innerhalb der auf G. B. und den Kapverd. Inseln regierenden PAIGC waren 1980 Anlaß für den Putsch gegen Präs. L. Cabral. Ihm wurden Korruption, Massenmorde an pol. Gefangenen und v. a. die Benachteiligung der Guineer (Schwarze) gegenüber den Kapverdianern (Mischlinge) vorgeworfen. Unter Staats- und Regierungschef J. B. Vieira kam die Kooperation mit den Kapverd. Inseln weitgehend zum Erliegen, und mit der Gründung der kapverd. PAICV zerfiel auch die Einheit der PAIGC (1984: 96% der Stimmen bei den Wahlen zur Nationalversammlung). Seit 1985 öffnet sich das Land gegenüber dem Westen, was 1986 zu einem gescheiterten Putschversuch führte. 1986 begann ein Programm zum wirtsch. Aufbau und zur Neustrukturierung des Landes, das von der Weltbank und vom IWF unterstützt wird. Nachfolgend wurde das Mehrparteiensystem eingeführt. Parlaments- und Präsidentschaftswahlen sind für 1993 vorgesehen. Im Dez. 1991 wurde eine Regierungsumbildung vorgenommen, die auch die Schaffung des Amtes des MP umfaßt. Staatspräsident Vieira berief Carlos Correia in diese Position.

Lit.: P. Handyside (Hg.), Revolution in Guinea, Selected Texts by Amilcar Cabral, New York und London 1969; B. Davidson, Die Befreiung Guineas, Frankfurt 1970; D. Nohlen/R. Witzel, Guinea-Bissau, in: F. Nuscheler/K. Ziemer, Politische Organisation und Repräsentation in Afrika, Berlin/New York 1978, S. 847ff.; U. Schiefer, Guinea-Bissau zwischen Weltwirtschaft und Subsistenz, ISSA, Bonn 1986; G. Achinger, Guinea-Bissau, in: HDW III, 4, 1993, S. 253ff. ah

Guyana Die *Cooperative Republic* G. versuchte einen nicht-kapitalistischen E.-Weg, der auf *Genossenschaften und *Selbsthilfe (*self-help*) aufbaute. Das Scheitern dieses *Dritten Weges war Ende der 80er Jahre angesichts der ökon. Probleme des Landes und der Politik des repressiven Machterhalts der PNC-Regierungen manifest. Der demokratische Machtwechsel von 1992 aufgrund der ersten fairen Wahlen nach über 20 Jahren eröffnete G. eine gewisse Chance zur polit. und wirtsch. Konsolidierung.

1. 85% der ehemaligen brit. Kolonie G. (Fläche: 214969 qkm) sind von trop. Regenwald bedeckt. Agrar. genutzt wird nur der Küstenstreifen G.s, wo v. a. Zucker (das wichtigste landw. Exportgut; 1985: über 35% des Ausfuhrwertes) und Reis angebaut werden. Im Landesinnern wurden eine Reihe von Bodenschätzen nachgewiesen bzw. werden dort vermutet. Am wichtigsten ist das Bauxit, von dessen Export (30% des Ausfuhrwertes) trotz der Absatzprobleme auf dem Weltbauxitmarkt G.s Wirtschaft weitgehend abhängt.

2. Aus der *Gewerkschaftsbewegung der 20er und 30er Jahre (1922 Gründung der *Guiana Labour Union*, der ersten Gewerkschaft der Karibik) ging 1950 die *People's Progressive Party* (PPP) des Inders Cheddi Jagan hervor, die ursprünglich die versch. ethnischen Gruppen des Landes integrierte. Im Sog des Kalten Krieges geriet Jagan unter Kommunismusverdacht (und entsprechenden außen- und innenpol. Druck), worauf sich eine Gruppe von PPP-Mitgl., geführt von dem ehemaligen Erziehungsmin. des von 1953 bis

1964 regierenden Jagan, dem Afrikaner Forbes Burnham, von der PPP abspaltete und den PNC (*People's National Congress*) bildete. Ideologische Trennlinien wurden somit durch Rassengegensätze noch verschärft bzw. überdeckt. Aus Sorge, der Marxist Jagan könne, gestützt auf den ind. Bev.-Anteil von 50% und begünstigt durch das rel. Mehrheitswahlsystem, erster Premierminister eines unabh. G.s werden, verschob GB auf Druck der USA die Gewährung der Unabh. für das Land von 1963 auf 1966 und schrieb für die Wahlen 1964 die der brit. Tradition fremde Verhältniswahl vor. Dadurch gelang es Burnham, an der Spitze einer antiind. Koalition Premierminister zu werden, was er bis zu seinem Tod im Jahre 1985 auf Grund weiterer Wahlerfolge (unter Zuhilfenahme von Wahlmanipulationen) und innenpol. Repressionsmaßnahmen (die Relation von Sicherheitskräften pro Kopf ist von 1:284 [1964] auf 1:37 [1977] gewachsen) blieb. Burnhams Nachfolger, der neue PNC-Vorsitzende Desmond Hoyte, der sich durch manipulierte Wahlen im Dez. 1985 im Amt bestätigen ließ, vollzog bis Ende der 80er Jahre v. a. aufgrund der wirtsch. desolaten Lage G.s einen pol. Kurswechsel: innenpol. vom Kooperativensozialismus zur privaten Marktwirtsch., außenpol. von der * Blockfreiheit zur Annäherung an die USA.

3. Die Bev. G.s wurde 1989 auf 796000 Ew. geschätzt. Sie konzentriert sich auf den Küstenstreifen und mehr und mehr auf die Städte (Hs. Georgetown 1989 ca. 200000 Ew.), wobei die ethnischen Gruppen sich entsprechend ihrer Wirtschaftstätigkeit verteilen (Inder im Agrarsektor, Afrikaner in den Städten). Ca. 51% der Bev. sind Inder, 32% Schwarze, 5% Indianer, 2% Weiße, 0,7% Chinesen, 9,3% Mischlinge.

4. Die Bauxitförderung (Arbeitsplätze für nur 3,5% der Erwerbstätigen) ist der bedeutendste Ind.-Zweig des Landes. 1971 wurden die Niederlassung von ALCAN und 1975 die Anlagen von *Reynolds* (gegen Entschädigungen) verstaatlicht. G. blieb jedoch weiter von den Nachfrageschwankungen des Weltmarktes bzw. der Vermarktungsstrategie des kanad. ALCAN-Konzerns abhängig, der G.s Bauxit zum größten Teil verarbeitet. Bauxit hat aber nur zeitweise in seiner Bedeutung das Hauptexportgut Zucker abgelöst (Verstaatlichung der Zuckerind. 1976). Insges. kontrollierte der Staat bis Mitte der 80er Jahre ca. 80% der Wirtschaftstätigkeit. In ausl. Hand blieben die Vermarktung der Zucker- und Bauxitexporte sowie der Finanzsektor.

5. Die soziale Struktur G.s ist durch die Überlagerung ethnischer und sozialer Konfliktlinien gekennzeichnet. Am unteren Ende der gesellsch. Pyramide rangieren die Arbeitslosen in den Städten (deren Zahl wächst) und die Arbeiter auf den Zuckerplantagen. Die besten Löhne beziehen die Minenarbeiter, ausschließlich Afrikaner. Afrikaner dominieren auch den Staatsapparat. Der Staat, der wichtigster Arbeitgeber des Landes ist, benachteiligt bei der Vergabe von Arbeitsplätzen systematisch die indische Bevölkerung.

6. Die koloniale Vergangenheit G.s hat eine religiöse (57% Christen, vorwiegend Protestanten, 33% Hindus, 9% Muslime) und sprachliche Vielfalt (9 Stammesdialekte, Patois, Hindi, Amtssprache Englisch) hervorgebracht. Im Erziehungswesen wirkten die Konsequenzen des ehemaligen christlichen Ausbildungsmonopols v. a. in dem überproportionalen Anteil der Inder an der Zahl der Analphabeten (1900 insg. 20%) und deren geringeren Karrierechancen (Unterrepräsentation in Verwaltung, Erziehungs- und Gesundheitswesen) fort. Das Bildungsgefälle zwischen den Rassen entspricht dem Stadt-Land-Gefälle, da sich die höheren Schulen in den Städten konzentrieren. Die Gesundheitsversorgung der Bev. wurde verbessert, hält aber mit der wachsenden Bev. nicht Schritt.

7. G. ist seit 1970 *Cooperative Republic* mit einer seit 1980 (manipuliertes Referendum über neue Verfassung) auch institutionell abgesicherten Herrschaft des PNC. Für G. wurde langfristig als Ziel gesetzt, sich zu einer nichtkapitalistischen Gesellschaft (seit 1973 begriff sich der PNC als sozialist. Partei) fortzuentwickeln (dies ergab eine ideologische Nähe zur PPP). *Genossenschaften sollten die staatl. und privatkapitalist. Wirtschaftssektoren verdrängen. Bis Mitte 1972 waren etwa 15 % der Bev. in mehr als 1000 Genossenschaften organisiert. Deren Mehrzahl dient der Kapital- und Kreditmobilisierung, ein Drittel der Agrarproduktion, der Viehhaltung und der Vermarktung, die übrigen haben versch. Aufgaben der *self-help* (Slogan der Kooperativen). Der wirtschaftspol. Kurs des PNC zeichnete sich im Ergebnis aber v. a. durch Mißmanagement, Verfall der Infrastruktur, anhaltende schwere Rezession sowie massive Korruption aus. Dabei diente der weitgehend verstaatlichte wirtsch. Sektor dem PNP-Regime v. a. zur Absicherung seiner Macht durch ein ausgedehntes Patronagesystem. Durch den Preisverfall bei Bauxit und Zucker wurde die Lage noch erheblich verschärft. 1982 mußte die Reg. Burnham dann den Staatsbankrott eingestehen, 1985 wurde G. für kreditunwürdig erklärt (Auslandsschuld 1989: 1,7 Mrd. US-$, 700% des BSP). So erfolgte die marktwirtsch. Öffnung G.s und das Versprechen des PNP, demokratische Wahlen zuzulassen, unter dem Zwang, wieder pos. Beziehungen zum IWF herzustellen, sowie auch auf massiven innenpol. Druck. Nach mehrfachen Verschiebungen fanden am 5.10.1992 schließlich Wahlen statt, die von ausl. Beobachtern insges. als fair bewertet wurden. Der sehr knappe Wahlsieg Jagans und seiner PPP (er hatte sich bereits seit längerer Zeit vom Marxismus losgesagt) zwingt ihn zu einer eher konsensualen Politik, die zur Konsolidierung der Demokratie in G. dringend geboten erscheint. Aus dem wirtsch. Desaster dürfte das Land (BSP pro Kopf 1989: 340 US-$) ohne großzügige ausl. Hilfe allerdings kaum herausgelangen können.

Lit.: C. Jagan, The Economic Crisis in Guyana, Georgetown 1978; K. R. Hope, Development Policy in Guyana: Planning, Finance and Administration, Boulder (Col.) 1979; G. K. Danns, Domination and Power in Guyana: A Study of the Police in a Third World Context, New York 1982; R. Chandisingh, Guyana's New Constitution and the Elections of 1980: A Case of People's Power?, in: Verfassung und Recht in Übersee 15, 1982, S. 145ff.; W. Rodney, A History of the Guyanese Working Class, 1881–1905, London 1982; Latin America Bureau, Guyana: Fraudulent Revolution, London 1984; Ch. Singh, Guyana: Politics in a Plantation Society, New York 1988; Ch. Jagan, Forbidden Freedom. The Story of British Guiana, London 1989; P. Mars, Ethnic Conflict and Political Control: The Case of Guyana, in: Social and Economic Studies, 39, 2, 1990, S. 65ff; H. Henn, Guyana, in: HDW III, 3, Bonn 1992, S. 415; B. Hillebrands, Guyana, in: D. Nohlen (Hg.), Handbuch der Wahldaten Lateinamerikas und der Karibik, Opladen 1993, S. 389ff. rs/bh

H

Haager Erklärung →Ökologie

HABITAT *UN-Siedlungszentrum (UNCHS = *United Nations Centre for Human Settlements*). Erste HABITAT-Konferenz im Mai 1976 in Vancouver zum Thema menschliches *Wohnen in IL und EL. Die hier verabschiedete *Deklaration von Vancouver* forderte die Planung und Durchführung staatlicher Wohnungspolitik unter Beteiligung der Betroffenen mit dem Ziel, allen Menschen, gleichermaßen in Stadt und Land, «menschenwürdigen» Wohnraum zur Verfügung zu stellen. Eine Reform des Bodenrechts sollte den entsprechenden Zugang zu Bauland erleichtern. Bei neuen Bauvorhaben sollten vor allem heimische Materialien und angepaßte Technologien genutzt werden. Institutionalisiert wurden diese Ziele durch die Einrichtung des HABITAT-Zentrums mit Hauptsitz in Nairobi. HABITAT beschäftigt hier etwa 160 Mitarbeiter und etwa 60 weitere auf den einzelnen Kontinenten. HABITAT untersteht der UN-Kommission für menschliche Siedlungen, die seit 1978 auf ihren Jahreskonferenzen Rechenschaft über die Aktivitäten zur weltweiten Bekämpfung von Wohnungsnot gibt und neue Initiativen anregt. Die Arbeit von HABITAT beschränkt sich in erster Linie auf Beratungstätigkeit. In seinen Projekten stellt es Demonstrativlösungen zur Slumsanierung, zum Aufbau von * Genossenschaften für die Finanzierung und Organisation des Wohnungsbaus oder zur Entwicklung und Verwendung heimischer Baustoffe vor. Die UN betonten wiederholt ihre weitere Unterstützung der Ziele der Vancouver-Konferenz. 1987 schrieben sie das *International Year of Shelter for the Homeless* aus, um auf die Lage der Bedürftigsten auf dem Wohnungssektor aufmerksam zu machen. Im Anschluß an dieses Jahr betonten die UN in der Resolution (42/146) «*Realization of the right to adequate housing*» zum einen den Rang des Rechts auf Wohnung als * Menschenrecht. Zum anderen beauftragten sie die Kommission für menschliche Siedlungen mit der Resolution 146 der 42. Generalversammlung («*Global Strategy for Shelter to the Year 2000*»), für den Rest dieses Jahrhunderts eine weltweite Strategie mit konkreten Maßnahmen zur Bekämpfung der Wohnungsnot auszuarbeiten. Das Schwergewicht dieser Strategie liegt auf einem «*enabling approach*», d.h. einer Vorgehensweise, die die Planung und Implementation von Vorhaben der örtlichen Gemeinschaft bzw. Nachbarschaftsgruppe überläßt, während es Aufgabe der jeweiligen Staaten sein soll, Infrastruktur und andere Hilfen zur Selbsthilfe zur Verfügung zu stellen. HABITAT koordiniert und evaluiert diese neue UN-Initiative.

Lit.: →Wohnen rs

hacienda Die trad. h. ist ein auf Selbstversorgung orientierter landw. Betrieb, der sich auf das Monopol am Boden, zum Teil auch Wasser, und die Leibeigenschaft der um sie herum wohnenden Bev. gründet. Bewirtschaftet wird – bei Abwesenheit des Besitzers vertritt ihn ein *mayordomo* – nur ein kleiner Teil des Landes mit der Arbeitskraft der *colonos* (*inquilinos* in Chile, *yanaconas* in Peru, etc.), die eine Parzelle Land zur Eigenversorgung mit der Verpflichtung erhalten, 3 bis 5 Tage in der Woche für den *hacendado* zu arbeiten. H. stellt ein komplettes System wirtsch., sozialer und pol. Beziehungen zwischen der Person des Patrons und dem der Ausbeutung und Knechtschaft unterworfenen Landarbeitern dar. Es ist jedoch – nicht zuletzt durch das Modernisierungserfordernis der Landw. – im Schwinden begriffen. Auf dem Lande setzen sich auch im * Latifundium und erst recht in der * Plantage Lohnverhältnisse durch.

Lit.: G. Siebenmann (Hg.), Die lateinamerikanische Hacienda, Diessenhofen (Schweiz) 1979. dn

Haiti 1. Die Republik H. liegt im westl. Drittel der zweitgrößten Insel der Großen Antillen (Fläche 27750 qkm). 11800 qkm werden landw. genutzt, v.a. die fruchtbaren Küstenebenen (Anteil der Landw. am BSP 1985: 32%, Anteil der Landw. am Export wegen Stagnation und Aufbau einer exportorientierten, von Auslandskapital getragenen Industrie seit den 70er Jahren rückläufig). Hauptexportprodukte in der Landw.: Kaffee (über 20%), Sisal, Zucker, ätherische Öle. Neben den Agrargütern verfügt H. über zahlreiche Holzbestände und z.T. unzureichend erforschte mineralische Rohstoffreserven. Nur Bauxit (10% des Exports) und Kupfer werden durch ausl. Konzerne kommerziell ausgebeutet und exportiert. Seit der in den 70er Jahren eingeleiteten abh. * Industrialisierung H.s gewinnt die Ind. zunehmend an wirtsch. Bedeutung (30% des Exports). Allerdings trägt die Industrialisierungsstrategie, die gerade das besonders niedrige Lohnniveau, die bestehende industrielle Reservearmee und soziale Ungleichheit zur Grundlage hat und wegen ihrer Kapitalintensität (→kapitalintensiv) nur wenig Arbeitsplätze schafft (6% der erwerbsfähigen Bev. waren 1985 in der Ind. beschäftigt), kaum zur Verbesserung der sozialen Lage der Bev. bei. Der extrem abh. kapitalistische E.-Prozeß H.s hat vielmehr auch zu einer wachsenden Staatsverschuldung beigetragen (1986: 585 Mio. US-$; 1985: 27,8% des BSP).

2. H. war bis 1804 franz. Kolonie. Das Wirtschafts- und Gesellschaftssystem beruhte auf der Ausbeutung afrik. Sklaven. Nach einem 13jährigen Befreiungskrieg der Sklaven und Mulatten erlangte H. 1804 die pol. Unabh. von Frankreich und durchbrach das trad. koloniale Agrar-*Exportmodell. Die Verstaatlichung (66 bis 90%) der landw. genutzten Fläche wurde in den folgenden Jahrzehnten mit der Verteilung der Ländereien an hohe Militärs und Staatsfunktionäre wieder rückgängig gemacht; es wurden feudale Agrarstrukturen mit verschiedenen Pacht- und Abhängigkeitsverhältnissen geschaffen. Seit 1883 geriet das Feudalregime zunehmend in eine Krise, und der weitere Zerfall der pol. Ordnung nach 1907 führte zur Besetzung H.s durch die USA (1915 bis 1934), die eine Teilmodernisierung (Schaffung einer *Infrastruktur) und Vorrangstellung des US-Kapitalinteresses (Gesetze zur Erleichterung des Kapitalimports, US-Investitionen in der Landw.) zur Folge hatte. Die ungleichen sozialen Strukturen wurden nicht nur aufrechterhalten, vielmehr verschärfte sich die soziale Lage der Bauern durch Landvertreibung. Seit der US-Invasion ist die Wirtsch. H.s weitgehend von dem Haupthandelspartner USA abhängig.

3. Die Bev. H.s wurde 1987 auf 5,4 Mio. Ew. geschätzt, die Bev.-Dichte auf 196 pro qkm. Der *Urbanisierungsgrad beträgt 27% (1985). Hs. Port-au-Prince: 800000 Ew. (1983 gesch.). Wegen der Überbevölkerung und mangelnder Beschäftigungsmöglichkeiten auf dem Lande halten der Urbanisierungstrend sowie eine hohe Emigrationsrate (1987 insges. ca. 1 Mio.) an. *Ethnische Zusammensetzung der Bev.: über 80% Schwarze, 15–20% Mulatten, einige Tsd. weiße Ausländer.

4. Einer kleinen Oligarchie stehen über 90% Bauern, Landlose und Marginalisierte (→Marginalität) gegenüber; Mittelschichten haben sich kaum entwickelt. Starke Heterogenität des Agrarsektors: ausl. *Enklaven (Kaffee, Kakao, Sisal, Zucker, Bananen) verfügen über 7% der agrar. Nutzfläche (hohe Produktivität, ca. 30% der landw. Produktionswerte). 91% der landw. Betriebe unter 3 ha besitzen 62% der landw. Nutzfläche (v.a. *Subsistenzproduktion). Großes Problem ist die Verelendung der Landbev. sowie eine hohe *Arbeitslosigkeit und Unterbeschäftigung. Die Arbeitslosenquote wurde 1987 auf 50% geschätzt. Die medizinische Versorgung und Ausbildung der Bev. v.a. auf dem Lande ist völlig unzureichend, 77% sind Analphabeten, die LE beträgt 54 Jahre.

5. Offiziell sind ca. 90% der Hait. kath., Amtssprache ist Franz. Die Oberschicht ist an der Verbreitung und Pflege der franz. Kultur und Sprache orientiert, während die Masse der Bev. kaum mit diesen Werten in Berührung kommt und ihnen ablehnend gegenübersteht bzw. sich diese als Mittel des Aufstiegs zu eigen macht. Mit der Ausübung ihrer eigenen Kulte (Voudou-Kult, ein westafrik. Kult, der mit christlichen Elementen verschmolzen ist), ihrer eigenen Sprache (Kreolisch) und eigenen Lebensweise (*marronnage*) reagiert sie auf ihre Weise auf die Unterdrückung und Ausbeutung in der Gesellschaft.

6. Der auf Druck der USA und anhaltender sozialer Unruhen erfolgte Sturz des hait. Diktators J. C. Duvalier setzte der 30jährigen Diktatur der Familiendynastie Duvalier am 9.2.1986 ein Ende. Nach der Flucht Duvaliers über-

nahm ein mehrheitlich aus Militärs gebildeter Nationaler Regierungsrat unter der Präsidentschaft des Generals Namphy die pol. Macht. Eine neue Verfassung wurde im März 1987 verabschiedet und durch ein Referendum bestätigt. Sie sieht alle 5 J. direkte Präs.- und Parlamentswahlen vor. Das Parlament besteht aus zwei Kammern. Erstmals seit 30 J. wurden in H. wieder mehrere Parteien, einschließlich der KP, zugelassen. Die für den 27.11.1987 anberaumten freien Präsidentschafts- und Parlamentswahlen mußten allerdings nach blutigen Übergriffen Duvaliertreuer Militäreinheiten abgebrochen werden. Den Militärs wurde daraufhin die Kontrolle über die Wahlen zugesichert, und im Jan. 1988 wurden erneut Wahlen durchgeführt, die von den Oppositionsparteien und der Kirche wegen Manipulation boykottiert wurden. Aus diesen Wahlen ging L. Manigat als neuer Präs. hervor. Der somit stark eingeschränkte Demokratisierungsprozeß H.s wurde bereits am 19.6.1988 durch einen Militärputsch unterbrochen.

Am 10.3.1990 wurde die Militärreg. unter Prospero Avril durch eine demokratische Massenbewegung von der Macht vertrieben. Durch die weitere Verschärfung der sozialen Situation geriet die Übergangsreg. in Konflikt mit der demokratischen Opposition. Auf Druck der USA fanden am 16.12.1990 demokratische Wahlen statt. Auf dem neuen Präs. Jean-Bertrand Aristide, einem profilierten Vertreter der * Theologie der Befreiung, dem ersten durch faire Wahlen legitimierten Präs. in der Geschichte H.s (66,7 % der Stimmen) ruhten die Hoffnungen auf einen pol. Neubeginn. Doch Okt. 1991 wurde der neue Hoffnungsträger von der Armee gestürzt, was eine internat. pol. und wirtsch. Isolierung Haitis nach sich zog. Unter dem Druck der Militärs wählte das Parlament Joseph Nevrette zum neuen Staatspräs. Vereinbarungen, die, worauf die int. Gemeinschaft (* OAS, * UN) drängte, eine Rückkehr von Aristide ins Präsidentenamt vorsehen, (Washington, Febr. 1992 und Febr. 1993), scheiterten bislang am Widerstand des Nevrette-Regimes. Der Putsch löste einen neuen Flüchtlingsstrom aus.

Die paralysierte hait. Wirtschaft, der Rückgang der Auslandshilfe angesichts fortgesetzter pol. und sozialer Instabilität lassen in naher Zukunft auch auf keinen wirtsch. Aufschwung H.s hoffen, der die soziale Lage der verarmten hait. Bevölkerungsmehrheit verbessern könnte.

Lit.: U. Fleischmann, Aspekte der sozialen und politischen Entwicklung Haitis, Stuttgart 1971; G. Caprio, Haiti: Wirtschaftliche Entwicklung und periphere Gesellschaftsformation, Frankfurt 1979; W. Donner, Haiti. Naturraumpotential und Entwicklung. Eine Länderkunde, Tübingen 1980; R. Nonnenmann, Haiti – Probleme der Wirtschaftsentwicklung in einem Land der Dritten Welt, München 1981; C. Moïse, Constitutions et luttes de pouvoir en Haiti (1804–1987), 2 Bde., Montreal 1990; U. Fleischmann, Haiti, in: HDW III, 3, 1992, S. 430ff. ks

Halbindustrialisierte Länder →Schwellenländer

Handelsbilanz →Zahlungsbilanz

Handelshemmnisse Zu unterscheiden sind tarifäre und nicht-tarifäre H. Unter tarifären H. sind Zölle zu verstehen, also Abgaben, die der Staat auf die Einfuhr, die Ausfuhr oder auch den Transit von Waren erhebt. Nicht-tarifäre H. umschließen alle Regelungen, Gesetze, Verwaltungsvorschriften und -praktiken, die neben Zöllen den Warenverkehr zwischen Ländern beschränken, wie mengenmäßige Einfuhrbeschränkungen (Importquoten, Importkontingentierung), devisenmäßige Belastungen, Kreditbeschränkungen, pflanzenschutz- und veterinärpolizeiliche Bestimmungen, komplizierte Verwaltungsformalitäten etc. →Außenhandelspolitik. dn

Handwerksförderung Die Förderung von Handwerk und Kleingewerbe in EL ist in den vergangenen Jahren zunehmend zum Schwerpunkt der * Technischen und * Finanziellen Hilfe geworden. Angesichts der geringen zusätzlichen Beschäftigungsmöglichkeiten in der Landw. werden häufig im Rahmen von Programmen der * Ländlichen Entwicklung Maßnahmen zur Schaffung zusätzlicher, nicht-landw. Arbeitsplätze auf der Ebene mittlerer und kleinerer Handwerksbetriebe durchgeführt. Damit soll eine devisensparende, * arbeitsintensive und marktnahe Produktion zur Deckung von * Grundbedürfnissen gefördert und die * Landflucht in die überlasteten Ballungsgebiete abgebremst werden. pb

Hanns-Seidel-Stiftung →HSS

Harrod-Domar(-Modell) →Entwicklungsplanung, Wachstumstheorie und -strategie

Haushaltskredit E.-Hilfekredit von Reg. zu Reg., der nicht an bestimmte Verwendungsauflagen gebunden ist und dem Budgetausgleich dient. wpz

Havanna-Charta →GATT

HDI *Human Development Index*, erstmals 1990 im von der * UNDEP publizierten *Human Development Report* (HDR) vorgeschlagener Index, der sich aus Indikatoren für «wesentliche Elemente des Lebens» zusammensetzt und den Lebensstandard in den Staaten der Welt aufgrund angemessenerer Kriterien als die bis dahin vorherrschende Bewertung nach dem * Pro-Kopf-Einkommen (PKE) bestimmen soll. Die den HDI konstituierenden Komponenten sind die LE, die Alphabetisierungsrate und die reale Kaufkraft pro Kopf (*Purchase Power Parities*), die das herkömmlich absolut gemessene PKE im Hinblick auf die konkreten Lebensbedingungen des jeweiligen Landes relativiert. Die Werte von 130 Ländern mit je über 1 Mio. Ew. werden für diese Indikatoren auf eine Skala von 0 bis 1 projiziert. Der Wert der einzelnen Indikatoren wird für jedes Land berechnet, indem der reale Wert eines Landes sowohl auf den real ermittelten int. Minimalwert als auch auf den Maximalwert bezogen wird. Dadurch wird der jeweilige Durchschnitt eines Landes auf die int. existierende Spannweite übertragen. Aus den so konstruierten Einzelindikatoren wird dann das arithmetische Mittel berechnet. Der HDI zeigt an, wie stark dieser Durchschnitt vom Maximalwert 1 abweicht. Vergleicht man die so ermittelte Rangfolge mit der sich aus der Messung des PKE ergebenden, so sind z. T. große Rangunterschiede festzustellen. Kritik am HDI war teils pol., teils empirisch und teils methodisch begründet. So wurde bemängelt, daß der HDI die Menschenrechtssituation in den Ländern nicht berücksichtige und das für die EL «verlorene Jahrzehnt» der 80er J. in den Ergebnissen nicht zum Ausdruck komme. Zudem handelte es sich bei den Sozialindikatoren LE und Alphabetisierung um vergleichsweise «billige» E.-Fortschritte. Die UNDEP nahm diese Kritik teilweise auf und verfeinerte den HDI, indem sie ihn nach Bev.-Gruppen disaggregierte und einen nach Geschlecht (*gender sensitive*) bzw. Region (*region sensitive*) angepaßten HDI einführte. Im HDR 1992, der sich auf eine wesentlich verbesserte Datenbasis stützen konnte, wurden weitere Offenheit für Kritik bekundet und weitere Bemühungen zur Verfeinerung des HDI angekündigt. hb

HDR *Human Development Report*, Bericht über menschliche Entwicklung des * UNDP, zuerst 1990 (HDR 1990), seither jährlich. Der HDR versucht u. a., Entwicklung zu quantifizieren und über Länder und Zeiten zu vergleichen. Er bedient sich dazu des von ihm entwickelten kombinierten Indikators * HDI. Der HDR 1992 hat für die Messung der Menschenrechte den Indikator * PFI vorgeschlagen. dn

Heckscher-Ohlin →Außenhandelstheorie, Wachstumstheorien und -strategie

Hermann-Gmeiner-Fonds Deutschland e. V. 1963 gegr. * nichtstaatliche Organisation (* Bensheimer Kreis, * DPWV), hat zum Ziel, SOS-Kinderdörfer zu verbreiten und zu fördern. In weltweit rund 280 SOS-Kinderdörfern wachsen in sog. Kinderdorffamilien (10 bis 20 pro Dorf) jeweils fünf bis acht elternlose oder verlassene Kinder unter der Obhut einer einheimischen SOS-Mutter auf. Entgegen der Kritik an der Kinderdorfkonzeption («isolierte Oasen der Menschlichkeit») bemüht sich der Fonds nach eigenen Angaben, SOS-Kinder in ihr kulturelles Umfeld zu integrieren und nicht isoliert zu erziehen und auszubilden. Neben Kinderdörfern finanziert er u. a. Schulen, Sozialzentren, Lehrwerkstätten, Spitäler. Der Verein arbeitet mit offiziellen Stellen in EL zusammen und gehört dem Dachverband SOS-Kinderdörfer International in Wien an. Einnahmen (1987: rd. 112 Mio. DM) über Spenden, Nachlässe und (Patenschafts-)Beiträge (→Kinderpatenschaften). Publikation: SOS-Kinderdorf International; Adresse: Menzinger Str. 23, 8000 München 19. mik

Hermes-Bürgschaften/-Garantien der Hermes-Kreditversicherungs-AG, bundesdeutsches Exportkreditversicherungssystem, sichert deutsche Unternehmen gegen die mit Investitionen in EL verbundenen wirtsch. (Zahlungsunfähigkeit) und pol. Risiken ab. Der Ermächtigungsrahmen des Bundes stieg von 120 Mio. DM (1949) auf 150 Mrd. DM (1980) und 195 Mrd. DM (1987). 1987 betrug die Zahl der neu gestellten Deckungsanträge 40133; das Volumen der Antragssummen lag bei 50,7 Mrd. DM. Die regionale Verteilung der Anträge schwankt. Unterschieden wird zwischen Bürgschaften (Geschäften mit ausl. Regierungen und Körperschaften des öffentlichen Rechts) und Garantien (Geschäften mit privaten ausl. Unternehmen). Der Exporteur trägt ein Versicherungsentgelt, das sich bei Garantien auf etwa 1,4% pro Jahr, bei Bürgschaften gestaffelt nach Höhe der *Investitionen auf 1,6% bis 3% beläuft. Adresse: Friedensallee 254, 2000 Hamburg 50. dn

HF →Anreizsysteme

Hilfswerk der deutschen Lions e. V. (*nichtstaatliche Organisation, *Bensheimer Kreis) fördert ohne konkrete e.-pol. Zielsetzung E.-Projekte der *Gesundheits- und *Bildungshilfe. Partner: insb. in EL ansässige Lions-Clubs. Zuwendungen an EL im Geschäftsjahr 1986/87 rund 1,5 Mio. DM, finanziert insb. über Spenden von Lions-Mitgl. und *BMZ-Zuschüsse. Adresse: c/o Klaus Voss, Postfach 1250, 8762 Amorbach. mik

Ho Chi Minh Ho wurde (angeblich) am 19. 5. 1890 im Dorf Kim Lien bei Vinh (im N Vietnams) als Sohn eines nationalist. Verwaltungsbeamten geboren. Nach einem Aufenthalt in London, wo er mit den Ideen der Fabier in Berührung kam, ging er 1917 nach Harlem, um die Rassenproblematik zu studieren. Von 1918 an lebte er in Paris, wo er u. a. Tschou En-lai und Léon Blum kennenlernte, mit deren Hilfe er die «Interkoloniale Union» aus Nationalisten der Kolonien bildete. Am 30. 12. 1920 war Nguyen Ai Quoc (= N. der Patriot), wie er sich damals nannte, Gründungsmitglied der KPF. 1924 ging er nach Moskau. In der Folgezeit arbeitete er für die Komintern in Asien und wurde häufig inhaftiert. 1930 gründete er die *Viet Nam Dang Lao Dong*, die «Arbeiterpartei Vietnams», Keimzelle der späteren KP Indochinas, und 1941 die *Vietminh*, die «Unabh. Bewegung für Vietnam». 1944 rief er die «Provisorische Republikanische Reg. Vietnams» aus und nannte sich künftig Ho Chi Minh (= H., der Erleuchtung sucht). 1946 übernahm er die Ministerpräsidentschaft und das Außenministerium der Demokr. Rep. Vietnam (DRV). Im 1. und 2. Indochinakrieg war er die führende Persönlichkeit auf nordvietnam. Seite und eine Symbolfigur des antiimp. Kampfes für die Jugend in den Metropolen. Bei seinem Tode am 3. 9. 1969 im Alter von 79 Jahren war Ho Präs. der DRV und Vorsitzender des ZK der 1951 gegr. «Partei der Werktätigen Vietnams». rs

Hochschule und Dritte Welt Die Möglichkeiten und Grenzen des Engagements der dt. Universitäten für die Länder der *Dritten Welt werden bestimmt durch einige allg. Bezugspunkte: Internationalität gehört zum trad. Selbstverständnis von Wiss. und Universitäten. Die dt. Hochschulen (HS) haben sich immer der int. Zusammenarbeit verpflichtet gefühlt. Heute sind sie mit vielen Aktivitäten in Forschung und Lehre eingebunden. Zwei Indikatoren machen dies deutlich: 1. Ausl. Studenten machen an den HS einen Anteil von 5 bis 6% aus. Davon kommen mehr als die Hälfte aus EL. Deren abs. Zahl hat sich seit 1960 vervierfacht: von 11000 auf 48077 (WS 1986/87). Dabei hat sich ihr Anteil an den ausl. Studenten von etwa 45% (1960) auf heute 62% gesteigert. 2. Zwischen deutschen HS und HS in EL bestehen heute rd. 350 formelle Partnerschaften, innerhalb derer sich enge Formen des Austausches und der Zusammenarbeit in Lehre und Forschung gebildet haben.

Die Praxis der Zusammenarbeit bedient sich eines differenzierten Instrumentariums, bei dessen Anwendung die HS mit staatl. Trägern der E.-Politik und *auswärtiger Kulturpolitik eng zusammenwirken. Es sollte aber nicht übersehen werden, daß HS keine eigene E.-Politik betreiben, dies auch nicht ihre unmittelbare Aufgabe ist. Das ist wichtig festzuhalten, denn die Trennungslinie zwischen int. Zusammenarbeit der HS und e.-pol. ausgerichteten Aktivitäten läßt sich nicht immer scharf ziehen. Jedes Engagement in der Dritten Welt hat eine unmittelbare e.-pol. Ausstrahlung. Hier ist auch an die Rolle der HS in den Ländern der Dritten Welt zu erinnern, die sich von der unserer Universitäten wesentlich unterscheidet. Von ihnen werden möglichst konkrete und schnell wirksame Beiträge zur Entwicklung ihres Landes erwartet. Lehr- und Forschungsinhalte sind entsprechend geprägt durch den e.-pol. Bedarf. Über die Formen der unmittelbaren Zusammenarbeit hinaus sind die dt. Universitäten aber auch zu Partnern anderer Träger der E.-Politik geworden. Ihr Sachverstand wird bei der Planung, Vorbereitung und Ausführung e.-pol. Vorhaben gefordert und eingesetzt, sei es als Institutionen oder durch einzelne ihrer Angehörigen.

1. Studium von Studierenden aus der Dritten Welt an dt. Hochschulen. Unter e.-pol. Aspekten dient das Studium von Studenten aus Ländern der Dritten Welt dem Ausgleich von Defiziten in den *Bildungssystemen dieser Länder. Es geht dabei zum einen um die Ausbildung akademisch qualifizierter Führungskräfte für den nichtuniversitären Bereich; zum anderen um die Heranbildung von Wissenschaftlern, die den tertiären Bildungsbereich in Forschung und Lehre entwickeln können, so daß universitäre Ausbildung schrittweise in diesen Ländern selbst umfassend möglich wird.

Das bis heute im Vordergrund stehende Vollstudium führt mit einer wachsenden Zahl der Studenten auch zu wachsenden Problemen: 1. Mangelnde e.-pol. Relevanz von Studieninhalten und -formen; 2. unzureichende Rückkehrneigung nach Studienabschluß; 3. Hindernisse bei der fachlichen und sozialen *Reintegration in die Heimat. Es muß zu denken geben, wenn heute fast ebenso viele akademisch Ausgebildete aus der Dritten Welt in der BRD bleiben und arbeiten wie dt. Experten nach dort entsandt werden. Damit sich Studienabschlüsse nicht als persönliche und e.-pol. Fehlinvestitionen erweisen, sollte das Vollstudium nach Inhalt und Formen durch e.-bezogene Studienangebote ergänzt werden. Dazu braucht kein völliges Neuland betreten zu werden. Nach einer Umfrage der Westdeutschen Rektorenkonferenz (WRK) bestanden 1987 rd. 50 Studienangebote, die sich speziell an Postgraduierte aus EL richten. Sie erstrecken sich auf die Wirtschafts- und Sozialwiss., Agrarwiss., Forst- und Ernährungswiss., Ingenieurwiss., Erziehungswiss. und medizinische Fächer sowie Programme mit interdisziplinären Ausrichtungen. Folgender Katalog von Maßnahmen ermöglicht eine weitere e.-orientierte Steuerung des Studiums: a) frühzeitige Beratung vor Studienbeginn und studienbegleitend; b) Kurse zu spezifischen Organisations- und Führungsproblemen in EL; c) Praktika unter Beteiligung in der Dritten Welt tätiger Firmen; d) e.-bezogene Themen für Arbeiten während des Studiums, insb. aber bei Prüfungsarbeiten für akademische Abschlüsse. Bei der Definition der Inhalte e.-bezogener Studien sollte verstärkt auch mit Fachkollegen aus der Dritten Welt zusammengearbeitet werden, wozu wiederum das Instrument der Hochschulpartnerschaft fruchtbar sein kann. Sinnvoll sind auch systematische Nachkontakte mit Absolventen, wie sie z. T. schon gepflegt werden, um Erfahrungen aus e.-pol. Praxis als *feedback* zu nutzen. Die Möglichkeit von Postgraduiertenstudien als Ergänzungs-, Zusatz- oder Forschungsstudium nach Abschluß eines Studiums im Heimatland sollte nicht aus dem Auge verloren werden. Grundsätzlich sollten zunächst alle Ausbildungsmöglichkeiten in den Heimatländern ausgeschöpft werden. Hier ist nicht zuletzt der Sachverstand und die Stipendienpol. der Mittlerorg., insb. des *DAAD, angesprochen, der mit seinen **Sur-place*-Stipendien diesen Weg beschritten hat. Für bes. Studienprogramme auf Postgraduiertenebene sind HS mit Partnerschaftsbez. zur Dritten Welt bes. geeignet. Dabei spräche nichts dagegen, solche Studienangebote an best. Orten zu konzentrieren, damit eingesetzte Mittel optimal genutzt werden. Im übrigen ist der Studienerfolg ausl. Studenten keineswegs geringer als bei dt. Studenten und verbessert sich noch weiter durch Einbeziehung von Programmstudenten. Dieses Ergebnis sollte Grund sein, weiter an der trad. Offenheit der HS festzuhalten und den Zugang für Studenten aus der Dritten Welt keinen unangemessenen Restriktionen zu unterwerfen.

2. *Zusammenarbeit in der Forschung.* Die Zusammenarbeit in der Forschung zwischen dt. Universitäten und HS in EL hat zwei grundsätzliche Zielrichtungen: 1. Erhöhung der Forschungskapazitäten – personell und materiell – und der Qualität der Lehre; 2. Förderung der problemorientierten Lösung drängender Entwicklungsfragen. Im Hinblick auf das erste Ziel ist neben der Schaffung der institutionellen und materiellen Voraussetzungen die Ausbildung von Wissenschaftlern, ihre Einführung in die Forschungspraxis und Einbeziehung in die int. wiss. Zusammenarbeit wesentlich. Dies bedeutet für Studierende aus vielen Ländern der Dritten Welt die Fortführung des Studiums an einer dt. HS zur Promotion. Ein vielversprechendes Modell, die weiterführende wiss. Qualifikation an den E.-Problemen eines Landes zu orientieren, ist das Verfahren der *Sandwich-Promotion,* bei der die Betreuung der Promotionsarbeit im Heimatland durch einen einheimischen und einen dt. Hochschullehrer erfolgt. Über die individuelle Qualifikation hinaus können hier Grundlagen einer auch institutionellen Zusammenarbeit gelegt werden.

Für die Zusammenarbeit in der Forschung erfüllen kurzfristige Aufenthalte dt. Wissenschaftler zumeist mehrere Funktionen, bei denen Lehre, Beratung in Forschungsprojekten und/oder die Einweisung in spezielle Methoden oder instrumentelle Verfahren verbunden sind. In der Förderung der Forschungszusammenarbeit sollte allerdings auch zunehmend eine größere Flexibilität angestrebt werden, die Wissenschaftlern aus EL vermehrte Möglichkeiten für Studien- und Forschungsaufenthalte an dt. Universitäten eröffnet. Die Zusammenarbeit zwischen einer deutschen und ausl. HS kann den Rahmen abgeben, innerhalb dessen sich die dafür notwendigen Kontakte entwickeln können. Die dt. HS können über bilaterale Beziehungen hinaus auch zur wiss. Zusammenarbeit innerhalb der Dritten Welt beitragen. Gezielte Einladungen an Wissenschaftler aus EL, die regionale Zusammenhänge berücksichtigen, fördern den wiss. Austausch und können wiss. Zusammenarbeit zwischen HS einzelner oder mehrerer Länder anregen und vorbereiten.

In umfassenderen Projekten institutionalisierter Zusammenarbeit steht zumeist die zweite Zielrichtung – Forschung zu e.-bezogenen und Lösung anwendungsorientierter Problemstellungen – im Vordergrund. Dazu gehört vielfach die Einbindung in bilaterale Projekte der wiss.-techn. Zusammenarbeit von staatlichen Trägern. Schwerpunkte der rd. 90 vom Bund geförderten Projekte liegen in den Ingenieur- und Naturwiss., den Agrarwiss. und der Veterinärmedizin. Damit gekoppelte Hochschulpartnerschaften konzentrieren sich auf 17 afrik., 10 lateinamerik. und 9 arab./asiat. Länder. Damit sind nicht alle hochschulbezogenen Projekte mit staatl. Förderung erfaßt. Bemerkenswert ist allerdings eine ähnliche Tendenz im Gesamtbereich der HS-Partnerschaften mit EL. Von den Ende 1987 bestehenden 349 Vereinbarungen entfielen allein auf LA 95 (davon 33 mit Brasilien), 48 auf arab. Staaten und weitere 82 auf die VR China, während der ges. afrik. Kontinent mit nur 25 vertreten ist (ohne arab. Staaten). Im Mittelpunkt steht dabei das seit geraumer Zeit diskutierte Konzept der *angepaßten Technologien. Wenn damit die Vorstellung verbunden wird, es handele sich (nur) um zweit- oder drittrangige Wiss. und Technik, dann ist die Bereitschaft entsprechend eingeschränkt, weitreichende Verpflichtungen einer Zusammenarbeit einzugehen, weil der an den eigenen Standards der Forschung gemessene Nutzen zweifelhaft erscheint. Zahlreiche Beispiele zeigen allerdings, daß solche Technologien nicht notwendigerweise weniger anspruchsvolle Forschung erfordern, sondern gleichermaßen Innovation. Angemessenheit als Kriterium für Problemlösungen bindet Forschung nicht nur an E.-Probleme, sondern auch an E.-Bedingungen. Es sollen Problemlösungen gefördert werden, die den jeweiligen kulturellen Trad., gesellsch. Werten, Zielen und Strukturen möglichst weit entsprechen, anstatt sie abrupt außer Kraft zu setzen und dadurch andere Störfaktoren zu wecken. Gemeinsame Forschung mit Partnern in der Dritten Welt kann auch für dt. Universitäten nutzbringend sein. Erwägungen, daß neue anwendungsorientierte Forschung der Ind. neue Arbeitsbereiche erschließen wird, können außenwirtsch. von Bedeutung sein. Aber auch Forschung und – im weiteren Sinne – Wiss. werden aus der Beschäftigung mit den Problemen der Entwicklungsgesellschaft neue, in andere als die uns vertrauten Richtungen führende Impulse erfahren.

3. *Beiträge zur institutionellen Entwicklung der Hochschulen in der Dritten Welt.* Die Universitäten in EL sehen sich einer Vielfalt von Aufgaben gegenüber, die über die trad. Lehr- und Forschungsfunktionen hinausgehen. Ihre Einbindung in den Prozeß der wirtsch. und sozialen Entwicklung zeigt sich in umfassenden Beratungsaufgaben in Wirtschaft und Verwaltung, in außer-universitären Ausbildungsprogrammen und bei Bildungs- und Aufklärungs«feldzügen». Die Entwicklung der Institution HS bedeutet deshalb mehr als nur die Übertragung unserer eigenen Erfahrungen und Modelle.

Die Universitäten in der BRD sind dabei bes. auf personellem Gebiet gefordert. Qualifizierte Wissenschaftler müssen bereit sein, in Ländern der

Dritten Welt zu arbeiten. Diese Bereitschaft sollte in den deutschen HS höher bewertet werden – nicht zuletzt im eigenen Interesse, um für e.-bezogene Studienangebote auf ein personelles Potential zurückgreifen zu können, das mit Problemen der Dritten Welt vertraut ist. Ein verstärktes Engagement der deutschen HS in den EL hat auch der Wiss. Beirat des *BMZ in seinen 1987 ausgesprochenen Empfehlungen gefordert und angeregt, ein Netz von «Kooperations-Universitäten» in EL auszurichten.

Das personelle Engagement erscheint im Bereich der institutionellen Entwicklung vorrangig bedeutsam. Der für die E. notwendige Bedarf an Wissen und Technologie bedarf der Vermittlung, denn es hat sich gezeigt, daß der direkte Transfer nur zu oft an spezifischen kulturellen Normen und Denkweisen sowie sozialen Gefügen scheitert. Die HS in diesen Ländern sind ein zentraler Ort für diese Vermittlung. Bei dem quantitativen und qualitativen Ausbau ihrer Partnerschaftsbez. sollten die dt. Universitäten durch den «Gesprächskreis zur Förderung von Hochschulpartnerschaften mit HS in EL» unterstützt werden, der von Bund (AA, BMZ, BMBW, BMFT), Ländern und WRK unter Mitarbeit der einschlägigen Mittlerorganisationen begründet wurde. Von ihm könnten Initiativen ausgehen, die durch Beratung der HS deren akademisch-wiss. Interesse mit e.-pol. wichtigen Aspekten abstimmt: bei der Auswahl von Partnerinstitutionen in einem Land, bei der Auswahl der fachlichen Schwerpunkte und den Formen und Instrumenten der Zusammenarbeit. →Ausländerstudium

Lit.: Wissenschaftsrat, Stellungnahme zum Studienangebot für Studenten aus Entwicklungsländern, 1985; Antwort der Bundesregierung auf die Große Anfrage der Fraktionen der CDU/CSU und der FDP zu «Hochschulförderung Dritte Welt», Bundestagsdrucksache 10/5560 von 1986; DSE, Kleiner Wegweiser zu entwicklungsländerbezogenen Postgraduierten-Studiengängen und Weiterbildungsangeboten an Hochschulen in der BRD einschließlich Berlin(West), 1986; Schnitzer, Klaus u.a., Probleme und Perspektiven des Ausländerstudiums in der BRD, HIS GmbH, Hannover 1986; Wissenschaftlicher Beirat beim BMZ, Empfehlungen zum Studium von Studierenden aus Entwicklungsländern in der BRD, 1987; Kultusministerkonferenz (Hg.), Informationsschrift zur Förderung partnerschaftlicher Beziehungen zu Hochschulen in Entwicklungsländern, Nov. 1987. gt

Homelands Bezeichnung für Gebiete, die nach dem Willen der südafrik. Reg. (RSA) ausschließlich der Besiedlung und Nutzung durch Schwarze vorbehalten sind. Insg. handelt es sich um (1987) 37 Gebietsteile, die hufeisenförmig das industrialisierte und entwickelte Kernland der RSA umgeben und rund 14% (171000 qkm) der südafrik. Staatsfläche einnehmen. Derzeit existieren zehn weitgehend autonome, sich selbst verwaltende staatsähnliche Einheiten auf ethnischer Grundlage, von denen vier – die sogenannten TBVC-Staaten Transkei (1976), Bophuthatswana (1977), Venda (1979) und Ciskei (1981) – zu nach südafrik. Rechtsauffassung unabhängigen Staaten (jedoch ohne völkerrechtliche Anerkennung) geworden sind, während die übrigen sechs – Lebowa, Qwaqwa, Gazankulu, Kwazulu, Kangwane und Kwandebele – so nahe wie möglich an diesen Status herangeführt wurden.

Kernziel der Homeland-Politik ist immer die Existenzsicherung der weißen Minderheit gewesen. Über das Zwischenstadium interner Autonomie sollten die H. zu pol. wie wirtsch. selbständigen Staaten mit eigener Staatsangehörigkeit entwickelt werden. Mit den H. beabsichtigt die RSA im Rahmen ihrer Politik der «getrennten Entwicklung» (→Apartheid) langfristig die Bildung einer Staatengemeinschaft (Konföderation) des südl. Afrika, in die auch die Nachbarstaaten Botswana, Lesotho und Swaziland sowie kooperationswillige sog. *«Frontstaaten» mit einbezogen werden sollen. Pretoria sieht die H. als ein Beispiel für Koexistenz und die Realisierung des Selbstbestimmungsrechts der

Völker. In Wirklichkeit dienen sie ausschließlich den pol. und ökon. Interessen der RSA. Politisch haben sich die H. rasch zu neuen Subzentren der südafrik. Rassenpolitik entwickelt. Die Führungseliten der H. sind durch pol. Stellung, sozialen Status, Machtausstattung und Einkommen unlösbar mit der von Pretoria verfolgten Politik verbunden und deshalb auf enge Kooperation mit dem weißen Südafrika angewiesen. Im Innenverhältnis wurde zunehmend von Bedeutung, daß mit «unabhängigen» und «autonomen» Gebieten zwei unterschiedliche H.-Typen entstanden sind mit z. T. recht folgenschweren Auswirkungen auf Grund neuer effektiver Grenzen, differierender staatl. Zuständigkeiten und Machtbefugnisse, abweichenden Rechtsentwicklungen (vor allem im Arbeitsrecht) und H.-Bürgern mit unterschiedlichen Staatsangehörigkeiten, Rechten und Pflichten.

Rechtliche Grundlagen der H.-Entwicklung sind der *Promotion of Bantu Self-Government Act* von 1959, dem der *Bantu Homeland Citizenship Act* von 1970 und der *Homeland Constitution Act* von 1971 folgten. Obgleich ursprünglich pluralistisch strukturiert mit äußerlich demokratischen Reg.-Strukturen, haben sich die meisten H. inzwischen de facto zu Einparteistaaten von oft repressiver Natur entwickelt.

Wirtschaftlich wurden die H. immer mehr zu übervölkerten Transferökonomien. Der Export von Arbeitskraft in Form von *Wanderarbeitern und Pendlern wurde zum wichtigsten Handelsprodukt; als Kompensation entstanden Einkommens- und andere Finanztransfers in umgekehrter Richtung. Durch ihre doppelte Funktion als Arbeitskräftereservoir auf der einen und als Rückzugsgebiet für die schwarze Armutsbev. auf der anderen Seite sind die H. heute kaum noch tragbaren sozialen Belastungen ausgesetzt.

Die Zahl der in den H. lebenden Menschen verdoppelte sich von 1970 bis 1985 auf 14 Mio. Ihr Anteil an der Gesamtbev. stieg auf 42%, nur auf die schwarze Bev. bezogen auf 57%. Ökon. sind die H. Gebiete von extremer Armut mit wenig entwickelter Infrastruktur und Ind. sowie – von Bophuthatswana abgesehen – ohne mineralische *Ressourcen. Trad. Bewirtschaftungsmethoden, Kenntnis-, Kapital- u. Kreditmangel, unzureichende Beratungsdienste und eine stetige Bodenverschlechterung durch Überweidung, Landzersplitterung und Erosion sind für die niedrige Produktivität der Landw. verantwortlich. Der Beitrag der H. zum BIP Südafrikas beläuft sich gegenwärtig auf etwa 5%, zum BSP – aufgrund der im «weißen» Südafrika erzielten Einkommen – auf etwa 14%. Pendler und Wanderarbeiter stellten 1980 72% des BSP der H. Übertragungen aus Pretoria decken ⅔ bis ¾ des Finanzbedarfs der H. ab. Die fehlende wirtsch. Basis und die vielfältigen negativen Konsequenzen der Wanderarbeit bestimmen die Sozialstruktur der H. mit hoher *Arbeitslosigkeit und einem überproportionalen Anteil von Frauen, Alten und Kindern an der Bev.

Die schwarze Opposition (*ANC/ *African National Congress*; *PAC/ *Pan Africanist Congress*, AZAPO/ *Azania People's Organization*; UDF/ *United Democratic Front*) fordert die pol. Gleichberechtigung aller Südafrikaner in einem südafrik. Einheitsstaat. Auch wiederholte Putschversuche und Unruhen deuten auf ein Ende der H.-Politik, wodurch eine Wiedereingliederung der H. nach Südafrika in größere Nähe rückt.

Lit.: L. Harding, Homelands, in: HDW II, 5, Hamburg 1982, S. 452 ff.; A. J. Halbach, Südafrika und seine Homelands, Köln 1988. ajh/ah

Honduras H. ist das Paradebeispiel einer «Bananenrepublik». Hist. über den Export von Bananen in den Weltmarkt integriert, ist es ökon., pol. und militärisch weitgehend von den USA abhängig. Aufgrund seiner geostrategischen Lage «avancierte» H. in den 80er J. zur milit. Plattform der USA in der Region und erlangte so vorübergehend int. Bedeutung. Die gleichzeitige innenpol. Öffnung stieß dagegen int. auf wenig Beachtung. Derweil konnten stetige Fortschritte im Demokratisierungsprozeß verbucht werden.

1. Landschaftlich gliedert sich H. (Fläche: 112088 qkm) in ein Mittelgebirge im Westen, ein zentrales Bergland und das karibische Tiefland. Rd. 1/6 des (landw. überwiegend nicht nutzbaren) Landes ist Ackerland, knapp 1/3 Wiesen und Weiden. Die Waldbestände (knapp 1/3 der Fläche) werden insb. im Nordosten (tropischer Regenwald) durch Raubbau geschädigt (→Ökologie). Hauptexportprodukte: Bananen und Kaffee. H. ist reich an Bodenschätzen, deren Vorkommen jedoch kaum erschlossen sind. US-Unternehmen bauen in geringen Mengen Gold, Silber, Blei, Zink und Antimon ab. Die schwach entwickelte Ind. verarbeitet insb. Erzeugnisse der heimischen Land- und Forstwirtschaft.

2. Die Bev. wurde 1990 auf 5,1 Mio. Ew. geschätzt, ihre JZ betrug 1980–90 durchsch. 3,4%. Die Bev.-Dichte (1990: 46 Ew. je qkm) ist im Vergleich zu den Nachbarländern ebenso wie der Urbanisierungsgrad (44%) niedrig. Etwa 80% der Bev. sind Mestizen, rd. 10% *indígenas* und 5% Weiße. Die Bev. afrik. Abstammung (knapp 5%; Muttersprache: Englisch) lebt vorwiegend im karibischen Tiefland und auf den vorgelagerten Inseln. Landessprache ist Spanisch. Der kath. Anteil der Bev. liegt zwar noch über 80%, nimmt jedoch zusehends ab. Ev. Sekten aus den USA erhalten erheblichen Zulauf.

3. Die Geschichte des unabh. Staates H. (seit 1838) ist gekennzeichnet durch gescheiterte Föderationsversuche, Grenzkonflikte, unzählige gewaltsame Reg.-Wechsel und – im 20. Jh. – milit. Interventionen der USA (alleine 1903 bis 1937: siebenmal); die USA verteidigten durch ihr Eingreifen v. a. die Interessen von * *United Fruit*, deren Bananen-* Enklaven die Wirtschaft H.s dominierten. Nach einer Phase ziviler Präsidentschaften (1949–1963) stand H. – abgesehen von dem Intermezzo einer nat.-liberalen Zivilreg. 1971/72 – im Zeichen der Militärherrschaft (→autoritäre Regime). 1981 ließen die Militärs eine pol. Öffnung zu, in deren Rahmen eine Verfassung (1982) verabschiedet und eine Serie technisch zunehmend korrekter Wahlen durchgeführt wurde (1980, 1981, 1985, 1989). Drei zivile Präsidenten alternierten in Folge (R. Suazo Córdova, 1982–1985; J. Azcona, 1986–1990; R. L. Callejas, seit 1990). Freilich steckten in den 80er Jahren noch die USA und die hond. Streitkräfte weitgehend den Handlungsspielraum der jeweiligen Reg. ab.

4. Die hond. Wirtschaftsstruktur ist trad. landw. geprägt. Obwohl der Agrarsektor nur 1/4 des BIP erwirtschaftet (1/2 des BIP entfällt auf den Dienstleistungssektor), beschäftigt er die Mehrheit der Erwerbstätigen. Die Landwirtschaft teilt sich in einen großen trad. Sektor (* Minifundien, extensiv bewirtschaftete * Latifundien) und einen mod., mechanisierten Sektor (Bananenenklaven, ein Teil der Kaffeeplantagen, Viehzucht). Über 2/3 aller landw. Betriebe sind * Subsistenzwirtschaften. V. a. in Kleinbetrieben werden die Grundnahrungsmittel (Mais, Reis, Bohnen) produziert, die für die Bev. H.s (eine der ärmsten LAs) existentiell sind (→Ernährung). Der mod. Sektor der Landw. ist völlig auf den Weltmarkt orientiert und von dessen Nachfrageschwankungen abhängig. Die Wirtschaftskrise der 80er J. in H. wurde u. a. durch den Preisverfall seiner Agrarexportprodukte verursacht. Die Reg. bemühten sich seitdem verstärkt um eine Ausweitung der Exportpalette um nicht-trad. Produkte. Im Zuge der Agrarreform der 70er J. entstand überdies ein kleiner reformierter Sektor, in dem Produktionsgeossenschaften so-

wohl für den Inlandsbedarf als auch für den Export produzieren. Die USA dominieren die Wirtschaft und sind mit Abstand H.s wichtigster Handelspartner. US-Unternehmen stellen das Gros der im Land aktiven *transnationalen Konzerne; der überwiegende Teil ausl. *Direktinvestitionen entfällt auf die ansässigen US-Bananengesellschaften. Im schwach entwickelten ind. Sektor herrscht ausl. Kapital vor. Die USA wirken zudem an der *Entwicklungsplanung H.s mit und bilden Unternehmernachwuchs sowie Offiziere der Streit- und Sicherheitskräfte aus.

5. Die *Infrastruktur des Landes ist primär auf die Bedürfnisse des Bananenexports und der Städte zugeschnitten. Die durchschn. Analphabetenquote liegt bei 40 % (1985); es besteht ein starkes Bildungsgefälle zwischen Stadt und Land. Maßnahmen zur Verbesserung des Bildungswesens scheitern v. a. an Lehrermangel und der existenzbedrohenden *Armut der Bev.-Mehrheit (Abgang meist nach drei J. Schulzeit). Das Gesundheitswesen außerhalb großer Städte (und betriebseigener *Gesundheitsdienste der US-Konzerne) ist völlig unterentwickelt.

Lit.: J. A. Morris, Honduras: Caudillo Politics and Military Rulers, Boulder/London 1984; R. Lapper, Honduras: State for Sale, London 1985; M. Oseguera De Ochoa, Honduras hoy, Tegucigalpa 1987; A. Akker, Honduras The Making of a Banana Republic, Boston 1988; J. Arancibia, Honduras: un estado nacional?, Honduras 1988; W. Dietrich, Honduras, Heidelberg 1988; P. Bendel, Honduras, in: HDW III, Bd. 3, Bonn 1992, S. 146ff. Weitere Lit. →Zentralamerika-Konflikt. mik/rs

Hong Kong (HK) ist eine der letzten volkreichen Kronkolonien Großbritanniens (GB), seit 1983 gilt die amtliche Bezeichnung: «Britisch verwaltete Niederlassung an der Südostküste Chinas». Aufgrund des chinesisch-brit. Abkommens vom 19.12.1984 wird HK zum 1.7.1997 in die VR China als *«Special Administrative Region»* rückgegliedert. Wie Singapur hat HK wegen fehlender Landmasse eine weltmarktorientierte Wirtschaftspol. eingeschlagen. Heute zählt HK mit einem BSP von 6910 US-$ (1986) und einem hohen *Industrialisierungsgrad zu den sog. *Schwellenländern.

1. HK liegt an der SO-Küste des chines. Festlandes östlich des Perlflußdeltas und umfaßt eine Fläche von 1045 qkm. Die brit. Kolonie besteht aus der eigentlichen Insel HK (79 qkm) mit der Hauptstadt Victoria, der gegenüberliegenden Halbinsel Kowloon (42 qkm) und dem im Hinterland gelegenen Gebiet der *«New Territories»* (924 qkm) einschließlich 236 kleiner, meist unbewohnter Inseln. HK hat eine Bev. von 5,6 Mio. (1987), davon rd. 97 % Chinesen versch. Stammeszugehörigkeit, 3 % Ausländer (Philippiner mit 0,7 % zweitstärkste Gruppe). Durch hohe Zuwanderung ergibt sich eine für EL untypische Bev.-Pyramide mit Schwerpunkt im besten Arbeitsalter (1986: nur ca. 23 % der Ew. jünger als 15 J.). Offizielle Landes- und Verkehrssprache ist Englisch, wegen des hohen Anteils an Chinesen ist auch Kantonesisch zugelassen. Physischgeogr., hist. und demogr. ist HK Teil der südchines. Provinz *«Guangdong»*. Das Land ist gebirgig und verfügt über keine natürlichen Ressourcen. Nur 9 % der verfügbaren Fläche können landw. genutzt werden. HK hat jedoch eine günstige geogr. Lage, besitzt den einzigen taifunsicheren Tiefseehafen an der S-Küste Chinas und konnte sich so rasch zu einem effizienten Umschlags- und Produktionsplatz entwickeln. Angesichts der stetig steigenden Bev. wurde die Landgewinnung aus dem Meer immer unverzichtbarer.

2. HK wurde seit Beginn des 19. Jh.s von brit. Opiumschmugglern als Hafen genutzt. Nach dem verlorenen Opiumkrieg (1839–42) mußte China im Vertrag von *Nanjing* (1842, 1. der sog. «Ungleichen Verträge», enthielt die für China gefährliche Meistbegünstigungsklausel) die bereits 1840 besetzte Insel HK an GB auf Dauer abtreten. In den folgenden Jahrzehnten gelang es China nicht, seine Bez. zu den West-

mächten in die trad. chines. Weltordnung einzufügen und mußte 1860, nach einem weiteren Opiumkrieg, im Vertrag von *Tientsien* auch die Halbinsel Kowloon an GB abtreten, weitere Vertragshäfen öffnen, eigene Konsular-Gerichtsbarkeit für die Engländer, freie Benutzung der chines. Flüsse und Landkauf durch Engländer zulassen. Schließlich erzwang GB im Zuge der Abgrenzung von Einflußsphären unter den Großmächten 1898 einen 99jährigen Pachtvertrag für die sog. *«New Territories»*, um die Kolonie wirtsch. abzusichern und den Zugang nach S-China zu erleichtern. Diese brit. Annexionen waren Zeichen der Schwäche des chines. Kaiserreiches im 19. Jh. und ermöglichten GB, China in einen halbkolonialen Zustand zu versetzen. Mit der Konsolidierung des Welthandelssystems, das von den imperialistischen Mächten beherrscht wurde, wuchs HKs Bedeutung von 1842 bis zur japan. Besetzung (1941–45) als Flottenstützpunkt, Handelsstation für S-China, Bunker- und Verpflegungsstation auf der Ostasienfahrt und als Umschlagplatz für Waren und Kapital. Nach dem II. WK und mit der Gründung der VR China setzte eine anwachsende Flüchtlingswelle nach HK ein (1949 – 1980 ca. 1,1 Mio.). Um diesem Bev.-Druck auf landw. kaum ergiebigem Territorium standzuhalten, wurde eine Änderung der wirtsch. Struktur HKs erforderlich. Zudem stürzte das durch die USA über China verhängte Handelsembargo (1951) HK in eine Krise, da es über Nacht seine ökon. Basis, den Zwischenhandel, verlor. Innerhalb kürzester Zeit vollzog sich die Umstellung auf eigene ind. Produktion.

3. Der Flüchtlingsstrom schuf die Voraussetzungen des ind. Aufstiegs HKs: Arbeit, Kapital und Unternehmenskraft. Eine große Zahl bedeutender Industrieunternehmungen (z. B. hochentwickelte Textilind.) geht auf die Initiative und das Kapital aus Shanghai zurück. Ihnen folgten mehr und mehr Anlagen aus allen Teilen Südostasiens. Auch für europ., amerik., japan. und australische Unternehmer wurde HK als kapitalistisches Wirkungsfeld attraktiv: niedrige Arbeitskosten, geringe Sozialleistungen, schnelle Amortisation investierten Kapitals und hohe, frei transferierbare Gewinne bei gleichzeitiger pol. Stabilität. Die umfangreichsten ausl. *Investitionen kommen heute aus den USA (Bankwesen, Elektronik-Industrie, Fremdenverkehr), sie sind damit wichtigster Außenhandelspartner der Kolonie, gefolgt von Japan und der BRD. HKs Wirtsch. ist exportorientiert, die pol. und ökon. Bindung zum kapitalistischen Westen sichern der Kolonie die notwendigen Absatzmärkte, während gleichzeitig Kapital aus diesen Ländern ungehindert von und nach HK fließen kann. HK konzentrierte sich anfangs auf arbeitsintensive, billige und einfache Leichtindustrien, suchte aber seit den 70er J. verstärkt komplexere und *kapitalintensivere Produktionen aufzunehmen (Grund: wachsende Konkurrenz aus dem südostasiatischen Raum). Bei hoher Produktivität sind Landw. und Fischerei gesamtwirtsch. unbedeutend. Die Masse der Beschäftigten ist zu etwa gleichen Teilen im Sekundär- und Tertiärsektor tätig. Träger der wirtsch. Entwicklung in HK sind die privaten Unternehmer, der Staat übt Zurückhaltung. Mit der außenwirtsch. Öffnung der VR China Ende der 70er J. ist HK ihr führender Außenhandelspartner geworden, die VR China ist für HK wichtigster Nahrungslieferant. HK ist heute drittgrößter Finanzplatz der Welt (nach New York und London), ist drittgrößter Goldmarkt der Welt, hat den zweitgrößten Containerhafen, ist Sitz der größten Privatreederei, größter Exporteur (1985) für Bekleidung, Uhren, Radios, Kunstblumen sowie zweitgrößter Importeur (1985) für Textil-Rohmaterial, Uhrwerke und -gehäuse und Handtaschen. 1988 sank die

Arbeitslosenzahl auf einen hist. Tiefstand von 1,6%, womit quasi Vollbeschäftigung erreicht ist und sogar ein kritischer Arbeitskräftemangel an qualifiziertem Personal herrscht. *Verschuldung ist in HK kaum meßbar (1984: 0,8% des BSP). HK hat in den letzten Jahrzehnten ein enormes wirtsch. Wachstum erlebt, die Masseneinkommen sind beträchtlich gestiegen. Dennoch liegen 5–10% der Beschäftigten unter der Armutsgrenze. Sie erhalten seit 1971 vom Staat finanz. Unterstützung.

4. Verwaltet wird HK von einem Gouverneur (als Vertreter der brit. Königin), der einem Exekutivrat (15 Mitgl.) und einem Legislativrat (32 Mitgl.) als Präs. vorsteht. Der jeweilige Gouverneur (z. Z. Sir David Wilson) versteht sich weniger als Sachwalter brit. Interessen, denn als Sprecher der Kolonie gegenüber der Metropole. Die Verfassung HKs hat seit dem 19. Jh. keine wesentlichen formalen Veränderungen erfahren und beruht z. Z. noch auf GBs *«Letters Patent»* und *«Royal Instructions»*, die den Rahmen für die Verwaltung und ihre Durchführung abstecken.

Ab dem 1.7.1997 fällt HK unter die Oberhoheit der VR China. Laut dem chinesisch-brit. Reg.-Abkommen (sog. «Gemeinsame Erklärung»), das von M. Thatcher und Zhao Ziyang am 19.12.1984 unterzeichnet wurde (in Kraft seit 27.5.1985), soll HK nach 1997 als Sonderverwaltungsgebiet fortbestehen. Die chines. Reg. sichert HK auf 50 J. weitgehende Autonomie und Beibehaltung des bisherigen kapitalistischen Wirtsch.-Systems zu und garantiert (gemäß Grundgesetz Anlage I, Art. 2), daß sie die sozialistischen pol. Richtlinien in HK bis 2047 nicht praktiziert. Diese Pol. soll nach chines. Sichtweise dazu beitragen, das vorrangige Nationalziel der Wiedervereinigung mit Taiwan zu erreichen. Darüber hinaus wird HK mit unabh. Judikativ-Befugnissen ausgestattet. Reg. und Legislative werden sich künftig aus Ortsansässigen zusammensetzen, die Legislative durch Wahlen konstituiert. Durch örtliche Wahlen oder Konsultation wird der Reg.-Chef ausgewählt und von der Zentralen Volksrep. in Peking ernannt. Der Rechtsstatus der Bev. ändert sich nach 1997 wie folgt: die *«British Dependent Territories Citizens»* (3,25 Mio. Ew.) verlieren diesen Status und werden wie die Inhaber von *«Certificates of Identity»* (1,7 Mio. Ew.) chines. Staatsbürger. Die Briten werden nach Rückgabe ihrer Kolonie Ausländer sein, können aber als öfftl. Bedienstete oder Berater eingestellt werden. Allg. Wahlrecht und Gründung von Parteien hält die chines. Reg. nicht für erforderlich, da die Besondere Verwaltungsregion (künftige Bezeichnung «Hong Kong, China») nicht ein in die Unabh. zu entlassendes Land sei.

Die äußerst brutale Unterdrückung der Protestbewegung in der VR China («Massaker von Peking») im Juni 1989 führte in HK zu großer Unruhe und zur Forderung nach besseren Garantien für HKs künftige Autonomie. HKs Zukunft als «offener Marktplatz» wird wesentlich auch vom weiteren Aufstieg des EL China im Rahmen seiner Pol. der «Offenen Tür» und der «Vier Modernisierungen» abhängen, ferner von der weltwirtsch. Entwicklung generell sowie regional von seiner Konkurrenzfähigkeit im ostasiatisch-westpazif. Wirtsch.-Raum (z. B. gegen Singapur).

Lit.: Y. C. Jao, The Rise of Hong Kong as a Financial Center, in: Asian Survey 19 (7), 1979, S. 674–694; H. A. Turner, The Last Colony: But whose? A Study of the Labour Movement, Labour Relations in Hong Kong, Cambridge 1980; R. Hanisch, Hongkong, in: HDW II, 8, Hamburg 1982, S. 174ff.; H. Buchholz/P. Schoeller, Hong Kong, Finanz- und Wirtschafts-Metropole, Entwicklungspol für Chinas Wandel, Braunschweig 1985. ra

HSS Hanns-Seidel-Stiftung, der *CSU nahestehende *Politische Stiftung, gegr. 1967. Von drei der fünf Abteilungen der HSS gehen e.-pol. relevante Tätigkeiten aus.

Das Institut für Auswärtige Beziehungen (IAB) veranstaltet in Kontakt mit christlich-demokratischen und konservativen Parteien des europ. und außereurop. Auslands int. Fachtagungen, mit dem Ziel, int. Verständigung und Meinungsaustausch zu fördern. In geringem Umfang werden dabei auch Themen gesetzt, die unmittelbar auf die pol. und gesellschaftliche Situation in EL bezogen sind (z. B. die Situation der Frau in EL; Sicherheitspol. und Demokratie in Zentralamerika).

Das Förderungswerk unterstützt mit einem eigenen Stipendienprogramm ausl. Akademiker bei Forschungsvorhaben, Fortbildungen und Aufbaustudien (1989: 110 Stipendiaten, v. a. aus EL).

Die im engeren Sinne e.-pol. Arbeit der HSS obliegt dem 1977 eigens dafür gegr. Institut für int. Begegnung und Zusammenarbeit (IBZ). Das IBZ unterstützt v. a. E.-Projekte im Bereich des Verwaltungs- und Managementtrainings sowie der gesellschaftspol. und beruflichen Bildung. Dabei werden (Selbstdarstellung) folgende Ziele angestrebt: 1. Realisierung der Zusammenarbeit mit EL-Partnern auf der Grundlage christlicher Ethik, 2. Förderung demokratischer und pluralistischer Strukturen der pol. Willensbildung und Verteidigung der *Menschenrechte, 3. Aktivierung des Selbsthilfewillens und der Eigeninitiative in den EL zur Befriedigung der *Grundbedürfnisse breiter Bev.-Schichten nach Bildung, Gesundheit und Arbeit, 4. Aufbau und Unterstützung leistungsfähiger Führungskräfte in Wirtsch. und Verwaltung. Bei der Durchführung der Projekte arbeitet das IBZ mit privaten und staatlichen Partnern in den EL zusammen, v. a. mit nahestehenden pol. Parteien, *Gewerkschaften, Unternehmerverbänden, *Genossenschaften und Bildungs- und Forschungseinrichtungen.

Diese projektbezogene E.-Arbeit der HSS wurde seit 1977 (ein Projekt) rasch ausgeweitet (1982: 28 Projekte mit 31 Auslandsmitarbeitern in 21 EL, 1989: 64 Projekte mit 53 Auslandsmitarbeitern in 65 EL. Für die Finanzierung dieser Projekte wurden 1989: 48 Mio. DM aufgewendet.

Regionaler Schwerpunkt der Projektarbeit ist Afrika (1989: 48 % der Mittel), gefolgt von Asien/Ozeanien (33,0 %), LA (17,0 %). Die sektorale Aufteilung der Mittel läßt fraglich erscheinen, ob die HSS dem Ziel, E.-Arbeit im Sinne der Grundbedürfnisse breiter Bev.-Schichten zu betreiben, tatsächlich gerecht wird. 1989 gingen 43 % der Mittel zu gleichen Teilen in die Bereiche Managementtraining und Verwaltung und kommen damit armen Bev.-Teilen (wenn überhaupt) höchstens mittelbar zugute. Projekte der beruflichen und der gesellschaftspol. Bildung hatten mit 21 % bzw. 18 % einen etwas geringeren Stellenwert, 8 % der Mittel flossen in die Förderung von Gewerkschaften und Genossenschaften, der Rest in *Infrastrukturmaßnahmen, Gemeinde- und Parteienförderung.

Publikationen: Zft. «Politische Studien» (alle zwei Monate), versch. Schriftenreihen des IBZ und des IAB.

Adresse: Lazarettstraße 19, 8000 München 19. bt

Huasipungo, Huasipunguero Als *Huasipungo* bezeichnet man in Ecuador das Stück Land auf einem *Latifundium. Es wird von einem *Huasipunguero* (mit Familienmitgliedern) bearbeitet und dient der *Subsistenz des Indio-Landarbeiters. Als Gegenleistung für die Gewährung eines *Huasipungo* (und möglicherweise weiterer Rechte: Wasser, Weideland, Holz etc.) stellt der *Huasipunguero* einen Teil seiner Arbeitskraft (nicht mehr als vier Tage) unentgeltlich oder gegen einen geringen Lohn dem Latifundisten zur Verfügung. fn

human capital →Ressource

Humanitäre Hilfe Unter h. H. versteht man die schnelle, unmittelbar einsetzende Hilfe zur Beseitigung oder Linderung der Folgen akuter Notlagen, z. B. bei Erdbeben, Überschwemmungen, Seuchen, Dürrekatastrophen. Die *bilateral und *multilateral (z. B. *UNHCR, *UNICEF) geleistete Hilfe kommt unmittelbar der betroffenen Bev. zugute. 1990 wurden von der BRD 73 Mio. DM für h. H. (v. a. für Flüchtlinge) zur Verfügung gestellt (1982: 40; 1986: 49 Mio.). Die Mittel für h. H. unterstehen dem Auswärtigen Amt, bei der Durchführung der Maßnahmen werden geeignete andere Ministerien (u. a. auch das *BMZ) eingeschaltet. dn

Hunger →Agrarreform, Ernährung, FAO, WFP

HWWA Institut für Wirtschaftsforschung; Forschungsinstitut, das sich insbes. auch mit die EL betreffenden Fragen befaßt: *Entwicklungspolitik und int. Währungspolitik, int. Rohstoffpolitik und *Integrationspolitik. Schwerpunkte der Abtl. EL: *Entwicklungstheorie, Strukturprobleme der EL und E.-Prozeß, Handelspolitik, Kapitaltransfer und *Technologietransfer. Dokumentationszentrum zur Weltwirtschaft, etliche Schriftenreihen, u. a.: Wirtschaftsdienst, Finanzierung und Entwicklung, *Intereconomics*. Adresse: Neuer Jungfernstieg 21, 2000 Hamburg 36. dn

I

IACESC →OAS

IACHR →OAS

IAEA Int. Atomenergie-Organisation (*International Atomic Energy Agency*), gegr. 1956. Mitgl. 113 (1987), unabh. int. Organisation, der *UN zugeordnet, Berichterstattung gegenüber der Vollversammlung jährlich; Aufgaben: Erforschung, Entwicklung und prakt. Beratung zur Verwendung der Atomenergie für friedl. Zwecke; Überwachung der Einhaltung des Vertrages über die Nichtweitergabe von Atomwaffen; Standardisierung von Sicherheitsvorschriften, Schutz vor Mißbrauch nuklearen Materials. Adresse: Postfach 1 00, A-1400 Wien-Ost.

Lit.: Uranium. Resources, Production and Demand. Joint Reports by the OECD Nuclear Energy and the International Atomic Energy Agency, Bericht von 1980, Paris 1982. dn

IAH →Arbeiterwohlfahrt

IAO →ILO

IBA Int. Bauxit-Vereinigung (*International Bauxit Association*), gegr. 1974, Sitz: Kingston/Jamaika, Mitgl. 11: Australien, Dominik. Rep., Ghana, Guinea, Guyana, Haiti, Indonesien, Jamaika, Jugoslawien, Sierra Leone, Surinam. *Aufgabe:* Informationsaustausch zwischen den Mitgl.-Ländern, gemeinsame Preispolitik im Export von Bauxit und Aluminium. dn

IBD →BID

IBFG →Gewerkschaften (in der Dritten Welt)

IBRD →Weltbank

IBS →Gewerkschaften (in der Dritten Welt)

ICAITI →MCCA

ICAP →CIAP

ICDC →Süd-Süd-Beziehungen

ICFTU →Gewerkschaften (in der Dritten Welt)

IDA Internationale Entwicklungsorganisation (*International Development Association*), Tochtergesellschaft der *Weltbank (IBRD), gegr. 1960. Für ihre Einrichtung war maßgebend, daß die *bilaterale und *multilaterale Auslandsverschuldung vieler (asiat.) EL Ende der 50er J. bereits ein Ausmaß angenommen hatte, das weitere Kreditaufnahmen dieser Länder zu kommerziellen Bedingungen nicht mehr tragbar erscheinen ließ. Mit der IDA wurde deshalb auf amerik. Initiative ein Finanzierungsinstitut geschaffen, das *Kapitalhilfe zu «weichen», d. h. zu wesentlich günstigeren Bedingungen gewährt, als sie von einer sich bankmäßig refinanzierenden Org. wie der Weltbank angeboten werden kann.

Für IDA-Kredite kommen nur Länder mit einem Pro-Kopf-Einkommen von max. 790 US-$ in Betracht, obwohl in der Praxis fast 90% der IDA-Mittel an die ärmsten der armen Länder vergeben werden (mit einem Pro-Kopf-Einkommen von weniger als 400 US-$). Die Kredite sind prinzipiell unverzinslich, nur eine Bearbeitungsgebühr von 0,75% auf die ausgezahlten Beträge wird erhoben. Die Kredite haben eine Laufzeit von 35 bis 50 J., und die Rückzahlungen beginnen erst nach einer zehnjährigen tilgungsfreien Periode.

Die IDA hatte 1988 137 Mitgl.-Länder, wobei die Mitgliedschaft im * IWF Voraussetzung ist, damit auch best. Verpflichtungen hinsichtlich ihrer Devisen- und Wechselkurspolitik übernommen werden. Bei der IDA gibt es zwei Gruppen von Mitgl.-Ländern: Gruppe I umfaßt 17 im IDA-Abkommen namentlich genannte IL sowie Kuwait, Island, Irland und Neuseeland. Alle übrigen Länder bilden die Gruppe II; darin befinden sich v. a. alle Empfängerländer von IDA-Krediten. Die IDA finanziert sich durch alle drei bis vier J. wieder aufzufüllende freiwillige Beitragszahlungen ihrer Mitglieder (also nicht durch Bankanleihen wie die IBRD).

Bei ihrem Beitritt zur IDA zeichneten die Mitgl.-Länder einen Betrag proportional zu ihrer Kapitalbeteiligung an der Weltbank. Die Länder der Gruppe I haben ihre Erstzeichnungen voll in Gold oder in frei konvertierbarer Währung zu erbringen, die Länder der Gruppe II hingegen nur 10% ihrer Subskriptionen, die restlichen 90% sind in Landeswährung zu zahlen. Die IDA begann ihre Tätigkeit offiziell im Sept. 1960. Seit 1965 sind die Fonds neunmal wieder aufgefüllt worden, wodurch ein Gesamtkreditvolumen von ca. 50 Mrd. US-$ (in US-$ von 1987) zustande gekommen ist. Die Wiederauffüllungen der IDA-Mittel verliefen nie komplikationslos, sondern waren vom Problem der int. Lastenverteilung und von pol. bedingten Zahlungsverzögerungen durch die USA begleitet. So war es dem US-Kongreß öfter ein Dorn im Auge, daß die USA zwar 42% (bei IDA I) bzw. 27% (bei IDA 6) der ges. IDA-Mittel aufbringen mußten, aber nur unterdurchschn. (14,7% kumulativ bis Juni 1981) in Form von Lieferaufträgen als Folge der int. Projektausschreibungen profitierten, während es sich bei konkurrenzstarken IL wie Japan (15,5%) und der BRD (13,2%) gerade umgekehrt verhält. Oftmals haben Sonderbeiträge von Mitgl.-Ländern der Gruppe I, bes. von Schweden, der Schweiz (das kein Mitglied ist) sowie von Israel, Jugoslawien, Spanien, Saudi-Arabien und Kuwait, die IDA vor der drohenden Einstellung weiterer Kreditvergaben bewahrt. Die achte Wiederauffüllung trat im März 1988 in Kraft: 33 Geberstaaten waren übereingekommen, bis Juni 1990 12,4 Mrd. US-$ für IDA 8 bereitzustellen.

Strenggenommen ist die IDA nichts weiter als ein Spezialfonds der Weltbank für günstige E.-Kredite (das * Zuschußelement beträgt ca. 86%) an ärmere EL. Ansonsten gibt es keine prinzipiellen Unterschiede zwischen IDA-Krediten und IBRD-Darlehen: Beide Formen der Kredithilfe werden für dieselben «produktiven», wirtsch. «gesunden» E.-Projekte vergeben, unterliegen den gleichen strengen Prüfungskriterien der Bank und werden von demselben Weltbankpersonal bearbeitet. Auch sind Präs. und Exekutivdirektoren der Weltbank gleicherweise für IBRD-Darlehen wie für IDA-Kredite zuständig, wobei die Stimmrechte bei der Beschließung über IDA-Kredite ähnlich asymmetrisch sind wie bei Weltbank-Darlehen: Die 22 Länder der Gruppe I vereinen 62,79% aller Stimmen auf sich, allein die USA verfügen über einen Anteil von 18,97% (ursprgl. 27,59%).

In den vergangenen 25 J. hat sich die Liste der IDA-Empfängerländer erheblich verändert: Seit 1961 haben 86 Länder in Höhe von 49,083 Mrd. US-$ IDA-

Kredite erhalten; inzwischen «graduierten» 27 Länder von der IDA, d. h., sie sind nicht mehr kreditberechtigt, da das voraussichtliche Niveau ihrer Entwicklung und Kreditwürdigkeit eine angemessene *Verschuldung zu kommerziellen Bedingungen rechtfertigt. Indien ist der größte Einzelkreditnehmer; es erhielt mit 15,767 Mrd. US-$ ca. 32% der IDA-Gesamtkredite. Es folgen Bangladesh, VR China und Pakistan.

Ursprgl. konzentrierte sich die IDA auf *Infrastruktur-Projekte wie Verkehrswesen, Stromversorgung, Hafenbau. In den späten 60er J. steigerte sie ihr Engagement in der Landw.; viele Kredite haben z.B. bei der Verarbeitung der Saatgut-Dünger-Technologie im Rahmen von Strategien der *Grünen Revolution in Südasien beigetragen. Mit zunehmender Auslandsverschuldung der Mitgl.-Länder hat die Weltbank mehr Kredite für Struktur- und Sektoranpassungen bereitgestellt. Ca. 6 Mrd. US-$ der Mittel aus IDA 8 wurden 1987/88 den afrik. Ländern südl. der Sahara für Anpassungsprogramme zugesagt. Im Rahmen von «Politikdialogen» sollen damit Schuldenentlastung plus wachstumsorientierte Importfinanzierung bewirkt werden.

Für ärmere EL ist die IDA die wichtigste Quelle für E.-Kredite zu «weichen» Bedingungen, weshalb sie bei den Regierungen der *Dritten Welt geschätzt wird (ausgenommen mancher pol. und wirtsch.-pol. «Empfehlungen» der Bank und des IWF, die die nat. Souveränität der Nehmerländer tangieren). Umstritten sind die e.-pol. Auswirkungen der IDA-Kreditprogramme, v.a. der von Weltbankpräs. McNamara initiierten «armutsorientierten» Kleinbauernprogramme sowie die ökol. Schäden, die durch weltbank-finanzierte Staudämme in Brasilien und in Indien sowie durch Mechanisierungsprojekte in Afrika entstanden sind. Auf weltweite Kritik hat die Bank mit der Errichtung einer Umweltabteilung reagiert. Sie beteiligt sich auch am Aufbau von Umweltverwaltungen in EL. Die IDA sollte darüber hinaus Impulse und Forderungen von zahlreichen *nichtstaatlichen Organisationen, bes. Umweltschutzorg. in aller Welt, aufgreifen, um ein neues E.-Paradigma zu propagieren und zu praktizieren. Der Bewilligung aller E.-Projekte sollten umfassende Umweltverträglichkeits- und Sozialverträglichkeitsprüfungen sowie Technologiefolgenabschätzungen vorausgehen; dazu sollte die Zahl der beschäftigten Ökologen, Anthropologen und Sozialwissenschaftler ständig erhöht werden. Adresse: 1818, H.-Street, N.W. Washington, D.C., 20433, USA.

Lit.: →Weltbank rt

IDB →BID

IDCA →Entwicklungspolitik der USA

IEA Internationale Energieagentur (*International Agency of the *OECD*), gegr. 1974 in Paris infolge der Ölkrise, 21 Mitgliedsländer (1988), unternimmt in Zusammenarbeit mit EL Forschungs- und E.-Projekte im Energiebereich (Geothermik, Kohle, Kernenergie etc.). Regelmäßige Publikationen über Energieversorgung und -verbrauch, Preise und Steuern, Adresse: IEA, 2, Rue André Pascal, F-75775 Cedex 16, Paris. ah

IEFR *International Emergency Food Reserve*, Notstands-Nahrungsmittelreserve der *UN, 1975 durch einen Beschluß der Generalversammlung geschaffen. Aus freiwilligen Beiträgen sollen jährl. 500000 t Nahrungsmittel für Notstandszwecke aufgebracht werden. Dieses Ziel wurde allerdings erst in den 80er J. erreicht (1986: 598000 t). Die Verteilung der Nahrungsmittel erfolgt durch das *WFP. bt

IES →Entwicklungsdekade

IfA Institut für Auslandsbeziehungen, trägt im Rahmen der Ziele der *Auswärtigen Kulturpolitik durch Kultur- und Informationsaustausch zur int. Verständigung bei, u.a. durch

«Kulturimport» aus der Dritten Welt (Kunst, Ausstellungen, Literatur). Es unterhält umfassende einschlägige Bibliotheksbestände. U. a. in Kooperation mit dem *Institut für wissenschaftliche Zusammenarbeit mit Entwicklungsländern werden Fachkongresse abgehalten und Publikationen zu Dritte Welt-bezogenen Themen herausgegeben. Adresse: Charlottenplatz 17, 7000 Stuttgart 1. ah

IFAD Internationaler Agrarentwicklungsfonds (*International Fund for Agricultural Development*), Sonderorg. der *UN, auf Initiative der *Welternährungskonferenz Ende 1977 errichtet. Leitgedanke war die Idee der *Neuen Weltwirtschaftsordnung und einer gemeinsamen Verantwortung der westl. IL und der *OPEC-Staaten für die E. ländl. Gebiete: Auf freiwilliger Basis sollen zusätzliche «Ressourcen zu besonders günstigen Bedingungen (*concessional terms*) für die Landw. in den EL» mobilisiert werden, v. a. zugunsten der ärmsten Bauern und landlosen Armen.

Jede der drei beteiligten Ländergruppen (*OECD: 20 Länder; OPEC: 12; andere EL: 107 – Stand: 1.7.1985) hat – ohne Rücksicht auf die Beitragshöhe – in beiden Organen des IFAD (Gouverneursrat, Verwaltungsrat) die gleiche Stimmenzahl (600 von insg. 1800 Stimmen). Das Ressourcenvolumen für 1978 bis 1980 von rd. 1022 Mio. US-$ wurde durch freiwillige Beiträge der drei Ländergruppen aufgebracht (OECD 567 Mio.; OPEC 435 Mio., andere EL 19 Mio.). Die für den Zeitraum 1981 bis 1983 beschlossene Aufstokkung des Kapitals war Gegenstand jahrelanger Kontroversen zwischen OPEC und OECD um die Höhe der finanz. Beteiligung der einzelnen Länder gruppen. Schließlich wurde folgende Verteilung vorgesehen: OECD 620 Mio., OPEC 450 Mio., andere EL 30 Mio. US-$. Gegenwärtig liegt das Beitragsverhältnis zwischen OECD-Ländern und OPEC-Ländern bei 60 zu 40.

Bis Ende 1984 hat IFAD 160 Projekte von 84 Ländern mit einem Verpflichtungsvolumen von insg. etwa 2 Mrd. US-$ genehmigt; ferner *technische Hilfe für rd. 91 Mio. US-$. Tatsächlich ausgegeben wurden bis Herbst 1984 nur etwa 487 Mio. US-$. Nur 59% aller bisher genehmigten Kreditzusagen entfallen auf «Niedrigeinkommen»-Länder (Pro-Kopf-Einkommen weniger als 300 US-$ von 1976).

Positiv bewerten externe Evaluierungsberichte die Arbeit des IFAD: Zum einen sei er durch seine paritätische Struktur bes. geeignet zu partnerschaftlicher Arbeit zwischen Geber- und Empfängerländern. Zum anderen unterlägen Projektkonzeptionen der ständigen Rückkoppelung durch die einzelnen Zielgruppen, so daß deren Vorstellungen bei der Mittelvergabe ständig berücksichtigt würden. Adresse: Via Del Serafico 107, 00142 Rom. fg

IFC Internationale Finanzgesellschaft (*International Finance Corporation*), Tochtergesellschaft der *Weltbank, 1956 gegr., 1987: 132 Mitgl., Entscheidungsstruktur wie bei der Weltbank; organisatorische Besonderheiten bestehen insofern, als die IFC einen eigenen, von Weltbank und *IDA getrennten Mitarbeiterstab und einen eigenen geschäftsführenden Vizepräs. (Sir William Ryrie) hat.

Ziel: Stimulierung von produktiven Privatinvestitionen in EL durch Investitionen und Darlehensvergabe in diese Unternehmen, Vermittlung zusätzlichen in- und ausländischen Kapitals, Beratungsleistungen und *technische Hilfe (Multiplikatoreneffekt und Katalysatorrolle der IFC). Im Gegensatz zur Weltbank vergibt die IFC ihre Mittel ohne Rückzahlungsgarantie einer Regierung.

Finanzierungsquellen: Das eingezahlte Kapital wurde von 144 Mio. US-$ (1978) auf 722 Mio. US-$ (1987) aufgestockt. Die IFC finanziert ihre Tätigkeit hauptsächlich durch Einzahlungen der Mitgliedsregierungen auf das Grundkapital, durch Kreditaufnahmen bei der Weltbank sowie aus laufenden Gewinnen. Kreditaufnahmen aus dritten Quellen spielen bisher nur eine unbedeutende Rolle. Die Mittel werden revolvierend eingesetzt, indem die IFC ihre Kapitalbeteiligung sobald wie möglich an private Investoren verkauft. Die Finanzierungsbedingungen werden grundsätzlich für jedes Projekt unter Berücksichtigung der damit verbundenen Risiken und üblichen Marktkonditionen gesondert vereinbart; entsprechend sind die Bedingungen der IFC deutlich «härter» als die von Weltbank und IDA. Die Laufzeit der IFC-Darlehen beträgt zwischen sechs und 15 Jahren.

Geschäftstätigkeit: Die von der IFC mobilisierten und investierten Finanzmittel sind im Rahmen der privaten *Direktinvestitionen zu einem wichtigen Faktor geworden. 1980 entfielen auf die IFC und die mit ihr zusammenarbeitenden Investoren und Kreditgeber etwa 6% der Investitionsströme (ohne reinvestierte Gewinne) aus den IL in die EL. Von 1956 bis 1987 investierte die IFC 7,4 Mrd. US-$ in Form von Darlehen und Beteiligungen in 653 Projekten im Gesamtwert von 35 Mrd. US-$. Ähnlich der Weltbank vollzog sich auch in der IFC in den 70er J. eine enorme Ausweitung der Geschäftstätigkeit. Hielt die IFC 1976 Anlagen in 187 Firmen, so weist der Geschäftsbericht 1987 404 Beteiligungen mit einem Wert von 2765 Mio. US-$ aus. Im Geschäftsjahr 1987 genehmigte die IFC 92 Projekte in 41 Ländern bei IFC-Investitionen von 4,343 Mrd. US-$.

Regionale und sektorale Verteilung: 1987 gingen (gemessen am Investitionsvolumen) 51% der Mittel nach LA/Karibik, 24% nach Asien, 13% nach Afrika und 9% nach Europa/Naher Osten. Sektoral lagen 1982 die Schwerpunkte bei Finanzinstitutionen (19%), Zement und Stahl (16%), Agrobusiness (12%), Petro (Chemie) (10%) und versch. Bereichen der Leichtindustrie (insg. 24%). 1987 wurden 213 Mio. US-$ in 25 industrielle Verarbeitungsbetriebe gesteckt, 65 Mio. US-$ in die Nahrungsmittelverarbeitung sowie 97 Mio. US-$ in Projekte zur E. von Kapitalmärkten.

Bislang war die IFC eindeutig eine Institution zur Förderung des privatwirtsch. Sektors in den am stärksten industrialisierten EL. Der bedeutendste Geschäftspartner der IFC war Brasilien mit 1116 Mio. US-$ IFC-Zusagen für 50 Projekte, gefolgt von Mexiko mit 777 Mio. US-$ IFC-Zusagen für 30 Projekte, Jugoslawien mit 651 Mio. US-$ IFC-Zusagen für 26 Projekte und Indien mit 513 Mio. US-$ für 41 Projekte (kumulierte Zusagen bis 1987). 1988 kündigte die IFC ihre Absicht an, kleine und mittlere Unternehmen in Afrika durch die Errichtung eines afrik. Unternehmerfonds in Höhe von 60 Mio. US-$ zu fördern und dazu in Lagos/Nigeria ein Büro zu eröffnen. Um den Investitionsfluß und das gegenseitige Vertrauen zwischen EL und ausl. Anlegern zu verbessern, trat im April 1988 das *MIGA-Abkommen in Kraft.

Die Bedeutung der IFC wird künftig noch zunehmen, da sich ausl. Unternehmer mit Investitionen in hoch verschuldeten EL (ohne Kofinanzierung durch Weltbank-Kredite) noch stärker zurückhalten werden. Über den e.-pol. Nutzen der IFC-unterstützten Projekte ist wenig bekannt. Es ist zu befürchten, daß die ges. Weltbankgruppe zur *Verschuldung der ärmeren und mittleren EL beiträgt – weil es ihnen nicht zu gelingen scheint, aus den Schulden herauszuwachsen. Adresse: 1818 H-Street, N.W. Washington, D.C., 20433, USA.

Lit.: IFC, Annual Reports; H.H. Peters, Internationale Entwicklungsfinanzierung. Die Rolle der IFC im Entwicklungsprozeß, Tübingen/Basel 1978 (weitere Lit.: →Weltbank). gm/rt

Ifo Institut für Wirtschaftsforschung, Forschungsinstitut zu wirtschaftstheoret. und wirtschaftspol. Problemen, Schwerpunkt u. a. EL: Probleme der Verlagerung * arbeits- und rohstoffintensiver Industrien in EL, Analyse von E.-Plänen, * ländliche Entwicklung, * Integration und * Assoziierung, * Ökologie in der * Dritten Welt und Regionalstudien. Schriftenreihe: Afrika-Studien, Forschungsberichte, Ifo-Studien zur Entwicklungsforschung, alle München, Weltforum Verlag. Adresse: Poschingerstr. 8, 8000 München. dn

IGADD Zwischenstaatliche Dürre- und Entwicklungsbehörde (*Intergovernmental Authority on Drought and Development*), 1985 durch Äthiopien, Djibouti, Kenya, Somalia, Sudan und Uganda gegr.; Ziele: Bekämpfung der Wüstenbildung und Entwicklung der Region. →Desertifikation. mik

IGH Internationaler Gerichtshof, Sitz: Den Haag, Hauptrechtsprechungsorgan der * UN, vor dem (nur) Staaten als Parteien um Recht streiten. Der IGH ist zuständig in zwischenstaatl. Rechtsstreitigkeiten und in int. politischen Streitfällen, jedoch nicht gegen den Willen einer Partei. Er entscheidet nach dem Völkerrecht und mit einfacher Mehrheit. dn

IIF →Internationales Finanzinstitut

IINA →OIC

IIS →KAS

IITA →Grüne Revolution

IKRK →Rotes Kreuz

ILA Informationsstelle Lateinamerika e. V., Ziel: Verbreitung von Informationen aus und über LA, Analyse und Kritik des entwicklungspol. Engagements der BRD in LA und Solidaritätsarbeit (pol. und materielle Unterstützung des lateinamerik. Widerstands und aller fortschrittlichen Volksbewegungen). Des weiteren: Kontaktpflege zu pol. verfolgten Lateinamerikanern in ihren Exilländern, Zusammenarbeit mit Solidaritätsgruppen, Hilfsaktionen für Gefangene. Publikation: ila. Adresse: Oscar-Romero-Haus, Heerstr. 205, 5300 Bonn 1. ah

ILEP →DAHV

Illich, Ivan →Pädagogische Theorien in der Dritten Welt

ILO Int. Arbeitsorganisation (*International Labour Organization*; dt. Abk. IAO), bereits 1919 gegr., seit 1946 enge Zusammenarbeit mit den * UN und als deren Sonderorganisation eingerichtet, 1986 150 Mitgl.-Länder. Neben den Regierungen sind auch Arbeitgeber und Arbeitnehmer in allen Organen vertreten. In die Vollversammlung, die einmal jährlich zusammentritt, entsendet jedes Land zwei Regierungs-, einen Arbeitgeber- und einen Arbeitnehmervertreter (Prinzip der Dreigliedrigkeit). Verwaltungsrat: 56 Mitgl. (28 Regierungs-, 14 Arbeitgeber- und 14 Arbeitnehmervertreter); Generalsekretariat mit Generaldirektor (Francis Blanchard); daneben Regionalkonferenzen, Ausschüsse, Beratergruppen sowie das Int. Institut für Arbeitsfragen / Genf und das Int. Zentrum für berufl. und fachl. Fortbildung/Turin. Aufgaben: Beseitigung von * Armut und * Arbeitslosigkeit, Befriedigung der * Grundbedürfnisse der Allerärmsten, Verbesserung der Arbeits- und Lebensbedingungen der Menschen (neue Arbeitswelt); speziell: Forschung zu arbeits- und sozial-pol. Problemen (Arbeitszeit, Unfallschutz, Sozialversicherung, Frauenarbeit, berufl. Ausbildung etc.); Gesetzgebung (Annahme int. Übereinkommen und Empfehlungen – seit 1919 168 respektive 176 –, die allerdings von den nat. Entscheidungsträgern ratifiziert werden müssen); * Techn. Hilfe (Transfer von Erfahrungen und Fertigkeiten von IL in EL zur besseren Verwendung der Arbeitskräfte, besseren berufl. Ausbildung, besseren * Partizipation der Bev. am E.-Prozeß). Unter den E.-Studien ragen das Weltbeschäftigungsprogramm von 1969 (→Beschäftigung) und die 1976 auf der ILO-Konferenz über * Beschäftigung, * Einkommensverteilung und sozialen Fortschritt vorgelegte Untersuchung «Beschäftigung, Wachstum und Grundbedürfnisse» heraus. Beide Dokumente enthalten wesentliche Elemente einer an den *Grundbedürfnissen der armen Bev.-Mehrheit in den EL orientierten E.-Strategie, deren theoretische Grundlegung und pol. Propagierung vor allem durch die ILO erfolgte.

Der zeitweilige Austritt der USA (1978/79; Begründung u. a.: Politisierung, Kompetenzüberschreitung) bedeutete für die aus Mitgl.-Beiträgen finanzierte ILO erhebliche Einnahmeverluste (rd. 20%). Auch in den 80er J. führt die neue Pol. der USA gegenüber Org. der *UN (Kritik an deren Arbeit wird mittels teilweiser Beitragszurückhaltungen nachdrücklich gemacht) immer wieder zu Finanzproblemen und damit zu erschwerten Arbeitsbedingungen. Der Doppelhaushalt 1988/89 betrug etwa 350 Mio. US-$. Publikationen u. a.: International Labour Review, Bulletin of Labour Statistics, Yearbook of Labour Statistics; Women at Work (jeweils mehrmals pro J.). Adresse: 4, Route de Mourillons, CH-1211 Genf; Bonner Büro: Hohenzollernstr. 21, 5300 Bonn 2. dn

ILPES Lateinamerik. Institut für wirtsch. und soziale Planung (*Instituto Latinoamericano de Planificación Económica Social*), auf Initiative der *CEPAL gegründet und für diese tätig im Bereich der Ausbildung nat. Verwaltungen, die sich mit *Entwicklungsplanung befassen; stellt auch Beraterstäbe für die lateinamerik. Regierungen. Adresse: Casilla 1567, Santiago de Chile. dn

ILRAD *International Laboratory for Research on Animal Diseases*, Internationales Laboratorium zur Erforschung von Tierkrankheiten (Kenya).

IMF →IWF

Immiserizing growth →Außenhandelstheorie

impact evaluation →Evaluierung

Imperialismus(-theorien) Unter I. ist die Politik eines Staates zu verstehen, die darauf ausgerichtet ist, Macht und Kontrolle außerhalb der eigenen Staatsgrenzen über Völker auszuüben – direkt (durch Vergrößerung des Staatsgebietes) oder indirekt (durch pol., ökon., milit., kulturelle Dominanz) –, die sich diesem Druck und Einfluß nicht zu unterwerfen bereit sind bzw. deren Eigeninteresse von der imp. Macht ignoriert wird.

Zur Erklärung des Expansionsdranges von Staaten wurde eine Reihe theoretischer Ansätze entwickelt, die häufig allerdings nur Teilaspekte des I.-Problems oder einzelne hist. Phasen des I. thematisieren.

1. Das machttheoretische Erklärungsmodell des I. versteht imp. Politik als Resultat des Eroberungsdranges machthungriger Individuen, einflußreicher gesellsch. Gruppen oder Staaten. So definiert Schumpeter den I. als «objektlose Disposition eines Staates zu gewaltsamer Expansion ohne angebbare Grenze».

Angewandt auf die Länder der *Dritten Welt würde dies den Versuch bedeuten, deren «Entdeckung» und koloniale Vereinnahmung lediglich der Böswilligkeit und dem Machthunger ihrer Kolonialherren anzulasten. Dies führte zu absurden Urteilen über die innere Verfaßtheit der damaligen Kolonialmächte über Jahrhunderte hinweg und könnte erfolgreiche Einflußnahme ohne staatl. Unterwerfung (z. B. *British East Indian Company*) nicht erklären.

2. Politpsychologische Erklärungsmodelle weisen auf die von der neueren Forschung zur int. Politik allgemein akzeptierte These der engen Verbindungen zwischen Innen- und Außenpolitik hin. Der I. hat in dieser Perspektive primär eine innenpol. Funktion. Er wird «bewußt als Ventil für sozialen Druck» (Ansprenger) im Innern verstanden, der angestaute Aggressionen, Unmut gegen eine ungerechte Sozialordnung, nach außen lenkt.

Neben psychologischen hat dies für die so mobilisierten Unterschichten auch materielle Konsequenzen. Die wirtsch. Prosperität des sich imp. ausdehnenden Landes wird gesichert, und die Loyalität der sozial Unzufriedenen kann durch «Bestechung» erkauft werden. In diesem Zusammenhang haben Vertreter der *Third-Worldism*-Schule immer wieder Kritik an der «Arbeiteraristokratie» der IL geübt.

3. Kulturphilosophische Modelle sind eher Rechtfertigungs- als Erklärungsmodelle des I. Sie betonen die «Segnungen», die die imp. Beherrschung durch entwickelte Länder den weniger entwickelten Ländern v. a. auch auf kulturellem Gebiet bringen. Diese Rechtfertigungsideologie, die es als «Bürde des weißen Mannes» (Kipling) ansah, den «Wilden» der Dritten Welt humanitäre und relig. Werte zu vermitteln, ist eng mit der Blütezeit des brit. I. am Ende des 19. Jh. verknüpft und wurde z. T. genährt von einem naiven Glauben an eine sich durch *Industrialisierung ausdrückende kulturelle Überlegenheit. Die Länder der Dritten Welt haben auf Grund dieses teilweise gelungenen Versuchs der Oktroyierung fremder Wertvorstellungen beim Erlangen ihrer Unabh. meist mit mehr oder weniger Erfolg versucht, eigene Traditionen, eigene Sitten, eigene Sprachen, kurz: ihre in den Hintergrund gedrängte Identität mit neuem Leben zu füllen.

4. Das in der Diskussion um eine theoret. Erklärung des I. vorherrschende Modell ist das politökon. Mit ihm wird versucht, den Voluntarismus machttheoret. Modelle zu überwinden und die «objektiven» Grundlagen des I. herauszuarbeiten, wenn auch häufig dabei Erscheinungen des Kulturimperialismus zu wenig Beachtung geschenkt wird. Die ökon. Ursachen des I. wurden zuerst von der kritischen «bürgerlichen» Theorie um die Jahrhundertwende herausgearbeitet. C. A. Conant und v. a. J. A. Hobson (auf dessen Schrift sich Lenin später in seinen Ausführungen zum I. wesentlich stützte) gingen davon aus, daß die mit dem erreichten Entwicklungsstand des Kapitalismus mögliche übermäßige *Akkumulation von Kapital im Inland als Folge des zu niedrigen Einkommens breiter Bev.-Schichten und einer unzureichenden Nachfrage nach Waren entstanden sei. Der I. ermöglichte durch *Investitionen auf überseeischen Märkten die Lösung der heimischen Absatz- und Kapitalanlageschwierigkeiten. Zweierlei vermag eine solche I.-Theorie jedoch nicht zu erklären: a) die Verbindung von staatl. Expansionspolitik und Auslandsinvestitionen (Auslandsinvestitionen sind auch ohne Erweiterung des Staatsgebietes möglich); b) die Tatsache, daß vor dem I. Weltkrieg nur knapp die Hälfte der Auslandsinvestitionen GB.s in den Dominions und Kolonien getätigt wurden, nur 5 % der franz. Auslandsinvestitionen und gar nur 2 % der deutschen.

Lenin knüpfte an die so argumentierende Theorie an. Seine Schrift «Der Imperialismus als höchstes Stadium des Kapitalismus» von 1916, die sich auf die Vorarbeiten Bucharins, Hilferdings, Kautskys und Luxemburgs stützen konnte, ist zum Standardwerk marx. I.-Theorie geworden. Seine Thesen werden nicht nur in den soz. Ländern, sondern auch von einem Teil der westl. Linken (Boccara, Mandel, Nehls) als heute noch gültig angesehen.

Nach Lenin ist der I. gekennzeichnet durch: a) «Konzentration der Produktion und des Kapitals, die eine so hohe Entwicklungsstufe erreicht hat, daß sie Monopole schafft, die im Wirtschaftsleben die entscheidende Rolle spielen»; b) «Verschmelzung des Bankkapitals mit dem Industriekapital und Entstehung einer Finanzoligarchie auf der Basis dieses ‹Finanzkapitals›»; c) «der Kapitalexport, zum Unterschied vom Warenexport, gewinnt besonders wichtige Bedeutung»; d) «es bilden sich int. monopolistische Kapitalistenverbände, die die Welt unter sich teilen»; e) «die territoriale Aufteilung der Erde unter die kapitalist. Großmächte ist beendet».

Die Theorie des staatsmonopolist. Kapitalismus fügt dem Leninschen Merkmalskatalog noch als Ziel des I. kapitalist. Länder das Zurückdrängen des Sozialismus in der Welt hinzu.

In der Kritik an Lenins Thesen wurde darauf hingewiesen, daß seine Liste der Kriterien des I. nicht erklären kann, wieso sich die Investitionsströme beispielsweise in den 70er J. auf ein Verhältnis 30:70 (EL:IL) einpendelten, der Kapitalexport in die Kolonien bzw. die Staaten der Dritten Welt also nicht die angenommene überragende Bedeutung hat; daß weiterhin, wie bei der Kritik an Hobson unter b) angedeutet, die «Aufteilung der Erde» unter die kapitalist. Großmächte pol. einem Prozeß der *Dekolonisation Platz machte und daß schließlich der I., nach Lenin «höchstes Stadium des Kapitalismus» und «sterbender Kapitalismus», keineswegs am Ende ist.

Hervorzuheben ist, daß eine I.-Theorie, die den I. an die E. des Kapitalismus knüpft, soz. Länder von vornherein vom I.-Vorwurf ausnimmt. Dieser v. a. von der UdSSR vertretenen These hat die VR China durch Rückgriff auf den machttheoret. definierten I.-Begriff widersprochen. Sie sieht in der Außenpolitik der UdSSR im wesentlichen ein Streben nach Hegemonie, die es als typisches Produkt des sowjet. Sozialimp. zu bekämpfen gilt.

5. Die nichtmarxist. Geschichtswissenschaft bezeichnet die Zeit von 1870 bis 1918 aus historisch-deskriptiver Perspektive als «Zeitalter des I.». V. a. England begründete seit der Mitte des 19. Jh.s sein koloniales Weltreich. Afrika wurde unter England, Frankreich, Portugal, Belgien und Deutschland aufgeteilt, im Fernen Osten eroberten England und Frankreich Hinterindien, Japan behauptete seine Einflußsphäre in der Mandschurei gegen Rußland (Krieg 1904/05), China wurde seit 1900 zum Spielball europ. Kolonialmächte.

Verbindet man so den Begriff des I. mit dem des *Kolonialismus, so ist es leicht möglich, diesen auf einen bestimmten Zeitraum einzugrenzen. Zu fragen ist aber, ob die Triebkräfte, die den I. hervorbrachten, und deren hauptsächlich ökon. Bedingungsgeflecht im Prozeß der Dekolonisation einfach verschwinden, I. also nur direkte staatl. vermittelte Dominanz meint, oder ob der I. nicht nur teilweise sein Erscheinungsbild gewandelt hat und heute in der Form des *Neokolonialismus weiterbesteht.

6. Konstanz und Wandel des I. wurden u. a. von der *Dependencia-Theorie neu thematisiert. J. Galtung hat versucht, Erkenntnisse der *Friedensforschung mit der I.-Kritik der Dependenztheorie in einer «strukturellen Theorie des I.» zu verbinden.

Galtung begreift die Abh.-Beziehungen der Länder der Dritten Welt von den Industrieländern als Ausdruck *struktureller Gewalt in den int. Beziehungen. I. wird von Galtung jedoch nicht alleine auf der Ebene zwischenstaatl. Beziehungen verortet, er analysiert auch die Interessenlagen innerhalb der Nationen im Zentrum und innerhalb der Nationen an der Peripherie (*Zentrum-Peripherie-Modell). Nach seiner Definition ist I. «eine Beziehung zwischen einer Nation im Zentrum und einer Nation an der Peripherie, die so geartet ist, daß a) Interessenharmonie zwischen dem Zentrum in der Zentralnation und dem Zentrum in der Peripherienation besteht, b) größere Interessendisharmonie innerhalb der Peripherienation als innerhalb der Zentralnation besteht, c) zwischen der Peripherie in der Zentralnation und der Peripherie in der Peripherienation Interessendisharmonie besteht».

Galtungs Modell, das in den Zentren der Peripherienationen «*Brückenköpfe» der imp. Zentren identifiziert, macht es möglich, den Fortbestand des

I. auch nach der formalen Unabh. der Länder der Dritten Welt zu erklären. Er beschränkt dieses auch nicht auf ökon. Abh.-Beziehungen und unterscheidet fünf Typen des I.: a) ökon. I., b) pol. I.; c) militär. I.; d) Kommunikationsimp.; e) kultureller I. Da es Galtung nicht gelingt, deren rel. Gewicht jeweils genauer zu bestimmen, liegt in der bloßen Auflistung auch eine Schwäche seines Ansatzes.

Lit.: J. A. Hobson, Der Imperialismus, Köln/Berlin 1968; W. I. Lenin, Der Imperialismus als höchstes Stadium des Kapitalismus, in: LW 22, S. 189ff.; W. J. Mommsen, Das Zeitalter des Imperialismus, Frankfurt 1969; D. Senghaas (Hg.), Imperialismus und strukturelle Gewalt, Frankfurt 1972; H. U. Wehler, Bibliographie zum Imperialismus, Göttingen 1977; A. Mack/D. Plant/V. Dayle, Imperialism, Intervention and Development, London 1979; A. Brewer, Marxist Theories of Imperialism. A Critical Survey, London 1980; A. Szymanski, The Logic of Imperialism, New York 1981; W. Reinhard, Kolonialismus/Imperialismus, in: D. Nohlen/P. Waldmann (Hg.), Dritte Welt, München 1987, S. 284ff. rs

Importsubstitution *Industrialisierung durch I. war die erste Strategie, welche einige EL (insbes. in LA) zur *Diversifizierung ihrer inländischen Produktionsstruktur einschlugen. Sie war wenig geplant, reagierte vielmehr auf die Auswirkungen der Weltwirtschaftskrise, den Rückgang der Exporterlöse und die daraus resultierenden Importengpässe. Der Aufbau einer heimischen Ind. folgte dem Muster der bislang importierten Konsumgüter eines beschränkten einheim. Marktes, war also weder verbunden mit dem Aufbau einer Investitionsgüterindustrie noch mit Produktion für die breite Bev., noch mit einer solchen für den Export. Das hatte zur Folge, daß 1. ein Importsog für *Investitionsgüter, Rohstoffe und Halbfertigwaren entstand (unveränderte Belastung der Devisenbilanz), 2. die nachgefragte Menge (Skalenerträge) so gering blieb, daß im Vergleich zum Weltmarkt nur kostenungünstig produziert werden konnte, so daß die importsubstituierenden Industrien vor ausl. Konkurrenz durch hohe Zölle und Devisenkontrollen geschützt werden mußten. Dies wiederum begünstigte die zu kleinen, unproduktiven und mit zu hohen Kosten arbeitenden Betriebe und beeinflußte deren techn. Fortschritt angesichts bereits bestehender geringer Kapazitätsauslastungen negativ. Die aus heutiger Sicht wohl nachteiligsten Folgen hatte die Politik der I. für die Einkommensverteilung. Durch die hohen Zollschutzmauern zugunsten der inländischen Industrie wurden die inländischen relativen Preise zum Vorteil der Industrie und zum Nachteil der Landwirtschaft verschoben. Die Strategie der I. hat zwar in einigen EL Wachstumseffekte erzielt und die Krise trad. vorherrschender Wirtschaftssektoren (Bergbau, Landw.) gesamtwirtsch. aufzufangen vermocht. Sie barg jedoch bereits im Konzept selbst jene Begrenzungen, die sie als Industrialisierungsstrategie allenthalben scheitern ließen.

Lit.: B. Balassa u. a., The Structure of Protection in Developing Countries, Baltimore und London 1971. dn

Income terms of trade Spezielles Konzept der *terms of trade*. Ins Verhältnis gesetzt werden dabei der Index der Exporterlöse und der Index der Importpreise in der Absicht, die Veränderung der Importkapazität eines Landes zu bestimmen. dn

Indexierung In der int. Rohstoffpolitik Verfahren zur Sicherung der Rohstofferlöse rohstoffexportierender EL. Zwei Konzepte:

direkte I.: Anbindung der Rohstoffpreise an die Preise der importierten Industriegüter, so daß sich die realen Austauschverhältnisse, die **commodity terms of trade*, nicht verschlechtern;

indirekte I.: Ergänzungsfinanzierung von seiten der IL an rohstoffexportierende EL zur Aufrechterhaltung der Importkapazität bzw. der **income terms of trade*, so daß Veränderungen in den Exportmengen die Erlössituation der EL nicht verschlechtern.

Lit.: J. A. Cuddy, International Price Indexation, Farnborough/Lexington 1976; St. Baron u. a., Internationale Rohstoffpolitik, Tübingen 1977. dn

Indien I. gehört zu den armen EL (Gruppe der * MSAC). Zugleich verfügt es über eine bedeutende Industrie und eine beachtliche technologische Kapazität. Die entscheidenden E.-Probleme liegen nicht in der Struktur der Volkswirtschaft, sondern primär in der Sozialordnung.

1. I. ist mit einer Fläche von 3287782 qkm der siebtgrößte Staat der Erde und etwa so groß wie Westeuropa. Wie kaum ein anderes Land ist es von großen topographischen und klimatischen Gegensätzen gekennzeichnet. Fruchtbare Schwemmlandebenen am Ganges kontrastieren mit Wüsten- und Trockengebieten im westl. (Rajasthan) und Zentralindien und mit trop. Regenwäldern im O (Assam) und S (Kerala). Während im Himalaya in den Höhen sub-polares Klima herrscht, finden wir im W trocken-heißes Wüstenklima, im NO feucht-warmes, im größten Teil des Landes Monsun- (feucht-warmer Sommer, trockener kühler Winter und trocken-heißes Frühjahr) und im S Tropenklima. Entsprechend der jährl. Niederschlagsmenge lassen sich 4 Vegetationstypen feststellen: über 2000 mm Niederschlag im J. immergrüner Regenwald, 1000–2000 mm Monsunwälder, 500–1000 mm Übergang von Monsunwäldern in offene Dornbuschsteppe, unter 500 mm Dornbuschsteppe. Die natürliche Vegetation ist aber über den größten Teil I.s durch menschliche und tierische Einwirkung (Ackerbau und Beweidung) zerstört, zumindest verändert worden. Die Gangesebene und Assam sind heute fast ausnahmslos eine offene Agrarlandschaft. Der Dekkan ist weitgehend landw. genutzt, Monsunwälder bedecken nur noch die Gebirge am nördl. und östl. Rand des Dekkan, immergrüne Regenwälder sind in den westl. Randgebirgen und im NO I.s anzutreffen. Im Ganges-Brahmaputra-Tiefland bestehen Möglichkeiten der Kanalbewässerung durch Ableiten von Wasser aus den ganzjährig wasserführenden Flüssen durch ein weitverzweigtes Kanalsystem bis auf die Felder, die Speicherung der Niederschläge bzw. des Flußwassers in Teichen (*tanks*) und Rückhaltebecken und die Nutzung der Grundwasserreserven durch Pumpen. Setzen die Schneeschmelze im Himalaya im Frühjahr und/oder der Monsun zu spät ein oder sind die Niederschläge zu gering, reichen die Bewässerungsmöglichkeiten nicht aus, und es kommt zu erheblichen Ernteeinbußen. Zu Hochwasserkatastrophen kommt es, wenn Schneeschmelze und Monsun zusammentreffen.

I. verfügt über beträchtliche Bodenschätze und Wasserkraft, die aber erst zum Teil genutzt werden. Dadurch, daß Kohle und Eisenerz in derselben Region (Bihar/Orissa) gefördert werden können, verringern sich die Transportkosten, was den Aufbau einer ind. Schwerindustrie begünstigt. Im Vergleich zu den Kohle- und Eisenerzvorkommen sind die von Erdöl und Erdgas geringer; in den letzten Jahren wurden neue entdeckt (Bombay High). 80% des kommerziellen Energiebedarfs können aus eigener Förderung gedeckt werden.

Die bedeutenden Manganvorkommen erlauben einen umfangreichen Export; bei Glimmer ist I. der weltgrößte, bei Mangan der sechstgrößte Produzent. Weitere wichtige Rohstoffe sind Chromerz und Bauxit, Kalkstein, Steinsalz und Kupfer. Ferner gibt es Blei, Zink, Asphalt, Kali, Antimon, Molybdän, Kobalt und Nickel, Zinn, Gold, Thorium und Beryllium.

2. Die Bev. I.s (1989 ca. 818 Mio.) ist ethnisch, sprachlich und relig. heterogen wie die wohl keines anderen Landes; es werden über 1600 Sprachen und Dialekte gesprochen, und alle großen Religionen der Welt sind zahlreich vertreten. Durch die regionale Konzentration der einzelnen Gruppen gibt es in I.

die verschiedenartigsten Minderheitenprobleme, die die staatl. Einheit belasten.

Etwa 40% der Bev. sind jünger als 15 Jahre. Zwischen 1971 und 1981 stieg die Bev. um 137 Mio. oder 25,0% an, in den 10 Jahren davor waren es 24,8% gewesen. Der derzeitige JZ wird mit 2,0% (33 Geburten und 12 Todesfälle je 1000 Ew. im Jahr) angegeben. Die Bev.-Dichte dürfte 1989 bei 249 Ew./qkm gegenüber 167 im J. 1971 (einschließlich Jammu und Kashmir) liegen. Die Bev.-Dichte beträgt in einzelnen Regionen schon 600 Ew./qkm Kerala, Bengalen). Der Anteil der Analphabeten ist zwar rückläufig, aber mit 64% immer noch hoch, bes. auf dem Lande (77%). 77% der Bev. leben in ländlichen Gebieten (1981); die *Landflucht sorgt für die schnell wachsende städtische Bev.: In den 12 Millionenstädten leben (1981) 42 Mio. Ew., darunter in Kalkutta 9,2 Mio. (mit Vororten), Groß-Bombay 8,2 Mio., Delhi 5,7 Mio. Die überwiegende Mehrheit der Bev. sind Hindus (83%), 11% (v.a. in N-I.) Moslems, davon ca. ¾ Sunniten und ¼ Schiiten, daneben Christen (2,4%), davon mehr als die Hälfte Katholiken, Sikhs (2,0%, v.a. in Panjab), Jainas (0,5%) und Buddhisten (0,7%), ca. 200000 Parsen und 12000 Juden. Über die ethnische Herkunft liegen keine Zahlenangaben vor, doch überwiegen Bev.-Gruppen mit indoeuropäischen (Hindi, Urdu, Bengali etc. 72%) Sprachen gegenüber solchen mit drawidischen (Telugu, Tamil etc. 25%).

Zur Mitte des 19. Jh.s war ganz I. im brit. Einflußbereich. Nicht alle Gebiete wurden erobert und der brit. Verwaltung direkt unterstellt. In vielen Fällen blieb die formale Unabh. der Fürstenstaaten oder Stammesgebiete erhalten. 1857 kam es zum ersten großen Aufstand gegen die Herrschaft der brit. Ostindienkompanie (*Mutiny-* oder *Sepoy-* Aufstand), der blutig unterdrückt wurde; danach zog die brit. Krone die Reg. an sich (1858), die brit. Königin wurde zur Kaiserin von Indien (in der Nachfolge der Moghul-Kaiser) erklärt. Neben der territorialen Macht der Briten nahmen auch ihre wirtsch. Aktivitäten zu. Hatte am Anfang die Kontrolle des Indien-Handels im Vordergrund gestanden, so waren es später Steuern und Abgaben und im 19. Jh. die Manufakturen, der Bergbau, die Eisenbahnen, *Plantagen (Indigo, Kaffee, Tee, Kautschuk) und schließlich die aufkommende (Jute- und Baumwoll-) Industrie. I. stellte billige Rohstoffe und Arbeitskräfte und zugleich einen Absatzmarkt. Dies reflektiert auch den Einfluß unterschiedlicher brit. Gruppen in I.: Nach den Kaufleuten und Abenteurern waren es im 19. Jh. vermehrt junge Adelige (Armee und Verwaltung). Im Gegensatz zu den brit. Kolonien in Afrika, Amerika und Australien wurde I. keine Siedlerkolonie. Außer einigen Plantagen hatten die Briten nie große Anteile am Landbesitz; gemessen an der ind. Bev. war die Zahl der in I. lebenden Briten immer gering.

Seit dem Ende des 19. Jh.s nahm die Unabh.-Bewegung zu (Kongreßpartei, *Gandhis Bewegung der Gewaltlosigkeit und des zivilen Ungehorsams). Die beiden Weltkriege stärkten gleichermaßen das pol. und wirtsch. Gewicht der Kolonie, wie sie das des Mutterlandes schwächten; nachdem 1919 (Dyarchie) bzw. 1935 innere Selbstverwaltung gewährt wurde, war die Unabh. nicht mehr aufzuhalten. Schwierigstes Problem war dabei die Organisation des Zusammenlebens von Hindus und Moslems, vor allem in Nordindien, wo es wechselseitig starke Minderheiten gab. Aus Furcht vor der Majorisierung durch die Hindus setzten die Moslems schließlich die Teilung Indiens durch, am 15.8.1947 wurde Indien unabh., an Pakistan fielen die Gebiete im Nordwesten sowie Ost-Bengalen.

Die Teilung kam in dieser Form unerwartet und führte in der Folge zu drei Kriegen mit Pakistan (1947/48, 1965, 1971) und der Verfolgung und Vertreibung relig. Minderheiten in beiden neuen Staaten. Innenpol. stellte sich zuerst das Problem der Konsolidierung, der Integration der Fürstenstaaten, die Verfassungsdiskussion und der Sprachenstreit, der zu einer Neuordnung I.s in inzwischen 25 sprachlich determinierte Bundesstaaten und 6 Unionsterritorien führte. Von der Staatsgründung bis 1977 stellte die Kongreß-Partei als führende pol. Kraft die Regierung. Erst als es durch die wachsende Unzufriedenheit mit der Politik der Reg. Indira Gandhi (der Tochter des ersten Ministerpräsidenten Jawaharlal Nehru) wegen ihrer forcierten Wachstums- und *Industrialisierungspolitik, der Verletzung der *Menschenrechte (Ausnahmezustand, Pressezensur, Verhaftung Oppositioneller) und der Zwangssterilisierung zu einem Wahlbündnis der Opposition (einschl. Splittergruppen der Kongreß-Partei) kam, wurde sie gestürzt. Mit seiner relig.-konservativen Politik konnte sich ihr Nachfolger Morarji Desai nicht durchsetzen; seine Reg. zerschliß sich in der Diskussion um das Verbot von Alkohol und des Verzehrs von Rindfleisch.

Die Neuwahlen vom Jan. 1980 konnte Indira Gandhi überlegen gewinnen. Innen- wie außenpol. knüpfte sie an ihren alten Kurs an: Stärkung der Zentralmacht im Innern, betonte die Unabh. gegenüber den USA (trotz deren umfangreichen Nahrungsmittellieferungen während der 50er und 60er J.) und Anlehnung an die Sowjetunion als Gegengewicht im Dauerdisput mit Pakistan und China (Grenzkrieg 1962).

Die sowj. Invasion in Afghanistan führte zu einer zaghaften Revision der ind. Außenpolitik: an einer weiteren sowj. Expansion und dem Verschwinden Pakistans als Pufferstaat konnte I. nicht gelegen sein. Auf Initiative des Präs. von Bangladesh, Zia-ur-Rahman, kam es zu einer Annäherung der südasiat. Staaten in der *South Asian Association for Regional Cooperation* (*SAARC). Gleichzeitig verschärften sich die innenpol. Spannungen, und 1983 brachen regionale Konflikte in Assam und Panjab aus. Während sich die Ausschreitungen in Assam vor allem gegen Bengalen und Moslems richteten, beanspruchten militante Sikhs weitestgehende Autonomie für den Panjab und verschanzten sich schließlich in ihrem Goldenen Tempel in Amritsar, der vom Militär nach heftigen Kämpfen gestürmt wurde. Diese als Entehrung ihres Heiligtums empfundene Intervention führte schließlich zur Ermordung von MP Indira Gandhi durch ihre (Sikh-)Leibwächter. Zum Nachfolger als MP wurde Rajiv Gandhi, ihr Sohn, gewählt und in den Wahlen mit überwältigender Mehrheit der Kongreß-Partei bestätigt. Seine Politik der Liberalisierung und Modernisierung der indischen Wirtschaft führte zu stärkerem Wirtschaftswachstum; dank der (seit Mitte der 60er J.) Politik der **self-reliance* hatte I. genügend Vorräte angelegt, um zwei extrem schlechte Erntejahre ohne massive Wachstumseinbrüche zu überstehen. Außenpol. verfolgte Rajiv Gandhi wie seine Mutter die Politik einer regionalen Ordnungsmacht: 1987 marschierten ind. «Friedenstruppen» zur Beilegung des Bürgerkriegs zwischen Tamilen und Singhalesen in Sri Lanka ein, 1988 beendeten sie einen Putschversuch auf den Malediven. Die Wahlen vom 22.–26.11.1989 brachten einen Machtwechsel: Ein breites Wahlbündnis aller wichtigen Oppositionsparteien unter Einschluß der konservativen Volkspartei (BJP), muslimischen Parteien und der Kommunisten verdrängte die Kongreßpartei von der Macht. Ministerpräs. Vishwanath P. Singh konnte sich nicht auf eine formelle Koalition stützen und regierte mit wechselnden Mehrheiten. Nachdem eine Quotierungsregelung im öfftl.

Dienst zugunsten benachteiligter Kasten und der Bau des Rama-Tempels in Ayodhya Unruhen bzw. muslimisch-hinduistische Konflikte zur Folge hatten, wurde Singh durch ein Mißtrauensvotum abgelöst (7. 11. 1990). Nachfolger wurde Chandra Shekar, der am 6. 3. 1991 aufgrund von Spannungen innerhalb des Kabinetts und Auseinandersetzungen mit dem Führer der Kongreßpartei, Rajiv Gandhi, zurücktrat.

Staatspräsident Ramaswami Venkataraman setzte für Mai 1991 Neuwahlen an, aus denen die Kongreßpartei nach dem Mord an Rajiv Gandhi als stärkste Kraft hervorging. Der neue MP, Pamulparthi Venkata Narasimha Rao, hatte mit Spannungen im Punjab und in Kaschmir umzugehen sowie wirtschaftspol. Maßnahmen zu steuern, die verstärkt Auslandskapital nach I. locken sollten. Unter seiner Führung wandte sich I. vom sozialist. Wirtschaftsmodell ab und begann mit einer Privatisierung der Staatsbetriebe. Zu einer Einigung im schon lange schwelenden Konflikt mit Bangladesh über den Tin-Bigha-Korridor kam es durch die Unterzeichnung eines Zugangsberechtigungsabkommens am 27. 3. 1992.

3. Während einerseits nach * FAO-Schätzungen 1972 bis 1974 175 Mio. Ew. oder 30% der Bev. täglich nicht einmal die als Existenzminimum angesehenen 1468 kcal. zur Verfügung hatten (Durchschn. 1970 kcal.) und das BSP von 1986: 290 US-$ pro Kopf zu den niedrigsten der Welt gehört, steht I. in der Ind.-Produktion nach eigener Zählung bereits an 16. Stelle (bei Baumwollgarn an dritter, bei Eisen an neunter, Elektrizität an elfter, Stahl an 15., Zigaretten an neunter Stelle). Der nach wie vor dominierende Sektor ist die Landw., die ein Drittel zum * Sozialprodukt und ein Viertel zu den Exporten beiträgt. Die durchschn. Betriebsgröße (1980/81) erreicht aber lediglich 1,8 ha, davon 1,6 ha bebaut. Mehr als die Hälfte aller Betriebe ist kleiner als 1 ha, 2,7% größer als 10 ha. Von 197 Mio. ha landw. Nutzfläche wurden 1986/87 143 Mio. ha bebaut, einschl. des Mehrfachanbaus gab es eine Erntefläche von 175 Mio. ha. Auf 126 Mio. ha wurde Nahrungsgetreide, auf 19 Mio. ha Ölsaaten und auf dem Rest andere Handelsgewächse angebaut. 1983/84 wurden rd. 54 Mio. ha Erntefläche künstlich bewässert gegenüber 38 Mio. 1970/71. Der Düngemittelverbrauch lag 1986/87 bei 8,8 Mio. t (Reindünger) gegenüber 2 Mio. t 1969/70. Auch der Einsatz von Hochertragssorten konnte ausgedehnt werden: von 11 Mio. ha 1969/70 auf 54 Mio. ha 1986/87. Gemüse, Gewürze und Obst werden für den örtlichen Verbrauch angebaut. Für den Export sind Tee, Baumwolle, Pflanzenöl und Ölsaaten, Pfeffer, Tabak und Kaffee, ferner Cashew-Nüsse bedeutend.

Der Viehbestand wurde 1987 auf 199 Mio. Rinder (15% des Weltbestandes) und 74 Mio. Büffel (54%) geschätzt.

Mit einer Förderung von 1987: 176 Mio. t Kohle und 52 Mio. t Eisenerz gehört I. zu den größten Förderländern der Welt. Die Elektrizitätserzeugung (1986/87: 202 Mrd. kWh) ist zwar für ein EL bedeutend, erlaubt aber pro Kopf der Bev. nur einen Verbrauch von 176 kWh. Die Ind. befindet sich überwiegend in privatem Besitz, im Grundstoffbereich ist aber auch der Staat tätig. Die Ind.-Produktion konnte während der 70er J. um gut die Hälfte erhöht werden, so daß I. heute praktisch alle Konsum- und auch die meisten * Investitionsgüter herstellen kann. Dazu verfügt I. über eine leistungsfähige Nuklear-, Weltraum- und Rüstungsindustrie. Durch den z. T. hohen technologischen Stand der ind. Industrie und die durch den großen Inlandsmarkt gegebene kostensenkende Massenproduktion hat sich I. auch auf den int. Märkten zu einem leistungsfähigen Wettbewerber entwickelt. Die abs. Größe der ind. Industrie darf aber nicht darüber hinwegtäuschen, daß I. von der Pro-Kopf-Versorgung mit Industrieprodukten her gesehen immer noch zu den am wenigsten entwickelten Ländern gehört.

4. Im deutlichen Ggs. zu diesen wirtsch. Wachstumserfolgen steht die soziale E. als Folge einer relig. fundierten hierarchischen Sozialordnung (Kastensystem), die durch erblichen Beruf, Endogamie, unbedingte Solidarität gegenüber der eigenen und deutlich sichtbare Abgrenzung gegenüber anderen Gruppen gekennzeichnet ist, stoßen Versuche, tragfähige soziale und wirtsch. Organisationen aufzubauen, die quer durch die relig. Gruppen oder Kasten (*jati*) gehen (z. B. bei der Gründung einer Dorf-* Genossenschaft), auf große Widerstände. Neben den Angehörigen der «eingetragenen» Kasten, den sog. Unberührbaren, d. h. den Hindus, die keiner der vier *varnas* (*Brahmanen* = Priester, *Kshatriyas* = Krieger, *Vayshas* = Kaufleute, Handwerker, Bauern, *Sudras* = Landarbeiter, Dienstboten, Händler) angehören, nimmt auch die Stammesbev. (NO- und Zentralindien) eine Sonderstellung ein. Das Problem der Kasten ist außerdem nicht auf die Hindus beschränkt; besonders wenig geachtete Gruppen, die «unreine» Tätigkeiten ausüben (z. B. alle Arten des Säuberns, Lederbearbeitung etc.), gibt es auch bei den ind. Moslems und Christen. Eine Sonderstellung hat die kleine, pol. und wirtsch. aber einflußreiche Gruppe der Parsen.

Bei einer Erwerbsquote von 37% (einschl. *marginal workers*) werden jedes J. 6 Mio. Arbeitsplätze zusätzlich benötigt. Sie werden v. a. von der Landw. oder dem bereits überbesetzten Dienstleistungssektor bereitzustellen sein. Der «organisierte» Bereich (Staat und Privatfirmen mit zehn und mehr Beschäftigten) umfaßte 1986: 25 Mio.

Über das Ausmaß der * Arbeitslosigkeit fehlen verläßliche Angaben, es bestehen auch Abgrenzungs- und Messungsprobleme (saisonale Arbeitslosigkeit, Unterbeschäftigung). Nimmt man das Einkommen zum Maßstab, so hat die ind. Planungskommission ermittelt, daß 30% der Bev. als teilweise oder völlig unterbeschäftigt anzusehen sind. Auf sie entfielen 1973/74 nur 13,4% des privaten Konsums; diese Einschätzung dürfte noch heute gelten. Die rel. * Einkommensverteilung I.s ist nach Einschätzung der * Weltbank fast identisch mit der der BRD – unterschiedlich sind nur die Einkommensniveaus.

5. Auf Grund seiner Bodenschätze, seines Energiepotentials und seiner Infrastruktur sind die E.-Perspektiven für I. nicht ungünstig. Die Ind. ist weniger als die anderer EL vom * Technologietransfer abhängig. I. bietet im Rahmen der * TCDC anderen EL Technologie an. Probleme, die in der ind. Sozialordnung und Geschichte liegen, sind für das Ausbleiben weiterer E.-Erfolge verantwortlich zu machen. Das Nebeneinander von extremem Reichtum und großer * Armut ist bereits in vorbrit. Zeit zu beobachten; den Briten ist anzulasten, daß sie diese Diskrepanz noch verstärkt haben; dem brit. Einfluß ist auch die Zerstörung des Handwerks zuzuschreiben und die Polarisierung durch weitgehende Vernichtung des Mittelstandes. Die Verwaltung wie das Erziehungswesen wurden an den Bedürfnissen der Kolonialmacht, das Land mit möglichst wenig Personal zu verwalten und einen möglichst hohen Gewinn zu erzielen, orientiert. Dies hat zur fast völligen Auflösung tragfähiger pol. Organisationen auf unterer Ebene geführt. * Bildung hatte (und hat) einen elitären Charakter, insbes. wurde die techn. und naturwissenschaftliche Ausbildung völlig vernachlässigt. Nach der Unabh. hat I. dieses Verwaltungssystem übernommen; pol. Entscheidungen wurden nur zögernd an untere pol. Einheiten (Dorf, Distrikt) delegiert.

Die soziale Organisation erfolgt in der Familie, der Sippe oder Kaste, im pol. Bereich führt dies zur Entstehung von *Klientelen. Da sich die versch. sozialen Gruppen (Kasten) auf lokaler Ebene bewußt voneinander abgrenzen, können diese Strukturen kaum bzw. nur langsam überwunden werden. Dies bedeutet aber, daß sich zunehmend sozialer Konfliktstoff ansammelt, der dann in Krisensituationen (Überschwemmung, Dürre, relig. Auseinandersetzungen) zu pol. Konflikten führt. Unter diesen Bedingungen scheint die grundsätzlich mögliche wirtschaftliche E. in erster Linie durch interne Probleme gefährdet zu sein.

Lit.: G. Myrdal, Asian Drama. An Inquiry into the Poverty of Nations, New York 1968; H. Iyer/C. Krüger, Indien. Wirtschaftsmacht der Zukunft, Lugano 1981; H. Kulke/D. Rothermund, Geschichte Indiens, Stuttgart 1982; H. Wulf, Indien, in: HDW II, 7, Hamburg 1982; D. Rothermund, Indiens Wirtschaftsgeschichte, Paderborn 1985; D. Kantowsky, Indien. Gesellschaft und Entwicklung, Frankfurt 1986; J. Wiemann, Indien. Selbstfesselung des Entwicklungspotentials, Berlin 1988. wpz

Indikator Beobachtbarer bzw. meßbarer «Anzeiger» für bestimmte als unbeobachtbar geltende Sachverhalte oder theoretische Konstrukte. Soziale I.en sollen «Anzeiger» für gesellsch. Verhältnisse sein. Beispiel: Der Grad der *Alphabetisierung einer Bev. als I. für das Bildungsniveau, oder: die durchschn. Lebenserwartung in Jahren bei der Geburt (LE) als I. für die med. Versorgung der Bev. bzw. für deren *Ernährungsstatus. Ein I. ist demnach mehr, als er unmittelbar mißt; I.en sind mehr als Daten oder statistische Informationen. Ein I. weist auf etwas anderes hin, was er selbst nicht oder nur partiell ist. Um diese Diskrepanz zwischen I. und Konstrukt möglichst weitgehend zu überwinden, ist eine begriffliche Adäquation erforderlich, die das «eigentlich Gemeinte» mit den empirisch faßbaren statistischen Einheiten, Merkmalen und Modalitäten der Einzel-I.en und ihrer Gesamtheit einander möglichst nahe bringt. Je besser diese Adäquation gelingt, desto besser kann dann auch die «semantische Rekolorierung» der Daten erfolgen. E.-I.en (wirtsch., soziale, pol. I.en) sind Variablen, die im Idealfalle für wohldefinierte Teilaspekte der E.-Prozesse repräsentativ sind. Es gibt keinen I., der geeignet wäre, E. im umfassenden Sinne meßbar zu machen, obwohl dem BSP pro Kopf in der Vergangenheit vielfach diese Eigenschaft unterstellt wurde. Welche E.-I.en ausgewählt werden, um Aussagen über den E.-Stand und den E.-Prozeß zu machen, hängt von dem E.-Begriff ab, den man zugrunde legt.

«Die Anwendung von I.en stellt den Versuch dar, eine Konzeption oder Definition von Entwicklung zu quantifizieren» (McGranahan).

Die I.en-Forschung befaßt sich mit dem Problem, die bestmöglichen I.en zu bestimmen, d.h. solche, die das zu repräsentierende Phänomen am besten erfassen (Beispiel: LE gilt als besserer Gesundheits-I. als die Zahl der Ew. pro Arzt). Bei der Bestimmung von E.-I.en ist zunächst zu klären, ob die einzelnen Konstrukte durch nur einen I. hinreichend beschrieben werden können, oder ob die Komplexität der Konstrukte eine mehrdimensionale Beschreibung durch ein Bündel von I.en erforderlich macht. Zweckmäßigerweise wird zwischen Input-I.en (Beispiel: Einschulungsquote) und Output-I.en (Beispiel: Alphabetisierungsquote) unterschieden, wobei outputorientierte grundsätzlich als aussagekräftiger gelten.

Die rechnerische Zusammenfassung mehrerer I.en kann in Indexform erfolgen, deren Konstruktion allerdings Probleme der zeitlichen und sachlichen Auswahl sowie der Gewichtung aufwirft. So faßt z.B. der *Physical Quality of Life Index* (PQLI) von Morris die gleichgewichteten Output-I.en Säuglingssterblichkeitsziffer, LE und Alphabetisierungsquote der Erwachsenen zu einem normativen E.-Index zusammen. Ein E.-Index soll folgenden Anforderungen genügen: Unabhängigkeit vom jeweils gegebenen Wirtschafts- und Gesellschaftssystem, kei-

Abbildung 5: Indikatormodell für vier Grundbedürfnis-Bereiche

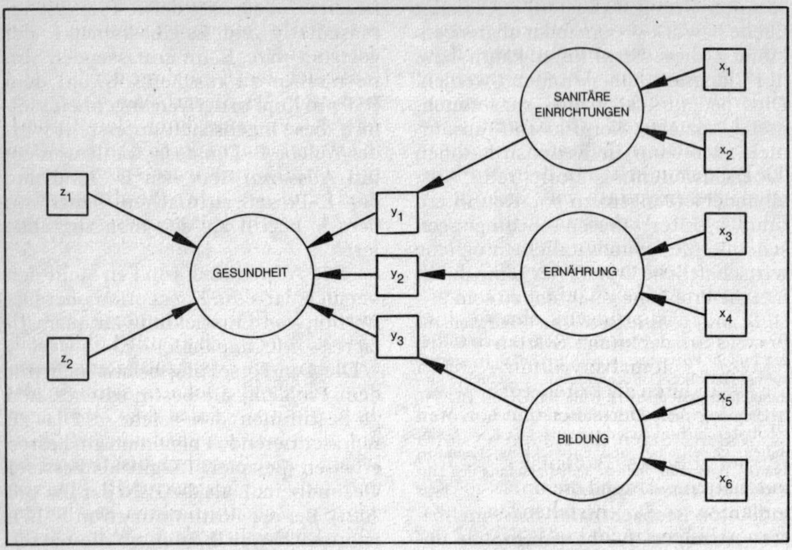

x_1 = städtische Bevölkerung in % der Gesamtbevölkerung
x_2 = Anteil der Bevölkerung mit Zugang zu einwandfreiem Wasser
x_3 = durchschnittlicher Index der Nahrungsmittelproduktion pro Kopf
x_4 = Kalorienverbrauch pro Tag und Kopf in % des Bedarfs
x_5 = Primareinschulungsrate, Jungen
x_6 = Primareinschulungsrate, Mädchen
y_1 = Säuglingssterblichkeitsrate (0–1 Jahr)
y_2 = Lebenserwartung bei Geburt
y_3 = Alphabetisierungsrate (Erwachsene)
z_1 = Einwohner je Arzt
z_2 = BSP pro Kopf

ne Ethnozentriertheit, Outputorientierung, Sensitivität für Verteilungsaspekte, einfache Erhebungsmöglichkeit und Verständlichkeit, int. Vergleichbarkeit. Sind für E.-I.en in EL nur «weiche» Daten mit geringem Autonomiegrad verfügbar, dann kommen für ihre statistische Verarbeitung lediglich entsprechend adaptive Verfahren in Frage, wie z. B. hermeneutische Mustererkennung, Pfadanalyse oder *soft modelling*. →Entwicklung →Pro-Kopf-Einkommen

Lit.: D. McGranahan, Entwicklungsindikatoren und Entwicklungsmodelle, in: HDW I, 1, Hamburg 1974, S. 208ff.; G. Addicks, Aussagefähigkeit wirtschaftlicher und sozialer Indikatoren der Entwicklungsmessung, Augsburg 1977; M. D. Morris, Measuring the Condition of the World's Poor: the Physical Quality of Life Index, New York 1979; H.-J. Hoffmann-Nowotny (Hg.), Soziale Indikatoren im internationalen Vergleich, Frankfurt 1980; G. Menges, Adaptive Statistik: Bemerkungen über neuere Bestrebungen in der statistischen Methodologie, Statistische Hefte 21 (1980), S. 182–208; M. Bunge, Development Indicators, in: Social Indicators Research 9 (1981), S. 369–385; D. McGranahan/E. Pizarro/C. Richard, Measurement and Analysis of Socio-economic Development, UNRISD, Geneva 1985; UNDP, Human Development Report, New York jährlich (seit 1990); Stiftung Entwicklung und Frieden, Globale Trends. Daten zur Weltentwicklung, Bonn 1991; D. Nohlen/F. Nuscheler, Indikatoren von Unterentwicklung und Entwicklung, in: HDW III, 1, 1992, S. 76ff. hs

Indirect rule Das v. a. von brit. Kolonialtheoretikern entwickelte Prinzip der i. r. sah in der Theorie vor, daß die Kolonialmacht sich auf eine Art «Oberhoheit» über ein Gebiet beschränkt, die betroffene Gesellschaft jedoch ihre pol. und sozialen Systeme (einschl. des trad. pol. Führungspersonals) beibehält und sich in ihrer weiteren E. weniger am kolonialen «Mutterland» als an der autochthonen Zivilisation orientiert. Diese weniger in philanthropischen als in Zweckmäßigkeitsüberlegungen (v. a. Kostenersparnis) begründeten Leitsätze wurden in der Praxis nur selten (z. B. in den Emiraten Nordnigerias) voll angewandt. Da die brit. Verwaltung sich häufig auch in die «inneren» Angelegenheiten der autochthonen Gesellschaften einmischte (z. B. durch Ein- und Absetzung von Häuptlingen), ähnelte ihre Praxis stark dem franz. System der «direkten» Kolonialverwaltung. Durch die i. r. konnten die Briten jedoch diejenigen lokalen Herrscher und sozialen Schichten stützen, die ein Interesse am Fortbestand des (kolonialen) *Status quo* hatten, während die unter der Kolonialherrschaft entstehenden «modernen Eliten» nicht in das System der i. r. integriert werden konnten.

Lit.: R. von Albertini, Europäische Kolonialherrschaft 1880–1940, Zürich 1976; F. Nuscheler/ K. Ziemer, Politische Herrschaft in Schwarzafrika, München 1980. kz

Indonesien 1. Das Hoheitsgebiet der Republik I. nimmt ca. 7 Mio. qkm ein. Die Landfläche der insg. rd. 13 000, z. T. weit voneinander entfernten Inseln (nur 931 bewohnt) zwischen Ind. und Pazif. Ozean beträgt dagegen nur 1,9 Mio. qkm. Die flächenmäßig von der Größe Frankreichs bis hin zum kleinen Atoll reichenden Inseln werden in die Großen Sundainseln (Java, Madura, Sumatra, Kalimantan Sulawesi), die Kleinen Sundainseln, die Molukken, Irian Jaya und Timor unterteilt. Fruchtbare vulkanische Böden und tropisches Klima bieten günstige Grundlagen für die Land- und Forstwirtschaft. Erschwerend für die E. des Landes wirken sich allerdings die häufigen Erdbeben aus. Seine Vorkommen an Bodenschätzen (Erdöl, Zinn, Nikkel, Bauxit, Kupfer), unter denen Erdöl (1/5 aller Weltreserven) wirtsch. die größte Bedeutung besitzt, machen I. gemessen an seinem Ressourcenpotential zu einem der reichsten Länder der Erde.

2. Nach der Übernahme der das Land ausbeutenden niederl. Vereinten Ostindien-Kompanie durch den niederl. Staat und einem kurzen, liberaleren brit. Interregnum wurde bis zur zweiten Hälfte des 19. Jh.s die alte merkantile Monopolpolitik fortgesetzt. Kennzeichen dieser Periode des Kultivationssystems (*Cultuur Stelsel*) waren Zwangsbewirtschaftung mit Exportprodukten (Kaffee, Gummi, Zucker), * Plantagenwirtschaft mit Lohnarbeit, Erhebung von Exportzöllen und hohen Steuern für die lokalen Farmer. Mit dieser Politik wurden die Grundlagen für die heutige dualistische Wirtschafts- und Gesellschaftsstruktur I.s und seine * monostrukturelle Abh. von den int. Rohstoffmärkten geschaffen. Während der Periode des Wirtschaftsliberalismus entstanden durch ausl. Initiative auf Java und NO-Sumatra exportorientierte Plantagen sowie zahlreiche Unternehmen im Bergbausektor und der Forstwirtschaft. Der * Dualismus von gewinnorientiertem westl. Verarbeitungs-, Bergbau- u. Handelssektor und der bäuerl. Kleingewerbewirtschaft wurde durch die Konzentration der wirtsch. Aktivität und der * Infrastruktur auf Java und die Küstenregionen von bis heute spürbaren räuml. E.-Disparitäten begleitet. Europ. kontrollierte Verwaltung und Exportwirtschaft, der von Chinesen bestimmte Handel und das Fehlen eines unternehmerischen indones. Mittelstandes waren weitere koloniale Hypotheken, die zusammen mit raschem nat. Bev.-Wachstum, ethnisch-sozialen, relig. Gegensätzen sowie * Armut, Analphabetismus und wirtsch. Stagnation I. 1949 in die Unabh. begleiteten. Spannungen zwischen Zentralismus und Regionalismus, Autonomiebestrebungen einzelner Landesteile und relig., intraislamische Kontroversen

gefährdeten zwischen 1949 und 1958 die für eine E. erforderliche innenpol. Stabilität. 1959 brach die schwache parl. Demokratie zusammen, und Staatspräs. * Sukarno begann im Rahmen der «gelenkten Demokratie» mit der Rückkehr zum Präsidialsystem und weitgehender Reglementierung der Wirtschaft einen * autozentrierten E.-Weg. Innenpol. Schwierigkeiten mit separatistischen Bewegungen (PRRI-Bermesta u. Islamstaat-Bewegung), die außenpol. Konfrontation anläßlich der Vereinigung Malaysias und letztlich auch die rigiden Maßnahmen gegen Holländer und Chinesen im Rahmen der an utopischen Zielen orientierten Politik führte zu wirtsch. Zerrüttung und weiterer Verarmung der Landbevölkerung. Nach einem gescheiterten komm. Putschversuch (1965) begann unter General Suharto die Politik der «Neuen Ordnung», deren technokratisch-wirtsch. E.-Ansatz dem * modernisierungstheoretischen Leitbild verpflichtet ist. Ausbau der * Infrastruktur, Eindämmen der Inflationsrate, Rücknahme der * Nationalisierungen, Förderung ausl. * Direktinvestitionen und die Liberalisierung des Außenhandels und des Devisenverkehrs sind neben stetigem Wirtschaftswachstum die allg. Zielvorstellungen. Die weitgehende Finanzierung der Wirtschaftspläne durch Kredite der westl. IL und die Förderung ausl. Privatinvestitionen und Importe machen durch Abh. und wirtsch. Überfremdung diesen technokratischen E.-Weg problematisch.

3. Das rasante Wachstum der Bev. (JZ 1980–86: 2,2%; 1986: 166,4 Mio. Ew.), das die zu geringen Steigerungen des * Sozialprodukts (BIP-Zuwachs 1980–1986 durchschn. 3,4%) aufzehrt, ist das Hauptproblem I.s. Die LE beträgt 57 J. (1986), die Kindersterblichkeit 8,7% (1986), und die Analphabetenquote liegt bei 30 bis 40% (1986). Etwa 40% der Bev. sind unter 15 J., die Zahl der Erwerbspersonen nahm 1980–85 um durchschn. 2,4% p. a. zu. Die sozialen und wirtsch. Probleme werden zusätzlich durch die extremen Unterschiede in der regionalen Bev.-Verteilung verstärkt. Auf Java, Madura und Bali (7,2% der Landfläche) sind bei einer Bev.-Dichte von 440 bis 900 Ew./qkm 64% der Bev. konzentriert (dagegen für ganz I. nur 88 Ew./qkm). Dieser Bev.-Druck, gekoppelt mit abnehmenden Beschäftigungs- und * Subsistenzmöglichkeiten im Agrarsektor, führt zur Migration erwerbsloser Landbev. in die überfüllten Slums der Mio.-Städte (Hs. Djakarta 1985 ca. 8 Mio. Ew.). Trotz einiger Erfolge stößt * Familienplanung im Verhalten der Bev. (Kinderreichtum als Alters- und Sozialversicherung) an eine nur allmählich überwindbare Grenze. Im Rahmen des *Transmigrasi*, dem größten Umsiedlungsprogramm der Welt, sind mit finanz. und materiellen Anreizen inzwischen rund fünf Mio. Menschen in dünnbesiedelte und kaum erschlossene Gebiete geschickt worden, wo durch Brandrodung des Tropenwaldes neue Anbauflächen gewonnen werden sollen, die aufgrund * ökologischer Benachteiligung allerdings für kontinuierliche landw. Nutzung kaum geeignet sind. So wird am Erfolg dieser Umsiedlung gezweifelt (hohe Rückwanderungsquote). Die rassische, ethnisch-kulturelle und soziale Vielfalt I.s (360 Ethnien) erschwert ebenfalls die innere Konsolidierung und sozio-ökon. E. des Staates. Die Mehrheit der Bev. gehört der malaiisch-polynesischen Völkerfamilie an, die durch drei Mio. Chinesen als wichtigste Minorität verstärkt wird. Ihr wirtsch. Erfolg im Handel und ihr spezifisch gruppenkonzentriertes Verhalten haben immer wieder zu Spannungen mit der malaiischen Bev. geführt. Nach schweren antichines. Ausschreitungen militanter Moslems Ende 1980 wurde am 22.4.1981 eine Verschwörung islam. Moslems (Kommando Jihad) aufgedeckt, deren Ziel es war, die Reg. Suharto zu stürzen

und eine islam. Rep. zu errichten. Das «Anti-Java-Syndrom» der übrigen Regionen und separatist. Bewegungen wie die Organisation «Freies Papua» auf Irian Jaya und die FRETELIN auf dem ehem. port. Ost-Timor zeigen, daß *Ethnozentrismus und Regionalismus noch immer die nat. *Integration hemmen. Die Unabh. Ost-Timors wurde im Nov. 1981 vom *UN-Entkolonisierungsausschuß gefordert. Dem indones. Militär wird Völkermord an der Bev. Ost-Timors vorgeworfen. Entsprechend der ethnischen Vielfalt sind in I. der Islam (85 % der Bev.), Buddhismus, Hinduismus (Bali) und Christentum durch relig. Synkretismus von alten indones. Stammesreligionen geprägt. Das Bemühen um nat. Integration spiegelt die aus dem Hochmalaiischen entwikkelte Staatssprache «Bahasa Indonesia» wider.

4. Grundlage der Wirtschaft (BSP/Kopf 1986: 490 US-$) ist mit 52 % der Beschäftigten (1985) und 26 % des BIP (1986) noch immer der Agrarsektor, der Holz, Kautschuk, Palmöl, Kopra, Kaffee, Tabak und Gewürze für den Export und Reis als Grundnahrungsmittel produziert. Rentenkapitalistische Praktiken, das Vorherrschen von Kleinbetrieben (durchschn. unter 2 ha) und Kapitalmangel sind limitierende Faktoren für die geplante Produktionssteigerung. Die Industrie (1986: 32 % des BIP, 12 % der Beschäftigten) ist noch rel. schwach entwickelt. Förderungsschwerpunkte sind Industrien, die den Ausbau der Agrarproduktion unterstützen, die regionale E. (noch immer ca. 80 % aller Unternehmen auf Java) vorantreiben und einheimische Rohstoffe verarbeiten. Da die Verbrauchsgüterind. nur langsam wächst, besteht nach wie vor ein hoher Importbedarf an Konsum- und Investitionsgütern. Der Bergbau bestimmt mit 58 % Exportanteil (1986) v.a. durch die Erdölförderung die wirtsch. Entwicklung. Außer der staatl. Gesellschaft Petramina sind über 45 überwiegend ausl. Gesellschaften an der Förderung des Erdöls beteiligt. Die seit 1967 im Rahmen der Industrieentwicklung genehmigten ausl. Wirtschaftsprojekte (*joint ventures*) haben bisher das Arbeitsplatzangebot nicht vergrößert, sondern zur Verdrängung einheimischer Betriebe geführt. In den 80er J. geriet I. aufgrund des Verfalls der Rohstoffpreise in eine wirtsch. Krise mit deutlicher Verlangsamung des Wachstums (jährl. BIP-Zuwachs 1970–80: 7,8 %; 1980–86: 3,4 %) und hoher Auslandsschuld (1989 52 Mrd. US-$). Präs. Suharto versucht, der ökon. ungünstigen Entwicklung mit einer Reduzierung der öfftl. Ausgaben zu begegnen (Steuererhöhungen, Einfrieren von Löhnen, Subventionsabbau bei Nahrungsmitteln). Dieser Kurs ließ zwar die Wachstumsraten wieder steigen (1988: 5,7 %; 1989: 6 %), an der Armut der Mehrheit der Bev., die unter der Sparpolitik leidet, änderte sich jedoch vorerst nichts (geschätzte Arbeitslosenquote: rd. 50 %).

5. Bei den Wahlen zum indones. Parlament, dem Repräsentantenhaus (der «Volkskongreß» tagt nur alle fünf J. zur Wahl des Präs.), vom April 1987 konnten die regierenden «Funktionalen Gruppen» (GOLKAR) mit 299 Sitzen gegenüber anderen Gruppierungen (muslim. *Partai Persatuan Pembangunan*/PPP: 63; nationalistisch-christliche *Partai Demokrasi Indonesia*/PDI: 38; komm. Partei seit 1966 verboten) ihre Führungsposition erhalten. Innenpol. stützt sich das autoritäre Regime Suhartos v.a. auf das Militär. Ferner soll die Staatsphilosophie des *Pancasila* die Stabilität des pol. Systems sichern, die durch den Islam als dem Sammelbecken der nat. Opposition gefährdet ist. Neuerdings ist auch innerhalb der GOLKAR die Forderung nach *Demokratisierung des Landes erhoben worden; dabei steht das Bestreben im Vordergrund, die innenpol. Stabilität nach einem Ende

der Ära Suharto zu sichern. Nach dem Bruch mit der VR China unter Suharto orientiert sich I. außenpolitisch am Westen (v.a. an Japan, den USA). Bei der regionalen Kooperation in Südostasien im Rahmen der *ASEAN ist I. eine treibende Kraft. Die Menschenrechtsverletzungen in Indonesien rückten am 12.10.1991 wieder auf die int. Tagesordnung, nachdem bei einer Demonstration der Nationalen Befreiungsfront Ost-Timors das Militär ein Blutbad anrichtete. Die pol. Führung sah sich durch int. Kritik und Sanktionen mehrerer westl. Staaten dazu gezwungen, Umbesetzungen in der Armee vorzunehmen.

Bei den am 9.6.1992 abgehaltenen Parlamentswahlen in I. erhielt die Golkar-Partei 68,1%, die PPP 15% und die PDI 14,9% der abgegebenen Stimmen. Die Wahlbeteiligung lag bei 90,4%.

Lit.: B. Dahm, Sukarnos Kampf um Indonesiens Unabhängigkeit, Werdegang und Ideen eines asiatischen Nationalisten, Hamburg 1966; B. Dahm, Emanzipationsversuche von kolonialer Herrschaft in Südostasien. Die Philippinen und Indonesien. Ein Vergleich, Hamburg 1974; G. Deißmann, Indonesien. Allgemeine Wirtschaftskunde, Bremen 1978; W. Röll, Indonesien, Entwicklungsprobleme einer trop. Inselwelt, Stuttgart 1979; W. Müller, Bibliographie deutschsprachiger Literatur über Indonesien, Hamburg 1979; Th. Dams, Indonesien: Ländliche Armut kein politisches Tabu, in: E+Z, 2/1983, S. 10ff.; H. Dürste/M. Fenner, Zwanzig Jahre «Neue Ordnung» in Indonesien – Entstehung, Entwicklung, Perspektiven, in: Internationales Asienforum, H. 3/4, 1986, S. 273ff.; D. Kebschull, Transmigrasi – das indonesische Umsiedlungsprogramm, in: Internationales Asienforum, H. 1/2, 1987, S. 95ff. ah

INDUC →Gewerkschaften in der Dritten Welt

Industrialisierung Zu den wesentl. entwicklungspol. Zielen der EL gehört die I., die als Voraussetzung dafür begriffen wird, den Lebensstandard der IL zu erreichen. Historisch wurden die heutigen EL in eine *internationale Arbeitsteilung hineingenommen, welche ihnen die Rolle als Rohstofflieferanten und Absatzmärkte der in den heutigen IL hergestellten Fertigwaren zuwies. Vernünftigerweise kann heute den EL das Recht, ihre Volkswirtschaften zu industrialisieren, nicht mehr bestritten werden. So wollen denn auch die IL den EL beim Aufbau einer verarbeitenden Industrie helfen. Andererseits verbietet sich eine I. nach dem Vorbild der IL. Eine solche Zielsetzung findet eine natürliche Grenze in der außerordentlichen Beanspruchung der *Ökologie: Der Energieverbrauch pro Kopf würde auf das 10fache des heutigen Wertes ansteigen. Vor einer derartigen Entwicklung warnen insbesondere auch Stimmen aus der Dritten Welt, etwa Ivan Illich.

Mit der I. sind verschiedene Fragen verbunden. Weltwirtsch. geht es um den Anteil der EL an der Weltindustrieproduktion, der sich gegenwärtig (1987) auf etwa 13% (unter Einschluß der VR China ca. 18%) beläuft. Er hat steigende Tendenz, da die Industrieprod. in den EL schneller wächst als in den IL – eines der wenigen Felder, in denen die Kluft zwischen EL und IL geringer zu werden scheint. Die EL haben auf der *UNIDO II das sog. Lima-Ziel eines 25%-Anteils der EL an der Weltindustrieprod. beschlossen, das in den IL auf Widerstand stößt (v.a. die mit diesem Ziel einhergehenden Forderungen nach Ressourcentransfer) und faktisch auch kaum erreichbar scheint. Volkswirtsch. und pol. geht es um die Wahl einer I.-Strategie. Hier bieten sich Alternativen an, zu denen bereits historische Erfahrungen vorliegen: 1. *Importsubstitution oder I. nach dem *Exportmodell. Die entwicklungspol. Ergebnisse beider Strategien sind überwiegend negativ. Die I. müßte vor allem am potentiellen einheim. Markt, d.h. an der Versorgung der einheim. Bev. mit einfachen Gütern orientiert sein. 2. *Kapitalintensive oder *arbeitsintensive I. Mit dieser Alternative sind mehrere Probleme angesprochen. In welcher Weise und in welchem Umfang soll die einheim. Arbeitskraft in Wert gesetzt werden und damit der Faktor, über den die EL verfügen? In welchem Umfang und unter welchen Bedingungen wird auf Auslandskapital zurückgegriffen und damit ein Faktor ersetzt, über den die EL (von einigen *OPEC-Ländern abgesehen) nicht verfügen? Die Beschäftigungseffekte haben Einfluß auf die E. des einheim. Marktes und natürlich der sozialen und pol. Struktur eines EL. 3. Schwer- oder Leichtindustrie, *Investitionsgüter- oder Konsumgüterindustrie. Diese Alternative entfällt für die meisten EL, da das Kapitalvolumen für den Aufbau einer Schwer- und *Investitionsgüterindustrie nicht aufgebracht werden kann. Nur wenige EL bringen die Voraussetzungen der VR China, Brasiliens, Venezuelas, Nigerias, Indiens etc. mit. 4. Modernste oder *angepaßte Technologie. Eine Alternative, die mit den Punkten 1, 2 und 3 in Verbindung steht und letztendlich danach zu entscheiden ist, welche entwicklungspol. Funktion I. haben soll. 5. Die letzte Alternative ist die einer Verbindung oder Nichtverbindung von I. mit anderen Wirtschaftssektoren, insbes. mit der Landw. Es ist auch die Frage nach den *forward* und *backward* **linkages* und dem allg. E.-Impuls, der von I. ausgeht. Der Industrieentwicklungsrat *IDB der UNIDO hat 1986 folgende Schwerpunkte vorgeschlagen: 1) Rehabilitierung und Wartung bestehender Industrieanlagen; 2) Förderung kleiner und mittlerer Industrien; 3) Förderung der Partnerschaft zwischen Industrieunternehmen aus IL und EL; 4) verstärkte Aktivitäten auf dem Gebiet der Ausbildung (*Human Resources*).

Nach der entwicklungspol. Konzeption der BRD werden im Rahmen der *Grundbedürfnisstrategie Klein- und Mittelbetriebe gefördert, entsprechend dem Konzept der *angepaßten Technologie, und zur Bekämpfung des E.-Gefälles zwischen Stadt und Land die ländl. Industrialisierung bevorzugt.

Lit.: B. Warren, Imperialism and Capitalist Industrialization, in: New Left Review, 81/1973, S. 3ff.; F. Fröbel u. a., Die neue internationale Arbeitsteilung, Reinbek 1977; K. Eßer, Lateinamerika. Industrialisierungsstrategien und Entwicklung, Frankfurt 1979. dn

Industrialization by invitation «Einladung» an das Auslandskapital durch Bereitstellung von *Infrastruktur, Industriezonen sowie durch Prämienangebote (Steuer- und Zollerleichterungen, freier Kapitaltransfer etc.). Dieses sog. «Puerto-Rico-Modell», das die meisten karib. Inseln nachzuahmen versuchten, kostete die Gastländer hohe Vorleistungen, ohne sie entsprechend am Nutzen zu beteiligen, zumal auch der Beschäftigungseffekt der Auslagerungsind. gering blieb. fn

Industrieländer Mit dem Begriff sind in der entwicklungspol. Diskussion in der Regel die westl. Industrieländer (IL) gemeint, das sind nach der Einteilung der *Weltbank die *OECD-Mitgliedsländer ohne Griechenland, Portugal, Spanien und die Türkei.

Lit.: M. G. Schmidt (Hg.), Westliche Industriegesellschaften, München 1983. dn

Informale Bildung →Bildung

Informationsstelle Lateinamerika →ILA

Informationsstelle Südliches Afrika →ISSA

Informationszentrum Dritte Welt/Aktion Dritte Welt e.V. (iz3w) Gegr. 1968, unterhält ein öfftl. zugängliches Zeitungs- und Zeitschriftenarchiv sowie eine Leihstelle mit Unterrichtsmaterialien. Das iz3w organisiert Informationsveranstaltungen und Seminare. Publikationen: Blätter des iz3w (achtmal jährl.); Veröffentlichungen zu Themen wie *Energie, *Tourismus u.a. Adresse: iz3w, Kronenstr. 16, Postfach 5328, 7800 Freiburg. pb

Informeller Sektor Teil des *Beschäftigungsproblems in den EL ist die (Unter-)Beschäftigung im sog. informellen (trad. ungeschützten) Sektor. Merkmale: *arbeitsintensive Produktion, einfache Technologie, geringe oder gar nicht vorhandene Qualifikation der Arbeitskräfte, schlechte Bezahlung, geringer gewerkschaftlicher Organisationsgrad, das Fehlen von Kranken- und Altersversicherung sowie die Umgehung von Arbeitsschutzbestimmungen. Die meisten der im informellen Sektor Tätigen arbeiten im Handels- und Dienstleistungsbereich.

Beispiele: Schuhputzer, Laufburschen, *Kinderarbeit in der Teppich- und Textilproduktion etc. →formeller Sektor ah

Infrastruktur Unter I. versteht man im engeren Sinne der materiellen I. die «materiellen Voraussetzungen der wirtschaftlichen Entwicklung im Sinne der Verfügbarkeit von Basisdaten wie Verkehrsverbindungen, Energieversorgung, Abwasserentsorgung und Nachrichtenwesen» (Jochimsen 1966). I. im weiteren Sinne umfaßt auch die soziale I., das sind Krankenhäuser, Schulen, Wohnungen, Sozialversicherungen etc.

Lit.: R. Jochimsen, Theorie der Infrastruktur, Tübingen 1966. dn

Inkatha-Bewegung →Buthelezi

Input-Mix Bildungspolitischer Maßnahmenkatalog der *Weltbank, der sich auf die Prinzipien «schrittweise Anpassung», «Wiederbelebung» und «selektive Ausweitung» des Bildungssystems stützt, um bildungspol. Fernziele mit den begrenzten finanziellen und humanen Ressourcen der EL in Übereinstimmung zu bringen. Den Reg. wird empfohlen, den Bildungsetat auf 4–5 % der staatl. Einnahmen anzuheben, wobei Erhaltungsinvestitionen generell Vorrang gegenüber Neuinvestitionen eingeräumt werden sollte. Aus Kostengründen werden Methoden des Fern- und Selbststudiums favorisiert. Fehler wie das Übergewicht der Hochschulbildung sollen korrigiert werden, u. a. auch durch schärfere Zulassungsbeschränkungen für Studenten. hb

Input-Output-Analyse (Leontief) →Entwicklungsplanung

inquilinos →*hacienda*

Institut für Afrika-Kunde →Deutsches Übersee-Institut

Institut für Allgemeine Überseeforschung →Deutsches Übersee-Institut

Institut für Asien-Kunde →Deutsches Übersee-Institut

Institut für Auslandsbeziehungen →IfA

Institut für Iberoamerika-Kunde →Deutsches Übersee-Institut

Institut für Wirtschaftsentwicklung →EDI

Institut für Wirtschaftsforschung →HWWA, IFO

Institut für wissenschaftliche Zusammenarbeit mit Entwicklungsländern (IWZ) 1966 gegr. *nichtstaatliche Organisation, informiert EL im Rahmen der *Wissenschafts- und *Bildungshilfe über Forschungsergebnisse und -arbeiten in der Bundesrepublik Deutschland. Umgekehrt werden wiss. Ergebnisse der EL an wiss. Institutionen der BRD (v. a. in Baden-Württemberg) vermittelt. Regionale Schwerpunkte der Zusammenarbeit sind LA und der islam. Orient. Das durch das Land Baden-Württemberg grundfinanzierte IWZ ist Träger der «Tübinger Gespräche zu Entwicklungsfragen» zur wiss. Fundierung der Diskussion in der Bundesrepublik über EL. Adresse: Landhausstr. 18, 7400 Tübingen. ah

INTAL →BID

Integration Der Begriff I. wird in der EL-Forschung in unterschiedlichen Zusammenhängen verwandt. Man kann grob unterscheiden zwischen nat., globaler und regionaler Integration. 1. Unter nat. I. versteht man den **Nation-building*-Prozeß, die Herausbildung von Nationen innerhalb der vielfach durch die Kolonialmächte gezogenen territorialen Grenzen eines Landes, dessen Bev. ethnisch gespalten ist (→Ethnizität, Tribalismus), den Wechsel des Loyalitätsbezuges von Dorf/Sippe/Stamm auf das Gemeinwesen. 2. Unter globaler I. versteht man die Einbeziehung der EL in den Weltmarkt, in die *internationale Arbeitsteilung. Das Muster der weltwirtsch. I. der EL wird innerhalb der e.-theoretischen und e.-strategischen Debatte problematisiert (→Dependencia-Theorien, Peripherer Kapitalismus, Zentrum-Peripherie-Modell). 3. Unter regionaler I. werden staatenübergreifende Zusammenschlüsse recht unterschiedlichen Charakters und unterschiedlicher Zielsetzung verstanden. Eine gültige Definition von regionaler I. liegt nicht vor, ist wohl auch nicht zu erreichen, da I. als Begriff, der sich auf versch. Teilbereiche beziehen kann (wirtsch. I., pol. I.) als in Gang befindlicher Prozeß, als Stadium (erreichtes Ergebnis des Einigungsprozesses) und auch als Ziel verstanden wird und unterschiedliche I.-Formen umschließt (Freihandelszone, Zollunion, Gemeinsamer Markt, Wirtschaftsunion, supranationale Union), die man als Stufen des I.-Prozesses verstehen kann, was jedoch nicht zwingend ist (beispielsweise kann ein I.-Prozeß sofort auf die Errichtung eines Gemeinsamen Marktes hinauslaufen). Regionale Wirtschaftsintegration (RWI) ist in den EL als eine wesentliche E.-Perspektive betrachtet und in die Praxis umzusetzen versucht worden (→ALALC, →MCCA, →CARICOM, →Andenpakt, →EAC, →ECOWAS, →ASEAN etc.). Die Impulse gingen von den europ. Integrationsbestrebungen aus, theoretisch auch für die EL in Betracht gezogen und pol. propagiert zunächst durch die * CEPAL, später durch andere UN-Wirtschaftskommissionen. Theorien der RWI orientieren sich jedoch im wesentlichen an der europ. I. und damit an den spezifischen Voraussetzungen, Funktionen und Zielsetzungen von RWI in westl. IL. Erst nach den Fehlschlägen von RWI in IL, die freilich auch in anderen Ursachen zu suchen sind, setzte sich langsam die Erkenntnis durch, daß EL aufgrund der anderen Voraussetzungen, insbes. der Probleme auf den beiden anderen I.-Ebenen, der nat. (→Marginalität) und globalen (→strukturellen Abhängigkeit), einer angepaßten I.-Strategie bedürften. Während es einer I.-Theorie für IL darum gehe, Aussagen über die bestmögliche Zuordnung aller bereits vorhandenen Güter und Produktivkräfte zu machen, habe eine revidierte, für die EL verwendbare I.-Theorie sich nicht nur zu diesem Bereich zu äußern, sondern auch über solche Güter und Produktivkräfte, die noch nicht vorhanden sind, aber innerhalb einer bestimmten Zeit produziert werden müssen. In eine solche RWI-Theorie müssen auch die Unterbeschäftigten, die * Arbeitslosen und die Angehörigen des * Subsistenzsektors mit einbezogen werden. RWI nach der trad. I.-Theorie bewirkte im Gegensatz dazu nur die Ausweitung bestehender Märkte, nutzte also im wesentlichen denen, die bereits eine Marktstellung innehaben (als Anbieter oder Käufer), nutzte folglich v. a. den Unternehmen im modernen Sektor, deren Kapitalgrundlage in hohem Maße ausl. ist, die ihre vertikale I. in den Weltmarkt durch eine horizontale I. unter EL erweiterten. Derartige RWI kann dazu beitragen, notwendige Strukturreformen im Innern der EL (* Agrarreform, gerechte * Einkommensverteilung) zur Ausweitung des inländ. Marktes zu umgehen. Die Hoffnung auf * *Spill-over*-Effekte hat sich als trügerisch erwiesen. RWI-Theorie für EL muß von der Dependenzsituation der EL ausgehen. Eine solche Theorie muß folglich die globale I. und nat. Desintegration problematisieren und mit RWI verknüpfen, konkrete Aussagen machen über Ziele, Mittel und Methoden und die je verschiedenen Voraussetzungen von EL in unterschiedlichen Wirtschaftsräumen berücksichtigen. Eine derartige Theorie liegt nicht vor.

Lit.: H. Johann, Die wirtschaftl. Integrationsbestrebungen der EL, München 1973; D. Dorner, Probleme der weltwirtschaftl. Integration der EL, Tübingen 1974; W. v. Urff (Hg.), Integration der EL in eine stabile Weltwirtschaft – Probleme, Chancen, Gefahren, Berlin 1976; M. Mols (Hg.), Integration und Kooperation in Lateinamerika, Paderborn 1981; A. M. El-Agraa, International Economic Integration,

London and Basingstoke 1982; H. Keitel, Zur Theorie der regionalen Wirtschaftsintegration von EL, Heidelberg 1982. dn

Integrierte Fachkräfte Im Rahmen der *Technischen Zusammenarbeit (TZ) fördert die Bundesregierung die Vermittlung von deutschen Fachkräften, die unmittelbar ein Arbeitsverhältnis mit Stellen in EL haben, die ihnen ein ortsübliches Gehalt zahlen; gleichzeitig erhalten sie über *CIM oder *DAAD Gehaltszuschüsse, Zuschüsse für die soziale Sicherung und Übergangshilfen für die berufliche Wiedereingliederung in der BRD. Vermittlungsinstanzen: *CIM/*GTZ, *DAAD. kg

Integriertes Rohstoffprogramm IRP ist der Versuch einer umfassend konzipierten Rohstoffpolitik zwischen EL und IL. Es wurde in seinen Grundlinien Mai 1976 von *UNCTAD IV in Nairobi entworfen und von den EL gefordert. In das IRP sollen 18 Rohstoffe aufgenommen werden: 10 sog. Kernrohstoffe: Kakao, Kaffee, Tee, Zucker, Baumwolle und Baumwollgarn, Jutefasern und Jutefertigprodukte, Sisalfasern und Sisalfertigprodukte, Kautschuk, Kupfer und Zinn. Hier sollen *Bufferstock*-Abkommen vereinbart bzw. fortgeschrieben werden. 8 weitere Rohstoffe: Bananen, Pflanzenöle (einschließlich Olivenöl), Ölsaaten, trop. Hölzer, Fleisch, Eisenerz, Mangan und Phosphat. Die Kernrohstoffe machen drei Viertel des Exportwerts der EL bei den vorgesehenen 18 Rohstoffen aus. Folgende Ziele sollen mit IRP angestrebt werden: 1. Stabilisierung der *Rohstoffpreise auf einem Niveau, das «lohnend und gerecht» für die EL, fair für die IL ist (*Indexierung der Rohstoffpreise); 2. *Exporterlösstablisierung; 3. Erweiterung der Rohstoffverarbeitung in den EL; 4. Verbesserung des Marktzugangs für unverarbeitete und weiterverarbeitete Rohstoffe der EL auf den Märkten der IL; 5. Verbesserung der Wettbewerbsfähigkeit der natürlichen Rohstoffe gegenüber den synthetischen Ersatzprodukten; 6. Verbesserung der Absatz-, Verteilungs- und Transportsysteme für die Rohstoffe der EL. Diese Ziele erfordern Verhandlungen im Rahmen verschiedener int. Organisationen, etwa hinsichtlich Marktöffnung: *GATT, Erlösstabilisierung: *IWF; *Gemeinsamer Fonds zur Finanzierung der *Rohstoffabkommen: *UNCTAD. Die Forderungen der EL nach dem IRP sind bislang am Widerstand der IL gescheitert, die davon ein Ansteigen der Inflationsraten, eine Zunahme dirigistischer Einflußnahmen auf den Welthandel und eine einseitige finanz. Belastung befürchten. Zugestimmt haben sie aber einer kleineren Lösung: dem Gemeinsamen Fonds.

Lit.: St. Baron u. a., Internationale Rohstoffpolitik, Ziele, Mittel, Kosten, Tübingen 1977; D. Kebschull u. a., Das integrierte Rohstoffprogramm, Hamburg 1977. dn

Interamerikanische Entwicklungsbank →BID

Interamerikanische Kommission für Menschenrechte →Menschenrechte

Interamerikanischer Gerichtshof für Menschenrechte →Menschenrechte

intermedica *Nichtstaatliche Organisation (*Bensheimer Kreis), Ziel: Verbesserung der Arzneimittelversorgung in EL insb. auf Basis von Sachspenden (Medikamenten und Praxisbedarf), 1987 in Höhe von ca. 2 Mio. DM. Die Hilfe konzentriert sich auf SOS-Kinderdörfer, Hospitäler und Slumstationen. Zusammenarbeit mit anderen NGO (z. B. *Hermann-Gmeiner Fonds, *DWHH). Publikation: intermedica post. Adresse: Im Kalten Tale 33, 3340 Wolfenbüttel. ah

International Council for Adult Education →Alphabetisierung

International Council for Educational Development →Grunderziehung

International Emergency Food Reserve →IEFR

International Institute for Adult Literacy Methods →Alphabetisierung

International Institute for Educational Planning →Alphabetisierung

International Program for the Development of Communication →IPDC

International Security and Economic Cooperation Program →Entwicklungspolitik der USA

Internationale Arbeitsgemeinschaft für soziale und wirtschaftliche Entwicklung der katholischen Entwicklungshilfe →CIDSE

Internationale Arbeitsorganisation →ILO

Internationale Arbeitsteilung Unter IA wird die Aufteilung verschiedener Funktionen im Prozeß der Verwertung und *Akkumulation des Kapitals auf verschiedene Länder und Ländergruppen im Weltmaßstab verstanden. Die IA ist jedoch kein statisches Etwas, sondern ein Prozeß. Historisch lassen sich unterschiedliche Typen von IA ausfindig machen. Die klassische IA war die über Jh.e ausgebildete Aufteilung der Länder nach Rohstofflieferanten und Kapital- und Konsumgüterproduzierenden, die identisch ist mit der Aufgliederung der Welt in EL und IL. Die heutigen EL wurden durch *Kolonialismus und *Imperialismus in diese IA vielfach hineingezwungen (Bsp. Zerstörung der indischen Textilindustrie). Die IL ließen in den EL nur die Produktion von Waren der verarbeitenden Industrie zu.

Bedingungen eines Wandels der klassischen IA eröffneten sich durch die Weltwirtschaftskrise von 1929 und die darauf folgende *Industrialisierung verschiedener EL nach dem *Importsubstitutionsmodell. In den EL entstanden Konsumgüterindustrien (teilweise unter ausl. Kapitalinvestitionen), die sich – angeregt durch die *Nationalisierungsforderungen der EL im Rohstoffsektor – immer mehr auf den Industriesektor verlagerten, hauptsächlich zur Versorgung des einheimischen Marktes.

Für die sog. neue IA wurden neue Rahmenbedingungen der Verwertung und Akkumulation des Kapitals bestimmend: Verfügbarkeit billiger Arbeitskräfte in den EL, Zerlegbarkeit der Fertigungsprozesse von Gütern, Fortschritte in der Transport- und Kommunikationstechnologie etc. Damit wurde die Auslagerung von Produktionsstätten, die Industriegüter für den Export in die EL herstellen, in den EL profitabel. Indem einige EL auf die strukturellen Änderungen der Weltökonomie mit Anpassung ihrer E.Strategie reagierten (Einrichtung von *freien Produktionsbedingungen, Investitionsanreize, verschärfte soziale und pol. Kontrolle über die einheimischen Arbeitskräfte, [repressive] Stabilisierung der pol. Systeme), wurde durch Verlagerung wachsender Teile der Industrieproduktion für den Weltmarkt in die EL die klassische IA durchbrochen.

pro: Die entwicklungspol. Zielsetzung exportorientierter Industrialisierung der EL im Konzept der neuen IA wurden in der *UNIDO wie folgt umrissen: 1. Schaffung neuer Arbeitsplätze und damit Verringerung der *Arbeitslosigkeit in EL. 2. Verbesserung der Deviseneinnahmen, Ausgleich der *Zahlungsbilanz. 3. Ausbildung der Arbeiterschaft in den EL und Zugang zu modernen Industrietechniken.

contra: 1. Zweischneidige Beschäftigungseffekte: Einseitigkeit der Beschäftigungsstruktur, Abzug aus Produktionszweigen, die für den Binnenmarkt produzieren, schwankende, vom Weltmarkt abh. Beschäftigungsnachfrage. 2. Deviseneinnahmen sind abh. von den unternehmensinternen Verrechnungen zwischen Tochterunternehmen und Konzernzentrale; ihnen stehen hohe Devisenbelastungen, insbes. bei Einrichtung und Aufrechterhaltung *freier Produktionszonen (Infrastruktur) gegenüber. 3. Weltmarktorientierte Prod. bleibt binnenwirtsch. (nat.) desintegriert, zeigt kaum **Linkage*-Effekte. 4. Die EL konkurrieren um Industrieansiedlung auf Kosten der einheim. Arbeitskraft, deren Verbilligung die ultima ratio der neuen IA ist. 5. Neue IA verschärft * abh. und ungleiche Entwicklung.

Die IA der sozialistischen Länder verschiedenen E.-Standes überwindet trad. Mechanismen der klassischen IA (s. Verhältnis der Sowjetunion zu Kuba); dieser Wandel wird jedoch mit neuen Abh.-Mustern erkauft.

Lit.: F. Fröbel u. a., Die neue internationale Arbeitsteilung, Hamburg 1977; A. Schmidt (Hg.), Internationale Arbeitsteilung und ungleicher Tausch, Frankfurt 1980; F. Fröbel/J. Heinrichs/ O. Kreye, Umbruch in der Weltwirtschaft – Die globale Strategie: Verbilligung der Arbeitskraft/Flexibilisierung der Arbeit/Neue Technologien, Hamburg 1986.

dn

Internationale Atomenergieorganisation →IAEA

Internationale Bauxitvereinigung →IBA

Internationale Energieagentur →IEA

Internationale Entwicklungsorganisation →IDA

Internationale Regime I.R. bezeichnen im Bereich der int. Beziehungen und der int. Politik «Rahmenordnungen, die sich aus Prinzipien, Normen, Regeln, Entscheidungsverfahren aufbauen». Sie sind «Versuche, in einer Welt wachsender Komplexität und Interdependenz Vorkehrungen für eine pol. Koordination gerade auch angesichts unvereinbarer Interessenpositionen zu schaffen» (Senghaas 1987). →GATT, →Klima- und Atmosphärenregime, →Weltbank, →Neue Weltwirtschaftsordnung, →Neue Weltinformationsordnung, →Internationales Seerecht, →Integriertes Rohstoffprogramm, →STABEX.

Lit.: D. Senghaas, Internationale Regime, in: K. von Beyme u. a. (Hg.), Politikwissenschaft, Bd. III: Außenpolitik und Internationale Politik, Stuttgart 1987, S. 180ff; B. Kohler-Koch (Hg.), Regime in den internationalen Beziehungen, Baden-Baden 1989.

mik

Internationaler Fonds für landwirtschaftliche Entwicklung →IFAD

Internationaler Gerichtshof →IGH

Internationaler Währungsfonds →IWF

Internationales Finanzinstitut (IIF = *Institute of International Finance*), 1983 von 35 Großbanken aus den USA, Europa, Japan und LA als Reaktion auf die immer brisanter werdende int. * Verschuldung gegr. (Sitz: Washington). Ziel: Durch Verbesserung des Informationsflusses zwischen Kreditgebern in IL und -nehmern in EL sowie durch wirtschaftspol. Beratung will das IIF dazu beitragen, künftig Überschuldungssituationen zu vermeiden. Das IIF bietet seinen Mitgl. Daten über die finanz. Lage und die wirtschaftspol. Ziele der Kreditnachfrager, diesen wiederum werden Kontakte zu Banken vermittelt. Eine Beurteilung der Kreditwürdigkeit eines Nehmerlandes nimmt das IIF, das mit * IWF, * Weltbank und * BIZ zusammenarbeitet, nicht vor.

ah

Internationales Rotes Kreuz →IRK

Internationales Seerecht Die Annahme der *Seerechtskonvention* der * UNO (SRK) am 30. 4. 1982 stellt nicht nur eine wichtige Zäsur in der Seerechtsentwicklung dar, sondern wurde sogar als «die 3. Aufteilung der Welt» bezeichnet (Gierloff-Emden). Die Aufteilung der Randzonen der Meere um Kontinente und Inseln führt zu großen Flächenzugewinnen der rund 45 Küstenstaaten (die 200 sm-Wirtschaftszonen umfassen weltweit eine Fläche von 120 Mio. qkm) und damit zu einer Einschränkung des Grundsatzes der «Freiheit der Meere», wie er noch in Art. 2 des Genfer Übereinkommens über die Hohe See vom 29. 4. 1958 enthalten war. Auch die vorgesehenen kollektiven Nutzungsregime der * Ressourcen des Meeresbodens verstärken den Trend zu einer «Parzellierung» der Ozeane, der sich sowohl zu Lasten der * Binnenländer als auch der meisten EL auswirken wird.

Nach einer sechsjährigen Vorbereitungszeit (1967 bis 1973) und neunjährigen Verhandlungen (1973 bis 1982) konnte die III. Seerechtskonferenz der UN (UNCLOS: *UN Conference on the Law of the Sea*) mit einer eindeutigen Mehrheit (130 Pro-, 4 Gegenstimmen

[USA, Türkei, Israel, Venezuela] und 17 Enthaltungen) die SRK am 30.4.1982 verabschieden. Die feierliche Unterzeichnung der SRK erfolgte am 10.12.1982; sie ist aber noch nicht in Kraft getreten, da von den hierzu erforderlichen 60 Ratifikationen erst 35 vorliegen. Trotz überwältigender Zustimmung, v. a. aus dem Lager der EL, ist das weitere Schicksal der SRK insb. wegen der Ablehnung durch die meisten westl. IL und Japan unbestimmt.

Die SRK behandelt das allg. Seerecht (Schiffahrt, Fischerei, Festlandsockel etc.), den Tiefseebergbau, Meeresumweltschutz, wiss. Meeresforschung, den Transfer von Meerestechnologie und sieht die Errichtung des «Internationalen Seegerichtshofes» in Hamburg vor. Vorläufer der SRK 1982 sind die vier Genfer Seerechtskonventionen 1958, deren Inhalt nun «progressiv» kodifiziert, weiterentwickelt und in der SRK zusammengefaßt wurde. Ausgangspunkt der Seerechtsreform war 1967 der Vorschlag, auf die neue Nutzungsdimension Tiefsee mit dem neuartigen Ordnungsgedanken des «Gemeinsamen Erbes der Menschheit» (*Common heritage of mankind*-Konzept) zu reagieren. Die Tiefseegebiete sollen von einer int. Instanz (Meeresbodenbehörde, mit Sitz in Jamaica) verwaltet und primär von deren operativem Arm (der sog. *Enterprise*) ausgebeutet werden, wobei insb. die speziellen Interessen und Bedürfnisse der EL zu berücksichtigen sind, was u. a. durch die Verpflichtung zum Transfer privater Technologie bewerkstelligt werden soll.

Hinsichtlich der *rechtlichen* Grundkonzeptionen konkurrieren in der SRK vier Ordnungsvorstellungen: *Freiheit* (Schiffahrt, Überflug der Hohen See etc.), *Aufteilung* (Ressourcenregelung im Küstenvorfeld), *Regionalisierung* (Kooperation von Anrainerstaaten von Randmeeren in der Fischerei, Erhaltung von Fischarten etc.), *Internationalisierung* (Ausbeutung der mineralischen Rohstoffe des Tiefseebodens); an *politischen* Ordnungsvorstellungen wurden verfolgt: Entmilitarisierung, Entkolonialisierung und * Neue Weltwirtschaftsordnung.

Die SRK als «Resultante im Parallelogramm weltweiter Verteilungskämpfe» (Vitzthum) bestätigt damit den Trend der Ausweitung küstenstaatlicher Rechte über Meereszonen und -ressourcen, der insbesondere von den zahlreichen souveränitätshungrigen jungen EL getragen wird, der allerdings eindeutig zu Lasten der * Binnen- und geogr. benachteiligten Staaten geht, die um ihre Fischerei-, Erdöl- und Gasförderrechte gebracht werden. Die USA erhalten die größte und wertvollste Wirtschaftszone der Welt, etwa 40% der Antarktis fallen an die UdSSR, und nur die * Schwellenländer Brasilien und Indonesien gehören zu dem Klub der 10 Staaten, die nahezu 55% des oben genannten Wirtschaftszonengebietes erhalten. Die Abh. der benachteiligten EL von den anderen Ländergruppen wird vertieft werden, da die vorgesehenen Kompensationsmechanismen, realistisch gesehen, nicht greifen werden. Da die SRK alle Regelungen zu einem einzigen «Paket» zusammenschnürt, das nur als Ganzes angenommen oder verworfen werden kann, wird eine große Anzahl von Vorbehaltsregelungen zu erwarten sein, die zu einer großen Zersplitterung des Konventionsregimes Anlaß geben wird. Aber selbst für den Fall eines Nichtinkrafttretens der SRK wird jedenfalls die Rückkehr zu den «alten» Seerechtskonventionen von 1958 nicht mehr möglich sein.

Lit.: W. Graf Vitzthum (Hg.), Die Plünderung der Meere, Frankfurt 1981; ders./R. Platzöder, Pro und contra Seerechtskonvention 1982, in: EA 19, 1982, S. 567 ff.; A. Daven/U. Jenisch, Hamburg als Sitz des Internationalen Seegerichtshofs, in: EA 13, 1982, S. 415 ff.; A. Studier, Die neue Weltmeeresordnung, in: Jahrbuch Dritte Welt 1, München 1983; J. Delbrück (Hg.), Das neue Seerecht. Internationale und nationale Perspektiven, Berlin 1984; R. Platzöder/W. Graf Vitzthum, Seerecht. Textausgabe, Baden-Baden 1984; S. Wasum, Der internationale Seegerichtshof im System der obligatorischen Streitbeilegungsverfahren der Seerechtskonvention, München 1984; C. Duisberg, Perspektiven der Seerechtsentwicklung, in: EA 12, 1985, S. 373ff.; G. Hafner, Die seerechtliche Verteilung von Nutzungsrechten, Wien 1987. wh

Inter Nationes Mittlerorganisation der *auswärtigen Kulturpolitik der BRD, Aufgabe: auslandsbezogene kulturelle und pol. Öffentlichkeitsarbeit zur Vertiefung der Kenntnisse über die BRD mittels Herstellung und Verbreitung von Medien (Film, Tonband, Buch, Pressematerialien) im Ausland: Versorgung der *Goethe-Institute und Presseattachés, Beantwortung von Anfragen (Wissenschaftler, Lehrer etc.), Organisation von Studien- und Vortragsreisen für ausl. Besucher der BRD, Veröffentlichung dt. Literatur in versch. Fremdsprachen. Adresse: Kennedyallee 91–103, 5300 Bonn. ah

Inter Press Service →IPS

Investitionen In der Volkswirtschaft gibt es verschiedene Begriffe:

Bruttoinvestitionen: Summe aller Neu- und Reinvestitionen;

Nettoinvestitionen: Zuwachs der Produktionsmittel und Lagerbestände;

Reinvestitionen: Ersatz der durch die Produktion verbrauchten Produktionsmittel. Dieser Begriff wird jedoch häufig in dem Sinne gebraucht, daß von ausl. Unternehmen erzielte Gewinne nicht transferiert, sondern in demselben Tochterunternehmen oder auch in anderen Betrieben des Gastlandes investiert werden. Reinvestition steht hier also im Ggs. zu Abzug bzw. Repatriierung der Gewinne.

Investitionsrate: Anteil der Bruttoinvestitionen am BSP;

Investitionsquote: Anteil der Nettoinvestitionen am Nettosozialprodukt. dn

Investitionsgüter Genauer Anlageinvestitionsgüter, auch Kapitalgüter, innnerhalb der ind. Produktion diejenigen Güter, die für die Anlageinvestitionen (Sachanlagen) bestimmt sind, also für Aufbau, Erhaltung, Erweiterung oder Verbesserung der Produktionsausrüstung (Maschinen, Transporteinrichtungen etc.). dn

IPCC *Intergovernmental Panel on Climate Change*, Zwischenstaatliches Forum zu Klimaänderungen, eingerichtet auf der Internationalen Umweltkonferenz über atmosphärische Verschmutzung und Klimaänderungen in Noordwijk/Niederlande im Nov. 1989, um die in der Abschlußerklärung geforderten Maßnahmen genauer zu beurteilen und ggf. zu präzisieren. Als vorläufiges Ergebnis stellte das IPCC im Aug. 1990 fest, daß eine jährl. Wiederaufforstung der Waldbestände um 12 Mio. ha ab Beginn des nächsten Jahrhunderts bei ausbleibender Reduktion der Emissionen ca. 10 % des Schadstoffausstoßes neutralisieren könne. Zugleich forderte das Forum, alle Treibhausgase integriert zu betrachten und mit einem CO_2-Äquivalent zu versehen sowie zusätzliche finanz. Mittel bereitzustellen, um die Beiträge der EL zur globalen Umweltentlastung zu unterstützen. hb

IPDC Internationales Programm für die Entwicklung der Kommunikation (*International Program for the Development of Communication*), wurde 1980 auf der 21. Generalkonferenz der *UNESCO beschlossen. *Ziel*: im Zuge einer *Neuen Weltinformationsordnung v. a. die E. von Kommunikationsinfrastrukturen in EL zu verstärken und hierfür int. Hilfe zu mobilisieren und abzustimmen. *Organe*: Direktor, Sekretariat und Zwischenstaatlicher Rat aus 35 Vertretern der Mitgl.-Länder (gewählt von der UNESCO-Generalversammlung auf Grundlage einer geogr. ausgewogenen Verteilung und nach dem Rotationsprinzip). Der Zwischenstaatl. Rat trat erstmals 1981 zusammen und koordiniert das Programm. *Finanzierung*: Starthilfe aus dem regulären UNESCO-Budget von 1,75 Mio. US-$ sowie (freiwillige) Beiträge von IL und EL (z. Z. ca. 5 Mio. US-$). Bisher unterstützte IPDC insb. die Errichtung von Nachrichtenagenturen in EL – z. B. die Pan-Afrikanische Nachrichtenagentur (PANA) und die lateinamerikanische Agentur für spezielle Informationsdienste (ALASEI) –, konnte sich bislang aber weder als Koordinationsforum int. Medienhilfe noch als *multilaterales Finanzierungsinstrument etablieren. mik

IPPF (*International Planned Parenthood Federation*) Dachverband nichtstaatlicher Familienplanungsorganisationen, London.

IPS *Inter Press Service*, 1964 von lateinamerik. und italienischen Journalisten in Rom als *Genossenschaft gegr. Nachrichtenagentur, verfügt in ca. 70 Ländern über feste Korrespondenten oder freie Mitarbeiter. IPS tritt für eine *Neue Weltinformationsordnung ein, berichtet (in 10 Sprachen) vorrangig über E.-Prozesse in der *Dritten Welt und kooperiert mit rund 50 nationalen Nachrichtenagenturen (etwa 40 davon in EL) sowie int. Org. (*UNDP, *UNESCO etc.). Die Agentur hat zwei Tochtergesellschaften: *IPS-Communications* berät Nachrichtenagenturen in EL über moderne Kommunikationstechnologie; *IPS-Projects* führt kleinere Projekte durch, mit dem Ziel, die int. Kommunikation zu demokratisieren. Unterstützt von der *FES richtete IPS 1981 in Bonn einen deutschsprachigen Dienst ein. Adresse: Pressehaus II, Heussallee 2–10, 5300 Bonn 1.

Lit.: D. Salamanca-Orrego, Inter Press Service (IPS) und die Süd-Süd-Kommunikation, in: medium 2/1987, S. 24ff. ah/mik

Irak Der das Gebiet des antiken Zweistromlandes umfassende I. wird durch ein soz.-nat. Einparteiregime beherrscht. Innerhalb des vergangenen Jahrhunderts führte I. zwei verlustreiche Kriege, in denen er den erreichten E.-Stand einbüßte. 1. Die Bev. des I. (Fläche: 438317 qkm, unter Einschluß der neutralen Zone zwischen I. und Saudi-Arabien 438466 qkm) betrug 1988 gesch. ca. 17,66 Mio. und besteht zu 77% aus arabischen Irakern. Arabisch ist die Muttersprache von 81% der Bev. Über 50% der Bev. bekennen sich zum sunnitischen Islam, etwa 46% sind Schiiten, die v. a. im S des Landes leben. Von den 443000 Christen versch. Konfessionen sind ca. 200000 kath. Größte ethnische Minderheit sind die Kurden, des weiteren existieren türkische (2%) und iranische Bev.-Gruppen. Die Urbanisierung liegt bei 72%. In der Hs. Bagdad lebten 1985 3,4 Mio. Ew., in Basra 617000, in Mossul 571000. Die Bev. wächst mit einer JZ (1980–87) von 3,6%. Die LE beträgt 64 J. Der immer wieder bewaffnet ausgetragene Konflikt der Zentralgewalt mit der kurdischen Minderheit ist bislang ungelöst. Im Vertrag von Algier 1975 einigte sich die Reg. mit dem Iran, der die kurdische *Guerilla bis dahin unterstützt hatte, auf Kosten der kurdischen Bev.: Beiderseits der Grenze, in den angestammten Siedlungsgebieten der Kurden, wurde eine 30 km breite «Sicherheitszone» eingerichtet, d. h., die Bev. wurde in sog. «Musterdörfer» zwangsumgesiedelt, ihre landw. Lebensgrundlagen (Wein, Oliven) systematisch zerstört. Da sich die Kurden der Arabisierungspolitik weiterhin widersetzten und sich im Krieg gegen den Iran z. T. auf dessen Seite stellten, führte das Regime mit chem. Waffen im März 1988 einen Vernichtungsschlag gegen die kurd. Stadt Halabja, bei dem mind. 5000 Menschen getötet wurden. 1989 folgten weitere Zwangsumsiedelungen.

2. Wichtigster wirtsch. Faktor des I. ist das Erdöl, das einen Anteil von über 95% am Gesamtexport ausmachte. Die Erdölvorräte des I. gelten mit 13,5 Mrd. t als die zweitgrößten der Welt nach Saudi-Arabien und vor Kuwait. Die Förderung betrug 1988 2,6 Mio. bpd. Dies entspricht einem Anteil an der gesamten Weltproduktion von 4,6% und der Weltreserve von 11,3%. 1972 wurde der gesamte Erdölsektor verstaatlicht. Im Nahrungsmittelbereich blieb der I. zu 75% von Importen abh. Die wichtigsten landw. Produkte

sind Weizen, Gerste, Reis, Baumwolle und v.a. Datteln (80% der Weltausfuhr). Die Landw. hielt 1986 einen Anteil von 12% am BIP, die Ind. machte 22% aus. Während in der Landw. ca. 40% der Erwerbstätigen beschäftigt waren, lag der Anteil der Ind. auch hier bei 22%. Hauptabnehmerländer waren die USA (16%) und Brasilien (13%), die wichtigsten Importeure waren die USA (12%), die Bundesrepublik (10%) und GB (8%).

3. Im I. Weltkrieg besetzten brit. Truppen nach und nach den I. (1914 Basra, 1917 Bagdad, 1918 ganz I.). Nach dem Ende des Osm. Reichs wurde der I. durch ein Mandat des Völkerbundes (1920) zum Protektorat GBs. Die Briten setzten den aus Syrien vertriebenen Faisal Ibn al-Hussein, ein Sohn des Scherifen von Mekka, 1921 zum König des I. ein. Ab 1927 wurde Erdöl in kommerziell relevanter Menge durch die *Iraq Petroleum Company*, die von *British Petroleum* kontrolliert wurde, gefördert. Milit. diente der I. als brit. Stützpunkt zwischen Ägypten und Indien. 1932 wurde der I. unabh. Während der folgenden Jahrzehnte wurde das Militär zum wichtigsten innenpol. Machtfaktor. Im Juli 1958 setzte eine antiimperialistische Militärfraktion unter General Kassim der Monarchie ein Ende. Nach einer kurzlebigen Herrschaft der panarabisch-soz. *Baath* (Auferstehungs)-Partei 1963 folgte eine weitere Phase pol. Instabilität. Am 17.7.1968 ergriffen die Baathisten unter General Hassan al-Bakr erneut die Macht.

4. Die Verstaatlichung des Erdölsektors 1972 wurde von den westl. IL mit einem vorübergehenden Embargo beantwortet, worauf sich der I. eng mit der Sowjetunion verband, die sich verpflichtete, eine Mindestmenge irak. Erdöls zu den jeweiligen Weltmarktpreisen abzunehmen. Das pol. Projekt der *Baath*-Partei sah eine rasche nachholende Modernisierung nach soz. Prinzipien vor, wobei alle anderen pol. Strömungen, relig. und ethnischen Minderheiten rigoros unterdrückt wurden. Die hohen Erdöleinnahmen ermöglichten in den 70er und 80er J. eine umfassende Modernisierungspol. (Ausbau der Infrastruktur, sozialer Wohnungsbau, aber auch Aufblähung des Beamtenapparates). Besondere Anstrengungen wurden im Bildungsbereich unternommen (Analph.: 29%). Der Einfluß des Islam auf die Gesellschaft wurde zurückgedrängt, eine Gleichstellung der Frau angestrebt. Oberstes Organ (Legislative und Exekutive) im Staat ist der Revolutionsrat. Er setzt die Reg. ein, seine Beschlüsse besitzen Gesetzeskraft. Seine namentliche Zusammensetzung wird geheimgehalten. Seit 1980 existiert ein Parlament, das jedoch keine Gesetzesvorschläge im Bereich der Militär- und Finanzpol. vorlegen darf und gegen den Beschluß des Revolutionsrats kein Gesetz verabschieden kann. Seit der Machtübernahme von Saddam Hussein 1979 war eine zunehmende Personalisierung des Einparteiregimes zu beobachten. Der Diktator brachte einen wachsenden Anteil der Volkswirtschaft in den Besitz seiner eigenen Familie. Das Regime stützte sich v.a. auf den Parteiapparat, die Elitetruppe der «Republikanischen Garde» und die weitverzweigte Geheimpolizei.

5. Der Angriff auf den Iran im Sept. 1980 entsprang einerseits der Furcht vor einem «Export» der schiitischen Revolution, andererseits einem Vormachtstreben (Eroberung eines verbesserten Zugangs zum Meer). Außer dem Rivalen Syrien, durch einen verfeindeten Flügel der *Baath*-Partei regiert, stellten sich alle Nachbarstaaten auf die Seite des I., ebenso die westl. IL und die UdSSR. Am Ende des Krieges war der I. mit ca. 80 Mrd. US-$ im Ausl. verschuldet, die Behebung der Kriegsschäden wurde auf 30 Mrd. US-$ gesch., eine hohe Inflation zeichnete sich ab. Wohnraum und Konsumgüter wurden spürbar knapp.

Der rel. niedrige Ölpreis, vor allem auf den Einfluß der konservativen Golfstaaten zurückgehend, entsprach deshalb nicht den irak. Interessen. Mit der Invasion und versuchten Annektion Kuwaits im Aug. 1990 wurde der expansive Charakter des Regimes Saddam Husseins erneut deutlich: Die Verfügung über den Großteil der Ölvorräte der Region hätte den I. endgültig als regionale Vormacht etabliert und zu einem höchst gewichtigen Faktor bei der Festsetzung des globalen Erdölpreises werden lassen. Erst die milit. Niederlage im * Golfkrieg 1991 veranlaßte Saddam Hussein zum Rückzug aus Kuwait. Die Kriegsfolgen für den I. können nur als verheerend bezeichnet werden: Laut eines Berichts des UN-Sonderbeauftragten M. Ahtisaari wurde das Land in ein «vorindustrielles Zeitalter» zurückgeworfen. Durch die weitgehende Zerstörung der Infrastruktur war die Versorgungslage (Nahrung, sauberes Trinkwasser) prekär, ein Ausbrechen von Seuchen drohte. Trotz der katastrophalen Niederlage konnte sich Saddam Hussein vorerst an der Macht halten. Schiitische Aufständische im S und kurdische Rebellen im N des Landes verzeichneten zunächst Erfolge. Das Regime Saddam Husseins setzte sich jedoch milit. durch. Der massive Einsatz milit. Gewalt gegen die Zivilbev. hatte eine Massenflucht der Kurden und Schiiten, sowie die Einrichtung von Flugverbotszonen für irak. Flugzeuge nördlich des 36. und südlich des 32. Breitengrades am 27.8.1992 zur Folge. Die Zonen werden von Großbritannien, Frankreich und den USA militärisch überwacht und dienen dem Schutz der Bevölkerung. Im kurdischen Teil des Irak wurden durch den int. Schutz ermöglichte Präsidentschafts- und Parlamentswahlen abgehalten, wobei der Führer der Kurdischen Demokratischen Partei (KDP), Massud Barzani, den ersten Wahlgang gewann. Im Parlament wurde die KDP mit 47,5 % stärkste Kraft vor der Partei Unabh. Kurdistan (PUK) mit 44,8 %.

Die andauernden Zwischenfälle und Behinderungen der irakischen Behörden bei UN-Inspektionen und die nur teilweise Erfüllung der Resolutionen des Weltsicherheitsrates führten zu scharfen Auseinandersetzungen mit der UNO und den USA. Anfang 1993 bombardierten die USA mehrfach Raketenstellungen in der nördl. und südl. Sicherheitszone sowie Ziele in der Nähe von Bagdad. Auch wurden die Wirtschaftssanktionen infolge der irak. Verweigerungshaltung aufrechterhalten, was zu schwerwiegenden Engpässen und Versorgungsproblemen der Bevölkerung im I. führte.

Lit.: A. Kelidar (Hg.), The Integration of Modern Iraq, London 1979; R. Nyrop (Hg.), Iraq. A Country Study, Washington 1979; T. Niblock, Irac. The Contemporary State, London 1982; P. Hünseler, Irak, in: HDW II, 6, Hamburg 1983, S. 267ff.; M. Farouk-Sluglett/ P. Sluglett, Iraq since 1958, London 1987; M. A. Ferdowsi, Irak, in: P. J. Opitz (Hg.), Das Weltflüchtlingsproblem. Ursachen und Folgen, München 1988, S. 179ff.; Samir al-Khalil, Republic of Fear, Univ. of California 1989; Die Golfregion in der Weltpolitik, Der Bürger im Staat 41 (1), 1991. hb

Iran Während die weltpol. Folgen der ir. Revolution und die innenpol. E. I.s nach nunmehr neun J. noch nicht auszumachen sind, läßt sich bereits mit Sicherheit feststellen, daß in I. eine total auslandsabh., extrem repressive und an den Bedürfnissen der einheim. Bev. rücksichtslos vorbeizielende E.-Strategie gescheitert ist. Die ir. Revolution und das, was seither geschah, gibt nicht nur den Politikern, sondern auch den E.-Theoretikern insofern zu denken, als diese in Anspruch nimmt, einen neuen Weg zur Überwindung der Abh. und UE für die Länder der * Dritten Welt zeigen zu können.

1. Nahezu die Hälfte der Fläche I.s von 1648000 qkm besteht aus unkultivierbaren Wüstengebieten. 19 Mio. ha sind mit Wäldern bedeckt, und nur 14,1 Mio. ha sind als Ackerland ausgewiesen: 5 Mio. ha liegen brach. Bedingt durch ökol. Schäden wurde zwischen 1975 und 1985 ca. 1/10 des Ackerlan-

des aufgegeben. Im Agrarland I. leben die meisten Iraner von der Landw. (rd. 37 % der Erwerbstätigen). Von der bearbeiteten Nutzfläche dienen 80 % dem Anbau von Getreide, der Rest teilt sich auf in «ind. Kulturen», wie Zuckerrüben, Baumwolle, Tabak, Zuckerrohr, Tee und Ölsaaten. Auch Vieh- und Geflügelzucht gehören zum trad. Bestandteil der ir. Landw. Das rasche Bev.-Wachstum (JZ 1987/88: 3,9 %) macht erhebliche Agrarimporte notwendig; auch durch unzulängliche Investitionen im Agrarsektor ist davon auszugehen, daß die angestrebte Autarkie im Bereich der Grundnahrungsmittel in näherer Zukunft nicht erreicht werden kann.

Trotz erheblicher Einbußen (Zerstörungen im *iran.-irak. Krieg, Rückgang der Weltmarktpreise) bleibt der Erdöl- und Erdgassektor einer der wichtigsten Wirtschaftszweige. Der Iran besitzt neben der Sowjetunion die größten Erdgasreserven der Erde; die Erdöllager zählen zu den größten im Nahen Osten. Die wichtigsten anderen Bodenschätze, neben Uran und Kupfer (1,5 % der Weltreserven), sind Nickel, Eisen, Kohle und Magnesium.

2. I. ist ein Vielvölkerstaat. Neben ca. 50 % Persern, die hauptsächlich im Mittel- und Südiran wohnen, stellen turktatarische Aserbeidschaner (NW), Kurden (SO), Araber (SW), Turkmenen (N) die wichtigsten nat. Minderheiten. 1987 hatte der Iran ca. 51,7 Mio. Ew. (31,4 Ew./qkm); der Anteil der städt. Bev. hat sich infolge der *Landflucht in den vergangenen J. erheblich erhöht (*Urbanisierungsrate 1986: 54,2 % gegenüber 1966: 38 %).

Über 90 % der Iraner sind Moslems, davon 95 % schiitischer und 3 % sunnitischer Glaubensrichtung; der Rest sind Christen mit Anhängern der armenischen Kirche, Juden, Bahais, Anhänger der alten Zarathustra-Religion.

3. Im 19. Jh. war der I. Spielball brit. und russ. Interessen und wurde seit Entdeckung des Öls Ende des 19. Jh.s durch Ausbeutung v. a. brit. Unternehmen zur Halbkolonie GB.s. Seit Beginn des 20. Jh.s haben fünf große Ereignisse das pol. System I.s erschüttert, teilweise oder ganz verändert:

a) Die «Konstitutionelle *Revolution» von 1905 bis 1911; eine demokratische, anti-feudale und anti-imp. Bewegung, getragen von liberalen Kräften des Adels, der Geistlichkeit und des Großgrundbesitzes gegen die absolute Monarchie.

b) Putsch von Reza Khan am 21.2.1921, der sich 1925 zum König ernannte und die 1979 gestürzte Pahlawi-Dynastie begründete. Dem Putsch gingen Jahre des Aufschwungs nat.-demokratischer Kräfte voraus, die durch den Sieg der russ. Oktoberrevolution gefördert wurden.

c) Annullierung der Erdölverträge als Maßnahme zur Erlangung der nat. Unabh. Unter dem Druck der Massen mußte das Parlament 1951 die *Nationalisierung des Erdöls beschließen. Minterpräs. Mossadegh, Führer der nat. Front, wollte tiefgreifende Reformen durchführen, stürzte jedoch 1953 durch einen *CIA-Putsch.

d) Installierung des Schah-Regimes, gestützt auf die USA, dem Auslandskapital Tür und Tor öffnend. Die innenpol. Opposition wurde unterdrückt und verfolgt.

e) *Revolution vom 12.2.1979 und Umwandlung der Staatsform per Referendum vom März 1979 in die «Islam. Rep. I».

4. Die E.-Strategie I.s konkretisierte sich seit 1960 in der sog. «Weißen Revolution», deren wichtigste Punkte die Landreform und die *Industrialisierung waren. Diese Reformen wurden eingeleitet, um eine Zuspitzung der sozialen Spannungen zu verhindern, dem Regime eine neue Klassenbasis zu verschaffen und dem ausl. Kapital neue Absatzmärkte und Investitionsfelder zu erschließen. Die *Agrarreform wurde in drei Phasen durchgeführt (1962/63; 1963 bis 1967; 1968 bis 1971). Ent-

sprechend den gesetzlichen Bestimmungen wurden in der 1. Phase die Ländereien z. T. zu überhöhten Preisen den Feudalherren abgekauft und den Bauern zu 15jährigen Ratenzahlungen und 6% Zinsen verkauft. Durch Verkauf von staatl. Industriebetrieben wurden die Finanzierungsmittel gesichert. Jeder Feudalherr war berechtigt, 1 Dorf oder je 1/6 von 6 Dörfern zu behalten und weitere Teile an seine Familienmitgl. abzutreten. Sämtliche *Plantagen sowie maschinell bewirtsch. Ländereien waren vom «Verteilen» ausgeschlossen. Insges. wurden so über 11000 Dörfer – ca. 1/3 der Dörfer –, ebenso 4,7 Mio. ha von 8,2 Mio. ha Weideland von der Agrarreform ausgeschlossen. Laut offiz. Angaben kamen während der 2. Phase insges. 1246 Mio. durch Verpachtung, 57000 durch Kauf und 156000 durch Verteilung in den Genuß der Reform. Allerdings besaßen rund 2,2 Mio. bäuerliche Familien zwischen 0,5 und 1 ha Land, die Hälfte weniger als 1 ha. Die 3. Phase ist gekennzeichnet durch Bildung von Aktiengesellschaften (1978: 93) und *Genossenschaften (1975: 2717). Dabei sollten 33660 bäuerliche Eigentümer im Tausch gegen dividendenberechtigte Aktien ihr Land einbringen. In Genossenschaften hingegen sollten künftig nur 20% aus dem Kreis der ehemaligen Kleinbauern und jetzigen Aktionäre bleiben. Da allerdings viele Bauern nicht in der Lage waren, ihr Pachtland zu kaufen, um es in Aktiengesellschaften einzubringen, verloren ca. 592000 Familien die Position, die sie durch die Phase 2 erst erreicht hatten. Ferner ist diese Phase durch Bildung von agro-ind. Großkombinaten gekennzeichnet, die dem Kapital und den aus der Bodenreform hervorgegangenen finanzstarken Feudalherren beste Voraussetzungen schufen, in die Landw. zu investieren.

Die bewässerungsfähigen, ertragreichsten und stadtnahen Ländereien wurden ihnen zur Verfügung gestellt. Es wurden Steuer- und Zollerleichterungen und großzügige Zuschüsse eingeräumt. Dies führte zur weiteren Ruinierung der Bauern, die ohnehin wegen fehlenden Startkapitals, veralteter Arbeitsgeräte und Wassermangels nicht konkurrenzfähig waren. *Landflucht war die Folge. Jährl. verließen über 500000 Bauern ihre Dörfer auf der Suche nach Arbeit. Laut Statistik verfügen heute 60% der Bauern nicht über das Existenzminimum. Die krisenhafte E. der Landw. verdeutlichen folgende Zahlen: Der Anteil der landw. Produktion am BSP ging von 38% (1955) auf 23% (1967) zurück und sank im J. 1976 auf ganze 9,6%; 1983: 12,6%.

Die *Industrialisierung ist von mehreren Fehlentwicklungen gekennzeichnet. V.a. entstanden Montagewerke, deren Produkte zu 80% aus im Ausland hergestellten Teilen zusammengesetzt wurden; des weiteren verfügten die entstandenen Ind.-Einheiten nicht über notwendige Bindeglieder. 90% der Ind.-Betriebe sind Kleinbetriebe (mit weniger als 9 Beschäftigten). Zwar verdoppelte sich die Zahl der Kleinbetriebe von 1966 bis 1976, ihre Produktivität ging jedoch stark zurück. Großbetriebe (mit mehr als 10 Beschäftigten), die 10% der ir. Industriebetriebe darstellen, erwirtschafteten 65% der ges. ind. Wertschöpfung. Nur 40 Betriebe (hauptsächlich aus den Bereichen Eisen und Stahl, Petrochemie und Automobilbau) beschäftigten mehr als 1000 Personen. Diese Einheiten sind fast alle mit ausl. Kapital oder teilweise gemischtem Kapital entstanden. Die starke regionale Konzentration (45% aller Großbetriebe und fast alle Betriebe mit mehr als 1000 Beschäftigten befinden sich in nächster Umgebung Teherans, dessen Anteil an der Gesamtbev. nur 12,5% beträgt) verstärkte noch die Fehlentwicklung. Trotz großzügiger staatl. Zuschüsse konnte der Anteil der Ind. am BSP nicht wesentlich erhöht werden. 1977 machte er nur 12,4% aus. Im Zuge der

Industrialisierung wurden diese Investitionen stark gefördert. Neben einer Reihe von Gesetzen zum Schutz des ausl. Kapitals wurde ein 100%iger Gewinntransfer garantiert. So wuchs nicht nur die Zahl der ausl. Firmen (1964: 32; 1976: 300), sondern auch die Höhe des im I. vom Ausland (v. a. in der Montageind. und im Bankwesen) investierten Kapitals von einigen 100 Mio. auf mehr als 3 Mrd. US-$ an (1977). Für den Zeitraum nach der islam. Revolution liegen vergleichbare Daten über Struktur und E. der iran. Wirtschaft nicht vor.

Der Außenhandel des I. ist in hohem Maß von der Entwicklung auf dem Weltenergiemarkt abhängig. Ihren bisherigen Höchststand erreichten die Ausfuhren 1983 mit 20,2 Mrd. US-$. Bis 1986 sanken sie auf 9 Mrd. US-$, worauf Importrestriktionen eingeführt wurden: Das Importvolumen reduzierte sich entsprechend von 1983 bis 1986 um 43%.

5. Die Sozialstruktur I.s weist krasse Ungleichgewichte auf. 1987 waren 38,4% Analphabeten (1975: 58,2%), wobei die Analphabetenquote in den Provinzen Isfahan, Semnan und Teheran (außer Stadtgebiet) 60 bis 70% beträgt, in der Hs. 18%. Insg. gibt es im I. 581 Krankenhäuser, von denen 38% in privater Hand sind. Allein auf Teheran entfallen rd. 35% der Krankenhäuser und der größte Teil der Ärzte (insg. 2682 Ew. je Arzt; LE 1985: 60 J.). Die Zahl der Arbeitslosen hat sich seit Mitte der 70er J. stark erhöht (1976 bis 1983: Steigerungsrate von 67%, danach als Folge der Ausweitung des iran.-irak. Kriegs leicht gesenkt); die Unterbeschäftigung ist beträchtlich, und zusätzliche Belastungen ergeben sich durch die anhaltend hohe Geburtenrate und die steigende Zahl von Schulabgängern ohne Arbeitsstellen.

Die islam. Reg. versucht, durch die Vergabe von Notstandsarbeiten und durch Nahrungsmittelsubventionen die am stärksten benachteiligten Gruppen (extrem große Ungleichheit in der *Einkommensverteilung während des Schah-Regimes) zu unterstützen. 1986 befanden sich noch 21 Mio. Iraner unterhalb der Armutsgrenze.

6. Die Revolution von 1979 hat die pol. Struktur I.s wesentlich verändert. Entgegen den Hoffnungen der national-demokrat. Opposition gegen das Schah-Regime übernahmen jedoch unter dem Revolutionsführer Ayatollah *Khomeini die konservativ-traditionalistischen Klerikalen die pol. Macht und schalteten die liberale Geistlichkeit (Ayatollah Schariat-Madari, seit 1981 arrestiert) aus.

Sie dominierten den von Khomeini eingesetzten Revolutionsrat, gegen den sich der mit der Führung der Regierung beauftragte bürgerlich-liberale Politiker Bazargan nicht durchsetzen konnte. Zur Ausarbeitung eines Verfassungsentwurfs für die im März-Referendum 1979 beschlossene Islam. Rep. I. wurde ein Sachverständigenparlament durch Wahlen eingesetzt. Die erarbeitete Verfassung, die durch ein Referendum legalisiert wurde (die Wähler standen vor der Alternative, für eine islam. Republik oder aber für die Beibehaltung der Monarchie zu votieren, was die Höhe der Zustimmung erklärt), war auch Ausdruck der Zusammensetzung dieses Parlaments. Wesentliches Merkmal dieser Verfassung ist, daß sie dem relig. Führer (*walajate Faghib*) uneingeschränkte, absolute Macht einräumt. Dieser Führer, der nach dem Tode Khomeinis von einer Expertenversammlung (bestehend aus 83 ranghohen, durch das Volk gewählten schiit. Geistlichen) ernannt werden darf, ist nicht nur der Oberbefehlshaber der Streitkräfte, er benennt auch die obersten Ränge in der Judikative, kann den durch allg. Wahlen gewählten Präs. absetzen, wie es bereits bei dem 1980 mit überwältigender Mehrheit gewählten Staatspräs. Abdol-Hassa Bani-Sadr (seit 1981 im Pariser Exil) praktiziert wurde, ernennt die Mitgl.

des obersten Verteidigungsrates und bestimmt sechs Mitgl. des 12köpfigen Wächterrates (WR) aus den Reihen der Geistlichen. Die sechs anderen Mitgl. des WR werden auf Vorschlag des Obersten Justizrates, dessen zwei Mitgl. wiederum vom Führer ernannt werden, vom Parlament bestellt. Aufgaben des WR bestehen darin, vom Parlament beschlossene Gesetze auf ihre Übereinstimmung mit der Verfassung und den islam. Gesetzen zu überprüfen. Hierbei haben nur die geistlichen Mitgl. des WR Entscheidungsrecht. Der WR hat das Recht, jedes vom Parlament beschlossene Gesetz abzulehnen und muß die Kandidatur einer Person zur Präsidentenwahl genehmigen.

Die Praxis des neuen Regimes seit der Machtübernahme gegenüber seinen Opponenten zeigt, mit welcher Zielstrebigkeit am Aufbau eines neuen absoluten Herrschaftssystems gearbeitet wird. Dies zeigt u. a. ein neues Pressegesetz – wesentlich repressiver als das unter dem Schah-Regime –, bei dem fast alle nicht islam. oder von der Geistlichkeit nicht kontrollierten Zeitungen und Zeitschriften verboten wurden. Fortschrittliche und revolutionäre Organisationen müssen daher mehr und mehr im Untergrund arbeiten. Nur die islam.-republik. Partei, eine erzkonservative Organisation der Geistlichkeit, genoß alle Freiheiten. Den im Namen des Islam durchgeführten Säuberungsaktionen fielen bis 1982 ca. 15000 zum Opfer. Schärfste Repression erleiden die Minderheitsvölker.

Die Forderungen der nat. Minderheiten in Belutschistan, Khusistan, Kurdistan und Turkeman Sahra werden durch Einsatz von Armee und Pasdaraneinheiten niedergeschlagen.

Die sichtbarsten Folgen der Revolution sind auf dem kulturellen Bereich zu beobachten. Es handelt sich dabei allerdings in erster Linie um Abschaffung des Säkularismus und Modernismus westlicher Herkunft. So ist das Tragen von *Schador* (Schleier) wieder eingeführt worden, begleitet vom Badeverbot für Frauen, Schließung von Kinos und Islamisierung des Rundfunks und Fernsehens. Diese «kulturelle» Revolution erweist sich aber als «religiöse» und nicht als «nationale», da sie die alt-persischen Elemente in Musik und Folklore nicht verschont hat. Ebenso radikal scheint die Einführung der islam. Rechtsordnung zu sein, die dem islam. *Kisas* entlehnt ist und die für nicht weniger als 109 Delikte, angefangen von Anzeichen satanischer Tendenzen bis hin zu unwahren Behauptungen über die Regierung, eine Hinrichtung als Regelstrafe vorsieht. Daher verwundert es kaum, wenn *ai allein für die zweite Hälfte des Jahres 1981 ca. 2440 von den iran. Behörden bekanntgegebene Hinrichtungen registrierte.

Ebenso gravierende Veränderungen haben sich im Bereich der Ausbildung und Erziehung vollzogen. Während man sich bei den Schulen auf eine Überarbeitung der Schulbücher und Entlassung unliebsamer Lehrer beschränkt, wurde für die Universitäten eine Quotenregelung eingeführt, bei der Kontingente für ehemalige Revolutionswächter, Kriegsteilnehmer und Familienangehörige von Kriegsopfern eingeräumt werden mit dem Ergebnis, daß nicht einmal 5% der Bewerber um einen Studienplatz studieren können. So haben im Jahr 1986 etwa 557000 (gegenüber 300000 im Jahr 1984) zwar die Aufnahmeprüfung absolviert, aber nur 10% die Prüfung bestanden. Doch mehr als die Hälfte scheiterte an der anschließenden religiösen Zusatzprüfung.

Sosehr auch die innenpol. Kampagnen unter der Flagge des Islam verlaufen, auf dem wirtsch. und sozialpol. Sektor sind kaum Ansätze einer islam. Wirtschaftsordnung erkennbar, sieht man von den im J. 1979 mit viel Propaganda und Geld gestarteten, inzwischen aber abgeflauten Aktivitäten der

Jihad-e-Sasandegi (Heiliger Kampf für Aufbau), der Verstaatlichung von Banken und Industrie, der Umwandlung der Pahlawi-Stiftung in die Mostazafin-Stiftung (Entrechteten) ab. Selbst die angekündigte Bodenreform ist aufgrund interner ideologischer Meinungsverschiedenheiten hinsichtlich der Eigentumsfrage im Islam nicht über eine bloße Absichtserklärung hinausgekommen. Obzwar offiziell Zinsen abgeschafft worden sind, wird dieses Koran-Gebot dadurch umgangen, daß Banken für Kredite eine Bearbeitungsgebühr von 8 bis 12% erheben und Anleger mit ca. 8% an den Gewinnen der Banken beteiligt sind. Als Folge dieser Konzeptionslosigkeit hat das Regime z. Z. mit den Problemen der Arbeitslosigkeit, der Inflation (1981: 30 bis 40%, 1982 bis 1986: 12,5% p. a.) und extremen Teuerungsraten bes. im Nahrungsmittelbereich zu kämpfen (nach inoffiziellen Schätzungen 1987: 65 bis 70% p. a.). Gerade aber letzteres könnte dazu führen, daß die Landw. wieder an Attraktivität gewinnt.

Außenpol. verfolgt das Regime mittlerweile eine eher flexible Politik, nachdem es anfangs aus Gründen der engen Bindung des Schah-Regimes zum Westen, insb. zu den USA, mit der Geisel-Affäre eine extreme Konfrontation provoziert hatte, ohne daß dies allerdings eine Hinwendung zur UdSSR bedeutete. Sicherlich hat hierbei der Ausbruch des Krieges mit dem Irak (Sept. 1980) eine erhebliche Rolle gespielt, aber auch das Angewiesensein des Regimes darauf, seinen Nahrungsmittelbedarf, den Bedarf an Maschinen, Waffen und Ersatzteilen zu dekken. Dadurch ist auch das Volumen des Außenhandels, v. a. mit Japan und Westeuropa, insb. mit der Bundesrepublik, gestiegen, dessen Volumen sich 1987 auf über 2,8 Mrd. DM belief.

Nach Beendigung des Krieges gegen den Irak durch die Annahme der Resolution 598 des *UN-Sicherheitsrats durch den I. am 18.7.1988, mußte sich die pol. Führung auf die Behebung der Kriegsschäden konzentrieren. Dabei entbrannte ein Machtkampf zwischen islamistischen Radikalen und gemäßigten Kräften, der latent seit der Revolution über die Landreform und die Rolle der Privatwirtsch. im Außenhandel schwelte.

Während die «Radikalen» eine umfassende Wirtschaftsreform verlangen, bei der der Staat größeren Einfluß ausüben soll und für eine Verteilung des Großgrundbesitzes an Landlose und Kleinbauern eintreten, fordern die konservativen Geistlichen, die Kaufleute und Basaris zusammen mit den «Pragmatikern» eine Politik der Öffnung und des freien Außenhandels. Nach dem Tod Khomeinis am 3.6.1989 setzten sich die Pragmatiker um Präs. Ali Akbar Rafsandschani durch, die Radikalen um den relig. Führer Mohtashemi blieben jedoch einflußreich. Bei den Parlamentswahlen von Mai 1992, die von Parteiausschlüssen und Boykottaufrufen begleitet waren, setzten sich die Anhänger Rafsandschanis gegen die Radikalen durch. Damit wurde die Fortsetzung der vorsichtigen Öffnungs- und wirtschaftlichen Reformpolitik Rafsandschanis gesichert. Im *Golfkrieg um Kuwait 1991 blieb der I. neutral, trotz der irak. Avancen, ein Bündnis zu schließen. Zeitweise versuchte die iran. Diplomatie gar die Rolle eines Vermittlers zu spielen. Die schwere Niederlage des Irak und die Verbesserung der Bez. zum Westen wie zur UdSSR eröffneten dem I. Möglichkeiten, eine regionale Schlüsselposition einzunehmen. Innenpolitisch zeichnet sich trotz der Präsidentschaft Rafsandschanis keine grundlegende Änderung der fundamental-islamistischen Linie ab. Nach Erhebungen in einigen Städten im August 1992, die besonders durch die schlechte wirtschaftliche Lage verursacht, aber auch eine Manifestation der Unzufriedenheit mit dem Regime insgesamt war, wurden einige islamische Gesetze sogar noch verschärft. Auch gibt es weiterhin eine unnachgiebige Verfolgung von Oppositionellen, Folterungen und Todesurteile sind tägliche Praxis.

Neben den Verwüstungen des iran.-irak. Krieges und dem Rückgang der Einnahmen aus dem Erdölexport ist I. nicht nur mit einer dauerhaften Wirtschaftskrise konfrontiert, sondern auch mit einer zumindest gleichbleibenden Importabh. und einer gegenüber 1978 von 34 auf 48 Mio. angestiegenen Bevölkerung.

→Iranisch-irakischer Krieg, Islamisierung / Re-Islamisierung

Lit.: F. Halliday, Iran: Analyse einer Gesellschaft im Entwicklungskrieg, Berlin 1979; U. Tilgner (Hg.), Umbruch im Iran. Augenzeugenberichte – Analysen – Dokumente, Hamburg 1979; A. M. Behrawan, Iran: Die programmierte Katastrophe, Frankfurt 1980; Berliner Institut für Vergleichende Sozialforschung (Hg.), Religion und Politik im Iran, Frankfurt 1981; Mir. A. Ferdowsi, Iran, in: HDW II, 6, Hamburg 1983, S. 288 ff.; B. Nirumand, Iran – hinter den Gittern verdorren die Blumen, Reinbek 1985; D. Gholamasad, Die Entstehung der ‹Islamischen Revolution›, Hamburg 1985; H.-G. Ebert / H. Fürtig / H.-G. Müller, Die Islamische Republik Iran, Köln 1987; I. Motadel, Iran – Von der Schah-Dynastie zum Islamischen Gottesstaat, Pfaffenweiler 1987. maf

Iranisch-irakischer Krieg Der Krieg begann am 23. 9. 1980 mit einer Blitzoffensive Iraks und fand mit der Annahme der Resolution 598 des UN-Sicherheitsrates vom 20. 7. 1987 durch den Iran am 20. 7. 1988 und dem Beginn der Waffenstillstandsverhandlungen am 20. 8. 1988 nach fast acht J. ein vorläufiges Ende. Er ist nicht nur einer der längsten konventionellen Kriege des Jh., sondern mit 500000 Toten und ca. 1 Mio. Verwundeten auch einer der grausamsten und, mit Kriegskosten von ca. 350 Mrd. US-$, der zerstörerischste Krieg nach dem II. Weltkrieg.

Sosehr auch dieser Krieg bislang auf einen Kampf des laizistischen Baath-Regimes gegen die schiitische Gottesstaatsideologie zurückgeführt oder als die Wiederauflage prähistorischer Gegensätze zwischen Persern und Arabern interpretiert wurde, ist der Ausbruch des Krieges doch letztlich die gewaltsame Manifestation eines seit 1823 «verschleppten» Konflikts um die Grenzziehung am Schatt-al-Arab, der bereits mehrmals Gegenstand von Auseinandersetzungen war: zunächst zwischen dem Osmanischen Reich und Persien (1823 und 1912 / 13) und nach dem I. Weltkrieg zwischen Irak und Iran (1924, 1935 / 37, 1957 / 58 und 1969).

Nur die massive Einmischung der Großmächte Rußland und England und deren Fortführung nach dem II. Weltkrieg – wenn auch nunmehr die USA als Gegenspieler der Sowjetunion fungierten – verhinderte eine Eskalation des Konflikts zu einem heißen Krieg. Diese Mächtekonstellation behinderte aber auch eine gütliche Regelung der Grenzstreitigkeiten. Der Iran hatte zwar 1975 mit dem Vertrag von Algier den Irak zum Einlenken und zur Anerkennung seiner Grenz- und Machtansprüche am Golf gezwungen, doch die Umstände der Konfliktbeilegung deuteten schon damals darauf hin, daß bei einer Umkehrung der Kräfteverhältnisse der Konflikt neu entflammen würde.

Die Erwartungen bestätigten sich, als der Irak kurz nach der iran. *Revolution von den neuen Machthabern die Anerkennung seiner Souveränität im Gebiet des Schatt-al-Arab forderte und sich nach der kategorischen Ablehnung dieser Forderung durch die iran. Reg. wohl zu einem «Blitzkrieg» entschloß. Diese Entscheidung wurde begünstigt durch die außenpol. Isolation des Iran im Gefolge der «Geisel-Affäre», wie auch durch die nach der Revolution erfolgte Zerschlagung der iran. Armee. Ermöglicht wurde der Krieg aber in erster Linie durch die Machtverschiebungen seit Ende der 70er J., einerseits aufgrund der Lösung Irans vom Bündnis mit den USA, andererseits durch die Abkühlung der irak.-sowjet. Beziehungen nach der Machtübernahme Saddam Hussains im Irak 1979.

Ebenso dürfte eine Rolle gespielt haben, daß der Irak sich von dem Krieg eine Schwächung oder gar Beseitigung der iran. Revolutionsreg. erhoffte. Damit hätte der Irak sich nicht nur den konservativen arab. Monarchien als Stütze empfehlen können, die ihre Herrschaft vor dem Überspringen des revolutionären Funkens sichern wollten, sondern auch der Weltöffentlichkeit als Garant für die Sicherheit der Region, zumal nach dem Sturz des Schah-Regimes das Vakuum am Golf von keinem anderen Anrainer-Staat ausgefüllt werden konnte. Auch für den Iran war der Krieg ein «Geschenk des Himmels», bot er doch die Möglichkeit, alle bestehenden wirtsch. und sozialen Mißstände zu rechtfertigen, die revolutionären Energien nach außen zu lenken und Armee und Revolutionswächter zu beschäftigen. Der Verlauf des Krieges hat allerdings nicht nur die Hoffnungen Iraks, sondern auch alle Prognosen über eine baldige Niederlage des Iran zunichte gemacht. So konnte der Iran – nach anfänglichen Niederlagen – seine besetzten Gebiete wieder befreien (Mai 1982) und in späteren Offensiven sogar irak. Gebiet besetzen, etwa die Madgnum-Insel (1984) und die Fao-Insel (1986). Nach vergeblichen Versuchen, sein verlorenes Terrain wiederzugewinnen, ging der Irak dazu über, den Erfolg auf See zu suchen. Der sogenannte «Tankerkrieg» zielte wohl nicht nur auf die «Austrocknung» der finanz. Quellen des Iran, er wollte den Iran auch zum Wahrmachen seiner Warnungen provozieren, die Straße von Hormuz für alle Erdölexporte zu schließen, falls die Firan. Erdölexporte blockiert würden. Dann hätten die USA auf der Grundlage der Carter-Doktrin von 1980, die auch von der Reagan-Reg. bestätigt worden war, die darin eingegangene Verpflichtung erfüllen müssen, die Freizügigkeit der Schiffahrt auf den Tankerrouten im und am Golf zu gewährleisten. Damit wäre der Konflikt zweifellos internationalisiert worden, wovon sich insb. der Irak eine Beendigung des Krieges erhoffte. Trotz der großen Zahl angegriffener und beschädigter Schiffe (546 Fälle genannt) haben sich diese Erwartungen nicht erfüllt. Ironie der Geschichte: Erst die Zerstörung der amerik. Fregatte «Stark» am 17.5.1987 durch den Irak veranlaßte die USA und einige westeurop. Staaten zu stärkerem milit. Engagement und zur Entsendung von Kriegsschiffen. Der Irak verstärkte erst seit Anfang 1988 seine Bemühungen, durch die massive Bombardierung iran. Städte, Erdölförder- und Industrieanlagen den Iran an den Verhandlungstisch zu zwingen – scheinbar nicht ganz ohne Erfolg. In seiner Rede vom 20.7.1988 legitimierte der Revolutionsführer *Khomeini die Annahme der UN-Waffenstillstandsresolution mit den Worten, «diese Entscheidung zu treffen war bitterer als Gift zu nehmen», und es spricht einiges für die Annahme, daß eine Fortführung des Krieges nicht nur eine weitere Verschlechterung der wirtsch. Lage bedeutet hätte, sondern möglicherweise auch einen Bürgerkrieg, der den Bestand der Islamischen Republik gefährdet hätte. So heißt es in der Erklärung weiter: «Ich hatte geschworen, bis zum letzten Blutstropfen und bis zum letzten Atemzug zu kämpfen. Die heutige Entscheidung gründet sich auf das Interesse der Islamischen Republik.»

Sowohl die hist. Entwicklung des Konflikts wie auch die ihm zugrundeliegende pol.-ideologische Rivalität beider Länder deuten darauf hin, daß die Zukunftsaussichten einer friedlichen Beilegung kurz- bis mittelfristig nicht bes. günstig sind. Da beide Parteien ihre Kriegsziele nicht erreicht haben, bedürfte eine friedliche Lösung zunächst der Beseitigung einer Reihe innenpol. Hindernisse, trotz Kriegsmüdigkeit der Bevölkerung. Das Haupthindernis auf iran. Seite ist die Sorge um das Prestige der islam. Revolution. Insb. ist ungewiß, wie die Islam. Republik es verkraften wird, mit einem zum «Feind des Islam» hochstilisierten Gegner nicht fertig geworden zu sein. Dem Irak hingegen geht es um Sicherheitsfragen und einen möglichst gut abgesicherten Friedensvertrag, nachdem es ihm nicht gelungen ist, den Iran zur Anerkennung seiner Ansprüche zu zwingen. Der Irak muß zudem Gewißheit haben, daß der iran. Friedensschritt mehr bedeutet als eine taktische Maßnahme, um Zeit zur Erholung zu gewinnen.

Beiden Parteien ist jedoch gemeinsam, daß sich nach einem Friedensvertrag unweigerlich die Frage nach einer innenpol. Liberalisierung stellt. Offenbar war es für beide leichter, im Krieg zu überleben, als dies im Frieden möglich sein wird. Aber auch der notwendige wirtsch. Wiederaufbau stellt die Reg. beider Länder vor erhebliche Herausforderungen.

Kurzum: Mit der Vereinbarung des Waffenstillstandes steht den Akteuren die eigentliche politische Leistung noch bevor.

Lit.: A. Malanowski/M. Stern (Hg.), Iran-Irak. «Bis die Gottlosen vernichtet sind», Reinbek 1987; M.A. Ferdowsi, Die Ursprünge und Verlauf des iranisch-irakischen Krieges (Forschungsinstitut für Friedenspolitik), 2. überarb. und erw. Aufl., Starnberg 1988; H. Fürtig, Der irakisch-iranische Krieg 1980–88, Berlin 1992. maf

IRO *International Refugee Organization*, Internationale Flüchtlingsorganisation.

ISF →OIC

IsDB Islamische Entwicklungsbank (*Islamic Development Bank*), Ziel: Förderung der wirtsch. und sozialen E. ihrer Mitgl.-Staaten (1986: 42, allesamt Angehörige der *OIC) sowie der moslemischen Staatengemeinschaft in Übereinstimmung mit den Prinzipien des Islam. Auszahlungen bis 1985: über 3,7 Mrd. US-$. →Arabische Entwicklungshilfe an Afrika, UNIDO. mik

Islamische Konferenz →OIC

Islamisierung/Re-Islamisierung/Islamismus Eine im allg. sehr verkürzte und unpräzise Bezeichnung für ein Phänomen, das seit Mitte der 60er J. im arab. Raum (v.a. des Nahen Ostens) zu beobachten ist, jedoch erst seit den Ereignissen im Iran nach 1978 an Bedeutung und öfftl. Aufmerksamkeit gewonnen hat. Da aber durchweg bereits islam. Länder betroffen sind, wäre es angebrachter, von einer Revitalisierung bestimmter islamischer Konzeptionen und Erscheinungsformen zu sprechen.

Kennzeichnend ist hierbei das Bemühen um einen spezifisch eigenen Weg der E., wie ihn auch andere Staaten in Afrika, Asien und LA in anderen Formen suchen (*Gandhis *sarvodaya* in Indien und Sri Lanka, die *Dschutschee* in Nord-Korea, der ***Ujamaa* in Tanzania und die «präkolumb. Indio-Identität» in Mittel- und Südamerika). Diese Suche nach einer eigenen Identität ist als Absage an die europ. Kultur zu verstehen; sie läßt sich in dieser Form auch als Reaktion auf die Krise der *Modernisierung interpretieren und ist Teil eines globalen Emanzipationsbemühens, das in den EL in zunehmendem Maße zum Ausdruck gebracht wird. Ihre islam. Variante ist aufgrund größerer Abh. westl. Länder von dieser Region (Öl-Versorgung) heute in den Vordergrund getreten.

Die heutigen Bestrebungen für eine eigene Identität lehnen sich gegen *Kolonialismus und *Neo-Kolonialismus auf, die nicht nur ein ökon., sondern auch ein kulturelles System darstellen, wie die moderne *Imperialismusforschung gezeigt hat. Sie können daher auch nicht nur vor dem Hintergrund der materiellen Verelendung der Massen erklärt werden, die mit den sozio-ökon. Asymmetrien in den EL zusammenhängen; vielmehr ist auch der Rückgriff auf sozio-kulturelle Begriffe notwendig. Denn in der Periode des Kolonialismus war die ökon. auch von kultureller Penetration begleitet (z.B. Auflösung der vorkolonialen, trad. Erziehungsstrukturen, wie Koran-Schulen), ohne allerdings, wie es sich zeigt, den Massen längerfristig eine Ersatz-Identität bieten zu können.

Bassam Tibi spricht – in Anlehnung an Durkheim – in diesem Zusammenhang von «Kultur-Anomie». «Anomie» bezeichnet «die Auflösung der sozialen Kultur, zu der es besonders bei einem extremen Auseinanderklaffen der Normen und Ziele einer Kultur und der sozial bedingten Fähigkeiten der Gruppenmitglieder, nach diesen Normen zu handeln, kommt... Wenn die kulturelle und die soziale Struktur nicht aufeinander abgestimmt sind und die erstere Handlung und Verhaltensweise anordnet, welche die zweite ausschließt, so entsteht eine Spannung, die zur Auflösung der Normen, zu einem Mangel an Normen führt» (Merton, 1957). Da die Internalisierung der Normen der überlegenen (westl. / kolonialen) durch die Angehörigen der unterlegenen Kultur (EL / Kolonien) mit Verlockungen und Versprechungen verbunden war, wird dort, wo diese in der Realität nicht erfüllt werden, eine Abstoßung dieser Normen stattfinden; sie wird um so heftiger sein, je weniger es den tragenden Eliten in schwach institutionalisierten pol. Systemen der E.-Gesellschaften, die selbst zwar säkularisiert sind und die neuen Lebensformen annehmen, gelungen ist, die Massen in diesen Prozeß einzubinden.

Die Revitalisierung des Islam ist die islam. Variante dieses Abstoßungs- und Rückbesinnungsprozesses, wie sie der Fall Iran in der krassesten Form zeigt. Eine zusätzliche, religions-soziologische Erklärung für dieses Phänomen ergibt sich aus der der Religion immanenten Fähigkeit, die «unbestimmte» Welt in eine «bestimmbare» zu transformieren, deren Bedeutung gerade für Länder in der * *take-off*-Phase mit einer «Identitäts-Ambivalenz» nicht unterschätzt werden darf.

Als Besonderheit der Re-Islamisierung und spezifische, den islam. Staaten zugrundeliegende Bedingung muß die potentielle Kraft des Islam berücksichtigt werden als pol. Ideologie bzw. wie im Fall des Iran, als pol.-rel. Regierungssystem zu fungieren.

Die konkrete Revitalisierung des Islam im Nahen und Mittleren Osten und die Anfänge der Mobilisierung des Islam als pol. Faktor gehen auf das J. 1965 zurück. Damals rief der saudiarab. König Faisal unter dem Eindruck einer akuten Bedrohung durch die Politik * Nassers zu einer «Islamischen Konferenz» auf, die allerdings erst 1969 mit einem ersten Treffen in Rabat realisiert wurde. Sie umfaßt bisher 42 Mitgl. aus dem arab. Raum sowie asiat. und afrik. Staaten (→OIC). Bezeichnend an dieser Entwicklung ist – nicht zuletzt aufgrund erheblicher Zuwendungen Saudi-Arabiens – das Erstarken islam. Gruppen wie der «Moslem-Bruderschaft» in Ägypten, der «Islamischen Partei» in Pakistan und der «Nationalen Heilspartei» in der Türkei.

Ein weiteres Charakteristikum der Re-Islamisierung, nämlich das Anwachsen einer konservativ-traditionalistischen bzw. klerikal-konservativen Gruppe innerhalb dieser Bewegung, kann mit der oft sehr geringen identitätsstiftenden Kraft des Begriffs «Nation» für die überwiegenden Teile der Bev. in diesen Ländern erklärt werden: der Islam stellt die «Primäridentität» dar.

Insg. ist die Suche der EL nach eigener Identität als Bemühen um die Schaffung «alternativer Äquivalenzen» zur Erlangung bzw. Wiederherstellung eigener kultureller Unabh. zu sehen, die sich immer stärker als notwendige Voraussetzung bzw. Ergänzung für die angestrebte pol. und ökon. Unabh. erwiesen hat (→*self-reliance*, →autozentrierte Entwicklung).

Der seit Mitte der 80er Jahre stärker in den Vordergrund rückende Begriff Islamismus / politischer Islam meint den von Islamisten (arab. *usuliyun*, *islamiyun*) überwiegend militant vertretenen Anspruch, die Wiedereinführung der Scharia (klassisches islamisches

Gesetz) sei die alleinige Lösung für alle politischen, ökonomischen und gesellschaftlichen Probleme. Damit einher geht die Forderung einer Moralisierung der Gesellschaft gemäß islamischen Prinzipien (Geschlechtertrennung; Schleierzwang; Ablehnung westlicher Kultur usw.) und die Ablehnung bestimmter Wirtschaftssektoren (Tourismus). Das Erscheinungsbild der Islamisten/islamistischen Gruppen ist vielfältig und reicht von Organisationen mit ausschließlich nationalem Aktionsradius wie der algerische FIS bis hin zu den länderübergreifend agierenden Gruppierungen wie z. B. Jihad, al-Takfir wal-Hijra oder die Muslimbrüder.

Lit.: D. Khalid, Re-Islamisierung und Entwicklungspolitik, Köln 1982; N. Luhmann, Funktion der Religion, Frankfurt 1982; E. Gellner, Leben im Islam. Religion als Gesellschaftsordnung, Stuttgart 1985; B. Tibi, Der Islam und das Problem der kulturellen Bewältigung sozialen Wandels, Frankfurt 1985; B. Tibi, Die islamistische Herausforderung. Der Islam und die Weltpolitik. München 1992; J. Piscatori (Hg.), Islamic Fundamentalisms and the Gulf Crisis, Chicago 1991; N. Ayubi, Political Islam Religion and Politics in the Arab World, London 1991; M. Lüders (Hg.), Der Islam im Aufbruch? Perspektiven der arabischen Welt, München 1992.

maf

Isoplan Institut für Entwicklungsforschung, Wirtschafts- und Sozialplanung GmbH, unabhängiges Dienstleistungsunternehmen, das sich auf wirtschafts- und sozialwissenschaftliche Forschung, Planung und Beratung im Auftrag der öfftl. Hand und der freien Wirtschaft spezialisiert hat. Arbeitsschwerpunkte sind: Marktforschung und empirische Sozialforschung; Unternehmensplanung und -beratung; Entwicklungsforschung; Finanzierung und Rechtsgeschäfte. Adresse: Schlesienring 2, 6600 Saarbrücken, Zweigbüro Bonn: Beldenberg 19, 5300 Bonn 1. kg

ISSA Informationsstelle Südliches Afrika e. V., 1971 von Dritte Welt-Gruppen, Wissenschaftlern, Journalisten sowie E.-Hilfe-Organisationen und Mitarbeitern der Evangelischen Kirche in Deutschland gegründet. Aufgabe: Analyse der Entwicklungen und Konflikte im südl. Afrika, Unterstützung der Ziele der Völker im südl. Afrika nach nationaler Unabhängigkeit, Selbstbestimmung und sozialer Emanzipation sowie Berichte über *Befreiungsbewegungen (u. a. auch Publikation ihrer Dokumente), über die Länder des südl. Afrika und über die Beziehungen der IL zu Südafrika. Publikation: Informationsdienst südliches Afrika, Edition südliches Afrika etc. Adresse: Blücherstr. 14, 5300 Bonn 1. ah

Itaipú Das größte bilaterale Projekt, das bislang im Rahmen der wirtsch. Zusammenarbeit der *La-Plata-Gruppe vereinbart wurde, ist das brasilianisch-paraguayische Abkommen über die Errichtung des Itaipú-Staudammes am Oberlauf des Paraná, des größten Staudamms der Welt. Nach voller Inbetriebnahme des Wasserkraftwerks (Kosten ca. 14 Mrd. US-$) sollen ab 1989 jährl. 12,6 Mio. kWh erzeugt werden, das Sechsfache des Staudamms von Assuan/Ägypten. Die gewonnene Energie teilen sich anteilsgleich beide beteiligten Länder. Da Paraguay jedoch über ausreichende Energie verfügt, verkauft es seinen Anteil zu Brasilien begünstigenden Bedingungen an den Partner. Allerdings wird Paraguay erhebliche Einnahmen aus dem Energieexport erhalten (ab 1989 jährl. 600 Mio. US-$). Die ersten Turbinen wurden im Herbst 1982 in Gang gesetzt.

Lit.: D. Nohlen/M. Fernández Baeza/O. Bareiro (Hg.), Kooperation und Konflikt im La-Plata-Bekken, Saarbrücken/Fort Lauderdale 1986. G; Kohlhepp, Itaipú – Socio-economic and ecological Consequences of the Itaipú Dam, Braunschweig/Wiesbaden 1987.

dn

ITO →GATT

ITU *International Telecommunication Union*, Internationale Fernmelde-Union der *UN

IUCN International Union for Conservation of Nature and Natural Ressources, heute WCU, World Conservation Union

IWF auch IMF (*International Monetary Fund*), Int. Währungsfonds

1. *Entstehung, Aufgaben, Organisation.* Die Gründung des IWF war das Ergebnis der «Währungs- und Finanzkonferenz» der *UN, die im Juli 1944 in Bretton Woods (USA) stattfand. Die 45 Teilnehmerstaaten strebten eine Neuordnung der int. Wirtschaftsbeziehungen nach dem Kriege an, die eine Ausweitung des Welthandels auf der Basis fester Wechselkurse zwischen konvertiblen Währungen ermöglichen und so eine Wiederholung der Handelskonflikte der Zwischenkriegszeit verhindern sollte. Das «Übereinkommen über den Int. Währungsfonds», das am 27.12.1945 in Kraft trat, trug den Charakter eines Kompromisses zwischen amerik. und brit. Vorstellungen, bei dem die USA ihre Interessen stärker hatten durchsetzen können, da sie sich bei Kriegsende in einer konkurrenzlosen weltwirtsch. Machtstellung befanden. Die Mitgl.-Staaten verpflichteten sich, ihren Wechselkurs durch Interventionen am Devisenmarkt innerhalb einer Bandbreite von 1% ober- und unterhalb der dem IWF gegenüber angemeldeten, in Gold oder US-$ fixierten Parität zu halten. Jedem Land wurde zugestanden, seinen Wechselkurs bis zu 10% der Anfangsparität im Falle eines «fundamentalen Ungleichgewichts» in der *Zahlungsbilanz zu ändern. Dabei bestand eine Konsultationspflicht gegenüber dem IWF. Im Interesse einer Liberalisierung des Handels wurden Devisenverkehrsbeschränkungen auf Dauer nur für Kapitalbewegungen gestattet. Im Falle vorübergehender Zahlungsbilanzdefizite sollten aus den Mitteln des Fonds den betroffenen Ländern Überbrückungskredite gewährt werden. Diese Bereitstellung int. Liquidität sollte es dem Defizitland erleichtern, die Anpassung der Zahlungsbilanz ohne Rückgriff auf Beschränkungen des Handels- und Zahlungsverkehrs oder stark deflatorische Maßnahmen zu leisten.

Die Summe der Quoten, von denen die Höhe der Einzahlungsverpflichtung (Subskription), die Höhe der Kreditrechte und das Stimmrecht jedes Mitglieds abhängen, wurde auf 8,8 Mrd. US-$ festgesetzt. Davon entfielen auf die USA 31,3%, auf GB 14,8%, auf die UdSSR 13,6%, auf China 6,3% und auf Frankreich 5,1%. Bei der Festlegung der Quoten spielten – wie leicht erkennbar – neben wirtsch. Kriterien macht- und prestigepol. Erwägungen eine bedeutende Rolle. Hinsichtlich der Stimmrechte wurde der hochgradig oligarchischen Quotenstruktur ein egalitäres Element beigefügt, indem jedes Land einen Sockelbetrag von 250 Stimmen erhielt, was insgesamt 11% der Stimmen ausmachte.

Nach mehrmaligen Quotenüberprüfungen und -erhöhungen betrug im April 1988 die Quotensumme der 151 Mitgliedsländer 89,99 Mrd. *Sonderziehungsrechte (SZR). Von den gesamten Stimmrechten entfielen auf die USA 19,14%, die BRD 5,79%, GB 6,63%, Frankreich 4,81%, Japan 4,53% und Saudi-Arabien 3,44%.

Von den RGW-Ländern sind Rumänien (seit 1972), Ungarn (seit 1982), Polen (seit 1986) und Vietnam Mitglieder. Die Sowjetunion hatte zwar an den Bretton-Woods-Verhandlungen teilgenommen, war aber nicht beigetreten. Polen und die ČSSR waren nach wenigen Jahren Mitgliedschaft ausgeschieden. Die Schweiz, obschon ein währungsstarkes Land, ist nicht Mitglied, wirkt aber in Teilbereichen an den IWF-Aktivitäten mit.

Das oberste Entscheidungsgremium ist der Gouverneursrat, in den jedes Land einen Gouverneur und einen Stellvertreter entsendet. Er tagt gewöhnlich einmal im J. und trifft zentrale Entscheidungen, so z.B. über die Aufnahme neuer Mitglieder, Quotenänderungen usw. Das eigentl. Leitungsgremium, das die laufenden Geschäfte führt, ist das Exekutivdirektorium, das Ende April 1988 22 Mitglieder hatte. Sechs Exekutivdirektoren werden von den folgenden Ländern ernannt: USA, GB, BRD, Frankreich, Japan und Saudi-Arabien. Die übrigen 16 werden durch die Gouverneure der anderen Mitgliedsländer alle 2 J. nach regionalen Gruppierungen gewählt. Die Exekutivdirektoren wählen auf 5 J. den Geschäftsführenden Direktor als Vorsitzenden. Dieser ist gleichzeitig Chef des IWF-Mitarbeiterstabs. Sitz des IWF ist Washington, D. C.

Der IWF im Bretton-Woods-System. Da die Väter des Bretton-Woods-Abkommens die Probleme der Rekonstruktionsphase nach dem Krieg unterschätzt hatten und der IWF unter dem Druck der USA eine äußerst zurückhaltende, mit rigorosen Bedingungen verknüpfte Kreditpolitik betrieb, versank er bald in eine «Scheintodphase» (Andersen), die bis 1956 andauern sollte. Inzwischen waren nämlich mit dem Marshall-Plan (ERP) die Instrumente geschaffen worden, die den Ressourcentransfer zugunsten des europ. Wiederaufbaus finanzierten. Für Empfänger der ERP-Hilfe wurde der Zugang zu IWF-Mitteln fast völlig gesperrt. Das Liquiditätsmedium Reservewährungen lag außerhalb der Kontrolle des IWF. Ausl. Zentralbanken gingen dazu über, Dollars als Reservemedium zu benutzen, da aufgrund der hohen amerik. Goldbestände und der (auf dem *Gold Reserve Act* von 1934 beruhenden) Goldeinlösungsgarantie des US-Schatzamts der Dollar so gut wie Gold und überdies verzinslich war. Weil die Goldproduktion beim Preis von 35 US-$ pro Unze Feingold nicht ausreichte, um die mit dem Welthandel rasch wachsenden Bedürfnisse an int. Liquidität zu decken, wurde diese primär über die Reservewährung US-$ ausgeweitet. Dies geschah dadurch, daß die USA Zahlungsbilanzdefizite eingingen, die sie – dies ist das Privileg der Reservewährung – mit der Notenpresse finanzieren konnten. Mit Zunahme der Dollarreserven bei ausl. Zentralbanken verschlechterte sich das Verhältnis zwischen den Dollarbeständen der Gläubiger-Länder und den amerik. Goldbeständen. Ende der 50er J. begann nicht nur die Periode des «normalen» Funktionierens des Bretton-Woods-Systems, nachdem die Suezkrise (1956) mit zu einer Wiederbelebung des IWF beigetragen hatte (Stützungskredite an GB und Ägypten) und 12 europ. Länder Ende 1958 zur Ausländerkonvertibilität übergegangen waren; es kündigten sich auch schon die Vorboten einer Vertrauenskrise gegenüber dem Dollar an. Spekulative Dollarverkäufe wurden von einem Anwachsen der privaten Goldnachfrage begleitet. Bis Ende der 60er J. gelang es den USA, die Krise des Gold-Dollar-Standards, zu dem sich das Bretton-Woods-System faktisch entwickelt hatte, durch Maßnahmen zur Verringerung des Zahlungsbilanzdefizits, neue Instrumente der Zentralbankkooperation und Appelle an die Bündnisdisziplin abzuwenden. In den «Allgemeinen Kreditvereinbarungen» von 1962 stellten die Mitgl. des Zehnerklubs, d. h. die 10 währungsstärksten Länder, dem IWF zusätzliche Kreditmittel als Feuerwehrfonds zur Verfügung, mit deren Hilfe spekulative Kapitalbewegungen gegen Reservewährungen bekämpft werden sollten. Die von dem Zehnerklub initiierten Verhandlungen über eine Reform des int. Währungssystems (1963 bis 1968) führten 1969 zur Schaffung eines neuen int. Liquiditätsmediums, den Sonderziehungsrechten (SZR). Als revolutionäre Neuerung gefeiert, blieb ihre Rolle als Reservemedium bescheiden. Die im Dez. 1978 beschlossene SZR-Zuteilung von 12 Mrd. SZR für 1979–1981 brachte die Gesamtsumme von SZR-Zuteilungen auf 21,4 Mrd. SZR. Seit 1981 haben keine SZR-Zuteilungen mehr stattgefunden.

Allein zwischen Ende 1969 und Ende 1972 wuchsen die offiziellen Devisenreserven von 33 Mrd. US-$ auf 104 Mrd. US-$. Die Gesamtsumme der offiziellen Währungsreserven ohne Gold lag im April 1988 bei 516,7 Mrd. SZR.

Die rapide Zunahme der amerik. Zahlungsbilanzdefizite und die dadurch provozierten Spekulationskrisen gegen den Dollar veranlaßten Präs. Nixon, die Goldeinlösungsgarantie für den Dollar aufzuheben (15.8.1971). Dies war der Anfang vom Ende des Bretton-Woods-Systems. Nach kurzlebigen Stabilisierungserfolgen zerbrach im Frühjahr 1973 das Gefüge fester Wechselkurse endgültig und wurde durch ein halbanarchisches Regime floatender Währungen abgelöst.

2. *Reform des internationalen Währungssystems.* Vorschläge für eine Neuordnung der int. Währungsbeziehungen auszuarbeiten, hatte sich der im Sommer 1972 gebildete Zwanziger-Ausschuß des Gouverneursrats zum Ziel gesetzt. Im Zentrum der Beratungen dieses Gremiums standen die Verbesserung des Mechanismus zur Anpassung der Zahlungsbilanzen, die Fortentwicklung der SZR zum Hauptreservemedium und die Rückkehr zu festen, aber anpassungsfähigen Wechselkursen. Die von dem Ausschuß im Juni 1974 vorgelegte «Reformskizze» (*Outline of Reform*) wurde durch die Realität der Ölkrise und die dadurch ausgelösten Verschiebungen in den Zahlungsbilanzen überholt. Der Ausschuß beschloß deshalb einige dem Krisenmanagement dienende Sofortmaßnahmen wie z. B. die Schaffung der *Ölfazilität und der Erweiterten Fondsfazilität. Nachdem das Konzept einer Fundamentalreform begraben worden war, brachte das Abkommen von Kingston/Jamaika (Januar 1976) die Einigung über eine Stückwerksreform, die in einer Neufassung des Übereinkommens über den IWF, im April 1976 vom Gouverneursrat beschlossen, niedergelegt wurde. Danach wurde die Praxis floatender Währungen legalisiert. Zwar verpflichteten sich die Mitgl.-Länder auf eine Reihe von Prinzipien der Wechselkurspolitik (z.B. die Vermeidung «erratischer» Kursausschläge), doch sind sie bei der Wahl des konkreten Wechselkursregimes weitgehend frei. Die «Einführung eines weitverbreiteten Systems von Wechselkursregelungen auf der Grundlage stabiler, aber anpassungsfähiger Paritäten» (Art. IV, 4) ist an eine Mehrheit von 85 % der Stimmen gebunden. Dem Fonds ist die Überwachung der Wechselkurspolitik der Mitgl. aufgegeben. Der offizielle Goldpreis ist abgeschafft, den Währungsbehörden der Mitgliedstaaten der freie Goldhandel zu Marktpreisen gestattet. Die Mitgl. verpflichten sich zusammenzuarbeiten, «um das Sonderziehungsrecht zum Hauptreservemedium des int. Währungssystems zu machen» (Art. XXII). Die Entscheidungsstruktur des Fonds wurde in der Weise modifiziert, daß alle wichtigen Beschlüsse einer Mehrheit von 85 % der Stimmen bedürfen. Damit verfügen die USA ebenso wie die EG-Länder zusammen über eine Sperrminorität. Das SZR ist nach wie vor weit davon entfernt, Hauptreservemedium zu werden. Die Ausweitung int. Liquidität ist seit Anfang der 70er J. weitgehend ungesteuert erfolgt. Die instabile Kursentwicklung des Dollars veranlaßte eine Reihe von Zentralbanken, ihre Währungsreserven zu diversifizieren.

3. *IWF und Dritte Welt.* Die von den EL seit Mitte der 60er J. geforderte Koppelung (** link*) zwischen SZR und E.-Finanzierung wurde zwar vom Zwanziger-Ausschuß des IWF wieder erörtert und in Form zweier Modell-Vorschläge in die «Reformskizze» aufgenommen, doch scheiterte die Verwirklichung dieser Vorschläge am Widerstand einiger IL, insb. der USA und der BRD. Die EL begründeten ihre Forderung nach einer im Verhältnis zur jeweiligen IWF-Quote überproportionalen Zuteilung von SZR damit, daß dadurch diejenigen Länder, die oft die größten Schwierigkeiten beim Zahlungsbilanzausgleich haben, dringend benö-

tigte Reserven erhielten, die ungleiche Verteilung der Währungsreserven dadurch teilweise korrigiert und der Welthandel belebt würde. Seitens der IL wurde dem entgegengehalten, daß durch den Ressourcentransfer über das *link* die int. Inflation angeheizt und das Vertrauen in die SZR gesenkt würde. Die bisher beschlossenen SZR-Zuteilungen (s. o.) dürften indessen kaum nennenswerte Inflationswirkungen gehabt haben, verglichen mit der durch die amerik. Zahlungsbilanzdefizite erzeugten Schöpfung int. Liquidität. Da das IWF-Übereinkommen von 1976 eine Privilegierung der EL bei der Zuteilung von SZR nicht zuläßt, wäre eine von den Quoten abweichende Zuweisung nur nach einer Änderung des IWF-Übereinkommens durchzuführen.

Die EL zeigten sich auch deshalb an einer Stärkung der SZR interessiert, weil sie nur über sehr geringe Goldbestände verfügen. Von einer effektiven Demonetarisierung des Goldes, wie sie durch die Beschlüsse von Jamaika 1976 angestrebt wurde, kann angesichts der Entwicklungen auf dem Goldmarkt und des Verhaltens wichtiger Zentralbanken kaum die Rede sein. Dies gilt, obwohl oder vielleicht gar weil der IWF selbst ein auf Jahre angelegtes Goldverkaufsprogramm abgewickelt hat, bei dem ein Drittel der Goldbestände von 50 Mio. Unzen zur Hälfte zum Preis von 35 US-$ pro Unze an Mitgliedsländer rückverkauft, die andere Hälfte auf Goldauktionen versteigert wurde, deren Gewinn teils als Vorzugsdarlehen an * LLDCs vergeben, teils direkt an EL verteilt wurde.

Die Erlöse aus den IWF-Goldauktionen ergänzten die Sonderfazilitäten, die zur Bewältigung bes. Zahlungsbilanzprobleme dienen, mit denen häufig EL konfrontiert sind. Diese Fazilitäten stehen gemäß dem * Diskriminierungsverbot prinzipiell allen Mitgl. offen. Hierzu zählen:

– die Fazilität zur «kompensierenden Finanzierung von Exporterlösschwankungen» (seit 1963),

– die Fazilität zur Finanzierung von * *bufferstocks* (seit 1969), aus der Kredite an Länder gewährt werden, die sich an int. * Rohstoffabkommen beteiligen,

– die 1974 eingeführte «Erweiterte Fondsfazilität», die mittelfristige Zahlungsbilanzhilfen mit einer Laufzeit von bis zu 10 J. bei relativ strikten wirtschaftspol. Auflagen (Konditionalität) vorsieht,

– die als Reaktion auf die Ölpreissteigerungen von 1973 geschaffene * Ölfazilität (1974), die inzwischen ausgelaufen ist,

– die «Zusätzliche Finanzierungsfazilität» (Witteveen-Fazilität), die im Febr. 1979 mit dem Zweck aktiviert wurde, Mitgliedern mit bes. gravierenden Zahlungsbilanzdefiziten zusätzliche Mittel bereitzustellen (ausgelaufen 1984),

– die Strukturanpassungsfazilität, die im März 1986 eingerichtet wurde, um Ländern mit niedrigem Einkommen und langwierigen Zahlungsbilanzproblemen, die sich intensiv um die Stärkung ihrer Zahlungsbilanz bemühen, Zahlungsbilanzhilfe zu weichen Bedingungen zu gewähren. Im April 1988 hatten 62 Länder Anspruch auf diese Fazilität; 25 SAF-Vereinbarungen waren in Kraft,

– die Erweiterte Strukturanpassungsfazilität (ESAF), die Ende 1987 eingerichtet wurde und über zusätzliche Finanzierungshilfen zu weichen Bedingungen wachstumsorientierte Anpassungsbemühungen von Ländern mit niedrigem Einkommen unterstützen soll. Die Konditionen von ESAF-Krediten entsprachen 1988 denen von SAF-Krediten. Mittel aus beiden Fazilitäten sind mit der Auflage verbunden, daß vom Empfängerland mit Unterstützung der Stäbe des IWF und der * Weltbank ein wirtschaftspol. Rahmenkonzept entwickelt wird.

Die schärfsten Konflikte zwischen

EL und dem IWF sind bisher bei der Inanspruchnahme der allg. Kreditfazilitäten im Rahmen von Bereitschaftskreditabkommen (*Standby*-Kredite) entstanden. Die Ziehungsmöglichkeiten hängen von der Quote des Mitglieds und den vom Fonds gehaltenen Beständen in dessen Landeswährung ab. Automatische Ziehungen (d.h. Kauf von Fremdwährungen gegen die Landeswährung) sind in Höhe der sog. Superreservetranche (bis 75% der Quote) bzw. bis zu 100% der Quote möglich, wenn diese nicht die Landeswährungsbestände des Fonds überschreiten («Reservetranche»). In den folgenden vier höheren Kredittranchen von je 25% der Quote setzt die Kreditgewährung voraus, daß sich die Reg. des Mitgliedslandes in einer Absichtserklärung (*letter of intent*) zur Durchführung eines Stabilisierungsprogramms verpflichtet, das einen Abbau des Zahlungsbilanzdefizits ermöglicht. Die Verbindung der Kreditgewährung mit wirtschaftspol. Auflagen (Konditionalität) ist Ausdruck des für die int. Währungspolitik konstitutiven Gläubiger-Schuldner-Gegensatzes und gilt beim IWF als unabdingbare Voraussetzung einer erfolgreichen Zahlungsbilanzsanierung. In den letzten J. haben freilich die vom IWF diktierten Stabilisierungsprogramme in vielen Ländern zu sozialen Unruhen geführt, eine einschneidende Verschlechterung der Lebensbedingungen der armen Bev.-Schichten mit sich gebracht und pol. Polarisierungen ausgelöst, die labile demokratische Systeme zu sprengen drohen. Diese Entwicklungen haben zu wachsender Kritik an der Handhabung der Konditionalität geführt.

Die Finanzierung von Zahlungsbilanzdefiziten über die Euromärkte hat viele EL während der 70er J. dazu veranlaßt, sich auflagenfrei und zu negativen Realzinsen zu verschulden. Als sie durch steigende Zinsen, sinkende Exporterlöse und die ineffiziente Verwendung von importiertem Kapital an die Grenze ihrer Kreditwürdigkeit gelangten, mußten sie wieder den IWF in Anspruch nehmen und sich der Disziplin der Konditionalität unterwerfen. Die Schuldenkrise der 80er J. hat die Stellung des IWF somit gestärkt. Sowohl Geschäftsbanken als auch Gläubigerstaaten machen meist *Umschuldungen und die Gewährung neuer Kredite von einer Einigung des Schuldnerlandes mit dem IWF über ein Stabilisierungsprogramm abhängig. Als Koordinator der finanz. Stützungsoperationen von Regierungen, Notenbanken und Geschäftsbanken hat der IWF vielfach Zusagen neuer Bankkredite zur Vorbedingung für die Gewährung von Bereitschaftskrediten gemacht, um zu verhindern, daß die Banken sich aus ihrem Engagement gegenüber den betreffenden EL zurückziehen, während IWF-Kredite zur Bedienung der Schulden verwendet werden.

Im Lauf der 80er J. haben sich auch die Grenzen zwischen Zahlungsbilanzfinanzierung und E.-Hilfe, die Trennungslinien zwischen den Aufgabenbereichen des IWF und der Weltbank, verwischt. 1979 ist die Weltbank dazu übergegangen, «Strukturanpassungskredite» zu vergeben. Diese sind – ähnlich wie Bereitschaftskredite des Fonds – für Mitgliedsländer bestimmt, die mit ernsten Zahlungsbilanzschwierigkeiten zu kämpfen haben. Die zunehmende Überlappung der Aufgaben, die sich nicht zuletzt aus der Rolle beider Institutionen beim Management der Schuldenkrise ergibt, führt zu einem sich intensivierenden Erfahrungsaustausch zwischen Länderspezialisten beider Organisationen und der Koordinierung finanz. Hilfen. Bei der Abstimmung von IWF- und Weltbankprogrammen gegenüber einzelnen Ländern soll zwar erklärtermaßen eine sog. «Überkreuzkonditionalität» i.S. einer wechselseitigen Vetomöglichkeit vermieden werden, doch liegt die Vermutung nahe, daß die engere Kooperation der Bretton-Woods-

Institutionen ihre Verhandlungsmacht gegenüber Empfängerländern erhöht. Adresse: 19th Street, N.W. Washington, D.C. 20431, USA.

Lit.: U. Andersen, Das internationale Währungssystem zwischen nationaler Souveränität und supranationaler Integration, Berlin 1977; J. Williamson (Hg.), IMF Conditionality, Washington, D.C. 1984; P. Körner u. a., Im Teufelskreis der Verschuldung. Der Internationale Währungsfonds und die Dritte Welt, Hamburg 1985; J. Betz, Die Stabilisierungspolitik des Internationalen Währungsfonds, in: Verfassung und Recht in Übersee, 1986, S. 169–185. mk

IWP →FAO

iz3w →Informationszentrum Dritte Welt

J

Jackson-Bericht Von dem *UNDP in Auftrag gegebene Studie an den Australier R. Jackson über die Zusammenarbeit der *UN-Organisationen untereinander und mit anderen int. Institutionen, die eine Reihe von Mängeln aufdeckte. J. regte an, ein «integriertes Entwicklungssystem» zu schaffen, gestützt auf zwei zentrale Institutionen: das UNDP für die Koordination der *Techn. Hilfe und ihrer Vorbereitung in Projektstudien, die *Weltbank für die *Kapitalhilfe. UNDP hat sich in dem vorgeschlagenen Sinne entwickeln können.

Lit.: Jackson, United Nations, A Study of the Capacity of the United Nations Development System, 2 Bde., Genf 1969. dn

Jamaica J.s Entwicklungsweg wird seit 1980 vom *IWF bestimmt, mit weitgehend negativen Konsequenzen für die Bev. Die Schäden, die der Hurrikan Gilbert 1988 anrichtete, haben die ökon. Probleme des Landes erneut verschärft.

1. J. (Fläche: 10962 qkm) gliedert sich in drei Regionen: 1. Die Gebirgslandschaft im Innern des Landes. 2. Die Karst- und Kalksteinhügel und Hochebenen (*Cockpit Country*), Lagerstätten des wichtigsten Exportguts Bauxit. Sie zählen zu den größten der Erde (Reserven zwischen 700 und 1000 Mio. t). 3. Die Küstenniederungen und die Täler im Landesinnern, in denen dank des maritimen tropischen Klimas Landw. möglich ist. Aufgrund der exportorientierten Produktionsstruktur (Großbetriebe zur Erzeugung von Zucker, Bananen und Zitrusfrüchten) muß ein Großteil der Nahrungsmittel eingeführt werden.

2. Die Eroberung J.s durch die Engländer 1655 integrierte die Insel nachfolgend in den Weltmarkt. Drei Phasen struktureller *Abhängigkeit kennzeichnen ihre weitere E.: 1. 1655 bis 1833: J. wird zum Zentrum der Zukker- und Rumproduktion des brit. Weltreichs, ermöglicht durch die Einfuhr billiger Arbeitskraft aus Afrika (J. ist Zentrum des Sklavenhandels in der Karibik). 2. 1834 bis 1952: Rückgang der Zuckerproduktion und zeitweilige Dominanz der von US-Konzernen (*United Fruit*) betriebenen Bananenproduktion. 3. Seit 1952: Neben dem Export von Agrarprodukten (Zucker drittgrößter Devisenbringer) treten – verbunden mit einer weiteren Orientierung hin zu Nordamerika – die Bauxitausbeutung (durch kanad. und US-Konzerne) und der *Tourismus (80% der Besucher aus den USA) an die erste und zweite Stelle der Staatseinnahmen.

3. 1990 betrug die Bev. J.s (gesch.) 2,5 Mio. Ew. Die Bev.-Dichte (224 Ew. pro qkm) ist die zweitgrößte der Großen Antillen hinter Puerto Rico. Starke Binnenwanderung und *Urbanisierung (städt. Bev. 1990: 53%). Die Mehrheit der städt. Bev. lebt in der Hs. Kingston (1986: 642000 Ew.). Eine Konsequenz der rel. Überbev. ist die nur durch Einwanderungsrestriktionen anderer Länder begrenzte Emigration (Höhepunkt 1962: 39000; in GB leben rd. 200000 Jamaicaner). Die Zusammensetzung der Bev. ist Resultat der Kolonialzeit. Es dominieren die Schwarzen (77%). Nach den Mulatten (19%) stellen Inder (1,2%), Chinesen und Weiße nur kleine Minderheiten.

Die Inder, heute meist Kleinbauern, gelangten nach Aufhebung der Sklaverei (1833) als Kontraktarbeiter auf die Insel.

4. Der Wandel der wirtsch. Basis J.s seit den 50er J. hat die Beschäftigungsmöglichkeiten verbreitert. 1985 waren immer noch 21 % der Erwerbspersonen in der Landw. tätig, die oft nur zur Ernte Arbeit bietet und deshalb vielfach mit Unterbeschäftigung verbunden ist (→Beschäftigung). Die Bodenbesitzstruktur ist geprägt durch das Nebeneinander von Groß- und Kleinbetrieben. Die Kleinbetriebe sind Resultat bäuerlicher Siedlung nach der Sklavenbefreiung und splittern sich aufgrund der Realteilung bei wachsender Bev. weiter auf. Bergbau, Ind. und Energiewirtsch. beschäftigten 1985 21% der Erwerbstätigen, wobei ersterer, der v.a. die Bauxitgewinnung umfaßt, lediglich mit 1 % beteiligt war. Im tertiären Sektor arbeiteten 58%, hauptsächlich in der Tourismusindustrie. *Arbeitslosigkeit (1989: 17%) sowie negative Zahlungsbilanzen, die Staatsverschuldung und Inflation (Ende 1991: 80%) sind die dringendsten Probleme des Landes. Die *Einkommensverteilung ist durch krasse regionale, soziale und rassische Ungleichheiten gekennzeichnet (Stadt-Land-Gefälle, *Marginalisierung von Teilen der Stadtbev., Benachteiligung der Schwarzen). Wenige Familien kontrollieren die Großunternehmen und Banken, 10% der Bev. verfügen über nahezu die Hälfte des Nationaleinkommens.

5. Die Landessprache J.s ist Englisch neben der Volksmundart *Patois*. In J. besteht Schulpflicht vom 6. bis 15. Lebensjahr, der allerdings infolge von Raum- und Lehrermangel nicht immer nachgekommen werden kann (Alphabetisierungsrate über 95%). Das Gesundheitswesen (staatl. und ärztliche Versorgung) ist i.d.R. kostenlos. Seit 1966 besteht ein nat. Versicherungssystem (Alters-, Witwen- und Waisen-, Unfallrenten). 75% der Bev. gehören protestantischen Bekenntnissen an (Katholiken 8%, daneben Hindus und Muslime). Einfluß vorwiegend unter den marginalisierten Schwarzen hat die afrik. Identität in den Vordergrund stellende Bewegung der *Rastafarians* gewonnen.

6. Im seit 1962 unabh. J. lösten sich bisher die beiden großen Parteien JLP (*J. Labour Party*) und PNP (*People's National Party*) jede zweite Wahl an der Spitze des nach brit. Vorbild aufgebauten Staates ab. War die erste Phase der E.-Politik J.s durch die von JLP und PNP gleichermaßen betriebene Strategie der **industrialization by invitation* bestimmt, so hat deren Scheitern v.a. in der PNP die Problematik *neokolonialer Abh. thematisiert. Im Rahmen des von MP Manley (PNP) 1974 gestarteten Versuchs, einen demokratischen *Sozialismus (Prinzipien: christliche Nächstenliebe, **self-reliance*) zu verwirklichen, wurde eine Reihe sozial-pol. Reformen durchgeführt, zu deren Finanzierung die ausl. Bauxitunternehmen in **joint ventures* mit jamaikanischer Mehrheitsbeteiligung umgewandelt wurden. Das inländische (Kapitalflucht, Abwanderung der finanzkräftigen Oberschicht) und ausl. Kapital (Rückgang der *Investitionen, Boykott der Insel durch US-Touristen) reagierte darauf mit einer Destabilisierungsstrategie. Die von 1977 bis 1980 unternommenen Versuche, fehlende Staatseinnahmen durch Kredite beim *IWF auszugleichen, scheiterten an der Weigerung der Reg. Manley, die Wirtsch. J.s auf Kosten der Ärmsten zu sanieren. Die durch die *Verschuldung J.s im Ausland entstandene ökon. Krise hatte 1980 dramatische Ausmaße angenommen: Das Land stand vor dem Staatsbankrott, die Inflationsrate betrug 30%, gewaltsame Auseinandersetzungen waren an der Tagesordnung. Bei den Wahlen 1980 siegte die JLP unter Edward Seaga, der sofort alles daransetzte, das Land durch eine Politik der engen Anlehnung an

die US-Reg. Reagan und Maßnahmen im Sinne der IWF-Vorschläge zur Stabilisierung der Wirtsch. nach puertoricanischem Vorbild (→Puerto Rico) int. erneut kreditwürdig und profitabel für ausl. * Direktinvestitionen zu machen. Nach einem kurzen, vom Wachstum der nat. Konsumnachfrage getragenen Boom 1981/82 schlitterte das Land in eine anhaltende Zahlungsbilanzkrise, die Abwertungen der Landeswährung und eine stetige Verschärfung der vom IWF vorgeschriebenen Sparpolitik (Steuererhöhungen, Reduktion des öfftl. Dienstes, Kürzungen der Sozialausgaben, Preiserhöhungen durch Verteuerung der Importe) zur Folge hatte. 1985 entlud sich der Unmut der Bev. über die fortwährende Verschlechterung ihrer Lebensbedingungen in sozialen Unruhen und dem ersten Generalstreik seit der Unabh. des Landes. Die wirtsch. Zukunft des Landes wird von den Konsequenzen der Produktionsverlagerung der Bauxitkonzerne bedroht, die trotz der industriefreundlichen Politik der Reg. Seaga stattfanden. Die von den USA angekündigten großen Investitionen in J.s Wirtsch. sind ausgeblieben, allerdings ist die Zahl der amerik. Touristen nach 1980 wieder gewachsen. Zum wichtigsten (illegalen) Exportgut entwickelt sich das Rauschgift (v. a. Marihuana, Ganja genannt). Bei den Parlamentswahlen von 1989 siegte der frühere Reg.-Chef Manley (PNP). Im Ggs. zu den Erwartungen setzte er den neoliberalen Kurs seines Vorgängers fort. Nach seinem Rücktritt im März 1992 aus gesundheitlichen Gründen trat Percival James Patterson als Regierungschef und Parteivorsitzender an seine Stelle.

Außenpol. nahm J. in den 70er Jahren einen wichtigen Platz in der int. Politik als Interessenvertreter der * Dritten Welt ein und war Gründungsmitgl. einer Reihe von regionalen Organisationen der EL (1973 * CARICOM, 1974 * IBA, 1975 NAMUCAR und * SELA). Unter Seaga, der 1981 die dipl. Beziehungen J.s zu Kuba abbrach, wurde das Land in seine frühere Rolle des abhängigen Vorpostens der USA in der Karibik zurückgeführt. J. beteiligte sich als regionale Koordinierungsmacht an der amerik. Invasion Grenadas 1983.

Lit.: T. Munroe, The Politics of Constitutional Decolonization, Jamaica 1944–62, Kingston 1972; T. Lacey, Violence and Politics in Jamaica, 1960–70, Manchester 1977; C. Stone, Democracy and Clientelism in Jamaica, Eastbourne 1981; M. Kaufman, Jamaica under Manley, London 1985; E. H. Stephens/J. D. Stephens, Democratic Socialism in Jamaica, Basingstoke/London 1986; A. J. Payne, Politics in Jamaica, London 1988; C. Stone, Politics versus Economics. The 1989 Elections in Jamaica, Kingston 1989; R. Sturm/B. Hillebrands, Jamaika, in: HDW III, 3, Bonn 1992, S. 449ff; R. Sturm, Jamaika, in: D. Nohlen (Hg.), Handbuch der Wahldaten Lateinamerikas und der Karibik, Opladen 1993. rs

Jemen Im Mai 1990 kam es zur staatlichen Vereinigung Nord- und Süd-Jemens, der nur ein relativ kurzer Prozeß der Annäherung vorausgegangen war. Die diametral entgegengesetzten gesellsch. und pol. Systeme beider Länder hatten noch vor wenigen Jahren die staatliche Einheit als Utopie erscheinen lassen. Externe Faktoren waren die weitgehende Einstellung der sowj. Finanzhilfe für Süd-Jemen und die Aufgabe bisheriger Einwände Saudi-Arabiens gegen eine Vereinigung. Gegen die Einheit wandten sich allein islam. Fundamentalisten v. a. im N, da im neuen Staat nicht die *Scharia* die Rechtsordnung bestimmt. Insgesamt waren die Widerstände im N etwas größer als im S, obwohl dort eine Majorisierung durch den N befürchtet wird.

1. Die Republik J. (527968 qkm) liegt im SW der arab. Halbinsel. Die ca. 11,1 Mio. Ew. sind Südaraber mit z. T. schwarzafrikan. Einflüssen. Hs. ist Sana (427185 Ew.), zweitgrößte Stadt ist Aden (ca. 250000 Ew.), Urbanisiserung ca. 30%. Die LE beträgt nur 51 J., die Bev. wächst mit der JZ 2,9%. Die Analphabetenrate liegt mit gesch. 61–80% hoch. Sprache ist Arabisch, die Religion von über 95% der Bev. der Islam. Im S des Landes wird ca. ⅙ der

Fläche landw. genutzt (künstl. Bewässerung). Wichtig für den Export ist der Fischreichtum der angrenzenden Meere. Erst seit Beginn der 80er J. wird im W und S Erdöl gefördert, seit 1987 exportiert.

2. Die Abkehr der südjem. Führung vom Marxismus/Leninismus ermöglichte die Vereinigung des S mit dem trad.-islamisch geprägten N. Dabei ging die staatliche Einigung dem wirtsch. Zusammenschluß voran. Der bisherige Präs. des N, Ali Abdullah Saleh, wurde Staatschef, der bisherige Präs. des S, Bakr al Attas, wurde MP. Für eine Übergangsperiode übernahm ein paritätisch besetzter Präsidentschaftsrat exekutive und legislative Funktionen. Nach einer Generalamnestie für alle pol. Gefangenen in beiden Staaten und der Grenzöffnung vom 22.1.1990, der Entmilitarisierung der beiden Hs. sowie der Abschaffung der Sicherheitsdienste wurde die Vereinigung am 22.5.1990 formell vollzogen.

3. J., im Altertum Zentrum des Fernhandels zwischen Indien und dem Mittelmeerraum, wurde 630 Teil des islam. Weltreiches und im 16. Jh. des Osmanischen Reiches. 1839 besetzten die Briten Aden und unterstellten es brit.-indischer Verwaltung, womit sie den wichtigsten Handelspunkt der Region und nach dem Bau des Suez-Kanals 1869 den Seeweg nach Indien kontrollierten. 1937 wurde Aden brit. Kronkolonie und das übrige Süd-Jemen brit. Protektorat. Der Rest des Landes blieb bis 1918 Teil des Osmanischen Reiches. 1918 wurde dort unter Imam Yahia eine zentrale Verwaltung mit Steuerhoheit und unter Geltung des islam. Rechts (*Scharia*) geschaffen. Yahia (ermordet 1948) und sein Sohn Ahmad (bis 1962) herrschten autokratisch und isolierten das Land. Der Bruch Ahmads mit *Nassers Ägypten in den 50er J. bestärkte die Opposition gegen den Imam, v.a. seitens der urbanen Intellektuellen, der Armee und des Handels. 1962 brach nach einem Militärputsch gegen Ahmads Nachfolger al-Bakr ein Bürgerkrieg aus. Ägypten unterstützte die republikanische Opposition, GB und Saudi-Arabien dagegen die Fraktion des Imam. Währenddessen kämpften seit 1963 in Süd-Jemen *Befreiungsbewegungen gegen die brit. Kolonialherrschaft, wobei sich die Nationale Befreiungsfront (NLF) gegen die ägyptisch unterstützte Südjemenitische Befreiungsfront (FLOSY) durchsetzte. Im N wurde nach Abzug der ägypt. Interventionstruppen 1967 ein pol. Kompromiß zwischen Republikanern und Royalisten möglich, der Süd-Jemen erklärte sich am 30.11. desselben J. unabh.

Nord-Jemen (auch Arabische Republik Jemen, ARJ). Der innenpol. Kompromiß fand seinen Ausdruck in einer Verfassung, die Vertreter beider Lager an der Reg. beteiligte. 1974 löste das Militär diese instabile Reg. ab und versuchte unter Oberst al-Hamdi, die Zentralgewalt gegenüber den Stämmen zu stärken. Nach al-Hamdis Ermordung 1977 wurde Oberstleutnant Ali Abdallah Saleh Präs. Außenpol. war die ARJ am Westen und an Saudi-Arabien orientiert. In der weniger ethnisch als klientelistisch und religiös geprägten Stammesstruktur verteilte sich die Bev. etwa je zur Hälfte auf sunnitische Schafiiten und schiitische Zaiditen. Die Stämme verfügten v.a. im N und NO über die volle Loyalität ihrer Mitgl. («tribale Ökonomie») und behaupteten eine gewisse Autonomie gegenüber der Zentralgewalt.

1. 1980 waren lediglich 36% der im Schulalter stehenden Bev. (über 45% der Bev. jünger als 15 J.) im Grundsektor eingeschult; trotz erheblicher Bemühungen bei der *Alphabetisierung sind mehr als 80% der Bev. Analphabeten. Auch im Hinblick auf die *Gesundheit weisen wichtige *Indikatoren schwere UE aus, was im wesentlichen auf Mängel der *Ernährung und fehlende Hygiene bei schlechten Wohnverhältnissen zurückzuführen

ist. Obwohl die Zahl der Ärzte (1980: 603; 1984: 1069) und auch des anderen med. Personals erheblich gesteigert werden konnte, war die med. Versorgung v. a. der Landbev. völlig unzureichend. Die LE betrug 46 J. (1986).

2. Die Wirtsch. des zu den *LLDCs gehörenden Nord-J. ist einerseits durch trad. Strukturen der Erwerbstätigkeit und Produktion geprägt; 75% aller Erw. erwirtschaften in der Landw. (es fand keine *Agrarreform statt; hoher Anteil von Großgrundbesitz) rd. ⅕ (1986) des BIP. Die vorwiegend in Kleinstbetrieben organisierte Industrie wächst z. T. kräftig, liegt aber mit einem BIP-Anteil von 17% weit hinter dem Dienstleistungssektor (57%) zurück, der nicht zuletzt infolge des überdurchschnittl. Wachstums der *Staatsquote stark expandiert. Andererseits ermöglichte zumindest bis Anfang der 80er J. die gute Devisenlage des Landes, bedingt v. a. durch (rückläufige) Überweisungen (1984: 1000 Mio. US-$; 1987: 600 Mio.) der etwa 700000 jemen. Gastarbeiter im arab. Ausland, einen rel. hohen Lebensstandard, der sich in Höhe und Struktur des BIP nicht ausdrückt, weil in diesem nur die im Land selbst erwirtschafteten Einkommen erfaßt sind. Wegen der Parteinahme der Reg. des vereinigten Jemen für Saddam Hussein im *Golfkrieg 1990/91 wurden die jem. Gastarbeiter aus Saudi-Arabien vertrieben. Die extrem hohe Arbeitsemigration war zuvor freilich Ursache eines der wesentlichen E.-Probleme, des Arbeitskräftemangels, unter dem noch vor der Industrie (Facharbeitermangel und Probleme bei der Schaffung der *Infrastruktur) v. a. die seit geraumer Zeit stagnierende Landw. litt. Die überwiegend in *Subsistenzwirtschaft erfolgende Agrarproduktion (u. a. Getreide, Südfrüchte, Datteln sowie Quat, eine Rauschdrogenpflanze) kann die Deckung des Eigenbedarfs bei weitem nicht gewährleisten, weshalb viele Nahrungsmittel (1984: 30% der Einf.) importiert werden müssen. Nord-J. wies ein extrem hohes Außenhandelsdefizit auf, dessen Verringerung man sich durch den 1987 begonnenen Ölexport erhoffte.

3. Die pol. Herrschaft in der ARJ erscheint bes. im Zusammenhang mit den im Verlauf der 80er J. (Rückgang der arab. Finanzhilfe sowie der Überweisungen jemen. Gastarbeiter) zutage getretenen E.-Problemen prekär. Im Spannungsfeld zwischen Tradition und Modernität entstanden tribale, relig.-fundamentalistische und demokratische Oppositionsbewegungen. 1987 kam es nach längerer Zeit wieder zu Guerilla-Aktivitäten. Bei den Parl.-Wahlen im Juli 1988, zu denen keine Parteien zugelassen waren, gewannen Vertreter der Stämme und islam.-fundamentalistische Kräfte jeweils knapp ¼ der Sitze, die Mehrheit fiel an republikanische Kandidaten.

Lit.: M. el-Azzazi, Die Entwicklung der Arabischen Republik Jemen, Tübingen 1978; M. A. Zabarah, Yemen. Traditionalist vs. Modernity, New York 1982; T. Koszinowsky/F. Nuscheler, Jemen – Arabische Republik, in: HDW II, Bd. 6, Hamburg 1983, S. 329 ff.; H. Hansen, Arabische Republik Jemen, in: U. Steinbach/R. Robert (Hg.), Der Nahe und Mittlere Osten, Bd. 2, S. 175 ff. rs/bt/hb

Süd-Jemen (auch Demokratische Volksrepublik Jemen, DVJ). In der DVJ wurde der Versuch unternommen, eine trad. arabische Gesellschaft nach marxistisch-leninistischen Prinzipien umzuformen. Die Hs. Aden war ein wichtiger Stützpunkt der UdSSR.

1. Seit der Unabh. 1967 war die Innenpol. immer wieder durch Machtkämpfe innerhalb der pol. Elite geprägt. Bei internen Richtungskämpfen in der NLF setzte sich 1969 deren linke Fraktion durch, entwickelte die Gruppierung zur zentralen pol. Kraft und soz. Avantgardepartei Nationale Front (NF) und begann eine Politik radikaler Reformen (u. a. *Agrarreform, *Nationalisierungen). 1978 wurde ein Versuch des amtierenden Präs., sich bei internen Machtkämpfen milit. durchzusetzen, niedergeschlagen und die NF in

Yemeni Socialist Party (YSP) umbenannt. 1986 kam es erneut zu gewalttätigen Auseinandersetzungen um die pol. Führung; der bis dahin amtierende Präs. Muhammad wurde gestürzt und durch den dem linken Flügel der YSP zugehörigen, aber als gemäßigt geltenden Abu Bakr al-Attas ersetzt.

2. 1987 hatte die DVJ rd. 2,2 Mio. Ew. (gesch.), von denen knapp 40% in Städten lebten. Die Hs. Aden ist mit 367000 (1986) Ew. größte Stadt. Angaben zum Wachstum der Bev. schwanken zwischen einer JZ von 2,6 und 3,1%. Über 90% der ethnisch rel. homogenen Bev. sind sunnitische Moslems, der Islam ist Staatsreligion, jedoch besteht Religionsfreiheit.

Seit der Unabh. wurden große Anstrengungen zur Verbesserung des Bildungswesens unternommen. Die Einschulungsrate in der obligatorischen Grundstufe betrug 1984 rd. ⅔ der relevanten Altersgruppe (gegenüber 25% vor der Unabh.), der Anteil von Analphabeten an der Bev. war 1985 mit 59% aber noch immer hoch. Das Gesundheitswesen ist noch immer ungenügend entwickelt; der Standard der med. Versorgung zählt zu den niedrigsten im mittleren Osten, obwohl die Zahl der Ew. je Arzt von 9163 (1976) auf 5264 (1984) gesenkt werden konnte. Die LE betrug 50 J. (1986).

3. Die Wirtschaft der DVJ wurde seit 1969 weitgehend staatl. kontrolliert. Die Landw. wurde in * Genossenschaften und Staatsfarmen organisiert, die Fischerei verstaatlicht. 1977 war die Nationalisierung mit der Übernahme der BP-Raffinerie in Aden, der einzigen großen Ind.-Anlage des Landes, fast vollständig. Sie betraf auch weitgehend den städtischen Wohnraum. In jüngerer Zeit schien sich die staatl. Kontrolle v. a. in der Landw. zugunsten privatwirtsch. Aktivitäten im Rahmen der * Genossenschaften zu lockern. Die nat. * Entwicklungsplanung (seit 1971) zielte v. a. auf Verbesserungen der * Infrastruktur, die Steigerung der landw. Produktion und die Förderung der Fischereiwirtschaft.

1985 waren 43% der Erw. in der Land- bzw. Fischereiwirtsch. tätig, gefolgt von 37% im Dienstleistungssektor (Rest: Ind.). Anfang der 80er J. waren schätzungsweise 300000 Jemeniten als Gastarbeiter v. a. im arab. Ausland tätig. Zwar stellten die (rückläufigen) Überweisungen der Arbeitsemigranten (1987: 260 Mio. US-$; 1983: 451 Mio.) eine wichtige Devisenquelle der DVJ dar und sind für den teilweisen Ausgleich der * Zahlungsbilanz auch weiterhin von erheblicher Bedeutung, als Kehrseite der Arbeitsemigration besteht aber ein erheblicher Arbeitskräftemangel.

Der Außenhandel (wichtigster Handelspartner ist die EG) wies eine in steigendem Maß negative Bilanz auf. 1984 betrug das Defizit 897 Mio. US-$ (1979: 458 Mio.). Da die Landw. die Nahrungsversorgung bei weitem nicht gewährleistete, mußten v. a. Nahrungsmittel importiert werden; wichtigste Exportprodukte waren Ölderivate, Fisch und Baumwolle. Eine Verbesserung der Handelsbilanz wurde vom geplanten Ölexport erwartet. Die * Verschuldung im Ausland wurde auf 1,4 Mrd. US-$ geschätzt und überstieg das BIP (1985: 1,07 Mrd. US-$); Hauptgläubiger waren die UdSSR und die VR China. Die DVJ gehörte zu den * LLDCs. Das Land wies eine im weltweiten Vergleich stark egalitäre * Einkommensverteilung auf.

4. Nach der Verfassung von 1978 war der bei Wahlen im Nov. 1986 für fünf J. im Amt bestätigte Präs. al-Attas zugleich Vorsitzender des Präsidiums des «Obersten Volksrates» (gesetzgebende Volksvertretung). Die YSP war Einheitspartei der in sechs Verwaltungsbezirke gegliederten DVJ, die als Mitgl. der * Arabischen Liga enge Bez. v. a. zu den radikalen arab. Staaten Algerien, Libyen und Syrien pflegte.

Lit.: W. Daum, Jemen. Das südliche Tor Arabiens. Eine Länderkunde, Tübingen 1981; H. Hansen, Demokratische Volksrepublik Jemen, in: U. Steinbach/R. Robert (Hg.), Der Nahe und Mittlere Osten, Bd. 2, Opladen 1988, S. 187ff.; V. Stenzel, Marxismus in Arabien. Der Südjemen nach zwanzig Jahren Unabhängigkeit, in: Außenpolitik, Nr. 39 (1988), S. 270ff. rs

joint venture Partnerschaftsunternehmen mit inländischen und ausl. Anteilseignern am Unternehmenskapital aus IL und EL, wobei das inländische Kapital meist staatl. Ursprungs ist, das ausl. privatwirtsch. Kapital darstellt. Neue Form des Kapitaltransfers, der die negativen Folgen der * Direktinvestitionen auszuschalten sucht. dn

Jordanien Das zu den gemäßigten, westl. orientierten arab. Staaten gehörende J. spielt aufgrund geogr., hist. und politischer Faktoren eine wichtige Rolle im * Nahostkonflikt.

1. Das Königreich J. umfaßt eine Fläche von 9740 qkm, ohne die seit 1967 von Israel besetzten Gebiete im Westjordanland (7090 qkm), auf die König Hussein 1974 und endgültig 1988 zugunsten eines zu gründenden palästinensischen Staates verzichtete. Ca. 12% der Fläche werden landw. in großer Abh. von den schwankenden klimatischen Bedingungen genutzt.

2. Bis zum I. Weltkrieg gehörte J. als Teil Großsyriens zum Osmanischen Reich, das auf der Grundlage des geheimen Sykes-Picot-Abkommens (1916) im Friedensvertrag von Sèvre (1920) zwischen F und GB aufgeteilt wurde. GB trennte von seinem Mandatsgebiet Palästina das Emirat Transjordanien ab und setzte 1921 den Emir Abdallah Ibn Hussein als Herrscher unter brit. Mandatsverwaltung ein. Nach schrittweisen Souveränitätserweiterungen wurde Transjordanien 1946 formell unabh. Königreich, annektierte nach dem ersten israel.-arab. Krieg 1947/48 das Westjordanland und Ostjerusalem und nahm 1950 den Namen Haschemitisches Königreich Jordanien an. Nach der Ermordung Abdallahs (1951) gelangte 1952 dessen Enkel Hussein II. auf den Thron.

Die Besetzung der westjord. Gebiete durch Israel im Juni-Krieg 1967 hatte für J. tiefgehende wirtsch. und soziale Folgen. Der Verlust der *Westbank* bedeutete den Wegfall großer Anteile der Wirtsch.-Produktion in allen Sektoren (etwa 50% in der Ind. und bei Dienstl., ⅔ bei Obst und Gemüse) und die zusätzliche Belastung durch ca. 1 Mio. palästinensischer * Flüchtlinge. 1970/71 kam es zwischen Hussein und der von J. aus gegen Israel operierenden * PLO, die sich immer mehr zu einem Staat im Staat entwickelte, zu einer Machtprobe, bei der die PLO von der königstreuen jord. Armee, die sich aus den Beduinenstämmen rekrutiert (die Beduinen stellen nur 5% der Bev. und haben insofern eine unverhältnismäßig starke Position), praktisch zerschlagen wurde. Die daraus resultierende Isolierung J.s in der arab. Staatenwelt wurde erst 1974 abgebaut, als Hussein sich dem Votum der arab. Gipfelkonferenz beugte, die die PLO als einzig legitime Vertreterin der Palästinenser bestimmte.

3. 1987 hatte J. (ohne Westj.) ca. 2,8 Mio. Ew.; die Bev. wächst mit einer JZ von 3,8% sehr rasch und lebt mit steigender Tendenz zu über 70% in den Städten (Hs. Amman, 1986: 1,2 Mio.).

Das kostenlose Bildungssystem (Schulpflicht vom sechsten bis zum 15. Lebensj.) wird zügig ausgebaut. Die Analphabetenrate konnte seit 1961: 68% auf 1985: 25% gesenkt werden. Neben den staatl. Schulen sind v. a. die Bildungseinrichtungen der * UNRWA für Palästinaflüchtlinge von Bedeutung.

Im Gesundheitswesen wurden seit Anfang der 70er J. erhebliche Verbesserungen erreicht. So sank die Relation Ew./Arzt von 1970: 2476 auf 1984: 1123. Die Zahl der Krankenhäuser wurde im gleichen Zeitraum von 27 auf 41 erhöht. Dennoch sind infolge eines krassen Stadt-Land-Gefälles die ländl. Gebiete med. unterversorgt.

4. Die Wirtschaft J.s, im wesent-

lichen auf den Markt und private, staatl. unterstützte Initiative bauend, entwickelte sich seit Mitte der 70er J. dynamisch, wurde aber in den 80er J. im Zuge der allg. Krise in der Region wieder mit E.-Problemen konfrontiert, obwohl das Land als Handelsplatz und Ind.-Standort sowohl vom *iranisch-irakischen Krieg, als auch vom libanesischen Bürgerkrieg wirtsch. profitierte. ⅖ der Bev. leben direkt oder indirekt von der Landw., die 1985 mit ca. 12 % zum BIP betrug (Hauptanbauprodukte sind Getreide, Zitrusfrüchte und Gemüse). Die nat. *Entwicklungsplanung zielt in diesem Sektor v. a. auf die Erschließung von Wasserressourcen, um die bislang zu 90 % im Regenfeldbau erwirtschaftete Produktion zu stabilisieren, die seit Mitte der 70er J. zwar im Verhältnis zur Bev.-Entwicklung gesteigert werden konnte, aber hinter den Zielen zurückblieb.

Bergbau (wichtigster Rohstoff ist Phosphat, J. verfügt über keine nennenswerten Erdölvorkommen) und Ind. (v. a. Bauwirtsch. und Chemie, in geringem Umfang Textil) erbrachten nach einer beträchtlichen *Industrialisierung seit den 70er J. 1985 rd. ⅕ des BIP (Dienstleistungen stellen mit 63 % den größten Anteil); das ind. Wachstum blieb aber in den 80er J. weit unter den Planzielen. Fehlplanungen und externe Faktoren haben die Sanierungsbedürftigkeit der z. T. defizitär arbeitenden großen Ind.-Anlagen offenbar werden lassen. Die Deviseneinnahmen des kaum exportierenden und daher durch eine stark negative Handelsbilanz gekennzeichneten J.s, die bis Anfang der 80er J. durch Überweisungen jord. Gastarbeiter und durch arab. Finanzhilfe stets eine ausgeglichene *Zahlungsbilanz ermöglichten, sind infolge des Ölpreisverfalls zurückgegangen. Während in der Landw. Arbeitskräftemangel herrscht, bietet die Ind. den hochqualifizierten Absolventen des Bildungssystems nicht genügend *Beschäftigung.

5. Nach der Verfassung von 1952 ist J. eine konstitutionelle Erbmonarchie. Weder der Ministerrat noch die Nationalversammlung, zu der seit 1967 keine ordentlichen Wahlen mehr stattgefunden haben, setzen den umfassenden Herrschaftsbefugnissen des Königs eine wirksame Kontrolle entgegen: Parteien sind seit 1957 verboten. Die pol. Stabilität des Landes wird auf das pol. Geschick und die Persönlichkeit Husseins, v. a. aber auf die unbedingt loyale Armee zurückgeführt. Innerhalb der arab. Welt hat sich die Stellung des Landes gefestigt. J. betrieb als Mitgl. der *Arabischen Liga die Wiederaufnahme Ägyptens, unterstützte im iranisch-irakischen Krieg den Irak und hat sich mit der PLO ausgesöhnt. Juli 1988 erklärte König Hussein die administrativen und rechtlichen Bindungen zwischen J. und dem Westjordanland für beendet, schuf damit eine entscheidende Voraussetzung für die Ausrufung eines Palästinenserstaates durch den Palästinensischen Nationalrat Nov. 1988 in Algier. Im *Golfkrieg 1991 blieb J. offiziell neutral, unterstützte *de facto* jedoch den Irak.

Lit.: M. Haas, Husseins Königreich. Jordaniens Stellung im Nahen Osten, München 1975; G. Krämer, Jordanien, in: HDW II, 6, München 1983, S. 357 ff.; T. Koszinowski, Jordanien, in: U. Steinbach/R. Robert (Hg.), Der Nahe und Mittlere Osten, Bd. 2, Opladen 1988, S. 197 ff. bt

JUNAC →Andenpakt

K

KAEF →Deutsche Kommission Justitia et Pax

Kambodscha Nach der Invasion vietn. Truppen (1978/79) stand K. unter dem Einfluß seines mächtigen Nachbarn. Im Sep. 1989 zog Vietnam seine Truppen vollständig ab.

1. Mehr als 50 % der Fläche K.s (181 000 qkm) sind mit Wäldern bedeckt. K. hat den größten Süßwasserfischbestand Südostasiens. In der Regenzeit bildet der über die Ufer treten-

de Mekong zusammen mit den Abflüssen des großen Sees ein ausgedehntes Überschwemmungsgebiet. Die fruchtbaren Schlammablagerungen ermöglichen einen intensiven Reisanbau. Diesem land- und forstwirtsch. Potential K.s steht heute die schreckliche Verelendung, die ständige Bedrohung aller Kambodschaner durch den Hunger, gegenüber.

2. In keiner Periode seiner überlieferten Geschichte, die mit dem Reich von Funan (3. bis 6. Jh.) beginnt und die ihren kulturellen Höhepunkt im 12. u. 13. Jh. hatte, als K. zur führenden Macht im kontinentalen Südostasien aufstieg (Königstadt Angkor), war das Volk der Khmer so existentiell gefährdet. Perioden der Fremdherrschaft begannen 1431 mit der Eroberung Angkors durch die Thais und der Verlegung des Königshofes nach Phnom Penh. In den folgenden Jh.en ständig von W und O bedroht, stand K. um die Mitte des 19. Jh.s faktisch unter thailänd.-vietnames. Doppelherrschaft. Der erzwungene Protektoratsvertrag mit Frankreich von 1864 und die Eingliederung in die *Union Indochinoise* 1887 entzogen K. zwar der vietnames. Bedrohung und erlaubten das Überleben des Khmer-Königreiches, machten das Land aber zum französischen Kolonialgebiet. «Nach der Besetzung Indochinas durch die Japaner im II. Weltkrieg proklamierte der 1941 vom franz. Generalgouverneur zum Herrscher bestimmte König Norodom Sihanouk 1945 die Unabh. K.s, ein Akt, der nach der Kapitulation Japans von den zurückgekehrten Franzosen annulliert wurde. 1949 wurde K. als assoziierter Staat der Franz. Union formal in die Unabh. entlassen, doch behielt sich Frankreich die Hoheit über Justiz, Streitkräfte, Währung und Außenpolitik vor» (Kreile 1982). Starker antifranz. und antimonarchischer Widerstand veranlaßten Sihanouk zu einer dipl. Offensive und – auf dem Hintergrund der sich abzeichnenden franz. Niederlage in Vietnam – zur Verkündung der vollständigen Unabh. K.s 1953. 1955 dankte Sihanouk zugunsten seines Vaters als König ab und gründete die *Sangkum Reastr Niyum* (Sozialist. Volksgemeinschaft), die von nun an sämtl. Sitze in der Nationalversammlung, der neuen legitimatorischen Basis des personalistischen Regimes Sihanouks gewann.

3. Von Sihanouk in Gang gesetzte gesellsch. Wandlungsprozesse, wie die in den 60er J. vorgenommenen Verstaatlichungen weiter Bereiche der Wirtschaft, änderten allerdings wenig an der starken sozialen Polarisierung K.s. Der Masse der meist auf * Subsistenzniveau wirtschaftenden Kleinbauern stand eine bürokratische Elite (einschl. des Königshauses) gegenüber, die über einen beträchtlichen Teil des Großgrundbesitzes verfügte. Handwerk und Handel wurden vorwiegend von ethnischen Minderheiten (v. a. Chinesen) kontrolliert (Kreile 1982).

4. Zur Zeit des Vietnamkrieges auftretende ökon. Probleme verstärkten die Opposition gegen Sihanouk von rechts (*Khmer Serai*) und von links (*Khmer Rouge*). Der Sturz Sihanouks im März 1970 durch rechte Militärs unter der Führung Lon Nols beendete eine jahrzehntelange erfolgreiche Neutralitätspol. und zog K. binnen kurzem auf seiten der USA in den Sog des Zweiten Indochinakrieges: Bis 1975 warfen die USA über K. 685 000 t Bomben ab – ungefähr halb so viele wie über Deutschland im II. Weltkrieg –, 700000 Tote und 3,4 Mio. * Flüchtlinge waren die furchtbare Bilanz bei Kriegsende. Im April 1975 fiel die Hs. Phnom Penh (1985 ca. 650000 Ew.) an die * Befreiungsbewegung Rote Khmer und setzte damit den Schlußpunkt eines schon fünf J. andauernden Bürgerkrieges. Sihanouk, der sich im Exil mit den Roten Khmer zusammengetan hatte (*Front Uni National Kampuchéa*), wurde wiederum – dieses Mal von den eigenen Verbündeten – entmachtet, und die Roten Khmer began-

nen unter Führung Pol Pots und seiner revolutionären Organisation *Angka* einen Agrarkommunismus zu praktizieren, der auf radikaler Entvölkerung der Städte, auf Abschaffung des Geldwesens, des Privateigentums und öfftl. Dienstleistungen sowie auf reiner Tausch- und Verteilungswirtsch. beruhte. Ca. eine Mio. Tote waren neben einem katastrophalen wirtsch. Niedergang Folgen dieser Schreckensherrschaft, der mit der Invasion der Vietnamesen im Dez. 1978 und der Machtübernahme der kamb. Einheitsfront für die Nationale Rettung (*Front d'Union Nationale du Kampuchéa pour le Salut National*) unter dem ehemaligen Roten Khmer Heng Samrin ein Ende bereitet wurde. Ein Sonderbeziehungsvertrag mit Vietnam leitete im Feb. 1979 eine umfassende Vietnamisierung der kamb. Innenpol. ein. Die Pol. der neuen Reg. bestand in den ersten J. im wesentlichen darin, in der Nahrungsmittelproduktion einen größeren Grad an Unabhängigkeit zu gewinnen. Dafür wurden Privatinitiativen der Bauern gefördert und freie Märkte garantiert. Die Selbstversorgung konnte allerdings noch nicht sichergestellt werden. Von 1980 an wurde mit Hilfe der Sowjetunion ein ind. Wiederaufbauprogramm betrieben, um für den Eigenbedarf Düngemittel, Zement und Papier herstellen zu können. Veredelung und Export von pflanzlichen Rohstoffen sollen die Außenhandelsbilanz stützen. Auch im Bildungswesen (*Alphabetisierungsrate 1980: 52%) und im Gesundheitswesen (1984: ein Arzt je 36400 Ew.) wurden, v.a. mit Hilfe von *UN-Organisationen, große Anstrengungen unternommen. Relativ gesehen stellen diese Ergebnisse – angesichts der Kriegszerstörungen – große Erfolge dar und haben der von den Vietnamesen eingesetzten Reg. Samrins und seines Premierministers Hun Sen wegen ihres pragmatischen pol. Kurses inzwischen Vertrauen und Unterstützung in der kamb. Bev. eingebracht. Obwohl die wesentlichen Gebiete K.s unter Kontrolle von Samrins Volksrepublik K. stehen, hält sich in den Grenzgebieten hartnäckig der vom Westen und der VR China unterstützte und von der *UN als einzig legitime Vertretung anerkannte Widerstand des sog. Demokratischen K. (DK), das sich aus Anhängern des ehem. Reg.-Chefs Sihanouk, aus der *Guerillabewegung Rote Khmer (nach außen repräsentiert durch Khieu Samphan und Son Sen, während Pol Pot im Hintergrund noch immer die Fäden in Händen hält) und aus der bürgerlich-antikommunistischen KPLNF unter Son Sann zusammensetzt. Diese äußerst heterogene Koalition des DK stützt ihre Macht auf Streitkräfte, die sich v.a. aus UN-finanzierten Flüchtlingslagern längs der thailändischen Grenze rekrutieren, und hat ihr Hauptziel im Sturz der vietnamtreuen Reg. in Phnom Penh. Vietnam, selbst im Indochinakrieg durch die Guerillataktik siegreich, mußte seinerseits nun mit vertauschten Rollen gegen die Guerilla des DK ankämpfen, ohne aber entscheidende Erfolge erzielen zu können. Darüber hinaus wurde Vietnam der Unterhalt eines bis zu 150000 Mann starken Heeres auf kamb. Boden zu kostspielig. Schließlich förderte auch die Annäherung der beiden Großmächte UdSSR und China eine Lösung der K.-Frage. Ende Sept. 1989 zog Vietnam aus K. ab. Im Jan. 1990 stellten die USA die Unterstützung für die Widerstandskoalition Sihanouks und der Roten Khmer ein. Ein Friedensplan des *UN-Sicherheitsrates, der u.a. eine Entwaffnung der Konfliktparteien, die Bildung einer prov. Legislative aus Vertretern aller Gruppen und schließlich freie Wahlen vorsah, fand zunächst nur eine begrenzte Akzeptanz. Am 24.6.1991 vereinbarten die Parteien jedoch einen Waffenstillstand und einigten sich auf die Bildung eines Obersten Nationalrates (ONR) als Übergangsreg. mit Sitz in Phnom Penh. Ein Friedensabkommen in Paris wurde am 23.8.1991 geschlossen und Prinz Norodom Sihanouk vom ONR zum Präs. gewählt. Massive Unterstützung durch die UNO wurde K. am 16.10.1991 mit der Entsendung einer UNO-Friedenstruppe zuteil. Darüber hinaus startete die UNO mit der *United Nations Transitional Authority in Cambodia* (UNTAC) ihre bisher umfassendste polit. und militärische Hilfsaktion. Mehr als 21000 Personen bilden in K. maximal 18 Monate lang eine Art Übergangsstaat, welcher das Land durch den Aufbau einer Staats- und Verwaltungsstruktur und die Durchführung freier Wahlen stabilisieren soll. Ungeachtet dessen gab es 1992 noch bewaffnete Konflikte zwischen einzelnen Truppenverbänden.

Lit.: W. Shawcross, Schattenkrieg, Frankfurt 1980; A. Barth/T. Terzani, Holocaust in Kambodscha, Hamburg 1981; P. Schier, (K)eine Lösung für Kambodscha?, in: Jahrbuch Dritte Welt, Hamburg 1983, S. 185 ff.; Ders., Der Krieg um Kambodscha – ein Konflikt ohne Ende, in: APuZ 37/1983, S. 33 ff.; O. Weggel, Indochina: Vietnam, Kambodscha, Laos, München 1987. rs/fg

Kamerun 1. Die im Übergangsbereich zwischen West- und Zentralafrika gelegene Rep. K. (Fläche 475000 qkm) stellt mit ihren großen geogr.-klimatischen (von Regenwald im S bis zu Trockengebieten im N) und bev.-mäßigen Unterschieden ein «Afrika im kleinen» dar. *Ethnisch gliedert sich K. in über 200 Sprach- und Volksgruppen. Rund 30% der 1990: 11,9 Mio. Ew. leben im N, wo die Emirate der islam. Fulbe, die die Kirdi («Heiden») in ihre Abh. gebracht hatten, z.T. erst nach der Unabh. ihre dominierende pol. Machtstellung verloren. Im S überwiegen Bantu- und Semibantu-Gruppen (maximal 10000 Pygmäen leben in den Regenwäldern), Beti, Bamun, Bassa u.a. Wegen ihrer wirtsch. Dynamik überall gefürchtet sind die aufgrund der Überbev. ihrer Heimatregion sich über ihr Stammesgebiet im SW hinaus ausbreitenden Bamileke. Die Hs. Jaundé zählte 1987 ca. 700000 Ew., die wichtigste Hafenstadt, Duala, rund 1,5 Mio. Ew.; knapp 70% der Bev. leben jedoch in Orten unter 5000 Ew. Entsprechend sind von den (1987: 3,6 Mio.) Erwerbstätigen zwischen 60 und 70% in der Landw. tätig.

2. Die Landw., die weitgehend auf kleinen Familienunternehmen aufbaut (nur in West-K. kontrolliert die *Cameroons Development Corporation* den größten Teil der Produktion), stellt bisher den bei weitem wichtigsten Wirtschaftssektor dar. Die Haupt-Exportgüter bilden Erdöl (43%), Kaffee und Kakao (18%), Industriegüter (11%). Die Agrarstruktur ist landesweit relativ *diversifiziert (Erdnüsse, Baumwolle u.a.), regional z.T. aus ökologischen Gründen (→Ökologie) aber von *Monoprodukten abhängig. Landw. ist K. weitgehend autark; weniger als 10% der Importe bestehen aus Grundnahrungsmitteln. Empfindliche Einnahmeverluste verursachte der Zusammenbruch der Weltmarktpreise für Rohstoffe ab 1984 sowohl bei den wichtigsten **cash crops* als auch insb. bei Erdöl (hier bis Ende 1987 ein Einnahmerückgang um 60%), dessen Förderung im Küstenbereich 1977 aufgenommen worden war und 1985 mit 9 Mio. t den Höhepunkt erreichte, seither aber leicht zurückgeht (1987: 8,35 Mio. t). Zählte K. bis 1984/85 zu den relativ prosperierenden Staaten Afrikas (positive Handels- und *Zahlungsbilanz, Schuldenhöhe von nur 20% des BIP, Schuldendienst 8% der Exporte, Auslandsguthaben von 170 Mrd. F CFA), so hat sich dies seither grundlegend gewandelt. Die Auslandsschulden betrugen 1990 6 Mrd. US-$ (56,8% des BIP). Nach Auflagen von *IWF und *Weltbank für weitere Kredite ist die Liquidierung bzw. Privatisierung der angeschlagensten Unternehmen des staatl. und parastaatl. Sektors (30%-Anteil am BIP) und der Banken, das Einfrieren der Beamtengehälter, die Senkung der Zahl der im öfftl. Dienst Beschäftigten, der

Abbau sozialer Leistungen etc. vorgesehen. Um die wirtsch. Entwicklung (geplanter Schwerpunkt: Aufbau einer die einheimischen Agrarprodukte verarbeitenden Ind.) auch für die «Nach-Erdöl-Zeit» (ab etwa 2000) sicherzustellen, ist in den vergangenen Jahren besonderes Gewicht auf den Ausbau von leistungsfähigen Straßen- und Eisenbahnverbindungen gelegt worden. Die Rolle Frankreichs als wichtigster Handelspartner K.s ist in den 80er J. zwar weiter relativiert worden, doch wird weiterhin weit mehr als die Hälfte des Außenhandels mit EG-Staaten abgewickelt.

3. Das seit 1884 deutsche «Schutzgebiet» K. wurde nach dem I. Weltkrieg zwischen Frankreich und GB, das den kleineren westl. Teil erhielt, als Völkerbundsmandat geteilt. Unter den sich nach dem II. Weltkrieg bildenden Parteien entfaltete die «nationalistische», auf Unabh. bedachte und die «Wiedervereinigung» beider Teile K.s anstrebende *Union des Populations du Cameroun* (UPC) die größte Dynamik. Nach Unruhen 1955 verboten, ging die UPC mit ihrem Führer Ruben Um Nyobé in den Untergrund. Der 1958 zum Premierminister eingesetzte, aus dem N stammende konservative A. Ahidjo war bei der Bekämpfung der UPC-Rebellion auch nach der Unabh. (1960) bis Mitte der 60er Jahre auf franz. Militär angewiesen. Referenden im brit. Teil K.s ergaben 1961 im N eine Mehrheit für den Anschluß an Nigeria, während im S die Furcht vor den wirtsch. dominierenden Ibo ein Votum für den Anschluß an das bereits unabh. K. bewirkte. Nachdem er bis 1964 seine *Union Camérounaise* (UC) *de facto* zur einzigen Partei Ostkameruns gemacht und die in Westkamerun noch bestehenden Parteien 1966 zur Verschmelzung mit der UC zur Einheitspartei *Union Nationale Camerounaise* (UNC) veranlaßt hatte, konnte Ahidjo mit der Auflösung der seit dem 1.10.1961 bestehenden beiden Bundesstaaten (mit eigenem Parlament und eigener Regierung, aber nur geringen Kompetenzen) 1972 das letzte Gegengewicht zur allumfassenden Machtfülle des Präsidenten beseitigen. Nachdem Ahidjo, der jegliche Opposition unterdrückt hatte, im Nov. 1982 überraschend zurücktrat (Nachfolger verfassungsgemäß der aus dem S stammende MP Paul Biya), den UNC-Vorsitz aber kurz darauf zum Ansatzpunkt für die Rückkehr zur Macht nutzen wollte, kam es zum blutigen Machtkampf, den Biya für sich entschied. Er löste die UNC auf und gründete mit dem *Rassemblement du Peuple Camerounais* (RPC) eine neue Einheitspartei. Kompetitive Wahlen innerhalb der Partei sowie zu den Parlamenten auf nat. und lokaler Ebene (mit der mittelfristigen Perspektive eines Mehrparteiensystems) brachen die Macht des bisherigen pol. *Establishments* und festigten zunächst Biyas Position. Auf Grund einer Welle von Protesten wurde 1992 ein Mehrparteien-System errichtet. Die darauf erfolgenden Parlamentswahlen konnte die ehem. Einheitspartei mit 88 von 180 Sitzen gewinnen, wobei die Wahlen von einem Teil der Opposition boykottiert wurden.

Lit.: J.F. Bayart, L'Etat au Cameroun, Paris 1986; I.W. Zartmann/M.G. Schatzberg (Hg.), The Political Economy of Cameroon, New York 1986; M.W. de Lancey, Cameroon, Aldershot 1989; E. Hillebrand/A. Mehler, Kamerun, in: HDW III, 4, 1993, S.444ff. kz

Kammer der EKD für Kirchlichen Entwicklungsdienst 1969 vom Rat der Evangelischen Kirche in Deutschland (EKD) als Beratungsgremium in Angelegenheiten der kirchlichen Mitverantwortung in der Entwicklungspolitik gegründet. Die Geschäftsführung liegt beim Kirchenamt der EKD in Hannover. Die 1973 veröffentlichte Denkschrift «Der Entwicklungsdienst der Kirche – ein Beitrag für Frieden und Gerechtigkeit in der Welt» ist das bis heute grundlegende Dokument der EKD zur E.-Problematik. Weitere Stellungnahmen beziehen sich auf die Themenbereiche *Rüstung und *Entwicklung, *Entwicklungspolitik der EG, *Transnationale Konzerne als Thema der E.-Pol. und die *Verschuldung der EL als Prüfstein der Nord-Süd-Beziehungen (Mai 1988). Die für die Amtsperiode 1986–1991 berufene Kammer hat 21 Mitgl. aus folgenden Bereichen: Kirche und Theologie, Publizistik, Parteien, Staat/Gesellschaft, int. Organisationen und Wissenschaft. Berater sind die Mitgl. des Kollegiums der Geschäftsführer. Adresse: Kirchenamt der EKD, Herrenhäuserstr. 12, 3000 Hannover 21 vk

Kapitalbilanz →Zahlungsbilanz

Kapitalgüter →Investitionsgüter

Kapitalhilfe →Finanzielle Hilfe/Zusammenarbeit

kapitalintensiv Als k. werden Technologie oder Produktion bezeichnet, bei welcher ein hoher Anteil von Sachkapital (Maschinen) zur Herstellung von Gütern eingesetzt wird, aber nur wenig (und meist dann nur sehr spezialisierte) menschl. Arbeitskraft benötigt wird. Gegensatz *arbeitsintensiv. dn

Kapverdische Inseln Die dem Senegal vorgelagerten K.V.I. (Hauptinsel Santiago mit Hs. Praia) besitzen eine Fläche von 4033 qkm und eine Bev. von ca. 371 000 Ew. (1990). Mit einem BSP pro Kopf von 890 US-$ (1990) sind die K.V.I. eines der ärmsten EL. Der Anteil der Auslandshilfe beläuft sich auf 70 % des BSP.

Die zu 95 % röm.-kath. Bev. spricht neben der Staatssprache Portugiesisch ein mit afrik. Elementen durchsetztes portug. Crioulo und gliedert sich ethnisch in Mulatten (70 %), Schwarze (28 %) und Weiße (1 %). Die LE bei Geburt beträgt 66 J. (1990). 55 % aller Erwerbstätigen sind im Primärsektor tätig. Fische und Fischprodukte machen 50 % der Exporte aus, hinzu kommen Salz, Bananen und Pflanzenöle. Haupthandelspartner sind Portugal (60 %), weitere EG-Staaten und die USA. Die wenig entwickelte Ind. (1985: 4 % des BSP) beschränkt sich auf die Verarbeitung von Fisch- und Agrarprodukten. Größtes E.-Hemmnis der zur *Sahel-Zone gehörenden K.V.I. ist der akute Wassermangel (Dürrekatastrophen).

Von 1595 bis zu ihrer Unabh. 1975 waren die vorher unbewohnten K.V.I. eine portug. Kolonie. Anfangs waren sie ein wichtiger Umschlagplatz für den Sklavenhandel und später Versorgungsstützpunkt für die interkontinentale Seeschiffahrt. Die von den portug. Lehnsherren mit Negersklaven betriebene exportorientierte Plantagenwirtschaft (Kakao, Baumwolle, Sisal) verfiel durch Bodenerosion und Dürreperioden Mitte des 19. Jh.s immer mehr, so daß viele Bewohner der K.V.I. nach den USA, Brasilien und Portugal emigrierten. Nach der Abtrennung des bislang vom portug. Gouverneur der K.V.I. mitverwalteten Guinea-Bissau (1878) begann unter dem Salazar-Regime (1926) eine neue Besiedlungspolitik, in deren Verlauf die einheim. Bauern und Großgrundbesitzer ihr Land an die *Banco National Ultramarino* verloren. Im Rahmen des Umsturzes in Portugal (1974) konnte sich die von der kapverd. Kleinbourgeoisie auf Guinea-Bissau gegr. *Befreiungsbewegung PAIGC (*Partido Africano da Independência da Guiné e de Cabo Verde*) durchsetzen und bei den ersten Parl.-Wahlen (Dez. 1980) seit der Unabh. als Einheitspartei alle 56 Sitze erringen. Ziel der PAIGC, die in Guinea-Bissau und auf den K.V.I. regierte, war die Föderation zwischen den beiden Staaten, doch führte der Putsch (1980) in Guinea-Bissau zur weitgehenden Einstellung der Kooperationsbemühungen. 1981 konstituierte sich auf Anregung des Staatspräs. A. Pereira (im Amt bestätigt am 13. 1. 1986) der kapverd. Flügel der Partei zur PAICV (*Partido Africano da Independência de Cabo Verde*). Die neue Einheitspartei berief sich auf die urspr. Ideen A. *Cabrals (Programme zur Bekämpfung der Bodenerosion; *Agrarreform 1982). Eine von der pol. Führung eingeleitete *Demokratisierung führte in den kompetitiven Wahlen vom 13.1.1991 zur Ablösung der PAICV durch das breite Oppositionsbündnis *Movimento Para a Democracia* (MPD), das 56 der 79 Parlamentssitze erhielt. Zu ihrem Wahlsieg trugen v.a. die Stimmen der ca. 600000 im Ausland lebenden Kapverdianer bei. Die K.V.I. befinden sich auf dem Wege zur Marktwirtschaft und der Ausweitung des Luxustourismus.

Lit.: P. Meyns, Kap Verde, in: HDW III, 4, 1993, S. 266 ff. ah

Karibik 1. *Fläche:* Bahamas, ca. 700 Inseln, 20 bewohnt, und 300 Korallenbänke und Felsklippen, 13935 qkm; Dominica, 790 qkm; Barbados, 430 qkm; Grenada, 305 qkm; St. Christopher und Nevis (St. Christopher, Kitts genannt, 168 qkm; Nevis, 93 qkm), 262 qkm; Anguilla, 91 qkm; Antigua und Barbuda, 442 qkm; St. Lucia, 603 qkm; St. Vincent und die Grenadinen, 389 qkm; Turks- und Caicos-I. (8 Turks, 2 bewohnt, 24 Caicos, 6 bewohnt), 430 qkm; Cayman-I., 3 Inseln: Grand C., C. Brac, Little C., 259 qkm; Jungfern-I., 174 qkm; Montserrat, 84 qkm; Guadeloupe, 1779 qkm; Martinique, 1102 qkm; *Franz. Guyana, 91000 qkm; Niederl. Antillen, 5 Inseln: Über dem Winde = Saba (13 qkm), Sint Eustatius (21 qkm), Sint Maarten (34 qkm), Unter dem Winde = Bonaire (288 qkm), Curaçao (443 qkm), 989 qkm; Aruba (190 qkm); US-Jungfern-I., 3 Inseln: St. Croix (212 qkm), St. Thomas (83 qkm), St. John (49 qkm), 344 qkm.

Durch die Kolonialwirtsch. wurde das Landschaftsbild der Karibik meist verändert und den Erfordernissen agrarischer *Monokulturen angepaßt. Auch heute sind Teile der Karibik hauptsächlich vom Export landw. Produkte abhängig.

Dominica: Bananen; Barbados: Zukker; Grenada: Kakao, Bananen, Muskatnuß (= ⅓ der Welterzeugung); St. Christopher und Barbuda: Zucker; Nevis: Baumwolle; Antigua: Zucker, Baumwolle; St. Lucia: Bananen; St. Vincent: Zucker, Bananen, Pfeilwurz (Monopol); Turks- und Caicos-I.: Meerestiere.

Strategische wirtsch. Bedeutung hat der *Tourismus, v.a. aus den USA (1986: 63%), gewonnen. Ohne den Tourismus auf Kreuzfahrtschiffen steigerten sich die Besucherzahlen zwischen 1980 und 1986 um 22%. Die reichsten karib. Länder sind heute diejenigen mit der bedeutendsten Tourismusind., wie die Bahamas oder die Cayman-Inseln. Von den kleineren Karibikinseln wurden nur Curaçao und Aruba in nennenswertem Umfang industrialisiert. Sie verdanken dies ihrer geogr. Nähe zu den Ölfeldern Venezuelas, die sie zeitweise als Standort für Raffineriekapazitäten geeignet machte.

2. Für Europa entdeckt wurden fast alle Karibikinseln von Kolumbus auf seinen vier Amerikareisen. Die Spanier erweiterten in ihren neu gewonnenen Kolonien die wirtsch. Aktivitäten, die auf Fischfang und Jagd beschränkt waren, durch den Import von Haustieren (Viehzucht) und Nutzpflanzen (Zuckerrohr, Bananen, Orangen). Da die zur Arbeit gezwungenen einheimischen Indianer großen Widerstand leisteten und in der Gefangenschaft rasch starben, begann man bald, Afrikaner als Sklaven auf die Inseln zu holen (16. Jh.). Spanien versuchte, den gewinnbringenden Handel mit seinen Kolonien durch Zugangsverbote für ausl. Schiffe (außer portug.) zu monopolisieren, was aber den sich in Piraterie (Willis, Morgan) und Eroberungsversuchen (im 17. Jh. besetzten GB: St. Kitts, Nevis, Jamaica, Bahamas, Barbados u.a., Frankreich: Guadeloupe, Martinique, die Niederl.: andere Antilleninseln) manifestierenden Widerstand der großen europ. Mächte hervorrief. Das 18. Jh. ist die Blütezeit des Dreieckshandels: Afrika (Sklaven) – Karibik (Zucker u. a.) – Europa. Mit der

Aufhebung der Sklaverei (brit. Kolonien: 1833; franz.: 1848; niederl.: 1863; span.: Puerto Rico 1873, Kuba 1898), der wachsenden Konkurrenz des europ. Rübenzuckers und der Bodenzersplitterung infolge der Landnahme durch frühere Sklaven (v. a. auf Jamaica, Trinidad, Windward Islands) sinkt die Bedeutung der Karibik im Welthandel. Die Basis der Wirtschaftstätigkeit verändert sich von der Mitte des 19. bis zum Beginn des 20. Jh.s durch die Kontraktarbeit (Indentur, bis 1917) und ein gewandeltes, allerdings immer noch exportorientiertes Spektrum landw. Erzeugnisse. Seit dem II. Weltkrieg entstand in einigen karib. Gebieten eine neue Dependenzstruktur. Sie ist Folge der Funde von Bodenschätzen (Öl: Trinidad, Curaçao, Aruba; Bauxit: Jamaica, Guyana) und der damit verbundenen *Industrialisierung (Abh. von Anlagen- und *Technologieimporten) sowie der touristischen Nutzung der Inselwelt. Die Bindung an die alten Kolonialmächte wurde weitgehend durch die Dominanz der USA (Penetration durch *transnationale Konzerne, Einfluß nordamerik. Kultur etc.) abgelöst.

3. Der durch die *Plantagenökonomie verursachte Zustrom indischer, v. a. aber afrik. Arbeitskräfte führte dazu, daß diese Ethnien heute die überwiegende Mehrheit der karib. Bevölkerung ausmachen. Der Anteil der Kinder und Jugendlichen an der Gesamtbev. ist hoch.

Bev.-Zahlen (in T. 1989): Bahamas: 249; Dominica: 82; Barbados: 256; Grenada: 94; St. Christopher (Kitts) und Nevis: 43; Anguilla: 7; Antigua und Barbuda: 83; St. Lucia: 148; St. Vincent und die Grenadinen: 113; Turks- und Caicos-I.: 14; Cayman-I.: 25; Jungfern-I.: 13; Montserrat: 12, Guadeloupe: 341; Martinique: 338; Aruba: 70; Niederl. Antillen: 189 (Bonaire: 11, Curaçao: 146, Saba: 1, Sint Eustatius: 2, Sint Maarten: 30); US-Jungfern-I.: 109.

4. Auch nach der Aufhebung der Sklaverei blieb in der Karibik die pol. und ökon. Macht in der Hand der Weißen und der kreolischen Elite. Für die schwarze und farbige Bev.-Mehrheit bedeutete dies im 19. Jh. die Beschränkung auf den Status des kleinen Landbesitzers, des ungelernten und niedrig bezahlten städtischen und Landarbeiters oder des Arbeitslosen. Die soziale Struktur folgte damit eng rassischen Trennungslinien und verfestigte diese ihrerseits ideologisch und kulturell. Funde von Bodenschätzen, Industrialisierung und pol. Unabh. erforderten insbes. seit dem II. Weltkrieg in geringerem Umfange angelernte und Facharbeiter (Ablösung *arbeitsintensiver landw. Arbeit durch Arbeit in *kapitalintensiven Industrien), Akademiker und Regierungspersonal. Dies ermöglichte das Entstehen der sog. schwarzen Bourgeoisie und der indischen Mittelklasse, die sich aber im Prozeß ihrer Etablierung kulturell und pol. verwestlichten. So wurden weder die krassen Einkommensunterschiede noch rassistische Denkweisen überwunden. Hauptprobleme der karib. Bev. bleiben weiterhin *Arbeitslosigkeit, durch die Zuwanderung in die Subzentren wachsende *Marginalisierung und der Zwang zur Emigration.

5. Sprache, Religionszugehörigkeit, Bildungs- und soziale Einrichtungen der karib. Länder sind geprägt von ihrer unterschiedlichen kolonialen Vergangenheit und Gegenwart. Abgesehen von Restbeständen afrik. bzw. asiat. Kultur, dominieren in Territorien des – aus historischer Sicht – brit. Einflußbereichs die engl. Sprache und der Protestantismus, in Territorien des span. und frz. Einflußbereichs die entsprechenden Idiome und der Katholizismus.

6. In keinem anderen Gebiet der Erde besteht eine derart kleinräumige Aufsplitterung in Territorien mit unterschiedlichem pol. Status wie in der Karibik. Wenn auch Unabh.-Bestre-

bungen heute an Bedeutung gewinnen, wird dieser weiterhin entscheidend durch die Zuordnung zur jeweiligen Kolonialmacht und deren Intentionen bestimmt.

1) Der brit. Einflußbereich. Neben zwölf unabh. Staaten, die Mitgl. im *Commenwealth* sind, gehören zu ihm fünf Kronkolonien mit beschränkter innerer Selbstverwaltung (Anguilla, Cayman-I., Jungfern-I., Montserrat, Turks- und Caicos-Inseln). Die Reg.-Mehrheit in der Exekutive wird von der Mehrheitspartei im gesetzgebenden Gremium gebildet. Ihr Parteiführer wird von dem u. a. mit der Polizeigewalt ausgestatteten Gouverneur zum Reg.-Chef ernannt, wobei die Befugnis zur letzten Entscheidung in zentralen pol. Fragen (Verfassung, Außen- und Sicherheitspolitik) in GB liegt.

Unabh. Staaten (neben *Belize, *Guyana, *Jamaica, *Trinidad und Tobago) von N nach S: Seit 1973: *Bahamas:* Zwei-Kammer-Parlament, Senat aus 16 ernannten, *House of Assembly* aus 49 gewählten Mitgl. Nach Wahlen 1992 Premierminister (PM) H. Ingraham (*Free National Movement*), daneben: *Progressive Liberal Party.* Seit 1981: *Antigua* und *Barbuda:* Zwei-Kammer-Parlament, Senat aus 17 ernannten, Repräsentantenhaus aus 17 gewählten Mitgl. Nach der Wahl von 1989: PM V. C. Bird (*Antigua Labour Party*), daneben: *United National Democratic Party, Barbuda People's Movement.* Seit 1978: *Dominica*: Ein-Kammer-Parlament aus 21 gewählten Mitgl. und neun ernannten Senatoren. Nach Wahlen 1990: PM Mrs. M. E. Charles (*Dominica Freedom Party*), daneben: *United Workers Party, Dominica Labour Party.* Seit 1979: *St. Lucia:* Zwei-Kammer-Parlament, Senat aus 11 ernannten, *House of Assembly* aus 17 gewählten Mitgl. Nach Wahlen 1992: PM J. Compton (*United Workers Party*), daneben: *St. Lucia Labour Party.* Seit 1979: *St. Vincent:* Ein-Kammer-Parlament aus 15 gewählten Mitgl. und sechs ernannten Senatoren. Nach Wahlen 1989: PM J. Mitchell (*New Democratic Party*), daneben: *St. Vincent Labour Party.* Seit 1966: *Barbados:* Zwei-Kammer-Parlament, Senat aus 21 ernannten, *House of Assembly* aus 28 gewählten Mitgl. Nach Wahlen 1991: PM E. Sandiford (*Democratic Labour Party*), daneben: *Barbados Labour Party.* Seit 1974: **Grenada:* Zwei-Kammer-Parlament, Senat aus 15 ernannten, *House of Representatives* aus 15 gewählten Mitgl. Nach Wahlen 1990: PM N. Braithwaite (*National Democratic Congress*), daneben *Grenada United Labour Party; New National Party* und *The National Party.* Seit 1983: *St. Christopher* und *Nevis:* Ein-Kammer-Parlament aus 11 gewählten und 3 ernannten Mitgl. Nach Wahlen 1989: PM K. Simmonds (*People's Action Movement*) in Koalition mit *Nevis Reformation Party*, daneben: *Labour Party* und *Concerned Citizens' Movement.*

2) Der franz. Einflußbereich. **Franz. Guyana* sowie *Guadeloupe* und *Martinique* sind seit 1946 franz. Departements. Letztere entsenden je 4 Abg. in die franz. Nationalversammlung, *Guyana* hat 1 Mandat. Ihr Parteienspektrum entspricht weitgehend dem französischen. Daneben gibt es kleinere Gruppierungen, die für die Unabh. der Inseln eintreten, z. B. *Patriotes Martiniquais.*

3) Der niederl. Einflußbereich. Die *Niederländischen Antillen* sind als Föderation mit innerer Selbstverwaltung ein Teil der NL. Ein von der Krone auf unbestimmte Zeit ernannter Gouverneur vertritt das Staatsoberhaupt und ernennt die Reg., die des Vertrauens des Repräsentantenhauses («*Staten*», 21 Mitgl.; davon Curaçao: 14, Bonaire: 3, Sint Maarten: 2, Saba: 1, Sint Eustatius: 1) bedarf. Regierungschefin: Maria Liberia-Peters. Nach den Wahlen von 1990 setzte sie mit ihrer Nationalen Volkspartei die 1988 mit der Partei Neue Antillenbewegung einge-

gangene Koalition fort. Die Parteien der nördl. Antillen ordnen sich den einzelnen Inseln und deren Interessen zu. *Aruba* erhielt 1986 als eigenständiger Teil der NL innere Selbstverwaltung. Die Reg., von einem Premierminister geführt, geht aus der Mehrheit des Parlaments (*Staten*, 21 Mitgl.) hervor. Regierungschef nach den Wahlen von 1989: Nelson Oduber vom *Movimiento Electoral di Pueldo* (10 Mandate) in Koalition mit *Acción Democrática Nacional* und *Partido Patriótico Arubano* (je ein Sitz). Aufgrund mangelnder Viabilität stand die Frage der Trennung von den NL (v. a. auf Curaçao und Aruba zuvor propagiert) Anfang der 90er Jahre im Hintergrund; so wurde die für 1996 vereinbarte Unabh. Arubas auf unbestimmte Zeit verschoben.

4) Der US-amerik. Einflußbereich. Die US-*Jungfern-Inseln* (USA-Besitz) wählen einen Gouverneur, der dem US-Innenmin. verantwortlich ist. Er hat Vetorecht gegenüber dem mit legislativen Befugnissen ausgestatteten Insel-Parlament (15 Mitgl.).

7. Bisher wurden keine Versuche unternommen, zu einer gemeinsamen E.-Politik aller karib. Staaten zu kommen. Selbst im brit. Einflußbereich, in dem es intensive, z. T. vom Mutterland geförderte *Integrationsanstrengungen gab und gibt (Westindische Föderation, 1958 bis 1961: Barbados, Trinidad und Tobago, Jamaica, Grenada, St. Lucia, St. Kitts-Nevis, Montserrat, Antigua, Dominica, St. Vincent und – mit diesen u. a. Staaten – 1968 CARIFTA, 1973 *CARICOM, 1970 CDB: Sitz Barbados), werden sie durch nat. Rivalitäten, unterschiedlichen E.-Grad (1968: Zusammenschluß der CARICOM-Kleinen – «*The little eight*» – in *ECCM) und die dominierenden Weltmarkteinflüsse ständig in Frage gestellt. Durchgesetzt hat sich eine auf *Enklaven beschränkte Modernisierung (Öl, Zucker, Bananen etc., Tourismus), beschleunigt durch die großzügige Gewährung steuerlicher, zollpol. und anderer Vorteile. Die Bahamas wurden durch entsprechend günstige Gesetze sogar zur bevorzugten Niederlassung von Briefkastenfirmen.

Die von ausl. Kapital durchdrungenen *kapitalintensiven Sektoren (US-Hotelketten, Agrobusiness-Unternehmen, Ölkonzerne) dominieren die Ökonomien der Region. Die *Produktivität der trad. Landw. ist aufgrund der verwandten veralteten *Technologie gering. Sie reicht nicht aus, die wachsende Bev. auf dem Lande zu ernähren, die in die prosperierenden Subzentren abwandert, wo sie das Heer der Arbeitslosen und Marginalisierten vergrößert. Wegen der Orientierung der Agrarproduktion am Export müssen Nahrungsmittel in beträchtlichem Umfange eingeführt werden. Ihre hohen Preise verstärken inflationäre Tendenzen und vergrößern die krassen Unterschiede der Konsumtionsniveaus. Angesichts der bevorstehenden Vollendung des EG-Binnenmarktes und des drohenden Verlustes von Handelspräferenzen sieht sich die Region Anfang der 90er Jahre vor zusätzlichen wirtsch. Schwierigkeiten. In allen karib. Staaten besteht eine Tendenz zur Verschärfung der sozialen Gegensätze, die in der Vergangenheit auch schon zu sozialen Unruhen führte. Die Region ist als «Hinterhof» der USA in zweierlei Hinsicht in den 80er J. in den Vordergrund gerückt: 1) als Transfer- und teilweise auch Produktionsort von Drogen für den amerik. Markt bzw. als Ort der Abwicklung mit dem Drogenhandel verbundener Finanzgeschäfte; 2) als Ort der amerik. Offensive gegen den Kommunismus unter der Reg. Reagan. Die vom amerik. Präs. nach der Grenada-Invasion angekündigte Karibik-Initiative zur ökon. E. der Region durch Öffnung des amerik. Marktes für die Inselstaaten ab 1984 erwies sich als Fehlschlag, weil gerade die Hauptausfuhrgüter der Karibikanrainer von den Freihandelsregeln ausgeschlossen wurden. Einigen Staaten gelang es allerdings, zum Standort für verarbeitende Industrien zu werden, die von den niedrigen Arbeitslöhnen und der angebotenen Steuerbefreiung bei freiem Zugang zum US-Markt profitieren. Mit dem Ende des Kalten Krieges verlor die Region Ende der 80er Jahre für die USA an Relevanz.

Lit.: M. Wöhlcke, Die Karibik im Konflikt entwicklungspolitischer und hegemonialer Interessen, Baden-Baden 1982; F. Ambursley / R. Cohen (Hg.), Crisis in the Caribbean, Kingston etc. 1983; R. Sturm, Bahamas, Barbados, Trinidad und Tobago, in: S. Mielke (Hg.), Internationales Gewerkschaftshandbuch, Opladen 1983, S. 229ff., 238ff., 1094ff.; A. Payne / P. Sutton / T. Thorndike, The Rise and Fall of the Grenada Revolution, London 1984; J. Thesing, Wandel im karibischen Raum, in: APuZ 13/ 1984, S. 37ff.; C. Stone, Power in the Caribbean Basin, San Francisco 1985; P. Sutton, Dual Legacies in the Contemporary Caribbean, London 1986; M. Will, Revolution or Order? The Politics of Change and Institutional Development in the Caribbean Basin, Boulder (Col.) 1986; R. Tardanico (Hg.), Crises in the Caribbean Basin, London 1987; F. Gewecke, Die Karibik. Zur Geschichte, Politik und Kultur einer Region, Frankfurt 1988; R. Ramsaran, The Commonwealth Caribbean in the World Economy, London/Basingstoke 1989; K. McAfee, Storm Signals. Structural Adjustment and Development Alternatives in the Caribbean, London/Boston 1991; F. Nuscheler, Struktur- und Entwicklungsprobleme der Karibik, in: HDW III, 3, Bonn 1992, S. 272ff. rs/bh

Karibische Gemeinschaft →CARICOM

KAS Konrad Adenauer-Stiftung, der * CDU nahestehende, 1964 gegr. * politische Stiftung, in die versch. bereits vorher bestehende Einrichtungen der pol. Bildung und E.-Hilfe integriert wurden. Die e.-pol. Aktivitäten der KAS gehen v. a. von folgenden Arbeitsbereichen der Stiftung aus:

Der Arbeitsbereich Internationale Zusammenarbeit fördert v. a. Institutionen, Programme und Projekte der pol. Bildung in EL. Maßgebliche *Ziele* sind, in den betreffenden Ländern das Bewußtsein für soziale Gerechtigkeit zu vertiefen, Selbsthilfewillen und Privatinitiative zu fördern, eine breite Schicht informierter und demokratisch verantwortlich handelnder Staatsbürger zu bilden und Verbesserungen der pol. Partizipation zu erreichen sowie bei der Durchsetzung legitimer kultureller, sozialer, wirtsch. und pol. Interessen zu ermutigen. *Hauptpartner* in den EL sind gesellschaftspol. Bildungsinstitute, Verbände der Klein- und Mittelind., * Gewerkschaften, * Genossenschaften, Medien, Frauen- und Jugendverbände sowie Org. zur Förderung der ländl. Entwicklung und wiss. Forschungseinrichtungen. Die KAS entsendet auch eigene Mitarbeiter in die EL (1982: 85, 1992: 80). 1992 unterstützte die KAS 200 Projekte in 53 EL, v. a. in den Bereichen Demokratieentwicklung (31,4%), Mittelstandsförderung/ Ordnungspolitik (11,7%), Gewerkschaften (10,4%), Ländl. Entwicklung (22,7%), Wissenschaft/Kultur (9,8%), Frauen-, Jugend-, Sozialarbeit (11,5%) und Massenmedien (2,6%). Regionaler Schwerpunkt ist LA (54,8%) vor Asien (22,5%) und Afrika (19,9%). 1991 wurden mit ca. 94 Mio. DM knapp 50% der Gesamtausgaben der KAS für E.-Projekte eingesetzt (1985: 63,4 Mio.).

Der Arbeitsbereich Begabtenförderung vergibt Studienstipendien an dt. und ausl. Bewerber. Von den 1991 insg. 1214 Stipendiaten kamen 245 aus EL (vorwiegend Asien).

Der Arbeitsbereich politische Bildung mit zentralem Bildungswerk in Eichholz betreibt u. a. e.-pol. Öffentlichkeitsarbeit durch e.-pol. Fachtagungen, Vortragsveranstaltungen und Seminare.

Die KAS unterhält aus Spendenmitteln einen «Hilfsfonds Internationale Solidarität», aus dem Menschen unterstützt werden sollen, die aufgrund ihres Eintretens für die Menschenrechte und ihres demokratischen Engagements verfolgt werden und in existentieller Not sind.

Der *Etat* der KAS (1991: rd. 209 Mio. DM) wird zu über 90% aus öfftl. Mitteln finanziert; Zuwendungen des Bundes 1986: 133,7 Mio. DM.

Publikationen: Forschungsberichte (unregelmäßig); Zft.: Die Politische Meinung; Zeitschrift für pol. Bildung

(Eichholz Brief); Die Frau in unserer Zeit, viertelj.; KAS-Jahresberichte, fortlaufend.

Adresse: Rathausallee 12, 5205 St. Augustin bei Bonn. bt

Kasachstan Die mittelasiatische Republik K. erklärte am 16.12.1991 ihre Unabhängigkeit von der Sowjetunion. K. hat den Vertrag über eine Wirtschaftsgemeinschaft zwischen den Nachfolgestaaten der UdSSR unterzeichnet und ist der Gemeinschaft Unabhängiger Staaten (GUS) beigetreten.

1. Die Republik K. (Fläche: 2 717 300 qkm) erstreckt sich vom Tiefland an der unteren Wolga und dem Kaspischen Meer über rd. 3000 km nach Osten bis hin zu den Gebirgszügen des Altai, sie reicht vom südlichen Ural und westsibirischen Tiefland rd. 1700 km nach Süden bis zum Aralsee, zur Kysulkum und zu den Nord-Ketten des Tienschan. Der Westen und Süden des Landes umfaßt Tiefländer und niedrige Plateaus mit Wüsten und Halbwüsten. Im Norden dehnen sich ein 150–300 km breiter Steppenstreifen des sibirischen Tieflandes und im Osten weite Gebirgszüge aus. Die Hälfte der Landoberfläche K.s ist mit Wüsten und Halbwüsten, ein Drittel mit Steppe bedeckt; nur 3 % der Fläche sind bewaldet. Das Klima des Landes ist extrem kontinental-trocken, mit großen breitenabhängigen Unterschieden und starken Winden. K. hat gemeinsame Grenzen mit Rußland, Turkmenistan, Usbekistan, Kirgisien und China.

K. zählte Anfang 1990 16,7 Mio. E. (Bevölkerungsdichte: 6,1 E./qkm). Das Bevölkerungswachstum betrug 1987/88 1,0 %. Hauptstadt des Landes ist Alma-Ata mit 1,1 Mio. E. (Stand 1989). Die Bev. unterteilt sich ethnisch in Kasachen (40 %), Russen (38 %), Deutsche (6 %), Ukrainer (5 %), Usbeken (2 %) und Tataren (2 %).

2. K. erwirtschaftete 1989 ein BSP von 61,4 Mrd. US-$ (BSP pro Kopf: 3720 US-$). Die amtl. Statistiken weisen für den Zeitraum 1990–91 gegenüber den Vorjahren eine rückläufige materielle Produktion (prod. Nationaleinkommen) aus (1990: –1,7 %; 1991: –10,1 %). 1987 arbeiteten 31 % der Beschäftigten im Industrie- und Bausektor, 23 % in der Land- und Forstwirtschaft, 24 % im Handels- und Verkehrssektor und 22 % im Dienstleistungsbereich. K. verfügt über reiche, z. T. erschlossene Bodenschätze (Kohle, Erdöl, Erze, Bauxit, Phosphorit, Asbest, Gold, Uran u. a.). Die Schwerpunkte der verarbeitenden Industrie liegen bei der Grundstoff- und Rüstungsindustrie, der Schwer- und Landmaschinenproduktion und der Nahrungsmittelverarbeitung. K. betreibt in Aktau (Schewtschenko) ein (1973 in Betrieb genommenes) Kernkraftwerk.

Die Landwirtschaft trug 1987/88 zu einem bedeutenden Anteil an der sowj. Gesamtproduktion bei Weizen (13 %), Fleisch (7 %) und Wolle (23 %) bei. Die Erschließung weiter Steppengebiete durch künstliche Bewässerung ermöglichte den großangelegten Weizenanbau. Weitere landw. Anbauprodukte sind Reis, Zuckerrüben und Futterpflanzen. Die Handelsbilanz K.s wies 1988 ein Defizit von 6,6 Mrd. Valutarubeln aus, das durch einen hohen Einfuhrüberschuß bei Maschinenbauerzeugnissen, Erzeugnissen der Leicht- und Nahrungsmittelindustrie, Holz und Papier verursacht wurde. 1988 stand diesem hohen Importüberschuß ein Ausfuhrüberschuß bei landwirtschaftlichen Erzeugnissen, Buntmetallen und Kohle gegenüber.

Im Zuge marktwirtschaftlicher Strukturreformen hat die Regierung 1991 Gesetze erlassen, die die schrittweise Deregulierung und Privatisierung der Wirtschaft ermöglichen und den Rahmen zukünftiger ausländischer Investitionen abstecken sollen. K. hat im Januar 1992 die Ausweisung freier Wirtschaftszonen an der Küste des Kaspischen Meeres sowie in Nord-

und Ostkasachstan angeordnet und (im Gefolge der russischen Preisfreigabe) die Preise mit einigen Einschränkungen freigegeben.

3. Der kommunistische Parteiapparat konnte in den Parlamentswahlen von 1990 seinen dominierenden Einfluß auf die Politik behaupten. Der ehem. Ministerpräs. N. Nasarbajew, der 1989 an die Spitze der KP der Republik aufgerückt war, wurde im April 1990 vom Parlament und am 1.12.1991 mit überwältigender Mehrheit von der Bev. zum Präsidenten gewählt. Nach dem Augustputsch in Moskau (19.8.91) hat Nasarbajew die KP formell aufgelöst.

4. Auf k. Territorium lagern strategische und taktische Atomwaffen der sowj. Armee. Mitte 1991 erklärte sich die Republik zur atomwaffenfreien Zone. Im Zusammenhang mit dieser Absichtserklärung hat die Regierung ihren Willen unterstrichen, die strategischen Nuklearwaffen bis 1994 außer Dienst zu stellen und bis zum Jahr 2000 zu vernichten. Die taktischen Atomwaffen sollen nach Rußland abgezogen werden. Rd. 18 Mio. ha Bodenfläche des k. Territoriums wurden in der Vergangenheit für atomare, chemische und biologische Testzwecke genutzt und blieben z.T. schwer verseucht (Atomtestgelände Semipalatinsk) zurück.

K. sieht sich gegenwärtig mit Gebietsansprüchen des russischen Nachbarn auf russisch besiedelte Teile Nordkasachstans konfrontiert. Ungeachtet einzelner interethnischer Zusammenstöße in letzter Zeit sind die Beziehungen zwischen den Volksgruppen der Republik – gemessen am ethnischen Konfliktpotential – relativ friedlich. ak

Kastensystem →Indien

Katar 1. Das Emirat K. (Fläche 11000 qkm) liegt auf der gleichnamigen Halbinsel (S-N-Ausdehnung ca. 180 km), die von der arab. Halbinsel aus in den Persischen Golf ragt. In der Wüste, aus der K.s Oberfläche besteht, gedeiht dank des geringen Winterregens eine spärliche Vegetation, die lediglich eine weidewirtschaftliche Nutzung des Landes zuläßt. Auf K. und **offshore* im Pers. Golf gibt es große Erdöl- und Gaslager, deren Förderung den Charakter K.s als Ölland (99% des Ausfuhrwertes = Erdöl) bestimmen.

2. Die von Teilen nomadisierender Stämme gebildete Bev. K.s stand bis zum 19. Jh. unter der Vorherrschaft unterschiedlicher Stammesführer. Erst 1872 (die Türken errichten ihre östlichste Garnison in Doha) und entscheidend 1916 (Vertrag des Scheichs Fder einheimischen al-Thani-Dynastie mit GB, der die Verteidigung und außenpol. Vertretung K.s der brit. Regierung in Indien überträgt = Protektorat) intervenierten ausl. Mächte in K. 1971 gab GB seine vertraglichen Verpflichtungen auf, und K. wurde unabhängig.

3. Die Bev. K.s betrug 1986 (gesch.) 372000 Ew. (Hs. Doha 218000), wobei gesellsch. Konflikte dadurch strukturell angelegt sind, daß nur ca. ¼ der Bev. Einheimische sind. Der Ölboom führte seit den 50er J. zu einem raschen, v. a. durch Zuwanderungen aus Pakistan, Indien, Iran, den arab. Nachbarländern und den arab. Mittelmeerstaaten hervorgerufenen Bev.-Wachstum. Die gesamte einheim. Bev. bekennt sich zum Islam (Sunniten mit starker Neigung zu der wahabitischen Bewegung Saudi-Arab.). Die Kultur des Landes wird von den Stammestraditionen und dem islam. Recht (*Shari'a*) bestimmt.

4. Der staatl. Reichtum hat die soziale Situation der Bev. verändert. Die Regierung ermöglicht: kostenlose Erziehung (Schulpflicht, Aufbau einer Universität), Wirtschaftsförderung (Begünstigung einheimischer Firmen), veränderte Umwelt (Steinhäuser, Hochhäuser, Elektrizität, fließendes Wasser im Haus, Straßen, Telefon, Hilfe beim Erwerb von Häusern), staatl. Dienstleistungen (Impfungen, freies

Gesundheitswesen, Mütterberatung, sozialer Wohnungsbau, billige Kredite).

5. Über den Reichtum des Landes verfügt alleine der Emir, dessen Macht sich nach der Verfassung von 1972 innerhalb der al-Thani-Familie vererbt (heute: Scheich Khalifa bin Hamad). Er ernennt den Premierminister und das Kabinett des Landes. Für die 30 Mitgl. zählende Beratende Versammlung, die das Recht zur Gesetzesinitiative hat, sind Frauen nicht wahlberechtigt. Parteien im westl. Verständnis gibt es keine. Die Möglichkeit der persönlichen Vorsprache beim Regenten oder die Interessenvertretung durch Vertreter (z. B. Stammesälteste) stellt ein partizipatorisches Element im ansonsten patriarchalisch-autokratischen Regierungssystem K.s dar.

6. Die Ölwirtschaft, deren Förderpolitik nach Verstaatlichungen (gegen Kompensationen) von Entscheidungen des Staates bestimmt wird, ist fast die ausschließliche Einnahmequelle K.s. Zur besseren Nutzung der Bodenschätze strebt die Regierung ein weitreichendes Industrialisierungsprogramm an (Eisen-, Stahl- und Düngemittelproduktion, Gasverflüssigung, petrochem. Industrie), wobei v. a. die Gasreserven des Landes als Energiequelle dienen sollen.

Lit.: D. E. Long, The Persian Gulf. An Introduction to its People, Politics and Economics, Boulder (Col.) 1978; Middle East Economic Digest, Quatar, London 1981, 1982; H. P. Kotthaus, Katar, in: HDW II, 6, Hamburg 1983, S. 379 ff. rs

Katastrophenhilfe *E.-Hilfe als Soforthilfe im Katastrophenfall, meist als Geschenk und vielfach als *Warenhilfe etwa durch Organisationen wie das *Rote Kreuz. wpz

Katholischer Arbeitskreis Entwicklung und Frieden →Deutsche Kommission Justitia et Pax

Kaunda, Kenneth, Staatspräs. Zambias und Vorsitzender der *Frontstaaten, geb. 1924, gründete nach Aktivitäten innerhalb des *African National Congress* Nordrhodesiens 1958 eine radikalere Unabh.-Bewegung, die 1960 den Namen *United National Independence Party* (UNIP) annahm. 1964, im Jahr der Unabh. Zambias, wurde K. Minister- und Staatspräsident. Unter dem Namen «Zamb. Humanismus» versucht K., in Zambia einen von soz. Gedanken geprägten E.-Weg zu verwirklichen (→Zambia). International trat er für einen Schuldenerlaß für die afrikanischen Länder ein und unterstützte als Vorsitzender der *Frontstaaten die Anti-Apartheidsbewegungen in Rhodesien/Zimbabwe und Südafrika. Vor allem wirtsch. Mißerfolge riefen Ende der 80er Jahre zunehmend Kritik an den autoritären Zügen seiner Herrschaft hervor. Nach einem mißglückten Putschversuch im Juni 1990 leitete K. demokratische Reformen ein und öffnete den Weg für freie Präsidentschafts- und Parlamentswahlen, die er im Okt. 1991 gegen den Oppositionsführer Frederick Chiluba verlor.

Lit.: K. D. Kaunda, Humanism in Zambia and a Guide to its Implementation, Lusaka 1968. ah

KED Kirchlicher Entwicklungsdienst, gegr. 1968 durch Beschluß der Synode der Evangelischen Kirche in Deutschland (EKD). Arbeitsschwerpunkte setzt der KED in der ökumenischen Zusammenarbeit bei *multilateralen E.-Programmen (ca. 14 % der jährl. Bewilligungen) und der Stärkung kirchlicher Trägerstrukturen in der *Dritten Welt. Programme bestehen v. a. in den Bereichen *Bildung, Wirtsch., *Katastrophen-, *Flüchtlings- und *Gesundheitshilfe sowie in Sozialarbeit und Kommunikation. Ferner werden Projekte der e.-bezogenen Bildung und Publizistik in der BRD durchgeführt (10–12 % des jährl. Mittelaufkommens). Enge Zusammenarbeit besteht mit der *AG KED: Projektanträge werden von *EZE und *BfdW bearbeitet; über Projektförderungen entscheidet der Ausschuß «Kirchliche Mittel für Entwicklungsdienst», berufen von der *EKD. Die Finanzierung erfolgt über die Haushaltsmittel der Landeskirchen (1969–1986: rd. 1330,7 Mio. DM, 1987: 99,7 Mio.), wobei bislang die vereinbarte 2%-Marke des Kirchensteueraufkommens nur annähernd erreicht wurde. Publikation: EKD-Texte. Adresse: Herrenhäuser Str. 12, 3000 Hannover 21. pb

Kennedy-Runde Von 1964 bis 1967 im Rahmen des * GATT geführte Zollsenkungsverhandlungen von 17 Teilnehmerstaaten, die insbes. der Beseitigung von Exporthindernissen für die EL von seiten der IL dienen sollten – ohne Gegenleistung der EL. Die K. R. brachte einen Zollabbau von 35 % und war damit wesentlich erfolgreicher als alle vorherigen Zollsenkungsrunden (Annecy 1949: 2%; Torquay 1950/51: 3%; Genf 1955/56: 2%, Genf 1961/62: 7%). Die IL gewährten * tarifäre Handelserleichterungen bei 70% ihrer zollpflichtigen ind. Importe. Im Industriesektor senkten die Hauptimportländer (USA, EG, Japan) ihre Zölle um ⅓. Das Ziel eines 50%igen Abbaus wurde jedoch nicht erreicht. Bei Agrargütern machten die IL Konzessionen hauptsächl. in der Gruppe trop. Produkte. Die Nullzollsätze wurden im Agrarbereich von 11 % auf 19 %, bei Halbfertig- und Fertigwaren von 5 % auf 7 % erhöht. Die höchsten Zollsenkungen betrafen freilich Güter, die v. a. zwischen den IL gehandelt werden. * UNCTAD beurteilte die Ergebnisse der K. R. als günstiger für den Handel der IL als den der EL. Die K. R. hat jedoch das Bewußtsein um die Handelsprobleme der EL im GATT verstärkt. →Uruguay-Runde →Tokio-Runde. dn

Kenya Im Vergleich zu den meisten afrik. Staaten ist die Bilanz der ökon. und pol. Entwicklung in Kenya bisher rel. erfolgreich. «Kritische Faktoren für die weitere E. sind in der Kombination von anhaltend hohem Bev.-Wachstum, zunehmender Knappheit an Ackerland und wachsender Konzentration des Landbesitzes, Ausbreitung * ökologischer Schäden, steigender sozialer Erwartungen als Ergebnis einer rel. erfolgreichen Erziehungspolitik, weiter anhaltender Zuwanderung in die städt. Gebiete und somit sowohl weiter anwachsender * Arbeitslosigkeit in den Städten wie auch andauernder absoluter * Armut erheblicher Teile der ländl. Bev. zu sehen» (Hofmeier 1982, S. 151).

1. Das ca. 583 000 qkm große K. ist arm an mineralischen Ressourcen, und nur 17 % der ges. Landesfläche sind für Ackerbau nutzbar (v. a. das nördl. u. westl. der Hs. Nairobi gelegene «Weiße Hochland»). Das von W nach O in Stufen ansteigende (Mt. Kenya 5200 m) und von N nach S vom ostafrik. Grabenbruch durchquerte Land besitzt alle denkbaren Vegetations- und Klimazonen. Landschaft und Tierwelt machen seit Mitte der 60er J. den * Tourismus nach Kaffee und Tee zum wichtigsten Devisenbringer.

2. Die regionale Verteilung der ca. 24,4 Mio. Ew. (1990) K.s wird durch das Klima bestimmt und erreicht am Viktoriasee im zentralen Hochland ihre größte Dichte. Fortschritte im Gesundheitswesen und sinkende Sterberaten führen bei rel. konstanter Geburtenziffer zu einer JZ der Bev. von 4,9 %. Nach Angaben der * Weltbank erhöhte sich die LE im Zeitraum zwischen 1965 und 1984 für Männer von 43 auf 52 J. und für Frauen von 46 auf 56 Jahre. Der Anteil der städt. Bev. (24%) verstärkt sich durch zunehmende * Landflucht und führt zu wachsenden regionalen E.-Disparitäten. 98,5 % der Bev. sind Afrikaner, die sich in 42 ethnische Gruppen mit mind. 30 Einzelsprachen und über 100 Dialekten gliedern. Kikuyu (20 %), Luo (13,8 %), Luhya (13,1 %), Kamba (10,8 %) und Kelenjin (10,8 %) sind die wichtigsten Stämme, zwischen denen die * tribalistisch-pol. Konflikte um die ökon. und pol. Macht ausgetragen werden. Gegenüber dem Englischen (Elitensprache) und den Bantusprachen setzt sich immer mehr

die 1974 eingeführte Amtssprache und Nationalsprache Kisuaheli durch. Der Bev.-Anteil der Inder, Pakistaner, Araber und Europäer ist aufgrund der gegen Minoritäten gerichteten Afrikanisierungspolitik seit 1967 rückläufig. Neben den relig. Minderheiten Islam und Hinduismus sind Christentum und trad. bzw. christlich beeinflußte Stammesreligionen vorherrschend.

3. Der Schwerpunkt der Wirtschaft K.s (BSP/Kopf 1990: 370 US-$) liegt bei der Produktion und Weiterverarbeitung landw. Erzeugnisse. Die meisten Erwerbstätigen sind in der Landw. tätig, deren Beitrag zum BIP 1990 bei 28% (1979: 34%) lag.

Kleinbäuerlichen Betrieben des *Subsistenzbereichs stehen die *kapitalintensiven, exportorientierten Großbetriebe der *Plantagenwirtschaft gegenüber, die bislang überwiegend von Indern und Europäern geleitet wurden. Seit 1960 nimmt im Rahmen der Afrikanisierungspolitik durch *Agrarreform und Ansiedlungsprogramme der Anteil der Afrikaner an der Marktproduktion zu. Mais (Hauptnahrungspflanze), Weizen, Hafer und Süßkartoffeln werden für den einheimischen Markt produziert und sind zusammen mit der gut entwickelten Milch- und Viehwirtschaft Grundlage der Nahrungsmittelversorgung. Dürre und Preispolitik störten 1980/81 die i. d. R. gute Selbstversorgung, und umfangreiche Nahrungsmittelimporte wurden notwendig. Tee, Sisal, Pyrethrum und Kaffee sind die wichtigsten Exportprodukte. Neuerdings werden auch Obst, Blumen und Gemüse in den Wintermonaten per Luftfracht nach Europa exportiert. K. ist unter den ostafrik. Staaten industriell am meisten fortgeschritten (1990: 21% des BIP), und es dominieren Betriebe der Konsumgüterindustrie. Die Privatwirtschaft wird staatl. gefördert, und der Staatsanteil nimmt durch die stufenweise Afrikanisierung ausl. Unternehmen zu. Besonders gefördert werden Betriebe, die durch *arbeitsintensive Produktionsmethoden neue Arbeitsplätze schaffen. Der Mangel an Primärenergie ist bisher limitierender Faktor der weiteren *Industrialisierung. Weiterhin muß aus Uganda Strom importiert werden. Der Ausbau der Tana River-Wasserkraftwerke und die Nutzung von Erdwärme werden künftig die *Energie-Situation verbessern. Der Bergbau (Soda, Salz) spielt im bodenschatzarmen K. eine untergeordnete Rolle. Wichtigste Handelspartner K.s sind die Staaten der ehem. Ostafrikan. Gemeinschaft (Tanzania, Uganda) (→EAC), die USA, Japan und v. a. die EG.

Seit einigen J. stagnieren im Tourismus die Besucherzahlen (1980: 360000; 1984: 358000) und die Bruttoeinnahmen (1980: 1700 Mio. Shs). K. ist eine *mixed economy* mit liberalist.-kapitalist. Orientierung, Investitionsmöglichkeiten für private (in- und ausl.) Investoren und staatl. Steuerungsfunktion bzw. aktiver Beteiligung des Staates in Form von Unternehmen. Die *Infrastruktur ist gut entwickelt. Physiogeogr. Faktoren, aber auch politökon. Einflüsse (z. B. Schlüsselrolle der Kikuyu in Politik und Wirtschaft) verursachen in K. starke regionale E.-Disparitäten.

4. Nachdem die Portugiesen gegen Ende des 15. Jh.s Handelsstützpunkte gegründet hatten, beherrschten bis zum Beginn des brit. Einflusses im 19. Jh. die Araber die ostafrik. Küste. Die Fertigstellung der Eisenbahnlinie von Mombasa zum Viktoriasee markiert den Beginn der inneren Erschließung K.s als Teil des brit. Ostafrika-Protektorats, in deren Verlauf das fruchtbarste Land durch europ. Siedler besetzt wurde. Die ursprünglich selbständigen Bauern (Luo, Kikuyu) wurden durch Zwangsarbeit, Steuern und Vertreibung in abh. Lohnarbeiter auf den europ. Farmen verwandelt. Bis Ende der 40er J. beherrschten die Siedler die Kolonialverwaltung und kontrol-

lierten die Wirtschaft, indem sie über Land, Ware, Arbeitskraft, Technologie, Produktanbau und Märkte verfügten. Bereits nach dem I. Weltkrieg formierte sich H. Thukus *Young Kikuyu Association* gegen Landraub, Paßzwang und Arbeitszwang (Hütten- und Kopfsteuer) auf den Farmen des «Weißen Hochlands». Nach der Mau-Mau-Rebellion (1952 bis 1960) wurde die Dekolonisation von der KANU (*Kenya African National Union*) vorangetrieben. Neben der von den Kikuyu, Luo und Kamba getragenen, zentralistisch orientierten KANU (Kenyatta, Odinga, Mboya) entstand die von kleineren Stämmen getragene, regionalistisch eingestellte KADU (*Kenya African Democratic Union*). Unter der Führung * Kenyattas wurde das Land 1963 unabh. Innerhalb der KANU setzte sich – durch die Auflösung der KADU gestärkt – der konservative Flügel (Kenyatta, Mboya) durch, der eine prowestl. Auslandskapital und Privateigentum begünstigende Politik vertrat. Kenyatta sicherte nicht nur den Einfluß seines Familienclans und seiner pol. Basis (Kiambu-Gruppe innerhalb der Kikuyu), sondern unterdrückte mit Härte (z. B. Verhaftung Odingas, Ermordung von Mboya u. Kariuki) jegliche Opposition.

Seit dem Tod Kenyattas (22. 8. 1978) ist D. A. Moi, der nicht der alten Kikuyu-Machtelite, sondern einem der kleineren Völker (Kalenjin) angehört, Staatspräs. und Vorsitzender der KANU. Einerseits will Moi mit dem Begriff *Nyayo* (Kiswahili = Fußstapfen) Legitimation und pol. Kontinuität signalisieren, andererseits versucht er, mit einer populistischen Politik die Mißstände (Korruption, Landzuteilung an Parteianhänger) der Kenyatta-Ära zu beseitigen. Regionale und ethnische Machtkämpfe sowie wachsende ökonomische Schwierigkeiten (Versorgungsprobleme bei Nahrungsmitteln) gefährden die pol. Stabilität K.s. 1982 kam es zu einem gescheiterten, von Teilen der Luftwaffe unternommenen Putschversuch, der u. a. auch eine Reaktion auf die zunehmende Verhärtung des innenpol. Kurses darstellte. Eine im Juli 1988 vorgenommene Verfassungsänderung stärkte noch die Rolle des Präs. 1990 stieß das * autoritäre Regime Moi auf immer offenere Kritik, u. a. auch von Reg.-Mitgliedern. Rebellionen in Nairobi und in den Kikuyu-Gebieten wurden niedergeschlagen. Auch die USA drängten verstärkt auf eine * Demokratisierung, woraufhin im Dez. 1991 die Einführung eines Mehrparteiensystems erfolgte.

Außenpol. pflegt K. enge Bez. mit den west. IL. Neben den nicht klar aufgegebenen Gebietsansprüchen Somalias ist v. a. die Bez. zu Uganda gespannt (Grenzschießereien Ende 1987). Eine Entspannung wurde im Verhältnis K.s zu Tanzania durch dessen Aussöhnung mit Uganda erzielt. In den guten Beziehungen zwischen Uganda und Lybien sieht K. dagegen eine Bedrohung des eigenen, prowestl. orientierten Regimes.

Lit.: W. Leifer (Hg.), Kenya, Tübingen 1977; D. Berg-Schlosser, The Social and Economic Bases of Politics in Kenya. A Structural and Cultural Analysis, Berkeley 1979; R. L. Collison, Kenya (Bibliography), Oxford 1982; R. Hofmeier, Kenya, in: R. Hofmeier/M. Schönborn, Politisches Lexikon Afrika (4. Aufl.), München 1988. ah

Kenyatta, Jomo (Kikuyu = Brennender Speer), geb. 1891, Sohn eines Kikuyu-Bauern, gründete 1945 in GB zusammen mit K. * Nkrumah die *Pan African Federation*. Nach seiner Rückkehr nach Kenya wurde er beschuldigt, maßgeblich an der Mau-Mau-Rebellion (1952–1960) beteiligt zu sein, und 1953 für sieben J. von den Briten inhaftiert. Als Führer der KANU (*Kenya African National Union*) wurde er nach seinem Wahlsieg 1963 (Kenya unabh.) Ministerpräs. Kenyas. Seit 1964 Staatspräs., machte er 1969 durch das Verbot der oppositionellen KPU (*Kenya People's Union:* Odinga/Luo-Stamm) Kenya zu einem Einpartei-Staat, in dem er als populärer Präs. mit weitreichenden Sondervollmachten autoritär regierte. Die Bevorzugung von Angehörigen des Kikuyu-Stammes bei der Vergabe wichtiger Positionen führte zu wachsender Kritik an K., der als Verbündeter des Westens Kenya zu einem der pol. und wirtsch. stabilsten Staaten Ostafrikas werden ließ. K. verstarb am 22.8.1978. ah

KfW Die Kreditanstalt für Wiederaufbau (auch KW) ist die für die * öffentliche Entwicklungshilfe der BRD wichtigste Organisation (E.-Bank des Bundes). Sie wurde 1948 als Körperschaft des öfftl. Rechts gegr.; Grundkapital: 1 Mrd. DM (80% Bund, 20% Länder). Neben der Förderung der dt. Wirtschaft («Wiederaufbau», d.h. Investitionen im Inland) gewährt die KfW Darlehen für Exporte dt. Unternehmen, insb. in EL. Die KfW vergibt im Auftrag und in Abstimmung mit der Bundesreg. im Rahmen der * Finanziellen Hilfe Darlehen und Zuschüsse an die EL, entweder deren Reg. oder lokalen und * regionalen Entwicklungsbanken. Sie finanziert einzelne Investitionsprojekte, Struktur- oder Sektoranpassungsprogramme, leistet Warenhilfe und übernimmt ergänzende Maßnahmen (Beratung, Ausbildung, Einsatz von * Entwicklungsexperten).

Im Rahmen des Technologieprogramms werden Kredite an dt. Unternehmen vergeben, um neue Technologien in * *joint ventures* in EL für bedarfsgerechte Produkte und/oder den örtlichen Verhältnissen angepaßte neue Verfahren umzusetzen. Die KfW wickelt etwa ⅓ der ges. öfftl. Hilfe der BRD ab. Die Finanzierung erfolgt neben öfftl. Mitteln durch Aufnahmen aus dem Kapitalmarkt. Entsprechend versch. Vergabebedingungen: Kredite; (seit 1973) Zuschüsse, insb. für * LLDCs (1987: 24% des ges. Zusagevolumens) und * MSACs; * Mischfinanzierungen: Kombination von finanz. Hilfe und kommerziellen Finanzierungsformen für Lieferungen von Investitionsgütern aus der BRD, aus der sich E.-Hilfe-Konditionen ergeben. 1990 hat die Kreditanstalt 62 EL 228 Kredite und Zuschüsse bei einem ges. Zusagevolumen von 3,68 Mrd. DM gewährt. Adresse: Palmengartenstr. 5–9, 6000 Frankfurt.

Mat.: Jahresberichte dn

Khomeini, Ayatollah Ruhollah geb. am 24.9.1902, entstammte einer alten islam. Gelehrtenfamilie. Im Alter von 19 J. übersiedelte er von seinem Geburtsort Khomein nach Arak (Iran), um dort bei einem der bedeutendsten islam. Theologen, Ayatollah Haieri, seine Ausbildung fortzusetzen. 1922 begleitete er seinen Lehrer nach Qom und half ihm, die Stadt zum «Zentrum für islam. Studien» aufzubauen. Bereits mit 30 J. erreichte Kh. den höchsten theologischen Rang, den Grad eines *Ijtihad*.

Obzwar sich Kh. bereits 1941 in seinem ersten Buch «Entschleierte Geheimnisse» äußerst kritisch mit der Diktatur Reza-Khans auseinandersetzte, trat er erst 1963, im Zusammenhang mit dem «Khordad-Aufstand» gegen die «Weiße Revolution» des Schah, an die pol. Öffentlichkeit, was seine Verbannung in die Türkei (Nov. 1964) zur Folge hatte. Von dort emigrierte er nach Nadjaf (Irak), einem schiitischen Wallfahrtsort, bis er 1978 auf Druck des Schah-Regimes von der irak. Regierung ausgewiesen wurde. Im Exil in Neauphle-le-Chateau, einem Vorort von Paris, führte er als Symbolfigur und charismatischer Führer des Widerstandes den Kampf des iran. Volkes gegen das Schah-Regime. Nach der Rückkehr in den Iran (1.2.1979) und der Errichtung der Islam. Rep. Iran wurde Ayatollah Imam Kh. auch verfassungsrechtlich Führer der Islam. Revolution und erhielt nach Grundsatz 5 der Verfassung von Nov. 1979 während der Abwesenheit des entrückten 12. Imam die *welayat-e-Amr* (Führungsbefugnis). Bis zu seinem Tod (3./4. Juni 1989) blieb Kh. die zentrale pol. und relig. Autorität Irans.

Lit.: F. Riyahi, Ayatollah Khomeni, Frankfurt 1986; B. Nirumand/K. Daddjou, Mit Gott für die Macht. Eine politische Biographie des Ayatollah Chomeini, Reinbek 1987. maf

Kim-Il-Sungismus →Nord-Korea

Kinderarbeit Werden Kinder durch Arbeit über das ihrem jeweiligen Alter entsprechende physische und psychische Leistungsvermögen hinaus beansprucht und somit in ihrer Entwicklung nicht gefördert sondern behindert, spricht man von Kinderarbeit. Sie ist meist verbunden mit überlangen Arbeitszeiten (mehr als 15 Std. am Tag) sowie sklavenartiger Behandlung und Hungerlöhnen (z. T. weniger als 1 DM täglich). Allg. Konsequenzen: fehlender oder unregelmäßiger Schulbesuch, schlechte bzw. fehlende Berufschancen, Schädigungen der *Gesundheit (Frühinvalidität, geringe LE: 30 bis 40 J.). *ILO (1988) zufolge sind derzeit 200 Mio. Kinder von Kinderarbeit betroffen, fast dreimal so viele wie 1981 (75 Mio.). Sie erfolgt meist illegal (keine Versicherungen, Umgehung der Arbeitsschutzbestimmungen, Kinderprostitution etc.) im *informellen Sektor. Nach neuesten UN-Daten werden mehr als 200000 Kinder in den *Kriegen in der Dritten Welt (z. B. *iranisch-irakischer Krieg) als Soldaten verwendet. Da in vielen EL ganze Familien um das nackte Überleben kämpfen und Kinder zur Sicherung der Existenz beitragen müssen, läßt sich die menschenunwürdige Kinderarbeit letztlich nur durch gezielte Maßnahmen zur Bekämpfung der *Armut reduzieren. Für die weltweite Abschaffung der Kinderarbeit kämpft die Londoner *Anti Slavery Society*, und die *UN bereiten gegenwärtig eine Allgemeine Erklärung der Rechte des Kindes vor.

Lit.: R. Wilke, Kinderarbeit: Ausbeutung statt Ausbildung, in: Der Überblick 1, 1982, S. 14ff.; UN-Kommission, Dokument über die Sklaverei und Folter der Kinder, Genf, im Erscheinen. ah

Kindernothilfe e. V. 1961 gegr. *nichtstaatliche Organisation (*Bensheimer Kreis), größte Patenschafts-Org. in der BRD. Durch *Kinderpatenschaften, verbunden mit Spenden und (seit 1987) Projektpartnerschaften, ermöglicht K. Kindern und Jugendlichen in der *Dritten Welt insb. die Aufnahme in Tagesstätten, Internaten und Heimen dortiger Kirchen; in geringerem Umfang fördert sie Rehabilitations-, Jugend- und Ernährungszentren sowie Berufsausbildungsprogramme und vergibt Schulstipendien. Die Finanzierung (1987: 66,4 Mio. DM) erfolgt über Spenden, insb. Patenschaftsbeiträge (50,6 Mio. DM). Adresse: Düsseldorfer Landstr. 180, 4100 Duisburg 28. mik

Kinderpatenschaften Zahlreiche *nichtstaatliche Organisationen in der Bundesrepublik – die größten hierunter *Kindernothilfe, *World Vision und *CCF-Kinderhilfswerk – vermitteln K.; deren Form variiert nach Org. und ihren Partnern. Im allg. finanziert jedoch ein «Pate» (das können auch Gruppen, z. B. Schulklassen, sein) aus einem IL mit einem monatlichen Festbetrag (ca. 30 bis 50 DM) einem Kind in der *Dritten Welt Essen, Kleidung, Ausbildung und med. Versorgung. Gegenleistung: Informationen über den Werdegang des Kindes; wichtig ist hierbei der Briefkontakt zwischen «Pate(n)» und «Patenkind». Wird die Familie des Kindes in die Hilfe miteinbezogen, spricht man von Familienpatenschaften.

V. a. *Terre des hommes, *ASW und *AG KID kritisieren scharf K.: Während ihre Befürworter die Direktheit der Hilfe (i. S. christlicher Nächstenliebe) und die persönliche Beziehung zwischen Pate(n) und Patenkind betonen, negieren dies just ihre Kritiker: Das propagierte persönliche Verhältnis sei trotz bzw. angesichts eines sehr kostenaufwendigen Organisationsapparates (den ein regelmäßiger Briefkontakt erfordert) nicht realisierbar und v. a. auf die emotionalen Bedürfnisse des Spenders zugeschnitten. Insb. wird der e.-pol. Sinn der Hilfe angezweifelt: Sie sei primär Einzelfallhilfe und setzte nicht an den pol., wirtsch. und gesellsch. Strukturen in EL an. Kurzum, sie bekämpfe punktuell die Symptome, nicht aber strukturell die Ursachen der * Armut. Überdies wird die Internats- und Heimunterbringung von nicht-verwaisten Patenkindern, wie sie insb. noch von einheimischen Partnern der Kindernothilfe praktiziert wird, beklagt.

Nicht zuletzt aufgrund der scharfen Kritik verwenden Patenschaftsorg. zunehmend Beiträge der sehr spendenwirksamen K. auch für * Projekthilfe, die K. flankieren soll.

Lit.: A. Farnung (Hg.), Die verkauften Kinder. Patenschaften – eine Hilfe für die Dritte Welt?, Wuppertal 1982; Arbeitsgruppe «Kinder in der Dritten Welt» (Hg.), Methoden der Kinderfürsorge (ein zusammenfassender Bericht der Bombay Urban Industrial League for Development), Stuttgart 1985; M.W. Kohl, Menschenskinder, Neuhausen-Stuttgart 1985; R. Lisch, Den Spendengeldern auf der Spur, in: test 12/85, S. 1098ff.; G. Müller-Werthmann, Markt der offenen Herzen, Hamburg 1985; AG KID/Terre des hommes/ASW. Warum wir keine Kinderpatenschaften vermitteln (Flugblatt), 1988. mik

Kinder- und Jugendbücher zum Thema * Dritte Welt haben große Bedeutung für die Herausbildung und Festigung der Einstellung von Kindern und Jugendlichen (und damit den Erwachsenen von morgen) gegenüber fremden Menschen und Kulturen. Abhängig von vermittelten Inhalten, Wertungen und Verhaltensmustern übernehmen junge Leser Klischees, Feindbilder und Vorurteile, internalisieren sie und begegnen fremden Völkern, rassischen Minderheiten und Ausländern im eigenen Land entsprechend, oder aber sie entwickeln Interesse, Offenheit und Solidarität für rassische, ethnische und kulturelle Andersartigkeit.

Leider dominieren in der Skala der heute auf dem Markt befindlichen Kinder- und Jugendbücher (KJB) die Negativerscheinungen (z. T. Ausgaben alten Datums). Aber auch Neuerscheinungen transportieren z. T. eine Fülle rassistischer, ethnozentristischer und sexistischer Inhalte, die den Leser im kindlich-jugendlichen Prägealter treffen. Ihre grundsätzlichen Inhaltsmerkmale lassen sich wie folgt zusammenfassen: Die Figuren der Erzählung stehen in einem Dominations-/Subordinationsverhältnis, ihre Beziehung ist hierarchisch. Haupthandlungsträger des Geschehens ist meist der Europäer (der Wissende, Überlegene), der dem Menschen aus der Dritten Welt in der Rolle des Eroberers, Lehrers, Missionars oder Entwicklungshelfers begegnet und demgemäß eine autoritäre, karitative oder paternalistische Haltung (Onkel Toms Hütte) einnimmt. Der Einheimische ist meist nur Nebenfigur (typisch das Verhältnis Robinson–Freitag); er wird als unselbständig, hilfsbedürftig und ungebildet, z. T. unterwürfig bis aufopfernd-dankbar (z. B. Hauspersonal, *boys* der Weißen) dargestellt. In vielen Fällen dienen die Einheimischen und die fremde Welt dem europ. Abenteurer lediglich als Kulisse, exotisches Versatzstück und Lokalkolorit (Afrika als Zoo; LA als Land kriegerischer, wilder Indianer). Spannung und Abenteuerstimmung gehen dabei auf Kosten der Einheimischen.

Bilder und Zeichnungen (extrem bei Comics: z. B. Neger im Lendenschurz, Indianer mit Kriegsbemalung), v. a. aber die Auswahl sprachlicher Mittel, implizieren negative Bewertungen: abqualifizierende Attribute und die generalisierende Zuschreibung von Kollektiveigenschaften (feige Araber, hinterhältige Orientalen) sowie klischeehafte, feststehende Wortverbindungen (Schlitzauge, Rothaut). Die verwandte (oftmals sehr billige) Komik zieht rassisch oder kulturell Andersartiges beim jugendlichen Leser nicht nur ins Feld der Lächerlichkeit, sondern erzeugt auch Gefühle von Verachtung und kultureller Überlegenheit (und rechtfertigt damit letztlich Unterdrükkung und Gewalt). Kulturelle und wirtsch. Dominanz des Westens werden als Selbstverständlichkeit eingeführt, Europa und wirtsch. Erfolg/technischer Fortschritt gleichgesetzt. Die

Beschreibung der fremden Kultur erfolgt aus eurozentrischer Perspektive: Europ. Maßstäbe werden zur absoluten Norm erhoben und dienen als alleiniges Bewertungskriterium. EL und ihre Gesellschaften werden somit als rückständig, unterentwickelt und «primitiv» qualifiziert. Von *Armut und UE und deren Ursachen ist kaum die Rede. Zusammenhänge zwischen dem Reichtum Europas und der Armut der Dritten Welt werden nicht hergestellt. Not und Elend sind interne Probleme der Dritten Welt (mit der Dummheit, Faulheit oder der unerträglichen Hitze begründet). Die Lösung der Probleme: Anpassung an die Werte der westl. Welt (Pünktlichkeit, Arbeitsdisziplin; techn. Wissen), erlernbar allein mit westl. Hilfe.

Hinzu kommen sexistische Elemente, die sich in geschlechtsspezifischen Rollenzuweisungen (stillende Frauen, jagende Männer) und der Zuordnung bestimmter genetischer und charakterlicher Eigenschaften (Mädchen sind immer züchtig, schüchtern, schwach, Jungen dagegen flink, aufmerksam) zeigen. Die Hauptfiguren sind meist Männer; Frauen bewegen sich im Hintergrund oder sind schmückendes Beiwerk.

Erfreulicherweise erscheinen zunehmend KJB, die ein realistisches Bild der Dritten Welt liefern. Etliche engagierte Verlage und Autoren versuchen, die Nord-Süd-Problematik jugendgerecht zu präsentieren. Dabei wird auch nach den Ursachen von Armut, Hunger und Not gefragt. Die Information geht dabei nicht zu Lasten der Spannung. Die Erzählungen wirken auch keineswegs moralisierend oder langweilig und bemühen sich, beim Jugendlichen nicht Trauer, Schuldgefühle oder Überforderung (durch zuviel Not und Elend) auszulösen. Existierende Probleme werden aufgezeigt, aber nicht dramatisiert und keinesfalls dadurch gelöst, daß (allwissende) Weiße erscheinen und den Ton angeben. In interessant und einfühlsam skizzierten Beschreibungen vom Kinderalltag in der Dritten Welt werden Talente und Fähigkeiten der EL-Akteure hervorgehoben. Begegnen sich Erste und Dritte Welt, werden die Akteure gleichwertig und eigenständig dargestellt. Häufig ist dabei die Hauptfigur ein Kind/Jugendlicher (Mädchen oder Junge) aus der Dritten Welt, das/der ein(en) europ. Kind/Jugendlichen in seine Welt einführt. Diese Art des Kennenlernens schafft Identifikationsmöglichkeiten, Land und Schicksal werden kindgerecht begreifbar, wecken Interesse und ermuntern zu Solidarität.

Form, Stil und Inhalt vermeiden dabei Klischees, Vor- und Werturteile, ohne daß die Erzählung an Anschaulichkeit und Bildhaftigkeit verliert. Fazit: E.-pol. gute Kinder- und Jugendbücher sind mindestens so spannend und interessant geschrieben (und gern gelesen) wie die Negativerscheinungen auf dem Büchermarkt.

Folgende Verlage haben sich in den letzten Jahren durch die Publizierung empfehlenswerter KJB ausgezeichnet: Arena, Würzburg; Beltz & Gelberg, Weinheim/Basel; Benzinger Verlag, Zürich/Köln; dtv Junior, München; P. Hammer-Verlag, Wuppertal; Jugenddienst-Verlag, Wuppertal; Jugend & Volk, Wien/München; Jungbrunnen, Wien/München; Rowohlt TB/Rotfuchs, Reinbek; Signal-Verlag, Baden-Baden; G. Simon & C. Magiera, München; terre des hommes, Osnabrück; Weismann-Verlag, München u. a.

Wer sich in der Vielzahl guter Kinder- und Jugendbücher einen schnellen Überblick (nach Themenkreis, Altersgruppe etc.) verschaffen will, sei auf die drei kommentierten Buchempfehlungslisten verwiesen: Deutsche Lesegesellschaft (Liste Nr. 24: *Die Dritte Welt*/Adresse: Lauterenstr. 37, 6500 Mainz); *Erklärung von Bern (*Dritte Welt: Empfehlenswerte Kinder- und Jugendbücher*); *OIE (*Die Dritte Welt im Kinder- und Jugendbuch*).

Lit.: 1. Sekundärlit.: J. Becker/Ch. Oberfeld (Hg.), Die Menschen sind arm, weil sie arm sind. Die Dritte Welt im Spiegel von Kinder- und Jugendbüchern, Frankfurt/M. 1977; J. Becker/R. Rauter (Hg.), Die Dritte Welt im Kinderbuch, Wiesbaden 1978; R. Renschler/R. Preiswerk (Hg.), Das Gift der frühen Jahre. Rassismus in der Jugendliteratur, Basel 1981.

2. Ausgewählte Primärlit.: D. Nohlen, Feuer unter der Asche. Chiles gescheiterte Revolution, Baden-Baden 1974; R. Friedrich, Das große Buch der Dritten Welt, Reutlingen 1978; U. Wickert, Im Jahr der Schlange, Weinheim/Basel 1979; A. Harries, Woher – Wohin? Schüler in Südafrika auf der Suche nach ihrer Identität, Ravensburg 1980; A. Manzi, Amigo, ich singe im Herzen, Wien 1980; G. Simon, Banya aus Thailand schreibt Briefe an die Kinder in Deutschland, München 1980; H.-M. Große-Oetringhaus, Wird Feuer ausbrechen? Dokumentarischer Roman über einen Schüleraufstand in Südafrika, Reinbek 1981; Ch. Lutz/K. Lutz-Marxer, Muraho! Zu Besuch bei der Familie Sibomana, Wuppertal 1981; S. Malya/O. Amonde, Wie die Giraffe zu ihrem langen Hals kam und andere Fabeln aus Tansania, Wuppertal 1981; Ch. Orzechowski/B. Schulte, Komm, ich zeige Dir, wo wir leben, Wuppertal 1981; G. Pausenwang, Ich habe Hunger, ich habe Durst, Ravensburg 1981; V. Schmidt, Ich bin Paco. Ein Junge aus den Anden erzählt, Wuppertal 1981; R. Weiss, Ein Lied ohne Musik, Gelnhausen u.a. 1981; G. Feustel, Ein Indio darf den Tag nicht verschlafen, München 1982; O.F. Lang, Warum zeigst du der Welt das Licht? München 1982; W. Wippersberg, Name des Landes: Azania. Ein Südafrika-Buch, Wien/München 1982; M. Penders/M. Smith, Ich und Du, Wuppertal 1983; R. Jung, Gita im Loch (mit Dias), Osnabrück o.J.; J. Skrokzki (Hg.), Dritte Welt – wo liegt denn das?: Mit Kindern die «Eine Welt» entdecken lernen, Offenbach/Freiburg 1985; B. Veit/H.-O. Wiebus, Dritte Welt Buch für Kinder, Ravensburg 1988; U. Hasler, Pedro und die Bettler von Cartagena, Hamburg 1988. as/bg

Kirchen-Grundsätze der Entwicklungsarbeit Ende der 50er J. begannen die beiden großen Kirchen in der BRD mit der E.-Arbeit. Im Vergleich etwa zu ökumenischen Gremien war dies recht spät. Ein Grund für die zeitliche Verzögerung ist sicherlich darin zu sehen, daß sich die Kirchen nach dem II. Weltkrieg zuerst um Not und Wiederaufbau in Deutschland kümmerten.

1. Die Evangelische Kirche in Deutschland (EKD) und die ev. Freikirchen entschlossen sich 1959, eine einmalige Spendenaktion «Brot für die Welt» zugunsten der Menschen in der *Dritten Welt durchzuführen, deren großer Erfolg sie in den kommenden Jahren zu einer ständigen Institution werden ließ. 1960 kamen *DÜ und 1962 *EZE als Organisationen der ev. E.-Arbeit hinzu. Für die ersten Jahre läßt sich die ev. E.-Arbeit wie folgt charakterisieren: Es ging darum, möglichst viel Geld zu beschaffen, um möglichst viele Projekte durchführen zu können und so möglichst viel Leid in der Welt zu lindern. Erst 1968 wurde eine Arbeitsgruppe beauftragt, sich mit theoretischen Fragen der E.-Problematik auseinanderzusetzen. 1969 berief der Rat der EKD die *Kammer der EKD für Kirchlichen Entwicklungsdienst. Diese erstellte eine 1973 erschienene Denkschrift zur Entwicklungsproblematik «Der Entwicklungsdienst der Kirche – ein Beitrag für Frieden und Gerechtigkeit in der Welt», die das erste gründliche, noch heute gültige theoretische Dokument der EKD zur E.-Arbeit darstellt.

In der Denkschrift wird die E.-Arbeit der Evangelischen Kirche als Folge und zugleich als Realisierung des Glaubens gesehen. Der E.-Dienst stellt eine entscheidende Bewährungsprobe für den Glauben dar, sie ist «Teil der Entfaltung des Gesamtauftrages, den die Kirche in der Nachfolge Jesu Christi vom Neuen Testament ableitet». Auch wenn die Denkschrift ihre grundlegende Gültigkeit behält und ihre Aussagen auf der EKD-Synode 1986, die sich mit E.-Fragen befaßte, ausdrücklich bestätigt wurden, rückt heute die drastische Verschlechterung der sozialen und wirtsch. Lage und die damit einhergehende erhebliche Zunahme der *Armut angesichts der *Verschuldungskrise der EL Aspekte der Gerechtigkeit und die Notwendigkeit, die Nord-Süd-Beziehungen als int. soziale Frage zu begreifen, verstärkt in den Vordergrund. Der E.-Dienst der Ev. Kirche ist eingebunden in die e.-pol. Diskussion der weltweiten Ökumene. Auch dort stehen die theologisch-ethischen Begründungen für den E.-Dienst im Vordergrund: *Diakonia* (Liebesdienst) ökumenischer Solidarität im Kampf für Frieden und Gerechtigkeit und die

Aufarbeitung der Schuld für vergangene Sünden der Mitgliedskirchen und Missionen. Darüber hinaus betonen die ökumenischen Institutionen auch die pol. Motive der E.-Arbeit. Hier tut sich die EKD, die zwar in den ökumenischen Gremien mitarbeitet und wesentlich zu ihrer Finanzierung beiträgt, recht schwer, die von dort kommenden neuen Sichtweisen aufzunehmen; dies geschieht meist mit einer gewissen zeitlichen Verzögerung. Maßgeblich für die Ökumene ist das Konzept der gerechten, partizipatorischen Gesellschaft und der Bewahrung der Schöpfung (*Justice, Participation and Integrity of Creation*). In der Weiterentwicklung dieser Konzeption haben die Konferenzen von Larnaca «Diakonia 2000» (1987) und El Escorial «Miteinander Teilen» (1987) wichtige Anstöße gegeben, ohne aber bereits konkrete Handlungsanweisungen zu entwickeln. Gerade die Frage des Teilens wird die EKD sicherlich nur mit erheblichem Zögern und Bedenken aufnehmen. Aufbauend auf die Aussagen der EKD-Denkschrift und eingebunden in die Diskussion der Ökumene sind die Kriterien und Grundsätze der kirchlichen E.-Arbeit weiterentwickelt worden. Ein wichtiges Ergebnis bildet dabei die Überzeugung, daß die Beseitigung der Ursachen sozialer Ungerechtigkeit, Armut und Hunger in den EL nur äußerst begrenzt mit E.-Hilfe und Projektförderung bekämpft werden können, daß vielmehr die strukturellen Rahmenbedingungen auf nat. und int. Ebene verändert werden müssen. Die Übernahme öfftl. Verantwortung (*advocacy*) ist daher zu einem wichtigen Bestandteil der kirchlichen E.-Arbeit geworden. Dies drückt sich aus in den Stellungnahmen der Kammer der EKD für Kirchlichen Entwicklungsdienst sowie der Initiierung eines Dialogprogramms der Evangelischen Kirche mit gesellsch. Gruppierungen wie z.B. Parteien, *Gewerkschaften, Unternehmerverbänden und der Zusammenarbeit der beiden großen Kirchen in der *GKKE, die gemeinsame Stellungnahmen zu E.-Fragen abgibt. Mit diesen Institutionen wird versucht, als Anwalt der Armen eine Lobbyfunktion gegenüber der eigenen Reg. wahrzunehmen. Dies ist sicherlich in begrenztem Umfang geschehen. Wesentlicher Bestandteil der E.-Arbeit der Ev. Kirche ist der Dialog mit den Partnerorg. und die Respektierung ihrer Autonomie in deutlicher Abkehr von einem paternalistischen Hilfeverständnis. Dazu gehört dann auch eine Verlagerung der Entscheidungskompetenzen (*transfer of power*) auf die Partner i. S. des Abbaus der Dominanz des Geldgebers.

2. Die Katholische Kirche in der BRD begann ihre E.-Arbeit mit der Gründung des Bischöflichen Hilfswerkes, *Misereor. Als weitere Org. kamen später *AGEH, KAEF und die *Zentralstelle für Entwicklungshilfe e. V. hinzu. *Adveniat und *Missio bestreiten primär Pastoralhilfe, aber auch einen Beitrag zur e.-pol. Bewußtseinsbildung in der BRD.

Ähnlich wie bei der Ev. Kirche verstärkten sich erst Mitte der 70er J. die Bemühungen, der E.-Arbeit eine theologische und theoretische Begründung zu geben, welche über die Begriffe «Liebesdienst» und «Hilfe» hinausging. Die Kath. Kirche hat auf der 8. Vollversammlung der Synode vom Nov. 1975 einen Beschluß über ihren Beitrag in der BRD zu Entwicklung und Frieden gefaßt. Sie begreift E.-Arbeit als angesichts der drohenden Weltkatastrophe («millionenfaches Elend, Ausbeutung von Menschen und Natur, Überbevölkerung und Hungersnöte, Fehlproduktion und Umweltverschmutzung, ideologische Konflikte und Machtansprüche, Rüstungswettlauf und verheerende Kriege») notwendigen Beitrag der Kirche zur Umgestaltung der Welt, die als zur Wahrheit des Evangeliums gehörig getan werden muß. Die Kath. Kirche sieht «Entwicklung» und «Frieden» als einander zugeordnete Begriffe: «Die gewaltfreie Veränderung ungerechter Verhältnisse setzt Nicht-Krieg voraus, andererseits sind politische Freiheiten und soziale Gerechtigkeit unabdingbare Grundlagen eines dauerhaften und sicheren Friedens.» Ihrem universalen Sendungsauftrag entsprechend tritt sie für eine gerechtere Weltgesellschaft ein, nennt als Verursachungsfaktoren von UE unter anderem die int. Handelsbeziehungen sowie die Wirtsch.- und Handelspolitik der IL. Ihre e.-pol. Aufgabe sieht die Kath. Kirche in drei Bereichen: die Lage bewußt zu machen, Anwalt für die Interessen der Völker in den EL zu sein, materielle und *personelle Hilfe zu leisten. Eine wesentliche Herausforderung für die E.-Arbeit der Kath. Kirche bildet die Diskussion der *Theologie der Befreiung. Ihre eigene E.-Arbeit verpflichtet sie auf die Methoden der gewaltfreien Veränderung. Sie will jedoch der Theorie und Praxis des gewaltfreien Widerstands, wo er geboten sein sollte, bewußt das Wort reden.

3. Zusammenarbeit mit staatl. Stellen. 1962 unterbreitete die Reg. Adenauer den Kirchen das Angebot, deren E.-Arbeit aus öfftl. Mitteln zu fördern; es wurde von beiden Kirchen nach teilweise heftigem internen Meinungsstreit angenommen. Um die staatl. Mittel nicht mit Spenden und Kirchensteuermitteln zu vermengen, schufen die Kirchen Zentralstellen für Entwicklungshilfe, *EZE und *KZE. Beide Zentralstellen einigten sich mit dem Staat auf drei Grundsätze, die gleichsam Geschäftsgrundlage der gegenseitigen Zusammenarbeit darstellen. (1) Die Zentralstellen treffen die Auswahl der zu fördernden Projekte und sind in ihrer Programmgestaltung unabhängig. (2) Mit der Gewährung der Bundesmittel sind keine pol. Auflagen verbunden. (3) Projekte mit missionarischem Charakter scheiden aus der Förderung aus. Über diese grundsätzliche Vereinbarung hinaus erließ die Bundesreg. Richtlinien, welche die Zusammenarbeit zwischen Kirchen und Staat genauer regeln. Diese räumen dem Staat zwei Kontrollmöglichkeiten ein: Er prüft erstens, ob die von den Zentralstellen geplanten Vorhaben den gemeinsamen e.-pol. Zielsetzungen entsprechen, und zweitens, ob gegen die Projekte außenpol. Bedenken bestehen. Sollte dies der Fall sein, kann das Vorhaben gestoppt werden. Darüber hinaus wird dem Staat das Recht eingeräumt, in beiderseitigem Einvernehmen eine *Evaluierung der geförderten Projekte durchzuführen. Für die Zusammenarbeit mit den Zentralstellen wurde beim *BMZ ein Kirchenreferat eingerichtet, das entsprechend den in den späteren Jahren getroffenen Verfahrensvereinbarungen die eingereichten Projekte prüft. Die formale Zusammenarbeit zwischen den Zentralstellen und dem Staat gestaltet sich trotz allmählich erreichter Vereinfachungen immer noch recht kompliziert, da an der Bearbeitung und Abrechnung der Projekte versch. Bundesbehörden beteiligt sind. So ist z.B. bei Bauprojekten das Bundesmin. für Raumordnung, Bauwesen und Städteplanung mit zuständig, und die Abrechnungen unterliegen der Prüfung durch den Bundesrechnungshof.

Insg. beurteilen Staat und Zentralstellen die Zusammenarbeit positiv und sind von der grundsätzlichen Richtigkeit einer solchen Kooperation überzeugt. Diese basiert auf den Prinzipien der Eigenständigkeit der kirchlichen E.-Arbeit sowie der Komplementarität von staatl. E.-Politik und der E.-Arbeit der Kirchen und anderen NGOs.

Lit.: H. Klippert, Politisch-ökonomische Grundlagen und Perspektiven kirchlicher Entwicklungspolitik, in: APuZ 34/1982, S. 18ff.; V. Kasch, Das NRO-Aufgabenverständnis des kirchlichen Entwicklungsdienstes, in: E+Z 7/1988, S. 13–15. vk

Kirchlicher Entwicklungsdienst →KED

Kirgisien Die mittelasiatische Republik Kyrgysstan (dt.: Kirgisien) erklärte sich am 31.8.1991 von der Sowjetunion unabhängig, nachdem sie als einzige der mittelasiatischen Republiken dem Moskauer Putschversuch vom 19.8.1991 eine eindeutig ablehnende Haltung entgegengebracht hatte. K. hat den Vertrag über eine Wirtschaftsgemeinschaft zwischen den Nachfolgestaaten der UdSSR unterzeichnet und ist der neugegründeten Gemeinschaft Unabhängiger Staaten (GUS) beigetreten.

1. Fast ganz K. (Fläche: 198 500 qkm) gehört zum Gebirgssystem des Tienschan. Bis 1500 Meter Höhe bedecken Wüsten, Halbwüsten, Gras- und Buschsteppen das gebirgige Land, oberhalb ziehen sich trockene Bergsteppen die Hänge hinauf; für den zentralen Tienschan zwischen 3000 und 4000 Metern sind ausgedehnte Kältewüsten typisch. K. hat gemeinsame Grenzen mit Tadshikistan, Usbekistan, Kasachstan und China. Das Klima des Landes ist ausgeprägt kontinental und trokken. K. zählte 1990 4,4 Mio. E. (Bevölkerungsdichte: 22 E./qkm). Das Bevölkerungswachstum betrug 1987/88 1,8 %. Hauptstadt des Landes ist Frunse (Bischkek) mit 600000 E. Die Bev. K.s unterteilt sich ethn. in Kirgisen (52 %), Russen (21,5 %), Usbeken (13 %), Ukrainer (3 %), Deutsche (2 %) und Tataren (2 %). Die Bevölkerungsmehrheit hängt dem sunnitisch-islamischen Glauben an.

2. K. erwirtschaftete 1989 ein BSP von 13,0 Mrd. US-$ (BSP pro Kopf: 3030 US-$). Die amtl. Statistiken weisen für den Zeitraum 1990/91 eine rückläufige materielle Produktion (prod. Nationaleinkommen) aus (proz. Rückgang im Vergleich zum Vorjahr 1990: −0,9 %; 1991: −5,0 %). 27 % der Beschäftigten arbeiteten 1987 im Industrie- und Bausektor, 34 % in der Forst- und Landwirtschaft, 18 % im Handels- und Verkehrssektor und 21 % im Dienstleistungsbereich. Die Schwerpunkte der verarbeitenden Industrie liegen auf der Metallurgie, dem Maschinenbau, der Textilindustrie und der Nahrungsmittelindustrie.

K. verfügt über eine Reihe von Bodenschätzen: Neben Erdgas- und Erdölvorkommen (in geringen Mengen gefördert) befinden sich Kohle-, Uran-, Gold- und die größten Quecksilber- bzw. Antimonlagerstätten der ehem. UdSSR auf seinem Territorium. Rund 85 % der landw. Nutzfläche sind Weiden und Wiesen, auf denen Viehzucht betrieben wird. Auf den größtenteils künstlich bewässerten Anbauflächen werden v.a. Baumwolle, ferner Zuckerrüben, Tabak, Mohn, Getreide und Gemüse kultiviert. Der Getreideanbau deckt nicht den nat. Bedarf; 1987/88 mußten 39 % des Getreideverbrauches importiert werden. Die k. Außenhandelsbilanz wies 1988 ein Defizit von 1,1 Mrd. Valutarubeln aus. Dem hohen Einfuhrüberschuß bei Energierohstoffen (Öl und Gas), chemischen Produkten und Erzeugnissen der Schwarzmetallurgie stand zu diesem Zeitpunkt ein Ausfuhrüberschuß bei Elektroenergie und Buntmetallen gegenüber.

Im Zuge marktwirtschaftlicher Strukturreformen hat die k. Regierung 1991 Privatisierungsverordnungen und Bestimmungen über eine Bodenreform verabschiedet. Anfang 1992 sind im Gefolge der russischen Preisfreigabe die Preise freigegeben worden.

3. Aus Wahlen im Februar 1990 ging ein mehrheitlich von Kommunisten besetztes Parlament hervor. Die innergesellschaftliche Unzufriedenheit mit der alten pol. Führung unter Präsident A. Masalijew äußerte sich in dessen Niederlage bei den Präsidentschaftswahlen im Oktober 1990. Sieger wurde ein nichtkommunistischer Kandidat, der Präsident der kirgisischen Akademie der Wissenschaften, Azkar Akajew. Präs. Akajew verurteilte als einziger Republikführer Zentralasiens eindeutig den Moskauer Putschversuch im August 1991 und löste die KP der Republik nach dem Scheitern des Putsches auf.

4. Im Vielvölkerstaat K. ist es 1990 zu gewalttätigen interethnischen Konflikten zwischen Kirgisen und Usbeken gekommen. K. hat offene Grenzfragen mit Usbekistan und Kasachstan. Ein möglicher Streit um die knappen Wasserressourcen könnte neues Konfliktpotential mit diesen mittelasiatischen Nachbarrepubliken in sich bergen. ak

Kiribati →Pazifische Inselwelt

KIWZ Konferenz über Int. Wirtsch. Zusammenarbeit (auch CIEC = *Conference on International Economic Cooperation*), Tagungsort Paris, Dez. 1975 bis Juni 1977, Teilnehmer 8 IL, 19 EL (darunter 7 *OPEC-Länder, kein *LLDC). Versuch, außerhalb des Rahmens der *UN in 4 Bereichen (*Energie, Rohstoffe, E.-Politik, Finanzfragen) einvernehmliche Lösungen zu erarbeiten. Neben einigen Übereinstimmungen (Bejahung eines *Gemeinsamen Fonds als Schlüsselinstrument eines *Integrierten Rohstoffprogramms; besserer Zugang der EL zum privaten Kapitalmarkt, Unterstützung von *CDC durch die int. Organisationen, verstärkte Hilfe für LLDCs, verstärkte Förderung der *Industrialisierung der EL, etc.) keine Einigung über *Exporterlösstabilisierung, Energieversorgungsbeitrag der EL, freier Zugang von Industriewaren aus den EL zu den Märkten der IL. Beide Seiten konnten für wesentliche Teile ihrer Forderungen kein Gehör finden. dn

Klientelismus (auch politischer Klientelismus) Der Begriff ist in der pol. Soziologie der EL in den letzten J. stark in den Vordergrund getreten. Er setzt das Vorhandensein einer personalen Beziehung zwischen zwei Akteuren (oder Gruppen von Akteuren) voraus, wobei der Klient in einem Abh.-Verhältnis zum Patron («Herrn») steht. Beide verfügen über ungleiche Mittel, setzen diese jedoch zum wechselseitigen Nutzen ein. Die Anwendungsgebiete, in denen Klientelstrukturen analysiert werden, reichen von pol. Parteien, Interessengruppen, Bürokratien, Politikerkarrieren und pol. Integration (in der Dritten Welt z. B. das Verhältnis zwischen der pol. Zentralinstanz und Klientelherren, ohne deren «Mittlerrolle» die «modernen» Zentralinstitutionen die Masse der Bev. v. a. auf dem Lande kaum erreichen könnten) bis zu außenpol. Dependenzbeziehungen. Durch diese breite Auffächerung droht der Begriff jedoch an Präzision zu verlieren.

Lit.: S. N. Eisenstadt / R. Lemarchand (Hg.), Political Clientelism, Patronage and Development, Beverly Hills / London 1981; M. Caciagli, Klientelismus, in: D. Nohlen / P. Waldmann (Hg.), Dritte Welt, München 1987, S. 277 ff. kz

Klimaschutzkonvention →Welt-Umweltkonferenz

Klima- und Atmosphärenregime Multilateral ausgehandelte, zwischenstaatliche Vereinbarungen zur Begrenzung des Schadens, den Weltklima und Erdatmosphäre aufgrund weltweiter umweltschädlicher Emissionen genommen haben bzw. der in absehbarer Zukunft zu erwarten steht. Dem Protokoll von Montreal vom Sept. 1987, das bis 1999 eine Reduktion der FCKW-Emissionen um 50 % vorsah und von 23 Staaten unterzeichnet wurde, folgten weitere Abkommen und Erklärungen. Die Londoner Konferenz der Montreal-Signatarstaaten beschloß Mitte 1990, die 50 %-Verringerung von 5 wichtigen FCKW auf 1995 vorzuziehen und den kompletten Ausstieg aus der FCKW-Produktion bis zum Jahr 2000 zu vollziehen. Zudem wurde ein «Ozonfonds» geplant, der EL die Finanzierung des FCKW-Stops erleichtern soll. Die Umweltkonferenz von Noordwijk vom Nov. 1989 und die Weltklimakonferenz in Genf im Nov. 1990 erzielten erstmals Übereinstimmung in der Problemanalyse und in der integrierten Betrachtung der Bedeutung von Kohlenstoffemissionen und Kohlenstoffspeichern. Emissionsreduktion und Walderhaltung bzw. Wiederaufforstung wurden als gleichberechtigte Ziele formuliert. hb

Klub von Dakar 1974 gegr. Vereinigung von etwa 100 unabh. Persönlichkeiten aus EL und IL; Forum für Diskussionen über die Zusammenarbeit zwischen IL und EL, unter EL und über die *Industrialisierung der EL. Organisiert Tagungen zu entwicklungspol. Themen. dn

Know-how (engl. – wissen wie); der aus der amerik. Geschäftssprache stammende Begriff bezeichnet die Gesamtheit aller theoret. Erkenntnisse und praktischen Erfahrungen eines Unternehmens, die bei der Fertigung von Gütern, im Absatzbereich, bei Management-, Planungs- und Arbeitsorganisationsprozessen und dergleichen gewonnen werden. Ähnlich wie bei Lizenzen kann im Rahmen von Verträgen das rechtlich nur unvollkommen schützbare *Know-how* durch Verkauf an andere Unternehmen weitergegeben werden. ah

Kofinanzierungen Gemeinsame Finanzierung von E.-Maßnahmen durch mehrere Geber (Länder und Organisationen), i. d. R. auch mit Beteiligung der EL. Hierbei ist normalerweise nur *öffentl. E.-Hilfe (ODA) gemeint. In Einzelfällen im int. Bereich meint K. (*Co-Financing*) auch die Kombination von öfftl. und privatwirtsch. E.-Finanzierung. Beispiel *Weltbank: Kombination von ODA, Export- und priv. Bankkrediten. In der bundesdeutschen Terminologie fällt dies unter den Begriff **Mischfinanzierung*. Vorteile gegenüber der herkömmlichen Finanzierung: Finanzierbarkeit von Projekten, deren Umfang die Leistungskraft eines einzelnen Gebers übersteigt; Bündelung von Kapital und Erfahrung; Arbeitsteilung bei Prüfung und Durchführung; Verteilung möglicher Risiken; hohe *OPEC-Beteiligung, daher sinnvolle Anlage (*Recycling*) der Ölgelder in EL sowie zusätzliche Lieferchancen für IL, da die OPEC ihre finanzierten Leistungen nicht selbst beliefern kann.

Die BRD beteiligt sich an K. seit 1973 und hat bis 1987: 6,8 Mrd. DM für insges. 131 (Groß-)Projekte aufgewendet. Steigenden Trend haben K. in der *Finanziellen Zusammenarbeit (FZ) der BRD. Von 1973 bis 1987 liefen 25 % aller FZ-Zusagen über K., die von der *KFW abgewickelt werden. Die wichtigsten Partner der BRD bei K.-Projekten sind die Weltbank, *regionale Entwicklungsbanken, die EG (→EEF) sowie die USA, GB und Frankreich. Auch mit OPEC-Gebern bestehen seit geraumer Zeit Kofinanzierungen. 1987 war die BRD mit 3,2 Mrd. DM an 44 K.-Projekten mit OPEC-Gebern beteiligt, die zum Gesamtvolumen der Projekte (22,7 Mrd. DM) mit 2,8 Mrd. DM beitrugen. bg

Kolonialismus K. bezeichnet den Prozeß der Ausdehnung der europ. Macht- und Einflußsphäre in den außereurop. Ländern. Träger des K. können sowohl Staaten als auch ökon. oder relig. Gruppen sein, deren Vordringen in bislang «unbekannte» Gebiete meist Schutzgarantien der «Mutterstaaten» nach sich zog.

Vor dem Aufkommen des *Imperialismus Ende des 19. Jh.s beschränkte sich der K. zumeist auf die Errichtung und milit. Absicherung von Handelsstationen, die, ergänzt durch eine Kette strategischer Stützpunkte, die Randzonen der neu entdeckten Kontinente in die Handels- und Einflußsphären der Kolonialmächte einschloß. Die koloniale Beherrschung außereurop. Länder erfüllte v. a. den Zweck, durch Ausbeutung der Kolonien den Reichtum des Mutterlandes, die Staatseinnahmen, zu vergrößern (Merkantilismus). Als besonders profitabel erwies sich dabei der Abbau und Raub von Edelmetallen in Südamerika und der von GB beherrschte Dreieckshandel zwischen Afrika–Amerika und GB. Billig eingekaufte afrik. Sklaven wurden in Amerika als Arbeitskräfte verkauft. Von dort wurden Zucker, Gewürze, Rum, Baumwolle etc. nach GB gebracht und zu hohen Preisen auf dem heimischen und europ. Markt veräußert.

Die einseitige Nutzung des kolonialen Austauschs zugunsten der Europäer wurde neben der Tatsache ihrer milit. Überlegenheit v.a. durch ihr Transportmonopol in der Seeschiffahrt gesichert. Daneben sorgte der Mythos von der anthropologischen Minderwertigkeit der Farbigen dafür, deren Behandlung als bloße Objekte europ. Interesses zu rechtfertigen. Zu der wirtsch. Ausbeutung gesellte sich relig. und humanistischer Missionseifer, der die Zerstörung der Identität der außereurop. Völker mit der Überwindung des Barbarentums gleichsetzte. Damit wurde die Grundlage für die heute, wenn auch in der konkreten Erscheinungsform gewandelten, grundsätzlich aber ebenso einschneidend gebliebenen gesellsch. Deformationen der Länder der *Dritten Welt gelegt. Die asymmetrische Interaktion zwischen den Kolonialmächten und ihren Kolonien wurde auch vom Liberalismus, der den Merkantilismus als außenpol. Doktrin ablöste, propagiert. David Ricardos (1772 bis 1823) Theorie der *komparativen Kosten wird noch heute zur Begründung einer Politik herangezogen, die die Wirtschaftstätigkeit der Länder der Dritten Welt deshalb auf die Rohstoffproduktion (oder auf banale Fertigungsprozesse) begrenzen will, weil sie diese am billigsten bewerkstelligen können. Vergessen wird dabei, daß die wirtsch. Strukturen, die dies ermöglichen, Resultat des K. sind. Der Liberalismus führte diesen mit anderen Mitteln fort. Wenn auch im 19. Jh. die Sklaverei abgeschafft wurde, so blieb der Zugang zu den Märkten und Rohstoffen der Kolonien für die Europäer doch weiterhin offen. Die Konkurrenz billiger europ. Fertigprodukte und das Fehlen schützender Zollschranken verhinderten den Aufbau nat. Industrien und perpetuierten die einseitige, oft *monokulturelle Ausrichtung der Kolonien. Gegen Ende des 19. Jh.s verband sich der K. mit der Doktrin des Imperialismus. Nicht nur die Beherrschung von Märkten, sondern die Beherrschung von Territorien rückte nun in den Mittelpunkt kolonialist. Interesses. 1914 standen mehr als die Hälfte der Weltbev. unter direkter kolonialer Herrschaft; dazu sind die formell souveränen, in hohem Grade allerdings pol. kontrollierten und wirtsch. abh., nach Interessengebieten aufgeteilten Territorien wie China, Persien und die Türkei miteinzubeziehen.

Auch nach dem Einsetzen des Prozesses der *Dekolonisation, der v.a. nach dem II. Weltkrieg zu einem sprunghaften Anstieg der Zahl souveräner Staaten führte, blieben, wie die häufig zu beobachtende ökon., milit., kulturelle und pol. Anbindung ehem. Kolonien an ihre einstigen Mutterländer zeigt, die Abh.-Strukturen, die sich auf die durch den K. hervorgerufenen gesellsch. Deformationen der Länder der Dritten Welt gründen, weiter bestehen. Die Frage wurde deshalb aufgeworfen, ob die staatl. Unabh. von Kolonien den K. automatisch beendet, oder ob nicht vielmehr alle Anzeichen darauf hindeuten, daß der K., solange sich die pol. Verfaßtheit der IL oder der EL nicht grundlegend ändert bzw. auf der int. Ebene der kapitalistische Weltmarkt das entscheidende Medium der Bez. zwischen IL und EL bleibt, in gewandelter Form als *Neokolonialismus weiterbesteht.

Lit.: F. Ansprenger, Auflösung der Kolonialreiche, München 1966; F. Fanon, Die Verdammten dieser Erde, Frankfurt 1966; E. Williams, Capitalism and Slavery, 10. Aufl., New York 1966; R. von Albertini, Europäische Kolonialherrschaft 1880–1940, Zürich/Freiburg 1976; E. Galeano, Die offenen Adern Lateinamerikas, Wuppertal 1977; J.-H. Grevemeyer (Hg.), Traditionelle Gesellschaften und europäischer Kolonialismus, Frankfurt 1981; K. Hammer, Weltmission und Kolonialismus. Sendungsideen des 19. Jahrhunderts im Konflikt, München 1981; D.K. Fieldhouse, The Colonial Empires, London und Basingstoke 1982; R. v. Albertini, European Colonial Rule, 1880–1940: The Impact of the West in India, Southeast Asia and Africa, Oxford 1983; W. Reinhard, Geschichte der europäischen Expansion, 4 Bde., Stuttgart 1983 ff. rs

Kolonien →Abhängige Gebiete

Kolpingwerk Sozial- und Entwicklungshilfe des Kolpingwerks e. V. (NGO, *Bensheimer Kreis) fördert *Selbsthilfebewegungen zur ganzheitlichen Ausbildung des arbeitenden Menschen in städt. und ländl. Regionen in EL. Ausgehend von den Kolpingfamilien als Ziel- und Trägergruppe der Hilfe konzentrieren sich die Maßnahmen auf den Bereich der beruflichen *Bildung und die Gewerbeförderung. Adresse: Kolpingplatz 5–11, 5000 Köln 1. ah

Kolumbien In K. koexistieren institutionelle Stabilität und eine günstige Wirtschaftslage mit gesellsch. Zersetzung und einem wachsenden Chaos der Gewalt. Linke Guerillas, rechte Todesschwadronen und die Killer der Kokainkonzerne haben in weiten Teilen des Landes das staatliche Gewaltmonopol außer Kraft gesetzt; bei der männlichen Bev. ist Mord z. Zt. die häufigste Todesursache.

1. Im Andenkomplex (mit Magdalena- und Caucatal) konzentrieren sich ¾ der Bev. K.s (Fläche 1,14 Mio. qkm). Wichtigstes Agrar- und Exportprodukt ist der Kaffee. Die expandierende Gold-, Kohle- (70 % der Reserven LAS) und Ölförderung spielen im Außenhandel eine zunehmend wichtige Rolle. Daneben verfügt K. über wenig genutzte Eisenerz-, Kupfer-, Blei-, Silber- und Platinvorkommen sowie über die weltgrößte Smaragdproduktion. Allerdings werden immer noch ¾ der Exporte mit Agrarprodukten (neben Kaffee zunehmend Südfrüchte und Schnittblumen) bestritten.

2. Im Zensusjahr 1985 hatte K. 27,9 Mio. Ew. und näherte sich 1988 der 30-Mio.-Marke. Die JZ ist klar rückläufig und beträgt noch 1,9 %. Jeder Zweite lebt bereits in einem Ort mit 20000 oder mehr Ew.; die Landbev. stagniert durch Abwanderung in die Städte. Ethnisch setzt sich die Bev. zur Hälfte aus Mestizen, zu ¼ aus Mulatten, zu ⅕ aus Weißen zusammen (Schwarze 5 %, Indios 2 %). Die Staatssprache Spanisch hat sich fast überall durchgesetzt; 2 % der Bev. sprechen Indianersprachen. Die Kolumbianer sind zu 98 % katholisch.

3. Im J. 1819 führte Simón *Bolívar die Armee einer heterogenen antispan. Sammlungsbewegung zum Sieg gegen die Besatzungsmacht und ermöglichte so die Gründung Groß-K.s. Entgegen Bolívars Intention blieben im neuen Staat die kolonialen Strukturen intakt (Sklaverei, rassistische Indianergesetze, koloniale Steuern); die kreolische Oligarchie übernahm die Rolle der Spanier. Die pol. Macht blieb auf Jahrzehnte hinaus zwischen regionalen *Hacendado*-Gruppen umkämpft. Im Zuge dieses Konflikts spalteten sich 1830 das heutige Venezuela und Ecuador von Groß-K. ab; das Restterritorium blieb bis Ende des Jh.s ein loser («föderalistischer») Zusammenschluß weitgehend autonomer Regionen. 1849 wurden die Liberale und die Konservative Partei gegründet, die seitdem das pol. Leben in K. dominieren: Beide sind heterogene Bündnisse regionaler und sozialer Interessengruppen. Die Liberalen regierten von 1849 bis 1885, in der Zeit des Tabakbooms, und orientierten sich an der Freihandelsdoktrin. Es folgte die konservative *Regeneración* (1886 bis 1930), in deren Verlauf der Zentralstaat gestärkt, dem US-Kapital der Weg in den Rohstoffsektor (Bananen, Öl) geebnet, aber auch die nat. Manufaktur gegen ausl. Konkurrenz geschützt und gefördert wurde. Die Gewinne des Kaffee-Booms (ab 1887), der 1. Weltkrieg und die Weltwirtschaftskrise begünstigten die interne Akkumulation.

Ab 1930 (bis 1946) setzten die Liberalen den Industrialisierungskurs fort, leiteten unter López Pumarejo eine weitgehende Reform- und Sozialpolitik ein und dehnten den legalen Spielraum von *Gewerkschaften und Linksopposition aus. Diese Politik wurde zur Gefahr für die Hegemonie der trad. Parteien in Gestalt der linksliberalen Bewegung Gaitáns. 1946 übernahmen die Konservativen die Regierung, lösten den Kongreß gewaltsam auf, besetzten die Verwaltung mit ihren Parteimitgliedern, illegalisierten die Linksopposition und marginalisierten die Liberalen. Diese organisierten *Guerillas gegen das «illegitime» Regiment, die bald Eigendynamik gewannen. K. versank 10 J. lang in einem Bürgerkrieg (*violencia*), der 200000 bis 300000 Menschenleben kostete und die polit. Existenz beider Traditionsparteien bedrohte. Gegen den Militärdiktator Rojas Pinilla (1953 bis 1957) verbündeten sich deshalb Liberale und Konservative in der «Nationalen Front» und teilten sich ab 1958 paritätisch Regierung und Posten in der Bürokratie. Dieses System der Machtaufteilung blieb, obwohl bis 1974 befristet, bis zur Wahl von Virgilio Barco zum Präsidenten (1986) intakt.

4. Um 1900 verlagerte sich der geogr. Schwerpunkt des Kaffeeanbaus ins Dept. Antioquia, wo in den vorangegangenen Jahrzehnten im Zuge der Andenkolonisierung eine breite Schicht unabhängiger Klein- und Mittelbauern entstanden war. Seitdem teilen sich Plantagen und Kleinbauern in die Produktion des wichtigsten Agrar- und Ausfuhrprodukts K.s, das zeitweise bis 85 % der Exporterlöse einbrachte. Heute verfügen ¾ der insg. 300000 Kaffeebetriebe über weniger als 4 ha (Produktionsanteil 35 %); 42 % sind *Minifundien mit weniger als 1 ha. Seitdem es in jüngster Zeit gelang, die Rohstoffexporte (Gold, Kohle, Öl) deutlich zu steigern, das Angebot exportierbarer Agrarprodukte zu diversifizieren und auch Manufakturwaren auf dem Weltmarkt abzusetzen, ging der Kaffeeanteil im Außenhandel auf (je nach Weltmarktpreis) 30 bis 50 % der Exporte zurück. Insg. stellt die Landw. bei einem BIP-Anteil von 20 % ⅓ der Arbeitsplätze (Industrie 30 % / 14 %). Die Produktion von Grundnahrungsmitteln reicht zur Versorgung des Binnenmarkts nicht aus (Lebensmitteleinfuhren um 10 %). Nach wie vor ist die Agrarstruktur durch eine starke Besitz- und Einkommenskonzentration geprägt; nach dem letzten Zensus verfügen 0,7 % der Betriebe über 41 % der Flächen, während sich 60 % der Betriebe auf 4 % der Flächen zusammendrängen und die Hälfte der Landbev. keinen Zugang zu Land hat. K. bezahlt seine Fortschritte bei der Agrarmodernisierung mit wachsender Landflucht.

Die E. der kolumb. Wirtschaft insgesamt stand und steht in engem Zusammenhang mit der Kaffeekonjunktur. Ab 1900 und verstärkt ab 1920 war es die Handelsbourgeoisie, die ihre Gewinne aus versch. Kaffee-Booms in den Aufbau von importsubstituierenden Konsumgütterindustrien investierte. Doch erst der Rückgang der konkurrierenden Importe im Verlauf der Weltwirtschaftskrise ermöglichte eine Auslastung der Kapazitäten, rasches industrielles Wachstum und die Ausdehnung der Produktion in den Zwischengüterbereich. Bis Ende der 40er J. trieben allein nationale Investoren die *Industrialisierung voran. Dann setzte ein massiver Zustrom von US-Kapital und damit die Denationalisierung der Industrie ein. Heute werden von den 100 größten Firmen 91 ganz oder über Beteiligungen von Ausländern kontrolliert; 27 dieser Firmen realisieren 15 % der Industrieproduktion. Von wachsender Bedeutung ist die illegale Parallelwirtschaft (Schmuggel, Marihuana-Anbau u. -Export, Kokainproduktion), deren Umsatz den Wert der Kaffee-Exporte übersteigt. Aus den illegalen Wirtschaftszweigen ging eine neue Fraktion der Oberschicht (*clase emergente*) hervor, die zusehends in die legale Wirtschaft und in die Politik vordringt.

5. Die *Einkommensverteilung in K. ist stark ungleich. ⅔ der Bev. müssen sich mit weniger als 300 US-$ im Jahr begnügen: 40 % der Gesamtbev. und knapp ⅔ der Landbev. leben unter-

halb der offiziellen Armutsgrenze von 150 US-$ im J. Die reichsten 5% bringen 2/5 des Volkseinkommens an sich. Die Gesundheitsversorgung insb. der Armen und der Landbev. ist mangelhaft: auf 10000 Ew. kommen 6 Ärzte, von denen 90% in den Städten praktizieren. Die Ernährungslage und Wohnsituation sind für das Gros der kolumb. Bev. schlechter als im lateinamerik. Durchschnitt, Armutskrankheiten wie Tuberkulose weit verbreitet. Offiziell arbeitslos sind 15%, unterbeschäftigt ca. 30% und sozialversichert lediglich 16%. 3 Mio. Kinder zwischen 5 und 14 J. müssen sich gegen Hungerlöhne verdingen, um einen Beitrag zum Lebensunterhalt der Familie zu leisten. Entsprechend beträgt die Einschulungsrate nur 77%, auf dem Land 60% (Analphabetismus 12%). Die städt. Armut (und damit die Elendsviertel und der informelle Dienstleistungssektor) wächst kontinuierlich durch *Landflucht aus den überbelegten Minifundien. Die Absorptionsfähigkeit der Industrie für neue Arbeitskräfte ist gering. Von insgesamt 200000 Stellungssuchenden im Jahr finden nur 40000 einen Arbeitsplatz.

6. Auch nach der neuen Verfassung von 1991, welche die alte von 1886 ablöste, ist K. eine präsidiale Rep. mit einem Zwei-Kammer-Parlament (Repräsentantenhaus und Senat) und allgemeinem Wahlrecht. Die Verfassungswirklichkeit haben 130 J. lang abwechselnd und oft gemeinsam die Liberale und die Konservative Partei geprägt. Mag das duale Parteiensystem auch lange Zeit ausgereicht haben, um divergierende Oberschichtinteressen aufeinander abzustimmen (noch heute sind die beiden Traditionsparteien mit den Unternehmerverbänden eng verflochten) und populistisch oder repressiv durchzusetzen, ist es spätestens seit der Entstehung der organisierten Arbeiterbewegung und der Linksparteien nicht mehr in der Lage, soziale und gesellschaftliche Konflikte pol. zu verarbeiten. Dies um so weniger, als neue pol. Kräfte illegalisiert und verfolgt, neuen Akteuren der Zugang zum pol. System, nicht selten durch Wahlbetrug, Stimmenkauf und Beeinflussung der Medien, verstellt wurde. Der Preis waren abnehmende Legitimität und Integrationskraft staatl. Politik sowie zunehmende Politikverdrossenheit der Bev. (die Wahlbeteiligung lag und liegt auch heute selten über 50%). Eine neue pol. Geschäftsgrundlage durchzusetzen gelang weder Dissidenten in den beiden Traditionsparteien noch den Protestbewegungen der 70er Jahre. Die große Streikbewegung von 1977 blieb ohne Konsequenzen. Die linke Sammlungsbewegung *FIRMES*, die versuchte, sich innerhalb des traditionellen Systems als pol. Alternative zu etablieren, bewegte nur wenig. Das Erstarken der im Lande operierenden Guerillabewegungen war Ende der 70er J. deshalb nicht zuletzt Folge einer Politik, die auf die Bewahrung von Privilegien für die Klientel der Traditionsparteien beharrte.

Nachdem diverse Reg. den Guerillas erfolglos durch erbarmungslose Verfolgung und den Abbau demokratischer und pol. Rechte beizukomen versuchten, lancierte der konservative Präs. Betancur (1982–1986) einen Friedensplan, der im August 1984 ein Friedensabkommen mit den Guerillaverbänden FARC (aktiv seit 1966), EPL (aktiv seit 1968) und M-19 (aktiv seit 1970) ermöglichte. Der liberale Präs. Barco (seit 1986) bemühte sich neben der Fortsetzung des Dialogs mit der Guerilla um die Ausweitung der pol. Partizipationsmöglichkeiten. 1988 fanden erstmals Direktwahlen der Bürgermeister statt. Nachdem die Guerilla-Gruppen FARC und M-19 die Waffen niederlegten und sich in soz. Parteien transformierten, stellte der Kampf gegen die Drogenmafia, die einen erheblichen Anteil der Wirtsch. (rd. 60 Mrd. US-$ Vermögen) und ganze Landstriche kontrollierte, das vorrangige Problem dar:

Im Selbstbehauptungskampf des Staates gegen die Herausforderung der Drogenbarone, die mit gezielten Anschlägen der Mafia gegen die Justiz und linke Politiker wegen der Auslieferung inhaftierter Gewalttäter an die USA begann, starben 1986–90 86000 Menschen. Zum neuen Präs. wurde der liberale César Gaviria am 27. 5. 1990 gewählt, der mittels einer neuen Verfassung die Guerilla zu reintegrieren versuchte, was nur zum Teil gelang. Der M-19 war bei Wahlen relativ erfolgreich, ihr Chef *A. Navarro* wurde Minister. Mit der CGSB liefen 1992 Friedensgespräche.

7. Mit einer Strategie der Exportdiversifizierung hat K. im Durchschnitt der 80er J. die höchsten Wachstumsraten (auch des Sozialprodukts pro Kopf) in LA erzielt. Das Exportangebot konnte durch Modernisierung der Agrarproduktion und Erschließung neuer Rohstoffquellen erweitert, die Abh. vom Kaffee-Export verringert werden. Die *Verschuldung im Ausland ist vergleichsweise gering. Erkauft wurde die Prosperität durch wachsende soziale Probleme; die Einkommensverteilung blieb extrem ungleich; Überlebensmöglichkeiten im Subsistenzbereich wurden zerstört, die städtische Armut wuchs.

Lit.: U. Zelinsky, Parteien und politische Entwicklung in Kolumbien unter der Nationalen Front, Meisenheim am Glan 1978; A. Boeckh, Interne Konsequenzen externer Abhängigkeit. Eine vergleichende empirische Analyse der Dependenz am Beispiel der Industriearbeiterschaft Venezuelas, Kolumbiens und Perus, Königstein/Ts. 1979; K. Meschkat/P. Rohde/B. Töpper, Kolumbien. Geschichte und Gegenwart eines Landes im Ausnahmezustand, Berlin 1980; J. H. Wolff, Sind Kolumbiens «Parteien» Parteien?, in: Jahrbuch für Geschichte von Staat, Wirtschaft und Gesellschaft Lateinamerikas, 1984, S. 323 ff.; H. W. Krumwiede/R. Stockmann, Kolumbien, in: HDW III, 2, 1992, S. 380 ff. dd

Komoren Zwischen Madagaskar und dem afrik. Festland gelegene Inseln (Grande Comore: 1148 qkm/Hs. Moroni; Anjouan: 424 qkm; Moheli: 220 qkm; Mayotte: 374 qkm/zu Frankreich gehörend) vulkanischen Ursprungs, arm an natürlichen Ressourcen, vom monsunalen Klima geprägt, das durch tropische Wirbelsturmkatastrophen die ökon. Entwicklung behindert. Afrik.-arabisch-madegassische Mischbev. (1986: 409 000 Ew., ohne Mayotte/ca. 50000 Ew.), davon ca. 10% in Städten, die zu 95% islamisch ist (kath. [v. a. auf Mayotte] und protestantische Minderheiten). Mit Ausnahme von Moheli sind die Inseln überbevölkert. Der Islam beherrscht das Erziehungswesen (Koranschulen). Die ökon. Entwicklung (1986: BSP-Kopf 320 US-$) wird durch den Export von Vanille, Parfümessenzen, Sisal, Kopra, Kakao und Gewürznelken bestimmt. Der Export, der einst völlig in der Hand von franz. Plantagen-Gesellschaften (*Société Bambao*) lag, wird heute von arab. Großgrundbesitzern kontrolliert. Das Fortbestehen traditioneller islam. Feudalstrukturen und ein hoher Anteil der von der *Subsistenzwirtschaft lebenden Bev. sind typisch für die Landw. (1985: 50% des BSP, 65% der Erw.). Stark ist die Importabh. bei Nahrungsmitteln und Erdöl. Wichtigste Abnehmerländer der Exporte des *AKP-Staates sind Frankreich (ca. 50%), die weiteren EG-Staaten sowie die ostafrik. Länder und Madagaskar (10%). Industrie und *Tourismus sind noch wenig entwickelt, werden aber von der 1982 gegr. Entwicklungsbank (CDB), an der neben dem Staat (2/3) die *EIB und die franz. CCCE mit je 1/6 beteiligt sind, gefördert.

Bis 1947 waren die Komoren zusammen mit Madagaskar, danach allein franz. Überseeterritorium. Ab 1962 wurde den K. stärkere finanz. und administrative Autonomie gewährt. 1972 wurde von einem Wahlbündnis (*Unité*) zwischen den die Interessen islam. Familienclans und Großkaufleute repräsentierenden Regierungsparteien (UMMA Islam. Gemeinschaftspartei; RDPC: *Rassemblement Démocratique du Peuple Comorien*; UDC: *Union Démocratique Comorienne*) und der oppositionellen PASOCO (*Parti Socialiste Comorien*) Präs. Ahmed Abdallah gewählt. Nach einem Referendum (1974), bei dem sich mit Ausnahme der Insel Mayotte, die für den Verbleib bei F. votierte (64%), ca. 90% der Bevölkerung für eine Unabh. ausgesprochen hatten, erklärte er für die drei übrigen Inseln am 6.7.1975 die einseitige Unabh. Zunehmende Kritik an der überstürzten Unabh.-Erklärung und am autoritären Führungsstil führten zu seinem Sturz, und ein Nationaler Revolutionsrat bestimmte Ali Soilih zu seinem Nachfolger. Dieser unternahm den Versuch, mit kulturrevolutionären Methoden Staat (Dezentralisierung der Verwaltung) und Gesellschaft (Abbau des Feudalsystems) tiefgreifend umzustrukturieren. Außenpol. brach er mit F., das daraufhin seine Experten zurückzog und die Wirtschaftshilfe einstellte. Nach einem von konservativen arab. Staaten finanzierten Putsch wurde 1978 Abdallah wieder Präs., und die franz. Subventionen (z. T. auch *Entwicklungshilfe aus Kuwait und Saudi-Arabien) fortgesetzt. Die E.-Hilfe F.s macht gegenwärtig 30% des BSP aus. Die neue Verfassung von 1978 ist föderalistisch (*Republique fédérale islamique des Comores*), und seit 1982 existiert die Einheitspartei *Union Comorienne pour le Progrès* (UCP), die für einen islam.-demokratischen Soz. eintritt. Nach einer Verfassungsänderung, die Abdallah eine weitere Amtszeit sichern sollte, wurde er am 26.11.1989 durch einen Putsch der von ausl. Söldnern geführten Präsidentengarde gestürzt und ermordet. Auf Bitten seines Nachfolgers Mohammed Djohar intervenierte F. milit. und entmachtete die Präsidentengarde. Nachdem die Wahlen vom 18.2.1990 wegen nachgewiesener Manipulation annulliert wurden, ging Djohar mit 55,3% der Stimmen aus den ersten fairen, kompetitiven Wahlen am 11.3.1990 als Sieger hervor. Unklar ist die Zukunft der Insel Mayotte, die nach einem weiteren Referendum 1976 (99% für Verbleib bei F.) als sog. *colectivité territoriale* nach wie vor zu F. gehört. Die Präsenz F.s, das neuerdings seine Zustimmungsbereitschaft für den Anschluß der Insel an die Islamische Bundesrep. der Komoren signalisiert, wird von der *OAU und der *UNO kritisiert.

Lit.: K. Ziemer, Komoren, in: F. Nuscheler/K. Ziemer u.a., Politische Organisation und Repräsentation in Afrika, Berlin/New York 1978, Bd. 2, S. 979ff. ah

Kommission zur Entwicklung des Tschad-Sees →CBLT

Kommunalismus In der Literatur widersprüchlich verwandter und/oder bewerteter Begriff. Bezeichnet einerseits den Rückgriff auf kooperative Prinzipien der traditionalen afrikan. Dorfgemeinschaft, die im Rahmen von *community development*, *Genossenschaften und *ländl. E. wiederbelebt werden sollen (→*ujamaa, fokonolona* →Madagaskar). Andererseits wird unter K. ein an ethnischen, relig. und/oder kulturellen Phänomen orientiertes Verhalten verstanden. Damit hebt der Begriff auf Konflikte zwischen ethnisch, relig. und kulturell bestimmten gesellsch. Gruppen ab (u. a. →Tribalismus). dn

Komparative Kostenvorteile Das Theorem der K. K., das auf D. Ricardo zurückgeht, gilt noch heute als einer der fundamentalen Lehrsätze der Außenwirtschaftslehre. Es erklärt, welche Nationen mit welchen Gütern vorteilhaft int. Handelsbeziehungen unterhalten (sollten) und erlaubt damit, Aussagen über die Produktions- und Handelsstruktur und den Außenhandelsgewinn zu treffen. Es kommt dabei nicht (wie noch A. Smith meinte) auf die Existenz absoluter Kostenunterschiede an, etwa derart, daß das Land 1 das Gut A kostengünstiger produzieren kann als das Land 2 und dieses dafür das Gut B kostengünstiger produziert als das Land 1, beide Länder sich folglich auf die jeweils absolut ko-

Land	Produktionskosten pro Einheit Gut A	Gut B
1	80	100
2	120	200

stengünstigste Produktion spezialisieren und entsprechende Gütermengen miteinander austauschen, so daß das Konsumniveau nach Aufnahme des int. Handels in beiden Ländern höher ist als zuvor. Die zentrale Aussage des Theorems der K. K. besteht darin, daß es selbst dann für beide Seiten zu vorteilhaftem Handel kommt, wenn z. B. Land 1 sowohl das Gut A als auch das Gut B kostengünstiger produzieren kann als Land 2, die Kostendifferenzen jedoch unterschiedlich hoch sind. Das Land 1 muß sich auf den Export solcher Güter spezialisieren, die es mit den geringsten relativen Kosten produzieren kann, ebenso das Land 2.

In dem Beispiel geben die Zahlen die Höhe der Kosten pro produzierte Einheit der Güter A, B in den Ländern 1, 2 an. Es zeigt sich, daß das Land 1 sowohl in der Produktion des Gutes A als auch in der Produktion des Gutes B über einen absoluten Kostenvorteil verfügt. Dieser ist jedoch relativ am höchsten bei der Produktion des Gutes B. Umgekehrt ist der absolute Kostennachteil des Landes 2 relativ am geringsten bei der Produktion des Gutes A. Nach Aufnahme des internationalen Handels spezialisiert sich das Land 1 auf die Produktion und den Export des Gutes B, das Land 2 entsprechend auf das Gut A. Wie sich die Außenhandelsgewinne auf die Länder aufteilen, läßt sich aus dem Theorem der K. K. nicht ableiten.

Auf der Logik dieses Theorems, das den int. Handel allerdings ausschließlich von der Angebotsseite her erklärt, baut ein großer Teil der Weiterentwicklung der neoklassischen Außenwirtschaftstheorie auf, indem sie die zugrundeliegenden Prämissen als auch die Ursachen der Kostendifferenzen hinterfragt. Die int. Handelspolitik, insoweit sie den Freihandel postuliert (* GATT), basiert auf diesem Theorem. Die Handelsbeziehungen zwischen IL und EL werden größtenteils durch K. K. erklärt, insb. für den Handel von Industrieprodukten gegen Rohstoffe (sogen. Ricardo-Güter). Das Theorem der K. K. ist statisch, d. h., es bezieht sich auf K. K. zu einem bestimmten Zeitpunkt. Im Entwicklungsprozeß kann sich die Struktur der K. K. verändern, weshalb es sinnvoll sein kann, z. B. zeitweise eine Schutzzollpolitik zu betreiben und damit gegen die herrschenden K. K. zu verstoßen. hpn

Kompensatorische Finanzierung Methode zum Ausgleich von Erlösschwankungen von Rohstoffexporten; im Unterschied zur indirekten * Indexierung sieht KF vor, daß EL finanzielle Zuwendungen erhalten, wenn die Exporterlöse unter ein bestimmtes Referenzniveau sinken, die zurückzuzahlen sind, wenn die Exporterlöse über das Referenzniveau ansteigen. →STABEX, SYSMIN dn

Kompensatorische Finanzierungsfazilität Es handelt sich bei der KF um Kredite, die der * IWF seinen Mitgliedsländern zusätzlich zu den allgemeinen Ziehungsrechten einräumt, wenn bestimmte Voraussetzungen erfüllt sind: Ein Kreditbedarf kann dann geltend gemacht werden, wenn der Rückgang der Exporterlöse vorübergehender Natur ist und von dem Land nicht zu vertreten ist. Die Fazilität wurde vom IWF 1963 erstmals eingerichtet, die Bedingungen zur Inanspruchnahme der Kredite sowie die Höhe des Kreditvolumens wurden mehrfach verändert; die letzte Neuregelung datiert aus dem Jahre 1984. Neben der Stabilisierung der Exporterlöse aus Güterexporten können nunmehr von kreditnachfragenden Mitgliedsländern des IWF auch Schwankungen bei den Heimatüberweisungen der im Ausland tätigen *Gastarbeiter sowie Einnahmenschwankungen aus dem Dienstleistungsexport des *Tourismussektors geltend gemacht werden (ab 1979). Länder mit Nahrungsmitteldefiziten können auch bei vorübergehenden Preissteigerungen der Getreideimporte die KF in Anspruch nehmen (ab 1981). Die Obergrenzen der Ziehungen belaufen sich (ab 1984) für den Exportausfall und den Getreideimportanstieg auf je 83 % der Quote, wobei die gemeinsame Obergrenze aus beiden Ziehungen 105 % der Quote nicht überschreiten darf. hpn

Konferenz über Internationale Wirtschaftliche Zusammenarbeit →KIWZ

Konfessionalismus →Libanon

Kongo (Brazzaville) Die (seit 1970 Volks-)Republik K. war der erste Staat Schwarzafrikas mit einer sich als «marxistisch-leninistisch» und «proletarisch» bezeichnenden Einheitspartei. Seit rd. zwei Jahrzehnten versucht sie, Staat, Wirtschaft und Gesellschaft nach Grundsätzen des «wiss. *Sozialismus» umzugestalten. 1988 wies das Land die höchste Pro-Kopf-Verschuldung Afrikas auf.

1. K.s Fläche (342000 qkm) teilt sich in mehrfacher Hinsicht in eine je deutlich verschiedene N- bzw. S-Hälfte auf: 1) Geogr.-klimatisch: im N das in der Nähe der Hs. Brazzaville (rd. 800000 Ew.) beginnende savannenartige Hochland der Bateke sowie die oft nur schwer zugänglichen Regenwälder und Sumpfgebiete der Zuflüsse des Ubangi und des Kongo, im S die fruchtbare Niari-Hochebene. 2) Demographisch lassen sich bei gesch. 2,3 Mio. Ew. über 70 Ethnien unterscheiden, unter denen im N die M'Boschi (16 %) dominieren, während im S Angehörige der Kongogruppen (Bakongo, Basundi, Balali u. a.) gut 40 % der Gesamtbev. ausmachen. 3) 60 % der Bev. leben allein entlang der Eisenbahnlinie Pointe Noire (Ozean)–Brazzaville, über die rd. 90 % des Außenhandels abgewickelt werden, während die Regenwälder des N kaum bewohnt sind (ca. 30000 Pygmäen). Ungebremst ist die Abwanderung v. a. Jugendlicher aus dem N und dem Zentrum in die Städte, was dort bei jährl. rd. 60000 neu auf den Arbeitsmarkt Drängenden die *Arbeitslosigkeit immer weiter ansteigen läßt.

2. Zur wichtigsten Einnahmequelle der kongol. Wirtschaft entwickelte sich in den 70er J. im Küstenbereich gefördertes Erdöl (1991 rd. 90 % der Exporterlöse, 75 % der Steuereinnahmen und 50 % des BIP). Die Einkünfte wurden jedoch kaum genutzt, strukturelle Mängel der kongol. Wirtschaft zu beheben. Vor allem die Landw. wurde völlig vernachlässigt. Ihr Anteil am BIP lag 1990 bei 13 %, weniger als 1 % der Fläche wird landw. bearbeitet, die Importe für Grundnahrungsmittel verdoppelten sich allein zwischen 1982 und 1985. Das unzureichende Straßennetz behindert die Versorgung von Brazzaville mit Lebensmitteln und blockiert – ebenso wie der Schmuggel aus den Nachbarländern, v. a. aus Zaire – den Ausbau des verarbeitenden Sektors. Die Holzwirtschaft (1969 noch 60 % der Exporte, 1987: 5 %) hat an Bedeutung verloren. Die Erdöleinnahmen wurden zunächst zum großen Teil zur weiteren Ausdehnung des Staatsapparats verwendet, was kurzfristig Arbeitsplätze schuf, aber die Personalausgaben von 1978 bis 1982 verdoppelte. Der seit 1970 verkündete «sozialistische» Kurs der Wirtschaftspolitik beschränkte sich im wesentlichen auf die Verstaatlichung etlicher ausl. Unternehmen und den Aufbau parastaatlicher Betriebe. Die Dominanz von rd. 200 franz. Betrieben blieb erhalten. Pfründenwirtschaft, Inkompetenz bei der Führung der Staatsbetriebe und mangelnde Arbeitsmoral verursachten ab Ende der 70er J. wachsende Defizite, die mit dem Verfall der Ölpreise ab 1986 und dem gleichzeitig sinkenden Dollarkurs die Auslandsverschuldung

auf 1990: 5118 Mio. US-$ oder 203,6% des BSP anschwellen ließen (Schuldendienst 1987 45% des Exportwerts). Vom *IWF verlangte Sparprogramme (u. a. eine Umstrukturierung der rund 100 Staatsbetriebe und die Privatisierung der marodesten von ihnen) wurde trotz der Entlassung mehrerer hundert Staatsbeamter (bei einem Heer von 80000 im öfftl. Dienst Beschäftigter) noch nicht erfüllt. Die Staatsausgaben wurden von 1985: 330 über 1987: 180 auf 1989: 121 Mrd. F CFA gesenkt, doch konnten Ende 1988 die Einnahmen kaum die laufenden Ausgaben decken. Trotz seit Jahren ausgesprochen attraktiver Bestimmungen für ausl. Investoren trägt der Privatsektor kaum zu einer Belebung der Wirtschaft bei. Im Außenhandel haben bei den Exporten die USA in den 80er Jahren den ersten Platz eingenommen (1990: 43%, Frankreich 12%, Gesamt-EG: 49%). Während die Handelsbilanz in etwa ausgeglichen ist (1987 Einfuhr 296, Ausfuhr 281 Mrd. F CFA), weist die Zahlungsbilanz ein chronisches Defizit auf (1986: 200, 1987: 150 Mrd. F CFA).

3. Der seit der Unabh. 1960 regierende Staatspräs. F. Youlou wurde 1963 durch einen Generalstreik gestürzt. Die nachfolgenden, von Militärs und Intellektuellen geführten Regierungen (Einheitsparteien: ab 1964 *Mouvement National de la Révolution* = MNR, ab 1970 *Parti Congolais du Travail* = PCT) schlugen innen- wie außenpol. einen wachsenden, allerdings vornehmlich verbal-radikalen Linkskurs ein. Treibende Kraft war dabei neben der Gewerkschaft die Jugendorganisation der Partei. Mit die höchsten Einschulungsraten in Schwarzafrika (heute: 95%), denen keine entsprechenden Berufsmöglichkeiten gegenüberstanden, trugen mit zu einer v. a. aus Jugendlichen zusammengesetzten, leicht politisierbaren Masse von Arbeitslosen bei, die keine Regierung unter Kontrolle bekam. Trotz der «marxistisch-leninistischen» Staatsdoktrin bildete sich eine *«Staatsklasse» (die Spitzen von Partei, Militär, Verwaltung) heraus, deren Privilegien auch und gerade nach 1963 Kritik von seiten der Schüler, Studenten und Gewerkschafter herausforderten (zahlreiche Massendemonstrationen). Dies und die ständigen Rivalitäten zwischen v. a. *tribalistisch bestimmten Patronagesystemen führten zu einer das kongol. Regime in den 60er und 70er J. kennzeichnenden ständigen pol. Instabilität. 1977 ließ der frühere Staatspräs. (1963 bis 1968) Massemba-Debat seinen Nachfolger M. Ngouabi ermorden und wurde seinerseits exekutiert. Der neue Präs. Y. Opango wurde 1978 in einem «legalen Staatsstreich» von seinem persönlichen Rivalen D. S. Nguesso gestürzt, wie seine Vorgänger seit 1963 ein Militär. Die bemerkenswertesten Folgen des «marxistischen» Kurses seit Mitte der 60er J. zeigten sich bisher auf dem Gebiet der Verfassungsgebung (Verfassung von 1963, 1970, 1973, 1977, 1979, dazwischen und danach z. T. Änderungen), die die Volkssouveränität ab 1970 der zeitweise weniger als 200 Mitgl. starken Einheitspartei übertrugen und 1970 bis 1973 sowie 1977 bis 1979 sogar das Parlament abschafften. Ab 1990 wurde ein Reformkurs eingeschlagen, der die Einführung eines Parteienpluralismus beinhaltete. Die PCT sagte sich unterdessen vom Marx.-Lenin. los und gab ihr Machtmonopol auf. In einem Referendum im März 1992 wurde einer neuen Verfassung mit 96% der abgegebenen Stimmen zugestimmt, die ein Präsidialsystem mit einem Zweikammerparlament vorsieht. Aus den Kommunal- (Juni 1992) und Parlamentswahlen (Juli 1992) ging die *Union panafricaine pour la démocratie sociale* (UPADS) siegreich hervor, während die PCT eine Niederlage hinnehmen mußte. Zum neuen Präsidenten wurde im August 1992 Pascal Lissouba (bereits 1963 Staatspräsident) gewählt.

Lit.: H. Bertrand, Le Congo, Paris 1975; G. N. T. Hung, Agricultural and Rural Development in the

People's Republic of Congo, Boulder 1986; V. T. LeVine, Military Rule in the People's Republic of Congo, in: J. W. Harbeson (Hg.), The Military in African Politics, New York 1987, S. 123–140; C. Allen/ M. Radu, Benin and the Congo, London 1989; U. Schmidt, Kongo, in: HDW III, 4, 1993, S. 461 ff. kz

Konrad Adenauer-Stiftung →KAS

Kontereffekte →Außenhandelstheorie

Kontingentierung →GATT

Korea-Nord (NK) Die Demokratische Volksrepublik Korea hat im Rahmen enger Anlehnung an die UdSSR und die VR China einen E.-Weg des Vertrauens auf die eigenen Kräfte beschritten, der Auseinandersetzungen mit den beiden Mächten nicht scheute. Den Vertretern der *Dissoziation gilt NK als gelungenes Beispiel für die Umstrukturierung der Wirtschaft unter Abkopplung vom Weltmarkt.

1. NK umfaßt mit 121 000 qkm ca. 55 % des Territoriums der korean. Halbinsel. Nur 19 % der Gesamtfläche (Korea-Süd = SK: 23 %) werden agrarwirtsch. genutzt, wobei der Akkerbau überwiegt (Reis, Mais, Hirse, Hülsenfrüchte). Die Brennstoff- und Energieversorgung stützt sich auf große Wasserkraftreserven sowie Anthrazit- und Braunkohlenlagerstätten. Für die E. der Hüttenind. und der auf ihr aufbauenden verarbeitenden Industrien sind die Vorkommen an Eisenerz, Molybdän, Nickel, Wolfram, Kobalt, Chrom, Mangan, Kupfer, Blei, Zink, Aluminium, Graphit, Asbest, Glimmer u. v. a. von großer Bedeutung. Die chemische Ind. kann neben ihrer Kohlebasis auf Vorkommen an Kalkstein, Barit, Pyrit, Apatit, Fluorit und Pottasche zurückgreifen. Ebenso findet die Baustoffind. alle benötigten Steine und Erden im Land vor.

2. Nach UN-Schätzungen hatte NK 1985 ca. 20 Mio. Ew., was 31 % der Bev. der Halbinsel entsprach. Seit 1982 liegt die JZ bei 2,3 %, die Bev.-Dichte erreichte 167 Ew. pro qkm (1985). Etwa 4/5 der Bev. leben in den Ebenen und Hügellandschaften des W und einem schmalen Küstenstreifen am Jap. Meer. Im Verlauf der forcierten *Industrialisierung wurden Arbeitskräfte von der Landw. in die Ind. transferiert. Dies führte zu einem starken Anstieg des Anteils der Stadtbev., ohne daß die von SK bekannten negativen Begleiterscheinungen (Verslumung, *Marginalisierung, Aufblähung des Dienstleistungssektors) zu beobachten waren. Neben der Hs. Pjöngjang (1,5 Mio. Ew.) gibt es mindestens acht weitere Städte mit mehr als 100 000 Ew. (Urbanisierungsrate 1985: 63,8 %). Der hohe Bev.-Anteil von Kindern, Jugendlichen und Auszubildenden (10jährige Schulpflicht) und eine Armee von rd. 500 000 Mann halten die Quote der Erwerbstätigen rel. niedrig. Von den hohen Ausbildungsinvestitionen (mit Schwergewicht auf polytechn. Bildung) erhoffte man sich jedoch in Zukunft eine Steigerung des arbeitskräftesparenden techn. Fortschritts, was zusammen mit dem Aufrücken der jüngeren Jahrgänge in die ökon. aktive Bev. eine Behebung des chronischen Arbeitskräftemangels bewirken könnte. Unter den asiat. Volksrepubliken weist NK das rel. höchste E.-Niveau auf. Begrenzte individuelle Konsumwahlmöglichkeiten werden durch extrem billige Grundbedarfsgüterversorgung und vorbildliche Sozialleistungen (1983: 1 Arzt je 417 Ew.) kompensiert.

3. Nach 35jähriger jap. Kolonialherrschaft über Korea besetzten 1945 die UdSSR den N und die USA den S der Halbinsel. Der 38. Breitengrad sollte vorübergehend die Einflußzone abgrenzen. Die Verschlechterung des int. pol. Klimas führte jedoch dazu, daß innergesellsch. Auseinandersetzungen in den beiden Teilgebieten sich nur im Sinne der jeweiligen Besatzungsmacht entscheiden konnten. Der Konflikt zwischen Linksnationalen und Konservativen wurde damit zu einem nat. Nord-Süd-Gegensatz umgepolt, der die Teilung vertiefte. In NK vereinigten

sich (unter sowjet. Schirmherrschaft) versch. einheimische und aus dem Exil (Yenan/China, UdSSR) zurückgekehrte Linksgruppen zur (kommunist.) Partei der Arbeit, die zur treibenden Kraft in der Nat. Einheitsfront wurde. Die sozialrevolutionären Reformen von 1946 (Enteignung des jap. Vermögens und des einheimischen Großgrundbesitzes, Landumverteilung und Sozialgesetzgebung) ermöglichten durch Agrar-* Surplustransfer an die Ind. und sowjetische techn. Hilfe beachtliche Anfangserfolge und machten das neue Regime bei Arbeitern und Bauern populär, führten aber auch zur Abwanderung vieler Bürgerlicher nach SK. Als in SK (mit Unterstützung der USA) die Republik Korea mit dem Konservativen Rhee als Präsidenten ausgerufen wurde, folgte im N die Gründung der DVRK (9.9.1948) mit dem Partisanenführer Kim Il Sung als Regierungschef. Der Versuch, den zur nat. Frage ausgeweiteten innenpol. Machtkampf mit milit. Mitteln zu entscheiden, führte zum Korea-Krieg (1950 bis 1953), in den auf südkor. Seite US- und UN-Truppen, auf nordkor. Seite chines. Freiwilligenverbände eingriffen. Abgesehen von geringfügigen territorialen Verschiebungen hatte der für beide Seiten äußerst verlustreiche Krieg langfristig die ökon. Auseinanderentwicklung, soziol-kulturelle Entfremdung und erbitterte pol.-ideologische Feindschaft der beiden Teilstaaten zur Folge. 1953 waren 85% der Ind.-Anlagen und 20% der landw. Nutzfläche verwüstet. In den vorfristig erfüllten 3- und 5-Jahres-Plänen (1954 bis 1960) wurden die Kriegsschäden behoben, die Sozialisierung aller Wirtsch.-Bereiche abgeschlossen und eine rel. diversifizierte Investitionsgüterind. geschaffen, die sich v.a. auf die Verarbeitung einheimischer Rohstoffe stützte. Ermöglicht wurde diese E. durch Mobilisierung interner Produktivitätsreserven bei gleichzeitiger Drosselung des Konsums und die (z.T. unentgeltliche) Wirtsch.-Hilfe der UdSSR, Chinas und der osteurop. Länder. 1960 erzielte die Ind. bereits 53%, die Landw. nur noch 27% des Nationaleinkommens. Anfang der 70er J. war der Maschinenbausektor mit mehr als 30% an der Ind.-Produktion beteiligt und in der Lage, den Eigenbedarf an Schwer- und Präzisionsmaschinen weitgehend zu decken. Die chemische Ind. versorgte neben der Landw. (Düngemittel) auch die Textilind. mit auf einheimischer Ressourcenbasis hergestellten Kunstfasern.

In den 50er J. erlebte NK z. T. heftige Fraktionskämpfe innerhalb der PdAK (Partei der Arbeit Koreas/*Tschosson Nodongdang*) und den Beginn gewaltiger Massenmobilisierungskampagnen (*Tschollima*-Bewegung) zur Beschleunigung des ökon. Aufbaus. Die nach dem 20. Parteitag der KPdSU (1956) aufgetretene Kritik des Personenkultes bedrohte vorübergehend auch die Position von Parteichef Kim Il Sung. In allen wichtigen Streitfragen (Kollektivierung der Landw., vorrangiger Aufbau der Schwerind., Nicht-Beitritt zum RGW) setzte er sich jedoch mit seiner Partisanenfraktion gegen die Opposition der Sowjet- und Yenan-Fraktionen durch. Seine Führungsstellung in der PdAK ist seitdem unumstritten. Die Phase des «Lernens von der Sowjetunion» wurde abgelöst von einer selbstbewußten Politik des Vertrauens auf die eigenen Kräfte (*Dschutsche*), die in ökon., pol. und kultureller Unabh. den korean. Weg zum * Sozialismus suchte. Im Lager der * Blockfreien hat sich NK durch diesen Standpunkt der * *self-reliance* und als E.-Hilfe-Geber ein gewisses Ansehen erworben. Während der 70er J. wurden erste Kontakte zur südkor. Regierung aufgenommen. Sie wurden im Vorfeld der Olympischen Spiele im Sommer 1988 verstärkt fortgeführt, haben aber bislang zu keiner zwischenstaatl. Übereinkunft geführt. Die friedliche Wiedervereinigung (in Form einer lockeren

Konföderation) bleibt aber ein zentrales Ziel nordkor. Politik.

Ursachen für das im Vergleich mit den 70er J. eingetretene Stagnieren der Wirtsch. am Ende der 80er J. liegen weniger in den durch *Technologietransfer entstandenen Auslandsschulden (1988: 4 Mrd. US-$), als vielmehr im Ausbleiben einer ökon. Neuorientierung: Landw. und Ind. sind an natürliche Kapazitätsgrenzen gestoßen und weisen nicht mehr die bisher erzielten Zuwachsraten auf. Reformorientierung und stärkere Öffnung zu den westl. IL (**joint venture*-Gesetz vom Sept. 1984), etwa in Anlehnung an den chines. Nachbarn, stießen allerdings auf Widerstand innerhalb der herrschenden Clique um Kim Il Sung, die an den altbewährten Konzepten festhielt und weiterhin auf *autozentrierte Entwicklung setzte. Seit 1991 werden dennoch konkrete Schritte zur polit. und ökonom. Öffnung des Staates und zur Annäherung an Süd-Korea unternommen. So gab es bis zum Herbst 1992 mehrere umfangreiche Regierungskonsultationen, die unter anderem zur Unterzeichnung und In-Kraft-Setzung eines innerkoreanischen Vertrages über Versöhnung und Entnuklearisierung sowie zum Austausch von Gefangenen führte.

Lit.: G. Wontroba/U. Menzel, Stagnation und Unterentwicklung in Korea, Meisenheim 1978; R. Juttka-Reisse, Agrarpolitik und Kimilsungismus in der Demokratischen Volksrepublik Korea, Königstein/Ts. 1979; R. Machetzki, Korea-Nord, in: HDW II, 8, 90f., Hamburg 1983; V. Grabowsky, Nordkorea: Personenkult im Sozialismus, in: Deutsche Zeitschrift für Politik, Wirtschaft und Kultur 1986, H. 18, S. 56ff.; Ders., Die Demokratische Volksrepublik Korea im Vorfeld des Umbruchs, in: APuZ, 36/37/1988, S. 42f.; R. Machetzki/M. Pohl (Hg.), Korea, Stuttgart 1988. rk

Korea-Süd (SK) Erfolgreiche exportorientierte *Industrialisierung hat der Wirtschaft SK.s zum **Take-off* verholfen. (→Schwellenländer) *Partizipationsforderungen der neu entstandenen Mittelschichten haben zu einer verstärkten *Demokratisierung des pol. Systems geführt.

1. SK hat eine Fläche von 99 143 qkm mit einer Bev. von 42 Mio. Nur 23 % des oft kargen Bodens sind bisher landw. genutzt, 67 % sind Waldgebiete und 10 % sind Wiesen und Siedlungsflächen. SK ist außerordentlich dicht bevölkert (1987: 424 Ew. pro qkm – vgl. Niederlande: 429 Ew. pro qkm). Parallel zur *Industrialisierung hat in den letzten 15 J. eine rapide *Landflucht und Verstädterung eingesetzt (Urbanisierungsgrad 1985: 65,4 % der Bev.). In der Förderung regionaler Zentren spiegeln sich Dezentralisierungsbemühungen der Reg., die durch *Urbanisierung entstandenen *Infrastrukturproblemen entgegentreten will. In der Hs. Seoul und den umliegenden Siedlungsbezirken (9 Mio. Ew.) wohnt fast ¼ der Bev. SK.s.

2. SK ist eines der wenigen EL, das über eine *ethnisch und sprachlich homogene Basis verfügt. Die alte Kultur und eigene Schrift sind ein wichtiges Bindeglied der nat. Identität und Geschichte. In seiner Vergangenheit wurde SK fast immer von seinem mächtigen Nachbarn China dominiert. Gegen äußere Einflüsse wehrte sich das Königreich durch Isolation und galt daher als «Einsiedler-Königreich». Erst das Erstarken des Kaiserreichs Japan (J.) löste K. aus dem chines. Hegemoniebereich, aber nur, um 1910 zu einer Kolonie (Generalgouvernement, ab 1942 Provinz) J.s zu werden. 26 Jahre jap. Kolonialherrschaft (bis 1945) haben die pol. Kultur und Wirtschaftsstruktur von K. entscheidend geprägt. Japan entwickelte das Land (Landw., Ind., Infrastruktur) einseitig auf seine eigenen Bedürfnisse hin. So wurde K. z. B. in den 30er J. gezwungen, ca. die Hälfte seiner Reisproduktion nach J. zu liefern, damit dort die Industriearbeiter billig ernährt werden konnten. Hinzu kam eine der *Apartheid ähnliche Politik der Japaner auf dem Bildungssektor, die Koreanern nur in Ausnahmefällen Hochschulbildung oder eine leitende Stellung in der Verwaltung er-

möglichte. Selbst die korean. Sprache und Schrift wurden von der Kolonialmacht verboten. Im Jahre 1948 kam in SK mit starker amerik. Unterstützung Dr. Syngman Rhee an die Macht, im Norden – auf die Kommunisten gestützt – Kim Il Sung (→Korea-Nord). Der Korea-Krieg (1950 bis 1953), der als Bürgerkrieg begann und seine Dimension erst durch das Eingreifen ausl. Mächte erhielt, spaltete das Land entlang dem 38. Breitengrad. Hinfort wurde Antikommunismus und die Ideologie vom Marsch nach Norden im Süden K.s zum wichtigsten ideologischen Bindemittel, mit dem auch die innere Repression bis heute legitimiert wird. Im April 1960 wurde Syngman Rhee im Verlauf von Studentendemonstrationen gestürzt, es folgte ein kurzlebiges demokratisches Kabinettsystem unter dem von den USA protegierten John Chang als Premierminister. Bereits im Mai 1961 wurde die erste korean. Zivilregierung von einer Gruppe junger Offiziere unter der Führung des späteren Präs. Park Chung Hee abgesetzt. Es folgten 18 J. wachsender pol. Unterdrückung, ehe Park im Okt. 1979 von seinem eigenen Chef des Geheimdienstes ermordet wurde.

3. Unter der Alleinherrschaft Park Chung Hees, dem die Yushin-Verfassung von 1972 keine Beschränkung setzte, hat sich die Wirtschaftsstruktur SKs radikal verändert. Aus dem rückständigen Agrarland der 50er J., dessen Reg. ihre Existenz v. a. amerik. Hilfslieferungen verdankte, wurde in weniger als zwei Jahrzehnten ein sog. *Schwellenland, das eine rapide Industrialisierung und herausragendes Wachstum zu verzeichnen hatte.

Das «Wirtschaftswunder» ist um so erstaunlicher, als SK über eine große Bev., aber kaum über wesentliche natürliche *Ressourcen verfügt. Die Erklärung für diese Erfolge liegt in der rigorosen Einbeziehung SKs in die *internationale Arbeitsteilung begründet (d. h. hier besonders in der Überausbeutung der reichlich vorhandenen Arbeitskraft). Auf Grund der mit Gewalt niedrig gehaltenen Löhne und strenger Kontrolle der *Gewerkschaften gelang es der südkorean. Regierung, Auslandskapital und Kredite ins Land zu holen und so eine abh. Industrialisierung einzuleiten, die vorrangig auf den Weltmarkt hin orientiert ist. Die Folge dieser «Export um jeden Preis»-Politik war nicht nur die Zementierung des sehr niedrigen Lohnniveaus (aus Konkurrenzgründen), sondern auch die systematische Vernachlässigung der Landw. mit den Folgeproblemen *Landflucht, Slumbildung, Unterernährung (→Ernährung), *Arbeitslosigkeit und Abh. von den Schwankungen des Weltmarkts.

Die Zahl der Erwerbstätigen betrug 1985 rd. 15 Mio., davon arbeiteten in der Landw. und Fischerei 25 % (1965: 58,6 %), in der Industrie 31 % (1965: 10,4 %), im Dienstleistungsbereich 44 % (1965: 31 %). Die forcierte Umstrukturierung hatte hohe Folgekosten: So sank z. B. der Selbstversorgungsgrad an Nahrungsmitteln und erreichte 1974 mit 65 % den Tiefstand (1981: 88 %). Die Vernachlässigung der Landw. ist inzwischen auch von der korean. Regierung als der schwächste Punkt der E.-Politik erkannt worden. Trotz einer umfassenden *Agrarreform im J. 1949 (parallel zur Bodenumverteilung im N. des Landes!) sind viele kleinere Bauern wieder in Pachtabhängigkeit geraten (ca. 35 % der Landbev.), und der Lebensstandard der bäuerlichen Bev. lag lange weit unter dem der Städter.

4. Lange Zeit galt SK als Lehrbuchbeispiel für den **circulus vitiosus* einer vom Ausland abh. *Industrialisierung, die nicht auf die *Grundbedürfnisse der Bev. und auf den einheim. Markt zugeschnitten ist. Denn um überhaupt exportieren zu können, muß das rohstoffarme Land zuerst die zur Weiterverarbeitung bestimmten Rohmaterialien teuer einkaufen und

sich auch die zur Verarbeitung nötige Technologie und Energie (Öl, Kohle) im Ausland beschaffen. Ein großer Teil der Schlüsselind. und die gesamte Ölversorgung sind in ausl. Händen (v. a. Japan und den USA) oder müssen mit ausl. Krediten finanziert werden. Die im Land gemachten Gewinne fließen größtenteils wieder ab (z. B. als Kapitalzinsen) oder werden in Form von ***joint ventures* neu investiert. Die ländl. Produkte werden durch staatl. festgesetzte Aufkaufpreise künstlich niedrig gehalten, um die Industriearbeiterschaft mit billigen Grundnahrungsmitteln zu versorgen und so den Lohnanteil der erzeugten Produkte möglichst gering und diese dadurch auf dem Weltmarkt konkurrenzfähig zu machen. Auf Grund des hohen Importgehalts der exportierten Produkte sind die Einfuhren (auch Luxusgüter) nach SK in den letzten 20 Jahren schneller gestiegen als die Ausfuhren. Dadurch nahm die *Verschuldung SKs gegenüber dem Ausland gewaltig zu (1981/82 ca. 25 Mrd. US-$), was die Aufnahme von Krediten noch schwieriger machte. Der Zinsanstieg der letzten Jahre und Billigexporte aus China haben auf SK wie ein Schock gewirkt und den Anreiz zur Spezialisierung und weiteren Intensivierung der Produktion (auf Kosten der Arbeitskraft) gegeben. Vor dem Hintergrund dieser Faktoren wurde der von SK eingeschlagene E.-Weg bis Ende der 70er J. überwiegend skeptisch beurteilt. Es wurde bestritten, daß er ein Modell für weitere EL sein könne.

5. Mit der zu Beginn der 80er J. aufkommenden Diskussion über *Schwellenländer wandelte sich die Sichtweise: Sie würdigt die ind. *Diversifizierung, die ihren Ausdruck in einer Abkehr von Schwerindustrialisierung und Hinwendung zu Elektronik, Mikroelektronik und Informationstechnologie findet. SK fungiert somit nicht mehr nur als Billiglohnland, sondern ist durch seine entwickelte Ind.-Struktur und das teilweise hohe Qualifikationsniveau der Beschäftigten in der Lage, auch Kooperations- und Auftragsproduktionen durchzuführen.

Widerlegt ist auch die Annahme, die als Folge ungleicher *Einkommensverteilung aufkommenden Widerstände, Streiks und Demonstrationen könnten nur repressiv kontrolliert werden: Gab es noch zu Beginn der 80er J. Menschenrechtsverletzungen, Verfolgung der Opposition und Pressezensur (z. B. Aufstand von Kwangju im Sommer 1980), so haben sich inzwischen auf der Ebene des pol. Systems bedeutende Veränderungen vollzogen. Forderungen der Opposition nach *Partizipationsrechten gipfelten im Juni 1987 in einer hauptsächlich von radikalisierten Studenten getragenen landesweiten Demonstrationswelle gegen das Regime des 1980 in einem Militärputsch an die Macht gekommenen Chun Doo-Hwan und seines designierten Nachfolgers Roh Tae-Woo. Angesichts der breiten Unterstützung der Studenten durch die sk. Bev. und mit Blick auf die für Sept./Okt. 1988 angesetzten Olympischen Spiele stimmte Roh überraschend und vorbehaltlos den Forderungen der Opposition zu. In einer von int. Beobachtern als relativ fair beschriebenen direkten Präsidentschaftswahl im Dez. 1987 konnte der Regimekandidat Roh eine relative Mehrheit von 36,6% der abgegebenen Stimmen auf sich vereinigen und die beiden wichtigsten Oppositionskandidaten, Kim Young-Sam und Kim Dae-Jung, die sich nicht auf ein gemeinsames Vorgehen hatten einigen können, besiegen. Bei den Parlamentswahlen vom April 1988 erreichte die Reg.-Partei erstmals in der Nachkriegsgeschichte nicht die parl. Mehrheit. Ihre Fusion mit zwei Oppositionsparteien zur Demokratisch-Liberalen Partei nach japan. Vorbild verschaffte der Reg. jedoch im Jan. 1990 wieder eine Zweidrittelmehrheit. Studentenunruhen im April

1991 rückten die Innenpolitik SKs erneut ins Blickfeld der internationalen Politik. Das brutale Vorgehen der Sicherheitskräfte einte auch die Oppositionsparteien, die am 4.5. die Freilassung aller pol. Gefangenen und die Abschaffung der Sicherheitsgesetze verlangten. Premier Ro Jai Bong übernahm die pol. Verantwortung für die Unruhen und trat Ende Mai zurück; Nachfolger Chung Wong Sikh.

Die Parlamentswahlen ergaben am 24.3.1992 bei 67,1% Wahlbeteiligung 39% für die Demokratisch-Liberale Partei und 17% der Stimmen für die erst im Februar gegründete Nationale Vereinigungspartei.

Lit.: Du-Yul Song, Wachstum, Diktatur und Ideologie in Korea, Bochum 1980; H.U. Luther, Korea-Süd, in: HDW II, 8, 115ff., Hamburg 1983; U. Menzel, In der Nachfolge Europas. Autozentrierte Entwicklung in den ostasiatischen Schwellenländern Südkorea, Taiwan, Nördlingen 1985; H. Maull u.a., Korea, München 1987; M. Pohl, Südkorea 1987/88: Der schwierige Weg zur Demokratie, in: Jahrbuch Dritte Welt 1989, S. 278ff., München 1988. hul/fg

Kosten-Nutzen-Analyse (KNA, häufig auch englisch: *cost benefit analysis*), volkswirtsch. Verfahren zur Bewertung öfftl. *Investitionen, das sowohl bei der *Entwicklungsplanung als auch der *Evaluierung von Bedeutung ist. Theoretisch liefert eine KNA Informationen darüber, ob eine bestimmte öfftl. Maßnahme einer oder mehreren bestimmten Alternativen unter dem Gesichtspunkt wirtsch. Effizienz vorzuziehen ist. Die KNA entspricht im Prinzip der betriebswirtsch. Kosten-Ertragsrechnung, ersetzt aber den exakten Begriff des (betrieblichen) Gewinns durch den wenig exakten Begriff des (gesamtgesellsch.) Nutzens. Sie besteht im wesentlichen in der Erfassung und Quantifizierung aller erwartbaren Kosten und Nutzen eines Projekts und ihrer gegenseitigen Verrechnung zur Ermittlung des Nettonutzens. Der Bezugspunkt der Begriffe ‹Kosten› und ‹Nutzen› ist nicht das zur Frage stehende Einzelprojekt, sondern die gesamte Volkswirtsch., d.h. daß möglichst alle externen Effekte einer Investition in die Analyse einbezogen werden sollten. Nutzen sind Wohlfahrtsgewinne, Kosten sind Wohlfahrtsverluste, aber auch entgangene Gewinne. Die der KNA zugrundeliegende Annahme, daß staatl. Handeln sich letztlich am Prinzip ökon. Effizienz orienteren und unter mehreren Alternativen diejenige wählen sollte, die einen maximalen Wohlfahrtsgewinn ermöglicht, verweist auf fundamentale analytische und normative Probleme: Zum einen bedeutet die Operationalisierung von ‹Nutzen› und ‹Wohlfahrt›, die meist über den gesamtwirtsch. Konsum, also das Sozialprodukt läuft, eine, wenn man so will, ‹ökonomistische› Verkürzung dieser Begriffe, zum andern wird zumindest in der ursprünglichen Form nicht gefragt, welche Effekte eine fragliche Maßnahme auf die Verteilung welcher Güter hat; gerade in EL sind aber Verteilungsfragen oftmals von zentraler Bedeutung (→Strukturelle Heterogenität, →Einkommensverteilung).

Das methodische Instrumentarium der KNA ist nicht zuletzt aufgrund der Kritik an der Konzentration auf das Effizienzprinzip ständig verfeinert worden. Man hat Verfahren entwickelt, die es prinzipiell ermöglichen, auch Verteilungsaspekte oder etwa den Risikogehalt von öfftl. Projekten zur Bewertung heranzuziehen. Insbes. in EL bleiben aber auch ganz praktische Probleme bei der Beschaffung zuverlässiger und zureichender Daten sowohl auf der Kosten- (Preisentwicklung für best. Investitionsgüter auf dem Weltmarkt?) als auch der Nutzenseite (Wird eine Straße tatsächlich den erwarteten Handelszuwachs bringen, oder stehen dem ganz andere als ökon. erfaßbare – z.B. kulturelle – Faktoren entgegen?). Der im Prinzip einleuchtende Ansatz der KNA, öfftl. Investitionsentscheidungen eine rationale, wo möglich quantitative Grundlage zu liefern, ist daher auch im Lichte von Erfahrungen bei der Projektevaluierung relativiert worden; meist bleibt man auch bei der Messung der Effizienz von öfftl. Investitionen in EL auf qualitative Verfahren angewiesen.

Lit.: E. J. Mishan, Elemente der Kosten-Nutzen-Analyse, Frankfurt 1975; J. Hoffmann, Erweiterte Nutzen-Kosten-Analyse, Göttingen 1981. bt

Kreditanstalt für Wiederaufbau →KfW

Kriege in der Dritten Welt Schon die vorkolonialen, nichtstaatlich verfaßten Gesellschaften und organisierten Hochkulturen der heutigen *Dritten Welt führten Kriege. Der *Kolonialismus und die seit dem 18. Jh. zunehmend auch außerhalb Europas geführten europ. Kriege haben das Phänomen Krieg internationalisiert.

Seit Ende des II. Weltkriegs hat sich der Schauplatz milit. Konflikte beinahe ausschließlich in die Dritte Welt verlagert. Von 160 Kriegen, die zwischen 1945 und 1985 gezählt wurden, fanden 151 unter Beteiligung von mehr als 60 Ländern in den Regionen der Dritten Welt statt. Bei diesen, z. T. lang dauernden Kriegen (Indochina- und Vietnamkrieg: 30 J.) wurden schätzungsweise mindestens 20 Mio. Menschen getötet.

Im 20. Jh. können neben den (v. a. in der ersten Jh.-Hälfte geführten) *antikolonialen Befreiungskriegen* idealtypisch *zwischenstaatliche* Kriege von *innerstaatlichen* milit. Konflikten unterschieden werden. Letztere machen als Antiregimekriege oder als Stammes-, Religions- oder Separationskriege mehr als die Hälfte der milit. Auseinandersetzungen seit 1945 aus, wobei allerdings meistens wegen der Beteiligung Dritter (EL oder IL) von «internationalisierten Bürgerkriegen» gesprochen werden muß.

Aus den zahlreichen Gründen für milit. Gewaltausbrüche verallgemeinerbare Ursachen herauszufiltern ist problematisch; allzu leicht stellen sich Kriege dann als unausweichliche Notwendigkeiten dar. Dennoch können die einzelnen o. g. Kriegstypen z. T. auf wiederkehrende Entstehungsmuster bezogen werden.

Innerstaatliche Kriege werden oftmals auf strukturelle Basiskonflikte in EL zurückgeführt, die in einer häufig extrem ungleichen Verteilung von Einkommen, Vermögen und Lebenschancen (→Strukturelle Gewalt) oder auch (bes. in Asien und Afrika) im hist. Prozeß der aus dem Kolonialismus resultierenden Staatsbildung (oftmals willkürlich, ohne Rücksicht auf ethnische und kulturelle Vielfältigkeiten abgesteckte Territorien) begründet sind (→Ethnizität). Zwischenstaatliche Kriege werden meist als Konflikte um Macht, Territorien und/oder Rohstoffe begriffen oder aber mit innergesellsch. Faktoren (Herrschaftsgruppen versuchen, mit Hilfe eines Krieges ihre Position zu stabilisieren) erklärt.

Die meisten milit. Konflikte in der Dritten Welt verweisen auf hist. (→Imperialismus, Kolonialismus) und heutige Formen der *Abhängigkeit der EL (→Nord-Süd-Konflikt). Nach dem II. Weltkrieg wurden Kriege in der Dritten Welt deutlich durch den Ost-West-Konflikt geprägt (indirekte oder direkte Hilfe für kriegführende EL oder gar Intervention von seiten der Supermächte bzw. Stellvertretern). Die int. Dimension dieser Kriege hat sich in Krisengebieten wie Indochina und dem Nahen Osten immer wieder auch zur Gefahr einer Ausweitung und nuklearen Eskalation zugespitzt (sog. Sarajewo-Effekt). Int. Faktoren wie der Ost-West- oder der Nord-Süd-Konflikt können aber nicht allein für milit. Gewalt in oder zwischen EL verantwortlich gemacht werden. Seit Beginn der 70er J. sind Beteiligungen von IL an Kriegen in der Dritten Welt zurückgegangen, in einigen Fällen wirkte sich das neue, partnerschaftliche Verhältnis der Supermächte zu Beginn der 90er J. pazifizierend auf einstige Stellvertreterkonflikte aus. Mittlerweile wurden einige EL Interventionsmacht (u. a. VR China, Indien, Syrien, Libyen, Marokko). Die genannten regionalen und nat. pol., sozialen und kulturellen Faktoren und nicht zuletzt die immens hohen Ausgaben für *Rüstung verweisen auch auf die Mitverantwortung pol. Führungen in den EL für eine traurige Kriegsstatistik, hinter deren Zahlen sich unvorstellbares Leid für Hunderte Millionen von Menschen verbirgt (Tote, Versehrte, *Flüchtlinge, Kinder des Krieges, Hunger, Zerstörung von Naturräumen); ganz abgesehen von der gigantischen Verschwendung von Ressourcen, die zur Überwindung der UE dringen benötigt werden. →Befreiungsbewegungen, →Nahost-Konflikt, →Iranisch-Irakischer Krieg, →Golfkrieg, →Zentralamerika-Konflikt, →*counter insurgency*

Lit.: U. Borchardt u. a., Die Kriege der Nachkriegszeit. Interne und internationale bewaffnete Konflikte von 1945 bis 1985, in: Vereinte Nationen, 34, Nr. 2 (1986); K. J. Gantzel/J. Mayer-Stamer (Hg.), Die Kriege nach dem Zweiten Weltkrieg bis 1984. Daten und erste Analysen, München, Köln, London 1986; V. Matthies, Kriegsschauplatz Dritte Welt, München 1988; R. Hofmeier/V. Matthies (Hg.), Vergessene Kriege in Afrika, Göttingen 1992. bt

Kritisches Minimum →*balanced growth*

KSZE →Menschenrechte

Kuba K. hat seit der *Revolution große E.-Anstrengungen unternommen und v. a. im sozialen Bereich erhebliche Fortschritte erzielt. Die Weltwirtschaftskrise, hohe Auslandsschulden, interne org. Probleme sowie die ökon. Auswirkungen der wirtsch. Liberalisierung des ehem. Ostblocks wie auch der Zerfall der Sowjetunion stellen das Land erneut vor gravierende Probleme, deren eigenständige Lösungsversuche eine Ablehnung der ökon. Reformpolitik der ehem. UdSSR beinhalten.

1. K. ist mit einer Fläche von 110922 qkm die größte Insel der Großen Antillen. Wichtigster Sektor ist die Landw. (ca. 50% des Landes kann landw. genutzt werden). Sie konzentriert sich auf das Hauptexportprodukt Zucker (wegen des trop. Klimas günstige Anbaubedingungen, aber auch Wetterabh.: Trockenperioden, Wirbelstürme). Der Anteil des Zuckers am kub. Export beträgt noch 70–85%, die Exporteinnahmen aus diesem Sektor sind jedoch wegen des anhaltenden Preisverfalls von Zucker rückläufig. Der *monokulturelle Anbau von Zuckerrohr erforderte im vorrevolutionären Kuba hohe Nahrungsmittelimporte (30% des Gesamtimports), die heute durch eine *Diversifizierung der Landw. zur Deckung des Eigenbedarfs abgebaut werden: verstärkter Anbau von Mais, Reis, Bohnen, Hirse, auch Tabak, Kaffee, Zitrusfrüchte (für den Export); Ausbau der Viehwirtsch. (zweitwichtigster Sektor nach Zukker), Milchproduktion und Fischerei, Kultivierung zusätzlicher Anbauflächen.

K. besitzt im SO nicht unbedeutende Vorkommen an Erzen. Der Bergbau und die ind. Verarbeitung der Bodenschätze konzentrierten sich v. a. auf die Nickelproduktion. Auf Grund fehlender eigener Energiereserven und Rohstoffe wurde der nach der Revolution forcierte Ausbau einer Schwerind. nicht fortgesetzt (Abh. von Rohölimporten aus der UdSSR seit 1959). Statt dessen orientiert sich der ind. Aufbau K.s an den Bedürfnissen der Landw.: Ausbau der Zuckerind., der Nahrungsmittelindustrie (Fleisch, Fisch), ind. Verarbeitung von Agrarerzeugnissen (Bier, Rum, Tabak), Verarbeitung von Nebenprodukten des Zuckerrohrs (Papier, Viehfutter), Ausbau der chem. Industrie (Kunstdünger, Kunstfasern), Herstellung landw. Maschinen, Zement. Als Devisenquelle gewinnt der *Tourismus seit Beginn der 80er J. zunehmend an Bedeutung (110 Mio. US-$ 1986).

2. K. wurde 1511 in das span. Kolonialsystem eingegliedert. Gemäß der feudalen Tradition Spaniens bildete sich eine von Spanien pol. und ökon. abh. Kolonialgesellschaft heraus, die

als span. Handelsknotenpunkt und Versorgungsbasis diente und deren Wirtschaft bis ins 18. Jh. auf extensiver, in * Latifundien betriebener Viehwirtsch. (Export von Häuten) und kleinbäuerlicher Tabakproduktion basierte (später auch Sklavenhandel). Die Zuckerwirtsch. nahm erst im 19. Jh. einen enormen Aufschwung (Ausfall Haitis als Zuckerproduzent, Gründung der USA, Liberalisierung der span. Handelspolitik 1918). In K. setzte sich die monokulturelle * Plantagenproduktion von Zucker durch, die auf der Ausbeutung importierter afrik. Sklaven basierte und für den Bedarf des span., später des US-Marktes produzierte. Nach dem zweiten Unabh.-Krieg gegen Spanien (1895 bis 1898) erlangte K. die pol. Unabh., die aber auf Grund des Eingreifens der USA in den Krieg (wirtsch. Interessen) und der darauf in der kub. Verfassung zugesicherten Interventionsrechte der USA (*Platt Amendment*) eingeschränkt wurde. In der Folgezeit vollzog sich K.s endgültige Umwandlung zur Zuckerinsel, deren Wirtschaftsentwicklung der Weltzuckerkonjunktur und Exportschwankungen unterworfen war. Diese neue Phase pol. und struktureller Abh. K.s von den USA und die damit verbundene UE dauerte bis 1959 (Durchdringung der kub. Wirtschaft mit US-Kapital: 1958: 13 US-Zuckergesellschaften prod. 40% des Zuckers; US-Kapital kontrolliert 36% der Ländereien, 90% des Bergbaus, die ges. Energieversorgung; Gewinntransfer in die USA verhindert eigenständige E.).

Der Sieg der kub. Revolution 1959 unter Führung Fidel * Castros beendete das strukturelle Abh.-Verhältnis K.s von den USA. Das Handelsembargo der USA (seit 1960), der von den USA unterstützte Ausschluß K.s aus der * OAS und der Wirtsch.-Boykott der OAS-Staaten zwangen K. zu intensiven Handelsbeziehungen mit den soz. Ländern (v. a. der UdSSR). Gleichzeitig radikalisierte sich die anfangs radikal-demokrat., antiimp. Revolution (v. a. nach dem von den USA unterstützten Invasionsversuch kub. und US-Söldner in K.). Mit Hilfe v. a. sowjet. Kredite wurde die ökon. E. und soz. Umgestaltung K.s eingeleitet. 1972 wurde K. Mitglied des COMECON. Als Haupthandelspartner, Kreditgeber und Zuckerabnehmer hatten die UdSSR quantitativ den Platz eingenommen, den vor 1959 die USA innehatten. Die neue Abh. K.s hatte sich allerdings nicht als neue strukturelle * Abhängigkeit erwiesen, vermittelt über sowjet. Subventionen wurde soziale Entwicklung ermöglicht. Dennoch darf auch die neue Abhängigkeit, wie die derzeitige Wirtschaftskrise K.s verdeutlicht, nicht unterbewertet werden.

3. Die Bev. K.s wurde 1987 auf 10,3 Mio. Ew. geschätzt (Bev.-Dichte: 89 pro qkm); Urbanisierungsgrad 71%; Hs. La Habana (1981) 1,92 Mio. Ew. Die vor der Revolution verbreitete * Landflucht ist mit dem Ausgleich des Stadt-Land-Gefälles zurückgegangen. Die JZ der Bev. betrug 1980–86 0,9% und ist damit die geringste in LA. Durch den Ausbau des Gesundheitswesens seit der Revolution ist u. a. die LE auf 75 J. gestiegen und die Kindersterblichkeitsrate auf 1,6% gesunken. Die nach der Revolution einsetzende, pol. motivierte Emigrationswelle (1959 bis 1962: ca. 200000; 1966: 56408; 1972: 19455) erreichte 1980 mit ca. 147000 Emigranten einen neuen Höhepunkt, die das Land v. a. aus materiellen und pol. Gründen verließen. Die * ethnische Zusammensetzung der Bev. spiegelt ebenso wie Sprache und Religion die Kolonialzeit wider: Weiße ca. 70%, Mulatten und Mestizen 15 bis 17%, über 12% Schwarze, Chinesen 0,5%; ca. 90% der Bev. sind katholisch, die Landessprache ist Spanisch.

4. Die kub. Rev. hat die sozio-ökon. Strukturen K.s grundlegend verändert. Vor der Revolution: Ausrichtung der Wirtschaftstätigkeit (Investitionen, In-

frastruktur) auf die Bedürfnisse des hypertroph ausgebildeten, exportorientierten Zuckersektors; fehlende am Binnenmarkt orientierte nat. Industrie; Errichtung einiger ausl. (US) *kapitalintensiver Industriebetriebe, die als ausl. *Enklaven nicht in den nat. Wirtschaftskreislauf integriert waren und kaum Arbeitsplätze schufen; höchste Bodenkonzentration in LA: 57% d. Bodens entfiel auf 2,8% der landw. Betriebe, 15% des Bodens auf 78,5% der Betriebe. Soziale Konsequenzen: hohe Arbeitslosenquote und Unterbeschäftigung (saisonales Beschäftigungsangebot, abh. von der Zuckerernte); 1956 waren während der Ernte 9% arbeitslos, nach der Ernte 21%; extrem ungleiche Einkommensverhältnisse (benachteiligt v.a. die *Subsistenzbauern und Landarbeiter [32%] und die städt. *marginalen Schichten [23%]); hohes Stadt-Land-Gefälle.

Nach der Revolution wurde in K. eine zentrale Planwirtschaft errichtet und die Produktionsmittel weitgehend verstaatlicht. Die beiden *Agrarreformen von 1959 und 1963 verstaatlichten allen Grundbesitz über 67 ha (63% der landw. Betriebe). Verstärkte Kampagnen zur freiwilligen Kollektivierung ab 1986 sollen den Anteil der verbliebenen Privatbetriebe weiter reduzieren. Bis 1968 wurde die gesamte nat. und ausl. Ind., der Handel, das Bank-, Verkehrs-, Gesundheits- und Bildungswesen ebenfalls verstaatlicht. Gleichzeitig wurden drastische Umverteilungsmaßnahmen unternommen zu Lasten der ehemals privilegierten Schichten (Oligarchie, Mittelschichten). Eines der größten wirtsch. Probleme vor der Revolution, die *Arbeitslosigkeit, wurde beseitigt. Mit der ab 1978 eingeleiteten Rationalisierung der Betriebe und Bürokratie tritt erstmals wieder das z.T. durch Schaffung unproduktiver Tätigkeiten verdeckte Problem der Arbeitslosigkeit offen zutage (1979: 5,4%).

Nach der Planungsdebatte 1963/64 setzte sich ein stark zentralisiertes Planungs- und Leitungssystem durch: «Haushaltsmäßiges Finanzierungssystem» (zentrale Betriebsleitung, zentrale Zuweisung von Geldmitteln, Maschinen und Ressourcen, Rückfluß erwirtschafteter Erträge und Gewinne an die zuständige zentrale Behörde). Parallel dazu sollte ein moralisches Anreizsystem (Abbau des Stücklohns und der Überstundenbezahlung, Zeitlohn, freiwillige, unbezahlte Mehrarbeit) die Arbeitsproduktivität steigern und Einkommensunterschiede abbauen. Für die Planung des ges. Produktions- und Distributionsprozesses und die Festlegung der Jahrespläne ist die zentrale Planungsbehörde JUCEPLAN zuständig. Landw. Privatbetriebe werden über die Kleinbauernorganisation ANAP in den Plan einbezogen. Mangelnde Berücksichtigung wirtsch. Rentabilität und Kostenrechnung, Überzentralisation, bürokratische Leitung und fehlende Einbeziehung unterer Ebenen in die Planerstellung, mangelnde Koordination der Einzel- und Spezialpläne führten u.a. zu unrealistischen Planzielen, wirtsch. Desorganisation und einem Absinken der Arbeitsproduktivität.

Nach der Krise von 1970 wurde damit begonnen, die Überzentralisation des Planungs- und Leitungsapparats abzubauen und die Wirtschaft nach Effektivitäts- und Rentabilitätskriterien zu organisieren. 1978 wurde das sowjet. «System der wirtsch. Rechnungsführung» eingeführt, das neben der finanz. Autonomie und einer begrenzten autonomen Produktion der Betriebe Markt- und Ware-Geld-Beziehungen zwischen den Betrieben und eine Produktion nach Gewinn und Rentabilität einschließt. Materielle Arbeitsanreize (Entlohnung entsprechend dem Quantum der geleisteten Arbeit, Akkordarbeit) und die Einführung differenzierter Lohnskalen entsprechend dem Grad der Qualifikation und pol. Verantwortung sollten die Arbeitsproduktivität heben, haben allerdings auch die Einkommensunterschiede zugunsten z. B. der Betriebsleiter, pol. Funktionäre und techn. qualifizierten Personals wieder verstärkt. In Ergänzung der ökon. Reformen wurden 1980 zur Verbesserung des Konsumgüterangebots erstmals wieder freie Märkte zum Verkauf von Überschußprodukten zugelassen. Die schnelle Entwicklung einer privatkapitalistischen Parallelwirtschaft, die dem staatl. Sektor z. T. durch Korruption und Unterschlagung zunehmend Ressourcen entzog, das Entstehen einer neuen kapitalistischen Schicht von Spekulanten, sinkende Arbeitsmoral und fortgesetzte Planungsmängel sowie die anhaltende Wirtschaftskrise haben 1986 mit der Politik der «*rectificación*» zu einer neuen Kurskorrektur geführt, die im Ggs. zu den ökon. Reformen der sowjet. Politik der *Perestroika* stand. Die freien Märkte wurden verboten, die Anwendung kapitalistischer Mechanismen beim Aufbau des * Sozialismus verurteilt und die Notwendigkeit moralischer Arbeitsanreize hervorgehoben.

5. Die Maßnahmen, die nach dem Sieg der Revolution zur Veränderung der Sozialstruktur, ihres sektoralen und regionalen Ungleichgewichts eingeleitet wurden, erzielten eine zunehmende Egalisierung der Gesellschaft. Beispielsweise wurden die Mieten auf 10 % des Einkommens gesenkt und ein einheitliches Sozialversicherungssystem geschaffen (Alter, Krankheit, Invalidität). Auch das Schul- und Gesundheitswesen wurde in quantitativer und qualitativer Hinsicht ausgebaut und ist kostenlos.

Erster Schritt war die * Alphabetisierungskampagne 1961, die den Analphabetismus von 23,6 % auf 3,9 % senkte. Daran anschließend wurde die Erwachsenenbildung systematisch ausgebaut (Arbeiter- und Bauernfakultäten, techn. Fortbildungskurse, Abendschulen). Um die * Frauen in den allg. Bildungs- und Arbeitsprozeß zu integrieren, wurden Kindergärten und -tagesstätten eingerichtet. Zur Beseitigung des regionalen Ungleichgewichts wurden v. a. auf dem Lande neue Schulen und Ausbildungsmöglichkeiten geschaffen. Zu den Ausbildungsformen gehört auch eine praxisbezogene Ausbildung (Verbindung von Unterricht und produktiver Arbeit) und die Verlagerung der Lehrinhalte auf techn. naturwissenschaftliche Bereiche. Für Schüler und Studenten sind Lehrmittel, Unterkunft, Verpflegung und Kleidung kostenlos, Studenten erhalten Stipendien. Die med. Versorgung wurde v. a. auf dem Lande ausgebaut, wo vor der Revolution nur ein Krankenhaus bestand. Es wurden zahlreiche medizinische Ausbildungsstätten eingerichtet, der Bereich der med. Vorsorge wurde ausgebaut. Massenkrankheiten wie Polio, Gastroenteritis, Malaria und Typhus wurden eingedämmt, die Krankheits- und Sterblichkeitsrate ist zurückgegangen.

Trotz der Konsumgüterrationierungen, die in den 60er J. für fast alle Produkte eingeführt wurden, haben sich der Lebensstandard und die materielle Lage der früher unterprivilegierten Mehrheit des kub. Volkes spürbar verbessert. Dennoch wird bes. nach Abschaffung der freien Märkte und auf Grund der gegenwärtig tiefen Wirtschaftskrise mit weiteren Versorgungsengpässen und einer Anhebung der niedrigen Preise für staatl. Dienstleistungen (z. B. Transportsystem) zu rechnen sein. Mit dem Wegfall der sowjet. Subventionen und Kredite, mit deren Hilfe das kostspielige Sozialsystem finanziert wurde, ist die Aufrechterhaltung der sozialen Errungenschaften der Revolution aber unmittelbar gefährdet.

6. Nach dem Unabh.-Krieg (1895 bis 1898) wurde die pol. Entwicklung K.s durch die Vorherrschaft der USA bestimmt. Eine funktionsfähige bürger-

lich-parl. Demokratie konnte sich nicht entwickeln (häufig wechselnde, von den USA abh. Regierungen, Korruption, Diktaturen, pol. Unterdrükkung). Der Militärputsch Batistas 1952 und seine anschließende korrupte und blutige Diktatur war auslösendes Moment für die Entwicklung der kub. revolutionären Bewegung, die in der Tradition der Unabh.-Kriege und des Volksaufstands 1933 gegen den Diktator Machado stand. 1959 gelang unter der Führung Fidel Castros nach dreijährigem * Guerillakrieg durch einen Generalstreik der Sturz Batistas. Die Verfassung von 1940 wurde außer Kraft gesetzt und die gesetzgebende Kompetenz an den Ministerrat übertragen. Alle pol. Parteien wurden verboten, die mit Batista kollaboriert hatten.

Die pol. Struktur des revolutionären K. blieb bis zur Verabschiedung der soz. Verfassung 1976 in einem Volksreferendum durch den geringen Grad der Institutionalisierung und Formalisierung pol. Herrschaft gekennzeichnet. Institutionelle Ansätze bestanden im Aufbau der Kommunist. Partei (PCC) und den Massenorganisationen. Die soz. Verfassung von 1976 hob das institutionelle Vakuum auf. Oberstes gesetzgebendes Organ der Staatsmacht ist die indirekt gewählte Nationalversammlung, die den Staatsrat (31 Mitgl.) wählt, die Minister ernennt und die Mitgl. des Obersten Gerichts; die Trennung von Staat und Reg. wird durch die Bildung eines Ministerrats als oberstes Exekutivorgan impliziert; der Staatsratsvorsitzende (Präs., seit 1976 von Castro besetzt) ist gleichzeitig Staats- und Regierungsoberhaupt und Oberbefehlshaber über die Streitkräfte. Volksgewählte Gemeindeversammlungen bilden als Organe der Staatsmacht die unterste Ebene des Staatsaufbaus; die Mitgl. der übergeordneten Provinzversammlungen und der Nationalversammlung gehen seit der Wahlrechtsreform von Dez. 1992 auch aus direkten Wahlen hervor. Die Verfassung legt außerdem den Status der PCC als führende Kraft in Staat und Gesellschaft fest und sichert die Rechte der Massenorganisationen ab. Bis 1970 bewahrte sich K. trotz wirtsch. Abh. von der UdSSR eine weitgehende pol. Selbständigkeit. Außenpol. fand sie v. a. in der Ablehnung der sowjet. Politik der friedlichen Koexistenz, der Verurteilung des UdSSR-China-Konflikts, der Kritik an der Politik der orthodoxen KPs und der Unterstützung der lateinamerik. Guerillabewegungen ihren Ausdruck, ideologisch v. a. in der Theorie des gleichzeitigen Aufbaus von Sozialismus und Kommunismus und der damit verbundenen innenpol. Maßnahmen zur Egalisierung der Gesellschaft sowie in der Ablehnung der pol. und ökon. Organisationsstruktur der bestehenden soz. Länder (v. a. der UdSSR). Mit dem Scheitern der erhofften lateinamerik. Revolution hat sich K. in den 70er J. pol. und ideologisch zunehmend an die UdSSR angeglichen. Die 1986 eingeleitete Politik der «*rectificación*» und die damit verbundene Kritik an der sowjet. *Perestroika* hat die alten pol.-ideolog. Gegensätze erneut aufbrechen lassen. Im Gegensatz zur pol. Liberalisierung in den ehem. sozialist. Staaten Osteuropas hält K. an der Einpartei-Herrschaft fest.

7. Trotz des Fortbestehens wirtsch. Probleme und außenwirtsch. Abh. ist es K. gelungen, die für unterentwickelte und abh. Länder typischen sozialen und strukturellen Probleme zu beseitigen und eine homogene Wirtschaftsentwicklung einzuleiten. Schwerpunkt der agroind. Entwicklungsstrategie und bedeutendster Sektor der kub. Wirtschaft wird auch weiterhin die Landw. (v. a. der Zuckersektor) und damit die Außenwirtschaft bleiben. Die heutige tiefe Wirtschaftskrise K.s, die durch die Weltwirtschaftskrise, fallende Zuckerpreise und wachsende Staatsverschuldung eingeleitet wurde und sich durch den Zerfall der UdSSR

und des Ostblocks und dem damit verbundenen Ausfall der wichtigsten Handelspartner und Kreditgeber weiter zugespitzt hat, zeigt allerdings die Verwundbarkeit des kub. Entwicklungsmodells, das auf der mittelfristigen extremen Abh. von einem landw. Exportprodukt als Leitsektor wirtsch. Entwicklung und von einem Handelspartner basiert.

Für die ökon. Entwicklung K.s und die Aufrechterhaltung der sozialen Errungenschaften der Revolution waren die Beziehungen zum COMECON, v. a. aber zur UdSSR (Kredite, Vorzugspreise etc.) von zentraler Bedeutung. Die heutigen GUS-Staaten und Rußland, selbst krisengeschüttelt, können und wollen die bisherige Vorzugsbehandlung K.s nicht weiterführen und haben die Subventionen an die kub. Wirtschaft in dem bisherigen Ausmaß eingestellt (die sowjet. Unterstützung der kub. Wirtschaft wurde auf 1 bis 3 Mio. US-$ pro Tag geschätzt). 1987 verweigerte Castro bereits die Rückzahlung der bisherigen sowjet. Kredite. Neue Kredite sind kaum zu erwarten. Damit steht K. vor seiner größten Wirtschaftskrise und hat bereits drastische Rationierungen auch von Energie und Kraftstoff verfügt und ein wirtsch. Notprogramm eingeleitet.

Angesichts des Ausfalls der trad. Handelspartner ist K. bemüht, seine Beziehungen zu den nicht-sozialistischen Staaten, bes. zu den Ländern der *Dritten Welt, auszubauen. Neben *bilateralen Kooperationsabkommen mit Ländern der Dritten Welt verfolgt K. eine Politik des gemeinsamen Handels dieser Länder (z. B. Schuldeninitiativen, kub. Entwicklungshilfe in 36 EL, Unterstützung von Befreiungsbewegungen in Afrika, Nicaragua, Mitgliedschaft im CARICOM). Gleichzeitig hat K. engere Wirtschaftsbeziehungen zu China geknüpft, die allerdings die bisherigen Beziehungen zur UdSSR nicht ausfüllen können. Da K. am Sozialismus festhält und wirtsch. Liberalisierung und pol. Pluralismus weiterhin ablehnt, werden sich die Beziehungen zu den westlichen IL allerdings kaum verbessern, da diese engere Beziehungen zu K. an die Bedingung pol. und wirtsch. Reformen knüpfen.

Lit.: P. M. Sweezy/L. Huberman, Sozialismus in Kuba, Frankfurt/M. 1970; H. Thomas, Cuba or The Pursuit of Freedom, London 1971; M. Harnecker, Cuba, Dictadura o democracia, Madrid 1976; J. Levesque, The USSR and the Cuban Revolution: Soviet Ideological and Strategic Perspectives 1959–1977, New York 1978; J. I. Dominguez, Cuba. Order and Revolution, Cambridge (Mass.)/London 1978; F. Mires, Kuba: Die Revolution ist keine Insel, Berlin 1978; H. Fabian, Der kubanische Entwicklungsweg, Opladen 1981; K. Stahl, Kuba – eine neue Klassengesellschaft?, Heidelberg 1987; D. Nohlen/K. Stahl, Kubas Kurs der Kurswechsel, in: R. Rytlewski (Hg.), Politik und Gesellschaft in sozialistischen Ländern, Opladen 1989, S. 489 ff.; K. Stahl, Kuba, in: HDW III, 3, 1992, S. 471 ff. ks

Kübel-Stiftung *Nichtstaatliche Organisation, gegr. 1976. Fördert familienorientierte *Selbsthilfe-Programme in der BRD und in Indien, v. a. integrierte ländl. E.-Programme im Bereich *Bildungs- und *Gesundheitswesen; koordiniert den *Bensheimer Kreis, übernimmt e.-pol. Bildungs- und Öffentlichkeitsarbeit. Finanzierung durch Eigenmittel, Zuwendungen des *BMZ und der Kommission der EG. Adresse: Darmstädter Str. 100, 6140 Bensheim. dn

Kulturelle Entwicklung →Weltkulturdekade

Kulturpluralismus-Ansätze →Ethnizität

Kulturpolitik →Auswärtige Kulturpolitik

Kulturrevolution →Algerien/China VR/Libyen

Kulturwandel Nach R. F. Behrendt bedeutet K. die Veränderung der überlieferten Verhaltens- und Verfahrensweisen in irgendeinem Kulturbereich, sofern sie die Struktur oder das Funktionieren von Gesellschaften beeinflußt. K. kann sich erstrecken auf: 1. Werthaltungen, geistige Interessen, relig. Vorstellungen, Methoden und auch Institutionen der Erziehung und *Bildung; 2. Techn. und wirtsch. Verfahrensweisen und Produktionsfähigkeit; 3. Ausdrucksformen der bildenden Kunst, Musik, Dichtung, des Tanzes; 4. Weite und Intensität der zwischenmenschlichen Beziehungen; Zahl, Dichte und Verteilung der Bev.; Formen der Arbeitsteilung; Wirtschafts- und Beschäftigungsstruktur; soziale Schichtung und die Bedeutung der grundlegenden Sozialgebilde wie Familie, Sippe, Gemeinde, Staat etc. K. kann * endogen (intrakulturell, durch Schöpfer) oder * exogen (interkulturell, durch * Akkulturation) ausgelöst werden. Als zentrales E.-Problem macht die mit dem Begriff K. arbeitende E.-Soziologie den gelenkten, dynamischen K. aus, d. h. Schaffung bestimmter seelischer, geistiger und gesellsch. Voraussetzungen für E., Erlernen von Neuerungen, Annahme zweckrationaler Gewohnheiten des Denkens und Handelns, des Arbeits- und Sparethos, der planmäßigen Lebensgestaltung im Individuellen und Kollektiven, des Leistungsprinzips. E.-Hilfe habe vorrangig die E.-Bereitschaft, die aktiv-dynamische * Akkulturation und die Fähigkeit der Verhaltensänderung zu fördern.

Lit.: R. F. Behrendt, Soziale Strategie für EL, Frankfurt 1968; W. Zapf (Hg.), Theorien des sozialen Wandels, Köln 1969. dn

Kuwait Aufgrund seiner Erdölvorkommen war das * OPEC-Land K., gemessen an seiner Bev.-Zahl, bis 1990/91 eines der reichsten Länder der Welt. Die Bev. partizipierte bis zu einem gewissen Grad an diesem Reichtum, die pol. Partizipation war jedoch stark eingeschränkt. Der gescheiterte Versuch der Annektion K.s durch den Irak 1990 (* Golfkrieg) hatte katastrophale humane, demographische, ökologische und ökonomische Folgen.

1. Das Emirat K. (Fläche 17 818 qkm) liegt an der NW-Küste des Pers. Golfs. Da Trinkwasser knapp ist und durch Meerwasserentsalzung gewonnen werden muß, ist Ackerbau nur bei hohen Kosten (Bewässerung) möglich. Der Anteil der Landw. ist mit 1 % des BIP und 2 % der Erwerbstätigen äußerst niedrig. Die Fischereiwirtsch. wurde seit Mitte der 80er J. ausgebaut. K.s Existenzgrundlage ist das Erdöl. Seine Vorräte sind die weltweit drittgrößten (gesch. 13 Mrd. t, d. h. ca. 10,7 % der gesamten Weltvorräte; Produktion 1,2 Mio. bpd). Der gesamte Erdöl- und Erdgassektor wurde 1975/77 verstaatlicht. Die Ölexporterlöse halten stets einen Anteil von 75–80 % an den Staatseinnahmen, gefolgt von den Einkünften aus Auslandsanlagen der Ölgewinne. Diversifizierungsbemühungen zielten v. a. auf den Ausbau der Ind. (51 % des BIP), in erster Linie der Etablierung einer eigenen erdöl- und erdgasverarbeitenden Ind.

2. Von den 1,96 Mio. Ew. K.s (1988) stammte die Mehrheit aus dem Ausland (1,12 Mio.), meist aus den arab. Nachbarländern sowie aus dem Iran, Indien, Pakistan. Die größte Gruppe stellten mit 20 % der Ausl. die Palästinenser. Das Bev.-Wachstum liegt mit einer JZ (1980–87) von 4,5 % sehr hoch, was auf die verbesserte med. Versorgung (Sterbeziffer 0,3 %; LE: 73 J.; Geburtenziffer 3,3 %) sowie die durch den Ölreichtum ausgelöste Zuwanderung zurückgeht. Die Bev. konzentriert sich in den Städten (Urbanisierung: 95 %; Hs. Kuwait-Stadt 1,7 Mio. Ew., Hawalli 150000 Ew.). Die vorwiegend arab. Bev. K.s bekennt sich zu 93 % zum Islam (70 % Sunniten, 30 % Schiiten), es gibt eine christl. Minderheit (87000, davon 50000 kath.). Der Ölreichtum wurde Grundlage umfassender Sozialleistungen: Steuerfreiheit, staatliche Subvention von (überwiegend importierten) Grundnahrungsmitteln, kostenloses und gut ausgebautes Bildungs- und Gesundheitswesen (1985: 1 Arzt je 629 Ew., Schulpflicht, Gründung der Universität 1966; Analph.: 29 %).

3. Anfang des 18. Jhs. wanderten Beduinen aus dem N in das zuvor weitgehend unbesiedelte K. ein und gründeten 1756 K.-Stadt. Zur Herrscherfami-

lie wurden die as-Sabah, die bis heute die Macht innehaben. Um sich vor den Angriffen der Wahabiten zu schützen, unterstellte sich K. 1829 osman. Oberhoheit bei Wahrung weitgehender Autonomie. Die Rückkehr der Osmanen nach ihrer vorübergehenden Vertreibung aus der Region 1871 hatte eine formal festere Einbindung K.s in das Reich zur Folge (als Teil des Verwaltungsbezirks Basra). Als eine weitere Einschränkung der kuw. Selbständigkeit drohte, schloß K. 1899 ein Schutzabkommen mit GB; enge bilaterale Bez. bestanden schon vorher (brit. Hilfe gegen die Wahabiten 1791). 1913 garantierte die Hohe Pforte in einem Vertrag mit GB die Selbständigkeit K.s und akzeptierte seinen Status als brit. Protektorat. Im Abkommen von Uquair 1922 wurden die Grenzen zwischen K., Irak und Saudi-Arabien festgelegt. Der Irak erkannte die Grenze zu K. 1932 und 1963 an. Eine neutrale Zone zwischen K. und Saudi-Arabien wurde 1969 einvernehmlich zwischen diesen aufgeteilt. 1961 entließ GB sein Protektorat K. in die pol. Unabh. Nach der Wiederherstellung der territorialen Integrität Kuwaits verlegte eine beauftragte UN-Kommission im April 1992 die Grenze Kuwaits zum Irak auf eine Länge von 25 km um 600 Meter nach Norden. Dadurch gingen mehrere Erdölvorkommen des Irak in kuwaitischen Besitz über. Die Grenzziehung wird vom Irak nicht anerkannt.

4. K. ist eine konstitutionelle Monarchie, die Herrschaft des Emirs ist allerdings gemäß der Verfassung von 1962 parlamentarischer Kontrolle weitgehend entzogen. Das Wahlrecht ist auf Männer (Mindestalter 21 J.) beschränkt, die selbst oder deren Vorfahren seit 1920 im Lande leben. Seit 1977 setzt Emir Dschaber al-Ahmed as-Sabah die lückenlose Folge von Herrschern des Hauses as-Sabah fort. Das Parlament wurde 1986 aufgelöst, vorgeblich aus Gründen der nat. Sicherheit (* iranisch-irakischer Krieg). Die irakische Invasion am 2.8.1990 und die versuchte Annexion als «neunzehnte Provinz des Iraks» stellt einen der tiefsten Einschnitte in der jüngeren Geschichte des Landes dar. Nach einer Massenflucht – nur ca. 280000 Ew. blieben im Land –, Deportationen, den Schäden des * Golfkrieges und der gezielten Vernichtung von zentralen Einrichtungen der kuw. Infrastruktur (u. a. Sprengung von Meerentsalzungsanlagen, Anzünden von ca. 600 Ölquellen, d. h. ein Verbrennen von ca. 6 Mio. bpd) durch die irak. Truppen bei ihrem Rückzug Ende Feb. 1991 waren die ökon. und ökol. Lebensgrundlagen K.s erheblich beeinträchtigt. Den notwendigen schnellen Wiederaufbau erschwerten zunächst innenpol. Spannungen zwischen dem während der Besatzungszeit aktiven bewaffneten Widerstand und der bereits vor dem Krieg starken Demokratiebewegung einerseits und dem Emir andererseits, der noch im Exil das Kriegsrecht verhängte, sowie durch Verfolgung im Lande lebender Palästinenser, denen Kollaboration mit der Besatzungsmacht vorgeworfen wurde.

Lit.: H. Hecklau, Kuwait, in: HDW II, Bd. 4, Hamburg 1978, S. 383ff.; M. W. Khouja/P. G. Sadler, The Economy of Kuwait, Development and Role in International Finance, London/Basingstoke 1979; Y. S. F. Al-Sabah, The Oil Economy of Kuwait, London 1980; S. Y. Alessa, The Manpower Problem of Kuwait, London 1981; H. U. Schedler, Kuwait, in: U. Steinbach/R. Robert (Hg.), Der Nahe und Mittlere Osten, Bd. 2, Opladen 1988, S. 232ff.; G. Hellmann, Der Krieg um Kuwait: Katalysator einer neuen Weltordnung oder Vorbote neuer Konflikte?, in: APuZ 7/8 1991, S. 12ff. hb

L

Ladinos Als *Ladinos* werden Menschen indianischer und afrik. Abstammung bezeichnet, die Spanisch sprechen, die Sitten und Gebräuche der Spanier angenommen haben und durch ihre Imitationsfähigkeit hervorstechen. Der Begriff ist auch gebräuchlich für indoeuropäische Mischlinge. Es hat dann die gleiche Bedeutung wie Mestize, *Cholo* oder *Caboclo*. Der Prozeß der Ladinisierung führt zur Orientierung an der herrschenden Kultur mit den entsprechenden sozialen und pol. Begleiteffekten. fn

LAFTA →ALALC

Lagos Plan of Action Der von der * ECA vorbereitete und von der * OAU-Wirtschaftsgipfelkonferenz in Lagos (1980) verabschiedete Aktionsplan, der ganz im Zeichen der * *collective self-reliance*-Postulate steht, sieht u. a. zunächst die Schaffung zollfreier Wirtschaftszonen (*preferential trade areas*), die Vergrößerung des innerafrikanischen Handelsaustausches und bis zum Jahr 2000 die Gründung einer kontinentalen Wirtschaftsgemeinschaft vor. fn

La-Havanna-Gipfel →Blockfreiheit, Blockfreienbewegung

Landflucht L. bezeichnet die Binnenwanderung in EL, die den Prozeß übersteigerter * Urbanisierung ausgelöst und nur selten zur Kolonisierung bisher unerschlossener Landesteile geführt hat. Motive für L. liegen in den extrem schlechten Lebensverhältnissen auf dem Lande, welche eine Reihe von Ursachen haben: überholte Besitzstrukturen an Boden und Wasser, niedrige * Produktivität, geringe Absorption vorhandener Arbeitskraft (→Arbeitslosigkeit), Vernachlässigung des Agrarsektors und chronische Benachteiligung der ländl. gegenüber der städt. Bev. (hinsichtlich Einkommen, med. Versorgung, Ausbildung etc.). L. ist mit der zumeist vergeblichen Hoffnung auf Arbeit und besseres Entgelt in den Städten verbunden. Die Folgen sind Entwurzelung und Leben in Elendsvierteln der Städte. Die urbane * Marginalität wird jedoch in aller Regel noch als eine Verbesserung gegenüber den Verhältnissen auf dem Lande begriffen, wo trotz Migration die ländl. Bev. absolut wächst. * Ländliche Entwicklung, * Agrarreformen und Grundbedürfnisstrategien scheinen am ehesten geeignet, das Problem an der Wurzel zu fassen und die L. zu mildern. dn

Ländliche Entwicklung Seit Mitte der 70er J. forcierte E.-Strategie, die zur Rückbesinnung auf die Landw. (statt ausschließlicher Konzentration auf die * Industrialisierung) auffordert und im engen Zusammenhang steht mit der Ausarbeitung des * Grundbedürfniskonzepts. L. E. soll die wirtsch. In-Wert-Setzung des in den EL im Überfluß vorhandenen Produktionsfaktors Arbeit herbeiführen. 80 % der arbeitslosen und unterbeschäftigten Bev. in den EL lebt auf dem Lande, wobei der * Urbanisierungsgrad von bevölkerungsreichen EL sehr gering ist: Indien 22 %, Indonesien 19 %, Bangladesh 19 %. L. E. zielt auf Erhöhung der Produktion, Einbeziehung von Klein- und Kleinstbetrieben (* Subsistenzsektor) in den Wirtschaftskreislauf, Schaffung von Einkommen (und ihrer besseren Verteilung) und von Kaufkraft zur Befriedigung der Grundbedürfnisse.

Die BRD hat bereits lange bevor das Konzept aufkam der L. E. durch gezielte Agrarhilfen Priorität eingeräumt. Sie verspricht sich folgende Effekte: 1. Erhöhte Nahrungsmittelproduktion; 2. Rohstoffsicherung von Naturprodukten; 3. Ausweitung von * Beschäftigung; 4. Verbesserung der Grundlagen der gewerblichen Wirtschaft; 5. * Diversifizierung der Volkswirtschaft; 6. Verbesserung der Handels- und Zahlungsbilanz; 7. Raumordnungseffekte, Verringerung von * Landflucht und * Urbanisierung.

Lit.: DIE, Grundbedürfnisorientierte ländliche Entwicklung, Berlin 1980; R. Hanisch/R. Tetzlaff (Hg.), Die Überwindung der ländl. Armut in der Dritten Welt, Frankfurt 1979; R. Wesel, Das Konzept der «Integrierten ländlichen Entwicklung»: Neuansatz oder Rhetorik, Saarbrücken/Fort Lauderdale 1982. dn

landlocked countries →Binnenländer

Landreform →Agrarreform

Laos In den letzten J. deutet sich im Gefolge der sowjet. Perestroika eine pol. und (v. a. gegenüber den * Schwellenländern der Region) wirtsch. Öffnung des seit 1975 kommunistisch regierten Landes an.

1. Die Demokratische Volksrepublik L. ist ein rel. dünn besiedeltes *Binnenland und hat wegen seiner langgestreckten Form und mangelnder *Infrastruktur (keine Eisenbahnen, wenige Allwetterstraßen) große Verkehrs- und Transportprobleme, was die Verwaltung des Landes, aber auch die Verteilung von Nahrungsmitteln und Hilfsgütern sehr erschwert.

2. Beherrschendes Merkmal der Bev. von L. ist die ethnische Vielfalt, die einer wirklichen nat. Einigung im Wege steht. Von den 1987 auf ca. 3,8 Mio. geschätzten Ew. sind nur etwa die Hälfte «Flachlandlaoten», der Rest sind Bergstämme (Lao Theung, Yao Ka und H'mong, auch «Meo» genannt) sowie die Minoritäten der Thai, Mon-Khmer und Shan. Demnach besteht mehr als die Hälfte der Bev. aus kulturellen *Minderheiten mit insges. 68 Sprachgruppen und sehr unterschiedlicher Religion und Gebräuchen. Viele dieser Minderheitsvölker erkennen die Oberherrschaft des laot. Staates nur formell an, pochen aber auf ihre trad. Autonomierechte und stehen Eingliederungsversuchen bzw. der Besteuerung durch die Zentralregierung meist feindlich gegenüber.

3. Das erst im 14. Jh. geeinte laot. Königreich Lan Xang («Millionen Elefanten») erreichte im 17. Jh. seinen Höhepunkt und wurde danach Stück für Stück zur Beute der stärkeren Thais (im S und W) und der ebenfalls expandierenden Vietnamesen (entlang der östl. Grenzen). Im 19. Jh. war L. schließlich auf einen tributpflichtigen Vasallenstaat der Thais zusammengeschrumpft, doch als Frankreich L. 1893 zu seinem Protektorat erklärte, sicherte es ihm damit wenigstens die territoriale Integrität. Die franz. Kolonialzeit trug nur sehr wenig zur E. des Landes bei, da L. kaum Rohstoffe (außer Zinn) besaß, die sich ohne große Kosten erschließen ließen. Dem Aufbau einer *Plantagenwirtschaft (wie im südl. Vietnam) waren durch die Bodenbeschaffenheit enge Grenzen gesetzt. Im Rahmen der Genfer Konferenz von 1953 erhielt L. zwar seine formale pol. Unabhängigkeit, doch inzwischen war das kleine Königreich durch Fraktionskämpfe der Oberklasse hoffnungslos aufgespalten. Während eine prowestl. Gruppierung den engen Anschluß L.s an Thailand und die USA suchte, verfolgte die Fraktion um den Prinzen Souvanna Phouma einen neutralistischen Kurs, und der «rote Prinz» Souphanouvong schloß sich den prokommunistischen, von Vietnam unterstützten Pathet Lao (gegr. 1956) an.

Jede der drei Fraktionen stützte sich im Vielvölkerstaat L. auf eine andere Volksgruppe. Das Land geriet wider Willen in den Strudel des zweiten Indochinakriegs, und bald war die geringe Infrastruktur durch die US-Luftwaffe zerbombt. Aus dem Waffenstillstandsabkommen vom Feb. 1973 ging eine neue Koalitionsregierung hervor, deren stärkste Kraft jedoch (wie schon 1957) die Pathet-Lao waren. Als im Dez. 1975 die Demokratische Volksrepublik L. ausgerufen wurde, blieb der «rote Prinz» Souphanouvong an der Spitze und wurde ihr erster Präsident. Doch der Versuch der Regierung, einen pol. und wirtsch. eigenständigen E.-Weg einzuschlagen, scheiterte an den katastrophalen Voraussetzungen und an der Politik des mächtigen Vietnam.

Nach 1975 stationierten die Vietnamesen eine «Schutztruppe» im Land und nahmen pol. Säuberungen vor, in deren Folge viele Mitglieder der pol. Elite in Umerziehungslager gesteckt wurden oder nach Thailand fliehen mußten (noch Ende 1986 gab es in thailändischen Lagern ca. 86000 laot. Flüchtlinge).

4. Den E.-Anstrengungen der laot. Regierung sind enge Grenzen gesetzt. Es fehlt an einem effizienten und landesweiten Verwaltungssystem, das die

Versorgung der Bev. und die Verteilung von med. Hilfe sichern könnte. Krankheiten (Malaria, Dysenterie, Tuberkulose) sind verbreitet, Ärzte und Krankenhäuser kaum vorhanden. Zwar haben sich die Verhältnisse seit dem Regimewechsel von 1975 verbessert, aber immer noch bleibt die Relation von im Durchschnitt einem Arzt auf 5000 Einwohner (1987) unbefriedigend.

L. hat außer einigen Sägewerken, Bergwerken, Nahrungsmittelindustrien und einer Brauerei kaum verarbeitende Industrie. Das produzierende Gewerbe trägt nach Schätzungen des *IWF lediglich 4% zum BIP bei und beschäftigt lediglich 1% der insges. 2 Mio. laot. Erwerbstätigen. ¾ der Beschäftigten sind in der Land- und Flußwirtschaft tätig. Ausreichende Selbstversorgung mit Nahrungsmitteln zur Deckung der *Grundbedürfnisse ist das oberste E.-Ziel der laot. Regierung und wurde angeblich 1981 durch Ausdehnung der agrarischen Flächen und der Bewässerungsanlagen erreicht.

Fast ⅔ des Landes besteht aus Waldgebieten. Größte Einnahmequelle ist der Verkauf von Edelhölzern und von Hydroenergie aus dem mit ausl. Hilfe erbauten Nam Ngum-Staudamm, vor allem an Thailand. Mit der Neuprospektierung der Bodenschätze haben vietnam. Ingenieure inzwischen begonnen.

E.-Hilfe kommt von der Sowjetunion, aber auch von westl. Staaten, während Thailand der wichtigste Handelspartner blieb. Da L. nur wenig exportiert und Konsumgüter fast vollständig importiert werden müssen, entsteht dem Land ein hohes Handelsbilanzdefizit (1987: 152 Mio. US-$), das bislang durch Kredite aus dem Ostblock gedeckt wird.

5. Nachdem eine Kollektivierungskampagne und eine hohe Agrarbesteuerung fehlgeschlagen waren, versucht die Reg. seit Anfang der 80er J. eine «sanfte» Revolution zu propagieren und die Produktion für «freie Märkte» sowie den Grenzhandel zu ermutigen. Im Gefolge der sowjet. Reformwelle und in enger Anlehnung an den vietnam. Nachbarn scheint sich seit Mitte der 80er J. eine *Liberalisierung und begrenzte Demokratisierung im pol. und wirtsch. Bereich durchzusetzen: ein im April 1988 erlassenes Wahlgesetz sowie Wahlen auf Kreis- und Provinzebene im Juni 1988 sind Schritte, die in diese Richtung weisen. Im April 1989 fanden erstmals seit 1975 Wahlen auf nat. Ebene statt, wobei allerdings die Verteilung der Parlamentssitze zwischen Rev.-Volkspartei (⅔) und Oppositionsparteien (⅓) vorab festgelegt war. Eine seit 1975 versprochene Verfassung soll in absehbarer Zukunft verabschiedet werden. Die Gewährung relativer Betriebsautonomie Ende 1985 ermöglicht größere Eigenverantwortlichkeit und Flexibilität der Betriebsleitungen. Ein **joint venture*-Gesetz vom Juli 1988 schafft günstige Bedingungen für ausl. *Direktinvestitionen in L. (z. B. Erlaubnis von 100% ausl. Anteilen an Unternehmen), sofern sie die Infrastruktur verbessern bzw. den *Tourismus oder die Exportwirtschaft fördern.

Außenpol. konnte sich L. in den letzten Jahren durch Verhandlungen mit Thailand, China und den USA wieder größeren Spielraum verschaffen und seine pol. Isolation und einseitige Abhängigkeit vom vietnam. Nachbarn verringern. Das Beispiel von L. zeigt die Schwierigkeiten beim Aufbau einer soz. Gesellschaft auf dem Fundament einer *Subsistenzwirtschaft. Auch wenn die E.-Chancen begrenzt bleiben werden, kündigen sich doch Umverteilungen im regionalen Kräftegleichgewicht an.

Lit.: H. U. Luther, Laos, in: HDW II, 7, Hamburg 1983, S. 361 ff.; O. Weggel, Indochina: Vietnam, Kambodscha, Laos, München 1987. hul/fg

La-Plata-Gruppe Umfaßt die Länder Argentinien (34%), Bolivien (19%), Brasilien (17%), Paraguay (100%) und Uruguay (80%), die mit den angegebenen Anteilen ihres Territoriums im La Plata-Becken liegen und April 1969 in Brasília den La-Plata-Vertrag unterzeichneten. Er soll der «harmonischen Entwicklung» und «physischen Integration» der Region dienen, ist jedoch als Alternative zu den gescheiterten *Integrationsbemühungen der *ALALC zu sehen.

Das La-Plata-Becken (*Cuenca del Plata*) ist das Einzugsgebiet des Flußsystems des Rio de la Plata (290 km Länge) und seiner großen Zuflüsse Paraná (4000 km), Paraguay (2500 km), Uruguay (2200 km) mitsamt deren Nebenflüssen. Mit 3,2 Mio. qkm ist es eines der größten Stromtäler der Erde; hier leben gegenwärtig 80 Mio. Menschen. Wirtsch. bedeutend sind seit jeher die landw. Nutzflächen für den Agroexport; durch die südwestl. Stoßrichtung des brasilian. Wirtschaftswachstums in Verbindung mit dem Standort der argentin. Industrie ist das Becken auch ein ind. Wachstumspol Südamerikas. Besonders vielversprechend sind die hydroelektrischen Energieressourcen der großen Flüsse, deren Wasser auch der Landw. und dem Verkehr dienen.

Organe: Konferenz der Außenminister (mit Entscheidungsbefugnis, tagt einmal jährl.); Intergouvernementales Koordinationskomitee CIC (Exekutive), Sitz in Buenos Aires; Finanzierungsfond FONPLATA, Sitz in Sucre/Bol.; Ad-hoc-Kommissionen, sog. *Tripartitas*, für konkrete Projekte.

Die integrationspol. Zielsetzung des La-Plata-Vertrages ist auf Maßnahmen physischer Integration (Staudämme, Straßen, Brücken, Ausbau der Kommunikation) beschränkt; die meist bilateralen Kooperationsabkommen sind auf spezifische Projekte begrenzt. Die ersten binationalen Projekte nach dem Vertrag bezogen sich auf die Nutzung der Ströme zur Energiegewinnung (*Itaipú, Yacyretá, Corpus), andere Vorhaben (z. B. Brücke über den La Plata zwischen Montevideo und Buenos Aires) sind in Vorbereitung. Zu Beginn der 80er J. war ein deutlicher Rückgang in den Aktivitäten des La-Plata-Systems zu verzeichnen, trotz der gleichzeitigen zunehmenden Verbesserung der bi- oder trilateralen Bez. unter den Mitgliedern. Auf dem 15. Außenministertreffen (Dez. 1984) wurde eine Reihe kooperationshemmender Schwierigkeiten festgestellt. Mit dem neuen Aktionsprogramm (ausgearbeitet auf der 17. Außenministerkonferenz 1987) soll die La-Plata-Becken-Kooperation konkrete Gestalt annehmen: Vorwarnsystem für Überschwemmungen in der Region, gemeinsame Qualitätskontrolle für Trinkwasser, Bewahrung natürlicher Ressourcen, Schiffahrt und Transport auf den gemeinsamen Flüssen sowie Zusammenarbeit an den Grenzen. Gleichzeitig wurde die Unterstützung des FONPLATA beschlossen, der bisher die erfolgreichste Institution des La-Plata-Systems war.

Der La-Plata-Vertrag trug dennoch dazu bei, daß sich die Bez. unter den Mitgl. erweitert haben, einschließlich der – wenn auch indirekt – von Argentinien, Brasilien und Uruguay initiierten und seit 1986 vermehrten Kooperationsvereinbarungen.

Lit.: INTAL/BID, El proceso de integración en América Latina en 1984, Buenos Aires 1985; D. Nohlen/M. Fernández Baeza/O. Bareiro (Hg.), Kooperation und Konflikt im La-Plata-Becken, Saarbrücken/Fort Lauderdale 1986; Integración Latinoamericana, No. 131, 1988. dn/ra

Lateinamerikanische Energieorganisation →OLADE

Lateinamerikanische Freihandelszone →ALALC

Lateinamerikanische Integrationsassoziation →ALADI

Lateinamerikanisches Institut für wirtschaftliche und soziale Planung →ILPES

Latifundium (Latifundismus) Der Begriff L. wird verwandt für landw. Großgrundbesitz, der sich von der *Plantage durch hohe Bodenkonzentration und niedrige Produktivität unterscheidet. Das L. steht jedoch begrifflich in enger

Verbindung zur Plantage und zur *hacienda*, wenn die sozialen und pol. Auswirkungen der Kontrolle weniger über den Boden betrachtet werden. Der Großgrundbesitzer (*patrón*) beherrscht seine regionale Umwelt und übt auch auf nat. Ebene, gestützt auf Status und Einkommen, welche ihm das L. einbringen, großen Einfluß aus. Latifundismus bezeichnet nicht nur Bodenbesitzstrukturen, sondern v. a. die darauf gegründeten pol. und gesellsch. Machtverhältnisse. Ein derartiges Verständnis des Begriffs deutet an, warum es in den EL, insbes. LA, bisher kaum gelungen ist, in durchgreifenden *Agrarreformen die entwicklungsfeindlichen Bodenbesitzstrukturen zu verändern. dn

LDC *Less Developed Countries*, Bezeichnung für *Entwicklungsländer im statistischen Apparat der *UN-Organisationen. Hiervon abweichend verwendet die *Weltbank für EL die Bezeichnung *Developing Countries* (DC). Sonderkategorien: *LLDC, *MSAC, *Binnenländer, *Schwellenländer. ah

learning by doing effect →*external economies*

Lebenserwartung (LE) Durchschn. LE bei Geburt, in Jahren angegeben, ist ein wichtiger, wenn nicht der beste *Indikator für das Niveau der *Ernährung und *Gesundheit einer Bev. (Population); LE gehört zur Gruppe der Indikatoren, die den Grad der Befriedigung der *Grundbedürfnisse einer Bev. anzeigen. Die LE hat sich in allen EL mehr oder weniger spürbar erhöht. Die Unterschiede nach Ländern (→Tabelle 4 im Anhang) und Ländergruppen sind jedoch nach wie vor beachtlich. Laut *Weltbank lag die LE für EL mit niedrigem *Pro-Kopf-Einkommen 1979 bei 50 J., 1986 bei 61 J., für EL mit mittlerem Pro-Kopf-Einkommen 1979 bei 60 J., 1986 bei 63 J. und für westl. IL bei 74 (1979) bzw. 76 Jahren (1986). dn

Lesotho 1. Das Königreich L. zählt mit 30355 qkm zu den kleinsten Staaten Afrikas. In dem durchweg über 2000 m hohen Gebirgsland bilden 1,7 Mio. Sothos (auch Basothos od. Basutos) der Südbantugruppe eine ethnisch homogene Bev. Die JZ (1986–87: 2,6%) ist rel. gering; die Siedlungsdichte mit durchschnittlich 55 Ew./qkm dagegen sehr hoch. Sie erreicht im westl. Tiefland, dem einzig landw. nutzbaren Gebiet, wo sich 70% der Bev. auf ¼ der Gesamtfläche konzentrieren, sogar Werte bis zu 150 Ew./qkm. Der *Urbanisierungsgrad blieb mangels Arbeitsplätzen noch gering (20%). Franz.-kanadische Missionsstationen christianisierten die Basotho zu rd. 70% (davon 40% röm.-kath.) und vermochten über das von ihnen dominierte Erziehungswesen über die Hälfte der Bev. zu alphabetisieren. Die spezielle geographische Lage des allseitig von der Rep. Südafrika umschlossenen *Binnenlandes hat beträchtlichen Einfluß auf die pol. und sozio-ökon. Struktur des Landes.

2. Eingangs des 19. Jh.s vereinte Häuptling Moshoeshoe I. die vormals eigenständigen Sotho-Clans zur Basuto-Nation. Durch das Besetzen zentraler Positionen mit Angehörigen des eigenen Clans (*Place-System*) schuf Moshoeshoe die Häuptlingsoligarchie der *Sons of Moshoeshoe*, die bis heute die nat. Elite L.s ausmacht. Nach der Annektion (1868) wurde das Land 1884 brit. Kronkolonie. Die Einrichtung von Vertretungsorganen leitete Ende der 50er J. durch die Formierung pol. Parteien die *Dekolonisation ein (Unabh.: 4. 10. 1966). Bei den ersten allg. Wahlen (1965) siegte die vom westl. Ausland und den christl. Missionen unterstützte konservative und südafrikafreundliche *Basutoland National Party* (BNP) unter Häuptling Leabua Jonathan, der sich in der Folge zunächst gegen den auf trad. Herrschaftsrechte beharrenden König Moshoeshoe II. durchsetzte und dann gegen die Opposition der soz., südafrikafeindlichen *Basuto-*

land Congress Party (BCP). Am 20.1.1986 wurde Ministerpräsident Leabua Jonathan von Offizieren gestürzt. König Moshoeshoe II. bleibt weiterhin Staatsoberhaupt, der eigentliche Machthaber ist seither Justinus Metsing Lekhanya (Regierungschef und Vorsitzender des Militärrats).

3. Mit einem BIP von 530 $ pro Kopf (1990) zählt L. zu den * LLDCs und den * MSACs. Außer geringen Diamantenvorkommen besitzt L. kaum Rohstoffe. Die Landw., nur auf 12 % der Fläche möglich, gehört zu den am wenigsten entwickelten der Welt (sehr kleine Betriebseinheiten, geringe Mechanisierung). Ihr Anteil am BIP ist von 65 % (1965) auf 24 % (1990) gesunken. Gleichzeitig sind 80 % der Bev. von der Landw. abhängig, wobei 25 % kein Land besitzen. Allenfalls die touristische Nutzung der Hochgebirgslandschaft bietet E.-Chancen (1986: ca. 4 % des BIP). Ind. und Handwerk stagnieren (1990: 30 % des BIP). Ungünstiges Klima, Erosion, Überweidung, archaische Anbaumethoden und andere hemmende Faktoren lassen L. nur eine 39 %ige Selbstversorgungsquote (1983/84) erreichen. L. vermag nur einem Teil seiner Bev. Beschäftigung und Einkommen zu bieten. Dadurch werden etwa 50 % der männlichen Erwerbsbev. und 10 % der Frauen gezwungen, als Wanderarbeiter in Südafrika für den Unterhalt ihrer Familien (die zurückbleiben müssen) zu sorgen. Trotz intensiver E.-Hilfe, um die Abhängigkeit von Südafrika abzubauen (1980–86 insg. 682 Mio. $), wird immer noch die Hälfte des BSP von ca. 115 000 Basothos in Südafrikas Bergwerken erwirtschaftet. Die städt. Bev. wird fast völlig mit Importen aus Südafrika versorgt. Diese existentielle Abh. macht L. trotz seiner staatsrechtlichen Souveränität funktional zu einem Teil des südafrik. Bantustan-Systems. Seit 1910 ist L. mit Südafrika, Namibia, Botswana und Swaziland durch eine Zoll- und Währungsunion verbunden (gesetzliches Zahlungsmittel ist der südafrik. *Rand*). Südafrika ist außerdem der mit Abstand wichtigste Handelspartner.

4. Nach der Unabh. baute Jonathan seine Machtposition mit Notstandsgesetzen sowie Korrumpierung und Einbindung oppositioneller Kräfte rücksichtslos aus. Als sich dennoch bei den 1970er Wahlen ein BCP-Sieg abzeichnete, annullierte er die Wahl, suspendierte die Verfassung, ließ die BCP-Führer verhaften und den anschließenden Aufstand in den Bergen brutal niederschlagen. Die BCP spaltete sich in eine Exilgruppe und eine Inlandsgruppe, die jedoch 1974 (wegen angeblicher Putschvorbereitungen) illegalisiert wurden. Erst 1985 gab es wieder (von der Opposition boykottierte) Parlamentswahlen, die BNP gewann alle 60 Sitze. Bereits Ende der 70er J. hatten sich Teile der BCP immer stärker radikalisiert. Seit Beginn der 80er J. haben die intensivierten bewaffneten Guerilla-Aktionen der LLA (*Lesotho Liberation Army*, milit. Flügel der BCP) und der offene Terror der u. a. von bundesdeutscher «Polizeihilfe» unterstützten *Police Mobile Unit* (PMU) und ihr zugeordneter Mordkommandos dem Land bürgerkriegsähnliche Zustände gebracht.

Dem Sturz Jonathans 1986 ging eine Blockade durch Südafrika voraus (L. wollte sich nicht, wie * Mozambique, eine Art *Nkomati-Abkommen* aufzwingen lassen), so daß Beobachter auf eine direkte südafrik. Beteiligung schlossen. Die Putschisten betonten aber, unabhängig gehandelt zu haben. Dem in seine Rechte wiedereingesetzten König Moshoeshoe ist ein «beratender», aber *de facto* machthabender Militärrat zugeordnet. Er wird von Major-General Justin Lekhanya geführt und hat die Zulassung pol. Parteien vorerst ausgeschlossen. Im April 1988 wurde erneut der Ausnahmezustand verhängt, angeblich wegen zunehmender Kriminalität. Konflikte innerhalb der regierenden Koalition aus Militärs,

Monarchisten und Bildungselite sind programmiert. Ihr gemeinsamer Gegner, Leabua Jonathan, starb im Juli 1987 in Pretoria eines natürlichen Todes. Im Feb. 1990 setzte sich Lekhanya schließlich gegen König Moshoeshoe II. durch, der sich nunmehr auf rein repräsentative Funktionen beschränken mußte und Nov. 1990 von seinem Sohn Cetsie III im Amt abgelöst wurde. Durch einen Putsch kam im April 1991 Oberst Elias Phitsoane Ramaema, der einen Reformkurs versprach, an die Macht.

Bis 1971 betrieb die Reg. Jonathan eine Außen- bzw. Südafrikapolitik, die weit über das Maß unabdingbarer Kooperation hinausging. Dann führten Südafrikas Willkür-Maßnahmen zur Aufnahme dipl. Beziehungen zu fast allen Ostblockstaaten, Hinwendungen zu den *Blockfreien, der *DAU. Beitritt zur Regionalkooperation *SADCC. Zunehmende Anti-*Apartheid-Kritik sowie die verbal-moralische Unterstützung für *ANC und *PAC und v.a. die Aufenthaltsgewährung für deren Mitglieder waren Ausdruck einer neuen Politik. Ihre Grenzen zeigten sich im Jan. 1983, als eine 100 Mann starke Spezialeinheit der südafrikan. Armee L. kurzerhand überfiel, in Hubschraubern zur Hs. Maseru vordrang und dort in einer blutigen Aktion ANC-Unterkünfte (und weitere Ziele) zerstörte. Die nach dem Putsch vom Jan. 1986 herrschende Militärreg. versuchte sich mit dem südafrik. Regime zu arrangieren und wies Hunderte von ANC-Mitgliedern nach dem Putsch aus. Südafrik. Produkte sind von den US-Sanktionen ausgenommen, wenn sie über L. transportiert werden. L. versucht daher, südafrik. Exporteure und Investoren nach L. zu locken. Trotz SADCC-Mitgliedschaft hat sich L.s Abh. von Südafrika nicht verringert. Im Gegenteil: Ein im Okt. 1986 unterzeichnetes, von *Weltbank und westl. Agenturen finanziertes Großprojekt soll aus einem Stauseenverbund im wasserreichen Hochland L.s den Ballungsraum um Johannesburg langfristig mit Wasser versorgen. Das bislang weltgrößte Wasserprojekt wird die beiden ungleichen Länder wirtsch. noch enger aneinanderschmieden.

Lit.: Z. Cervenka u.a., Botswana, Lesotho, Swaziland, Bonn 1974; J. Jeske, Botswana, Lesotho, Swaziland, Agrargeographische Struktur und wirtschaftliche Verflechtung im südlichen Afrika, München 1977; R. Weisfelder, Lesotho – die Entwicklung eines außenabhängigen Landes, in: Afrika Spektrum 3, 1981, S. 333–344; S. M. Willet/D. P. Ambrose, Lesotho: A Comprehensive Bibliography, Oxford 1981; J. E. Bardill/J. H. Cobbe, Lesotho. Dilemmas of Dependence in Southern Africa, Boulder/Col. 1985; J. Hanlon, Lesotho. Bellowing from the Mountain-Top, in: J. Hanlon, Beggar your Neighbours, Indiana/London 1986, S. 107–129; U. Post, Lesotho, in: HDW III, 5, 1993, S. 352ff. bg

Libanon Seit Mitte der 70er J. war der Libanon ein Brennpunkt der Konflikt- und Krisenkonstellationen im Nahen Osten und durch Bürgerkrieg und milit. Intervention der Nachbarländer verheerenden Zerstörungen ausgesetzt. Zu Beginn der 90er Jahre scheinen sich die Bedingungen für einen Wiederaufbau einzustellen.

1. Die Libanesische Republik umfaßt ein Gebiet von ca. 10400 qkm, das im W vom Mittelmeer, im N und O von Syrien und im S von Israel begrenzt wird. Ca. 360000 ha sind landw. nutzbare Fläche, v.a. der südl. Teil der Bekaa-Ebene im Landesinnern (Getreide im Bewässerungsfeldbau) und der schmale Küstensaum (Zitrusfrüchte, Datteln, Bananen). Der L. hat keine bedeutenden Rohstoffvorkommen; das E.-Potential des Landes wird daher wesentlich durch seine verkehrsgünstige Lage als Umschlagplatz im Handel zwischen Europa und der arab. Welt bestimmt.

2. Die Bev. des L. wurde 1990 auf 2,7 Mio. Ew. geschätzt, von denen mehr als 50% im Großraum der Hs. Beirut leben. Die Bev.-Struktur ist durch einen sehr hohen Anteil ausl. Ew. gekennzeichnet. Im L. leben mindestens 350000 bis 500000 palästinensische *Flüchtlinge, weitere große Ein-

wanderergruppen werden von Syrern und Kurden gebildet. Die Zahl der Binnenflüchtlinge belief sich 1989/90 auf ca. 1 Mio. Menschen.

3. Seit 1516 Teil des Osman. Reichs, blieb der L. von einer sozialen und pol. Ordnung geprägt, die Drusen (eine aus der muslim. Schia hervorgegangene esoterische Sekte) und Maroniten (eine kath. Religionsgemeinschaft) auf der Basis von Sippe, Patriarchat und gegenseitiger Kontrolle schon zuvor ausgebildet hatten. Bis zum 19. Jh. konnten die in engen Handelsbez. mit dem kath. Europa stehenden Maroniten ihre Position gegenüber den Drusen (Großgrundbesitz) ausbauen. Fortan traten ausl. Mächte als Schutzherren der versch. Religionsgemeinschaften auf, und der L. kam unter den Einfluß der europ. Großmachtrivalität in den Levantestaaten. Die Auseinandersetzungen zwischen den Drusen und den mit Frankreich verbundenen Maroniten eskalierten 1858 zum Bürgerkrieg, in dem GB, auf die Sicherung des Osman. Reichs bedacht, die Drusen unterstützte.

1861 entstand durch ein Abkommen der europ. Großmächte mit der Hohen Pforte die autonome Provinz Mont Liban. Dieses zu 75 % von Christen bewohnte Territorium wurde im Zuge der Aufteilung des Osman. Reiches nach dem I. Weltkrieg (1920) durch Einbeziehung vorwiegend muslim. besiedelter Gebiete erweitert und zum franz. Mandatsgebiet Groß-L. erklärt. Nach Gründung der lib. Republik (1926), der Entstehung konfessionell geprägter Parteien in den 30er J. und dem Abschluß eines ‹Nationalpakts› zwischen dem maronit. Staatspräs. und dem sunnit. Ministerpräs. verstärkte sich der Druck auf die Mandatsmacht, den L. in die Unabh. zu entlassen. Dez. 1946 verließen die letzten franz. Soldaten das Land.

4. Das beherrschende Strukturprinzip der lib. Gesellschaft ist der Konfessionalismus, verbunden mit einem hohen Grad der Bindung des einzelnen an die Herkunftsgemeinschaft (Sippe). Migrationsbewegungen im Zusammenhang mit relig. Konflikten haben schon vor der Jahrtausendwende eine relig. und soziokulturelle Vielfalt im L. hervorgebracht, die bis heute in hohem Maß soziale Konfliktkonstellationen, den pol. Prozeß und alle wichtigen Lebensbreiche prägt. Von den 17 staatl. anerkannten Religionsgemeinschaften verfügen die meisten über eigene Gerichte und Bildungsinstitutionen. Die wichtigsten Religionsgruppen verteilen sich heute nach (unsicheren) Schätzungen auf etwa 30% (muslim.) Schiiten, 20% (muslim.) Sunniten, 20% Maroniten, 7% Drusen und jeweils 5% griech.-kath. und armenisch-orthodoxe Christen. Die Frage nach den genauen ‹Mehrheitsverhältnissen› zwischen Christen und Muslimen ist heftig umstritten, denn von ihrer Beantwortung hängt die Verteilung der pol. Macht im L. ab.

Das lib. Staatswesen ist nach dem Prinzip des Konfessionsproporzes aufgebaut, das allen anerkannten Religionsgemeinschaften einen ihrer Zahlenstärke entsprechenden Anteil an öfftl. Ämtern und Positionen garantiert. Die Festlegung der einzelnen Anteile beruht bis heute auf den Ergebnissen der letzten Volkszählung von 1932. Sie war Bestandteil des (mündlich abgeschlossenen) Nationalpakts von 1943 und garantiert den Christen eine Mehrheit im Parlament sowie das Recht auf die Besetzung des Präs.-Amtes durch einen Maroniten (seit 1982 A. Gemayel), während die Sunniten den Ministerpräs. und die Schiiten den Parlamentspräs. stellen. Dieses der Idee nach pluralistische und kompromißfördernde pol. System (Konkordanzdemokratie) wird in der Realität von wenigen mächtigen Familien dominiert (→Klientelismus). Die pol. Parteien konnten keine eigenständige Rolle entwickeln. Sie sind im wesentlichen konfessionell gebunden und werden von denselben Familien geführt, die auch an der Spitze der jeweiligen Religionsgruppen stehen.

5. Im Zuge der raschen sozioökon. E. seit der Unabh. (v. a. der Raum Beirut war einer rapiden *Urbanisierung ausgesetzt; 1959: 450000, 1975: 1,2 Mio. Ew.) wurden relig. Spannungen zunehmend durch regionale (*Zentrum/Peripherie) und soziale Konflikte ergänzt oder überformt, die unter den gegebenen pol. Bedingungen nicht gelöst werden konnten. Zum einen war für die arab. orientierten Muslime eine Regelung des Konfessionsproporzes immer weniger akzeptabel, die die pol. Mehrheit der westl. orientierten Christen auf Dauer zementierte; zum andern bot das System den von der E. benachteiligten Bev.-Schichten (quer durch die relig. Gruppen, allerdings mit gewisser Konzentration bei Drusen und Schiiten) kaum eine Möglichkeit, ihre Interessen zur Geltung zu bringen. So führte die prowestl. Modernisierungspolitik von Präs. Chamoun (1952–58) zum Widerstand der vom *Nasserismus erfaßten Muslime und 1958 zu einem kurzen Bürgerkrieg, den eine Intervention der USA (die in die Kämpfe allerdings nicht eingriffen) beendete. Unter der starren Decke des Konfessionsproporzes schwelten die Konflikte aber weiter. Sie wurden durch den Zustrom paläst. Füchtlinge (Sechs-Tage-Krieg 1967, Vertreibung der *PLO aus Jordanien 1970) noch verschärft. Die lib. Christen befürchteten von einer Integration der Palästinenser den Verlust ihrer Mehrheitsmacht. Deren kriegerische Auseinandersetzungen mit Israel ließen außerdem die südl. Teile des seit 1949 (Waffenstillstandsabkommen mit Israel) *de facto* neutralen L. zu einem Schauplatz des *Nahostkonflikts werden und setzten auch die lib. Zivilbev. israelischen Vergeltungsangriffen aus. Bis Mitte der 70er J. wurden im L. zunehmend private Milizen aufgebaut. Im Zusammenhang mit Auseinandersetzungen um die staatl. Politik gegenüber den Palästinensern und um die Veränderung der Proporzregelung kam es im März 1975 zum Ausbruch des Bürgerkrieges.

6. Der Libanonkonflikt ist keineswegs nur Bürgerkrieg, sondern zugleich und in zunehmendem Maß auch Brennpunkt der regionalen Spannungslinien im Nahen Osten. Die wichtigsten externen Einflußkräfte werden einerseits durch Syrien repräsentiert, das spätestens seit 1978/79 (israel.-ägypt. Frieden) eine Führungsposition in der arab. Welt beansprucht, andererseits durch Israels offensives Sicherheitsinteresse gegenüber der PLO und den arab. Staaten. Im innerlib. Kampf um die Kontrolle von Wohngebieten und Landesteilen standen sich in wechselnden Allianzen und Konstellationen christl. Truppen (‹Lib. Streitkräfte› der maronit. *Kataeb*-Partei A. Gemayels, die orth.-kath. ‹Südlib. Armee›, Teile der regulären Armee), die drusische ‹Volksarmee› der soz. Fortschrittspartei W. Jumblats, Milizen der von N. Berri geführten schiitischen *Amal*-Bewegung, die schiitisch-fundamentalistische *Hizbollah* und die nasseristische ‹Volksbefreiungsarmee› gegenüber. Die Sunniten verfügten über keine eigene milit. Organisation. Die in versch. Fraktionen und Teilstreitkräfte zerstrittene PLO versuchte, in ebenfalls wechselnden Allianzen ihre Stellung im L. und gegenüber Israel zu behaupten.

1975/76 kämpften v. a. in Beirut (W-Beirut: konfessionell gemischte, O-Beirut: christl. Wohngebiete) christl. Milizen gegen Palästinenser, die von Syrien unterstützt wurden. Ein unter syr. Vorsitz in Damaskus ausgehandelter innenpol. Kompromiß zwischen Christen und Muslimen führte 1976 zur Spaltung der regulären lib. Armee und im Libanongebirge zu einer Konfrontation von drusischen Milizen und muslim. Armeeteilen auf der einen und Christenmilizen auf der anderen Seite. Nach einem spektakulären

Frontwechsel Syriens, dem daran gelegen war, eine dominierende Stellung der PLO im L. zu verhindern, kam es im Herbst 1976 zu einem Waffenstillstandsabkommen, zu dessen Überwachung eine (faktisch aus syr. Truppen bestehende) arab. Friedensstreitmacht wichtige strategische Positionen im L. besetzte. Der Konflikt verlagerte sich in der Folge in die südl. des Litani-Flusses gelegenen Teile des Landes, wohin sich die Palästinenser zurückzogen, um von dort aus den Kampf gegen Israel wieder aufzunehmen. Nach einer israel. Offensive März 1978 und der darauf folgenden Entsendung der seither dort stationierten *UN-Friedenstruppen *UNIFIL in das Grenzgebiet verschärfte sich der Konflikt zwischen der (vorwiegend christl., aber auch schiit. zusammengesetzten) südlib. Armee und den Palästinensern um die Kontrolle des Südlibanon. Nachdem unter dem Eindruck der ägypt.-israel. Entspannung christliche lib. Politiker die Annäherung an Israel suchten, übten die syr. ‹Friedenstruppen›, die von der Bev. zunehmend als Besatzungsmacht empfunden wurden, wieder milit. Druck auf christl. Milizen aus. Daneben entbrannte 1979/80 zwischen Palästinensern und *Amal* ein Kampf um schiitische Wohngebiete im SW Beiruts, in die die Palästinenser nach ihrer Vertreibung aus ihren eigenen, östl. der Stadt gelegenen Lagern und Wohngebieten hatten ausweichen müssen. Mit der israel. Invasion Juni 1982, die nach der Belagerung Beiruts zu dem von int. Truppenkontingenten kontrollierten Abzug der PLO führte, war einer der traurigen Höhepunkte des L.-Konfliktes erreicht. Unter Duldung der israel. Armee verübten christl. Milizen in den Palästinenserlagern Sabra und Shatila grausame Massaker, nachdem der eben gewählte Präs. B. Gemayel am 14. Sept. ermordet worden war. Israels Versuch, im Zusammengehen mit Präs. A. Gemayel (Nachfolger seines ermordeten Bruders) den L. in seinem Sinn zu befrieden (lib.-israel. Abkommen 1983, das den Abzug syr. Truppen und ein Verbot aller gegen Israel gerichteter Tätigkeiten im L. vorsah), fand zwar die Unterstützung der USA, scheiterte aber an Syriens erfolgreichen Bemühungen, gegen eine Ratifizierung dieses Abkommens eine breite innerlib. Abwehrfront aus Drusen und *Amal* zu mobilisieren. Nach harten Bürgerkriegskämpfen und dem Abzug der amerik. UN-Friedenstruppen aus dem L. wurde das Abkommen März 1984 von Gemayel gekündigt. Darüber hinaus führte der von Syrien und von lib. islamistischen Kräften (Selbstmordkommandos) auf Israel ausgeübte milit. Druck im Sommer 1985 zum Rückzug der israel. Armee in den äußersten S des Landes. Als im selben J. paläst. Milizionäre in den L. zurückkehrten, kam es zunächst im südlib. Saida und wenig später in W-Beirut zu einer Neuauflage der christl.-paläst. bzw. der paläst.-schiit. Konfliktkonstellation. Letztere führte zu der das ganze J. 1987 andauernden Belagerung von Palästinenserlagern bei Saida und Beirut durch die *Amal*.

Im Laufe des wechselhaften Bürgerkriegsgeschehens, in das Syrien immer stärker eingriff, erwies sich das Nachbarland als die stärkste ausl. Macht ohne deren Beteiligung eine Beendigung der Konflikte im Nahen Osten nicht möglich war. Der von Saudi-Arabien, Algerien und Marokko am 14.9.1989 vorgeschlagene Friedensplan von Taif, der eine Reform der liban. Verfassung vorsieht (Neuregelung der Machtverteilung zwischen Christen und Moslems, Stärkung der Kompetenzen des sunnitischen MP) und dem die Mehrheit der noch lebenden Mitglieder des liban. Parlaments von 1972 zustimmte (22.10.1989), stieß auf den entschiedenen Widerstand des christl. Generals Michel Aoun. Am 11.10.1990 griff Syrien in die Kämpfe ein und vernichtete Aouns Miliz. Am 20.12.1990 gelang die Bildung einer Reg. der Nationalen

Einheit unter MP Omar Karamé; im Febr. 1991 rückte die liban. Armee in den Süden des Landes vor; im April 1991 wurden die Milizen aufgelöst – sämtlich Anzeichen einer Konsolidierung der Staatsmacht, freilich unter syrischer Vorherrschaft. Beide Länder unterzeichneten am 22.5.1991 einen Vertrag über «privilegierte Beziehungen». Im April 1992 fanden die ersten Parlamentswahlen seit 1972 statt. Unruhen aufgrund der wirtsch. Probleme im Gefolge eines Generalstreiks führten im Mai 1992 zum Rücktritt von MP Karamé; Nachfolger wurde Rachid as-Solh.

7. Vor dem Bürgerkrieg hielt der L. im Hinblick auf viele * Indikatoren der E. eine Spitzenstellung im Nahen und Mittleren Osten. 1979 wurde die Relation Ew. pro Arzt auf 580 gesch. (zum Vgl. BRD: 450, Syrien: 2360). 1973 lag die Einschulungsquote im Grundschulbereich bei etwa 98%, weniger als 20% der Bev. waren zu diesem Zeitpunkt Analphabeten.

Die Wirtschaft des L. blieb bis 1982 rel. stabil, und das Land konnte, nicht zuletzt aufgrund der Devisenüberweisungen lib. * Gastarbeiter in den Golfstaaten, eine positive * Zahlungsbilanz verbuchen. Die Wirtschaftsstruktur war bis zum Ausbruch des Krieges und noch bis Anfang der 80er J. durch die große Bedeutung Beiruts als Handels- und Finanzzentrum des Nahen Ostens und (bis 1975) den florierenden Fremdenverkehr geprägt. Daher rührte das starke Übergewicht des Dienstleistungssektors, der über 60% zum BIP beitrug. Der von einer starken Besitzkonzentration und wenigen großen Unternehmen im Raum Beirut geprägte Ind.-Sektor galt bei Kriegsausbruch als einer der modernsten der Region. 1980 lag der Anteil der Ind.-Produktion am BIP bei ca. 10% (ohne Versorgungswirtsch., Bauwirtsch. und Bergbau). Die Landw. hatte dagegen stetig an Bedeutung verloren. Schon zu Beginn der 70er J. beschäftigte sie weniger als 20% der Erw. (gegenüber 1960: ca. 50%), Anfang der 80er J. lag ihr Anteil am BIP bei ca. 7%, allenfalls ein Drittel der benötigten Nahrungsmittel wurden im Land selbst produziert.

Ende der 80er J. war von der wirtsch. und sozialen Basis des L. wenig übriggeblieben. Das BSP pro Kopf wird für 1990 mit 880 US-$ angegeben, die LE mit 66,1 und die Alphabetisierungsrate mit 80,1%. Der Krieg hat bis 1988 mindestens 130000 Menschen das Leben gekostet. 90% der Opfer waren Zivilisten. Nach dem * HDI wird der L. Anfang der 90er Jahre auf Platz 89 eingestuft, am unteren Ende der EL mit mittlerem Einkommen.

Lit.: E. Gellner/J. Waterbury (Hg.), Patrons and Clients in Mediterranean Societies, London 1977; W. Köhler, Libanon, in: HDW II, 6, Hamburg 1983, S. 399ff.; Th. Hanf, Libanon-Konflikt, in: U. Steinbach/R. Robert (Hg.), Der Nahe und Mittlere Osten, Bd. 1, Opladen 1988, S. 663; M. Kuderna, Libanon, in: U. Steinbach/R. Robert (Hg.), Der Nahe und Mittlere Osten, Bd. 2, Opladen 1988, S. 235ff.; T. Koszinowsky/H. P. Mattes (Hg.), Nahost Jahrbuch 1987, Opladen 1988. bt/ah

Liberia 1. Der im tropischen Teil Westafrikas liegende Küstenstaat L. (112370 qkm, 2,5 Mio. Ew. 1990, JZ 3,5%) hat große hochwertige Eisenerz- und versch. andere Mineralvorkommen sowie günstige E.-Voraussetzungen im Primärsektor (geeignetes Klima, fruchtbare Böden, fischreiche Küstengewässer, tropische Hölzer).

2. Im Gefolge der Sklavenbefreiung im ausgehenden 18. und 19. Jh. bemühten sich philanthropische Bewegungen um eine Wiederansiedlung ehem. Sklaven in Afrika. Um 1820 begannen staatl. unterstützte US-amerik. Kolonisationsgesellschaften mit der Gründung von Siedlungen an der Küste des heutigen L. 1839 schlossen sich die meisten der Siedlungskolonien im *Commonwealth of Liberia* zusammen und erklärten am 16.7.1847 ihre Unabhängigkeit.

3. Die Sozialstruktur L.s ist gekennzeichnet durch einen scharfen Gegensatz zwischen der kleinen Oberschicht der «Americo-Liberianer» (die Siedler-

nachfahren umfassen nur 3 % der Gesamtbev.) und der großen Masse der unterprivilegierten einheimischen Ethnien (ca. 30 Völker der Kwa-, Mande-, Kru- u. Westatlantic-Gruppen). Die «staatstragenden» Americo-Liberianer, die die Autochthonen lange mit kolonialähnlichen Methoden diskriminierten, transportierten amerik. Rechts- und Verfassungsstrukturen nach L. Die miteingebrachten Sitten- und Normengefüge sind ebenso wie Sprache, Religion und ein südstaatlerischer Lebensstil heute noch offenkundig.

Bis zur Machtübernahme der Militärs (1980) okkupierte eine kleine Gruppe «dynastischer» Familien sämtliche Schlüsselpositionen in Staat, Gesellschaft und Wirtschaft und profitierte von einer der ungerechtesten *Einkommensverteilungen Afrikas: Eine 5 %ige Oberschicht verbuchte 61,7 % des Einkommens, die unteren 20 % der Bev. mußten sich mit 5,3 % bescheiden. Daran hat auch die *Revolution (autochthoner Militärs) nichts geändert. Soziale Gegensätze und Korruption haben sich eher verschärft.

4. In der lib. Volkswirtschaft ist für die zu 70 % auf dem Land lebende Bev. die Landw. (fast nur *Subsistenzproduktion; kaum Überschüsse für lokale Märkte) nach wie vor der zentrale Bereich: Sie bildet die Lebensbasis für 90 % der Bev. Dem trug jedoch die E.-Politik der Regierung kaum Rechnung. Sie ist im wesentlichen auf die Interessen des in- und ausl. Kapitals ausgerichtet und ignoriert die Bedürfnisse der Landw. *Landflucht, soziale Probleme in den Städten (in Monrovia 60 bis 70 % Arbeitslose), steigende Nahrungsmittelimporte (40 % des Reis- und Maniokbedarfs) sowie eine Verstärkung des regionalen E.-Gefälles zwischen Küstenregion und Hinterland sind die Folge. Auf hohem Produktionsniveau befinden sich nur die exportorientierten, kommerziellen Kautschukplantagen, v. a. die marktbeherrschenden, sich in ausl. Besitz befindlichen Konzessionspflanzungen (v. a. Firestone). Bis heute hat die Kautschukkultur einen hohen wirtsch. Stellenwert (zweitwichtigstes Exportgut, 1984: 21 % der Ausf./Beschäftigungseffekt: 11,5 % der Erwerbsbev.), wenngleich seit den 60er J. der Eisenerzbergbau zum alles überragenden Wirtschaftsfaktor (Anteil am BIP 1984: 12,9 %, Anteil am Export 79 %) geworden ist. Auch dieser Bereich wird von wenigen *transnationalen Konzernen kontrolliert. Die Folge: In L. geschaffenes Einkommen fließt in beträchtlichem Maße ins Ausland, dem Land geht ¼ seines Inlandeinkommens verloren. Die von den früheren Regierungen Tubman und Tolbert eingeführte sog. *open-door-policy* (wirtsch. Erschließung durch ausl. Wirtschaftsaktivität, Gewährung äußerst großzügiger Rahmenbedingungen, Bekenntnis zu «freiem Unternehmertum») blieb auch nach der Revolution wirtschaftsideologische Leitlinie L.s. Unstrittig hat diese Politik der americo-lib. Elite und der zwischenzeitlich entstandenen schmalen einheimischen Mittelschicht eine beachtliche Prosperität gebracht. Allerdings konnte die große Mehrheit der lib. Bevölkerung an diesem E.-Prozeß nicht teilhaben.

Die anfällige (weil stark außenabh.) lib. Wirtschaft geriet mit Beginn der 80er J. in die Krise. Die Weltrezession führte zu einem Nachfrage- und massiven Preisrückgang bei L.s Hauptexportgütern Kautschuk und Eisenerz. Eine *Verschuldungskrise sowie Kapitalflucht und ausbleibende Privatinvestitionen nach dem Putsch kamen hinzu. Ein 1982 vereinbartes umfassendes *IWF-Sanierungsprogramm und erhebliche US-amerik. Wirtschaftshilfe (1982: 75 Mio. US-$) sollten die Wirtschaft wieder in Gang bringen. Das erwirtschaftete BIP (1986: 990 US-$ pro Kopf) ging real zurück (1980–1984 um jährlich 2,8 %), während die Auslandsschulden auf über 1,1 Mrd. US-$ (1986) stiegen. Wegen Zahlungsrückständen setzte der IWF weitere Finanzierungshilfen 1986 vorübergehend aus.

5. Seit dem vorigen Jh. war das pol. System L.s durch die Vorherrschaft einer einzigen Partei, der *True Whig Party* (TWP), gekennzeichnet (seit 1884 stellte sie alle Präsidenten). In einem *de-facto*-Einparteisystem vermochte sie als die Interessenvertretung der americo-lib. Oligarchie ihre uneingeschränkte pol.-ökon. Vorherrschaft durch ein Patronagesystem, Günstlingswirtsch. und Korruption erfolgreich abzusichern. Aufkommende Opposition wurde – mit teils legalistischen, teils gewaltsamen Maßnahmen – bereits im Keim erstickt. Die angebliche pol. Stabilität L.s geriet allerdings Mitte/Ende der 70er J. ins Wanken: seit 1974 eskalierende Protestaktionen der pol. bedeutenden lib. Gewerkschaftsbewegung, «Reisunruhen» im April 1979, die in den «Osterunruhen» 1980 gipfelten. Hierbei hatten sich die *Progressive Alliance of Liberia* (PAL) und *Movement for Justice in Africa* (MOJA), beide mit diffuser, gemäßigt soz. Programmatik, als Oppositionsgruppen profiliert.

Am 18.4.1980 übernahm eine Gruppe unterer Dienstgrade der lib. Armee (alles Angehörige der afrik. Bev.-Mehrheit) unter Führung des damals 28jährigen Hauptfeldwebels S.K. Doe nach einem blutigen Putsch die Macht, liquidierte eine Vielzahl früherer Regierungs- und Eliteangehöriger und unterstellte das Land einem 18köpfigen «Volkserlösungsrat» (*People's Redemption Council*/PRC), dem Doe als Staats- und Regierungschef vorstand. Der anfängliche Reformwille hielt nicht lange. Unter dem Druck der Wirtschaftsprobleme und unter massivem Einfluß der USA verzichtete die pol. wenig profilierte, kaum gebildete und völlig unerfahrene Offiziersclique auf jedwede substantielle Änderung in Wirtsch.- und Gesellschaftspol. Nach dem Exodus von Auslandskapital und Experten wurde ein systemstabilisierendes IWF-Sanierungsprogramm akzeptiert. Mit Militärhilfe (Bau von komfortablen Armeeunterkünften, Waffenlieferungen, Entsendung von Elitetruppen und Ausbildern; gemeinsame jährl. amerik.-lib. Manöver) und einer massiven Steigerung der Wirtschaftshilfe (1980–88 500 Mio. US-$) korrumpierte die Reagan-Administration die proamerik. Kreise in Militär und PRC, die sich dann rasch gegen die Verfechter von **self-reliance* und *Blockfreiheit durchsetzten.

Im Juli 1984 wurde per Volksabstimmung eine neue Verfassung verabschiedet. Am 15.10.1985 fanden Wahlen statt, durch die sich Doe als Präsident bestätigen ließ. Stärkste Partei im Senat wurde die *National Democratic Party of Liberia*, NDPL (21 Sitze), vor der *Liberal Action Party*, LAP (3), der *Liberian Unification Party*, LUP (1), und der *Unity Party*, UP (1). Ein Putschversuch im November 1985 wurde blutig niedergeschlagen, die Oppositionsparteien von der Armee drangsaliert, die LUP verboten. Trotz der Wahlen war das Regime repressiver, korrupter und USA-höriger denn je. Am 24.12.1989 begann der großangelegte milit. Angriff der Rebellenorganisation «National Patriotic Front of L.» (NPFL), der von Burkina Faso, der Elfenbeinküste sowie Libyen unterstützt wurde. Die USA wandten sich Anfang 1990 von Doe ab, der im Sept. 1990 einem Anschlag zum Opfer fiel. Aufgrund des Bürgerkrieges, der sich in zahlreiche ethn. und lokale Konflikte auffächerte, drohte das Land in Anarchie zu versinken. Lokale bewaffnete Gruppen, sog. Warlords, kontrollieren versch. Regionen. Etwa 50000 Menschen befinden sich auf der Flucht. Präsident einer Übergangsreg. ist Dr. Amos Sawyer, der auf die Beilegung des Konflikts und die Entwaffnung der Truppen hinarbeiten soll.

Lit: R. Kappel, Liberia. Wirtschaftliche und politische Entwickung 1971–1980, Hamburg 1980; Ders., Ökonomie, Klassen und Staat in Liberia, Bremen 1982; A. Cassel, Liberia: History of the First African Republic (2 Bde.), New York 1987; J. G. Liebenow, Liberia: The Quest for Democracy, Bloomington (In.) 1987; R. Kappel/W. Korte, Liberia, in: HDW III, 4, 1993, S. 278 ff. bg

LIBOR Die *London Interbank Offer Rate* bezeichnet den variablen Zinssatz, wie er sich am Bankplatz London für kurzfristige Kredite bis zu sechs Monaten Laufzeit einstellt. Die EL haben in den 70er J. und verstärkt in den 80er J. einen wachsenden Anteil ihrer Auslandsverschuldung zu LIBOR-Konditionen aufgenommen. Je nach Bonität des Gläubigers werden auf den LIBOR-Satz noch Zinsaufschläge berechnet (*Spreads*). Der nominale Zinssatz lag 1974 bei 7% und damit zeitweise unterhalb der Inflationsrate der USA, was gleichbedeutend mit einem negativen Realzins war, der 1979 bei −10% lag. Zwischen 1979 und 1982 schnellte der reale Zinssatz jedoch bis auf über +22% in die Höhe und belastete die EL mit unerwartet hohen Zinszahlungen, die u. a. zum Ausbruch der internationalen Verschuldungskrise führten. →Verschuldung hpn

LIBSA →ANC

Libyen Erdöl und Revolution haben das ehem. rückständigste Land der nordafrik. Mittelmeeranrainer rasch verändert.

1. L. (Fläche: 1759540 qkm) bildet den Übergang vom semitisch-berberischen Nordafrika zum negroiden Schwarzafrika. Diese geogr. Lage spiegelt sich in der hist. Zerrissenheit L.s in drei Regionen wider: die maghreborientierte Provinz Tripolitanien, die ägypt. beeinflußte Provinz Cyrenaika mit Zentrum Benghazi und die Südprovinz Fezzan mit Zentrum Sebha und einem größeren Anteil negroider Bev. Die Landesfläche besteht zu 95% aus unfruchtbarer Wüste. 5% sind landw. nutzbar, davon 125000 ha bewässert. Nur in einem zwischen 30 und 50 km breiten Gürtel Trigolitaniens und der nördlichen Cyrenaika ist Landw. auf Regenbasis möglich (Oliven-, Mandel-, Zitrusbäume und Getreidekulturen); im Fezzan findet sich ausschließlich Bewässerungslandw. (Dattelpalmen, Zitrusfrüchte, Bodenkulturen: v. a. Melonen, Tomaten, Bohnen). Insgesamt liefert die Landw. wegen geringer Produktivität, Wassermangel, ungenügenden Betriebsgrößen, geringem Lohnniveau und der dadurch verursachten *Landflucht nur rd. 40% der Grundnahrungsmittel, so daß L. auf Importe angewiesen ist. Die von inzwischen seßhaft gemachten Nomaden betriebene Viehzucht findet gute Absatzmöglichkeiten in den fast ausschließlich in der Küstenregion lokalisierten Städten. Dominiert wird die Wirtsch.-Tätigkeit vom Erdölsektor: Nach ersten Erdölfunden im Sirtebekken 1959 stieg L. innerhalb von 10 J. zum int. viertgrößten Erdölproduzenten auf. Die Erdölreserven betragen z. Z. ca. 3,2 Mrd. t, die Erdgasreserven ca. 800 Mrd. m^3. Die jährl. Fördermenge wurde nach einer max. Menge von 160 Mio. t (1970) auf 72 Mio. t (1973) abgebaut und lag seither stets unter 100 Mio. t. Die damit erzielten Devisenerlöse (1991: 10,3 Mrd. US-$) reichen aber seit 1981 (21 Mrd. US-$) nicht mehr aus, um die notwendigen Finanzmittel für L.s ind. Aufbau zu garantieren. Außer Erdöl, dem wichtigsten Ausfuhrprodukt (99% des Exportwerts), besitzt L. nur unwesentliche Bergbauprodukte, von Interesse sind jedoch die in Süd-L. bzw. im von L. beanspruchten Nordtschad entdeckten Uranvorkommen.

2. Die Bev. L.s betrug Anfang 1992 4,8 Mio. Ew. (hohe JZ von 3,9%), die Bev.-Dichte nur 2,8 Ew./qkm; 80% der Bev. konzentrieren sich im schmalen Küstenstreifen bei einer raschen *Urbanisierung (Rate ca. 60%). Aus dem hohen Anteil der Jugendlichen an der Ges.-Bev. (über 50%) erwachsen große Probleme für das Bildungssystem. Bereits 1973 waren 96,7% der

Ew. seßhaft, 2,9% Halb- und 0,4% Vollnomaden. Die Tendenz zur Seßhaftigkeit resultiert aus der Entwertung des Kamels als Transportmittel und aus dem Angebot lukrativer Arbeitsmöglichkeiten in den Küstenstädten, bes. nach Beginn der Erdölförderung und dem daraus folgenden Wachstum im Bau- und im Handelssektor sowie in der Verwaltung. Die Bev. ist islam.-sunnitisch, der Islam Staatsreligion; ethnisch bildet sie heute ein nicht mehr zu unterscheidendes Gemisch von Berbern und Arabern, lediglich im Süden gibt es ein deutlich hervortretendes negroides Element und im Westen noch einige rein berberische Stämme.

3. L.s sozioökon. und politische E. wurde nach der Unabh. (1951) durch zwei Ereignisse bestimmt: 1. die 1959 beginnende Erdölförderung, 2. die Machtübernahme durch die Militärs Sept. 1969. Während L. vor der Unabh. – ohne Ind. und mit einer vom Klima stark abhängigen Landw. (wobei vor dem II. Weltkrieg die besten Böden von den italien. Agrarkolonisten bewirtschaftet wurden) – zu den ärmsten Ländern der Erde zählte und auch nach 1951 bis zu den Erdölfunden nur dank int. Finanzhilfe und brit.-amerik. Subsidienzahlungen (im Austausch gegen die Benutzung von Militärstützpunkten) als Staat überlebensfähig war, änderte sich die Situation nach 1959 grundlegend. Der plötzliche Kapitalüberschuß aus einem Wirtsch.-Sektor mit weniger als 1% der Beschäftigten, der jedoch nach und nach einen größeren Anteil des BSP ausmachte (1980: 60%, bis 1987 auf 27% zurückgegangen) traf auf eine trad. Gesellschaft, deren Fähigkeit zur Steuerung des neuen Reichtums völlig unzureichend war. Zwar wurden Mittel für den Straßenbau (z. B. die Straße in das 800 km südl. gelegene Sebha) verwendet, Schulen, Krankenhäuser und neue Wohnsiedlungen errichtet, doch waren dies mehrheitlich Projekte zur Geldausgabe ohne vernünftigen E.-Rahmen. Die sozialen Konsequenzen des neuen, ungleich verteilten Reichtums kamen hinzu: *Landflucht, Rückgang der Agrarproduktion, Entstehen von Elendsvierteln um die Küstenstädte Tripolis, Benghazi, Derna etc., gravierende soziale Spannungen. Das Herrschaftssystem des Sanusi-Königs Idris, dessen Träger die trad. Stammeselite war, erwies sich als unfähig, die sozioökon. Probleme zu bewältigen. Nach der Septemberrevolution (1969) versuchte die neue Reg. zu einem ausgeglichenen Wirtsch.-Wachstum zu kommen und die sozialen Spannungen zu beseitigen. Die E.-Ausgaben erhielten eine neue Struktur, ihr Einsatz wurde auf den Aufbau einer eigenen Ind. (wichtig für die Zeit nach der Erdölära), Steigerungen der Agrarproduktion (u. a. durch Ausdehnung der landw. Nutzfläche, wobei das derzeit in der 1. Phase vollendete «Große Künstliche Flußprojekt» in der Cyrenaika weitere Fortschritte bringen wird) und eine verstärkte Wohnungsbautätigkeit in Verbindung mit enormen Bildungsanstrengungen konzentriert. Maßnahmen wie die *Nationalisierung der in L. operierenden ausl. Unternehmen, die Nationalisierung des Banken- und Versicherungssektors, die Überführung der Erdölfirmen in **joint ventures* mit mindestens 51% lib. Beteiligung (z. T. sogar 100%) sollten das lib. Volk wieder in seine alten Rechte einsetzen und die Abh. vom Ausland reduzieren, während die Garantie eines Mindestlohns, kostenlose Gesundheitsfürsorge, das Recht auf Arbeit und ein progressives Steuersystem auf die Überwindung der sozialen Spannungen abzielten. Nach 1973 (1. Dreijahresplan 1973–1975) wurde die Staatstätigkeit in allen Bereichen der Wirtsch. ausgedehnt und umfassende Mitbestimungsrechte der Arbeitnehmer in den Betrieben sowie ein beispielhaftes Sozialversicherungssystem eingeführt. Größtes Problem der Libyer ist nach wie vor der Mangel

an überall benötigtem qualifiziertem Fachpersonal, so daß auf Arbeitskräfte und Experten aus Ägypten, Palästina, Ost- und Westeuropa, Indien und zunehmend Ostasien zurückgegriffen werden mußte. 1980 waren 35 % aller Erw. Ausländer. Im Zuge der Finanzierungskrise 1981/82 (die die beiden ambitiösen Fünfjahrespläne 1981–85 und 1986–90 Makulatur werden ließ) wurde dieser Anteil allerdings durch rigorose Ausweisungen (z. B. 1985: 35000 Tunesier) stark reduziert.

4. Die jahrhundertelange Unterdrückung der Libyer durch Türken, Italiener, die brit. und franz. Militärverwaltung und die überragende Rolle der westl. Mächte nach der Unabh. bis 1969 hatten eine Identitätskrise zur Folge, die durch eine Rückkehr zu den trad. Werten des Islam und dem arab. Erbe in Verbindung mit der Ablehnung aller ausl. Einflüsse (ob westl.-kapitalistisch oder östl.-komm.-atheistisch) überwunden werden soll. Das Verbot von Alkohol, Prostitution, Glücksspielen, der lateinischen Schrift, die Wiedereinführung des islam. Rechts in das Strafgesetzbuch, die Erhebung der islam. Almosensteuer etc. sind ebenso unter diesem Aspekt zu sehen wie die Suche nach einem eigenen E.-Weg, die ihren Niederschlag in der von Muammar al-Gaddafi 1973 verfaßten ‹Dritten Universalen Theorie› gefunden hat. Ihre Hauptinhalte: die Forderung nach arab. Einheit, Sozialismus i. S. sozialer Gerechtigkeit bei der Produktion und Verteilung sowie Garantie von (spezifisch verstandener) Freiheit und Demokratie sind in das zwischen 1976 und 1979 in drei Teilen erschienene ‹Grüne Buch› eingeflossen. Das Bildungssystem wurde nach der *Revolution großzügig ausgebaut und erfaßt inzwischen alle Jungen und Mädchen im schulpflichtigen Alter. Dennoch gibt es auch heute noch rd. 36 % Analphabeten in L., ein Resultat mangelhafter Bildungseinrichtungen während der Kolonial- und Nachkriegszeit. Allerdings wurden gerade bei der Erwachsenenbildung erhebliche Anstrengungen unternommen. In der Gesundheitsfürsorge hat die Revolution ebenfalls beachtliche Erfolge erzielt: Gründung neuer Krankenhäuser oder Hilfsstationen fast im ges. Land, Senkung der Sterberate bereits 1974 auf 0,8 %, so daß die LE auf 61,8 J. (1990) gestiegen ist.

5. Die ersten Maßnahmen nach der Rev. 1969 galten der Beseitigung der brit. und amerik. Militärbasen auf lib. Territorium und der Öffnung gegenüber den arab. Nachbarn. Daraus resultierte die Föderation Arabischer Republiken (1971), der Versuch einer totalen Verschmelzung mit Ägypten (1973) und Tunesien (1974). Im Innern versuchte die von einem anfangs zwölfköpfigen revolutionären Kommandorat (RKR) (Vorsitz: Oberst Gaddafi) und dem vom RKR ernannten Ministerrat gebildete pol. Führung die Bev. für die Realisierung der vom RKR geplanten sozialen und ökon. Transformation der lib. Gesellschaft zu mobilisieren. Allerdings wurde dabei nicht auf das 1969 aufgelöste Parlament oder die Gründung pol. Parteien herkömmlicher Art zurückgegriffen – die nach Ansicht Gaddafis wesentlich zu innenpol. Schwächung unter der Monarchie, ja zur Spaltung der arab. Nation beigetragen haben –, sondern zunächst auf das ägypt. Modell: eine «Union der aktiven Volkskräfte», in Form der Arabischen Sozialistischen Union (ASU), bestehend aus Bauern, Arbeitern, Soldaten, Intellektuellen, und «nichtausbeuterischen» Unternehmern. Da die ASU wegen ihres elitären Charakters nicht den erhofften Mobilisierungserfolg brachte, initiierte Gaddafi im April 1973 eine Volks- und Kulturrevolution, deren wichtigstes Element die Schaffung von Volkskomitees in den Verwaltungen von Betrieben, Schulen, Krankenhäusern, Rundfunk und Lokaladministrationen war. 1975 wurden nach der Wiederbelebung der ASU

die heutigen pol. Grundstrukturen geschaffen: die Basiseinheiten der ehem. ASU wurden zu sog. Basisvolksfrontkonferenzen (BVK) umgestaltet, die sich ein Führungskomitee wählen; dessen Vertreter nehmen (mit imperativem Mandat) in der Allgemeinen Volkskonferenz (AVK) auf nat. Ebene die Interessen der Basis wahr. Der AVK gehören ferner Vertreter der lokalen Volkskomitees und der Nebenorg. (Studenten-, Frauenunion, Arbeitervereinigung) an. Die Volkskomitees der Schulen, Krankenhäuser und der Lokaladministrationen verantworten ihre Aktivitäten gegenüber den BVKs und sind die lokalen Exekutivorgane des sog. Allgemeinen Volkskomitees, das auf nat. Ebene die Funktionen eines Kabinetts ausübt und von der AVK in der Regel jährl. gewählt wird. Auf einer außerordentlichen Sitzung der AVK März 1977 wurde dieses System als sog. «Volksherrschaft» verfassungsmäßig verankert, der RKR aufgelöst und für L. die Bezeichnung Sozialistische Libysche Arabische Volksjamhiriya (Land, in dem die Massen herrschen) eingeführt.

Trotz Auflösung des RKR nimmt das Militär (d. h. dieselbe Personengruppe wie vordem: Gaddafi, Jallud u. a.) die dominierende Position im Staate ein: von 1977 bis 1979 als Generalsekretariat der AVK, seit 1979 als sog. «Führung der Revolution», unterstützt von den überall im ganzen Land gebildeten Revolutionskomitees (Mobilisierungsfunktion).

6. Eine innenpol. Neuorientierung zeigt sich seit 1987 hauptsächlich bedingt durch die negativen Effekte des Tschadkrieges und die ideologisch verursachte Strangulation der Wirtsch. (z. B. Abschaffung des privaten Binnenhandels ab 1980): Die Stärkung der privaten Wirtsch.-Tätigkeit (Sept. 1992 vollständige Privatisierung zugelassen) und pol. Liberalisierungsmaßnahmen (1988: Freilassung pol. Gefangener, Verabschiedung einer Menschenrechtscharta, Aufhebung von Ausreisebeschränkungen etc.) und die straffere Kontrolle der Revolutionskomitees haben zur innenpol. Stabilisierung beigetragen.

Außenpol. führte die Annäherung an die UdSSR nach 1974 und der radikale Anti-*Imperialismus (finanz., logistische und milit. Unterstützung terroristischer Aktivitäten in den IL) zum Konflikt mit den USA, dessen Höhepunkte die Bombardierung strategischer Ziele in Tripolis durch die US-Luftwaffe im April 1986 und die von den USA, GB und Frankr. im UN-Sicherheitsrat am 15.4.92 durchgesetzten Sanktionen (u. a. Luftembargo) zur Auslieferung der sog. Lockerbie-Attentäter darstellen. Im Zuge der innenpol. Liberalisierung kam es seit 1988 auch außenpol. zu einem Kurswechsel, der mit der lib. Ablehnung der Besetzung Kuwaits durch den Irak 1990 und der Schließung von terror. Ausbildungslagern 1992, der Übergabe von Dokumenten bzgl. der lib. Unterstützung der IRA an GB besonders deutlich wurde. Problematisch bleiben die Bez. zum Westen v. a. wegen der vermuteten Produktion von C-Waffen in Rabta. Außenwirtsch. ist die enge Verzahnung mit Westeuropa kennzeichnend; Italien und die BRD nehmen z. B. 50% des Erdöls ab und bestreiten 50% der Investitions- und Konsumgüterimporte.

Lit.: R. Badry, Die Entwicklung der Dritten Universaltheorie (DUT) Muammar al-Quaddafis in Theorie und Praxis, Frankfurt 1986; H. Mattes, Die innere und äußere islamische Mission Libyens, Mainz/München 1986; ders., Die militärische Konfrontation zwischen Libyen und den USA, Hamburg 1986; Chr. Opperschall und Ch. Teuber, Libyen. Die verkannte Revolution, Wien 1987; H. Brill, Libyens Außen- und Sicherheitspolitik, Baden-Baden 1988; T. Koszinowski/H. Mattes (Hg.), Nahost-Jahrbuch 1987ff (jährlich), Opladen 1988ff. hpm

LIC *low income countries* →Weltentwicklungsberichte

Lieferbindung Vertragliche Bindung von *Kapitalhilfe (*öffentliche Hilfe) an Lieferungen und Leistungen aus dem Geberland. EL fordern lieferungebundene Kredite, da sie diese zur Ausschöpfung von Preisvorteilen auf dem Weltmarkt einsetzen können. Auch können Kredite ohne L. zur Verstärkung des Handels unter EL beitragen. Der Anteil liefergebundener Kredite an der öffentl. Hilfe verringerte sich von 1967: 57% auf 1976: 1%, stieg seither jedoch wieder an (1978: 18%; 1981: 8,7%).

1985 lag der Anteil der L. bei den Krediten mit 31% um fast 19 Punkte höher als 1980/81 und damit wieder auf gleichem Niveau wie Anfang der 70er Jahre.

Die Gründe dafür liegen einerseits in der Vergabe von Krediten als Bestandteil von *Mischfinanzierungen (öffentl. Kapitalhilfe plus Marktkapital), andererseits in der Rücksichtnahme auf Beschäftigungseffekte in der BRD, v. a. in sog. sensiblen Bereichen, die nach Meinung der Bundesregierung unter wirtsch. Schwierigkeiten oder int. Wettbewerbsverzerrungen leiden. 87 bis 92% der öffentl. Hilfe der BRD fließen wieder in die westl. IL zurück, davon etwa ⅔ (1981: über 80%) in die BRD. Kapitalhilfe bildet auch ohne L. einen Beitrag zur Arbeitsplatzsicherung in den IL-Gesellschaften. dn

ligas campesinas →Selbsthilfe(-Organisationen)

Lima-Ziel →UNIDO

lingua franca Ursprünglich Bezeichnung für das mit arab. Elementen durchsetzte Italienisch, das zur Zeit der venezianischen und genuesischen Herrschaft in der Levante als Verkehrssprache benutzt wurde. Allgemein auch Bezeichnung für jede künstlich oder natürlich entstandene Verkehrs- bzw. Umgangssprache eines größeren, mehrsprachigen Raumes. Beispiele in EL: Swahili (Ostafrika), Hausa (Westafrika), Hindustani (Indien), Pidgin-Englisch (Westpazifik) etc. ah

link Koppelung von *Sonderziehungsrechten (SZR) mit *Entwicklungshilfe, Forderung der EL, die SZR in den Dienst der E.-Hilfe zu stellen und Teile der SZR-Zuteilungen an die EK abzuspalten. →Internationaler Währungsfonds dn

Linkage-Effekte Fähigkeit von *Direktinvestitionen und importierter *Technologie, weitere Investitionen bzw. zusätzliche Investitionssequenzen auszulösen. Man unterscheidet: 1. *backward-linkages* (Rückwärtskoppelung): Anregung zu weiteren Investitionen im Zulieferbereich infolge einer Industrietechnologie, welche die Nutzung einheimischer Rohstoffe ermöglicht; 2. *forward-linkages* (Vorwärtskoppelung): Anregung zu weiteren Investitionen in nachgelagerten Produktionsstufen, einheim. Weiterverarbeitung von Produkten aus den vom Auslandskapital getragenen Fertigungsstätten. dn

Linowitz-Report Bericht und Empfehlung zur US-Außenpolitik gegenüber Lateinamerika (LA) in zwei Teilen (Okt. 1974/Dez. 1976) an den US-Präs., betont (im Gegensatz zu seinem Vorgänger *Rockefeller-Report): a) die Interdependenz von den USA und LA im Kontext des globalen int. Systems; b) die Notwendigkeit, demokratische Formen des Zusammenlebens in LA zu fördern, v. a. auf die Einhaltung der *Menschenrechte zu dringen, normalere Beziehungen zu Kuba zu entwikkeln; c) bessere Zugangsmöglichkeiten von LA-Produkten zum US-Markt und einen zwischen den USA und LA vereinbarten Verhaltenskodex für Auslandskapital; d) Rüstungsbegrenzung und Abbau der Militärhilfe der USA. dn

LLDC *Least Developed Countries*, Gruppe von EL, die nach Beschluß der *UN-Vollversammlung vom 18.11. 1971 als *am wenigsten entwickelte Länder* gelten. Das Doppel-L steht dabei für den Superlativ *Least* und dient zur Unterscheidung der LLDC von den *LDC (*Less Developed Countries* = alle EL). Heute werden jedoch häufig die LLDC als LDC bezeichnet und aus der Gruppe der EL allg. ausgegrenzt. Ca.

Tabelle 9: BSP pro Kopf in EL und LLDC (in festen US-$ von 1978)

Kategorie	1960	1970	1980	1990[1]
LLDCs	167	172	183	193
EL, insges.	402	552	674	903

Quelle: Weltbank ([1] Projektionen)

9% der Weltbev. lebt in LLDCs. Die Zuordnung von EL zu den LLDCs erfolgt (heute durch den *ECOSOC) nach drei Indikatoren: BIP pro Kopf unter (seit 1989) 473 US-$ (ursprünglich: 100 US-$), Industriequote am BIP unter 10%, *Alphabetisierungsquote (Altersgruppe über 15 Jahre) unter 20%. Eigentlich sollten LLDCs alle Kriterien erfüllen. Es hat sich aber von Anfang an eine pol. bedingte abweichende Praxis durchgesetzt. So wurden Länder, die mind. zwei der drei Schwellenwerte unterschritten und dem dritten nahekamen, vom sog. Tinbergen-Ausschuß, *Committee for Development Planning* (CDP), als LLDC eingestuft (CDP-Liste). Unter Praktikern gilt die Liste als «etwas starr». Ihre Brauchbarkeit ist v.a. eingeschränkt, weil sich die Streichung von Ländern wie z.B. Botswana, die der LLDC-Kategorie zwischenzeitlich entwachsen sind (und nur noch ein Kriterium erfüllen), pol. nicht durchsetzen ließ. Deshalb verzichtet z.B. die *Weltbank auf ihre Anwendung und hat statt dessen eine eigene Kategorie (LICs = *Low Income Countries*) entwickelt. 1971 zählten 25 Länder zu den LLDCs. Die Liste wurde seither mehrfach erweitert. 1992 umfaßte sie 47 Länder (1975: 28, 1981: 31, 1987: 44, 1991: 42).

Pol. bedeutend wurde die LLDC-Kategorie, als nach einem Beschluß der UN-Vollversammlung vom Dez. 1979 und einer gleichlautenden *UNCTAD V-Empfehlung vom Juni 1979 massive Sonderprogramme für LLDCs gefordert wurden mit dem Ziel, dort wenigstens ein Minimum an *Grundbedürfnisbefriedigung zu erreichen. Daraufhin veranstaltete die UNO eine großangelegte LLDC-Sonderkonferenz (Paris, Sept. 1981), an der über 100 Geberländer und -organisationen teilnahmen. Sie blieb aber fast ebenso ergebnis- und wirkungslos wie schon ein UNCTAD-Sofortprogramm (1979 bis 1981) zuvor. Die im *Substantial New Programme of Action* (SNPA) enthaltenen EL-Forderungen: Verdoppelung des ges. Mitteltransfers (öfftl. und privat) bis Mitte der 80er J.; Verdreifachung der öfftl. E.-Hilfe (*ODA) bis 1984, Vervierfachung bis 1990; 0,15% des BSP als ODA für LLDCs, 0,20% ab 1986; in jedem Fall aber eine LLDC-Quote von mind. 30% bei allen Programmen. Dies wurde von den meisten IL nur prinzipiell, aber nicht mit einem verbindlichen Zeitplan akzeptiert. Eine harte Linie verfochten insbes. die Bundesrepublik, Großbritannien und die USA.

Das E.-Gefälle zwischen EL und LLDCs hat sich in den 60er und 70er J. dramatisch vergrößert. Die Agrarproduktion, die in LLDCs ca. 50% des BSP ausmacht, sank von 1970 bis 1980 um über 10%. Im Unterschied zu den restlichen EL kann (laut *UNCTAD, *Weltbank und *Brandt-Bericht) die wirtsch.-soziale Lage in LLDCs wegen ihres extrem niedrigen E.-Potentials – auch bei höheren Eigenanstrengungen und internen Strukturänderungen – nur durch öfftl. E.-Hilfe von außen verbessert werden. Schon heute finanziert sie über 50% der Importe und Investitionen in LLDCs und kommt zu 84% aus *DAC-, zu 13% aus *OPEC- und zu 3% aus Ostblockländern.

Die Bundesrepublik ist mit ca. 1 Mrd. DM jährl. schon seit Jahren (in abs. Zahlen) der größte bilaterale Geber für LLDCs (hinzu kommt ca. ½ Mrd. DM über int. Organisationen). Die LLDC-Quote an den Gesamtzusagen der staatl. *bilateralen Hilfe lag 1982–87 zwischen 22% und 34%, 1988: 24,6%. 1983 gingen 34,6% ihrer Mittel dorthin (1982: 25,7%). Mit rund

0,1 % Anteil am BSP ist sie vom Pariser Ziel allerdings noch weit entfernt. Das wird bislang nur von den Niederlanden und den skandinavischen Ländern erreicht. Am Ende der Skala stehen Frankreich, die USA und Österreich. Seit 1978 erhalten LLDCs von der BRD ausschließlich Zuschüsse anstelle von Krediten. 30 Ländern wurden bislang 4,5 Mrd. DM Schulden erlassen, ebenso etwa 900 Mio. DM den neuerdings zu LLDCs verarmten Staaten Birma und Mauretanien. Bei elf LLDCs (Afghanistan, Laos, Äthiopien u. a.) macht die BRD den Schuldenerlaß von pol. Entwicklungen abhängig.

Für die in LLDCs oft schwierige Projektvorbereitung wurden bis 1988 279,1 Mio. DM für *Studien- und Expertenfonds bereitgestellt. Die Akzentverschiebung von der Projekt- auf die Programmhilfe sowie ggf. die Übernahme auftretender lokaler Kosten (auch Devisenkosten) soll das Problem der geringen *Absorptionsfähigkeit von LLDCs mindern. Eine Bevorzugung der LLDCs durch int. Sonderprogramme («LLDC-Präferenz») ist in Wissenschaft und Praxis nicht unumstritten. Einige EL sehen die Gefahr einer durch die LLDC-Präferenz auseinanderdividierten Dritten Welt. Darüber hinaus zeigte die Pariser Konferenz deutlich, daß viele EL, v. a. jene, die, obgleich arm, nicht zu den LLDCs gehören, befürchten, eine Sonderförderung könne auf ihre Kosten gehen. Die zentrale Schwäche des Konzepts ist aber struktureller Art. Sie liegt in seiner begrenzten Reichweite, begründet durch den länder- bzw. nationalstaatsorientierten Ansatz. 1981 lebten (laut Weltbank) von den 300 Mio. E. der LLDCs ca. 196 Mio. in absoluter *Armut. Dies sind aber nur ca. 20% der weltweit existierenden *absolute poor*. 80% leben außerhalb der LLDCs. Sie werden von einer LLDC-Präferenz gar nicht erfaßt. Allein das Nicht-LLDC Indien hat mehr absolut Arme als alle LLDCs zusammen. Selbst in *Schwellenländern gibt es reichlich Armutszonen (Slums, benachteiligte Regionen). Sie wären nur durch eine zielgruppenorientierte Pol. zu erfassen, die dem LLDC-Konzept aber völlig fehlt. Somit scheint auch die Praxis vieler Geberländer (v. a. der BRD) kritisierenswert, vornehmlich mit dem Ausweis hoher LLDC-Förderquoten eine hohe Armuts- oder *Grundbedürfnisorientierung auszuweisen. Hinzu kommt eine durch hist. Zufälligkeiten bei der kolonialen Grenzziehung bestimmte Willkürlichkeit des Konzepts. Wäre der NO Brasiliens ein unabhängiger Staat, könnte er LLDC-Vergünstigungen in Anspruch nehmen. Wäre Benin nicht zufällig ein unabh. Staat, sondern ein Bundesstaat des «ölreichen» Nigerias, bliebe ihm die Sonderförderung versagt. Verfechter einer LLDC-Präferenz betonen dagegen Praktikabilität und Instrumentalisierbarkeit des Konzepts. Sie sehen im Nationalstaatsansatz eine Konzession an pol. Realitäten und verweisen darauf, daß eine zielgruppenorientierte Pol. bei der gegebenen Interessendisharmonie mit den EL-Eliten am Völkerrechtsprinzip der staatl. Souveränität schnell ihre Grenzen findet. LLDC-Statistik s. Tabelle 1 im Anhang. bg

local planning →Entwicklungsplanung

Lohnquote →Einkommensverteilung

Long term contract-Verfahren →Rohstoffabkommen

Lomé-Abkommen Bislang wurden in der togolesischen Hs. Lomé drei Abkommen zwischen der *EG und den *AKP-Staaten geschlossen, die für jeweils fünf J. Ziele und Mittel der Zusammenarbeit der beiden Staatengruppen in den Bereichen Handel, Industrie und Landw. (seit Lomé II), bei der Stabilisierung der Rohstofferlöse sowie den Umfang der *Finanziellen und *Technischen Hilfe der EG für die AKP-Staaten festlegten (→Entwicklungspolitik der EG).

Lomé I wurde am 25. Feb. 1975 unterzeichnet (EG und 46 AKP-Staaten) und lief vom 1. April 1975 bis 1. März 1980. Die EG stellte über die *EIB und den *EEF 3,5 Mrd. *ERE an finanz. Mitteln zur Verfügung. Neben der Einrichtung gemeinsamer Organe (EG-AKP-Ministerrat, beratende Versammlung von EG-und AKP-Parlamentariern) enthielt das Abkommen v. a. folgende wichtige Bestimmungen: 1. Handel: Freier Zugang fast aller Waren (99,5 %) aus den AKP-Staaten zum EG-Markt; umgekehrt: Einräumung der *Meistbegünstigung von seiten der AKP-Staaten für Waren aus der EG, Abnahme- und Preisgarantie für Zuckerexporte aus den AKP-Staaten zu jährl. neu festgesetzten Preisen; 2. Rohstoffe: Errichtung des *STABEX-Fonds, einer Art Versicherungssystem zur Stabilisierung der Exporterlöse der AKP-Länder bei Agrarprodukten; 3. Industrie: Die EG unterstützt die Ziele der AKP-Staaten nach beschleunigter *Industrialisierung durch Ausbau und *Diversifizierung des Ind.-Sektors und langfristige Verlagerung von Ind.-Projekten/-Branchen aus den IL in die Dritte Welt, um dort homogenere Wirtschaftsstrukturen aufzubauen, Gründung eines *Center for Industrial Development* (CID) in Brüssel zur Förderung der *Investitionen in den AKP-Staaten.

An Lomé I wurden hohe Erwartungen geknüpft; die AKP-Staaten betrachteten das Abkommen als ersten Schritt zu einer Neugestaltung der Wirtsch.-Beziehungen zwischen IL und EL und erhofften sich wesentliche E.-Impulse. Die Bilanz von Lomé I war demgegenüber enttäuschend. Der Handel blieb sowohl dem rel. Umfang als auch der Struktur nach vom alten Muster der *Internationalen Arbeitsteilung geprägt, auch Industrialisierungseffekte waren kaum zu verzeichnen.

Lomé II wurde am 31. 10. 1979 abgeschlossen (58 AKP-Länder) und trat am 1. 4. 1980 für wiederum fünf J. bis 28. 2. 1985 in Kraft. Das Abkommen blieb weit hinter den Forderungen und Erwartungen der AKP-Länder nach fundamentalen Verbesserungen bes. bei der Ind.-Förderung und der Rohstoffpolitik zurück. Es enthielt kaum substantielle Neuerungen, sondern strebte den Ausbau von Lomé I an. Die EG stellte über EIB und EEF 5,6 Mrd. ERE zur Verfügung. Zentrale Bestimmungen: 1. Fortsetzung des einseitigen Abbaus von Handelshemmnissen (hier freier Marktzugang, dort Meistbegünstigung), Förderung des Handels zwischen den AKP-Ländern (→Süd-Süd-Beziehungen); 2. Ausbau von STABEX, u. a. durch Einbeziehung von mehr Rohprodukten; Maßnahmen zur Erhaltung und Entwicklung der Produktionskapazitäten im Bergbau der AKP-Länder (u. a. Kupfer, Kobalt, Phosphate, Zinn, Bauxit) durch a) Errichtung von *SYSMIN, einem Fonds, der die AKP-Länder vor unkontrollierbaren Risiken beim Export mineralischer Rohstoffe versichert (wobei die Auszahlungen im Unterschied zu STABEX maßnahmengebunden sind) und b) Verstärkung der techn. und Kapitalhilfe (Darlehen, Zuschüsse, Investitionshilfen für europ. Anleger) zur Exploration und zum Abbau mineralischer Rohstoffe; 3. Leichte Erhöhung zinsverbilligter EIB-Darlehen für Ind.-Projekte. Der von den AKP-Staaten geforderte Industrialisierungsfonds wurde von der EG abgelehnt, die ihrerseits verbindliche Regelungen zum Investitionsschutz nicht durchsetzen konnte; 4. Maßnahmen im Bereich der *ländlichen Entwicklung: Förderung von Kleinproduzenten und *Genossenschaften, Errichtung eines Zentrums für Zusammenarbeit im Bereich der Agrarforschung und -technik. In den einzelnen Bereichen ging die EG stärkere Verpflichtungen gegenüber den 35 Ländern des AKP-Raums ein, die zu den am wenigsten entwickelten EL gerechnet werden (darunter drei *Binnenländer und 19 Inseln).

Auch Lomé II brachte weder beim Handel (Mitte der 80er J. lag der Anteil der AKP-Länder am EG-Handel wie schon 10 J. zuvor bei 7 %) noch für die industrielle E. spürbare Verbesserungen, sondern konnte allenfalls verhindern, daß sich die Lage der AKP-Länder noch weiter verschlechterte. U. a. erwiesen sich die für STABEX und SYSMIN zur Verfügung gestellten Mittel aufgrund des Preisverfalls bei Rohstoffen 1980/81 als viel zu gering; weniger als die Hälfte der berechtigten Kompensationsforderungen von AKP-Ländern konnten ausgezahlt werden.

Lomé III wurde am 8. 12. 1984 abgeschlossen (65 AKP-Staaten) und trat am 1. 3. 1985 mit Laufzeit bis 28. 2. 1990 in Kraft. Die finanz. Ausstattung des Abkommens durch die EG betrug 8,5 Mrd. *ECU, was angesichts der Inflation eine reale Stagnation bedeutete, obwohl angesichts der schlechten weltwirtsch. Rahmenbedingungen für die E. der AKP-Länder (*Verschuldung, Verfall der Rohstoffpreise) eine Steigerung des Kapitalflusses dringend erforderlich gewesen wäre.

Während Lomé I und II den e.-strategischen Akzent auf Industrialisierung und Infrastruktur legten, vollzog Lomé III einen deutlichen Schritt in Richtung einer auf ländl. Entwicklung und Befriedigung der *Grundbedürfnisse abzielenden Strategie. Zentrale Inhalte des Vertrages sind: 1. Die Verbesserung der Ernährungssituation und des Selbstversorgungsgrades der AKP-Länder mit Hilfe von Programmen für ländl. Entwicklung und Maßnahmen bei der Verarbeitung und Vermarktung landw. Produkte werden zum wichtigsten Ziel der Zusammenarbeit erklärt und zu diesem Zweck verbindliche Regelungen über einen sog. entwicklungspolitischen Dialog getroffen. Einen weiteren Schwerpunkt bildet die langfristig angelegte Bekämpfung von Dürre und *Desertifikation (→Sahel-Zone); 2. Weiterentwicklung des einseitigen *Präferenzabkommens durch eine Regelung, die auch AKP-Industrieprodukten mit rel. hohem Anteil an Verarbeitungselementen, die nicht aus dem AKP-Raum kommen, den freien Zugang zum EG-Markt einräumt. 3. Finanz. Ausbau von STABEX und SYSMIN, Senkung der Auslöseschwellen bei STABEX; 4. Förderung von Klein- und Mittel-Ind., Verbesserung der Zusammenarbeit zwischen europ. und AKP-Unternehmen, Anreize für verstärkte *Direktinvestitionen durch ein Grundsatzbekenntnis zum bilateralen Investitionsschutz und durch verbesserten Informationsaustausch.

Am 15. 12. 1990 wurde Lomé IV unterzeichnet. Ziel war die Konsolidierung des in Lomé III erreichten Standards bei selektiven Verbesserungen unter stark zuungunsten der AKP-Staaten veränderten Rahmenbedingungen. Entstehende nachteilige Folgen der Harmonisierung nationaler Importregelungen im Zuge des EG-Binnenmarktes sollten gemildert werden. Lomé IV hat eine Laufzeit von 10 J. (nach 5 J. Neuverhandlung der Finanzhilfe). Als neue Mitgl. wurden die Dominikanische Republik, Haiti und Namibia aufgenommen. Das Abkommen enthält erstmals eine Vereinbarung zur Strukturanpassung: Entsprechende Finanzmittel werden auch ohne IWF- und Weltbank-Gütesiegel gewährt, freilich wird eine Koordination der Programme angestrebt. Die Finanzhilfe wurde um real 20 % gesteigert, durch die Erhöhung der Mitgl.-Zahl und das Bev.-Wachstum ist der Anstieg pro Kopf jedoch weit geringer.

Obwohl bislang die E. der AKP-Länder durch die Abkommen keine wirklich effektiven Impulse bekommen hat und ihnen von daher nur ein Erfolg in der «Verhütung» schlimmerer UE verbucht werden kann, gelten die Lomé-Verträge aufgrund ihres umfassenden Ansatzes und der großen Zahl der Vertragspartner als beispielhafte Form der multilateralen Zusammenarbeit zwischen IL und EL.

Lit.: E. Frey-Wouters, The European Community and the Third World. The Lomé Convention and its Impact, New York 1982; Mir. A. Ferdowsi (Hg.), Die Verträge von Lomé zwischen Modell und Mythos, München 1983; D. Frisch, Lomé III – Das neue Abkommen zwischen der EG und den AKP-Staaten, in: EA 13 (1985), S. 57–68; J. Natzold/K. Frhr. von der Ropp, Lomé III: Neubeginn der Kooperation EWG/AKP, in: Außenpolitik, 36 (1985), S. 173–188; J. Betz: Das neue AKP-EG-Abkommen («Lomé IV», in: Jahrbuch Dritte Welt 1991. Daten – Übersichten – Analysen, München 1990. S. 104–115.

dn/bt/hb

Lorenz-Kurve Die LK ist ein weitverbreitetes Diagramm zur Darstellung der personellen *Einkommensverteilung. Auf der horizontalen Achse werden die Einkommensbezieher nach Höhe ihrer Einkommensanteile geordnet, aber nicht ihre abs. Anzahl, sondern ihr kumulierter Prozentanteil.

Auf der vertikalen Achse wird der korrespondierende prozentuale Einkommensanteil abgetragen. Die Diagonale OC ist die Linie absoluter Gleichverteilung: Z. B. 20% / 40% / 60% der Bevölkerung erhalten jeweils 20% / 40% / 60% des gesamten Einkommens. Die LK OABC gibt die tatsächliche Verteilungssituation wieder (hier eine typische Verteilung für EL). Der Punkt A gibt an, daß die unteren 40% der Einkommensbezieher 12% des gesamten Einkommens erhalten. Der Punkt B gibt an, daß der Einkommensanteil der unteren 80% der Einkommensbezieher 40% des Einkommens beträgt (respektive die oberen 20% über einen Anteil von 60% verfügen).

Abbildung 6: Lorenz-Kurve

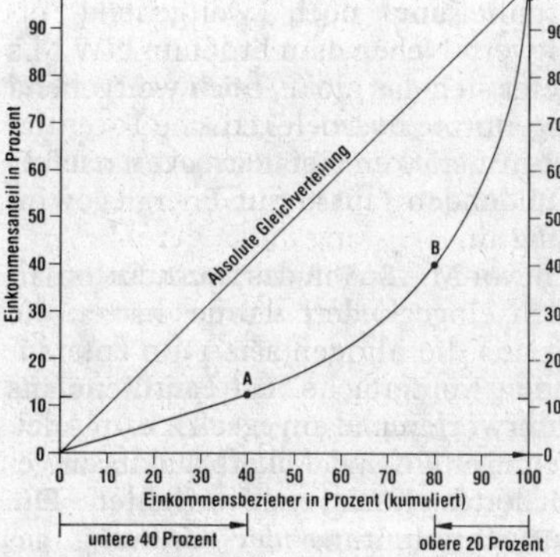

Je weiter sich die LK von der Diagonale entfernt, desto ungleicher ist die Einkommensverteilung. Der zur Diagonale entgegengesetzte Extremfall ist erreicht, wenn die LK mit dem Achsenverlauf OE und EC zusammenfällt. In dieser Situation erhielte eine Person das gesamte Einkommen und der Rest der Bev. nichts: ein hypothetischer Grenzfall vollständig ungleicher Einkommensverteilung. Alle real existierenden Verteilungssituationen werden durch LK abgebildet, deren Verlauf zwischen Diagonale und Achsen liegt. Anhand der LK werden viele Einkommensverteilungsmaße errechnet. Der am häufigsten verwendete ist der *GINI-Koeffizient.

hpn

low-intensity conflict (LIC), auch *low-intensity warfare*, ist eine milit.-pol. Konzeption, die von den USA seit Beginn der 80er J. speziell für die *Dritte Welt entwickelt wurde. Elemente des «Konflikts auf niederer Ebene» sind v. a.: **counterinsurgency*, Contra-Operationen, d. h. die Organisierung von Subversion und Aufständen, *counterterrorism* als offensive, auch milit. Terrorismusbekämpfung, sowie eng begrenzte Militäroperationen unterhalb eines konventionellen Krieges, dessen zunehmend hohe innen- wie außenpol. Kosten und Risiken vermieden werden sollten. Ziel der LIC-Strategie waren nicht milit. Eroberungen, sondern die soziale Kontrolle instabiler Regionen der Dritten Welt, die den USA z. B. als Rohstofflieferanten oder in pol. Hinsicht als strategisch wichtig galten. Nach dem Ende des Ost-West-Konflikts sowie in der Folge des Golfkrieges von 1991 begann in den USA eine Umorientierung der Einsatzplanung hin zu Kriegführungsoptionen: mit Hilfe hoch mobiler und flexibler

Eingreifverbände sollen künftig auch mehrere regionale Konflikte gleichzeitig militärisch beherrschbar werden.

Lit.: J. Hippler, Krieg im Frieden – Amerikanische Strategien für die Dritte Welt. Counterinsurgency and low-intensity warfare, Köln 1986; L. Brock, Die Dritte Welt im internationalen System, in: HDW III, 1, Bonn 1992, S. 446ff. bh

Lusaka-Gipfel →Blockfreiheit, Blockfreienbewegung

M

Machismo →Mexiko, Frauen in der Dritten Welt

Madagaskar M. ist mit 587041 qkm (mit den Nebeninseln Nosy-Bé 293 qkm und St. Marie du Madagascar 165 qkm) die viertgrößte Insel der Welt. Die Bev. (1990: 11,6 Mio. Ew.) lebt zu 25% in Städten (Hs. Tananarive). Pro Jahr wächst sie um 3,2% (Durchschnitt 1980–85), und ihre Verteilung ist ungleichmäßig (über ¼ lebt auf 4% der Fläche in den östl. Randzonen des mad. Hochlandes). 1990 betrug die LE 51 J., und die Analphabetenquote lag bei 47%. Die ethnische Differenzierung der afro-asiat. Mischbev. geht auf verschiedene Einwanderungswellen zurück, bei denen sich das malaiisch-indonesische Element als dominierend durchgesetzt hat. Merina (26%) und Betsileo (12%) im Hochland, Betsimisaraka (15%) an der Ostküste und die negritischen Sakalava an der Westküste sind die wichtigsten der 18 Stämme. 1% der Bev. besteht aus Ausländern (Franzosen, Inder, Chinesen). Das malayisch-polynesische Malagasy ist neben Franz. offizielle Landessprache. 50% der Bev. sind Animisten, 25% Katholiken, 20% Protestanten und 5% Moslems. Verheerende Folgen (ca. 100000 Tote) hatte die zwischen Dez. 1987 und Mai 1988 im Hochland wütende Malariaepidemie.

Das trop. Klima M.s begünstigt zusammen mit den fruchtbaren Böden die Landw., die in der Wirtschaft des armen Landes (nach *Weltbank in letzten 16 J. ständig sinkendes BSP/Kopf, 1990: 230 US-$) eine zentrale Rolle (1990: 29% des BIP, 77% der Erw.) spielt. Reis, Maniok, Mais und Hülsenfrüchte werden für die *Subsistenz und den Binnenmarkt angebaut. Die wichtigsten Exportprodukte sind Kaffee (40%), Tabak, Sisal, Vanille (80% des Weltbedarfs) und Gewürznelken. Zielländer der die Hauptdevisenquelle bildenden Agrarexporte (80% von 331 Mio. US-$ Exporterlösen 1986) sind Frankreich (⅓), weitere EG-Staaten, USA, Japan und die UdSSR. Veraltete Anbautechniken und Zuchtmethoden behindern zusammen mit der unzulänglichen Bewirtschaftung des Bodens (nur 5% der Landesfläche Akkerland) die angesichts des hohen Bev.-Wachstums notwendige Steigerung der Reisproduktion. Dies hat zur Abh. von Importreis geführt (Devisenbelastung). Ausweitung der Anbauflächen, Steigerung der Hektar-Erträge und Verbesserungen im Absatzbereich sind somit Hauptziele der Investitionsprogramme für den Agrarsektor. Hierbei erhält der *AKP-Staat M. vom *EEF finanzielle Hilfe. Die Ind. steckt infolge des Kapitalmangels und der Enge des Binnenmarktes noch in den Anfängen (1990: 12% des BIP, 6% der Erw.). Die Ausbeutung der Minerallagerstätten (Chromerze, Graphit, Glimmer) wird durch die unzureichende Verkehrserschließung noch weitgehend erschwert. Neben dem Erdöl im NW M.s bietet sich das große, noch weitgehend ungenutzte hydroelektrische Potential der mit starken Gefällstrecken nach O mündenden Flüsse zur Energiegewinnung an.

Bevor M. 1896 in das franz. Kolonialreich eingegliedert wurde, hatten die Merina die übrigen seit 1500 entstandenen Königreiche und Familienclans unterworfen und ein gesellsch. in Adel, Gemeinfreie und Ackerbausklaven gegliedertes Königreich errichtet. Die Aufrechterhaltung der Ordnung gewährleisteten die von Familienoberhäuptern geleiteten Generalversammlungen (*fokonolona*). Während der franz. Kolonialzeit wurde die Wirtschaftsstruktur M.s durch * Infrastrukturmaßnahmen (Banken, franz. Handelshäuser), agrarische * Diversifizierung (neu: Kaffee, Vanille) und den Vorrang franz. Importe auf die Bedürfnisse Frankreichs orientiert. Die rechtliche und soziale Ungleichheit zwischen Madegassen und Franzosen führte zu nationalistischen Bewegungen, die von den Franzosen mit Gewalt unterdrückt wurden. 1956 wurde von Ph. Tsirana der *Parti Social Démocrate* (PSD) gegründet, dessen Anhänger sich aus den gemäßigten Küstenstämmen (Hochlandstämme radikal) rekrutierten. 1960 erreichte Tsirana die völkerrechtliche Unabhängigkeit. M.s. Präs. Tsirana, Vertreter eines westl. orientierten * Sozialismus, setzte gegen den Widerstand der radikalen, marxistischen Hochland-Partei (AKFM) die Kooperation mit Frankreich fort. Die alten interethnischen, mit Klassengegensätzen gekoppelten Konflikte zwischen Merina (Führungsschicht) und Küstenstämmen (Bauern) entzündeten sich 1972 an der von den Merina betriebenen und von den Küstenstämmen abgelehnten Ersetzung des Französischen in den Schulen durch das Malagasy (*malgachisation*) und führten nach blutigen Unruhen zum Sturz Tsiranas. Sein Nachfolger, General Ramanantsoa, betonte im Rahmen einer * autozentrierten E.-Strategie die Rückgewinnung der nat. Souveränität in Politik und Wirtschaft sowie die Wiederbelebung der *fokonolona*. Ab 1975 wurde in M. unter Präs. D. Ratsiraka, bei Präs.-Wahlen 1982 für weitere 7 J. in seinem Amt bestätigt, der Versuch unternommen, bis zum J. 2000 eine sozialistische Gesellschaftsordnung aufzubauen. Im Mittelpunkt standen dabei folgende innenpol. Maßnahmen: Entwicklung des Agrarsektors und der Agroindustrie mit dem Ziel der Nahrungsmittelselbstversorgung, basisdemokratische Dezentralisierung der ökon., sozialen und pol. Entwicklung im Rahmen des neukonzipierten *Fokonolona*-Systems (Vorbild * *Ujamaa*), Reduzierung sektoraler/regionaler Einkommensdisparitäten, staatl. Kontrolle der Schlüsselindustrien, *malgachisation* des Erziehungssystems sowie die Mobilisierung von Jugend, Frauen und Armee. Träger der Massenmobilisierung war die 1976 gegr. *Avantgarde de la Révolution de Malagasy* (AREMA). Die Verfassung von 1975 bestimmte den direkt gewählten Präs. und den Obersten Revolutionsrat (CSR) als wichtigste Exekutivorgane. Nach einer Phase eher antiwestlicher, von offensiver * Blockfreiheit geprägter Außenpol. wurden seit Ende der 70er J. aufgrund des starken Bedarfs an ausl. Wirtschaftshilfe (Frankreich, EG) die Bez. mit dem Westen wieder intensiviert. Richtungskämpfe und ethnische Rivalitäten innerhalb der in der regionalen «Nationalen Front» zusammengeschlossenen Parteien (u.a. AREMA/117 Sitze bei Parlamentswahl vom August 1983, AKFM/KDRSM = *Parti du Congrès pour l'Indépendence de Madagascar*/9 Sitze) sowie regionalistische und durch ökon. Defizite (u.a. Mangel an Treibstoff und Nahrungsmitteln) ausgelöste Unruhen blieben in den 80er J. Konstanten im innenpol. Geschehen auf Madagaskar. Die nicht-kompetitiven Parlamentswahlen vom März 1989 bestätigten die Einheitsliste. Im Mai 1990 scheiterte ein Putschversuch gegen Präs. Ratsiraka am Widerstand loyaler Truppen. Im Aug. 1992 trat eine neue Verfassung in Kraft, die ein Parlament und eine Machteinschränkung des Präsidenten zugunsten eines Premierministers vorsieht. Am 17.2.1993 fanden freie Präs.-Wahlen statt. Dabei setzte sich der von einem breiten Parteienbündnis unterstützte Führer der Oppositionsbewegung von 1991, Albert Zafy, mit beinahe 70% der Stimmen klar gegen Ratsiraka durch. Die ersten Parl.-Wahlen unter der neuen Verfassung sollten im Mai 1993 abgehalten werden.

Lit.: R. Archer, Madagascar depuis 1972. La Marche d'une Révolution, Paris 1976; H. D. Sick, Madagaskar, Darmstadt 1979; M. Covell, Madagaskar, London u. a. 1987; A. Mahefa, Madagaskar, in: HDW III, 5, 1993, S. 238ff. ah

Maghreb-Union →Arabische Maghreb-Union

Malawi Im SO Afrikas gelegen, 118000 qkm (davon rd. ⅕ Malawi-See), hat eine bemerkenswerte Kombination innen-, außen- und entwicklungspol. Orientierungen: ein strikt agrargestützter kapitalistischer E.-Weg (hinsichtlich der Befriedigung von physischen *Grundbedürfnissen rel. erfolgreich), Konzentration der Macht auf eine Person (*one man state*); äußerst repressiver Polizeistaat (exzessive Menschenrechtsverletzungen); freundliche Außenpol. zur Rep. Südafrika (RSA).

1. Das kleine Binnenland (Außenhandel läuft über Mozambique, Zimbabwe und RSA) hat eine für Infrastrukturmaßnahmen ungünstige Topographie und ist ressourcenarm. Die Erschließung der geringen Mineralvorkommen ist techn. schwierig und meist unwirtsch. Allerdings besteht ein gewisses hydroelektrisches Energiepotential (ca. 1100 MW). Zentralressource ist die Landw., die auf ca. 50% der überaus fruchtbaren Böden möglich ist und von der 80% der Bev. (1987: 7,5 Mio., JZ 3,2%) abhängen. Wichtigste (Bantu-)Völkerschaften: Chichewa 50%, Lomwe 14%, Yao 13%, Tumbuka 9%. 57% der Bev. sind Christen, 16% Moslems, etwa 20% Anhänger sog. Naturreligionen.

2. 1891 proklamierte GB das *Central Africa Protectorate* (1907 in Njassaland umbenannt). Es diente der Kolonialmacht v. a. als Reservoir billiger Arbeitskraft für die Minen und Plantagen Rhodesiens und Südafrikas. 1953 wurde es gegen den Willen der Afrikaner mit Süd- und Nordrhodesien (heute Zimbabwe und Zambia) zur Zentralafrik. Föderation zusammengeschlossen. Alsbald forderte die antikoloniale Bewegung des *Njassaland African Congress* (NAC) die Auflösung der von den weißen Siedlern Rhodesiens dominierten Föderation und rief 1958 Dr. H. K. Banda (ein ehem. *Wanderarbeiter, der in den USA studiert und in Ghana als Arzt praktiziert hatte) an ihre Spitze. Unter seiner Führung gewann der Widerstand schnell an Dynamik und brachte die Kolonialverwaltung in Bedrängnis. Folge: Ausnahmezustand, Verhaftung der Parteiführer, Verbot des NAC. Die von nichtverhafteten Parteifreunden als Folgeorganisation gegr. *Malawi Congress Party* (MCP) setzte die NAC-Politik fort, erreichte die Freilassung der Inhaftierten und errang unter Bandas Führung bei den ersten allg. Wahlen 1961 22 der 28 Sitze. 1963 Austritt aus der Föderation und weitgehende Autonomie.

Am 6.7.1964 wurde das Land (nun M. genannt) unabh. und erklärte sich 2 Jahre später (als Einparteistaat) zur präsidialen Republik innerhalb des brit. **Commonwealth*.

3. Das pol. System ist bis heute durch das Machtmonopol der MCP und ihrer Unterorganisationen (z. B. *Womens League*, v. a. aber die militant-loyale *Youth League*, YL) und – zuvorderst – von der selbstherrlich-autoritären Repressionsherrschaft Bandas gekennzeichnet. Der *Ngwazi* (d. h. Erlöser, Messias), nach eigenem Verständnis gestrenger aber gerechter, allwissender «Vater der Nation» (*Kamazu knows best*), degradierte Parteitag und Nationalversammlung zu reinen Akklamationsstätten. Bei den allg. Wahlen werden die von ihm nominierten Kandidaten als gewählt verkündet – *Partizipation findet nicht statt.

Bereits 1971 ließ er sich seine allumfassende Macht per Verfassung absichern (und sich zum «Präsident auf Lebenszeit» ausrufen) und ist heute darüber hinaus MCP-Präs. (auf Lebenszeit), Premierminister sowie Minister für Äußeres, Landw., Justiz, Bodenschätze, Versorgung und öfftl. Arbeiten. Gewalttätige Willkür von Polizei, YL und Geheimdienst, rigide Pressezensur, Minderheitenterror (1974 Deportation von Zeugen Jehovas), Streikverbot für die Gewerkschaften sowie eine Lohn-Strafe-Personalpol. in Verwaltung und Regierung – alles ausschließlich von Banda gesteuert – erstickten jeden Widerstand im Keim. Oppositionsbewegungen (verschiedenster Provenienz) gibt es nur im Ausland (v. a. in Zambia): *Malawi Freedom Movement* (MAFREMO), *Congress of the Second Republic* (CSR), *The Peoples Democratic Party* und die *Socialist League of Malawi* (LESOMA), deren ehem. interner Flügel sich Anfang 1982 als *Malawi Democratic Union* abgespalten hat, um im Inland Widerstand zu organisieren.

1983 wurde der exilierte Oppositionsführer Dr. A. Mpakati in Harare erschossen und O. Chirwa, ein anderer Oppositionsführer, in Zambia gekidnapped, nach M. gebracht und mit seiner Frau zum Tode verurteilt (Urteil wurde aber nicht vollstreckt).

M.s Außenpol. ist strikt prowestlich und radikal antikommunistisch. Als einziges afrik. Land unterhält es seit 1971 dipl. Beziehungen mit der RSA, ebenso zu Israel u. Taiwan. Seine enge pol. und wirtsch. Kooperation mit den weißen (auch weißrhodes. und portugies.) Eliten im südl. Afrika in den 70er J. führte zur vollständigen Isolierung M.s in Afrika und der * OAU. Gespannte Beziehungen bestehen insb. zu Zambia, Tanzania, Zimbabwe und Mozambique. Südafrikas Politik der Destabilisierung der * Frontstaaten hat M. (im Falle Mozambiques) wesentlich unterstützt, da es der rechtsgerichteten, von Südafrika unterstützten RENAMO seit 1981 Basen erlaubte. Dies hat den Krieg im Nachbarland von 1980–86 verschärft und dabei M. selbst schwer geschadet. Vor 1981 wurden 90% von M.s Exporten in den mozambiquanischen Häfen Nacala u. Beira verschifft. 1983 u. 84 wurden die Eisenbahnverbindungen nach M. von der RENAMO zerstört und aus Kosten- und Sicherheitsgründen nicht wieder instandgesetzt. Die Verschiffung über Port Durban sowie durch den Krieg in Mozambique bedingte Umwege haben die Transportkosten derart vervielfacht, daß ein Drittel der Exporterlöse kompensiert werden. V. a. aber ist M. durch ein dramatisches * Flüchtlingsproblem belastet. Bis 1988 waren aus dem nördl. Mozambique eine halbe Mio. Kriegs- u. Hungeropfer ins südl. M. geströmt, mit deren Versorgung M. völlig überfordert ist. M. hat die RENAMO erst (unvollständig) ausgewiesen, als im Sept. 1986 die Staatschefs von Zimbabwe, Zambia u. Mozambique drohten, das Land durch Schließung aller Grenzen zu blockieren und Raketen einzusetzen. Trotz Revision seiner Regionalpolitik (z. B. Entsendung von Truppen zum Schutz mozambiquan. Verkehrswege) bleibt M.s Rolle in der Region dubios. Durch die * SADCC ließ sich M. bislang nur technisch, aber kaum pol. in die Reihe der Frontstaaten integrieren. Gleichwohl pflegt die SADCC M.s Mitgliedschaft, u. a. mit Blick auf die Nach-Banda-Ära.

4. Mit einem BSP von 160 US-$ (1986, realer Zuwachs 1965–85 1,5%) zählt M. zu den * LLDCs (außerdem * MSAC, * LLC). Zentraler Wirtschaftsbereich ist die Landwirtschaft. Sie trug 36% (1987) zum BIP und ca. 90% zu den Exporten bei. Wichtigste Exportprodukte sind Tabak (1985: 43%), Tee (23%) und Zucker (ca. 10%). Etwa 85% der Agrarerzeugnisse werden von Kleinbauern (geringe Mechanisierung) überwiegend für den Binnenmarkt oder zur * Substistenz produziert. Die Exportproduktion kommt zu 75% aus der Plantagenwirtschaft (auf 13% der Gesamtfläche). Der Anteil der Ind. ist gewachsen (1987: 20% am BIP), ihr Beschäfti-

gungseffekt bleibt minimal. Beim Import dominieren ind. Halb- und Fertigwaren. 38% (1985) der Importe kommen aus Südafrika, 54% (1985) der Exporte gehen an EG-Länder. Größter Unternehmer M.s ist Banda selbst. Er hält 4999 von 5000 Anteilen am größten Konzern des Landes, *Press LTD.*, einer Holding von Brauereien, Presse u. Tabakunternehmen, Agroindustrie sowie Hotels. Gewinne investiert er u. a. in Prestigeobjekte wie der *Kamuzu Academy*.

5. E.-Konzept: Der Staat bestimmt durch halbstaatl. Agenturen die Schwerpunkte der entwicklungspol. Investitionspol. in einem ansonsten völlig kapitalist. und nach außen offenen Wirtschaftssystem. Durch umfassende finanz- u. ordnungspol. Anreize (wohl auch als «Belohnung» für seinen Antikommunismus) vermochte M. beträchtliche Auslandskapitalien anzulocken und flankiert dies durch arbeitsmarktpol. Maßnahmen (staatl. Niedriglohnpol., Streikverbot). Der mal. E.-Weg zielt also auf maximale Nutzung von M.s *komparativen Vorteilen: billige Arbeitskraft, fruchtbare Böden. Bei der Beurteilung des mal. E.-Konzeptes herrscht Unsicherheit. Lange wurden ihm (bei aller berechtigter Kritik an Bandas Regime) außergewöhnliche Erfolge bescheinigt. Die JZ des BIP (1960–70: 4,9%, 1970–80: 6,3%, 1980–86: 2,4%) waren lange Zeit bei vergleichbaren EL unerreicht. M. war trad. Selbstversorger und Exporteur bei Nahrungsmitteln. Mit beispielhafter Konsequenz hat M. den Agrarsektor (v. a. Kleinbetriebe) gefördert, ländl. Infrastruktur ausgebaut, auf *kapitalintensive Projekte verzichtet. Noch immer gibt es kaum *Landflucht und Slumprobleme (Urbanisierungsgrad 1987: 13%), ist der Stand der (physischen) Grundbedürfnisbefriedigung gut. Indes: Das reale Wirtschaftswachstum, im Durchschnitt der 70er J. bei 6,3%, ist auf 2,4% (1986) zurückgefallen; z. T. wegen des alarmierenden Bev.-Zuwachses (JZ 3,2%). Programme zur Empfängnisverhütung greifen nicht, der Landdruck ist enorm (Parzellengröße bereits unter 1 ha). M. zählt zu den am dichtesten besiedelten Agrarstaaten der Welt. Inzwischen hat M. die vierthöchste Kindersterblichkeitsrate Afrikas (320 von 1000); Hauptgrund ist *Mangelernährung. 1988 waren Exporte anhaltend rückläufig, die *Zahlungsbilanz defizitär, Devisen extrem knapp, und nach einer 30%igen Abwertung der Landeswährung *Kwacha* war die Inflation auf 22% gestiegen. Die E. ging klar zu Lasten des Sozialkapitals. Das Gesundheitswesen blieb unbefriedigend (1981: 52830 Ew./Arzt). Das Bildungssystem zielt auf Elitenförderung. Es besteht keine Schulpflicht, der Unterricht ist gebührenpflichtig. Die Einschulungsquote beträgt bei Primarschulen 60%, doch bei (als priv. Internaten geführten und teuren) Sekundarschulen 5% und bei (bis 1984 gebührenfreien) Universitäten 0,01%.

Der 1988 ca. 88jährige Banda tabuisiert die Nachfolgefrage mit diktatorischer Ignoranz. «Vorlaute» potentielle Kandidaten wurden aus ihren Ämtern entlassen, ausgewiesen oder starben unter merkwürdigen Umständen. Gleichwohl sind drei Namen in der Diskussion: Cecilia Kadzam, Bandas Vertraute; John Tembo, MCP-Schatzmeister und Bandas Geschäftspartner; Maxwell Pashane, der auffallend zurückhaltende Erziehungsminister. Bandas Tod wird ein explosives pol. Vakuum hinterlassen.

Lit.: F. Nuscheler, Malawi, in: Ders./K. Ziemer, Politische Organisation und Repräsentation in Afrika, Berlin/New York 1978, S. 1197 ff.; C. Lineau, Malawi, Geographie eines unterentwickelten Landes, Darmstadt 1981; D. Lösch, Markt oder Staat für die Dritte Welt? Wirtschaftssystem und Wirtschaftspolitik in Entwicklungsländern, illustriert am Beispiel der Republik Malawi, Hamburg 1983; A. Spring, Agricultural Development in Malawi. A Project for Women in Development, Boulder (Col.) 1988; G. Taube, Malawi, in: HDW III, 5, 1993.

bg

Malaysia 1. M. ist das künstliche Produkt der brit. Kolonialherrschaft in Südostasien. So umfaßt die 1963 entstandene malaysische Föderation mit West-M. und Ost-M. zwei räumlich ca. 600 km voneinander entfernt liegende Gebiete, getrennt durch die südchines. See: die Halbinsel Malaysia, die bereits 1957 in die Unabh. entlassen wurde, und den sich von W nach O erstreckenden Streifen im N der Insel Borneo außer dem erdölreichen Sultanat Brunei (brit. Protektoratsverwaltung endete 1983), d.h. Sarawak und Sabah. Die Halbinsel Malaysia grenzt südl. der Landenge von Kra an Thailand und ist an der Südspitze durch einen Eisenbahn- und Straßendamm mit dem Stadtstaat Singapur verbunden, der in den J. 1963 bis 1965 ebenfalls M. angehörte. West-M. wird auf nur 40% der Staatsfläche (333400 qkm) von ca. 83% der Gesamtbev. bewohnt (1990: rd. 18 Mio. Ew., davon 2,7 Mio. in Sarawak und Sabah).

M.s Klima ist äquatorial-tropisch und wird durch die Insellage und den Monsun beeinflußt. Die Durchschnittstemperaturen liegen bei 23 bis 30 Grad Celsius mit einer durchschn. rel. Luftfeuchtigkeit von 82 bis 86% und hohen ganzjähr. Niederschlagsmengen, die auch nicht durch eine ausgeprägte Trockenzeit unterbrochen werden.

Noch über die Hälfte der Landmasse M.s ist mit tropischem Regenwald (viertgrößtes Gebiet der Erde) bedeckt. Gegen den extensiven Holzeinschlag v.a. in Ost-M. (von dort stammt ca. ¼ des Weltexports an Hartholz), der diese *Ressource und Devisenquelle zu erschöpfen droht und große Umweltgefahren (→Ökologie) mit sich bringt, hat die Reg. seit 1980 eine Senkung der Exportquote für Rundholz sowie Ausfuhrverbote für 16 tropische Holzarten verfügt. Gleichzeitig bestehen Pläne, die Holzproduktion durch Anpflanzen schnellwachsender Holzarten erheblich zu steigern. Aufgrund der tropischen Klimabedingungen besitzen die Böden nur geringe Qualität. Sie eignen sich in ihrer agrarischen Nutzung hauptsächlich für Dauerkulturen und den Reisanbau. Neben dem Landpotential, das zur Errichtung einer exportorientierten *Plantagenwirtschaft mit den Hauptprodukten Kautschuk, Ölpalme, Zuckerrohr, Ananas und Kakao genutzt wird, verfügt M. über bedeutende Vorkommen an Bodenschätzen. Aufgrund einer rel. erfolgreichen *Diversifizierungspolitik ist M. (1985) der Welt größter Produzent von Kautschuk (38%) und Zinn (19%), deren Bedeutung allerdings ständig abnimmt, sowie Palmöl (ca. 40%). Einschließlich Erdöl und -gas, Bauxit, Kupfer- und Eisenerz sowie tropischer Hölzer, landw. Produkte (v.a. Pfeffer u.a. Gewürze) und verarbeiteter Produkte aus den *freien Produktionszonen besitzt M. eine recht breite Palette von Exportprodukten.

2. Die heutige sozio-ökon. Struktur M.s ist das historische Ergebnis des Zusammenspiels von ökol. Ausgangsbedingungen, geogr. Lage, Einwanderung und massiver Intervention äußerer Kräfte.

Der dichte Regenwald begrenzte die natürliche Besiedlung des Landes zunächst auf die Flußläufe und hielt so die Bev.-Zahl auf einem sehr niedrigen Niveau. Ein nennenswertes Bev.-Wachstum setzte erst durch die Zuwanderung von Angehörigen fremder Ethnien ein, die die Ureinwohner fast vollständig verdrängten. Von ihnen, den Orang Asli, leben nur noch ca. 50000 auf der mal. Halbinsel. Der Zuwandererstrom (erst durch den II. Weltkrieg abrupt beendet) läßt sich in drei Phasen aufgliedern. Während sich die erste Malaiisierungsphase der Zuwanderung von den heutigen indones. Inseln des mal. Archipels in der Frühzeit als regionale Wanderbewegung erklären läßt, sind die beiden folgenden Phasen der Einwanderung von Chinesen (aufgrund des Zinnbergbaus) und Indern (zu den Kautschukplantagen) eng mit der kolonialen Eroberung M.s verbunden und durch die Einbeziehung des Exportsektors in die Weltmarktbez. bei gleichzeitigem Arbeitskräftemangel ausgelöst worden. So betrug bereits 1911 der chines. Bev.-Anteil 30%, der indische ca. 10%, was auch etwa dem heutigen Niveau entspricht. Der Anteil der Malaien als der größten ethnischen Bev.-Gruppe stieg laut Volkszählung 1980 stark an (59%), v. a. aber deshalb, weil ihnen aus pol. Gründen die Urbev. hinzugerechnet wurde.

Allein zwischen 1970 und 1980 hat die Bev. M.s um 34% zugenommen. Die JZ (1980 bis 1985: 2,5%) geht langsam zurück. Unter Verweis auf den beschränkten Binnenmarkt als entscheidendes Hindernis für durchgreifendes wirtsch. Wachstum propagiert die Reg. aber inzwischen wieder die kinderreiche Familie. Die Altersstruktur ist durch einen hohen Anteil an Jugendlichen geprägt (1985: 37,3% unter 15 J.), die LE liegt mit 70 J. (1990) recht hoch. Der deutlich vorherrschende agrarische Charakter M.s spiegelt sich auch in der rel. geringen *Urbanisierung (4,5% JZ) wider: ca. 43% der Bev. leben in städtischen Gebieten über 10000 Ew.; die Hs. Kuala Lumpur einschließlich ihres Großraumes hat im Vergleich mit anderen südostasiat. Hs. nur die geringe Ew.-Zahl von etwas mehr als einer Mio.

3. Die mal. Sozialstruktur wird entscheidend durch die Identität von ethnischer Zugehörigkeit und Beschäftigung geprägt (Malaien als Kleinproduzenten von Reis und Kautschuk, Chinesen und Inder in Zinnbergbau und *Plantagenwirtschaft), die bisher nur z. T. durchbrochen werden konnte. So leben weiterhin über 80% der Malaien, aber nur knapp 40% der Chinesen auf dem Lande, wo ein sehr großer Teil der Bev. unterhalb der *Armutsgrenze existiert. Obwohl die Einkommen auch innerhalb der ethnischen Gruppen extrem ungleich verteilt sind, ist ein Klassenbewußtsein kaum vorhanden. Die gesellsch. Konfliktlinie verläuft u. a. zwischen den Ethnien, die jeweils einen eigenen sozio-kulturellen Lebensbereich besitzen. Aufgrund ihrer unterschiedlichen Normengefüge, der Sprache und der Religion grenzen sie sich stark voneinander ab (*Kommunalismus), und es findet kaum gesellsch. Assimilation statt. Der Islam ist zwar Staatsreligion, aber die freie Religionsausübung (Buddhismus, Hinduismus, Christentum) wird verfassungsrechtlich gewährleistet. In dem rel. gut ausgebauten Grundschulbereich wird sowohl in mal. als auch in chines. und tamilischer Sprache unterrichtet. Aber in Zukunft soll die Nationalsprache *Bahasa Malaysia* auch an den höheren Schulen und den Universitäten Englisch als Unterrichtssprache ersetzen. Aufgrund dieser Malaiisierungspolitik des Bildungssektors wurde auch die Einrichtung einer chinesisch-sprachigen Universität verboten.

4. Bei intern extrem ungleicher E. zählt M. mit einem durchschn. BSP pro Kopf von gesch. über 2000 US-$ (1990) – dem zweithöchsten nach Singapur in der *ASEAN – zu den *Schwellenländern. Die hohen realen wirtsch. Wachstumsraten der 70er J. (ca. 8% p. a.) konnten in der ersten Hälfte der 80er J. v. a. aufgrund der Weltmarktrezession und des Verfalls der Rohstoffpreise (*terms of trade*: 1980 = 100; 1986 = 64) nicht erreicht werden. Aufgrund ausl. *Direktinvestitionen und eines Anstiegs der Exporte wegen wieder verbesserter Rohstoffpreise wurden zu Ende der 80er J. jedoch wieder hohe Wachstumsraten (1989: 8,5%; 1990: 7%) erreicht. Der Primärsektor hat seine einstige Dominanz weitgehend an die Ind. (1989: Anteil von 25,6% am BIP) abgegeben; ind. Produkte machen inzwischen 50% der Exporte aus. Wichtigste Devisenquelle ist der Tourismus (30% der Devisen). Der industrielle Sektor, dessen E. seit

den 70er J. von der *Importsubstitution auf die Exportindustrialisierung mit Hilfe eines Bündels staatl. Anreize für das Auslandskapital (z.B. Einrichtung *freier Produktionszonen) umorientiert wurde, beschränkt sich auf Konsumgüter, Elektronik, Textilien, Holzbearbeitung; mit dem Aufbau einer eigenen Autoind. wurde begonnen. Bei nach wie vor niedriger Inflationsrate (1980 bis 1990 durchschn. 1,6%) kam es angesichts der wirtsch. Probleme über eine entsprechend gestiegene staatl. Investitionstätigkeit zu wachsender externer *Verschuldung (Schuldendienst 1970: 1,7% und 1986: 8,7% des BSP); die Arbeitslosigkeit fiel (bei extremen regionalen Unterschieden) von 9,1% (1987) auf 6,3% (1990).

5. M. besteht aus 13 Bundesstaaten (darunter 9 Sultanate, 2 Bundesterritorien) mit einer parl. Wahlmonarchie und einem legislativen Zweikammersystem. M. (Mitgl. im *Commonwealth) wird pol. von einem Elitenbündnis der drei Ethnien beherrscht. Diese pol. Struktur, die die zumindest formale Repräsentanz aller im Lande lebenden Ethnien gewährleisten soll, basiert auf einem mit der Kolonialmacht GB ausgehandelten Herrschaftskompromiß, der den Malaien (Bumiputras) verfassungsmäßig verankerte Sonderrechte und damit eine eindeutig führende pol. Position garantiert und im Gegenzug die rel. starke wirtsch. Stellung der Chinesen unangetastet ließ. Diese Formel kam zustande, nachdem der antikoloniale Guerillakrieg der *Malayan Communist Party* (MCP) während der als *Emergency* bezeichneten Periode 1948 bis 1960 niedergeschlagen worden war. Gleichzeitig wurde die hauptsächlich von chin. Arbeitern gebildete starke Gewerkschaftsbewegung, die die Basis der MCP bildete, als pol. Machtfaktor der mal. Innenpolitik ausgeschaltet. Damit war der Weg frei für das Bündnis von mal. Bürokratie, die sich in der *Malayan National Organization* (UMNO) zusammenschloß, und chin. Geschäftsleuten, die sich in der *Malaysian Chinese Association* (MCA) organisierten. Gemeinsam mit dem *Malaysian Indian Congress* (MIC) bildeten sie die Allianz, die 1974 durch die Integration von einigen Oppositionsparteien zur «National Front» (*Barisan Nasional*) ausgedehnt wurde. Die Koalitionen verfügten im Parlament jeweils über mehr als ⅔ der Mandate. Die Kontinuität dieses Elitenbündnisses, formal durch Wahlen legitimiert, wurde nicht unerheblich durch eine repressive und diskriminierende Politik gegenüber Gewerkschaften und Oppositionsparteien mit Hilfe des *Internal Security Act* abgesichert. Eine gefährliche Bedrohung des Herrschaftsbündnisses bildeten die Rassenunruhen nach den Wahlen vom Mai 1969. Als Reaktion auf die fortdauernde Verschlechterung der realen Lebenssituation eines Großteils der ländl., aber auch der städt. Bev. konnten sowohl die mal. *Partai Islam* (PI) als auch die chin. Oppositionspartei *Democratic Action Party* (DAP) erhebliche Stimmengewinne verzeichnen. Nach einer zweij. Notstandsphase antwortete der Staat auf diese Herrschaftsbedrohung mit einem neuen E.-Konzept der *New Economic Policy* (NEP), die mit Beginn des 2. M.-Plans (1971 bis 1975) implementiert wurde. Die Rassenunruhen bildeten den hist. Moment für eine Gruppe innerhalb der UMNO, um ihre seit langem gestellte Forderung nach Ausnutzung der pol. Macht über den Staat zugunsten der Malaien durchzusetzen. Die Tatsache, daß mit M. Mahathir und Musa Hitam die Wortführer der Kritik an der Politik des damaligen Premierministers Tunku Abdul Rahman, die zunächst aus der Partei verstoßen wurden, seit 1981 sowohl die Regierung als Premier- und Vizepremierminister als auch die Parteiführung übernommen haben, kennzeichnet deutlich den vollzogenen Eliten-Wechsel

von einer aristokratischen zur kapitalistisch orientierten Parteielite. Denn die NEP bildete eine drastische Abkehr von der bisher praktizierten «*Laissez-faire*-Politik» des Staates durch die Formulierung eigener Politik- und Verteilungsziele: 1. die Beseitigung der abs. Armut und 2. Umverteilung des Produktivvermögens bis 1990 nach dem Schlüssel: Malaien (30%), andere Malaysier (40%) und Ausland (30%). Zentrale Instrumente der NEP: Kapitalbeteiligungs- und Beschäftigungsquoten für Malaien, Steigerung des mal. Besitzanteils am Produktivvermögen durch Aufbau von Staatsunternehmen. 1987 kündigte der 1986 wiedergewählte Reg.-Chef Mahathir (die Reg.-Koalition *Barisan Nasional* errang bei den Parlamentswahlen 148 der 177 Sitze) die Verlängerung der NEP über 1990 hinaus an. Mahathir wurde die Verschärfung der ethnischen Konflikte durch eine einseitige Politik zugunsten der malaiischen Bev. vorgeworfen, außerdem zunehmend Korruption und Mißwirtschaft sowie auch sein autoritärer Führungsstil. So konnte Mahathir sich im April 1987 bei UMNO-internen Wahlen nur knapp als Parteivorsitzender und damit als Reg.-Chef behaupten. Ende 1987 ging er anläßlich der anhaltenden Konflikte zwischen Malaien und Chinesen verschärft gegen Regierungskritiker vor (Verhaftungen, Versammlungsverbot, Verbot mehrerer Zeitungen). Auf Betreiben oppositioneller Kräfte innerhalb der UMNO wurde die Partei am 5.2.1988 vom Obersten Gerichtshof aus formalen Gründen (ungesetzliche Vorstandswahlen) für illegal erklärt. Als dann die von Mahathir (er blieb Reg.-Chef) neu gegr. Partei, UMNO *Baru*, nicht die benötigte Mitgliederzahl erreichte, hob er u. a. die Kompetenz der Gerichte, Gesetze zu interpretieren und auf ihre Verfassungsmäßigkeit zu prüfen, praktisch auf und entließ den Obersten Richter. Zwar ging Mahathir gestärkt aus dieser Situation hervor, aber die Auseinandersetzungen mit oppositionellen Kräften dauern an. Darüber hinaus dürfte die wachsende Kluft zwischen der städtischen mal. «Bumiputraelite» und den in abs. Armut lebenden mal. Bauern, die kaum von der NEP profitieren, das Konfliktpotential in M. weiter erhöhen. Auch in M. zeigt sich in einzelnen Teilstaaten eine Tendenz zur verstärkten *Islamisierung. So gibt es seit 1992 eine Kapitalflucht aus der Republik Kelanthan, wo seit 1990 eine Regierung die Islamisierung des öffentlichen Lebens nach den Richtlinien des Korans betreibt, was für die Gesellschaft in ganz M. die Gefahr ethnisch-religiöser Konflikte und ökon. Rückschläge birgt.

Lit.: J. D. Purcal, Rice Economy, Employment and Income in Malaysia, Honolulu 1971; P. P. Courtenay, A Geography of Trade and Development in Malaya, London 1972; M. Amin/M. Caldwell, Malaya. The Making of a Neo-Colony, Nottingham 1977; R. S. Milne/D. K. Mauzy, Politics and Government in Malaysia, Singapur 1978; W. Senftleben, Background to Agricultural Land Policy in Malaysia, Wiesbaden 1978; B. Andaya/L. Andaya, A History of Malaysia, London/Basingstoke 1982; D. Snodgrass, Inequality and Economic Development in Malaysia, Oxford 1982; V. Kasch, Malaysia, in: HDW II, 7, Hamburg 1983, S. 386ff.; Ders., Agrarpolitik in Malaysia. Zur Rolle des Staates im Entwicklungsprozeß, Baden-Baden 1984; K. A. Pretzell, Malaysias 5. Entwicklungsplan und der 6. Entwicklungsplan Thailands. Vergleichende Notizen, in: Südostasien aktuell, H. 1, 1987, S. 70ff. vk/bh

Malediven 1. Der asiat. Inselstaat M. (von den je nach zugrundegelegtem Maßstab ca. 1200 bis 2000 Inseln sind nur etwa 200 bewohnt, Landfläche 298 qkm) liegt ca. 400 Seemeilen südwestl. von Sri Lanka und etwa ebensoweit von der Südküste Indiens entfernt. Die kargen Kalkböden (Korallenriffe) des Landes, Wassermangel und schlechte Verkehrsbedingungen behindern die Zunahme der landw. Produktion (BSP-Anteil 1989: 26%; v. a. Kokospalmen, Hirse, Knollenfrüchte). Rund 25% der Arbeitskräfte sind im Fischfang tätig; allerdings ging der Exportanteil der Fischerei, v. a. aufgrund des Verfalls der Weltmarktpreise bei Thunfisch, stark zurück. Der *Tourismus (BSP-Anteil rd. 35%; 1990:

195 000) hat sich zum dynamischsten Wirtschaftszweig und zur wichtigsten Einnahmequelle der M. entwickelt, die – sie sind * LLDC – mit der Aufgabe des brit. Flottenstützpunktes in Gan 1976 (die M. gelten auch heute noch als strategisch wichtig) wichtige Deviseneinkünfte verloren haben.

2. Die Briten waren die letzten in einer Reihe von Kolonialherren, die die seit der sunnitischen Islamisierung (1153) herrschenden Sultane unterworfen hatten. Für Europa entdeckt wurden die M. von den Portugiesen (1507 bis 1573), denen die Holländer folgten (1656 bis 1796). Das brit. Protektorat M. erhielt 1965 die Unabhängigkeit. Staatschef war bis 1978 A. I. Nasir, der das Land wie einen Familienbetrieb autoritär und zu seinem privaten Nutzen regierte. Sein Nachfolger M. A. Gayoom (1983 und 1988 mit über 95 % der Stimmen wiedergewählt) hat die Politik der M. nach innen liberalisiert und das Land nach außen geöffnet. Er verfolgt eine strikt neutrale Politik; die M. verfügen nicht über eigenes Militär. Im Nov. 1988 erfolgte gegen Gayoom bereits der dritte Putschversuch, er wurde von zu Hilfe gerufenen indischen Truppen niedergeschlagen. Als Motiv gelten gegensätzliche Interessen der trad. aristokratischen Führungsschicht, der der ehem. Staatschef Nasir angehört, und einer mit dem ökon. Aufschwung der letzten Jahre neu entstandenen Wirtschaftselite. Das trad. Kastenwesen war bereits durch den Einfluß des islam. Rechts einer auf wirtsch. Stellung beruhenden Einteilung in soziale Klassen gewichen.

3. Die Bev. der M. betrug 1990 ca. 214 000 Ew., die sehr ungleich auf die versch. Inseln verteilt sind. Allein die Hs. Malé zählte 1990 rd. 56 000 Ew. (20,4 % städt. Bev.). Mit rd. 710 Ew. je qkm sind die M. einer der am dichtesten bevölkerten Staaten Südasiens. Landessprache ist Dihevi.

4. Die soziale Lage der Bev., insb. auf den kleineren Inseln, ist durch Unterversorgung im * Gesundheits- und Bildungsbereich gekennzeichnet, deren Überwindung durch die jeweils geringe Bev.-Zahl (60 % der Inseln haben weniger als 500 Ew.), relativ große Entfernungen zwischen den Inseln und ungünstige Verkehrsverhältnisse erschwert wird sowie durch mangelhafte * Ernährung. Aufgrund großer Anstrengungen des Staates und Unterstützung durch die * WHO konnten in den letzten J. beachtliche Erfolge erzielt werden. So stieg die LE von 47 J. (1983) auf 61 J. (1990). Das Bildungswesen basiert trotz Modernisierungsbemühungen noch immer auf der trad. Koranschule. Bei rel. hoher * Alphabetisierung (1983: 86,7 %) fehlen v. a. Einrichtungen der höheren * Bildung.

5. Die M. sind eine präsidiale Republik; der Islam ist Staatsreligion. Im Einkammerparlament sind 48 auf 5 J. gewählte und 8 vom Präs. ernannte Abg. vertreten. Zur Ausbildung pol. Parteien kam es bisher nicht. Die umfassenden Rechte des Präs. (u. a. kann er den Ausnahmezustand auf Zeit erklären) sichern dessen dominierende Position.

Lit.: W. Senftleben, Die Republik Malediven, in: Zft. für Wirtschaftsgeographie I, 1977, S. 20ff.; World Bank, The Economy of the Maldives, Washington 1980; J. Metzner, Malediven, in: HDW II, 7, Hamburg 1983, S. 168ff; J. Pernetta/G. Sestini, The Maldives and the Impact of Expected Climatic Changes, Nairobi 1990. rs/bh

Mali 1. Die Republik M. (bis 1960: Franz. Sudan) erstreckt sich zu gut einem Viertel ihres Staatsgebiets (1 204 000 qkm) in die Sahara, während über die Hälfte des teils ebenen, teils mittelgebirgigen Landes auf Savannenlandschaften entfällt.

2. In der südl. Hälfte M.s ist die Bev.-Dichte teilweise 100mal höher als im N, wo nur noch vereinzelt «weiße» Nomaden (Tuareg, einige T. Mauren) leben. Da die Regierung M.s die Dürrekatastrophe in der * Sahelzone zu Beginn der 70er J. offenbar dazu nutzte, den Tuareg eine Revolte aus den Jahren

1963/64 mit der Verweigerung jeglicher Hilfsleistungen zu vergelten, dürfte deren Zahl durch die dadurch erreichte «natürliche» Dezimierung und einen Massenexodus nach Niger weit niedriger als 7 % (so in den 60er J.) der für 1990 geschätzten 8,4 Mio. Ew. liegen (JZ: 2,9 %). Die früher ebenfalls nomadischen Peul (Fulbe, über 10 %) sind heute weitgehend seßhafte Viehhalter, vorwiegend Ackerbauern sind die etwa ⅓ der Bev. umfassenden Völker der Mande (Bambara, Malinke, Sarakole, Diula u. a.), die Songhai, Senufo u. a. Die überkommene, sich nur allmählich wandelnde Gesellschaftsstruktur war bei den meisten Ethnien extrem hierarchisiert: bis in die Kolonialzeit Sklaven, (erbliche Berufs-)Kasten wie Schmiede und Barden, Gemeinfreie (Mehrheit der Bev.: Ackerbauern und pol. z. T. einflußreiche Kaufleute), Aristokratie. Trotz Wanderungen in die Städte während der Dürre im Sahel lebten Ende der 80er J. noch immer 80% der Bev. auf dem Lande. Während die Amtssprache Franz. von 10% der Bev. (65 % islam., Rest überwiegend animistisch) verstanden wird, sind Bambara und Arabisch Verkehrssprachen.

3. Der von dem *Union Soudanaise-Rassemblement Démocratique Africain* (US-RDA)-Einparteiregime unter Modibo Keita nach dem Zerbrechen der nur zwei Monate dauernden Föderation mit Senegal ab September 1960 propagierte «sozialist. E.-Weg» (u. a.: unpopuläre Kollektivierungspolitik in der Landw., Aufbau unrentabler Staatsbetriebe) scheiterte. 1967 kehrte M. unter harten Bedingungen in die *Franc-Zone zurück, die das Regime Keitas 1962 verlassen hatte, um innenpol. (v. a. gegen die Kaufleute) und außenpol. größeren Handlungsspielraum zu gewinnen. Auch das Militärregime (→autoritäre Regime) unter Präs. Moussa Traoré setzte nach 1968 seine Ziele zu hoch an: Die Wirtsch.-Pläne wurden nur zu 50 % erfüllt und waren zudem zu über 90% fremdfinanziert. Die wirtsch. E. leidet unter der Binnenlage (→Binnenländer) des Landes (Importgüter verteuern sich durch Transportkosten um 50%) und der schlechten Verkehrsinfrastruktur.

Das Rückgrat der Wirtschaft bildet der Agrarsektor (1976: 60% des BIP, 1986: 50%), wobei Baumwolle trotz eines Kursverfalls von 50% in den letzten beiden Jahren 1987: 41 % der Exporterlöse erbrachte. Die Zukunft des nächstwichtigsten Exportprodukts (Erdnuß) wird durch die Konkurrenz von asiatischen Soja-Produzenten in Frage gestellt. Zentrale Punkte der künftigen staatl. Landwirtschaftspolitik stellen eine Neuordnung der Wasserwirtschaft (neue Staudämme zur Ausdehnung der landw. Nutzfläche) sowie der Ausbau von Plantagen mit Gummi-Akazien-Bäumen dar, die aus ökologischen (Schutz vor weiterer *Desertifikation), ökon. und Handelsgründen gefordert werden. Durch die Dürrekatastrophen der 70er und 80er J., durch Wasser- und Weidemangel ist der Viehbestand von früher 5,3 Mio. Rindern, 11,2 Mio. Schafen und Ziegen, 220000 Kamelen und 145000 Pferden um 80% dezimiert worden, was zahlreiche Nomaden zwang, seßhaft zu werden und neue Probleme und Konflikte hervorrief. Die nur schwach entwickelte (Anteil am BIP 1987: 15 %), v. a. auf die Verarbeitung landw. Erzeugnisse angelegte Ind. ist zu ¾ in der Nähe der Hs. Bamako (1988: 650000 Ew.) konzentriert und ganz überwiegend in Staatsbesitz. Ihr Aufbau leidet unter der Konkurrenz des *informellen Sektors, dessen Anteil an der gesamten Wirtschaftstätigkeit auf 50% geschätzt wird. Nach dem Scheitern eines 1979 eingeleiteten Versuchs zur Sanierung des Staatssektors (60% der Staatsausgaben verschlingen die Gehälter des öfftl. Dienstes) und dem dramatischen Anwachsen der Auslandsverschuldung (1987: 101 % des BIP, Schuldendienst 43 % der Exporterlöse, Anteil der int. Finanzhilfe am BIP

30%) mußte die Reg. 1988 den Forderungen von * Weltbank und * IWF nach grundlegenden Strukturreformen nachkommen und über 80% der Staatsunternehmen liquidieren oder privatisieren, was Entlassungen unausweichlich machte. Bodenschätze (Bauxit, Mangan, Eisenerz, Uran) sind bekannt, aber noch nicht erschlossen. In den 80er J. wurde mit dem Abbau kleinerer Goldvorkommen begonnen. Im chronisch defizitären Außenhandel (Deckung der Importe durch Exporte 1987: 53,7%) blieb Frankreich bis heute wichtigster Lieferant und Abnehmer, gefolgt von der Elfenbeinküste und Belgien.

4. Das Militärregime versuchte sich durch eine autoritäre Verfassung 1974, die Gründung der Einheitspartei *Union Démocratique du Peuple Maileu* (UDPM) 1979 sowie die Abhaltung nicht-kompetitiver Wahlen einen institutionellen Unterbau zu verschaffen. Anfang 1991 kam es zu Massenkundgebungen, die eine * Demokratisierung forderten. Trotz blutiger Repression, die Hunderte von Opfern forderte, gelang es dem Regime nicht, die Demokratiebewegung zum Schweigen zu bringen. Am 25.3.1991 wurde Taoré durch einen Putsch einer reformbereiten Militärfraktion gestürzt. Diese arbeitete eine neue Verfassung aus, die in einem Referendum im Jan. 1992 angenommen wurde. Bei den anschließenden Kommunal- (Jan. 1992) und Parlamentswahlen (Feb./März 1992) ging die *Allience pour la démocratie au Mali – Parti africain pour la solidarité et la justice* (ADEMA/PASJ) als stärkste Kraft hervor (79 der 129 Sitze in der Nationalversammlung). Zum Staatspräsidenten wurde im April 92 der Generalsekretär der ADEMA/PASJ Alpha Oumar Konare gewählt.

Lit.: R. Meyer, Mali – Demokratisierung und ihre gesellschaftspolitischen Grundlagen, Bonn 1980; H. K. Barth, Mali: eine geographische Landeskunde, Darmstadt 1986; D. Cissoko, La fonction publique en Afrique noire: le cas du Mali, Rouen 1987; G. Broetz, Mali, in: HDW III, 4, 1993, S. 298ff. kz

Malvinen →Falkland/Malvinas-Konflikt

Mandatsgebiete →Abhängige Gebiete

Mandela, Nelson Rolihlahla, geb. 18. 7. 1918 nahe Umtata in der Transkei, besuchte nach seinem Schulabschluß das Fort Hare University College, wo er erste pol. Interessen entwickelte und Freundschaft mit dem späteren * ANC-Führer Oliver Tambo schloß. Wegen Beteiligung an einem Studentenstreik wurde er 1940 von der Universität verwiesen und setzte seine Studien in Johannesburg fort. 1944 gründete er zusammen mit Sisulu und Tambo die *African National Congress League*, deren Präs. er 1950 wurde. 1952 eröffnete Mandela zusammen mit O. Tambo die erste schwarze Rechtsanwaltspraxis in Südafrika. Im selben Jahr wurde er wegen Verdachts auf kommunistische Betätigung und erneut 1956 zusammen mit anderen pol. Führern verhaftet und des Hochverrats angeklagt, 1961 nach viereinhalbjähriger Verhandlung freigesprochen. Mandela ging nach seiner Entlassung in den Untergrund und gründete 1961 den milit. Flügel des ANC (*Umkhonto we Sizwe*). 1962 verließ er heimlich Südafrika, trat in Addis Abeba vor der *Pan-African Freedom Movement Conference* auf, erhielt eine kurze Guerilla-Ausbildung in Algerien und traf sich zu pol. Gesprächen mit der Labour-Opposition in London. Nach Südafrika zurückgekehrt, wurde er am 5.8.1962 wegen illegaler Ausreise festgenommen und zu fünf J. Gefängnis verurteilt.

Die Aushebung des geheimen ANC-Hauptquartiers während seiner Gefangenschaft und die Entdeckung revolutionärer Dokumente führten zur erneuten Anklage wegen Hochverrats 1963. Am 12.6.1964 wurden Mandela und sieben Mitangeklagte zu lebenslanger Haft verurteilt und in das Gefängnis auf Robben Island gebracht. Seit mehr als 25 J. inhaftiert, ist der inzwischen 70jährige Mandela zur Symbolfigur des schwarzen Widerstands in Südafrika geworden. Seit der 1982 ins Leben gerufenen *Release Mandela Campaign* forderten unzählige nat. und int. Aufrufe seine Freilassung. Am 11.2.1990 wurde M. auf Anordnung von Präs. de Klerk freigelassen. Als zentrale Integrationsfigur der südafrik. Opposition wurde M. zum Partner der weißen Reg. in dem Bemühen, den Reformprozeß stabil zu gestalten, forderte dabei jedoch die rasche Bildung einer Übergangsreg. mit Beteiligung der Schwarzen. Er befürwortete zunächst eine Lockerung der int. Sanktionen gegen Südafrika, forderte jedoch Anfang 1992 angesichts des Stockens im Reformprozeß deren Wiederaufnahme. Am 5.7.1991 wurde M. auf dem ersten Nationalkongreß des ANC auf südafrik. Boden zum Präsidenten der Organisation und Nachfolger Oliver Tambos gewählt. ajh/hb

Mangelernährung – eines der wesentlichen E.-Hemmnisse des Individuums, der Familie und der Gesellschaft. M. der Schwangeren wirkt sich auf die Entwicklung des Kindes aus. M., insb. im Kindesalter, führt zu körperlicher und geistiger Retardierung, Infektanfälligkeit, Abwehrschwäche, Verschlimmerung von Krankheitsverläufen, erhöhter Mortalität und senkt die Arbeitsproduktivität. Energie- und Protein-(Eiweiß-)Mangel mit ihren klinischen Bildern: Marasmus (Säuglingsdystrophie) und Kwashiorkor. Weitere wichtige Mangelzustände betreffen Vitamine, essentielle Aminosäuren und Fettsäuren, Eisen, Jod und andere Spurenelemente. Ursache sind nicht nur absoluter Nahrungsmangel, sondern ungleiche Verteilung in Gesellschaft und Familie, ungünstige Zusammensetzung der Nahrungsmittel im *Kulturwandel, Nahrungstabus. (→Ernährung) hjh/hb

Mano-River-Union 1973 von Sierra Leone und Liberia gegründete Organisation zur Förderung der wirtschaftlichen Zusammenarbeit. Sitz: Freetown (Sierra Leone). 1980 Beitritt Guineas und Absichtserklärung, eine Zollunion aufzubauen. 1981 Abkommen über zwischenstaatl. Handel. Durch finanz. Schwierigkeiten und pol. Spannungen unter den Mitgl.-Ländern verlor die MRU in den letzten J. an Bedeutung. fn

manpower approach →Bildungsökonomie

Mao Tse-tung M. wurde am 26.12.1893 im Dorf Shao Shan in der Provinz Hunan als Bauernsohn geboren. Nach der Ausbildung zum Volksschullehrer (in dieser Zeit lernte er Liu Shao-chi kennen) ging er 1918 nach Peking und arbeitete als Hilfsbibliothekar an der dortigen Universität (Zusammentreffen mit Tschou En-lai und Teng Hsiaoping). Er schloß sich Gruppen an, die für eine bolschewistische Revolution in China kämpften und wurde 1921 Gründungsmitgl. der KPCh. Nach dem Scheitern der Kominterntaktik der Zusammenarbeit mit der *Kuomintang* gewinnt M.s Überzeugung, daß die chines. *Revolution eine Bauernrevolution sein müsse, in der Partei zunehmend an Gewicht. 1931 proklamierte er im Gebirgsland des Chingkangshan die erste chin. Räterepublik. Am 15.10.1934 durchbrachen rund 50000 Kämpfer mit ihren Angehörigen die Einkreisung der Räterepublik durch *Kuomintang*-Verbände und begannen den berühmten «Langen Marsch». An ihm nahmen in drei Frontarmeen rd. 230000 Menschen teil; er dauerte bei praktisch ununterbrochenen Kämpfen gegen *Warlords* und *Kuomintang* fast zwei J. und führte über 12000 km. In der Provinz Shansi am Yennan-Fluß errichtete M. die zweite Räterepublik, deren Grundlage eine *Agrarreform und die Einrichtung ind. Kleinbetriebe war. In der Yennan-Zeit legte M. mit seinen Schriften von 1937 «Über die Widersprüche» und «Über die Praxis» die theoretische Grundlage für seine Interpretation des Marxismus. Nach dem Zusammenbruch Japans und dem Sieg im Bürgerkrieg proklamierte M. am 1.10.1949 die *VR China. M. hat deren Geschichte und Zukunft durch die Bodenreform von 1949, die «100 Blumen-Kampagne» von 1956, den «Großen Sprung nach vorne» von 1958, den Bruch mit der UdSSR 1960 und v. a. die Kulturrevolution 1966 geprägt. Er starb am 9.9.1976 im Alter von 83 Jahren. rs

Marginalität Der Begriff der M. bezog sich ursprgl. auf die Bev.-Sektoren, die im Zuge der *Landflucht und *Industrialisierung in Elendsvierteln an der Peripherie der großen Städte entstanden (*callampas, favelas, poblaciones, villas miserias*). Er wurde in den 60er J. zunehmend auf die «strukturell gegenüber der Restgesellschaft von stabilen Arbeitsverhältnissen bei vernünftiger Produktivität und vernünftigem Einkommen ausgeschlossenen Bev.-Sektoren» angewandt (A. Cordova 1973, S. 13f.). Diese Begriffsbestimmung unterstellt, daß die Ursachen von M. in der mangelnden Aufnahmefähigkeit der EL-Ökonomien für die einheim. Arbeitskraft liegen, was als Folge der weltwirtsch. Abh. der EL betrachtet wurde. DESAL (1967) verstand M. enger als fehlende aktive (Beteiligung an Entscheidungsprozessen) und passive (Nicht-Erhalt sozialer Leistungen) *Partizipation aufgrund interner Desintegration, Atomisierung und Solidaritätsmangels der betreffenden Sektoren. In *Dependenztheorien gehören die Marginalisierten zu den ausgebeuteten Bev.-Schichten in Stadt und Land. A. Cordova unterschied drei Typen von M.: 1. Bev.-Gruppen, die unter vorkapitalistischen Bedingungen leben: alle Arten von nicht entlohnter Arbeit, insbes. die *Subsistenzlandw.; 2. die nicht oder unter ihrer Qualifikation beschäftigte Bev., die sich nicht in den Produktionsprozeß integrieren kann; 3. die bereits integrierten Arbeitskräfte, die aus dem Produktionsprozeß wieder ausgestoßen werden. Die drei Typen scheinen geeignet, die versch. Situationen von M. in zeitlicher und räumlicher Dimension zu umfassen.

Eine weitere Unterscheidung ist die zwischen rel. M. (aufgrund rassischer, pol., sozialer und kultureller Unterdrückung) und absoluter M. (Beschneidung jeglichen Zugangs zu ausreichendem und stabilem Einkommen). Die absolute M. verweist auf Analyse und Reform der *exogen vermittelten Mechanismen, die den Zugang breiter Bev.-Sektoren zu ausreichendem Einkommen aufgrund der strukturellen Begrenztheit der verfügbaren Produktionsmittel verhindern.

Lit.: DESAL, Marginalidad en América Latina. Un ensayo de diagnóstico, Santiago de Chile/Barcelona 1969; A. Cordova, Strukturelle Heterogenität und wirtschaftliches Wachstum, Frankfurt 1973; V. Bennholdt-Thomsen, Marginalität in Lateinamerika – Eine Theoriekritik, in: Lateinamerika, Analysen und Berichte 3, 1979, S. 45–85; D. Nohlen/F. Nuscheler, Was heißt Unterentwicklung, in: HDW II, 1, Hamburg 1982, S. 25–47. dn

Marokko 1. M. ist mit rd. 458730 qkm bzw. 710850 qkm einschl. des annektierten Nordteils der *Westsahara nach Tunesien das kleinste nordafrik. Land, rangiert aber mit einer abs. Bev. von 25,1 Mio. (1990) hinter Ägypten vor allen anderen arab. Staaten. Den größten Teil M.s nehmen Gebirge ein. Während das nördl. und zentrale M. größere Regenmengen erhält und ein mildes Klima besitzt, herrscht im Süden Wüstenklima vor, und der Osten M.s, im Regenschatten des Atlas-Gebirges, weist ebenfalls schon deutlich aride Klimabedingungen auf. M. verfügt über große mineralische Bodenschätze: am bedeutendsten sind die Phosphatvorkommen (50% der Weltreserven), wichtig die Lagerstätten von Eisen, Mangan, Zink, Kobalt, Salz, Kupfer, aber auch Erdöl- und Erdgasfelder. Rohstoffe werden mangels eigener Verarbeitungsmöglichkeiten exportiert und somit (bes. Rohphosphat) zu wichtigen Devisenbringern. Nach wie vor bedeutend ist die Landw., die zwischen 1975 und 1987 durchschn. 20% des BIP (1991: 16%) erbrachte und 46% (1987) aller Erw. beschäftigt. Rd. 70% der Bev. sind wegen der großen Familien und einer chronischen Unterbeschäftigung von der Landw. abhängig. Die ges. landw. Nutzfläche M.s (rund: 84000 qkm) verteilt sich zu etwa 30% Ackerland, 65% Weideflächen und 5% Dauerkulturen (Zitrusfrüchte, Mandel-, Olivenbäume, Gemüseanbau), die wegen ihrer Bedeutung für den Export bes. wichtig sind.

2. Infolge der hohen JZ (1990: 2,4%) hat sich die Bev. M.s seit der Unabh. mehr als verdoppelt (1951/52: 9,81 Mio. Ew.). Die Bev.-Dichte nimmt von den Küstenzonen zum Landesinneren hin stark ab. Mehr als ⅔ der Bev. leben auf ⅒ der Fläche. Mit der *Urbanisierung (1990: 47%) ist das Entstehen von riesigen Elendsvierteln verbunden, hauptsächlich in der Peripherie von Casablanca und Rabat, wo derzeit schätzungsweise 800000 Wohnungen fehlen. Größte Stadt M.s ist mit über 2,5 Mio. Ew. Casablanca, gefolgt von der Hs. Rabat mit 1 Mio. Ew. (einschl. Salé, 1987). Der rasche Bev.-Anstieg wird durch die rel. gute med. Infrastruktur weiter gefördert. Die Anzahl der statistisch erfaßten Erw. ist in abs. und rel. Zahlen gering: 1982: 6 Mio., 1985: 6,7 Mio. (= 30,5% der Bev.). Typisch für die Beschäftigungsstruktur ist der, in islamischen Ländern übliche, geringe Anteil von Frauen an den Erw. (1985: 1,3 Mio.). Die hohe Arbeitslosigkeit (z.Z. schätzungsweise 15% der Erwerbsfähigen) fördert die Arbeitsemigration (ca. 1 Mio.), bes. nach Frankreich, aber z.B. auch Libyen. Die ethnische Zusammensetzung zeigt deutlich die ehem. berberische Grundschicht, denn noch über 40% der Bev. sind reine Berber. Der Einfluß der arab. Invasionen im 7. und 11. Jh. schlägt sich heute in einem etwa 50%igen Anteil an Arabern oder Arabo-Berbern nieder. Sprachlich ist das Arab. dominierend, es wird von 70% der Bev. gesprochen. Die Zahl der v.a. während der franz. Protektoratszeit eingewanderten (größtenteils röm.-kath.) Europäer (1952: 0,5 Mio. = 5,2% der Bev.) verringerte sich nach der Unabh. stetig, und ihr wirtschl. Einfluß nahm entsprechend ab. Die Zahl der registrierten Ausländer betrug 1986 rd. 60000. Die Marokkaner sind fast durchweg maliktische Sunniten (Islam ist Staatsreligion).

3. Die Wirtsch. M.s ist auch nach der Unabh. von einem krassen Gegensatz zwischen trad. und modernen (Agrar-) Sektoren geprägt, wenn auch seit 1956 (bes. intensiv seit 1973) die ausl. Dispositionsgewalt über den modernen Sektor durch die sog. Marokkanisierung zurückgedrängt wird. Dieser Prozeß beinhaltet die Verteilung des bisher von ausl. *colons* bewirtschafteten Agrarlands an königstreue städt. Kaufleute und eine (seit 1956 entstandene) ländl. Agrarbourgeoisie, die neben der absolut königstreuen Armee zur wesentlichen Stütze des Herrschaftssystems wurde. Die sozioökon. Struktur wurde damit jedoch nicht verändert, vielmehr die ökon. Stagnation M.s verfestigt. Der trad. Agrarsektor mit über 1 Mio. *Minifundien konnte bisher kaum modernisiert werden, da die ländl. Aristokratie als Verwalter des kollektiven Stammeslandes oder als Grundeigentümer eine Demokratisierung der Produktionsentscheidungen und die Bildung von *Genossenschaften sabotierte, selbst aber Nutznießer aller *Agrarreformen war.

Mit dem Beginn der *Entwicklungsplanung 1960 wurde – aufbauend auf der von den Franzosen hinterlassenen Basis – eine rasche *Industrialisierung mit hoher Staatsbeteiligung angestrebt. Das von der Reg. Ibrahim angestrebte staatl. Engagement wurde jedoch von der Agrarbourgeoisie abgelehnt (das Königshaus ist selbst der größte Industrie- und Grundeigentümer M.s), die Privatinvestitionen bevorzugte. Das Industrialisierungskonzept des ersten Fünfjahresplans blieb bis 1973 bedeutungslos, als infolge wachsender Arbeitslosigkeit und mangelnder *Investitionen der Privatind. erneut die *Industrialisierung zum obersten Planziel aufrückte. Der Fünfjahresplan 1973–77 enthielt Investitonen in Höhe von insges. 26,3 Mrd. Dirham, davon 37% für die Industrie. Der Lebensstandard der städt. wie der ländl. Bev. wurde jedoch trotz Zunahme der *Pro-Kopf-Einkommen (mit 1991: 880 US $ das niedrigste im Maghreb) seit Beginn der Wirtsch.-Planung aufgrund der starken Inflation und der Monopolisierung des Mehrprodukts durch die herrschende Schicht keineswegs verbessert. Pol. äußerte sich diese Misere in den Krisen nach 1970 (Attentate auf den König 1971/72, Komplott 1973). Statistisch zeigt sich die ökon. Stagnation bes. im arbeitsintensiven Agrarsektor, wo die Nahrungsmittelerzeugung pro Kopf der Bev. (bei schwankender abs. Produktion) ständig zurückgegangen ist und steigende Importe erforderlich macht. Die Ind. (hoher Anteil von ausl. Kapital, ausgerichtet auf die Ausnutzung von billiger Arbeitskraft oder anderer Standortvorteile), wuchs von 1960 bis 1968 mit 5% jährl., im Zuge forcierter Industrialisierung erhöhte sich der Index der ind. Produktion rasch von 1970 (100) bis 1977 (155), seither hat sich dieser Anstieg aber unter den Belastungen des Westsaharakrieges verlangsamt, bezogen auf das Jahr 1978 (100) lag der Index 1986 bei 120 (zur Erläuterung vgl. den Tabellenanhang). Die Saharaannexion (→Westsahara) bzw. der kostenreiche Kampf gegen die dort operierende Befreiungsbewegung POLISARIO hat die Wirtsch.-Lage M.s seit 1977 verschlechtert und zu einer *Verschuldung von 1991 rd. 21,5 Mrd. US-$ (Schuldendienstrate: 45%) geführt. Mit einem Notprogramm (1978 bis 1980) versuchte man dieser Entwicklung zu begegnen und die Wirtsch. für den zweiten Fünfjahresplan 1981–85 (Investitionsvolumen: 110 Mrd. Dirham) zu sanieren. Fehlende private Investitionsbereitschaft (69% der Investitionen sollten durch den Privatsektor finanziert werden) und die sich generell verschlechternde Wirtsch.-Lage (die sich u.a. in blutigen Unruhen 1981/82 in Casablanca äußerte) führten dazu, daß der Plan nur teilweise erfüllt wurde. Sanierungsmaßnahmen, die 1983/84 unter dem Druck des *IWF erfolgten (u.a. Erhöhung der staatl. festgesetzten Preise für Grundnahrungsmittel), wurden nach den sog. Brotrevolten größtenteils ausgesetzt, flossen aber in modifizierter Form in das Sanierungsprogramm 1986–88 erneut ein. Der neue Plan 1988–92 sieht Investitionen in Höhe von 205 Mrd. Dirham mit Schwerpunkt auf dem Agrarsektor vor, wobei das mögliche Ende des Westsaharakonflikts eine höhere Planerfüllung verspricht. Angelaufen ist 1992 die im April 1990 durch Gesetz geregelte Privatisierung von 112 Staatsunternehmen.

4. Nach der Unabh. hat die Abwanderung vieler Franzosen und Spanier (bes. Lehrer, Techniker, Ärzte) die *Bildungs- und *Gesundheitssituation (ja die allg. Wirtsch.-Lage) in M. kurzfristig verschlechtert. Die allg. Schulpflicht wurde erst nach 1963 eingeführt. Nach Schätzungen besuchten 1979 nur 30% der 6- bis 13jährigen eine Schule, 1984 waren es immerhin 63%. Die Analphabetenquote liegt mit 50,5% (1990) noch immer recht hoch. Die Versorgung mit Bildungseinrichtungen ist durch starke regionale Disparitäten zuungunsten der ländl. Gebiete geprägt, eine Struktur, die auch für das Gesundheitswesen kennzeichnend ist. Die Arzt-Ew.-Relation erreichte erst 1976 mit 1:12400 wieder den Stand von 1965 und lag 1985 bei 1:6200. Der minimale hygienische Standard auf dem Land und in den städt. Elendsvierteln verursacht nach wie vor eine hohe Kindersterblichkeit.

Krasse Einkommensunterschiede sowie die Inflationsschädigung der unteren Einkommen bei allg. niedrigen Löhnen haben bei vielen Marokkanern zu einer Kalorienunterversorgung geführt (→Ernährung).

5. M. wurde gemäß dem im Nov. 1955 mit F. geschlossenen Vertrag am 2.3.1956 unabh.; Sultan Muhammad, der spätere König Muhammad V., institutionalisierte ein Herrschaftssystem, in dem der Monarch absolute Macht ausübte. Diese Macht wurde – trotz verbaler Demokratisierungsversprechen wie in der *Charte Royal* 1958 – bisher in allen Verfassungen M.s verankert (1961, 1970, 1972, modifiziert 1980). Sie stützt sich auf die sozial dominierende Schicht der Agrarbourgeoisie, die dem König ergebene Verwaltung und die loyale Armee. Zwar entsprach der König 1956 dem Druck der pol. Kräfte, die bewaffnet oder durch sonstige Aktionen die Unabh. M.s erreicht hatten, und enteignete einige ländl. Notabeln, die offensichtlich mit den franz.-span. Kolonialmächten kollaboriert hatten, aber er verhinderte, daß die antikolonialistischen Kräfte die Nachfolge der Franzosen und Spanier im Verwaltungsapparat antraten und besetzte die Stellen mit Gefolgsleuten aus der ländl. Bourgeoisie. Polizei und Militär übernahmen die Funktion der Herrschaftssicherung und wurden angesichts dieser Position so privilegiert, daß innerhalb kurzer Zeit eine gegenseitige Verflechtung der Interessen eintrat. Die Offiziere (bes. die Generäle) entstammen fast ausschließlich der Agrarbourgoisie. Zwei Gruppierungen standen sich seit der Unabh. gegenüber: 1. Die Gruppe der Königstreuen, häufig sog. ‹unabhängige Kandidaten›, verteilt sich neuerdings auf drei Gruppierungen: a) dem 1978 gegr. *Rassemblement Nationale des Indépendants* b) dem 1981 gegr. *Parti National Démocrate*, c) der 1983 gegr. *Union Constitutionelle*. 2. Auf der Oppositionsseite spielen heute v. a. die *Istiqlâl*-Partei, die ‹Sozialistische Union der Volkskräfte›, USFP (1974 als linker Teil der UNFP gegr.), und die ‹Sozialistische Fortschrittspartei›, OADP, eine Rolle. Gerade die Dominanz der königstreuen Kräfte (mobilisiert bei nat. Aktionen wie dem Friedensmarsch in die span. Sahara, den auch die legale Opposition unterstützte) ist für die Blockierung der sozialen Transformation verantwortlich. Die sich verschlechternden wirtschaftlichen Lage der Bev., die zunehmend auch die Mittelklasse erfaßt und Dez. 1990 zu einem Generalstreik mit nachfolgenden Unruhen bes. in Fes und Tanger führte, hat die bislang weitgehend loyale Opposition radikalisiert und zu einer sich seit 1991 zuspitzenden politischen Konfrontation zwischen Regierung(sparteien) und den sich Nov. 1991 im sog. Demokratischen Block zusammenschließenden und von den Gewerkschaften CDT und UGTM unterstützten Oppositionsparteien (Isliglal, USFP) geführt. Der Demokratische Block fordert eine weitreichende Demokratisierung des politischen Systems, eine Forderung, der König Hassan mit der zugestandenen Verfassungsrevision vom Sept. 1992 nur unvollkommen nachkam. Die Kommunalwahlen vom 16.10.92 (die ersten seit 1983; auch in den beanspruchten Südprovinzen durchgeführt) gaben wegen der massiven Wahlfälschungen und Boykottaufrufen einiger Oppositionsparteien kein realistisches Bild der politischen Kraftverhältnisse (Isliglal, USFP zusammen nur 20,6 % der Stimmen).

Lit.: A. Beramdane, Le Maroc et L'Occident, Paris 1987; S. Faath, Marokko. Die innen- und außenpolitische Entwicklung seit der Unabhängigkeit, Hamburg 1987; H. Hubel (Hg.), Nordafrika in der internationalen Politik, München 1988; T. Koszinowski/H. Mattes (Hg.), Nahost-Jahrbuch 1987ff. Politik, Wirtschaft und Gesellschaft in Nordafrika und im Nahen und Mittleren Osten, Opladen 1988ff; S. Faath: Rechte und Freiheiten der Staatsbürger im «Hassanismus», in: S. Faath/H. Mattes (Hg.), Demokratie und Menschenrechte in Nordafrika, Hamburg 1992, S. 365–432; S. Faath/H. Mattes (Hg.), Marokko. WuqûfBd. 4–5, Hamburg 1991. hpm

marronage →Haiti

Marshall-Inseln →Pazifische Inselwelt

Martí, José Kuban. Dichter und Nationalheld (1853 bis 1895), fiel im Kampf um die Unabh. Kubas gegen die span. Kolonialmacht, den er in seinen Reden und Schriften gepredigt hatte. Den Befreiungskrieg vermochte M. zwar zu organisieren (1892: Gründung des *Partido Revolucionario Cubano*), den Sieg 1898 erlebte er allerdings nicht. Sein literarisches Werk ist v. a. in Texten präsent, die vertont zur besten int. Folklore gehören (*Guantanamera, Cuando salí de Cuba* etc.). Auf M. beriefen sich später – mit mehr oder weniger Recht – lateinamerik. und insbes. kuban. Politiker, am entschiedensten Fidel *Castro. Neben dem Anti-*Kolonialismus waren für M.s pol. Denken folgende Ziclsetzungen zentral: 1. Abwehr einer Annexion Kubas durch die USA; 2. Konzentration auf die E. der Landw. / *Agrarreform; 3. Hebung des Bildungsniveaus der Bauern; 4. Abschaffung des Monopolkapitals; 5. Zusammenfassung aller pol. Kräfte zur Erreichung gesteckter Ziele, insbes. der pol. Unabh. dn

Martinique →Karibik

Mauretanien Die islam. Republik M., geographisch wie ethnographisch Bindeglied zwischen Nord- und Schwarzafrika (Land der *Sahelzone), wurde von den Dürrekatastrophen der 70er und 80er J. schwer getroffen. Expansionsbestrebungen (→Westsahara) konnten ökon. und pol. nicht verkraftet werden. Entwicklungspol. liegt der Schwerpunkt heute auf der Errichtung von *Infrastrukturen (Wasserversorgung der Dörfer, Bau von Straßen, Kampf gegen das Vordringen der Wüste), der Förderung der Landw. und dem Aufbau einer die Versorgung der Bev. mit Basisgütern sichernden Industrie.

1. Das seit 1960 unabh. M., ca. 1037000 qkm, liegt zu 70% in einer zur Sahara gehörenden Wüstenebene. Rund ¾ der 1990 1,9 Mio. Ew. (davon leben über 80% im südl. Viertel des Landes) sind Mauren (davon etwa ⅓ Mischlinge aus Berbern, Arabern und Schwarzen), der Rest schwarzafrik. Ethnien (Tukulör, Sarakolle u. a.), die in der Kolonialzeit im Gegensatz zu den Mauren europ. Schulen besuchten und deshalb lange Jahre in postkolonialen Führungspositionen überproportional vertreten waren.

Zwar ist fast die gesamte Bev. moslemisch, doch bestehen bis heute rassische Konflikte, deren Wurzel in der Abwehr der wachsenden pol. und kulturellen Dominanz der Mauren durch die Schwarzafrikaner liegt. Nach jahrelangen, oft von schweren Unruhen begleiteten Auseinandersetzungen wurde 1968 Arabisch als gleichberechtigte Amtssprache neben Französisch eingeführt, dessen ab 1985 vorgesehene Herabstufung zur «obligatorischen ersten Fremdsprache» aber bisher immer weiter verschoben wurde.

2. Formal war M. seit der Unabh. präsidiale Republik mit einer der V. Franz. Republik nachgebildeten Verfassung, doch war die Regierungspartei PPM (*Parti du Peuple Mauritanien*) seit 1965 auch *de jure* Einheitspartei. Präs. Mokhtar Ould Daddah (Regierungschef 1957–78) versuchte zu Beginn der 70er J., durch Maßnahmen, die eine Lockerung der Abh. von Frankreich signalisieren sollten (u. a. 1972 Austritt aus der *Franc-Zone, neue Währung: Ouguiya, von arab. Staaten garantiert; 1974 *Nationalisierung der *transnationalen Konzerne: v. a. franz. Unternehmen im Bergbau), der sich in Unruhen der Schüler (Einschulungsquote Mitte der 80er J. allerdings erst 33%; 82% der Bev. Analphabeten) und ständigen Querelen mit den *Gewerkschaften (zahlreiche Streiks im Bergbau) äußernden Kritik entgegenzukommen. Die nach dem Abkommen mit Spanien und Marokko, das seinerseits bis Ende der 60er J. territorialen Anspruch auf das ganze M. erhoben hatte, 1975/76 vorgenommene Annexion des Südteils der West-

sahara überstieg jedoch die Kapazitäten M.s. Militärisch den Angriffen der *Befreiungs- bewegung POLISARIO nicht gewachsen, wurde M. von franz. und v.a. marokkan. Truppenpräsenz abhängig, obwohl die mauret. Armee von 1974 weniger als 2000 auf 1978 fast 20000 Mann anwuchs. Präs. Ould Daddah wurde 1978 vom Militär gestürzt. Die angekündigte «Rezivilisierung» des pol. Systems kam unter Oberst Maaonya Ould Sid'Ahmed Taya (seit 1984 Präs.) zu Beginn der 90er Jahre in Gang. Im Juli 1991 wurde in einem Referendum einer neuen Verfassung zugestimmt, die politische Parteien zuläßt, den Präsidenten aber mit umfassenden Vollmachten ausstattet (Parlamentsauflösung, Verhängung des Ausnahmezustandes). Durch die von der Opposition boykottierten Präsidentschaftswahlen vom Jan. 1992 wurde Taya in seinem Amt bestätigt. Bei der ebenfalls teilweise boykottierten Parlamentswahl im März 1992 ging die Regierungspartei *Parti républicain démocrate et social* (PRDS) siegreich hervor. Der ethn. Konflikt zwischen arab. Mehrheit und schwarzer Minderheit kam 1989/90 zur Eruption. Hintergrund war der Streit um das fruchtbare Land am Senegalfluß zwischen schwarzen Bauern und arab. Viehzüchtern, die vor der *Desertifikation fliehen. Die Vertreibung von ca. 100000 Schwarzen durch Regierungstruppen in den Senegal führte zu Spannungen mit dem südl. Nachbarn (Grenzgefechte, Abbruch der dipl. Bez.). Außenpol. manövrierte sich M. durch die offene Parteinahme für Saddam Hussein im Golfkonflikt 1990/91 weiter in die Isolation.

3. Um 1960 produzierte das in der rel. kurzen Kolonialzeit ökon. kaum veränderte M. im Senegaltal etwa 100000 t Hirse jährl., auf den Oasen etwa 15000 t Datteln. Die Mehrheit der bis zu Beginn der 70er J. zu über ⅔ nomadischen Bev. lebte von Viehzucht (damals 23 % des BIP). Zum wichtigsten Devisenbringer, der bereits Mitte der 60er J. für eine positive Handelsbilanz sorgte, wurde der kurz vor der Unabh. begonnene Abbau von Bodenschätzen in den Wüstengebieten (Eisenerz, in geringem Umfang Kupfer). Dieser *kapitalintensive extraktive Sektor beschäftigte damals jedoch nur 4000 Personen (davon 20 % Europäer) und blieb v.a. ohne jede Verbindung zur Landwirtschaft. Nachdem Angriffe der POLISARIO auf die bis heute einzige, nur dem Erztransport dienende Eisenbahnlinie von Zouérate nach Nouadhibou (650 km), dem Wirtschaftszentrum M.s, die Exporte weitgehend zum Erliegen brachten, konnten diese nach dem 1979 zwischen M. und der POLISARIO ausgehandelten Verzicht auf die Westsahara zwar wieder aufgenommen werden. Doch führte nun die Krise des int. Stahlmarkts (95 % der Erzexporte gehen nach Europa) zu einem drastischen Rückgang der Einnahmen, der durch den Verfall des Dollar-Kurses noch verschärft wurde. Die mit der enormen Investitionssumme von 500 Mio. US-$ Anfang der 80er J. in Betrieb genommene neue Eisenerzförderanlage in Guelb exportiert gegenwärtig statt der geplanten 15 nur 2 Mio. t jährl. Weitere Mineralvorkommen, darunter eines mit einem Eisenerzgehalt von 65 % in der Nähe von Zouérate, sind prospektiert (ferner Vorkommen an Kupfer, Phosphat sowie die weltweit größten bekannten Vorräte an Gips). Bisher wurde wegen mangelnder Absatzchancen der Abbau noch nicht in die Wege geleitet. Wichtigstes Exportprodukt ist heute Fisch (18 % des BIP, 25 % der Budgeteinnahmen, 60 % des Exportwerts, 54 % werden nach Japan ausgeführt). Im Industriesektor zieht sich nach Auflagen von *Weltbank und *IWF der Staat zugunsten von Privatunternehmen zurück. Das drängendste soziale Problem ist der durch die Dürrekatastrophen verursachte explosionsartige Anstieg der *Urbanisierung, die über 1977:

36% auf 1988: 66% schnellte, was u. a. eine statistisch kaum faßbare * Arbeitslosigkeit nach sich zog. Die für 15000 Ew. geplante Hs. Nouakchott zählt heute über 600000 Bewohner, von denen die meisten in Zelten und Blechhütten an der Peripherie leben. Ein Programm zur Wiederansiedlung von Bauern auf dem Lande wurde ab 1985 eingeleitet. Nach ausreichenden Regenfällen erlaubte eine Getreideernte von 122000 t 1987/88 die Deckung von 40% des Bedarfs. Das frühere Ziel, bis 1985 landw. autark zu sein, wurde längst aufgegeben. Der Dreijahresplan 1989–91 setzte darauf, den Bedarf von 60% der Getreide- und 50% der Milchprodukte sowie 30% der Agrumenfrüchte decken zu können.

Lit.: F. de Chassey, Mauritanie 1900–1975: de l'ordre colonial à l'ordre néo-colonial, Paris 1978; Centre de Recherches et d'Etudes sur les Sociétés Méditerranéennes / Centre d'Etude d'Afrique Noire (Hg.), Introduction à la Mauritanie, Paris 1979; K. Ziemer, Mauretanien, in: S. Mielke (Hg.), Internationales Gewerkschaftshandbuch, Opladen 1983; R. Wegemund, Mauretanien, in: HDW III, 4, 1993, S. 315 ff.

kz

Mauritius 1. Die Insel M. (Fläche 1865 qkm, Hs. Port Louis) und die Inseln Agalega, Rodrigues und Cargados Carajos (Archipel) sind vulkanischen Ursprungs und durch tropische Wirbelstürme häufig gefährdet. Die Bev. (1988: 1,07 Mio. Ew.) gliedert sich ethnisch in Inder (66%), Kreolen (29%), Chinesen (3%) und Weiße (14000). Religionen: Hindus (50%), Katholiken (26%), Moslems (16%), Protestanten (3%) und Buddhisten (0,6%); Sprachen: Englisch (Staatssprache), kreol. Französisch und indische Sprachen. Verglichen mit anderen Staaten Afrikas ist die Analphabetenquote (1988: 17%) sehr niedrig und die LE (1988: 67 J.) rel. hoch.

2. Der * AKP-Staat M. (1988: BSP pro Kopf 1765 US-$) war bislang wirtsch. vom Export der * Monokultur Zucker abh. 60% der ges. Exporterlöse und 70% der landw. Nutzfläche entfielen auf die Zuckerproduktion. Dem stand eine Importabh. bei Konsumgütern, Nahrungsmitteln und Erdöl gegenüber. Neben dem Zuckerexport ist der * Tourismus ein wichtiger Devisenbringer. Mit den * freien Produktionszonen (EPZ = *Export Processing Zones*), die ausl. Investoren (v. a. aus asiat. Ländern, Rep. Südafrika) für die Produktion von Textilien *Anreize* (u. a. Steuerbefreiung, Billiglöhne) offerieren, wurde die E. und * Diversifizierung der Ind. gefördert. Die Ausfuhren der EPZ (Textilien, Unterhaltungselektronik) lösten mit einem Anteil von 44% am Gesamtexport das trad. Exportprodukt Zucker (Anteil 1989: 35%) ab. Freilich schafft die * enklavenartige, rein weltmarktorientierte Ind. in Form der EPZ eine starke Außenabhängigkeit. Die Ausl.-* Verschuldung betrug 1986 591 Mio. US-$. Im Agrarsektor (1988: 15% des BSP) will man durch eine * Diversifizierung der Agrarexportprodukte (Tabak, Tee, Blumen) den Anteil des Zuckers weiter reduzieren. Ferner wird die Nahrungsmittelerzeugung (Kartoffeln, Gemüse, Geflügel) intensiviert. Eine zwar für den Export und von Großfangflotten (v. a. Japan, UdSSR) ausgebeutete, zur Eiweißversorgung der Bev. aber erst wenig genutzte E.-Ressource ist der Fischreichtum der Gewässer um M. Mittlerweile hat man für den Aufbau einer eigenen Hochseefischfangflotte die *National Fishing Corporation* gegründet.

3. M., zuerst im Besitz der Holländ. Ostindien-Kompanie (1558), später der franz. Indischen Handelsgesellschaft, die auf M. (1715 Name *Ile de France*) mit afrik. und madegass. Sklaven * Plantagenwirtschaft (Kaffee, Gewürze, Baumwolle) betrieb, wurde 1810 von Großbritannien besetzt und unter Einsatz von Sklaven, später von indischen Kontraktarbeitern auf die monokulturelle Zuckerproduktion orientiert. Nach der Gewährung der inneren Autonomie (1966) waren die pol. Gruppen in der Frage der pol. Unabh., des Verbleibs bei GB oder der Reorientie-

rung nach Frankreich, gespalten. Die *Mauritian Labour Party* (MLP, oder *Parti Travailliste*), die unter der Führung von S. Ramgoolam die Interessen der kreol. und indischen Kleinbauern und Arbeiter vertrat, sprach sich für die totale Unabh. von GB aus. Die *Parti Mauricien Social Démocrate* (PMSD), die einerseits die Interessen der Zukkerbarone und kreol. Elite repräsentierte, unter der Führung von G. Duval seit 1963 aber auch bei den kreol. Unterschichten wachsende Unterstützung fand, war aus Angst vor dem Verlust des *Commonwealth-Zuckermarktes und zum Schutz vor «Hindu-Domination» (1965 Rassenunruhen zwischen Hindus und kreol. Arbeitern) für ein weiteres Verbleiben der Insel bei GB. Mit dem Sieg der *Independence Party*, einem Bündnis zwischen *Labour Party, Muslim Committee of Action* (MCA: Interessen moslem. Händler) und *Independent Forward Bloc* (IFB: Betonung der Hindu-Kultur) bei den Wahlen von 1967 wurde schließlich am 12. 3. 1968 die Unabh. für M. durchgesetzt. Zuvor ließ sich GB allerdings die Insel Diego García als Flottenstützpunkt abtreten, der 1976 an die USA verpachtet wurde. Die Herrschaft bürgerlich-konservativer Koalitionsregierungen (*Labour Party*, MCA, PMSD) unter Führung des Premier Ramgoolam, bei der durch Streikverbot, Wahlmanipulation und Ausnahmegesetze die Opposition unterdrückt wurde, dauerte bis zu den Parlamentswahlen vom 12. 6. 1982. In diesen Wahlen siegte eine Koalition des 1969 gegr. Mouvement Militant Mauricien (MMM) mit anderen linksorientierten Parteien. Die Koalitionsreg. unter PM A. Jugnauth wurde Aug. 1987 wiedergewählt. Das wirtsch. Sanierungsprogramm der demokratischen Reg. war höchst erfolgreich: Ein hohes Wirtschaftswachstum von 1984–89 durchschn. 6% ließ die Arbeitslosenquote von 25% auf 2,8% (1989) sinken. Entscheidend war die Diversifizierung der Exportstruktur, die durch die Einrichtung der steuerfreien *Export Processing Zones*, in denen sich ca. 550 ausl. Unternehmen ansiedelten, gelang.

Lit.: U. Leffler/R. Tetzlaff, Mauritius, in: HDW III, 5, Bonn 1993, S. 257 ff. ah/hb

mayordomo →*hacienda*

MCCA Gemeinsamer mittelamerik. Markt, nach Vorstudien der *CEPAL Dez. 1960 zwischen Guatemala, El Salvador, Honduras und Nicaragua abgeschlossen; Costa Rica trat 1962 bei. *Ziele:* Schaffung eines gemeinsamen Marktes innerhalb von 5 Jahren und einer Zollunion; Förderung der *Industrialisierung. *Organe:* Wirtschaftsrat (CEC), bestehend aus den Wirtschaftsministern; Exekutivrat (CETG), bestehend aus stellvertretenden Wirtschaftsministern und hohen Personen der SIECA; ständiges Sekretariat (SIECA); Zentralamerik. Bank für Wirtschaftsintegration (BCIE). *Ergebnisse:* Steigerung des intrazonalen Handels und des Wirtschaftswachstums in den 60er J.; erhebliche Zunahme ausl. *Investitionen in den MCCA-Ländern, v. a. im Ind.-Sektor; Verlangsamung des Wachstums- und Integrationsprozesses in den 70er J., kennzeichnend dafür der sog. Fußballkrieg zwischen Honduras (das sich im MCCA benachteiligt fühlte) und El Salvador; Verschärfung der Dependenzsituation und *strukturellen Heterogenität (erhöhte Profite des Auslandskapitals, wachsende interne Einkommensdifferenzen). Der Krise des MCCA (1969) sind in den 70er J. Versuche der Neuorientierung gefolgt, die über den Handel hinaus stärker Entwicklungsaspekte betonten. Die geplante Ratifizierung einer Mittelamerikanischen Wirtschafts- und Sozialgemeinschaft (CESCA) wurde jedoch von den revolutionären Unruhen in Nicaragua und El Salvador überrollt. Durch den *Zentralamerika-Konflikt der 80er J. kam die wirtschaftliche und soziale Integration Zentralamerikas zunächst völlig zum

Erliegen. Im Zuge der zentralamerik. Friedensbemühungen traten freilich Ende der 80er J. die (nun zivilen) Regierungen in der Region näher zusammen und trieben Anfang der 90er J. das Projekt einer gemeinsamen Wirtschafts- und Sozialgemeinschaft voran. Die Tragweite der mitunter kurzlebigen institutionellen Neuerungen ist noch nicht abzuschätzen. Der Schwerpunkt der Integrationsbemühungen liegt zunächst eindeutig auf dem Handel. Ein diesbezüglich wichtiger Schritt sind die Verträge zwischen den Ländern des sog. Zentralamerikanischen Norddreieckes (Guatemala, Honduras und El Salvador) zum Aufbau einer Freihandelszone ab 1.1.1993. An die übrigen Staaten der Region (einschl. Panama und Belize) erging die Aufforderung, sich dem laufenden Integrationsprozeß anzuschließen. dn

MDBs →Multilaterale Entwicklungsbanken, bilateral, multilateral, Refinanzierung

Medico International *Nichtstaatliche Organisation (*Bensheimer Kreis), leistet in EL *Gesundheitshilfe. Schwerpunkte: Neben Soforthilfemaßnahmen für *Flüchtlinge, **community development* und Aufbau basisorientierter *Gesundheitsdienste, Kooperation u.a. mit *WHO, *UNHCR sowie staatl. und nichtstaatl. Organisationen der EL. Adresse: Hanauer Landstr. 147–149, 6000 Frankfurt 50. ah

Meistbegünstigung(sklausel) Die M. verpflichtet einen Staat zur handelspol. Gleichbehandlung seiner Handelspartner. Werden einem Land best. handelspol. Erleichterungen (v.a. Zollvorteile) eingeräumt, müssen sie auch allen anderen Ländern, mit denen M. vereinbart ist, eingeräumt werden. Die M. verbietet die Schlechterstellung einzelner Länder (M. = «Diskriminierungsverbot»). Globales Ziel ist die Ausweitung von *Welthandel und *internationaler Arbeitsteilung.

In *bilateralen Verträgen wird zwischen unbeschränkter/absoluter und beschränkter/relativer M. (Ausschluß best. Erleichterungen und/oder Vereinbarung von *Reziprozität) unterschieden, in *multilateralen Verträgen zwischen unbedingter (automatische Vorteilsgewährung an alle Drittstaaten) und bedingter (Vorteilsgewährung abh. von Gegenleistungen, z.T. volle Reziprozität).

Im größten multilateralen Vertragswerk, dem *GATT, sind alle Mitgl.-Staaten auf absolute und unbedingte M. verpflichtet. Ausnahmen: Zollunionen (z.B. EWG), Freihandelszonen (z.B. *ALALC) und Sonderregelungen für EL. Diese wurden von der *Gruppe der 77 auf der *UNCTAD) in Neu-Delhi 1968 durchgesetzt. Seither haben sich (was den Handel mit EL angeht) im int. Zollrecht sog. *Präferenzsysteme – Präferenz(= Vorzugs)zölle für EL-Waren, oft absolute Zollfreiheit – gegen die für EL oft problematische M. durchgesetzt. So gewährt die EG allen nicht *assoziierten EL im Rahmen ihres *Allgemeinen Präferenzsystems Handelsvorteile und den assoziierten sog. *AKP-Ländern gemäß dem *Lomé-Vertrag – zumindest *de jure* – völlig freien Marktzugang (Ausnahme: Agrarprodukte unter Marktordnungen).

Das Ersetzen der M. durch EL-Präferenzen hat für EL positive Effekte, die aber in der Praxis durch mengenmäßige Beschränkungen (Kontingente, Plafonds), Sonderklauseln und *Selbstbeschränkungsabkommen (insb. in der EG-Handelspol.) erheblich eingeschränkt werden. bg

Menchú, Rigoberta, geb. 1959, zugehörig zu dem Volk der Quiché, die im guatemaltekischen Hochland leben, erhielt 1992 den Friedensnobelpreis für ihre Bemühungen friedlicher Organisation der unterdrückten Mehrheit und Einsicht bei den Unterdrückern. Nachdem einige Familienangehörige durch die Militärregierung ermordet wurden, entschloß sich M. 1981, nach

Mexiko ins Exil zu gehen. Als Vorsitzende des Komitees für die Einheit der Bauern (CUC) unterstützte sie von dort aus die Opposition Guatemalas. Seit 1983 ist M. Mitarbeiterin der UN-Menschenrechtskommission in Genf, seit 1986 Mitglied des Rates der UN für die Rechte der Indios, 1990 erhielt sie den Unesco-Preis für die Erziehung zum Frieden. M. ist Autodidaktin. mn

Menschen für Menschen e.V. 1981 von dem Schauspieler K.-H. Böhm, gegr. *Nichtstaatliche Organisation, leistet in Äthiopien *Katastrophen- und *Projekthilfe, letzteres in Form eines landw. E.-Projektes und zweier Siedlungsprogramme. *Ziel:* Hilfe zur *Selbsthilfe. Gesamtausgaben seit der Gründung rund 46 Mio. DM (Stand: Anfang 1988). MfM finanziert sich über Spenden. Zusammenarbeit mit dem offiziellen äthiop. Hilfswerk RRC (*Relief and Rehabilitation Commission*) und dem äthiop. Landw.-Ministerium. Die Hilfe von MfM muß im Kontext der brisanten pol. Lage und Ernährungssituation in Äthiopien sowie der (umstrittenen) Umsiedlungsaktionen der dortigen Reg. gesehen werden. Adresse: Nußbaumstr. 8, 8000 München 2. →Äthiopien mik

Menschenrechte und internationale Schutzverfahren 1. Der Begriff Menschenrechte (MR) stammt aus der aufgeklärten Naturrechtslehre des 18. Jh.s und bezeichnet die dem Menschen aufgrund seiner Würde zustehenden unverletzlichen und unveräußerlichen Rechte, deren Bestand nicht von staatl. Anerkennung abhängt. Mit der Positivierung und Sanktionierung in den einzelnen Verfassungen wurden die MR zu Grundrechten (GR). Bürgerrechte (BR) wiederum sind jene GR, die lediglich den eigenen Staatsbürgern – und nicht auch Fremden – zustehen. Der Inhalt der MR bzw. GR hängt von der jeweiligen gesellsch. pol. Ordnung ab (Polizeistaat, liberal/bürgerlicher Rechtsstaat, Sozialstaat etc.), so daß sich eine Reihe von unterschiedlichen GR feststellen lassen: a) zivile Rechte (Grundfreiheiten), b) pol. und bürgerliche, c) wirtsch., d) soziale und e) kulturelle Rechte.

Durch ihre eurozentrische Entstehungsweise werfen die MR im Ost-West- und im Nord-Süd-Verhältnis große Probleme auf, da dem individualistischen Menschenbild des Westens ein kollektivistisches Menschenbild des Ostens gegenübersteht; beide Konzepte kontrastieren wiederum mit dem Menschenbild in den EL, in denen pol., relig., wirtsch., soziale und kulturelle Verschiedenheiten eine differente MR-Konfiguration hervorgebracht haben. Sowohl die Stoßrichtung als auch die Ausprägung und Wertigkeit der einzelnen MR wird demgemäß von Kulturkreis zu Kulturkreis und von Ideologie zu Ideologie unterschiedlich sein. Daraus geht eindrücklich die Problematik einer universellen Geltung der MR in den heutigen pluralistischen Staaten- und Gesellschaftssystemen hervor. Mit der Positivierung der MR in den Verfassungen und ihrer Umgestaltung zu GR wurden die MR staatl. Recht. Die Gewährleistung und der Schutz der MR/GR wurde daher als Ausfluß seiner Personalhoheit zu einer der wesentlichen inneren Angelegenheiten des Staates und blieb es grundsätzlich bis zum II. Weltkrieg. Ausnahmen waren lediglich das völkerrechtliche Fremdenrecht und die Humanisierung des Kriegsrechts, die das Individuum bereits früher mit völkerrechtlichen Rechten (und Pflichten) ausgestattet hatten.

Es bedurfte aber erst der Erfahrung mit den Diktaturen der Zwischenkriegszeit und den Greueln des II. Weltkriegs, um zu erkennen, daß der MR-Schutz nicht allein dem (Heimat-) Staat überlassen bleiben könne, sondern dafür die ges. Staatengemeinschaft verantwortlich sei. Die Erkenntnis der notwendigen Internationalisierung des MR-Schutzes kollidierte aber dogmatisch mit dem Souveränitätsprinzip (Art. 2 Ziff. 7 bzw. 1 *UN-Satzung): Vorwürfe, die ausl. Mächte oder int. Org. wegen behaupteter MR-Verletzungen an die Adresse repressiver Reg. richten, werden von diesen i. d. R. mit dem Gegenvorwurf der unerlaubten Einmischung in ihre inneren Angelegenheiten zurückgewiesen. Kulminationspunkt dieser Problematik ist die Frage der Erlaubtheit sog. «humanitärer Interventionen» (z. B. Geiselbefreiungsaktionen in Entebbe 1976 und im Iran 1980) als Interventionsakte, die aber wegen ihres «humanitären Charakters» gerechtfertigt sein sollen.

Trotz des heute vorherrschenden Trends für Internationalisierung des MR-Schutzes liegt die Hauptverantwortlichkeit dafür nach wie vor in den Händen der Staaten, und der int. MR-Schutz kann nur nach Erschöpfung der innerstaatl. zur Verfügung stehenden Rechtsbehelfe (*exhaustion of local remedies*) aktiviert werden.

2. Der int. MR-Schutz kann auf zweierlei Art erfolgen: a) durch multilaterale Staatsverträge und b) durch int. Organisationen (universelle, regionale, supranationale, zwischenstaatl.). Hinsichtlich der einzelnen Techniken der int. Sicherungsverfahren lassen sich – je nach Ausstattung des Kontrollorgans – a) politische, b) quasi-gerichtliche und c) gerichtliche Schutzverfahren unterscheiden, die wiederum auf zwei Arten ausgestaltet sein können: a) genereller Rechtsschutz (Das Rechtsschutzorgan wird *ex officio* tätig) und b) individueller Rechtsschutz (auf Antrag des verletzten Individuums oder seines Heimatstaates; Individual- oder Staatenbeschwerde).

3. Was den universellen MR-Schutz im Rahmen der UN betrifft, so kam es am 10. 12. 1948 zur Verabschiedung der *Universal Declaration of Human Rights*, der als Resolution der GV keine bindende Wirkung zukam. Erst im Dez. 1966 wurden der Int. Pakt über wirtsch., soziale und kulturelle Rechte (Pakt I), und der Int. Pakt über pol. und bürgerliche Rechte (Pakt II) angenommen, die erst 1976 in Kraft treten konnten. Die Rechtsschutzsysteme der beiden Pakte, bindende völkerrechtliche Verträge, die von Staaten des Westens, des Ostens und auch des Südens unterzeichnet wurden, sind nicht sehr effizient ausgestaltet und enthalten nur schwache Kontrollmechanismen, obwohl eigene Organe (UN-MR-Kommission in Pakt I, UN-MR-Ausschuß in Pakt II) damit betraut wurden. Im Schoß der UN wurden noch weitere int. Abkommen zum Schutz der MR abgeschlossen, die sich u. a. gegen folgende MR-Verletzungen richten: Völkermord, Folter, Rassendiskriminierung, Diskriminierung der *Frau, Diskriminierung von Behinderten, Streikverbote, Sklaverei. Neben dem universellen MR-Schutz innerhalb der UN kam es im Bereich homogener Staatengruppen auch zu regionalem MR-Schutzes in Europa (Europäische Konvention zum Schutz der MR und Grundfreiheiten, EMRK vom 4. 11. 1950), Amerika und Afrika.

4. Der regionale MR-Schutz in Amerika fußt auf der Amerik. Deklaration der Rechte und Pflichten des Menschen, die 1948 im Schoße der *OAS proklamiert wurde. Daneben wurde 1960 eine Inter-Amerik. Kommission für MR eingerichtet, die 1967 sogar zu einem Hauptorgan der OAS wurde. Faktisch gelang der Durchbruch aber erst mit der Unterzeichnung der Amerik. Konvention für MR (Pakt von San José) am 22. 11. 1969, die inzwischen von 20 Mitgl. der OAS ratifiziert wurde. Mit Inkrafttreten der Konvention wurden 1979 die Inter-Amerik. Kommission für MR und ein Inter-Amerik. Gerichtshof als feste Organe eingerichtet. Obwohl sich bereits neun Staaten der Gerichtsbarkeit des Gerichtshofs unterworfen haben, weigern sich insb. die *autoritären Regime LAs, seine Gerichtsbarkeit anzuerkennen. Dennoch wurden bereits neun Fälle vor den

Gerichtshof gebracht, in der Mehrzahl allerdings Gutachten.

5. Der regionale MR-Schutz in Afrika wird innerhalb der *OAU vorangetrieben; am 19.1.1981 einigten sich deren Mitgl. auf den Entwurf einer Charta der MR und Rechte der Völker (Banjul-Charta), der die Errichtung einer Afrik. MR-Kommission vorsieht. Von der Schaffung eines Afrik. MR-Gerichtshofs wurde vorderhand Abstand genommen. Die Charta ist am 21.10.1986 in Kraft getreten und zählt z.Z. 35 Mitgl.-Staaten. Trotz Übernahme wichtiger Teile der EMRK ist die Banjul-Charta eigenständig ausgestaltet und auf die speziellen Erfordernisse des MR-Schutzes in Ländern der *Dritten Welt hin konzipiert (wechselseitige Bedingtheit von MR und E.).

6. Neuerdings kommt es – über den Schutz der klassischen MR (MR der 1. Generation) hinaus – verstärkt zur Forderung nach effizienterer Ausgestaltung des gegenwärtigen Bestands an MR (MR der 2. Generation) sowie sogar zur Postulierung der Verankerung von MR der 3. Generation (Recht auf int. Solidarität, auf E., saubere Umwelt, Abrüstung, ausreichende *Ernährung etc.), die allerdings z.Z. noch Postulate der pol. Moral und keine positiven Normen der Völkerrechte darstellen. Wenngleich z.B. in einzelnen Fällen ein Recht auf int. Solidarität bereits anerkannt ist (Rettung von Schiffbrüchigen, Astronauten und *Flüchtlingen), ist der Weg noch weit, bis Armen, Opfern von Hunger und/oder Naturkatastrophen etc. allg. Ansprüche auf int. Solidarität anerkannt werden. Im Zuge der fortgeschrittenen Bewußtseinsbildung und versch. Forderungskataloge der EL (z.B. *Neue Weltwirtschaftsordnung) sind diesbezüglich weitere Schritte zu erwarten. Freilich muß man sich vor Augen halten, daß derzeit weltweit drei von vier Staaten Regime haben, denen die Anwendung repressiver Gewalt – unter Verletzung der MR – als legitimes Mittel erscheint. *Strukturelle Gewalt und überkommene Vorstellungen von der Legitimität pol. Gewaltanwendung werden noch auf Jahrzehnte hinaus einen effektiven universellen MR-Schutz illusorisch erscheinen lassen.

Lit.: F. Hartung, Die Entwicklung der Menschen- und Bürgerrechte von 1776 bis zur Gegenwart, Göttingen 1972; amnesty international, Der internationale Menschenrechtsschutz, Menschenrechte in den Erklärungen und Konventionen der Vereinten Nationen, Frankfurt 1981; C. Ritterband, Universeller Menschenrechtsschutz und völkerrechtliches Interventionsverbot, Bern 1982; A. Barthel, Entwicklung und Menschenrechte. Das Recht auf Entwicklung als Menschenrecht, Aachen 1986; W. Heinz, Menschenrechte in der Dritten Welt, München 1986; E. Riedel, Theorie des Menschenrechtsstandards, Berlin 1986. wh

Mercosur Der Vertrag über den *Mercado Comun de los Paises del Cono Sur* (Gemeinsamer Markt der Cono Sur-Länder) wurde am 26.3.1991 in Asunción zwischen Argentinien, Brasilien, Uruguay und Paraguay abgeschlossen. Das Abkommen sieht die Einrichtung eines Gemeinsamen Marktes vor. Der Gedanke an eine engere ökonomische Kooperation zwischen den Staaten des Cono Sur blickt auf eine Reihe bi- und multilateraler Ansätze zur Zusammenarbeit zurück (→La-Plata-Gruppe; binationale Vereinbarungen, z.B. Staudammprojekte wie *Itaipú). Eine Ausdehnung auf Bolivien und Chile ist geplant. Mercosur ist als multilaterales Integrationsvorhaben angelegt.

Lit.: H. Sangmeister, Mercosur, hekt., Heidelberg 1992. mk

Mestize Abkömmling von Eltern unterschiedlicher Rassen, vornehmlich von Europäern und Indios. dn

Metropole Griech. Ursprungs, zunächst gebräuchlich für Hauptstadt und damit Ausdruck für das innerstaatl. Verhältnis von Hauptstadt (etwa Paris) und Provinz, dann übertragen auf das Verhältnis von Ländern und Ländergruppen zueinander, wobei in den Begriff nicht nur die E.-Differenzen (modern/dynamisch/attraktiv – rückständig/statisch/provinziell) eingegangen sind, sondern auch Vorstellungen über die Verursachung der E.-Differenzen: Ausbeutung durch die metropolitanen Länder, die mit den westl. IL, insbesondere mit ihren führenden Wirtschaftsmächten identisch sind. →Dependencia dn

Mexiko M.s Entwicklung ist durch scharfe Widersprüche gekennzeichnet. Das Land, in dem die erste antiimperialistische *Revolution in der *Dritten Welt stattfand, entfernte sich immer mehr von den verbal stets neu bekräftigten Revolutionszielen weiter entfernt denn je. Trotz seines großen Erdölreichtums geriet das Land Anfang der 80er Jahre in eine schwere Verschuldungs- und Wirtschaftskrise, die es zu Beginn der 90er Jahre mittels einer liberalen Wirtschaftspolitik zu überwinden sich anschickte.

1. Mit einer Fläche von 1,98 Mio. qkm ist M. nach Brasilien und Argentinien das drittgrößte Land LAs. Ca. 80% der Landfläche nehmen trokkene und halbtrockene Gebiete ein, die ohne künstliche Bewässerung ackerbaulich nicht nutzbar sind. Trotz fortgeschrittener Industrialisierung ist M. noch ein Agrarland; die Landw. bildet die Lebensgrundlage für rd. die Hälfte der Bev.; ca. die Hälfte der ges. Fläche wird landw. genutzt. Im feuchtheißen S werden Kaffee, Kakao, Bananen und Tabak angebaut; im trockenen N wird eine extensive Viehwirtschaft betrieben. Trotz versch. staatl. Förderprogramme gelang es bisher nicht, die Schwierigkeiten im Agrarsektor (v.a. durch veraltete Bewirtschaftungsmethoden, unzureichende Bewässerung, mangelhafte Infrastruktur, Besitzzersplitterung und *Landflucht) zu beheben. So müssen auch Grundnahrungsmittel in erheblichem Umfang importiert werden. Die äußerst ergiebigen Fischgründe in den mex. Hoheitsgewässern werden bisher aufgrund zu geringer Fang- und Verarbeitungskapazitäten nur wenig genutzt.

M. zeichnet sich durch großen Reichtum an Bodenschätzen aus. Es ist ein führender Produzent v.a. von Silber, Flußspat, Zink, Mangan, Blei, Kupfer und Schwefel. Mit Abstand die größte Bedeutung hat seit den 70er J. das Erdöl erlangt, bei dem M. mit seinen nachgewiesenen Reserven (1986: 71 Mrd. *barrel*) und Fördermengen (1987: 143,5 Mio. t) weltweit den vierten Rang einnimmt.

2. Mit mehr als 81 Mio. Ew. (1987) ist M. die größte spanischsprachige Nation und nach Brasilien das volkreichste Land LAs. Die Ew.-Zahl hat sich in den letzten 20 J. verdoppelt. Die Bev.-Explosion ist v.a. eine Folge der im Gesundheitswesen erzielten Fortschritte; so stieg die LE stark an (1965: 60 J.; 1987: 66 J.). Seit 1972 gibt es eine staatl. geförderte *Familienplanung, die beschränkte Erfolge erzielen konnte.

Über 92% der Bev. bekennen sich zum Katholizismus, der trotz einer radikalen Trennung von Kirche und Staat eine überaus starke gesellsch. Kraft ist. Der rückläufige Anteil der indianischen Bev. wird auf etwa 10% geschätzt. Bis auf eine äußerst kleine Minderheit rein Weißer besteht die übrige Bev. aus Mestizen. Die Indios, die des Span. nicht mächtig sind, machten bereits 1970 nur noch 2,1% der Bev. aus; weitere 5,7% sprachen allerdings Span. und eine indian. Sprache; diese sind im nördl. M. nahezu ausgestorben, im zentralen Hochland und v.a. im S und O noch rel. stark vertreten.

*Bevölkerungsexplosion und *Landflucht haben stetig den Prozeß der *Urbanisierung verschärft (1985: 69% städt. Bev.). Allein im Großraum der Hs. Mexiko-Stadt leben ca. 19 Mio. Menschen (weitere Mio.-Städte: Guadalajara und Monterrey). Die Reg. ist (bisher mit geringem Erfolg) bemüht, der inzwischen dramatischen Umweltbelastung (→Ökologie) in den Ballungsräumen entgegenzutreten.

3. Die erste große Revolution unseres Jh.s brach 1910 in M. aus. Sie beendete die über 30 J. andauernde Diktatur

des Generals Porfirio Díaz, der im Zusammenspiel mit dem Auslandskapital die wirtsch. Modernisierung des Landes betrieb. Fast ⅔ der mex. Investitionen wurden zwischen 1900 und 1910 auslandsfinanziert. Während des Porfiriats wurden die *campesinos* mit allen möglichen Mitteln genötigt, ihr Land abzutreten und gerieten auf den expandierenden *Latifundien in Schuldknechtschaft. Schließlich waren über 90% der Bauern landlos. Da die Großgrundbesitzer die Landw. zunehmend von den Grundnahrungsmitteln auf gewinnträchtige Rohstoffe für den Binnenmarkt und Exportgüter umstellten, stiegen die Lebenshaltungskosten beträchtlich an, während die Nominallöhne stagnierten. Ursprünglich eine Erhebung liberaler bürgerl. Kräfte gegen das repressive und personell verkrustete Regime, wurde die Revolution immer mehr zum Aufstand der besitzlosen Bauern. Die alte Oligarchie wurde liquidiert. Nach Abflauen des Bürgerkrieges, in dem über 1 Mio. Mexikaner umkamen, wurde 1917 die noch heute gültige Verfassung verabschiedet. Sie verfügte erstmals direkte Wahlen und untersagte die Wiederwahl des Präsidenten. Sie enthält detaillierte, seinerzeit richtungweisende Bestimmungen für eine umfassende *Agrarreform und den Schutz der Arbeiter und ist nationalistisch und antiklerikal. In den folgenden Jahren bestimmten z.T. gewaltsame Machtkämpfe der *jefes revolucionarios* das pol. Geschehen. Nachdem 1928 der unbestrittene **caudillo* Obregón von einem religiösen Fanatiker ermordet worden war, nahm der scheidende Präs. Calles die Krise zum Anlaß, um die an der Revolution beteiligten Kräfte in einer Partei zu vereinigen. Die Befriedung des Landes war zum allg. anerkannten Nahziel der Revolution geworden; an die Stelle des *caudillismo* sollte eine institutionenbezogene Politik treten.

Die als «offiziell» bezeichnete Partei, seit 1946 *Partido Revolucionario Institucional* (PRI), stellte alle Staatspräsidenten, die Gouverneure aller Bundesstaaten und nahezu alle Bürgermeister der rd. 2400 Munizipien. Der PRI ist in drei Sektoren untergliedert: in den *sector agrario* (1971: 6 Mio. Mitglieder), den *sector obrero* (1971: 3 Mio. Mitgl.) und den *sector popular* (1971: 2 Mio. Mitgl.). Die Sektoren sind im wesentlichen mit den Dachverbänden der Landarbeiter und Kleinbauern, der *Gewerkschaften und der mittelständischen Vereinigung identisch. Über die Parteisektoren werden die Forderungen der gesellsch. Gruppen kanalisiert. Offene Konkurrenz findet beim innerparteilichen Willensbildungsprozeß nicht statt; stets ist er der Regierungspolitik untergeordnet. Ohne ein Parteiamt innezuhaben, übt der jeweilige Staatspräsident die eigentliche Parteiführung aus. Während seiner sechsjährigen Amtszeit ist er mit einer nahezu absolutistischen Machtfülle ausgestattet. Unter Heranziehung eines engen Führungszirkels, der sog. *familia revolucionaria*, trifft er auch die Auswahl des Präsidentschaftskandidaten des PRI, d.h. seines Nachfolgers. Oppositionsparteien werden seit den 60er J. verstärkt in das System einbezogen; mit Hilfe eines ständig perfektionierten ausgeklügelten Parteien- und Wahlrechts werden sie vom Regime kooptiert bzw. kontrolliert. Durch ihre Teilnahme an den Wahlen tragen sie zur Legitimation des Systems bei und werden dafür mit einer begrenzten Anzahl von Mandaten entlohnt; der Weg zur Regierung bleibt ihnen versperrt. Seit 1979 sind 100 der 400 Parlamentssitze für Oppositionsabgeordnete reserviert. Einige bis dahin illegale oder neu entstandene Parteien wurden vorläufig zugelassen. Die bedeutendste Oppositionspartei bis 1988 war der *Partido Acción Nacional* (PAN), die Partei des kath. orientierten, städt. Mittelstandes. Durch eine geschickte Bündnispolitik mit anderen Linksgruppen hat sich in den letzten J. der *Partido Comunista Mexicano* (PCM) in den Vordergrund geschoben. Bei den Abgeordnetenwahlen 1982 erreichte der PRI 299 Mandate; auf die Oppositionsparteien entfielen: PAN 51, *Partido Popular Socialista* (PPS) 10, *Partido Socialista Unificado* (PSUM) unter Einschluß des PCM 17, *Partido Demócrata Mexicano* (PDM) 12, *Partido Socialista de los Trabajadores* (PST) 11 Mandate. Das Wahlsystem sichert die Dominanz des PRI und zugleich die Zersplitterung der Opposition. Trotz Wahlpflicht blieb jedoch jeder zweite Bürger den Urnen fern – letztlich die Konsequenz daraus, daß Wahlen in M. die Machtverhältnisse nicht zu ändern vermochten.

Mit den Präsidentschafts- und Parlamentswahlen vom 6. Juli 1988 scheint diese bis dahin allg. akzeptierte These ins Wanken geraten zu sein. Der Präsidentschaftskandidat des PRI, Salinas de Gortari, erhielt auch nach dem offiziellen (manipulierten) Endergebnis nur 50,4% der Stimmen. Cuauhtemoc Cárdenas, Kandidat des Parteienbündnisses *Frente Demócrata National* (FDN), erhielt 31,1%. Der PAN blieb mit 17,7% weit hinter den Erwartungen zurück. Zum erstenmal schlossen sich die beiden wichtigsten linken Parteien, der PCM und der *Partido Mexicano de Trabajadores* (PMT) zum *Partido Mexicano Socialista* (PMS) zusammen. Ihr Kandidat, Heberto Castillo, zog kurz vor der Wahl seine Kandidatur zugunsten von Cárdenas zurück. Bei den Parlamentswahlen verlor der PRI seine abs. Mehrheit; er konnte sich zwar in den ländl. rückständigen Gebieten behaupten, mußte aber den Verlust seiner Mehrheit in vier Bundesstaaten und in der Hs. eingestehen. Erstmals sind damit vier Oppositionspolitiker im Senat vertreten, im Abgeordnetenhaus verfügt der PRI nur noch über einen Vorsprung von 20 Sitzen.

Ursachen dieses Machtverlustes des PRI war v. a. die wirtsch. Misere M.s, die den Spielraum für die trad. klientelistische Anbindung der Bev. an den PRI über die Gewerkschaften und gesellschaftlichen Org. stark eingeengt hat. Auch das weitgehende Versagen des Staates nach dem Erdbeben vom Sept. 1985, von dem der Großraum Mexico City bes. schwer betroffen war, und die Erfahrung der Selbstorganisation der Bev. trugen dort zu einem neuen pol. Klima bei. Insb. die Distanzierung De la Madrids vom * Populismus seiner Vorgänger, sein eher technokratischer Führungsstil und die v. a. an ökon. Sachzwängen orientierte Politik haben zum Bedeutungsverlust des Präs.-Amtes und v. a. des Amtswechsels beigetragen. Auf Grund der Wahlergebnisse und dieses pol. Wandels ist nun das Parlament zu einem Ort machtpol. Auseinandersetzungen zwischen Reg. und Opposition geworden. Auch kann die knappe Mehrheit des PRI durch parteiinterne Opposition in Gefahr gebracht werden, deren Gewicht so ebenfalls zunimmt. Der Präs. kann zwar auch gegen das Parlament regieren, aber angesichts seiner schwierigen Lage dürfte Salinas de Gortari eher die Kooperation mit dem Parlament suchen, wodurch diese Institution an Bedeutung gewinnen und zum demokratischen Wandel des pol. Systems beitragen könnte.

4. 20 J. nach Ausbruch der Revolution waren ihre zentralen Postulate wie die Aufteilung der großen * *haciendas* und die Wiedergewinnung der nat. Souveränität über die Rohstoffvorkommen nur ansatzweise verwirklicht. Die Reg.-Politik hatte zunehmend konservative Züge angenommen. Das Auslaufen der ohnehin spärlichen Landverteilung und die sozialen Auswirkungen der Weltwirtschaftskrise von 1929 steigerten die Unzufriedenheit der *campesinos* und Arbeiter. Mit dem Amtsantritt des Präs. Cárdenas (1934 bis 1940) fand ein Kurswechsel statt. Es wurde eine weitreichende Agrarreform zugunsten der *ejidos*, der

auf Gemeinschaftsbesitz beruhenden Landkommunen, durchgesetzt. Cárdenas ließ mit rd. 18 Mio. ha – über 9 % der ges. Landfläche M.s – mehr Land verteilen als alle seine Vorgänger zusammen. 1938 wurde die sich im ausl. Besitz befindende Erdölindustrie verstaatlicht. Daraufhin einsetzende US-amerik. Import- und Kreditrestriktionen brachten das Land in wirtsch. Schwierigkeiten, die durch Kapitalflucht und Preisanstieg verstärkt wurden.

Die nachfolgenden Reg. steuerten einen zwar nicht einheitlichen, insges. aber deutlich konservativen Kurs. Sie förderten eine kapital. Modernisierung und stärkten die Privatinitiative von Handel, Banken und Industrie. Begünstigt durch die vom II. Weltkrieg entfachte Nachfrage setzte in M. ein enormes Wirtschaftswachstum ein, das bis in die 70er J. hinein im jährl. Durchschnitt über 6 % betrug. Auch in anderen Sektoren konnten Erfolge vermeldet werden, so z. B. im Gesundheits- und Bildungswesen; die Analphabetenrate konnte von 58,0 % (1940) auf 23,8 % (1970) verringert werden. Doch gleichzeitig führte das *milagro mexicano* – das «mex. Entwicklungswunder» – zu einer Verschärfung der regionalen und sozialen Disparitäten. Das Gefälle zwischen den 32 Bundesstaaten hat sich zwischen 1940 und 1970 kontinuierlich vergrößert. Die Einkommensunterschiede haben ständig zugenommen; die 10 % reichsten Familien konnten ihren Anteil am Gesamteinkommen von 35,7 % (1958) auf 39,2 % (1970) steigern, während der Anteil der ärmsten 10 % von 2,3 % auf 1,4 % absank.

Die Reg. Echeverría (1970 bis 1976) versuchte die Strategie zu ändern und betrieb eine kostspielige infrastruktur- und verteilungsorientierte Reformpolitik. Staats- und Auslandsverschuldung schnellten empor, das Defizit in der Außenhandelsbilanz und die jahrelang zurückgestaute Inflation wuchsen rasch an. Immer offener und heftiger wurde die Konfrontation zwischen Reg. und privaten Interessen ausgetragen; schließlich transferierten die Unternehmer riesige Geldmengen ins Ausland. 1976 erlebte das postrevolutionäre M. seine größte Wirtschaftskrise (Rückgang der JZ der BIP von 7,6 % 1973 auf 1,7 % 1976; erste Abwertung des Peso seit 22 J.).

Mit einer Beschleunigung der Erdölförderung (Anteil an den Exporterlösen 1982: 75 %) und einer unternehmerfreundlichen Politik erzielte die nachfolgende Reg. López Portillo (1976 bis 1982) erneut ein hohes Wirtschaftswachstum. Die Inflation hielt hingegen unvermindert an. Zwischen 1977 und 1979 blieben die Erhöhungen der gesetzlichen Mindestlöhne (1979: rd. 16 %) stets unter der Inflationsrate (1979: rd. 20 %); das Ziel einer Umstrukturierung der Besitzverhältnisse wurde einmal mehr hintangestellt. Trotz fortschreitender *Industrialisierung waren Ende der 70er J. noch knapp 40 % der mexik. Erwerbstätigen in der Landw., die nur rd. 9 % zum BIP beitrug, beschäftigt. Über die Hälfte aller Agrarbetriebe waren *subsistenzwirtschaftlich betriebene *Minifundien, die i. d. R. ihre Besitzer nur unzureichend ernähren. Die landw. Produktion blieb hinter dem raschen Bev.-Wachstum zurück. M., das in den 70er J. in dieser Hinsicht autark war, mußte zunehmend Grundnahrungsmittel importieren.

Bei der Übernahme des Präsidentenamtes durch Miguel de la Madrid (1982 bis 1988) befand sich M. v. a. auf Grund des 1981 einsetzenden Ölpreisverfalls in einer tiefen finanz. und wirtsch. Krise mit einer Inflationsrate von rd. 100 % (1982), negativem Wachstum (minus 0,5 %), einem Haushaltsdefizit von 18,5 % des BSP und öfftl. Schulden in Höhe von 23 Mrd. US-$, die bis Ende 1984 zur Tilgung anstanden. De la Madrid begann seine Amtszeit mit einem Sanierungsprogramm (v. a. Steuererhöhungen, Begrenzung der Lohnzuwächse, Importbeschränkungen, Abwertung des Peso), dessen Ziele er in den zwei Jahren z. T. erreichte. So sank die Inflationsrate bis 1984 auf ca. 60%, das Haushaltsdefizit konnte halbiert werden, der Außenhandel erzielte hohe Überschüsse. Unter Mithilfe der Gewerkschaften wurde die Lohnsumme z. B. im öfftl. Dienst um 20% gekürzt. 1984 gelang es M. auch, rel. günstige Konditionen für die *Refinanzierung seiner Auslandsschulden zu erreichen. Danach ging die Reg. dazu über, M. für Auslandskapital zu öffnen und die Beteiligung des Staates an der mexik. Wirtschaft abzubauen. Dieses Privatisierungsprogramm, das auch einen Rückzug des Staates aus der Gesellschaft bedeutete, stieß nicht nur bei der linken Opposition, sondern auch innerhalb des PRI auf deutliche Ablehnung. Bei den Wahlen vom 6.7.1988 sah sich erstmals seit der Revolution der Kandidat des PRI einem aussichtsreichen Herausforderer gegenüber: Cuauthemoc Cárdenas, Sohn des Präs. der 30er Jahre, erhielt offiziell 31,1% der Stimmen, Carlos Salinas de Gortari (PRI) siegte mit dem knappen Erreichen der erforderlichen abs. Mehrheit (50,4%). Auf den Kandidaten des konservativ.-kath. PAN entfielen 17,7%. Der aus dem PRI ausgetretene Cárdenas konnte aufgrund seiner Herkunft und seiner Programmatik, die eher der sozial-patriarchalischen PRI-Tradition entsprach als die des neoliberalen Salinas, ein Gutteil der trad. PRI-Klientel mobilisieren. Präs. Salinas verfolgte den neoliberalen Kurs tatsächlich konsequent weiter, was eine Inflation unter 20%, 1990 erstmals wieder Wachstum von 3% sowie Verhandlungserfolge mit Geschäftsbanken und IWF einbrachte. Aufgrund der Wirtschaftserfolge konnte der PRI einen Teil der 1988 verlorenen Wählerschaft zurückgewinnen, so daß trotz einzelner Wahlerfolge der Oppositionsparteien (Gouverneurswahlen) die pol. Vorherrschaft des PRI nicht gefährdet scheint. Der öffentl. Druck auf das Regime hat freilich zugenommen; ob er zu substantiellen Reformen (auch des PRI) reicht, steht dahin.

Lit.: R. D. Hansen, The Politics of Mexican Development, Baltimore 1971; M. Mols/H. W. Tobler, Mexiko, Die institutionalisierte Revolution, Köln 1976; F. Wehner, Grundlagen einer mexikanischen Verfassungsgeschichte, Hamburg 1976; W. Grabendorff, Bestimmungsfaktoren und Dimensionen der Außenpolitik Mexikos, Ebenhausen 1977; V. G. Lehr, Der mexikanische Autoritarismus, München 1981; M. Mols, Mexiko im 20. Jahrhundert, Paderborn u. a. 1981; E. Durán, Mexiko unter Präsident de la Madrid, in: EA 10/1985, S. 297ff.; H. Lauth, Mexiko zwischen traditioneller Herrschaft und Modernisierung, Münster/Hamburg 1991; D. Nohlen/H. Lauth, Mexiko, in: HDW III, 3, 1992, 169ff.; H. Stamm, Krise und Anpassung in Mexiko, Saarbrücken/Fort Lauderdale 1992; D. Briesemeister/K. Zimmermann (Hg.), Mexiko heute, Frankfurt/M. 1992. vgl/bh

MIC *middle income countries* →Weltentwicklungsberichte

MIGA Multilaterale Investitions-Garantie-Agentur (*Multilateral Investment Guarantee Agency*), am 12.4. 1988 gegr. Tochtergesellschaft der *Weltbank. Ihr *Ziel* ist, das Investitionsklima für ausl. *Direktinvestitionen in EL zu verbessern. Hierzu dienen ein *Investment Guarantee Program* sowie Beratungs- und Hilfsdienste für EL-Regierungen. Der Beitritt zur MIGA steht allen Mitgl.-Ländern der Weltbank sowie der Schweiz offen; bis Sept. 1988 haben 71 Länder das MIGA-Abkommen unterzeichnet, davon 44 ratifiziert.

Organe: MIGA wird durch einen Gouverneursrat (in dem jedes Mitgl.-Land vertreten ist), einen Aufsichtsrat (z. Z. 14 Direktoren, davon sind elf gleichzeitig Exekutivdirektoren der Weltbank) und einen geschäftsführenden Vize-Präs. (Y. Terasawa/Japan) verwaltet. Präs.: B. B. Conable/USA (gleichzeitig Präs. der Weltbank).

Finanzierung: MIGA verfügt über ein autorisiertes Kapital von 1,082 Mrd. US-$, von dem am 1.10.1988 687 Mio. US-$ gezeichnet waren. Mitgl.-Länder zeichnen ihren Betrag proportional zu ihrer Kapitalbeteiligung an der Weltbank; bar müssen sie nur 10% des Betrags in frei konvertierbarer bzw. 25% in nicht-konvertierbarer Währung erbringen, der Rest bleibt bei Bedarf abrufbar.

Das *Investment Guarantee Program* versichert ausländische Beteiligungsinvestitionen, Dienstleistungs- und Managementverträge, Lizenz- und Franchiseabkommen in EL sowie andere Abmachungen, die den **Know how-* und *Technologietransfer aus IL in EL enthalten. Auf Anfrage eines Landes können jedoch auch Investitionstransfers in EL seitens inländischer Investitoren versichert werden. Das Programm versichert o. g. Investitionen (wahlweise) gegen versch. Formen nicht-kommerzieller Risiken: Unterbindung bzw. Einschränkung von Kapitaltransfer; Enteignung und ähnliche Maßnahmen; Krieg, Revolution und pol. Unruhen sowie in best. Fällen Vertragsbrüche durch das Gastland. Die ges. Versicherungskapazität der MIGA beläuft sich auf max. das Eineinhalbfache des gezeichneten Kapitals, sprich z. Z. etwas über 1 Mrd. US-$. Nicht mehr als 5% der ges. Versicherungskapazität (z. Z. etwa 50–60 Mio. US-$) sollen an eine einzelne Investition gebunden sein; möglich ist der MIGA jedoch, zusammen mit nat. und privaten Versicherungsagenturen größere Projekte mitzuversichern. Überdies kann die Agentur als Verwalter eines (von ihren eigentlichen Mitteln getrennten) zusätzlichen Fonds fungieren, sofern einzelne Mitgl.-Länder zusätzliche Investitionen zu versichern wünschen. Die Versicherungskapazität ist damit einzig durch den Willen ihrer Mitgl. begrenzt, Versicherungsverpflichtungen zu übernehmen.

Die Laufzeit der Versicherungen beläuft sich im allg. auf drei bis 15 J., die Versicherungshöhe auf max. 90% vom Investitionsbetrag des Versicherten. Ersetzt werden (ausgenommen bei Krieg, pol. Unruhen etc.) nicht nur der völlige, sondern auch der teilweise Investitionsverlust. Höhe der Versicherungsprämien: i. d. R. 0,3%–1,5% der Versicherungssumme pro Jahr und Risikogruppe bzw. 0,6%–3% für alle Risikoformen p. a. Adresse: 1818 H-Street, N. W. Washington, D. C. 20433 USA. mik

Mikronesien →Pazifische Inselwelt

Militärregime →Autoritäre Regime

Military Assistance Program →Entwicklungspolitik der USA

MINEX →SYSMIN

Minderheit Der Begriff der M. wird mehrdeutig verwandt: als allg. zahlenmäßig geringere Gruppe, als Gegenbegriff zur Mehrheit (im Hinblick auf repräsentative Körperschaften, Verbände, Parteien); für die *Dritte Welt bedeutsam ist jedoch v. a. das Verständnis von M. als eine beständige Gruppe von Menschen, die sich rassisch, kulturell (-sprachlich) und/oder religiös-konfessionell von der Mehrheit der Population oder anderen Bev.-Teilen eines Landes unterscheiden. Ebenso werden benachteiligte oder sich benachteiligt fühlende gesellsch. Gruppen als M. bezeichnet, die rein zahlenmäßig durchaus in der Mehrheit sein können, i. d. R. aber Randgruppen (→Marginalität) darstellen.

Hist. gesehen traten Forderungen nach Anerkennung als *ethnische, relig. oder nat. M., nach Rechtsschutz oder Gewährung von Sonderrechten, sozialer Gleichstellung etc. im Zusammenhang mit der Nationalstaatsbildung (→Nationalismus) auf. In den meist multiethnischen Staatsnationen der Dritten Welt fand die Grenzziehung im Rahmen der *Dekolonisation ohne Rücksicht auf die Siedlungsräume der Völkerschaften statt. Häufig führt hier die Privilegierung oder aber die Marginalisierung ethnischer Gruppen zu internen Konflikten, die auch durch die Bemühungen, den Minderheitenschutz als Grundrecht in den Verfassungen zu verankern, nicht verhindert werden konnten. Nur selten wurden föderalistische Lösungen gefunden, da sich diese mit den meist zentralistischen Verwaltungstraditionen der Staaten in der Dritten Welt nicht vereinbaren ließen. Int. Org. (Völkerbund, *UN) befassen sich mit dem Problem in Deklarationen, Minderheitsschutzverträgen und Maßnahmen zur Linderung der Not von M. (etwa von *Flüchtlingen).

Lit.: F. Ermacora, Minderheitenschutz in der Arbeit der Vereinten Nationen, Wien 1964; W. Lindig (Hg.), Völker der Vierten Welt, Reinbek 1981; D. L. Horowitz, Ethnic Groups in Conflict, Berkeley 1986; D. Rothermund, J. Simon (Hg.), Education and the Integration of Ethnic Minorities, London 1986; K. Eikenberg, Ethnische Konflikte in der Dritten Welt, in: Jahrbuch Dritte Welt 1987. dn

Minifundium / Minifundismus Unter M. versteht man einen landw. Klein- oder Kleinstbetrieb. Das M. steht meist in engem Wechselverhältnis zum *Latifundium; man spricht von einem Komplex Latifundium-Minifundium. Die Bodenkonzentration gestattet dem *campesino* nur kleine, abgelegene, minderwertige Böden zu erhalten. Eine andere Entstehungsursache ist die Erbteilung. Zwar gibt es für spezielle Kulturen auch einen marktorientierten *Plantagen-Minifundismus (z. B. Kaffee in Kolumbien), doch verbindet sich mit M. in der Regel *Subsistenzwirtschaft. Technologische Fortschritte sind durch Ausbildungs- und Informationsmangel, Kapitalknappheit, Beschränkungen bei der Kreditaufnahme und die Begrenztheit der Bewirtschaftungsfläche behindert. dn

minimum learning needs →Grunderziehung

Mischfinanzierung Kombinierte Projektfinanzierung durch *öffentliche Entwicklungshilfe (ODA) und privatwirtsch.-unternehmerisches Engagement. In der BRD: kombinierter Einsatz von Mitteln der *Finanziellen Zusammenarbeit (FZ) und Krediten der *KfW (die allerdings nicht aus dem Bundeshaushalt stammen dürfen). Im Rahmen der E.-Politik gibt die KfW dt. Unternehmen Kredite und Zuschüsse für förderungswürdige Projekte in der *Dritten Welt.

Die CDU/FDP-Reg. hat die M. verstärkt. Von 1978–1987 wurden 113 Projekte mit insges. 7,5 Mrd. DM gefördert. Von den 1987 zugesagten 1,5 Mrd. DM waren 50% öffentlich und 50% privat finanziert. Im Zeichen weltweit sinkender öfftl. E.-Hilfe kann die in den meisten Geberländern steigende M. ergänzende und z. T. zusätzliche Finanzierungspotentiale erschließen. Die Anwendbarkeit ist aber auf Bereiche beschränkt, die Erträge erwarten lassen. In der BRD will die Reg. Kohl das Volumen der M. deutlich ausbauen.

Anfang der 80er J. zeigte die M. auch im int. Bereich starke Expansionstendenzen. Insb. die *Weltbank betreibt schon seit etlichen Jahren M. aus ODA-Mitteln, privaten Exportkrediten und Krediten von Geschäftsbanken. Auf diese Weise wurden in den Fiskaljahren 1979–1988 48,5 Mrd. US-$ aufgebracht, davon 51% eigenfinanziert. 1983 schuf die Weltbank die Position eines speziell für M. zuständigen Vize-Präs. und installierte neue M.-Instrumente. V. a. soll sich die Weltbank neben einem selbstvergebenen (ODA-) Kredit an parallel laufenden Krediten kommerzieller Institute (mit 15 bis 20%) beteiligen, um so die Kreditkonditionen des kommerziellen Kredits für das EL zu verbessern. Wichtig: Bei Weltbank und einigen anderen int. Agenturen läuft das Instrument der M. – abweichend von der BRD-Terminologie – unter dem Titel *Kofinanzierung (*Co-Financing*). bg

Misereor Bischöfliches Hilfswerk M. e. V., gegr. 1958; *Aufgaben*: kirchliche E.-Arbeit auf den Gebieten Ausbildung und *Gesundheitswesen: Förderung von Handwerksschulen und Ausbildungsstätten für Techniker, Schulung sozialer Führungskräfte, Unterstützung kirchlicher Stellen, landw. *Genossenschaften und anderer *Selbsthilfe-Gruppen, insb. der Marginalbev., Notstandshilfe. Die Durchführung der Projekte (seit 1959 etwa 46000) verbleibt bei einheimischen Partnern. Gemäß dem Prinzip der * Selbsthilfe werden Maßnahmen zur Veränderung auch der pol. und ökon. Rahmenbedingungen unterstützt und gefördert (Verbesserung der Kreditmöglichkeiten für die sozial schwache Bev., Stützung von Binnenmärkten, Förderung des Kleinsthandwerks und der * Minifundien sowie der * Subsistenzwirtschaft). Keine Missions- oder seelsorgerische Tätigkeit (→Adveniat, →Missio). In der BRD umfangreiche Öffentlichkeitsarbeit über E.-Fragen. *Organe*: Leitung durch Kommission der Deutschen Bischofskonferenz, entscheidet über Projektanträge nach Anhörung des Beirats, zusammengesetzt aus Leitern der anderen kath. Werke für E.-Arbeit. *Finanzierung*: durch Spenden (1959: 35,5 Mio., 1980: 111,8 Mio., 1987: 127,1 Mio. DM) und (seit 1962) Zuwendung von staatl. Seite (→Zentralstelle für Entwicklungshilfe e. V.) (1987: 126,1 Mio. DM). Adresse: Mozartstr. 9, 5100 Aachen. dn

Missio Pastoralhilfe der kath. Kirche für Afrika und Asien, Sitz in Aachen und München. →Adveniat dn

mixed economy Gemischtwirtschaft. Ordnung der Volkswirtschaft, in der die Kapitalanteile der Unternehmen teilweise bei der Privatwirtschaft, teilweise bei der öfftl. Hand liegen. In EL ist in aller Regel zwischen drei Anteilseignern zu unterscheiden: dem privaten nat., dem staatl. nationalen und dem Auslandskapital. dn

MNLF →Befreiungsbewegungen, Philippinen.

Modernisierungstheorien Eine grobe Unterscheidung der Problemperspektiven, die lange Zeit in der E.-Theorie vorherrschten, führt zur Alternative der konkurrierenden Theorien Modernisierung und * *Dependencia*. Theoriegeschichtlich ist diese Eingruppierung der versch. Teiltheorien und Erklärungsansätze von UE in zwei Theorierichtungen sicherlich problematisch. Für die unter M. subsumierten Theorien (* Wachstumstheorien, Theorien des * sozialen Wandels etc.) ist dies dadurch gerechtfertigt, daß die verschiedenen Theorien alle von einem Prozeß der Nachahmung und der Angleichung unterentwickelter Gesellschaften an die entwickelten Gesellschaften der westl. IL ausgehen. Für den Modernisierungsprozeß markieren die Begriffe Tradition und Moderne Ausgangspunkt und Endpunkt des Weges, den die EL-Gesellschaften zu durchlaufen haben. Im Laufe dieses Prozesses, der von außen, * exogen, in Gang gesetzt wird, werden die trad. Werte, Denk- und Verhaltensweisen, gesellsch. Strukturen dynamisiert und modernisiert. Einzelne Bereiche der Politik und verschiedene wiss. Disziplinen haben es mit den Teilbereichen des Modernisierungsprozesses zu tun (kulturelle, wirtsch., gesellsch., pol.-institutionelle, technolog. Modernisierung), den die Modernisierungstheoretiker sich ursprünglich uniform (für alle EL gleich) und unilinear (nur geradlinig auf eine gesellsch. Zielvorstellung zulaufend) vorstellten. Von dieser sehr engstirnigen Bestimmung, die sich u. a. auf die Fragwürdigkeit der Schlüsselbegriffe gründete (unter Tradition wurde alles das verstanden, was nicht modern war, und die Modernität der westl. IL-Gesellschaften als Leitbild der E. verabsolutiert), sind die M. inzwischen abgekommen. Die Vielfalt alternativer E.-Wege wird anerkannt.

Für die M. sind folgende Vorstellungen und Grundannahmen kennzeichnend: 1. Theoretische Verortung des Problems: UE ist ein frühes Stadium gesellsch. Entwicklung. Unterentwickelte Gesellschaften entsprechen Übergangsgesellschaften auf dem Wege von der Tradition zur Moderne; 2. Entstehung des Problems: Die Frage der Verursachung von UE wird von den M. kaum gestellt. M. gehen vom Tatbestand UE aus und fragen nach den Faktoren, welche *sozialen Wandel hindern, wobei diese Faktoren hauptsächlich *endogen verortet werden. M. betonen die internen Bedingungen von UE. Externe Einflüsse erhalten im wesentl. positive Funktionen (als Vorbild, dynamische Elemente, *inputs*) und werden nicht danach befragt, inwieweit sie UE mit verursachten bzw. mit aufrechterhalten; 3. Definition des Beziehungsmusters zwischen EL und IL: Für die M. bilden die IL das Vorbild und Ziel des E.-Prozesses als Nachahmung; 4. Konzeptualisierung der internen Strukturprobleme unterentwickelter Gesellschaften: Die interne Struktur der EL ist dualistisch. Es gibt moderne und traditionelle Sektoren (Räume, Branchen etc.) und Verhaltensweisen. Sie existieren rel. beziehungslos nebeneinander; 5. Konzeptualisierung des Entwicklungsprozesses: Die heute unterentwickelten Länder vollziehen die E. der heute entwickelten Länder in vergleichbaren Schritten nach, wobei Unterschiede in der Faktorenausstattung (*Ressourcen, Kapital, Arbeit) und ihrer Inwertsetzung das Tempo des E.-Prozesses bestimmen (Meßbarkeit an Hand von sozialen *Indikatoren). Durch *Akkulturation, Ausdehnung der städt. Kultur, des modernen Sektors auf die trad. Segmente und Räume, per Durchkapitalisierung der Volkswirtschaft und das Erreichen des **take.-off* wird der interne *Dualismus und damit UE überwunden.

Im Rahmen der M. gingen Forschungen neben Fragestellungen wirtsch. Wachstums und sozialen Wandels, die schon vor Aufkommen der M. bearbeitet wurden und sich problemlos in die modernisierungstheoretische Perspektive integrieren ließen, von folgenden Ansätzen aus: 1. sozialpsychologische Ansätze: Studien zur Leistungsmotivation, mobilen Persönlichkeit und mobilen Gesellschaft, angewandt v.a. auf gesellsch. Eliten zur Erforschung ihrer Fähigkeit, Innovationen (Neuerungen) einzuleiten; Begriffe der Empathie: die Fähigkeit, sich selber in der Situation eines anderen zu sehen; 2. kommunikationstheoretische Ansätze: Studien zum Kommunikationswandel in trad. und modernen Gesellschaften; Wandel von personaler, direkter Kommunikation zu über Medien (Presse, Rundfunk, Fernsehen) vermittelter, indirekter Kommunikation, etc.; 3. **Nation-building*-Ansätze: Studien zur Nationwerdung von EL und Übertragung lokal gebundener (parochialer) Loyalitäten auf das Gemeinwesen, d.h. Schaffung eines nat. Bewußtseins; 4. *Political-culture*-Ansätze: Studien zur strukturellen Anpassung pol. Systeme an moderne Erfordernisse hinsichtlich versch. notwendiger Fähigkeiten bzw. Leistungskriterien: Handlungskapazität, Beteiligungskapazität, Wohlfahrts- und Umverteilungskapazität etc. Innerhalb der versch. Ansätze wurden unterschiedl., sich mitunter widersprechende Teiltheorien der Modernisierung aufgestellt, was hier nicht weiter behandelt werden kann. Ein Beispiel bildet der Problembereich pol. *Partizipation, für den einerseits festgestellt wurde, daß pol. Beteiligung mit zur notwendigen Ausdifferenzierung pol. Systeme im Modernisierungsprozeß gehört, andererseits von S. Huntington die These vorgebracht wurde, daß, wenn pol. Partizipation der pol. Institutionalisierung zu weit voranschreitet, pol. Instabilität und Militärregime (→autoritäre Regime) die Folge sind. Militärregime ihrerseits widersprechen einerseits der pol. Kultur westl. Demokratien, die dem Modernisierungsprozeß der EL als Leitbild dient; andererseits wird das Militär von L.W. Pye als Modernisierungselite bezeichnet. Die Kontroversen der Teiltheorien stehen jedoch auf dem Boden eines von allen Modernisierungstheoretikern geteilten empirisch-analytischen Wissenschaftsverständnisses. Die Theorierichtung der M. hebt auf mikrosoziologische und behavioralistische Forschung ab – im Gegensatz zur Dependencia, die makrosoziologisch und auf Strukturfragen hin orientiert ist.

An den M. wurde im wesentlichen kritisiert: 1. Fixiertheit des Modernitätsleitbildes auf die westl.-kapitalist. Industriegesellschaft; 2. analytisch fehlgreifende Definition von Tradition in doppelter Hinsicht: zum einen als Sammelbegriff (Residualkategorie) für alles Nicht-Moderne und damit Einordnung höchst unterschiedlicher soziopol. Verhältnisse und sozialer Verhaltensweisen unter einen Begriff; zum anderen Nichtberücksichtigung kolonialer Deformationen der EL-Gesellschaften; 3. Konzentration der Problemperspektiven auf die internen Strukturen und *endogenen entwicklungshemmenden Faktoren; Ausblenden der int. Dimension und externer entwicklungshemmender Faktoren; 4. Konzentration der einzelnen Ansätzen verpflichteten Arbeiten auf partielle Faktoren; etwa Fehlen von Leistungsmotivation als UE erklärender Faktor in sozialpsychologisch argumentierenden Studien, d.h. Tendenz zu monokausalen Erklärungsmustern; 5. Scheitern in der Praxis infolge realitätsfremder Überwindungsstrategien von UE, etwa Strategie der *Integration in den Weltmarkt auf der Basis der neoklassischen *Außenhandelstheorie ohne Berücksichtigung der asymmetrischen Struktur der Wirtschaftsbeziehungen zwischen EL und IL (→internationale Arbeitsteilung).

Demgegenüber sei kursorisch auf einige Vorzüge der M. hingewiesen. Marxistisch orientierte Theorien, die an der Dialektik von Produktivkräften und Produktionsverhältnissen und an der von Engels festgelegten Sequenzenabfolge (von der klassenlosen Urgesellschaft über die verschiedenen Etappen der Klassengesellschaft bis zum vollendeten Sozialismus) festhalten, sind offensichtlich nicht in der Lage, sowohl der Mannigfaltigkeit der tatsächlichen *Entwicklungsmodelle in der heutigen Dritten Welt als auch der Rolle der außerökonomischen Faktoren gerecht zu werden. Gerade die Geschichte in den Ländern des sozialistischen Lagers hat einen von den marxist. Evolutionsgesetzen divergierenden Verlauf genommen: Zum einen folgte sie der von der marxist. Orthodoxie angenommenen Periodisierung nicht, und zum anderen hat sie die Bedeutsamkeit (und Zählebigkeit) elitärer Führungsgruppen unabhängig vom sozioökon. Inhalt des jeweiligen Regimes aufs neue bestätigt. Die Zertrümmerung der alten herrschenden Klassen und die Verstaatlichung der wichtigsten Produktionsmittel (sowohl in Osteuropa als auch in zahlreichen Ländern der Dritten Welt) hat nicht die angestrebte Gleichheit aller und die erwartete Demokratisierung aller Lebensbereiche mit sich gebracht, sondern die Einführung neuartiger Herrschaftsverhältnisse, deren Nutznießer bürokratische, technokratische und milit. Eliten sind. Nach der M. ist diese Entwicklung ebenso notwendig wie unvermeidlich, da der Geschichtsverlauf nicht von einer feudalen bzw. kapitalist. Ordnung in Richtung auf Sozialismus schreitet, sondern von einer agrarisch geprägten, statischen und relig. beeinflußten Etappe zu einer industriell geprägten, dynamischen und weitgehend säkularisierten Gesellschaftsordnung; für diesen Übergang ist die leitende, dynamisierende und innovative Funktion einer sich an modernen Paradigmata orientierenden Elite unerläßlich.

Die M. unterstreichen die Rolle der oft nichtökonomischen Vorbilder, die die Tätigkeit jener Eliten anregen soll, sowie der soziokulturellen Dimension, innerhalb deren der gesellsch. Wandel geschieht. Verschiedene modernisierungstheoretische Studien, die die Wertorientierung des sozialen Wandels zum Inhalt haben, heben die Relevanz kultureller, religiöser und sogar mythologischer Momente für die Gesamtgestaltung der jeweiligen soziopolitischen Verfassung hervor; innerhalb komplexer Strukturen kommt der wirtsch. E. zwar eine bedeutende Rolle zu, aber nicht immer die entscheidende, da die allgemeine Richtung hist. Prozesse von mehreren miteinander verwobenen Variablen bestimmt wird. In Anlehnung an M. Weber haben einige M. bedeutende Untersuchungen über die Funktion des religiösen Glaubens in den EL durchgeführt, insb. über die Rolle, die verweltlichte Frömmigkeit, säkularisierte Dogmen und massenhaft «geglaubte» Mythen im Übergang von der traditionellen zur modernen Ordnung spielen. Fragen der «kollektiven Identität» (*Eisenstadt*), der nationalistischen Heilslehren und der revivalistischen Bewegungen (Wiederauffrischen einer für glänzend und vorbildlich gehaltenen Vergangenheit), die lange Zeit in den Sozialwissenschaften ein Schattendasein führten, sind von den M. aufs neue ins Zentrum ideologiekritischer, vergleichender und hermeneutischer Forschung gerückt worden. Relevant sind diese Ansätze angesichts der Re-* Islamisierung, des verstärkten Bedürfnisses nach einer als positiv erachteten Nationalidentität und der Wiederbelebung autochthonistischer Tendenzen in sehr vielen EL geworden.

M. haben sich auch als nützlich bei der Behandlung von Problemen erwiesen, die im Grenzbereich zwischen Soziologie, Anthropologie und Sozialpsychologie liegen. Die Übernahme von Technologie und Verhaltensweisen aus den IL hat bei den Entwicklungsgesellschaften Phänomene der Kulturanomie (*Durkheim, M. Mies*), der Defensiv-Kultur (*R. König, B. Tibi*) und des politisch-institutionellen Verfalls (*Eisenstadt, Huntington*) vielfach hervorgerufen. Jene Übernahme moderner Standards in der Produktions- und Konsumptionssphäre der EL (=teilweise Verwestlichung) fällt regional und schichtenmäßig sehr unterschiedlich aus. Die Folgen sind Loyalitätskonflikte, kollektive Ambivalenzgefühle gegenüber der metropolitanen Zivilisation, Akkulturationsprobleme verschiedener Intensität und Bildung soziokultureller Verteidigungsmechanismen.

Ein weiterer Vorzug der M. dürfte in der jetzt zutage getretenen Schwierigkeit anderer Theorien liegen, die geschichtlich-gesellschaftliche Wirklichkeit der EL mittels Begriffen und Kategorien nachzuvollziehen und zu interpretieren, welche als eurozentrisch (→ethnozentrisch) gelten und die oft eine verzerrte Vision der EL bewirken. Die M. vermeiden Begriffe und Zuordnungskategorien (wie Proletariat, Bourgeoisie, Klassenkampf, Feudalismus, Kapitalismus usw.), die von ihrem westeuropäischen Ursprung nicht zu trennen sind und deren auch noch so differenzierte Anwendung auf eine völlig andersgeartete Realität nur eine eurozentrisch entstellte Interpretation der jeweils analysierten Gesellschaft zur Folge haben könnte. Zumindest ein Teil der M. bietet einen kategorialen Rahmen an, der bloß allgemeine Bezugspunkte der Evolution (Traditionalität/Modernität) markiert. Die Hauptbegriffe der M. sind als relativ anpassungsfähig und als weit genug zu bezeichnen, um sehr unterschiedliche Entfaltungsprozesse in den EL zu erfassen. Dieser Bezugsrahmen schreibt keine allgemeingültige und obligatorische Sequenzenabfolge vor, legt deshalb keine bestimmte Überwindungsstrategie nahe und macht trotzdem auf die Tatsache aufmerksam, daß diverse sozioökon. und politisch-kulturelle Modelle der EL eine gewisse Nachahmung metropolitanischer Paradigmata betreiben.

Lit.: G. A. Almond/J. S. Coleman, The Politics of the Developing Areas, Princeton 1960; D. E. Apter, The Politics of Modernization, Chicago 1965; S. P. Huntington, Political Order in Changing Societies, New Haven und London 1968; W. Zapf (Hg.), Theorien des sozialen Wandels, Köln/Berlin 1971; D.

Berg-Schlosser (Hg.), Die politischen Probleme der Dritten Welt, Hamburg 1972; S.N. Eisenstadt/S. Rokkan, Building States and Nations, 2 Bde., Beverly Hills und London 1973; P. Flora, Modernisierungsforschung, Opladen 1974; H.-U. Wehler, Modernisierungstheorie und Geschichte, Göttingen 1975; H.C.F. Mansilla, Entwicklung als Nachahmung, Meisenheim 1978; S.N. Eisenstadt, Tradition, Wandel und Modernität, Frankfurt 1979; D.E. Apter, Rethinking Development, London 1987; M. Weiner/S. Huntington, Understanding Political Development, Boston/Toronto 1987. dn/hm

Monetarismus Der M. verkörpert die «Gegenrevolution in der Geldtheorie», die gegen den Keynesianismus gerichtet ist. Sie hat sich unter der geistigen Führung von Milton Friedman in der sog. «Chicago-Schule» entwickelt. Im Gegensatz zu Keynes wird in dieser Theorie der Bedeutung der Geldmenge ein viel stärkeres Gewicht gegeben. Die Argumentation der Monetaristen (M.n) erfolgt vor dem theoretischen Hintergrund der neueren Quantitätstheorie, die eine enge Korrelation zwischen den Größen Geldvolumen und Geldwert postuliert. Eine Vergrößerung des Geldvolumens ist mit einer Verminderung des Geldwertes verbunden. Diese, in den IL entwickelte und mit empirischem Material aus den USA abgesicherte – aber nicht unbestritten akzeptierte – Theorie wird von den M.n zur Analyse des Inflationsphänomens in EL analog angewendet, denn aus ihr folgt, daß «Inflation immer und überall ein monetäres Phänomen ist, in dem Sinne, daß sie nur durch ein rascheres Wachstum der Geldmenge relativ zum Output geschaffen werden kann und wird».

Die Gründe für monetäres Wachstum können sehr verschiedener Art sein, doch die Hauptursachen der Inflation in EL liegen nach Ansicht der M.n in einer undisziplinierten Fiskalpolitik, die das entwicklungspol. gewünschte Wachstum des *Sozialprodukts mit Hilfe hoher Budgetdefizite zu erreichen versucht und diese nicht durch eine Kreditaufnahme beim Publikum deckt, sondern mit Hilfe einer expansiven Geldpolitik finanziert. Das Ziel des ökon. Wachstums sehen die M.n durch die Inflation gefährdet, denn nach ihrer Ansicht sind inflationäre Tendenzen mit negativen Wirkungen auf den Wachstumsprozeß verbunden: a) Die Inflation verringert die für heimische *Investitionen zur Verfügung stehenden *Ressourcen, da sie die Einkommensbezieher veranlaßt, potentielle Ersparnisse in aktuelle Konsumerhöhungen zu transformieren. Darüber hinaus stimuliert sie Kapitalexporte und schreckt Kapitalimporte ab. b) Die verbleibenden Ressourcen werden statt in entwicklungspol. relevante Investitionen, die risikobehaftet sind, zunehmend stärker in Verwendungen geführt, die sich an der Wertsicherung orientieren und unproduktive Anlagen darstellen (z.B. Grund und Boden) oder auch in solche, die ausgesprochen spekulationsorientiert sind (wie z.B. in Euro-Dollar-Anlagen). c) Diejenigen Mittel, die tatsächlich produktiven Verwendungen zugeführt werden, tendieren dazu, ökonomisch ineffiziente Industrien aufzubauen, da die «unsichtbare Hand» des Preismechanismus und der Inflationsbedingungen keine optimale Allokation der Ressourcen garantieren kann. Aus dieser Analyse ergibt sich für die M.n die Schlußfolgerung, daß das entwicklungspol. Ziel nach größerem Wachstum verfehlt wird, wenn zuvor das Stabilitätsziel nicht erreicht ist. Nur bei Preisniveau-Stabilität ist die Gewähr gegeben, daß die erwähnten Fehlallokationen der Ressourcen vermieden werden und größere Wachstumsspielräume eröffnet werden können. Als Aufgabe der wirtschaftspol. Entscheidungsträger wird daher formuliert, daß sie das Budget ausgeglichen und möglichst niedrig halten sollen, daß sie große Kreditexpansionen vermeiden müssen, eine freie und konvertible Währung einführen müssen und möglichst einen einheitlichen und konstanten Wechselkurs garantieren sollten, um schließlich dem freien marktwirtsch.

System eine Chance zum Funktionieren zu geben, was nur bei relativ stabilen Preisen möglich ist. Aus dem ursprünglichen reinen geldtheoretischen Erklärungsansatz werden mithin wirtschaftspol. Konsequenzen deduziert, die mit dem Neoliberalismus viele Elemente gemeinsam haben. Der freien Marktwirtschaft und der unsichtbaren Hand des Preismechanismus soll wirtschaftspol. auf breiter Front zum Durchbruch verholfen werden. Die mit einer solchen Politik verbundenen sozialen Kosten, die sich insb. in einer Verschärfung der *Einkommensverteilung niederschlagen, bleiben unberücksichtigt. Im Zentrum der Entwicklungspolitik steht die Erreichung eines möglichst hohen und gleichmäßigen Wachstumsziels bei weitgehender Preisniveaustabilität. Markante empirische Erfahrungen mit dieser Politik liefern Chile unter Pinochet und Brasilien.

Lit.: M. Friedman, Inflation – Causes and Consequences, London 1963; W. Baer/J. Kerstenetzky (Hg.), Inflation and Growth in Latin America, Homewood (Ill.) 1964; P. Kalmbach, Der Neue Monetarismus, München 1973. hpn

Mongolei (ehem. Mongolische Volksrepublik) 1. Das Klima und die Oberflächenform (Gebirge, Wüste Gobi, Steppe) der zwischen Rußland und der VR China gelegenen M. ermöglichen Landw. nur auf einem kleinen Teil der 1,57 Mio. qkm großen Fläche des Landes (vorwiegend Staatsfarmen). 11% der M. sind mit Wald bedeckt. Der Ertrag der Jagd (v.a. Pelze) hat einen bedeutenden Anteil am Export. Die trad. Viehzucht, die seit Abschluß der Kollektivierung von 1958 vorwiegend in *Genossenschaften betrieben wird (ein erheblicher Teil des Viehbestandes weiterhin in Privatbesitz), ist der dominierende Wirtschaftszweig des Landes. Der Abbau der zahlreichen Vorkommen versch. Bodenschätze (u.a. Eisen-, Blei-, Kupfererz, Gold und Silber) steht noch am Anfang.

2. Historisch bes. einflußreich war das mongol. Volk im 12. und 13. Jh. (Dschingis Khan), als seine Groß-Khane eines der mächtigsten Reiche der Erde beherrschten. Nach dem Niedergang des Mongolenreichs geriet die M. bis in das 20. Jh. unter chin. Oberhoheit. Durch Unterstützung sowjetischer Truppen wurde das Land 1921 unabhängig. Die Mongol. Revolutionäre Volkspartei (MRVP) errichtete 1924 in der M. eine Volksdemokratie nach dem Moskauer Modell. Nach osteurop. Vorbild vollzog sich auch in der M. 1989/90 eine *Demokratisierung. Bei den Parlamentswahlen vom 29.7.1990 konnte die komm. MRVP zwar ihre Mehrheit bewahren, der Schritt zum pol. Pluralismus war jedoch vollzogen. Die mit Beteiligung dreier früherer Oppositions-Parteien gebildete Koalitionsreg. bezeichnete als ihr wichtigstes Ziel den Übergang zur Marktwirtschaft. Im Februar 1992 trat eine neue Verfassung in Kraft, in der das nun Mongolei genannte Land zu einem demokratischen Rechtsstaat mit Gewalteilung und einem marktwirtsch. System erklärt wird. Die versuchte Umwandlung der Planwirtschaft brachte eine dramatische Verschlechterung der sozialen und wirtsch. Lage in der M., v.a. im Bereich der Nahrungsversorgung (1991: Rückgang der Exporte um 55%, der Importe um 61%; Inflationsrate über 200%), die ihren Handel mit Rußland (die M. war völlig von der UdSSR abh.; von dort 1985: rd. 99% der Importe – insb. Treibstoffe, 70% der Exporte) nun auf Devisenbasis zu Weltmarktpreisen abwickeln muß. In dieser Situation konnte die inzw. reformkomm. MRVP bei den zweiten demokratischen Wahlen vom 28.6.1992 bei Mehrheitswahl mit 57% der Stimmen über 90% der Mandate im neuen Einkammerparlament erringen. Neuer Min.-Präs. wurde Puntsagiin Jasray.

3. Die Bev. der M. betrug 1990 (gesch.) 2,15 Mio. Ew., damit 1,3 Ew./qkm (Hs. Ulan Bator 1990: ca. 575000

Ew., *Urbanisierungsgrad: 57%). 87% der Bev. sind Mongolen (daneben: Turkvölker, Chinesen, Russen). Von 1980 bis 1990 sank der Anteil der Erwerbstätigen in der Landw. von 40% auf 29%, der des produzierenden Gewerbes stieg von 22% auf 26%. Seit 1960 besteht allg. Schulpflicht (kaum Analphabeten). Im Gesundheitswesen standen 1990 2,9 Ärzte für 1000 Ew. zur Verfügung (LE 1986: 64 J.).

4. Mit ihrer Abh. von Moskau befand sich die M. im Konflikt mit der VR China, in der bedeutend mehr Mongolen leben als in der M. In den letzten J. zeichnete sich eine Entspannung zwischen beiden Ländern ab; sie schlossen im Dez. 1988 einen Vertrag über die gemeinsame Grenze. Rußland wird seine ca. 70000 Soldaten bis 1992 aus der M. abziehen. Im Jan. 1987 vereinbarten die USA und die M. die Aufnahme dipl. Beziehungen.

Lit.: C. R. Bawden, The Modern History of Mongolia, London/New York 1968; B. Großmann, Mongolische Volksrepublik, in: HDW I,4, 1978, S. 463ff; A. J. K. Sanders, Mongolia: Politics, Economics and Society, London 1987. rs/bh

monitoring →Evaluierung

Monokultur/Monostruktur Unter M. wird die Ausrichtung der Landwirtschaft/Volkswirtschaft auf im wesentlichen ein (Rohstoff-)Erzeugnis verstanden, welches den Export bestimmt. Viele EL sind von M. gekennzeichnet (Beispiele: Zambia Kupfer über 85% des Exports, Burundi bis 90% Kaffee, Kuba bis 85% Zucker, Gabun 85% Erdöl), teilweise, weil sie nur über eine wesentliche *Ressource verfügen, teilweise, weil sie von den Kolonialmächten in die koloniale *internationale Arbeitsteilung hineingezwungen wurden. Entgegen dem Theorem der *komparativen Kosten erweist sich M. für die EL als E.-Falle. Gegen M. sind die entwicklungspol. Maßnahmen der *Diversifizierung und *Industrialisierung gerichtet, aber auch andere Maßnahmen zur Herstellung vollständiger Wirtschaftskreisläufe in den EL-Ökonomien. →Autozentrierte Entwicklung dn

Monroe-Doktrin Botschaft des amerik. Präs. J. Monroe an den Kongreß vom 2.12.1823, in der er sich gegen die Interventionsabsichten der ehem. europ. Kolonialmächte in den unabh. lateinamerik. Republiken richtete; sie betraf jedoch nicht die noch bestehenden Kolonien. Eine offensive Durchsetzung des Prinzips «Amerika den Amerikanern», bzw. der kompletten Trennung von Alter und Neuer Welt lag noch außerhalb der Macht der USA. Mit der M., zunächst mißverstanden als Kooperationsangebot der USA an die lateinamerik. Nachbarn (Panamerik. Initiativen), im Laufe des 19. Jh.s radikal umgewendet in einen Vorherrschaftsanspruch der USA in der westl. Hemisphäre (Roosevelt-Erklärung 1904), begannen die schwierigen US-lateinamerik. Beziehungen.

Lit.: H. U. Wehler, Der Aufstieg des amerikanischen Imperialismus, Göttingen 1974; L. Brock, Entwicklungsnationalismus und Kompradorenpolitik, Meisenheim 1975. dn

Monrovia-Gruppe Nach einer 1961 in Monrovia (Liberia) abgehaltenen Konferenz von 20 afrik. Staaten benannt. Teilnehmer: Die 12 Mitglieder der **Brazzaville-Gruppe* als Kern, ferner: Togo, Kongo-Léopoldville (Zaire), Nigeria, Sierra Leone, Äthiopien, Somalia, Tunesien und Liberia. Konservative Gruppierung, deren Konzept sich bei der *OAU-Gründung durchsetzte, Gegenstück zur «radikalen» *Casablanca-Gruppe* fn

Montserrat →Karibik

Mozambique steht seit Mitte der 80er J. als Opfer südafrik. Destabilisierungspolitik im Brennpunkt. Die großteils von Südafrika gesteuerte Rebellenarmee der RENAMO hat durch einen mit extremer Brutalität gegen die Zivilbev. geführten Krieg die einst blühende Kolonie an den Rand des Abgrunds gebracht. Die einst orthodox marxistische Volksrepublik M. hat ihre soz. E.-Strategie revidiert und Privatinitiative,

Marktwirtschaft sowie Zusammenarbeit mit westl. IL eingeführt.

1. M., im SO Afrikas gelegen (Fläche 799380 qkm), bietet ausnehmend gute landwirtschaftliche Anbaumöglichkeiten, v. a. in den Tälern des Zambesi und des Limpopoflusses. Die vielfältigen Bodenschätze sind wenig erforscht und kaum erschlossen. Bedeutend sind die Steinkohlevorkommen bei Moatize in der Provinz Tete (Reserven über 6 Mrd. t), die wegen gesprengter Bahnlinien aber brachliegen. M. hat große Wasserkraftreserven und verfügt am Zambesistaudamm von Cabora Bassa über das größte Wasserkraftwerk Afrikas, das aber wegen gesprengter Überlandleitungen 1989 nur zu 1 % genutzt wurde. Die Kapazität von über 2000 MW ist das 30fache von M.s Bedarf (der Strom sollte südafrik. Minen im Transvaal beliefern). Ein großes Wirtsch.-Potential ergibt sich aus M.s verkehrstechnisch günstiger Lage. Mit seinen Eisenbahnen und den Häfen Maputo, Beira und Nacala ist es als traditionelles Transitland für die Binnenstaaten des südliches Afrika von entscheidender Bedeutung (und wichtigste Alternative zu Routen via Südafrika). Doch seit Kriegsbeginn sind fast alle Verkehrswege unterbrochen, Handel und Versorgung fast zum Erliegen gekommen.

2. Seit dem 17. Jh. entwickelte sich in M. der Sklavenhandel für den brasilian. Bedarf. Portugal initiierte im 19. Jh. die Unterwerfung der moz. Stämme im Landesinnern, deren Widerstand bis 1920 anhielt. Die afrik. Bev. wurde durch die Einführung von Kopfsteuern, Zwangsarbeit sowie Landraub und die Errichtung von * Latifundien für die Exportproduktion wirtsch. ausgebeutet.

3. 1992 hatte M. eine gesch. Ew.-Zahl von 18 Mio., davon in der Hs. Maputo 1988 ca. 1,2 Mio. Mit einer Dichte von 18,1 Ew./qkm zählt M. zu den dünnbesiedelten Staaten Afrikas. Kriegsflüchtlinge ließen den Urbanisierungsgrad auf gesch. 27 % ansteigen (1980: 9 %). Von den einst 250000 portug. Siedlern sind nur wenige Tsd. verblieben, 20000 Asiaten kommen hinzu. Seit Kriegsbeginn hat die RENAMO ca. 1 Mio. Menschen getötet, 1,5 Mio. sind in die Nachbarländer (v. a. Malawi, Zimbabwe) geflohen, 1,5 Mio. sind vertrieben im eigenen Land. Die zu über 90 % afrik. Bev. (Bantus, Zulus) ist sehr heterogen. Es gibt 15 größere Sprachgruppen; Portugiesisch blieb auch nach der Unabh. M.s als Amtssprache bestehen. Im N und an der Küste ist der Islam verbreitet (10 % der Bev.), 50 % der Bev. sind Animisten, 18 bis 20 % Katholiken, 4 bis 5 % sind Protestanten. Die Situation im Erziehungs- und Gesundheitswesen zählt zu den schlechtesten der Welt. Portugal hatte für die autochthone Bev. kaum med. Versorgung und fast keinen Zugang zu Bildungseinrichtungen geschaffen. Zur Unabh. 1975 hatte M. mit 95 % die höchste Analphabetenquote Afrikas. Damals verließen fast alle Lehrer und Ärzte M. Mit hohen Sozialbudgets hat die moz. Reg. nach 1975 ein flächendeckendes Basisgesundheitssystem zunächst überaus erfolgreich aufgebaut. Der Krieg hat indes alle (int. hochgelobten) Erfolge zunichte gemacht. Bis 1988 hat die RENAMO (laut einem * UNICEF-Report) mit 2018 Schulen 75 % aller Bildungseinrichtungen M.s zerstört und über 5000 Lehrer vertrieben, ½ Mio. Kinder (⅓ aller Primarschulpflichtigen) hat somit keine Ausbildung. Ferner wurde mit 595 Gesundheitsposten und Kleinkliniken ⅓ der basismed. Infrastruktur M.s zerstört. 2 bis 3 Mio. sind somit med. unversorgt. Die Kindersterblichkeit hat sich seit Kriegsbeginn verdoppelt und ist jetzt die höchste der Welt: Von 1000 Lebendgeborenen sterben 375, bevor sie 5 J. alt werden (vgl.: Botswana 100, Tanzania 185). Laut UNICEF sterben fast 45 % der Kinder an den Folgen von Krieg und kriegsbedingtem Hunger.

1988 bestand ein Defizit von 710000 t Getreide sowie 204000 t Bohnen, Zukker und Öl. Ende der 80er J. kann M. nur 10% seiner Bev. ernähren und überlebt nur auf Grund großangelegter, int. Nothilfe (1990: 946 Mio. US-$).

4. Bei einer durchschn. jährl. Wachstumsrate von −0,7% (1980–1990) lag das BIP pro Kopf 1990 bei nur 80 US-$. Laut *UN-Statistik zählt M. zu den vier ärmsten Ländern der Erde; die *Weltbank stuft M. als das weltweit ärmste Land ein. Der Schlüsselsektor der Wirtsch. bleibt die Landw. (BIP-Anteil 1990: 65%), er beschäftigt 84% der Erwerbsbev., erzielte 1984 75% der Exporterlöse. Anders als bei vielen anderen EL ist M.s Agrarexportstruktur prinzipiell sehr differenziert (Zucker, Tee, Sisal, Baumwolle, Kopra, Cashew u. a.). Als Kriegsfolge liegt die Exportwirtsch. großteils brach; so ist z. B. die Cashewausfuhr heute bedeutungslos, einst war M. weltgrößter Erzeuger. 80% der im Agrarsektor Beschäftigten betreiben in Familienbetrieben überwiegend *Subsistenzwirtschaft. Nur 6% arbeiten in *Genossenschaften, 14% in Staatsfarmen. Dieser Schlüsselrolle priv. Kleinbauern wird die Reg. erst seit ihrer außen- und wirtschaftspol. Neuorientierung Mitte der 80er J. gerecht.

Der Beitrag des extraktiven und produzierenden Sektors betrug laut Reg.-Statistik 1985 36%, bleibt aber hinsichtl. Ertrag und Beschäftigung in der Realität fast unbedeutend. Stahl- und Maschinenbau, Nahrungsmittelverarbeitung und Textilbranche haben seit der Unabh. einen beispiellosen Niedergang erlebt (Exodus portug. Experten, Kapitalmangel wegen fehlender Auslandsinvestitionen). Der Krieg tat ein übriges. Auf dem Tiefpunkt 1986/87 war man auf dem Land zur Subsistenzwirtsch., in den Städten zu Kriegswirtsch. übergegangen. Fabriken liefen auf durchschn. 10% ihrer Kapazität, wenn sie nicht stillstanden.

M.s Wirtschaftskrise ist sowohl extern (Südafrikas Destabilisierungspol. via RENAMO) wie intern verursacht. Aus Angst vor dem FRELIMO-Sozialismus verließen kurz vor der Unabh. 90% der 250000 Portugiesen fluchtartig das Land, darunter Lehrer, Ingenieure und Manager. Sie waren unersetzbar, da Portugal keine schwarzen Fachkräfte ausgebildet hatte. Die Siedler nahmen (von Flugzeugen bis Viehherden) alles mit, was beweglich war. Vor der Unabh. gab es 12500 Lkws, danach 6400. Hunderte von Fabriken wurden zerstört, oder die Besitzer nahmen wichtige Unterlagen mit. Schaden hat auch der 1975 eingeschlagene orthodox sozialistische E.-Weg angerichtet. Verlassene *Plantagen wurden in ostblock-typische Staatskollektive verwandelt, deren (wiewohl ideologisch geschulte) Leiter wenig vom Management eines Großbetriebes verstanden. Hunderttausende wurden in Gemeinschaftsdörfer zwangsumgesiedelt. Kirchen wurden geschlossen, Stammesführer entmachtet, Dissidenten in «Umerziehungszentren» gesperrt. Ein unbeweglicher Apparatschik-Sozialismus verbot jeglichen Privathandel. Schon wer eine Ziege über Provinzgrenzen zog, wurde als *«Kandongera»* (Schwarzmarkthändler) verhaftet.

Mit dem 4. FRELIMO-Kongreß 1983 begann eine wirtschafts- und außenpol. Neuorientierung. 1984 trat das Land *Weltbank, *IWF und dem *Lomé-Abkommen der EG bei. Ein *Programm zur Rehabilitation der Wirtschaft*, PRE, hat per Sanierungsprogramm (im Stil des IWF) die Landeswährung mehrfach drastisch abgewertet, Schwarzmarktdominanz reduziert, die Subventionierung städt. Versorgung (Bezugsscheine) eingeschränkt, gleichzeitig die Agrarankaufspreise für Privatbauern (allein 1988 um das 10fache) erhöht. Privatinitiative wird ermutigt, ein Zurück-aufs-Land-Programm initiiert, Privatunternehmer sollen mit Billigkrediten und

Technikberatung unterstützt werden. Seit 1987 hat das PRE die Versorgung der sicheren Zonen (Städte) deutlich verbessert, bleibt aber auf dem Land (80–85 % der Staatsfläche) kriegsbedingt wirkungslos.

Obgleich es offizielle Statistiken nicht gibt, bleibt die fortbestehende Abh. von Südafrika existentiell. Wesentliche Konsum-, Zwischen- und Ausrüstungsgüter (v. a. auch Ersatzteile) kommen aus der RSA. Obwohl M.s Häfen (v. a. Beira) mit massiver int. Hilfe rehabilitiert werden und 10000 zimbabwesche Elitesoldaten den «Beira-Korridor» (300 km Straße, Pipeline und Bahnlinie von Beira zur zimb. Grenze) mit immensem Aufwand (Kosten: tägl. 2 Mio. US-$) freihalten, wird ein Großteil des Außenhandels nach wie vor über die RSA betrieben.

5. M. erlitt fast 500 J. portug. Siedlerherrschaft – mit unbezahlter Zwangsarbeit, gewalttätigem Rassismus und einer derartigen Ausbeutung, die Portugal zur brutalsten Kolonialmacht Afrikas werden ließ. 1964 wurde die *Frente de Libertação de Moçambique*, FRELIMO (Front zur Befreiung Mosambiks) gegr., worauf Portugal mit äußerster Brutalität antwortete. Die anfangs ideologisch nicht festgelegte FRELIMO bat den Westen um Hilfe für den bewaffneten Kampf, der aber ablehnte und NATO-Partner Portugal unterstützte. Durch massive Hilfe des Ostblocks (sowie koloniale Erfahrungen mit dem westl. Portugal) wurde die FRELIMO zur soz. Bewegung, und so erklärte Samora Machel, der erste Präsident M.s, das Land zur marx.-sozialistischen Volksrepublik. Die FRELIMO wurde Einheitspartei nach Moskauer Vorbild. Im Okt. 1986 kam Machel bei einem rätselhaften und ungeklärten Flugzeugabsturz über Südafrika zu Tode. Seither führt Joaquim Alberto Chissano das Land (Staats- und Parteipräs.). Als Pragmatiker vermochte er bislang ohne wesentlichen Bruch mit den soz. Freunden massive Not- und Wirtschaftshilfe aus Westeuropa und den USA bis hin zu Militärhilfe (Schweden, Italien, v. a. Großbritannien) zu mobilisieren.

6. Ende der 80er J. ist ganz M. beherrscht vom Krieg der *Resistencia Nacional Moçambiquana*, RENAMO (auch mit der engl. Abk. MNR bezeichnet). Sie verfügt über 10- bis 12000 Mann unter (leichten Infanterie-)Waffen, die in undisziplinierten, losen Gruppierungen (20 bis 600 Mann) operieren, untereinander wenig kommunizieren, schlecht versorgt und ernährt sind. Die Reg. in Maputo kontrolliert (fast) alle Städte – in einem Umkreis von 20 bis 30 km. Sie einzunehmen ist die RENAMO zu schwach, aber im Busch ist sie der desolaten Armee M.s (20000 Mann) weit überlegen. Sie kontrolliert fast das gesamte ländl. M., versucht aber nicht wie andere *Befreiungsbewegungen, in sog. «befreiten Gebieten» ein pol. Konzept durchzusetzen. Die RENAMO bekennt sich als radikal antikommunistisch, hat aber keinerlei pol. Programm entwickelt. Sie unterhält Büros in Washington und Lissabon sowie Kontaktleute in Kanada, Südafrika, Kenia, Brasilien und der BRD. Finanziert wird sie durch ultrarechte Kreise in Südafrika, Portugal und den USA. 1986 kam eine Studie des U.S.-State Departments zu dem Schluß, die RENAMO richte «systematisch und koordiniert Gewalt gegen Zivilisten; incl. Erschießen, Exekution mit Messern, Äxten und Beilen, Verbrennen bei lebendigem Leib, Erschlagen, Ersticken, Verhungernlassen und Ertränken». Laut US-Reg. betreibt die RENAMO an «unschuldigen moz. Zivilisten einen der brutalsten Holocausts seit dem II. Weltkrieg». Africa Watch verlautete, daß die RENAMO Kinder ab 8 J. in ihren Reihen zwangsweise rekrutiert.

Gegr. wurde die RENAMO 1975 vom rhodes. Geheimdienst, um den sich in M. formierenden zimb. Befreiungskampf zu stören. Die aus pol. Dissidenten, moz. Deserteuren und ehem. Geheimpolizisten rekrutierte RENAMO blieb indes völlig bedeutungslos, bis 1979 der südafrik. Geheimdienst die noch kleine Gruppe im östl. Transvaal finanzierte, bewaffnete und trainierte. 1979 hatte die RSA die Doktrin der «Totalen Nationalen Strategie» entwickelt – als Reaktion auf die geopol. Umwälzungen der Region 1975. Vor 1975 war die RSA durch einen Gürtel weißer Pufferstaaten (Namibia, Rhodesien, portug.-Angola und Mozambique) geschützt. Danach waren Portugals Kolonien soz. regiert, und spätestens 1979 (Unabh. Zimbabwes) sah Südafrika eine «Totale Bedrohung» (*Total Onslaught*). Als Antwort wurde eine das ges. südl. Afrika betreffende Destabilisierungsdoktrin entwickelt (*Total National Strategy*). Neben Angola sollte dabei v.a. Mozambique (wegen seiner drei Häfen) das Schlüsselland sein. Für die * Frontstaaten ist M. die einzige Alternative zu Handelswegen durch Südafrika. Sie wären isoliert, würde Südafrika (nach Sanktionen) seine Grenzen schließen. Deshalb sollte die RENAMO M.s Wirtschaft und Transportsystem funktionsuntüchtig halten. Diese Destabilisierungspol. war v.a. vom burisch geprägten Sicherheitsapparat der RSA durchgesetzt worden. Die liberale engl.-sprachige Geschäftswelt war (aus Wirtschaftsinteressen) dagegen, das Außenmin. wollte über eine Vertragspol. der isolierten RSA neuen Handlungsspielraum schaffen. Ende 1984 schlossen Südafrika und Mozambique das Stillhalteabkommen von Nkomati, wonach M. den ANC und die RSA die RENAMO nicht mehr unterstützen sollten. Wenngleich der Nachschub aus Südafrika abgenommen hat, belegen viele Dokumente die Vertragsuntreue der RSA. Während der Sicherheitsapparat in «kooperativer Privatinitiative» die RENAMO weiter stützt und steuert, bemühte sich 1988 Südafrikas Reg. um dipl. Annäherung. Nach grundsätzlichen Reformen seitens der pol. Führung (Abkehr vom Marxismus/Leninismus im Juli 1989, marktwirtsch. Orientierung) kam es im Juli erstmals zu Verhandlungen mit den RENAMO-Rebellen. Der fortgesetzte Bürgerkrieg ruinierte die Wirtsch. des Landes, und die anhaltende Dürre bewirkte eine Hungersnot. Das BIP betrug 1990 nur noch 1320 Mio. US-$, die Einnahmen aus der öffentl. Entwicklungshilfe beliefen sich auf 65,7% des BSP. 1990 mußte man Getreide in Höhe von 416000 t einführen, was die Auslandsschuld von 4718 Mio. US-$ noch vergrößerte.

7\. Ein im Dez. 1990 im Anschluß an die von der FRELIMO-Reg. durchgeführten grundlegenden Reformen vereinbarter Waffenstillstand wurde mehrfach gebrochen und führte somit nicht zur erhofften Befriedung des Landes. Die in Rom (Aug. 1992) begonnenen Gespräche zw. Präsident Chissano und RENAMO-Chef Dhlakama führten zur Unterzeichnung eines Friedensvertrages im Oktober 1992. Dhlakama versprach, auch wenn seine Organisation bei den Präsident- und Parlamentswahlen, die innerhalb eines J. abgehalten werden sollen, verlieren sollte, das Wahlergebnis zu akzeptieren. Im Vertrag ist die Neuformierung der Streitkräfte vorgesehen, die aus je 15000 Mann der bisherigen Regierungstruppen sowie der RENAMO bestehen wird. Trotz des angeordneten Waffenstillstands seitens der Reg. herrscht im Land noch kein Frieden.

Lit.: P. Meyns, Befreiung und Nationaler Wiederaufbau von Mozambique, Hamburg 1979; J. Hanlon, Mosambik, Revolution im Kreuzfeuer, Bonn 1986; P. Johnson/B. Martin, Destructive Engagement – Southern Africa at War, Harare 1986; J. Hanlon, Beggar your Neighbours – Apartheid Power in South Africa, London 1987; P. Meyns, Das südliche Afrika nach Nkomati – die Regionalpolitik von Botswana, Mosambik und Zimbabwe, Hamburg 1987; E. Adam, Mosambik: Reformpolitik – Weg aus der Krise?, in: AP 39 (1988), S. 186ff.; J. Becker, Angola, Mosambik und Zimbabwe. Im Visier Südafrikas, Köln 1988; G. Braun, Pretorias Totale Strategie im südlichen Afrika, in: Afrika-Spektrum 1988, Nr. 5, S. 5ff.

bg

MPLA →Angola, Befreiungsbewegungen

MSAC *Most Seriously Affected Countries*, Gruppe der EL, die nach Festlegung des UN-Generalsekretariats von der Krise der Weltwirtschaft im Anschluß an die Energieverteuerung am meisten betroffen wurde. Für sie hatte die 6. *UN-Sondergeneralversammlung im Mai 1974 ein spezielles Programm beschlossen. Als Kriterien für die Zuordnung von EL zu MSACs wurden bestimmt: Niedriges *Pro-Kopf-Einkommen; scharfer Preisanstieg bei wichtigen Importen im Vergleich zu den Exporten; gestiegene Transport- und Transitkosten; Schwierigkeiten, ausreichende Exporterlöse zu erzielen; hoher Schuldendienst (→Verschuldung); niedrige Währungsreserven; rel. große Bedeutung des Außenhandels für den E.-Prozeß. Auf Grund der gegenüber der *LLDC-Liste weicheren Kriterien hat sich die Zahl der MSAC rasch erhöht. Ursprünglich standen 28 EL auf der MSAC-Liste; ihre Zahl stieg über 33 und 42 auf 1976: 45. Mit einer Mrd. Menschen lebt über die Hälfte der Bev. der Dritten Welt in den MSACs. →Tabelle 1 im Anhang. dn

Mujahiddin (Plural von arab. *mujahid* = Kämpfer im heiligen Krieg), islam. fundamentalistische Freiheitskämpfer, z. B. in Afghanistan in den 80er J. gegen die kommunistische Reg. und sowjet. Invasionstruppen. wpz

MULPOC *Multinational Programming and Operational Centres*. Von der *ECA in den fünf Großregionen eingerichtete Zentren (für Nordafrika in Tanger, für Westafrika in Niamey, für Zentralafrika in Yaoundé, für *CEPGL in Gisenyi, für östl. und südl. Afrika in Lusaka), die die regionale Kooperation und Integration fördern, im besonderen die von der *ECA angestrebten Präferenzzonen, engere Handels- und Verkehrsbeziehungen vorantreiben sollen. fm

Multi-Faser-Abkommen Das Multi-Faser-Abkommen regelt den int. Handel mit Textilien zwischen IL und EL. Das MFA ersetzte 1974 das Baumwolltextilabkommen, das 1962 abgeschlossen wurde. Es wurde 1977, 1981 und 1986 verlängert und läuft Ende 1991 aus. Das Abkommen ist im Rahmen des *GATT geschlossen worden und legt Höchstmengen für Textil- und Bekleidungsimporte der einzelnen IL aus bestimmten EL fest. Das MFA enthält folgende offizielle Zielsetzungen: 1. ausgewogene Entwicklung und Ausweitung des Textilhandels; 2. Verringerung von Handelsrestriktionen; 3. Vermeidung von Störungen in den Export- und Importländern; 4. Sicherung eines größeren Anteils der EL am Welttextilhandel und damit eine Steigerung ihrer Exporterlöse aus Textilien. Die reale Zuwachsrate der Textilexporte der EL wurde zunächst auf jährlich 6 % festgelegt.

Der verschärfte Wettbewerb aus den lieferstarken *Schwellenländern (Korea, Taiwan, Hongkong und Macao) führte zu erheblichen strukturellen Anpassungsproblemen in der Textilind. der IL, verbunden mit einem Beschäftigungsrückgang von über 40% innerhalb eines Jahrzehnts. Die MFA wurden daher zunehmend protektionistischer gehandhabt: die Zuwachsraten der Exporte aus EL wurden drastisch reduziert und nach ihrem Sensibilitätsgrad differenziert. Darüber hinaus werden die Lieferländer unterschiedlich behandelt: die *LLDCs erhalten die höchsten Zuwachsraten zuerkannt, doch ist ihr Lieferpotential minimal (2 % der EG-Importe). Die lieferstarken EL, die bereits einen hohen Marktanteil halten, dürfen ihre Exporte in die EG nur geringfügig ausdehnen, z. T. müssen sie sie sogar reduzieren. hpn

MULTIFERT →SELA

multilateral *Entwicklungshilfe/-zusammenarbeit wird als mult. bezeichnet, wenn sie über int. Organisationen und E.-Banken (etwa *Weltbank, *UNDP, *regionale E.-Banken) vergeben wird. →bilateral dn

Multilaterale Entwicklungsbanken auch *Multilateral Development Banks* (MDB), zu ihnen zählen die weltweit operierende Weltbankgruppe (*Weltbank, *IDA, *IFC) und die drei *regionalen Entwicklungsbanken (*AFDB, *ASDB, *BID). Die an der Befriedigung von *Grundbedürfnissen orientierten Darlehensprogramme konzentrierten sich in den letzten J. auf die Bereiche Landwirtschaft und *ländliche Entwicklung, *Energie und soziale *Infrastruktur. ah

Multinationale Konzerne →Transnationale Konzerne (TNC)

Multinationale Unternehmen der Entwicklungsländer 1. Wesentliche Grundlage der wirtsch. Zusammenarbeit der EL (*ECDC) (→Süd-Süd-Beziehungen) ist – das bestätigen wirtschaftshist. Analysen regionaler Kooperations- und Integrationsprozesse – nicht in erster Linie der Handel, sondern der Bereich der Produktion. Aus dem Primat der Produktion resultiert die Suche nach einer Trägerinstitution, die sich zur Erzielung von Gewinnen im Rahmen der ECDC einsetzen läßt, selektive regionale und überregionale Verfolgung gemeinsamer Interessen erlaubt und sich mit unterschiedlichen nat. Wirtschaftsplanungssystemen und E.-Zielen vereinbaren läßt. Ein solches institutionelles Vehikel von Kooperation und *Integration ist das *multinationale Unternehmen* (MU). Es läßt sich definieren als eine «formelle und mehr als vorübergehende Vereinbarung zwischen zwei oder mehr Staaten der *Dritten Welt – oder deren Staatsangehörigen – zur Durchsetzung gegenseitig erwünschter wirtsch. Ziele in Produktion, Tausch und/oder Dienstleistungsbeschaffung» (R. Green). Deren üblichste Form sind sog. **joint ventures*.

2. Die Errichtung gemeinsamer MU der EL – sie sind nicht zu verwechseln mit den als *transnationale Unternehmen bezeichneten multinat. Konzernen (TNK) der *OECD-Staaten – ist eine Kardinalforderung des Konzepts der ECDC. Auf Grund ihrer außerordentlichen Flexibilität sind diese Unternehmen in der Lage, maßgeschneiderte Formen der Zusammenarbeit zu entwickeln. Als wichtiger Programmpunkt der *Gruppe der 77 wie der Bewegung der *Blockfreien spiegelt die Forderung nach derartigen Unternehmen die wachsende Bedeutung von *Direktinvestitionen und des *Technologietransfers neben dem Warenexport wider.

3. Nach Schätzungen eines Harvard-Projekts existieren bereits über 1000 MU dieser Art. Die Zeitschrift *Fortune* weist unter den 500 größten nichtamerik. Multis 104 als MU der *Dritten Welt aus (wobei es sich allerdings in zwei Fällen – darunter *General Motors do Brazil* – um Filialen von OECD-Multis handelt). Stammländer dieser MU sind v. a. die sog. *newly industrializing countries* (NICs, *Schwellenländer) in LA (Argentinien, Brasilien, Kolumbien, Mexiko, Venezuela), Süd- und Südostasien (Indien, Südkorea, Hongkong, Singapur).

4. Die Investitionsländer sind zahlreich und geogr. verstreut: in LA herrscht bei den größeren Ländern ein wechselseitiges Engagement vor; die kleineren Länder treten bei den größeren Nachbarn in der Regel als Käufer auf. Investitionsländer in Ostafrika sind vor allem Tanzania und Kenia, in Westafrika Ghana und Nigeria, in Westasien die Ölförderländer und in Südostasien Indonesien, Malaysia, Thailand und die Philippinen.

5. In bezug auf Gründung und Besitzverhältnisse lassen sich vier Unternehmenskategorien unterscheiden: a) Firmen, die vorwiegend auf privater Kapitalbeteiligung und Absatzförderung beruhen. Sie sind v. a. im Konsumgütersektor engagiert (Kleider, Schuhe u. a.) und werden insb. von Unternehmen in Indien, Ägypten, Mexiko und Brasilien favorisiert; b) Firmen auf

Grund von Initiativen im öfftl. Bereich auf *bi- oder *multilateraler Basis, aber außerhalb des Rahmens regionaler oder subregionaler Gruppierungen. Ihre Aktivitäten liegen v. a. im Bereich der Basisind. (Eisen und Stahl, Maschinenbau). Führend sind hier Indien, Argentinien, Brasilien und Mexiko; c) Unternehmen, die im Rahmen regionaler und subregionaler Gruppierungen aufgebaut werden. Nahezu alle Beispiele dieses Typs finden sich in LA, wo insb. durch die *SELA und den *Andenpakt entsprechende Zusammenschlüsse auf dem Rohstoffsektor (Bauxit, Bananen, Kunstdünger), im Bankwesen und in den Bereichen *Energie und Transport geschaffen wurden. Eine nur geringe Rolle spielen schließlich als vierter Typ d) die Filialen der OECD-Firmen.

6. Zentrale Beweggründe für multilaterale Produktionszusammenschlüsse sind insb. die Enge und/bzw. Verletzbarkeit des heimischen Marktes, die Schwierigkeiten, per Vertrag ihre Wettbewerbsvorteile durch Lizenzen oder andere Abmachungen zu vermarkten, sowie die Importschranken der IL. Als zentrale wirtsch. Ziele gelten a) die Integration versch. Produktionsstufen eines sektoralen Produktionsprozesses durch die Ausnutzung von regionalen *Ressourcen und Komplementaritäten des Marktes; b) die Nutzbarmachung von Ressourcen, die auf der Basis eines einzelnen nat. Marktes nicht entwickelt wurden (z. B.: auf dem Erdölsektor: PETROBRAS und in der Stahlerzeugung SIDERBRAS in Brasilien; in der Rohfaserverarbeitung: CORDEMEX in Tanzania); c) Risikoverteilung und Kostenersparnisse durch optimale Betriebsgrößen und Ausnutzung billiger Verarbeitungskosten; d) die gemeinsame E. von Grenzgebieten; e) die Steigerung der Handelsmöglichkeiten (Aufbau einer Marktposition gegenüber den OECD-*Transnationals*) durch die Schaffung von zu diesem Zweck betriebenen Transport- und Handelsunternehmen; f) Aufbau von speziellen Kommunikationssystemen auf der Grundlage direkter Süd-Süd-Verbindungen; g) Steigerung der Verhandlungsmacht der EL durch die Schaffung von multinat. Export- und Importunternehmen. Sektorale Möglichkeiten bieten sich insb. für die Bereiche Fertigung und Bauwirtschaft, Handel, *Infrastruktur einschließlich Energieversorgung, Dienstleistung einschließlich Kommunikation und natürliche Ressourcen an.

7. Entscheidend für den Erfolg von MU ist deren Begünstigung in den Bereichen Finanzierung, Information, Werbung, Technologie, Management, Infrastruktur und Rechts- und Steuerordnung. Solche Unterstützungsmaßnahmen sind z. B. die Gleichstellung dieser Unternehmen mit entsprechenden nat. Unternehmen, Maßnahmen zur Standardisierung von Produktspezifizierungen, *clearing agreements* für die Abwicklung des int. Zahlungsverkehrs sowie ein Sekretariat der Dritten Welt, das v. a. auch bei der Erschließung derartiger Kooperationsmöglichkeiten hilfreich sein könnte. Bei der Gründung der MU sind verschiedene Strukturen und Kombinationen der Kooperationselemente (natürliche Ressourcen, Eigenkapital, Anleihekapital, Technologie, Management, Produktverbindungen und Märkte) zwischen den Partnerländern möglich. Da die MU oft Ziele haben, die über kurzfristige Gewinne hinausgehen, dürften der öfftl. Sektor und besonders staatl. Unternehmen bei deren Gründung und Leitung eine beherrschende Rolle spielen.

8. Was die Auswirkungen der Aktivitäten der MU auf die Volkswirtschaften der Gastländer betrifft, so zeigen vergleichende Untersuchungen aus dem südostasiat. Raum (Thailand, Indonesien und Hongkong), daß die MU bezüglich der Variablen: Importkosten (für Rohstoffe, Maschinen und Ausrü-

stung), Gewinntransfer und Patentzahlungen eine für die Gastländer erheblich günstigere Bilanz aufweisen als die OECD-*Transnationals*. Kostensparend wirkt sich für die Empfängerländer zusätzlich aus, daß die MU der EL keine markenzeichengeschützten Güter produzieren und ihre Werbungskosten geringer sind als die der OECD-Konzerne.

Die Ursprungsländer profitieren in dem Maße von den *Investitionen der MU, in dem diese ihre Gewinne im eigenen Land anlegen und in produktive Sektoren investieren. Wie am Beispiel der Auslandsaktivitäten indischer *joint ventures* aufgezeigt wurde, können diese ökon. Vorteile jedoch durch pol. Ängste v.a. kleinerer Länder vor einer Beherrschung durch größere Nachbarn überdeckt werden.

Bezüglich der Drittländer-Wirkungen ist insb. auf kleinere OECD-Firmen und staatl. Unternehmen Osteuropas zu verweisen, die bei der Produktion standardisierter Industriegüter mit mittlerer Technologie auf die Konkurrenz der neuen Multis treffen. Die Konkurrenz zwischen OECD- und EL-Multis ist im Vergleich dazu noch begrenzt. Der Vorsprung der *Transnationals* auf dem Gebiet von Wiss. und Technologieentwicklung, *Marketing* und Projektfinanzierung bringt es mit sich, daß beide – *Transnationals und Multinationals* – auf unterschiedlichen Feldern operieren, wobei auf lange Sicht gesehen die Zeichen eher in Richtung arbeitsteilige Kooperation als Konkurrenz verweisen.

9. Die MU der EL sind kein Zweck an sich, noch Ersatz für die Vereinbarungen eines allg. Rahmens der Süd-Süd-Beziehungen. Vielmehr können sie erst in einem solchen, institutionelle Neuerungen einschließenden Bezugsrahmen der **collective self-reliance* Entscheidendes zur Weiterentwicklung und zum Entstehen bedeutsamer, die gegenwärtigen wirtsch. Nord-Süd-Bez. ergänzenden Süd-Süd-Bez. beitragen. Die Bestandteile eines solchen Rahmens sind freilich erst in Ansätzen ausformuliert und diskutiert.

Lit.: R.H. Green, Die multinationalen Unternehmen der Entwicklungsländer, in: K.M. Khan (Hg.), Self-reliance als nationale und kollektive Entwicklungsstrategie, München 1980, S. 367ff.; P. O'Brien, The New Multinationals. Developing-Country Firms in International Markets, in: Futures, August 1980, S. 303f.; K. Kumar, Third World Multinationals. Growing Force in International Relations, in: International Studies Quaterly 26 (1982), Nr. 3, S. 397ff.; L.T. Wells, Third World Multinationals: The Rise of Foreign Investment from Developing Countries, Cambridge (Mass.) 1983; S. Lall, Multinationale Konzerne aus der Dritten Welt, Frankfurt/New York 1984; K.M. Khan, Multinationals of the South. New Actors in the International Economy, New York 1986; O. Konechi, Die Logik der Weltwirtschaft. Zukunftsstrategien der internationalen Konzerne, Hamburg 1992. kb

Mutual Security Act →Entwicklungspolitik der USA

Myanmar →Birma

Myrdal, G. →Außenhandelstheorie, *terms of trade, unbalanced growth*

N

Nachhaltige Entwicklung →sustainable development

NAFTA *North American Free Trade Agreement (Nordamerikanische Freihandelsvereinbarung)* Die USA, Kanada und Mexiko schlossen am 12.8.1992 die seit April 1991 laufenden Gespräche über die Nordamerikanische Freihandelsvereinbarung erfolgreich ab. Laut AdG wird die NAFTA mit einem Wirtschaftsraum von über 360 Mio. Verbrauchern auf einer Fläche von rund 21,3 Mio. qkm, die ein Sozialprodukt von mehr als 6000 Mrd. US-$ erwirtschaften, die weltweit größte Freihandelszone darstellen und gewichtiger sein als die Europäische Gemeinschaft. Im Laufe der nächsten zehn bis fünfzehn Jahre sollen zwischen den drei Partnern alle Zölle, Quoten und Einfuhrlizenzen aufgehoben werden. Unterhändler aus den drei Ländern werden in einem Katalog alle von der Zollbefreiung betroffenen Waren und Dienstleistungen auflisten und die flankierenden Bestimmungen im Detail festlegen. Diese Klauseln zielen auch darauf ab, bestimmte Wirtschaftsgruppen in den USA, in Kanada und Mexiko vor nachteiligen Folgen des Freihandels zu schützen. So ist die Einführung protektionistischer Maßnahmen bzw. nichttarifärer Handelshemmnisse gegen Unternehmen aus Europa und Asien vorgesehen, die bislang ihre Produkte unter Umgehung amerikanischer Zölle über Mexiko importierten. Es wurde beschlossen, daß mindestens 50%, nach vier Jahren 57% und nach acht Jahren schließlich 62,5% eines Fahrzeugs in einem der NAFTA-Mitgliedsländer hergestellt werden müssen, damit dieses in den Genuß der Zollfreiheit kommen kann. Außerdem enthält der Vertrag strikte Umweltschutzbestimmungen und berücksichtigt bestehende US-Normen hinsichtlich der Umwelt und der Gesundheit.

Lit.: H. J. Lauth, Auf dem Weg zur Nordamerikanischen Freihandelszone, in: Vierteljahresberichte, 129, 1992, S. 265 ff. acc

Nahostkonflikt Im Zentrum des NOK steht der Streit zweier Völker um ihr Recht auf das Land Palästina. Auf Grund von Ergebnissen, die der NOK im Zuge der israel.-arab. Kriege seit 1948 hervorgebracht hat, wird er durch einen staatl.-territorialen Konflikt zwischen Israel und seinen arab. Nachbarstaaten überlagert bzw. ergänzt. Die hist. Wurzeln des NOK liegen im Europa des 19. Jh.s, wo in Reaktion auf den wachsenden Antisemitismus die Bewegung des pol. Zionismus entstand, deren Ziel es war, durch Gründung eines jüd. Staates in Palästina der jüd. Glaubensgemeinschaft eine nat. Heimstätte zu schaffen.

Nach dem I. Weltkrieg fiel Palästina (zuvor Teil des Osman. Reiches) als Völkerbundmandat an GB, das sich schon 1917 (*Balfour-Declaration*) dazu verpflichtet hatte, die Errichtung einer «nat. Heimstätte» für die Juden zu unterstützen. GB förderte die Einwanderung von Juden, die auf Grund ihrer Finanzkraft, ihres hohen technol. Wissens und durch systematische Bodenaufkäufe die arab. Bev. immer mehr verdrängten. Proteste der Araber gegen den ‹zionistischen Siedlungskolonialismus› (u. a. Generalstreik 1936–39) unterdrückte GB zunächst, reduzierte dann aber ab 1939 die jüd. Immigration. Die v. a. gegen Ende des II. Weltkrieges wachsende illegale Einwanderung führte zu einem brit.-jüd. Konflikt, der die gewalttätigen Auseinandersetzungen zwischen Arabern und Juden zu überlagern begann. Am 29. 11. 1947 beschlossen die *UN die Teilung Palästinas in zwei Staaten (einen jüd. und einen arab.) und eine int. Zone (Jerusalem). Dieser Teilungsplan (UN-Resolution 183) scheiterte. Am 14. 5. 1948 proklamierten die Juden den Staat Israel. Bereits einen Tag später begann der erste israel.-arab. Krieg, in dessen Verlauf Israel sein Staatsgebiet vergrößern konnte und ca. 750000 Palästina-*Flüchtlinge ihre Heimat verloren. Jordanien annektierte das Westjordanland, der Gaza-Streifen kam unter ägypt. Verwaltung. Der neue *Status quo* wurde zum Gegenstand der totalen Konfrontation zwischen Israel und den arab. Staaten, die ihr Einheitsverständnis (→Pan-Bewegungen) v. a. aus der Feindschaft gegen den jüd. Staat schöpften, der sich zur Unterstützung seiner existentiellen Interessen am Westen orientierte und 1956 im Zuge der Suez-Krise an der brit.-franz. ‹Strafexpedition› gegen Ägypten teilnahm.

Ab Mitte der 50er J. entwickelte sich der NOK zu einem Brennpunkt des Ost-West-Konfliktes, in dem die USA auf seiten Israels und die Sowjetunion mit Hilfe der antiwestl., soz. orientierten arab. Staaten (Ägypten, Syrien) versuchten, ihre global-strategischen Interessen in der Region zur Geltung zu bringen.

Juni 1967 besiegte Israel in einem Präventivschlag (Sechs-Tage-Krieg) Ägypten, Jordanien und Syrien und besetzte die ägypt. Sinai-Halbinsel, die jordan. Westbank, Ost-Jerusalem und die syrischen Golan-Höhen. In der Folge begannen die Palästinenser, mit Hilfe des * Guerillakampfes und in organisatorischer Gestalt der * PLO ihren Anspruch auf das nun gänzlich unter israel. Kontrolle stehende Palästina in eigener Regie zu vertreten und das ungelöste Flüchtlingsproblem in den Blick der Weltöffentlichkeit zu rücken.

Nov. 1967 versuchte der UN-Sicherheitsrat mit der Resolution 242, die Grundlage für eine pol. Lösung des NOK zu schaffen. Diese Resolution fordert von Israel den Rückzug aus allen besetzten Gebieten, räumt allen Staaten im Nahen Osten das Recht auf eine unbedrohte Existenz in sicheren Grenzen ein und verlangt eine gerechte Lösung des Flüchtlingsproblems. Sie war seither ein Kernelement zahlreicher Friedensbemühungen. 1967 bis 1971 scheiterten jedoch alle Ansätze an der mangelnden Kompromißbereitschaft beider Seiten. Israel, in seiner ablehnenden Haltung von den Terroraktionen der PLO noch bestärkt, begann mit der Errichtung von jüd. Siedlungen in den besetzten Gebieten.

Die Distanzierung Ägyptens von der Sowjetunion nach dem Tod * Nassers 1970 und der vierte israel.-arab. Krieg Okt. 1973, aus dem die Araber durch die Rückeroberung eines Teils der Sinai-Halbinsel mit gestärktem Selbstbewußtsein hervorgingen, führten zu Kräfteverschiebungen auf der int. und auf der regionalen Ebene des NOK, die Ende der 70er J. eine pol. Lösung möglich erscheinen ließen. Der Einsatz der ‹Ölwaffe› (1973/74) durch die * OPEC und die wachsende int. Anerkennung der PLO bzw. des Selbstbestimmungsanspruchs der Palästinenser veränderten seit 1973 das weltpol. Meinungsbild zuungunsten Israels. Die USA konnten in der Folge des Okt.-Krieges eine anerkannte Vermittlerrolle übernehmen (Genfer Nahost-Konferenz Dez. 1973, Truppenentflechtungsabkommen zwischen Israel einerseits und Ägypten/Syrien andererseits 1974/75). Höhepunkt der amerik. Vermittlungsleistung war nach einer Friedensinitiative des ägypt. Präs. Sadat (Reise nach Israel 1977) das Abkommen von Camp David (Sept. 1978), das Grundlage für eine umfassende Friedenslösung sein sollte, tatsächlich aber in eine neue Verschärfung des NOK mündete. Es enthielt zum einen Grundsätze für einen bilateralen Friedensvertrag zwischen Israel und Ägypten und zum andern einen Rahmenplan für die Lösung der Palästina-Frage: Westbank und Gazastreifen sollten für eine Übergangszeit unter eine (sehr vage formulierte) Selbstverwaltung kommen, während der über den endgültigen Status der Gebiete verhandelt würde. Nur der erste Teil der Vereinbarungen wurde mit dem israel.-ägypt. Friedensvertrag März 1979 und dem Rückzug Israels von der Sinai-Halbinsel bis April 1982 verwirklicht. Die im eigentlichen Zentrum des NOK stehende Palästina-Frage blieb aus versch. Gründen ungelöst (vgl. Steinbach): 1. Die israel. Reg. unter MP Begin und seinem nationalistischen Likud-Block war im Hinblick auf das Palästinaproblem zu keinerlei Zugeständnissen bereit (u. a. Intensivierung des Siedlungsprogramms in den besetzten Gebieten, endgültige Annexion Ost-Jerusalems 1980). Schon Mai 1979 wurden die Autonomie-verhandlungen abgebrochen. 2. Die arab. Staaten lehnten unter Führung der radikalen Kräfte (v. a. Syrien, Libyen, PLO) die Camp-David-Vereinbarung von vornherein ab. Unmittelbar nach Abschluß des israel.-ägypt. Vertrages beschloß der Rat der * Arabischen Liga (AL) einmütig, Ägypten einem allg. Boykott zu unterwerfen (u. a. Suspendierung der ägypt. AL-Mitgliedschaft, Abbruch dipl. Bez.). 3. In Reaktion auf die * Revolution im Iran

(1979), den sowjet. Einmarsch in Afghanistan (1979) und den Ausbruch des *iranisch-irakischen Krieges (1980) stellten die USA wieder ihre globalen Interessen ins Zentrum ihrer Nahostpolitik, rückten deshalb näher an Israel (*strategic consensus*) und brachten sich somit als Vermittlungsinstanz bzw. als «Bremser» der israel. Siedlungspolitik weitgehend aus dem Spiel.

Juni 1982 wurde der →Libanon zu einem zentralen Schauplatz des NOK, als die israel. Armee in das Land einmarschierte, um die vom Südlibanon aus im Guerillakampf operierende PLO endgültig zu schlagen. Die wochenlange Belagerung Beiruts endete nach langen Verhandlungen unter Vermittlung der USA mit dem geschützten Abzug der PLO-Kämpfer. Die Friedensinitiativen im Gefolge der Libanonkrise scheiterten einerseits an der Haltung Israels, das jeglichen Verzicht auf die besetzten Gebiete bis heute rigoros ablehnt, aber auch daran, daß der NOK nach dem Ausscheiden Ägyptens aus dem arab. Lager und nach dem Ausbruch des Golfkrieges zu einem Profilierungsschauplatz der innerarab. Führungskämpfe wurde.

Eine Initiative des US-Präs. Reagan (Sept. 1983) strebte die Lösung der Palästinafrage und des Flüchtlingsproblems im Rahmen einer jordanisch-paläst. Konföderation an. Die Staaten der AL legten im selben Monat einen Friedensplan (Acht-Punkte-Erklärung von Fez) vor, der neben den alten arab. Maximalforderungen (u. a. vollständiger Rückzug Israels aus den besetzten Gebieten, Schaffung eines paläst. Staates mit Hs. Ost-Jerusalem) erstmals auch eine indirekte Anerkennung Israels und die Bereitschaft zu einer pol. Lösung des NOK enthielt. Israel lehnte beide Pläne ab. Es war aber v. a. die weitere Entwicklung im Libanon, die in den folgenden Jahren eine friedliche Lösung in weite Ferne rücken ließ. Israels Versuch, durch ein Abkommen mit dem christl. liban. Präsidenten A. Gemayel (1983) den Libanon unter «israel. Vorzeichen» zu befrieden, führte zu einer Verschärfung des dortigen Bürgerkrieges, in dessen weiterem Verlauf die radikalen arab. Kräfte und islam.-fundamentalistische Gruppen mit syrischer Hilfe ihre Position ausbauen konnten. Im Zuge dieser Entwicklung kam es auch zu einer Radikalisierung und 1984 zur Spaltung der PLO, die erst 1987 aufgehoben wurde, nachdem der gemäßigte PLO-Chef *Arafat sich wieder zu alten maximalistischen Positionen der Palästinenser bekannte (z. B. Ablehnung einer Zweistaaten-Lösung). Arafat hatte noch 1985 gemeinsam mit dem jordan. König Hussein einen Friedensvorschlag lanciert, der eine indirekte Anerkennung Israels enthielt.

Der Ende 1987 einsetzende Aufstand der paläst. Zivilbev. im Westjordanland und im Gazastreifen (*intifada*) und ein Schritt des jordan. Königs führten dazu, daß Anfang 1989 auf seiten der Palästinenser die Voraussetzungen für eine pol. Zweistaaten-Lösung des Palästina-Konflikts in einem Maße gegeben sind wie nie zuvor.

Juni 1988 gab König Hussein den endgültigen Verzicht auf die 1950 von Jordanien annektierte, seit 1967 von Israel besetzte Westbank bekannt und sprach sich gleichzeitig für die Schaffung eines unabh. paläst. Staates unter Führung der PLO aus. Am 15. 11. 1988 erklärte der Palästinensische Nationalrat (PNR, Exilparlament der Palästinenser) in Algier die Gründung eines paläst. Staates auf dem Boden Palästinas mit Hs. Ost-Jerusalem. Gleichzeitig sprach der PNR eine direkte Anerkennung Israels sowie eine Absage gegen alle Formen des Terrorismus aus und erklärte die Bereitschaft der PLO, im Rahmen einer int. Friedenskonferenz in direkte Verhandlungen mit Israel einzutreten. Unter dem Eindruck der *intifada* hatten sich die pragmatischen Kräfte um Arafat durchgesetzt.

An der ablehnenden Haltung Israels änderte dies ebensowenig wie die Dez. 1988 erfolgende Anerkennung der PLO als Gesprächspartner durch die USA. Die offizielle Begründung für Israels hartnäckige Weigerung, die PLO als Verhandlungspartei zu akzeptieren, lautet, diese habe ihr eigentliches Ziel, Israel zu vernichten, nur aus taktischen Gründen vorübergehend hintangestellt. Freilich verdeutlicht schon die Siedlungspolitik der Reg. von MP Shamir (Likud, Koalition mit der Arbeiterpartei; 1990 sollen es 100000 israel. Siedler sein), daß Israel bislang weder bereit ist, das Westjordanland (geschweige denn Ost-Jerusalem) aus den Händen zu geben noch seinen paläst. Bewohnern wirtsch., soziale und pol. *Partizipationsmöglichkeiten zu gewähren, deren Fehlen eine wesentliche Ursache der *intifada* ist.

Bis Jan. 1989 haben 65 Staaten den Palästinenserstaat offiziell anerkannt. Die Aussichten, daß ein solcher Staat bald *de facto* Bestandteil eines friedlichen Nahen Ostens wird, erscheinen heute völlig unsicher, nicht zuletzt, weil auf arab. Seite mit den von Syrien unterstützten radikalen Kräften inner- und außerhalb der PLO und in Gestalt fundamentalistisch-islam. Terrorgruppen nach wie vor ein Gewaltpotential im NOK besteht, das allen gemäßigten Vorschlägen, namentlich einer Zweistaaten-Lösung, ablehnend gegenübersteht. Auch Verlauf und Ausgang des *Golfkrieges 1991 brachte zunächst noch nicht den entscheidenden Durchbruch zu einer erhofften umfassenden Friedenslösung.

Lit.: F. Schatten, Dauerkrise Nahost, Eine Quellensammlung, Darmstadt 1976; United Nations, Die UN-Resolutionen zum Nahost-Konflikt, Berlin 1978; J. Bunzel, Israel und die Palästinenser. Die Entwicklung eines Gegensatzes, Wien 1982; Ch. Hacke, Amerikanische Nahostpolitik. Kontinuität und Wandel von Nixon bis Reagan, München u.a. 1985; A. Flores, Intifada. Aufstand der Palästinenser, Berlin 1988; T. Koszinowski/H. Mattes (Hg.), Nahost Jahrbuch 1987, Opladen 1988; U. Steinbach, Israelisch-Arabischer Konflikt, in: ders./R. Robert (Hg.), Der Nahe und Mittlere Osten, Bd. 1, Opladen 1988, S. 639ff.; A. Hottinger, Arafats Friedensangebot an Israel, in: EA 20 (1989), S. 39ff. bt/ah

Nahrungsmittelhilfe Lieferung von Nahrungsmitteln zu Vorzugsbedingungen. N. wird in der Statistik häufig von der *Warenhilfe abgegrenzt. Sie ist – außer im Katastrophenfall – e.-pol. keineswegs neutral, da sie in den Geberländern dazu beiträgt, strukturelle Agrarüberschüsse auf den Weltmarkt und damit in die EL zu lenken (v. a. die Hilfe der USA und der EG), wo sie – unabhängig davon, ob sie kostenlos oder gegen Entgelt abgegeben wird – tendenziell zum Absinken von Preisen, Angebot und Agrareinkommen führt. In einem **circulus vitiosus* folgt somit auf N. eine verstärkte *Landflucht, und diese wiederum macht neue N. erforderlich. Die mit der N. angestrebte Subventionierung der Verbraucher begünstigt zudem eher die untere Mittelklasse als die ärmste. Die ländl. (landlosen) Armen erreicht sie meist nicht. wpz

Namibia Der Weg in die Unabhängigkeit war für das ehemalige Deutsch-Südwestafrika (S.W.A.) durch eine seit Anfang der 80er J. anhaltende Krise, bedingt durch Dürreperioden, Preisverfall der Rohstoffe, aber auch durch die starke wirtsch. Abhängigkeit von Südafrika (S.A.) belastet.

1. Die Bev. N.s (Fläche: 823168 qkm ohne Walfischbucht) ist äußerst heterogen: Von ca. 1,5 Mio. Ew. (1991) stellen die Ovambo mit ca. einer halben Mio. die stärkste ethnische Gruppe, ferner die Kavango (ca. 110000), Herero (90000), Damara (89000), Khu-Khun, Caprivaner, Buschmänner, Rehoboth-Baster und Himba; ca. 7% sind Weiße, davon etwa 20000 dt. Herkunft. Die hohe JZ (3,2%) ist neben dem natürlichen Bev.-Wachstum (44% der Ew. jünger als 15 J.) durch Flüchtlingsströme aus Angola bedingt. Seit 1978 ist eine zunehmende Verstädterung zu beobachten (Urbanisierungsgrad 1985: 51%); die Hs. Windhuk wuchs von 1960: 36000 auf 1988: 114500 Ew.

Der Wassermangel des ariden Landes setzt der E. von Landw., Ind. und Bergbau enge Grenzen. Eine ökon. Schlüsselrolle besitzt der von *transnationalen Konzernen beherrschte Bergbau (1990: 65 % der Exporterlöse). Diamanten, Buntmetalle und Uran werden v. a. nach Westeuropa und Südafrika exportiert. Auch die Viehzuchtprodukte der extensiven und *ökologisch bedrohten Weidewirtschaft (Verbuschung) sind für Export (80–90 % des ges. landw. Produktionswertes) und v. a. die Beschäftigung von Bedeutung. Durch Überfischung des planktonreichen Meeres sind Fischfang und Fischindustrie in die Krise geraten. Zudem baute Südafrika eine konkurrierende verarbeitende Ind. aus.

Größtes E.-Problem war die strukturelle *Apartheid. Trotz der Rücknahme einiger Apartheid-Gesetze (Wohngebiete, Arbeitsplätze, «Blutschande») bestand die ethnische und regionale Ungleichheit zwischen Schwarzen und Weißen v. a. in den Bereichen der Gesundheitsversorgung, des Bildungswesens und der Erwerbstätigkeit fort: Bedingt durch das dreigeteilte Schulwesen (für Weiße, Farbige und Schwarze) mit starker Benachteiligung der Schwarzen ist ca. ⅓ dieser Bev.-Gruppe als Analphabeten einzustufen. Die kommerzielle Landw. wird zum überwiegenden Teil von Weißen bestritten: ca. 40 % des Arbeitskräftepotentials betreiben *Subsistenzwirtschaft. Während es unter den Weißen fast keine Arbeitslosen gibt, ist die Arbeitslosigkeit unter den Farbigen und Schwarzen, insbes. im N des Landes, gravierend. Darüber hinaus sind etwa ⅕ der Erwerbspersonen als *Wanderarbeiter in Südafrika beschäftigt.

2. Nach Beendigung der dt. Kolonialherrschaft (Deutsch-Südwestafrika 1884/1890 bis 1915) wurde das Territorium 1915 Südafrika als Mandat zugesprochen. Die Weigerung S.A.s (1946), S.W.A. der *UN als Treuhandgebiet zu überlassen, und die Anwendung der Apartheid-Politik führte 1966 auf Beschluß der UN-Generalversammlung zum Entzug des Mandats; das in N. umbenannte Gebiet wurde dem UN-Rat für N. unterstellt, verblieb aber auf Grund der Ablehnung dieses Beschlusses durch S.A. *de facto* bei S.A. Die Ablehnung der nach UN-Auffassung illegitimen südafrik. Verwaltung und die Aufforderung zum Befreiungskampf durch die UN-Generalversammlung (1973) wurde von S.A. per Verfassungsänderungen mit der verstärkten Integration N.s (Errichtung von **homelands*, Ausdehnung der Apartheid) beantwortet.

Auf der 1975 eingesetzten «Turnhallenkonferenz» unter Ausschluß der SWAPO (*South West Africa People's Union*) trieb S.A. die Entwicklung einer Verfassung für N. voran, während die Westmächte mit Zustimmung der UN einen Unabhängigkeitsplan erarbeiteten. Trotz der Verhandlungen der fünf westl. Staaten mit S.A., der SWAPO und den *Frontstaaten verschärfte sich der Krieg in N. und Südangola. 1977 wurde ein südafrik. Generaladministrator eingesetzt; die UN-Resolution 435 (Vorbereitung der Unabh., freie, allg. Wahlen unter UN-Aufsicht, Waffenstillstand zwischen SWAPO und südafrik. Truppen) wurde von S.A. abgelehnt. Im Dez. 1978 führte S.A. Wahlen zur Verfassunggebenden Versammlung durch, an denen SWAPO, NNF (*Namibia National Front*) und NPLF (*Namibia People's Liberation Front*) nicht teilnahmen. Die «Demokratische Turnhallenallianz» (DTA/gemischtrassig) unter D. Mudge und die konservative AKTUR wurden bei den von der UNO wegen des Verdachts von Manipulationen abgelehnten Wahlen stärkste Parteien. Nach dem Rücktritt eines faktisch mit exekutiven Rechten ausgestatteten Ministerrats unter Mudge (1980–1983) setzte S.A. 1985 eine aus mehreren Parteien bestehende Übergangsreg. ein, der jedoch die int. Anerkennung (Ausschluß der SWAPO, keine Legitimation durch Wahlen, zentrale Machtbefugnis S.A.s) verweigert wurde. Mit dem im Dez. 1988 abgeschlossenen Friedensvertrag zwischen S.A., Angola und Kuba (S.A. hatte den Abzug der kubanischen Soldaten aus Angola zur Bedingung für seinen Rückzug aus N. gemacht) wurde die Unabh. N.s festgelegt. Die Parlamentswahlen vom 7.–11.11.1989 gewann die SWAPO mit 57% der Stimmen, die DTA erhielt 28%. Am 21.3.1990 wurde N. als letztes afrikan. Land unabh., SWAPO-Führer Sam Nujoma wurde von UN-Generalsekretär Perez de Cuellar als Präs. vereidigt und die neue, vom gewählten Parlament ausgearbeitete Verfassung trat in Kraft.

Lit.: Deutsches Institut für Entwicklungspolitik (DIE), Perspectives of Independent Development in Southern Africa, Berlin 1980; H. Melber (Hg.), Namibia – Kolonialismus und Widerstand, ISSA Bonn 1981; AKAFRIK/DEAE (Hg.), Südafrika-Handbuch, Südafrika, Namibia, Zimbabwe, Wuppertal 1982; H. Bley, Namibia, in: R. Hofmeier/M. Schönborn, Politisches Lexikon Afrika, München 1988 (4. Aufl.), S. 243ff.; N. Mbumba u. a., Ein Land, eine Zukunft: Namibia auf dem Weg in die Unabhängigkeit, Bremen 1988; H. Melber, Namibia, in: HDW III, 5, 1993, S. 401. ah/pb

Nasser, Gamal Abdel wurde am 15.1.1918 als Sohn eines oberägyptischen Postbeamten geboren. Schon als Gymnasiast nahm er 1935/36 aktiv an anti-brit. Demonstrationen teil. Nach einem Semester Jurastudium trat er 1937 als Kadett in die ägypt. Armee ein, etwa zur gleichen Zeit wie fast alle Mitgl. der späteren Gruppe der «Freien Offiziere», nachdem seit 1936 die Offizierslaufbahn auch Nichtmitgl. der grundbesitzenden Oberschicht offenstand. Nach der «Revolution vom 23. Juli» 1952 wurde zunächst der populäre General Nagib Vorsitzender des Revolutionsrates sowie Staats- und Regierungschef. Nach pol. Auseinandersetzungen mit Nagib trat N., führender Kopf der «Freien Offiziere», 1954 selbst an die Spitze von Revolutionsrat und Staat. Durch seine betont anti-koloniale bzw. anti-imperalistischen Politik der nat. Unabhängigkeit wurde N. nicht nur zum anerkannten nat. Führer Ägyptens und zur Symbolfigur des Strebens nach nat. Einheit in der gesamten arabischen Welt, sondern auch zur politischen Führungsfigur der Dritten Welt, insbes. durch seine Aktivitäten im Rahmen der *Blockfreienbewegung. N. starb am 28.9.1970. hpk

Nasserismus Der N. gehört zu den zahlreichen Theorievarianten eines *Dritten Weges zwischen Kapitalismus und Kommunismus. Charakteristisch für den N. ist, daß die Theorie auf die pol. Aktion folgte. Eine gesellsch. Gruppe, die «Freien Offiziere», ergriff die pol. Macht mit der Zielsetzung, «der Tyrannei und der Korruption ein Ende zu setzen und ein freies und starkes Ägypten zu schaffen». Erst im Zuge der Konsolidierung der eigenen Macht wurde die Notwendigkeit erkannt, diese Macht ideologisch abzusichern. Noch 1954 schrieb Nasser seinem Traktat «Die Philosophie der Revolution» die theoretische Aufgabe zu, «Ziele auszukundschaften, die wir anstreben können». Erst mit seiner «Charta der Nationalen Aktion», 1962 vom «Volkskongreß der fortschrittlichen Kräfte» verabschiedet, gelang es Nasser, einen einigermaßen kohärenten ideologischen Rahmen zu schaffen. Nasser definierte diese säkular-nationalistische und zugleich religiös-panarabische Ideologie als Sozialismus, mit der Begründung, «der Islam ist nicht nur eine Religion, sondern auch ein weltliches System, das auf Erden Gerechtigkeit walten läßt, Gleichheit und gleiche Chancen für alle garantiert». Durch seine Berufung auf die islamische Trad. und dem Islam immanente soz. Elemente grenzte er sich allerdings nachdrücklich sowohl gegen den Marxismus als auch gegen die europäische Variante des Sozialismus ab und suchte mit dem seit 1957 propagierten «Demokratischen kooperativen Sozialismus» einen «Dritten Weg». Weitaus schlüssiger als der «Arab. Sozialismus ägypt.-nasserischer Prägung», den man unter N. verstehen kann, sind die außenpol. Elemente des N., die sich in den Zielsetzungen Anti-Imp. und «Positive Neutralität» im Sinne der *Blockfreienbewegung ausdrücken.

Lit.: S. Hanna / G. Gardner (Hg.). Arab Socialism, A Documentary Survey, Leiden 1969. hpk / maf

Nationalisierung Unter N. wird die Überführung der in privater ausländ. Hand befindlichen Produktionsmittel (Sachkapital) und *Ressourcen (Grund und Boden, Rohstoffvorkommen) in die Verfügungsgewalt nat. Entscheidungsträger verstanden. N. fußt auf staatl. Maßnahmen, kann verhandelt, aber auch revolutionär durchgeführt werden. In aller Regel ist die Änderung der Eigentumsverhältnisse mit dem Aufbau oder der Erweiterung eines staatl. oder sozialisierten Sektors der Wirtschaft verbunden (→*mixed economy*), in den die strategischen Zweige und Unternehmen in das Eigentum der öffentl. Hand überführt werden, so daß auch privates nat. Kapital im Wege der Verstaatlichung betroffen sein kann. In der Literatur wird vielfach zwischen N. und Verstaatlichung nicht unterschieden. Auch werden beide Begriffe mit Vergesellschaftung, Sozialisierung, die sich v. a. auf die Organisationsform (genossenschaftlich–staatsbetrieblich), d. h. die Frage, welche Instanzen die Kontrolle über das enteignete Unternehmen besitzen, vielfach synonym verwandt. Immer ist die Frage der Entschädigung von großer pol. Tragweite. Ihr angefügt ist das Problem, ob nat. oder int. Recht bei der N. anzuwenden sei. Die EL verfechten die Position der Anrechnungsfähigkeit von *Extraprofiten der ausländ. Unternehmen auf die Entschädigungssumme und grundsätzlich die Zuständigkeit nat. Entscheidungsinstanzen. Die gegen die westl. IL verabschiedete *Charta der wirtschaftl. Rechte und Pflichten der Staaten von 1974 anerkennt in Art. 2 das Recht eines jeden Staates, ausländ. Eigentum zu nationalisieren, und zwar nach innerstaatl. Recht: «Ist die Entschädigungsfrage im Einzelfall umstritten, so wird sie nach innerstaatl. Recht des nationalisierenden Staates und von seinen Gesetzen geregelt...». Demgegenüber beharren die IL auf der Gültigkeit int. Rechts und fairer Regelung der Entschädigung in Höhe und Verfahren, eine Position, die sie durch ihr Droh- und Kreditverweigerungspotential in den int. Kreditinstitutionen *Weltbank und *IWF wenn nicht unmittelbar, so doch noch Jahre später durchzusetzen vermögen, wie einige Beispiele aufzeigen (Chile, Peru).

Motive für N. liegen in den EL v. a. in der Verhinderung von Kapitaltransfers aus den EL in die IL durch ausl. Unternehmen, in der Überführung von Entscheidungsgewalt und Kontrolle über Produktion und Preise in einheim. Hände, in der Nutzbarmachung der Unternehmensgewinne für Ziele nat. sozio-ökon. Entwicklung, in der Verbesserung der Rahmenbedingungen nat. *Entwicklungsplanung und in der entwicklungspol. für notwendig erachteten Neustrukturierung der Wirtschaft zugunsten eines ausgedehnten staatl. Sektors.

In der pol. Diskussion überwiegen zumeist ideolog. Motive (Anti-*Imperialismus, Anti-*Neokolonialismus). In der Praxis zeigt die Politik der N. in den EL, die nach Anfängen in den 30er J. ihren Höhepunkt zu Beginn der 70er J. erlebte, entwicklungspol. durchaus zweischneidige Ergebnisse. Sieht man von den *OPEC-Ländern ab, die auf Grund einer seinerzeit gut funktionierenden Kartellpolitik ihre Preispolitik und N. erfolgreich durchsetzen konnten, so hat für andere Rohstoffe N. keinen Durchbruch beinhaltet; verschiedentlich wurde sie wieder aufgeweicht oder gänzlich rückgängig gemacht. In etlichen Fällen erreichten die Unternehmen nach der N. nicht mehr die frühere Rentabilität; wo pol.-ideolog.

Motive die ökon. verdrängten sowie N. und Verstaatlichungen ungeordnet erfolgten, belastete der staatl. Sektor bald die öffentl. Hand. Entwicklungspol. bedeutsam sind v.a. die Fälle erfolgreicher N.; das sind zunächst einmal solche, in denen erhebliche Erlöse nun den EL-Gesellschaften verblieben. Hier zeigt sich jedoch, daß der neue Reichtum nach den überkommenen sozialen Strukturen verteilt wurde und sich der früher bestehende Abstand zwischen arm und reich noch vergrößerte. Dann bedeutet N. nur den Transfer bereits vorhandener Ressourcen von ausländ. Besitz auf eine einheimische Bourgeoisie. Wenn N. jedoch nicht der Stabilisierung der herrschenden Eliten in den EL dienen soll, so ist die Forderung nach N. entwicklungsstrategisch mit derjenigen nach grundlegenden Strukturreformen im Innern der EL zu verbinden. dn

Nationalismus Der Begriff des N. ist wiss. äußerst umstritten. Einigkeit besteht eigentlich nur darüber, daß es nicht möglich ist, eine für alle Fälle gültige Begriffsdefinition zu geben. Eine Minimaldefinition könnte lauten, daß unter N. diejenige Pol. zu verstehen ist, die sich die Durchsetzung nat. Ziele zur Aufgabe gemacht hat. Weitergehende Festlegungen fallen auch hinsichtlich des N. in der *Dritten Welt schwer. Wenn es auch hier Bemühungen um staatenübergreifende Solidarität gab und gibt (*Pan-Bewegungen), so bezieht sich nationalistische Politik i.d.R. doch auf die durch den *Dekolonisationsprozeß souverän gewordenen staatl. Einheiten.

Nationalismen in der Dritten Welt können unterschieden werden in bezug auf die Zielrichtung des N. (Modernisierung, Anti-*Kolonialismus, nationale Befreiung, *Sozialismus) oder seine sozialen Träger (*Populismus, N. ethnischer Gruppen, N. nationaler Oligarchien). Nach innen macht nationalistische Politik den Versuch des **nation-building*; sie bemüht sich, trotz weitgehend noch regionaler bzw. einseitig mit dem Weltmarkt verknüpfter Märkte, trotz *Tribalismus, trotz geringer innerstaatl. Kommunikationsmöglichkeiten (keine auf die Bedürfnisse des Landes ausgerichteten *Infrastruktur-Einrichtungen) und trotz eines wenig entwickelten Ausbildungssektors eine gemeinsame staatl.-nat. Tradition zu schaffen. Maßnahmen zur *Nationalisierung der Volkswirtschaften in Ländern der Dritten Welt oder die bewußte Auswechslung pol. Eliten nichteinheimischer Herkunft (Afrikanisierung etc.) sollen dazu dienen, den *Neokolonialismus zu überwinden und nach der pol. Unabh., die völkerrechtlich dem Grundsatz des Rechts auf nat. Selbstbestimmung entspricht, auch die ökon. Unabh. der jeweiligen Länder zu erkämpfen. Nach außen ist der N. die adäquate Reaktion der EL in einer Welt der Nationalstaaten, wobei es den Ländern der Dritten Welt um die Vertretung staatl. Interessen (*Neue Weltwirtschaftsordnung, *Neue Weltinformationsordnung u.a.) auf int. Ebene geht.

Die Politisierung nat. Identität in der Dritten Welt ist allerdings kein problemloser Vorgang: «Trotz aller Beteuerungen nat. Eigenständigkeit, trotz aller Distanzierungen von den ‹imperialistischen› Mächten, trotz aller Wiederbelebung eigener Werte und Traditionen erweist sich heutzutage, gegen Ende des 20. Jh.s, eine einzige Form der Daseinsbewältigung als erstrebenswert: die technisch-industrielle Zivilisation, die in der Dritten Welt noch nichts von ihrem Faszinationsvermögen verloren hat – im Gegensatz zum jetzigen Krisen- und Problembewußtsein in den Metropolen.» (Mansilla)

Lit.: K. W. Deutsch/R. L. Merritt, Nationalism and National Development, An Introductory Bibliography, Cambridge (Mass.) 1970; B. Tibi, Arab Nationalism: A Critical Inquiry, London/Basingstoke 1980; T. V. Sathyamurty, Sociology of Nationalism, London 1982; H. A. Winkler (Hg.), Nationalismus in der Welt von heute, Göttingen 1982; B. Anderson, Imagined Communities. Reflections on the Origin and Spread of Nationalism, London 1983; J. Blaschke, Von der Modernisierung durch Nationenbildung zu den Folgen industrialisierter Arbeitsteilung, in: Peripherie 18/19 (1985), S. 24ff.; H. C. F. Mansilla: Die Trugbilder der Entwicklung. Elemente einer kritischen Theorie der Modernisierung, Paderborn u. a. 1986. rs

Nation-building Der *Nation-building*-Ansatz wird in der wiss. Literatur v. a. auf die Arbeiten K. W. Deutschs zurückgeführt. Deutsch hat versucht, gestützt auf die hist. Erfahrungen Westeuropas, diejenigen gesellsch. Entwicklungen herauszuarbeiten, die zur Herausbildung nat. Einheiten geführt haben. *Industrialisierung und ökon. Wachstum werden von ihm als entscheidende Variablen zur Ingangsetzung von Prozessen des *sozialen Wandels, der wachsenden innergesellsch. Kommunikation, der verstärkten sozialen Mobilisierung der Bev. und der gesellsch. Modernisierung identifiziert, deren Ergebnis die heutige Gesellschaftsstruktur der IL ist. Die Übertragung des *Nation-building*-Ansatzes auf die EL geschah im Kontext der *Modernisierungstheorien. Erwartet wurde m. a. W., daß sich die gesellsch. E. der EL, wenn auch zeitverschoben, analog der westl. IL vollziehen würde, eine Annahme, die von der tatsächlichen Entwicklung widerlegt und v. a. im Rahmen der *Dependencia-Theorie kritisiert wurde.

Lit.: K. W. Deutsch/W. J. Foltz (Hg.), Nation-Building, New York 1963; K. W. Deutsch, Nationenbildung, Nationalstaat, Integration, Düsseldorf 1972; S. N. Eisenstadt/S. Rokkan, Building States and Nations, 2 Bände, Beverly Hills und London 1973. rs

Nauru →Pazifische Inselwelt

Négritude Von franz.-sprachigen afrik. und afro-amerik. Schriftstellern Ende der 30er J. geprägter Begriff, der – z. T. als Reaktion auf die rigorosen Assimilierungsversuche der franz. Kolonialmacht – die Rückbesinnung auf die Werte altafrik. Kultur fordert. Wichtig für das Selbstverständnis einer ganzen Generation afrik. Intellektueller, denen sie eine als befreiend empfundene kulturelle Identitätsfindung und eine Rückgewinnung ihrer Selbstachtung ermöglichte, verfällt die N. nicht in einen umgekehrten Rassismus, sondern hebt auf einen von Grundwerten afrik. Kultur getragenen Humanismus ab, der auch mit ihm zu vereinbarende Elemente anderer Kulturen aufnimmt («assimilieren, nicht assimiliert werden»). Die wichtigsten Vertreter der N. sind L. S. *Senghor und der von Martinique stammende Schriftsteller und Politiker Aimé Césaire (Jahrgang 1913).

Lit.: A. Irele, Négritude and African Personality, in: Intern. Afrika-Forum 1972, S. 452ff.; A. Kumerloeve, Négritude und afrikanische Kultur. Die Idee der Négritude als Form eines kulturellen Nationalismus, Hamburg 1972; L. S. Senghor, Liberté III: Négritude et civilisation de l'universel, Paris/Dakar 1977. kz

Neo-Faktorproportionentheorem →Außenhandelstheorie

Neoklassische Theorie →Außenhandelstheorie

Neokolonialismus Den westl. IL wird von den Ländern der *Dritten Welt häufig eine neokolonialistische Politik vorgeworfen. Gemeint ist damit zunächst, daß sich die Haltung der ehem. Kolonialmächte gegenüber ihren früheren Kolonien, aber auch gegenüber anderen EL im Grunde nicht geändert habe, daß letztere heute zwar pol. unabh. seien, diese pol. Unabh. aber in Wirklichkeit nicht mehr als eine formale Scheinunabh. sei. N. ist damit eine Ausprägung des *Imperialismus. Die direkte Beherrschung der Länder der Dritten Welt in der Kolonialzeit wurde durch eine um so wirkungsvollere, sich nicht auf staatl. Ebene allein vermittelnde und deshalb weit schwieriger anzuprangernde Politik indirekter Beherrschung abgelöst.

Die *Mechanismen* des N. folgen v. a. den vom kapital. Weltmarkt diktierten Spielregeln für die Interaktion zwischen IL und EL. Die führende Wirtschaftsmacht der Welt, die USA, wird auf staatl. und nichtstaatl. Ebene nach dem II. Weltkrieg zum Meistbegünstigten des Systems der neokolonialen

Ausbeutung. Der N. kann zahlreiche Formen annehmen und sich durch viele unterschiedliche gesellsch. Gruppen vermitteln. Die Durchsetzung des N. wird erleichtert, wenn die Ind.-Staaten in dem betreffenden EL eine einheimische Oberschicht vorfinden, die bereit ist, das Land gemäß den Erfordernissen des Weltmarkts zu führen. Welche Formen der N. auch immer annimmt, letztendlich wirkt er sich so aus, daß sich die rel. Position der EL zu den IL verschlechtert. Mechanismen des N. sind:

a) *militärische:* Ausbildung der Offiziere, der Polizei und des Militärs eines EL im IL und die daraus meist folgende Bereitschaft dieser, sich für den internen *status quo* und die «Werte» ihres Ausbildungslandes einzusetzen. Belieferung der EL mit Waffen (Abh. von Ausbildern und Ersatzteilen). Tätigkeit von Geheimdiensten in EL.

b) *politische:* Aufbau von Einflußzonen und int. Organisationen durch westl. IL v. a. angesichts des Ost-West-Konflikts (Gegenbewegung der Länder der Dritten Welt: Bewegung der *Blockfreien).

c) *kulturelle:* Missionstätigkeit in den EL, die ebenso wie kommerzielle, von den IL aufgebaute Radio- und Fernsehstationen sowie Kinos die kulturelle Identität des jeweiligen EL schwächen (→Neue Weltinformationsordnung). Hollywood-Helden ersetzen als soziale Orientierungspunkte trad. Werte. Seltener: Einflußnahme der IL beim Aufbau des Bildungswesens.

d) *kommunikative:* Aufbau eines Post- und Fernmeldewesens und einer Fluglinie durch ein IL im EL (Abh. von Ersatzteilen und Ausbildern). Weltweit kontrollieren die IL das transkontinentale Transportwesen und andere kommunikative Einrichtungen (z.B. Satelliten).

e) *technologische:* Abh. der EL vom **Know-how* und Technologieimport entwickelter Länder.

f) *soziale:* **brain drain* von Akademikern und Facharbeitern, Abwanderung in die IL. Bemühen der Oberschicht der EL, den Lebensstandard der IL zu erreichen und deren Lebensgewohnheiten nachzuahmen.

g) *finanzielle:* Die Abh. der EL von Krediten und Entwicklungshilfegeldern (und -leistungen) führt zu Versuchen finanz. Kontrolle. Besonders zu nennen sind hier die int. Finanzierungsinstitutionen wie die *Weltbank oder der *IWF, die Gelder nur dann an EL vergeben, wenn deren Wirtschaftspolitik den von ihnen gesetzten und überwachten Bedingungen entspricht.

h) *wirtschaftliche:* Die Ausbeutung der Dritten Welt durch *transnationale Konzerne, die weit mehr Kapital aus den EL in ihre Herkunftsländer retransferieren, als sie in ersteren investieren. Der über ungerechte **terms of trade* vermittelte *ungleiche Tausch zwischen IL und EL, der letzteren weit weniger Gegenleistung für ihre Rohstoffe zuweist als den IL für ihre Fertigprodukte.

Systematisch wurden diese Zusammenhänge in der Dritten Welt erstmals von Kwame *Nkrumah thematisiert. Nkrumah sieht im N. das letzte Stadium des *Imperialismus. Das Wesen des N., so Nkrumah, besteht darin, daß der neokolonialistisch beherrschte Staat theoretisch unabh. und mit allen Merkmalen eines unabh. Staates ausgestattet ist, in Wirklichkeit aber sein Wirtschaftssystem und damit seine Politik von außen gelenkt wird. Nkrumah sieht in der Teilung Afrikas in Kleinstaaten eine Strategie, die die neokolonialistische Beherrschung des Kontinents erleichtert. Er setzte sich für ein vereinigtes Afrika ein. Mit Hilfe der soz. Länder, so meint Nkrumah, sollte es auf der Basis afrik. Einigungsbestrebungen möglich sein, die sich im N. herausbildende neue Erscheinung des Klassenkonflikts, dessen Frontlinien nicht mehr innerhalb der Ind.-Nationen, sondern zwischen den reichen und armen Ländern verlaufen (die

Arbeiter der Ind.-Nationen profitieren vom N.), zum Vorteil der afrik. EL auszutragen.

Die wiss. Systematisierung des N.-Begriffes, beispielsweise von Nkrumahs Analyse ausgehend, ist kaum versucht worden. Haupthindernis für eine solche Weiterentwicklung des N.-Begriffes ist der polemische Gebrauch von N. als Schlagwort der pol. Auseinandersetzung, der auch dazu beitrug, daß der Ende der 60er, Anfang der 70er J. in Mode gekommene Begriff heute nur noch selten in Studien zur EL-Forschung verwendet wird.

Lit.: K. Nkrumah, Neo-Colonialism. The Last Stage of Imperialism, London/Idadan/Nairobi 1965; J. Käkönen (Hg.), The Mechanics of Neo-Colonialism, Mänttä 1974; P. Friedländer/G. Liebscher, Neokolonialismus in der Krise, Berlin (Ost) 1978; T. Mende, De l'aide à la recolonisation, Paris/Frankfurt/New York 1982. rs

Nepal 1. Das Königreich N. (Fläche 147181 qkm) gliedert sich in die an Nordindien grenzende Ebene (Terai), eine Mittelgebirgsregion mit fruchtbaren Flußtälern (z. B. Kathmandu) und die Himalaya-Hauptkette (u. a. Mount Everest). Bisher fand man in N. (* LLDC) kaum Bodenschätze.

2. Die Bevölkerung, die zu ⅔ in der Mittelgebirgsregion lebt (relative Überbevölkerung und Hungersnöte führten zur verstärkten Abwanderung ins Terai), ist v. a. in der Landw. (1986: ca. 60 % der aktiven Bev.) tätig.

3. Die staatliche Tradition N.s geht auf das 18. Jh. zurück, als Kathmandu von einer aus Indien stammenden Dynastie erobert wurde. Zu Beginn des 19. Jh.s kam es zu Auseinandersetzungen mit Brit.-Indien, die jedoch Mitte des Jh.s durch die Machteroberung der probrit. Rana-Dynastie beigelegt wurden. Bis zum Ausbau des * Tourismus in der 2. Hälfte des 20. Jh.s bildete die Entlohnung der Gurkha-Söldner der brit. Armee den größten Positivposten der Zahlungsbilanz N.s.

4. Seit 1972 ist Maharajadhiraja Birenda Bir Bikram Sháh Deva König. Der autoritär herrschende Monarch war dem korporatistisch organisierten Panchayat (Parlament) gegenüber nicht verantwortlich, besaß ein totales Vetorecht und konnte allein über die Einsetzung der Reg. befinden. Auf Druck einer demokratischen Massenbewegung, die sich auch durch das gewaltsame Vorgehen der Sicherheitskräfte nicht einschüchtern ließ, kam es 1990 zu einer pol. Liberalisierung (Verfassungsreform, Legalisierung der Parteien). Am 12.5.1991 fanden erstmals seit 30 J. kompetitive Parlamentswahlen statt.

5. Die Bev. Nepals betrug 1986 (gesch.) 16,9 Mio. Ew. (= 115 Ew./qkm). 1985 lebten 7 % der Bev. in Städten (Hs. Kathmandu bereits 1982 [Agglomeration] über 800000 Ew.). Relig. und gesellsch. dominiert heute die Volksgruppe der Chettri-Brahmanen (Bev.-Anteil 1981: 58,4 %), die im 12. Jh. auf der Flucht vor der muslimischen Eroberung aus Indien in N. eindrangen. Auf sie geht die Landessprache (Nepali), der Hinduismus (89,5 % der Bev.) und die Bewertung und entsprechende Besetzung von Berufen nach den Maßstäben der Kastengesellschaft zurück. Das Gesundheitswesen (1983: 1 Arzt auf 24687 Ew., LE 1986: 47 J.) und das Bildungswesen (1985: 74,4 % Analphabeten) N.s sind kaum entwikkelt, obwohl in den letzten J. einige Erfolge erzielt wurden (seit Mitte der 70er J. kostenloser Grundschulbesuch).

6. Ökon. ist N. bestrebt, seine Abh. von Indien zu verringern: 52 % der Exporte (v. a. Lebendvieh und Reis) gehen nach Indien, von dort kommen 57 % der Importe (1983/84).

Lit.: W. Donner, Nepal. Raum, Mensch und Wirtschaft, Wiesbaden 1972; L. F. Stiller/R. P. Yadav, Planning for People. A Study of Nepals Planning Experience, Kathmandu 1979; T. Hagen/J. T. Scholz, Nepal, Profile of a Himalayan Kingdom, London 1981; H. C. Rieger, Nepal, in: HDW II, 7, Hamburg 1983, S. 181 ff. rs

Neruda, Pablo P. N., geb. Neftalí Reyes, in Parral/Chile am 12. Juli 1904; Dichter, Diplomat und Politiker. Zwischen 1927 und 1940 Konsul Chiles in

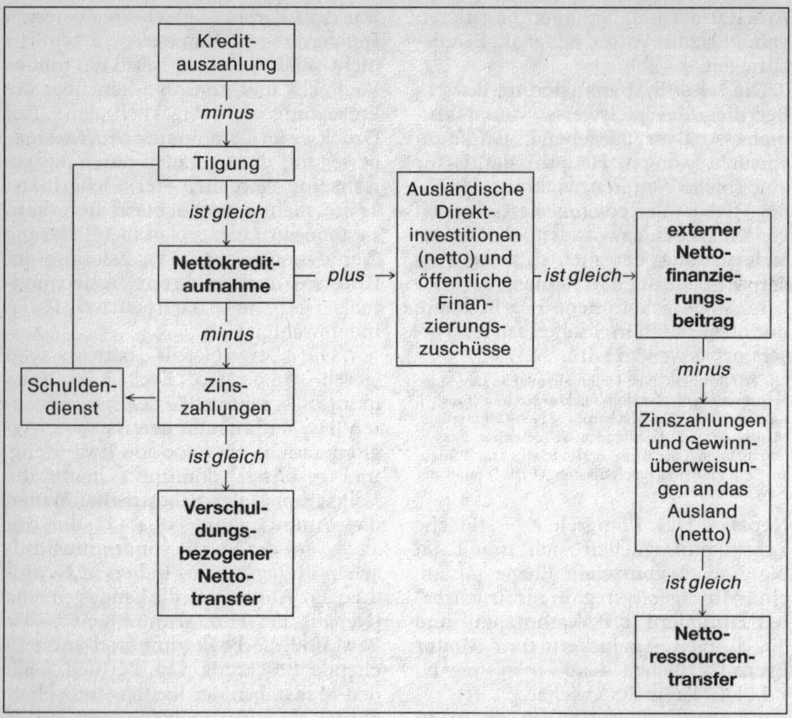

mehreren Ländern; 1945 chil. Nationalpreisträger für Literatur; ab 1945 Senator im chil. Kongreß als Vertreter der kommunist. Partei. Von 1949 bis 1952 Exil; 1971 Nobelpreis für Literatur, Höhepunkt seines lit. Schaffens. 1971 bis 1973 Botschafter Chiles in Frankreich. Das angebliche Gedicht Nerudas zum Putsch in Chile, das kurz nach seinem Tod (22. 9. 1973) der Weltöffentlichkeit bekanntgegeben wurde und mit dem Satz «Nixon, Frei und Pinochet...» beginnt, ist jedoch eine Fälschung. Es handelt sich in der Tat um das Gedicht von 1948 «Las satrapías» (Die Satrapen) aus dem «Canto General», das mit dem Satz «Trujillo, Somoza, Carías...» anfängt.

Werke: Obras Completas, Buenos Aires 1967; Ich bekenne, ich habe gelebt, Darmstadt 1974; Letzte Gedichte, Darmstadt 1975. obs

Nettoinlandsprodukt →Sozialprodukt

Nettoleistungen bzw. finanzielle Nettoleistungen; Begriff zur Erfassung der Nettobeträge von Kapitalhilfe; vom Gesamtvolumen jährl. Leistungen der IL (oder eines IL) an die EL werden die Tilgungszahlungen auf frühere Kredite sowie das in die IL zurückgeflossene Kapital abgezogen, um die finanz. Nettoleistungen zu erhalten. dn

Nettoressourcentransfer Statistisches Maß zur deskriptiven Erfassung makroökonomischer Auswirkungen externer Verschuldungsprozesse. Der N. ergibt sich als Saldo aus den externen (Netto-)Finanzierungsbeiträgen, die einem Land in Form von (Netto-) Krediten, *Direktinvestitionen sowie Finanzierungszuschüssen aus dem Ausland zufließen, und den Zinszahlungen sowie Gewinnüberweisungen an das Ausland (vgl. Abbildung). Negativer N. bedeutet, daß knappe inländische Ressourcen an das Ausland transferiert werden und daher die internen konsumtiven und/oder investiven Verwendungsansprüche an das BIP *ceteris paribus* eingeschränkt werden müssen. N. in signifikanter Größenordnung aus den verschuldeten EL in die Gläubigerländer bildet den entwicklungspolitisch brisanten Kern des *Verschuldungsproblems.

hs

Nettosozialprodukt →Sozialprodukt

Neue Weltinformationsordnung (NWIO) auch Neue Internationale Informationsordnung (NIIO); wurde 1976 erstmals nachdrücklich von den *Blockfreien Staaten gefordert und 1980 von der *UNESCO-Generalversammlung in einer Resolution als Ziel formuliert. Bis Mitte der 80er J. war sie ständiger Zündstoff int. Diskussionen. Die Konzeption einer NWIO wurzelt v. a. in der Kritik an dem Einbahnstraßencharakter des weltweiten Informationsflusses und den krassen Unterschieden der Kommunikationsstrukturen von IL und EL: Nachrichten, TV-Programme, Kino-Filme, Musik- und Videoaufzeichnungen, Bücher, Werbung, aber auch wiss., techn. und wirtsch. Informationen etc. fließen vorrangig von Nord nach Süd. Der Informationsaustausch zwischen EL ist mager. Die IL besitzen weitgehend die Verfügungsgewalt über Massenmedien (Presseagenturen, TV-Stationen, Medienkonzerne) und mod. Kommunikationstechnologie (Satelliten- und Computertechnologie, Überseekabel, Telefon- und Telexkontingente etc.). Kurzum: Die IL verfügen quasi über ein Monopol, Informationen herzustellen und zu verbreiten; den EL bleibt die Rolle des passiven Rezipienten. Die Diskussion um eine NWIO thematisiert (im Lichte des *Nord-Süd-Konflikts) damit primär die extreme Außenabh. der EL im Informationsbereich und ihre Folgen z. B. für die kulturelle Integrität, die nat. Souveränität und wirtsch. Entwicklung der EL. Die NWIO hängt eng mit deren Streben nach einer *Neuen Weltwirtschaftsordnung (NWWO) zusammen. Sie ist zugleich Element und Voraussetzung der NWWO, denn einerseits stellt Information eine spezielle ökon. Ressource dar, andererseits setzt jeglicher wirtsch. Austausch Kommunikation voraus.

Die Kritik an der bestehenden Informationsordnung datiert auf Anfang der 70er J., wurde insb. von den Blockfreien Staaten erarbeitet und in int. Foren hineingetragen. 1973 ansatzweise und 1976 explizit von ihnen gefordert, wurde sie in der UNESCO heftig diskutiert. Während die IL geschlossen die Doktrin des freien (d. h. über den Markt geregelten) Informationsflusses (*free flow of information*) vertraten, verlangten die EL (unterstützt von soz. Ländern) einen freien und ausgewogenen Informationsfluß (*free and balanced flow of information*). Das Instrument hierzu: staatl. Eigenkontrolle der Medien. Die IL sahen und sehen hierin den Versuch, Pressefreiheit zu untergraben und staatl. Zensur zu legitimieren, verkürzen damit aber tendenziell das Problem des freien Informationsflusses auf den Schutz der Medien vor staatl. Eingriffen. Daß darüber hinaus auch das Ungleichgewicht in der bestehenden Weltkommunikationsordnung einem freien Informationsaustausch entgegensteht, verdeutlicht insb. der sog. MacBride-Bericht. Der 1980 auf der Generalkonferenz der UNESCO per Akklamation angenommene Bericht überwand die bis *dato* festgefahrene Debatte – hie Pressefreiheit, dort staatl. Zensur – durch eine strukturelle Analyse globaler Abhängigkeiten im Informationsbereich und mündete in einem 82 Punkte starken Empfehlungskatalog *via* einer NWIO. Dessen Hauptpfeiler sind: a) auf die Unabh. der EL im Informationsbereich hinzuwirken, insb. durch nat. Kommunikationsstrategien, Ausbau dortiger Kommunikationskapazitäten sowie konzentrierte int. Aktionen; b) die sozialen Folgen von Kommunikation v. a. durch ihre Integration in E.-Strategien, durch Partizipation der Bev. bei der Entscheidungsfindung, durch einen Abbau der Kommerzialisierung von Kommunikation und durch einen gleichberechtigten Zugang zu techn. Informationen e.-adäquat zu lenken; c) die Bedingungen für einen freien, verantwortungsbewußten Journalismus sowie eine vollständige und tatsachengetreue Verbreitung von Informationen über andere Länder zu schaffen; d) die Demokratisierung der Kommunikation anzustreben, i. S. eines umfassenden, individuellen und kollektiven Rechts zu kommunizieren; e) eine gleichberechtigte int. Zusammenarbeit im Informationsbereich zu entwickeln und zu intensivieren.

Die Generalkonferenz in Belgrad 1980 wird gemeinhin als der (bisherige) Höhepunkt der Debatte um die NWIO betrachtet; die EL forderten konkrete Maßnahmen, wie z. B. das * PDC. Ihre Bemühungen trugen aber insg. eher magere Früchte: Die IL konnten bislang über finanz.-technische Hilfe für die E. von Kommunikationsinfrastrukturen in EL Forderungen nach strukturellen Veränderungen des *status quo* abwehren. Auch pochen die EL nicht mehr auf das zu Recht umstrittene Instrument einer staatl. Kontrolle des Informationsflusses, das sowohl e.-fördernd als auch repressiv und herrschaftssichernd genutzt werden kann. Wichtige Entwicklungen fanden allerdings im Nachrichtenbereich statt: Das vielkritisierte Monopol der Weltagenturen *Associated Press* (AP), *United Press* (UP), *Reuters, Agence France Press* (AFP) und *Tass* weicht auf: Mittlerweile besitzt fast jedes EL eine nat. Nachrichtenagentur, und jede geogr. Region der * Dritten Welt verfügt über mind. ein regionales Nachrichtenaustauschsystem. Die meisten dieser Initiativen wurden von Reg. oder der UNESCO ergriffen oder zumindest vorbereitet; dagegen sind Nicht-Regierungsinitiativen – wie z. B. * IPS – rar.

Mitte der 80er J. nahm das Engagement der EL *in puncto* NWIO – in Anbetracht von * Verschuldungsproblemen und Disziplinierungsmaßnahmen einflußreicher IL (Austrittsdrohungen und Austritt aus der UNESCO, Kürzungen und Verzögerungen von Beitragszahlungen gegenüber versch. UN-Org.) – merklich ab. Das Ziel einer NWIO besteht nach wie vor; seine (umgreifende) Realisierung steht jedoch z. Z. nicht an.

Lit.: H. Koschwitz, «Freiheit der Information» oder «Kommunikationsimperialismus», in: APuZ 15/77, S. 11–38; Viele Stimmen – eine Welt. Bericht der Internationalen Kommission zum Studium der Kommunikationsprobleme unter dem Vorsitz von Sean MacBride an die UNESCO, Konstanz 1981; R. Dill, Zwischen Freiheit und Gleichgewicht, in: Vereinte Nationen 31 (1983), S. 179 ff.; M. Pendakur, The New International Information Order after the MacBride Commission Report: an International Powerplay Between the Core and the Periphery Countries, in: Media Culture and Society 5/1983; G. Turner/G. Zeidler (Hg.), Dritte Welt und technische Kommunikation, Stuttgart 1983; B. C. Witte, Medienförderung in der Dritten Welt, in: Vereinte Nationen 31 (1983), 184 ff.; J. Becker, Massenkommunikation im Nord-Süd-Konflikt, Frankfurt 1985; H. Reimann, Massenkommunikation, in: D. Nohlen/P. Waldmann (Hg.), Dritte Welt, München 1987, S. 315 ff.; B. Schenk, Struktur des internationalen Nachrichtenflusses: Analysen der empirischen Studien, in: Rundfunk und Fernsehen 36 (1988), 1, S. 36 ff.; J. Becker, Internationaler Nachrichtenfluß: Eine Stellungnahme zum Aufsatz von Birgit Schenk, in: Rundfunk und Fernsehen 36 (1988), 1, S. 45 ff.; R. A. White, Progress Toward a New World Information and Communication Order. A Third World Perspective, in: The Third Channel – IBS Journal of International Commission 6 (1988), S. 783 ff. mik

Neue Weltwirtschaftsordnung (NWWO) Seit * UNCTAD III von Santiago de Chile 1972 ist die Forderung der EL nach einer NWWO das beherrschende Thema der int. Konferenzen, insbes. im Rahmen des * UN-Systems. Der *Begriff* selbst meint im wesentlichen, daß die bisherigen int. Wirtschaftsbez. zwischen EL und IL, welche die IL begünstigen, durch Reformen so verändert werden müssen, daß die EL stärker am Nutzen der Weltwirtschaft teilhaben. Die Vorstellung beinhaltet nicht unbedingt, daß die Ordnung der Weltwirtschaft grundlegend zu verändern sei, was radikale Positionen fordern und konservative bzw. liberale Positionen befürchten.

Die Forderung nach einer NWWO mündete 1974 in die Verabschiedung zweier Erklärungen durch die UN-Vollversammlung:

Erklärung und Aktionsprogramm zur Errichtung eine NWWO vom 9.5.1974 und *Charta über die wirtsch. Rechte und Pflichten der Staaten vom 12.12.1974 (Texte dtsch. in: Jonas/Tietzel). Sie begründet sich im wesentl. mit zwei Argumenten: 1. Die IL müssen zu einem Ausgleich der Schäden bereit sein, die sie den EL durch *Kolonialismus und *Neo-Kolonialismus, durch Ausbeutung während und ungerechte Handelsbez. nach der Kolonialherrschaft angerichtet haben; 2. Partnerschaft und Gleichberechtigung zwischen IL und EL setzen voraus, daß die EL nicht durch *Handelshemmnisse benachteiligt werden, welche die IL errichten, und daß die IL den EL in ihrer E. durch *Ressourcentransfer helfen bzw. zur Übertragung von Kapital, Technologie etc. verpflichtet sind.

Einer Zusammenstellung des *BMZ zufolge enthält der Forderungskatalog der EL nach einer NWWO folgende Einzelpunkte: 1. *Globale Politik:* Anerkennung der EL als vollwertige und gleichberechtigte Partner der int. Gemeinschaft; Anerkennung des Rechts eines jeden Staates auf einen eigenen E.-Weg; Anerkennung der vollen Souveränität eines jeden Staates über seine Bodenschätze einschließlich des Rechts der *Nationalisierung ausländ. Eigentums nach nationalstaatl. Regelungen; 2. *Handel und Wirtschaft:* Änderung der *internationalen Arbeitsteilung, um den EL einen größeren Anteil an der Weltind.-Produktion zu sichern (→UNIDO) und es ihnen zu ermöglichen, ihren Bedarf zu decken; Abbau *protektionistischer Maßnahmen; Zugang zu den Märkten der IL für Halb- und Fertigwaren aus den EL; Abschaffung von tarifären und nichttarifären *Handelshemmnissen; *Präferenzabkommen für EL im Handel und anderen Bereichen; Regelung und Kontrolle der Tätigkeit *transnationaler Konzerne (Verhaltenskodex); Förderung der Zusammenarbeit der EL untereinander (*ECDC, *TCDC, **collective self-reliance*); 3. *Rohstoffe:* Vereinbarung von *Rohstoffabkommen für einzelne Rohstoffe als Bestandteile eines *Integrierten Rohstoffprogramms; Förderung der Weiterverarbeitung von Rohstoffen in den Erzeugerländern und dadurch Erhöhung ihres Wertes; Billigung von *Rohstoffkartellen; Verbesserung der Wettbewerbsfähigkeit von Naturprodukten gegenüber synthetisch hergestellten Erzeugnissen; Verhinderung der Vergeudung natürlicher Ressourcen; angemessener Zugang der EL zu den Erträgen des Tiefseebergbaus (→Seerechtskonferenz); 4. **Industrialisierung:* Steigerung der *Investitionen im Ind.-Sektor, um einen höheren Anteil der EL an der Weltind.-Produktion zu erreichen (Lima-Ziel von 25% bis zum Jahre 2000); 5. **Energie und Technologie:* Einsicht in die Begrenztheit von Erdöl- und Erdgasvorkommen; Sicherung der Kaufkraft der Einkünfte aus dem Energieexport; E. neuer Energie-Quellen (regenerative und umweltfreundliche Energien); Förderung der E. *angepaßter Technologien für die EL; *Technologietransfer aus den IL zu Vorzugsbedingungen (Patente, Lizenzen etc.); 6. *Dienstleistungen:* Erhöhung der Beteiligung der EL am Seetransport, am Versicherungswesen sowie am *Tourismus; 7. *Landwirtschaft:* Hebung und *Diversifizierung der Agrarproduktion der EL zur Dekkung ihres Nahrungsbedarfs (→Ernährung); Erhöhung der Finanzhilfen für die E. der Landw.; Verbesserung der be-

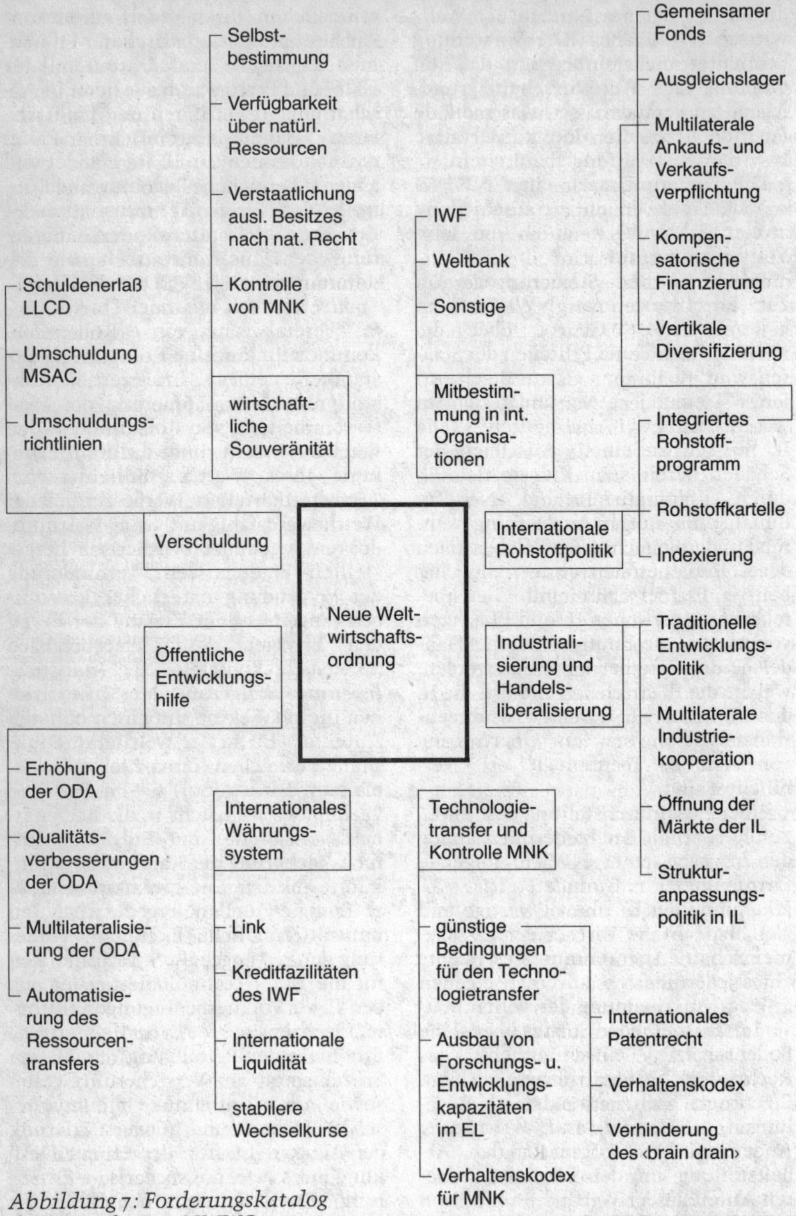

Abbildung 7: Forderungskatalog der EL nach einer NWWO

Quelle: Ochel 1982, S. 258

stehenden Nahrungsmittel-Hilfsprogramme (→WFP); 8. *Währung und Finanzen:* Berücksichtigung der Interessen der EL bei der Neuordnung des Weltwährungssystems; besserer Zugang der EL zu den Kapitalmärkten; mehr Mitbestimmung der EL in den int. Finanzorganisationen, besonders im * IWF, und Verzicht auf Detail-Kontrollen bei der Verwendung von Mitteln dieser Organisationen zu Sanierungsmaßnahmen; Steigerung der Finanzmittel für den Ausgleich der Zahlungsbilanz; Maßnahmen zum Schutz der EL gegen die Folgen der Inflation; neue Maßnahmen zur Milderung der Situation der * Verschuldung der EL; 9. * *Entwicklungshilfe:* Verwirklichung der E.-Hilfe-Ziele seitens der IL (0,7 % des BSP an * öffentlicher Hilfe); Anpassung und Erleichterung der Vergabebedingungen von E.-Hilfe; Erhöhung der Finanzmittel für die int. E.-Hilfe-Organisationen (nach Journalisten-Handbuch Entwicklungspolitik, 1988, S. 246ff.).

V. Matthies zog folgende Zwischenbilanz des Streits um die NWWO: «Trotz der zahlreichen Konferenzen und Verhandlungen der letzten Jahre blieben – gemessen an dem Umfang und der Reichweite des Forderungskatalogs der EL – die materiellen Ergebnisse der bisherigen Bemühungen um eine Verwirklichung der NWWO relativ gering. Nach jahrelangen ergebnislosen Verhandlungsrunden gelang es den Kontrahenten immerhin, im Vorfeld der V. UNCTAD-Konferenz in Manila einen Kompromiß über grundlegende Elemente des * Gemeinsamen Fonds zur Finanzierung des * Integrierten Rohstoffprogramms zu erzielen (März 1979). Doch wird es nach diesem ‹Durchbruch› in den rohstoffpol. Verhandlungen zwischen EL und IL noch weiterer langwieriger Debatten bedürfen, bevor das projektierte Rohstoffprogramm – in weit bescheideneren Dimensionen als ursprünglich geplant – lebendige Gestalt annehmen kann. Im Vergleich zu der euphorischen Aufbruchstimmung auf seiten der EL und der hektischen pol. Nervosität auf seiten der IL im Jahre 1974 werden heute allenthalben eher Ermüdungs- und Abnutzungserscheinungen sichtbar.»

Neue Tendenzen in den Bez. zwischen IL und EL in den vergangenen Jahren: Neuorientierung entwicklungspol. Unterstützungsmaßnahmen auf die * Grundbedürfnisse sowie die Bemühungen vieler EL, durch tiefgreifende Wirtschaftsreformen ihre Volkswirtsch. an die sich verändernden weltwirtsch. Rahmenbedingungen anzupassen.

Bis 1984 wurde keine der Forderungen der EL realisiert oder nur in sehr revidierter Form. Die EL halten freilich an der Forderung nach einer NWWO fest (→Nyerere-Bericht).

Lit.: K. Domer, Probleme der weltwirtschaftlichen Integration der EL, Tübingen/Basel 1974; R. Jonas/M. Tietzel (Hg.), Die Neuordnung der Weltwirtschaft, Bonn-Bad Godesberg 1976; T. Dams/G. Grohs (Hg.), Kontroversen in der internat. Rohstoffpolitik, München/Mainz 1977; K.P. Sauvant/H. Hasenpflug (Hg.), The New International Economic Order. Confrontation or Cooperation between North and South, Frankfurt 1977; V. Matthies, Neue Weltwirtschaftsordnung. Hintergründe, Positionen, Argumente, Opladen 1980; W. Ochel, Die EL in der Weltwirtschaft, Köln 1982; J.S. Singh, A new International Economic Order, New York 1982; U. Andersen, Entwicklungspolitik und «neue Weltwirtschaftsordnung» in der Kontroverse, 2. Aufl., Stuttgart 1983; H. Elsenhans, Nord-Süd-Beziehungen. Geschichte – Politik – Wirtschaft, 2. Auflage, Stuttgart 1987. dn

Neukaledonien →Pazifische Inselwelt

NGO →Nichtstaatliche Organisationen

NICs →Schwellenländer

Nicaragua Mit der * Revolution in Nicaragua 1979 etablierte sich nach Castros Kuba zum zweitenmal ein sozialrevolutionäres Regime im trad. «US-Hinterhof». Die Wirkung auf die Länder des Isthmus und den «Koloß im Norden» war nachhaltig: Die Revolution markiert den Beginn des * Zentralamerika-Konflikts. Nach knapp einem Jahrzehnt * *Contra*-Krieg endete die revolutionäre Epoche mit dem Wahlsieg der Opposition, 1990. Die innenpol.

Lage war Anfang der 90er J. noch sehr instabil.

1. N. ist mit 130682 qkm das größte Land Zentralamerikas. Es verfügt über große, z.T. noch ungenutzte natürliche *Ressourcen. Ca. 48% (von potentiell 70%) seiner Fläche werden landw. genutzt. Anbauprodukte: v.a. Exportgüter (Kaffee, Baumwolle, Bananen, Zucker) und Grundnahrungsmittel (wie Reis, Mais, Bohnen und Hirse). Fleisch und Fisch werden in größeren Mengen exportiert. N. besitzt etliche Rohstoffvorkommen, die aber nur ansatzweise erschlossen sind. Abgebaut werden Gold, Silber, Kupfer, Blei und Zink. Im Industriesektor dominieren Agro-, Textil- und Chemieindustrien.

2. Die Bev. wurde 1990 auf 3,87 Mio. Ew. geschätzt. Die JZ lag 1971–1990 bei 3,8%. Knapp die Hälfte der Bev. ist jünger als 15 Jahre. Die Bev.-Dichte unterscheidet sich regional erheblich: Etwa ⅔ der Bev. leben an der Pazifikküste auf 15% der Staatsfläche; die Zentralregion ist mäßig, die Atlantikregion nur dünn besiedelt. Hs.: Managua (1985: ca. 682000 Ew.), Urbanisierungsgrad (1990): 60%. Mestizen stellen rd. 60–70% der Bev., Weiße und Bev.-Gruppen afrik. Abstammung jeweils 10–15%, Indios 4–6%. Mit der Landessprache Spanisch konkurrieren an der Atlantikküste Englisch und einige Indianer-Sprachen (v.a. Chibcha). Die große Mehrheit der Bev. gehört dem kath. Glauben an.

3. Nach der Eroberung durch die Spanier (1522–1524) stand die Pazifikküste N.s im Zeichen span. Kolonialpolitik. Die Atlantikküste entwickelte sich *de facto* eigenständig; zeitweilig existierte dort ein von Spanien unabh. *Mosquitia*-Staat und ein engl. Protektorat. 1821 erlangte N. (zusammen mit dem übrigen Zentralamerika) die Unabh.; nach dem Austritt aus der zentralamerik. Förderation (1839) entstand der «Staat» N., dessen Reg. jedoch erst unter Präs. Zelaya (1893 bis 1909) über das ges. Staatsgebiet Kontrolle erlangte. Die postkoloniale Zeit prägten Bürgerkriege rivalisierender Oligarchien, Interventionen von US-Söldnern sowie «konservative» und «liberale» Diktaturen. Die exportorientierte Wirtsch.-Struktur N.s wurzelt bereits in der Expansion von Kaffeekulturen Ende des 19. Jh., deren Anbau unter Zelaya forciert wurde (Aufbau von *Infrastrukturen, finanz. Anreize).

4. 1912 intervenierten die USA milit. und hielten bis 1933 (ausgenommen 1925/26) das Land besetzt; US-Kapital kontrollierte nun neben einzelnen *Plantagen v.a. das Transport-, Bank- und Zollwesen. Pol. sicherten sich die USA ihre Interessen durch Marionettenregierungen und den Aufbau einer Nationalgarde (1927). Nicht zuletzt aufgrund des milit. Drucks aufständischer Truppen unter dem Freiheitskämpfer A.C. Sandino zogen die USA 1932/33 ihr Militär ab, nachdem sie J.B. Sacasa als Präs. und A. Somoza García als Oberkommandanten der Nationalgarde eingesetzt hatten. Sandino stimmte einem Frieden zu; 1934 wurden er und die Führungskräfte seiner (aufgelösten) Armee von Nationalgardisten ermordet.

5. 1936 gelangte Somoza an die Macht und begründete die bis 1979 dauernde Diktatur der Somoza-Dynastie: Während deren Herrschaft entwickelte sich N. außenpol. zum treuen Verbündeten der USA, innenpol. – gestützt auf Nationalgarde und US-Hilfe sowie lange Zeit geduldet von der trad. Oligarchie – zum Inbegriff pol. Reaktion. Die wirtsch. Tätigkeit (*Investitionen, Infrastrukturaufbau, Kreditvergabe) nach dem II. Weltkrieg konzentrierte sich auf die Expansion, *Diversifizierung und Modernisierung des Agrarexportsektors und (im Rahmen der *Importsubstitutions-Strategie des *MCCA) auf die *Industrialisierung; der Anbau von Grundnahrungsmitteln wurde dagegen vernachlässigt (Mangel an Krediten, unterstützenden staatl.

Dienstleistungen und produktivitätssichernden bzw. -steigernden *inputs*). Die Folgen: Beachtliches Wirtsch.-Wachstum bis in die 70er J. zum Preis verschärfter * struktureller Heterogenität, krasser sozialer Gegensätze sowie extremer Ausl.-Abhängigkeit. Hohe * Arbeitslosigkeit und Unterbeschäftigung folgten auf * Marginalisierung ländl. Bev.-Schichten (v. a. Kleinbauern in der Pazifik- und Zentralregion), Saisonarbeit und * kapitalintensive Industrialisierung. Die extreme Land- und Besitzkonzentration v. a. in Händen der Somoza-Familie kontrastierte mit der * Armut in der breiten Bevölkerung. Verbunden mit der pol. Desintegration neuer (durch den sozioökon. Wandel entstandener) sozialer Gruppen (Lohnarbeiter, städt. Mittelschichten etc.) und der brutalen Repression gegenüber sozialreformistischen Bestrebungen in den 70er J., radikalisierte dies große Bev.-Teile und führte zur breiten Unterstützung sozialrevolutionärer Kräfte in Form der 1962 gegr. Sandinistischen Befreiungsfront (FSLN). Der wirtsch. Druck des somozistischen Machtmonopols sowie immer dreistere Bereicherungsmethoden der Somoza-Familie bewirkten überdies den Bruch zwischen Somoza und dem nat. Unternehmertum, dem es jedoch nicht gelang, eine reformistische Alternative zu Somoza anzubieten. Es kam zum Volksaufstand unter milit. Führung des FSLN, unterstützt von Kirche und Unternehmertum. Am 19. Juli 1979 stürzte das Somoza-Regime.

6. Nach der Revolution verschaffte sich der FSLN rasch die Mehrheit in den pol. Institutionen des Staates und kontrollierte diese bis 1990. Weitreichende pol. Entscheidungen fielen *de facto* innerhalb der FSLN-Fühung, deren *comandantes* zentrale Staatsämter einnahmen. Pol.-institutionell war die Macht zunächst in einer mehrheitlich (pro)sandinistischen Reg.-Junta konzentriert, der ein Kabinett und ein Staatsrat (mit legislativen Befugnissen) zur Seite standen. 1984 wurde ein Präs. (D. Ortega, FSLN) und eine *Asamblea Nacional* (FSLN: ⅔ der Mandate) gewählt, deren Kompetenzen erst die Verfassung von Jan. 1987 definitiv festlegte. Die Wahlen waren techn. korrekt, fanden allerdings in einem autoritären Kontext statt. Ein Teil der «bürgerlichen» Opposition nahm auf Druck der USA an den Wahlen nicht teil. Trotz einer (für LA nicht unüblichen) Kompetenzfülle des Präs. legt die Verfassung von 1987 die horizontale Gewaltenteilung fest und trennt gesetzgebende, ausführende, rechtsprechende und (die in LA häufige) Wahlgewalt. Außerhalb der pol. Institutionen versuchte sich das Regime (gemäß dem Anspruch einer partizipatorischen Demokratie) über sandinistische Massenorganisationen in der Gesellschaft zu verankern. Die anfänglich quasi-staatl. Aufgaben der Sandinistischen Verteidigungskomitees (CDS) stießen hierbei auf starke int. Kritik.

Das innenpol. Klima nach der Revolution prägten insb. der offene Bruch zwischen bürgerlichen und sandinistischen Kräften, der von den USA initiierte und finanzierte *Contra*-Krieg und damit verbunden der Ausnahmezustand, der im März 1982 über das ganze Land verhängt wurde. 1984/85 aufgrund der Wahlen für gut ein Jahr gelockert, wurde er im Jan. 1988 im Zuge des Esquipulas-II-Abkommens (→Zentralamerika-Konflikt) aufgehoben. Insb. der Ausnahmezustand schränkte den Spielraum der pol. Opposition stark ein, wobei das Regime (v. a. bei seiner Verhaftungspraxis) nicht streng zwischen legitimer Opposition und *Contra*-Unterstützung zu unterscheiden vermochte. Gemessen an rechtsstaatl. Kriterien waren insb. die pol. Sondergerichte bedenklich, die jahrelang über pol. brisante Fälle urteilten. Eine systematisch betriebene Politik des Mordens und «Verschwindenlassens» seitens staatl. Kräfte (wie z. B. in

El Salvador und Guatemala) gab es jedoch im sandinistischen N. nicht. Konflikte mit der Kirchenhierarchie und eine Fehlpolitik gegenüber indianischen Minderheiten bei dem Versuch, diese in das revolutionäre N. zu integrieren, trugen zur innenpol. Polarisierung bei. Aus den int. überwachten (*UN, *OAS) Wahlen von 1990 – den fairsten in der Gesch. des Landes – ging V. Barrios de Chamorro, getragen von einem breiten anti-sandinistischen Bündnis (UNO), als Siegerin hervor. Die *Contra*-Verbände wurden noch 1990 reintegriert und die Streitkräfte binnen 1 ½ Jahren um ⅘ verkleinert. Freilich versuchten kleinere Verbände ehemaliger Konterrevolutionäre (*Recontras*) und demobilisierter Soldaten (*Recompas*) – oder beide Gruppen zusammen (*Revueltos*) –, per Waffengewalt ihre Interessen durchzusetzen. Innenpol. bildeten sich drei Machtzentren heraus: die Reg. Chamorro, unterstützt von einer kleinen UNO-Minderheit im Parlament; die revanchistische, extrem antisandinistische Mehrheit der UNO-Abgeordneten und UNO-Bürgermeister, die den Versöhnungskurs der Reg. torpedieren; der FSLN, der als größte Partei des Landes der regierungsloyalen UNO-Fraktion zu Parlamentsmehrheiten verhilft und einen «Spagat» vollzieht zwischen einer kooperativen Oppositionspolitik unter dem Banner nat. Verantwortung und einer Interessenpolitik im Sinne der sandinistischen Basis, die mit Streiks, Demonstrationen und Landbesetzungen gegen die Wirtschafts- und Sozialpolitik der Reg. Sturm läuft.

7. Zentrales Ziel der Revolution war die Beseitigung extrem ungleicher Besitzverhältnisse und sozialer Mißstände im Rahmen eines wirtsch. Wiederaufbaus. Im Mittelpunkt stand hierbei die Landwirtschaft. Die Agrarstruktur während der sandinistischen Phase läßt sich in drei Bereiche untergliedern: a) den Staatsbesitz (*Area Propiedad del Pueblo*), auf dem Staatsfarmen vornehmlich für den Export produzierten; b) den staatlich geförderten Genossenschaftssektor, der aus versch. Formen von Kooperativen bestand; c) den herkömmlichen Privatsektor, in dem *Latifundien – aufgrund der Enteignung der Somoza-Ländereien sowie der sandinistischen Agrarreform – erheblich zurückgingen. Im Zuge der weitreichenden Agrarreform wurden zunächst *Genossenschaften bei der Land- und Kreditvergabe bevorzugt, später jedoch verstärkt auch private Kleinbauern berücksichtigt. Teile der Ind. sowie das inländische Bankwesen und der Außenhandel wurden verstaatlicht. Im Rahmen einer **mixed economy* versuchten die Sandinisten einen pol. regulierten Markt aufzubauen. Dabei waren die an den Grundbedürfnissen der Bev. orientierte Produktion, eine (allzu) großzügige Kredit- und Subventionspolitik, das Verbot ausbeuterischer Pacht- und Arbeitsformen, die Reformen des Arbeitsrechtes, die Landumverteilung etc. untrennbar mit sozialpol. Maßnahmen verknüpft, die Mißstände in den Bereichen *Gesundheit, *Bildung und *Wohnen zu beseitigen versuchten: Aufbau ländl. *Gesundheitsdienste; Impfungen; kostenlose med. Versorgung; eine großangelegte Alphabetisierungskampagne, Schulpflicht, gebührenfreier Schulbesuch; staatl. Investitionen im Wohnungssektor zugunsten unterer Einkommensschichten etc.

Die grundbedürfnisorientierte Wirtschafts- und Sozialpolitik scheiterte jedoch an der Wirtschaftsmisere, die N. ab Mitte der 80er J. durchlebte. Steile Inflationsraten und damit erhebliche Reallohnverluste sowie gravierende Versorgungsmängel senkten den allg. Lebensstandard drastisch. Hohe Auslandsverschuldung, Handels- und Haushaltsdefizite waren Ausdruck der Krise. Intern trugen fehlende Produktionsanreize, Mängel im zentralisierten staatl. Verteilungssystem sowie Investitionsboykott und Kapitalflucht seitens nat. Unternehmer aufgrund von staatl. Auflagen und der innenpol. Polarisierung zur Krise bei. Extern lag sie insb. im Verfall der int. Rohstoffpreise sowie in der wirtsch. Blockadepolitik der USA begründet: Kredit- und Importsperren; Druck auf *IWF, *Weltbank und *IDA, *multilaterale Kredite auszusetzen, das Handelsembargo von 1985 und insb. der durch die USA finanzierte *Contra*-Krieg. Immense Kriegsschäden, ein gigantisches Verteidigungsbudget und die Rekrutierung wichtiger Arbeitskräfte belasteten N.s Wirtschaft sehr. Hinzu kamen Unwetter-Schäden, z. B. durch das Hochwasser 1982, die Dürre 1987 sowie den Hurrican «Joan» im Sept. 1988. Einzig die massive Wirtschafts- und Militärhilfe soz. Staaten (allen voran der UdSSR) bewahrten in den 80er J. das sandinistische Regime vor dem Zusammenbruch.

Durch den Amtsantritt der Reg. Chamorro hatten sich die Bedingungen wirtsch. Entwicklung wesentlich verändert. Der *Contra*-Krieg sowie die Blockadepol. der USA wurden beendet, und westliche IL traten wieder als Kreditgeber auf. Die Staaten des ehemaligen Ostblocks fielen als Geberländer aus. Neben (z. T. erfolgreichen) Umschuldungsverhandlungen leitete die Reg. Chamorro ein neoliberales Stabilisierungs- und Sparprogramm ein sowie eine umfassende Privatisierung von Staatsbetrieben. Maßgeblich finanziert durchs Ausland, wird eine grundlegende Sanierung der Wirtschaft angestrebt. Die sozialen Kosten sind enorm. Zwischen 70% und 80% der Nicaraguaner leben gegenwärtig unter den Bedingungen extremer Armut.

Lit.: M. Rediske, Umbruch in Nicaragua, Berlin 1984; F. D. Colburn, Post-Revolutionary Nicaragua: State, Class and the Dilemmas of Agrarian Policy, Berkeley 1986; M. B. Vanderlaan, Revolution and Foreign Policy in Nicaragua, Boulder/London 1986; F. Niess, Das Erbe der Conquista, Köln 1987; R. J. Spalding (Hg.), The Political Economy of Revolutionary Nicaragua, Boston u. a. 1987; D. Close, Nicaragua, London 1988; W. Dietrich, Nicaragua, 3. Aufl., Heidelberg 1988; H. Thielen, Nicaragua. Entwicklung der Agrarreform und Umweltpolitik seit 1979, Saarbrücken u. a. 1988; L. J. Enríquez, Harvesting Change: Labour and Agrarian Reform in Nicaragua, 1979–1990, Chapel Hill u. a. 1991; M. Krennerich/S. Weyers, Die int. Determinanten der Demokratisierung in Nicaragua, in: D. Nohlen u. a. (Hg.): Demokratie und Außenpolitik in Lateinamerika, Opladen 1991; M. Krennerich: Nicaragua, in: HDW III, 3, 1992, S. 203 ff. Weitere Lit. →Zentralamerika-Konflikt. mik

Nichtregierungs-Organisationen →Nichtstaatliche Organisationen

Nichtstaatliche Organisationen Im Bereich der E.-Politik der BRD gehören zu den autonomen NGOs (*Non Governmental Organizations*; auch NRO = Nicht-Regierungs-Organisationen) die *Kirchen, die *pol. Stiftungen und sonstige private Träger von E.-Hilfe, deren wichtigste sich im *Bensheimer Kreis zusammengeschlossen haben. Ihre Unterstützung sieht die Bundesregierung als wesentl. Element der bundesdeutschen E.-Politik an. 1982 hat die Bundesregierung den NGOs ca. 388 Mio.; 1990 ca. 710 Mio. DM zur Verfügung gestellt, die Gesamtsumme beläuft sich für die Jahre 1962 bis 1990 auf ca. 7,7 Mrd. DM (s. Tab. 10). Die eigenen Leistungen der NGOs erreichten 1990: 1,223 Mrd. DM.

Die staatl. Förderung privater E.-Hilfe-Organisationen wird damit begründet, daß nichtstaatl. Träger geeignet seien, gesellsch. Zielgruppen in den EL direkt anzusprechen und mit ihnen zusammenzuarbeiten. Es wird auch betont, daß sie den *Selbsthilfe-Willen der Bev. im EL besser mobilisieren und mit gesellsch. Gruppen zusammenarbeiten können, die zu den Unterprivilegierten gehören oder in *Marginalität dahinvegetieren. Nicht unwichtig ist, daß die deutschen Träger durch den unmittelbaren Zugang zu den Menschen in den EL sich den pol. und sozialen Problemen der EL aufgeschlossener zeigen und auf das pol. Bewußtsein in der BRD zurückwirken können. Die NGOs haben seit Mitte der 70er J. die entwicklungspol. Bildungsarbeit in der BRD verstärkt. Auf Initiative der *GKKE hielten 48 NGOs Mai 1983 in

Tabelle 10: Zuwendungen des Bundes an NGOs 1962 bis 1990 in Mio. DM

	1962	1970	1975	1980	1985	1990
Kirchen	34,30	68,20	110,00	148,00	210,60	273,40
pol. Stiftungen	0,13	44,05	92,45	159,80	225,10	304,00
andere		8,08	14,68	21,99	43,60	55,86
insgesamt	34,43	120,33	217,13	329,79	479,30	633,26

Quelle: BMZ.

Der Anteil der NGOs am ges. E.-Haushalt lag 1982 bei 6,44% und 1989 bei 9,1%. Die eigenen Leistungen der NGOs übertreffen die öffentl. Zuschüsse um etwa das 2½fache (1982: 949,2 Mio. DM), wobei die kirchlichen Stellen allerdings mehr als ⅔ aufbringen.

Bonn ein erstes gemeinsames Symposium ab, das u. a. dem Ziel diente, den NGO-spezifischen entwicklungspol. Ansatz darzustellen.

Lit.: K. Gottstein u. a. (Hg.), Brief Descriptions of Nongovernmental Institutions in the Federal Republic of Germany Co-operating with Developing Countries in Science and Technology, Tübingen 1979; Directory of Non Governmental Organizations in OECD Member Countries, Active in development Co-Operation, OECD Paris 1981; J. von Stockhausen, Nichtstaatliche Entwicklungsträger auf dem Vormarsch?, in: APuZ 23/1983, S. 33ff.

dn

Nicht-tarifäre Handelshemmnisse →Außenhandelspolitik, Handelshemmnisse

Niederländische Antillen →Karibik

Niger Die Republik N. (*LLDC, *MSAC, *AKP) ist e.-pol. im wesentlichen von einer Ressource abhängig: Uran.

1. N., seit 1960 unabh., liegt geogr. wie ethnographisch in der Übergangszone zwischen Nord- und Schwarzafrika. Die Sahara (→Sahelzone) bedeckt drei Viertel der 1 187 000 qkm N.s (im N weniger als 0,1 Ew. pro qkm) und dehnt sich weiter nach S aus, im südl. Viertel konzentrieren sich rund 85% der 1990: 7,66 Mio. zu 87% auf dem Lande lebenden Bev. (JZ 3,1%, ein Programm zur Geburtenkontrolle wird vorbereitet). Die nomadischen Tuareg (vor der Dürrekatastrophe zu Beginn der 70er J. 11% der Ew.) und die inzwischen seßhaften Peul (Fulbe, 14%) gelten als «Weißafrikaner». Mit der übrigen Bev. verbindet sie der Islam (90% Moslems, 8% Animisten, 2% Christen). Die 45% der Ew. umfassenden Haussa-sprechenden Völker, deren Sprache fast überall im N verstanden wird, dominieren den Handel, während die in der Hs. Niamey (1988: 420000 Ew.), lebenden Djerma und Songhai (21% der Bev.) bis heute die unter der Kolonialherrschaft erworbenen pol. Schlüsselpositionen verteidigen.

2. In der Kolonialzeit wurde die sozio-ökon. *Infrastruktur des rund 700 km von der nächsten Küste abgeschnittenen und für die Franzosen wirtsch. wenig interessanten N. kaum entwickelt, so daß noch zu Beginn der 80er J. die Befriedigung der *Grundbedürfnisse der Bev. völlig ungenügend war: Zugang zu sauberem Wasser für 27% der Bev., ein Arzt für 45 000 Ew. etc. Noch heute liegt die Einschulungsrate für die 6–11jährigen nicht über 20%, 10% im Sekundarschulbereich und 0,3% im Hochschulsektor (die 1971 gegr. Universität Niamey zählt 3000 Studenten). 70% der Bev. leben von der Landw., weitere 16% von der Viehzucht. Beide Bereiche erlitten schwere Verluste durch die Dürrekatastrophen der 70er und 80er Jahre. Die Landw. erbringt heute etwa 25% des BIP, die Viehzucht ca. 15%. Die Bedeutung der bescheidenen verarbeitenden Ind. ist in den letzten Jahren durch eine verfehlte Steuerpolitik, v. a. aber durch den wachsenden Anteil des Parallelmarkts mit Waren aus Nigeria weiter zurückgegangen (1972: 10,3% des BIP, heute 2 bis 3%).

3. Das 1958 noch von den Franzosen installierte Regime Diori Hamanis (ab 1960 Staatspräs. in einem formal der V. Franz. Republik nachgebildeten Verfassungssystem) bekam erst Mitte der 60er J. die Untergrundarbeit der verbotenen nationalistischen *Sawaba*-Partei Djibo Bakaris unter Kontrolle und offenbarte sich danach endgültig als immobiles und korruptes Regime, dessen Einheitspartei (PPN/*Parti Progressiste Nigérien*) sich nur auf eine schmale urbane Elite stützte. Nach der Machtübernahme des Militärs wurde ein an vorkolonialen Strukturen orientierter «afrik. *Sozialismus» propagiert, der 1987 in einer durch Referendum angenommenen «Charte Nationale» eine quasi verfassungsmäßige Grundlage erhielt. Im Febr. 1993 fanden erstmals seit 20 J. freie Parl.-Wahlen statt, aus denen die ehem. Einheitspartei MNSO als stärkste Kraft hervorging, die abs. Mehrheit aber gegenüber einer Acht-Parteien-Allianz der Opposition verfehlte.

4. Nach dem Beginn der Uranförderung und dem Ansteigen der Weltmarktpreise Anfang der 70er J. erhöhte das *Militärregime den nigr. Staatsanteil an den Uranunternehmen von 16 auf 33%. Der Export von Uranerz erbrachte dem sechstgrößten Produzenten der Welt 1979 40% seiner Einfuhrerlöse. Auch nach dem Verfall des Uranpreises in den 80er J. (drastische Einnahmeverluste trotz Sonderkonditionen im Handel mit Frankreich und Japan) macht Urankonzentrat weiterhin über 75% der Exporteinnahmen aus (Uranerz 8%). 1987 wurden 164000 t Kohle minderer Qualität gefördert; prospektiert, aber für die Förderung noch nicht als rentabel erachtet wurden ein Erdölfeld von 1 Mio. t, Eisenerz (650 Mio. t), Phosphat (500 Mio. t), Lithium (350000 t), Mangan (100000 t), Kaolin und Marmor. Grundlegend neu orientiert wurde die Landw.-Politik. Die Anbaufläche für **cash crops* (wichtigstes landw. Exportprodukt früher Erdnuß, heute Baumwolle) wurde drastisch reduziert, diejenige für die Selbstversorgung verdoppelt (Investitionsanteil der Landw. am Fünf-Jahr-Plan 1987–91: 40%), wobei durch Ausfall der früher üblichen Brache die Bodenqualität allerdings erheblich vermindert wurde. Das Ziel landw. Selbstversorgung konnte bisher allenfalls in den ganz seltenen Jahren mit ausreichenden Niederschlägen annäherungsweise erreicht werden. Die wirtsch. Strukturdaten und Maßnahmen entsprachen Ende der 80er J. denen der Nachbarstaaten: eine Auslandsverschuldung von 1,5 Mrd. US-$, mehrere multilaterale *Umschuldungsabkommen (→IWF, Weltbank, Pariser Club), die auf eine Förderung des privatwirtsch. Sektors und die Liquidierung bzw. Privatisierung staatl. und parastaatl. Unternehmen abzielten, etc. N., das gerade auf den die offiziellen Wirtschaftsdaten stark relativierenden Parallelmärkten das Gewicht seines übermächtigen Nachbarn Nigeria verspürt, bleibt auf absehbare Zeit auf das Wohlwollen seiner Wirtschaftspartner und v.a. auf ausreichende Niederschläge für seine Ernten angewiesen.

Lit.: J. Triaud, L'Islam et l'Etat au Niger, in: Le Mois en Afrique 192/3, 1981, S. 9–26 und 194/5, 1982, S. 35–48; R. Charlick/J. Thomson, Niger, Alder-shot 1989; D. Robert, Niger, in: HDW III, 4, 1992, S. 328 ff. kz

Nigeria Die Bundesrep. N. (*OPEC, *AKP) entwickelte sich auf Grund seiner Erdölerlöse in den 70er J. zur ökon. und pol. Führungsmacht Schwarzafrikas. Die Folgen des Erdölbooms (Vernachlässigung des Agrarsektors, *Landflucht, Inflation, Versorgungsengpässe) haben sich seit dessen Rückgang durch die schlechte Marktlage noch verschärft; hinzu kommt die innenpol. Instabilität (Zersplitterung durch *Tribalismus, versch. *Religionen, fünf Staatsstreiche seit der Unabh.), die die derzeitige Militärreg. unter General Ibrahim Babangida zu überwinden sucht.

1. N. (923 772 qkm) ist mit ca. 88,5 Mio. Ew. (1991) das bevölkerungsreichste Land Afrikas. Ethnisch ist die ehemals brit. Kolonie, die am 1. Okt. 1960 unabh. wurde, äußerst komplex (434 ethnische Gruppen). Die drei größten Völker Haussa-Fulbe (21,3%) im N, Yoruba (21,2%) im SW und Ibo (18,4%) im SO stellen knapp 60% der Gesamtbev. und dominieren eindeutig ihre Regionen. Die brit. Kolonialpol., die dem islam. Norden innere Selbstverwaltung und kulturelle Nichteinmischung im Rahmen der *indirect rule* garantierte, während der staatl. weniger organisierte S unter dem Einfluß christl. Missionen rel. schnell durchdrungen wurde, führte zu einem bedeutenden Bildungsgefälle und trug wesentlich zum Nord-Süd-Gegensatz bei, der gemeinsam mit dem interethnischen Konkurrenzdenken zur entscheidenden Triebfeder des pol. Prozesses in N. wurde. Ethnische Rivalitäten und ein den Tribalismus begünstigender Verfassungsrahmen waren Voraussetzungen für Unruhen, Machtübernahme der Militärs und einen dreij. Bürgerkrieg (Sezession des Ibostaates Biafra 1967 bis 1970). Der Wiederherstellung der Demokratie im Okt. 1979 nach 13jähriger Militärherrschaft (→autoritäre Regime) folgte 1983 erneut ein milit. Staatsstreich. 1985 übernahm ein reformorientierter Flügel des Militärs die Macht.

2. Mit einer mittleren Bev.-Dichte von 96 Ew./qkm zählt N. zu den am dichtesten besiedelten Ländern Afrikas. Die JZ der Bev. wird auf 2,5 bis 3,5% geschätzt. Fast die Hälfte der Bev. ist jünger als 15 Jahre. Die LE erhöhte sich von 34 J. (1960) auf 52 J. (1990). Eine anhaltende Landflucht, der die Reg. seit Beginn der achtziger J. entgegenzuwirken versucht, hat die Städte rapide anwachsen lassen. Die bisherige Hs. Lagos wuchs von 665 000 Ew. (1963) auf 1,74 Mio. Ew. (mit Vororten 5,7 Mio.) an.

3. Die nig. Wirtschaftsstruktur ist durch die nicht-integrierte Einlagerung eines modern organisierten, mo etär-wirtsch. Exportsektors in die autochthone Wirtsch. bestimmt. Mehr als ⅔ der erwerbstätigen Bev. arbeitet noch in kleinbäuerlichen Betrieben (zum größten Teil *Subsistenzproduktion), während der am Niveau der IL orientierte und an *Kapitalintensität weiterhin zunehmende Industriesektor nur etwa 7% der Erwerbspersonen beschäftigt. Der Anteil der agrarischen Produktion (Baumwolle, Kakao, Erdnüsse, Palmprodukte, Kautschuk) an der Gesamtausfuhr fiel von 61,8% (1965) auf 3% 1984. In den regenreichen Savannen wären erhebliche Steigerungen etwa der Getreideproduktion möglich, doch beschränkt sich die Förderung der Reg. im landw. Bereich auf die Großplantagen, während den Kleinbauern keine Produktionsanreize geboten werden. Die Erzeugung von Grundnahrungsmitteln bleibt weit hinter der Nachfrage zurück, so daß ein erheblicher Teil durch Importe gedeckt werden muß. Der Außenhandel N.s wird trotz der Bemühungen um einen Ausbau von Industrie und Landw. weiter in hohem Maße von der Entwicklung auf dem Erdölmarkt dominiert (rd. 90% der Exporteinnahmen); die Ölfördermenge ging zwischen 1980 und 1986 um ca. 75% zurück. Die im nat. E.-Plan bis 1985 vorgesehene *Diversifizierung der nig. Industrie (Konsumgüterind., Kfz-Montage) und der Aufbau einer Grundstoffind. (Eisen, Stahl, Petrochemie) wurde durch den großen Mangel an Fachkräften (nach den Ausweisungen ausl. Arbeiter 1983 und 1985 noch verschärft) und infrastrukturelle Schwächen erschwert. 1985 rief die neue Reg. den Notstand aus und legte ein Sanierungsprogramm vor, dessen Schwerpunkt bei der Förderung der Großfarmen und der Mechanisierung der Landw. liegt; das 1988 mit den Gläubigerstaaten und dem *IWF vereinbarte *Umschuldungsabkommen (*Verschuldung im

Ausland 1990: rd. 36 Mrd. US-$) beinhaltete Maßnahmen zur Liberalisierung der Wirtschaft.

4. Sprachenvielfalt und der Einfluß der *Religionen stehen der nat. Integration entgegen. Die wichtigsten Sprachen sind die der drei großen Ethnien: Haussa, Yoruba, Ibo und Englisch als integrative Amtssprache. Während das Christentum besonders im Süden verbreitet ist, bestimmt der Islam die Sozialstruktur des Nordens. Etwa 45 % aller Nigerianer bekennen sich zum Islam, 38,4 % zum Christentum, und der Rest verteilt sich auf zahlreiche afrik. Religionen. Die Analphabetenziffer konnte von 84,6 % (1962) auf 49 % (1990) gesenkt werden. Erst 1976 wurde die kostenlose allg. Schulpflicht eingeführt, jedoch aufgrund personeller und finanzieller Beschränkungen mit unterschiedlichem Erfolg in den einzelnen Bundesstaaten.

5. Die nig. Unabh.-Verfassung war weitgehend am brit. *Westminster-Modell orientiert. Hauptmerkmale waren ein Zweikammerparlament auf Bundes- und Regionalebene, eine parl. verantwortliche Reg. sowie die rel. Mehrheitswahl in Einerwahlkreisen. Die unausgewogene föderative Struktur – drei Regionen N, W und O – führte zur Herausbildung regionaler Parteien, die in der pol. Tradition der jeweiligen Majoritätsethnien wurzelten. Das Wahlsystem führte zur Verfestigung von Einparteisystemen in den Regionen und behinderte die nat. Integration. Angesichts der wirtsch. UE und der E.-Differenzen zwischen den Regionen leitete dies gemeinsam mit einer Politik der Zuspitzung ethnischer Gegensätze den Niedergang der «afrik. Musterdemokratie» ein. Nach dem zweiten Militärputsch des Jahres 1966 wurde die alte Föderalstruktur zerschlagen. Legislative und Exekutive von Bund und 12 Bundesstaaten wurden von Streitkräften kontrolliert. Auf die Wiederherstellung der Demokratie 1979 (am US-amerik. Vorbild orientierte Verfassung mit präsidialdemokratischem Reg.-System, Senat und Repräsentantenhaus, klarer Gewaltenteilung, 19 Bundesstaaten), die die nat. Integration mittels überregionaler Verbreitung der Parteien und Vertretung mind. eines Ministers aus den Gliedstaaten im Bundeskabinett zu stärken suchte, folgte 1983 ein Staatsstreich höherer Offiziere. Die repressive Reg.-Politik des Generals Muhammed Buhari (Verbot der bestehenden Parteien, der Pressefreiheit und der öfftl. pol. Diskussion) führte am 27. Okt. 1985 zu dessen Sturz durch einen erneuten, unblutigen Putsch. Unter dem Präs. und Oberbefehlshaber der Streitkräfte, General Ibrahim Babangida, bemüht sich die derzeitige Militärreg. unter Konsultation aller Bev.-Teile um eine pol. Neuordnung und die Ausarbeitung einer eigenständigen, nicht an ausl. Modellen orientierten Verfassung. Symbolisch für den Versuch, die pol., ethnische und religiöse Zersplitterung zu überwinden, ist der Aufbau der neuen Hs. Abuja. Im Dez. 1987 wurden Kommunalwahlen durchgeführt. Im Juli 1992 erfolgten Wahlen für beide Kammern des Parlaments, bei denen die Bevölkerung die Auswahl zwischen zwei vom Präs. gegründeten Parteien, der *Social Democratic Party* (SDP) und der *National Republican Convention* (NRC) hatte, wobei die SDP in beiden Häusern die absolute Mehrheit erhielt. Die Wahlen waren nicht geheim. Anfang 1993 sollen Wahlen für einen zivilen Staatschef folgen. Außenpol. zählt N. zu den um die Abschaffung der *Apartheid in Südafrika und die Förderung der Zusammenarbeit bes. in Westafrika (*ECOWAS) bemühten Staaten und richtet sich nach den Prinzipien der *Blockfreiheit.

Lit.: E. M. Joye/K. Igweike, Introduction to the Nigerian 1979 Constitution, London and Basingstoke 1982; I. W. Zartmann (Hg.), The Political Economy of Nigeria, New York 1982; H. Bergstraesser, Nigeria, in: HDW III, 4, 1993, S. 344 ff. rn/pb

NIIO →Neue Weltinformationsordnung

Nkrumah, Kwame Erster Regierungschef eines unabh. schwarzafrikanischen Staates, des 1957 unabhängig gewordenen Ghana (früher Goldküste). 1909 geboren, studierte er ab 1935 zehn Jahre in den USA mit Examina in Soziologie, Theologie, Erziehungswissenschaften und Philosophie und schloß daran ein Jurastudium an der *London School of Economics* an. Bereits in den USA unter den afrikan. Studenten pol. aktiv, entwickelte er seine panafrikan. und sozialist. Ideen in GB weiter, organisierte dort die 6. Konferenz des Pan-Afrikanischen Kongresses und nahm 1947 den an ihn ergangenen Ruf der Unabh.-Bewegung in der Goldküste an, den Kampf gegen die Kolonialmacht zu führen. N. gründete 1949 die *Convention People's Party* (CPC), die er mit Hilfe seiner charismatischen Fähigkeiten zur Mehrheitspartei machte. Nach Erreichen des Unabh.-Ziels errichtete N. ein äußerst repressives Regime, ideologisch begründet durch den Kampf gegen den *Neokolonialismus. Sich selbst ließ er in einer Verbindung magischer und relig. Vorstellungen als Messias verehren. Ihm gelang es jedoch weder, seine panafrikan. Ideen zu verwirklichen, noch sein innenpol. Programm radikaler Strukturreformen zum Erfolg zu führen. Sein Sturz (1966) war Ausdruck seines Scheiterns. dn

Nonformale Bildung →Bildung

Nord-Korea →Korea-Nord

Nord-Süd-Kommission «Unabh. Kommission für int. Entwicklungsfragen» (auch «Brandt-Kommission») unter Vorsitz von Willy Brandt, auf Anregung des Präsidenten der *Weltbank, R. McNamara, gegr., um Lösungsvorschläge für die dringendsten Nord-Süd-Probleme zu erarbeiten, nachdem die Verhandlungen im *Nord-Süd-Dialog ins Stocken geraten waren. 18 Kommissionsmitgl. (10 aus den EL, 8 aus den IL; u. a. E. *Frei/Chile, E. Heath/GB, A. Malik/Indonesien, O. Palme/Schweden), 2jährige Beratungen, 10 Sitzungen in 9 versch. Ländern (Dez. 1977 bis Dez. 1979). März 1980 wurde der *Brandt-Bericht vorgelegt. Nach der Veröffentlichung des Brandt-Berichts gab es auf Einladung der nat. Regierungen bzw. der EG-Kommission fünf weitere Treffen: Den Haag (1980), W-Berlin (1980), Kuwait (1982), Brüssel (1982) und Ottawa (1982). Auf Grund des enttäuschenden Verlaufs des Nord-Süd-Gipfels in *Cancun beschloß die Kommission bei ihrem Treffen in Kuwait, insb. auch angesichts der weltweiten wirtsch. Rezession, ein neues Memorandum auszuarbeiten, das zu Dringlichkeitsmaßnahmen zugunsten der Länder der *Dritten Welt aufrufen sollte. Dieses Memorandum, der zweite Brandt-Bericht, wurde in Ottawa verabschiedet und 1982 veröffentlicht. In der Tradition der Nord-Süd-Kommission arbeitet seit 1983 die sog. Brundtland-Kommission (*Brundtland-Bericht), eine unabh. UN-Sonderkommission.

Lit.: Brandt, W. (Hg.), Hilfe in der Weltkrise. Ein Sofortprogramm. Der 2. Bericht der Nord-Süd-Kommission, Reinbek 1983. dn

Nord-Süd-Konflikt bezeichnet die Konfrontation zwischen EL und IL, die zu einem der zentralen Probleme der int. Bez. im letzten Drittel unseres Jh.s geworden ist. Der Konflikt gründet sich auf die unterschiedlichen wirtsch. und pol. Entwicklungschancen von EL und IL. Es handelt sich dabei um einen außenwirtsch. und verteilungspol. Interessenkonflikt zwischen Konfliktparteien, die mit Macht- und Einflußpotentialen höchst ungleich ausgestattet sind. Das unterstellte Konfliktverhältnis wird mit der geogr. orientierten Bezeichnung Nord-Süd nicht eindeutig erfaßt, da einerseits nicht alle Südländer zu den EL zählen und andererseits die östlichen soz. Länder des Nordens, die ebenfalls zu den IL gehören, kaum ins Visier genommen werden. Es geht hauptsächlich um die Bez. zwischen westl. IL und EL in Afrika, Asien und LA, so daß es sich eigentlich um einen West-Süd-Konflikt handelt, in den der Ost-West-Konflikt aber entscheidend einwirkt.

Die Perzeption der Konfrontation zwischen IL und EL als «Nord-Süd-Konflikt» drang mit der sog. Erdölkrise zu Beginn der 70er J. ins öfftl. Bewußtsein. Die Erdölkrise ging von einer einseitigen Erhöhung der Erdölpreise durch die Erzeugerländer in der * Dritten Welt aus, die sich in der * OPEC zusammengeschlossen hatten. Die pol. bedingte Knappheit der bedeutenden Energieressource machte einerseits den IL ihre Energie- und * Rohstoffabhängigkeit deutlich, andererseits führte sie den EL die Möglichkeit einer auf Solidarität beruhenden Drohstrategie gegenüber den IL vor Augen. Die Dritte Welt war über Nacht als neuer Machtfaktor in die Weltpolitik eingetreten mit dem Ziel, Strukturunterschiede durch neue int. Ordnungen zu beseitigen. Im Mittelpunkt ihrer Forderungen stand eine * Neue Weltwirtschaftsordnung (NWWO), deren Schlüsselelemente das * Integrierte Rohstoffprogramm und speziell der * Gemeinsame Fonds sind. Wenn auch der Streit um eine NWWO seither der pol. Kern des Konflikts ist, umfaßt er inzwischen alle Beziehungsebenen zwischen IL und EL, u. a. Neues Weltwährungssystem, * Neue Weltinformationsordnung, Neuregelung der Meeresnutzung. Von all den Forderungen der Dritten Welt ist bislang nur wenig realisiert worden, und selbst dies weicht erheblich von den ursprgl. Konzepten ab. Zugleich zeigte sich, daß die Solidarität der Dritte Welt-Länder kontinuierlich abnahm. Seit Beginn der 80er J. ist in den Nord-Süd-Bez. wieder die alte, von Dominanz und Abh. bestimmte Ausgangslage erreicht. Die Dritte Welt ist nach dem Aufbäumen gegen die Hegemonie der IL mittels Gegenmachtbildung in den 70er J. wieder in die frühere Ohnmachtssituation zurückgefallen. Dazu haben versch. Faktoren entscheidend beigetragen: ein wachsendes Entwicklungsgefälle innerhalb der EL, was unterschiedliche Schwerpunktsetzungen in ihren jeweiligen Bez. zu den IL und Schwächung der kollektiven Handlungsfähigkeit der Dritten Welt als int. Akteur nach sich zog; die schwerste Weltwirtschaftskrise seit den 30er J., die besonders die Dritte Welt extrem negativ betraf; die Wachstums-, Verschuldungs- und Ernährungskrise der 80er J.; der Sturz der Rohstoffpreise; der Protektionismus der IL gegen Konkurrenten aus der Dritten Welt; die Bedeutungsabnahme der OPEC und der Verlust ihres Modellcharakters als Org. von Gegenmacht in der Dritten Welt. Auch nach dem Ende des Ost-West-Konflikts verbesserten sich die Chancen kaum, die zunehmend global spürbaren Folgen des Nord-Süd-Gegensatzes (z. B. Migration, Umweltzerstörung) im Sinne eines kooperativen Interessenausgleichs einer Lösung zuzuführen.

Lit.: A. G. Friedrich, Der Nord-Süd-Dialog zu Beginn der 80er Jahre, Baden-Baden 1982; G. Braun, Nord-Süd-Konflikt und Entwicklungspolitik, Opladen 1985; H. Elsenhans, Nord-Süd-Beziehungen, Geschichte–Politik–Wirtschaft, Stuttgart 1987 (2. Aufl.); D. Nohlen/R. Wagner, Nord-Süd-Konflikt, in: W. Woyke, Netzwerk Weltpolitik, Opladen 1989; V. Matthies (Hg.), Kreuzzug oder Dialog. Die Zukunft der Nord-Süd-Beziehungen, Bonn 1992; M. Wöhlcke, Der ökologische Nord-Süd-Konflikt, Ebenhausen 1992. dn/ra

NRO →Nichtstaatliche Organisationen

Nutzen-Kosten-Analyse →Entwicklungsplanung

NWIO →Neue Weltinformationsordnung

NWWO →Neue Weltwirtschaftsordnung

Nyerere, Julius Kambaragene, Sohn des Häuptlings Burito, wurde 1922 in Butiama am Viktoriasee geboren. Am Makerere College in Uganda wurde er zum Lehrer ausgebildet und unterrichtete von 1946 bis 1949 in Tabora, Tanganyika. Von 1949 bis 1952 studierte er an der Universität Edinburgh (Schottland). Nach seiner Rückkehr erneut als Lehrer tätig (1953 bis 1955), gründete er 1954 die *Tanganyika African National Union* (TANU) und wurde 1960 Ministerpräs. Tanzanias. Von 1964 bis zu seinem Rücktritt 1985 war N. Präs. Tanzanias, als der er die Stabilität und Kontinuität des Landes verkörperte. Seither ist er Vorsitzender der tanz. Einheitspartei CCM (1987 wiedergewählt). N.s Idee der **self-reliance* und der von ihm propagierte Sozialismus (**Ujamaa*) haben in der *Dritten Welt und in der Diskussion um alternative *Entwicklungsmodelle großen Einfluß gewonnen und viel zum Selbstbewußtsein der EL beigetragen. (→Tanzania)

Lit.: J. K. Nyerere, Afrikanischer Sozialismus, Texte zur Arbeit Dienste in Übersee, 5, Stuttgart 1974; ders., Freiheit und Entwicklung, Text 10 zur Arbeit Dienste in Übersee, Stuttgart 1975; ders., Bildung und Befreiung, Frankfurt/M. 1977. ah

Nyerere-Bericht Bericht der Süd-Kommission, am 3.8.1990 in Caracas vorgelegt, die von der *Blockfreienbewegung auf ihrem Gipfel in Harare (1986) eingesetzt wurde und aus 26 hochrangigen Vertretern aus Politik, Wirtschaft, Wissenschaft und gesellschaftlichen Organisationen bestand. Sämtl. Mitgl. stammten aus der Dritten Welt (und Jugoslawien). Den Vorsitz führte der ehem. Präs. von Tanzania, Julius *Nyerere. Der Bericht wurde als «Stimme des Südens» betrachtet (u. a. wird die Forderung nach einer *Neuen Weltwirtschaftsordnung wieder aufgegriffen und den EL **collective self-reliance* empfohlen); er steht freilich hinsichtlich Ursachenanalyse der UE und entwicklungsstrategischen Folgerungen in der Tradition der *Cocoyoc-Erklärung, des *Brandt-Berichts und des *Brundtland-Berichts und mündet im Kontext des →*sustainable development*.

Lit.: Süd-Kommission, Die Herausforderung des Südens, Bonn 1991. dn

O

OAMCAF *Organisation Africaine et Malgache du Café*, Afrikanisch-madegassische Kaffee-Organisation

OAMCE →Brazzaville-Gruppe

OAPEC *Organization of Arab Petroleum Exporting Countries*, gegr. 1968 in Beirut (Libanon) von Saudi-Arabien, Kuwait und Libyen (damals noch ebenso Monarchie wie die beiden anderen Staaten) mit dem Ziel einer regionalen Kooperation bes. im Erdöl- und Energiesektor (Forschung, Industrieplanung, Transport); Sitz: Kuwait. Mitgl.-Länder 1988: Ägypten (seit 1979 – Friedensvertrag mit Israel – suspendiert), Algerien, Bahrain, Irak, Katar, Kuwait, Libyen, Saudi-Arabien, Syrien, Ver. Arab. Emirate. *Organe:* Rat der Erdölminister (tagt zweimal jährl.), Generalsekretär; geplant ist außerdem ein Schiedsgericht. *Aktivitäten:* Die OAPEC betreibt techn. Forschung (Tankerschiffbau) in Abu Dhabi (Saudi-Arabien) und eine Werft in Algier. Sieben Mitgl.-Länder der OAPEC sind gleichzeitig Mitgl. der *OPEC und versuchen, innerhalb der größeren Org. ihre Preis- und Förderpolitik aufeinander abzustimmen. In den 70er J. waren die Mitgl.-Staaten daran interessiert, die OAPEC mit den Mitteln der Erdölpolitik zum Instrument einer abgestimmten arab. Außenpolitik im Zusammenhang mit dem *Nahostkonflikt zu machen und somit über die rein wirtsch. Aspekte der Zusammenarbeit hinauszugehen. Das gemeinsame Bekenntnis zur islam.-arab. Einheit kann allerdings in der OAPEC ebensowenig wie in der *Arabischen Ligan die z. T. erheblichen pol.-ideologischen Differenzen zwischen einzelnen Mitgl.-Ländern verdecken. Adresse: P. O. Box 20501, Kuwait.

Lit.: OAPEC (Hg.), Sources and Problems of Arab Development, Kuwait 1980; S. el-Gebali, Die OAPEC als Organisation zur Interessenvertretung der arab. Ölländer, Frankfurt/Bern 1981; K. J. Gantzel/H. Mejcher (Hg.), Oil, the Middle East, North Africa and the Industrial States, Paderborn u. a. 1984. bt

OAS Organisation Amerikanischer Staaten (auch OEA, *Organización de los Estados Americanos*) wurde als erste regionale Mehrzweckorganisation der *UN 1948 auf der IX. Interamerik. Konferenz in Bogotá begründet. Bereits ein J. zuvor hatten sich die USA und die lateinamerk. Staaten – angesichts des aufziehenden Kalten Krieges – im Rio-Pakt zum kollektiven Beistand gegenüber Angriffen extrakontinentaler Mächte verpflichtet (*Tratado interamericano de asistencia recíproca*, TIAR). Diese Verpflichtung wurde in die Charta der OAS aufgenommen. Weiterhin vereinbarten die Signatarstaaten der OAS, etwaige Streitigkeiten untereinander friedlich zu regeln, wechselseitig ihr Selbstbestimmungsrecht zu respektieren und die wirtsch. und kulturelle Zusammenarbeit zu fördern.

Oberstes Organ der OAS war zunächst die Interamerik. Konferenz; 1967 wurde sie durch die jährl. tagende Vollversammlung abgelöst. Mit dem Ständigen Rat und dem Generalsekretariat ist Washington der Hauptsitz der OAS. Weitere Organe sind der Wirtschafts- und Sozialrat, der Rat für Erziehung, Wissenschaft und Kultur (IACESC), die Interamerik. Kommission für *Menschenrechte, seit 1979 ein Interamerik. Gerichtshof für Menschenrechte (IACHR) etc.

Von der Gründung der OAS versprachen sich die Staaten LA.s eine weitere Förderung ihrer wirtsch. E. Ihre Forderungen kamen jedoch kaum zum Zuge; statt dessen wurde die OAS immer mehr zu einem Instrument zur Abwehr linksgerichteter Aktivitäten. Angesichts der kuban. Revolution wurde 1962 der Marxismus-Leninismus für unvereinbar mit dem Interamerik. System erklärt und Kuba aus der OAS ausgeschlossen. Nach ihrer Invasion in de Dominikan. Republik 1965 gelang es den USA durch die Billigung der OAS, ihre Besatzungstruppen mittels Hinzufügung einiger lateinamerik. Soldaten zur interamerik. Streitmacht zu erklären.

1969 formulierten die Staaten LA.s in dem OAS-Sonderausschuß *CECLA erstmals eine einheitliche und USA-kritische Grundsatzerklärung zur *internationalen Arbeitsteilung. In den folgenden J. betrieben sie innerhalb der OAS eine immer selbstbewußtere Interessenvertretung gegenüber den USA und ließen deren Versuch von 1974, in einem sog. «Neuen Dialog» Gegensätze informell zu behandeln, scheitern. In den 80er J. verschärften sich die Widersprüche zwischen den USA und den Ländern LA.s in der OAS, v.a. im Zusammenhang des *Falkland- und des *Zentralamerika-Konflikts. So stellten sich die USA während der kriegerischen Auseinandersetzungen um die Falklands/Malvinas nicht auf die Seite des OAS-Partners Argentinien, sondern nahmen offen Partei für den NATO-Verbündeten GB. In LA wurden die Bemühungen verstärkt, außerhalb der OAS – unter Ausschluß der USA, aber unter Einschluß Kubas – neue Kooperationsformen und -institutionen zu entwickeln. Reaktionen auf problematische Entwicklungen in ihrem Einzugsbereich zeigte die OAS 1991 beim Putsch der Militärs gegen den gewählten Präs. Jean-Bertrand Aristide auf Haiti. Sie beschloß Sanktionen gegen Haiti und forderte dessen Wiedereinsetzung. Auch zur Außerkraftsetzung der Verfassung in Peru bezog die OAS Mai 1992 kritisch Stellung. Adresse: Pan American Union Building, Washington, D.C. 20006. →SELA

Lit.: L. Brock, Entwicklungsnationalismus und Kompradorenpolitik. Die Gründung der OAS und die Entwicklung der Abhängigkeit Lateinamerikas, Meisenheim am Glan 1975; R. Zimmering, Entwicklungstendenzen in der Organisation der Amerikanischen Staaten (OAS), in: Asien, Afrika, Lateinamerika, H. 3, 1987, S. 506ff. vgl

OATUU →Gewerkschaften (in der Dritten Welt)

OAU Organisation für Afrikanische Einheit (*Organization for African Uni-*

ty), mit heute 50 Mitgliedern größte Regionalorganisation der Welt. 1984 wurde der POLISARIO-Staat (→Westsahara) als 51. Mitgl. aufgenommen, woraufhin Marokko austrat. Ansonsten gehört der OAU mit Ausnahme der Republik Südafrika jeder unabh. Staat Afrikas an. 1990 steht der Beitritt des unabh. Namibia an.

Als Institution gewordene Idee der *Afrikanischen Einheit* stellt die OAU (zusammen mit der *ECA) in institutionell-organisatorischer Hinsicht das (einzige) einigende Band Afrikas dar. Die über innerafrik. Konflikte (Tschad, Westsahara) oft bis zur Handlungsunfähigkeit gespaltene OAU befindet sich seit Mitte der 70er J. in einer Identitätskrise, die sie durch Hinwendung zu neuen Themenfeldern (*Verschuldung, Wirtschaftsfragen, *Menschenrechte) sowie mehr pol. Realismus und Ansätze von Selbstkritik zu lösen sucht.

Im Mai 1963 wurde die OAU nach langem Ringen und zwei vergeblichen Anläufen (Accra 1958, Addis Abeba 1960) von den damals 30 unabh. Staaten Afrikas gegründet. Schon im Vorfeld waren, geeint durch die Idee des Panafrikanismus (der schon im kol. Befreiungskampf Verbindungsglied war), regionale und partikulare Organisationen unterschiedlicher Zielsetzung (wie UAM, *OCAM) entstanden. Bei der Gründung standen sich dann zwei (bzw. drei) Gruppierungen gegenüber. Die *Casablanca-Gruppe – radikal, fortschrittlich, sozialistisch – vertrat einen militanten Panafrikanismus und wollte, angeführt von Kwame *Nkrumah (Ghana) und Sekou Touré (Guinea) eine supranationale Org. mit bundesstaatl. Konzept («Vereinigte Staaten von Afrika»). Sie forderte eine teilweise staatl. Souveränitätsaufgabe, ggf. eine Änderung der kolonialen Grenzziehung, um der pol.-wirtsch. Fragmentierung Afrikas entgegenzuwirken. Die konservative *Brazzaville-Gruppe, aus den ehem. franz. Kolonien bestehend, forderte dagegen einen losen Zusammenschluß (Nichteingriffsklausel in innere Angelegenheiten, Unveränderlichkeit der kolonialen Grenzen). Einige moderate Staaten vermochten die Brazzaville-Gruppe einzubinden – daraus entstand die sog. *Monrovia-Gruppe –, und nach der großen *Dekolonisierungswelle (1960) und den ersten größeren Konflikten (Kongo 1960, Marokko/Algerien 1962) waren die Blöcke zum Kompromiß bereit. Hierbei setzte sich das gemäßigte Brazzaville/Monrovia-Konzept im wesentlichen durch.

Organe: Jährl. Gipfelkonferenz der Staats- und Reg.-Chefs. Bis 1983 fand sie jeweils in einem anderen Land statt, dessen Staats- oder Reg.-Chef dabei trad. für ein Jahr zum Vorsitzenden gewählt wurde. Weil die OAU bei dieser Praxis nicht mehr konsensfähig war, tagen die Gipfel seither stets am Gründungsort Addis Abeba. Ihre Beschlüsse und Resolutionen (rechtl. nicht bindend, Sanktionen können nicht durchgeführt werden) erfordern *de jure* Zwei-Drittel-Mehrheit, doch hat sich ein Konsensprinzip durchgesetzt. Weitere Organe: Ministerrat, v. a. der pol. bedeutende Außenministerrat (Vorbereitung der Gipfelkonferenzen, Umsetzung von Beschlüssen, Behandlung wichtiger Einzelfragen), mindestens zweimal im J. tagend; Generalsekretariat, mit wenig Funktionsgewalt ausgestattet und vom Ministerrat bestellt, koordiniert die OAU-Aktivitäten zwischen den Konferenzen; Vermittlungs- und Schlichtungskommission für innerafrik. Streitfälle (doch werden hier häufig Ad-hoc-Kommissionen eingesetzt); sieben ständige Spezialkommissionen für Wirtschaft und Soziales; Erziehung und Kultur; Gesundheit, Hygiene und Ernährung; Verteidigung; Verkehrs- und Fernmeldewesen, Wiss. und Technologie sowie Rechtswesen. Dem Generalsekretär zugeordnet ist eine Kommission für *Flüchtlingsfragen und ein Büro zur

Kontrolle des Boykotts gegen Südafrika. Daneben besteht noch das bereits 1963 gegr. Befreiungskomitee ALC (*African Liberation Committee*), das nat. *Befreiungsbewegungen in noch verbliebenen Kolonien koordiniert, durch einen kleinen Fonds unterstützt und int. Öffentlichkeitskampagnen organisiert.

Ziele (lt. Charta): 1. Förderung der Einheit und Solidarität zwischen den afrikan. Staaten; 2. Koordinierung und Festigung ihrer Zusammenarbeit zur Verwirklichung eines besseren Lebens für die Völker Afrikas; 3. Verteidigung ihrer Souveränität, ihrer territorialen Integrität und Unabhängigkeit (OAU ist aber kein Verteidigungsbündnis); 4. Ausrottung aller Formen des *Kolonialismus (nach OAU-Sicht auch *Neo-Kolonialismus, über dessen Definition allerdings nie Einigkeit bestand); 5. Förderung der int. Zusammenarbeit auf der Grundlage der UN-Charta und der Erklärung der *Menschenrechte.

Abseits papierner Festlegungen haben sich fünf zentrale Aufgaben- und Problembereiche der OAU herauskristallisiert: 1. Kampf gegen Kolonialismus und Rassismus; 2. gemeinsame Vertretung genuin afrik. Interessen nach außen, Zusammenarbeit mit int. Organisationen; 3. Management von Konflikten (Sezessions-, Grenz- sowie historisch-ethnisch bestimmten Gebietskonflikten) in und zwischen afrik. Staaten; 4. ökon. Integration, Organisation von innerafrik. Wirtschaftskooperation (etwa seit Mitte der 70er J.) sowie (seit Mitte der 80er J.) Bewältigung der Schuldenkrise; 5. seit 1981 hat sich mit dem Thema «Menschenrechte» ein weiteres (früher fast tabuisiertes) OAU-*issue* herausgebildet. Als Antwort auf Regime wie die Bokassas oder Idi Amins trat im Okt. 1986 die «Afrik. Charta der Menschen- und Völkerrechte» in Kraft. Eine im Juli 1987 eingesetzte Kommission soll die Einhaltung der Charta überprüfen.

Als neues Thema kam 1988 das problematische *dumping* nuklearer Abfälle und ind. Giftmülls von westl. Staaten in Afrika auf die OAU-Agenda. Dies wurde auf Antrag Nigerias in einer Resolution als «ein Verbrechen gegen Afrika und seine Völker» verurteilt. Gleichzeitig hatten schätzungsweise zwölf OAU-Staaten entsprechende Verträge mit IL-Firmen abgeschlossen oder verhandelten darüber.

In der Frühphase war die Befreiung der noch unter kolonialer Herrschaft stehenden Bruderstaaten (durch pol., ideologische und materielle Unterstützung des Befreiungskampfes) das zentrale Aktionsfeld. Das ALC anerkannte die Notwendigkeit des bewaffneten Befreiungskampfes und diente als Koordinationsstelle v. a. in Guinea-Bissau, Mozambique, Angola und dem ehem. Rhodesien (heute Zimbabwe) sowie heute noch (obgleich ineffizient und erfolglos) in Südafrika. Sein Erfolg war in den einzelnen Ländern recht unterschiedlich, im südl. Afrika arbeiteten andere Akteure (*Commonwealth-Konferenz, *Frontstaaten oder deren einzelne Politiker) oft wirksamer. Problematisch war v. a. die schlechte Zahlungsmoral der OAU-Staaten. Der ALC-Fonds war nie den Abmachungen entsprechend aufgefüllt. Im Westsahara-Konflikt ist das ALC allerdings nicht aktiv. Begründung: Die *POLISARIO sei keine Befreiungsbewegung im OAU-Sinne, da sie nicht dem Ziel Befreiung von Kolonialismus Rechnung trägt (sondern gegen ein OAU-Mitglied kämpft).

Gleichwohl wurde der POLISARIO-Staat DARS 1984 aufgenommen – allerdings nach schweren zweijährigen Auseinandersetzungen, die den Gipfel 1982 zweimal scheitern ließen und die OAU fast gespalten hätten.

Erfolgreichstes Arbeitsfeld ist die OAU-Außenpolitik: Auf afrik. Bühne oft zerstritten, zeigte sie hier – v. a. in der UN-Vollversammlung – eine erstaunliche Solidarität, schuf sich rasch ein Forum mit bedeutender Öffentlichkeit, brachte spezifisch afrik. Probleme (Kolonialismus, Rassismus, südl. Afrika) konsequent zur Sprache, arbeitet dabei erfolgreich mit anderen E.-Regionen – v.a. mit Asien (gleichartige Probleme) und Arabien (Doppelmitgliedschaft OAU/*Arabische Liga, wechselseitige Solidarität im *Nahost- und Südafrikakonflikt) – zusammen und nutzte die (dank ihrer zahlenmäßigen Stärke) enorme Stimmgewalt (UN: ca. 30%, *Blockfreie: ca. 55%, *Gruppe der 77: ca. 40%) als zentrales Instrument. Auf OAU-Initiative finden heute im Vorfeld praktisch aller bedeutender int. Konferenzen afrik. Vorkonferenzen zur Abstimmung und Koordinierung statt. Die OAU will genuin afrik. Interessen betont sehen. 1986 setzte die OAU eine bisher einmalige UNO-Sondersitzung zur Notlage eines Kontinents durch. Durch die gemeinsame Tradition in der afroasiat. Bewegung und die Festschreibung von Blockfreiheit in der OAU-Charta bestehen ausgezeichnete Beziehungen zu den *Blockfreien. Beispielhaft ist auch das OAU-koordinierte Auftreten Afrikas gegenüber der EG bei den *Lomé-Verhandlungen. Die Arbeit in der Gruppe der 77 (hier waren die ökon. erfahrenen Lateinamerikaner federführend) förderte unter den afrik. Staatschefs (und damit auch in der OAU) das Bewußtsein für die Wichtigkeit von Wirtschaftsfragen.

Das ausgeprägte Desinteresse an ökon. Themen in der OAU hielt bis Mitte/Ende der 70er J. und darf als zentrale Fehlleistung gelten. Im ökon. Bereich unerfahren und wenig interessiert, weil auf pol. Fragen (Dekolonisation, Rassismus, **nation-building* usw.) konzentriert, glaubten die OAU-Gründerväter zu lange, die völkerrechtl. Unabh. erbringe quasi automatisch wirtsch. Wohlstand. Die durch die *UNCTAD 1964 an sich weltweit eingeläutete entwicklungsökon. Sensibilisierung griff in der OAU erst mit fast 10jähriger Verspätung. Dagegen war die *ECA (ein dem *ECOSOC unterstelltes UN-Organ) schon früh in Sachen Ökonomie des Panafrikanismus aktiv (Gründung der ADB und versch. Forschungs- und Planungsgremien), legte bereits der OAU-Gründungskonferenz ein ökon. Konzept (mit vielen Elementen der **collective self-reliance*) vor, das aber als *low politics* abklassifiziert wurde. Das Rivalitätsverhältnis zwischen ECA und OAU (die ein Subordinationsverhältnis durchsetzen wollte) wich erst 1969/70 einer konstruktiven Zusammenarbeit. 1973 kam es zur ersten gemeinsamen OAU/ECA-Konferenz auf Ministerebene, deren *African Declaration on Cooperation, Development and Economic Independence* vom nachfolgenden OAU-Gipfel als ökon. Charta der OAU gebilligt wurde. Diese erste Resolution primär ökon. Inhalts wurde allerdings erst wieder im Febr. 1979 aufgegriffen, als die OAU in Monrovia ein Expertensymposium über E.-Aussichten bis zum Jahr 2000 veranstaltete. Dessen fundierte Vorarbeit machte dann den im April 1980 nachfolgenden (ersten) Wirtschaftsgipfel der OAU zum dipl. Erfolg. Mit dem Aktionsplan von Lagos (**Lagos Plan of Action*) liegt ein detailliertes Konzept zur wirtsch. Integration Afrikas vor. Nach der Schaffung von vier regionalen Integrationszonen soll als Endziel für das J. 2000 ein gemeinsamer afrik. Markt geschaffen werden. Seit Lagos herrscht zumindest auf konzeptionell-planerischer Ebene rege Betriebsamkeit. OAU und ECA versuchen, unter ihrem institutionellen Dach die in Afrika vielfältigen (ca. 40) Ansätze regionaler und subregionaler Wirtschaftskooperation zu koordinieren. Indes: Die Erfolgsaussichten sind vage und regional sehr unterschiedlich. Zur Vernetzung bestehender Organisationen haben OAU und ECA Förderungsinstitutionen gegründet, die Teilerfolge erbrachten: z.B. das satellitengestützte *Panafrican*

Telecommunication Network (PANAFTEL), die Seekabelverbindung westafrik. Zentren sowie panafrik. Straßenprojekte wie die Transsahara- und die Transafrikastraßen. Ende der 80er J. herrscht Ernüchterung. Mißerfolge überwiegen: Das Projekt Transafrikastraße liegt brach, die 1983 gegr. *Pan African News Agency* (PANA), ein Verbundsystem aller nat. afrik. Nachrichtenagenturen, steht vor dem wirtsch. Aus. Mit Ausnahme der * SADCC arbeiten die Regionalorg. erfolglos.

Der Stand wirtsch. Integration in Afrika blieb extrem niedrig, der Anteil interafrik. Handels am ges. Außenhandel Afrikas stagniert beharrlich unter der 5 %-Marke. Dies ist um so bedauerlicher, als die Balkanisierung Afrikas in z. T. ressourcenarme Kleinstaaten, zerschnittene Wirtschaftsräume und fragmentierte Märkte eine Integration geradezu als entwicklungspol. Imperativ erscheinen lassen; v. a. angesichts der Tatsache, daß zusammengenommen gute E.-Voraussetzungen bestehen: genügend Rohstoffe aller Art, Energie (Öl, Kohle, Wasser), ein hohes Potential an Arbeitskräften und damit potentiell große Absatzmärkte. Fehlendes Kapital und * *Know-how* wäre über die vielversprechenden Ansätze afro-arabischer Kooperation theoretisch beschaffbar.

Der OAU stehen bei der wirtsch. (und pol.) Integration Afrikas allerdings eine Unzahl struktureller Hindernisse im Wege. Der 54 Länder und Gebiete umfassende Kontinent ist von beispielloser Vielfalt, Fragmentierung und damit höchst unterschiedlichen nat. Interessen geprägt. Nach Bev.-Stärke (und damit potentieller Marktgröße) reicht die Skala von Nigeria (103 Mio. Ew.) bis zur Inselminiatur Seychellen (7000 Ew.). Libyens BSP pro Kopf von 7500 US-$ pro Jahr (1983) steht gegen Mozambiques BSP pro Kopf von 100 US-$ (1987). Ressourcenreiche Länder (wie z. B. Nigeria, Zaire oder Algerien) kontrastieren zu fast chancenlosen Armutsländern (wie Somalia, Burkina Faso, Mali etc.). Unterschiede auch in den * Entwicklungsmodellen: Selbst bei geogr. Nachbarn (wie z. B. Elfenbeinküste/Guinea, Zaire/Angola, Mozambique/Malawi) stehen sie sich z. T. diametral gegenüber. Die Heterogenität der pol. Systeme (Militärregierungen, zivile Ein- oder Mehrparteiensysteme, Diktaturen →autoritäre Regime) sowie der innen- und außenpol. Ausrichtungen kommt hinzu. Als kolonialgeschichtliche Folge sind die Wirtschaftsstrukturen ähnlich und nicht komplementär (rohstofflastig, exportorientiert, * Monokulturen, vergleichbares Exportgüterspektrum) und zudem auf die * Metropolen orientiert. Die Folge: Zwischenstaatl. Konkurrenzen und fehlende Anreize (mangels austauschbarer Güter) für interafrik. Handel. Ein weiteres Hemmnis ist die Zugehörigkeit zu unterschiedlichen Währungszonen (CFA-Franc in den frankophonen Ländern, US-$ in Liberia usw.) sowie die kaum vorhandene zwischenstaatl. Infrastruktur (Verkehrs- und Kommunikationsachsen sind auf Metropolen ausgerichtet).

Als dipl. Erfolg verbuchte die OAU im Mai/Juni 1986 die UNO-Sondersitzung zur Notlage Afrikas. Dabei wurde ein von der OAU ausgearbeiteter Wirtschaftsplan verabschiedet, der für Afrika bis 1990 ein Investitionsprogramm von 128 Mrd. US-$ vorsieht (*United Nations Program of Action for African Economic Recovery and Development 1986–1990*). Im Nov. 1987 gelang es den OAU-Staaten, die Gemeinsamkeit ihrer wirtsch. Situation gegenüber ihren Gläubigern zu demonstrieren. Auf einem Sondergipfel zur Verschuldungskrise Afrikas wurde beschlossen, Afrikas Schuldenbürde von mehr als 200 Mrd. US-$ «nicht mit Konfrontation, sondern mit Kooperation» abzubauen. Die OAU bezog eine «gemäßigte Position», anerkannte die Pflicht zur Kreditrückzahlung, forderte aber Schuldenerlaß für Afrikas *LLDCs, *Sahel- und *Frontstaaten. Für die übrigen Länder solle der *Schuldendienst für 10 J. ausgesetzt werden, künftige *Umschuldungen und öfftl. Kredite zinslos gewährt werden und eine Laufzeit von 50 J. haben. Auch sollen künftig Kredite z. T. in lokaler Währung bedient werden können. Daß ein ganzer Kontinent in der so wichtigen Schuldenfrage eine gemeinsame Position formulieren konnte, darf als Erfolg gelten. Für 1989 ist eine weitere Großkonferenz zur Schuldenfrage unter Beteiligung der Gläubigerstaaten angesetzt.

Ganz anders im genuin pol. Bereich: Hier hat sich der Handlungsspielraum der OAU, insb. durch den Rückgang ihrer Konfliktmanagementfähigkeiten, drastisch verengt. Aus der Not geboren mußte sie ihrem Globalziel afrik. Einheit das Zwischenziel Bereinigung interafrik. Konflikte vorschalten. Hier wurde die Devise *Try OAU first* ausgegeben: Konflikte sollten im innerafrik. Rahmen belassen und durch die OAU nach drei Grundsätzen – 1. Selbstbestimmungsrecht der Völker (lt. UN-Interpretation nur innerhalb der Kolonialgrenzen), 2. Territoriale Integrität, 3. Unverletzlichkeit der Kolonialgrenzen – geregelt werden. Dies gelang auch in den Anfangsjahren, wenn auch je nach Konflikttyp (erfolgreich bei Grenzkonflikten, aussichtslos bei Sezessionskriegen) mit unterschiedlichem Erfolg. Die Tendenz der (pol. zerbrechlichen und wirtsch. schwachen) Staaten, im Konfliktfall Schutz und Beistand zu suchen, führte anfangs nicht zu einer Internationalisierung und Polarisierung der Krisen. Afrika war exklusive Einflußzone des Westens. So waren die Konflikte alten (rein afrikan.) Typs (z.B. Nigeria/Biafra 1967, Äquatorialguinea/Gabun 1972, Mali/Obervolta 1974) zwar oft heftig und gewaltsam, aber selten von langer Dauer und zum definitiven Abschluß neigend. Dies änderte sich Mitte der 70er J. abrupt. Ermuntert durch das Vietnam-Debakel der USA, drangen die Sowjetunion und ihre Stellvertreter (v. a. Kuba) nach Afrika vor. Beginnend mit dem Konflikt am Horn von Afrika kam es nun zur Einbeziehung externer Anlehnungsmächte (aus jeweils versch. Lagern), zur Implantierung des Ost-West-Konflikts und damit zur pol.-ideol. Polarisierung Afrikas und der OAU. Heute unterhält über die Hälfte der OAU-Staaten Militär- und Sicherheitsabkommen mit raumfremden Mächten. 1989 werden 45 ausl. Militärbasen (incl. Nutzungsrechte milit. Einrichtungen) in und um Afrika herum gezählt. Echte (lt. Charta geforderte) Blockfreiheit ist rar. Dies wirkte auf die afrik. Konflikte verstärkend (höhere *Rüstung, schnelleres Eskalieren), v. a. aber perpetuierend (Übertragung der Permanenz des Ost-West-Weltsystems). Dieser neuen Konfliktqualität war die OAU nicht mehr gewachsen. Ihr 1987/88er Etat von 25 Mio. US-$ (tatsächlich einbezahlt wurden nur 30% davon) ist kaum ⅛ des Etats der 28-Staaten-Organisation *OAS, ihr Personalstamm von ca. 600 ist eine Miniatur gegenüber dem europ. «Vorbild» EG von über 18000. Doch ihre minimalen materiellen Kapazitäten erklären die Handlungsunfähigkeit der OAU nur unwesentlich.

Als schwere Dauerbelastung für die OAU erweisen sich die beiden (internationalisierten) Dauerkonflikte Tschad und v. a. Westsahara. Vielfältige Vermittlungsinitiativen der OAU erwiesen sich als völlig erfolglos. Den Konflikt zwischen Libyen und Tschad konnte die Entsendung einer kleinen OAU-Friedenstruppe (1981) nicht beenden, auch nicht ein 1988 eingesetztes Komitee, das unter gabunesischer Leitung die Grenzfrage entscheiden sollte. Es war indes außerstande festzulegen, ob der Azouzou-Streifen Tschad oder Libyen zuzurechnen sei. Die Konfliktfelder Tschad und Westsahara führten 1982, im «schwarzen Jahr» der

OAU, fast zum Bruch der Org., weil sie über zwei Fragen völlig gespalten war: 1) über die Aufnahme des POLISARIO-Staats, 2) welche Delegation den Tschad vertreten sollte (die Reg. Habré oder der von Habré vertriebene Gaddafi-Schützling Queddei). 1982 wurde die zweimal angesetzte Gipfelkonferenz nicht eröffnet, der Haushalt nicht verabschiedet, ein neuer Vorsitzender nicht gewählt und damit gegen die OAU-Charta verstoßen – ein Novum und Schockerlebnis für ganz Afrika.

Zwar gelang im Juni 1983 (unter panafrik. Rückbesinnung) in Addis Abeba die Abhaltung der 19. Gipfelkonferenz und damit die (vorläufige) Rettung der Org., aber die seit Mitte der 70er J. tiefsitzende Identitätskrise der OAU wird weiter anhalten. Spätestens seit der Unabh. Zimbabwes (1979) hat das antikol.-antirassistische Staatenbündnis seine einst einigenden Ziele praktisch hinter sich gelassen, zumal Namibia 1990 in die Unabh. entlassen wurde und weite OAU-Teile trotz aggressiver Rhetorik die RSA bereits vor dem pol. Umbruch seit 1990 insgeheim als pol. Realität verinnerlicht hatten.

Ausbleibende Erfolge haben zu einer unverkennbaren Frustration geführt. An allen wichtigen Afrika prägenden pol.-dipl. Vorgängen (z. B. Nkomati-Vertrag zwischen RSA und Mozambique, Namibia/Angola-Friedensabkommen zwischen RSA, Kuba und Angola, weitgehende Aussöhnung zwischen Äthiopien und Somalia 1988 etc.) war sie nicht beteiligt. Bei wichtigen Konflikten (Krieg im Südsudan, Eritrea, Tigrai etc.) ist sie gemäß eigenen Kriterien (Nichteinmischung, Tabuisierung kolonialer Grenzen) zu Untätigkeit verdammt. Allen neuen Arbeitsfeldern der OAU fehlt das einigende antikolonial-antirassistische Element völlig. In ihrer Vielschichtigkeit sind für die OAU v. a. Wirtschaftsfragen neu, schwierig und kontrovers. Unterschiedliche Interessen treten offen zutage, z. B. in der Schuldenfrage (Ghana zahlungswillig, Zaire nicht) oder in der Frage der Giftmüllimporte aus westl. Ländern. Vielen regierenden Eliten fehlt auch das Interesse, dem Kampf um pol. Befreiung Afrikas einen gemeinsamen Kampf um wirtsch. Befreiung folgen zu lassen, da sie sich mit bestehenden Wirtschaftsstrukturen zum eigenen Vorteil arrangiert haben. Ende der 80er J. machten sich in bezug auf versch. zwischenstaatliche Konflikte Entspannungstendenzen bemerkbar (Wiederaufnahme dipl. Bez. zwischen den Westsahara-Kontrahenten Algerien und Marokko, Aussöhnung zwischen Äthiopien und Somalia, von den USA vermitteltes Friedensabkommen zu Angola/Nambia). Die Veränderung der Rolle der Sowjetunion im Rahmen von Gorbatschows Perestroika und das anschließende Ende des Ost-West-Konflikts spielten insb. für die Entschärfung des internationalisierten Konfliktherdes im südl. Afrika eine wichtige Rolle. Hoffnungen auf eine nachhaltige Befriedung der versch. Regionen erwiesen sich jedoch mit dem bürgerkriegsartigen Aufbrechen innerstaatl. Konflikte (Somalia) bzw. deren Wiederaufleben (Angola) als trügerisch.

Derzeit hat die OAU große Mühe, neue Ziele und Aufgaben für ihre Mitglieder überzeugend, realistisch und motivierend zu definieren und damit ihre Einheit und Identität zu sichern. Einen Schritt vorwärts auf diesem Weg hat sie Juni/Juli 1992 mit dem Abrücken vom Nichteinmischungsgrundsatz gemacht. Auf diesem Jahrestreffen der OAU wurde die Schaffung einer OAU-Friedenstruppe sowie der weitere Ausbau der pol. und wirtsch. Zusammenarbeit beschlossen. Eine Hinwendung zu verstärkter entwicklungsbezogener Zusammenarbeit hatte sich bereits beim Gipfeltreffen von 1991 in Abuja (Nigeria) gezeigt, wo eine Konvention gegen Giftmülltransporte nach Afrika verabschiedet und eine panafrikanische Wirtschaftsgemeinschaft bis 2020 anvisiert worden war.

Lit.: F. Ansprenger, Die Befreiungspolitik der Organisation für Afrikanische Einheit (OAU) 1963–1975, München 1975; F. Nuscheler/K. Ziemer, Politische Organisation und Repräsentation in Afrika, 2 Bände, Berlin/New York 1978; E. Häckel, Die Organisation für Afrikanische Einheit. Legitimationsfunktion einer internationalen Organisation, in: Internationales Afrikaforum 1979/21; F. Nuscheler/K. Ziemer, Politische Herrschaft in Schwarzafrika. Geschichte und Gegenwart, München 1980; Ph. Kunig, Das völkerrechtliche Nichteinmischungsprinzip – Zur Praxis der Organisation der Afrikanischen Einheit (OAU) und des afrikanischen Staatenverkehrs, Baden-Baden 1981; E. M'buyinga, Pan-Africanism or Neocolonialism; The Bankruptcy of the OAU, London 1982; F. Nuscheler, Struktur und Entwicklungsprobleme Schwarzafrikas (mit ausführlicher landesübergreifender Bibliographie), in: HDW III, Bd. 4, S. 11ff.; G. Baumhögger, Die Organisation der Afrikanischen Einheit (OAU) am Scheideweg?, in: Jahrbuch Dritte Welt 1, München 1983, S. 221ff.; A. Sesay/O. Ojo/O. Fasehun, The OAU after Twenty Years, Boulder (Col.) 1984; J. Mfoulou, L'OUA – Triomphe de l'Unité ou des Nationalités?, Paris 1987; G. J. Naldi, The Organization of African Unity. An Analysis of its Role, London 1989. bg

Obervolta →Burkina Faso

OCAM Gemeinsame Afrikanisch-Madegassische Organisation (*Organisation Commune Africaine et Malgache*) 1961 von den Mitgliedern der * *Brazzaville*-Gruppe gegr. Org. zur wirtsch., sozialen, kulturellen und techn. Zusammenarbeit. Die OCAM wurde 1985 aufgelöst; der Garantiefonds blieb jedoch in veränderter Form unter dem Namen *Fonds Africain de Garantie et de Coopération Économique* (FAGACE) erhalten. fn

OCAS →ODECA

OCBN *Organisation Commune Bénin-Niger des Chemins de Fer et des Transports*, Gemeinsame Organisation Benin-Niger für das Eisenbahn- und Transportwesen

ODA →öffentliche Entwicklungshilfe

ODCA →Organisation Christl.-Demokrat. Parteien Amerikas (*Organización Demócrata Cristiana de América*), 1947 in Montevideo gegr., Sitz: Caracas, Mitgl. der Christlich-Demokratischen Weltunion CDWU. dn

ODECA Organisation Zentralamerikanischer Staaten (auch OCAS, *Organization of Central American States*) 1951 von Costa Rica, El Salvador, Guatemala, Honduras und Nicaragua gegr., Rahmen zentralam. Integrationsbemühungen (→MCCA).

Ziel: Herstellung der pol. Einheit Zentralamerikas. Über verbale einzelstaatl. Beteuerungen und zweischneidige gemeinsame Erklärungen (u. a. 1963) von den USA im Rahmen der * *Counterinsurgency*-Strategie initiiert) nicht hinausgekommenes Projekt dn

ODM →Entwicklungspolitik Großbritanniens

OEA →OAS

OECD Organisation für wirtsch. Zusammenarbeit und Entwicklung (*Organization for Economic Cooperation and Development*). 1961 gegr., Sitz Paris, 24 Mitgl.: Australien, Belgien, BRD, Dänemark, Finnland, Frankreich, Griechenland, Irland, Island, Italien, Japan, Luxemburg, Neuseeland, Niederlande, Norwegen, Österreich, Portugal, Schweden, Schweiz, Spanien, Türkei, GB, USA, Kanada. Jugoslawien assoziiertes Mitglied. Bedeutendste Organisation der westl. IL (60% Anteil an der Weltindustrieprod., 73% Anteil am Welthandel), Koordinierungsinstrument der Wirtschaftspolitik der westl. IL. *Ziele:* hohes Wirtschaftswachstum, hoher Beschäftigungsstand, finanz. Stabilität in den Mitgl.-Ländern; Steigerung des Welthandels; Unterstützung der EL (handelspol. Maßnahmen, Kredithilfe, insges. über 4/5 der weltweiten * Entwicklungshilfe).

Organe: Rat, bestehend aus allen Mitgl.; tagt einmal jährl., Vorsitz jährl. neu gewählt; Generalsekretär; Ausschüsse u. a. * E.-Hilfe-Ausschuß, * DAC; 1974 Gründung der Int. Energie-Agentur (* IEA) zur Überwindung von Schwierigkeiten in der Energieversorgung und der * Zahlungsbilanz. Laufende Veröffentlichungen von Kommuniqués und Leitsätzen zur int. Zusammenarbeit und E.-Politik, u. a. OECD-Leitlinien für * Multinationale Unternehmen/Juni 1976. Publika-

Tabelle 11: ODA der wichtigsten Gebergruppen

	in Mrd. US-$			in % des BSP		
	1970	1980	1989	1970	1980	1989
DAC	6,9	26,7	46,6	0,34	0,37	0,33
OPEC	0,4	7,0	1,5		0,35	0,54
COMECON	1,0	1,8	4,3	0,14	0,12	–

tionen der OECD (Erscheinungsort Paris): DAC-Report 1982; Geographical Distribution of Financial Flows to Developing Countries 1982 (Disbursements – Commitments – External Debt – Economic Indicators); OECD-Economic Outlook; OECD-Economic Surveys OECD Employment Outlook 1988; OECD: Activities of OECD in 1988, Report by the Secretary-General, OECD-Nachrichten (Bonn).

Adresse: 2, rue André Pascal, F-75 Paris. OECD-Informationsbüro in der BRD: Simrockstr. 4, 5300 Bonn.

Lit.: H. Hahn/A. Weber, Die OECD, Baden-Baden 1976; D. Menke, Die OECD – Aufbau, Zweck, Möglichkeiten, in: Bankinformationen 9, 1980, S. 43 ff. M. G. Schmidt (Hg.), Westliche Industriegesellschaften (= Band 2, Pipers Wörterbuch zur Politik, hg. von D. Nohlen), München 1983. dn

OECS Organisation der Staaten der Ostkaribik (*Organization of Eastern Caribbean States*). Die sieben Inseln der Ostkaribik – Antigua, Barbuda und Redonda, Dominica, Grenada, Montserrat, St. Kitts-Nevis, St. Lucia, St. Vincent und die Grenadinen – schlossen sich bereits 1968 im Gemeinsamen Markt der Ostkaribik (*ECCM) zusammen und formten damit einen subregionalen wirtsch. Integrationsraum im Rahmen der *CARIFTA (1968) bzw. deren Nachfolgeorganisationen *CARICOM (1973) bzw. *CCM (1973). Auch auf pol. Gebiet bestanden Ansätze subregionaler Kooperation, zum einen in der *Westindischen Föderation (1958 bis 1962) und dem 1965 gescheiterten Projekt einer Ostkaribischen Föderation, zum anderen im Rahmen der Assoziierten Staaten Westindiens (1967).

Zur weiteren Vertiefung ihrer subregionalen Zusammenarbeit gründeten die Staaten/Territorien der Ostkaribik – durch den Vertrag von Basseterre (St. Kitts-Nevis) – am 18.6.1981 die OECS. Sie steht allen Staaten der karibischen Region zum Beitritt offen. *Ziele:* Harmonisierung der Außenpolitiken, Förderung der wirtsch. *Integration und der infrastrukturellen Kooperation zwischen den Mitgliedstaaten. *Organe:* Behörde der Reg.-Chefs der Mitgliedstaaten als oberstes Organ; Komitees für auswärtige Angelegenheiten, für Verteidigung und Sicherheit und für wirtsch. Belange; jeweils ein Sekretariat für pol. (St. Lucia) bzw. wirtsch. (Antigua) Angelegenheiten. Daneben ist noch eine Vergleichskommission zur friedlichen Streitbeilegung eingerichtet. Im Rahmen der umfassenderen pol. und wirtsch. Integrations- und Kooperationsmechanismen der CARICOM und des CCM wird der subregionalen OECS eine wichtige Funktion für die Stärkung der *bargaining power* ihrer sieben Mitgl. zukommen.

Lit.: W. Hummer, Organisation der Staaten der Ostkaribik, in: P. Waldmann/U. Zelinsky (Hg.), Politisches Lexikon Lateinamerika, 2. Aufl. 1982, S. 400ff.; M. D. Pollner, A. T. Bryan und N. Boissiere, in: La Comunidal del Caribe, Integración latinoamericana 121 (1987). wh

OERS →OMVS

Öffentliche Entwicklungshilfe Int. übliche Abkürzung ODA (*Official Development Assistance*); nach der *DAC-Definition werden unter ODA alle Mittelzuflüsse von staatl. Stellen einschließl. der von Ländern und Gemeinden oder ihren Vertretungen an EL und multilaterale Institutionen für wirtsch. E. und die Verbesserung der

Tabelle 12: Anteile der Hauptgebergruppen an der ODA insgesamt (%)

	1981	1983	1989
DAC	68	76	87
OPEC	22	14	3
COMECON	8	9	8

Lebensbedingungen in den EL verstanden, die grundsätzlich zu vergünstigten Bedingungen vergeben werden (bei Darlehen und Krediten mit einem *Zuschußelement von mindestens 25 %). ODA grenzen sich ab gegen Leistungen der privaten Wirtschaft und solchen öffentl. Leistungen, die nach Marktbedingungen erfolgen (→Direktinvestitionen). →Entwicklungshilfe, Entwicklungspolitik. dn

Öffentliche Meinung und Entwicklungshilfe Die Einstellung der Bev. zur E.-Hilfe wird seit den 70er J. in nahezu allen Geberländern von versch. Institutionen per Meinungsumfragen meist unregelmäßig untersucht. Die Umfragen unterscheiden sich jedoch in Konzeption, Umfang und Repräsentativität derart, daß Vorbehalte hinsichtlich ihrer Gültigkeit (Messen die Fragen wirklich das, was sie messen sollen?) angebracht sind. Die Aussagen müssen im Einzelfall an Hand der Rahmendaten überprüft werden.

In der BRD ermittelt das Institut «Infratest Sozialforschung» seit 1975 im Auftrag des *BMZ alle zwei J. über eine Repräsentativerhebung die öffentliche Meinung zur E.-Hilfe. Den Umfragen zufolge erweist sich das persönliche Interesse in der Bev. an E.-Fragen insb. seit 1981 als weitgehend stabil, obwohl das Interesse am allg. pol. Geschehen in der BRD während der vergangenen zehn J. kontinuierlich gesunken ist.

Auch die Ansichten darüber, ob generell E.-Hilfe geleistet werden soll, sind vergleichsweise stabil. Das Einstellungsprofil korreliert hierbei mit dem pol. Interesse und dem Bildungsgrad der Befragten. Unter Personen mit Abitur oder Studium liegt der Anteil der Befürworter stets über 85 %, mit dem Grad der (formalen) Bildung sinkt er. Zuverlässiger als die direkt gestellte Frage ist die sog. Statement-Analyse, bei der sich die Befragten zu 39 die E.-Hilfe betreffenden Aussagen äußern, die sich alle auf die Grundkategorien «pro» und «contra» reduzieren lassen. Hiernach sprechen sich rund zwei Drittel eher für, rund ein Drittel eher gegen E.-Hilfe aus.

Die Ansichten zur E.-Hilfe generell und zur E.-Politik der BRD müssen streng getrennt werden. Nimmt man die Umfrage 1979 aus, befürworten stets weniger als 50 % der Befragten die E.-Hilfe der Bundesregierung. Auffallend hoch ist der Anteil derer, die sich kein Urteil zutrauen. Insb. die parteipol. Präferenzen prägen den jeweiligen Standpunkt mit; so mißbilligten 1987 54 % der potentiellen Grünen-Wähler unter den Befragten die bundesdeutsche E.-Politik. Im gewissen Gegensatz zu dem vergleichsweise stabilen Einstellungsprofil der Bundesbev. zur E.-Hilfe steht ein Trend, der sich 1987 abzeichnete: Während 1985 47 % der Befragten der Aussage zustimmten, die Vergabe von E.-Hilfe (durch die Bundesreg.) solle vom Beitrag des Empfängerlandes zu Frieden und Stabilität in der jeweiligen Region abhängig gemacht werden, stieg dieser Anteil 1987 quer über parteipol. Grenzen an und lag bei insg. 60 %.

Hauptinformationsquellen der Bundesbev. zu Fragen der E.-Hilfe sind die Medien, insb. das Fernsehen; daneben greifen Personen mit einem hohen Bildungsabschluß im signifikanten Maße auch auf überregionale Tageszeitungen zurück. Von einem ungenügenden Informationsstand muß ausgegangen werden. Stichproben in Form von *multiple-choice*-Fragen der Infratest-Studie ergaben: Das Gros der Bev. schätzt den Stellenwert der öfftl. E.-Hilfe im Kontext der ges. Außenwirtschaftsbeziehungen zu hoch ein, die Anzahl der vom Export in EL abhängigen Arbeitsplätze hingegen zu niedrig.

Int. vergleichbare Daten im größeren Umfang liefert eine Studie, die 1983 und 1987 die EG-Kommission in Auftrag gab: «Einstellung der Europäer zur Entwicklungszusammenarbeit: Eine Meinungsumfrage». Unter Federführung des französischen Instituts *Faits et Options* wurden 1987 rund 11600 Fragebögen ausgewertet. Die Umfrage skizziert verglichen mit der Infratest-Studie ein leicht verzerrtes Bild: 89% der Befragten in den 12 EG-Staaten sprechen sich generell für E.-Hilfe aus. Die Länder mit den prozentual meisten E.-Hilfe-Gegnern sind Belgien (17%), Frankreich (12%) und GB (12%). In der BRD liegt der Anteil der Gegner unter 10%. Zentraler Motivationsfaktor der E.-Hilfe-Befürworter ist laut der Studie weniger der wirtsch. Eigennutz denn ein karitatives Moment. Mit Ausnahme der südeurop. EG-Staaten (Griechenland, Portugal, Spanien) räumt hierbei das Gros der Befragten (zumindest verbal) der Hilfe zur *Selbsthilfe Priorität ein. Nur 37% glauben aber, daß die Hilfsmaßnahmen der Geberländer auf die wirtsch. Selbständigkeit der EL hinwirken. Unter einigen Vorbehalten deutet dies auf ein allmähliches Abbröckeln eines traditionell paternalistischen und passiv-karitativen Einstellungsprofils hin.

Bei der Frage, wer die brauchbarste E.-Hilfe leiste, rangierten 1987 und 1983 die int. und die *nichtstaatlichen Organisationen weit vor der EG, den Reg. und Wirtschaftsunternehmen. Allerdings unterschlägt die Gesamtsicht nat. Abweichungen: Während 57% der Iren die E.-Hilfe der NGO am wirksamsten einstufen, liegt dieser Anteil in den südeurop. EG-Staaten bei nur 5%; dort spielen NGO bisher eine untergeordnete Rolle. Und während in GB nur 20%, in Irland nur 19% und in der BRD nur 16% die Hilfe int. Org. präferieren, bevorzugen diese rund 50% der Spanier. Die Dänen bewerten mit 12% die Hilfe durch Investitionen von Wirtschaftsunternehmen auffallend hoch. Tabelle 22 zeigt die Einstellung der bundesdeutschen Bev. zu dieser Frage auf einen Blick. mik

offshore Der in den Geowissenschaften und der Erdölgewinnung verwendete Begriff bezeichnet die Erdöl- und Erdgaslagerstätten, die sich in den der Küste vorgelagerten und bis zu ca. 200m Wassertiefe hinabreichenden Schelfmeerbereichen befinden. Beispiele hierfür sind zahlreiche Lagerstätten im Persischen Golf sowie im Golf von Mexiko. (Festländische Erdöl- und Erdgaslagerstätten werden dementsprechend als *onshore* benannt.) ah

Offshore-Finanzplätze Unter *Offshore*-Finanzplätzen versteht man Gebiete, die in nennenswertem Umfang int. Banken gewinnen konnten, dort Niederlassungen zu gründen, um Finanzaktivitäten zu entfalten, die sich ausschließlich auf Fremdwährungstransaktionen beschränken, d.h., es werden ausl. Einlagen an ausl. Kreditnehmer transferiert. Die inländische Währungsordnung des Gastlandes (des Finanzplatzes) bleibt davon unberührt. Gegenüber den trad. Finanzzentren wie z.B. London und New York bestehen in den neuen Finanzplätzen besondere Anreize für die Banken: Die Anforderungen an Eigenkapital sind gering, der Zugang zur Bankniederlassung ist relativ leicht, und die Bankplätze sind praktisch steuer- und abgabenfrei. Auch bestehen keine Mindestreserveverpflichtungen.

Neben Luxemburg haben insb. zahlreiche EL erfolgreich *Offshore*-Finanzplätze gegründet: zum Beispiel Bahamas, Bahrain, Cayman-Inseln, Hongkong, Kenya, Libanon, Panama, Philippinen, Singapur, Vereinigte Arabische Emirate. Das Einlagen- und Kreditvolumen verzeichnete in den 70er und 80er J. überdurchschn. Zuwachsraten. Diese Finanzplätze haben zu einem großen Anteil die Aufgabe übernommen, die sog. Petro-Dollars als Einlagen anzunehmen und in Kredite (*Eurokredite) zu verwandeln (*recycling*).

Lit.: R. C. Effros (Hg.), Emerging Financial Centers Legal and Institutional Framework. IMF Washington 1982; weitere Lit. s. Eurokredite. hpn

ÖFSE Österreichische Forschungsstiftung für Entwicklungshilfe

Ogaden-Konflikt →Äthiopien, Somalia

OIAC *Organisation Interafricaine de Café* Interafrikanische Kaffee-Organisation

OIC Islamische Konferenz (*Organization of the Islamic Conference*) Mai 1971 in Dschidda/Saudi-Arabien gegründete Konferenz, der 1988 46 Mitgl.-Länder (einschl. der *PLO) angehörten. Die Mitgliedschaft Afghanistans wurde nach der Invasion des Landes durch sowjet. Truppen suspendiert. Zielsetzungen: Förderung der islam. Solidarität unter den Mitgl.-Ländern und Schutz des islam. Glaubens; Kampf gegen Rassendiskriminierung und *Kolonialismus, Unterstützung für die PLO; Zusammenarbeit auf wirtsch., sozialem, wiss. und kulturellem Gebiet. Organe: Islam. Gipfelkonferenz (unregelmäßig), Außenministerkonferenz (Exekutivorgan, tagt mindestens einmal jährl.), Generalsekretariat (Sitz: Dschidda/Saudi-Arabien), Int. Islam. Gerichtshof (seit 1987, Sitz: Kuweit); Unterorganisationen sind u.a. die 1972 gegr. IINA (*International Islamic News Agency*), die *IsDB, und der 1974 gegr. Islamische Solidaritätsfond ISF. Aktivitäten: Jerusalem-Ausschuß (Geheimprogramm zur Befreiung der Stadt und der von Israel besetzten Gebiete), Mekka-Deklaration (Wiederherstellung der nationalen Rechte der Palästinenser, Rückzug der UdSSR aus Afghanistan), Vermittlungsbemühungen im *iranisch-irakischen Krieg sowie Hilfsprogramme für die *Sahelzone. Die OIC unterhält Kontakte zur *Arabischen Liga und zu den *Blockfreien.

Lit.: M. D. Ahmed, Organisation Islamischer Konferenz, in: T. Koszinowski/H. Mattes (Hg.), Nahost Jahrbuch 1987, Opladen 1988, S. 174ff. dn/ah

ÖIE Österreichischer Informationsdienst für E.-Politik. Im Gegensatz zur BRD, Schweiz und vielen anderen Ländern gibt es in Österreich seit 1979 mit dem ÖIE eine gesamtösterr., zentrale Service- und Koordinationsstelle für e.-pol. Bildungs- und Öffentlichkeitsarbeit. Beinahe alle in der e.-pol. Bildungsarbeit tätigen Organisationen, aber auch *Aktionsgruppen und Einzelpersonen sind Mitgl. des ÖIE oder arbeiten eng mit ihm zusammen. In allen Bundesländern gibt es verschieden finanzierte und strukturierte ÖIE-Regionalstellen, die im Vorstand vertreten sind. Der int. als vorbildlich geltende, vom Staat geförderte, aber unabh. Verein hat einen pol. kritisch-emanzipatorischen Ansatz. *Aufgaben:* Erstellung von Materialien und e.-pol. Bildungsarbeit in den Bereichen Medien, Schule, Hochschule und Jugendarbeit; Durchführung von Aktionen und Kampagnen. *Publikation:* EPN-Entwicklungspolitische Nachrichten (monatlich von ÖIE herausgegeben); *Adresse:* ÖIE, Tuchlauben 8, A 1010 Wien. Ein Verzeichnis der Regionalstellen findet sich im Aktionshandbuch Dritte Welt, Wuppertal 1986. →Entwicklungspolitik Österreichs. bg

Ökologie Nach dem Zoologen E. Häckel bedeutet Ökol. die «Wechselbeziehung aller Organismen», also die Ökonomie der Natur (1866). In einem modernen Verständnis von Ökol. geht es um Eingriffe in die Natur und «Öko-Schäden», die vom Menschen verursacht sind. Diese können definiert werden als «nachhaltige Störung des Naturhaushaltes infolge physikalischer, chemischer und biologischer Veränderung von Wasser, Boden und Luft» (G. Hartkopf). Unter «pol. Ökologie» ist ein Interaktionsgefüge zwischen Gesellschaft und Umwelt zu verstehen, das sowohl den *Input* wie auch den *Output* der Arbeits- und Wirtschaftsprozesse umfaßt (B. Glaesner).

Ökol. ist ein Thema, das regionale und nat. E. betrifft, das aber auch eine globale Dimension beinhaltet. Auf der ersten * Welt-Umwelt-Konferenz (1972) zeigten sich die EL noch zurückhaltend gegenüber einer ökol. Betrachtungsweise und favorisierten nat. E.-Wege ohne Berücksichtigung möglicher negativer Folgen für Mensch und Natur. Hingegen weist die Weltkommission für Umwelt und Entwicklung (* Brundtland-Kommission) in den 80er J. dezidiert nach, daß Umwelt und Entwicklung sowie * Armut, Ungleichheit und Umweltzerstörung miteinander zusammenhängen. Künftige Generationen werden in ihrem Leben durch Umweltzerstörung in den IL ebenso gefährdet wie durch die Umweltvernichtung in der Dritten Welt. Demnach müssen gemeinsame Lösungen zur Bewältigung der globalen E.-, Energie- und Klimaprobleme gesucht werden.

Bei einer Bestandsaufnahme der Umweltkrise in den EL ist auf drei Bereiche einzugehen: die Landwirtschaft, die Ind.-Produktion und die städtischen Ballungszentren. Was die Landw. betrifft, so ist v. a. die Bodenerosion, die Abholzung und Brandrodung der tropischen Wälder und der Verlust der Artenvielfalt besorgniserregend. Ausgehend vom Konzept der * strukturellen Heterogenität lassen sich * endogene und * exogene Bedingungsfaktoren nennen. So entsteht durch die parallele Entwicklung der modernen, kapitalistischen Sektoren, wie dem ind. Holzeinschlag und der Umwandlung der ehem. Wälder zu Viehweiden einerseits, der «traditionellen», * subsistenzwirtschaftlich orientierten Nutzung der Natur andererseits eine gigantische Naturzerstörung. Bereits jetzt beträgt der Verlust tropischer Wälder zwischen 200–250000 qkm pro Jahr; es wird somit jährlich ein Gebiet von der Größe der Bundesrepublik entwaldet. Die teilweise nachwachsenden Bestände stehen in keinem Verhältnis zu den massiven Umweltzerstörungen.

Laut Angaben der * Weltbank waren 1985 bereits 40% des ges. tropischen Waldbestandes vernichtet. Primäre Ursache ist die Ausdehnung der landw. Nutzflächen. V. a. das * Bev.-Wachstum, ungerechte Landverteilung (→Agrarreform) und die Ausweitung der Agrarexporte (→*cash crops*) zwingen zu weiteren Rodungen, um die eigene * Ernährung zu sichern. So ist die Wanderlandw. (neu angelegte Felder werden nach einigen J. verlassen, um durch erneuten Waldbewuchs die Bodenfruchtbarkeit wiederherzustellen) weitgehend zum Stillstand gekommen.

Nach Schätzungen der * FAO beträgt der Verlust geschlossener Wälder in Afrika 70%, in Asien 50% und im amerik. Raum 35%. Weiterhin wird der Rückgang der tropischen Wälder durch den Export von Nutzhölzern in die IL (Gesamterlös der EL z. Z. 8 Mrd. US-$ pro Jahr) sowie durch den aufgrund des Bev.-Wachstums sich ständig verschärfenden Brennholzmangel verursacht (ungefähr 80% des Einschlags dienen der Energiegewinnung; nach Angaben des Worldwatch Institute Report 88/89 [WIR] benötigen ¾ der Bev. in der Dritten Welt Holz zum Kochen und Heizen, da andere Energieträger nicht verfügbar oder zu teuer sind). Die Zerstörung der tropischen Regenwälder führt in den betreffenden Gebieten zum Absinken des Grundwasserspiegels, Austrocknung der Böden, zu vermehrten Überschwemmungen, Bodenerosion, * Desertifikation und zum Rückgang der landw. Erträge.

Von den Folgen der Desertifikation sind v. a. afrik. Länder betroffen, da sich 742 Mio. Hektar Land, mehr als ¼ der ges. Landfläche Afrikas, in einem fortgeschrittenen Stadium der Verwüstung befinden. In den betroffenen Zonen, insb. dem Großteil der 19 Länder

der * Sahelzone, hat sich die Lage durch das Vordringen der Sanddünen, die Verschlechterung der Weidebestände, den Verfall von Bewässerungssystemen und Probleme beim Regenfeldbau dramatisch zugespitzt (P. Harrison). Eine der Folgen neben Brennholzkrise, Armut und UE ist die wachsende Zahl von * Umweltflüchtlingen.

In engem Zusammenhang mit der Zerstörung der tropischen Wälder steht auch die biologisch genetische Verarmung durch Vernichtung der Arten (etwa 25 000 Pflanzen- und 1 000 Tierarten sind vom Aussterben bedroht; darüber hinaus sind viele Arten unentdeckt und damit in ihrer Funktion und ihren Nutzungsmöglichkeiten unbekannt), von denen weltweit etwa 40% in den tropischen Wäldern beheimatet sind; sie kommen dort aber oft nur in geringen Populationen und auf kleinem Raum vor und sind deshalb bes. gefährdet. Mit der abnehmenden Zahl der Arten gehen u. a. auch genetische Reserven für neue Pflanzenzüchtungen und künftige biotechnologische Optionen (→Gentechnologie) verloren. Außerdem erzeugen die IL einen großen Teil ihrer pharmazeutischen Produkte aus pflanzlichen Grundstoffen, die in den Ländern der Dritten Welt gewonnen werden.

Zu den Mitverursachern der ökol. Krise gehört auch die * Grüne Revolution, die durch den massiven Einsatz von resistentem Saatgut und künstlichen Düngemitteln (Pestizide, Herbizide, Fungizide) die hist. gewachsene Subsistenzwirtschaft zurückgedrängt hat. Dadurch kam es zu nur bedingt standortgerechten * Monokulturen und in Verbindung mit der wachsenden * Weltmarktabhängigkeit zu einer Krise der landw. Produktion. Die Folgen sind entsprechende ökol. Schäden wie Überdüngung, Artenschwund, Resistenz von Schädlingen, Belastung des Grundwassers, Anreicherung der Nahrungsmittel durch Schadstoffe mit entsprechenden gesundheitlichen Risiken der Bevölkerung.

Was den zweiten Bereich angeht, so stellt v. a. die nachholende * Industrialisierung, also die rasche Anpassung an vorfindbare Technologien, und eine exzessive Nutzung der * Ressourcen eine Belastung der Umwelt in EL dar. Besonders negativ schlagen Luftverunreinigung und Wasserverschmutzung zu Buche, was durch ungenügende bzw. nicht vorhandene Filter- und Entsorgungsanlagen sowie unzureichende Implementation von Abgasvorschriften (soweit überhaupt vorhanden) verstärkt wird.

Verschärft wird diese prekäre Situation durch die Stadtentwicklung, die sich in manchen EL in einem geradezu explosionsartigen Tempo vollzieht. Hingewiesen sei dabei auf städtische Agglomerationen wie Mexico City, Kalkutta, Bombay, Djakarta, Delhi, Manila, Teheran, Karatschi und Bogotá, die nach Angaben der Studie * Global 2000 zwischen 1980 und dem Jahr 2000 ihre Bev.-Zahl verdoppeln bzw. verdreifachen werden. Durch das Ausbreiten von Slum- und Squattersiedlungen (→Wohnen) potenzieren sich die Probleme der Trinkwasseraufbereitung, der Abfallbeseitigung, der Luftverschmutzung, des Landschaftsverbrauchs sowie die negativen Folgen für Leben und Gesundheit der Bevölkerung.

Bliebe noch darauf hinzuweisen, daß in den 80er J. immer mehr legale (und z. T. illegale) Exporte von Gift- und radioaktiv verseuchtem Müll von den IL in EL bekannt wurden. Die USA laden dabei ihre Abfälle in der Karibik, Brasilien und Mexiko ab, europ. Länder konnten afrik. Staaten wie Marokko, Benin, Senegal, Kongo, Guinea und Nigeria zum Import von giftigem Ind.-Müll gewinnen, und Japan nutzt entsprechende Verbindungen zu ärmeren südostasiat. Nachbarn. Die kurzfristigen Gewinne (insb. Deviseneinnahmen) stehen in keinem Verhältnis zu den negativen Folgen für *Gesundheit und Umwelt. Und die Kosten für Lagerung oder die Behebung von Schäden bei unsachgemäßen Deponien werden für die EL sehr teuer. Die IL nützen beim Giftmüllexport das mangelnde Umweltbewußtsein der Behörden in EL, die verbreitete Korruption und fehlende gesetzliche Abfallregelungen. Ähnliches gilt für die Auslagerung umweltverschmutzender Industrien oder gefährlicher Produktionsverfahren in Länder der Dritten Welt.

Die Folgen der Umweltzerstörung in EL treffen unmittelbar v. a. die dort lebenden Menschen. Durch den Import von Nahrungsmitteln in IL bekommen aber auch diese einen Teil jener Schadstoffe in angereicherter Form über die Nahrungskette wieder zurück, die sie vorher in die EL exportiert haben (insb. Pflanzenanbaumittel). Schwerwiegender sind die globalen Probleme: So fördern die CO_2-Emissionen durch die von Menschen angelegten Feuer in den Tropenwäldern die Erwärmung der Atmosphäre durch den «Treibhaus-Effekt» (wobei allerdings die IL durch die Verbrennung fossiler Energieträger am stärksten zu den Emissionen beitragen).

Sollte dieser Trend weiter anhalten, so käme es durch die Abschmelzung der Eismassen und Polarkappen zu einem Anstieg des Meerespiegels. Dies würde entweder zu Umweltkatastrophen (Überschwemmungen oder Sturmfluten) führen oder einen kostspieligen Schutz von Inseln und Küstenregionen durch den Bau von Deichanlagen verlangen. Auch für die Landw. ergäben sich Konsequenzen: Rückgang der Ernteerträge, großräumige Verlagerung der Anbaugebiete, eher zu große oder zu geringe Niederschläge mit entsprechend völlig veränderten Anforderungen an Be- und Entwässerungssysteme, Zunahme schwerer Stürme.

Weitere weltweite Einbußen bei den landw. Erträgen sind auch durch die Zerstörung der Ozonschicht zu erwarten, deren Abbau durch Spurengase aus ind. Produktion, aber auch durch Methan aus der Massentierhaltung, verstärkt UV-Strahlung auf die Erde auftreffen läßt.

Bliebe abschließend noch zu prüfen, inwieweit int. oder auch *nichtstaatliche Organisationen in der Lage sind, den Umweltzerstörungen wirksam entgegenzutreten. Unter Experten und Politikern herrscht inzwischen ein Konsens dahin gehend, daß die weltweiten Umweltprobleme nur noch durch eine ökol. «Weltinnenpolitik» gelöst werden können, die sich durch funktionierende Regime (*«international governance»*) auszeichnet. Int. Org. wie *UNEP, *UNDP, *FAO, *WHO haben entsprechend ihres von den Nationalstaaten «geliehenen» Mandats versucht, entsprechende Aktivitäten zu entwickeln. So trat 1985 der von FAO und UNDP, dem *World Ressources Institute* und der Weltbank getragene *Tropical Forest Action Plan* in Kraft, der für 5 J. Investitionen von 8 Mrd. US-$ in Aufforstungsmaßnahmen und Bekämpfung der Entwaldung vorsieht.

Unter Leitung des UNEP fand 1985 die Wiener Umweltkonferenz statt. Dort und auf der Folgekonferenz in Montreal (1987) wurde das von 24 Staaten und der EG unterzeichnete Abkommen zum Schutz der Ozonschicht ausgehandelt. Es sieht die Reduktion des Verbrauchs von Fluorchlorkohlenwasserstoffen und Halogenen bis 1999 auf 50% gegenüber 1986 vor. Dabei ist den EL ausdrücklich eine geringere Einsparrate zugestanden worden, um ihre E. nicht zusätzlich zu behindern. Das Abkommen von Montreal wird von Experten aber bereits als überholt angesehen, da die Grenzwerte zu niedrig sind und die Zielvorgaben zu weit in die Zukunft reichen. Aus diesem Grund forderten im März 1989 24 Staats- und Regierungschefs in der – völkerrechtlich allerdings unverbindlichen – «Haager Erklärung», daß die UN int. gültige

Höchstgrenzen für Schadstoffemissionen ausarbeiten und deren Nicht-Überschreitung künftig kontrollieren soll. Dabei wird dem * IGH eine neue Rolle als Schiedsstelle bei int. Umweltkonflikten zugewiesen.

Das zweite große int. Umweltschutzabkommen (nach dem Schutz der Ozonschicht) betrifft die Lagerung und den Transport von Giftmüll. Bei den Verhandlungen zu diesem Vertrag, der im März 1989 abgeschlossen wurde, traten die Konflikte zwischen einigen IL und EL besonders deutlich zutage. Während insb. afrik. Staaten den Export von Giftmüll aus den westlichen IL ganz verbieten wollten, versuchten IL wie die USA und die BRD, sich die Tür offen zu halten für den int. Abfalltransport auf der Nord-Süd-Achse. Auf der Basler Konferenz, an der 117 Staaten teilnahmen und die von der * UNEP organisiert wurde, sind v. a. vier Punkte festgeschrieben worden: Zum einen erfolgt ein Verbot des Mülltransports in jene 40 Länder, die prinzipiell keine Lagerung von giftigen Abfällen aus dem Ausland wünschen. Zum anderen ist ein grenzüberschreitender Verkehr von Sonderabfällen nur dann gestattet, wenn der Exportstaat nicht über die entsprechenden Entsorgungstechnologien verfügt, die der Importstaat seinerseits besitzen muß. Zudem wird ein Sekretariat eingerichtet, das Beschwerden entgegennehmen, den Transfer kontrollieren und den Informationsaustausch gewährleisten soll. Schließlich besteht eine Meldepflicht für den Transport gefährlicher Abfälle, und zwar sowohl an das Sekretariat als auch an die betroffenen Transitländer, die ihre Zustimmung vorher erteilen müssen.

Kritiker der Basler Konvention verweisen auf schwammige Generalklauseln, die eine Umgehung des Vertrages ermöglichen, etwa bei bilateralen Müllhandelsabkommen zwischen Staaten, sowie auf die geringe personelle Ausstattung des Sekretariats und die umständliche Ratifizierungsprozedur der Konvention. Ob das angestrebte Ziel, die Giftmüllproduktion zu vermindern und die grenzüberschreitenden legalen und illegalen Geschäfte mit gefährlichen Abfällen drastisch zu reduzieren, erreicht wird, hängt nicht zuletzt von der präventiven Umweltpolitik in den IL selbst ab.

Als Konferenz der nichtstaatl. Org. konstituierte sich 1988 das Forum «Klima und Entwicklung» in Hamburg. Ein vorgeschlagener Zeitplan mit Maßnahmen gegen die Klimakatastrophe fand allerdings keine Mehrheit. Kritik erfuhr dabei auch die Politik von * IWF und * Weltbank: Durch sie würden die Abholzungen im Amazonas-Gebiet unterstützt, seien gigantische Staudammprojekte finanziert worden, die große ökol. Schäden anrichteten, und die Schuldenkrise der Dritten Welt (→Verschuldung) habe zum ökol. Raubbau geführt, etwa durch den Export von Tropenhölzern. Die von IWF und Weltbank angebotene Stellenausweitung für die Umweltverträglichkeitsprüfung (UVP) von E.-Projekten sowie die Bereitstellung von Geldern für Wiederaufforstungsprogramme gilt nur als geringe Kompensation für den z. T. als irreversibel anzusehenden angerichteten Schaden.

Eine umweltgerechte E.-Politik sollte jedoch nicht nur auf int. Org. bauen. Genauso wichtig ist eine UVP bei eigenen E.-Projekten, bei der standortspezifische Bedingungen, ökol. orientierte Produktion, angepaßte Technologien, Erhalt der natürl. Ressourcen zu berücksichtigen sind. Neben dem Verzicht auf Importe von tropischen Edelhölzern sind beim Export von Pestiziden usw. stärker Empfehlungen von FAO und * OECD zu beachten. Zudem empfiehlt es sich, auch für Exportprodukte im Chemikalienbereich nat. Gesetze anzuwenden (amtliche Prüfung, Kennzeichnung, Gebrauchsanweisungen in versch. Sprachen, Ausweis von Schutzmaßnahmen).

Lit.: BMZ (Hg.), Umwelt und Entwicklung, in: BMZ-Materialien, Nr. 77/1987; J. Freiberg, u. a. (Hg.), Drei Welten – eine Umwelt, Saarbrücken 1984; V. Hauff (Hg.), Unsere gemeinsame Zukunft, Weltkommission für Umwelt und Entwicklung, Greven 1987; M. Wöhlcke, Umweltzerstörung in der Dritten Welt, München 1987; P. Harrison, Afrika stirbt nicht, Reinbek 1988; Deutscher Bundestag (Hg.), Schutz der Erdatmosphäre: Eine internationale Herausforderung, Zur Sache 5/88, Bonn 1988; Worldwatch Institute Report, Zur Lage der Welt 88/89, Frankfurt 1988; A. Gore, Wege zum Gleichgewicht: ein Marshallplan für die Erde, Frankfurt a. M. 1992; E. Altvater, Der Preis des Wohlstands oder Umweltplünderung und neue Welt(un)ordnung, Münster 1992. ms

Ökologische Benachteiligung der Tropen Aus der kombinierten Wirkung von tropischen Klimabedingungen, Wasserhaushalt, Bodenbildungsprozessen, Nährstoffkreislauf in Vegetation sowie geomorphologischen Formungsprozessen ergeben sich für die agrarische Nutzung im tropischen Regenwald natürliche Standortnachteile, die eine Nahrungsmittelproduktion in Form von großflächigen *Monokulturen kurzlebiger Getreide- oder Knollengewächse limitieren und auf ein Niveau fixieren, das erheblich unter dem vergleichbarer Anbauregionen in den Mittelbreiten und Subtropen liegt. Da im tropischen Klima bei der allitischen Verwitterung die Tonminerale Illit, Chlorit und Montmorillonit kaum neu gebildet werden und die kieselsäurearmen Tonminerale Kaolinit und Gibsit dominieren, besitzen die Böden nur eine geringe Kationenaustauschkapazität (Fähigkeit des Bodens, zugeführte Nährstoffe zu speichern und an das Nährwurzelsystem abzugeben). Versuche, den natürl. Nährstoffmangel trop. Böden durch künstliche Nährstoffzufuhr (Düngung) auszugleichen, scheitern deshalb, der größte Teil des Düngers wird vom Boden nicht verwertet, sondern durch Auswaschung als ökologisch bedenkliche Düngung den trop. Flüssen zugeführt.

Die Aufgabe, als Nährstoff-Fallen (*nutrient traps*) zu wirken und die Mineralverbindungen in eine für die Pflanzen erst verwertbare Substanz zu transferieren, wird in den trop. Böden durch Bodenpilze (*Mycorrhizae*) im Einzugsbereich der Baumwurzeln erfüllt. Durch das großflächige Abholzen des Regenwaldes werden diese für das Ökosystem entscheidenden Bodenpilze zerstört. Der Verlust der oberflächennahen Humussubstanz und die erhöhte erosive Mineralabfuhr aus dem nun vor trop. Starkregen ungeschützten Boden sind weitere Konsequenzen. Die neu angepflanzten Monokulturgewächse erlauben keine Neubildung der Bodenpilze, die allein den Nährstoffverlust stoppen könnte. Die traditionelle Busch-Feld- oder Wald-Feld-Wechselwirtschaft (**shifting cultivation*) ist dagegen eine den spezif. Ökosystembedingungen des trop. Regenwaldes angepaßte Nutzungsform und dient auch neueren Ansätzen der Agrarenwicklung in den Tropen (**ecofarming*) als Anregung.

Lit.: W. Weischert, Die Ökologische Benachteiligung der Tropen, Stuttgart 1977 ah

Ökonomische Entwicklungstheorien →Außenhandelstheorie, *balanced growth, big push, unbalanced growth*, Wachstumstheorien

Ökumenische Entwicklungsgenossenschaft →EDCS

OLADE Lateinamerik. Energieorganisation (*Organisación Latinoamericana de Energía*) seit 1974 in Kraft. Sitz: Quito/Ecuador, nimmt die regionalen Interessen der *OPEC-Staaten und Mexikos wahr. ah

OLAS Organisation Lateinamerik. Solidarität (*Organisación Latino-Americana de la Solidaridad*), 1966 gegr., Organisation zur Unterstützung revolutionärer *Befreiungsbewegungen in LA bzw. des Exports der kubanischen Revolution. Seit Ende der 60er J., zusammenfallend mit dem Scheitern der *Guerilla in LA, ohne Aktivität. dn

OLDEPESCA →SELA

Ölfazilität Sonderkonto des *Int. Währungsfonds, das im Anschluß an die Preiserhöhungen des Erdöls 1974 eingerichtet wurde. Von den 3,05 Mrd. *Sonderziehungsrechten (SZR) wurden 2,6 Mrd. von den *OPEC-Ländern eingezahlt. Aus der Ölfazilität können EL und IL Kredite zu einem Zinssatz von 6 – 7 % und einer Laufzeit von höchstens 7 J. ziehen. Sie wurde jedoch hauptsächlich von EL in Anspruch genommen. dn

Oman O. ist ein strategisch höchst bedeutsames Gebiet. Zum einen kann von hier aus die Straße von Hormuz beherrscht werden, die eine der wichtigsten Öltankerrouten der Welt ist, zum anderen hat O. 1980 den USA vertraglich die Benutzung seiner Militärinstallationen für die amerik. Golf-Eingreifreserve (*Rapid Deployment Force*) zugestanden und ist damit potentieller Ausgangspunkt kriegerischer Aktionen. Als Mitgl. des *GCC war O. im *Golfkrieg 1991 an der int. Allianz gegen den Irak beteiligt.

1. Das Gebiet des Sultanats O. (ca. 300000 qkm) umfaßt auch die Halbinsel Musadam an der Straße von Hormuz, die durch das Territorium der Vereinigten Arab. Emirate vom Rest des Landes getrennt ist. Der größte Teil des Landes (80 % Wüste, 15 % Gebirge) kann nicht dauerhaft landw. genutzt oder bewohnt werden. Beduinen betreiben insbesondere im Süden O.s Wanderviehwirtsch. (Rinder, Ziegen, Schafe, Kamele), auf ca. 2 % der Fläche (Küstenebenen, Oasen) werden v. a. Datteln, Zitronen, Bananen, Tomaten und Getreide angebaut. O. besitzt – relativ bescheidene – Erdölvorkommen und andere Rohstoffe (v. a. Kupfer und Gas). Mit japan., koreanischer und neuseeländischer Hilfe nutzt O. den Fischreichtum seiner Gewässer.

2. Die Geschichte O.s ist geprägt vom Konflikt zwischen Imams- (geistl. Oberhaupt der Ibaditen, von den Stämmen Inner-O.s unterstützt) und Sultanatsherrschaft. Mit dem Verfall des oman. Handelsimperiums wurde das Sultanat immer mehr von brit. Unterstützung abh., mit deren Hilfe sich der Sultan mehrmals und endgültig gegen den Imam durchsetzte. Seit 1970 ist das Sultanat O. ein souveräner Staat. Die engen Beziehungen zu GB bestehen jedoch weiter (brit. Berater/der heutige Sultan Qaboos bin Said, in Sandhurst ausgebildet, setzte 1970 mit brit. Hilfe seinen Vater ab).

3. Die Bev. O.s wurde 1986 auf ca. 1,27 Mio. Ew. geschätzt, die zum größten Teil in kleinen, verstreut liegenden Oasen leben (*Urbanisierungsrate 1980: 9 %, Hs.-Gebiet Maskat ca. 100000 Ew.). Die ehemalige Ausdehnung der oman. Macht hat deutlichen Einfluß auf die heutige Zusammensetzung der Bev. O.s. Neben Nicht-Omanis (westl. Spezialisten/alteingesessene indische Händlerfamilien/neu zugewanderte Inder und Pakistaner, die einfache Arbeiten verrichten) leben Omanis afrikan. (2 %), persischer (3 %) und belutschistanischer Herkunft (4 %) neben den Angehörigen der zahlreichen einheim. Stämme (88 %). Etwa 5 % der Bev. sind Nomaden.

4. Die Nachkommen ehemal. Sklaven werden noch mehr als die nichtarab. Omanis sozial diskriminiert. Sie bilden mit den ausländ. Arbeitskräften die Unterschicht, die im rasch wachsenden Gebiet der oman. Städte lebt. Gesellsch. führend sind neben den trad. Stammesoberhäuptern die neue Kaufmanns- und Unternehmerschaft und die höheren Regierungsbeamten. Die Versorgung der Bev. wurde in den letzten Jahren im Gesundheits- und Erziehungswesen deutlich verbessert. Auch die *Infrastruktur O.s wurde ausgebaut, während die Wohnungsnot, insbesondere für die Unterschicht, weiterhin groß blieb.

5. Die pol. E. O.s wurde in den 60er und 70er J. vom Konflikt des als absoluter Herrscher regierenden Sultans (1981 wurde ein «Beratender Staatsrat» mit dem Ziel eingesetzt, O. allmählich in ein parlamentarisches Sultanat umzuwandeln) mit Aufständischen in der Südprovinz Dhofar (seit 1879 bei O.) bestimmt (1965 bis 1975). Unterstützt von Süd-Jemen versuchte

die PFLOAG (=Volksfront für die Befreiung des besetzten Arab. Golfs) von hier aus, eine Bewegung zur Absetzung aller trad. Herrscher zu initiieren. 1974 änderte sie ihren Namen zu PFLO und konzentrierte ihre Aktivitäten auf O. Das Ende einer wirksamen Aufstandsbewegung wurde durch den Entzug der Unterstützung für die PFLO durch Süd-Jemen (auf Druck Saudi-Arab.), die Verstärkung der Streitkräfte O.s durch GB, eine Generalamnestie für Aufständische und Geld-, Kleider-, Nahrungs- und Hausratsgeschenke an die Bev. Dhofars sowie den Ausbau der dortigen Infrastruktureinrichtungen erreicht. Der am 21.12.1991 erstmalig zusammengetretene Konsultativrat O. stellt als neues Verfassungsorgan ein Gremium dar, in welchem alle 42 Provinzen Vertretung finden. Mit der Aufgabe, die staatlichen E.-Pläne zu erstellen und deren Implementation zu überwachen, werden erstmalig einem die Bevölkerung vertretenden Organ relevante Kompetenzen übertragen.

6. Die rasche E. O.s seit dem Staatsstreich 1970 beruht v. a. auf Einkünften aus dem Ölsektor (1974 übernahm die Reg. 60% der Petroleum Development Ltd. O.). Seit 1980 (2. *Entwicklungsplan) versucht der Staat, mit Hilfe von Anreizen für private *Investitionen eine *Diversifizierung der Wirtsch.-Struktur einzuleiten. Die sektorale (Handel, Banken, Bauwirtsch.) und regionale (Gebiet um Maskat) Konzentration der Investitionen konnte aber bislang kaum verringert werden.

Da die bisherige E. im wesentlichen von ausl. Arbeitskräften getragen wurde (1985: 300000, das entspricht etwa dem Doppelten der oman. Erwerbstätigen), gehört eine an den E.-Bedürfnissen des Landes orientierte Ausbildung des einheimischen Arbeitskräftepotentials zu den dringlichsten pol. Aufgaben. Zu den in dieser Hinsicht vernachlässigten Bereichen werden insbes. die Landw. und das produzierende Gewerbe gezählt.

Lit.: F. A. Clement, Oman. The Reborn Land, London/New York 1980; F. Scholz, Oman, in: HDW II, 6, Hamburg 1983, S. 420ff.; W. Zimmermann/F. Scholz, Oman, in: U. Steinbach/R. Robert, (Hg.), Der Nahe und Mittlere Osten, Bd. 2, Opladen 1988, S. 293ff. rs

OMDKRB *Organization for the Management and Development of the Kagera River Basin*, Organisation zur Verwaltung und Entwicklung des Kagera-Flußbeckens.

OMVG →Gambia

OMVS Organisation zur Nutzung des Senegalflusses (*Organisation pour la Mise en Valeur du Fleuve Sénégal*), nach Vorstufen (ab 1964) 1972 von Senegal, Mauretanien und Mali gegründet. Effektivste westafrik. Organisation zur Nutzung eines Flußbeckens. Der Vorläuferin OERS (*Organisation des Etats Riverains du Fleuve Sénégal*) gehörte bis 1972 auch Guinea an. Schwerpunkt des 1974 mit einer Laufzeit von 40 J. beschlossenen Entwicklungsprogramms ist der Bau zweier Staudämme. fn

OPEC Organisation erdölexportierender Länder (*Organization of the Petroleum Exporting Countries*), 1960 in Bagdad von Iran, Irak, Kuwait, Saudi-Arabien und Venezuela gegründet, Hauptsitz in Kuwait. Beitritte: Katar 1961, Indonesien und Libyen 1962, Abu Dhabi 1967 (ab 1974 VAE), Algerien 1969, Nigeria 1971, Ecuador 1973, Gabun 1975 (jeweils Datum der Vollmitgliedschaft). *Organe:* Konferenz, bestehend aus den Delegationen der Mitgl.-Länder, höchstes Organ, tagt zweimal im J., jedes Land hat eine Stimme, Entscheidungen erfordern Einstimmigkeit, bei Neuaufnahmen ¾-Mehrheit der Vollmitgl. und Einstimmigkeit der Gründungsmitgl. (Kriterium für Aufnahme: Rohölexport muß die hauptsächliche Wirtschaftsgrundlage darstellen). Gouverneursrat, bestehend aus den von den Mitgl. vorgeschlagenen und von der Konferenz bestätigten Gouverneuren. Unter seiner Kontrolle werden die Entscheidungen der Konferenz vom Sekretariat ausgeführt, dem ein Generalsekretär vorsteht, Amtszeit 2 Jahre, rotierend nach Mitgl.-Ländern entsprechend Datum des Beitritts. Das Sekretariat hat seinen Sitz seit 1965 in Wien. *Zielsetzung* der OPEC laut Statut: Koordination und Vereinheitlichung der Ölpolitik der Mitgl.-Länder sowie Schutz ihrer individuellen und kollektiven Interessen; Stabilisierung der Erdölpreise auf den int. Märkten; Sicherung der Einkommen für die Förderländer, der ausreichenden und regelmäßigen Versorgung für die Verbraucherländer und der fairen Verzinsung ihres Kapitals für die ausl. Investoren.

Im ersten Jahrzehnt nach ihrer Gründung ging es der OPEC im wesentlichen um Preisstabilisierung für Rohöl und um eine Steigerung des Anteils der Förderländer an den Einnahmen aus dem Energieträger, den ausl. Unternehmen förderten, exportierten, vermarkteten etc. Die Erfolge der Kartellpolitik, welche harte Auseinandersetzungen mit den Ölkonzernen beinhalteten, stellten sich hauptsächlich erst zu Beginn der 70er J. ein. Stiegen die jährl. durchschn. Einnahmen der OPEC-Mitgl. von 1962 auf 1970 um 13,5 %, so erhöhten sie sich von 1970 auf 1971 um 55,3 %, obwohl die Exportmengen von 1962 auf 1970 jährl. durchschn. um 12,9 %, von 1970 auf 1971 hingegen nur um 7,4 % zunahmen. Diese Erfolge und Veränderungen auf dem Ölmarkt, insb. die Verknappung des Erdöls als Folge des Teilembargos der arab. Förderländer, führten zur raschen Durchsetzung weiterreichender Ziele der OPEC-Länder, die Ende der 60er J. zu formulieren begonnen wurden. Sie bestanden zunächst in der Beteiligung am Aktienkapital der auf Konzessionsbasis in den Förderländern arbeitenden int. Ölfirmen, wobei die geforderten Beteiligungssätze schwankten. Als wirksames Konzept der Beteiligung wurde nach 1971 allein eine Partizipation von 51 % der Aktien begriffen, d. h. eine Mehrheitsbeteiligung, welche die Entscheidungsgewalt über die Produktion in die Hände der Förderländer legt. In sog. **Joint venture*-Unternehmen sollten Kooperation mit den über Kapital und Technologie verfügenden Ölfirmen gesucht werden und Profitmöglichkeiten für das int. Kapital gegeben bleiben. Sozialrevolutionäre Reg. gingen in den nachfolgenden Jahren über diese noch gemäßigten Zielsetzungen hinweg und setzten die vollständige *Nationalisierung der Erdölindustrie durch (Algerien 1970, Irak 1972, Libyen 1973; auch Venezuela 1975). Damit gelangte die Kontrolle über das Erdöl hinsichtlich Produktion und Preis in die Hände der OPEC-Länder, die in den folgenden Jahren praktisch den Weltmarktpreis für Erdöl bestimmten.

Die OPEC gilt seither als Modell eines erfolgreichen *Rohstoffkartells; sie entwickelte sich zu einem Wortführer der Dritten Welt, ungeachtet der großen Unterschiede, die ihre Mitgl. hinsichtlich ihrer pol. Systeme und ihrer gesellschaftspol. Zielvorstellungen auszeichnen, und ungeachtet der fortgesetzten Spannungen zwischen ihnen über die zu verfolgende Erdölpolitik (Preispolitik und Bevorratungspolitik). Mit Beginn der 80er Jahre nahm die Einigungsfähigkeit der OPEC-Mitgl. auf eine gemeinsame Erdölpolitik rapide ab. Die Gründe dafür lagen u. a. in der Veränderung von Angebot (neue Anbieter von Erdöl auf dem Weltmarkt: GB, Norwegen, Mexiko) und Nachfrage (Einsparung von Rohöl in den Verbraucherländern und Rückgriff auf andere Energieträger bzw. deren Entwicklung) sowie in den internen Gegensätzen zwischen volkreichen OPEC-Ländern mit Zahlungsbilanzproblemen (z. B. Indonesien, Nigeria, Venezuela) und bevölkerungsarmen mit hohen Devisenüberschüssen (Saudi-Arabien, VAE, Kuwait). Der irakischen Invasion Kuwaits 1990 (→Golfkrieg) war eine jahrelange Kontroverse beider Staaten über den Ölpreis vorausgegangen. Das bislang einzig erfolgreiche Rohstoffkartell steht vor der Zerreißprobe.

Die negativen Auswirkungen ihrer Preispolitik auf die energieimportierenden EL a) durch direkte Preiserhöhungen im Energieimport und b) durch indirekte Preiserhöhungen im Import von Fertigwaren suchen die OPEC-Länder durch bilaterale Kreditvereinbarungen, die ⅔ der Nettoauszahlungen ihrer *öffentl. Entwicklungshilfe ausmachen, sowie nat. und multilat. Fonds (Kuwaitischer Fonds/1961, Abu Dhabi-Fonds/1971, [Saudi-]Arabischer Fonds 1972, *OPEC-Fonds 1976) für zinsgünstige Darlehen zu mildern, deren Volumen (1980: 9,1, 1981: 7,8 Mrd. US-$) den Entzug von Kapital als Folge der Preissteigerung allerdings nur zu etwa 70% wettmachen konnte und als Folge der verschlechterten Marktlage des Erdöls und von Zahlungsbilanzproblemen einiger Mitgl.-Länder in den 80er Jahren sank (1986: 4,5 Mrd. US-$). Der OPEC–Anteil an der ges. *ODA nahm folgende Entwicklung: 1970: 4,7; 1975: 28,9; 1980: 24,3; 1985: 9,7. Die arabischen OPEC-Länder trugen 1980: 97,5% der E.-Hilfe der OPEC-Länder, Saudi-Arabien allein bestritt 44%, 1986 entfielen auf Saudi-Arabien und Kuwait 94% der OPEC-ODA. Die OPEC-Länder leisten auch erhebliche Beiträge zur Finanzierung multilateraler Stellen wie *Weltbank und *IWF, allerdings zu kommerziellen Konditionen. Adresse: Dr.-Karl-Lueger-Ring 10, A-1010 Wien 1.

Lit.: A. Gälli, Die sozio-ökonomische Entwicklung der OPEC-Staaten – Auswirkungen und Perspektiven des Devisenreichtums, München 1979; W. Ochel, Die Industrialisierung der arabischen OPEC-Länder und des Iran – Erdöl und Erdgas im Industrialisierungsprozeß, München 1979; I.F. Shithata/R. Mabro, The OPEC Aid Record, in: World Development 7 (2) 1979, S. 161–173; A. Abu-Shokor, Gibt es eine gemeinsame OPEC-Front? Widersprüche und Gemeinsamkeiten in der Strategiebildung, Bochum 1981; R. Hanisch, Die OPEC, in: V. Matthies (Hg.), Süd-Süd-Beziehungen. Zur Kommunikation, Kooperation und Solidarität zwischen Entwicklungsländern, München u.a. 1982, S. 151ff.; F. Mayer, Petro-Atlas. Erdöl und Erdgas, 3. Aufl., Braunschweig 1982. dn

OPEC-Fonds für Internationale Entwicklung (OFID) Bedeutendste Institution der *öffentlichen Entwicklungshilfe der *OPEC an *multilaterale Stellen, 1976 gegr. mit einem Anfangskapital von 800 Mio. US-$, seither zwei Aufstockungen; Finanzleistungen (Zusagen) bis Anfang 1985 ca. 3 Mrd. US-$, an insg. 82 EL sowie int. Organisationen in Form von ODA-Krediten und *grants* vergeben.

Lit.: OECD, Leistungen der OPEC-Länder an die Staaten der Dritten Welt, in: HIZ III D 10,20 (Juli) 1988; M.E. Ahrari, OPEC and patterns of cooperation and discord, in: Conflict, 11, 3, 1991, 185ff. dn

open-door policy →Liberia

operational evaluation →Evaluierung

Opportunitätskosten →Außenhandelstheorie

ORDOK →Dokumentationsleitstellen

Organisation Amerikanischer Staaten →OAS

Organisation erdölexportierender Länder →OPEC

Organisation für Afrikanische Einheit →OAU

Organisation für wirtschaftliche Zusammenarbeit und Entwicklung →OECD

Organisation Lateinamerikanischer Solidarität →OLAS

Organisation Zentralamerikanischer Staaten →ODECA

Organisation zur Entwicklung des Senegalflusses →OMVS

ORIT →Gewerkschaften

ORT *Organization for Rehabilitation through Training*, 1921 in Berlin eingerichtetes jüdisches Hilfswerk (*Nichtstaatliche Organisation, *Bensheimer Kreis), fördert in den EL im Rahmen des ORT-*Technical Assistance Program* und durch eigene Fachschulen und Lehrwerkstätten Projekte der beruflichen Ausbildung. Adresse: Hebelstr. 6, 6000 Frankfurt 1. ah

Ostafrikanische Gemeinschaft →EAC

Ostafrikanische Wirtschaftsgemeinschaft →EACC

Österreichische Entwicklungspolitik →Entwicklungspolitik Österreichs

Österreichischer Informationsdienst für Entwicklungshilfe →ÖIE

Ostkaribischer Gemeinsamer Markt →ECCM

Ost-Timor →Indonesien

Ost-West-Konflikt →Blockfreiheit, Kriege in der Dritten Welt, Nord-Süd-Konflikt, Rüstung

Otto-Bennecke-Stiftung *Nichtstaatliche Organisation, 1965 von den deutschen Studentenschaften gegründet, betreut und fördert in Ausbildungs- und *Stipendienprogrammen Ausbildungsbewerber aus EL, die aufgrund ihrer Rasse, Herkunft, Religion oder pol. Überzeugung in ihrem Heimatland keine Ausbildungsmöglichkeit haben, bzw. die *Flüchtlinge sind.

Maßnahmen: Ausbildungsvorbereitung (Sprachkurse, Studienkollegs), Studium an Fach-, Fachhoch- und Hochschulen, berufspraktische Ausbildung und *postgraduate*-Ausbildung. 1988 wurden insg. 874 Stipendien für Hoch- und Fachhochschulstudien vergeben. 576 Stipendiaten studierten in Deutschland, 298 wurden **sur place* gefördert. 1007 Stipendiaten absolvierten eine berufliche Ausbildung: 257 in der Bundesrepublik und 750 *sur place*. Mit dem Ziel, auf internat. Ebene Ausbildung und Verständigung zu fördern, führt die Otto-Bennecke-Stiftung auch Dialog- und Seminarprogramme durch. Die Programme werden aus Mitteln des *BMZ gefördert. Adresse: Bonner Talweg 57, 5300 Bonn 17. ah

Ozonkonferenz der UN Die O. befaßt sich mit dem weltweiten Produktions- und Anwendungsverbot für chemische Stoffe, welche die Ozonschicht über der Erde ausdünnen, als deren Folge u.a. Hautkrebserkrankungen bei Menschen zunehmen. Die vierte Konferenz Nov. 1992 in Kopenhagen versuchte, das Verbot von FCKW (Fluorchlorkohlenwasserstoff) und ähnlichen Substanzen auf das Jahr 1996 vorzuverlegen.

P

PAC *Pan-Africanist-Congress*, rivalisiert mit dem weitaus bekannteren *ANC, von dem er sich 1959 abspaltete. Der PAC wurde (wie der ANC) 1960 von der südafrik. Reg. verboten. In der kurzen Zeit seiner legalen Existenz gewann er mit seiner radikalen Rhetorik erhebliche Unterstützungen. Nach seiner Ideologie gehört Südafrika den Schwarzen; die Weißen werden lediglich als Siedler betrachtet. Im Ggs. zum nicht-rassistischen ANC, der Südafrikanern aller Hautfarben offensteht, hat der PAC nur schwarze Mitglieder. Wegen interner Flügelkämpfe und org. Mängel verlor der PAC nach seinem Verbot rasch an Bedeutung, machte in den 80er J. aber durch seine *Guerilla-Aktivitäten wieder von sich reden. Nach seiner Legalisierung am 2.2.1990 und Gesprächskontakten mit der weißen Reg. ab Juni 1990 bildete der PAC im Okt. 1991 zusammen mit dem ANC und weiteren 90 Organisationen die «Patriotische Front», die für eine Verfassunggebende Versammlung zur Herstellung eines demokratischen Südafrika eintritt. ajh

Pädagogik der Befreiung/Pädagog. Theorien in der Dritten Welt Die pädagogischen und sozialwissenschaftlichen Theorien aus modernen hochtechnisierten westl. Ländern können nicht kritiklos von Pädagogen der Dritten Welt übernommen werden.

Obwohl auch vergleichbare Fragestellungen bestehen und methodologische und methodische Standards pädagog. Forschung sich aufeinander zubewegen, gibt es für pädagog. Theorien in EL spezifische Aufgaben. Von höchster Priorität ist es, unter der Bedingung permanenten sozialen Wandels auf die Frage kultureller Identität einzugehen, die sich im Spannungsfeld sich überlagernder traditionaler und moderner Werte herausbildet. Die einflußreichsten pädagog. Theorien der *Dritten Welt sind als Pädagogik der Befreiung zu verstehen, so problem- und landesspezifisch diese Theorien auch sind, und stammen von dem brasilian. Rechtsanwalt und Pädagogen Paulo Freire (geb. 1921), dem lange in Mexiko wirkenden Priester Ivan Illich (geb. 1926), dem senegalesischen Staatspräs., Dichter und Philosophen Leopold S. *Senghor (geb. 1906), dem Staatspräsidenten von Tanzania und früheren Lehrer Julius K. *Nyerere (geb. 1922), dem indischen Unabhängigkeitskämpfer und Hinduisten Mohandas K. (genannt Mahatma «große Seele») *Gandhi (1869 bis 1948). Pädagog. Wirken ist bei diesen Persönlichkeiten jeweils in einem breiteren pol. Handlungszusammenhang aufgehoben.

Paulo Freires *Alphabetisierungskampagnen in den Slums und Landarbeitersiedlungen Brasiliens (1961 bis 1964 unter der Regierung Goulart) richten sich gegen jede Form der «Domestizierung», der «inneren Unterwerfung der unterdrückten Bevölkerung». Leidenschaftlich kritisiert er eine *educação bancaria*, durch die nur Fremdherrschaft verinnerlicht werde, und setzt ihr sein Modell der *educação problematizadora* als Alternative entgegen, durch die eine Bewußtmachung (*consientizaçao*) von Herrschaftsverhältnissen bewirkt werden soll. Schon das Auffinden des Lernstoffs, der sog. «generativen Wörter» und «generativen Themen» (Schlüsselwörter und Grunderfahrungen, die die Welterfahrung der Lernenden erschließen), dient dazu, die Lebenssituation der Schüler und ihre Erfahrung von dieser Situation bewußt zu machen. Als Methoden seiner kulturellen Aktion in befreiender Absicht scheidet jede Form der ideologievermittelnden Agitation, Manipulation oder «kulturellen Invasion» von vornherein aus, denn seiner angestrebten konsequenten Humanisierung entsprechen ausschließlich dialogische und auf Selbsthilfe gerichtete Bildungsformen. Nachdem Freire fast 20000 «Kulturzirkel» ins Leben gerufen hatte, in denen Analphabeten in kurzer Zeit nicht nur lesen und schreiben lernten, sondern auch ein neues Selbstbewußtsein gewannen, wurde er nach dem Militärputsch 1964 aus Brasilien ausgewiesen, ist seit 1973 auch in Chile unerwünscht und wirkte danach u. a. in Guinea-Bissau. Die Freiresche Pädagogik hat sich auf verschiedene pädagog. und sozialarbeiterische Ansätze der Ersten Welt maßgeblich ausgewirkt.

Auch Ivan Illichs provozierende Thesen von der notwendigen Entschulung der Gesellschaft sind Ausdruck eines radikalen Humanismus. Er hält eine rein schulzentrierte *Bildung für nutzlos, weil sie nicht die proklamierte Chancengleichheit schafft, sondern seiner Meinung nach vielmehr die soziale Kluft zwischen einer randständigen Mehrheit und einer durch Schulbildung legitimierten Elite besonders in der Dritten Welt immer mehr vergrößert. Schulen graduieren nicht nur, sie degradieren auch und fördern daher politische Formen der Diskriminierung. Illich (1960 bis 1975 auch Leiter des weltbekannten *Centro Intercultural de Documentación* in Cuernavaca) verweist in seiner pädagog. Theorie auf Lernmöglichkeiten in außerschulischen Bildungseinrichtungen, wie dem Produktionsprozeß, der Erwachsenenbildung, den informellen Lernprozessen in Familien. Freilich müßten auch diese Institutionen erst eine radikale Veränderung erfahren, um ihrem Bildungsauftrag gerecht zu werden.

Einen anderen Weg beschreibt die pädagog. Theorie L. Senghors. Senghor ist eine Persönlichkeit, die sich kritisch mit der selbsterlebten trad. Erziehung auseinandersetzt und dem die Erfahrungen während der franz. Kolonialzeit als Abgeordneter in der franz. Nationalversammlung (1945 bis 1948) auf dem Erziehungssektor gut bekannt sind. Er bemühte sich einerseits um eine Assimilation an die franz. Kultur, suchte aber andererseits immer einen eigenständigen Weg afrik. Kultur und Zivilisation. Seine Vorstellung von «Erziehung» nähert sich der geisteswissenschaftlich-philosophischen Bedeutung von «Bildung» in Europa an. Die «bewußt gestaltende Erziehung» ist nicht als radikale Systemveränderung konzipiert, die sich an Konflikten und Antagonismen im Bildungsgeschehen orientiert, sondern als eine ständig fortschreitende Bereicherung des einzelnen gedacht. Dieser Prozeß soll nicht zu einer bloßen Individualisierung führen, sondern letztlich ist Erziehung ein Beitrag zum Aufbau einer «Zivilisation des Universellen», in der Ausgleich und Harmonie die tragenden Prinzipien des Zusammenlebens von Menschen darstellen. Senghors Forderung nach «permanenter Erziehung» zielt daher auf ständige Offenheit des Menschen für kulturelle und humane Entwicklung.

J. K. Nyerere baut bei der Entwicklung eines spezifischen, tanzanischen Verhältnissen angepaßten Sozialismus wesentlich auf Erziehung und den Ausbau des Bildungswesens. Ziele des «**Ujamaa*-Sozialismus» sind z. B., die einseitigen Abhängigkeiten vom Ausland durch die Mobilisierung der landeseigenen * Ressourcen zu beseitigen, die * Partizipation der Bev. an allen pol. Entscheidungen zu erhöhen, Privateigentum an Produktionsmitteln aufzuheben, den Agrarsektor zu entwickeln, Wirtschaft und Gesellschaft zu demokratisieren und soziale Ungleichheit abzubauen. Die Verwirklichung dieser * *Self-reliance*-Strategie ist an den kontinuierlichen Abbau des Analphabetentums gebunden. N. betont daher die besondere Notwendigkeit, die Elementarerziehung auszubauen und weist der Erziehung auch die Funktion zu, ein – über Stammesgrenzen hinweg – nationales solidarisches Bewußtsein der Bürger zu fördern. Die Lehrinhalte in Schulen oder Universitäten orientieren sich an praxisnahen und der E. des Landes nützlichen Fragestellungen. Erziehung ist für ihn ein lebenslanger Prozeß, der sich auch informell als symmetrische Auseinandersetzung zwischen den Generationen in den Dörfern vollzieht.

Gandhis pädagog. Wirkung gründet sich auf seinen unbeugsamen pol. Idealismus, der es ihm ermöglichte, die Methode des gewaltlosen Kampfes nicht nur zu propagieren, sondern beispielhaft vorzuleben. Seine moralische Autorität, gegründet auf Selbstlosigkeit, Ausdauer und Disziplin, die durch das Dulden des indischen Volkes zur unermeßlichen Wirkungskraft gesteigert wurde, war einer der Gründe, der die Engländer zwang, ihre Herrschaft über Indien aufzugeben. Die Methode des waffenlosen Kampfes beruhte wesentlich auf Nichtbeteiligung an brit. Institutionen und auf zivilem Ungehorsam. Gandhi, eine Persönlichkeit von tiefer Religiosität und hohem pol. Geschick, war der hinduistischen Gedankenwelt eng verbunden, er strebte aber eine Überwindung des trad. Kastendenkens und die Hebung des Lebensstandards der Unterschichten an. In den Kämpfen zwischen Hindus und Moslems wurde er selbst ein Opfer der Gewalt.

Theorie und Praxis, Handeln und Reflexion gehören für die besprochenen Vertreter einer «Pädagogik der Befreiung» eng zusammen. Ihre Lehren existieren daher nicht nur als pädag. Theorien, sondern fanden ihren jeweils spezifischen Ausdruck in großangelegten Volksbildungsbewegungen.

Lit.: M. Gandhi, Die Geschichte meiner Experimente mit der Wahrheit, Wien 1960; J. K. Nyerere, Freedom and Unity, Nairobi/Dar-es-Salaam 1965; H. Rau, Mahatma Gandhi in Selbstzeugnissen und Bilddokumenten, Reinbek 1970; I. Illich, Entschulung der Gesellschaft, Reinbek 1972; Ders., Schulen helfen nicht, Reinbek 1972; P. Freire, Pädagogik der Unterdrückten. Bildung als Praxis der Freiheit, Reinbek 1973; I. Illich u. a., After Deschooling, What? New York 1973; F. Axt, Leopold Sedar Senghor und die Erziehungspolitik der Republik Senegal, Frankfurt 1979; R. Bendit/A. Heimbucher, Von Paulo Freire lernen, München 1979; E. A. Yoloye, Paradigms of Educational Research in Africa, in: Yoloye/Flechsig, Educational Research for Development, Bonn, D. S. E. 1980, S. 21–40; weitere Lit. → Bildung. rti

PAIGC →Cabral, Guinea-Bissau, Kapverdische Inseln

Pakistan Die Islam. Republik P. (*MSAC), seit der pol. Unabh. innenpol. instabil, hat durch die Ereignisse in der Region (Iran, Afghanistan) an strategischer Bedeutung gewonnen. Seither stehen soziale E. und demokratische Postulate noch mehr in Gefahr, dem außenpol. Konfrontationsdenken geopfert zu werden.

1. P. bildet den nordwestl. Teil des indopakistanischen Subkontinents und den Übergang zu Südwestasien (Iranisches Hochland). Mit einer Fläche von 796095 qkm ist P. mehr als dreimal so groß wie die BRD. Bev.: (1989) 107 Mio., JZ 1972 bis 1981: 3%. Die Hälfte des Staatsgebiets entfällt auf unfruchtbares Bergland im W sowie auf die Wüsten und Wüstensteppen entlang der ind. Grenze (Thar), weitere Gebiete sind nur als Weideland nutzbar. Der größte Teil der landw. Produktion findet auf dem verbleibenden Viertel des Territoriums entlang des Indus und seiner Nebenflüsse im Fünfstromland (Punjab) statt; hier wohnen auch drei Viertel der Bev. und befinden sich fast alle größeren Städte. Die Bev.-Dichte ist dort entsprechend höher als die durchschn. von 135 Ew./qkm; der Anteil städt. Bev. beträgt ca. 30%. Hs. ist Islamabad (250000 Ew.), größte Stadt Karachi (1981: 5,2 Mio. Ew.).

Der E.-Stand P.s ist etwas höher als der der anderen südasiat. Staaten; das BSP betrug 1986 350 US-$, die *Einkommensverteilung ist sehr ungleich. Nach *FAO-Schätzungen erreichen 26% der Bev. nicht die als Existenzminimum angesehenen 1814 kcal pro Tag an Nahrung (Durchschnitt 1983–85: 2186 kcal); 74% der Bev. über 10 J. sind Analphabeten. Nur 26% der Bev. haben Zugang zu unbedenklichem Trinkwasser, und knapp 10% besitzen eine richtige Abwasserbeseitigung. 1 Krankenhausbett entfällt auf 1780 Ew., 1 Arzt auf 2910 Ew. (aber die Hälfte der Ärzte arbeitet im Ausland); die LE beträgt 52 J.

2. Die E. in Iran und Afghanistan hat wiederholt die geopol. Bedeutung P.s gezeigt: P. trennt sowohl die ehemalige Sowjetunion (abgesehen von einem schmalen afghan. Landstreifen) als auch China vom Indischen Ozean und sieht sich territorialen Ansprüchen seiner Nachbarn Afghanistan (Pashtunistan) und Indien (Kashmir) ausgesetzt. Gute Beziehungen hat P. dagegen mit den beiden anderen Nachbarländern: Mit dem Iran verbindet P. das Problem einer Beludschen-Minderheit im Grenzgebiet und zeitweise auch die betont konservative Haltung in relig. Fragen. In dem mit Indien verfeindeten China sieht P. einen natürlichen Verbündeten; China finanzierte und baute auch eine Straßenverbindung von Kashmir nach Sinkiang (Karakorum).

3. Politik und Religion sind für P. seit jeher bestimmend gewesen: Vor seiner Unabh. gehörte P. zu Brit.-Indien, bildete aber keine eigene pol. oder verwaltungsmäßige Einheit. Auch in vorkolonialer Zeit waren die einzelnen Teilgebiete entweder selbständig oder unterstanden den Großreichen der Region, zuletzt dem Moghul-Reich (→Indien) bzw. nach dessen Eroberung durch Nadir Shah (1739) den Afghanen (ab 1747), die aber keine wirksame Kontrolle ausübten. Die *de facto* autonomen Staaten im Sind, Baluchistan und das Sikh-Reich im Punjab wurden von den Briten in der letzten Phase ihrer territorialen Expansion (1836 bis 1846) erobert, die Stammesgebiete entlang der afghan. Grenze wurden nie völlig unterworfen und genossen weitgehende Autonomie, die teilweise auch heute noch von der pak. Regierung anerkannt wird. Obwohl die Briten in dieser Region ursprgl. von strategischen Überlegungen geleitet wurden, begannen sie sehr bald mit der wirtsch. Erschließung des Indus-Tals durch den Bau von Kanälen (1859) und Eisenbahnen (1860), der Punjab und

Sind wurden zu einem wichtigen Lieferanten landw. Rohstoffe (Baumwolle, Weizen, Reis), die hier aber nicht verarbeitet wurden.

Aus Furcht vor einer Majorisierung durch die Hindus nach der in ganz Indien angestrebten Unabh. entstand die Forderung nach einem eigenen Moslem-Staat (Pakistan-Resolution 1940), dessen territoriale Abgrenzung dadurch Probleme hervorrief, daß außer in Baluchistan und der NW-Grenzprovinz keine Gebiete rein islam. waren; in ganz Nordindien lebten Moslems und Hindus (im Punjab auch Sikhs) mit wechselnden Mehrheiten nebeneinander. Der Staat, der schließlich am 14.8.1947 (zugleich mit Indien) unabh. wurde, bestand schließlich aus zwei über 1500 km auseinanderliegenden und durch indisches Territorium getrennten Teilen: im W bestehend aus Baluchistan, der NW-Grenzprovinz, Sind und dem westl. Teil des Punjab, und im O aus dem östl. Teil Bengalens (→Bangladesh).

4. Mit der Anlehnung an die USA wurde nach einer ersten Dekade der pol. Konsolidierung und wirtsch. Stagnation (Eingliederung bzw. Ersatz der Flüchtlinge, Auflösung der Fürstenstaaten, Verfassungsdiskussion) und der Machtübernahme durch das Militär (Ayub Khan) ein Kurs des forcierten wirtsch. Wachstums verfolgt, der auf *Importsubstitution und Exportdiversifikation bei Verarbeitungsprodukten auf der Basis landw. Erzeugnisse (Baumwolltextilien) basierte. Nach anfänglichen Erfolgen, die P. den Ruf eines «Modells» für EL einbrachten, stellten die westl. IL nach Ausbruch des Krieges mit Indien (1965) ihre E.-Hilfe ein – ein Schlag, von dem sich die pak. Industrie bis heute noch nicht richtig erholt hat. Dafür führte der Einsatz von Hochertragssorten in der Landw. (Weizen) zu einem sprunghaften Anstieg der Produktion (*Grüne Revolution), so daß P. (West-P.) während der 60er J. wirtsch. Wachstumsraten von bis zu 8% aufweisen konnte. Unzufriedenheit mit der sozialen E., Verschleißerscheinungen der Militäradministration und pol. Unterdrükkung führten zum Sturz Ayub Khans (1969) durch das Militär unter General Yahya Khan, der – in der Einsicht, daß das Militär durch die Reg. überfordert und korrumpiert würde – die ersten allg. und freien Wahlen zum Parlament ausschrieb, die im W von Zulfikar Ali Bhutto und seiner *People's Party* mit einem Programm des «Islamischen Sozialismus» und im O von Sheikh Mujibur Rahman und seiner *Awami Liga*, die eine weitestgehende Autonomie für Ostpak. anstrebte, gewonnen wurden. Aufgrund des fast totalen Wahlsiegs Mujibs in Ostpak. und dem 55%igen Bev.-Anteil Ost-P.s wären die Parlamentsmehrheit und die Regierung erstmals an Ost-P. gefallen. Die Weigerung Bhuttos und des Militärs, die Regierung an Mujib zu übergeben und die Autonomie Ost-P.s hinzunehmen, führte zum Bürgerkrieg und schließlich zum Verlust Ost-P.s, das mit indischer Hilfe selbständig wurde (Bangladesh). P. besteht seither nur aus dem ehem. westl. Landesteil.

Wirtsch. und pol. führte der Bürgerkrieg zur int. Isolation P.s, aus der es Bhutto durch eine Anlehnung an China, den Iran und die arab. Staaten, eine rasche Einigung mit Indien, die Anerkennung der Unabh. Bangladeshs und die Annahme sowjet. Wirtschaftshilfe (Stahlwerk Karachi) geschickt löste. Seine *Nationalisierungspolitik (Großindustrie, Banken, Versicherungen) führte jedoch zu einer Lähmung der Wirtschaft, die verkündeten sozialen Programme (allg. Grundschulausbildung, *Familienplanung, Landreform) kamen über Anfänge nicht hinaus. Lediglich die wieder angelaufene umfangreiche Wirtschaftshilfe der westl. IL und seit 1973 auch des Iran und der arab. Staaten sowie die Überweisungen der pak. Arbeiter im Ausland (v.a. in Saudi-Arabien, Kuwait und den Vereinigten Arab. Emiraten) ermöglichen P. eine wachsende Güterversorgung durch Importe, die die Exporte bei weitem übertreffen. Während sich die Wirtsch. Mitte der 70er J. zu erholen begann, nahmen die pol. Schwierigkeiten zu. Bhutto stützte sich auf seine große Popularität v. a. unter der Landbev., den Industriearbeitern und einem Teil der Bürokraten und Intellektuellen. Die um sich greifende Günstlingswirtschaft innerhalb der Partei, die Bespitzelung durch den Geheimdienst und Übergriffe der Polizei führten – zusammen mit steigenden Preisen und der allg. Enttäuschung über den Mißerfolg des sozialpol. Programms – zur wachsenden Unzufriedenheit und zu einem Zusammenschluß der Opposition, die die im März 1977 abgehaltenen Parlamentswahlen (ursprünglich gedacht zur Stärkung von Bhuttos Position) zwar verlor, mit ihrem Vorwurf der Wahlmanipulation aber einen so großen Widerstand mobilisierte, daß es zu bürgerkriegsähnlichen Unruhen und – am 5.7.1977 – zu einem Militärputsch unter General Zia-ul-Haq kam, der, gestützt auf den islam. Klerus und die orthodoxe *Jamaat-i-Islam*, eine Politik der *Islamisierung begann, einschließlich der Einführung islam. Rechts und einer «islam. Wirtschaftsordnung» (relig. Einkommens- und Vermögenssteuern, Abschaffung des Zinses).

Wegen der undemokratischen Herrschaft, der islamistischen Politik (Brand der amerik. Botschaft 1979) und der Weigerung P.s, den Atomwaffensperrvertrag zu unterzeichnen und seine Atomanlagen einer int. Kontrolle zu unterwerfen, wurde P. 1979 von der amerik. Wirtschaftshilfe ausgeschlossen. Die Haltung der USA änderte sich aber grundlegend nach der sowjet. Invasion in Afghanistan im Dez. desselben Jahres: Pakistan wurde zum «Frontstaat» und zur Etappe für die afghanischen **Mujahiddin*, die den Bürgerkrieg in Afghanistan von P. aus organisierten. Im Genuß einer wieder reichlich fließenden Militär- und Entwicklungshilfe des Westens, der islam. Staaten und Chinas, hoher Heimüberweisungen pakistan. Arbeiter im Ausland (bis zu 3 Mrd. US-$ im Jahr) und in der Landw. begünstigt von der Witterung, konnte P. über ein Jahrzehnt jährl. Wachstumsraten des Sozialprodukts von über 6% verbuchen. Trotz aller Liberalisierungsbeteuerungen der Reg. blieb die Wirtschaft stark reglementiert, die Reprivatisierung der verstaatlichten Betriebe ging nur zögernd vonstatten; auf die «Islamisierung» der Wirtsch. reagierte vor allem das Ausland abwartend. Nach Experimenten mit einer beratenden *shoora* (Parlament) wurden Wahlen, jedoch ohne Parteien und unter Ausschluß der maßgebenden Oppositionspolitiker, abgehalten. Zia ließ sich in einem Referendum 1984 seinen Kurs bestätigen und überführte P. nach grundlegenden Verfassungsänderungen 1985 in eine gelenkte Demokratie. Erst die Unterzeichnung des Genfer Abkommens über den Abzug der sowj. Truppen aus Afghanistan im April 1988 – wohl gegen seinen Willen – leitete das Ende seiner Herrschaft ein: nach der Explosion eines Munitionslagers der Armee für die *Mujahiddin* mitten in der Hs. (mehrere hundert Tote) im Juli kam Zia zusammen mit der milit. Führung und dem US-Botschafter im Aug. 1988 unter mysteriösen Umständen ums Leben. Bereits zuvor hatte er das Parlament aufgelöst, die Reg. entlassen und Neuwahlen angesetzt; sein Nachfolger, der zivile Präs. Ishaq Khan, legalisierte die Parteien. Aus den Wahlen im Nov. ging die PPP unter Benazir Bhutto, der Tochter Zulfikar Ali Bhuttos, als klare Siegerin hervor, mit ihr wurde zum erstenmal in der neueren Geschichte eine Frau Reg.-Chefin eines islam. Landes, Ishaq wurde als Präs. bestätigt. Zum Wahlsieg trugen erhebliche Zugeständnisse gegenüber dem Militär bei. Am 6.8.1990 wurde die

Reg. Bhutto von Präs. Ishaq entlassen; die Neuwahlen am 24.10.1990 verlor die PPP, neuer Premier wurde Nawaz Sharif von der *Islamic Patriotic Alliance.* Die interne Situation P.s wurde in den 80er Jahren zunehmend komplizierter: die regionalen Autonomiebestrebungen im Sind und Baluchistan wurden gewaltsam ausgetragen; 1990 befanden sich ca. 3 Mio. afghan. Flüchtlinge in P.; P. ist zu einem Zentrum des int. Waffen- und Rauschgifthandels geworden. Wirtschaftliche und soziale Schäden könnten durch die Islamisierungstendenzen der Politik P.s entstehen, die sich unter anderem in der Einführung der Scharia per Parlamentsgesetz vom 28. März 1991 manifestiert.

5. Nach wie vor ist die Landw. P.s der dominierende Sektor (28% des BIP). Das hier gegebene Produktionspotential ist bei weitem nicht voll genutzt. Dies erfordert Einsatz von verbesserten Sorten, Düngemitteln, Pflanzenschutz, verbesserter Information und Beratung und einen Ausbau der Vermarktungswege sowie des Agrarkredits. Eine Ausweitung der Anbaufläche ist nur noch auf Böden vergleichsweise geringerer Ertragskraft möglich; dies macht die verstärkte Rekultivierung von Flächen, die durch unzureichende bzw. unsachgemäße Bewässerung (Versalzung, Vernässung, Erosion) unfruchtbar geworden sind, sowie Maßnahmen zur Verhinderung des Verlusts weiterer landw. Flächen notwendig. Maßgeblich dafür ist der weitere Ausbau des Bewässerungssystems, das sich praktisch über das ganze Tal des Indus und seiner Nebenflüsse erstreckt und zu den größten der Welt gehört. Nachdem in den letzten Jahrzehnten große wasserbauliche Anlagen entstanden sind (Tarbela, Mangla) und das Land von z. T. mehrere hundert Kilometer langen Kanälen durchzogen wird, liegen die Probleme der Zukunft vor allem im Hochwasserschutz, in weiteren Verteilungskanälen und Pumpen (zur Nutzung des Grundwassers) und einer Neuordnung des Wasserrechts. Nicht weniger erforderlich sind Maßnahmen im institutionellen Bereich, vor allem durch eine neue Landreform, da die bisher durchgeführten (1959, 1972, 1977) leicht umgangen werden konnten und wenig wirksam waren, vor allem im Sind.

Besonders kritisch ist dabei die Einbeziehung der landlosen Landarbeiter; die virulente *Landflucht führt zu einer Verlagerung des Problems der *Arbeitslosigkeit und Unterbeschäftigung in die Städte. Karachi zählt zu den am schnellsten wachsenden Städten der Welt. Bei dem niedrigen E.-Stand der pak. Ind. ist ihre Aufnahmefähigkeit für die rasch wachsende Zahl der Erwerbsfähigen zu gering. Nach wie vor liegt das Schwergewicht bei der Textilind., der Aufbau einer eigenen Grundstoffind. erfolgt nur schleppend.

Langfristig stehen P. das erst zum Teil genutzte Wasserkraftpotential und die umfangreichen Erdgasvorkommen für die Energieversorgung sowie offensichtlich beträchtliche Vorkommen an Kupfer (Abbau der Vorkommen in Chagai mit chin. Hilfe geplant) und Chrom für die Verhüttung und Verarbeitung zur Verfügung; die Vorkommen an Kohle und Eisenerz sind dagegen qualitativ zu schlecht und/oder liegen in verkehrsmäßig kaum erschlossenen Gebieten.

Überhaupt ist das Regionalproblem von besonderer Brisanz, da es in Baluchistan eine starke sezessionistische Bewegung gibt, die im Lichte der afghan. Territorialansprüche und dem sowjet. Drang zum Ind. Ozean zu sehen ist. Mit wachsenden regionalen Spannungen ist auch im Sind und in der Nordwestgrenzprovinz zu rechnen, da allgemein das Übergewicht der Punjabi, die fast 60% der Bev. stellen, beklagt wird. Durch die außen- und innenpol. Spannungen dürfte die überragende Bedeutung des Militärs im pol. und wirtsch. Leben P.s auch nach dem

Ende der Militärdiktatur anhalten: In manchen Jahren verschlingt der Militärhaushalt mehr als die Hälfte der laufenden Einnahmen der Zentralregierung, E.-Maßnahmen können deshalb fast nur durch eine zunehmende * Verschuldung im Inland und Ausland (1986: 11,8 Mrd. US-$) durchgeführt werden. P.s Abh. vom Ausland ist in den letzten Jahren noch gewachsen, eine Finanzierung der hohen Importüberschüsse wäre ohne die Überweisungen der pak. Arbeiter im Ausland gar nicht möglich. Die regionalen Spannungen überlagern aber nur die sozialen, die zum Ausbruch kommen können, sobald das Ventil der Auswanderung in die Staaten des Nahen Ostens etwa bei einer Furcht dieser Staaten vor Überfremdung oder einer allgemeinen int. Rezession geschlossen wird und der pol. Druck in P. steigt.

Lit.: M. U. Malik/M. Schimmel, Pakistan. Das Land und seine Menschen, Tübingen/Basel 1976; W.-P. Zingel, Die Problematik regionaler Entwicklungsunterschiede in Entwicklungsländern. Eine theoretische und empirische Analyse Pakistans, Wiesbaden 1979; ders., Pakistan, in: HDW II,7, Hamburg 1983, S. 195 ff.; ders./S. Zingel-Avé Lallement (Hg.), Pakistan in its fourth Decade, Hamburg 1983; S. J. Malik, Islamisierung in Pakistan 1977–84, Stuttgart 1989. wpz

Palästina-Problem →Arafat, Nahostkonflikt, PLO

PANA →PAU

Panafrikanismus →Kenyatta, Nkrumah, PAN-Bewegungen

PANAFTEL →OAU

Panama Die Geschichte der Republik P. ist untrennbar mit dem Panamakanal verbunden – und damit auch mit den USA, welche die Entwicklung des Kleinstaates bis heute mitbestimmen. Die US-Militärinvasion im Dez. 1989 setzte der zwanzigjährigen politischen Hegemonie der Militärs ein Ende und leitete einen – bislang sehr schwierigen – Demokratisierungsprozeß ein.

1. P. hat eine Gesamtfläche von 75 517 qkm (mit Kanalzone) und liegt am südl. Ende und schmalsten Teil der mittelamerik. Landenge. Der Kanal teilt das Land in einen Ost- und Westteil; mehrere Gebirgsketten trennen den immerfeuchten karibischen N (v. a. Urwald) und den pazifischen S mit seinem tropischen Wechselklima (v. a. landw. Nutzfläche). Fast die Hälfte des Landes bedeckt Wald, dessen Abbau freilich rasch fortschreitet. P.s wichtigste Ressource ist seine Lage – als Transitweg zwischen beiden Weltmeeren ist P. Schnittpunkt versch. Handelsströme –, die v. a. durch den Panamakanal genutzt wird; dessen voller Erlös bleibt dem Land jedoch bis heute vorenthalten. P. dient als Warenumschlagplatz (Freihandelszone Colón). Unter der «Billigflagge» P. ist eine der größten Flotten der Welt registriert. Die Lage P.s förderte in den 70er J. die Entwicklung eines int. Finanzzentrums. Daneben stellt der Boden ein natürliches E.-Potential dar. Hauptanbau- und Exportprodukte sind Bananen, Rohrzucker, Kaffee. Für den Binnenmarkt werden u. a. Reis, Mais, Bohnen und Tabak angebaut. Ferner gewinnen die Viehwirtschaft (Binnenmarkt) und der Fischfang (Export von Schalentieren) an Bedeutung. P. besitzt erhebliche Bodenschätze (Kupfer, Bauxit, Antimon, Kalkstein, Eisen, Molybdän, Nickel, Zinn, Kaolin, Wolfram, Zink). Angesichts von Infrastrukturmängeln und des hohen Investitionsbedarfs wurden diese bislang nicht abgebaut.

2. Die Bev. P.s wurde 1990 auf 2,4 Mio. Ew. geschätzt; sie konzentriert sich auf das wirtsch. Zentrum um die Kanalzone. Der * Urbanisierungsgrad lag 1990 bei 53 %, die Hs. Panama City zählt rd. 800000 Ew. Offizielle Landessprache ist Spanisch, die Amtssprache der Kanalzone Englisch, das auch in P. als Verkehrssprache von Bedeutung ist. 84 % der Bev. sind katholisch. Die *indígenas* konnten sich dank Isolierung ihre eigenen Sprachen, Religionen und Bräuche mitunter erhalten.

3. P. wurde 1502 von Kolumbus entdeckt und für Spanien erobert. Die stra-

tegisch wichtige Lage P.s (schon in der Kolonialzeit besaß die Landenge Transitfunktion für den Handel) prägte seine weitere Geschichte und begünstigte das Entstehen einer Handelsoligarchie als dominierende herrschende Klasse. 1821 wurde P. als Provinz in den Freistaat Kolumbien integriert, aus dem es sich 1903 unter Einfluß der USA löste und pol. unabh. wurde. Die Abtrennung P.s von Kolumbien geht auf das Interesse der USA und der span. Handels- und Großgrundbesitzeroligarchie am Bau eines Kanals zwischen Atlantik und Pazifik zurück. Der Kanalvertrag von 1903 sicherte den USA zeitlich unbegrenzte Nutzungs- und Hoheitsrechte über den Kanal und eine 10 Meilen breite Kanalzone zu. Zur Verteidigung des Kanals errichteten die USA Militärbasen in der Kanalzone. Wachsende span. und int. Kritik führten 1936 zu einer Revision des Vertrags (Aberkennung der US-Interventionsrechte, Erhöhung der Pachtgebühren), 1960 zur nominellen Anerkennung der Souveränität P.s über die Kanalzone, 1963 als Folge des Flaggenstreits zum Abbruch der dipl. Beziehungen zwischen P. und den USA und 1979 zur Ratifizierung eines neuen Vertrags, der die Übergabe des Hoheitsrechts über den Kanal und die Kanalzone an P. bis zum Jahr 2000 vorsieht. Weiterhin beinhaltet der Vertrag: 1. Garantie der Neutralität des Kanals. 2. Recht der USA, den Kanal unter US-Militärkontrolle zu stellen, falls die Neutralität gefährdet ist. 3. Sofortige Übergabe von 55 % der Kanalzone an P. 4. Verwaltung des Kanals von einer US-panam. Kommission unter Vorsitz des bisherigen Militärkommandanten der Kanalzone. 5. Neuregelung der Kanaleinnahmen P.s. Die Punkte 2 und 4 sind weiterhin Streitpunkte zwischen P. und den USA, da der ursprüngliche Vertragstext vom US-Kongreß bei der Ratifizierung durch versch. Zusatzanträge eingeschränkt wurde. 1982 wurde P. die juristische Hoheitsgewalt über den Kanal übergeben.

4. 1968 gelangte General Omar Torrijos durch einen unblutigen Staatsstreich an die Macht und löste die Präsidialdemokratie sowie mittels einer Allianz aus Militärs und Teilen der Arbeiter, Bauern, Studenten und Unternehmer die pol. Instabilität ab, die bis *dato* in P. geherrscht hatte. Durch persönliches Charisma, *nationalistische Rhetorik sowie sozioökon. Reformen verankerte sich Torrijos in der Bev. Die Verfassung von 1972 übertrug Torrijos für die Dauer von sechs Jahren Sondervollmachten, institutionalisierte eine Militärregierung und schuf Volksmachtorgane und versch. Formen der Bürgerbeteiligung bei der Vorbereitung pol. Entscheidungen (**poder popular*). Die Nationalgarde unter Oberbefehl Torrijos' fungierte als Garant der «Revolución Panameña». Ende der 70er J. leitete Torrijos eine pol. Öffnung ein (Rückkehr von Exilpolitikern, Wiederzulassung von Parteien, Teil-Wahlen), die nach seinem Tod 1981 (vermutlich Terroranschlag) ins Stocken geriet. Die zivilen Präs. dienten dem Militär fortan «als demokratische Fassade, als Prellbock gegenüber der Bev. bei unpopulären Maßnahmen, als Verhandlungspartner für int. Kredite und ‹Vorzeigedemokraten› gegenüber den USA, Europa und den lateinamerik. Ländern» (Minker 1988). Insb. nach 1983 konzentrierte sich per Gesetz die Macht bei den Militärs bzw. ihrem einzigen General, dem 1983 eingesetzten Manuel Antonio Noriega; 1984 wurden die ersten allg. Präsidentschaftswahlen zugunsten des Noriega-Günstlings N. Ardito Barletta manipuliert. Die regimetragende Allianz Torrijos' zersetzte sich zunehmend. Konflikte zwischen einer starken, organisierten Arbeiterschaft und multinationalen und nat. Wirtschaftsinteressen an dem Ausbau des Handels- und Finanzsektors, zwischen Militär und ziviler (US-freundlicher) Opposition sowie zwischen dem in Waffen- und Drogengeschäfte verwickelten Noriega und den

USA brachen Mitte der 80er J. aus und spitzten sich rasch zu. Ab 1987/88 versuchten die USA Noriega zum Rücktritt zu zwingen. V. a. die Loyalität der Armee sicherte Noriega den Fortbestand seines Regimes über die Präs.-Wahlen, Mai 1989, hinaus, in denen die Opposition erstmals die Mehrheit der Bev. gegen das Regime vereinte. Noriega ließ die Wahlen annullieren, halbstaatl. Schlägertrupps terrorisierten die Opposition. Nachdem zwei Putschversuche gegen Noriega erfolglos blieben und er sich im Dez. 1989 auch formell zum Staatschef proklamieren ließ, intervenierten die USA am 20.12.1989 milit., nahmen Noriega gefangen und setzten den im Mai 1989 gewählten Guillermo Endara zum Präs. ein. Die Intervention, die Hunderte von Toten unter der Zivilbev. forderte und Verwüstungen in der Hs. anrichtete, stieß v. a. in LA auf Kritik. Die Reg. Endara leitete eine radikale Reorganisation und Dezimierung des Militärs ein. Ein Verfassungsreferendum, das u. a. die Abschaffung der alten Streitkräfte und die Neuorganisation des Sicherheitsapparates vorsah, scheiterte jedoch 1992 an der Unpopularität der Regierung. Der anfänglich hohe pol. Rückhalt Endaras war u. a. aufgrund der anhaltenden Wirtschaftsmisere, Koalitionsquerelen und pol. Führungsschwäche binnen zwei Jahren tief gefallen.

5. Merkmal der panam. Wirtschaft ist der hoch entwickelte Tertiärsektor, der durch den Aufbau eines int. Handels-, Finanz- und Dienstleistungszentrums seit Anfang der 70er J. vorangetrieben wurde. Die expansive E. des Finanz- und Handelsplatzes ist auf versch. Faktoren zurückzuführen: P.s geogr. Lage, den Kanal und eine ausgebaute *Infrastruktur, auf sehr liberale Bank- und Finanzgesetze, die pol. Stabilität unter Torrijos, die milit. Dauerpräsenz der USA in der Kanalzone sowie auf die Tatsache, daß P.s Währung der US-$ ist; der panam. *Balboa* existiert lediglich als voll konvertierbare, symbolische Münze. Die Landw. trug 1990 nur 12% zum BIP bei (1960: ca. 23%), beschäftigt rd. ¼ der Erwerbspersonen und stellt die Hälfte aller Exporte. Der Ind.-Sektor (1990: 9% des BIP) entwickelte sich erst in den 50er J. mit Schwerpunkt auf der Nahrungs- und Genußmittelind. (Binnenmarkt). Die staatl. Erdölraffinerie in Colón, die Öl aus Venezuela verarbeitet, ist der wichtigste exportorientierte panam. Ind.-Betrieb. Anfang der 80er J. stagnierte P.s Wirtschaft u. a. als Folge der int. Wirtschaftskrise. Die pol. Konflikte verschärften 1987/88 drastisch die ökon. Probleme (hohe Auslandsschuld, steigendes Budgetdefizit etc.) insb. in Form von Kapitalflucht und Wirtschaftssanktionen der USA. So stoppte die Reagan-Administration ihre Militär- und Wirtschaftshilfe, fror panam. Guthaben bei amerik. Banken ein, setzte die Zuckerquote aus, überwies Kanalgebühren auf ein Sperrkonto und verbot (März 1988) amerik. Unternehmen und Privatpersonen, Zahlungen an den panam. Staat vorzunehmen. Die pan. Wirtschaft wurde durch die Wirtschaftssanktionen stark in Mitleidenschaft gezogen. Nach der US-Invasion erholte sie sich bisher nur mühsam.

6. Das Sozialgefüge P.s ist – nicht zuletzt aufgrund des sektorialen wie regionalen Wirtschaftsgefälles – ausgesprochen heterogen. Seit den 60er J. konnten wichtige sozialpol. Fortschritte erzielt werden (etwa Ausbau des Gesundheits- und Bildungswesens sowie der Strom- und Trinkwasserversorgung auf dem Lande), die freilich durch Phasen der Rezession und handfeste Wirtschaftskrisen (insb. in den 80er J.) abgedämpft wurden. Die Sozialindikatoren sind im lateinamerik. Vergleich hoch: LE: 73 J.; Säuglingssterblichkeit (1989): 2,2%; Anteil der sozialversicherten Bev. (1987): 62,5%; Analphabetenrate (1985): 12%. Die Zahl derjenigen, die unter der Armutsgrenze leben, stieg jedoch zwischen 1983 und 1990 von 730000 auf 1,2 Mio. an.

Lit.: A. Schubert, Panama: Geschichte eines Landes und eines Kanals, Berlin 1978; St. C. Ropp, From Guarded Nation to National Guard, New York 1983; W. LaFeber, The Panama Canal, New York u. a. 1989; T. Barry, Panama. A Country Guide, Albuquerque 1990; M. E. Scranton, The Noriega Years, London 1991; J. Weeks/P. Gunson, Panama. Made in the USA, London 1991; A. Zimbalist/J. Weeks, Panama at the Crossroads, Berkeley 1991; K.-D. Hoffmann, Panama, in: HDW III, 3, 1992, S. 237 ff. ks/mik

Pan-Bewegungen Als P. werden solche pol. Kräfte bezeichnet, die in sprachlich oder religiös-kulturell einheitlichen, aber durch pol. Grenzen zergliederten Räumen auf die enge Zusammenarbeit und letztlich auf die Vereinigung der verschiedenen Staaten hinarbeiten. P. haben ihren hist. Ursprung im 19. Jh. Der erste *panamerikanische* Kongreß fand 1826 in Panama statt. Grundlegend waren die Ideen *Bolívars für eine lateinamerik. Konföderation. Panlatein- (bzw. -ibero-) amerik. Zielsetzungen wiesen auch das *APRA-Programm und der Indigenismus auf, der überwiegend literarisch auf die Belange der Indios individuell und kollektiv einging. Der von den USA vertretene Panamerik. strebte hingegen – auf der Grundlage der *Monroe-Doktrin – nach hemisphärer Zusammenarbeit. Diese Konzeption setzte sich hist. (*OAS, *Allianz für den Fortschritt) durch, wurde aber in den 70er J. mehr und mehr in Frage gestellt und seither im lateinamerik. Bewußtsein in regionalen Organisationen und wirtsch. *Integrationsversuchen gestärkt →CECLA →ALALC →Andenpakt →SELA →MCCA →CARICOM. *Panafrikanische* Ideen konzentrierten sich zunächst auf die Lage des Negertums und die afrikan. Problematik. Sie waren gegenwärtig, als mit der ehem. Goldküste 1958 der erste schwarzafrik. Staat unabh. wurde und damit die pol. Landkarte des heutigen Afrika sich auszuprägen begann. Der Verkünder des Panafrik., K. *Nkrumah, versuchte, ihn in die E. der unabh. afrik. Staatengemeinschaft einzubringen. Auch wenn die *OAU ihre Politik an den von Kolonialmächten gezogenen pol. Grenzen orientierte, sind aus ihrer Entstehungsgeschichte die panafrik. Ideen nicht wegzudenken. *Panarabismus* und *Panislamismus* wurden zu wirkungsvollen Bewegungen durch die den Nahen Osten bestimmenden Konflikte. →Nahostkonflikt, →Arabische Liga, →Islamisierung dn

Papua-Neuguinea 1. Der pazif. Staat P.-N. (Fläche 462 840 qkm) besteht aus dem Ostteil der Insel Neuguinea, dem Louisiade-Archipel, den D'Entrecasteaux-Inseln, dem Bismarck-Archipel und vielen weiteren kleinen Inseln. Rd. 70% P.-N.s sind von Wald bedeckt. Über ¾ aller Erwerbstätigen arbeiten in der Landw. (Plantagen und Kleinbetriebe; Subsistenzwirtsch. rückläufig), die Mitte der 80er J. ca. 50% des Exports erzeugte (Kaffee, Kakao, Kopra, Palmöl und Holz); P.-N. verfügt über wichtige Erzvorkommen (v. a.: Kupfer und Gold: ca. 40% der Exporterlöse).

2. Im 16. Jh. kamen erstmals europ. Seefahrer nach P.-N; im 19. Jh. geriet P.-N. z. T. unter deutsche, z. T. unter britische Kolonialherrschaft. 1905 traten die Briten ihren Besitz an Australien ab, das nach dem 1. Weltkrieg die ehemals deutschen Gebiete als Völkerbundmandat mitverwaltete. 1946 wurde P.-N. von der UN Australien als Treuhandgebiet unterstellt. 1975 wurde das Land unabhängig. Australien leistet weiterhin Budgethilfe (ca. 20% des Staatshaushalts), stellt Führungspersonal in Verwaltung, Wirtschaft, Bildungs- und Gesundheitswesen und kontrolliert die Exploration der Rohstoffe.

3. Die Bev. P.-N.s betrug 1986 (gesch.) 3,4 Mio. Ew. (= 7,4 Ew./qkm). Ca. 15% der Bev. lebten 1985 in Städten (Hs. Port Moresby 1986 rd. 142 T. Ew.). In P.-N. gibt es etwa 1000 Völkerschaften, die über 600 versch. Sprachen (ohne Dialekte) verwenden. Amts- und Unterrichtssprache ist Englisch. Zur Verständigung zwischen den Volksstämmen dient vorwiegend das «Neo-

Melanesiana» (aus dem Engl. abgeleitet). Ca. 68% der Bev. sind Analphabeten. Trotz erheblicher staatl. Anstrengungen bestehen *Infrastruktureinrichtungen und das Gesundheitswesen (bes. Probleme: Malaria- und Seuchenbekämpfung) erst in Anfängen. Ein Großteil der Bev. P.-N.s bekennt sich zu dem von lutherischen und katholischen Missionaren verbreiteten christl. Glauben, Naturreligionen herrschen jedoch in der Bev. vor (Cargo-Kult u. a.).

4. Die staatl. Einheit P.-N.s ist wegen der Autonomiebestrebungen verschiedener Stammesgruppen labil. Um diesen Bestrebungen vorzubeugen, haben neben der Hs. auch Bougainville, East New Britain und Eastern Highland eine größere Provinzautonomie. Nach der einseitig proklamierten Unabh. Bougainvilles (Mai 1990) kam es auf der Insel zu einem *Guerilla-Krieg, der am 23. 1. 1991 beigelegt wurde, ohne daß eine Einigung über den Status Bougainvilles erreicht worden wäre. P.-N. ist Mitgl. des brit. **Commonwealth*. Die brit. Königin ist Staatsoberhaupt. Dem Einkammerparlament gehören neben 19 gewählten Provinzvertretern 90 in Wahlkreisen gewählte Abgeordnete an. Bei Neuwahlen zwischen dem 13. und 27. 6. 1992 entstand ein Patt von 54:54 Mandaten zwischen der Pangu Pati und der oppositionellen People's Democratic Movement (PDM). Die somit instabile neue Regierung bildete sich um den Führer der PDM Pajas Wingti. Ende 1987 beantragte die Reg. die Mitgliedschaft bei den *Blockfreien.

Lit.: F. Steinbauer, Das unabhängige Papua-Neuguinea, Wiesbaden 1976; D. Woolford, Papua New Guinea, Initiation and Independence, Brisbane 1976; E. Löffler, Papua-Neuguinea, Entwicklungsland im Umbruch, in: Geographische Rundschau 33, 1981, S. 17 ff.; Papua-Neuguinea, in: HDW II, 8, Hamburg 1983. rs

Paraguay Im Ggs. zu anderen lateinamerik. Ländern verfügt P. nicht über demokratische hist. Erfahrungen, sondern wurde stets mehr oder weniger autoritär regiert. Mit der Absetzung des Diktators General Alfredo Stroessner am 3. Febr. 1989 endete eines der langlebigsten *autoritären Regime in der Geschichte LAs (seit 1954). Trotz einer Liberalisierung lassen der Hintergrund des neuen Präs. General Andrés Rodríguez sowie das Fortbestehen von Machtstrukturen des Stroessner-Regimes befürchten, daß eine *Demokratisierung auf große Schwierigkeiten stoßen wird.

1. Die *Ressourcen des Binnenlandes P. (Fläche: 406752 qkm), das nur über das Flußsystem des Paraguay eine Verbindung zum Meer besitzt, beschränken sich auf agrarische und forstw. Güter und den Fischfang sowie einige wenige Bodenschätze (Mangan, Eisen, Kupfer), deren Ausbeutung jedoch von geringer Bedeutung ist.

2. P. hat ca. 3,8 Mio. Ew.; das entspricht einer Bev.-Dichte von 9,3 Ew./qkm. Damit gehört P. zu den am dünnsten besiedelten Ländern LAs. Der Urbanisierungsgrad beträgt 43%. Die Hs. Asunción hat etwa eine halbe Mio. Ew. Mit durchschn. über 3% pro J. ist das Bev.-Wachstum eines der höchsten in LA. 1985 waren über 40% der Bev. jünger als 15 J. Die geogr. Verteilung der Bev. ist höchst unausgeglichen: Während im Großraum Asunción etwa 75% der Gesamtbev. konzentriert sind, leben in der Westregion Gran Chaco, die ca. 3/5 der Gesamtfläche einnimmt, nur 3% der Bev. Die Bev. P.s ist *ethnisch rel. homogen: Zu über 95% besteht sie aus Mestizen; Weiße und Indios stellen Minderheiten dar. Etwa 50% der Bev. beherrschen die Amtssprache Spanisch; gebräuchlicher ist Guaraní. 90% der Bev. sind kath., 2% Protestanten.

3. Die Landw. – v. a. Viehzucht (7% des BIP), Baumwolle und Sojabohnen, aber auch Mais, Maniok, Weizen, Fisch und Holz – ist mit 28,7% des BIP und 48% der Erw. nach wie vor der wichtigste Wirtschaftssektor. Nahezu der ges. Export besteht aus landw. Produkten.

Etwa 90% der landw. Produktion werden in der Ostregion des Landes, v. a. im La Plata-Becken, erzeugt. Landw. Großbetriebe. unter starker Beteiligung ausl. Kapitals sind vorherrschend. 1981 wurde ermittelt, daß nur 0,9% der Betriebe über mehr als 1000 ha verfügen, diese jedoch 78,5% der Gesamtanbaufläche bewirtschaften. Eine * Agrarreform hat zwar eine verstärkte Integration der Kleinbauern in den 70er J. v. a. der Baumwoll- und Sojaproduktion bewirkt, an den großen Besitzunterschieden jedoch nichts Grundsätzliches geändert. Fast die Hälfte des Landes ist bewaldet, 90% davon befindet sich in Privatbesitz. Kahlschlag ohne Wiederaufforstung wird dabei langfristig zum ökol. Problem. Die wichtigsten Exportprodukte sind Baumwolle, Soja (zusammen über 80% der Exporterlöse) sowie Holz. Die Exporte sind seit 1985 rückläufig, was die seit J. negative Handelsbilanz weiter ins Defizit brachte. Der Schmuggel (u. a. Kokain) soll nach Schätzungen mehr als 50% des registrierten Handelsvolumens betragen. Auch intern ist die Schattenwirtsch. bedeutsam, v. a. in der Bauwirtschaft. P. ist eines der am wenigsten industrialisierten Länder LAs: Der produzierende Sektor (16,5% des BIP) besteht hauptsächlich aus verarbeitenden Betrieben für Agrarprodukte. 70% der Industriebetriebe konzentrieren sich auf den Raum Asunción. Der Bau von Kraftwerken (v. a. des Wasserkraftwerks * Itaipú) brachte Wachstumsimpulse für die Bauwirtsch. und den Tertiärsektor. Aufgrund der Priorität landw. Produkte im Exportsektor und der dominierenden Rolle des Auslandskapitals bleibt P. weiterhin strukturell vom Weltmarkt abhängig.

4. Die Sozialstruktur P.s ist von extremer Ungleichheit geprägt. Große Teile der Bev. leben auf dem * Subsistenzniveau. Bei den Sozial-* Indikatoren schneidet P. im lateinamerik. Vergleich relativ schlecht ab. Im Gesundheitswesen ist eine Konzentration auf den Raum Asunción festzustellen (75% aller Krankenhausbetten, im Landesdurchschnitt bedeutet das 1045 Ew. / Krankenhausbett). Die durchschn. Arztdichte liegt bei 1800 Ew. pro Arzt. Die LE beträgt 65 J. Der * Alphabetisierungsgrad beträgt 88%.

5. 1536 wurde Asunción zur Hs. der span. Kolonie Rio de la Plata. Seine Unabh. erkämpfte P. im Krieg gegen Argentinien und Spanien 1811–13. Seine heutigen Grenzen resultieren aus dem Krieg gegen die von GB finanzierte Allianz Argentinien, Brasilien und Uruguay (1865–70), in dem P. etwa ⅔ seiner Bev. und weite Gebietsteile verlor, sowie aus dem Chaco-Krieg (1932–35) gegen Bolivien, das ⅔ des umstrittenen Gebiets P. überlassen mußte. Mit der Integration P.s in den Weltmarkt nach 1870 bildeten sich pol. Parteien, die die versch. Fraktionen der Oligarchie widerspiegelten (*Colorados*; Liberale/*Azules*), aber nicht in der Lage waren, stabile Regierungen zu bilden. Während der sog. «konstitutionellen» Phase (1870–1936) war die Opposition immer wieder Repressionen ausgesetzt, die manipulierten Wahlen gingen stets zugunsten der staatstragenden Parteien aus, deren einzelne Fraktionen sich z. T. gewaltsam bekämpften. Der Versuch des nationalistischen «febreristischen» Regimes (Putsch im Februar 1936), soziale Reformen durchzuführen, scheiterte bereits 1937 an einem erneuten Staatsstreich der oligarchischen Liberalen. Diese delegierten die Macht an das Militär, das seiner Herrschaft mit der Verfassung von 1940 einen konstutionellen Anstrich gab. 1947 kam es zu einem blutigen Bürgerkrieg zwischen den versch. Militärfraktionen und den pol. Parteien, aus dem die *Colorados* siegreich hervorgingen. Es folgte eine Einparteiherrschaft der *Colorados* (offiziell: *Asociación Nacional Republicana*). Als das Land sich erneut am Rande eines

Bürgerkriegs befand, ergriff der Oberbefehlshaber des Heeres, General Stroessner, 1954 die Macht. Grundlage seiner Macht wurde der erzwungene *pacto político-militar*. Die Befehlshaber des Militärs traten geschlossen der *Colorado*-Partei bei, Stroessner wurde Parteichef. Das System konnte sich auf Traditionen wie Scheinkonstitutionalismus, Wahlbetrug, Partei-* Klientelismus und dominierende Stellung des Militärs stützen. 1967 fand auf Druck der USA (* Allianz für den Fortschritt) eine Reform statt, an die die Opposition zunächst große Hoffnungen knüpfte, die jedoch nur den Ausbau des Scheinkonstitutionalismus zum Ergebnis hatte: Die Permanenz des Ausnahmezustands stellte die Einhaltung der * Menschenrechte in das Belieben des Staatsapparats. Ein Teil der Parteien wurde legalisiert und beteiligte sich an den alle fünf. J. stattfindenen Präs.- und Parl.-Wahlen, indem sie Zählkandidaten stellten; die übrigen Parteien blieben verboten und operieren nach wie vor aus dem Untergrund und dem Exil und sind heute großteils im *Acuerdo Nacional* (AN) zusammengeschlossen. Der Sieg der *Colorados* war mehrfach abgesichert. Die Partei mit der rel. Mehrheit der Stimmen erhielt zwei Drittel der Parlamentssitze. Abgesehen davon, daß sich die reale Opposition an den Wahlen nicht beteiligen konnte, wurde das Wahlergebnis stets offensichtlich manipuliert.

6. Das durch ein hohes Maß an sozialer Kontrolle gekennzeichnete Regime geriet in den 80er J. aufgrund der wirtsch. Stagnation (Auslands-* Verschuldung 1988 2,5 Mrd. Dollar), der int. Isolation und des allmählichen Autoritätsverfalls des alternden Diktators, der sich zu keiner Nachfolgeregelung entschließen konnte, in wachsende Schwierigkeiten. Die in den J. zuvor gemilderte Repression wurde wieder verschärft. Die Kirche nahm eine regimekritische Haltung ein. Im Aug. 1987 brach in den Reihen der *Colorados* ein offener Gegensatz zwischen den *Militantes* und den Stroessner-kritischen *Tradicionalistas* aus. Die trotz aller Härte nicht mehr einzudämmenden internen Auseinandersetzungen führten schließlich zum Putsch vom 3. Feb. 1989, bei dem etwa 500 Menschen ums Leben kamen. General A. Rodríguez, der unter Stroessner selbst zur Führung des Regimes gehörte, setzte den Diktator ab. Der neue Präs. hob die Pressezensur auf, versöhnte sich mit der Kirche, setzte ein neues Kabinett ziviler Technokraten ein, nahm einen Dialog mit der Opposition (den Authentischen Liberalen, den sozialdemokratischen Febreristen und den Christdemokraten) auf und setzte, gemäß der Verfassung, für den 1. Mai Wahlen an. Dieser frühe Termin wurde von der Opposition kritisiert. An den Wahlen konnten sich zwar alle Parteien außer den weiterhin verbotenen Kommunisten beteiligen. Aber auf Grund des (1990 reformierten) Wahlgesetzes und des organisatorischen Vorsprungs der Regierungspartei (1,4 Mio. Mitgl.) stand der Sieg der *Colorados* außer Zweifel. Sie erzielten bei den Parlamentswahlen 65 % der Stimmen, General Rodríguez wurde mit 74 % der Stimmen als Präs. bestätigt.

Lit.: F. Schmelz, Paraguay im 19. Jahrhundert. Ein früher Fall dissoziativer Entwicklung, Heidelberg 1981; D. Nohlen/M. Fernández Baeza/O. Bareiro (Hg.), Kooperation und Konflikt im La-Plata-Bekken, Saarbrücken/Fort Lauderdale 1986; J. J. Prieto, El estatuto electoral cuestionado. Analisis de la ley paraguaya, Asunción 1988; E. Acevedo/J. C. Rodriguez, Manifiesto democrátio. Una propuesta para el cambio, Asunción 1988; O. Bareiro/H. Barrios, Paraguay, in: HDW III, 2, 1992, S. 417 ff. hb

Pariser Club Bezeichnung für die Gruppe westl. Gläubiger-IL, die seit 1956 in Ad-hoc-Sitzungen bei * Schuldendienst-Problemen von EL multilaterale * Umschuldungen organisieren. Neuverhandelt werden öfftl. und öfftl. garantierte Kredite. dn

Pariser Erklärung Erklärung der 2. UN-Konferenz der ärmsten EL von Sept. 1990, in der die besonderen Probleme der * LDC (früher LLDC) behandelt wurden, insbesondere eine Steigerung der finanziellen Mittel der Geberländer zu Sonderkonditionen gefordert wird. dn

Partizipation Für den Begriffsbereich der P. ist zuallererst zwischen pol. P. im Sinne der Mitwirkung am pol. Prozeß und P. im Sinne der Teilhabe an materiellen und kulturellen Gütern einer Gesellschaft zu unterscheiden. In neueren * Entwicklungstheorien und neueren Versuchen, den Begriff von * Entwicklung zu definieren, werden beide Aspekte von P. in engster Verbindung zueinander gesehen. Auch in * UN-Dokumenten herrschen seit Mitte der 70er J. Definitionen von P. vor, welche pol. Mitwirkung und soziale Teilhabe verknüpfen und noch um einen dritten Aspekt, den der aktiven Beteiligung der Bev. am E.-Prozeß, erweitern. So bestimmte etwa eine Studie des UN-Sekretariats 1976 P. als einen «Handlungsprozeß, der die Bev. einbegreift in a) die pol. Entscheidungsfällung..., b) die Beteiligung an den E.-Anstrengungen, c) die gerechte Verteilung der erwirtschafteten Güter». Die e.-strategisch wohlbegründete Mehrdimensionalität des P.-Begriffs zieht freilich einige analytische Probleme nach sich. Wenn beispielsweise gerechte Verteilung bereits per Definition Bestandteil von P. ist, droht damit die Frage, ob eine stärkere pol. Beteiligung der Bev. die Verteilungsmuster wesentlich verändern kann, nicht mehr als Problem begriffen zu werden. Diese Frage ist um so berechtigter, je weniger sich der P.-Begriff auf das Verhältnis der arbeitenden Bev. zu den Produktionsmitteln bezieht. Andererseits schließt der mehrdimensionale Begriff Fehlentwicklungen nach der Art jener Konjugation aus, die Mai 1968 an den Wänden der Pariser Sorbonne zu lesen war: «*je participe, tu participes... vous participez, ils profitent*». Eine nur formal bleibende pol. Beteiligung kann den entwicklungspol. Anforderungen an den P.-Begriff nicht mehr gerecht werden.

Diese Aussage fußt auf den Erfahrungen, die bei der Übertragung westl. Demokratievorstellungen auf die EL in der Dritten Welt gemacht wurden. Wahlfreiheit und pluralistische Organisationsfreiheit, neben der lokalen Mitwirkungschance in formellen und informellen pol. Institutionen die Kernelemente des P.-Begriffs bei Adelman / Morris, stärkten keineswegs wirtsch. Wachstum und * sozialen Wandel entsprechend den Annahmen der sog. Diffusionisten europ. Demokratievorstellungen. Die daraus gezogene Konsequenz bestand theoretisch in der nun verkündeten Gegensätzlichkeit von P. oder westl. Demokratie und Freiheit einerseits und wirtsch. Wachstum andererseits. R. Löwenthal formulierte: «Jeder Grad an Freiheit wird mit etwas Verlangsamung der Entwicklung, jeder Grad an Beschleunigung mit etwas Verlust an Freiheit bezahlt.» Und S. Huntington konstruierte das E.-Dilemma von Institutionalisierung pol. Herrschaft und pol. Partizipation: Sei der Grad pol. Partizipation höher als der Grad der Institutionalisierung des pol. Prozesses, d. h. der Anerkennung verbindlicher Spielregeln, so seien pol. Instabilität und sog. prätorianische Gesellschaften die Folge, in denen das Militär als Entwicklungselite die pol. Macht ergreift. Die * Modernisierungstheorien gaben partizipatorische Vorstellungen – auch wenn diese nur auf den formalen Aspekt begrenzt waren – zugunsten von Stabilitäts- und Wachstumszielen weitgehend auf. Empirisch folgte aus der gegensätzlich begriffenen Alternative Wachstum oder Demokratie in den meisten EL eine Politik der Zerschlagung der Institutionen formeller und informeller, direkter und indirekter P. und der Versuch, die soziale Mobilisierung wieder rückgängig zu machen. Diese Politik nahm besonders repressive Formen an, wenn die bisher unterprivilegierte Bev. sich mit pol. P. im formalen Sinne nicht mehr zufriedengab und entsprechend einem umfassenderen P.-Begriff strukturelle Veränderungen im Herrschaftssystem und soziale Umverteilung forderte. Die Machtfrage zu stellen und neu zu beantworten – unabdingbare Voraussetzung vielfach wirklicher P. der Masse der Bev. – kostete in einer Reihe von EL, die ein rel. gut funktionierendes liberal-pluralist. Institutionensystem besaßen (wie beispielsweise Chile, Uruguay), den Verlust der demokrat. Grundfreiheiten.

In der neueren e.-pol. Debatte wird den pol. Beteiligungsrechten wieder ein höherer Stellenwert eingeräumt, zumal innerhalb von Konzepten des human development, zu dem auch der «political freedom» gezählt und mittels Indikatoren zu operationalisieren versucht wird (* HDR 1992). In diesem Rahmen haben Wahlen, Parteienwettbewerb und Wahlfreiheit an e.-theoretischer Bedeutung gewonnen. Zu berücksichtigen ist des weiteren, daß innergesellschaftliche und regionale Befriedungsprozesse (* Zentralamerika-Konflikt, Namibia, Angola, Kambodscha etc.) über die pol. Beteiligung in der Form von fairen Wahlen eingeleitet bzw. herbeigeführt wurden.

In der entwicklungsstrategischen Debatte bilden * *self-reliance*- und * Grundbedürfnisstrategien mit ihrer Betonung der Eigenanstrengungen und des Vertrauens auf die eigenen Kräfte, der Beschäftigung, * arbeitsintensiver Technologie, * ländlicher Entwicklung etc. einen angemessenen Ansatz für umfassendere P., insofern diese Strategien die unmittelbare Lebens- und Arbeitswelt des Menschen ansprechen. Hier können sich neue Motivationen und Formen der P. ergeben. Das pragmatische Abwägen notwendiger P., welche Planung und Durchführung von E.-Maßnahmen erleichtert, und gegenläufiger Wirkungen, die dabei erzielten Lerneffekte, der gesellsch. Aufbau von unten nach oben etc. könnten der P. als Mittel und Ziel von E. eine neue Perspektive verschaffen.

Lit.: D. Berg-Schlosser (Hg.), Die politischen Probleme der Dritten Welt, Hamburg 1972; R. Löwenthal, Staatsfunktionen und Staatsform in den Entwicklungsländern, in: Ders. (Hg.). Die Demokratie im Wandel der Gesellschaft, Berlin 1873, S. 180ff.; I. Adelman/C. T. Morris, Die Messung institutioneller Merkmale von Nationen. Methodologische Betrachtungen, in: HDW I, 1, Hamburg 1974, S. 286ff.; F. Nuscheler/K. Ziemer, Politische Organisation und Repräsentation in Afrika, 2 Bde., Berlin/New York 1978; M. Bau, Politische Partizipation und Entwicklung, Heidelberg 1982; D. Nohlen/F. Nuscheler, Was heißt Entwicklung, in HDW III, 1, 1992, S. 55ff; D. Nohlen (Hg.), Handbuch der Wahldaten Lateinamerikas und der Karibik, Opladen 1993; S. Faath/H. Mattes (Hg.), Demokratie und Menschenrechte in Nordafrika, Hamburg 1992.

dn

Patrimonalismus «Herrschaftsform, deren Legitimationsgrundlage traditionelle Loyalitäten und materielle Leistungen bilden... Im Mittelpunkt des politischen Systems steht ein Herrscher, der alle politischen Entscheidungen durch ein Netz personaler Beziehungen lenkt. Die führenden Politiker und Beamten sind direkt oder indirekt von der Person des Herrschers abhängig» (P. Pawelka). Da das Verhalten des jeweiligen Machtinhabers eine außerordentliche Rolle spielt, verändern sich je nach Herrscherfigur dessen personale Beziehungen zu den pol. Eliten und den Klientelsystemen in deren jeweiligen Zuständigkeitsbereichen (Staatsbürokratie, öfftl. Wirtschaftssektor). Einzelne Elitengruppen stehen in Konkurrenz zueinander und um die Gunst des Machtinhabers. Dessen Fähigkeit, die Machtbalance zu erhalten (d.h. keine Gruppe zu sehr erstarken zu lassen), erweist sich als wesentlicher Stabilitätsfaktor des patrimon. Herrschaftssystems. (→Autoritäre Regime)

Lit.: P. Pawelka, Herrschaft und Entwicklung im Nahen Osten: Ägypten, Heidelberg 1985. dn

Pazifische Inselwelt 1. Auf den pazif. Inseln (Fläche rd. 985000 qkm) leben ca. 7,6 Mio. Menschen. Hier werden etwa 1200 Sprachen und noch mehr Dialekte gesprochen. Die gesamte Region umfaßt ca. 2000 Inseln auf 8 Mio. qkm mit sehr unterschiedlichem pol. Status. Einige der Ministaaten, die von bereits unabh. Inseln bzw. Archipelen, die sich über riesige Entfernungen erstrecken, gebildet werden, haben weniger Ew. als eine kleine Provinzstadt. Die meisten sind arm, mit geringen *Ressourcen ausgestattet oder auf ein einziges Produkt ausgerichtet; sie können kaum aus eigener Kraft die Wirtsch. entwickeln, die notwendige materielle und soziale *Infrastruktur aufbauen, die extrem schnell wachsende Bev. ernähren und mit Arbeit versorgen; ihre koloniale *Exportökonomie verzerrt die Produktionsstruktur und unterliegt den Preisschwankungen des Weltmarkts; die großen Entfernungen schaffen zusätzliche Wettbewerbsnachteile. Auch die Natur muß Faktor entwicklungspol. Überlegungen sein. Nicht nur verheerende Naturkatastrophen zerstören immer wieder ganze Inselökonomien, auch der Mensch wird durch unbedachte Eingriffe in die *Ökologie zum Zerstörer seiner Umwelt und macht im Extremfall ganze Inseln unbewohnbar (Phosphatabbau auf Banaba und Nauru). Wollen die pazif. Kleinstaaten ihre Abh. von den ehemaligen Kolonialmächten beenden und größeren Einfluß auf sie betreffende Entscheidungen der Großmächte nehmen (Pazifik als Testfeld für Nuklearwaffen und als Atommülldeponie), so sind sie sicherlich auf Dauer auf eine verstärkte regionale Zusammenarbeit angewiesen.

2. Ethnisch-kulturell unterscheidet man drei pazif. Großräume: I. MELANESIEN (die schwarzen Inseln, Fläche: ca. 956000 qkm, Bev.: knapp 5,7 Mio.): 1. *Fidschi. 2. Neu-Kaledonien (Fläche: 19058 qkm, Bev. 1985: 145000, Hs. Nouméa: 60100, franz. Territorium). 3. Vanuatu (Fläche: 14763 qkm, Bev. 1986: 140000, Hs. Vila: 15800, unabh. seit 1980). 4. *Papua-Neuguinea. 5. Salomonen (Fläche: 29788 qkm, Bev. 1986: 280000, Hs. Honiara 1985: 26000, unabh. seit 1978). 6. Irian Jaya (Fläche: 412800 qkm, Bev. über 1 Mio., indonesische Provinz). II. MIKRONESIEN (die kleinen Inseln, Fläche: ca. 3300 qkm, Bev.: ca. 364000): Kiribati (Fläche: 886 qkm, Bev. 1985: 63843, Hs. Bairiki 1983: 2100, unabh. seit 1979). 2. Guam (Fläche: 549 qkm, Bev. 1986: 110000, Hs. Agaña 1983: 5000, US-Territorium mit Selbstverwaltung). 3. Belau (Fläche: 487 qkm, Bev. 1985: 14800, Hs. Koror 1980: 7685, unabh. seit 1981). 4. Vereinigte Staaten von Mikronesien (Fläche: 721 qkm, Bev. 1981: 115000, Hs. Kolonia 1980: 5550, unabh. seit 1982). 5. Marianen (Fläche: 473 qkm, Bev. 1987: 18000, US-Territorium mit Selbstverwaltung). 6. Marshall-Inseln (Fläche: 181 qkm, Bev. 1984: 34900, Hs. Uliga: 7600, 1988 noch UN-Treuhandgebiet, nur von den USA als selbständig anerkannt). 7. Nauru (Fläche: 21,4 qkm, Bev. 1983: 8042, Hs. Yaren, unabh. seit 1968). III. POLYNESIEN (die vielen Inseln, Fläche: rd. 25000 qkm, Bev. ca. 1,58 Mio.): 1. Cook-Inseln (Fläche: 240,6 qkm, Bev. 1981: 17754, Hs. Avarua, assoziiert mit Neuseeland, Selbstverwaltung). 2. Oster-Insel (Fläche: 165 qkm, Bev. 1800, Hauptort: Hangaroa, chilen. Territorium). 3. Franz. Polynesien (Fläche: 3521 qkm, Bev. 1983: 166753, Hs. Papéete 1983: 78813, franz. Territorium), 4. Hawaii (Fläche: 16705 qkm, Bev. 1980: 965000, Hs. Honolulu: 365000, 50. US-Bundesstaat). Niue (Fläche: 259 qkm, Bev. 1986: 2531, Hauptort Alofi: 3000, assoziiert mit Neuseeland, Selbstverwaltung). 6. Pitcairn (Fläche: 4,6 qkm, Bev. 1986: 62, brit. Territorium), 7. Samoa (Fläche: 197 qkm, Bev. 1982: 33920, Hauptort Pago Pago 1980: 3075, Verwaltungssitz Fagatogo: 1340, US-Territorium mit Selbstverwaltung). 8. Samoa (i Sisifio) (Fläche: 2842 qkm, Bev. 1986: 163000, Hs. Apia 1984: 36000, unabh. seit 1962). 9. Tokelau-Inseln (Fläche: 10 qkm, Bev. 1985: 1703, Hauptort Fakaofo, neuseeländ. Territorium). 10. Tonga (Fläche: 699 qkm, Bev. 1986: 110000, Hs. Nuku'alofa

1986: 28900, unabh. seit 1970). 11. Tuvalu (Fläche: 24,6 qkm, Bev. 1985: 8229, Hs. Vaiaku 1980: 2120, unabh. seit 1978). 12. Wallis und Futuna (Fläche: 274 qkm, Bev. 1987: 14800, Hauptort Mata Utu, franz. Territorium).

Lit.: F. Nuscheler, Struktur- und Entwicklungsprobleme der südpazifischen Inselwelt, in: HDW II, 8, Hamburg 1983; K. M. Schellhorn, Politische Entwicklungen im Südpazifik, Sankt Augustin 1988; W. Wagner (Hg.), Strukturwandel im Pazifischen Raum, Bremen 1988. rs

PCCM *Permanent Consultative Committee of the Maghreb* (Ständiges Konsultativkomitee des Maghreb), Sitz in Tunis; oberstes Organ ist die Konferenz der Wirtschaftsminister; vorrangige Ziele sind die Koordinierung des Transportwesens, die Harmonisierung der Exportpolitik und die Regulierung des Stroms von Arbeitskräften. Der 1967 beschlossenen Errichtung eines «Gemeinsamen Nordafrikanischen Marktes» folgten wenig konkrete Schritte. Die 1989 gegr. *Arabische Maghreb Union hat sich u. a. ähnliche Ziele wie das PCCM gesetzt. fn

Peace Corps →Entwicklungsdienste, Friedensdienst

Pearson-Bericht Von der *Weltbank einer Expertengruppe unter Leitung des ehem. kanadischen Außenministers Lester Pearson in Auftrag gegebenen Untersuchung über die Resultate von 20 Jahren *Entwicklungshilfe, begangene Fehler und bessere Methoden für die Zukunft. Der 1969 vorgelegte Bericht, der die Erfahrungen nur derjenigen Länder auswertete, die westl. E.-Hilfe erhielten und der *Modernisierungsstrategie folgten, kam zu folgenden Ergebnissen und Empfehlungen: 1. Importe aus EL sollten liberalisiert werden; 2. bei Agrarprodukten und Rohstoffen sollten die IL stärker die Lage der EL berücksichtigen; 3. Förderung von *Direktinvestitionen in den EL; 4. Verbesserung des Investitionsklimas in den EL; 5. günstigere Bedingungen für *öffentliche Hilfe an die EL (Reduzierung der Zinssätze, längere Laufzeiten, Abbau der *Lieferbindung); 6. Erhöhung der E.-Hilfe der IL auf 1%, der öfftl. Hilfe auf 0,7% des BSP (bis 1975); 7. Zahlungserleichterung für EL – *Schuldendienst; 8. Erhöhung des Anteils der multilateralen E.-Hilfe an der öffentl. Hilfe von 10% bis 1975 auf 20%; 9. bessere Abstimmung von *Kapital- und *Technischer Hilfe; 10. Maßnahmen gegen das hohe Bev.-Wachstum; 11. Ausbau der Bildungs- und Forschungshilfe. Die IL – westl.-kapital. EL-Modellen verpflichtet – begrüßten den Bericht, während er in den EL überwiegend skeptisch aufgenommen wurde.

Lit.: L. Pearson, Partners in Development, Report of the Commission on International Development, New York, Washington, London 1969. dn

Peripherer Kapitalismus Der *dependencia zuzuordnende Theorie, die in den 70er Jahren vor allem von Dieter Senghaas vertreten wurde und für die typisch war, daß sie UE als «ein historisch sich entfaltendes integrales Moment des von kapitalistischen Metropolen dominierten int. Wirtschaftssystems und damit der int. Gesellschaft» begriff. Dem Strukturwandel in den IL entspreche ein durch den Weltmarkt vermittelter Wandel in den EL, die E. der Ersten und die UE der Dritten Welt seien komplementär.

Die Theorie des p.K. distanziert sich damit von *modernisierungstheoretischen Modellvorstellungen, unterscheidet sich aber auch von jenen Dependenztheoretikern, die die «Entwicklung der Unterentwicklung» (Frank) als einen wachsenden Transfer des Mehrprodukts der Länder der Dritten Welt in die IL charakterisieren, was erstere in ihrer E. immer weiter zurückwerfen muß. Brasilien ist ein Beispiel für ein EL mit einer am Wachstum des BSP ablesbaren ökon. Dynamik. Die Theorie des p.K. betont jedoch, daß wirtsch. Wachstum in der Dritten Welt durch deren Einbindung in den kapitalistischen Weltmarkt deformiertes Wachstum ist:

a) Rel. stagnierende *Produktivität im nicht-exportorientierten landw. Sektor (Unterversorgung); b) Fehlen bzw. stagnative E. der Produktion von Massenkonsumgütern im Unterschied zu der zum Teil florierenden Produktion von Luxuskonsumgütern (Spiegel der Einkommensstruktur); c) Fehlen bzw. stagnative E. eines eigenständigen Produktionsgütersektors, der die Ausrüstungsgüter für die Produktion von Konsumgütern, von Zwischenprodukten und Produktionsmitteln bereitstellen würde (technol. Abh.); d) als Resultat a–c: mangelnde Rückkopplung einer Produktion von Produktionsgütern mit einer Produktion von Massenkonsumgütern unter Eingliederung des landw. Sektors.

Während der Kapitalismus der Metropolen sich innerhalb einer kohärenten Reproduktionsstruktur entwikkelt, also Bedürfnissen folgt, die sich aus der Logik und dem Gleichgewicht der eigenen Produktionsstruktur ergeben, trägt der p.K. nicht den Bedürfnissen der Länder der Dritten Welt, sondern denen der IL Rechnung. *Strukturelle Heterogenität ist die gesellsch. Konsequenz in den EL. Zu ihrer Überwindung und damit der UE empfahl Senghaas den Ländern der Dritten Welt eine Strategie der *Dissoziation vom kapitalistischen Weltmarkt. Dadurch soll es ihnen ermöglicht werden, ihre strukturelle Abhängigkeit zu überwinden und einen E.-Weg gemäß ihren eigenen Bedürfnissen (*autozentrierte Entwicklung) zu gehen.

Lit.: D. Senghaas (Hg.), Peripherer Kapitalismus, Frankfurt 1974; Ders. Weltwirtschaftsordnung und Entwicklungspolitik, Frankfurt 1977; Ders.: Von Europa lernen. Entwicklungsgeschichtliche Betrachtungen, Frankfurt 1982. rs

Peronismus →Argentinien

Persien →Iran

Personelle Hilfe auch personelle Zusammenarbeit, Teil der *Technischen Hilfe/Zusammenarbeit. Unter p.H. wird subsumiert: die Entsendung von Fachkräften (*Entwicklungsexperten, *Integrierten Fachkräften, *Entwicklungshelfern) in EL; die Aus- und Fortbildung von Personen/Fachkräften aus den EL; die Unterstützung von Maßnahmen der *Reintegration. P.H. zielt auf die Vermittlung von **Know-how* in den verschiedensten Bereichen, z.B. Landw., Ind., Bildung und Wissenschaft, materielle und soziale *Infrastruktur etc. Die BRD betont unter dem Grundsatz des geringsten Eingriffs: 1. Aus- und Fortbildung von Fachkräften möglichst im gegebenen sozialen und kulturellen Raum, sprich jeweiligen EL; 2. Einsatz deutscher Fachkräfte unter Rücksichtnahme auf die sozialen und kulturellen Gegebenheiten des EL und nur, wenn keine einheim. Fachkraft zur Verfügung steht. Die Abwicklung der p.H. erfolgt je nach Typ der Fachkraft und danach, ob Ausbildung, Entsendung oder Reintegration vorliegt, über versch. Stellen, u.a. Entwicklungsexperten: *GTZ, *ZAV, *CDG, *DSE, *Politische Stiftungen, *Kirchen; Integrierte Experten: *CIM, *DAAD; Entwicklungshelfer: *DED, *AGEH, *DÜ, *WFD, *Eirene. dn

Peru Als klassisches Rohstoffexportland mit kleiner, von ausl. Zulieferungen hochgradig abh. Industrie wurde der Andenstaat durch Weltrezession und Verfall der int. Rohstoffpreise bes. hart getroffen. Doch die wirtsch. und soziale Lage war schon vorher prekär. Da weder *IWF-konforme noch «heterodoxe» Konzepte Linderung brachten, geriet das Land in einen Sog der Zersetzung und des Zerfalls, wofür *Guerillabewegung, Drogenwirtschaft und Choleraepidemie Symptome sind.

1. P. (Fläche 1 285 216 qkm) gliedert sich topographisch in drei Großräume: 1) Das Küstentiefland. Es ist lediglich in ca. 50 Flußoasen fruchtbar; der größte Teil ist Wüste. Trotzdem liegt ⅓ des ges. kultivierbaren Landes in dieser Region, wo 45 % der landw. Produktion realisiert werden. Die Produktpalette setzt sich aus agroind. Exportproduk-

ten (Baumwolle, Zucker, Reis) und Nahrungsmitteln für den städt. Inlandsbedarf (Gemüse, Tabak, Wein u. a.) zusammen. Die peruan. Fischereiflotte brachte 1970 mit über 12 Mio. t ⅙ der Weltfänge ein (1. Platz in der Welt) und bestritt damit 37% der Exporte des genannten Jahres (v. a. Fischmehl). Wegen jahrelanger rücksichtsloser Überfischung und ökol. Faktoren (El Niño-Phänomen) ging die Ausbeute jedoch drastisch zurück (Fischmehl 1987: 10% der Exporte). Fast die ges. peruanische Ind. konzentriert sich in der Küstenregion. Allein auf Lima entfallen ⅔ der Bruttoproduktion (71% der Ind.-Arbeiter). Außerhalb von Lima liegen lediglich Industrien, die standortgebundene landw. oder mineralische Rohstoffe verarbeiten. Insg. sind ca. 80% der Exporte der Küste zuzurechnen. 2) Das Andenmassiv ist Hauptsiedlungsgebiet der Indios, die entweder für die eigene * Subsistenz oder die lokalen Märkte Ackerbau und Weidewirtsch. betreiben. Von weit größerem gesamtwirtsch. Gewicht ist der Abbau mineralischer Rohstoffe. Bei Kupfer, Silber und Zink gehört P. zu den weltgrößten Förderländern. Blei, Eisen und Kohle wird in nennenswerten Mengen abgebaut. Ein Teil der geförderten Metalle wird vor Ort verhüttet bzw. raffiniert. 3) Das östl. Urwaldbecken ist ein von zahlreichen Flüssen des Amazonassystems durchzogener trop. Regenwald, wo lediglich im Übergang zum Andenmassiv Kaffee und Tee für den Export und Nahrungsmittel für den internen Konsum produziert werden. Das Amazonas-Becken selbst wird im Zuge einer aggressiven Kolonisierungspolitik zusehends als Wirtschaftsraum erschlossen. Stärksten Anreiz bilden reiche Ölreserven. Der größte Teil der peruan. Ölförderung von 170–190000 bpd (30–40% werden exportiert) kommt nicht mehr aus dem trad. Produktionsgebiet der N-Küste, sondern aus der Urwaldregion.

2. P. hatte beim Zensus von 1981 17,8 Mio. Ew.; 1987 wurde die 20-Mio.-Marke überschritten. Die JZ ging seit den 60er J. von 2,9% auf heute 2,3% zurück. 70% der Bev. leben in Orten über 20000 Ew. (1970: 40%). Den höchsten Urbanisierungsgrad verzeichnet der Küstenstreifen (12% der Fläche, 50% der Bev., 70 Ew. pro qkm). ¼ aller Peruaner leben in Groß-Lima, das u. a. durch Landflucht um 200000 Menschen p. a. wächst. In den Hochlandprovinzen stagniert die Ew.-Zahl. Gleichwohl beherbergen sie immer noch 40% der Bev. (22 Ew. pro qkm). Im östl. Tiefland verlieren sich auf 58% der Fläche 2,5 Mio. Menschen, darunter 350000 Waldindianer.

Der Anteil der jugendlichen Bev. ist hoch; 41% sind unter 15 Jahre. * Ethnische Gliederung: 50% Indianer, 33% Mestizen, 12% Weiße sowie schwarze, mulattische, asiat. Minderheiten.

3. Die span. Eroberer errichteten Anfang des 16. Jh.s ihr Kolonialreich auf den Trümmern des kulturell hochstehenden und wirtsch. prosperierenden Inkastaates, der vom heutigen Chile bis Ecuador reichte. Die binnenorientierte Selbstversorgungswirtschaft der Inkas polten sie in eine Ökonomie um, deren Grundpfeiler der exportorientierte Bergbau (Silber, Gold) und das den internen Markt mit Lebensmitteln versorgende * Latifundium bildeten. Nach der Unabh. (1821) versorgte P. den Weltmarkt mit Guano und Salpeter; die Gewinne dieses Exportbooms (1840 bis 1880) wurden in den Aufbau von Agrar- und Bergbau-Exportenklaven investiert (Zucker, Baumwolle, Kupfer, Erdöl). Zwar ging die Weltnachfrage nach Guano zurück, und die Salpetervorkommen fielen im Pazifikkrieg (1879 bis 1884) an Chile, doch die bereits rel. diversifizierte Exportstruktur ermöglichte in der «aristokratischen Republik» (1895 bis 1919) erneut einen exportorientierten Akkumulationszyklus. Das pol. System wurde von einem heterogenen («oligarchischen») Block von Oberschicht-

gruppen (Exporteure, Handelsbourgeoisie, präkapitalistisch produzierende Großgrundbesitzer) dominiert, die nach der Jh.-Wende nordamerik. Kapital die Übernahme des devisenträchtigen Bergbau- und Ölsektors ermöglichten. Die Unfähigkeit des oligarchischen Staates, die Forderungen des wachsenden städt. und ländl. Proletariats und der Mittelschichten nach pol. *Partizipation und sozialen Reformen zu integrieren, führte angesichts einer starken antioligarchischen und antiimperialistischen Massenbewegung (organisatorischer Ausdruck: die von Mariátegui gegr. Soz. Partei und die bedeutendere *populistische *APRA) zum Rückgriff der Herrschenden auf Diktaturen (Leguía: 1919 bis 1930, Sánchez Cerro: 1930 bis 1933, Benavides: 1933 bis 1939, Odría: 1948 bis 1956). Während einiger «demokratischer» Zwischenspiele (unter den Regierungen Prado, 1939 bis 1945, Bustamante, 1945 bis 1948, und der Convivencia [gemeinsame Reg.] APRA-Prado, 1956 bis 1962) vollzog die APRA eine Rechtswendung und verhalf den Vertretern oligarchisch-bürgerlicher Interessen durch ihre Unterstützung zum Wahlsieg.

Nach dem II. Weltkrieg setzte unter starker Beteiligung von US-Kapital ein Prozeß *importsubstituierender *Industrialisierung ein. Bauernrevolten, Migration der Landbev. in die Städte, Radikalisierung von Teilen der Mittelschicht und Entstehen einer «nat.» Bourgeoisie veränderten das Kräfteverhältnis zugunsten reformistischer Optionen, die sich aber im Rahmen der Demokratie wegen mangelnder Kohärenz und des immer noch starken, nunmehr von der APRA unterstützten Widerstandes der Oligarchie nicht durchsetzen konnten. Ein Putsch der Militärs, die 1968 die gescheiterte Reformregierung Belaúnde absetzten, leitete den Versuch der Streitkräfte ein, durch Strukturreformen die Bedingungen für eine kapitalistische Modernisierung des Landes zu schaffen. Das Scheitern dieses Vorhabens führte zur Rückkehr zum *Exportmodell und zur Demokratie. Die Reg. Belaúnde (1980–85) sah sich mit einer maroden Wirtschaft und ungünstigen Weltmarktbedingungen konfrontiert. Sie liquidierte viele der Reformen der Militärs und setzte auf neoliberale, IWF inspirierte Sanierungskonzepte. Die Wahlen von 1985 brachten erstmals seit der Parteigründung (1924) die APRA an die Macht. Die «heterodoxe» Wirtschaftspolitik des Präs. García (Nachfrageausweitung, Produktionsanreize, Schuldenmoratorium etc.) und seine populistische Strategie der Gefolgschaftssicherung waren bis 1987 erfolgreich. Inzwischen ist die Wirtschaftslage prekärer denn je, nicht zuletzt wegen der Destabilisierungserfolge zweier Guerilla-Gruppen, die bereits weite Teile des Hinterlandes kontrollieren.

4. Seit Ende des vergangenen Jh.s sind es im wesentlichen die gleichen Produkte von Agrar- und Bergbauenklaven, die P.s Rolle im System der int. Arbeitsteilung bestimmen. 1987 bestanden die Exporte zu 17% aus Kupfer und zu 23% aus anderen Metallen bzw. Erzen (Zink, Blei, Silber, Eisen u.a.), zu je 10% aus Erdöl und Fischmehl und zu 13% aus Plantagenprodukten (v.a. Kaffee, daneben Baumwolle u. Zucker). Neu hinzugekommen sind die sog. nicht-traditionellen Exporte (Textilien und Halbfabrikate), die ¼ der Deviseneinnahmen einbringen. Der Produktionsapparat der peruan. Wirtschaft hat sich bis zur Importsubstitutionsphase der 50er J. ausschließlich und danach in hohem Maße in Abhängigkeit von den Exportsektoren entwickelt. Diese beanspruchen heute die Hälfte der Ind.-Kapazitäten für Zulieferungen und zur (Halb-)Verarbeitung der Exportprodukte. Fast alle Kapitalgüter und viele Zwischengüter müssen allerdings importiert werden (Kapitalgüter 35–40%, Zwischengü-

ter und ind. Rohstoffe um 50% der Importe). Wegen ihrer starken Außenverflechtung ist die peruan. Ökonomie gegen Preisschwankungen auf dem Rohstoffweltmarkt empfindlich. Periodische Einnahmeeinbrüche und dadurch verursachte Handels- und Zahlungsbilanzdefizite können heute nicht mehr durch In-Wert-Setzung leicht erschließbarer Rohstofflager und Ausdehnung der exportorientierten Agrarproduktion ausgeglichen werden; diese Möglichkeiten sind längst erschöpft. Immer wieder nahmen Reg. deshalb Zuflucht zu Krediten, was die peruan. Außenverschuldung auf ⅔ des BIP hochgetrieben hat. Ausl. Kapital spielt in P. traditionell eine dominierende Rolle. Nach der Jh.-Wende löste US-Kapital das bis dahin vorherrschende brit. (Schwerpunkt: Handel, Finanzen, Transport) ab und konzentrierte seine Investitionen in produktiven Bereichen (Minen, Öl, Landw.). An der importsubstituierenden Industrialisierung der 50er J. partizipierten Ausländer massiv. Zwischen 1968 und 1980 suchte ein reformistisches Militärregime nach einem «*Dritten Weg» zwischen Kapitalismus und *Sozialismus, zwischen Reduzierung der Abhängigkeit und Weltmarktintegration. Im Zuge der Industriereform der Militärs wurde zwar nicht die Dominanz des Auslandskapitals gebrochen, sein Handlungsspielraum aber deutlich reduziert (Verstaatlichung ausl. Ölfirmen, Bergbauunternehmen und Grundstoffindustrien). Staatl. bzw. nat. Kontrolle über den Akkumulationsfonds, Vermaschungsimpulse und Ausbau der *Infrastruktur sollten ein selbsttragendes, nach innen gerichtetes Wachstum ermöglichen; eine weitgehende *Agrarreform und die Subventionierung des Grundkonsums sollte die soziale Lage der armen Mehrheit verbessern und Partizipationschancen eröffnen.

Das Projekt scheiterte in der zweiten Hälfte der 70er J. an Richtungskämpfen im Militär, zivilem Widerstand und einer schweren Wirtschaftskrise.

Von der Landw. lebt ⅓ der Bev. Ihr mit 8% geringer Beitrag zum BIP ist Hinweis auf niedrige Produktivität. (Die Ind. stellt 14% der Arbeitsplätze und erwirtschaftet 40% des BIP.) Die Agrarreform der Militärs hat zwar die Besitzverhältnisse partiell verändert und die alte Landoligarchie entmachtet. Aber nur ¼ der Bauern erhielten Land oder einen festen Arbeitsplatz. Durch die Boden- und Agrarpolitik der 80er J. hat sich das Agrarproblem wieder verschärft und der Migrationsstrom in den informellen Sektor der Städte verstärkt.

5. Ein krasser Gegensatz zwischen Reichtum und Armut kennzeichnet die Einkommensverteilung in Peru. Während die reichsten 20% über 61% der Einkommen verfügen, entfallen auf die unteren 40% lediglich 7%. Das durchschn. Kalorienangebot deckt nur 85% des Bedarfs; Unterernährung ist insb. in der Andenregion weit verbreitet. Von der medizinischen Versorgung sind wegen der Konzentration von med. Einrichtungen und med. Personal in den Städten 40% der Bev., v. a. auf dem Land, faktisch ausgeschlossen; allein auf die Hs. entfallen ¾ der Ärzte und 50% der Gesundheitsausgaben. Die Kindersterblichkeit im ersten J. ist mit 120 pro T. sehr hoch und erreicht regional 240. Die aufgrund des wirtsch. Verfalls zunehmend prekäre hygienische Situation in den Elendsvierteln Limas führte im Jan. 1991 zum Ausbruch einer Choleraepidemie, die bis Mai 1991 ca. 170000 Infizierte und 1200 Tote forderte. Die Bildungschancen der städt. Armen und der Landbev. sind gering (Analphabeten 28%, davon ¾ im Hochland). Viele Schulkinder müssen mitverdienen: in Lima sind 20% der Fünf- bis Zwölfjährigen *Kinderarbeiter, auf dem Land mehr.

6. In der Verfassung von 1978 wurde

die trad. Konstruktion einer präsidialen Republik mit Zweikammer-Parlament beibehalten. Ein wichtiger pol. Machtfaktor ist die Armee, die in den vergangenen Jahrzehnten immer wieder die Macht an sich riß, seit den 60er J. aber mit Reformabsichten. Die Parteienlandschaft gliederte sich in den 80er J. in drei Blöcke: 1.) die APRA, älteste Massenpartei in LA, heute der gemäßigt reformorientierten Mitte zuzurechnen; 2. die rechtsliberale «*Acción Popular*» und der rechtschristliche PPC; 3. die Vereinigte Linke (IU), die linksradikale bis demokratisch-sozialistische Gruppierungen zusammenfaßt. Die wirtsch. und pol. Krise führte Ende der 80er J. jedoch zu Auflösungserscheinungen im Parteiensystem. Über großen pol. Einfluß verfügen die in vier Dachverbänden organisierten 4800 Einzelgewerkschaften mit 800000 Mitgl. (Organisationsgrad 12%). Eine mächtige Lobby stellen auch die 15 Unternehmerorganisationen dar, die sich 1984 zu einem Dachverband (CONFIEP) zusammenschlossen, in dem die größeren Unternehmen die Akzente setzen.

Destabilisiert wird die innenpolitische Situation seit 1980 durch die maoistische Landguerilla «*Sendero Luminoso» und seit 1983/84 durch die linkssoz. Guerilla «Tupac Amaru». Kampfgebiet sind neben den Städten, wo v. a. Attentate verübt werden, weite Teile der Andenregion. Dort führt die Armee gegen die Aufständischen einen «schmutzigen Krieg», zu dessen Bilanz über 20000 Tote, Tausende «Verschwundener» und eine Massenflucht von Bauern in die Städte gehören. Die Hälfte aller Peruaner lebt unter milit. Ausnahmerecht. Am Ostrand der Anden, wo sich die Einflußzonen der Guerillas mit denen der Kokainproduzenten überschneiden, kooperieren Guerilla und Drogenringe. Letztere sind im vergangenen Jahrzehnt zu einem Wirtschafts- und Machtfaktor erster Ordnung avanciert; P. ist nach Bolivien zweitwichtigster Cocaproduzent und Kokainlieferant der Welt.

7. Am stärksten geprägt haben die pol. E. seit den 60er J. Versuche, die sich abzeichnende Krise des oligarchischen Rohstoffexportmodells durch Exportdiversifizierung, Industrialisierung und unter den Militärs zwischen 1968 und 1980 durch weitreichende Strukturreformen aufzufangen. Dabei wurde die Oligarchie entmachtet, der Staat avancierte zu einem wichtigen Wirtschaftsfaktor und die Gewerkschaften sowie die Linke zu einflußreichen pol. Akteuren. Die Abh. von Rohstoffexporten blieb jedoch hoch, die Industrie im Stadium der leichten Importsubstitution stecken. Die Integration der städt. und ländlichen Marginalien mißlang. Ab Mitte der 70er J. geriet das Land in eine bis heute anhaltende Wirtschaftskrise, in deren Verlauf das BIP/Kopf auf den Stand der 60er J. sank. Orthodoxe Sanierungsmaßnahmen der Militärs (1975–80) und der Reg. Belaúnde (1980–85) scheiterten, heterodoxe Reaktivierungsversuche der Reg. García (1985–90) erwiesen sich als vollends ruinös. Im Kontext einer katastrophalen wirtsch. und sozialen Lage (jährl. BIP/Kopf-Veränderung 1985–90: –4,2%, 60% der Bev. in abs. Armut) und des anhaltenden Guerilla-Kriegs wurden die Präs.-Wahlen von 1990 von Alberto Fujimori gewonnen, einem pol. Außenseiter, der sich mit seiner eigens gegr. Partei (*Cambio 90*) gegen den liberalen Schriftsteller Mario Vargas-Llosa durchsetzte. Nach seinem Amtsantritt leitete er mit einem neoliberalen «Schockprogramm» just jene Wende in der Wirtschaftspol. ein, die dieser propagiert hatte. Er geriet dabei jedoch zunehmend mit dem Parlament in Konflikt, in dem die Oppositionsparteien eine Mehrheit stellten. Im April 1992 putschte Fujimori mit Unterstützung der Militärs gegen das Parlament. Spektakuläre Erfolge bei der Bekämpfung der Guerilla sicherten ihm in der Folgezeit einen gewissen Rückhalt in der Be-

völkerung. Der von ihm selbst gesteuerte Redemokratisierungsprozeß begann im Nov. 1992 mit Wahlen zu einer Verfassunggebenden Versammlung, die zwar von wichtigen Oppositionsparteien boykottiert, int. aber anerkannt wurden. In der Konstituente mit einer klaren Mehrheit ausgestattet, mußte das Parteienbündnis der Reg. bei den Kommunalwahlen im Jan. 1993 deutliche Verluste hinnehmen. Die pol. Lage blieb von anhaltender Gewalt seitens der Guerilla als auch der staatl. Sicherheitskräfte geprägt.

Lit.: A. F. Lowenthal (Hg.), The Peruvian Experiment. Continuity and Change under Military Rule, Princeton 1975; G. D. E. Philip, The Rise and Fall of the Peruvian Military Radicals 1968–1976, London 1978; R. Witzel de Ciudad, Die peruanische Unternehmensreform im Industriesektor, Heidelberg 1981; U. Wachendorfer, Bauernbewegungen in Peru, Heidelberg 1983; J. Barolo, Der Erleuchtete Pfad in die Finsternis. «Sendero Luminoso» zwischen Guerillakampf und Terrorismus, in: M. Ehrke u. a. (Hg.) Lateinamerika. Analysen und Berichte 9, 1985, S. 111 ff.; E. v. Oertzen, Peru, München 1988; A. Wachendorfer, Gewerkschaft und Militärs in Peru 1968–1978, Heidelberg 1989; H. Fuhr/M. Hörmann, Peru, in: HDW III, 2, 1992, S. 437 ff. dd

Petrolatin *Multinationales Unternehmen, Mitte 1982 im Rahmen des *SELA von den verstaatlichten Erdölgesellschaften Brasiliens, Mexikos und Venezuelas gegr., Ziel: bessere Nutzung der regionalen Ressourcen. Petrolatin ist der vorläufige Schlußpunkt einer Reihe von lateinamerik. Kooperationsbemühungen im Energiesektor, aus denen bereits 1965 das Übereinkommen über den gegenseitigen Beistand hinsichtlich staatl. Erdölförderung und -verteilung (APREL) und 1973 *OLADE hervorgegangen sind. wh

PFI *Political Freedom Index*, Index zur Messung der Verwirklichung der Menschenrechte, den *UNDP 1992 in Ergänzung zum *HDI vorgeschlagen hat. Der *HDR 1992 stellte eine «Checkliste von Indikatoren» für fünf grundlegende Konzepte auf: Sicherheit der Person, Rechtsstaatlichkeit, Meinungsfreiheit, politische Beteiligung, Chancengleichheit. dn

Philippinen Auf den P. hat 1986 ein Machtwechsel stattgefunden, verbunden mit der Institutionalisierung eines demokratischeren pol. Systems. Die Mehrheit der Bev. des Inselstaates lebt freilich weiterhin am Rande des Existenzminimums.

1. Die 7107 Inseln der P. (Fläche: 300000 qkm) bilden den größten Archipel der Erde. Dessen Hauptinseln sind von N nach S: Luzon (mit der Hs. Manila), die Inselgruppe der Visayas und Mindanao. Bergketten durchsetzen das Land. An ihren Hängen und in den Ebenen ist Landw. möglich. Die P. sind reich an trop. Edelhölzern und haben Kupfer, Gold, Silber, Eisenerz und Zinkvorkommen.

2. 1521 wurden die P. durch Magalhães entdeckt. Der spanischen Herrschaft (1565 bis 1898), gegen die sich die Filipinos in Befreiungskämpfen zur Wehr setzten (1870 bis 1901), folgte 1899 die gewaltsame Annexion des Landes durch die USA als Resultat des span.-amerik. Krieges, nur unterbrochen durch die japan. Besetzung im II. Weltkrieg. Die Entlassung der P. in die Unabh. (1946) wurde von den USA mit einer Reihe von Bedingungen verbunden, wie der Gewährung von Pachtrechten für die beiden größten US-Militärstützpunkte im Pazifik, der Garantie weitgehender Sonderrechte für US-Bürger (bis 1974 waren US-Unternehmen einheimischen gleichgestellt) und Vetorechten in der phil. Außenhandelspolitik. Nachdem ein neuer Pachtvertrag zwischen den P. und den USA am 16.9. 1991 im Senat abgelehnt worden war, endete die US-Militärpräsenz auf den P. mit der Räumung der Subic Bay am 31.12. 1992.

3. Die Bev. des Landes betrug 1985 (gesch.) 54,4 Mio. Ew. (= 181 Ew. je qkm). Rund 39% der Bev. lebt in den Städten (1984), und der Zustrom vom Lande hält an. Alleine in Manila leben fast 7 Mio. Menschen (1980: 9317 Ew./qkm), nahezu 1 Mio. als *Marginali-

sierte in den Slums. Wegen der vielen unterschiedlichen ethnischen Gruppen ist die Sprachvielfalt groß. Von 76 indigenen Sprachen werden nur sieben von jeweils einer Mio. Menschen gesprochen. Die Staatssprache Philipino spricht mehr als die Hälfte der Bev. (in Städten ¾), Englisch sprechen fast 45 %. 80 % der Bev. des Landes sind kath. Der Analphabetismus konnte durch beträchtliche Anstrengungen im Bildungswesen auf 1980: 16,7 % gesenkt werden. Auch die gesundheitliche Versorgung wurde verbessert (LE 1984: 63 J.).

4. «Die 1934/35 ausgearbeitete, bis 1972 gültige Verfassung der P. lehnte sich stark an das amerik. Vorbild an: Präsident, Legislative aus zwei Kammern (Repräsentantenhaus, Senat), zwei Parteien (Liberale, *Nacionalistas*), die um die staatl. Macht konkurrierten, alle vier J. getrennte Wahlen zur Präsidentschaft und zu den legislativen Körperschaften» (Hanisch 1982). Demokratische Entscheidungsprozesse wurden allerdings durch den Einsatz privater Schlägertrupps, Wahlbetrug und Korruption im Interesse einzelner Fraktionen der Oligarchie stark beeinträchtigt. Mit dem Aufschwung von *Guerilla-Bewegungen Ende der 60er und Anfang der 70er J. und ökon. Krisenerscheinungen im Lande sah der seit 1965 regierende Präs. F. E. Marcos sowohl das pol. System als auch seine persönliche Herrschaft bedroht. Er verhängte 1972 den bis 1981 andauernden Ausnahmezustand gegen den Widerstand von Teilen der Oligarchie und begleitet von Protesten der kath. Kirche. Das Kriegsrecht ermöglichte Marcos zusammen mit seiner Frau eine diktatorische Herrschaft, die er als Weg zu einer «Neuen Gesellschaft» ideologisch zu verbrämen suchte.

5. Mit der Schaffung einer Freihandelszone zwischen den USA und den P. (1909/1913) wurde die phil. Wirtschaft strukturell in den Weltmarkt eingegliedert. Im Agrarsektor wurden neben mehr Reis und Mais für den internen Markt zunehmend **cash crops* (Zukkerrohr, Kokosnüsse, Abacá-Fasern, Tabak) angebaut. Über die Einführung bisher unbekannter Landtitel sowie über Verschuldungsprozesse wurden die Bauern zu Pächtern, die meist 50 % ihrer Ernte an die Landbesitzer abzuliefern haben, oder zu landlosen Arbeitern (Hanisch 1983). Proletarisierung und Verarmung weiter Teile der Landbev. wurden durch das Bev.-Wachstum beschleunigt. Bis heute blieben die P. Rohstoffexportland. Exportiert werden: Zucker (15 bis 20 % des Exportwertes), Kokosnüsse u. -öl sowie Kopra (25 bis 30 %), Holz- und Holzwaren (bis 10 %) und Kupfer, Nickel, Mineralien und Abacá. Entsprechend waren 1984 fast 50 % der Erwerbstätigen im Primärsektor, aber nur 15 % im produzierenden Gewerbe tätig. Nach dem II. Weltkrieg versuchte der phil. Staat, durch Importkontrollen, selektive Zollpolitik, Steuererleichterungen und billige Kredite eine *importsubstituierende *Industrialisierung zu ermöglichen. Diese Politik kam allerdings v. a. den finanzstarken Landbesitzern und der Handels- u. Finanzbourgeoisie zugute und scheiterte insbes. an der geringen Aufnahmefähigkeit des inneren Marktes. Die Ind. vermochte nicht in genügendem Umfang die in der Landw. freigesetzten Arbeitskräfte zu absorbieren, wenngleich beispielsweise die Produktion von Halbleitern (1982: 14,8 % des Gesamtexports) und Textilien erheblich gestiegen ist. Der tertiäre Sektor wurde personell aufgebläht. Die Krise des Agrarsektors hatte auch Auswirkungen auf den urbanen Bereich, wo die durchschn. *Produktivität, die Löhne und – durch die steigenden Agrarpreise – auch die Realeinkommen sanken. Das Volkseinkommen in den P. ist heute stark ungleich verteilt. 4 % der Gesamtbev. verfügt über die Hälfte des Volksvermögens.

6. Die «Kumpanei-Wirtschaft» (Ha-

nisch 1986) des Marcos-Regimes beruhte zum ersten auf der Entmachtung der bisher regierenden Agraroligarchie und zentraler Steuerung durch unpol. Technokraten; zum zweiten auf ausgedehnten und wachsenden *Klientel- und Patronageleistungen durch Verteilung privatwirtsch. und staatl. *Ressourcen; zum dritten auf der Garantie, Ruhe und Ordnung aufrechtzuerhalten (Bedrohung durch die seit 1969 verstärkt auftretende kommunistische *Guerilla der *New People's Army*; Bürgerkriegssituation aufgrund des Konflikts Moslems – Christen auf Mindanao). Mit abnehmenden Wachstumsraten und zunehmender Auslandsverschuldung mußte Marcos auf Veranlassung des *IWF Strukturreformen (Reduzierung der Staatsausgaben und des Haushaltsdefizits) in Angriff nehmen, die den Nerv des Regimes (abnehmende Kapazität, sich Massenloyalität gegen Gewährung von Vorteilen und Vergünstigungen zu erkaufen) trafen. Die Koalition aus Technokraten und der Regime-Klientel wurde brüchig, als der IWF erstere als Ansprechpartner suchte, während letztere ihre Interessen durch die Reformen direkt gefährdet sahen. Parlamentswahlen (1978) und die Aufhebung des Kriegsrechts (1981) konnten die Dauerkrise nicht beenden. Der Oppositionspolitiker B. Aquino wurde im Aug. 1983 bei seiner Rückkehr aus dem amerikanischen Exil in Manila von regimetreuen *hardliners* erschossen. Die hieraus resultierende Spaltung und Polarisierung innerhalb der phil. Gesellschaft wurde noch verstärkt durch Massenentlassungen, Rückgang des Wirtsch.-Wachstums und sinkende Einkommen. Die Parlamentswahlen vom Mai 1984 endeten mit Erfolgen der Opposition (61 Mandate; 1978: 16) gegenüber der Reg. (122 Mandate; 1978: 135). Zur Wiederherstellung seiner Legitimität (u. a. mit Rücksicht auf die USA) kündigte Marcos für Febr. 1986 vorgezogene Präs.-Wahlen an. Eine breite Massenmobilisierung unterstützte die Oppositionskandidatin C. Aquino, Witwe des ermordeten Oppositionsführers, während ihres Wahlkampfes. Erst die Anerkennung des Wahlsiegs Aquinos durch Teile der Streitkräfte besiegelte den endgültigen Sturz Marcos' (Februar 1986) und den Übergang zu einem demokratischeren Regime, das durch Verfassungsgebung (Ende 1986) und neuerliche Parlamentswahlen (Mai 1987) institutionell konsolidiert wurde. Am 16.6. 1992 wurde der Kandidat Fidel Ramos zum Sieger im Wahlgang um die Präsidentschaft erklärt und am 22.6.1992 vom Kongreß zum neuen Präsidenten erklärt.

Lit.: H. U. Luther, Der Mindanao-Konflikt, in: K. M. Khan/V. Matthies (Hg.), Regionalkonflikte in der Dritten Welt, Köln, London 1981; J. Rüland, Die Philippinen: Zwischen Repression und Widerstand, Freiburg 1982; R. Hanisch, Philippinen, in: HDW II, 7, S. 407 ff., Hamburg 1983; ders., Die Regierung Aquino zwischen Militärputsch und kommunistischer Rebellion, in: APuZ 25–26/88, S. 31 ff.; ders., Philippinen, München 1989; U. Nimsdorf, Anatomie einer Revolution. Herrschaft, Krise und Umbruch in den Philippinen, Saarbrücken – Fort Lauderdale 1989. rs/fg

Physical-Quality-of-Life-Index →Armut

Physikalisch-Technische Bundesanstalt →PTB

pipeline →Verpflichtungsermächtigungen

Pitcairn →Pazifische Inselwelt

PL 480 Gesetz *(Public Law)* Nr. 480, nach dem die USA Nahrungsmittel an EL unter Vorzugsbedingungen liefern können; vielfach besteht die Möglichkeit, in eigener Währung zurückzuzahlen, ein Teil dieser Gegenwertmittel (*counterpart funds*) dient dem Unterhalt amerik. Einrichtungen in den EL (Botschaften, Forschungsprogramme) bzw. wird für E.-Projekte eingesetzt. wpz

place-system →Lesotho

Plantage(nwirtschaft) Unter P. wird diejenige agrarwirtsch. Betriebsform in den EL verstanden, bei der *arbeitsintensiv und/oder *kapitalintensiv in rationeller Produktionsweise zumeist *Monoprodukte für den Weltmarkt erzeugt werden. In aller Regel sind Anlagen zur Verarbeitung der angebauten Erzeugnisse Bestandteil einer P., so daß sie auch als landw. und ind. Großbetrieb bezeichnet werden kann.

Typische *Cash-crop-Erzeugnisse der P. sind: Baumwolle, Zuckerrohr, Kaffee, Tee, Kakao, Tabak, Erdnüsse, Bananen, Kautschuk. P. wurden historisch von den Europäern in den heutigen EL zur Befriedigung der europ. Nachfrage aufgebaut, wobei sie den komparativen Vorteil (Klima, Boden) in Übersee nutzten und die bestehenden Arbeitskräfteprobleme über Versklavung (Neger) oder Anwerbung von Menschen (Asiaten) lösten.

Vorteil: moderner, auf dem Weltmarkt konkurrenzfähiger Großbetrieb; Deviseneinkünfte; abnehmende Arbeitsintensität der Produktion. Nachteil: Weltmarktintegration zu Lasten der nat. *Integration und Versorgung; Auslandskapital. dn

Planungskontrolle →Evaluierung

PLO Palästinensische Befreiungsorganisation (*Palestine Liberation Organization*), 1964 auf Betreiben *Nassers gegründete Dachorganisation fast aller paläst. *Guerilla-Gruppen, unbestrittene Repräsentantin aller Palästinenser (Mitgl. der *Arabischen Liga und der *Blockfreienbewegung), seit 1969 unter der Führung von Yassir *Arafat. Ihr Maximalziel, die Errichtung eines demokratischen und weltlichen Staates in den Grenzen Palästinas von 1948, in dem Moslems, Juden und Christen gleichberechtigt nebeneinander leben können (*National Charta*, Art. 2 und 19), ist unvereinbar mit der Existenz Israels. Zur Durchsetzung der Ziele der PLO lassen sich grob drei bislang verfolgte Strategien unterscheiden: 1. Kriegerische Auseinandersetzung mit Israel; angesichts der milit. Niederlagen der arab. Länder (oder allenfalls Achtungserfolge) wenig erfolgreich; Israel konnte vielmehr weiteres paläst. Land besetzen; 2. *Guerilla-Aktivitäten; lenkten zwar die Weltöffentlichkeit auf das Palästina-Problem, konnten Israel jedoch nicht in die Knie zwingen; 3. Pol. Lösungen, die die Verwirklichung des Selbstbestimmungsrechts durch Verhandlungen (zunächst) in den von Israel besetzten Gebieten im Westjordanland und im Gaza-Streifen ermöglichen sollen.

Seit 1973 war die Entwicklung der PLO durch interne Konflikte über den Stellenwert von pol. Lösungen geprägt. Während die radikalen PLO-Gruppen (‹Volksfront für die Befreiung Palästinas›, ‹Demokratische Volksfront› u. a.) in einer sog. ‹Ablehnungsfront› gegen Verhandlungslösungen opponieren, hat eine Mehrheit in den 70er und 80er J. stets für ein Nebeneinander von pol. Lösungsversuchen und milit. Druck plädiert und eine kleinstaatl. Lösung als günstige Ausgangsposition für die Verwirklichung eines gesamtpaläst. Staates begriffen. Die Haltung der arab. Länder im *Nahostkonflikt hat die pol. Linie der PLO stets erheblich beeinflußt und nach 1973 unter den gemäßigten Kräften um Arafat zu einer stärkeren Orientierung an pol. Lösungen geführt, was der PLO zunehmend auch int. Anerkennung einbrachte.

Ab Anfang der 80er J. ließen vereinzelte Erklärungen aus dem Umfeld Arafats darauf schließen, daß die PLO eine Koexistenz mit Israel akzeptieren könnte. Innerhalb der Org. führte dies zu erheblichen Spannungen, da solche Überlegungen für die strikt am Maximalziel festhaltende Ablehnungsfront völlig unakzeptabel waren. Nachdem die – ausdrücklich am Ziel einer Zerschlagung der PLO orientierte – israel. Invasion im →Libanon 1982 mit der milit. Niederlage und dem (fast) vollständigen Rückzug der PLO-Kämpfer aus ihrem damaligen Hauptquartier Beirut (seither Tunis) endete, führten die internen Strategiekonflikte in der Folge zur faktischen Spaltung der PLO. Arafat suchte die Zusammenarbeit mit den gemäßigten arab. Kräften (Ägypten, Jordanien), während die z. T. im Libanon verbliebenen radikalen Gruppen in ihrer kompromißlosen Haltung von Syrien unterstützt wurden. Arafat wurde zwar 1983 vom Palästinensischen Nationalrat (PNR; Exilparlament der Palästinenser) als PLO-Chef bestätigt, aber schon auf der nächsten PNR-Tagung Nov. 1984 (Algier) dokumentierte sich die Spaltung der Org. im Fernbleiben der radikalen Gruppen. Die Gegensätze verschärften sich noch, als Arafat – zunehmend auch innerhalb seiner eigenen Gruppe, der *Fatah*, umstritten – im Feb. 1985 mit dem jord. König Hussein im Abkommen von Amman vereinbarte, die Verwirklichung des Selbstbestimmungsrechts der Palästinenser innerhalb einer paläst.-jordanischen Konföderation über int. Friedensverhandlungen unter Beteiligung aller Parteien (also einschließlich Israel) anzustreben. Erst umfassende Koalitionsverschiebungen im arab. Lager ermöglichten eine Aussöhnung zwischen den verfeindeten Fraktionen. Febr. 1986 kündigte König Hussein im Rahmen einer (vorübergehenden) Entspannung zwischen Jordanien und Syrien das Amman-Abkommen, das ohnehin weder von der * Arabischen Liga noch von Israel positiv aufgenommen worden war. Der im selben J. im Libanon beginnende ‹Lagerkrieg› zwischen Palästinensern und den von Syrien unterstützten *Amal*-Milizen weckte auch bei den radikalen Gruppen wieder das Bedürfnis nach Einheit innerhalb der PLO. Nachdem Arafat das Amman-Abkommen selbst annulliert und sich wieder zu alten, harten PLO-Positionen bekannt hatte (z. B. Ablehnung separater Friedensverträge nach dem Muster des israel.-ägypt. Abkommens von 1979; keine Zweistaatenlösung), wurde er auf der PNR-Tagung April 1987 (‹Versöhnungskongreß›) als PLO-Chef wiedergewählt. In der Folgezeit wurde die Einheit der PLO insb. durch den (nicht von ihr initiierten) Aufstand der paläst. Zivilbev. (*intifada*, seit Ende 1987) in den von Israel besetzten Gebieten befördert. Während Israel vergeblich versuchte, den Aufstand unter Kontrolle zu bringen, rückte die PLO in eine Schlüsselposition im Nahostkonflikt, als König Hussein Juli 1988 zugunsten eines neu zu schaffenden Palästinenserstaates endgültig auf das Westjordanland verzichtete. Nov. 1988 erklärte daraufhin der PNR in Algier die Gründung eines «unabh. Palästinenserstaates auf dem Boden Palästinas» und gleichzeitig den Willen, mit Israel über eine Zweistaatenlösung zu verhandeln, sowie die Bereitschaft der PLO, künftig auf jeglichen Terrorismus zu verzichten. Damit hat sich der gemäßigte, realistische Kurs Arafats durchgesetzt, gleichzeitig aber auch der Einheitsgedanke in der PLO, denn die radikalen Kräfte beugten sich den Mehrheitsbeschlüssen des PNR mit dem Hinweis auf die gemeinsame Verpflichtung gegenüber der *intifada*. Unter dem Eindruck dieser Beschlüsse kamen auch die USA nicht mehr umhin, die PLO als Gesprächspartner anzuerkennen (Dez. 1988). Die offene Parteinahme der PLO für Saddam Hussein im Konflikt um Kuweit (→Golfkrieg) 1990/91 gefährdete allerdings diesen Erfolg. Obwohl Israel die PLO immer noch nicht als vollwertigen Verhandlungspartner akzeptiert, nimmt Israel es auf internationalen Druck inzwischen hin, daß innerhalb der palästinensischen Delegation in den Nahost-Friedensgesprächen auch PLO-Vertreter auftreten.

Lit.: A. Frangi, PLO und Palästina, Frankfurt 1982; M. S. Nasser, PLO – Theorie und Praxis. Versuch einer kritischen Analyse, Frankfurt 1985; U. Rombach, Die Palästinenser und die PLO, Pfaffenweiler 1987; A. Hottinger, Arafats Friedensangebot an Israel, in: EA 20 (1989), S. 39 ff. dn/bt

poblaciones →Marginalität

poder popular Das Konzept des *poder popular* (dt.: Volksmacht) hat in einigen populistischen bzw. sozialistisch orientierten Ländern LAs, v. a. Kuba, seinen Ursprung, fand aber auch in einigen EL außerhalb LAs, z. B. Angola, Anwendung.

Im allg. Sinne umfaßt *poder popular* den Aufbau eines Systems der Volksmacht durch Errichtung staatl. Institutionen mit basisdemokratischem Charakter. Ziel der Basisorgane ist es, die Partizipationschancen der bisher unterprivilegierten Bevölkerungsmehrheit am politischen Willensbildungs- und Entscheidungsprozeß zu erhöhen sowie diese Schichten zur Artikulation ihrer Interessen und aktiven pol. * Partizipation zu erziehen.

Die spezifische institutionelle Ausformung des *poder popular* reicht von entwickelten Formen wie in Kuba, wo die Basisorgane der Volksmacht in Form der Munizipalversammlungen zur Grundlage des Staatsaufbaus und des pol.-administrativen Entscheidungsprozesses gemacht wurden, bis zu Ansätzen seiner Entwicklung, wie z. B. in Panama, wo die staatl. Partizipationsorgane des *poder popular* neben den Parteien und Interessenverbänden wenig einflußreich blieben.

Allerdings kann auch in seinen entwickelteren Formen die Entscheidungsgewalt des *poder popular* in der Regel von den zentralen staatl. Instanzen gebrochen werden, v. a., da sie meist von der revolutionären Führung eingerichtet und nicht vom Volk erkämpft wurden. Außerdem wird der machtpol. Einfluß des *poder popular* nur von geringer Bedeutung bleiben, solange die pol. Partizipation der unteren Schichten isoliert und ohne die gleichzeitige wirtsch. und soziale Emanzipation realisiert wird. ks

POLISARIO →Mauretanien, Westsahara

Politische Konditionalität Bindung der * E.-Hilfe an pol. Auflagen: Menschenrechte, Demokratisierung, *good governance* (Korruptionsbekämpfung); spielt seit Ende des Ost-West-Konflikts eine wachsende Rolle als Vergabekriterium. dn

Tabelle 13: Auslandsmitarbeiter der Politischen Stiftungen

	1979	1980	1985	1990
FES	101	127	101	115
FNS	38	61	49	54
HSS	5	21	47	53
KAS	49	50	66	76

Politische Stiftungen In der BRD arbeiten vier p. Stift. im entwicklungspol. Feld. Es sind dies die den fünf Parteien nahestehenden Stift. Friedrich-Ebert-Stiftung (* FES), Konrad-Adenauer-Stiftung (* KAS), Friedrich-Naumann-Stiftung (* FNS), die Hanns-Seidel-Stiftung (* HSS) und Stiftungsverband Regenbogen (RB). Sie gehören zu den von staatl. Seite unterstützten * Nichtstaatlichen Organisationen, die E.-Hilfe leisten. Sie arbeiten eng mit gesellsch. und pol. Gruppen in den EL zusammen, die für die soziale und pol. E. von großer Bedeutung sind: pol. Parteien, * Gewerkschaften, * Genossenschaften, * Selbsthilfe-Organisationen, Jugend- und Frauenverbände; sie kooperieren auch mit Ausbildungseinrichtungen (v. a. im Medienbereich) und Forschungsinstituten, wobei einige Institutionen staatl. oder halbstaatl. Charakter haben. Aus dem Bundeshaushalt (* Sozialstrukturhilfe) erhielten die p. Stift. 1978: 124 Mio., 1981: 182 Mio., 1985: 296 Mio. DM, 1990: 304 Mio. DM, etwa 3 % des * BMZ-Etats. Die Verteilung der Mittel auf die Stift. erfolgt nach dem Schlüssel 2 : 2 : 1 : 1 (FES : KAS : FNS : HSS). Anfang 1979 waren 193, 1981: 274, 1987: 296, 1990: 298 * Entwicklungsexperten der p. Stift. in EL tätig. Die Zahl der * Entwicklungshelfer der Stift. belief sich 1989 auf 545.

In der Öffentlichkeit ist wenig über die Auslandsaktivitäten der p. Stift. bekannt. Die Stift. selbst messen der Öffentlichkeitsarbeit nur geringe Bedeutung zu, was Raum schafft für allerlei Spekulationen und Enthüllungsjournalismus. Die Gemeinsame Entwicklungspol. Konferenz der Stift. vom Sept. 1981 in Bonn war ein erster Versuch, dem entgegenzusteuern. Die Stift. betonen grundlegende Übereinstimmungen in den (freilich sehr vagen) entwicklungspol. Zielsetzungen. Sie konkurrieren nicht miteinander, kooperieren auch nicht in gemeinsamen Projekten, stehen aber in informellem Erfahrungsaustausch in Bonn und an den Einsatzorten ihrer Auslandsmitarbeiter. Ihre Tätigkeit fällt in den Konsensbereich der Parteien in der BRD, der durch Wahlen und Regierungswechsel nicht tangiert wird.

Im Unterschied zur offiziellen E.-Hilfe der BRD können die Stift. in eigener Verantwortung mit gesellsch. Gruppen aus den EL zusammenarbeiten, die nicht Teil der bestehenden Herrschaftsstruktur zu sein brauchen. Politische Stift. haben somit einen größeren Handlungsspielraum als die staatl. E.-Politik. Sie verstehen sich z. T. als pol. Entwicklungsagenturen, die transnat. Zusammenarbeit an den Regierungen vorbei organisieren. Ihre Projekte bedürfen freilich der Abstimmung mit dem Auswärtigen Amt, so daß letztlich doch von einem Primat der Außenpolitik gegenüber der E.-Politik der Stift. gesprochen werden kann. Das Verhältnis zum Staat in der *Dritten Welt wird von den Stift. jeweils anders bewertet: Die FNS legt Wert darauf, mit der Reg. eines EL einen Vertrag über die Zusammenarbeit mit einem privaten Partner abzuschließen; der KAS bzw. der FES genügt es, vom EL-Staat akzeptiert bzw. geduldet zu werden. Daß die Stift. manchmal – in Konkurrenz zu den Botschaften – die einflußreicheren Vertreter der BRD in den EL stellen, zeigt Erfolge und zugleich Gefahren der pol. Arbeit der Stift. auf. Hervorzuheben ist ihr Beitrag zur Erforschung der EL und E.-Problematik durch den Unterhalt von Forschungsinstituten in Übersee und Stipendienprogramme. Große Verdienste kommen hier insbes. der FES zu.

Lit.: H. von Vieregge, Parteistiftungen, Baden-Baden 1977; C. Werner, Der Auslandsbereich der Parteistiftungen der Bundesrepublik, hekt., FU Berlin 1982; epd, Stiftung und Wahrheit (Beiträge von T. Evers, D. Nohlen u. a.), 5 / 1983; R. Kress, Die politischen Stiftungen in der Entwicklungspolitik, Bochum 1985. dn

Populismus, populistisch P. ist ein viel verwandter Begriff für ausgesprochen unterschiedliche pol. Bewegungen in Raum und Zeit. Als Kernelemente können gelten: 1. Bei P. handelt es sich um pol. Bewegungen mit Massenbasis, nicht um pol. Parteien. Die Zugehörigkeit zu ihnen ist nicht formal bestimmt, die Organisation ist locker, die Bindung oft personenzentriert (Personalismus). 2. Pop. Bewegungen entstehen in Phasen raschen gesellsch. Wandels, in denen sich die bisherigen trad. und/oder autoritären Herrschaftsstrukturen auflösen bzw. diese zumindest in die (Hegemonie-) Krise geraten. Aber nicht jede Krise oder jeder Reformprozeß gebiert pop. Bewegungen. 3. P. ist kein klassenspezifisches Phänomen, vielmehr besteht seine soziale Basis aus verschiedenen Schichten bzw. Sektoren sozialer Schichten; deren Gewicht (städt./ländl., Mittelschichten/proletarisch) kann wechseln und muß im Einzelfall bestimmt werden. 4. Träger sind jedoch i. d. R. solche soziale Schichten, die durch die bestehende gesellsch. und pol. Ordnung benachteiligt sind und bessere E.-Möglichkeiten und eine ihrer (möglicherweise wachsenden) wirtsch. Bedeutung angemessenere Beteiligung an den pol. Entscheidungsprozessen fordern (allg. Wahlrecht). Den unterprivilegierten Schichten schließen sich jedoch zumeist Splitter höherer Schichten an, die ebenfalls gegen die Beschränkung durch die bestehende Ordnung opponieren, und bilden vielfach die Führer und Kader pop. Bewegungen. 5. Die programmatischen Forderungen des P. lassen sich auf *Nationalismus (deshalb auch vielfach Nationalpopulismus) und wirtsch. E. (*Wachstum) als dem ideologischen Kern reduzieren. P. läßt sich für LA wie folgt näher bestimmen: zeitlich nach 1929, durch die Weltwirtschaftskrise und den *Industrialisierungsprozeß ausgelöst, getragen hauptsächlich von urbanen Sektoren, die in wachsendem Maße das pol. System bestimmten. dn

poverty-Index →Einkommensverteilung

PQLI →Armut, Indikator

Präferenzabkommen Nach Ländern oder Ländergruppen differierende Behandlung von Importen, wie sie beispielsweise im *Lomé-Abkommen der EG mit den *AKP-Staaten oder in regionalen P. (*Preferential Trade Area for Eastern and Southern African States*, *PTA, 1981) vereinbart wurde. Die präferentielle Behandlung verstößt zwar gegen den Grundsatz der *Meistbegünstigung, ist jedoch im *GATT vorgesehen. Beurteilungsmaßstab von P. sind die sog. handelsschaffenden oder handelsablenkenden Effekte, die erzielt werden. Verdrängen Präferenzen einheim. kostenungünstige Produkte durch kostengünstige importierte Produkte, so bezeichnet man dies als Handelsschaffung. Handelsablenkung kommt zustande, wenn ein kostengünstiger Hersteller aus einem nichtpräferierten Land durch einen weniger kostengünstigen Produzenten aus einem präferierten Land verdrängt wird. Weltwirtsch. gesehen wird Handelsschaffung als positiv, Handelsablenkung als negativ bewertet, wenn zum Maßstab die bestmögliche Allokation der *Ressourcen erhoben wird →Allgemeines Präferenzsystem dn

Prebisch/Singer-These →Außenhandelstheorie

pre-feasibility study →*feasibility study*

Primary Health Care (PHC) Primäre Gesundheitspflege, einschneidendes gesundheitspol. Konzept, beschlossen auf der von *WHO und *UNICEF organisierten int. Konferenz in Alma Ata (UdSSR) 1978. Dieses *grundbedürfnisorientierte Konzept umfaßt unter den Prinzipien der Ursachen- und Zielgruppenorientierung, Gemeinwesenbeteiligung, Eigenverantwortung, der Dezentralisierung und intersektoralen Zusammenarbeit acht gesundheitsrelevante Aktionsbereiche:

Erziehung zur Erkennung, Vorbeugung und Bekämpfung der örtlich vorherrschenden Gesundheitsprobleme; Nahrungsmittelversorgung und Sicherstellung der *Ernährung; Trinkwasserversorgung und sanitäre Maßnahmen; Mutter-und-Kind-Gesundheitsfürsorge einschließlich *Familienplanung; Impfung gegen vorherrschende Infektionskrankheiten; Verhütung und Bekämpfung der örtlich endemischen Erkrankungen; Behandlung der gewöhnlichen Krankheiten und Verletzungen mit angemessenen, einfachen Mitteln; Versorgung mit einer Auswahl wesentlicher Arzneimittel. Mittels PHC sollen bis zum J. 2000 alle Menschen eine angemessene gesundheitliche Versorgung erhalten (WHO-Strategie: *Health for all by the year 2000*, HFA 2000).

Diesem partizipatorischen, integrierten, umfassenden «horizontalen», e.-orientierten Ansatz (*comprehensive PHC*) stellte UNICEF, ausgehend von einer Studie von Walsh und Warren (1979), eine krankheitenorientierte, nicht partizipatorische «vertikale», von außen abh. Strategie (*selective PHC*) entgegen. Von UNICEF wird dieser sieben Einzelmaßnahmen umfassende Ansatz, der längst bekannt ist, als revolutionäre Errungenschaft propagiert und finanz. massiv unterstützt: GOBIFF (= *G*ewichtsüberwachung der Kleinkinder, *o*rale Rehydrierung bei Durchfall, *B*rusternährung der Säuglinge, *I*mpfungen, *F*amilienplanung, *F*rauenbildung, *F*ood [Nahrungsmittel] Substitution). Eine Wirksamkeit dieser kurzfristigen Einzelaktionen ist ebensowenig nachweisbar wie bei dem e.-orientierten, langfristigen PHC-Ansatz. hjd

Produktionskontingent →Produktionsquote

Produktionsquote Auch Produktionskontingent, bezeichnet Produktionsmengen, auf die sich die Erzeugerländer und Exporteure bestimmter Güter als Reaktion auf Überangebotssituationen einigen, um ein Überangebot des Produkts auf dem Weltmarkt und damit einen nach dem freien Marktmechanismus fast unvermeidlichen Preisverfall zu verhindern. dn

Produktivität Unter P. ist das Verhältnis des Produktionsertrags (*output*) zum Einsatz (*input*) an Produktionsfaktoren (Arbeit, Kapitel etc.) zu verstehen. Gemessen wird, wieviel mit einem bestimmten Faktoreinsatz (aller Einsatzmengen = globale P.; eines bestimmten Faktors = faktorbezogene P., etwa Kapitalproduktivität) hergestellt wird. Die Einsatzmenge des Faktors Arbeit wird mit der Anzahl der Beschäftigten und der von ihnen insgesamt geleisteten Arbeitszeit bemessen. dn

Produktzyklus Modell zur Erklärung des int. Handels mit modernen Industriegütern, wonach sich in drei Phasen die *komparativen Kostenvorteile der Produktion von IL auf EL verschieben. Grundvoraussetzung ist die Existenz eines technol. *gap* und eines *time lag* für den *Technologietransfer zwischen IL und EL. Innovation und Produktion neuer Güter erfolgen in der Phase 1 typischerweise in der Nähe der großen Absatzmärkte der IL. Diese Produkte sind im Innovationsprozeß forschungsintensiv, im Herstellungsprozeß **know-how*-intensiv. Die Phase 2 ist durch ein starkes Wachstum der Produktion sowie der heimischen Nachfrage gekennzeichnet. In dieser zweiten Phase wird der Produktionsprozeß auf *kapitalintensive *large scale production* umgestellt. Sie übersteigt die inländische Nachfrage und drängt auf Exportmärkte u. a. in EL. Produktionsverfahren und Gütertypus werden im Laufe der Zeit weitgehend standardisiert. Nunmehr kann in der Phase 3 die Produktion im Ausland aufgenommen werden (*transnationale Unternehmungen produzieren in Weltmarktfabriken, oder EL übernehmen den Produktionsprozeß durch Import der entsprechenden *Investitionsgüter und produzieren im Lizenzverfahren). Nach erfolgreicher *Importsubstitution können diese Länder selbst auf Exportmärkte vordringen und ihre komparativen (Arbeits-)Kostenvorteile bei der Produktion standardisierter Güter nutzen. Das ehemalige Innovationsland wird zum Importeur. Neben der außenwirtschaftlichen Relevanz der Produktzyklustheorie zeigt sie einen Zusammenhang auf zwischen technolog. Produktionsstruktur und gesellsch. Entwicklung. hpn

Programmhilfe Spezielle Form der *Projekthilfe im Bereich der *Finanziellen Hilfe/-Zusammenarbeit, beinhaltet die Förderung sektoral und regional abgrenzbarer Investitionsvorhaben. Sie dient der (Teil-)Finanzierung vollständiger E.-Programme und hat den Vorteil, die Förderungsmittel koordinierter einzusetzen. Zugleich ergeben sich Möglichkeiten, entsprechend notwendige Mittelumschichtungen im Programmablauf vorzunehmen. Man unterscheidet integrierte Sektor- oder Regionalprogramme (Beispiel: Verkehrswege plus *Agrarreform, Bewässerung, Kreditversorgung etc.) und Parallelprogramme (Beispiel: Krankenhäuser, Schulen). dn

Projekthilfe Auch projektgebundene Hilfe, Teil der *Kapitalhilfe an EL, welche die Finanzierung von E.-Vorhaben, die zeitlich, techn. und ökon. abgrenzbare Investitionen, beinhaltet. Beispiele: eine Straße von A nach B, eine Brücke, eine Düngemittelfabrik. dn

Pro-Kopf-Einkommen Einer der wichtigen *Indikatoren wirtsch. E. im Ländervergleich, auch wenn die Aussagekraft begrenzter ist als vielfach bei seiner Verwendung angenommen wird. Das Pro-Kopf-Einkommen entsteht durch die Division des BIP oder BSP (→Sozialprodukt) durch die Anzahl der Bev. eines Landes. Es wird verwandt als Kernindikator für den E.-Stand eines Landes in eigentlich sämtl. Versuchen, EL zu gruppieren, so v. a. für die Reihung der EL nach dem E.-Stand (*ranking*) der * Weltbank. Wirtsch. Wachstum wird vor allem an den JZ.en des Pro-Kopf-Einkommens festgemacht.

Auch nachdem das Pro-Kopf-Einkommen kaum noch als einziger Indikator für E. herangezogen wird, wie dies in den ökon. * Wachstumstheorien weitgehend der Fall war, bleibt Kritik am Indikator Pro-Kopf-Einkommen bestehen. Da das Sozialprodukt nur marktwirtsch. bewertete Güter und * Dienstleistungen mißt, ist es insbes. in EL unvollständig, in denen ein Teil der Produktion und der Befriedigung von Bedürfnissen (Nahrung, * Wohnen) in * Subsistenzwirtschaft, d. h. nicht über den Markt, erfolgt. Aus der Unvollständigkeit folgen Fehlbewertungen von E.-Prozessen, die mit Hilfe des Einkommens anzugeben versucht werden. Ergeben sich Steigerungen der Versorgung und der Lebensbedingungen eines Großteils der Bev., so bleibt dies für die Berechnung des Sozialprodukts unberücksichtigt. Ergeben sich hingegen Produktivitätssteigerungen in den Sektoren und Unternehmen, die für den Markt und insbes. den Weltmarkt produzieren, so schlägt sich dies in Form des Wachstums des Sozialprodukts nieder, ohne daß sich die Lebensbedingungen der Bev. entsprechend verändert hätten. Bedenkt man zudem die Struktur der * Einkommensverteilung im EL, so mißt das Sozialprodukt im wesentl. Einkommen und Einkommenssteigerung der oberen 40% der Bev., auf die etwa 75 bis 80% des BSP entfallen. dn

Protektionismus Außenhandelspolitik, die die inländischen Produzenten gegenüber ausl. Konkurrenten durch Zölle, Kontingentierungen etc. schützt. Gegensatz: Freihandel. →Handelshemmnisse →GATT →Meistbegünstigung→Präferenzabkommen. dn

PTA *Preferential Trade Area for Eastern and Southern African States,* Zollpräferenzgebiet für Ost- und südl. Afrika, gegr. Dez. 1981 durch Zambia, Kenya, Uganda, Somalia, Äthiopien, Malawi, Mauritius, Djibuti und die Komoren. 1982 traten Lesotho, Swaziland, Zimbabwe und Tanzania dem * Präferenzabkommen bei. dn

PTB Physikalisch-Technische Bundesanstalt, führt in Sonderfällen im Auftrag der Bundesregierung wie die * GTZ Maßnahmen der * Technischen Zusammenarbeit durch. Adresse: Bundesallee 100, 3300 Braunschweig. dn

PTC →UN

Puerto Rico P. R. ist kein unabh. Land. Man spricht von «Puertorikanisierung», wenn man die Art und Weise bezeichnen will, wie lateinamerik. Länder zunächst wirtsch., sodann pol. unter die Dominanz der USA fallen können. In den 80er J. begann ein Prozeß soziokultureller Rückbesinnung und der Konflikt der einheim. Nationalisten mit den USA.

1. P. R. ist die kleinste und östlichste Insel der Großen Antillen (Fläche: 8897 qkm). Ein natürl. E.-Potential besitzt P. R. in der Landw.: Zuckerrohr, Tabak, Kaffee, Zitrusfrüchte und Rinderhaltung (30% des landw. Produktionswerts).

Die Landw. hat ihre Stellung als wichtigster Wirtschaftssektor P. R.s zugunsten der verarbeitenden Industrie eingebüßt. P. R. verfügt über versch. Erze, von denen nur Kupfer kommerziell abgebaut wird, sowie über einige Ölvorkommen. Weitere Einnahmequellen bilden der * Tourismus und der Fischfang.

2. P. R. war bis 1899 span. Kolonie. Im 19. Jh. entstanden v. a. in den Kü-

stenebenen Zuckerrohrlatifundien, die für den Export nach Europa produzierten. Unter der US-Kolonialherrschaft kennzeichnen zwei Phasen struktureller Abh. die Entwicklung P. R.s: 1) Mit dem Eindringen des US-Kapitals in die Landw. setzte sich in P. R. die monokulturelle *Plantagenproduktion von Zucker durch. Die Wirtschaft P. R.s wurde auf die Bedürfnisse des US-Marktes ausgerichtet und diente als wichtiger Absatzmarkt für US-Fertigwaren. 2) Ab 1940 setzte mit dem sozialreformerischen Präs. Luis Muños Marín eine rapide, von den USA abh. kapitalistische E. ein. Der Aufbau einer verarbeitenden Ind. konnte die Abh. von der *monokulturellen Zukkerproduktion zwar beseitigen, aber die Exportausrichtung der Wirtsch.-Struktur und damit die Importabh. von den USA nicht mindern.

3. 1990 wurde die Bev. P. R.s auf 3,5 Mio. Ew. geschätzt, die Bev.-Dichte betrug 393,4 Ew. pro qkm. Hs. San Juan 1990: 1,1 Mio. Ew. Die Bev.-Explosion wurde durch die in den 50er J. einsetzende Emigrationswelle in die USA und Maßnahmen der *Familienplanung gedrosselt. *Ethnisch setzt sich die Bev. zusammen aus einer weißen Mehrheit (ca. 75 %), Mulatten und Mestizen (20 %), Schwarzen (5 %).

4. Als Folge des raschen wirtsch. Wachstums haben sich breite Mittelschichten entwickelt. Mangelnde Beschäftigungsmöglichkeiten in der Landw., v. a. im Zuckersektor, hatten eine Abwanderung der Landbev. in die Städte oder die USA zur Folge. Trotz *Agrarreform veränderte sich die ungleiche Verteilung des Bodens kaum: 1952 besaßen 3 % der Betriebe 56,8 % des Bodens, 94 % der Betriebe verfügten über ca. 33 % des Bodens. Der Rückgang der Beschäftigten in der Ind. seit den 60er J. spiegelt den Trend zu *kapitalintensiver Ind.-Produktion mit wenigen hochqualifizierten Beschäftigungsmöglichkeiten wider und die Verlagerung *arbeitsintensiver Industrien auf andere Karibikinseln (bedingt durch die steigenden Löhne und den Ablauf der Steuervergünstigungen). Vorherrschendes Problem war daher die Verschärfung der *Arbeitslosigkeit (1977: 20 bis 40 %, Mitte der 80er J. ca. 25 %) und die *Marginalisierung eines Teils der Bevölkerung.

Vor diesem Hintergrund erweist sich das *Entwicklungsmodell P. R.s trotz hoher Wachstumsraten und einem hohen durchschn. *Pro-Kopf-Einkommen als problematisch. 25 % der Bev. leben in extremer *Armut, 20 % der ärmsten Familien teilen sich 5 % des Gesamteinkommens, 20 % der obersten Einkommensklasse 51 % des Gesamteinkommens. Die vom Staat vorangetriebene Industrialisierung und die Ankurbelung des Tourismus führten außerdem zu einer Zunahme der Auslandsverschuldung und einer negativen Handelsbilanz.

5. Der span. Einfluß der Kolonialzeit schlägt sich u. a. in der Religionszugehörigkeit der Puertorik. (85 % Katholiken) und der Sprache nieder. Amtssprache ist Spanisch und Englisch. 16 % der Bev. sind zweisprachig, die übrigen haben Spanisch als Muttersprache, das seit 1991 einzige offizielle Sprache ist. Im Wertsystem und Lebensstil der Ober- und Mittelschicht und der Arbeiteraristokratie ist der span. Einfluß einer Assimilation an die Werte der USA gewichen. Erhebliche Fortschritte wurden in der *Alphabetisierung (1988: 89 %) und der Einschulungsquote erreicht sowie in der ärztlichen Versorgung der Bevölkerung.

6. P. R. erhielt 1952 den Status eines mit den USA frei assoziierten Staates (*Estado Libre Asociado*). P. R. ist wie ein US-Staat den US-Bundesgesetzen und der US-Reg. unterworfen. Die Puertorikaner besitzen die US-Staatsbürgerschaft und wählen alle vier J. einen *Comisionado Residente*, der P. R. im US-Kongreß vertritt, aber kein Stimmrecht besitzt. P. R. kann daher nicht an der Präsidentschaftswahl teilnehmen,

es zahlt keine US-Bundessteuern, es bestehen keine Zollschranken zwischen den USA und P. R. Die Verfassung von 1952 legt die Wahl eines Gouverneurs und des Kongresses (bestehend aus Senat und Repräsentantenhaus) alle vier J. fest. Diese pol. Institutionen sind u. a. für Polizei, Schulwesen, Gerichtswesen und Kommunikation zuständig.

Die in den 50er J. noch starke Unabhängigkeitsbewegung hat angesichts der wirtsch. Entwicklung ihren Einfluß weitgehend eingebüßt. Die beiden größten pol. Parteien P. R.s unterscheiden sich hauptsächlich durch ihren unterschiedlichen Standpunkt zum pol. Status des Landes. Der *Partido Nuevo Progresista* (PNP) strebt die Eingliederung P. R.s in den Staatenbund der USA als 51. Bundesstaat an. Der *Partido Popular Democrático*, der unter dem Gouverneur R. Hernández Colón bei den Wahlen 1984 und 1988 stimmstärkste Partei war, tritt für eine Beibehaltung des gegenwärtigen pol. Status P. R.s ein.

1967 entschieden sich in einem Referendum 60,5 % der Puertorik. für den gegenwärtigen Status, 38,9 % für eine Integration in den US-Staatenbund und 0,6 % für die Unabhängigkeit P. R.s. Dez. 1991 sprachen sich bei einer Wahlenthaltung von 40 % rund 55 % der Wahlberechtigten gegen die Unabhängigkeit aus.

Lit.: L. J. Dietz, Imperialism and Puerto Rico, in: Monthly Review 29 (4), 1978; R. A. Johnson, Puerto Rico, Commonwealth or Colony?, New York 1980; A. Morales Carrión, Puerto Rico. A Political and Cultural History, New York 1983; D. Nohlen, Puerto Rico, in: HDW III, 3, 1992, S. 636 ff. ks

Putsche →autoritäre Regime

Q

Quotensystem Festsetzung von Produktions- und Exportvolumen von Rohstoffen durch int. Abkommen. Q. dienen der Preisstabilisierung von Rohstoffen. →Rohstoffabkommen →*bufferstocks* →Integriertes Rohstoffprogramm. dn

Quotenverfahren →Rohstoffabkommen

R

Rassismus →Afrikanische Einheit, Apartheid

Rastafarians →Jamaika

Rat für Arabische Wirtschaftseinheit →CAEU

RCD Regionale Kooperation für Entwicklung (*Regional Cooperation for Development*, auch CRD / *Coopération Régional de Développement*), lokkerer Zusammenschluß von Pakistan, dem Iran und der Türkei seit 1964, ursprünglich als ziviles Pendant zur * CENTO konzipiert. Es wurden bis jetzt wenige Gemeinschaftsprojekte realisiert, etwa im Verkehrs- und Kommunikationswesen sowie im milit. Infrastrukturbereich. Seit dem Sturz des Schah im Iran kaum aktiv. wpz

RE Rechnungseinheit, int. Währungsschlüssel unabh. von den nat. Währungsschwankungen, an die Goldparität (0,88867 g Feingold, d. h. ein US-$) gebunden (1976: 1 RE = 3,08 DM). Nach Aufgabe der Bindung des Dollars an die Goldparität Schaffung der * ERE. →ECU, SZR dn

redistribution with growth →Einkommensverteilung, Wachstumstheorie, Weltbank

Refinanzierung Fachbegriff aus dem Bereich der Geldpolitik und des Bankgeschäfts. Allg.: Art und Weise, wie sich Banken jene Mittel beschaffen, die sie anschließend als Kredite vergeben. Bei kommerziellen Banken (im nat. Bereich) gilt: Bis zu einem best. Betrag ist die Vergabe von Krediten durch Eigenmittel (aus Spareinlagen etc.) gedeckt. Darüber hinaus muß sich die Geschäftsbank erst refinanzieren, d. h. die Mittel beschaffen (im nat. Bereich: durch Kreditnahme bei der Zentralbank im Wege des Wertpapierverkaufs, des Lombards und der Rediskontierung von Wechseln).

R. der Bank und Konditionen des vergebenen Kredits stehen in unmittelbarem Zusammenhang. Dieser Mechanismus hat in der E.-Politik (genauer: in der int. Entwicklungsfinanzierung) erhebliche Bedeutung und betrifft alle int. Institutionen, die bankähnliche Tätigkeiten – Mittelbeschaffung und Kreditvergabe – verrichten. Dies sind neben einigen kleineren Fonds und den immer wichtiger werdenden * Multilateralen Entwicklungsbanken (* ADB, * AFDB etc.) v. a. die mit Abstand größten Finanzinstitute der * Weltbankgruppe. Seit Beginn der 80er J. haben sie beachtliche R.-Schwierigkeiten.

Dies liegt zum einen an der angespannten int. Finanzlage (hohes Zinsniveau, Haushaltsnöte und Sparzwänge in den Geberstaaten), zum andern aber (bes. im Falle der * IDA) auch an der * Entwicklungspolitik der USA unter Präs. Reagan, der gegen * multilaterale Entwicklungsfinanzierung fast ideologische Vorbehalte hegte. Während sich die Weltbank überwiegend zu marktüblichen Bedingungen auf den int. Kapitalmärkten refinanziert und ihre Kredite dementsprechend relativ harte Konditionen aufweisen, bezieht die IDA einen Großteil ihrer (für die EL sehr günstigen) Kreditmittel aus vertraglich fixierten Beitragszahlungen der Mitgl.-Länder. Die z. T. drastischen, pol. motivierten Beitragszurückhaltungen der USA unter der Reg. Reagan haben der IDA z. B. in den Jahren 1981 bis 1983 einen Fehlbetrag von 1,1 Mrd. US-$ verursacht (plus 516 Mio. US-$ durch «Nachzieheffekte» anderer IL). bg

Regionale Entwicklungsbanken gehören zu den * multilateralen Entwicklungsbanken (MDBs), wurden zur Förderung der wirtsch. * Entwicklung in LA (* BID), Afrika (* AFDB) und Asien (* ASDB) gegründet und bilden zusammen mit ihren Sonderfonds (FOE, ADF und ASDF) heute wichtige Instrumente der E.-Finanzierung, insbes. im System multilateraler * Entwicklungshilfe. *Aufgaben:* Finanzierung (Beschaffung und Vergabe von Finanzierungsmitteln), Integration (regional ausgewogenes wirtsch. Wachstum), Mobilisierung (privaten und öfftl. Kapitals), Koordinierung (der E.-Politiken und * Entwicklungsplanung der Mitgl.-Länder), * Technische Hilfe. Zu den Mitgl.-Ländern der reg. E.-Banken zählen auch nicht der Region angehörende Länder; die zur Verfügung gestellten Mittel bleiben jedoch hinsichtlich ihres Einsatzes regional gebunden. Die Vergabekonditionen variieren zwischen Schenkungen, zinsgünstigen Krediten und kommerziellen Bedingungen, so daß sie nicht sehr verschieden sind von denen der * Weltbank auch hinsichtlich der organisatorischen Aspekte (Bildung von Tochterinstituten und speziellen Fonds, die günstigere Kreditkonditionen einräumen können). Durch Vergabepolitik können entwicklungsstrategische Akzente gesetzt werden, u. a. durch Begünstigung der * LLDCs, durch Förderung von * Investitionen im Bereich der Befriedigung von * Grundbedürfnissen und zur * ländlichen Entwicklung. Während der BID sich in LA zur Hauptquelle auswärtiger öffentl. Finanzierung entwickelt hat, gehen von AFDB und ASDB noch nicht ähnliche entwicklungspol. Impulse aus.

Lit.: W. E. Fischer, Die Grenzen des Instruments Entwicklungsbank, in: E + Z 5 / 1983, S. 18ff. dn

Regionale Kooperation für Entwicklung →RCD

Regionale Wirtschaftsintegration →Integration

Reintegration Unter R. wird die Wiedereingliederung von ausl. Absolventen deutscher Fach- und Hochschulen und qualifizierter Arbeitskräfte in ihre Heimatländer verstanden. Die entwicklungspol. Zielsetzung der Förderung von R., für die die BRD gezielte R.-Hilfen bereitstellt, ist, bessere Voraussetzungen für die aktive Beteiligung rückkehrwilliger Fachkräfte an der sozialen und wirtsch. E. ihrer Heimatländer zu schaffen. →*brain drain*. dn

Ressource Im allg. Verständnis: Hilfsmittel, Hilfsquellen. In der E.-Ökonomie werden unter R. alle Mittel verstanden, die für die Produktion von Gütern und Dienstl. und die wirtsch. und soziale E. eines Landes geeignet sind, insbes. Bodenschätze/Rohstoffe, landw. nutzbarer Boden, hydroelektrisch verwertbare Wasserläufe, Kapital, Ausbildungsstand der Bev. (*human capital*), Arbeitskraft etc. dn

Réunion 1. Die durch ein bis zu 3069 m hohes Bergmassiv mit einem noch tätigen Vulkan in versch. Klimazonen (von tropisch-feucht bis gemäßigt kühl) geteilte Insel R. (2512 qkm) ist seit ihrer Besiedelung durch Franzosen im 17. Jh. auf den Export von * Monokulturen ausgerichtet (zunächst Kaffee, seit Anfang des 19. Jh.s Zucker). Die Nachkommen der in mehreren pol. (1848 Aufhebung der Sklaverei, seinerzeit 60000 Sklaven bei 50000 Freien) und wirtschaftskonjunkturell begründeten Phasen nach R. (bis 1848: Ile Bourbon) gebrachten Arbeitskräfte verleihen der Insel eine extreme ethnische Vielfalt: Neben den v. a. im 18. und Mitte des 19. Jh.s eingewanderten Weißen (ca. ¼ der Ew.) bilden Madegassen und Afrikaner, Inder und Chinesen sowie zahlreiche Mischlinge die Mehrheit der Ew., die ein mit Eigenausdrücken durchsetztes Franz. sprechen und fast durchweg kath. sind. Die nach dem II. Weltkrieg einsetzende Bev.-Explosion ließ die Bev.-Zahl von 1946: 241000 auf Ende 1987: 569000 emporschnellen, was die in wirtsch. Entwicklungen begründeten (* Landflucht aufgrund von Konzentrationsprozessen im Zuckerrohranbau) sozialen Probleme verschärfte (1987: 36% Arbeitslose; 75% der Erwerbstätigen sind im öfftl. Dienst beschäftigt; staatl. geförderte Auswanderung von jährl. ca. 4500 jungen Leuten nach Frankreich, wo bereits über 70000 Emigranten aus R. leben).

2. Die Wirtsch. R.s ist fast ausschließlich auf Zucker und Zuckerprodukte (Rum, Melasse) ausgerichtet (über 80% der Exporte) und seit Jahren krisenanfällig. Die zuvor rückläufige Produktion hat in den vergangenen Jahren zwar deutlich zugenommen, die Importe können jedoch nur zu einem geringen Teil ausgeglichen werden (1987: 10,1%).

3. Seit 1946 ist R. franz. Übersee-*Département* (drei Abgeordnete in der franz. Nationalversammlung). Die wachsenden sozialen Spannungen – 60% der Bev. von Sozialhilfe abh. – schlagen sich seit Jahrzehnten in schweren, häufig gewalttätigen pol. Auseinandersetzungen zwischen rechten und linken Parteien (in etwa dem Parteienspektrum Frankreichs entsprechend) nieder, wobei die franz. Verwaltung die Konservativen bis 1981 massiv begünstigte. Seit Beginn der 70er J. fordert die Mehrheit der Linken unter Führung des populären KP-Chefs P. Vergès (Mitgl. des Europa-Parlaments) Autonomie für R., was seit Ende der 70er J. von der * OAU aufgegriffen, von den Konservativen und den franz. Reg. bis zum Wahlsieg Mitterrands 1981 jedoch kategorisch abgelehnt wurde. 1982 wurde von Paris eine auf stärkere Autonomie (u. a. Ablösung des Präfekten durch den gewählten Präs. des Parlaments von R.) zielende Gesetzgebung eingeleitet. Anfang 1991 kam es zu blutigen sozialen Unruhen (am 24./25.2. elf Tote), die Paris den wachsenden Handlungsbedarf verdeutlichten (Besuch des MP Rocard am 18.3.1991).

Lit.: A. Scherer, La Réunion, 2. Auflage, Paris 1985; K. Ziemer, Réunion, in: HDW III, 5, 1993, S. 517.

kz

Revolution Der pol. Sprachgebrauch verwendet den Begriff R. wenig differenziert. Aber auch in der Wissenschaft herrscht keine Einigkeit über den Begriffsinhalt. Verständigung wird noch am ehesten darüber erzielt, daß es sich bei einer R. um die grundlegende Veränderung des pol. Systems und der Gesellschaftsordnung handelt. Das Ausmaß des pol. und gesellsch. Wandels ist damit der wichtigste Bestimmungsgrund. Je intensiver und umfassender die Umwälzung ist, desto berechtigter ist die Verwendung des Begriffs R. Palastrevolten, Putsche oder Staatsstreiche, die keine oder nur minimale Veränderungen in der sozio-ökon. Struktur eines Landes auslösen und nur die Personengruppen auswechseln, welche die pol. Herrschaftspositionen einnehmen, fallen somit aus dem Begriff heraus. Umstritten ist, inwieweit die Gewaltanwendung Merkmal einer R. ist, fraglich auch, ob eine R. abrupt zu verlaufen habe. Es handelt sich dabei um die Verlaufsform von R.en, die gewaltsam und blutig sowie spontan und radikal vonstatten gehen, aber auch rel. friedlich und über eine längere Periode ablaufen können. Neuere revolutionstheoretische Ansätze warnen vor der Überbetonung des Gewaltaspekts. Auch zeigt sich eine Tendenz, R.en als eine Subgruppe von Erscheinungen sozialen und pol. Wandels zu begreifen.

Beide jüngeren Vorstellungen zum R.-Begriff erhöhen seine Anwendbarkeit auf die EL, heute ohnehin die Staatengruppe, in der revolutionäre Erscheinungen/Prozesse am ehesten auftreten bzw. zu erwarten sind. In der Tat bilden R.en in vielen Fällen die unabdingbaren Voraussetzungen für durchgreifende E.-Fortschritte. Sie richten sich gegen die bestehenden ausbeuterischen Gesellschaftsstrukturen und pol. Herrschaftsverhältnisse, welche UE intern zementieren. Die westl. IL verschließen vielfach die Augen vor solchen gesellschl. und pol. Verhältnissen in den EL und helfen – auf der Basis sehr kurzsichtig definierter Eigeninteressen – diesen Regimen, sich an der Macht zu halten.

Revolutionstheorien machen Aussagen über die Ursachen von R., denen sich die R.-Forschung zuwendet. Strittig ist hier, ob jeweils einzigartige historische Bedingungen in den Ländern vorliegen, in denen R.en stattfinden, oder ob vergleichbare Ähnlichkeit der Bedingungen besteht. Die empirische R.-Forschung, die von der Ähnlichkeit ausgeht, hat sich v. a. mit der Frage befaßt, wann R.en auftreten, unter welchen sozialen und pol. Bedingungen insbes. die gewaltsamen und abrupten Veränderungen stattfinden bzw. wahrscheinlich sind. Ein Ergebnis dieser Untersuchungen ist, daß R.en sich weniger dann ereignen, wenn die sozialen Verhältnisse die Menschen dazu zwingen, sich zuallererst um die Sicherung ihrer Existenz und ihres Überlebens zu kümmern (→Marginalität), sondern in Zeiten des wirtsch. und sozialen Aufschwungs, der jedoch den von ihm ausgelösten Erwartungen nicht standhält. Die wachsende Differenz zwischen gesellsch. Ansprüchen und den Leistungen erhöht das R.-Potential. Diesen Zusammenhang erfaßt in gewisser Weise die auf die *Dritte Welt gemünzte These von der R. der steigenden Erwartungen.

R.en können danach unterschieden werden, welche gesellschaftl. Klasse/Schicht das revolutionäre Substrat bildet, gegen welche gesellschaftl. und pol. Verhältnisse sie sich richten, mit welchen gesellschaftspol. Zielvorstellungen die Umwälzung unternommen wird. Diese Kriterien führen zu den beiden Typen der bürgerlich-demokrat. und der soz. R. Die Kontroverse darüber, welche der beiden in den EL angesichts der vormodernen, vorind. Strukturen ihrer Gesellschaften auf der Tagesordnung der Geschichte stehe, hat einen großen Teil der Debatten und Fraktionskämpfe unter der pol. Linken bestimmt. Unterschieden werden kann schließlich auch zwischen einer gesamtgesellsch. R. und grundlegenden Umwälzung in Einzelbereichen der Gesellschaft. So wird berechtigterweise von industrieller R., Agrar-R. oder technol. R. gesprochen. Dieser Sprachgebrauch verweist noch einmal auf durchaus friedlich verlaufende Umwälzungen, die mit dem Begriff R. belegt werden können.

Lit.: A. Arendt, Über die Revolution, München 1963; K. Lenk, Theorien der Revolution, München 1973; K. von Beyme (Hg.), Empirische Revolutionsforschung, Opladen 1973; G. Chaliand, Revolution in the Third World, Harmondsworth 1978; T. Skocpal, States and Social Revolution, Cambridge 1979; E. Zimmermann, Krisen, Staatsstreiche und Revolutionen, Opladen 1981. dn

Revolvierende Fonds →Refinanzierungen

Reziprozität Die Reziprozitätsklausel (R.-Prinzip) ist ein – oft in Handelsverträgen fixierter – fester Grundsatz im int. Handelsverkehr. Danach ist eine vereinbarte *Meistbegünstigung(sklausel) nur dann gültig, wenn auch das Vertragspartnerland die entsprechende Gegenleistung erbringt. bg

Rhodesien →Zimbabwe

Rio-Bericht →Club of Rome

Rio-Gruppe, vormals →Gruppe der Acht, nahm 1990 den neuen Namen Rio-Gruppe an und zählte 1991 elf Mitglieder: Argentinien, Bolivien, Brasilien, Chile, Kolumbien, Ecuador, Mexiko, Paraguay, Peru, Uruguay, Venezuela.

Rio-Konferenz →*Weltumweltkonferenz*

Rio-Pakt →OAS

rocas →Sao Tomé und Príncipe

Rockefeller-Report Bericht und Empfehlung zur US-Außenpolitik gegenüber Lateinamerika (LA), am 30. 10. 1969 Präs. Nixon überreicht, betont: a) spezielle Beziehungen zwischen den USA und LA; b) Notwendigkeit pragmatischer Beziehungen ohne Rücksicht auf die pol. Herrschaftsverhältnisse in den LA-Staaten und Politik der Isolierung gegenüber Kuba; c) Förderung des Handels und der *int. Arbeitsteilung in der Hemisphäre, von US- und *Direktinvestitionen ohne Einschränkungen in den LA-Ländern; d) militärstrategische Bedeutung von LA für die USA und die Ausweitung der Militärhilfe. →Linowitz-Report dn

Rohstoffabhängigkeit Im Begründungszusammenhang von *Entwicklungshilfe spielt die Rohstoffabhängigkeit der IL von den EL eine beachtliche Rolle. So heißt es in der vom *BMZ herausgegebenen Broschüre «Politik der Partner» (1981, S. 128): «Nicht nur bei der Versorgung mit Erdöl, Erdgas und Kernbrennstoffen ist die Bundesrepublik von Importen abhängig. Sie ist auch auf Importe von mineralischen und pflanzlichen Rohstoffen angewiesen. Es liegt in unserem Interesse, daß die Rohstoffbasis der deutschen Wirtschaft auch für die Zukunft gesichert bleibt. Dies ist nur durch Zusammenarbeit zwischen IL, Erdöl-, Rohstoff- und anderen EL möglich. Konfrontationen nützen niemand.» Tabelle 14 weist für 12 Rohstoffe den EL-Anteil an den Importen der BRD nach.

Die westl. IL verfügen jedoch über verschiedene Möglichkeiten, die Rohstoffabhängigkeit zu mildern und damit auch die Chancen der EL für eine erfolgreiche Politik der *Rohstoffkartelle zu untergraben. Dazu zählen 1. stärkere Ausbeutung der Lagerstätten in den IL; 2. Verbrauchssenkung mittels Einsparung durch technische Neuerungen; 3. Substitution durch künstliche Produkte (etwa bei Jute, Sisal: in vollem Umfang durch Kunstfaser ersetzbar); 4. Wiederaufbereitung von Alt- und Abfallmaterial (Wiederverwendungsrate von Blei in der BRD 1980 bei 45%, bei Zink zwischen 20 und 25%). Andererseits bedeutet die Anwendung der Strategien 2 und 4 eine Verlangsamung der Ausbeutung nichtregenerierbarer Rohstoffvorkommen und damit eine Streckung der Vorräte für künftige Generationen.

Die BRD hat 1987 im Handel mit den EL für 11,9 Mrd. DM Rohstoffe, für 10,6 Mrd. ernährungswirtsch. Güter und für 26,6 Mrd. Halb- und Fertigwaren eingeführt sowie für 49,3 Mrd. DM

Tabelle 14: Rohstoffimporte der Bundesrepublik Deutschland 1990

Rohstoff	Anteil der EL am Import (in %)	Wichtigste Lieferländer
Bananen	100	Panama, Costa Rica, Ecuador
Kaffee	95	Kolumbien, Brasilien
Tee	84	Indien, Sri Lanka, China
Kakao	100	Côte d'Ivoire, Nigeria, Kamerun
Kupfererze	67	Papua-Neuguinea, Mexiko
Aluminiumerze	70	Guinea, Australien, Sierra Leone
Erdöl	61	Großbritannien, Libyen, Algerien
Naturkautschuk	45	Indonesien, Malaysia
Baumwolle	51	USA, UdSSR, Pakistan
Jute/Hanf/Flachs	44	Bangladesh
Rohzinn	100	Großbritannien, Thailand, Malaysia
Wolframerze	62	China

Quelle: Statistisches Bundesamt

Halb- und Fertigwaren ausgeführt. 1980 beliefen sich die dt. Rohstoffimporte aus EL auf 41,2 Mrd. DM. dn

Rohstoffabkommen Vereinbarungen zwischen Erzeuger- und Verbraucherländern über Produktionen, Export und Preis von Rohstoffen. Als Rohstoff-Exporteure sind EL an R. zur * Exporterlösstabilisierung interessiert, da sie die EL vor kurzfristigen Preisschwankungen ihrer Exportprodukte sowie langfristigem Preisverfall (→*terms of trade*) schützen können: Allerdings gelingt dies den unterschiedlichen Verfahren nicht im gleichen Umfang. Zu unterscheiden ist zwischen: 1. Quoten- oder Kontingent-Verfahren, Vereinbarungen über das Volumen der Produktion und des Exports von Rohstoffen; 2. *Long term contract*-Verfahren, langfristige vertragliche Abnahmegarantien zu bestimmten Preisen; 3. * *bufferstock*-Verfahren, Schaffung von Marktausgleichslagern.

Umfassen die R. lediglich die Lieferländer, wird i. d. R. versucht, über Exportquoten die Mengen und über die Mengen die Preise zu beeinflussen. Ein solches Kontingentsystem wurde in früheren Zucker- und Kaffee-Abkommen angewandt. Gemeinsame Abkommen zwischen Liefer- und Abnehmerländern fixieren in der Regel maximale und minimale Preise, zu denen eine bestimmte Menge angeboten bzw. abgenommen werden muß. Die maximale Preissetzung darf von den Exporteuren nicht überschritten werden und die minimale Preissetzung von den Importeuren nicht unterboten werden. Weizenabkommen wurden nach dieser Art multilateraler Kontrakte abgeschlossen. Bei *bufferstock*-Abkommen werden ebenfalls Höchst- und Mindest-Preisniveaus festgelegt. Zur Verteidigung des Höchstpreisniveaus muß der *bufferstock* über einen Lagerbestand verfügen, um durch eigene Verkäufe den Preis an der Obergrenze halten zu können. Zur Verteidigung des Mindestpreisniveaus muß das Abkommen mit einem Finanzfonds ausgestattet sein, um das überschüssige Angebot aus dem Markt nehmen zu können. Der Rohstoff muß also prinzipiell lagerfähig sein und sollte möglichst geringe Lagerkosten verursachen. Für den *bufferstock*-Manager ergibt sich das grundsätzliche Problem, zukünftige Preisentwicklungen richtig zu prognostizieren. Da sowohl die Lagerbestände als auch die Finanzmittel begrenzt sind, können sie nur relativ kurzfristige Fluktuationen glätten. Bei langanhaltenden Ungleichgewichten zeigt sich regelmäßig ihre begrenzte Wirksamkeit. Die bisherigen Erfahrungen mit einzelnen *bufferstock*-Abkommen sind daher auch nicht überzeugend.

Bereits die Festsetzung der Preisober- und -untergrenze führt regelmäßig zu Interessenkonflikten zwischen Anbieter- und Nachfragerstaaten. Auch bewirkt die Stabilisierung der Preise nicht notwendigerweise eine Stabilisierung der Erlöse. Preisfluktuationen, die durch Veränderungen des Angebots verursacht werden, wirken sogar tendenziell erlösstabilisierend, während Preisfluktuationen aufgrund von Nachfrageveränderungen, die im wesentlichen durch den Konjunkturverlauf in den IL bedingt sind, die Erlöse stark destabilisieren. Verfahren, die direkt bei der Erlösstabilisierung ansetzen, sind aus diesem Grunde vorzuziehen. Auch werden sie von den IL bevorzugt, da sie die Mechanismen des Weltmarktes unangetastet lassen und lediglich deren Auswirkungen im nachhinein korrigieren. Für die marktwirtschaftlich orientierten IL war dieser Gesichtspunkt stets ein wichtiger Verhandlungsgegenstand.

1988 bestanden folgende RA mit preisstabilisierender Zielsetzung: Kaffee (seit 1963), Kakao (seit 1975), Kautschuk (seit 1979). RA mit der Zielsetzung Markttransparenz und Informationsaustausch existierten für: Olivenöl (seit 1963), Rindfleisch (seit 1980), Weizen (seit 1949), Jute (seit 1984), Tropenholz (seit 1985), Zucker (seit 1984). dn

Rohstoffkartelle R. sind Rohstofferzeugerorganisationen (nicht nur von EL) mit dem Ziel, den Erzeugern die Kontrolle über die Rohstoffpreise zu gestatten und die Verkaufserlöse zu erhöhen. Die EL versprechen sich von ihnen zudem eine höhere Beteiligung an Verarbeitung (vertikale Diversifizierung) und Vermarktung der Rohstoffe.

Das epochemachende Beispiel für ein erfolgreiches R. ist die * OPEC. Im Anschluß an die Ölkrise versuchten Anbieter anderer Rohstoffe auf dem Weltmarkt eine an dem Vorbild der OPEC orientierte und teilweise von OPEC-Mitgliedern finanziell unterstützte Kartellpolitik bei Phosphat, Kaffee, Bauxit (* IBA), Bananen (* UPEB), Quecksilber, Kakao (* COPAL), Kupfer (* CIPEC), Eisenerz, Kautschuk (* ANRPC), Wolfram, die teilweise schon in den 60er J. einsetzte (CIPEC). Für einige Rohstoffe (Kaffee, Holz und Holzprodukte) kamen nur regionale Vereinigungen zustande. Die Kartellfähigkeit eines R.s ist an bestimmte Voraussetzungen geknüpft: Homogenität, Lagerfähigkeit, eingeschränkte Substituierbarkeit des Produkts, Monopolisierungsgrad des Angebots etc., die im Falle der weiteren Rohstoffe nicht gegeben waren. Zudem fehlte es auch an Solidarität unter den EL – wobei zu bedenken ist, daß R. die Einkommensunterschiede zwischen einigen EL und den IL verringern mögen, diese jedoch unter den EL zunehmen – sowie an Konzessionsbereitschaft der IL, dem Druck der EL nachzugeben, so daß das primäre Ziel der Kartellierung, die Erhöhung der Verkaufserlöse für die exportierten Rohstoffe, nicht erreicht wurde. Mai 1978 wurde eine Dachorganisation aller Vereinigungen von Rohstoffproduzenten und -exporteuren (APEC) gegründet. Die Charta erkennt allen Staaten das Recht zu, sich zu Rohstofferzeugerorganisationen zusammenzuschließen.

Lit.: R. Hanisch, Produzentenvereinigungen von Entwicklungsländern, in: V. Matthies (Hg.), Süd-Süd-Beziehungen. Zur Kommunikation, Kooperation und Solidarität zwischen Entwicklungsländern, München u. a. 1982, S. 187ff. dn

Rückwärtskopplung →*external economies*, *linkage*-Effekte

Rotes Kreuz Die auf Anregung des schweizer. Schriftstellers Henri Dunant 1863 gegr. größte freiwillige Hilfsorg. der Welt (Sitz: Genf), leistet in den EL über die Liga der Rotkreuz- und Rot-

Tabelle 15: Exporte von Großwaffen in die Dritte Welt nach Herkunftsländern (in Mio. US-$, Preise von 1990)

Land	1987	1988	1989	1990	1991	1987–91
1. UdSSR	13420	10761	10869	6845	3516	45412
2. USA	6966	4609	3454	4364	4224	23618
3. Frankreich	3403	1652	2065	1617	650	9028
4. China	2917	1866	865	954	1127	7729
5. Großbritannien	2006	1516	1968	1261	847	7599
6. Deutschland (BRD)	300	289	173	524	389	1676
7. Brasilien	666	505	287	163	0	1622
8. Niederlande	313	467	412	83	137	1412
9. Italien	465	594	127	128	75	1390
10. Tschechoslowakei	309	282	221	85	0	898
11. Israel	318	133	287	37	45	819
12. Spanien	169	224	290	74	19	777
13. Schweden	325	259	163	5	5	758
14. Jugoslawien	3	4	0	60	661	728
15. Ägypten	234	277	78	42	5	636
16. Andere	706	613	476	475	636	2908
Total:	32162	24054	21735	16720	12336	107007

Quelle: SIPRI Yearbook 1992

halbmond-Gesellschaften, das Internationale Komitee vom Roten Kreuz (IKRK) und die nationalen Rotkreuz-Gesellschaften (*DRK) v. a. *Katastrophenhilfe und *Nahrungsmittelhilfe. Im Sinne der langfristigen *Entwicklungshilfe will die Liga durch den Aufbau von Rotkreuz- bzw. Rothalbmond-Gesellschaften in Ländern der *Dritten Welt die medizinische *Infrastruktur verbessern und so die Befriedigung des *Grundbedürfnisses *Gesundheit ermöglichen. Das Rote Kreuz bemüht sich außerdem, durch Projektarbeit weltweit die Katastrophenschutzvorkehrungen bei Schwestergesellschaften auszubauen, um die Rotkreuzbewegung in der Katastrophenhilfe leistungsfähiger zu machen. Auch im Bereich von Rehabilitationsmaßnahmen nach Katastrophen findet Projektarbeit statt. ah

Rüstung R. und Rüstungswettlauf waren nach dem II. Weltkrieg weltweite Erscheinungen, von denen die *Dritte Welt nicht verschont blieb. Im Gegenteil: Sie hatten die EL insbes. seit der zweiten Entwicklungsdekade erfaßt. Milit. Konflikte (Kriege, Grenzkriege, Befreiungskriege, Kämpfe um nat. Autonomie) traten v. a. in der Dritten Welt auf (→Kriege in der Dritten Welt). Auch der Ost-West-Gegensatz wurde mit kriegerischen Mitteln hauptsächlich im Süden ausgetragen (Vietnam, Afghanistan). Zugleich hatte sich das Bedürfnis nach nat. Sicherheit (nach außen und innen) der EL erhöht (→Doktrin der nat. Sicherheit), zumal unterhalb des atomaren Patts der Supermächte kriegerische Verwicklungen mit konventionellen Waffen ausgetragen wurden. Nichtnukleare Waffen machten 80% der Weltrüstungsausgaben aus. Die Militärausgaben der Welt erreichten 1980 etwa 500 Mrd. US-$. Der Vergleich zu den 1980 etwa 36 Mrd. US-$ an *öffentlicher Hilfe macht verständlich, weshalb insbes. den entwicklungspolitisch Engagierten R. als eine enorme Ressourcenverschwendung erscheint.

Der Prozeß der Aufrüstung in den EL fußte im wesentlichen auf Rüstungstransfers (Rüstungsgüter, →Technologien, Berater) aus den westl. IL und den soz. Ländern. Er verstärkte die technol. Abh. und schlug sich auch außenwirtsch. für die EL negativ nieder. Seit Beginn der 70er J. werden jedoch Rüstungsproduktionsanlagen in den EL errichtet. Einige EL (Indien, VR China, Brasilien, Taiwan, Nordkorea, Südkorea, Argentinien) haben leistungsstarke Rüstungsindustrien aufgebaut und exportieren z. T. ihre Waffen in andere EL.

Das Stockholmer Int. Institut für Friedensforschung (SIPRI) schätzt, daß sich die Militärausgaben der Dritten Welt in den 70er J. verdoppelten. SIPRI zufolge erhöhten sich die Rüstungsexporte in die Dritte Welt zwischen 1974 und 1979 um j. 25%. Sie betrugen 1978: 14 Mrd. US-$. Fast 70% der weltweiten Rüstungsexporte gingen in die Dritte Welt. 1978 stellten die USA (47%) und die UdSSR (27%) zusammen 74% der Rüstungsimporte der EL. In den 80er J. kehrte sich das Verhältnis bei den Supermächten um, und einige westl. IL erhöhten ihre Anteile am Waffengeschäft mit der Dritten Welt. Die UdSSR hielt 1985 etwa 40% des Weltmarktes für Waffenexporte in die Dritte Welt. Im Vergleich dazu: USA (20,8%), Frankreich (19,1%), UK (4,7%), BRD (2,6%). 1987 ist eine dramatische Wende in dem globalen Rüstungswettlauf eingetreten. Die weltweite Entspannung im Ost-West-Konflikt der Supermächte und das Ende des Kalten Krieges zu Beginn der 90er Jahre spiegeln sich in dem stark rückläufigen Finanzvolumen der weltweiten Rüstungsexporte in die EL wider: Der Umfang der Exporte sank von 32,1 Mrd. US-$ (1987) auf 12,3 Mrd. US-$ (1991); beide Supermächte, vor allem die Sowjetunion, reduzierten ihre Waffenexporte innerhalb dieses Zeitraums drastisch (vgl. Tab. 15). Der *Golfkrieg hat am Beispiel des Irak zum Ausdruck gebracht, in welchem Maße einzelne EL im Schatten des Kalten Krieges gewaltige Rüstungsanstrengungen unternehmen konnten. In seinem Gefolge ist es 1991 auf int. Ebene zu einer Reihe von pol. Initiativen gekommen, die das Ziel einer schärferen weltweiten Kontrolle der Waffenausfuhren verfolgen. Die Desintegration der Sowjetunion Ende 1991 illustriert mit Blick auf die drohende Proliferation der atomaren und konventionellen Waffenarsenale der ehem. sowjetischen Streitkräfte die Dringlichkeit int. Waffenausfuhrkontrollen. Aber: Rüstungsexporte (in die Dritte Welt) werden von den Regierungen fast aller waffenproduzierenden Staaten nach wie vor als nützliches und legitimes Instrument der Außenpolitik betrachtet. →Abrüstung und Entwicklung.

Lit.: P. Lock/H. Wulf, Rüstung und Unterentwicklung in: APuZ 18/1979, S. 3ff.; Stockholm International Peace Research Institute (Hg.), World Armaments and Disarmament, London 1979; M. Brzoska, Rüstung und Dritte Welt. Zum Stand der Forschung, München u.a. 1981; U. Albrecht u.a.: Mit Rüstung gegen Arbeitslosigkeit, Reinbek 1982; P. Lock/H. Wulf, Zum Zusammenhang von Aufrüstung und Unterentwicklung, in: HDW II, 1, Hamburg 1982, S. 257ff.; M. Brzoska, Neue Richtlinien für den Waffenexport aus der Bundesrepublik Deutschland in die Dritte Welt, in: Jahrbuch Dritte Welt 1, München 1983, S. 87ff.; Aufrüstung und Unterentwicklung. Aus den Berichten der Vereinten Nationen, Reinbek 1983; L. Köllner, Rüstung und Entwicklung, München u.a. 1986; H. Volger, Der Wandel der Perzeption von Abrüstung, Entwicklung und Konversion in der UNO, Frankfurt 1987; L. Köllner/B. Huck (Hg.), Abrüstung und Konversion, Frankfurt/M. 1991. dn

Rwanda 1. Das mit einem BSP/Kopf von 310 US-$ (1990) zur Gruppe der *LLDCs zählende R. ist das drittkleinste Land Afrikas (26 338 qkm), weist jedoch die höchste Bev.-Dichte (1990: 275 Ew./qkm) auf. Die Versorgung der rapide wachsenden Bev. (1990: 7,24 Mio. Ew., IZ 3,2%, dazu *Flüchtlinge aus Burundi) mit Nahrungsmitteln ist das größte E.-Problem.

Ständige Übernutzung der Böden durch den Anbau der *Subsistenzprodukte und Grundnahrungsmittel (Bohnen, Bananen, Maniok) und die extensive Viehzucht (Watussi-Rinder, Schafe, Ziegen) haben zusammen mit der Abholzung der Wälder für die Brennholzgewinnung in den letzten J. zu Bodenerosion und einer dramatischen Verschlechterung der Bodenfruchtbarkeit geführt. Auch die geogr. isolierte Lage (ca. 1500 km vom Meer entfernt) ist für die weitere E. dieses *Binnenlandes eine belastende Hypothek. R. muß fast seinen ges. Warenverkehr unter hohen Transportkosten über die beiden Exporthäfen Dar es Salaam (Tanzania) und Mombasa (Kenya) abwickeln. Somit ist R. auf gute pol. Beziehung zu seinen Nachbarstaaten angewiesen, mit denen es durch regionale Kooperation (→CEPGL, →ODEKA) versucht, einen größeren integrierten Wirtschaftsraum aufzubauen und die natürlichen *Ressourcen (Wasserkraft, Methangas) der Region zu erschließen. Das derzeitige E.-Potential R.s wird von den mineralischen Bodenschätzen (Kassiterit, Wolfram) und den agrarischen Anbauprodukten (Kaffee, Tee, Pyrethrum) bestimmt.

Die Bev. gliedert sich *ethnisch in Hutu (90%), Tutsi (9%) und pygmoide Twa (1%). Religiös differenziert sie sich in Katholiken (50%), Protestanten (12%), Moslems (9%) und Animisten.

2. Mit einem Anteil von 38% am BIP (1990) und einer Quote von ca. 91% (1989) an der erwerbstätigen Bev. dominiert die Landw. gegenüber Ind. und *Tourismus, die erst schwach entwikkelt sind. Bergbauprodukte erbringen etwa 5%, Kaffee über 45% des ges. Exportwertes. Haupthandelspartner sind Belgien (14%), die EG, Kenya, Tanzania, Japan, USA und Zaire.

Die von *UNIDO geförderte Gewinnung des Insektizids Pyrethrin (Pyrethrumpflanzen) könnte künftig durch Bekämpfung von Viehseuchen und die Steigerung der Ernteerträge die *Ernährungssituation verbessern. Der Subsistenzsektor ist durch geringe Flächenproduktivität und veraltete Produktionsmethoden gekennzeichnet. Die Bekämpfung der Bodenerosion durch integrierte acker-, forst- und viehwirtsch. Programme wird vom *UNDP gefördert. Der Bedarf an Fleisch und Milchprodukten kann von der als «Tutsi-Wirtschaft» hist. belasteten Rinderzucht nicht mehr befriedigt werden. Die Ind. (22% des BIP) beschränkt sich bislang auf die Verarbeitung agrarischer Produkte (Grundnahrungsmittel, Bananenbier, Häute, Kaffee) und ist regional auf den Raum um die Hs. Kigali konzentriert. Hohe Analphabetenrate (1990: 50%), hohe Kindersterblichkeit, geringe LE (1990: 50 J.) und die äußerst schlechte Versorgung mit Ärzten (1981: 32150 Ew./Arzt) kennzeichnen die mangelnde soziale Entwicklung.

3. Die hist. Entwicklung des 1962 unabh. gewordenen R. (1918 bis 1946 Völkerbundmandat und 1946 bis 1962 *UN-Treuhandgebiet unter belgischer Verwaltung) war stets von den ethnisch-sozialen Konflikten zwischen den Tutsi (nilot.-hamit. Viehzuchtnomaden) und den Hutu (Bantu-Ackerbauern) geprägt. Der Widerstand der Hutu, die in dem Feudalsystem der von den Belgiern gestützten Tutsi-Monarchie unterdrückt wurden, entlud sich 1959 im Bahutu-Aufstand, der neben der Massakrierung von Tausenden von Menschen die Vertreibung von ca. 150000 Tutsi in die Nachbarstaaten zur Folge hatte. Nach einem Referendum unter UN-Kontrolle, bei dem sich 79% der Bev. für die Abschaffung der Monarchie entschieden, wurde 1961 die von G. Kayibanda geführte PARMEHUTU (*Parti de Mouvement de l'Emancipation Hutu*) bei den Parl.-Wahlen stärkste Partei und Kayibanda erster Staatspräs. der Republik. Das Fortdauern der ethnischen Konflikte führte intern zur Abschaffung des Parteienpluralismus und außenpol. zur Auflösung (1964) der Wirtschafts- und Währungsunion mit Burundi, von wo aus die Tutsi wiederholt Invasionsversuche in R. unternommen hatten. Ein Massaker unter den in Burundi lebenden Hutus von seiten der dort herrschenden Tutsi führte 1973 zum Sturz

des Präs. Kayibanda. Nach einem Militärputsch wurde J. Habyarimana neuer Staatspräsident. Habyarimana, der zur Gruppe der gemäßigten Hutu gehört, bemüht sich um eine Versöhnung zwischen den Ethnien und versucht seit 1975 mit der Einheitspartei MRND (*Mouvement Révolutionaire Nationale pour le Développement*) die Kräfte des Landes von regionalistischen und *tribalistischen Streitigkeiten abzulenken und für die nationale E. zu mobilisieren. Ähnlich wie bei **Ujamaa* (Tanzania) und *Fokonolona* (Madagaskar) besitzt *Umunganda*, die unbezahlte und kollektive Durchführung von Entwicklungsarbeiten, eine Schlüsselrolle bei der Mobilisierung breiter Volksmassen für den E.-Prozeß. Die nach franz. Vorbild konzipierte Verfassung, die dem Staatspräs. eine führende Position im pol. Entscheidungsprozeß garantiert, und das Militär sichern die Macht Habyarimanas (1978, 1983 und 1988 wiedergewählt). Seit Juli 1991 ist eine neue Verfassung in Kraft, die einen Nationalen Entwicklungsrat (statt eines Parlaments) mit 70 Mitgl. vorsieht, Wahlen hierzu sollen Ende 1992 erfolgen.

Die künftigen E.-Perspektiven des auf massive Auslandshilfe angewiesenen Landes werden davon abhängen, ob es gelingt, die Abh. vom Kaffee durch die *Diversifikation der Exportstruktur zu reduzieren und die Probleme des Bev.-Wachstums und der *Ernährung einer Lösung näherzuführen. Die guten Bez. zu den Nachbarstaaten, das Voranschreiten der regionalen Kooperation und die Kontinuität der Politik des ethnischen Ausgleichs werden dabei notwendige Voraussetzungen sein. Wichtige E.-Hilfegeber R.s sind der *EEF (Teeproduktion) und die BRD (Verkehrsinfrastruktur, seit 1982 Partnerschaft zwischen dem *Bundesland Rheinland-Pfalz und R.).

Lit.: G. Philipp, Rwanda, in: F. Nuscheler/K. Ziemer, Politische Organisation und Repräsentation in Afrika, Berlin/New York 1978, S. 1691 ff.; Internationale Solidarität und Kommunikation (ISOKO) (Hg.), Amakuru ki? Überleben in Rwanda/Vivre au Rwanda, Frankfurt/Main 1987; P. Becker, Rwanda, in: HDW III, 5, 1993, S. 114ff. gp

RWI =Regionale Wirtschaftsintegration, →Integration

S

SAAFA →Arabische Entwicklungshilfe an Afrika

SAARC (*South Asian Association for Regional Cooperation*, südasiatischer Verband für regionale Zusammenarbeit), im Rahmen der *Süd-Süd-Beziehungen einzuordnender regionaler Zusammenschluß, der einzige auf dem asiatischen Kontinent, der nur *blockfreie Länder zusammenschließt. Er umfaßt rd. ein Fünftel der Weltbevölkerung, die zu den Ärmsten der Armen gehören.

1. Mitgl.: Indien, Pakistan, Bangladesh, Sri Lanka, Nepal, Bhutan, Malediven. Der Vorschlag zu einer regionalen Zusammenarbeit in S-Asien ging 1980 von Präs. Ziaur Rahman (Bangladesh) aus und wurde außer von Indien und Pakistan sofort angenommen. Indien fürchtete zunächst einen kollektiven Versuch der kleinen Staaten, Druck auf Indien auszuüben («*to gang up against India*»), um die eigene Situation zu verbessern. Pakistan sah zunächst in dem Regionalverband eine Verstärkung der ind. Dominanz und befürchtete eine Verschlechterung seiner pol. Position in der ungelösten Kashmir-Frage. Doch seit 1981 kamen, unter Hinweis auf die gemeinsame hist. und kulturelle Vergangenheit und auf den Vorteil der Kooperation statt Rivalität, Konsultationstreffen der sieben Staatssekretäre zustande. Sie mündeten 1983 in einem Treffen der Außenminister (New Delhi), auf dem eine Erklärung zu *South Asian Regional Cooperation* (SARC) verabschiedet wurde. Zusammenarbeit wurde zunächst auf nicht kontroversen Gebieten gesucht. Auf der ersten Gipfelkonferenz (Dez. 1985) in Dhaka wurde die Zusammenarbeit institutionalisiert. Die Teilnehmer unterzeichneten die SAARC-Charta, die die Prinzipien der friedlichen Koexistenz zur Grundlage hat. Seither fanden Gipfelkonferenzen in Bangalore 1986, Kathmandu 1987 und Islamabad 1988 statt.

2. *Zielsetzung:* Beschleunigung der ökon., sozialen und kulturellen Entwicklung in den einzelnen Ländern; Förderung der **collective self-reliance*; Erweiterung des intra-regionalen Handels; Zusammenarbeit in den Bereichen Landwirtschaft, Wiss. und Technologie, Gesundheitswesen/*Familienplanung, Transport, Post, Kommunikationswesen, Terrorismus- und Drogenbekämpfung; Förderung des Friedens und der Stabilität in der Region; Abbau von Mißtrauen untereinander und langfristig pol. Annäherung; verstärkte Kooperation mit anderen EL; Zusammenarbeit in int. Foren hinsichtlich gemeinsamer Interessen, Eindämmung des Einflusses der Supermächte in der Region. Die regionale Zusammenarbeit soll bi- und multilaterale Kooperation nicht ersetzen, sondern ergänzen. Entscheidungen sollen auf der Basis der Einstimmigkeit gefällt werden, bilateral strittige Punkte sind von den Überlegungen auszuklammern.

3. *Organe:* 1. Jährl. Treffen der Staatsoberhäupter; 2. Ministerrat, formuliert die Ziele der Organisation; 3. Ständiger Ausschuß, entscheidet über Prioritäten bei der Projektauswahl, koordiniert Programme, legt Finanzmodalitäten fest; 4. Techn. Ausschüsse, arbeiten Programme aus, organisieren Treffen von Experten und Wissenschaftlern; 5. Aktionsausschüsse, Durchführung und Betreuung von Projekten, die mehr als zwei, aber nicht alle Mitgl.-Länder betreffen müssen; 6. SAARC-Sekretariat, ist für Administration und Organisation zuständig, wurde erst 1986 eingerichtet (Sitz: Kathmandu). Die Beteiligung an den Kosten der SAARC-Projekte ist freiwillig, Fremdbeteiligung kann bei Zustimmung des Ständigen Ausschusses eingeworben werden.

4. *Probleme:* Pol. Dissonanzen, die ihre Wurzeln in den unterschiedlichen pol. Systemen S-Asiens haben; Vielzahl ungelöster bilateraler Probleme, die auf die Dauer nicht ausgeklammert werden können; Dominanz Indiens in der Region, Ungleichgewicht in ökon. und milit. Hinsicht; Indien verfügt über 73% der SAARC-Fläche, stellt 77% der Bev., erwirtschaftet 78% des regionalen BSPs und wickelt 60% des ges. Außenhandels ab; nicht uniformer Prozeß des **nation-building* (Indien am weitesten vorangeschritten); keine Komplementärwirtschaften mit folglich geringen Wachstumschancen des intraregionalen Handels; unterschiedliche strukturelle Verbindung zum Weltmarkt und den soz. Systemen; Grenzprobleme; ethnische Konflikte (Tamilen); Rivalität zwischen den beiden «Erzfeinden» Indien und Pakistan.

5. *Ergebnisse:* In den drei Jahren seit Gründung von SAARC sind bislang wenige Ergebnisse erzielt worden. Im Bereich der wirtsch. Kooperation lassen sich kaum Fortschritte verzeichnen. Die Gipfelkonferenzen erschöpften sich fast ausschließlich in rhetorischem Wohlwollen. Lediglich in Kathmandu (1987) vereinbarten die Staats- und Reg.-Chefs die Einrichtung einer Nahrungsmittelreserve von 219000t Getreide, um die regionale Selbstversorgung zu garantieren. Ferner wurde eine Expertengruppe gebildet, die für Umweltprobleme und Katastrophenschutz zuständig ist, sowie eine Konvention zur Bekämpfung des Terrorismus unterzeichnet. Wichtigste Bedeutung kommt bislang der pol. Verständigung zu. Der Dialog auf den Gipfelkonferenzen hat sogar zu einer ganz vorsichtigen Annäherung zwischen Indien und Pakistan und zu einem nuklearen Nichtangriffspakt

beider Staaten geführt. Dem mehrmaligen Ansuchen Afghanistans auf Aufnahme wurde bisher nicht entsprochen. Ob die Zusammenarbeit innerhalb von SAARC zukünftig konkretere Formen annehmen wird, bleibt abzuwarten. Dies hängt im wesentlichen von den Bez. zwischen Indien und Pakistan ab.

Lit.: W.-P. Zingel, Südasien auf dem Weg zu einer wirtschaftlichen Kooperation?, in: APuZ, No. 26, 1983, 14–27; S. D. Muni/A. Muni, Regional Cooperation in South Asia, New Delhi 1984; B. Sen Gupta, ASEAN-SAARC, Prospects and Problems of Interregional Cooperation, New Delhi 1988; B. Sen Gupta, South Asian Perspectives. Seven Nations in Conflict and Cooperation, New Delhi 1988. ra

SABA →Buthelezi

SAC →UN

SACU Südafrikanische Zollunion (*Southern African Customs Union*) zwischen der Republik Südafrika, den * *Homelands* und den sog. BLS-Staaten (Botswana, Lesotho, Swaziland). Lesotho und Swaziland gehören auch nach der Schaffung eigener Währungen dem *Rand*-Währungsgebiet an, aus dem sich Botswana 1976 herauslöste. Seit 1983 verschärften sich die Spannungen zwischen den BLS-Staaten und SA durch dessen Weigerung, Änderungen an der verspäteten Auszahlung der Zolleinnahmen durchzuführen, ferner durch SAs Wirtschaftsblockade gegen Lesotho und den Druck auf die BLS-Staaten zur dipl. Anerkennung der *Homelands*. fn

SADC (*Southern African Development Community*), regionale Org., die die Intensivierung der wirtsch. und pol. Zusammenarbeit im südl. Afrika zum Ziel hat. Gegr. 17. 8. 1992 in Windhuk. Die von den zehn Mitgliedsstaaten (Angola, Botswana, Lesotho, Malawi, Mosambik, Namibia, Swasiland, Tanzania, Zambia und Zimbabwe) getragene Org. ersetzt die 1980 gegr. Konferenz zur Entwicklungskoordinierung im südl. Afrika (SADCC). Vorgesehen sind: 1. Angleichung der Volkswirtschaften der zehn Länder; 2. E. gemeinsamer pol. Werte, Systeme und Institutionen; 3. Förderung und Verteidigung von Frieden und Sicherheit im südl. Afrika; 4. Koordinierung der nat. und regionalen Strategien und Programme; 5. gemeinsame Linie bei außenpolitischen Themen. Die allg. Richtung folgt weiterhin den Konzepten der SADCC (* *collective self-reliance* und * Süd-Süd-Beziehungen), wobei sich das Ziel abzuzeichnen scheint, die SADC zu einer der EG vergleichbaren supranationalen Org. mit einem Binnenmarkt und einem eigenen Parlament zu entwickeln. Zum 1. Vorsitz. der SADC wurde Botswanas Staatspräs. Sir Ketumile Masire gewählt. sl

SAEMU *Southern African Economic and Monetary Union*, Südafrikanische Wirtschafts- und Währungsunion.

Sahelzone Von der afrik. W-Küste bis nach Sudan reichende und südl. an die Sahara anschließende, mehrere hundert km breite Zone, die in den Jahren 1968 bis 1973 sowie 1977/78 von schweren Dürrekatastrophen heimgesucht wurde. Zu dieser Zone zählen v. a. die von der Dürre am stärksten betroffenen sog. Sahelstaaten: Mauretanien, Senegal, Mali, Obervolta, Niger und Tschad. Die für die Dürre verantwortliche und in dieser Zone häufig auftretende Niederschlagslosigkeit hat ihre Ursachen in den spezifischen Bedingungen des trop. Makroklimas. Wandert im nordhemisphärischen Sommer das St. Helena-Hochdruckgebiet weniger weit äquatorwärts oder das Azoren- bzw. Libyen-Hochdruckgebiet weniger weit nach Norden als im Normalfall, wird die zwischen den beiden Hochdruckgebieten gelegene, äquatoriale Konvergenz- und Tiefdruckzone (ITC) in ihrer Verlagerung nach Norden behindert. Die während der sommerlichen Regenzeit (Mai bis Okt.) aus dem St. Helena-Hoch in die ITC einströmenden, regenbringenden Luftmassen des SW-Monsun können in diesem Fall die Sahelzone nicht mehr erreichen. Ob der Treibhauseffekt (→Ökologie) zu höheren oder geringeren Niederschlägen in der Zone führen wird, ist heute noch nicht vorauszusagen.

Die trad. Acker- und Viehwirtschaft (v. a. nomadisierend) in der Sahelzone war an die dortigen klimatischen Bedingungen angepaßt, nur ca. 10 bis 20% des Bodens wurden durch extensive Wechselwirtschaft mit zwischengeschalteten Brachejahren genutzt (Dürste/Fenner, 1981: 10). Erst die seit der Kolonialzeit einsetzenden Veränderungen in der wirtsch. Nutzung mit ihren zerstörerischen Konsequenzen für das Ökosystem führten dazu, daß die Dürre zur Katastrophe (z. B. Viehsterben, Hungertod) wurde und der Prozeß der *Desertifikation ständig voranschreitet. Natürliche Faktoren (z. B. Wanderdünen) sind kaum dafür verantwortlich, daß immer mehr Gebiete des Sahel veröden und ein allg. Rückzug der Vegetation zu verzeichnen ist, sondern nahezu ausschließlich menschliches Einwirken.

Durch die koloniale Kopfsteuer wurden die Bauern zur marktorientierten Produktion von **cash crops* (v. a. Erdnuß) gezwungen, und mit der damit verbundenen Vernachlässigung der Nahrungsmittelproduktion für den Eigenbedarf wurde der Sahel von Nahrungsmittelimporten abh.; diese wirtsch. Grundstruktur blieb wegen der Abh. von den Exporteinnahmen durch *cash crops* in den Sahelstaaten auch nach der Unabh. unverändert erhalten. Die Notwendigkeit zur Produktionssteigerung – auch infolge des Bev.-Drucks – führte zur Verkürzung der Brachezeiten und zur intensiven Nutzung bislang extensiv genutzter Flächen. Auslaugung der Böden und die z. T. durch die Brennholzgewinnung forcierte Wind-Erosion des Bodens waren die ökol. Folgen. Ausdehnung des Weidelandes auf Kosten des Ackerlandes, Überweidung und Absenkung des Grundwasserspiegels sind die zerstörenden Konsequenzen einer gesteigerten Fleischproduktion in der Viehwirtschaft, eine Entwicklung, die durch Brunnenbau und tiermed. Fortschritte gefördert wurde.

Seit Anfang der 70er J. ist die Sahel-Problematik Gegenstand int. Diskussion (*UNCOD, *UNSO), und im Rahmen der regionalen Kooperation in der *CILSS bemühen sich die Sahelstaaten um eine Lösung des Dürre- und Desertifikationsproblems. Solange die herrschenden einheim. Eliten die E.-Projekte (z. B. Bewässerung) im Sahel v. a. auf exportorientierte Großplantagen konzentrieren und die Selbstversorgung mit Nahrungsmitteln auf der Grundlage einer kleinbäuerl. und ökol. angepaßten Produktion vernachlässigen, scheint in absehbarer Zeit eine Lösung der Sahel-Problematik fraglich.

Lit.: D. Klaus, Klimatologische Aspekte der Dürre im Sahel, in: H. Schiffers, Nach der Dürre. Die Zukunft des Sahel, Afrika-Studien des IFO-Instituts, München 1976, S. 43 ff.; H. Dürste/M. Fenner, Die Sahel-Zone. Strategien gegen die Dürre, Bonn (FES) 1981; E + Z 10/1983, S. 26 ff.; L. Timberlake, Krisenkontinent Afrika, Der Umwelt-Bankrott. Ursachen und Abwendung, Bonn 1985; T. Krings, Struktur- und Entwicklungsprobleme der Sahelländer, in: HDW III, 4, 1993, S. 130 ff. ah

Saint Christopher und Nevis →Karibik

Saint Lucia →Karibik

Saint Vincent und die Grenadinen →Karibik

Salomonen →Pazifische Inselwelt

Samoa →Pazifische Inselwelt

Sandinistas →Nicaragua

São Tomé u. Príncipe 1. Die beiden vor der Küste Gabuns gelegenen Inseln (S. T.: 836 qkm, P.: 128 qkm) besitzen aufgrund der Höhendifferenzierung des Klimas, des Wasserreichtums und der fruchtbaren vulkanischen Böden günstige Entwicklungsressourcen für die trop. Landwirtschaft. Die zu 30% städt. Bev. (1990: 117 000 Ew., Hs. São Tomé) besteht neben Mulatten und einer portugiesischen Restgruppe vorwiegend aus z. T. vom benachbarten Festland stammenden Negern. Die Bev. ist mehrheitlich kath. und wächst pro J. um 2,2% (Durchschnitt 1973–85).

2. Hauptexportprodukte des dominierenden Agrarsektors sind Kakao (90%), Kaffee, Kopra und Palmöl, Haupthandelspartner Portugal, BRD u. a. EG-Staaten sowie Angola. Das BSP pro Kopf betrug 1990 400 US-$, bei einer durchschn. jährl. Inflationsrate von 19,9%. Langfristiges Ziel der 1975 mit der *Nationalisierung aller ausl. *Plantagen eingeleiteten *Agrarreform war die Sicherung der Versorgung mit Grundnahrungsmitteln, deren Import (90% aller Nahrungsmittel) die Devisen noch immer aufzehrt. Durch den Anbau von Ananas und Bananen will man eine *Diversifizierung der Agrarexporte erreichen. Für das dem Auslandskapital aufgeschlossene *AKP-Land ist die Stabilisierung der Kakao-Erlöse lebenswichtig. Das abrupte Sinken der Preise für Kakao auf dem int. Markt (1985) und die drohende Hungersnot wegen anhaltender Dürre bewirkten eine Forcierung des trad. Fischfangs und eine Stärkung des Dienstleistungssektors. Das *Bildungs- und *Gesundheitswesen ist für die Bev. kostenlos. Die LE von 67 J. (1990) ist eine der höchsten Afrikas, und die Analphabetenquote konnte von 70% (1975) auf 33% 1990 gesenkt werden. Einer der stärksten entwicklungshemmenden Faktoren der Inseln ist der Energiemangel. Aufgrund von Treibstoffeinkäufen aus Angola entstand hieraus seit 1975 eine Verschuldung von 30 Mio. US-$.

3. Die 1471 von portug. Seefahrern entdeckten Inseln waren Drehscheibe des Sklavenhandels mit Nord- und Südamerika. Seit der Besiedlung (1486) mit Strafgefangenen, Juden und Negersklaven begannen die Portugiesen auf den Großplantagen (*roças*) anfangs mit Sklaven, später mit – ihrer realen Situation nach sklavenähnlichen – Kontraktarbeitern aus Angola, Mozambique und den Kapverdischen Inseln zunächst mit dem Anbau von Zuckerrohr, dem Ende des 18. Jh.s Kaffee und seit 1822 Kakao folgten. Nachdem S. T. und P. 1955 den Status einer portug. Überseeprovinz erhalten hatten, gewährte Portugal unter dem Druck der Befreiungskämpfe in seinen Kolonien 1974 die innere Autonomie und nach Verhandlungen mit der von Gabun aus operierenden Befreiungsbewegung MLSTP (*Movimento de Libertação de São Tomé e Príncipe*) am 12. 7. 1975 die Unabhängigkeit.

4. Die MLSTP, zunächst Kaderpartei marxist.-leninistischen Typs mit einem oft von Fraktionskämpfen (1979 Verhaftung des Premier Trovoada) geprägten Entscheidungsprozeß, beherrscht das pol. Geschehen des Einpartei-Staates. Der Führer der MLSTP, M. Pinto da Costa, ist seit der Unabh. bis 1991 Staatsoberhaupt und Reg.-Chef gewesen. 1985 leitete Pinto da Costa enen Demokratisierungsprozeß in S. T. u. P. ein, der wirtschaftliche und politische Reformen nach sich zog (Anerkennung von Fraktionen innerhalb der Partei, unabhängige Listen für das Parlament und die Einführung der Institution des Ministerpräsidenten). Am 29. 1. 1988 wurde eine neue Übergangsreg. (MP C. Rocha da Costa) gebildet, der auch der bisherige Oppositionsführer Carlos Graça (Außenmin.) angehört. Die politische Partizipation der Bev., welche u. a. durch die einseitige Medienlandschaft (keine Zeitung, ausschließlich Radiosendungen, TV sendet nur am Wochenende) eingeschränkt war, erfuhr einen Wandel durch das erfolgreiche Referendum (1990) über die Einführung des Mehrparteiensystems im neuen Verfassungstext. Ein Parteien- und Wahlgesetz wurde im Zuge der Reformen verkündet. Die inzwischen sozialdemokratisch orientierte MLSTP wird von der port. Sozialdemokr. Partei unterstützt. Im Januar 1991 wurde der aus dem Exil zurückgekehrte Trovoada zum Präsidenten gewählt. In der Außenpolitik pflegt S. T. u. P. einerseits die wirtsch. Beziehungen mit dem Westen (1980: Freundschafts- und Koope-

rationsvertrag mit Portugal), andererseits unterhielt das Land enge Kontakte zum sozialistischen Lager (ca. 1000 kuban. und angolan. Soldaten in S. T. u. P.). Die Entwicklungshilfe ist ausgerichtet auf die Ausbildung von Kadern, Durchführung von landwirtschaftl. Projekten und Bildung von Infrastrukturen im Bereich der Gesundheit und Erziehung. S. T. u. P. hat den Weg der Marktwirtschaft beschritten, seine Großplantagen sollen jetzt privatisiert werden. Demonstrationen breiter Bevölkerungskreise gegen die deutlich gestiegenen Lebensunterhaltungskosten lösten Anfang 1992 eine Staatskrise aus, in deren Verlauf N. Costa Alegre zum MP ernannt wurde.

Lit.: M. Schümer, Sao Tomé und Príncipe, in: HDW III, 4, 1993, S. 473 ff. ah

SAP *Structural Adjustment Program* der * Weltbank

Saudi-Arabien Auch unter dem Eindruck fallender Erdölpreise in den 80er J. sind die E.-Möglichkeiten SA.s, das über die größten Ölreserven der Erde verfügt, günstig zu beurteilen.

1. Das Königreich Saudi-Arabien umfaßt mit einer Fläche von 2 149 690 qkm den Hauptteil der Arabischen Tafel, die im W entlang dem Roten Meer durch Grabeneinbrüche von Afrika getrennt und, steil gegen die Küstenebene (Tihana) abgesetzt, von bis zu 3000 m hohen Gebirgen (im N Hochland von Hedschas, im S Asir) begrenzt wird. Das sich nach O bzw. SO abdachende Land ist, abgesehen von den randlichen Hochgeb. im W und der Tihana mit aufgrund höherer Niederschläge günstigem Agrarpotential (Regenfeldbau / Asir, Bewässerungsfeldbau / Tihana), vorwiegend vegetationsarme Halb- und Vollwüste.

2. 1988 wurde die Bev. SA.s auf 14 Mio. Ew. geschätzt. Die Bev. wächst mit einer JZ von 3,8 % noch immer sehr rasch (LE: 62 J.). Sie konzentriert sich auf die städtischen Zentren der Ölwirtschaft (* Urbanisierungsgrad 1985: 72 %, Hs. Er Riad 1980: 1,3 Mio. Ew.) und auf die durch Wasservorkommen begünstigten Gebiete (Asir, Oasen). Der Ölboom hat zu einer starken Zuwanderung durch nicht- und hochqualifizierte * Gastarbeiter aus den arab. Nachbarstaaten, aus asiat. Ländern und aus den IL geführt. Der Anteil der ausl. Erwerbstätigen an der aktiven Bev. wird auf 62 % (1988) gesch., ist aber infolge der Rezession und aufgrund des Abschlusses vieler Großprojekte in letzter Zeit rückläufig, zumal es ein ausgesprochenes Ziel der saud. Wirtschafts- und Bildungspolitik ist, die Anzahl der ausl. Arbeitskräfte zu reduzieren. Man nimmt an, daß ca. ⅓ der einheimischen Bev. halb- oder vollnomadisierende Beduinen sind. 99 % der Saudis bekennen sich zum Islam, die große Mehrheit davon zum wahhabitischen Sunnismus, während eine Minderheit von 15 % Schiiten sind.

3. Die Erdöleinnahmen sind neben * Investitionen im Bereich der wirtsch. * Infrastruktur auch für erhebliche Verbesserungen im Gesundheits- und Bildungswesen verwendet worden. 1985 kamen auf einen Arzt 821 Ew. (1970: 5366 Ew. pro Arzt). Allerdings ist nach wie vor ein erhebliches Versorgungsdefizit in den ländl. Regionen zu verzeichnen. Die saud. Bildungspolitik zielt darauf ab, durch den Ausbau höherer Bildungseinrichtungen (Fach-/Hochschulen, Forschungsstätten) und durch Programme der Erwachsenenbildung das einheimische Arbeitskräftepotential zu mobilisieren. Die Zahl der Analphabeten ist dennoch hoch: 51 % der über 15jährigen (1984).

4. Anfang des 16. Jh.s wurde die Arab. Halbinsel Teil des Osman. Reiches. Im 18. und Anfang des 19. Jh.s gelang es Abd al-Aziz Ibn Saud II, auf der Grundlage der streng am Koran orientierten islam. Erneuerungsbewegung der Wahhabiten große Teile der Arab. Halbinsel zu erobern und die Beduinenstämme zu einigen. Trotz Rückschlägen im Verlauf des 19. Jh.s kontrollierte die Saud-Dynastie mit Hilfe ihrer aus den

Beduinenstämmen rekrutierten Milizen nach und nach die ganze Halbinsel. 1926 ließ sich Ibn Saud zum König des Naschd und Hedschas ausrufen. 1932 wurde das Land in Königreich SA. umbenannt. Mit der Vergabe der ersten Förderkonzession an die *Standard Oil Company of California* setzte 1933 die moderne E. des Landes ein, wenngleich die Erdölförderung im großen Stil erst nach dem II. Weltkrieg begann.

5. Die tragende Säule der saud. Volkswirtschaft sind die reichen und hochwertigen Erdölvorkommen, die etwa ein Viertel der z.Z. weltweit bekannten Reserven ausmachen. Allein die Ölförderung erbringt mehr als ein Drittel des BIP (1984), zusammen mit dem verarbeitenden Sektor liegt der Anteil bei 56%. Über die Ölwirtschaft ist SA. in den Weltmarkt integriert wie kaum ein anderes Land der *Dritten Welt und dementsprechend auch den Ölpreisschwankungen in bes. Weise ausgesetzt. Die größte Ölgesellschaft ist die *Arabian American Oil Company* (ARAMCO), die seit 1944 maßgeblich am Aufbau der Ölwirtschaft und der Infrastruktur des Landes beteiligt war. Nach ihrer vollständigen Verstaatlichung (1979) erbrachte die ARAMCO 1981 mit 3,51 Mrd. *barrel* im Wert von 99,18 Mrd. US-$ mehr als 98% der ges. Jahresölförderung SA.s, die in diesem J. ihre bisherige Höchstmenge erreichte. Die Erlöse aus der Ölförderung fließen dem Staat zu, der bereits in den 60er J. begann, die *Diversifizierung und *Industrialisierung der saud. Wirtschaft voranzutreiben. Die saud. *Entwicklungsplanung zielt darauf ab, den Lebensstandard im Land zu verbessern, gleichzeitig aber die trad. relig.-kulturellen Grundlagen der Gesellschaft zu erhalten. Der Staat sieht seine Aufgabe darin, durch den Aufbau des Verkehrs- und Bildungswesens und die Errichtung großer, *kapitalintensiver Industrieanlagen (Raffinerien, Erdgassammel- und Verteilungsstellen, Petrochemie) sowie durch wirtschaftspol. Anreize die Voraussetzungen für eine marktorientierte, auf privater Initiative beruhende wirtsch. E. des Landes zu schaffen. Da die meisten großen Infrastrukturprojekte abgeschlossen sind, ist SA. von der Rezession der 80er J. weniger schlimm betroffen als viele andere Ölländer, obwohl die Einnahmen aus dem Ölgeschäft aufgrund der Preisentwicklung und infolge einer starken Reduzierung der Ölförderung empfindlich zurückgegangen sind. 1981 betrugen die Öleinnahmen SA.s über 100 Mrd. US-$; bis 1985 sanken sie auf einen Tiefpunkt von rd. 18 Mrd. US-$ und blieben bis 1987 unter 21 Mrd. US-$. Die Ölrezession führte zu einer rückläufigen E. der ges. Wirtschaft, v.a. aber hat sie starke Kürzungen bei den Staatsausgaben notwendig gemacht. Seit 1987 war allerdings eine leichte Verbesserung der Erdöleinnahmen zu verzeichnen (1988: 23,1 Mrd. US-$), die im Zusammenhang mit dem *Golfkrieg 1990/91 sprunghaft anstiegen.

Ein zweiter Schwerpunkt der saud. E.-Planung liegt in der Förderung der Landw., die 1988 mit 4% zum BIP beitrug. Der Ölboom hat zu einer starken Abwanderung aus dem Agrarsektor geführt. Noch 1950 waren ca. 90% der Erwerbsbev. in der Landw. (vorwiegend auf *Subsistenz-Basis) tätig, 1984 nur noch knapp 25%. Haupthindernisse für die E. der landw. Produktion sind die extremen klimatischen Bedingungen, der Wassermangel, aber auch überkommene Wasser- und Bodenrechte. Nach Angaben der *FAO sind nur 0,5% der ges. Fläche SA.s Ackerland. Mit Hilfe von großen, modernen Bewässerungsanlagen und Mechanisierungsprogrammen versucht die Reg. mit einigem Erfolg, die Anbaufläche zu vergrößern und die Produktion zu intensivieren. Die Projekte der *ländlichen Entwicklung sind z. T. mit Ansiedlungsprogrammen für Beduinen verbunden. Nach einer Verdopplung der Nahrungsmittelproduktion zwischen 1979 und 1986 hat SA. 1987 bei der Weizen-, Eier-, Geflügel- und Milchproduktion die Selbstversorgung erreicht.

6. In der saud. Monarchie gibt es weder eine förmliche Verfassung noch ein Parlament, pol. Parteien oder Wahlen. Der König ist geistiges und weltliches Staatsoberhaupt und höchster Stammesfürst (Scheich der Scheiche). Die Königsfamilie Saud legitimiert ihre Herrschaft seit dem Pakt zwischen Muhammad Ibn Saud und dem relig. Führer Muhammad Ibn Abd al-Wahhab 1745 durch die strenge Bindung an das aus Koran und *Sunna* (Sprüche und Taten des Propheten) abgeleitete islam. Recht (*Scharia*), das auch Richtschnur für das ges. Gesellschaftsleben und das individuelle Verhalten ist. In wichtigen Angelegenheiten muß sich der König auch mit den pol. Kräften des Landes abstimmen, auf deren Loyalität er angewiesen ist. Im modernen SA. gehören dazu neben den trad. Gruppen der Stammesfürsten, der *Ulema*-Geistlichen (sie interpretieren die *Scharia*) und der Vertreter wirtsch. Interessen (v. a. Kaufleute) auch die Technokraten, die die zunehmend komplizierte Verwaltung des Landes in Händen halten. Seit 1982 (Tod König Kahleds, der Nachfolger seines 1975 von einem Mitgl. der königl. Familie ermordeten Bruders Faisal war) wird SA. von König Fahd regiert.

Die Stabilität des konservativen saud. Regimes wurde bislang trotz einiger potentieller Unruheherde in den 80er J. nicht ernstlich gefährdet. Die in der Armee vorhandenen arab.-nationalistischen Kräfte werden durch die loyale Nationalgarde im Zaum gehalten. Eine bes. nach der Revolution im Iran hervorgetretene islam.-fundamentalistische Opposition (1979: gewalttätige Besetzung der Großen Moschee in Mekka) rekrutiert sich z. T. aus den saud. Schiiten, die lange Zeit von der sunnit. Mehrheit unterdrückt wurden. Seit 1980 aber dämmt die Reg. dieses Destabilisierungspotential durch gezielte E.-Programme in der von den Schiiten bewohnten Ostprovinz mit wachsendem Erfolg ein.

7. Um eine weitere Expansion der iran. Revolution zu verhindern, unterstützte SA. im *iranisch-irakischen Krieg das irak. Baath-Regime. Innerhalb der *Arabischen Liga (AL) und als Mitgl. des *GCC ist SA., das sich aus ökon. (*Technologietransfer, Ölexport) und aus sicherheitspol. Gründen eng am Westen (v. a. USA) orientiert, um eine Stärkung der gemäßigten Kräfte in der arab. Welt bemüht. Nachdem SA nach 1979 v. a. in den expansiven Ambitionen der iran. Revolution (Ausschreitungen als Pilger getarnter iran. Revolutionsgarden in Mekka 1987) eine Gefahr gesehen hatte, stellte der Irak nach der Invasion Kuwaits 1990 eine akute milit. Bedrohung dar. Am 8. August 1990 erbat König Fahd den Schutz islamischer und multinationaler Truppen. Im *Golfkrieg 1991 war SA einer der Träger der Operation Desert Storm, deren entscheidende milit. Aktionen von saudi-arab. Territorium aus erfolgten. Als wichtiger Verbündeter der USA und wirtsch. Machtfaktor kommt SA bei der Etablierung einer regionalen Friedensordnung eine Schlüsselrolle zu, zumal eine mögliche Anerkennung Israels signalisiert wurde. Innere Reformen als erste Schritte zur Etablierung eines modernen Staatssystems stellen die am 1. 3. 1992 per Gesetz verabschiedeten Grundsätze der Verfassungsstruktur dar.

Darin werden erstmalig vom Islam gedeckte Menschenrechte formuliert und ein Konsultativrat als neues Staatsorgan geschaffen.

Lit.: H. Blume (Hg.), Saudi-Arabien. Natur, Geschichte, Mensch und Wirtschaft, Tübingen/Basel 1976; W. Kopf, Saudi-Arabien – Insel der Araber, Stuttgart 1982; J. D. Anthony, Saudi Arabias Influence in the Arab World, New York 1982; H. Hecklau, Saudi-Arabien, in: HDW II, 6, S. 440ff.; H.-J. Philipp (Hg.), Saudi Arabia, Bibliography on Society, Politics and Economy, Heidelberg, 1984; R. Knauerhase, Saudi-Arabien, in: U. Steinbach/R. Robert (Hg.), Der Nahe und Mittlere Osten, Bd. 2, Opladen 1988, S. 329ff.; T. Koszinowski/H. Mattes (Hg.), Nahost-Jahrbuch 1987, Opladen 1988. ah/bt

Schmidt-Bericht Bericht einer Experten-Gruppe der *UNCTAD zur Frage der Steigerung der Finanzströme in die Dritte Welt, die unter dem Vorsitz von Altbundeskanzler Helmut Schmidt tagte. Der am 1.6.1989 vorgelegte Bericht empfahl: Verdoppelung der *ODA innerhalb von 5 J.; vorrangige Vergabe der Finanzmittel an die EL, die Programme der Armutsbekämpfung, *Familienplanung und eine Politik der Erhaltung der Umwelt durchzuführen und weniger als 2 % des BSP für Militärausgaben aufzuwenden. dn

Schuldendienst Zins- und Tilgungsleistungen auf gewährte Kredite. Der S. wurde seit den 70er J. zu einem für viele *EL und einige *Schwellenländer (v.a. in LA), insbes. die Gruppe der ärmsten EL, nicht mehr lösbaren Problem. Das Ausmaß läßt sich bestimmen mit Hilfe des Schuldendienstquotienten, der den Schuldendienst auf die öfftl. *Verschuldung in % der Exporte von Gütern und *Dienstl. angibt. Den grundlegenden Trend zeigen die Zuwachsraten des Schuldendienstes und der Exporteinnahmen auf. Während der Schuldendienst der EL in den 60er J. um jährl. 9 % wuchs, erhöhten sich die Exporteinnahmen um jährl. 7,5 %. Diese Schere zwischen den Wachstumsraten hat sich für die meisten EL in den 70er und 80er J. dramatisch weit geöffnet. Der Schuldendienstquotient (auch Schuldendienstquote oder -relation) lag im Durchschnitt aller EL 1977 noch bei 17 %; 1986 erreichte er 26 % bei starker regionaler Differenzierung (vgl. Tabelle 16). Der gesamte Schuldendienst der EL betrug für das Jahr 1986 ca. 137 Mrd. US-$, wovon 70,3 Mrd. allein für Zinsen aufgebracht werden mußten. Im Vergleich dazu belief sich die *öffentliche Entwicklungshilfe aller Gebergruppen zusammen (*OECD, *OPEC, *COMECON)

Tabelle 16: Schuldendienstquotient der EL (Tilgung und Zinsen in % der Exporte)

	1975	1985
Afrika südl. der Sahara	9	31
China und Indien	10	11
übriges Asien	17	26
Nordafrika und vorderer Orient	7	22
Lateinamerika	29	40
EL insgesamt	13	29
LLDC	13	27
15 hochverschuldete EL	24	39

auf ca. 37 Mrd. US-$, so daß dieser Transfer nur für etwa die Hälfte der Zinszahlungen ausreichte.

Lösungs- bzw. Linderungsmöglichkeiten liegen in *Umschuldungen und in Verbesserungen der Struktur der Kredite (mehr öfftl. Hilfe, weniger Bankkredite zu marktüblichen Konditionen), neben einer Vielzahl anderer entwicklungspol. Maßnahmen, die u.a. den *Welthandel und das internationale Finanzierungssystem betreffen müßten. dn

Lit.: M. Bigler, Schuldendienstprobleme von staatlichen Schuldnern in Entwicklungsländern, Grüsch (CH) 1988.

Schule und Dritte Welt Unter den Bedingungsfaktoren der *Entwicklungspolitik innerhalb der IL ist nicht zuletzt die Rolle der Schule belangvoll. Inwieweit in der Bev. der IL Verständnis für die Probleme der *Dritten Welt, Unterstützung für Zielsetzungen der E.-Politik oder gar eigenständiges e.-pol. Engagement erwachsen, ist wesentlich davon mitbedingt, ob und wie diese Probleme in der Schule behandelt werden. Dritte Welt-bezogene Aufklärungs- und Bildungsarbeit findet zwar v.a. im außerschulischen Bereich statt – insb. von seiten der Kirchen (*AGKED, *AGEH), der großen Zahl e.-pol. *Aktionsgruppen sowie der Institutionen der Erwachsenenbildung (s.u.) –, doch nur die Schule hat die Chance, alle Heranwachsenden mit dem Problemkreis zu konfrontieren und ihnen e.-pol. notwendige Einsichten und Kompetenzen zu vermitteln.

Lehrpläne: EL und E.-Politik betreffende Inhalte wurden in den Lehrplänen seit den 70er J. zunehmend berücksichtigt. Sie gehören inzwischen laut Auffassung der Kultusministerkonferenz (1981) «zu den Lerninhalten, die fest in den Richtlinien und Lehrplänen der allgemein- und berufsbildenden Schulen verankert sind». Der Schwerpunkt liegt auf den höheren Klassen der Sekundarstufe I und auf der Sekundarstufe II. In der Sekundarstufe I sind es die Fächer Sozialkunde (bzw. Politik, Gemeinschaftskunde) und Erdkunde, in deren Curriculum EL-bezogene Probleme einen konstitutiven Bestandteil bilden. Am ausführlichsten erfolgt eine Behandlung in Erdkunde, aufgrund des i. d. R. höheren Stundenanteils des Faches. Daneben spielt die Dritte Welt eine Rolle in den Fächern Geschichte und Ev. und Kath. Religionslehre, in geringerem Maße in Biologie, Wirtschaftslehre, Ernährungslehre, Ethik. Die unkoordinierte, zersplitterte Behandlung unter je fachspezifischen Aspekten bietet keine günstigen Bedingungen für die ohnehin schwierige Vermittlung dieses Themenbereichs, der im Grunde nur in einem fächerübergreifenden Zugang angemessen erschlossen werden kann. So führen etwa Betrachtungsweisen, die die hist. und pol. Dimension ausblenden oder unzureichend berücksichtigen, notwendig zu einer verkürzten Problemsicht. In Lehrplänen mit eher integrativem Ansatz (Gesellschaftskunde in der Gesamtschule; gesellschaftswiss. Aufgabenfeld in der Sekundarstufe II) spielen e.-pol. Themen eine größere Rolle. In der Orientierungsstufe (Förderstufe, Kl. 5/6) kommt Dritte Welt in Erdkunde und Religion vor. In den Lehrplänen der Grundschule erscheint der Aspekt Dritte Welt lediglich im Religionsunterricht (überwiegend nur in ev. Religion, auch da nicht in allen Bundesländern). Dies ist unzureichend und angesichts der Erkenntnisse der Vorurteilsforschung, die gezeigt hat, daß grundlegende Einstellungen gegenüber Fremdgruppen schon vor dem zehnten Lebensjahr erworben werden, besonders bedauerlich. In den beruflichen Schulen, die etwa 80% aller Heranwachsenden durchlaufen, sind e.-pol. Lehrplaninhalte ebenfalls minimal. Da die zukünftigen Arbeitnehmer von den Fragen der wirtsch. Zusammenarbeit mit der Dritten Welt objektiv betroffen sind (Exportabhängigkeit der BRD, Arbeitsplatzauslagerungen, Arbeitsmigranten), ist dieses Defizit gravierend. Die Art der Berücksichtigung des Themenbereichs in den Lehrplänen ist höchst verschiedenartig und schwer vergleichbar (vgl. Müller/Schlausch, in: Bundeszentrale für pol. Bildung, 1986; Bülow/Decker-Horz 1984; für frühere Jahre: Schurig, in: Meueler/Schade 1977). «Die Notwendigkeit und Nützlichkeit von E.-Hilfe erscheinen in der Sek. I unbestritten. Lediglich in NRW wird die Problematik von E.-Hilfe aufgegriffen...» (Müller/Schlausch, S. 360). Eine allg. anerkannte didaktische Struktur ist für den Themenbereich angesichts fortgesetzter Zurückdrängung integrativer oder kooperativer Fächerverbindungen nicht in Sicht.

Lehrerausbildung und -fortbildung: Im Lehrangebot der Hochschulen finden sich Veranstaltungen mit EL-Bezug v. a. in den Fächern Politikwissenschaft, Geschichte, Geographie und Soziologie, daneben in Ev. und Kath. Theologie. Während ihre Zahl in den 70er J. noch relativ gering war, hat sie nach einer Erhebung von 1982 stark zugenommen (Bülow/Decker-Horz 1984). Man kann allerdings davon ausgehen, daß nur in sehr wenigen solcher Veranstaltungen interdisziplinäre Analysen angestellt oder Probleme der didaktischen Vermittlung mitberücksichtigt werden. Mit dieser Einschränkung kann gesagt werden, daß Möglichkeiten wiss. Vorbereitung auf Unterricht über Dritte Welt-Probleme heute weitgehend bestehen.

Nach wie vor höchst unzureichend ist dagegen die Lehrerfortbildung auf diesem Gebiet. Eine Verbesserung wäre zu erreichen durch stärkere Beteiligung sowohl der offiziellen Institutionen (z. B. * DSE) als auch der freien und kirchlichen Träger, deren geeignete Angebote als Lehrerfortbildungsveranstaltungen anerkannt werden müßten.

Lehr- und Arbeitsmittel: In den offiziellen Schulbüchern nehmen EL-bezogene Themen den vergleichsweise breitesten Raum in Erdkunde ein. Während früher eine länderkundliche Betrachtungsweise vorherrschte, ist heute eher eine straffe Unterordnung der Phänomene unter spezifische Fachziele der Geographie zu beobachten (z. B. Inwertsetzung von Räumen). Wirtschaftsgeogr. Aspekte haben in den neueren Unterrichtswerken einen hohen Stellenwert. In den Schulbüchern für Sozialkunde stehen der * Nord-Süd-Konflikt als Weltfriedensproblem und die pol. Notwendigkeit von E.-Hilfe im Mittelpunkt. In den Geschichtsbüchern erscheint der Bereich Dritte Welt im Zusammenhang der Stoffgebiete * Kolonialismus, * Imperialismus, Entkolonialisierung. Dabei herrscht i. d. R. eine ausgeprägt eurozentrische Sichtweise. Unzulänglich oder überhaupt nicht thematisiert werden in den Schulbüchern z. B.: sozioökon. Ursachen der UE, Zusammenhänge zwischen undemokratischen Strukturen in EL mit Wirtschaftsinteressen in IL, Widersprüche und Zwänge der E.-Politik, ökon. und ökol. globale Zusammenhänge, Überlebensfragen der Menschheit. Zu wenig kommen Stimmen aus der Dritten Welt zu Wort.

Unterricht über Dritte Welt-bezogene Themen bedarf in besonderem Maße zusätzlicher, möglichst aktueller Materialien. Sie stehen in reichhaltiger Auswahl zur Verfügung. Zum einen aus dem Angebot von Verlagen, zum andern gibt es eine Vielzahl e.-pol. tätiger Institutionen, Organisationen und Arbeitsgruppen, vom * BMZ bis zu * Terre des hommes, * UNICEF, der * DWHH, dem * DAHW, die für Schule und außerschulische Bildungsarbeit geeignete Informations-, Anschauungs- und Arbeitsmittel herausgeben (Nachweise in: Pädagogikhandbuch Dritte Welt, 1982; Medienhandbuch Dritte Welt, 1981). Die Vielseitigkeit des Materials ist beachtlich. Es gibt u. a. Filme, Videos, Diaserien, OH-Foliensätze, Poster, Schiebetafeln, Malbücher, Comics, * Kinder- und Jugendbücher, Planspiele, Theaterstücke, Liederbücher, Spiele.

Die Unübersichtlichkeit des Gesamtangebots verhindert eine optimale Nutzung und macht die Auswahl schwierig. Eine zentrale Clearing-Stelle mit entsprechender Servicefunktion, wie sie vom BMZ seit langem angestrebt wird, ist daher dringend zu wünschen.

Didaktik des Lernbereichs Dritte Welt: Die Didaktik hat es in diesem Bereich theoretisch und praktisch mit besonderen Schwierigkeiten zu tun, u. a.: äußerste Komplexität des Gegenstandes und daraus resultierende Gefahr ideologischer Vereinfachungen, auf der Seite der Adressaten geringer Erfahrungsbezug, * ethnozentrische Einstellungen und daraus resultierende Abwehrhaltungen. In der Didaktik der e.-pol. Bildung, die bereits eine bewegte Geschichte hat (Seitz 1986/87), bildeten sich in den 70er J. zwei Hauptrichtungen heraus, von denen die eine im Bereich der Geographie- und Geschichtsdidaktik dominierte und sich an * Modernisierungstheorien orientierte, während die andere in der pol. Bildung und in der ev. Religionspädagogik bzw. Bildungsarbeit vorherrschte und von * Dependenztheorien und * Imperialismustheorien ausging. Die letztere Richtung betonte den Zusammenhang zwischen Verhältnissen in der Dritten Welt und bei uns, den sie zugleich als umfassende pädagogische Herausforderung verstand («Dritte-Welt-Pädagogik»). Sie brachte beachtliche, heute noch lehrreiche Curriculum-Modelle hervor, in denen das Themenfeld Dritte Welt/E.-Politik als ein eigenständiger, interdisziplinärer Lernbereich wiss. begründet und unterrichtspraktisch entfaltet wurde: 1. E. Meueler: Lernbereich «Dritte Welt». Eine Curriculum-Entwicklung, Frankfurt 1978; ders. (Hg.): Unterentwicklung. Wem nützt die Armut in der Dritten Welt? 2 Bde., Reinbek 1974; 2. Hessische Stiftung für Friedens- und Konfliktforschung: HSFK-Studie 1–3/1978: Strukturelle Abhängigkeit und Unterentwicklung am Beispiel a) der portug. Kolonialherrschaft in Mozambique, b) Brasilien; D. Senghaas u. a.: Strukturelle Abhängigkeit und Unterentwicklung am Beispiel Mozambiques, Bonn 1980; 3. L. Helbig u. a.: Lernfeld Dritte Welt, Weinheim 1978; dazu 33 Arbeitsblätter und 4 Schülerhefte.

Ältere Konzepte waren von einem quasi deduktiven Ansatz bestimmt, der von der Vermittlung von Kenntnissen und Einsichten Einstellungs- und Verhaltensänderungen erwartete. Es erwies sich, daß die institutionellen Bedingungen schulischen Lernens – Fremdbestimmung, Anpassungs- und Leistungsdruck – einer entwicklungspol. Sensibilisierung starke Hemmnisse entgegensetzten. Daraus folgt als wichtiger Grundsatz, daß die Formen des Lernens nicht im Widerspruch stehen dürfen zu den angestrebten e.-pädagogischen Zielen. Diese Gefahr erscheint geringer bei einem eher induktiv verfahrenden Unterrichtskonzept, bei dem die Subjektivität des Schülers, seine Alltagserfahrungen und Bedürfnisse, die Ausgangsbasis für eine schrittweise Annäherung an die objektiven Probleme bilden. Die meisten neueren Unterrichtsmodelle haben daher die Gestalt eines offenen Curriculums. Hier entsteht andererseits die Gefahr einer gewissen Beliebigkeit der Lernergebnisse. Aufgabe bleibt daher, eine situationsadäquat flexible Synthese zwischen beiden Konzepten zu finden (M. Gronemeyer, in: Bundeszentrale für pol. Bildung 1977). Über den konventionellen Rahmen schulischen Lernens sollte durch Herstellung von Handlungsmöglichkeiten hinausgegangen werden, beispielsweise durch eine Dritte Welt-bezogene Schul-Aktion, möglichst mit Einbeziehung entwicklungspol. Institutionen/Organisationen.

Seit Ende der 70er J. sind in der Theoriebildung der e.-pol. Didaktik keine großen Fortschritte zu verzeichnen, ein Reflex der allg. Krise der Entwicklungstheorie und -politik. Ein neuer Ansatz liegt mit dem von A. K. Treml u. a. vertretenen Konzept einer «Entwicklungspädagogik» vor, dem es um pädagogische Antworten auf die Überlebensprobleme der Menschheit infolge der weltweiten Fehlentwicklung der Ind.-Zivilisation geht (A. K. Treml [Hg.]: Entwicklungspädagogik – Über- und Unterentwicklung als Herausforderung für die Erziehung, Frankfurt 1980), das aber bislang nur indirekt einen Beitrag zur Didaktik darstellt. Neuere Tendenzen bestehen in einer Annäherung an die «Interkulturelle Erziehung», deren Ausgangspunkt die Probleme des Zusammenlebens mit Ausländern bei uns sind («Die Dritte Welt beginnt bei uns», ZDF-Serie 1982), und, damit verwandt, in einer gezielten Förderung von Schulpartnerschaften mit der Dritten Welt (G. E. Rieger, in: Bundeszentrale für pol. Bildung 1986. Serviceeinrichtung: «Initiativen Partnerschaft Dritte Welt e. V.», Prof. G. Wiemann, Keßlerstr. 46, 3200 Hildesheim).

Erwachsenenbildung: E.-bezogene Erwachsenenbildung findet v. a. im Bereich der Kirchen und der Volkshochschulen statt. Nachdem das klassische Konzept aufklärender Information sich als nur begrenzt erfolgreich erwies, rückte ein «innovationsorientierter Ansatz» ins Zentrum der Diskussion, der darauf abstellt, daß Voraussetzung für eine Sensibilisierung für die Dritte Welt ein Angehen der ohnmachtsverursachenden Konflikte im eigenen gesellsch. Umfeld ist («Bochumer Nahbereichsthese», Gronemeyer/Bahr 1977). Grundlegend sind danach Erfahrungen wiedererrungener Kompetenz durch Lernen, etwa in Bürgerinitiativen. Thematisch bedeutsam erscheinen insb. die Nahtstellen zwischen Nahbereich und Fernbereich, an denen eine strukturelle Identität der Probleme in der Ersten und der Dritten Welt erkannt werden kann (z. B. Gastarbeiter, *Tourismus, Arbeitsplatzauslagerungen). Einwände gegen diesen Ansatz gehen u. a. dahin, daß der Schritt von einer Politisierung der eigenen Lebensumstände zu einem Engagement für Benachteiligte in der Dritten Welt nicht zwingend sei. Angestrebt wird daher eine integrierte Konzeption, die kognitiv instruierende Lernprozesse und Lernerfahrungen im sozialen Feld miteinander kombiniert. Eine neuere Tendenz besteht wie im Schulbereich in der (Wieder-)Betonung interkulturellen Lernens und der Entwicklung einer darauf bezogenen Didaktik sowie in der Organisation entsprechender Erfahrungsmöglichkeiten (H. Otten in: Bundeszentrale für pol. Bildung 1986; Institut für Internationale Begegnungen 1988).

Lit.: *Schule und Dritte Welt:* Bundeszentrale für pol. Bildung (Hg.), Zur Methodik des Lernbereichs Dritte Welt, Bonn 1977; dies., Dritte Welt und Entwicklungspolitik, Bonn 1986; E. Meueler/K. F. Schade (Hg.), Dritte Welt in den Medien der Schule, Stuttgart/Bonn 1977; L. Helbig u. a., Lernfeld Dritte Welt, Weinheim u. Basel 1978; Österreichische Forschungsstiftung für Entwicklungshilfe (Hg.), Internationale Entwicklung, Hefte 1, 2/1980: Entwicklungsorientiertes Lernen – Development Education; A. F.-S. T. M./agib/*BUKO/*ÖIE (Hg.), Aktionshandbuch Dritte Welt, 7. Aufl. Wuppertal, 1986; A. Treml (Hg.), Pädagogik-Handbuch Dritte Welt, Wuppertal 1982; D. Bülow/S. Decker-Horz, Die Darstellung der Dritten Welt im Schulunterricht, Köln 1984; K. Seitz, Drei Jahrzehnte entwicklungsbezogene Bildungsarbeit, in: epd-entwicklungspolitik 1986 (Heft 17, 20, 21/22), 1987 (Heft 2, 5/6, 14/15, 23/24); Oberstufenkolleg an der Universität Bielefeld (Hg.), Dritte Welt im Unterricht, Bielefeld 1987; R. Schmitt (Hg.), Dritte Welt in der Grundschule (i. Vorber.). *Österreich:* M. Klug, Schule und Dritte Welt in Österreich, in: Dritte-Welt-Problematik im Schulunterricht, Saarbrücken 1977; C. Renoldner, Entwicklungsorientierte Bildungsarbeit an österreichischen Schulen, in: Internationale Entwicklung, 1980/2, S. 15 ff.; G. Krämer, Entwicklungsorientierte Materialien aus Österreich, in: ebda., S. 34 ff. *Schweiz:* M. Obrist, Entwicklungspolitische Informationen im Schulunterricht in der Schweiz, in: Dritte-Welt-Problematik im Schulunterricht, Saarbrücken 1977.

Erwachsenenbildung: J. Harms/R. Koch/E. Meueler u. a. (Hg.), Entwicklung aus eigener Kraft. Organisationsmodelle kirchlicher Erwachsenenbildung, 5, Darmstadt 1976; M. Gronemeyer, H.-E. Bahr (Hg.), Erwachsenenbildung. Testfall Dritte Welt, Opladen 1977; A. Holzbrecher, Dritte-Welt-Öffentlichkeitsarbeit als Lernprozeß. Zur politischen und pädagogischen Praxis von Aktionsgruppen, Frankfurt 1978; G. Krämer, Pädagogische Aspekte entwicklungspolitischer Öffentlichkeitsarbeit, Frankfurt 1980; H. Hinzen/W. Leumer (Hg.), Erwachsenenbildung in der Dritten Welt. Dialog über Erfahrungen, Braunschweig 1982; Deutscher Volkshochschulverband (Hg.), Evaluierung der entwicklungspol. Bildungsarbeit im Volkshochschulbereich, Bonn 1987; Institut für internationale Begegnungen (Hg.), Von und mit der Dritten Welt lernen. Arbeitshilfen für die pol. Bildung, Heft 1–4, 2. Aufl., Bonn 1988.

Informations- und Arbeitsmaterial, Periodica: *BMZ, Ref. Information/Bildungsarbeit; Entwicklungspolitik – Spiegel der Presse (ca. 30 Ausgaben jährl.) – Sonstiges Angebot: zusammengestellt im BMZ-Faltblatt «Informationsmedien Entwicklungspolitik»; CON-Vertrieb, Westerdeich 38, 2800 Bremen: Jährl. Katalog: Literatur aus und über Afrika, Asien, Nah-Mittelost, Lateinamerika, Ausländer in der BRD; Loseblattsammlung: Materialien für Unterricht und Bildungsarbeit, hg. v. d. Gesellschaft für Entwicklungspolitische Bildung e. V. (bis 1988: 21 Hefte); Deutscher Volkshochschul-Verband e. V., Fachstelle für Internationale Zusammenarbeit, Rheinallee 1, 5300 Bonn 2: Volkshochschulen und der Themenbereich Afrika, Asien, Lateinamerika. Materialien (erscheinen in unregelmäßiger Folge); Entwicklungspädagogisches Informationszentrum Reutlingen, Lederstr. 34, 7410 Reutlingen (Archiv, Fernausleihe); *E + Z, Entwicklung und Zusammenarbeit. Beiträge zur Entwicklungspolitik, hg. von der *DSE (monatl.); EPK, Postfach 2846, 2000 Hamburg 19: Entwicklungspolitische Korrespondenz (Themenhefte, zweimonatl.); *epd – Entwicklungspolitik. Informationen – Berichte – Analysen, hg. vom Gemeinschaftswerk der Ev. Publizistik e. V. (zweimal monatl.); epd – Dritte Welt Information; Österreichischer Informationsdienst für Entwicklungspolitik (*ÖIE) – Medienservice, Kleeblattgasse 4, A–1010 Wien: Materialliste auf Anfrage; Schulstelle Dritte Welt, Postfach 1686, Monbijoustr. 31, CH 3001 Bern: Materialliste auf

Anfrage; Gemeinschaftswerk der Evang. Publizistik, Medienhandbuch Dritte Welt – Filme und Tonbildreihen, Wuppertal 1981; Projekt Dritte Welt in der Grundschule, Zentrale Dokumentation, Christina Ehlers, Am Dobben 102, 2800 Bremen 1 (Fernausleihe); Dritte Welt in der Grundschule, hg. vom Arbeitskreis Grundschule e. V. (vierteljährlich), als Beiheft der Zeitschriften Die Grundschulzeitschrift (Friedrich Verlag), Grundschule (Westermann Verlag), Lehrerjournal Grundschulmagazin (Oldenbourg/Prögel/Ehrenwirth); Zeitschrift für Entwicklungspädagogik, hg. von A. K. Treml (vierteljährl.), Wochenschau Verlag, Schwalbach/Ts.

wg

Schwellenländer Die terminologische Vielfalt des Begriffs (Schwellenländer = SL), NIC (*Newly Industrializing Countries*, halbindustrialisierte Länder, Länder auf dem Weg zur *Industrialisierung, Länder mit mittlerem Einkommen, Schwerpunktländer) deutet darauf hin, daß sich in der e.-pol. Diskussion keine allg. akzeptierte Definition durchgesetzt hat. Verwendete Merkmale sind: Pro-Kopf-Produkt 1979 über 1000 US-$ (*Weltbank); hoher und wachsender Anteil an der Weltindustrieproduktion und am Weltfertigwarenexport (*OECD); Kombination von hohem Pro-Kopf-Einkommen und soziostrukturellen Merkmalen (EG); Indikatoren zur int. Wettbewerbsfähigkeit und angenommene Steigerungspotentiale der Fertigwarenexporte (brit. Regierung); Pro-Kopf-Einkommen 1976 über 630 US-$ und versch. nichtökon. E.-*Indikatoren (*BMZ); regionales Wirtschafts- und Militärpotential (*DIE); Pro-Kopf-Einkommen 1978 1100 bis 3500 US-$ und Anteil der verarbeitenden Industrie am BSP von 20% oder mehr (Bela Balassa). Aufgrund dieser unterschiedlichen Merkmalskataloge ergeben sich jeweils überschneidende Listen von 10 (OECD) bis zu 29 (BMZ) SL.

Dahinter steht das unterschiedliche Erkenntnisinteresse der jeweiligen Institutionen und Autoren. Geht es um die aus den SL erwachsende Konkurrenz für die IL, werden die Industrialisierungsdynamik und der Fertigwarenanteil im Export betont. Steht die Vergabepraxis von *Entwicklungshilfe (z. B. Höhe des Zinsniveaus bei Krediten) im Vordergrund, werden zusätzlich nichtökon. Indikatoren wie durchschn. *Lebenserwartung, Grad der *Alphabetisierung, *Einkommensverteilung berücksichtigt. Interessiert die e.-theoretische Erklärung des Phänomens, werden die weltmarktorientierte (Exportindustrialisierung) oder binnenmarktorientierte (*Importsubstitution) Industrialisierungsstrategie und die liberale oder interventionistische Außenwirtschaftspolitik hervorgehoben.

Der letztgenannte Aspekt ist deshalb bes. interessant, da er quer durch alle theoretischen und weltanschaulichen Lager eine neue Diskussion über die Möglichkeit oder grundsätzliche Unmöglichkeit nachholender E. überhaupt entfacht und damit sowohl im *modernisierungstheoretischen wie im *dependenzanalytischen Lager bislang als Dogmen geltende Annahmen über die Ursache von *Entwicklung und UE in Frage gestellt hat.

Grundsätzlich kann festgehalten werden, daß im angelsächsischen Bereich die Industrialisierungsdynamik das wesentliche Kriterium ist, während im deutschsprachigen Bereich die Diskussion breiter angelegt ist und stärker pol. und soziale Indikatoren berücksichtigt werden. Unter e.-theoretischen Gesichtspunkten läßt sich ein Indikatorenmodell formulieren, das die Sachverhalte, Indikatoren und Schwellenwerte umfaßt.

Grunddilemma aller SL ist, daß die Anfang der 60er J. zu beobachtenden Wachstumsraten (v. a. der Ind.) in vielen Fällen zu wachsenden sektoralen (im Vgl. zur Landw.) und regionalen Disparitäten innerhalb der Länder führen und v. a., daß die wirtsch. E. nicht oder nur kaum mit einer entsprechenden sozialen und pol. E. einhergeht. Im Gegenteil: Wirtschaftswachstum und Exporterfolge bei Fertigwaren sind in starkem Maße nur vor dem Hintergrund pol. repressiver Systeme (niedrige Löhne, langer Arbeitstag, *Kinderarbeit, Verbot von *Gewerkschaften und organisierter Opposition, kaum vorhandener Arbeitsschutz, kaum Sozialleistungen und Umweltauflagen) zu erklären, da nur so der int. «komparative Vorteil» (billige Arbeitskraft bei hoher Arbeitsproduktivität = niedrige Stücklohnkosten) in *arbeitsintensiven Branchen mit ausgereiften Technologien garantiert werden kann.

Sinnvoll erscheint allerdings eine Unterscheidung zwischen den eher kleinen exportorientierten, in Ostasien zu findenden SL vom Typ →Taiwan mit eher durchgreifenden Modernisierungsprozessen auf vielen Ebenen und den eher binnenmarktorientierten, etwa in LA zu findenden SL wie Brasilien, wo die sektoralen, regionalen und sozialen Disparitäten eher zu- als abnehmen. Ein Minimalkonsens ließe folgende Liste zu: Hongkong, Singapur, Taiwan, Malaysia, Südkorea, Brasilien, Mexiko, Spanien, Portugal, Griechenland, Jugoslawien, Israel, Südafrika.

Lit.: B. Yoffie, Power and Protectionism. Strategies of the Newly Industrializing Countries, New York 1983; C. Bergmann, Schwellenländer. Kriterien und Konzepte, München 1983; U. Menzel/D. Senghaas, Europas Entwicklung und die Dritte Welt, Frankfurt 1986. um

SDA *Social Dimensions of Adjustment Program,* Programm von *UNDP, *AFDP und *Weltbank zur Verringerung der Armutseffekte von Strukturanpassungsprogrammen. 1987 begonnen.

SDR →Sonderziehungsrechte

SEAMEO →ASEAN

SEATO Südostasien-Pakt (*South-East Asia Treaty Organization*), 1954 in Manila gegr., Mitgl.: USA, Frankreich, GB, Australien, Neuseeland, Pakistan, Thailand, Philippinen; Zielsetzung: Abwehr des Kommunismus in der Region; Aufbau eines der NATO vergleichbaren Bündnisses. Nachdem Frankreich sich 1967 *de facto* zurückzog und Pakistan 1972 ausschied, löste sich das Bündnis Juni 1977 infolge des Scheiterns der angestrebten Ziele auf. dn

Seerechtskonferenz →Internationales Seerecht

SEF Stiftung Entwicklung und Frieden; gegr. im Herbst 1986 auf Initiative von Willy Brandt, der seinen «Dritte Welt Preis» in die Stiftung einbrachte. Das Land NRW beteiligte sich an der Sockelfinanzierung. Die Überparteilichkeit der SEF wird durch die Zusammensetzung des Vorstands (u. a. J. Rau, K. Biedenkopf, R. v. Wechmar) und des Kuratoriums dokumentiert. Die SEF hat sich laut Gründungsstatut zum Ziel gesetzt, durch Schriften (u. a. Zft. «Interdependenz»), Symposien und Vortragsreihen zu den drei Themenschwerpunkten Frieden, Entwicklung und Umwelt auf die öfftl. Diskussion und pol. Willensbildung einzuwirken. Die Themenschwerpunkte und Arbeitsziele stehen in der Tradition der Deutschen Gesellschaft für Friedens- und Konfliktforschung (→Friedensforschung). Organisatorisch wird die SEF von einer Geschäftsstelle in Bonn, wiss. von einem Wiss. Beirat (Leitung: D. Senghaas) und einer Forschungsstelle an der Universität Duisburg unterstützt. Adresse: Laufenbergstr. 30, 5300 Bonn 2 fn

sektoral, Sektoren →Wirtschaftssektoren

Sektoralplanung →Entwicklungsplanung

SELA Lateinamerikanisches Wirtschaftssystem (*Sistema Económico Latinoamericano*), initiiert von den mexikan. und venezolan. Staatspräs. Echevarría und Pérez, Gründungsdatum 17.10.1975: Unterzeichnung des Panama-Vertrags (*Convenio de Panamá*) nach nur 16monatiger Verhandlungsphase. Gründungsmitgl.: 23 Staaten des lateinamerik. und erstmalig auch des karibischen Raums, seit 1978: 26 Mitgl. (Nicht-Mitgl.: Puerto Rico und ehemalige brit. und franz. Kolonien). Der Ausschluß der USA und die Einbeziehung Kubas (im Gegensatz zur *OAS und *CECLA) zeigt die pol. Stoßrichtung des SELA; Bekenntnis zum ideologischen Pluralismus. *Zielsetzung:* 1. Förderung der regionalen Zusammenarbeit, 2. Koordinierung der bestehenden regionalen Integrationsprozesse, 3. Förderung von wirtsch. und sozialen E.-Projekten, 4. Koordinierung der Standpunkte und Erarbeitung einer gemeinsamen Position ganz LAs gegenüber den IL und vor int. Organisationen, 5. Förderung der weniger entwickelten Länder innerhalb der Region. Im Vergleich zu vorangegangenen Zusammenschlüssen lateinamerik. *Integration liegt der SELA ein pragmatischerer und flexiblerer Ansatz zugrunde. *Organe und Arbeitsebenen:* 1. Lateinamerik. Rat: Jedes Land ist durch einen Min. (meist Wirtschaftsmin.) vertreten. Die einmal jährl. in Caracas stattfindenden Ratssitzungen werden auf Expertentreffen vorbereitet. Beobachter lateinamerik. und int. Organisationen können an ihnen teilnehmen. Kompetenzen: u.a. die Festlegung der SELA-Politik, Wahl des Sekretariats, Verabschiedung des Haushalts. In wichtigen Fragen ist Einstimmigkeit, sonst Zweidrittelmehrheit erforderlich. Die Ämter des Ratsvorsitzenden und seines Stellvertreters wechseln turnusmäßig in alphabetischer Reihenfolge.

2. Ständiges Sekretariat: Sprachrohr und Verhandlungspartner der Mitgl. nach außen; Sitz in Caracas. Zu seinen Aufgaben gehört die Unterbreitung von Vorschlägen an den Rat, die Ausführung der Ratsbeschlüsse, Koordinierung von Aktionskomitees, Organisation von Expertentreffen, Kontaktpflege mit anderen regionalen und int. Organisationen. Der an der Spitze stehende Sekretär und sein Stellvertreter, die unterschiedlicher Nationalität sein müssen, werden auf 4 J. vom Rat gewählt.

3. Aktionskomitees (AK): Sie sind dezentralisierte und für eine best. Zeitdauer bestehende Zusammenschlüsse interessierter Staaten (vorzeitiger Austritt möglich) zur Vorbereitung und Durchführung gemeinsamer Projekte. Als flexibles und pragmatisches Instrument sind sie die für SELA spezifische Form der intraregionalen und *multilateralen Kooperation. Mindestens drei Länder bilden ein AK, dessen Sitz jeweils die Hs. eines beteiligten Landes ist. Jedes AK hat sein Sekretariat und bestreitet die Finanzierung des Projekts selbst. Aufgabenfeld sind E.-Projekte im landw., ind., techn. und sozialen Bereich. Ziele: Nutzung der eigenen *Ressourcen, Befriedigung der *Grundbedürfnisse, Unterstützung weniger entwickelter und notleidender Regionen, Verringerung der *Abhängigkeit. Neben AK lateinamerik. Solidarität (Erdbebenhilfe für Guatemala, Wiederaufbau Nicaraguas und Unterstützung Argentiniens nach dem *Falkland-/Malvinas-Konflikt) bestanden bisher AK für kunsthandwerkliche Produkte, Meeres- und Süßwasserprodukte, *Tourismus, sozialen Wohnungsbau, zur Errichtung eines lateinamerik. technol. Infomationsnetzes, staatl. Unternehmensverbände für Außenhandel und zur LA-Informationsagentur, in jüngerer Zeit auch zu Themen wie Dienstleistungen und *Verschuldung.

Aus AK gingen u.a. hervor: 1. die Gründung regionaler Kooperationsinstanzen wie die lateinamerik. Organisation zur Entwicklung des Fischfangs OLDEPESCA, die seit 1982 mit gutem Erfolg arbeitet, die lateinamerik. Exportbank BLADEX (seit 1977), die Nachrichtenagentur ALASEI (1983), das lateinamerik. technol. Informationsnetz RITLA (1983) und die lateinamerik. Organisation für Wohnungsbau und menschliche Verpflegung (*Organización Latinoamericana de los Asentamientos Humanos*, 1984); 2. lateinamerik. *multinationale Konzerne wie MULTIFERT (multinationales Unternehmen für Düngemittelankauf, seit 1980), COMUNBANA (multinat. Bananenhandel), GEPLACEA (Gruppe lateinamerik. und karib. Zuckerexporteure), NAMUCAR (multinat. Schifffahrtsgesellschaft, seit 1975) und *PETROLATIN (multinat. Erdölunternehmen, seit 1975). – Die Aktivitäten von SELA lassen sich in eine interne und eine externe Strategie untergliedern. Zur internen gehört die Zusammenarbeit mit regionalen Institutionen (*BID, *CEPAL, *SIECA, *OLADE, *INTAL) und mit anderen Integrationsmechanismen (*Andenpakt, *MCCA, *CARICOM, *ALADI), die Arbeit der Aktionskomitees sowie die Schaffung lateinamerik. und multinationaler Unternehmen. Zur externen Strategie zählen die Kontakte zu int. Organisationen (*FAO, *Weltbank, *IWF, *UNIDO; *EG), wobei SELA die einzige regionale lateinamerik. Org. ist, die bei int. Konferenzen anwesend ist (seit *KIWZ) und Beobachterstatus hat (z.B. bei *UNCTAD-Konferenzen seit 1976). Dort tritt es als Sprecher LAs auf. SELAs Beziehung zu den USA war in der Vergangenheit durch Konfrontation gekennzeichnet, zunehmend wird jedoch der Wunsch nach Verbesserung der Bez. bekräftigt. Eine Verringerung der wirtsch. Abh. von den USA sucht SELA auch durch eine verstärkte Bez. zur EG (Vorwürfe: Vernachlässigung LAs im Vergleich zu den *AKP-Staaten und Protektionismus, bes. in der Agrarpolitik).

Mit den zwei Strategien, dem Versuch der qualitativen Neugestaltung der Nord-Süd-Beziehung und der Intensivierung der *Süd-Süd-Beziehungen folgt SELA dem Konzept der *collective self-reliance*. Im Gegensatz zu den Aktivitäten der Koordination und Konsultation haben sich die Bemühungen um intraregionale Kooperation als wenig erfolgreich erwiesen. Gründe hierfür liegen in der Einstellung der Mitgliedsländer, die zwar das gemeinsame Handeln als Notwendigkeit begreifen, andererseits aber Kompromißlösungen ablehnen, sobald diese die eigene nat. Souveränität berühren.

Lit.: R.K. Furtak, Das Sistema Económico Latinoamericano: Kooperation im Zeichen kollektiven Selbstvertrauens, in: Jahrbuch für Geschichte, Köln/Wien 1979, S. 407–435; E. Garzón Valdés, SELA – Eine Organisation der Lateinamerikanischen Entwicklungspolitik, in: Die Dritte Welt, Neustadt 1980, S. 86–101; M. Mols, Das Lateinamerikanische Wirtschaftssystem SELA, in: ders. (Hg.), Integration und Kooperation in Lateinamerika, Paderborn 1981, S. 249ff.; F. Salazar Santos, SELA: antecedentes y realizaciones, in: Integración Latinoamericana, 108/1985, S. 3–27. as/pb

Selbstbeschränkungsabkommen

Weitverbreitetes Restriktionsinstrument der Außenhandelspol., zählt zu den Formen des versteckten *Protektionismus. Ein an der Begrenzung der Einfuhr eines best. Gutes interessierter Staat zwingt seine(n) oft wirtsch. schwächeren Handelspartner unter (mehr oder minder subtiler) Androhung von Zwangsmaßnahmen (Importstop, auch Erhebung oder Erhöhung von Zöllen und Kontingenten) dazu, ein sog. freiwilliges Exportselbstbeschränkungsabkommen abzuschließen, das dem Lieferland zwar seine Exportmöglichkeit läßt, ihm aber gleichzeitig mengenmäßige Beschränkungen auferlegt. Dies ist, verglichen mit einem völligen Importstop, für das Lieferland aus versch. Gründen – hohe Verluste bei plötzlichem Importstop (z.B. bei nicht lagerfähigen Agrarprodukten), Rechtsverbindlichkeit, Planbarkeit, ggf. Ausweichmöglichkeit auf Ersatzmärkte – meist das geringere Übel; wirkliche «Freiwilligkeit» (etwa aus pol. Rücksichten) ist selten gegeben. Diese Art Protektionismus ist in allen Bereichen des Außenhandels verbreitet (jap. Pkw-Exporte in die BRD, europ. Stahlexporte in die USA, *Multifaserabkommen etc.), trifft aber EL-Ökonomien wegen ihrer hohen Abh. vom Export meist weniger Güter besonders hart. Insbes. die Handelspol. der EG (weltweit größter EL-Absatzmarkt) hat hierbei einen unrühmlichen Ruf, v.a. im Bereich der Agrarmarktordnungen. Als Druckmittel fungieren hierbei die im *Allgemeinen Präferenzsystem und im **Lomé*-Vertrag (→Entwicklungspolitik der EG) vorgesehenen, bislang nie angewandten Schutzklauseln. bg

Selbsthilfe(-Organisationen) Unter S. ist die aktive Teilnahme von Bev.-Gruppen an der Gestaltung der unmittelbaren Lebensbedingungen und der wirtsch. und sozialen E. jeweiliger EL zu verstehen. S. durch *E.-Hilfe zu fördern kann bewirken, Eigeninitiativen anzuregen sowie humane und materielle Reserven einer Gruppe von Menschen freizusetzen (Mobilisierung), die Lebensverhältnisse der an einer S. Beteiligten individuell und kollektiv zu verbessern, ihnen durch Organisationen stärkeres pol. Gewicht zu verschaffen und damit verbesserte Möglichkeiten der *Partizipation am pol. Entscheidungsprozeß.

Das *BMZ hat 1977 allg. Grundsätze für die Förderung von S.-Organisationen (SHO) aufgestellt. Danach werden als SHO begriffen «solche Organisationen, deren (personelle) Mitgl. sich auf Grund gemeinsamer Interessen zusammengeschlossen haben, um die dauerhafte Verfolgung ihrer übergeordneten Ziele durch Verbesserung ihrer wirtsch. und sozialen Situation anzustreben. Dabei soll diese Verbesserung nicht durch geldliche Zuwendungen (...), sondern durch die Erbringung von *Dienstleistungen im weitesten Sinne erreicht werden. Diese Definition umfaßt nicht nur registrierte *Genossenschaften und bäuerliche Vereinigungen, sondern auch alle Arten präkooperativer Gruppierungen (z. B. *Communauté Rurale, Better Living Societies, Ligas Campesinas* u. ä.).» Die Förderung von S. versteht sich als Instrument zur Entwicklung von SHO, welche (nach BMZ) folgende Phasen durchläuft: 1. Initiierung von S. und Entwurf eines operativen Konzepts; 2. Motivierung und Schulung von SHO-Gründungsmitgl.; 3. organisatorische und ggf. rechtliche Gründung der SHO; 4. Herstellung der Betriebsbereitschaft eines Wirtschaftsbetriebs im Falle formaler SHO; 5. Einübung des Dauerbetriebs bis zur Verselbständigung; 6. selbständiger Dauerbetrieb mit Förderungsbedarf; 7. Dauerbetrieb ohne Förderung.

Lit.: O. C. Kirsch/A. Benjacov/L. Schujmann, The Role of Self-Help Groups in Rural Development Projects, Saarbrücken 1980. dn

Selektive Teilnahme Bezeichnet die teil- und wahlweise Partizipation der EL am Weltmarkt, als E.-Strategie vom *Dag Hammarskjöld-Bericht 1975 vorgeschlagen. Zielsetzungen: «Abh. soweit wie möglich zu verringern. Unabh. soweit wie möglich zu vergrößern und gegenseitige Abh. so ausgewogen wie möglich zu erreichen.» ST soll in Verbindung mit qualitativ anderen Beziehungen zu den IL-Ökonomien erfolgen und ausgehend von den je eigenen nat. Voraussetzungen für die Anwendung einer solchen Strategie beitragen zu einem nat. bestimmten E.-Prozeß und zu nat. bestimmten int. Wirtschaftsbeziehungen eines EL. dn

self-employment →Berufsbildung

self-reliance In der kritischen Auseinandersetzung mit westl.-kapitalist. E.-Strategien entstandenes E.-Konzept, das – ausgehend vom Vertrauen auf die eigenen Kräfte – die eigenen *Ressourcen zur Befriedigung der menschlichen *Grundbedürfnisse einsetzen will und dies per Massenmobilisierung, Konzentration auf den Binnenmarkt und *Partizipation der Bev. an den pol. Entscheidungen auf den verschiedenen Ebenen zu erreichen sucht. Sr ist verbunden mit der Suche nach einem eigenen, den jeweiligen Traditionen eines EL angepaßten E.-Weg und kann als Alternative zu wachstums- und weltmarktorientierten E.-Strategien begriffen werden.

Lit.: J. Galtung, Self-Reliance, München 1983. dn

self-sustained growth →*take-off*

Sendero Luminoso (dt. «Leuchtender Pfad») *Guerilla-Org. marxistisch-leninistischer und maoistischer Ideologie in Peru. 1970 gegr. und zunächst vorwiegend von Intellektuellen getragen. SL versuchte anfangs, die Landbev. der Hochlandprovinz Ayacucho für die (friedliche) pol. Auseinandersetzung zu mobilisieren. Nach der * Demokratisierung Perus 1980 nahm sie den bewaffneten Kampf auf. Neben der weiteren Verarmung der Landbev. führten auch der ethn. Konflikt (Indios vs. Weiße) und der Ggs. zwischen Peripherie und Zentrum (→Zentrum-Peripherie-Modell) dazu, daß der SL ein beachtliches Rekrutierungspotential unter der Landbev. vorfand. Die Zahl der Guerilleros wird auf mehrere tausend geschätzt. 1983 wurde dem Militär die Bekämpfung des SL übertragen, zusammen mit der pol. Kontrolle über die betroffenen Gebiete der Zentralanden; 1989 stand ⅓ aller Provinzen unter Ausnahmezustand. Nachdem sich der Konflikt anfangs auf die armen Hochlandprovinzen konzentriert hatte, greifen die Anschläge seit 1988 auf die städt. Zentren über. Anfang 1989 wurde angenommen, daß SL ¼ des Landes kontrolliere und bald in der Lage sein werde, die Versorgung der Hs. Lima zu unterbrechen. Im Ggs. zur * Guerilla anderer Länder oder der früherer Jahrzehnte werden SL Chancen auf einen Erfolg des Kampfes eingeräumt. Neben dieser direkten Bedrohung wächst mit der Eskalation der Gewalt für die peruan. Demokratie auch die Gefahr eines erneuten Militärputsches. hb

Senegal Die Republik S. (* MSAC, * AKP) ging aus der ältesten franz. Kolonie in Schwarzafrika hervor. S. besitzt seit dem 19. Jh. eine ununterbrochene Erfahrung mit «modernen» pol. Institutionen und ist mit einem Vielparteiensystem scheinbar ein demokratisches Musterland in Westafrika. Die wirtsch. E. ist durch eine Krise des dominanten Wirtschaftsfaktors Erdnuß und drohenden Staatsbankrott gekennzeichnet.

1. Bei 1990 rund 7,4 Mio. Ew. (Wolof ca. 35 %, Peul und Tukulör 18 bzw. 9 %, Serer 17 % u. a.) teilt sich das 197 000 qkm große Land in vier Hauptklimazonen: die * Sahelzone im N, die fruchtbaren Gebiete im nördl. Küstengebiet und im O sowie die «grüne Waldzone» in der Casamance im S, die durch Gambia vom übrigen Senegal etwas getrennt ist. Wichtigster Anziehungspunkt zahlreicher Migrationen ist die Halbinsel Cap Vert mit der Hs. Dakar (über 1 Mio. Ew.), wo auf 0,28 % der Gesamtfläche rd. 15 % aller Ew. leben (jährl. Zuwachsrate 5,4 %, S. insgesamt 2,9 %), während der O (30,4 % der Fläche) nur 6 % der Ew. zählt. Rd. 85 % der Bev. bekennen sich zum Islam, dessen Bruderschaften (Tidjania, Mouridiya, Quadriya) großen pol. und wirtsch. Einfluß besitzen. 5 % sind Christen, der Rest (v. a. in der Casamance) Animisten.

2. Das bis zu Beginn des 20. Jh.s landw. in etwa autarke Gebiet wurde in stillschweigender Zusammenarbeit zwischen franz. Unternehmen und der Kolonialverwaltung einerseits und den Führern der Mouriden, die heute etwa die Hälfte der Ernte kontrollieren, andererseits ganz auf Erdnußanbau umgestellt, der die Bedeutung einer * Monokultur erlangte (Erdnuß und Erdnußprodukte machten über Jahrzehnte den Löwenanteil der Exportwerte aus). Nach der Unabh. von 1960, der eine nur zwei Monate dauernde Föderation mit dem heutigen Mali vorausging, wurden zwar fast alle Bauern in * Genossenschaften zusammengefaßt. Doch eigneten sich statt der privaten Händler nun Angehörige der korrupten * Staatsklasse die Gewinne an. Die staatl. Vermarktungs-Monopolorganisation ONCAD mußte 1980 mit einem Defizit von rund 640 Mio. DM aufgelöst werden.

Nachdem Präs. * Senghor Ende 1962 die Machtprobe mit MP M. Dia durch Militäreinsatz zu seinen Gunsten entschied, dominierte in der Praxis eindeutig eine privatwirtsch. orientierte * E.-Politik. Dies wurde noch deutlicher in den 80er J., als die Regierungspartei PS auf Grund von Auflagen des *IWF Maßnahmen zustimmte, die sie in innerparteilichen Dokumenten zu Rechtfertigungen angesichts ihres marktwirtschaftlichen Kurses zwangen. Der Staat hat sich zwar aus landw. Agenturen zurückgezogen. Doch auch nach Proklamierung der «Neuen Agrarpolitik» (NPA) 1985, die durch Anreizpreise im Agrarsektor die landw. Produktion steigern sollte, hat gerade die Entwicklung der Weltmarktpreise für Erdnuß die Agrarpolitik nicht mehr finanzierbar werden lassen. S. ist heute der weltweit größte Exporteur von Erdnuß, weshalb paradoxerweise Rekordernten in S. wie 1987/88 (950000 t) den Weltmarktpreis drücken. Lagen in den 60er und 70er J. die Aufkaufpreise für die senegalesischen Produzenten um 50–70% unter dem Weltmarktpreis, so erreichten sie im Mai 1988 ein Niveau von 50% darüber, was die senegalesische Regierung veranlaßte, den Aufkaufpreis von 90 auf 70 F CFA für die nächste Erntesaison zu kürzen. Im sekundären Sektor kontrolliert weiterhin franz. Kapital einen Großteil der *importsubstituierenden und landw. Produkte verarbeitenden Betriebe. Neben Erdnuß (1/4 des Umsatzes in der Ind. entfällt auf Ölmühlen) stehen dabei die Erzeugnisse des in den 60er J. im Küstenbereich errichteten, vorwiegend exportorientierten Agrobusiness (Gemüse, Obst, Reis) sowie der Fischfang (100000 Arbeitsplätze) im Vordergrund. Nach der Erhöhung der Weltmarktpreise Mitte der 70er J. hat die Phosphatausfuhr an Bedeutung gewonnen und bringt heute die meisten Exporteinnahmen. Der Aufbau einer «industriellen Freihandelszone Dakar» seit 1976 hat bei weitem nicht die erhofften Ergebnisse gebracht (1988: 10 Unternehmen, 571 Arbeitsplätze). Einen Aufschwung zeigt dagegen der *Tourismus. Das Handelsdefizit ist chronisch (Deckung der Importe durch Exporte 1987: 58%). Frankreich bleibt weiterhin der wichtigste Handelspartner (1987: 36% des Außenhandels). 40% der Einnahmen des Staatshaushalts (1988/89) werden durch Zuschüsse von dritter Seite und Auslandsanleihen erbracht. Rigorose *strukturelle Anpassungsmaßnahmen seit 1983 und die Privatisierung von Betrieben des stark defizitären parastaatl. Sektors) zeigen zwar erste positive Wirkungen (u.a. Reduzierung des Anteils der Auslandsschulden am BSP von 1984/85: 91% auf 1987/88: 74,3%) und brachten S. im Nov. 1988 eine auf drei J. verteilte IWF-Anleihe von 197 Mio. US-$ ein, haben jedoch in den Städten zum Anwachsen geradezu explosiver Spannungen geführt, die sich vor und nach den Wahlen von 1988 in Unruhen entluden, die zur zeitweiligen Verhängung des Ausnahmezustands führten.

3. In der sozialen E. ist die Landbev. (rund 2/3 der Bev. sind Bauern) deutlich benachteiligt: Die Diskrepanz der Einkommen von Bauern und Staatsbeamten lag Anfang der 70er J. bei 1 : 32 und ist seither weiter gewachsen. Die Arbeitslosigkeit in den Städten wird auf 40% geschätzt. Med. Versorgung (1981: ein Arzt auf 13070 Ew.), Schulwesen (Einschulungsrate Ende der 70er J.: 41%) u. a. konzentrieren sich auf das Cap Vert und die Städte, die ländl. Bev. ist unterversorgt. Franzosen haben im höheren Schul- und im Hochschulwesen sowie in der Wirtschaft weiterhin Schlüsselstellungen inne; die libanesische und syrische Minderheit kontrolliert v.a. den Zwischenhandel.

4. Die pol. Kultur S.s ist geprägt durch die über 100jährige Erfahrung mit Wahlen und Parlamenten (1848 und ab 1876 in den «4 Küstenstädten» Wahl eines Abgeordneten in die franz. Nationalversammlung, Territorial- und Kommunalparlamente) und das Bestehen sich ständig neu formierender pol. *«clans»*, das auch in Zeiten des Einparteisystems eine rege, öfftl.

ausgetragene innerparteiliche Konkurrenz bewirkte. Pol. Parteien bestanden seit den 30er J., doch konnte sich die Partei L. S. Senghors und M. Dias bis zur Unabh. 1960 als dominierende Partei durchsetzen und nach dem Verbot bzw. der Absorption der restlichen Parteien von 1966 bis 1974 als Einheitspartei regieren. Seither wurde eine schrittweise Öffnung zu einem Vielparteiensystem (1988: 17 zugelassene Parteien) vollzogen. Auch bei den Gewerkschaften hat sich erneut ein Pluralismus ausgebildet. Senghor, seit 1960 Staatspräs. und Chef der dominierenden Partei (jetzt: *Parti Socialiste*, seit 1976 Mitglied der Sozialistischen Internationale), trat 1980 als erster Staatschef Schwarzafrikas freiwillig zurück. Nachfolger wurde verfassungsgemäß der bisherige MP Abdou Diouf, der 1988 mit 73,2% (1983: 83,5%) der Stimmen wiedergewählt wurde. Oppositionsführer Abdoulaye Wade (PDS) kam auf 25,8% (1983: 14,7%) der Stimmen. Dank eines die Regierungspartei klar begünstigenden Wahlsystems sowie z. T. massiver Wahlfälschungen gewann der PS 1988 erneut die absolute Mehrheit im Parlament (73,4% der Stimmen und 103 von 120 Mandaten), die wichtigste Oppositionspartei PDS kam auf 22,2% der Stimmen und 17 Sitze.

Nach der milit. Intervention S.s in Gambia zugunsten des gestürzten Präs. Jawara im Sommer 1981 wurde die 1982 in Kraft getretene Konföderation «Senegambia» gebildet, die bei deutlichem Übergewicht S.s gemeinsame Institutionen (Präs.: A. Diouf, Parlament u. a.) besitzt, beiden Partnern aber formal die Souveränität läßt.

Lit.: Ch. Coulon, Le marabout et le prince: islam et politique au Sénégal, Paris 1981; K. Ziemer, Demokratisierung in Westafrika? Die politischen Systeme von Senegal, Elfenbeinküste und Togo nach zwei Jahrzehnten Unabhängigkeit, Paderborn 1984; G. Hesseling, Histoire politique du Sénégal: Institutions, droit et société, Paris/Leiden 1985; R. Fatton, The Making of a Liberal Democracy: Senegal's Passive Revolution 1975–1985, London 1987; E. Stetter, Senegal, in: HDW III, 4, 1993, S. 364ff. kz

Senghor, Léopold Sédar Als Sohn wohlhabender afrik. Eltern 1906 in Joal (Senegal) geboren, in Missionsschulen und in F. erzogen, bestand S. nach dem Besuch der Sorbonne als erster Afrikaner das Examen für das höhere Lehramt und blieb bis 1945 als Studienrat in Frankreich. S. formulierte maßgeblich die * *Négritude* mit, betonte die Eigenart und die Würde der Afrikaner und ihrer Kultur und versuchte einen Brückenschlag zwischen afrik. und europ. Kultur. Er ist zeitlebens ebensosehr Philosoph und Dichter wie Staatsmann geblieben (1968 Friedenspreis des Dt. Buchhandels). 1945 bis 1958 seneg. Abgeordneter in der franz. Nationalversammlung (zeitweise auch franz. Staatssekretär) und 1959/60 Präs. der Bundesversammlung der kurzlebigen Mali-Föderation, war der Katholik von 1960 bis 1980 Präs. des überwiegend islam. Senegal. 1948 gründete er eine pol. Partei, die rasch dominierend und von 1966 bis 1974 Einheitspartei war. Seit der Ausschaltung Mamadou Dias 1962 unbestritten mächtigster Politiker Senegals, hat S. trotz Phasen stärkerer Repression (in sozioökon. und pol. Krisensituationen wie 1968) ein von seinem franz.-westl. Verfassungsverständnis geprägtes, im Kontext der Region bemerkenswert liberales Regime etabliert. Als erster Präs. Schwarzafrikas ließ er die schrittweise Umwandlung eines Einpartei- in ein Mehrparteiensystem zu, trat mit seiner Partei (1976: *Parti Socialiste*) der Sozialistischen Internationale bei und verzichtete Ende 1980 aus Altersgründen zugunsten seines verfassungsmäßigen Nachfolgers Abdou Diouf vorzeitig auf die Präsidentschaft.

Lit.: I. L. Markovitz, Léopold Sédar Senghor and the Politics of Negritude, London 1969; L. S. Senghor, Liberté III. Négritude et Civilisation de l'Universel, Dakar/Paris 1977. kz

Senior-Experten-Service Aus dem aktiven Berufsleben ausgeschiedene, qualifizierte Fach- und Führungskräfte der dt. Wirtschaft und Verwaltung stellen im Rahmen des SES den Ländern der *Dritten Welt ihre Sachkenntnis in Kurzzeiteinsätzen ohne Honorar zur Verfügung.

Nach einer Gründungsinitiative des *BMZ vom Dez. 1979 und einer dreijährigen Trägerschaft des Deutschen Industrie- und Handelstages (DIHT) besteht der SES seit 1.1.1986 als gemeinnützige GmbH (Gesellschafter: Carl Duisberg Förderkreis 60%, DIHT 20%, Bundesverband der deutschen Industrie 20%). Im Jan. 1983 wurde der SES in den Dienst der *Entwicklungspolitik der BRD gestellt (*Personelle Zusammenarbeit im Rahmen der *Technischen Hilfe). Der SES arbeitet rein bedarfsorientiert (Entsendung nur auf EL-Antrag) und richtet sich insb. an den Unternehmersektor in der Dritten Welt, wo v.a. in Klein- und Mittelbetrieben mit wachsender *Industrialisierung in den letzten J. der Bedarf an Kurzzeitberatungen im ökon.-technischen Bereich stark gestiegen ist. Mit einem Pool von ca. 1800 abrufbaren Experten (meist zw. 62 und 67 Jahren alt, 10% Frauen) und jetzt 150 Einsätzen jährlich arbeitet der SES kostendeckend; u.a. dank Spenden der dt. Industrie für hiesige Verwaltungskosten und niedriger Einsatzkosten (durchschn. unter DM 6000 pro ca. zweimonatigem Einsatz). Insg. 1132 Einsätze waren bis Ende 1990 in 93 EL durchgeführt. Der SES gilt als erfolgreich, seine Mitarbeiter als motiviert und unabhängig. In 13 weiteren westl. Ländern gibt es (z.T. schon seit den 60er J.) ähnliche Dienste. Adresse: Adenauerallee 148, 5300 Bonn 1, Tel. 0228-260900.

Lit.: R. Schuster, Der Senior Experten-Service, in: Die Betriebswirtschaft, 2/88, S. 211 ff. bg

SEPA →Bildung

Seuchen →FAO

Seychellen 1. Die im westl. Indischen Ozean verstreut liegenden 92 kleinen Inseln der S.-Gruppe bilden mit nur 290 qkm Landfläche den kleinsten Staat Afrikas. Auf den 56 bewohnten Inseln lebten 1986 ca. 70000 Menschen (1983: 68000, Zensus 1977: 61430, JZ 2,1%), davon fast 90% auf der Hauptinsel Mahé (143 qkm), ca. 25% in der Hs. Victoria. Die *Seychellois*, Nachkommen franz. Siedler und deren Sklaven (90% kath., 8% anglikanisch) sprechen ein stark franz. geprägtes Kreolisch (seit 1981 Nationalsprache) und sind zu ca. 60% alphabetisiert. Eine schmale reinrassig weiße Insel-Oligarchie alteingesessener Pflanzerfamilien (*Grand Blond Set*) besitzt ¾ des Landes und stellt bis heute die nat. Elite.

2. Der im 16. Jh. von Vasco da Gama entdeckte, bis dahin unbewohnte Archipel gelangte nach vorübergehender franz. Okkupation (1756 bis 1810) 1914 zusammen mit Mauritius in brit. Besitz und wurde 1903 zur Kronkolonie erklärt. Die S. wurden erst spät (1976) unabhängig. Mit der Dekolonisation kam es zur Etablierung eines bis heute die Politik des Landes bestimmenden Gegensatzes. Die von France-Albert René 1964 gegr. *Seychelles People's United Party* (SPUP) erhob erstmals – von Tanzania und der *OAU unterstützt – den Ruf nach baldiger Unabhängigkeit. Die eine Woche später von James Mancham als Interessenvertretung des insularen Besitzstandes ins Leben gerufene *Seychelles Democratic Party* (SDP) setzte dem die Forderung nach enger Anlehnung an das koloniale Mutterland entgegen. Hieran verlor aber GB mit Beginn der 70er J. das Interesse und forcierte, nicht zuletzt, um sich der int. *Kolonialismus-Kritik zu entziehen, die *Dekolonisation (1970 Verfassungsreform, 1975 innere Autonomie, 1975/76 Londoner Verfassungskonferenzen, 29.5.1976 völkerrechtliche Unabh.).

3. Die heftigen Kontroversen nach den 1974er Wahlen (SDP: 52,4%/13 der 15 Mandate; SPUP: 47,6%/nur 2 M.) wurden erst unter brit. Druck durch Bildung einer großen Koalition – in einem präsidentiellen System wur-

de Mancham Staatspräs., René (als Juniorpartner) Premierminister – vordergründig beigelegt.

Diese instabile Regierungskonstellation fand ihr Ende, als im Mai 1977 eine kleine Gruppe bewaffneter SPUP-Anhänger den gerade im Ausland weilenden Mancham stürzte und René die Staatsführung übernahm. Nach dem strikt prowestl. eingestellten Mancham bemühte sich René um einen «sanften Weg zum Sozialismus», orientierte sich dabei stark am damaligen Sozialismus Tanzanias.

So hat er im Juni 1978 die SPUP in SPPF (*Seychelles People's Progressive Front*) umbenannt, zur sozialist. Einheitspartei ausgebaut, im März 1979 mit einer neuen Verfassung als Staatspartei abgesichert und verbuchte bei den Wahlen im Juni 1979 schließlich 97,9 % der Stimmen und alle 25 Sitze der Volksversammlung. In einer aktiven Außenpol. bemüht er sich innerhalb der *Blockfreien (bei fortbestehenden guten Beziehungen zum Westen) nun auch um engere Kontakte und wirtsch. Kooperation mit Ostblockstaaten und der VR China. Innenpol. wurde neben sozialpol. Maßnahmen (Lohnanhebungen, Förderung des sozialen Wohnungsbaus und des Erziehungswesens) eine umfassende *Agrarreform angekündigt. Neben einer Förderung der schwer vernachlässigten Land- und Fischereiwirtsch. zielt man insgesamt auf eine stärkere staatl. Wirtschaftskontrolle, v. a. in dem fast völlig von ausl. Kapital kontrollierten *Tourismus-Sektor. Massive Eingriffe in Land- und Einkommensverteilung blieben allerdings aus. Insges. stehen – innen- wie außenpol. – verbalrevolutionär-sozialist. Rigorosität (v. a. in der mit den beiden anderen sozialist. Inselstaaten des Ind. Ozeans, Madagaskar und Mauritius, koordinierten Außenpol.) und eine verhaltene, eher sozialreformerische pol. Praxis im Widerspruch.

4. Der Abgeschiedenheit der ehem. rein agrarisch strukturierten Inseln – die Bev. betrieb mehrheitlich *Subsistenzwirtschaft oder Fischfang – setzte die Eröffnung des int. Flughafens 1971 ein Ende und leitete eine rigorose Umstrukturierung der insularen Volkswirtsch. ein: Binnen weniger J. wurde der Ferntourismus zum dominanten Wirtsch.-Bereich: 1971: 3175 Touristen, 1980: 71 760, 1982: 47 000, 1985: 72 642 (davon Franzosen 17 %, Briten 13 %). V. a. wegen dieser importieren Wirtschaftsdynamik rangieren die S. mit einem BSP pro Kopf von 1983: 2400 US-$ (1979: 1400) und einer rel. hohen JZ von 1982: 3,7 % in der afrik. Spitzengruppe. Die Exporte sind unbedeutend. Die geringen Mengen Zimt, Zimtöl, Kopra und Kokosnüsse (Haupthandelspartner: EG, Ost- und Südafrika) decken gerade 20 % der Importe ab, von denen die S. bei fast allen Produkten (auch Nahrungsmittel) stark abh. sind. Der Tourismus trug 1983 42 % zum BIP bei (1974: 61 %), gefolgt von Ind. 15 %, Landw./Fischerei 8,4 %. Während die Schlüsselbranche Tourismus in den 70er J. prosperierte, führte die weltweite Rezession seit 1980 vorübergehend zum Rückgang der Besucherzahlen und damit die S. in zunehmende Abh. von Krediten und Auslandshilfe. Auch die Aufwertung der Seychellen-Rupie, gesunkene Hotel-Standards sowie pol. Unsicherheiten nach dem gescheiterten Putsch 1981 sind für den Rückgang der Besucherzahlen verantwortlich. Anfang der 80er J. vervierfachte sich das *Zahlungsbilanzdefizit durch gestiegene Importe (wachsendes Konsumbedürfnis, E.-Programme). Seit 1984 hat die weltwirtsch. Erholung in den S. zu wieder steigenden Touristenzahlen geführt. Durch die Rezession ist aber der Anteil der Beschäftigten von 1978–84 stark zurückgegangen; in Fischerei/Landw. um 19,9 % (produzierendes Gewerbe 12,5 %, Bauwirtschaft 41,5 %). Obwohl der Dienstleistungssektor seine Arbeitsplätze erhalten

konnte, stieg die einst geringe Arbeitslosigkeit auf 1983: 15%, während gleichzeitig Auslandskräfte angeworben wurden. Diese Zahlen kennzeichnen die vom entwicklungsökon. Rahmen bestimmte Grundstruktur der seychell. Wirtsch.: Angesichts fehlender Rohstoffe und geringer Möglichkeiten zur *Industrialisierung (begrenzter Markt) ist die Nutzung des Landes als Ferienparadies wohl das zentrale E.-Potential der S. Den positiven Auswirkungen dieser E. (Tourismus beschäftigt 3000 Menschen und damit ⅓ aller Lohnabh., i. d. R. Ausgleich der defizitären Handelsbilanz) stehen allerdings eine ganze Reihe bedenklicher Folgen (Inflation und Kaufkraftverlust, *Landflucht und damit sinkende Agrarproduktion, kulturelle Entfremdung, Bodenspekulationen, überhandnehmende Importe, die fast den BSP-Wert erreichen) gegenüber. Die Reg. René versucht durch eine Pol. der geogr. begrenzten Exklusivtouristik (kein wuchernder Massentourismus), die Negativerscheinung in Grenzen zu halten. Ungelöst bleibt allerdings das Problem der strukturbedingten Außenabh.: Zentrale Bereiche der Inselökonomie (*agro-business*, Touristik) sind fast völlig von ausl. Nachfrage abhängig. Sie bestimmt, direkt oder indirekt, das Einkommen eines Großteils der Bev. und ebenso, via Steuern und Abgaben, den Umfang des (zu ⅓ auslandsfinanzierten) Staatsbudgets.

5. Wenngleich der Grad der *Grundbedürfnisbefriedigung als vergleichsweise gut bezeichnet werden kann, gibt es ein beträchtliches Oppositionspotential (aus alten SDP-Kreisen), das im In-, v. a. aber im Ausland aktiv ist und mit dem in London im Exil lebenden Mancham in Verbindung steht. Ein erstes Komplott wurde im April 1978 aufgedeckt. Seither versuchten mehrfach int. Söldnertruppen den gewaltsamen Umsturz.

Im August 1982 kam es zur Meuterei im neugeschaffenen, ca. 1000 Mann starken Militär, die nur mit Hilfe tanzanischer Berater niedergeschlagen werden konnte. 1984 wurden zwei Mitgl. des 1979 in Paris gegr. *Seychelles Liberation Committee* mit einer Autobombe getötet, 1985 der einstige Oppositionschef G. Hoarau, Führer der Widerstandsbewegung *Mouvement Pour la Résistance*, MPR, in London erschossen. Er soll einen Putsch vorbereitet haben. Im Sept. 1986 gab es einen undurchsichtigen Putschversuch, über den wenig bekannt wurde, unter angeblicher Beteiligung des kurz zuvor verabschiedeten Verteidigungsministers Berlouis. Bei den fortdauernden Putsch- und Meutereigerüchten geht es weniger um pol. Grundsatzfragen als um Rivalitäten, um Geld und Macht. Um die pol. Verhältnisse im Lande wieder zu stabilisieren, beschloß die regierende Einheitspartei SPPF am 3. 12. 1991 die baldige Einführung eines Mehrparteiensystems und kündigte eine Verfassungsrevision an.

Lit.: W. Marquardt, Seychellen – Komoren – Maskarenen, München 1976; F. Nuscheler, Seychellen, in: F. Nuscheler/K. Ziemer, Politische Organisation und Repräsentation in Afrika, Berlin/New York 1978, S. 871 ff. bg

share cropping (= Teilpacht/Anteilspacht) Pachtsystem, bei dem die Ernte zwischen dem Landarbeiter/Pächter und dem Eigentümer/Verwalter/Zwischenpächter nach festen Anteilen, meist *in natura* (Naturalpacht) aufgeteilt wird. Die Anteile variieren, je nachdem, ob der Verpächter außer dem Boden auch noch Wasser, Zugkraft, Saatgut oder andere Betriebsmittel (Düngemittel, Pflanzenschutz, Kredit, Maschinen etc.) beisteuert; der Pächter liefert im Extremfall nur seine Arbeitskraft. *Share cropping* ist erfolgsabhängig und wirkt innovationshemmend – allerdings auch risikomindernd für den Pächter. Es setzt eine leicht teilbare und kontrollierbare Produktion voraus und beeinflußt damit die Produktionsstruktur (v. a. Getreideanbau). Es herrscht z. B. in Südasien vor und macht dort eine sinnvolle Unterscheidung von Eigentümerbauern, Pächtern und Landarbeitern so gut wie unmöglich. wpz

shifting cultivation Traditionelle, düngerlose Wald-Feld-Wechselwirtschaft (Wanderackerbau) in den tropischen Regenwaldgebieten, bei der nach Rodung und Abbrennen (Aschendüngung) kleiner Areale (ca. 0,5 ha) rings um eine landw. Siedlung mehrere Felder in zeitlicher Versetzung bebaut werden. Trotz zwischengeschalteter Brachezeiten (6–8 J.) sinken auf allen Feldern mit wachsender Zahl der Ernten die Erträge, die landw. Siedlung wird verlegt (*shifting away*) und der Anbau an anderer Stelle neu begonnen. Im Gegensatz zu *monokulturellen, großflächigen Dauer-Feld-Nutzungssystemen ist die flächenaufwendige, ertragsarme und *arbeitsintensive *shifting cultivation* dem Ökosystem des Regenwaldes angepaßt und wird in neueren Ansätzen der Agrarentwicklung in den Tropen (* *ecofarming*) aufgegriffen. Dilemma: Brachezeitverkürzungen und großflächige Abholzungen infolge des hohen Bev.-Drucks in den EL haben in vielen Regionen bereits zur Zerstörung des *ökologischen E.-Potentials geführt. ah

SHO →Selbsthilfe (-Organisationen)

SID Gesellschaft für Internationale Entwicklung (*Society for International Development*), gegr. 1957 in Washington, ist eine int. *nichtstaatliche Organisation von Personen unterschiedlichster Berufsgruppen, die sich in Theorie und Praxis mit Fragen der E.-Politik beschäftigen. Als weltweit organisiertes Diskussionsforum bezieht SID im Rahmen von Regional- oder Weltkonferenzen öffentlich Stellung zu aktuellen Problemen der E.-Politik. Der von SID veranstaltete Nord-Süd-*Round Table* beschäftigt sich mit den Themen *Energie, *Ernährung, Ressourcentransfer und *Globalverhandlungen. Schwerpunkt des deutschen Zweigs der SID ist die Unterstützung privater Aktivitäten zur *E.-Hilfe. Zeitschriften: *International Development Review* (dreisprachig, vierteljährl.), *Compass* (engl.) und *Newsgram* (Nachrichtendienst). Adresse: Ahornstr. 55, 5100 Aachen. ah

SIECA →MCCA

Sierra Leone S. L. (Fläche 71 740 qkm) zählt zu den ärmsten Ländern der Welt. Über 70 % der Bev. arbeiten in der Landw. (vorwiegend *Subsistenzwirtschaft); Hauptprodukt des Landes sind Diamanten, deren Förderung die Wirtschaftsstruktur S. L.s prägt (über die Hälfte des Ausf.-Werts). Daneben werden Bauxit, Rutil und Eisenerz abgebaut.

2. S. L. wurde 1808 der brit. Krone unterstellt. Erst 1890 bis 1896 dehnte GB seine Herrschaft mit milit. Gewalt auf das Hinterland aus. Das Protektorat S. L. wurde gemäß der brit. Kolonialpolitik (* *indirect rule*) von den trad. Fürsten verwaltet. Hauptexportprodukte waren Palmkerne und -öl. In den 30er J. des 20. Jh.s begann der Abbau von Eisenerzen und Diamanten. Über den Bergbausektor wurde S. L. in den Weltmarkt integriert und ist bis heute von dessen Nachfrageschwankungen abhängig. Auch die 1961 erreichte Unabh. des Landes unter Führung der *S. L. People's Party* (SLPP) hat an dieser Situation nichts geändert. Nach gewaltsamen Auseinandersetzungen wurde die SLPP 1968 vom *All People's Congress* (APC) als Reg.-Partei abgelöst. Seit 1978 ist S. L. Einparteistaat unter Führung des APC. Trotz zahlreicher für ihn bedrohlicher Situationen (1971 konnte er sein Regime nur mit Hilfe guineischer Truppen retten) regierte S. Stevens bis zu seinem Rücktritt 1985; sein Amt übergab er dem Major-General J. S. Momoh, der im selben J. als ziviler Präs. bestätigt wurde. Im April 1992 ergriffen die Militärs unter Hauptmann Valentine Strasser die Macht.

3. Die Bev. S. L.s betrug 1986 (gesch.) 3,67 Mio. Ew. (= 51,2 Ew./qkm). Sie

wächst rasch und konzentriert sich entsprechend der E.-Pole des Landes: breite, fast städt. Konzentration in Diamantenschürfgebieten, mittelstädt. Besiedlung an Verkehrs- und Handelszentren und die großstädt. Agglomeration der Hs. Freetown (1985: 448000 Ew.). Probleme regionaler E. werden von ethnischen Rivalitäten verstärkt. Die größten ethnischen Gruppen sind die Mende und die Temne, daneben: Soso, Kuranko, Limba. In allen gesellsch. Bereichen ist die kleine Gruppe der Kreolen (2%) weit überproportional vertreten. Ihre Sprache, das dem Englischen entstammende Krio, ist *\u2009*lingua franca* geworden (Amtssprache: Englisch). Die Kreolen sind in ihrer Mehrzahl Christen, daneben 39,4% Moslems in S. L. (bes. Temne). Die überwiegende Mehrheit der Bev. hängt Naturreligionen an.

4. Die Landwirtschaft S. L.s erbringt ca. ⅓ des BIP. Hauptnahrungsmittel und Hauptprodukt der Landw. ist Reis, wobei die Inlandserzeugung den Bedarf jedoch nicht zu decken vermag. Negativ ausgewirkt haben sich die Versuche der Reg., die Preise niedrig zu halten, sowie die Trockenheit 1985. Hauptexportprodukte der Landwirtschaft sind Kaffee und Kakao. Nur rd. 6% der Erwerbstätigen sind in Betrieben mit mehr als fünf Beschäftigten tätig. Der Agrarsektor und die nicht-agrarischen Kleinbetriebe sind mit dem «modernen» Wirtschaftssektor (v. a. Bergbau) nicht vermascht und erhalten auch vom Staat nur geringe E.-Impulse.

5. «Für die einheimische Machtstruktur ist weniger das formale Eigentum an Produktionsmitteln bestimmend als die effektive Kontrolle über Rechte, Nutzungsmöglichkeiten, Pfründe etc.» (Rolle der trad. Fürsten) (Mühlenberg/Wolff 1982). Ethnische Herkunft, Bildungschancen und Karriere hängen eng zusammen. Die regional und sektoral stark ungleiche *\u2009Einkommensverteilung wird von der ungleichen Einbeziehung der Bev. in die Tauschwirtschaft und ungleichen sozialen und beruflichen Positionen der einzelnen verursacht.

6. Ungenügende Ernährung, unhygienische Verhältnisse und mangelhafte Wasserversorgung beeinträchtigen die *\u2009Gesundheit der Bev. (Malaria, hohe Säuglingssterblichkeit, LE 1983: 37 J.). ⅔ der Ärzte und die Mehrheit der Krankenhäuser konzentrieren sich in Freetown (insges. 1 Arzt auf 17000 Ew.). Etwas mehr hat S. L. für das Bildungswesen getan (Analphabetismus dennoch 80%). Das Ausbildungssystem leidet unter dem regional stark unterschiedlichen Bildungsangebot und dessen unzureichender Ausrichtung auf die Bedürfnisse des Landes.

7. Die bisherigen entwicklungspol. Anstrengungen S. L.s haben nicht das Stadium von *\u2009Entwicklungsplanung mit der Folge konkreter Verbesserungen für die Mehrheit der Bev. erreicht. Die Probleme des Landes verschärfen sich angesichts seiner Rohstoffabhängigkeit aus ökon. Gründen periodisch. Valentine Strasser erklärte die 23jährige APC-Herrschaft als «verlorene Jahrzehnte», den Kampf gegen Korruption und Mißwirtschaft, die Zurückdrängung der von Liberia eingefallenen Rebellen und die Errichtung einer Mehrparteiendemokratie zu den wichtigsten Zielen des Provisorischen Nationalen Verwaltungsrats (NPRC). Außenpol. bemüht sich S. L. um gute Verbindungen zu seinen Nachbarstaaten Guinea und Liberia (*\u2009Mano River Union, 1986: Bildung eines gemeinsamen Verbindungskomitees für Sicherheit) und unterhält Kontakte zu den westl. IL (Haupthandelspartner: EG).

Lit.: G. Williams, A Bibliography of Sierra Leone 1925–1967, New York 1971; H. Harbach, Soziale Schichtung und Mobilität in Freetown, Münster 1973; A. P. Kup, Sierra Leone. A Concise History, Newton u. a. 1975; F. Mühlenberg, Sierra Leone, in: HDW III, 4, 1993, S. 384ff. rs/pb

SIFIDA →MCCA

SILICS *Severely indebted low-income countries*, Gruppe von (1991) 26 EL mit niedrigem Pro-Kopf-Einkommen

(1990: ≤610 US-$), die von der Weltbank als ernstlich verschuldet klassifiziert werden. hs

SIMICS *Severely indebted middle-income countries*, Gruppe von (1991) 15 EL mit mittlerem Pro-Kopf-Einkommen (1990: zwischen 610 und 7620 US-$), die von der Weltbank als ernstlich verschuldet klassifiziert werden. hs

Singapur Die Republik S. ist ebenso wie Hongkong unter den E.-Ländern ein Sonderfall. Auf Grund der geringen Fläche war S. gezwungen, sich voll in die *internationale Arbeitsteilung zu integrieren. Die post-koloniale E. des Stadtstaates ist darüber hinaus ein markantes Beispiel für das enge Zusammenwirken wirtsch. und pol. Faktoren im Prozeß beschleunigten, exportorientierten Wachstums.

1. Auf der Inselfläche von S. (mit 622 qkm kleiner als Hamburg) leben insg. 2,6 Mio. Ew. (1986), JZ 1980–86: 1,1 %. Nur 9,5 % des Bodens können landw. genutzt werden, 51 % sind Siedlungsflächen mit z. T. sehr hoher Bev.-Dichte (4158 Ew./qkm). S. verfügt über keine Bodenschätze oder sonstige natürlichen *Ressourcen außer einer günstigen geogr. Position auf dem Handelsweg nach Fernost und Australien (weshab die Handelsmacht GB seit 1819 S. zum Stützpunkt ausbaute), guten Hafenanlagen und der Arbeitskraft seiner Bevölkerung. Bis zur pol. Unabh. 1965 (seit 1959: innere Selbstverwaltung; 1963 bis 1965: Bestandteil von Malaysia) lebte der größte Teil der Bev. von Hafenarbeit, dem Umschlag und der Verarbeitung von Gütern aus dem malaiischen Hinterland und Indonesien sowie von Kleinind. und Dienstleistungen (Hotels) als den Aktivitäten im Rahmen einer kolonialen Arbeitsteilung. Durch den Abzug der brit. Truppen (1976) verlor S. seine Einkünfte aus der Flottenbasis und durch die Unabh. von Malaysia und Indonesien auch einen Teil des Zwischenhandels, da beide EL eigene Hafen- und Verarbeitungskapazitäten aufbauten. Für das von Malaysia abgetrennte S. blieb nur der Weg einer rapiden *Industrialisierung und der weitere Ausbau des Stadtstaates zu einem int. Reparatur-, Handels- und Dienstleistungszentrum. Da es dazu an einheim. Kapital und moderner Technologie fehlte, mußten ausl. Investoren ins Land geholt werden, um die Lebensfähigkeit des Inselstaats in dieser Form weiterhin zu sichern. Voraussetzung dafür wiederum waren Niedriglöhne und andere Vorleistungen S.s, insb. die Bereitschaft, die Produktion nicht an den Bedürfnissen der Mehrheit der einheim. Bev. (mangelnde Kaufkraft, kleiner innerer Markt), sondern am Weltmarkt auszurichten.

2. Dem abh. Industrialisierungsmodell folgend, hat S. seit 1960 eine gewaltige Umstrukturierung von Wirtschaft und Politik erlebt. Die Bev. wuchs um 850000 Ew., von den 1,2 Mio. Erwerbstätigen (1986) sind weniger als 1 % in der Landw. und Fischerei beschäftigt (1957: 6,9 %), 35 % arbeiten im Ind.-Sektor (1957: 14,3 %) und über 60 % im Dienstl.-Sektor; davon allein 21 % im staatl. Bereich (1957: 73 %). Zugenommen hat demnach v. a. die Beschäftigung in der «angelagerten» (Textil- und Elektro-)Ind., was das Problem der *Arbeitslosigkeit (1989: 0,3 %) vollständig gelöst hat. In wirtsch. Boomphasen und um die einheim. Löhne zu drücken, werden *Gastarbeiter aus den Nachbarländern geholt (1989: ca. 150000), die jedoch den S.er Arbeitern rechtlich nicht gleichgestellt sind. Der Hafen von S. wurde zum zweitgrößten Warenumschlagplatz der Welt ausgebaut (Zwischenhandel und Reparaturhafen), riesige Wohnsilos entstanden (75 % der Bev. leben 1986 in sog. Sozialwohnungen), die Hotelkapazität stieg um das 15fache. Innerhalb von 20 J. entwickelte sich aus der *colonial city* eine moderne *global city*, das bedeutendste Investitions- und Bankenzentrum der Region.

3. Das spektakuläre Wachstum (1989: 9,2 %) steht jedoch auf einem

schmalen Sockel, da die wirtsch. Zukunft des Inselstaates weitgehend von äußeren Faktoren (Weltmarkt) abh. ist. Die geogr. Position ist durch den Plan eines Kanaldurchstichs bei Krah (Süd-Thailand) bedroht. Hinzu kommen die sozialen und pol. Kosten. Angesichts einer sehr heterogenen Bev.- und Einkommensstruktur (76% Chinesen, 15% Malaien, 6% Inder, Pakistanis, Eurasier usw.) gibt es häufig Probleme wie *Kommunalismus und soziale Unzufriedenheit, die von der Reg. mit aller Macht unterdrückt, aber nicht gelöst werden. Im Zuge der Industrialisierung kam es einerseits zur Bildung einer neuen Mittelklasse, andererseits hat sich die Einkommenssituation der unteren 70% kaum verbessert (unter den Malaien gibt es die meisten Arbeitslosen und Unterbeschäftigten). Daher können Familien nur durch die Mitarbeit fast aller Mitgl. die steigenden Kosten für den Lebensunterhalt einigermaßen decken. Auf Grund des insges. niedrigen Lohnniveaus durch die Konkurrenz anderer Billiglohnländer (Hongkong, Taiwan, Südkorea, China und Indien) konnte nur ein geringer realer Kaufkraftzuwachs entstehen. Darüber hinaus ist die Industrialisierung von S. im weitesten Sinne als abhängig zu bezeichnen, da vor Ort kaum Innovationen und techn. Verbesserungen entstehen und die meisten Gewinne sofort wieder abfließen. So spielt z.B. die Einfuhr, Verarbeitung und Ausfuhr von Petroleum eine große Rolle in der Handelsbilanz; der Bev. von S. bleibt davon jedoch außer enormer Umweltverschmutzung recht wenig. Diese Verwundbarkeit der Wirtsch. S.s kam besonders im Krisenjahr 1985 zum Ausdruck, als infolge weltwirtsch. Schwankungen Außenhandel und Einfuhren um jeweils über 3% schrumpften.

Einen Weg aus diesem Dilemma sucht die Regierung von S. mit dem Programm einer *second industrial revolution*, d.h. durch technologische Aufwertung (Anteil von Elektro- und Elektronikind. am BSP 1986: 27%) und Intensivierung von Produktion (und Arbeitsdisziplin). Parallel zum wirtsch. Wachstum läßt sich in S. eine zunehmende Entpolitisierung der Bev. beobachten sowie die Herausbildung eines staatl. Wirtschaftssektors und einer *Staatsklasse von privilegierten Beamten, Politikern und Technokraten, die den Inselstaat in Form einer Zivildiktatur verwaltet. Das pol. System ist geprägt von einem schwachen Parlament und der Vorherrschaft einer der pol. Elite ergebenen Partei, der *People's Action Party* (PAP), die von 1959 bis 1982 bei Wahlen alle Mandate erringen konnte. Die strengen pol. und sozialen Kontrollen (z.B. staatl. kontrollierte Gewerkschaften, Pressezensur, willkürliche Verhaftungen von Oppositionellen usw.) werden von der Reg. mit den oben erwähnten sozioökon. Sachzwängen begründet und als Bedingung für die Lebensfähigkeit S.s zu legitimieren versucht. Massenloyalität und die Existenz der Staatsklasse ist aber nur dann gewährleistet, wenn es gelingt, das Erreichte zu sichern bzw. E.-Ziele zu verwirklichen. Das Machtmonopol wurde im Nov. 1981 gebrochen, als ein Kandidat der oppositionellen *Worker's Party* in einer Nachwahl einen Parlamentssitz erringen konnte. Bei der vorgezogenen Neuwahl am 31. August 1991 konnten die Oppositionsparteien ihre Mandate auf 4 erhöhen. Der durch diese Wahl trotz erheblicher PAP-Stimmenverluste in seinem Amt bestätigte Ministerpräsident Goh Chok Toug leitete erste Schritte zu einer vorsichtigen Liberalisierung im Lande ein.

Lit.: H. U. Luther, Ökonomie, Klassen und Staat in Singapur, Frankfurt 1980; ders., Singapur, in: HDW II, 7, Hamburg 1983, S. 436ff.; T. Schönenberger, Der britische Rückzug aus Singapur 1945–76, Zürich 1981; W. Holtgrave, Industrialisierung in Singapur, Frankfurt/New York 1987. hul

SIPRI →Rüstung
Skaleneffekte →*economies of scale*
Slums →Wohnen

Snob-Effect →*external economies*

SNPA →LLDC

social demand approach →Bildungsökonomie

Somalia S. gehört mit einem *Pro-Kopf-Einkommen von 120 US-$ (1990) zu den ärmsten EL, zur Ländergruppe der *LLDCs und *MSACs. Es hat in den letzten J. sowohl unter Dürrekatastrophen (→Sahelzone) als auch unter pol. Konflikten (Ogaden) gelitten und sich gezwungen gesehen, das weltpol. Lager zu tauschen.

1. Die Landesnatur S.s (Fläche: 637 657 qkm, Hs. Mogadischu) ist durch Niederschlagsarmut und hohe Temperaturen geprägt, die in den meist von Trockensavannen eingenommenen Landesteilen lediglich nomadische und halbnomadische Viehzucht ermöglichen. Nur die Bewässerungsgebiete an der Küste und zwischen den einzigen beständig wasserführenden Flüssen (Juba, Shebelle) im S erlauben die *Plantagenwirtschaft (Bananen, Zucker). Außer Eisenerzen, Gips-, Kalk- und Berylliumlagerstätten ist S. arm an abbauwürdigen mineralischen Ressourcen.

2. Die Bev. (1990: ca. 6,3 Mio. Ew., ferner 839 000 *Flüchtlinge aus dem Ogaden), von der über 40% Nomaden sind, zeichnet sich durch ethnisch-kulturelle Homogenität aus. 95% der Bev. gehören zu kuschitischen Somalstämmen (Digil, Dir, Issas, Hawiya etc.), hinzu kommen negride Bev.-Anteile (ca. 100 000 Bantu), 30 000 Araber sowie indische, pakist., brit. und ital. Minderheiten. Seit 1972 ist Somalisch Amtssprache, Arab., Ital. und Engl. fungieren als Handelssprachen. Staatsreligion ist der sunnitische Islam (ferner 4000 Christen, meist Katholiken). Eine JZ der Bev. von 2,9% (1980–85), eine LE von 48 J. (1990) und ein *Urbanisierungsgrad von 36% (1990) kennzeichnen die demographische Situation. Die med. Versorgung ist generell unzureichend. Ca. 90% der ländl. und nomadischen Bev. erhalten keine ausreichende Versorgung. Die überfüllten Lager mit den wegen des Ogaden-Konflikts aus Äthiopien geflohenen Menschen schaffen weitere Probleme für das Gesundheitswesen. Mit 143 pro 1000 Lebendgeborenen hat S. eine der höchsten Säuglingssterblichkeitsquoten der Welt. Im Rahmen der unter S. Barre eingeleiteten und von Ideen des Sozialismus und des Islam getragenen Umgestaltung der somal. Gesellschaft spielt das Erziehungswesen für die Mobilisierung der Bev. eine zentrale Rolle. Man gibt rund 8% des Staatshaushaltes für das Erziehungswesen aus. Die Analphabetenquote beträgt derzeit 76%.

3. Die Landwirtschaft (1990: 65% des BIP, 71% der Erw.) dominiert die Wirtschaft des Landes. Ihr Schwerpunkt ist die Viehhaltung, die mehr als ⅔ der Ausfuhr (Viehzuchtprodukte, Bananen, Gemüse, Holz, Baumwolle, Weihrauch, Myrrhe) hervorbringt. Haupthandelspartner des *AKP-Staates sind Saudi-Arabien und Italien (je 20–25%) sowie die UdSSR (10%). Seit Anfang 1985 versucht S. im Rahmen eines mit Hilfe des *IWF ausgearbeiteten Sanierungsprogramms, durch versch. Maßnahmen (u. a. Abwertung des somal. Schillings) den Export zu fördern. Im Kontext hoher Auslandsverschuldung (1990: 276,9% des BSP, →Verschuldung) führt das niedrige Niveau der durch Dürren gehandicapten landwirtschaftlichen Produktion zur verstärkten Abh. von Nahrungsmittelimporten aus vorwiegend westl. Ländern (Italien u. a. EG-Staaten). Die *Industrialisierung steckt noch in den Anfängen, dient der *Importsubstitution und verarbeitet meist einheimische Agrarprodukte. Die hohen Löhne in den arab. Golfstaaten ziehen somal. Gastarbeiter (derzeit 350 000) an und führen zu einem ständigen **brain drain*.

4. Das Horn von Afrika geriet im 19. Jh. in den Interessenbereich Frankreichs (1884/85: Djibouti), GBs (1886:

Protektorat Brit. Somaliland), Italiens (1889: Ital. Somaliland) und des nach O expandierenden Äthiopien. Brit.- und Ital.-Somaliland wurden am 1.7.1960 unabh. und vereinten sich zur Rep. Somalia. Das in der Verfassung von 1961 festgelegte Ziel, das durch die Grenzen zu Äthiopien (Ä.) und Kenya (K.) in drei Teile gespaltene Volk der Somali in einem Staat wiederzuvereinigen, war Ursache für die ständigen Auseinandersetzungen mit Ä. und K. Bei pol. Annäherung an den Westen unter Staatspräs. Shermarke und MP Egal führte die seit 1967 betriebene Entspannungspolitik zur einstweiligen Entschärfung der Spannungen mit den beiden Nachbarländern. Nach der Ermordung Shermarkes (1969) und dem Armeeputsch unter General M. S. Barre wurde S. demokratische Republik soz. Orientierung mit Einparteisystem (SRSP/*Somali Revolutionary Socialist Party*) und Revolutionsrat (SRC/*Supreme Revolutionary Council*). Zur Gewinnung der Unterstützung der islam. Geistlichkeit betonte Barre Gemeinsamkeiten zwischen Islam und wiss. *Sozialismus. Verstaatlichung der Schlüsselind. sowie des Grund und Bodens, *autozentrierte Entwicklungsplanung und *Land Orientation Centres*, die die Mobilisierung und *Partizipation der Bev. fördern sollen, waren wichtige Elemente der E.-Politik des soz. Somalia. Bei gleichzeitiger Anlehnung an die arab. Staaten wurden die Bez. zum soz. Lager intensiviert. Die UdSSR erhielt für ihre Flotte Hafenrechte und rüstete die somal. Armee zu einer der besten in Schwarzafrika auf. Barre vereinigte die ges. pol. Macht in seiner Person: 1969–76 Vors. des Obersten Revolutionsrates, seit 1976 Staatspräs., Reg.-Chef (seit Jan. 1987 zusätzlich Premier M. Ali Samantar) und Generalsekretär der SRSP. Er unterstützte milit. die Westsomalische Befreiungsfront (WSLF) im Kampf um den Ogaden, den die WSLF fast gänzlich kontrollierte. 1977 begann die außenpol. Kehrtwendung. Die milit. und zivilen Berater der UdSSR wurden ausgewiesen, da die UdSSR ebenso wie Kuba Ä. unterstützte, was zur Rückeroberung des Ogadens und zur Niederlage S.s führte. Außerdem verbesserten sich die Bez. zu den konservativen arab. Staaten (Saudi-Arabien, V. Arab. Emirate) und zum Westen. Auch das Verhältnis zu Ä. entspannte sich. Beide durch *Armut, Hunger und Krankheit erschöpften Konfliktgegner nahmen Anfang 1986 Friedensgespräche miteinander auf. Die Bez. zu K. (S. gab in der Verfassung von 1979 die Wiedervereinigungsidee auf) und Djibouti sind gut. Mit Jemen und dem Sudan besteht ein Kooperationsabkommen. Mit den USA existiert seit dem Abkommen von 1981 eine milit. Kooperation. Nach einer pol. Liberalisierung 1989 (Aufgabe des Monopols der SRSP) aufgrund externen und internen Drucks (*Guerillakrieg im N gegen islam. Fundamentalisten und im S gegen die «Patriotische Bewegung») wurde Barre durch den milit. Sieg der Rebellen Anfang 1991 gestürzt. Interimspräs. ist bis Juli 1993 Ali Mahdi Mohamed, der mit einer «Versöhnungskonferenz» den Bürgerkrieg beilegen sollte. Statt dessen verschärfte sich die innenpol. Lage durch den Machtkampf verfeindeter Rebellengruppen. Marodierende Truppenteile und bewaffnete Banden verhinderten die Versorgung der einheim. Bev., die angesichts einer Hungerkatastrophe im Landesinnern zur Sache int. Hilfe wurde. Um sicherzustellen, daß diese die notleidende Bev. erreicht, beschloß die UNO eine Militärintervention, die am 12.10.1992 hauptsächlich durch US-Truppen erfolgte.

Lit.: P. Decraene, L'éxperience socialiste somalienne, Paris 1977; V. Matthies, Der Grenzkonflikt Somalias mit Äthiopien und Kenia, Hamburg 1977; H. Heinzlmeier, Der Konflikt am Horn von Afrika, in: APuZ 16/1978; I. M. Lewis, A Modern History of Somalia, London 1980; Th. Labahn, Somalia, in: HDW III, 5, 1993, S. 134ff. ah

Sonderkommission für Lateinamerikanische Koordinierung →CECLA

Sonderziehungsrechte (SZR) Die auf der *IWF-Tagung in Rio de Janeiro 1967 beschlossene Einführung von Sonderziehungsrechten (*Special Drawing Rights*, SDR) als zusätzliches Reservemedium (gleichwertig neben Gold, Devisen, Fondsoptionen) trat 1969 in Kraft. Dabei handelt es sich um ein durch int. Vertrag geschaffenes synthetisches Weltgeld, das auf Sonderkonten beim IWF gehalten und nur im Zahlungsverkehr zwischen den Zentralbanken verwendet wird. Die SZR, die jedem IWF-Mitglied eingeräumt werden, stellen Bezugscheine dar, die, nach bestimmten Quoten zugeteilt, auf befristete Zeit zum Erwerb konvertibler Währungen berechtigen, d.h. konvertible Währungen gegen Abgabe von SZR zu «ziehen». Die SZR sind somit Kredit- und Zahlungsmittel gleichzeitig und stellen im Gegensatz zu den übrigen Ziehungsrechten zusätzliche Währungsreserven für die einzelnen Staaten dar. Wenn SZR beschlossen und zugeteilt werden, kann jedes Land sie ohne Erlaubnis und weitere Auflagen in Anspruch nehmen. Innerhalb eines limitierten Zeitraumes müssen sie jedoch zumindest teilweise mittels konvertibler Währungen wieder zurückgekauft werden. Die erste Zuteilung wurde vom Gouverneursrat 1969 für die Jahre 1970 bis 1972 in Höhe von 9,5 Mrd. SZR beschlossen. Während ursprünglich das SZR in Gold bewertet wurde und ein SZR einem US-$ entsprach, wird seit 1972 der Wert des SZR täglich auf der Basis eines «Korbes» der 16 wichtigsten Währungen der IWF-Mitgl. berechnet, wobei die Gewichtung der einzelnen Währungen je nach Bedeutung der betreffenden Länder abgestuft ist. Mit der Ratifizierung der zweiten Änderung des Fonds-Übereinkommens 1978 wurde der offizielle Goldpreis abgeschafft, verpflichteten sich die IWF-Mitgl., das SZR zum hauptsächlichen Reservemedium zu machen und wurde das SZR die Rechnungseinheit des IWF. hk

Sowjetische Entwicklungspolitik →Entwicklungspolitik der UdSSR und der sozialistischen Länder

Sozialer Wandel In der wiss. Literatur häufig verwandter, aber kaum einheitlich definierter Begriff. T. Parsons versteht unter s.W. die Veränderung der Struktur sozialer Systeme, andere Autoren sprechen von Veränderungen der Sozialstruktur, wieder andere beziehen den Begriff auf «Veränderungen des Personals in den Führungspositionen von Herrschaftsverbänden» (R. Dahrendorf) oder auf Veränderungen «der institutionellen Struktur eines sozialen Systems» (D. Lockwood) oder auf die «sozial-kulturellen Aspekte des wirtschaftlichen Wandels» (B. Hoselitz). F. Berendt hat s.W. eng mit dem Begriff der Mobilität verknüpft. Er sieht s.W. «in der Mobilität der Gesellschaftsstruktur, in ihrer wachsenden Differenzierung in bezug auf Rollen und Funktionen ihrer Mitgl. und in der wachsenden Ausweitung sowohl der horizontalen (geogr.) wie der vertikalen (schichtungsmäßigen) Mobilität». Er grenzt s.W. gegenüber techn. und wirtsch. Wandel ab und räumt s.W. eine vorrangige Bedeutung ein, da es sich um «Wandlungen grundlegender und gewöhnlich tief verwurzelter Leitideen, Verhaltensweisen und Institutionen (handelt), von denen die Entscheidung über die Ziele wirtsch. und gesellsch. Betätigung und über den Einsatz techn. und wirtsch. Faktoren abhängt».

Das Forschungsinteresse an s.W. in EL ging zunächst von der Fragestellung aus, welche sozialen und kulturellen Prozesse Folge der wirtsch. Entwicklung zu höherer *Produktivität seien. Als die *Wachstumstheorien versagten, verlagerte sich das Forschungsinteresse auf die Frage, inwieweit s.W. möglicherweise Voraussetzung dafür sei, daß wirtsch. E. eingeleitet bzw.

dauerhaft stattfinden könnte. Unter s. W. wurden sodann die wachstumsnotwendigen Wandlungen in der Sozialstruktur der EL (W. G. Hoffmann) verstanden. E. wurde dementsprechend als wirtsch. Entwicklung und s. W. begriffen und die Forderung nach einer sozialen E.-Strategie erhoben, die sich an den Begriffen *Kulturwandel und *Akkulturation festmachte. Die aufkommenden *Modernisierungstheorien erweiterten den Ansatz, der – bei zutreffender Problematisierung der soziokulturellen Probleme importierter Moderne – seine entscheidende Begrenzung darin hat, den exogenen Faktoren (als dynamische) allein positive Funktionen zuzuschreiben. Rückbesinnung, die Suche nach kultureller Identität, ist heute die Antwort vieler EL auf eine von Anmaßung nicht freie Politik des s. W. von seiten der IL.

Lit.: W. Zapf (Hg.), Theorien des sozialen Wandels, Köln–Berlin 1969; B. Fritsch (Hg.), Entwicklungsländer, Köln–Berlin 1968; R. F. Berendt, Soziale Strategie für EL, Frankfurt 1965; G. Wisede/T. Kutsch, Sozialer Wandel, Darmstadt 1978. dn

Sozialismus Der Begriff S. hat in der *Dritten Welt einen weitgefächerten Bedeutungsinhalt. Er läßt sich kaum auf einige wesentliche Begriffselemente reduzieren. War für den Begriff des S. in den europ. Ländern theoretisch die Abschaffung des Privateigentums an den Produktionsmitteln zwecks Herstellung einer freien und harmonischen Gesellschaft grundlegend und folglich die revolutionäre Umgestaltung der Produktionsverhältnisse als pol. Zielsetzung für sozialist. Bewegungen und Parteien zwingend, so verweist die pol. Programmatik sozialist. Bewegungen und Parteien in der Dritten Welt auf bedeutend breiter gestreute und weniger allg. verbindliche Begriffsinhalte.

Wesentliche Bestimmungsgründe dafür sind: 1. Die unterschiedlichen gesellsch. Voraussetzungen und Entwicklungen in den Ländern der Dritten Welt (u. a. Fehlen von Feudalismus, zurückbleibende *Industrialisierung, Dominanz des Agrarsektors, d. h. Ungleichzeitigkeit von Basis und Überbau). 2. Der Anspruch von EL auf eigene *Dritte Wege zwischen Kapitalismus und Kommunismus, d. h. die Ablehnung der von den europ. Nationen geprägten gesellsch. Leitbilder. 3. Der Versuch, das vorkoloniale gesellsch. und kulturelle Erbe mit S. zu verknüpfen bzw. die vorkolonialen gesellsch. Verhältnisse zu Leitideen sozialist. E. zu erklären. 4. Spezifische, durch Anti-*Kolonialismus, Anti-*Imperialismus und Befreiungskampf um nat. Unabh. von EL gesetzte Akzente und gemachte Erfahrungen. 5. Durch strukturelle *Abhängigkeit und UE bedingte Konfliktstrukturen und pol. Zielsetzungen zur Veränderung der Bez. zwischen EL und IL und dadurch ausgelöste unterschiedl. interne Umgestaltungen von Wirtschaft, Staat und Gesellschaft. 6. Die ideologische Konfrontation unterschiedl. Sozialismen auf Weltebene, insb. der unterschiedl. E.-Wege der im sozialist. Lager dominierenden Pole (UdSSR, VR China). 7. Die konkrete Erfahrung sozialist. Systeme in EL und deren Rückwirkung auf die Konzeption von S. in den Ländern der Dritten Welt.

Letztlich bilden somit die Begriffsinhalte von S. in der Dritten Welt Antworten auf die je besonderen Herausforderungen gesellsch. und pol. Emanzipation, denen sich die verschiedenen EL in unterschiedl. Phasen ihrer E. gegenübersehen. Vor diesem Hintergrund entwickelten sich unterschiedl. Theorien und Varianten von Sozialismus (arabischer, afrikanischer, islamischer, kubanischer, chilenischer, burmesischer etc. S. Siehe dazu die Länderbeiträge dieses Lexikons sowie →Nasserismus, *Ujamaa*).

Lit.: S. Rose (Hg.), Socialism in Southern Asia, London u. a. 1959; G. Grohs (Hg.), Theoretische Probleme des Sozialismus in Afrika, Hamburg 1971; R. Debray/S. Allende, Der chilenische Weg, Neuwied u. a. 1972; A. M. Said, Arab Socialism, London 1972; B. Tibi, Militär und Sozialismus in der Dritten

Welt, Frankfurt 1973; J. K. Nyerere, Afrikanischer Sozialismus, 2. Aufl., Stuttgart 1974; O. Silveira, Africa South of the Sahara. Party Systems and Ideologies of Socialism, Uppsala 1976; D. Senghaas, Sozialismus. Eine entwicklungsgeschichtliche und entwicklungstheoretische Betrachtung, in: Leviathan 8/1980, S. 10ff.; A. M. Babu, African Socialism or Socialist Africa, London 1981; D. Lösch, Sozialismus in Afrika, Hamburg 1990; J. Slovo, Has Socialism Failed?, in: South Africa Labour Bulletin, 14 (6), 1990, S. 11ff.; R. Cohen/H. Goulbourne (Hg.), Democracy and Socialism in Africa, Boulder/Oxford 1991. dn

Sozialprodukt Das SP ist ein Maßstab für das Ergebnis der ökon. Aktivitäten einer Volkswirtschaft in einer gegebenen Wirtschaftsperiode. Es entspricht dem Wert aller in einer Periode – zumeist in einem Jahr – produzierten Güter (Waren und Dienstleistungen) abzüglich des Wertes der Güter, die in der gleichen Periode wieder in den heimischen Produktionsprozeß eingesetzt werden. Der Umfang des SP soll somit einen Maßstab für die gesamte Jahresleistung einer Volkswirtschaft abgeben und zeigt an, was im Verlauf eines best. Zeitraumes von der ges. Wirtschaft an Sachgütern und Dienstleistungen neu geschaffen worden ist, was den Produktionsfaktoren zugeflossen ist und schließlich für den Verbrauch und die *Investition zur Verfügung steht. So bilden Entstehung, Verteilung und Verwendung des SP die zentralen Grundlagen der Volkswirtsch.-Gesamtrechnung (VGR).

Das SP ist jedoch ein unscharfes Konzept. Zur genaueren Bezeichnung der gesamtwirtsch. Leistungen werden drei Begriffspaare verwandt: 1. Brutto- und Nettoprodukte. In Nettoprodukten werden die Abschreibungen (für Abnutzung, Verschlechterung des Produktivvermögens) abgezogen. 2. Marktpreise und Faktorkosten. In den Marktpreisen sind Subventionen des Staates und von ihm erhobene Steuern enthalten, um die die Faktorkosten bereinigt sind. 3. Inlands- und Sozialprodukte. Im Inlandskonzept sind nur im Inland entstandene Güter bzw. Einkommen (auch ausl. Produktionsfaktoren) enthalten. Hingegen bezieht sich das Sozialprodukt auf die den inländischen Wirtschaftseinheiten unabh. vom geogr. Einsatzort (auch aus Produktionstätigkeit im Ausland) zufließenden Erwerbs- und Vermögenseinkommen. Zu unterscheiden sind: 1. *Bruttosozialprodukt zu Marktpreisen* (BSP), welches sich aus der Addition des privaten und staatl. Konsums, den Nettoinvestitionen und dem Saldo aus Export und Import (Außenbeitrag) ergibt. 2. *Nettosozialprodukt zu Marktpreisen* (NSP) = BSP minus Abschreibungen. 3. *Volkseinkommen* = NSP minus indirekte Steuern plus Subventionen. 4. *Bruttoinlandsprodukt zu Marktpreisen* (BIP) ist das Ergebnis aller Produktionsprozesse innerhalb der geogr. Grenzen eines Landes. 5. *Nettoinlandprodukt zu Marktpreisen* (NIP) = BIP minus Abschreibungen. 6. *Nettoinlandsprodukt zu Faktorkosten* = NIP minus indirekte Steuern plus Subventionen.

Die verschiedenen SP-Größen können zu jeweiligen Preisen oder auch zu Preisen eines Basisjahres, zu realen und konstanten Preisen berechnet werden. Das *Pro-Kopf-Einkommen setzt das BIP in ein Verhältnis zur Bev. eines Landes. Die Wiedergabe der Leistungen einer Wirtschaftsgesellschaft in SP-Größen ist in den letzten Jahrzehnten immer stärker hinterfragt worden. Der VGR wurde im Rahmen der Forschungen zu sozialen *Indikatoren das noch näher zu bestimmende Konzept einer sozialen Gesamtrechnung entgegengehalten, das Tatbestände wie die Verteilung von Gütern und Einkommen, Chancengleichheit, soziale Sicherheit, Gesundheitsstand einer Population, Umweltfaktoren etc. einbegreifen soll. Für die EL-Gesellschaften ist die Kritik an den herkömmlichen ökon. Kennzahlen um so berechtigter, als monetäre Faktoren eine geringere Aussagekraft allein bereits im wirtsch. Bereich besitzen

(→Subsistenz) sowie Zieldaten und *Evaluierung von E. in enger Anlehnung an ökon. Wachstum der E.-Problematik mit Sicherheit nicht gerecht werden. hk/dn

Sozialstrukturhilfe Maßnahmen zur Förderung von *Genossenschaften, *Selbsthilfe-Organisationen, *_community-development_, Sozialarbeit, Radio- und Fernsehschularbeit, Jugendarbeit etc., also ein breites Gebiet entwicklungspol. Tätigkeiten, deren Finanzierung im Titel Sozialstrukturhilfe des Bundeshaushalts ausgewiesen wird. dn

SPA _Spezial Program of Assistance,_ Sonderhilfsprogramm der *Weltbank für Afrika; Volumen für die 2. Phase 1991–93; 7,4 Mrd. US-$. dn

Sparquote Prozentualer Anteil des Volkseinkommens (→Sozialprodukt), der nicht dem sofortigen Konsum zugeführt, sondern gespart wird. Die S. ist ein *Indikator für die Kapitalbildung eines Landes und damit seine Fähigkeit zu produktiven *Investitionen. In EL ist auf Grund des niedrigen Einkommensniveaus die Sparquote niedrig, ihre Steigerung eine wesentliche Voraussetzung für die Zunahme der einheim. Kapitalbildung und Verringerung der Abh. von Kapitalimporten. dn

SPARTECA Südpazifisches Abkommen über regionale Handels- und Wirtschaftskooperation (_South Pacific Regional Trade and Cooperation Agreement_), von den Mitgl.-Staaten der *SPEC beschlossen und 1981 ratifiziert. Das Abkommen soll den Exporten der südpaz. Inselstaaten den zollfreien und nicht-reziproken Zugang zu den beiden größten regionalen Märkten in Australien und Neuseeland ermöglichen. fn

SPC Südpazifische Regional-Kommission (_South Pacific Regional Commission_), 1947 von den ehem. (und teils noch präsenten) Kolonial- und Mandatsmächten zur Koordinierung ihrer Kolonialinteressen innerhalb der südpazif. Inselwelt gegründet. Das jährl. tagende Gremium, dem 25 Staaten/Territorien angehören, wurde bislang nicht zum Organisationskern einer auf regionale Autonomie hinzielenden Kooperationspolitik, da in ihm die Großmächte nicht nur den Großteil des Etats aufbringen, sondern auch pol. den Ton angeben. fn

SPD–entwicklungspolitische Leitlinien Bereits im Godesberger Programm von 1959 hat die SPD den Anspruch der EL auf «großzügige und uneigennützige Hilfe» von seiten der IL anerkannt. 1977 beschloß der SPD-Parteitag Leitlinien zur E.-Politik, die als Politik der Friedenssicherung begriffen wird. Auf den Parteitagen von 1979 und 1982 wurden die e.-pol. Grundsätze weiterentwikkelt und auf einem Nord-Süd-Forum im Feb. 1984 zusammengefaßt. Den Orientierungsrahmen für die Nord-Süd-Zusammenarbeit bilden die *Grundbedürfnisse, der Vorrang der ärmsten Länder, Regionen und Bev.-Schichten, *arbeitsintensive Produktionsverfahren, *ländliche Entwicklung.

Folgt man den genannten Positionsbestimmungen, läßt sich sozialdemokratische E.-Politik im einzelnen wie folgt charakterisieren: 1. E.-Hilfe ist Hilfe zur *Selbsthilfe; die Hauptlast im Kampf gegen *Armut, *Abhängigkeit und UE tragen die EL selbst; sie haben ein Recht auf eigenständige, selbstbestimmte E. und Freiheit von wirtsch. und kultureller Abhängigkeit von den IL; ihre Zusammenarbeit untereinander dient diesem Ziel (→_self-reliance_). Die Verwirklichung der *Menschenrechte, Verantwortung für den Weltfrieden und Umverteilung von Einkommen zur Befriedigung der Grundbedürfnisse sind Forderungen, die an die EL zu stellen sind. 2. Die *bilaterale und *multilaterale E.-Hilfe muß verstärkt werden, bes. die leistungsstarken IL sollen ihren Beitrag erhöhen; die SPD anerkennt das 0,7%-Ziel *öfftl. Hilfe am *BSP; das *Zuschußelement bei der öfftl. Hilfe soll ebenso wie die unentgeltliche *Technische Hilfe erhöht werden; Verzicht auf *Lieferbindung. 3. Die gegenwärtige Weltwirtschaftsordnung benachteiligt die EL; die IL müssen sich bereitfinden, für Roh-, Halb- und Fertigprodukte der EL gerechte Preise zu zahlen und *Protektionismus und *Handelshemmnisse auf den eigenen Märkten abbauen (dies gilt bes. für den EG-Agrarmarkt); den ärmeren EL sollen Schutzzölle für die E. ihrer Binnenmärkte zugestanden werden. *Rohstoffabkommen und *gemeinsamer Fonds sowie die *Lomé-Abkommen sind wichtige Schritte auf dem Weg zu einer Reform der Weltwirtschaft. 4. *Direktinvestitionen und das Verhalten *transnationaler Konzerne sollen sich kontrollierbar in e.-pol. Ziele der EL einfügen; unter dieser Bedingung ist privatwirtsch. Engagement in EL im beiderseitigen Interesse und kann zur Überwindung von UE beitragen. 5. Der weltweite wirtsch. Strukturwandel kann EL und IL nützen, er darf aber nicht allein den Kräften des Marktes überlassen werden; das Recht auf humane Lebens-, Arbeits- und Umweltbedingungen muß durch eine vorausschauende Strukturpolitik in enger Zusammenarbeit mit den *Gewerkschaften überall verwirklicht werden.

1984 legte die SPD-Fraktion ein «Zukunftsprogramm Dritte Welt» vor, in dem sie insbes. mit Blick auf die *Verschuldung und die Verschlechterung der weltwirtsch. Rahmenbedingungen der EL (→*terms of trade*) konstatiert, daß die Wohlstandsschere zwischen IL und den ärmeren EL sich immer weiter öffnet. Das Programm fordert, Abrüstungs- und E.-Politik in einem int. «Solidarpakt» auf der Genfer Abrüstungskonferenz zu einer Art Marshallplan für die Dritte Welt zusammenzuführen, eine int. Schuldenkonferenz unter Einbeziehung der Banken, die ‹Entwicklungspolitisierung› des *IWF und die Bildung eines int. E.-Fonds, der für die Lösung der Schuldenkrise, die Förderung des Handels mit Priorität für die ärmsten EL und die Realisierung der Grundbedürfnisstrategie bei Schutz der natürlichen Lebensgrundlagen (→Ökologie) eingesetzt werden soll.

Ein im Frühjahr 1988 vom Arbeitskreis Dritte Welt beim SPD-Vorstand vorgelegtes Papier vertieft den internationalistischen Ansatz in der Diagnose und der vorgeschlagenen ‹Therapie› der Nord-Süd-Problematik. Bei zunehmender weltweiter Interdependenz und gleichzeitig wachsender Regellosigkeit int. Prozesse auf den Finanz- und Kapitalmärkten müsse das gemeinsame Interesse von IL und EL an einer «stabilen, leistungsfähigen und gerechten Weltwirtschaft» in den Vordergrund treten und die int. Kooperation auf allen Ebenen der Wirtsch.-Beziehungen (Währung, Handel, Finanzen, Beschäftigung) verbessert werden. Das Papier fordert u. a. eine Reform des int. Währungssystems durch Ausbau von *SZR und *ECU zu Leitwährungen, Verstärkung des Transfers *angepaßter Technologie und Wissenschaft, die Stärkung der EL in der Weltwirtsch. durch den Ausbau entsprechender Abkommen (→GATT, →STABEX, →Lomé), eine Reform von IWF und *Weltbank und Förderung der *Süd-Süd-Beziehungen. Die E.-Politik der EG soll im Zuge der europ. *Integration ausgebaut werden und die nat. Politiken nach und nach ersetzen. Im Blick auf die Schuldenkrise fordert die SPD (neben den o. g. Positionen) längerfristige *Umschuldungen zu Zinsen, die der Schuldendienstfähigkeit der EL angepaßt sind, und einen abgestuften Schuldenerlaß durch öfftl., z. T. aber auch durch die privaten Gläubiger. Von den EL wird erwartet, daß sie durch finanz- und wirtschaftspol. ‹Realismus›, Eindämmung der Kapitalflucht, Rücknahme der *Rüstungsausgaben und Stärkung der Binnenmärkte zur Lösung der Krise beitragen.

Adresse: Arbeitskreis Dritte Welt beim SPD-Vorstand, Erich-Ollenhauer-Str. 1, 5300 Bonn 1. bt

SPEC Südpazifisches Büro für Wirtschaftskooperation (*South Pacific Bureau for Economic Cooperation*), 1973 vom *SPF gegr., will zwischen den Staaten des Südpazifiks die Zusammenarbeit in den Bereichen Verkehr, Handel, *Tourismus und Fischerei intensivieren. Gemeinsame Projekte:

Pacific Forum Line, South Pacific Trade Commission (in Australien), *Association of South Pacific Airlines* (Koordinierung des regionalen Flugverkehrs), *South Pacific Fisheries Agency* (1977 Schaffung einer 200-Seemeilen-Wirtschaftszone), *South Pacific Regional Disaster Fund* und *South Pacific Regional Environment Programme.* fn

SPF Südpazifisches Forum (*South Pacific Forum*) als Konsequenz der in den 60er J. fortschreitenden Unabh.-Bewegung und aus Protest gegen die Außensteuerung der *SPC 1971 von den damals schon handlungsfähigen südpazif. Inselstaaten gegründet. Mitgl. (1980): Australien, Neuseeland, Cook-Inseln, Fidschi, Kiribati, Nauru, Niue, Papua-Neuguinea, Tonga, Samoa, Salomonen, Tuvalu, Vanuatu, Marshall-Inseln, Vereinigte Staaten von Mikronesien. Neben der Kritik an Kolonialpolitik und Atomwaffentests in der Region, vom SPF durch zahlreiche Resolutionen geäußert, kam es 1973 auch zur Gründung des *SPEC als weiterem Gremium der südpazif. Kooperation. Die Kooperationspolitik im Rahmen von SPF und SPEC wird durch int. Organisationen (*ESCAP, *ADB, *EG) unterstützt. Im Zuge der Bildung der «Melanesischen Speerspitzen-Gruppe» 1988 (Vanuatu, Papua-Neuguinea, Salomonen) wurde Kritik laut, daß subregionale Zusammenschlüsse den Zusammenhalt der Staatengruppe gefährden könnten. fn

Spill-over-Effekt (engl. Übergreifen o. ä.) bezeichnet die Übernahme von Zielen, Verhaltensweisen, Produktionstechniken, Leistungen etc. eines Sektors, einer Branche, eines Betriebs etc. durch andere Einheiten. Von Bedeutung ist das Konzept des *spill-over* in Theorien, die von Ungleichgewichten ausgehen und diese als funktional betrachten für Fortschritte in anderen Sektoren, welche auf Grund sachlich gegebener Interdependenzen mit Angleichung an das Niveau des entwickelteren Sektors reagieren. →Wachstumstheorien, →*unbalanced growth.* dn

spot checks →Evaluierung

spread effects →Außenhandelstheorie

SPREP *South Pacific Regional Environment Programme,* Umweltprogramm der Mitgl.-Staaten der *SPEC, 1980 in Nouméa/Neukaledonien beschlossen. mm

SPTDP *South Pacific Telecommunication Development Programme,* regionales Programm der Mitgl.-Staaten der *SPEC zur Entwicklung der Telekommunikation, 1983 in Canberra/Australien beschlossen. mm

squatters Siedler, die ohne Rechtstitel Land (illegal) besetzen und eine Bleibe errichten. Die Behausungen sind in aller Regel äußerst primitiv, ohne Wasser- und Elektrizitätsversorgung, ohne Müllabfuhr, so daß eine Tendenz zur *Slum-Bildung entsteht. Squatters gehören im allg. zu den ärmsten Bev.-Schichten. dn

Sri Lanka Die Demokratische Sozialistische Republik SL, bis 1972 Ceylon, seit 1948 unabh. Mitglied im **Commonwealth*, ist ein Agrarland mit großen Problemen, die Eigenversorgung der Bev. sicherzustellen. Neben der E. der Landw. wird heute die *Industrialisierung im Rahmen marktwirtsch. Orientierung und Exportförderung angestrebt, um dadurch auch dem Problem der *Arbeitslosigkeit entgegenzuwirken (SL ist *MSAC). Der Tamilenkonflikt mit bürgerkriegsähnlichen Unruhen ist weiterhin äußerst brisant.

1. Die vor der Südostspitze Indiens

gelegene Insel SL (Fläche: 65 610 qkm) gliedert sich in drei größere Regionen: die feuchten Tiefebenen an der SW-Küste, dem Hauptwirtschafts- und Siedlungsgebiet (50% der Bev. auf 20% der Landesfläche), die Gebirgsregion im Inneren der Südhälfte (Teekulturen) und das trockene Tiefland an der Küste im NW, O und SO (ca. 60% SL.s mit nur etwa 20% der Bev.). SL ist rel. arm an Bodenschätzen, verfügt jedoch in Land- und Forstwirtschaft auf Grund der klimatischen Gegebenheiten über ein beträchtliches E.-Potential. Das Schwergewicht der Landwirtschaft liegt seit der brit. Kolonialzeit (ab 1796; zuvor portug.: 1505 bis 1658, holländ.: 1658 bis 1796) im Bereich der exportorientierten *Monokulturen (Tee, Kautschuk, Kokosprodukte; außerdem Gewürze), womit die folgenreiche Außenorientierung der ceylon. Wirtschaft herbeigeführt wurde. Man vernachlässigte die bäuerliche Landwirtschaft, zur Eigenversorgung mußte (bis heute) Reis eingeführt werden. *Plantagen und Banken, Export- und Importhandel lagen zunächst allein in europ. Hand.

2. Die Bev. (1989: 16,8 Mio. Ew.; 261 Ew./qkm) weist einen hohen Anteil Jugendlicher (1990: 33,5% unter 15 J.) auf, dagegen eine rel. geringe JZ (1981–87: 1,6%), die v.a. durch die 1964 einsetzende Rückwanderung von Indien-Tamilen nach Südindien und rel. erfolgreiche Maßnahmen der *Familienplanung bedingt ist. Die *Urbanisierung SL.s ist mit einem Anstieg zwischen 1963 und 1989 von 19,1% auf 21% rel. gering, dies u. a. wegen der nach der Unabh. geförderten *ländlichen Entwicklung. Ca. ein Fünftel der Stadtbev. lebt in der Hs. Colombo (1988: 609 000 Ew.), davon rd. 60% in *slums* (→Wohnen).

Beherrschendes Merkmal der ceylon. Gesellschaft ist die ethnische, relig., sprachliche und regionale Segmentierung. Die Singhalesen (1981: 74%) stellen die dominante Bev.-Gruppe, gefolgt von den Tamilen, die in zwei Gruppen gespalten sind: die ca. 30% aller Tamilen umfassenden SL-Tamilen (12,7%) im N und O des Landes und – als die Allerärmsten SL.s – die Indien-Tamilen (5,5%; seit dem letzten Jh. als Billigstarbeitskräfte aus Südindien auf die Plantagen des Hochlandes gekommen). Daneben stellen die Moors («Mohren»; Nachkommen arab. Händler) mit 7,1% noch eine rel. starke Minderheit (im O der Insel) dar.

Die relig. Gliederung entspricht in etwa der ethnischen; 1981: 69,3% Buddhisten (Singhalesen), 15,5% Hindus (Tamilen), 7,6% Moslems (Moors) und 7,6% Christen (6,9% kath.). Singhalesisch und Tamil (seit dem Reg.-Wechsel 1977 wurde die von Präs. Bandaranaike betriebene Ausschaltung der tamil. und engl. Sprache zurückgenommen) sind Nationalsprache.

3. Die Landw. stellt in SL den zentralen ökon. Bereich dar. Sie beschäftigte 1988 etwa 49% der Erwerbstätigen und erbrachte rd. 27% des BIP sowie ca. 60% der Exporte. Allerdings leidet die Landw. unter Überalterung der Bestände (bei Tee und Kautschuk) sowie Ernteeinbußen aufgrund von Dürre (v. a. bei Reis und Kokosnüssen). So ist der Index der Nahrungsmittelproduktion je Ew. von 1979 (= 100) auf 77 (1987) gefallen. 1988 litten ca. 37% der Kinder unter fünf J. an chronischer Unterernährung.

Nach 1977, dem Ende der Reg. Bandaranaike, die eine sozialistisch-kollektivistische Strategie betrieben hatte, erfolgte die Liberalisierung des Außenhandels und die Wiederbelebung privater Unternehmerinitiative; dies gab der Wirtschaft neue Impulse. Die Industrialisierung SL.s steht aber noch am Anfang (bisher v. a. Nahrungsmittel- und Textilherstellung sowie Erdölverarbeitung). Immerhin stieg aber zwischen 1965 und 1986 der BIP-Anteil der Industrie von 21% auf 26% und der Exportanteil der Fertigwaren von 1% auf 27%. Mit der Einrichtung von Exportproduktionszonen (→Enklave) bemüht sich die Reg. durch steuerliche u.a. Anreize auch um ausl. Investitionen. Der *Tourismus ist v.a. aufgrund des Tamilenkonflikts stark rückläufig. Eine wichtige Devisenquelle sind die zahlreichen im Ausland beschäftigten Arbeitskräfte. Die Exportbedingungen am Weltmarkt haben sich für SL v.a. aufgrund der gestiegenen Weltmarktpreise für Tee rel. günstig entwickelt (**terms of trade*: 1980 = 100, 1987 = 114). Die *Arbeitslosigkeit stellt eines der gravierendsten sozialen Probleme dar: 1990 (gesch.) 25%; extrem hoher Anteil von Jugendlichen mit Sekundarschulabschluß. Das BSP betrug 1989 (stark ungleich verteilt) pro Kopf durchschn. 430 US-$; der Schuldendienst machte 1986 17,5% des Exports aus. Über ¼ der Bev. lebt unter der *Armutsgrenze.

SL hat eine der niedrigsten Analphabetenraten Asiens (1989: 12% der Bev. ab 15 J.), Ergebnis u.a. der seit 1951 kostenlosen Schulbildung. SL verfügt auch über eine rel. gute und kostenlose Gesundheitsversorgung (1987: 7158 Ew. pro Arzt; LE: 70 J.). Von A. Ariyaratne wurde in SL die *Sarvodaya-Shramadana*-Bewegung gegr., die auf der Grundlage der buddhist. Philosophie und Lebenseinstellung in ländl. Gebieten die «Hilfe zur *Selbsthilfe» fördern will.

4. In den Verfassungen von 1948 und 1972 folgte SL weitgehend dem *Westminster-Modell; 1978 wurde ein präsidiales Reg.-System nach franz. Vorbild eingeführt (1. Präs.: J.R. Jayewardene) und die rel. Mehrheits- durch die Verhältniswahl ersetzt.

Von der Unabh. an lösten sich die konservative, westl. orientierte, multiethnische *United National Party* (UNP: 1948 bis 1956, 1960, 1965 bis 1970, seit 1977) und die singhales., nationalistische, buddhist., sozialistische *Sri Lanka Freedom Party* (SLFP: 1956 bis 1960, 1960 bis 1965, 1970 bis 1977) in der Reg. ab. 1977 errang die UNP mit Jayewardene einen erdrutschartigen Wahlsieg (50,9% der Stimmen, aber 83,3% der Mandate) über die SLFP Frau Bandaranaikes (29,7%; 4,8%). Stärkste Oppositionspartei wurde die nach Separation des tamilischen N und O strebende *Tamil United Liberation Front* (TULF: 6,7%; 10,7%). Zur Konsolidierung der unangefochtenen Vormachtstellung der UNP ließ Präs. Jayewardene bereits im Dez. 1982 ein Referendum durchführen, wodurch die 1983 endende Amtsdauer des Parlaments bis 1989 ausgedehnt wurde.

Der ethnische Konflikt zwischen Singhalesen und tamil. Minderheit, der seit 1956 zu zahlreichen Unruhen geführt hatte, verschärfte sich 1983 nach schweren anti-tamil. Ausschreitungen und dem Ausschluß der TULF aus dem Parlament zu einer bürgerkriegsähnlichen Situation. Dabei wurde der tamil. Widerstand ab 1983 von ind. Gebiet aus organisiert und zumindest indirekt von Indien (v.a. aber von Politikern und der Bev. im südind. Tamil Nadu) unterstützt. Präs. Jayewardene begann 1984 mit der Aufrüstung der schlecht ausgebildeten Armee SL.s und bemühte sich um Unterstützung durch Indien nicht bes. wohlgesonnene Länder (als sicher gilt milit. Hilfe u.a. aus Pakistan und Israel). Neben der milit. Schwäche war die Reg. allerdings schon aus innenpol. Gründen nicht in der Lage, eine harte, ausschließlich milit. Lösung des Konflikts zu verfolgen, sondern verhandelte gleichzeitig über eine Teilautonomie mit den tamil. Separatisten. Eine Wende im Konflikt trat am Beginn des J. 1987 ein, als die *Guerilla-Org. *Liberation Tigers of Tamil Eelam* (LTTE) mit dem Aufbau der pol. Selbstverwaltung auf der Jaffna-Halbinsel begann. Als im Mai 1987 die Armee SL.s eine Offensive zur Rückeroberung Jaffnas startete, setzte Indien (wie SL bedeutendes Mitgl. der *Blockfreien) mit Militärmaschinen, die in den Luftraum SL.s eindrangen und im N und O Lebensmittel abwarfen, ein deutliches Zeichen. Die ind. Zentralreg. wollte v. a. die Internationalisierung des Konflikts verhindern und die Rolle Indiens als regionale Ordnungsmacht demonstrieren, gleichzeitig wurde ein Übergreifen der pol. sezessionistischen Tendenzen von Jaffna auf das eigene Territorium befürchtet. So kam es am 29. 7. 1987 zu einem Vertrag zwischen Indien und SL, der u. a. vorsah: Erhalt der Einheit SL.s; Provinzreform zugunsten tamil. Teilautonomie; zur Gewährleistung des Vertrages Entsendung einer ind. Friedenstruppe (PKF), an die die LTTE ihre Waffen abgibt; Amnestie für die Guerilla. Nach dem Scheitern der Umsetzung des Vertrages verstärkte Indien sein PKF-Kontingent von 6000 auf (gesch.) bis zu 100000 Soldaten (was einer Invasion SL.s gleichkam) und brachte mit einer Großoffensive Jaffna unter seine Kontrolle. Dies führte aber nicht zur Befriedung SL.s, die Guerilla konnte sich im O des Landes halten. Es kam verstärkt im S zu Terroranschlägen der tamil. LTTE und der radikalen singhal.-nationalistischen *Janata Vimukti Peramuna* (JVP), die seit dem Vertrag mit Indien v. a. gegen Mitgl. der regierenden UNP wütet.

Bei den Präs.-Wahlen im Dez. 1988 (im Wahlkampf wurden ca. 650 pol. Morde verübt) siegte der bisherige Reg.-Chef Premadasa (UNP) knapp mit 50,4 % über Frau Bandaranaike (44,9 %), die der Reg. Wahlbetrug vorwarf. Bedingt durch die Terrorakte lag die Wahlbeteiligung nur bei 55 %. Die Parlamentswahlen vom Feb. 1989, wiederum von schweren Gewaltakten geprägt, brachten erneut eine Mehrheit für die UNP (125 der 225 Sitze). Nach dem Regierungswechsel in Indien wurden die ind. Truppen im März 1990 abgezogen. Daraufhin wurde der N und O des Landes erneut weitgehend von der LTTE kontrolliert, die im Juni 1990 den bewaffneten Kampf wieder aufnahm. Inzwischen ist die Regierung von SL dazu übergegangen, eine ethn. Befriedung vor allem mit wirtschaftspol. Mitteln zu versuchen. Eine ind.-srilankanische Kommission trat im Jan. 1992 erstmalig zusammen, um die Repatriierung tamilischer Flüchtlinge sowie eine Liberalisierung des Handels herbeizuführen.

Lit.: K. M. de Silva (Hg.), Sri Lanka, A Survey, Hamburg 1977; A. J. Wilson, The Gaullist System in Asia. The Constitution of Sri Lanka (1978), London 1980; J. Donner, Sri Lanka, in HDW II, 7, Hamburg 1983, S. 226ff.; C. D. Maaß. Sri Lanka: Frieden durch Intervention Indiens?, in: Jahrbuch Dritte Welt 1989, München 1988; J. Spencer (Hg.), Sri Lanka: History and Roots of Conflict, London 1990.

bh / rn

SSA →Entwicklungspolitik der USA

SSIP Sozialwissenschaftlicher Studienkreis für internationale Probleme e. V., 1960 gegr., Hauptaufgaben: 1. Förderung sozialwiss. Studien int., insb. sozialer und kultureller Probleme; 2. Auswertung der Ergebnisse solcher Studien für und an der Praxis; 3. durch Publikationen, Tagungen, Beratungen, Informationsaustausch und andere Maßnahmen zur Lösung int. Probleme beizutragen; 4. Förderung des wiss. Nachwuchses sowie des Einsatzes junger Sozialwissenschaftler auf dem Gebiet der int. Beziehungen. Publikationen: SSIP-Bulletin, viermal im Jahr SSIP-Mitteilungen. Adresse: SSIP-Geschäftsstelle →Isoplan. kg

Staatshandelsländer Länder mit staatl. Monopol des Außenhandels; in den int. Statistiken sind dies: Albanien, Bulgarien, VR China, DDR, DVR Korea *, Kuba *, Polen, Rumänien, Sowjetunion, Tschechoslowakei und Ungarn. Die mit * versehenen Länder werden vom *DAC als EL geführt. dn

Staatsklasse Die grundlegende Befunde der *Dependenztheorie weiterentwickelnde e.-theoretische Diskussion gibt sich mit der Erklärung von *Unterentwicklung als Konsequenz der strukturellen *Abhängigkeit der EL vom Weltmarkt nicht zufrieden. Sie fragt nach dem pol. und administrativen Vermittlungsprozeß dieser Abh.-Beziehungen. Folgerichtig wurde das Verhältnis von Staat und *Entwicklung in den EL thematisiert. Da man dem peripheren Staat nun eher relative Autonomie und pol. Entscheidungsspielraum einräumte, richtete sich die Aufmerksamkeit auf die Träger von Entscheidungsprozessen, die Akteure im Staatsapparat und ihre bes. Funktionen, die sich von denen der Amtsträger in IL qualitativ unterscheiden. Zentrale Führungsgruppe in den EL ist nach H. Elsenhans die S., zu der allerdings nicht alle öfftl. Bediensteten zählen. Entsprechend der Marxschen Definition von Klassen gehört zur S. nur, wer «kraft Amtes an der Aneignung von Mehrprodukt als Einkommen des Apparats, an der Verteilung von solchem Mehrprodukt auf Konsum und *Investitionen, an Investitionsentscheidungen und an der Lenkung von Arbeit teilnimmt bzw. andere leitende Aufgaben im Staatsapparat, den staatlichen Betrieben und den in den Staat integrierten politischen und gesellschaftlichen Organisationen wahrnimmt» (Elsenhans 1981, S. 122). Der Übergang von der S.-Zugehörigkeit zur «organischen Klientel» der von der S. abh. übrigen Beschäftigten im Staatssektor ist fließend. Klarer als die personelle Zusammensetzung der S. lassen sich ihre Funktionen abgrenzen. Eingezwängt zwischen Erwartungen eines wachsenden Lebensstandards und dem Faktum von Verelendungsprozessen in den EL, ergibt sich für die staatstragenden Schichten die Notwendigkeit, ihre Privilegien zu legitimieren. Bloße Repression reicht auf Dauer zur Systemstabilisierung nicht aus. Die Privilegierten sehen sich gezwungen, mit eigener Prioritätensetzung in den Prozeß der *Akkumulation von Kapital einzugreifen und entwicklungsstrategische Investitionen zu tätigen. Sie tun dies nicht als Privatpersonen, sie privatisieren nicht die *Ressourcen des Staates, weshalb die synonym mit S. verwendeten Begriffe Staats- oder administrative Bourgeoisie von Elsenhans abgelehnt werden, sondern als Klasse von Bürokraten, die sich das gesellsch. Mehrprodukt kollektiv aneignet. Nur pol. Überlegungen, keine Marktkonkurrenz zwingen sie zu investieren, weshalb Luxuskonsum oder die Errichtung entwicklungspol. sinnloser, propagandistisch aber nützlicher Prestigeobjekte durchaus mit ihren Zielen vereinbar sind. Ihr Entscheidungsrahmen wird lediglich durch den Wunsch nach Selbstprivilegierung auf der einen und die periodisch sich einstellenden Legitimationszwänge auf der anderen Seite begrenzt.

Als problematisch an der S.-Theorie erscheint v. a. ihre geringe Sensibilität für die Ausdifferenzierung pol. Strukturen und Institutionen bis hin zur Subsystembildung in versch. EL, insb. den nicht-afrik., als Ergebnis einer begrenzten Elitenkonkurrenz. So ist im Falle der Demokratien LAs neuerdings gerade die allzu kurze Verweildauer von Reg.-Chefs und Min. sowie der sehr weitgehende, nicht nur auf der zentralstaatl. Ebene vollzogene Elitenaustausch bei jedem Reg.-Wechsel als eine Ursache der pol. Instabilität festgestellt worden.

Lit.: T. Evers, Bürgerliche Herrschaft in der Dritten Welt. Zur Theorie des Staates in ökonomisch unterentwickelten Gesellschaftsformationen, Köln/Frankfurt 1977; H. Elsenhans, Abhängiger Kapitalismus oder bürokratische Entwicklungsgesellschaft. Versuch über den Staat in der Dritten Welt, Frankfurt/New York 1981; R. Hanisch/R. Tetzlaff (Hg.), Staat und Entwicklung. Studien zum Verhältnis von Herrschaft und Gesellschaft in Entwicklungsländern, Frankfurt/New York 1981; H. Elsenhans, Staatsklasse, Umverteilung und die Überwindung von Unterentwicklung. Versuch einiger nichtpolemischer Klarstellungen zum «Ansatz von Hartmut Elsenhans», in: Peripherie (1986), Nr. 22/23, S. 149–165. rs

Staatsquote Die S. ist ein einfaches Maß für die Bedeutung des Staates als Akteur in der Wirtschaft eines Landes. Es gibt versch. S., die das staatl. Engagement im Hinblick auf versch. Ebenen der Wirtschaftstätigkeit zu erfassen versuchen. Die Staatsausgabenquote z. B. gibt den Anteil der Staatsausgaben am *Sozialprodukt eines Landes an, die Staatsbeschäftigtenquote den Anteil der im öfftl. Sektor Beschäftigten an der Gesamtzahl der Erwerbstätigen. In der Höhe der S. in EL kommen i. d. R. weniger grundsätzlich-ideologische Entscheidungen für ein best. Wirtschaftssystem (Kapitalismus versus *Sozialismus) zum Ausdruck als vielmehr die Reaktionen der pol. Führung auf grundlegende E.-Probleme bei *Industrialisierung und/ oder *Beschäftigung. bt

STABEX System und Fonds für die *Sta*bilisierung der *Ex*porterlöse der *AKP-Staaten bei landw. *Grundstoffen im Handel mit der EG. Das im Rahmen der *Lomé-Abkommen geregelte STABEX kann mit einer Versicherung gegen schlechte Jahre verglichen werden. AKP-Staaten können die Leistungen des Fonds in Anspruch nehmen, wenn sie bei einem von STABEX erfaßten Produkt in einem J. durch Produktionsausfälle, Preisrückgänge o. ä. Vorgänge Einbußen bei den Exporterlösen erfahren. Dabei gelten zwei Regeln: 1. Das Produkt muß mit einem Mindestanteil zum ges. Export des Landes beitragen (sog. Abhängigkeitsschwelle). 2. Die Einbußen müssen einen best. Anteil der durchschn. Erlöse für das Produkt im Vgl. zu den vier vorhergehenden J. überschreiten (sog. Auslöseschwelle).

STABEX stabilisiert also für bestimmte Exportprodukte einer bestimmten Ländergruppe die nominalen Erlöse, nicht jedoch die realen. Dafür wäre eine *Indexierung der Rohstoffpreise erforderlich, die zwar von der *UNCTAD vorgeschlagen, aber von den IL abgelehnt wird. Ursprgl. wurden 29 Produkte von STABEX erfaßt (Lomé I). Die Liste wurde 1979 auf 34, in Lomé II (1980) auf 44 und in Lomé III (1985) auf 48 erhöht. Die Mittel zur Finanzierung von STABEX betrugen für Lomé I 382 Mio. *ERE und wurden 1979 auf 550 Mio. ERE, in Lomé II auf 557 Mio., in Lomé III auf 925 Mio. und in Lomé IV (1990–99) auf 1500 Mio. *ECU aufgestockt.

Abhängigkeits- und Auslöseschwelle lagen anfänglich bei 7,5 % und wurden dann parallel gesenkt: auf 6,5 % in Lomé II (Sisal 5 %) und 6 % in Lomé III (Sisal 4,5 %). Für die *LLDCs unter den AKP-Staaten liegen die Schwellen erheblich tiefer: in Lomé I bei 2,5 %, Lomé II: 2 %, Lomé III: 1,5 %. Diese Länder, auf die ca. 42 % der Bev. der AKP-Staaten entfallen, werden außerdem insofern begünstigt, als sie die STABEX-Mittel als Zuschüsse erhalten, während die anderen EL sie als zinsfreie Kredite bekommen. Die Erfahrungen bis 1981 zeigten, daß 88 % der STABEX-Transfers auf nur drei Produkte (Kaffee, Kakao und Erdnüsse) entfielen, und daß 73 % der Mittel in fünf (der damals 46 berechtigten) AKP-Länder flossen.

STABEX II (1980–85) erwies in dramatischer Weise, daß die bereitgestellten Mittel viel zu knapp waren, um die Folgen des Preisverfalls auf den Rohstoffmärkten 1980/81 (bes. Kaffee und Kakao) auch nur annähernd aufzufangen. Trotz Aufstockung des Fonds 1981 um 70,7 Mio. ERE konnten nur 46,5 % der berechtigten Forderungen der LLDCs und nur 41,9 % der Ansprüche der übrigen EL ausgezahlt werden. Die Verwendung der ausgezahlten STABEX-Mittel ist frei (im Unterschied zu *SYSMIN, das in Lomé II für Bergbauprodukte eingeführt wurde). In Lomé III wurde aber eine Regelung getroffen, die die EL verpflichtet, vorweg die Verwendungsabsichten bekanntzugeben und innerhalb eines Jahres nach der Auszahlung einen entsprechenden Bericht zu veröffentlichen. Damit soll sichergestellt werden, daß die Mittel für E.-Vorhaben genutzt werden. →Kompensatorische Kreditfazilität dn/bt

Stabilisierung der Exporterlöse →STABEX

Städtepartnerschaften Einige dt.

Städte und Gemeinden leisten durch Patenschaften und/oder Partnerschaften mit Gemeinden in EL kommunale *Entwicklungshilfe. Die Leistungen der dt. Partner konzentrieren sich auf Fördermaßnahmen und materielle Hilfen im *Bildungs- und *Gesundheitswesen und auf die Vermittlung von Erfahrungen in der Kommunalverwaltung, indem deutsche Fachkräfte in die Partnerkommune entsandt oder Verwaltungspraktiker aus dem EL in der BRD aus- bzw. fortgebildet werden, wobei freilich oftmals Schwierigkeiten bei der Reintegration der EL-Stipendiaten entstehen. Eine wichtige Rolle spielt der kulturelle Dialog, z. B. durch Schüleraustausch. Bislang haben (bei allerdings steigender Tendenz) nur wenige dt. Kommunen Partnerschaften mit Gemeinden in EL; 1988 waren es 43 Partnerschaften und etwa 20 lose Kontakte (ca. 5 % aller Städte- und Gemeindepartnerschaften). Kontaktadresse: Städtepartnerschaften Dritte Welt, Taubenberg 13, 6270 Idstein. ah

Standby-Kredite →IWF

Ständiges Konsultativkomitee des Maghreb →PCCM

St. Christopher (St. Kitts), Nevis und Sombrero →Karibik

Sterblichkeitsrate/Sterberate Maßzahl für den Pro-Tausend-Anteil der Sterbefälle (Mortalität) an der Gesamtbev. in einer bestimmten Periode. Bestimmt zusammen mit der *Geburtenrate – wenn wir von Migrationen absehen – die Wachstumsrate der Bev. und die Bev.-Dynamik. →Demographischer Übergang dn

StfT Studienkreis für Tourismus e. V., beschäftigt sich im Rahmen von Konferenzen, Seminaren und wissenschaftlichen Studien mit Fragen des *Tourismus in EL. Durch die Herausgabe der «Sympathie-Magazine» versucht er, bei den Dritte Welt-Touristen der BRD Interesse und Verständnis für die E.-Probleme der besuchten Länder zu wecken. Adresse: Dampfschiffstr. 2, 8130 Starnberg. ah

Stiftung Entwicklung und Frieden →SEF

Stiftung Wissenschaft und Politik →SWP

Strukturanpassung Bezeichnung für die neoliberalen wirtschafts- und finanzpol. Kurskorrekturen, die viele EL seit den 80er J. unter dem Druck der *Verschuldungskrise vornehmen (müssen). Im einzelnen handelt es sich insb. um folgende Maßnahmen: «Entstaatlichung» der Wirtschaft und Zurückdrängen des Staates auf hoheitliche Ordnungsaufgaben (*law and order*); Schaffung von Investitionsanreizen für in- und ausl. Privatkapital (*Direktinvestitionen); Deregulierung und Liberalisierung der Märkte, u. a. durch Aufhebung von Preiskontrollen; Öffnung der nat. Ökonomien gegenüber dem Weltmarkt durch Lockerung von Import- und Kapitalverkehrskontrollen; Abwertung der häufig künstlich überbewerteten Landeswährungen, um die Exporte zu verbilligen und damit anzukurbeln sowie die Importe zu verteuern und damit zu verringern; Stabilisierung der Staatsfinanzen durch Personalentlassungen im öffentl. Dienst, Streichung von Subventionen (v. a. bei Grundnahrungsmitteln), Kürzungen im Sozialbudget (v. a. bei den Bildungs- und Gesundheitsaufgaben) und Erhöhung der Preise für öffentl. Dienstleistungen (Bildung, Gesundheit, Energie, Transport).

Ziel der von *IWF und *Weltbank unterstützten und häufig mitkonzipierten Strukturanpassungsprogramme ist es, kurzfristig die Zahlungsfähigkeit und Kreditwürdigkeit der betroffenen EL wiederherzustellen und mittel- bzw. langfristig ihre Wachstumschancen durch Orientierung am Weltmarkt zu verbessern. Wegen der hohen sozialen Kosten sind sie meist heftig umstritten; erst seit Ende der 80er J. wird die Notwendigkeit einer sozialen Flankierung zunehmend anerkannt (z. B. *SDA). fn

Strukturelle Gewalt Der Begriff der

s. G. wurde von dem Norweger Johan Galtung im Kontext der Diskussion um eine kritische *Friedensforschung entwickelt. Nach Galtung liegt G. dann vor, «wenn Menschen so beeinflußt werden, daß ihre aktuelle somatische und geistige Verwirklichung geringer ist als ihre potentielle Verwirklichung». G. ist also Ursache für die Diskrepanz zwischen den Möglichkeiten des Menschen und deren Verwirklichung. Galtung unterscheidet u. a. zwischen «personaler» und s. G. Während bei ersterer G. auf konkrete Akteure zurückzuführen ist, ist das im zweiten Fall unmöglich geworden. Die G. ist in das gesellsch. System eingebaut und äußert sich in ungleichen Machtverhältnissen und folglich ungleichen Lebenschancen (z. B. Ungleichheit der *Einkommensverteilung, der *Bildungschancen etc.). Galtung gebraucht den Begriff der s. G. synonym mit dem Begriff «soziale Ungerechtigkeit«. Hier trifft sich Galtungs Analyse mit der Kritik am Kapitalismus in den EL. Sie legitimiert den Kampf gegen sozial ungerechte Systeme (→Guerilla etc.), auch wenn diese weitgehend auf direkte Unterdrückung verzichten. Die Kritik am Begriff der s. G. wendet sich gegen den umfassenden Vorwurf an pol. Systeme, mit ihren Institutionen und Gesellschaftsformen gleichzeitig Gewaltverhältnisse zu begründen, und glaubt, daß soziale Ungerechtigkeit reformistisch, also ohne grundlegenden Strukturwandel, beseitigt werden kann.

Lit.: J. Galtung, Feudal Systems, Structural Violence and the Structural Theory of Revolutions, in: Proceedings of the International Peace Research Association, Third General Conference, Assen 1970, S. 207 ff.; J. Galtung, Gewalt, Frieden und Friedensforschung, in: D. Senghaas (Hg.), Kritische Friedensforschung, Frankfurt 1971, S. 55 ff. rs

Strukturelle Heterogenität Das Konzept «strukturelle Heterogenität» (SH) ist zu einem Schlüsselbegriff der Analyse unterentwickelter Gesellschaften geworden. In die theoretische Diskussion wurde es zu Beginn der 50er J. durch die Ökonomen der *CEPAL eingeführt. Im Rahmen des von ihnen unter der Ägide von *Raul Prebisch entwickelten *Zentrum-Peripherie-Modells wiesen sie mit dem Konzept der SH auf die grundlegenden Unterschiede in wirtsch., sozialer, pol., technol. und kultureller Hinsicht hin, die zwischen den entwickelten Zentren und den unterentwickelten Peripherien bestehen. Von einer beschreibenden Kategorie, die geeignet sein soll, die realen sozioökon. Verhältnisse in der *Dritten Welt mit den modelltheoretischen Annahmen der klassischen Volkswirtschaftslehre zu konfrontieren, avancierte das Konzept Mitte der 60er J. innerhalb der *Dependenztheorien zu einer zentralen analytischen Kategorie. Im Konzept der SH versinnbildlicht sich am besten der Paradigmenwechsel in der E.-Theorie: erstens verstand es sich als Gegenkonzept zur *Dualismusvorstellung und rückte damit die internen E.-Unterschiede zwischen einem entwickelten modernen Sektor und einem sog. traditionalrückständigen Sektor in eine neue Problemperspektive; zweitens lenkte es mit der Frage nach den Ursachen von SH die Aufmerksamkeit auf die asymmetrischen Bez. zwischen kapitalistischen Zentren und kapitalistischen Peripherien und ließ damit die bislang aus der e.-pol. Debatte ausgeblendeten externen Verursachungsfaktoren von UE zum analytischen Problem werden.

Ein großer Teil der Definitionen von SH griff zur Identifizierung der damit beschriebenen Gesellschaftsformation auf die Unterscheidung zurück, daß strukturell heterogene Gesellschaften im Gegensatz zu strukturell homogenen Gesellschaften nicht nur auf einer, sondern auf mehreren nebeneinander existierenden und in besonderer Weise einander zugeordneten Produktionsweisen (unterschieden werden: Urgemeinschaft, Clan/Stammesgemeinschaft, asiatische Produktionsweise, Feudalismus, Kapitalismus und Sozialismus) beruhen.

Die theoretischen Bemühungen um die Entwicklung und Präzisierung des Konzepts der SH zielten i. d. R. auf die Ausarbeitung und Begründung e.-theoretischer Folgerungen. Sie bestanden in der strukturalistischen Schule lateinamerik. Ökonomen in einer Reihe strukturverändernder Reformen: extern des Welthandels zum Zwecke der Aufhebung der die EL belastenden * *terms of trade* (Aufgabe des Theorems der * komparativen Kosten); intern in Maßnahmen wie * Agrarreform, * Diversifizierung der Produktionsstruktur, * Industrialisierung, Steigerung des * Beschäftigungsniveaus, unter starker staatlicher Beteiligung (Aufgabe des Konzepts des freien Spiels der Marktkräfte).

Einige Dependenztheoretiker folgerten aus der Analyse der sich neu und vertiefend reproduzierenden Strukturen der UE die Notwendigkeit gewaltsam-revolutionärer Veränderung. Die Wirkungen der kuban. Revolution und der von ihren Theoretikern propagierten * Guerilla-Strategien auf dieses Denken können kaum überschätzt werden. Die von der Theorie des peripheren Kapitalismus vertretene Grundüberzeugung, daß die Integration der EL in den Weltmarkt unausweichlich deren strukturelle Abh. und damit binnengesellsch. SH hervorrufe, präjudizierte die strategische Schlußfolgerung der * Dissoziation.

Ausgehend von der Annahme, daß die ökon. und soziale Struktur eines peripher-kapitalistischen Landes – Ergebnis externer Faktoren – eine gewisse Autonomie erlangt hat, die sie selbst zur Grundlage und Determinante der Form macht, wie sich ein EL in den Weltmarkt integriert, konzentriert sich die Prebisch-Analyse des peripheren Kapitalismus hingegen auf die internen Bedingungen der Aufrechterhaltung der deformierten Strukturen in Wirtschaft, Gesellschaft und Politik und steuert mit konkreten Vorschlägen Reformen der internen Strukturen an. Diese Fragen öffnen den Weg zur Debatte über Reformpolitik von den Bereichen innergesellsch. Reformen (die SH betreffend) bis hin zu den Problemen einer Neustrukturierung der Weltwirtschaft: «Solche Reformen unterhalb der Schwelle von Revolution und Dissoziation werden in LA (und anderswo, d. Verf.) auf absehbare Zeit von größerer Bedeutung bleiben als die erwarteten ‹antagonistischen Konflikte›» (Eßer 1979: 22f.).

Lit.: A. Córdova/S. Michelena, Die wirtschaftliche Struktur Lateinamerikas, Frankfurt 1969; A. Córdova, Strukturelle Heterogenität und wirtschaftliches Wachstum, Frankfurt 1973; Hamburger Autorenkollektiv, Zur Analyse der strukturellen Heterogenität unterentwickelter Gesellschaften, in: HDW I, 1, Hamburg 1974, S. 115ff.; A. di Filippo/S. Jadue, La heterogenidad estructural. Concepto y dimensiones, in: El Trimestre Económico 169, 1976, S. 167ff.; D. Senghaas/U. Menzel, Multinationale Konzerne und Dritte Welt, Opladen 1976; O. Sunkel, La dependicia y heterogenidad estructural, in: El Trimestre Económico 177, 1978, S. 3ff.; K. Eßer, Lateinamerika. Industrialisierung und Entwicklung, Frankfurt 1979; R. Prebisch, Capitalismo periférico. Critica y transformación, Mexiko 1981; H. Elsenhans, Die Überwindung von Unterentwicklung durch Massenproduktion für den Massenbedarf – Weiterentwicklung eines Ansatzes, in: HDW II, 1, Hamburg 1982, S. 152ff.; D. Nohlen/R. Sturm, Über das Konzept der strukturellen Heterogenität, in: HDW II, 1, Hamburg 1982, S. 92ff.; D. Senghaas, Autozentrierte Entwicklung, in: HDW II, 1, Hamburg 1982, S. 359ff.

dn/rs

Strukturhilfe Im Rahmen der * Finanziellen Zusammenarbeit 1987 von der Bundesreg. geschaffenes Instrument, mit Hilfe dessen Strukturanpassungsmaßnahmen der EL unterstützt werden sollen, entsprechend ähnlichen Programmen der * Weltbank und in Zusammenarbeit mit ihr. →Warenhilfe

dn

Studenten aus der Dritten Welt →Ausländerstudium

Studien- und Expertenfonds dienen der BRD zur Projektfindung und -auswahl und den Partnerländern zur Vorbereitung und Durchführung dieser Projekte. Aus ihnen werden Durchführbarkeitsstudien (* *feasibility studies*); Beratungs-, Gutachterstudien etc. finanziert, meist in Form nicht rückzahlbarer Zuschüsse (Darlehen nur bei wenigen fortgeschrittenen EL). Die 1974 gegr. Fonds sind mit durchschn. 2,5 Mio. DM ausgestattet und werden meist im Bereich der *Technischen Zusammenarbeit (i. d. R. abgewickelt von der *GTZ) eingesetzt, hauptsächlich bei solchen Projektmaßnahmen, deren (Investitions-, Material-, Personal-)Kosten von deutscher Seite getragen werden. Daher herrscht bei diesem Instrument eine hohe *Lieferbindung: Fast alle Aufträge für Studien gehen an deutsche Ingenieur- und *Consulting*firmen. Von 1974 bis 1987 sind 302 Fonds für 76 Partnerländer (und elf überregionale Institutionen) mit insges. 753 Mio. DM bereitgestellt worden. Bedarf und Bedeutung dieses Instruments wachsen, weil es relativ unbürokratisch den Bedarf an Gutachter- und Beraterleistungen befriedigen kann, der in Projekten oft ungeplant auftaucht. bg

Studiengänge zur Dritte Welt-Problematik →Entwicklungsländerbezogene Studiengänge

Studienkreis für Tourismus e.V. →StfT

Subsistenzwirtschaft Landwirtschaftliche Produktion, die primär oder völlig der Eigenversorgung und nicht bzw. nur in geringem Maße der Belieferung von Märkten dient. Sie verbleibt außerhalb des monetären Kreislaufs bzw. der Volkswirtschaft eines EL. Entgegen einem weitverbreiteten Mißverständnis wird S. jedoch schätzweise für die Berechnung des *Sozialprodukts erfaßt. S. bedeutet ein Leben auf dem Subsistenzniveau, ja vielfach ist die Subsistenzfähigkeit in Frage gestellt. S. bietet also – entgegen einem weiteren Mißverständnis industriegesellschaftlicher Kritik in den IL – keine sinnvolle normative Perspektive. Die Subsistenzbauern – zu ihnen gehört ein großer Teil von Landarbeitern ohne eigenen Besitz – bilden einen erheblichen Teil der armen ländlichen Bev., die in den Entwicklungsprozeß noch nicht einbezogen wurden. Ihre Aktivierung ist jedoch auf Grund verfestigter Strukturen (Tradition, Bildung, Agrarstruktur etc.) nicht einfach. dn

Südafrika (Republik Südafrika: RSA) Die RSA gilt als das einzige Industrieland des afrik. Kontinents. Effektiv hat sich Südafrika jedoch auch in eigener Einschätzung immer mehr zu einem typischen Dritte Welt-Staat mit extrem dualistischen Wirtschafts- und Sozialstrukturen entwickelt. Als ‹Apartheidstaat› mit gesetzlich geregelter Rassentrennung (→Apartheid) machte die RSA lange Zeit negative Schlagzeilen, und an der Fähigkeit oder Unfähigkeit seiner Bev., den Übergang zu einer freiheitlich-demokratischen Gesellschaft friedlich zu bewerkstelligen, wird sich das Schicksal des Landes entscheiden.

1. Einschließlich der intern unabh. Teilstaaten Transkei, Bophuthatswana, Venda und Ciskei (→Homelands) umfaßt die RSA 1221000 qkm und nimmt den ges. S des afrik. Kontinents von der Atlantikküste der Kapprovinz im W bis zu den Niederungen Natals am Indischen Ozean im O ein. Das Landesinnere bietet das Erscheinungsbild einer nur wenig gegliederten beckenartigen Hochfläche (mehr als 1000 m Seehöhe) mit einzelnen Inselbergen und niedrigen Höhenzügen. Nach N senkt sich das Hochland zum abflußlosen Kalahari-Becken und zum Limpopo ab, im O, W und S steigt es bis zur sog. Großen Randstufe (*Great Escarpment*) an, die in den Drakensbergen über 3600 m Seehöhe erreicht und dann in mehreren Stufen zu den Küstenebenen abfällt. Das subtropische Klima ist von durch die Höhenlage gemilderten Temperaturen und langen Trockenzeiten (6–8 Monate) gekennzeichnet. Die Niederschläge sind nicht nur regional, sondern auch von Jahr zu Jahr sehr unterschiedlich. Ihrer Verteilung entsprechend herrscht im trockenen Hochland das Erscheinungsbild einer Busch- und Steppenlandschaft vor, während die Ve-

getationsdichte in den feuchteren Küstenzonen bis zur Bildung eines immergrünen Regenwaldes zunimmt. Das Hochland ist Teil des geologisch sehr alten afrik. Festlandsockels und durchweg sehr reich an Bodenschätzen.

2. Prägendes Merkmal der RSA ist ihre sehr heterogene Bev.-Struktur. Die jüngste Schätzung (1987) geht von 34,6 Mio. Menschen aus mit einem Wachstum von 2,1 % p. a. Weitaus stärkste Volksgruppe sind die Schwarzen mit 25,7 Mio., gefolgt von den Weißen mit 4,9 Mio., den Mischlingen mit 3,1 Mio. und Asiaten (vor allem Inder) mit 0,9 Mio. Die weiße Volksgruppe wächst mit 1,2 % p. a. am langsamsten, auch bei den Mischlingen und Indern liegt die Zuwachsrate unter 2 %, bei den Schwarzen beläuft sie sich auf 2,4 %. Grundtendenz ist der Ausbau der dominierenden Position der Schwarzen, während der weiße Anteil an der Gesamtbev. stetig zurückgeht.

Die weiße Bev. ist ihrer Herkunft entsprechend zu knapp 60 % afrikaanssprachig (Buren holländ. Ursprungs) und zu knapp 40 % englischsprachig. In den Rest teilen sich kleinere Gruppen europ. Einwanderer sowie portug. Immigranten aus Angola und Moçambique (seit 1975). Die Mischlinge – entstanden aus frühen Verbindungen europ. Einwanderer mit der Ursprungsbevölkerung (Hottentotten, auch Malaien, im Kapstädter Raum) – orientieren sich kulturell überwiegend an den Buren, während sich die Inder (vorwiegend im Raum Durban / Natal ansässig) noch eine relativ starke kulturelle Identität bewahren konnten.

Die schwarze Bev. zerfällt in 10 Hauptethnien, denen jeweils ein Homeland zugeordnet ist: Zulu (Kwazulu), Xhosa (Transkei, Ciskei), Tswana (Bophuthatswana), Nord-Sotho (Lebowa), Süd-Sotho (Qwaqwa), Vhavenda (Venda), Shangaan (Gazankulu), Swazi (Kangwane) und Ndebele (Kwandabele). Volkreichste * Ethnie sind die Zulu (20 %), gefolgt von den Xhosa (18 %). Unter den ausgeübten Religionen dominieren christliche Kirchen (unabh. schwarze Kirchen, die *Nederduitse Gereformeerde Kerk*, Katholiken, Methodisten und Anglikaner); zu den * Minderheiten gehören Hindus, Moslems und Juden. Amtssprachen sind Afrikaans und Englisch. Außerdem werden vier afrik. Hauptsprachengruppen unterschieden: Nguni-Sprachen (Zulu, Xhosa, Swazi, Ndebele), Sotho-Sprachen (Nord- und Süd-Sotho, Tswana), Tsonga / Shangaan und Venda.

Regional ist die Bev. sehr ungleichmäßig verteilt. Allein 14 Mio. Schwarze leben auf nur 14 % der Fläche in der Peripherie (→Homelands), während sich um metropolitanen Kernraum (Pretoria / Witwatersrand / Vereeniging, im Kapstädter Raum, Port Elizabeth / Uitenhage und Durban / Pinetown) auf nur 4 % der Fläche 34 % der Bev. (1980) konzentrieren. Die Stadtbev. machte 1980 48 % der Gesamtbev. aus, ist jedoch je nach Rassengruppe sehr unterschiedlich (Weiße 89 %, Asiaten 91 %, Mischlinge 77 %, Schwarze 33 %). Hs. und Regierungssitz ist Pretoria, Parlamentssitz Kapstadt, größte Stadt des Landes Johannesburg / Soweto mit mehreren Mio. Einwohnern.

3. Als Geburtsstunde des heutigen Südafrika gilt das Jahr 1652 mit der Landung von Jan van Ribeeck, der in Kapstadt eine Proviantstation für die Schiffe der Holländ.-Ostind. Kompagnie gründete. Die europ. Besiedlung beschränkte sich zunächst auf Kapstadt und dessen Hinterland. Erst im 18. Jh. drangen einzelne Burengruppen weiter in das Landesinnere vor. 1795 ging die Herrschaft der Holländ. Ostind. Kompagnie zu Ende, 1806 übernahm Großbritannien (GB) die Kontrolle über die Kapkolonie. Als Protest gegen die brit. Verwaltung fanden sich ab 1835 in mehreren Gruppen einige tausend Buren zum ‹Großen Trek› nach NO zusammen, in dessen Folge die unabh. Burenrepubliken Transvaal und Oran-

je-Freistaat entstanden. 1843 wurde Natal von GB annektiert und 1856 zur separaten Kronkolonie erklärt. Die Entdeckung der Diamanten- (1871) und Goldvorkommen (1884) forcierte das ökon. Interesse an Südafrika und führte zu starker Einwanderung aus Europa. Zunehmende burisch-brit. Konflikte führten 1899 zum Ausbruch des Burenkrieges. Nach Friedensschluß (1902) wurden auch die Burenrepubliken zu brit. Kronkolonien. Am 31.5.1910 kam es zur Gründung der Südafrikanischen Union mit den vier Teilgebieten Kapprovinz, Transvaal, Oranje-Freistaat und Natal. Damit war erstmals ein *de facto* unabh. südafrikanischer Staat entstanden, der – unter zunächst noch vom brit. Denken beeinflußter pol. Führung – auf Versöhnung zwischen Buren und Briten beruhte, während die nicht-weiße Mehrheit vom pol. Leben praktisch ausgeschlossen blieb. 1912 organisierte sich der lange Zeit noch sehr gemäßigte schwarze Widerstand im *South African Native National Congress*, aus dem bald der *African National Congress* * ANC hervorging.

1914 wurde die *Nasionale Party* (NP) gegründet, die für eine eigenständige kulturelle und ökon. Entwicklung der Buren eintrat. Die liberalen Parteien der brit. Volksgruppe blieben jedoch bis 1948 an der Macht; als die NP überraschend mit einem Vorsprung von fünf Mandaten den Sieg errang und seitdem die Reg. nicht mehr abgegeben hat. Die Folgejahre sehen den zügigen Ausbau der Apartheid. Gegen die allumfassende Macht der NP blieb die weiße Opposition ohnmächtig, ihre Mandate gingen von Wahl zu Wahl zurück.

1959 spaltete sich vom ANC der radikalere * PAC ab. Ein Protest gegen die Paßgesetze führte 1960 zum Massaker von Sharpeville (67 Tote) und zum Verbot von ANC und PAC. Aufgrund scharfer internationaler Proteste verzichtete Südafrika 1961 auf seine Zugehörigkeit zum * *Commonwealth* und wurde am 31.3.1961 in die Republik Südafrika (RSA) umgewandelt.

4. Grundcharakteristikum der südafrik. Sozialstruktur ist die außerordentlich komplexe Verflechtung ethnischer, kultureller, religiöser, ökon. und sozialer Elemente in einer extrem dualistischen Rassen- und Klassengesellschaft. Unverwechselbares Strukturmerkmal ist die * Wanderarbeit, die für die Bev. der Peripherie immer mehr von einer ursprünglichen Wahlmöglichkeit zur Lebensnotwendigkeit geworden ist. 1982 waren fast 60% der im ‹weißen› RSA tätigen schwarzen Arbeitskräfte dort nicht seßhaft, sondern nur auf Zeit anwesend. Die * Einkommensverteilung spiegelt das Ergebnis der Sozialstruktur wider. Einem Pro-Kopf-Einkommen (1980) im hochentwickelten metropolitanen Kernraum (⅓ der Bev., ⅔ des BIP) von 3637 Rand standen im restlichen weißen RSA (etwa 30% der Bev. und des BIP) 2223 Rand und in den Homelands (38% der Bev., 4% des BIP) nur 201 Rand gegenüber. Die hohe städt. und ländl. * Arbeitslosigkeit der Schwarzen wird auf 20–30% geschätzt. Mängel im Ausbildungsbereich und die med. Unterversorgung sind v.a. in den Homelands notorisch.

5. Grundlage der Wirtsch. Südafrikas sind noch heute seine reichen Bodenschätze, darunter an erster Stelle Gold, gefolgt von Diamanten, Platin, Kohle, Kupfer, Eisenerz, Mangan, Chrom, Uran u.v.a. Die bis in die zweite Hälfte des 19. Jh. hinein nur von Ackerbau und Viehzucht (Schafe, Rinder) bestimmte Wirtschaftsstruktur änderte sich schlagartig, als 1871 in Kimberley die ersten Diamanten und 1884 am Witwatersrand die Goldvorkommen entdeckt wurden. Die sich entwickelnde Bergbauwirtschaft wurde weiter diversifiziert, als während der beiden Weltkriege und nach 1945 eine gezielte, vorwiegend auf * Importsubstitution beruhende Industria-

lisierungspolitik einsetzte, die zu einer weiteren Transformation der Wirtschaftsstruktur führte. Der ursprünglich dominierende Beitrag des Agrarsektors zum BIP ging in den 80er J. auf nur noch knapp 6% des BIP zurück, der des Bergbaus auf 14%, während das produzierende Gewerbe seinen Beitrag zur inländischen Wertschöpfung auf mehr als 30% steigerte. Wertmäßig erreichte das BIP 1987 164 Mrd. Rand, das BSP 157 Mrd. Rand. Die Importe betrugen 28 Mrd., die Warenausfuhr (ohne Gold) 25 Mrd. Rand. Die Goldexporte beliefen sich 1987 auf 17,8 Mrd. Rand.

Trotz dieses *Diversifizierungsprozesses, der sich regional auf nur wenige Wirtschaftszentren im Land konzentriert (der metropolitane Kernraum – das PWV-Gebiet, Kapstadt, Durban/Pinetown und Port Elizabeth/Uitenhage – erwirtschaftet bei nur 4% der Landesfläche knapp ⅔ der ges. Wertschöpfung), werden die Ausfuhren weiterhin von Rohstoffen bestimmt, die einschließlich Gold wertmäßig bis zu 80% erreichen. Auf der Importseite dominieren neben best. Rohstoffen (Erdöl) und Halbwaren zunehmend Spezialmaschinen und Transportausrüstungen. Zu den unverzichtbaren Handelspartnern des Landes gehören die großen IL des Westens. Während der Handelsanteil Afrikas aus pol. Gründen deutlich zurückgegangen ist, hat der asiat. Raum in den letzten J. stark an Bedeutung gewonnen.

Aufgrund der hohen Außenverflechtung Südafrikas hängt die gesamtwirtsch. E. des Landes stark von der allg. Weltkonjunktur ab. Die unsichere pol. Zukunft und die Sanktionspolitik des Westens haben gegenwärtig (1988) dazu geführt, daß die früher rege ausl. Investitionstätigkeit praktisch zum Erliegen gekommen ist, das wirtsch. Wachstum auf eine nur ungefähr dem Bevölkerungswachstum entsprechende Rate zurückging und der Außenhandel stagniert.

6. Derzeitige Grundlage und formale Legitimation des pol. Systems der RSA, dessen beherrschendes Merkmal bis in die jüngste Zeit die Apartheidspolitik war, bildet die Verfassung von 1984, die erstmals auch der Mischlingsbev. und den Asiaten in getrennten Kammern ein beschränktes pol. Mitspracherecht einräumt. Die Tatsache, daß das Drei-Kammer-Parlament (178 Abgeordnete der Weißen im *House of Assembly*, 85 der Mischlinge im *House of Representatives* und 45 der Asiaten im *House of Delegates*) die schwarze Mehrheitsbev. unberücksichtigt läßt (hier wird weiter an der Fiktion festgehalten, daß sich deren pol. Aspirationen auf die Homelands zu beschränken haben), führte seit 1983 zu immer wieder aufflackernden Unruhen, die erst mit Einführung des Ausnahmezustands im Juni 1986 unter Kontrolle gebracht werden konnten.

In den 80er J. war die 1983 gegr. *United Democratic Front* (UDF) die wichtigste legale Oppositionsbewegung, eine Rolle, die nach Aufhebung des seit 1960 geltenden Verbots der schwarzen Befreiungsorganisation ANC 1990 rasch an diese überging. Im Okt. 1991 scheiterte der Versuch von ANC und PAC, eine Anti-Apartheid-Einheitsfront (*Patriotic Front*) zu bilden zwecks Herstellung eines demokratischen und vereinigten Südafrikas über den Weg einer Verfassunggebenden Versammlung, am Widerstand innerhalb des PAC. Die *Inkhata*-Bewegung unter *Buthelezi, in dem viele wegen seines «Arrangements» mit der weißen Führung eher ein Mitglied des Establishments denn einen Oppositionspolitiker sehen, lehnte wie die anderen Oppositionsgruppen die Apartheid-Politik stets ab, verfolgte dabei jedoch eine gemäßigte, gewaltfreie Strategie. Als politisches Sprachrohr betätigen sich auch die Gewerkschaften unter ihrem Dachverband COSATU (*Congress of South African Trade Unions*) und die schwarzen Kirchen, wobei die

Ausnahmegesetze die Wirkungsmöglichkeiten dieser Organisationen jedoch stark einschränkten.

Regierungspartei (der Weißen) ist die *National Party* (NP), die seit 1948 ununterbrochen an der Macht ist. Die hauptsächlich auf wirtsch. und sozialem Gebiet seit Ende der 70er Jahre verfolgte Reformpolitik führte 1982 zur Abspaltung der *Conservative Party* (CP), die den Reformkurs der NP als einen direkten Weg zu schwarzer Machtübernahme betrachtet. Neben der CP haben sich weitere rechtsextreme Gruppierungen gebildet, die gegen jegliche Lockerung der Apartheid-Gesetzgebung auftreten. Bei den Parlamentswahlen vom Mai 1987 verlor die linksliberale *Progressive Federal Party* (PFP) ihren Status als offizielle Opposition an die CP.

Nach der Ablösung Bothas durch Präs. Frederik Willem de Klerk im Aug. 1989 wurde eine neue Pol. tiefgreifender Reformen eingeleitet, die in Richtung eines Systemwandels weisen. Die Freilassung Nelson Mandelas und die Legalisierung von ANC, PAC, Komm. Partei und weiterer Widerstandsorganisationen im Feb. 1990 markieren den Beginn dieses Prozesses. Als der Oppositionsführer mit der größten Integrationskraft wurde Mandela zum Ansprechpartner der Reg. bei dem Versuch, den Reformprozeß stetig zu gestalten. Gefährdet wurde dies zum einen durch die gewaltsamen Auseinandersetzungen zwischen Anhängern der verschiedenen Schwarzenorganisationen insb. in Natal, in deren Kontext die Gespräche zwischen ANC und Reg. Mitte 1991 vorübergehend ins Stocken gerieten. Zum andern brachte das Erstarken der rechtsgerichteten CP die Reg. De Klerk in Bedrängnis, die sich im Febr. 1992 in einem Referendum die Unterstützung der weißen Bevölkerung für ihren Reformkurs sichern konnte. Dabei sprach sich eine Mehrheit von 68,7 % für die Aufhebung der Apartheid aus. Im Feb. 1993 einigten sich der ANC und die Reg. grundsätzlich auf einen Modus für den Übergang zu einem demokratischen Südafrika. Er sah vor, daß nach freien Wahlen die Macht für mehrere J. von einer alle wichtigen pol. Kräfte einschließenden Koalitionsreg. ausgeübt werden solle.

Lit.: SAIRR, Survey of Race Relations in South Africa, Johannesburg (jährl.); G. Vierdag, Südafrika: Friedlicher Wandel? Möglichkeiten demokratischer Konfliktregelung – eine empirische Untersuchung, München/Mainz 1978; Bayerische Landeszentrale für politische Bildungsarbeit, Südafrika: Krise und Entscheidung, München 1987; R. Hofmeier, Südafrika, in: Politisches Lexikon Afrika, 4. Aufl., München 1988, S. 345 ff. ajh

Sudan Regionale Konflikte zwischen dem arab.-islam. Norden und dem negroiden Süden, enttäuschte Entwicklungshoffnungen sowie die geopolitisch wichtige Lage am Roten Meer prägen den Sudan, der zu den ärmsten EL gehört (*LLDC, *MSAC) und ein Schwerpunktland der dt. *Entwicklungshilfe ist.

1. Die Republik Sudan ist mit einer Fläche von 2505813 qkm das größte Land Afrikas. Außerhalb des Niltals, Lebensgrundlage für einen Großteil der Bev., bieten die ariden Gebiete im nördl. (Wüste) und mittleren S. (Ausläufer der * Sahelzone: *Goz*) nur geringe landw. Nutzungsmöglichkeiten (Gummiarabikum, Hirse). Südl. der *Goz*-Zone besteht in den Überschwemmungsgebieten des Nil, in denen neben kleinbäuerlicher Viehwirtsch. Bewässerungsfeldbau (Baumwolle für den Export, Mais und Hirse für die *Subsistenz) betrieben wird, ein beträchtliches landw. Potential. Nur etwa 15 % der landw. nutzbaren Fläche werden tatsächlich genutzt. Das Land verfügt zwar über eine Fülle mineralischer Bodenschätze (u. a. Eisen, Chrom, Kupfer, Gold, Ölfunde Anfang der 80er J.), sie sind aber meist schwer erschließbar.

2. 1987 wurde die Bev. des S. auf 22,82 Mio. Ew. geschätzt. Zwischen 1973 und 1984 wuchs die Bev. mit einer JZ von 2,9 %. Die Städte sind in einem raschen Wachstum begriffen.

Innerhalb von zehn J. stieg die *Urbanisierungsrate von 20,4% (1975) auf 29,4% (1985; Hs.-Agglomeration Groß-Karthoum ca. 1,3 Mio. Ew.). Die Bev.-Struktur des S. ist durch eine außerordentliche ethnisch-kulturelle (450 ethnische Gruppen, 19 größere Völker) und dementsprechende sprachliche Vielfalt gekennzeichnet (19 Sprachen werden von mehr als 100000 Menschen gesprochen, Amtssprache ist Arab.). Im N und NO leben arabische bzw. arabisierte, islam.-gläubige Gruppen (40–50% der Bev.) und Nubier (10%), im W die Nuba (‹Sudanneger›), und im S gliedert sich die Bev. v. a. in Sudaniden, Niloten und Nilohamiten. Die Bev. des Süd-S. hängt vorwiegend Naturreligionen oder dem Christentum an; da der Islam Staatsreligion ist, führen die ethnisch-relig. Unterschiede zu großen sozialen und pol. Spannungen, die unmittelbar nach der Unabh. und dann wieder 1983 zum Bürgerkrieg eskalierten. Ca. 10% der Bev. sind Nomaden. Außerdem leben im S. ca. 700000 *Flüchtlinge aus Äthiopien, Uganda, Tschad und Zaire.

3. Die Wirtschaftsstruktur weist den S. als weltmarktabhängiges Agrarland aus. Die weitgehend staatl. dominierte Landw. erbringt rd. ein Drittel des BIP (1985), beschäftigt zwei Drittel der Erwerbspersonen und stellt 95% der Exportgüter des Landes. **Cash crops*, v. a. Baumwolle (ca. 50% der ges. Ausf.), Erdnüsse und Sesam sind die wichtigsten Ausfuhrgüter, und die Wirtschaft des S. ist infolgedessen von den Preisbewegungen dieser Produkte auf dem Weltmarkt und von klimatisch bedingten Ertragsschwankungen in hohem Maße abhängig. Die Industrie ist aufgrund von *Infrastrukturproblemen, Kapitalmangel, unzureichendem **Know-how* und Binnenmarktenge wenig entwickelt (1985: 18% des BIP) und durch eine starke Konzentration auf Konsumgüter (Nahrungs- und Genußmittel, Textilien, Leder), kapitalintensive Produktionsformen, Importabhängigkeit und regionale Konzentration (Hs.-Bereich: 75% der Betriebe) gekennzeichnet.

In der Geschichte der sud. *Entwicklungsplanung folgt seit den 60er J. ein Mißerfolg auf den anderen. Der bislang größte Versuch und Fehlschlag war die sog. ‹Brotkorbstrategie› der 70er J., nach der die Nahrungsmittelproduktion (Reis, Weizen, Zucker) mit Hilfe von enormen staatl. und privaten Investitionen (v. a. aus den arab.Ölländern) um bis zu 500% gesteigert werden sollte, um den S. zur Kornkammer der arab. Nachbarstaaten auszubauen. Aufgrund von klimatischen Faktoren (Dürre), dem schlecht bewerteten Investitionsklima (die innenpol. Lage und die schlechte Infrastruktur schrecken ausl. Investoren ab) und infolge der Verschlechterung der **terms of trade* des S. mußte der Plan schon frühzeitig aufgegeben werden. Das z. Z. größte E.-Hemmnis des S. besteht in der hohen *Verschuldung im Ausland (1986: ca. 12 Mrd. US-$). Die wirtschaftspol. Auflagen des *IWF (u. a. Währungsabwertung, Aufhebung von Subventionen für Grundnahrungsmittel), die die Reg. befolgen muß, wenn sie weitere Kredite erhalten will, haben in den 80er J. wiederholt (1982, 1987) soziale Spannungen verschärft und z. T. blutige Unruhen zur Folge gehabt.

4. Seit 1821 unter türkisch-ägypt. Herrschaft, geriet der S. mit der Eröffnung des Suez-Kanals (1869) zunehmend unter europ. Einfluß. 1885 erlangte unter der theokratischen Führung von Mohamed Ahmed al Mahdi die anti-europ., relig.-nationalistische Erneuerungsbewegung der Mahdisten die Herrschaft im Sudan. Nachdem die Briten die Mahdisten milit. besiegt hatten, wurde der S. 1898 anglo-ägypt. Kondominium. Damit kam das Land faktisch unter brit. Kolonialverwaltung, deren Auswirkungen (großflächige Baumwoll-*Monokulturen im Gebiet des Zusammenflusses von blauem und weißem Nil, Verwaltung nach

dem Prinzip der *indirect rule*, pol.-kulturelle Separierung der nördl. und südl. Landesteile) die weitere E. des S. nachhaltig prägten. Nach der ägypt. *Revolution und langen Auseinandersetzungen über die Sudanfrage schuf ein brit.-ägypt. Abkommen 1953 die Voraussetzungen für die völkerrechtliche Unabh. des Landes, die 1956 hergestellt wurde. Die aus der nat. Bewegung hervorgegangenen Parteien (*Umma*: probrit., landw. Interessen vertretend; *National Union Party*/NUP: Interessen des Handelskapitals) waren nicht fähig, die wirtsch. Probleme und die Konflikte im Südsudan zu lösen, wo die negroide Bev. aus relig.-kulturellen Gründen die Autonomie gegenüber dem muslim. Nord-S. forderte. Praktisch zeitgleich mit der Unabh. weiteten sich die Unruhen zum Bürgerkrieg aus. Bereits 1958 putschte die Armee gegen die erste parlamentarische Regierung. Nach dem Scheitern des Militärregimes folgte 1965 bis 1969 eine Periode instabiler Koalitionsregierungen zwischen *Umma* und NUP. V. a. der anhaltende Bürgerkrieg (südsudan. Opposition gegen die geplante islam. Verfassung) führte 1969 zu einem unblutigen Staatsstreich, durch den Oberst Numeiri an die Macht kam. Numeiri gelang es 1972, den Bürgerkrieg durch das Abkommen von Addis Abeba zu beenden, das dem Süden in kultur- und regionalpol. Fragen eine gewisse Autonomie garantieren sollte. Grundlagen des Numeiri-Regimes waren neben diesem Abkommen die 1972 gegr. Einheitspartei *Sudanese Socialist Union* (alle anderen Parteien waren seit 1969 verboten) und die im März 1973 verabschiedete ‹permanente› Staatsverfassung. Diese Verfassung verlieh Numeiri als Präs. und Oberhaupt der Streitkräfte praktisch uneingeschränkte Macht, die er mit Dekreten und Notverordnungen autokratisch ausübte. Die dem Süden zugestandenen Autonomierechte ermöglichten der dortigen Bev. keine wirkliche *Partizipation. Der innersudan. Nord-Süd-Konflikt blieb weiterhin bestehen, und zumal die wirtsch. und sozialen Verhältnisse sich ständig verschlechterten, kam das Land pol. nicht zur Ruhe. Als Numeiri 1983 im Zuge seiner ‹Dezentralisierungspolitik› die Verwaltungseinheit des Südens gegen den ausdrücklichen Willen der dortigen Bev. in drei getrennte Südprovinzen auflöste und außerdem mit einer rücksichtslosen *Islamisierung des S. begann (Sept. 1983: Einführung des islam. Rechts, *Scharia*), eskalierten die pol. Spannungen im Süden unter Führung der oppositionellen *Sudan People's Liberation Army* wieder zum Bürgerkrieg. Am 6. 4. 1985 wurde Numeiri von der Armee gestürzt. Ein Jahr später fanden freie, demokratische Wahlen zu einer verfassunggebenden Versammlung statt, im Mai 1986 übergaben die Militärs die Reg. an eine Koalition aus *Umma* (Ministerpräs.: Sadiq al Mahdi), *Democratic Unionist Party* (DUP) und versch. südsudan. Parteien, die mit dem Ziel antrat, die Islamisierungspolitik Numeiris rückgängig zu machen, den Bürgerkrieg zu beenden und die katastrophale Wirtschaftslage des S. zu verbessern. Bereits ein Jahr nach der Reg.-Bildung brach die Koalition im Streit über die Rücknahme des islam. Rechts zum ersten Mal auseinander. Die Lösung dieses Problems, unbedingte Voraussetzung für eine Beendigung des Bürgerkriegs, wurde bes. dadurch erschwert, daß in Gestalt der *National Islamic Front* eine starke und militante pol. Gruppierung für die Beibehaltung der *Scharia* eintritt. Im August 1987 verhängte der seit Mai 1986 amtierende Präs. des Staatsrates Ali al Mirghani (DUP) den Ausnahmezustand, der bis 1989 mit nur einer Woche Unterbrechung anhielt (Begründung: wirtsch. Notlage, anhaltender Bürgerkrieg, schwere Überschwemmungen 1988).

5. Unter dem Regime Numeiris galt der S. als loyaler Partner des Westens.

Für die USA war das Land aufgrund seiner geopol. Lage ein wichtiger Bündnispartner. Innerhalb der Region pflegte Numeiri v.a. die Bez. zu Ägypten. Durch einen Putsch ergriff im Jan. 1989 eine islamistisch orientierte Militärjunta die Macht. Die Bez. zum Westen kühlten erneut ab, vor allem als sich S. 1990/91 im Golfkonflikt auf die Seite des Irak stellte, der seit der Machtübernahme des Militärs im S. zum wichtigsten Waffenlieferanten avanciert war (→Golfkrieg). Mit der Verhängung des Ausnahmezustands war ein Verbot von Parteien und Gewerkschaften sowie das Außerkraftsetzen der Grundrechte verbunden. Im Feb. 1991 wurde die *Scharia* wieder eingeführt und die *Islamisierung des öffentl. Lebens seither fortgesetzt. Aufgrund des weiteren wirtsch. Niedergangs und des fortgesetzten Bürgerkriegs gegen die SPLA drohte 1991 eine Hungerkatastrophe. Der Erfolg des neuen Wirtschaftsprogramms (Liberalisierung, Privatisierung) vom Febr. 1992 wird von der Beendigung des Bürgerkriegs gegen die SLPA abhängen.

Lit.: R. Tetzlaff/K. Wohlmuth (Hg.), Der Sudan. Probleme und Perspektiven der Entwicklung eines weltmarktabhängigen Agrarstaates, Frankfurt 1980; Ev. Missionswerk im Bereich der Bundesrepublik Deutschland und West-Berlin (Hg.), Religion und Staat im Sudan, Hamburg 1986; R. Tetzlaff, Sudan, in: U. Steinbach/R. Robert (Hg.), Der Nahe und Mittlere Osten, Bd. 2, Opladen 1988, S. 371ff; H. Mattes, Sudan, in: HDW III, 5, 1993, S. 156ff.

bt/ah

Süd-Korea →Korea-Süd

Südostasien-Pakt →SEATO

Südpazifische Regional-Kommission →SPC

Südpazifisches Abkommen über regionale Handels- und Wirtschaftskooperation →SPARTECA

Südpazifisches Büro für Wirtschaftskooperation →SPEC

Südpazifisches Forum →SPF

Süd-Süd-Beziehungen 1. Die beginnenden 70er J. waren geprägt durch das Aufeinandertreffen dreier großer int. Krisen: einer Krise der *Entwicklung (Verschärfung von UE und *Armut), einer Krise der *Entwicklungspolitik (Mißerfolg herkömmlicher *Entwicklungshilfe, Fehlschlag des Konzepts «Hilfe durch Handel», *aid by trade*) und einer Krise der int. Wirtschaftsbez. (Zusammenbruch des Bretton-Woods-Systems; →Weltbank). Eine Antwort auf diese mehrfache Herausforderung war die Forderung nach einer verstärkten Süd-Süd-Kooperation, d.h. der Zusammenarbeit der EL untereinander (*cooperation among developing countries* = CDC).

2. *Konzeptionell* steht diese Diskussion in engem Zusammenhang mit der Idee der «kollektiven Eigenständigkeit der EL» **collective self-reliance* (CSR). Damit wird a) die Vorstellung einer über die bisherige *bilaterale Kooperation und regionale *Integration hinausreichenden Intensivierung der wirtsch., pol., wiss.-techn. und kulturellen Bez. der EL untereinander verbunden. Durch Verstärkung der horizontalen Zusammenarbeit auf gleichberechtigter Basis und unter Gewährleistung des Vorteilsausgleichs unter den Kooperationspartnern (symmetrische Kooperation) sollen die eigenen *Ressourcen besser genutzt und dadurch die asymmetrischen und abhängigen Bez. zu den IL verringert werden (*cooperation against poverty approach*). Zum anderen soll b) durch gemeinsames Handeln nach dem Muster der *OPEC eine stärkere Gegenmacht gegenüber den IL auf dem Weltmarkt aufgebaut und die eigene Marktposition verbessert werden (*trade union approach*).

3. *Inhaltlich* und org. wird die CDC ausdifferenziert in die wirtsch. Kooperation (*ECDC) und die wiss.-techn. Kooperation (*TCDC), wobei aus dem Bereich der ECDC bisweilen die ind. Zusammenarbeit (ICDC) und die Kooperation im Agrarbereich als gesonderte Teilgebiete ausgegliedert werden. ECDC als der zweifellos wichtigste Kooperationstypus wurde als Programm erstmals 1970 auf der dritten

Außenministerkonferenz der *Blockfreien in Lusaka im Rahmen der Strategie der CSR artikuliert. Der Wandel von allg.-grundsätzlichen zu konkret-aktionsorientierten Formulierungen vollzog sich auf der Außenministerkonferenz der Blockfreien in Georgetown (1972) mit der Verabschiedung des Aktionsprogramms für wiss. Zusammenarbeit der Blockfreien.

Nach mehreren Konferenzen (u. a. ECDC-Konferenz in Mexico City im Sept. 1976) wurde schließlich auf dem Ministertreffen der *Gruppe der 77 in Arusha (1979) ein umfassendes Aktionsprogramm mit folgenden Schwerpunkten beschlossen: 1. Errichtung eines *Allgemeinen Präferenzsystems (APS) für den Handel unter den EL; 2. Zusammenarbeit staatl. Handelsorg. der EL; 3. monetäre und finanzpol. Zusammenarbeit zwischen den EL (Verrechnungs- und Kreditabkommen, Währungsunion, Gründung globaler Finanzierungsinstitutionen, z. B. einer Bank für EL, Aufbau eines multilateralen Exportkreditgarantiesystems); 4. Förderung von multinat. Produktionsgesellsch. (**joint ventures*); 5. Verstärkung der sub-regionalen, regionalen und interregionalen Wirtschaftsintegration und -kooperation; 6. spezielle Maßnahmen für bes. benachteiligte Länder (*LLDCs). Seit Arusha stehen v. a. die Bereiche: Präferenzsystem, Kooperation zwischen den Staatshandelsunternehmen und Gründung von *multinationalen Marketing-Unternehmen im Vordergrund des Interesses.

4. Die IL stehen den Bemühungen um eine verstärkte Süd-Süd-Kooperation grundsätzlich positiv gegenüber. Neben dem sicherheitspol. Moment einer konfliktmindernden Funktion dieser Zusammenarbeit erhoffen sie sich stimulierende Wirkungen für den Warenexport und *Technologietransfer. In Detailfragen der Konzeption und praktischen Umsetzung melden sie jedoch eine Reihe von Bedenken an. Streitpunkt zwischen den IL und der Gruppe der 77 bezüglich der ECDC ist v. a. die extensive Auslegung der Bemühungen um die Förderung der ECDC durch die Gruppe der 77, die die Mitarbeit nur Gruppenmitgl. und nicht der Allgemeinheit zugestehen will, während die kapitalistischen IL (Gruppe B) sowie die soz. IL (Gruppe D) auf der Universalität der Institutionen beharren. Vor allem die westl. IL weigern sich, eine bloße «Zahlmeisterrolle» zu spielen, ohne die Möglichkeit zu haben, an der Gestaltung der ECDC mitzuwirken.

5. Praktisch-pol. befindet sich die CDC noch in den Anfängen. Eine im Auftrag des *BMZ 1981 erstellte vorläufige Bilanz der ECDC-Aktivitäten auf den versch. Kooperationsgebieten ergibt jedoch kein einheitliches Bild: Die bisherigen Erfahrungen mit Präferenzabkommen zeigen, daß die Mitgl. nur rel. zögernd Liberalisierungsschritte vornehmen, daß aber dort, wo konkrete Ergebnisse erzielt wurden, tendenziell handelsstimulierende Wirkungen zu erkennen sind. Die Kooperation zwischen Staatshandelsorg. und multinat. Marketing-Org. ist bislang nur sehr gering. Die Erfahrungen der Zusammenarbeit im Finanz- und Währungssektor lassen auf eine den regionalen Handel anregende Wirkung schließen. Regionale Exportfinanzierungssysteme bestehen in Ansätzen lediglich in LA sowie im arab. Raum. Ind. Kooperation in Form von *joint ventures* gibt es in LA, v. a. im *Andenpakt – mit bislang freilich begrenzten Erfolgen. Vergleichbares gilt für die wirtsch. Zusammenarbeit im Agrarbereich. Die Kooperation im Rohstoffsektor führte bisher mehr zu einer Verstärkung des Wettbewerbs untereinander als zu einer stärkeren Verhandlungsposition gegenüber dem Norden. Auch Maßnahmen zugunsten der ärmsten Länder erbrachten – wie ein von der *UNCTAD im Jan. 1980 ausgearbeitetes Aktionsprogramm für

die 80er J. ausweist – bislang nur bescheidene Resultate. Der Gefahr, daß für die schwächeren Partner die Nachteile (*back wash effects*) einer multilateralen Kooperation die Vorteile (*spread effects*) übersteigen, muß folglich durch bes. Regelungen zugunsten der LLDCs begegnet werden.

6. Neue Impulse erhielt die Süd-Süd-Kooperation auf der Ministerkonferenz der Gruppe der 77 in Caracas (Mai 1981). Hier wurde mit Nachdruck auf die umfangreichen Kapazitäten der *Dritten Welt auf den Gebieten Technik, Ind., Energieerzeugung, Handel und Rohstoffe hingewiesen und eine gegenseitige Vorzugsbehandlung beim Transfer sowie eine Durchführungsmaschinerie bei der UNCTAD für die Kooperation, Implementierung und Überprüfung der ECDC-Aktivitäten beschlossen. Im Sept. 1982 verabschiedete der UNCTAD-Ausschuß für ECDC im Konsensverfahren ein Arbeitsprogramm für die künftige wirtsch. Zusammenarbeit. Eine zweite Resolution über die Errichtung eines globalen Handelspräferenzsystems scheiterte am Widerstand der westl. IL. Im Okt. 1987 wurde in Genf auf Vorschlag des Gipfeltreffens der Blockfreien in Harare (Sept. 1986) und unter dem Vorsitz des ehem. tansan. Präs. *Nyerere eine Süd-Süd-Kommission gegründet. Dabei handelt es sich um eine Studiengruppe aus 28 Persönlichkeiten aus der Dritten Welt, die in dreijährigen Beratungen ein neues Kooperationsschema der EL unter sich sowie neue taktische Prozeduren für den Dialog mit den IL erarbeiten will. Auf einem zweiten Treffen im März 1988 in Kuala Lumpur wurden die Ziele und Arbeitsrichtlinien der Kommission festgelegt.

7. Mittelfristig erfolgversprechende Ansätze dürften generell v. a. in jenen Bereichen der CDC zu suchen sein, wo weitgespannte programmatische Ansprüche deutlicher hinter konkreten Funktionen einer eher pragmatischen und überschaubaren Kooperation in einzelnen Sektoren zurücktreten. E.-pol. nützlich sind derartige funktionale Ansätze jedoch nur in dem Maße, wie sie auf eine Transformation der bisher abh. und unterentwickelten Ökonomien im Hinblick auf eine größere Bedürfnisbefriedigung breiter Bev.-Schichten (→Grundbedürfnisse) und einen höheren Grad an Selbststeuerungsfähigkeit dieser Ökonomien abzielen. Angesichts des Quasi-Bankrotts vieler EL im Gefolge der *Verschuldungsmisere ist eine derartige langfristig angelegte Politik strukturellen Wandels jedoch in weite Ferne gerückt.

Unter einer längerfristigen Perspektive dürfte auch die gegenwärtig in Wiss. und Pol. verstärkt diskutierte und in Teilbereichen bereits praktizierte Regionalisierung der Nord-Süd-Kooperation (EG – *AKP-Staaten; Japan – *ASEAN) zu einer Belastung der Süd-Süd-Kooperation führen, da durch diese Politik selektiver Zusammenarbeit sich die Abh. der südl. Kooperationspartner vom N. eher noch erhöht.

Lit.: K. M. Khan/V. Matthies (Hg.), Collective self-reliance – Programme und Perspektiven der Dritten Welt, München 1978; K. M. Khan (Hg.), Self-reliance als nationale und kollektive Entwicklungsstrategie, München und London 1980; M. Ul Hag, Beyond the Slogan of South-South-Cooperation, in: World Development 8 (1980), S. 743ff.; G. Seneviratne, Economic Cooperation Among Developing Countries, UNCTAD, UN, Genf und New York 1980; C. Uhlig/Doo-Soon Ahn, Süd-Süd-Kooperation. Entwicklungspolitisches Instrumentarium zur Förderung der wirtschaftlichen Zusammenarbeit zwischen Entwicklungsländern (= Forschungsberichte des BMZ, Bd. 11), München 1981; V. Matthies, Süd-Süd-Beziehungen, Zur Kommunikation und Kooperation zwischen Entwicklungsländern, in: APuZ 34/1982, S. 33ff.; ders., Kollektive Self-Reliance, in: HDW II, 1, Hamburg 1982, S. 380ff.; E. Oteiza (Hg.), Autoafirmación colectiva. Una estrategia alternativa de desarrollo. Lecturas de El Trimestro Económico, 49, Mexiko-Stadt 1983; UNCTAD, Offical Development Assistance and Economic Cooperation among Developing Countries, TB/B/C7/57, Genf 1984; A. Halbach, Zunehmende Kooperation der Entwicklungsländer im Rohstoffbereich, Teil 1: ifo-Schnelldienst (1985), Nr. 29, S. 18ff.; Teil 2: ifo-Schnelldienst (1986), Nr. 1/2, S. 20ff.; o. V., Objectives and Terms of Reference of the South Commission, in: Nord-Süd-aktuell (1988), Nr. 2, S. 240ff. kb

Süd-Süd-Kommission →Süd-Süd-Beziehungen

Sukarno (1901 bis 1970), einer der wichtigsten Führer der Dritten Welt im Kampf um die pol. Unabh., wurde unter der niederl. Kolonialherrschaft zum Symbol indones. Einheit und nat. Befreiung. Nach der Unabh. 1949 Präsident Indonesiens, vereint er – nicht zuletzt durch die Zerstrittenheit der pol. Parteien – immer mehr Macht auf sich. S. formulierte das Konzept einer «gelenkten Demokratie» und den E.-Weg über *Nationalisierungen und Verstaatlichungen (nat. und demokratische Phase) zu einer soz. Wirtschaft. Wachsende wirtsch. Probleme, die Beteiligung der Kommunisten an der Macht und der Konfrontationskurs gegenüber Malaysia riefen 1965 einen Militärputsch hervor. Die Verdrängung S.s aus sämtlichen Ämtern folgte erst zwei J. nach seiner Entmachtung.

Lit.: B. Dahm, Sukarnos Kampf um Indonesiens Unabhängigkeit, Frankfurt/Berlin 1966. dn

SUNFED *Special United Nations Fund for Economic Development*, Spezialfonds der UN für wirtschaftliche Entwicklung

Surinam 1. 80% der Fläche (163265 qkm) von S. sind von trop. Regenwald bedeckt. Die hier mögliche Gewinnung und Verarbeitung von Holz hat jedoch im letzten Jahrzehnt wegen steigender Produktionskosten und Absatzproblemen an Bedeutung verloren. Landw. genutzt (potentielle Nutzfläche 40% des Landes) wird nur der fruchtbare Küstenstreifen (80% Ackerland, 20% Weideland). Zahlreiche Rohstoffe werden in S. vermutet bzw. wurden nachgewiesen. Die Wirtschaft S.s beherrscht das Bauxit (inklusive Produkten aus seiner Verarbeitung über 70% des Exports). Die einzige heimische Energiequelle ist die Wasserkraft (Kraftwerk Brokopondo).

2. 1667 eroberten die Niederländer S. (bestätigt durch Frieden zu Breda gegen Abtretung von Neu-Amsterdam, dem späteren New York, an GB) und machten es auf Grund ihres technol. Vorsprungs in der Zuckerrohrverarbeitung und der Deichbautechnik auf der Grundlage von Sklavenarbeit und *Plantagenwirtschaft zur blühendsten Plantagenkolonie der Karibik. In der 2. Hälfte des 19. Jh. ökon. Niedergang S.s: Verbot der Sklaverei (1863); Verfall der Weltmarktpreise für Zucker; Öffnung des Suezkanals (Ostindien für *Investitionen lohnender); Verlust des technol. Vorsprungs.

Die zu Beginn des 20. Jh.s gefundenen Bodenschätze leiteten eine Umorientierung der Wirtschaft des Landes auf das Hauptexportgut Bauxit ein. 1954 erhielt die Kolonie S. (im «Königreichsstatut») innere Selbstverwaltung, 1975 die volle Unabhängigkeit.

3. Die 1990 auf 362000 Ew. geschätzte Bev. S.s (2,3 Ew./qkm) konzentriert sich auf das Küstengebiet und die Städte (etwa 75% der Gesamtbev. wohnen im Umkreis der Hs. Paramaribo). Die JZ der Bev. (0,2% von 1973 bis 1985) wurde durch Emigration in die Niederlande und Flucht vor dem Bouterse-Regime in das benachbarte Franz. Guyana verringert. Die Zusammensetzung der Bev. spiegelt die Etappen kolonialer Politik wider. Nachkommen der Negersklaven (32% der Bev. sind Kreolen) und Nachkommen der nach dem Verbot der Sklaverei eingeführten Kontraktarbeiter aus Indien (35% der Bev.) und Java (15%) bilden die drei größten Gruppen.

4. Die Wirtschaftsstruktur S.s ist bestimmt durch ein hohes Maß externer Abh. und sektoraler Ungleichgewichte. Der dynamische, für den Export produzierende externe kapitalistische Sektor, bestehend aus trad. Plantagenwirtschaft und Bauxitproduktion und -verarbeitung (SURALCO, Tochtergesellschaft des US-Konzerns ALCOA) und BILLITON (Shell-Tochter) koexistiert mit einem intern-kapitalistischen Sektor aus Kleinind., Handels- und Dienstleistungsbetrieben und der nichtkapitalistischen Landw. der indischen und javanischen Reisbauern (Reisanteil am Agrarexport über 50%, 74% besitzen 26,5% der Nutzfläche).

5. Die Oberschicht des Landes setzt sich aus den ausl. Leitern und Teilhabern in S. operierender *transnationaler Konzerne, wenigen einheimischen Industriellen, einer Gruppe von Großhändlern und Freiberuflern sowie Spitzenfunktionären des Staates zusammen. Die Mittelschicht wird von mittleren Beamten, Führungskräften im Handels- und Dienstleistungssektor und Facharbeitern bei den ausl. Unternehmen gebildet. Arbeitslose und Arbeiter in der einheim. Kleinindustrie und den landw. Staatsbetrieben bilden die Unterschicht.

6. S.s koloniale Vergangenheit ist auch für die religiöse (37% Christen, 33% Hindus, 22% Moslems) und sprachliche Vielfalt (neben den Dialekten der ethnischen Gruppen sprechen 78% Sranang [«Negerenglisch»], 40% die Staatssprache Niederländisch, Englisch ist Geschäftssprache) verantwortlich. Die Gesundheitsfürsorge S.s ist öfftl. (seit 1960 staatl. Krankenkasse). Die Ausbildung folgt niederl. Vorbild. Die Grundschulbildung ist gebührenfrei.

7. Das pol. System S.s ist durch eine Überlagerung sozialer Konfliktlinien durch ethnische gekennzeichnet. Die Funktionsfähigkeit des parl. Regierungssystems wurde jahrelang durch die Kooperation der Spitzen der gegenseitig rel. abgeschlossenen ethnischen Gruppen hergestellt. Es entstand ein «Elitenkartell», das einen kreolisch-javanischen Kompromiß auf Kosten des indischen Bev.-Teils verkörperte, aber sich als unfähig erwies (Korruption, Ämterpatronage), ernsthaft die E.-Probleme des Landes anzupacken. 1980 putschte das Militär. 1982 übernahm der starke Mann des Landes, Oberstleutnant Daysi Bouterse, auch formal die Macht. Sein blutiges Regime (im Dezember 1982 ließ er mindestens 15 führende Persönlichkeiten erschießen) führte zur Einstellung der niederl. Finanzhilfe und zu einer zunehmenden Isolierung des Landes, das auch unter dem Verfall der Bauxitpreise (Exportanteil 80%) leidet. Ende 1986 erhoben sich die Buschneger unter der Führung von Ronny Brunswick gegen den Kreolen Bouterse. Angesichts des innenpol. Chaos, der Finanzprobleme des Landes und auf int. Druck ließ Bouterse 1987 ein Referendum über eine neue Verfassung zu, wodurch der Weg zu freien Wahlen geebnet wurde. Das Oppositionsbündnis «Front für Demokratie und Entwicklung» errang 85% der Stimmen, Bouterse erhielt 15%. Im Januar 1988 wurde der Zivilist Ramsewak Shankar für eine Amtsperiode von fünf J. zum neuen Staatspräs. gewählt. Am 24.12.1990 wurde die demokratische E. durch einen blutigen Militärputsch abgebrochen.

Lit.: E. Dew, The Difficult Flowering of Surinam. Ethnicity and Politics in a Plural Society, Den Haag 1978; H.E. Chin/H. Buddingh, Surinam. Politics, Economics and Society, London 1987; P. Hoebink, Surinam, in: HDW III, 3, 1992, S. 542ff. rs

Sur-place-Programme Im Bereich der *Bildungshilfe Förderung von Personen aus EL in EL, d. h. in den jeweiligen Heimatländern oder in benachbarten Drittländern. *Sur-place*-Programme sind den örtlichen Gegebenheiten in EL stärker angepaßt: sie finden in der einheim. Sprache statt (Wegfall der kostspieligen Sprachausbildung); es entfallen Probleme der Anrechnungsfähigkeit (Äquivalenz) der Schul- und Hochschulzeugnisse und ebenso solche der *Reintegration. *CDG, *DAAD und *Goethe-Institute wikkeln *Sur-place*-Programme ab. dn

surplus S. ist der Überschuß einer Produktion nach Abzug des Existenzbedarfs der produzierenden Menschen und nach Abzug des Ersatzes verbrauchter Produktionsmittel. Der S.-Begriff beinhaltet die Frage nach Bildung, Aneignung und Verwendung dieses Überschusses auf zwei Ebenen: 1. nat.: Die Frage nach denjenigen, die im jeweils gegebenen ökon. System von diesem profitieren. 2. int.: Die Frage nach Ausbeutungsbeziehungen zwischen IL und EL. Wie T. Hurtienne feststellte, gab es v.a. in den 60er J. in der EL-Diskussion die Tendenz, die Ursachen von UE im «ständigen S.-Transfer von den letzten Satelliten über die abh. *Metropolen in die Hauptmetropolen» zu sehen (Baran/Sweezy, Frank u.a.). Je stärker die Abh. eines EL, desto geringer wären nach dieser These seine E.-Chancen.

Gegen die These, daß sich die EL wegen des ständigen Transfers ihres volkswirtsch. Überschusses in die IL nicht entwickeln können, wurde eingewandt: 1. Der Umfang des S.-Transfers ist nicht empirisch belegt. 2. Konzentriert man die Aufmerksamkeit auf den (Teil-)Abzug des S., vernachlässigt man die tatsächliche Organisation der jeweiligen nat. Produktion, deren E.-Stand jeweils deutlich unterschiedlich ist.

Lit.: P. Baran, Pol. Ökonomie des Wachstums, Neuwied/Berlin (West) 1966 (zuerst engl. 1957); P. Baron/P. Sweezy, Monopolkapital, Frankfurt/M. 1966; A. G. Frank, Kapitalismus und Unterentwicklung in LA, Frankfurt/M. 1968; T. Hurtienne, Zur Ideologiekritik der lateinamerik. Theorien der Unterentwicklung und Abhängigkeit, in: Probleme des Klassenkampfs 14/15 (1974), S. 213 ff. hk/rs

Survival International →Gesellschaft für bedrohte Völker

Sustainable development 1. Begriff: *«Sustainable development»* (s.d.) wird als das entwicklungstheoretische Paradigma der 90er Jahre gefeiert. Mit der Formulierung dieses Konzepts wurde eine Konsensformel für die verschiedenen Perspektiven und Interessen in Nord und Süd gefunden. In seiner Zielsetzung, «angemessenen und gerecht verteilten wirtschaftlichen Wohlstand anzustreben, der für kommende Generationen aufrechterhalten werden kann», genießt das Konzept breite Akzeptanz und kann dadurch eine positive Brückenfunktion einnehmen. Seine Schwäche hingegen liegt in der mangelnden operationellen Konkretisierung, durch die der Begriff Gefahr läuft, zur inhaltsleeren Phrase zu werden. Fehlende Präzision kennzeichnet den Terminus *«sustainability»*, und der Entwicklungsbegriff läßt per se ein breites Interpretationsspektrum zu.

Eine zusätzliche Quelle von Verwirrung und Unsicherheit bildet das Übersetzungsproblem. In deutscher Sprache wird auf verschiedene Begriffe zurückgegriffen. *«Sustainable»* (*refers to keeping an effort going continiously, the ability to last out and keep from falling*, Oxford Advanced Learners' English Dictionary) wird in den meisten Fällen mit einem bzw. einer Kombination der drei Attribute «dauerhaft» (einen langen Zeitraum überdauernd, beständig), «tragfähig» (so beschaffen, daß das Betreffende eine bestimmte Last tragen kann), «nachhaltig» (sich auf längere Zeit stark auswirkend) übersetzt. Obwohl jeder der drei Begriffe für sich genommen, vom alltagssprachlichen Gebrauch (Duden) ausgehend, lediglich einen Teilaspekt des umfassenderen englischen Terminus erfaßt, ist man in der Praxis dazu übergegangen, auf Kosten von Präzision die umständliche Kombination zu vermeiden und sich für eines der drei Attribute zu entscheiden. Dabei scheint sich der Begriff «nachhaltige Entwicklung» durchgesetzt zu haben.

Entsprechend dem englischen Sprachgebrauch, bei dem s.d. und *«environmentally sound development»* häufig synonym verwendet werden, wird im Deutschen mitunter auch auf den Begriff «umweltverträgliche Entwicklung» bzw. «ökologisch nachhaltige Entwicklung» im identischen Sinne zurückgegriffen. Damit wird jedoch die wichtige soziale Komponente des Konzepts ausgeklammert.

Die vor allem in neoliberalen Kreisen verbreitete Gleichsetzung von s.d. und *«sustainable/sustained growth»* stößt hingegen zunehmend auf Kritik. U.a. wird darauf hingewiesen, daß bei einem Verständnis von E. als «Prozeß gesteuerten Wandels» dem Konzept «Wachstum» lediglich die Bedeutung eines strategischen Mittels im Entwicklungsprozeß zukomme.

2. Geschichte: Initiiert durch die UN-Konferenz zu Umwelt und Entwicklung 1972 in Stockholm war die Nord-Süd-Diplomatie der 70er Dekade geprägt von der Kontroverse zwischen zunehmend artikulierten Umweltschutz-Interessen der reichen IL und den wachsenden Entwicklungsbedürfnissen der EL. Spätestens am Ende dieses Jahrzehnts war klargeworden, daß die in den meisten EL verfolgten Entwicklungsstrategien scheiterten und in Fehlentwicklungen mündeten. Wachsende Einsicht in die engen Zusammenhänge zwischen Ressourcenknappheit und rapide zunehmenden Umweltkosten von →Armut einerseits sowie die Erkenntnis der grenzüberschreitenden Natur der meisten Umweltprobleme und die daraus resultierende globale Interdependenz andererseits führten schließlich in den 80er Jahren zur Suche nach Möglichkeiten der Harmonisierung beider Notwendigkeiten. 1980 brachte der *IUCN den Begriff s. d. als neues Entwicklungskonzept in die internationale Entwicklungsdebatte ein. Ab Mitte des Jahrzehnts wurde der Begriff von den wichtigsten multilateralen Organisationen in ihre offizielle Rhetorik übernommen. Entscheidend für den heutigen Stellenwert des Konzepts war jedoch erst die Arbeit der *Weltkommission für Umwelt und Entwicklung* (WCED), die im Jahr 1987 zur Veröffentlichung des →*Brundtland-Berichts* führte. Eine Antwort aus der Perspektive des Südens wurde 1990 von der «Süd-Kommission» mit dem *Nyerere*-Bericht vorgelegt. Dieser betont die Bedeutung struktureller Machtverteilung als Voraussetzung global nachhaltiger Entwicklung.

Mit der UNCED 1992 in Rio de Janeiro gelangte die globale Umwelt- und Entwicklungsdebatte bislang zu einem Höhepunkt der internationalen Bemühungen, geeignete «Wege einer nachhaltigen Entwicklung in Nord und Süd festzulegen, die der wachsenden Zerstörung des Globus und der zunehmenden sozialen Verelendung der Menschen Einhalt gebieten» (UN-Resolution 44/228).

3. Konzept: Die Brundtland-Kommission definierte s. d. als «Entwicklung, die die Bedürfnisse der Gegenwart befriedigt, ohne zu riskieren, daß zukünftige Generationen ihre eigenen Bedürfnsse nicht befriedigen können». Im Mittelpunkt des Konzepts stehen dabei einerseits die vordringlich zu befriedigenden Bedürfnisse der Armen, und andererseits die umweltbedingten Grenzen, gegenwärtige und mehr noch zukünftige Bedürfnisse zu befriedigen angesichts des derzeitigen Stands der technologischen Entwicklung sowie der bestehenden gesellschaftlichen Organisation. Seither wurden zahlreiche Versuche unternommen, s. d. präziser zu definieren, die damit verbundenen Zielsetzungen zu ergänzen und die Operationalisierungsmöglichkeiten zu spezifizieren. Zum einen deshalb, weil die ursprüngliche Definition als zu vage betrachtet wurde, zum anderen beruhend auf divergierenden Überzeugungen und Interessen im Hinblick auf die notwendigen Maßnahmen zur Erlangung der gesteckten Ziele.

Wesentlich erscheint zunächst die Differenzierung von zwei grundlegenden Bezugsebenen des Konzepts: zum einen als neues Paradigma globaler Entwicklungsstrategien auf makroökonomischer Ebene; zum anderen als Bedingungsfaktor und gleichzeitig Zielsetzung auf *Policy*-Ebene, wobei ihm insbesondere in der EZ als Kriterium von Entwicklungsprogrammen auf Projekt- bzw. Wirtschaftssektorebene Bedeutung zukommt.

4. *Sustainability* als internationale Entwicklungsstrategie: Die WCED identifizierte den globalen Wirkungszusammenhang einer Reihe von Problemfeldern in Nord und Süd, die

angesichts der biophysikalischen wie auch der politischen Realität die Harmonisierung von Umwelt und E. blokkieren. Die wesentlichen Empfehlungen der Kommission bezogen sich daher auf die Schlüsselbereiche Wirtschaftswachstum, Armutsbekämpfung, Bevölkerungskontrolle, Einsatz neuer Technologien, institutioneller Wandel, etc. Inzwischen wurde als weiterer Faktor die →Demokratisierung von Entscheidungsprozessen in diese Liste aufgenommen.

Ein zentraler Ansatzpunkt von Kritik und Anlaß zu divergierenden Interpretationen stellte die Wachstumsempfehlung der Kommission dar, zumal hinsichtlich ihrer Umsetzung wenig konkrete Aussagen getroffen wurden. Die unterschiedlichen Deutungen reichen von der Gleichsetzung mit traditionellen Wachstumsmustern bis zur Spezifizierung als «eine Kombination sozialer und struktureller wirtschaftlicher Veränderungen».

Verfechter des existierenden Wachstumsmodells befürworten ein Fortführen des herkömmlichen Wirtschaftens und sehen zur Milderung der sozialen und ökologischen Kosten lediglich einen langsameren Wachstumsrhythmus und den Einsatz moderner ökonomisch effizienter und ökologisch sanfter Technologie vor. In dieser Perspektive liegt der Schlüssel zur weitgehenden Lösung der aktuellen Problemlage in besseren Management-Methoden.

Die Einwände der Befürworter struktureller Veränderungen des Entwicklungskonzepts beziehen sich auf drei mit dem Prozeß herkömmlichen wirtschaftlichen Wachstums verknüpfte Probleme: 1. die externen Kosten für die Gesellschaft (soziales Kostenproblem), 2. die Folgen für zukünftige Generationen (intergeneratives Kostenproblem), und 3. die Auswirkungen auf die Natur (Umweltkostenproblem). Sie fordern ein Entwicklungskonzept, bei dem sich Wachstumsprozesse an die Tragfähigkeit («*carrying capacity*») des natürlichen Ökosystems anpassen.

Betont wird auch der grundlegende Widerspruch zwischen Wachstum und *sustainability* angesichts der Abhängigkeit des traditionellen Wachstumsmodells von einer Übernutzung meist nicht-erneuerbarer Ressourcen. Das zentrale Argument lautet, daß die Grenzen des auf Wachstum bauenden menschlichen Wirtschaftens in einem endlichen natürlichen Ökosystem selbst bei stärkerem Einsatz umweltfreundlicher Technologien und institutioneller Modernisierung nicht unendlich ausgedehnt werden können.

Einen globalen Verzicht auf Wachstum lehnt die Mehrzahl der Akteure im Norden wie im Süden ab. Als einer der Hauptgründe, die ein Nullwachstum politisch unrealistisch erscheinen lassen, wird das Armutsproblem genannt. Die bestehende Wohlstandsasymmetrie zwischen nördlicher und südlicher Hemisphäre, aber auch innerhalb der Dritte-Welt-Gesellschaften, machen eine Forderung nach Nullwachstum aus ethischen Erwägungen problematisch. Darüber hinaus hat man erkannt, daß Armut Forderungen nach raschem Wachstum – meist begleitet vom Raubbau an natürlichen Ressourcen – stimuliert. Das Profil der Umweltprobleme der EL unterscheidet sich deutlich von dem der IL. Die typischen Probleme sind hier in den meisten Fällen Begleiteffekte der Armut der Bevölkerung. Im einzelnen sind dies Waldvernichtung, Überweidung und Degradierung von Agrarflächen, Bodenerosion, Wüstenbildung, Überflutungen, etc. Die Symptome und Konsequenzen der Armut werden somit als ein erhebliches Hindernis für eine Harmonisierung von E. und Umwelt gesehen.

Laut Brundtland-Kommission stellt sich die Notwendigkeit «einer neuen Ära wirtschaftlichen Wachstums» mit «einem fünf- bis zehnfachen Anstieg des globalen industriellen Outputs» als Voraussetzung für die Befriedigung der Grundbedürfnisse der Armen in der Welt und damit als Voraussetzung für *sustainability*.

Diesem Ansatz gegenüber steht die Position, daß die Dritte-Welt-Armut mit ihren Konsequenzen für die Umwelt ausschließlich auf dem Wege politischer Veränderungen in Richtung einer gerechteren internationalen *Einkommensverteilung zu bekämpfen sei.

Einen Kompromiß zwischen der herkömmlichen Wachstumsstrategie zum einen und dem völligen Wachstumsverzicht zum anderen suchen die Vertreter des Konzepts des «qualitativen Wachstums», das weniger ressourcenintensive Formen des Wirtschaftens vorsieht und somit die ökologischen und sozialen Kosten von Produktionsprozessen verringern soll. Ein auf diesem Prinzip basierendes Entwicklungsmuster scheint sich auch in der Debatte um geeignete internationale Entwicklungsstrategien für die 90er Jahre durchzusetzen.

Im Gegensatz zum herkömmlichen auf wirtschaftlichem Wachstum basierenden Entwicklungsverständnis, das ausschließlich am Indikator BSP gemessen wurde, steht «qualitatives Wachstum» für einen Entwicklungsstil, der die Faktoren Umweltverbrauch, Umweltbelastung und soziale Kosten als Opportunitätskosten in die ökonomische Rationalität einbezieht. Damit sollen zwei zentrale Voraussetzungen für s. d. gewährleistet werden: synchronische Solidarität und diachronische Nachhaltigkeit.

Darüber hinaus wird gefordert, Wachstum strukturell umzuorientieren, so daß sowohl beim Umweltverbrauch als auch bei der Umweltbelastung die Regenerationsfähigkeit ökologischer Systeme das zentrale Kriterium darstellt. Wachstumsmodelle für EL sollen neu definiert werden, indem beschäftigungsintensiveren und umweltschonenderen Produktionsverfahren Vorzug gegeben wird. War bislang in erster Linie die vorbehaltlose Nutzung nicht-erneuerbarer Ressourcen die Grundlage der den nördlichen Entwicklungsstil prägenden Durchlaufökonomien («*throughput economy*»), stellt sich nun die Aufgabe, im Rahmen globaler ökologischer Strukturanpassungen zu langfristigen Kreislauf-Ökonomien überzugehen und dabei knappe und ökologisch sensible durch reichliche und ökologisch robuste Ressourcen zu ersetzen. Darüber hinaus werden Maßnahmen zur Effizienzsteigerung in der Ressourcennutzung empfohlen. Eine «Effizienzrevolution» im Umgang mit Naturgütern wird als Chance betrachtet, erhebliche Entwicklungspotentiale freizusetzen. Auch die Weltbank verbreitet Optimismus in bezug auf die positiven doppelten Gewinn- («*win-win*») Effekte ökonomisch effizienterer und ökologisch verträglicherer Formen des Ressourcen-Managements sowohl für die Umwelt als auch für die wirtschaftliche Entwicklung. Nicht weniger zu produzieren, sondern auf andere Weise zu produzieren, lautet die neue Devise, die als Grundlage für *sustainability* verstanden wird.

Während anfänglich die Ressourcenknappheit im Mittelpunkt der Auseinandersetzung über Umwelt- und Entwicklungsfragen stand, wobei besonders die Übernutzung wachstumsstrategischer Rohstoffe (Erdöl, Kupfer, etc.) problematisiert wurde, beherrscht inzwischen das Thema der Knappheit von aufnahmefähigen Umweltmedien für Abfälle und Schadstoffemissionen die Debatte. Die Erschöpfung der Tragfähigkeit der globalen Gemeingüter, die sich u. a. in Phänomenen wie Treibhauseffekt, Zerstörung der Ozonschicht, Luft- und Wasserverschmutzung äußern, machen Anpassungen im internationalen System äußerst wichtig. Raschere Fortschritte bei der Formulierung internationaler Regime sowie eine Restrukturierung der multilateralen Institution gelten als unabdingbar für die Umsetzung von s. d.

In diesem Problemkomplex wird ein hohes Konfliktpotential zwischen nördlichen und südlichen Interessen gesehen. Befürchtet wird, daß der traditionelle Verteilungskampf um natürliche Ressourcen, der den Nord-Süd-Konflikt in der Vergangenheit dominierte, nun übergeht in einen Verteilungskampf um die sich rapide verknappenden Externalisierungsspielräume für die ökologischen Kosten des vorherrschenden Wachstumsmusters. Die politische Brisanz des Problems zeigte sich nicht zuletzt an der mangelnden Bereitschaft der * OECD-Länder, Giftmüllexporte in Dritte-Welt-Länder einzustellen. Diesbezügliche erste Ansätze sind bislang sowohl auf EG-Ebene als auch im Rahmen der UNCED gescheitert.

Als Schlüsselelement für s. d. wird die Eindämmung des Bevölkerungswachstums betrachtet. Drei Viertel der Weltbev. leben heute in der Dritten Welt, und diese Bev. wächst in einem Rhythmus, der die wirtschaftlichen Kapazitäten der betroffenen Länder bei weitem übersteigt. Der derzeitige Bevölkerungszuwachs in EL würde bei gleichbleibend niedrigen Konsummustern beispielsweise ein kaum tragbares Mehr an wirtschaftlichem Energiekonsum von 75 % bis zum Jahr 2025 notwendig machen (→Energie). Gleichzeitig darf in diesem Zusammenhang jedoch nicht darüber hinweggesehen werden, daß der aktuelle Anteil der EL am globalen Energiekonsum nicht mehr als 17 % beträgt. * Familienplanung in der Dritten Welt und damit verbundene Ausbildungsprogramme für Frauen stellen zwar zweifellos notwendige Maßnahmen zur Begegnung der Entwicklungs- und Umweltproblematik dar, doch wird davor gewarnt, ihre Effektivität zu überschätzen. Klarheit herrscht darüber, daß eine Drosselung des Bevölkerungswachstums im Süden keinesfalls den Norden von Verantwortlichkeit und Verzichtsleistungen entbinden.

Als eine weitere unterstützende Maßnahme von s. d. wird die Ausbildung von «*human capital*» betrachtet, nicht zuletzt wegen seines instrumentellen Wertes als Faktor zur Förderung wirtschaftlichen Wachstums. Als strategisch wichtige Bereiche für die menschliche Entwicklung in den meisten EL wurden insbesondere Verbesserungen in Erziehung und Ausbildung, * Gesundheit, * Ernährung und Wohnsituation identifiziert. Mit gezielten Programmen wird auch zunehmend versucht, die zentralen Bedeutungen der * Frauen in diesen Gesellschaften strategisch für Umwelt- und Entwicklungsbelange einzusetzen.

Weitere Ansatzpunkte für s. d. liegen auf der Ebene der internationalen Wirtschaftsbeziehungen. Hier werden die Erleichterung von der Schuldenlast und gerechtere internationale Handelsbedingungen für den Süden als erforderlich betrachtet.

Gleichzeitig wird darauf verwiesen, daß die globale ökologische Krise u. a. ein Begleitphänomen einer ökopolitischen Krise darstellt, die im Versagen der Institutionen auf staatlicher wie auch auf zwischenstaatlicher Ebene bestehe, die verfügbaren Ressourcen und Zivilisationsrisiken auf tragfähige Weise zu verteilen. Gefordert wird eine Reform der internationalen und multilateralen Institutionen.

Die seit Mitte der 80er Jahre eingeleiteten institutionellen Anpassungen und *Policy*-Reformen der wichtigsten internationalen Finanz- und Entwicklungsinstitutionen werden in diesem Zusammenhang zwar begrüßt, jedoch gleichzeitig hinsichtlich der Langsamkeit und mangelnden Entschiedenheit zu konsequenten Umorientierungen kritisiert.

Heute aufkommende weltbankinterne Stellungnahmen zur Verantwortung der reichen IL in der globalen Umwelt- und Entwicklungsproblematik, die mitunter bis hin zum Appell zu Wachstumsverzichten im Norden zugunsten von Entwicklungsfreiräumen im Süden reichen, bleiben bloße Lippenbekenntnisse, solange in der Praxis der EZ sektorielle und strukturelle Modernisierung als Allheilmittel für Entwicklungsprobleme und jüngst auch für Umweltprobleme propagiert werden und die Kapitalrentabilität wichtigstes Kriterium von Investitionen bleibt.

Dieses Problem weist auf eine weitere unerläßliche und vermutlich am schwierigsten zu erreichende Voraussetzung für die Umsetzung von s. d. hin. Zwar sind Faktoren wie umweltverträgliche Produktionsweisen, veränderte Konsumstrukturen, bessere Ressourcennutzung, sanfte Technologien wesentlich für die Harmonisierung von E. und Umwelt, doch setzt eine konsequente Interpretation des s. d.-Konzepts in erster Linie einen Wandel auf der Werteebene voraus. Die IL bekennen sich zwar inzwischen zu einer gewissen Verantwortung in der globalen Umwelt- und Entwicklungsproblematik und sind zu bestimmten finanziellen Kompensationen (z. B. →GEF) bereit, doch wurde auch bei der UNCED 1992 in Rio de Janeiro deutlich, daß gerade in bezug auf Veränderungen des Wertesystems bislang die geringsten Fortschritte erreicht wurden. Die erforderliche Abkehr von der «civilisation de l'avoir» und die unabdingbare Bereitschaft zu stärkerer Selbstbegrenzung in den materiellen Bedürfnissen war auch bei diesem bislang wichtigsten multilateralen Vermittlungsversuch zwischen Umwelt- und Entwicklungsinteressen noch nicht ausreichend ersichtlich.

5. *Sustainability* auf *Policy*-Ebene: Unabhängig vom Politikfeld gilt als allgemeine Voraussetzung von «sustainability» bei Entwicklungsprogrammen und -projekten, Maßnahmen zur Identifizierung potentieller Umweltschäden frühzeitig in den *Policy*-Zyklus zu internalisieren. Die Durchführung von Umweltverträglichkeitsprüfungen (UVP) als unabdingbare Ergänzung ökonomischer **Feasibility*-Studien bereits in der Planungsphase eines Entwicklungsvorhabens sind daher inzwischen fester Bestandteil allgemeiner entwicklungspolitischer Richtlinien. In zunehmendem Maße werden Umweltexperten (*Applied Ecologists*) in die Entwicklungsplanung eingebunden, deren Aufgabe es ist, bei entwicklungspolitischen Entscheidungsprozessen ökologische Kriterien in ökonomische Kosten-Nutzen-Kalküle zu integrieren.

Institutionelle Defizite in den Projektempfängerländern sind oft für Implementationsschwierigkeiten von entwicklungspolitischen Maßnahmen verantwortlich. Daher gehen Entwicklungsorganisationen zunehmend dazu über, institutionelle und regulative Kapazitäten in EL zu fördern, um so auf nachhaltige Weise günstige Rahmenbedingungen für Projekt- und Programmdurchführungen zu schaffen. In der *Monitoring*-Phase wirkt sich die Einbeziehung betroffener Gesellschaftssektoren sowie die Zusammenarbeit mit lokalen *NRO's anerkannterweise günstig auf die *sustainability* von Entwicklungsprojekten aus. Je nach Entwicklungsbereich unterschiedliche Kriterien werden gefunden, um *sustainability* in der Evaluierungsphase zu messen. Die Ansprüche reichen hier von der «Übernahmefähigkeit eines Entwicklungsprojekts nach dem Abzug der ausländischen Experten» bis hin zur «Schaffung von Strukturen zur eigenständigen Problemlösungsfähigkeit».

Lit.: R. Goodland, Environmental Sustainability in Economic Development: 172, in: ders. (Hg.): Race to Save the Tropics. Ecology & Economics for a Sustainable Future, Washington, D. C. 1990; V. Hauff, Unsere gemeinsame Zukunft. Der Brundtland-Bericht der Weltkommission für Umwelt und Entwicklung, Greven 1987; J. A. Hauser, Bevölkerungs- und Umweltprobleme in der Dritten Welt, Bd. 1, UTB, Bern/Stuttgart 1990; IUCN, World Conservation Strategy: Living Resource Conservation for

Sustainable Development, IUCN/UNEP/WWF, Gland/Schweiz 1980; H. H. Lembke, «Umwelt» in den Nord-Süd-Beziehungen. Machtzuwachs im Süden, Ökodiktat des Nordens oder Globalisierung der Verantwortung?, DIE, Berlin 1991; S. M. Lélé, Sustainable Development: A Critical Review, in: World Development, (19) 6, 1991: 607–621; L. Marmora, Sustainable Development im Nord-Süd-Konflikt: Vom Konzept der Umverteilung des Reichtums zu den Erfordernissen einer globalen Gerechtigkeit, in: Prokla 86, März 1992; R. F. Mikesell/L. F. Williams, International Banks and the Environment. From Growth to Sustainability: An Unfinished Agenda, San Francisco 1991; I. Sachs, Culture, Ecology and Development, in: Human Behaviour and Environment, 4, 1980; U. E. Simonis, Entwicklung und Umwelt. Ein Plädoyer für mehr Harmonie, in: M. K. Tolba et al.: Die Umwelt bewahren, Bonn 1989; U. E. Simonis, Towards a New International Development Strategy. Economic, Social and Environmental Concerns, Wissenschaftszentrum für Sozialforschung, Berlin 1990; K. Stahl, Der Nord-Süd-Konflikt um «Umwelt und Entwicklung», in: epd-Entwicklungspolitik 1/2, 1992; R. Stockmann, Die Nachhaltigkeit von Entwicklungsprojekten, Opladen 1992; The South Commission, The Challenge to the South. The Report on the South Commission, New York 1990; The World Commission on Environment and Development, Our Common Future, Oxford/New York 1987; World Development Report 1992: Development and Environment, The World Bank, Washington, D. C. mm

SWAPO →Namibia

Swaziland Die Bev. (1990: ca. 789000 Ew., 60% Christen, 40% Animisten) des nach Gambia kleinsten afrik. Landes (Fläche 17363 qkm, Hs. Mbabane) gliedert sich ethnisch in Swazi (90%), Zulu, Shangaan, Njassa, Sotho sowie einige T. Weiße und Mischlinge. S. hat eine JZ der Bev. von ca. 2,6%, ca. 46% der Ew. sind unter 15 J. alt. Neben dem Reichtum an Bodenschätzen (Kohle, Asbest, Diamanten und bis 1977 auch Eisenerz) – der allerdings bald erschöpft sein wird – sind für Land- und Forstw. günstiges Klima und fruchtbare Böden zusammen mit der Landschaft (*Tourismus) wichtigste E.-*Ressourcen. Der krasse *Dualismus zwischen dem einheimischen, rel. unproduktiven, trad. *Subsistenzsektor, der etwa 70% der Bev. ernähren muß, und dem *kapitalintensiven, weitgehend von ausl. Interessen bestimmten, exportorientierten «modernen» Sektor soll durch schrittweise Umwandlung des trad. Sektors in stärker marktorientierte Produktion abgebaut werden. Die Fremdbestimmung der Ökonomie S.s (BSP/Kopf 1990: 810 US-$) wurde seit 1879 (Goldfunde) von südafrik. Gesellschaften eingeleitet, die sich einen Großteil des Landes und der Schürfrechte von dem mit dem europ. Eigentumsbegriff nur wenig vertrauten Swazi-König Mbandzeni aneigneten. Auch nachdem die Briten 1903 mit der Errichtung des nach dem Muster der **indirect rule* regierten Protektorats S. den Expansionsdrang der südafrik. Buren gestoppt hatten, blieben bis zur völkerrechtlichen Unabh. (1968) ca. 44,7% des Bodens im Besitz südafrik. Gesellschaften. Bis heute werden Exportwirtsch. (Bergbau, Viehzuchtfarmen, *Plantagen/Zucker, Baumwolle), weiterverarbeitende Betriebe der Forst- und Agrarprodukte und die wichtigsten Kredit-, Handels- und Touristikunternehmen von ausl. Kapital (Südafrika, Japan) kontrolliert, das im Rahmen einer Strategie zwischen *Importsubstitution und neuer *internationaler Arbeitsteilung günstige Investitionsbedingungen (Billiglöhne etc.) vorfindet. Nicht nur durch *Direktinvestitionen, sondern auch durch die *Rand*-Zoll- und Währungsunion (auch nach Einführung der eigenen Währung, *Emalangeni*), die geopol. Umklammerung und die Interventionsdrohung bei unerwünschter pol. E. und schließlich durch die angestrebte Zusammenführung mit den Siedlungsgebieten der Swazi in Südafrika (RSA) steht S. in enger Abhängigkeit von seinem Nachbarland: Rund 90% aller Importe kommen aus der RSA. Seit Beginn der bürgerkriegsähnlichen Zustände in Mozambique (Ende 1984) stehen darüber hinaus nur noch südafrik. Transportwege für das außenabh. *Binnenland zur Verfügung.

Zwar wird S. durch die zunehmende pol. Unsicherheit in Südafrika als Industriestandort interessanter, doch fehlt ihm ein dementsprechendes Reservoir an Fachkräften. Die Beschäftigungseffekte sind auch in den Wachstumsbranchen gering, und weiterhin besteht ein Lohngefälle zwischen Weißen und Schwarzen, denen der Aufstieg in Spitzenpositionen nur selten möglich ist. Trotz des nach der Dürre 1982/83 wieder steigenden Wirtschaftswachstums im «modernen» Sektor bleiben die ***Trickle-down*-Effekte aus; die Lebensbedingungen der Bev.-Mehrheit in den ländl. Gebieten verbessern sich kaum. Der *Subsistenzsektor (Anbau von Mais und Hirse, Sorghum und Kartoffeln; extensive Weidewirtsch.) ist auf Grund der strukturellen Defekte nicht in der Lage, die Bev. zu ernähren. Bodenentwertung durch Überweidung (Vieh/Statussymbol), Widerstand der autokratischen Häuptlinge gegen Bodenreform und die Tatsache, daß sich das beste Weideland oft ungenutzt im Besitz weißer Farmer befindet, hemmen nicht nur die *Produktivität, sondern zwingen auch die Subsistenzbauern zur Lohnarbeit auf den ausl. Plantagen. Außerdem arbeiten ca. 16000 Swazi als *Wanderarbeiter in südafrik. Bergwerken. Qualitative und quantitative Mängel bei der *Ernährung und Schäden der *Gesundheit (LE 1990: 57 J.) sind infolge der Außensteuerung der Ökonomie soziale Fehlentwicklungen, die durch den schlechten Zustand der *Infrastruktur (z. B. *Massenkrankheit Typhus infolge schlechter Wasserversorgung) verschlimmert werden. Unterentwickelt ist auch das Bildungswesen: Nur etwa ⅔ aller Kinder zwischen sieben und 14 J. besuchen die Schule; wegen des Schulgelds ist die ***Drop-out*-Quote hoch (Alphabetisierungsrate 1990: ca. 68%).

In den letzten J. nahm die Bedeutung des *Tourismus ständig zu, allerdings ergeben sich für S. infolge des Sex-Tourismus aus Südafrika (*Apartheid-Tabus) zahlreiche Probleme wie Prostitution und Kriminalität.

Langfristig könnte auf Grund der Ressourcen die E. von Land- und Forstwirtschaft Grundlage für eine *autozentrierte E.-Politik sein, deren Einleitung unter dem König (*Ngwenyama*) Sobhuza II., der S. von 1921 bis 1982 autokratisch regierte, nicht zu erwarten war. 1973 wurden die Oppositionsparteien verboten, und 1977 erfolgte die Auflösung des parl. Systems. Seit dem Tod Sobhuzas II. kam es zu vielfältigen Palastintrigen und Flügelkämpfen, u. a. um die Frage der Nachfolge unter seinen angeblich 600 Kindern sowie um die Entscheidung, ob das Land weiterhin autoritär regiert werden sollte. Dem im April 1986 gekrönten 18jähr. Prinz Makhosetive, König Mswati III. und seinem Premiermin. Dlamini gelang es, die Machtfülle des obersten Staatsrats (*Liqoqo*) zu reduzieren. Außenpol. bleibt S. von der Rep. Südafrika abh., wurde aber andererseits Mitglied der *SADCC.

Lit.: E. Klimm/K. G. Schneider/B. Wiese, Das südliche Afrika I. Republik Südafrika – Lesotho – Swaziland, Darmstadt 1980; B. Nyeko, Swaziland (Bibliography), Oxford 1983; H. Mayer, Swaziland, in: HDW III, 5, 1993, S. 464ff. ah/pb

SWP Stiftung Wissenschaft und Politik, 1962 gegr. gemeinnützige Stiftung, die seit 1965 den Rahmen für das vom dt. Bundestag eingerichtete unabh. Forschungsinstitut für Internationale Politik und Sicherheit bildet und im wesentlichen aus Bundesmitteln finanziert wird, die nicht projektgebunden sind.

Die SWP, in deren Stiftungsrat neben Wissenschaft und Wirtschaft Fraktionen des dt. Bundestages, das Bundeskanzleramt sowie versch. Min. vertreten sind, orientiert sich v. a. an den Forschungsanliegen der praktischen Politik im Bereich der int. Bez., ohne allerdings Auftragsforschung zu betreiben. Forschungsschwerpunkte: 1. Westeuropäische und atlantische Politik, Politik Osteuropas und der Nachfolgestaaten der UdSSR; 2. Int. Sicherheitspolitik; 3. Int. Ökonomie; 4. Politische Entwicklung in Asien, dem Nahen und Mittleren Osten, Afrika und LA. Neben zahlreichen Einzelveröffentlichungen gibt die SWP mit z. Z. etwa 110 ständigen Mitarbeitern die Publ.-Reihen «Internationale Politik und Sicherheit» sowie «Aktuelle Materialien zur Internationalen Politik» heraus. Adresse: Haus Eggenberg, 8026 Ebenhausen/Isartal. bh

SwR →Anreizsysteme

Syrien Seit Ende der 70er J. ist S. im Zuge der versch. Krisen im Nahen Osten (→Libanon, →Nahostkonflikt, →iranisch-irakischer Krieg, →Golfkrieg) zu einer pol. Schlüsselmacht in der Region aufgestiegen, gerät aber nicht zuletzt auf Grund seiner offensiv vertretenen Machtansprüche zunehmend in wirtsch. Schwierigkeiten.

1. Die Arabische Republik S. umfaßt eine Fläche von 185 180 qkm, die sich naturräumlich (von W nach O) in einen Küstenstreifen am Mittelmeer, eine gebirgige Übergangszone und das vom Euphrat durchschnittene Tafelland mit Steppen und Wüsten gliedert. Etwa ⅓ der ges. Fläche (vorwiegend in der Küstenregion und im N) ist kultivierbares Land. Es wird größtenteils im Regenfeldbau bewirtschaftet, weshalb die syr. Agrarproduktion von schwankenden klimatischen Bedingungen (Dürreperioden) stark abh. ist. Die wichtigsten Bodenschätze sind Erdöl (1984 wurden neue Vorkommen entdeckt) und Phosphat.

2. 1988 wurde die Bev. S.s auf 11,7 Mio. Ew. geschätzt. Knapp 50% der nach wie vor sehr rasch wachsenden Bev. (JZ 1980–85: 3,6%) lebt in den Städten der Küstenregion, die Zentren der ind. Produktion und des Handels sind (Hs. Damaskus: ca. 1,3 Mio., Aleppo: 1,2 Mio.). Die meisten Ew. (ca. 80%) sind sunnitische Muslime. Die Alawiten (eine schiitische Sekte) stellen mit einem Bev.-Anteil von 10–12% die wichtigste relig. *Minderheit, gefolgt von Christen (ca. 6%) und Drusen (2%). Mehr als 95% der Ew. sind syr. Araber; Kurden und Armenier bilden ethnische Minderheiten, außerdem leben ca. 250000 (1986) Palästina-*Flüchtlinge in Lagern, die vom *UNRWA betreut werden.

3. Das heutige Staatsgebiet S.s entspricht nur einem Teil der ehem. osman. Provinz S., zu der auch die jetzigen Staaten Jordanien, Israel und die von Israel besetzten Gebiete gehörten. Die syr.-arab. Nationalbewegung erhoffte sich nach dem 1. Weltkrieg von der arab. Waffenhilfe für GB gegen die Türkei als Gegenleistung die Unabhängigkeit. Im Zuge der Aufteilung des Osman. Reiches in brit. und franz. Interessensphären wurde S. jedoch 1920 franz. Mandatsgebiet. Libanon und Palästina wurden von der ehem. osman. Provinz abgetrennt. Der in der Folgezeit wachsende Widerstand gegen die franz. Besetzung führte 1945 zu einem nat. Aufstand. Mit dem Abzug der letzten franz. Soldaten im April 1946 wurde S. unabhängig.

4. Nach einer von wirtsch. Instabilität und häufigen Reg.-Wechseln bzw. Militärputschen geprägten Phase bildete S. 1958 in der Vereinigten Arabischen Republik eine Union mit Ägypten. Das ägypt. Übergewicht in der Allianz führte jedoch schon bald zu heftigem innenpol. Widerstand, und nach einem Militärputsch schied S. 1961 wieder aus der Union aus. Zum bis heute einschneidendsten Ereignis wurde der Militärputsch vom 8. März 1963, der die *Baath*-Partei an die Macht brachte. Nach versch. Flügelkämpfen innerhalb der *Baath*, die u. a. auch zur bis heute bestehenden Spaltung zwischen syrischer und irakischer *Baath* führten, übernahm der von Hafiz al-Assad, dem heutigen Präs., geführte milit. Flügel der *Baath*-Partei 1970 die Reg. und leitete unter der Bezeichnung «Korrekturbewegung» eine Politik begrenzter innen- und wirtschaftspol. Liberalisierung ein. Seit 1972 regiert die von der *Baath*-Partei dominierte «Progressive Nat. Front», der neben der *Baath* die «Syrische Arab. Sozialistische Union», die

«Organisation Sozialistische Unionisten», die «Bewegung der Arab. Sozialisten» und die KP angehören. Nach der Verfassung von 1973 ist S. eine Volksdemokratie (Parlament: Volksrat, alle vier J. gewählt), die sich durch die starke Stellung des Präs. auszeichnet (seit 1971 H. Assad, gleichzeitig Oberbefehlshaber der Streitkräfte), der mit umfassenden Vollmachten die Exekutivgewalt ausübt.

5. Nach der Machtübernahme durch die *Baath*-Partei kam die Wirtschaft S.s im Lauf der 60er J. weitgehend unter staatl. Kontrolle. Mit ihrer *Entwicklungsplanung versuchte die pol. Führung seither, zum einen die *Industrialisierung des Landes voranzubringen, zum andern durch Erweiterung der Kulturfläche die landw. Produktion zu steigern. Das größte Projekt der bisherigen E.-Planung ist der 1978 fertiggestellte Euphratdamm (mit Kraftwerk), der ca. 30% zur Energieversorgung des Landes beiträgt und die Grundlage für die angestrebte Verdopplung der Bewässerungsfläche bildet (1980 waren 539000 ha Fläche bewässert, bis 1990 sollen zusätzlich 550000 ha erschlossen werden). Die landw. Produktion, nach mehreren *Agrarreformen überwiegend in privaten Händen (70% der Fläche), bildet immer noch die Grundlage der syr. Wirtschaft. Sie trägt 27% (1987) zum BIP bei, beschäftigt ca. ⅓ der Erwerbstätigen und liefert mit der Baumwolle das zweitwichtigste Exportprodukt des Landes (1985: 8,5% der Ausf.; weitere Hauptanbauprodukte: Weizen, Gerste, Gemüse, Südfrüchte). Das Ziel der syr. Agrarpolitik, die Selbstversorgung des Landes mit Nahrungsmitteln zu erreichen, liegt freilich noch fern. 1985 lag der Anteil der Nahrungsmittel an den syr. Importen bei 17%. Die ind. Produktion basiert wesentlich auf den syr. Rohstoffen (Raffinerien, in denen auch importiertes Erdöl verarbeitet wird; Düngemittelherstellung; Textilien) und trug 1987 mit 19% zum BIP bei. Die Erdölförderung und -verarbeitung erbringt 74% (1985) der Exporte. In den 80er J. geriet S. immer tiefer in eine schwere wirtsch. Krise (wachsendes *Zahlungsbilanzdefizit, hohe *Verschuldung von 1987: 3,5 Mrd. US-$). 1987 kam es zu ernsten Versorgungsengpässen bei den ohnehin rationierten Grundnahrungsmitteln, die Inflation (1987 auf 40–50% gesch.) treibt die von der staatl. Preispolitik bestimmten Lebenshaltungskosten schnell in die Höhe, und infolgedessen steht das *Baath*-Regime Assads, das noch nie großen Rückhalt in der Bev. hatte, einem wachsenden inneren Destabilisierungspotential gegenüber, das es bislang mit ‹Antikorruptionskampagnen› und begrenzten wirtsch. Liberalisierungsmaßnahmen (u. a. Anreize für die Privatwirtsch.) einzudämmen sucht. Die Ursachen der Wirtschaftskrise liegen neben offenbaren pol. Mißständen (Korruption, Planziele), Verfall der Ölpreise und negativen Effekten des *iranisch-irakischen Krieges auf S. als Handelsplatz nicht zuletzt in der Außenpol. des Landes. S. gehörte bislang führend zu den radikalen arab. Kräften, die alle pol. Lösungsvorschläge im Nahostkonflikt ablehnten. Es ist das einzige arab. Land, das nach 1973 in direkter milit. Konfrontation mit Israel stand (1982 im Libanon) und verfolgt seine von den ideologischen Prinzipien des arab. *Nationalismus (→Nasserismus) geleiteten regionalen Machtansprüche unter hohen Kosten (Armee: 400000 Soldaten, davon 1990: 35000 im Libanon stationiert; 50% der Staatsausgaben gehen in die *Rüstung). Die fortgesetzte Feindschaft zum *Baath*-Regime des Irak ließ S. zu einem der wichtigsten Verbündeten der von den USA geführten Allianz im *Golfkrieg werden. S. beteiligte sich mit 20000 Soldaten an den Kampfhandlungen. Am 23.11.1990 traf Assad mit US-Präs. Bush in Genf zusammen. Unter dem Druck der Reduktion sowj. wirtsch.

und milit. Hilfe war es bereits im Laufe des J. 1990 zu einer Annäherung an die prowestlichen arab. Staaten gekommen. Diesen Annäherungsprozeß setzt S. mit mehreren Abkommen zur Handels- und Wirtschaftspolitik und Erklärungen zur Verwirklichung einer friedlichen Stabilität in der Region fort.

Die Zustimmung und Teilnahme an den von den USA initiierten Nah-Ost-Friedensverhandlungen setzen den prowestlichen Trend trotz einem spürbaren Erstarken des *Islamismus in S. fort.

Lit.: H. Mahr, Die Baath-Partei. Porträt einer panarabischen Bewegung, Wien 1981; F. Nuscheler, Syrien, in: HDW II, 6, Hamburg 1983; G. Krämer, Arabismus und Nationalstaatlichkeit. Syrien als nahöstliche Regionalmacht, Ebenhausen (Stiftung Wissenschaft und Politik) 1987; T. Koszinowski, Syrien, in: U. Steinbach/R. Robert, Der Nahe und Mittlere Osten, Bd. 2, Opladen 1988, S. 385 ff. bt

SYSMIN *Sy*stem zur *S*tabilisierung *mi*neralischer Exporterlöse (auch Minex *Min*eralien – *Ex*porterlösstabilisierungs-System). In *Lomé II eingeführtes Finanzierungssystem für die Bergbauerzeugnisse, durch das *STABEX ergänzt wird. Das System soll die *AKP-Länder, die mineralische Rohstoffe produzieren und in die EG exportieren, in die Lage versetzen, ihre Produktionsanlagen und Ausfuhrkapazitäten auch bei Preis- und Erlösrückgängen zu erhalten. Das System ist mit Finanzmitteln in Höhe von 415 Mio. *ECU ausgestattet. Diese stehen zur Finanzierung für folgende Rohstoffe zur Verfügung: Kupfer, Kobalt, Bauxit, Aluminium, Mangan, Zinn, Phosphate, Eisenerz und Schwefelkiesabbrände. Zur Inanspruchnahme von SYSMIN durch ein AKP-Land müssen folgende Voraussetzungen erfüllt sein: 1. Der Rohstoff, für den Finanzmittel beansprucht werden, muß mindestens 15% der Gesamtausfuhren abdecken, für die am wenigsten entwickelten AKP-Länder und die AKP-Binnen- und Inselstaaten gilt 10% als Abhängigkeitsschwelle. 2. Aufgrund eines starken Rückgangs der Ausfuhrerlöse muß die Gefahr gegeben sein, daß das Produktionspotential um mindestens 10% zurückzugehen droht (Auslöseschwelle). Sind beide Voraussetzungen gegeben, kann das betreffende Land von der Gemeinschaft einen Finanzierungsbeitrag beantragen, den es aber (anders als bei STABEX) nicht als Budgetzuschuß erhält, sondern zweckgebunden zur Finanzierung von Vorhaben und Programmen, die darauf abzielen, die Produktions- und Exportkapazität zu erhalten. Die Finanzierungsbeiträge werden grundsätzlich als Darlehen gewährt mit einer Verzinsung von 1%, einer Laufzeit von 40 J. bei 10 Freijahren. Das SYSMIN war Bestandteil ebenfalls von Lomé III, das 1990 auslief, und wurde in Lomé IV (1990–99) fortgesetzt. →EEF, Tab. 4.

hpn

System zur Stabilisierung von mineralischen Exporterlösen →SYSMIN

SZR →IWF, Sonderziehungsrechte, Weltbank

T

TAB →ECOSOC

TAC *Technical Assistance Committee*, Technischer Beratungsausschuß der UN

Tadshikistan Die mittelasiatische Republik T. erklärte sich am 9.9.1991 von der Sowjetunion unabhängig, nachdem sie in dem vorausgegangenen Moskauer Putschversuch vom 19.8.1991 noch eine ambivalente Haltung gezeigt hatte. Die ärmste der neuen Republiken hat den Vertrag über eine Wirtschaftsgemeinschaft der Nachfolgestaaten der UdSSR unterzeichnet und ist der neugegründeten Gemeinschaft Unabhängiger Staaten (GUS) beigetreten.

1. T. umfaßt eine Fläche von 143 100 qkm und grenzt an Usbekistan, Kirgisien, China u. Afghanistan. Das Klima des stark zertalten, z.T. schwer zugänglichen Hochgebirgslan-

des ist trocken kontinental und variiert reliefbedingt (subtropisch in tiefen Tälern, gemäßigt warm in mittleren Höhen und kalt im Hochgebirge).

T. zählte Anfang 1990 5,2 Mio. Ew. (Bevölkerungsdichte: 36,7 Ew./qkm). Das Bevölkerungswachstum betrug 1987/88 3,1%. Hauptstadt ist Duschanbe (1989: 0,6 Mio. Ew.). Die Bevölkerung unterteilt sich ethnisch in Tadshiken (62%), Usbeken (23%), Russen (8%) und Tataren (1%). Die Bevölkerungsmehrheit gehört dem sunnitisch-islamischen Glauben an.

2. T. erwirtschaftete 1989 ein BSP von 11,9 Mrd. US-$ (BSP pro Kopf: 2340 US-$). Die amtl. Statistiken weisen für den Zeitraum 1990/91 eine rückläufige materielle Produktion (prod. Nationaleinkommen) aus (proz. Veränderung im Vergleich zum Vorjahr 1990: −8,9%; 1991: −9,0%). 21% der Beschäftigten arbeiteten 1987 im Industrie- und Bausektor, 42% in der Forst- und Landwirtschaft, 17% im Handels- und Verkehrssektor und 20% im Dienstleistungsbereich. Die Schwerpunkte der verarbeitenden Industrie liegen auf der Nahrungsmittel- und Textilindustrie. T. verfügt über Erdöl- und Erdgasvorkommen (in geringem Umfang gefördert); es werden Blei, Zink, Wolfram, Zinn, Gold und Uran (14% der Uran-Weltlagerstätten) abgebaut. Nur 6% des gebirgigen Landes sind landwirtschaftlich nutzbar. Wichtigstes Anbauprodukt ist die Baumwolle (11% der ehem. sowj. Gesamtproduktion), gefolgt von Getreide, Futterpflanzen, Obst u. Wein; es wird ferner Vieh- u. Seidenraupenzucht betrieben. Der Getreideanbau vermochte 1987 bei weitem nicht den nat. Bedarf zu decken. 84% des Getreidegesamtverbrauches mußten über Importe aus dem Ausland gedeckt werden. Die Außenhandelsbilanz wies 1988 ein Defizit von 1 Mrd. Valutarubel aus. Dem hohen Einfuhrüberschuß bei Energierohstoffen, Erzeugnissen der chem. Industrie, des Maschinenbaus und bei Nahrungsmitteln stand zu diesem Zeitpunkt ein Ausfuhrüberschuß bei Buntmetallen und Produkten der Leichtindustrie gegenüber. Ungeachtet der Verabschiedung einer Reihe von Gesetzesvorlagen über Entstaatlichung und Privatisierung der Wirtschaft im Frühjahr 1991 sind bis Ende 1992 keine wirklichen marktwirtschaftlichen Strukturreformen eingeleitet worden. Anfang 1992 gab die Regierung im Gefolge der russischen Preisfreigabe die Preise begrenzt frei.

3. Nach den Parlamentswahlen von 1990 regierte eine kommunistische Mehrheit im Parlament unter Präsident M. Machkamow das Land. Machkamow trat nach dem gescheiterten Putschversuch in Moskau am 19.8.1991 zurück. Übergangspräsident K. Aslonow wurde wegen des von ihm verhängten Verbotes der KP der Republik am 23.9.1991 von der konservativ-kommunistischen Parlamentsmehrheit abgesetzt. Der umstrittene neue Übergangspräsident Ramon Nabijew (ehem. Vorsitzender der KP der Republik) ließ sich in den Präsidentschaftswahlen vom 24.11.1991 (Wahlbet.: 81%) mit 58% der Stimmen in seinem Amt bestätigen. Im Juni 1992 ist ein offener Bürgerkrieg zwischen der von der Fraktion der altkommunistischen Konservativen gestützten Regierung unter Präsident Nabijew und der islamisch-demokratischen Opposition ausgebrochen. Präsident Nabijew mußte Anfang September unter dem Druck der Ereignisse nachgeben und zurücktreten.

Das t. Parlament hat Ende Nov. 1992 das Präsidialsystem offiziell abgeschafft und den islamisch-demokratischen Abdumalik Abdulladshanow zum MP gewählt. Zum neuen Staatschef des Landes wurde der Altkommunist Emomali Rachmonow ernannt.

4. Nach Angaben des IRK befinden sich in dem vom Bürgerkrieg zerrütteten Land rund 500000 Menschen auf der Flucht. Die Bürgerkriegstragödie

und die Flüchtlingsströme überschatten andere Probleme: Auf t. Territorium lagerten taktische Atomwaffen der sowjetischen Armee, über deren Verbleib keine verläßlichen Angaben bestehen. Strittige Grenzfragen (bez. der Hoheitsrechte über Buchara und Samarkand) belasten die auswärtigen Beziehungen zu der Nachbarrepublik Usbekistan.

take-off Schlüsselbegriff der entwicklungstheoretischen Diskussion der 50er und 60er J., bezeichnet die zentrale Phase wirtsch. Wachstums im zunächst Drei-Stadien-, dann Fünf-Stadien-Modell von Walt W. Rostow, die in Analogie zum Abheben eines Flugzeugs eine Volkswirtschaft zu sich selbst tragendem Wachstum (*self-sustained growth*) führt. Die einzelnen Stadien lauten: 1. Traditionale Gesellschaft; 2. Schaffung der Voraussetzungen des *take-off*; 3. *Take-off*-Phase; 4. Weg zur wirtsch. Reife; 5. Zeitalter des Massenkonsums. Rostow nennt drei Bedingungen zur Erreichung der *Take-off*-Phase: 1. Anstieg produktiver *Investitionen von 5% oder weniger bis auf 10% oder mehr des Volkseinkommens; 2. Entwicklung eines oder mehrerer wesentlicher ind. Sektoren mit einer hohen Wachstumsrate; 3. Vorhandensein oder schnelles Entstehen eines pol., sozialen und institutionellen Rahmens.

Contra: allzu starrer E.-Fahrplan, aus der historischen E. der IL gewonnen, unterstellt Übertragbarkeit auf heutige EL, lokalisiert die E.-Hemmnisse im wesentlichen intern; geringe kausale Erklärungskraft und geringe Prognosefähigkeit.

Lit.: W.W. Rostow, The Process of Economic Growth, New York 1952; Ders., Stadien wirtschaftl. Wachstums, Göttingen 1960. dn

Taiwan (offiziell: Republik China; häufig auch Nationalchina genannt). In der e.-pol. Diskussion, soweit sie auf China bezogen ist, hat sich ein Paradigmenwechsel vollzogen. In den 70er J. galt die Volksrepublik (→China) nicht nur bei den Linken als e.-pol. Modell schlechthin, T. dagegen als ganz bes. krasser Fall eines *peripheren Kapitalismus, schlimmer noch: als bloße US-Kolonie, nur durch deren Militär- und Wirtschaftshilfe lebensfähig.

Während sich in China seit Ende der 70er J. die ideologische und e.-pol. Wende vollzieht, zählt T. seit eben dieser Zeit aufgrund seiner wirtsch. Erfolge zu den *Schwellenländern, und zwar in führender Rolle. Es läßt sich mittlerweile die These aufstellen, daß T. die Schwelle bereits überschritten hat und nach Japan zum zweiten IL der Region geworden ist.

1. Die dem Festland vorgelagerte kleine Insel (Fläche: 36000 qkm, 1986: 19,5 Mio. Ew.; keine nennenswerten Rohstoffvorkommen) gehörte noch 1960 mit einem BSP pro Kopf von 234 US-$ zu den ärmsten Ländern der Welt. 1987 hat es, u.a. wegen der jüngsten Aufwertung der einheimischen Währung (NT-$), die Marke von 5000 US-$ gestreift. Dies wurde möglich, weil seit Anfang der 50er J. durchweg ein reales Wachstum des BSP von nahezu 10% zu verzeichnen ist, ein Trend, der sich trotz weltweiter Rezession der 70er und 80er J. kaum abgeschwächt hat.

Andere E.-*Indikatoren verweisen auf einen ähnlichen Befund: Das Wachstum der Bev. konnte von 3,7 auf 1,1% jährl. reduziert werden, mittlerweile stieg die LE auf durchschn. 73 J.; der Beitrag der Landw. zum BSP sank von 36% auf nur noch 6,6%, während der Beitrag der Industrie von 18% auf 47% stieg; die Bruttoinvestitionen (35%) werden mittlerweile nicht nur vollständig durch das inländische Sparaufkommen finanziert, T. ist seit einigen J. sogar zu einem bedeutenden Nettokapitalexporteur geworden und hat nach Japan und der BRD die drittgrößten Devisenreserven der Welt angehäuft. Auch auf der Beschäftigungsseite ging der Anteil der landw. Beschäftigten von 56% (1952) auf 17% (1986) zurück, während mittlerweile

42 % in der Ind. zu finden sind. Die offizielle Arbeitslosenquote liegt bei 2 %. Die Pro-Kopf-Einkommen sind seit den 70er J. deutlich gestiegen, so daß auch die Masse der Bev. am nat. Wohlstand partizipiert. Dafür spricht die Verbesserung des *Gini-Koeffizienten zur Einkommensverteilung: er betrug in den 50er J. 0,56, Ende der 80er J. etwa 0,3. Dieser Wert liegt sogar unter denen der sozialdemokratisch geprägten Länder Westeuropas. Die Analphabetenquote ist von 42 % (1952) auf 8 % zurückgegangen.

2. Im Vergleich zur VR China hat T. diesen Erfolg unter entgegengesetzten Vorzeichen errungen, die lauten: Weltmarktorientierung, Vertrauen auf modernste Technologie, massiven Kapital- und *Technologietransfer aus dem westl. Ausland sowie die vermeintliche Verfolgung einer liberalen marktwirtsch. Strategie.

T. hat, ähnlich wie Japan, seit Anfang der 80er J. einen extremen Exportboom zu verzeichnen. Absolut wuchs der Export von rd. 2 Mrd. US-$ (1972) auf 53 Mrd. US-$ (1987), wobei trotz des gleichzeitigen Importzuwachses der Überschuß in der Handelsbilanz mittlerweile fast 20 Mrd. US-$ beträgt. Ohne die zweimalige Ölpreiserhöhung, die die Importrechnung in die Höhe trieb, hätte dieser Trend bereits in den 70er J. eingesetzt. Anders als im Falle Japans wurde dieser Überschuß bislang nur zögernd in einen Kapitalexport umgesetzt und v. a. zur Erhöhung der Devisen- und Goldreserven verwandt, die Ende 1987 bereits einen Bestand von mehr als 77 Mrd. US-$ erreicht hatten. Die Größenordnung des Exportwachstums wird erst richtig deutlich, wenn man sie in Relation zum BSP setzt, ist diese Quote doch von weniger als 10 % (1960) auf mittlerweile 55 % gestiegen. Damit liegt das taiwan. Exportvolumen deutlich über dem des Festlands. Eine Aufschlüsselung der Exportpalette nach Branchen zeigt, daß T. schon lange das Stadium des Billigproduzenten verlassen hat und in technol. anspruchsvolle Bereiche vorgedrungen ist. Etwa 40 % des Exports werden auf dem hart umkämpften amerik. Markt abgesetzt, was T. wiederum zur Zielscheibe handelspol. Forderungen amerik. Politiker und Gewerkschafter macht. Ähnlich dem japan. Yen mußte auch der NT-$ dem seit 1987 durch eine Aufwertung Tribut zollen, ohne daß dadurch bislang ein Einbruch bei den Exporten zu beobachten ist.

3. In scharfem Kontrast zu diesen wirtsch. Erfolgen steht allerdings das pol. Erscheinungsbild T.s. Anders als viele Vertreter der *Modernisierungstheorie annahmen, war der wirtsch. Wandel lange Zeit von keinem nennenswerten pol. Wandel begleitet. T. war eine Entwicklungsdiktatur, die zwar das «Wirtschaftswunder» zu inszenieren wußte, gleichzeitig aber keine auch noch so bescheidene *Demokratisierung zuließ. Erst seit 1987 zeichnete sich eine zaghafte pol. Öffnung ab.

Fragt man nach den Ursachen des spektakulären wirtsch. Erfolgs, aber auch nach der Rigidität des pol. Systems, so muß man zu deren Erklärung einen Blick auf die jüngere Vergangenheit T.s werfen, wozu nicht zuletzt sein koloniales Erbe gehört. T. war von 1895 bis 1945 japan. Kolonie und hat in dieser Phase einen ersten Modernisierungsschub erhalten, der sich v. a. in der Landw. und der Infrastruktur niederschlug. Anders als die europ. Kolonialmächte war Japan damals selbst Nachzügler; um im Konzert der Großmächte seinen Platz behaupten zu können, lag die möglichst systematische und umfassende Erschließung seiner Kolonien im eigenen japan. Interesse. T. wurde in der ersten Hälfte des 20. Jh.s zum Reis- und Zuckerlieferanten des Mutterlandes ausgebaut. Das hatte den Effekt, daß die Insel nach dem Pazifikkrieg über die nach Japan zweitproduktivste Landw. in ganz

Asien verfügte. Auch war das Kolonialregime in T. weniger hart als in Korea.

Ein weiterer Faktor ist der seit 1946/47 virulente Konflikt zwischen Taiwanesen und Festländern, die nach der japan. Niederlage, insb. seit 1948, auf die Insel gekommen sind. Hist. gesehen hat T. nur vergleichsweise kurze Zeit zu China gehört. Die Ureinwohner, auf die im J. 1590 die Portugiesen stießen, die die Insel «Ilha Formosa» nannten, waren malaiischen Ursprungs; sie bilden heute nur noch eine verschwindende Minderheit. In den europ. Kolonialbesitz geriet T. ab 1624, als sich die Holländer festsetzten und 1642 die mit ihnen rivalisierenden Spanier von der Insel vertreiben konnten. Sie wurden ihrerseits 1662 von dem *Ming*-Loyalisten Zheng Chenggong (Koxinga) vertrieben, der auf der Insel einen unabh. Piratenstaat errichten wollte. In die holländ. Periode fiel die erste große Einwanderung vom Festland, hauptsächlich von der benachbarten Provinz Fujian und der Provinz Guangdong. Erst 1683 gelang es der *Qing*-Dynastie (1644 bis 1911), die Kontrolle über die Insel zu erringen und sie administrativ der Provinz Fujian einzugliedern. 1887 erhielt sie den Status einer eigenen Provinz. Diese 200 J. waren allerdings durch eine Kette von größeren und kleineren Aufständen gegen die Beherrschung durch das Festland gekennzeichnet. Acht J. später wurde T. dann nach dem verlorenen Krieg im Vertrag von Shimonoseki Japan zugesprochen, bei dem es bis 1945 blieb.

Nach der japan. Kapitulation wurde die Insel nicht unabh., sondern fiel, wie 1943 auf der Konferenz von Kairo versprochen, an die nationalchines. Regierung. Diese übernahm am 25.10.1945 die Reg.-Gewalt, fühlte sich aber zunächst mehr als Besatzer denn als Befreier, und verbrachte in großem Umfang demontierte Güter auf das Festland. Das 18monatige wirtsch. Chaos und die Weigerung, Einheimische an der Reg. zu beteiligen, entlud sich am 28.2.1947 in einem Aufstand, der erst am 9.3.1947 blutig niedergeschlagen wurde. Viele Taiwanesen gingen daraufhin, soweit sie sich der Verhaftung entziehen konnten, ins Exil. Seitdem besteht ein nahezu unversöhnlicher Konflikt zwischen Festländern und Taiwanesen, der seit Ende 1948 weitere Nahrung erhielt, als im Angesicht der Niederlage gegen die Kommunisten der personelle Exodus der Guomindang (GMD) vom Festland einsetzte und im Frühsommer 1949 ein neuer Reg.-Apparat aufgebaut wurde. Am 10.12.1949 wurde Taibei zur «zeitweiligen Hauptstadt» erhoben und am 1.3.1950 von Tschiang Kai-schek die Republik China ausgerufen. Etwa 1,3 Mio. Festländer, darunter die pol., militärische und wirtsch. Elite der GMD, siedelten über und halten seitdem die Führungspositionen in der Hand. Diese doppelte Frontstellung der nationalchines. Führung, gegen die Kommunisten auf dem Festland und gegen die einheimische Opposition, war Grund und Rechtfertigung für das erst 1987 aufgehobene Kriegsrecht, das die Verfassung von 1947 in weiten Teilen außer Kraft setzte.

Mit Ausbruch des Korea-Krieges im Juni 1950 setzte eine massive pol. und wirtsch. Unterstützung der USA für T. ein. Um einer weiteren Ausbreitung des Kommunismus in Ostasien und damit einem Machtzuwachs der UdSSR Einhalt zu gebieten, entschied sich die Truman-Reg. nicht nur für eine Intervention in Korea, sondern gleichzeitig auch für die Verlegung der Siebten Flotte in die Straße von Taiwan. Als die amerik. Truppen in Korea auf die chines. Grenze vorrückten, mußten die volkschines. Truppen aus Fujian in die Mandschurei verlegt und die Invasionsabsicht aufgegeben werden.

Diese pol. Umstände hatten auch wirtsch. Konsequenzen, die eine wesentliche Erklärung für das bald darauf einsetzende Wachstum liefern. Als

Ausgangspunkt der Rückeroberung des Festlands und des gesamtchines. Alleinvertretungsanspruchs verlangte T. nicht nur den Unterhalt eines entsprechend großen Militär- und Verwaltungsapparats, sondern auch die dafür notwendige wirtsch. Basis. Der Konflikt mit der einheimischen Bev. erforderte den Aufbau eines nach innen gerichteten Unterdrückungsapparats und die Besetzung aller relevanten Positionen mit GMD-Kadern. Das Fernhalten der Taiwanesen von der Macht beeinträchtigte die pol. Legitimation im Lande. Also mußte man nicht nur im Rahmen der Systemkonkurrenz, sondern auch aus innertaiwan. Gründen wenigstens wirtsch. Erfolge erzielen, um so langfristig die Bev. zu befrieden.

1952 schloß Japan auf Druck der USA mit T. einen Friedensvertrag, der die wirtsch. Wiederannäherung an das ehem. Mutterland einleitete. 1954 wurde ein Verteidigungspakt mit den USA vereinbart, der die Grundlage für die seitdem massiv ins Land fließende Militärhilfe bildete. Darüber hinaus gewährten die USA in erheblichem Umfang Beratertätigkeit und Kapitalhilfe. Letztere belief sich anfänglich auf etwa 10% des taiwan. BSP. Pro Kopf hat T. nach Israel die größte US-Hilfe überhaupt erhalten. Von bes. Bedeutung war die Öffnung des US-Marktes für taiwan. Produkte zu einem Wechselkurs, der die Konkurrenzfähigkeit garantierte. Ein wichtiger Schritt auf dem Weg zur wirtsch. Entwicklung war die mit Hilfe der USA durchgeführte *Agrarreform. Resultat der recht konsequenten Umverteilung des Bodens (gegen Entschädigung) war eine sehr egalitäre Bodenverteilung unter jetzt selbständig wirtschaftenden Eigentümerbauern. Begleitende Maßnahmen wie die Gründung von Zwangsgenossenschaften zur Vermarktung, Wasserbewirtschaftung u. a., der Aufbau eines landw. Beratungswesens, die Förderung der Agrarforschung, die Errichtung einer agrarnahen Industrie (Kunstdünger und landw. Veredelungsbetriebe) und der Import von Futtermitteln aus den USA, führten seit 1953 zu einem bemerkenswerten Agrarwachstum, das seinen Niederschlag in einem entsprechenden Agrarexport fand. Das hohe Agrarwachstum war über die vielfältigen Leistungen, die die Landw. für die übrige Ökonomie erbrachte, eine wesentliche Voraussetzung der in den 60er J. mit Vehemenz einsetzenden Industrialisierung. Seit 1961 wurde, abermals auf amerik. Druck, eine Strategie der Exportindustrialisierung implementiert, die zunächst im Bereich veredelter Agrarexporte (Gemüsekonserven u. a.) und der klassischen Leichtind. (Textilien) begann, sich Ende der 60er J. bei arbeitsintensiven Montageprodukten fortsetzte (hier entstand das Image des Billiglohnlandes) und mittlerweile auch in kapitalintensive und anspruchsvolle technologieintensive Fertigung (Fahrzeugbau, Maschinenbau, Elektrotechnik) vorgedrungen ist. Begleitet wurde der Ausbau der Exportind. dank des gewachsenen Binnenmarktes von der Errichtung schwerind. Branchen im Bereich der Grundstoff- und Zwischengüterindustrien, die ihrerseits mit Zeitverzögerung die Exportpalette erweiterten, so daß heute ein weitgehend kompletter ind. Sektor vorhanden ist. Durchgesetzt wurde die Wachstumsstrategie mit Hilfe einer massiven Staatsintervention (zentrale Planungsbehörde, langfristige Vierjahrespläne). Die Staatsbetriebe hielten anfänglich einen Anteil von 50% bis 60% und derzeit noch einen Anteil von 20% an der ges. Industrie. Heute existiert eine staatlich-private Arbeitsteilung, wobei der Staat eher die größeren Kapitalaufwand und größeres Risiko erfordernden binnenmarktorientierten Basisind. unterhält, während private, d. h. einheimische taiwan. Unternehmer, sich auf die kleineren Exportind. konzentrieren.

Die Entscheidungszentren der Wirtschaft werden aber nach wie vor vom Kaderapparat der GMD besetzt, die eine ähnliche Doppelstruktur wie die KP auf dem Festland aufgebaut hat. Die indirekte Steuerung erstreckt sich v. a. auf den Außenwirtschaftssektor, wo ein umfassender Protektionismus einerseits und die Exportförderung andererseits durch Subventionen praktiziert wird. Hinzu kam die Einrichtung wirtsch. Sonderzonen seit 1965, wo besondere Anreize für ausl. Investitionen gewährt werden.

Angesichts des wirtsch. Niveaus sieht sich die pol. Führung T.s derzeit einem doppelten Dilemma ausgesetzt. Außenpol. gibt es einen wachsenden Druck von seiten der USA, die den Hauptanteil des Handelsungleichgewichts zu tragen haben. Ähnlich wie gegenüber Japan richten sich die US-Forderungen auf eine Öffnung des taiwan. Marktes und eine Aufwertung des NT-$, um die Exportüberschüsse zu reduzieren; dies könnte unter Umständen zu krisenhaften Folgen führen. Noch gravierender dürfte aber der wachsende innenpol. Widerspruch zwischen erreichtem Wohlstand und mangelhafter pol. *Partizipation sein, zumal weder das Argument der milit. Bedrohung vom Festland noch einer kommunistischen Unterwanderung glaubwürdig erscheint. Realistischer ist die Befürchtung vieler Taiwanesen, daß sich KP und GMD eines Tages auf ihre Kosten einigen werden. Zwar hat es in der Endphase der Amtszeit Chiang Chingguos (des ältesten Sohns Tschiang Kai-scheks) eine gewisse Liberalisierung gegeben, die am 15.7.1987 in der Aufhebung des seit 1948 bestehenden Kriegsrechts kulminierte, gleichzeitig wurde aber ein «nationales Sicherheitsgesetz» verabschiedet, das den alten Zustand weitgehend bewahrte.

Die 1947 noch auf dem Festland gewählten Staatsorgane bestehen unverändert (auch in ihrer personellen Zusammensetzung) fort. Nur die Abg. der Provinz Taiwan wurden periodisch neu gewählt. Die Macht liegt bei der wie die KP nach leninistischen Prinzipien organisierten GMD, von deren 2,3 Mio. Mitgliedern allerdings mittlerweile 65 % Taiwanesen sind. Je höher man in der Führungshierarchie aufsteigt, desto größer wird der Anteil der Festländer bzw. ihrer Nachkommen, die informell immer noch als Festländer gelten, wenn sie auch bereits auf T. geboren sind. Das Machtzentrum bildet das 150 Mitgl. zählende ZK bzw. sein 30 Mitgl. starker Ständiger Ausschuß. Der am 13.1.1988 als Nachfolger Tschiangs zum Präs. gewählte Li Denghui, ein Reformer, ist der erste Taiwanese in diesem Amt. Die GMD-Führung besteht derzeit aus zwei Flügeln, den Liberal-Konservativen, die eine Osmose der GMD in Richtung der in Japan regierenden Liberaldemokratischen Partei anstreben, ohne damit aber die Macht aus der Hand geben zu wollen, und den «*Hardlinern*», d.h. der noch lebenden alten Garde von Militärs und Abgeordneten, die jede Veränderung des *status quo* ablehnen. Wichtigste Oppositionsparteien sind Demokratische Fortschrittspartei (DFP), die zwei Flügel aufweist: die Vertreter der alten einheimischen Elite (ehem. Grundbesitzer u.a.) sowie die radikale Opposition, die neben der Demokratie auch die Unabh. Taiwans vom Festland verlangt. Unter internem wie externem Druck sah sich die GMD-Führung gezwungen, eine pol. Liberalisierung einzuleiten, zumal mit der neuen taiwan. Unternehmerschicht ein wachsendes liberales Gegengewicht auch gegen staatl. Bevormundung entstanden ist. Im Juli 1987 wurde das seit 1949 geltende Kriegsrecht aufgehoben. Bei den ersten kompetitiven Parlamentswahlen im Jan. 1988 blieb die GMD mit 59 % stärkste Partei; die noch lebenden, 1947 gewählten Abgeordneten (165) blieben zunächst im Amt. Bei den

Wahlen vom Dez. 1989, in denen 101 Mandate neu vergeben wurden, erhielt die GMT 72 Sitze, die Demokratische Fortschrittspartei 21, Unabh. 8, vom Präs. ernannte Abg. 29. Unter dem neuen Präs. Lee Teng-hui vollzog sich auch ein Kurswechsel gegenüber der VR China: Im Mai 1990 wurden bilaterale Gespräche über eine Wiedervereinigung aufgenommen und somit der Alleinvertretungsanspruch *de facto* aufgegeben. Zu dem am 5. 3. 1991 von Lee Teng-hui gebilligten Plan zur Wiedervereinigung T. mit der VR China äußerte Peking sowohl grundsätzlich lobende als auch kritische Worte bezüglich der t. Ziele.

Parallel zu den außenpol. Verschiebungen leitete die Nat.-Vers. Verfassungsreformen ein. Die Notstandsverordnung wurde aufgehoben und die Zusammensetzung wichtiger Verfassungsorgane geändert.

Lit.: H. Asche, Industrialisierte Dritte Welt? Ein Vergleich von Gesellschaftsstrukturen in Taiwan, Hongkong und Südkorea, Hamburg 1984; U. Menzel, In der Nachfolge Europas. Autozentrierte Entwicklung in den ostasiatischen Schwellenländern Südkorea und Taiwan, München 1985; A. Gälli, Taiwan R. O. C. Eine chinesische Herausforderung, München 1988.

um

Tanzania T. gilt als Modell sozialistischer E. in Afrika. Das, was unter afrik. *Sozialismus verstanden werden könnte, wird vielfach an T. und den Prinzipien des hier verfolgten E.-Weges festgemacht. T. ist *LLDC und *MSAC und auch *AKP-Staat. Es ist ein Hauptempfängerland der dt. *Entwicklungshilfe in Schwarzafrika.

1. Von der ostafrik. Küste und den vorgelagerten Inseln von Sansibar und Pemba steigt das Land ins Landesinnere hin an, wo Hochflächen, Bergländer (*Southern Highlands*, Kilimandscharo) und der ostafrik. Grabenbruch die Reliefgestalt prägen. Dementsprechend besitzt T. vielfältige Vegetations- und Klimazonen, wobei die ungleichmäßige Verteilung der fruchtbaren, regenreichen und für Landw. nutzbaren Gebiete mit der Bev.-Verteilung korreliert.

2. Mehr als ⅔ der Bev. (1990: 24,5 Mio. Ew.; offizielle Hs. Dodoma, *de facto* noch Dar es Salaam) leben auf 1/10 der Fläche (945 087 qkm); den dichtbesiedelten Landesteilen (Kilimandscharo, Küste, Binnenseen) stehen fast menschenleere Gebiete gegenüber (Bev.-Dichte 26 Ew./qkm). Die afrik. Bev. auf dem Festland besteht aus Bantu-Gruppen (90%), hamit. Massai und arab. negr. Suaheli. Hinzu kommt neben Europäern (Briten) und Arabern eine indisch-pakistan. *Minderheit, die wegen ihrer beherrschenden Position in Handel und Wirtsch. auf Grund ihrer mangelnden Bereitschaft zur Integration in die tanz. Gesellschaft Probleme mit sich bringt. Die *Nationalisierungspolitik der letzten J. hat zur Abnahme des asiat. Bev.-Anteils geführt. Seit 1967 ist Kisuaheli Landessprache, Engl. fungiert weiterhin als Handels- und Bildungssprache. Die Religionsgruppen gliedern sich in Moslems (30%), Christen (30%), Hindus und Animisten (Bantu-Stämme). Eine geringe Bev.-Quote im erwerbsfähigen Alter (49% der Bev. jünger als 15 J.), rasches Bev.-Wachstum (1973 bis 1984: 3,4%) und eine mit niedrigem wirtsch. E.-Niveau einhergehende, geringe, aber wachsende *Urbanisierung (städt. Bev.: 1960 ca. 5%; 1990: 33%) sowie eine LE von 48 J. (1990) kennzeichnen die demographische Situation.

3. Dominierend innerhalb der tanz. Wirtsch. ist die Landw., die 59% (1990) der gesamtwirtsch. Wertschöpfung und ca. 75% der Exporterlöse ausmacht. Mehr als die Hälfte der Agrarproduktion entfällt auf die *Subsistenz; der Anteil der Marktproduktion wird in *genossenschaftlich organisierten *Ujamaa*-Dörfern, in Staatsfarmen, durch Großbauern und in exportorientierten *Plantagen erbracht. Wichtigste *cash crops* sind Kaffee (40%), Baumwolle, Tabak, Cashewnüsse, Sisal, Gewürznelken (v.a. aus Pemba) und Tee. Die Landw. befindet sich gegenwärtig in einer schweren Krise; trotz der gezielten Förderung der *länd-

lichen Entwicklung im Rahmen des *Ujamaa*-Konzepts sinkt die Produktion. Seit 1978 ist die *Ernährung der Bev. aus eigener Produktion nicht mehr möglich, so daß T. einen erheblichen Anteil seiner Exporterlöse für Nahrungsmittelimporte ausgeben muß. Die unattraktive Preispol. in den letzten J., das Fehlen von Konsumgütern als Kaufanreiz auf dem Land, die ökol. Probleme einiger Regionen und die Auswirkungen der Zwangsumsiedlungen der verstreut lebenden Bev. in Großdörfer hielt die Bauern von einer offiziellen Vermarktung ihrer Produkte ab. Rückkehr zur Subsistenz-Produktion, aber auch Schmuggel von Nahrungsmitteln in die Nachbarstaaten sowie Schwarzmarkt-Verkäufe waren die Konsequenzen. Die noch rel. wenig entwickelte Ind. konzentriert sich auf die Verarbeitung einheimischer Rohstoffe. Ihr Anteil am BIP stieg von 3% (1962) auf 12% (1990). Obwohl in den letzten J. durch umfangreiche *Investitionen die *Diversifizierung und Expansion der Ind. vorangetrieben wurde, hat sich der *output* nicht wesentlich erhöht. Seit 1967 wurden im Rahmen der *Arusha-Deklaration die wichtigsten ausl. Ind. verstaatlicht. Die Staatsbetriebe werden meist von der *National Development Corporation* (NDC) kontrolliert; die Industrieunternehmungen mit ausl. Partnern verlaufen i.d.R. im Rahmen von **joint ventures*. 1984 und 1986 wurden hingegen Maßnahmen zur Liberalisierung und teilweisen Privatisierung der Wirtsch. eingeleitet. Mangel an Absatzmärkten, Ausfall von *Energie und Wasser, v.a. aber der Mangel an Rohstoffen und Ersatzteilen durch Devisenmangel – für Erdölimporte mußte 1980 allein die Hälfte aller Exporterlöse aufgewendet werden – sind die limitierenden Faktoren der Ind.-Entwicklung, die für die geringe Auslastung (nur 25%) der Ind.-Kapazität verantwortlich sind.

Das Land besitzt reiche Vorkommen an Mineralien, die noch nicht ausreichend erforscht wurden (Uran, Nickel, Kupfer, Gold, Eisenerz, Phosphat, Kohle); die Förderung von Diamanten ist weitgehend erschöpft, doch wurde in den vergangenen J. Erdgas gefunden. Wichtigste Handelspartner T.s sind mit weitem Abstand die EG-Länder, ferner Indonesien und Indien. Die regionale ökon. *Integration mit Kenya und Uganda ist seit Auflösung der *EAC funktionsunfähig. Seit Ende der 60er J. ist eine fortdauernde Verschlechterung der Außenhandelssituation zu verzeichnen. Da T. weitgehend von der Entwicklung auf dem Weltagrarmarkt abh. ist (ca. 75% der gesamten Exporterlöse entfallen auf Agrarprodukte), hatte der Preisverfall für Agrargüter zusammen mit der Wirtschaftskrise der tanz. Binnenwirtsch. negative Folgen für den Außenhandel bei gleichzeitig hoher Importabh. von Betriebsmitteln für Landw. und Ind. sowie von Kapitalgütern für ihre Investitionsprogramme. Ökon. Ungleichgewichte in den Bereichen Fiskalsystem, produktiver/nichtproduktiver Sektor und *formeller/*informeller Sektor beeinträchtigen die künftige E.-Perspektive zusätzlich (vgl. R. Hofmeier, S. 166). Die Verschlechterung der **terms of trade*, der Krieg mit Uganda, Hungersnot und die internen Konsequenzen der unausgewogenen Wirtschafts- und Sozialpol. haben die E. ebenfalls negativ beeinflußt.

4. Vor Beginn des europ. Einflusses (16. Jh.) wurde die ostafrik. Küste von den Arabern kontrolliert. Im Gebiet des heutigen T. konnten sich infolge der mit Sklavenhandel und Bev.-Bewegungen verbundenen kriegerischen Konflikte bei den Stämmen Kriegshäuptlinge durchsetzen. Die während der Kolonialzeit im Rahmen der dt. und brit. **indirect rule* gestärkte Position der Häuptlinge, die durch starke Abh. von der Kolonialverwaltung bei der Bev. allmählich an Ansehen verlo-

ren, wurde mit der Abschaffung des Häuptlingssystems nach der Unabh. beseitigt. Nach dem 1. Weltkrieg wurde das seit 1891 als Deutsch-Ostafrika vom Deutschen Reich beherrschte Gebiet von GB als Völkerbundsmandat übernommen. Der bereits von den Deutschen initiierte Anbau von Exportprodukten wurde von den Briten fortgesetzt; ihr koloniales Engagement war aber im Ggs. zu Brit.-Ostafrika (Kenya) wegen der unsicheren Rechtslage Tanganyikas (Tg.) als *Mandatsgebiet / UN-Treuhandgebiet gering. Hierdurch begünstigt und auf Grund der geringen Divergenzen zwischen den 120 Stämmen konnte durch die Unabh.-Bewegung TANU (*Tanganyika African National Union*) unter der Führung des ersten Präs. *Nyerere 1961 auf friedliche Weise die Unabh. Tg.s erreicht werden. Sansibar (S.), das nach dem Helgoland-Sansibar-Vertrag seit 1890 als brit. Protektorat durch arab. Sultanat regiert wurde, erreichte 1963 die Unabhängigkeit. Im Rahmen der brit. *indirect rule* konnten die Araber und Asiaten während der brit. Kolonialzeit als Sansibars pol. und wirtsch. Elite ihre trad. Position wahren und den Afrikanern jegliche Aufstiegsmöglichkeiten verwehren. Nach jahrelanger Unterdrückung durch arab. beherrschte Parteien, die bei Wahlen durch Wahlkreismanipulationen ihre Stimmenminderheit stets in eine Mandatsmehrheit umwandeln konnten, putschte 1964 die afrik. Interessen vertretende ASP (*Afro Shirazi Party*). Die arab. Elite wurde liquidiert und S. bis 1977, als zum erstenmal seit 1963 wieder Wahlen stattfanden, unter dem Diktator Karume despotisch regiert. 1977 erfolgte der Zusammenschluß von Tg. und S. zur Vereinigten Rep. von Tanzania. Unter dem Nachfolger Karumes (1972 ermordet), Jumbe, schlossen sich ASP und TANU zur neuen Einheitspartei CCM (*Chama Cha Mapinduzi* = Partei der Revolution) zusammen. Trotz des bei den Eliten der beiden Landesteile gemeinsamen afrik. Bewußtseins war die Integration T.s durch zahlreiche Gegensätze (z.B. Tg.: christlich / ländl. – S.: muslimisch / städt.) so stark erschwert, daß der seit langer Zeit bestehende latente Widerstand Anfang der 80er J. in der sezessionistischen Bewegung S.s aufbrach; auch sah sich Pemba gegenüber der Hauptinsel benachteiligt. Jumbe legte 1984 seine Ämter nieder; sein Nachfolger wurde Ali Hassan Mwinyi. Dieser führte wirtsch. und pol. Liberalisierungen durch und paßte durch mehrere Verfassungsänderungen das pol. System und das Parteiensystem an die Einparteidemokratie der Union an. Die CCM-Partei spielt innerhalb des starken Präsidialsystems als Impulsgeberin für die gesellschaftspol. Zielvorstellungen und E.-Konzeptionen eine dominierende Rolle und wurde in der neuen Verfassung von 1977 formal dem Parl. und der Reg. übergeordnet. Mit einer Verfassungsänderung, die die Präsidentschaft auf zwei Amtsperioden begrenzt, wurde 1980 der von Nyerere selbst gewünschte Amtswechsel im Jahr 1985 erleichtert. Sein Nachfolger wurde Mwinyi (in Sansibar: S. S. Hamad, seit Anfang 1988: O. A. Juma).

5. 1967 wurde mit der *Arusha-Erklärung das weitgehend vom Präs. und Parteivorsitzenden Nyerere entwikkelte Modell des *Ujamaa*-Sozialismus entworfen, das durch Verbindung von Wirtschaftswachstum, Abbau von einseitiger Auslandsabh., Demokratisierung von Wirtsch. und Gesellschaft und Ausgleich sozialer Unterschiede den Aufbau eines den spezifisch tanz. Verhältnissen angepaßten soz. Staates anstrebt. Den Ansatzpunkt der vom chines. Vorbild und den idealisierten Ideen der afrik. Tradition des *Kommunalismus geprägten *autozentrierten E.-Strategie bildete gemäß dem Prinzip der **self-reliance* die gezielte E. des Agrarsektors. Durch die Zusammenfassung der Landbev. in genossenschaftlich organisierte *Ujamaa*-Dörfer

sollte neben kollektiver Produktion und verbesserter infrastruktureller Versorgung durch die Erziehung zur *Partizipationsfähigkeit an allen Entscheidungsprozessen das für den Aufbau einer direkten Demokratie erforderliche pol. Bewußtsein mobilisiert werden. Zur Verwirklichung der *self-reliance* spielte daher neben der Mobilisierung der Bev. für *Selbsthilfeprojekte und der Verwaltungsdezentralisation v. a. auch die Neuorientierung des Erziehungswesens weg von formeller und hin zu praxisbezogener Ausbildung eine wichtige Rolle. Für die Lenkung und Kontrolle des geplanten Strukturwandels wurden zahlreiche staatl. und halbstaatl. Institutionen eingerichtet; die Ausuferung, Schwerfälligkeit und die Korruption dieser Bürokratien hat sich im Hinblick auf die Intentionen der *self-reliance* allerdings als kontraproduktiv erwiesen. Die Konzentration der E.-Bemühungen auf den sozialen Bereich und den Verteilungsaspekt führte zur Vernachlässigung der wirtsch. Produktion. Trotz großer Erfolge v. a. im Erziehungswesen (*Alphabetisierungsrate von ca. 80%) und in der Gesundheitsversorgung (ca. 90% der Bev. finden im Umkreis von weniger als 10 km einfachste med. Versorgung) haben die *Ujamaa*-Dörfer insges. wegen der geringen Beteiligung und der Ineffizienz in der Praxis nicht zu befriedigenden E.-Ergebnissen geführt (Ablehnung der bürokratischen Entwicklungsmaßnahmen «von oben»).

Unterstützung der nat. *Befreiungsbewegungen im südl. Afrika, Panafrikanismus, *Blockfreiheit und die Forderung nach einer stärkeren Rolle der EL bei der Gestaltung der *Neuen Weltwirtschaftsordnung kennzeichneten die tanz. Außenpol. seit der Unabhängigkeit. Nyerere war u. a. Sprecher der *Frontstaaten und Vorsitzender der *OAU (1984/85). In den 70er J. arbeitete T. verstärkt mit dem *SADCC und den zentralafrik. Nachbarn zusammen. Die pol. und wirtsch. Krisen der letzten J., der Umsturzversuch im Jan. 1983 und die zunehmende Kritik an der Liberalisierung der Wirtschaft durch Mwinyi, dem die Abkehr von soz. Prinzipien vorgeworfen wird, lassen Zweifel an der bisherigen Stabilität des pol. Systems zu. 1990 gab Nyerere das Amt des Parteivorsitzenden an Staatschef Mwinyi ab. Mit Verfassungsänderung vom Juli 1992 erfolgte die Einführung eines Mehrparteiensystems. Parlamentswahlen Ende 1992.

Lit.: V. Hundsdörfer/W. Küper, Bibliographie zur sozialwissenschaftlichen Erforschung Tansanias, München 1977; J. Nyerere, Die Arusha-Deklaration 10 Jahre danach, Verlag Internat. Solidarität 1977; P. Meyns, Nationale Unabhängigkeit und ländliche Entwicklung in der Dritten Welt. Das Beispiel Tansania, Berlin 1978; W. Pfennig/K. Voll/H. Weber (Hg.), Entwicklungsmodell Tansania: Sozialismus in Afrika, Frankfurt 1980; J. D. Barkan/J. J. Okumu, Politics and Public Policy in Kenya and Tanzania, New York 1982; R. Hofmeier, Tanzania, in: HDW III, 5, 1993, S. 178ff. ah

Tarifäre Handelshemmnisse →Außenhandelspolitik, Handelshemmnisse

TASF →ASDB

TCDC Technische Zusammenarbeit zwischen EL (*Technical Cooperation among Developing Countries*); im Rahmen der *Süd-Süd-Beziehungen auf das Konzept der **collective self-reliance* gestützte E.-Strategie, die seit dem Beginn der zweiten *Entwicklungsdekade in den Blickpunkt des e.-pol. Interesses gerückt ist. Ausgangspunkt war zum einen ein wachsendes Bewußtsein für die Rolle der Technologie im E.-Prozeß, zum anderen die Kritik an den e.-pol. problematischen Folgen des (vertikalen) *Technologietransfers in Gestalt von direkten und indirekten Kosten (Verschärfung des Beschäftigungsproblems, Reproduktion der technol. *Abhängigkeit, geringe Lerneffekte, «umgekehrter Technologietransfer»: der sog. **brain drain*).

Wegen der vorrangigen Befaßtheit mit wirtsch. Fragen der Süd-Süd-Kooperation, der sog. *ECDC, gelang jedoch erstmals 1978 auf der TCDC-

Konferenz von Buenos Aires eine Einigung auf eine umfassende Definition von TCDC. Indem man Techniken als Produkte sozio-kultureller Gegebenheiten begriff, distanzierte man sich von einem mechanistischen Verständnis, wie es für die trad. techn. Zusammenarbeit charakteristisch ist. Gleichzeitig wurde der enge Zusammenhang von Wiss. und Technik einerseits, ökon. Entwicklung andererseits betont. TCDC wurde demnach definiert als umfassende Kooperation auf versch. Gebieten mit dem Ziel der Förderung einer weitgehend selbstbestimmten E. in den Ländern der * Dritten Welt. Als oberstes Ziel wurde der Grundsatz der «aktiven Solidarität bei der Verwirklichung gemeinsamer Interessen» genannt.

Der in Buenos Aires verabschiedete Aktionsplan zur Förderung und Implementierung der TCDC blieb jedoch – trotz seiner Signalwirkung – hinter den Erwartungen weit zurück. Dies war nicht zuletzt eine Konsequenz der widersprüchlichen Positionen der EL und des begrenzten Interesses der IL an einer verstärkten Süd-Süd-Kooperation.

Entsprechend der umfassenden Definition von TCDC decken die spezifischen, potentiell fruchtbaren Aktionsbereiche ein weites Feld der Zusammenarbeit ab. Sie umfassen ökon., wiss.-techn., kulturelle und soziale Sektoren. Entsprechend vielfältig sind auch die Organisationsformen. Bezüglich der Aktionsebenen kann zwischen nat., * bilateraler (subregionaler), regionaler, interregionaler und globaler Organisationsform differenziert werden. Auf der nat. Ebene erweist sich das Erstellen von integrierten Technologieplänen als bes. vordringlich. Als Instrument zur Implementierung dieser Pläne gelten nat. Technologiezentren sowie Maßnahmen im Bereich des Erziehungswesens. TCDC auf der subregionalen, regionalen und interregionalen Ebene konkretisiert sich u. a. in der Zusammenfassung (*pooling*) und Organisation der vorhandenen wiss.-technol. Kapazitäten, Aktivitäten im Bereich des Erziehungs- und Ausbildungssektors, in der gemeinsamen Nutzung von Forschungszentren, der Ausdehnung der techn. Zusammenarbeit im Rahmen der pol. Zusammenarbeit zwischen EL mit gleichgerichteten, religiös-kulturellen und wirtsch. Interessen, in der gemeinsamen Lösung sektoraler Probleme sowie in der Gründung regionaler * multinationaler Unternehmen. Auf der globalen Ebene dient TCDC als Instrument einer neuen int. Technologieordnung. Vorrangiger Adressat der einschlägigen strukturellen Reformüberlegungen ist hier das * UN-System. Entsprechende Vorschläge reichen von der Errichtung permanenter Kooperationsorgane – einer Art * «OECD des Südens» (Oteiza/Rahman) – über die Bildung einer «Internationalen Vereinigung für TCDC» (Sagasti), den Vorschlag einer «Sonderkommission der Dritten Welt» für TCDC (Gunatilleke) bis zur Stärkung der Rolle des * UNDP (Errichtung eines neuen Verwaltungszentrums und eines Fonds für TCDC).

Über Ansätze in der Praxis berichtet seit 1977 ein vom UNDP herausgegebener «Leitfaden über Dienstleistungen auf dem Gebiet der TCDC» (Directory of services for TCDC). Mitte der 80er J. wurde mit dem Aufbau eines TCDC-Informationssystems (*TCDC Information Referal System* [INRES]) begonnen. Über laufende Fortschritte und Erfahrungen mit TCDC-Aktivitäten informiert regelmäßig die vom UNDP herausgegebene Zeitschrift «TCDC-News» und «Cooperation South».

Wie die bisherigen Evaluierungskonferenzen (*review-meetings*) zeigten, sind spektakuläre Fortschritte auf dem Gebiet der TCDC kaum zu erwarten. Eher ist mit einer Zunahme der Hierarchisierung der Technologiekooperation im Gefolge der neuen * internationalen Arbeitsteilung zu rechnen. Auch die Bemühungen um eine «Anwendung von Wiss. und Technik für E.» im Rahmen des UN-Systems bleiben letztlich ein Verteilungskampf zwischen nat. Eliten um *the world's intellectual capital* innerhalb des von den kapitalistischen IL und einigen Subzentren des Südens dominierten Weltwirtschaftssystems.

Lit.: B. Morse, South-South-Technical Cooperation, Collective Self-Reliance and the UNDP, in: Development Dialogue 1/1977, S. 101 ff.; The Buenos Aires Plan of Action for Promoting and Implementing TCDC, UNDP, New York o. J.; E. Oteiza/A. Rahman, Technische Kooperation zwischen Entwicklungsländern als Dimension einer neuen internationalen Ordnung, in: K.M. Khan (Hg.), Self-reliance als nationale und kollektive Entwicklungsstrategie, Köln 1980, S. 241 ff.; W. Hummer, Regionale Technische Kooperation und Transfer von Technologie am Beispiel Zentral- und Südamerikas sowie der Karibik, in: German Yearbook of International Law 24/1981, S. 377 ff.; K. Bodemer, Technische Zusammenarbeit zwischen Entwicklungsländern. Rahmenbedingungen, Strategien, Perspektiven, * FES-Analysen Nr. 94, Bonn 1981. kb

TCP *Technical Cooperation Program*, Technisches Kooperationsprogramm (1976) für Soforthilfen kleinerer und kurzfristiger landwirtsch. und ländl. E.-Projekte im Rahmen der FAO.

TDB →UNCTAD

Technische Hilfe/-Zusammenarbeit (TH) Neben der * Finanziellen Hilfe das wichtigste Instrument der Entwicklungspolitik. TH. zielt darauf ab, techn., wirtsch. und organisatorische Kenntnisse und Fähigkeiten den EL zu vermitteln und die Voraussetzungen ihrer Anwendung zu verbessern. So jedenfalls erläutert das * BMZ die TH. und bietet folgende, unentgeltliche Leistungen an: Entsendung und Finanzierung von Beratern, Ausbildern, Sachverständigen, Gutachtern und sonstigen Fachkräften (→Personelle Hilfe); Lieferung von Ausrüstung und Material; Lieferung von ind. und landw. Produktionsmitteln (→Warenhilfe); Bereitstellung von Dienst- und Werkleistungen; Finanzierungsbeiträge zu Projekten und Programmen einheim. Träger (→Projekthilfe). TH. erfolgt nach dem Grundsatz des geringsten Eingriffs: 1. Eigeninitiative und -verantwortlichkeit stärken oder wekken; 2. deutsche Experten nur insofern, als keine einheim. Fachkräfte zur Verfügung stehen; 3. Übertragung unangepaßter Vorstellungen, Problemlösungen und Technologien vermeiden. TH. wird im Rahmen der entwicklungspol. Leitlinien der Bundesregierung über die * GTZ abgewickelt. dn

Technische Zusammenarbeit unter Entwicklungsländern →TCDC

Technologietransfer Die Probleme des TT aus den IL in die EL werden im Rahmen der * UN bereits seit den 60er J. diskutiert. Noch vor * UNCTAD I (1964) fand eine Konferenz über den Nutzen von Wissenschaft und Technik in wenig entwickelten Regionen statt. In einem ständigen Ausschuß (* UNCAST) erhielt die TT-Diskussion einen institutionellen Rahmen. Seit UNCTAD III (1972) gehören die Probleme des TT zu den zentralen Diskussionspunkten, und in der UN-Strategie für die III. Dekade (80er J.) zielt ein zentrales Maßnahmenbündel darauf ab, Wissenschaft und T. «in den Dienst der Entwicklung» zu stellen (Aktionsprogramm 1980). Die Bundesreg. hat versucht, durch die Gründung eines Zentrums für E.-Technologien (* GATE) hierzu einen Beitrag zu leisten.

Der Begriff TT, der sich ursprünglich nur auf techn. Verfahrenskunde bezog, wie sie von den Ingenieurwiss. gelehrt wird, hat durch die int. Diskussion eine Bedeutungserweiterung erfahren. Er bezeichnet heute jedes angewandte oder anwendbare techn. Wissen, das ökon. verwertbar ist, wodurch die Grenze zwischen Technik und TT verschwimmt. Wenn von TT die Rede ist, können also gleichermaßen Pläne, Beschreibungen, wiss. Veröffentlichungen, in Maschinen oder Produktionssystemen vergegenständlichte T.en sowie das techn. Wissen und Organisationswissen (*Know-how) gemeint sein, das zu ihrem Betreiben notwendig ist. Zum TT wird bisweilen nur die Übertragung von Produktions-*Know-how* (Blaupausen) gerechnet, nicht aber von Anwendungs- und Ausbildungs-*Know-how*, obwohl bei der Übertragung von T. alle drei Formen eine wichtige Rolle spielen. Darüber hinaus findet TT in produktgebundener Form statt: Maschinen verkörpern Technologie.

Mit Ausnahme weniger *Schwellenländer sind EL nicht in der Lage, die von ihnen benötigten T.en in relevantem Umfang selbst herzustellen. Obwohl produktionsorientierte Forschungs- und E.-Anstrengungen seit den 70er J. deutlich zugenommen haben und einige EL sich sogar auf eine kostspielige Aufholjagd im Bereich der Spitzen-T.en (Atom-T., Mikroelektronik u. a.) einließen, verfügen die IL nach wie vor über eine Monopolstellung auf dem int. T.-Markt. Dies insbes. weil sie 94% des Welt-Forschungsetats verbrauchen und im Durchschnitt 2,24% ihres BSP für Forschung aufwenden (EL 0,43%; LA 0,5%; Afrika 0,36%). Die Ausgaben der Bundesrepublik für Forschung (F) und Entwicklung (E) betragen ein Mehrfaches des BSP vieler EL. In den IL kommen auf 1 Mio. Ew. 2900 Wissenschaftler, in den EL 121 (LA 251, Afrika 45), und von den weltweit registrierten Patenten und Lizenzen entfallen 95% auf Firmen mit Sitz in IL. Im Ggs. zu den IL beteiligen sich in den EL die Unternehmen kaum an der Forschung.

Neue Industrien aufzubauen ist ohne T. unmöglich. Fast alle EL betreiben heute eine (wie auch immer geartete) *Industrialisierungspolitik. Die dafür nötigen T.en werden oft bis zur letzten Schraube importiert. Außerdem sind laufend technologische Zulieferungen für die Unterhaltung der bereits bestehenden Ind. nötig: für den Abbau mineralischer Rohstoffe, für die modernen Sektoren der Landw., für die Konsumgüterindustrien. Auch diese T.-Lieferungen kommen überwiegend aus den IL und führen zusammen mit den anderen T.-Importen zu starken Belastungen der Zahlungsbilanz. So machen die Investitionsgüterimporte Brasiliens 16%, Mexikos und Perus 45% der Gesamtexporte (1985) aus. Bis zum J. 2000 werden die EL schätzungsweise für 250–300 Mrd. US-$ Investionsgüter importiert haben. Dazu kommen Ausgaben für Patentrechte, *Know-how*, Handelsmarken, techn. Beratung, wofür manche Schwellenländer schon heute einige 100 Mio. US-$ p. a. ausgeben, Aufwendungen, die um so höher sind, je komplexer die Industriestruktur eines EL bereits ist. Außerdem ist zu berücksichtigen, daß die meisten EL-Ökonomien von einigen wenigen Exportgütern abh. sind. Die Exporterlöse (die wegen der Instabilität der Rohstoffpreise auf dem Weltmarkt periodischen Schwankungen unterworfen sind) bilden die Grenze der Importkapazität und begrenzen somit auch die T.-Importe. In Zeiten einer Rohstoff-Baisse können T.-Importe oft nur auf Kosten wachsender *Verschuldung aufrechterhalten werden.

Die Unfähigkeit der EL, T. zu produzieren, hat ihren Grund in der trad. *internationalen Arbeitsteilung und in der Art ihrer Industrialisierung. Im klassischen *Exportmodell wurde von den Exporterlösen aus Rohstoffen und Agrarprodukten der Import sämtlicher in den einzelnen Ländern verbrauchter ind. gefertigter Konsumgüter finanziert, die allerdings nur für den Konsum der oberen Schichten bestimmt waren. Anfang unseres Jh.s begann in einigen Ländern LAs punktuell der Aufbau von Konsumgüterindustrien, die während der Weltwirtschaftskrise und im II. Weltkrieg starke Wachstumsimpulse erhielten, so daß ein großer Teil der Konsumgüterimporte durch Eigenproduktion ersetzt werden konnte. Statt fertiger Konsumgüter mußten nun Investitions-(Ausrüstungs-)Güter zu ihrer Herstellung eingeführt werden. Kaum einem EL ist es bislang gelungen, den Import solcher T.-Güter durch Eigenproduktion substantiell zu reduzieren, denn die Voraussetzung dafür wäre die Fähigkeit zur T.-Produktion.

Obwohl die Tochterunternehmen *transnationaler Konzerne in vielen EL ganze Branchen dominieren und dort mit der gleichen hochentwickelten T. wie in ihren Stammländern produzieren, hat dies weder zum Aufbau von F&E-Kapazitäten noch zu einem leichteren Zugang einheimischer Unternehmen zu moderner T. geführt. Letzteres wird durch Patentierung, Betriebsgeheimnis und Nichtweitergabeabmachungen der Unternehmen aus den IL verhindert. Daß in den EL keine F&E-Kapazitäten aufgebaut werden, liegt v. a. an den viel günstigeren Produktionsbedingungen für T. in den IL. Dort stehen nicht nur qualifizierte Fachkräfte in ausreichender Zahl zur Verfügung, auch die meist großzügige staatl. Förderung der Industrieforschung, die staatl. finanzierte Grundlagenforschung an den Universitäten und die produktionsbezogene Forschung in staatl., nicht-universitären Forschungseinrichtungen sind neben einem feingesponnenen Netz von Informationssystemen und Datenbanken für einen Privatunternehmer Gründe, Forschungs-, Entwicklungs- oder Konstruktionsabteilungen nicht in EL auszulagern. Das, was die IL zu fortlaufender technol. Innovation fähig macht – die enge Verflechtung und Koordination von staatl. Stellen, Forschungsinstitutionen und Industrie, wo alle Beteiligten unter erheblichem Mitteleinsatz aufeinander zuarbeiten –, fehlt in den EL bis auf einige Bruchstücke. Die Verflechtung von Forschung und Produktion ist gering, der Staat ist zu Planung und Koordination nicht in der Lage; die nat. Unternehmer sind zum Aufbau von F&E-Einrichtungen nicht bereit (denn dabei handelt es sich um Risikoinvestitionen, bei denen nicht abzusehen ist, ob sie sich jemals lohnen werden, und außerdem ist T. auf dem Weltmarkt leicht und schnell zu bekommen). Die Entwicklung technologiepol. Konzepte und Instrumente steckt in den meisten EL noch in den Anfängen; T.-Politik unterliegt zudem starken budgetären Beschränkungen. Einigen Schwellenländern ist es indes gelungen, ihre institutionellen Kapazitäten und ihre operative Steuerungsfähigkeit auf diesem Politikfeld erheblich zu erweitern. Eine subregionale T.-Politik wurde im Rahmen des *Andenpaktes konzipiert, doch ist das ges. Integrationsprojekt infolge der Wirtschaftskrise ins Stocken geraten. Immerhin haben technologiepol. Anstrengungen die Nachfragerposition vieler EL auf dem int. T.-Markt gestärkt. Wenig Beachtung schenkt man allerdings nach wie vor dem Problem der Umweltverträglichkeit von T.en.

Ein Trend zur Vertiefung der technol. Abh. geht von wachsenden *Rüstungs-Importen aus, die im EL-Durchschnitt 7% der Importe erreichen. Der Aufbau des für moderne Waffensysteme notwendigen «techn. Umfelds» (Komplementärprodukte, Serviceindustrien, Infrastruktur) bindet im günstigsten Fall anderweitig dringend benötigte Importkapazitäten und führt im ungünstigsten zu einer die Wirtschaftsstruktur (noch stärker) deformierenden Schwerpunktverlagerung der ökon. Aktivitäten («milit. induzierte Industrialisierung»). Bei allen Versuchen zur Substitution von Waffenimporten blieben Koppelungseffekte der spezialisierten und wenig beschäftigungsintensiven Rüstungsindustrien mit zivilen Produktionsbereichen aus. Einige EL versuchen, diesen Nachteil durch Waffenexporte auf der Süd-Süd-Schiene zu kompensieren. Inzwischen kommen 2% der Weltproduktion von Großwaffensystemen als Lizenzfertigung aus EL; eine weitere horizontale Ausbreitung moderner Waffen-T. wird erwartet.

Die IL-Technologien, ob zivil oder militärisch, tragen der spezifischen *Ressourcen- und Faktorausstattung der EL nicht Rechnung, denn sie sind für eine Situation rel. Arbeitskräftemangels bei gleichzeitiger leichter Verfügbarkeit von Kapital entwickelt worden. Die EL leiden aber fast ausnahmslos an einer hohen strukturellen *Arbeitslosigkeit und an Kapitalmangel. Außerdem sind die IL-T.en für große Märkte ausgelegt; sie können in den EL ihre Kapazitäten selten ausfahren und produzieren deshalb teuer. Sog. *angepaßte Technologien, die diesem Problem Rechnung tragen, gibt es noch kaum. Weniger als 1 % des Weltwissenschaftsetats wird für die E. ausgegeben. Es ist nicht damit zu rechnen, daß die EL in absehbarer Zeit ihrer Situation angemessene T.en selbst herstellen werden. Das Problem, das es vorher zu lösen gilt, ist, eine Assimilationsfähigkeit für die T.en aus den IL zu schaffen. Aber auch dies setzt sowohl einschneidende Veränderungen im Ausbildungssystem (Techniker-, Facharbeiterausbildung, Ingenieure) als auch den Aufbau eines Institutionsverbunds voraus, der in der Lage ist, Informationen über neue techn. E. zu speichern und allg. zugänglich zu machen, sowie sich aus den besonderen Standorten in den einzelnen EL ergebende notwendige Veränderungen (Anpassung, Vereinfachung) vorzunehmen.

Lit.:K. W. Menck/S. Greif, Technologietransfer in Entwicklungsländer, München 1979; H. Wulf, Rüstungsimport als Technologietransfer. Die negativen Auswirkungen von Rüstungsimporten auf die Industrialisierung in Peripherieländern, München, London 1979; L. Brock, Entwicklung mit Hacke und Schaufel? Zum Problem der Angemessenheit von Technologien für die Länder der Dritten Welt, Technologie und Politik, H. 15, 1980; A. W. Heston/H. Pack (Hg.), Technology Transfer: New Issues, New Analysis, Philadelphia 1981; North-South Technology Transfer: The Adjustments Ahead. Analytical Studies, OECD Document Series, März 1982; B. A. Lucas/S. Freedman (Hg.), Technology Choice in Developing Countries: Internal and External Constraints, Dublin 1983; SIPRI, Waffenproduktion in der Dritten Welt, Reinbeck 1986; K. W. Menk, Technologietransfer deutscher Unternehmen in Entwicklungsländer, in: APuZ, H. 33/34, 1987, S. 35 ff. dd

Teilpacht →*share cropping*

Terms of trade Unter *terms of trade* (ToT) versteht man den Quotienten aus dem Importpreis- und Exportpreisindex eines Landes oder von Ländergruppen. Dieses Austauschverhältnis wird auch als *commodity terms of trade* oder *net barter terms of trade* bezeichnet. Den Indices liegen Preise frei Grenze zugrunde, d. h. bei den Importen die Preise einschließlich Versicherungs- und Transportkosten bis zur Grenze (c. i. f. = *cost, insurance, freight*), bei den Exporten die Preise einschließlich Transportkosten bis zur Grenze (f. o. b. = *free on board*). Bei den *single* bzw. *double factoral terms of trade* werden bei zwei Ländern bzw. Ländergruppen die *commodity terms of trade* mit einem Produktivitätsindex der exportierten Waren multipliziert, womit der Einfluß der Produktivitätsentwicklung auf das Austauschverhältnis kontrolliert wird. Die *factoral terms of trade* finden jedoch wegen der schwierigen Datenlage bei der Messung der Produktivitätsentwicklung wenig Anwendung. Bei den *income terms of trade* wird der Index der Exportpreise mit einem Index des Exportvolumens gewichtet. Dadurch können Veränderungen bei den Mengenrelationen in Rechnung gestellt werden.

Die verschiedenen Berechnungen der ToT versuchen die durch den Außenhandel entstehende Wohlstandssteigerung bzw. -minderung eines Landes bzw. von Ländergruppen zu messen. Ihre besondere entwicklungstheoretische bzw. -politische Bedeutung erhielten die ToT durch die von dem argentinischen Nationalökonom und langjährigen Vorsitzenden der *CEPAL, Raúl Prebisch, erstmals 1950 formulierte «Theorie der säkularen Verschlechterung der ToT», mit der – entgegen den Annahmen der neo-klassischen *Außenhandelstheorie – ein langfristiger rel. Preisverfall der aus den EL exportierten Primärgüter gegenüber den von den IL exportierten Industriewaren behauptet wurde. Dies zwinge die EL dazu, ständig steigende Mengen von Primärgütern zu exportieren, um eine konstante Menge von Industriegütern importieren zu können.

Die unterschiedliche Preisentwicklung bei den Primärgütern und den ind. Fertigwaren erklärt *Prebisch v. a. mit zwei Faktoren: mit der niedrigen Einkommenselastizität der Nachfrage nach Primärgütern in den IL und der hohen Einkommenselastizität der Nachfrage nach Industriegütern in den EL einerseits und andererseits mit der unterschiedlichen Diffusion des techn. Fortschritts, der in den IL alle Wirtschaftszweige gleichmäßig erfasse, während er in den EL mehr oder weniger auf den Exportsektor beschränkt bleibe. Aus dem Zusammenwirken beider Faktoren leitet Prebisch ab, daß angesichts der rel. Arbeitskräfteknappheit in den IL der starke Produktivitätszuwachs bei der Industrieproduktion von den ebenso rasch steigenden Löhnen aufgefangen werde und somit nicht sinkende Preise zur Folge habe, während umgekehrt das Überangebot an Arbeitskräften in EL dort zu einem einheitlich niedrigen Lohnniveau führe. Somit resultierten Produktivitätsfortschritte in den Exportsektoren der EL in sinkenden Preisen, was bewirke, daß diese allein den IL zugute kämen, die somit in der Lage seien, die Früchte des techn. Fortschritts für sich zu monopolisieren. Der Verfall der ToT bedeute daher einen Realeinkommentransfer aus den EL in die IL, der in einen ursächlichen Zusammenhang mit den E.-Problemen vieler EL gebracht wird: mit dem chronischen Devisenmangel und den *Zahlungsbilanzdefiziten und damit verbunden mit der sinkenden Importkapazität.

Die skizzierte Theorie erfreut sich in den EL einer großen Popularität, nicht zuletzt, weil sie diesen Ländern in ihren Bemühungen um eine *Neue Weltwirtschaftsordnung (→UNCTAD) eine argumentative Grundlage für Maßnahmen der Preisstabilisierung für ihre Exportgüter (Rohstofffonds, etc.) bietet. In der wiss. Diskussion hat sie sowohl die Unterstützung namhafter Ökonomen gefunden (G. Myrdal, W. A. Lewis) als auch vielfältige Kritik unterschiedlicher Reichweite. Auf empirischer Ebene konnte darauf verwiesen werden, daß einmal die von Prebisch benutzten Preisindices den Rückgang der Transportkosten nicht berücksichtigen und daß ferner keineswegs bei allen Rohstoffen ein Verfall der ToT nachzuweisen sei, was sowohl die universelle Wirksamkeit der von Prebisch für den Verfall der ToT namhaft gemachten Faktoren (s. o.) in Frage stelle, wie auch universelle Aussagen über die ToT der EL verbiete. Auf theoretischer Ebene wurde vor allem von amerik. Ökonomen auf verschiedene Unstimmigkeiten in der theoretischen Konstruktion verwiesen, die es verböten, die Schlußfolgerungen hinsichtlich des Ausbeutungscharakters der Austauschbeziehungen zwischen EL und IL zu akzeptieren. Von marxistischer Seite wurde versucht, die Theorie von der Ebene der Preise auf die Ebene der marxistischen Arbeitswertlehre zu transformieren und damit zu einem Vergleich von nat. Arbeitsquanta und zu einer Theorie der nat. und int. Wertbildung zu kommen (→ungleicher Tausch).

Bei aller Kritik darf nicht übersehen werden, daß der Ansatz Prebischs die in der nicht-marxistischen Außenhandelstheorie nachgerade zum Dogma erhobene Annahme vom allseitigen Nutzen eines ungehinderten Welthandels im gegenwärtigen System der *Internationalen Arbeitsteilung nachhaltig erschüttert und zu einer kritischen Überprüfung der bis dahin allgemein akzeptierten Prämissen und Untersuchungsmethoden geführt hat. Wenngleich sich die ToT für die EL nicht säkular verschlechtern, sondern eher langfristigen Wellenbewegungen unterworfen sind und obwohl keine allg. Aussagen über die ToT aller EL gemacht werden können, läßt sich nicht bestreiten, daß ein Verfall der ToT für einzelne Länder wie auch für ganze Gruppen von EL Auslöser für E.-Krisen sein kann. So hat der Ende der 70er J. einsetzende Verfall der ToT für viele Rohstoffe wesentlich zum Ausbruch der in vielen EL bis heute andauernden Verschuldungskrise beigetragen (→Verschuldung).

Lit.: R. Prebisch, The Economic Development of Latin America and Its Principal Problems, New York 1950; H. Sieber, Die realen Austauschverhältnisse zwischen Entwicklungsländern und Industriestaaten, Tübingen/Zürich 1968; W. Baer, The Economics of Prebish and ECLA, in: C. T. Nisbet (Hg.), Latin America: Problems of Economic Development, New York 1969, S. 203 ff.; R. Prebisch, Change and Development. Latin America's Great Task, Washington 1970; W. Bärtschi, Ausbeutung und Einkommensverteilung in den internationalen Wirtschaftsbeziehungen, Berlin (West) 1976; CEPAL, La crisis en la América Latina: su evaluación y perspectivas, in: El Trimestre Económico 51: 4 (1984), S. 885 ff. ab

Terre des hommes Kinderhilfsorganisation (*Nichtstaatliche Organisation, *Bensheimer Kreis), ursprgl. in der Schweiz 1959, in der BRD 1967 gegr., leistet v. a. mit Spendenmitteln *Projekthilfe zugunsten notleidender Kinder in EL (und ausl. Kinder in der BRD) in den Bereichen *Gesundheit, *Ernährung, *Bildung sowie Rehabilitation kranker und kriegsverletzter Kinder. Leitender Anspruch ist, die Kinder möglichst in ihrem kulturellen und sozialen Umfeld zu belassen. Der am Einzelfall orientierte Ansatz der Anfangszeit (→Kinderpatenschaften) ist seit den 70er J. einer projektbezogenen Zusammenarbeit mit *Selbsthilfeorg. in EL gewichen, die durch eine kritische e.-pol. Öffentlichkeitsarbeit in der BRD ergänzt wird. Einnahmen 1991: rd. 18 Mio. DM (87% aus Spenden, Rest öfftl. Zuschüsse). 76% der ges. Ausgaben für Projektarbeit. Publikation: Zeitung terre des hommes, sechsmal jährl.; Adresse: Ruppenkampstraße 11 a, 4500 Osnabrück.

Teufelskreis →*circulus vitiosus*

TFAP (Tropical Forestry Action Plan) 1986 von der *FAO ins Leben gerufener Aktionsplan zur Erhaltung der tropischen Wälder. Ziele des TFAP sind die Verbesserung der Lebensbedingungen der ländlichen Bevölkerung in den EL, die Intensivierung der Nahrungsmittelproduktion, die Sicherstellung der nachhaltigen Nutzung der Wälder und die Erhöhung der Verfügbarkeit von Brennmaterialien. mar

Thailand 1. Das Gebiet des Königreichs T. umfaßt rd. 514000 qkm. Die Ebene des Mae Nam Chao Phraya in der Zentralregion ist T.s Reiskammer. In höheren Lagen werden auch Mais (stark ausgeweitet), Maniok, Zuckerrohr, Hanf, Baumwolle und in der Nähe von Bangkok Obst und Gemüse angebaut. Aus dem S und SO des Landes kommen v. a. Kautschuk und Zinn. Zunehmend werden Vorkommen an Braunkohle, Erdgas und -öl erschlossen.

2. T. ist der einzige von kolonialer Herrschaft freigebliebene Staat SO-Asiens. Seine Geschichte beginnt mit der Etablierung des Königreichs Sukothai im 13. Jh. Das Thaireich erreichte im 17. Jh. die größte Flächenausdehnung und den Höhepunkt seiner Macht. Im Laufe der Kolonialisierung der thail. Nachbarstaaten erhöhte sich in der Folgezeit der Druck der europ. Mächte auf Siam (erstmals umbenannt in T. 1939 und erneut 1947). T. mußte eine Reihe ungleicher Verträge schließen, das Land für die von China ausgehende Arbeitskräftewanderung öffnen, etwa ⅓ des Hoheitsgebiets an franz. und brit. Kolonien abtreten und v. a. als Reislieferant für die Versorgung der Bev. dieser einseitig auf *Exportkulturen ausgerichteten Kolonien fungieren. 1782 wurde die heute noch regierende Chakri-Dynastie durch Rama I. begründet (Staatsoberhaupt heute: König Bhumibol Adulyadej). Seit der Mit-

te des 19. Jh.s leitete das Herrscherhaus einen Modernisierungsprozeß ein: Die Sklaverei wurde abgeschafft; nach westl. Muster wurden Bank-, Bildungs- und Gesundheitswesen aufgebaut und die Verwaltung reorganisiert. Durch die *Revolution von 1932 wurde T. von einer absoluten zu einer konstitutionellen Monarchie. Dies war jedoch nur der Beginn der Machtkämpfe zwischen den konkurrierenden Gruppen: Führungskader der Streitkräfte, Finanzkapital, technokratische, bürokratische und gesellsch. Eliten. Zahlreiche Regierungsstürze und -umbildungen waren die Folge. Die Perioden parl. Demokratie waren ungleich kürzer als die der Herrschaftsausübung des Militärs. Im Herbst 1977 wurde ein «Nationaler Politischer Rat» gebildet, der *de facto* die pol. Entscheidungsgewalt erhielt. Nach der neuen Verfassung vom Dez. 1978 besteht ein Zweikammerparlament aus Senat (Mitgl. vom König ernannt, v. a. hohe Offiziere und Beamte) und Abg.-Kammer mit 347 Sitzen. Als die Reg.-Koalition auseinanderzubrechen drohte, löste Ex-General Prem Tinsulanonda als Min.-Präs. (vom Parl. gewählt, aber v. a. auf das Vertrauen des Militärs und des Königs angewiesen) das Parlament auf und ließ am 24. 7. 1988 Neuwahlen abhalten. Da Prem eine weitere Amtsperiode ablehnte, einigte sich eine Fünf-Parteien-Koalition aus *Chart Thai* (87 Sitze), Soziale Aktionspartei (54), Demokratische Partei (48), *Rasadorn* (31) und Vereinigte Demokratische Partei (5) auf den *Chart Thai*-Vorsitzenden Ex-Generalmajor Chatichai Choonhavan als neuen Reg.-Chef.

3. Die Bev. T.s (1990 gesch. 56,3 Mio.; Bev.-Dichte: 109,8 Ew./qkm), die einen hohen Anteil Jugendlicher aufweist (1985: 36,7% unter 15 J.), konzentriert sich in den landw. nutzbaren Gebieten. Der Urbanisierungsgrad ist insg. gering (1989: 23%; JZ 1980–85: 3,2%), jedoch leben über 10% der Bev. im einzigen Ballungszentrum T.s, der Hs. Bangkok (1989: 5,9 Mio.; 1985: 3425 Ew./qkm; über ¼ in *slums*). Die Bev. T.s besteht zu 85% aus Thaivölkern, v. a. Siamesen, Schan und Lao, außerdem der Herkunft nach Chinesen: 6 bis 10%, Malaien: 3% und jüngst zugewanderten Flüchtlingen aus Kambodscha. Der Hinajana-(Theravada-)Buddhismus, dem 93% der Bev. angehören, ist Staatsreligion. Eine entsprechend große Rolle spielen die Klöster und die buddh. Lebensregeln in der Gesellschaft T.s. Andere Religionen des Landes sind der Islam (3 bis 4%, Malaien im S) und das Christentum (0,5%, v. a. Katholiken). Die ersten öfftl. Schulen T.s wurden 1878 gegr., seit 1921 besteht allg. Schulpflicht (Analphabeten über zehn J. 1989: 7%). Amtssprache ist T'hai (Siamesisch), Handelssprache ist Englisch. Der öfftl. Gesundheitsdienst hat Krankenhäuser in Bangkok, in sämtlichen Provinzhauptorten und einigen Städten. Das ges. Land ist einbezogen in ein Netz öfftl. Gesundheitsstationen (LE 1990: 66 J.).

4. In den 80er Jahren hatte T. (Mitgl. der *ASEAN) ein beachtliches Wirtsch.-Wachstum zu verzeichnen (1980–89 durchschn. Zunahme p. a. des BSP pro Kopf um real 4,5%), welches das Land zu den *Schwellenländern aufrücken lassen könnte. 1980–88 wuchs die landwirtsch. Produktion jährl. um 3,7%, die Ind.-Produktion um 6,6%, der Dienstleistungssektor um 6,8%. Zum BIP trug 1988 die Landwirtschaft: 16,9% (66,4% der Beschäftigten), die Industrie: 35,1%, der Dienstleistungssektor: 48,0% bei. Der *Tourismus wurde 1990 (ca. 5,2 Mio. Besucher) zur wichtigsten Devisenquelle (dabei ist an das schreckliche Elend des Sextourismus aus den IL zu erinnern, dem v. a. viele hunderttsd. Kinder in T. zum Opfer fallen). Bedeutsam blieb der Nahrungsmittelexport (1988: 8,5% der Erlöse durch Reis, daneben Mais, Zucker, Tapioka, Fisch und Fleisch). Außerdem ist die Ausfuhr

von Kautschuk und Zinn bedeutsam. Nach schweren Überschwemmungen, die auf Entwaldung zurückgeführt wurden (→Ökologie), erließ die Reg. 1989 ein Exportverbot für Holz. Die *terms of trade* haben sich für T. (1980: 100, 1986: 83) v.a. auf Grund der für das Land gestiegenen Importpreise verschlechtert. In den letzten J. wird der Aufbau weiterer Industriezonen forciert, um den Ballungsraum Bangkok zu entlasten. So wird das verarbeitende Gewerbe (v. a. Textilien und Bekleidung, Möbel, Elektronik, Fischprodukte sowie Aufbereitung von Erdgas und -öl) zunehmend erweitert. Die Landw. ist mittel- bis kleinbäuerlich strukturiert. Ca. 58% der Betriebe sind kleiner als 6 ha. Ihnen fehlt meist das Geld für wettbewerbsorientierte Investitionen. Die *Arbeitslosigkeit konnte bis 1989 auf 4,6% gesenkt werden, die Inflationsrate betrug 1980–88 durchschn. nur 3,1%. Kritisch blieben für T. die negative Handels- und Zahlungsbilanz sowie die Außenverschuldung. Die positive Entwicklung zahlreicher gesamtwirtsch. Parameter darf nicht über die z.T. extreme UE der armen Bev. im ländlichen Raum und in den städt. *slums* hinwegtäuschen.

5. Ab Nov. 1987 kam es auf Grund von Grenzstreitigkeiten zu kriegerischen Auseinandersetzungen zwischen T. und Laos, die auf beiden Seiten ca. 700 Tote gefordert haben. Im Feb. 1988 wurde auf Vorschlag von Laos eine Waffenstillstandsvereinbarung geschlossen. Nachdem Ex-Generalmajor Chatichai Choonhavan ein relativ hohes Maß an politischer Öffnung in T. zugelassen hatte, das den Einfluß des Militärs gefährdete, wurde er im Feb. 1991 durch einen unblutigen Militärputsch (unter dem Vorwand der Korruptionsbekämpfung) gestürzt. Das Parlament wurde aufgelöst, die Verfassung außer Kraft gesetzt. Eine Junta unter General Suchinda Kraprayoon übte nun *de facto* die Macht aus, kündigte aber baldige Wahlen an, die am 22. März 1992 stattfanden und mit einer knappen Mehrheit der militärfreundlichen Parteien endete. Als General Suchinda dann versuchte, sich als Premierminister einsetzen zu lassen, kam es zu Massenprotesten breiter Bevölkerungskreise, im Mai 1992 richtete das Militär in Bangkok unter unbewaffneten Demonstranten ein Massaker an. Suchinda verlor auch innerhalb der Militärs seinen Rückhalt; nach Intervention des Königs wurde schließlich der Zivilist und parteilose Technokrat Anand Panyarachun Interimspremierminister. Aus den Wahlen vom Sept. 1992 ging der Chef der Demokratischen Partei, Chuan Leekpai, als Sieger hervor. Er versprach, sich für weitere wirtsch. Fortschritte, Demokratie und die Beschneidung der Macht der Armee einzusetzen. Ob die Militärs dies zulassen werden, ist schwer absehbar.

Lit.: K. E. Weber, Thailand Research Bibliography, 3 Bde., Südasien-Institut der Universität Heidelberg, Heidelberg 1970, 1971, 1974; K. Wenk, Thailand, Heidelberg 1977; J. Hohnholz (Hg.), Thailand, Tübingen 1980; F. W. Fuhs/K. E. Weber, Thailand, in: HDW II, 7, Hamburg 1983, S. 464ff.; K. A. Pretzell, Malaysias 5. Entwicklungsplan und der 6. Entwicklungsplan Thailands. Vergleichende Notizen, in: Südostasien aktuell, H. 1, 1987, S. 70ff; W. Donner, Thailand: räumliche Strukturen und Entwicklung, Darmstadt 1989; J. Rüland, Politischer und sozialer Wandel in Thailand 1973–1988, in APuZ 44/1989, S. 3ff.; ders., Diktatur oder Demokratie? Powerplay in Bangkok, in APuZ 27/1992, S. 40ff. bh/rs

Theologie der Befreiung Mitte der 60er J. entstandene Richtung versch. lateinamerik. Theologen, die sich als Reflexion auf die Praxis der Befreiung der unterdrückten Menschen in LA versteht. Daraus leiten sich ab das Primat der Orthopraxie vor der Orthodoxie und die vorbehaltlose Option für die Armen. Die T.d.B. versteht die sozialwiss. Analyse als konstitutiven Bestandteil der Theologie und geht v.a. von der *Dependencia-Theorie aus. Sie wendet sich gegen die Trennung von profaner und Heilsgeschichte und betont die pol. Bedeutung der Kirche unter dem generellen Vorbehalt von

Gewaltlosigkeit; Gewalt wird nur in extremen Situationen gerechtfertigt. Der Begriff der Befreiung erhält drei Bedeutungsebenen: 1. die Befreiung von Ursachen, die strukturelle Abh. erzeugen (wirtsch., soziale, pol., kulturelle Befreiung); 2. die Befreiung des Menschen im Lauf des Geschichtsprozesses unter bes. Betonung der Rolle von *Erziehung und 3. die Befreiung von der Sünde. Nach dem Modell der «Kirche des Volkes» (E. Dussel) orientiert sich das praktische Handeln an sog. Basisgemeinden, innerhalb deren eine Demokratisierung der Kirche von unten betrieben werden soll. In vielen Regionen wurden diese zu Trägern von Selbstorganisationen (*Gewerkschaften, Volksbewegungen wie der Landlosenbewegung). Der Konflikt um die T.d.B. verschärfte sich bes. in den Jahren 1983 und 1984; neben dem Vorwurf der marxistischen Infiltration standen Probleme der kirchlichen Strukturen, das Verhältnis von pol. Befreiung und biblischer Erlösung und die pol. Konsequenzen der «Option für die Armen» im Mittelpunkt der öfftl. Diskussion. Hauptvertreter der T.d.B. finden sich in einem Spektrum, das die konfessionellen Grenzen überschreitet: R. Alves, H. Assmann, C. Boff, L. Boff, E. *Cardenal, L.F. Castillo, E. Dussel, J.R. García-Murga, L. Gera, G. Gutiérrez, J.C. Scanono, J.L. Segundo.

Lit.: G. Gutiérrez, Theologie der Befreiung, München 1973; L. Boff, Aus dem Tal der Tränen ins gelobte Land, Düsseldorf 1982; E. Dussel, Herrschaft und Befreiung. Ansatz, Stationen und Themen einer lateinamerikanischen Theologie der Befreiung, Fribourg 1985; N. Greinacher (Hg.), Konflikt um die Theologie der Befreiung. Diskussion und Dokumentation, Zürich 1985. pb

Theorem des Faktorpreisausgleichs →Außenhandelstheorie

Third-Worldism (Tiersmondismus) →Imperialismus

TIAR →OAS

Tito, J. Broz Geb. am 25.2.1892 als Kleinbauernsohn in Kumrovec (Kroatien), seit 1937 Generalsekretär der KP Jugoslawiens, nahm nach 1944 führende Partei- und Staatsfunktionen ein. 1948 brach die KPJ mit Moskau. Innenpol. war damit der Weg für ein eigenes jugoslaw. Modell des *Sozialismus (Arbeiterselbstverwaltung) geebnet. Außenpol. suchte Tito einen Weg zwischen den von den USA bzw. der UdSSR angeführten Blöcken. Zusammen mit führenden Politikern der Dritten Welt (*Nasser, Nehru) gründete er 1961 die «Bewegung der *Blockfreien», deren 1. Gipfelkonferenz in Belgrad stattfand. Als Vermächtnis des am 4.5.1980 verstorbenen T. gelten neben der Einigung der Nationalitäten im Vielvölkerstaat Jugoslawiens eigener Weg und das Prinzip der Blockfreiheit. rs

Togo Die Republik T. (*AKP-Staat) gehört zu den kleinsten, zugleich aber auch zu den am dichtesten besiedelten Staaten Afrikas. Ehrgeizige Großprojekte nach einem kurzfristigen Boom für Phosphat Mitte der 70er J. führten zu wachsender *Verschuldung, die sich in den 80er J. trotz einer Neuformulierung der entwicklungspol. Prioritäten verschärfte.

1. Auf 56600 qkm lebten 1990 gesch. 3,6 Mio. Ew. (JZ 3,3%), die ethnisch – je nach den zugrunde gelegten Kriterien – in 18 bis 40 Gruppen zersplittert sind, unter denen die Ewe im S (44% der Gesamtbev.) deutlich vor der Kabyé-Gruppe (23%) in Mittel- und Nord-T. dominieren. Knapp 37% der Ew. sind Christen, etwa 17% Moslems, rund 46% Animisten (Rest ohne Angaben). An der Küste und ihrem unmittelbaren Hinterland werden überwiegend Mais und Maniok, Öl- und Kokospalmen angebaut. In der sich anschließenden Hochebene gedeihen Kakao, Kaffee und Baumwolle, noch immer die wichtigsten agrar. Exportprodukte. Während Zentral- und Nord-T. (trockene, hügelige Savannensteppe mit allmählichem Übergang zur *Sahelzone) dünn besiedelt sind, ist die Region um Lama Kara fast ebenso übervölkert wie das Küstengebiet. Der

bereits in der deutschen Kolonialzeit (1884 bis 1914) angelegte Nord-Süd-Gegensatz im Bereich von Wirtschaft und sozio.-ökon. *Infrastruktur wurde nach dem II. Weltkrieg politisiert und ist bis heute spürbar. Das Schulwesen (Einschulungsrate für ganz T. 1980 ca. 90%), die Erschließung von Verkehrswegen von der Hs. Lomé (1990: 550000 Ew.) aus (bis 1914: drei Stichbahnen von 340 km Länge), der Aufbau einer *Plantagenwirtsch. u.a. konzentrieren sich im Süden. Dort konnte sich unter den «Brasilianern» (Nachfahren freigelassener brasilian. Sklaven) eine schmale autochthone Agrar- und Handelsbourgeoisie entwickeln, zu der auch Teile der bis heute pol. einflußreichen Marktfrauen (*Revendeuses*) im Küstengebiet zählen.

2. Seit Anfang der 70er J. bildet der Phosphatexport die wichtigste Einnahmequelle T.s (1985: 20% der Staatseinnahmen, 38% des Exportwerts, 10% des BIP). Nach der Verfünffachung der Weltmarktpreise 1974 wurde das Phosphatunternehmen verstaatlicht und in der bis dahin vorwiegend *importsubstituierenden und verarbeitenden Industrie (ausländisches, v.a. franz., und Staatskapital, fast ganz im S konzentriert) ein *kapitalintensives, aber relativ wenige Arbeitsplätze schaffendes Investitionsprogramm in Gang gesetzt, dessen Großprojekte für das Land z.T. überdimensioniert waren (u.a. eine Erdölraffinerie mit 1 Mio. t Jahreskapazität bei 100000 t Inlandsbedarf). Die von 1976 bis 1980 von 1000 auf 2000 ausgebaute Bettenkapazität im Hotelwesen (vorwiegend im Unterhalt teure Luxusklasse) ist bis heute nur zu etwa 40% ausgelastet. Zur weiteren Förderung des *Tourismus durch die Anlage eines Nationalparks wurden im N des Landes in den 80er J. Tausende aus ihren Siedlungsgebieten vertrieben. Nach einem ersten Einbruch der Phosphatpreise um 50% ab 1976 wurde zwar das Schwergewicht der Investitionen auf den vernachlässigten Agrarsektor gelegt (1977 Proklamation der *«Grünen Revolution»), doch erhöhte sich die Verschuldung v.a. wegen der weiter drastisch fallenden Rohstoffpreise auf dem Weltmarkt von 1977: 45 Mrd. auf 1988: 342 Mrd. F CFA. Bei einem Exportvolumen von 251 Mrd. F CFA (Deckung der Importe zu 47,4%) belief sich 1988 der Schuldendienst auf 82 Mrd. F CFA. Durch Schließung von 10% und Privatisierung (vorwiegend an ausl. Kapital) von weiteren rund 40% der meist hoch defizitären Staatsbetriebe (über die Zukunft der übrigen soll nach Auswertung der vorliegenden Ergebnisse 1989 entschieden werden) wurde der Staatshaushalt entlastet. T. hatte 1988 wenig Probleme, einen 50 Mio. US-$-Stand-by-Kredit des *IWF und eine Stundung seiner Zahlungsverpflichtungen durch den *Pariser Club sowie die Streckung der Rückzahlungen auf 16 J. zu erhalten. In der Landwirtschaft wurden seit Ende der 70er J. zwar beträchtliche Produktionssteigerungen erreicht, die angestrebte Autarkie bei Nahrungsmitteln jedoch verfehlt. Aufgrund veränderter Ernährungsgewohnheiten (europäische Getreideprodukte werden v.a. in den Städten beliebter) verdoppelte sich sogar die Importsumme für Nahrungsmittel von 1978 bis 1988 von 10,1 auf über 20 Mrd. F CFA. Seit der Fertigstellung der asphaltierten Nord-Süd-Straßenverbindung (650 km) hat sich die Bedeutung des Tiefseehafens von Lomé (Umschlag bei der Eröffnung 1968: 40000 t, 1987: 1,85 Mio. t) auch für die benachbarten *Binnenstaaten erhöht.

3. Das heutige T. wurde ab 1914 von Frankreich verwaltet, der westl. Teil des deutschen T. fiel an GB und später an Ghana. In Wahlen unter *UN-Aufsicht siegte 1958 die zuvor wegen antifranz. Tendenzen diskriminierte Ewe-Partei, deren Führer S. Olympio nach der Unabh. 1960 auch Staatschef wurde und bei zunehmend repressiverem Regime ein Einparteisystem aufbaute.

Nach seiner Ermordung am 13.1.1963 durch tog. Soldaten, die aus der franz. Armee entlassen und in die tog. nicht aufgenommen worden waren, versuchten die wiedergegründeten vier Hauptparteien unter Präs. Grunitzky vergeblich, sich über die Grundlagen eines zivilen Regierungssystems zu einigen. Am 13.1.1967 übernahm die Armee definitiv die Macht. Unter dem neuen Präs. Eyadéma wurden die bestehenden Parteien verboten und 1969 eine Einheitspartei (RPT/*Rassemblement du Peuple Togolais*) gegründet, die ab Mitte der 70er J. bei wachsender Repression eine Ideologie zur Massenmobilisierung und die Rückkehr zu afrik. «Authentizität» propagierte. Ende 1979 wurde durch Referendum eine neue Verfassung verabschiedet, die das RPT als Einheitspartei bestätigte. Auch die am 13.1.1980 proklamierten «III. Republik» beruht auf einer Koalition zwischen Militärs, Bürokratie und weiteren Schlüsselgruppen (trad. Häuptlingen, Marktfrauen, Agrarbourgeoisie u.a.). Nach einer Protestwelle im April 1991 wurde das Einparteiensystem aufgegeben und ein Demokratisierungsprozeß eingeleitet. Die für Dez. 1992 vorgesehenen freien Wahlen wurden jedoch kurzfristig abgesagt, worauf sich der Konflikt zwischen der Machtkoalition Eyadéma/Militärs und der oppositionellen Parlamentsmehrheit zuspitzte und ungeachtet franz.-deutsch. Vermittlungsversuche ein Bürgerkrieg auszubrechen drohte.

Lit.: K. Ziemer, Demokratisierung in Westafrika? Die politischen Systeme von Senegal, Elfenbeinküste und Togo nach zwei Jahrzehnten Unabhängigkeit, Paderborn 1984; K. Toulabor, Le Togo sous Eyadéma, Paris 1986; Ch. Adick, Togo, in: HDW III, 4, 1993, S. 404ff. kz

Tokio-Runde Die 7. Zollsenkungsrunde im *GATT, die im Frühjahr 1975 aufgenommen und im April 1979 abgeschlossen wurde. Die IL machten den EL Zugeständnisse bei tarifären und nicht-tarifären *Handelshemmnissen. Außerdem wurden den *LLDCs Vorzugsbehandlungen über die *Meistbegünstigungsklausel des GATT eingeräumt sowie den EL Subventionen ihrer eigenen Industriegüterexporte ermöglicht. dn

Tonga →Pazifische Inselwelt

Tourismus Der Anteil des T. in EL am ges. int. Tourismus hat sich in den letzten beiden Jahrzehnten, bedingt durch zunehmende ökon. und zeitliche Reserven der Reisenden sowie durch die Überlastung der Fremdenverkehrsgebiete in den IL, stetig erhöht. Es finden sich vielfältige Typen von T., so etwa der Geschäfts-, Pauschal-, Abenteuer-, Bildungs- oder Sex-Tourismus. Vornehmliche Ziele sind Mexiko, die Karibik, einige südl. und südöstl. Mittelmeerländer sowie einzelne Regionen Süd- und Ostasiens. In Südamerika und v.a. in Afrika bleibt der T. auf wenige Regionen begrenzt. Bei der Entwicklung des T. und der Schaffung der notwendigen *Infrastruktur sind in den EL öfftl. Institutionen, aber auch private Träger und *Transnationale Unternehmen maßgeblich beteiligt. Bes. in den 60er J. wurde der T. in EL wegen seiner angeblichen wirtsch. Vorteile (Devisen-, Beschäftigungs-, Einkommens-, Multiplikatoreffekte) als ein wichtiger Bereich innerhalb der E.-Förderung betrachtet. Eine Einschätzung der Formen und Folgen des T. sollte jedoch sowohl die wirtsch. als auch die soziale Dimension kritisch beleuchten:

1. Trotz mangelnden Datenmaterials läßt sich bezüglich der Deviseneffekte feststellen, daß nur etwa 30–35% der Bruttodeviseneinnahmen dem Urlaubsland zugute kommen; ein weitaus größerer Teil verbleibt bei Reiseorganisationen außerhalb des Landes. Meist ist es notwendig, Investitionsgüter zum Aufbau der «T.-Industrie» und Versorgungsgüter zu importieren. Ausgaben für Werbung und Auslandskredite verhindern außerdem eine weitgehende Nutzung der Devisenerträge.

2. Die oft mangelnde Qualifikation des Personals in den Touristikbetrie-

ben, bes. in leitenden Funktionen, führt zum Rückgriff auf fremde Arbeitskräfte und schränkt die Beschäftigungseffekte damit ein. Andererseits führt der Fremdenverkehr auch zu Innovationen: Festgestellt wurden v. a. eine wachsende soziale Mobilität und ein hoher Frauenanteil an den Beschäftigten, so daß e.-hemmende Strukturen teilweise abgebaut werden können. Zwar werden zunehmende Beschäftigungsmöglichkeiten auch in vorgeschalteten Sektoren wie der Nahrungsmittelproduktion, der Bauindustrie, dem Kleingewerbe u. a. angeführt, doch stehen diese vor dem Problem saisonaler Produktionsschwankungen: Während in der Vor- und Nachsaison starke Einbrüche im Vergleich zum Jahresdurchschnitt zu verzeichnen sind, steigt die Nachfrage nach Nahrungsmitteln in der Saisonspitze und verursacht oft Versorgungsschwierigkeiten und damit Preiserhöhungen.

3. Auch die Einkommensverbesserung durch den T. in EL darf nicht überschätzt werden, zumal meist nur einzelne Regionen und Teile der Gesellschaft daran teilhaben. Im Hinblick auf die sozialen Folgen des Tourismus muß die häufig angeführte völkerverbindende Funktion wegen der nur begrenzt möglichen Kontakte (Sprach- und Informationsdefizite, Hotel-, Gruppen- und Programmgettos) in Zweifel gezogen werden.

Den positiven Folgen wie der Erhaltung oder Wiederbelebung überlieferter Traditionen und der Rezeption ausl. kultureller Eigenarten stehen die Kommerzialisierung von Gastfreundschaft und Kunst, das Ansteigen von Kriminalität, Prostitution und Geschlechtskrankheiten sowie die Entstehung neuer Bedürfnisse und Erwartungen (etwa Vergnügungsbedürfnisse) und die Zerstörung gewachsener sozialer Strukturen gegenüber. Positiv vermerkt werden kann im Rahmen der regionalen E. der Ausbau infrastruktureller Einrichtungen (Elektrizität, Häfen, Flughäfen, Verkehrswege, Bank- und Kommunikationswesen), die Denkmalpflege und die Aufwertung trad. Abwanderungsgebiete. Der Nutzen beschränkt sich jedoch häufig auf einzelne Räume und ist stark abhängig von dem Grad der *Partizipation der Bev. und der Fremd- bzw. Selbstbestimmung: Bei *kapitalintensiver T.-Förderung fehlen oftmals Investitionen für die eigene Bev., entstehen etwa Konflikte zwischen der E. von Bergbau und Landw. gegenüber dem Tourismus. Insb. bei Großprojekten des Tourismus werden Konsequenzen für die *Ökologie wie exzessive Nutzung v. a. der *Energie- und Wasserver- und -entsorgung, Umweltverschmutzung durch zunehmenden Verkehr und Verunreinigung der Strände mit gesundheitlichen Schäden (→Gesundheit) als Folge verbucht. Eine einseitige Förderung monofunktioneller touristischer Zentren muß daher als Maßnahme der E.-Hilfe verworfen werden. Vielmehr sollte T.-Förderung eingebettet werden in umfassendere planungspol. Konzeptionen. Nötig ist auch der Ausbau sog. Qualifizierungsmaßnahmen (Information, Ausbildung) zur Vorbereitung und Durchführung von Dritte Welt-Reisen bei Reisenden, Reiseleitern und einheim. Bevölkerung.

Adressen: Studienkreis für Tourismus e. V., Postfach 1629, 8130 Starnberg; AKE Arbeitskreis e. V., Horstweg 11, 4973 Vlotho.

Lit.: R. Siebert, Ferntourismus als Entwicklungshilfe? Soziale und wirtschaftliche Folgen des verstärkten Touristenstroms in Entwicklungsländer, Bensheim 1980; A. Vielhaber/P. Aderhold, Tourismus in Entwicklungsländern, in: Entwicklungspolitik, hg. vom BMZ (Materialien, 67), Bonn 1981; Informationszentrum dritte welt (iz3w), Klar, schön war's, aber... Tourismus in die Dritte Welt, 1986; W. Mikus, Tourismus in: D. Nohlen/P. Waldmann (Hg.), Dritte Welt. Pipers Wörterbuch zur Politik, Bd. 6, München 1987, S. 587–591; C. Scherrer, Dritte-Welt-Tourismus, Entwicklungsstrategische und kulturelle Zusammenhänge, Berlin 1986; World Tourism Organization, World Tourism Statistics, Yearbook, Madrid. rs/pb

Transnationale Konzerne Mit TNK (auch Multinationale K./Multis/Int.

K./Multinat. Unternehmen/Transnat. Unternehmen) sind im allg. Verständnis Weltkonzerne wie Exxon, Shell, Texaco, BP (→Ölkonzerne), General Motors, Ford, Chrysler, Daimler-Benz, Volkswagen, Toyota, General Electric, IBM, ITT, Philips, Siemens, Hoechst, BASF usw. gemeint. Wann ein Konzern als transnat. oder besser int. bezeichnet werden soll, ist umstritten. Eine Minimaldefinition könnte lauten, daß int. jeder Konzern ist, der in mehr als einem Staat abh. Unternehmen besitzt, unabh. also von der Größe oder dem Umsatz des jeweiligen Konzerns. Trotz der Internationalität ihrer Geschäftstätigkeit bleiben die TNK nat. hinsichtlich ihres Stammkapitals, ihrer Konzernzentrale und ihrer Interessenpolitik. Gemessen am Weltumsatz dominieren heute die US-amerik. Konzerne, gefolgt von den TNK der BRD und Japans.

Die *Direktinvestitionen der TNK konzentrieren sich seit Anfang der 70er J. etwa im Verhältnis 70:30 auf IL:EL, was v.a. auf die größeren Märkte in den IL und deren größere pol. Stabilität zurückzuführen ist. Direktinvestitionen in den EL werden vorwiegend zur Sicherung von Rohstoffquellen, zur Senkung von Nebenkosten (Transport, Zölle, Umweltschutz etc., Ansiedelung in freien Produktionszonen), zur Sicherung von Absatzmärkten und zur Lohnkostenersparnis (Niedriglohnländer) getätigt.

Aus der Sicht der EL wird häufig Kritik an der als *Neokolonialismus charakterisierten Tätigkeit der TNK geübt. Dieser wird von IL-Seite eine die Vorzüge des freien Welthandels betonende Argumentation entgegengehalten.

Lit.: K. Busch, Die multinationalen Konzerne, Frankfurt 1974; V. Bethke/G. Koopmann, Multinationale Unternehmen und Entwicklungsländer, Hamburg 1975; D. Senghaas/U. Menzel (Hg.), Multinationale Konzerne und Dritte Welt, Opladen 1976; G. Breidenstein, Internationale Konzerne, Reinbek 1977; U. Holtz, Europa und die Multis. Chance für die Dritte Welt?, Baden-Baden 1978; V. Bornschier (Hg.), Multinationale Konzerne, Wirtschaftspolitik und nationale Entwicklung im Weltsystem, Frankfurt 1980; V. Kasch/U. Leffler/P. Schmitz/R. Tetzlaff, Multis und Menschenrechte in der Dritten Welt, Bornheim-Merten 1985; O. Kenichi, Die Logik der Weltwirtschaft. Zukunftstrategien der internationalen Konzerne, Hamburg 1992. rs

Treibhauseffekt →Welt-Umweltkonferenz

Treuarbeit AG Privatrechtlich organisierte Wirtschaftsprüfungsgesellschaft mit rd. 1500 Mitarbeitern. Im Rahmen ihrer int. Aktivitäten führt sie u.a. im Bereich der E.-Zusammenarbeit Prüfungs- und Beratungsaufgaben durch. Institutionen in der Bundesrepublik (z.B. *DED, *DEG, *DSE, *CDG) und in den Ländern der *Dritten Welt (Projektträger, Entwicklungsbanken) werden im Hinblick auf die ordnungsgemäße und wirtsch. Abwicklung von Vorhaben der *finanziellen oder *technischen Zusammenarbeit überprüft und beraten. Dazu gehören Erfolgskontrollen, *Evaluierung der einzel- und gesamtwirtsch. und sozialen Wirkungen. Adresse: Bockenheimer Anlage 15, 6000 Frankfurt 1. ah

Treuhandprojekte (*Funds in Trust*) werden von versch. *UN-Einrichtungen treuhänderisch, d.h. in eigenem Namen, aber im fremden Auftrag (eines Geberlandes) abgewickelt und durchgeführt. Finanzierung: durch sog. zweckgebundene Sonderbeiträge der jeweiligen Geber. Aus der Zweckbindung der Treuhandmittel ergibt sich für das Geberland die Möglichkeit, die Politik der multilateralen E.-Organisationen direkt zu beeinflussen.

In der BRD machten die Treuhandmittel 1987 mit 39 Mio. DM etwa 1,6% der multilateralen Zusammenarbeit aus (1980: 29,9 Mio., 1985: 47,5 Mio.). Mit 34,3 Mio. DM gingen 1987 ca. 88% der Treuhandmittel an sieben UN-Organisationen (*WHO, *UNESCO, *UNHCR, *UNIDO, *ILO, *UNICEF, *UNFDAC). Mit den Geldern wurden Projekte und Programme in den Bereichen Umweltschutz, Seuchenbekämpfung, Medienpolitik und Drogenbekämpfung gefördert. →bilateral/multilateral bg

Tribalismus T. bezeichnet das Denken und Handeln in Stammeskategorien. V.a. auf Afrika bezogen war T. lange Zeit ein wiss. Konzept, von dem ausgehend die gesamte soziopol. Realität (Parteienorganisation, Reg.-Bildung, Korruption, soziale und pol. Konflikte) Afrikas interpretiert wurde. Wird jedoch der Stammesbegriff in Frage gestellt (Definitionsprobleme: Kriterien wie Autonomie, *Subsistenzwirtschaft, relative Egalität treffen seit der Kolonialzeit nicht mehr zu; der Begriff bezieht sich nur auf kleine, überschaubare Gruppen; er schließt Veränderbarkeit aus usw.), verliert das T.-Konzept an Erklärungswert. Die neuere Literatur ist dazu übergegangen, «Stamm» durch den Begriff «ethnische Gruppe» bzw. «T.» durch den Begriff *«Ethnizität» zu ersetzen.

Der T.-Begriff ist immer noch in Gebrauch; zum einen in den westl. Massenmedien als einfache Erklärung für komplexe Zusammenhänge, wobei auf seit der Kolonialzeit bestehende Vorurteile gebaut wird («Stamm» = Primitivität). Zum anderen benutzen afrik. Regime den T.-Vorwurf als Machterhaltungsstrategie: Opposition wird tribalisiert, sie stellt dadurch die nat. Einheit in Frage, ihre Unterdrückung ist somit legitim. Die bereits in der Kolonialzeit praktizierte «Teile-und-herrsche»-Strategie, die Königreiche, Chefferien oder einfach Sprachgruppierungen unabh. von der Art ihrer soziopol. Organisation in versch. «Stämme» unterteilte, findet in der südafrik. *Homeland-Politik eine aktuelle Variante.

Lit.: O. Nnoli, Tribalismus oder Ethnizität: Ideologie gegen Wissenschaft, in: R. Jestel (Hg.), Das Afrika der Afrikaner, Frankfurt 1982, S. 99ff.; L. Vail (Hg.), The Creation of Tribalism in Southern Africa, London 1988. als

Trickle-down-Theorie Durchsicker-Theorie; Annahme, daß die durch Kapitaltransfer (*öffentliche Hilfe, *Direktinvestitionen) in den EL ausgelösten Wachstumsprozesse (→Pro-Kopf-Einkommen) durchsickern und somit nicht nur den Lebensstandard der sozialen Elite erhöhen, sondern auch die Lebensverhältnisse der Masse der Bev. verbessern. dn

Trinidad und Tobago T. u. T. ist eines jener EL, die versuchen müssen, nach dem Abflachen des Ölbooms den Übergang zu einer *diversifizierten Wirtschaftsstruktur ohne den Verlust pol. Stabilität zu finden.

1. T. u. T. sind mit einer Fläche von 5128 qkm (Trinidad: 4828 qkm, in 34 km N-O-Entfernung Tobago: 300 qkm) die südlichsten Inseln der Kleinen Antillen. Die agrarische Produktion konzentriert sich auf die Hauptexportprodukte Zucker (westl. Tiefland) und Kakao (Hügel- und Bergland u. Tobago). Daneben gibt es Export von Kaffee, Zitrusfrüchten, Kokosnüssen und Anbau von Reis, Bananen, Maniok u. a. für den eigenen Verbrauch (wegen der Orientierung der Produktion am Export muß aber etwa die Hälfte der Nahrungsmittel importiert werden). Dominiert wird die Wirtschaftstätigkeit von der Erdöl- und Erdgasförderung (*onshore* seit 1909, **offshore* seit 1954) und -verarbeitung (Rohölreserven [gesch.]: 700 Mio. *barrels*, Erdgasreserven [gesch.]: insges. 31,2 Mio. *cubic feet*, förderbar 16,6 bcf. Seit Mitte der 70er J. fast 50% des realen BIP und 80% der Exporte durch Erdöl- und Erdgasindustrie).

2. In der Kolonialzeit war T. u. T. Gebiet monokultureller Plantagenproduktion im brit. Empire, v. a. von Kakao und Zucker. Diese agrar. Abh. des Landes vom Weltmarkt konnte auch die Aufhebung der Sklaverei (1833) nicht verändern (Ablösung durch *apprenticeship* und Indentur: von 1845 bis 1917 kamen ca. 145000 meist hindisprachige Inder), wenn auch die wachsende Konkurrenz (Anteil der europ. Rübenprod. am brit. Zuckerimport 1853: 14%, 1896: 75%) und Über-

produktion die ökon. Bedeutung der agrar. Prod. verringerte. Eine neue, bis heute andauernde Phase struktureller *Abhängigkeit, verbunden mit der allmählichen Hinwendung zu den USA (Ölmultis: AMOCO, TEXACO), begann mit den Ölfunden am Anfang des 20. Jh.s.

3. T. u. T. hatte 1990 (gesch.) 1,3 Mio. Ew. (Tobago 40000), 230 Ew. je qkm. Diese leben v. a. an der Westküste Trinidads (Golf von Paria), z. T. in den beiden größeren Städten San Fernando (1984: 60000 Ew.) im S und der Hs. Port-of-Spain (1988: 159000, mit Vororten 300000 Ew.), überwiegend aber unverändert in dörflichen Siedlungen. (Verdoppelung der Bev. seit 1945, u. a. durch Immigration, angelockt durch das höchste *Pro-Kopf-Einkommen der Karibik. *Ethnische Zusammensetzung 1985: 41% afrik., 41% indischer, 16% gemischter, 2% europ. und sonstiger Abstammung.) Ein markanter Unterschied besteht zwischen T. u. T.: Auf Tobago leben fast nur Schwarze.

4. Erdöl- und Erdgasindustrie (weniger als 4% der Beschäftigten produzieren 60% des Staatshaushalts) und die mit ihr verbundene Teil-*Industrialisierung (1985: 34% der Beschäftigten in Bergbau/Ind.) konnten den Rückgang der Beschäftigungsmöglichkeiten in der Landw. (1955: 28,3% der Beschäftigten, 1985: 10%, die ca. 3% des BSP produzieren) nicht auffangen. Ungleiche Bodenverteilung: 1972: elf Großplantagen mit rd. 35000 ha, 13% der Betriebe mehr als 200 ha, 80% weniger als 4 ha, 50% der Landbev. besitzen keinen Boden.

Die Arbeitslosigkeit betrug 1990 27%, demgegenüber steht ein Mangel an Fachkräften, die bei den *transnationalen Konzernen Spitzenlöhne beziehen. In den Städten vergrößert sich (u. a. als Folge der sich verschärfenden Lohnunterschiede zwischen Stadt und Land) die Zahl der *Marginalisierten. Es besteht eine Kluft zwischen der Minorität wohlhabender Ausländer und Einheimischer und der weitaus größeren Zahl armer Bev.-Teile.

5. T. u. T.s Landessprache ist Englisch, daneben werden als Umgangssprache Spanisch, ein franz. *Patois* und Hindimundarten gesprochen. 34% der Bev. sind Katholiken, 20% Protestanten, 25% Hindus, 6% Moslems und 15% anderen Glaubens. In T. u. T. besteht Schulpflicht vom 6. bis 12. Lebensjahr. Die meisten Schulen werden nach dem Dualsystem geführt, wobei die Regierung mit Kirchen, Erdölgesellschaften u. a. zusammenarbeitet. Als Folge der raschen Industrialisierung entstanden soziale Probleme, deren Bewältigung zum großen Teil noch aussteht: u. a. Preissteigerungen, Wohnungsnot, *Infrastrukturprobleme (Mangel an Wasser, Strom, Telefonen), Vernachlässigung der *Gesundheitsversorgung der Landbev. und der Marginalisierten (1990: LE 71,6 J.). 1972 wurde ein Pflichtversicherungssystem eingeführt (Rente, Krankheit, Invalidität, Mutterschaft), und seit 1976 wird ein Mindestlohn garantiert.

6. Die pol. Institutionen T. u. T.s entsprechen dem brit. Modell des *responsible government*: Parlament aus Senat (z. Z. 31 Mitgl.) vom Präs. ernannt: auf Vorschlag des Premiers 16, des Oppositionsführers sechs und neun direkt) und Repräsentantenhaus: seit 1966 36 Mitgl. für maximal fünf J. nach rel. Mehrheitswahl gewählt. Seit 1980: Regionalparl. auf Tobago (15 Mitgl.).

*Dekolonisation: Trinidad 1498 bis 1797 span., 1797 brit. Kolonie, 1802 erste Kronkolonie; Tobago ab 1498 span., im 17. u. 18. Jh. wegen seiner strategischen Lage umkämpft, nacheinander holl., franz., span., 1814 brit. Kolonie; 1889 Vereinigung von T. u. T. zur Kronkolonie, 1958 bis 1961 Mitgl. der Westindischen Föderation, 1962 (31. Aug.) unabh., 1976 (1. Aug.) Republik. Das formal offene Parteiensystem tendierte *de facto* zur Einparteiherrschaft des PNM (*People's National Movement*), dominiert von 1956 bis 1981 von Dr. Eric E. Williams als Regierungschef. Nach dessen Tod rückte George Chambers in seine Position als Premier- und Finanzminister. Bei den Wahlen vom Dez. 1986 verlor die PNM, die nur noch drei Sitze im Parlament erhielt, die Regierungsmacht. Neuer Regierungschef wurde der von der Oppositionsallianz (*National Alliance for Reconstruction*) unterstützte Arthur Napoleon Raymond Robinson. Die Allianz erwies sich aber als pol. fragil. Robinson, Chef des auf Tobago dominierenden, von Schwarzen beherrschten *Democratic Action Congress*, entließ 1988 seinen Außenminister indischer Herkunft, der die *United Labour Front* (ULF) leitet, die aus den linken Gewerkschaften der Erdöl- und Zuckerind. hervorging. Weiter unterstützt wurde Robinson von der von schwarzen Geschäftsleuten gebildeten *Organisation for National Reconstruction* und dem *Tapia House*, einem Club der Akademiker der *University of the West Indies*. Bisher ist es allerdings gelungen, ein Eskalieren der mit der Zurücksetzung der indischen Bev. verbundenen ethnischen Spannungen zu verhindern.

7. Das Scheitern des Konzepts der ** industrialization by invitation* führte nur teilweise zu dessen Rücknahme. Gestiegene Staatseinnahmen durch die Vervierfachung der Ölpreise seit der Ölkrise 1973 (T. u. T. ist nicht in der * OPEC) sollten es ermöglichen, die Wirtschaft neu zu strukturieren, ohne in Konflikt mit den * transnationalen Konzernen zu geraten. Die gleiche Strategie der Anerkennung der bestehenden Besitzverhältnisse wurde auch in der Agrarpolitik verfolgt. Sie beschränkte sich weithin auf die Neusiedlung und Vergabe von Land aus dem in Trinidad 35 % ausmachenden Staatsbesitz. Mit dem Ende des Ölbooms Mitte der 80er J. wurde ein Kurswechsel in Richtung Austeritätspol. erforderlich. Im Aug. 1990 scheiterte ein Putschversuch der schwarzen Moslemgruppe *Dschamaat el Muslimin*, die tagelang Reg.-Chef Robinson und 30 Geiseln gefangenhielt, um Neuwahlen zu erzwingen, an der Intervention des Militärs. Die für die gravierenden sozialen Folgen der IWF-Auflagen verantwortlich gemachte NAR mußte in den Wahlen vom Dez. 1991 eine schwere Niederlage hinnehmen, die zumindest kurzfristig die alte parl. Parteienkonstellation (PNM: 21 Sitze; *United National Congress* [ehem. ULF]: 13; NAR: 2) wieder herstellte. Neuer Premierminister wurde Patrick Manning.

Lit.: E. Williams, Capitalism and Slavery, Chapel Hill 1944; S. D. Ryan, Race and Nationalism in Trinidad and Tobago, Toronto 1982; R. Sturm, Trinidad and Tobago, Länderbeitrag, in: S. Mielke (Hg.), Internationales Gewerkschaftshandbuch, Opladen 1983, S. 1094 ff; F. Nuscheler/R.-O. Schultze, Trinidad und Tobago, in: HDW III, 3, Bonn 1992, S. 560 ff; B. Hillebrands, Trinidad und Tobago, in: D. Nohlen (Hg.), Handbuch der Wahldaten Lateinamerikas und der Karibik, Opladen 1993, S. 719 ff. rs

Tropenkrankheiten →Gesundheit

Tropical Forest Action →Ökologie

Tropischer Regenwald →Ökologie

Tschad 1. Die Republik T. (1 285 000 qkm, 1988 rund 5,2 Mio. Ew.) leidet von allen im Übergangsbereich zwischen der Sahara und Schwarzafrika gelegenen Staaten bis heute am meisten unter den Folgen der unsinnigen kolonialen Grenzziehung. Das Territorium erstreckt sich von der Wüste über die * Sahelzone bis zu den Waldsavannen im S, wo sich die Mehrheit der Bev. konzentriert (bis zu 30 Ew. pro qkm), während in der nördlichsten Region (46 % der Fläche) nur 1,9 % der Bev. leben (ca. 0,2 Ew. pro qkm). Die machtpol. Verhältnisse zwischen den in der Präkolonialzeit dominierenden islam., häufig nomadischen Tibbu und Kanuri (ca. 10 % der Ew.) im N, Haussa-Gruppen im Gebiet des Tschadsees (ca. 10 %) und Gruppen der Sudan-Araber (ca. 30 %) einerseits und den seßhaften Sudan-Negern (v. a. Sara) und äthiopischen Gruppen im S (Animisten, z. T.

christianisiert) andererseits haben sich bis zur Unabh. (1960) umgekehrt, da insbes. die Sara in die franz. Kolonialverwaltung eintraten und bis in die 70er J. die pol. Schlüsselpositionen fast monopolisierten.

2. Der *Binnenstaat T. gehört zu den 25 ärmsten Staaten der Erde. Seine Einschulungsrate war (bei einem drastischen S-N-Gefälle) mit 1972: 35% eine der niedrigsten in Afrika. Nach mehr als 15 J. Krieg und Bürgerkrieg muß das Schulwesen heute fast vollständig neu aufgebaut werden. Die Kriegswirren und die Dürre 1982–85 lösten Migrationen größten Ausmaßes aus (500000 Personen aus dem N nach dem S, Flüchtlingsströme in die Nachbarländer, wo noch immer 25000 Personen in Lagern leben). 1988 machten Überschwemmungen des Logone und des Schari 50000 Personen obdachlos. In den im S liegenden Städten (Hs. N'djaména 600000 Ew.) lebten 1988 knapp 18% der Bev. (in den 70er J. 15%). Die nur im S mögliche Landw. (Hirse, Sorghum, Maniok, Süßkartoffeln u. a.; bei entsprechenden klimatischen und pol. Voraussetzungen landw. Autarkie möglich) und Viehzucht (durch die Dürre 80% Verlust des Viehbestandes, große Nachfrage nach Fleisch in den Nachbarländern, aber fehlende Verarbeitungs- und Transportmöglichkeiten) bilden das Rückgrat der Wirtschaft. Wichtigstes Exportprodukt ist Baumwolle, von deren Erlös rund 20% der Bev. abh. sind. 1986–88 fielen die Weltmarktpreise um 45%. Große Schäden in der Landw. verursachten 1988 riesige Heuschreckenschwärme. Nachdem ab 1979/80 Außenhandel, Industrieproduktion und die bescheidene Förderung von Erdöl (prospektiert, aber noch nicht erschlossen: Uran, Gold, Zinn, Bauxit) fast völlig zusammengebrochen war, setzt sich heute die *importsubstituierende und einheim. Agrarprodukte verarbeitende Ind. (6–8% des BIP) im wesentlichen aus sechs Staatsbetrieben zusammen, von denen drei in großen Schwierigkeiten sind. Ein Privatsektor existiert kaum in Ansätzen. Das auf drei J. angelegte Investitionsprogramm der Reg. legt die Schwerpunkte auf den Ausbau der Verkehrsinfrastruktur, die Sicherung der Autarkie in der Lebensmittelversorgung, die *Diversifizierung des landw. Sektors und den Kampf gegen das Vordringen der Wüste (→Desertifikation). Erheblich belastet wird die *Zahlungsbilanz durch die langen Transportwege für flüssige Brennstoffe, die das Vierfache des Preises an der westafrik. Küste kosten. Die Rentabilität der Ausbeutung von Erdölvorkommen am Ufer des Tschadsees wird z. Z. geprüft. Die *Weltbank hat einen Kredit für den Aufbau einer Raffinerie in Aussicht gestellt.

3. Die in den demographischen, religiösen, geogr.-ökonomischen und sozio-pol. Gegensätzen angelegte Nord-Süd-Spannung verschärfte sich dramatisch, als die autoritäre Ein-Partei-Regierung unter Präs. Tombalbaye Mitte der 60er J. den Häuptlingen schrittweise Kompetenzen entzog – was v. a. den N betraf – und die primär aus Sara bestehende «moderne» Verwaltung sich im N wie ein Besatzungsregime aufführte. Nach mehreren lokalen Revolten (hervorgerufen u. a. durch mehrfache Eintreibung der Steuern) versuchte seit 1966 von Libyen aus der Arzt Dr. Abba Siddick den disparaten Widerstand im FROLINAT (*Front de Libération Nationale du Tchad*) zu koordinieren. Nach dem Zusammenbruch der Verwaltung im N rief Tombalbaye 1968 franz. Truppen zu Hilfe, deren logistische Überlegenheit die Rebellen rasch zurückdrängte. Tombalbayes zunehmend despotischeres Regime, dessen Korruption in der Dürrekatastrophe besonders deutlich hervortrat, konnte auch durch eine «Authentizitäts»-Kampagne (obligatorischer Ersatz europ. Vornamen durch afrik., Umbenennung von Städten und Stra-

ßen etc.) und die Ersetzung der bisherigen Einheitspartei durch eine neue (1973) keinen größeren Rückhalt in der Bev. gewinnen. 1975 putschte das Militär, das jedoch den zunehmenden Auflösungsprozeß des Staates nicht verhindern konnte. Nach dem Zerfall des FROLINAT wuchs die Zahl der miteinander rivalisierenden bewaffneten Gruppen auf elf. Die stärksten Kontrahenten waren – bei z. T. wechselnden Koalitionen – der aus dem N stammende Goukouni Oueddai, der 1980 10000 Mann libyscher Truppen ins Land rief; der mächtigste Mann des S, der frühere Chef der Gendarmerie, Oberstleutnant Kamougué, und Hissène Habré, der nach dem Abzug der libyschen Truppen (die aber den 114000 qkm umfassenden Aouzou-Streifen im N besetzt hielten, wo Uran-Vorkommen vermutet werden) im Juni 1982 die Hs. eroberte und die Präsidentschaft übernahm. Nach einer mit libyscher Unterstützung vom N aus vorgetragenen Offensive Goukounis entsandte Frankreich, das daran interessiert war, den Einfluß Ghaddafis einzudämmen und die Region (v. a. die franz. Ex-Kolonien) nicht weiter destabilisieren zu lassen, im Sommer 1983 erneut Truppen in den T., der bis 1987 *de facto* in eine franz. kontrollierte südl. und eine libysch kontrollierte nördl. Hälfte geteilt war. Nach dem Waffenstillstand vom Sept. 1987, der Aufgabe des Kampfes durch Scheich Ibn Oumar, einem der wichtigsten Rebellenführer, Ende 1988 wurde im Aug. 1989 der Konflikt mit Libyen beigelegt; Okt. 1990 wurde Habré per Putsch durch Idriss Deby abgelöst. Unter Habré sollen 40000 Personen umgebracht worden sein. Mai 1992 ernannte er zugleich mit einer Änderung der prov. Verfassung ein «Kabinett der Öffnung», dem fünf der bisher in Opp. zum Regime stehenden Parteien angehörten.

Lit.: M. P. Kelley, Chad: Conditions of the State's Survival, Boulder 1986; G. J. Ngangsop, Tchad, 20 ans de crise, Paris 1986; A. Dadi, Tchad: l'Etat retrouvé, Paris 1988; H. Mattes, Tschad, in: HDW III, 4, 1993, S. 488 ff. kz

Tschollima-Bewegung →Korea-Nord (NK)

Tunesien Trotz insges. rel. günstiger Wirtschaftsentwicklung (*Tourismus) und einiger Erfolge des «Bourgibismus» im Bildungswesen und bei der *Familienplanung bleiben *Arbeitslosigkeit und unbefriedigende *Produktivität der Landw. weiterhin wichtige E.-Probleme. Seit der Absetzung des Staatspräs. H. Bourgiba am 7. 11. 1987 ist es zu einer gewissen *Demokratisierung des öffentlichen Lebens gekommen.

1. T. (Fläche 163610 qkm) gliedert sich in die mediterranfeuchte Nordregion des «Tell» (Binnenraum/Getreideanbau, mediterrane Kulturen/Küstensaum), die Steppen- und Wüstensteppenregion (Weidewirtschaft) mit mediterran beeinflußter Küste (Gartenbau, Ölbaumkulturen/Sahel von Sousse und Sfax; Zarzis, Djerba) und den sahar. Wüstenraum mit Sanddünen (*Grand Erg Oriental*) und Salztonebenen (*Schott Djerid*). Neben den reichen Bodenschätzen (Erdöl, Phosphat, Blei, Kupfererze) sind die landschaftlichen Reize (Tourismus) wichtigste E.-Ressource.

2. Der starken Konzentration der Bev. (1991: 8 Mio. Ew.) auf den N (Hs. Tunis) und die östl. Küstengebiete (Sousse, Sfax) stehen die außerhalb der Oasen nur von wenigen Nomaden bewohnten Steppen- und Wüstengebiete gegenüber. Der Anteil der städt. Bev. nimmt durch Binnenwanderung ständig zu und liegt bei 56% (1990). Der Geburtenüberschuß der Bev. (JZ 1980–85: 2,3%) wurde bislang durch die Auswanderung von *Gastarbeitern gemindert. Nach der Wirtschaftskrise in den Zielländern (v. a. Frankreich) kam sie aber weitgehend zum Stillstand, was zu einer Erhöhung der Arbeitslosigkeit führte. Erfolgreich war man im Bildungswesen. Der Besuch der nach franz. Vorbild aufgebauten

Bildungseinrichtungen ist unentgeltlich. Rund ¼ der Ausgaben des Staatshaushaltes fließt derzeit in diesen Sektor. Neben der arab. Staatssprache ist Franz. weiterhin Handels- und Bildungssprache. Die Bev., die sich zu 95 % zum sunnitischen Islam bekennt, besteht größtenteils aus Arabern und arabisierten Berbern; hinzu kommen franz., italien. und maltes. *Minderheiten sowie die z. T. noch in geschlossenen Stammesverbänden lebenden Berbergruppen.

3. Für die tunes. Wirtschaft (BSP/Kopf 1990: 1260 US-$) besitzt die Landw. (Export: Datteln, Oliven, Wein, Obst, Zitrusfrüchte, Getreide), auf die mehr als 50 % der Landesfläche entfallen, nach wie vor große Bedeutung (1991: 14 % des BIP, 32 % der Erw.), wenngleich die Ind. in den letzten J. deutlich an Gewicht gewinnen konnte (1991: 34 % des BIP, 28 % der Erw.). Hauptabnehmer der Exporte (neben Agrarerzeugnissen v. a. Erdöl, Bekleidung, Phosphate) sind die EG und die USA. Seit 1972 wird die ind. Entwicklung durch Einrichtung von *freien Produktionszonen gefördert, die ausl. Investoren für die Ansiedlung exportorientierter Industriezweige (v. a. Textilien, Bekleidung) vielfältige *incentives* anbieten. Hatte der 6. E.-Plan (1982–86) die Förderung des Agrarsektors und der Wasserwirtschaft (Staudämmebau) betont, um so die Abh. von Nahrungsmittelimporten zu reduzieren, stellte der 7. E.-Plan (1987–91) den Ausbau der Industriekapazität in den Mittelpunkt. Beim 8. E.-Plan (1992–96) steht der Abbau der regionalen Disparitäten im Mittelpunkt. Langfristig soll eine breitere regionale Streuung der bislang auf Tunis, Sfax, Biserta und Gabès konzentrierten Industriezonen erreicht werden. Erdölproduktionen und Bergbau (T. ist fünftgrößter Phosphatproduzent der Welt) erbrachten 1984 10,0 % bzw. 1,5 % des BIP. Neben diesen Produkten und den Gastarbeiterüberweisungen ist der ständig zunehmende Tourismus ein wichtiger Devisenbringer (1990 900 Mio. US-$; 3 Mio. Touristen) und Arbeitgeber. 1990 waren 50000 Personen direkt in diesem Sektor beschäftigt; nimmt man die anderen Sektoren (Handwerk, Bauind., Nahrungsmittelind. etc.) hinzu, waren ca. 200000 Arbeitsplätze vom Tourismus abhängig.

4. 1574 bis 1871 war T. Teil des Osmanischen Reiches und besaß unter der Dynastie der Husseiniten eine rel. Autonomie. 1871 wurde T. franz. Protektorat, wobei die Dynastie zwar erhalten blieb, die Reg.-Gewalt aber völlig in den Händen der Franzosen lag. Die Einführung der franz. Sprache als Voraussetzung für den Zugang zur Kolonialverwaltung, die Etablierung europ. Rechtsnormen (v. a. Eigentumsrecht) und die Veränderung der trad. vorkapital. Produktionsweise durch die kapital. Bewirtschaftung des konfiszierten Bodens waren die wichtigsten Konsequenzen der Kolonialherrschaft. Mit dem Ziel, die Unabh. T.s durch eine gemäßigte Strategie der «kleinen Schritte» (1954 innere Autonomie) zu erreichen, gründete H. Bourgiba 1934 die *Néo-Destour*-Partei. Bourgiba wurde vom damaligen Generalsekretär der Partei, S. B. Youssef (1961 ermordet) kritisiert, der für den völligen Bruch mit Frankreich und die Orientierung auf die arab. Welt eintrat. Mit Unterstützung der Franzosen und A. B. Salahs, des Führers der Gewerkschaft UGTT (*Union Génerale des Travaillerus de Tunisie*), setzte sich Bourgiba gegen die «Yousseffisten» durch. 1956 wurde T. unabh. und Bourgiba Staatspräs. (ab 1976 auf Lebenszeit). Die nach franz. und amerik. Vorbild konzipierte Verfassung gab dem Präs. eine außerordentliche Machtfülle, die im Falle Bourgibas durch dessen charismatische Führerschaft und Verankerung im Volk verstärkt wurde. Die Einheitspartei *Parti Socialiste Destourien* (PSD, früher *Néo-Destour*, seit Feb. 1988 mit dem Namen *Ras-*

semblement Constitutionnel Démocratique/ RCD), beherrscht das pol. Leben T.s. Als Nationale Front erhielt sie zusammen mit der Einheitsgewerkschaft UGTT bei den Parlamentswahlen vom November 1986 alle 125 Sitze; gleiches gilt für die vorgezogenen Wahlen vom April 1989. Die wichtigsten Oppositionsgruppen (*Mouvement des Démocrates Socialistes*/MDS, KP, UDU, PUP, PSP und RSP) nahmen 1989 im Gegensatz zu 1986 an den Wahlen teil, erzielten jedoch nur durchschnittlich zwischen 0,2 und 9,2 % der abgegebenen Stimmen. Der von Bourgiba als Nachfolger aufgebaute M. Mzali (ab April 1980 MP, Generalsekretär der PSD), der gewisse Demokratisierungsmaßnahmen eingeleitet hatte, wurde nach Kritik durch Gewerkschaften und Teile der PSD im Juli 1986 von Bourgiba selbst vom Amt des MP entbunden. 1987 nahm die Konfrontation zwischen den islam. Fundamentalisten (u. a. *Mouvement de la Tendance Islamique*/MTI) und dem Bourgiba-Regime zu. Es kam Anfang April zu von islam. Fundamentalisten ausgelösten Unruhen, und im Sept. wurden sieben Mitgl. des MTI, denen man Pläne zum Sturz des Regimes zur Last legte, zum Tode verurteilt. Der Anfang Okt. noch von Bourgiba selbst zum MP ernannte bisherige Innenmin. Z. A. Ben Ali wurde am 7. 11. 1987 als amtierender MP automatisch Staatspräs., nachdem man kraft Art. 57 der Verfassung dem greisen, 85 J. alten Bourgiba mit einem med. Gutachten die geistigen und körperlichen Voraussetzungen für die weitere Ausübung des Staatspräsidentenamtes abgesprochen hatte. Ben Ali amnestierte im Dez. 1987 fast 800 pol. Gefangene (v. a. Mitgl. des MTI, Oppositionsführer A. Mestiri). Im Juli 1988 folgte eine Verfassungsrevision, und mit dem Parteigesetz vom April 1988 wurde ein Mehrparteiensystem institutionalisiert. Die Hauptherausforderung für den seit 1987 von Ben Ali in Gang gesetzten Liberalisierungsprozeß stellt die Militanz der tun. Islamisten (MTI, seit Jan. 1989 *Mouvement Ennahda* mit einem pol. und einem im Untergrund agierenden milit. Flügel) dar, da diese den eingeräumten Freiraum zur Mobilisierung ihrer Sympathisanten nutzten. Die von der *Ennahda* propagierten verfassungsfeindlichen Ziele (deshalb auch keine Zulassung als pol. Partei) und vom milit. Flügel verübte Attentate (Feb. 1991, 2 Tote) machten indes ein Eingreifen der Sicherheitskräfte notwendig mit der Konsequenz einer tendenziellen Abschwächung des grundsätzlich befürworteten Liberalisierungs- und Demokratisierungsprozesses.

Außenpol. ist T. prowestlich orientiert (Beistandsabkommen mit den USA und Frankreich, Zoll-Präferenz-Abkommen mit der EG). Durch die Verlagerung des Sitzes der *Arabischen Liga von Kairo nach Tunis (1979) und die Aufnahme der *PLO-Führung wuchs das Ansehen T.s in der arab. Welt. Die Bez. mit Libyen (1974 scheiterte ein Vereinigungsversuch beider Staaten) waren bislang äußerst ambivalent. Nach der Absetzung Bourgibas ist es in jüngster Zeit zu einer Aussöhnung mit Libyen (28. 12. 1987 Wiederaufnahme der 1985 abgebrochenen dipl. Bez.) gekommen. Diese hat 1988 die im Rahmen der Idee des Aufbaus einer * Arabischen Maghreb Union existierenden Kooperationsbez. T.s zu Algerien, Marokko, Mauretanien und Libyen positiv beeinflußt. Mit dem Iran (Abbruch der dipl. Bez. am 26. 3. 1987), dem man die Unterstützung der Aktionen der islam. Fundamentalisten T.s vorwirft, sind die Bez. gespannt.

Lit.: P. Frankenberg, Tunesien. Ein Entwicklungsland im maghrebinischen Orient, Stuttgart 1979; H. Mensching, Tunesien. Eine geographische Landeskunde, 3. Aufl., Darmstadt 1979; K. Schliephake (Hg.), Tunesien. Natur, Geschichte, Kultur, Gesellschaft, Staat, Politik, Wirtschaft, Tübingen 1981; V. Behr, Auswirkungen der Arbeitsemigration auf die wirtschaftliche Entwicklung Tunesiens, Frankfurt 1984; S. Faath, Tunesien. Die politische Entwicklung seit der Unabhängigkeit 1956–1986, Deutsches Orient-Institut, Hamburg 1986; S. Faath: Herrschaft und Konflikt in Tunesien. Hamburg 1989; T. Koszinowski/H. Mattes (Hg.): Nahost-Jahrbuch 1987 ff (jährlich), Opladen 1988 ff. ah

Tupamaros →Guerilla, Uruguay

Turcs- und Caicos-Inseln →Karibik

Turkmenistan Die mittelasiatische Republik T. erklärte am 27. 10. 1991 ihre Unabhängigkeit von der Sowjetunion, nachdem sie in dem vormonatigen Moskauer Putschversuch vom 19. 8. 1991 noch eine ambivalente Haltung gezeigt hatte. Der Unabhängigkeitserklärung war am 26. 10. 1991 ein Referendum vorausgegangen (Wahlbet.: 94,1 %), bei dem sich 93,5 % der Stimmen für die Loslösung aus dem sowjetischen Staatsverband ausgesprochen hatten. T. unterzeichnete den Vertrag über eine Wirtschaftsgemeinschaft zwischen den Nachfolgestaaten der UdSSR und trat der neugegründeten Gemeinschaft Unabhängiger Staaten (GUS) bei.

1. Die Republik T. (Fläche: 488 100 qkm) wird in weiten Teilen von der Tiefebene einer gewaltigen Sandwüste (Karakum) eingenommen, an deren Rändern sich Gebirgsketten erheben. Im Südwesten des Landes liegen die Niederungen am O-Ufer des Kaspischen Meeres. T. hat gemeinsame Grenzen mit Kasachstan, Usbekistan, Afghanistan und dem Iran. Das extrem kontinentale Klima des Landes ist durch große Trockenheit und hohe Temperaturschwankungen gekennzeichnet.

Die Bev. belief sich 1990 auf 3,6 Mio. E. (Bevölkerungsdichte: 7,4 Ew./qkm). Das Bevölkerungswachstum betrug 1987/88 2,7 %. Hauptstadt ist Aschchabad (1989: 0,4 Mio. Ew.). Die Bev. unterteilt sich ethnisch in Turkmenen (72 %), Russen (9,5 %), Usbeken (9 %) und Kasachen (2 %). Die Bevölkerungsmehrheit gehört dem sunnitisch-islamischen Glauben an.

2. T. erwirtschaftete 1989 ein BSP von 11,8 Mrd. US-$ (BSP pro Kopf: 3370 US-$). Die amtl. Statistiken weisen für den Zeitraum 1990/91 eine rückläufige materielle Produktion (prod. Nationaleinkommen) aus (proz. Rückgang im Vergleich zum Vorjahr 1990: −0,5 %; 1991: −0,6 %). 21 % der Beschäftigten arbeiteten 1987 im Industrie- und Bausektor, 41 % in der Forst- und Landwirtschaft, 18 % im Handels- und Verkehrssektor und 20 % im Dienstleistungsbereich.

Die Schwerpunkte der verarbeitenden Industrie liegen auf der Metallurgie, der Chemie und Petrochemie, dem Maschinenbau und der Textilindustrie. Auf t. Territorium liegen große Erdgas- u. Erdölvorkommen (1987 förderte T. 11 % der sowj. Erdgasförderung); außerdem werden Schwefel und Salz gewonnen. T. war 1987/88 einer der wichtigen Baumwollproduzenten der UdSSR (5 % der sowj. Gesamterzeugung); ferner werden Getreide, Gemüse und Obst angebaut. Die Seidenraupenzucht und die Viehwirtschaft sind weitere Erwerbszweige der Landwirtschaft. Fast die gesamte landw. Anbaufläche muß künstlich bewässert werden. Der t. Getreideanbau deckt nicht den nat. Bedarf. 1987/88 wurden rd. 80 % des Gesamtverbrauches an Getreide durch Importe gedeckt. T. wies 1988 eine ausgeglichene Handelsbilanz auf. Einfuhrüberschüssen bei Erzeugnissen des Maschinenbaus und bei Nahrungsmitteln standen Ausfuhrüberschüsse bei Energierohstoffen und Erzeugnissen der Leichtindustrie gegenüber.

Im Rahmen der angekündigten marktwirtschaftlichen Strukturreformen hat die Regierung im Okt. 1990 ein Programm für den Übergang zur Marktwirtschaft verabschiedet, das die Einführung privaten und genossenschaftlichen Eigentums sowie die Gründung von Kleinbetrieben zur Weiterverarbeitung einheimischer Rohstoffe vorsieht. Im Gefolge der russischen Preisfreigabe im Januar 1992 sind in T. die Preise teilweise freigegeben worden.

3. Die t. Politik wird durch eine kon-

servative komm. Mehrheit in Parlament und Regierung bestimmt. Es gibt nur geringe Ansätze zur Oppositionsbildung. Im Dez. 1991 hat sich die KP der Republik selbst aufgelöst und zur Demokratischen Partei Turkmenistans umgewandelt. Präsident der Republik ist S. Nijasow.

4. Auf t. Territorium lagerten taktische Atomwaffen der sowj. Armee, über deren Verbleib keine verläßlichen Angaben bestehen. Weitere Probleme: Umweltzerstörung als allg. Folge der künstlichen Bewässerung und des massiven Chemikalieneinsatzes in der Landwirtschaft, v. a. im Baumwollanbau (mit ökologisch bedingten Gesundheitsschäden für die Bevölkerung). Eine mögliche Auseinandersetzung mit den mittelasiatischen Nachbarrepubliken um die knappen Wasserressourcen ist für die nähere Zukunft denkbar. ak

Tutu, Desmond Mpilo Geb. am 7. 10. 1931 in Klerksdorp/Südafrika, war von 1955–1958 als Lehrer tätig und absolvierte darauf eine theologische Ausbildung. 1961 wurde er zum Priester geweiht, worauf er in den J. 1962–1966 seine theologischen Studien in London fortsetzte. Tutu lehrte als Theologieprofessor an der University of Roma in Lesotho, bevor er 1972 zum Dekan der anglikanischen Kathedrale von Johannesburg und 1976 zum Bischof von Lesotho ernannt wurde. Von 1977 bis 1984 übte er das Amt des Generalsekretärs des Südafrikanischen Kirchenrats aus; seit 1984: Führer der anglikanischen Kirche seines Landes und Erzbischof der Diözese Kapstadt. In Würdigung seiner Rolle als Führer der Bewegung zur gewaltlosen Überwindung der *Apartheid erhielt er 1984 den Friedensnobelpreis. Im außerparlamentarischen pol. Leben in Südafrika spielt Tutu eine zunehmend wichtigere Rolle. Er tritt für Sanktionen als Mittel zur Beseitigung der Apartheid ein. Kirche und Politik waren und sind bei ihm immer eng miteinander verknüpft, was ihm mitunter Kritik nicht nur seitens seiner Gegner eingebracht hat. ajh

Tuvalu →(vormals Ellice-Inseln) Pazifische Inselwelt

TZ →Technische Hilfe/Zusammenarbeit

TZ-Kleinstprojekte Finanziell nicht aufwendige, lokal und schnell wirksame Maßnahmen, besonderes Instrument dt. *Entwicklungspolitik im Rahmen der *Technischen Hilfe, gemäß einer Übereinkunft zwischen *BMZ und Auswärtigem Amt von den Deutschen Botschaften in der *Dritten Welt durchgeführt. Gefördert werden nur Maßnahmen, die a) Hilfe zur *Selbsthilfe leisten; b) im Interesse und Einverständnis der EL-Regierungen liegen; c) in sich geschlossen sind, d. h. keine weitergehenden Verpflichtungen induzieren; d) mit laufenden Projekten entwicklungspolitischer Zusammenarbeit nicht zusammenhängen; e) die einheimische Projektträger (z. B. *Genossenschaften, *Kirchen, örtliche Behörden) nicht allein, sondern nur teilweise finanzieren können; f) nur bei sofortiger Durchführung sinnvoll sind; g) die Sachgüter aus dem EL (oder einem Nachbarland) verwenden; h) deren Mittelbedarf 15 000 DM im Einzelfall (und 60 000 DM pro Land und Jahr) nicht übersteigt. 1981 wurden 293 Projekte im Wert von 1,5 Mio. DM durchgeführt. 1988 wurden für 733 Maßnahmen 6,9 Mio DM zugewiesen. bg

U

UAM →Brazzaville-Gruppe

UAMBD *Union Africaine et Malgache de Banques pour le Développement*, Afrikanisch-madegassische Union der Entwicklungsbanken.

UDEAC (*Union Douanière et Economique de l'Afrique Centrale*) Zentralafrik. Zoll- und Wirtschaftsunion, Kern der *CEEAC.

UDEAO *Union Douanière Economique de l'Afrique de l'Ouest*, Zoll- und Wirtschaftsunion der westafrikanischen Staaten.

UEAC *Union des Etats de l'Afrique Centrale*, Union Zentralafrikanischer Staaten.

Uganda Die Hoffnungen auf pol. Stabilisierung und wirtsch. Wiederaufbau nach dem Sturz der Militärdiktatur unter I. Amin durch die Intervention tanz. Truppen (1979) haben sich bislang nicht erfüllt: Die Folgen der Diktatur und kriegerische Auseinandersetzungen haben das Land wirtsch. völlig zerrüttet und zu drastischer Nahrungsmittelverknappung geführt. Mit dem Einmarsch der *National Resistance Army* (NRA) im Jan. 1986 und dem dadurch eingeleiteten Regime Yoweri Musevenis wurde dem Bürgerkrieg vorläufig ein Ende gesetzt und der wirtsch. Wiederaufbau eingeleitet.

1. U. ist ein *Binnenland (Fläche 236000 qkm). Sein trop. Klima bedingt, vom trockenen NO (extensive, halbnomadische Viehzucht) abgesehen, U.s günstiges Agrarpotential (Kaffee, Tee, Baumwolle, Erdnüsse). Dem Fischreichtum der Seen und den großen Reserven an Wasserkraftenergie (v. a. am Nil) stehen bislang nur wenige abbauwürdige mineralische Ressourcen (Kupfer) gegenüber.

2. Die Bev. (1990: ca. 17,36 Mio. Ew.), von der etwa 14,4% in Städten (Hs. Kampala) leben, konzentriert sich auf die Anbaugebiete um den Victoriasee. Hohe JZ der Bev. (durchschn. 3,1%), geringe LE (1990: 47 J.), Analphabetismus (1977: 52%, 1985: 42,7%, 1990: 52%) und ein hoher Anteil an Jugendlichen kennzeichnen die E.-Problematik. Im Gesundheitswesen ist die Situation extrem schlecht; selbst einfachste Medikamente und med. Hilfsmittel fehlen. Die Kindersterblichkeit ist hoch, und Massenkrankheiten (v. a. Malaria, Pertussis, Ruhr und *AIDS) sind weit verbreitet (→Gesundheit). Mit ca. 40 unterscheidbaren Gruppen ist die ethnische Struktur eine der heterogensten in Afrika. Neben sudan., nilot. und hamit. Gruppen sowie indischen und arab. *Minderheiten überwiegen die Bantu (50% der Bev.). Mit 18% der Bev. stellen die Baganda den größten der Stämme. Der Anteil der in Handel, Gewerbe und höherqualifizierten Berufen dominierenden Inder wurde unter Amin durch die Ausweisung der «U.-Asiaten» 1972 stark reduziert. Wichtigste Sprachen sind Engl. und Kisuaheli; ca. 60% der Bev. sind Christen. In den Bantugebieten kommen Animisten hinzu; der Anteil der Moslems und Hindus sank infolge der Ausweisungen.

3. Der Agrarsektor bildet die wirtsch. Basis Ugandas. Auf ihn entfallen fast 99% aller Ausfuhrerlöse, und mehr als 90% der Bev. sind von ihm abhängig. Bei recht unterschiedlichen Anbausystemen und Bodenrechtsverhältnissen der einzelnen Stämme werden ca. 40% der Agrarprodukte für die *Subsistenz (v. a. Kochbanane, Hirse) erwirtschaftet. Durch die Förderung von Frischgemüse, Früchte- und Kakaoanbau wird über Staatsfarmen und Auslandshilfe eine *Diversifizierung der Agrarproduktion angestrebt. Neben der Viehzucht (Zeburinder) und der durch den Krieg fast völlig zusammengebrochenen Forstwirtsch. eröffnen v. a. die reichen Süßwasserfischreviere günstige Zukunftschancen. Die Ind., deren Anteil am BIP 1990 bei 7% lag, entwickelt sich nur langsam. Durch den Standortnachteil einer hohen Distanz zur Küste behindert, konzentriert sich die weitgehend auf der Verarbeitung einheimischer Agrarprodukte beruhende Konsumgüterind. regional auf Kampala und Jinja/Njeru. Der öfftl. Sektor und die staatl. Beteiligungen in privatwirtsch. Unternehmen haben seit der Asiatenausweisung stark zugenommen. Im Rahmen der Ugandanisierungspolitik I. Amins wurden die Teeplantagen und acht

größten Handelsunternehmen verstaatlicht; 1973 war die Wirtschaft U.s weitgehend afrikanisiert. Durch die Asiatenausweisung und die chaotischen Verhältnisse unter der Herrschaft Amins kam die Produktion fast völlig zum Stillstand. Die Staatseinnahmen sanken rapide, und die finanz. Mittel wurden auf Kosten sozialer und infrastruktureller Maßnahmen vorwiegend für milit. Zwecke ausgegeben. Die Reg. Obote (1980–1985), mit sozialen Unruhen, Schmuggel, Korruption (*magendo*) und Gewaltkriminalität konfrontiert, versuchte, die wirtsch. Lage mittels eines mit dem *IWF abgestimmten *crash-programs* (1981) zu stabilisieren (drastische Abwertung der Währung, Aufhebung der Preiskontrollen, Begrenzung der öfftl. Ausgaben). Das 1987 in Kraft getretene Wiederaufbauprogramm setzt den Schwerpunkt im landw. Bereich. Kennzeichnend sind jedoch weiterhin hohe Inflation und *Arbeitslosigkeit.

4. Das von Investitionsgüter- und Ölproduktimporten abhängige U. weist im Außenhandel warenmäßig (Kaffee: ca. 95 % der ges. Exporterlöse) und regional (EG, USA, Japan, Kenya) einen hohen Konzentrationsgrad auf. Der durch gemeinsame Außenzölle geschützte Binnenmarkt der Ostafrikanischen Gemeinschaft (Tanzania, Kenya, Uganda) und die Perspektiven wirtsch. *Integration gingen 1977 durch die Auflösung der *EAC verloren. U. exportiert elektrische Energie (*Owen's Falls*-Kraftwerk) nach Kenya, von wo es seinerseits wichtige Mineralölprodukte erhält.

5. 1894 wurde U., das unter der Führung des Königreichs Buganda aus mehreren Herrschaftsgebieten bestand, brit. Protektorat. Die wichtigsten kolonialen Prägungen im Rahmen der brit. **indirect rule*-Politik sind die Ausrichtung U.s auf den Tee- und Kaffee-Export für den Weltmarkt, eine rel. gute Verkehrsinfrastruktur und der Aufstieg der Asiaten, die ursprünglich für den Eisenbahnbau ins Land geholt wurden, zur Führungsschicht in Wirtsch. und Handel. Die bestehende tribale und ethnische Differenzierung, die partikularistischen Tendenzen einzelner Gruppen, v. a. aber die Differenzen zwischen Buganda (Bagandastamm) und den anderen Gebieten (kath. *Democratic Party* DP, *Uganda People's Congress* UPC/M. Obote) belasteten U.s Weg in die Unabhängigkeit (1962). Obote, zunächst Premierminister in einer parl.-föderativen Demokratie bei bevorzugter Stellung Bugandas, setzte ein Einparteisystem durch (E.-Ideologie des *Move to the Left*) zum Aufbau einer soz. Gesellschaft. Seine Ideen, niedergelegt in der an der *Arusha-Erklärung *Nyereres orientierten *Common Man's Charter*, fanden weder bei den wohlhabenden ländl. und städt. Mittelschichten noch bei Kleinbauern Anklang. 1971 begann nach einem Militärputsch die brutale Diktatur I. Amins; ca. 500000 Menschen sollen der Lynchjustiz der Soldateska zum Opfer gefallen sein. Das Land versank im wirtsch. Chaos und geriet innerhalb Afrikas immer mehr in die außenpol. Isolation. Nachdem Amins Truppen tanz. Territorium angegriffen hatten, eroberten 1979 *Guerillaeinheiten von Exil-Ugandern zusammen mit tanz. Truppen U. und zwangen Amin zur Flucht ins arab. Ausland. Der von Obote-Anhängern und Angehörigen des Amin-feindlichen Bagandastammes gleichermaßen akzeptierte Y. Lule, Vorsitzender der *Uganda National Liberation Front* (UNLF) hatte kurzfristig die Führung der provisorischen Regierung, wurde aber 1979 von G. Binaisa abgesetzt. 1980 kam durch einen Putsch die Militärkommission der UNLF (Vorsitzender Muwanga, Vize Museveni) an die Macht, die die ersten Wahlen nach der Unabh. durchführten. Präs. wurde der aus dem Exil zurückgekehrte Obote (UPC). Vorwürfe der Manipulation bei den durch Übertritte notwendig ge-

wordenen Nachwahlen führten zur Organisation versch. Guerillagruppen, die zwischen 1981 und 1985 durch Militäroperationen seitens der Reg. bekämpft wurden (Massaker und Verwüstungen). Die Spaltung zwischen Langi- und Acholi-Angehörigen auch innerhalb der Armee kam im Juli 1985 in offenen Kämpfen in Kampala zum Ausbruch, in deren Verlauf Obote am 27.7.1985 von Acholitruppen gestürzt wurde. Nacheinander wurden zwei Präs., Muwanga und Walingo, eingesetzt. Der 1985 zwischen der *National Resistance Army* (NRA) und dem Militärrat in Nairobi geschlossene Friedensvertrag wurde nicht eingehalten, bis die NRA am 21.1.1986 die Hs. stürmte und Museveni als neuen Präs. einsetzte, dessen Amtszeit 1990 um 5 J. verlängert wurde. Das neue Regime unterzeichnete 1988 einen Friedensvertrag mit der bedeutendsten Guerillagruppe (UPDA) und zerschlug die relig. motivierte Bewegung von Alice Lakwena. 1990 wurde mit zwei weiteren Guerilla-Gruppen Frieden geschlossen. Die Menschenrechtssituation blieb jedoch laut *amnesty international kritisch. Die verbotenen Parteien existierten verdeckt weiter, wie die semi-kompetitiven Wahlen vom März 1989 zeigten. Im Juli 1990 wurde Museveni Vorsitzender der *OAU. Im August 1992 wurde das Parteienverbot aufgehoben; für 1994 sind Parlamentswahlen vorgesehen.

Außenpol. orientiert sich U. v.a. an den westl. IL (Haupthandelspartner); Tanzanias Einfluß (anfänglich Funktion als Schutzmacht) nahm ab.

Lit.: P. Woodward, Ambiguos Amin, in: African Affairs 307, 1987, S. 153ff.; S. Kiwaunza, Amin and the Tragedy of Uganda, München/London 1979; R. L. Collison, Uganda (Bibliography), Oxford 1981; G. Baumhögger, Uganda, in: R. Hofmeier/M. Schönborn (Hg.), Politisches Lexikon Afrika, 4. Aufl., München 1988; R. Hofmeier, Uganda, in: HDW III, 5, 1993, S. 201ff. ah/pb

U-Hypothese →Einkommensverteilung

UIP →UNESCO

Ujamaa Auf Swahili «wie eine Familie leben», ideologische Grundlage des tanzanischen *Sozialismus. Anknüpfend an die idealtypisch verklärten Elemente der nach J.K. *Nyerere klassenlosen traditionalen afrik. Bauerngesellschaft (gemeinsames Eigentum, gemeinsame Arbeit, gerechte Güterverteilung, gegenseitige Achtung) sind die wichtigsten Ziele des *Ujamaa*-Sozialismus: Vergesellschaftung der Produktionsmittel, gleiche *Einkommens- und Vermögensverteilung, Einbeziehung der gesamten Bev. in den E.-Prozeß, Beendigung der Abh. und Ausbeutung, **self-reliance*, freiwillige Annahme des Sozialismus durch das Volk. Diese Prinzipien finden sich in der *Arusha-Erklärung von 1967.

Seit 1967 wurde die verstreut siedelnde Landbev. (zunächst auf freiwilliger Basis, später unter Zwang) in *Ujamaa*-Dörfern konzentriert (1974: Politik der geplanten Dörfer), die eine verbesserte *Infrastruktur (Wasser, Schulen, Krankenhäuser) und verbesserte *Partizipation der Bev. am politischen Entscheidungsprozeß ermöglichen sollten. Neben den obengenannten *Ujamaa*-Prinzipien wurde im Erziehungsbereich die Verbindung von körperlicher und geistiger Arbeit sowie praxisorientierter Ausbildung und Erziehung zur Selbständigkeit und zu gegenseitiger Hilfe zu verwirklichen versucht. Trotz erheblicher Schwierigkeiten (u.a. arbeitsorganisatorische Mängel, unzureichende Niederschläge, Preisstürze der Exportprodukte) und berechtigter Kritik an dem z.T. gewaltsamen Vorgehen lokaler Behörden (1975: 5 Mio. Bauern in *Ujamaa*-Dörfern) bildet der *Ujamaa*-Weg einen durchaus erfolgversprechenden Mobilisierungsansatz.

Lit.: R. D. Baldus, Zur operativen Effizienz der Ujamaa-Kooperativen Tansanias, Marburg 1976; J. Boesen u.a., Ujamaa-Socialism from above, Uppsala 1977. dn

UMOA *Union Monétaire Ouest-Africaine*, Westafrikanische Währungsunion.

Umschuldung Unter U. versteht man

die vertraglichen Neuvereinbarungen zwischen EL und Gläubigerländern über günstigere Rückzahlungsbedingungen der aufgenommenen Kredite. U. sind Folge der wachsenden →Verschuldung der EL und zunehmender Probleme, dem *Schuldendienst nachzukommen. →Brady-Initiative dn

Umwelt →Ökologie

Umweltflüchtlinge Menschen, die aufgrund natürlicher oder anthropogener Umweltschäden gezwungen sind, ihre angestammte Umgebung vorübergehend oder dauerhaft zu verlassen, da ihre Lebensqualität schwerwiegend beeinträchtigt oder ihre Existenz gefährdet ist. Sie unterscheiden sich von jenen völkerrechtlich als *«Flüchtlinge» definierten Personen, die «sich aus der begründeten Furcht vor Verfolgung wegen ihrer Rasse, Religion, Nationalität, Zugehörigkeit zu einer best. sozialen Gruppe oder wegen ihrer pol. Überzeugung außerhalb des Landes befinden, dessen Staatsangehörigkeit sie besitzen» (Genfer Flüchtlings-Konvention von 1951).

Umweltflüchtlinge sind zu verzeichnen nach Atom- oder Chemieunfällen und – in größerer Zahl – bei fortschreitender *Desertifikation (meist in afrik. Ländern) oder nach Umweltkatastrophen, die auf von Menschen verursachten Änderungen des Klimas oder der *Ökologie zurückgehen. In diesem Kontext ist bes. auf Überschwemmungen und Flutkatastrophen in südostasiat. Ländern hinzuweisen. Ihre Schadensursache liegt wesentlich in der Abholzung von Wäldern begründet sowie in ökol. problematischen landw. Anbaumethoden. Nach Schätzungen des *Worldwatch Institute* ist von jährlich mindestens zehn Millionen Umweltflüchtlingen auszugehen. Prognosen desselben Instituts sagen eine drastische Erhöhung der Zahl in dem Ausmaß voraus, wie die globale Klimaerwärmung infolge des Treibhauseffekts zunimmt, die Pole schmelzen und ein Anstieg des Meeresspiegels, insb. in EL, zu Landverlusten führt.

Lit.: P. J. Opitz, Das Weltflüchtlingsproblem, München 1988; Worldwatch Institute Report, Zur Lage der Welt 1988/89, Frankfurt 1988; J. L. Jacobsen, Environmental Refugees, Worldwatch Paper 86, Washington 1988. ms

UN Vereinte Nationen (*United Nations*): Die Organisation der Vereinten Nationen (*United Nations Organization*, UNO) wurde am 24. Okt. 1945 in San Francisco auf einer Konferenz der Siegerstaaten des II. Weltkrieges gegründet. Gründungsmitgl. waren 49 souveräne Staaten und 2 abh. Gebiete. Im Zuge der Entwicklung der UN zu einer Weltorganisation mit Universalitätsanspruch traten den UN immer mehr Staaten bei, insbes. (nach der *Dekolonisation) afro-asiatische Staaten. Die Mitgl.-Zahl von EL entwickelte sich wie folgt: 1945: 29, 1950: 36, 1960: 64, 1970: 89, 1975: 103, 1982: 115, 1988: 117. Die EL stellen damit die überwältigende Mehrheit der Mitgl. (1982: 157; 1988: 159). Der Wandel der Mitgliedschaft ist nicht ohne Auswirkungen auf die Struktur der UN geblieben (neue Mehrheitsverhältnisse, Einrichtung neuer Organe). Auch die Bedeutung der Organe und die Themen, mit denen sie sich beschäftigen, haben sich seit der numerischen Vorherrschaft der EL stark gewandelt. Im wesentlichen unverändert blieb allein die Charta der UN vom 26. Juni 1945, in der die Zusammensetzung und die Funktionen der 6 Hauptorgane der UN geregelt sind: 1. Generalversammlung (GV), setzt sich aus den Mitgl.-Staaten zusammen, tagt j. am Sitz der UN in New York. Die GV entscheidet über die Zusammensetzung der anderen Hauptorgane, übt die Kontrolle über den Haushalt und die Verwaltung der UNO aus, sie kann alle Fragen und Angelegenheiten erörtern, die im Rahmen der Charta liegen oder die Befugnisse und Funktionen jedes anderen Organs betreffen, und entsprechende Empfehlungen an die UN-

Abbildung 8: Die Zwischenstaatlichen Organisationen

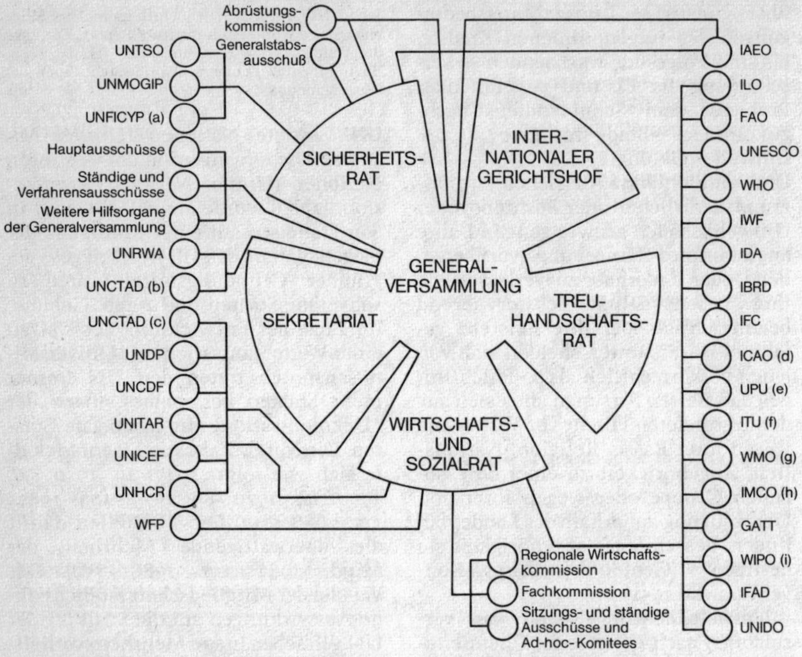

a = Truppe der UN zur Wahrung des Friedens auf Zypern
b = Konferenz der UN für Handel und Entwicklung
c = Welthandels- und Entwicklungsrat der UNCTAD
d = Int. Zivilluftfahrt-Organisation
e = Weltpostverein
f = Int. Fernmelde-Union
g = Weltorganisation für Meteorologie
h = Zwischenstaatl. Beratende Schiffahrts-organisation
i = Weltorganisation für geistiges Eigentum

Quelle: BMZ, Politik der Partner, Bonn 1981, S. 108.

Mitgl., den Sicherheitsrat oder an beide richten; der *ECOSOC und der Treuhandrat stehen unter der Aufsicht der Generalversammlung; 2. Sicherheitsrat (SR), bestehend aus 5 ständigen (VR China, Frankreich, GB, Sowjetunion, USA) und 10 nichtständigen Mitgl., die von der GV aus ihrer Mitte für 2 J. gewählt werden; 3. *ESOSOC (Wirtschafts- und Sozialrat); 4. Treuhandrat, zusammengesetzt aus den 5 ständigen Mitgl., des SR, zuständig für Fragen der *Dekolonisation; 5. Int. Gerichtshof *IGH mit Sitz in Den Haag; 6. Sekretariat mit dem Generalsekretär als höchstem Verwaltungsbeamten der UN an der Spitze, der aber auch pol. Funktionen gegenüber den anderen Hauptorganen, insbesondere der GV und dem SR, ausübt. Er wird auf Vorschlag des SR von der GV für eine Amtsperiode von 5 J. gewählt. Zum UN-System gehören Ausschüsse, die GV und SR einrichten können (es bestehen 7 Hauptausschüsse); Kommissionen, die *ECOSOC bestellen kann (5 regionale Wirtschaftskommissionen); Spezialorgane, die von der GV eingesetzt werden, u. a. *UNCTAD, *UNCDF, *UNDP, *UNEP, *UNHCR, *UNICEF, *UNIDO, *UNITAR; Sonderorganisationen, die auf Grund zwischenstaatlicher Übereinkünfte auf den Gebieten der Wirtschaft, des Sozialwesens, der Kultur, der Erziehung und der Gesundheit gegründet und durch besondere Abkommen mit den UN in Verbindung gebracht werden. Zu den gegenwärtig 14 Sonderorganisationen gehören: *FAO, *ILO, *Weltbank, *IFC, *IDA, *IWF, *UNESCO, *WHO. *IAEA und *GATT zählen nicht zu den Sonderorganisationen und nehmen eine Sonderstellung ein.

Publikationen der UN erhältlich bei der *DGVN. Adresse: Palais des Nations, 1211 Genf 10.

Lit.: K. Hüfner / J. Naumann, Das System der Vereinten Nationen, Düsseldorf 1974, P. Pawelka, Vereinte Nationen und strukturelle Gewalt, München 1974; F. N. Strotmann, Third World Group Formation in the United Nations, Amsterdam 1977; E. Luard, International Agencies. The Emerging Framework of Interdependence, London 1977. dn

UN-Ausbildungs- und Forschungsinstitut →UNITAR

unbalanced growth Das im Ggs. zum **balanced growth* von A. O. Hirschman vertretene Konzept geht von der – wohl richtigen – Annahme knapper Investitionsmittel aus und empfiehlt ihren Einsatz in der zunächst einseitigen Förderung einiger Industrien. Dadurch entstünden Engpässe in den vor- und nachgelagerten Sektoren und Branchen, welche die Unternehmer jener Bereiche zu erhöhten *Investitionen anregen würden. Derselbe Effekt würde erneut in weiteren Sektoren und Branchen auftreten. Die systematische und bedachte Herbeiführung von Ungleichgewichten soll danach wirtsch. E. auslösen und verstärken. Contra: Die Kritik hebt darauf ab, daß das Konzept vom Typ eines rationalen und dynamischen Unternehmers ausgeht, an dem es aber gerade den EL fehlt. Bemerkenswert ist auch, daß ein wesentliches Element in der wirtschaftswiss. Analyse von UE, der *Dualismus, hier zum strategischen Faktor der Überwindung von UE umgemünzt wird. F. Perroux hat das *Unbalanced-growth*-Konzept weiterentwickelt und geogr. begrenzte Wachstumszentren, sog. Entwicklungspole, als Instrument einer langfristig erfolgreichen E.-Strategie propagiert. Demgegenüber hat G. Myrdal nachgewiesen, daß sich die als nur zeitweilig eingeplante Verstärkung regionaler E.-Unterschiede nicht wieder verringert, sondern die reicheren Regionen immer reicher und die ärmeren Regionen immer ärmer würden. Er übertrug damit die Vorstellung des **circulus vitiosus* bzw. der zirkulären Verursachung auf die Entwicklungspolitik-Strategie.

Lit.: A. O. Hirschman, The Strategy of Economic Development, New Haven, 1958; G. Myrdal, Asian Drama. An Inquiry into the Poverty of Nations, 3 Bde., New York 1968. dn

UN-Bevölkerungsfonds →UNFPA

UN-Bevölkerungskonferenz →Weltbevölkerungskonferenz

UNCAST *United Nations Conference on the Application of Science and Technology to Development* UN-Konferenz über die Anwendung von Wissenschaft und Technologie im E.-Prozeß.

UNCDF UN-Kapital-Entwicklungsfonds (*UN-Capital Development Fund*), als Instrument der *Kapitalhilfe für die EL 1966 von der Generalversammlung mit den Stimmen der EL beschlossen, gedacht als Alternative zu den von den Kapitalgeberländern, den westl. IL, beherrschten internat. Finanzierungsinstituten *Weltbank und *IWF. UNCDF sollte der Kontrolle der *UN-Vollversammlung und damit der Mehrheit der EL unterstehen und deren Volkswirtschaften durch Zuschüsse und Kredite zu langfristigen und zinsgünstigeren Bedingungen Ressourcen transferieren. Das Kernproblem, die Mittelaufbringung, konnte bislang nicht gelöst werden, da die westl. IL den Beitragszusagekonferenzen fernblieben. Fondsmittel 1976: 6 Mio., 1985: 21 Mio., 1987: 18 Mio. US-$. dn

UNCED →Weltumweltkonferenz

UNCLOS →Internationales Seerecht

UNCOD UN-Wüstenkonferenz (*United Nations Conference on Desertification*), beschäftigte sich 1977 in Nairobi mit den Problemen der von der *Desertifikation betroffenen Gebiete (z. B. *Sahelzone).

Lit.: UNCOD (Hg.), Desertification: Its Causes and Consequences, Oxford u. a. 1977. ah

UNCST (UNCSTED) Weltkonferenz der *UN über Wissenschaft und Technik im Dienste der Entwicklung (*UN-Conference on Science and Technology for Development*), vom *ECOSOC einberufen, tagte vom 20. bis 31. Aug. 1979 in Wien. Thema: Probleme der int. Arbeitsteilung im Bereich von Wissenschaft und Technologie, u. a. die technologische Abh. der EL von den IL, Rahmenbedingungen des *Technologietransfers, E.-Effekte importierter Technologie, Förderung *angepaßter Technologien, Stärkung lokaler wiss. und technol. Fähigkeiten in EL. Die Konferenz brachte keine wesentlichen Fortschritte.

Lit.: K. H. Standke, Prioritäten von und Perspektiven für Wissenschaft und Technologie im Dienste der Entwicklung, in: HIZ III A 00 51 (Nov. 1988). dn

UNCTAD *UN-Konferenz für Welthandel und Entwicklung (*UN-Conference on Trade and Development*), wurde auf Drängen der EL eingerichtet und 1964 auf Beschluß des *ECOSOC zum erstenmal einberufen. Entgegen den Vorstellungen der EL wurde mit der UNCTAD keine eigenständige Welthandelsorganisation gegr., sondern ein ständiges Organ der UN-Vollversammlung. UNCTAD übernahm jedoch immer mehr Funktionen des ECOSOC. Konferenzen finden seit 1964 in Abständen von vier J. statt, zwischen UNCTAD IV und UNCTAD V ausnahmsweise drei J.: UNCTAD I, Genf 1964; UNCTAD II, Neu-Delhi 1968, UNCTAD III, Santiago de Chile 1972; UNCTAD IV, Nairobi 1976; UNCTAD V, Manila 1979; UNCTAD VI, Belgrad 1983; UNCTAD VII, Genf 1987; UNCTAD VIII in Cartagena 1992. Der UNCTAD gehören alle Mitgl. der UN und ihre Sonderorg. an. Ständiges Organ der UNCTAD zwischen den Konferenzen ist der Rat für Handel und Entwicklung (TDB), dem bis 1972: 55 Mitgl., 1988: 131 Mitgl. angehörten. Er tagt in die Kontinuität der Arbeit wahrenden, regelmäßigen Abständen, mind. zweimal im J.; Beschlußfassung mit einfacher Mehrheit. Als Verwaltungsorgan besteht ein ständiges Sekretariat (Sitz: Genf), dem ein Generalsekretär vorsteht.

Die Verhandlungen innerhalb der UNCTAD erfolgen auf der Basis interner Gruppenbildung, die zunächst von der A-, B-, C-, D-Ländereinteilung ausgingen, seit 1972 verstärkt folgende Struktur hat: *Gruppe der 77 (1988: 125) EL, Gruppe A und C (ohne Israel); Gruppe B (westl. IL oder *OECD-Länder); Gruppe D (soz. Länder Osteuropas). Die VR China tritt als eigene Gruppe auf. Das numerische Übergewicht der EL kommt auch in der Zusammensetzung der TDB zum Ausdruck. Eine Studie der *Commonwealth Group of Experts* 1982 (*The North-South Dialogue, Making it Work*, London) kritisierte die auf diesem Gruppensystem basierende Verhandlungstechnik; sie sei ineffizient und zeitaufwendig. Die Erarbeitung der Gruppenposition beanspruche 75 % der Verhandlungsdauer und verschütte so die Auseinandersetzung um den eigentlichen Verhandlungsgegenstand. Die Expertengruppe machte ebenso wie der zweite *Brandt-Bericht 1983 Reformvorschläge zur Technik der *Nord-Süd-Verhandlungen: Gruppierung der EL nach Interessenlagen zwecks Abstimmung nur unter direkt Betroffenen und höherer Effizienz; 8 Verhandlungsgruppen: *OPEC-Länder, restliche ölexportierende EL, *Schwellenländer (NIC), *LLDCs, Länder mit einem Pro-Kopf-Einkommen von über 750 US-$, Indien, *Binnenländer.

Die bisherigen UNCTAD-Konferenzen haben nicht die von den EL in sie gesetzten Erwartungen erfüllt. Adresse: Palais des Nations, CH-1211 Genf 10. →Neue Weltwirtschaftsordnung

Lit.: R. L. Rothstein, Global Bargaining. UNCTAD and the Quest for a New International Economic Order, Princeton 1979. dn

UNDA *United Nations Development Authority* Entwicklungsbehörde der UN.

UNDOF *United Nations Disengagement and Observer Force*, UN-Entflechtungs- und Beobachtungsstreitkräfte.

UNDP (*UN-Development Program*) E.-Program der *UN. Gegr. 1965 durch Verschmelzung der EPTA (Erweitertes Technisches Hilfsprogramm) und SF (Sonderfonds). Sonderorgan der UN, unter der pol. Kontrolle der Vollversammlung und des *ECOSOC, durch Reform des UN-Entwicklungssystems seit 1970 Mittelpunkt und Koordinationsstelle aller UN-Org., die der E.-Hilfe (*Technische Hilfe) dienen.

Organe: Verwaltungsrat, 48 Mitgl. auf 3 J. im Auftrag der Vollversammlung vom ECOSOC gewählt (EL 27, westl. IL 17, soz. Länder 4); Entscheidung nach einfacher Mehrheit, bisher stets einstimmig. Verwaltungschef ist ein «Administrator», auf 4 J. vom Verwaltungsrat gewählt.

Aufgabe: *Projekthilfe (Programmierung, Konkretisierung, Durchführung, *Evaluierung von Projekten). Schwerpunkte: 1. Erschließung und Nutzbarmachung natürlicher *Ressourcen; 2. Ausbildung von Fachkräften; 3. Verbesserung der öfftl. Verwaltung; 4. Bekämpfung von Krankheiten/Ausbau des Gesundheitswesens; 5. Anpassung und Anwendung geeigneter Technologien für die E.; 6. Schaffung von Anreizen für erhöhten Kapitaltransfer von seiten privater Sektoren; 7. Verbesserung der wirtsch. Zusammenarbeit unter EL.

Finanzierung: Aus freiwilligen Beiträgen der Mitgl.; die Mittel stammen zu 90% aus westl. IL. 1973 bis 1980 jährl. Steigerung des UNDP-Haushalts um ca. 14%, später schwächer (1986 bis 1991 8% geplant). Im zweiten Planungszyklus 1976 bis 1981 standen UNDP 3,2 Mrd. US-$ zur Verfügung; im dritten Planungszyklus 1982 bis 1986: 3,9 Mrd. US-$. Für den vierten Planungszyklus 1986 bis 1991 wird ein Gesamtvolumen von 4,4 Mrd. US-$ angestrebt. 1985 unterstützte UNDP über 7000 Projekte in ca. 150 Staaten und Territorien. Über 90% werden von UN-Sonder-/Fachorganisationen ausgeführt, dem Volumen der zugeteilten Mittel nach: *FAO, UN (*DTCD), *UNIDO, *ILO, *UNESCO. Sektorale Verteilung 1985: Landw. 22% (der Gesamtausgaben), Verkehrs- und Nachrichtenwesen 12%, E.-Planung 15%, natürliche Ressourcen 13%, Industrie 12%, Erziehung 5%. Regionale Verteilung 1985: Afrika 29%, Asien und Pazifik 29%, LA 12%, arab. Staaten 9%, Rest (global, interregional, etc.) 20%. 1976 bis 1981 konzentrierte sich die Förderung bereits zu ⅔ auf EL mit einem *Pro-Kopf-Einkommen unter 500 US-$; für 1986 bis 1991 zu 80% auf EL mit einem Pro-Kopf-Einkommen von jährl. weniger als 750 US-$. dn

UNECA →ECA

UNEDA *United Nations Economic Development Administration*, UN-Amt für wirtsch. Entwicklung.

UNEF (*UN Environment Fund*), *UNEP zugeordneter Umweltfonds; aus freiwilligen Mitgliedsbeiträgen gespeist, jährl. Volumen seit 1983 ca. 30 Mio. US-$, zu 80% von westl. IL getragen. dn

UN-Entwicklungsprogramm →UNDP

UNEP Umweltprogramm der Vereinten Nationen (*United Nations Environment Programme*). Nach der *Welt-Umweltkonferenz 1972 von der Generalversammlung (GV) der *UN gegr. Hauptsitz: Nairobi (Kenya) mit Regionalstellen in Bangkok, Mexico

City, Manama (Bahrain), Genf, Athen, New York und Washington, D. C.

Aufgaben: Koordinierung der umweltrelevanten Tätigkeiten von UN-Organisationen wie *FAO, *WHO, *ILO, *UNESCO, *UNDP sowie nicht-gouvernementaler Org., z. B. *World Wildlife Fund* (WWF) und *Int. Union for Conservation of Nature and Natural Resources* (IUCN). Das UNEP hat weniger eine direkt operative Aufgabe, sondern soll «katalytisch» wirken, indem es Maßnahmen anregt und beschleunigt, versucht Umweltbewußtsein zu schaffen und die Bildung regionaler und globaler Umweltregime fördert. Die im Vergleich zu anderen int. Organisationen schwache Personalausstattung, geringe eigene Finanzmittel und fehlende Forschungskapazitäten schränken die Arbeit des UNEP stark ein.

Pol. Mittel und Instrumente sind: Empfehlungen und Richtlinien in die UN-GV einzubringen, die Entwicklung des Umweltvölkerrechts (Gewohnheitsrecht und int. Verträge) voranzutreiben, konkrete E.-Projekte anderer int. Organisationen zu unterstützen und Konzepte der *Ökologie in die int. Beziehungen zu integrieren. Die Tätigkeit des UNEP gestaltet sich nach Thema (z. B. *Desertifikation) oder regionalen Schwerpunkten (z. B. Mittelmeerprogramm) sowie nach den Aufgaben anderer int. Organisationen sehr unterschiedlich. Die jetzige und zukünftige Arbeit wird bestimmt von einer notwendigen Umsetzung der Forderungen, die die *Brundtland-Kommission zu Umwelt und E. aufgestellt hat.

Organe: Verwaltungsrat (58 Mitgl., davon aus 16 afrik., 13 ostasiat., 6 osteurop., 10 lateinamerik., 13 westeurop. und anderen Staaten) wird für drei J. von der UN-GV gewählt. UNEP-Sekretariat, geleitet von einem Exekutivdirektor, der von der UN-GV auf Vorschlag des Generalsekretärs für vier J. gewählt wird (seit 1976: Mostafa K. Tolba). Die Umweltarbeit des Sekretariats und seiner Unterabteilungen bezieht sich auf Umweltbestandsaufnahme (Beobachtung und Datensammlung), aktive Umweltmaßnahmen im Rahmen konkreter Programme sowie Hilfsmaßnahmen, z. B. bei der Umwelterziehung. Adresse: Regionalbüro Europa: Palais des Nations, CH-1211 Genf 1; UNEP: P. O. 30552, Nairobi.

Lit.: Holdgate u. a., Umwelt-Weltweit, Berlin 1983; L. K. Caldwell, International Environmental Policy, Durham 1984; M. Kilian, Umweltschutz durch Internationale Organisationen, Berlin 1987; UNEP (Hg.); The State of the World Environment, Nairobi 1987; UNEP (Hg.), Programme a moyen terme 1990–1995, Nairobi 1988. ms

UNEPRO *United Nations East Pakistan Relief Operation*, UN-Hilfsaktion für Ost-Pakistan.

UN-Ernährungskonferenz →Welternährungskonferenz

UN-Ernährungs- und Landwirtschaftsorganisation →FAO

UNESCO UN-Organisation für Erziehung, Wissenschaft und Kultur (*UN-Educational, Scientific and Cultural Organization*), 1945 gegr., 1979: 144, 1988: 158 Vollmitgl., Sitz in Paris. *Organe:* Generalkonferenz (tagt alle zwei J.), Exekutivrat (z. Z. 51 Mitgl.: *OECD-Staaten 10, osteurop. Staaten 4, lateinamerik. 9, asiat. und pazif. 8, afrik. 14, arab. 6 Sitze), Sekretariat mit Generaldirektor (von der Generalkonferenz gewählt), nat. Kommissionen in fast allen Mitgl.-Staaten. *Aufgabe:* die int. Zusammenarbeit auf den Gebieten der Erziehung, Wissenschaft, Kultur und des Informationswesens zu fördern in Funktion der Friedenssicherung und Mehrung des allg. Wohlstandes der Menschheit (laut Verfassung der UNESCO). 1950: Ausdifferenzierung in die sieben Hauptbereiche: Erziehung (v. a. Bekämpfung des Analphabetismus), Naturwiss., Sozial- und Humanwiss., Kultur (int. Kulturaustausch), Personenaustausch, Kommunikation und Hilfsdienste. Mitte der 50er J. traten bei: die UdSSR und weitere soz. Staaten, zu Beginn der 60er J. im

Zuge der *Dekolonisation viele EL, die die Stimmenmehrheit gewannen. In den 70er J. wandte sich die UNESCO immer stärker e.-pol. Fragen und Aktivitäten zu. Die Formulierung einer Medienpolitik (Mc Bride-Kommission, →Neue Weltinformationsordnung) Ende der 70er J. führte zum offenen ideologischen Streit zwischen den sozialistischen Staaten und den EL (etatistische Konzepte der Informationspol.) gegenüber den westl. IL, der in den Austritten der USA (Dez. 1984), Großbritanniens und Singapurs (Dez. 1985) gipfelte (Gründe: «Politisierung» der Org. und Mißverhältnis zwischen Beitragszahlungen und pol. Einflußmöglichkeiten v.a. seitens der USA, Verschwendung von Finanzmitteln durch zu hohen Verwaltungsaufwand). Seit 1985 wurden Reform- und Sparprogramme eingeleitet, die der Kritik der westl. IL und dem durch den Austritt der USA bedingten Verlust von 25% des Etats Rechnung tragen. Künftige Hauptprogrammbereiche und Schwerpunkte der UNESCO-Arbeit (Verabschiedung im Juni 1988) sind: 1. Bildung für die Zukunft; 2. Naturwiss. und Technologie für Fortschritt und Umwelt; 3. Kultur und Vergangenheit; 4. Kommunikation im Dienste der Menschheit; 5. Individuum und Gesellschaft in einer sich wandelnden Welt; 6. UNESCOs Beitrag zu Entwicklungsstrategien; 7. UNESCOs Beitrag zu Frieden, Menschenrechten, Beseitigung aller Formen von Diskriminierung. Für 1988 bis 1997 wurde die Weltdekade für kulturelle Entwicklung ausgerufen. (→Welt-Kulturdekade, →Welterbe)

Lit.: K. Dicke, Krise und Reform der UNESCO, in: Jahrbuch Dritte Welt 1989, München 1988, S. 72–88. dn

UNESOB *United Nations Economic and Social Office in Beirut*, Büro der UN für Wirtschafts- und Sozialfragen in Beirut.

UNF *United Nations Forces*, Truppen der UN, 1988 in sieben Krisengebieten im Einsatz (Kosten: ca. 266 Mio. US-$); erhielten 1988 den Friedensnobelpreis. mik

UNFDAC UN-Fonds zur Kontrolle des Drogenmißbrauchs (*United Nations Fund For Drug Abuse Control*), 1971 von der Generalversammlung der *UN eingerichtet, unterstützt Regierungen, Behörden, Organisationen auf Anfrage bei Anti-Drogen-Maßnahmen. Die Arbeit von UNFDAC zielt v.a. auf das soziokulturelle und wirtsch. Umfeld des Problems in Ländern der *Dritten Welt. Aufgabenschwerpunkt ist die Suche nach Alternativen zum Anbau von Drogenkulturen (Mohn, Koka), verbunden mit Programmen zur integrierten *ländlichen Entwicklung (1988: 46,7% der Ausgaben). Regionale Schwerpunkte sind LA (Bolivien 1988: 24,6% der Mittel), Südasien (Pakistan 9,5%) und Südostasien (Thailand 9,6%). Wichtigste Geldgeber waren 1971–1988 Italien (52,0%), die USA (16,4%), die Bundesrepublik (6,5%), Norwegen (5,8%) und Schweden (5,3%). Der enorme Anstieg der UNFDAC zur Verfügung gestellten Mittel (Budget 1971: 2,8 Mio. US-$, 1982: 6,4 Mio. US-$, 1989: 62,5 Mio. US-$) reflektiert die wachsende Erkenntnis über den Zusammenhang zwischen →Drogenwirtschaft einerseits und ökon., sozialen und pol. Problemen andererseits.

Im Rahmen der UN befassen sich außerdem mit der Drogenproblematik: die *Commission on Narcotic Drugs* (eine funktionale Kommission des *ECOSOC), die *Division on Narcotic Drugs* (Zentrum für das technische **Know-how* in Drogenfragen) und das *International Narcotics Control Board*, das die Einhaltung der drei wichtigsten int. Übereinkommen überwacht, nämlich der *Single Convention on Narcotic Drugs* von 1961 (ergänzt 1972), der *Convention on Psychotropic Substances* von 1971 und der *Convention against Illicit Traffic in Narcotic Drugs and Psychotropic Substances* von 1988. Adresse: UNFDAC, Vienna International Centre, P.O. Box 500, A-1400 Wien. als

UN-Flüchtlingskonvention →Flüchtlinge

UN-Forschungsinstitut für soziale Entwicklung →UNRISD

UNFPA UN-Bevölkerungsfonds (*UN-Fund for Population Activities*), 1967 gegr., 1969 dem *UNDP unterstellt, 1979 zum Nebenorgan der Generalversammlung erklärt, seit 1971 Zentrum für alle bev.-pol. Bemühungen der *UN. *Aufgaben:* 1. Sammlung von Grundlagen, Beteiligung an Bev.-Erhebungen in den EL; 2. Erarbeitung und Bereitstellung von bev.-wissenschaftlichen Erkenntnissen, Ausbildung von Sozialdemographen; 3. Ausarbeitung bev.-pol. Programme (u.a. Organisation von [Welt-]Konferenzen); 4. *Familienplanung: Einrichtung regionaler Verteilersysteme für empfängnisverhütende Mittel und Beratung in Techniken der Fruchtbarkeitsregulierung; Informationen und Werbung für Familienprogramme; 5. Unterstützung von Maßnahmen der sozialen *Infrastruktur (Gesundheits- / Bildungswesen). Auf die Familienplanung entfallen 60% der Aufwendungen von UNFPA, das sich durch freiwillige Spenden und öfftl. Zuwendungen (hauptsächlich der IL) finanziert. Veröffentlichungen: Weltbevölkerungsbericht, jährlich; Adresse: Daily News Building, 220 East 42nd Street, New York, N.Y. 10017, USA. dn

UN-Freiwilligenprogramm →UNV

UNFSST *United Nations Financial System for Science and Technology for Development*, Finanzierungssystem der UN für Wissenschaft und Technologie im E.-Prozeß.

Ungleicher Tausch Die marxistische Imperialismus-Diskussion hat sich lange Zeit darauf beschränkt, die Beziehungen zwischen kap. IL und den Kolonien bzw. Halbkolonien unter dem Aspekt der Probleme der Akkumulation nationalstaatl. verfaßter Kapitale zu betrachten. Int. Austauschbeziehungen wurden, wenn überhaupt, dann nur am Rande behandelt. Nicht zuletzt unter dem Eindruck der von Raúl Prebisch formulierten Theorie des säkularen Verfalls der **terms of trade* hat in dieser Hinsicht eine Umorientierung eingesetzt. In Anlehnung an die Marxsche Arbeitswerttheorie versuchte man, den auf der Ebene der Preise zu beobachtenden Verfall der *terms of trade* für Primärprodukte als Ausdruck eines u. T.s von nat. Werten bzw. von unterschiedlichen Arbeitsquanta zu interpretieren und darüber hinaus das unterschiedliche E.-Tempo zwischen EL und IL bzw. das Phänomen der UE insgesamt auf den als Ausbeutung der EL durch die IL verstandenen u. T. zurückzuführen. Die Diskussion um den u. T. wurde von einer 1969 veröffentlichten Arbeit von A. Emmanuel ausgelöst, die rasch eine Reihe weiterer Publikationen nach sich zog, von denen vor allem die Arbeiten von Ch. Palloix, S. Amin und E. Mandel eine gewisse Bedeutung erlangt haben. In der dt. Diskussion, die sich an der Kritik an Emmanuel entzündete, sind u. a. E. Altvater, W. Bärtschi, K. Busch, Ch. Neusüß und W. Schoeller zu nennen. Die Arbeiten von G. Kohlmey (DDR) zu diesem Thema, die schon zwischen 1962 und 1968 erschienen sind, haben die franz. und bundesrepublikanische Debatte kaum beeinflußt, sieht man von der Rezeption durch Bärtschi ab.

Das Konzept des u. T.s hat einige Ansätze der EL-Forschung (→*Dependencia*, →peripherer Kapitalismus) stark beeinflußt und z. T. zu weitreichenden Schlußfolgerungen hinsichtlich der Ursachen von UE (Ausbeutung qua u. T.), der qualitativen E.-Möglichkeiten im peripheren Kapitalismus (keine) und der Systemnotwendigkeit der Ausbeutung der EL durch den metropolitanen Kapitalismus Anlaß gegeben. Im Wallersteinschen Weltsystemansatz wird der u. T. auch heute noch als wichtiges Element bei den globalen Hierarchisierungsprozessen (*Metropolen, Semi-Peripherie, Peripherie) gesehen, und jüngst hat K. Raffer noch einmal versucht, eine konzeptionelle Klärung der versch. Versionen des u. T.s herbeizuführen und das Konzept im Rahmen der Weltsystemanalyse zu verorten. Darüber hinaus jedoch ist die Diskussion um den u. T. abgestorben, und auch marxistische Autoren beurteilen die Brauchbarkeit und den theoretischen Stellenwert dieses Konzepts heute eher skeptisch. Dies liegt einmal an den nie gelösten Problemen bei der Bestimmung der konstitutiven Merkmale des u. T.s, der geringen Operationalisierbarkeit des Konzepts und – als Folge davon – an dem völligen Mangel an empirischer Untermauerung. Darüber hinaus haben sich – auch bei einigen marxistischen Autoren – die Gewichte bei der Erklärung von UE und E. stärker auf die Strukturmerkmale des Weltmarkts und vor allem wieder auf die internen Strukturen der EL verlagert, was Austauschbeziehungen allenfalls den Stellenwert einer abgeleiteten Größe zuweist.

Lit.: A. Emmanuel, L'échange inégal, Paris 1969; E. Mandel, Der Spätkapitalismus, Frankfurt 1973; S. Amin, Die ungleiche Entwicklung, Hamburg 1975; W. Bärtschi, Ausbeutung und Einkommensumverteilung in den internationalen Wirtschaftsbeziehungen, Berlin (West) 1976; M. Massarat, Die Theorie des ungleichen Tauschs in der Sackgasse, in: Die Dritte Welt 6, 1978; A. Schmidt, Internationale Arbeitsteilung oder ungleicher Tausch, Frankfurt/New York, 1980; I. Wallerstein, The Modern World System II. Mercantilism and the Consolidation of The European World Economy. 1600–1750, New York etc. 1980; H. Elsenhans, Abhängiger Kapitalismus oder bürokratische Entwicklungsgesellschaft. Versuch über den Staat in der Dritten Welt, Frankfurt/New York 1981; Probleme des Klassenkampfs (PROKLA), Nr. 59 (1985). ab

Ungleichgewichtiges Wachstum
→*unbalanced growth*

UNHCR Amt des Hochkommissars der *UN für Flüchtlinge (*UN-High Commissioner for Refugees*), 1951 von der UN-Vollversammlung eingerichtet, Sitz: Genf. *Aufgabe:* Personen zu schützen und zu unterstützen, die ihr Heimatland als *Flüchtlinge verlassen haben. Das Mandat des UNHCR ist weltweit, zeitlich jedoch befristet und muß von der Vollversammlung alle vier J. verlängert werden. Die Zuständigkeit von UNHCR ist dann eingeschränkt, wenn andere UN-Organisationen Flüchtlinge schützen. Gegenwärtig sind dies die palästinensischen Flüchtlinge als Folge des *Nahost-Konflikts, die vom *UNRWA betreut werden. Der Hohe Kommissar wird jeweils auf Vorschlag des Generalsekretärs von der Vollversammlung gewählt und bleibt ihr und dem *ECOSOC verantwortlich, denen er jährlich Bericht erstattet. Ihm zur Seite steht ein (weisungsberechtigter) Verwaltungsrat aus 41 Mitgl. (Staatsvertretern), der die Programmziele festlegt und die einzelnen Projekte genehmigt. Die Aufgaben lassen sich gliedern in Rechtsschutzmaßnahmen, wobei die Sicherung der Rechtsstellung der Flüchtlinge sich an den *Menschenrechten orientiert, und Maßnahmen zur Lösung von Flüchtlingsproblemen in Form der Eingliederung in die Aufnahme- oder der Rückkehr in die Herkunftsländer.

Tabelle 17: Ausgaben für UNHCR-Flüchtlingsprogramme in Mio. US-$

	Allgemeine Programme	Sonder-Programme
1970	6,4	1,9
1975	14,1	54,8
1980	281,8	215,0
1984	345,9	98,2
1985	281,9	175,9
1986	281,0	159,6
1987	295,8	143,6
1988	325,2	157,2
1989	323,1	184,6
1990	352,7	567,4

Finanzierung aus dem ordentlichen Haushalt der UN und durch freiwillige Beiträge von Regierungen, *Nichtstaatlichen Organisationen und Einzelpersonen. Mitte 1992 wurden weltweit 18,5 Mio. Flüchtlinge vom

UNHCR betreut, die zum größten Teil in der Dritten Welt lebten.

Publikationen: Bulletin Zur Information.

Adressen: UNHCR-Sekretariat, Palais des Nations, CH-1211 Genf; Vertreter in der BRD: Rheinallee 18, 5300 Bonn 2. dn

UN-Hilfswerk für Palästina-Flüchtlinge →UNRWA

UNICEF (*UN-Children's Fund*), Welt-Kinderhilfswerk der *UN. 1946 von der Generalversammlung der UN eingerichtet; bis 1953 zeitlich begrenztes Hilfsprogramm; seither ständiges UN-Programm. *Leitung:* Verwaltungsrat, 41 Vertreter von Mitgl.-Staaten der UN, vom *ECOSOC gewählt. UNICEF wird nur auf Ersuchen von betreffenden Reg. (vor 1950 auch in IL, seither in EL) tätig. *Aufgabe:* Kinder in aller Welt vor Krankheit und Hunger zu bewahren, Beitrag zur Schulbildung. Finanzierung zu ca. 75% durch freiwillige Beiträge der Länder, zu ca. 27% durch private Spenden und Verkaufserlöse (Glückwunschkarten). Die Einnahmen beliefen sich 1991 auf 807 Mio. US-$, die Ausgaben in Höhe von 752 Mio. US-$ verteilten sich im selben J. wie folgt auf die Bereiche Gesundheit (26,9%), Wasser und Hygiene (9,7%), Ernährung (4,1%), Sozialdienste (5,2%), Bildung (6,4%), Projektplanung (11,6%), Nothilfe (14,8%), Programmunterstützung (11,4%), Verwaltung (10,0%).

Materialien: Broschüren, Filme, Dias und Zft.en (UNICEF-Prisma, UNICEF-Nachrichten; beide viermal jährl.). Adresse: 866 United Nations Plaza, New York, N. Y. 10017, USA; Deutsches Komitee für UNICEF, Steinfelder Gasse 9, 5000 Köln 1, Tel.: 0221/936500.

Lit.: UNICEF, The State of World's Children, New York 1987. dn

UNIDF *United Nations Industrial Development Fund*, Fonds der UN für industrielle Entwicklung. →UNIDO

UNIDO UN-Sonderorganisation für die industrielle Entwicklung (*UN-Industrial Development Organization*), geht zurück auf eine Forderung der EL (*UNCTAD 1964), wurde 1966 auf Beschluß der UN-Vollversammlung gegr., zunächst im Rahmen des *UNDP löste sie den bereits 1960 eingerichteten UN-Ausschuß für ind. E. ab. Seit 1.1.1986 autonome Unterorg. der UN, nachdem 1979 eine neue Satzung verabschiedet worden war, für deren Inkrafttreten die Ratifizierung durch mindestens 80 Staaten notwendig war. *Organe:* Oberstes Organ bis 1986 die Vollversammlung der *UN, seither eine eigene Generalkonferenz der Mitgliedstaaten, die alle zwei Jahre tagt. Sie wählt den *Industrial Development Board* (IBD), der aus 53 Mitgl. besteht (33 EL, 15 westl. IL, 5 Staatshandelsländer). Seine Amtszeit beträgt drei Jahre. Auf Vorschlag des IDB wählt die Generalkonferenz den Generaldirektor auf vier Jahre. Erste Generalkonferenz Aug. 1985 in Wien. Vorher fanden folgende UNIDO-Konferenzen statt: 1. Konf. Juli 1971, Santiago de Chile; 2. Konf. März 1975, Lima; 3. Konf. Febr. 1980, Neu-Delhi (2500 Delegierte aus 133 Ländern); 4. Konf. Aug. 1984, Wien (1050 Delegierte aus 139 Ländern und von 30 int. Organisationen und nat. Befreiungsbewegungen). *Ziele:* Beschleunigung der ind. Entwicklung der *Dritten Welt, Förderung der industriellen Zusammenarbeit zwischen IL und EL, Koordinierung aller industriepol. Maßnahmen der UN. *Mittel:* Die Mittel stammen zu 2/3 aus dem UNDP, zu etwa 15% aus dem UN-Fonds für Industrielle Entwicklung (UNIDF), zu etwa 5% aus dem ordentlichen Programm der UN für technische Hilfe und zu etwa 10% aus anderen Zuwendungen.

Auf der 2. Konf. (UNIDO II) wurde das sog. Lima-Ziel vereinbart, das besagt, daß die EL bis zum J. 2000 ihren Anteil an der ges. Industrieproduktion von bisher 9% auf 25% steigern sollten. Auf der 3. Konferenz forderten die

EL die Einrichtung eines Nord-Süd-Weltfonds für die Industrialisierung der EL in Höhe von 300 Mrd. US-$ bis zum J. 2000, der von den IL und den Ölstaaten gespeist und von den EL verwaltet und kontrolliert werden sollte. Industriefachtagungen sollten zu einem ständigen UNIDO-Programm eingerichtet werden. Auf ihnen sollten die Neustrukturierung der Industrie, soziale Aspekte der Industrialisierung, *Technologietransfer (Errichtung einer Datenbank für Industrie und Technik, INTIB) etc. behandelt werden. UNIDO III endete mit einem Fehlschlag. Zwar stimmten die sozialistischen Länder mit den EL für die «Delhi-Deklaration und Aktionsprogramme», doch lehnten auch sie den Fonds ab, ebenso wie die 22 IL, an die fast alle Forderungen gerichtet waren. Adresse: Internationales Zentrum, Postfach 300, 1400 Wien. dn

UNIFEM Entwicklungsfonds der UN für die Frauen, 1985 eingerichtet.

UNIFIL *United Nations Interim Force in Lebanon*, UN-Interimstreitkräfte im Libanon.

UNISIST *United Nations International System on Information on Science and Technology*, Int. Informationssystem der UN über Wissenschaft und Technologie.

UNITA →Angola, Befreiungsbewegungen

UNITAR *UN-Ausbildungs- und Forschungsinstitut (*UN-Institute for Training and Research*); gegr. 1965, versteht sich als Bindeglied zwischen dem UN-System und der akademischen Welt. *Aufgaben:* Ausbildung von Personen aus EL und vorrangig für die konkreten Bedürfnisse der UN (int. Beamten), UN-bezogene Forschung, Verfahrensprobleme, friedliche Konfliktschlichtungsmuster, Entwicklung des Völkerrechts durch die UN, *Menschenrechte etc. Finanzierung hauptsächlich durch freiwillige Beiträge.

Konvergenz und Annäherung der Funktionen durch die Universität der Vereinten Nationen (UNU), die 1972 gegr. wurde und die weltweit verstreute Institute vereint. Forschungsschwerpunkte: Hunger in der Dritten Welt, Management und Nutzung natürlicher Ressourcen, menschliche und soziale Entwicklung. dn

United Fruit Company Größter Bananenproduzent der Welt, 1899 gegr., im Besitz großer Bananenplantagen in Mittelamerika und der Karibik; nach Niederringung von Konkurrenzunternehmen Monopolstellung im Bananensektor, Dominanz über die Wirtschaft der Bananenrepubliken; kontrolliert wesentliche Teile der materiellen *Infrastruktur der Länder, in die sie eindringt. dn

Universal Declaration of Human Rights →Menschenrechte

Universitäten und Dritte Welt →Hochschule und Dritte Welt

UN-Kapital- und Entwicklungsfonds →UNCDF

UN-Konferenz für Welthandel und Entwicklung →UNCTAD

UN-Konferenz über Wissenschaft und Technik im Dienste der Entwicklung →UNCST

UN-Menschenrechtskommission →Menschenrechte

UNMOGIP *United Nations Military Observation Group in India and Pakistan*, Militärische Beobachtergruppe der UN in Indien und Pakistan.

UN-Organisation für Erziehung, Wissenschaft und Kultur →UNESCO

UN-Organisation für industrielle Entwicklung →UNIDO

UNPAAERD *UN Program of Action for Africa Economic Recovery and Development*; Aktionsprogramm für die wirtsch. Gesundung und Entwicklung Afrikas, 1986 von der UN-Generalversammlung verabschiedet; Ergebnis u. a. *SPA.

UNRISD *UN-Forschungsinstitut für soziale Entwicklung (*UN-Research Institute for Social Development*), 1964 als autonome Institution im Rahmen der UN gegr., 12 Forschungsbeamte neben Experten und Beratern; *Aufgabe:* Forschung auf dem Gebiet der sozioökon. Entwicklung und Planung, Unterstützung regionaler und nat. Forschungs- und Planungsinstitutionen. Schwergewicht bisher in der *Indikatoren-Forschung. Adresse: Palais des Nations, 1211 Genf 10. dn

UNRWA Hilfswerk der *UN für Palästina-Flüchtlinge (*UN-Relief and Works Agency for Palestinian Refugees*) nahm Mai 1950 seine Tätigkeit auf, Mandat wird von der UN-Vollversammlung von Zeit zu Zeit verlängert. *Finanzierung* aus freiwilligen Beiträgen, Umfang der Maßnahmen von schwankenden Einnahmen abhängig. UNRWA hat z. Z. (1988) etwa 17000 örtliche Beschäftigte und betreut rd. 2 Mio. *Flüchtlinge in fünf Ländern: Libanon, Syrien, Jordanien, Ägypten und Israel, d. h. in dem von Israel besetzten Jordanwestufer und dem Gazastreifen. *Etat* 1978/79: ca. 143 Mio., 1982: 265 Mio., 1988: 216 Mio. US-$. In den 80er J. wachsende Schwierigkeiten, die benötigten Mittel aufzutreiben. *Aufgabenstruktur:* Erziehung und Bildung (in mehr als 600 UNRWA-Schulen werden über 350000 Kinder unterrichtet) über 50%, soziale Wohlfahrt (Nahrungsmittel, Nothilfen wie nach dem Krieg im Libanon 1982) ca. 28%, Gesundheitsversorgung ca. 15%. dn

UNSCCUR = *United Nations Conference on the Conservation and Utilization of Resources*, UN-Konferenz über die Erhaltung und Nutzung von Ressourcen.

UN-Siedlungs- und Städtekonferenz →HABITAT

UNSO *United Nations Sahel Office*, Büro der UN für die *Sahelzone.

Unterentwicklung →Entwicklung

Unterernährung →Ernährung

Unterrichtsmaterialien →Schule und Dritte Welt

UN-Truppen →UNF

UNTSOP *United Nations Truce Superversion Organization in Palestine* (auch UNSO), Organisation der UN zur Überwachung des Waffenstillstands in Palästina.

UNU *United Nations University*, Universität der Vereinten Nationen.

UN-Umweltfonds →UNEF

UN-Umweltkonferenz →Welt-Umweltkonferenz

UN-Umweltprogramm →UNEP

UNV (*United Nations Volunteers Programme*) Freiwilligen-Programm der *UN, 1970 auf Beschluß der Generalversammlung gegr., 1985 ca. 1000 *Entwicklungshelfer in über 80 EL im Einsatz. Adresse: siehe UN.

Lit.: Das Freiwilligen-Programm der Vereinten Nationen (UNV). HIZ III A 25,30 (März 1988). dn

UN-Welternährungsrat →WFC

UN-Weltkinderhilfswerk →UNICEF

UN-Wirtschaftskommission →CEPAL, ECA, ECWA, EXCAP

UN-Wirtschafts- und Sozialrat →ECOSOC

UN-Wüstenkonferenz →UNCOD

UPEB (*Uniòn de Países Exportadores de Banano*), gegr. 1974 in Panama, Abkommen trat 1976 in Kraft. Vereinigung von acht lateinamerik. Bananen produzierenden Ländern (Kolumbien, Costa Rica, Dominikanische Republik, Guatemala, Honduras, Nicaragua, Panama, Venezuela) zur Interessenvertretung der Mitgliedsländer v. a. gegenüber US-amerik. Bananenkonzernen. *Ziele:* Durchsetzung von Mindestpreisen für ihre Produkte, Harmonisierung von Exportkapazität und Nachfrage, Erschließung neuer Märkte, Aushandlung einer int. Vereinbarung über den Bananenhandel und eine größere Kontrolle über die Vermarktung der Bananenproduktion (1977 Gründung der Vermarktungsorganisation COMUNBANA). Zusammenarbeit mit *FAO, *MCCA, *UNCTAD, *UNDP. mm

UPTC →Gewerkschaften

urban informal sector →Berufsbildung

Urbanisierung Begleiterscheinung und dynamisierender Faktor wirtsch.

und sozialen Strukturwandels, ist in den letzten Jahrzehnten zu einem Problem der EL geworden. Betrug der Urbanisierungsgrad (Bev. in Städten über 20000 Ew. laut UN-Statistiken) 1960 noch 15%, so ist er auf Grund einer JZ der städt. Bev. von 4,0 bis 4,2% auf 1980 28% gestiegen. Von 1950 bis 1985 vervierfachte sich die Stadtbev. in EL von 286 Mio. auf 1,14 Mrd. Nach UN-Schätzungen werden im J. 2000 in LA etwa 80%, in Ostasien ca. 40%, in Südasien 35%, in Afrika 39% der Bev. in Städten leben. Auch die Vergroßstädterung ist beachtlich. 1950 gab es in der Dritten Welt nur eine Millionenstadt: Buenos Aires; 1985 wurden 12 Städte mit über 7 Mio. Ew. gezählt, von denen geschätzt wird, daß sie im J. 2000 über 10 Mio. Ew. haben werden. Eine Studie des *BMZ stellt dazu fest: «Die übermäßig rasche, meist unkontrollierte, auf wenige Zentren konzentrierte und sozial sehr unausgewogene Urbanisierung führt in vielen EL dazu, daß die Leistungen der Städte immer deutlicher hinter den *Grundbedürfnissen ihrer Ew. (Arbeit, *Wohnen, Trinkwasser, menschenwürdige Umweltbedingungen, *Gesundheit, *Bildung, *Partizipation) zurückbleiben und daß notwendige Funktionen der Städte für die Landes- und Regionalentwicklung (z.B. Absatzmarkt, Dienstleistungs- und Verwaltungszentrum) immer unzureichender erfüllt werden. Ungelöste städt. Probleme beeinträchtigen zunehmend die Erfüllung übergeordneter entwicklungspol. Ziele und gefährden die wirtsch. und pol. Handlungsfähigkeit der EL» (Sektorpapier Urbanisierung, 1978). Die Gründe für die U. liegen in den die *Landflucht auslösenden Faktoren, in den verkrusteten sozialen und wirtsch. Strukturen, den geringeren E.-Chancen und dem Massenelend auf dem Lande; sie ist damit auch eine Folge der eingeschlagenen E.-Strategie, des Vorrangs der Ind. gegenüber der Landw., dem Ausbau der Städte als Produktions- und Dienstleistungszentren, der in den ländl. Massen die Hoffnung auf bessere Lebensverhältnisse in den Städten aufkommen ließ. Doch nur in wenigen EL konnte die Ind. ausreichend Arbeitsplätze bereitstellen. So wuchsen die Slums nach folgender Daumenregel von Oesterreich (1980): jährl. Wachstumsrate für Verstädterung 5%, für Vergroßstädterung 10%, für Slums 20%. Manchmal leben ¼, manchmal auch über ⅔ der städt. Bev. unter menschenunwürdigen Bedingungen.

Die bisherigen Reg.-Praktiken in den EL schwanken meist «zwischen den Extremen des Ignorierens des Slumproblems und der gewaltsamen Slumbeseitigung (*slum clearing*)» (Sturm).

Entwicklungspol. Maßnahmen haben zweigleisig anzusetzen: zum einen den weiteren Zuzug in die Millionenstädte zu verringern durch *ländliche Entwicklung und rechtzeitigen Ausbau kleinerer und mittlerer Städte zu regionalen Zentren; zum anderen die U.-Folgen zu bewältigen durch Bekämpfung der *Arbeitslosigkeit und Wohnungsbaumaßnahmen, durch Förderung von *Selbsthilfeorganisationen, durch Stärkung der Planungs-, Organisations- und Durchführungskapazitäten urbaner Verwaltungen etc.

Lit.: B. Dwyer (Hg.), The City in the Third World, London 1974; J. Oesterreich, Elendsquartiere und Wachstumspole, Köln 1980; A. Gilbert/J. Gugler, Cities, Poverty and Development: Urbanization in the Third World, Oxford 1982; G. Kohlhepp, Bevölkerungswachstum und Verstädterung in Lateinamerika, Stuttgart u.a. 1982, S. 60ff.; R. Sturm, Wohnverhältnisse/Habitat, in: D. Nohlen/P. Waldmann (Hg.), Dritte Welt, München 1987, S. 669ff.

dn

Uruguay Die Republik U. stellte auf Grund ihrer wohlfahrtsstaatl. Entwicklung in den ersten Jahrzehnten des 20. Jh.s und der Stabilität ihrer demokratischen Institutionen eine Ausnahme unter den lateinamerik. Ländern dar. Nach krisenhafter Zuspitzung der wirtsch. und sozialen Probleme sowie Verschärfung der pol. Konflikte übernahm Anfang der 70er J. das

Militär die Macht. Politische Unerfahrenheit der Militärs, schwache wirtschaftliche Leistungen und die unbeugsame Opposition der demokratischen Kräfte begünstigten die Redemokratisierung 1984/85.

1. U. gehört mit einer Fläche von 186926 qkm zu den kleinsten Ländern Südamerikas. Es ging als Pufferstaat zwischen Brasilien und Argentinien aus den Unabh.-Kriegen und den Rivalitäten der beiden Nachbarn 1828 hervor. Die wesentliche *Ressource U.s liegt in Boden und Klima, die sich hervorragend für Agrar- und insbes. Weidewirtschaft eignen (flachwelliges Hügelland, gemäßigtes Klima; 88% der Gesamtfläche sind landw. nutzbar). Mineralische Rohstoffe (Eisenerz, Gold, Silber, Kupfer etc.) wurden zwar nachgewiesen, angesichts geringer Vorkommen bisher kaum abgebaut. Die Bev. U.s betrug 1986: 2,98 Mio. Ew., die JZ in der Periode 1980–1985 0,7%. Hoher Urbanisierungsgrad: 87%, ebenso hohe *Alphabetisierung: 96%; LE: 72 Jahre.

2. Wesentliche Voraussetzung für die Stabilisierung des pol. Systems im letzten Drittel des 19. Jh.s war die sehr erfolgreiche wirtsch. Integration U.s in den Weltmarkt. U. nutzte die *komparativen Kostenvorteile seiner Weidewirtsch. in Form einer wesentlich auf den Export agrarischer Erzeugnisse (Lebendvieh, Leder, Felle, Horn, gesalzenes Fleisch) orientierten inländischen Produktionen. Die beiden trad. Parteien, *Colorados* (Vertreter der Handelsinteressen) und *Blancos* (Großgrundbesitz), die sich vorher gewaltsam bekämpft hatten, verständigten sich (als Fraktionen der herrschenden Klasse) auf Teilung der Macht. Zugleich öffneten sich die Parteien, insbes. die *Colorados*, neuen sozialen Sektoren, die im Zuge der wirtsch. E. entstanden und (auch infolge hoher Einwanderung) in weiterer Ausdehnung begriffen waren: Mittelschichten und städt. Unterschichten, bestehend aus freigesetzter ländl. Arbeitskraft als Folge der Modernisierung der Agroexportwirtschaft. Nachdem im 19. Jh. fast sämtliche Güter des täglichen Bedarfs importiert werden mußten, entwickelten sich verstärkt seit Beginn unseres Jh.s gewerbliche Betriebe für die Versorgung des einheimischen Marktes. Einen erheblichen Aufschwung nahm auch der Dienstleistungsbereich. Wachsende Widersprüche in der gesellsch. E. (hohe *Urbanisierung, wachsende Unterschiede in der Verteilung des Reichtums, zunehmende Arbeitslosigkeit) drängten den Staat auf eine aktivere Rolle im Wirtschaftsleben. Unter dem sozial fortschrittlichen Präsidenten José Battle y Ordoñez (1903 bis 1907 und 1911 bis 1915) wurden wesentliche Bereiche der *Infrastruktur des Landes, die bislang im Besitz hauptsächlich ausl. Kapitaleigner waren, nationalisiert bzw. verstaatlicht (Energiewirtsch., Transport, Kreditwesen, Versicherungen, Häfen etc.). Durch den dazu notwendigen Verwaltungsapparat, weitere Investitionstätigkeit und die Gründung eigener Betriebe dehnte der Staat den Arbeitsmarkt aus. Zugleich erließ er eine sehr fortschrittliche und im lateinamerik. Vergleich einzigartige Sozialgesetzgebung (Achtstundentag, Mindestlöhne für Landarbeiter, Arbeitsunfallgesetz, Schutzbestimmungen für Frauenarbeit, Renten etc.). Die neuen Schichten wurden sozial voll integriert und die pol. Macht von den ehemals hegemonialen gesellsch. Gruppen auf die Mittelschichten verlagert. Die beiden trad. Parteien einigten sich auf ein pol. System, das – dem Kollegialsystem der Schweiz vergleichbar – die pol. Opposition bzw. Minderheit an der Führung des Landes beteiligte.

Wohlstand, geringer Intensitätsgrad sozialer Konflikte, funktionierendes pol. Institutionssystem waren jedoch in bedenklichem Maße außenwirtschaftsabhängig. In der Tat zeigten Veränderungen des Weltmarktes, in

Form geringerer Erlöse für die trad. Exportprodukte, unmittelbar interne Auswirkungen. Nachteilig mußte sich v. a. bemerkbar machen, daß die enormen Außenhandelsgewinne in den Zeiten florierender Exportwirtsch. nicht zur Erweiterung des Produktionsapparates genutzt, sondern von einer Minderheit in Luxuskonsum vergeudet wurde. Die Weltwirtschaftskrise von 1929 führte dem Land die Krisenanfälligkeit des Exportmodells vor Augen, doch konnte seinerzeit ziemlich erfolgreich auf *Industrialisierung zur *Importsubstitution umgeschaltet werden. Probleme des Arbeitsmarktes wurden neben einem erheblichen Wachstum des Industriesektors durch Ausdehnung des staatl. Verwaltungsapparates gemildert, so daß die wohlfahrtsstaatl. abgesicherte Arbeiterschaft ebenfalls in das pol. System integriert wurde und wenig Neigung zu pol. Extremismus zeigte. Die neuen, abh. Mittelschichten wurden zur *Klientel des pol. Systems und der sie tragenden Parteien und entwickelten ein vitales Interesse an der Aufrechterhaltung der bestehenden pol. Strukturen.

Nach Ende des Korea-Booms, der noch einmal einen Anstieg der Exporterlöse brachte, konnte das für die Aufrechterhaltung des Sozialstaats notwendige Wirtschaftswachstum nicht mehr über die Agrarexporte noch über die sich inzwischen erschöpfende Industrialisierung zur Importsubstitution realisiert werden. Mit der Krise der urug. Wirtschaft – bedingt durch die spezifische Form der wirtsch. Einbindung U.s in den Weltmarkt, also das Muster der *internationalen Arbeitsteilung – verschärften sich die sozialen Auseinandersetzungen. Die distributiven Fähigkeiten des Staates, die vordem systemstabilisierend gewirkt hatten, ließen nach, ja der frühe sozialstaatl. Ausbau des Landes und v. a. der aufgeblähte Verwaltungsapparat (er umfaßte 1961 21,1 % der erwerbstätigen Bev., band etwa 35 % der Staatsausgaben) machten den Staat im Investitionsbereich manövrierunfähig. Sämtliche sozialen Schichten von der oberen Mittelschicht abwärts erlitten in den folgenden Jahrzehnten empfindliche Einbußen im Realeinkommen und im Lebensstandard bei wachsenden Ungleichgewichten in der *Einkommensverteilung. In dieser Krise nahm die pol. Auseinandersetzung Formen offener Gewalt (und Gegengewalt) an, sichtbar im bewaffneten Kampf der Tupamaros gegen das pol. System und in der zur gleichen Zeit Ende der 60er J. einsetzenden pol. Repression von oben, zunächst der noch demokratisch gewählten Reg.en, dann der in einem kalten Staatsstreich die Macht an sich reißenden Militärs.

3. Nach den Wahlen von 1971 wurde unter Präsident Bordaberry, d. h. in Übereinstimmung von Militärs und zivilen Machtgruppen, nach und nach bis zu dessen formaler Amtsenthebung 1976 der Wechsel von der Demokratie zur Diktatur vollzogen: Auflösung des Parlaments im Jahre 1973; in den folgenden Jahren Zentralisierung der Macht durch Vereinigung aller Waffengattungen unter Einschluß der militarisierten Polizeikräfte in einer «Obersten Kommandeursjunta», Ausschaltung von Parteien und Verbänden, Unterstellung lokaler Behörden und gesellschl. Bereiche (Staatsbetriebe, Hochschulen, Schulen) unter milit. Führung (Interventoren) etc.

An die Stelle der aufgelösten Organe traten durch sog. Institutionelle Akte neue Institutionen, die den Schein legaler Kontinuität wahren sollten. Das Parlament wurde durch einen aus Militärs und Zivilisten zusammengesetzten Staatsrat (*Consejo del Estado*) ersetzt. Seine 25 Mitgl., die von der Regierung ernannt wurden, bildeten zusammen mit den 20 ranghöchsten Offizieren den Rat der Nation (*Consejo de la Nación*), der neben Gesetzgebungsfunktionen die Aufgabe hatte, den Präsidenten zu wählen. Das wichtigste Machtorgan war der Nationale Sicherheitsrat COSENA (*Consejo de Seguridad Nacional*), der bereits vor der Machtübernahme durch die Militärs eingerichtet worden war und dem der Präsident, die Minister des Inneren und der Verteidigung, der Generalstabschefs und die Chefs der drei Waffengattungen angehörten. Ideologische Grundlage des Militärregimes war die von brasilian. Militärtheoretikern entwickelte *Doktrin der Nationalen Sicherheit.

Unter dem Militärregime wurde die Struktur der urug. Wirtsch. grundlegend verändert. Dies geschah auf der Basis folgender wirtschaftspol. Orientierungen: 1) Liberalisierung: Abbau der Protektion (Schutzzölle) zugunsten einheim. Erzeugnisse des Ind.- und Agrarsektors; 2) Privatisierung: Überführung der staatl. Betriebe im Ind.-Sektor (Kühlhäuser, Zementfabrik) und im Dienstleistungssektor (Telefon) in Privatbesitz; 3) Förderung der nicht-trad. Exportind., d.h. solcher Unternehmen, die bislang hauptsächlich für den inländischen Markt produzierten (Lebensmittel, Lederwaren, Textilien, nichtmetallische Mineralien); 4) Förderung ausl. *Direktinvestitionen. Das neue Exportmodell brachte nicht die erwarteten Ergebnisse. Einem Wirtsch.-Wachstum rel. geringen Ausmaßes standen unverändert hohe Inflationsraten, drastische Verringerungen der Reallöhne und damit weitere Einbußen im Lebensstandard der Bev. sowie eine wachsende *Verschuldung gegenüber. Schwer wogen v.a. die sozialen und pol. Kosten dieser Wirtschaftspolitik: Unterdrückung der bürgerlichen Freiheiten (7000 pol. Gefangene), schwere Verletzungen der *Menschenrechte, u.a. durch Anwendung von Folter, Exodus von etwa 600000 Uruguayern, v.a. qualifiziertes Personal (Akademiker, Facharbeiter, Künstler).

4. Die Re-*Demokratisierung erwuchs aus dem Versuch der regimetragenden Kräfte, die eigene Herrschaft zu legitimieren und die weitere politische Entwicklung U.s festzuschreiben. Eine neue Verfassung wurde Nov. 1980 einem Referendum unterworfen, jedoch bei einer Wahlbeteiligung von 86,8% von 57,2% der Wähler abgelehnt. Erstmals in der Geschichte LA.s mißlang es einer Diktatur, ein Verfassungs- und Gesetzesvorhaben durch Volksentscheid absegnen zu lassen, und dies, obwohl die Massenmedien einseitig für die Annahme des Entwurfs geworben hatten. Der Grund lag in einem Irrtum der Militärs, welche die neue Verfassung als Garant dafür anpriesen, daß die früheren Verhältnisse nicht wiederkehren würden, während die Mehrzahl der Wähler im Gegenteil die politische Vergangenheit mit positiven Erinnerungen verband.

Nachdem die Macht von der Militärfraktion übernommen worden war, die eine Rückkehr zur Demokratie befürwortete, wurde 1981 ein neuer Redemokratisierungsplan vorgelegt, der die traditionellen Parteien in die Öffnung mit einbezog. Als erster Schritt wurden Nov. 1982 Wahlen zu den Führungsgremien der zugelassenen Parteien (*Colorados*, *Blancos*, Bürgerl. Union) veranstaltet, die mit einer Niederlage der parteiinternen regimenahen Gruppen endeten. Als zweiter Schritt wurden Mai 1983 Verhandlungen zwischen Militärs und Parteien aufgenommen, die den *Frente Amplio* (FA, die linke «Breite Front») einschloß, aus denen sich aber die *Blancos* zurückzogen. Die Verhandlungen führten zum Pakt des Club Naval vom Aug. 1984, in dem demokratische Wahlen vorgesehen waren. Diese wurden Nov. 1984 von den *Colorados* gewonnen. März 1985 übernahm J.M. Sanguinetti des Präsidentenamt. Der im Hintergrund anhaltend große pol. Einfluß der Militärs zeigte sich insb. in der Frage der gerichtlichen Aufarbeitung der Menschenrechtsverletzungen unter dem

Militärregime. Hier kam die Reg. den Interessen der Militärs mit einem Amnestiegesetz entgegen (Dez. 1986). Zwar konnte die Opposition die Abhaltung eines Referendums über das Gesetz durchsetzen. Dabei sprachen sich aber (April 1989) 56% der Wähler für die Amnestie aus.

5. Die Reg. Sanguinetti steuerte einen Kurs wirtsch. Stabilisierung und konnte in einigen Bereichen die schweren Einbrüche zu Beginn der 80er Jahre wettmachen. Problematisch blieb die pro Kopf berechnet hohe *Verschuldung von 5,6 Mrd. US-$ sowie die Inflation von 90% (1989). Mit L. A. Lacalle gelangten zum zweitenmal in diesem Jh. die *Blancos* an die Reg. (Wahlen 26. 11. 1989). Bemerkenswert war auch der Erfolg des FA, der erstmals die Stadtreg. von Montevideo stellt, sowie die Etablierung einer vierten Partei (*Nuevo Espacio*, Koalition aus Sozial- und Christdemokraten) mit 8% der Stimmen. Präs. Lacalle setzte auf ein neoliberales Sanierungsprogramm, das Einschnitte in das rel. dichte soziale Netz vorsieht. Er konnte sich dabei auf eine förmliche Absprache mit den *Colorados* stützen. Fraglich ist jedoch, ob U. im regionalen Markt eine Alternative zur früheren Weltmarktintegration aufbauen kann, an die der sehr gute Stand einiger sozialer Indikatoren noch erinnert.

Lit.: H.-J. Puhle, Politik in Uruguay, Hannover o. J.; M. Weinstein, Uruguay, The Politics of Failure, Westport, Conn. 1975; M. H. J. Finch, A Political Economy of Uruguay since 1870, London/Basingstoke 1981; D. Nohlen, Uruguay, in: HDW III, 2, 1992, S. 474–509. dn

Uruguay-Runde 8. Handelsrunde im Rahmen des *GATT, deren Durchführung im Sept. 1986 in Punta del Este (Uruguay) beschlossen wurde. Der inhaltliche Rahmen ist weiter gesteckt als in den vorangegangenen Zollsenkungsrunden (→Kennedy-Runde, →Tokio-Runde): Neben den Bereichen ind. Eigentumsrechte, Auslandsinvestitionen und dem Handel mit Dienstleistungen zählten 1988 in den Verhandlungen in Montreal/Kanada v. a. die Forderung der EL nach dem Wegfall des Welttextilabkommens sowie die Liberalisierung des Agrarhandels zu den strittigen Punkten. Eine Veränderung der GATT-Grundsätze insb. im Hinblick auf Subventionen und Schutzklauseln blieb offen. Aufgrund der Kontroverse über die Agrarsubventionen (v. a. zwischen den USA und der EG) kam ein Abschluß der Uruguay-Runde bis Ende 1992 nicht zustande.

Lit.: E. Thiel, Vor den neuen GATT-Verhandlungen, in: EA 41 (1986), S. 285 ff.; J. Betz, Welthandel, GATT, Protektionismus und die Entwicklungsländer, in: Jahrbuch Dritte Welt 1987, S. 62 ff. pb

URUPABOL Auf eine Initiative von Paraguay zurückgehende, 1963 gegr. Kooperation zwischen Uruguay, Paraguay und Bolivien, zuerst im Rahmen des *BID, in der Folge – innerhalb der *ALALC – in ausgewählten Bereichen der Wirtschaftspolitik (Handels-, *Infrastruktur- und Verkehrspolitik).

Organe: Ständiges Sekretariat, Ständige Gemischte Kommission als pol. Konsultations- und Koordinationsorgan. Die Zugehörigkeit der drei Staaten zu anderen Integrations- und Kooperationsgebilden (ALALC, *La Plata-Bekken-Vertrag, *SELA, *ALADI; Bolivien ist Mitgl. im *Anden- und im *Amazonaspakt) machte eine institutionelle Neufassung der Übereinkunft von 1963 erforderlich. Mai 1981: Unterzeichnung der *Acta de Asuncion*, mittels deren das GRUPO URUPABOL formell und mit eigener Völkerrechtspersönlichkeit ins Leben gerufen wurde. Sept. 1982 erklärte Paraguay überraschend seinen Austritt aus dem GRUPO URUPABOL. Begründung: Die Ziele der Kooperation seien auch im Rahmen der La Plata-Gruppe zu erreichen. Völkerrechtlich wurde damit die Frage aufgeworfen, ob die Satzungsziele der Gruppe sich zwischen zwei Mitgl.-Staaten alleine erreichen lassen, oder ob die GRUPO URUPABOL mit dem Austritt Paraguays materiell untergegangen ist.

Lit.: W. Hummel, Die URUPABOL-Gruppe (GRUPO URUPABOL) als subregionaler Kooperationsmechanismus im Cono Sur, in: D. Nohlen/M. Fernández Baeza/O. Bareiro (Hg.), Kooperation und Konflikt im La Plata-Becken, Saarbrücken 1986, S. 205 ff. wh

US-amerikanische Entwicklungspolitik →Entwicklungspolitik der USA

Usbekistan Die mittelasiatische Republik U. erklärte am 31.8.1991 ihre Unabhängigkeit von der Sowjetunion, nachdem sie in dem vorausgegangenen Moskauer Putschversuch vom 19.8. 1991 noch eine ambivalente Haltung gezeigt hatte. Bereits vorher hatte sich eine überwältigende Mehrheit der Bevölkerung (98,2%) in einem nationalen Referendum (Wahlbet.: 80%) für den Austritt aus dem sowjetischen Staatsverband ausgesprochen. U. hat den Vertrag über eine Wirtschaftsgemeinschaft mit den Nachfolgestaaten der UdSSR unterzeichnet und ist der neugegründeten Gemeinschaft Unabhängiger Staaten (GUS) beigetreten.

1. Die Republik U. (Fläche: 447400 qkm) umfaßt im NW Anteile des wüstenhaften Ust-Ur-Plateaus (östlich des Aral-Sees) und des sumpfigen Amu-Darja-Deltas an der Sandwüste Kasylkum, geht nach Osten hin in ein flaches Vorgebirgsland über und wird im Osten durch Hochgebirgsketten (Ausläufer des Tienschan und des Gissar Alai-Systems) begrenzt. U. hat gemeinsame Grenzen mit Afghanistan, Turkmenistan, Kasachstan, Kirgisien und Tadshikistan. Das Klima des Landes ist ausgeprägt trocken kontinental. U. zählte Anfang 1990 20,3 Mio. Ew. (Bevölkerungsdichte: 45,4 Ew./qkm). Das Bevölkerungswachstum betrug 1987/88 2,3%. Hauptstadt ist Taschkent (1989: 2 Mio. Ew.). Die Bev. untergliedert sich ethnisch in Usbeken (71%), Russen (8%), Tadshiken (5%), Kasachen (4%), Tataren (2%) und Karakalpaken (2%). Die Bevölkerungsmehrheit hängt dem sunnitisch-islamischen Glauben an.

2. U. erwirtschaftete 1989 ein BSP von 54,7 Mrd. US-$ (BSP pro Kopf: 2750 US-$). Die amtl. Statistiken weisen für 1990 im Vergleich zum Vorjahr ein Wachstum der materiellen Produktion (prod. Nationaleinkommens) um 3,4%, für 1991 aber einen leichten Rückgang um 0,9% aus. 24% der Beschäftigten arbeiteten 1987 im Industrie- und Bausektor, 38% in der Forst- und Landwirtschaft, 17% im Handels- und Verkehrssektor und 21% im Dienstleistungsbereich. U. verfügt über bedeutende Erdgas- und Erdölvorkommen (5% der sowj. Gesamtförderung bei Erdgas, nur geringe Erdölförderung), gewinnt Kohle, Buntmetalle, Gold und Salze. Die Schwerpunkte der verarbeitenden Industrie liegen neben der chemischen Industrie auf dem Landmaschinenbau.

U. war 1987/88 der mit Abstand bedeutendste Baumwollproduzent der UdSSR (60% der sowj. Gesamtproduktion). Die Baumwollmonokultur hat den Gemüse- und Getreideanbau zurückgedrängt und beansprucht über die Hälfte der landw. Nutzfläche des Landes. 90% der Anbaufläche werden künstlich bewässert. Um den nat. Bedarf an Getreide zu decken, müssen rd. 80% des landesweiten Verbrauchs aus dem Ausland importiert werden. Die großen, mageren Weideflächen des Landes werden durch Schafhaltung (Karakulschafe) intensiv genutzt. Die u. Handelsbilanz wies 1988 ein Defizit von 2,5 Mrd. Valutarubel aus. Hohen Einfuhrüberschüssen bei Erzeugnissen des Maschinenbaus und der Schwarzmetallurgie, Holz, Papier und Energierohstoffen standen zu diesem Zeitpunkt Ausfuhrüberschüsse bei Erzeugnissen der Leichtindustrie und Landwirtschaft gegenüber. Im Rahmen marktwirtschaftl. Strukturreformen hat die Regierung 1991 eine Reihe von Gesetzesinitiativen ergriffen. Die Freigabe der Preise im Gefolge der russischen Preisfreigabe im Jan. 1992 führte zu blutigen Studentenunruhen in Taschkent. Die Preiserhöhungen wurden daraufhin teilweise zurückgenommen.

3. Die u. Politik wird von einer konservativen kommunistischen Mehrheit in Parlament und Regierung bestimmt; die KP der Republik hat sich nach dem gescheiterten Putschversuch in Moskau von der KPdSU losgesagt und ihren Namen geändert. Die pol. Führung liegt in den Händen von Präs. I. Karimow, der in den Präsidentschaftswahlen vom 29.12.91 (Wahlbet.: 80%) 86% der Stimmen auf seine Person vereinigen konnte.

4. U. sieht sich mit ungeheuren ökologischen Problemen konfrontiert, die von der Bodenzerstörung als Folge der künstlichen Bewässerung und einer ungebremsten Chemisierung der Landwirtschaft herrühren. Durch Entzug des Wasserzulaufs sind Teile des Aral-Sees von der vollständigen Austrocknung bedroht. Besonders in der Autonomen Republik der Karakalpaken soll sich die ökologische Katastrophe zugespitzt haben: Angeblich sind über 60% der Bevölkerung krank. Die Region verzeichnet weiter die höchste Säuglingssterblichkeit der ehem. Sowjetunion.

Weitere Problemkomplexe: Zum Zeitpunkt der Auflösung der Sowjetunion lagerten etwa 100 taktische Atomwaffen der Roten Armee auf u. Territorium. Über den Verbleib dieser Atomwaffen gab es bis 1992 keine verläßlichen Angaben. Die usbekische innen- und außenpol. Situation ist gegenwärtig durch eine Reihe von interethnischen Konflikten gekennzeichnet (innenpol. in der Auseinandersetzung mit den Turk-Mescheten, außenpol. im Konflikt mit Tadshikistan wegen Minderheiten der eigenen Volksgruppe in der jeweils anderen Republik). U. hat offene Grenzfragen mit Kirgisien. In der näheren Zukunft ist die Auseinandersetzung mit den Nachbarrepubliken um die knappen Wasserressourcen denkbar. ak

US-Foreign-Assistance Act →Grundbedürfnisse, Grundbedürfnisstrategie

V

VAP *Voluntary Assistance Program*, Freiwilligen-Hilfeleistungsprogramm.

Vanuatu →Pazifische Inselwelt

Venezuela Seit 1958 besitzt das bis dahin vorwiegend autoritäre Traditionen aufweisende V. ein funktionierendes demokratisches System und galt bis vor kurzem als eines der pol. stabilsten Länder LAs. Die Folgen der sich immer mehr zuspitzenden Wirtschaftskrise der 80er J. haben allerdings in jüngster Zeit Zweifel an dieser Einschätzung geweckt.

1. V. (Fläche: 912050 qkm) hat gemeinsame Grenzen mit Kolumbien, Brasilien und Guayana. Mit Kolumbien bestehen Differenzen über den Grenzverlauf im Küstengebiet (Erdöl). V. beansprucht zudem ⅔ des Staatsgebiets Guayanas. V. ist reich an *Ressourcen. An Bodenschätzen sind an erster Stelle die riesigen Erdölvorkommen zu nennen: Die Vorräte werden auf ca. 55,5 Mrd. b. geschätzt (damit viertgrößte Erdölreserven der Welt). Davon entfallen etwa 18 Mrd. b. auf die Vorkommen des Orinoco, die z. T. noch weit umfangreicher eingeschätzt werden und als eines der größten Energiereservate der Erde gelten. Neben Erdöl und Erdgas verfügt V. über umfangreiche Mineralvorkommen (v. a. Eisenerze). Eine wichtige Rolle spielt zudem die Stromerzeugung durch Wasserkraftwerke. Mit dem Kraftwerk von Guri (52 Mrd. kW) wurde 1986 eine der größten hydroelektrischen Anlagen der Welt fertiggestellt.

2. Der dominierende wirtsch. Faktor ist die Erdölförderung im W und O. Sie hält einen Anteil von 80% an den Exporterlösen. Aufgrund des Vertrags von San José von 1980 beliefert V. neun Länder des mittelamerik. und karibischen Raums mit Erdöl zu günstigen Konditionen. Die Hälfte des ven. Erdölexports gehen an die Dominikan. Republik, Panama und Jamaica. Wichtig-

ster Handelspartner sind allerdings die USA (48,5 % des Außenhandels). Bedeutendster Industriezweig ist die Erdölraffinierung. Petrochem. Produkte sind neben Produkten der Metallverarbeitung (Aluminium) die wichtigsten ind. Exportgüter. Wachsende Bedeutung erlangte in den letzten Jahren die sich bei der Erdölförderung ergebende Erdgasnutzung. Die *Nationalisierung der Erdgaswirtsch., die vorrangig der Energieversorgung der Städte dient, erfolgte 1971, die der Erdölproduktion 1976. Auch im übrigen verarbeitenden Sektor besitzt der Staat einen bedeutenden Anteil. Der Sekundärsektor insgesamt hält einen Anteil von 37,3 % des BIP (25,3 % der Erw.). Der Anteil des landw. Sektors am BIP ist mit 7,8 % und 15 % der Erw. (1987) der niedrigste in LA. Nach einer jahrzehntelangen Vernachlässigung der Landw. zugunsten von *Investitionen im Erdölbereich, die dazu führte, daß V., das über ein umfangreiches landw. Potential verfügt, zum Lebensmittelimporteur wurde, stieg die Bedeutung der Landw. in den 80er J. wieder. Die Importabh. in diesem Bereich ging in den letzten J. von 74% (1983) auf ca. 20% (1988) zurück. V. a. der Fischfang nahm stark zu, so daß der ven. Thunfischfang zum drittgrößten der Welt avancierte. Für den Export ist in diesem Bereich v. a. der Fang von Krustentieren von Bedeutung. Trad. landw. Produkte sind Viehzucht (40% der landw. Produktion, starker Anstieg in den letzten J.), Mais, Sorghum und Reis. Seit 1983 verzeichnet die Landw. im Durchschn. ein Wachstum von j. 6 %. Auch in diesem Bereich dominiert der Staat (70 % des Bodens in staatl. Besitz). Der Aufschwung der letzten J. basiert jedoch auf staatl. Förderung der privaten Landw.

3. V. hatte 1987 19,5 Mio. Ew., was einer durchschn. Bev.-Dichte von 21,4 Ew./qkm entspricht. Das durchschn. Bev.-Wachstum liegt trotz einer leichten Verlangsamung mit 3,1 % (1981–1987) relativ hoch. 41 % der Bev. sind jünger als 15 J. Die Bev.-Verteilung weist starke regionale Ungleichgewichte auf. Mehr als ⅔ der Bev. leben im N, das Bergland von Guayana ist kaum besiedelt. Im Bundesdistrikt Carácas leben 2,45 Mio. Ew. (1270 Ew./qkm). Der *Urbanisierungsgrad liegt mit 77,2 % hoch. Die ethnische Zusammensetzung weist 34 % Mestizen, 33 % Mulatten, 20 % Weiße meist span. und ital. Abstammung, 9 % Schwarze, 2 % Indianer und 2 % andere auf. Die kaum integrierten Indianer siedeln hauptsächlich im Orinocodelta, im NW und im Bergland von Guayana. 84 % der Bev. sind kath., ca. 50000 Protestanten und 9000 Juden. Die LE beträgt 70 J., die Zahl der Ew. pro Krankenhausbett 378 und die Arztdichte ca. 1000 Ew. pro Arzt. Der *Alphabetisierungsgrad beträgt 85 %. Die sozialen Unterschiede sind kraß: Heute leben ca. 40 % der Venezolaner unterhalb der Armutsgrenze.

4. 1498 wurde V. durch Kolumbus entdeckt, spielte für die span. Kolonialmacht aber zunächst keine wichtige Rolle (kaum Edelmetallvorräte). Ab 1718 gehörte V. zum Vize-Königreich Neu-Granada. Aufgrund des Aufschwungs der Plantagenwirtsch. (Kakao, Kaffee) wurde V. im 18. Jh. zur wirtsch. bedeutendsten Kolonie des span. Kolonialreiches. 1811 begann der lange und verlustreiche Unabhängigkeitskrieg. 1821 erreichte V. als Teil Groß-Kolumbiens seine Unabh. von Spanien, mit seiner Trennung von Groß-Kolumbien 1830 gewann V. endgültig seine pol. Selbständigkeit. Die pol. E. wurde zunächst unangefochten durch die konservative Handelsoligarchie geprägt (1830–47). Nach einem Bürgerkrieg (1861–68; 350000 Tote), in dem sich die Befürworter einer föderalistischen Verfassung durchsetzten, stürzte das Land in ein pol. Chaos. Erst unter der Diktatur des Generals Guzmán Blanco (1870–88) gelang eine Stabilisierung und ansatzweise eine Mo-

dernisierung (Eisenbahnbau). Unter General Gómez (1908–35) erfolgte eine gewisse Zentralisierung durch die Ausschaltung der regionalen * *Caudillos*. Die Erdölförderung begann 1917. Die * Industrialisierung setzte erst in den 40er J., also relativ spät, ein. Begünstigt durch hohe Schutzzölle expandierte sie jedoch rasch, beginnend mit der Verarbeitung eigener landw. Produkte. Das auf der * Latifundienwirtsch. basierende trad. Außenhandelsmodell wurde durch eine stark auf den wachsenden produzierenden Sektor ausgerichtete Volkswirtsch. abgelöst. Wichtige Zweige wurden die Aluminiumproduktion und die petrochemische Ind. Die 1941 gegründete *Acción Democrática* (AD), die erste Massenpartei mit vorwiegend ländl. Basis und sozialpol. Programm, konnte 1945 durch einen Staatsstreich das Regime der Generäle López Contreras und Medina Angarita ablösen. Bereits 1948 aber wurde die * Demokratisierung durch einen Putsch unter General M. Pérez Jiménez abgebrochen. Eine zivilmilit. Koalition, begleitet von einer demokratischen sozialen Bewegung, führte 1958 zum Sturz des Diktators und zur Wahl eines zivilen Präs. (R. Betancour, AD; 1959–64).

5. Mit der 26. Verfassung des Landes 1961 wurde ein demokratisches präsidentielles System geschaffen (Wahlen alle fünf Jahre, Zwei-Kammer-Parlament). Nach einer Phase der Instabilität, bedingt durch die Versuche einer linken * Guerilla, unter der Führung der kommunistischen Partei V.s und der AD-Abspaltung MIR, das sich verfestigende System zu sprengen (1960–68), konsolidierte sich die ven. Demokratie. Die rebellierende Linke konnte in das pol. System integriert werden (Amnestie 1969). Die beiden dominierenden Parteien, die sozialdemokratische AD und die christdemokratische COPEI, die 1968–73 mit R. Caldera erstmals den Präs. stellte, wechselten sich seither in der Ausübung der Reg. ab, da bei Wahlen stets die jeweilige Oppositionspartei gewann. Diese Serie wurde im Dez. 1988 mit der Wahl von Carlos Andrés Pérez (AD), der bereits von 1974–79 Präs. war, erstmals durchbrochen. In den 70er J. erlebte V. durch die explodierenden Ölpreise einen Boom, die staatl. Einnahmen konnten durch die Nationalisierung des Erdölsektors enorm gesteigert werden – dies zog eine Flut öfftl. Investitionen im Bereich der Erdölproduktion nach sich. Ein noch größeres Übergewicht des Staates in der Wirtsch. war die Folge. Mit dem Absinken des Ölpreises seit 1983 wurden die Versäumnisse des vorangegangenen Jahrzehnts (mangelnde * Diversifizierung des Exportsektors, Stagnation der Landw., wirtsch. Disparitäten, Auslandsverschuldung) deutlich spürbar; V. geriet in eine Krise, die sich im Laufe der 80er J. verschärfte, trotz des Gegensteuerns von seiten der Reg. (Förderung der Landw., Privatisierungen zur Stärkung des Wettbewerbs). Die Öleinnahmen fielen von 16,3 Mrd. Dollar 1981 auf 8,4 Mrd. Dollar 1988. Die Reallöhne sanken seit 1983 um 38 %, die Inflationsrate stieg 1989 auf 81 %. Die * Verschuldung von 33 Mrd. US-$ ist die vierthöchste LAs. Der * Schuldendienst belief sich 1988 auf 45 % der Exporterlöse. V. zahlte stets seine Schuldzinsen – seit 1982 ca. 30 Mrd. US-$. Die neue Reg. unter C. A. Pérez stellte Anfang 1989 die Zahlungen erstmals ein. Um einen * *Stand-by*-Kredit des * IWF in Höhe von 1,5 Mrd. US-$ (erster Teilkredit im März 1989 zugesagt) zu erhalten, verfolgte die Reg. einen rigorosen Austeritätskurs, der durch die Anhebung des Mindestlohns und der Beamtengehälter nur geringfügig gemildert wurde. Die Preissteigerungen führten im Feb. 1989 zu einem spontanen Aufstand in den größeren Städten des Landes, der wegen des harten Einsatzes der Sicherheitskräfte eine Bilanz von 250 Toten und 1800 Verletzten hatte. Die Zunahme der politischen Gewalt,

die auch in Zusammenhang mit den Aktivitäten der Kokain-Mafia steht, soziale Spannungen und Putschversuche von Militärs werden zu Unsicherheitsfaktoren für die ven. Demokratie.

Lit.: O. Araujo, Venezuela. Die Gewalt als Voraussetzung der Freiheit, Frankfurt 1971; N. Werz, Parteien, Staat und Entwicklung in Venezuela, München 1983; A. Boeckh, Schuldenkrise und die Krise des bürokratischen Entwicklungsstaates in Venezuela, in: PVS 29 (4), 1988, S. 636ff.; F. Welsch/N. Werz, Venezuela. Wahlen und Politik zum Ausgang der 80er Jahre, Freiburg/Br.; A. Boeckh/M. Hörmann, Venezuela, in: HDW III, 2, 1992, S. 510ff. hb

vent for surplus →Außenhandelstheorie

Verband Südostasiatischer Staaten →ASEAN

Vereinigte Arabische Emirate Die VAE sind ein Ölland, das aus einer Föderation rel. autonomer Teilstaaten mit trad. konservativer Sozialstruktur besteht. Beachtlich ist, daß die VAE ihren Ölreichtum in der Form von * Entwicklungshilfe auch anderen Ländern der * Dritten Welt zugute kommen lassen.

1. Die VAE (Gesamtfläche ca. 77000 qkm) entstanden 1971 durch den Zusammenschluß von Abu Dhabi (Fläche 65000 qkm), Dubai (3900 qkm), Scharjah (2600 qkm), Fujairah (1150 qkm), Umm al-Quawain (750 qkm), Ajman (250 qkm) und (Beitritt 1972) Ras al-Khaimah (1700 qkm). Das Territorium der VAE ist wüstenhaft, etwa ⅔ sind Sandwüste. Weniger als 1,5 % der Gesamtfläche der VAE können landw. genutzt werden. Die bedeutendste Oase des Landes ist die zwischen dem Sultanat Oman und dem Emirat Abu Dhabi geteilte Region von Buraimi und Al Ain (Datteln, Zitrusfrüchte, Mango, Bananen, Gemüse, Viehfutter, Korn). Ein Teil der Bev. der VAE lebt als Halbnomaden und kombiniert Dattelkulturen, Gartenbau und Weidewirtschaft mit Ziegen. Die Förderung von Erdöl (v. a. in Abu Dhabi) prägt die VAE in ihrem Charakter.

2. Vom Mittelalter bis zu Beginn des 19. Jh.s war die heutige Wüste der VAE Sklavenhandels- und Seeräubergebiet. 1820 schloß die brit. Ostindiengesellschaft einen Friedensvertrag mit dem Stamm der Quawasim, der größtenteils für die Piratenakte verantwortlich war. 1893 übernahm GB auch den milit. Schutz der Emirate, die Scheichtümer sicherten zu, daß sie keiner ausl. Macht – außer GB – erlauben würden, sich auf ihrem Gebiet niederzulassen. 1968 wurde ein *Federal Agreement* über die Begründung einer Föderation durch neun Emirate, einschl. Bahrain und Katar unterzeichnet. Letztere beschlossen jedoch, als die Föderation verwirklicht wurde, vorläufig nicht beizutreten.

3. Die Bev. der VAE betrug nach der Volkszählung von 1985 insges. rd. 1,6 Mio. Ew. (Abu Dhabi: 670000, Dubai: 420000, Scharja: 269000, Ras al-Khaima: 116000, Ajman: 64300, Fujairah: 54400, Umm al-Quawain: 29200 Ew.).

Da nur etwa 1 % der Landesfläche (v. a. in den Küstengebieten) besiedelt ist, konzentriert sich das seit Einsetzen des Ölbooms extrem starke Bev.-Wachstum auf die wenigen großen Städte (* Urbanisierungsgrad: 77,8 %, größte Stadt ist Dubai mit 1980: 265000 Ew.). Die JZ der Bev. betrug zwischen 1975 und 1980 13,8 % und sank erst Mitte der 80er J. unter 5 %.

Verantwortlich für das Bev.-Wachstum ist der Zustrom von Einwanderern (Ungelernte und Facharbeiter) aus Pakistan, Oman, dem südl. Iran, Indien, anderen arab. Ländern und Europa. Der Anteil der Einheimischen an der Gesamtzahl der Ew. reduzierte sich von 1906: 90 % auf ca. 20 bis 25 % heute. 70 % der Einheimischen sind Araber (10 % Nomaden). Staatssprache ist Arab., Englisch ist als Verkehrssprache wichtig. Die Bev. bekennt sich zum * Islam (95 % Sunniten). Aus den Öleinnahmen wurden das Erziehungswesen (Schulpflicht seit 1972, fast allen Kindern wird der Schulbesuch ermöglicht), das Gesundheitswesen und andere * Infrastruktureinrichtungen ausgebaut.

4. Sozial bestimmend für die Gesellschaft der VAE bleiben trad. Stammes-

strukturen, die allerdings von dem Spannungsverhältnis Staatsbürger – Ausländer überlagert werden. Daneben entwickelt sich eine neureiche einheim. Unternehmerschicht, die von der Vorschrift profitiert, daß alle ausländ. Unternehmer, die sich in den VAE niederlassen wollen, einen einheim. Partner haben müssen, der am Gewinn des jeweiligen Unternehmens zu beteiligen ist.

5. Die VAE sind eine Föderation weitgehend autonomer patriarchalisch-autokratischer Emirate. Die bisherige vorläufige Verfassung sieht einen Obersten Rat der Herrscher der sieben Mitgliedstaaten vor, die einen der ihren für 5 J. zum Präs. wählen (seit 1972 Scheich Zaid Bin Sultan al Nahayan, Herrscher von Abu Dhabi; Regierungschef: Raschid Bin Said al Maktum, Herrscher von Dubai). Im Obersten Rat haben Abu Dhabi und Dubai Vetorecht. Daneben besteht eine beratende Versammlung aus 40 Mitgl., die jeder Teilstaat ernennen oder wählen lassen kann. Abu Dhabi und Dubai haben je acht Vertreter, die anderen Staaten entsprechend ihrer Größe sechs oder vier.

6. Die Mitgl.-Staaten der VAE weisen erhebliche Unterschiede auf, sowohl hinsichtlich ihrer Fläche und der Zahl ihrer Ew. als auch hinsichtlich ihres Wirtschaftspotentials. Die Kosten für die zentrale Verwaltung wurden bisher fast ausschließlich von dem ölreichen Abu Dhabi übernommen. Abu Dhabi, Dubai und Scharjah dominieren die VAE. Dubais Bedeutung liegt v. a. in seiner Funktion als Zwischenhandelsplatz, der mit einer entsprechenden Dienstleistungsind. verbunden ist. Für die VAE insgesamt ergeben sich dank der Einnahmen aus Ölexporten keine Probleme bei der Finanzierung wirtsch. Vorhaben, auch wenn die richtige Größenordnung, die Effektivität (Bürokratisierung) und die Abstimmung in E.-Plänen (Überkapazitäten, sinnlose Konkurrenz) dabei oft zu kurz kommen. Neben dem Erdöl wird zunehmend Erdgas exportiert. Beide Industrien, die auch die Grundlage einer v. a. in Abu Dhabi verfolgten *Industrialisierungs-Strategie bilden (z. B. Raffinerien, Düngemittelproduktion, Meerwasserentsalzung), sind weitgehend in staatl. Hand, wenngleich die VAE im Ggs. zu den meisten anderen Mitgl.-Staaten der *OPEC auf eine vollständige *Nationalisierung der Ölwirtsch. verzichtet haben und nach wie vor Konzessionen für die Erdölexploration und -förderung an ausl. Unternehmen vergeben.

Lit.: M. M. Abdullah, The Modern History of the United Arab Emirates, London 1978; R. el-Mallokh, The Economic Development of the United Arab Emirates, London 1978; H. W. Maull, VAE, in: HDW II, 6, Hamburg 1983, S. 520ff.; H. W. Maull, Vereinigte Arabische Emirate, in: U. Steinbach/ R. Robert (Hg.), Der Nahe und Mittlere Osten, Bd. 2, Opladen 1988, S. 451 ff. rs

Vereinigung lateinamerikanischer Entwicklungsbanken →ALIDE

Vereinte Nationen →UN

Verhaltenskodex Im Rahmen der technologiepol. Forderungen der EL wird angestrebt, einen Verhaltenskodex für *Technologietransfer einzuführen. Damit werden versch. Ziele verbunden, u. a. Verhinderung restriktiver Geschäftspraktiken der *transnationalen Unternehmen, Senkung der Kosten des Technologietransfers für EL, Stärkung der Verhandlungsmacht der EL beim Technologietransfer. Die IL setzten jedoch einem rechtsverbindlichen Verhaltenskodex strikten Widerstand entgegen. Ein solcher Kodex läßt auch befürchten, daß die Unternehmen der IL als Folge wachsender Kontrollen an Bereitschaft verlieren, Technologien in die EL zu übertragen. Die Vereinbarung eines nur unverbindlichen Verhaltenskodex ist zwar unbefriedigend, könnte aber doch die Position der EL stärken.

Lit.: W. Fikentscher, The Draft International Code of Conduct on the Transfer of Technology – A Study in Third World Development, Weinheim 1980 dn

vernacular Engl. Begriff für Volkssprachen, die zugleich Muttersprachen und auch Landessprachen sein können. Volkssprachen unterscheiden sich von den sog. Kultursprachen dadurch, daß sie literaturlos oder noch literaturarm sind und sich dann auf eine Literatur beschränken, die im wesentlichen nur der Grundschulbildung und der Erziehung zu pol. Bewußtsein dient. In höheren Schulklassen wird der Unterricht in einer der Kultursprachen erteilt. Die Unterscheidung und die mit ihr einhergehenden bildungspol. Folgen stehen im engen Zusammenhang der Kolonialherrschaft und der von ihr betriebenen Sprachen-, Kultur-, Assimilierungs- und Entfremdungspolitik. Seit der *Dekolonisation haben sich die Volkssprachen nur langsam in Richtung auf die Kategorie der Kultursprachen hin fortentwickelt. dn

Verpflichtungsermächtigungen Eine Besonderheit im Bundeshaushaltswesen zeigt der *BMZ-Etat (Einzelplan 23 des Bundeshaushalts): Er zerfällt in Baransätze und Verpflichtungsermächtigungen (VE), wobei letztere dominieren. Baransätze beziehen sich nur auf ein best. (das laufende) Haushaltsjahr. Aus ihnen werden alle Ausgaben des jeweiligen J. – *bilaterale, *finanzielle und *technische Zusammenarbeit, multilaterale Ausgaben und Verwaltungskosten – bestritten (die sog. Ist-Ausgaben). Die Gelder werden allerdings nicht einfach an die EL überwiesen (die BRD kennt keine «Budgethilfe»), sondern werden von den EL je nach Projektart und -fortschritt bei den Durchführungsorg. der bundesdeutschen *E.-Hilfe (*KfW, *GTZ etc.) abgerufen.

Auf Grund des allg. langfristigen Charakters der E.-Finanzierung (Projekte laufen über mehrere Haushaltsjahre, in der BRD zwischen zwei und zehn J.) müssen von der Bundesreg. Zahlungsverpflichtungen nicht nur für das laufende, sondern zugleich auch für kommende Haushaltsjahre eingegangen werden (sie werden später von den EL sukzessive abgerufen). Dies ist mit den «einjährigen» Baransätzen haushaltsrechtlich nicht möglich und wird daher (abweichend vom Haushaltsgrundsatz der «zeitlichen Spezialität») durch die sog. VE bewerkstelligt, die ansonsten nur noch bei Großbauten und langfristigen Rüstungsaufträgen Anwendung finden. Durch VE legt der Bundestag in seiner jährl. Haushaltsdebatte fest, bis zu welcher Höhe die Bundesreg. völkerrechtlich verbindliche Verpflichtungen eingehen darf («Belegen von VE»). Die über VE erteilten Zusagen werden aus den Baransätzen der Folgejahre bezahlt. Der Betrag «belegter» VE heißt Zusagerahmen. VE müssen im Haushaltsplan getrennt aufgeführt werden, um die Vorausbelastung zukünftiger Haushalte auszuweisen.

Vorteile der VE: Nur so kann eine der Langfristigkeit des E.-Prozesses angemessene Kontinuität der Finanzierung gewährleistet werden. Nachteile: Ein beträchtlicher Berg (noch) nicht abgerufener VE läßt E.-Gelder für einige Zeit brachliegen. Dieser Betrag der offenen Verpflichtungen (von der BRD zugesagte, aber von den EL noch nicht abgerufene Mittel) heißt in der Fachsprache *pipeline*. Ende 1990 waren 41,4 Mrd. DM «in der *pipeline*».

Zum zweiten ist die Ausgabenstruktur des Etats durch VE für mehrere J. vorab festgelegt und somit der pol. und finanzielle Handlungsspielraum erheblich eingeengt. I. d. R. sind drei bis vier BMZ-Etats im voraus fast völlig verplant. Aus diesem Grund bemüht sich die Reg. Kohl/Genscher seit 1983 mit mäßigem Erfolg, Neuzusagen einzuschränken. bg

Verschuldung Die V. der EL gegenüber privaten und öfftl. Gläubigern in den IL ist eines der drängendsten E.-Probleme und eine große Belastung für die int. Wirtsch.-Beziehungen, wenngleich ein Zusammenbruch des int. Kreditgebäudes nicht mehr (wie noch Mitte der 80er J.) befürchtet werden muß. Die gesamte V. der EL belief sich 1970 auf

100, 1977 auf 334, 1982 auf 763 und Ende 1990 auf rd. 1300 Mrd. US-$. Bis Anfang der 80er J. stiegen die Schulden jährl. um durchschn. 20%. Nach 1982, dem J., in dem Mexiko als erstes EL seine Zahlungsunfähigkeit erklärte – seither spricht man von einer int. Schuldenkrise –, ging die Zuwachsrate der V. deutlich zurück. Das Wachstum der Schulden lag jedoch auch in den 80er J. in allen Regionen fast durchweg über dem des * Sozialprodukts der betreffenden EL.

Die regionale Verteilung der Schulden zeigt eine Konzentration auf LA (seit den 70er J. rd. 40%) und auf wenige (* Schwellen-)Länder. Brasilien, Argentinien und Mexiko vereinigten 1987 rd. ⅕ der ges. Schulden der EL. Auch europ. Länder sind z. T. hoch verschuldet (Polen, Jugoslawien). Dennoch ist die V. kein regionales Problem. Überall in der * Dritten Welt müssen EL einen erheblichen Anteil ihrer Exporteinnahmen für den * Schuldendienst (Tilgung und Zinsen) einsetzen, weshalb ihnen die Devisen für E.-* Investitionen fehlen; dieser Anteil (Schuldendienstquote) lag 1977 noch bei durchschn. 17%, überschritt aber in den 80er J. die kritische 20%-Marke (1986: 26%), wobei LA am stärksten (1986: 46%) belastet ist (Afrika: 33,5%; Asien: 13,1%; Mittlerer Osten: 34,6%). Die Belastung der EL durch den Schuldendienst ist mittlerweile so groß, daß seit 1985 jährl. mehr Finanzmittel (→Nettoressourcentransfer) aus der Dritten Welt in die IL fließen als umgekehrt.

Die finanztechnische Struktur der Schulden hat sich seit Beginn der V. stark zuungunsten der EL verändert. Im Lauf der 70er J. sank der Anteil der Kredite zu Sonderkonditionen (z. B. zinsverbilligte bi- und multilaterale E.-Hilfe-Kredite) im Verhältnis zu den erheblich teureren kommerziellen Bankkrediten. Fast die Hälfte des Schuldenwachstums zwischen 1971 und 1985 resultierte aus Bankkrediten zu marktüblichen Zinsen, die zwar bis 1979 für die EL günstig waren, dann aber durch die neue Geldpolitik der USA unter Präs. Reagan drastisch anstiegen. Dadurch erhöhten sich die Belastungen der EL enorm, und zwar nicht nur bei neuen Krediten, sondern auch bei älteren Schuldbeständen, denn für kommerzielle Kredite werden i. d. R. variable Zinssätze vereinbart.

Die Ursachen der V.-Krise können zunächst danach unterschieden werden, ob sie den Bedingungen und der Entwicklung der Weltwirtsch. zuzurechnen (extern) oder innerhalb der EL (intern) zu finden sind. Außerdem kann man weit zurückreichende strukturelle Ursachen und kurzfristig konjunkturelle Bedingungen der Krise unterscheiden.

Seit den 60er J. war das Schuldenwachstum (v. a. in LA und Südostasien) Ausdruck von * Industrialisierungsbemühungen der EL, zu deren Finanzierung in zunehmendem Maß Bankkredite aus den IL gebraucht wurden. Von daher hängt die V. eng mit dem Vorherrschen einer best. Entwicklungsstrategie zusammen sowie mit der Tatsache, daß die EL nicht über einen eigenen Kreditsektor verfügen, sondern durch sog. *Auslandsbanking* gekennzeichnet sind.

Der erste Ölpreisschock 1973/74 (→OPEC) wirkte sich auf die * Zahlungsbilanzen der ölimportierenden EL negativ aus; auf der anderen Seite standen im Bankensektor v. a. in den USA enorme Summen von sog. *Petrodollar* (Exporterlöse der OPEC-Staaten, die diese bei Banken in IL anlegten) zur Verfügung, womit die Banken die stark wachsende Kreditnachfrage vieler EL zunächst zinsgünstig befriedigten (*Dollar-Recycling*). Zwischen 1973 und 1980 wurden die höchsten Kreditwachstumsraten verbucht. Zum Umschlag des Schuldenwachstums in eine V.-Krise kam es dann ab Ende der 70er J. durch das Aufeinandertreffen von drei Faktoren: dem zweiten Ölpreis-

Tabelle 18: Auslandsverschuldung der EL 1980–1990 (in Mrd. US-$)

	1980	1981	1982	1983	1984	1985	1986	1987	1988	1989	1990[c]
Gesamtverschuldung	639	739	829	893	924	1026	1127	1268	1265	1261	1341
Gesamtverschuldung der DRS-Länder[a]	562	656	743	807	843	937	1028	1152	1137	1147	1221
davon: langfristige Verschuldung	421	487	552	633	675	768	867	980	960	959	1015
– bei öffentlichen Kreditgebern	157	177	197	219	233	294	357	433	437	454	521
– bei privaten Kreditgebern	261	310	354	414	442	473	511	547	523	505	494
– von öffentlichen Kreditnehmern[b]	351	402	455	529	574	675	783	903	896	902	958
– von privaten Kreditnehmern	70	85	97	104	101	93	84	77	64	57	57
kurzfristige Verschuldung	129	151	167	140	133	129	118	128	142	156	169
IWF-Kredite	12	18	24	34	36	40	43	43	35	32	36

[a] Langfristige Auslandsverschuldung der 107 EL des Debtor Reporting System; [b] inkl. öffentlich garantierte Kredite; [c] Weltbank-Projektion. – Quelle: World Bank, World Debt Tables 1990–91, Vol. 1, Washington, D.C. 1990.

Tabelle 19: Regionale Verteilung der langfristigen Auslandsverschuldung[a] 1970–1990

Ländergruppe	1970		1980		1985		1990[p]	
	Mrd. US-$	%	Mrd. US-$	%	Mrd. US-$	%	Mrd. US-$	%
Nordafrika/Mittlerer Osten[b]	4,4	7,1	50,6	12,0	81,0	10,5	116,0	11,4
Afrika südlich der Sahara[c]	5,7	9,2	43,5	10,3	76,1	9,9	139,1	13,7
Südasien[d]	11,5	18,6	33,4	8,0	55,9	7,3	103,9	10,2
Ostasien[e]	7,9	12,8	61,8	14,7	125,7	16,4	183,5	18,1
Lateinamerika/Karibik[f]	27,7	44,7	172,8	41,1	331,0	43,1	339,0	33,4
Europa und Mittelmeerraum[g]	4,7	7,6	58,6	13,9	98,1	12,8	133,6	13,2
EL insgesdamt[h]	61,9	100,0	420,7	100,0	767,8	100,0	1015,1	100,0

[a] Öffentliche und private langfristige Auslandsverschuldung; [b] 10 Länder; [c] 44 Länder; [d] 8 Länder; [e] 13 Länder; [f] 25 Länder; [g] 7 Länder; [h] 107 EL des Debtor Reporting System; [p] Weltbank-Projektion. – Quelle: World Bank, World Debt Tables 1988–1989, 1990–1991.

schock 1979/80 (Verteuerung der Importe der EL), dem Verfall der Rohstoffpreise (Verringerung der Deviseneinnahmen der EL) und der Hochzinspolitik der USA (Verteuerung der Kapitalimporte). Diese externen Entwicklungen konnten von den EL weder vorausgesehen werden, noch hatten sie eine reelle Chance, sich den Effekten der weltwirtsch. Rezession zu entziehen, wie dies die IL mit Hilfe eines neuen *Protektionismus versuchten, der ein übriges tat, die Zahlungsbilanzen der EL zu verschlechtern.

Die o.g. ungleiche Verteilung der Schulden weist aber auch auf EL-interne Ursachen hin. Oftmals wurden Kredite für mehr prestige- als entwicklungsträchtige Ind.-Projekte oder auch für eine unvertretbar hohe *Rüstung eingesetzt. Mängel in der staatl. Wirtsch.- und Haushaltspol. werden als weitere selbstverantwortete Faktoren genannt. In vielen EL ist außerdem eine extrem hohe Kapitalflucht (z.T. mehr als die Hälfte der Kapitalimporte) zu verzeichnen: Potentielle Investoren (Grundbesitzer, Industrielle) legen ihr Kapital nicht im eigenen Land an, sondern in IL, wo die Gewinne sicher und größer sind.

Nach Zahlungsunfähigkeitserklärungen Mexikos, Brasiliens u.a. EL 1982/83 wurde zunächst der Zusammenbruch des int. Finanzsystems befürchtet. Nicht nur wegen der Höhe der V., sondern auch, weil sich die Schulden auf Gläubigerseite v.a. bei privaten US-Banken konzentrierten, die sich z.T. weit über ihr eigenes Kapitalvermögen hinausgehend in dem anfangs sehr lukrativen Geschäft des *Dollar-Recycling* engagiert hatten. Die privaten Kreditinstitute, denen (wegen unternehmerisch oft leichtsinniger Vergabewilligkeit) eine Mitverantwortung an der Krise zugeschrieben wird, zogen sich in der Folge schlagartig aus dem Kreditgeschäft mit den EL zurück. Die Ausleihungen an die Hauptschuldnerländer betrugen 1982 noch 40 Mrd. US-$, 1984 nur noch 5 Mrd. US-$.

Die Folgen der V. gleichen einem Teufelskreis. Die hohe V. eines EL führt über die Zahlungsunfähigkeit zur Kreditunwürdigkeit, von dort über die weitere Verschlechterung seiner Zahlungsbilanz zur noch größeren Zahlungsunfähigkeit usw. Seit 1985 fließt mehr Kapital aus der Dritten Welt in die IL als umgekehrt, wenngleich das Ausmaß dieses negativen *Nettoressourcentransfers nach 1987 (16,7 Mrd. US-$) deutlich zurückging (1989 1 Mrd. US-$). Dies bedeutet zunächst, daß den betroffenen EL (bes. z.B. *LLDCs südl. der Sahara) Kapital fehlt, das für den Aufbau homogener Wirtsch.-Strukturen dringend benötigt würde (→Strukturelle Heterogenität), darüber hinaus verschlimmert sich ihre Situation aber in diesem Zusammenspiel von V., Kreditunwürdigkeit und Verschlechterung ihrer **terms of trade*. In den afrik. EL hat das u.a. zu einem Absinken des *Pro-Kopf-Einkommens um mehr als 25% seit Anfang der 80er J. geführt.

Die Reaktionen auf die V.-Krise bestehen seit 1982 in versch. Formen des finanztechn. und pol. Krisenmanagements, die bislang aber eine Lösung des Problems nicht in Aussicht stellen. Das wichtigste Instrument dabei waren und sind *Umschuldungen, d.h. fallweise Abkommen zwischen den privaten bzw. den im *Pariser Club organisierten staatl. Gläubigern und zahlungsunfähigen EL über eine Umstrukturierung der Schulden. Dabei werden zunächst einfach fällige Tilgungen in die Zukunft verlagert. Der *IWF und zunehmend auch die Weltbank spielen bei dieser Art Krisenmanagement eine bes. Rolle. EL, die eine Umschuldung brauchen, müssen ein Beistandsabkommen mit dem IWF schließen, und, um dieses zu erhalten, erhebliche wirtsch.- und finanzpol. Auflagen erfüllen. Mit dem

Ziel, die Haushalts- und Bilanzdefizite der EL rasch auszugleichen, lief die Auflagenpol. des IWF v. a. in der Anfangsphase der V.-Krise i. d. R. auf drastische Sparmaßnahmen im öfftl. Sektor, Abwertung der Landeswährung und freie Preisgestaltung z. B. wichtiger Konsumgüter (z. B. Grundnahrungsmittel, die in vielen EL staatl. subventioniert werden) hinaus. In vielen EL hat dies zu einer enormen Verschärfung wirtsch. und sozialer Spannungen und z. T. auch zu pol. Unruhen geführt (z. B. Zambia, Sudan). Zunächst wurden Umschuldungen nur für kurze Zeiträume und meist nur um den Preis erheblicher Gebühren und Zinserhöhungen für den Schuldner vereinbart. Mit dem ***Baker*-Plan und vergleichsweise günstigeren Umschuldungen (größere Streckungszeiträume, keine Gebühren, Koppelung mit Neukrediten) setzten 1985/86 Versuche ein, die Belastungen aus dem Schuldendienst nachhaltig zu verringern bzw. an die Leistungsfähigkeit der Schuldnerländer anzupassen. Auf bilateraler Ebene wandelten die IL zunehmend ihre EL-Kredite in Zuschüsse um oder verbesserten die Konditionen der Kreditvergabe (z. B. Orientierung an *IDA-Krediten). Fußten all diese Maßnahmen auf der Vorstellung, daß die EL zumindest auf lange Sicht durch wirtsch. Wachstum die bestehenden Schulden (beinahe) vollständig würden zurückzahlen können, ließ die **Brady*-Initiative 1989 erstmals eine Sichtweise erkennen, welche die V.-Krise als ein Insolvenz- und strukturelles Entwicklungsproblem begreift, dem ohne substantielle Verringerung (i. e. Erlassung) von Altschulden nicht beizukommen ist. Auf der Basis freiwilliger Vereinbarungen und unter Nutzung versch. finanztechnischer Instrumente sollen die privaten Gläubigerbanken – die ohnehin ihre EL-Kredite z. T. steuerlich bereits abgeschrieben haben – einen teilweisen Forderungsverzicht leisten und im Gegenzug das jeweils betroffene EL sich zu einer marktwirtschaftlichen und weltmarktorientierten ökonomischen Strukturanpassung verpflichten. IWF und Weltbank, deren Kreditrahmen 1987 erstmals speziell im Hinblick auf die V.-Krise aufgestockt worden waren (z. B. *Afrika-Fazilität), kommt dabei wiederum eine Schlüsselrolle zu. Sie stellen den EL Kredite zur Verfügung, mit deren Hilfe der Schuldenabbau finanziert wird, und begleiten bzw. kontrollieren außerdem die Strukturanpassung. Eine wesentliche Voraussetzung der *Brady*-Initiative war die Entwicklung versch. marktvermittelter Mechanismen der Schuldenkonversion (**debt-for-bond-swaps*, **debt-equity-swaps*), die mit der Herausbildung eines Sekundärmarktes für Auslandsverpflichtungen der EL einherging. Seit Mitte der 80er J. werden auf dem int. Kapitalmarkt Schuldtitel der EL gehandelt, wobei Abschläge auf die Nominalwerte (bis über 90%) Auskunft über die vermutete Zahlungs(un)fähigkeit des jeweiligen Schuldnerlandes geben. Das Volumen der so gehandelten EL-Kredite verzehnfachte sich zwischen 1985 (6 Mrd. US-$) und 1989 (60 Mrd. US-$).

Wenngleich die *Brady*-Initiative einen wesentlichen Schritt in die richtige Richtung darstellt, kann sie – schon aufgrund des relativ geringen Gesamtumfangs der ins Auge gefaßten Kredite – eine umfassende und dauerhafte Lösung nicht bewerkstelligen. Auch die in einigen Fällen bereits praktizierte Strategie, Schulden gegen Umweltschutzmaßnahmen der EL zu tauschen (*debt-for-nature-swaps*), vermag nur einen Bruchteil der Probleme zu erfassen. Insbesondere im Hinblick auf die dringende Umkehrung des negativen Nettoressourcentransfers bedarf es noch wesentlich umfangreicherer Reduzierungen des Schuldenbestandes, sprich: eines weitergehenden Forderungsverzichtes seitens der privaten Gläubiger sowie natürlich andererseits

Tabelle 20: Schuldenlastquoten

Ländergruppe	1980	1983	1985	1986	1987	1988	1989	1990[p]
SIMICs[a]								
Gesamtverschuldung in % des BSP	37,7	62,0	67,0	68,2	72,3	61,4	54,9	58,9
Gesamtschuldenlösung in % der Exporterlöse[b]	195,8	318,3	317,5	374,8	374,9	319,7	294,3	283,0
Schuldendienst in % der Exporterlöse[b]	36,0	42,4	36,8	41,5	35,7	36,2	28,6	26,1
Zinsen in % der Exporterlöse[b]	18,6	28,4	25,4	24,6	20,9	21,6	16,4	13,9
SILICs[c]								
Gesamtverschuldung in % des BSP	24,7	40,7	50,3	77,0	119,5	110,4	99,5	120,9
Gesamtverschuldung in % der Exporterlöse[b]	95,6	279,2	295,8	464,7	513,2	523,6	492,7	446,4
Schuldendienst in % der Exporterlöse[b]	9,5	23,4	30,3	31,0	21,6	26,9	22,8	28,4
Zinsen in % der Exporterlöse[b]	5,3	12,2	12,7	12,3	9,7	14,1	11,4	14,8
EL insgesamt[d]								
Gesamtverschuldung in % des BSP	27,7	40,4	45,6	48,6	51,3	45,5	41,7	43,8
Gesamtverschuldung in % der Exporterlöse[b]	133,5	201,4	213,7	241,3	231,7	200,8	186,6	183,1
Schuldendienst in % der Exporterlöse[b]	21,6	27,2	28,4	30,4	28,2	26,8	22,1	21,1
Zinsen in % der Exporterlöse[b]	10,9	15,9	15,6	14,9	12,6	12,6	10,5	9,8

[a] 20 EL mit einem BSP pro Kopf zwischen 580 und 6000 US-$.
[b] Exporterlöse für Waren und Dienstleistungen.
[c] 26 EL mit einem BSP pro Kopf bis zu 580 US-$.
[d] 107 Länder des Debtor Reporting System.
[p] Weltbank-Projektion.

Quelle: World Bank, World Debt Tables 1990–91, Washington, D.C. 1990.

auch neuer Kapitalströme in Richtung der EL in Form von *Direktinvestitionen, *finanzieller Hilfe und Krediten.

Die Institutionalisierung eines nach dem Muster des privatrechtlichen Vergleichs konzipierten int. Insolvenzverfahrens für zahlungsunfähige Gläubigerstaaten wird von versch. Analytikern seit Jahren als eine tragfähige Lösungsstrategie empfohlen (s. *Kampffmeyer* 1987), steht aber auf absehbare Zeit außer Reichweite des Völkerrechtes. Eine wesentliche Idee derartiger Konzepte ist, daß nur durch einen teilweisen Schuldenerlaß ein zahlungsunfähiger Schuldner in die Lage versetzt werden kann, entsprechend seiner Leistungskraft die verbleibenden Restschulden zu bedienen, wirtsch. zu gesunden und damit wieder ein «guter», d.h. kreditwürdiger Geschäftspartner zu werden. Ansatzweise hat sich dieser Gedanke auch in den neueren pragmatischen Umschuldungsverfahren nach der *Brady*-Initiative niedergeschlagen. Abgesehen von der praktischen Reichweite solcher Zugeständnisse bleiben freilich nach wie vor die Konditionen der mit Umschuldung und Schuldenabbau verbundenen Strukturanpassung umstritten. Erst sehr spät haben die int. Finanzinstitutionen die Notwendigkeit einer sozialpolitischen Komplementierung von Strukturanpassungsprogrammen erkannt und in den entsprechenden Abkommen mit

EL berücksichtigt, um die Folgen des wirtschafts- und finanzpol. Kurswechsels für die armen Bev.-Gruppen zu verringern. Völlig unberücksichtigt bei den bisher praktizierten Formen der Bearbeitung des V.-Problems blieb die Frage einer Selbstverpflichtung der IL zur entsprechenden Anpassung ihrer eigenen Volkswirtschaften (z.B. Verzicht auf Protektionismus), ohne die alle Mühen der EL unter Umständen rasch obsolet werden können. Grundsätzlich argumentierende Analytiker fordern außerdem eine verbindlichere int. Koordination der Wirtsch. und Finanzpol. sowie der Kreditaufsicht, ohne die einzelne Um- und Entschuldungen auch auf dem Vergleichsweg keine nachhaltige Wirksamkeit entfalten könnten. So wesentlich die Einsicht derartiger Ansätze ist, daß die V.-Krise im Kontext der Gesamtproblematik int. Rahmenbedingungen von Entwicklung und Unterentwicklung verortet werden muß, so gering sind auf absehbare Zeit freilich auch die Realisierungschancen entsprechend umfassender Konzepte zur Lösung der V.-Probleme der EL. Die wahrscheinliche, freilich nicht sehr optimistische Perspektive besteht zum einen in der Fortsetzung und Weiterentwicklung pragmatischer Formen des Schuldenmanagements, wobei insb. die sozialen Dimensionen der Strukturanpassung noch stärker berücksichtigt werden müssen, und zum andern in einer weiteren Differenzierung der Dritten Welt auch in bezug auf die Chancen, den Teufelskreis der Verschuldung verlassen zu können.

Lit.: E. Altvater u.a. (Hg.), Die Armut der Nationen. Handbuch der Schuldenkrise von Argentinien bis Zaire, Berlin 1987; D. Boris u.a. (Hg.), Schuldenkrise und Dritte Welt, Stimmen aus der Peripherie, Köln 1987; T. Kampffmeyer, Die Verschuldungskrise der Entwicklungsländer. Probleme und Ansatzpunkte für eine Lösung auf dem Vergleichswege, Berlin 1987; W. Hankel, Hintergründe der internationalen Schuldenkrise, in: APuZ, 33–34/1988, S. 13ff.; U. Holz (Hg.), Verschuldungskrise der EL, Baden-Baden 1988; H. Sangmeister, Das Verschuldungsproblem, in: HDW III, 1, 1992, S. 328ff. bt

Verstaatlichung →Nationalisierung

Vierte Welt Unterschiedliche E.-Voraussetzungen in den EL haben in Verbindung mit unterschiedlich verlaufenden E.-Prozessen zu einer Differenzierung der *Dritten Welt in versch. Länderkategorien geführt. Unter der Vierten Welt sind besonders rohstoff-, kapital- und exportschwache EL zu verstehen, die am wenigsten entwickelt (nach dem *Weltbank-Kriterium liegt ihr *Pro-Kopf-Einkommen unter 425 US-$) und mit den *LLDCs identisch sind. Die nat. und int. E.-Politik entspricht der bes. Bedürftigkeit dieser EL durch Orientierung der E.-Hilfe an den *Grundbedürfnissen, durch Förderung von Programmen *ländlicher Entwicklung durch unentgeltliche *Kapitalhilfe, durch Sonderpräferenzen im Handelsaustausch etc.

Der Begriffsbildung Vierte Welt liegt jedoch implizit die Vorstellung zugrunde, als sei UE ein Problem des E.-Standes, als befinde sich die von den ärmsten EL positiv abgesonderte Dritte Welt auf dem Weg zur Erreichung der v.a. wirtsch. Zieldaten von Entwicklung. UE ist jedoch zuallererst ein Strukturproblem, das sowohl die ärmsten EL als auch die nach ökon. Kennziffern bereits fortgeschrittenen Länder betrifft. dn

Vietnam Die größten Probleme, denen sich V. heute gegenübersieht, sind die Beseitigung der Schäden, verursacht von den beiden Indochinakriegen und der Auseinandersetzung mit China, die Finanzierung des Militärapparats des Landes und der in Kambodscha stationierten Truppen, die Schaffung einer einheitlichen Wirtschaftsstruktur N- und S-V.s, die Überwindung des Nord-Süd-Gegensatzes («korrumpierender» Einfluß des reicheren S-V.), die Sicherung der Nahrungsmittelversorgung und die Verbesserung des Lebensstandards der Bev.

1. Der NV.s (Gesamtfläche V.s: 332556 qkm) ist überwiegend bergig und mit dichtem Dschungel bewach-

sen, nur ca. 15 bis 20 % der ges. Fläche des ehem. N-V. sind eben. Die meisten Nordvietnamesen leben im Delta des Roten Flusses, einem der dichtestbesiedelten Gebiete der Erde. Die ständigen Überflutungen des niedriggelegenen Deltas, die ein weitverzweigtes Deich- und Kanalsystem nutzt, das günstige Klima und der fruchtbare Boden machen es zu einem hervorragenden Reisanbaugebiet. Seine Entsprechung findet es im Mekongdelta im S V.s (40 % der ges. Fläche des ehem. S-V.). Im zentralen Hochland des S werden Kaffee, Tee, Tabak und Kautschuk angepflanzt, im zentralen Tiefland überwiegen Reisanbau, Fischfang und Kleinindustrie.

2. 111 v. Chr. bis 939 n. Chr. unter direkter chines. Herrschaft, erhält das unabh. gewordene V. drei pol. Schwerpunkte: Tongking (Hs. Hanoi) im N, Annam (Hs. Hué) im Mittelteil und Cochinchina (Hs. Saigon) im S. Zwischen der Bev. des S und des N gab es seit dem 16. Jh. Spannungen, als der S. begann, eine eigene Identität zu entwickeln. Mehr als zwei Jh.e (1593 bis 1802) blieben die Grenzen zwischen beiden Teilen geschlossen und wurden nur gelegentlich von Armeen und Expeditionen überwunden. Die nat. Wiedervereinigung (1802) wurde ebenfalls milit. herbeigeführt und vom N nur widerwillig akzeptiert, da die spätere Nguyen-Dynastie aus dem S kam.

Im 19. Jh. wurde V. auf dem Hintergrund des erwachten europ. Interesses für einen Zugang zu China in das System der Kolonialherrschaft eingegliedert. Frankreich intervenierte 1858 und schloß bis 1887 V., Laos und Kambodscha in der franz.-indochines. Union zusammen. Juni 1940 nahm Japan V. unter eine Art Schutzherrschaft und entlastete Frankreich bei der Verwaltung des Landes. Als die Japaner am 9. 3. 1945 V. die Unabh. zurückgaben, brachen sie damit die japan.-franz. Vereinbarungen. Am 11. 3. kündigte der annamitische Kaiser Bao Dai den Protektoratsvertrag mit Frankreich von 1884 auf. Da dieser nur Annam und Tongking betraf, blieb Cochinchina weiterhin unter ausl., jetzt japan. Kontrolle. Kaiser Bao Dai trat am 25. 8., um einen Bürgerkrieg zu vermeiden, die Macht an den Vietminh (gegr. als antikoloniale *Befreiungsbewegung im Mai 1945, Vorläufer: u. a. Indochines. Kommunistische Partei, gegr. 1930 von *Ho Chi Minh) ab.

2. Am 2. 9. 1945 proklamierte Ho Chi Minh die Demokratische Republik V. (DRV). Diese wurde im März 1946 zwar von Frankreich anerkannt, im I. Indochinakrieg (1946 bis 1954) versuchte die ehem. Kolonialmacht jedoch, die eingetretenen Entwicklungen zu revidieren. Den Angriff auf den N verbanden die Franzosen mit dem Versuch, im S eine einheimische Gegenreg. zu installieren. Kaiser Bao Dai ließ sich dazu überreden, 1949 feierlich auf seinen Thron zurückzukehren. Nach der milit. Niederlage der Franzosen bei Dien Bien Phu 1954 wurde auf der Genfer Indochinakonferenz der 17. nördl. Breitengrad als Demarkationslinie zwischen N-V. und S-V. festgelegt und damit die völkerrechtliche Grundlage für die getrennte E. beider Landesteile geschaffen, die auch auf das trad. Regionalbewußtsein im N und S aufbauen konnte. Während der gesellsch. Neubeginn und der wirtsch. Aufbau der DRV unter Führung Ho Chi Minhs und unterstützt von der UdSSR und der VR China nach marxist.-leninist. Kriterien erfolgte (Einparteiherrschaft, Zentralismus, Planwirtschaft), lösten im S die USA Frankreich schnell als bestimmenden Machtfaktor ab. 1955 stürzte der Diktator Ngo Dinh Diem den Kaiser und übernahm die Präsidentschaft des zur Rep. ausgerufenen Staates. Als demokratische Fassade erhielt S-V. ein J. später eine an der amerik. Präsidialdemokratie ausgerichtete Verfassung. Der durch massive amerik. Hilfeleistung (seit 1958 finanzierten die USA weit mehr als die

Hälfte des Haushalts S-V.s) einsetzende wirtsch. Aufschwung kam jedoch lediglich der alten Oberschicht und US-amerik. Interessen zugute. Die *Agrarreform von 1956 beseitigte die Not der Bauern nicht. Die Großgrundbesitzer (2% der Bev.) besaßen weiterhin 45% des kultivierbaren Bodens. Die überproportionale Repräsentation der Katholiken in der Reg. förderte die buddhistische Opposition. Nach dem Sturz Diems 1963, an dem der *CIA nicht unbeteiligt war, kam es zu einer Reihe von Staatsstreichen und Reg.-Wechseln und einer immer stärkeren Einbindung der Armee in die Regierung. Dies war logische Folge der wachsenden innersüdvietnam. bewaffneten Auseinandersetzungen im 2. Indochinakrieg (Vietnamkrieg). Von der Bev. unterstützt, eroberten die *Guerilla der Nat. Befreiungsfront (NLF/Vietkong) weite Teile S-V.s und attakkierten im Jan. 1968 auch die großen Städte (*Tet*-Offensive). Die USA, die bis zum Dez. 1966 400000 Mann in S-V. stationierten, sahen sich zum einen wachsenden weltweiten Protesten gegen ihr milit. Engagement gegenüber, zum anderen wurde die Erfolglosigkeit ihres brutalen milit. Vorgehens offensichtlich (verheerende Bombardements N-V.s, Entlaubung und Vergiftung riesiger Flächen des Landes, Einsatz von Napalm- und Splitterbomben). Seit 1968 trafen sich die am Konflikt Beteiligten zu Friedensgesprächen in Paris, die 1973 mit einem Waffenstillstandsabkommen beendet wurden. Die USA begannen ihren milit. Rückzug und änderten die Form ihrer Unterstützung des Saigoner Regimes (Vietnamisierungspolitik). Der Konflikt war damit jedoch nicht zu beenden. 1975 überrannte die Armee N-V.s Saigon und stellte die Einheit V.s wieder her (2.7.1976: Sozialistische Rep. V.).

4. Anstrengungen für den Wiederaufbau des Landes lehnten sich nach anfänglichem Einräumen einer Sonderstellung S-V.s und Auseinandersetzungen an der Spitze der Kommun. Partei V.s (KPV) um die Hinwendung zur UdSSR oder zur VR China zunehmend an das Moskauer Modell an. Die Sowjetunion und andere Mitglieder des RGW, dem V. 1978 beitrat, lieferten Waffen und Ausrüstungsgegenstände. Wirtsch. und pol. Maßnahmen gegen die große Bereiche des kapitalistisch strukturierten Handels und Gewerbes S-V.s dominierende starke chines. Minderheit, die folgenden Emigrationswellen (*Boat People*-*Flüchtlinge), der Streit um Inseln in ölhöffigen Bereichen des Südchines. Meeres und der Abschluß eines Freundschafts- und Kooperationsvertrages V.s mit der UdSSR (3.11.1978) verstärkten den chines.-vietnam. Konflikt, der nach der Besetzung Kambodschas durch vietnam. Truppen Anfang 1979 in kriegerische Auseinandersetzungen eskalierte. Vom 17.2.1979 bis zum 5.3.1979 dauerte die chines. «Strafaktion» gegen V., in deren Verlauf chines. Truppen einen 20 bis 25 km breiten Grenzstreifen im N V.s besetzten und zahlreiche Grenzorte zerstörten.

5. Die Bev. V.s wurde 1984 auf 58,3 Mio. Ew. gesch. Mehr als ½ Mio. dürfte heute in Flüchtlingslagern im Ausland leben. Hs. ist Hanoi (1985: 3 Mio. Ew.), Saigon (4 Mio. Ew.) wurde 1976 in Ho-Chi-Minh-Stadt umbenannt (1983 lebten ca. 20% der Bev. in Städten). Der Jahajana-Buddhismus ist der dominierende relig. Glaube, daneben gibt es eine starke kath. Minderheit (insges. 5 bis 6%, zu ⅔ im S) und Taoisten, Konfuzianer und Anhänger zahlreicher Sekten. Vietnamesisch ist Staatssprache, Handels- u. Bildungssprache ist z. T. Franz., im S auch Englisch. 83% der Bev. V.s sind Vietnamesen (Kinh), daneben gibt es kleine siamo-chines. Volksgruppen und eine bedeutende, heute allerdings dezimierte, chines. Minderheit.

6. Am 25.4.1976 wurde erstmals eine ges.-vietnam. Nationalversamm-

lung mit Einheitslisten gewählt (492 Abgeordnete, 249 aus N-V., 243 aus S-V.). Die entscheidende Kraft des Landes ist die KPVN (Generalsekretär Le Duan), Regierungschef ist MP Pham Van Dong. Nach anfänglicher Betonung der Priorität von kollektivem Eigentum und schwerindustrieller Produktion orientierte sich die KPVN 1979 neu. Sie räumt heute der Privatinitiative Chancen ein und gibt der Produktionssteigerung in der Landw. und der Konsumgüterindustrie Priorität.

Trotz ungünstiger Witterungsbedingungen (Dürren / Überschwemmungen) gelang es in den letzten J., die landw. Anbaufläche erheblich zu steigern. Dennoch muß weiterhin Getreide importiert werden, um die Versorgung der Bev. sicherzustellen. Im ind. Bereich ist die E. langsamer verlaufen, v. a. weil E.-Hilfe aus westl. IL und von internationalen Organisationen nach der vietnam. Invasion in Kambodscha eingestellt wurde. Dennoch erwartet V. – ähnlich wie die Nachbarstaaten Laos und Kambodscha – in jüngster Zeit verstärkte *Direktinvestitionen aus ostasiatischen *Schwellenländern sowie aus Japan: Ein **joint-venture*-Gesetz vom Feb. 1988 hat hierzu die Möglichkeiten eröffnet. Die wirtsch. Öffnung geht einher mit der Entspannung auf pol. Ebene: Seit die beiden Großmächte UdSSR und China wieder am Verhandlungstisch sitzen und die Sowjetunion Chinas Rolle als regionale Ordnungsmacht akzeptiert hat, ist es auch wieder (Jan. 1989) zu einem direkten sino-vietnam. Dialog gekommen. Im Sept. 1989 hatte V. den Abzug seiner Truppen aus Kambodscha abgeschlossen. Innere Reformen nahm die KPV in den ersten zwei Jahren zum einen mit der Einführung einer stärkeren personellen Unabhängigkeit der Reg. von der Partei vor. Diese drückt sich darin aus, daß ab Aug. 1991 drei Mitglieder der Regierung nicht mehr zugleich dem Politbüro der KPV angehören. Zudem verabschiedete die Nationalversammlung am 15.4.1992 eine neue Verfassung, welche den kollektiven Staatsrat durch einen Staatspräsidenten als Oberhaupt ersetzt und die Einführung eines marktwirtschaftlichen Systems als Staatsziel festlegt.

Der Anspruch der KPV auf alleinige Festlegung der pol. Richtlinien wird jedoch nicht aufgegeben.

Lit.: D. Brötel, Französischer Imperialismus in Vietnam. Freiburg 1971; H. Dohmen, Vietnam, in: HDW I, 4, Hamburg 1978, S. 733ff.; K.-A. Pretzell/J. Bode, Indochina II: Vietnam, eine Auswahlbibliographie (*Dokumentationsleitstelle des Instituts für Asienkunde, Bd. 14), Hamburg 1980; W. Draguhn/P. Schier (Hg.), Indochina: Der permanente Konflikt? (=Mitteilungen des Instituts für Asienkunde, Bd. 117), Hamburg 1981; N. T. Hung, Politische und wirtschaftliche Veränderung in Vietnam seit dem 6. ZK-Plenum der KPVN (Sept. 1979), in: Berichte des Bundesinstituts f. ostwissenschaftl. u. internat. Studien 4, 1981; W. J. Duiker, Vietnam, A Nation in Revolution, London 1983; O. Weggel, Vietnam, in: HDW II, 7, Hamburg 1983; ders., Indochina: Vietnam, Kambodscha, Laos, München 1987. rs

villas miserias →Marginalität
Virgin Islands →Karibik
VIZ →Auswärtige Kulturpolitik
Volkseinkommen →Sozialprodukt
Vorwärtskopplung →*external economies*, *linkage*-Effekte
Voudou-Kult →Haiti

W

Wachstumstheorie und -strategie Als mit der pol. Befreiung der EL in den 50er und 60er J. das Problem der *Entwicklung evident wurde, standen als theoretische Erklärungsansätze, auf die die Formulierung einer *Entwicklungspolitik zurückgreifen konnte, im wesentlichen drei ökonomische Theorien zur Verfügung: die ökonomisch-historische Stadientheorie *à la* Rostow, die Wachstumstheorie *à la* Harrod-Domar und die *Außenhandelstheorien *à la* Smith, Ricardo und Heckscher-Ohlin. Entwicklung und Wachstum ist nach diesen Theorien identisch.

Rostows Stadientheorie unterscheidet fünf hist. Entwicklungsphasen, die von allen Ländern durchlaufen werden:

1. die traditionelle Gesellschaft, 2. die Übergangsgesellschaft, 3. die Startgesellschaft, 4. die reife Industriegesellschaft, 5. die Massenkonsumgesellschaft. Die hist. Entwicklung zeigt, daß die heutigen IL in der 4. und 5. Phase leben, während das zentrale Problem der EL in der 3. Phase liegt, in der es um den Ausbruch aus den Teufelskreisen der Armut und um den Einstieg in einen sich selbst tragenden Wachstumsprozeß geht. Die Teufelskreise der Armut (* *circuli vitiosi*) bestehen aus zirkulären Kausalketten, die besagen, daß in einem Zustand der Armut nur geringe Ersparnisse möglich werden, die ihrerseits nur geringe * Investitionen erlauben, was wiederum nur niedrige Produktionssteigerungen zuläßt, woraus dann wiederum nur geringe Einkommen fließen, wodurch schließlich der Zustand der * Armut perpetuiert wird. Aus der bekannten Wachstumstheorie folgte, daß die Höhe ökon. Wachstumsraten durch das Verhältnis aus der Sparquote zu dem Kapitalkoeffizienten (*capital-output-ratio*) determiniert wird. Als entscheidendes Entwicklungshemmnis galt der Mangel an Kapital, der durch die Unfähigkeit einer hinreichend hohen inländischen Sparrate hervorgerufen wird. Für einen erfolgreichen * *take-off* schätzte Rostow, daß mindestens zwischen 15 und 20% des BIP gespart und in produktive Investitionen überführt werden müssen. Die Kapitallücke sollte durch einen * *big push* überbrückt werden. Dazu waren Finanzierungsmittel der * Entwicklungshilfe gedacht bzw. private * Direktinvestitionen. Eine massive Steigerung des Faktors Kapital wurde als notwendige und zugleich hinreichende Bedingung erachtet, um einen sich selbst tragenden Wachstumsprozeß zu initiieren. Dieser Entwicklungsimpuls «von oben», der von Kapitalinvestitionen ausgeht, induziert eine Veränderung der technisch-ökon. Produktionsstruktur, führt zu einem *horizon of rising expectations*, die in rational-ökonomische Verhaltensweisen übergehen und schließlich zu einer Veränderung der gesamten sozialökon. Struktur führen.

Die europ. Erfahrungen mit dem Marshall-Plan galten lange Zeit als Vorbild. Bei der analogen Anwendung dieses Konzepts auf die EL wurden jedoch einige markante Unterschiede übersehen: Zwar zeichnete sich Europa in der unmittelbaren Nachkriegszeit durch einen erheblichen Mangel an Kapital in Form technischer und finanzieller Ressourcen aus, auch lag es vom Lebensstandard unter dem Niveau vieler EL, jedoch verfügte es reichlich über den entscheidenden Produktionsfaktor *human capital*. Hier mangelte es einer hochentwickelten Gesellschaft, die über das technische und organisatorische * *Know-how* einer modernen Verkehrswirtschaft verfügte, lediglich an Sachkapital. Die Wiederaufbausituation Europas ist damit völlig verschieden von dem Erstaufbau einer modernen Volkswirtschaft, wie sie von den EL geleistet werden muß. Diese müssen parallel zu technisch-ökon. Strukturen korrespondierende ökonomisch-rationale Verhaltensweisen und pol. Systeme ausbilden.

Der mangelhafte Erfolg der rein technisch-ökon. bedingten Wachstumsstrategie führte in der Folge dazu, nach weiteren Entwicklungshemmnissen zu suchen. Die Nachbardisziplinen Politologie und Soziologie bemühten sich, zahlreiche *constraints* zu identifizieren, die vorab oder zumindest parallel zum ökon. Wachstumsprozeß beseitigt werden müssen. Die Ergebnisse dieser Ansätze werden als sog. * Modernisierungstheorien ausgewiesen. Das Ziel, zu neuen sozialökon. Strukturen zu gelangen, wird bei diesem Ansatz über die Veränderung des Bewußtseins, die Herausbildung rationaler Denkweisen, die Einführung neuer Werte sowie ökonomischer Verhaltensweisen abgeleitet.

Aus den Außenwirtschaftstheorien folgte, daß der int. Handel als *engine of growth* angesehen wurde (→Außenhandelstheorie). Die reichen Rohstoffressourcen vieler EL sind nur durch die Möglichkeit des int. Handels für sie selbst zu nutzen (*vent for surplus*-Theorie, A. Smith, H. Myint). Für den Gegenwert dieser Rohstoffexporte können die EL dringend benötigte Kapitalgüter importieren. Da die meisten EL über reichlich Arbeitskräfte verfügen, ergibt sich aus dem Faktor-Proportionen-Theorem von Heckscher und Ohlin, daß sie prinzipiell bei der Herstellung *arbeitsintensiver Produkte über *komparative Kostenvorteile verfügen. Hieraus wurde die exportorientierte Entwicklungsstrategie abgeleitet: arbeitsintensive Produktionsprozesse wurden in EL ausgelagert bzw. von ihnen entsprechend der Produktzyklus-Theorie übernommen. Tatsächlich haben eine Reihe von *Schwellenländern mit ihrer exportorientierten *Industrialisierungsstrategie überdurchschnittlich hohe Wachstumsraten erzielen können (Südkorea, Singapur, Hongkong, Taiwan, Mexiko, Brasilien). Allerdings stoßen ihre Exporte auf zunehmend stärker werdende Handelshemmnisse seitens der IL. Dies führte einige dieser Länder an die Schwelle tiefer *Verschuldungs- und Finanzierungskrisen.

In den 70er J. geriet die Wachstumsstrategie unter anhaltende Kritik. Selbst in Ländern mit überdurchschnittlichen Wachstumsraten des *Pro-Kopf-Einkommens zeigte sich, daß dieser Zuwachs i. d. R. nur einer kleinen sozio-ökon. Elite zugeflossen war. Ein nennenswerter *Trickle-down*-Effekt war weitgehend ausgeblieben. Das Problem der Einkommensverteilung rückte ins Zentrum des entwicklungspol. Interesses. Die *Weltbank postulierte eine Strategie des *redistribution with growth*. Wenigstens der zukünftige Zuwachs an Einkommen soll demzufolge gleichmäßiger verteilt werden.

Lit.: W. A. Lewis, Die Theorie des wirtschaftlichen Wachstums, Tübingen/Zürich 1956; A. O. Hirschman, The Strategy of Economic Growth, Cambridge 1960; W. W. Rostow, Stadien wirtschaftlichen Wachstums, Göttingen 1967; B. Fritsch (Hg.), Entwicklungsländer, Köln/Berlin 1968; J. B. Donges/L. Müller-Ohlsen, Außenwirtschaftsstrategien und Industrialisierung in Entwicklungsländern, Tübingen 1978. hpn

WADB →BCEAO

Wald-Feld-Wechselwirtschaft →*shifting cultivation*

Waldschutzkonvention →Welt-Umweltkonferenz

Wallis und Futuna →Pazifische Inselwelt

Wanderarbeiter Der Begriff des W.s ist in den Ländern der *Dritten Welt nur mit Mühe von dem des Arbeitsemigranten abzugrenzen. Zu unterscheiden ist zwischen intra-, interregionalen und internationalen Wanderungen, bedingt meist durch ungleichgewichtiges Wirtschaftswachstum. Bei trad. Formen der Wanderarbeit (etwa in Westafrika) verdingten sich Arbeitssuchende für einige Monate in anderen Regionen bei Kleinproduzenten.

Allen Formen der modernen Wanderarbeit ist dagegen gemeinsam, daß sie mit einer relativ langen, oft endgültigen Abwanderung vom Heimatort verbunden ist. Der Zugewanderte ist für das «Gastland» in erster Linie billige, austauschbare Arbeitskraft, für deren soziale Absicherung keinerlei Verpflichtung besteht.

Insges. ist die Zahl der Wanderarbeiter zwischen den Ländern der Dritten Welt, bes. aber von den EL in die IL in den letzten 20 J. beträchtlich gestiegen (→*brain dain*). Die Arbeitsemigration richtet sich v. a. von Mittelamerika (Mexiko) und Kolumbien in die USA, von Bolivien, Chile, Paraguay und Uruguay nach Argentinien, von Mali, Niger und Burkina Faso nach der Elfenbeinküste und in den 70er J. auch von Ghana nach Nigeria (1983 Ausweisung der W. aufgrund der niger. Wirtschaftskrise). Von anfänglich saisonal bedingter Wanderarbeit (*Plantagenwirtschaft) entwickelte sich letztere zunehmend zu einer permanenten Migration.

Eine bes. Form der Wanderarbeit findet sich in der – durch Elend und mangelnde Beschäftigungsmöglichkeiten – erzwungenen Arbeitsmigration der *Homeland-Bewohner aus Botswana, Lesotho, Mozambique, Malawi und Swaziland in die Bergbau-Gebiete Südafrikas. Bei weitem mit höherem Einkommen und Lebensstandard ist demgegenüber die Beschäftigung ausl. Arbeitskräfte im Dienstleistungs- und Bausektor der arab. Golfstaaten verbunden.

In den jeweiligen Heimatländern bzw. -regionen trägt die Wanderarbeit häufig zur Verschärfung regionaler Disparitäten bei. So fehlen etwa durch die Abwanderung der (v.a. in Afrika und Asien meist männlichen) Erwerbstätigen oft Arbeitskräfte in der Landwirtschaft.

Lit.: G. Wellmer (Hg.), Wanderarbeiter im südlichen Afrika, Bonn 1976; W. Mayer/A. Schmidt, Kapitalistische Durchdringung und Mobilität von Arbeitskraft in Westafrika, in: H. Elsenhans (Hg.), Migration und Wirtschaftsentwicklung, Frankfurt/New York, 1978, S. 117ff.; G. Mertins, Migration, in: D. Nohlen/P. Waldmann, Dritte Welt, München 1987, S. 329ff. rs/pb

Wanderhackbau →*shifting cultivation*

Warenhilfe Teil der finanziellen Zusammenarbeit an EL, die nicht projekt- oder programmgebunden ist, zur laufenden Finanzierung des Einfuhrbedarfs an zivilen Gütern und Leistungen (für die Instandhaltung, die Ingangsetzung, den Betrieb und die Erweiterung bestehender Produktionsanlagen). Im Zuge der Dynamisierung der Formen der finanziellen Zusammenarbeit vergibt die BRD seit 1975 auch projekt- und programmgebundene Warenhilfe, sofern ein geeigneter Projekt- oder Programmträger im EL existiert. 1978 erreichte die Warenhilfe der BRD 637 Mio. DM, sie machte 24% der Kapitalhilfe aus; projekt- und programmgebundene Warenhilfe: 135 Mio. DM; 1988 beliefen sich Waren- und *Strukturhilfe auf ca. 600 Mio. DM. dn

WCARRD Weltkonferenz über *Agrarreform und *ländliche Entwicklung (*World Conference on Agrarian Reform and Rural Development*), von der *FAO einberufen, tagte vom 12. bis 20. Juli 1979 in Rom. dn

WCC Weltkirchenrat, oder Ökumenischer Rat der Kirchen (*World Council of Churches*), gegr. 1948, Sitz: Genf; Mitgl.: 286 nichtkath. christl. Kirchen und Hilfswerke aus über 100 Ländern: *Aufgabe:* Verbreitung des Evangeliums und des christl. Glaubens in der Welt; Zusammenarbeit unter den Mitgl.-Kirchen und -Organisationen; Förderung der Missionen. dn

Weiße Revolution →Iran

Weltbeschäftigungsprogramm →Beschäftigung, Grundbedürfnisse/Grundbedürfnisstrategien, ILO

Weltbank/World Bank Die Bank für Wiederaufbau und Entwicklung (*International Bank for Reconstruction and Development*, IBRD) wurde 1944 im Rahmen der Beschlüsse von Bretton Woods, New Hampshire, USA konzipiert. Das Abkommen über die Weltbank trat Dez. 1945 in Kraft. Zusammen mit dem *IFC, der *IDA und neuerdings der *MIGA bildet sie die sog. Weltbankgruppe. Der Sitz der IBRD – wie auch des *IWF – befindet sich satzungsgemäß auf dem Gebiet des Mitglieds mit der größten Zahl von Anteilen am Grundkapital, nämlich in Washington, D. C., USA.

Die IBRD wurde im Hinblick auf den für die Nachkriegszeit erwarteten großen Bedarf an langfristigem Kapital zum Wiederaufbau und zur wirtsch. Entwicklung all ihrer Mitglieder geschaffen. Zunächst setzte sie ihre Mittel überwiegend zum Wiederaufbau Europas ein. Nachdem im Frühjahr 1948 – basierend auf dem Marshall-Plan – das US-amerik. *European Recovery Program* in Kraft getreten war, widmete sich die Bank ab 1950 ganz überwiegend der wirtsch. Förderung der EL. Heute stellt sie die größte einzelne Quelle für Kreditkapital für EL dar. «Der gemeinsame Zweck dieser Institutionen besteht darin, den Lebensstandard in EL dadurch zu heben, daß finanzielle *Ressourcen von den IL in die sich entwickelnde Welt kanalisiert werden» (Weltbank-Jahresbericht 1982, S. 3). Am 30.6.1988 beschäftigte die Bank insg. mehr als 6000 Mitarbeiter. Davon gehörten ca. 3500 dem höheren Dienst an und repräsentierten 104 Nationen.

Mitgliedschaft und Organe: Auf Grund eines von der Generalversammlung gebilligten Abkommens vom 15.11.1947 hat die IBRD den Status einer Sonderorg. der *UN, d.h. sie ist rechtlich weitgehend unabh. und kann (im Unterschied etwa zur *UNCTAD) von UN-Gremien keine Weisungen erhalten.

Die Mitgliedschaft in der IBRD wuchs von 44 Gründungsstaaten 1944 auf 1988: 151 Staaten. Neben allen wichtigen kapitalistischen Staaten sind auch folgende soz. Länder der Weltbank beigetreten bzw. behielten ihre Mitgliedschaft nach einem soz. Reg.-Wechsel bei: Algerien, Äthiopien, VR China (im Mai 1980 ging die Vertretung des Gründungsmitgl. China von Taiwan auf Peking über), Guinea-Bissau, VR Jemen, Jugoslawien, Kambodscha, Laos, Mozambique, Nicaragua, Polen, Rumänien, Zimbabwe, Ungarn (Juli 1982) und Vietnam. Die Sowjetunion, noch 1944 in Bretton Woods dabei, lehnte 1947 mit Ausbruch des «Kalten Krieges» die Ratifizierung ab. Die BRD ist der IBRD 1952 als Mitgl. beigetreten.

Die Mitgliedschaft in der Weltbank setzt diejenige im IWF voraus, damit gewährleistet ist, daß ein kreditnehmendes Land auch bei *Zahlungsbilanzproblemen eine Währungs-, Finanz- und Außenhandelspolitik betreibt, die eine möglichst reibungslose Integration eines solchen Landes in die «freie» int. Arbeitsteilung sicherstellt (mittels sog. Bereitschaftskreditabkommen mit dem IWF). Jedes Land hat einen Anteil am Grundkapital der Weltbank, der in etwa seine wirtsch. Stärke (BSP, Außenhandel, Währungsreserven) widerspiegelt. Das genehmigte Grundkapital der Weltbank, nach dem Weltbank-Übereinkommen ursprgl. auf 10 Mrd. US-$ im Goldwert vom 1.7.1944 festgesetzt, wurde durch mehrere Kapitalerhöhungen bis April 1988 auf 171,4 Mrd. US-$ heraufgesetzt.

Die Verteilung der Kapitalanteile dient als Grundlage für die Verteilung der Stimmrechte im Aufsichtsrat der Bank. Jedes Mitgl. hat 250 Stimmen, zuzüglich einer weiteren Stimme für jeden gezeichneten Kapitalanteil. Dieses Prinzip des «gewogenen Stimmrechts» verschafft den wirtsch. starken Ländern einen erheblich stärkeren Einfluß – im Gegensatz zu den UN-Org., in denen jedes Land nur eine Stimme hat. Mitte 1988 verfügten die fünf größten Kapitalanteilseigner über folgende Stimmrechtsanteile (in Klammern Stimmrechtsanteile am 30.6. 1980): USA: 18,72% (21,11%), Japan: 6,65% (5,3%), BRD 5,14% (5,32%), GB: 4,93% (7,82%) und Frankreich: 4,93% (5,31%). Diese fünf Länder haben das Recht, stets einen eigenen Vertreter für den *Board of Directors* (Aufsichtsrat) zu ernennen, während die übrigen 17 Sitze im *Board* auf die übrigen 146 Länder verteilt werden müssen. Wie ungleich noch heute die Stimmenverhältnisse sind, zeigt sich daran, daß die fünf ernannten Direktoren über 40,97% der Gesamtstimmen verfügen, während die 17 gewählten Direktoren nur 59,03% besitzen. Obwohl i.d.R. Beschlüsse im *Board* im Konsensverfahren und nicht durch Kampfabstimmungen zustande kommen, garantiert doch das Stimmengewicht der reichen IL diesen eine Art pol. Vetoposition: Gegen den Mehrheitswillen der reichen *OECD-Staaten erhält kein EL einen Kredit.

Oberstes Organ bei der Weltbank wie auch bei IDA und IFC ist der Gouverneursrat, für den jedes Mitgliedsland einen Gouverneur und einen Stellvertreter ernennt (i. d. R. die Wirtschafts- oder Finanzmin.). Hier hat jedes Mitgl. eine Stimme; der Gouverneursrat tagt einmal im J. anläßlich der gemeinsamen Jahrestagung von Weltbank und IWF. Er entscheidet über die Aufnahme neuer Mitglieder und über Kapitalerhöhungen, hat aber alle anderen Befugnisse dem Exekutivrat übertragen, dem eigentlichen Entscheidungsorgan. Die laufenden Geschäfte führt der Präs. nach Weisung des Direktoriums. Er wird formal von den Exekutivdirektoren für fünf J. gewählt, *de facto* aber vom US-amerik. Präs. nominiert. Gemäß Vereinbarung soll es jeweils ein US-Amerikaner sein (während der IWF-Direktor stets ein Europäer sein soll). Der Präs. führt den Vorsitz im Direktorium (ohne Stimmrecht, außer bei Stimmengleichheit) und ist Leiter des Mitarbeiterstabs.

Der bedeutendste Präs. war Robert S. McNamara (April 1968 bis Mitte 1981), der frühere US-Verteidigungsmin., der mit seiner Nairobi-Rede von 1973 der Banktätigkeit neue Impulse verlieh: Kampf der absoluten * Armut und Förderung von Landw. und Kleinbauern, v. a. in Schwarzafrika und den asiat. Armutsländern. Sein Nachfolger wurde am 1. 7. 1981 A. W. Clausen, ehem. Direktor der *Bank of America*, der stärker die wirtschaftspol. Linie der Reagan-Administration vertrat: Stärkung des privaten Wirtschaftssektors, Bevorzugung wachstumsorientierter Zielgruppen, mehr Zurückhaltung bei armutsorientierten ländl. Projekten, aber Verstärkung der * Technischen Hilfe und der pol. Beratung für Mitgl.-Länder, insb. der afrik. Länder südl. der Sahara. 1986 wurde B. Conable zum Präs. bestellt. Er strebt bis 1990 eine Steigerung des jährl. Ausleihevolumens auf ca. 20 Mrd. US-$ an, wobei ein wachsender Anteil schnell auszahlbaren Strukturanpassungsdarlehen zugute kommen soll.

Finanzierung: Zu unterscheiden sind vier Quellen: 1. Nettokreditaufnahmen, 2. Darlehensrückzahlungen, 3. Nettoerträge und 4. Einzahlungen auf das Grundkapital. Die wichtigste Quelle stellt dabei die Emission eigener Schuldverschreibungen und die private Plazierung bei Regierungen, Zentralbanken und anderen Kreditgebern dar. Beim Absatz ihrer Schuldverschreibungen war die Weltbank lange Zeit allein auf den amerik. Kapitalmarkt angewiesen. Aber in den letzten J. – mit dem Wiedererstarken der europ. Finanzmärkte – haben sich die Schweiz, Japan und v. a. die BRD zu den ergiebigsten Kreditquellen der Bank entwickelt. Per 30. Juni 1988 beliefen sich die IBRD-Darlehen auf 128 Mrd. US-$; im Geschäftsjahr 1987/88 hatte die IBRD 10 832 Mio. US-$ neu an Finanzmitteln aufgenommen, davon 33% in den USA. Direkte Mittelaufnahmen in japan. Yen (22%), in DM (11%), in Schweizer Franken (10%), in Pfund Sterling (5%) und in holl. Gulden (2%) deckten 50% des Programms. Die kumulierten Rückzahlungen auf die von der Bank gewährten Darlehen erreichten Mitte 1980 den Gegenwert von gut 8 Mrd. US-$. Endgültige Verluste durch das Ausbleiben von Zins- und Tilgungszahlungen sind der Bank bislang niemals entstanden – auch bei * Umschuldungsaktionen des * Pariser Clubs werden Weltbank-Verpflichtungen grundsätzlich ausgenommen. Dies kann nicht auf die prinzipielle Bonität der von der Weltbank geprüften und finanzierten Projekte zurückgeführt werden (egal ob das Projekt eine Rendite abwirft oder ein Fiasko wird, die Reg. des kreditnehmenden Landes garantiert ja prinzipiell die Rückzahlung an die Weltbank), sondern auf die pol. Machtstellung der Bank auf int. Kreditmärkten: Das Versäumnis, Weltbank-Kredite pünktlich zurückzuzahlen, würde rasch die generelle Kreditunwürdigkeit eines solchen Landes auch auf allen privaten Finanzmärkten nach sich ziehen. Umgekehrt bedeutet die Zusage der Bank an eine Reg., weiter Kredite zu gewähren, eine Ermutigung für private Investoren. Da die Bank überwiegend mit Fremdmitteln arbeitet, folgt der Zinssatz, den sie ihren Kreditnehmern bei der Darlehensgewährung in Rechnung stellt und der jeweils für die ges. Laufzeit gilt, grundsätzlich dem allg. Zinstrend auf den int. Kapitalmärkten. Die Bank bedient sich hierbei seit Mitte 1976 einer Zinsformel, die effektive und – seit Anfang 1980 – auch die zu erwartenden Kapitalbeschaffungskosten in Rechnung stellt. Der Zinssatz wird grundsätzlich zu Beginn des J. für 12 Monate festgelegt; Mitte 1980 betrug der Ausleihzins der Bank 9,25 % – wobei man sich freilich fragen muß, ob solche Zinssätze noch das Etikett *Entwicklungshilfe verdienen. Die Laufzeit der Weltbankkredite richtet sich nach der Art des zu finanzierenden Projekts: Sie beträgt i. d. R. 15 bis 20 J. bei fünf Freijahren.

Geschäftstätigkeit: Sie besteht zum einen in der E.-Finanzierung (Beschaffung von Leihkapital) und zum anderen in der Auswahl, Prüfung und Überwachung von ganz oder teilweise finanzierten E.-Projekten. Die Weltbank (wie auch IDA) gewährt nur Darlehen (im Falle der IDA-Finanzierungskonditionen spricht man von Krediten) für «produktive» Vorhaben, die wirtsch. und technisch einwandfrei und von hoher Priorität für die wirtsch. Entwicklung des Schuldnerlandes sein sollen. Gleichzeitig soll die Bank aber nur solche Projekte finanzieren, für die aus anderen Quellen zu angemessenen Bedingungen Kapital nicht zu beschaffen wäre (die Bank ist satzungsgemäß *lender of last resort*). Weltbankfinanzierte Projekte müssen int. ausgeschrieben werden. Potentielle Lieferanten aus dem Schuldnerland, in dem das Projekt errichtet werden soll, erhalten in geeigneten Fällen einen Preisvorsprung (ca. 10 %), um nat. Wirtschaftszweige zu unterstützen oder um diese im Interesse der Verbreitung int. marktwirtsch. Standards konkurrenzfähig zu machen. Dies zeigt, daß die Weltbank nicht primär die speziellen Interessen einzelner Nationalstaaten verfolgt (der USA, wie oft unterstellt wird), sondern vielmehr die generellen Spielregeln des kapitalistischen Wirtschaftssystems auch int. zu verbreiten hilft. Bevor die Bank ein Darlehen zusagt, analysiert sie die allg. wirtsch. Lage des kreditnehmenden Landes, in dem sie u. a. Zahlungsbilanzsituation, E.-Planung, Sektorplanung und die Investitionspolitik des Landes untersucht. In der hieran anschließenden Projektprüfung werden im wesentlichen die wirtsch., techn., institutionellen und finanz. Aspekte des Vorhabens analysiert, um es auf seine Durchführbarkeit und Wirtschaftlichkeit hin zu untersuchen. Nach erfolgreichem Abschluß der Projektprüfung werden im allgemeinen Rahmen der Kreditverhandlungen ggf. besondere Bedingungen, die Weltbank oder Kreditnehmer zu erfüllen haben, erörtert und abgestimmt und in einem *Loan Agreement* festgehalten.

Im Geschäftsjahr 1988 hatte die IBRD Darlehen im Werte von 14,762 Mrd. US-$ bewilligt, von denen aber nur 11,636 Mrd. US-$ ausgezahlt wurden. Die Bank versteht sich insb. als Katalysator, indem sie durch ihre Tätigkeit, v. a. auch im Bereich der techn. Hilfe, die Voraussetzungen für den Ressourcentransfer aus anderen Quellen verbessert. Von zunehmender Bedeutung ist hier die *Kofinanzierung von Weltbank- und IDA-Krediten mit anderen Kreditgebern. Was die Sektoren anbelangt, so hat die Weltbank während der ersten beiden Jahrzehnte ca. ⅔ ihrer Finanzmittel für Verkehrswesen und Elektroenergie ausgegeben: Noch bis Mitte 1978 waren 23 % aller IBRD-Darlehen (= 10,267 Mrd. US-$)

für Fernstraßen, den Eisenbahn- und Hafenbau ausgegeben worden und 21% (= 9,355 Mrd. US-$) für die Gewinnung elektrischer Energie.

Seit dem Amtsantritt von R. McNamara 1968 diversifizierte sich die Darlehenspolitik: Bisher vernachlässigte Sektoren wie * ländliche Entwicklung, * Erziehung und Bevölkerungsplanung sowie die afrik. Ländergruppe wurden prioritär mit Darlehen versorgt. Im Geschäftsjahr 1982 entfielen 25% auf die Energiewirtschaft, einschließlich Kredite für die Förderung von Erdöl, Erdgas und Kohle (1981: 19%). Seit dem Geschäftsjahr 1978 sind in über 50 Ländern Öl- und Erdgasprojekte ausgewählt worden; zwischen 1980 und 1982 wurden ca. 30 Projekte bewilligt, davon ⅔ in Afrika. Als Antwort auf die schlechten E.-Perspektiven der 80er J. (Weltwirtschaftsrezession, fallende * *terms of trade*, steigende Energiekosten) gewährt die Weltbank seit 1980 sog. Strukturanpassungskredite. Diese haben den Zweck, die Struktur der Produktionskapazitäten einer Volkswirtschaft an die merklich verschlechterte außenwirtsch. Lage anzupassen, um entstandene Zahlungsungleichgewichte (Devisenverschuldung!) langfristig wieder ausgleichen zu können. Ferner soll mit derartigen Reformprogrammen auch die Grundlage für das künftige Wirtschaftswachstum und für den Zufluß von anderem Auslandskapital geschaffen werden.

Unter dem Druck der Schulden- und E.-Krise der 80er J. ist die Weltbank über ihre trad. Rolle langfristiger Projektfinanzierungen in neue Aufgabenbereiche hineingewachsen, in denen sie – ergänzend zum IWF und zum * GATT – die Koordinierung einer ansatzweise im Entstehen begriffenen Weltwirtschaftspolitik unterstützt. Diese erweiterte Rolle der Weltbank umfaßt vier Hauptelemente: 1. die Unterstützung der Schuldnerländer bei der Konzipierung und Durchführung wachstumsorientierter Strukturanpassungsprogramme; 2. eine verbesserte Koordinierung der E.-Hilfe und der Politik der IL; 3. eine Katalysatorrolle bei der Mobilisierung zusätzlicher privater Bankkredite und Direktinvestitionen zur Unterstützung von E.-Vorhaben der Schuldnerländer; 4. den Ausbau der finanz. und dipl. Mittlerrolle der Weltbank.

War in den 60er und 70er J. Wachstumssteigerung das Zauberwort der Weltbankexperten, so lautet es heute: «Strukturanpassung» (*adjustment*). Ihre diesbezüglichen Darlehen – die Bereitstellung von Devisen für den Import von Ersatzteilen, Rohstoffen und anderen elementar wichtigen Vorprodukten zur Steigerung wirtsch. (Export-)Wachstums – sind gekoppelt an intensive Grundsatzdialoge mit den Mitgliedsregierungen über notwendige strukturelle Veränderungen in der Wirtschafts- und Haushaltspolitik. Darunter sind v.a. Maßnahmen zur Einschränkung der Ausgaben für den öfftl. Sektor (Privatisierung der Wirtschaft) sowie für Sozialprogramme (Reduzierung von Subventionen für Grundnahrungsmittel, Benzin und öfftl. Dienstleistungsbetriebe) zu verstehen, um der Logik der Marktwirtschaft zum Durchbruch zu verhelfen.

Wollen die EL integraler Teil der Weltwirtschaft bleiben bzw. ihre Position darin über vermehrte Exportproduktion (auch verarbeiteter Rohstoffe) verbessern, ist es zwangsläufig, daß sie sich den Spielregeln der int. Marktwirtschaft unterwerfen müssen. Insofern folgen die unpopulären «Dialoge» zwischen den Experten der Bretton-Woods-Institutionen und den auf ihre nat. Souveränität pochenden Machteliten der EL einer gewissen eisernen Logik: der häufig allzu unproduktiven Verwendung von (geliehenen) knappen Ressourcen durch die Regierungen, denen es primär um Legitimierung und Stabilisierung ihrer Herrschaft geht, wird ein Riegel vorgeschoben – der Riegel der effizienten Kapitalverwertung bzw. der materiellen Nutzenoptimierung. Eine Ermahnung dazu tut oftmals not: So konnte nach hartnäckigem Weltbankdruck die Eigenversorgung mit Nahrungsmitteln in afrik. Ländern merklich als Folge von Preisanreizen für Bauern verbessert werden. Andererseits verkennen die Finanzexperten der Weltbank zuweilen die Grenzen des politisch Zumutbaren, bei deren Überschreitung eine Reg. mehr soziale Opfer und Proteste hervorbringt als wirtsch. Nutzen (i. S. einer ausgeglichenen Handels- und Zahlungsbilanz). So kam es bei Verhandlungen um Strukturanpassungsdarlehen von Weltbank (und IWF) in den 80er J. wegen der unerwünschten sozialen Rückwirkungen (Massenentlassungen aus dem öfftl. Sektor, gedrosselte Import- und Investitionstätigkeiten des Staates, Verteuerung der Lebenshaltung in den Städten) zu Protesten seitens der Bevölkerung (so etwa im Sudan, in Zambia und in Tanzania) und schließlich zum Abbruch der «Politdialoge».

Auch bezüglich der länderspezifischen Verteilung der IBRD-Darlehen hat es signifikante Veränderungen gegeben. Im Zeitraum 1946 bis 1978 gingen 31,5 % aller Darlehen (in Höhe von 44,708 Mrd. US-$, in laufenden US-$) in die Länder LAs und der Karibik (schwerpunktmäßig in die Sektoren Elektroenergie und und Fernstraßen), 28 % in die Ländergruppe Europa, Naher Osten und Nordafrika (Verkehrswesen und Landw.) und 21,5 % nach Ostasien und dem Pazifik (Landw. und Verkehrswesen). Seit Mitte der 70er J. nahm der Anteil Schwarzafrikas an IBRD-Darlehen und IDA-Krediten ständig zu, entsprechend dem Weltbankprogramm, v. a. Armutsländer und sog. Armutsgruppen besser als zuvor fördern zu wollen.

Die «direkte Bekämpfung der Armut» ist seit McNamaras Programmreden der frühen 70er J. ein rhetorisches Markenzeichen der Weltbank. Tatsächlich wurden große Anteile der Finanzmittel von IBRD und IDA an Armutsländer oder für Armutsgruppen abgezweigt: 1987 wurde ein weiteres «dreijähriges Sonderhilfsprogramm» des Westens unter Federführung der Weltbank für 17 afrik. Länder mit niedrigem Einkommen und Schuldenproblemen in Höhe von 6,4 Mrd. US-$ aufgelegt, und zwischen 1979 und 1988 stiegen die Ausleihungen der IBRD und der IDA an die «ärmsten Länder» (d. h. solche mit einem Pro-Kopf-Einkommen von weniger als 425 US-$ im Basisjahr 1986) von 4581,4 Mio. US-$ auf 7569,4 Mio. US-$ (davon 4130,3 Mio. US-$ IBRD – und 3439,1 Mio. US-$ IDA-Mittel).

Positive Auswirkungen lassen sich schwer feststellen: Zum einen gibt die Weltbank selbst die Zahl der «in absoluter Armut» lebenden Menschen immer noch mit 700–1000 Mio. Menschen an und bekennt im Jahresbericht 1988, daß sie die Lösungen für Armutsprobleme noch nicht gefunden hätte (gleichwohl hoffend, deren soziale Auswirkungen bis zum J. 2000 im Griff zu haben!). Zum anderen scheitern sozial intendierte Projekte immer wieder an etablierten Herrschaftsinteressen (der Großgrundbesitzer, hoher Staatsfunktionäre und der Militäroffiziere), die echte * Partizipation von unten behindern.

Die VR China ist mit 14 Weltbank- und IDA-Krediten im Werte von insg. 1,7 Mrd. US-$ allein im J. 1987/88 zum zweitwichtigsten Empfängerland von Weltbankmitteln geworden – hinter Indien (mit 18 Krediten im Werte von 3 Mrd. US-$!). V. a. unterstützt die Bank die Wirtschaftsreformen der Reg. in Peking, die von der direkten Planung und zentralen Produktionssteuerung zu mehr indirekten Eingriffsmöglichkeiten wie dem Wechselkurs, den Zinsen und der Steuerpolitik übergeht.

Bei der Reform der Unternehmen wird nach wie vor die Verantwortung für Gewinn und Verlust betont; zusätzlich wurden aber im Rahmen des neueren Vertragsmanagementsystems Leistungsanreize eingeführt. Die Agrarkredite der Bank sollen helfen, ein umfassendes Programm zu testen, das neue Bodennutzungen vorsieht, die Konsolidierung der Pachtregelungen, die Freigabe der Warenpreise in Verbindung mit der Abschaffung der Subventionen von Produktionsmitteln und verstärkte Anreize für die Erzeugung hochwertigen Exportgetreides.

Kritische Würdigung: Das int. Image der Weltbank als der Welt bedeutendste *multilaterale Institution für E.-Kredite hat sich seit ihrer Gründung stark gewandelt: Fungierte sie in den ersten 2½ Jahrzehnten ihres Bestehens als eine von den USA dominierte Bank, die überwiegend devisen- und technologieintensive Großprojekte zum Nutzen der Ober- und Mittelschichten in pro-kapitalistisch eingestellten Regimen finanzierte, erweiterte und modifizierte sich unter McNamara ihre Programmatik: Aufgeschreckt durch die bisherigen Mißerfolge mit rein wachstumsorientierten E.-Projekten und angesichts einer rasch expandierenden Zahl von «absolut Armen» in der Dritten Welt gab die Weltbank in den 70er J. die Parole *redistribution with growth* aus, d.h. wirtsch. Wachstum plus gerechtere Umverteilung von Einkommen. Die Bemühungen um mehr soziale Gerechtigkeit durften aber das Prinzip der Leistungsfähigkeit und der wirtsch. Effizienz nicht beeinträchtigen. Tatsächlich konnte die Weltbank mit ihren Agrarhilfeprogrammen in Südasien beachtliche Erfolge bei der Steigerung der Nahrungsmittelproduktion und der Verbesserung der Einkommens- und Lebensverhältnisse von kleinbäuerlichen Zielgruppen erreichen, während Erfolge in Schwarzafrika eher bescheiden ausfielen oder ausblieben. Zwar erreichen Weltbank und IDA-Projekte im Durchschnitt eine gesamtwirtsch. Rendite von rund 18% (obwohl die Berechnungsmethoden oftmals fragwürdig sind!), aber der gesamtgesellsch. Nutzen der Kleinbauernprogramme, der großen Infrastrukturprojekte (mit ihren hohen Folgekosten) sowie all der Projekte, die zwecks Devisenbeschaffung weitere nat. Ressourcen für die Weltmarktproduktion umfunktionieren, ist und bleibt fragwürdig. Es hat den Anschein, daß mit den bisherigen Förderungsmethoden, die ja die pol. und Eigentumsverhältnisse kaum verändern, der Großteil der «absolut Armen» nicht erreicht werden kann: die Kleinbauern und Nomaden auf marginalen Böden, Tagelöhner und *Wanderarbeiter, Kleinpächter und Anteilsbauern (→*share-cropping*) mit unsicheren Pachtverträgen etc. Der Weltbank gelingt es zwar, einen Teil der Armen zu kreditnehmenden, für den Markt produzierenden Landbewirtschaftern zu transformieren, die dann permanente Kunden von Saatgut und Düngemitteln werden, aber oftmals wird dadurch gleichzeitig eine soziale Polarisierung zwischen den relativ Begünstigten und dem (großen oder kleinen) Rest der lokalen Bev. eingeleitet oder verstärkt, die zu sozialen und pol. Spannungen führen kann.

Dennoch kann nicht mit Sicherheit gesagt werden, ob ohne E.-Kredite der Weltbank das soziale Elend in der *Dritten Welt geringer wäre, als es heute ist. Einerseits hat sie mit ihren Großkrediten für Infrastrukturprojekte (im Verkehrswesen und im Energiebereich) dazu beigetragen, frühere Kolonialgebiete marktwirtsch. zu erschließen und an die kapitalistische Weltwirtschaft anzugliedern, andererseits hat sie gerade dadurch ökol. labile Regionen in den Strudel kapitalistischer Konkurrenz- und Verdrängungswirtschaft hineingezogen. Während sie damit einerseits neue Arbeitseinkommen (z.B. in dem modernisierten Agrarsektor) schuf, zerstörte sie andererseits die natürlichen Lebensgrundlagen von Menschen in den vorkapitalistischen Wirtschaftszonen, die (aus welchen Gründen auch immer) nicht in das moderne Wirtschaftsleben einbezogen werden konnten oder wollten. Nomaden am Nil (Sudan) und Subsistenzbauern in der * Sahelzone wurden ebenso Opfer von weltbankgestützten Modernisierungsprojekten wie Bodenbewirtschafter in Indien, Mexiko oder Brasilien, denen die ind. betriebene Forst- und Landwirtschaft ihre angestammten Ressourcen zum Überleben (d. h. Land, Wasser, Naturwald, lokale Märkte, lokales Handwerk, Selbstbewußtsein) raubte. Wo einst Hirse und Knollenfrüchte für den lokalen Eigenkonsum wuchsen, werden heute devisenbringende Exporterzeugnisse wie Baumwolle und Erdnüsse, Ananas und Schnittblumen gepflanzt.

Von den vom Weltmarktpreis abhängigen Erlösen profitieren nur selten die Klein- und Mittelbauern; * transnationale Unternehmen und städtische Machteliten sahnen das ländl. Mehrprodukt ab und importieren Konsumgüter zum eigenen Verbrauch. Dadurch werden soziale Disparitäten in den EL eher verschärft als abgebaut.

Eine «Abschaffung» der Weltbank wäre weder realistisch noch wünschenswert. Vielmehr müßte sie so reformiert werden, daß sie im Interesse der Völkergemeinschaft an einer weiterhin bewohnbaren Erde eine Wächter- und Wegweiserfunktion ausüben könnte: wiss. fundierte Warnung vor Raubbau an der Natur und technologische Förderung solcher E.-Projekte, die ökol. und sozial verträglich sind. Publikationen: Weltbank Atlas, * Weltentwicklungsberichte. Adresse: 1818 H-Street, N.W. Washington, D.C. 20433, USA; Europa-Büro: 66, Avenue d'Iena, F-75116 Paris.

Lit.: Deutsche Bundesbank, Internationale Organisationen und Abkommen im Bereich von Währung und Wirtschaft, Sonderdrucke Nr. 3, Frankfurg 1981 (2. Aufl.); R. Tetzlaff, Die Weltbank: Machtinstrument der USA oder Hilfe für Entwicklungsländer?, München und London 1980; C. Payer, The World Bank. A Critical Analysis, New York and London 1982; A.W. Clausen u.a., Die Weltbank nach 40 Jahren. Herausforderung und Antwort. Ein Weltbank-Symposium am 17.4.1986 in Bonn, hg. vom Forschungsinstitut der Deutschen Gesellschaft für Auswärtige Politik, Bonn 1986; T.U. Koll (Hg.), Die Weltbank. Struktur, Aufgaben und Bedeutung, Berlin (West) 1988; «Umkämpfte Souveränität. Zur Politik von IWF und Weltbank, in: Peripherie Nr. 33/34 (August 1988); R. Tetzlaff, Weltbank und Währungsfonds als umstrittene «Krisenmanager» in den Nord-Süd-Beziehungen, in: APuZ (1988) Nr. 33/34. rt

Weltbeschäftigungsprogramm →Beschäftigung, Grundbedürfnisse/Grundbedürfnisstrategien

Weltbevölkerungskonferenz Von den * UN einberufen, bisher Rom 1954, Belgrad 1965, Bukarest 1974, Mexico City 1984. Insbes. mit der 1974er Konferenz sind Bevölkerungsfragen zum Gegenstand int. Politik geworden. Anerkannt wurde 1., daß Bev.-Politik in enger Verbindung steht mit dem Ziel der Verbesserung der Lebensqualität der Bürger eines Landes; 2., daß * Familienplanung eine soziale Investition sei; 3. der Grundsatz, daß ein Staat souverän sei bei der Formulierung seiner Bev.-Politik. Die 3. Konferenz verabschiedete einen Weltbev.-Aktionsplan mit folgenden Zieldaten bis 1985: Senkung der JZ der Bev. in EL von 2,4 auf 2, in der Welt insges. von 2 auf 1,7 % (IL 0,8 auf 0,7 %); Erhöhung der LE von 62 auf 74 J., d. h. eine Steigerung in LA um 12 J., in Asien um 17 J. und in Afrika um 28 J.; Senkung der Geburtenrate in den EL von 38 auf 30 pro T. In Mexico City wurde v.a. die Stellung der Frau in Familie und Gesellschaft sowie ihre Bedeutung bei der Familienplanung betont. →Bevölkerung, →Frauen in der Dritten Welt dn

Weltentwicklungsberichte Mit dem Ziel, die Weltentwicklungsprobleme umfassend und fortlaufend zu analysieren, publiziert die * Weltbank in Washington seit 1978 jährl. den Weltentwicklungsbericht. Die einzelnen Berichte thematisieren jeweils unterschiedliche Schwerpunktthemen und enthalten einen Tabellen-Anhang mit sozialen und ökon. * Indikatoren der

Entwicklung in den EL und IL. Für die Reihung der EL nach dem Entwicklungsstand (*ranking*) wird in den Berichten das BSP/Kopf (*Pro-Kopf-Einkommen) verwandt. Die Weltentwicklungsberichte können bezogen werden bei: →DGVN, Weltbank. ah

Welterbe 1972 traf die *UNESCO-Generalkonferenz ein Übereinkommen zum Schutz des Kultur- und Naturerbes der Welt (*Convention for the Protection of the World Cultural and Natural Heritage*). Die Beitrittsländer (1989: 100) verpflichten sich, Kultur- und Naturgüter (1989: 288), die aus versch. Gründen (geschichtlich, ästhetisch, wiss. etc.) von «außergewöhnlichem universellen Wert» sind, zu erfassen, schützen und zu erhalten. Die «Liste des Welterbes» ist im HIZ (III A 74 61) abgedruckt. mik

Welternährungskonferenz 1974 in Rom; v.a. auf Initiative der USA und der *Blockfreien von der *UN-Generalversammlung einberufen. Themenschwerpunkte: Produktionsförderung, *Nahrungsmittelhilfe und Weltagrarhandel. Hauptergebnis: Deklaration zur Beseitigung von Hunger und *Mangelernährung; Betonung des Stellenwertes des Agrarsektors im E.-Prozeß, der Nahrungsmitteleigenproduktion in EL sowie von *Agrarreformen. Die Konferenz empfahl die Gründung des *IFAD und des *WFC. →Ernährung mik

Welternährungsprogramm →WFP

Welternährungsrat →WFC

Weltfrauenkonferenz →Frauen in der Dritten Welt

Weltfriedensdienst →WFD

Weltgesundheitsorganisation →WHO

Welthandelsabkommen →GATT

Welthandelskonferenz →GATT

Weltkirchenrat →WCC

Weltkommission für Umwelt und Entwicklung →Brundtland-Bericht

Weltkonferenz der UN über Wissenschaft und Technik im Dienste der Entwicklung →UNCST

Weltkonferenz über Agrarreform und ländliche Entwicklung →WCARRD

Welt-Kulturdekade (Weltdekade für kulturelle Entwicklung), von der *UNESCO für den Zeitraum 1988 bis 1997 ausgerufen. Ziele: Anerkennung der kulturellen Dimension jeder Entwicklung; Stärkung und Bereicherung der kulturellen Identität; breitere Teilnahme (aller Bevölkerungsschichten) am kulturellen Leben; int.-kulturelle Zusammenarbeit. V.a. in Kooperation mit int., *nichtstaatlichen und *UN-Organisationen möchte die UNESCO diesen Zielrahmen mit konkreten Projekten (beispielsweise Erhaltung vom Aussterben bedrohter Sprachen oder von Kulturgütern; Förderung der Kenntnis über fremde Kulturen) füllen. mik

Weltmodelle Die Zukunftsforschung der 60er J. fragte noch v.a. nach den weltweiten (!) Chancen und Möglichkeiten des techn. und ind. Fortschritts und problematisierte lediglich die pol., sozialen und kulturellen Folgen des dadurch herbeigeführten gesellsch. Wandels.

Mit dem Beginn der 70er J. wurde infolge sich abzeichnender bedrohlicher Entwicklungen die Endlichkeit der Welt und ihrer Ressourcen zum beherrschenden Thema von Globalstudien und -modellen, die nach ihrem methodischen Ansatz in vier Gruppen unterschieden worden sind (Bechmann: 1985, 25ff.): 1. Computersimulationsmodelle (z.B. die ersten zwei Berichte an den *Club of Rome*), die, vom *Bariloche-Modell abgesehen, i.d.R. die komplexen gegenwärtigen Entwicklungen und Strukturen in den Bereichen *Bevölkerung, *Ernährung, *Ressourcen und Umwelt (→Ökologie) modellhaft zu erfassen suchen und in die Zukunft extrapolieren; 2. meist deskriptive «Umweltbestandsaufnahmen und -analysen» (z.B. *Global 2000); 3. Maßnahmenkataloge zur Reform des Weltwirtschaftssystems (z.B. die *Brandt-Berichte); 4. Handlungsempfehlungen zum Umweltschutz, zur Bevölkerungspolitik und zur Ressourceneinsparung (z. B. * Brundtland-Bericht).

Bei aller Unterschiedlichkeit stimmen die Studien in ihrer Einschätzung der gegenwärtig erkennbaren Schlüsselprobleme der Menschheit weitgehend überein. Trotz ihres erheblichen Einflusses auf die öfftl. Meinung wurden ihre Handlungsempfehlungen bisher kaum in konkrete pol. Aktionen umgesetzt.

Lit.: W.-D. Eberwein, Die Zukunft als Problem der Gegenwart. Weltmodelle – Rückblick und Ausblick, in: APuZ 34/1984, S. 3–19; A. Bechmann (Hg.), Globale Umweltpolitik – Wissen ohne Konsequenz. Eine synoptische Darstellung der Ergebnisse der wichtigsten Weltmodelle und globalen Handlungsprogramme, Werkstattberichte des Instituts für Landschaftsökonomie, Berlin 1985. bh

Welt-Umweltkonferenz Von den * UN 1972 in Stockholm abgehalten, unter den 113 teilnehmenden Ländern fehlten wegen Ausschlusses der DDR die UdSSR, Polen, Ungarn und die Tschechoslowakei. Zentrales Thema war das Verhältnis von Umwelt und Entwicklung, wobei bereits die Definition von Umwelt umstritten war und von den EL nicht allein auf Natur und Landschaft eingegrenzt belassen blieb, sondern auch Hunger und Elend in der Dritten Welt umfaßte. Die EL befürchteten eine durch die * ökologischen Grenzen des Wachstums begründete Verringerung der E.-Möglichkeiten ihrer Volkswirtschaften und wandten sich deshalb gegen die von Wissenschaftlern in die Debatte geworfenen Vorstellungen von Nullwachstum und qualifiziertem Wachstum (→Club of Rome). Letztlich blieb ihnen dieser Konflikt erspart, da auch die Vertreter von Wirtschaft und Staat der IL Wachstum und ind. E. forderten. Die wirtsch. Interessen der Ländergruppen setzten sich in den Empfehlungen der Konferenz weitgehend zu Lasten einer wegweisenden Umweltpolitik im Weltmaßstab durch.

In der Deklaration zur menschlichen Umwelt wurden folgende Punkte hervorgehoben: 1. * Ressourcen vorsichtiger nutzen; 2. giftige Stoffe nicht länger der Umwelt überlassen; 3. Berücksichtigung ökologischer Gesichtspunkte bei * Industrialisierung und E.-Politik; 4. int. Informationsaustausch und Kooperation auf allen Ebenen; 5. E.-Prozeß in EL soll Hunger und Elend beseitigen; 6. Umweltschutzmaßnahmen dürfen Entwicklungsmöglichkeiten in EL nicht einschränken. Für die kontinuierliche Befassung mit Umweltfragen wurde das * UNEP gegründet. Im Mai 1982 wurde von der UN-Generalversammlung eine Sondersitzung des Regierungsrates von UNEP in Nairobi einberufen, die darauf hinwies, daß die grundlegenden Ziele von Stockholm nicht erreicht wurden und die Situation der Umwelt in allen Bereichen sich weltweit verschlechtert hat (→Global 2000).

Nach einer Reihe von Vorkonferenzen fand 1992, 20 Jahre nach Stockholm, in Rio de Janeiro die zweite ökol. Weltgipfelkonferenz statt. An der *United Nations Conference on Ecology and Development* (UNCED; auch als Erdgipfel oder Rio-Konferenz bezeichnet), die insb. durch den * Brundtland-Bericht angeregt worden war, nahmen mehr als 100 Staats- und Regierungschefs teil, insg. waren 178 Länder vertreten. Ursprüngliches Ziel der Konferenz war es, den dramatisch zunehmenden Globalgefährdungen des Weltökosystems im Rahmen eines entsprechend ausgebauten, an den Prinzipien des * *sustainable development* orientierten * Internationalen Regimes zu begegnen und konkrete, verbindliche Schritte zum Schutz der natürlichen Lebensgrundlagen der Menschheit festzulegen. Insb. die Bush-Administration widersetzte sich aber (angesichts der bevorstehenden Präs.-Wahlen) offen in wichtigen Bereichen der Festschreibung konkreter Maßnahmen – v. a. hinsichtlich des Klimaschutzes –, wodurch die USA sich int.

isolierten und v. a. in deutlichen Gegensatz zur EG gerieten. Von der UNCED wurden schließlich die folgenden Dokumente verabschiedet: die «Deklaration von Rio» enthält 27 Prinzipien für eine Grundlegung der ökol. Rechte und Pflichten der Menschheit; die rd. 900 Seiten umfassende «Agenda 21» beschreibt – als reine Absichtserklärung – Maßnahmen für das 21. Jh. zur Umsetzung der «Deklaration»; mit der «Klimaschutzkonvention» verpflichten sich die Staaten rechtsverbindlich (auf Druck der USA aber ohne zeitlichen Rahmen), die Emissionen von Treibhausgasen weltweit auf den Stand von 1990 zurückzuführen; in der «Artenschutzkonvention» sind Schritte gegen die Abnahme der *biodiversity* völkerrechtlich bindend festgelegt (von den USA wegen möglicher Gefährdung der eigenen Gentechnologie abgelehnt); die rechtlich nicht bindende «Waldschutzkonvention» zielt auf die ökol. Bewirtschaftung und den Schutz der Regenwälder. Zur Kontrolle der Implementierung int. Umweltvereinbarungen installierte die UNCED eine *UN-Commission on Sustainable Development*, die ihren Sitz in New York erhält. Waren die Ergebnisse der UNCED hinsichtlich substantieller praktischer Verbesserungen insb. beim Klimaschutz enttäuschend (die IL fanden sich auch nicht zum notwendigen Kapital- und *Technologietransfer in die EL bereit), so wurde an die völkerrechtlich bindenden Vereinbarungen von Rio doch die Hoffnung geknüpft, künftig die int. Umweltschutzkooperation zu erleichtern und einen inkrementalistischen Prozeß ähnlich dem der KSZE im Bereich der *Menschenrechte auszulösen.

Lit.: M. R. Biswas/A. K. Biswas, Stockholm und 10 Jahre danach, in: E + Z 8/9, 1982, S. 4ff.; L. Gündling, UNCED und die Entwicklung des Umweltvölkerrechts, in: EA 9, 1992, S. 251ff.; Oberthür, Rio: kein Mißerfolg, in EA 20, 1992, 595ff.; E. U. von Weizsäcker, Erdpolitik: ökologische Realpolitik an der Schwelle zum Jahrhundert der Umwelt, Darmstadt, 3. Aufl., 1992; H. Breitmeier/Th. Gehring/M. List/M. Zürn, Internationale Umweltregime, in: V. von Prittwitz (Hg.), Umweltpolitik als Modernisierungsprozeß. Politikwissenschaftliche Umweltforschung und -lehre in der Bundesrepublik Deutschland, Opladen (i. E.). dn/bh

Weltwüstenkonferenz →UNCOD

Westafrikanische Gemeinschaft →CEAO

Westbank →Jordanien, Nahostkonflikt

Westindische Föderation Der Versuch Großbritanniens, 1958 die zehn brit. West Indies in einem Staatsverband in die Unabh. zu entlassen, scheiterte bereits 1962 an der lokalpatriotischen Profilneurose der beiden «Großen», Jamaika sowie Trinidad und Tobago. Beide verließen die Föderation und wurden unabhängig, die restlichen *Little Eight* kehrten zunächst als **associated states* in ein halbkoloniales Schutzbündnis mit dem «Mutterland» zurück und wurden bis 1980 unabh. Staaten (→Karibik). fn

Westminster-Modell Verfassungsmodell, das an der englischen Verfassung orientiert ist, also parl. Regierung, Mehrparteiensystem, rel. Mehrheitswahl in Einerwahlkreisen beinhaltet. GB versuchte, in den aus seiner Kolonialherrschaft entlassenen Staaten das Westminster-Modell durchzusetzen, wobei die andersartigen sozio-ökon. und pol.-kulturellen Voraussetzungen in den EL kaum bedacht wurden. Die Funktionsfähigkeit des Westminster-Modells ließ denn auch sehr zu wünschen übrig. dn

Westsahara I. S. des im Nov. 1975 zwischen Spanien, Marokko und Mauretanien geschlossenen «Teilungsabkommens von Madrid» zogen sich die span. Truppen bis Ende Febr. 1976 aus dem früheren span. Kolonialgebiet zurück. Marokko und Mauretanien einigten sich auf eine gemeinsame Verwaltung des Landes; das von der *UN geforderte Selbstbestimmungsreferendum, in dem die Bev. der W. selbst über ihre Zukunft bestimmen sollte, fand nicht statt. Durch die Teilung der W.

kam Marokko in den Besitz der reichen Phosphatlager des Landes, den zweitgrößten der Welt (ferner Eisenerz-, Kupfer-, Erdöl- und Zinkvorkommen), an deren Ausbeutung es Mauretanien beteiligte. Seit etwa 1973 machten sahar. *Befreiungsbewegungen durch Attentate und *Guerilla-Aktionen vermehrt von sich reden. Die v.a. von Algerien (Zugang zum Atlantik) unterstützte «Volksfront für die Befreiung von Seguia al Hamra und Rio de Oro» (F. POLISARIO) rief nach Abzug der Spanier am 28.2.1976 die «Demokratische Arab. Republik S.» (DARS) aus. Der Zermürbungskrieg der POLISARIO und die innenpol. Probleme des Landes veranlaßten Mauretanien, am 5.8.1979 mit der POLISARIO einen Friedensvertrag zu unterzeichnen und auf das Gebiet zu verzichten, worauf Marokko das ges. Staatsgebiet annektierte. 1979 wurden drei Sitze für die W. in das marokk. Parlament aufgenommen.

Erklärte Ziele der DARS sind: *genossenschaftlicher *Sozialismus mit größtmöglicher *Partizipation der Bev., Entwicklung der Landw. sowie nach außen der Einsatz für arab. und afrik. Einheit und Solidarität in der *Dritten Welt. Derzeit leben ca. 120000 sahar. *Flüchtlinge in alger. Lagern, in denen v.a. Schulbildung, *Alphabetisierung und die Verbreitung eines Nationalbewußtseins anstelle des Stammesdenkens gefördert werden.

Die *UN und die *Blockfreienbewegung setzen sich für die Durchführung der *OAU-Resolution 104 ein (Waffenstillstandsverhandlungen und int. kontrolliertes Selbstbestimmungsreferendum).

Angesichts der Weigerung des marokk. Königs, in offizielle Verhandlungen mit der POLISARIO-Front zu treten, führten UN- und OAU-Vertreter zunächst sog. indirekte Vorgespräche. Erstmalig empfing Hassan II. am 4. und 5. Jan. 1989 POLISARIO-Vertreter, doch führten die Gespräche nicht zu verbindlichen Verhandlungen. Die Bemühungen des UNO-Generalsekretärs zur Lösung des Konflikts mündeten April 1991 in die Annahme eines Friedensplanes (UNO-Sicherheitsresolution 690), der die Durchführung eines von der *MINURSO überwachten Referendums 1992 vorsah. Sept. 91 trat ein Waffenstillstand in Kraft. Marokko torpedierte allerdings bislang mit politischen Maßnahmen die Vorbereitungsprozeduren des Referendums, führte vielmehr Okt. 1992 auch in den besetzten Gebieten Kommunalwahlen durch.

Der Konflikt um die W. stellt auch für die *Arabische Maghreb-Union ein bedeutendes Hindernis dar: Algerien (bis 1984 auch Libyen) ist nach Aussage der POLISARIO Hauptwaffenlieferant; Libyen, Algerien und Mauretanien erkennen die DARS dipl. an, und Tunesien unterstützt die Haltung der UN und der OAU zum Recht auf Selbstbestimmung. Die Aufnahme der DARS in die *OAU 1984 – nach schweren zweijährigen Auseinandersetzungen – veranlaßte Marokko zum Austritt. Insg. wurde die DARS bis 1987 von 70 Staaten dipl. anerkannt.

Trotz der Anerkennung der POLISARIO-Front als Vertretung des sahrauischen Volkes durch versch. pol. Parteien erhält Marokko auch von offiziell neutralen Staaten Westeuropas sowie von den USA (Militärabkommen 1982) finanz. und milit. Unterstützung in einem Kampf, in dem 40% des Haushalts von Militärausgaben verschlungen werden.

Lit.: U. Clausen, Der Konflikt um die Westsahara, Hamburg 1978; V. Thompson/R. Adloff, The West Saharans, London 1980; M. Barbier, Le conflit du Sahara occidental, Paris 1982; U. Clausen, Westsahara, in: R. Hofmeier/M. Schönborn, Politisches Lexikon Afrika, (4. Aufl.) München 1988, S. 430ff.; T. Koszinowski/H. Mattes (Hg.): Nahost-Jahrbuch 1987ff. (jährlich), Opladen 1988ff. rs/pb

WFC Welternährungsrat (*World Food Council*), oberstes Leit- und Koordinierungsorgan im *UN-System auf dem Gebiet der Welternährung, 1974 auf Empfehlung der *Welternährungskonferenz gegründet. *Organe:* Rat (*council*) mit 36 Mitgl., von der *ECOSOC alle drei J. auf Basis einer ausgewogenen regionalen und pol. Repräsentation gewählt, jährl. Rotation von ⅓ der Mitglieder. Der WFC verfügt über ein Sekretariat innerhalb der *FAO-Verwaltung und einen Exekutivdirektor. Haushalt 1988/89: 5,1 Mio. US-$ (Teil des ordentlichen UN-Haushalts).

Alljährlich beraten die Ratsmitgl. auf Minister- bzw. Ministerstellvertreterebene über Welternährungsprobleme und koordinieren Strategien zu deren Lösung. Der WFC hat lediglich beratende und initiierende Funktionen; Maßnahmen zur Lösung der *Ernährungsprobleme werden von den Reg. und den UN-Sonderorg. (insb. *FAO, *IFAD, *WFP) ergriffen. Adresse: Via delle Terme di Caracalla, 00142 Rom. mik

WFD Weltfriedensdienst e.V., 1959 gegr. *Nichtstaatliche Organisation (*Bensheimer Kreis, *Arbeitskreis Lernen und Helfen in Übersee), unterstützt finanziell und durch Entsendung von *E.-Helfern Projekte von *Selbsthilfeorganisationen in EL (Afrika, Palästina) insb. im Bereich *ländliche Entwicklung. Projektfinanzierung (1987: ca. 2,5 Mio. DM) insb. mit öfftl. (*BMZ, EG) und kirchlichen Mitteln (*BfdW, *KED) sowie Spenden. Publikation: Querbrief; Adresse: Hedemannstr. 14, 1000 Berlin 61. mik

WFP Welternährungsprogramm (*World Food Program*) der *UN mit Sitz in Rom, gegr. 1963, um – v. a. mit Hilfe von Agrarüberschüssen – multilaterale *Projekt- und *humanitäre Hilfe auf dem Gebiet der *Ernährung dauerhaft sicherzustellen. Die Hilfe des WFP zielt einerseits auf die unmittelbare Bekämpfung des Hungers in Notstandsgebieten ab, andererseits soll sie die langfristige wirtsch. E. und eigenständige Nahrungssicherung der EL unterstützen und potentiell fatale Nebeneffekte der *Nahrungsmittelhilfe vermeiden. Auf Antrag von EL-Reg. berät und hilft WFP bei der Verteilung von Nahrungsmitteln vorzugsweise im Rahmen von längerfristig angelegten Projekten, die der Sicherung der *Grundbedürfnisse armer Bev.-Gruppen dienen und die *ländliche Entwicklung vorantreiben (*project food aid*). Bei der Notstandshilfe mit Nahrungsmitteln, deren int. Koordination dem WFP obliegt, versucht man durch sog. *food-for-work*-Projekte nachhaltige E.-Effekte zu erzielen. Die Steigerung der Nahrungsproduktion am Ort und die Verbesserung der Einkommenssituation lokaler Kleinproduzenten sind maßgebliche Kriterien der Projektförderung. Die durch das WFP verteilten Mittel speisen sich aus 1. direkten nat. Beiträgen auf freiwilliger Basis in Form von Nahrungsmitteln, Geld- und Dienstleistungen, 2. Beständen der int. Nahrungsmittelnotreserve *IEFR, 3. Pflichtbeiträgen durch Nahrungshilfeabkommen der UN. Die Mittel aus direkten Beiträgen sind seit 1963/65 (85 Mio. US-$) fast ständig gestiegen und erreichten 1985/86 1,125 Mrd. US-$. Viele EL haben sowohl Geber- als auch Nehmerstatus. 1986 wurden 2,25 Mio. t Nahrungsmittel über das WFP verteilt. Die Vergabe der Mittel erfolgt durch ein z.Z. 30-köpfiges, von UN-Organen gewähltes Komitee, das auch die Beitragsziele im Zweij.-Rhythmus festlegt. An der Spitze des Sekretariats steht ein Exekutivdirektor, der vom UN-Generalsekretär und dem Generaldirektor der *FAO ernannt wird. Adresse: Via Cristofero Colombo, 426 00145 Rom. bt

WHO Weltgesundheitsorganisation (*World Health Organization*), gegr. 1948, Sonderorganisation der *UN, 1988 166 Mitgl.-Länder. Finanzvolumen 1988/89: 634 Mio. US-$.

Ziel: «Allen Völkern der Erde ein Höchstmaß an Gesundheit bringen.» Dem dienen Programm und Arbeit der

WHO in den Bereichen: 1. Seuchenwarndienst; 2. Rauschmittelbekämpfung; 3. Standardisierung von Heilmitteln; 4. Int. med. Forschung; 5. Ausrottung von Massenkrankheiten (Malaria); 6. Ausbildungshilfe von med. Personal; 7. Tagungen med. Experten; 8. Einzelprojekte: Unterstützung nat. Maßnahmen in Planung und Durchführung des Aufbaus von Gesundheitsfürsorge. *Organe:* Vollversammlung aller Mitgl., jährl. tagend; Exekutivrat: 24 Sachverständige, auf 3 J. von den Regierungen ernannt, zweimal jährl. tagend; Sekretariat, Generalsekretär.

Besondere Erfolge verzeichnete die WHO in der Bekämpfung von Seuchen. Hingegen konnte sie keinen entscheidenden Beitrag zum Abbau der zwischen den Ländern und innerhalb der Länder (Stadt/Land-Gefälle) höchst ungleichen Versorgung der Bev. mit *Gesundheitsdiensten leisten. Die 1973 beschlossene neue WHO-Strategie berücksichtigt diesen Sachverhalt.

Publikationen: World Health Statistics Annual, World Health Statistics Report, WHO-Chronicle; Adresse: 20, Avenue Appia, CH-1211 Genf 27. dn

windfall profits Gewinne von Unternehmen oder Volkswirtschaften, die nicht durch unternehmerisches oder staatl. Wirtschaften erzielt wurden, sondern («unverdient») durch Veränderung der *Ressourcenbasis (z. B. Entdeckung von Öl) und v. a. durch glückliche Marktkonstellationen. Sie entstehen (und verschwinden) durch Faktoren, die die globale Dimension von Angebot und Nachfrage auf den jeweiligen Märkten beeinflussen. Auch Veränderungen in den Rahmenbedingungen der Märkte (Marktverfassungen wie z. B. *Rohstoffabkommen, Währungssysteme) haben Einfluß. Für EL entstehen w. p. vornehmlich bei Verknappungen (und damit Preisanstieg) im Rohstoffbereich, z. B. durch Mißernten, Erschöpfung von Lagerstätten oder Nachfrageschüben (z. B. im Korea- oder Vietnam-Krieg). bg

WIPO World Intellectual Property Organization, Weltorganisation für geistiges Eigentum

Wirtschaftliche Zusammenarbeit unter Entwicklungsländern →ECDC

Wirtschaftsgemeinschaft Westafrikanischer Staaten →ECOWAS

Wirtschaftssektoren Aufteilung einer Volkswirtschaft in: 1. Primärsektor: *Grundstofferzeugung (Landw., Bergbau); 2. Sekundärsektor: auch Industrie- oder gewerblicher Sektor; Ind. Fertigung (Konsum- und *Investitionsgüterindustrien); 3. Tertiärer Sektor: Verwaltungs- und Dienstleistungsbereiche, Handel, Versicherungen, Kommunikation. In den meisten EL empfiehlt es sich, noch einen weiteren Sektor zu unterscheiden: den Subsistenzsektor oder die *Subsistenzwirtschaft; sie geht in die auf monetärer Basis erstellte volkswirtsch. Gesamtrechnung (→Sozialprodukt) nicht ein. dn

Wissenschaftshilfe *Entwicklungshilfe in der Form der personellen und sächlichen (finanziellen) Hilfe für den Ausbau der wiss. Einrichtungen der EL; sie gewinnt in den *Schwellenländern, aber auch in weniger entwickelten EL mit partiell technisch hochentwickelten Bereichen (z. B. Indien) zunehmend an Bedeutung. wpz

Witteveen-Fazilität →IWF

Wohnen Nach Schätzungen der *UN ist ca. einer Mrd. Menschen die Befriedigung des *Grundbedürfnisses Wohnen versagt. Eine Erfassung genauer Bedarfszahlen für Wohnraum ist allerdings aufgrund der mangelnden statistischen Erfassung, aber auch wegen der nicht einheitlichen Definition dessen, was unter «menschenwürdigem Wohnraum» (*HABITAT) zu verstehen ist, unmöglich. Sicher ist, daß sich das Wohnungsproblem in den letzten Jahrzehnten ständig verschärft hat. Die Ursachen liegen im Bev.-Wachstum (→Bevölkerung) und dem aufgrund der *Landflucht wachsenden Grad der *Urbanisierung, schließlich aber auch in dem Mangel an Ressourcen für den Wohnungsbau bei Konsumenten (fehlende Kaufkraft durch ungleiche Einkommensverteilung) und Regierungen (durch Haushaltsdefizite, *Verschuldung, alternative Haushaltsdisparitäten). Durch den sich ständig erhöhenden Anteil der Stadtbev. nimmt die Zahl der illegalen, aber z. T. geduldeten, in Selbsthilfe entstandenen Spontansiedlungen und Elendsviertel (*Slums, Favelas, Barriadas, Bidonvilles*) an den Stadträndern rapide zu. Der enge Wohnraum und das Fehlen öfftl. Dienstleistungen (Abwasser, Müllabfuhr, Krankenhäuser etc.) machen diese zu Herden sozialer Konflikte (Kriminalität, Alkoholismus, Prostitution) und beeinträchtigen die körperliche und seelische *Gesundheit ihrer Bewohner. In Caracas leben etwa 40% der Stadtbev. in solchen Elendsvierteln, in Mexico City sind es 42%, in Kalkutta 67%, in Buenaventura 80%.

Trotz der Bemühungen, int. Lösungen für das globale Problem der Wohnungsnot zu finden (*HABITAT), bleibt die Aktivität meist in den Händen nat. Regierungen. Deren Lösungsvorschläge und -versuche (*low-cost-housing*-Programme, Slumbeseitigung, «Abfangzentren» für potentiell Landflüchtige) setzen jedoch meist an der Bekämpfung von Symptomen, nicht aber an wirtsch. und sozialen Ursachen der Wohnungsnot an (*Armut, *Arbeitslosigkeit, Kinderreichtum).

Lit.: D. Hampel/H. Hinzen/E. Schmidt, Wohnen in der Dritten Welt, Darmstadt 1981; G. Heilig, Das Städtewachstum in der Dritten Welt, in: P. J. Opitz (Hg.), Die Dritte Welt in der Krise, München, 1984; M. Boleat, National Housing Finance Systems, London usw., 1985; J. S. Tulchin, Habitat, Health and Development, London 1986; *DESWOS-Brief (6mal jährlich); K. Kohut (Hg.), Die Metropolen in Lateinamerika – Hoffnung und Bedrohung für den Menschen, Regensburg 1986; UNCHS, Global Report on Human Settlements 1986, Oxford 1987; Seong-Kyu Ha (Hg.), Housing Policy and Practice in Asia, London 1987. ah/rs

World Experimental Literacy Program →Alphabetisierung

World Resources Institute →Ökologie

World Vision International e. V. 1979 in der BRD eingerichtete Zweigstelle der 1950 in den USA gegr. *Nichtstaatlichen Organisation, seit 1986 eigenständig im internationalen WV-Verbund. WV vermittelt insb. (*Kinder-, Familien- und Projekt-)Patenschaften, leistet daneben *Katastrophenhilfe und beteiligt sich in geringerem Umfang an umfassenden E.-Projekten. Zusammenarbeit (gemäß christlichem Anspruch) meist mit kirchlichen Partnern in Afrika, Asien und LA. WF finanziert sich insbesondere über Spenden. Einnahmen 1988 20,8 Mio. DM, davon 17,1 Mio. DM allein über Patenschaftsbeiträge. Publikation: Hilfe Direkt. Adresse: Adenauerallee 32, 6370 Oberursel 1. mik

WSLF →Äthiopien, Befreiungsbewegungen, Somalia

WUS *World University Service*, Sitz in Genf, *Nichtstaatliche int. Organisation (NGO) von Hochschulangehörigen mit über 50 nationalen Komitees und Kontakten in Afrika, Asien und LA. Beratungsstatus in mehreren Unterorganisationen der *UN, Zusammenarbeit mit anderen NGOs. Ziele: Förderung der Freiheit in Studium, Lehre und Forschung; Förderung des sozialen Engagements der Hochschulen; Bekämpfung jeder Form der Diskriminierung, Ausbeutung und Ungerechtigkeit, insb. im Bereich der *Bildung. Schwerpunkte: Förderung der gegenseitigen solidarischen Unterstützung der Hochschulen und ihrer Angehörigen in aller Welt; Durchführung von *Stipendienprogrammen für Flüchtlingsstudenten; Durchführung und Förderung von E.-Projekten in Ländern der *Dritten Welt; Förderung der int. Erziehung.

Adressen: WUS Headquarter, 5 Chemin des Iris, 1216 Genf; Deutsches Komitee e. V., Goebenstr. 35, 6200 Wiesbaden. kg

WVA →Gewerkschaften (in der Dritten Welt)

Y

Yanacona, Yanaconaje Unter den Inkas bildeten die *Yanaconas* die unterste soziale Klasse, eine Art von Sklaven. Unter der Kolonialherrschaft wurde mit dem Begriff das indianische Hauspersonal belegt. Nach der Unabh. bezeichnete man mit *Yanacona* den indianischen Pächter eines Landstückes (auch *Aparceria*), das auf eigene Rechnung bebaut wird. Der *Yanacona* hatte dafür dem *Latifundisten einen Teil der Ernte abzuliefern. Die *Yanaconaje* wurde in Bolivien durch die *Agrarreform von 1952 und in Peru durch die Agrarreform von 1969 abgeschafft. dn

Z

Zahlungsbilanz Wertmäßige Gegenüberstellung aller außenwirtsch. Transaktionen eines Landes in einer bestimmten Periode, systematisch erfaßt und untergliedert nach Teilbilanzen, z. B. Handelsbilanz (= Ausfuhren, Einfuhren sowie Transithandel), *Dienstleistungsbilanz; Kapitalbilanz (Kreditnahme/-gabe, Verbindlichkeiten/Forderungen, Gold- und Devisenabfluß/-zufluß); Devisenbilanz (Veränderungen der Währungsreserven eines Landes). dn

Zaire Der ressourcenreiche Staat Z. (*AKP, *CEPGL) hat es unter Mobutu nicht vermocht, die dringendsten Probleme der Bev.-Mehrheit (Unterernährung, Analphabetismus) auch nur in Ansätzen zu lösen. Opposition wurde mit blutiger Repression beantwortet. International hat Mobutu es zeitweilig allerdings verstanden, dennoch Unterstützung (z. B. durch franz. und belgische Truppen) und Anerkennung (Papstbesuch 1980) zu finden.

1. Z., im zentralafrikanischen Kongobecken gelegen, ist mit 2 345 409 qkm der drittgrößte afrik. Staat. Das vollständig in der Tropenzone gelegene Land erstreckt sich über versch. Klimazonen. Abgesehen von kleinen Gebieten ist Z. landw. nutzbar (landw. genutzte Fläche etwa 25 %, Waldfläche um 40 %). Etwa die Hälfte der landw. genutzten Fläche dient dem Anbau der vornehmlich für die *Subsistenz notwendigen Produkte (Maniok, Mais, Bananen). *Plantagen, v. a. im NO und O des Landes, liefern den Großteil der agrar. Exportgüter wie Palmöl, Baumwolle, Kaffee und Kautschuk. Wichtigster Wirtsch.-Sektor ist der Bergbau im S und SO (Kasai, Shaba). Z. ist der größte Kobalt- und Industriediamantenproduzent der Welt. Diese und andere Ressourcen wie Kupfer, Zinn-, Mangan- und Zinkerze, Uran, Kohle oder Erdöl werden nur z. T. ausgebeutet.

2. Die sich seit dem 18. Jh. verstärkende Penetration des zentralafrik. Raumes durch europ. Kaufleute und christliche Missionare fand im späten 19. Jh. ihren Abschluß in der Durchquerung des Kongobeckens durch H. Stanley. Er gründete i. A. des belg. Königs europ. Handelsniederlassungen, ehe 1885 der Kongo (das heutige Z.) als «Freistaat Kongo» quasi Privatbesitz von König Leopold II. wurde. Er vererbte seinen Besitz 1908 als *Congo belge* an den belg. Staat. Die belg. Kolonialdoktrin, der sog. Paternalismus, schloß eine pol. *Partizipation der Afrikaner bis in die 50er J. aus. Die christlich-missionarischen Aktivitäten korrespondierten mit der Paternalismuspol.: Heranbildung von Personal für den eigenen Bedarf und Ausbildung von afrik. Hilfskräften für Verwaltung, Militär und Wirtschaft. Als Z. 1960 unabh. wurde, gab es weder einen autochthonen Arzt noch Ingenieur.

1958 brachen – für Belgien überraschend – heftige pol. Unruhen in einigen urbanen Zentren Z.s aus. Nach Versuchen, die «Kolonialkrise» durch Hinhaltetaktik gegenüber den afrik. *Evolués* zu lösen, mußte Belgien in der *Table Ronde Politique* Anfang 1960 einer provisorischen Verfassung für den Kongo und der Unabh. der Kolonie für den 1. Juli des gleichen Jahres zustimmen. P. E. Lumumba, Führer des bei den 1. Parlamentswahlen als stärkste Partei hervorgegangenen *Mouvement National Congolais*, wurde zum MP der «Demokrat. Republik Kongo» gewählt. Als die Kupferprovinz Shaba (Katanga), deren Wirtsch.-Kraft rund 60 % des kongol. Haushalts deckte, ihre Sezession erklärte, stand die junge Republik vor ihrer Auflösung. Die internen Konflikte (Bürgerkrieg, weitere Sezessionen und Rebellionen) und die Anwesenheit von zeitweise fast 20000 * UN-Truppen in Z. führten dazu, daß das Land bis Mitte der 60er J. einen ständigen pol. Krisenherd bildete.

3. Mit einer Bev. von 1988 (gesch.) 30,85 Mio. gehört Z. zu den volkreichen Ländern Afrikas, doch ist die Bev.-Dichte mit 13 Ew./qkm recht gering. Weite Teile des Z.-Beckens, aber auch Shaba, sind nur dünn besiedelt. Demgegenüber weisen die Randzonen im S und N bis zu 150 Ew./qkm und die Provinz Bas-Z. mit der Hs. Kinshasa etwa 60 Ew./qkm auf. Der * Urbanisierungsgrad liegt bei 39 % und hat sich im Laufe des letzten Vierteljh. mehr als verdoppelt (Hs. Kinshasa: 1985 gesch.: 2,78 Mio. Ew.). Hauptursachen für diese Migration in die Städte sind die Bürgerkriegssituation bis Mitte der 60er J., der Zusammenbruch der * Infrastruktur und der Versorgung in weiten Teilen des Landes sowie die vermeintlich besseren Erwerbsmöglichkeiten in den urbanen Zentren.

Die Bev. gliedert sich in die fünf * ethnischen Obergruppen der Bantu, Sudan-Völker, Niloten, Hamiten und Pygmäen. Die ungefähr 140 Bantusprechenden Stämme machen 70 % der Bev. aus, die Sudanvölker im O und NO rund 20 %, Niloten und Hamiten (Tutsi) im O weniger als 10 % und die Pygmoiden im trop. Regenwald des Z.-Beckens unter 1 %. Neben einer Vielzahl von Lokalsprachen haben sich Suaheli, Kikongi, Tshiluba und v. a. Lingala als die großen Verkehrssprachen durchgesetzt. Letztere hat sich als Militärsprache über ganz Z. verbreitet, so daß heute ca. ¼ der Bev. Lingala spricht. Amtssprache ist Franz., das nur von einer kleinen Minderheit beherrscht wird.

4. Der nach der Massenflucht der europ. *Colons* und im Verlauf des Bürgerkriegs (1960 bis 1965) eingetretene Niedergang der landw. Produktion und des Agrarexports hat sich in den folgenden J. verstärkt (Rückgang der landw. Produktion 1970–1985 ca. 15 %). Heute muß Z. Nahrungsmittel importieren, um die städt. Bev. zu versorgen. Die verstaatlichten Bergbauunternehmen, v. a. der Kupferkonzern *Gecamines*, tragen ca. 50 % zu den Gesamteinnahmen des Staates bei. Sinkende Weltmarktpreise in diesem Sektor führen regelmäßig zu Finanzkrisen. Bei der Verteilung der Staatsausgaben dominieren Militär, Erziehungswesen und *Présidence* (das Büro des Staatspräs.) mit über 50 %, und rund ¼ aller Beschäftigten entfallen auf den öfftl. Dienst. Der Rückgang der Landw. hat zahlreiche Arbeitskräfte freigesetzt, die von dem trad. aufgeblähten tertiären Sektor nur teilweise absorbiert werden können.

5. Die Masse der Bev. sind * Subsistenzbauern, Hilfskräfte und * Arbeitslose in den Städten (85 %); zur unteren Mittelklasse sind etwa 10 % zu rechnen, zur oberen Mittelklasse ca. 4 %, während die Oberschicht ca. 5000 Personen umfaßt, die öfftl. Führungspositionen einnehmen. Sie haben die belg. Koloniallobby ersetzt. Der Masse der Bev. geht es materiell nicht besser als vor der Unabhängigkeit. Die dünne Oberschicht absorbiert etwa die Hälfte der gesamten Lohnsumme. Die * Ernährungssituation ist angespannt, da Überschüsse aus der Subsistenzproduktion nur selten vermarktet werden können (Transportprobleme). Ca. 80 % der Bev. sind kalorienmäßig unterernährt. Das * Gesundheitswesen (1 Arzt auf 14000 Ew.) ist nur in den großen

Städten befriedigend. Die LE betrug 1985 51 Jahre. Der Erziehungsbereich lag bis 1960 fast ausschließlich bei den Missionen. Sie hatten die Primarschulen gefördert und dadurch zu einer * Alphabetisierung (1980: 55 %) beigetragen, die zu den höchsten in Schwarzafrika zählte. Die Missionstätigkeit auch im ländlichen Bereich führte dazu, daß heute nominell etwa die Hälfte der Zairer einer christlichen Kirche (ca. ⅓ Kath., 10 % Protestanten, 10 % Kimbanguisten / christlich-afrik. Kirche) angehören. Die Moslems machen knapp 1 % aus, alle übrigen Ew. hängen Naturreligionen an.

6. Seit der Unabh. ist Z.s Entwicklung von einer strukturellen Abh. von den westl. IL über die int. Rohstoffmärkte gekennzeichnet. Die ersten Maßnahmen der 1965 durch einen unblutigen Staatsstreich an die Macht gekommenen Militärs zielten auf eine innenpol. Stabilisierung und die Schaffung eines für westl. Investoren und westl. * Entwicklungshilfe günstigen Klimas. Doch hat sich im letzten Jahrzehnt die Abh. von den Exportgütern Kupfer, Kobalt (ca. 40 % der Weltförderung, 1984) und Industriediamanten (weltgrößter Produzent) mit rund 90 % des Exportwerts noch erhöht.

Die Industrialisierung wurde zuwenig an nat. Entwicklungserfordernissen orientiert. Infolge von Fehlinvestitionen und Überkapazitäten lag der Auslastungsgrad der Ind. 1982 bei 30 %. Die Produktion war rückläufig hauptsächlich wegen mangelnder Ersatzteile und Rohstoffe. Die Staatsfinanzen sind zerrüttet. Die Auslands-* Verschuldung betrug 1987 ca. 9 Mrd. US-$.

An die Stelle des 1965 zerschlagenen Vielparteiensystems trat 1967 die Einparteiherrschaft des *Mouvement Populaire de la Révolution* (MPR) mit Staatspräs. General Mobutu an seiner Spitze. Die pol. Liberalisierung im April 1990 blieb reine Fassade, die * Menschenrechte wurden durch das Mobutu-Regime weiterhin massiv verletzt. Erstmals gingen 1990 die USA auf Distanz: Der Kongreß sperrte im Nov. die wirtsch. und milit. Hilfe. Insgesamt versank das Land in wirtsch. und pol. Chaos. Eine Neuordnung wird von der Nationalkonferenz (1869 Delegierte) erwartet, die Aug. 1991 erstmals zusammen kam, in einen Machtkampf mit Mobutu trat und sich April 1992 für souverän, im Mai 1992 zum obersten Entscheidungsgremium der Republik erklärte.

Lit.: G. Gran, Zaire, the Political Economy of Underdevelopment, New York 1979; B. Wiese, Zaire, Darmstadt 1980; P. Körner, Hilfe für eine Kleptokratie, in: der überblick 2/88; P. Körner, Zaire, in: HDW III, 4, 1993, S. 503 ff. gp

Zambia Im dritten Jahrzehnt seiner Unabh. sieht sich die Republik Z. mit wachsenden wirtsch. Schwierigkeiten konfrontiert: Die gesamte Wirtsch., abhängig von dem Hauptexportprodukt Kupfer (rd. 90 % der Exporterlöse), leidet an dessen sinkender Nachfrage auf dem Weltmarkt. Zudem wurde Z. im Okt. 1987 der Zugang zu weiteren Krediten des * IWF verwehrt. Auch die Erwartung, die wirtsch. Lage des * Binnenlandes nach der Unabh. Zimbabwes verbessern zu können, erfüllte sich nicht; nun behinderten die Bürgerkriege in den Nachbarstaaten Angola, Mozambique, Zimbabwe und Namibia die Entwicklung des von Transportwegen abhängigen Landes.

1. Ca. die Hälfte der Fläche Z.s (insg. 752614 qkm) ist mit Wald bedeckt. Außerhalb weniger Flußniederungen kann neben Viehhaltung Ackerbau fast nur als * Wanderhackbau betrieben werden. Z. ist außerordentlich reich an Rohstoffen: ca. ¼ der Weltvorräte an sulfidischen Kupfererzen; daneben auch Kohle, Zink-, Blei-, Kobalt-, Kadmium-, Mangan-, Silber- und Golderze sowie Edelsteine, mit deren Erschließung erst begonnen wurde.

2. Mitte des 19. Jh.s wurde fast das ges. Gebiet Z.s von Livingstone erforscht. Die von Cecil Rhodes gegr. *Bri-*

tish South African Company (BSAC) sicherte sich ab 1890 durch «Verträge» mit einzelnen Häuptlingen nahezu alle Rechte auf Landbesitz und Bodenschätze. «Die erste Phase der ‹nordrhodesischen Kupferrevolution› begann Anfang der 20er J. auf Grund technologischer Fortschritte, die den Kupferabbau in Z. rentabel machten, und gestützt auf brit.-amerik.-südafrik. Kapital. 1924 ging die Verwaltung Z.s von der BSAC an die brit. Krone über. Das Verwaltungsprinzip der * *indirect rule* führte neben einer vordergründigen Stärkung der Häuptlingsherrschaft später auch zur Bildung von Repräsentativorganen mit afrik. Beteiligung.» (Adam 1982)

3. Die Bev. Z.s wurde 1987 auf 7,14 Mio. Ew. geschätzt. Die Bev.-Dichte beträgt 9,5 Ew./qkm. Sie entwickelte sich jedoch sehr ungleichmäßig durch umfangreiche * Migration von * Wanderarbeitern mit entsprechend hohen Wachstumsraten im Umkreis der Kupferproduktion. Z. hat mit 48 % den höchsten * Urbanisierungsgrad aller schwarzafrik. Länder (Hs Lusaka 1980: 538000 Ew.). Die Mehrheit der Bev. gehört Bantu-Stämmen an (CiBemba, CiTonga, CiNyanja, Lunda-Luvale, Silozi, Mambwe). 10000 Asiaten spielen im Handel des Landes eine wichtige Rolle, während die einigen Tausend Europäer Z.s v. a. führende Positionen in den Minen, der Verwaltung und der Farmwirtsch. einnehmen. Die Bev. hängt mehrheitlich Naturreligionen an; es bestehen aber auch starke christl. Minderheiten (ca. 30 %).

4. Die wirtsch. Dominanz der Kupferind. begründet die strukturelle Abh. Z.s vom Weltmarkt. 1969 übernahm die staatliche Holding *Z. Mining and Industrial Development Corporation* 51 % der Minen. Die betroffenen * transnationalen Konzerne wurden voll entschädigt. Bis 1974 behielten sie die Kontrolle über Handel und Verkauf des Kupfers, bis heute bleibt Z. von ihrer technologischen Hilfe abhängig. Auch in der verarbeitenden Ind. behaupteten die Multis *de facto* ihre Dominanz. Sie stellen i. d. R. das Management, liefern Ausrüstungen und Maschinen, steuern die Produktion und halten eine Anteilsminorität, während die beteiligten Ministerien für ein attraktiveres Investitionsklima, die soziale und materielle * Infrastruktur und einen sicheren Markt sorgen. Die Folge ist der Aufbau * kapitalintensiver Produktionsstätten, orientiert an den Konsumbedürfnissen einer Minderheit und den Interessen der ausl. Partner. In der Landw. produzieren einige hundert große, kommerzielle Betriebe, die vielfach von Europäern oder Angehörigen der zamb. * Staatsklasse geführt werden, weit über die Hälfte der vermarkteten Agrarprodukte. Ca. 3000 kleine Farmer sind durch fehlende * Infrastruktur vom Markt abgeschnitten; durch die * Landflucht besteht darüber hinaus ein Mangel an männlichen Arbeitskräften. Subsistenzbauern (* Subsistenzwirtschaft) müssen wegen der geringen Erträge zusätzlich Lohnarbeit leisten, um überleben zu können. In den Städten bestehen akute Versorgungsschwierigkeiten; der überwiegende Teil an Nahrungsmitteln muß importiert werden.

5. Die * Einkommensverteilung ist in mehrfacher Hinsicht ungleich: 1. Die städt. Bev. erhält fast das gesamte BIP. 2. Es bestehen krasse Unterschiede zwischen der höheren Bezahlung der Lohnarbeit in den Minen (gewerkschaftliche Organisation) und den niederen Einkommen in der Landw. 3. Nichtafrikaner verdienen häufig mehr als Afrik. 4. In den Städten beziehen die oberen 10 % der am höchsten Bezahlten über 42 % der ges. Löhne. 5. Für einen Großteil der in den Städten lebenden Familien – insbes. ca. 50 % Arbeitslose – ist kaum das Überleben garantiert.

6. Z. wurde mit einem sehr niedrigen und zudem rassisch ungleichen

Bildungsstand unabhängig, hat seither jedoch beträchtliche Fortschritte v.a. im Hinblick auf die Senkung der Analphabetenrate erzielen können (1985: 24% gegenüber 1960: 71%). Die Versorgung der Stadtbev. mit Arbeit und sozialer *Infrastruktur ist eines der größten Probleme des Landes (LE 50 J.).

7. Z. wurde 1964 unter Führung der stärksten antikolonialistischen Partei UNIP (Vereinigte Nat. Unabh. Partei) unter Kenneth D. *Kaunda unabhängig. Z. ist eine präsidiale Republik, an deren Spitze noch immer Kaunda steht. 1973 setzte er eine Verfassungsänderung durch, die die UNIP zur Einheitspartei machte. Das Patronagepotential wurde erweitert, Transparenz und *Partizipation der Basis jedoch verweigert. Nach einem fehlgeschlagenen Putschversuch gegen Kaunda im Juni 1990 kündigte er für Okt. 1991 demokratische Wahlen an, in denen der Oppositionsführer *Frederick Chiluba* einen erdrutschartigen Wahlsieg gegen Kaunda errang und mit der Amtsübernahme im Nov. 1991 die 27jährige Herrschaft Kaundas beendete. Chiluba kündigte die Einführung der Marktwirtschaft, die Privatisierung von Staatsbetrieben und einen Kampf gegen die Korruption an.

Außenpol. trat Kaunda stets massiv für den Schuldenerlaß für Afrika und wirtsch. Zwangsmaßnahmen gegen Südafrika ein.

Lit.: P. E. Ollawa, Participatory Democracy in Zambia/The Political Economy of National Development, Devon 1979; E. Adam, Tribalismus und Ungleiche Entwicklung in Zambia. Zur Politischen Ökonomie gesellschaftlicher Konflikte, Bad Honnef 1980; M. Bratton, The Local Politics of Rural Development. Peasant and Party State in Zambia, London 1980; S. Cunningham, The Copper Industry in Zambia. Foreign Mining Companies in a Developing Country, New York 1982; P. Meyns, Zambia, in: R. Hofmeier/M. Schönborn, Politisches Lexikon Afrika, 2. Aufl., München 1988. rs/pb

ZANU →Zimbabwe, Befreiungsbewegungen

ZAPU →Zimbabwe

Zapata, Emiliano Z. (1879 bis 1919) Z. war der überragende Bauernführer der mexikan. *Revolution (1910 bis 1917). Das in Südmexiko operierende Bauernheer Z.s war maßgeblich am Sturz des Diktators Porfirio Díaz beteiligt. Als die neue Reg. die versprochene *Agrarreform nicht einleitete, riefen die Bauern im Plan von Ayala (1911) ihre eigene Revolution aus und forderten die Rückgabe der Liegenschaften, die den Dorfgemeinden unter Díaz geraubt worden waren, sowie – gegen Entschädigung – die Überführung eines Drittels des verbleibenden Großgrundbesitzes in Gemeineigentum. In seiner Grundhaltung war das Dokument, auf das alle *zapatistas* ihren Schwur ablegten, gemäßigt und ging weniger weit als die 1917 verabschiedete und heute noch gültige Verfassung. In den weiter anhaltenden Machtkämpfen wurde Z. 1919 verraten und ermordet. Z. zählt zu den offiziellen Nationalhelden Mexikos; die Lage der mexikan. Landbev. ist jedoch nach wie vor ausgesprochen prekär. Z. ist eine Symbolfigur der lateinamerik. Bauernbewegungen, denen letztlich dauerhafte Erfolge versagt geblieben sind.

Lit.: J. Womack, Sterben für die Indios. Zapata und die mexikanische Revolution. Zürich u. Freiburg i. Br. 1972. vgl

ZAV Zentralstelle für Arbeitsvermittlung, eingerichtet von der Bundesanstalt für Arbeit, vermittelt Fachkräfte in die Dritte Welt. Adresse: Feuerbachstr. 42–46, 6000 Frankfurt. dn

ZEB Zentrum für Entwicklungsbezogene Bildung, organisiert in der Landeskirche Württemberg die Zusammenarbeit von Arbeitsgemeinschaft Dienste in Übersee (*DÜ), Evangelischer Oberkirchenrat Stuttgart (einschließlich des Dienstes für Mission und Ökumene) und Evangelische Akademie Bad Boll. ZEB verfügt über eine Fachstelle Ferntourismus (→Tourismus). Adresse: Gerokstr. 17, 7000 Stuttgart 1. kg

Zehnerclub/-gruppe Gruppe der wichtigsten westl. IL, die Mitgl. der

Allgemeinen Kreditvereinbarungen (AKV) des *IWF sind: Belgien, BRD, Frankreich, GB, Italien, Japan, Kanada, Niederlande, Schweden, USA. Die Schweiz ist der Gruppe 1983 beigetreten, weshalb nun auch vom Elferclub gesprochen wird. Zum erweiterten Zehnerclub gehören Dänemark, Irland und Luxemburg. 1983/84 beschloß der Zehnerclub die Aufstockung der dem IWF zur Kreditvergabe zur Verfügung stehenden Mittel von 6,4 auf 17 Mrd. *Sonderziehungsrechte. dn

ZEL →DSE

Zentralafrikanische Föderation →Zimbabwe

Zentralafrikanische Republik 1. Die seit 1960 unabh. ZAR (623000 qkm, bei 2,8% JZ 1990: ca. 3 Mio. Ew.), die ehem. franz. Kolonie Ubangi-Schari, gehört zu den ärmsten Ländern der Welt (Pro-Kopf-Einkommen 1990: 390 US-$). Ihre E.-Probleme ergeben sich nicht nur aus ihrer Lage als *Binnenland, sondern auch aus den bis heute spürbaren Folgen der hier bes. brutalen, Anfang des 20. Jh.s von Konzessionsgesellschaften ausgeübten Kolonialherrschaft (→Kolonialismus) und aus dem Erbe der ruinösen Herrschaft von Ex-«Kaiser» Bokassa. Im O und NO (Trockensavanne) sind weite Landstriche aufgrund der Dezimierungen während der Kolonialherrschaft fast menschenleer. Die Mehrzahl der Bev. (sudanesische Völker: Baya-Madjiya 40%, Banda 30%, Sara 8%; Bantu-Gruppen im SW [M'Baka, die überproportional in Führungspositionen der Verwaltung vertreten sind, Kaka u.a.] unter 5%; ca. 16000 Pygmäen) ist im S (Feuchtsavanne bzw. im SW trop. Regenwald), v.a. an den Ufern des Ubangi und insbes. in der Nähe der Hs. Bangui (1990: 473800 Ew.) konzentriert. Der Anteil der Stadtbev. (1990: 47%) steigt kontinuierlich. Gut 30% der Bev. sind Christen, ca. 20000 Moslems, die Mehrheit ist animistisch. Fast alle verstehen die Verkehrssprache Sango.

2. Wichtigster Wirtschaftsfaktor ist die Landw. (1990 64% der Erw., 42% des BIP, 60% der Exporterlöse). Die Produktion von Baumwolle (noch immer wichtigstes Exporterzeugnis), aufgrund des Zwangsanbaus in der Kolonialzeit bis heute unpopulär und in den letzten J. ständig rückläufig (1970–75 135000 t, 1987 25000 t), soll nach dem Verfall der Weltmarktpreise nun zugunsten einer *Diversifizierung der Landw. (Palmöl, Hevea, Kakao, Maniok u.a.) auf max. 30000 t pro Jahr beschränkt werden. Der in den Waldzonen des SW und des S betriebene Kaffeeanbau (Export 1987 11800 t) leidet neben dem Rückgang der Weltmarktpreise auch unter dem veralteten Pflanzenbestand der aus der Kolonialzeit stammenden Großplantagen (70% der Anbaufläche). 5,5% der Fläche der ZAR sind mit z.T. seltenen Edelhölzern bedeckt, doch wird deren teilweise rücksichtsloses Abholzen durch die langen Transportwege und die Preisschwankungen auf dem Weltmarkt gebremst. Potentiell größte Einnahmequelle ist die Förderung von Gold (jährl. 220 bis 250 kg) und v.a. Diamanten (1978 51% des Exportwerts). Die offiziell angegebene Jahresproduktion von 350000 Karat liegt mit Sicherheit zu niedrig. Schätzungen gehen von 1 Mio. Karat aus, von der der Großteil auf Schmuggelwegen außer Landes gebracht wird. Für die Ausbeutung vielversprechender Eisenerz-, Uran- und Kupfervorkommen fehlt neben dem Geld für die *Investitionen die verkehrsmäßige Erschließung der ZAR. Es mangelt an einem Straßen- (nur 4400 km, davon ganze 450 km geteert) und Wasserwegenetz, insb. zur Überwindung der weiten Entfernung zum Meer, die durch eine teilweise diskriminierende Behandlung von Transporten aus der ZAR durch die Nachbarstaaten weiter erschwert wird. Hierunter leidet auch der schmale, vorwiegend Lebensmittel, Baumwolle und Holz verarbeitende sekundäre Sektor

(Anteil am BIP knapp 17 %), der ferner mit hohen Energiekosten, der Enge des Marktes und v. a. dem schwer zu quantifizierenden Schmuggel aus den Nachbarländern zu kämpfen hat. Die rund 50 fast durchweg defizitären parastaatlichen Betriebe werden nach einem Sanierungsplan zu einem großen Teil liquidiert oder privatisiert. Pläne zur Reduzierung der Beschäftigtenzahlen im öfftl. Dienst stoßen auf heftigen Widerstand angesichts einer bereits jetzt in den Städten extrem hohen Zahl an Arbeitslosen. Die Handelsbilanz ist in der Regel negativ (Deckung der Importe durch Exporte 1987: 68 %), die Auslandsverschuldung wuchs trotz zum großen Teil als Zuschuß gewährter E.-Hilfe bis 1990 auf 901 Mio. US-$ (BIP 1990: 1220 Mio. US-$) an (→Verschuldung). Den chronisch defizitären Haushalt decken der *IWF (*Sonderziehungsrechte) und Frankreich, der mit Abstand wichtigste Handelspartner (gefolgt von anderen EG-Staaten, Zaire und den USA), Kapitalgeber und Gläubiger.

3. Nachdem der «Vater der Nation», B. Boganda, 1959 bei einem bis heute ungeklärten Flugzeugabsturz ums Leben gekommen war, ließen französische Kolonialkreise den damals 29jährigen, völlig von ihnen abh. D. Dacko zum Staats- und Regierungschef küren, der am 1. 1. 1966 vom Militär unter J.-B. Bokassa gestürzt wurde. Bokassa, der eine sprunghaft-bizarre, von Grausamkeiten gekennzeichnete Willkürherrschaft führte, betrachtete den Staat als seinen Privatbesitz (⅓ des Staatshaushalts soll in seine Privatschatulle geflossen sein), rief Ende 1976 das Kaiserreich aus und ließ sich in einer grotesken Imitation Napoleons 1977 krönen, während die wirtsch. und insb. die soziale E. rückläufig war (Analphabetenquote 1960: 92 %, 1975: 94 %; 1990: 62 % bei 50 % Einschulungsrate). Eine pol. Infrastruktur bestand kaum (die von Boganda begründete [seit 1962 Einheits-]Partei führte ein Schattendasein), selbst die Verwaltung war auf der untersten Ebene nicht überall vollständig entwickelt. Erst als Bokassa 1979 auf Grund seiner weltweit bekannt gewordenen persönlichen Beteiligung an der Ermordung von rund 100 Schulkindern und seiner Annäherung an Libyen (Gefahr eines Zweifronten-Angriffs auf den im Bürgerkrieg befindlichen Tschad) für Frankreich, das bisher alle Eskapaden Bokassas finanziert hatte, untragbar geworden war, ließ die franz. Regierung während eines Auslandsaufenthalts von Bokassa den früheren Präs. Dacko im Herbst 1979 von franz. Truppen nach Bangui einfliegen und wieder zum Regierungschef einsetzen. Der Versuch, Dacko «demokratische» Legitimation zu verleihen, mißlang. Sein offensichtlich manipulierter «Wahlsieg» mit knapp über 50 % vor Bokassas langjährigem, zuletzt ins Pariser Exil gewechselten MP A. Patassé (offiziell 33 %) im März 1981 konnte seine durch wachsende wirtsch. Probleme weiter geschwächte Position nicht festigen. Im September 1981 übernahm das Militär unter General A. Kolingba erneut die Macht; er versuchte vergeblich, die Opposition in sein Regime zu integrieren. Nach einem Umsturzversuch von A. Patassé (März 1982), der danach Asyl in Togo fand, kam es zu einem heftigen, aber nur kurzen Konflikt Kolingbas mit der franz. Regierung. Die Gründung der Einheitspartei *Rassemblement Démocratique Centrafricain* (1986) ließ sich Kolingba im gleichen Jahr ebenso wie seine Präsidentschaft per Referendum bestätigen (91 % Zustimmung bei nur ⅓ Abstimmungsbeteiligung). Nach der Annahme einer neuen Verfassung wurde 1987 bei 50 % Wahlbeteiligung aus 142 Kandidaten (alle RDC) eine Nationalversammlung von 52 Abgeordneten gewählt. Ordnungsmacht bleibt auch weiterhin Frankreich, das 1100 Elitesoldaten in der ZAR stationiert hat.

Lit.: P. Kalck, Histoire de la R.C.A. des origines à nos jours, Paris 1974; R. Delpey, Affaires centrafricaines, Paris 1985; T. O'Toole, The Central African Republic: The Continent's Hidden Heart, Aldershot 1987; R. Knieper, Zentralafrikanische Republik, in: HDW III, 4, 1993, S. 523 ff. kz

Zentralamerika-Konflikt In den 80er J. stand Zentralamerika ganz im Zeichen des Z.; dessen Beginn markierte die *Revolution in Nicaragua von 1979. Die Etablierung eines sozialrevolutionären Regimes im trad. US-«Hinterhof» verlieh den seit den 60er und 70er Jahren schwelenden Einzelkonflikten in der Region ihre regionale und internationale Bedeutung. Mit dem friedlichen Machtwechsel in Nicaragua von 1990 verlor der Z. an Brisanz, obgleich die Region bislang nicht völlig befriedet wurde.

Die zentralen Merkmale des Z. der 80er J. waren: 1. Der Z. umfaßte drei Konfliktherde, in denen Herrschafts- und Systemkonflikte vorrangig mit Waffengewalt ausgetragen wurden. In El Salvador und Guatemala bekämpften linksrevolutionäre Guerilla-Verbände zunächst Militärregime, später gewählte Zivilregierungen. In Nicaragua führte die *Contra* gegen das revolutionäre, sandinistische Regime Krieg. 2. Diese Einzelkonflikte verliefen militärisch weitgehend unabhängig voneinander, überzogen jedoch in ihren Auswirkungen die gesamte Region. Die Zahl der (meist zivilen) Kriegsopfer beläuft sich auf weit über 200000. Flüchtlings- und Vertriebenenströme überzogen den Isthmus. Im Zuge des Z. erfolgte die Militarisierung ganz Zentralamerikas. Die direkten und indirekten Kriegsschäden waren gewaltig, und die wirtsch. Außenabhängigkeit Zentralamerikas erhöhte sich empfindlich. Pol. wurden im Zusammenhang des Z. – aus untersch. Kalküls heraus – erste Demokratisierungsschritte in ES, Hond., Guat. und Nic. eingeleitet. 3. Die Konflikte waren stark internationalisiert. Eine Schlüsselrolle kam hierbei den USA zu: Die *Reagan*-Administration (1981–1989) betrachtete die (endogen verursachten) revolutionären Prozesse in der Region aus der Perspektive des Ost-West-Konfliktes als von der UdSSR und Kuba gesteuert. Nic. galt als «marxistisch-totalitärer Brückenkopf», von dem die Gefahr einer «Kubanisierung» ganz Mittelamerikas ausginge. Die USA wirkten daher auf den Sturz des sandinistischen Regimes hin (wirtschaftl. Blockadepolitik; Ausbau und Finanzierung der *Contra* etc.) und vergaben an die anderen Staaten der Region umfassende Wirtschafts- und Militärhilfe, um diese gegen die rev. Linke zu wappnen und i. S. der US-Politik gegenüber Nicaragua zu beeinflussen. Die UdSSR sicherte mittels massiver Wirtschafts- und Militärhilfe in den 80er J. den Bestand des sandinistischen Regimes, ohne jedoch den Aufbau eines (kostspieligen) «zweiten Kubas» voranzutreiben. Zahlreiche Regierungen LAs und Westeuropas versuchten auf diplomatischem Weg, Zentralamerika aus dem Ost-West-Konflikt herauszuhalten und die milit. Spannungen in der Region abzubauen. 4. Der Friedensprozeß umfaßte ganz Zentralamerika. Vorbereitet durch die *Contadora-Initiative schlossen die zentralamerik. Regierungen 1987 ein Friedensabkommen ab (Esquipulas-II), in dem sie sich verpflichteten, sowohl die *Demokratisierung als auch die nat. Friedensprozesse voranzutreiben. Das Esquipulas-II- und seine Folgeabkommen trugen wesentlich dazu bei, pol. Formen des Konfliktaustrages in der Region aufzuwerten und brachte angesichts der weltweiten Unterstützung des Abkommens die Konfliktbeteiligten in- und außerhalb der Region in Zugzwang. Mit der (durch die pol. Öffnung ermöglichten) Wahlniederlage der Sandinisten im Febr. 1990 erlosch der (aus Sicht der USA und der zentralamerik. Nachbarstaaten) zentrale Konfliktherd des Z. Die Demobilisierung der *Contra* erfolgte nach dem Amtsantritt der neuen Regierung. In El

Salvador fand 1990/91 eine Serie von Friedensgesprächen zwischen Reg. und Guerilla statt, die 1992 in einem Friedensabkommen mündete. In Guatemala harrt der seit 1990 laufende nat. Friedensprozeß noch seinem erfolgreichen Ende. Mit der schwierigen Wiedereingliederung der bewaffneten Opposition ins pol. und gesellsch. Leben sind die Macht- und Verteilungskonflikte in der Region zwar noch nicht gelöst, werden jedoch nicht mehr milit. ausgetragen.

Lit.: D. E. Schulz/D. H. Graham (Hg.), Revolution and Counterrevolution in Central America and the Caribbean, Boulder/London 1984; H. W. Krumwiede, Revolution in Zentralamerika als Problem westlicher Außenpolitik, Ebenhausen 1987; J. Booth/Th. W. Walker, Understanding Central America, Boulder 1989; SINTESIS Nr. 7, Centroamérica I, Crisis Regional, Madrid 1989; W. Dietrich, Die Bemühungen um den Frieden in Zentralamerika 1983–1989, Frankfurt 1990; W. J. Gietl, Konterrevolution und Demokratisierung, Frankfurt/Bern 1990; U. Niebling, Kriege in Zentralamerika seit 1945, Münster/Hamburg 1992. mik

Zentralamerikanischer Verteidigungsrat →CONDECA

Zentralstelle für Arbeitsvermittlung →ZAV

Zentralstelle für Entwicklungshilfe e. V. Kath. Zentralstelle (→EZE), 1962 gegr. Partner für die e.-pol. Zusammenarbeit mit der Bundesreg., die sich v. a. über die aus dem Bundeshaushalt für die E.-Arbeit zur Verfügung gestellten Mittel vollzieht. Die Zentralstelle arbeitet eng mit *Misereor zusammen, dessen Geschäftsstelle die Projekte von der Auswahl bis zur Abrechnung abwickelt. Finanzvolumen bis 1986: 1,729 Mrd. DM; Gesamtzahl der Projekte: 3897. Regionale Verteilung: Afrika 535 Mio. DM/1272 Projekte; Asien 640/1247; LA: 497/1333; überregional: 57/45. →Kirchen dn

Zentrum-Peripherie-Modell Das ZPM versucht, die Abh.-Beziehungen in der gegenwärtigen Weltgesellschaft zu erfassen. Es kann zur Analyse von UE auf mehreren Ebenen herangezogen werden. Es wird primär von Forschern aus der Theorierichtung der *Dependencia und des Weltsystemansatzes verwandt.

1. Global: Grundannahme ist eine hierarchische Struktur der Weltgesellschaft, die hist. durch den sich entfaltenden kapitalistischen Weltmarkt und die mit ihm sich ausprägende *Internationale Arbeitsteilung entstanden ist. Die höchstentwickelten kapitalistischen Nationen bilden das Zentrum, die EL die Peripherie. Das ZPM hebt v. a. auf die Gleichzeitigkeit von Entwicklung (der IL) und UE (der EL) ab. Beide Prozesse beruhen auf einer abh. Interaktion der Peripherie mit dem Zentrum. Durch Verlagerung der Kosten der E. eines Gebietes auf andere territoriale Einheiten wurden – so die These – die autonomen Wachstumsmöglichkeiten der Peripherie begrenzt. Damit wird behauptet, daß die UE extern verursacht wurde und die fortdauernde Situation externer *Abhängigkeit der wesentliche Bestimmungsfaktor für Strukturen und Prozesse in den Ländern der Dritten Welt ist. Dependenztheoretische Analysen gehen dabei von einzelstaatlichen Abh.-Beziehungen und ihren innergesellschaftlichen Manifestationen in der Peripherie aus (→Strukturelle Heterogenität, →Peripherer Kapitalismus), weltsystemische Analysen vom Weltsystem und seinem Wandel (seinen «Bewegungsgesetzen»).

2. Regional: Im Vergleich zu anderen Ländern ihrer Region höher entwickelte Länder (wie Israel, Brasilien, Südafrika) können ökon. und milit. zu Subzentren werden, zu Zentren in der Peripherie mit gewisser Autonomie (I. Wallerstein, H. Jaguaribe).

3. Nat.: Auch innerhalb von Nationen der Peripherie und des Zentrums kann das ZPM angewandt werden («interner Kolonialismus»). Obwohl in neueren Theorien versucht wird, die rel. UE best. Gebiete in den kapitalistischen Zentralnationen mit den Instrumentarien der Dependencia-Theorie zu erklären (Debatte um den westeu-

rop. Regionalismus), ist doch hervorzuheben, daß im Kontext struktureller Heterogenität der Zentrum-Peripherie-Bezug innerhalb eines EL ein anderer ist. Nat. Zentren sind meist die großen Städte, in denen alle gesellsch. relevanten Entscheidungen getroffen werden. Diese sind (oft an der Küste gelegen) an das int. Banken-, Kommunikations- und Verkehrssystem angeschlossen. Die Verbindung zu den Zentralnationen klappt i. d. R. reibungsloser als zum nat. Hinterland, der Peripherie. In den Zentren lassen sich mit Vorliebe * transnationale Konzerne nieder; hier entstehen, wenn auch nur in begrenztem Maße, neue Arbeitsplätze; hier repräsentieren importierte Luxuskonsumgüter einen nur für wenige erreichbaren Lebensstandard. Demgegenüber ist die überwiegend agrarische Peripherie des Landes, die mit technol. wenig entwickelten Produktionsmitteln ausgestattet ist, wenig produktiv, der Wirtsch.-Prozeß basiert z. T. auf dem Tauschhandel, die Peripherie leidet an dem Problem der Überbevölkerung. Die Folge des Zentrum-Peripherie-Gegensatzes ist eine rasche Beschleunigung der * Urbanisierung. Die Zentren werden zum magnetischen Anziehungspunkt einer Massenmigration, die allerdings nur die Erwartungen weniger erfüllen kann, den meisten Zuwanderern aber ein Leben in * *Slums*, in der * Marginalität beschert.

Galtung hat in seiner strukturellen Theorie des * Imperialismus den nat. und int. Aspekte des ZPM verbunden. Für die Aufrechterhaltung struktureller Abhängigkeit, so Galtung, ist die Kooperation in der Oberschicht der Peripherien, die sozial die nat. Zentren repräsentiert, ihr Eingehen auf die über den Weltmarkt sich vermittelnden Interessen der IL entscheidend.

Lit.: D. Senghaas (Hg.), Imperialismus und Strukturelle Gewalt, Frankfurt 1972; D. Senghaas (Hg.), Kapitalistische Weltökonomie, Frankfurt 1979 rs

Zimbabwe Nach blutigem Bürgerkrieg gelang in Z. ein überraschend erfolgreicher Prozeß der * Dekolonisation. Trotz begrenzter wirtsch. Schwierigkeiten wird das «Modell Zimbabwe» weithin gelobt. Eine pragmatische Wirtschafts- und Gesellschaftspolitik hat im früheren Apartheidsstaat zu einer fast problemlosen Aussöhnung der Rassen geführt, einen Massenexodus der Weißen sowie einen wirtsch. Niedergang verhindert. Z.s pol. und wirtsch. Perspektiven sind positiv.

1. Z., das ehem. Rhodesien (Rh.; völkerrechtlicher Status bis zur Unabh.: brit. Kolonie Südrhodesien) erlangte am 18.4.1980 die int. anerkannte völkerrechtliche Unabhängigkeit. Das * Binnenland zwischen Limpopo und Sambesi umfaßt 389361 qkm. Mit günstigen Voraussetzungen im Primärsektor, umfangreichen und strategisch wichtigen Rohstoffen (Chrom, Asbest, Nickel, Kupfer, Gold u. a.) sowie einer hochentwickelten und ausdifferenzierten Ind. hat Z. ein großes Wirtschaftspotential und ausgezeichnete gesamtwirtsch. E.-Voraussetzungen.

Die Gesamtbev. betrug 1990 9,8 Mio., davon ca. 300000 Asiaten und ca. 100000 Weiße. Ihre Zahl lag vor dem Krieg bei ca. 300000, knapp 150000 emigrierten während der Kämpfe 1977 bis 1980 (i. d. R. nach Südafrika). Nach der Unabh. verließen mit ca. 63000 (1980–86) weit weniger Weiße das Land als befürchtet. Seit 1984/85 kehrten Emigranten aus Südafrika zurück. Die weißen Siedler stammen v. a. aus GB und Südafrika. Die Bantubev. besteht aus zwei ethnischen Hauptgruppen: ¾ der Gesamtbev. stellen die Shona (auch Mashona), ⅓ die Ndebele (auch Matabele). Daneben existieren Minderheitsgruppen (Tonga, Yenda, Sotho u. a.).

2. Mitte des 19. Jh.s gelang dem Kriegervolk der Ndebele die Unterwerfung des Shona-Reichs von Zimbabwe. Cecil Rhodes, nach dem man das spätere Rh. benannte, und seine *British South*

Africa Company (BSAC) sicherte sich in einem fragwürdigen Vertrag mit dem Ndebele-König Lobengula (1889) die Exklusivrechte zum Abbau der Bodenschätze. Die BSAC, durch einen königlichen Freibrief GBs zur Besiedelung, Verwaltung und wirtsch. Erschließung des Landes legitimiert, brachte nach der milit. Niederwerfung des afrik. Widerstandes (1892 bis 1903) bis 1904 das ges. Land unter ihre Kontrolle. 1891 wurde es brit. Protektorat, blieb aber bis 1923 unter BSAC-Verwaltung, bis es, nachdem die Siedler in einem Referendum gegen einen Anschluß an Südafrika votierten, 1923 als Südrhodesien brit. Kronkolonie mit weitreichender innerer Autonomie (*responsible government*) wurde. 1953 bis 1963 war es mit Nordrhodesien (Zambia) und Njassaland (Malawi) zur Zentralafrik. Föderation zusammengeschlossen. Der von den weißen Siedlerinteressen dominierte Zusammenschluß zerbrach schließlich am Widerstand afrik. Nationalisten aus Zambia und Malawi, denen dann 1964 die Unabh. gewährt wurde. Darauf bestand nun auch das Siedlerregime in Salisbury. GB knüpfte seine Zusage aber an die Bedingung, die Rassendiskriminierung abzuschaffen und die Machtübergabe an eine schwarze Mehrheitsreg. einzuleiten. Ian Smith, Führer der rechtsradikal-rassistischen *Rhodesian Front* (RF), antwortete mit «niemals zu meinen Lebzeiten» und reagierte auf diesen «Verrat» des Mutterlandes, gestützt auf eine breite (weiße) Mehrheit, 1965 mit einer völkerrechtlich illegalen, einseitigen Unabh.-Erklärung. GB, das auf milit. Maßnahmen verzichtete, gelang es nicht, durch Verhandlungen und von der UN mitgetragene int. Wirtschaftssanktionen das Rebellenregime zur Umkehr zu bewegen. In der Folge scheiterten eine Vielzahl dipl.-pol. Regelungsversuche. Statt dessen drang der zu Beginn der 70er J. von den versch. *Befreiungsbewegungen eingeleitete *Guerillakrieg zunehmend in den Vordergrund und zwang letztlich das weiße Minderheitenregime, in der Londoner Rhodesienkonferenz 1979 die Macht an die schwarzafrik. Mehrheit abzugeben (Unabh. 18.4.1980).

3. Z.s heutige sozioökon. Strukturen entstanden durch *Kolonialismus und rassistische Herrschaft. Nach enttäuschten Hoffnungen auf einen zweiten Gold-Rush und der Umstellung auf landw. Nutzung zerstörten die Weißen die konkurrierende schwarzafrik. Landwirtschaft. Die BSAC teilte das Land in europ. und afrik. Gebiet (*Tribal Trust Land*, TTL). Während sich die Siedler über die Hälfte des – agroökol. wertvollsten und infrastrukturell erschlossenen – Bodens aneigneten, wurden die Schwarzafrikaner in landw. minderwertigen Reservaten zusammengepfercht. Die dortigen Bedingungen gewährleisteten nicht mehr die eigene *Subsistenz, die Afrikaner waren gezwungen, ihre Arbeitskraft der weißen Wirtschaft (Farmen, Bergbau, Dienstleistungen) zu verkaufen. Den gleichen Effekt erzielte die Erhebung versch. Steuern (Hütten-, Kopfsteuer). So wurden die TTLs (heute: Kommunale Gebiete) zu einem Reservoir billiger, beliebig verfügbarer Arbeitskräfte, die dem metropolitanen Sektor zudem viele soziale Kosten (Kindererziehung, Krankheits- und Altersversorgung etc.) ersparten. Hinzu kam die von burischen Siedlern eingebrachte *Apartheidsideologie («angeborene Minderwertigkeit der Bantus»). Sie führte bereits in der BSAC-Periode zu einer allumfassenden räumlichen, wirtsch., pol. und sozialen Trennung der Bev., zu einer hinter absurden Formeln von «Zivilisation» versteckten, maßlosen Privilegierung der weißen Minderheit und zur sozialen Unterdrückung, Ausbeutung und rassischen Diskriminierung der schwarzen Mehrheit. Historische Basis der sozialen Ungleichheit war die Landverteilung (*Land Apportionment Act* 1930/*Land Tenure Act*

1969). Bis kurz vor der Unabh. verfügten 6,9 Mio. Schwarze über die gleiche Landfläche wie 0,26 Mio. Weiße (je 47 % der Gesamtfläche, bei 6 % Staatsland).

Trotz einer (äußerst vorsichtigen) Umverteilungspolitik hat sich daran bis heute wenig geändert. Nach wie vor liegt sämtliches Ödland in den ehem. TTLs (heute *Communal Lands*) und 98 % des intensiv nutzbaren Bodens im europ. Gebiet (*Commercial Lands*). Noch immer arbeitet ein Großteil der männlichen Bev., die Familien zurücklassend, in den ehem. weißen Zentren. Noch immer leidet die Bev. in den *Communal Lands* unter übernutzten, überweideten Böden, die eine niedrige * Produktivität aufweisen. Doch haben seit der Unabh. massive und meist erfolgreiche E.-Maßnahmen (Bildung, Gesundheit sowie Agrar-Kredite, -Beratung und -Vermarktung) ihre Situation deutlich verbessert. 1986 lebten vier Mio. Schwarze in den ehem. TTLs (16,3 Mio. ha) und 0,4 Mio. Weiße auf 14,8 Mio. ha *Commercial Land*. In der «weißen» Landw. erreicht das BIP pro Kopf ca. 850 US-$, in der «schwarzen» Landw. 120 US-$. Während die *communal farmer* i. d. R. nicht den staatl. Mindestlohn von ca. 100 DM (bei Lebenshaltungskosten des BRD-Niveaus) erreichen, ist die Mehrzahl der 4500 weißen Großfarmer Dollarmillionär.

Auch in der Ind. besteht *de facto* eine krasse Lohndifferenz fort. Einst sorgte der *Industrial Relations Act* von 1959 durch *jobreservations* für Privilegiensicherung der Weißen und Aufstiegsblockierung der Schwarzen. 1976 betrug das Verhältnis der Löhne von Schwarzen und Weißen 1 : 10. Reformen wie Mindestlohnpol., Revision des Steuersystems, Begrenzung der Spitzeneinkommen reduzierten das Gefälle auf etwa die Hälfte. Durch den großen ind. Fachkräftebedarf sowie die hohen Standards der zimb. Schul- und Berufsbildung wird sich das Gefälle automatisch abbauen. Auch ist das Monopol der weißen Großfarmer gebrochen. 1986 waren im profit- und devisenträchtigen Tabaksektor bereits 10 % der Farmer Schwarze.

Die soziale Situation der Schwarzen hat sich seit der Unabh. stark verbessert. Durch erfolgreichen Ausbau des Gesundheitswesens (v. a. auf dem Land) hat sich die * Lebenserwartung deutlich erhöht (Männer von 55,7 auf 62,4 J., Frauen von 59,1 auf 65,9 J.) und steht im afrik. Vergleich ganz oben. Beispiellos war der Ausbau des Schulwesens. Vor der Unabh. gab es in Z. 800 000 Schüler, heute 3,1 Mio. (1986: 2,5 Mio. Primar-, 0,54 Mio. Sekundarschüler). *Education* ist Grundrecht, der Grundschulbesuch kostenlos, der Lehrerbedarf immens: Trotz 1600 ausl. Kräfte waren 1988 3000 Lehrerstellen unbesetzbar. Jährl. verlassen 185 000 (1989) die Sekundarschulen und drängen auf den stagnierenden urbanen Arbeitsmarkt, der kaum 10 % davon aufnehmen kann. Anfang der 90er J. wird es jährl. ca. 300 000 chancenlose Schulabgänger geben. Kritiker finden die «Bildung für alle»-Kampagne am Bedarf vorbeigeplant. Die mit 10 % (Städte: 20 %) jetzt schon hohe * Arbeitslosigkeit (1986: ca. 1,35 Mio.) wird dramatisch wachsen. Sie ist im halbind. Land Z. das Problem der Zukunft.

4. Die Wirtsch. (BSP pro Kopf 1990 640 US-$) ist gekennzeichnet durch 1. eine pragmatische Politik, welche die mit der Hautfarbe korrelierende Ungleichheit in Einkommen und Besitz vorübergehend in Kauf nimmt; 2. die fortbestehende existentielle außenwirtsch. Abh. von Südafrika; 3. die Existenz eines (bei schwarzafrik. EL sonst nicht anzutreffenden) modernen und hoch diversifizierten Industriesektors. Er trug 1990 40 % zum BIP bei. Im Bergbau (ca. 5 % am BIP) stagnieren seit der globalen Rezession die Produktion von Gold, Nickel und Kupfer, nur Chromerz und Asbest sind rentabel. Z.s Bedeutung als Rohstofflieferant

liegt für westl. IL v. a. beim Chrom (Z. hat mit 550 Mio. t 34 % des Weltvorrats), einem strategisch wichtigen, nicht ersetzbaren Stahlveredelungsmetall. Sowohl Bergbau wie Ind. werden zu 95 % bzw. 70 % von ausl. (v. a. brit. und südafrik.) Kapital kontrolliert. Ende der 80er J. waren fast alle Kriegsschäden repariert. Straßen- (19 000 km), Bahn- (3400 km) und Kommunikationsnetz sind in einem exquisiten Zustand. Dienstleistungssektor und staatl. Verwaltung arbeiten akkurat und für afrik. Verhältnisse sehr effizient. Z. T. deshalb gewinnt der * Tourismus (1987: 170000 Urlauber) an Bedeutung. Für Versorgung und Beschäftigung bleibt die Landw. (1990: 13 % des BIP) entscheidend. Niemand hungert in Z., das Land ist Selbstversorger und exportiert (v. a. beim Grundnahrungsmittel Mais) Überschüsse (1987: 800000 t); deren Löwenanteil hatten dabei die *communal farmer* erwirtschaftet. Aber für Z.s landesweite Versorgung sowie den Export bleiben die 4500 weißen Großfarmen überlebenswichtig, die 45 % der Agrarproduktion, bis zu 65 % des Exports erzielen und über 1 Mio. beschäftigen. Die mächtige und pol. eigentlich konservative *Commercial Farmers' Union*, CFU, lobt Mugabes Agrarpol. als «Glücksfall dieser Welt». Für seine landw. Erfolge wurde Mugabe 1988 als Afrikas Staatschef des Jahres ausgezeichnet. Trotz schwerer Dürren (1983–85 sowie 1987) und massivem Rückgang der Rohstoffpreise von 1983–87 (durch weltweite Rezession) erlitt Z.s Wirtschaft keine Einbrüche. Der Agrarsektor wuchs seit 1980 durchschn. um 3,4 % pro Jahr. Indes konnte das projektierte gesamtwirtsch. Wachstum von 8 % nicht realisiert werden. Das reale Pro-Kopf-Einkommen stagniert durch das Bevölkerungs-Wachstum. 1987 verfügte die Reg. einen Lohnstopp. Die (rel. geringe) Auslandsschuld von 3,2 Mrd. DM wird von Z. konsequent bedient (25–35 % der Exporte), was eine rigorose Devisensparpolitik und damit große Versorgungsengpässe bei allen importierten Gütern zur Folge hat. Vor allem aber ist der produzierende Sektor durch Ersatzteil- und Betriebsstoffmangel stark beeinträchtigt. Die Investitionsquote ist von 25 auf kritische 15 % am BIP gesunken. * Auslandsinvestitionen sind rückläufig, *disinvestment* nimmt zu. Die staatliche Budgetsituation ist äußerst angespannt (Defizit 1 Mrd. DM); dies z. T. wegen des militärischen Engagements in Mozambique.

Mit 15 000 Soldaten und Kosten von ca. 2,5 Mio. DM täglich (davon 1 Mio. Devisenkosten) hilft Z. beim Kampf gegen die von der RSA gesteuerte, rechtsgerichtete * RENAMO; z. T. weil Mozambique einst Z.s heutiger Reg.partei ZANU den Befreiungskampf von Mozambique aus erlaubte, z. T. um aus eigenen Exportinteressen den Beira-Korridor intakt zu halten. Diese 300 km lange Verkehrsachse zwischen Z.s Grenze und Mozambiques Hafenstadt Beira ist für Z.s Außenhandel die einzige Alternative zum Transport durch Südafrika (Hafen Durban) und zudem deutlich kostengünstiger. Noch immer werden fast 80 % der Ex- und Importe Z.s über Südafrika umgeschlagen, das ferner mit einem Anteil von 30–40 % auch wichtigstes Exportland blieb; gefolgt von GB, USA und der Bundesrepublik. 25 % von Z.s Produktivkapital halten südafrik. Firmen; die seit der Unabh. nur wenig abgebaute Abh. bleibt existentiell. Schlösse Südafrika (z. B. nach Sanktionen) seine Grenzen, wäre Z.s Tabakexport per Luftfracht int. nicht mehr konkurrenzfähig. Z. kann deshalb int. Sanktionen gegen Südafrika nicht mittragen, obwohl es sie pol. fordert. Z. ist Motor und Zentrum der regionalen Org. * SADCC, welche die Abh. der Region von Südafrika abbauen will.

5. Aus versch. Vorläufern hervorgehend entstand unter Führung von Jo-

shua Nkomo, dem Nestor des zimb. *Nationalismus, 1967 der *African National Congress* (ANC) als erste bedeutende Oppositionsbewegung. Nach ihrer Illegalisierung wurde zunächst die *National Democratic Union* und schließlich 1961 die *Zimbabwe African People's Union* (ZAPU) gegründet. 1963 kam es über Strategiefragen und Nkomos Führungsstil zum Bruch und zur Abspaltung der zunächst von Pfarrer Ndabaningi Sithole geführten *Zimbabwe African National Union* (ZANU). Ende der 60er J. begannen die beiden Organisationen durch ihre zwischenzeitlich gegr. milit. Flügel (ZAPU: *Zimbabwe People's Revolutionary Army*, ZIPRA; ZANU: *Zimbabwe African National Liberation Army*, ZANLA) mit einzelnen Sabotageakten den bewaffneten Befreiungskampf. Spannungen in und zwischen den beiden Gruppen führten 1971 zur Gründung der *Front for the Liberation of Zimbabwe* (FROLIZI; später aufgelöst) mit James Chikerema an der Spitze. Im gleichen Jahr entstand als Reaktion auf brit.-rhod. Verfassungsvereinbarungen der *African National Council* (ANC, Führer: Methodistenbischof Abel Muzorewa), der für die «Pearce-Kommission», die die afrik. Haltung zu diesem Verfassungsmodell erkunden sollte, eine nat. Nein-Kampagne organisierte. Unter dem Druck der fünf *Frontstaaten hatten sich 1974 ZANU, ZAPU und FROLIZI unter dem Dach des legal gebliebenen ANC zum «erweiterten» ANC (*United African National Council*, UANC) zusammengeschlossen und verhandelten mit Smith, der sich seit 1974/75 (durch die Unabh. Angolas und Mozambiques war der stützende weiße Militär- und Wirtschaftsblock im südl. Afrika zerbrochen) gesprächsbereiter zeigen mußte. Sept. 1975 scheiterten jedoch die Gespräche, die einzelnen Oppositionsbewegungen trennten sich wieder. Kurz darauf vereinten sich ZAPU und ZANU (jetziger Führer: Robert Mugabe, Sithole war ausgebootet) in einem pol. Zweckbündnis zur *Patriotic Front* (PF) und forcierten (bei getrennt gebliebener ZIPRA und ZANLA) den Guerillakrieg. 1976/77 scheiterte die nach einer Kissinger-Mission einberufene Genfer Rhodesienkonferenz ebenso wie im Sommer 1977 der US-brit. Regelungsplan (Owen-Young-Plan) an Smiths kompromißloser Haltung. Statt dessen arrangierte er sich unter Ausschluß der PF im März 1978 mit den sog. «Gemäßigten» (Muzorewa, Sithole und Chief Chirau) in einer «internen Lösung», der die int. Anerkennung aber versagt blieb. Die «internen Wahlen» im April 1979 gewann der UANC Muzorewas, aber unter seiner Reg. änderte sich nichts zugunsten der Schwarzen, der Buschkrieg eskalierte, er galt schnell als Marionette der Weißen. Nach einer Initiative der Frontstaaten auf der **Commonwealth*-Konferenz in Lusaka (Aug. 1979) wurde unter der Ägide der neuen brit. Regierung Thatcher eine Allparteienkonferenz unter Leitung des Außenministers Lord Carrington in London abgehalten. Neben dem Geschick der brit. Diplomatie war wohl die Kriegsmüdigkeit aller Beteiligten (v. a. der Frontstaaten Zambia und Mozambique) der entscheidende Grund für den Erfolg der Konferenz. Gemäß dem «Lancaster-House-Abkommen» vom 21.12.1979 kehrte Rh. zur Legalität zurück und wurde unter Gouverneur Lord Christopher Soamers noch einmal für vier Monate brit. Kolonie. Die Grenzen wurden geöffnet, die int. Sanktionen aufgehoben, 22000 PF-Guerillas fanden sich in Sammellagern ein, Nkomo und Mugabe kehrten aus dem Exil zurück. Ohne Beispiel in der Kolonialgeschichte endete am 17./19.2.1980 ein 7jähriger, von beiden Seiten grausam geführter Buschkrieg (30000 Opfer) an den Wahlurnen. In den von Briten organisierten, int. überwachten, «freien und fairen» Wahlen (Wahlbeteiligung 93,6%) errang die ZANU-PF mit 69,9% der

Stimmen und 57 der 80 für die schwarze Bev. bestimmten Sitze (alle 20 weißen Sitze fielen an die RF) eine überdeutliche Mehrheit. Nkomos Partei (die als PF antrat) erhielt 20, Muzorewa drei Sitze. Der ehem. Guerillachef Mugabe, vom Westen (auch der BRD) oft als «marxistisches Monster» apostrophiert, gab sich als moderater Staatsmann, predigte Versöhnung zwischen den Rassen und führt seither mit Erfolg das einstige Apartheidsland zur *multiracial society*. Bisher ist Mugabe die schwierige Gratwanderung gelungen, trotz Umverteilungspolitik das Vertrauen der Weißen nicht zu verlieren.

Gleich nach der Unabh. galt es, die hohen Erwartungen v. a. der ländl. Schwarzen durch eine Reform des ungerechten Landbesitzes zu erfüllen. Anfangs wurde ein Umsiedlungsbedarf für ca. drei Mio. Menschen geschätzt. Der staatl. Umsiedlungsplan 1981–85 erfaßte aber nur 165 000 Familien, tatsächlich umgesiedelt wurden bis Ende der 80er J. aber nur 40000 Familien. Dabei hielt sich die Reg. Mugabe strikt an die Regelung des *Lancaster-House*-Abkommens, wonach keine weißen Farmen verstaatlicht werden durften. 1982 trat die allg. Unzufriedenheit über die als schleppend empfundene Umverteilung durch erste Streiks sowie durch 60000 **squatters* (Landbesetzer auf europ. Grund) zutage. Die Landnahmen wurden in der Folge teils legalisiert, teils gewaltsam beendet. In der Zwischenzeit hat die Landfrage an Dynamik verloren.

Der Konflikt zwischen den Rassen hat seit der Unabh. abgenommen, dafür verschärfte sich der tribale Gegensatz zwischen Shona und Ndebele; bis 1988 bestimmte er wesentlich Z.s Innenpolitik. So kam es schon im Dez. 1980 zu blutigen Zusammenstößen zwischen ZIPRA- und ZANLA-Kämpfern. Nach Unruhen in der Ndebele-Hochburg Bulawayo (ZIPRAs widersetzten sich der allg. Entwaffnung) richtete Mugabes 5. Brigade ein Blutbad mit 400 Toten an. Dubiose, nie ganz aufgeklärte Waffenfunde auf ZAPU-Farmen führten im Feb. 1982 zu einer ernsten Krise. Nkomo, schon vorher zum Minister ohne Geschäftsbereich degradiert, wurde aus der Reg. entfernt, verläßt sogar, um sein Leben fürchtend, vorübergehend das Land. Obwohl Mugabe die Koalition ZANU-ZAPU mit zwei ZAPU-Ministern formal aufrechterhält, kommt es zu ständigen Rebellionen im Matabele-Land, Ex-ZIPRA-Kämpfer verlassen die Nationalarmee, 1982 werden 13 Kampfflugzeuge gesprengt. Nkomos Mäßigungsappelle bleiben v. a. bei der Ndebele-Jugend ungehört. Bes. 1982–85 wird das ges. Matabele-Land durch marodierende sog. *dissidents* verunsichert. Offiziell wurde die ZAPU bezichtigt, doch bestanden diese bewaffneten Gruppen nur z. T. aus Ex-ZAPU-Kämpfern. Die Wahlen von 1985 spiegelten die Fronten dieses Konflikts wider: Mugabe siegte zwar landesweit mit 77 % der Stimmen, im Matabele-Land fielen jedoch alle Sitze an Nkomos ZAPU. 1987 war die ZAPU zwar nicht formell, aber *de facto* verboten, viele Funktionäre verhaftet, Parteibüros geschlossen, eine landesweite Auflösung angeordnet (aber nicht durchgeführt).

Andererseits waren bereits 1986 die sog. *Unity*-Verhandlungen angelaufen mit dem Ziel, ZANU und ZAPU zu verschmelzen. Pol. Unterschiede in der Programmatik von ZANU und ZAPU gab es kaum; so sollte durch einen Rückgriff auf die Trad. des gemeinsamen Befreiungskampfes die Rivalität zwischen Mugabe (Shona) und Nkomo (Ndebele) beigelegt werden. Nachdem ab etwa 1986 die Kontrahenten ihre milit. Optionen aufgegeben hatten, Nkomos ZAPU (durch Parteiübertritte und Behinderungen) an Auszehrung litt und Mugabe seine Erfolge nicht länger durch einen tribalen Konflikt gefährden wollte, fusionierten nach schwierigen, mehrfach abgebrochenen

Verhandlungen ZANU und ZAPU im Dez. 1987. Dabei ging Nkomos ZAPU in der dominanten ZANU-PF (*Zimbabwe African National Union – Patriotic Front*) auf. Vorsitzender blieb Robert Mugabe; Nkomo wurde in seinem 27köpfigen Kabinett Superminister für Kommunalwesen und Entwicklung. Für die *dissidents* wurde eine Generalamnestie erlassen. Die Parteifusion ist als Vorstufe für ein von Mugabe angestrebtes Einparteisystem (Einkammerparl. mit 140 Sitzen; Primat der Partei über Parl. und Reg.) zu sehen. 1990 lief das *Lancaster-House*-Abkommens) aus, dessen Vorgaben Z.s pol. System in den 80er Jahren bestimmt hatten. Neben Schutzgarantien für die weiße Minderheit (Pensionsanspruch für Exilanten, keine Verstaatlichungen, Unantastbarkeit der Bürgerrechte) akzeptierte die PF ein parl. Mehrparteiensystem nach dem *Westminster-Modell. Gewählt wurde nach Rassen getrennt. Dabei waren 20 der 100 Unterhaussitze für die zuletzt 1,2 % Weißen reserviert. Bei den Wahlen 1980 gingen alle an die RF (nun *Republican Front*), 1985 erhielt die noch von Ian Smith geführte Nachfolgepartei *Conservative Alliance of Zimbabwe* (CAZ) 15 Sitze. Laut *Lancaster-House* konnte diese ca. 25fache Überrepräsentation der Weißen bis 1987 nur einstimmig geändert werden, danach genügten 70 Stimmen. Nachdem sechs Weiße (darunter drei Abg. der CAZ!) zur ZANU gewechselt waren, nahm eine Verfassungsänderung im Juni 1987 den Weißen das Privileg der 20 Sitze (von der weißen Gemeinde gelassen hingenommen). Für die 20 Vakanzen bis zur 1990er Wahl nominierte die ZANU unverzüglich elf Weiße (darunter acht Ex-Kriegsgegner der RF). Ferner berief Mugabe zwei Weiße ins Kabinett. Nach einer Verfassungsänderung regiert Mugabe seit dem 1.1.1988 als Staatspräs. (vorher Premierminister) mit voller Exekutivgewalt, der das Parl. nach Belieben auflösen kann. Als erster Sekretär und Präs. der ZANU (seit Fusion quasi Einheitspartei) vereint er eine problematische Machtfülle. Wiewohl der ZANU innere Demokratie nicht abgesprochen wird, sind Reg. und Verwaltung in Z. im Stil autoritärer geworden. Mugabe, von der großen Mehrheit (auch der Ndebele) respektvoll verehrt, lebt bescheiden und gilt als völlig integer. Sein Versuch, über einen *leadership-code* die Exponenten des Staates vom Machtmißbrauch abzuhalten, ist spätestens 1988/89 gescheitert, als Korruptionsfälle in Serie ans Licht kamen. Mugabe verfügte eine völlige Aufdeckung des Skandals und entließ u. a. fünf Minister. Die Alltagskorruption in Z. bleibt indes beispielhaft gering.

Obwohl sich Z. seit der Unabh. zum «Sozialismus auf marxistisch-leninistischer Grundlage» bekennt, ist absehbar, daß die pol. Praxis über Sozialreformen am (funktionstüchtigen) Kapitalismus kaum hinausgehen wird. Nach der Unabh. wurden zwar dipl. Beziehungen zu fast allen Ostblockländern und der VR China aufgenommen, doch blieb die westl. (v. a. brit.) Dominanz im Finanz- und Handelsbereich unangetastet. Innerhalb Afrikas bestehen bes. Beziehungen zu den Frontstaaten, insb. zu Mozambique. Die Bez. zu Südafrika wurden auf das Notwendigste reduziert. Wegen der großen wirtsch. Abhängigkeit von Südafrika sowie deren Destabilisierungspolitik fordert Z. zwar Sanktionen, erklärte indes, sie selbst nicht mittragen zu können. Bei den Parlamentswahlen vom März 1990 erreichte die neue Parteiunion ZANU/PF 116 der 120 Mandate. Mugabes außenpol. Gewicht ist im westl. Ausland, in der *OAU und bei den *Blockfreien weiter gewachsen. Auf der Konferenz der *Blockfreien in Harare wurde er für drei J. zum Vorsitzenden gewählt.

Lit.: G. Arrighi, The Political Economy of Rhodesia, Den Haag 1967; W. H. Morrison-Jones (Hg.), From Rhodesia to Zimbabwe: Behind and Beyond Lancaster House, London 1980; D. Martin/P. Johnson, The Struggle for Zimbabwe, Salisbury, Mardon

Printers Ltd., 1981; L.H. Gann/T. H. Henriksen, The Struggle for Zimbabwe, New York 1982; C. Stoneman/L. Cliffe, Zimbabwe: Politics, Economics, Society, London (Pinter); K. Melchers, Zimbabwe, in: HDW III, 5, 1993, S. 496. bg

Zinssubventionen Zuschüsse zu Kreditrückzahlungen an EL, insbes. jene, die nicht in der Lage sind, den * Schuldendienst hoch verzinslicher Kredite zu tragen. Z. bedeuten praktisch eine Senkung der Zinssätze. dn

Zirkuläre Verursachung →*circulus vitiosus*; G. Myrdal entwickelte eine Theorie zirkulärer Verursachung mit kumulativen Wirkungen, nach der – entgegen der klassischen Theorie der * komparativen Kosten – der int. Handel tendentiell die reichen Länder immer reicher und die armen Länder immer ärmer werden läßt.

Lit.: G. Myrdal, Ökonomische Theorie und unterentwickelte Regionen, Stuttgart 1959. dn

Zollverhandlungen →GATT

ZÖV →DSE

Zuschußelement Meßgröße für den Grad der Vergünstigung (*grant element*) eines Darlehens oder Kredits, dessen finanz. Bedingungen (Zinssatz, Laufzeit, d. h. die Zeit bis zur ersten Kapitalrückzahlung) von den marktüblichen Bedingungen (angenommen wird eine Verzinsung von 10 %) abweichen. Ein reiner Zuschuß (*grant*) hat ein 100 %iges Zuschußelement, bei Marktbedingungen ist es gleich Null. Ein vergünstigtes Darlehen bewegt sich zwischen diesen beiden Grenzen, wobei mit dem Zuschußelement die Differenz zu den Marktbedingungen in % angegeben wird. * IDA-Konditionen (0,75 % Zinsen / 50 J. Laufzeit / 10 Freijahre) haben beispielsweise ein *grant element* von 83,4 %. dn

Anhang

Zeitschriften, Materialien, Periodika

Nachfolgend sind wichtige, in der Bundesrepublik Deutschland, Österreich und der Schweiz zum Themenfeld Entwicklungspolitik/Dritte Welt publizierte Zeitschriften, wiss. Fachzeitschriften, periodisch publizierte Materialien, Magazine, Informationsdienste und andere Periodika mit *Titel*, Herausgeber, Träger oder Verlag sowie für die nicht als Stichwort im Lexikon enthaltenen Herausgeber mit Adresse aufgelistet.

Bundesrepublik:
Adult Education and Development → DVV;
Afrika-Jahrbuch, Politik, Wirtschaft und Gesellschaft in Afrika südlich der Sahara. Institut für Afrika-Kunde →DÜI;
Afrika-Spektrum, Institut für Afrika-Kunde → DÜI;
AIB Dritte Welt Zeitschrift, Pahl Rugenstein Verlag, Postfach 510868, 5000 Köln;
ai-Info → amnesty international;
Aktueller Informationsdienst Afrika → Dokumentations-Leitstelle Afrika, AFDOK;
Aktueller Informationsdienst Asien und Südpazifik → Dokumentations-Leitstelle Asien, ASDOK;
Aktueller Informationsdienst Lateinamerika, Iberoamerika-Institut → DÜI;
Aktueller Informationsdienst Moderner Orient → Dokumentations-Leitstelle Moderner Orient, ORDOK;
Alternativ handeln → GEPA;
amnesty international Jahresberichte → amnesty international;
Analysen aus der Abteilung Entwicklungsländerforschung → FES;
Arbeitsbericht der → Gesellschaft für bedrohte Völker;
Archiv der Gegenwart, Siegler Verlag, Einsteinstr. 10, 5205 Sankt Augustin 3;
Asien, Deutsche Gesellschaft für Asienkunde, Rothenbaumchaussee 32, 2000 Hamburg 13;
Außenhandelsinformationen → BfAI;
Blätter des iz3w → Informationszentrum Dritte Welt;
BMZ-Materialien → BMZ/Referat Informationen und Öffentlichkeitsarbeit;
BMZ-Spiegel der Presse → BMZ/Pressereferat;
Bolivien-In, Bund der Deutschen Katholischen Jugend, Weberbach 70, 5500 Trier;
BRD und Dritte Welt, Magazin Verlag, Schweffelstr. 6, 2300 Kiel 1;
Bücher zu Lateinamerika, Der andere Buchladen GmbH, Zülpicher Str. 197, 5 Köln 41;
Bulletin, Nachrichten aus dem Pazifik, Deutsch-Pazifische Gesellschaft DPG, Feichtmayerstr. 25, 8000 München 50;
Carl-Duisberg Forum → CDG;
China aktuell, Institut für Asienkunde → DÜI;
Contacts → AGEH;
Cuba-Libre, Freundschaftsgesellschaft BRD–Kuba e. V.; Theodor-Heuss-Ring 26, 5000 Köln 1;
das neue China, Gesellschaft für deutsch-chinesische Freundschaft, Eschenheimer Anlage 28, 6000 Frankfurt 1;
DED-Brief → DED;

Der Tropenlandwirt, Zeitschrift für die Landwirtschaft in den Tropen und Subtropen, Deutsches Institut für tropische und subtropische Landwirtschaft GmbH, Fachbereich Int. Agrarwirtschaft der Gesamthochschule Kassel, Verband der Tropenlandwirte, Steinstr. 19, 3430 Witzenhausen 1;

der überblick → AGKED;

DESWOS-Brief → DESWOS;

Die Weltwirtschaft, Institut für Weltwirtschaft, Düsternbrooker Weg 120, 2300 Kiel;

Dritte Welt in der Grundschule, Arbeitskreis Grundschule e.V., Mommsenstr. 16, 2800 Bremen 1;

Echo aus Deutschland, Zeitschrift für ausländische Führungskräfte → CDG;

El Puente informiert, El Puente, Osterstr. 10, 3200 Hildesheim;

Entwicklungspolitische Korrespondenz, Gesellschaft für entwicklungspolitische Bildungsarbeit e.V., Postfach 2846, 2000 Hamburg 20;

Entwicklung und Ländlicher Raum, Deutsche Landwirtschafts-Gesellschaft in Zusammenarbeit mit DSE und GTZ, Zimmerweg 16, 6000 Frankfurt;

envio, Edition Nahua, Postfach 10 13 20, 5600 Wuppertal;

epd-Entwicklungspolitik, epd-Dritte-Welt-Informationen → epd;

epi-Entwicklungspolitische Informationen → epi;

E + Z, Entwicklung und Zusammenarbeit → DSE;

Finanzierung & Entwicklung, IWF/Weltbank → HWWA;

Forschungen zu Lateinamerika, hg. von P. Waldmann, A. Boeckh, E. Garzón Valdés, G. Kohlhepp, D. Nohlen, H.-W. Tobler, Saarbrücken, Verlag Breitenbach, Memeler Str. 50, 6600 Saarbrücken;

FORUM entwicklungspolitischer Aktionsgruppen → BUKO;

gate → GATE;

Guatemala-Nachrichten, Info-Stelle Guatemala, Heerstr. 205, 5300 Bonn 1;

Handbuch für Internationale Zusammenarbeit HIZ, Vereinigung für Internationale Zusammenarbeit, Ahrstr. 45, 5300 Bonn 2;

Heidelberger Dritte Welt Studien – eine interdisziplinäre Reihe, Hg. von D. Nohlen, B. Knall, V. Lenhart, W. Mikus, Heidelberger Verlagsanstalt, Hugo Stotz-Str. 14, 6900 Heidelberg;

Ibero-Amerikanisches Archiv. Zeitschrift für Sozialwissenschaften und Geschichte, Hg. vom Ibero-Amerikanischen Institut und W.L. Bernecker, R. Liehr, H.J. Nickel, D. Nohlen, R. Rott, G. Vollmer, P. Waldmann, Vervuert-Verlag, Wielandstr. 40, 6000 Frankfurt 1;

IIK-Kurier, Informationen des Internationalen Instituts → KAS;

IKA, Zeitschrift für Kulturaustausch und internationale Solidarität, Kulturaustausch International e.V., Nernstweg 32–34, 2000 Hamburg 50;

ila → ILA;

Information Dritte Welt → Informationszentrum Dritte Welt;

Informationsdienst Südliches Afrika → ISSA;

Interdependenz → SEF;

intereconomics → HWWA;

Internationales Afrikaforum, Weltforum Verlag, Marienburger Str. 22, 5000 Köln 51;

Internationales Asienforum, Universität Konstanz/Fachgruppe Soziologie/Arbeitsbereich «Entwicklungsländer/Interkultureller Vergleich», Postfach 55 60, 7750 Konstanz;

Istmo, Studien zu Lateinamerika, Sozialwissenschaftliche Studiengesellschaft Zentralamerika, Coerdestr. 42, 4400 Münster;

Jahrbuch Dritte Welt → DÜI;
KAS Auslandsinformationen → KAS;
Khipu, Kulturzeitschrift über Lateinamerika, Belfortstr. 4, 8000 München 80;
Länderkurzberichte, Statistisches Bundesamt, Gustav-Stresemann-Ring 11, 6200 Wiesbaden 1;
Lateinamerika. Analysen, Daten, Dokumentation, Institut für Iberoamerika-Kunde → DÜI;
Lateinamerika. Analysen und Berichte, Junius Verlag, Stresemannstr. 375, 2000 Hamburg 50;
Lateinamerika-Jahrbuch, Institut für Iberoamerika-Kunde →DÜI;
Lateinamerika-Nachrichten, Forschungs- und Dokumentationszentrum Chile/Lateinamerika FDCL, Gneisenaustr. 2, 1000 Berlin 61;
Lateinamerika-Report, Mundis Verlag, Landsberger Str. 289, 8000 München 21;
Literatur-Nachrichten, Gesellschaft zur Förderung der Literatur aus Afrika, Asien und Lateinamerika, Postfach 1001 16, 6000 Frankfurt 1;
LHÜ-Informationen → Arbeitskreis Lernen und Helfen in Übersee;
Materialien zum internationalen Kulturaustausch → Ifa;
MISEREOR Arbeitshefte → Misereor
MISEREOR Dialog → Misereor
miteinander → DAHW;
Mittelamerika-Magazin, Magazin-Verlag, Schwefelstr. 6, 2300 Kiel 1;
Nachrichten der Deutsch-Venezolanischen Gesellschaft, Deutsch-Venezolanische Gesellschaft, Schwanthaler Str. 135, 8000 München 2;
Nachrichten für Außenhandel (NfA) → BfAI;
Nahost-Jahrbuch, Politik, Wirtschaft und Gesellschaft in Nordafrika und dem Nahen und dem Mittleren Osten. Deutsches Orient-Institut →DÜI;
NOMMO, Zeitschrift für afrikanische Kultur und Gesellschaft, Arbeitskreis der Freunde Afrikanischer Literatur e. V., Postfach 11 18, 3400 Göttingen-Elliehausen;
Nord-Süd aktuell, Vierteljahreszeitschrift für Nord-Süd- und Süd-Süd-Beziehungen → DÜI;
North Korea Quarterly, Institut für Asienkunde → DÜI;
Orient. Deutsches Orient-Institut →DÜI;
Paraguay-Rundbrief, Paraguay Arbeitsgemeinschaft e. V., Sandbergstr. 45, 6100 Darmstadt;
Peripherie, Zeitschrift für Politik und Ökonomie der Dritten Welt, Wiss. Vereinigung für Entwicklungstheorie und Entwicklungspolitik e. V., c/o Institut für Soziologie, Scharnkorstr. 121, 4400 Münster;
pogrom →Gesellschaft für bedrohte Völker;
Rückkehrer-Rundbrief, Kontakt- und Informationsstelle für zurückgekehrte Fachkräfte der Entwicklungsdienste, Scheffelstr. 4, 6140 Bensheim 3;
Samsolidam, Zeitschrift für Kinder → GEPA;
Sahara-Info, Gesellschaft der Freunde des Sahrauischen Volkes e. V., Bamberger Str. 34, 2800 Bremen 1;
Solidarische Welt, Berichte und Informationen aus der Dritten Welt → ASW;
Solidaridad – Informationen aus und über Chile, Katholische Studentengemeinde, Grauenstr. 3–7, 4400 Münster;
Südostasien, Südostasienbüro, Kiefernstr. 45, 5600 Wuppertal 2;
Südostasien aktuell, Institut für Asienkunde und Dokumentations-Leitstelle Asien → DÜI;
terre des hommes → terre des hommes;

Trialog, Zeitschrift für das Planen und Bauen in der Dritten Welt, Petersenstr. 15, 6100 Darmstadt;
UNHCR – Bulletin zur Information → UNHCR;
UNICEF-Nachrichten → UNICEF;
UNICEF-Prisma → UNICEF;
Vereinte Nationen → DGVN;
Verfassung und Recht in Übersee VRÜ, Hamburger Gesellschaft für Völkerrecht und Auswärtige Politik, Rothenbaumchaussee 21–23, 2000 Hamburg 13;
Vierte Welt → Gesellschaft für bedrohte Völker;
Viertelsjahresberichte – Probleme der internationalen Zusammenarbeit → FES;
Volkshochschulen und der Themenbereich Afrika, Asien und Lateinamerika, Materialien → DVV;
Welternährung → DWHH;
Weltwirtschaftliches Archiv, Review of World Economics, Institut für Weltwirtschaft, Düsternbrooker Weg 120, 2300 Kiel;
Wuqûf, Beiträge zur Entwicklung von Staat und Gesellschaft in Nordafrika, Edition Wuqûf, Postfach 13 06 62, 2000 Hamburg 13;
Zeitschrift für Kulturaustausch → Ifa;

Österreich:
Entwicklungspolitische Nachrichten EPN → ÖIE;
Frauensolidarität, Entwicklungspolitische Aktivitäten für die Frauen in der Dritten Welt, Kleeblattgasse 4, 1010 Wien;
Informationsbulletin, Anti-Apartheid Bewegung in Österreich AABÖ, Postfach 146, 1061 Wien;
Lateinamerika anders, Informationsgruppe Lateinamerika IGLA, Münzwardeingasse 2, 1061 Wien;
Lateinamerika-Informationen, Österreichisches Lateinamerika-Institut ÖLAI, Schmelingplatz 8, 1010 Wien;
ÖED-Rundbrief, Österreichischer Entwicklungsdienst, Türkenstr. 3, 1070 Wien;
Österreichische Entwicklungspolitik, Berichte, Analysen, Informationen. Österreichische Forschungsstiftung für Entwicklungshilfe ÖFSE, Türkenstr. 3, 1090 Wien;
Pfeffer, Zeitung der Dritte-Welt-Läden, Steirische Entwicklungspolitische Initiative SEPI, Graz;
Reihe Entwicklungspolitik, Bundesministerium für Auswärtige Angelegenheiten, Sektion VII – Entwicklungshilfe, Ballhausplatz 3, 1010 Wien;
Vereinte Nationen und Österreich, Zeitschrift der Österreichischen Liga für die Vereinten Nationen, Josefplatz 6, 1010 Wien;
Zeitschrift für Afrikastudien, gefördert vom Bundesministerium für Wissenschaft und Forschung, Wien, ZAST, Haydngasse 14/8, A-1060 Wien.
Zeitschrift für Lateinamerika, Österreichisches Lateinamerika-Institut ÖLAI, Schmelingplatz 8, 1010 Wien;
Zum Thema, Zeitschrift des Instituts für Internationale Zusammenarbeit IIZ, Türkenstr. 3, 1090 Wien;

Schweiz:
Afrika-Bulletin, Afrika-Komitee, Postfach 1072, 4001 Basel;
agib-Rundbrief, agib, c/o Friedensdienst CFD, Leonhardstr. 19, 8001 Zürich;
Anti-Apartheid-Nachrichten, Anti-Apartheid Bewegung AAB, Dubsstr. 33, 8001 Zürich;

Correos de Centroamérica, Zentralamerikasekretariat, Basler Str. 106, 8048 Zürich;

Dritte Wält Lade, Rundbrief der Vereinigung Dritte-Welt-Läden, Postfach 3239, 8023 Zürich;

E + D Entwicklung Dévelopement, Direktion für Entwicklungszusammenarbeit und humanitäre Hilfe DEH des eidgen. Departments für auswärtige Angelegenenheiten, 3003 Bern;

EvB-Rundbrief, Erklärung von Bern, Quellenstr. 25, 8005 Zürich;

I3W-Dossiers und Presserohstoffe zu Entwicklungsfragen, Informationsdienst 3. Welt, Monbijoustr. 31, 3001 Bern;

Jahrbuch Schweiz – Dritte Welt, Institut Universitaire d'Etudes du Développement, 24, rue Rothschild, 1211 Genf 21. bg/mik

Neuerscheinungen und Aufnahmewünsche bitte mit Probeexemplar an: Redaktion LEXIKON DRITTE WELT, Institut für Politische Wissenschaft, Universität Heidelberg, Marstallstr. 6, 6900 Heidelberg.

Tabellen*

Tabelle 1: Dritte Welt nach Ländergruppen

Länder	UN Beitritt	Gruppe der 77	Block-frei	LLDC	MSAC	OPEC	AKP	HDI[1]
Afghanistan	1946	O	O	O	O			L
Ägypten	1945	O	O		O			M
Algerien	1962	O	O			O		M
Angola	1976	O	O				O	L
Antigua u. Barbuda	1981	O					O	H
Äquatorialguinea	1968	O	O	O			O	L
Argentinien	1945	O						H
Äthiopien	1945	O	O	O	O		O	L
Bahamas	1973	O					O	H
Bahrain	1971	O	O					M
Bangladesh	1974	O	O	O	O			L
Barbados	1966	O	O				O	H
Belize	1981	O	O				O	H
Benin	1960	O	O	O	O		O	L
Bhutan	1971	O	O	O				L
Birma (Myanmar)	1948	O		O	O			M
Bolivien	1945	O	O					M
Botswana	1966	O	O	O			O	M
Brasilien	1945	O						M
Brunei	1984							M
Burkina Faso	1960	O	O	O	O		O	L
Burundi	1962	O	O	O	O		O	L
Chile	1945	O	susp.					H
China VR	1945							M
Costa Rica	1945	O						H
Djibouti	1977	O	O	O			O	L
Dominica	1978	O	O				O	H
Dominik. Republik	1945	O					O	M
Ecuador	1945	O	O			O		M
Elfenbeinküste	1960	O	O		O		O	L
El Salvador	1945	O			O			M
Fidschi	1970	O					O	H
Gabun	1960	O	O			O	O	M
Gambia	1965	O	O	O	O		O	L
Ghana	1957	O	O	O	O		O	L
Grenada	1974	O	O				O	H
Guatemala	1945	O			O			M
Guinea	1958	O	O	O	O		O	L
Guinea-Bissau	1974	O	O	O	O		O	L
Guyana	1966	O	O		O		O	H
Haiti	1945	O		O	O		O	L
Honduras	1945	O			O			M
Hongkong	–							H
Indien	1945	O	O		O			L

*Technische Erläuterungen zu den Tabellen 2, 3 und 4 im Anschluß an den Tabellenteil.

Länder	UN Beitritt	Gruppe der 77	Block-frei	LLDC	MSAC	OPEC	AKP	HDI[1]
Indonesien	1950	○	○			○		M
Irak	1945	○	○			○		M
Iran	1945	○	○			○		M
Jamaica	1962	○	○				○	H
Jemen AR[4]	1947	○	○	○	○			L
Jemen DVR[4]	1967	○	○	○	○			L
Jordanien	1955	○	○					M
Kambodscha	1955	○	○		○			L
Kamerun	1960	○	○		○		○	L
Kapverdische Inseln	1975	○	○	○	○		○	M
Katar	1971	○	○			○		M
Kenya	1963	○	○		○		○	L
Kiribati	–			○			○	–
Kolumbien	1945	○	○					H
Komoren	1975	○	○	○			○	L
Kongo	1960	○	○				○	L
Korea-Nord	–	○	○	○				M
Korea-Süd	–	○						H
Kuba	1945	○	○					H
Kuwait	1963	○	○			○		H
Laos	1955	○	○	○	○			M
Lesotho	1966	○	○	○	○		○	M
Libanon	1945	○	○					M
Liberia	1945	○	○				○	L
Libyen	1955	○	○			○		M
Madagaskar	1960	○	○	○	○		○	L
Malawi	1964	○	○	○			○	L
Malaysia	1957	○	○					H
Malediven	1965	○	○	○				M
Mali	1960	○	○	○	○		○	L
Marokko	1956	○	○					L
Mauretanien	1961	○	○	○	○		○	L
Mauritius	1968	○	○				○	M
Mexiko	1945	○						H
Mongolei	1961			○				M
Mozambique	1975	○	○		○		○	L
Namibia	1990	○					○	L
Nauru	–							–
Nepal	1955	○	○	○	○			L
Nicaragua	1945	○	○					M
Niger	1960	○	○	○	○		○	L
Nigeria	1960	○	○			○	○	L
Oman	1971	○	○					M
Pakistan	1974	○	○		○			L
Panama	1945	○	○					H
Papua-Neuguinea	1975	○					○	L
Paraguay	1945	○						M
Peru	1945	○	○					M
Philippinen	1945	○						M
Réunion	–							–
Rwanda	1962	○	○	○	○		○	L

Länder	UN Beitritt	Gruppe der 77	Block-frei	LLDC	MSAC	OPEC	AKP	HDI[1]
Salomonen	1978	○					○	L
Samoa	1976	○		○	○		○	H
São Tomé u. Principe	1975	○	○	○			○	M
Saudi-Arabien	1945	○	○			○		M
Senegal	1960	○	○		○		○	L
Seychellen	1976	○	○				○	L
Sierra Leone	1961	○	○	○	○		○	L
Singapur	1965	○	○					H
Somalia	1960	○	○	○	○		○	L
Sri Lanka	1955	○	○		○			M
St. Christopher (St. Kitts), Nevis und Sombrero	1983							H
St. Lucia	1979	○	○				○	M
St. Vincent u. Grenadinen	1980	○					○	M
Sudan	1956	○	○	○	○		○	L
Surinam	1975	○	○				○	M
Swaziland	1968	○	○				○	L
Syrien	1945	○	○					M
Taiwan	–							–
Tanzania	1961	○	○	○	○		○	L
Thailand	1946	○						M
Togo	1960	○	○	○			○	L
Tonga	–	○					○	–
Trinidad u. Tobago	1962	○	○				○	H
Tschad	1960	○	○	○	○		○	L
Tunesien	1956	○	○					M
Tuvalu	–			○			○	–
Uganda	1962	○	○	○	○		○	L
Uruguay	1945	○						H
Vanuatu	1981	○	○	○			○	M
Venezuela	1945	○	○			○		H
Ver. Arab. Emirate	1971	○	○			○		M
Vietnam	1977	○	○	○				M
Zaire	1960	○	○	○			○	L
Zambia	1964	○	○	○			○	L
Zentralafrik. Rep.	1960	○	○	○	○		○	L
Zimbabwe	1980	○	○				○	M
Insgesamt Stand Jahresende 1992	121	120[2]	97[3]	45	45	13	66	

Anmerkungen:
[1] Von den UN neu entwickelter Index (→ Indikator); berücksichtigt neben dem *Pro-Kopf-Einkommen auch *Lebenserwartung und *Alphabetisierungsgrad. L = Low Human Development; M = Medium Human Development; H = High Human Development.
[2] Der *Gruppe der 77 gehören des weiteren an: die *PLO, Jugoslawien, Malta, Rumänien und Zypern.
[3] Den *Blockfreien gehören des weiteren an: Jugoslawien, Malta, die PLO und Zypern.
[4] 1990 vereinigt.

Tabelle 2: Demographische Indikatoren

Länder	Bevölkerungszahl 1990 und Projektion 2025 (in Mio. Ew.)		Durchschnittliche jährl. Wachstumsrate der Bevölkerung		Bevölkerung im erwerbsfähigen Alter (in %)	Fertilitätsrate	Urbanisierungsgrad
	Jahr		1965–1980	1985–1990			
	1990	2025			1990	1990	1990
Afghanistan	16,6	51,8	2,4	2,6	52,5	6,8	18
Ägypten	52,4	96,7	2,4	2,4	55,4	4,1	47
Algerien	25,0	56,4	3,1	2,7	52,4	5,1	52
Angola	10,0	26,6	2,8	2,7	52,2	6,5	28
Antigua und Barbuda	0,08	0,1	1,3[d]	0,2	59,0	1,9	32
Äquatorial-Guinea	0,4	0,8	1,8[d]	2,4	56,3	5,5	29
Argentinien	32,3	43,0	1,6	1,3	61,2	2,8	86
Äthiopien	49,2	123,3	2,7	2,7	53,5	7,5	13
Bahamas	0,2	0,4	2,2[d]	1,7	62,9	2,2	64
Bahrain	0,5	0,8	5,1[d]	3,7	63,6	4,7	83
Bangladesh	115,6	218,8	2,7	2,7	52,9	4,8	16
Barbados	0,3	0,3	0,5[d]	0,2	66,3	1,8	45
Belize	0,2	0,4	1,9[d]	2,4	53,5	4,7	52
Benin	4,6	11,2	2,7[d]	3,0	49,7	6,3	38
Bhutan	1,5	2,7	1,6	2,1	56,7	5,5	5
Birma (Myanmar)	41,7	70,8	2,3	2,1	58,3	3,8	25
Bolivien	7,3	15,6	2,5	2,8	52,8	5,9	51
Botswana	1,3	2,2	3,5	3,7	51,6	4,7	28
Brasilien	150,4	233,2	2,4	2,1	60,3	3,2	75
Brunei	0,2	0,4	5,7[d]	3,4	61,8	3,9	58
Burkina Faso	9,0	23,0	2,0	2,7	51,4	6,5	9
Burundi	5,5	14,2	1,9	2,9	51,3	6,8	6
Chile	13,2	18,6	1,8	1,7	63,6	2,6	86
China VR	1139,1	1529,8	2,2	1,4	67,9	2,5	33
Costa Rica	3,0	4,5	2,6	2,6	59,8	3,0	47
Djibouti	0,4	1,1	10,2[e]	2,9	52,8	6,6	81
Dominica	0,08	0,1	0,5[d]	0,6	53,3	2,8	55[h]
Dominik. Republik	7,2	11,4	2,7	2,2	58,8	3,5	60
Ecuador	10,6	18,7	3,1	2,6	56,3	4,0	56
Elfenbeinküste	12,0	36,9	4,1	3,8	51,2	7,3	40
El Salvador	5,3	9,9	2,7	1,9	52,3	4,6	44
Fidschi	0,8	1,0	1,9[d]	1,8	59,6	3,0	39
Gabun	1,2	2,9	3,5	3,5	56,0	5,8	46
Gambia	0,9	2,2	2,4[d]	2,9	53,6	6,5	23
Ghana	15,0	35,1	2,2	3,1	50,3	6,2	33
Grenada	0,09	0,2	1,6[d]	0,5	58,7	3,0	51[a]
Guatemala	9,2	20,4	2,8	2,9	51,3	5,4	39
Guinea	5,8	15,9	1,9	2,9	54,0	6,5	26
Guinea-Bissau	1,0	2,1	4,3[e]	2,0	53,3	6,0	20
Guyana	0,8	0,7	1,1[d]	0,1	59,6	2,8	35
Haiti	6,5	11,0	2,0	2,0	57,4	2,8	28
Honduras	5,1	11,1	3,2	3,2	52,1	5,2	44
Hongkong	5,9	7,2	2,1	1,4	69,3	1,6	94

Länder	Bevölkerungszahl 1990 und Projektion 2025 (in Mio. Ew.)		Durchschnittliche jährl. Wachstumsrate der Bevölkerung		Bevölkerung im erwerbsfähigen Alter (in %)	Fertilitätsrate	Urbanisierungsgrad
	Jahr		1965–	1985–			
	1990	2025	1980	1990	1990	1990	1990
Indien	853,1	1361,3	2,3	2,1	58,2	3,9	27
Indonesien	184,3	279,8	2,3	1,9	59,8	3,2	31
Irak	18,9	48,6	3,4	3,5	50,7	6,2	71
Iran	54,6	127,5	3,2	2,7	53,4	6,0	57
Jamaika	2,5	3,2	1,5	1,2	59,2	2,4	52
Jemen	11,7	35,9	–	–	48,6	7,5	–
Jordanien	4,0	8,8	2,6	3,3	51,8	6,3	68
Kamerun	11,8	33,0	2,7	3,3	49,0	6,5	41
Kambodscha	8,2	13,7	0,3	2,5	62,1	4,6	12
Kap Verde	0,4	0,8	0,9[d]	2,6	52,0	5,4	29
Katar	0,4	0,8	6,9[d]	4,2	64,6	5,7	89
Kenya	24,0	83,4	3,6	3,6	44,9	6,6	24
Kiribati und Tuvalu	0,07	0,1	1,7[d]	1,1	56,8	4,2	36
Kolumbien	33,0	47,8	2,2	2,0	60,6	2,9	70
Komoren	0,6	1,3	2,5[d]	3,5	49,0	6,8	28
Kongo	2,3	7,3	2,7	3,2	50,2	6,6	40
Korea Nord	21,8	37,8	2,7	1,8	59,3	2,3	60
Korea Süd	42,8	55,7	1,9	1,0	67,7	1,8	72
Kuba	10,6	13,1	1,5	1,0	69,4	1,9	75
Kuwait	2,0	4,2	7,0	3,4	59,2	3,6	96
Laos	4,1	8,5	1,4	2,8	53,7	6,7	19
Lesotho	1,8	3,6	2,3	2,8	53,1	5,6	20
Libanon	2,7	3,9	1,6	0,2	58,6	3,6	84
Liberia	2,6	6,1	3,0	3,2	50,6	6,3	46
Libyen	4,5	13,9	4,6	3,7	51,6	6,6	70
Madagaskar	12,0	28,6	2,5	3,2	50,2	6,5	24
Malawi	8,8	27,3	2,9	3,5	49,6	7,6	12
Malaysia	17,9	30,0	2,5	2,6	59,3	3,6	43
Malediven	0,2	0,5	3,0[d]	3,2	53,2	6,2	29
Mali	9,2	23,5	2,1	3,0	50,0	7,0	19
Marokko	25,1	47,0	2,5	2,6	55,5	4,7	48
Mauretanien	2,0	5,3	2,3	2,7	52,3	6,8	47
Mauritius	1,1	1,5	1,6	1,2	64,6	1,9	40
Mexiko	88,6	140,4	3,1	2,2	59,2	3,3	73
Mongolei	2,2	4,7	3,0	2,7	54,7	4,7	52
Mozambique	15,7	41,6	2,5	2,7	52,9	6,4	27
Namibia	1,8	3,1	2,9[d]	3,2	51,6	5,9	28
Nepal	19,1	37,1	2,4	2,5	54,7	5,7	10
Nicaragua	3,9	8,6	3,1	3,4	51,5	5,3	60
Niger	7,7	23,3	2,7	3,1	50,4	7,1	19
Nigeria	108,5	287,0	2,5	3,3	49,9	6,6	35
Oman	1,5	4,1	3,6	3,8	52,3	7,0	11
Pakistan	122,6	285,3	3,1	3,4	52,1	6,5	32
Panama	2,4	3,5	2,6	2,1	60,4	2,8	53
Papua-Neuguinea	3,9	7,7	2,3	2,3	55,3	5,1	16

Länder	Bevölkerungszahl 1990 und Projektion 2025 (in Mio. Ew.)		Durchschnittliche jährl. Wachstumsrate der Bevölkerung		Bevölkerung im erwerbsfähigen Alter (in %)	Fertilitätsrate	Urbanisierungsgrad
	Jahr 1990	2025	1965–1980	1985–1990	1990	1990	1990
Paraguay	4,3	8,5	2,8	2,9	56,0	4,6	47
Peru	21,6	36,4	2,8	2,1	58,0	3,8	70
Philippinen	62,4	100,4	2,9	2,5	57,2	3,7	43
Réunion	0,6	0,8	1,8[d]	1,8	66,8	2,3	64
Rwanda	7,2	22,9	3,3	3,4	49,0	8,3	8
Salomonen	0,3	0,9	3,3[d]	3,3	50,3	6,5	11
Sao Tomé und Principe	0,1	0,2	1,8[d]	2,4	53,6	5,1	42
Saudi-Arabien	14,1	41,7	4,6	4,1	52,2	7,0	72
Senegal	7,3	19,8	2,5	2,8	51,8	6,5	38
Seychellen	0,07	0,1	2,7[d]	1,0	58,3	2,8	59
Sierra Leone	4,2	10,1	2,0	2,5	53,6	6,5	32
Singapur	2,7	3,1	1,6	1,3	71,5	1,9	100
Somalia	7,5	16,7	2,7	3,3	51,1	6,8	36
Sri Lanka	17,2	23,2	1,8	1,3	62,6	2,4	21
St. Christopher und Nevis	0,04	0,04	0,6[d]	–0,1	54,7	2,6	49
St. Lucia	0,1	0,2	1,8[d]	1,9	54,5	3,2	46
St. Vincent und Grenadinen	0,1	0,2	2,2[d]	1,1	59,5	2,6	21
Sudan	25,2	57,4	3,0	2,9	51,9	6,3	22
Surinam	0,4	0,7	–0,6[d]	1,9	60,1	3,4	48
Swaziland	0,8	2,0	3,2[d]	3,4	49,3	6,3	33
Syrien	12,5	36,5	3,4	3,6	48,9	6,6	50
Taiwan	20,2	25,7	2,3	1,5[h]	65,6	1,7[h]	94[c]
Tanzania	27,3	76,4	3,3	3,7	48,7	6,6	33
Thailand	55,7	82,4	2,7	1,5	62,7	2,4	23
Togo	3,5	8,8	3,0	3,1	49,3	6,6	26
Tonga	0,1	0,2	1,4[d]	–0,2	58,8	4,0	21
Trinidad und Tobago	1,3	1,7	1,3	1,7	61,9	2,8	69
Tschad	5,7	13,3	2,0	2,5	54,5	6,0	30
Tunesien	8,2	13,7	2,1	2,4	58,2	3,8	54
Uganda	18,8	45,4	2,9	3,7	49,0	7,3	10
Uruguay	3,1	3,7	0,4	0,6	62,7	2,3	85
Vanuata	0,1	0,3	3,4[d]	3,0	52,9	5,6	26
Venezuela	19,7	33,7	3,5	2,6	58,2	3,5	90
Ver. Arab. Emirate	1,6	2,6	16,1	3,3	67,3	4,6	78
Vietnam	66,7	126,9	2,9[d]	2,1	55,6	3,9	22
West Samoa	0,2	0,3	0,9[d]	0,7	54,1	4,7	22
Zaire	35,6	95,1	2,8	3,1	51,8	6,0	39
Zambia	8,5	23,6	3,1	3,8	48,4	6,7	50
Zentralafrikan. Rep.	3,0	6,5	1,8	2,8	55,2	5,8	47
Zimbabwe	9,7	19,9	3,1	3,2	51,4	4,9	28

Anmerkungen: [a] 1973 [b] 1984 [c] 1985 [d] 1970–80 [e] 1970–84 [f] 1982 [g] 1979 [h] 1986

Tabelle 3: Wirtschaftliche Indikatoren

	BSP pro Kopf (in US-$)	Durchschnittliche jährliche Wachstumsrate des BSP pro Kopf (in %)	Industrialisierungsgrad		Exportanteil von Primärprodukten	Terms of Trade 1980 = 100	Schuldendienstquote		Index der Nahrungsmittelproduktion pro Kopf (1979–81 = 100)
	1990	1980–90	1965	1988	1988	1988	1980	1989	Ø 1987–89
Afghanistan	430[d]	–	–	–	93[d]	–	–	–	–
Ägypten	600	2,1	27	25	74	62	20,8	21,8	109
Algerien	2060	– 0,3	34	43	97	41	27,2	68,9	97
Angola	620[q]	6,1	–	22[c]	–	–	–	–	84
Antigua und Barbuda	4600	4,7	–	–	–	–	–	–	104
Äquatorial-Guinea	330	–	–	–	–	–	17,6	18,7	–
Argentinien	2370	– 1,8	42	44	75	86	37,3	36,1	91
Äthiopien	120	– 1,2	14	17	96	104	47,6	38,7	89
Bahamas	11510	1,7	–	–	–	–	–	–	99
Bahrain	6380[q]	–4,2	–	38[d]	91[c]	71	–	–	–
Bangladesh	200	1,0	11	14	31	111	23,2	19,9	93
Barbados	6540	1,4	–	24[b]	25[d]	97[d]	–	–	73
Belize	1970	2,5	–	20[c]	–	85	–	8,0	92
Benin	360	– 1,0	8	13	74	94	5,8	6,6	114
Bhutan	190	7,4	–	28	–	–	–	–	121
Birma (Myanmar)	200[d]	2,3[o]	13[x]	13[d]	89	72	25,4	30,4	120
Bolivien	620	– 2,6	31	27	97	57	35,0	31,4	102
Botswana	2040	6,3	19	55	35[d]	73[l]	1,9	3,6	68
Brasilien	2680	0,6	33	43	52	117	63,1	31,3	115
Brunei	>6000[r]	– 1,2[f]	–	–	–	–	–	–	112
Burkina Faso	330	1,4	20	23	98	69	5,9	9,4	115
Burundi	210	1,3	–	15	83	81	9,4	32,8	98
Chile	1940	1,1	40	29[i]	85	94	43,1	27,5	107
China VR	370	7,9	38	46	27	84	4,6	9,8	128
Costa Rica	1910	0,6	23	28	60	98	29,0	19,2	89
Djibouti	970[c]	–	–	–	–	100[b]	–	7,1[m]	–
Dominica	1940	3,0	–	21[b]	–	121[d]	–	–	129
Dominik. Rep.	820	–0,4	22	34	74	76	25,3	12,9	94
Ecuador	960	– 0,8	22	36	93	50	33,9	36,2	106
Elfenbeinküste	730	– 3,7	19	25	88	92	28,3	40,9	96
El Salvador	1100	– 0,6	22	22	71	86	7,5	16,6	90
Fidschi	1770	– 0,4	–	21[c]	–	85[d]	6,0	11,8	80
Gabun	3220	– 2,6	34	51	86	54	17,7	11,9	81
Gambia	260	– 0,3	–	14[j]	–	77[d]	6,2	10,9	95
Ghana	390	– 0,6	19	16	88	78	12,5	49,2	109
Grenada	2120	5,1	–	–	–	121[d]	6,0	7,7[k]	88
Guatemala	900	– 2,1	16[h]	20[i]	52	87	7,9	19,9	103
Guinea	480	–	–	32	–	–	19,8	15,2	90
Guinea-Bissau	180	1,7	–	14[j]	–	106	–	42,9	139

	BSP pro Kopf (in US-$)	Durchschnittliche jährliche Wachstumsrate des BSP pro Kopf (in %)	Industrialisierungsgrad		Exportanteil von Primärprodukten	Terms of Trade (1980 = 100)	Schuldendienstquote		Index der Nahrungsmittelproduktion pro Kopf (1979–81 = 100)
	1990	1980–90	1965	1988	1988	1988	1980	1989	Ø1987–89
Guyana	370	– 3,2	–	29[g]	84[d]	84[d]	21,6	11,4	70
Haiti	370	– 2,3	16[h]	38	27	101	6,2	13,3	93
Honduras	590	– 1,2	19	21	89	102	21,4	13,1	88
Hongkong	11540	5,5	40	29	8	105	–	–	61
Indien	350	3,2	22	30	27	119	9,1	26,3	113
Indonesien	560	4,1	13	36	71	70	13,9	35,2	124
Irak	–	–	46	–	–	–	–	–	98
Iran	2450	– 0,8	36	–	–	–	–	–	87
Jamaika	1510	–0,4	37	42	41	97	19,0	26,4	92
Jemen	<500[r]	–	–	26	89	40	2,3	11,5	111
Jordanien	1240	– 3,9	–	25	53	102	8,4	19,5	117
Kamerun	940	– 0,3	17	30	88	64	15,2	19,4	96
Kambodscha	–	–	–	–	–	–	–	–	146
Kap Verde	890	3,1	–	28[j]	–	–	–	–	105
Katar	15860	– 11,4	–	–	–	–	–	–	–
Kenya	370	0,3	18	20	83	91	22,3	33,3	101
Kiribati und Tuvalu	760	1,7	–	–	–	–	–	–	–
Kolumbien	1240	1,1	25	34	75	68	16,0	48,6	102
Komoren	480	– 0,8	–	–	–	102[b]	2,6	9,2	109
Kongo	1010	– 0,2	19	30	89	49	10,5	27,0	98
Korea Nord	–	–	–	–	–	–	–	–	108
Korea Süd	5400	8,9	25	43	7	108	19,7	11,4	96
Kuba	–	–	–	–	–	–	–	–	108
Kuwait	16160	–	73	51	91	47	–	–	–
Laos	200	0,7	–	20	90	92	–	13,0	116
Lesotho	470	– 0,9	5	28	64[d]	73[l]	1,5	2,8	80
Libanon	–	–	21	–	35[d]	–	–	–	–
Liberia	460[b]	–	40	28	98	103	8,8	3,4[m]	95
Libyen	5310[q]	– 9,2	63	64[j]	99	47	–	–	109
Madagaskar	230	– 2,3	16	16	84	95	17,2	52,4	93
Malawi	200	– 0,1	13	18	83	72	27,7	28,0	85
Malaysia	2340	2,5	25	36[c]	65	74	6,3	14,6	142
Malediven	440	6,6	–	–	–	102	0,8	8,0[k]	97
Mali	270	1,2	–	12	70	88	5,1	18,6	97
Marokko	950	1,6	28	34	50	103	32,7	32,2	120
Mauretanien	500	– 1,8	36	21	97	104	17,3	20,1	88
Mauritius	2250	5,4	23	33	39	117	9,0	9,8	100
Mexiko	2490	– 0,9	31	35	45	67	49,5	39,5	98
Mongolei	–	–	–	–	–	–	–	–	91
Mozambique	80	– 4,1	–	20	92	–	31,6[c]	24,4	83
Namibia	1520[n]	–	–	–	–	–	–	–	95

	BSP pro Kopf (in US-$)	Durchschnittliche jährliche Wachstumsrate des BSP pro Kopf (in %)	Industrialisierungsgrad		Exportanteil von Primärprodukten	Terms of Trade (1980 = 100)	Schuldendienstquote		Index der Nahrungsmittelproduktion pro Kopf (1979–81 = 100)
	1990	1980–90	1965	1988	1988	1988	1980	1989	∅ 1987–89
Nepal	170	1,8	11	17	33	93	2,9	17,2	107
Nicaragua	830[b]	–2,2[o]	24	34	91	84	21,5	9,3[k]	63
Niger	310	–4,5	3	23	96	83	21,7	33,0	86
Nigeria	270	–3,0	19	36	98	40	4,2	21,3	96
Oman	5220[q]	7,1	23	43	93	37[d]	6,4	14,8[m]	–
Pakistan	380	2,9	20	24	31	106	16,9	23,2	103
Panama	1830	–2,0	19	18	79	104	6,3	0,1	92
Papua-Neuguinea	860	–0,5	18	31	95	89	13,8	34,3	97
Paraguay	1110	–1,3	19	25	75	102	18,5	11,9	115
Peru	1160	–2,0	30	36	78	80	46,5	6,8	101
Philippinen	730	–1,5	28	34	38	110	26,5	26,3	86
Réunion	3580[c]	0,6[f]	–	–	–	–	–	–	72
Rwanda	310	–2,2	7	22	99	108	4,1	18,5	77
Salomonen	580	3,4	–	–	–	–	0,4	9,0	82
São Tomé und Principe	380	–4,2	–	8[j]	–	65	5,0	44,7	–
Saudi-Arabien	6020[q]	–5,6	60	43	91	54	–	–	249
Senegal	710	0,0	18	29	75	96	28,6	29,4	106
Seychellen	4670	2,5	–	–	–	–	36,2	11,9	–
Sierra Leone	240	–1,5	28	12	42	94	22,9	8,8[k]	89
Singapur	12310	5,7	24	38	26	101	–	1,4	86
Somalia	150	–1,8	6	9	95	91	4,9	34,0	97
Sri Lanka	470	2,4	21	27	57	102	12,0	17,8	87
St. Christopher und Nevis	3330	6,0	–	20[b]	–	100[e]	–	–	–
St. Lucia	1900	4,2	–	17[a]	–	133[d]	–	–	113
St. Vincent und Grenadinen	1610	5,7	–	18[d]	–	131[d]	1,1	3,8[k]	149
Sudan	420[a]	–1,8	9	15	93	86	25,5	7,9	87
Südafrika	–	–	–	–	20	73[l]	–	–	–
Surinam	3050	–5,0	–	27[c]	–	–	–	–	90
Swaziland	820	1,1	27	–	–	73[l]	4,0	4,8	93
Syrien	990	–2,1	22	16	75	56	11,4	21,9	86
Taiwan	3110[c]	–	30	46[d]	–	–	–	–	–
Tanzania	120	–0,7	14	7	81	94	21,1	16,6	90
Thailand	1420	5,6	23	35	48	82	18,7	15,5	104
Togo	410	–1,7	21	21	92	80	9,0	18,8	89
Tonga	1010	1,5	–	11[c]	–	–	–	2,3[k]	87
Trinidad und Tobago	3470	–6,0	48	31	67	55	6,8	12,3	86
Tschad	190	3,3	15	18	–	–	8,4	5,2	101
Tunesien	1420	0,9	24	32	36	77	14,8	22,5	96

	BSP pro Kopf (in US-$)	Durchschnittliche jährliche Wachstumsrate des BSP pro Kopf (in %)	Industrialisierungsgrad		Exportanteil von Primärprodukten	Terms of Trade (1980 = 100)	Schuldendienstquote		Index der Nahrungsmittelproduktion pro Kopf (1979–81 = 100)
	1990	1980–90	1965	1988	1988	1988	1980	1989	∅1987–89
Uganda	220	0,8	13	7	100	78	13,3	81,2	87
Uruguay	2560	– 0,9	32	29	53	99	18,8	29,4	106
Vanuatu	1060	– 0,5	–	–	–	49[d]	0,8[j]	3,1[k]	77
Venezuela	2560	– 2,0	41	36	91	41	27,2	25,0	88
Vereinigte Arab. Emirate	19860	– 7,2	–	55	83	54	–	–	–
Vietnam	<500[r]	–	–	–	–	–	–	–	111
West Samoa	730	1,2	–	11[j]	–	–	12,3	15,0	99
Zaire	230	– 1,5	26	34	93	96	22,5	21,5	94
Zambia	420	– 2,9	54	43	98	107	25,3	12,3	97
Zentralafrik. Rep.	390	– 1,3	16	12	60	94	4,9	14,3	90
Zimbabwe	640	– 0,8	35	43	60	83	3,8	25,6	90

Anmerkungen:
[a] 1988
[b] 1987
[c] 1985
[d] 1986
[e] 1970–81
[f] 1973–85
[g] 1970–78
[h] Durchschnitt 1960–62, ohne Bergbau
[i] Durchschnitt 1984–86, ohne Bergbau
[j] 1982
[k] 1988
[l] Südafrikanische Zollunion (Südafrika, Namibia, Lesotho, Botswana und Swaziland)
[m] 1987
[n] 1984
[o] 1965–86
[q] 1989
[r] Schätzwert der Weltbank
– nicht verfügbar

Tabelle 4: Soziale Indikatoren

	Trinkwasserversorgung	Tägliches Kalorienangebot pro Kopf	Einschulungsqoute Grundschule 1986–1988		Säuglingssterblichkeitsziffer	Kindersterbeziffer	Lebenserwartung bei der Geburt	Einwohner je Arzt in Tsd.	Alphabetisierungsquote
	1985*	1988	Jungen	Mädchen	1990	1988	1990	1984	1985
Afghanistan	3	2127	27	14	167	300	42	–	24
Ägypten	90	3213	100	79	61	125	60	0,8	44
Algerien	85	2726	105	87	68	107	65	2,3	50
Angola	–	1725	93[cf]	93[cf]	173	292	46	–	41
Antigua und Barbuda	21	2222	–	–	20	–	74	–	–
Äquatorial-Guinea	47[a]	–	108[ce]	108[ce]	122	29[n]	47	–	37
Argentinien	57	3118	110	110	31	37	71	0,4	95
Äthiopien	15	1658	46	28	130	259	48	77,4	62
Bahamas	65	2678	74[d]	74[d]	25	1[g]	69	–	73
Bahrain	99	–	111	108	14	3[n]	69	–	73
Bangladesh	40	1925	76	64	114	188	52	6,7	33
Barbados	98	3228	113[f]	108[f]	11	1[n]	75	–	99[l]
Belize	62[a]	2646	82[d]	82[d]	23	3[g]	68	–	–
Benin	20	2145	84	43	88	185	51	15,9	26
Bhutan	8	2572	31	20	123	197	49	23,3	–
Birma (Myanmar)	21	2572	99[ce]	99[ce]	65	95	61	3,7	66
Bolivien	37	2086	97	85	102	172	54	1,5	74
Botswana	90[a]	2269	111	117	63	92	68	6,9	71
Brasilien	71	2709	103[c]	103[c]	60	85	66	1,1	78
Brunei	–	2819	102[d]	102[d]	9	–	76	–	78
Burkina Faso	30	2061	41	24	133	233	48	57,2	13
Burundi	24	2253	67[c]	67[c]	115	188	50	21,1	34
Chile	84	2584	103	101	20	26	72	1,2	94
China VR	50	2632	140	124	30	43	70	1,0	69
Costa Rica	84	2782	100	97	18	22	75	1,0	94
Djibouti	45	–	32[c]	32[c]	117	16[g]	49	–	10[h]
Dominica	77	2877	90[d]	90[d]	17	4[g]	75	–	–

	Trinkwasserversorgung	Tägliches Kalorienangebot pro Kopf	Einschulungsqoute Grundschule 1986–1987		Säuglingssterblichkeitsziffer	Kindersterbeziffer	Lebenserwartung bei der Geburt	Einwohner je Arzt in Tsd.	Alphabetisierungsquote
	1985*	1988	Jungen	Mädchen	1990	1988	1990	1984	1985
Dominikanische Republik	62	2357	99	103	61	81	67	1,8	77
Ecuador	59	2338	118	116	60	87	66	0,8	82
Elfenbeinküste	66	2365	82[j]	58[j]	92	142	53	–	43
El Salvador	55	2415	77	81	59	84	64	2,8	72
Fidschi	83	2763	129	129	26	2[n]	68	–	85
Gabun	50	2396	124	121	99	169	54	2,8	62
Gambia	45	2360	76	47	138	45[n]	44	–	25
Ghana	49	2209	78	63	86	146	55	14,9	53
Grenada	85	2979	85[d]	85[d]	31	–	70	–	–
Guatemala	51	2352	77[c]	77[c]	54	99	63	2,2	55
Guinea	20	2042	41	18	140	248	43	57,4	28
Guinea-Bissau	31	2690	73	39	146	31[n]	40	–	31
Guyana	73	2373	90[cl]	90[ce]	52	2[n]	64	–	96
Haiti	33	1911	101[j]	89[j]	92	171	56	7,2	38
Honduras	69	2194	104	108	63	107	65	1,5	59
Hongkong	100	2899	106	105	7	10	78	1,1	88
Indien	54	2104	113	81	94	149	59	2,5	43
Indonesien	33	2670	120	115	71	119	62	9,5	74
Irak	80	2962	105	91	63	94	63	1,7	89
Iran	71	3100	122	105	46	90	63	2,7	51
Jamaika	96	2572	104	96	16	22	73	2,1	90[h]
Jemen	31	2314	141	40	114	190	51	6,3	20
Jordanien	97	2907	105[h]	102[h]	40	57	68	1,1	75
Kamerun	26	2161	119	100	90	153	57	–	56
Kambodscha	–	2155	–	–	123	199	50	–	–
Kap Verde	50	2436	112	105	41	13[n]	67	–	47
Katar	95	–	122	119	29	3[n]	70	–	51
Kenya	27	1973	98	93	68	113	60	10,1	59

	Trinkwasserversorgung 1985*	Tägliches Kalorienangebot pro Kopf 1988	Einschulungsqoute Grundschule 1986-1988 Jungen	Mädchen	Säuglingssterblichkeitsziffer 1990	Kindersterbeziffer 1988	Lebenserwartung bei der Geburt 1990	Einwohner je Arzt in Tsd. 1984	Alphabetisierungsquote 1985
Kiribati und Tuvalu	44	2952	83[d]	83[d]	110[n]	–	55	–	–
Kolumbien	92	2561	112	115	39	68	69	1,2	88
Komoren	–	2046	90	70	94	16[n]	55	–	48[h]
Kongo	25	2512	80[d]	80[d]	69	114	54	8,1	63
Korea Nord	–	3193	–	–	26	33	71	–	–
Korea Süd	83	2878	104	104	23	33	70	1,2	93[h]
Kuba	–	3103	107	100	11	18	76	–	96[m]
Kuwait	100	3132	95	92	17	22	74	0,6	70
Laos	41	2637	121[j]	100[j]	104	159	50	1,4	84
Lesotho	18	2307	101[j]	125[j]	95	136	57	18,6	74
Libanon	94	3342	125[c]	125[c]	44	51	66	–	67
Liberia	37	2270	35[c]	35[c]	134	147	54	9,2	35
Libyen	90	3384	–	–	75	119	62	0,7	67
Madagaskar	20	2101	97	92	115	184	51	10,0	67
Malawi	65	2009	73	59	144	35[n]	48	11,6	41
Malaysia	71	2686	102	102	22	262	70	1,9	73
Malediven	17	2177	61[c]	61[c]	61	32	61	–	83[k]
Mali	28	2181	29	17	164	292	48	25,4	17
Marokko	57	2820	85	56	75	119	62	15,6	33
Mauretanien	37	2528	61	42	122	221	47	12,1	17[h]
Mauritius	99	2679	105	107	22	29	70	–	83
Mexiko	74	3135	119	116	40	68	70	1,2	90
Mongolei	–	2458	100	103	64	59	63	–	–
Mozambique	9	1632	76	49	173	298	49	38,0	38
Namibia	–	1889	–	–	102	176	58	–	–
Nepal	16	2078	82[j]	82[j]	123	197	52	32,7	26
Nicaragua	56	2361	109	104	56	95	65	1,5	87
Niger	36	2340	37	20	130	228	46	38,8	14

	Trinkwasserversorgung 1985*	Tägliches Kalorienangebot pro Kopf 1988	Einschulungsqoute Grundschule 1986-1988 Jungen	Mädchen	Säuglingssterblichkeitsziffer 1990	Kindersterbeziffer 1988	Lebenserwartung bei der Geburt 1990	Einwohner je Arzt in Tsd. 1984	Alphabetisierungsquote 1985
Nigeria	36	2039	77[cj]	77[cj]	101	174	52	8,0	42
Oman	15	–	103	92	37	64	66	1,7	–
Pakistan	44	2200	51	28	104	166	56	2,9	30
Panama	62	2468	107	102	22	34	73	1,1	88
Papua-Neuguinea	16	2236	75	64	56	81	55	6,2	45
Paraguay	25	2816	104	99	41	62	67	1,5	88
Peru	52	2269	125[j]	120[j]	82	123	63	1,0	85
Philippinen	52	2255	105	107	43	73	64	6,7	86
Puerto Rico	–	–	94[cm]	94[cm]	14	–	75	–	89[h]
Réunion	–	2665	100[c]	100[c]	14	–	72	–	79
Rwanda	60	1786	69	66	117	206	49	34,7	47
Salomonen	27	2115	60[c]	60[c]	30	4[g]	65	–	–
São Tomé und Principe	52	2657	84[d]	84[d]	43	–	66	–	57
Saudi-Arabien	93	2832	78	65	65	98	64	0,7	51
Senegal	43	1989	71	49	84	136	49	13,5	28
Seychellen	80	2146	97[d]	97[d]	18	4[g]	71	–	–
Sierra Leone	24	1806	64[i]	44[i]	149	266	42	13,6	29
Singapur	100	2892	118[f]	113[f]	8	12	74	1,3	86
Somalia	33	1736	20[j]	10[j]	127	221	48	16,1	12
Sri Lanka	37	2319	105	102	26	2[n]	71	5,5	87
St. Christopher und Nevis	75	2801	66[d]	66[d]	37	43	70	–	–
St. Lucia	70	2821	79[d]	79[d]	19	2[g]	72	–	–
St. Vincent und Grenadinen	75	2818	85[d]	85[d]	23	13[g]	70	–	–
Sudan	40	1996	49[c]	49[c]	104	181	51	10,1	32[h]
Surinam	89	2809	129	121	31	1[n]	68	–	90
Swaziland	38	2548	105	103	113	27[n]	57	–	67
Syrien	71	3168	115	104	44	64	66	1,3	60
Taiwan	78	2874[j]	100[c]	100[c]	6[n]	1[n]	73[n]	–	82[h]

	Trinkwasserversorgung 1985*	Tägliches Kalorienangebot pro Kopf 1988	Einschulungsqoute Grundschule 1986-1988 Jungen	Mädchen	Säuglingssterblichkeitsziffer 1990	Kindersterbeziffer 1988	Lebenserwartung bei der Geburt 1990	Einwohner je Arzt in Tsd. 1984	Alphabetisierungsquote 1985
Tanzania	52	2151	106[e]	82[e]	102	176	50	–	79[h]
Thailand	70	2287	95[c]	95[c]	26	49	66	6,3	91
Togo	34	2133	124	78	90	153	54	8,7	41
Tonga	74	2980	–	–	58[n]	–	67	–	–
Trinidad und Tobago	81	2960	99	100	15	23	72	1,0	96
Tschad	30	1852	73	29	127	223	47	38,4	25
Tunesien	89	2964	126	107	48	83	67	2,2	54
Uganda	16	2013	76	63	99	169	49	21,9	57
Uruguay	83	2770	111	109	22	31	73	0,5	95
Vanuatu	56	2530	61[d]	61[d]	69	–	65	–	53[h]
Venezuela	83	2547	107	107	35	44	70	0,7	87
Vereinigte Arab. Emirate	92	3552	98	100	24	32	72	1,0	–
Vietnam	42	2233	105[j]	99[j]	49	88	67	1,0	–
West Samoa	95	2477	–	–	46	4[g]	66	–	–
Zaire	18	2034	84	68	79	138	53	–	61
Zambia	48	2026	102	92	76	127	54	7,1	76
Zentralafrikanische Rep.	16	1980	82	51	100	223	51	23,1	40
Zimbabwe	52	2232	130	126	61	113	64	6,7	74

Anmerkungen:
Bei den Daten handelt es sich um die jeweils letzten verfügbaren Schätzwerte für Jahre um 1988.

a Nur städtische Bevölkerung
b Durchschnitt 1983–85
c Gesamtquote
d Gesamtquote Grund- und Sekundarschule 1984
e 1983
f 1984
g 1973
h 1980
i 1982
j 1985
k 1977
l 1978
m 1981
n 1986

(.) Weniger als die Hälfte der angegebenen Einheit
– Nicht verfügbar

Technische Erläuterungen zu den Tabellen 2, 3 und 4:

Tabelle 2: Demographische Indikatoren
Bei den Bevölkerungszahlen handelt es sich um Schätzungswerte für Mitte 1990, soweit nicht andere Jahre genannt sind. Die Bevölkerungsprojektionen (mittlere Variante) für das Jahr 2025 basieren auf Informationen über die in dem jeweiligen Land gegebenen Alters- und Geschlechtsstrukturen, Fruchtbarkeits- und Sterbeziffern sowie den Anteil internationaler Wanderungsbewegungen, aber ohne Berücksichtigung der Auswirkungen endemischer HIV-Infektionen. Die Wachstumsraten für die Bevölkerung sind Periodendurchschnitte, die auf der Grundlage der Bevölkerungsstände zur jeweiligen Jahresmitte berechnet werden. Die Bevölkerung im erwerbsfähigen Alter ist die Gesamtbevölkerung im Alter von über 14 bis unter 65 Jahren. Die Fertilitätsrate (zusammenfassende Geburtenziffer) mißt die durchschnittliche Zahl der Kinder, die eine Frau – unter Berücksichtigung der altersspezifischen Fruchtbarkeitsziffern – bekommen würde, wenn sie bis zum Ende ihres gebärfähigen Alters lebte. Der Urbanisierungsgrad gibt den prozentualen Anteil der Stadtbevölkerung an. Da die nationalen Definitionen des Begriffes «Stadt» stark voneinander abweichen, sind Länderquervergleiche nur eingeschränkt möglich.

Tabelle 3: Wirtschaftliche Indikatoren
Die Angaben über das Bruttosozialprodukt pro Kopf werden von der Weltbank nach einem speziellen Verfahren (Atlas-Verfahren) berechnet. Eine volle int. Vergleichbarkeit ist wegen der Unterschiede in den nationalen volkswirtschaftlichen Gesamtrechnungen und im Umfang sowie der Verläßlichkeit der zugrundeliegenden statistischen Informationen nicht gewährleistet. Darüber hinaus ergeben sich Verzerrungen durch die Umrechnung der in versch. nationalen Währungen ausgedrückten BSP-Daten in US-$. Die durchschnittlichen jährlichen Wachstumsraten des BSP pro Kopf sind mit Hilfe der Methode der kleinsten Quadrate berechnet. Der Industrialisierungsgrad gibt den prozentualen Beitrag des Industriesektors zum Bruttoinlandsprodukt an; zum Industriesektor gehören Bergbau, verarbeitendes Gewerbe, Bauwirtschaft, Strom-, Wasser- und Gasversorgung. Der Exportanteil von Primärprodukten gibt an, wieviel Prozent des Gesamtwertes der Warenausfuhr auf Brennstoffe, Mineralien und Metalle sowie auf sonstige Rohstoffe entfallen (Standard International Trade Classification, Rev. 3, Section 3, Divisions 27, 28, 68 sowie Sections 0, 1, 2, 4, ohne Divisions 27, 28). Die Terms of Trade werden berechnet als das Verhältnis des Durchschnittspreisindex der Ausfuhren eines Landes zu dem Durchschnittspreisindex seiner Einfuhren; dieses Nettoaustauschverhältnis mißt somit die Veränderung des Exportpreisniveaus als Prozentsatz der Importpreise gegenüber dem Basisjahr 1980. Die Schuldendienstquoten geben an, wieviel Prozent der Ausfuhrerlöse von Waren und Dienstleistungen eines Landes für Tilgungen und Zinszahlungen auf langfristige Auslandsschulden tatsächlich gezahlt werden. Der Index der Nahrungsmittelproduktion pro Kopf mißt die durchschn. jährliche Nahrungsmittelmenge pro Kopf, die in den Jahren 1987–89 erzeugt wurde, bezogen auf die durchschn. Jahresproduktion 1979–81 = 100. Die Nahrungsmittelproduktion umfaßt Getreide, stärkehaltige Wurzeln und Knollen, Zuckerrohr und -rüben, Hülsenfrüchte, Pflanzen zur Erzeugung von Speiseöl, Nüsse, Früchte, Gemüse, Viehbestand und Tierprodukte. Unberücksichtigt bleiben Viehfutter, Saatgut für die Verwendung in der Landwirtschaft sowie Verluste bei Verarbeitung und Vertrieb.

Tabelle 4: Soziale Indikatoren
Der Indikator Trinkwasserversorgung gibt den prozentualen Anteil der Bevölkerung mit Zugang zu unbedenklichem Wasser an der Gesamtbevölkerung an. Trinkwasserversorgung gilt als gegeben, wenn innerhalb akzeptabler Entfernung und mit vertretbarem Zeitaufwand Zugang zu einer unbedenklichen Wasserversorgung besteht, die gereinigtes Oberflächenwasser oder ungereinigtes, aber unverseuchtes Wasser – etwa aus Bohrlöchern, Quellen und Leitungsanschlüssen – einschließt. Bei den Daten handelt es sich um Schätzwerte der WHO, die nur eingeschränkt international vergleichbar sind. Das tägliche Kalorienangebot

pro Kopf wird durch Division des Kaloriengegenwertes des Nahrungsmittelsangebots in einem Lande durch seine Bevölkerungszahl ermittelt. Das Nahrungsmittelangebot umfaßt Inlandsproduktion, Einfuhr abzüglich Ausfuhr sowie Bestandsveränderungen; nicht berücksichtigt werden Tierfutter, landwirtschaftliches Saatgut und die Nahrungsmittelmengen, die bei Verarbeitung und Vertrieb verlorengehen. Die Einschulungsquoten Grundschule geben die Gesamtzahl der männlichen bzw. weiblichen Grundschüler aller Altersstufen in Prozent der männlichen bzw. weiblichen Bevölkerung im Grundschulalter an. Diese Bruttorelation für den Grundschulbesuch kann in Ländern mit einem umfassenden Primarschulsystem oder mit hohen Wiederholungsquoten den Wert 100 übersteigen oder unterschreiten, sofern die Schule von Kindern besucht wird, die das amtliche Grundschulalter über- oder unterschreiten. In vielen Ländern gilt das Alter von sechs bis elf Jahren als Grundschulalter, jedoch ist dies keine allgemeingültige Praxis. In den Bruttorelationen für den Grundschulbesuch können sich daher auch Unterschiede hinsichtlich der Definition des Grundschulalters und der Dauer der Primarausbildung niederschlagen, so daß die int. Vergleichbarkeit nur eingeschränkt möglich ist. Die Säuglingssterblichkeitsziffer mißt die Anzahl der Säuglinge, die je tausend Lebendgeburten pro Jahr vor Vollendung des ersten Lebensjahres sterben. Die Kindersterbeziffer gibt für ein gegebenes Jahr an, wie viele Kinder je 1000 Lebendgeburten bis zur Vollendung des fünften Lebensjahres sterben. Die Lebenserwartung bei der Geburt gibt die Anzahl der Jahre an, die ein neugeborenes Kind leben würde, wenn es während seines ganzen Lebens den gleichen altersspezifischen Sterblichkeitsrisiken ausgesetzt wäre, die zum Zeitpunkt seiner Geburt in der Gesamtbevölkerung vorherrschen. Bei den Daten für die Einwohner je Arzt handelt es sich um Schätzwerte der WHO; wegen unterschiedlicher Definitionen lassen sich die Daten nicht ohne weiteres für einen Länderquervergleich verwenden. Die Alphabetisierungsquote mißt den Prozentsatz der Bevölkerung im Alter von 15 Jahren und darüber, der lesen und schreiben kann. Es handelt sich um Schätzwerte der UNESCO, die als wenig zuverlässig gelten; die internationale Vergleichbarkeit ist wegen Unterschieden der Definitionen und in der Zuverlässigkeit der Ausgangsdaten nur sehr eingeschränkt möglich.

Quellen:

EUROSTAT: *ACP Basic Statistics*, Bruxelles–Luxembourg, verschiedene Jahrgänge.
FAO: *Production Yearbook*, Rome, verschiedene Jahrgänge.
REPUBLIC OF CHINA (Bureau of Statistics/DGBAS): *Monthly Bulletin of Statistics of the Republic of China*, Taipei, verschiedene Jahrgänge.
UNDP: *Human Development Report*, New York–Oxford, verschiedene Jahrgänge.
UNESCO: *Statistical Yearbook*, Paris, verschiedene Jahrgänge.
UNITED NATIONS: *Demographic Yearbook*, New York, verschiedene Jahrgänge.
–: *Industrial Statistics Yearbook*, New York, verschiedene Jahrgänge.
–: *National Accounts Statistics*, New York, verschiedene Jahrgänge.
–: *Population and Vital Statistics Report*. Data available as of 1 October 1991, New York 1991.
–: *Statistical Yearbook*, New York, verschiedene Jahrgänge.
WORLD BANK: *Social Indicators of Development*, Baltimore–London, verschiedene Jahrgänge.
–: *Trends in Developing Economies*, Washington, D. C., verschiedene Jahrgänge.
–: *World Bank Atlas*, Washington, D. C., verschiedene Jahrgänge.
–: *World Debt Tables*, Washington, D. C., verschiedene Jahrgänge.
–: *World Development Report*, New York, verschiedene Jahrgänge.
–: *World Population Projections 1989–90 Edition*, Baltimore–London, 1990.
–: *World Tables*, Baltimore–London, verschiedene Jahrgänge.

hs

Mittelamerika und Karibik

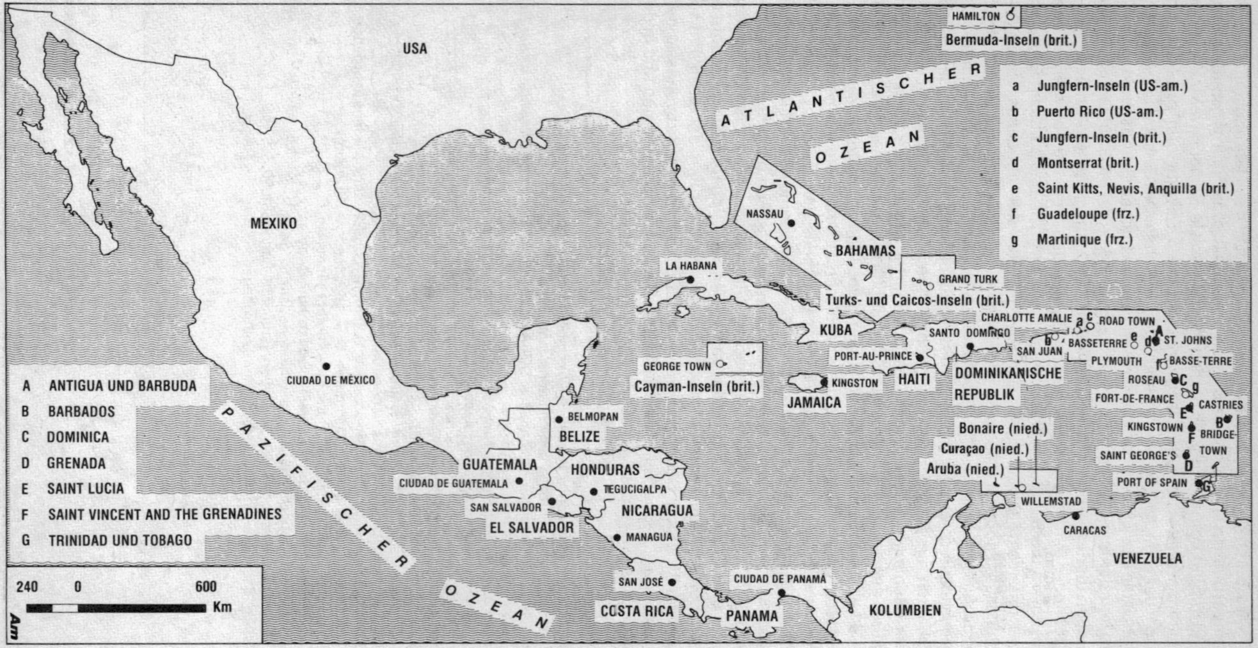

Abhängige Gebiete in Kleinbuchstaben (Saint Kitts und Nevis wurden 1983 unabhängig).

Südamerika

CARACAS
VENEZUELA
GEORGETOWN
PARAMARIBO
GUYANA
CAYENNE
SURINAM
Französisch-Guayana
BOGOTÁ
KOLUMBIEN
QUITO
ECUADOR
BRASILIEN
PERU
LIMA
BRASILIA
LA PAZ
BOLIVIEN
PARAGUAY
CHILE
ASUNCIÓN
PAZIFISCHER
ARGENTINIEN
URUGUAY
SANTIAGO
BUENOS AIRES
MONTEVIDEO
ATLANTISCHER
OZEAN
OZEAN
Falkland-Inseln (brit.)
(Islas Malvinas)
PORT STANLEY
360 0 900
Km
Am

Jugendlexika

Heiner Boehncke / Bernd Kuhne / Solveig Ockenfuß
Jugendlexikon Literatur
Epochen, Gattungen, Grundbegriffe
(rororo handbuch 6318)
Ein verläßlicher Begleiter im Deutschunterricht der Mittel- und Oberstufe.

Wolfgang Bünder / Peter Häußler / Roland Lauterbach u. a.
Jugendlexikon Technik
Menschengerechte und naturverträgliche Technologien
(rororo handbuch 6315)

Hanna Delf / Jutta Georg Lauer / Christa Hackenesch u. a.
Jugendlexikon Philosophie
Geschichte, Begriffe und Probleme der Philosopie
(rororo handbuch 6310)
Das Buch läd ein zum Nachdenken über Menschen und Welt, über Erfahrungen und Einsichten. Gleichzeitig erklärt es die Begrifflichkeit der Philosophie und führt die reiche Tradition des Philosophierens vor Augen.

Hilde Kammer / Elisabeth Bartsch
Jugendlexikon Politik
800 einfache Antworten auf schwierige Fragen
(rororo handbuch 6183)
Was ist der Unterschied zwischen paraphieren und ratifizieren? Wie kommen Gesetze zustande? Woraus leitet sich das Wort Agitation ab, und was bedeutet es?

rororo handbuch

Dorothea Kraus / Jobst Kraus / Christel Scheilke u. a.
Jugendlexikon Erziehung
Einfache Antworten auf schwierige Fragen
(rororo handbuch 6202)
Informierendes Nachschlagewerk und praktische Orientierungshilfe in einem.

Bedrohte Welten

«Nur wenige unserer Zeremonien können verpflanzt werden. Nur wenige unserer Zeremonien können wir für euch öffnen. Versucht nicht, uns nachzuahmen. Versucht nicht, euch fremde Haut überzustülpen. Es kommt nicht darauf an, ob man Deutscher, Chinese oder Indianer ist, es kommt darauf an, ob man den menschlichen Weg geht und alles nichtmenschliche Leben achtet.»
Phillip Deere,
Medizinmann der Muskogee

Indianische Welten
Der Erde eine Stimme geben
Texte von Indianern aus Nordamerika. Lesebuch
Herausgegeben von Claus Biegert
(aktuell 5219)
Der Autor hat in diesem Lesebuch Texte nordamerikanischer Indianer zusammengestellt. Sie zeigen die eigene Welt und die besondere Weltsicht der Ureinwohner Nordamerikas. Der Band enthält auch Texte indianischer Autoren, Stücke aus Erzählungen und Romanen dieser eigenen, bei uns noch kaum bekannten amerikanischen Literatur.

Bahman Nirumand (Hg.)
Die kurdische Tragödie *Die Kurden - verfolgt im eigenen Land*
(aktuell 13075)
Dieser Band analysiert die aktuelle Lage, beleuchtet die politischen Rivalitäten der verschiedenen Kurden-Parteien und vermittelt das nötige Hintergrundwissen zum Verständnis der «Kurdenfrage».

rororo aktuell

Julian Burger
Die Wächter der Erde *Vom Leben sterbender Völker Gaia Atlas / Großformat*
(aktuell 12988)
Ein mit vielen Fotos ausgestatteter Atlas über die bedrohten Völker der Welt; von den Aborigines Australiens bis zu den Massai-Stämmen Afrikas.

Petra K. Kelly / Gert Bastian (Herausgeber)
Tibet - ein vergewaltigtes Land
Berichte vom Dach der Welt
(aktuell 12474)
Die Herausgeber haben Berichte, Reportagen und Dokumente zusammengestellt, die ein authentisches und aktuelles Bild von Tibet zeichnen und auch die traditionsreiche Geschichte und Kultur des tibetischen Volkes lebendig werden lassen.

Dritte Welt

«An der Grenze hielten sie mich an. Sie sagten, sie wollen meinen Ausweis. Ich sagte: Mein Ausweis ist in Jaffa, meine Großmutter hält ihn versteckt. Als sie meine Worte hörten, teilten sie sich. Die einen nahmen die Peitsche, und die anderen fragten mich: Wohin? Ich sagte: Nach Palästina. Da rissen sie mich in zwei Hälften. Die eine blieb an der Grenze, die andere wurde von den Armen der Großmutter umschlungen.»
Lied von Marcel Khalife

Michael Sontheimer
Kambodscha – Land der sanften Mörder *Ein Bericht aus Indochina*
(aktuell 12840)

B. Nirumand / K. Daddjou
Mit Gott für die Macht *Eine politische Biographie des Ayatollah Chomeini*
(aktuell 12718)

Bahman Nirumand
Iran - hinter den Gittern verdorren die Blumen
(aktuell 5735)

Rainer Hörig
Indien ist anders *Ein politisches Reisebuch*
(aktuell 5924)

Eine Welt für alle *Lesebuch Dritte Welt*
Herausgegeben von Thomas Becker, Ingke Brodersen und Rüdiger Dammann
(aktuell 12734)
Mit Beiträgen von Mary Benson, Erhard Eppler, Monika Griefahn, Winnie Mandela, Dorothee Sölle und vielen anderen.

rororo aktuell

Susan George
Sie sterben an unserem Geld *Die Verschuldung der Dritten Welt*
(aktuell 12316)
Der Schuldenbumerang *Wie die Schulden der Dritten Welt uns alle bedrohen*
(aktuell 13216 / März '93)

Gisela Frese-Weghöft
Ein Leben in der Unsichtbarkeit *Frauen im Jemen*
(aktuell 5645)

Hartwig Bögeholz
«Gebt uns Demokratie oder gebt uns den Tod» *China: Das Massaker und die Folgen*
(aktuell 12733)

Freidoune Sahebjam
«Ich habe keine Tränen mehr» *Iran: Die Geschichte des Kindersoldaten Reza Behrouzi*
(aktuell 12139)

rororo aktuell wird herausgegeben von Ingke Brodersen. Ein Gesamtverzeichnis der Reihe finden Sie in der *Rowohlt Revue*. Jedes Vierteljahr neu. Kostenlos in Ihrer Buchhandlung.